国家社科基金重大委托项目
"中国少数民族语言与文化研究"

·中国少数民族语言与文化研究书系·

朝戈金　主编

中国神话母题W编目

Wang's Catalogue: Motif in China's Mythology

王宪昭 ｜ 著

中国社会科学出版社

图书在版编目(CIP)数据

中国神话母题 W 编目／王宪昭著 . —北京：中国社会科学出版社，
2013.12

（中国少数民族语言与文化研究书系）

ISBN 978 - 7 -5161 - 3831 -1

Ⅰ.①中…　Ⅱ.①王…　Ⅲ.①神话—研究—中国　Ⅳ.①B932.2

中国版本图书馆 CIP 数据核字(2013)第 310665 号

出　版　人　赵剑英
出 版 策 划　赵剑英
责 任 编 辑　史慕鸿　吴丽平
责 任 校 对　王　京
责 任 印 制　戴　宽

出　　　版　中国社会科学出版社
社　　　址　北京鼓楼西大街甲 158 号（邮编 100720）
网　　　址　http://www.csspw.cn
　　　　　　中文域名:中国社科网　　　010 - 64070619
发 行 部　010 - 84083685
门 市 部　010 - 84029450
经　　　销　新华书店及其他书店

印刷装订　环球印刷(北京)有限公司
版　　　次　2013 年 12 月第 1 版
印　　　次　2013 年 12 月第 1 次印刷

开　　　本　787 × 1092　1/16
印　　　张　113
字　　　数　2429 千字
定　　　价　398.00 元

总　　序

　　经大家讨论，本套书系叫作"中国少数民族语言与文化研究书系"，与更早些时候面世的"中国社会科学院民俗学研究书系"有十分切近的关系。其立意、旨趣和风格，都可以看作是前一套书系的某种延伸。两套书系之间的区别，主要有以下几点：第一，民俗学研究书系是在"中国社会科学院院长学术基金"资助下出版的，而中国少数民族语言与文化研究书系则是国家社会科学基金重大委托项目"中国少数民族语言与文化研究"的出版类课题成果，两者的出资方不同；第二，从书系的名称上可以看出来，民俗学研究书系主要是中国各民族民俗文化研究成果的结集，其中也包括少量外国学者的相关著述，而少数民族语言与文化研究书系则集纳有关中国各少数民族语言与文化研究方面的学术成果。从各自的侧重点来说，二者之间有联系，也有区别。

　　中国少数民族语言与文化研究书系是理论探赜与田野调查、资料辑录与学术迻译并重的书系。关于中国少数民族文化的知识和学问，我们长期以来痛感于许多学术重镇在国外，众多学术大师在国外，不少学术平台也在国外。即便不希冀短期内全面追上国外同行的步伐，也是期望在总体上缩小与欧美发达国家的距离。在怎样做能够有益于缩小这样的差距的问题上，大家的看法也比较一致，那就是通过建立一个有一定影响的学术平台，推出一系列具有前瞻性、创新性、代表性的少数民族语言与文化研究的学术成果，来培育人才、聚拢人气、建立人望，从而稳步推动学术建设。

　　在中国的学术文化格局中，对少数民族文化的某种轻视乃至忽略，其来有自，却非理有固然。今天在青少年人群里，特别是大都市的青少年里，对西方文化的熟稔，往往超过对国内兄弟民族文化的了解。而文化上的了解，乃是消除误解的前提，也是进而相互包容、借鉴和欣赏的前提。文化上充分的沟通和交流，又是建构多元文化的必经之路，是建构和谐社会的必经之路。从这个意义上说，本套书系的面世，小而言之，有助于推动人文学术在某些环节上的发展，有助于彰显文化多样性和文化创造力；大而言之，则有益于文化间的平等对话和相互理解，有益于中华民族优秀文化的复兴和赓续。

中国社会科学院的多位领导，特别是陈奎元院长，对少数民族文化建设事业及其相关的学术研究极为关心，多次亲自过问；全国哲学社会科学规划办公室对本课题的立项和实施，给予了大力支持和指导；中国社会科学院科研局的相关部门，在课题管理和运作的若干环节多有推动。正是因为各方面的协同合力，本书系得以面世。他们的贡献和作用，可谓功莫大焉。谨此，我代表中国社会科学院少数民族文化与语言文字研究中心，代表"中国少数民族语言与文化研究"课题组，向他们表达由衷的谢忱。

是为序。

朝戈金

2013 年 2 月 19 日于北京

总 目 录

前　言

　　人类从神话走来，生活在神话般的世界，最终仍将回归一个未知的神话中。作为人类早期最重要的艺术种类的神话，是人类不可再生的文化遗产。它起源于民间，传承于生活，作用于信仰，充满神圣、神奇和神秘，值得关注和研究。

　　神话是"神"话，也是"人话"。神话承载着人类远古文化的重要信息，兼具文学、历史、哲学、民族、宗教、律法等诸多学科之内涵。神话在纯真朴实的语言中透露出人类的智慧，在幻化怪诞的叙事中张扬着生存的理性。神话在生生不息的传承中影响着人类的思想和生活，在千年流淌的文化血脉中奠定出人类文明的规范与精髓。人类的历史因为有了神话而精彩，人类的文化宝库因为有了神话而神圣。

　　神话具有原始性、口传性、民族性、流变性等多种特质，其丰富的文化内涵在任何时代都可能会成为一个族体了解自身发展史的百科全书，甚至关联着民族的文化信仰。因此，神话研究成为中国乃至世界各国文学与文化研究中一个热点，实属情理之中。

　　令人不无遗憾的是，审视国内外对中国神话研究的艰难步履，人们常常因志忑而步入一些误区。如有的把中国神话定位于汉文古籍中的远古神话范畴，忽视中国少数民族神话是中国神话的重要构成，误认为中国神话作品仅存凤毛麟角，资料匮乏，难成体系；有的困扰在神话概念的争议之中，沉迷于原生神话、次生神话、拟神话乃至现代新神话的边界之论；有的认为中国各民族神话缺乏关联性，试图在神话个案研究中寻找曲径通幽的一线洞天，失去宏观研究的兴趣与信心，等等。上述诸多困惑与无奈，势必导致难以对中国神话做出一个准确的定位，不利于中国神话的整体研究与学科体系构建。当然，我们不能否认任何一种研究本身的视角和价值，同样，对中国神话的宏观审视更是神话学学科发展的必然。

　　"工欲善其事，必先利其器。""母题"作为神话的分析元素，一方面有其自身所特有的典型含义，另一方面也具有结构功能的相对稳定性。在研究过程中把"母题"作为神话的基本分析单位，即从作品基本元素或叙事单元入手进行梳理识别，不仅具有较为成熟的理论基础和学术实践经验，而且会使各民族神话的比较更为方便直接。通过母题的抽取和归纳，可以洞察各民族神话发生、发展和变化的轨迹，有助于各民族神话间的横向或纵向比较分析。

本书在写作中，共涉及目前国内外公开出版的中国神话文本 12600 余篇，其中个人田野调查采录 1200 余篇。在全面分析比较的基础上，提取具有典型性的神话母题 33000 余个。全部神话母题与目前国际通行的汤普森《民间文学母题索引》（Stith Thompson，*Motif-index of Folk-literature*：*A Classification of Narrative Elements in Folk-tales*，*Ballads*，*Myths*，*Fables*，*Mediaeval Romances*，*Exempla*，*Fabliaux*，*Jestbooks*，*and Local Legends*（V. 1—6），Bloomington，Indiana Universty Press，1989）中的民间文学母题索引做出一一对照，并在编目中将汤氏母题编码对应列出，以便研究者对照使用。

《中国神话母题 W 编目》的问世，对进一步梳理神话类型和建构神话体系具有重要作用。此书也是目前将神话母题学比较神话学、神话类型学推向深入的积极尝试。当我们把神话简单地看成一种文学体裁或单纯的民间文学时，就好像把挖掘出土的金樽玉鼎当成了居家度日时的酒杯饭桶，而任何一件价值连城的"文物"价值本身并不在于这种世俗化的实用，相反，在可以唤醒人类记忆的时空通道中，神话及其母题编码就像一叶扁舟，引导我们与已经远去的祖先交心对话，感知人类千年未泯的文化信仰和人文精神。

诚然，由于个人经验和认识的局限，即使提炼出数量再多的神话母题，也是有限的。但毋庸置疑，开放式的母题方法，会成为每一个神话研究者延伸学术脚步的阶梯。当今世界，日益充斥着生存空间的声光电、新传媒、高科技在给予人类前所未有的感官快乐的同时，也在消融着理性，培植着浮躁。时代呼唤着文化思考，渴求着学术创新！仰望星空，经过无数次难眠之夜，蓦然发现只有经过大浪淘沙的砥砺炼并在历史长河中慢慢积淀下来的东西，才称得上是民族文化的精品；陪伴人类从史前一路走来，并能相伴始终的，唯有神话。

神话之树常青！

作者
2011 年 1 月初稿
2013 年 1 月定稿

母题类型目录①

0 神与神性人物
（代码 W00 ~ W0999）

---

① 本目录只列举 W 编中的主要母题类型，层级细分到 10 大类型的第二个层级，可以帮助读者查找相应母题类型的大致范围，更为详细的母题检索可查阅本书"附录 1. W 编目基本母题检索表（母基检索表）"。

1　世界与自然物
（代码 W1000 ～ W1999）

2   人与人类

（代码 W2000～W2999）

3　动物与植物

（代码 W3000 ~ W3999）

4　自然现象与自然秩序

（代码 W4000～W4999）

5 社会组织与社会秩序
（代码 W5000～W5999）

6 有形文化与无形文化
（代码 W6000～W6999）

7 婚姻与性爱

（代码 W7000～W7999）

8　灾难与争战
（代码 W8000～W8999）

9　其他母题

（代码 W9000～W9999）

编目说明

为帮助读者便捷使用该母题编目和准确查找神话母题，特撰写本说明。

1 本书概说

《中国神话母题 W 编目》中的神话母题编目，在创作过程中参照了民间叙事 AT 分类法、ATU 分类法以及汤普森《民间文学母题索引》等相关著作，同时更注重中国神话母题的特点和内在逻辑，致力于建构一个更便于检索和使用的中国各民族神话母题编目体系。

1.1 书名题解

《中国神话母题 W 编目》全称可表述为"中国各民族神话母题类型与各层级母题代码检索目录"，是关于中国各民族包括一些中国古代民族神话母题的工具书，也是一部全面提取中国各民族神话母题名称与系统拟定母题代码的神话学著作。书名中的几个关键词解释如下。

1.1.1 中国。指本书神话母题涉及的范围。包括中国各民族神话、中国古代典籍神话和中国近现代及当代采集的民间口头流传的神话。中国神话包括汉族神话和少数民族神话两个部分。为增强母题研究的针对性，本书强调了中国神话的"民族"因素，神话的民族归属信息直接在编目中标示。编目信息中标注的"民族"主要是 1949 年中华人民共和国成立后，通过民族识别确定的 56 个民族名称，同时也涉及一定数量的目前已经消失的古代民族和未确定的族群。跨境民族的神话以中国国内搜集整理的神话文本为主体。

1.1.2 神话。我国传统学术分类将"神话"归属为民间文学。事实上，其悠远的历史积淀和繁杂的文化内蕴使之呈现出文史哲兼顾、宗教道德律法等多学科贯通的特色。神话跨文化、跨学科的综合特质彰显出该学科的博大精深与独特研究价值。本书从母题学本质出发，认为"神话"是以神以及神性人物的事迹为主体的叙

事作品的统称，同时也兼及一些虽然没有神或神性人物但包含有神话思维的作品。在特定的语境中，神话会有原生神话、再生神话、拟神话等不同情形，但鉴于神话传承者及受众的不确定性和动态性，本书不对神话文本的上述形态归属进行学理方面的考量和归类。

1.1.3 母题。所谓"母题"，即神话叙事过程中最自然并可以进行语义分析的基本元素。这些元素可以在神话的各种传承渠道中独立存在，也能在其他文类或文化产品中得以再现或重新组合。母题作为对各民族神话进行定量和定性分析的特定单位，具有典型性、普适性以及关键词、检索词方面的功能。

（1）本书将母题作为神话研究中最自然的可分析元素，暂划分出 3 个层级。同时中国神话母题 W 编目中"母题"也可以区分出以下三种类型：

a. 情节性母题。这类母题一般与叙事主题密切相关，语言形式上表述为一个词组或含有主谓语的短句，有较为明确的含义，可以视为较强的叙事单元，其表意功能较强，可以在不同类型的神话中使用。如"人类的产生"、"人与动物婚"、"动物感恩"、"植物变形"等。

b. 名称性母题。这类母题主要是神话传承中积淀的特定的人物或事物，语言形式上表述为一个名词或名称性词组，在特定的神话语境中使用。如"天神"、"女娲"、"虎"、"火种"等。

c. 语境性母题。这类母题一般服务于"情节性母题"和"名称性母题"，含义具有普适性，如与事件的"产生时间"、"发生地点"等相关的一些母题。

（2）母题的特征。不同的母题应用者会拟构出说法不一的母题特征。本书认为主要有如下几点：

a. 母题具有客观性和直观性。母题是可以分析的有意义的表意元素。这些表意虽然在提取时会不可避免地附加主观色彩，但其本质反映出文本的客观性。

b. 母题具有组合性和流动性。母题的组合即形成母题链，母题也可以在其他文类或文化产品中反复出现，能够在不同的语境下进行组合，其本义或内核不会发生根本性变化。

c. 母题具有典型性和普适性。母题的典型性指母题的表述应该简单明确，具有检索关键词功能；普适性则要求母题能够作为多种语境下的分析工具。

（3）母题与几个相近概念的异同。目前公开发表的成果中，常常出现"母题"概念与其他文学批评概念混淆的情况。分辨如下：

a. 母题与主题。二者内涵不同。"主题"是对一部作品表达的主要问题（意图）的概括；"母题"是将作品切分成的不同层级类型的具体表意单位。有些主题可以以"母题"的形式出现，有些母题则可以按一定的顺序（如大多数受众潜意识中形成的母题链）排列后表达固定的主题。

b. 母题与原型。我们认为，文学现象有一个最原始的生发点，作品中一些形象或事件的创作往往会源于这个最早的参照，即原型；母题则有意识地淡化时空溯源，更关注它作为表意元素的平行比较功能。在数量方面，母题的数量也会远远多于原型。

c. 母题与类型。类型一般是一个完整的故事或情节，母题则是具体而微的分析元素。二者在文本分析中相辅相成，类型由若干母题按相对固定顺序组合而成，而不同的母题组合则会形成不同的类型。

1.1.4　W。该字母是王宪昭设计的中国神话母题编码的版权标志，也是一个兼具多种符号缩略功能的特定字符，以示与汤普森母题索引和其他一些母题分类中母题代码的区别。其表意为：

（1）"W"，为王宪昭姓氏拼音"Wang"的首字母代码。根据国际冠名通则，是个人创作成果的汉语拼音缩略标识。据此可以显示出本母题体系与"AT"、"ATU"（阿尔奈－汤普森、阿尔奈－汤普森－乌特）等西方民间叙事类型中母题编码的不同。

（2）"W"，为汉字"万"的拼音"Wan"首字母代码。本母题编目的一级母题编码（自然数编码）共划分出 10 个类型约 10000 个母题，"W"可以作为 1 万个基本母题的标记。

（3）"W"，在具体类型的标记中，与汤普森《民间文学母题索引》23 个母题类型中的"W"（"品格"类母题）类型具有编码的不同规则，不会与汤普森母题的 W 代码产生任何交叉。

1.1.5　编目。古希腊毕达哥拉斯学派曾提出"数是万物的本原"的观念，今天看来，"数"体现着许多学科门类之所以成为科学的规则，对于神话知识体系的建构也不无意义。中国神话母题编目体系的设定也基于这种理想。本编目采用在"归纳"与"演绎"基础上，对所有神话三个层级的母题进行小数点数位定位的表示方法。参见本书《凡例》"3.2.2 第 3 项：母题代码的层级关系"。

1.2　本书适用对象与范围

本书适用于所有神话爱好者和研究者，并试图在以下若干领域对研究者有所帮助。

1.2.1　神话学研究。读者可以通过神话母题的类型与具体语义观察诸多神话叙事情形或规则。

1.2.2　母题学研究。母题分析是当今文化解读的重要方法之一。本编目通过构建系统的神话母题编码，展示了中国神话母题的丰富性和系统性，同时与汤普森的民间文学母题编码全面对照，成为母题学学科建设的重要参照。

1.2.3　文学研究。通过 W 编目可以观察分析文学创作的某些特定经验或规律。特别是在情节分析、叙事结构分析、主题分析等方面，通过若干母题的组合统计与规律分析，可以推导出相应的叙事类型与相应母题的结构功能，为文学作品研究和理论探讨提供客观的评价指标体系。

1.2.4 宗教学研究。 神话往往是宗教经典的注脚。编目中收入的许多神话母题与历史上甚至当今宗教都有密切的联系，特别是民间宗教的许多神灵及叙事都与神话有关，通过有关母题可以对宗教现象加以分析研究。

1.2.5 民族学研究。 在母题来源方面，通过本编目可以了解一个民族的文化传统，也可以比较分析多个民族口头文化特别是神话的共性与个性。本编目提供的大量的神话母题信息将对较系统地研究一个民族的历史与文化有所裨益。

1.2.6 民俗学研究。 通过 W 编目可以较完整地感知民间信仰、节俗形成等民俗事象在神话叙事中的解释。

1.2.7 其他一些相关学科研究。 如传播学研究，通过 W 编目可以对神话中广泛流传的某些文化符号进行捕捉提取和深度分析，借此对相应文化现象进行历史的、地理的、民族的、语言的等多学科关联性方面的传播学研究。再如民族服饰研究，许多民族的特定服饰都可以从神话母题中找到根源。

2 如何查找母题

为帮助读者迅速查找所需要的母题，需要说明如下两个方面。

2.1 本书主要构成

2.1.1 基本组成部分。 本书正文的构成包括两个部分。即 10 大类型母题的"类型说明"和"母题编目图表"。

2.1.2 母题编目图表。 "母题编目图表"包括了中国神话母题的"W 编码"、"母题描述"和"参照项"三个方面。

（1）"母题描述"划分为"一级母题"、"二级母题"和"三级母题"，本书三级母题以下不再细分，但对一些值得关注的更小层级的母题采用"引例"的形式作出相应的标注提示。

（2）"参照项"包括"汤普森母题编码"和"关联项"两个部分。"汤普森母题编码"只标出汤氏母题与 W 母题编目母题描述相对应的代码。

（3）"关联项"包括相对应母题实例的民族归属、其他类型母题中与之相联系的母题编码、描述以及该母题的例证等。

2.1.3 附表与其他提示。 正文内容的相关信息采用了附表的形式。本书为方便读者从不同角度查找相应的母题，除"母题类型目录"外，还设计了"附录1 W 编目母题基本编码检索表（母基检索表）"、"关联性母题提示"等内容，读者可以据此对所需要的母题编码或母题描述进行查找。

2.2 查找母题的方法

2.2.1 通过目录查找母题。本书总目录之后的《母题类型目录》适用于主要层级的类型母题的查找，通过目录中提示的母题类型，读者可以从该类型包含的子项中查找所需要的母题。

2.2.2 通过附录中的《〈中国神话母题 W 编目〉基本母题检索表》（母基检索表）查找母题。该检索以附录的形式列在正文之后，是本书"母题类型目录"的进一步扩展，列举近 10000 个自然数编码的母题，通过这些母题的提示，可以查找到相关的其他特定母题，其中包括这些"自然数编码母题"之下的第二级、第三级母题。母基检索有如下几个特点：

（1）本检索表可以帮助读者较为便捷地查找各类具体母题。

（2）通过"◎"、"✿"、"❋"等符号，标记出母题类型间的从属关系。

（3）一些重点母题标注相应的页码，除帮助读者检索正文中相关母题的页码外，还在上下文母题类型变化方面起到提示作用。

（4）本检索表也可以与《母题类型目录》中的母题基本条目配合使用。目前，在母题语素难以采用音序检索的情况下，"母基检索"可以暂且代替"母题音序检索"的功能。

2.2.3 通过关联项查找母题。关联性母题的提示主要出现在正文的脚注中。通过关联母题的标记与提醒，可以查找到其他类型中与该母题相关的特定母题，以扩展对神话叙事元素或结构方面的更多了解。

2.2.4 通过母题其他潜在的检索功能查找母题。目前母题编目，只做到母基检索，不再对所有母题进行检索性质的编排。这不仅源于大量母题的交叉，而且在不同类型母题表述方面也有结构体例的变化，这种情况会导致一个极其庞大的检索系统，因此，建立一个纸质的全方位的具体母题检索索引相当困难。今后可以利用数字化信息检索平台，采用软件或网络检索的方式，通过输入相应"母题"或母题"检索词"迅速查找出需要的母题或母题关联。

查找母题的具体操作方法，参见本书《凡例》"2. W 编目母题检索方法"。

3 W 编目特点与功能

W 编目中的母题类型与典型母题的设定，基于作者搜集的中国各民族 12600 余篇神话文本，提取了 33000 余个神话母题和 120000 余个典型母题个案。这些母题在中国神话叙事中具有较强的涵盖性，基本上能够满足分析国内外任何一篇神话叙事的需要。

3.1　W 编目的特点

3.1.1　母题编目的包容性。本书涉及"中国"、"民族"、"神话"、"母题"、"编目"、"代码"等关键词以及与之对应的各类文化现象。事实上，上述概念的界定在当今乃至今后任何一个阶段都不会有完全统一的结论。因此，"中国神话母题W 编目"的提取与拟定，主要目的在于"展现"，并不强求任何一个神话研究者或阅读者在理念上或结论上保持绝对一致。

本编目更关注神话母题普适性与个性的有机结合。与其说，"中国神话母题W 编目"是一部供读者全面审视中国神话的母题编码系统，不如说它是针对社会需求和文化研究需要所开设的"集市"或"商店"。在此设列并展示着各种五谷杂粮、干鲜果蔬、日用百货以及精神娱乐等方面的东西，口味各异或不同需求的人们只要到此一游，也许会索取并找到自己所需，犹如买双鞋袜，是否合脚脚自知，完全没有必要削足适履。

本书最大愿景是包容。在这个母题编目平台上，作者并不强行推介哪一类母题如何精深奇妙。相反，本编目更希望有更多的神话研究者和爱好者各取所需，互通有无。这样也更接近维护学术自由、推进学术争鸣的真髓。

3.1.2　母题编目的开放性。本书中的神话母题编目，具有唯一性和稳定性，同时又是一个开放性的母题体系。就本书母题编码体系而言，虽然针对中国各民族神话叙事进行了系统性梳理，但这个体系不是封闭的，具有明显的兼容性，能够实现自我修补和完善。由于个人认识的局限，即使提炼出数量再多的神话母题，也是有限的。因此，本书在母题编码过程中根据开放式的特征，为今后母题的增加保留了空间。每一个神话研究者可以根据自己的经验或判断将新发现的母题增加到合适的位置，以便使中国神话母题数量变得更为丰富，母题结构变得更加合理。

关于开放性的母题增补方法，参见本《说明》"6.5.4　未来增补新母题编码的编排"。

3.1.3　母题的个性化。由于母题分析和母题产生的背景在不同的研究者那里存在很大差异，在母题的适用与使用方面会有很大的差别，如绘画中关于"颜色"的母题，一般关注的是作用于的人的视觉，而神话中的"颜色"，除借助于人们的视觉经验之外，更注重人的文化活动中形成的对"颜色"观念的判断，暗含着"颜色崇拜"、"颜色象征"等价值经验，成为思维中一种抽象的色彩，而不再是与视觉发生最直接关联的绘画中的"颜色"母题。其实，对于"颜色"作为观念的判断，在不同的民族文化中也会有不同的文化含义，甚至会同时存在截然不同的审美价值观，这就像有的民族文化中以"白色"为圣洁的色彩，意味着崇高与崇敬；有的民族认为"白色"只是一种中性的色调，没有褒贬色彩；而有的民族则认为"白色"为不祥，是衰败与死亡的象征。如此，本编目虽然母题提取方法上带有个人经验或主观因素，在表述与展示特定的母题时，会尽可能以神话文本的客观表述为依据。

这也是本母题编目使用时的一个较为明显的特点。

3.2　W 编目的功能

中国神话是世界神话的不可缺少的构成部分。通过神话铺设的这亘古仅存的时空通道，我们可以与已经远去的祖先对话，也可以感知人类千年未泯的本质精神。神话作为人类早期重要的艺术产品，也是人类重要的口头传统和文化宝藏，它起源于民间，传承于生活，作用于信仰。神话不仅是人类漫长的发展历程中积淀出的不可再生的文化遗产，也是人类历史文化信息的重要载体，神话研究自然成为中国乃至世界各国的文学与文化研究中一个备受关注的课题。

3.2.1　*母题分析有利于神话比较研究*。神话就像文物，文物本身并不表现价值，价值在于解读。神话母题解析是解读神话的利器之一。"母题"作为神话的分析元素，一方面有其自身所具有的典型含义，另一方面也具有结构功能的相对稳定性。在研究过程中把"母题"作为神话的基本分析单位，即从作品基本元素或叙事单元入手进行梳理识别，不仅具有较为成熟的理论基础，而且会使各民族神话的比较更为方便直接。利用母题类型化的母题编码，可以洞察各民族神话发生、发展和变化的轨迹，有助于各民族神话间的横向或纵向比较分析，有助于中国神话的宏观研究与比较分析，也可以促进中国神话与世界各民族神话对话与沟通。

3.2.2　*W 编目有利于神话系统性研究*。本神话母题编目区别于母题索引，其本质是一个编码体系。本书以确定的 10 大类神话母题类型为基础，对各类型母题力求做出符合形式逻辑或内容逻辑的划分，通过这些编码能迅速查找并分析各民族神话的关联性、神话创作的规律性和多学科的兼容性。神话母题编目的问世，对进一步梳理神话类型与体系具有重要作用，也将成为目前将神话母题学、比较神话学、神话类型学推向深入的最为便捷的方法。

3.2.3　*W 编目的分析功能*。以类型学方面的分析为例，母题的提取与表述表象上看带有随意性，但其本质却体现出神话包括叙事文学内在的类型结构。通过 W 编目的母题设定与排列，相关内容还可以参见本《说明》"5　母题编目的类型"。我们不仅可以看到母题排列的规则，还会发现母题组合可能形成的类型。以"8.2 洪水"中的洪水神话母题为例：

8.2.1　洪水时间、地点

8.2.2　洪水原因

8.2.3　洪水预言

8.2.4　洪水制造者

8.2.5　洪水的情形

8.2.6　避水方式与工具

8.2.7　洪水幸存者与丧生者

8.2.8　洪水的消除

8.2.9　与洪水有关的其他母题

　　上述 9 个基本类型具有洪水事件本身所显现出的逻辑性。这种逻辑性为分析母题的选择和组合规律提供了最大程度的便利。每个类型中分别列举出若干具体母题，表面上看这些母题具有客观独立性，而一旦放在洪水神话的大语境下加以审视，这些母题的"类"的功能就很明显地展现出来，如"8.2.2 洪水原因"的一级母题中就有：

W8115　　自然形成的洪水

W8116　　自然界变化造成洪水

W8129　　洪水源于神的指令

W8133　　洪水源于惩罚

W8137　　洪水源于失误

W8146　　洪水源于发怒

W8150　　洪水源于矛盾冲突

W8162　　洪水源于报复

……

　　那么，以下各基本母题类型中的母题与此相同。我们从下文的"8.2.1""8.2.2"、"8.2.3"、"8.2.4"直到"8.2.9"各基本类型中任意选择一个母题，就能组成一个完整的神话叙事。事实上，这也体现出不同民族或地区神话创作的一个基本规律，南方有些民族选择"洪水制造者"可能是"雷神"，北方有些民族选择"洪水制造者"可能是"天神"，貌异神似，无论哪一种情形都不过是为了表现出一个符合接受心理的叙事结构。所以，通过本母题编目的总体体例设计，阅读者可以较好地发现各种神话类型的组合规律，这对进一步了解和批评阿尔奈、汤普森的 AT 民间故事分类，艾伯华的中国民间故事类型，丁乃通的中国民间故事类型，乃至目前阿尔奈、汤普森再加上乌特的 ATU 民间故事分类都将起到重要的鉴别作用。例如，通过本编目不同编码母题组合成的叙事类型，可以与丁乃通的同类叙事类型相比较，进而发现神话叙事结构的普遍性与特殊性。

　　3.2.4　**通过 W 编目可以解析神话叙事结构模型。**参照 W 编目母题的描述，众多母题可以组合成不同的神话叙事类型，即具有普遍性分析意义的"神话叙事结构模型"，依据这些模型，理论上可以对任何一篇神话进行量化分析、定性分析或比较研究。

　　该分析模型可以划分出不同的组合方式，主要有以下几种：

（1）链条式叙事结构模型。

（2）发散式叙事结构模型。

（3）嵌入式叙事结构模型。

（4）平行式叙事结构模型。

（5）复合式叙事结构模型。

（6）其他形式叙事结构模型。

3.2.5 **为神话数据库建设提供编码和检索词支持。** 在当今信息技术日新月异的学术背景下，成果的产出将更加注重对大量知识资源的梳理、整合与升华。因此，中国神话数据库建设迫在眉睫。

（1）神话数据库建设。目前，信息传媒与网络新技术的迅猛发展导致社会科学研究方法的根本性变革，同时也为神话作品的搜集与保存提供了便利，各种视频与图像、文本处理技术已能够承担神话演述向"超文本"记录形态的转化。目前媒资或网络技术对神话资料的呈现提供了硬件环境，在这种学术平台的构建过程中，亟需解决数据处理的"软件"支持，在神话数据的梳理与神话数据的检索方面，"母题编码"恰恰可以承担这方面的功能。

（2）母题编码的"检索词"功能。通过母题代码，可以在神话类型、神话文本、神话的民族属性、神话流传地区、神话图像与文本、中外神话比较等多个领域建立快捷的关联，这种新的数据分析方法，会为中国乃至世界神话学学科建设做出应有贡献。

4　研究方法

4.1　资料学研究方法

对中国神话母题编目研究而言，资料学研究是处理数量浩瀚的神话作品的有效手段之一。由于各民族神话资料的丰富性和民族语言的多样性，大量的资源难以根据目前的学科分类标准和现成的关键词（检索词）进行精细加工。为此，有必要应用资料学方法强化神话文本的分类与梳理，研制资料的版块结构，经过资料理论建构和研制数据模型，建立起现代信息技术条件下系统的神话资料数据库，使神话母题信息的组织体现出表述功能的整体性和关键语词交互检索的便捷性。

4.1.1 **神话资料界定。** 研究神话采用什么样的材料，不仅仅是一个简单的方法问题，而且直接关系到研究的效果和深度。W 编目中母题的来源主要是神话文本，但这些神话资料不局限于概念意义上的"单纯的神话"文本。根据本书设定的神话母题的本质和特点，它可以出现在史诗、传说、民间故事等叙事文学或其他宗教典籍、仪式之中。本书认为，诸如史诗、传说、民间故事等的文类中自然会保存一些神话母题，这些文本可以作为母题析出的辅助性资料。

许多学者试图对神话文本做出相应的界定，是正常的而且必要的，这是任何一项科学研究应该遵循的规则。但事实上，我们不可能强求所有的人按照同一个标准去分析所有的问题。因为任何一个看似简单的研究客体，都以特定的时空形态而存在，因而是立体的和演变的，即使是一个看似固化了的文本，也会由于时代的变迁而滋生出与鉴赏者相适应的新含义。神话文本及其界定亦然。好在本书的主导意图不想执意于关注任何一部作品的精细语境，也没有必要机械地局限在辨析它究竟是不是一个真正的"神话文本"而消磨时间，只是观察这部作品是不是具有"神话元素"，即我们所界定的"母题"。由此才会有一些学术研究的超脱或轻松。如不少研究者在研究晋代干宝的《搜神记》时，认为这部带有志怪性质的作品集辑录的文本不是神话，而是文人对社会中流传的一些虚幻故事的加工整理。事实上，对于干宝本人而言，似乎更多表现出对这些事件深信不疑。据史料记载，干宝本好阴阳术数，甚至自述了不少"神遇"，如他的父亲的侍婢随其父入葬数年不死，干宝的兄长死亡之后几天后复活，等等。这些事情的真假我们暂且搁置起来，不能否认的是，魏晋时期的巫术之风混杂着大量的神话成分，这些神话母题无论是在民间还是在当时的文人创作中都有时隐时显的反映。隐也好，显也罢，它提示我们，绝不能因为它是后世的作品就认为没有神话母题。同样，如果我们简单地认为晚近的故事、戏剧、小说以及种类繁多的文化产品中可以与神话母题物理隔绝，同样会有梦呓之嫌。所以，从一定数量的非神话作品中提取神话母题，也似海中取盐，自有其味。

从不同的角度可以把神话划分出不同的类型。大致有以下几种主要情形：

（1）口头神话。大多数少数民族在漫长的历史发展过程中，虽有悠久的历史，却没有固定的文字形式，神话作品全靠民间口头的形式代代相传。如中华人民共和国成立前，在我国55个少数民族中只有蒙古族、藏族、维吾尔族等21个少数民族有文字，其他34个民族没有文字。不仅这些没有文字民族的神话需要口耳相传，即使有文字民族的神话也往往需要靠口传形式流传下来。这些民间口传的神话具有流传的不稳定性，也可以称之为"活态神话"。

（2）文献神话。所谓"文献"，现在通常理解为图书、期刊等各种出版物的总和。文献是记录、积累、传播和继承知识的最有效手段，是人类社会活动中获取信息的最基本、最主要的来源，也是神话保存和流传的基本手段之一。当文字产生以后，有的民族往往把自己的神话用本民族文字固定下来或由其他民族用其他文字保存下来，于是形成了文献神话。从这个意义上说，口头流传的神话一旦用文字固定下来，就会成为文献神话。

（3）文物神话。文物是人类在历史发展过程中遗留下来的遗物、遗迹。各类文物从不同的侧面反映了各个历史时期人类的社会活动、社会关系、意识形态以及利用自然、改造自然和当时生态环境的状况，是人类宝贵的历史文化遗产。这些遗产中往往隐藏着丰富的神话因素。如岩画、古代雕刻、绘画、宗教器物、民族服饰等都有神话的印记。

（4）民俗中的神话。众所周知，在目前许多民间祭祀、集会等民俗活动中都会包含一些神话的内容。此外，许多其他民间叙事体裁也会保存大量的神话。这些民间文体包括史诗、传说、故事、歌谣、叙事诗等，也会涉及许多神话情节或神话元素，神话母题就包含其中。

4.1.2 **W 编目神话资料的主要来源。** 母题的来源渠道是多元的，本书主要涉及如下一些基本资料：

（1）国内外公开出版发行的相关出版物。如《中国民间故事集成》、《中华民族故事大系》以及相关神话专题作品集、神话学著作。

（2）未公开出版但具有权威性的出版物。包括各地方编印的《中国民间故事集成》（县卷本），各地文化部门编印的地方性文化资料。

（3）学术期刊。一些权威学术期刊收入的神话学论文中所列举的神话文本实例，往往包含着有价值的神话母题。

（4）个人田野调研搜集的材料。根据当今一些民族仍有神话在民间口头流传的现状，近 30 年来对中国 40 多个少数民族做过相关田野调查，这些第一手材料有助于母题的提取。

4.1.3 **W 编目神话资料的使用。** 在本项目的研究实际与本书的写作实践中，共涉及目前国内外公开出版的中国神话文本 12600 余篇，其中个人田野调查采录 1200 余篇。这些神话文本兼顾了一些重复的神话文本的异文，主要包括以下几种情况：

（1）流传于不同地区的同一部作品。

（2）不同讲述人讲述的同一部作品。

（3）不同搜集者搜集的同一部作品。

（4）不同出版物收集的表述上有差异的同一部作品。

4.2 母题提取方法

本书抽取了常见神话的一些典型母题，并非完全归纳。关于本神话母题编目中的各类母题的"归纳"，不再赘言。在此，简单说一下各类母题逻辑关系中的"演绎"。

4.2.1 **神话母题提取方法的依据。** 被黑格尔称为"现代哲学之父"的法国哲学家笛卡尔在建构知识体系时，曾把本体论与方法论通过设定的"理性"有机联系起来，以探究确定性的知识。其中一个重要的指导思维的原则就是"马特席斯"（Mathesis Universalis），即"普遍科学"。借助这一理念，我们可以推测出，任何一类事物的本来的自身秩序决定了认识事物的秩序，进而从最简单容易的事物逐步深入到复杂事物，可以形成一个具有精确度量关系的自然的序列。"马特席斯"理论在神话母题编目的设定方面，同样可以作为一种理性思维方式和认识论原则，引导人们运用直观—演绎的规则提取母题。母题提取过程中的"直观"不是感性经验意义上的直观而是理性直观，理性直观可以使我们从神话文本的纷繁复杂的现象中通过知识经验（这里可以认为是一种理性）抽取出最基本的母题范畴并运用相应的符号予以确定，形成直观的命题式的母题描述和编码。据此进一步推论演绎出其他一系列母题。其基本过程是，先从复杂神话文本中分析出最简单母题项，然后在若干母题归纳的基础上再逐步探讨各类型母题项间的逻辑关系或时空关联性。

4.2.2 母题提取方法。神话母题以神话文本为基础进行自然叙事元素的分析，采取归纳与演绎互补的方法，其中的演绎推论中涉及的母题顺序是先验的，这种"先验"会努力考虑到各类型母题特别是同一类型母题间的环环相扣和因果关系，这对叙事的母题解构和母题序列编制大有裨益。

4.2.3 其他问题。在母题提取过程中既要考虑到语义切分与概括的规范，同时还要照顾到神话语境、文本内容、母题句法、母题组合的通约性等因素。

4.3 主要研究过程

本编目从母题文本研究到最终母题编目呈现是一个复杂而艰辛的过程。一方面要准确记忆与反复论证，另一方面要积极应用现代技术手段排列组合。整个过程大致可以分解为以下几个相互交织的阶段：

（1）采集神话以及与神话相关的文本。包括古代文献文本与田野调查采录整理的口头文本。

（2）借助于现代技术与手段，将神话文本转化为便于检索与摘录的电子文本。在计算机上形成自己的神话数据库，并随着积累不断梳理和调整类型，为下一步母题类型的建构做好资料准备。

（3）在大量神话文本阅读基础上，提取一定数量的核心母题或基础性母题。提取母题时，应注意母题信息的完整性，即任何一个母题的注脚都应包括作为母题来源的"作品名称、讲述人、讲述人民族归属、采录者、翻译者、作品形成时间、流传地点、语境、作品析出的出版物名称、出版者、出版时间、母题在出版物中的页码等"，有些信息不全的文本可空缺相应项。这些信息将成为此后母题价值判断和真实性查证的重要依据。同时系统阅读国内外关于母题的学术成果，去粗存精形成自己的母题理论。

（4）利用相应的自然科学方法建构母题体系。如利用微积分、拓扑学知识对母题排列进行预测，利用统计学方法对母题概率进行统计等。据此不断调整母题类型间的均衡性，逐步达到较为丰富的母题数量。

（5）形成自己的母题资源之后，全文翻译美国民俗学家斯蒂·汤普森《民间文学母题索引》①（下文有时简称 TPS 索引）6 卷本。将自己提取的母题与 TPS 索引中的全部母题逐一对照，查遗补缺，进一步调整或修正母题类型与母题描述。

（6）使用"Microsoft Excel 工作表"对各类型已有的母题进行自然排序与编码，

---

① Stith Thompson, *Motif-index of Folk-literature：A Classification of Narrative Elements in Folktales，Ballads，Myths，Fables，Mediaeval Romances，Exempla，Fabliaux，Jestbooks，and Local Legends*（V1 – 6），Bloomington, Indiana Universty Press, 1989.

该工作表中应带有上述（3）中所说的"母题来源信息"。通过观察与分析进一步修正与调整母题。

（7）将"Microsoft Excel 工作表"转化为便于操作的"word 文档"格式。在"word 文档"格式下，每一个大类下面的母题按照一定的逻辑关系进行三个层级的划分。这个阶段应该进行类型间的跨类调整，并对一些关联项做出必要的标记，以免某些母题在不同的类型中反复出现或重复编码。

（8）在不断充实母题和修正母题编码的基础上，通过设置计算机模块检索改进母题类型编排与表述，努力实现母题类型的规范化和母题表述的科学性。

5 母题编目的类型

5.1 W 编目 10 大类型母题的设定

本 W 编目针对中国各民族人类起源神话的特殊情况和神话元素细分的复杂性，在对神话母题全面分析比较的基础上，将母题划分为 10 大类型。为便于了解这些类型的设定，先列举汤普森关于神话母题的分类。

（1）TPS 母题索引中的神话类母题（A 类）细目[①]

序号[②]	母题编码范围	名称	序号	母题编码范围	名称
1	A0～A99	造物主（造物者）	8.3	A1400～A1499	文化的获得
2	A100～A499	神（众神）	8.4	A1500～A1599	习俗的产生
2.1	A100～A199	神的概说	8.5	A1600～A1699	民族的分布与差异
2.2	A200～A299	上界神	9	A1700～A2199	动物起源
2.3	A300～A399	下界神	9.1	A1700～A1799	动物创造概说
2.4	A400～A499	地上的神	9.2	A1800～A1899	哺乳动物的创造
3	A500～A599	半神半人和文化英雄	9.3	A1900～A1999	鸟类的创造
4	A600～A899	宇宙起源	9.4	A2000～A2099	昆虫的创造
4.1	A600～A699	宇宙	9.5	A2100～A2199	鱼和其他动物
4.2	A700～A799	天堂	10	A2200～A2599	动物的特征
4.3	A800～A899	地球	10.1	A2200～A2299	动物特征的各种原因
5	A900～A999	地形地貌	10.2	A2300～A2399	动物身体特征的原因
6	A1000～A1099	世界灾难	10.3	A2400～A2499	动物外貌与习性的原因
7	A1100～A1199	自然秩序	10.4	A2500～A2599	动物的其他特征
8	A1200～A1699	人类起源与特征	11	A2600～A2699	植物的起源
8.1	A1200～A1299	人的创造	12	A2700～A2799	植物的特征
8.2	A1300～A1399	人的特征的安排	13	A2800～A2899	其他母题

① TPS 索引中的神话类母题（A 类），汤普森在《民间文学母题索引》中将神话母题列为"A"类。据汤普森编码共包括 2877 个一级母题（自然数母题，中间存在若干空号），如果包含 5 个层级的母题，母题总数为 5707 个。

② 序号，原书中并无这些编号，此处是本书根据表述的需要加的。

（2）W 编目的 10 个类型的设定。针对中国各民族神话叙事的丰富性和特殊性，根据中国神话母题编码和编排的需要，将母题分为 10 大类型。列表如下：

类型序号	类型代码	类型描述	母题编码范围
1	W0	神与神性人物	W00 ~ W0999
2	W1	世界与自然物	W1000 ~ W1999
3	W2	人与人类	W2000 ~ W2999
4	W3	动物与植物	W3000 ~ W3999
5	W4	自然现象与自然秩序	W4000 ~ W4999
6	W5	社会组织与社会秩序	W5000 ~ W5999
7	W6	有形文化与无形文化	W6000 ~ W6999
8	W7	婚姻与性爱	W7000 ~ W7999
9	W8	灾难与争战	W8000 ~ W8999
10	W9	其他母题	W9000 ~ W9999

上表中的每一个大类的自然数母题数量理论定位为 1000 个，本书共提取出约 10000 个自然数编码的母题（在编排过程中，有个别自然数编码母题空缺）。这些自然数母题一般为"一级母题"或"二级母题"。每一个自然数母题之后根据母题内容或意义方面的联系，又分为下一级的"二级母题"或"三级母题"。

10 大类型母题划分时考虑到其中的区别与联系。如"0 神与神性人物"，排列在最前面，通过各类神的优先浏览，可以对神话文本描述的对象有一个先决式的判断。此后的第二类"1 世界与自然物"，主要关注创世神话的"天地日月、山川河流"等的起源与特征，这样就为第三类"2 人与人类"中人的产生与特征的形成做好了铺垫，然后第四类"3 动物与植物"转向人类对动植物的关注，接下来就是对"秩序"、"文化"、"婚姻"、"灾难"等类型的设定。可以说，这样设置从一定程度上减少了 TPS 索引中母题类型编排的随意性。关于各类母题内容自身的逻辑关系、例证，可参见本《说明》："3.2.3 W 编目的分析功能"中的"洪水神话母题示例"和本《说明》："6.4.1 10 大类型母题分类编排的内容关系"。

5.2 母题归类中的几种特殊情况

5.2.1 交叉母题的处理。一些神话叙事中出现母题的交叉和杂糅是非常普遍的情况。一部作品可能同时存在不同类型母题或交叉母题，为了母题编目结构的完善和版面的清晰，编目表中一般不重复使用相同母题描述或"引例"，但以"关联"的形式标出曾出现的母题代码及描述，以便对照。

5.2.2 母题代码的标注。一般只标出具有比较价值的典型代码。

5.2.3　母题描述的复杂性。各个民族甚至同一个民族的神话中对于同一性质的神或神话现象的命名、神话事件元素的设定等，可能会有不同的名称。

5.3　W 编目母题数量统计

本 W 编目 10 大类型采用了三级类目逐级划分的方式。三个层级的母题总数为 33469 个。具体母题数量统计如下：

序号	类型名称	一级母题	二级母题	三级母题	合计
0	神与神性人物	566	1989	2142	4687
1	世界与自然物	398	1603	2606	4607
2	人与人类	421	1488	1448	3357
3	动物与植物	510	1880	2281	4681
4	自然现象与自然秩序	290	1010	1179	2479
5	社会组织与社会秩序	244	877	1111	2232
6	有形文化与无形文化	443	1484	1439	3366
7	婚姻与性爱	347	956	1008	2311
8	灾难与争战	376	1143	1136	2655
9	其他母题	403	1393	1298	3094
合计		3998	13823	15648	33469

注：该 10 大类型母题的逐级细分，可参见本书《母题类型目录》中的母题类型层级。

6　母题编目的编排

本书作为中国神话研究带有通约性质的学术成果和工具书，在体例编排方面采用国际通行的数表形式，力求简便易行，适合广大读者和研究者快速检索。在结构方面，注重了形式与内容的内在逻辑关系，尽可能做到神话类型和不同类型母题之间关系的清晰。

6.1　母题编目表述规则

为展现《中国神话母题 W 编目》的逻辑性、直观性、检索便捷性以及便于对照，本编目在形式上采取了表格与注释相结合的表述方式。

6.2　母题编目表述的构成

可以分两个方面说明。

（1）宏观编排结构方面，母题编目的主体由"类型说明"、"母题图表"和

"注释" 3 个部分构成。

（2）具体母题表述方面，一个具体母题一般包括"W 编码"、"母题描述"、"参照项"与"注释" 4 个部分。各部分表达了相应的母题信息。

6.3　各类型神话母题的表述

神话母题可以划分为语境母题、名称母题和情节母题等不同情形，根据这种表征事象的复杂性，很难使用同一种句式结构程式进行概括。本书在尽可能避免因文害意的前提下，照顾到如下几个方面的通约性：

（1）母题一般为一个名词、名词性词组或名词性短语。

（2）同类母题表述为名词性词组时，采用相同的语法结构。

（3）同类母题表述为名词性短语时，尽量采用主谓语法结构，保持表述主体的一致性。

6.4　各类型神话母题的编排

了解本书母题类型的编排规则和内在逻辑，对熟练使用本书母题检索系统具有很好的帮助。

6.4.1　10 大类型母题分类编排的内容关系。10 大类型神话母题类型的排列具有内在的逻辑关系。如，本编目正文的第一类型设置为"W0 神与神性人物母题"。这些"神"或"神性人物"是神话叙事的主要对象，W0 编目对此全面梳理与展示，是我们了解神话的基本前提和主要基础。因此放在本编目的第一部分。

第二大类型"世界与自然物母题（W1）"，属于创世神话的重要内容，是第三大类型"人与人类母题（W2）"涉及的重要背景，也符合一般神话叙事中"先有万物再产生人"的表述顺序。第四大类型"动物与植物母题（W3）"则是第三大类型"人与人类母题（W2）"的自然延伸，人们关注自身之后，还要关心与自身密切相关的动植物世界。

第五大类型"自然现象与自然秩序母题（W4）"和第六大类型"社会组织与社会秩序母题（W5）"，表现的是人们在神话中对周围世界和社会形态的认识和把握，其中"自然现象与自然秩序母题（W4）"也在另一个侧面进一步补充了"世界与自然物母题（W1）"中一些不便于勉强编排的内容，如第五大类型中的"4.6.2 日月的秩序"，这类内容更多地体现出人类对自然现象规律性的认识和解释，若放在第二大类型"1.4.1 日月的产生"或"1.4.2 日月的特征"中，就会显得有些不伦不类，过于生硬。所以，第五、第六类型更侧重于人类在神话中对自然和社会知识、规律的探索。

第七大类型"有形文化与无形文化母题（W6）"、第八大类型"婚姻与性爱母题（W7）"和第九大类"灾难与争战母题（W8）"，从三个不同的侧面展现了神话中人类的文明的产生、家庭道德的进程以及与人类命运休戚相关的重大事件。三者从宏观、微观以及不同的时空视角审视着人类漫长的历史，编织出一个反映人类生存与发展立体的平台。

在第十大类型"其他母题（W9）"中，对一些难以归为上述类型的其他母题进行了列举与编排。

至此，总的来看，《中国神话母题 W 编目》在考虑到神话叙事完整性的同时，注重了母题表述的内在结构和逻辑规则，与汤普森《民间文学母题索引》中的 23 类母题的设计与编排相比，本书摈弃了汤氏母题类型过于繁杂、各类型之间缺乏严格逻辑、母题检索规则有失统一等方面的不足。

6.4.2　10 大类型母题分类编排的形式逻辑。神话母题类型代码根据数列表达的通则，首位代码为"0"，末位代码为"9"，排列时采取了 0～9 的代号顺序，将母题划分为 10 个单元。每单元设定的自然数母题 1000 个。每个单元母题的编排总体上采用了形式服从于内容的原则。根据母题编排的实际，自然数母题以一级母题为主体，也包含部分二级母题。

6.4.3　每个类型内部关注到叙事的逻辑关系。如，类型"W2　人与人类母题"中的"造人母题"，在具体表述中会按一定的叙事逻辑顺序，把其所包含的母题依次表述为：

（1）造人的时间

（2）造人的原因

（3）造人者

（4）造人的材料

（5）造人的方法

（6）造人的结果

（7）与造人有关的其他母题

同样，其他类型的母题也会发现类型内在的逻辑关系。如，类型"W8　灾难与争战母题"中的"洪水"母题也是如此。一级母题之下可以划分出二级母题、三级母题等。不同层级分别用小数点的多少加以区分。具体情况参见本书《凡例》："3.2.2　W 编码样例说明"编号 3。

6.5　母题编码编排中其他问题

6.5.1　编码空号现象。在母题编码中，根据实际情况或因为母题调整，会出现极少数母题编码空号。

6.5.2　其他栏目空缺内容现象。

（1）"汤普森"栏中的空缺，反映的是汤普森《民间文学母题索引》中没有此母题。

（2）"关联项"栏中的空缺，反映的是原文本中缺少该母题的流传民族的信息，或者作者目前未找到合适的例证等。

6.5.3　页码脚注。一些不便于在表格中呈现的其他内容，在本页采用了脚注的形式。

在脚注中，也照顾到读者进行相关信息检索时的某些习惯或逻辑关系。举例如下：

（1）【关联】对"关联母题"说明有多个母题时，按母题代码编号的数字大小排列。

（2）【引例】中的"示例"或"引申例证"涉及两个或两个以上民族时，一般按这些例证的民族属性的音序排列。当然，中国各民族是平等的，不应有特定的排序。这里只是根据研究以及表述的需要，按民族名称的音序拟定出不同的民族排列顺序。本书 56 个民族的排列顺序，见本书"附录 2　W 编目中国各民族排序表（音序排列）"。

6.5.4　未来增补新母题编码的编排。《中国神话母题 W 编目》是一个开放性的母题代码体系。尽管书中对所有的母题均作出唯一性的编码，这并不影响今后发现的其他新母题能够编入该母题编目体系中。主要有以下几种方法：

（1）有的母题类型预留了相应的编码。

（2）每个母题类型的最后一个自然数母题一般采用"与 xxx 有关的其他母题"的表述，一些新发现的母题合适时可以作为该母题的下一级母题增加到其中。

（3）一些新发现的母题也可以根据编排的逻辑关系，放置到任何一个原设定母题之后，采取原母题代码之后"＋（1）"、"＋（2）"、"＋（3）"的编码形式。

7　W 编目与汤普森（TPS）索引比较

7.1　借鉴 TPS 索引中的合理成分

TPS 索引中许多神话母题和非神话母题类型均可以作为中国神话母题 W 编目的有益参考。具体情况参见本书"附录 3　汤普森（TPS）母题类型表"。

值得注意的是，虽然 W 编目借鉴了 TPS 索引的关系。全部神话母题编目与目前国际通行的汤普森《民间文学母题索引》中的母题索引做出相应对照，在编目中将 TPS 母题编码对应列出，以便研究者对照使用。

7.2　TPS 母题索引存在的缺陷与问题

毫无疑问，汤普森在 20 世纪编制完成的包含了世界上五大洲许多国家的著名民间故事的母题索引，是一个庞大的创造性工程，由于涉及民间故事、叙事诗、神话、寓言、中世纪传奇、轶事、幽默笑话以及地方传说等众多文类，内容过于庞杂，再加上当时研究条件和信息技术手段的限制，在繁杂类型的母题编制中难免出现众多纰漏，主要表现在以下几个方面：

7.2.1　类型关联性方面。汤普森母题索引设计的 23 个类型过于繁杂，各类型之间缺少规则性的关联。如 A 类位神话类母题索引，这个类型中设定的 2877 个一级母题只划分出"造物主、三界神、半神半人、文化英雄、世界起源、世界灾难、自然秩序、人类起源、动植物起源"等一些基本神话母题类型。事实上，每则神话都可以作为人类传统文化记忆的经典，具有叙事的完整性和典型性，那么就必然会涉及人类早期生产生活，对诸如"禁忌"、"性与婚姻"、"社会秩序的产生"、"生命与死亡"、"宗教"等问题做出必要的解释。由于汤普森母题索引的类型过于庞杂，这些神话文本的重要母题，则被列入其他类型之中，如"C"类"禁忌"，"E"类"死亡"，"P"类"社会"，"U"类"生命的本性"，"V"类"宗教"等。这样必然会人为地割裂神话母题分析的完整性和针对性。

汤普森母题索引设计的类型与母题之间的关联性过于松散，检索母题时往往会忽视"母题"与"类型"的联系。如汤普森母题索引在"A"神话母题中已经列举出"动植物起源"母题，又在"B"类整个类型中专项列出"B0～B899"为"动物"母题，划分出"神话中的动物、特异的动物、有人的特征的动物、友好的动物、人与动物婚、想象的动物"等具体的下一级类型。同样，"动物"作为叙事文学的重要内容，在汤氏索引中虽然在"A"、"B"两个类型中都有所体现，但仍难以自圆其说，于是在"U"类母题"生命的本性"又列出了"动物的不同本性的来历"等母题类型。这样，如果我们据此去分析一篇关于特定的"动物特征来源"的神话时，很难在汤普森的神话母题索引中找出对应项。

7.2.2　汤普森母题设计的随意性较多。一是许多同类型母题的排列过于随意。如汤普森"A"类神话母题索引中"A600～A699"母题段为"宇宙"，"A700～A799"母题段为"天堂"，但汤普森把本该属于"宇宙"的"太阳"母题列为"A710～A739"，归类在"天堂"母题段。接下来对"太阳"母题的细分中，更显示出层级的随意增添，如"A736"母题名称是"太阳像人类"，此母题细分出二级母题：A736.1"日月是一对男女"。此母题再分出三级母题：A736.1.1"太阳妹妹和月亮哥哥"，A736.1.2"太阳哥哥和月亮妹妹"……A736.1.4"日月结婚"等，三级母题"A736.1.4"之下又细分出四级母题：A736.1.4.1"当太阳吃掉日月生的孩子只剩下 2 个时，日月发生争吵"；接着，又分出第五级母题：A736.1.4.1.1"月亮杀死太阳的孩子"。显然到这里我们会感觉到"A736.1.4.1.1"这样的母题编码与它所属的 A736"太阳像人类"并没有很强的关联，反而与汤普森非神话类的"S"类型母题"残虐"中的"残忍的亲属"或"谋杀与残害"更为接近。

不再累举，上述问题正是本书母题编排与编目中尽力避免或改进的内容。具体情况参见本书《凡例》中的相关说明。

7.3 W 编目对 TPS 索引的修正与改进

原因如上，W 编目并没有采用 TPS 母题索引的母题类型代码与母题编码。本编目主要对 TPS 索引中的母题做出如下几个方面的修正与改进。

7.3.1 增加神话母题数量。根据中国各民族神话母题的实际情况，增加了大量的符合中国神话特点的母题，并作出相对概括的母题描述和数字代码，W 编目提取的中国神话母题的数量为汤普森神话母题总数的 6 倍。需要说明的是，W 编目对 TPS 神话母题的扩展并非泛神话观。有些读者在使用本母题时，可能会觉得有些 W 编目中有些神话母题似乎过于宽泛，其本质不能成为神话母题。出现这种分歧有很多原因。其中之一是神话感知经验。由于人们感知世界的经验千差万别，会使他们面对同一个文化对象时，往往产生截然不同的判断，这类情况表现在人类生产生活的各个方面，甚至人类进入文明社会以来，对于真善美的标准也一直争论不休。如"大禹"到底是"人"还是"神"，在历史学家那里，当然是实实在在见于史册的历史人物，而在"大禹化黄熊"的讲述人和大禹庙前虔诚的祭祀者那里，则会把他视为神灵。所以是否列举为神话母题并不能完全取决于文本，本编目更关注的是这个母题有没有针对于神话叙事的分析价值。

7.3.2 界定神话母题范围。根据神话叙事与母题分析的需要，将 TPS 索引中一些非神话母题调整为神话母题；将 TPS 索引中神话母题中的一些非神话母题剔除。

7.3.3 调整神话母题排序。通过对"母题"识别、类型结构的系统建构建立新的排序，划分为便于整合和调整的 10 大类型，具体情形见本《说明》中的"5 母题编目的类型"，这些类型进一步增强了中国神话母题间的时空逻辑性和形式逻辑性。

8 母题编目的实证

8.1 关于《中国神话母题 W 编目实例》

作为《中国神话母题 W 编目》实证的是《中国神话母题 W 编目实例》。本书作为一部重点展示母题编码与表述的工具书，虽然增加了"汤普森母题索引全文对照"、"神话母题民族属性示例"、"母题例证"等附加信息，但要全面了解中国各民族神话母题的概况还需关注与之相关的其他内容。鉴于中国神话母题 W 编目的丰富性和复杂性，必须有相应的中国神话母题各类型编目实例作为各个母题的例证和补充。为此，本书作者将陆续出版《中国神话母题 W 编目实例》系列丛书。

8.2 《中国神话母题 W 编目实例》篇目名称

具体篇目名称及相关说明见本书"附录 4 《中国神话母题 W 编目实例》简介"。

在神话母题实例将全面显示母题的属性、原文出处等相应信息。

9 其他事项

9.1 W 编目创新之处

（1）《中国神话母题 W 编目》是目前国内外一部系统的关于中国神话母题表述、编码与检索的工具书。

（2）本编目正文的表述采取了直观的图表形式。不同层次的母题序列能展示出各类母题的层级关系，增强了母题外在表现形式的逻辑性和系统性，便于读者根据不同的序列对母题加以比较分析。

（3）本编目设置了与汤普森全部民间文学母题对照的栏目，便于国际间叙事文学的关联性研究和比较研究。

（4）本编目图表中对一些母题附加了注释，丰富了母题的内涵与外延。

（5）《中国神话母题 W 编目》的所有母题均为王宪昭个人对中国各民族神话母题的提取、归纳和界定。

9.2 W 编目的局限

（1）本母题体系在采集过程中，涉及数万神话、传说、民间故事以及其他相关文本。由于我国民族成分自身的多样性，一个民族之中可能流传一些截然不同的观念或母题，或者由于神话传说作品搜集时间、采录背景、翻译等方面的原因，有时对每种图书观点的可信度甄别比较困难。对此，作者采取了客观辑录的学术通则。神话作品数量众多内容复杂，因条件限制难以系统考证，会出现母题提取不准确或挂一漏万的情况，有时可能不能准确地反映一个民族的神话母题传承的主流。这类情况将根据信息反馈及时更正。

（2）中国各民族神话情形非常复杂。本编目建立在作者个人的神话资料积累基础上，在母题提取、表述及结构编排方面主要依赖于个人主观理解，难免有其他不完善之处。

（3）本编目尽管容纳了 10 大母题类型的 33000 余个母题，但有些层级母题的列举只能是有选择的例证，难以完全归纳。对此本编目设定了相应的开放式表述结构，读者可以据此进行必要的修订或增补。

9.3 其他补充说明

9.3.1 **著作版权**。《中国神话母题 W 编目》以及实例系列中的全部母题代码、母题描述、关联项设定、实例选取、图表设计、编排体例、出版版式等均为王宪昭研究成果，适用《中华人民共和国著作权法》的保护。该成果所有内容未经作者本人授权，任何单位和个人不得擅自修改、翻译和应用于商业用途。

9.3.2 **使用授权**。《中国神话母题 W 编目》以及实例系列中的所有内容凡经正式出版发行，读者将获得正式出版物的所有权利，包括各种形式的引用、批评等。

9.3.3 **解释与修订**。本书所有母题编码及其表述具有唯一性和永久性，作者对本书具有最终解释权和补充修订的权利。

凡　例

为便于读者较快了解和熟练使用《中国神话母题 W 编目》，特编制本凡例。

1　凡例概说

1.1　凡例的内容

本书属于中国神话母题学研究，在中国神话母题的阐释与表述中赋予了许多新的内容。在凡例内容设定时，重点选取了以下若干与本书使用相关的内容。

1.1.1　母题检索凡例。

1.1.2　正文凡例。

1.2　凡例的形式

1.2.1　凡例采用图表的形式。

1.2.2　凡例中的各项按照在正文中出现的顺序排列。

1.3　凡例适用范围

1.3.1　本凡例适用于神话母题 W0～W9 编目全部类型。

1.3.1　本凡例同时适用于《中国神话母题 W 编目》系列出版物（详见本书《说明》："8.2.《中国神话母题 W 编目实例》篇目名称"。

2　W 编目母题检索方法

母题检索可以通过如下 4 种形式：（1）目录检索；（2）关联项检索；（3）页眉标注检索；（4）母基检索。

2.1　目录检索

2.1.1　目录检索功能。"母题类型目录"是中国神话母题 W 编目检索的类型引导与提示。"母题类型目录"主要包括如下几项内容：

（1）W 母题编目的 10 大母题类型。

（2）母题类型的层级结构。

（3）母题的各层类型名称及各类型包含母题的编码范围。

2.1.2　"主要母题类型目录"使用凡例。"母题类型目录"标注的是 W 母题编目的主要母题类型构成。示例及解释如下：

编号	项目或符号	位置	示例	解释与说明
1	10 大母题类型标题	目录与正文	❶0　神与神性人物（代码 W00～W0999） ❷9　其他母题（代码 W9000～W9999）	①W 编目的 10 大类型的类型标记。标记符为小数点前的数字。 ②10 个母题类型由 "0～9" 10 个自然数加 "." 构成。自然数 "0" 至 "9" 是类型代码。 ③在目录中居中编排，不标记页码。 ④括号内的数字表示该类型的具体母题数量与范围。
2	10 大母题类型的一级类型	目录与正文	❶0.1　神的概述（W00～W0179） ❷1.1　世界（宇宙）起源概说（W1000～W1099） ❸6.3　图腾与崇拜（W6280～W6449）	①10 大母题类型的第一级母题类型标记。标记符为小数点后的第一个数字。 ②第一级母题类型与 10 大母题类型有从属关系。如示例❷，表示该类型属于 "0　神与神性人物"。括号内的数字表示第一级母题类型的具体母题代码范围。 ③一级类型在目录中靠左编排，标记页码。 ④可以据此查阅 10 大母题类型中的第一级目录分类。
3	10 大母题类型的二级类型	目录与正文	❶0.1.1　神的产生（W00～W059） ❷0.1.2　神的特征（W060～W089） ❸0.1.6　神的工具与武器（W0135～W0139）	①10 大母题类型的第二级母题类型标记。 ②第二级母题类型与第一级母题类型有从属关系。如示例❶，表述该类型母题属于 "0.1 神的概述"。 ③在目录中靠左编排，标记页码。 ④可以据此查阅 10 大母题类型第一级目录下的第二级分类。

2.1.3　其他说明。本目录主要适用于母题类型的检索，对于具体母题的检索需要与其他检索形式结合使用。

2.2　关联项检索

具体检索方法，参见本《凡例》："4.3.3　关联母题"。

2.3　页眉检索

本书页眉的设计增加了相应的母题检索功能。

2.3.1　页眉检索功能。 为方便读者通过相关检索查找具体母题，在每页页眉处设置了相应的母题类型和本页母题编目范围提示。

（1）页眉检索提示标记有清晰的页码序号。

（2）页眉检索中标有母题类型提示。为增强检索的针对性，该母题类型提示精确到10个母题类型中每个类型的第二级母题分类。如，第一类"0　神与神性人物"的第一级母题类型是"0.1　神的概述"；"0.1　神的概述"的下一级类型有"0.1.2　神的特征"。那么，"0.1.2　神的特征"这类母题就是"每个类型的第二级母题分类"。

（3）通过类型的定位，有助于较快查找到该类型包括的相关母题。

2.3.2　页眉使用凡例

编号	项目或符号	位置	示例	解释与说明
1	母题代码查询提示	奇数页页眉	❶0.1.1　神的产生 ‖ W042—W046.3 ‖　7 ❷0.6.1　文化英雄 ‖ W0589.3—W0599 ‖　101	①右边为页码序号。 ②"‖ W042—W046.3 ‖"表示该页母题代码范围。 ③"0.1.1"、"0.6.1"表示本页母题所属的母题类型（精确到第二层级）。
2	母题代码查询提示	偶数页页眉	❶8　‖ W046.4—W055.3 ‖ 0.1.1　神的产生 ❷102　‖ W0600—W0611 ‖ 0.6.1　文化英雄	①左边为页码序号。 ②其他表述形式同上。

2.4　母基检索

本书"附录1　《中国神话母题 W 编目》基本母题检索表"，因其符合母鸡下蛋的规则，也可称之为"母鸡检索"。

2.4.1　母基检索的功能。

（1）本检索表可以帮助读者较为便捷地查找各类母题。

（2）本检索包括约10000个基本母题，对查找第二层级或第三层级母题具有更为直接的定位作用。

2.4.2　母基检索凡例

编号	项目或符号	位置	示例	解释与说明
1	检索标题（10 个类型标题）	母基检索表（居中）	❶ 0　神与神性人物（W00 ～ W0999） ❷ 3　动物与植物（W3000 ～ W3999）	①10 个类型的总标题。由"0～9"10 个自然数构成。 ②表示类型代码和类型名称。 如，示例❶，表示凡是以 W0 为开头的母题都属于"神与神性人物"类型，当读者看到像 W065（女神）、W0109（神的坐骑）、W0171.1.3（鹰是神的信使）、W0907.6（吊死鬼）……这类含有"W0"的母题代码，就会判断它归属于"神与神性人物"。同样，示例❷，凡是以 W3 为开头的母题都属于"动物与植物"类型。 ③10 个类型母题编码范围。 如，示例❶表示，"0. 神与神性人物"类型包含的母题编码范围是"W00 ～ W0999"。
2	检索标题（10 个类型之下的一级类型标题）	母基检索表（居中）	❶ 0.1 神的概述（W00 ～W0179） ❷ 3.2 哺乳动物（W3100 ～ W3299）	①10 个母题类型中，每个类型的第一级类型，由 1 个小数点构成。 如，示例❶表示，"0.1 神的概述"是"0. 神与神性人物"的第一级类型。 ②10 个类型中每个类型第一级类型母题编码范围。 如，示例❷表示，"3.2 哺乳动物"类型包含的母题编码范围是"W3100 ～ W3299"。 ③前面的"1"表示的"W1"母题类型，小数点后的数字表示 W1 编目类型中的第一层级序号。
3	检索标题（10 个类型之下的二级类型标题）	母基检索表（居中）	❶ 0.1.1 神的产生（W00 ～ W059） ❷ 8.2.4 洪水制造者（W8270 ～ W8289）	①10 个母题类型中，每个第一级类型划分出的第二级类型由 2 个小数点构成。 ②每个第一级类型划分出的第二级类型母题编码范围。如示例❷表示，"8.2.4 洪水制造者"母题类型包含的母题编码范围是"W8270 ～ W8289"。
4	基本母题检索	检索中（靠左）	✽ W023 神是生育产生的 ◆ W024 神生神① ◆ W025 神性人物生神 ◆ W026 人生神 ◆ W027 动物生神 ◆ W028 植物生神 ……	①母基检索中基本母题的排列。 ②基本母题排列的包含关系与逻辑关系。 如，"W024"、"W025"、"W026"、"W027"……，内容上隶属于"✽ W023。✽的作用，参见本《凡例》："5.1 特殊符号的使用"，编号 5。 同时，本编目的一般排列顺序遵循统一的原则。如，与上面编码所对应的"神生神"、"神性人物生神"、"人生神"、"动物生神"、"植物生神"等，遵循了"神→神性人物→人→动物→植物"的排列原则。 ③通过一个基本母题的页码提示，读者可以查找到它的下一级母题。见本页脚注①。
5	◎、✿、✽	母题代码之前	❶✿ W7760 婚前难题的形式 ❷✽ W7761 婚前两物相合难题	①表示不同类型的辅助性符号。 ②带有"✿"、"✽"的母题名称本身，带有类型名称的性质。 ③"◎"、"✿"、"✽"，均为母题较大类型的提示，其后若干母题一般与带上述标记的母题有内容方面从属关系。带"✽"标记的母题一般是带"✿"标记母题的下一级类型。如"示例❷"可以看做是"示例❶"的下一级类型。 ④符号功能，也可参见本书附录 5 "W 编目特殊符号使用体例一览表"中的编号 3、编号 5 和编号 6。

① W024 神生神，在 W 编目中，该母题之下设有：W024.1 天神生神，W024.2 地神生神，W024.3 其他特定的神生神，W024.4 神婚生神，W024.5 神生双性神，W024.6 与神生神有关的其他母题。

2.4.3 母基检索的其他问题。

（1）母基检索表中，凡标出页码的母题，除具有帮助读者在正文中检索相关母题页码的作用外，还有上下文母题类型变化方面的提示作用。

（2）母基索引也可以与《母题类型目录》中的母题类型条目配合使用。

3　W 编目主项

《中国神话母题 W 编目》的主项包含 3 个方面的内容，即编目标题、W 编码和母题描述。

3.1　编目标题

3.1.1　编目标题的功能。编目标题具有界定母题类型的作用。

3.1.2　编目标题的使用。编目标题中的标题的表述情况与《母基检索表》中的标题呈现方式相同。具体参见本《凡例》："2.4.2 母基检索凡例"中的下面几项：

（1）编号 1：检索标题（10 个类型标题）。

（2）编号 2：检索标题（10 个类型之下的一级类型标题）。

（3）编号 3：检索标题（10 个类型之下的二级类型标题）。

3.2 W 编码

3.2.1　W 编码样例①

编号	W 编码	母题描述			参照项	
		一级母题	二级母题	三级母题	汤普森	关联项
1	**W1003**	世界是生育产生的				
2	W1003.1		世界生于无			
3	W1003.3		世界是婚生的			
4	W1003.3.1			天父地母婚生世界		
5	W1003.3.2			两性交配生世界		
6	**W8079**	与避难有关的其他母题				
7	W8079.1		避难时的携带物			
8	W8079.1.1			避难时携带特定的人		
9	W8672.14		世界末日时恶魔挣脱牢笼			
10	W8672.14.1			世界末日时妖魔四起		

---

① 样例，本样例从本书 10 类母题 W 编目中随意抽取，均属个案，其中与本项无关的内容省略。以下所有凡例样例的选取与呈现方法相同。

3.2.2　W 编码样例说明

编号	项目或符号	样例编号	示例	解释与说明
1	W	样例 1 样例 2 样例 4	❶ W1003 ❷ W1003.1 ❸ W1003.3.1	①"W"为王宪昭中国神话母题编码标志。表示与汤普森母题索引和其他一些母题分类代码的区别。 ②"W"为王宪昭姓氏"Wang"拼音的首字母代码。 ③"W"为"万"字"Wan"拼音的首字母代码，表示 W 母题以万为基本母题数量单位。由此延伸出以下各个层级的母题。 如，示例❶ W1003；❷ W1003.1；❸ W1003.3.1均表示出母题的层级关系。
2	母题代码构成	样例 1 样例 2 样例 8	❶ W1003 ❷ W1003.1 ❸ W8079.1.1	①母题代码可以由"W+自然数数字"构成。 如，示例❶。 ②本编目母题代码中的数字也可以由"W+带小数点的数字"构成。 如，示例❷、示例❸。 ③本编目的层级目前最多为两个小数点。
3	母题代码的层级关系	样例 1 样例 3 样例 4 样例 6 样例 8 样例 9	❶ W1003 ❷ W1003.3 ❸ W1003.3.1 ❹ W8079 ❺ W8079.1.1 ❻ W8672.14	①在有小数点的母题代码中，小数点表示出层级关系。 如，示例❶、示例❷、示例❸中的"W1003　世界是生育产生的"、"W1003.3　世界是婚生的"、"W1003.3.1　天父地母婚生世界"，分别表现出逐级细分的关系，层级越来越小。 ②小数并非按"十进制"的数学法则。 如，示例❻。 ③从母题理论上讲，母题具有无限划分的可能。 如，示例❺，可以再划分出"W8079.1.1.1"、"W8079.1.1.2"、"W8079.1.1.3"……；又可以划分出"W8079.1.1.1.1"、"W8079.1.1.1.2"…… 《中国神话母题 W 编目》目前暂划分到第三层级母题。 ④母题代码的层级关系也可以由标题或母题内容本身显示。参见本《凡例》："2.4.2 母基检索凡例"中的编号 1、编号 2、编号 3 和编号 5。

3.3　母题描述

3.3.1　母题描述样例

编号	W 编码	母题描述			参照项	
		一级母题	二级母题	三级母题	汤普森	关联项
1	**W2042**	为管理世界造人			（略）	
2	W2042.1		为管理天地造人			（略）
3	W2042.1.1			为管理大地造人		（略）
4	✿ **W3017**	**动物是生育产生的**				
5	**W3018**		神或神性人物生动物			（略）
6	W3018.1			神生动物		（略）
7	W3018.2			始祖生动物		（略）

3.3.2　母题描述样例说明

编号	项目或符号	样例编号	示例	解释与说明
1	母题描述	样例1~6	见样例	①母题描述是对母题含义的概述。 ②母题一般表述为一个名词、名词性词组或名词性短语。 ③母题描述的作用具有检索关键词的功能，绝大多数可以作为作品母题信息检索和关键词著录。
2	母题3个层级一般表示	样例1 样例2 样例3	❶ W2042 ❷ W2042.1 ❸ W2042.1.1	①母题描述分为一级、二级、三级3个层级。 ②母题3个层级一般表示为：一级母题描述对应的是自然数母题代码，如示例❶ W2042；一级母题描述对应的是含1个小数点的母题代码，如示例❷ W2042.1；三级母题含2个小数点，如示例❸ W2042.1.1。 ③W编目中存在部分级与母题代码小数点不对应的情况。
3	母题3个层级特殊表示	样例4 样例5 样例6	❶ W3017 ❷ W3018 ❸ W3018.1	①根据母题代码编排的实际情况和形式服从于内容的母题编排原则，有些母题描述的编排采用了特殊的排列方式。 ②有些自然数母题的描述放在下一级母题描述栏中。 如，示例❶ W3017 和 ❷ W3018；示例❷ W3018 和示例❸ W3018.1。根据本类型母题提取较少的情形，采取了母题描述后移一个层级的方式。

4　W 编目参照项

4.1　参照项的构成

参照项包括2项：

（1）"汤普森"项。W编目母题与汤普森（TPS）《民间文学母题索引》中的母题对照。

（2）关联项。包括母题的"民族属性"、"关联母题"和该母题的"引例"3项内容。参见本《凡例》："4.3.1　关联项的构成"。

4.2　"汤普森"项

《中国神话母题W编目》设置了与汤普森《民间文学母题索引》中相对应母题代码的对照。读者可以据此查对神话母题W编码代码与汤普森母题代码的对应关系。

4.2.1　"汤普森"项样例

编号	W 编码	母题描述			参照项	
		一级母题	二级母题	三级母题	汤普森	关联项
1	**W1001**	世界自然产生			A620	
2	W1002.1.1			世界是创世者创造的	①A610 ②A618	(略)
3	W1023.1		哺乳动物是创世者		≈A13.1	
4	W1950.2		奇特之湖		F713	(略)
5	**W7050**	抢婚			T192	

4.2.2　"汤普森"项样例说明

"汤普森"栏列出的代码是汤普森（TPS）民间文学母题索引中编制的母题代码。主要表示本母题与其他母题意义上的关联性，包括对象相同、功能相似、含义互补等情形。

编号	项目或符号	样例编号	示例	解释与说明
1	TPS 母题类型	样例1 样例4 样例5	◆ A620 ◆ F713 ◆ T192	①在 TPS 母题编码中，前面的英文字母代表母题类型。 ②示例中的 "A" 代表的是 "神话" 类母题，"F" 代表的是 "奇异" 类母题，"T" 代表的是 "性（婚爱）" 类母题。 ③TPS 具体类类参见本书附录3 "汤普森（TPS）母题类型表"。
2	W 与 TPS 母题对应的编码	样例1 样例4	◆ A620 ◆ F713	①W 编目中的母题代码与 TPS 母题代码的对应关系。 ② "世界自然产生" 母题 "W 编目" 代码为 "W1001"，与之相对应的 TPS 编码为 "A620"；"奇特之湖" 的 "W 编目" 代码为 "W1950.2"，与之相对应的 TPS 编码为 "F713"。
3	TPS 代码数量	样例2	◆A610 A618	①TPS 母题代码与 W 编目中的母题代码一般表现为 "一对一" 的对应关系。 ②TPS 母题代码也有多个编码与 W 编目中母题代码相对应的特殊情况。如样例2，表示 "世界是创世者创造的" 母题，有两个 TPS 母题代码与 W1002.1.1 母题相对应。
4	TPS 代码前的 "≈"	样例3	◆ ≈A13.1	①TPS 母题代码与 W 编目中母题有相似之处但不能完全吻合时，用 "≈" 表示。 ② "≈A13.1" 表示 TPS 的该代码母题只是与 "哺乳动物是创世者" 母题相类似。

4.2.3　"汤普森"母题其他说明。可参见本书以下两项：

（1）本书《编目说明》："5.1　W 编目10大类型母题的设定"中的（1）"TPS

索引中的神话类母题（A类）细目"。

（2）"附录3 汤普森（TPS）母题类型表"。

4.3 关联项

"关联项"是本编目内容的重要组成部分，对于检索与本编目母题代码有关的诸多信息具有引导或说明作用。

4.3.1 关联项的构成。母题编目表中的"关联项"包括3项内容：

（1）相对应母题析出神话文本的民族归属。

（2）与相对应母题有关联的其他母题。通过此项可以对神话叙事中相关联的母题进行查找。

（3）相对应母题的母题引例。这些引例可以作为相对应母题的实证，有时也可以作为相对应母题的下一级母题。

4.3.2 民族归属

本编目所显示的"民族归属"是指相对应母题析出的神话文本的民族属性。用表中直接标注或脚注"【民族】＋民族名称"的形式表示。

（1）"民族归属"项样例

编号	W编码	母题描述			参照项	
		一级母题	二级母题	三级母题	汤普森	关联项
1	W2015.1		人最先出现在天上			【独龙族】
2	W2016.2		人产生在水中			【哈尼族、汉族】
3	W1639.1			12个太阳和12个月亮		【苗族、瑶族、壮族】
4	W1649		9个太阳			【民族】①
5	W5787.2			众民族中汉族是老大		【民族，例1】②
6	W9006.1			魔法使人入梦		【民族，联2】③
7	W9038.42		魔杖			【民族，例2】④

---

① 【民族】布依族、鄂温克族、哈尼族、汉族、景颇族、拉祜族、珞巴族、满族、蒙古族、苗族、纳西族、羌族、瑶族、藏族、壮族

② 【民族】独龙族、彝族、藏族。【引例】（略）

③ 【民族】汉族。【关联】（略）

④ 【民族】塔塔尔族。【引例】❶会飞的拐杖【高山族】；❷宝杖可使死人复活【壮族】

（2）样例说明

编号	项目或符号	样例编号	示例	解释与说明
1	民族属性标注	样例1 样例2 样例3	❶【独龙族】 ❷【哈尼族、汉族】 ❸【苗族、瑶族、壮族】	①表示相对应母题提取母题时使用的神话文本的民族属性。 如，示例❶【独龙族】，表示的"W2015.1（人最先出现在天上）"母题提取时使用的神话文本是【独龙族】神话。 ②一个母题涉及多个民族神话文本时，这些民族一并标出。如，示例❷【哈尼族、汉族】；❸【苗族、瑶族、壮族】 ③民族按音序排列。参见本书附录2"W编目中国各民族排序表"。
2	多民族流传同一个母题的标注	样例4	❶【民族】（脚注注释为：①【民族】布依族、鄂温克族、哈尼族、汉族、景颇族、拉祜族……）	①当母题涉及3个以上民族时，为节约编排空间，采用脚注形式。如，样例4的注释。 ②在【关联项】栏以【民族】为标记，在脚注中将涉及的民族一一列出。 ③民族按音序排列。
3	民族属性标注的特殊情况	样例5 样例6	❶【民族，例1】 ❷【民族，联2】	①【关联项】中既有母题"民族属性"，又有"关联母题"、"引例"其他信息时，为节约空间，无论民族数量多少，都将"民族"采用脚注形式。 ②脚注中将相应母题的民族属性，以"【民族】xx族、xx族"的形式标出。 ③民族按音序排列。
4	民族属性标注的其他体例	样例7	样例7注释	①本编目关于民族属性，采用了多种节省空间的形式。 ②在注释中除【民族】后面标注的民族名称之外，如果还有【引例】，则"引例"中标明的文本出处的"民族"，仍视为是该母题所流传的民族。为了避免重复，【民族】之后的"引例"中出现的"民族"名称不再标出。如样例7，"W9038魔杖"母题，有塔塔尔族、高山族、壮族等民族流传，但在标注时，只在【民族】之后标注"塔塔尔族"，其他呈现在"引例"的"民族"注释中。

4.3.3　关联母题

（1）"关联母题"项样例

编号	W编码	母题描述			参照项	
		一级母题	二级母题	三级母题	汤普森	关联项
1	W074.4		神有4张脸			【联1】①
2	W098.2.2			神离开（失去）天堂		【联2】②
3	✳ **W2250**	**感植物孕生人**			（略）	【联2】③
4	W4988.5			鸟王		【联5】④
5	**W8028**	**与灾难的原因有关的其他母题**				【联3】⑤

① 【关联】［W0692.1］黄帝四面
② 【关联】①［W0106.3］神失乐园；②［W1793］天堂
③ 【关联】❶［TPS：T511.2.0.1］吃植物的根孕生人；❷［TPS：T511.2.0.2］吃植物的叶孕生人
④ 【关联】❶［W3329.7.1］大鹏是百鸟之王；❷［W3329.7.2］凤凰是鸟王；❸［W3329.7.3］斑鸠是百鸟之王；❹［W3329.7.4］鹰是鸟王；❺［W3329.7.5］布谷鸟是鸟王
⑤ 【关联】❶［TPS：Q552.13］天火是对人的惩罚；❷［W8643］瘟疫（疾病）是对人类的惩罚；❸［W8664］黑暗是对人类的惩罚

（2）样例说明

编号	项目或符号	样例编号	示例	解释与说明
1	【联+数字】	样例1 样例2	❶【联1】 ❷【联2】	①"关联项"的【联】为提示性符号，表示"关联母题"。 ②【联】中"联"后面的数字表示"关联母题"的数量。如示例❶❷中的"【联1】、【联2】"分别表示有1个"关联母题"和2个"关联母题"。
2	【关联】	样例4	◆【联2】③（脚注注释为：③【关联】❶［W3329.7.1］大鹏是百鸟之王；❷［W3329.7.2］凤凰是鸟王……）	①脚注注释中的【关联】为提示性符号，与"关联项"表格的【联】相对应。 ②【关联】中对"关联母题"进行说明，数目与【联】中标注的数字一致。
3	关联母题排序	样例5	◆【联3】⑤（脚注注释为：⑤【关联】❶［TPS：Q552.13］；❷［W8643］；❸［W8664］）	①【关联】中对"关联母题"说明有多个母题时，按母题代码编号的数字大小排列。 ②关联项栏中有对应的TPS（汤普森）母题代码时，TPS母题排在前面。 ③"关联项"含有【联】之外的其他项目时，排列情况参见本《凡例》："4.3.5 多个关联项的综合表述"。

4.3.4 引证示例

（1）"引证实例"项样例

编号	W编码	母题描述			参照项	
		一级母题	二级母题	三级母题	汤普森	关联项
1	**W0208**	特定名称的天神				【例40】①
2	W1332.6.1			用玉石做天柱		【例3】②
3	**W4190**		月亮中的其他人物			【例2】③
4	W5746.1			汉族与一个少数民族同源		【例10】④

---

① 【引例】❶天神阿白【白族】；❷天神帕雅英【布朗族】；❸天神英叭【布朗族】；❹天神腾格里【达斡尔】；❺天神英叭【傣族】；❻天神卜帕法【德昂族】；❼天神姆朋【独龙族】；❽天神嘎木【独龙族】；❾天神卡窝卡蒲【独龙族】；❿天神格蒙【独龙族】；⓫天神恩都力【鄂伦春族】；⓬天神宝拉哈【鄂温克族】……（共列举不同民族的有名字的天神40个）

② 【引例】❶玉柱支撑天【汉族】；❷用绿松石做顶天柱【纳西族】；❸用衣袋装石造天柱【瑶族】

③ 【引例】❶月中的人是被树卡住的寻长生药的神医【苗族】；❷月亮中一个好吃懒做忘恩负义的人【水族】

④ 【引例】❶鄂温克族与汉族2个民族同源【鄂温克族】；❷高山族的赛夏人、泰雅人与汉族同源【高山族】；❸黎族与汉族同源【黎族】；❹蒙古族与汉族同源【蒙古族】；❺苗族与汉族同源【苗族】；❻瑶族与汉族同源【瑶族】；❼撒尼族与汉族同源【彝族】；❽彝族与汉族同源【彝族】；❾干夷、黑夷（彝族支系）与汉族同源【彝族】；❿沙族（壮族支系）与汉族同源【壮族】

（2）样例说明：

编号	项目或符号	样例编号	示例	解释与说明
1	【例＋数字】	样例 2 样例 3	❶【例 3】 ❷【例 2】	①"关联项"的【例】为提示性符号，表示该栏相立"母题"的"示例"或"引申例证"。 ②【例】中"例"后面的数字表示"母题引例"的数量。如示例❶、❷中的"【例 3】、【例 2】"分别表示此栏母题有 3 个"引例"和 2 个"引例"。
2	【引例】	样例 1	◆【例 41】	①脚注注释中的【引例】为提示性符号，与"关联项"表格的【例】相对应。 ②【引例】脚注中对相对应"母题"的"示例"或"引申例证"进行说明，数目与【例】中标注的数字一致。如【例 41】表示，该母题有 41 个引例。
3	引例排序	样例 4	◆【例 10】（脚注注释为：【引例】❶鄂温克族与汉族 2 个民族同源【鄂温克族】；❷高山族的赛夏人、泰雅人与汉族同源【高山族】……❿沙族（壮族支系）与汉族同源【壮族】）	①【引例】中的"示例"或"引申例证"有 2 个或 2 个以上时，一般按这些例证的民族属性的音序排列。参见本书《说明》："6.5.2 页码脚注（2）"。 ②"关联项"含有【例】之外的其他项目时，排列情况参见本书《凡例》："3.3.5　多个关联项的综合表述"。

（3）关于 W 母题编目的具体实例

W 母题编目的具体实例以系列丛书的形式另行出版，相关实例的"凡例"参见本书附录 2　"《中国神话母题 W 编目实例》说明与凡例"。

4.3.5　多个关联项的综合表述

（1）"关联项"综合形式样例。

编号	W 编码	母题描述			参照项	
		一级母题	二级母题	三级母题	汤普森	关联项
1	W2021.3		世上最早只有 1 个男人			【民族，联 2，例 3】①
2	W4916		公鸡负责太阳的升起		A2489.1.1	【民族，联 4】②
3	W9844.1			公鸡喊太阳		【民族，联 1，例 2】③
4	W9653.2			神性人物献宝		【民族，例 3】④

---

① 【民族】佤族。【关联】❶［W2022.2.1］世上最早只有兄弟 2 人；❷［W2756］最早只有男人。【引例】❶天神造第一个男人【独龙族】；❷盘古是世上第一个人【汉族】；❸世上最早只有盘古和三皇五帝两人【苗族】

② 【民族】汉族。【关联】❶［TPS：J2272.1］公鸡认为它的叫声使太阳升起来；❷［W9844］公鸡喊（请）出日月；❸［W9844.1］公鸡喊太阳；❹［W9844.2］公鸡叫三遍太阳出来

③ 【民族】独龙族。【关联】［W3349.9.3］公鸡为什么早晨叫太阳。【引例】❶天头的鸡放在木头上叫太阳【基诺族】；❷人变请太阳的公鸡【壮族】

④ 【民族】汉族。【引例】❶仙人送金犁头【拉祜族】；❷龙王送宝物【黎族】❸土地公赠宝【仫佬族】

（2）样例说明：

编号	项目或符号	样例编号	示例	解释与说明
1	民族＋联	样例 2	◆【民族，联 4】	①"关联项"中的提示性符号，表示该母题有对应的"民族属性"和"关联母题"。 ②"民族"不标出民族的数量。 ③"关联母题"标出"关联母题"的数量。
2	民族＋例	样例 4	◆【民族，例 3】	①"关联项"中的提示性符号，表示该母题有对应的"民族属性"和"示例"或"引申例证"。 ②"民族"不标出民族的数量。 ③"示例"或"引申例证"标出具体数量。
3	民族＋联＋例	样例 1 样例 3	◆【民族，联 2，例 3】 ◆【民族，联 1，例 2】	①"关联项"中中的提示性符号，表示该母题有对应的"民族属性"、"关联母题"和"示例"或"引申例证"。 ②除"民族"不标出民族的数量外，其他两项标出"关联母题"和"引例"的数量。 ③脚注表述参见上面样例 1、样例 3 注释。

5　其他

5.1　特殊符号的使用

　　本书在表述过程中使用了一些特殊符号。这些符号往往具有标志性、节约空间的作用，具体情况见本书"附录 5　W 编目母题特殊符号使用体例一览表"。

5.2　关于母题的增补

　　（1）在母题编码中表述为"与 xx 有关的其他母题"，添加的新母题可以补充到该母题的下一级母题编码。

　　（2）有些母题的编码直接预留了增加新母题的编码空位，可以根据此后母题的发现与提取把新母题直接排列其中。

　　（3）具体方法参见本书《说明》："6.5.4 未来增补新母题编码的编排"。

0 神与神性人物
（W00 ~ W0999）

类型说明

一、神与神性人物母题的设定

"神与神性人物"是神话叙事中最为基础的类型。该类母题的编排主体是按神的名称排序。鉴于神的自身性质与功能的复杂性，在具体提取母题时，会有不同的划分标准。该类母题设定的基本原则如下：

1. "神"或"神性人物"名称的普适性。"神"与"神性人物"并不是一个明确的概念，如汉族文献中的"帝"、"天帝"，有些少数民族神话中也往往"神"、"鬼"不分。这类情况辨别起来不仅会受到叙事本身的影响，有时叙述人、叙述语境与翻译也会影响"神或神性人物"概念的明晰性。

2. "神"或"神性人物"母题的多维度定位。神话研究实践证明，任何试图规范或简化众多民族神话中"神"或"神性人物"的名称是不现实的。本编目采用了多维定位的方法，从神话中"神"或"神性人物"所处的空间、时间、性质、物类等不同维度加以区分，在力避重复的基础上形成不同的"神"或"神性人物"母题。

3. 宗教神话母题的提取采取了通约性原则。宗教与神话往往相辅相成，从文化思维与神话研究现状而言，多数研究者较为一致的看法是把一些宗教人物列为神话分析对象，体现出学科研究的互动。因此，把一些神话中的宗教"神"或"神性人物"列为一类母题。

二、母题类型划分与编排

1. "神与神性人物"母题9个组成部分及排序

（1）概述的神（神话中没有明确性质的一般意义上的神）。

（2）与方位相关的神（天神、地神、阴间神）。

（3）与自然现象（物）相关的神（日月星辰、风雨雷电、山川河流等神）。

（4）与功能或职业有关的神（创世者、管理神、行业神等）。

（5）与具体的物相关的神（动物、植物与无生命物神）。

（6）神性人物文化英雄、半神半人（与合体神、祖先神等）。

（7）与宗教有关的神或神性人物。

（8）妖魔与怪物。

（9）神或神性人物的其他母题。

2. "神与神性人物"母题类型表述的基本要素

"神与神性人物"的产生、性质与特征在条目编排时，一般会连续排列在"神"或"神性人物"的名称之下。典型样式一般涉及如下内容：

（1）出生或来历。包括自然产生、创造、出生（孕生、感生、卵生等）、变形、化生、其他。

（2）特征。包括性别、身高、四肢五官、身体各部位特征、数量等。

（3）生活与成长。包括衣食住行、抚养等。

（4）性情。包括善恶、喜好、优点、弱点等。

（5）能力或事迹。包括力量、视听、速度、变形等特殊能力或事迹。

（6）工具。包括工具的获得、工具的特点、工具的使用等。

（7）关系。包括家庭、从属、朋友、敌人等。

（8）寿命与死亡。包括寿命的获得、长短、变更、死亡原因等。

（9）其他母题。包括身份、兼职以及一些不便于界定的母题。

本编目在编排过程中基本遵循上述顺序。但在神话母题的提取中不可能事无巨细地做出完全归纳。有时只能选取其中一些较为典型的部分，并根据具体母题的采录和应用情况做出必要的增减或改动。

3. 关于宗教与宗教类型中的"神与神性人物"的排列顺序

（1）宗教与宗教类型中的"神与神性人物"排名不分先后。本编目只是根据神话资料搜集整理的情况随机做出编排。

（2）在宗教性质的"神与神性人物"的母题编目中，只选取与宗教神的名称有关的母题。根据神话母题的编排原则，其他宗教性质的神话中出现的情景、情节类母题编排在其他类型之中。

0.1 神的概述①

（W00 ~ W0179）

0.1.1 神的产生【W00 ~ W059】

W 编码	母题描述			参照项	
	一级母题	二级母题	三级母题	汤普森	关联项
✿W00	**神**				
✿W01	**神的产生**			A110	【民族】②
W02	神自然存在				【汉族、裕固族】
W03	神自然产生			A115	【拉祜族】
✳ W04	**神来源于某个特定地方**			≈ A119.3	
W05		神源于混沌		A115.1	
W06		神从天降			【民族，联1，例1】③
W06.1			神是天上的人		【鄂温克族】
W07		神从地下来		A115.2	【朝鲜族、哈尼族】
W08		神从冥界来			
W09		神从黑暗中来			
W010		神从水中来			【哈尼族、基诺族】
W010.1			神从海中来	≈ A114.1	
W011		神从雾中来		A115.3	
W012		神从洞中来			【汉族】
W013		与神源于特定地方有关的其他母题			
✳ W014	**神是创造产生的（造神）**			A104	
W015		神造神			
W015.1			创世者造神		【例1】④

① 神的概述，此类的"神"，一般没有具体的形象，只是在神话叙事中出现的一般意义上的神，是泛指的"神"或"大神"、"小神"，有的虽然有一定的职能，但总体形象较模糊，因此把这些神列为此类。
② 【民族】白族、鄂伦春族、鄂温克族、汉族、拉祜族、佤族、彝族、壮族
③ 【民族】普米族、羌族、彝族、藏族。【关联】［W0466.1］火神从天而降。【引例】村寨的守护神是从天而降的【汉族】
④ 【引例】创世者用太阳造女神【蒙古族】

W 编码	母题描述			参照项	
	一级母题	二级母题	三级母题	汤普森	关联项
W015.2			天神造神		【例1】①
W015.3			祖先造神		【壮族】
W015.4			神人造神		【例1】②
W016		特定的神或神性人物造神			
W016.1			喇嘛造神		【蒙古族】
W017		人造神			【汉族】
W018		特定的动物造神			
W018.1			鱼造神		【哈尼族】
W019		特定的植物造神			
W020		自然物造神			
W020.1			天与地造神		【苗族】
W021		其他人物造神			
W022		与造神有关的其他母题			
W022.1			神是自我造出来的	A118	
W022.2			用魔法造神	A119.1	
W022.3			摩擦产生神		【例1】③
�ֵ **W023**	神是生育产生的			A112	
W024		神生神			【民族】④
W024.1			天神生神		【哈尼族】
W024.2			地神生神		【例1】⑤
W024.3			其他特定的神生神		
W024.4			神婚生神		【联1，例1】⑥
W024.5			神生双性神	A111.3.0.1	【联1】⑦
W024.6			与神生神有关的其他母题		【例1】⑧
W025		神性人物生神			
W025.1			神是巨人的儿子	A112.4	
W026		人生神			

① 【引例】最高神乌尔根造女神麦德尔【蒙古族】
② 【引例】男女神人造神【苗族】
③ 【引例】气体摩擦产生神【傣族】
④ 【民族】侗族、哈尼族、蒙古族、**彝族**
⑤ 【引例】神从地母腹中钻了出来【珞巴族】
⑥ 【关联】［W0726］神与神之间的婚姻。【引例】兄妹神相婚生男神
⑦ 【关联】［W069］双性神
⑧ 【引例】众神的女始祖【蒙古族】

W 编码	母题描述			参照项	
	一级母题	二级母题	三级母题	汤普森	关联项
W026.1			凡人夫妇生神		【民族，例1】①
W027		动物生神			
W027.1			鸟生神	A111.3.3	
W027.2			鱼生神		【哈尼族】
W028		植物生神			
W028.1			树生神	A114.4	【例3】②
W028.2			树洞生神	A115.7	
W028.3			葫芦生神		【傈僳族】
W028.4			竹生神		【高山族】
W028.5			其他特定的植物生神		
W029		自然物生神			
W029.1			土生神		【满族】
W029.2			风生神		【苗族】
W029.3			气生神		【傣族、彝族】
W029.4			云生神		【彝族】
W029.5			光生神		【哈尼族、藏族】
W029.6			声音生神		【纳西族】
W030		无生命物生神			
W030.1			石生神		【高山族、藏族】
W030.2			特定的穴生神		【汉族】
W031		婚生神			
W031.1			神生于婚姻乱伦	A112.1	
W031.2			父女婚生神	A112.1.1	
W031.3			天与山婚配生神		【苗族】
W032		感生神			
W033		卵生神③		A114.2	【民族，联1】④
W033.1			太阳卵生神		【高山族】
W033.2			石球生神		【侗族】
W033.3			卵形物生神	A114.2.1	【纳西族】
W033.4			特定颜色的卵生神		【纳西族、藏族】

① 【民族】珞巴族。【引例】兄妹神结婚生神【高山族】

② 【引例】❶竹生神【高山族】；❷楠树生神【土家族】；❸杉树生神【彝族】

③ 卵生神，即"蛋生神"。在不同的神话叙事或神话研究中"卵生"又可以称为"蛋生"。以下所有与"卵生"有关的母题亦然。

④ 【民族】纳西族。【关联】［W1018.2］卵生创世者

W 编码	母题描述			参照项	
	一级母题	二级母题	三级母题	汤普森	关联项
W033.5			特定来历的卵生神		【傣族、纳西族、藏族】
W034		其他特定物质生神		A114	
W034.1			阴阳中生神		【阿昌族】
W035		神的特殊出生		A112.7	
W035.1			神从创世者身体各部位生出	A112.3	
W035.2			神从父母身体的特殊部位出生		
W035.3			神从头（骨）中生出	A114.3	【藏族】
W035.4			神从口中生出		【汉族】
W035.5			神从腋窝生出	A112.7.2	【汉族】
W035.6			神从眼睛中生出	A112.7.3	
W035.7			神从两肋生出		【汉族】
W035.8			神从胸中生出		【汉族】
W035.9			神从背部生出		
W035.10			神从膝盖生出		【彝族】
W035.11			神从耳朵生出	A112.7.1	
W035.12			神从其他特定部位生出		
W036		神出生前的怀孕时间			
W036.1			神出生于早产	A112.7.4	
W036.2			神出生经过了长时间的怀孕		【民族，联1】①
W037		孪生的神		A116	
W037.1			卵生德性相反的神	A116.1	
W037.2			卵生姊妹神	A116.2	
W038		与生育产生神有关的其他母题			
W038.1			神出生时丧母		【藏族】
✿ **W040**	神是变化产生的				
W041		神变成其他神			
W041.1			某神的肢体变成其他神		【彝族】

---

① 【民族】汉族。【关联】[W2584] 长时间的怀孕

W 编码	母题描述			参照项	
	一级母题	二级母题	三级母题	汤普森	关联项
W042		神性人物变成神			
W042.1			祖先变成神①		【民族，联1】②
W042.2			神或神性人物的心变成神		【苗族、彝族】
✳ **W043**	人变成神			①A104.1 ②A117	【汉族、满族】
W044		特定的人变成神			【例4】③
W044.1			永生的第一个人变成神	A117.1	【例2】④
W044.2			本事大的人变成神		【傣族、汉族、满族】
W044.3			好心人变成神		【民族，联1】⑤
W044.4			巫师变成神		【傈僳族】
W044.5			男人变成神		【珞巴族】
W044.6			女人变成神		【白族】
W044.7			特定来历的人变成神		【藏族】
W045		人变神的方法			
W045.1			人升天后变成神	A117.2	【鄂伦春族、汉族】
W045.2			人到神界变成神		【朝鲜族】
W045.3			人身体分离变成神		【鄂温克族】
W045.4			人到山顶后变成神	A117.4	
W045.5			人做善事变成神		【汉族】
W045.6			拜特定的人为神（尊特定的人为神）		【傣族、满族、锡伯族】
W046		人死后变成神		A104.2	【联1，例1】⑥
W046.1			英雄死后变成神		【普米族】
W046.2			人不食而死变成神（仙）		【民族，联1】⑦
W046.3			人死后的灵魂变成神		【民族，联1】⑧

① 祖先变成神，神话中的"祖先"多数情况下带有神的性质，在本母题编目中一般作为神性人物处理。
② 【民族】鄂温克族、苗族、土家族。【关联】[W0648] 祖先是神
③ 【引例】❶祖先被奉为神【苗族】；❷救己救人的人变为白石神【羌族】；❸酋长是山神【藏族】；❹有特权的人变成神
④ 【引例】❶男女祖先成为土地公、土地婆【黎族】；❷兄弟俩分别成为山神和猎神【普米族】
⑤ 【民族】白族、汉族、普米族。【关联】[W045.5] 人做善事变成神
⑥ 【关联】[W0876.3] 人死变鬼。【引例】人死后封为山神【藏族】
⑦ 【民族】汉族。【关联】[W045] 人变神的方法
⑧ 【民族】鄂温克族。【关联】[W0870] 灵魂（鬼）

W 编码	母题描述			参照项	
	一级母题	二级母题	三级母题	汤普森	关联项
W046.4			特定的人死后变成特定的神		【鄂伦春族、蒙古族、普米族】
W046.5			人转世为神		【民族，联1】①
W047		动物变成神			
W047.1			动物修炼变成神（精、妖）		【蒙古族】
W047.2			特定的动物变成神		
W047.3			公鸡变成神		【鄂温克族】
W047.4			与动物变神有关的其他母题		
❋ **W048**	神、神性人物、人或动物的肢体（体液）化生为神			A112.3	
W049		神的肢体（体液）化为神			【汉族】
W049.1			神的唾液（汗珠）变成神	A114.1.1.1	
W050		神性人物的肢体化为神			
W050.1			盘古的肢体化为神		【民族，例1】②
W050.2			女娲之肠化为神		【汉族】
W051		人的肢体化为神			
W052		动物的肢体化为神			
W053		其他特定的肢体化为神			
◎	〖其他相关母题〗				
W054		植物变成神			【例2】③
W054.1			寿命长的植物变成神		【联1】④
W054.2			特定的果实变成神		【例2】⑤
W055		自然物变成神		A104.3	
W055.1			天变成神		【彝族】
W055.2			地变成神		【彝族】
W055.3			风变成神		【纳西族、彝族】

① 【民族】藏族。【关联】［W9350］转世（托生、转生）
② 【民族】彝族。【引例】盘古的心脏变神【汉族】
③ 【引例】❶柳叶化生女神【满族】；❷竹子因洪水中救祖先而被奉为神【彝族】
④ 【关联】［W0541.1］树老后成为神
⑤ 【引例】❶金果变男神【彝族】；❷银果变女神【彝族】

W 编码	母题描述			参照项	
	一级母题	二级母题	三级母题	汤普森	关联项
W055.4			光变成神		【藏族】
W055.5			水和气化生神		【傣族】
W055.6			气和音变化生神		【纳西族】
W056		无生命物变成神			【联1】①
W056.1			器物变神		【鄂伦春族】
W056.2			特定的物化为神		【例1】②
W057		与变神有关的其他母题			
W057.1			各种物质变成神	A104.3	
W057.2			灵魂变成神	A104.4	【联1】③
W057.3			不死的灵魂变成神	A117.3	
W057.4			死后的灵魂变成神	A117.5	【民族，联1】④
W057.5			物的相互作用化生神		【傣族】
W058	与神的产生有关的其他母题			A119	
W058.1		封神			【例2】⑤
W058.1.1			按到某地的先后封神		【汉族】
W058.1.2			封神的原因		【联1，例2】⑥
W058.2		同时产生的神或神性人物			
W058.2.1			天神与地神同时产生		
W058.2.2			恶神与善神同时产生		【景颇族】
W058.2.3			神与灵同时产生		【高山族（排湾）】
W058.2.4			神与佛同时产生		【纳西族】
W058.3		最早出现的神或神性人物			
W058.3.1			第一个神		【民族，例1】⑦

---

① 【关联】［W0550～W0599］无生命物神
② 【引例】石头灰和石头粉化为神【普米族】
③ 【关联】［W0870］灵魂
④ 【民族】鄂温克族。【关联】［W046.3］人死后的灵魂变神
⑤ 【引例】❶玉帝封神【汉族】；❷三公主封人为神【畲族】
⑥ 【关联】［W045］人变神的方法。【引例】❶因功封神【满族】；❷因战胜天神被封神【蒙古族】
⑦ 【民族】拉祜族。【引例】地神是地上最早的神【汉族】

W 编码	母题描述			参照项	
	一级母题	二级母题	三级母题	汤普森	关联项
W058.3.2			最早只有 2 个神		【民族, 例 1】①
W058.3.3			女神比男神出现早		【傣族】
W058.3.4			恶神比善神出现早		【民族, 联 3】②
W058.3.5			无极老祖出现最早		【例 1】③
W058.3.6			精灵出现最早		【联 1, 例 1】④
W058.3.7			最早有 3 位宗教始祖		【汉族】
W058.4		神的产生比天早			【土家族】
W058.5		神产生于天地产生时			【纳西族】
W058.6		众神同祖			【哈尼族】
W058.7		神与万物同祖			【哈尼族】
W058.8		神与佛同祖			【纳西族】
W058.9		一神变为多神			【例 1】⑤
W058.10		多个神合为一个神			【毛南族】

0.1.2   神的特征⑥ 【W060～W089】

W 编码	母题描述			参照项	
	一级母题	二级母题	三级母题	汤普森	关联项
◎	〖神的性别特征〗				
✿ **W060**	**神的性别**				
✳ **W061**	**男神**				
W062		男神的产生			
W062.1			自生自育的合体神变成男神		【满族】
W063		男神的特征			【联 1】⑦
W063.1			男神原来有乳房		【民族, 联 1】⑧

① 【民族】门巴族。【引例】最早只有天神和地神【羌族】
② 【民族】蒙古族。【关联】❶［W058.2.2］恶神与善神同时产生；❷［W0125］善神（慈悲之神）；❸［W0126］恶神
③ 【引例】无极老祖是从天上降下一个神仙【汉族】
④ 【关联】［W0907.2］精灵。【引例】神明与精灵先降生【高山族】
⑤ 【引例】龙神变雷神、雨神【毛南族】
⑥ 神的特征，此处包括神或神性人物的体征。神与神性人物在神话叙事中有时很难做出明确的区别，为了避免下面各种神的体征母题的混杂与重复，在此进行统一的概表表述，其中神或神性人物包括了如下情形：（1）神；（2）文化英雄；（3）半神半人；（4）其他，如创世神、创世者、巨人、怪人等一些神性人物。关于带有明显特色的具体的神或神性人物的体征在每一类母题的细类中将有所涉及。
⑦ 【关联】［W067］女神的特征
⑧ 【民族】阿昌族。【关联】［W2777］男人没乳房的原因

W 编码	母题描述			参照项	
	一级母题	二级母题	三级母题	汤普森	关联项
W063.2			男神巨大的生殖器		【壮族】
W064		与男神有关的其他母题			【联1】①
W064.1			第一个男神		【例1】②
✳ **W065**	女神				
W066		女神的产生			
W066.1			天地生女神		【苗族】
W066.2			仙女变女神		【鄂伦春族】
W066.3			化生女神		【满族】
W066.4			与女神产生有关的其他母题		【例1】③
W067		女神的特征			【联1】④
W067.1			女神有特殊肢体		【例1】⑤
W067.2			美丽的女神	A125.4	【维吾尔族】
W067.3			女神住银河		【苗族】
W067.4			女神有特殊服饰		【哈萨克族】
W067.5			与女神特征有关的其他母题		
W068		与女神有关的其他母题			【联2，例2】⑥
W068.1			创世女神		【民族，联1】⑦
W068.2			大母神⑧		【侗族】
W068.3			娘娘神		【例3】⑨
W068.4			姊妹神		【满族】
W068.5			邪恶的女神		【民族，·联1】⑩
W068.6			万能的女神		【民族，联1】⑪
W068.7			自生自育的女神		【满族】

① 【关联】［W0132.2］神会变化性别
② 【引例】第一个男神是第二代神王【哈尼族】
③ 【引例】众女神的始祖母【侗族】
④ 【关联】［W063］男神的特征
⑤ 【引例】女神有多个手足【侗族】
⑥ 【关联】❶［W0115.3.1］嫉妒的女神；❷［W0282.2］月亮女神。【引例】❶管天下的女神【苗族】；❷掌管狮子的女神【纳西族】
⑦ 【民族】哈尼族、基诺族。【关联】［W1002.1.3］世界是女神创造的
⑧ 大母神，这是一个神话研究中出现的概念，"大母神"与一般"女神"的区别在于她往往产生较早，作用也柜对较大。
⑨ 【引例】❶娘娘神的分工【鄂伦春族】；❷司天花娘娘【鄂伦春族】；❸司麻疹娘娘【鄂伦春族】
⑩ 【民族】蒙古族。【关联】［W0126］恶神
⑪ 【民族】哈尼族。【关联】［W0773.5.1］泰山奶奶是万能女神

W 编码	母题描述			参照项	
	一级母题	二级母题	三级母题	汤普森	关联项
W068.8			女人神		【苗族，联1】①
W068.9			负责计量的女神		【民族，联1】②
W068.10			特定名称的女神		【民族】③
W068.11			多重身份的女神		【民族，联1】④
W068.12			宇宙只有一个女神		【民族，例1】⑤
W069	双性神				【珞巴族】
W069.1		神自生自育			【满族】
W069.2		神能变性			【傣族】
◎	〖神的体征〗				
W070	神的外貌			≈A120	
W070.1		神没有固定的外形		A120.4	
W070.2		神是无形的		①A102.9 ②A120.3	
W070.3		神是人形		A125	【例1】⑥
W070.3.1			半人半兽的神		【汉族】
W070.4		神有动物外形		A131	【联2，例1】⑦
W070.5		神有无数个外形		A139.10	【联1】⑧
W070.6		连体神		A123.1.2	
W070.6.1			男女双体连胎的神		【珞巴族】
W070.7		三位一体的神		A109.1	
W070.7.1			三个身体的神	≈A123.1.1	【联1】⑨
W070.7.2			自然、神灵和祖先三位一体		【佤族】
W070.8		神以物体的样子出现		A139.8	
W070.8.1			神像树干	A139.8.1	
W070.8.2			鸟是神的影子	A195.3	
W070.8.3			神像闪电	A137.16	
W070.8.4			神是星星		【例1】⑩

① 【民族】苗族。【关联】［W065］女神
② 【民族】苗族。【关联】［W6983］度量衡等的发明
③ 【民族】侗族、汉族、满族、壮族
④ 【民族】彝族。【关联】［W0497.8］身兼多职的神
⑤ 【民族】维吾尔族。【引例】三公主是宇宙之神【畲族】
⑥ 【引例】山神是老人的样子【藏族】
⑦ 【关联】❶［TPS：A131.4］神长有虎皮；❷［W0635］人兽合体的神。【引例】神外形是鸟【汉族】
⑧ 【关联】［W0132］神的变化（神的变形）
⑨ 【关联】［W2886.1］有三个身体的人
⑩ 【引例】一颗星星就是一个神【毛南族】

W 编码	母题描述			参照项	
	一级母题	二级母题	三级母题	汤普森	关联项
W070.9		与神的外貌有关的其他母题			
W070.9.1			神是幻象		
W070.9.2			面目美丽的神		
W070.9.3			面目丑陋的神	A123.1	
W070.9.4			面目怪异的神		【例1】①
W070.9.5			体形像生殖器的神		【民族，联1】②
W070.9.6			通体透明的神		
W070.9.7			身体有缺陷的神	A128	
W070.9.8			神的身体是某一个地方		【门巴族】
W070.9.9			只有一半身体的神		【例1】③
W071	神的身高				
W071.1		神有惊人的身高			【民族，例1】④
W071.1.1			巨人神		【民族，联1】⑤
W071.2		身体矮小的神		A134	【民族，联1，例2】⑥
W072	神的体重				
W072.1		神的身体很重			【傣族、哈尼族】
W072.2		神的身体很轻			【哈尼族】
W073	神的头部				
W073.1		神长着不寻常的头		A123.4	
W073.1.1			神长着岩石般的头	A123.4.2	
W073.2		神长着2个头			
W073.3		神长着3个头		A123.4.1.1	
W073.3.1			神有3头6臂		【汉族】
W073.4		神长着7个头		A123.4.1.2	
W073.5		神长着8个头		A123.4.1.3	
W073.6		神长着9个头			【满族】
W073.6.1			神长着9头18臂		【纳西族】
W073.7		神有多个头		A123.4.1	【汉族】
W073.8		神头上长角		A131.6	【汉族、满族】

① 【引例】雪白无肉的女神 【藏族】
② 【民族】门巴族。【关联】［W6377.4］生殖器崇拜（性崇拜）
③ 【引例】只有一只眼、一条胳膊和一条腿的乌佑（神、精灵）【珞巴族】
④ 【民族】朝鲜族、傣族、哈尼族、佤族。【引例】喜古多古是个头顶青天的神 【珞巴族】
⑤ 【民族】鄂温克族。【关联】［W0660］巨人
⑥ 【民族】汉族。【关联】［W0232.2］矮小的地神。【引例】❶天神开始时很小 【拉祜族】；❷神的矮弟弟 【彝族】

W 编码	母题描述			参照项	
	一级母题	二级母题	三级母题	汤普森	关联项
W073.9		与神的头部特征有关的其他母题			
W073.9.1			神的头发很长		【傣族】
W073.9.2			无头神		【鄂伦春族、汉族】
W074	神的面部				
W074.1		神有数张脸		A123.2.1	
W074.2		神有 2 张脸		A123.2.1.1	
W074.3		神有 3 张脸		A123.2.1.2	
W074.4		神有 4 张脸		A123.2.1.3	【民族，联 1】①
W074.5		神有 5 张脸		A123.2.1.4	
W074.6		神有 6 张脸		A123.2.1.5	
W074.7		与神的脸有关的其他母题			【例 1】②
W075	神的眼睛				
W075.1		神有不寻常的眼睛		A123.3	【傣族】
W075.2		神有许多眼睛		A123.3.1	【藏族】
W075.3		神有 3 个眼睛		A123.3.1.1	【汉族】
W075.4		神有 4 个眼睛			
W075.5		神有 100 个眼睛		A123.3.1.2	
W075.6		与神的眼睛特征有关的其他母题			【例 1】③
W075.6.1			独眼神	A128.2	【独龙族、蒙古族】
W075.6.2			瞎神	A128.1	
W075.6.3			电眼之神	①A123.3.2 ②A124.1	
W076	神的嘴部				
W076.1		神有不寻常的嘴		A123.2.2	
W076.2		神的不寻常的胡须		≈ A125.2	【傣族】
W076.3		神长着白胡须		≈ A137.18	【达斡尔族】
W076.4		与神的嘴部特征有关的其他母题			
W077	神的牙齿				
W077.1		神的不寻常的牙齿		≈ A125.3	
W077.1.1			神长着很长的牙齿		

① 【民族】汉族。【关联】［W0692.1］黄帝四面
② 【引例】战神面色火红 【藏族】
③ 【引例】神老后睁不开眼睛 【藏族】

W 编码	母题描述			参照项	
	一级母题	二级母题	三级母题	汤普森	关联项
W078	神的其他五官				
W078.1		神的耳朵			
W078.1.1			神的两耳垂肩		【汉族】
W078.1.2			神耳听千里之外		【傣族、壮族】
W079	神的手臂				
W079.1		神长着不寻常的手臂		A123.5	【傣族、羌族】
W079.2		神长着多个胳膊		A123.5.1	【藏族】
W079.3		神从动物那里获得手臂		A132.0.1	
W079.4		与神的手臂有关的其他母题			
W079.4.1			神的手指		【民族、联1】①
W080	神的腿部				
W080.1		神长着不寻常的腿		A123.6	【傣族、佤族】
W080.2		独腿的神		A128.3.1	
W080.3		神长着多条腿		A123.6.1	
W080.4		神长着不寻常的脚			【哈尼族】
W080.4.1			独脚神		【汉族】
W080.5		与神的腿部特征有关的其他母题			
W081	神的尾巴			A123.11	
W081.1		神长着动物尾巴			
W082	神的肤色				【联1】②
W082.1		神的不寻常的肤色		A123.7	
W083	与神的体征有关的其他母题			A139	
W083.1		神长着翅膀		A131.7	【联1】③
W083.2		神的气味		A139.7	
◎	〖其他相关母题〗				
W084	神的声音			A139.5	
W084.1		神的声音惊天动地		A139.5.1	
W085.2		神的声音如雷		A139.5.2	

---

① 【民族】傣族。【关联】［W9688.8］金手指
② 【关联】［W0134.1］神能发光
③ 【关联】［W0316.3］雷神长着翅膀

W 编码	母题描述			参照项	
	一级母题	二级母题	三级母题	汤普森	关联项
W085	神的语言			A139.6	【联1】①
W086	神的力量				
W086.1		神有无限的力量			【傣族】
W086.2		神有力量巨大			【傈僳族、佤族】
W087	与神的特征有关的其他母题				
W087.1		神的数量②			【蒙古族】
W087.1.1			1 个神		【联1】③
W087.1.2			2 个神		【联1】④
W087.1.3			7 个神		【哈尼族】
W087.1.4			9 个神		【哈尼族】
W087.1.5			36 个神		【汉族】
W087.1.6			72 路神		【侗族、汉族】
W087.1.7			108 个神		
W087.1.8			女神多男神少		【满族】
W087.2		神是影子			【瑶族】
W087.3		软弱的神			【例1】⑤
W087.4		老实的神			【例1】⑥
W087.5		机智的神			【联1，例1】⑦
W087.6		神福寿双全			【民族，联2】⑧

0.1.3　神的生活⑨【W090～W0119】

W 编码	母题描述			参照项	
	一级母题	二级母题	三级母题	汤普森	关联项
✿ **W090**	神的生活			A150	
W090.1		神遍布世界			【汉族】

---

① 【关联】［W6727］特定的语言
② 神的数量，有些神话对特定类型的神或神性人物会有相应的数量，可参见具体类型中的母题。
③ 【关联】［W058.3.1］第一个神
④ 【关联】［W058.3.2］最早只有 2 个神
⑤ 【引例】山神怕野人【汉族】
⑥ 【引例】老实的天神【汉族】
⑦ 【关联】［W0496.1.1］机智女神。【引例】心眼多的天神【汉族】
⑧ 【民族】蒙古族。【关联】❶［W0175.1］长寿的神（寿神）；❷［W0457］福神
⑨ 神的生活，含神的成长，神的抚养。这类母题包括一般性的神的衣食住行，关于具体的神的具体生活情形，参见其他相关母题以及《中国神话母题 W1 编目实例》和《中国神话母题 W6 编目实例》。

W 编码	母题描述			参照项	
	一级母题	二级母题	三级母题	汤普森	关联项
W090.2		神很长时间才长大			【傣族、拉祜族】
W090.3		神迅速成长			【拉祜族】
W091	神的服饰			A158	【联3，例3】①
W091.1		神不穿衣服			【民族，联1】②
W091.2		神用云彩做衣裳			【彝族】
W091.3		神耳上戴蛇			【汉族】
W091.4		特定的神的服饰			【例2】③
✳ **W092**	**神的饮食**				【联3】④
W093	神的食物			A153	
W094	神的饮品			A154	
W094.1		神以露水为食			【彝族】
W094.2		神以泥巴为食			【彝族】
W094.3		神以空气为食		A153.9	
W094.4		神以气体和风雾为食			【傣族】
W094.5		神以人为食物		①A135 ②A153.8	【民族，联1】⑤
W094.6		神的食物不会减少		≈ A153.2	
W094.7		神的食物会不断生长		A153.2.1	
✳ **W095**	**神的居所**			A151	
W095.1		神界			【藏族】
W096	神无定所				【哈尼族、拉祜族】
W097	神住神殿				【例1】⑥
W097.1		神的城池		A151.5	
W097.2		神的花园		A151.2	
W097.3		神的宫殿（神殿）		A151.4	【民族，联1】⑦
W097.4		日月是神宫		A151.6.2	
W098	神住天上				【民族】⑧

① 【关联】❶［W0196］天神的服饰；❷［W0394.4］山神的服饰；❸［W6111］服饰。【引例】❶神用青苔做衣裳【彝族】；❷雷公穿人皮做战袍【藏族】；❸女神的服饰【藏族】

② 【民族】阿昌族。【关联】［W6125.1］人最早是裸体的

③ 【引例】❶神女用青苔做衣裳【彝族】；❷战神身穿铠甲【藏族】

④ 【关联】❶［W0982.1］神的饭量；❷［W0982.2］神的酒量；❸［W6522.1］神的食物禁忌

⑤ 【民族】汉族。【关联】［W0478］食人神

⑥ 【引例】神殿在三层高天【哈尼族】

⑦ 【民族】哈尼族。【关联】［W1790］天宫

⑧ 【民族】独龙族、汉族、满族、蒙古族

W 编码	母题描述			参照项	
	一级母题	二级母题	三级母题	汤普森	关联项
W098.1		以前天神地神都住天上			【蒙古族】
W098.2		神住天堂		A661	【联1，例2】①
W098.2.1			神在天堂有隔开的住所	A661.1.1	
W098.2.2			神离开（失去）天堂	A192.2.1	【联2】②
W098.3		神住天的上面			【哈萨克族、畲族、藏族】
W098.4		神住特定层数的天上			
W098.4.1			神住3层天上		【哈尼族、满族】
W098.4.2			神住36层天上		【彝族】
W098.5		神住云中		①A137.11 ②A151.1.4	
W098.6		与神住天上有关的其他母题			【民族，联1】③
W098.6.1			神战败的返回天上		【纳西族】
W099	神住地上（人间）			A151.9	【民族，联1】④
W099.1		神住地球一个特殊地方		A151.10	
W099.2		神住大地的中央			【阿昌族】
W099.3		神住庙宇中		≈A151.10.1	
W099.4		神住山上		A151.1	【民族，例1】⑤
W099.4.1			神住山顶		【达斡尔族、佤族】
W099.4.2			神住山边	A151.1.1	
W099.4.3			神住山洞	A151.1.2	【民族，联1】⑥
W099.4.4			神住山口	A151.1.3	
W099.4.5			神住特定的山上		【例1】⑦
W099.5		神住岛上		A151.3.2	
W099.6		神住在森林		A151.7	
W099.7		神住在树上		①A139.8.5 ②A151.7.1	【达斡尔族、哈萨克族】

① 【关联】［W0812.1］仙人住在天堂。【引例】❶女神住天上【苗族】；❷女天神住第七重天【维吾尔族】
② 【关联】❶［W0106.3］神失乐园；❷［W1793］天堂
③ 【民族】独龙族。【关联】［W0198］天神的居所
④ 【民族】羌族。【关联】［W6182］人神杂居（人鬼杂居）
⑤ 【民族】阿昌族、苗族。【引例】太庭氏、庖羲、神农、祝融、五龙氏，分别住在五岳之上【汉族】
⑥ 【民族】达斡尔族、怒族。【关联】［W0394.2］山神住山洞
⑦ 【引例】神住太阳山上【景颇族】

W 编码	母题描述			参照项	
	一级母题	二级母题	三级母题	汤普森	关联项
W0100	神住水中				【联1】①
W0100.1		神住在特殊的海里		≈A151.8	【满族】
W0100.2		神住在湖中			【鄂温克族】
W0101	神住地下				【联1】②
W0102	神住在其他地方				【例1】③
W0102.1		神住黑暗中		≈A151.13	【纳西族】
W0102.2		神住树中			【达斡尔族、哈萨克族】
W0102.3		神住真空中			【傣族】
W0103	与神的居所有关的其他母题			A151.14	
W0103.1		独居的神		A151.0.1	
W0103.2		不同的神住不同的地方			【布朗族】
W0103.3		神的居所有特定的颜色			【例1】④
W0103.4		神的居所充满光明和生机			【藏族】
W0103.5		神的宝座		A152	【联1】⑤
W0103.6		神的居所无人不知		A151.0.2	
W0103.7		神无处不在			
W0103.7.1			头上三尺有神灵		【汉族】
❋ **W0105**	神的出行			A136	
W0106		神下凡⑥			【汉族】
W0106.1			特定的神下凡		【例2】⑦
W0106.2			神因犯错被贬下凡		【例1】⑧
W0106.3			神因找配偶下凡		【珞巴族】
W0106.4			神失乐园		【哈萨克族】
W0106.5			与神下凡有关的其他母题		【例1】⑨

① 【关联】［W0265.1］水中的神
② 【关联】［W1079］下界（地狱、阴间的产生）
③ 【引例】石砬子是神所居之处【鄂伦春族】
④ 【引例】女神的住处环境的颜色与她们自身的颜色一致【藏族】
⑤ 【关联】［W0109］神的坐骑
⑥ 神的下凡，该母题涉及的具体下凡情况因对象的不同而有诸多差异。具体情形可见上面有关具体的神的下凡母题。神性人物的下凡与此相似。
⑦ 【引例】❶女神下凡【高山族】；❷女星下凡变土王的女儿【仡佬族】
⑧ 【引例】女天神被贬人间
⑨ 【引例】神乘五龙车下凡【朝鲜族】

W 编码	母题描述			参照项	
	一级母题	二级母题	三级母题	汤普森	关联项
W0107		神造访人间		F32	【民族，联1】①
W0107.1			神掩饰身份观察人间	K1811	【汉族】
W0107.2			神扮乞丐造访人间	K1811.1	
W0107.3			神扮老人造访人间	K1811.2	
W0107.4			神扮特定的人物造访人间	K1811.4	【例1】②
W0107.5			神的孩子访人间	F31	
W0107.6			动物神造访人间	F35	
W0108		神的飞行			【例2】③
W0108.1			神空中飞行	≈A171	
W0108.2			神行走神速		【傈僳族】
W0109		神的坐骑			
W0109.1			神的坐骑是风		【哈尼族、基诺族】
W0109.2			神的坐骑是闪电		【藏族】
W0109.3			神的坐骑是彩云		【朝鲜族、哈尼族】
W0109.4			神的坐骑是日月		【阿昌族】
W0109.5			神骑着奇异动物	A136.1	
W0109.6			神的坐骑是马		【蒙古族、彝族、藏族】
W0109.7			神的坐骑是牛		【联1，例1】④
W0109.8			神的坐骑是鸟	A136.1.4	【藏族】
W0109.9			神的坐骑是象	A155.5	
W0109.10			神的坐骑是龙		【民族，例1】⑤
W0109.11			神的坐骑是龟	A139.2	【例1】⑥
W0109.12			与神的坐骑有关的其他母题		【例6】⑦
W0110		神的车子			【例1】⑧

① 【民族】彝族。【关联】［W0813.2］仙人造访人间
② 【引例】王母娘娘私访人间良心【汉族】
③ 【引例】❶神的飞行能力的失去【苗族】；❷天女靠仙拂帚飞行【水族】
④ 【关联】［TPS：A136.1.3］神的坐骑是公牛。【引例】骑着白牛的女神【藏族】
⑤ 【民族】汉族。【引例】神乘玉龙白马【藏族】
⑥ 【引例】特定的女神骑九头乌龟【藏族】
⑦ 【引例】❶神的坐骑是虎【藏族】；❷神的坐骑是熊【藏族】；❸神的坐骑是白色的狮子【藏族】；❹神的坐骑是闪电【藏族】；❺神的坐骑是鹿【藏族】；❻神的坐骑是骆驼【藏族】
⑧ 【引例】神坐特定的车子【朝鲜族】

W 编码	母题描述			参照项	
	一级母题	二级母题	三级母题	汤普森	关联项
W0110.1			神出行时乘动物拉的车子	A136.2	【汉族】
W0110.2			神的车子在空中行走	A136.3	【汉族】
W0111		神的其他交通工具			
W0111.1			神的桥	A986	【汉族】
W0112		与神的出行（行为）有关的其他母题			
W0112.1			神永不休息	A102.8	
W0112.2			神的旨意只能发一次		【门巴族】
◎	〖其他相关母题〗				
W0115	神的情感			A194	
W0115.1		神的喜		A194.4	
W0115.2		神的怒		A194.3	【汉族、满族】
W0115.3		神的妒忌		A194.1	
W0115.3.1			嫉妒的女神		【土家族】
W0115.4		神的报复心		A194.2	
W0115.5		神的烦恼		A102.17	
W0115.6		与神的情感有关的其他母题			
W0115.6.1			性格相反的两个神		【蒙古族】
W0116	与神的生活有关的其他母题				【联2】①
W0116.1		神的监督者			【傈僳族】
W0116.2		神每天诵经作法			【蒙古族】
W0116.3			神的爱好		

0.1.4 神的地位与性质【W0120~W0129】

W 编码	母题描述			参照项	
	一级母题	二级母题	三级母题	汤普森	关联项
◎	〖神的地位〗				
W0120	神的地位的确定				
✳ **W0121**	神的地位高低				

---

① 【关联】❶〔W0150〕神的家庭；❷〔W7200~W7239〕神的婚姻

W 编码	母题描述			参照项	
	一级母题	二级母题	三级母题	汤普森	关联项
W0121.1		神通过争战地位升高			【民族，联1】①
W0121.2		兄弟神中的弟弟为主神			【民族，例1】②
W0122	至高无上的神			A101	【鄂伦春族、彝族】
W0122.1		天神是最高的神			【赫哲族、满族】
W0122.1.1			地上众神请天神做判官		【彝族】
W0122.1.2			管天的神地位最高		【哈尼族】
W0122.1.3			天帝地位最高		【汉族】
W0122.2		日月神是最高神			【民族，联2】③
W0122.3		创世的最高神		A101.1	
W0122.4		玉皇大帝是最高神			【民族，联1】④
W0122.5		在特定领域地位高的神			【联1，例1】⑤
W0122.5.1			天神的首领		【民族，例1】⑥
W0122.5.2			森林中地位最高的神		【鄂温克族】
W0122.5.3			民族中最大的神		【例1】⑦
W0122.6		与最高神有关的其他母题			【例1】⑧
W0122.6.1			特定名称的最高神		【民族，联1】⑨
W0122.6.2			管特定神的神		【民族，联1】⑩
W0122.6.3			最著名的神		【藏族】
W0123	神的首领			A161	【联1】⑪
W0123.1		神王（主神）			【民族，联1】⑫
W0123.2		神国国王		A161.1	
W0123.3		神国王后		A161.2	

① 【民族】藏族。【关联】［W8790］神之间的争战
② 【民族】羌族。【引例】天神兄弟中年龄最小的天神权力最高【景颇族】
③ 【民族】鄂温克族。【关联】❶［W0271］太阳神（日神）；❷［W0280］月亮神（月神）
④ 【民族】汉族、瑶族。【关联】［W0777］玉皇大帝
⑤ 【关联】［W0779.2］玉帝管天神。【引例】火炭神在神中地位最高【彝族】
⑥ 【民族】汉族。【引例】天界女神的首领【藏族】
⑦ 【引例】莫伟是佤族最大的神【佤族】
⑧ 【引例】最高神造神【蒙古族】
⑨ 【民族】傣族、鄂伦春族、哈尼族、蒙古族、佤族。【关联】［W0697.7.1］黄帝是神国至高无上的神
⑩ 【民族】哈尼族。【关联】［W5966］神的管理
⑪ 【关联】［W5030］首领
⑫ 【民族】傣族、哈尼族。【关联】［W0432］管神的神

W 编码	母题描述			参照项	
	一级母题	二级母题	三级母题	汤普森	关联项
W0123.4		与神的首领有关的其他母题			
W0123.4.1			神（仙）的管理者		【联1】①
W0123.4.2			三皇		【联7，例5】②
W0123.4.3			日月管各种神		【鄂温克族】
W0124	被统治的神				
W0124.1		地神从属于天神			【汉族】
W0124.2		偏神			【联1】③
◎	〖神的性质〗				
W0125	善神（慈悲之神）				【民族】④
W0125.1		善神生于特殊的地方			
W0125.2		白光中产生善神			【藏族】
W0125.3		特定名称的善神			【民族，联1】⑤
W0125.4		与善神有关的其他母题			【例1】⑥
W0126	恶神				【例2】⑦
W0126.1		恶神生于特殊的地方			
W0126.2		黑光中产生恶神			【藏族】
W0126.3		地震恶神			【哈尼族】
W0126.4		与恶神有关的其他母题			【例1】⑧
W0126.4.1			特定的神是恶神		【例1】⑨
W0127	与神的地位、性质有关的其他母题				【联5】⑩

① 【关联】［W5966］神的管理
② 【关联】❶［W0204］天帝（天王、天皇、天君）；❷［W0237］地王（地皇）；❸［W0681.1.2］伏羲是天皇；❹［W0713.6］女娲是人皇；❺［W0725.6.1］盘古是三皇五帝的下人；❻［W0734.3］神农是地皇；❼［W5860］国王（人皇）。【引例】❶三皇在盘古后出生【汉族】；❷三皇是天皇、地皇和人皇【汉族】；❸三皇是伏羲、女娲、神农【汉族】；❹伏羲是三皇之首【汉族】；❺盘古之后乃有三皇【汉族】
③ 【关联】［W0414.2］海神是龙王的从属
④ 【民族】哈萨克族、汉族、拉祜族、纳西族
⑤ 【民族】哈尼族。【关联】［W0760.1］西王母是善神
⑥ 【引例】善神的首领【纳西族】
⑦ 【引例】❶恶的山神【仡佬族】；❷恶神比善神早出现【蒙古族】
⑧ 【引例】恶神的首领【纳西族】
⑨ 【引例】凶猛的山神【藏族】
⑩ 【关联】❶［TPS：A102.7］神圣洁高尚；❷［TPS：A102.12］神是完美的；❸［TPS：A102.14］神是慈善的；❹［TPS：A102.16］神是公正的；❺［W9124］神是巫师

W 编码	母题描述			参照项	
	一级母题	二级母题	三级母题	汤普森	关联项
W0127.1		神是永恒的		①A102.3 ②A102.6	
W0127.2		神无所不在		A102.5	
W0127.3		神是预言者		A178	【联1】①
W0127.4		神是劳动者		A140	
W0127.5		神是救世者			【汉族】

0.1.5　神的能力【W0130～W0134】

W 编码	母题描述			参照项	
	一级母题	二级母题	三级母题	汤普森	关联项
✳ **W0130**	**神的能力**			A136	【联1】②
W0131	神的力量				
W0131.1		神的力量巨大			
W0131.2		大力神			【哈尼族、纳西族】
W0131.2.1			大力神的身体能伸高万丈		【黎族】
W0132	神的变化（神的变形）				【联1】③
W0132.1		神变化自己的外形		D698	【例1】④
W0132.1.1			神会变化身体大小	A120.2	
W0132.1.2			神变化为动物		【门巴族】
W0132.2		神会变化性别			【民族，联1】⑤
W0132.3		神能返老还童		≈A191	【民族，例1】⑥
W0132.4		与神的变化有关的其他母题			【例1】⑦
W0132.4.1			神出生时变成火	A199.3	
W0132.4.2			神一日多变		【例1】⑧
W0132.4.3			神的化身		【黎族、纳西族】

---

① 【关联】［W9251］预言者
② 【关联】［W0420～W0499］与职能、行业相关的神
③ 【关联】［W9525］神的变形
④ 【引例】山神形体的变化【藏族】
⑤ 【民族】满族。【关联】［W0132］神的变化（神的变形）
⑥ 【民族】景颇族。【引例】神年老后能变年轻【哈尼族】
⑦ 【引例】蚂蚁到天上是天神，在地上是禽兽【藏族】
⑧ 【引例】神女一日三变【布朗族】

W 编码	母题描述			参照项	
	一级母题	二级母题	三级母题	汤普森	关联项
W0133	神全知全能				
W0133.1		神无所不知		①A102.1 ②J1617	
W0133.2		神是全视的		A102.2	
W0133.3		神是全能的		A102.4	【汉族、拉祜族】
W0134	与神的能力有关的其他母题				
W0134.1		神能发光		A124	【鄂温克族、蒙古族】
W0134.2		神能喷火			【联1，例1】①
W0134.3		神能隐身		D1981.1	【民族，联1】②
W0134.4		神能做特定事情			
W0134.4.1			神开天		【民族，联1】③
W0134.4.2			神辟地		【民族，联1】④
W0134.4.3			神补天		【民族，联2】⑤
W0134.4.4			神射日		【民族，联2】⑥
W0134.4.5			神慧眼识妖		【满族】
W0134.4.6			神会法术		【民族，联1，例1】⑦
W0134.5		神的能力的丧失			
W0134.5.1			神的飞行能力的失去		【苗族】

0.1.6　**神的工具与武器**【W0135～W0139】

W 编码	母题描述			参照项	
	一级母题	二级母题	三级母题	汤普森	关联项
W0135	神的工具			①A157 ②A137.14	
W0136	神的武器			A157	
W0136.1		神的锤子		A137.1	
W0136.2		神的刀			【联1】⑧

---

① 【关联】［W0334］雷神能喷出闪电。【引例】白那查（山神）喷火【达斡尔族】
② 【民族】白族。【关联】［W070.2］神是无形的
③ 【民族】苗族。【关联】［W1100］天地的产生
④ 【民族】苗族。【关联】［W1100］天地的产生
⑤ 【民族】苗族。【关联】❶［W0497.6］补天之神；❷［W1384］补天
⑥ 【民族】苗族。【关联】❶［W0497.5］射日之神；❷［W9721］神射日
⑦ 【民族】彝族。【关联】［W9000］魔法。【引例】神的定身术【水族】
⑧ 【关联】［W4432.1］闪电是神的刀

W 编码	母题描述			参照项	
	一级母题	二级母题	三级母题	汤普森	关联项
W0136.3		神的盾		A157.4	
W0136.4		神的飞轮		≈A137.3	【汉族】
W0136.5		神的斧子		A137.1.1	【汉族、壮族】
W0136.6		神的弓箭			
W0136.6.1			神的弓	A157.6	
W0136.6.2			神的箭	①A157.2 ②A137.14.1.1	
W0136.7		神的鼓		A159.1	【联1】①
W0136.8		神的棍棒		A137.2	
W0136.9		神的剑		A157.5	
W0136.10		神的篮子		A137.4	【汉族】
W0136.11		神的雷（石）		A157.1	
W0136.12		神的矛		A157.3	
W0136.13		神的其他武器			
W0136.13.1			神两手持不同的武器		【联1，例1】②
W0137	与神的工具与武器有关的其他母题			A159	【联1】③
W0137.1		神的宠物			
W0137.1.1			狼是神的宠物		【哈萨克族】
W0137.2		神的玩物			
W0137.2.1			神的战马		【联1】④

0.1.7　神的关系【W0140 ~ W0174】

W 编码	母题描述			参照项	
	一级母题	二级母题	三级母题	汤普森	关联项
W0140	神的谱系				【壮族】
W0140.1		神谱的缔造者			【例1】⑤
W0140.2		第一代神			【民族，例1】⑥
W0140.3		第二代神			【哈尼族、苗族、纳西族】

① 【关联】［W6274］鼓的产生
② 【关联】［W0397.2］山神手中的武器。【引例】女神右手持闪电，左手握冰雹【藏族】
③ 【关联】［W0109］神的坐骑
④ 【关联】［W0164.1］神的马
⑤ 【引例】万能女神传神谱【哈尼族】
⑥ 【民族】哈尼族、苗族、彝族。【引例】混沌是第一代神【毛南族】

W 编码	母题描述			参照项	
	一级母题	二级母题	三级母题	汤普森	关联项
W0140.4		第三代神			【民族，联 1】①
W0140.5		第四代神			【哈尼族】
W0140.6		第五代神			【哈尼族】
W0140.7		第六代神			【哈尼族】
W0140.8		与神的谱系有关的其他母题			
W0140.8.1			最古老的神		【蒙古族】
✳ **W0141**	**对偶神（夫妻神）②**				【例 1】③
W0142		天公地母④		A625	【民族，联 2，例 2】⑤
W0142.1			天母地父	A625.1	
W0142.2			天父地母		【例 1】⑥
W0142.3			天公天婆		【彝族】
W0142.4			天爷和天母		【羌族、畲族】
W0142.5			天公地母即玉皇大帝和妻子后土		【汉族】
W0142.6			卵生天公地母		【珞巴族】
W0143		始祖对偶神			【例 1】⑦
W0143.1			人王公和人王婆		【白族】
W0143.2			东王公和西王母		【联 1，例 1】⑧
W0144		雷公雷婆			【汉族】
W0145		雷神电婆			【德昂族】
W0146		傩公傩母			【例 1】⑨
W0147		其他特定名称的对偶神			【联 1，例 2】⑩
W0147.1			天神对偶神		【怒族】
W0147.2			日月对偶神		【畲族】
W0147.3			火神烟神对偶神		【畲族】

① 【民族】哈尼族、苗族。【关联】［W0204.11.2］天皇是第三代神
② 对偶神（夫妻神），鉴于神话叙事和母题编目的实际情况，"对偶神"包括少量的神性人物对偶神。
③ 【引例】社婆婆和庙公公〔苗族〕
④ 天公地母，"天公"在不同的神话中可以有不同的称呼，如"天爷"、"天王"等。
⑤ 【民族】德昂族、汉族。【关联】❶［W0181］天神；❷［W0230］地神。【引例】❶天公遮帕麻和地母遮米麻〔阿昌族〕；❷盘古和女娲是天父地母〔汉族〕
⑥ 【引例】盘古和女娲是天父地母〔汉族〕
⑦ 【引例】布桑该和雅桑该（布桑该和雅桑该，又有文本译为"布尚改"和"雅尚改"等）夫妇是人类始祖〔傣族〕
⑧ 【关联】［W0755］西王母。【引例】繁衍人类的兄妹被称为"东王公""西王母"〔汉族〕
⑨ 【引例】繁衍人类的姐弟变成傩公傩母〔苗族〕
⑩ 【关联】［W0780.1.2］玉皇大帝的妻子是王母娘娘。【引例】❶农神（牛郎）与衣神（织女）是夫妻〔汉族〕；❷罗神娘与罗神公夫妻〔汉族〕

W 编码	母题描述			参照项	
	一级母题	二级母题	三级母题	汤普森	关联项
W0147.4			田公地母		【汉族】
W0146.5			土地公与土地母		【民族，联1】①
W0147.6			动物对偶神		【鄂伦春族】
W0148		与对偶神有关的其他母题			【例1】②
W0148.1			特定对偶神的来历		【例1】③
W0148.2			夫妻神住在不同地方		【羌族】
W0148.3			对立的神		【蒙古族】
❋ **W0150**	**神的家庭**			A168	
W0151		神的亲属关系		A169	【例1】④
W0152		神的祖先		A111.3	
W0153		神的父母		A111	【例1】⑤
W0153.1			神的母亲	A111.1	
W0153.2			神的父亲	A111.2	
W0154		神的妻子			【例1】⑥
W0154.1			神娶很多妻子		【民族，联1，例1】⑦
W0154.2			神有一定数量的妻子		【藏族】
W0155		神的子女			【哈尼族】
W0155.1			神婚生众子女		【高山族（阿美）】
W0155.2			特定的神的子女		【景颇族、纳西族】
W0155.3			特定的神的儿子		【例1】⑧
W0155.4			特定的神的女儿		【民族】⑨
W0156		神的其他亲属			
W0156.1			神的外公		
W0156.2			神性人物的舅舅是神族		【纳西族】
W0156.3			神的特殊兄弟		【例1】⑩

① 【民族】汉族、毛南族。【关联】［W0236.2.1］土地公和土地婆管人
② 【引例】土地菩萨和土地婆婆【土家族】
③ 【引例】祖先成为对偶神【黎族】
④ 【引例】纳木湖神女是山神之女【藏族】
⑤ 【引例】山神的父母【藏族】
⑥ 【引例】山神的妻子【藏族】
⑦ 【民族】纳西族。【关联】［W7960］一夫多妻。【引例】山神有360位妻子【藏族】
⑧ 【引例】宇宙神的儿子【布朗族】
⑨ 【民族】独龙族、哈尼族、羌族、彝族
⑩ 【引例】神的矮弟弟【彝族】

W 编码	母题描述			参照项	
	一级母题	二级母题	三级母题	汤普森	关联项
✱ **W0160**	**神的朋友**				
W0161		神的伙伴		A195	
W0161.1			神创造世界时的伙伴		
W0162		同类神是好朋友			【藏族】
W0163		人是神的盟友		A189.1	
W0163.1			智者是神的伙伴	A195.2	
W0164		动物是神的伙伴①		A155	
W0164.1			神的马	A155.2	【彝族】
W0164.2			神的鸟	A155.3	
W0164.3			神的鹰	A165.1.2	
W0164.4			神的象	A155.5	【联1】②
W0164.5			神的蛇	A123.10	【汉族】
W0165		与神的朋友有关的其他母题			【联1】③
✱ **W0166**	**神的仇敌**			A189.14	
W0167		神的仇敌的产生			【例1】④
W0168		特定的神的仇敌			
W0168.1			天神与地神是仇敌		【联2】⑤
W0168.2			雨神与旱神是仇敌		【联2】⑥
W0169		与神的仇敌有关的其他母题			
◎	〖其他相关母题〗				
W0170	神的侍从			A165	
W0170.1		神有多个侍从			【例1】⑦
W0170.2		神的侍女			【门巴族】
W0170.3		动物是神的侍从		A165.1	
W0171	神的使者			A165.2	
W0171.1		动物是神的使者		A165.2.1	
W0171.1.1			喜鹊是神的使者		【民族，联1】⑧

① 动物是神的伙伴，该母题包含许多情形，如动物是神的伙伴、坐骑、宠物等。具体差异可见编目中的其他相关母题和《中国神话母题 W3 编目实例》。

② 【关联】［W0109.9］神的坐骑是象

③ 【关联】［W0671.4］嫦娥的玉兔

④ 【引例】神因争斗结怨【藏族】

⑤ 【关联】❶［W0181］天神；❷［W0230］地神

⑥ 【关联】❶［W0300］雨神；❷［W0463］旱神

⑦ 【引例】山神有 1500 位神将和侍从【藏族】

⑧ 【民族】满族。【关联】［W0486.1］喜鹊是喜神的使者

W 编码	母题描述			参照项	
	一级母题	二级母题	三级母题	汤普森	关联项
W0171.1.2			乌鸦是神的信使		【联1，例1】①
W0171.1.3			鹰是神的信使		【蒙古族】
W0171.1.4			蛤蟆是天的使者		【佤族】
W0171.1.5			蜜蜂是神的使者		【纳西族】
W0171.1.6			其他特定动物是神的使者		【民族，联3，例2】②
W0171.2		其他特定人物是神的使者			
W0172	与神的关系有关的其他母题			A189	
W0172.1		神的守护者		A165.5	【傈僳族】
W0172.1.1			神的看门者		【例1】③
W0172.1.2			特定的物是神的守护者		【例2】④
W0172.2		神的巫师		A165.8	
W0172.3		神的上司			
W0172.4		神的助手			【例1】⑤
W0172.4.1			神造出自己的助手		【拉祜族】
W0172.4.2			神的谋士		【例1】⑥
W0172.4.3			动物是神的助手		【例1】⑦
W0172.5		神的师父			
W0172.5.1			喇嘛是众神之师		【蒙古族】
W0172.6		神将			【藏族】
W0172.7		神兵			【藏族】

0.1.8 神的寿命与死亡【W0175～W0179】

W 编码	母题描述			参照项	
	一级母题	二级母题	三级母题	汤普森	关联项
W0175	神的寿命				
W0175.1		长寿的神（寿神）		A191.1	【傣族、蒙古族】

---

① 【关联】［W3368.4］乌鸦是信使。【引例】乌鸦是玉皇大帝的信使【蒙古族】
② 【民族】朝鲜族。【关联】❶［W0211.6.1］马是天使；❷［W3199.2］猫是神的使者；❸［W3377.4］鹰是天神的使者。【引例】❶猫是地母的使者【阿昌族】；❷龙是玉皇大帝的使者【彝族】
③ 【引例】山神的看门狗【藏族】
④ 【引例】❶太阳和月亮是神的守护者【哈萨克族】；❷神女守护着太阳神的宫殿【裕固族】
⑤ 【引例】雷神的助手【壮族】
⑥ 【引例】太阳仙子是天王的谋士【京族】
⑦ 【引例】乌鸦是天神的助手【蒙古族】

W 编码	母题描述			参照项	
	一级母题	二级母题	三级母题	汤普森	关联项
W0175.1.1			神万年不死		【苗族】
W0175.1.2			神的长寿秘诀		【例1】①
W0175.2		神不死			
W0175.2.1			神不死的原因		【哈尼族】
W0175.3		短命的神			
W0175.4		神有特定的寿命			
W0175.4.1			神两三千岁		【蒙古族】
W0175.4.2			神九千八百岁		【苗族】
W0175.5		与神的寿命有关的其他母题			
W0175.5.1			神九生九死		【民族，联1】②
W0175.5.2			神500年为1岁		【蒙古族】
W0176	神的死亡			①A192.1 ②A1085	
W0176.1		神死亡的原因			
W0176.2		神被杀死		A192.2	
W0176.2.1			神老后被新神杀死	A192.1.1	
W0176.3		与神的死亡有关的其他母题			
W0176.3.1			神劳累而死		【联1，例1】③

① 【引例】神从女人那里得到寿命永生【哈尼族】
② 【民族】哈尼族。【关联】［W0658.3.1］祖先（神）有9条命
③ 【关联】［W0627.1］文化英雄劳累而死。【引例】地母劳累而死【白族】

0.2　与方位相关的神^①

（W0180 ~ W0269）

0.2.1　天神^②【W0180 ~ W0229】

W 编码	母题描述			参照项	
	一级母题	二级母题	三级母题	汤普森	关联项
✿ **W0180**	与 方 位 相 关 的神			A417	
✿ **W0181**	天神			A200	
✳ **W0182**	天神的产生				
W0183		天神来源于某个地方或自然存在			【裕固族】
W0184		天神是造出来的			
W0184.1			造出男女天神		【傣族】
W0185		天神是生育产生的			
W0185.1			女子生天神		【例2】^③
W0185.2			阴阳生天神		【阿昌族】
W0185.3			雾露生天神		【拉祜族】
W0185.4			卵生天神		【傣族】
W0185.5			特定的动物生天神		【例1】^④
W0186		天神是变化产生的			【例2】^⑤
W0186.1			人变成天神		【例1】^⑥
W0186.2			动物变成天神		【例1】^⑦

---

① 与方位相关的神，这里分为天神、地神、阴间神等。从神话叙事的角度界定，神话中的这些神有明确的方位特点，一般为泛指或特指。如天上的神，有时被研究者称为上界的神，包括宇宙神、日月星辰神、气象神等。

② 天神，许多神话叙事中的"天神"并不是一个确指的概念。一般可泛指主要生活在天上的神，但在表述上又会出现多种情况，如"天神"、"天公"、"天帝"、"天王"等，有时一些宗教性质的天神如"玉帝"、"太白金星"等。在此只是以编目的便捷性为原则并根据实际需要选择其中代表性母题，其他一些天神可参见相关类别。

③ 【引例】❶女子感生天神【汉族】；❷特定来历的女子生天神【苗族】

④ 【引例】鱼生天神【哈尼族】

⑤ 【引例】❶观音变天神【侗族】；❷天神是龙

⑥ 【引例】始祖生的孩子到天上定居的成为天神【普米族】

⑦ 【引例】蚂蚁变成天神【藏族】

W 编码	母题描述			参照项	
	一级母题	二级母题	三级母题	汤普森	关联项
W0186.3			火焰变化成天神		【傣族】
W0186.4			真气化生天神		【汉族】
W0186.5			气风雾混合化生天神		【傣族】
W0186.6			自然界变化生天神		【纳西族】
W0187		与天神产生有关的其他母题			
W0187.1			天神出现的时间		【蒙古族】
W0187.2			最早出现的天神		【傣族】
✽ **W0190**	**天神的特征**				
W0191		天神的体征			
W0191.1			男天神		【傣族】
W0191.2			女天神		【傣族、普米族】
W0191.3			天神巨大的身躯		【傣族】
W0191.4			天神的身体放光		【纳西族】
W0191.5			天神特异的四肢		【傣族】
W0191.6			天神长有翅膀		【拉祜族】
W0191.7			天神是人的面目		【例1】①
W0191.8			天神最初很小		【拉祜族】
W0192		与天神的特征有关的其他母题			
W0192.1			独身天神		【独龙族】
W0192.2			自私的天神		【汉族】
W0192.3			小气的天神		【苗族】
W0192.4			慈善的天神		【民族，联1】②
W0192.5			恶的天神		【蒙古族、藏族】
W0193		天神的数量			
W0193.1		众多天神			
W0193.2		8 个天神			【傣族】
W0193.3		9 个天神			【鄂温克族】
W0193.4		72 个天神			【汉族】
W0193.5		99 个天神			【蒙古族】
W0193.6		其他数量的天神			【傣族、蒙古族】

① 【引例】天神是白胡子老头【鄂伦春族】
② 【民族】苗族。【关联】〔W0125〕善神（慈悲之神）

W 编码	母题描述			参照项	
	一级母题	二级母题	三级母题	汤普森	关联项
❋ **W0195**	天神的生活				【联1】①
W0196	天神的服饰				
W0196.1		天神奇特的服饰			【满族】
W0197	天神的食物				
W0198	天神的居所				
W0198.1		天神住天堂		A151.6	【联1，例1】②
W0198.1.1			天神住3重天		【彝族】
W0198.1.2			天神住7层天		【维吾尔族】
W0198.1.3			天神住9层天		【满族、普米族】
W0198.1.4			天神住16层天		【傣族】
W0198.1.5			天神住17层天		【民族，例1】③
W0198.1.6			天神住其他层数的天		【例1】④
W0198.2		天神住宇宙中央			【拉祜族】
W0198.3		天神居住地中央			【拉祜族】
W0198.4		天神住树上			【满族】
W0198.5		与天神居所有关的其他母题			【例1】⑤
W0198.5.1			天神的豪华房子		【拉祜族】
W0198.5.2			天神住山上		【阿昌族、蒙古族】
W0198.5.3			天神住昆仑山		【壮族】
W0198.5.4			咸池是天神的苑囿		【汉族】
W0198.5.5			天神无居所		【拉祜族】
W0199	天神的出行				
W0199.1		天神乘云霞			【哈尼族、蒙古族】
W0199.2		天神下凡			【民族，联2，例1】⑥
W0199.2.1			天神下凡的路		【民族，联1，例1】⑦
W0199.2.2			天神被贬人间		【土家族、维吾尔族】
W0199.2.3			天神战败后到人间		【蒙古族】
W0199.3		天神重返天上			【土家族】

---

① 【关联】［W6110］以前的人的生活
② 【关联】［W098.2］神住天堂。【引例】天神住天空上方的虚空【藏族】
③ 【民族】满族。【引例】天神住17层天的天宫中【布朗族】
④ 【引例】天帝住在第五层天【布依族】
⑤ 【引例】太一居紫微宫【汉族】
⑥ 【民族】彝族。【关联】❶［W0107］神造访人间；❷［W0224］天女下凡。【引例】天神下凡惩罚懒汉【维吾尔族】
⑦ 【民族】哈尼族。【关联】［W1413］天地之间有路相连（通天的路）。【引例】仙人下凡在光中从天而降【京族】

W 编码	母题描述			参照项	
	一级母题	二级母题	三级母题	汤普森	关联项
W0200	天神的工具（武器）				
W0200.1		天神的神器			【联1】①
W0200.1.1			天神的神刀		【满族】
W0200.1.2			天神的神弓		【民族，联1】②
W0200.2		天神的锤子			【民族，联1】③
W0201	天神的能力或事迹				
W0201.1		天神主宰世界			【满族】
W0201.2		最大的天神			【民族，联1，例1】④
W0201.3		天神掌管特定的地方			
W0201.3.1			天上的皇帝掌管9个地方		【彝族】
W0201.3.2			天神掌管天宫		【哈尼族】
W0201.3.3			上帝管理自然界与下国		【汉族】
W0201.4		天神管自然物			
W0201.4.1			天神管日月星		【彝族】
W0201.4.2			天神管风雨雷电		【民族，联2】⑤
W0201.5		天神的泽恩			
W0201.5.1			天神给人智慧		
W0201.5.2			天神给人语言		
W0201.6		天神的变形			【联1】⑥
W0201.6.1			天神变凡人的样子		
W0201.6.2			天神变动物		【例2】⑦
W0202	天神的关系				
W0202.1		天后（天神的妻子）			
W0202.2		天神的子女			【联1，例1】⑧

① 【关联】［W0920］神物
② 【民族】满族。【关联】［W0963.1］神弓
③ 【民族】鄂伦春族。【关联】［W0136.1］神的锤子
④ 【民族】满族。【关联】［W0122.1］天神是最高的神。【引例】天神兄弟中年龄最小的天神权力最高【景颇族】
⑤ 【民族】蒙古族。【关联】❶［W4307］风的管理，❷［W4365］雨的管理
⑥ 【关联】［W9525］神的变形
⑦ 【引例】❶天神变鸟【哈尼族】；❷天帝变巨大的青牛【柯尔克孜族】
⑧ 【关联】［W0202.2.2］天神的女儿。【引例】天神有3个儿子【彝族】

W 编码	母题描述			参照项	
	一级母题	二级母题	三级母题	汤普森	关联项
W0202.2.1			天神的儿子		【民族】①
W0202.2.2			天神的女儿		【哈尼族、彝族】
W0202.2.3			天神的儿女住地上		【民族，联1】②
W0202.3		天神的兄弟			
W0202.3.1			天神是人的弟弟		【珞巴族】
W0202.4		天神的侍从			【例1】③
W0202.4.1			天神的侍女		【门巴族】
W0202.5		天神的助手			【彝族】
W0202.5.1			动物是天神的助手		【例2】④
W0202.6		天神的从属			【满族】
✱ **W0203**	**特定的天神**				
W0204	天帝（天王、天皇、天君)⑤				
W0204.1		特定人物生天帝			
W0204.1.1			天帝是东方最高神的儿子		【蒙古族】
W0204.1.2			始祖生天王		【侗族】
W0204.2		卵生天帝			
W0204.2.1			石球生天帝		【侗族】
W0204.3		感生天帝			【汉族】
W0204.4		婚生天帝			
W0204.4.1			人与月亮婚生天王		【布依族】
W0204.5		与天帝的产生有关的其他母题			
W0204.5.1			动物化生天帝		【例1】⑥
W0204.6		天帝的特征			
W0204.6.1			天王是庞然大物		【维吾尔族】
W0204.6.2			天皇有13个头		【汉族】
W0204.6.3			天帝是龙		【汉族】

① 【民族】朝鲜族、汉族、蒙古族、彝族
② 【民族】纳西族。【关联】［W095］神的居所
③ 【引例】神鹊是天神的侍从【满族】
④ 【引例】❶狗是天神的助手【拉祜族】；❷牛作为天神的传令官【满族】
⑤ 天帝（天王、天皇、天君)，"天帝"与"天王"等有时在神话叙事中可视为同质的概念。为保持该母题的原态，母题表述时有的保留了原文本的说法。具体情形参见《中国神话母题W0编目实例》。
⑥ 【引例】蛇的肢体化生天王【汉族】

W 编码	母题描述			参照项	
	一级母题	二级母题	三级母题	汤普森	关联项
W0204.7		天帝的住所			【联1】①
W0204.7.1			天帝住第五层天		【布依族】
W0204.7.2			天帝（神）居紫宫		【汉族】
W0204.8		天帝的坐骑			
W0204.8.1			天帝的坐骑是马		【蒙古族】
W0204.8.2			天帝的坐骑是牛		【蒙古族】
W0204.9		天帝的职能			
W0204.9.1			天王管世上一切		【民族，例1】②
W0204.9.2			天王管风雨雷电		【布朗族】
W0204.9.3			天帝是最高审判		【彝族】
W0204.10		不称职的天帝			【布依族、汉族】
W0204.11		天帝的身份			
W0204.11.1			天皇是创世神		【毛南族】
W0204.11.2			天皇是第三代神		【毛南族】
W0204.12		天王的数量			【联1】③
W0204.12.1			12 个天王		【侗族】
W0204.12.2			33 个天王		【汉族】
W0204.13		与天帝（天王）有关的其他母题			【联2，例1】④
W0204.13.1			特定名称的天帝		【民族，联1】⑤
W0204.13.2			天皇号"扶桑大帝东王公"		【民族，联2】⑥
W0205	天空神			A210	【满族】
W0206	天公				【联1】⑦
W0206.1		卵生天公			【例1】⑧
W0206.2		天公原来身体很小			【例1】⑨
W0207	天母				【联2，例1】⑩
W0207.1		凶狠的天母			【水族】

① 【关联】［W0198］天神的居所
② 【民族】维吾尔族。【引例】天王管风雨雷电【布朗族】
③ 【关联】［W0193］天神的数量
④ 【关联】❶［W0681.1.2］伏羲是天皇；❷［W0693.2］轩辕是天帝后妃的居处。【引例】天帝变牛【柯尔克孜族】
⑤ 【民族】鄂温克族、彝族。【关联】［W0728.3.6］盘古号"元始天王"
⑥ 【民族】汉族。【关联】❶［W0204］天帝（天王、天皇、天君）；❷［W0768.15］东王公
⑦ 【关联】［W0142］天公地母
⑧ 【引例】卵生天公地母【珞巴族】
⑨ 【引例】以前，天公小得可怜，地母大得吓人【珞巴族】
⑩ 【关联】❶［W0142.4］天爷和天母；❷［W0238］地母。【引例】天母的女儿是癞蛤蟆所变【羌族】

W 编码	母题描述			参照项	
	一级母题	二级母题	三级母题	汤普森	关联项
W0208	特定名称的天神①				【例40】②
W0208.1		天神叫鬼谷子			【拉祜族】
W0208.2		宇宙神			【畲族】
W0209	与天神有关的其他母题				
W0209.1		天神与祖先合一			【纳西族】
W0209.2		天神与佛祖合一			【民族，联1】③
W0209.3		天神是世界毁灭者			【汉族】
W0209.4		天神的性情			【例2】④
W0209.4.1			自由的天神		【蒙古族】
W0209.4.2			天神发怒		【哈萨克族、佤族】
W0209.5		天神之死			【鄂温克族】
✲ **W0210**	天使⑤			V230	【联1】⑥
W0211	天使的产生			A52	
W0211.1		神的意志创造天使		A52.0.1	
W0211.2		神造出天使		≈ A52.1.1	
W0211.3		天使从某种物质中产生		A52.3	【例1】⑦
W0211.3.1			北斗星中的老大是天使		【蒙古族】
W0211.3.2			光中生天使		【回族】
W0211.4		神被降为天使		A52.0.2	

① 有特定名字的天神，这里选录的一些例证只是一些民族神话中较为典型的天神，不是完全归纳。有些"天神"名称的表述与翻译者有关，在此不做辨析。

② 【引例】❶天神阿白【白族】；❷天神帕雅英【布朗族】；❸天神英叭【布朗族】；❹天神腾格里【达斡尔族】；❺天神英叭【傣族】；❻天神卜帕法【德昂族】；❼天神姆朋（姆朋，有的神话又译作"猛朋"）【独龙族】；❽天神嘎木【独龙族】；❾天神卡窝卡蒲【独龙族】；❿天神格蒙【独龙族】；⓫天神恩都力【鄂伦春族】；⓬天神宝拉哈【鄂温克族】；⓭天神保痕巴格面【鄂温克族】；⓮天神彻格（彻格，有的神话又译作"哲格"）【仡佬族】；⓯天神俄玛【哈尼族】；⓰天神梅烟【哈尼族】；⓱天神阿波摩米【哈尼族】；⓲天神伏尤亥玛法【赫哲族】；⓳天神番瓦能桑【景颇族】；⓴天神厄莎（厄莎，有的神话又译作"厄霞"）【拉祜族】；㉑天神木布帕【傈僳族】；㉒天神亚西工姆【珞巴族】；㉓天神阿布卡恩都里（阿布卡恩都里，在不同神话版本又译为"阿不凯恩都里"、"阿不卡恩都力"等）【满族】；㉔天母神阿布卡赫赫【满族】；㉕天神腾格里【蒙古族】；㉖天神吉雅琦【蒙古族】；㉗天神列老列格米·爷觉朗努【苗族】；㉘天神阿普【纳西族】；㉙天神讷拉格波【怒族】；㉚天上的大神墨特巴【土家族】；㉛天神努阿【佤族】；㉜天神阿巴木比塔【羌族】；㉝女天神伢俣【水族】；㉞天神迪【羌族】；㉟天神努阿【佤族】；㊱天神木依吉（木依吉，有的神话又译作"梅吉"、"莫伟"等）【佤族】；㊲天神阿布凯厄真【锡伯族】；㊳更资天神（更资天神，在不同的彝族神话中又译为"策耿纪"、"恩梯古资"、"额梯古自"、"陈根子"、"根兹天神"等。彝族神话中还出现其他一些神的名称，如天君策举祖、天神米姑鲁、天神阿格耶等）【彝族】；㊴天神扯沟兹【彝族】；㊵天神紫微大帝【壮族】。

③ 【民族】鄂温克族。【关联】[W0787] 佛祖

④ 【引例】❶小气的天神【苗族】；❷和蔼的天神【苗族】

⑤ 天使，此处的"天使"母题包括两种情况，一是天神的使者，二是宗教经典中的专有名词。具体区别参见《中国神话母题 W0 编目实例》。

⑥ 【关联】[W0771] 宗教神

⑦ 【引例】光中产生天使【回族】

W 编码	母题描述			参照项	
	一级母题	二级母题	三级母题	汤普森	关联项
W0211.5		人变为天使			【回族】
W0211.6		动物成为天使			【佤族】
W0211.6.1			马是天使		【朝鲜族】
W0211.6.2			鸡是天使		【朝鲜族】
W0211.6.3			蛤蟆是天使		【佤族】
W0211.7		与天使产生有关的其他母题			
W0212	天使的特征				
W0212.1		天使的外貌		V231	
W0212.1.1			天使是鸟形	V231.1	
W0212.1.2			天使有翅膀	≈ V231.3	【拉祜族】
W0212.1.3			断翅天使	V236	
W0212.1.4			天使是老太太的模样	V231.6	
W0212.2		与天使的特征有关的其他母题			
W0213	天使的生活				
W0213.1		天使住在天堂			【民族，联2】①
W0214	与天使有关的其他母题				【例1】②
W0214.1		天使帮助人类		V232	【联3】③
W0214.2		和平天使		A467.1	
W0214.3		传令的天使			【例1】④
W0214.4		叛逆的天使		A54	
W0214.5		天使与凡人婚		T111.6	【联1】⑤
✿ **W0215**	天女⑥				
W0216	天女的产生				
W0216.1		卵生天女			
W0216.1.1			天蛋生天女		【彝族】
W0216.2		天女是天神的女儿			【联2】⑦

① 【民族】回族。【关联】❶ ［W0198.1］天神住天堂；❷ ［W0812.1］仙人住在天堂
② 【引例】老蛤蟆是天使【佤族】
③ 【关联】❶ ［TPS：V243］天使满足人的愿望；❷ ［TPS：V246］天使劝告人类；❸ ［W8772.2］天使是争战中的帮助者
④ 【引例】天使是天帝到下界传递命令的使者【汉族】
⑤ 【关联】［W7242.2］天女与特定人物的婚姻
⑥ 天女，在一些神话中"天女"与"仙女"没有严格区别。具体情况参见《中国神话母题 W0 编目实例》。
⑦ 【关联】❶ ［W0215］天女；❷ ［W0649.2］祖先是天女

W 编码	母题描述			参照项	
	一级母题	二级母题	三级母题	汤普森	关联项
W0216.3		与天女的产生有关的其他母题			【例1】①
W0217	天女的特征				
W0217.1		直眼睛的天女			【纳西族】
W0217.2		天女的外形是特定动物			
W0217.2.1			白鸽是天女		【普米族】
W0217.2.2			青蛙是天女		【例1】②
W0218	天女的数量				【联1】③
W0218.1		3个天女			【鄂伦春族】
W0218.2		7个天女			【民族，联1】④
W0218.3		9个天女			【民族，例1】⑤
❋ **W0219**	**天女的生活**				
W0220		天女的服饰			
W0220.1			天女身穿彩云		【满族】
W0220.2			天女身穿白纱		【鄂伦春族】
W0221		天女的食物			
W0222		天女的居所			
W0222.1			天女住天河边		【汉族】
W0223		天女的出行			
W0224		天女下凡			【例1】⑥
W0224.1			天女靠羽衣飞行		【蒙古族】
W0224.2			天女被贬下凡		【哈尼族、水族】
W0224.3			天女因爱凡间男子下凡		【水族】
W0224.4			天女通过天梯下凡		【民族，联1】⑦
W0224.5			天女踏云彩下凡		【水族】
W0224.6			天女变鸟后下凡		【纳西族】
W0224.7			七月七天女下凡		【布依族、黎族】
W0225	与天女有关的其他母题				【联2】⑧

① 【引例】动物变成天女【羌族】
② 【引例】天仙女被变成青蛙【壮族】
③ 【关联】［W0202.2.2］天神的女儿
④ 【民族】汉族。【关联】［W0826.5.3］七仙女
⑤ 【民族】哈尼族、满族、水族。【引例】天神的9个女儿
⑥ 【引例】七月七天女下凡【布依族】
⑦ 【民族】满族。【关联】［W1445］天梯
⑧ 【关联】❶［W0649.2］祖先是天女；❷［W0727.1］盘古与天女婚

W 编码	母题描述			参照项	
	一级母题	二级母题	三级母题	汤普森	关联项
W0225.1		特定名称的天女			【珞巴族、满族】
W0225.2		天女散花			
W0225.3		天女的使者			【联1】①
W0225.3.1			特定的鸟是天女的使者		【民族，联1】②
W0225.4		天女得羽衣回天			【民族，联1】③
W0225.5		天女飞行能力的失去			【水族】
W0226	与天上的神有关的其他母题				
W0226.1		天上的女巫		A205	【联1】④

0.2.2　地神【W0230～W0239】

W 编码	母题描述			参照项	
	一级母题	二级母题	三级母题	汤普森	关联项
✿ **W0230**	**地神**			A400	
W0231	**地神的产生**				
W0231.1		天神到地上成为地神			【珞巴族】
W0231.2		天上的人到地上成为地神			【珞巴族】
W0231.3		特定人物成为地神			
W0231.3.1			共工之子⑤成为地神		【民族，联1】⑥
W0231.3.2			一个女子成为地神		【朝鲜族】
W0231.4		特定的动物生地神			【例1】⑦
W0231.5		与地神的产生有关的其他母题			【例1】⑧

---

① 【关联】［W0171］神的使者
② 【民族】珞巴族。【关联】［W3329.3］鸟是信使
③ 【民族】蒙古族。【关联】［W0225.4］仙女得羽衣回天
④ 【关联】［W9120］巫师
⑤ 共工之子，文献中没有出现共工的妻子，在此把"共工之子"作为"特定人物"。
⑥ 【民族】汉族。【关联】［W0685］共工
⑦ 【引例】鱼生地神【哈尼族】
⑧ 【引例】地神是地上产生最早的神【汉族】

W 编码	母题描述			参照项	
	一级母题	二级母题	三级母题	汤普森	关联项
W0232	地神的特征				
W0232.1		女地神		A401	【联1】①
W0232.2		矮小的地神			【彝族】
W0233	地神的生活				
W0233.1		地神住宇宙的下三层			【满族】
W0233.2		地神住天宫			【彝族】
W0235	与地神有关的其他母题				【仡佬族】
W0235.1		特定名称的地神			【例2】②
W0235.2		地神是工匠			【彝族】
W0235.3		地神管地上万物			【民族，联1】③
W0235.4		地神管地			【毛南族】
◎	〖其他相关母题〗				
W0236	土地神（土神）④				【联1，例1】⑤
W0236.1		土地神的产生			
W0236.1.1			神生土地神		【白族、哈尼族】
W0236.1.2			祖先成为土地神		【黎族】
W0236.1.3			土地神是指派来的		【哈萨克族】
W0236.1.4			特定的人成为土地神		【联1，例2】⑥
W0236.1.5			动物变土地神		【例1】⑦
W0236.1.6			与土地神产生有关的其他母题		【例1】⑧
W0236.2		土地神的职能			
W0236.2.1			土地公和土地婆管人间世事		【黎族】
W0236.2.2			土地神管大地		【毛南族】
W0236.2.3			土地神看守村寨		【黎族】
W0236.2.4			土地神管五谷丰登		【达斡尔族】
W0236.2.5			土地神有不同等级		【汉族】

---

① 【关联】［W0238］地母

② 【引例】❶地神朗【羌族】；❷地神布洛陀【壮族】

③ 【民族】蒙古族。【关联】［W5076.2］地神管理世界

④ 土地神（土神），在一些神话中"土地神"与"地神"存在混用的现象。

⑤ 【关联】［W0230］地神。【引例】有山冈才有土地公【侗族】

⑥ 【关联】［W0734.1］神农为主管作物的土神。【引例】❶土皇是天公地母的儿子【白族】；❷某女子成为土地神【朝鲜族】

⑦ 【引例】乌龟成为土地神【汉族】

⑧ 【引例】先有山冈后有土地神【侗族】

W 编码	母题描述			参照项	
	一级母题	二级母题	三级母题	汤普森	关联项
W0236.3		土地神的性格			
W0236.3.1			土地神性情善良		【汉族、毛南族】
W0236.3.2			土地神怕恶人		【土家族】
W0236.4		土地神是穷神			
W0236.4.1			土地神是穷神的原因		【汉族、毛南族】
W0236.5		与土地神有关的其他母题			
W0236.5.1			特定名称的土地神		【民族，联1，例5】①
W0236.5.2			土地神住小石洞		【毛南族】
W0236.5.3			土地庙小的来历		【黎族】
W0236.5.4			田神		【哈尼族】
W0236.5.5			土地神的生日		【例1】②
W0236.5.6			地神的女儿		【哈尼族】
W0236.5.7			土地神的辅佐是社王、灶王		【民族，联2】③
W0236.5.8			大山代表土地神		【毛南族】
W0237	地王（地皇）				【联1】④
W0237.1		天皇生地皇			【民族，联1】⑤
W0237.2		始祖生地王			【侗族】
W0237.3		云化生地皇⑥			【侗族】
W0237.4		地王的数量			
W0237.4.1			12个地王		【侗族】
W0237.4.2			9个地皇兄弟		【汉族】
W0237.5		与地王有关的其他母题			【联1】⑦
W0237.5.1			特定名称的地皇		【联1】⑧
W0237.5.2			地皇生于山中		【汉族】
W0238	地母				【联3】⑨

① 【民族】汉族、彝族。【关联】［W0768.16.1］后土娘娘是土地神。【引例】❶土地神嘎吉日·巴尔肯【达斡尔族】；❷土地神"四帝"【侗族】；❸土地神沈土官【壮族】；❹土地神岑土官【壮族】；❺土地神李天保【壮族】
② 【引例】土地神生日是农历二月初二【汉族】
③ 【民族】毛南族。【关联】❶［W0474］社神；❷［W0493］灶神（灶王、灶王爷）
④ 【关联】［W0734.3］神农是地皇
⑤ 【民族】汉族。【关联】［W0204］天帝（天王、天皇、天君）
⑥ 地皇，在侗族等一些民族中也可以作为民间神。
⑦ 【关联】［W0230］地神
⑧ 【关联】［W0734.3］神农是地皇
⑨ 【关联】❶［W0142］天公地母；❷［W0207］天母；❸［W0232.1］女地神

W 编码	母题描述			参照项	
	一级母题	二级母题	三级母题	汤普森	关联项
W0238.1		地母是玉皇大帝的妻子后土			【民族，联2】①
W0238.2		地母赐丰收			【民族，联1】②
W0238.3		地母全身长着乳房			【例1】③
W0238.4		特定名称的地母			【珞巴族、满族】
W0238.5		与地母有关的其他母题			
W0238.5.1			凹谷是土地母		【毛南族】
W0239	与地上的神有关的其他母题			A490	【联1】④

0.2.3　阴间神（冥神）【W0240～W0249】

W 编码	母题描述			参照项	
	一级母题	二级母题	三级母题	汤普森	关联项
❋ **W0240**	阴间神（冥神）			①A300 ②A310	
W0241		冥神之主		≈ A307	
W0241.1			冥神东岳大帝		【联1】⑤
W0242		阎王			【联1，例2】⑥
W0242.1			人变为阎王		
W0242.2			特定的神婚生阎王		【景颇族】
W0242.3			五道阎罗		【汉族】
W0242.4			阎王有九兄弟		【门巴族】
W0242.5			阎王处死凡人的方法		【联1】⑦
W0242.6			与阎王有关的其他母题		【民族，联1，例2】⑧
W0243		阴间女神		A300.1	

---

① 【民族】汉族。【关联】❶［W0713.4］女娲是地母；❷［W0768.16］后土

② 【民族】黎族。【关联】［W0455］丰收神（丰产神）

③ 【引例】地母神巴那吉额姆【满族】

④ 【关联】［W8793.2］天神地神之争

⑤ 【关联】［W0480］死神（死亡之神）

⑥ 【关联】［W0248.1］泰山神是阎罗的上司。【引例】❶阎王把人送到太阳上烤死【布依族】；❷阎王被打死【佤族】

⑦ 【关联】［W9921］处死作为惩罚

⑧ 【民族】佤族、彝族。【关联】［W1081.1］冥界之王。【引例】❶阎王做纸鬼【蒙古族】；❷阎王的死亡【畲族】

W 编码	母题描述			参照项	
	一级母题	二级母题	三级母题	汤普森	关联项
W0244		地狱使者		A302	【联1】①
W0245		冥神的住所			
W0245.1			冥神住地狱		【联1】②
W0246		冥神的身份或职能			
W0246.1			冥神是下界的法官	A675	【汉族】
W0246.2			冥神是死亡引导者	A311	【联1】③
W0247		冥神的使者			
W0247.1			冥神有鬼使神差		【汉族、土家族】
W0248		与冥神有关的其他母题			
W0248.1			泰山神是阎罗的上司		【民族，联1】④
W0248.2			冥府的钱币	≈A318	

0.2.4　**其他方位神**【W0250 ~ W0269】

W 编码	母题描述			参照项	
	一级母题	二级母题	三级母题	汤普森	关联项
◎	〖其他方位神〗				
W0250	三界神				
W0251	东方神				【民族，联2，例2】⑤
W0251.1		东方的天神			【阿昌族、蒙古族、彝族】
W0251.2		东方神是日神			
W0251.3		东方神句芒			【汉族】
W0251.3.1			句芒马身人面		【汉族】
W0251.3.2			句芒辅佐东方神太暤		【汉族】
W0251.4		龙是东方神灵			【普米族】
W0251.5		神被分配到东方成为东方神		A562	

① 【关联】［W1079］下界（地狱、阴间的产生）
② 【关联】［W1079］下界（地狱、阴间的产生）
③ 【关联】［W2970］人的死亡
④ 【民族】汉族。【关联】［W0398.1.2］泰山神
⑤ 【民族】汉族。【关联】❶［W0681.1.4］伏羲氏是东方天帝；❷［W0740.4.1］东方神太暤。【引例】❶东方44尊恶天神【蒙古族】；❷东方火界王【藏族】

W 编码	母题描述			参照项	
	一级母题	二级母题	三级母题	汤普森	关联项
W0251.6		东方天神是瘟神			【蒙古族】
W0251.7		与东方神有关的其他母题			
W0251.7.1			东方神的数量		【联1，例1】①
W0252	西方神				【民族，例1】②
W0252.1		西方的天神			【阿昌族、蒙古族、彝族】
W0252.2		少昊是西方神			【民族，联1】③
W0252.3		西方神是月神			
W0252.4		西方神蓐收			【汉族】
W0252.5		麟是西方神灵			【普米族】
W0252.6		神被分配到西方成为西方神		A561	
W0252.7		与西方神有关的其他母题			
W0252.7.1			西方神的数量		【联1，例1】④
W0253	南方神				【汉族】
W0253.1		南方的天神			【阿昌族、彝族】
W0253.2		祝融是主管南方之神			【民族，联1】⑤
W0253.3		炎帝是南方神			【民族，联1】⑥
W0253.4		凤是南方神灵			【普米族】
W0254	北方神				【例1】⑦
W0254.1		北方的天神			【阿昌族、彝族】
W0254.2		颛顼是北方神			【汉族】
W0254.3		玄武是北方神			【例1】⑧
W0254.4		北方神禹疆			【汉族】
W0254.5		北极雄天大帝			【汉族】
W0255	中央神				【汉族】
W0255.1		中央神是风神			【民族，联1】⑨

① 【关联】［W087.1］神的数量。【引例】东方有44个天神【蒙古族】
② 【民族】汉族。【引例】西方55尊善天神【蒙古族】
③ 【民族】汉族。【关联】［W0730］少昊
④ 【关联】［W087.1］神的数量 。【引例】西方有55个天神【蒙古族】
⑤ 【民族】汉族。【关联】［W0767］祝融
⑥ 【民族】汉族。【关联】［W0742］炎帝
⑦ 【引例】紫微大帝管北天【汉族】
⑧ 【引例】北方神玄武龟蛇合体【汉族】
⑨ 【民族】彝族。【关联】［W0292］风神

W 编码	母题描述			参照项	
	一级母题	二级母题	三级母题	汤普森	关联项
W0255.2		神农伏羲二帝在中央			【民族，联2】①
W0255.3		黄帝主中央			【民族，联1】②
W0255.4		虎是中央的神灵			【普米族】
W0255.5		中央紫微北极大帝			【汉族】
W0255.6		混沌为中央神			【民族，例1】③
W0255.7		女娲是中央神			【例1】④
W0256	四方神				【例1】⑤
W0256.1		四根天柱成为四方神			【毛南族】
W0256.2		四方神守护天宇			【毛南族】
W0257	五方神				【汉族、普米族】
W0257.1		五方神是青帝、赤帝、黄帝、白帝、黑帝			【毛南族】
W0257.2		五方神守护五个方位			【例1】⑥
W0258	八方神				
W0259	上方神				
W0259.1		头上三尺有神灵			【汉族】
W0260	下方神				
W0261	西南方的神				
W0261.1		西南方的天神主宰富贵			【蒙古族】
W0263	东北方的神				
W0264	其他方位的神				
W0265	与方位神有关的其他母题				
W0265.1		水中的神			【联1】⑦

① 【民族】汉族。【关联】❶［W0675］伏羲；❷［W0731］神农
② 【民族】汉族。【关联】［W0690］黄帝
③ 【汉族】汉族。【引例】混沌神神力无比【毛南族】
④ 【引例】黄帝居中央，其神是女娲【毛南族】
⑤ 【引例】东西南北四个天神分住在天的四边【阿昌族】
⑥ 【引例】五方神分守东西南北中五个方位【毛南族】
⑦ 【关联】［W0400］水神

0.3 与自然现象（物）相关的神

（W0270～W0419）

0.3.1 日月星辰神【W0270～W0289】

W 编码	母题描述			参照项	
	一级母题	二级母题	三级母题	汤普森	关联项
✿ W0270	日月神				
W0270.1		人变日月神			【畲族】
✳ W0271	太阳神（日神）①			①A121.2 ②A220	【联1】②
W0272	太阳神的产生				
W0272.1		天降太阳神			【高山族】
W0272.2		太阳神是生育产生的			【例1】③
W0272.2.1			天地婚生太阳神		【珞巴族】
W0272.2.2			神性人物生太阳神		
W0272.2.3			鱼生太阳神		【哈尼族】
W0272.3		人变成太阳神			【民族】④
W0272.3.1			人变成太阳神的原因		【民族，例1】⑤
W0272.4		与太阳神产生有关的其他母题			【例1】⑥
W0272.4.1			天帝封特定的神为太阳神		【例1】⑦
W0273	太阳神的特征				【例1】⑧
W0273.1		男太阳神			【蒙古族、羌族】

---

① 太阳神，不同神话中的"太阳神"所指有所不同。有的偏重于"太阳"的神性，有的偏重于"太阳"本身。此处仅列出部分有代表性的母题。具体区分可参见"W1 世界与自然物"母题类型中的 ［W1678～W1684］太阳的关系"。
② 【关联】［W0466.7］火神变太阳
③ 【引例】鬼生太阳鬼 【景颇族】
④ 【民族】白族、哈尼族、汉族、畲族
⑤ 【民族】哈尼族。【引例】为人类找到火的男子被封为太阳神 【畲族】
⑥ 【引例】鬼生太阳鬼 【景颇族】
⑦ 【引例】天帝把神界有三姐妹中的大姐封为太阳神 【汉族】
⑧ 【引例】太阳神变老奶奶 【景颇族】

W 编码	母题描述			参照项	
	一级母题	二级母题	三级母题	汤普森	关联项
W0273.2		女太阳神（太阳女神）		A220.1	【民族】①
W0273.2.1			太阳神是个姑娘		【鄂温克族】
W0273.2.2			太阳神变老奶奶		【景颇族】
W0273.2.3			太阳神是金发老人		【蒙古族】
W0273.3		白太阳神			【纳西族】
W0273.4		黑太阳神			【纳西族】
W0273.5		太阳神浑身发金光			【裕固族】
W0273.6		与太阳神的特征有关的其他母题			
W0274	太阳神的职能				
W0274.1		太阳神为太阳驾车		A724.1	
W0274.2		太阳神发出火（热）			【哈尼族、汉族】
W0274.3		太阳神惩罚恶人			【景颇族】
W0275	太阳神的家庭			A220.2	
W0275.1		太阳神的父母			
W0275.1.1			太阳神是天神的女儿		【傈僳族】
W0275.1.2			太阳神的父亲		
W0275.1.3			太阳神的母亲		
W0275.2		太阳神的兄弟姐妹			
W0275.2.1			太阳神是月亮神的姐姐		【汉族】
W0275.2.2			太阳神与月亮神、鸡神是三姐妹		【汉族】
W0275.2.3			太阳神与月亮神、天狗神是三姐妹		【汉族】
W0275.2.4			太阳神是妹妹，月亮神是哥哥		【汉族】
W0275.3		太阳神的子女			【例1】②
W0275.3.1			太阳神的儿子		【联1，例1】③
W0275.3.2			太阳神有多个儿子		【汉族】
W0275.3.3			太阳神的女儿		【汉族】
W0275.3.4			太阳神有 1 对子女		【景颇族】

①　【民族】鄂温克族、傈僳族、珞巴族、蒙古族、羌族

②　【引例】太阳神有 1 对儿女 【景颇族】

③　【关联】［W1680.2.2］太阳是太阳神的儿子。【引例】雷公是太阳神的儿子 【汉族】

W 编码	母题描述			参照项	
	一级母题	二级母题	三级母题	汤普森	关联项
W0275.4		与太阳神的关系有关的其他母题			
W0276	太阳神的生活				
W0276.1		太阳神的住所			
W0276.1.1			太阳神的宫殿（太阳宫）		【民族，联1】①
W0276.1.2			太阳神住太阳山		【蒙古族】
W0276.1.3			太阳神为什么住在天上		【例1】②
W0276.2		太阳神乘坐太阳车			
W0276.2.1			太阳车		
W0277	太阳神的数量				
W0277.1		1个太阳神			【汉族】
W0277.2		2个太阳神		A227	【联1】③
W0277.3		10个太阳神			
W0277.4		多个太阳神			
W0278	与太阳神有关的其他母题				【联3】④
W0278.1		特定名称的太阳神			【哈尼族、纳西族】
W0278.1.1			太阳神羲和		【汉族】
W0278.2		四月初八祭太阳神			【民族，联1】⑤
W0278.3		太阳鬼			【景颇族】
❋ **W0280**	月 亮 神 （月神）			①A121.1 ②A240	
W0281	月亮神的产生				
W0281.1		月亮神是生育产生的			
W0281.1.1			天地婚生月亮神		【珞巴族】
W0281.1.2			鱼生月亮神		【哈尼族】
W0281.2		人成为月亮神			【哈尼族、汉族、畲族】

---

① 【民族】裕固族。【关联】［W1790］天宫
② 【引例】天空把太阳神和月亮神两个孩子带到天上【珞巴族】
③ 【关联】［W4057.1］一个太阳神管白天，一个太阳神管夜晚
④ 【关联】❶［W0924.2］太阳神鸟；❷［W1695.16］日精；❸［W5079.1］太阳神管理人间
⑤ 【民族】彝族。【关联】［W6498.3］祭太阳

W 编码	母题描述			参照项	
	一级母题	二级母题	三级母题	汤普森	关联项
W0281.2.1			人成为月亮神的原因		【民族，例1】①
W0281.3		与月亮神产生有关的其他母题			
W0281.3.1			天帝封特定的神为月亮神		【例1】②
W0282	月亮神的特征				
W0282.1		月亮男神			【汉族、珞巴族】
W0282.1.1			月亮神是个小伙		【鄂伦春族】
W0282.2		月亮女神		A240.1	【民族，联1】③
W0282.2.1			月亮女神常羲		【汉族】
W0282.3		月亮神脸白			【哈尼族】
W0282.4		善良的月亮神			【水族】
W0283	月神的生活				
W0283.1		月亮神为什么住在天上			【联1，例1】④
W0284	与月神有关的其他母题				【联1，例1】⑤
W0284.1		特定名称的月神			【例1】⑥
W0284.1.1			月神望舒		【汉族】
W0284.2		月精⑦			
W0284.2.1			人变成月精		【汉族】
W0284.2.2			嫦娥是月精		【汉族】
W0284.2.3			蟾蜍变成月精		【汉族】
✻ **W0285**	**星神**			①A121 ②A250	【例1】⑧
W0285.1		人变成星神			【联1，例1】⑨
W0286	启明星神			A252	【联1】⑩

① 【民族】哈尼族。【引例】为人类找到水的女子被封为月神【畲族】
② 【引例】天帝把神界有三姐妹中的二姐封为月亮神【汉族】
③ 【民族】蒙古族。【关联】[W065]女神
④ 【关联】[W0276.1.3]太阳神为什么住在天上。【引例】天空把太阳神和月亮神两个孩子带到天上【珞巴族】
⑤ 【关联】[W0275.2.1]太阳神是月亮神的姐姐。【引例】10个月亮神【汉族】
⑥ 【引例】月神别亚【鄂伦春族】
⑦ 月精，可以理解为月亮神的别称。
⑧ 【引例】星神数量众多【蒙古族】
⑨ 【关联】[W1719]人变成星星。【引例】女子飞到天上变成星神【鄂伦春族】
⑩ 【关联】[W1740]启明星

W 编码	母题描述			参照项	
	一级母题	二级母题	三级母题	汤普森	关联项
W0287	北斗星神			A253	【联1】①
W0287.1		北斗神有雌雄			【汉族】
W0287.1.1			北斗女神	A253.1	
W0287.1.2			北斗星神是主宰仓房的女神		【鄂伦春族】
W0288	吉星神				【赫哲族】
W0289	与星神有关的其他母题				
W0289.1		其他特定名称的星神			

0.3.2　与天气有关的神② 【W0290～W0389】

W 编码	母题描述			参照项	
	一级母题	二级母题	三级母题	汤普森	关联项
✿ **W0290**	**气象神**			A280	
W0291	风暴神			A281	
❋ **W0292**	**风神**③			A282	
W0293	风神的产生				
W0293.1		特定的人物变成风神			
W0293.2		神生风神			【哈尼族】
W0293.3		风神指派产生的			【哈萨克族】
W0293.4		与风神产生有关的其他母题			
W0294	风神的性别				
W0294.1		女风神（风婆）		A282.0.1	【联1】④
W0295	风神的外形				
W0295.1		风神雀头鹿身			【汉族】
W0295.2		风神是黑旋风			【民族，联1】⑤
W0295.3		风神是老太太			【鄂温克族】
W0295.4		与风神外形有关的其他母题			
W0295.4.1			风神化虎		【壮族】

---

① 【关联】［W1731］北斗星（北斗七星）
② 与天气有关的神，有的研究者又称之为"与气象有关的神"或"气象神"。
③ 风神，又称"风师"、"风伯"、"箕伯"等。
④ 【关联】［W0298.2］旋风女神
⑤ 【民族】黎族。【关联】［W0298.1］旋风神

W 编码	母题描述			参照项	
	一级母题	二级母题	三级母题	汤普森	关联项
W0295.4.2			风神化雨		【水族】
W0296	风神的居所				
W0296.1		风神住天上			【例1】①
W0296.2		风神住大地的边缘			【鄂温克族】
W0296.3		风神居南极			【例1】②
W0296.4		风神住地缝			【赫哲族】
W0296.5		风神住无底洞			【柯尔克孜族、怒族】
W0296.6		风王住地宫中			【哈尼族】
W0297	风神的工具				
W0297.1		风神拿着风袋			
W0297.2		风神左手持轮右手执扇			【汉族】
W0297.3		风神的簸箕			【鄂温克族】
W0298	特定的风神				【例1】③
W0298.1		旋风神		A182.1	
W0298.2		旋风女神			【满族】
W0298.3		春风神			【哈尼族】
W0299	与风神有关的其他母题				【联1，例1】④
W0299.1		特定名称的风神			【民族】⑤
W0299.1.1			风神飞廉		【汉族】
W0299.2		风神管风雨雷电			【彝族】
W0299.3		风伯是龙的部下			【汉族】
W0299.4		风神是大力士			【柯尔克孜族】
W0299.5		风神是星宿			【例1】⑥
W0299.6		9个风神			【怒族】
✳ **W0300**	雨神			A287	
W0301	雨神的产生				
W0301.1		雨神是特定的神的孩子			【例1】⑦

---

① 【引例】风神米门加木住在天上【珞巴族】
② 【引例】风神因乎处南极【汉族】
③ 【引例】风神风满（神名）【壮族】
④ 【关联】［W0255.1］中央神是风神。【引例】风神是恶鬼【黎族】
⑤ 【民族】鄂伦春族、汉族、彝族、壮族
⑥ 【引例】箕星是风伯【汉族】
⑦ 【引例】神生雨神【哈尼族】

W 编码	母题描述			参照项	
	一级母题	二级母题	三级母题	汤普森	关联项
W0301.1.1			雨神是土地神与石头神的孩子		【高山族】
W0301.1.2			雨神是土地神的孩子		【高山族】
W0301.2		人变化为雨神			【汉族】
W0301.3		动物变化为雨神			
W0301.3.1			母鸡成为雨神		【畲族】
W0302	雨神的特征				
W0302.1		女雨神		A287.1	
W0302.2		雨神是鸟			【汉族】
W0302.2.1			雨神是一足神鸟		【汉族】
W0303	雨神的生活				
W0304	与雨神有关的其他母题				
W0304.1		特定名称的雨神			【例3】①
W0304.2		雨神是星宿			【汉族】
W0304.3		雨师			【民族，例1】②
W0304.3.1			毕星是雨师		【汉族】
W0304.3.2			雨师能化龙		【汉族】
W0304.4		龙是雨神			【联1】③
✿ **W0305**	雷神④			A284	【汉族、赫哲族】
✳ **W0306**	**雷神的产生**				
W0307			雷神是生育产生的		
W0307.1			神生雷神		【侗族、汉族】
W0307.2			女神的儿子做雷神		【苗族】
W0307.3			卵生雷神		【汉族、苗族】
W0307.4			雷神从大肉球生出		【汉族】
W0307.5			女子吃特定的动物生雷神		【苗族】
W0307.6			与生育雷神有关的其他母题		

---

① 【引例】❶雨神莫都尔【鄂伦春族】；❷雨师赤松子【汉族】；❸雨神赵神爷【壮族】
② 【民族】朝鲜族。【引例】雨师玄冥【汉族】
③ 【关联】［W4341］龙造雨
④ 雷神，在中国神话中"雷神"的名称和情形相当繁杂。如名称方面，有"雷"、"雷神"、"雷公（婆）"、"雷王"、
　"雷郎"、"雷公老爷"等说法。此处不再分类处理，除个别极为典型的情况外，在此一律表述为"雷神"。具体情况
　可参见《中国神话母题 W0 编目实例》。

W 编码	母题描述			参照项	
	一级母题	二级母题	三级母题	汤普森	关联项
W0308		雷神是变化产生的			【联2，例1】①
W0308.1			盘古变成雷神		【联1，例1】②
W0308.2			巨人变成雷神		【布依族】
W0308.3			人变成雷神		【高山族、佤族、瑶族】
W0308.4			人间兄弟俩成为雷神		【瑶族】
W0308.5			人死后变成雷神		【壮族】
W0308.6			雷神是太阳的化身		【壮族】
W0309		与雷神的产生有关的其他母题			
W0309.1			雷神指派的		【哈萨克族】
W0309.2			雷公是龙		【毛南族】
W0309.3			龙神雷公		【藏族】
※ **W0310**	雷神的性别				
W0311		男雷神			
W0312		女雷神（雷婆）		A284.1	【民族，联1】③
W0312.1			雷婆是红色的		【汉族】
W0312.2			雷神娶的凡间妻子变雷婆		
W0312.3			特定名称的雷婆		【侗族】
W0312.4			雷女④		【黎族】
※ **W0313**	雷神的外貌				
W0314		雷神身材巨大			
W0314.1			雷神身体巨大（雷公身体巨大）		【侗族、汉族】
W0314.2			雷婆身躯巨大		【壮族】
W0315		雷神人形			【畲族】
W0315.1			雷公是一个老头		【赫哲族】
W0315.2			雷公是毛脸老公公		【布依族】
W0315.3			雷公是小伙子		【畲族】
W0316		雷神有动物外形			

① 【关联】❶［W0312.2］雷神娶的凡间妻子变雷婆；❷［W0697.2］黄帝是雷神。【引例】盘古灵魂变雷神
② 【关联】［W0720］盘古。【引例】盘古死后魂灵变成雷公【汉族】
③ 【民族】苗族。【关联】［W0477.6］雷婆是生育神
④ 雷女，神话中的"雷女"不一定是雷神的女儿。

W 编码	母题描述			参照项	
	一级母题	二级母题	三级母题	汤普森	关联项
W0316.1			雷神是龙		【毛南族、蒙古族、藏族】
W0316.2			雷神龙身人头		【汉族】
W0316.3			雷神长着翅膀		【汉族、苗族】
W0316.4			雷神有鸟的特征		
W0316.5			雷神是鸡		【例1】①
W0316.6			雷神像鸡		【布依族、瑶族】
W0316.7			雷神长着鸡头		【汉族】
W0316.8			雷神长着鸡脚（鸡腿）		【壮族】
W0316.9			与雷神有动物外形有关的其他母题		【例2】②
W0317		与雷神的外貌有关的其他母题			
W0317.1			雷神有巨大的头		【侗族】
W0317.2			雷神有9个头		【汉族】
W0317.3			雷神奇特的眼睛		【例2】③
W0317.4			雷神长着长嘴	A284.3.1	【例1】④
W0317.5			雷神脸色多变		【藏族】
❋ **W0318**	**雷神的性格**				
W0319		善的雷神			【汉族】
W0319.1			善的雷公		
W0319.2			善的雷婆		
W0320		恶的雷神			【联2】⑤
W0320.1			恶的雷公		【民族】⑥
W0320.2			恶的雷婆		
W0321		雷神脾气暴躁			【鄂伦春族、汉族】
W0321.1			雷公脾气暴躁		【汉族】
W0321.2			雷婆性情暴躁		【侗族】
W0322		雷公秉性刚直			【汉族】
W0323		雷神的其他性格			

① 【引例】雷神是公鸡
② 【引例】❶雷王是天狗【毛南族】；❷雷公全身是毛、鸡嘴、背上生有一对翅膀【土家族】
③ 【引例】❶雷公三只眼【藏族】；❷雷公长着灯笼眼【壮族】
④ 【引例】雷神青面尖嘴【壮族】
⑤ 【关联】❶［W0126］恶神；❷W0902.4.5］雷公是恶鬼
⑥ 【民族】汉族、黎族、水族、壮族

W 编码	母题描述			参照项	
	一级母题	二级母题	三级母题	汤普森	关联项
W0324	与雷神的特征有关的其他母题				
W0324.1		雷神的心			【民族，联1】①
W0324.1.1			雷神没有心		【汉族】
W0324.1.2			雷公心可治病		【民族，联1】②
W0324.1.3			雷公心能辨别善恶		【汉族】
W0324.2		雷神的肉			
W0324.2.1			雷神的肉（胆）能治病		
＊W0325	**雷神的生活**				
W0326		雷神的衣服			【藏族】
W0327		雷神的饮食			【例1】③
W0327.1			雷神吃人		【例1】④
W0327.2			雷神吃素		【例2】⑤
W0327.3			雷公爱吃蔬菜		【苗族】
W0328		雷神的居所			
W0328.1			雷神住天上		
W0328.2			雷神为什么住天上		【例4】⑥
W0328.3			雷神居云中		【水族】
W0328.4			雷神住云端		
W0328.5			雷神住被雷击的物体中		【例2】⑦
W0328.6			雷神的灵魂住地下	A284.3.2	
W0328.7			雷神住树洞中		【畲族】
W0328.8			雷神的其他居所		【例2】⑧
W0329		雷神的坐骑			
W0329.1			雷神骑天狗		【壮族】

---

① 【民族】汉族。【关联】［W4431.1］闪电是雷公的心
② 【民族】苗族。【关联】［W6247.3］特定的药物
③ 【引例】雷公喝水长力气 【侗族】
④ 【引例】雷王是吃小孩的凶神 【毛南族】
⑤ 【引例】❶雷王由吃小孩改为吃素 【毛南族】；❷玉帝不让雷王南吃肉 【毛南族】
⑥ 【引例】❶雷神怕抢财产住到天上 【苗族】；❷雷神被赶到天上 【苗族】；❸雷神住天上是被顶天柱顶上去的 【壮族】；❹雷神厌倦地上生活回到天上
⑦ 【引例】❶雷神住被雷击的树木中 【鄂温克族】；❷雷神住被雷击的房屋中 【鄂温克族】
⑧ 【引例】❶雷住在天宫的北方 【汉族】；❷雷神住湖中 【汉族】

W 编码	母题描述			参照项	
	一级母题	二级母题	三级母题	汤普森	关联项
W0329.2			雷神骑着苍龙		【藏族】
W0329.3			雷神腾风驾火		【壮族】
W0330		与雷神的生活有关的其他母题			
W0330.1			雷神在天上飞		【土家族】
W0330.2			雷神与电母为伴		【民族，联1】①
W0330.3			雷神爱喝酒		【汉族】
✳ **W0331**	雷神的能力或事迹				【联1】②
W0332		雷神管天管地			【民族，联1】③
W0332.1			雷神管天		【汉族、毛南族】
W0332.2			雷神管地		
W0333		雷神管布雷下雨			【布依族、瑶族】
W0333.1			雷神管天上的雨池		【壮族】
W0333.2			雷神右手招风左手招雨		【瑶族】
W0334		雷神能喷出闪电			【民族，联1】④
W0335		雷神监督人间			【瑶族】
W0335.1			雷神惩罚不爱惜粮食的人		【民族，联1】⑤
W0335.2			雷神惩罚不孝的人		【汉族】
W0335.3			雷神惩罚恶人		【汉族、瑶族】
W0335.4			雷神惩罚血亲结婚的人		
W0335.5			雷神下雨时巡视天地		【汉族】
W0335.6			雷神是善恶的审判者		
W0335.7			管辖特定地方的雷神		【苗族】
W0336		雷神是守护神			【联2，例1】⑥

---

① 【民族】赫哲族。【关联】［W0350］雷神的妻子
② 【关联】［W0973.1.1］土地管地，雷公管天
③ 【民族】侗族。【关联】［W4860］天地的管理
④ 【民族】藏族。【关联】［W0134.2］神能喷火
⑤ 【民族】汉族。【关联】［W9913.1］雷公用雷劈浪费粮食的人
⑥ 【关联】❶［W0430］世界的保护神；❷［W0497.8］身兼多职的神。【引例】雷神是狩猎和畜牧的守护神【柯尔克孜族】

W 编码	母题描述			参照项	
	一级母题	二级母题	三级母题	汤普森	关联项
W0337		雷神制造洪水（雷公制造洪水）			【联2】①
W0338		雷神的变化			
W0338.1			雷神的脸会变色		【例1】②
W0338.2			雷神能变12个身体		【壮族】
W0338.3			雷神变鸡		【民族，联1，例1】③
W0339		雷公降妖（魔）			【黎族】
W0340		与雷神的能力或事迹有关的其他母题			
W0340.1			雷神是铁匠		【彝族】
W0340.2			雷神出战时炸雷震山		【藏族】
W0340.3			雷神劈树		【民族，例1】④
W0340.4			雷公学本领		【畲族】
W0340.5			雷公神力的恢复		【民族，联1】⑤
W0340.6			雷公特定能力的丧失		【例1】⑥
W0340.7			雷公是人类产生的帮助者		【黎族】
W0340.8			雷公除掉多余的太阳		【民族，联1】⑦
W0340.9			雷公行千里		【汉族】
✳ **W0341**	雷神的工具				【联1，例3】⑧
W0342		雷神手持斧子			【民族，联1】⑨
W0342.1			雷神手持电斧		【壮族】
W0342.2			雷神手持青铜斧		【壮族】
W0342.3			雷公手持斧和锯		【瑶族】
W0342.4			雷公手持斧子和铜鼓		【壮族】

① 【关联】❶［W8270～W8289］洪水制造者；❷［W8274］雷公制造洪水
② 【引例】雷公的脸有蓝、绿、黑三色变化【藏族】
③ 【民族】畲族。【关联】［W0316.5］雷神是鸡。【引例】雷神变鸡蛋【景颇族】
④ 【民族】苗族。【引例】雷神击不碎朽木【鄂伦春族】
⑤ 【民族】壮族。【关联】［W8877］雷公的逃脱
⑥ 【引例】雷公的翅膀无水飞不起【瑶族】
⑦ 【民族】黎族。【关联】［W9763.2］人和动物一起除掉多余的太阳
⑧ 【关联】［W0135］神的工具。【引例】❶雷神的三把秤【苗族】；❷雷公的舂白槌【畲族】；❸雷神端着盛满铁水和铁丸的盘子【藏族】
⑨ 【民族】土家族。【关联】［W6089.2.2］雷公斧

W 编码	母题描述			参照项	
	一级母题	二级母题	三级母题	汤普森	关联项
W0343		雷神手持凿子			【畲族】
W0343.1			雷神手持凿子和锤子		【鄂伦春族、苗族】
W0343.2			雷公手持凿子和斧子		【壮族】
W0344		雷神手持锤子			
W0344.1			雷公手持铁锤和钢钻		【苗族】
W0344.2			雷公手持铁锤和火铲		【侗族】
W0345		雷神手持钢鞭			【苗族】
W0346		雷神手持雷和电			【汉族】
W0347		与雷神的工具有关的其他母题			
W0347.1			雷公的三把秤		【苗族】
W0347.2			雷公的舂臼槌		【畲族】
W0347.3			雷公的盘子		【藏族】
W0347.4			雷公的镜子		【汉族】
W0347.5			雷车		【民族，联1】①
✳ **W0348**	雷神的关系				
W0349		雷神的父母			
W0349.1			雷神是天帝的儿子		【汉族】
W0349.2			雷神是特定的神的儿子		【侗族】
W0350		雷神的妻子			【民族，联5】②
W0350.1			雷婆是玉皇大帝的女儿		【畲族】
W0350.2			雷神的妻子是太阳神和月亮神		【毛南族】
W0350.3			雷神娶神幻化的美女		【满族】
W0350.4			雷神娶凡女为妻		【汉族】
W0351		雷神的子女			
W0351.1			雷神的女儿		【景颇族、壮族】

① 【民族】汉族。【关联】［W6216.1］车的发明
② 【民族】汉族。【关联】❶［W0312］女雷神（雷婆）；❷［W0358.5.1］雷神与凡女婚；❸［W0363.3］电母是雷公的妻子；❹［W7059.1］风神抢雷神的妻子；❺［W7216］雷神与电母是夫妻

W 编码	母题描述			参照项	
	一级母题	二级母题	三级母题	汤普森	关联项
W0351.2			雷神的女儿是天女		【壮族】
W0352		雷公的兄弟姊妹			【民族，联1】①
W0352.1			龙王是雷公的兄弟		【壮族】
W0352.2			雷公与人类始祖是兄弟		【民族，联2】②
W0352.3			雷神与龙、虎、人等是兄弟		【苗族】
W0352.4			雷神两兄弟		【瑶族】
W0352.5			雷神九兄弟		【汉族】
W0352.6			雷公的妹妹		【联1】③
W0353		雷神的从属			
W0353.1			雷神受命于天神（帝）		【汉族】
W0353.2			雷神是龙的部下		【汉族】
W0354		雷神的使者		A284.0.1	
W0354.1			鸡是雷神的助手		【民族，联1】④
W0354.2			青蛙是雷神的使者		【壮族】
W0355		雷神的朋友			
W0355.1			雷神与人是朋友		【民族，联1】⑤
W0355.2			雷公与动物是朋友		
W0356		雷神的仇敌			
W0356.1			雷神最恨鸡		【民族，联3】⑥
W0357		与雷神的关系有关的其他母题			【例1】⑦
W0357.1			雷兵雷将		【壮族】
W0357.2			雷将		【汉族、壮族】
W0357.3			雷兵		【汉族、壮族】
W0354.4			雷神率十万魔兵		【藏族】
W0358	与雷神有关的其他母题				【联2，例1】⑧
W0358.1		雷鸟		A284.2	

① 【民族】苗族。【关联】［W0352.5］雷神九兄弟
② 【民族】苗族。【关联】❶［W0640］祖先；❷［W0641］祖先神
③ 【关联】［W0705.7.1］姆洛甲是雷公的妹妹
④ 【民族】羌族。【关联】［W0515.2］雷公鸡
⑤ 【民族】布依族、黎族、苗族。【关联】［W0352.2］雷公与人类始祖是兄弟
⑥ 【民族】苗族。【关联】❶［W0316.5］雷神是鸡；❷［W0338.3］雷神变鸡；❸［W0354.1］鸡是雷神的助手
⑦ 【引例】雷神是玉皇大帝的手下【土家族】
⑧ 【关联】❶［W8872］捉雷公；❷［W9953.4.2］雷神误劈孝妇。【引例】雷神救人【景颇族】

W 编码	母题描述			参照项	
	一级母题	二级母题	三级母题	汤普森	关联项
W0358.2		雷精		F434	【联1】①
W0358.3		雷神的名字			【例2】②
W0358.3.1			雷公是人的名字		【畲族】
W0358.3.2			黄帝是主雷雨之神		【民族，联1】③
W0358.3.3			玉帝命名"九天都雷公"		【畲族】
W0358.3.4			特定名称的雷神		【例2】④
W0358.4		雷神的数量			
W0358.4.1			5 个雷神（公）		【汉族、联1】⑤
W0358.4.2			9 个雷公		【汉族】
W0358.4.3			36 个雷神		【汉族、壮族】
W0358.5		雷神的婚姻			【联3】⑥
W0358.5.1			雷神与凡女婚		【民族，联1】⑦
W0358.6		雷神的死亡			
W0358.6.1			雷神被人吃掉		【汉族】
W0358.6.2			玉皇杀雷神		【民族，联1】⑧
W0358.7		雷神的惧怕物			
W0358.7.1			雷神怕盐		【苗族】
W0358.7.2			雷神怕铜器		【彝族】
W0358.8		雷公伸冤			【汉族】
W0358.9		雷神救人			【景颇族】
✳ W0360	闪电神（闪神、电神、电母)⑨			A285	【联1，例1】⑩
W0361		闪电神的产生			
W0361.1			人成为闪电神		【例3】⑪
W0362		闪电神的工具			
W0362.1			电母两手执镜		【汉族】

① 【关联】［W0907.2］精灵
② 【引例】❶萨岜雷婆【侗族】；❷雷公名字叫丰隆【汉族】
③ 【民族】汉族。【关联】［W0690］黄帝
④ 【引例】❶雷神谢如·达来勒【达斡尔族】；❷雷公名字叫丰隆【汉族】
⑤ 【民族】汉族。【引例】五个雷神是东方青雷、南方赤雷、中央黄雷、西方白雷、北方黑雷【毛南族】
⑥ 【关联】❶［W0330.2］雷神与电母为伴；❷［W7059.1］风神抢雷神的妻子；❸［W7216］雷神与电母是夫妻
⑦ 【民族】汉族。【关联】［W7263.4］人与神性人物婚
⑧ 【民族】汉族。【关联】［W8870］斗雷公
⑨ 闪电神（闪神、电神、电母），又称"闪电娘娘"、"金光电母"等，有的神话说她是雷公的妻子。
⑩ 【关联】［W4438.1.1］闪电是雷公的助手。【引例】电母是雷公的妻子【汉族】
⑪ 【引例】❶被冤死的姑娘变为电母【汉族】；❷被雷神误劈死的姑娘的冤魂召到天上封为闪电女神【毛南族】；❸救雷神的女子土封为闪神【畲族】

W 编码	母题描述			参照项	
	一级母题	二级母题	三级母题	汤普森	关联项
W0362.2			闪电神把闪电做武器	A285.1	
W0363		与闪电神有关的其他母题			【联1，例1】
W0363.1			闪电女神		【例3】①
W0363.2			闪电天使	A285.0.1	
W0303.3			闪电神是雷神的助手		【联1，例1】②
W0363.4			电母是雷公的妻子		【汉族】
✣ **W0364**	雪神				【汉族、维吾尔族】
W0365		雪神的产生			【例1】③
W0366		雪神的特征			
W0366.1			雪神冬天出现		【汉族】
W0367		与雪神有关的其他母题			
W0367.1			雪神住在天上		【柯尔克孜族】
W0367.2			特定名称的雪神		【例2】④
✣ **W0368**	云神			A283	
W0369		云神的产生			【例1】⑤
W0370		云神的特征			
W0371		与云神有关的其他母题			【例1】⑥
W0371.1			云天使	A283.2	
W0371.2			特定名称的云神		【例2】⑦
◎	〖**其他相关母题**〗				
W0372	雾神			A289.1	
W0373	虹神（彩虹神）			A288	【民族，联1】⑧
W0374	冰雹神				【蒙古族、藏族】
W0374.1		冰雹神居东方			【蒙古族】
W0374.2		特定名称的雹神			

① 【关联】❶闪电女神不愿意与男子接近【珞巴族】；❷闪电女神很漂亮【珞巴族】；❸闪电女神是善良的女神【毛南族】

② 【关联】［W0781.4］玉皇大帝出行有雷公电母开道。【引例】闪电女神为雷神照明【毛南族】

③ 【引例】神生雪神【哈尼族】

④ 【引例】❶雪神名叫"滕六"【汉族】；❷青女管霜雪【汉族】

⑤ 【引例】云神是土地神和石头神的长女

⑥ 【引例】乌云神【彝族】

⑦ 【引例】❶云神名叫"屏翳"【汉族】；❷云神丰隆【汉族】

⑧ 【民族】景颇族。【关联】［W4485～W4509］虹

W 编码	母题描述			参照项	
	一级母题	二级母题	三级母题	汤普森	关联项
W0374.2.1			秃尾巴老李是雹神		【民族，联1】①
W0375	风雨云雾神				【傣族】
W0375.1		风雨神			【联2】②
W0375.1.1			暴风雨神	A181	【例1】③
W0375.2		云雾神			【民族，联2】④
✿ **W0376**	其他气象神			A289	【联1，例1】⑤
W0377	时间神				
❋ **W0378**	季节神			A496	【联1】⑥
W0379	四季神				【联1】⑦
W0379.1		人生的四个儿子成为四季神			
W0379.2		紫微北极大帝是四季神			【汉族】
W0380	春神			A496.1	【汉族】
W0380.1		春神是太阳神			
W0380.2		春神是木神			【例2】⑧
W0380.3		太暤为司春之神			【汉族】
W0381	夏神				【汉族】
W0381.1		夏神是火神			【民族，例1】⑨
W0381.1.1			火神祝融是夏神		【民族，联2】⑩
W0382	秋神				【汉族】
W0382.1		秋神是月神			
W0282.2		秋神是金神			【例1】⑪
W0383	冬神				【汉族】
W0383.1		好斗的冬神			【柯尔克孜族】
W0383.2		冬神是水神			【例1】⑫

---

① 【民族】汉族。【关联】［W3583.5］秃尾巴龙（秃尾巴老李）
② 【关联】❶［W0292］风神；❷［W0300］雨神
③ 【引例】暴风雨神威力巨大【傣族】
④ 【民族】佤族。【关联】❶［W0368］云神；❷［W0372］雾神
⑤ 【关联】［W0463］旱神。【引例】奢比尸为天气之祖巫【汉族】
⑥ 【关联】［W4770］季节
⑦ 【关联】［W4784］神或神性人物划分四季
⑧ 【引例】❶春神是木神句芒【汉族】；❷太暤以木德王天下【汉族】
⑨ 【民族】汉族。【引例】夏神是火神祝融【汉族】
⑩ 【民族】汉族。【关联】❶［W0381］夏神是火神；❷［W0767.3］祝融是火神
⑪ 【引例】金神蓐收是秋神【汉族】
⑫ 【引例】水神玄冥是冬神【汉族】

W 编码	母题描述			参照项	
	一级母题	二级母题	三级母题	汤普森	关联项
W0384	暖神				【汉族、蒙古族】
W0385	寒神				【汉族、蒙古族】
W0386	与天气神有关的其他母题				

0.3.3　与自然物有关的神【W0390～W0419】

W 编码	母题描述			参照项	
	一级母题	二级母题	三级母题	汤普森	关联项
✿ **W0390**	**自然物之神**			A405	【达斡尔族】
✳ **W0391**	**山神**			①A418 ②A495	
W0392	山神的产生				
W0392.1		山神来于某个地方或自然存在			
W0392.1.1			山神来于天上		【例2】①
W0392.1.2			山神是指派来的		【哈萨克族】
W0392.2		山神是创造产生的			
W0392.3		山神是生育产生的			
W0392.3.1			山神是天神与动物婚生的儿子		
W0392.3.2			山神是特定的王子		【藏族】
W0392.3.3			山神是天神与熊的儿子		【朝鲜族】
W0392.4		山神是变化产生的			
W0392.4.1			人变成山神		【民族，例2】②
W0392.4.2			动物变成山神		【例1】③
W0392.4.3			与变化产生山神有关的其他母题		【朝鲜族、仡佬族】
W0392.5		与山神产生有关的其他母题			【例1】④
W0392.5.1			虎当做山神		【民族，例1】⑤
W0392.5.2			山当做山神		【藏族】

① 【引例】❶天上的神到山上成为山神【珞巴族】；❷天上的人到山里成为山神【珞巴族】
② 【民族】傈僳族、藏族。【引例】❶天上的人到山里成为山神【珞巴族】；❷灭妖者成为山神【羌族】
③ 【引例】动物的骨骼化为山神【藏族】
④ 【引例】强盗转生为山神【藏族】
⑤ 【民族】赫哲族。【引例】老虎是山神【鄂伦春族、鄂温克族】

W 编码	母题描述			参照项	
	一级母题	二级母题	三级母题	汤普森	关联项
W0393	山神的特征				
W0393.1		男山神			
W0393.2		女山神			【羌族、藏族】
W0393.2.1			多情的女山神		【藏族】
W0393.2.2			善良的女山神		【民族，联2】①
W0393.3		山神身体高大			【高山族】
W0393.4		山神是人的外形			
W0393.4.1			山神是老头		【达斡尔族、鄂温克族】
W0393.4.2			山神是老太太		【哈尼族】
W0393.5		山神是动物外形			
W0393.5.1			山神是一只老虎		【鄂伦春族、藏族】
W0393.6		与山神的特征有关的其他母题			【例1】②
W0393.6.1			善的山神		【达斡尔族、哈尼族】
W0393.6.2			恶的山神		【仡佬族、藏族】
W0394	山神的生活				
W0394.1		山神住在树上			【达斡尔族】
W0394.2		山神住山洞			【民族，联1】③
W0394.3		山神住其他特定的地方			【例2】④
W0394.4		山神的服饰			【藏族】
W0395	山神的职能				
W0395.1		山神管野兽			【白族、汉族、黎族】
W0395.2		山神保护人畜山川			【藏族】
W0395.2.1			山神帮助猎人		【达斡尔族】
W0395.3		山神主司人的生死福祸			【藏族】
W0395.4		山神行云布雨			【民族，联1】⑤
W0395.5		山神规定猎人的猎物数量			【民族，联1】⑥

---

①　【民族】藏族。【关联】❶［W065］女神；❷［W0125］善神（慈悲之神）

②　【引例】山神金身龙驾【毛南族】

③　【民族】达斡尔族。【关联】［W099.4.3］神住山洞

④　【引例】❶山神隐居深山密林【达斡尔族】；❷山神住奇峰、怪石、古树、岩洞中【鄂伦春族】

⑤　【民族】藏族。【关联】［W0299.2］风神管风雨雷电

⑥　【民族】鄂温克族。【关联】［W0461］猎神

W 编码	母题描述			参照项	
	一级母题	二级母题	三级母题	汤普森	关联项
W0395.6		与山神的职能有关的其他母题			【例 2】①
W0396	山神的身份				
W0396.1		山神是酋长			【藏族】
W0396.2		山神是天神的弟子			【满族】
W0396.3		多重身份的山神			【民族，联 1】②
W0397	山神的工具				
W0397.1		雷电是山神的法宝			【民族，联 1】③
W0397.2		山神手中的武器			【藏族】
W0398	与山神有关的其他母题				【例 3】④
W0398.1		特定名称的山神		A418	【例 1】⑤
W0398.1.1			雪山神		【独龙族】
W0398.1.2			泰山神		【联 4，例 2】⑥
W0398.2		岩石神（石神）		①A498 ②A499.3	【朝鲜族、黎族、羌族】
W0398.2.1			石神作为生育神		【黎族】
W0398.2.2			石敢当		【民族，联 1】⑦
W0398.3		山神的关系			
W0398.3.1			山神的妻子		【藏族】
W0398.4		山神的财产			
W0398.4.1			山神的家畜		【藏族】
W0398.4.2			山神的宝库		【藏族】
W0398.5		山神的象征物			【民族，联 1】⑧
✳ **W0400**	水神			A420	【联 2】⑨
W0401	水神的产生				
W0401.1		神造水神			【民族，例 1】⑩

① 【引例】❶山神保护英雄【哈尼族】；❷山神是酋长【藏族】
② 【民族】藏族。【关联】［W0497.8］身兼多职的神
③ 【民族】景颇族。【关联】［W4408.1］神奇的雷
④ 【引例】❶石崖、石笋代表山神［仡佬族］；❷管山神树神的神【哈尼族】；❸山神之长【羌族】
⑤ 【引例】山神白那查【达斡尔族、鄂温克族】
⑥ 【关联】❶［W0480.2］泰山神管生死；❷［W0725.6.4］盘古的五世孙是东岳之神；❸［W0773.4］碧霞元君是泰山君主；❹［W1851.1］泰山（东岳）。【引例】❶泰山奶奶【汉族】；❷泰山神是阎罗的上司【汉族】
⑦ 【民族】侗族、汉族。【关联】［W0773.2］碧霞元君是泰山石敢当之女
⑧ 【民族】仡佬族。【关联】［W9240］象征物
⑨ 【关联】❶［W0410.1］河伯；❷［W0906.4］水灵（水鬼）
⑩ 【民族】佤族。【引例】创世神用泥垢造水神【布朗族】

W 编码	母题描述			参照项	
	一级母题	二级母题	三级母题	汤普森	关联项
W0401.2		其他神变成水神			
W0401.2.1			天神变成水神		【例1】①
W0401.3		人变成水神			【汉族】
W0401.3.1			天上的人到水中变成水神		【珞巴族】
W0401.3.2			人修炼成为水神		【联1】②
W0401.4		特定的人婚生水神			【珞巴族】
W0401.5		与水神产生有关的其他母题			【例1】③
W0401.5.1			水神指派产生的		【哈萨克族】
W0402	水神的特征				
W0402.1		男水神			【汉族】
W0402.2		女水神		A420.1	【土家族】
W0402.3		水神的外貌			【例1】④
W0403	水神的生活				
W0403.1		水神的住所			
W0403.1.1			水神住深水中		【达斡尔族、哈萨克族】
W0403.2		水神的出行			【汉族】
W0404	水神的能力或职能				
W0404.1		水神的变化			【例2】⑤
W0404.2		水神为人解难			【汉族】
W0404.3		水神降雨			【汉族】
W0404.4		水神管龙			【彝族】
W0404.5		水神管水的方法			【彝族】
W0405	特定的水神				
W0405.1		盐水女神			【例2】⑥
W0405.2		洪水神			【满族】
W0405.3		水沟神			【哈尼族】
W0405.4		淮水神			【汉族】
W0405.5		黄河神			【汉族】

① 【引例】天上的神到水里成为水神【珞巴族】
② 【关联】［W0408.2］人修炼成河神
③ 【引例】特定的神的肢体变水神【彝族】
④ 【引例】河伯人面【汉族】
⑤ 【引例】❶河伯化为白龙【汉族】；❷水神变人【壮族】
⑥ 【引例】❶盐水女神即德济娘娘【土家族】；❷盐水女神是廪君的妻子【土家族】

W 编码	母题描述			参照项	
	一级母题	二级母题	三级母题	汤普森	关联项
W0406	与水神有关的其他母题				【例1】①
W0406.1		特定名称的水神			【联3，例2】②
W0406.2		龙是水神（龙王是水神）		B11.7	【布朗族、苗族、纳西族】
W0406.3		龙王管众水神			【民族，联1】③
W0406.4		水神的定海神珠			【布朗族】
W0406.5		共工之子是水神			【民族，联3】④
W0406.6		水仙			
W0406.6.1			水仙姑		【瑶族】
✳ **W0407**	河神（江神）			A425	
W0408	河神的产生				
W0408.1		人溺死变成河神			【汉族】
W0408.2		人修炼成河神			【汉族】
W0408.3		龙是河神			【蒙古族】
W0408.4		鱼是河神			
W0409	河神的特征				
W0409.1		女河神		A425.1	
W0409.2		河神人面鱼身			【汉族】
W0409.3		河神像人			【珞巴族】
W0410	与河神有关的其他母题				【汉族】
W0410.1		河伯			【汉族】
W0410.2		河神住水中			【例1】⑤
W0410.3		河神（伯）娶妻			【汉族】
W0410.4		河神的出行			【汉族】
W0510.5		特定名字的河神			
✳ **W0411**	海神			A421	
W0412	海神的产生				
W0412.1		人变成海神			【满族】

① 【引例】水仙住在水底【哈萨克族】

② 【关联】❶［W0383.2］冬神是水神；❷［W0685.3.1］共工是水神；❸［W0685.3.2］共工是洪水神。【引例】❶共工之子是水神【汉族】；❷水神罗塔纪【彝族】

③ 【民族】纳西族。【关联】［W0404.4］水神管龙

④ 【民族】汉族。【关联】❶［W0231.3.1］共工之子成为地神；❷［W0474.1］社神是共工之子；❸［W0685.3.1］共工是水神

⑤ 【引例】河神能像鱼在水里生活【珞巴族】

W 编码	母题描述			参照项	
	一级母题	二级母题	三级母题	汤普森	关联项
W0412.2		龙是海神			【汉族】
W0413	海神的特征				
W0413.1		女海神		A421.1	
W0413.1.1			东海女神		【民族，联1】①
W0413.2		海神身长鳞片			【满族】
W0414	与海神有关的其他母题				
W0414.1		特定名称的海神			【满族】
W0414.2		海神是龙王的从属			【汉族】
W0414.3		波浪是海神的孩子		≈ A423	
◎	〖其他相关母题〗				
W0415	湖神				
W0415.1		湖神是山神之女			【藏族】
W0416	泉神			A427	
W0416.1		女泉（井）神		A427.1	
W0416.2		泉神住在泉中		A151.3.1	
W0417	潮神				
W0417.1		潮神伍子胥			【汉族】
W0418	与自然物有关的其他神				
W0418.1		沙漠神		A419.2	
W0418.2		池塘神			
W0418.3		井神			【侗族】
W0418.4		龙潭神			【联1】②

① 【民族】满族。【关联】［W065］女神
② 【关联】［W1977.3］龙潭的来历

0.4 与职能、行业相关的神① (W0420 ~ W0499)

0.4.1 创造神与破坏神【W0420 ~ W0429】

W 编码	母题描述			参照项	
	一级母题	二级母题	三级母题	汤普森	关联项
✳ **W0420**	创造神②				【民族，联1】③
W0421		创造神的产生			
W0421.1			创造神自然存在		【联1】④
W0421.2			创造神是造出来的		【例1】⑤
W0421.3			创造神是孕育产生的		【例1】⑥
W0421.4			特定的人成为创造神		【例1】⑦
W0421.5			与创造神有关的其他母题		【哈萨克族】
W0422		特定的创造神			
W0422.1			造日月之神		【民族，联1】⑧
W0422.2			造河之神		【民族，联1】⑨
W0422.3			造船之神	A451.2.1	【民族，联1】⑩
W0422.4			造光明之神		【民族，联2】⑪
W0422.5			造动物之神		【怒族】

---

① 与职能、行业相关的神，这类神与其他分类方法得出的神会有一些交叉。从母题编目的角度考虑列出这一类型，会成为对神全面分析的重要根据。

② 创造，有些研究者又称之为"制造之神"、"造物神"，基督教等宗教神话又称之为"造物主"。大多神话语境中"创造神"与"创世神"并没有严格区别。这里根据不同神话的表述需要，将二者分别列为不同母题代码。

③ 【民族】独龙族。【关联】［W1015］创世者（造物主）

④ 【关联】［W02］神自然存在

⑤ 【引例】祖先造出造物神【怒族】

⑥ 【引例】雾露和云团夫妻孕育创造神【景颇族】

⑦ 【引例】兄妹被天帝封为凡间造物主【汉族】

⑧ 【民族】怒族。【关联】［W1540］日月的产生

⑨ 【民族】苗族。【关联】［W1910］江河的产生

⑩ 【民族】苗族。【关联】［W6217.1］船的发明

⑪ 【民族】苗族。【关联】❶［W0458］光明之神；❷［W4600］光的产生

W编码	母题描述			参照项	
	一级母题	二级母题	三级母题	汤普森	关联项
W0422.6			其他特定的创造神		【例2】①
W0423		与创造神有关的其他母题			
W0423.1			特定名称的创造神		【民族】②
W0423.2			创造神造万物后死亡		【联1】③
✳ **W0424**	创世神④				【联1】⑤
W0425			开天辟地之神		【民族，联1】⑥
W0425.1			开天辟地的女神		【民族，联1】⑦
W0425.2			开天之神		【民族，联1】⑧
W0425.3			辟地之神		【苗族】
W0426		与创世神有关的其他母题			
W0426.1			特定名称的创世神		【例2】⑨
W0426.2			人因功被封为凡间造物主		【民族，联1】⑩
W0427	破坏神			A488	【联1】⑪
W0427.1		破坏天地的神			
W0427.2		破坏神是创造神的兄弟			
W0428	与创造神或破坏神有关的其他母题				
W0428.1		创造神与破坏神的争斗			【联1】⑫

---

① 【引例】❶造蚂蚁的神【怒族】；❷造星星的神【怒族】
② 【民族】布依族、景颇族、黎族、藏族
③ 【关联】［W0176］神的死亡
④ 创世神，在许多神话中又称为"创世者"，主要包括创世的神或神性人物、人、动物等主体，又可称为"世界的创造者"、"世界万物的创造者"，有的神话研究者又称之为"造物主"等，包括一些具有神性的人物。有的神话中难以确定他们是生活在天上还是地上，根据他们开天辟地、创造万物的职能作为"造物的神"。为避免重复，具体母题编排在"［W1010～W1034］世界的创造与创世者"。
⑤ 【关联】［W1015］创世者
⑥ 【民族】苗族。【关联】［W1100］天地的产生地
⑦ 【民族】苗族。【关联】［W065］女神
⑧ 【民族】苗族。【关联】［W1133］神或神性人物造天
⑨ 【引例】❶创世神英叭【布朗族】；❷创世神姆六甲【壮族】
⑩ 【民族】汉族。【关联】［W1015］创世者（造物主）
⑪ 【关联】［W8673.2.1］神毁灭世界
⑫ 【关联】［W8790］神之间的争战

0.4.2　与管理或保护有关的神① 【W0430 ~ W0449】

W 编码	母题描述			参照项	
	一级母题	二级母题	三级母题	汤普森	关联项
◎	〖管理类神〗				
W0430	世界的保护神				
W0430.1		四方守护神为龙虎鸟龟			【毛南族】
W0431	管三界的神				【联1，例1】②
W0432	管神的神				【联2，例1】③
W0432.1		管众天神的神			【羌族】
W0432.2		管山神树神的神			【哈尼族】
W0433	管天地万物的神				【例2】④
W0433.1		管天的神			【民族，联2，例1】⑤
W0433.2		管地的神			【民族，联1】⑥
W0433.2.1			后土主宰大地		【汉族】
W0433.2.2			管地的神是女神		【民族，例1】⑦
W0433.3		管天气的神			【联1】⑧
W0433.3.1			管风雨云雾之神		【民族，联1】⑨
W0433.3.2			管霜雪的神		【联1，例1】⑩
W0433.4		管边界的神			
W0434	管人的神				【民族，联1】⑪
W0434.1		人神			【汉族】
W0434.1.1			人种神		【白族】
W0434.1.2			天神生人神		【哈尼族】

---

① 与管理或保护有关的神，在其他母题编目中已列有相应的日月星辰神、风雨雷电神和山川河流神等。考虑到神话叙事的特殊性，有的自然现象的管理并不一定由相应名称的神来承担，特设此编目中的若个母题以突出神话文本叙事中相应神的职能。

② 【关联】［W1070］三界。【引例】女娲的三个儿子管三界【汉族】

③ 【关联】❶［W0122.6.2］管特定神的神；❷［W5961］特定领域众神的秩序。【引例】玉皇大帝管雷公电母【纳西族】

④ 【引例】❶主宰万物的神帕雅天【布朗族】；❷更资管天地万物【彝族】

⑤ 【民族】哈尼族。【关联】❶［W0122.1.2］管天的神地位最高；❷［W4860］天地的管理。【引例】母资莫是管天的神【彝族】

⑥ 【民族】哈尼族。【关联】［W4860］天地的管理

⑦ 【民族】哈尼族。【引例】米资莫是管天的神【彝族】

⑧ 【关联】［W0290］气象神

⑨ 【民族】傣族。【关联】［W0292］风神

⑩ 【关联】［W0364］雪神。【引例】天神主霜雪【汉族】

⑪ 【民族】哈尼族。【关联】［W0442］人的保护神

W 编码	母题描述			参照项	
	一级母题	二级母题	三级母题	汤普森	关联项
W0434.1.3			特定的动物生人神		【哈尼族】
W0434.1.4			特定名称的人神		【哈尼族】
W0434.2		人王			【民族，联1】①
W0434.2.1			祖先生人王		【侗族】
W0434.2.2			地气化为人王		【侗族】
W0434.2.3			9 个人王		【侗族】
W0434.2.4			与人王有关的其他母题		【联1】②
W0435	管动物的神			A440	【联2】③
W0435.1		管野生动物的神		A443	
W0435.2		管野兽的神		A443.1	【例1】④
W0435.3		管家畜的神		A441.1	【民族，联1】⑤
W0435.3.1			牧羊神	①A441.1.2 ②A453	
W0435.3.2			管牛的神		【哈萨克族】
W0435.3.3			管马的神		【鄂伦春族、哈萨克族】
W0435.3.4			管骆驼的神		【哈萨克族】
W0435.3.5			管其他家畜的神		
W0436	管植物的神				【佤族】
W0436.1		管植物结果的神		A431	
W0436.2		管作物神			【民族，联2】⑥
W0437	管自然物的神				
W0437.1		管山的神			【联2】⑦
W0437.1.1			日月神管山岭		【彝族】
W0437.1.2			专管山林的女神		【民族，联1】⑧
W0437.1.3			天上的老君管山		【汉族】
W0437.2		管水的神			【民族，联2】⑨
W0437.2.1			镇海大王		【京族】

---

① 【民族】白族。【关联】❶［W0123.4.2］三皇；❷［W5860］国王（人皇）

② 【关联】［W0713.6］女娲是人皇

③ 【关联】❶［W0500］动物神；❷［W5971］动物的管理

④ 【引例】掌管狮子的女神【纳西族】

⑤ 【民族】哈尼族。【关联】［W0460］家畜神

⑥ 【民族】哈尼族。【关联】❶［W0493.13］灶王爷管五谷杂粮；❷［W0734.1］神农为主管作物的土神

⑦ 【关联】❶［W0391］山神；❷［W4973］山的管理

⑧ 【民族】侗族。【关联】［W065］女神

⑨ 【民族】侗族、哈尼族、汉族。【关联】❶［W0400］水神；❷［W4975］水的管理

W 编码	母题描述			参照项	
	一级母题	二级母题	三级母题	汤普森	关联项
W0437.2.2			管江河湖海的神		【侗族】
W0437.3		管道路之神		A413	【民族，联2】①
W0437.3.1			十字路口的神	A413.1	【侗族】
W0437.3.2			街道神		
W0437.4		管其他特定自然物的神			
W0437.4.1			管太阳的神		【民族，联1】②
W0437.4.2			管月亮的神		【民族，联1】③
◎	〖保护类神〗				
W0438	地方神			A410	【联1，例2】④
W0439	城池保护神			A412	
W0439.1		城隍为城市守护神			【汉族】
W0439.1.1			城隍		【例1】⑤
W0440	村寨保护神（寨神）				
W0440.1		护寨女神			【民族，联1】⑥
W0440.2		特定的动物是村寨的保护神			【民族，联1】⑦
W0440.2.1			牛是村寨的保护神		【民族，联1】⑧
W0440.2.2			象是村寨的保护神		【傣族】
W0440.3		其他特定的寨神			
W0441	护法神				【纳西族】
W0441.1		佛教护法神			【藏族】
W0441.2		佛门保护神			【汉族】
W0441.3		护法神的体征			【纳西族】
W0441.4		护法神的数量			
W0442	人类保护神				【侗族、满族、蒙古族】
W0443	特定人群的保护神				
W0443.1		家神（家鬼）			【联2，例2】⑨

① 【民族】侗族、汉族。【关联】❶［W0447.2］保出行安全的神；❷［W0447.2.1］路神
② 【民族】哈尼族。【关联】［W0271］太阳神（日神）
③ 【民族】哈尼族。【关联】［W0280］月亮神（月神）
④ 【关联】［W0782.2］本主神。【引例】❶土地神是地方神【汉族】；❷某个特定地方的山神【藏族】
⑤ 【引例】城隍是江里出来的一个老头【汉族】
⑥ 【民族】哈尼族。【关联】［W065］女神
⑦ 【民族】哈尼族。【关联】［W0271］太阳神（日神）
⑧ 【民族】傣族。【关联】［W0509］牛神
⑨ 【关联】❶［W0443.3］宅神；❷［W5085］家庭（家族）。【引例】❶特定的物变家鬼【苗族】；❷日耶是家庭保护神【佤族】

W 编码	母题描述			参照项	
	一级母题	二级母题	三级母题	汤普森	关联项
W0443.1.1			家神是天神之子		【朝鲜族】
W0443.1.2			宅神		【朝鲜族】
W0443.2		部落神			【佤族、藏族】
W0443.3		族神（民族神）		A415	【藏族】
W0443.4		姓氏神			【满族】
W0443.5		产妇的保护神			【蒙古族】
W0443.6		幼儿保护神			【鄂温克族、蒙古族】
W0444	动物保护神				
W0444.1		特定动物的保护神			
W0445	植物保护神				
W0446	自然物或无生命物保护神				
W0447	与管理或保护神有关的其他母题				【例1】①
W0447.1		护卫神			【苗族】
W0447.2		保出行安全的神			【满族】
W0447.2.1			路神		【侗族、汉族】
W0447.3		管灶火的神			【民族，联1】②
W0447.4		天公地母护洲神			【民族，联1】③

0.4.3　与功能或行业有关的神④【W0450 ~ W0499】

W 编码	母题描述			参照项	
	一级母题	二级母题	三级母题	汤普森	关联项
W0450	爱神			A475	
W0450.1		一对恩爱夫妻被封为爱神			【畲族】
W0450.2		特定名称的爱神			【例2】⑤
W0451	财神			A473	【汉族】
W0451.1		人变成财神			
W0451.2		特定名称的财神			【藏族】

---

① 【引例】管甑子的神【哈尼族】
② 【民族】哈尼族。【关联】［W0493］灶神
③ 【民族】汉族。【关联】［W0142］天公地母
④ 与功能或行业有关的神，此项包括生产中出现的某些"行业神"。
⑤ 【引例】❶爱情祖母【侗族】；❷爱神王素【壮族】

W编码	母题描述			参照项	
	一级母题	二级母题	三级母题	汤普森	关联项
W0451.2.1			文财神比干		【汉族】
W0451.2.2			武财神赵公明		【汉族】
W0452	测量之神				【联1】①
W0452.1		测量大地的女神			【苗族】
W0453	赌神			A482	
W0454	房屋神			A411	【联1】②
W0454.1		屋灵		F480	【联1】③
W0454.1.1			盖房时刻的木人被奉为屋神		【白族】
W0454.1.2			屋灵是动物	B593	【联1】④
W0454.2		特定的物作为房屋神			
W0454.2.1			蛇是房屋神		【汉族】
W0455	丰收神（丰产神）				【民族，联1，例1】⑤
W0455.1		土地神是丰收神			【民族，联1】⑥
W0456	纺织神				【联1】⑦
W0456.1		纺织女神		A451.3.1	【景颇族】
W0457	福神				【汉族、水族】
W0457.1		禄神			【汉族】
W0458	光明之神			A260	
W0458.1		光明女神		A260.1	
W0458.2		曙光之神		A270	
W0458.3		光明之神是善神		≈A107	【联1】⑧
W0458.4		日月是光明之神			【瑶族】
W0459	工匠神			①A141 ②A451	【彝族】
W0459.1		纺织神			【民族，联1】⑨
W0459.2		弓箭神			【民族，联1】⑩
W0459.2.1			箭神		【满族】

① 【关联】［W6983］度量衡等的发明
② 【关联】［W0454.1］屋灵
③ 【关联】［W0454.2.1］蛇是房屋神
④ 【关联】［W047］动物变成神
⑤ 【民族】纳西族。【关联】［W0497.8.6］山神管收成。【引例】丰收之神布翁多吉【珞巴族】
⑥ 【民族】汉族。【关联】［W0236］土地神
⑦ 【关联】［W0459.5.1］织女是衣神
⑧ 【关联】［W0125］善神（慈悲之神）
⑨ 【民族】汉族。【关联】［W6120～W6123］纺织
⑩ 【民族】满族。【关联】［W6970～W6979］弓箭

W 编码	母题描述			参照项	
	一级母题	二级母题	三级母题	汤普森	关联项
W0459.3		铁匠神		A142	【联1】①
W0459.4		木匠神		①A143 ②A451.2	【汉族】
W0459.5		衣神			【联1】②
W0459.5.1			织女是衣神		【民族，联1】③
W0459.6		制陶神		A451.4	【汉族】
W0459.7		特定名称的工匠神			【例1】④
W0460	家畜神			A441	
W0460.1		特定名称的家畜 守护神			【哈萨克族、珞巴 族、蒙古族】
W0460.1.1			保牧乐神		【蒙古族】
W0460.2		与家畜神有关的 其他母题			【联1，例1】⑤
W0461	猎神			A452	【例1】⑥
W0461.1		人变成猎神			【民族，联1】⑦
W0461.1.1			人修炼成猎神		【畲族】
W0461.1.2			人死后变成猎神		【民族，例1】⑧
W0461.1.3			特定的人被拜为 猎神		【白族、鄂伦春族】
W0461.2		男猎神			
W0461.3		女猎神		A452.1	【民族，例1】⑨
W0461.3.1			女猎神是山神的 妻子		【白族】
W0461.4		猎神保护动物		≈A189.12	【白族】
W0461.5		猎神（鬼）是恶鬼			【黎族】
W0461.6		猎神可以变鬼害 猎人			【哈尼族】
W0461.7		猎神住树洞			【怒族】
W0461.8		猎神决定人能打 到猎物			【民族】⑩

① 【关联】[W6076.6] 铁匠
② 【关联】[W6127] 神教人制衣
③ 【民族】汉族。【关联】[W0766] 织女
④ 【引例】达拉布是善于做工艺的神【珞巴族】
⑤ 【关联】[W0435.3] 管家畜的神。【引例】六畜之祖【景颇族】
⑥ 【引例】白发老人被称为猎神【鄂伦春族】
⑦ 【民族】纳西族。【关联】[W043] 人变成神
⑧ 【民族】独龙族。【引例】猎人死后成为猎神【白族】
⑨ 【民族】布朗族。【引例】三个女猎神【白族】
⑩ 【民族】白族、鄂伦春族、傈僳族、珞巴族

W 编码	母题描述			参照项	
	一级母题	二级母题	三级母题	汤普森	关联项
W0461.9		特定名称的猎神			【鄂伦春族、珞巴族、纳西族】
W0462	农神			A432	【民族，联1】①
W0462.1		特定的人（神）成为农神			【联1，例1】②
W0462.1.1			炎帝发明农业成为农神		【汉族】
W0462.1.2			下凡的牛郎成为农神		【民族，联1】③
W0462.2		与农神有关的其他母题			【联2，例1】④
W0462.2.1			特定名称的农神		【联1，例1】⑤
W0462.2.2			主管开垦田地的神		【例1】⑥
W0463	旱神				【蒙古族】
W0463.1		狂风闪电孕育旱神			【阿昌族】
W0463.2		女旱神		A431.1.4	
W0464	航海神			A456	【联1】⑦
W0464.1		航海女神		A556.1	
W0465	黑暗之神			A270	【傣族】
W0465.1		黑暗之神是恶魔		≈A107	【联1】⑧
W0465.2		黑暗之神毁灭光明			【傣族】
W0466	火神			A493	
W0466.1		火神从天而降			【蒙古族】
W0466.2		火神是指派产生的			【哈萨克族】
W0466.3		特定的人成为火神			
W0466.3.1			煮饭人被天神命名为火炭神		【彝族】
W0466.4		狂风和闪电孕育火神			【阿昌族】
W0466.5		男火神			【傣族】

① 【民族】汉族、满族。【关联】［W0731］神农
② 【关联】［W0734.2］神农是农神。【引例】牛郎下凡成为农神
③ 【民族】汉族。【关联】［W0734.5］神农是牛郎
④ 【关联】❶［W0455］丰收神（丰产神）；❷［W0548］其他作物神。【引例】农神（牛郎）与女神（织女）是夫妻【汉族】
⑤ 【关联】［W0688.3］后稷是农神。【引例】农神布洛陀【壮族】
⑥ 【引例】恩戈达嘎是主管开垦田地的神【珞巴族】
⑦ 【关联】［W0775.4］妈祖是航海神
⑧ 【关联】［W0842］恶魔

W 编码	母题描述			参照项	
	一级母题	二级母题	三级母题	汤普森	关联项
W0466.6		女火神		A493.1	【民族，联1】①
W0466.6.1			火神是老太太		【鄂伦春族】
W0466.7		火神变太阳			【民族，联1】②
W0466.8		火神的居所			
W0466.8.1			火神在天上		【汉族、水族】
W0466.8.2			火神住湖底		【满族】
W0466.8.3			火神居火塘之中		【侗族】
W0466.8.4			火神居屋顶		【土家族】
W0466.9		火神是猎人的保护神			【民族，联1】③
W0466.10		火神的关系			
W0466.10.1			火神七兄弟		【傣族】
W0466.10.2			火神的妻子		【畲族】
W0466.10.3			火神有7个儿子		【傣族】
W0466.10.4			火神有9个儿子		【汉族】
W0466.11		与火神有关的其他母题			
W0466.11.1			特定名称的火神		【联2，例3】④
W0466.11.2			火神腊月二十三日上天		【民族，联1】⑤
W0466.11.3			火神上天告状		【民族，联1】⑥
W0466.11.4			火神行走如炸雷		【土家族】
W0466.11.5			燧神是火神		【朝鲜族】
W0466.11.6			火神食烟火		【傣族】
W0467	婚姻神			A475.0.2	【联2】⑦
W0467.1		月老主婚姻			
W0467.2		花婆是婚姻神			【壮族】
W0467.3		其他特定名称的婚姻神			【联1，例3】⑧

① 【民族】鄂温克族、哈萨克族、土家族。【关联】［W065］女神
② 【民族】傣族。【关联】［W1620.3］太阳是火神
③ 【民族】鄂伦春族、鄂温克族。【关联】［W0497.8］身兼多职的神
④ 【关联】❶［W0381］夏神是火神；❷［W0767.3］祝融是火神。【引例】❶火神商伯【汉族】；❷火神恩尼·阿拉【珞巴族】；❸火神名叫南火【苗族】
⑤ 【民族】鄂伦春族。【关联】［W0493.12.2］腊月二十三日灶王爷上天
⑥ 【民族】鄂温克族。【关联】［W0493.11］灶神上天告状
⑦ 【关联】❶［W0713.3］女娲是婚姻之神；❷［W7000］婚姻
⑧ 【关联】［W0713.3］女娲是婚姻之神 。【引例】❶婚姻神答背女神【鄂温克族】；❷婚姻女神鹅巴立西【羌族】；❸媒神塔纪神【彝族】

W 编码	母题描述			参照项	
	一级母题	二级母题	三级母题	汤普森	关联项
W0468	金属神				【哈尼族】
W0468.1		金银铜铁锡神			【哈尼族】
W0468.2		金神			【民族，联1】①
W0468.3		铁神			【联1，例1】②
W0468.4		铜神			【哈尼族、汉族】
W0468.5		锡神			【哈尼族】
W0468.6		银神			【哈尼族】
W0469	酒神				【联1】③
W0469.1		女酒神			【苗族】
W0470	美丽之神			A462	
W0470.1		美丽女神		A462.1	
W0471	命运之神			A463	
W0471.1		命运女神		N111	
W0471.2		特定名称的命运之神			【鄂伦春族】
W0471.3		与命运之神有关的其他母题			【蒙古族】
W0472	怒神			①A139.13 ②A486	
W0473	杀戮之神			A310.2	
W0474	社神				
W0474.1		社神是共工之子			【民族，联2】④
W0474.2		人生社神			
W0474.2.1			女子感生社神		【例1】⑤
W0474.3		黄帝封社王			【毛南族】
W0474.4		社神能治理水土			【汉族】
W0474.5		与社神有关的其他母题			【民族，联1】⑥
W0474.5.1			社是土地之神的神主		【汉族】
W0474.5.2			社神勾龙		【汉族】

---

① 【民族】哈尼族。【关联】［W0282.2］秋神是金神
② 【关联】［W0340.1］雷神是铁匠。【引例】黑铁神【哈尼族】
③ 【关联】［W6155］酒
④ 【民族】汉族。【关联】❶［W0231.2.1］共工之子成为地神；❷［W0406.5］共工之子是水神
⑤ 【引例】寡妇感生社王【毛南族】
⑥ 【民族】壮族。【关联】［W0768.16.4］后土是社神

W 编码	母题描述			参照项	
	一级母题	二级母题	三级母题	汤普森	关联项
W0475	生命之神（寿神）			①≈A108 ②A474	【苗族】
W0475.1		特定的人物是寿神			【苗族】
W0476	牲畜神				【民族，联1】①
W0476.1		六畜神			
W0476.1.1			牛魔王是六畜神		【壮族】
W0476.1.2			主宰特定牲畜的神		【例4】②
W0476.2		牲畜女神			【藏族】
W0476.3		特定名称的的牲畜神			【例3】③
W0477	生育神			A477	
W0477.1		主管生育的男神			【羌族】
W0477.2		主管生育的女神（生育女神）			【景颇族】
W0477.3		管凡人投生的神			【民族，联1】④
W0477.4		特定名称的生育神			【例7】⑤
W0477.5		祖先是生育神			【民族，联1】⑥
W0477.6		雷婆是生育神			【民族，联1】⑦
W0477.7		与生育神有关的其他母题			【联1，例1】⑧
W0477.7.1			特定的人变成生育神		【土家族】
W0477.7.2			生育神双体连胎		【珞巴族】
W0477.7.3			生育神的居所		【例1】⑨
W0477.7.4			胎神		【民族，例1】⑩
W0477.7.5			难产神		【景颇族】
W0477.7.6			管投生的神		【羌族】
W0478	食人神			A153.8	【联1】⑪

① 【民族】哈萨克族。【关联】［W0460］家畜神
② 【引例】❶主宰羊的神【哈萨克族】；❷主宰牛的神【哈萨克族】；❸主宰马的神【哈萨克族】；❹主宰骆驼的神【哈萨克族】
③ 【引例】❶牲畜神昭路和查路博如坎【鄂伦春族】；❷牲畜神吉雅其【鄂温克族】；❸牲畜神保牧乐【蒙古族】
④ 【民族】羌族。【关联】［W9375］投胎
⑤ 【引例】❶生育神花仙婆【布依族】；❷生育神加奇神【鄂温克族】；❸生育神泰山娘娘【汉族】；❹生育神佛陀妈妈【满族】；❺生育神春巴妈帕【土家族】；❻生育神旺丁大仙【瑶族】；❼生育神姆六甲（花婆）【壮族】
⑥ 【民族】苗族。【关联】［W0648］祖先是神
⑦ 【民族】侗族。【关联】［W0312］女雷神（雷婆）
⑧ 【关联】［W068.7］自生自育的女神。【引例】生育神住山顶【瑶族】
⑨ 【引例】生育神住在特定的山上【瑶族】
⑩ 【民族】景颇族。【引例】管凡人投生的神【羌族】
⑪ 【关联】［W094.5］神以人为食物

W 编码	母题描述			参照项	
	一级母题	二级母题	三级母题	汤普森	关联项
W0479	受难之神			A139.12	
W0480	死神（死亡之神）			①A108.1 ②A310 ③A487	【联1，例1】①
W0480.1		特定的人婚生死神			【珞巴族】
W0480.2		死亡女神（死亡之母）		A487.1	
W0480.3		泰山神管生死			【民族，联1】②
W0480.3.1			掌管生死的神住在泰山		
W0480.4		死神在树上			
W0480.5		死神的预兆			【民族，联1】③
W0480.6		阴间的领路神			【赫哲族】
W0481	贪婪之神			A139.15	
W0481.1		贪婪的山神			【民族，联1】④
W0482	偷盗之神			A457	
W0483	瘟神（疾病神、病魔）			①A478 ②A478.1	【鄂温克族、汉族、蒙古族】
W0483.1		女瘟神		A478.1	
W0483.2		天花神			【侗族、满族】
W0483.2.1			天花娘娘		【鄂伦春族】
W0483.3		瘟神天降			【藏族】
W0483.4		瘟神是特定人物的儿子			
W0483.4.1			颛顼的儿子死后变成瘟神		【汉族】
W0483.5		瘟神（鬼）住天上			【黎族】
W0483.6		与瘟神有关的其他母题			【联2】⑤
W0483.6.1			特定名称的瘟神（疾病神）		【例2】⑥
W0484	盐神				

---

① 【关联】［W2970］人的死亡。【引例】死神刘翁
② 【民族】汉族。【关联】［W0398.1.2］泰山神
③ 【民族】汉族。【关联】［W9200］征兆
④ 【民族】藏族。【关联】［W0391］山神
⑤ 【关联】❶［W0251.6］东方天神是瘟神；❷［W8646］瘟疫（疾病）的制造者
⑥ 【引例】❶瘟神翁库鲁博如坎【鄂伦春族】；❷娘娘神能让人闹病【鄂温克族】

W 编码	母题描述			参照项	
	一级母题	二级母题	三级母题	汤普森	关联项
W0484.1		发现盐的人成为为盐神			【白族】
W0485	医神（药神）			A454	【联2】①
W0485.1		男医神			【联1】②
W0485.2		女医神		A454.1	
W0485.3		会治病的人被奉为药神			【白族】
W0485.4		神农是医药的祖师爷（药神、药仙）			【汉族】
W0485.5		炎帝是药王			【联1】③
W0485.6		药兽神			【汉族】
W0485.7		药王菩萨			【汉族】
W0485.8		药神头上长角			【汉族】
W0485.9		医生身份的神		A144	
W0485.10		药神能透视自身			【民族，联1】④
W0485.11		药神的死亡			
W0485.11.1			药神中毒而死		【汉族】
W0486	喜神（吉祥神）				【汉族、满族】
W0486.1		喜鹊是喜神的使者			【民族，联1】⑤
W0487	幸福之神			A467	
W0488	刑罚神			A464	【联1】⑥
W0489	艺术之神			①A450.1 ②A465	【联1】⑦
W0489.1		诗神		A465.1	
W0489.2		音乐之神		A465.2	【民族，联1】⑧
W0489.3		表演之神		≈A465.3	
W0489.4		舞蹈之神		A465.4	【联1】⑨
W0489.5		绘画之神		A465.5	
W0490	预言之神			A471	【联1】⑩

① 【关联】❶［W6238.1］药神造药；❷［W8657］瘟疫（疾病）的消除
② 【关联】［W0731］神农
③ 【关联】［W0742］炎帝
④ 【民族】汉族。【关联】［W0733.1］神农身体通透（透明）
⑤ 【民族】满族。【关联】［W0171］神的使者
⑥ 【关联】［W0760.2］西王母是掌管刑罚的女神
⑦ 【关联】［W6700］艺术的产生
⑧ 【民族】汉族。【关联】［W6900］音乐
⑨ 【关联】［W6907～W6908］舞蹈
⑩ 【关联】［W9251］预言者

W 编码	母题描述			参照项	
	一级母题	二级母题	三级母题	汤普森	关联项
W0490.1		占卜神			【民族，联1】①
W0490.1.1			占卜女神		【民族，联1】②
W0491	渔神			①A147 ②A455	
W0492	灾难神			A478	
W0493	灶神（灶王、灶王爷）			A411.2	【汉族】
W0493.1		火炉神		A493.2	【联1】③
W0493.2		人成为灶神			【壮族】
W0493.2.1			人死后被封为灶神		【汉族、壮族】
W0493.3		灶神是特定人物的儿子			
W0493.3.1			灶神是颛顼的儿子		【民族，联1】④
W0493.4		灶神是女神			【汉族】
W0493.5		特定名称的灶神			【例1】⑤
W0493.5.1			灶神祝融		【民族，联1】⑥
W0493.5.2			灶神种火老母元君		【汉族】
W0493.5.3			灶神炎帝神农		【民族，联2】⑦
W0493.6		灶神有特定的外形			
W0493.6.1			灶神状如美女		【汉族】
W0493.6.2			灶神的化身是狗		【例1】⑧
W0493.7		灶神是邋遢神			【汉族】
W0493.7.1			邋遢神被踢到人间后封为灶王爷		【汉族】
W0493.8		灶神耳聋			【汉族】
W0493.9		灶神保六畜兴旺			【汉族】
W0493.10		灶神为人们看家管火			【仡佬族】
W0493.11		灶神管五谷杂粮			【民族，联1】⑨
W0493.12		灶神上天			【汉族】

① 【民族】藏族。【关联】［W9191］占卜者（占卜师）
② 【民族】藏族。【关联】［W065］女神
③ 【关联】［W0466］火神
④ 【民族】汉族。【关联】［W0483.4.1］颛顼的儿子死后变瘟神
⑤ 【引例】灶神居拉西其【鄂伦春族】
⑥ 【民族】汉族。【关联】［W0767.3］祝融是火神
⑦ 【民族】汉族。【关联】❶［W0746.2］炎帝被称为"神农"；❷［W0746.8］炎帝是火神
⑧ 【引例】灶神的化身是猎狗【门巴族】
⑨ 【民族】壮族。【关联】［W3952.1］灶神向玉皇大帝为人类讨五谷

W 编码	母题描述			参照项	
	一级母题	二级母题	三级母题	汤普森	关联项
W0493.12.1			灶神上天汇报人间事		
W0493.12.2			灶神上天报告人的罪行		【汉族】
W0493.12.3			灶神晦日归天		【汉族】
W0493.12.4			腊月二十三日灶王爷上天		【汉族、蒙古族】
W0493.13		灶神三兄弟			【门巴族】
W0494	战神			①A145 ②A485	【联1】①
W0494.1		女战神		①A125.1.1 ②A485.1	
W0494.2		特定名称的战神			【联3，例1】②
W0494.2.1			战神刑天		【民族，联1】③
W0494.2.2			苍狼是战神		【古突厥】
W0494.2.3			虎神是战神		【藏族】
W0494.3		与战神有关的其他母题			
W0494.3.1			战神的武器		【藏族】
W0495	贞洁女神			A476	
W0496	智慧神（知识神）			A461	【民族】④
W0496.1		智慧女神		A461.1	【民族，联1】⑤
W0496.1.1			机智女神		【景颇族】
W0496.2		智慧星			【满族】
W0496.3		与智慧神有关的其他母题			【例1】⑥
W0497	与职能或行业神有关的其他母题				
W0497.1		时间神			【民族，联1】⑦
W0497.1.1			管昼夜的神		【民族，联1】⑧
W0497.1.2			正月神		【汉族】

① 【关联】［W8733］战士
② 【关联】❶［W0494.2.3］虎神是战神；❷［W0672.3］战神蚩尤；❸［W0774.1.2］天界战神丁巴什罗。【引例】战神布伯（布伯，有的神话译为"道白"）【壮族】
③ 【民族】汉族。【关联】［W0765］刑天
④ 【民族】景颇族、苗族、纳西族、彝族
⑤ 【民族】苗族。【关联】［W065］女神
⑥ 【引例】智慧天【蒙古族】
⑦ 【民族】羌族。【关联】［W4635～W4647］时间
⑧ 【民族】哈尼族。【关联】［W4010］昼夜

W 编码	母题描述			参照项	
	一级母题	二级母题	三级母题	汤普森	关联项
W0497.1.3			二月神		【汉族】
W0497.1.4			三月神		【汉族】
W0497.1.5			其他特定的时间神		
W0497.2		通天地的神			【民族，联1】①
W0497.2.1			鸟神通天地		【联1】②
W0497.3		万能神			【民族，联1】③
W0497.4	●	掌管生死的神			【联1，例1】④
W0497.5		射日之神			【民族，联2】⑤
W0497.6		补天之神			【民族，联2】⑥
W0497.7		其他特定职能的神			
W0497.7.1			茶神		【汉族】
W0497.7.2			断事神		【满族】
W0497.7.3			狱神		【汉族】
W0497.7.4			成功之神		【蒙古族】
W0497.7.5			冶炼神		【民族，联1】⑦
W0497.7.6			食物神（粮食神）		【汉族、藏族】
W0497.7.7			掌管天干地支的神		【锡伯族】
W0497.7.8			掌织云的神		【普米族】
W0497.7.9			巨灵神		【汉族】
W0497.7.10			人伦神		【仫佬族】
W0497.7.11			文化神（科考神）		【汉族】
W0497.7.12			磨天之神		【佤族】
W0497.7.13			堆地之神		【佤族】
W0497.8		身兼多职的神			
W0497.8.1			人、神合一		【德昂族】
W0497.8.2			神与魔王合一		【门巴族】
W0497.8.3			天地神合一		【民族，联1】⑧
W0497.8.4			火神和旱神合一		【阿昌族】
W0497.8.5			山神兼战神		【民族，联1】⑨

① 【民族】汉族。【关联】［W1400~W1424］天地通
② 【关联】［W0514］鸟神
③ 【民族】景颇族。【关联】［W068.6］万能的女神
④ 【关联】［W0480］死神（死亡之神）。【引例】管生死簿之神【苗族】
⑤ 【民族】苗族。【关联】❶［W9715~W9764］射日者；❷［W9721］神射日
⑥ 【民族】苗族。【关联】❶［W1384］补天；❷［W1386.7］神补天
⑦ 【民族】蒙古族。【关联】［W6108.2］冶炼
⑧ 【民族】傣族。【关联】［W0209.2］天神与佛合一
⑨ 【民族】藏族。【关联】［W0391］山神

W 编码	母题描述			参照项	
	一级母题	二级母题	三级母题	汤普森	关联项
W0497.8.6			山神管收成		【民族，联 2】①
W0497.8.7			山神是冰雹神		【民族，联 2】②
W0497.8.8			山神是祖神、战神和保护神		【民族，联 4】③
W0497.8.9			家畜神是运气之神		【民族，联 1】④
W0497.8.10			三光神		【例 2】⑤
W0497.8.11			其他身兼多职的神		【例 1】⑥

---

①　【民族】白族。【关联】❶［W0391］山神；❷［W0455］丰收神（丰产神）
②　【民族】藏族。【关联】❶［W0374］冰雹神；❷［W0391］山神
③　【民族】藏族。【关联】❶［W0391］山神；❷［W0430］世界的保护神；❸［W0641］祖先神；❹［W0494］战神
④　【民族】鄂温克族。【关联】［W0460］家畜神
⑤　【引例】❶三光神是日神、月神和星神【毛南族】；❷三光神是给人光亮的女神【毛南族】
⑥　【引例】莫伟是天、地、人神【佤族】

0.5 与具体的物相关的神①
（W0500～W0559）

0.5.1 动物神②【W0500～W0539】

W 编码	母题描述			参照项	
	一级母题	二级母题	三级母题	汤普森	关联项
✿ **W0500**	动物神			①A132 ②A440	
W0500.1		动物女神		A440.1	【联1】③
W0500.2		人生动物神			【例1】④
W0500.3		动物神其他产生的方法			【例1】⑤
❀ **W0501**	哺乳动物神（兽神）				【达斡尔族、珞巴族】
W0502		虎神		A132.10	【民族，联1】⑥
W0503		猴神		A132.2	【藏族】
W0504		狐神（仙）			【鄂伦春族、满族】
W0505		狼神		A132.8	【例1】⑦
W0505.1			狼神从天而降		【维吾尔族】
W0506		鹿神		A132.4	【鄂温克族、满族】
W0507		马神		A132.3	

---

① 与具体的物相关的神，包括动物神、植物神与无生命物神等，该类神数量众多，有时常与图腾崇拜母题结合，情况复杂。此处所列举母题中包含了一定数量的具有神性的动物、植物或无生命物，表述中不再单独标出。本母题编目中只选取其中一些常见或有代表性的母题。

② 动物神，在神话叙事中的动物神并没有严格的界定，有时会包含一些带有神性的动物。如"牛神"，有时可以特指"牛"作为神来崇拜，有时也可以指"神牛"，有的神话中则表示为"牛大王"、"牛王"等，在此表述为"牛神"。关于动物的分类在生物学中情况非常详尽，但如"蚯蚓"属于"环节动物"、"蜈蚣"属于"节肢动物"，等等，若神话叙事母题采用这种分类方法，难免削足适履。从神话的创作角度，人们更关注的是动物的外在特征，故神话母题编目中的动物类型与生物学中的动物分类会有某些不一致之处。具体情况可参见本书的"〔W3000～W3999〕动物和植物"母题类型表述和《中国神话母题 W3 编目实例》。

③ 【关联】〔W065〕女神

④ 【引例】妇女生一只神蛙【壮族】

⑤ 【引例】蛇神天降【鄂温克族】

⑥ 【民族】土家族、彝族、藏族。【关联】〔W0494.2.3〕虎神是战神

⑦ 【引例】天狼大王【普米族】

W 编码	母题描述			参照项	
	一级母题	二级母题	三级母题	汤普森	关联项
W0507.1			天上的马神下凡成为马		【民族，联1】①
W0507.2			女马神	A132.3.2	
W0507.3			马神住水中		【民族，联1】②
W0508		猫神		A1811.3	【汉族】
W0509		牛神		A132.9	【傣族、汉族、苗族】
W0509.1			天上的牛神下凡成为耕牛		【民族，联2】③
W0509.2			女牛神		【民族，联1】④
W0510		犬神（狗神）		A132.8	
W0510.1			犬有战功变成神		【汉族】
W0510.2			犬神是鹫鹰的后代		【柯尔克孜族】
W0511		熊神		A132.5	【鄂温克族、满族】
W0512		其他哺乳动物神			
W0512.1			象神		【傣族、彝族】
W0512.2			羊神	A132.14	
W0512.3			猪神	A123.6.7	【民族，例1】⑤
W0512.4			驴神	A132.3.3	
W0512.5			骡神	A132.3.1.1	
❈ **W0513**	鸟类动物神				
W0514		鸟神		A132.6	【联1】⑥
W0514.1			鸟神的产生		【例1】⑦
W0514.2			鸟神有巨大的翅膀		【柯尔克孜族】
W0514.3			与鸟神有关的其他母题		【联1】⑧
W0515		鸡神		≈A132.6.3	【例2】⑨
W0515.1			金鸡神		【羌族】
W0515.2			雷公鸡		【羌族】
W0516		燕神			

---

① 【民族】汉族。【关联】［W3175］马的产生
② 【民族】黎族。【关联】［W3189.1.2］有魔力的马
③ 【民族】汉族、满族、畲族。【关联】❶［W0106］神下凡；❷［W3200］牛的产生
④ 【民族】苗族。【关联】［W065］女神
⑤ 【民族】满族。【引例】天上的猪神下凡成为猪【汉族】
⑥ 【关联】［W0924］神鸟
⑦ 【引例】一位姑娘变成鸟神【满族】
⑧ 【关联】［W0497.2.1］鸟神通天地
⑨ 【引例】❶雷公鸡帮雷公下雨【羌族】；❷天女被封为鸡神

W 编码	母题描述			参照项	
	一级母题	二级母题	三级母题	汤普森	关联项
W0517		鹰神			【民族，例1】①
W0518		其他鸟神			
W0518.1			鸽神	A123.6.5	
W0518.2			白水鸟神		【满族】
✳ **W0520**	水中动物神				
W0521		鱼神		①A132.13 ②A445	
W0521.1			鱼精		【例1】②
W0522		虾神			
W0523		其他水中动物神			
W0523.1			海豹神	A132.11	
W0523.2			鳗鱼神	A132.12	
✳ **W0525**	昆虫与其他动物神				
W0526		爬行动物神		A446	
W0527		龟神		A132.15	【满族、汉族】
W0528		蚂蚁神			【联1】③
W0529		蟒神			【满族】
W0530		蛇神		A132.1	【民族，例2】④
W0530.1			蛇神天降		【鄂温克族】
W0530.2			长犄角的蛇神		【鄂温克族、满族】
W0530.3			怪蛇被尊为神		【鄂温克族】
W0530.4			与蛇神有关的其他母题		【联1，例1】⑤
W0531		蚯蚓神			【联1】⑥
W0532		蛙神			
W0532.1			人生神蛙		【壮族】
W0533		蜈蚣神（精）			【汉族、京族、蒙古族】
W0534		其他昆虫神			
W0534.1			蚕神		【汉族、满族】

① 【民族】柯尔克孜族、彝族。【引例】鹰神是人类始祖母的母亲【满族】
② 【引例】鲤鱼精【苗族】
③ 【关联】［W0844.7］蚂蚁鬼
④ 【民族】汉族。【引例】❶蛇神只与萨满通话【鄂温克族】；❷坏心眼的人的骨渣变蛇神【赫哲族】
⑤ 【关联】［W0838.3.6］蛇形妖魔（怪物）。【引例】坏心眼的人的骨渣变蛇神【赫哲族】
⑥ 【关联】［W0723.2.7］盘古是蚯蚓精

W 编码	母题描述			参照项	
	一级母题	二级母题	三级母题	汤普森	关联项
◎	〖其他相关母题〗				
W0535	龙神①			A139.3	【联 1】②
W0535.1		龙神住水中			【黎族】
W0535.1.1			龙王居海中（龙神居海中）		【汉族、黎族】
W0535.1.2			龙居潭中		【汉族】
W0535.2		水龙神			【例 1】③
W0535.3		龙女			【联 4】④
W0535.3.1			龙女变形为蛇		【民族，联 1】⑤
W0535.3.2			龙女外形是白母鸡		【藏族】
W0535.3.3			龙女外形是小花狗		【藏族】
W0535.4		与龙神有关的其他母题			【例 2】⑥
W0535.4.1			龙王管地上所有的水神		【纳西族】
W0535.4.2			龙王管下界		【壮族】
W0535.4.3			龙神是天狗		【毛南族】
W0535.4.4			龙神害怕打铁声		【哈尼族】
W0535.4.5			地脉龙神		【土家族】
W0536	凤凰神				【联 1】⑦
W0536.1		凤凰女神			【白族】
W0537	与动物神有关的其他母题				【联 1】⑧
W0537.1		合体的动物神			
W0537.1.1			龙马		【汉族】
W0537.2		神性动物			
W0537.2.1			仙鹤		【汉族】

① 龙神，神话叙事中的"龙神"有时称作"龙王"，有时与"龙"混为一谈。一些相关母题可参见"动物起源"母题类型中的"龙"。具体区别参见《中国神话母题 W3 编目实例》。

② 【关联】［W3581］龙王

③ 【引例】神的腋毛化水龙神【满族】

④ 【关联】❶［W0727.2］盘古与龙女婚；❷［W3584.9］龙的婚姻；❸［W7478］人与龙女婚；❹［W7537.1］太阳与龙女婚

⑤ 【民族】怒族。【关联】［W9562］动物变其他动物

⑥ 【引例】❶龙神的母亲【哈尼族】；❷旺龙神【毛南族】

⑦ 【关联】［W3585］凤（凤凰）

⑧ 【关联】［W0435.3］管家畜的神

0.5.2 植物神【W0540～W0549】

W 编码	母题描述			参照项	
	一级母题	二级母题	三级母题	汤普森	关联项
✿ **W0540**	**植物神**				
W0540.1		特定名称的植物神			【民族，例1】①
W0541	树神（森林神、树精）			A435	【民族，联1，例2】②
W0541.1		树老后成为神			【达斡尔族】
W0541.1.1			树大成精		【布依族、黎族】
W0541.2		特定的森林神		A419.1	【汉族、佤族】
W0541.2.1			乌鸦是森林女神		【民族，联1】③
W0541.3		杉树神			【彝族】
W0541.4		松（柏）树神			【彝族】
W0541.5		竹神			【汉族、彝族】
W0541.6		其他树木神			【民族，联1】④
W0544.6.1			寨心树神		
W0542	花草神				【拉祜族】
W0542.1		花神		A434	【汉族、壮族】
W0542.1.1			花神管花草树木		【畲族】
W0542.1.2			牡丹花神		
W0542.1.3			五个花神		【毛南族】
W0542.1.4			花神是喜神		【毛南族】
W0542.1.5			花神的生日		【例1】⑤
W0542.1.6			特定名称的花神		【汉族】
W0542.2		草神		A433.5	【汉族】
W0542.2.1			灵芝神		【联1】⑥
W0543	蔬菜水果神			A430	
W0543.1		水果神		A433.4	
✳ **W0544**	**作物神**			A433	【侗族】
W0545		稻神		A433.1.1	
W0546		五谷神		A433.1	【联1，例1】⑦

① 【民族】汉族、苗族。【引例】"喷"是植物神【佤族】
② 【民族】汉族、维吾尔族。【关联】［W4275.2］树神造风。【引例】❶树大成精【布依族】；❷树精【京族】
③ 【民族】满族。【关联】［W3366.2］乌鸦是神的后代
④ 【民族】汉族。【关联】［W3798.1］生命树
⑤ 【引例】花神生日是二月十二日【汉族】
⑥ 【关联】［W3820］灵芝
⑦ 【关联】［W0688.2］稷是五谷之长。【引例】五谷祖母【侗族】

W 编码	母题描述			参照项	
	一级母题	二级母题	三级母题	汤普森	关联项
W0546.1			田公地母夫妻是五谷神		【民族，联2】①
W0546.2			五谷娘娘		【白族】
W0546.3			五谷长老		【汉族】
W0547		谷神			【联1】②
W0547.1			谷神从天而降		【傣族】
W0547.2			为取来谷种而死的人成为谷神		【水族】
W0547.3			谷神（魂）外形是老妇人		【傣族】
W0547.4			谷神是女首领		【佤族】
W0548		其他作物神			
W0548.1			米神		【汉族】
W0548.2			麦神		【民族，例1】③
W0548.3			青稞神		【羌族】
W0549		与作物神有关的其他母题			
W0549.1			种子神		【哈尼族】

0.5.3 无生命物神【W0550～W0599】

W 编码	母题描述			参照项	
	一级母题	二级母题	三级母题	汤普森	关联项
◎	〖无生命物神〗				
W0550	仓库神				
W0550.1		粮仓神			【鄂伦春族】
W0551	缸神				【哈尼族】
W0552	火塘神				【民族，联1】④
W0553	木炭神				
W0553.1		人成为木炭神			【彝族】
W0554	门神			A411.1	
W0554.1		门神的来历			【汉族】
W0554.2		文、武门神			【汉族】

① 【民族】白族。【关联】❶［W0141］对偶神（夫妻神）；❷［W0147.4］田公地母
② 【关联】［W0905.4］谷魂（谷鬼）
③ 【民族】汉族。【引例】麦神是五谷神的女儿【畲族】
④ 【民族】哈尼族、佤族。【关联】［W0493］灶神

W 编码	母题描述			参照项	
	一级母题	二级母题	三级母题	汤普森	关联项
W0554.3		特定的人成为门神			【汉族】
W0554.3.1			一对兄妹成为门神		【纳西族】
W0554.3.2			门神神荼、郁垒		【民族，联1】①
W0554.3.3			门神钟馗		【汉族】
W0554.3.4			历史人物成为门神		【例5】②
W0554.4		门神拒鬼（妖魔）于门外			【达斡尔族、纳西族】
W0554.5		与门神有关的其他母题			【例1】③
W0555	磨神				【例1】④
W0556	其他无生命物神				【联1】⑤
W0556.1		农具神			
W0556.1.1			犁神		【汉族、拉祜族】
W0556.1.2			厨神		【民族，联1】⑥
W0556.1.3			厕神		【汉族】
W0557	与无生命物神有关的其他母题				
W0557.1		无生命物神帮助弱者			【联1】⑦

---

① 【民族】汉族。【关联】〔W0912.3.2〕神荼和郁垒捉鬼
② 【引例】❶门神秦琼、尉迟恭【汉族】；❷门神萧何、韩信【汉族】；❸门神关羽、张飞【汉族】；❹门神鲁智深、李逵【汉族】；❺门神郑成功、戚继光【汉族】
③ 【引例】守神门的神【羌族】
④ 【引例】磨神帮助穷人【汉族】
⑤ 【关联】〔W0398.2〕岩石神（石神）
⑥ 【民族】汉族。【关联】〔W0493〕灶神
⑦ 【关联】〔W8771〕神作为争战中的帮助者

0.6　神性人物

（W0560 ~ W0769）

0.6.1　文化英雄【W0560 ~ W0629】

W 编码	母题描述			参照项	
	一级母题	二级母题	三级母题	汤普森	关联项
✿ W0560	文化英雄①			①A500 ②A510.1 ③≈Z200	
✿ W0561	文化英雄的产生			A511	
W0562	文化英雄源于某个地方或自然存在			A513	
W0562.1		文化英雄从天上来		A513.1	【汉族】
✳ W0563	文化英雄是生育产生的			A511.1	
W0564		文化英雄是神的儿子		A512.3	【联1】②
W0564.1			文化英雄是造物者的儿子	A512.2	

① 文化英雄，"文化英雄"是多数神话学研究者经常使用的一个概念。文化英雄（culture hero）在人类学上的解释为："指在民俗学上具有光荣的人物，他们被认为对古代特殊生活方式具有教化之功。"（见《云五社会科学大辞典》第10册人类学分册，台湾商务印书馆1979年版，第32页）神话学认为：文化英雄是"古代文明创建过程中有杰出贡献者，即神话传说中的发明创造者。他们集中体现了上古人民的智慧和才能，推动了人类文化的进程，代表了人类文明的曙光，因此被大家纪念和歌颂"（见潜明滋《中国古代神话与传说》，商务印书馆1996年版，第114页）。美国出版的《韦氏大辞典》解释说："文化英雄，系传说人物，常以兽、鸟、人、半神等各种形象出现。一民族常把一些对于他们的生活方式、文化来源最基本的因素（诸如各类重大发明、各种主要障碍的克服、神圣活动，以及民族自身、人类、自然现象和世界的起源），加诸文化英雄之上。""文化英雄"在有些神话语境中也可以表述为"英雄"。神话中某些特性的人物介乎于神与精灵、神与人、神与物之间的人物，这些形象可以称之为"文化英雄"。神话中的"英雄"与我们今天所说的"英雄"具有本质的不同。神话中的"英雄"，与"神"既有联系，又有区别。在许多少数民族神话中，文化英雄与神有时会同时出现，相提并论，甚至难以有一个统一的区分标准。从某些角度观察，仍可以找出一些区别。如文化英雄一般产生较晚，他们往往有自己的生身父母，有奇特的身世，甚至会有一定的身体特征，如身材伟岸，力大无穷等。文化英雄在文化创造或与自然界进行抗争时一般要靠超常的体力，特别是经常需要神灵或动物的帮助，能使用某种工具或武器，最后在与邪恶势力的斗争中取得胜利，或者在为人类造福中取得业绩。对于"文化英雄"的定义，不同的研究者可能出现一些不同的理解，如苏联的百科全书解释为："文化英雄，神话人物。他为人类获得或首次制作各种文化器物（火、植物栽培、劳动工具），教人狩猎、手工和技艺，制定社会组织、婚丧典章、礼仪节令。文化英雄也可以参与创世，诸如填海造地，开辟宇宙，确立昼夜四季，掌管潮汐旱涝，造最初的人，并给以意识，施以教化，等等。"

② 【关联】［W0566］神或神性人物生育文化英雄

W 编码	母题描述			参照项	
	一级母题	二级母题	三级母题	汤普森	关联项
W0565		文化英雄是神性人物的儿子			
W0566		神或神性人物生育文化英雄			
W0566.1			女神生育文化英雄		【土家族】
W0567		人孕生文化英雄			【民族，例1】①
W0567.1			处女圣洁孕生文化英雄	A511.1.3.3	
W0567.2			特定来历的人生文化英雄		【苗族】
W0567.3			人感生文化英雄		【彝族】
W0568		动物生文化英雄			【例1】②
W0568.1			鹿生文化英雄	A511.1.8.1	【蒙古族】
W0568.2			熊生文化英雄		
W0568.3			牛生文化英雄		【壮族】
W0568.4			鹰生文化英雄		【彝族】
W0569		植物生文化英雄			
W0570		特定物质生文化英雄			
W0570.1			文化英雄是太阳的儿子	A512.4	
W0570.2			炸开的石头生文化英雄	A511.1.4.1	
W0570.3			男子的骨骼中生文化英雄	A511.1.4.3	
W0571		人与动物婚生文化英雄		A511.1.8	【民族，联1】③
W0571.1			人龙交生文化英雄		【汉族】
W0571.2			人熊婚生英雄		【鄂伦春族、鄂温克族、维吾尔族】
W0572		感生文化英雄			【联1】④
W0572.1			文化英雄产生于神圣怀孕	A511.1.3	【土家族】
W0572.2			文化英雄（英雄）无父	≈L111.5	

① 【民族】汉族。【引例】女子感生文化英雄
② 【引例】莫一大王（英雄名）是神牛的儿子【壮族】
③ 【民族】哈萨克族。【关联】［W2450］人与动物婚生人
④ 【关联】［W0567.1］处女圣洁孕生文化英雄

W 编码	母题描述			参照项	
	一级母题	二级母题	三级母题	汤普森	关联项
W0573		卵生文化英雄		①A511.1.9 ②A515.1.1	【藏族】
W0573.1			特殊来历的卵生文化英雄		【藏族】
W0574		文化英雄特殊的出生		A511.1.4	【联2】①
W0574.1			文化英雄从母亲的肋中生出	A511.1.1	【普米族】
W0574.2			文化英雄出生前会讲话	A511.1.2	
W0574.3			文化英雄出生时的特异现象	F960.1.2	【民族，联1，例1】②
W0574.4			英雄回到母胎再生	T539.1	【民族，联1】③
W0574.5			与文化英雄特殊出生有关的其他母题		【例2】④
W0575		与生育文化英雄有关的其他母题			
W0575.1			英雄生于灾难之际	T583.2	【汉族】
✳ **W0576**	特定的人物成为文化英雄				
W0577		特定的人成为文化英雄			
W0577.1			弃儿成为英雄	≈S371	【联1】⑤
W0578		动物成为文化英雄		A522	
W0578.1			狗成为文化英雄	A522.1.1	【民族，联1】⑥
W0578.2			兔子成为文化英雄	A522.1.2	
W0578.3			鸟成为文化英雄	A522.2	
			鹰成为文化英雄	A522.2.3	
W0578.4			癞蛤蟆成为文化英雄		【满族】
W0578.5			其他动物成为文化英雄	A522.3	【例1】⑦
W0579		植物成为文化英雄			

① 【关联】❶［W035］神的特殊出生；❷［W2594］特殊的出生
② 【民族】汉族。【关联】［W2598.1.1］圣人不一般的出生。【引例】文化英雄（圣人）出生时现祥瑞【土族】
③ 【关联】［W2581］神奇的杯孕
④ 【引例】❶英雄出生时惊雷相伴【苗族】；❷英雄从母亲头上出生【普米族】
⑤ 【关联】［W2670］弃婴（弃儿）
⑥ 【民族】哈尼族。【关联】［W3967］狗盗粮种
⑦ 【引例】燕子是文化英雄【蒙古族】

W 编码	母题描述			参照项	
	一级母题	二级母题	三级母题	汤普森	关联项
W0580	与文化英雄产生有关的其他母题				
W0580.1		神投胎为英雄			【民族，联1】①
❋ **W0581**	**文化英雄的特征**			A526	
W0582		男文化英雄			
W0583		女文化英雄			【满族】
W0584	文化英雄的体征				
W0584.1		文化英雄是半人半兽			【联1，例1】②
W0584.2		文化英雄有惊人的身高			【傣族、景颇族】
W0584.3		文化英雄有多个头		≈A526.4	
W0584.4		文化英雄长着丑陋的脑袋		L112.3.1	
W0584.5		文化英雄有多个眼睛		≈A526.5	【汉族、壮族】
W0584.6		文化英雄有动物外形			【满族】
W0584.7		身体很小的文化英雄（英雄）		L112.2	
W0584.8		通体透明的文化英雄			【民族，联1】③
W0584.9		外表像怪物的文化英雄		≈L112.1	
W0584.10		文化英雄力量巨大			【傣族、壮族】
W0584.11		与文化英雄体征有关的其他母题			【满族】
W0584.11.1			千面英雄		【汉族】
W0585	文化英雄的性情			A520	
W0585.1		文化英雄是骗子		A521	【珞巴族】
W0585.2		有不良习性的英雄		L114	
W0585.3		性情癫狂的英雄		L116	
W0585.4		傻里傻气的英雄		L121	
W0585.5		居功自傲的英雄			【蒙古族】

---

① 【民族】藏族。【关联】［W9376］神与神性人物投胎
② 【关联】［W070.3.1］半人半兽的神。【引例】英雄人头鸟身【满族】
③ 【民族】汉族。【关联】［W0733.1］神农身体通透（透明）

W 编码	母题描述			参照项	
	一级母题	二级母题	三级母题	汤普森	关联项
❋ **W0586**	**文化英雄的生活与经历**				
W0587	英雄出生后被抛弃			①A511.2.1 ②L111.2	【联1】①
W0587.1		在海边发现（文化）英雄		L111.2.2	
W0587.2		在树上发现（文化）英雄		L111.2.3	
W0587.3		在狼穴发现（文化）英雄		L111.2.4	
W0587.4		文化英雄生活在山上		A571	【壮族】
W0587.5		文化英雄（英雄）是孤儿		L111.4	
W0588	文化英雄的抚养			A511	
W0588.1		神或神性人物抚养文化英雄			【民族，例1】②
W0588.2		特定的人抚养文化英雄		A511.3.2	
W0588.3		动物抚养文化英雄		L111.7	【汉族】
W0588.3.1			狼抚养文化英雄	A511.2.1.1	
W0588.3.2			虎抚养文化英雄	A511.2.1.2	【汉族】
W0588.4		文化英雄特殊的食物			
W0588.4.1			文化英雄食露水		【侗族】
W0589	文化英雄的成长			A511.4	
W0589.1		文化英雄出生后迅速成长		A511.4.1	【汉族、回族】
W0589.1.1			文化英雄3天会走		【独龙族、满族】
W0589.2		文化英雄早熟		A527.1	
W0589.2.1			文化英雄在母胎中说话	A511.1.2	【联1】③
W0589.2.2			文化英雄出生后3天说话		【例1】④
W0589.2.3			文化英雄年幼时本领非凡		【藏族、壮族】

① 【关联】［W2670］弃婴（弃儿）
② 【民族】汉族。【引例】萨满抚育文化英雄【满族】
③ 【关联】［W2587.6］孩子在母腹中说话
④ 【引例】大禹出生后3天会说话【羌族】

W 编码	母题描述			参照项	
	一级母题	二级母题	三级母题	汤普森	关联项
W0589.3		文化英雄的成长经历多次磨难			【珞巴族、苗族、藏族】
W0589.4		文化英雄的特殊食物			【例3】①
W0589.5		文化英雄分配食宿		A547	
✤ **W0590**	**文化英雄的能力或事迹**			A527	【联5】②
W0591		文化英雄本领的获得			
W0591.1			英雄从天上获得本领		【蒙古族】
W0591.2			英雄从老人那里获得本领		【蒙古族】
W0592		文化英雄能力非凡		A526.7	【景颇族】
W0592.1			文化英雄有神力		【傈僳族】
W0592.2			文化英雄出生就会跑	F583	
W0592.3			英雄能担山		【民族，联1】③
W0592.4			英雄善射		【侗族】
W0592.5			英雄知晓古今		【苗族】
W0593		文化英雄会变形		A527.3.1	
W0594		文化英雄逐日			【联1】④
W0594.1			文化英雄担山逐日		【联1】⑤
W0595		文化英雄离家创业（争战等）		≈F612	
W0596		文化英雄为人类盗水		A1111	
W0597		文化英雄寻找天边（光明）		H1260	【民族，联1】⑥
W0598		文化英雄助人		≈A581.1	
W0599		文化英雄的发明			【联6】⑦

① 【引例】❶英雄一次吃掉很多动物【鄂伦春族】；❷文化英雄的巨大饭量【汉族】；❸英雄以铁为食【彝族】

② 【关联】❶［W3959］文化英雄取粮种；❷［W4976.1.1］文化英雄治水；❸［W6955.2］文化英雄盗火；❹［W9660.7.1］宝物只献给特定的英雄；❺［W9729］文化英雄射日

③ 【民族】壮族。【关联】［W9867.2］二郎担山追杀太阳

④ 【关联】［W9865］追杀太阳

⑤ 【关联】［W9867.2］二郎担山追杀太阳

⑥ 【民族】壮族。【关联】［W1166］天边（天的边际）

⑦ 【关联】❶［W6042］神或神性人物发明耕种；❷［W6080.2］神性人物造工具；❸［W6102］文化英雄教手工制作；❹［W6128］神性人物教人制衣；❺［W6145.2］文化英雄创造食物；❻［W6205］神或神性人物创造房屋

W 编码	母题描述			参照项	
	一级母题	二级母题	三级母题	汤普森	关联项
W0600		文化英雄传授技术		A541	
W0601		文化英雄建立秩序		A530	【民族，联1】①
W0602		文化英雄的变形		A527.3.1	【彝族】
W0602.1			文化英雄变成动物		【汉族】
W0603		文化英雄降妖捉怪		A531	【联1，例1】②
W0603.1			文化英雄降龙		【民族，联1】③
W0603.2			文化英雄斩蛇		【东乡族】
W0604		与文化英雄的能力或事迹有关的其他母题			
W0604.1			英雄收徒		【维吾尔族】
W0604.2			英雄喝干河水		【鄂伦春族、土家族】
✳ **W0605**	文化英雄的工具（武器）			A524.2	【联1】④
W0606		文化英雄的奇特之物		A524	
W0606.1			文化英雄的狗	A524.1.1	
W0606.2			文化英雄的神力武器		【彝族】
W0607		文化英雄的宝物			
W0607.1			文化英雄的宝马	A524.1.2	【民族，联1】⑤
W0607.2			文化英雄的宝刀		【民族，联1】⑥
W0608		文化英雄武器的获得			
W0608.1			英雄从神那里获得武器		【彝族】
W0608.2			英雄从长辈那里获得武器		【维吾尔族】
W0609		与文化英雄的工具有关的其他母题			
✳ **W0610**	文化英雄的关系				
W0611		文化英雄的祖先			

① 【民族】壮族。【关联】［W5003］社会秩序的建立
② 【关联】［W8836］英雄降妖。【引例】女英雄斩蟒蛇【东乡族】
③ 【民族】壮族。【关联】［W8880］斗龙
④ 【关联】［W8748～8753］常见的武器
⑤ 【民族】普米族、彝族。【关联】［W9690.2］宝马
⑥ 【民族】彝族。【关联】［W9672］宝刀

W 编码	母题描述			参照项	
	一级母题	二级母题	三级母题	汤普森	关联项
W0612		文化英雄的父母			【联2】①
W0613		文化英雄的父亲			
W0613.1			文化英雄无父		【彝族】
W0613.2			文化英雄父子	A515.2	
W0614		文化英雄的母亲			【联2】②
W0615		一对文化英雄夫妻		A515	
W0616		一对文化英雄兄弟		A515.1	【联1】③
W0617		文化英雄的后代		A592	
W0617.1			文化英雄的女儿	A592.2	
W0618		文化英雄的上司			
W0619		文化英雄的同僚			
W0620		文化英雄的朋友			
W0621		文化英雄的神奇助手		A528	【彝族】
W0621.1			鸟是英雄的助手		【柯尔克孜族】
W0622		文化英雄的敌人			
W0622.1			一对文化英雄兄弟是仇敌	A515.1.2	
W0623		文化英雄的其他关系			
✳ **W0624**	文化英雄的寿命与死亡				
W0625		文化英雄长寿		A564	【傈僳族】
W0626		文化英雄不会死		A570	
W0627		文化英雄的死亡		A565	【联1】④
W0627.1			文化英雄劳累而死		【民族，联1】⑤
W0627.2			文化英雄争战身亡		
W0627.3			文化英雄被害死		【民族，例1】⑥
W0627.4			英雄因坐骑受伤而死		【彝族】
W0628	与文化英雄有关的其他母题				【联6】⑦

① 【关联】❶［W0566］神或神性人物生育文化英雄；❷［W0567］人孕生文化英雄
② 【关联】❶［W0568.1］鹿生文化英雄；❷［W0568.2］熊生文化英雄
③ 【关联】［W0622.1］一对文化英雄兄弟是仇敌
④ 【关联】［W9358.1］文化英雄死后转生为人
⑤ 【民族】布依族。【关联】［W0701.5.3］夸父累死
⑥ 【民族】汉族。【引例】英雄被妻子害死【彝族】
⑦ 【关联】❶［W0667.3］巨人是文化英雄；❷［W6896.3.1］英雄第一次奇遇知道了自己的名字；❸［W8801］文化英雄的争斗；❹［W8993］末路英雄；❺［W9125.1］文化英雄是巫师；❻［W9944］英雄巧遇

W 编码	母题描述			参照项	
	一级母题	二级母题	三级母题	汤普森	关联项
W0628.1		文化英雄的特殊身份			
W0628.1.1			文化英雄是神		【哈尼族】
W0628.2		文化英雄是铁匠		L113.6	
W0628.3		文化英雄是农神		A541.2	【联2】①
W0628.4		文化英雄是巨人和神			【彝族】
W0628.5		文化英雄的离去		A560	
W0628.5.1			文化英雄回归天界	A566	
W0628.5.2			英雄魂归天国		【藏族】
W0628.5.3			文化英雄的转世		【联1】②

0.6.2 半神半人与合体神③【W0630 ~ W0639】

W 编码	母题描述			参照项	
	一级母题	二级母题	三级母题	汤普森	关联项
✻ **W0630**	半神半人			①A122 ②A506	【景颇族】
W0631	人与一种动物合成的半神半人				【苗族】
W0631.1		半人半牛之神			
W0631.2		半人半狗之神			
W0631.3		半人半鸟之神			【例1】④
W0631.4		半人半鱼之神		A131.1	
W0631.5		半人半蛇之神			【民族，联2】⑤
W0631.6		人与其他动物合成的半神半人			
W0631.6.1			半人半狼之神		【古突厥】
W0632	人头（面）动物身体的神				【例1】⑥
W0632.1		人头狗身之神		B25.2	【汉族】
W0632.2		人面虎身之神			【汉族】
W0632.3		人头马身之神		B21	

① 【关联】❶ ［W0462］农神；❷ ［W0462.1.1］炎帝发明农业成为农神

② 【关联】［TPS：A511.1.6］文化英雄死后变成童孩

③ 半神半人与合体神，该类母题与"神的体征"类母题有直接联系。鉴于神话研究中经常把"半神半人"作为一种特殊的分析类型，故在此特别列出。

④ 【引例】北方神禺疆人面鸟身 【汉族】

⑤ 【民族】汉族。【关联】❶ ［W0632.4］人头蛇身之神；❷ ［W0712.2］女娲人头蛇身

⑥ 【引例】南方祝融兽身人面 【汉族】

W 编码	母题描述			参照项	
	一级母题	二级母题	三级母题	汤普森	关联项
W0632.4		人头蛇身之神		B29.2.1	【汉族】
W0632.5		人头鸟身之神			【傣族、汉族】
W0632.6		人面鱼身之神		B83	【汉族】
W0633	神长着动物的头			A131.3	
W0633.1		狗头人身之神		B25.1	【黎族、苗族、畲族】
W0633.2		鸡头人身之神			【汉族】
W0633.3		狼头人身之神			【古突厥】
W0633.4		龙头人身之神		A18.1	【汉族】
W0633.5		驴头人身之神		B22.1	
W0633.6		猫头人身之神		①A131.3.1 ②B29.4.1	【汉族】
W0633.7		鸟头人身之神		B55	
W0633.8		牛头人身之神		B23.1	【汉族】
W0633.9		蛇头人身之神			
W0633.10		狮头人身之神			【汉族】
W0633.11		象头人身之神		①A131.2 ②B28	
W0633.12		羊头人身之神		①A131.3.3 ②B24.2	
W0633.13		猪头人身之神			
W0633.14		与动物头部特征有关的其他母题			
W0633.14.1			猪嘴人身之神	A131.3.2	【藏族】
W0633.14.2			马嘴人身之神	B21.3	
✳ **W0634**	合体神				
W0635		人兽合体的神			【汉族】
W0636		动物头动物身体的神			
W0636.1			牛头龙身之神		【汉族】
W0636.2			龙头蛇身之神		【汉族】
W0637		多种体征的合体神			
W0637.1			九首人面鸟身之神		【汉族】

0.6.3 祖先① （祖先神、始祖神）【W0640 ~ W0659】

W 编码	母题描述			参照项	
	一级母题	二级母题	三级母题	汤普森	关联项
✿ **W0640**	祖先				【各民族】
W0641	祖先神②				【联1】③
W0641.1		人死后成为祖先神			【达斡尔族】
W0641.2		不同家族分别供奉不同颜色的祖神			【民族，联1】④
✳ **W0642**	祖先的产生				
W0643	祖先来源于特定的地方				
W0643.1		祖先天降			【哈萨克族、怒族、藏族】
W0643.2		祖先来于树中			【苗族】
W0644	祖先是造出来的				
W0644.1		神造祖先			【高山族、羌族、藏族】
W0644.1.1			神造的完整的人成为祖先		【羌族】
W0644.2		神性人物造祖先			
W0644.2.1			真主造人的祖先		【回族】
W0644.2.2			创世主造人的祖先		【哈萨克族】
W0645	祖先是生育产生的				
W0645.1		神生祖先			【高山族、纳西族】
W0645.1.1			天神婚生祖先		【景颇族】
W0645.1.2			雷神生祖先		【例1】⑤
W0645.1.3			人与神婚生祖先		【朝鲜族、汉族、藏族】
W0645.2		神性人物生祖先			【例1】⑥
W0645.2.1			鬼生祖先		【珞巴族】
W0645.2.2			巫师生祖先		【例1】⑦
W0645.3		卵生祖先			【侗族】

---

① 祖先，在神话叙事中虽然以"祖先"的概念出现，但实际文化含义却具有"神"或"神性人物"的特征，表达的是"祖先神"或"始祖神"之意。据此，也将神话中的"祖先"列为"神或神性人物"的一种类型。

② 祖先神，有的神话又称为"始祖神"、"父母神"、"祖神"等。

③ 【关联】［W0648］祖先是神

④ 【民族】黎族。【关联】［W6440］颜色崇拜

⑤ 【引例】祖先是雷公的儿子【布依族】

⑥ 【引例】天鬼生祖先【景颇族】

⑦ 【引例】祖先生于巫师之家【土家族】

W 编码	母题描述			参照项	
	一级母题	二级母题	三级母题	汤普森	关联项
W0645.3.1			蛇卵生始祖		【黎族】
W0645.4		动物生祖先			【例2】①
W0645.4.1			特定的动物生祖先		
W0645.4.2			动物婚生祖先		【蒙古族、怒族】
W0645.5		植物生祖先			
W0645.5.1			树生祖先		【苗族、维吾尔族】
W0645.5.2			竹生祖先		【民族，联1】②
W0645.5.3			花生祖先		【壮族】
W0645.5.4			葫芦生祖先		【哈尼族、拉祜族】
W0645.6		自然物（无生命物）生祖先			
W0645.6.1			天地婚生祖先		【汉族、珞巴族】
W0645.6.2			天生祖先		【民族，联1】③
W0645.6.3			地生祖先		【珞巴族】
W0645.6.4			泥巴生祖先		【佤族】
W0645.6.5			水生祖先		【民族，联1】④
W0645.6.6			星星生祖先		【布依族】
W0645.6.7			石生祖先		【联1，例1】⑤
W0645.6.8			风生祖先		【布依族、瑶族】
W0645.7		与生育祖先有关的其他母题			
W0645.7.1			祖先生在特定的地方		【例1】⑥
W0646	祖先是变化产生的				
W0646.1		泥人变成祖先			【民族，联1】⑦
W0646.2		动物变成祖先			【联2】⑧
W0646.2.1			蜂变成祖先		【怒族】
W0646.2.2			鸟变成祖先		【黎族】
W0646.3		植物变成祖先			【联1，例1】⑨

---

① 【引例】❶母狼生祖先【古突厥】；❷蛇与蜂婚生祖先【怒族】
② 【民族】仡佬族。【关联】［W2172］竹生人
③ 【民族】哈尼族。【引例】苏龙人（珞巴族部落之一）的始祖母是天的女儿【珞巴族】
④ 【民族】土家族、彝族。【关联】［W2208］水生人
⑤ 【关联】［W2210］石生人。【引例】圆石碰撞生祖先【布依族】
⑥ 【引例】阿巴达尼（祖先）生在特定的村子【珞巴族】
⑦ 【民族】藏族。【关联】［W2087］用土（泥）造人
⑧ 【关联】❶［W0650］祖先是动物；❷［W0650.7.1］特定的动物是祖先的化身
⑨ 【关联】［W0651］祖先是植物。【引例】花变女始祖【壮族】

W 编码	母题描述			参照项	
	一级母题	二级母题	三级母题	汤普森	关联项
W0646.4		特定的人死后变成祖神			【达斡尔族】
W0646.5		其他特定物变成祖先			【纳西族】
W0647	祖先是特定的人物				
W0648	祖先是神				
W0648.1		女祖先神			【民族，联1】①
W0648.1.1			祖先是女神		【联1】②
W0648.2		男祖先神			
W0648.3		祖先是天神			【民族】③
W0648.3.1			天神变成祖先神		【满族】
W0648.4		祖先是地神			【民族，联1】④
W0648.5		祖先是夫妻神			【傣族、汉族】
W0648.6		祖先是山神			【藏族】
W0648.6.1			岩神是女祖先		【藏族】
W0648.7		祖先是其他特定的神			【例1】⑤
W0648.7.1			祖先是守护神		【民族，联1】⑥
W0648.8		与祖先是神有关的其他母题			【联1，例1】⑦
W0648.8.1			始祖成为神		【苗族】
W0648.8.2			兄妹祖先神		【汉族、苗族、彝族】
W0648.8.3			贵族的祖先是神		【民族，联1】⑧
W0648.8.4			祖先是家族守护神		【哈萨克族】
W0648.8.5			特定出生的神成为祖先		【例1】⑨
W0648.8.6			祖先与神合一		【傣族】
W0649	祖先是神性人物				
W0649.1		祖先是半神半人			【景颇族】
W0649.2		祖先是天女			【蒙古族、羌族】

① 【民族】侗族、藏族。【关联】［W0654.2］女祖先
② 【关联】［W065］女神
③ 【民族】傣族、独龙族、哈尼族、满族
④ 【民族】苗族。【关联】［W0230］地神
⑤ 【引例】突厥之先曰射摩舍利海神【古突厥】
⑥ 【民族】佤族。【关联】［W0443］特定人群的保护神
⑦ 【关联】［W0477.5］祖先是生育神。【引例】女性祖先神祖母神萨天巴【侗族】
⑧ 【民族】高山族。【关联】［W5028.2.1］王族贵族的产生
⑨ 【引例】竹子生的神成为祖先【高山族】

W 编码	母题描述			参照项	
	一级母题	二级母题	三级母题	汤普森	关联项
W0649.3		祖先是仙			【彝族】
W0649.3.1			祖先是仙女		【达斡尔族】
W0649.4		祖先是巨人			【民族，联1】①
W0649.5		祖先是神职人员			【哈尼族】
W0649.6		祖先是鬼			【哈尼族】
W0649.7		祖先是猴人			【羌族】
W0649.8		特定名称的神性人物祖先			【联1，例2】②
W0649.8.1			高祖公和高祖婆		【例2】③
W0650	祖先是动物				【联1，例1】④
W0650.1		祖先是龙			【畲族】
W0650.2		祖先是狼			
W0650.2.1			狼是女祖先		【蒙古族】
W0650.3		祖先是蛇			【民族，例1】⑤
W0650.4		祖先是鸟			【汉族】
W0650.4.1			乌鸦是某姓氏的祖先		【满族】
W0650.4.2			天鹅是女祖先		【蒙古族】
W0650.5		祖先是猴子			【羌族、藏族】
W0650.5.1			猕猴是男祖先		【藏族】
W0650.6		祖先是鱼			【哈尼族】
W0650.7		与动物是祖先有关的其他母题			【例1】⑥
W0650.7.1			特定的动物是祖先的化身		【黎族、普米族】
W0650.7.2			特定的动物变祖先		【怒族、藏族】
W0651	祖先是植物				
W0651.1		祖先是特定的树			【例1】⑦
W0651.2		祖先是竹子			【彝族】
W0652	祖先是无生命物				
W0652.1		祖先是大地			【黎族】

---

① 【民族】布依族。【关联】［W0660］巨人
② 【关联】［W0687.3］洪钧老祖是人的祖宗的祖宗。【引例】❶始祖神卵玉娘娘【土家族】；❷始祖布洛陀【壮族】
③ 【引例】❶姓高的姐弟俩繁衍人类成为高祖公、高祖婆【汉族】；❷造人的兄妹被尊为高祖公、高祖婆【汉族】
④ 【关联】［W0645.4］动物生祖先。【引例】肢是人类祖先【汉族】
⑤ 【民族】汉族。【引例】蛇是祖先神【鄂温克族】
⑥ 【引例】祖先是犬【藏族】
⑦ 【引例】田姓土家人把紫荆树奉为"祖宗树"【土家族】

W 编码	母题描述			参照项	
	一级母题	二级母题	三级母题	汤普森	关联项
W0652.2		祖先是太阳			【黎族】
W0652.3		祖先是特定的星星下凡			【土家族】
W0652.4		特定的石头代表祖先			【黎族】
W0653	与祖先产生有关的其他母题				
W0653.1		作祟的祖先成为祖先神			【达斡尔族】
W0653.2		特定的人被尊为祖先			【怒族】
W0653.2.1			牧羊人被尊为祖先		【羌族】
W0653.2.2			洪水后繁衍人类的兄妹被尊为祖先		【汉族】
W0653.3		祖先与天地同时产生			【佤族】
W0653.4		人神同祖			【哈尼族】
◎	〖**其他相关母题**〗				
W0654	祖先的特征				
W0654.1		男祖先			
W0654.1.1			女祖先生男祖先		【苗族】
W0654.2		女祖先			【民族，联1】①
W0654.2.1			第一个女祖先		【苗族】
W0654.3		祖先有奇特的体征			【布依族】
W0654.3.1			祖先有多个头		【哈尼族】
W0654.3.2			祖先有多只眼		【民族，联1，例2】②
W0654.3.3			祖先的巨大生殖器		【民族，联1】③
W0654.3.4			祖先的阳具是巨石		【壮族】
W0654.4		与祖先特征有关的其他母题			【例1】④
W0655	祖先有特殊能力				
W0655.1		始祖先知先觉			【佤族、壮族】
W0655.2		祖先能通阴阳			【哈尼族】

---

① 【民族】汉族、满族、瑶族。【关联】［W0648.1］女祖先神
② 【民族】珞巴族。【关联】［W2832.2］祖先有4只眼睛【引例】❶祖先有3只眼睛【珞巴族】；❷阿巴达尼（祖先）头上长有四只眼睛，一双长在前额，一双长在脑后【珞巴族】
③ 【民族】壮族。【关联】［W0662.5］巨人有巨大的生殖器
④ 【引例】祖先惊人的饮食【哈尼族】

W 编码	母题描述			参照项	
	一级母题	二级母题	三级母题	汤普森	关联项
W0655.3		祖先力大无比			【民族，联1】①
W0655.4		祖先是家族守护神			【民族，联1】②
W0655.4.1			祖先是为家族灭灾怯病		【达斡尔族】
W0655.5		祖先能到天上			【民族，联1】③
W0655.6		与祖先的特殊能力有关的其他母题			【联3】④
W0655.6.1			祖先驱鬼		【民族，联1】⑤
W0655.6.2			祖先出生后很快具有非凡能力		【壮族】
W0656	祖先的生活				【例1】⑥
W0656.1		祖先住天上			【民族，例2】⑦
W0656.2		祖先住特定植物里			【苗族】
W0656.3		祖先靠吸雾露长大			【侗族】
W0656.4		祖先饭量巨大			【民族，联1】⑧
W0656.5		贫穷的祖先			【珞巴族】
W0657	祖先的关系				【联1】⑨
W0657.1		祖先的兄弟			
W0657.1.1			祖先与神是兄弟		【例1】⑩
W0657.1.2			祖先四兄弟		【藏族】
W0657.1.3			祖先与动物是兄弟		【侗族】
W0657.1.4			祖先的哥哥		【仡佬族】
W0657.2		祖先的兄妹			
W0657.2.1			祖先和神女是兄妹		【汉族】
W0657.3		祖先的朋友			【联1】⑪
W0657.3.1			祖先与动物是朋友		【苗族】
W0657.3.2			祖先与神是朋友		【苗族】
W0657.4		祖先的子女			【纳西族】

① 【民族】瑶族。【关联】［W0131.2］大力神
② 【民族】佤族。【关联】［W0443.5］族神（民族神）
③ 【民族】瑶族。【关联】［W1425］上天（登天）
④ 【关联】❶［W1103.9］祖先造天地；❷［W1504.8］祖先造万物；❸［W9733］祖先射日
⑤ 【民族】侗族。【关联】［W0912］驱鬼
⑥ 【引例】祖先不爱江河水和山泉水，只爱咸水【哈尼族】
⑦ 【民族】珞巴族、苗族、壮族。【引例】❶女始祖住天上【白族】；❷祖神能到天上
⑧ 【民族】壮族。【关联】［W0717.1.1］女娲饭量巨大
⑨ 【关联】［W7244］祖先的婚姻
⑩ 【引例】祖先与太阳神、月亮神是兄弟【珞巴族】
⑪ 【关联】［W0352.2］雷公与人类始祖是兄弟

W 编码	母题描述			参照项	
	一级母题	二级母题	三级母题	汤普森	关联项
W0657.5		与祖先的关系有关的其他母题			
W0657.5.1			祖先的情人		【苗族】
W0658	祖先的寿命与死亡				
W0658.1		祖先不死			【侗族、苗族】
W0658.2		祖先寿命很长			【苗族】
W0658.3		祖先（神）有多条命			
W0658.3.1			祖先（神）有9条命		【哈尼族】
W0658.4		祖先的死亡			【布依族】
W0658.4.1			祖先九生九死		【民族，联1】①
W0658.4.2			祖先死后变泥土		【景颇族】
W0658.4.3			祖先死后回天上		【哈尼族】
W0659	与祖先有关的其他母题				【联2】②
W0659.1		特定名称的祖先（祖先神）			【例2】③
W0659.2		特定群体的祖先			
W0659.2.1			神的祖先神		【傣族】
W0659.2.2			氏族祖先神		【民族，联1】④
W0659.2.3			特定职业者的祖先		【民族，例1】⑤
W0659.3		夫妻祖先			【普米族、瑶族】
W0659.3.1			兄妹成婚成为祖先		【白族】
W0659.4		特定时期的祖先			【苗族】
W0659.4.1			第一代祖先神		【哈尼族、满族】
W0659.4.2			第二代祖先神		【哈尼族、彝族】
W0659.4.3			第三代祖先神		【哈尼族、怒族、彝族】
W0659.4.4			其他各代祖先神		【例1】⑥
W0659.5		祖先成仙			
W0659.5.1			祖先没有成仙		【民族，联1】⑦

① 【民族】哈尼族。【关联】［W0175.5.1］神九生九死
② 【关联】❶［W6376.1］祖先崇拜；❷［W9933.1］寻找冥界的祖先
③ 【引例】❶库马尔斯被尊崇为人类的始祖【维吾尔族】；❷女始祖叫波丽萍，男始祖叫岳利华【瑶族】
④ 【民族】藏族。【关联】［W5250］氏族
⑤ 【民族】藏族。【引例】工匠的始祖【彝族】
⑥ 【引例】人的7代祖先【纳西族】
⑦ 【民族】侗族。【关联】［W0801］仙的产生

W 编码	母题描述			参照项	
	一级母题	二级母题	三级母题	汤普森	关联项
W0659.6	祖灵				【联1】①
W0659.6.1		特定的动物是祖先的灵魂			【例1】②
W0659.7	祖先出生的地方也是回归的地方				【佤族】

0.6.4　巨人【W0660～W0669】

W 编码	母题描述			参照项	
	一级母题	二级母题	三级母题	汤普森	关联项
✳ **W0660**	巨人③			A133	【联1】④
W0661	巨人的产生			①A1659.1 ②F531.6.1	
W0661.1		巨人来于某个地方或自然存在			
W0661.2		巨人是造出来的			【汉族】
W0661.3		巨人是生育产生的			
W0661.3.1			神生巨人		【羌族】
W0661.3.2			神和人婚生巨人	F531.6.1.1	
W0661.3.3			石生巨人		【普米族】
W0661.3.4			混沌中生巨人		【民族，联2】⑤
W0661.3.5			树生巨人		【民族，联1】⑥
W0661.4		巨人是变化产生的			【满族】
W0661.5		巨人产生的其他方式			
W0661.5.1			动物转世为巨人	F531.6.1.8	
W0662	巨人的体征			F531.1	
W0662.1		男巨人			
W0662.2		女巨人		F531.0.4	
W0662.3		巨人惊人的身高			【汉族】

---

① 【关联】［W0870］灵魂（鬼）
② 【引例】蜜蜂是祖先的灵魂【纳西族】
③ 巨人，此处的巨人与人的体征母题类型的"身体很高大的人"侧重点稍有不同，这里更注重"神性"。具体情况参见《中国神话母题 W0 编目实例》。
④ 【关联】［W2810］身体高大的人
⑤ 【民族】苗族。【关联】❶［W0721.3.1］混沌生盘古；❷［W1057.1］混沌（混沌卵）
⑥ 【民族】独龙族。【关联】［W2171］树生人

W 编码	母题描述			参照项	
	一级母题	二级母题	三级母题	汤普森	关联项
W0662.3.1			巨人的身高9万尺		【彝族】
W0662.3.2			巨人天一样高地一样大		【汉族、拉祜族】
W0662.3.3			巨人身高像山		【拉祜族】
W0662.4		巨人巨大的四肢			
W0662.4.1			巨人的四肢像丘陵		【拉祜族】
W0662.4.2			巨人的大脚		【汉族】
W0662.4.3			巨人的巨大的拳头		【布依族】
W0662.5		巨人有巨大的生殖器			
W0662.5.1			巨人的阴茎很长		【高山族（布农）】
W0662.5.2			巨人的阴茎可做桥		【鄂温克族】
W0662.5.3			巨人的睾丸巨大		【高山族（布农）】
W0662.5.4			巨人的女阴可做网状		【鄂温克族】
W0662.6		与巨人体征有关的其他母题			
W0663	巨人的其他特征				
W0663.1		巨人饭量巨大			【例1】①
W0663.2		巨人饮水海量			
W0663.2.1			巨人饮干江河	①A133.1 ②F531.3.4.2	
W0663.2.2			巨人喝干海水	A928	
W0663.3		吃人的巨人		G11.2	【联1】②
W0663.3.1			巨人是吃人恶魔	G304	【联1】③
W0663.4		巨人很大的步伐		①≈A133.2 ②F531.3.5	
W0663.4.1			巨人能跨二山		【高山族（布农）】
W0663.5		巨人的居所		F531.6.2	
W0663.5.1			巨人住山上	F531.6.2.1	
W0663.6		巨人力气巨大			【例1】④
W0663.6.1			巨人力大能托天		【侗族】
W0663.6.2			巨人推倒山	F626	

① 【引例】巨人一顿饭千头牛
② 【关联】［W0839.5.1］吃人的妖魔
③ 【关联】［W0842］恶魔
④ 【引例】巨人拔树如葱

W 编码	母题描述			参照项	
	一级母题	二级母题	三级母题	汤普森	关联项
W0663.6.3			巨人搬运重物	≈ F631	
W0663.7		巨人的声音似雷			【民族，联1】①
W0664	巨人的工具				
W0664.1		巨人的武器巨大无比			【汉族】
W0664.2		巨人与生俱来的武器			
W0665	巨人的关系			F531.6.8	
W0665.1		巨人的父母			
W0665.2		巨人兄弟			【汉族】
W0665.3		巨人的子女			
W0665.3.1			巨人的儿子		【鄂伦春族】
W0665.4		巨人是天神的侍从		A133.3	
W0665.5		巨人是人的朋友		F531.5.1	
W0666	巨人的寿命与死亡			F531.6.4	
W0666.1		长寿的巨人		F531.6.4.1	
W0666.1.1			巨人1万8千岁		【汉族】
W0666.2		不死的巨人		F531.6.4.3	
W0666.3		巨人特定的死亡			
W0666.3.1			巨人中毒而死		【拉祜族】
W0666.3.2			巨人中箭而死		
W0667	与巨人有关的其他母题			F531.6	【联3】②
W0667.1			特定名称的巨人		【民族，联4】③
W0667.2		独眼巨人		F531.1.1.1	【鄂温克族、哈萨克族】
W0667.3		长毛的巨人			【毛南族】
W0667.4		巨人是文化英雄		A523	
W0667.5		巨人是建造师		F531.6.6	
W0667.6		巨人之王		G156	【联1】④
W0667.7		巨人的致命弱点			

---

① 【民族】侗族。【关联】［W0663.3.1］巨人是吃人恶魔

② 【关联】❶［W3047.7.2］巨兽；❷［W8738.3］巨人战士；❸［W9125.2］巨人是巫师

③ 【民族】布朗族、彝族。【关联】❶［W0670.4.4］布洛陀是巨人；❷［W0701.2］夸父是巨人；❸［W0723.2.5］盘古是巨人；❹［W0768.1.1］高辛是巨人

④ 【关联】［W5030］首领

0.6.5 常见的典型神性人物① 【W0670～W0769】

W 编码	母题描述			参照项	
	一级母题	二级母题	三级母题	汤普森	关联项
◎	〖常见的典型神性人物〗				
W0670	布洛陀②				【壮族】
W0670.1		布洛陀神奇的出生			
W0670.1.1			天降布洛陀		【壮族】
W0670.1.2			感生布洛陀		【壮族】
W0670.1.3			洞生布洛陀		【壮族】
W0670.1.4			卵生布洛陀		【壮族】
W0670.2		布洛陀的奇特本领			【例1】③
W0670.2.1			布洛陀造万物		【壮族】
W0670.2.2			布洛陀制定万物秩序		【壮族】
W0670.2.3			布洛陀有神力		【壮族】
W0670.3		布洛陀的关系			
W0670.3.1			布洛陀与姆六甲是母子		【壮族】
W0670.3.2			布洛陀与姆六甲是夫妻		【壮族】
W0670.4		与布洛陀有关的其他母题			【联1，例2】④
W0670.4.1			布洛陀不死		【壮族】
W0670.4.2			布洛陀是智慧老人		【壮族】
W0670.4.3			布洛陀是神		【壮族】
W0670.4.4			布洛陀是巨人		【壮族】
W0670.4.5			布洛陀是始祖		【壮族】
W0670.4.6			布洛陀住水中		【壮族】
W0670.4.7			布洛陀住岩洞		【壮族】
W0670.4.8			布洛陀生日		【壮族】
W0670.4.9			布洛陀阳具巨大		【壮族】
W0671	嫦娥				

① 常见的典型神性人物，该类母题是一个集合概念。为便于查找和比较，此处包括了文化英雄、半神半人、文化祖先和部分宗教人物神等类型。由于神话表述的不规范性，在不同的神话中同一个名称可能表述着不同的文化含义，在此不做细分，所列举的母题也只是部分民族神话文本中一些常见的或具有代表性的个例。具体神性人物的事迹参见文化发明、射日等神话母题中的相应神性人物及《中国神话母题 W6 编目实例》、《中国神话母题 W9 编目实例》。

② 布洛陀，在不同的神话文本中常被译成不同文字，如"布洛朵"、"布碌陀"、"抱洛朵"等。

③ 【引例】布洛陀能与百兽对话【壮族】

④ 【关联】［W5173］壮族的产生。【引例】❶布洛陀管中界【壮族】；❷布洛陀是神主【壮族】

W 编码	母题描述			参照项	
	一级母题	二级母题	三级母题	汤普森	关联项
W0671.1		嫦娥奔月			【汉族】
W0671.2		嫦娥下凡			【汉族】
W0671.3		嫦娥为蟾蜍			【汉族】
W0671.3.1			嫦娥托胎为蟾蜍		【汉族】
W0671.4		嫦娥的玉兔			【蒙古族】
W0671.5		嫦娥是王母娘娘的外孙女			【汉族】
W0671.6		嫦娥是王母娘娘的侍从			【民族，联1】①
W0671.7		嫦娥成仙			【汉族】
W0671.8		与嫦娥有关的其他母题			【民族，联4，例1】②
W0672	蚩尤				
W0672.1		蚩尤的产生			
W0672.1.1			蚩尤天降		【汉族】
W0672.1.2			蚩尤是炎帝的后代		【汉族】
W0672.1.3			特定人物婚生蚩尤		【汉族】
W0672.1.4			与蚩尤产生有关的其他母题		【例1】③
W0672.2		蚩尤特殊的体征			
W0672.2.1			蚩尤铜头铁臂		【例1】④
W0672.2.2			蚩尤有多个手足		【汉族】
W0672.2.3			蚩尤兽身人语		【汉族】
W0672.2.4			蚩尤人身牛蹄		【汉族】
W0672.2.5			蚩尤长着犄角		【汉族】
W0672.3		战神蚩尤			【汉族】
W0672.3.1			蚩尤作战时的帮助者		【联1】⑤
W0672.4		与蚩尤有关的其他母题			【联2，例1】⑥
W0672.4.1			蚩尤是祖先		【景颇族、苗族】
W0672.4.2			蚩尤姜姓		【汉族】

① 【民族】汉族。【关联】［W0703.3］嫘祖是王母娘娘的侍女

② 【民族】白族。【关联】❶［W0284.2.2］嫦娥是月精；❷［W0739.4.2］舜的妻子嫦娥；❸［W0749.6.1］后羿的妻子嫦娥；❹［W4165］月亮中的影子。【引例】嫦娥是帝王的妃子【汉族】

③ 【引例】蚩尤出自羊水【汉族】

④ 【引例】蚩尤的兄弟铜头铁臂【汉族】

⑤ 【关联】［W8771］神作为争战中的帮助者

⑥ 【关联】❶［W6373.2］蚩尤崇拜；❷［W8806.3］黄帝战蚩尤。【引例】蚩尤发明兵器【汉族】

W 编码	母题描述			参照项	
	一级母题	二级母题	三级母题	汤普森	关联项
W0672.4.3			蚩尤的兄弟		【汉族】
W0672.4.4			蚩尤的子孙		【景颇族】
W0672.4.5			蚩尤南迁		【汉族】
W0672.4.6			蚩尤死亡		【汉族】
W0673	二郎神①				
W0673.1		二郎神是神或神性人物的亲属			
W0673.1.1			二郎神是天帝的外甥		【汉族】
W0673.1.2			杨二郎是张天师的外甥		【汉族】
W0673.1.3			杨二郎的母亲是神仙		【汉族】
W0673.1.4			与二郎神的亲属有关的其他母题		【汉族】
W0673.2		特定的人成为二郎神			【羌族】
W0673.3		二郎神 72 变			【汉族】
W0673.4		二郎神 3 只眼			【汉族】
W0673.5		与二郎神有关的其他母题			【例 1】②
W0673.5.1			二郎担山逐日		【民族，联 1】③
W0673.5.2			二郎担山填海		【民族，联 1】④
W0673.5.3			二郎手使金弓银弹子		【汉族】
W0674	风后				【联 1】⑤
W0674.1		风后造指南车			【联 1】⑥
W0674.2		风后是黄帝的属臣			【汉族】
✳ **W0675**	伏羲⑦				

① 二郎神，也出现在道教或其他宗教神话、民间故事中。
② 【引例】二郎手使金弓银弹子【汉族】
③ 【民族】汉族。【关联】［W9867.2］二郎神担山追杀太阳
④ 【民族】汉族。【关联】［W9007.2］赶山填海
⑤ 【关联】［W0695.3.1］风后辅佐黄帝
⑥ 【关联】［W6216.3.2］指南车
⑦ 伏羲，在不同的叙事又写作或称作"宓羲"、"庖牺"、"包牺"、"牺皇"、"皇羲"、"太昊"、"太皞"、"瓠系"、"伏义"等。如《史记》中写作"伏牺"。该母题在不同的神话叙事中存在较多歧义，不同的民族神话中所说的"伏羲"由于词源情况非常复杂，有些并不一定是确指的"伏羲"。如"伏羲兄妹"有时可能表述为"伏羲女娲兄妹"、"伏羲与妹妹"、"伏哥和羲妹"、"羲哥和羲妹"等等。这里只是从母题的基本属性考虑，列出带有普适性的样例，对于是不是原生意义上的"伏羲"，此处不做相应的索隐。

W 编码	母题描述			参照项	
	一级母题	二级母题	三级母题	汤普森	关联项
W0676	伏羲的产生				
W0676.1		伏羲源于特定地方			
W0676.1.1			伏羲从天上来到人间		【汉族】
W0676.2		伏羲是造出来的			
W0676.2.1			女娲造伏羲		【汉族】
W0676.2.2			女娲造伏羲兄妹①		【汉族】
W0676.2.3			女娲造伏羲女娲		【民族，联1】②
W0676.3		伏羲是生育产生的			【例2】③
W0676.3.1			地生伏羲		【汉族】
W0676.3.2			感生伏羲		【联1，例4】④
W0676.3.3			婚生伏羲		【例3】⑤
W0676.3.4			花生伏羲		【汉族、壮族】
W0676.3.5			特定的人物生伏羲		【汉族】
W0676.3.6			与生育伏羲有关的其他母题		
W0676.4		伏羲是变化产生的			
W0676.4.1			猴子变成伏羲		【例1】⑥
W0676.5		与伏羲产生有关的其他母题			
W0676.5.1			伏羲出生地点		【例1】⑦
W0677	伏羲的特征				
W0677.1		伏羲是女的			【汉族】
W0677.2		伏羲蛇身九首			【汉族】
W0677.3		伏羲人头蛇身			【汉族】
W0677.3.1			伏羲人面蛇身		【汉族】
W0677.4		伏羲鳞身			【汉族】
W0677.5		伏羲龟齿龙唇			【汉族】
W0677.6		伏羲人头狗身			【汉族】
W0677.7		与伏羲的特征有关的其他母题			

① 伏羲兄妹，有的神话又译为"伏义兄妹"等。
② 【民族】汉族。【关联】［W0680.2］伏羲兄妹
③ 【引例】❶华胥生男为伏羲，生女为女娲【汉族】；❷伏羲兄妹的父亲是大圣【瑶族】
④ 【关联】［W2230］感生人。【引例】❶女子感生伏羲和女娲【汉族】；❷华胥感生伏羲女娲【汉族】；❸女子覆足印生伏羲【汉族】；❹女子感虹生伏羲（庖牺）【汉族】
⑤ 【引例】❶雷神与人女婚生伏羲【汉族】；❷盘古婚生伏羲【汉族】；❸盘古婚生伏羲和女娲【汉族】
⑥ 【引例】聪明的猴子中一对精灵鬼为伏羲兄妹
⑦ 【引例】伏羲生于成纪【汉族】

W 编码	母题描述			参照项	
	一级母题	二级母题	三级母题	汤普森	关联项
W0677.7.1			伏羲是猴子		【民族，联1】①
W0677.7.2			伏羲长角		【民族，联1】②
W0678	伏羲的居所				【联1】③
W0678.1		伏羲原来住天上			【汉族】
W0678.2		伏羲住中央			【汉族】
W0678.3		伏羲住山中			【仫佬族】
W0678.3.1			伏羲居住昆仑山		【汉族】
W0678.3.2			伏羲居住卦台山		【汉族】
W0679	伏羲的职能				【联1，例1】④
W0679.1		伏羲预测凶吉			【民族，联2】⑤
W0679.1.1			伏羲作八卦		【民族，联1】⑥
W0679.2		伏羲定婚制			【联2】⑦
W0679.3		伏羲造琴			【联1】⑧
W0680	伏羲的关系				
W0680.1		伏羲的父母			
W0680.1.1			伏羲是神的儿子		【例1】⑨
W0680.1.2			伏羲是天师的儿子		【例1】⑩
W0680.1.3			伏羲是巫师的儿子		【汉族】
W0680.1.4			伏羲是玉帝儿子		【例1】⑪
W0680.1.5			伏羲是大圣的儿子		【例1】⑫
W0680.1.6			伏羲是盘古儿子		【联1，例1】⑬
W0680.1.7			伏羲是特定的人的儿子		【例1】⑭
W0680.1.8			与伏羲的父母有关的其他母题		【民族，例1】⑮

① 【民族】汉族。【关联】［W0676.4.1］猴子变成伏羲
② 【民族】汉族。【关联】［W0722.2.1］盘古头上生角
③ 【关联】［W0255.2］神农伏羲二帝在中央
④ 【关联】［W3369.2.3］伏羲造鸭。【引例】伏羲造动物【汉族】
⑤ 【民族】汉族。【关联】❶［W9191］占卜者（占卜师）；❷［W9251］预言者
⑥ 【民族】汉族。【关联】［W9198.1］八卦
⑦ 【关联】❶［W0467］婚姻神；❷［W7001］婚姻的产生
⑧ 【关联】［W6277］琴瑟的来历
⑨ 【引例】伏羲是老天爷的儿子【汉族】
⑩ 【引例】伏羲兄妹的父亲是张天师【瑶族】
⑪ 【引例】伏羲女娲是玉帝的儿女【汉族】
⑫ 【引例】伏羲兄妹是大圣的儿女【瑶族】
⑬ 【关联】［W0725］盘古的关系。【引例】伏羲兄妹是盘古的儿女【汉族】
⑭ 【引例】伏羲是叫昆仑的种田人的儿子【壮族】
⑮ 【民族】汉族。【引例】伏羲兄妹是大圣的儿女【瑶族】

W 编码	母题描述			参照项	
	一级母题	二级母题	三级母题	汤普森	关联项
W0680.2		伏羲兄妹			
W0680.2.1			伏羲女娲是双胞胎		【联 1】①
W0680.2.2			伏羲女娲是兄妹		【联 1，例 2】②
W0680.2.3			伏羲兄妹是孤儿		【汉族、瑶族】
W0680.2.4			与伏羲兄妹有关的其他母题		【民族，联 2】③
W0680.3		伏羲的姐弟			
W0680.3.1			伏羲女娲是姐弟		【汉族】
W0680.4		伏羲的兄弟			
W0680.4.1			伏羲的残疾哥哥		【仫佬族】
W0680.4.2			伏羲的独眼哥哥		【仫佬族】
W0680.4.3			与伏羲的哥哥有关的其他母题		
W0680.5		伏羲的后代			【联 1】④
W0680.5.1			廪君是伏羲的后代		【民族，联 1】⑤
W0680.6		与伏羲的关系有关的其他母题			
W0680.6.1			伏羲天神的妃子		【汉族】
W0680.6.2			伏羲的辅佐者		【联 1】⑥
W0681	伏羲的身份				【联 1】⑦
W0681.1		伏羲是神			
W0681.1.1			伏羲是渔猎之神		【汉族】
W0681.1.2			伏羲是天皇		【汉族】
W0681.1.3			伏羲兄妹是第四代神		【壮族】
W0681.1.4			伏羲氏是东方天帝		【土家族】
W0681.1.5			与伏羲是神有关的其他母题		【汉族】
W0681.2		伏羲是神性人物			
W0681.3		伏羲是人祖			【汉族】

---

① 【关联】［W0710］女娲
② 【关联】［W0682.2.1］伏羲女娲兄妹婚。【引例】❶伏羲女娲是一对孤儿兄妹【汉族】；❷华胥生男为伏羲，生女为女娲【汉族】
③ 【民族】瑶族、壮族。【关联】❶［W0761.3］王母娘娘是伏羲的妹妹；❷［W0768.6.1］骊山老母是伏羲的妹妹
④ 【关联】［W0715.3.4］女娲是伏羲的女儿
⑤ 【民族】土家族。【关联】［W0768.7］廪君
⑥ 【关联】［W0713.9.1］女娲是伏羲的辅佐者
⑦ 【关联】［W6909.1.1］伏羲为戏皇

W 编码	母题描述			参照项	
	一级母题	二级母题	三级母题	汤普森	关联项
W0681.4		伏羲是皇帝			【民族，联1】①
W0681.5		与伏羲身份有关的其他母题			
W0682	伏羲的婚姻				
W0682.1		伏羲与女娲婚			
W0682.1.1			伏羲女娲婚		【汉族】
W0682.1.2			伏义女娲婚		【汉族】
W0682.2		伏羲兄妹婚			【民族】②
W0682.2.1			伏羲女娲兄妹婚		【民族，联1】③
W0682.2.2			伏义兄妹成婚		【汉族】
W0682.2.3			伏哥和羲妹婚		【布依族】
W0682.3		伏羲姐弟婚			
W0682.3.1			伏羲女娲姐弟婚		【民族，联1】④
W0682.4		与伏羲的婚姻有关的其他母题			
W0683	与伏羲相关的其他母题				
W0683.1		伏羲的姓氏			
W0683.1.1			伏羲风姓		【汉族】
W0683.2		伏羲的名号			
W0683.2.1			伏羲别号春皇		【汉族】
W0683.2.2			太暤伏羲氏		【汉族】
W0683.2.3			伏羲即盘兄		【毛南族】
W0684	格萨尔⑤				【例6】⑥
W0684.1		格萨尔是神子			【藏族】
W0684.1.1			格萨尔是神投胎人间		【土族、藏族】
W0684.2		格萨尔是卵生的			【藏族】
W0684.3		格萨尔是感生的			【裕固族】
W0684.4		格萨尔会变形			【土族】

① 【民族】汉族。【关联】［W5860］国王
② 【民族】布依族、汉族、仫佬族、羌族、壮族
③ 【民族】汉族、毛南族、壮族。【关联】［W7300］兄妹婚
④ 【民族】汉族。【关联】［W7350］姐弟婚
⑤ 格萨尔，从神话母题的母题的角度，一些英雄史诗中的人物是带有神性，包括出生、成长、争战、爱情等都有明显的神话元素。考虑到许多民族都有英雄史诗，如许多民族都有流传的《格萨尔》、蒙古族的《格斯尔》《江格尔》、柯尔克孜族的《玛纳斯》等。这类人物较多，不再一一列出，使用编目时可参照相关母题。
⑥ 【引例】❶格萨尔生下后第一天会走【土族】；❷格萨尔能变得很小【土族】；❸格萨尔能变成巨人【土族】；❹女子梦感日月生格萨尔【裕固族】；❺格萨尔的母亲无夫孕格萨尔【裕固族】；❻格萨尔降九头妖魔【裕固族】

W 编码	母题描述			参照项	
	一级母题	二级母题	三级母题	汤普森	关联项
W0684.5		与格萨尔有关的其他母题			【例1】①
W0684.5.1			格萨尔与龙女婚		【藏族】
W0684.5.2			格萨尔除妖		【裕固族、藏族】
W0685	共工				
W0685.1		共工是祝融之子			【民族，联1】②
W0685.2		共工是人的孩子			
W0685.2.1			共工、女娲是人的子女		【汉族】
W0685.3		共工是特定的神			
W0685.3.1			共工是水神		【民族，联2】③
W0685.3.2			共工是洪水神		【汉族】
W0685.3.3			共工是恶神		【汉族】
W0685.4		共工有多个脑袋			【汉族】
W0685.5		与共工有关的其他母题			【联2，例1】④
W0685.5.1			共工的妻子风氏		【汉族】
W0685.5.2			共工与颛顼之争		【联1】⑤
W0686	鲧				
W0686.1		鲧是一个部落的首领			【联1】⑥
W0686.2		鲧化为龙			【汉族】
W0686.2.1			鲧化为黄龙		【汉族】
W0686.3		鲧化为鱼			
W0686.3.1			鲧化为玄鱼		【汉族】
W0686.3.2			鲧化为金鱼		【汉族】
W0686.4		鲧化为熊			
W0686.4.1			鲧化黄熊		【汉族】
W0686.5		鲧是玄武大帝			【联1】⑦
W0686.6		与鲧有关的其他母题			

---

① 【引例】格萨尔生下后第一天会走【土族】
② 【民族】汉族。【关联】［W0767］祝融
③ 【民族】汉族。【关联】❶［W0400］水神；❷［W0406.5］共工之子是水神
④ 【关联】❶［W0231.2.1］共工之子成为地神；❷［W8806.4］共工与祝融之争。【引例】共工变鼠【汉族】
⑤ 【关联】［W8800］神性人物间的争斗
⑥ 【关联】［W5325］部落首领
⑦ 【关联】［W0254.3］玄武是北方神

W 编码	母题描述			参照项	
	一级母题	二级母题	三级母题	汤普森	关联项
W0686.6.1			鲧剖腹生子		【联1，例1】①
W0686.6.2			鲧身材矮小		【汉族】
W0686.6.3			鲧的朋友		【汉族】
W0687	洪钧老祖②				
W0687.1		骨中生洪钧			【汉族】
W0687.2		蛇修炼成洪钧老祖			【民族，联1】③
W0687.3		洪钧老祖是人的祖宗的祖宗			【汉族】
W0687.4		洪钧老祖是动物			
W0687.4.1			洪钧老祖是蚯蚓		【例1】④
W0687.4.2			洪钧老祖是蛇		【汉族】
W0687.4.3			洪钧老祖是虫子		【汉族】
W0687.4.4			洪钧老祖是鹅		【汉族】
W0687.4.5			洪钧老祖有翅膀不会飞		【汉族】
W0687.5		洪钧老祖传三教			【民族，联2】⑤
W0687.5.1			洪钧老祖创道教		
W0687.6		与洪钧老祖有关的其他母题			【例2】⑥
W0687.6.1			洪钧老祖在世界上出现最早		【汉族】
W0687.6.2			洪钧老祖比盘古产生早		【土家族】
W0687.6.3			洪钧老祖专门降妖捉怪		【民族，联1】⑦
W0688	后稷				
W0688.1		稷神是炎帝的儿子			【汉族】
W0688.2		稷是五谷之长			【汉族】
W0688.3		后稷是农神			【例1】⑧

---

① 【关联】[W2153.5]男人生孩子。【引例】鲧复生禹【汉族】
② 洪钧老祖，有的神话又译作"洪君老主"、"洪君老祖"、"鸿均老祖"、"红君老祖"等。本编目一般表述为"洪钧老祖"。
③ 【民族】汉族。【关联】[W0687.4.2]洪钧老祖是蛇
④ 【引例】洪钧老祖身体能绕昆仑山3圈【汉族】
⑤ 【民族】土家族。【关联】❶[W6450]宗教的产生；❷[W6462]教派的数量
⑥ 【引例】❶洪钧老祖居伏牛山【汉族】；❷鸿钧老祖乘骑金龙【汉族】
⑦ 【民族】汉族。【关联】[W8838]宗教人物斗妖魔
⑧ 【引例】后稷是主管农业的神【汉族】

W 编码	母题描述			参照项	
	一级母题	二级母题	三级母题	汤普森	关联项
W0688.4		与后稷有关的其他母题			
W0688.4.1			稷被称为神农氏		【汉族】
W0688.4.2			稷神被称为后稷		【汉族】
W0689	华胥				【例1】①
W0689.1		华胥是神女			【汉族】
W0689.2		盘古造华胥			【汉族】
W0689.3		华胥与狗婚			【民族，联1】②
W0689.3		华胥住窑洞中			【民族，联1】③
W0689.4		与华胥有关的其他母题			
W0689.4.1			华胥生伏羲女娲		【民族，联1】④
✵ W0690	黄帝⑤				
W0691	黄帝的产生				
W0691.1		神性人物造黄帝			
W0691.1.1			伏羲女娲造黄帝		【联1，例1】⑥
W0691.2		黄帝是婚生的			【例2】⑦
W0691.2.1			一对兄妹婚生黄帝		【壮族】
W0691.3		黄帝是感生的			
W0691.3.1			女子看到闪电与北斗星生轩辕		【汉族】
W0691.3.2			女子感雷生轩辕		【汉族】
W0691.4		与黄帝产生有关的其他母题			
W0691.4.1			轩辕生于青邱		【汉族】
W0691.4.2			黄帝是仙胎		【汉族】
W0691.4.3			长时间孕生黄帝		【汉族】
W0692	黄帝的体征				
W0692.1		黄帝四面			【汉族】

① 【引例】华胥感生伏羲女娲【汉族】
② 【民族】汉族。【关联】［W7422］人与犬婚
③ 【民族】汉族。【关联】［W6178］人穴居
④ 【民族】汉族。【关联】W0680.2 伏羲兄妹
⑤ 黄帝，又称"轩辕"。据《史记·五帝本纪》中记载，黄帝是一个被神话化的历史人物，如黄帝名下还统领着 12 姓（胞族）和 25 宗（氏族），并曾率领熊、罴、貔、貅、貙、虎六类兽与敌手作战。若还原为历史真实，实际是率领以熊、罴、貔、貅、貙、虎六类兽为图腾的军队。
⑥ 【关联】［W0680.2.2］伏羲女娲是兄妹。【引例】伏羲女娲用黄土造黄帝【汉族】
⑦ 【引例】❶花姓结婚生黄帝【壮族】；❷长时间孕生黄帝

W 编码	母题描述			参照项	
	一级母题	二级母题	三级母题	汤普森	关联项
W0693	黄帝的居所				【联 1】①
W0693.1		黄帝居住昆仑山			【汉族】
W0693.1.1			黄帝的宫殿在昆仑山		【汉族】
W0693.2		轩辕是天帝后妃的居处			【汉族】
W0693.3		黄帝有天宫和地宫			【汉族】
W0694	黄帝的坐骑				【汉族】
W0694.1		黄帝乘黄龙			【汉族】
W0694.2		黄帝乘云龙			【汉族】
W0694.3		黄帝乘神马			【汉族】
W0695	黄帝的关系				
W0695.1		黄帝的妻子			【联 1】②
W0695.1.1			黄帝娶雷祖为妻		【汉族】
W0695.1.2			黄帝娶螺祖为妻		【汉族】
W0695.1.3			黄帝娶丑女为妻		【汉族】
W0695.2		黄帝的兄弟			
W0695.2.1			黄帝炎帝是亲兄弟		【汉族】
W0695.2.2			黄帝和玉帝是亲兄弟		【汉族】
W0695.3		炎黄为亲族			【汉族】
W0695.4		黄帝的辅佐者			
W0695.4.1			风后辅佐黄帝		【汉族】
W0695.4.2			后土辅佐黄帝		【汉族】
W0696	黄帝的姓氏				【例 3】③
W0696.1		黄帝轩辕氏			【汉族】
W0696.2		黄帝有熊氏			【汉族】
W0696.2.1			黄帝建国号"熊"		【民族，联 1】④
W0696.3		黄帝姓"姬"			【汉族】
W0697	黄帝的身份或职能				
W0697.1		黄帝是部落首领			【例 3】⑤

① 【关联】［W0255.3］黄帝主中央
② 【关联】［W0695.1.2］黄帝娶螺祖为妻
③ 【引例】❶有熊氏部落首领姓"姬"【汉族】；❷黄帝姬姓【汉族】；❸黄帝姓公孙【汉族】
④ 【民族】汉族。【关联】［W5905.1］国号的来历
⑤ 【引例】❶黄帝是夏部落的首领【汉族】；❷轩辕是夏部落的首领【汉族】；❸黄帝是有熊氏部落的首领【汉族】

W 编码	母题描述			参照项	
	一级母题	二级母题	三级母题	汤普森	关联项
W0697.2		黄帝是雷神			【民族，联 1】①
W0697.3		黄帝是太阳神			【民族，联 1】②
W0697.4		黄帝主管下雨			【民族，联 1】③
W0697.5		黄帝是雷雨神			【汉族】
W0697.6		黄帝主土			【汉族】
W0697.7		黄帝是发明者			【民族，联 2，例 1】④
W0697.8		与黄帝的身份或职能有关的其他母题			【联 1】⑤
W0697.8.1			黄帝是神国至高无上的神		【汉族】
W0698	与黄帝有关的其他母题				【联 1】⑥
W0698.1		黄帝的代表动物是黄龙			【民族，联 1】⑦
W0698.2		黄帝食玉膏			【汉族】
W0699	简狄				
W0699.1		简狄是神女			【汉族】
W0700	精卫				
W0700.1		人死化为精卫			【汉族】
W0700.2		炎帝之女化为精卫			【民族，联 2】⑧
W0700.3		精卫与海燕婚			【汉族】
W0701	夸父				
W0701.1		夸父逐日			【汉族】
W0701.2		夸父是巨人			【汉族】
W0701.3		夸父是夸父族的首领			【民族，联 1】⑨
W0701.3.1			夸父族住山上		【汉族】
W0701.4		夸父的身体变大山			【汉族】
W0701.5		夸父的死亡			

① 【民族】汉族。【关联】［W0305］雷神
② 【民族】汉族。【关联】［W0271］太阳神（日神）
③ 【民族】汉族。【关联】［W0358.3.2］黄帝是雷雨之神
④ 【民族】汉族。【关联】❶［W6132.2］黄帝做衣裳；❷［W6788.1］黄帝发明历法。【引例】黄帝造船【汉族、畲族】
⑤ 【关联】［W0255.3］黄帝主中央
⑥ 【关联】［W8908.1］黄帝炎帝之争
⑦ 【民族】汉族。【关联】［W6290］动物图腾
⑧ 【民族】汉族。【关联】❶［W0746.4］炎帝的女儿；❷［W9594.5］人死后化为鸟
⑨ 【民族】汉族。【关联】［W5325］部落首领

W 编码	母题描述			参照项	
	一级母题	二级母题	三级母题	汤普森	关联项
W0701.5.1			夸父渴死		【汉族】
W0701.5.2			夸父气死		【汉族】
W0701.5.3			夸父累死		【汉族】
W0702	螺女（白水素女）				
W0702.1		螺女出大螺中			【汉族】
W0702.2		白水素女下凡			【汉族】
W0703	螺祖（嫘祖）				【联1】①
W0703.1		树生嫘祖			【汉族】
W0703.2		嫘祖的父亲			【例1】②
W0703.3		嫘祖是王母娘娘的侍女			【民族，联1】③
W0704	密洛陀				
W0704.1		气流风团中生密洛陀			【瑶族】
W0704.2		雾中生密洛陀			【瑶族】
W0704.3		密洛陀是铜鼓的女儿			【瑶族】
W0704.4		与密洛陀有关的其他母题			
W0704.4.1			密洛陀造神		【民族，联1】④
W0705	姆六甲⑤				【民族，联1】⑥
W0705.1		神生姆六甲			【壮族】
W0705.2		人与龙女婚生姆六甲			【壮族】
W0705.3		花生姆六甲			【壮族】
W0705.4		花变姆六甲			【壮族】
W0705.5		姆六甲是创世大神			【壮族】
W0705.6		姆六甲是生育神			【民族，联1】⑦
W0705.7		与姆六甲有关的其他母题			【联2，例4】⑧
W0705.7.1			姆六甲是雷公的妹妹		【民族，联1】⑨

① 【关联】［W0695.1.2］黄帝娶嫘祖为妻

② 【引例】嫘祖的父亲是黄帝手下的一员大将【汉族】

③ 【民族】汉族。【关联】［W0761.5］西王母的侍从

④ 【民族】瑶族。【关联】［W014］神是创造产生的（造神）

⑤ 姆六甲，在不同的神话文本中常被译成不同文字，如"姆洛甲"、"母勒甲"、"妹洛甲"等。

⑥ 【民族】壮族。【关联】［W5713～W5715］壮族

⑦ 【民族】壮族。【关联】［W0477.4］特定名称的生育神

⑧ 【关联】❶［W0670.3.1］布洛陀与姆六甲是母子；❷［W0670.3.2］布洛陀与姆六甲是夫妻。【引例】❶感生姆六甲【壮族】；❷文化始祖姆六甲【壮族】；❸神仙夫妻生姆六甲【壮族】；❶生育神姆六甲【壮族】

⑨ 【民族】壮族。【关联】［W0352］雷公的兄弟姊妹

W 编码	母题描述			参照项	
	一级母题	二级母题	三级母题	汤普森	关联项
W0705.7.2			姆六甲的名字		【壮族】
✳ **W0710**	**女娲**①				
W0711	女娲的产生				
W0711.1		女娲自然存在或来源于某个地方			
W0711.1.1			女娲从天降		【例1】②
W0711.1.2			女娲下凡		【汉族】
W0711.1.3			女娲从地中生		【汉族】
W0711.1.4			女娲自然存在		【汉族】
W0711.2		女娲是造出来的			
W0711.2.1			一对兄妹造女娲		【汉族】
W0711.3		女娲是生育产生的			
W0711.3.1			女娲是神性人物的女儿		【联1】③
W0711.3.2			女娲是首领的女儿		【汉族】
W0711.3.3			女娲是华胥的女儿		【民族，联1】④
W0711.3.4			女娲是王母娘娘的女儿		【汉族】
W0711.3.5			女娲是人的女儿		
W0711.3.6			女娲是天地婚生的女儿		【汉族】
W0711.3.7			混沌生女娲		【民族，联1】⑤
W0711.3.8			与生育女娲有关的其他母题		【例1】⑥
W0711.4		女娲是变化产生的			
W0711.4.1			蛇修炼为女娲		【汉族】
W0711.4.2			蛙变成女娲		【汉族】
W0711.5		与女娲产生有关的其他母题			

---

① 女娲，在中国各民族神话中"女娲"并不是一个固定的神话人物，有的是文化英雄，有的文本中女娲是神，有的是半神半人，有的是人类祖先，有时是一般的人。女娲在少数民族神话中可能会有很多变异，如在毛南族神话中，繁衍人类的"古妹"与"女娲"被同化为一个人物，有时还称作生殖神"婆王"、"三尊圣母"、"圣母"、"万岁娘娘"等。总体而言，女娲叙事中表现出的"文化英雄"元素居多。鉴于综合比较的需要，将其列入"文化英雄"类母题。具体情形参见《中国神话母题 W0 编目实例》。

② 【引例】女娲从天洞里下来【汉族】

③ 【关联】［W0715.3.4］女娲是伏羲的女儿

④ 【民族】汉族。【关联】［W0689］华胥

⑤ 【民族】汉族。【关联】［W0721.3.1］混沌生盘古

⑥ 【引例】女娲娘娘降生【汉族】

W 编码	母题描述			参照项	
	一级母题	二级母题	三级母题	汤普森	关联项
W0711.5.1			女娲的生日		【例1】①
W0712	女娲的特征				
W0712.1		女娲人头人身			【汉族】
W0712.2		女娲人头蛇身			【汉族】
W0712.2.1			女娲蛇身		【汉族】
W0712.3		女娲人面蛇身			【汉族】
W0712.4		女娲是蛙			【民族，联1】②
W0713	女娲的特定身份				
W0713.1		女娲是天神			【汉族】
W0713.1.1			女娲是女天帝		【汉族】
W0713.2		女娲是女神			【汉族】
W0713.2.1			女娲是开天辟地的女神		【民族，联1】③
W0713.3		女娲是婚姻之神			【联1】④
W0713.3.1			女娲建立人的婚姻制度		【汉族、藏族】
W0713.3.2			女娲做媒人		【民族，联1】⑤
W0713.3.3			女娲是劝婚者		【民族，联1】⑥
W0713.4		女娲是地母			【汉族】
W0713.5		女娲是仙			【汉族】
W0713.5.1			女娲是地上的神仙		【汉族】
W0713.5.2			女娲成仙		【汉族】
W0713.6		女娲是人皇			【民族，联1】⑦
W0713.6.1			女娲是娲皇		【汉族】
W0713.7		女娲是人祖			【汉族】
W0713.8		女娲是制造者			【联1，例1】⑧
W0713.8.1			女娲造生灵		【汉族】
W0713.8.2			女娲造箭		【联1，例1】⑨
W0713.9		女娲是特定人物的辅佐者			

① 【引例】女娲正月初七降生【汉族】
② 【民族】汉族。【关联】［W0711.4.2］蛙变成女娲
③ 【民族】汉族。【关联】［W1015］创世者（造物主）
④ 【关联】［W0467］婚姻神
⑤ 【民族】汉族。【关联】［W7560］媒人
⑥ 【民族】汉族。【关联】［W7581］劝婚者
⑦ 【民族】汉族。【关联】［W5860］国王（人皇）
⑧ 【关联】［W2065］女娲造人。【引例】女娲造动物【汉族】
⑨ 【关联】［W6970］箭的发明。【引例】女娲造神箭【汉族】

W 编码	母题描述			参照项	
	一级母题	二级母题	三级母题	汤普森	关联项
W0713.9.1			女娲是伏羲的辅佐者		【民族，联1】①
W0713.10		与女娲身份有关的其他母题			
W0713.10.1			女娲是祷祠神		【汉族】
W0713.10.2			女娲是菩萨		【汉族】
W0714	女娲的能力或事迹				
W0714.1		女娲会变化			
W0714.1.1			娲变成伏羲的样子		【汉族】
W0714.1.2			女娲一日七十变		【汉族】
W0714.1.3			女娲之肠化为神人		【汉族】
W0714.2		女娲救助人类			【联1】②
W0714.3		女娲降妖除怪			
W0714.3.1			女娲战恶龙		【民族，联1】③
W0714.3.2			女娲斗妖		【汉族】
W0714.4		与女娲事迹有关的其他母题			
W0714.4.1			女娲力气惊人		【毛南族】
W0715	女娲的关系				
W0715.1		女娲的族属			
W0715.1.1			女娲属于蛇族		【汉族】
W0715.2		女娲的祖先			
W0715.2.1			女娲是盘古的后代		【民族，联1】④
W0715.3		女娲的父母⑤			
W0715.3.1			女娲没有父母		【汉族】
W0715.3.2			女娲是王母娘娘的女儿		【汉族】
W0715.3.3			女娲是老天爷的女儿		【汉族】
W0715.3.4			女娲是伏羲的女儿		【民族，联1】⑥

① 【民族】汉族。【关联】［W0680.6］与伏羲的关系有关的其他母题
② 【关联】［W1386.2］女娲补天
③ 【民族】藏族。【关联】［W8880］斗龙
④ 【民族】汉族。【关联】［W0725］盘古的关系
⑤ 女娲的父母，该母题是一个难以简单界定和整齐划一的问题。在不同的神话叙事中所出现的"女娲"身份差异很大。有的是创世女神形象，有的是文化英雄，比较常见的则是洪水、天灾等人类大灾难之后的幸存者和人类再生的繁衍者，因此，"女娲的父母"母题中的"父母"会表现出一些几乎找不出直接联系的多元性。具体情况参见《中国神话母题 W0 编目实例》。
⑥ 【民族】汉族。【关联】［W0675］伏羲

W 编码	母题描述			参照项	
	一级母题	二级母题	三级母题	汤普森	关联项
W0715.3.5			女娲是首领的女儿		【汉族】
W0715.3.6			与女娲的父母有关的其他母题		【例1】①
W0715.4		女娲的哥哥			【联2】②
W0715.4.1			女娲盘古是兄妹		【汉族】
W0715.4.2			女娲的哥哥是海龟		【汉族】
W0715.4.3			神农、伏羲与女娲是兄妹		【汉族】
W0715.4.4			与女娲兄妹有关的其他母题		【例1】③
W0715.5		女娲的弟弟			
W0715.6		女娲的姐妹			
W0715.7		女娲的多个同胞			
W0715.8		女娲的丈夫			【联3，例1】④
W0715.9		女娲的子女			【联2，例1】⑤
W0715.10		女娲的助手			
W0715.11		与女娲的关系有关的其他母题			
W0715.11.1			女娲与伏羲的关系		【联5】⑥
W0715.11.2			女娲与盘古的关系		【联4，例1】⑦
W0716	女娲的婚姻				
W0716.1		女娲和哥哥婚			【联1，例1】⑧
W0716.2		女娲和弟弟成婚			【汉族】
W0716.3		女娲与盘古婚			【民族，联1】⑨
W0716.4		与女娲的婚姻有关的其他母题			【联1】⑩

---

① 【引例】女娲是管地者的女儿【汉族】
② 【关联】❶〔W0680.2.1〕伏羲女娲是双胞胎；❷〔W0680.2.2〕伏羲女娲是兄妹
③ 【引例】伏羲、女娲、祝融与共工是四兄妹【汉族】
④ 【关联】❶〔W0682.1.1〕伏羲女娲婚；❷〔W0716〕女娲的婚姻；❸〔W0725.4.1〕盘古女娲是夫妻。【引例】女娲兄妹成婚【汉族】
⑤ 【关联】❶〔W0743.2〕炎帝是女娲之女；❷〔W0791.1〕太上老君是女娲的儿子。【引例】女娲圣母有稻、黍、麦、菽、麻5个儿子【汉族】
⑥ 【关联】❶〔W0680.2.1〕伏羲女娲是双胞胎；❷〔W0680.2.2〕伏羲女娲是兄妹；❸〔W0680.3.1〕伏羲女娲是姐弟；❹〔W0714.1.1〕女娲变成伏羲的样子；❺〔W0715.3.4〕女娲是伏羲的女儿
⑦ 【关联】❶〔W0715.2.1〕女娲是盘古的后代；❷〔W0725.2.1〕盘古女娲是兄妹；❸〔W0725.2.3〕盘古女娲是双胞胎；❹〔W0725.4.1〕盘古女娲是夫妻。【引例】女娲比盘古早【毛南族】
⑧ 【关联】〔W0682.2.1〕伏羲女娲兄妹婚。【引例】女娲与香山老祖兄妹婚【汉族】
⑨ 【民族】汉族。【关联】〔W0715.11.2〕女娲与盘古的关系
⑩ 【关联】〔W0682.1.1〕伏羲女娲婚

W 编码	母题描述			参照项	
	一级母题	二级母题	三级母题	汤普森	关联项
W0717	与女娲有关的其他母题				
W0717.1		女娲的饮食			
W0717.1.1			女娲饭量巨大		【汉族】
W0717.2		女娲的居所			
W0717.2.1			女娲居住天上		【汉族】
W0717.2.2			女娲居住昆仑山		【民族，联4】①
W0717.2.3			女娲居住洞中		【汉族】
W0717.3		女娲的坐骑			
W0717.3.1			女娲乘凤凰		【汉族】
W0717.3.2			女娲驾雷车		【民族，联1】②
W0717.4		女娲的名字（女娲的名号）			【联1】③
W0717.4.1			盘古为女娲取名		【汉族】
W0717.4.2			根据女娲的孕育情形取名		【汉族】
W0717.4.3			女娲被称为"娲皇"		【汉族】
W0717.4.4			女娲娘娘是"石矶娘娘"		【汉族】
W0717.4.5			与女娲的名字有关的其他母题		【例1】④
W0717.5		女娲手中的物件			【例2】⑤
✳ **W0720**	**盘古**				
W0721	盘古的产生				
W0721.1		盘古来源于某个地方或自然存在			
W0721.1.1			盘古从天上下凡		【汉族】
W0721.1.2			盘古被贬人间		【壮族】
W0721.1.3			盘古自然存在		【汉族】
W0721.2		盘古是造出来的			
W0721.2.1			如来造盘古		【侗族】

① 【民族】汉族。【关联】❶［W0678.3.1］伏羲居住昆仑山；❷［W0693.1］黄帝居住昆仑山；❸［W0758.4］西王母居住昆仑山；❹［W0812.5］群仙居住昆仑山
② 【民族】汉族。【关联】［W0347.5］雷车
③ 【关联】［W6870］神或神性人物的命名
④ 【引例】因语音变化出现"女娲"的名字【汉族】
⑤ 【引例】❶女娲手捧月亮【汉族】；❷女娲手执规，伏羲手执矩【汉族】

W 编码	母题描述			参照项	
	一级母题	二级母题	三级母题	汤普森	关联项
W0721.3		盘古是生育产生的			【民族，联 1】①
W0721.3.1			混沌生盘古		【汉族】
W0721.3.2			天地婚生盘古		【汉族】
W0721.3.3			龙血与水孕生盘古		【汉族】
W0721.3.4			盘古是土地神的子孙		【毛南族】
W0721.3.5			地生盘古（地孕育盘古）		【例 1】②
W0721.3.6			地母生盘古		
W0721.3.7			云生盘古		【瑶族】
W0721.3.8			气生盘古		【汉族】
W0721.3.9			卵生盘古		【民族，例 5】③
W0721.3.10			孕生盘古用了 1 万 8 千年		【侗族、汉族】
W0721.3.11			特定的人感生盘古		【瑶族】
W0721.3.12			与生育盘古有关的其他母题		【民族，例 1】④
W0721.4		盘古是变化产生的			
W0721.4.1			特定的人物化为盘古		【例 1】⑤
W0721.4.2			龙的血化为盘古		【民族，联 1】⑥
W0721.4.3			龙血与天精与地灵化生盘古		【汉族】
W0721.4.4			猿变成盘古		【汉族】
W0721.4.5			蟠桃变成盘古		【侗族】
W0721.4.6			云变成盘古		【瑶族】
W0721.4.7			气的精华化为盘古		【汉族】
W0721.5		与盘古产生有关的其他母题			【例 2】⑦
W0721.5.1			盘古的生日		【例 1】⑧

① 【民族】汉族。【关联】［W2130～W2299］生育产生人
② 【引例】地中央孕育盘古【汉族】
③ 【民族】侗族、汉族。【引例】❶石卵生盘古【土族】；❷石鼓中孕生盘古；❸龙蛋生盘古；❹盘古啄破蛋壳而生；❺鸟卵生盘古。
④ 【民族】汉族。【引例】盘古是瘣古的儿子【土家族】
⑤ 【引例】江沽化为盘古【汉族】
⑥ 【民族】汉族。【关联】［W2388.2］血化生人
⑦ 【引例】❶盘古是扁古【汉族】；❷盘古产生在万年前【汉族】
⑧ 【引例】农历三月初三是盘古生日

W 编码	母题描述			参照项	
	一级母题	二级母题	三级母题	汤普森	关联项
W0721.5.2			天地分开之后产生盘古		【侗族】
W0721.5.3			洪水后出现盘古		【瑶族】
W0721.5.4			天地生养盘古		【汉族】
W0722	盘古的特征				
W0722.1		盘古的身高			
W0722.1.1			盘古身高一丈二尺五		【土家族】
W0722.1.2			盘古身高一丈八		【白族】
W0722.1.3			盘古身高三丈六		【侗族】
W0722.1.4			盘古身高 9 万里		【汉族】
W0722.1.5			盘古如天高		【汉族】
W0722.2		盘古奇特的外形			
W0722.2.1			盘古头上生角		【汉族】
W0722.2.2			盘古浑身长毛		【土族】
W0722.2.3			盘古牛头马面龙身		【汉族】
W0722.2.4			盘古是狮头人身		【汉族】
W0722.2.5			盘古龙头人身		【汉族】
W0722.2.6			盘古龙头蛇身		【汉族】
W0722.2.7			盘古龙头蛇尾		【汉族】
W0722.2.8			盘古虎头人身		【仡佬族】
W0722.2.9			盘古鸡头人身		【汉族】
W0722.2.10			盘古三头六臂		【汉族】
W0722.2.11			盘古三头六臂两角		【汉族】
W0722.3		与盘古的特征有关的其他母题			
W0722.3.1			盘古是云		【瑶族】
W0722.3.2			盘古最大		【彝族】
W0723	盘古特定的身份				
W0723.1		盘古是神			【例 1】①
W0723.1.1			盘古是天父（天神）		【例 1】②
W0723.1.2			盘古是神灵		【汉族】

① 【引例】盘古是开天辟地的玉书（神名）【仡佬族】
② 【引例】盘古和女娲是天父地母【汉族】

W 编码	母题描述			参照项	
	一级母题	二级母题	三级母题	汤普森	关联项
W0723.1.3			与盘古是神有关的其他母题		【汉族】
W0723.2		盘古是神性人物			【例1】①
W0723.2.1			盘古是人的始祖		【布依族、侗族、汉族】
W0723.2.2			盘古是神仙		【民族，联1】②
W0723.2.3			盘古是宗教神		【侗族、汉族】
W0723.2.4			盘古是帝王的佣人		【例1】③
W0723.2.5			盘古是巨人		【侗族、汉族】
W0723.2.6			盘古是怪物		【汉族】
W0723.2.7			盘古是蚯蚓精		【民族，联1】④
W0723.3		盘古是人			
W0723.3.1			盘古是华夏人氏		【侗族】
W0723.3.2			盘古是最早的人		【联1】⑤
W0723.3.3			盘古是砍柴人		【白族】
W0723.4		盘古是特定的管理者			
W0723.4.1			盘古管理鬼神		【汉族】
W0723.4.2			盘古是万物管理者		【联1】⑥
W0723.4.3			盘古管理婚姻		【汉族】
W0723.5		与盘古的身份有关的其他母题			
W0723.5.1			盘古是造物者		【民族，联1】⑦
W0724	盘古的工具				
W0724.1		盘古的斧头和凿子			【汉族】
W0724.2		盘古的斧子			【汉族】
W0724.2.1			盘古的神斧		【民族，联1】⑧
W0724.2.2			盘古的开天斧		【民族，联1】⑨
W0724.2.3			盘古的开山斧		【汉族】

① 【引例】盘古死后魂灵变雷公【汉族】
② 【民族】白族、侗族、汉族、土家族。【引例】盘古死后成为神仙
③ 【引例】盘古是三皇五帝的佣人【苗族】
④ 【民族】汉族。【关联】［W0687.4.1］洪钧老祖是蚯蚓
⑤ 【关联】❶［W2021］世上出现的第一个人；❷［W2021.3］世上最早只有 1 个男人
⑥ 【关联】［W4626］自然秩序的建立
⑦ 【民族】汉族。【关联】［W1015］创世者（造物主）
⑧ 【民族】汉族。【关联】［W0962］神斧
⑨ 【民族】汉族、土家族。【关联】［W6089.2.3］开天斧

W 编码	母题描述			参照项	
	一级母题	二级母题	三级母题	汤普森	关联项
W0724.2.4			与盘古的斧子有关的其他母题		【联1】①
W0724.3		盘古手持开天钻和辟地斧			【土族】
W0724.4		与盘古的工具有关的其他母题			
W0724.4.1			盘古脚穿云鞋		【汉族】
W0725	盘古的关系				
W0725.1		盘古的父母			
W0725.1.1			盘古的父亲		【汉族】
W0725.1.2			盘古的母亲		【土家族】
W0725.2		盘古的兄妹			
W0725.2.1			盘古女娲是兄妹		【民族，联1】②
W0725.2.2			盘兄古妹即伏羲女娲		【例1】③
W0725.2.3			盘古女娲是双胞胎		
W0725.2.4			盘古与天女是兄妹		【汉族】
W0725.3		盘古的兄弟			
W0725.3.1			盘古和盘生两兄弟		【白族】
W0725.4		盘古的妻子			
W0725.4.1			盘古女娲是夫妻		【汉族】
W0725.4.2			盘古爷盘古奶是夫妻		【汉族】
W0725.5		盘古的后代			【联2】④
W0725.5.1			盘古的儿子叫盘生		【汉族】
W0725.5.2			神农、祝融是盘古的后裔		【汉族】
W0725.5.3			伏羲兄妹是盘古的儿女		【民族，联1】⑤
W0725.6		与盘古的关系有关的其他母题			
W0725.6.1			盘古是三皇五帝的下人		【民族，联1】⑥

① 【关联】［W6089.1］斧子的产生
② 【民族】汉族。【关联】［W0715］女娲的关系
③ 【引例】盘兄古妹是两个神【毛南族】
④ 【关联】❶［W0715.2.1］女娲是盘古的后代；❷［W0725.5.3］伏羲兄妹是盘古的儿女
⑤ 【民族】汉族。【关联】［W0680.2］伏羲兄妹
⑥ 【民族】苗族。【关联】［W0123.4.2］三皇

W 编码	母题描述			参照项	
	一级母题	二级母题	三级母题	汤普森	关联项
W0725.6.2			盘古与牛是朋友		【汉族】
W0725.6.3			盘和古是兄妹俩		【毛南族】
W0725.6.4			盘古的五世孙是东岳之神		【汉族】
W0726	盘古的寿命与死亡				
W0726.1		盘古很长的寿命			
W0726.1.1			盘古活了 10 万 8 千岁		【民族，联1】①
W0726.1.2			盘古活了 1 万 8 千岁		【汉族】
W0726.1.3			盘古活了 1 万 2 千岁		【汉族】
W0726.2		盘古的死亡			
W0726.2.1			盘古被太阳晒死		【汉族】
W0726.2.2			盘古累死		【汉族】
W0726.2.3			盘古被天压死		【汉族】
W0726.2.4			盘古修成天地后死去		【白族】
W0726.2.5			盘古六月初六死去		【布依族】
W0727	盘古的婚姻				
W0727.1		盘古与天女婚			【汉族】
W0727.2		盘古与龙女婚			【布依族】
W0727.3		盘与古兄妹婚			【壮族】
W0727.4		盘古与姐姐婚			【民族，联1】②
W0727.5		盘古与美女婚			【民族，联1】③
W0727.6		盘古与龙女婚			【布依族】
W0727.7		盘古爷与盘古奶			【联1】④
W0727.8		与盘古的婚姻有关的其他母题			【联4】⑤
W0727.8.1			盘古与玉帝的女儿婚		【汉族】

---

① 【民族】汉族。【关联】［W0721.3.10］孕生盘古用了 1 万 8 千年
② 【民族】汉族。【关联】［W7350］姐弟婚
③ 【民族】布依族。【关联】［W7266］人与神性人物婚
④ 【关联】［W7360］男女对偶婚
⑤ 【关联】❶［W0725.4.1］盘古与女娲是夫妻；❷［W2412.1］盘古兄妹结婚生人；❸［W2412.3］盘古女娲婚生人；❹［W7240～W7254］神性人物的婚姻

W 编码	母题描述			参照项	
	一级母题	二级母题	三级母题	汤普森	关联项
W0727.8.2			盘古拒婚		【苗族】
W0728	与盘古有关的其他母题				【联1】①
W0728.1		盘古特定的居所			
W0728.1.1			盘古居山上		【汉族】
W0728.1.2			盘古住东方扶桑山		【白族】
W0728.1.3			盘古住混沌山		【民族，联1】②
W0728.1.4			盘古睡在卵中		
W0728.1.5			盘古游云中		【汉族】
W0728.1.6			盘古其他特定的居所		
W0728.2		盘古的化生与变形			【联1】③
W0728.2.1			盘古见风就长		【汉族】
W0728.2.2			盘古一日九变		【汉族】
W0728.2.3			盘古日长一丈		【汉族】
W0728.2.4			盘古的耳朵变神王		【彝族】
W0728.2.5			与盘古的化生或变形有关的其他母题		【民族，例1】④
W0728.3		盘古名字的来历			
W0728.3.1			盘古原来叫"祖先"		【汉族】
W0728.3.2			盘古叫"盘古"是因为他出现最古		【汉族】
W0728.3.3			盘古出生与盘有关，故叫做"盘古"		【汉族】
W0728.3.4			盘古自己命名		【汉族】
W0728.3.5			盘古是一对兄妹的名字		【汉族】
W0728.3.6			盘古号"元始天王"		【汉族】
W0728.3.7			与盘古名字有关的其他母题		【民族，例1】⑤
W0728.4		盘古的升天日			

---

① 【关联】［W1104.1］盘古造天地（盘古开天辟地）
② 【民族】汉族。【关联】［W0721.3.1］混沌生盘古
③ 【关联】［W0308.1］盘古变成雷神
④ 【民族】彝族。【引例】盘古的灵魂变为雷公
⑤ 【民族】仡佬族、汉族。【引例】安王和祖王是盘果王的儿子【布依族】

W 编码	母题描述			参照项	
	一级母题	二级母题	三级母题	汤普森	关联项
W0728.4.1			农历九月初九是盘古升天日		【民族，联1】①
W0728.5		盘古被贬人间			【壮族】
W0729	盘瓠（盘皇）②				
W0729.1		盘瓠是生育产生的			
W0729.1.1			卵生盘瓠		【苗族】
W0729.1.2			泥巴中生育盘瓠		【苗族】
W0729.1.3			圣母生盘王		【瑶族】
W0729.2		虫子变盘瓠（犬）			
W0729.2.1			人的耳朵里生的虫变盘瓠（犬）		【瑶族】
W0729.2.2			盘瓠是神性的狗		【民族，联1】③
W0729.3		盘瓠产生的其他方式			【例1】④
W0729.4		盘瓠的特征			
W0729.4.1			盘瓠身体高大		【苗族】
W0729.4.2			盘瓠能变不同动物		【民族，联1】⑤
W0729.5		与盘瓠有关的其他母题			
W0729.5.1			因盘瓠的出生与盘子有关故称盘瓠		【瑶族】
W0729.5.2			盘皇每日长高一丈		【苗族】
W0729.5.3			盘瓠（犬）变人时头没变		【畲族】
W0729.5.4			盘瓠尊称盘古大王		【畲族】
W0729.5.5			盘瓠立功		【民族，联1】⑥
W0729.5.6			盘皇是祖先		【苗族、畲族】
W0729.5.7			盘皇是人类救星		【瑶族】
W0729.5.8			盘皇的寿命		【苗族】
W0729.5.9			三个盘王		【瑶族】
W0729.5.10			盘瓠的婚姻		【例1】⑦

---

① 【民族】汉族。【关联】［W0726.2.5］盘古六月初六死去
② 盘瓠，也可以归为"祖先"类型。主要流传于南方一些民族神话中。该母题在神话叙事中情形复杂，一般在开始时以带有神性的犬出现，后来变为神性的人。在汉语译文中也有多种写法，如盘葫、槃瓠、盘皇、盘王等。
③ 【民族】汉族。【关联】［W0923.1］神狗盘瓠
④ 【引例】龙犬变成人以后封为盘瓠王【瑶族】
⑤ 【民族】畲族。【关联】［W9526.4］神性人物变动物
⑥ 【民族】瑶族。【关联】［W3133.6.3］龙犬立功
⑦ 【引例】盘瓠与美女婚【汉族】

W 编码	母题描述			参照项	
	一级母题	二级母题	三级母题	汤普森	关联项
W0730	少昊				
W0730.1		人神婚生少昊			
W0730.2		女子感星生少昊			【汉族】
W0730.3		金星生少昊			【例1】①
W0730.4		少昊的事迹			【联1，例1】②
W0730.5		与少昊有关的其他母题			
W0730.5.1			少昊号曰穷桑氏		【汉族】
W0730.5.2			少昊凤凰氏		【汉族】
W0730.5.3			少昊属秋季		【汉族】
✿ **W0731**	神农				
W0732	神农的产生				
W0732.1		神农是投胎到人间的神			【民族，联1】③
W0732.2		女子感龙生神农			【汉族】
W0732.2.1			感神龙首生炎帝神农		【汉族】
W0732.3		龙变神农			【汉族】
W0732.4		与神农产生有关的其他母题			
W0732.4.1			神农是特定人物的后代		【联1，例1】④
W0732.4.2			神农氏的生日		【例1】⑤
W0733	神农的特征				
W0733.1		神农身体通透（透明）			【民族，联1】⑥
W0733.2		神农牛头无角			【汉族】
W0733.3		神农头上长角			【汉族】
W0733.3.1			神农头上长肉角		【汉族】
W0733.3.2			神农人身牛首		【汉族】
W0733.4		神农身体像龙			【民族，联1】⑦

---

① 【引例】少昊是金星的儿子【汉族】
② 【关联】［W0252.2］少昊主西方。【引例】太昊做鱼网【汉族】
③ 【民族】汉族。【关联】［W9376］神与神性人物投胎
④ 【关联】［W0725.5.2］神农、祝融是盘古的后裔。【引例】神农是人火的后裔【苗族】
⑤ 【引例】四月廿八是神农生日
⑥ 【民族】汉族。【关联】［W0744.1］炎帝身体透明
⑦ 【民族】汉族。【关联】［W0732.3］龙变神农

W 编码	母题描述			参照项	
	一级母题	二级母题	三级母题	汤普森	关联项
W0734	神农的特定身份				【联 1】①
W0734.1		神农为主管作物的土神			【汉族】
W0734.2		神农是农神			【民族，联 1】②
W0734.3		神农是地皇			【汉族】
W0734.4		神农是帝王			【汉族、苗族】
W0734.5		神农是牛郎			【汉族】
W0735	神农的能力或事迹				【联 2】③
W0735.1		神农是会做庄稼的人			【苗族】
W0735.2		神农尝百草			【联 1，例 1】④
W0735.3		神农善射			【民族，联 1】⑤
W0735.4		神农斩龙			【联 1】⑥
W0735.5		神农安置药材和作物			【土家族】
W0735.6		与神农事迹有关的其他母题			
W0736	神农的寿命与死亡				
W0736.1		神农的死亡			
W0736.1.1			神农中毒而死		【汉族】
W0736.1.2			神农被虫咬而死		【汉族】
W0737	与神农有关的其他母题				【联 1】⑦
W0737.1		神农居天马山			【汉族】
W0737.2		神农名字的来历			
W0737.2.1			"神龙"流传中说成"神农"		【汉族】
W0738	燧人氏				
W0738.1		燧人氏居泰山			【汉族】
W0738.2		燧人氏居商丘			【汉族】

① 【关联】［W0485.4］神农是医药的祖师爷（药神、药仙）
② 【民族】汉族。【关联】［W0462］农神
③ 【关联】❶［W3611.1］神农造花草树木；❷［W3753.3］神农找到茶
④ 【关联】［W0745.1］炎帝尝百草。【引例】神农受天神指点尝百草找到治病的药【羌族】
⑤ 【民族】汉族。【关联】［W2924.10］善射的人
⑥ 【关联】［W8893.1］屠龙
⑦ 【关联】［W0746.2］炎帝被称为"神农"

W 编码	母题描述			参照项	
	一级母题	二级母题	三级母题	汤普森	关联项
W0738.3		燧人氏属阳			【汉族】
W0738.4		与燧人氏有关的其他母题			【联2】①
W0738.4.1			燧人氏的寿命100多岁		【汉族】
W0739	舜				
W0739.1		感虹生舜			【汉族】
W0739.1.1			女子见大虹生舜		【汉族】
W0739.2		舜是凤凰的化身			【汉族】
W0739.3		与舜产生有关的其他母题			
W0739.3.1			舜是天神下凡		【汉族】
W0739.4		舜的妻子			【联1，例1】②
W0739.4.1			舜有娥皇和女英两个妃子		【汉族】
W0739.4.2			舜的妻子嫦娥		【民族，联1】③
W0739.5		与舜有关的其他母题			【联1，例1】④
W0739.5.1			舜取谷种		【汉族】
W0739.5.2			舜驾五龙		【汉族】
W0740	太皞⑤				【联1】⑥
W0740.1		太皞是天帝			
W0740.2		太皞伏羲氏			【汉族】
W0740.3		太皞风姓			【汉族】
W0740.4		与太皞有关的其他母题			【例3】⑦
W0740.4.1			东方神太皞		【汉族】
W0741	太昊				
W0741.1		太昊的妻子是女皇			【汉族】
W0741.2		太昊是发明者			【例1】⑧

---

① 【关联】❶［W6933.2］燧人氏发明火；❷［W6942.5］燧人氏取火
② 【关联】［W0739.4.2］舜的妻子嫦娥。【引例】尧嫁女与舜【汉族】
③ 【民族】汉族。【关联】［W0671］嫦娥
④ 【关联】［W8989.1.1］舜临死逃脱。【引例】舜被贬下凡
⑤ 太皞，在不同的叙事中又作"太皓"、"太昊"。也有研究者认为"太皞"即"伏羲"。
⑥ 【关联】［W0380.3］太皞为司春之神
⑦ 【引例】❶华胥生太皞【汉族】；❷太皞东夷部族的祖先和首领【汉族】；❸太皞管东方【汉族】
⑧ 【引例】太昊做鱼网【汉族】

W 编码	母题描述			参照项	
	一级母题	二级母题	三级母题	汤普森	关联项
W0741.3		与太昊有关的其他母题			【联1，例2】①
✳ **W0742**	**炎帝**②				
W0743		炎帝的产生			
W0743.1			炎帝天降		【汉族】
W0743.2			炎帝是女娲之女		【民族，联1】③
W0743.3			炎帝为感龙所生		【汉族】
W0744		炎帝的特征			
W0744.1			炎帝身体透明		【民族，联1】④
W0744.2			炎帝人身牛首		【民族，联1】⑤
W0745		炎帝的能力或事迹			【联2，例1】⑥
W0745.1			炎帝尝百草		【联1】⑦
W0746		与炎帝有关的其他母题			【联1，例1】⑧
W0746.1			炎帝姓姜		【汉族】
W0746.2			炎帝被称为"神农"		【民族，联1，例1】⑨
W0746.3			炎帝是太阳		【汉族】
W0746.4			炎帝的女儿		【汉族】
W0746.5			炎帝乘五色鸟		【汉族】
W0746.6			炎帝的代表动物是朱鸟		【汉族】
W0746.7			炎帝被虫咬而死		【民族，联1】⑩
W0746.8			炎帝是火神		【汉族】
W0746.9			炎帝属夏季		【汉族】
W0747	**尧**⑪				
W0747.1		女子感生尧			
W0747.1.1			女子与龙交生尧		【汉族】
W0747.1.2			女子与赤龙交生尧		【汉族】

① 【关联】［W0730］少昊。【引例】❶太昊即伏羲【汉族】；❷太昊庖牺氏【汉族】
② 炎帝，又号称连山氏、烈山氏等，被神化的历史人物。
③ 【民族】汉族。【关联】［W0710］女娲
④ 【民族】汉族。【关联】［W0733.1］神农身体通透（透明）
⑤ 【民族】汉族。【关联】［W0733.3.2］神农人身牛首
⑥ 【关联】❶［W0253.3］炎帝主南方；❷［W8806.2］炎黄战蚩尤。【引例】炎帝发明祭祀【汉族】
⑦ 【关联】［W0735.2］神农尝百草
⑧ 【关联】［W0695.2.1］黄帝炎帝是亲兄弟。【引例】炎帝是神【汉族】
⑨ 【民族】汉族。【关联】［W0731］神农。【引例】炎帝神农氏【汉族】
⑩ 【民族】汉族。【关联】［W0736.1.2］神农被虫咬而死
⑪ 尧，名放勋，是陶唐氏的邦君，故又号称唐尧。被神化的历史人物。

W 编码	母题描述			参照项	
	一级母题	二级母题	三级母题	汤普森	关联项
W0747.1.3			女子感龙生尧		【汉族】
W0747.2		尧是半人半凤			【汉族】
W0747.3		尧的子女			【汉族】
W0747.3.1			尧有 9 子		【汉族】
W0747.3.2			尧的独眼儿子		【汉族】
W0747.4		尧是明君			
W0747.5		尧王禅让			【民族，联 1】①
W0747.6		与尧有关的其他母题			
W0747.6.1			尧是明君		【汉族】
W0747.6.2			尧白天与晚上有不同身份		【汉族】
W0747.6.3			尧王嫁女		【汉族】
W0748	瑶姬				
W0748.1		瑶姬是西王母之女			【民族，联 1】②
W0748.2		瑶姬是天帝之女			【汉族】
W0748.3		瑶姬化龙			【汉族】
W0748.4		与瑶姬有关的其他母题			【例 1】③
W0748.4.1			瑶姬为民除害		【汉族】
W0748.4.2			瑶姬有仙术		【汉族】
W0748.4.3			瑶姬是神女		【汉族】
W0749	羿（后羿）				
W0749.1		婚生后羿			【汉族】
W0749.2		后羿是天神			【回族】
W0749.3		后羿是人			【回族】
W0749.4		有穷氏后羿			【汉族】
W0749.4.1			后羿是有穷氏部落首领		【汉族】
W0749.5		后羿射日			【汉族】
W0749.6		后羿的妻子			
W0749.6.1			后羿的妻子嫦娥		【联 1】④
W0749.7		后羿变成魔王			【汉族】

① 【民族】汉族。【关联】［W5952.2］禅让
② 【民族】汉族。【关联】［W0755］西王母
③ 【引例】瑶姬学艺【汉族】
④ 【关联】［W0671］嫦娥

W 编码	母题描述			参照项	
	一级母题	二级母题	三级母题	汤普森	关联项
W0749.8		后羿是皇帝			【汉族】
W0749.9		与后羿有关的其他母题			【例2】①
W0750	有巢氏				
W0750.1		有巢氏教人巢居			【民族，联1】②
W0750.2		有巢氏居太乙山			【汉族】
W0751	禹（大禹）				
W0751.1		鲧生禹			【汉族】
W0751.1.1			禹的母亲是鲧亭圣母（传说为鲧的妻子）		【汉族】
W0751.2		感生禹			
W0751.2.1			感月精生夏禹		【汉族】
W0751.2.2			感石生禹		【汉族】
W0751.3		禹是星宿			【汉族】
W0751.4		禹是黄龙			【汉族】
W0751.4.1			大禹是龙神		【羌族】
W0751.4.2			鲧生的龙变成大禹		【民族，联1】③
W0751.5		禹的化身			
W0751.5.1			禹化为熊		【例1】④
W0751.5.2			禹化为怪兽		【汉族】
W0751.5.3			禹化为猪		【汉族】
W0751.6		禹是皇帝			【毛南族】
W0751.7		禹的生日			
W0751.7.1			六月初六生大禹		【民族，联1】⑤
W0751.8		与禹有关的其他母题			【联1，例5】⑥
W0751.8.1			禹步		【汉族】
W0751.8.2			禹命名山川		【汉族】
W0752	羲和				【联1】⑦

① 【引例】❶后羿下凡【汉族】；❷后羿住天上【汉族】
② 【汉民族】汉族。【关联】［W6205.3］有巢氏发明造屋
③ 【民族】汉族。【关联】［W0751.1］鲧生禹
④ 【引例】大禹化为黑熊【汉族】
⑤ 【民族】汉族。【关联】［W0726.2.5］盘古六月初六死去
⑥ 【关联】［W4976.1.5］大禹治水。【引例】❶大禹原是天上管下雨的王【汉族】；❷夏禹的妻子涂山氏【汉族】❸大禹开山造河【羌族】；❹大禹是龙神【羌族】；❺大禹生下3天会说话【羌族】
⑦ 【关联】［W0752.4.3］羲和为太阳驾车

W 编码	母题描述			参照项	
	一级母题	二级母题	三级母题	汤普森	关联项
W0752.1		羲和是太阳的母亲			【民族，例1】①
W0752.2		羲和是太阳神			【民族，联1】②
W0752.3		羲和是帝俊的妻子			【汉族】
W0752.4		与羲和有关的其他母题			【例1】③
W0752.4.1			羲和制定时历		【民族，联1】④
W0752.4.2			羲和居羲和国		【汉族】
W0752.4.3			羲和为太阳驾车		【联1】⑤
✳ **W0755**	西王母⑥				
W0756		西王母的产生			
W0756.1			西王母为天帝之女		【汉族】
W0756.2			天地之精与太元玉女通气结精生西王母		【汉族】
W0756.3			元始祖尊和太元圣母生西王母		【汉族】
W0757		西王母的特征			
W0757.1			西王母外表像人		【汉族】
W0757.2			西王母虎齿豹尾		【民族，联1】⑦
W0758		西王母的居所			
W0758.1			西王母穴居		【汉族】
W0758.2			西王母居天上		
W0758.3			西王母居住瑶池		【汉族】
W0758.4			西王母居住昆仑山		【民族，联4，例1】⑧
W0758.5			西王母居住玉山		【汉族】
W0758.6			西王母的其他居所		【例1】⑨
W0759		西王母的坐骑			

---

① 【民族】汉族。【引例】常羲是生月亮的女神【汉族】
② 【民族】汉族。【关联】［W0278.1.1］太阳神羲和
③ 【引例】羲和之国有女子叫羲和【汉族】
④ 【民族】汉族。【关联】［W4635］时间的产生
⑤ 【关联】［W0276.2.1］太阳车
⑥ 西王母，在不同的神话中有不同的称谓，如王母、王母娘娘、金母、西姥、瑶池金母、瑶池圣母等等（参见（a）《女仙领袖西王母》，见王德恒等《造神史话》，百花文艺出版社2002年版，第92页；（b）金麦田《中国古代神话故事全集》，京华出版社2004年版，第376页），有时可能所指会有差异。在此仅选取一般说法作为母题编目，具体差异需根据《中国神话母题W0编目实例》核对原文本出处。
⑦ 【民族】汉族。【关联】［W0630］半神半人
⑧ 【民族】汉族。【关联】❶［W0678.3.1］伏羲居住昆仑山；❷［W0693.1］黄帝居住昆仑山；❸［W0717.2.2］女娲居住昆仑山；❹［W0812.5］群仙居住昆仑山。【引例】西王母治昆仑西北隅【汉族】
⑨ 【引例】西王母住玉京【汉族】

W 编码	母题描述			参照项	
	一级母题	二级母题	三级母题	汤普森	关联项
W0759.1			西王母乘风辇		【汉族】
W0760		西王母的身份或职能			
W0760.1			西王母是善神		【汉族】
W0760.2			西王母是掌管刑罚的女神		【民族，联1】①
W0760.3			西王母是掌管灾疫的女神		【汉族】
W0760.4			西王母是天皇		【联1】②
W0760.5			王母掌管雨		【民族，联1】③
W0760.6			西王母会巫术		【民族，联1】④
W0760.7			西王母是女仙之首		【汉族】
W0760.8			西王母是祖先		【汉族】
W0760.9			王母善祷		【汉族】
W0760.10			王母私访		【汉族】
W0761		西王母的关系			
W0761.1			西王母和东王公是夫妻		【民族，联1】⑤
W0761.2			王母娘娘是玉皇大帝的妻子		【汉族】
W0761.3			王母娘娘是伏羲的妹妹		【民族，联1】⑥
W0761.4			西王母的子女		【联1】⑦
W0761.5			西王母的侍从		【例6】⑧
W0761.6			王母娘娘听命于玉皇大帝		【汉族】
W0762		与西王母有关的其他母题			【联2，例2】⑨
W0762.1			西王母的神簪		【维吾尔族】

① 【民族】汉族。【关联】［W0488］刑罚神
② 【关联】［W0204］天帝（天王、天皇、天君）
③ 【民族】汉族。【关联】［W4365］雨的管理
④ 【民族】汉族。【关联】［W9150～W9174］巫术
⑤ 【民族】汉族。【关联】［W0141］对偶神（夫妻神）
⑥ 汉族。【关联】［W0768.6.1］骊山老母是伏羲的妹妹
⑦ 【关联】［W0748.1］瑶姬是西王母之女
⑧ 【引例】❶鸢鸟是西王母的侍从【汉族】；❷虎为西王母使者【汉族】；❸三青鸟为西王母取食【汉族】；❹白虎神是西王母使者【汉族】；❺青鸟是西王母的守门者【汉族】；❻西王母手下有3千仙女【普米族】
⑨ 【关联】❶［W0951.2.2］西王母有不死药；❷［W1544.1.6］王母娘娘生日月。【引例】❶王母娘娘姓杨名婉玲【汉族】；❷王母娘娘叫王凤仙【汉族】

W 编码	母题描述			参照项	
	一级母题	二级母题	三级母题	汤普森	关联项
W0762.2		西王母是地名			【汉族】
W0762.3		西王母的生日			【例1】①
W0762.4		西王母的名字			【例2】②
◎	〖其他相关母题〗				
W0763	颛顼				
W0763.1		女子感生颛顼			【联1，例1】③
W0763.1.1			女子感光生颛顼		【汉族】
W0763.2		颛顼是黄帝之孙			【联1】④
W0763.3		与颛顼的产生有关的其他母题			
W0763.4		颛顼的关系			【联3】⑤
W0763.5		与颛顼有关的其他母题			【联1】⑥
W0763.5.1			颛顼是帝王		【汉族】
W0763.5.2			颛顼是国名		【汉族】
W0763.5.3			颛顼属冬季		【汉族】
W0764	金童玉女				【汉族】
W0764.1		金童、玉女是小神			【汉族】
W0764.2		金童、玉女被贬下凡			【汉族】
W0764.3		金童与玉女斗法			【汉族】
W0764.4		金童玉女是天帝的侍者			【汉族】
W0765	刑天				
W0765.1		刑天争帝			【汉族】
W0765.2		刑天舞干戚			【汉族】
W0765.3		刑天以乳为目			【汉族】
W0766	织女				
W0766.1		织女的变形			【仡佬族】
W0766.2		织女是仙女			【汉族】
W0766.3		与织女有关的其他母题			【联1】⑦

① 【引例】西王母的生日是农历三月初三【汉族】
② 【引例】❶西王母姓杨，讳回【汉族】；❷王母娘娘姓杨名婉玲【汉族】
③ 【关联】［W2230］感生人。【引例】女子感瑶光生颛顼【汉族】
④ 【关联】［W0690］黄帝
⑤ 【关联】❶［W0483.4.1］颛顼的儿子死后变成瘟神；❷［W0493.3.1］灶神是颛顼的儿子；❸［W0767.1.1］祝融是颛顼之孙
⑥ 【关联】［W0254.2］颛顼主北方
⑦ 【关联】［W0459.5.1］织女是衣神

W 编码	母题描述			参照项	
	一级母题	二级母题	三级母题	汤普森	关联项
W0766.3.1			牛郎织女		【民族，例1】①
W0767	祝融				
W0767.1		祝融是特定人物的后代			【联1，例1】②
W0767.1.1			祝融是颛顼之孙		【民族，联1】③
W0767.1.2			华胥与狗婚生祝融		【汉族】
W0767.1.3			老童生祝融		【汉族】
W0767.1.4			戏器生祝融		【汉族】
W0767.2		祝融发明火			【民族，联2】④
W0767.3		祝融是火神			【民族，联2】⑤
W0767.3.1			祝融是火正（官名）		【汉族】
W0767.3.2			祝融是夏神		【民族，联2】⑥
W0767.4		祝融是主管南方之神			【民族，联1】⑦
W0767.5		祝融人面兽身			【汉族】
W0767.6		祝融骑火龙			【汉族】
W0767.7		与祝融有关的其他母题			【联3】⑧
W0767.7.1			祝融是官职名		【民族，联1】⑨
W0767.7.2			祝融称为"赤帝"		【汉族】
W0768	其他神性人物				
W0768.1		高辛帝			
W0768.1.1			高辛是巨人		【畲族】
W0768.1.2			高辛王是昏君		【瑶族】
W0768.1.3			高辛王的3个女儿		【瑶族】
W0768.2		天师			【满族】
W0768.2.1			天师会变形		【瑶族】
W0768.2.2			天师是特定的神		【满族】
W0768.2.3			张天师		【民族，联1】⑩

① 【民族】白族。【引例】农神（牛郎）与衣神（织女）是夫妻【汉族】
② 【关联】［W0725.5.2］神农、祝融是盘古的后裔 。【引例】祝融是颛顼氏之后【汉族】
③ 【民族】汉族。【关联】［W0763］颛顼
④ 【民族】汉族。【关联】❶［W4585］火的产生；❷［W6910～W6969］火的获取
⑤ 【民族】汉族。【关联】［W0466］火神
⑥ 【民族】汉族。【关联】❶［W0381］夏神；❷［W0381.1.1］火神祝融是夏神
⑦ 【民族】汉族。【关联】［W0253］南方神
⑧ 【关联】❶［W0253.2］祝融是主管南方之神；❷［W0493.5.1］灶神祝融；❸［W0685.1］共工是祝融之子
⑨ 【民族】汉族。【关联】［W0767.3.1］祝融是火正（官名）
⑩ 【民族】汉族。【关联】［W0673.1.2］杨二郎是张天师的外甥

W 编码	母题描述			参照项	
	一级母题	二级母题	三级母题	汤普森	关联项
W0768.3		善财童子			【汉族】
W0768.4		社婆婆和庙公公			【苗族】
W0768.5		神人			【白族、彝族】
W0768.6		骊山老母			【汉族】
W0768.6.1			骊山老母是伏羲的妹妹		【汉族】
W0768.6.2			骊山老母和王母娘娘是姐妹		【民族，联1】①
W0768.7		廪君			【联1】②
W0768.7.1			廪君出生在巫师之家		【土家族】
W0768.7.2			廪君是白虎神		【土家族】
W0768.7.3			廪君的妻子		【例1】③
W0768.8		花仙婆			
W0768.8.1			生育神花仙婆		【布依族】
W0768.8.2			花仙婆劝婚		【壮族】
W0768.9		彭祖			
W0768.9.1			比彭祖还老的人		【壮族】
W0768.10		布伯			【壮族】
W0768.11		檀君			【朝鲜族】
W0768.12		萨满神			【联1，例1】④
W0768.13		阴间判官			【汉族、纳西族】
W0768.14		帝喾			【汉族】
W0768.15		东王公			【民族，联2】⑤
W0768.16		后土			【联3】⑥
W0768.16.1			后土娘娘是土地神		【民族，联1】⑦
W0768.16.2			后土娘娘是司鬼魂之神		【汉族】
W0768.16.3			后土是共工之子		【汉族】
W0768.16.4			后土是社神		【汉族】

---

① 【民族】汉族。【关联】［W0761］西王母的关系
② 【关联】［W0680.5.1］廪君是伏羲的后代
③ 【引例】德济娘娘（盐水女神）是廪君的妻子【土家族】
④ 【关联】［W9146］萨满。【引例】萨满神有狐仙相助【满族】
⑤ 【民族】汉族。【关联】❶［W0143.2］东王公和西王母；❷［W0204.13.2］天皇号"扶桑大帝东王公"
⑥ 【关联】❶［W0206.1］天公是玉皇大帝和妻子后土；❷［W0238.1］地母是玉皇大帝的妻子后土；❸［W0695.3.2］后土辅佐黄帝
⑦ 【民族】汉族。【关联】［W0433.2.1］后土主宰大地

W 编码	母题描述			参照项	
	一级母题	二级母题	三级母题	汤普森	关联项
W0768.17		玄武			【联2】①
W0768.17.1			玄武大帝是元始的化身		【汉族】
W0768.17.2			72 个玄武		【汉族】
W0768.18		斗姆			
W0768.18.1			斗姆是北斗七星的母亲		【汉族】
W0768.18.2			斗姆四面		【民族，联1】②
W0768.19		烛龙			【汉族】
W0768.20		鲁班			【民族，联1】③

---

① 【关联】❶［W0254.3］玄武是北方神；❷［W0686.5］鲧是玄武大帝
② 【民族】汉族。【关联】［W0692.1］黄帝四面
③ 【民族】汉族、毛南族。【关联】［W6202.3］鲁班造房子

0.7 与宗教相关的神①或神性人物

【W0770 ~ W0829】

0.7.1 常见民间宗教②神或神性人物 【W0770 ~ W0784】

W 编码	母题描述			参照项	
	一级母题	二级母题	三级母题	汤普森	关联项
W0770	宗教人物			V200	【联1】③
✿ **W0771**	宗教神			V201	
W0772	宗教神（人物）的产生				
W0772.1		宗教神（人物）天降			【纳西族】
W0772.1.1			宗教人物是天界战神		【民族，联1】④
W0772.2		神或神性人物婚生宗教神（人物）			【纳西族】
W0772.3		感生宗教神（人物）			
W0772.3.1			感龙生宗教人物		【汉族】

---

① 与宗教相关的神，现代宗教中的神一般出现在宗教经典文献中，如大家常说的《圣经》神话。但真正的宗教信仰者并不认为关于这些神的叙事是神话，而是真实存在的事件，在宗教中这些神一般是神圣的形象。本编目只是为了便于研究者深入比较研究，把民间神话或少量传说的宗教神列出，由于宗教神的来源复杂和相互交叉，只从宗教神的外在表象上进行梳理，不再做进一步探究。宗教性质的神在排列上不分先后。宗教神的类型由于宗教的交叉或神的互用，目前学术界对一些神的名称也没有明确的归类。从其生活或居住的地点看，有的在天上，有的在凡间，这样与其他神的名称母题可能存在互见或只显示一处的情况。

② 民间宗教，关于民间宗教的说法比较复杂，因为在中国大多数宗教都存活于民间。有的认为民间宗教包括民间道教、佛教等，也有的认为民间宗教主要是民间自发产生的宗教。事实上，民间宗教往往是许多宗教神灵相互借鉴、多元杂糅的产物，即使是一个比较封闭的地区的地方性宗教，也很难对其条分缕析得完全合理或清楚。因此，为了表述上的方便，本编码中的"民间宗教"主要指相对于佛教、基督教等一般宗教而言，这类宗教表现出较为原始且民间色彩较浓的宗教神母题，如萨满教、东巴教等。

③ 【关联】［W6455］宗教神职人员

④ 【民族】纳西族。【关联】［W0494］战神

W 编码	母题描述			参照项	
	一级母题	二级母题	三级母题	汤普森	关联项
W0772.4		与宗教神（人物）产生有关的其他母题			
W0773	碧霞元君				
W0773.1		碧霞元君是东岳大帝之女			【汉族】
W0773.2		碧霞元君是泰山石敢当之女			【汉族】
W0773.3		碧霞元君是天仙玉女			【民族，联1】①
W0773.4		碧霞元君是泰山君主			【民族，联1】②
W0773.4.1			碧霞元君是泰山神		【汉族】
W0773.5		碧霞元君是泰山奶奶			【民族，联1】③
W0773.5.1			泰山奶奶是万能女神		【联1】④
W0773.6		与碧霞元君有关的其他母题			
W0774	东巴神（东巴教主）				
W0774.1		东巴神原来是天神			【纳西族】
W0774.1.1			东巴神从天而降		【纳西族】
W0774.1.2			天界战神丁巴什罗		【民族，联1】⑤
W0774.2		神婚生东巴教主			【纳西族】
W0774.3		卵化生东巴神			【纳西族】
W0774.4		东巴神的特殊出生			【例1】⑥
W0774.4.1			东巴神（丁巴什罗）与龙同时产生		【纳西族】
W0774.4.2			东巴神从母亲的腋窝出生		【民族，联1】⑦
W0774.5		与东巴神有关的其他母题			

① 【民族】汉族。【关联】［W0826］仙女
② 【民族】汉族。【关联】［W1851.1］泰山（东岳）
③ 【民族】汉族。【关联】［W0398.1.2］泰山神
④ 【关联】［W0497.3］万能神
⑤ 【民族】纳西族。【关联】［W0494］战神
⑥ 【引例】东巴神从母亲的左腋降生 【纳西族】
⑦ 【民族】纳西族。【关联】［W2594］特殊的出生

W 编码	母题描述			参照项	
	一级母题	二级母题	三级母题	汤普森	关联项
W0774.5.1			东巴神的居所		【纳西族】
W0774.5.2			东巴神的服饰		【纳西族】
W0774.5.3			东巴神有非凡的本领		【纳西族】
W0774.5.4			东巴神的关系		【纳西族】
W0775	妈祖①				【汉族】
W0775.1		女子梦吞圣物生妈祖			【汉族】
W0775.2		凡女死后成为妈祖			【汉族】
W0775.3		妈祖是女海神			【汉族】
W0775.4		妈祖是航海神			【汉族】
W0775.5		妈祖是天妃和女海神			【民族，联 1】②
W0775.6		妈祖海上救难行善			【汉族】
W0775.7		与妈祖有关的其他母题			
W0775.7.1			土人呼神为妈祖		【汉族】
W0775.7.2			天后妈祖		【汉族】
W0776	太白金星③				
W0776.1		太白金星是白帝之子			【汉族】
W0776.2		太白金星形如女人			【汉族】
W0776.3		太白金星君驾彩云			【布依族】
W0776.4		太白金星查访人间			
W0776.5		与太白金星有关的其他母题			【联 1】④
W0776.5.1			太白金星主杀伐		【汉族】
✵ **W0777**	**玉皇大帝**⑤				【汉族、彝族】
W0778	玉皇大帝的产生				
W0778.1		感生玉皇大帝			【汉族】
W0778.1.2			女子感梦生玉皇大帝		【汉族】

① 妈祖，福建方言为"奶奶"、"娘娘"之意。"妈祖"又称"天妃娘娘"、"天妃"，有历史人物原型。后被神化为女神，常出现在后世神话中。
② 【民族】汉族。【关联】［W0497.8］身兼多职的神
③ 太白金星，又称"太白星"、"启明星"等，后来被神化以后常出现在神话中，称"白帝子"或"太白金星"。在道教神话中也经常出现。
④ 【关联】［W7586.2］太白金星劝婚
⑤ 玉皇大帝，又称"玉皇上帝"、"玉皇"、"玉帝"等，有的地方也称之为"老天爷"、"天爷爷"等。道教、佛教等神话中也会出现这个母题，因其在民间带有许多不确定性，故列入民间宗教之中。

W 编码	母题描述			参照项	
	一级母题	二级母题	三级母题	汤普森	关联项
W0778.2		花生玉皇大帝			【汉族】
W0778.3		人变成玉帝			【汉族】
W0778.3.1			好人上天后成为玉皇大帝		【汉族】
W0778.3.2			地上的皇帝升天成为玉皇大帝		【锡伯族】
W0778.3.3			人修炼成为玉皇大帝		【汉族】
W0778.4		气化为玉皇大帝			【汉族】
W0778.4.1			三清祖气化生玉皇大帝		【汉族】
W0778.5		与玉皇大帝产生有关的其他母题			
W0778.5.1			玉皇与盘古同时产生		【民族，联1】①
W0779	玉皇大帝的身份或特征				
W0779.1		玉皇大帝是世界的管理者			【汉族】
W0779.2		玉帝管天神			【民族，联1，例1】②
W0779.3		玉皇大帝是众神之王			【汉族】
W0779.3.1			玉皇大帝管理天、地、人三界神灵		【汉族】
W0779.4		玉皇大帝建立三界最高政权			【汉族】
W0779.5		与玉皇大帝的身份有关的其他母题			
W0779.5.1			玉帝是恶神		【汉族】
W0779.5.2			玉皇管仙天		【彝族】
W0780	玉皇大帝的关系				
W0780.1		玉皇大帝的妻子			【联2，例1】③
W0780.1.1			玉皇大帝有 72 个妻子		【民族，联1】④

① 【民族】瑶族。【关联】［W0721.5］与盘古产生有关的其他母题
② 【民族】瑶族。【关联】［W0123.4.1］神（仙）的管理者。【引例】玉皇大帝管天上【毛南族】
③ 【关联】❶［W0238.1］地母是玉皇大帝的妻子后土；❷［W0761.2］王母娘娘是玉皇大帝的妻子。【引例】太白金星做玉帝婚姻的媒人【汉族】
④ 【民族】汉族。【关联】［W7960］一夫多妻

W 编码	母题描述			参照项	
	一级母题	二级母题	三级母题	汤普森	关联项
W0780.1.2			玉皇大帝的妻子是王母娘娘		【民族，联1】
W0780.2		玉皇大帝的儿女			【例3】①
W0780.3		玉皇大帝的兄弟			
W0780.3.1			玉皇玉帝是兄弟		【苗族】
W0780.3.2			玉皇大帝和紫微北极大帝是兄弟		【汉族】
W0780.3.3			玉皇与阎王是兄弟		【民族，联1】②
W0780.4		玉皇大帝的侍者			【白族】
W0780.5		玉皇大帝的从属			【纳西族】
W0780.6		玉皇大帝的辅佐			
W0780.6.1			玉皇大帝有日月星等众神辅佐		【例1】③
W0781	与玉皇大帝有关的其他母题				【例1】④
W0781.1		玉皇大帝的生日			
W0781.1.1			农历正月初九是玉皇大帝诞辰		【汉族】
W0781.2		玉皇大帝住玉清宫			【汉族】
W0781.3		特定名称的玉皇大帝			【蒙古族】
W0781.3.1			玉帝姓张		【汉族】
W0781.4		玉皇大帝出行有雷公电母开道			【汉族】
W0781.5		玉皇大帝的食物			【例1】⑤
◎	〖其他相关母题〗				
W0782	其他特定的地方神或民间宗教神				
W0782.1		水母娘娘			
W0782.1.1			凡人变水母娘娘		【汉族】
W0782.2		本主神			【白族】
W0782.2.1			帝王本主神		【白族】
W0782.2.2			清平官本主神		【白族】
W0782.2.3			古人本主神		【白族】

① 【引例】❶玉皇大帝有500个儿子【汉族】；❷玉皇大帝有7个女儿【汉族】；❸玉皇大帝有9个女儿【汉族】
② 【民族】汉族。【关联】［W0242］阎王
③ 【引例】三光神、雷王、风伯、雨师、闪电小娘辅佐玉皇大帝【毛南族】
④ 【引例】玉皇大帝嫉妒人间的事物【纳西族】
⑤ 【引例】玉米是玉皇大帝的粮食【毛南族】

W 编码	母题描述			参照项	
	一级母题	二级母题	三级母题	汤普森	关联项
W0782.2.4			其他特定本主神		【例1】①
W0782.3		萨满教神			【民族，联2】②
W0782.4		关公			【联1】③
W0782.4.1			关公显圣		【汉族、藏族】
W0782.5		空行母			【门巴族】
W0782.6		地藏王			【汉族】
W0782.7		绿鸭道人			【汉族】
W0783	与民间宗教神有关的其他母题				
W0783.1		民间宗教神（人物）的事迹			
W0783.1.1			苯教祖师		【民族，例1】④
W0783.2		民间宗教神的灵验			

0.7.2　一般宗教中的神或神性人物⑤【W0785～W0799】

W 编码	母题描述			参照项	
	一级母题	二级母题	三级母题	汤普森	关联项
✳ **W0785**	**道教神**				
W0786	道教神⑥的产生				
W0786.1		天帝的子女为道教神			【联1】⑦
W0786.2		气化生道教神			【汉族】
◎	〖**其他宗教神**〗				
W0787	佛（佛祖）⑧				【联1，例1】⑨
W0787.1		释迦牟尼			【门巴族】

---

① 【引例】石头做本主【白族】
② 【民族】蒙古族。【关联】❶〔W0768.12〕萨满神；❷〔W9146〕萨满
③ 【关联】〔W0782.4.1〕关公显圣
④ 【民族】珞巴族、门巴族、普米族。【引例】苯教祖师辛饶弥倭【藏族】
⑤ 一般宗教中的神或神性人物，目前道教、佛教、基督教等宗教教义中都保留了相当数量的神话叙事元素。一些神在不同的神话中多有交叉糅合。此处不再标出具体的宗教属性。
⑥ 道教神系的形成与发展非常复杂，南朝时陶弘景作《真灵位业图》，首次编排了道教神仙体系，但由于道家的许多神被不同教派和民众所信奉，故其中的名称、关系与位次相当混乱。特别是中国少数民族神话中出现的道教神灵也大多地方化，在此只能择其较为典型的母题列叙其中。
⑦ 【关联】〔W0204〕天帝（天王、天皇、天君）
⑧ 佛祖，一般认为是佛教的创始人佛祖释迦牟尼。有的又称之为"如来佛"、"法身佛"。
⑨ 【关联】〔W0721.2.1〕如来造盘古。【引例】如来佛是玉帝的老师【汉族】

W 编码	母题描述			参照项	
	一级母题	二级母题	三级母题	汤普森	关联项
W0787.1.1			佛祖牟伽陀		【白族】
W0787.1.2			释迦牟尼是宇宙之主		【蒙古族】
W0787.1.3			释迦牟尼居灵霄宝殿		【汉族】
W0787.1.4			释迦牟尼的称谓		【例1】①
W0787.1.5			释迦牟尼的使者		【汉族】
W0787.2		佛从天降			【汉族】
W0787.3		天地相合生佛祖			【土家族】
W0787.4		卵生佛（佛祖）			【傣族、纳西族、藏族】
W0787.4.1			神蛋生佛祖		【傣族】
W0787.5		人成为佛			【民族，例1】②
W0787.5.1			修行成为佛		【傣族】
W0787.6		佛祖变动物			【傣族】
W0787.7		佛祖为众天神之长			【民族，联1】③
W0787.8		佛祖保佑风调雨顺			【傣族】
W0787.9		与佛有关的其他母题			【联1，例2】④
W0787.9.1			弥勒佛		【民族，例1】⑤
W0787.9.2			佛的合体		【联1，例1】⑥
W0787.9.3			佛祖割肉食鹰		【汉族】
W0787.9.4			佛祖选净土而居		【藏族】
W0787.9.5			成佛升天		【门巴族】
W0787.9.6			佛祖下凡		【白族】
W0787.9.7			其他特定名称的佛		【例1】⑦
W0788	九天玄女⑧				【汉族】
W0788.1		九天玄女人首鸟形			【汉族】
W0788.2		九天玄女是黄帝之师			【汉族】

---

① 【引例】释迦牟尼，又称如来佛、释尊【汉族】
② 【民族】汉族、锡伯族。【引例】千手千眼佛是皇帝的小女儿【锡伯族】
③ 【民族】傣族。【关联】［W0974.4.1］天神听命于佛祖
④ 【关联】［W0209.2］天神与佛祖合一。【引例】❶佛的特殊出生【汉族】；❷如来佛是玉皇大帝的恩师【汉族】
⑤ 【民族】朝鲜族。【引例】弥勒佛是管理来世的神【藏族】
⑥ 【关联】［W0209.2］天神与佛祖合一。【引例】龙与佛合二为一【傣族】
⑦ 【引例】神佛总称为"沙热·巴尔肯"【达斡尔族】
⑧ 九天玄女，又叫"九天女"、"九天娘娘"、"元女"等。早期可能是中国古代神话中的女神，后为道教所信奉。

W 编码	母题描述			参照项	
	一级母题	二级母题	三级母题	汤普森	关联项
W0788.3		玄女授兵书			【汉族】
W0788.4		与玄女有关的其他母题			
W0789	老子①				【汉族】
W0789.1		感生老子			【汉族】
W0789.2		老子为万仙之宗			【汉族】
W0789.3		老子为神王之宗			【汉族】
W0789.4		老子经历 3 个混沌			【汉族】
W0789.5		老子的特殊特征			【例 1】②
W0789.6		与老子有关的其他母题			【例 1】③
W0790	菩萨				【例 2】④
W0790.1		神造菩萨			【苗族】
W0790.2		巨人造菩萨			【苗族】
W0790.3		人上天后变成菩萨			【汉族】
W0790.4		观音菩萨			【例 4】⑤
W0790.4.1			人修炼成为观音菩萨		【汉族】
W0790.4.2			观音收服妖魔		【白族】
W0790.4.3			观音的变形		【民族，联 1】⑥
W0790.4.4			观音会魔法		
W0790.4.5			观音菩萨转世为猕猴		【民族，联 1】⑦
W0790.4.6			观音的性别		【例 1】⑧
W0790.4.7			观音的父母		【例 3】⑨
W0790.4.8			观音多子		【哈尼族】
W0790.4.9			观音的生日		【例 2】⑩
W0790.4.10			观音私访		【汉族】

① 老子，神话中的"老子"并非历史人物，而是作为神话形象出现的神性人物。
② 【引例】老子生而能言【汉族】
③ 【引例】老子生而能言【汉族】
④ 【引例】❶菩萨偷米【门巴族】；❷盘古女娲成为菩萨
⑤ 【引例】❶观音变老人【白族】；❷观音使大海变平坝【白族】；❸观音的父亲是算命先生【白族】；❹观音负石阻兵【白族】
⑥ 【民族】白族。【关联】［W9526］神性人物的变形
⑦ 【民族】藏族。【关联】［W9350］转世（托生，转生）
⑧ 【引例】观音时男时女【汉族】
⑨ 【引例】❶观音的父亲是庙中王【白族】；❷观音的父亲是算命先生【白族】；❸观音的父亲是妙中王【白族】
⑩ 【引例】❶观音菩萨的生日是农历二月二十九【汉族】；❶二月十九是观世音菩萨的诞生日【汉族】

W 编码	母题描述			参照项	
	一级母题	二级母题	三级母题	汤普森	关联项
W0790.4.11			仙女是观音菩萨的侍女		【白族】
W0790.4.12			千手观音		【汉族】
W0790.4.13			南海观音		【汉族】
W0790.4.14			与观音有关的其他母题		【例4】①
W0790.5		与菩萨有关的其他母题			【例2】②
W0790.5.1			天上的菩萨		【汉族】
W0790.5.2			文殊菩萨		【汉族】
W0790.5.3			普贤菩萨		【汉族】
W0790.5.4			土地菩萨		【民族，联1】③
W0791	太上老君④				
W0791.1		太上老君是女娲的儿子			【汉族】
W0791.2		太上老君是老子的化身			【民族，联1】⑤
W0791.3		与太上老君有关的其他母题			【联1，例1】⑥
W0791.3.1			太上老君的众多侍从		【汉族】
W0791.3.2			太上老君是道教祖师爷		【汉族】
W0791.3.3			太上老君下凡		【汉族】
W0791.3.4			太上老君炼丹		【民族，联1】⑦
W0792	真人				
W0792.1		真人在混沌中产生			【汉族】
W0792.2		太乙真人			【汉族】
W0793	真主				【塔吉克族】
W0793.1		真主最早出现在世上			【回族】

① 【引例】❶六月十九是观世音菩萨的得道日【汉族】；❷九月十九是观世音菩萨的出家日【汉族】；❸观音居南海普陀山【汉族】；❹观音大士【汉族】
② 【引例】❶文殊和普贤是结拜的异姓兄弟【汉族】；❷菩萨盗物【门巴族】
③ 【民族】土家族。【关联】［W0236］土地神
④ 太上老君，又称元始天尊，唐朝又称之为"玄元皇帝"。本为历史人物，即老子，姓李名耳，春秋末年人，道家创始人，后进入神话之中。
⑤ 【民族】汉族。【关联】［W0789］老子
⑥ 【关联】［W0953.2］太上老君有起死回生药。【引例】太上老君的坐骑是一匹青牛【汉族】
⑦ 【民族】汉族。【关联】［W6238.3］炼丹治病

W 编码	母题描述			参照项	
	一级母题	二级母题	三级母题	汤普森	关联项
W0793.2		天神服从真主			【维吾尔族】
W0793.2.1			天神是真主的助手		【例1】①
W0793.2.2			天使是真主的助手		【回族】
W0793.2.3			真主有很多天使		【回族】
W0793.3		真主的使者			【回族】
W0793.3.1			四天仙是真主的差役		【回族】
W0793.3.2			白蟒是真主的差役		【回族】
W0793.4		真主没有具体形象			【回族】
W0793.5		真主先觉先知			【回族】
W0793.6		真主统治着宇宙			【维吾尔族】
W0793.7		真主是创世主			【撒拉族】
W0793.8		与真主有关的其他母题			【联3】②
W0793.8.1			真主掌握报应日		【保安族】
W0793.8.2			真主给人灵魂		【塔吉克族】
W0793.8.3			真主长驻地上		【塔吉克族】
W0794	其他一些常见的宗教神（宗教人物）				【例1】③
W0794.1		金刚			【汉族】
W0794.1.1			四大金刚		【汉族】
W0794.2		罗汉			【例2】④
W0794.2.1			十八罗汉		【汉族】
W0794.3		耶稣			
W0794.4		圣母玛利亚		V250	【拉祜族】
W0794.5		其他宗教人物		V290	

---

① 【引例】女天神是真主的助手【维吾尔族】
② 【关联】❶［W0644.2.1］真主造人的祖先；❷［W1021.3］真主是创世者；❸［W1501.2］真主降万物
③ 【引例】宗教苯波教的祖师【藏族】
④ 【引例】❶108个罗汉【汉族】；❷玉皇大帝封改恶从善的人为罗汉【土族】

0.7.3 仙人①（神仙）【W0800～W0829】

W 编码	母题描述			参照项	
	一级母题	二级母题	三级母题	汤普森	关联项
✿ **W0800**	仙人			F200	
✳ **W0801**	仙的产生			F251	
W0802		神生仙			
W0802.1			天神生仙		【例1】②
W0802.2			人生仙		
W0802.3			动物生仙		
W0802.4			植物生仙		【彝族】
W0803		特定人物成为仙			【例1】③
W0803.1			祖先的肢体变仙		【彝族】
W0803.2			人修炼成仙		【汉族】
W0803.3			人点化成仙		
W0803.4			好人成仙		【布依族】
W0803.5			凡女成仙		【汉族】
W0803.6			动物成仙		
W0804		成仙的方法			【联1，例3】④
W0804.1			人食灵芝成仙		【汉族】
W0804.2			人吃月华成仙		【民族，联1】⑤
W0804.3			人食人参成仙		【赫哲族、锡伯族】
W0804.4			积功德成仙		【例1】⑥
W0804.5			骑虎升天成仙		【毛南族】
W0805		与仙的产生有关的其他母题			
W0805.1			天地未分前生仙子		【彝族】
W0805.2			成仙的时机		【布依族、侗族】
W0805.3			只有仙胎才能成仙		【汉族】
W0806	仙的体征			F232	

---

① 仙人，仙作为一种母题类型常常有不同的名称，诸如"神仙"、"仙子"、"小精灵"等。在中国神话中的"仙"与道教联系密切。为表述的统一，此类母题全部用"仙"代称。具体情形参见《中国神话母题W0编目实例》。

② 【引例】牙线（仙婆）是天神的女儿【水族】

③ 【引例】六宫变仙【毛南族】

④ 【关联】［W046.2］人不食而死变神（仙）。【引例】❶人食仙芝成仙【汉族】；❷人食葶树叶成仙【汉族】；❸人食甘粗成仙【汉族】

⑤ 【民族】汉族。【关联】［W1698.5］月华

⑥ 【引例】功德圆满就能化为神仙飞上天【佤族】

W 编码	母题描述			参照项	
	一级母题	二级母题	三级母题	汤普森	关联项
W0806.1		仙的外貌		F230	
W0806.1.1			仙有动物的外形	F234.1	
W0806.1.2			仙子是年轻女子的模样	F234.2.5	【土家族】
W0806.1.3			仙子鸟形	F234.1.15	
W0806.2		仙的其他特征		①F250 ②F259	
W0806.2.1			仙有凡人特征	F254	【汉族】
W0806.2.2			仙的缺陷	F255	
✳ **W0808**	**仙的生活**				
W0809		仙的行为		F260	
W0810		仙的服饰		F236	
W0811		仙的食物		F243	
W0811.1			仙人食玉		【汉族】
W0811.2			仙以土为食		【门巴族】
W0811.3			仙不食烟火		【回族、彝族】
W0812		仙的居所		F220	
W0812.1			仙人住在天堂		【回族】
W0812.2			仙人住在天上		【鄂温克族、柯尔克孜族、毛南族】
W0812.3			仙的房屋	F221	
W0812.4			仙的城堡	F222	
W0812.5			群仙住昆仑山		【汉族】
W0812.6			仙住小山上	F214	
W0812.7			仙住空中（天上）	F215.1	【民族，联1】①
W0812.8			仙住森林	F216	
W0812.9			仙住洞中		【汉族、门巴族】
W0812.10			仙住水中		【哈萨克族】
W0812.11			与仙的住所有关的其他母题		【联2】②
W0813		仙的出行			
W0813.1			仙人行天	F282	
W0813.2			仙人造访人间	F393	【汉族】
W0813.3			仙的出行工具	F242	【民族，例1】③

① 【民族】鄂温克族、柯尔克孜族。【关联】［W098］神住天上
② 【关联】❶［W1074.9］仙界；❷［W1265.6.7］仙岛
③ 【民族】京族。【引例】仙驾云出行【汉族】

W 编码	母题描述			参照项	
	一级母题	二级母题	三级母题	汤普森	关联项
W0813.4			仙人下凡		【京族】
W0813.5			与仙的出行有关的其他母题		【联1】①
W0814		仙的所有物		F240	
W0814.1			仙的珠宝	F244	【联1】②
�֎ **W0815**	仙的能力或事迹				
W0816		仙有非凡的能力		F253	
W0817		仙能长生			【汉族】
W0817.1			仙人长生不老		
W0818		仙能洞察人的思想		F256	
W0819		仙人点化人		F345	【例1】③
W0819.1			仙让人梦想成真	F341	
W0820		仙能变形			【联1】④
W0821		仙能预言			【联1】⑤
W0821.1			仙预言婴儿的出生	F315	
W0822		仙帮助人			【联1】⑥
W0822.1			仙人治病	F344	【民族，联1】⑦
W0822.2			仙救人脱危		【鄂伦春族】
W0823		与仙的能力或事迹有关的其他母题			【联5】⑧
W0823.1			仙管着婴儿的出生	F312	
W0823.2			破坏性的仙（恶仙）	F360	
W0823.3			仙人行窃	F365	【联1】⑨
◎	〖常见的仙〗				
W0825	天仙				【门巴族】
W0825.1		天仙的产生			【回族】
W0825.1.1			真主造天仙		【回族】
W0825.2		天仙的特征			

① 【关联】［W1074.9.5］仙带人去仙界
② 【关联】［W9686］宝珠
③ 【引例】仙预言婴儿的出生【汉族】
④ 【关联】［W9526.7.1］仙的变形
⑤ 【关联】［W9251］预言者
⑥ 【关联】［W9987］帮助者
⑦ 【民族】门巴族。【关联】［W8657］瘟疫（疾病）的消除
⑧ 【关联】❶［W2691.2］仙收养人的后代；❷［W6901.3］神仙造音乐；❸［W8648.4］仙制造疾病；❹［W9427.1］神仙报恩；❺［W9466.1］神仙复仇
⑨ 【关联】［W9950］偷盗

W 编码	母题描述			参照项	
	一级母题	二级母题	三级母题	汤普森	关联项
W0825.2.1			天仙不能饮食		【回族】
W0825.3		天仙的数量			
W0825.3.1			四大天仙		【回族】
W0825.3.2			八大天仙		【回族】
W0825.4		天仙的关系			
W0825.4.1			天仙地仙像兄弟		【门巴族】
W0825.5		与天仙有关的其他母题			【联1，例1】①
W0826	仙女			≈ F302	
W0826.1		仙女的产生			
W0826.1.1			仙女源于特定的地方		
W0826.1.2			仙女是神的女儿		【例1】②
W0826.1.3			仙女是鸟的女儿		【景颇族】
W0826.2		仙女的特征			
W0826.2.1			仙女长着翅膀		【瑶族、壮族】
W0826.3		仙女的本领			
W0826.3.1			仙女会变化		【民族】③
W0826.3.2			仙女上天		【例1】④
W0826.3.3			仙女失去羽衣无法回天		【达斡尔族、羌族】
W0826.3.4			仙女怀孕不能升天		【满族】
W0826.4		仙女的生活			
W0826.4.1			仙女的羽衣		【达斡尔族】
W0826.4.2			仙女住天上		【水族】
W0826.4.3			仙女洗浴		【鄂伦春族、汉族、满族】
W0826.5		仙女的数量			
W0826.5.1			三仙女		【鄂伦春族】
W0826.5.2			五仙女		【达斡尔族】
W0826.5.3			七仙女		【民族，例2】⑤
W0826.5.4			九仙女		【蒙古族、水族】
W0826.5.5			其他数量的仙女		

① 【关联】［W7267］人与天女婚。【引例】天仙独自留在九重天【哈萨克族】
② 【引例】仙女是鸟王的女儿【景颇族】；
③ 【民族】鄂伦春族、满族、普米族、塔吉克族
④ 【引例】仙女穿凤凰衣后飞向天【水族】
⑤ 【民族】俄罗斯族、黎族、满族。【引例】❶玉皇大帝的孙女七仙女【汉族】；❷七仙女是杼神【汉族】

W 编码	母题描述			参照项	
	一级母题	二级母题	三级母题	汤普森	关联项
W0826.6		与仙女有关的其他母题			【联1，例4】①
W0826.6.1			特定名称的仙女		【彝族】
W0826.6.2			仙女帮助人		【白族、达斡尔族】
W0826.6.3			仙女的手艺		【满族】
W0826.6.4			仙女心地善良		【塔吉克族】
W0827	其他特定的仙				【例1】②
W0827.1		仙童（仙子）		F482	【联1】③
W0827.1.1			蟠桃仙子		
W0827.1.2			云仙子		【例1】④
W0827.2		地仙			【民族，联1】⑤
W0827.3		歌仙		F262.3	【联1，例1】⑥
W0827.4		狐仙			【满族】
W0827.5		牛仙			【汉族】
W0828	与仙有关的其他母题				【联2】⑦
W0828.1		仙是神		F251.1.2	
W0828.2		仙气			【汉族】
W0828.2.1			念经拜佛得仙气		【汉族】
W0829.3		仙送礼物		F340	
W0828.3.1			仙人赏钱		F342
W0828.3.2			仙人赠马		F343.9.1
W0828.3.3			仙人送子		F343.13
W0828.3.4			凡人不识仙人礼		F348.5
W0828.4		仙力的失去		F383	【联1】⑧
W0828.5		仙人的离去		F388	
W0828.6		仙界之王		F252.1	
W0828.6.1			仙大王		【水族】
W0828.6.2			天仙王		【门巴族】

① 【关联】［W7273］人与仙女婚。【引例】❶5个仙女【达斡尔族】；❷善射的仙女【满族】；❸白鸽是天上的仙女【普米族】；❹守卫着特定的山的仙女【塔吉克族】

② 【引例】两个特定名称的仙【柯尔克孜族】

③ 【关联】［W0768.3］善财童子

④ 【引例】云仙子是风神、雨神的女儿【畲族】

⑤ 【民族】门巴族、水族。【关联】［W0828.6.3］地仙王

⑥ 【关联】［W6904］歌。【引例】感黄莺生歌仙【壮族】

⑦ 【关联】❶［W6908.4］仙舞的来历；❷［W7240］仙与仙之间的婚姻

⑧ 【关联】［W9118］魔力的丧失

W 编码	母题描述			参照项	
	一级母题	二级母题	三级母题	汤普森	关联项
W0828.6.3			地仙王		【民族，联1】①
W0828.7		造访仙境		F370	【联1】②
W0828.7.1			凡人脱俗去仙界	F373	
W0828.8		仙的宴会		F263	【民族，联2】③
W0828.9		八仙			【汉族】

---

① 【民族】门巴族。【关联】［W0827.2］地仙
② 【关联】［W0813.2］仙人造访人间
③ 【民族】汉族。【关联】❶［TPS：F217］仙聚会地点；❷［W0983］神的聚会

0.8　妖魔与怪物①
【W0830 ~ W0919】

0.8.1　妖魔【W0830 ~ W0854】

W 编码	母题描述			参照项	
	一级母题	二级母题	三级母题	汤普森	关联项
✿ W0830	妖魔			①G300 ②G303	
✳ W0831	妖魔的产生			①A51 ②A2831 ③≈ G303.1	
W0832		妖魔来源于某个地方或自然存在			【联1，例1】②
W0832.1			天生妖魔		【傈僳族】
W0832.2			黑暗处生妖魔		【藏族、壮族】
W0832.3			妖魔来源于特定动物的尸体		【哈尼族】
W0833		妖魔是造出来的		F402.5	
W0833.1			神造妖魔		【例1】③
W0833.2			神性人物造妖魔		【满族】
W0833.3			妖魔造其他妖魔	G303.1.4	
W0833.4			人造妖魔		
W0833.5			与造妖魔有关的其他母题		【例1】④
W0834		妖魔是生育产生的		T550	

---

① 妖魔与怪物，"妖魔"与"怪物"是两个具有交叉性质的概念。"妖魔"有时又可称谓"妖怪"、"魔鬼"。在有些神话文本中"妖魔"与"怪物"的区别并不明显，甚至许多接受者对此也认为没有严格区分的必要。在汉语表述语境中，二者又的确具有差异性。如有人认为"妖魔"是叙述中那些形状奇怪可怕、有妖术、能害人的精灵；"怪物"既可以指奇形怪状的妖魔，也可以泛指奇异的东西等。在此编码中列出的有关"妖魔"与"怪物"的条目，仅从研究与表述的需要出发。具体情况参见《中国神话母题 W0 编目实例》。

② 【关联】［W8672.14.1］世界末日时妖魔四起。【引例】恶神派鬼怪到人间【纳西族】

③ 【引例】天神的弟子造妖魔【满族】

④ 【引例】妖怪是用火和光做成的【哈萨克族】

W 编码	母题描述			参照项	
	一级母题	二级母题	三级母题	汤普森	关联项
W0834.1			人生妖魔	T556	【联1】①
W0834.2			人感生妖		【苗族】
W0834.3			动物婚生怪物	B634	
W0834.4			卵生妖魔		【纳西族】
W0834.5			与生育妖魔有关的其他母题		
W0835		妖魔是变化产生的			【例3】②
W0835.1			神变成魔鬼	≈G303.1.1	【蒙古族】
W0835.2			恶天神的肢体化为魔鬼		【蒙古族】
W0835.3			仙变成魔鬼		【撒拉族】
W0835.4			人变成魔鬼	G303.1.3.1	【例1】③
W0835.5			动物变成妖魔		
W0835.6			动物的特殊器官化成妖魔		
W0835.7			草变成魔鬼		【达斡尔族】
W0835.8			与变化产生妖魔有关的其他母题		
W0836		与妖魔产生有关的其他母题			
W0836.1			妖魔产生的时间		【鄂温克族】
W0836.2			妖魔出生的征兆		【联1】④
✳ **W0837**	**妖魔的特征**			①A1074 ②G630	
W0838	妖魔的体征			①A107 ②≈G302.3 ③G303.4 ④G366	
W0838.1		男妖（男魔）			【例1】⑤
W0838.2		女妖（女魔）			【联1，例2】⑥
W0838.2.1			骷髅变成女魔		【门巴族】
W0838.2.2			妖婆		【联1】⑦

① 【关联】［W2600］人生怪胎
② 【引例】❶鱼腹中的特殊器官化妖魔【哈尼族】；❷真主把不恭的天仙变魔鬼【撒拉族】；❸女人国的女人是妖魔【撒拉族】
③ 【引例】人死得冤枉死后才变成了妖精【鄂温克族】
④ 【关联】［W9236］坏的征兆
⑤ 【引例】妖怪大部分是男的【满族】
⑥ 【关联】［W0847.3.1］吸血女魔。【引例】❶会念毒咒的妖婆【彝族】；❷女妖骑母狗【裕固族】
⑦ 【关联】［W0863.2.1］变婆

W 编码	母题描述			参照项	
	一级母题	二级母题	三级母题	汤普森	关联项
W0838.2.3			吃人女妖		【门巴族】
W0838.3		妖魔的奇特外形		G360	【民族，例1】①
W0838.3.1			体型巨大的妖魔	G100	【鄂伦春族】
W0838.3.2			妖魔面目可怕		
W0838.3.3			人形妖魔（怪物）	①A1072.1 ②G303.3.1	
W0838.3.4			妖魔是老妇人模样	G302.3.3	
W0838.3.5			妖魔有动物的外表	①≈G126 ②G302.3.2 ③G303.3.3	
W0838.3.6			蛇形妖魔（怪物）	A1072.3	【汉族】
W0838.3.7			妖魔像虹	G306	
W0838.4		妖魔的头部特征		G361	【例1】②
W0838.4.1			妖魔青面獠牙		【民族，联1】③
W0838.4.2			3 头妖魔		【鄂温克族、裕固族】
W0838.4.3			7 头妖魔		【东乡族、维吾尔族】
W0838.4.4			9 头妖魔		【鄂伦春族、满族、土族】
W0838.4.5			很多头妖魔（魔王）		【联1，例2】④
W0838.4.6			妖魔有多张脸		【例1】⑤
W0838.4.7			独眼的妖魔	G121.1.1	
W0838.4.8			多只眼睛的妖魔		【鄂伦春族】
W0838.4.9			妖魔的鼻子	G362	
W0838.4.10			妖魔的嘴	G363	
W0838.4.11			妖魔头上长角		【朝鲜族】
W0838.5		妖魔的其他外部特征		G369	
W0838.5.1			独脚妖魔		【普米族】
W0838.6		与妖魔特征有关的其他母题			
W0838.6.1			男女合体的魔鬼		【珞巴族】

① 【民族】鄂伦春族。【引例】恶魔披鳞长角，有脚有翅，獠牙三尺，眼若铜铃，口似血盆，头如人面，身尾似蛇，脚如鹰爪【蒙古族】
② 【引例】魔王的头砍后能再生【柯尔克孜族】
③ 【民族】白族。【关联】［TPS：≈G88］吃人的妖魔青面獠牙
④ 【关联】［W0843］魔王。【引例】❶10 头魔王【傣族】；❷12 头魔王【蒙古族】
⑤ 【引例】妖魔有 10 张脸【瑶族】

W 编码	母题描述			参照项	
	一级母题	二级母题	三级母题	汤普森	关联项
W0838.6.2			妖魔的心存放在某个地方		【鄂伦春族】
W0838.6.3			妖魔有 3 个不死的心脏		【鄂伦春族】
W0838.6.4			魔鬼的血是黑的		【达斡尔族】
W0838.6.5			妖魔有特定的标记		【例1】①
W0838.6.6			妖魔喘气无声		【哈尼族】
W0838.6.7			妖魔没有脚印		【哈尼族】
W0838.6.8			人可以看到魔鬼的真面目		【门巴族、维吾尔族】
W0839	妖魔的生活				
W0839.1		妖魔的服饰			
W0839.2		妖魔的食物			【联2】②
W0839.2.1			妖魔吃人畜		【蒙古族、土族】
W0839.2.2			妖魔吃人		【民族,联1】③
W0839.2.3			妖魔同类相食	G312	【联1】④
W0839.2.4			鬼的食物		【民族,联1】⑤
W0839.3		妖魔的居所		F402.6	
W0839.3.1			妖魔住天上		【鄂伦春族、蒙古族】
W0839.3.2			魔王住天边		【畲族】
W0839.3.3			魔鬼进入天堂		【民族,例1】⑥
W0839.3.4			妖魔(魔鬼)被逐出天堂	G303.8	【哈萨克族】
W0839.3.5			妖魔的宫殿		【维吾尔族】
W0839.3.6			妖魔的城堡	F402.3	
W0839.3.7			妖魔住树上		【例1】⑦
W0839.3.8			魔鬼住特定的容器中		
W0839.3.9			妖魔住水中	G639	【联1】⑧
W0839.3.10			魔鬼住山洞		【鄂温克族】

---

① 【引例】妖魔头上有一撮白毛是不能隐藏的标记【维吾尔族】
② 【关联】❶［W0663.3.1］巨人是吃人恶魔;❷［W0847.3］吸血妖魔
③ 【民族】白族、京族、满族、撒拉族。【关联】［W0839.5.1］吃人的妖魔
④ 【关联】［W8917.2］人食人
⑤ 【民族】景颇族。【关联】［W0907.12］吃人的鬼魂
⑥ 【民族】回族。【引例】蛇把魔鬼带进天堂【撒拉族】
⑦ 【引例】鹰爪树是树精的居所【京族】
⑧ 【关联】［W0846.2］水妖(水魔、水怪)

W 编码	母题描述			参照项	
	一级母题	二级母题	三级母题	汤普森	关联项
W0839.3.11			魔鬼住地狱（魔鬼住阴间）		【民族，联1】①
W0839.3.12			妖魔的领地		【鄂伦春族】
W0839.3.13			魔鬼住宇宙的下三层		【满族】
W0839.3.14			魔鬼的其他居所		【珞巴族】
W0839.4		妖魔的出行		G303.7	
W0839.4.1			妖魔骑着奇怪的动物		【例2】②
W0839.4.2			妖魔在雷雨中出现		【朝鲜族】
W0839.5		与妖魔的生活有关的其他母题			
W0840	妖魔的本领或行为				
W0840.1		妖魔会变形		G303.3.5	【怒族、彝族】
W0840.1.1			魔鬼变人形		【回族】
W0840.1.2			魔鬼变蛇		【民族，联1】③
W0840.1.3			魔鬼变风		【撒拉族】
W0840.1.4			妖魔变其他诸物		【例1】④
W0840.2		妖魔吐纳特定的物			
W0840.2.1			妖魔会吐火	G125	【联1】⑤
W0840.2.2			妖魔呼出云		【哈尼族】
W0840.3		妖魔能兴风作浪			【纳西族】
W0840.3.1			妖龙兴风作浪		【东乡族】
W0840.3.2			魔鬼吐出旋风		【纳西族】
W0840.4		妖魔（魔鬼）魔力的失去		G303.16	【维吾尔族】
W0840.4.1			妖魔鸡叫时魔力消失	G636	
W0840.4.2			妖魔涉水魔力消失	G638	
W0840.5		妖魔的劣迹		G346	
W0840.5.1			吃人的妖魔	G10	【民族，例1】⑥

① 【民族】赫哲族、珞巴族。【关联】［W1079］下界（地狱、阴间的产生）
② 【引例】❶女妖骑母狗【裕固族】；❷妖魔骑奇特的马
③ 【民族】回族。【关联】［W9526.4.4］恶魔变动物
④ 【引例】魔怪变巨树【哈尼族】
⑤ 【关联】［W0134.2］神能喷火
⑥ 【民族】撒拉族、土家族。【引例】吃小孩的妖魔【京族】

W 编码	母题描述			参照项	
	一级母题	二级母题	三级母题	汤普森	关联项
W0840.5.2			吃人的动物妖魔	G350	【蒙古族】
W0840.5.3			魔鬼骗人		【例2】①
W0840.5.4			魔鬼生出会产生坏事的蛋		【回族】
W0840.5.5			妖魔掠人	G440	【京族】
W0840.5.6			妖怪糟踢妇女		【东乡族、鄂伦春族】
W0840.5.7			魔鬼嫉妒人类的美好生活		【哈萨克族】
W0840.5.8			妖魔（魔鬼）杀人的方法	G303.20	
W0840.5.9			妖魔的其他劣迹		【例1】②
W0840.6		与妖魔的本领或行为有关的其他母题			【例1】③
W0840.6.1			上帝给予魔鬼特定的本领		【哈萨克族】
W0840.6.2			妖魔能再生		
W0840.6.3			妖魔的惧怕物		【民族，联2】④
◎	〖常见的妖魔〗				
✳ **W0841**	**多种妖魔**				【民族，联1】⑤
W0842	**恶魔**			G302	
W0842.1		恶魔的产生		≈ G302.1	
W0842.1.1			神变成恶魔		【例1】⑥
W0842.1.2			人变成恶魔		
W0842.2		恶魔的特征			
W0842.2.1			恶魔仇视光明		【哈萨克族】
W0842.3		与恶魔有关的其他母题			【联2】⑦
W0842.3.1			吃人恶魔		【苗族】
W0842.3.2			恶魔的死亡		
W0843	**魔王**			F402.2.1	【联1】⑧
W0843.1		魔王的产生			
W0843.1.1			神或神性人物变魔王		【门巴族】

① 【引例】❶魔鬼骗人祖吃禁果【回族】；❷鬼怪欺骗人类走上邪路【柯尔克孜族】
② 【引例】妖魔发洪水【鄂伦春族】
③ 【引例】花言巧语的妖魔【京族】
④ 【民族】哈尼族。【关联】❶［W0851.1.2］妖魔怕火（鬼怕火）；❷［W0916.7］鬼魂的惧怕物
⑤ 【民族】汉族、满族。【关联】［W0849］妖魔的数量
⑥ 【引例】女神有了男性生殖器后变成恶魔【满族】
⑦ 【关联】❶［W0851.2.1］恶魔的致命弱点；❷［W8672.14］世界末日时恶魔挣脱牢笼
⑧ 【关联】［W0830］妖魔

W 编码	母题描述			参照项	
	一级母题	二级母题	三级母题	汤普森	关联项
W0843.1.2			天神下凡变魔王		【蒙古族】
W0843.1.3			与魔王产生有关的其他母题		【例1】①
W0843.2		魔王的特征			
W0843.2.1			魔王青面獠牙		【蒙古族】
W0843.2.2			魔王怕火		【民族，联1】②
W0843.2.3			魔王的头砍后能再生		【朝鲜族、柯尔克孜族】
W0843.2.4			魔王有3个灵魂		【蒙古族】
W0843.2.5			魔王有特定动物的体征		【例1】③
W0843.3		与魔王有关的其他母题			【联1，例1】④
W0843.3.1			特定名称的魔王		【蒙古族】
W0843.3.2			魔王的帮凶		【纳西族】
W0843.3.3			妖怪听命于魔王		【侗族】
W0843.3.4			魔王喷云吐雾		【蒙古族】
W0843.3.5			魔王掀起狂风		【蒙古族】
W0844	动物类妖魔				
W0844.1		狼妖		G352.1	【满族】
W0844.2		牛魔		F401.3.2	
W0844.3		鸟妖		G353	
W0844.4		蛇妖（蛇精）		G354	【民族，联2】⑤
W0844.5		蟒精			【侗族】
W0844.5.1			蟒精伤人		【东乡族】
W0844.5.2			蟒精抢占民女		【东乡族】
W0844.6		螃蟹精			【黎族】
W0844.7		蚂蚁鬼			【布朗族】
W0844.8		蜘蛛精			【达斡尔族】
W0844.9		其他动物类妖魔			
W0844.9.1			猿精		【汉族】
W0844.9.2			蛤蟆精		【汉族、回族】

---

① 【引例】魔王产生时天地不宁【蒙古族】
② 【民族】畲族。【关联】［W0851.1.2］妖魔怕火（鬼怕火）
③ 【引例】魔王是九头龙【珞巴族】
④ 【关联】［W0839.3.2］魔王住在天边。【引例】魔王的灵魂藏在特定的盒子里【维吾尔族】
⑤ 【民族】蒙古族。【关联】❶［W0530］蛇神；❷［W0838.3.6］蛇形妖魔（怪物）

W 编码	母题描述			参照项	
	一级母题	二级母题	三级母题	汤普森	关联项
W0844.9.3			老鼠精		【达斡尔族】
W0844.9.4			猪精		【汉族】
W0845	植物类妖魔				
W0846	与自然物有关的妖魔				
W0846.1		风魔			【民族，联1】①
W0846.1.1			风魔的芭蕉扇		【布依族】
W0846.2		水妖（水魔、水怪）		①≈B68 ②G308.2	【联1，例3】②
W0846.2.1			水妖兴风作浪		【土族】
W0846.2.2			水精害人		【蒙古族】
W0846.3		河妖			
W0846.4		雪妖			【例1】③
W0846.5		与自然物有关的其他妖魔			【联1】
W0846.5.1			火魔		【满族】
W0847	其他特定的妖魔				
W0847.1		千年老妖		G631.1	
W0847.2		专门吓唬小孩的女妖			【民族，联1】④
W0847.3		吸血妖魔			【撒拉族】
W0847.3.1			吸血女魔		【民族，联1】⑤
W0847.4		梦中恶魔		F471	
W0847.5		帮助人的妖魔		G303.22	
W0847.6		愚蠢的妖魔		①G303.13 ②G501	
W0847.7		嫉妒的妖魔			【哈萨克族】
W0847.8		特定名称的妖魔			【蒙古族】
W0847.9		与特定的妖魔有关的其他母题			
◎	〖其他相关的母题〗				
W0848	妖魔的关系				
W0848.1		妖魔（魔鬼）的亲属		G303.11	

① 【民族】仡佬族。【关联】［W0867.1］风怪
② 【关联】［W0846.2］水妖（水魔、水怪）。【引例】❶水妖铁手铜指【东乡族】；❷水魔住河中【撒拉族】；❸水怪分享祭献
③ 【引例】雪妖住冰洞中【裕固族】
④ 【民族】傣族。【关联】［W0838.2］女妖（女魔）
⑤ 【民族】门巴族。【关联】［W0838.2］女妖（女魔）

W 编码	母题描述			参照项	
	一级母题	二级母题	三级母题	汤普森	关联项
W0848.2		妖魔（魔鬼）的妻子		G303.11.1	【蒙古族】
W0848.3		妖魔（魔鬼）的儿子		G303.11.2	
W0848.4		妖魔（魔鬼）的母亲		G303.11.3	
W0848.5		妖魔（魔鬼）的女儿		G303.11.5	
W0848.6		妖魔（魔鬼）的朋友			
W0848.7		妖魔（魔鬼）的帮凶			【满族、纳西族】
W0848.8		与妖魔的关系有关的其他母题			
W0849	妖魔的数量				
W0849.1		72 个妖魔			【壮族】
W0849.2		72 地煞			【汉族】
W0849.3		360 个妖魔			【壮族】
W0849.4		与魔鬼数量有关的其他母题			
W0850	妖魔的寿命与死亡				
W0850.1		妖魔的寿命			
W0850.2		妖魔的死亡			
W0850.2.1			妖魔死后身体化为害虫		【民族，联 1】①
W0850.3		与妖魔的生死有关的其他母题			
W0851	妖魔的克星				
W0851.1		妖魔（魔鬼）畏惧的东西			
W0851.1.1			妖魔害怕光明		【侗族、苗族】
W0851.1.2			妖魔怕火（鬼怕火）		【民族，联 1，例 2】②
W0851.1.3			妖魔怕烟（鬼怕烟）		【例 1】③

① 【民族】满族。【关联】［W3490］蚊子
② 【民族】白族。【关联】［W0843.2.2］魔王怕火。【引例】❶火烧怪物【傈僳族】；❷母猪用火斗胜专布鬼【珞巴族】
③ 【引例】熏烟可以防止鬼【珞巴族】

W 编码	母题描述			参照项	
	一级母题	二级母题	三级母题	汤普森	关联项
W0851.1.4			妖魔怕烫（鬼怕烫）		【例1】①
W0851.1.5			妖魔怕水		【壮族】
W0851.1.6			妖魔怕狗		【哈尼族、普米族】
W0851.1.7			鬼怕姜		【民族，例1】②
W0851.1.8			妖魔怕宗教人物		【纳西族】
W0851.1.9			妖魔怕酒		【彝族】
W0851.1.10			妖魔怕雷神		【鄂伦春族】
W0851.1.11			妖魔怕特定的武器		【例1】③
W0851.1.12			妖魔（鬼）不会爬树		【珞巴族】
W0851.2		妖魔的命门			【民族，例2】④
W0851.2.1			恶魔的致命弱点		【民族，联1】⑤
W0851.2.2			妖魔（鬼）的软肋是喉咙		【独龙族】
W0851.2.3			魔王的命门是特定的树		【普米族】
W0851.2.4			魔王的命门是特定的动物		【普米族】
W0851.2.5			妖魔的命门是头上的印记		【彝族】
W0851.2.6			妖魔的命门是特定的痣		【哈萨克族】
W0852	妖魔的下场				【联2】⑥
W0852.1		魔鬼最后下地狱		A317	
W0852.2		妖魔被关在地下		A1071	【联1】⑦
W0852.2.1			妖魔被骗到地下关起来	A1071.1	
W0853	与妖魔有关的其他母题				【联2，例1】⑧

---

① 【引例】鬼被烧红的石头烫死【珞巴族】
② 【民族】基诺族。【引例】生姜遇到鬼时会变成火焰【珞巴族】
③ 【引例】妖婆怕毒箭【珞巴族】
④ 【民族】哈萨克族。【引例】❶射鬼的喉咙将鬼杀死【独龙族】；❷杀死魔怪必须拔下它头上的一根金鸡毛【哈尼族】
⑤ 【民族】侗族。【关联】［W0842］恶魔
⑥ 【关联】❶［W8868］妖魔被捉后的逃脱；❷［W9635.2.1］魔鬼被骗
⑦ 【关联】［W8974］关押
⑧ 【关联】❶［W7247］妖魔（魔鬼）的婚姻；❷［W8842］妖魔相互残杀。【引例】一半像人一半像熊的人【达斡尔族】

W 编码	母题描述			参照项	
	一级母题	二级母题	三级母题	汤普森	关联项
W0853.1		魔鬼名称的来历			
W0853.1.1			上帝取了"魔鬼"的名字		【哈萨克族】
W0853.2		妖魔的世界		①A696 ②≈G302. 2.1	
W0853.3		妖魔特定的工具			【纳西族】
W0854	精怪				【联1】①
W0854.1		动物成精			
W0854.1.1			动物老后变成精		【哈尼族】
W0854.1.2			动物得仙气成精		【例1】②
W0854.2		植物成精			
W0854.2.1			植物老后变成精		
W0854.3		精怪的缺点			【例1】③

0.8.2 怪人、怪物 【W0855~W0869】

W 编码	母题描述			参照项	
	一级母题	二级母题	三级母题	汤普森	关联项
❋ **W0855**	怪人				
W0856		怪人的产生			
W0856.1			生育怪人		【联1，例1】④
W0857		怪人的特征			【联1，例2】⑤
W0857.1			形体怪异的人		【联2】⑥
W0857.2			头与身体能分开的人		【汉族】
W0857.3			怪人有动物习性		【例1】⑦
W0858		与怪人有关的其他母题			
W0858.1			会变化的怪人		【联1】⑧
W0858.2			天神认为地上的人是怪人		【哈尼族】

① 【关联】［W0870］灵魂（鬼）
② 【引例】猪得仙气成精【汉族】
③ 【引例】鸡精夜盲【汉族】
④ 【关联】［W2600］人生怪胎。【引例】天地形成之后生怪人【侗族】
⑤ 【关联】［W2827］长着特殊眼睛的人。【引例】❶红眼睛绿眉毛的人【仡佬族】；❷居水如鱼的鲛人【汉族】
⑥ 【关联】❶［W2607］生动物特征的人；❷［W2801］人早期的体征
⑦ 【引例】鲛人水居如鱼【汉族】
⑧ 【关联】［W9526］神性人物的变形

W 编码	母题描述			参照项	
	一级母题	二级母题	三级母题	汤普森	关联项
W0858.3			特定名称的怪人		【侗族】
✱ **W0860**	**怪物**			G301	【联1】①
W0861	怪物的产生				
W0861.1		怪物是生育产生的			【联1，例1】②
W0861.1.1			地生怪物		【汉族】
W0861.1.2			婚生怪物		【汉族、满族】
W0861.1.3			特定的动物生怪物		【哈尼族】
W0861.1.4			与生怪物有关的其他母题		【纳西族】
W0861.2		怪物是变化产生的			
W0861.2.1			特定的东西变成怪物		【汉族】
W0861.2.2			光变成怪物		【汉族】
W0861.3		与怪物的产生有关的其他母题			【联1】③
W0861.3.1			怪物突然出现		【哈尼族】
W0862	怪物的体征				
W0862.1		巨大的怪物			【苗族】
W0862.2		怪物是半人半兽			【联1，例1】④
W0862.3		怪物有多个头			【例2】⑤
W0862.4		怪物奇怪的四肢			
W0862.5		怪物的其他体征			
W0863	怪物的本领				
W0863.1		怪物作怪的手段			
W0863.1.1			怪物专吃人的眼睛		【民族，联1】⑥
W0863.2		怪物会变形			【汉族】
W0863.2.1			变婆		【民族，联1，例1】⑦
◎	〖 **常见的怪物** 〗				
W0865	动物怪物				

① 【关联】［W0830］妖魔
② 【关联】［W2600］人生怪胎。【引例】神生不知名的怪物【哈尼族】
③ 【关联】［W9371.1］神转世为怪物
④ 【关联】［W070.3.1］半人半兽的神。【引例】"奢比"是半人半兽的怪物【汉族】
⑤ 【引例】❶九头怪鸟【鄂伦春族】；❷九婴是有9个脑袋的怪物【汉族】
⑥ 【民族】白族。【关联】［W0839.5.1］吃人的妖魔
⑦ 【民族】壮族。【关联】［W0838.2.2］妖婆。【引例】老变婆专门向人学吃人肉【彝族】

W 编码	母题描述			参照项	
	一级母题	二级母题	三级母题	汤普森	关联项
W0865.1		怪兽			【白族、普米族】
W0865.2		人熊婆婆			【瑶族】
W0865.3		狼外婆			【民族，联1】①
W0865.4		怪鸟			【鄂伦春族】
W0866	植物怪物				
W0867	自然物怪物				
W0867.1		风怪			【民族，联1】②
W0867.2		海怪		①B877.1 ②G308	
W0868	与怪物有关的其他母题				
W0868.1		怪物的成长			【满族】
W0868.2		器物怪物			
W0868.3		怪物出没的时间			
W0868.4		怪物的弱点			
W0868.4.1			怪物怕某个特定的东西		【民族，例1】③
W0868.5		怪物与人为敌			【哈尼族】
W0868.6		怪物被制服			
W0868.7		怪物的死亡			

0.8.3　灵魂（鬼）④【W0870 ~ W0919】

W 编码	母题描述			参照项	
	一级母题	二级母题	三级母题	汤普森	关联项
✿ **W0870**	灵魂（鬼）			①E700 ②F400 ③V202	

---

① 【民族】汉族。【关联】［W0838.2.2］妖婆
② 【民族】仡佬族。【关联】［W0846.1］风魔
③ 【民族】汉族。【引例】通过酒杀死怪物【壮族】
④ 灵魂（鬼），"灵魂"或"鬼"是神话叙事中极不稳定的一个概念。在不同的民族或不同神话文本中对"灵魂"的应用很不一致，有的神话把"灵魂"称作"鬼"、"鬼魂"，有的神话"灵魂"、"鬼"、"神"可以相互替代。此处的"鬼"与"神与神性人物"母题中所列举的"妖魔"中的"魔鬼"具有本质的区别。如独龙族称"鬼"、"精灵"为"布兰"，认为"鬼"无所不在，随处皆有。但这些"鬼"又并非专指灵魂，而是某种自然力的化身，相当于"神"，如景颇语中，"精灵"、"鬼"、"神"都统称为"纳"等。大多数神话中所使用的"灵魂（鬼）"与宗教具有复杂的关联。因此，此类"灵魂"母题考虑到上述问题的难以规范性，除个别母题之外，一律使用"灵魂"进行母题描述。在该类母题的选择范围上也只选取其中一些有分析价值的现象，列为编目中的母题。具体情况参见《中国神话母题 W0 编目实例》。

W 编码	母题描述			参照项	
	一级母题	二级母题	三级母题	汤普森	关联项
✳ **W0871**	**灵魂的产生**			F413	
W0872		灵魂是给予的			
W0872.1			天神赐予人类灵魂		【哈萨克族】
W0872.2			真主给人灵魂		【回族、维吾尔族】
W0872.3			阎王爷赠送灵魂		【鄂伦春族】
W0872.4			其他特定人物给予灵魂		【赫哲族】
W0873		灵魂是创造产生的		E703	
W0873.1			神造灵魂		【哈萨克族】
W0873.2			神性人物造灵魂		
W0874		灵魂是生育产生的			
W0874.1			灵魂从动物中生出（鬼从动物中生出）		
W0874.2			灵魂从植物中生出（鬼从植物中生出）		【例3】①
W0874.3			灵魂从无生命物中生出（鬼从无生命物中生出）		【例1】②
W0874.4			怪物生鬼		【珞巴族】
W0874.5			与生育产生灵魂有关的其他母题		【民族，例1】③
W0875		灵魂是变形产生的			【联1】④
W0875.1			人变成鬼		【例3】⑤
W0875.2			气变成灵魂		【民族，联1】⑥
W0876		与灵魂产生有关的其他母题			
W0876.1			天气为魂		【汉族】
W0876.2			地气为魄		【汉族】
W0876.3			人死变成鬼		【民族，例1】⑦

① 【引例】❶生命树中产生灵魂【哈萨克族】；❷南瓜生鬼【傈僳族】；❸树生灵魂
② 【引例】白光生魂【哈尼族】
③ 【民族】景颇族。【引例】蛋孵化为鬼【纳西族】
④ 【关联】［W0906.4.1］人成为水鬼
⑤ 【引例】❶人死后变成鬼【汉族】；❷人淹死后变为水鬼【汉族】；❸人吃特定的东西变鬼【彝族】
⑥ 【民族】汉族。【关联】［W2114］造人经吹气后成活
⑦ 【民族】哈尼族、汉族。【引例】人去世十天之内会变成厉鬼【佤族】

W 编码	母题描述			参照项	
	一级母题	二级母题	三级母题	汤普森	关联项
W0876.4			动物老后成精		【哈尼族】
✿ W0877	灵魂的特征（鬼魂的特征）				
W0878		男灵（男鬼）			
W0879		女灵（女鬼）			【汉族】
❋ W0880	灵魂（鬼魂）的外形			F401	
W0881		灵魂（鬼魂）无形			
W0881.1			灵魂（鬼魂）为什么看不到	A2862	【例1】①
W0882		灵魂（鬼魂）有人的形体		E425	
W0883		灵魂（鬼魂）有动物形体		①E423 ②E730 ③F401.3	
W0883.1			灵魂（鬼魂）像狗	E731.1	
W0883.2			灵魂（鬼魂）像猫	E731.2	
W0883.3			灵魂（鬼魂）是鸟形	①E732 ②F401.3.7	【达斡尔族、哈萨克族】
W0883.4			灵魂（鬼魂）像昆虫	E734	
W0883.5			灵魂（鬼魂）像蝴蝶		【古突厥】
W0883.6			与灵魂（鬼魂）有动物形体有关的其他母题		【例1】②
W0884		灵魂（鬼魂）像其他物体		≈ E426	
W0884.1			灵魂（鬼魂）像星星	E741.1	
W0884.2			灵魂（鬼魂）像光	E742	
W0884.3			灵魂（鬼魂）像影子	E743	【汉族】
W0884.4			灵魂（鬼魂）像云	E744.2	
W0884.5			灵魂（鬼魂）像旋风	E744.3	【汉族】

① 【引例】人为什么看不见鬼【珞巴族】
② 【引例】鬼的原形是一个白猴子【珞巴族】

W 编码	母题描述			参照项	
	一级母题	二级母题	三级母题	汤普森	关联项
W0885		与灵魂（鬼魂）外形有关的其他母题			【例2】①
W0885.1			灵魂（鬼魂）呈现出不同形状	E721.5	
W0885.2			灵魂（鬼魂）很丑	E424	
W0885.3			鬼的锋利的阴毛		【珞巴族】
W0885.4			巨灵		【鄂伦春族】
◎	〖灵魂的其他特征〗				
W0886	灵魂可以自由出入身体			E720	
W0886.1		灵魂漫游		E721	
W0886.2		人睡后灵魂漫游		E721.1	
W0886.3		人死魂出窍		E722	【联1】②
W0886.4		灵魂从鼻孔出入人体			【民族，联1】③
W0887	灵魂（鬼魂）有变化能力				【联2】④
W0887.1		灵魂（鬼魂）变形为人			【例1】⑤
W0887.2		灵魂（鬼魂）变形为动物		E453	【珞巴族、仫佬族】
W0887.2.1			灵魂变鸟		【民族，联2】⑥
W0887.2.2			灵魂变天鹅		【哈萨克族】
W0887.3		灵魂（鬼魂）变形为其他物			【例1】⑦
W0888	灵魂不死				【民族，联1】⑧
W0888.1		灵魂不死的原因			【哈萨克族】
W0888.2		灵魂可以游离活人的身体		E723	【汉族】
W0888.3		灵魂从一个人的身体到另一个人的身体		E725	【汉族】

① 【引例】❶灵魂是一根马尾【达斡尔族】；❷妖魔的灵魂是鸡蛋【鄂伦春族】
② 【关联】［W2970］人的死亡
③ 【民族】哈萨克族。【关联】［W9338.2］魂进入身体使人复活
④ 【关联】❶［W057.2］灵魂变成神；❷［W2398.7］灵魂变人
⑤ 【引例】树灵、草灵会变成人【佤族】
⑥ 【民族】彝族。【关联】❶［W0910.7］鬼死后变鸟；❷［W3495.1.1］灵魂变成萤火虫
⑦ 【引例】灵魂能化作凶猛的动物和岩石【蒙古族】
⑧ 【民族】达斡尔族、佤族、彝族。【关联】［W0910.3］人死灵魂去另一个世界

W 编码	母题描述			参照项	
	一级母题	二级母题	三级母题	汤普森	关联项
W0889	与灵魂（鬼魂）的特征有关的其他母题				
W0889.1		灵魂重生			【民族，联1】①
W0889.2		灵魂有保护的能力			
W0889.2.1			灵魂能保护自己的子孙		【哈萨克族】
W0889.2.2			英雄的灵魂能保护部落		【哈萨克族】
W0889.2.3			祖灵能除灾灭祸		【哈萨克族】
❈ **W0890**	**灵魂（鬼魂）的居所与显形**			①E380 ②F408	
W0891		灵魂（鬼魂）无居所			
W0892		灵魂（鬼魂）住天和地之间		≈E481.5	【珞巴族】
W0892.1			灵魂（鬼魂）住空中	≈E481.8	
W0892.2			灵魂（鬼魂）住月亮上	≈ E481.8.2	
W0892.3			灵魂（鬼魂）住云中	≈ E481.8.4	
W0892.4			灵魂（鬼魂）住山洞		【例1】②
W0892.5			灵魂（鬼魂）住地下		【例1】③
W0893		灵魂（鬼魂）住在特定的方位			【景颇族】
W0894		灵魂居于人心		F408.2	
W0895		灵魂（鬼魂）居住在特定动物身上			【例1】④
W0896		灵魂（鬼魂）居住在植物上		E711.2	
W0896.1			灵魂（鬼魂）出没于树上	E276	

① 【民族】鄂伦春族。【关联】［W3747.1.4］能还魂的树
② 【引例】鬼居山洞【珞巴族】
③ 【引例】鬼住地下【毛南族】
④ 【引例】魂灵附着在鸡身上【布朗族】

W 编码	母题描述			参照项	
	一级母题	二级母题	三级母题	汤普森	关联项
W0896.2			灵魂（鬼魂）隐藏在树上	E712.1	
W0896.3			灵魂居住在生命树上		
W0896.4			灵魂（鬼）居住在树根下		【珞巴族】
W0897		灵魂（鬼魂）居住或出没在其他特定物上			
W0897.1			灵魂（鬼魂）居住在石头里	E711.7	
W0897.2			灵魂（鬼魂）出没于建筑物	E280	
W0897.3			灵魂（鬼魂）出没于房屋	E281	
W0897.4			善鬼居屋中	E338	【联1】①
W0897.5			灵魂（鬼魂）出没于夜间的人影中	E279.1	【联1】②
W0897.6			灵魂在筛盘中		【土家族】
W0897.7			灵魂（鬼魂）在地下行走	E591	
W0897.8			灵魂（鬼魂）的地盘	≈E481	
W0898		灵魂（鬼魂）现形		E420	【例2】③
W0898.1			亡灵现形		
W0898.2			死者显灵		【汉族】
W0898.3			灵魂（鬼魂）在特定时间出现	E587	
W0898.4			哭泣使灵魂（鬼魂）显现	E381	
W0898.5			音乐使灵魂（鬼魂）显现	E384	【维吾尔族】
W0898.6			咒语使灵魂（鬼魂）显现	E386.2	
W0898.7			法术使灵魂（鬼魂）出现		【汉族】

① 【关联】［W0901］善灵（善鬼）
② 【关联】［W0884.3］灵魂（鬼魂）像影子
③ 【引例】❶饮狒狒血可以见鬼【汉族】；❷关公显灵【藏族】

W 编码	母题描述			参照项	
	一级母题	二级母题	三级母题	汤普森	关联项
W0898.8			特定时间灵魂（鬼魂）出现		【白族】
◎	〖常见的灵魂（鬼魂）〗				
✳ **W0900**	神灵①				
W0900.1		神灵化为特定的人			【白族】
W0900.2		人死被尊为神灵			【白族】
W0901	善灵（善鬼）			F403	【联1】②
W0901.1		善鬼（灵）助人		F403.2	【景颇族】
W0901.2		先人的灵魂保护自己的子孙			【哈萨克族】
W0901.3		英雄的灵魂保护部落			【哈萨克族】
W0901.4		与善灵有关的其他母题			【例1】③
W0902	恶灵（恶鬼）			F402	【联1】④
W0902.1		人吃了特定的东西变成恶鬼			【彝族】
W0902.2		恶鬼作祟		E750	
W0902.2.1			吃幼儿的恶灵	E225	
W0902.2.2			恶灵掠夺庄稼	E255	
W0902.2.3			遇恶灵得病	E265.1	【蒙古族】
W0902.2.4			游魂使人得病	E721.3	
W0902.2.5			遇恶灵发疯	E265.2	
W0902.2.6			遇恶灵死亡	E265.3	
W0902.2.7			不正常死亡者的灵魂会害人		【汉族】
W0902.3		恶灵作祟的其他形式			【民族，联1】⑤
W0902.3.1			鬼魂吓唬人	E293	
W0902.3.2			游魂袭人	E261	
W0902.4		与恶灵（恶鬼）有关的其他母题			【联1】⑥

① 神灵，神话叙事中一个常使用的概念。在神话、传说、宗教教义中可以指天地万物的创造者和主宰者，也可以指那些有超凡能力或长生不老的人物，有时也指人死后的灵魂。
② 【关联】［W0897.4］善鬼居屋中
③ 【引例】祖灵可以除灾灭祸【哈萨克族】
④ 【关联】［W0842］恶魔
⑤ 【民族】蒙古族。【关联】［W4320.4］鬼魂造成风暴
⑥ 【关联】［W0903.4］祖先鬼是恶鬼

W 编码	母题描述			参照项	
	一级母题	二级母题	三级母题	汤普森	关联项
W0902.4.1			恶灵面目丑陋		【柯尔克孜族】
W0902.4.2			恶灵形如小儿		【蒙古族】
W0902.4.3			恶灵的消除		【蒙古族】
W0902.4.4			恶灵化为特定的物		【纳西族】
W0902.4.5			雷公是恶鬼		【民族，联1】①
W0902.4.6			灶鬼是恶鬼		【民族，联1】②
W0903	祖灵				
W0903.1		祖灵附着在动物上			
W0903.2		祖灵附着在植物上			
W0903.3		祖灵附着在器物上			
W0903.4		祖先鬼是恶鬼			【黎族】
W0903.5		与祖灵有关的其他母题			【联3】③
W0903.5.1			魂是毕摩的父母		【民族，联1】④
W0904	动物灵（鬼）			E520	【联1】⑤
W0904.1		马灵（马鬼）		E521.1	【联1】⑥
W0904.2		狗灵（狗鬼）		E521.2	【联1】⑦
W0904.3		猫灵（猫鬼）		E521.3	【联1】⑧
W0904.4		熊灵（熊鬼）		E522.2	【联1】⑨
W0904.5		鱼灵（鱼鬼）		E523	【联1】⑩
W0904.6		鸟灵（鸟鬼）		E524	【联1】⑪
W0904.7		鸡灵（鸡鬼）		E524.2	【联1】⑫
W0904.8		其他动物灵（鬼）			
W0905	植物灵（鬼）				
W0905.1		森林灵（鬼）		F441	
W0905.2		树灵（鬼）		E701.3	【例1】⑬

---

① 【民族】黎族。【关联】［W0320］恶的雷神
② 【民族】黎族。【关联】［W0493］灶神
③ 【关联】❶［W0640］祖先；❷［W0641］祖先神；❸［W8657.2.1］祖灵能除灾灭祸
④ 【民族】彝族。【关联】［W9147］毕摩
⑤ 【关联】［W0500］动物神
⑥ 【关联】［W0507］马神
⑦ 【关联】［W0510］犬神（狗神）
⑧ 【关联】［W0508］猫神
⑨ 【关联】［W0511］熊神
⑩ 【关联】［W0521］鱼神
⑪ 【关联】［W0514］鸟神
⑫ 【关联】［W0515］鸡神
⑬ 【引例】树灵"团托"【佤族】

W 编码	母题描述			参照项	
	一级母题	二级母题	三级母题	汤普森	关联项
W0905.3		庄稼魂（庄稼鬼）		F445.1	
W0905.4		谷魂（谷鬼）		E701.5	【联2】①
W0905.4.1			谷魂奶奶		【民族，联1】②
W0905.4.2			谷魂的修补		【苗族】
W0905.5		其他植物灵（鬼）			
W0906	无生命物灵（鬼）				
W0906.1		天上的鬼（天鬼）			【独龙族、景颇族】
W0906.1.1			天上的七煞鬼		【黎族】
W0906.2		地灵（地鬼）		①E701.1 ②F494	【黎族、景颇族】
W0906.2.1			地鬼是恶鬼		【民族，联2】③
W0906.3		山灵（山鬼、山妖）		F460	【民族，联1】④
W0906.3.1			山鬼是恶鬼		【黎族】
W0906.4		水灵（水鬼）		①E701.2 ②F402	【民族，联1】⑤
W0906.4.1			人成为水鬼	E653.1	【联1】⑥
W0906.4.2			水鬼是动物外形	F420.1.3	【壮族】
W0906.4.3			水鬼的特征	F420.4	
W0906.4.4			水鬼的行为	F420.5	【壮族】
W0906.4.5			水鬼结婚	F420.6	
W0906.5		海灵（海鬼）		①E271 ②F423	
W0906.6		河灵（河鬼）		F424	【联1，例1】⑦
W0906.7		泉灵（泉鬼）		F425	【联1】⑧
W0906.8		路灵（鬼）		E272	【联1】⑨
W0906.8.1			善的路鬼	E332	
W0906.9		其他无生命物灵（鬼）			

① 【关联】❶［W0546］五谷神；❷［W0547］谷神
② 【民族】傣族。【关联】［W3879.2］谷魂掌管粮食
③ 【民族】黎族。【关联】❶［W0230］地神；❷［W0902］恶灵（恶鬼）
④ 【民族】黎族。【关联】［W0391］山神
⑤ 【民族】黎族。【关联】［W0400］水神
⑥ 【关联】［W0906.4］水灵（水鬼）
⑦ 【关联】［W0410.1］河伯。【引例】河灵"苹格降"【佤族】
⑧ 【关联】［W0416］泉神
⑨ 【关联】［W0447.2.1］路神

W 编码	母题描述			参照项	
	一级母题	二级母题	三级母题	汤普森	关联项
W0906.9.1			器物的灵魂		【例1】①
W0907	其他灵（鬼魂）				
W0907.1		亡灵			
W0907.1.1			亡灵返回祖先身边		【布依族】
W0907.1.2			亡灵因有罪而不得安息	E411	
W0907.1.3			亡灵完成任务后才能安息	E415	
W0907.1.4			与亡灵有关的其他母题		【联1，例1】②
W0907.2		精灵			【例3】③
W0907.2.1			神生精灵		
W0907.2.2			天地生精灵		【例2】④
W0907.2.3			世上神明与精灵先降生		【高山族】
W0907.2.4			精灵有很多头		【珞巴族】
W0907.2.5			精灵住瓶中		
W0907.2.6			精灵帮助人		【布依族、壮族】
W0907.2.7			精灵的师傅		【哈萨克族】
W0907.2.8			与精灵有关的其他母题		【例5】⑤
W0907.3		阴间（地狱）鬼		F450	
W0907.3.1			地狱中的灵魂	E755.2	【联1】⑥
W0907.4		吸血鬼		A139.4	【独龙族】
W0907.5		嗜血的鬼魂		E250	
W0907.6		吊死鬼		A310.3	
W0907.7		火灵（火鬼）		①E701.4 ②F497	
W0907.8		瘟疫鬼		F493	【联1】⑦
W0907.9		风鬼			【联1】⑧

① 【引例】铜锅、铜钗、铜铃、铁斧都有灵魂【珞巴族】
② 【关联】［W9943.1］巧遇祖先亡灵。【引例】伞是亡灵的化身【侗族】
③ 【引例】❶鸡叫时灵物停止工作【东乡族】；❷魔鬼是精灵的老师【哈萨克族】；❸精灵样子像熊【珞巴族】
④ 【引例】❶天地婚生精灵（鬼）【珞巴族】；❷大地化生精灵【珞巴族】
⑤ 【引例】❶世界没形成时就有精灵【珞巴族】；❷精灵每月才有一次死亡【珞巴族】；❸祖先死后化为精灵【土族】；❹做善事的精灵；❺恶作剧的精灵
⑥ 【关联】［W1079］下界（地狱、阴间的产生）
⑦ 【关联】［W8647.2］瘟神制造瘟疫
⑧ 【关联】［W0292］风神

W 编码	母题描述			参照项	
	一级母题	二级母题	三级母题	汤普森	关联项
W0907.9.1			风鬼使人患疟疾病		【民族，联1】①
W0907.10		无头鬼		E422.1.1	
W0907.11		饿死鬼		A689.3	【例1】②
W0907.12		吃人的鬼魂		G11.10	【民族，联1，例2】③
W0907.13		食尸鬼		G20	
W0907.14		其他特定的鬼			
W0907.14.1			丧葬鬼		【独龙族】
W0907.14.2			恶作剧的鬼	F473	
W0907.14.3			傻鬼		【独龙族】
◎	〖**其他相关母题**〗				
W0910	灵魂的归宿				
W0910.1		灵魂回到天堂		≈E754.2	【回族】
W0910.1.1			灵魂升天		
W0910.1.2			人的灵魂升天的原因		【回族、景颇族】
W0910.1.3			灵魂最终被召回天上		【哈萨克族】
W0910.1.4			人死后灵魂到阴间		【达斡尔族】
W0910.1.5			念经可以使灵魂升入天堂		【民族，联1】④
W0910.2		人死后魂归祖神居所（灵魂还乡）			【藏族】
W0910.3		人死灵魂去另一个世界			【鄂温克族、哈萨克族】
W0910.4		灵魂到其他特定的地方			
W0910.4.1			灵魂到太阳上		【例1】⑤
W0910.4.2			灵魂到特定的神那里		【藏族】
W0910.4.3			人死后灵魂到村子的某个地方		【侗族】
W0910.5		游魂安息		E440	【联1】⑥

① 【民族】黎族。【关联】［W8656.8］疟疾的产生
② 【引例】女乌佑（乌佑，珞马语，鬼、精灵）总是吃不饱【珞巴族】
③ 【民族】独龙族。【关联】［W0839.5.1］吃人的妖魔。【引例】❶乌佑（珞巴语，鬼、精灵）吃掉死者的尸体［珞巴族］；❷鬼吃掉总人数的一半的人【珞巴族】
④ 【民族】门巴族。【关联】［W6468.10］诵经
⑤ 【引例】动物死后灵魂到太阳上【布依族】
⑥ 【关联】［W9187.4］咒语使灵魂安息

W 编码	母题描述			参照项	
	一级母题	二级母题	三级母题	汤普森	关联项
W0910.5.1			灵魂破晓时安息	E452	
W0910.5.2			水鬼难安	E414	【联1】①
W0910.5.3			特定的草可以使灵魂安息		【彝族】
W0910.6		恶灵被关押在石头中		D2177.3	
W0910.7		鬼死后变鸟			【民族，联1】②
W0911	招魂（叫魂）				【民族，联1】③
W0911.1		灵魂的拯救		E754	
W0911.2		灵魂的救赎		V520	【壮族】
W0911.3		招魂的方法			【例1】④
W0911.4		与招魂有关的其他母题			【例3】⑤
W0912	驱鬼（捉鬼）				
W0912.1		人为什么打鬼			
W0912.1.1			人打鬼是因为鬼吸人血		【独龙族】
W0912.2		防御鬼魂		E430	【联2】⑥
W0912.2.1			葬礼防御鬼魂	E431	【联1】⑦
W0912.2.2			祭献安放鬼魂	E433	
W0912.2.3			魔法防鬼魂	E434	【联1】⑧
W0912.2.4			巫术驱鬼		
W0912.2.5			狗血驱鬼		【汉族】
W0912.2.6			用火驱鬼		【白族、独龙族】
W0912.2.7			用毒草药杀鬼		【独龙族】
W0912.2.8			剑麻能治鬼		【拉祜族】
W0912.2.9			宗教人物驱鬼		【例2】⑨
W0912.2.10			石板压鬼		【民族，例1】⑩

----

① 【关联】［W0906.4］水灵（水鬼）
② 【民族】珞巴族。【关联】［W0887.2.1］灵魂变鸟
③ 【民族】汉族。【关联】［W9172］招魂术
④ 【引例】在坟墓上埋三块石头灵魂就回来【珞巴族】
⑤ 【引例】❶招魂的神【鄂伦春族】；❷女萨满召魂【鄂伦春族】；❸摄魂【鄂伦春族、苗族】
⑥ 【关联】❶［W9011.1］魔法驱怪；❷［W9187.3］咒语驱魔（鬼）
⑦ 【关联】［W6660］葬俗
⑧ 【关联】［W9000］魔法
⑨ 【引例】❶喇嘛赶鬼【门巴族】；❷毕摩驱鬼【彝族】
⑩ 【民族】独龙族。【引例】镇鬼的石头【珞巴族】

W 编码	母题描述			参照项	
	一级母题	二级母题	三级母题	汤普森	关联项
W0912.3		捉鬼者			
W0912.3.1			钟馗捉鬼		【汉族】
W0912.3.2			神荼和郁垒捉鬼		【汉族】
W0912.4		鬼捉人			【珞巴族】
W0912.5		与驱鬼有关的其他母题			【联1，例1】①
W0912.5.1			魔眼视灵魂	D1825.3.3	
W0912.5.2			特定的鬼的灭绝		【珞巴族】
W0913	灵魂的控制				
W0913.1		灵魂的管理者（鬼的管理者）			
W0913.1.1			阎王管灵魂		【民族，联2】②
W0913.1.2			盘古是鬼魂管理者		【联1】③
W0913.1.3			各种鬼的总管		【例1】④
W0913.2		魔力控制着灵魂		D2198	
W0913.3		鬼魂埋在九层土下方会不得翻身			【民族，联1】⑤
W0913.4		音乐使灵魂安静			【维吾尔族】
W0913.4.1			真主用音乐控制灵魂		【维吾尔族】
W0914	灵魂的数量				
W0914.1		人有多个灵魂		E707	【联1】⑥
W0914.1.1			人有2个灵魂		【景颇族】
W0914.1.2			人死后一个灵魂上天，一个灵魂入地		【景颇族】
W0914.1.3			人有3个灵魂		【蒙古族、藏族】
W0915	灵魂的象征物				【联1】⑦
W0915.1		生命树的叶子代表人的灵魂			【哈萨克族】
W0915.2		竹根代表先人的灵魂			【彝族】

① 【关联】［W9150～9174］巫术。【引例】斗智驱鬼【壮族】
② 【民族】鄂伦春族。【关联】❶［W0242］阎王；❷［W0870］灵魂（鬼）
③ 【关联】［W0720］盘古
④ 【引例】各种鬼的总管是木朋九【独龙族】
⑤ 【民族】纳西族。【关联】［W0890］灵魂（鬼魂）的居所与显形
⑥ 【关联】［W2750］人的特征
⑦ 【关联】［W9240］象征物

W 编码	母题描述			参照项	
	一级母题	二级母题	三级母题	汤普森	关联项
W0915.3		石头代表灵魂			【纳西族】
W0916	与灵魂（鬼、鬼魂）有关的其他母题			E400	【联2，例3】①
W0916.1		万物有灵			【民族】②
W0916.2		野鬼			【景颇族】
W0916.3		鬼火			
W0916.3.1			鬼火的产生	A2817	
W0916.3.2			蓝色鬼火		【珞巴族】
W0916.4		冤魂（冤鬼）			【汉族】
W0916.5		鬼的宴会			【联2，例1】③
W0916.6		鬼的孩子由人抚养			【独龙族】
W0916.7		鬼魂的惧怕物			【联1】④
W0916.7.1			鬼魂害怕活着的人	≈E462	
W0916.7.2			鬼害怕特定的树		【哈尼族】
W0916.7.3			鬼害怕特定的草		【拉祜族】
W0916.8		鬼魂为人工作		≈E596.1	
W0916.9		灵魂的存放			
W0916.9.1			灵魂存放在葫芦中		【例1】⑤
W0916.10		灵魂遭劫			【汉族】
W0916.11		灵魂的丢失（离去）		①E752 ②F407	【例1】⑥
W0916.12		交换灵魂			【鄂温克族】
W0916.13		鬼魂护宝		E291	
W0916.14		灵魂被摄死亡			【普米族】
W0916.15		"精灵"、"鬼"、"神"相同			【景颇族】
W0916.16		灵筒			【彝族】
W0916.17		灵魂的替代物			【珞巴族】

---

① 【关联】❶［W6375］灵魂崇拜；❷［W8818.2］鬼魂之争。【引例】❶以前鬼很勤劳【景颇族】；❷鬼吃动物的灵魂【景颇族】；❸鬼吃人献的粮食【景颇族】

② 【民族】阿昌族、白族、傣族、侗族、珞巴族、佤族等

③ 【关联】❶［W0828.8］仙的宴会；❷［W0982］神的宴会。【引例】鬼办人肉宴【珞巴族】

④ 【关联】［W0840.6.3］妖魔的惧怕物

⑤ 【引例】猴子的灵魂装在葫芦里【珞巴族】

⑥ 【引例】黑熊取走人的灵魂【鄂伦春族】

0.9 神或神性人物的其他母题
【W0920 ～ W0999】

0.9.1 神物① 【W0920 ～ W0969】

W 编码	母题描述			参照项	
	一级母题	二级母题	三级母题	汤普森	关联项
✿ W0920	神物				
✳ W0921	神性动物				
W0922		神马			
W0922.1			神马天降		【藏族】
W0922.2			泉生神马		【保安族】
W0922.3			长翅膀的神马		【彝族】
W0922.4			神马腾云驾雾		【瑶族】
W0922.5			与神马有关的其他母题		【例2】②
W0923		神狗			
W0923.1			神狗盘瓠		【苗族】
W0923.2			与神狗有关的其他母题		【民族，联2】③
W0924		神鸟			
W0924.1			神鸟人头鸟身		【傣族】
W0924.2			神鸟多足多翼		【例1】④
W0924.3			神鸟会发光		【民族，例1】⑤
W0924.4			太阳神鸟		【汉族】
W0924.5			九彩神鸟		【满族】

---

① 神物，该母题与"物神"有一定的联系和区别。从神话叙事本质看"神物"并不一定是"物神"，就像"神马"、"神山"并不是"马神"、"山神"一样。"神物"作为一类母题在神话叙事中情况非常复杂，既难以明确辨析也难以穷尽，在此列出的"神物"母题编目只选取其中一些典型个例，仅以引点或启示为目的。

② 【引例】❶神龙马【彝族】；❷神马住九重天间瞭处【藏族】

③ 【民族】苗族、畲族、瑶族、裕固族。【关联】❶ ［W3074.3］天狗；❷ ［W3133.6.3］龙犬立功

④ 【引例】神鸟（帝江）六足四翼【汉族】

⑤ 【民族】汉族。【引例】发金光的金雀【回族】

W 编码	母题描述			参照项	
	一级母题	二级母题	三级母题	汤普森	关联项
W0924.6			其他特定的神鸟		【例3】①
W0924.7			与神鸟有关的其他母题		【联1，例2】②
W0925		神牛			【哈尼族、哈萨克族】
W0925.1			天神造神牛		【哈尼族】
W0925.2			地生神牛		【珞巴族】
W0925.3			神蛋生神牛		【门巴族】
W0925.4			日耕三千亩的神牛		【瑶族】
W0925.5			与神牛有关的其他母题		【珞巴族】
W0926		与神性动物有关的其他母题			
W0926.1			神龙		【壮族】
W0926.2			神蛙		【壮族】
W0926.3			神龟		【例1】③
W0926.4			神蛋		【民族，联1】④
✿ **W0929**	神性植物				
❉ **W0930**	神树				【民族，例1】⑤
W0931		神树的产生			
W0931.1			海生神树		【纳西族】
W0931.2			人变神树		【汉族】
W0932		神树的特征			
W0932.1			神树长生不老		【傣族】
W0932.2			神树神奇的开花结果		【纳西族】
W0932.3			神树的果实使人力气倍增		【壮族】
W0932.4			神树使人病愈		【傣族】
W0932.5			神木使人长生		【汉族】
W0932.6			神树知天地		【苗族】
W0933		与神树有关的其他母题			【例1】⑥

---

① 【引例】❶神鸡【白族】；❷神鹰【彝族】；❸神鸟天鹅【藏族】
② 【关联】［W3329.5］奇特的鸟。【引例】❶神鸟变形【哈萨克族】；❷神鸟的颜色代表不同职能【藏族】
③ 【引例】龟是护佑文明发达的神灵【藏族】
④ 【民族】傣族。【关联】［W0787.4.1］神蛋生佛祖
⑤ 【民族】汉族。【引例】梭罗树是神树【布依族】
⑥ 【引例】用树枝象征神树【白族】

W 编码	母题描述			参照项	
	一级母题	二级母题	三级母题	汤普森	关联项
W0933.1			长生树（不死树）		【民族，联 3】①
W0933.2			摇钱树		【联 1，例 1】②
W0933.3			智慧树		【联 1，例 1】③
W0933.4			智慧树枝		【满族】
W0933.5			神树的守护者		【纳西族】
W0933.6			特定地点的神树		【彝族】
W0933.7			特定名称的神树		【布依族】
✷ **W0934**	神草（仙草）				【联 1】④
W0935		不死草			【哈尼族、汉族】
W0935.1			不死草使人复生		【哈尼族】
W0935.2			不死草能使人长生		【汉族】
W0935.3			使人长生的草		【汉族】
W0936		还魂草			【民族，联 1】⑤
W0937		延寿草			【例 1】⑥
W0938		与神草有关的其他母题			
W0938.1			辟邪草		【高山族】
W0938.2			治病仙草		【白族】
W0938.3			使人长生的灵芝		【联 2】⑦
W0939	神花				
✷ **W0940**	神果（仙果）				
W0941		神奇的苹果			
W0941.1			让人保持青春的苹果		【柯尔克孜族】
W0942		长寿果			【汉族】
W0943		仙桃（神桃）			【民族，联 1】⑧
W0943.1			天上的仙桃		
W0943.2			瑶池的仙桃		
W0943.3			仙桃使人长生不老		【瑶族】
W0943.4			使人长生的神桃		【汉族】

① 【民族】汉族。【关联】❶［W0952］长生不老药；❷［W3747.1］神奇的树；❸［W9692.3.1］长生不老的灵芝
② 【关联】［W9090.3］摇钱树。【引例】榆树是摇钱树【回族】
③ 【关联】［W6777］智慧的获得。【引例】智慧树叫做灵丹树【满族】
④ 【关联】［W3814.2］奇特的草
⑤ 【民族】汉族。【关联】［W0870］灵魂
⑥ 【引例】到西天寻找延寿草【纳西族】
⑦ 【关联】❶［W3820.3.3］灵芝草能起死回生；❷［W9692.3.1］长生不老的灵芝
⑧ 【民族】汉族。【关联】［W3785～W3787］桃树

W 编码	母题描述			参照项	
	一级母题	二级母题	三级母题	汤普森	关联项
✵ W0944	神性作物				
W0945		九穗禾			
W0945.1			九穗禾为不死药		【汉族】
W0945.2			鸟送九穗禾		【汉族】
W0946		使人复生的稻子			【民族，联1】①
◎	〖神药〗				
W0950	神药的来历				【联1】②
W0950.1		神药是特定物的化身			【例2】③
W0950.2		神药在海中			【例1】④
W0951	不死药				【汉族】
W0951.1		不死药在天上			【哈尼族、苗族】
W0951.1.1			到西天寻找不死药		【纳西族】
W0951.2		神或神性人物有不死药			
W0951.2.1			植物神有不死药		【哈尼族】
W0951.2.2			西王母有不死药		【例1】⑤
W0951.2.3			祖先有不死药		【景颇族】
W0951.3		特定人物找不死药			【纳西族】
W0951.4		吃不死药的时辰			【汉族】
W0951.5		不死药的丢失			
W0951.5.1			日月偷走人类的不死药		【彝族】
W0952	长生不老药⑥				
W0952.1		特定的物是长生不老药			
W0952.1.1			雷公肉是长生不老药		【仫佬族】
W0952.1.2			特定的物生出长生不老药		【例1】⑦
W0952.1.3			长生不老的水		【联1，例1】⑧

① 【民族】汉族。【关联】［W3854～W3856］稻子
② 【关联】［W6235］药的产生（药的获得）
③ 【引例】❶神药九龙藤是九龙的化身【布依族】；❷特定的鼻毛是神药【纳西族】
④ 【引例】人到海中取神药【畲族】
⑤ 【引例】向西王母求不死药【汉族】
⑥ 长生不老药，在有些神话中与"不死药"、"能使人长生的食物"等具有等同的含义。
⑦ 【引例】埋鬼的脐带的地方生出长生药【景颇族】
⑧ 【关联】［W0959.2］不死水。【引例】喇嘛造长生不老的圣水【蒙古族】

W 编码	母题描述			参照项	
	一级母题	二级母题	三级母题	汤普森	关联项
W0952.2		长生不老药在天上			【傈僳族】
W0952.3		八月十五的桂花拌新谷是不老药			【高山族】
W0952.4		不死药能使天地变化			【纳西族】
W0952.5		吃不死药升仙			【汉族】
W0952.6		与长生不老药有关的其他母题			
W0952.6.1			能使人长生的食物		【联1】①
W0952.6.2			作为长生的其他物质		【联1】②
W0953	起死回生药				【联1】③
W0953.1		人类祖先有起死回生药			【独龙族】
W0953.2		太上老君有起死回生药			【苗族】
W0953.3		下界的人有起死回生药			【苗族】
W0953.4		特定的草是起死回生药			【民族，联1】④
W0953.5		起死回生药只有当天送到才能救人			【独龙族】
W0954	与神药有关的其他母题				
W0954.1		仙丹			
W0954.1.1			炼仙丹		【例2】⑤
W0954.1.2			仙丹能治百病		【汉族】
W0954.1.3			能使人长生不老的仙丹		【汉族】
W0954.2		催生药			【联1，例2】⑥
✲ **W0955**	**神性自然物**				
W0956		神山			【例1】⑦
W0956.1			神峰		【满族】

① 【关联】［W0944］神性作物
② 【关联】［W0943.3］仙桃使人长生不老
③ 【关联】［W9318］通过药物复活
④ 【民族】哈尼族。【关联】［W0936］还魂草
⑤ 【引例】❶炼丹炉【汉族】；❷太上老君修炼仙丹【汉族】
⑥ 【关联】［W6247.3］特定的药物。【引例】❶埋鬼的脐带的地方生出催生药【景颇族】；❷催生药使人变年轻【景颇族】
⑦ 【引例】能使人不死的山【汉族】

W 编码	母题描述			参照项	
	一级母题	二级母题	三级母题	汤普森	关联项
W0957		神石			【民族，例1】①
W0958		神泉			【联1，例3】②
W0958.1			饮赤泉不老		【汉族】
W0959		其他神性自然物			【联2】③
W0959.1			神水		【联2，例1】④
W0959.2			不死水		【民族，联1，例1】⑤
❋ **W0960**	**神性器物**				【联1】⑥
W0961		神刀			【例2】⑦
W0962		神斧			【民族，联2，例1】⑧
W0963		神弓神箭			【联1】⑨
W0963.1			神弓		【壮族】
W0963.2			神箭		【例3】⑩
W0964		神镜			【满族、维吾尔族、瑶族】
W0965		神鼓			【例8】⑪
W0966		其他神性器物			【例1】⑫
W0966.1			神盘		【回族】
W0966.2			神扇		【联1，例2】⑬
W0966.3			神毯		【联1，例1】⑭
W0966.4			神珠		【联1，例1】⑮
W0966.5			神笔		【瑶族】
W0966.6			神奇的绳		【哈尼族】
W0967	与神物有关的其他母题				
W0967.1		神坛			【藏族】
W0967.2		金牙齿		F544.3.1	

① 【民族】汉族、羌族。【引例】神石可以打出火【白族】
② 【关联】［W1972.1］奇特之泉。【引例】❶神泉能疗伤【鄂温克族】；❷神泉的水能治病【蒙古族】；❸天帝的神泉
③ 【关联】❶［W1695.16］日精；❷［W1698.5］月华
④ 【关联】❶［W1897.1.2］回生水；❷［W1897.1.3］长生水。【引例】到西天寻找回生水【纳西族】
⑤ 【民族】蒙古族。【关联】［W0950］神药。【引例】饮丹水后不死【汉族】
⑥ 【关联】［W9650］宝物
⑦ 【引例】❶神刀能砍倒九座山【彝族】；❷会变化的神刀【彝族】
⑧ 【民族】汉族、壮族。【关联】❶［W0724.2.1］盘古的神斧；❷［W6089.2.2］雷公斧。【引例】雷公斧可以敲山震虎【水族】
⑨ 【关联】［W6976.3.1］奇特的箭
⑩ 【引例】❶神人赠神箭【瑶族】；❷英雄用神箭制敌【彝族】；❸占卜神箭【藏族】
⑪ 【引例】❶铜鼓是神物【布依族】；❷萨满乘神鼓腾云驾雾【鄂温克族】；❸雷鼓【汉族】；❹铜鼓从天上来【苗族】；❺龙女化身为铜鼓【苗族】；❻铜鼓震蛇【瑶族】；❼有生命的铜鼓【壮族】；❽铜鼓降妖【壮族】
⑫ 【引例】盛雨的神缸【保安族】
⑬ 【关联】［W4295.3］用神扇扇出风。【引例】❶神扇能扇出火山中的路【布依族】；❷能降妖的神扇【苗族】
⑭ 【关联】［W9688.4］飞毯。【引例】飞毯能变出人间美景【蒙古族】
⑮ 【关联】［W0406.4］水神的定海神珠。【引例】避水珠【壮族】

0.9.2 与神或神性人物有关的其他母题 【W0970 ~ W0999】

W 编码	母题描述			参照项	
	一级母题	二级母题	三级母题	汤普森	关联项
◎	〖与神或神性人物有关的母题〗				
W0970	神或神性人物的名称				
W0970.1		神的名称的来历			【例1】①
W0970.1.1			造神者给造的神取名		【傣族】
W0970.1.2			根据神产生时的情形取名		【傣族】
W0970.1.3			神的名字源于自身		【民族,联1】②
W0970.2		神性人物名称的来历			
W0970.3		与神或神性人物的名称有关的其他母题			【联1】③
W0970.3.1			不知名字的神		
W0970.3.2			男神冠以女称		【哈尼族】
W0971	神的身份				【联1】④
W0971.1		神的身份的来历			
W0971.2		神的身份的变化			【民族,联1】⑤
W0971.2.1			白天是人晚上变神		
W0971.3		假的神		K1969.4	
W0972	神的分类				
W0972.1		神分天神、地祇、人鬼三类			【汉族】
W0972.2		神分天神、地神和人神			【民族,联1】⑥
W0973	神的分工				【哈尼族】
W0973.1		不同的神分管不同的地域			

① 【引例】圣旨定神名【汉族】
② 【民族】纳西族。【关联】［W6871］神给自己取名
③ 【关联】［W6512.2］不能犯讳神的名字
④ 【关联】［W0497.8］身兼多职的神
⑤ 【民族】藏族。【关联】［W3471.5］蚂蚁上天为神,在地上是禽兽
⑥ 【民族】汉族。【关联】［W0123.4.2］三皇

W 编码	母题描述			参照项	
	一级母题	二级母题	三级母题	汤普森	关联项
W0973.1.1			土地管地，雷公管天		【民族，联1】①
W0973.1.2			"重"管天，"黎"管地		【汉族】
W0973.2		不同的神有不同的职能			【鄂温克族】
W0974	神的等级				【联1】②
W0974.1		神的尊卑的形成			【汉族】
W0974.1.1			天帝制定神的尊卑		
W0974.1.2			神确定职能后形成尊卑		【例1】③
W0974.2		神的辈次			
W0974.2.1			天神的辈次		【满族】
W0974.3		与神的等级有关的其他母题			
W0974.3.1			天神听命于佛祖		【民族，联2】④
W0974.3.2			山神听命于玉帝		【汉族】
W0974.3.3			神的地位的提升		【藏族】
✳ **W0975**	神的财物			A156	
W0976		神有丰富的财物			
W0976.1			神的金箱银箱放神殿中		【哈尼族】
W0977		与神的财物有关的其他母题			
W0977.1			神的宝物		【联2】⑤
W0977.2			神的宝库		【门巴族】
W0977.3			穷神		【民族，联1】⑥
W0977.4			富神		
◎	〖其他相关母题〗				
W0980	神或神性人物的化身⑦				

---

① 【民族】毛南族。【关联】［W4860］天地的管理
② 【关联】［W5009］人的等级的产生
③ 【引例】众多神灵各司其职后有了大小之分【佤族】
④ 【民族】傣族。【关联】❶［W0202］天神的关系；❷［W0787］佛祖
⑤ 【关联】❶［W0397.1］雷电是山神的法宝；❷［W9650］宝物
⑥ 【民族】鄂温克族。【关联】［W0236.4］土地神是穷神
⑦ 神或神性人物的化身，具体的神或神性人物的化身情况需要参考相应的神或神性人物母题。

W 编码	母题描述			参照项	
	一级母题	二级母题	三级母题	汤普森	关联项
W0981	神的圣迹			A182	
W0981.1		神显胜迹的方式			
W0981.2		神通过天降食物显圣迹			
W0982	神的宴会			A153.3	【联 1，例 1】①
W0982.1		神的饭量			
W0982.2		神的酒量			【哈尼族】
W0983	神的聚会			A167	
W0983.1		神定期聚会			
W0983.2		神有特定的聚会地点			【例 1】②
W0983.3		鸣天鼓以召众神			【汉族】
W0984	神的离去				
W0984.1		人对神不尊造成神的离去			【民族，例 1】③
W0984.2		神定期离开某个地方			【汉族】
W0985	神受到奖惩				【联 1】④
W0985.1		神得到奖励			
W0985.2		神受到惩罚			
W0985.3		神被降职		A175	
W0986	神的行窃			A177	【联 3】⑤
W0987	神被监禁			A173.2	【联 1】⑥
W0988	神或神性人物被放逐				【傣族】
W0989	神或神性人物相反的行为（性格）				
W0989.1		父子神的性情相反			
W0989.2		夫妻神一善一恶			【汉族】
W0989.3		两个巨人兄弟一善一恶			【布依族】

---

① 【关联】［W0813.4］仙的宴会。【引例】雷王赴宴【毛南族】
② 【引例】百神聚昆仑之墟【汉族】
③ 【民族】土家族。【引例】人对火神不敬造成火神的离去【鄂温克族】
④ 【关联】［W9900～W9920］奖励与惩罚
⑤ 【关联】❶［W3951］神盗粮种（神取粮种）；❷［W6953］盗火；❸［W9950］偷盗
⑥ 【关联】［W8875.1］雷公被关笼中

W 编码	母题描述			参照项	
	一级母题	二级母题	三级母题	汤普森	关联项
W0990	神或神性人物的抗争				【联1】①
W0991	神或神性人物的犯错				
W0991.1		神因喝酒犯错			【京族】
W0991.2		神受到诱惑犯错			
W0992	神或神性人物的荒诞行为				
W0992.1		神反着做事			【汉族】
W0993	神或神性人物神力的消失				
W0993.1		神或神性人物接触特定的物后神力消失			
W0993.2		神或神性人物遭咒语后神力消失			
W0993.3		神或神性人物在特定的时辰神力消失			
W0994	与神或神性人物的事件有关的其他母题				【联3】②
W0994.1		人帮助神			【普米族、藏族】
W0994.2		神向人收粮（租）			【汉族】
W0994.2.1			雷神收租		【民族，联1】③
W0995	与神或神性人物有关的其他母题			≈A190	【联1】④
W0995.1		神的缺点		A102.18	
W0995.2		神与人同乐			【汉族】
W0995.3		神向人致礼			【回族】
W0995.4		神的会议			【民族，联2】⑤

---

① 【关联】［W0765.2］刑天舞干戚
② 【关联】❶［W5966］神的管理；❷［W9301］神的复活；❸［W9957.3］人神相见
③ 【民族】彝族。【关联】［W0331］雷神的能力或事迹
④ 【关联】［W4692.3］神的1天是1千年
⑤ 【民族】珞巴族。【关联】❶［W0982］神的宴会；❷［W0983］神的聚会

1 世界与自然物

（代码：W1000 ~ W1999）

类型说明

一、世界与自然物母题目的界定

1. 世界母题。"世界"源于"世"与"界"，两个概念的组合，在学科界定方面有一定区别。如典籍中说："古往今来曰世，上下四方曰界"，后来的"世界"是全部时间与空间的总称。在神话叙事中，有时又称之为"宇宙"。在此类母题编目中统一表述为"世界"。这类母题是人们一般认为的"创世神话"的主体或核心。

2. 自然物母题。世界中的自然物林林总总，许许多多自然物会出现在相关的神话叙事中，但我们并不能把每一个自然物都提取为相应的母题。本母题类型只选择日月星辰、山川河流等有代表性的母题作为样例。

为了神话母题编目类型的清晰，本书将动植物母题编目设为另一个专题类型，代码为 W3000 ~ W3999。

二、母题类型划分与编排

1. "世界与自然物"母题分 9 个组成部分。其基本排序如下：

（1）世界（宇宙）起源概说；（2）天地；（3）万物；（4）日月；（5）星辰；（6）天上其他诸物；（7）山石；（8）江河湖海（水）；（9）其他物质与生物。

2. 母题的编排。上述 9 个专题性母题类型的内容基本照顾到空间逻辑关系或人们对世界、自然物的认知习惯。

1.1 世界（宇宙）①起源概说

【W1000～W1099】

1.1.1 世界的产生【W1000～W1009】

W 编码	母题描述			参照项	
	一级母题	二级母题	三级母题	汤普森	关联项
✳ **W1000**	世界的产生				
W1001	世界自然产生			A620	
W1001.1		世界自然存在			【彝族】
W1002	世界是创造产生的				【联1】②
W1002.1		世界是神或神性人物创造的			【联1】③
W1002.1.1			世界是创世者创造的	①A610 ②A618	【联1】④
W1002.1.2			世界是天神创造的		【民族，联1】⑤
W1002.1.3			世界是女神创造的		【联2，例1】⑥
W1002.1.4			世界是动物神创造的		【民族，联2】⑦
W1002.1.5			世界是众神创造的	A2	【民族，联1】⑧
W1002.1.6			世界是神与神性人物合作创造的		【例1】⑨

---

① 世界（宇宙），神话中关于"世界"的描述是一个相当笼统的概念。在不同的神话文本中可能叙述为"世界"、"宇宙"、"天地"等，这类神话涉及的是"世界"的本源、特征等问题，多数观点将其归属于创世神话。具体表述方面的区别可参见《中国神话母题 W1 编目实例》。

② 【关联】［W1015］创世者（造物主）

③ 【关联】［W1020］神或神性人物是创世者（神是创世者）

④ 【关联】［TPS：A700.1］创世者吐出世界（天体）

⑤ 【民族】傣族。【关联】［W1020.3］天神是创世者

⑥ 【关联】❶［W068.1］创世女神；❷［W1020.3.1］女天神是创世者。【引例】女神用神鼓创造世界【满族】

⑦ 【民族】哈尼族。【关联】❶［W1002.3］世界是动物创造的；❷［W1020.8.1］动物神是创世者

⑧ 【民族】满族。【关联】［W1020.5］众神是创世者

⑨ 【引例】天神与佛祖共同创世【裕固族】

W 编码	母题描述			参照项	
	一级母题	二级母题	三级母题	汤普森	关联项
W1002.1.7			世界是真主创造的		【民族，联1】①
W1002.1.8			与神或神性人物创造世界有关的其他母题		【联1，例2】②
W1002.2		世界是特定的人创造的			【联1】③
W1002.2.1			世界是父子创造的		【民族，联1】④
W1002.2.2			世界是一对夫妻创造的		【联2，例1】⑤
W1002.2.3			世界是两兄妹创造的		【民族，联1】⑥
W1002.2.4			世界是两兄弟创造的	A15.2	【民族，联1】⑦
W1002.2.5			世界是工匠创造的	A15.4	【联1】⑧
W1002.2.6			世界是多个人（神）创造的	A2	【民族，联1】⑨
W1002.2.7			世界是其他特定的人创造的		
W1002.3		世界是动物创造的			【联6】⑩
W1002.3.1			世界是牛创造的		
W1002.4		世界是其他特定的人物创造的			【联2】⑪
W1002.4.1			树上长出世界		
W1003	世界是生育产生的			A615	【联1】⑫
W1003.1		世界生于无			【藏族】
W1003.2		真空孕育世界			【傣族】
W1003.3		世界是婚生的		A615.2	
W1003.3.1			天父地母婚生世界	A625	【联3】⑬

---

① 【民族】回族、柯尔克孜族、塔吉克族。【关联】［W1021.3］真主是创世者
② 【关联】［W0161.1］神创造世界时的伙伴。【引例】❶老君创造世界【汉族】；❷天帝创造宇宙【柯尔克孜族】
③ 【关联】［W1015］创世者（造物主）
④ 【民族】汉族。【关联】［W1022.1］父子是创世者
⑤ 【关联】❶［TPS：A2.2］最初的一对夫妻创造世界；❷［W1022.2］一对夫妻是创世者。【引例】布陀西和密洛陀夫妻创世【瑶族】
⑥ 【民族】汉族、拉祜族、羌族。【关联】［W1022.3］两兄妹是创世者
⑦ 【民族】汉族。【关联】［W1022.4］两兄弟是创世者
⑧ 【关联】［TPS：A15.4.1］陶工创造世界
⑨ 【民族】汉族、彝族。【关联】［W1002.2.6］多个人（神）是创世者
⑩ 【关联】❶［W1023］动物是创世者；❷［W1023.1］哺乳动物是创世者；❸［W1023.2］鸟类是创世者；❹［W1023.3］水中动物是创世者；❺［W1023.4］昆虫是创世者；❻［W1023.5］爬行动物是创世者
⑪ 【关联】❶［W1024］植物是创世者；❷［W1025］无生命物是创世者
⑫ 【关联】［W1510］万物是生育产生的（生万物）
⑬ 【关联】❶［W0142.2］天父地母；❷［W7259.3］人模仿天父和地母总是趴在一起学会性交；❸［W7532］婚姻

W 编码	母题描述			参照项	
	一级母题	二级母题	三级母题	汤普森	关联项
W1003.3.2			两性交配生世界		【汉族】
W1003.4		世界是卵生的		A641	【民族，联1】①
W1003.4.1			蛋中生出天地万物	A641.2	
W1003.5		与生育世界有关的其他母题			
W1003.5.1			地球之母	A401	【联1】②
W1004	世界是变化产生的				
W1004.1		原始的元素变成世界（天体）		≈ A654	【藏族】
W1004.2		某些器物变成世界（天体）		A617	
W1004.3		投到天空的某种物质变成世界（天体）		A700.1	
W1004.4		世界（天体）源于凝结的气体		A621	
W1004.5		与变化产生世界有关的其他母题			
W1004.5.1			阴阳混合形成世界（天体）		【汉族】
W1004.5.2			气体、烟雾、狂风合成世界		【傣族】
W1005	世界是演化产生的			①A620.1 ②A645	
W1006	世界产生的其他方式			A640	
W1006.1		世界源于火		A622	
W1006.2		世界源于冰与雾		A623	【基诺族】
W1007	与世界产生有关的其他母题				【联1，例1】③
W1007.1		世界是偶然创造出来的			
W1007.1.1			神在争斗中创造了世界		【汉族、蒙古族】
W1007.1.2			神魔争斗中创世		【民族，联1】④

① 【民族】珞巴族。【关联】［W1036］世界卵（宇宙卵）
② 【关联】［W0238］地母
③ 【关联】［W1090.2］世界经历其他特定的阶段。【引例】世界有金银铜铁四个阶段
④ 【民族】满族。【关联】［W8792.1］善的创世者与恶的创世者之争

W 编码	母题描述			参照项	
	一级母题	二级母题	三级母题	汤普森	关联项
W1007.2		自然力量相互作用创世			【蒙古族】
W1007.3		世界创造后被破坏			
W1007.3.1			创世的破坏者	A60	【汉族、回族】
W1007.3.2			魔鬼破坏创世	A63	
W1007.4		第二次创世			【民族，联1】①
W1007.5		不成功的创世			【例1】②
W1007.6		三界（上界、地球和下界）同时造出		A610.2	【联1】③
W1007.6.1			世界分为天上、地上、地下三界		【朝鲜族、达斡尔族、赫哲族】
W1007.7		外部世界的形成			【例1】④

1.1.2 世界的创造⑤与创世者⑥ 【W1010~W1034】

W 编码	母题描述			参照项	
	一级母题	二级母题	三级母题	汤普森	关联项
✿ **W1010**	**世界（宇宙）的创造**			A600	【联1】⑦
W1011	创造世界的原因			A5	
W1011.1		创世者因为孤独创造了世界		A73	【汉族、苗族】
W1011.1.1			神因孤独创造世界		【例1】⑧
W1011.1.2			神性人物因孤独造地球		
W1011.2		为了有个歇脚的地方创造世界		A5.1	
W1011.3		创世者奉命创世			

① 【民族】哈萨克族。【关联】［W1124.4］第二次产生天地
② 【引例】造出的天地植物不生【苗族】
③ 【关联】［W1070］三界
④ 【引例】外相世界由三坛而定【蒙古族】
⑤ 世界的创造，神话中所叙述的"世界"一般不是今天关于世界的严格说法。所以此处的"世界"一般是指天地宇宙，有时也可以指"世界万物"或一些具体的物质的产生。根据神话叙事的这种特殊性，编目中"万物的产生"类母题涉及"世界万物"的部分是否与"世界的创造"相提并论，将视具体情况而定。
⑥ 创世者，从性质上属于神或神性人物。这些神或神性人物所创造的对象一般指整个世界。有时也可以特指那些创造出世界上某些特定事物的人物。
⑦ 【关联】［W1002］世界是创造产生的
⑧ 【引例】两位男神感到孤独创造世界【门巴族】

W 编码	母题描述			参照项	
	一级母题	二级母题	三级母题	汤普森	关联项
W1011.4		创世者得到劝告后创世		A40	【苗族】
W1011.5		世界产生于特定时间和指令		A601	
W1011.5.1			世界产生于创世者的指令	A611	【傣族、哈尼族】
W1011.6		与创造世界原因有关的其他母题			
W1011.6.1			被惩罚造世界		【例1】①
W1012	创造世界的时间				
W1012.1		6天造出了世界		A601.1	
W1012.2		7天创造出世界			【回族】
✿ **W1015**	创世者（造物主）				【联1】②
✳ **W1016**	创世者的产生			A20	
W1017	创世者来源于某个地方				
W1017.1		创世者从天上来		A21	【汉族、回族】
W1017.2		创世者从地下来		A25	
W1017.3		创世者从湖中来		A25.1	
W1017.4		创世者源于混沌		A22	【藏族】
W1017.5		创世者源于某个特定方位		A26	
W1017.5.1			创世者源于东方	A26.1	
W1018	创世者是生育产生的（生育创世者）				
W1018.1		天地婚生创世者			
W1018.2		卵生创世者		A27	【民族，联1】③
W1018.2.1			巨卵孕育创世的大鹏		【民族，联1】④
W1018.3		特定的物生创世者			【瑶族】
W1019	创世者产生的其他方式				【联1】⑤
W1019.1		创世者是变化产生的		A72	

① 【引例】红君道人与绿鸭道人打架被罚去造天地 【汉族】
② 【关联】［W1175.1］创世者造地球
③ 【民族】汉族、苗族、藏族。【关联】［W033］卵生神
④ 【民族】藏族。【关联】［W1023.2.1］大鹏是创世者
⑤ 【关联】W0426.2 人因功被封为凡间造物主

W 编码	母题描述			参照项	
	一级母题	二级母题	三级母题	汤普森	关联项
W1019.1.1			阴阳变化生创世者	A23	【汉族】
◎	〚**各种创世者①**〛				
W1020	神或神性人物是创世者（神是创世者）				
W1020.1		创世女神是创世者		A3	【联1】②
W1020.2		世界之父是创世者		A1.2	【蒙古族】
W1020.3		天神是创世者			【民族，联1，例1】③
W1020.3.1			女天神是创世者		【维吾尔族】
W1020.3.2			天神的侍从是创世者		【门巴族】
W1020.4		太阳神是创世者		A1.1	【联1】④
W1020.5		众神是创世者			【民族，联1】⑤
W1020.6		天使是创世者		A17	
W1020.7		祖先是创世者			【瑶族】
W1020.8		其他神或神性人物是创世者			【例1】⑥
W1020.8.1			动物神是创世者		
W1020.8.2			神鸟是创世者		【联2，例1】⑦
W1021	特定的神或神性人物是创世者				
W1021.1		盘古是创世者			【民族，联1】⑧
W1021.2		佛祖（佛）是创世者		A1.4	【蒙古族】
W1021.2.1			喇嘛是创世者		【蒙古族】
W1021.3		真主是创世者			【民族，联1】⑨
W1021.4		其他特定的神或神性人物是创世者（其他神性人物是创世者）			

① 各种创世者，在汤普森母题索引中强调的是创世者的身份，本类母题编目根据中国神话中创世的具体叙事兼顾了汤普森母题表述与中国神话叙事性描述两个方面。

② 【关联】［W1002.1.3］世界是女神创造的

③ 【民族】柯尔克孜族。【关联】［W1002.1.2］世界是天神创造的。【引例】天神腾格里是创世者【哈萨克族】

④ 【关联】［W0271］太阳神（日神）

⑤ 【民族】汉族、满族。【关联】［W1002.1.5］世界是众神创造的

⑥ 【引例】真主是创世主【撒拉族】

⑦ 【关联】❶［W1002.1.4］世界是动物神创造的；❷［W1020.8.2］鸟是创世者。【引例】神鸟嘎下凡创世【蒙古族】

⑧ 【民族】汉族。【关联】［W0720］盘古

⑨ 【民族】回族、柯尔克孜族。【关联】［W1002.1.7］世界是真主创造的

W 编码	母题描述			参照项	
	一级母题	二级母题	三级母题	汤普森	关联项
W1021.4.1			老君是创世者		【汉族】
W1022	人是创世者			A15	【汉族、苗族】
W1022.1		父子是创世者			【民族，联1】①
W1022.2		一对夫妻是创世者			【联1，例1】②
W1022.3		两兄妹是创世者			【民族，联1】③
W1022.4		两兄弟是创世者			【联1】④
W1022.5		工匠是创世者			【联1】⑤
W1022.6		其他特定的人是创世者			【民族，联1】⑥
W1023	动物是创世者			A13	
W1023.1		哺乳动物是创世者		≈A13.1	
W1023.1.1			猿猴是创世者		【傈僳族】
W1023.1.2			母牛是创世者	A13.1.1	【联1】⑦
W1023.2		鸟类是创世者		A13.2	
W1023.2.1			大鹏是创世者		【例1】⑧
W1023.2.2			其他特定的鸟是创世者		【例1】⑨
W1023.3		水中动物是创世者			
W1023.4		昆虫是创世者		A13.3	【民族，联1】⑩
W1023.4.1			甲虫是创世者	A13.3.2	
W1023.4.2			蚂蚁是创世者		【藏族】
W1023.4.3			蜘蛛是创世者	A13.3.1	
W1023.5		爬行动物是创世者		A13.4	
W1023.5.1			蛇是创世者	A13.4.1	
W1023.5.2			龟是创世者		【藏族】
W1023.6		其他动物是创世者⑪			
W1024	植物是创世者				【联1】⑫

① 【民族】汉族。【关联】［W1002.2.1］世界是父子创造的
② 【关联】［W1002.2.2］世界是一对夫妻创造的。【引例】布陀西和密洛陀夫妻创世【瑶族】
③ 【民族】汉族、拉祜族、羌族。【关联】［W1002.2.3］世界是两兄妹创造的
④ 【关联】［W1002.2.4］世界是两兄弟创造的
⑤ 【关联】［TPS：A15.4.1］世界是陶工创造的
⑥ 【民族】汉族、彝族。【关联】［W1002.2.6］世界是多个人（神）创造的
⑦ 【关联】［W1002.3.1］世界是牛创造的
⑧ 【引例】世界是大鹏创造的【藏族】
⑨ 【引例】神鸟嘎下凡创世【蒙古族】
⑩ 【民族】壮族。【关联】［W1023.4］昆虫是创世者
⑪ 其他动物是创世者，包括两栖动物、想象中的动物、合体动物等。
⑫ 【关联】［W1002.4.1］树上长出世界

W 编码	母题描述			参照项	
	一级母题	二级母题	三级母题	汤普森	关联项
W1025	无生命物是创世者				
W1025.1		日月（神）是创世者		A19.1	
W1026	混杂型创世者				
W1026.1		天神与佛祖共同创世			【裕固族】
W1026.2		神与人共同创世			
W1026.3		神与动物共同创世			【哈尼族、拉祜族】
◎	〖其他相关母题〗				
W1027	创世者的数量				
W1027.1		1 个创世者			【汉族、傈僳族、满族】
W1027.1.1			孤独的创世者	A73	【联 1】①
W1027.2		2 个创世者			【联 4】②
W1027.2.1			天神与地神创世		【汉族】
W1027.3		3 个创世者		A2.1	【汉族、羌族】
W1027.4		多个创世者		A2	【联 2】③
W1028	创世者的特征			A10	【联 3】④
W1028.1		创世者的外貌		A18	
W1028.1.1			创世者长着龙头	A18.1	【联 1】⑤
W1028.1.2			创世者头上有两个角	A18.2	
W1028.1.3			创世者很矮小	A18.3	
W1028.1.4			创世者有其他特殊的外貌	≈A19.2	
W1028.2		创世者是隐形的		A11	
W1028.3		创世者雌雄同体		A12	
W1028.5		与创世者特征有关的其他母题			【民族，联 1】⑥
W1028.5.1			创世者降妖驱疫		【藏族】
W1028.5.2			创世者与毁灭者合体		【例 1】⑦

① 【关联】［W1011.1］创世者因为孤独创造世界
② 【关联】❶［W1022.1］父子是创世者；❷［W1022.2］一对夫妻是创世者；❸［W1022.3］两兄妹是创世者；❹［W1022.4］兄弟是创世者
③ 【关联】❶［W1002.2.6］世界是多个人（神）创造的；❷［W1020.5］众神是创世者
④ 【关联】❶［TPS：A18.4］创世者身穿兽皮；❷［TPS：≈A74］力不从心的创世者；❸［TPS：A611.1］创世者会占卜
⑤ 【关联】［W0633.4］龙头人身之神
⑥ 【民族】汉族。【关联】［W0722］盘古的特征
⑦ 【引例】斑纹犀龟是创造者与毁灭者的合体【藏族】

W 编码	母题描述			参照项	
	一级母题	二级母题	三级母题	汤普森	关联项
W1029	创世者的工具				【联1】①
W1029.1		创世者手持斧子和凿子		A18.5	【汉族】
W1029.2		创世者手拿日月		A18.6	
W1029.3		与创世者的工具有关的其他母题			
W1030	创世者的家庭			A32	
W1030.1		创世者的祖先		≈A31	【联1】②
W1030.2		创世者的妻子		A32.3	【联1】③
W1030.3		创世者的后代		A7	
W1030.3.1			创世者的儿子	①A32.1 ②≈A7.1	【汉族、藏族】
W1030.3.2			创世者的女儿	A32.2	【汉族】
W1030.4		与创世者家庭有关的其他母题			
W1031	创世者的助手（伙伴）			①A30 ②A33	
W1031.1		神是创世者的助手			
W1031.2		神性人物是创世者的助手			
W1031.3		动物是创世者的助手			【壮族】
W1031.3.1			狗是创世者的助手	A33.1.1	
W1031.3.2			蜘蛛是创世者的助手		【联1】④
W1031.3.3			蚂蚁是创世者的助手		【联2】⑤
W1031.3.4			金龟是创世者的助手		【蒙古族】
W1031.3.5			老鼠是创世者的助手		【满族】
W1031.3.6			独角兽、凤凰、乌龟等帮助创世者	A36	

---

① 【关联】［W0135～W0139］神的工具与武器
② 【关联】［W0640］祖先
③ 【关联】［W0154］夫妻
④ 【关联】［W1023.4.3］蜘蛛是创世者
⑤ 【关联】❶［W1023.4.2］蚂蚁是创世者；❷［W3471.1］蚂蚁造天地

W 编码	母题描述			参照项	
	一级母题	二级母题	三级母题	汤普森	关联项
W1031.4		与创世者的助手有关的其他母题			
W1031.4.1			日月星辰等是创世者的伙伴（助手）	≈ A38	
W1032	创世者的出谋划策者			A40	
W1032.1		魔鬼为创世者出谋划策		A43	
W1032.2		灵魂为创世者出谋划策		A45	
W1033	与创世者有关的其他母题				【联1，例1】①
W1033.1		创世者是天地之祖		A75	
W1033.2		创世者为生存而忙碌		A77	
W1033.3		创世者的食物			
W1033.3.1			创世者的奇特食物		【藏族】
W1033.3.2			创世者不吃食物		
W1033.4		创世者的死亡		A76	【汉族】
W1033.5		创世者最后回到空中（天堂）		A81	
W1033.6		特定名称的创世者			【例1】②

1.1.3 世界最早的情形【W1035 ~ W1059】

W 编码	母题描述			参照项	
	一级母题	二级母题	三级母题	汤普森	关联项
❋ **W1035**	世界最早的情形				
W1036		世界卵（宇宙卵）		A641	【民族，联1】③
W1036.1			世界卵自然存在		
W1036.2			最早的世界是卵		【例5】④
W1036.3			孕生宇宙卵		【民族，例1】⑤

---

① 【关联】［TPS：A71］创世者吃掉自己的儿子。【引例】世界的创造者与毁灭者合为一体【藏族】
② 【引例】"帕"与"匹"是造物之神【佤族】
③ 【民族】侗族。【关联】［W1062.3］世界是圆的
④ 【引例】❶最早的世界像卵【汉族】；❷最早的世界是一个石球【汉族】；❸最早的世界是一个石鼓【汉族】；❶最早的世界只有两个卵【珞巴族】；❺蜈蛉子钻开宇宙卵【壮族】
⑤ 【民族】土家族。【引例】世界卵是天上的女鬼生的【珞巴族】

W 编码	母题描述			参照项	
	一级母题	二级母题	三级母题	汤普森	关联项
W1036.4			世界卵是五行之精华		【藏族】
W1036.5			世界卵有云包着		【苗族、土家族】
W1036.6			宇宙卵有三个蛋黄		【壮族】
W1036.7			世界卵的孵化		
W1036.8			世界卵没有壳		【例1】①
W1036.9			世界卵会发光		【例1】②
W1036.10			世界卵会滚动		【珞巴族】
W1037		最早的世界在一个大卵里			【例1】③
W1038		最早的世界什么都没有			【侗族、蒙古族】
W1038.1			最早的世界是空的		【傣族、汉族、藏族】
W1038.2			最早的世界是荒凉的		【侗族、鄂温克族、汉族】
W1039		最早的世界是影子			【纳西族】
W1040		最早的世界是混沌		A605	【民族，联1】④
W1040.1			最早的世界阴阳混合		【民族，联2】⑤
W1040.2			最早的世界像一团稀泥汤		【民族，例3】⑥
W1041		最早的世界是雾露			【哈尼族】
W1041.1			最早的世界是云雾		【布朗族】
W1041.2			最早的世界是雾		【拉祜族】
W1042		最早的天地飘浮动荡			【民族，联1】⑦
W1043		最早的世界天地相抱			【民族，联2】⑧
W1044		最早的世界像个盒子			【藏族】

① 【引例】世界卵没有硬壳【珞巴族】
② 【引例】世界卵会发出金光【珞巴族】
③ 【引例】宇宙像个鸡蛋【毛南族】
④ 【民族】白族、朝鲜族、德昂族、侗族、哈萨克族、汉族、回族、黎族、撒拉族、土家族、彝族、藏族。【关联】〔W1057.1〕混沌（混沌卵）
⑤ 【民族】藏族。【关联】❶〔W1545.7.2〕阴阳二气化生日月；❷〔W4756〕阴阳自然存在
⑥ 【民族】苗族。【引例】❶以前，水和泥巴、土和石头分不清楚【德昂族】；❷最早的世界是一堆泥【汉族】；❸最初的世界全是尘土【汉族】
⑦ 【民族】傣族。【关联】〔W1376〕地的稳固
⑧ 【民族】汉族。【关联】❶〔W1057.1〕混沌（混沌卵）；❷〔W1272.3〕天地抱在一起

W 编码	母题描述			参照项	
	一级母题	二级母题	三级母题	汤普森	关联项
W1045		最早的世界像网			【拉祜族】
W1046		以前的世界气温变化无常			【侗族、汉族】
W1046.1			最早的世界忽冷忽热		
W1046.2			最早的世界白天很热晚上很冷		【例1】①
W1047		最早的世界是炎热的			【侗族】
W1048		最早的世界是冰冷的		A605.2	【傈僳族、苗族】
W1049		最早的世界很闷			
W1050		最早的世界是黑暗的		①A605.1 ②F965	【民族，联2】②
W1050.1			以前地上是黑暗的		【民族，联1】③
W1050.2			最早的世界是灰朦朦		【景颇族、土家族】
W1051		最早的世界是气			【民族，联1】④
W1052		最早的世界是风			【傈僳族、彝族】
W1053		最早的世界是水		A810	【民族，例5】⑤
W1053.1			以前陆地是海洋		【白族】
W1053.2			最早的世界水天相连		
W1053.3			最早的世界是一个大海子		【藏族】
W1054		最早的世界是火			【民族，例2】⑥
W1055		最早的世界是山			【民族，例1】⑦

① 【引例】以前白天热死人，晚上冻死人【珞巴族】
② 【民族】布依族、哈萨克族、汉族、拉祜族、苗族、撒拉族、水族、土家族、彝族、藏族。【关联】❶［W1056.6］最早的世界黑暗寒冷；❷［W1091.6］以前有个黑洞时代
③ 【民族】回族、普米族、畲族、彝族。【关联】［W1235.9］黑暗之地
④ 【民族】汉族、纳西族。【关联】［W1056.4］世界最早出现声音和气
⑤ 【民族】汉族、基诺族、柯尔克孜族、黎族、珞巴族、满族、土族、藏族。【引例】❶某个地方以前是一片汪洋【白族】；❷最早的世界只有光秃秃的土地和茫茫无际的海水【傣族】；❸以前天和地是水塘【哈尼族】；❹最早的世界是空气和水【蒙古族】；❺最早的世界只有天堂和大海【裕固族】
⑥ 【民族】珞巴族。【引例】❶世界最早出现的是一个大火球【布朗族】；❷最早的世界只有风吹火焰【傣族】
⑦ 【民族】藏族。【引例】以前的世界只有一个长翅膀的大石空中飞【普米族】

W 编码	母题描述			参照项	
	一级母题	二级母题	三级母题	汤普森	关联项
W1056	最早的世界有多种特征				
W1056.1			最早的世界是空气和水		【蒙古族】
W1056.2			最早的世界是天堂和大海		【裕固族】
W1056.3			最早世界是风和火焰		【傣族】
W1056.4			最早世界是声音和气		【纳西族】
W1056.5			最早世界是山和水		【傣族、黎族】
W1056.6			最早的世界黑暗寒冷		【哈萨克族、瑶族】
W1057	与世界最早情形有关的其他母题				
W1057.1		混沌（混沌卵）			【例4】①
W1057.1.1			风分开混沌		【水族】
W1057.1.2			混沌是第一代神		【毛南族】
W1057.1.3			混沌鱼		
W1057.1.4			混沌的周期		【例2】②
W1057.1.5			混沌结束的方式		
W1057.1.6			与混沌有关的其他母题		【联1】③
W1057.2		最早的世界很小			【鄂温克族、哈萨克族、藏族】
W1057.3		最早的世界很美好			【藏族】
W1057.4		最早的世界是红色的			【彝族】
W1057.5		最早的世界全是尘土			【汉族】
W1057.6		最早的世界是旋转的			【苗族】
W1057.7		最早的世界没有水			【联1，例1】④
W1057.8		最早的世界是软的			【侗族】

---

① 【引例】❶混沌是沼泽【汉族】；❷混沌为太一【汉族】；❸混沌的眼睛；❹玉帝改变世间的混沌

② 【引例】❶混沌一次是1万8千年【汉族】；❷一个混沌就有一千年【汉族】

③ 【关联】［W1043］最早的世界天地相抱

④ 【关联】［W1053］最早的世界是水。【引例】混沌初开时，地上没有水【珞巴族】

1.1.4　**世界的特征**【W1060 ~ W1069】

W 编码	母题描述			参照项	
	一级母题	二级母题	三级母题	汤普森	关联项
◎	〖世界的特征〗				
W1060	世界特征的产生				【联 1】①
W1060.1		世界特征自然存在			
W1060.2		神规定世界的特征			【汉族】
W1060.3		世界的特征是变化产生的			
W1060.4		与世界特征的产生有关的其他母题			
W1061	世界的大小（宇宙的大小）			A658	【联 1】②
W1062	世界的形状				
W1062.1		世界有 4 个角			
W1062.1.1			世界的 4 个角的确定	A1182	【联 3，例 1】③
W1062.2		世界（宇宙）是一个整体		A650	
W1062.3		世界是圆的		A655	【民族，联 1】④
W1062.4		世界像蜘蛛网			【拉祜族】
W1063	世界的中心			H618.3	【联 1，例 1】⑤
W1063.1		世界中心的确定		A1181	
W1063.2		某个特定地点是世界（天地）的中心			【民族，例 1】⑥
W1064	以前的世界与现在相反			A633	【彝族】
W1065	世界是完美的				【民族，联 1】⑦
◎	〖其他相关母题〗				
W1066	世界的数量				【联 2】⑧
W1066.1		有 1 个世界			【汉族】

---

① 【关联】［W1000］世界的产生

② 【关联】［W1057.2］最早的世界很小

③ 【关联】❶［W0256］四方神；❷［W1204］地是方的。❸［W1403］天地的四个角相连。【引例】宇宙有四方【彝族】

④ 【民族】汉族、塔吉克族。【关联】［W1036］世界卵（宇宙）

⑤ 【关联】［W1236］地的中心（地心）。【引例】天地之心 5 寸【汉族】

⑥ 【民族】藏族。【引例】特定的湖在世界的中央【藏族】

⑦ 【民族】哈萨克族。【关联】［W1057.3］最早的世界很美好

⑧ 【关联】❶［W1067.1］地球有地上、地下两个世界；❷［W1070］三界

W 编码	母题描述			参照项	
	一级母题	二级母题	三级母题	汤普森	关联项
W1066.2		有多个世界			
W1066.2.1			有 9 个世界	A651.0.1	
W1067	世界的层级（层数）			A651	
W1067.1		地球有地上、地下两个世界			【高山族】
W1067.2		世界分 3 层（宇宙分 3 层）			【民族，联 1】①
W1067.2.1			宇宙上层是天，中间是地，最下层是地下		【毛南族】
W1067.3		世界有 7 层			【撒拉族】
W1067.4		世界有 9 层			【民族，联 1】②
W1067.5		与世界的层级有关的其他母题			
W1067.5.1			宇宙分 17 层		【满族】
W1067.5.2			宇宙分 33 层		【满族】
W1068	与世界特征有关的其他母题				【例 1】③
W1068.1		每个世界都有一个不同的颜色		A659	
W1068.2		世界特征的变化			
W1068.2.1			神使世界变化		【蒙古族】
W1068.2.2			神性人物使世界变化		
W1068.2.3			其他特定人物使世界变化		
W1068.3		世界有天国与地国			【苗族】
W1068.4		宇宙有四方			【联 2，例 1】④
W1068.4.1			宇宙的四方相互连接		【彝族】
W1068.5		人界和世界交界处			【羌族】
W1068.6		极乐世界			【汉族、藏族】
W1068.6.1			开启极乐世界大门的钥匙		【珞巴族】

---

① 【民族】布朗族。【关联】［W1163］天地的层数
② 【民族】满族。【关联】［W1163.9］天有 9 层（九重天）
③ 【引例】三千色世界【蒙古族】
④ 【关联】❶ ［W1166］天边（天的边际）；❷ ［W4700］方位。【引例】尧派羲仲、羲叔、和仲、和叔两对兄弟守宇宙四方【汉族】

1.1.5 三界及相关母题【W1070 ~ W1089】

W 编码	母题描述			参照项	
	一级母题	二级母题	三级母题	汤普森	关联项
✿ **W1070**	三界				
W1070.1		世界分上、中、下三界			【民族，例2】①
W1070.2		三界相连		A657	【联1】②
W1070.3		三界的形成			
W1070.3.1			自然形成三界		
W1070.3.2			神确定三界		
W1070.3.3			神性人物确定三界		【例3】③
W1070.3.4			特定的物分出三界		【例1】④
W1070.4		与三界有关的其他母题			
W1070.4.1			三界分玉清、上清和太清		【汉族】
W1070.4.2			三界分色界、无色界和欲界		【蒙古族】
✳ **W1071**	上界（天堂）				【联1】⑤
W1072	上界的产生			≈ A660	
W1072.1		上界（天堂）自然存在			
W1072.2		上界（天堂）是造出来的		F793	【例1】⑥
W1072.3		与上界的产生有关的其他母题			
W1072.3.1			轻气上浮为天		【民族，联1】⑦
W1072.3.2			特定的物上浮形成上界		【民族，联1】⑧
W1073	上界（天堂）的特征				

---

① 【民族】赫哲族。【引例】❶盘古造上、中、下三界【布依族】；❷创世主迦萨甘把天地做成三层【哈萨克族】；❸宇宙的上层叫天上，中层叫地上，下层叫地下【苗族】
② 【关联】［W1270］天地相连
③ 【引例】❶萨满确立三界【满族】；❷格萨尔安置三界【藏族】；❸三王安置三界【壮族】
④ 【引例】三黄神蛋分成天界、地界和水域【壮族】
⑤ 【关联】［W1071］上界（天堂）
⑥ 【引例】真主造天堂【回族】
⑦ 【民族】汉族。【关联】［W1150.6］彩云上浮变成天
⑧ 【民族】蒙古族。【关联】［W1072.3.1］轻气上浮为天

W 编码	母题描述			参照项	
	一级母题	二级母题	三级母题	汤普森	关联项
W1073.1		上界（天堂）是极乐世界		A661	【联1】①
W1073.2		上界（天堂）是金银宝殿			【撒拉族】
W1073.3		上界（天堂）在山的上面		A662	
W1073.4		天上的事物与地上一样			【鄂温克族】
W1073.5		上界是天堂			【赫哲族】
W1073.6		上界的层数（天堂的层数）		A651.1	【联1】②
W1073.6.1			上界（天堂）有3层	A651.1.1	【联1】③
W1073.6.2			上界（天堂）有9层	A651.1.6	【联1】④
W1073.6.3			上界（天堂）有很多层		【联7】⑤
W1074	与上界有关的其他母题				
W1074.1		上界之旅		①F10 ②F11	【联2】⑥
W1074.1.1			遨游天国	F11	
W1074.1.2			神带人到天界	F63	【藏族】
W1074.1.3			鸟驮人到天界	F62.1	【黎族、满族、纳西族】
W1074.1.4			骑马游天界	F66	【纳西族】
W1074.1.5			到天界需要的时间	F76	
W1074.1.6			上界的人造访地球	F30	【彝族】
W1074.2		上界的居住者（天堂的居住者）			【回族】
W1074.2.1			上界有诸神居住（天堂有诸神居住）		【联1】⑦

① 【关联】［TPS：A694］基督的伊甸园
② 【关联】［W1163］天的层数
③ 【关联】［W1163.3］天有3层
④ 【关联】［W1163.9］天有9层（九重天）
⑤ 【关联】❶［TPS：A651.1.2］上界（天堂）有4层；❷［TPS：A651.1.3］上界（天堂）有5层；❸［TPS：A651.1.4］上界（天堂）有7层；❹［TPS：A651.1.5］上界（天堂）有8层；❺［TPS：A651.1.7］上界（天堂）有10层；❻［W1163.1］天有许多层；❼［W1163.6］天有6层
⑥ 【关联】❶［W1436］通过魔法上天；❷［W1438.1］上天的路
⑦ 【关联】［W095］神的居所

W 编码	母题描述			参照项	
	一级母题	二级母题	三级母题	汤普森	关联项
W1074.2.2			宇宙上方住着四大使者		【彝族】
W1074.3		上界的使者（天堂的使者）		A661.0.1.5	【民族，联1】①
W1074.3.1			鸟是上界和人间的使者		
W1074.4		上界和中界隔着一层白云			【壮族】
W1074.5		连接上界和中界的路			
W1074.5.1			去上界的通道	F50	【联1，例1】②
W1074.6		上界之门（天堂之门）		①A661.0.1 ②F59.3	
W1074.7		上界（天堂）的窗子		A661.0.6	
W1074.8		上界（天堂）的幻象		V511.1	
W1074.9		仙界		F210	【联1】③
W1074.9.1			仙界在小山之上		【民族，联1】④
W1074.9.2			仙界在水下	F212	【哈萨克族】
W1074.9.3			仙界在岛上	F213	
W1074.9.4			遨游仙境		【汉族】
W1074.9.5			仙带人去仙界	F320	【联1】⑤
W1074.10		进入天堂的条件			
✳ **W1075**	**人界（人世、人间、阳世）**				
W1076	**人界的产生（人间的产生）**				
W1076.1		人界自然产生（人间自然产生）			
W1076.1.1			人间在动物身上形成		【例1】⑥
W1076.2		人界是造出来的（人间是造出来的）			

① 【民族】朝鲜族。【关联】［W0171］神的使者
② 【关联】［W1434.3］通过绳子上天。【引例】到天上（天堂）有8个阶梯的天梯
③ 【关联】［W0800］仙人
④ 【民族】瑶族。【关联】［TPS：F211］仙界在小山之下
⑤ 【关联】［W1074.9.4］遨游仙境
⑥ 【引例】阳世在金蛤蟆的怀里形成【土族】

W 编码	母题描述			参照项	
	一级母题	二级母题	三级母题	汤普森	关联项
W1076.2.1			神造人世		
W1076.2.2			天皇、地皇和人皇造人世		【汉族】
W1076.2.3			神仙造阳世		【土族】
W1076.2.4			神的侍从造人间		
W1076.2.5			其他特定人物造人间		【壮族】
W1076.3		人世产生的其他方式			
W1077	与人间有关的其他母题				【联3】①
W1077.1		返回人间			【联1，例1】②
✳ **W1078**	下界③			≈ F721	
W1079	下界（地狱、阴间）的产生			A670.0.2	【民族，联1】④
W1079.1		为什么有地府		F251.4	
W1079.2		创世者造阴间（地狱）			【联1】⑤
W1080	下界（冥界）的特征（阴间的特征）			A689	【例1】⑥
W1080.1		下界（阴间）无生无死		F172	
W1080.2		下界（阴间）颜色		F178	
W1080.3		人被捉到冥界（地狱）赴死		≈ F182	
W1080.4		下界是地狱			【赫哲族】
W1080.5		下界（阴间）的层数		A651.2	
W1080.5.1			下界（阴间）有2层	A651.2.1	【联1】⑦

①　【关联】❶［TPS：≈F62.2］鸟驮人下凡；❷［W0107］神造访人间；❸［W1067.1］地球有地上、地下两个世界
②　【关联】［W1074.5］连接上界和中界的路。【引例】通过梅花鹿的顶天角回到人间【达斡尔族】
③　下界，有时又可以称为"冥界"、"阴间"、"地狱"、"地府"等。这些不同的概念往往因不同的神话文本而不同，含义上一般大同小异。在本类母题中根据不同的情况选择适当的语词表示方式，舍去概念形式的简单罗列。具体情况参见《中国神话母题 W1 编目实例》。
④　【民族】满族、藏族。【关联】［W1079.2］创世者造阴间（地狱）
⑤　【关联】［W1015］创世者（造物主）
⑥　【引例】下界最早时像游鱼在水【蒙古族】
⑦　【关联】［W1080.6.2］地狱的第2层是火狱

W 编码	母题描述			参照项	
	一级母题	二级母题	三级母题	汤普森	关联项
W1080.5.2			下界（阴间）有3层	A651.2.2	【联1】①
W1080.5.3			下界（阴间）有7层	A651.2.3	【蒙古族】
W1080.5.4			下界（阴间）有8层		【满族】
W1080.5.5			18层地狱		【汉族】
W1080.5.6			下界（阴间）的其他层数		【例】②
W1080.6		各层地狱的特征			
W1080.6.1			地狱的第一层是冷狱		【民族，联1】③
W1080.6.2			地狱的第二层是火狱		【民族，联1】④
W1080.6.3			地狱的第三层是焦油狱		【蒙古族】
W1080.6.4			地狱的第四层是虱子狱		【蒙古族】
W1080.6.5			地狱的第五层是甲虫狱		【蒙古族】
W1080.6.6			地狱的第六层是蛇狱		【民族，联1】⑤
W1080.6.7			地狱的第七层是蚂蚁狱		【蒙古族】
W1080.6.8			与各层地狱的特征有关的其他母题		
W1081	下界的人物				
W1081.1		冥界之王		①F167.12 ②F184	【民族，联3】⑥
W1081.1.1			特定的神管冥界（阴间）		【例1】⑦
W1081.1.2			特定出生的人管冥界		【汉族】

① 【关联】［W1080.6.3］地狱的第 3 层是焦油狱
② 【引例】❶下界（阴间）有 4 层【蒙古族】；❷下界（阴间）有 5 层【蒙古族】；❸下界（阴间）有 6 层【蒙古族】；❹地狱第 6 层是蛇狱【蒙古族】
③ 【民族】蒙古族。【关联】［W1082.1.3］人在地狱受冻
④ 【民族】蒙古族。【关联】［W1082.1.2］人在地狱被火烤
⑤ 【民族】蒙古族。【关联】［W1082.4.1］地狱（阴间）的蛇
⑥ 【民族】珞巴族。【关联】❶［TPS：F185］冥界的王后；❷［W0242］阎王；❸［W4868.1］龙王管下界
⑦ 【引例】许多宁崩鬼掌管着地宫（阴间）【珞巴族】

W 编码	母题描述			参照项	
	一级母题	二级母题	三级母题	汤普森	关联项
W1081.2		下界（阴间）中的人			
W1081.2.1			地狱（阴间）中的判官	A675	【例1】①
W1081.2.2			地狱（阴间）中的奴仆	≈ A677	
W1081.2.3			地狱（阴间）中的工匠	A677.1	
W1081.3		地狱（阴间）中的鬼			【民族，联2】②
W1081.4		下界（阴间）中的帮凶		A673	【民族，联3】③
W1081.5		冥界的居民		F167	【满族】
W1081.5.1			地狱（阴间）居民的情形	F108	
W1081.5.2			冥界的人不死	≈ F167.9	
W1081.5.3			冥界的鬼使神差		【土家族】
W1081.6		与下界的人物有关的其他母题			
W1082	下界（阴间）的景象			①A671.2 ②F160 ③≈ V511.2	
W1082.1		地狱中的惩罚		Q560	【民族，联1】④
W1082.1.1			地狱中适罪量刑	①Q563 ②Q580	
W1082.1.2			人在地狱被火烤	Q566	【蒙古族】
W1082.1.3			人在地狱受冻	Q567	【蒙古族】
W1082.1.4			地狱中的其他惩罚	Q569	
W1082.2		下界（阴间）充满痛苦		A671	【拉祜族】
W1082.3		下界（阴间）的天气		F161	
W1082.3.1			地狱（阴间）很寒冷	A671.3.1	
W1082.3.2			地狱（阴间）忽冷忽热	A671.3.3	

---

① 【引例】阴间判官查生死簿【纳西族】

② 【民族】赫哲族。【关联】❶〔W0870〕灵魂（鬼）；❷〔W0907.11〕饿死鬼

③ 【民族】满族。【关联】❶〔TPS：A673.1〕地狱（阴间）中的狗是帮凶；❷〔TPS：A673.2〕地狱（阴间）中的公鸡是帮凶；❸〔W9994.3〕帮凶

④ 【民族】鄂温克族、哈萨克族、回族。【关联】〔W9906〕惩罚

W 编码	母题描述			参照项	
	一级母题	二级母题	三级母题	汤普森	关联项
W1082.4		冥界的动物		F167.1	
W1082.4.1			地狱（阴间）的蛇	A671.2.1	【满族】
W1082.4.2			地狱（阴间）中的狼	A671.2.6	
W1082.4.3			地狱（阴间）中的驴		【汉族】
W1082.4.4			地狱（阴间）中的狮子	A671.2.12	
W1082.4.5			地狱（阴间）中的其他动物		
W1082.5		下界（阴间）中的植物			
W1082.6		下界（阴间）中的自然物			
W1082.6.1			地狱（阴间）的太阳	A681	
W1082.6.2			冥河	A672	【汉族】
W1082.6.3			地狱（阴间）的河	≈A671.2.2	
W1082.6.4			地狱（阴间）之火	A671.0.2.1	【珞巴族】
W1082.6.5			地狱（阴间）的火海	①A671.2.3 ②V511.2.1	
W1082.6.6			地狱（阴间）的冰山	A671.3.2	
W1082.7		下界（阴间）的建筑		F163	
W1082.7.1			下界（阴间）的磨房	F163.4	【汉族】
W1082.8		下界（阴间）的居所		F164	
W1082.8.1			下界（阴间）居所的特点	F165	
W1082.9		下界（阴间）的其他景象		F169	【汉族、蒙古族】
W1083	冥界（地狱）的位置			F136	
W1083.1		冥界（地狱）在北方		A671.0.1	

W 编码	母题描述			参照项	
	一级母题	二级母题	三级母题	汤普森	关联项
W1083.1.1			阴界在北方或东北方的一个地方		【蒙古族】
W1083.2		冥界（地狱）在地下			
W1083.2.1			下界和中界隔着一层地皮		【壮族】
W1083.3		冥界（地狱）在山洞中		F131	
W1083.4		冥界（地狱）在高山上		F132	
W1083.5		冥界（地狱）在水下		F133	
W1083.6		冥界（地狱）在井底		F133.5	【汉族】
W1083.7		冥界（地狱）在岛上		F134	
W1083.8		冥界（地狱）在其他特定的地方			
W1084	冥界的边界			F140	
W1084.1		阴界与阳界的分界线			
W1084.1.1			特定的河是阴界与阳界的分界线		【蒙古族】
W1084.2		冥界四周环水		F141	
W1084.3		冥界有火环绕		F142	
W1084.4		冥界四周环山		F145	
W1084.5		冥界四周有墙		F148	
W1085	冥界之旅			①F0 ②F80 ③F110	
W1085.1		梦游冥府		F1	
W1085.2		生者入冥府		F2	【珞巴族】
W1085.3		偶然进入冥界		F102	
W1085.4		冥界返回		F101	【满族、苗族】
W1085.5		潜入水中到冥府		F153	【例1】①
W1085.6		通过动物到冥界		F98	【汉族】
W1086	通往下界（阴间）的路			①F90 ②F151	【民族，联1】②

---

① 【引例】水鸭让人藏在自己的翅膀下带到水中的精灵家中【珞巴族】
② 【民族】珞巴族。【关联】［W1400～W1424］天地通

W 编码	母题描述			参照项	
	一级母题	二级母题	三级母题	汤普森	关联项
W1086.1		河是通地狱的路			【汉族】
W1086.2		通过水进入下界（阴间）		F93	
W1086.3		通往下界（阴间）的阶梯		F94	
W1086.4		通过一条小路通往下界（阴间）		F95	【怒族】
W1086.5		通往下界（阴间）的绳子		F96	
W1086.6		通往下界（阴间）的桥		F152	【塔吉克族】
W1086.7		通往下界（阴间）的洞		①A682 ②F158	【珞巴族、蒙古族】
W1086.8		其他通往下界（阴间）的方法		F159	
W1086.8.1			挖井可通往下界		【高山族】
W1086.8.2			人通过马桑树到地下		【土家族】
W1086.9		通往下界（阴间）的路的消失			
W1086.9.1			地下的人堵死通往地上的路		【怒族】
W1087	与下界（阴间）有关的其他母题				
W1087.1		下界（阴间）之门		①F91 ②F156 ③F165.1 ④V511.2.2	【鄂伦春族、鄂温克族】
W1087.1.1			下界（阴间）之门在特定的地方		【蒙古族】
W1087.1.2			地狱（阴间）之门是洞		①A671.0.3 ②F92
W1087.1.3			地狱（阴间）的守门人	A671.1	【民族，例1】①
W1087.1.4			生死之门在特定的地方		【联1，例1】②
W1087.2		水下的世界		F725	

① 【民族】蒙古族。【引例】鬼是地狱的守护者【汉族】
② 【关联】[W1086] 通往下界（阴间）的路。【引例】生死之门在埃尔莱恩汗所居之地【蒙古族】

W 编码	母题描述			参照项	
	一级母题	二级母题	三级母题	汤普森	关联项
W1087.3		干坏事会下地狱			【民族，联1】①
W1087.4		阴间的人很小			【苗族】
W1087.5		冥界象征物			【联1】②
W1087.5.1			蛇是冥界的象征		【民族，联1】③
W1087.6		下界的毁灭			【例1】④

1.1.6　**与世界有关的其他母题**【W1090 ~ W1099】

W 编码	母题描述			参照项	
	一级母题	二级母题	三级母题	汤普森	关联项
✳ **W1090**	**世界的分期**				【联1】⑤
W1090.1		世界分三个阶段			
W1090.2		世界经历其他特定的阶段			
W1091	世界经历特殊的时代				
W1091.1		世界经历洪荒时代			【民族，联1】⑥
W1091.2		世界经历水的时代			【例1】⑦
W1091.3		世界经历火的时代			【珞巴族】
W1091.4		世界经历没有日月的时代			【满族、蒙古族】
W1091.5		世界有一个不死不生的时代			【纳西族】
W1091.6		以前有个石头会滴水的时代			【普米族】
W1091.7		以前有个黑洞时代			【仡佬族】
◎	〖**其他相关母题**〗				
W1092	地上最早的居住者				【联1】⑧

---

① 【民族】回族、蒙古族。【关联】［W9415］恶有恶报

② 【关联】［W9240］象征物

③ 【民族】柯尔克孜族。【关联】［W9243］动物作为象征

④ 【引例】天地第九代时下界遭毁灭【彝族】

⑤ 【关联】［W4635］时间的产生

⑥ 【民族】傈僳族。【关联】［W1057.1］混沌（混沌卵）

⑦ 【引例】天地分开后世界进入水时代【佤族】

⑧ 【关联】［W1996.1］世界最早产生的人

W 编码	母题描述			参照项	
	一级母题	二级母题	三级母题	汤普森	关联项
W1092.1		神是地上最早的居住者		A1205	【哈萨克族】
W1092.2		动物是地上最早的居住者			【汉族】
W1092.3		地上最早的其他居住者			【民族，例1】①
W1093	虚幻世界				【汉族、藏族】
W1093.1		虚幻世界的主宰			【藏族】
W1093.2		世界的影子			
W1094	来世				
W1094.1		来世在一个岛上		F134	
W1094.2		月亮是人类的下一个世界		A695	【联1】②
W1094.3		来世无生无死		F172	
W1094.4		佛教中的来世		A697	
W1094.5		来世之旅			
W1094.5.1			可怕的来世之旅	F110	
W1095	世界的支撑者				【联2，例1】③
W1095.1		特定的神支撑着世界			
W1095.2		牛顶着世界			【民族，联1】④
W1095.3		世界的其他支撑者			
W1096	与世界有关的其他母题				【联4】⑤
W1096.1		世界的原本物质			
W1096.1.1			木、火、土、铁、水是世界的原本物质		【藏族】
W1096.2		世界树		A652	【联1】⑥

---

① 【民族】珞巴族。【引例】世界造出后仙人和人类居住下来【哈萨克族】
② 【关联】［W1580］月亮
③ 【关联】❶［W1319］天的支撑；❷［W1340］地的支撑。【引例】蛇看守着世界支撑者【撒拉族】
④ 【民族】撒拉族。【关联】［W1324.1］牛角支撑天
⑤ 【关联】❶［W1396.1］天地的测量（丈量世界）；❷［W4625］世界秩序的建立；❸［W4625.1］神安排世界（宇宙、天体）的秩序；❹［W8670～W8674］世界末日
⑥ 【关联】［W1482］通天树（特定的天梯通天树）。【引例】世界上的霸王【藏族】

1.2 天地^①

【W1100 ~ W1499】

1.2.1 天地的产生与特征【W1100 ~ W1129】

W 编码	母题描述			参照项	
	一级母题	二级母题	三级母题	汤普森	关联项
✿ **W1100**	**天地的产生**				【联2】②
W1100.1		以前没有天地			【民族】③
W1101	天地来源于某个地方或自然产生				
W1101.1		天地始于"一"			【汉族】
W1101.2		混沌中产生天地			【联1】④
W1101.2.1			天地源于大鸡蛋中		【汉族、苗族】
W1101.3		清浊之气自然分离形成天地			【土族】
W1101.3.1			阳清为天，阴浊为地		【民族】⑤
W1101.4		气体中产生天地			
W1101.5		与天地来源于某个地方有关的其他母题			
W1101.5.1			从魔鬼那里要来天地		【珞巴族】
❋ **W1102**	**天地是创造产生的（造天地）⑥**				

---

① 天地，在神话叙事中，"天"与"地"的产生与特征等母题一般同时产生，根据神话研究中细分的需要，在此把天地的产生作为一种情况对待。在不同的具体神话中，关于"天地"的概念往往有所差异，有时"天"也可指"天体"；"地"可指"地球"。关于"天"和"地"的具体产生，另设相应的母题。
② 【关联】❶［W1130］天的产生；❷［W1170］地的产生
③ 【民族】汉族、苗族、土族、藏族
④ 【关联】［W1057.1］混沌（混沌卵）
⑤ 【民族】朝鲜族、蒙古族、苗族、土族
⑥ 天地是创造产生的，又称为"造天地"，在一些神话表述为"开天辟地"、"造天造地"或"制天制地"。在母题编目中统一表述为"造天地"、"造天"、"造地"等说法。

W 编码	母题描述			参照项	
	一级母题	二级母题	三级母题	汤普森	关联项
W1103		神或神性人物造天地			
W1103.1			造物主造天地		【景颇族、哈萨克族】
W1103.2			天神造天地		【民族，例1】①
W1103.3			女神造天地		【水族】
W1103.4			两个神分别造天造地		【民族，例2】②
W1103.5			男女二神造天地		【民族，例5】③
W1103.6			两兄妹神造天地		【阿昌族、苗族】
W1103.7			众神造天地		【民族，例2】④
W1103.8			巨人开辟天地		【哈尼族、汉族】
W1103.9			祖先造天地		【民族，例2】⑤
W1103.10			其他神或神性人物造天地		【例2】⑥
W1104		特定的神或神性人物造天地			
W1104.1			盘古造天地（盘古开天辟地）		【民族，联1】⑦
W1104.2			女娲造天地		【汉族】
W1104.3			佛祖造天地		【傣族】
W1104.4			真主造天地		【例2】⑧
W1104.5			道教人物造天地		【汉族】
W1104.6			其他特定的神或神性人物造天地		【例2】⑨
W1105		人造天地			【联1，例2】⑩
W1105.1			最早出现的人开天辟地		【民族，例1】⑪

① 【民族】傣族、哈尼族、傈僳族、纳西族。【引例】天神凭意愿造天地【怒族】
② 【民族】傣族、仡佬族、哈尼族、苗族。【引例】❶神的两个儿子分别造天地【珞巴族】；❷创世神和铁匠神人开天辟地【彝族】
③ 【民族】藏族。【引例】❶天公造天，地母织地【阿昌族】；❷女神造天，男神造地【哈尼族、苗族】；❸男女二神开天辟地【傈僳族】；❹天爷和天母一起造天地【羌族】；❺男神造天，女神造地【畲族】
④ 【民族】哈尼族、拉祜族、彝族、壮族。【引例】❶神和他的孩子开天辟地【布朗族】；❷神的兄弟姊妹一起开辟土地【纳西族】
⑤ 【民族】纳西族、瑶族、壮族。【引例】❶男女始祖开天辟地【纳西族】；❷八大祖先开创天地【佤族】
⑥ 【引例】❶女天神派神造天地【哈尼族】；❷神的两个儿子造天地【珞巴族】
⑦ 【民族】侗族、汉族、畲族、壮族。【关联】［W0720］盘古
⑧ 【引例】❶真主造天地【回族】；❷真主将卵分成天地【塔吉克族】
⑨ 【引例】❶天王老子分开天地【汉族】；❷张果老和李果老造天制地【土族】
⑩ 【关联】［W1176.2］两兄弟造地。【引例】❶姑侄造天地【瑶族】；❷两兄弟中的哥哥造天妹妹造地【彝族】
⑪ 【民族】彝族。【引例】最早的兄妹俩开天辟地【阿昌族】

W 编码	母题描述			参照项	
	一级母题	二级母题	三级母题	汤普森	关联项
W1105.2			一对兄妹开辟天地		【怒族、瑶族、彝族】
W1105.3			其他特定的人开辟天地		【布依族、瑶族】
W1106		动物造天地			
W1106.1			龙开天辟地		【民族，例1】①
W1106.2			青蛙造天地		【民族，联2】②
W1106.3			蜘蛛造天地		【彝族】
W1106.4			其他动物造天地		【例5】③
W1107		其他造天地者			
W1107.1			合作造天地		
W1107.2			神与铁匠神人开天地		【彝族】
W1108		造天地的材料			
W1108.1			用动物造天地		【例2】④
W1108.2			用泥土造天地		【民族，联1，例1】⑤
W1108.3			用沙造天地		【汉族】
W1108.4			用清浊二气造天地		【布依族】
W1108.5			用其他材料造天地		
W1109		造天地的方法			
W1109.1			创世者从神那里获得造天地方法		【裕固族】
W1109.2			神用仙气吹出天地		【布依族】
W1110		与造天地有关的其他母题			【民族，联1，例1】⑥
W1110.1			6 天造天 7 天造地		【民族，联1】⑦
W1110.2			造天造地时展开比赛		【联1】⑧
W1110.3			用锅冶炼天地		【苗族】
W1110.4			用斧子造天地		【民族，联1】⑨

① 【民族】土家族。【引例】张龙王造天，李龙王造地【仡佬族】
② 【民族】哈尼族、怒族。【关联】❶〔W1136.2〕青蛙造天；❷〔W1177.3〕青蛙造地
③ 【引例】❶蛇开天辟地【仡佬族】；❷鱼造天地【哈尼族】；❸蟋蟀开辟天地【佤族】；❹野猪和大象造天地【彝族】；❺蚂蚁子造天，拱屎虫造地【壮族】。
④ 【引例】❶神巨人用犀牛皮做成天【布朗族】；❷用龙牛造天地【哈尼族】
⑤ 【民族】苗族。【关联】〔W1123.2〕天帝的唾液化生天地。【引例】用口水和泥土造天地【苗族】
⑥ 【民族】彝族。【关联】〔W1275〕天地的分开。【引例】上帝的意志产生天地【哈萨克族、维吾尔族】
⑦ 【民族】哈萨克族。【关联】〔W1139.3〕造天使用的时间
⑧ 【关联】〔W9620〕竞赛（比赛）
⑨ 【民族】布依族。【关联】〔W6089.2.3〕开天斧

W 编码	母题描述			参照项	
	一级母题	二级母题	三级母题	汤普森	关联项
�֥ **W1111**	天地是生育产生的（生育天地）				
W1112		神生天地			
W1112.1			女神生天地		【侗族】
W1112.2			神婆生天地		【侗族】
W1112.3			天地是神（人）生的卵		【汉族】
W1112.4			巨人生天地		【彝族】
W1113		特定的神或神性人物生天地			
W1114		人生天地			
W1115		卵生天地		A641.1	【民族，例1】①
W1115.1			盘古的卵生天地		【彝族】
W1115.2			盘古的妻子的卵生天地		【汉族】
W1115.3			白卵生天地		【纳西族】
W1115.4			两个卵分别生出天地		【例1】②
W1115.5			与卵生天地有关的其他母题		【哈尼族、苗族】
W1116		动物生天地			
W1116.1			鱼生天地		【例1】③
W1116.2			龙生天地		【哈尼族】
W1117		与生育天地有关的其他母题		.	
�֥ **W1118**	天地是变化产生的				
W1119		神或神性人物变成天地			【联1，例2】④
W1119.1			神的肢体变成天地		【民族，例1】⑤
W1119.2			盘古垂死化生天地		【民族，联1】⑥
W1119.3			怪物的尸体变成天地		【基诺族、珞巴族、土族】

① 【民族】哈尼族。【引例】天和地在一个大鸡蛋里【汉族】
② 【引例】最早的两大卵相撞生出天地【珞巴族】
③ 【引例】祖先鱼生天地【哈尼族】
④ 【关联】［W9591.1］垂死化生。【引例】❶盘古和盘生弟兄俩一个变天一个变地【白族】；❷女娲垂死化生天地
⑤ 【民族】汉族、瑶族。【引例】神的头变成天，心变成地【彝族】
⑥ 【民族】汉族。【关联】［W0720］盘古

W 编码	母题描述			参照项	
	一级母题	二级母题	三级母题	汤普森	关联项
W1119.4			怪物的头变成天，皮变成地		【纳西族】
W1120		动物变成天地			
W1120.1			鱼的肢体变成天地		【例1】①
W1120.2			鹿的肢体变成天地		【例1】②
W1120.3			牛的肢体变成天地		【例1】③
W1121		植物变成天地			【联1】④
W1121.1			荷花变天地		【例2】⑤
W1122		无生命物变成天地			
W1122.1			被子变成天地		【例1】⑥
W1122.2			轻云变成天，重云变成地		【彝族】
W1122.3			云雾变成稀泥后产生天地		【景颇族】
W1122.4			上半片气包形成天，下半片形成地		【汉族】
W1122.5			混沌中青气变成天，赤气变成地		【彝族】
W1122.6			水塘的水气升高变成天，剩下的变成地		【哈尼族】
W1122.7			世界燃烧的火烟变成天，烟灰铺成地		【拉祜族】
W1123		与变化产生天地有关的其他母题			
W1123.1			卵变化为天地		【例1】⑦
W1123.2			蛋皮变成天，蛋黄变成地		【彝族】
W1123.3			天帝的唾液化生天地		【苗族】
W1124	与天地产生有关的其他母题				

① 【引例】鱼的右鳍变成天，左鳍变成地【哈尼族】
② 【引例】鹿头变天，鹿皮变大地【普米族】
③ 【引例】宰牛后放不同地方形成天地【藏族】
④ 【关联】［W1148.1］树倒后树皮变天空
⑤ 【引例】❶天神撒种的荷花变天地【傣族】；❷天神撒种荷花，其中一朵变成天，四朵铺成地【傣族】
⑥ 【引例】天是鸟举到天上的被子【藏族】
⑦ 【引例】五色气体形成的三黄神蛋炸开成为天界、地界和水域【壮族】

W 编码	母题描述			参照项	
	一级母题	二级母题	三级母题	汤普森	关联项
W1124.1		天地产生的时间			【联1，例1】①
W1124.1.1			第一天造出天地		【回族】
W1124.1.2			先有日月星辰和雾露后出现天地		【民族，联1】②
W1124.1.3			先有人（神）后有天		【汉族】
W1124.1.4			洪水后造天地		【民族，联1，例1】③
W1124.1.5			造天地经历很长时间		【土家族】
W1124.2		天地出现的顺序			
W1124.2.1			先出现天后出现地		【民族】④
W1124.2.2			先造天再造地		【侗族、景颇族】
W1124.2.3			先造地再造天		【汉族、壮族】
W1124.3		天地自然长大			【哈萨克族】
W1124.4		第二次产生天地			
W1124.4.1			天地第二次产生的原因		【民族，例1】⑤
W1124.4.2			重新开天辟地		【傣族、佤族】
W1124.4.3			姑侄重造天地		【瑶族】
W1124.5		三次创造天地			
W1124.5.1			神三次创造天地		【傣族】
W1124.6		日月是造天地时的破坏者			【布朗族】
W1124.7		先有人（神）后有天			
W1124.8		天地产生的见证者			
W1124.8.1			特定的动物是天地产生的见证者		【藏族】
W1124.9		以前天地时有时无			【汉族】
W1124.10		以前只有天没有地			【民族】⑥
�֍ **W1125**	**天地的特征**				
W1126		天地的性别			

① 【关联】［W1139.3］造天使用的时间。【引例】盘古在鼠年变成天【白族】
② 【民族】土族、彝族。【关联】［W1541.3］天地分开时出现日月
③ 【民族】布依族、瑶族。【关联】［W1124.1］天地产生的时间。【引例】青蛙吸干洪水后出现天【普米族】
④ 【民族】侗族、哈尼族、景颇族、纳西族
⑤ 【民族】白族。【引例】世界因人不善良被毁灭【汉族、苗族、彝族、壮族】
⑥ 【民族】傣族、傈僳族、苗族、裕固族

W 编码	母题描述			参照项	
	一级母题	二级母题	三级母题	汤普森	关联项
W1126.1			天地一阴一阳		【汉族】
W1127		天地的雏形			【联1】①
W1127.1			最初天地很小		【哈萨克族】
W1127.2			天地之初为混沌		【民族，联1】②
W1127.3			以前的天地像蛛网		【民族，例1】③
W1127.4			天地最初巨大无边		【民族，联2】④
W1128		天地的形状			
W1128.1			天地像个大桃子		【苗族】
W1128.2			天地像个橄榄		【汉族】
W1128.3			天地像蛋		【联1，例1】⑤
W1128.4			天是白泥，地是黑泥		【苗族】
W1128.5			天像篾帽，地像簸箕		【彝族】
W1128.6			天像斗篷，地像荞粑		【苗族】
W1129	与天地特征有关的其他母题				【壮族】
W1129.1		以前天和地都是黑的			【民族，联1】⑥
W1129.2		以前天是黄的，地是白的			【满族】
W1129.3		天地共3层			【联1】⑦
W1129.3.1			天地分地下层、地面层和天空层		【哈萨克族】
W1129.4		天地的层数相同			
W1129.4.1			天3层地3层		【塔吉克族】
W1129.4.2			天7层地7层		【哈萨克族】
W1129.4.3			天16层地16层		【傣族】
W1129.5		天地的层数不同			
W1129.5.1			天17层地9层		【满族】
W1129.6		天地的重量			【壮族】

① 【关联】［W1035］世界最早的情形
② 【民族】汉族。【关联】［W1057.1］混沌（混沌卵）
③ 【民族】拉祜族。【引例】天经地纬像蜘蛛网【苗族】
④ 【民族】苗族。【关联】❶［W1157］天的大小；❷［W1219］地的大小
⑤ 【关联】［W1057.1］混沌（混沌卵）。【引例】天地混沌如鸡子【汉族】
⑥ 【民族】彝族。【关联】［W1050］最早的世界是黑暗的
⑦ 【关联】［W1067.2］世界分3层（宇宙分3层）

W 编码	母题描述			参照项	
	一级母题	二级母题	三级母题	汤普森	关联项
W1129.7		天地的寿命			
W1129.7.1			天神造的天地寿命不长		【哈尼族】
W1129.8		歪斜的天地			【民族，联1】①
W1129.9		天地是特定的神的居所			【民族，联1】②

1.2.2 天的产生与特征【W1130 ~ W1169】

W 编码	母题描述			参照项	
	一级母题	二级母题	三级母题	汤普森	关联项
✿ **W1130**	天的产生③			①≈A700 ②A701	
W1131	天来源于某个地方或自然存在				
W1131.1		天自然生成			【珞巴族】
W1131.2		混沌中产生天			【联1，例1】④
W1131.3		与天自然存在有关的其他母题			【例1】⑤
✳ **W1132**	天是造出来的（造天）			A701	
W1133		神或神性人物造天			【例2】⑥
W1133.1			天神造天		【民族，例2】⑦
W1133.2			天王造天		【蒙古族、壮族】
W1133.3			众神造天		【民族，例2】⑧
W1133.4			神仙造天		【汉族、怒族】
W1133.5			祖先造天		【苗族】
W1133.6			其他神或神性人物造天		【例1】⑨

① 【民族】汉族。【关联】［W1360］天地的缺陷（修整天地的原因）
② 【民族】哈尼族。【关联】［W095］神的居所
③ 天的产生，在神话叙事中有时"天（天体）"与"世界、宇宙"的概念相互混杂，是相同或相近的概念。具体区别可参见《中国神话母题 W1 编目实例》。
④ 【关联】［W1072.3.1］轻气上浮为天。【引例】混沌中的一部分形成天【蒙古族】
⑤ 【引例】青蛙吸干洪水后出现天【普米族】
⑥ 【引例】雾神吐雾造天【汉族】
⑦ 【民族】仡佬族、汉族、苗族、羌族。【引例】❶天神女侍从、女萨满造天【满族】；❷天神的儿子造天【彝族】
⑧ 【民族】怒族。【引例】❶3 个大神造天【哈尼族】；❷众男神造天【纳西族】
⑨ 【引例】雾神造天【汉族】

W 编码	母题描述			参照项	
	一级母题	二级母题	三级母题	汤普森	关联项
W1134		特定的神或神性人物造天			【例1】①
W1134.1			盘古造天		【汉族】
W1134.2			女娲造天		【民族，联1】②
W1134.3			喇嘛造天		【蒙古族】
W1134.4			真主造天		【塔吉克族】
W1134.5			老子造天		【汉族】
W1134.6			其他特定的神或神性人物造天		【民族，例1】③
W1135		人造天			
W1135.1			最早出现的一个人造天		
W1135.2			洪水后幸存的人造天		【瑶族】
W1135.3			其他特定的人造天		【哈尼族、汉族、畲族】
W1136		动物造天			
W1136.1			龙造天		【例2】④
W1136.2			青蛙造天		【例1】⑤
W1136.3			屎壳郎造天		【壮族】
W1136.4			鸟造天		【例2】⑥
W1136.5			蜘蛛造天		【彝族】
W1136.6			其他动物造天		【民族，例1】⑦
W1137		其他造天者			
W1137.1			月亮兄弟造天		【傈僳族】
W1137.2			不同身份的人物合作造天		【例1】⑧
W1138		造天的材料			
W1138.1			用巨兽皮造天		【苗族】
W1138.2			用犀牛皮造天		【布朗族】

---

① 【引例】安拉创造天空【塔吉克族】
② 【民族】汉族。【关联】〔W1386.2〕女娲补天
③ 【民族】哈尼族、苗族、水族。【引例】天狼大王开天【普米族】
④ 【引例】❶龙王造天【仡佬族】；❷阳龙造天【土家族】
⑤ 【引例】海龙王派青蛙造天【哈尼族】
⑥ 【引例】❶天鹅造天【傈僳族】；❷鸟扇动左翅形成天【藏族】
⑦ 【民族】哈尼族、壮族。【引例】天是鸟顶出来的【藏族】
⑧ 【引例】盘古夫妻和牛共同顶出天

W 编码	母题描述			参照项	
	一级母题	二级母题	三级母题	汤普森	关联项
W1138.3			用动物牙齿造天		【例1】①
W1138.4			用羽毛造天		【傈僳族】
W1138.5			用金银造天		【哈尼族】
W1138.6			用珍珠玛瑙造天		【阿昌族】
W1138.7			用玉石翡翠造天		【阿昌族】
W1138.8			用青石板造天		【汉族、羌族】
W1138.9			用绿石头造天		【哈尼族】
W1138.10			炼石作为造天材料		【汉族】
W1138.11			用布料造天		【哈尼族】
W1138.12			用帽子造天		【瑶族】
W1138.13			用体液或排泄物造天		【哈尼族、苗族】
W1138.14			用混沌物造天		【侗族】
W1138.15			造天的其他材料		【民族，例1】②
W1139		与造天有关的其他母题			【例1】③
W1139.1			造天的模子		【例2】④
W1139.2			神吐雾造天		
W1139.3			造天使用的时间		【例6】⑤
W1139.4			造天的特定时间		【例1】⑥
✳ **W1140**	**天是生育产生的**				
W1141		神或神性人物生天			【例2】⑦
W1142		人生天			
W1143		动物生天			
W1143.1			鸟生天		
W1143.2			鱼生天		【哈尼族】
W1144		与生育产生天有关的其他母题			
W1144.1			卵生天		【联1，例2】⑧

---

① 【引例】用马的牙齿造天【哈尼族】
② 【民族】彝族。【引例】神用蓝被铺天【哈尼族】
③ 【引例】磨天之神负责磨天【佤族】
④ 【引例】❶按照地的大小造天【汉族】；❷用伞做造天的模子【彝族】
⑤ 【引例】❶造天用了999天【哈尼族】；❷造天用了6天【哈萨克族、柯尔克孜族、彝族】；❸造天地用了9年【拉祜族】；❹造天用了9天【傈僳族】；❺造天用了99天【怒族】；❻造天用了1万年
⑥ 【引例】龙日造天【哈尼族】
⑦ 【引例】❶天是最高神王的女儿【哈尼族】；❷鬼姐弟婚生天【景颇族】
⑧ 【关联】［TPS：A701.1］浮在水中的卵生天。【引例】❶混沌中分出天【蒙古族】；❷以前天是一个白鸡蛋【羌族】

W 编码	母题描述			参照项	
	一级母题	二级母题	三级母题	汤普森	关联项
W1144.2			婚生天		【民族，联1】①
✳ **W1145**	**天是变化产生的**				
W1146		神或神性人物变成天			
W1146.1			怪物身体化为天		【基诺族】
W1146.2			怪物的头变成天		【纳西族】
W1146.3			盘古变成天		【白族、彝族】
W1146.4			其他神或神性人物变成天		
W1147		动物变成天			
W1147.1			动物的头变成天		【例1】②
W1147.2			动物的皮变成天		
W1147.3			鱼鳍变成天		【哈尼族】
W1148		植物变成天			
W1148.1			树皮变成天空		【珞巴族】
W1149		卵变成天			
W1149.1			蛋壳变成天		【汉族、彝族】
W1149.2			蛋黄变成天		【彝族】
W1149.3			蛋清变成天		【汉族】
W1150		气变化成天			【汉族】
W1150.1			积雾成天		【哈尼族】
W1150.2			三种气体合成地球		【例1】③
W1150.3			青气上飘变成天		
W1150.4			清阳之气变成天		【汉族、蒙古族】
W1150.5			云上升变成天		【例1】④
W1150.6			彩云上浮为天		【苗族】
W1150.7			蛋中冒出的气变成天		【例2】⑤
W1151		其他特定的物变成天			
W1151.1			清水上升变成天		【汉族】
W1151.2			清的东西变成天		【蒙古族】

① 【民族】景颇族。【关联】［W1152.7.1］雾露和云团夫妻孕育野天
② 【引例】马鹿的头变成天【普米族】
③ 【引例】最早的地球由气体、烟雾、狂风生合成【傣族】
④ 【引例】轻云变成天【彝族】
⑤ 【引例】❶圆球中冒出的气上升成为天【汉族】；❷像鸡蛋样的东西上升的气成为天【汉族】

W 编码	母题描述			参照项	
	一级母题	二级母题	三级母题	汤普森	关联项
W1151.3			手帕变成天		【汉族】
W1151.4			烟变成天		【布朗族、拉祜族】
W1151.5			地的盖子变成天		【藏族】
W1151.6			某种碎片或分裂物变成天		【民族，例2】①
W1152	与天的产生有关的其他母题				【例2】②
W1152.1		天刚形成时像癞蛤蟆的脊背			【佤族】
W1152.2		九重天的来历			【民族，联1】③
W1152.3		天产生的方位			
W1152.3.1			天从中间鼓起来		【珞巴族】
W1152.3.2			天从东方开始产生		【白族】
W1152.4		始祖把天加大			【壮族】
W1152.5		天是特定的物			
W1152.5.1			天是雷婆的肚皮		【壮族】
W1152.5.2			天空是树的阴影	A652.4	
W1152.6		天的增长			【鄂温克族】
W1152.6.1			天日高一丈		【汉族】
W1152.7		野天的产生			
W1152.7.1			雾露和云团夫妻孕育野天		【景颇族】
✳ **W1155**	天的特征			A702	
W1156		天的性别			
W1156.1			天是男的		【珞巴族】
W1156.2			天是女的		【苗族】
W1156.3			与天的性别有关的其他母题		【例1】④
W1157		天的大小			【联1】⑤
W1157.1			天无限大		【苗族】
W1157.2			天和地一样大小		
W1157.3			鸟能测量天的大小	A702.6	

---

① 【民族】壮族。【引例】❶石鼓破后的上片变成天【汉族】；❷太阳的碎片变天【藏族】
② 【引例】❶神把天一片一片劈出来【哈尼族】；❷天是特定的神【哈萨克族】
③ 【民族】怒族。【关联】［W1163.9］天有9层（九重天）
④ 【引例】母的上半空和公的下半空【苗族】
⑤ 【关联】［W1383.1］天的变大

W 编码	母题描述			参照项	
	一级母题	二级母题	三级母题	汤普森	关联项
W1158		天的高低			
W1158.1			原来的天很低		【民族，联3，例1】①
W1158.2			天很高		【联1】②
W1158.3			天东高西低		【藏族】
W1158.4			西边的天矮		
W1158.5			天和地一样厚		【拉祜族】
W1159		天的形状			
W1159.1			天无定型		【彝族】
W1159.2			天是圆形的		【民族，例2】③
W1159.3			原来的天不平		【佤族】
W1159.4			天是平的		【例1】④
W1159.5			天像大圆镜		【畲族】
W1159.6			天像伞	A653	【壮族】
W1159.7			天像簸箕		【民族，例1】⑤
W1159.8			天像篾帽		【彝族】
W1159.9			天像斗篷		【苗族】
W1159.10			天像帐篷	A702.2	
W1159.11			天像大锅		【民族，例2】⑥
W1159.12			天像浆糊		
W1159.13			天像一块云彩		【傈僳族】
W1159.14			与天的形状有关的其他母题		【佤族】
W1160		天的颜色			【联2】⑦
W1160.1			特定的服饰变成天的颜色		【民族，例2】⑧
W1160.2			以前天是黑的		【民族，联1】⑨
W1160.3			以前天是青色的		【汉族、满族】
W1160.4			以前天是白色的		【哈尼族】

① 【民族】拉祜族、仫佬族、壮族。　【关联】❶〔W1300〕天的升高；❷〔W1317〕天地原来离得很近；❸〔W1317.1〕天地相距3尺3寸。【引例】以前天很低人可以用手摸着天【瑶族】

② 【关联】〔W1318.1〕天地相距99999丈

③ 【民族】藏族。【引例】❶地上笼罩一个半圆的天体【达斡尔族】；❷以前天是一个白鹅蛋【羌族】

④ 【引例】神把天磨平【佤族】

⑤ 【民族】彝族。【引例】天刚生出时像簸箕【苗族】

⑥ 【民族】拉祜族、壮族。【引例】❶天像倒扣的锅【高山族】；❷天像大黑锅盖【水族】

⑦ 【关联】❶〔W1129.2〕以前天是黄的，地是白的；❷〔W4007〕天为什么是蓝色（青）色的

⑧ 【民族】布依族、哈尼族、汉族、水族。【引例】❶神用云粉给天做衣裳【布朗族】；❷天神的战裙变成现在天的颜色【满族】

⑨ 【民族】哈尼族、彝族。【关联】〔W1035〕世界最早的情形

W 编码	母题描述			参照项	
	一级母题	二级母题	三级母题	汤普森	关联项
W1160.5			天色彩斑斓的原因		【例1】①
W1160.6			天的颜色由9色变成7色		【满族】
W1160.7			与天的颜色有关的其他母题		【例1】②
W1161		与天的特征有关的其他母题			
W1161.1			天的寿命		
W1161.2			天不会死		【汉族】
W1161.3			天光滑的原因		【例2】③
W1161.4			天明亮的原因		【汉族】
W1161.5			天上不长草木		【珞巴族】
W1161.6			天上到处都是藤		【土家族】
◎	〖其他相关母题〗				
W1162	天的数量				
W1162.1		9个天			【鄂温克族、汉族】
W1162.2		32个天			【例1】④
W1162.3		33个天			【土族】
W1162.4		55个天			
W1162.4.1			西方有55个天		【蒙古族】
W1162.5		99个天			【蒙古族】
W1162.6		与天的数量与关的其他母题			【蒙古族】
W1163	天的层数				
W1163.1		天有许多层		A651.1	【联1】⑤
W1163.2		天有2层			
W1163.3		天有3层			【哈尼族、塔吉克族】
W1163.4		天有4层			【布依族】
W1163.5		天有5层			
W1163.6		天有6层			【布依族、哈萨克族】
W1163.7		天有7层			【民族】⑥
W1163.8		天有8层			

① 【引例】补天的五彩石使天色彩斑斓【藏族】
② 【引例】天除了青蓝颜色，为什么还有其他颜色【汉族】
③ 【引例】❶神用牛拉耙天耙得整齐光滑【哈尼族】；❷神把天磨光滑【佤族】
④ 【引例】盘古开天时形成32个天【土族】
⑤ 【关联】［W1073.6］上界的层数（天堂的层数）
⑥ 【民族】哈萨克族、赫哲族、柯尔克孜族

W 编码	母题描述			参照项	
	一级母题	二级母题	三级母题	汤普森	关联项
W1163.9		天有 9 层（九重天）		A651.1.6	【民族，联 2，例 3】①
W1163.10		天有 10 层			
W1163.11		天有 12 层			【布依族】
W1163.12		天有 16 层			【傣族】
W1163.13		天有 17 层			【民族，联 2】②
W1163.14		天有 18 层			【土家族】
W1163.15		与天的层数有关的其他母题			
W1163.15.1			天有 33 层		【汉族、裕固族、土族】
W1163.15.2			天有 500 层		【白族】
W1163.15.3			天的最高层		【例 3】③
W1164	天的中心				【联 1】④
W1164.1		七星天是天的中心			【蒙古族】
W1165	天心				
W1165.1		天地之心五寸			【汉族】
W1166	天边（天的边际）				【民族，联 3】⑤
W1166.1		最早时没有天边地沿			【景颇族】
W1166.2		天边在天与地的交界处			【裕固族】
W1166.3		天边是红铜做的			【裕固族】
W1166.4		天有 4 个边			【联 2】⑥
W1166.5		日月看守天边			【苗族】
W1166.6		天边的景象			【苗族】
W1167	天的端点（天头）				
W1167.1		虎头作天头			【彝族】
W1167.2		天有四极			【民族，联 1，例 2】⑦

① 【民族】满族、蒙古族、苗族、怒族、普米族。【关联】❶［W1073.6.2］上界（天堂）有 9 层；❷［W1163.9］天有 9 层（九重天）。【引例】❶9 重天是顶了 9 次形成的【汉族】❷天划为 9 部分【汉族】；❸天有九野【汉族】

② 【民族】布朗族、汉族、满族。【关联】❶［W1067.5.1］宇宙分 17 层；❷［W1129.5.1］天 17 层地 9 层

③ 【引例】❶创世主迦萨甘住在天的最上层【哈萨克族】；❷第九层为最高天【汉族】；❸造物主住 7 层天的最高之天【赫哲族】

④ 【关联】［W1063］世界的中心

⑤ 【民族】汉族、苗族、彝族、壮族。　【关联】❶［W1237］地边；❷［W1438.1.2］人从天边能上天；❸［W9932.2］寻找天边

⑥ 【关联】❶［W1168.1.1］天有 4 角；❷［W1242.1］地有 4 角

⑦ 【民族】汉族。【关联】［W1324.5］鳌足支四极。【引例】❶天公定四极【阿昌族】；❷盘古的四肢化为四极【壮族】

W 编码	母题描述			参照项	
	一级母题	二级母题	三级母题	汤普森	关联项
W1167.3		天有八极			【民族，联 2】①
W1167.4		天的终点在北方			【汉族】
W1168	与天有关的其他母题				【联 1，例 1】②
W1168.1		天角			
W1168.1.1			天有 4 角		【民族，联 1，例 1】③
W1168.1.2			天有 6 角		【壮族】
W1168.1.3			天有 13 个角		【瑶族】
W1168.2		天顶			
W1168.2.1			用巨兽皮做天顶		【苗族】
W1168.3		天的窗子		F56	
W1168.4		天维（天经）			【苗族】
W1168.5		天梁			
W1168.5.1			四根天梁		【拉祜族】
W1168.5.2			牛脊梁做支天地的天梁		【民族，联 1】④
W1168.5.3			天梁支在鱼的上面		【拉祜族】
W1168.6		天架			
W1168.6.1			用金银做天架		【哈尼族】
W1168.7		天骨			
W1168.7.1			天神的手骨变成天骨		【拉祜族】
W1168.8		天网			
W1168.8.1			天神造天网		【拉祜族】
W1168.8.2			蜘蛛织天网		【拉祜族】
W1168.8.3			仿照蜘蛛织天网		【拉祜族】
W1168.9		天基			【哈尼族】
W1168.10		天眼			【畲族】
W1168.10.1			日月是天的眼睛		【鄂温克族】
W1168.11		天是阴阳之所			【民族，联 2】⑤
W1168.12		天有特殊的分类			

---

① 【民族】汉族。【关联】❶［W1167.4］天的终点在北方；❷［W4714］八方的确定
② 【关联】［W4866.6］魔物（法）控制着天体。【引例】天每天长 1 丈 【汉族】
③ 【民族】侗族。【关联】［W1062.1］世界的 4 个角。【引例】天有东南西北 4 个角【布朗族】
④ 【民族】哈尼族。【关联】❶［W1319］天的支撑；❷［W1330］天柱（顶天的柱子）
⑤ 【民族】汉族。【关联】❶［W4755］阴阳的产生；❷［W4757.1］天生阴阳

W 编码	母题描述			参照项	
	一级母题	二级母题	三级母题	汤普森	关联项
W1168.12.1			天分为父天、母天、公主天和官人天等		【达斡尔族】
W1168.13		特定的天			
W1168.13.1			天界北部的一角有一个特定的天		【蒙古族】
W1168.13.2			智慧之天		【蒙古族】
W1168.14		天体的惊人之举		F961	
W1168.15		最早天上只有日月			【裕固族】
W1168.15.1			以前天上只有太阳		【民族，联1】①
W1168.15.2			以前天上只有太阳、月亮和星星		【珞巴族】
W1168.16		以前天上布满石头			【联1，例1】②
W1168.17		天不会塌的原因			【民族，联1】③
W1168.18		遮天之物			【壮族】

1.2.3　地的产生与特征④【W1170～W1269】

W 编码	母题描述			参照项	
	一级母题	二级母题	三级母题	汤普森	关联项
✿ **W1170**	**地的产生**			①A800 ②A950	【联1】⑤
W1171	地自然产生				
W1171.1		地自然生成			【珞巴族】
W1171.2		世上最早出现的陆地			【联1】⑥
W1171.2.1			中国是世上最早出现的陆地	A802	
W1172	地来源于某个地方				
W1172.1		地（地球）源于混沌		A801	【德昂族、门巴族】
W1172.2		地（地球）从天上来		①A817 ②A953	

---

① 【民族】高山族、哈萨克族、仫佬族、佤族、瑶族、壮族。【关联】［W1540.1.2］以前没有月亮
② 【关联】［W1499.3］天上落石头。【引例】天是飞腾的石块【普米族】
③ 【民族】哈尼族。【关联】［W1319］天的支撑
④ 地的产生与特征，该母题包括地球、土、陆地、地面等。为表述的简洁，内容相似或重复性母题不再一一标出。
⑤ 【关联】［W1100］天地的产生
⑥ 【关联】［W1172.3.2］海水退后出现陆地

W 编码	母题描述			参照项	
	一级母题	二级母题	三级母题	汤普森	关联项
W1172. 3			地从水的底部出现	A811	【例1】①
W1172. 3. 1			地从海中出来	①A816 ②A952	【汉族、藏族】
W1172. 3. 2			海水退后出现陆地		【民族，例2】②
W1172. 3. 3			海里露出的平原丘陵形成地		【珞巴族】
W1172. 3. 4			原始大水干后出现地	A827	【珞巴族、普米族】
✿ **W1173**	地是造出来的（造地）			A800	
W1174		造地的原因			【例1】③
W1174. 1			神或神性人物因孤独造了地（地球）	A832	【联1】④
W1174. 2			创世者为了找到落脚造地	A5. 1	【傣族、藏族】
W1175		神或神性人物造地			【鄂温克族】
W1175. 1			创世者造地球	A830	【仡佬族】
W1175. 2			天神造地		【民族，例1】⑤
W1175. 3			天母造地		【羌族】
W1175. 4			天神的女儿造地		【彝族】
W1175. 5			女神造地		【水族、维吾尔族】
W1175. 6			神鸟造地		【彝族】
W1175. 7			夫妻神造地		【例1】⑥
W1175. 8			地王造地		【蒙古族】
W1175. 9			神仙造地		【侗族、汉族】
W1175. 10			仙女造地		【水族】
W1175. 11			祖先造地		【民族，例1】⑦
W1175. 12			巨人造地		【侗族】
W1175. 13			众神造地		【民族，例4】⑧

① 【引例】青蛙吸干洪水后出现地【普米族】
② 【民族】白族、藏族。【引例】❶一个像牛的精灵用角挖坑后，地面逐渐露出来【珞巴族】；❷陆地是海里升起的【仡族】
③ 【引例】上帝为阻止骚乱就创造了地【哈萨克族】
④ 【关联】[W1011. 1] 创世者因为孤独创造了世界
⑤ 【民族】傣族、柯尔克孜族、土族。【引例】上帝造地用7天【哈萨克族】
⑥ 【引例】夫妻神夫妇踩出地【汉族】
⑦ 【民族】汉族、普米族。【引例】❶女始祖密洛陀造地【瑶族】；❷女始祖姆六甲造地【壮族】
⑧ 【民族】怒族。【引例】❶龙神和蛇王造地【哈尼族】；❷9个大神造地【哈尼族】；❸天神三兄弟造地【珞巴族】；❹众女神造地【纳西族】

W 编码	母题描述			参照项	
	一级母题	二级母题	三级母题	汤普森	关联项
W1175.14			盘古造地		【瑶族】
W1175.15			佛祖造地		【汉族、裕固族】
W1175.16			真主造地		【塔吉克族】
W1175.17			喇嘛造地		【蒙古族】
W1175.18			道士造地		【汉族】
W1175.19			其他神或神性人物造地		【民族，例3】①
W1176		人造地			
W1176.1			一对夫妻踩出了地		
W1176.2			两兄弟造地		【俄罗斯族】
W1176.3			众人造地		【例1】②
W1176.4			与人造地有关的其他母题		【民族，例1】③
W1177		动物造地			
W1177.1			龙造地		【民族，例2】④
W1177.2			鸟造地		【例2】⑤
W1177.3			青蛙造地		【例1】⑥
W1177.4			蜘蛛造大地		【例1】⑦
W1177.5			其他动物造地		【例5】⑧
W1178		其他造地者造地			
W1178.1			太阳造地		【傈僳族、裕固族】
W1178.2			神与神性人物合作造地		【例1】⑨
W1178.3			神与动物合作造地		【例1】⑩
W1179	造地的方法				
W1179.1		地是织出来的			
W1179.1.1			用梭子织地		【阿昌族、傈僳族】

---

① 【民族】布依族、侗族、鄂温克族、仡佬族、哈萨克族、汉族、柯尔克孜族、水族、瑶族、壮族。【引例】❶天神的女侍从造地【满族】；❷扁古王造地【苗族】；❸女娲造地

② 【引例】众姐妹造地【纳西族】

③ 【民族】壮族。【引例】天王派9个人造地【哈尼族】

④ 【民族】仡佬族、拉祜族。【引例】❶阴龙造地【土家族】；❷青龙造地【裕固族】

⑤ 【引例】❶鸟衔石造地【满族】；❷鸟用翅膀扇出地【藏族】

⑥ 【引例】海龙王派青蛙造地【哈尼族】

⑦ 【引例】蜘蛛在水上结网形成大地【德昂族】

⑧ 【引例】❶金鱼娘用鳍扇出大多【哈尼族】；❷蚂蚁造地【汉族】；❸野鸭造陆地【柯尔克孜族】；❹蚂蚁造地【傈僳族】；❺拱屎虫造地【壮族】

⑨ 【引例】天神与萨满合作造地球【满族】

⑩ 【引例】佛与潜水鸟在海上创造大地【蒙古族】

W 编码	母题描述			参照项	
	一级母题	二级母题	三级母题	汤普森	关联项
W1179.1.2			用土填地网造地		【拉祜族】
W1179.2		填海成地			【例1】①
W1179.2.1			用土填海造地		【裕固族、壮族】
W1179.2.2			挤海成地		【例1】②
W1179.3		填石造地			
W1179.3.1			女娲用五彩石填地		【民族，联1】③
W1179.4		潜水取土造地		A812	【民族，联1】④
W1179.4.1			龟潜水取土造地		
W1179.4.2			鱼潜水取土造地	A811.1	【例1】⑤
W1179.4.3			魔鬼潜水取土造地	A812.1	
W1179.4.4			鸭潜水取土造地		【民族，例1】⑥
W1179.4.5			青蛙潜水取土造地		【鄂温克族】
W1179.4.6			其他动物潜水取土造地		
W1179.4.7			与潜水取土造地有关的其他母题		【例2】⑦
W1179.5		掘土造地			【联1，例1】⑧
W1179.6		找土造地			【联1】⑨
W1179.6.1			让动物找土造地		【例1】⑩
W1179.6.2			用身上的泥造地		【傣族】
W1179.7		用特定的工具造地			
W1179.7.1			用斧子打造地面		【联1，例1】⑪
W1179.8		与造地方法有关的其他母题			【联1，例4】⑫
W1179.8.1			造地方法的获得		【裕固族】
W1179.8.2			支天造地		【裕固族】
W1179.8.3			地是一步步造出来的	A837	

① 【引例】填海造地不成功【裕固族】
② 【引例】盘古用怪物把海挤走形成大地【汉族】
③ 【民族】藏族。【关联】［W0710］女娲
④ 【民族】俄罗斯族、汉族、蒙古族。【关联】［W1247.1］潜水取土
⑤ 【引例】鱼潜水取泥造山
⑥ 【民族】蒙古族。【引例】绿鸭道士淘沙造大地【汉族】
⑦ 【引例】❶潜水取土放置在手掌上造地【汉族】；❷潜水取土放置在龟背上造地【汉族】
⑧ 【关联】［W1184］用土造地（用泥巴造地）。【引例】神掘土造地【鄂伦春族】
⑨ 【关联】［W1184］用土造地（用泥巴造地）
⑩ 【引例】创造神用白鸟潜水找来的泥土创造世界【塔吉克族】
⑪ 【关联】［W1110.4］用斧子造天地。【引例】造物主用开山巨斧打造地面【景颇族】
⑫ 【关联】［W1179.5］掘土造地。【引例】❶母龙在地上滚9下变成9块地【拉祜族】；❷堆地之神责堆地【佤族】；❸劈开的气包形成地；❹神凭借意念造地

W 编码	母题描述			参照项	
	一级母题	二级母题	三级母题	汤普森	关联项
�֍ **W1180**	**造地的材料**				
W1181		用神或神性人物的身体造地			
W1181.1			神用自己的儿子的身体造地	A831.1	
W1181.2			用巨人的身体造地	A831.2	
W1181.3			用创世者的指甲造地	A828	
W1182		用人的身体造地		A831	
W1182.1			用最早的一对兄妹的身体造地	A831.4	
W1183		用动物的身体造地		A831	【联1，例1】①
W1183.1			用鳌鱼造地		【羌族】
W1183.2			用牛造地		【例1】②
W1184		用土造地（用泥巴造地）			【民族，联1】③
W1184.1			用天泥造地		【傈僳族】
W1184.2			用神土造地		【珞巴族、满族】
W1184.3			用胶泥造地	≈A821	
W1184.4			用动物身上的泥造地	≈A822	
W1184.5			用黑土造世界（地）		【蒙古族】
W1184.6			用特定物和泥造地		【例1】④
W1185		其他造地的材料			【例2】⑤
W1185.1			用特殊的布料造地	≈A825	
W1185.2			用空气和尘土造地球		【维吾尔族】
W1185.3			用水泡造地		【柯尔克孜族】
W1186		与造地有关的其他母题			
W1186.1			按佛的旨意造地		【蒙古族】
W1186.2			造地的模子		【例1】⑥

---

① 【关联】［W1250.3］肉变化为土。【引例】用牛肉做土地【哈尼族】

② 【引例】用龙牛肉造地【哈尼族】

③ 【民族】哈尼族、满族。【关联】［W 1179.4］潜水取泥造地

④ 【引例】用青蛙的排泄物掺石土造地【哈尼族】

⑤ 【引例】❶蛙的生育物掺石土造成陆地【哈尼族】；❷金丹碎成粉造地【蒙古族】

⑥ 【引例】用轿做造地的模子【彝族】

W 编码	母题描述			参照项	
	一级母题	二级母题	三级母题	汤普森	关联项
W1186.3			造地的时间		【民族，例4】①
W1186.4			两次造地		【鄂温克族】
W1186.5			造地的帮助者		【联1，例1】②
W1186.6			天神造人之前先造地		【满族】
W1186.7			造地失败		【裕固族】
✷ **W1187**	**地是生育产生的**				
W1188		神或神性人物生地			
W1188.1			地是最高的神王的女儿		【哈尼族】
W1188.2			女神生大地	A954	
W1188.3			巨鸟（神鸟）生地		
W1188.4			鬼姐弟婚生大地		【景颇族】
W1189		人生地			【汉族】
W1190		动物生地			
W1190.1			鱼生地		【哈尼族】
W1191		与生育产生地有关的其他母题			【例1】③
W1191.1			卵生地		【例2】④
W1191.2			天地婚生地		【珞巴族】
✷ **W1192**	**地是变化产生的**				
W1193		神或神性人物变成地			【联1，例3】⑤
W1193.1			创世者的皮肤变成地	A833	
W1193.2			被杀死的神的尸体变成地	A831.7	
W1193.3			神死后心变成地		【彝族】
W1193.4			祖先的肉体变成泥土		【彝族】
W1193.5			怪物的身体变成地		【民族，例2】⑥

① 【民族】傈僳族。【引例】❶上帝用7天【哈萨克族】；❷绿鸭道人连造了九九八十一天【汉族】；❸造地用了1万年【汉族】；❹天神造地用了7天【柯尔克孜族】

② 【关联】［W9987］帮助者。【引例】蚂蚁、土狗、蚯蚓等动物帮助造地【哈尼族】

③ 【引例】地生于海【珞巴族】

④ 【引例】❶精灵生的蛋中生出地【珞巴族】；❷以前地是一个黑鸡蛋【羌族】

⑤ 【关联】［W1250.3］肉变化为土。【引例】❶神的血肉变成泥土【景颇族】；❷盘古的五脏变地【瑶族】；❸盘古的心变成地【彝族】

⑥ 【民族】基诺族。【引例】❶怪人的尸体化为泥土【侗族】；❷怪物的皮变成地【纳西族】

W 编码	母题描述			参照项	
	一级母题	二级母题	三级母题	汤普森	关联项
W1193.6			盘古变成地		【民族，联1，例1】①
W1193.7			与神或神性人物变地有关的其他母题		【例1】②
W1194		动物变成地			【汉族、怒族】
W1194.1			被杀死的动物变成地	A831.6	
W1194.2			动物的肉变成地		【例2】③
W1194.3			动物的皮变成地		【例4】④
W1194.4			动物的血变成地		【例1】⑤
W1194.5			动物的其他肢体变成地		【例1】⑥
W1195		卵变成地（蛋变成地球）			
W1195.1			特定的球变成地（特定的球变成地球）		【例2】⑦
W1195.2			蛋的重的部分变成地		【苗族】
W1195.3			蛋的中间部分变成地		【壮族】
W1195.4			蛋壳变成地		【汉族、彝族】
W1195.5			蛋黄变成地		【汉族、苗族、彝族】
W1195.6			石蛋的一半变成地		【汉族】
W1195.7			与卵变地有关的其他母题		【例4】⑧
W1196		抛撒在水上的物质（泥土、沙石等）变成地		A814	【珞巴族】
W1196.1			抛在水上的石块变成地	A814.1	【联1】⑨

① 【民族】汉族。【关联】［W1146.3］盘古变成天。【引例】盘古死后心变成地【彝族】
② 【引例】鬼死后腿变成大地【珞巴族】
③ 【引例】❶犀牛的肉变成地【布朗族】；❷大鸟的肌肉变成地上的泥巴【彝族】
④ 【引例】❶蛇的肚皮化为田地【汉族】；❷蛇皮化为田地【汉族】；❸马鹿的皮变大地【普米族】；❹龙的鳞甲化成泥土【土家族】
⑤ 【引例】巨兽的血变成地【怒族】
⑥ 【引例】巨鸟的翅膀变大地【彝族】
⑦ 【引例】❶石球变成地（地球）【汉族】；❷女娲从玉帝那里偷的球变成地球【汉族】
⑧ 【引例】❶鸡蛋样的东西破开后，下沉的胎血变地【汉族】；❷盘古的妻子生圆球，劈开后下沉的一半成为"地"【汉族】；❸气泡变地【汉族】；❹如意球变成大地
⑨ 【关联】［W1197.10］海里露出的石头变成地

W 编码	母题描述			参照项	
	一级母题	二级母题	三级母题	汤普森	关联项
W1196.2			撒在水上的沙子变成地	A814.2	【蒙古族】
W1196.3			吐在水中的唾液变成地	A814.10	
W1196.4			水面鸟巢上堆积灰尘变成地		【蒙古族】
W1196.5			泥撒在巨龟肚子上形成大地		【民族，例1】①
W1196.6			海上的漂浮物变成地	A813	
W1196.7			水里长出的树变成地	A814.4	【例1】②
W1196.8			水上的蒸汽凝结成地	A814.5	【民族，例3】③
W1197		其他特定的物质变成地			【联1，例3】④
W1197.1			特定的土变成地		【例2】⑤
W1197.2			被杀死的小孩的尸体变成地	A831.5	
W1197.3			特定的肢体变成地（肉变成地）		【民族，例2】⑥
W1197.4			植物变成地		【例2】⑦
W1197.5			一块板子变成地		【苗族】
W1197.6			积灰成地		【例2】⑧
W1197.7			浑水下沉变成地		【汉族】
W1197.8			黑云下沉变成地		【彝族】
W1197.9			浊气凝结成地		【布朗族、汉族、蒙古族】
W1197.10			海里露出的石头变成地	A816.1	【珞巴族】
W1197.11			海里露出的山变成地		【汉族】

① 【民族】蒙古族。【引例】神仙在大鳖身上创造了阳世【土族】
② 【引例】树的叶子变土【彝族】
③ 【民族】哈尼族。【引例】❶黑色的雾气变地【布朗族】；❷两种气交配产生的血凝结成地【哈尼族】；❸水蒸发形成地【珞巴族】
④ 【关联】［W1235.4.1］地漂浮在大海上。【引例】❶盘古开天地，重的下沉变成泥土【布依族】；❷鱼的鳍变成地【哈尼族】
⑤ 【引例】❶黄气化成的泥土变成地【汉族】；❷潜水取得的泥土变成地【汉族】
⑥ 【民族】珞巴族。【引例】❶怪物的皮变为地【纳西族】；❷盘古的心变成地【彝族】
⑦ 【引例】❶虫子咬出的树的粉末掉到水里变成地【珞巴族】；❷树皮变成地面【珞巴族】
⑧ 【引例】❶世界燃烧的灰变成地【拉祜族】；❷水上生的微尘成为土【蒙古族】

W 编码	母题描述			参照项	
	一级母题	二级母题	三级母题	汤普森	关联项
W1197.12			太阳的碎片变成地		【藏族】
W1197.13			岩石的一半变成地		【壮族】
W1197.14			粪便变成地		【例1】①
W1197.15			积血变成地		【哈尼族】
W1197.16			与特定物质变地有关的其他母题		【民族，例1】②
W1198	与变地有关的其他母题				
W1198.1			变地有特定的时间		【白族】
W1198.2			混沌的一部分变为地		【汉族】
W1198.3			混沌中属"阴"的重浊之物凝结为地		【蒙古族】
W1199	与地的产生有关的其他母题			A820	
W1199.1		地形成的地点			
W1199.1.1			地在龟背上形成	A815	【蒙古族】
W1199.1.2			地在海水上面形成	A816.2	【民族，联1】③
W1199.1.3			地在蜘蛛网上形成	≈ A823	【民族，联1】④
W1199.1.4			陆地在蛤蟆背上形成		【土族】
W1199.1.5			地球悬挂在牛角上		【民族，例1】⑤
W1199.1.6			地造在鳌鱼头上		【汉族】
W1199.1.7			地最早生成的方位		【白族】
W1199.2		大地始于一元			【汉族】
W1199.3		地的增大			【哈尼族】
W1199.3.1			陆地自然变大		【柯尔克孜族】
W1199.3.2			神或神性人物把地增大		【傣族、鄂温克族、壮族】
W1199.3.3			动物把地增大		【哈尼族、藏族、壮族】
W1199.3.4			地增大的情形		【民族】⑥

① 【引例】青蛙屙的屎变成土地【哈尼族】
② 【民族】侗族。【引例】宝物变成地
③ 【民族】汉族、藏族。【关联】［W1235.4.1］地漂浮在大海上
④ 【民族】傣族、德昂族。【关联】［W1265.3.2］蜘蛛结网成岛
⑤ 【民族】柯尔克孜族。【关联】［W8567］大地的支撑者选成地震
⑥ 【民族】傣族、哈尼族、汉族、壮族

W 编码	母题描述			参照项	
	一级母题	二级母题	三级母题	汤普森	关联项
W1199.4		地的变小			
W1199.5		地产生比天晚			
W1199.5.1			天产生之后过一万零八百年生地		【汉族】
W1199.6		野地的产生			【例1】①
✿ **W1200**	**地的特征**			①A870 ②A900	
W1201	地的性别				
W1201.1		地是男的			【苗族】
W1201.2		地是女的			【珞巴族】
✳ **W1202**	**地的形状（地貌）**				
W1203		地原来没有一定的形状			【民族，联1】②
W1204		地是方的		A871	【汉族】
W1205		地（地球）是圆的		A851	【民族，例1】③
W1205.1			地是一个黑鸡蛋		【羌族】
W1206		地是平的			【民族，联1，例5】④
W1207		地像盘子			【汉族】
W1208		地（地球）像轮子		A873	
W1209		地像簸箕			【彝族】
W1210		与地的形状有关的其他母题			【例2】⑤
W1210.1			以前地的样子像人		【例1】⑥
W1210.2			地是一块粘稠物体		【汉族】
W1210.3			大地变化无常		【佤族】
✳ **W1211**	**地貌的成因**				
W1212		地貌源于神的安排		A902	
W1213		地貌源于神或神性人物的活动		A901	【民族，例1】⑦

① 【引例】雾露和云团夫妻孕育了野地【景颇族】

② 【民族】佤族。【关联】［W1057.1］混沌（混沌卵）

③ 【民族】哈尼族、藏族。【引例】以前的地是一个黑鸡蛋【羌族】

④ 【民族】布朗族、汉族、苗族、羌族。【关联】［W1254］平原（平地、平坝）的产生。【引例】❶神抽陀螺把地整平【高山族】；❷以前的地像席子【苗族】；❸怪鸡把地抓平【纳西族】；❶老蛤蟆使大地变平整【佤族】；❺用锤把地锤平【彝族】

⑤ 【引例】❶最早的大地像一包冰块【满族】；❷地像簸帽【彝族】

⑥ 【引例】大地有人一样的肢体【珞巴族】

⑦ 【民族】汉族、满族、苗族、水族、瑶族、裕固族、壮族。【引例】雷公槌地造成凹凸不平【畲族】

W 编码	母题描述			参照项	
	一级母题	二级母题	三级母题	汤普森	关联项
W1213.1			地貌是神耕地形成的	A951	
W1213.2			地貌是文化英雄耙出来的	A951.3	
W1213.3			神缩地形成不同地貌		【民族，联1】①
W1214		地貌源于人的活动			
W1215		地貌源于动物的活动		A903	【例1】②
W1215.1			地貌是猪拱出来的	A951.2	
W1216		地貌源于特定的语言			【例1】③
W1217		地势的高低			
W1217.1			地高低不平的来历		【例2】④
W1217.2			地西高东低		【例1】⑤
W1217.3			地北高南低		【藏族】
W1217.4			地西北高东南低		【汉族】
W1218		与地貌成因有关的其他母题			
W1218.1			三山六水一分田的来历		【例1】⑥
❋ **W1219**	地的大小				
W1220		原来的地很小			【鄂温克族、怒族】
W1221		地巨大无比		A853.1	【苗族】
W1222		与地的大小有关的其他母题			【畲族】
❋ **W1223**	地的厚度				
W1224		地很薄			
W1224.1			地厚3尺3寸		【壮族】
W1225		地很厚			【例1】⑦
❋ **W1226**	地的层数				
W1227		地有3层			【民族，联1】⑧

① 【民族】傈僳族。【关联】［W1393.1］地的缩小（缩地）
② 【引例】马鬃蛇使大地有了高山、平原、河流、湖泊【佤族】
③ 【引例】蛤蟆的语言使大地定型为现在的样子【佤族】
④ 【引例】❶大地被雨水冲得高低不平【哈尼族】；❷洪水使天和地不再像原来那样平坦【哈尼族】
⑤ 【引例】地的西部是治水时垫高的
⑥ 【引例】红君道人造地时，造成三山六水一分田【汉族】
⑦ 【引例】地为33座石山的厚度【壮族】
⑧ 【民族】傈僳族、塔吉克族。【关联】［W1163.3］天有3层

W 编码	母题描述			参照项	
	一级母题	二级母题	三级母题	汤普森	关联项
W1228		地有 7 层			【哈萨克族、柯尔克孜族】
W1229		地有 9 层			【满族、蒙古族】
W1230		地有 18 层			【民族】①
W1231		地的其他层数			
W1231.1			地有 12 层		【苗族】
W1231.2			地有 16 层		【傣族】
W1231.3			地有 28 层		【汉族】
W1232	地的颜色				
W1232.1		地以前是白的			【满族】
W1232.2		地是黄色的来历			【民族，联1，例2】②
W1232.3		地是黑色的来历			【例1】③
W1232.4		与地的颜色有关的其他母题			
W1233	地会变化（陆地会变化）			A850	【例1】④
W1233.1		大地的形状时常变化			【佤族】
W1233.2		原来的地与现在相反		A855	
W1233.3		地由软变硬		A856	【联1，例1】⑤
W1233.4		日月把大地晒软			【珞巴族】
W1234	地的生育				
W1234.1		大地感光而孕			【哈萨克族】
W1235	与地的特征有关的其他母题			A990	
W1235.1		神奇的地貌		D930	
W1235.1.1			使人返老还童的土地	D1338.7	【联1】⑥
W1235.2		地开始时是空的			【佤族】
W1235.3		地不会陷的原因			【哈尼族】
W1235.4		地浮在水面上			【满族】

① 【民族】汉族、纳西族、土家族、裕固族
② 【民族】满族。【关联】[W1252.4.2] 黄土的来历。【引例】❶地是蛋黄变的所以呈现黄色【汉族】；❷天仙用铜去焊接大地形成黄泥【壮族】
③ 【引例】地姑娘穿黑衣裳所以地成黑色【哈尼族】
④ 【引例】地每天都在变化【满族】
⑤ 【关联】[TPS：A856.1] 风把软的地吹硬。【引例】日月照晒使软的大地变硬【珞巴族】
⑥ 【关联】[W2968.4] 返老还童

W 编码	母题描述			参照项	
	一级母题	二级母题	三级母题	汤普森	关联项
W1235.4.1			地漂浮在大海上		【藏族】
W1235.4.2			地似游鱼浮在水中		【蒙古族】
W1235.5		以前的地上全是水			【民族，联1】①
W1235.6		以前的地是湿的			【黎族】
W1235.7		以前的地像冰块			【民族，联1】②
W1235.8		地球被气体、烟雾、风和浪花紧裹			【民族，联1】③
W1235.9		黑暗之地		F706	【民族，联1】④
W1235.10		以前地上很亮			【鄂伦春族】
W1235.11		地是一堆泥巴			【汉族】
W1235.12		地分九种			【汉族】
W1235.13		原来的大地不适合人生存			【藏族】
W1235.14		原来的大地不适合种庄稼			【藏族】
W1235.15		天下属土地最厉害			【鄂温克族】
◎	〖其他相关母题〗				
W1236	地的中心（地心）				【鄂温克族】
W1236.1		地心是圆饼状		A836	
W1236.2		山在地的中心		A875.1.1	
W1236.2.1			泰山居地的中心		【民族，联1】⑤
W1236.3		地心最早形成			【蒙古族】
W1236.3.1			用牛心做地心		【哈尼族】
W1236.3.2			蛋黄变成地心		【苗族】
W1237	地边				【联1】⑥
W1237.1		地边是黄铜做的			【裕固族】
W1237.2		鱼支撑地边			【彝族】
W1238	地脉（地维、地筋）				
W1238.1		特定人物的筋脉变成地脉			
W1238.1.1			盘古的筋脉变地脉		【汉族】

① 【民族】珞巴族。【关联】［W1053］最早的世界是水
② 【民族】满族。【关联】［W1048］最早的世界是冰冷的
③ 【民族】傣族。【关联】［W1035］世界最早的情形
④ 【民族】汉族、门巴族。【关联】［W1050］最早的世界是黑暗的
⑤ 【民族】汉族。【关联】［W1851.1］泰山（东岳）
⑥ 【关联】［W1166］天边（天的边际）

W 编码	母题描述			参照项	
	一级母题	二级母题	三级母题	汤普森	关联项
W1238.2		天帝布四维			【汉族】
W1238.3		动物的骨架变地脉			【普米族】
W1238.4		树根做地筋			【彝族】
W1238.5		地脉的数量			
W1238.5.1			9 根地脉		【怒族】
W1238.6		地维的修补			【苗族】
W1238.7		与地脉有关的其他母题			
W1238.7.1			洞通地脉		【汉族】
W1239	地梁（地骨）				
W1239.1		神造地梁			【哈尼族】
W1239.2		地梁的支撑			
W1239.2.1			牛脊梁做支地的地梁		【哈尼族】
W1239.3		地梁的数量			【拉祜族】
W1239.3.1			16 根地梁		【苗族】
W1239.4		天神的脚骨架变地骨			【拉祜族】
W1239.5		用石头做地骨			【彝族】
W1239.6		与地梁（地骨）有关的其他母题			
W1240	地网				
W1240.1		天神造地网			【拉祜族】
W1241	地的经纬				【民族，联1】①
W1241.1		地由东西南北四部分造成			【阿昌族】
W1241.2		女神用梭子织出地的经纬分明			【傈僳族】
W1242	地角				【联1，例1】②
W1242.1		地有四角			【土家族】
W1242.2		固定地的 4 角			【蒙古族】
W1242.2.1			用石压地的四角		【彝族】
W1242.2.2			用铜钉钉地的四角		【壮族】
W1242.2.3			公鱼支撑地角		【民族，联1】③

① 【民族】傈僳族。【关联】［W8957.4］水与陆地之争
② 【关联】［W1376］地的稳固。【引例】公鱼撑地角【彝族】
③ 【民族】彝族。【关联】［W1340］地的支撑

W 编码	母题描述			参照项	
	一级母题	二级母题	三级母题	汤普森	关联项
W1242.3		缝地的四角			【瑶族】
W1242.4		与地角有关的其他母题			【联1】①
W1243	地的其他构成				
W1243.1		地尾			
W1243.1.1			虎尾作地尾		【彝族】
W1243.2		地的头			
W1243.2.1			山坡是地的头		【民族，联1】②
W1243.3		地的眼睛			
W1243.3.1			水坑是地的眼睛		【民族，联1】③
W1243.4		地的耳朵			【仡佬族】
W1243.5		地的鼻子			【仡佬族】
W1243.6		地的嘴			【仡佬族】
W1243.7		地的四肢			【仡佬族】
W1243.8		地的肚子			【民族，联1】④
W1243.9		地的毛发			
W1243.9.1			草木是地的头发		【仡佬族】
W1243.9.2			草木是地的汗毛		【仡佬族】
W1243.10		地的骨头			
W1243.10.1			岩石是地的骨头		【仡佬族】
W1243.11		地的肉			
W1243.11.1			泥巴是地的肉		【民族，联1】⑤
W1243.12		地的生殖器			【珞巴族】
W1244	与地有关的其他母题				
W1244.1		原来有2个地球			【民族，联1】⑥
W1244.2		四大洲			
W1244.2.1			世界有四洲		【门巴族】
W1244.2.2			四个荷花瓣变成四大洲		【傣族】
W1244.2.3			圣母分开四大洲		【毛南族】

① 【引例】天上众神固定了大地的四角【蒙古族】
② 【民族】仡佬族。【关联】［W1847］山坡
③ 【民族】仡佬族。【关联】［W1976.4］消水坑
④ 【民族】仡佬族。【关联】［W1414.2］天地由脐带相连
⑤ 【民族】仡佬族。【关联】［W1250.3］肉变化为土
⑥ 【民族】鄂温克族。【关联】［W1067.1］地球有地上、地下两个世界

W 编码	母题描述			参照项	
	一级母题	二级母题	三级母题	汤普森	关联项
W1244.3		人是土地主人的来历			【回族】
W1244.4		地洞			【苗族】
W1244.5		地的背面			【苗族】
✿ W1245	土（泥土）				
✻ W1246	土的产生			A998	
W1247		土来源于某个地方			
W1247.1			潜水取土		【民族，联1】①
W1247.2			神或神性人物潜水取土		【汉族】
W1247.3			动物潜水取土		【联2】②
W1247.4			动物衔来泥土		【例1】③
W1248		土自然产生			
W1248.1			石头上面生土		【藏族】
W1249		土是造出来的			
W1249.1			用汗垢造土		【拉祜族】
W1249.2			祖先造五色泥		【布依族】
W1249.3			造地的帮助者		【联1，例1】④
W1250		土是变化产生的			
W1250.1			蛋变成土		
W1250.2			尸体化生为土		【民族，例2】⑤
W1250.3			肉变化为土		【联1，例5】⑥
W1250.4			粪便变成土		【民族，例1】⑦
W1250.5			脑髓变成土		【哈尼族】
W1250.6			龙鳞变成土		【土家族】
W1250.7			树叶变成土		【彝族】
W1250.8			石头变成土		【汉族】
W1250.9			其他特定物变土		
W1251		与土的产生有关的其他母题			【联2，例1】⑧

① 【民族】俄罗斯族、塔吉克族。【关联】［W1179.4］潜水取泥造地
② 【引例】❶青蛙潜水取土造地【鄂温克族】；❷鸭潜水取土造地【蒙古族】
③ 【引例】白鹤衔来泥巴【白族】
④ 【关联】［W9987］帮助者。【引例】白马和白象帮助造地【拉祜族】
⑤ 【民族】苗族、彝族。【引例】❶蚩尤的身体化生为土【汉族】；❷始祖死后变成土【景颇族】
⑥ 【关联】［W1193.5］怪物的身体化为地。【引例】❶神死后肉变泥土【仡佬族】；❷盘古死后肉变泥土【汉族】；❸神的血肉变成泥土【景颇族】；❹怪物的肉变为土【纳西族】；❺鸟的肉变泥巴【藏族】
⑦ 【民族】侗族。【引例】动物的粪便变土【哈尼族】
⑧ 【关联】❶［W1252.3］会自己增大的土（息壤）；❷［W1252.4.1］红土的来历。【引例】土地每天都在生长

W 编码	母题描述			参照项	
	一级母题	二级母题	三级母题	汤普森	关联项
W1251.1			神的意志产生土		【民族，例1】①
W1251.2			重的物质变成泥土		【布依族】
W1252	与土有关的其他母题				
W1252.1		神奇（魔力）之土		D935	
W1252.2		以前天下只有一种泥			【布依族】
W1252.3		会自己增大的土（息壤）			【汉族、柯尔克孜族】
W1252.3.1			息壤在天帝处		【汉族】
W1252.4		土的颜色			【联1】②
W1252.4.1			红土的来历		【布朗族、赫哲族】
W1252.4.2			黄土的来历		【民族，联1，例1】③
W1252.4.3			五色土的来历		【布依族】
W1252.5		陶土			
W1252.5.1			肝变成陶土		【珞巴族】
W1252.6		有的土地为什么肥沃			
W1252.6.1			肉变成肥沃的土地		【联2，例1】④
◎	〖特定地形、地貌的产生〗				
W1253	地壳的产生				
W1253.1		神的脑壳变地壳			【汉族】
W1253.2		神用黄土黑土造地壳			【民族，联1】⑤
✳ W1254	平原（平地、平坝）的产生				
W1255		特定人物造出平原			
W1255.1			神修整大地时形成平原		【例1】⑥
W1255.2			神或神性人物拉平地脉形成平地		【民族，联1】⑦

① 【民族】傣族。【引例】上帝的意志产生天地【哈萨克族、维吾尔族】

② 【关联】［W1232］地的颜色

③ 【民族】壮族。【关联】［W1232.2］地是黄色的来历。【引例】用牛的脑髓做黄土【哈尼族】

④ 【关联】❶［W1250.3］肉变化为土；❷［W6051.11.3］腐肉作为肥料。【引例】肥沃的土地是又厚又肥臀部的肉变成的【珞巴族】

⑤ 【民族】哈尼族。【关联】［W1232.2］地是黄色的来历

⑥ 【引例】把山赶走形成平原【汉族】

⑦ 【民族】怒族。【关联】［W1238］地脉（地维、地筋）

W 编码	母题描述			参照项	
	一级母题	二级母题	三级母题	汤普森	关联项
W1255.3			造地者推压大地形成平川		【民族】①
W1255.4			神或神性人物推平高山形成平地		【彝族、藏族】
W1255.5			神性人物捶出平地		【民族】②
W1255.6			神用耙耙出平原		【布依族、哈尼族、黎族】
W1255.7			神犁天耙天时耙着的地方形成平坝		【布依族、哈尼族、汉族】
W1255.8			神或神性人物抛物时薄的地方变成平地		【满族、彝族】
W1255.9			神撒沙治水撒的薄的地方变成平坝		【羌族】
W1256		特定人物踩踏出平原			【哈尼族、彝族】
W1256.1			神踩出坝子		【佤族】
W1257		动物的活动形成平原			
W1257.1			龙在地上滚出坝子		【拉祜族】
W1257.2			鸟衔石堆出平地		【满族】
W1258		平原的其他形成方式			
W1258.1			往石块上撒土形成了平原		【珞巴族】
W1258.2			大海后退形成平原		【白族、佤族】
W1259		与平原有关的其他母题			【例1】③
W1259.1			神奇的平地	D937	
W1259.2			山间平地是巨人的足印		【独龙族】
W1260	高原的产生				
W1260.1			洪水退去形成高原		【藏族】
W1260.2		缩地时鼓出来的地方形成高地			【藏族】
W1261	草原的产生				

① 【民族】仡佬族、哈尼族、汉族、基诺族
② 【民族】侗族、景颇族、羌族、彝族
③ 【引例】山间的平坎是巨人留下的足印【独龙族】

W 编码	母题描述			参照项	
	一级母题	二级母题	三级母题	汤普森	关联项
W1261.1		往石块上撒土形成草原			【珞巴族】
W1261.2		洪水退去出现草原			【藏族】
W1261.3		与草原有关的其他母题			
W1261.3.1			射落的月亮变成草坪		【民族，联1】①
W1262	沙漠的产生			A957	
W1262.1		神没撒种子的地方变成沙漠			【汉族】
W1263	地上的洞的来历			A983	
W1263.1		地眼是给地气的路			【哈尼族】
W1263.2		地上的洞是造地时戳出来的			【汉族】
W1263.3		地上的窟窿用来刮风			【哈尼族】
W1264	田地的来历				【民族，联2】②
W1264.1		田地是造出来的			【民族，联1】③
W1264.2		特定的人物开辟田地			【仡佬族】
W1264.3		田地是变化产生的			【汉族】
W1264.4		田地产生的其他方式			
W1264.5		梯田的来历			【联1】④
W1264.5.1			用牛肋骨造梯田		【哈尼族】
W1264.6		水田的来历			【汉族】
W1264.7		田少的来历			
W1264.7.1			造地时形成今天的田地少		【汉族】
W1264.7.2			传错话形成今天的田地少		【民族，联1，例1】⑤
W1265	岛（岛屿）的产生			A955	【联1】⑥
W1265.1		岛是从某处搬来的			

---

① 【民族】纳西族。【关联】［W9790］射日月的结果
② 【民族】瑶族、壮族。【关联】❶［W1170］地的产生；❷［W6045.1］耕田的产生
③ 【民族】布依族、瑶族、壮族。【关联】［W1173］地是造出来的（造地）
④ 【关联】［W6048］开荒造田
⑤ 【民族】布依族。【关联】［W9953.1.1］传错话。【引例】天使传错话使有的地方山多田少【水族】
⑥ 【关联】［W1265.6.2］半岛的产生

W 编码	母题描述			参照项	
	一级母题	二级母题	三级母题	汤普森	关联项
W1265.1.1			文化英雄把岛搬到现在位置	A955.3.2.1	
W1265.1.2			神或神性人物从水里钓出岛	A955.8	
W1265.2		岛是生育产生的			
W1265.2.1			岛是从水里（海中）出来的	F735	
W1265.2.2			神的命令产生岛	A955.0.1	
W1265.2.3			女神生岛	A955.9	
W1265.3		岛是造出来的			
W1265.3.1			巨神造海岛		【朝鲜族】
W1265.3.2			蜘蛛结网成岛	A955.7	
W1265.3.3			移山成岛		【苗族】
W1265.4		岛是变化形成的		A955.10	
W1265.4.1			牛变成岛	≈ A955.5	
W1265.4.2			荷花须变成岛		【傣族】
W1265.4.3			石头变岛屿	D452.1.8	
W1265.4.4			神扔的石块变成岛	A955.6	
W1265.4.5			其他特定的物变为岛		【例2】①
W1265.5		岛的形状的产生		A955.3.1	
W1265.6		与岛有关的其他母题			【联2】②
W1265.6.1			神奇（魔力）之岛	①D936 ②F730	
W1265.6.2			半岛的产生	A956	
W1265.6.3			会移动的岛	F737	
W1265.6.4			岛的增大		【蒙古族】
W1265.6.5			岛的支撑物	F736	
W1265.6.6			原来在一起的岛后来分开	A955.11	【黎族】
W1265.6.7			仙岛		【汉族】
W1266	其他特定地貌的产生				【联2】③
W1266.1		盆地的产生			

---

① 【引例】❶蜈蚣的三截尸体变成三个岛【京族】；❷镇海珠变岛【京族】

② 【关联】❶［W8957.6］岛之间的争斗；❷［W9697］宝岛

③ 【关联】❶［W1843］丘陵（山岭、山丘）；❷［W1845］山谷（沟壑、峡谷）

1.2.4　天地的合离与支撑【W1270～W1359】

W 编码	母题描述			参照项	
	一级母题	二级母题	三级母题	汤普森	关联项
✳ **W1270**	天地相连①				【民族，联 2】②
W1271		天地相连的原因			
W1271.1			神把天地合在一起		
W1271.2			天地因结婚合在一起		【珞巴族】
W1271.3			与天地相连原因有关的其他母题		
W1272		天地相连的情形			
W1272.1			以前天地不分		【仡佬族、汉族、土家族】
W1272.2			天地粘在一起		【民族】③
W1272.3			天地抱在一起		【民族，例 1】④
W1272.4			天地叠在一起		【壮族】
W1272.5			天盖着地		【苗族、藏族】
W1272.6			天地被藤条绑在一起		【例 1】⑤
W1272.7			天地像蛋壳一样扣在一起		【基诺族】
W1272.8			天地是合在一起的两块石头		【汉族、壮族】
W1272.9			天地是合在一起的两块板子		【苗族】
W1272.10			天用牙齿衔住地，地用牙齿咬住天		【苗族】
W1272.11			天地相连有缝隙		【怒族】
W1272.12			天地雾蒙蒙地相连		【彝族】
W1272.13			与天地相连情形有关的其他母题		【汉族、水族】

---

① 天地相连，此类母题与"天地通"母题较为接近，但表达的含义不同。"天地相连"主要强调的是天地通过某种介质连接在一起，消除这个介质后，天地分开；"天地通"母题强调的则是人神之间、人间和天界可以通过某个通道相互交往，最后的结果是"绝天地通"，消除了人神之间的来往。但一些神话的表述有时兼有这两种含义，可以对照进行分析。

② 【民族】独龙族、哈尼族、景颇族、傈僳族、珞巴族、苗族、土家族、瑶族、裕固族。　【关联】❶［W1400～W1424］天地通；❷［W1400］天地相通

③ 【民族】德昂族、独龙族、怒族、瑶族

④ 【民族】汉族。【引例】天包着地【毛南族】

⑤ 【引例】有一条拴天地的锁链【佤族】

W 编码	母题描述			参照项	
	一级母题	二级母题	三级母题	汤普森	关联项
W1273		天地连接处（天地的连接物）			【联1】①
W1273.1			天边与地边相连		【民族，联1】②
W1273.2			天地在海的边缘相接		【哈尼族】
W1273.3			天地有四根柱子相连		【民族，联1】③
W1273.4			天梯连接天地		【民族，联1】④
W1273.5			虹连接天地		【民族，联1】⑤
W1273.6			天地的其他连接物		【联5】⑥
W1274		与天地相连有关的其他母题			
W1274.1			天地通过巨石相连		【汉族】
✿ **W1275**	天地的分开				
✳ **W1276**	天地分开的原因				【苗族、土族】
W1277		天地自然分开			【德昂族、苗族、土族】
W1277.1			原来天地是分离的		【珞巴族、维吾尔族】
W1277.2			混沌中分开天地		【汉族、蒙古族】
W1278		毁掉天地连接物使天地分开			【联1，例1】⑦
W1279.1			劈断马桑树把天地分开		【仡佬族、水族】
W1278.2			砍断连接天地的铁链后天地分开		【佤族】
W1279		支天使天地分离			【联1】⑧
W1279.1			白石支天将天地分开		【藏族】
W1279.2			造天柱使天地分开		【侗族】

① 【关联】［W1400］天地相通
② 【民族】哈尼族、苗族。【关联】［W1068.5］人界和世界交界处
③ 【民族】彝族。【关联】［W1411］通天的柱子
④ 【民族】汉族。【关联】［W1412］连接天地的梯子
⑤ 【民族】高山族。【关联】［W4507.1.2］虹是上天的路
⑥ 【关联】❶［W1409］天地有土台相连；❷［W1410］通天的树（通天的植物）；❸［W1413］天地之间有路相连；
　　❹［W1414.1］葫芦秧连接天地；❺［W1414.2］天地由脐带相连
⑦ 【关联】［W1270］天地相连。【引例】连接天地的土台倒塌后天地分开 【独龙族】
⑧ 【关联】［W1319］天的支撑

W 编码	母题描述			参照项	
	一级母题	二级母题	三级母题	汤普森	关联项
W1280		与天地分开原因有关的其他母题			
W1280.1			特定的人物发脾气分开天地		【例1】①
W1280.2			地球从天上掉下来后分开天地		【蒙古族、维吾尔族】
W1280.3			天地为了给孩子玩的空间分开		【珞巴族】
W1280.4			人的罪恶导致天地分离		【汉族】
✳ **W1281**	天地的分开者				
W1282		神或神性人物分开天地			【珞巴族、蒙古族】
W1282.1			天神分开天地		【汉族、土族、彝族】
W1282.2			女神分开天地		【民族】②
W1282.3			雷神分开天地		【仡佬族】
W1282.4			巨人分开天地		【民族】③
W1282.5			祖先分开天地		【布依族、苗族、水族】
W1282.6			其他神或神性人物分开天地		
W1283		特定的神或神性人物分开天地			
W1283.1			盘古分开天地		【民族】④
W1283.2			佛分开天地		【汉族】
W1283.3			真主分开天地		【回族、撒拉族】
W1283.4			老子分开天地		【汉族】
W1283.5			洪钧老祖分开天地		【汉族】
W1283.6			萨满分开天地		【鄂温克族】
W1283.7			其他特定的神或神性人物分开天地		【民族，例2】⑤
W1284		人分开天地			【侗族、壮族】
W1285		动物分开天地			
W1285.1			鸟分开天地		【藏族】
W1285.2			龟鳖撑开天地		【鄂温克族、汉族】

---

① 【引例】盘古发脾气劈开天地【汉族】
② 【民族】蒙古族、苗族、水族、土家族、瑶族
③ 【民族】侗族、黎族、苗族、怒族
④ 【民族】朝鲜族、汉族、苗族、土家族、彝族
⑤ 【民族】苗族、佤族。【引例】❶盖天佛把天地顶开【汉族】；❷混沌神用四根柱子把天地撑开【毛南族】

W 编码	母题描述			参照项	
	一级母题	二级母题	三级母题	汤普森	关联项
W1285.3			大鹏分开天地		【藏族】
W1285.4			蚂蚁分开天地		【独龙族】
W1285.5			鹿分开天地		【汉族】
W1285.6			其他动物分开天地		【联1，例1】①
W1286		其他特定的物分开天地			
W1286.1			树分开天地		【傈僳族】
W1286.2			石狮分开天地		【汉族】
W1287		特定事件分开天地			
W1287.1			浑沌的天地经一次火山爆发分开		【布朗族】
W1287.2			洪水分开天地		【怒族】
W1287.3			巨浪分开天地		【白族】
W1287.4			霹雳分开天地		【普米族、壮族】
W1287.5			出现天柱后天地分开		【民族，联1】②
❈ **W1288**	天地分开的方法				
W1289		打碎天地卵后分开天地			
W1289.1			混沌（卵、蛋等）中的轻的部分为天，重的部分为地		【例1】③
W1290		揭开天盖分开大地			【毛南族】
W1291		顶天踏地使天地分离			【汉族】
W1291.1			男始祖擎天，女始祖压地分开天地		【壮族】
W1292		砍（割、撬）开天地的连接物后天地分开			【例1】④
W1292.1			神仙用斧子劈开相连的天地		【苗族】
W1292.2			割断天地相连的脐带后天地分开		【民族，联1】⑤

① 【关联】［W1294.9］鱼翻身把天地分开。【引例】石狮分天地
② 【民族】鄂温克族。【关联】［W1279］支天使天地分离
③ 【引例】盘古在鸡蛋里蹬碎鸡蛋，轻的上升为天，重的下降为地【汉族】
④ 【引例】盘古发脾气抢起板斧把天地分开
⑤ 【民族】景颇族、珞巴族。【关联】［W1414.2］天地由脐带相连

W 编码	母题描述			参照项	
	一级母题	二级母题	三级母题	汤普森	关联项
W1292.3			用铜叉铁叉撬开天地		【彝族】
W1293		砍断天柱（山）后天地分开			【联2】①
W1294		天地分开的其他方法			
W1294.1			用水把天地分开		【土家族】
W1294.2			地上出现山和树后天地分离		【侗族、羌族】
W1294.3			撕开天地间的大裂缝把天地分开		【侗族】
W1294.4			用黄金把天地分开		【纳西族】
W1294.5			吹气分开天地		【民族，例1】②
W1294.6			水下沉后分开天地		【蒙古族】
W1294.7			斩杀动物分开天地		【汉族】
W1294.8			地把天踢开		【例1】③
W1294.9			鱼翻身把天地分开		【毛南族】
W1295	分开天地的工具				
W1295.1		用斧子分开天地			【汉族、苗族】
W1295.1.1			用神斧分开天地		【汉族】
W1295.2		用箭射开天地			【高山族、土家族】
W1295.3		用鞭分开天地			【布依族、黎族】
W1295.4		用凿子分开天地			【汉族】
W1295.5		用手掌劈开天地			【汉族、苗族】
W1295.6		用棍子分开天地			【汉族】
W1295.7		与分开天地的工具有关的其他母题			【民族，例2】④
W1295.7.1			开天地的工具用金属制造		【例1】⑤
W1296	与分开天地有关的其他母题				
W1296.1			天神的指甲延长把隔开天地		【傣族】

① 【关联】❶［W1480.1］蚂蚁咬塌天梯；❷［W1480.2］蛀虫咬断天梯
② 【民族】撒拉族。【引例】风神吹开天地【珞巴族】
③ 【引例】大地妻子把天空丈夫踢到天上【珞巴族】
④ 【民族】侗族、怒族、彝族。【引例】❶划开天地之铁【佤族】；❷火石分开天地【佤族】
⑤ 【引例】四个开天辟地神器都出自青铜乌铁【佤族】

W 编码	母题描述			参照项	
	一级母题	二级母题	三级母题	汤普森	关联项
W1296.2		分开天地的时间			【民族，例3】①
W1296.2.1			盘古分开天地用了3年半		【土家族】
W1296.2.2			洪水淹天后天地分开		【怒族】
W1296.3		分开天地时日月星辰在上，山川河流在下			【布依族】
W1296.4		天地没有相连的地方			【彝族】
✿ **W1300**	天的升高			①A625.2 ②A625.3	
✳ **W1301**	**天升高的原因**			A625.2.2	
W1302		惩罚人类把天升高			【达斡尔族】
W1303		人间臭气熏天使天升高			
W1303.1			天神②厌恶人间的臭气把天升高		【民族】③
W1304		怕人到天宫找麻烦把天升高			【瑶族、壮族】
W1304.1			天神怕人到天宫找麻烦把天升高		
W1304.2			天神害怕地神把天升高		【汉族】
W1304.3			玉帝怕地上的人到天上找麻烦把天升高		【瑶族】
W1305		天升高的其他原因			
W1305.1			劝天使天升高		【珞巴族】
W1305.2			骂天使天升高		【哈萨克族、傈僳族、壮族】
W1305.3			人多使天增高		【汉族】
W1305.4			药物使天变高		【例1】④
W1305.5			连接天地之物毁掉后天变高		【独龙族、佤族】

① 【民族】汉族、土家族。【引例】❶子时开辟苍天【毛南族】；❷丑时分出大地【毛南族】；❸武当喇嘛1千多岁时天地分开【蒙古族】

② 天神，这类母题所涉及的"天神"以"天帝"、"玉皇大帝"为多，也有一些说的是其他神或神性人物。在此表述为"天神"。具体情形参见《中国神话母题 W1 编目实例》。

③ 【民族】汉族、傈僳族、仫佬族、瑶族

④ 【引例】不死药酒在天上使天变高【纳西族】

W 编码	母题描述			参照项	
	一级母题	二级母题	三级母题	汤普森	关联项
✳ **W1306**	**把天升高者**				
W1307		神或神性人物把天升高			
W1307.1			天神把天升高		【汉族、佤族】
W1307.2			风神把天升高		【珞巴族】
W1307.3			雷神把天升高		【民族，例1】①
W1307.4			大力神把天升高		【黎族】
W1307.5			玉帝把天升高		【仡佬族、汉族、瑶族】
W1307.6			神仙把天升高		【汉族】
W1307.7			巨人把天升高		【高山族、拉祜族、怒族】
W1307.8			祖先把天加高		【民族，例1】②
W1307.9			其他神或神性人物把天升高		【汉族、黎族】
W1308		特定的神或神性人物把天升高			
W1308.1			盘古把天升高		【民族，例1】③
W1308.2			真主把天升高		【塔吉克族】
W1308.3			其他特定的神或神性人物把天升高		【民族，例1】④
W1309		人把天升高			
W1309.1			人的活动把天升高		【壮族】
W1309.2			天上的人把天升高		【壮族】
W1309.3			一个女人把天升高		【哈萨克族、佤族】
W1309.4			一对夫妻把天托高		
W1309.5			众人撑天把天升高		【民族，例1】⑤
W1309.6			人在劳动中把天升高		【例2】⑥
W1309.7			人用人头祭天后天升高		
W1309.8			与人把天升高有关的其他母题		【例4】⑦

① 【民族】汉族。【引例】雷公到人间变换朝代使天升高【壮族】
② 【民族】壮族。【引例】始祖顶天盖把天升高【瑶族】
③ 【民族】苗族、壮族。【引例】❶盘古用斧子把天顶高【汉族】；❷扁古王将天背得很高【汉族】
④ 【民族】布依族、珞巴族。【引例】长脚大仙把天升高【汉族】
⑤ 【民族】布依族、壮族。【引例】众人用箭射散云后天变高【景颇族】
⑥ 【引例】❶用舂棒把天顶高【佤族】；❷女人舂米时把天顶高【佤族】
⑦ 【引例】❶人把天托高【拉祜族】；❷人用人头祭天后天升高【佤族】；❸人用某种器物把天打（扫、推）高【彝族】；❹人做饭熏天使天升高【壮族】

W 编码	母题描述			参照项	
	一级母题	二级母题	三级母题	汤普森	关联项
W1310		动物把天升高			
W1310.1			大鹏负天升高		【藏族】
W1310.2			鸟振翼使天升高		【高山族】
W1301.3			龟鳖把天升高		【汉族】
W1311		植物把天升高			
W1311.1			树把天顶高		【民族，联1】①
W1312		自然物或无生命物把天升高			
W1312.1			风把天吹高		【珞巴族】
W1312.2			海潮把天冲高		【白族】
W1312.3			洪水使天变高		【壮族】
W1312.4			太阳掉下来后天升高		【高山族（排湾）】
W1313		与天的升高有关的其他母题			
W1313.1			把天背高（把天抬高）		【汉族、藏族】
W1313.2			提天帐把天升高		【汉族】
W1313.3			顶天柱把天撑高		【壮族】
W1313.4			天柱倒掉后天升高		【怒族】
W1313.5			声音使天升高		【例2】②
W1313.6			抬乌云使天升高		【畲族】
W1313.7			把天扫高		【彝族】
W1313.8			把天打高		
W1313.9			恐吓使天升高		
W1314	天升高的结果				
W1314.1		天升高后草木生长		A625.5	
W1314.2		天升高后世界变亮			
W1315	地的下降				【联1】③
W1315.1		地被踩低			【布依族】
W1315.1.1			巨人把地踩低		
W1315.2		特定的人物使地下降			
W1315.2.1			龟使地下降		【藏族】

① 【民族】景颇族。【关联】［W1286.1］树分开天地
② 【引例】❶天梯的巨响把天撑高【独龙族】；❷人的吼声使天升地降【彝族】
③ 【关联】［W1291］顶天踏地使天地分离

W 编码	母题描述			参照项	
	一级母题	二级母题	三级母题	汤普森	关联项
✳ **W1316**	天地的距离				【联 1，例 2】①
W1317		天地原来离得很近			【民族，联 2，例 3】②
W1317.1			天地相距 3 尺 3 寸		【布依族、汉族、壮族】
W1317.2			天地相距只有几丈		【黎族】
W1317.3			天地相距几十尺		【汉族】
W1318		天地原来离得很远			
W1318.1			天地相距 99999 丈		【布依族】
W1318.2			天地相距 9 万里		【汉族】
W1318.3			天地相距 10 万 8 千里		【汉族】
W1318.4			天地之间隔着 3 层天		
W1318.5			从天上到地上需要 9 天	A658.1	
◎	〚天地的支撑〛				
✿ **W1319**	天的支撑			A665	
✳ **W1320**	天的支撑物			A665.2	
W1321		神支撑天		A665.1	【珞巴族】
W1321.1			众神支撑天		【布依族】
W1321.2			神龟撑天		【鄂温克族】
W1321.3			神的肢体支撑天		【汉族】
W1321.4			神象用鼻子支撑天		【傣族】
W1322		神性人物支撑天			【例 3】③
W1322.1			盘古用手掌撑天地		【彝族】
W1322.2			盘古用身躯撑天		【汉族】
W1323		人支撑天			
W1323.1			人的手足支撑天		【汉族】
W1324		动物支撑天			
W1324.1			牛角支撑天		【维吾尔族】
W1324.2			犀牛的四条腿支撑天		【布朗族】

① 【关联】〔TPS：A658.2〕从天上到地上需要 900 年。【引例】❶天地相距 5 亿万里【汉族】；❷牛角顶住地球形成了天地的距离【维吾尔族】

② 【民族】达斡尔族、高山族、哈萨克族、傈僳族、怒族、土家族、佤族、瑶族、裕固族、壮族。【关联】❶〔W1158.1〕原来的天很低；❷〔W1774.1〕以前人可以摘星星。【引例】❶天地相距 3 尺 3 寸 3 分【布依族】；❷天地相距 5 尺 6 寸 9 分【布依族】；❸天地间有三个脚掌的空隙【哈尼族】

③ 【引例】❶盘古变成支天柱子【汉族】；❷盘瓠双手撑天【苗族】；❸盘古在泰山上顶天

W 编码	母题描述			参照项	
	一级母题	二级母题	三级母题	汤普森	关联项
W1324.3			龟支撑天		【民族，例1】①
W1324.4			鳌鱼支撑天		【民族，例1】②
W1324.5			鳌足支四极		【仡佬族、汉族、羌族】
W1324.6			蛇支撑天	A665.6	
W1324.7			鱼支撑天		【例1】③
W1324.8			虾的脚支撑天		【汉族、藏族】
W1324.9			其他动物支撑天		【哈尼族】
W1325		植物支撑天			
W1325.1			树木支撑天	A665.4	【民族，例1】④
W1325.2			通天树是天柱		【民族，联1】⑤
W1325.3			瓜支撑天		【哈尼族】
W1326		自然物支撑天			
W1326.1			地支撑天		【汉族、傈僳族】
W1326.2			山支撑天	A655.3	【民族，联1，例1】⑥
W1326.3			特定的柱子支撑天		【民族，例2】⑦
W1326.4			北极星支撑天	A702.3	
W1326.5			云支撑天	A702.7	
W1327		与天的支撑物有关的其他母题			【民族，联1】⑧
W1327.1			用筛子顶天		【苗族】
✳ **W1330**	天柱（顶天的柱子）				
W1331	天柱的制造者				
W1331.1		天神造天柱			【拉祜族】
W1331.2		祖先造天柱			【民族，例1】⑨
W1331.3		龙王造天柱			【哈尼族】
W1331.4		女娲造天柱			【民族，联1】⑩
W1331.5		人造顶天柱			【彝族】

① 【民族】汉族。【引例】巨龟的四条腿撑住天【鄂温克族】
② 【民族】汉族。【引例】鳌骨撑天的四个边【水族】
③ 【引例】鱼腿支撑天
④ 【民族】壮族。【引例】楠竹支撑天【布依族】
⑤ 【民族】满族。【关联】［W1482］通天树（特定的天梯通天树）
⑥ 【民族】汉族、藏族。【关联】［TPS：A655.3.1］四座山支撑天。【引例】神山支撑天【纳西族】
⑦ 【民族】壮族。【引例】❶冰柱支撑天【汉族】；❷撑天棍【景颇族】
⑧ 【民族】壮族。【关联】［W1330］天柱（顶天的柱子）
⑨ 【民族】苗族。【引例】布洛陀做顶天柱【壮族】
⑩ 【民族】汉族。【关联】［W0710］女娲

W 编码	母题描述			参照项	
	一级母题	二级母题	三级母题	汤普森	关联项
W1331.6		其他人物造天柱			【例 1】
W1332	天柱的材料				
W1332.1		用神或神性人物的身体做天柱			
W1332.1.1			用神地身体做天柱		【联 1，例 1】①
W1332.1.2			4 个神顶着天的四角	A655.2.1.1	【联 1】②
W1332.1.3			用神性人物的肢体做天柱		【民族，例 2】③
W1332.2		用动物做天柱			
W1332.2.1			用鳌鱼的肢体做天柱		【例 2】④
W1332.2.2			用龟的四条腿做天柱		【鄂温克族、汉族】
W1332.2.3			用青蛙的手臂做天柱		【哈尼族】
W1332.2.4			用牛骨做天柱		【哈尼族】
W1332.2.5			用巨龟的四条腿做天柱		
W1332.3		植物做天柱			【例 1】⑤
W1332.3.1			树做顶天柱		【联 1，例 1】⑥
W1332.4		用金属做天柱			【民族，例 1】⑦
W1332.4.1			用金做天柱		【哈尼族、彝族】
W1332.4.2			用银做天柱		
W1332.4.3			用铁做天柱		【壮族】
W1332.5		用山做天柱			【民族，联 1，例 2】⑧
W1332.6		用石做天柱			【傣族、纳西族】
W1332.6.1			用玉石做天柱		【例 3】⑨
W1332.6.2			用石柱做天柱		【白族】
W1332.7		用其他材料做天柱			
W1332.8		不成功的造天柱的材料			

---

①　【关联】［W1332.1.2］.4 个神顶着天的四角。【引例】神的手做天柱【黎族】

②　【关联】［W1168.1.1］天有 4 角

③　【民族】瑶族。【引例】❶始祖的手脚变成 4 根天柱【布依族】；❷半人半兽的祖先用自己的四节脚做顶天柱【苗族】

④　【引例】❶鳌鱼的毛发是支天柱【阿昌族】；❷鳌鱼足做天柱【羌族】

⑤　【引例】四个大瓜做顶天柱【哈尼族】

⑥　【关联】［W1482］通天树（特定的天梯通天树）。【引例】老铁木做顶天柱【壮族】

⑦　【民族】苗族。【引例】金银铜铁四根天柱【拉祜族】

⑧　【民族】撒拉族。【关联】［W1821.1］天柱变化为山。【引例】❶四座大山做顶天柱【白族】；❷布州山是撑天的山【藏族】

⑨　【引例】❶玉柱支撑天【汉族】；❷用绿松石做顶天柱【纳西族】；❸用衣袋装石造天柱【瑶族】

W 编码	母题描述			参照项	
	一级母题	二级母题	三级母题	汤普森	关联项
W1332.8.1			用木头撑天不成功		【民族，联1】①
W1332.8.2			用草撑天不成功		【例1】②
W1332.8.3			铁做的顶天柱被锈断		【苗族】
W1332.9		与天柱的材料有关的其他母题			【例2】③
W1333	顶天柱的数量				
W1333.1		4 根天柱			【民族，例2】④
W1333.2		5 根天柱			【汉族、纳西族】
W1333.3		8 根天柱			【汉族、苗族】
W1333.4		许多天柱		A655.2.0.1	
W1333.4.1			12 根天柱		【壮族】
✳ **W1335**	天柱的特征				
W1336		天柱的大小			
W1337		天柱在特定的地方			【珞巴族】
W1337.1			5 根天柱分别撑着天的东西南北四角和中间		【汉族、纳西族】
W1337.2			顶天柱放在大鱼上身		【拉祜族】
W1337.3			怪物支撑着天柱		【汉族】
W1337.4			天柱放在龙眼上		【拉祜族】
W1337.5			天柱放在有名称的特定地点		【例1】⑤
W1338		天柱的其他特征			
W1338.1			天柱会生长		【壮族】
W1339	与天柱有关的其他母题				
W1339.1		天柱长短不齐造成天的倾斜			【汉族】
W1339.1.1			天柱向西北倾斜		【汉族】
W1339.2		天柱的倒塌			【联1】⑥

---

① 【民族】苗族、藏族。【关联】［W1332.8.3］铁做的顶天柱被锈断
② 【引例】用笔管草顶天没有成功【哈尼族】
③ 【引例】❶牛的肋巴骨做成撑天大椽子【哈尼族】；❷老铁木做顶天柱【壮族】
④ 【民族】布依族、傣族、苗族、怒族、瑶族、彝族、裕固族、壮族。【引例】❶金银铜铁四根天柱【拉祜族】；❷四根天柱四兄弟【毛南族】
⑤ 【引例】天柱在金日冬日那个地方【珞巴族】
⑥ 【关联】［W1332.8］不成功的造天柱的材料

W 编码	母题描述			参照项	
	一级母题	二级母题	三级母题	汤普森	关联项
W1339.2.1			天柱自然倒塌		【苗族】
W1339.2.2			虫蛇将天柱蛀断		【苗族】
W1339.2.3			蚂蚁啃断天柱		【怒族】
W1339.2.4			撞断天柱（撞倒天柱）		【例2】①
✿ **W1340**	地的支撑			A840	【例1】②
✳ **W1341**	地的支撑者③				
W1342		神或神性人物支撑地			
W1342.1			地母托着大地		【阿昌族】
W1342.2			神用手臂支撑地	A849.2	
W1342.3			怪物支撑地	≈ A844.11	
W1342.4			神龟驮地		【汉族】
W1342.5			其他神或神性人物支撑地		【例1】④
W1343		人支撑地		A842	
W1344		动物支撑地		A844	
W1344.1			鱼支撑地	A844.3	【民族，例4】⑤
W1344.2			龟（鳌鱼）支撑地	A844.1	【民族，例6】⑥
W1344.3			龙支撑地		【汉族】
W1344.4			牛支撑地		【民族，联1，例3】⑦
W1344.5			蛙（蛤蟆）支撑地	A844.4	【鄂温克族】
W1344.6			鳄鱼支撑地		【汉族】
W1344.7			象支撑地	A844.7	【民族，例1】⑧
W1344.8			仙鹤支撑地		【例1】⑨
W1344.9			多个动物共同支撑地		【联2，例1】⑩

① 【引例】❶共工撞到不周山（天柱）【汉族】；❷妖怪撞断天柱【汉族】
② 【引例】神牛的角顶住大地【哈萨克族】
③ 地的支撑者，此类母题与"支地的柱子"联系密切。具体情形可参见《中国神话母题 W1 编目实例》。
④ 【引例】地藏王背地【汉族】
⑤ 【民族】彝族。【引例】❶鲤鱼支撑地【汉族】；❷三条大鱼驮地【满族】；❸鲇鱼驮着大地【满族】；❹鲤鱼驮万物
⑥ 【民族】汉族。【引例】❶四个鳌鱼支地【白族、土家族】；❷巨龟负载大地【蒙古族、维吾尔族、藏族】；❸鳌鱼背支地【藏族】；❹乌龟用肚皮支撑大地【藏族】；❺元素中生出负载大地的巨龟【藏族】；❻负载大地的巨龟住在海洋里的宫殿中【藏族】
⑦ 【民族】汉族。【关联】［TPS：A844.2］公牛支撑地。【引例】❶四条牛腿支撑地【哈尼族】；❷神牛支地球【维吾尔族】；❸支地的公牛站在乌龟背上【维吾尔族】
⑧ 【民族】傣族。【引例】巨象负地【藏族】
⑨ 【引例】仙鹤用一只脚支撑地【达斡尔族】
⑩ 【关联】❶［TPS：A844.5］牛站在鱼背上支地；❷［TPS：≈ A844.6］几个动物一起支地。【引例】神鱼、鲅鱼和鲈鱼用背支地【鄂温克族】

W 编码	母题描述			参照项	
	一级母题	二级母题	三级母题	汤普森	关联项
W1344.10			与支撑地的动物有关的其他母题		【民族，例1】①
W1345		植物支撑地			
W1346		与地的支撑物有关的其他母题			
W1346.1			风和水支撑大地		【土族】
W1346.2			地的支撑物的诞生		【例4】②
W1346.3			支地动物的居所		【例1】③
W1346.4			支地动物的看管		【例4】④
✱ **W1347**	地柱（支地的柱子）			①A841 ②A843	【联1】⑤
W1348	地柱的制造者				
W1348.1		龙王造地柱			【哈尼族】
W1349	地柱的材料				
W1349.1		炼金属做地柱			【哈尼族】
W1349.2		石柱做地柱		≈ A849.1	
W1349.3		动物的腿做地柱			
W1349.3.1			牛腿做地柱		【哈尼族】
W1349.3.2			鹿腿做地柱		【普米族】
W1349.4		动物的骨头做地柱			【例1】⑥
W1349.5		其他材料做地柱			
W1350	地柱的支撑物				
W1350.1		地柱支在金鱼身上			【哈尼族】
W1350.2		地柱支在万物生育者身上			
✱ **W1351**	地柱的数量				
W1352		4 根柱子支地		①≈A841.0.1 ②A841.4	【例1】⑦
W1353		9 根柱子支地			【例1】⑧

① 【民族】藏族。【引例】一个很大的动物驮着大地【珞巴族】

② 【引例】❶元素生负载大地的巨龟【藏族】；❷气温生负载大地的巨龟【藏族】；❸胎生负载大地的巨龟【藏族】；❹卵生负载大地的巨龟【藏族】

③ 【引例】负载大地的巨龟住在海洋里的宫殿中【藏族】

④ 【引例】❶金鸡看守着托地的大鳖鱼【布朗族】；❷蛇看守支撑世界（大地）的黄牛【撒拉族】；❸鹰看管着支撑大地的龟（牛）；❹鸡看管着支撑大地的龟（牛）

⑤ 【关联】［W1330］天柱（顶天的柱子）

⑥ 【引例】神牛的肋巴骨做撑地的大橡子【哈尼族】

⑦ 【引例】4 根铜柱支地【朝鲜族】

⑧ 【引例】9 根金柱银柱支撑地面【怒族】

W 编码	母题描述			参照项	
	一级母题	二级母题	三级母题	汤普森	关联项
W1354		12 根柱子支地		A841.3	【汉族】
W1355		其他数量的地柱			
W1356	与地柱有关的其他母题				【满族】
W1357	与天地的合离与支撑有关的其他母题				
W1357.1		地上与地下有许多地柱相连			【高山族】
W1357.2		以前水天相连			【白族、满族】
W1357.3		天地的分界			
W1357.3.1			云是天和地的分界处		【普米族】
W1357.4		天地分开后，生物才可以生活			【珞巴族】

1.2.5 **天地的修整**① 【W1360~W1399】

W 编码	母题描述			参照项	
	一级母题	二级母题	三级母题	汤普森	关联项
✳ **W1360**	**天地的缺陷（修整天地的原因）**				
W1361		天小地大			【民族】②
W1361.1			天窄地宽		【侗族、仡佬族、壮族】
W1361.2			天小地大的原因		【民族，例3】③
W1362		天大地小			【民族】④
W1362.1			天大的原因		
W1362.2			地小的原因		
W1363		天地不相合			【汉族】
W1364		天地不稳定			【民族，联1】⑤

① 天地的修整，可以分为几种不同的原因，包括开天辟地时形成天大地小或天小地大时的修整、天塌地陷之后由神或神性人物对天地的修补、世界被毁灭后对天地的重新改造等情况。这里把此类情况归纳在一起，以便于研究者作出相应的比较。

② 【民族】仡佬族、汉族、基诺族、珞巴族、苗族、土家族、藏族、壮族

③ 【民族】汉族、拉祜族、土家族、壮族。【引例】❶女神勤劳造的地大，男神偷懒造的天小【傈僳族】；❷因造天者懒惰把天造小【瑶族】；❸因造地者勤奋把地造大【瑶族】

④ 【民族】侗族、基诺族、怒族、壮族

⑤ 【民族】哈尼族。【关联】［W1376］地的稳固

W 编码	母题描述			参照项	
	一级母题	二级母题	三级母题	汤普森	关联项
W1364.1			天盖不住地使天地发生动摇		【纳西族】
W1364.2			鱼摆尾使天地发生动摇		【哈尼族】
W1365		天塌			【联1，例3】①
W1365.1			天柱折断造成天塌		【汉族】
W1365.2			老鳌翻身造成天塌		【土家族】
W1365.3			其他原因造成天塌		【土家族】
W1365.4			天塌一角		【汉族】
W1365.5			与天塌有关的其他母题		
W1366		天洞（天上的窟窿、天被撞破）			【例1】②
W1366.1			造天时留下天洞		【哈尼族、汉族】
W1366.2			打雷造成天洞		【民族，联1】③
W1366.3			砍出天洞		【例2】④
W1366.4			戳出天洞		【高山族、汉族】
W1366.5			水冲出天洞		【白族】
W1366.6			争斗时撞破天		【联1，例3】⑤
W1366.7			妖怪撞破天		【仡佬族、汉族、壮族】
W1366.8			动物撞破天		【汉族、土家族】
W1366.9			树戳破天		【哈尼族、汉族】
W1366.10			与天上的窟窿产生有关的其他母题		【例2】⑥
W1367		天上出现裂缝			
W1367.1			天地间自然存在裂缝		【例1】⑦
W1367.2			造天时留下裂缝		【汉族、哈尼族】
W1367.3			争斗造成天的裂缝		【民族，例1】⑧

① 【关联】［W1385.1］因天塌补天。【引例】❶西北天塌掉【汉族】；❷东方天塌【水族】；❸西北天和东南天塌掉
② 【引例】天洞用来下雨【哈尼族】
③ 【民族】汉族。【关联】［W44018.1］神奇的雷
④ 【引例】❶盘古开天地时用斧头砍出许多大洞【汉族】；❷盘古砍出天洞【土家族】
⑤ 【关联】［W8575.1］神撞断天柱造成天塌地陷。【引例】❶神的争斗撞破天【汉族】；❷神性人物的争斗撞破天【汉族】；❸动物的争斗撞破天【汉族、瑶族】
⑥ 【引例】❶盖天佛把天顶出窟窿【汉族】；❷特定的人把天顶出窟窿【汉族】
⑦ 【引例】巨人发现天地间存在一条大裂缝【侗族】
⑧ 【民族】瑶族。【引例】乌龙相斗造成天的裂缝【苗族】

W 编码	母题描述			参照项	
	一级母题	二级母题	三级母题	汤普森	关联项
W1367.4			天神的长啸造成天的裂缝		【傈僳族】
W1368		天地歪斜			【哈尼族、纳西族】
W1369		天地的其他缺陷			
W1369.1			天经地纬断裂		【苗族】
W1369.2			天的东南、西北有缺陷		【汉族】
W1369.3			天的西南方有缺陷		【白族】
W1369.4			地在东北方有缺陷		【白族】
W1369.5			天地有凹凸		【哈尼族、汉族】
✱ **W1370**	稳固天地				
W1371		用支撑物稳定天地			【民族，例1】①
W1372		用石头压住天地			
W1372.1			压天地的石头		【拉祜族】
W1373		特定的看守者稳固天地			
W1373.1			玉狗看管顶天大鳌鱼，天地变稳固		【羌族】
W1374		与稳固天地有关的其他母题			
W1374.1			造山后天地稳固		【纳西族】
W1374.2			稳固天地的时间		【苗族】
W1375	天的稳固				
W1375.1		支撑天使天变稳			【民族，联1】②
W1375.1.1			4 根撑天柱把天撑牢		【民族，联1】③
W1375.1.2			把天托稳		
W1375.1.3			神把天托稳		【佤族】
W1375.1.4			大力神用巨掌稳定天		【黎族】
W1375.2		把天钉稳			【土家族】
W1375.2.1			用石钉把天钉牢（用山做钉子把天钉牢）		【哈萨克族、瑶族】
W1375.2.2			用牙齿把天钉稳		【布依族】

① 【民族】壮族。【引例】天神搓污垢捏成镇挟天地的架子稳固天地【傣族】
② 【民族】布依族。【关联】［W1319］天的支撑
③ 【民族】布依族。【引例】天柱撑天时要垫七分土【毛南族】

W 编码	母题描述			参照项	
	一级母题	二级母题	三级母题	汤普森	关联项
W1375.2.3			用树钉在大地的四方，天变稳		【普米族】
W1375.3		压住天把天变稳			
W1375.3.1			用石头压天头		【拉祜族】
W1375.4		与天的稳固有关的其他母题			
W1375.4.1			咬住天把天变稳固		【例1】①
W1375.4.2			绷天把天变稳固		【藏族】
W1376	地的稳固			A857	
W1376.1			通过稳固土地把地变稳		【例1】②
W1376.1.1			神稳固土壤		【蒙古族】
W1376.1.2			通过粘贴使地稳固		
W1376.1.3			用钉钉地使地变稳		【普米族、壮族】
W1376.2		控制驮地的动物把地变稳			【例2】③
W1376.2.1			巨龟稳定大地		【藏族】
W1376.2.2			把地固定在牛的犄角上		【哈萨克族、维吾尔族】
W1376.2.3			制服驮地的鱼稳固大地		【例1】④
W1376.3		压住大地把地变稳			
W1376.3.1			用大盘石稳定大地		【壮族】
W1376.3.2			用山稳定大地		【柯尔克孜族、塔吉克族】
W1376.4		其他稳固大地的方法			【联1，例1】⑤
W1376.4.1			垒地脚使地稳固		【哈尼族、瑶族】
W1376.4.2			固定地的四角稳固大地		【联1，例1】⑥
W1376.4.3			用绳子把地拢住稳固大地		【汉族】
❋ **W1377**	修补天地				

① 【引例】龙、凤、龟、麟、虎咬住天的四边和中间，天变稳【普米族】
② 【引例】天仙焊接大地【壮族】
③ 【引例】❶让狗看守负载大地的龟使地变稳【汉族】；❷仙人让怪兽把大地抱稳【土族】
④ 【引例】女娲用龙筋缠住驮地的鲤鱼稳固大地【汉族】
⑤ 【关联】［W1242.2］固定地的4角。【引例】天降草木和生物以整固土壤【蒙古族】
⑥ 【关联】［W1242.1］地有四角。【引例】用石压住地的四角【彝族】

W 编码	母题描述			参照项	
	一级母题	二级母题	三级母题	汤普森	关联项
W1378		神或神性人物修补天地			【哈尼族】
W1378.1			夫妻神补天地		【民族，联 1】①
W1378.2			众神补天地		【例 1】②
W1378.3			巨人修补天地		【普米族】
W1379		特定的神或神性人物修补天地			【民族，联 1】③
W1380		特定的人修补天地			【汉族、彝族】
W1381		动物修补天地			
W1381.1			龙修补天地		【土家族】
W1381.2			燕子补天地		【拉祜族】
W1382		与修补天地有关的其他母题			【佤族、彝族】
W1382.1			补天缝地		【民族，联 1，例 1】④
✿ **W1383**	天的修整				【侗族】
W1383.1		天的变大			【联 1】⑤
W1383.1.1			拉天边把天变大		【瑶族】
W1383.2		天神修整天			【汉族】
W1383.3		天上的人会修天			【彝族】
W1383.4		把不圆的天修圆			
W1383.5		用牛皮绷天			【民族，联 2】⑥
W1383.6		动物修整天			【例 1】⑦
W1383.7		与天的修整有关的其他母题			
W1383.7.1			用箭把天射通		【土家族】
❋ **W1384**	补天				
W1385	补天的原因				
W1385.1		因天塌补天			【民族，联 1】⑧
W1385.2		因天出现裂缝补天			【联 1，例 1】⑨

---

① 【民族】傣族。【关联】［W0141］对偶神（夫妻神）
② 【引例】天神的众子女缝补天地【彝族】
③ 【民族】侗族、壮族。【关联】［W1386.2］女娲补天
④ 【民族】汉族。【关联】［W4436.3］闪电是缝天边和地边的银线。【引例】用银线缝天边和地边【哈尼族】
⑤ 【关联】［W1157］天的大小
⑥ 【民族】哈尼族。【关联】❶［W1384］补天；❷［W1393.1.2］用牛皮绷地
⑦ 【引例】螺蜂修整天【壮族】
⑧ 【民族】汉族。【关联】［W1365］天塌
⑨ 【关联】［W1367］天上出现裂缝。【引例】天有两个巴掌的缝隙【哈尼族】

W 编码	母题描述			参照项	
	一级母题	二级母题	三级母题	汤普森	关联项
W1385.3		因天被扯破补天			
W1385.3.1			西北角的天被扯破		【汉族】
W1385.3.2			龙王扯破天		【民族，联1】①
W1385.3.3			鹿角划破天		【普米族】
W1385.4		天帝命令补天			
W1385.4.1			玉皇大帝派女娲补天		【民族，联1】②
W1385.5		与补天原因有关的其他母题			
W1385.5.1			因天上落石头补天		【汉族】
W1385.5.2			天的缺陷的形成		【例2】③
W1386	补天者				
W1386.1		补天者的产生			
W1386.1.1			祖先造出补天者		【瑶族】
W1386.2		女娲补天			【民族，例2】④
W1386.2.1			女娲氏补天		【民族，联1】⑤
W1386.2.2			女娲娘娘补天		【民族，联1】⑥
W1386.2.3			女娲没有补天		【汉族】
W1386.3		兄妹补天			【哈尼族、汉族】
W1386.3.1			盘古兄妹补天		【民族，联1】⑦
W1386.3.2			一对兄妹补天		【哈尼族、汉族】
W1386.4		火神补天			【苗族】
W1386.5		佛祖补天			【满族】
W1386.6		特定的女人补天			【例3】⑧
W1386.7		神补天			【哈尼族】
W1386.8		其他补天者			【例1】⑨
W1386.8.1			天上的人补天		【彝族】
W1386.8.2			混天老祖补天		【汉族】
W1386.8.3			骊山老母补天		【汉族】

① 【民族】仡佬族。【关联】［W3581］龙王
② 【民族】汉族、土家族。【关联】［W0710］女娲
③ 【引例】❶因盘古变天从东北方变起，所以天的西南方不圆满【白族】；❷红君道人造的天缺一只角【汉族】
④ 【民族】仡佬族、汉族、土族、藏族。【引例】❶女娲假补天【汉族】；❷女娲带天兵补天
⑤ 【民族】汉族。【关联】［W0710］女娲
⑥ 【民族】汉族、土族。【关联】［W0710］女娲
⑦ 【民族】汉族。【关联】［W0725］盘古的关系
⑧ 【引例】❶祝融的妹妹补天【仡佬族】；❷海伦格格补天【满族】；❸盘古的妹妹补天
⑨ 【引例】高辛帝补天【畲族】

W 编码	母题描述			参照项	
	一级母题	二级母题	三级母题	汤普森	关联项
W1386.8.4			盘古补天		【汉族】
W1386.8.5			其他有特定名称的人物补天		【土家族、彝族、藏族】
W1386.9		补天的助手			【联1，例2】①
W1386.9.1			月亮婆婆帮助补天		【汉族】
W1386.9.2			天兵帮助补天		【汉族】
W1386.9.3			牛马帮助补天		【汉族】
W1387	补天的材料				
W1387.1		用石补天			【例2】②
W1387.1.1			用五彩石补天		【汉族、土家族、藏族】
W1387.1.2			用青石、白石补天		【汉族】
W1387.1.3			用松石补天		【纳西族】
W1387.1.4			用宝石补天		【民族，例1】③
W1387.1.5			炼石补天		【民族，例1】④
W1387.1.6			炼五彩石补天		【汉族、藏族】
W1387.1.7			炼七彩石补天		【汉族】
W1387.1.8			炼石饼补天		【汉族】
W1387.2		用胶补天			
W1387.2.1			用人炼胶补天		【例1】⑤
W1387.2.2			用神锅炼胶补天		【汉族】
W1387.3		用水补天			【汉族、土家族】
W1387.4		用土补天			【民族，例2】⑥
W1387.5		用金属补天			
W1387.5.1			用锡补天		【壮族】
W1387.6		用云补天			【白族】
W1387.6.1			黑云做布补天		【彝族】
W1387.6.2			用五彩云补天		【土家族】
W1387.7		用冰补天			【汉族、土家族】
W1387.7.1			炼冰补天		【汉族】
W1387.7.2			用凌片补天		【土家族】

① 【关联】［W9987］帮助者。【引例】❶女娲驾金牛补天【汉族】；❷女娲让凤凰帮助补天
② 【引例】❶用石头拌河水补天【汉族】；❷用土炼石补天【汉族】
③ 【民族】畲族。【引例】用蓝宝石补天【纳西族】
④ 【民族】仡佬族、满族。【引例】做石馍馍补天【汉族】
⑤ 【引例】哥哥用妹妹的身体熬成胶补天【汉族】
⑥ 【民族】哈尼族。【引例】❶扬土补天；❷用七色泥土补天

W 编码	母题描述			参照项	
	一级母题	二级母题	三级母题	汤普森	关联项
W1387.8		用棉花补天			【壮族】
W1387.9		织布补天			【汉族】
W1387.10		用动物补天			【例2】①
W1387.10.1			用动物的尸体补天	·	【例2】②
W1387.10.2			用虾的脚补天		【藏族】
W1387.10.3			用金蛤蟆的舌头补天		【土族】
W1387.11		用其他物补天			【例2】③
W1387.11.1			用特定的器物补天		【汉族】
W1387.11.2			补天者用自己身体补天		【哈尼族】
W1387.11.3			用石块泥浆补天		【汉族】
W1387.11.4			用牙齿补天		【瑶族】
W1387.11.5			用唾沫补天		【哈尼族】
W1387.11.6			用气补天		【汉族】
W1388	与补天有关的其他母题				【汉族、苗族】
W1388.1		补天前的准备			
W1388.1.1			补天方法的获得		【例1】④
W1388.1.2			补天前造火炉		【汉族】
W1388.2		补天的工具			
W1388.2.1			织线补天		【苗族】
W1388.2.2			补天炼石的火炉		
W1388.2.3			补天的针线		【例3】⑤
W1388.2.4			补天时上天的工具		【民族，联1】⑥
W1388.3		补天石的数量			
W1388.3.1			3万6千5百块补天石		【汉族】
W1388.3.2			365 块补天石		【汉族】
W1388.3.3			补天时少一块石头		【汉族】

---

① 【引例】❶用神专养的神牛补天【哈尼族】；❷用金蛤蟆的舌头补天【土族】
② 【引例】❶用查牛补天【哈尼族】；❷用大鹰补住天上的大洞【汉族】
③ 【引例】❶用头巾和龙牙补天【苗族】；❷用龙牙补天【瑶族】
④ 【引例】石狮教盘古兄妹补天方法【汉族】
⑤ 【引例】❶斧子把儿当补天的金针葛藤做补天的金线【汉族】；❷补天时用松毛做针，蜘蛛网做线【彝族】；❸补天时用长尾巴星星做针，黄云丝做线【彝族】
⑥ 【关联】［W1445］天梯。【引例】攀青藤补天【汉族】

W 编码	母题描述			参照项	
	一级母题	二级母题	三级母题	汤普森	关联项
W1388.4		补天的地点			【例1】①
W1388.5		补天的结果			
W1388.5.1			用泥巴补天不成功		【藏族】
W1388.5.2			炼石补天不成功		【土家族】
W1388.5.3			补好西北天		【汉族】
W1388.5.4			补好东南天		【汉族】
❋ **W1390**	**地的修补**				
W1391	**修补地的原因**				
W1391.1		因天小地大修整大地			【联1，例1】②
W1391.2		地的缺陷的形成			【例1】③
W1391.2.1			造地时形成地的缺陷		【哈尼族】
W1391.2.2			洪水造成地缝		【哈尼族】
W1391.3		地的倾斜			【汉族】
W1391.3.1			动物造成地的倾斜		【普米族】
W1391.4		地上出现窟窿			【例1】④
W1391.4.1			鳌鱼把地撞漏		【土家族】
W1391.4.2			地被射漏		【土家族】
W1392	**地的修补者**				
W1392.1		神或神性人物修补地			【蒙古族】
W1392.1.1			造地的神修补地		【景颇族】
W1392.1.2			地神修补地		【汉族】
W1392.1.3			云神修补地		【彝族】
W1392.1.4			众神修补地		【例2】⑤
W1392.1.5			巨人修补地		【例1】⑥
W1392.1.6			神仙修补地		【壮族】
W1392.1.7			祖先修补地		【苗族】
W1392.2		特定的神或神性人物修补地			
W1392.2.1			盘古修补地		【苗族】

① 【引例】骊山老母补天的地方是骊山【汉族】
② 【关联】［W1361］天小地大。【引例】造地者勤奋使地造大【拉祜族】
③ 【引例】因盘生变地从西南方变起，所以地的东北方有缺陷【白族】
④ 【引例】大神在地上留下脚巴掌大的窟窿用来刮风【哈尼族】
⑤ 【引例】❶地神和他的姑娘修地【哈尼族】；❷9 个大神修补地【瑶族】
⑥ 【引例】巨人把地扶正【普米族】

W 编码	母题描述			参照项	
	一级母题	二级母题	三级母题	汤普森	关联项
W1392.2.2			王母娘娘修补地		【汉族】
W1392.2.3			混地老祖修补地		【汉族】
W1392.2.4			其他特定的神或神性人物修补地		【民族，例1】①
W1392.3		动物补地			
W1392.3.1			蚯蚓缝地		【景颇族】
W1392.3.2			拱屎虫修整地		【壮族】
W1392.4		其他人物修整大地			【佤族、藏族】
W1393	地的修整方法				
W1393.1		地的缩小（缩地）		A852	【土家族】
W1393.1.1			拉地的筋脉缩地		【傈僳族】
W1393.1.2			用牛皮绷地		【哈尼族】
W1393.1.3			拉地网缩地		【拉祜族】
W1393.1.4			拢地箍缩地		【瑶族】
W1393.1.5			云神用绳绷地		【彝族】
W1393.1.6			阴龙缩地		【土家族】
W1393.1.7			缩地的其他方法		【民族，例3】②
W1393.2		地的变大		A853	【民族，例1】③
W1393.2.1			把造小的地变大		【基诺族】
W1393.2.2			把土地向四方拉开		【俄罗斯族】
W1393.3		仿照天堂的样子修地			【回族】
W1393.4		织线补地			【苗族】
W1393.5		用特定的物缝地			【例1】④
W1393.6		堵地缝			【例1】⑤
W1393.7		用棍棒撬地			【景颇族】
W1394	修补地的材料				
W1394.1		用龟壳补地			【汉族】
W1394.2		用牛补地			【例1】⑥
W1394.3		用草补地			【例1】⑦

① 【民族】高山族、苗族、壮族。【引例】混地老祖修地【汉族】
② 【民族】哈尼族、汉族、藏族。【引例】❶天让作为妻子的地缩小【珞巴族】；❷始祖用篾条缩地【瑶族】；❸抓地皮做成山坡后地面缩小【壮族】
③ 【民族】藏族。【引例】萨满用法力把地球变大【鄂温克族】
④ 【引例】用象牙大针和古藤粗线缝地角【瑶族】
⑤ 【引例】用木炭灰堵地缝
⑥ 【引例】用神牛补地【哈尼族】
⑦ 【引例】用黄草做布补地【彝族】

W 编码	母题描述			参照项	
	一级母题	二级母题	三级母题	汤普森	关联项
W1394.4		炼石补地			【例1】①
W1394.4.1			炼砖补地		【哈尼族、畲族】
W1394.5		用灰补地			【汉族】
W1394.6		用水补地			【白族】
W1394.7		用泥垢补地			【傣族】
W1394.8		补地的针线			【联1，例2】②
W1394.8.1			缝地的针		【景颇族】
W1394.8.2			缝地的线		【哈尼族】
W1395	与地的修整有关的其他母题				【汉族】
W1395.1		补地前的准备			
W1395.2		补地的工具			【布依族】
W1395.3		补地的结果			【侗族】
W1395.3.1			补地没有成功		
W1396	与天地修整有关的其他母题				
W1396.1		天地的测量（丈量世界）		A1186	【联1】③
W1396.1.1			天的测量		
W1396.1.2			地的测量		【例1】④
W1396.2		撑天缩地			【拉祜族】
W1396.3		特定的人物修整天地			【联2】⑤
W1396.3.1			盘古王修整天地		【仡佬族】
W1396.3.2			大地生的人重整山河		【珞巴族】
W1396.4		重新改天造地			【阿昌族、景颇族、壮族】
W1396.4.1			天公重新整顿天地		【阿昌族】

① 【引例】炼石饼补地【汉族】
② 【关联】［W1388.2.3］补天的针线。【引例】❶补地时用老虎草做针，酸绞藤做线【彝族】；❷补地时用尖刀草做针，地瓜藤做线【彝族】
③ 【关联】［W6984］度量（测量）的产生
④ 【引例】步测大地【汉族】
⑤ 【关联】❶［W1386］补天者；❷［W1392］地的修补者

1.2.6　天地通【W1400~W1424】

W 编码	母题描述			参照项	
	一级母题	二级母题	三级母题	汤普森	关联项
❋ **W1400**	**天地相通**				【联2，例1】①
W1401		以前天地相通			【民族】②
W1401.1			盘古出世时天地相连		【汉族】
W1401.2			盘古开天辟地时天地相连		【汉族】
W1401.3			三皇治世时天地相连		【汉族】
W1402		天地相连的原因			【独龙族】
W1403		天地的四个角相连		≈ A657.2	
W1404		连接天地的山			【民族，例2】③
W1405		通天的河			
W1406		连接天地的土台在山上			【独龙族】
W1407		连接天地的桥（天桥）		A657	【民族，联2】④
W1407.1			天上人间通过天桥互有来往		【彝族】
W1407.2			树的丫枝搭成天桥		【汉族】
W1407.3			神与人发生纠纷后天桥断绝		【彝族】
W1408		天地由绳索相连		A625.2.1	【联2，例1】⑤
W1408.1			天地由带子相连		
W1408.2			天地由一条链子相连		【例3】⑥
W1409		天地有土台相连			
W1409.1			天地间九道土台连接		【独龙族】
W1410		通天的树（通天的植物）⑦			【民族，联1，例2】⑧

①　【关联】❶【W1270】天地相连；❷［W1425］上天（登天）。【引例】天塌后与地连在一起

②　【民族】汉族、苗族、羌族、彝族

③　【民族】门巴族、羌族。【引例】❶日月山通天地【汉族】；❷五指山的主峰是通天路【黎族】

④　【民族】彝族。【关联】❶［W1070.2］三界相连；❷［W1438.3］上天的桥

⑤　【关联】❶［W1430.2］神女放下能上天的绳子；❷［W1434.3］通过绳子上天。【引例】天上有根悬吊大地的绳子【珞巴族】

⑥　【引例】❶一条拴天地的锁链把天地连在一起【佤族】；❷拴天的锁链的消除【佤族】；❸天地由铁链相连

⑦　通天的树，由于具体神话文本不同会产生不同的说法和含义，又可以分为"宇宙树"或"世界树"、"生命树"、"作为天梯的树"等不同情形。

⑧　【民族】侗族。【关联】［W1096.2］世界树。【引例】❶芋树是天地之间的桥梁【黎族】；❷母竹通天【彝族】

W 编码	母题描述			参照项	
	一级母题	二级母题	三级母题	汤普森	关联项
W1410.1			通天的扶桑树		
W1410.2			通天的马桑树		【民族，联1】①
W1410.3			天空垂下来的树	A652.2	
W1410.4			通天的铁树		【汉族】
W1410.5			通天的铜树		【汉族】
W1411		通天的柱子			【民族，联1】②
W1412		连接天地的梯子③			【民族，联1】④
W1413		天地之间有路相连（通天的路）			【民族，例2】⑤
W1413.1			天地之间一条路相连		【纳西族】
W1413.2			神踏出通天地的路		【哈尼族】
W1413.3			神山是升天之路		【门巴族】
W1413.4			天路有多条		【例1】⑥
W1414		其他特定的物连接天地			
W1414.1			葫芦秧连接天地		【哈尼族】
W1414.2			天地由脐带相连	A625.2.1	【珞巴族、苗族、佤族】
❋ **W1415**	绝天地通				【联1，例1】⑦
W1416		神或神性人物绝天地通			【汉族】
W1416.1			天神砍断通天的山		【羌族】
W1416.2			天神为降魔毁掉通天桥		【民族，联1】⑧
W1416.3			女神刮风毁掉天梯绝天地通		【拉祜族】
W1416.4			玉皇大帝绝天地通		【例3】⑨
W1416.5			雷公绝天地通		【例2】⑩
W1416.6			英雄拆掉通天的桥绝天地通		【彝族】

① 【民族】仡佬族、苗族、羌族、土家族。【关联】［W1433.4］通过马桑树上天
② 【民族】彝族。【关联】［W1330］天柱（顶天的柱子）
③ 连接天地的梯子，该类母题的详细情况见"［W1445］天梯"母题。
④ 【民族】纳西族、怒族。【关联】［W1445］天梯
⑤ 【民族】彝族。【引例】❶龙王有条石坎路能通天地【布依族】；❷有77条通天小路【哈尼族】
⑥ 【引例】生者向死者送有22种图案的路线图，让死者从中选一条通往天堂的路【门巴族】
⑦ 【关联】［W6183］人与神（鬼）的分开居住。【引例】神剪断天地间的脐带【珞巴族】
⑧ 【民族】满族。【关联】［W1407］连接天地的桥（天桥）
⑨ 【引例】❶玉皇大帝下令烧掉天梯【汉族】；❷天帝命重、黎二神绝地天通【汉族】；❸玉皇大帝除去天梯【土家族、彝族】
⑩ 【引例】❶雷公劈倒通天树【水族】；❷雷公劈掉上天的山【水族】

W 编码	母题描述			参照项	
	一级母题	二级母题	三级母题	汤普森	关联项
W1417		动物绝天地通			【民族，例1】①
W1418		天的升高造成绝天地通			【傈僳族、仫佬族】
W1419		毁掉通天塔绝天地通			
W1419.1			雷公砍掉作为通天塔的山峰		【黎族】
W1419.2			太白金星毁掉通天塔		【汉族】
W1420		毁掉通天树绝天地通			【傈僳族、苗族】
W1420.1			劈断通天的马桑树绝天地通		【仫佬族】
W1420.2			斩断上天的天萝藤		【汉族】
W1421		山变矮后绝天地通			
W1421.1			把山锯矮绝天地通		【苗族】
W1422		其他特定的行为绝天地通			
W1422.1			违背禁忌造成绝天地通		【民族，例1】②
W1423	与绝天地通有关的其他母题				
W1423.1		孕妇毁掉上天的路			【民族，联1】③
W1423.2		天路的失去			【哈尼族】
W1423.3		绝天地通后的情形			【彝族】

1.2.7 天梯与其他上天工具 【W1425~W1489】

W 编码	母题描述			参照项	
	一级母题	二级母题	三级母题	汤普森	关联项
✿ **W1425**	上天（登天）				
W1426		人上天			
W1426.1			以前人能上天		【民族】④
W1426.2			人王拜访天王		【傣族】

---

① 【民族】怒族、普米族、彝族。【引例】人得罪蚂蚁，蚂蚁咬掉天梯【独龙族】
② 【民族】黎族。【引例】天女下凡时违背不能回头看的禁忌，天梯被拆【羌族】
③ 【民族】高山族。【关联】〔W6514〕妇女禁忌
④ 【民族】独龙族、景颇族、苗族、裕固族

W 编码	母题描述			参照项	
	一级母题	二级母题	三级母题	汤普森	关联项
W1426.3			人王拜访佛陀		【彝族】
W1426.4			兄妹上天		【例1】①
W1427		动物上天			
W1427.1			狗到月亮上		【汉族】
W1427.2			鸟上天		【例1】②
W1427.3			猪上天		【例1】③
W1427.4			其他特定的动物上天		【满族】
W1428		其他特定的人物上天			
✳ **W1429**	**上天的方法**				
W1430		神或神性人物带人上天			
W1430.1			凡人被天女带上天		【藏族】
W1430.2			神女放下能上天的绳子		【珞巴族】
W1431		人被吹到天上		F61	【哈尼族、藏族】
W1431.1			人被风卷上天		【高山族】
W1432		通过动物上天			
W1432.1			乘龙上天		
W1432.2			人通过神马上天		【纳西族】
W1432.3			人通过鸟上天		F62	【民族，联1，例1】④
W1432.4			通过其他特定动物上天		【例6】⑤
W1433		通过植物上天			
W1433.1			通过树上天		【瑶族】
W1433.2			通过通天树上天		【民族，联2】⑥
W1433.3			通过日月树上天		【苗族】
W1433.4			通过马桑树上天		【民族。联1】⑦
W1433.5			通过葫芦藤上天		【民族，联1】⑧

① 【引例】洪水后兄妹上天【瑶族】
② 【引例】鸟乘风云上天【纳西族】
③ 【引例】母猪从桃树上天【彝族】
④ 【民族】纳西族、维吾尔族。【关联】［W1074.1.3］鸟驮人到天界。【引例】人通过大鹏上天【纳西族】
⑤ 【引例】❶通过梅花鹿的顶天角回到人间【达斡尔族】；❷人乘一只蜜蜂上天【独龙族】；❸通过鹿角上天【鄂伦春族】；❹骑公鸡上天【黎族】；❺骑天鹅上天【满族】；❻骑鱼升天【壮族】
⑥ 【民族】苗族。【关联】❶［W1410］通天的树（通天的植物）；❷［W1482］通天树（特定的天梯通天树）
⑦ 【民族】苗族、水族、土家族。【关联】［W1483.2］马桑树是通天树
⑧ 【民族】哈尼族。【关联】［W1449］藤作为天梯

W 编码	母题描述			参照项	
	一级母题	二级母题	三级母题	汤普森	关联项
W1433.6			通过其他特定的植物上天		【民族，例4】①
W1434		通过人造物上天			
W1434.1			穿铁鞋上天		【仡佬族】
W1434.2			人穿羽衣可以飞上天		【满族】
W1434.3			通过绳子上天		【例1】②
W1434.4			通过铁链子上天		【珞巴族、彝族】
W1435		通过其他特定的物上天			【联1】③
W1435.1			人通过旋转的磨飞上天		【哈尼族】
W1435.2			人乘日光上天		【民族，例1】④
W1435.3			踩着日月的光柱到天上		【布依族】
W1435.4			插上翅膀飞上天		【彝族】
W1435.5			登上特定物体上天		【鄂伦春族】
W1435.6			穿（披）特定服饰上天		【汉族】
W1436		通过魔法上天		F68	【民族，联1】⑤
W1437		上天的其他方法			【例1】⑥
W1437.1			通过太阳的手臂上天		【珞巴族】
W1437.2			通过月光上天		【布依族】
W1437.3			通过山上天		【联1，例1】⑦
W1438	上天的路径				【联1】⑧
W1438.1		上天的路		F57	【民族，联1】⑨
W1438.1.1			高大的树干是上天的路		【侗族】
W1438.1.2			人从天边能上天		【裕固族】

① 【民族】汉族。【引例】❶通过很高的高粱杆上天【羌族】；❷通过水杉树上天【土家族】；❸用通天母竹升天【彝族】；❹从桃树上可以到天宫【彝族】
② 【引例】神女放下能上天的绳子【珞巴族】
③ 【关联】［W1425～W1489］天梯与其他上天工具
④ 【民族】独龙族。【引例】顺着太阳的手臂上天【珞巴族】
⑤ 【民族】汉族。【关联】［W9000］魔法
⑥ 【引例】始祖把儿子用筐吊到天上【珞巴族】
⑦ 【关联】［W1438.1.3］山是上天的路。【引例】始祖从最高的山峰登上天【佤族】
⑧ 【关联】［W1444.1］下凡
⑨ 【民族】汉族。【关联】［W1413.1］天地之间一条路相连

W 编码	母题描述			参照项	
	一级母题	二级母题	三级母题	汤普森	关联项
W1438.1.3			山是上天的路		【例2】①
W1438.1.4			登天之塔（通天塔）	F58	【联1】②
W1438.2		上天的绳索		F51	【联2，例1】③
W1438.2.1			藤蔓作为上天的绳索	F51.1.2	【维吾尔族】
W1438.2.2			蜘蛛网作为上天的绳索	F51.1.1	
W1438.3		上天的桥			
W1438.3.1			虹是上天的桥		【民族，联1】④
W1438.3.2			到月亮的桥		【景颇族】
✳ **W1440**	**奔月**				【联1，例5】⑤
W1441		人可以到月亮上			【汉族】
W1442		人可以到月亮上的方法			
W1442.1			人通过虹桥到月亮上		【民族，联1】⑥
W1442.2			人通过天梯到月亮上		【汉族】
W1442.3			人通过头发到月亮上		【回族、瑶族】
W1442.4			人通过树到月亮上		【赫哲族】
W1443		与奔月有关的其他母题			【联1】⑦
W1443.1			嫦娥奔月		【民族，联1】⑧
W1444	与上天有关的其他母题				
W1444.1		下凡			【民族，联1】⑨
W1444.1.1			星宿下凡		【仡佬族】
W1444.1.2			被惩罚下凡		【民族，联1】⑩

① 【引例】❶通过灵山上天【汉族】；❷五指山的主峰是通天路【黎族】

② 【关联】［W1438.1.4］登天之塔（通天塔）

③ 【关联】❶［W1074.5.1］去上界的通道；❷［W1408］天地由绳索相连。【引例】通过神女放下的绳子上天【珞巴族】

④ 【民族】瑶族。【关联】［W4487.1］虹是神造的桥

⑤ 【关联】［W1438.3.2］到月亮的桥。【引例】❶通过大杉树到月亮上【侗族】；❷抓月中的树上到月亮上【赫哲族】；❸人顺着绳子爬到月亮上【回族】；❹人从月亮山到月亮上【水族】；❺抓着妻子的长辫子爬上月亮【瑶族】

⑥ 【民族】布依族、高山族。【关联】［W4498］虹是桥

⑦ 【关联】［W4180］月亮中的人（神）

⑧ 【民族】汉族。【关联】［W0671］嫦娥

⑨ 【民族】汉族。【关联】［W0106］神下凡

⑩ 【民族】汉族。【关联】［W9906］惩罚

W 编码	母题描述			参照项	
	一级母题	二级母题	三级母题	汤普森	关联项
W1444.1.3			特定的山的山顶是下凡的路		【民族，联1】①
W1444.1.4			顺着树干下凡		【满族】
W1444.1.5			顺着绳索下凡		【联1，例1】②
W1444.2		上天的原因			【联1】③
W1444.2.1			人到天上玩耍		【仫佬族】
W1444.2.2			人到天上给天神盖房子		【藏族】
W1444.2.3			人到天上劳作		【独龙族】
W1444.2.4			人因追赶猎物到天上		【黎族】
W1444.2.5			人上天的其他原因		【保安族、畲族】
W1444.3		人不能上天的原因			
W1444.3.1			天上筑起太阳门后，人不能再上天		【景颇族】
W1444.4		到天上要过49道天河			【民族，联1】④
W1444.5		上天的特定时间			【例1】⑤
W1444.6		上天需要的时间			【例1】⑥
W1444.7		人上天后永远留在天上			【怒族】
W1444.8		上天中途坠落			
W1444.9		从天上掉下来			【例1】⑦
✿ **W1445**	**天梯**			①A666 ②F52	【土家族、瑶族】
W1446		自然存在天梯			【民族，例1】⑧
W1447		神变成天梯			【高山族】
W1448		树为天梯		F54	【联1，例2】⑨
W1448.1			大树是天梯		【土家族】
W1448.2			日月树是天梯		【苗族、壮族】

---

① 【民族】苗族。【关联】［W1413］天地之间有路相连（通天的路）
② 【关联】［W1408］天地由绳索相连。【引例】天上的人顺着绳索下到地上【珞巴族】
③ 【关联】［W1455］造天梯的原因
④ 【民族】土家族。【关联】［W1780］天河（银河）
⑤ 【引例】人在四时八节可以上天宫【汉族】
⑥ 【引例】上天需要99天【壮族】
⑦ 【引例】天上的人踩到鸡屎滑倒掉到地上【珞巴族】
⑧ 【民族】汉族、哈尼族、苗族。【引例】大地的中间有一把千万年不会腐朽的活木梯【怒族】
⑨ 【关联】［W1410］通天的树（通天的植物）。【引例】❶建木是天梯【汉族】；❷桃树为上天的工具【彝族】

W 编码	母题描述			参照项	
	一级母题	二级母题	三级母题	汤普森	关联项
W1448.3			马桑树是天梯		【侗族、土家族】
W1448.4			水杉树是天梯		【土家族】
W1449		藤为天梯			【联1】①
W1450		山为天梯			【联1，例2】②
W1450.1			日月山是天梯		【汉族】
W1450.2			须弥山是天梯		【蒙古族】
W1450.3			昆仑山是天梯		【汉族】
W1450.4			巨石是天梯		【汉族】
W1451		积物为天梯			
W1451.1			垒石登天	F55.2	
W1451.2			土堆为天梯		
W1452		虹为天梯		F56	【联1，例1】③
W1453		其他特定的物作为天梯			
W1453.1			烟柱为天梯	F52.1	
W1453.2			竖起的木耙作为天梯		【高山族】
W1453.3			动物肢体作为天梯		【例2】④
✲ **W1455**	造天梯的原因				
W1456		为了到天上玩造天梯			【汉族、苗族、仫佬族】
W1457		为了到天上索要特定物造天梯			
W1457.1			为了到天上取药造天梯		【哈尼族、彝族】
W1457.2			为了到月宫取药造天梯		【例1】⑤
W1457.3			为了到月宫取救命树造天梯		【拉祜族】
W1457.4			为了到天上要种子造天梯		【民族，联1】⑥
W1458		为了特定目的造天梯			

① 【关联】［W1438.2.1］藤蔓作为上天的绳索
② 【关联】［W1833.4］通天的山。【引例】❶从灵山可上天【汉族】；❷肇山是天梯【汉族】
③ 【关联】［W4507.1］虹有特定的职能。【引例】七色彩虹是玉皇放下的天梯【蒙古族】
④ 【引例】❶鹿角作为天梯【达斡尔族】；❷龙角作为天梯【满族】
⑤ 【民族】拉祜族。【引例】为从月亮那里要回起死回生药造天梯【哈尼族】
⑥ 【民族】哈尼族。【关联】［W3902］种子在天上

W 编码	母题描述			参照项	
	一级母题	二级母题	三级母题	汤普森	关联项
W1458.1			为了寻找太阳造天梯		【侗族】
W1458.2			为了把太阳重新挂起造天梯		【侗族】
W1458.3			为了到天上过节日造天梯		【苗族】
W1459		造天梯的其他原因			
W1459.1			为神仙造天梯		【汉族】
✳ **W1460**	**天梯的制造者**				
W1461		神或神性人物造天梯			
W1461.1			天神造天梯		【哈尼族】
W1461.2			伏羲造天梯		【民族，联1】①
W1461.3			伏羲女娲造天梯		【民族，联1】②
W1461.4			其他神或神性人物造天梯		【例2】③
W1462		人造天梯			【民族】④
W1462.1			兄弟俩造天梯		【哈尼族】
W1462.2			两兄妹造天梯		【侗族】
W1462.3			壮汉造天梯		【高山族（卑南）】
W1462.4			百姓编天梯		【拉祜族】
W1462.5			石匠造天梯		【汉族】
W1462.6			其他特定的人造天梯		【例2】⑤
W1463		其他造天梯者			
W1463.1			天造天梯		【珞巴族】
✳ **W1464**	**造天梯的材料**				
W1465		用石头造天梯			【苗族】
W1466		用木头造天梯			【独龙族】
W1467		用植物造天梯			【例1】⑥
W1467.1			用草造（编）天梯	F52.1	【民族】⑦

---

① 【民族】汉族。【关联】［W0675］伏羲
② 【民族】汉族。【关联】［W0680.2.2］伏羲女娲是兄妹
③ 【引例】❶扁古王造天梯【汉族】；❷达伙常搭天梯【仫佬族】
④ 【民族】保安族、拉祜族、仫佬族、苗族
⑤ 【引例】❶万能手造天梯【保安族】；❷祖先婚生的第一个儿子发明藤网天梯【珞巴族】
⑥ 【引例】栗树做天梯的杆，哈扫树做天梯的板【哈尼族】
⑦ 【民族】高山族（卑南）、哈尼族、拉祜族

W 编码	母题描述			参照项	
	一级母题	二级母题	三级母题	汤普森	关联项
W1467.2			用麻秆做天梯		【汉族、傈僳族、普米族】
W1467.3			用杉木树造天梯		【侗族、土家族】
W1467.4			用树与草做天梯		【汉族】
W1467.5			用竹子和木头做天梯		【珞巴族】
W1468		用其他物造天梯			
W1468.1			用象骨造天梯		【哈尼族】
W1468.2			用铁造天梯		【哈尼族】
W1469	与造天梯有关的其他母题				【例1】①
W1469.1		造天梯的时间			
W1469.1.1			造天梯用了 33 天		【侗族】
W1469.1.2			造天梯用了 99 天		【哈尼族】
W1469.2		造天梯不成功			
✵ **W1470**	**天梯的特征**				
W1471		天梯很矮			【仫佬族】
W1472		天梯很高			
W1472.1			天梯长 999 庹		【侗族】
W1473		天梯可以收放			【哈尼族】
W1474		天梯飘摇不定			
W1475		天梯有固定的层数			
W1475.1			天梯有 8 级	A666.1	
W1475.1			天梯有 9 级		【例1】②
W1475.2			天梯有 99 级		【例1】③
W1475.4			天梯有其他数量的层级		
W1476		与天梯特征有关的其他母题			
W1476.1			天梯不坚固		【联1】④
W1476.2			天梯的终点在月亮上		【哈尼族、傈僳族】
W1477	天梯的放置				
W1477.1		云托着天梯			【哈尼族】

---

① 【引例】竖起的木耙作为天梯 【高山族】
② 【引例】天梯为 9 格木梯 【独龙族】
③ 【引例】天梯是 99 重石梯 【苗族】
④ 【关联】［W1478］天梯的毁灭

W 编码	母题描述			参照项	
	一级母题	二级母题	三级母题	汤普森	关联项
W1477.2		天梯放在地的中央			【怒族】
W1477.3		天梯放在东方			【高山族】
W1477.4		与天梯的放置有关的其他母题			
✿ **W1478**	天梯的毁灭				【联1】①
W1479		神或神性人物毁灭天梯			
W1479.1			神收回天梯		【汉族】
W1479.2			玉皇大帝收回天梯		【土家族、瑶族】
W1479.3			天神砍掉天梯		【哈尼族】
W1479.4			神锯掉天梯		【汉族、苗族】
W1479.5			神刮风吹断天梯		【拉祜族】
W1479.6			雷公砍断天梯		【水族、壮族】
W1479.7			其他神或神性人物毁灭天梯		【例2】②
W1480		动物毁掉天梯		≈ A666.2	
W1480.1			蚂蚁咬塌天梯		【民族】③
W1480.2			蛀虫咬断天梯		【佤族】
W1481		与天梯毁掉有关的其他母题			
W1481.1			天梯遭诅咒失去作用		
W1481.2			天梯被水锈掉		【哈尼族】
W1481.3			天梯被火烧掉		【汉族】
W1481.4			违反禁忌天梯被拆除		【民族，联1】④
✿ **W1482**	通天树（特定的天梯通天树）				【联6，例2】⑤
W1483		通天树是特定的树			【例1】⑥
W1483.1			天树通天地		【满族】
W1483.2			马桑树是通天树		【民族，联2】⑦

---

① 【关联】［W1415］绝天地通

② 【引例】❶盘古收回天梯【汉族】；❷颛顼让"重"、"黎"撤掉天梯【汉族】

③ 【民族】独龙族、哈尼族、怒族、普米族

④ 【民族】羌族。【关联】［W6547.5］其他持定行为的禁忌

⑤ 【关联】❶［W1270］天地相连；❷［W1325.2］通天树是天柱；❸［W1410］通天的树（通天的植物）；❶［W1420］毁掉通天树绝天地通；❺［W1433.2］通过通天树上天；❻［W1448］树为天梯。【引例】❶通天树是银的【鄂温克族】；❷通天树在月亮山上【水族】

⑥ 【引例】从大杉树尖能上月亮【侗族】

⑦ 【民族】羌族。【关联】❶［W1401.2］通天的马桑树；❷［W3771.1.1］马桑树可以通天

W 编码	母题描述			参照项	
	一级母题	二级母题	三级母题	汤普森	关联项
W1483.3			桃树是通天树		【苗族】
W1484		变化产生通天树			
W1484.1			拐棍变通天树		【哈尼族】
W1485		人栽种通天树			【傈僳族】
W1486		与通天树有关的其他母题			【例1】①
W1486.1			通天树的长高		【水族】
W1486.2			通天树穿过了3层天		【鄂温克族】
W1486.3			通天树是银的		【鄂温克族】
W1486.4			通天树被诅咒后变小		【汉族】
W1486.5			通天树的倒掉		【民族，联1】②
W1487	与天梯有关的其他母题				
W1487.1		人通过天梯到天上			【民族】③
W1487.2		神通过天梯到地上			【汉族】
W1487.3		人通过天梯回到人间			【苗族】

1.2.8　与天地有关的其他母题 【W1490～W1499】

W 编码	母题描述			参照项	
	一级母题	二级母题	三级母题	汤普森	关联项
✵ **W1490**	**天地的关系**				【联2】④
W1491		天地为子女			
W1492		天地是夫妻			【民族，联1】⑤
W1493		天地是兄妹			【苗族】
W1494		与天地关系有关的其他母题			
W1494.1			天地是君臣关系		【彝族】
W1494.2			天地是伙伴		

① 【引例】洪水中通过通天树逃生【普米族】
② 【民族】白族、傈僳族。【关联】［W1415］绝天地通
③ 【民族】独龙族、侗族、仡佬族、苗族、瑶族
④ 【关联】❶［W4690］天上1天等于地上1年；❷［W4850］天地的秩序
⑤ 【民族】傈僳族、佤族。【关联】［W7532］天地婚

W 编码	母题描述			参照项	
	一级母题	二级母题	三级母题	汤普森	关联项
W1494.3			天原来是地的盖子		【藏族】
W1494.4			地是天的最底层	·	【独龙族】
❋ **W1495**	**天地的变化**				
W1496		天地的变圆			
W1496.1			把天地煮圆		【苗族】
W1496.2			把地球变圆		
W1497		天地互换			【民族，例1】①
W1497.1			天翻成地，地翻成天		【侗族、黎族、彝族】
W1498		与天地变化有关的其他母题			【联3，例1】②
W1498.1			沧海变桑田		【民族，例1】③
W1498.2			天地一天9变		【汉族】
W1498.3			大地变轻		【哈萨克族】
W1499	与天地有关的其他母题				
W1499.1		空气的产生			
W1499.1.1			神拉风箱产生地上的气		【哈尼族】
W1499.2		地刚出现后充满黑暗			
W1499.3		天上落石头			【民族，联1】④
W1499.4		天地的碰撞			【例1】⑤
W1499.5		天地的消失			
W1499.5.1			天崩地裂使天地消失		【白族】

① 【民族】侗族。【引例】玉帝告知天地颠倒【汉族】
② 【关联】❶〔W1199.3〕地的增大；❷〔W1199.4〕地的变小；❸〔W1252.3〕会自己增大的土（息壤）。【引例】天地一天九变
③ 【民族】白族、鄂温克族。【引例】女巨人搓泥使大海变平地【基诺族】
④ 【民族】汉族、满族。【关联】〔W4364.1〕陨石雨
⑤ 【引例】马鹿使天与地相撞【普米族】

1.3 万物①

【W1500 ~ W1539】

1.3.1 万物的产生【W1500 ~ W1529】

W 编码	母题描述			参照项	
	一级母题	二级母题	三级母题	汤普森	关联项
✿ **W1500**	**万物的产生**				
W1501	天降万物			≈ F1037	
W1501.1		从天堂降万物			
W1501.2		真主降万物			【回族】
W1501.3		人射天射下万物			【哈尼族】
W1501.4		万物原来在天上			【珞巴族】
W1502	万物自然产生				【布依族】
W1502.1		地上出现万物			【民族】②
W1502.1.1			地管生成万物		【回族、蒙古族】
W1502.2		万物自然再生			【普米族】
W1502.3		与自然产生万物有关的其他母题			【布依族】
W1502.3.1			按真主的意愿产生万物		【回族】
W1502.3.2			天地形成后自然出现万物		【纳西族】
✳ **W1503**	**万物是造出来的（造万物）**				
W1504		神或神性人物造万物			【民族，例1】③
W1504.1			天神造万物		【民族，例2】④

---

① 万物，此处的万物主要指那些在神话中没有说出具体物的名称的泛指的一切物质。

② 【民族】白族、回族、柯尔克孜族、纳西族

③ 【民族】汉族、裕固族。【引例】天神用泥造万物【鄂温克族】

④ 【民族】鄂温克族、哈尼族、哈萨克族、苗族。【引例】❶天王创造万物【傣族】；❷天神创造万物【普米族】

W 编码	母题描述			参照项	
	一级母题	二级母题	三级母题	汤普森	关联项
W1504.2			创世神造万物（创世主造万物）		【哈萨克族、满族】
W1504.3			女神造万物		【水族】
W1504.4			天女造万物		【苗族】
W1504.5			佛造万物		【鄂温克族】
W1504.6			夫妻神造万物		【联1，例2】①
W1504.7			众神造万物		【民族，例1】②
W1504.8			祖先造万物		【白族、普米族、瑶族】
W1504.9			其他神或神性人物造万物		【例2】③
W1505		特定的神或神性人物造万物			
W1505.1			盘古造万物		【民族，例1】④
W1505.2			女娲造万物		【民族，联1】⑤
W1505.3			真主造万物		【回族、撒拉族】
W1505.4			玉帝造万物		【彝族】
W1505.5			其他特定的神或神性人物造万物		【民族】⑥
W1506		人造万物			【裕固族】
W1506.1			天降的人造万物		
W1506.2			天降的夫妻造万物		【傣族】
W1506.3			女子造万物		【例1】⑦
W1507		其他造万物者			【布依族、佤族】
W1507.1			日月夫妻造万物		【蒙古族】
W1507.2			特定的动物造万物		
W1508		造万物的材料			
W1508.1			用肢体造万物		【例1】⑧

---

① 【关联】［W0141］对偶神（夫妻神）。【引例】❶天公地母造万物【阿昌族】；❷人王公和人王婆造万物【白族】
② 【民族】满族。【引例】7个大神造万物【哈尼族】
③ 【引例】❶人王公和人王婆用黄泥造万物【白族】；❷宇宙神造万物【柯尔克孜族】
④ 【民族】侗族。【引例】盘古的弟弟盘生造万物【白族】
⑤ 【民族】汉族。【关联】［W0710］女娲
⑥ 【民族】布朗族、布依族、柯尔克孜族、瑶族
⑦ 【引例】三个姑娘造万物【汉族】
⑧ 【引例】天女肢解自己做成万物【彝族】

W 编码	母题描述			参照项	
	一级母题	二级母题	三级母题	汤普森	关联项
W1508.2			用泥土造万物		【民族，例 1】①
W1508.3			用水和神土造万物		【满族】
W1508.4			用宝贝造万物		【联 1，例 1】②
W1509		与造万物有关的其他母题			
W1509.1			造万物的原因		【水族】
W1509.2			造万物的时间		【例 4】③
W1509.3			万物是魔法造出的	D2178	【联 1】④
W1509.4			犁出世界		【傣族、汉族】
W1509.5			按照天界的样子创造万物		【满族】
W1509.6			借助灵气造万物		【满族】
W1509.7			万物是成对造出来的	A610.1	
W1509.8			再造万物		【苗族】
❈ **W1510**	万物是生育产生的（生万物）				
W1511		神或神性人物生万物			
W1511.1			天神生万物		【哈尼族】
W1511.2			女神生万物		【民族，例 1】⑤
W1511.3			天公地母生万物		【民族，联 1】⑥
W1511.4			土地神生万物		【民族，联 1】⑦
W1511.5			创世者生育万物		
W1511.6			巨人生万物		【彝族】
W1512		特定的神或神性人物生万物			【彝族】
W1512.1			盘古生万物		【汉族】
W1512.2			其他特定的神或神性人物生万物		【彝族】
W1513		动物生万物			
W1513.1			鸟生万物	≈A647	

① 【民族】傣族、汉族、满族。【引例】黄泥造万物【白族】
② 【关联】［W9650］宝物。【引例】用赶山鞭、聚水瓶和等宝贝造万物【汉族】
③ 【引例】❶10 天造出万物【汉族】；❷神用 81 年造出万物【满族】；❸6 天造出万物；❹7 天造出万物
④ 【关联】［W9000］魔法
⑤ 【民族】哈尼族、壮族。【引例】太阳女神生万物【珞巴族】
⑥ 【民族】朝鲜族、哈萨克族、普米族。【关联】［W0142］天公地母
⑦ 【民族】毛南族。【关联】［W0236］土地神

W 编码	母题描述			参照项	
	一级母题	二级母题	三级母题	汤普森	关联项
W1513.2			鱼生万物		【例2】①
W1513.3			蛇生万物		【佤族】
W1513.4			其他动物生万物		【例1】②
W1514		植物生万物			【例1】③
W1514.1			葫芦生万物		【民族，例2】④
W1515		无生命物或自然物生万物			
W1515.1			地生万物		【蒙古族、纳西族、彝族】
W1515.2			石生万物	A644	
W1515.3			水生万物		【民族，例1】⑤
W1515.4			海生万物		【哈尼族】
W1515.5			万物生于气		【例2】⑥
W1515.6			其他无生命物或自然物生万物		【藏族】
W1516		婚生万物			
W1516.1			日月交配生万物		【独龙族、怒族】
W1516.2			气交合生万物		【汉族】
W1516.3			阴阳相交生万物		【佤族】
W1517		卵生万物			【纳西族】
W1518		与生万物有关的其他母题			
W1518.1			万物源于影子		【纳西族】
W1518.2			万物生于无形		【汉族、藏族】
W1518.3			万物生于混沌		【民族，联1】⑦
W1518.4			道生万物		【汉族】
❋ **W1520**	**万物是变化产生的**				【联1】⑧
W1521		神或神性人物变化为万物（神或神性人物变化出万物）			【例1】⑨

① 【引例】❶祖先鱼生万物【哈尼族】；❷大金鱼生万物【哈尼族】
② 【引例】海螺是孕育人与动物的母体【藏族】
③ 【引例】天母的女阴变成的柳叶生万物【满族】
④ 【民族】佤族、彝族。【关联】。【引例】❶天神赐的金葫芦生万物【傣族】；❷生育万物的葫芦【汉族、拉祜族】
⑤ 【民族】满族、土家族。【引例】万物源于海【哈尼族】
⑥ 【引例】❶四季的消散之气成为万物【汉族】；❷雾露变的气育万物【彝族】
⑦ 【民族】汉族。【关联】〔W1057.1〕混沌（混沌卵）
⑧ 【关联】〔W9593.1.2〕英雄死后化生万物
⑨ 【引例】天神化育万物【鄂伦春族】

W 编码	母题描述			参照项	
	一级母题	二级母题	三级母题	汤普森	关联项
W1521.1			盘古的肢体化生万物		【民族】①
W1521.2			创世者的肢体化生万物	A614	【联1】②
W1521.3			创世者的眼泪化为万物	A613	
W1521.4			巨人被杀死后化生万物（巨人垂死化生万物）	A642	
W1521.5			其他神或神性人物变化为万物		【布依族、侗族、汉族、彝族】
W1522		人变化为万物			
W1522.1			怪人化生万物		【侗族】
W1523		动物变化为万物			
W1523.1			虎死后变成万物		【彝族】
W1523.2			鹿死后变成万物		【普米族】
W1523.3			牛变成万物		【藏族】
W1524		植物变化为万物			
W1524.1			树变成万物		【汉族、拉祜族】
W1524.2			柳叶变成万物		【满族】
W1524.3			仙葫芦籽变成万物		【傣族】
W1524.4			其他植物变成万物		【民族，例1】③
W1525		无生命物变化为万物			【联1】④
W1525.1			水变成万物		【珞巴族】
W1525.2			气体演变成万物	A621.1	【壮族】
W1526		与变化产生万物有关的其他母题			
W1526.1			阴阳化万物		【汉族】
W1526.2			怪胎变化为万物		【民族，联1】⑤
W1526.3			两个太阳碰撞生的肉团变化为万物		【白族】
W1527	与万物产生有关的其他母题				

① 【民族】白族、汉族、苗族、瑶族、彝族、壮族
② 【关联】［W1521.1］盘古的肢体化生万物
③ 【民族】傣族。【引例】枫树变万物【苗族】
④ 【关联】［W1994.2］雪变生物
⑤ 【民族】哈尼族、拉祜族。【关联】［W2600］人生怪胎

W 编码	母题描述			参照项	
	一级母题	二级母题	三级母题	汤普森	关联项
W1527.1		万物产生于创世者的意念		A612	【傣族】
W1527.2		万物产生的顺序			【汉族】
W1527.2.1			万物产生顺序已事先安排好		【佤族】
W1527.2.2			先有人再有万物		【裕固族】
W1527.2.3			动物与人产生的顺序		【民族，联1，例3】①
W1527.2.4			万物同时造出		【阿昌族】
W1527.2.5			多种动物同时产生		
W1527.2.6			多种植物同时产生		
W1527.2.7			多种无生命物同时产生		
W1527.3		抽象物的产生			【例2】②
W1527.4		多种物同源③			【联5】④
W1527.4.1			多种无生命物同源		
W1527.5		万物的种子			【例1】⑤

1.3.2 **万物的特征**【W1530 ~ W1534】

W 编码	母题描述			参照项	
	一级母题	二级母题	三级母题	汤普森	关联项
◎	〖**万物的性别、居所等**〗				
W1530	万物的性别				
W1530.1		以前万物没有性别			
W1530.2		万物都有公母			【壮族】
W1531	万物的居所				
W1531.1		以前万物生活在天上			

---

① 【民族】汉族。【关联】〔W2733〕人与动物同源。【引例】❶制造人与动物时最先造出牛【哈萨克族】；❷天上先降动物后降下人【珞巴族】；❸第一是鸡，第二是狗，第三是猪，第四是羊，第五是水牛，第六是马，第七是人【壮族】

② 【引例】❶"有"的产生【哈尼族】；❷"无"的产生【哈尼族】

③ "多种物同时产生"与"多种物同源"是两个不同的概念。"多种物同时产生"主要指在时间上多种物一起产生出来，不一定来源于同一个母体。而"多种物同源"则是在叙事中可以看出来源于同一个母体的情况，并包括两种情况：（1）多种物来源的母体不一定是动物性质的生命体，有时起源于同一个山洞、葫芦、瓜果等也可以看做是"同源"；（2）从制造的角度，同一个制造者造出的不同的物，也可以视为同源。

④ 【关联】❶〔W2733〕人与动物同源；❷〔W2734〕人与植物同时产生；❸〔W2735〕人与动植物同时产生；❹〔W3096.1〕多种动物同源；❺〔W3096.2〕动物与植物同源

⑤ 【引例】寰、团（神名）造陆地上的万物之种【佤族】

W 编码	母题描述			参照项	
	一级母题	二级母题	三级母题	汤普森	关联项
W1531.2		以前万物生活在半空中			【普米族】
W1532	以前的万物会说话				【布朗族、景颇族、彝族】
W1532.1		以前山川河流会说话			【汉族、彝族】
W1532.2		以前草木会说话			【民族，联1】①
W1533	以前的自然物会行走				
W1534	与万物的特征有关的其他母题				
W1534.1		万物繁殖能力的获得			【回族】
W1534.2		万物的生长			
W1534.2.1			特定的神负责万物的生长		【彝族】
W1534.2.2			地管着生长万物		【蒙古族】
W1534.3		万物的生育			
W1534.3.1			天神给万物分配生育任务		【基诺族】
W1534.4		会隐形的物体		D1655	【联1】②
W1534.5		万物有灵			【佤族】
W1534.5.1			创世主赋予万物灵魂		【哈萨克族】
W1534.6		以前万物不停地旋转			【普米族】
W1534.7		万物不死			【哈尼族】

1.3.3　与万物有关的其他母题【W1535～W1539】

W 编码	母题描述			参照项	
	一级母题	二级母题	三级母题	汤普森	关联项
◎	〖**与万物有关的其他母题**〗				
W1535	万物的名称				【联2】③

---

① 【民族】佤族。【关联】［W3662］以前植物会说话
② 【关联】［W9169］隐身术
③ 【关联】❶［W6850］名字的产生；❷［W6851］以前万物没有名字

W 编码	母题描述			参照项	
	一级母题	二级母题	三级母题	汤普森	关联项
W1535.1		万物产生后各自获得名字		A1191	
W1535.2		神或神性人物为万物命名			
W1535.2.1			始祖为万物定名字		【壮族】
W1535.2.2			天鬼为万物命名		【景颇族】
W1535.3		与万物名称有关的其他母题			
W1536	万物的种类				
W1536.1		万物有不同类型			【例1】①
W1537	万物的寿命				
W1537.1		万物寿命的制定		≈A1320	
W1537.1.1			神决定万物的寿命		【例1】②
W1537.1.2			特定动物决定万物的寿命		
W1537.2		万物寿命的改变			
W1537.2.1			万物交换寿命		【民族，联1】③
W1537.3		与万物寿命有关的其他母题			【例1】④
W1537.3.1			万物的毁灭		【例1】⑤
W1538	与万物有关的其他母题				【例1】⑥
W1538.1		万物的首领			【联1】⑦
W1538.1.1			人是万物之长		
W1538.1.2			龙、凤、龟、麟、虎是万物的首领		【普米族】
W1538.2		以前万物不分			【独龙族】
W1538.3		万物的分工			【民族，联1】⑧
W1538.3.1			玉皇给万物分工		【壮族】

① 【引例】77 个不同类型的物【哈尼族】
② 【引例】神生育万物的寿命【哈尼族】
③ 【民族】汉族。【关联】［W2958］人与动物交换寿限
④ 【引例】猕猴念咒使万物有生有死【傈僳族】
⑤ 【引例】天地第十代，万物毁灭【彝族】
⑥ 【引例】水管滋润生灵【蒙古族】
⑦ 【关联】［W5030］首领
⑧ 【民族】壮族。【关联】［W5082］社会分工

1.4　日月①

【W1540—W1699】

1.4.1　日月的产生【W1540～W1599】

W 编码	母题描述			参照项	
	一级母题	二级母题	三级母题	汤普森	关联项
✿ **W1540**	**日月的产生**				
W1540.1		以前没有日月			【民族】②
W1540.1.1			以前没有太阳		【藏族】
W1540.1.2			以前没有月亮		【民族】③
W1540.1.3			以前只有星星没有日月		【白族、苗族】
W1541	**日月出现的时间**				【联1】④
W1541.1		世界最早出现的是日月			【汉族】
W1541.2		天地混沌未分时出现日月			【朝鲜族】
W1541.3		天地分开时出现日月			【民族】⑤
W1542	**日月源于某个地方或自然存在**				
W1542.1		出现天地时自然出现日月			【汉族、纳西族、土族】
W1542.2		日月已存在，后来由神喊出			【民族，例1】⑥

---

① 日月，该类母题存在多种"日"、"月"概念的混杂情况。如有的神话叙事中可能日月同时产生，有的神话叙事强调的可能只是太阳或月亮。在母题的编目中难以完全剥离其中的重合现象。对此类问题在本编目中采取相近母题连续编排，相同母题相互观照的方式，如"日月的产生"母题类型，我们将其分为"日月同时产生"、"太阳的产生"和"月亮的产生"三个下一级母题类型。相互关联的日月产生问题主要涉及的是神话文本所强调的日月同时产生；"太阳的产生"和"月亮的产生"强调的则是"太阳"、"月亮"单独产生的神话母题。至于"太阳"、"月亮"单独产生类目下与"日月同时产生"相关母题，则采取相互观照的方式，只列举其中的一个编码。这种编排方式同样适用在"日月的特征"、"日月的数量"等一系列母题的表述排序。

② 【民族】苗族、普米族、撒拉族、彝族

③ 【民族】高山族、水族、瑶族、壮族

④ 【关联】［W1599.3］最早出现的是月亮

⑤ 【民族】纳西族、怒族、土族、裕固族

⑥ 【民族】彝族。【引例】日月已存在，后来由雷公放出【苗族】

W 编码	母题描述			参照项	
	一级母题	二级母题	三级母题	汤普森	关联项
W1542.3		日月来于另外一个世界			【壮族】
W1542.4		日月从洞中出		A713	
W1542.5		从地下挖出日月			
W1542.5.1			天王从地下挖出日月		【苗族】
W1542.6		玉帝派来日月			【壮族】
W1543	日月是造出来的（造日月）				
W1543.1		神或神性人物造日月			【例1】①
W1543.1.1			天神造日月		【民族，例1】②
W1543.1.2			女神造日月		【水族、维吾尔族】
W1543.1.3			天女造日月		【例2】③
W1543.1.4			火神造日月		【苗族】
W1543.1.5			两个神分别造日月		【景颇族、佤族】
W1543.1.6			造物主造日月		【哈萨克族】
W1543.1.7			文化英雄造日月	A717	
W1543.1.8			祖先造日月		【民族，例2】④
W1543.1.9			其他神或神性人物造日月		
W1543.2		特定的神或神性人物造日月			
W1543.2.1			盘古造日月		【汉族、畲族、壮族】
W1543.2.2			喇嘛造日月		【蒙古族】
W1543.2.3			太上老君造日月		【壮族】
W1543.2.4			其他特定的神或神性人物造日月		【民族】⑤
W1543.3		人造日月			【黎族】
W1543.3.1			工匠造日月		【彝族】
W1543.3.2			铜匠银匠造日月		【苗族】
W1543.3.3			铁匠造日月	≈ A700.5	
W1543.3.4			老人造日月		【苗族】

① 【引例】神用法棍在海里搅出日月【门巴族】
② 【民族】哈尼族、珞巴族、怒族、彝族。【引例】天神磨出日月星辰【佤族】
③ 【引例】❶玉皇大帝的女儿吹出日月【蒙古族】；❷王母娘娘的九女造日月【蒙古族】
④ 【民族】布依族、普米族、瑶族。【引例】❶男始祖造日月【壮族】；❷女始祖造日月【壮族】
⑤ 【民族】黎族、苗族、畲族、土族

W 编码	母题描述			参照项	
	一级母题	二级母题	三级母题	汤普森	关联项
W1543.3.5			三兄弟分别造日月星		【珞巴族】
W1543.3.6			其他特定的人造日月		【例1】①
W1543.4		其他人物造日月			
W1543.5		与造日月有关的其他母题			【联1，例3】②
W1543.5.1			重造日月		【布依族】
W1543.5.2			在海面上造旱日月		【蒙古族】
W1543.5.3			用金银造日月		【阿昌族、苗族】
W1543.5.4			用树枝造日月	A717.1	【畲族】
W1543.5.5			用光和热造日月		【哈萨克族】
W1543.5.6			用魔法造日月		【土族】
W1543.5.7			用磨镜造日月		【蒙古族】
W1544	日月是生育产生的（生日月）				
W1544.1		神或神性人物生日月			
W1544.1.1			神生日月		
W1544.1.2			日月神生日月		【哈尼族】
W1544.1.3			天神生日月		【彝族】
W1544.1.4			女神生日月	≈A715.2	
W1544.1.5			地母生日月		【珞巴族】
W1544.1.6			王母娘娘生日月		【例1】③
W1544.1.7			文化英雄生日月		【汉族】
W1544.1.8			始祖生日月		
W1544.1.9			巨人生日月		【彝族】
W1544.1.10			魔鬼生日月	A715.3	
W1544.1.11			其他神或神性人物生日月		【苗族】
W1544.2		人生日月			【鄂伦春族】
W1544.2.1			一个女人生日月	A715.1	
W1544.2.2			日月是一个女人的两个儿子	≈A700.3	【鄂伦春族】

① 【引例】特定的女人造日月 【苗族】
② 【关联】［W1559.2］在海底搅出太阳。【引例】❶用金银造日月 【苗族】；❷用金银造日月不成功 【苗族】；❸红镜神人安日月 【土族】
③ 【引例】日月是玉帝的儿女 【汉族】

W 编码	母题描述			参照项	
	一级母题	二级母题	三级母题	汤普森	关联项
W1544.3		动物生日月			
W1544.3.1			蜥蜴生日月	A715.6	
W1544.3.2			鱼生日月	A713.1	
W1544.3.3			怪鸟生日月		【苗族】
W1544.4		植物生日月			
W1544.4.1			桃树开花生日月		【苗族】
W1544.4.2			人种的两棵树分别结出日月		【怒族】
W1544.4.3			梭罗树开花生日月		【彝族】
W1544.5		其他物生日月			
W1544.5.1			光中生月亮，火中生太阳	A712.1	
W1544.6		婚生日月			【例1】①
W1544.6.1			日月婚生日月		【哈尼族、瑶族、壮族】
W1544.6.2			日形和月形相配生日月		【彝族】
W1544.6.3			天地婚生日月		【珞巴族】
W1544.7		感生日月			
W1544.7.1			女神感生日月	A715.2	
W1544.7.2			女子感生日月		
W1545	日月是变化产生的（变化产生日月）				
W1545.1		神或神性人物变成日月		A718.2	
W1545.1.1			两位祖先分别变成日月		【普米族】
W1545.1.2			天上的父子变成日月		【汉族】
W1545.1.3			天神的魂魄变成日月		【满族】
W1545.1.4			其他神或神性人物变成日月		【彝族】
W1545.2		神或神性人物的肢体（眼睛）变成日月			
W1545.2.1			神的眼睛变成日月		【满族、苗族、彝族】
W1545.2.2			天神的眼睛变成日月		【汉族、满族】

① 【引例】铁水和石水婚生日月【傣族】

W 编码	母题描述			参照项	
	一级母题	二级母题	三级母题	汤普森	关联项
W1545.2.3			天女的眼睛变成日月		【满族】
W1545.2.4			神牛的眼睛变成日月		【哈尼族、藏族】
W1545.2.5			怪物的眼睛变成日月		【珞巴族】
W1545.2.6			巨兽的眼睛变成日月		【怒族】
W1545.2.7			地球母亲的乳房变成日月	A715.4	
W1545.2.8			盘古的眼睛变成日月		【白族、汉族、瑶族】
W1545.2.9			盘古的头变成日月		【汉族】
W1545.2.10			与神或神性人物的肢体变成日月有关的其他母题		【民族，例2】①
W1545.3		人变成日月			【民族，联1】②
W1545.3.1			人为创造光明变成日月		
W1545.3.2			一对男女变成日月	A736.1	【佤族】
W1545.3.3			一对夫妻变成日月		【民族】③
W1545.3.4			一对兄妹变成日月		【民族】④
W1545.3.5			一对姐弟变成日月		【朝鲜族】
W1545.3.6			一对兄弟变成日月		【汉族】
W1545.3.7			一对姐妹到天上变成日月		【傣族、哈尼族、汉族】
W1545.3.8			一对叔侄变成日月	A711.1	
W1545.3.9			人因为羞耻变成日月		【普米族】
W1545.3.10			三姐妹分别变成日月星		【景颇族】
W1545.3.11			三个媳妇变成日月星		【撒拉族】
W1545.3.12			人的眼睛变成日月		
W1545.3.13			人的灵魂成为日月		【汉族】
W1545.4		动物变成日月			
W1545.4.1			龙的眼睛变成日月		【例1】⑤

① 【民族】布依族、彝族。【引例】❶盘古盘生兄弟的耳目等变成日月星辰【白族】；❷盘古的心变成太阳，胆变成月亮【苗族】
② 【民族】朝鲜族、傣族、高山族。【关联】［W9550］人变无生命物
③ 【民族】布依族、高山族（排湾）、苗族
④ 【民族】布依族、傣族、汉族、拉祜族、羌族、普米族、土家族、瑶族、彝族、壮族
⑤ 【引例】阴龙睁得大的眼是太阳，睁得小的眼是月亮【土家族】

W 编码	母题描述			参照项	
	一级母题	二级母题	三级母题	汤普森	关联项
W1545.4.2			牛的眼睛变成日月		【哈尼族、藏族】
W1545.4.3			鹿的眼睛变成日月		【普米族】
W1545.4.4			虎的眼睛变成日月		【彝族】
W1545.4.5			鸟的眼睛变成日月		【藏族】
W1545.4.6			天鹅变成日月		【撒拉族】
W1545.4.7			蜜蜂变成日月		【东乡族】
W1545.4.8			与动物变成日月有关的其他母题		【例1】①
W1545.5		植物变成日月			
W1545.5.1			葫芦变成日月		【傣族、拉祜族】
W1545.5.2			特定的果子变成日月		
W1545.5.3			桃花变成日月		【苗族】
W1545.6		卵变成日月			
W1545.6.1			蛋的特定部分变成日月星辰		【例2】②
W1545.6.2			神珠变成日月		【裕固族】
W1545.7		无生命物或自然物变日月			
W1545.7.1			气变成日月		【民族，例2】③
W1545.7.2			阴阳二气化生日月		【汉族、彝族】
W1545.7.3			石头变成日月		【例1】④
W1545.7.4			火球变成日月		【民族，例1】⑤
W1545.7.5			地的眼睛变成日月		【民族，联1】⑥
W1545.8		与变成日月有关的其他母题			
W1545.8.1			日月是天空上的镜子	A714.4	
W1545.8.2			1个太阳射成两半分出日月		【民族，联1】⑦
W1545.8.3			日月是天的眼睛	A714.1	【联2】⑧

---

① 【引例】乌龙和白熊变成日月 【毛南族】
② 【引例】❶蛋壳变成日月 【汉族】；❷蛋白变成日月 【彝族】
③ 【民族】汉族。【引例】❶天吐两团白气成为日月 【哈尼族】；❷分开天地时清气上浮变成日月 【毛南族】
④ 【引例】山里滚出的白石和红石变成日月 【拉祜族】
⑤ 【民族】裕固族。【引例】石头崩到空中变成的两个火球成为日月 【汉族】
⑥ 【民族】珞巴族。【关联】［W12443.3］地的眼睛
⑦ 【民族】佤族。【关联】［W9790］射日的结果
⑧ 【关联】❶［W1545.2.2］天神的眼睛变日月；❷［W1545.7.5］地的眼睛变成日月

W 编码	母题描述			参照项	
	一级母题	二级母题	三级母题	汤普森	关联项
W1545.8.4			日月是妇女抛到天上的两张饼		【白族】
W1545.8.5			日月是天帝的两件宝贝		【汉族】
W1545.8.6			日月是天上的火神		【汉族】
W1546	日月产生的其他方式				
W1546.1		消除云雾出现日月			【例1】①
W1547	日月产生的顺序				
W1547.1		日月同时产生			【汉族】
W1547.2		日月星同时产生			
W1547.3		先有太阳后有月亮			【汉族、珞巴族】
W1547.4		先有月亮后有太阳			【拉祜族】
W1548	与日月产生有关的其他母题				【例1】②
W1548.1		日月产生的时间			【苗族】
W1548.1.1			太阳比月亮产生早		【珞巴族】
W1548.2		日月的区分			【仡佬族】
W1548.3		日月与动植物同源			【珞巴族】
W1548.4		先有雷电后有日月			【怒族】
W1548.5		日月漂在水上			
W1548.6		洗日月			【汉族、彝族】
W1548.7		日月在火中得到滋养		A700.7	
W1548.8		日月的更新			【哈尼族】
W1548.9		动物的作用使日月产生			【例1】③
◎	〖太阳〗				
✿ **W1550**	**太阳的产生**				
W1551	太阳来源于某个地方或自然存在				
W1551.1		混沌时出现太阳			【珞巴族】
W1551.2		天空自然生出太阳			【傣族、藏族】
W1551.3		天洞里冒出太阳			【民族，联1】④

① 【引例】鸡撞开云雾后出现日月 【纳西族】
② 【引例】安拉在天幕上钉上日月星辰 【塔吉克族】
③ 【引例】巨鸭啄天洞出现了日月星光 【满族】
④ 【民族】白族。【关联】〔W1366〕天洞（天上的窟窿，天被撞破）

W 编码	母题描述			参照项	
	一级母题	二级母题	三级母题	汤普森	关联项
W1551.3.1			太阳是云洞中漏出的光		【普米族】
W1551.3.2			太阳是闪红光的圆洞		【普米族】
W1551.4		世界毁灭后自然出现一个新太阳		A719.2	
W1551.5		太阳源于其他某个地方			
W1551.5.1			从东海取回太阳		【汉族】
W1551.5.2			从某个地点放出太阳		【例1】①
W1551.5.3			用柱子顶开天后出现太阳		【彝族】
✳ **W1552**	**太阳是造出来的（造太阳）**			A719	
W1553		造太阳原因			
W1553.1			女神为惩罚对手而造太阳		【拉祜族】
W1553.2			为毁灭世界造太阳		【民族，联1】②
W1553.3			为晒干地面造太阳		【黎族】
W1554		神或神性人物造太阳			
W1554.1			天神造太阳		【民族，例2】③
W1554.2			女神造太阳		【例3】④
W1554.3			火神造太阳		【水族】
W1554.4			雷神造太阳		【例2】⑤
W1554.5			巨神造太阳		
W1554.6			仙人造太阳		【例1】⑥
W1554.7			神人造太阳		【联1，例1】⑦
W1554.8			祖先造太阳		【民族，例4】⑧
W1554.9			魔鬼造太阳		【例2】⑨

① 【引例】雷公放出 12 个太阳【苗族】

② 【民族】哈尼族。【关联】［W8600］旱灾

③ 【民族】仡佬族、哈尼族、景颇族。【引例】❶天公用雨水拌金沙造太阳【阿昌族】；❷天王造太阳【侗族】

④ 【引例】❶神女炼出太阳【满族】；❷天女制造太阳【蒙古族】；❸女神吐出太阳【维吾尔族】

⑤ 【引例】❶雷婆造太阳【侗族】；❷雷公造太阳【壮族】

⑥ 【引例】仙人搓出太阳【水族】

⑦ 【关联】［W1583.4］神人造月亮。【引例】太阳是神人在天上画的圆圈【壮族】

⑧ 【民族】布依族。【引例】❶女始祖造太阳【侗族、哈尼族】；❷女始祖阿嫫尧白（阿嫫尧白，在不同的神话中又译为阿莫杳孛、阿莫晓白、阿嫫腰白等）造太阳【基诺族】；❸神女炼出太阳【满族】；❹神女炼出太阳【满族】

⑨ 【引例】❶旱魔造太阳【纳西族】；❷恶魔要毁灭人类造多个太阳【土家族】

W 编码	母题描述			参照项	
	一级母题	二级母题	三级母题	汤普森	关联项
W1554.10			其他神或神性人物造太阳		【民族，例1】①
W1555		特定的神或神性人物造太阳			
W1555.1			盘古造太阳		
W1555.2			真主让天空出现太阳		【回族】
W1555.3			佛造太阳		【壮族】
W1555.4			其他特定的神或神性人物造太阳		【民族，例2】②
W1556		人造太阳			【例1】③
W1557		动物造太阳			
W1557.1			龙喷火形成太阳		【毛南族】
W1558		造太阳的材料			
W1558.1			用火造太阳		【水族】
W1558.2			用泥造太阳		【民族，例1】④
W1558.3			用金子造太阳		【哈尼族、拉祜族】
W1558.4			用眼睛造太阳		【联1，例3】⑤
W1558.5			用光和热造太阳		【哈萨克族】
W1558.6			用石头造太阳		【例1】⑥
W1558.7			与造太阳材料有关的其他母题		【联2，例2】⑦
W1559		与造太阳有关的其他母题			【例2】⑧
W1559.1			磨金镜成为太阳		【蒙古族】
W1559.2			在海底搅出太阳		【珞巴族】
W1559.3			用泥巴造太阳不成功		【民族，联1】⑨

① 【民族】布朗族、仡佬族、壮族。【引例】天神的弟子造太阳【满族】

② 【民族】水族。【引例】❶汉王造太阳【毛南族】；❷高辛帝造太阳【畲族】

③ 【引例】高辛帝造太阳【畲族】

④ 【民族】汉族、壮族。【引例】用黄泥造太阳【布依族】

⑤ 【关联】［W1572.2］眼睛变成太阳。【引例】❶用牛的左眼做太阳【哈尼族】；❷用牛的右眼做太阳【哈尼族】；❸虎的左眼做太阳【彝族】

⑥ 【引例】用红岩石造太阳【布依族】

⑦ 【关联】❶［W1559.3］用泥巴造太阳不成功；❷［W1559.4］用点燃的木头造太阳不成功。【引例】❶用松枝编太阳【畲族】；❷用蛟龙的眉毛和眼睫毛造太阳【壮族】

⑧ 【引例】❶火神和旱神造了假太阳【阿昌族】；❷上帝赋予太阳【哈萨克族】

⑨ 【民族】瑶族。【关联】［W1558.2］用泥造太阳

W 编码	母题描述			参照项	
	一级母题	二级母题	三级母题	汤普森	关联项
W1559. 4			用点燃的木头造太阳不成功		【瑶族】
❋ **W1560**	太阳是生育产生的（生育太阳）				
W1561		神或神性人物生太阳			
W1561. 1			天神生太阳		【汉族】
W1561. 2			太阳神生太阳		【民族，例1】①
W1561. 3			女神生太阳		【例2】②
W1561. 4			火神生太阳		【傣族、汉族】
W1561. 5			地母生太阳		【珞巴族】
W1561. 6			太阳是玉帝的孩子		【例2】③
W1561. 7			太阳是盘古的孩子		【例2】④
W1561. 8			与神或神性人物生太阳有关的其他母题		【例2】⑤
W1562		人生太阳			
W1562. 1			世上出现的第一个女人生太阳		【联2】⑥
W1562. 2			其他特定的人生太阳		【例1】⑦
W1563		动物生太阳			
W1564		植物生太阳			
W1564. 1			葫芦生太阳		【傈僳族】
W1565		无生命物生太阳			
W1565. 1			天生出太阳		【哈尼族】
W1565. 2			大地生太阳		【联1】⑧
W1566		婚生太阳			
W1566. 1			月亮神和太阳神婚后生太阳		【哈尼族、壮族】
W1566. 2			鬼姐弟婚生太阳		【景颇族】

① 【民族】哈尼族。【引例】太阳是太阳神的儿子【景颇族】
② 【引例】❶女神羲和生太阳【汉族】；❷帝俊之妻生 10 日【汉族】
③ 【引例】❶太阳是玉皇大帝的小女儿【鄂温克族】；❷太阳是玉帝的儿子【汉族】
④ 【引例】❶月亮是盘古的儿子【汉族】；❷太阳是盘古的女儿【汉族】
⑤ 【引例】❶太阳是最高神王的儿子【哈尼族】；❷太阳是神孕生的金球【瑶族】
⑥ 【关联】❶［W1680. 3］太阳的母亲；❷［W2021. 2］世上最早只有 1 个女人（第一个女人）
⑦ 【引例】太阳是马桑树人的儿子【汉族】
⑧ 【关联】［W1561. 5］地母生太阳

W 编码	母题描述			参照项	
	一级母题	二级母题	三级母题	汤普森	关联项
W1566.3			第一对夫妇生太阳	A715	
W1566.4			天地结婚生太阳		【民族，联3】①
W1566.5			日月结婚生太阳		【民族，联1】②
W1566.6			其他物婚生太阳		【例2】③
W1567	与生育太阳有关的其他母题				
W1567.1			卵生太阳		【联1，例2】④
W1567.2			鸟是太阳诞生的帮助者		【例1】⑤
✳ **W1568**	太阳是变化产生的			A718	
W1569		神或神性人物变成太阳			
W1569.1			天神变成太阳		【例3】⑥
W1569.2			神的子女变成太阳		【彝族】
W1569.3			火神变成太阳		【民族，联1，例2】⑦
W1569.4			河神变成太阳		【汉族】
W1569.5			神的肢体变成太阳	A718.2	【布朗族、彝族】
W1569.6			神性人物的肢体变成太阳		【民族，例5】⑧
W1569.7			与神或神性人物变太阳有关的其他母题		【民族，例2】⑨
W1570		人变成太阳			【拉祜族、裕固族】
W1570.1			地上的人到天上后变成太阳	A711	【布依族】
W1570.2			男子变成太阳		【民族】⑩
W1570.3			女子变成太阳		【朝鲜族、汉族、拉祜族】
W1570.4			人死后变成太阳		【布朗族、傣族】

① 【民族】珞巴族。【关联】❶［W1544.6.3］天地婚生日月；❷［W1590.2］天地结婚生月亮；❸［W7532］天地婚
② 【民族】羌族、壮族。【关联】［W7533］日月婚
③ 【引例】❶铁水和石水结婚生太阳【傣族】；❷真与实婚生太阳【纳西族】
④ 【关联】［W1545.6］卵变化成日月。【引例】❶宝蛋孵出太阳【苗族】；❷蝴蝶的卵生太阳【苗族】
⑤ 【引例】天鹅是太阳诞生的帮助者【傈僳族】
⑥ 【引例】❶天神的儿女变太阳【布依族】；❷最大的天神变太阳【佤族】；❸天神变成9个太阳【彝族】
⑦ 【民族】柯尔克孜族。【关联】［W0466］火神。【引例】❶火神王的儿子变太阳【傣族】；❷太阳是天帝的火神【畲族】
⑧ 【引例】❶盘古的头变太阳【汉族】；❷盘古的眼变太阳【汉族】；❸玉皇大帝的女儿右眼化为太阳【汉族】；❹仙女左眼化为太阳【满族】；❺盘古的心变太阳【苗族】
⑨ 【民族】藏族。【引例】❶天女中的七妹是太阳姑娘【鄂伦春族】；❷炎帝是太阳【汉族】
⑩ 【民族】布朗族、布依族、傣族、普米族、畲族

W 编码	母题描述			参照项	
	一级母题	二级母题	三级母题	汤普森	关联项
W1571		动物变成太阳			
W1571.1			乌鸦变成太阳		【汉族】
W1571.2			太阳是三足乌		【联1，例3】①
W1571.3			鸡变成太阳		【民族，联1，例1】②
W1571.4			金翅鸟变成太阳		【汉族】
W1571.5			龙变成太阳		【毛南族】
W1572		特定的肢体变成太阳			
W1572.1			头颅变成太阳	A718.1	【例2】③
W1572.2			眼睛变成太阳		【民族，联1，例12】④
W1572.3			肺变成太阳		【例1】⑤
W1572.4			其他肢体变成太阳		
W1573		植物变成太阳			【例2】⑥
W1573.1			桃花变成太阳		【苗族】
W1573.2			白天开花的梭罗树变成太阳		【彝族】
W1573.3			红果变成太阳		【怒族】
W1573.4			果核变成太阳	≈ A718.3	
W1574		无生命物变成太阳			【汉族】
W1574.1			被抛到空中的物体变成太阳	A714	
W1574.2			火变成太阳		【例4】⑦
W1574.3			石头变成太阳		【民族，例2】⑧
W1575		人造物变成太阳			【汉族、基诺族】
W1575.1			灯变成太阳		【例3】⑨
W1575.2			镜子变为成太阳		【例2】⑩
W1575.3			鼓变成太阳		【壮族】

---

① 【关联】［W1796.3］三足乌。【引例】❶太阳中有三足乌【汉族】；❷三足乌力量胜过太阳【汉族】；❸太阳是三足老鸹

② 【民族】汉族。【关联】［W9796.5.2］射落的太阳是鸡。【引例】太阳是公鸡【壮族】

③ 【引例】❶盘古的头变太阳【汉族】；❷人的头变太阳

④ 【民族】汉族、土家族。【关联】［W1595.2］眼睛变成月亮。【引例】❶盘古的左眼变太阳【白族】；❷神的眼睛挂在天空变成太阳【布朗族】；❸神性人物的左眼变太阳【布朗族、满族、苗族】；❹人的左眼变太阳【布依族】；❺人的右眼变成太阳【布依族】；❻青蛙的黑眼球变太阳【哈尼族】；❼盘瓠的左眼变太阳【苗族】；❽巨兽的没有腐烂的眼睛变太阳【怒族】；❾马鹿的一只眼变成月亮【普米族】；❿巨鸟的左眼变成太阳【彝族】；⓫鸟的右眼变太阳【藏族】；⓬猴娃的眼睛变成太阳【藏族】

⑤ 【引例】怪物的肺变成太阳【纳西族】

⑥ 【引例】❶仙葫芦籽变成太阳【傣族】；❷茶果变成太阳【德昂族】

⑦ 【引例】❶太阳是火把【哈尼族】；❷火的精气变成太阳【汉族】；❸太阳是妖魔喷出的火【毛南族】；❹火堆升起变成太阳【怒族】

⑧ 【民族】汉族。【引例】❶山中滚出的红石头成为太阳【拉祜族】；❷闪光的石头抛到天上变太阳【苗族】

⑨ 【引例】❶太阳是从东海龙王那里借的灯【布依族】；❷太阳是天灯【汉族】；❸太阳是一盏神灯【羌族】

⑩ 【引例】❶太阳是火焰镜【白族】；❷铜镜变为太阳【满族】

W 编码	母题描述			参照项	
	一级母题	二级母题	三级母题	汤普森	关联项
W1576		与变太阳有关的其他母题			【例3】①
W1576.1			蛋变太阳（卵变太阳）		【联1，例1】②
W1576.2			火球变成太阳		【汉族】
W1576.3			火盆变成太阳		【汉族】
W1576.4			用魔法变出太阳		【汉族】
W1577	与太阳产生有关的其他母题				【例1】③
W1577.1		火石碰撞形成太阳			【瑶族】
W1577.2		祈祷后产生太阳			【彝族】
W1577.3		太阳与动物是同胞			【珞巴族】
W1577.4		太阳出现的时间			【民族，联1，例2】④
W1577.4.1			太阳的生日		【例2】⑤
W1577.4.2			太阳在世界造出后产生	A719.3	
W1577.4.3			补天后出现太阳		【汉族】
W1577.4.4			洪水后出现太阳		【普米族】
W1577.5		补太阳			
W1577.5.1			用神牛补太阳		【哈尼族】
W1577.5.2			用金料补太阳		【哈尼族】
◎	〖月亮〗				
✿ **W1580**	月亮的产生			A740	
W1581	月亮源于某个地方或自然存在				
W1581.1		月亮是天上的洞			【汉族】
W1581.1.1			月亮是闪白光的圆洞		【普米族】
W1581.2		月亮是云洞中漏出的光			【联1，例1】⑥
✳ **W1582**	月亮是造出来的（造月亮）				
W1583			神或神性人物造月亮		【例3】⑦

① 【引例】❶饭团变太阳【汉族】；❷抛向东方铜弹子变太阳【彝族】；❸用魔法变出太阳
② 【关联】［W1545.6］卵变化成日月。【引例】太阳是一个巨大的热球【高山族】
③ 【引例】太阳是无穷无尽的安拉之光【塔吉克族】
④ 【民族】鄂温克族、汉族。【关联】［W9712］射日的时间。【引例】❶鸡年鸡月鸡日出现2个太阳【白族】；❷众多太阳产生的时间
⑤ 【引例】❶太阳的生日是六月初六；❷太阳的生日是十一月十九日
⑥ 【民族】普米族。【关联】［W1551.3.1］太阳是云洞中漏出的光。【引例】月亮是天上戳出的洞眼
⑦ 【引例】❶天公用雨水拌银沙造月亮【阿昌族】；❷玉皇仇恨人类放出多个太阳【土家族】；❸天皇地皇造月亮

W 编码	母题描述			参照项	
	一级母题	二级母题	三级母题	汤普森	关联项
W1583.1			天神造月亮（天王造月亮）		【民族】①
W1583.2			女神造月亮		【侗族、维吾尔族】
W1583.3			真主让夜晚出现月亮		【回族】
W1583.4			神人造月亮		【例1】②
W1583.5			祖先造月亮		【民族】③
W1583.6			其他神或神性人物造月亮		【汉族、壮族】
W1584		人造月亮			
W1585		造月亮的材料			
W1585.1			用眼睛造月亮		【联1，例2】④
W1585.2			用银子造月亮		【哈尼族、拉祜族】
W1585.3			用石头造月亮		【例4】⑤
W1585.4			用光和热造月亮		【哈萨克族】
W1585.5			磨镜造月亮		【民族，联1】⑥
W1585.6			用植物编月亮		【例1】⑦
W1585.7			与造月亮材料有关的其他母题		【阿昌族】
W1586		与造月亮有关的其他母题			
W1586.1			水中搅出月亮		【珞巴族、门巴族】
W1586.2			撞击出月亮		【汉族】
W1586.3			织出月亮		【水族】
✳ **W1587**	月亮是生育产生的（生月亮）				
W1588		神或神性人物生月亮			
W1588.1			月亮是最高神王的女儿		【哈尼族】
W1588.2			月亮是月亮神的女儿		【景颇族】

① 【民族】侗族、仡佬族、哈尼族、佤族
② 【引例】月亮是神人在天上画的圆圈【壮族】
③ 【民族】布依族、苗族、瑶族、壮族
④ 【关联】［W1595.2］眼睛变月亮。【引例】❶用牛的右眼做月亮【哈尼族】；❷用牛的左眼做月亮【哈尼族】
⑤ 【引例】❶用白岩石造月亮【布依族】；❷用玉石做月亮【哈尼族】；❸山中滚出的白石头成为月亮【拉祜族】；❶用火石造月亮【瑶族】
⑥ 【民族】蒙古族。【关联】［W1598.1］镜子变月亮
⑦ 【引例】用杨柳条编月亮【畲族】

W 编码	母题描述			参照项	
	一级母题	二级母题	三级母题	汤普森	关联项
W1588.3			月亮是神孕的银球		【瑶族】
W1588.4			神性女子生月亮		【例2】①
W1588.5			盘古生月亮		【例1】②
W1589		特定的人生月亮			【例1】③
W1589.1			第一对夫妇生出月亮	A745.1	
W1590		与生育月亮有关的其他母题			
W1590.1			葫芦生月亮		【傈僳族】
W1590.2			天地结婚生月亮		【民族，联1】④
W1590.3			星星生月亮	A745.2	【联1】⑤
W1590.4			月亮神和太阳神婚生月亮		【哈尼族】
W1590.5			鬼姐弟婚生月亮		【景颇族】
W1590.6			虚与假婚生月亮		【纳西族】
W1590.7			卵生月亮		【例1】⑥
✲ **W1591**	月亮是变化产生的			A743	
W1592		神或神性人物变成月亮			【例1】⑦
W1592.1			神的子孙变成月亮		【彝族】
W1592.2			妖魔变成月亮		【毛南族】
W1592.3			冷神变成月亮		【柯尔克孜族】
W1592.4			与神或神性人物变月亮有关的其他母题		【基诺族】
W1593		人变成月亮		①A747 ②A753	【布依族、裕固族】
W1593.1			男子变成月亮		【民族，例1】⑧
W1593.2			人死后变成月亮		【布朗族、傣族】
W1593.3			女子变成月亮		【民族，例2】⑨

① 【引例】❶帝俊之妻生月亮【汉族】；❷常羲生12个月亮【汉族】
② 【引例】月亮是盘古的儿子【汉族】
③ 【引例】月亮是梭罗树人的女儿【汉族】
④ 【民族】珞巴族。【关联】［W1566.4］天地结婚生太阳
⑤ 【关联】［W1687.2.3］星星是月亮的母亲
⑥ 【引例】蝴蝶的卵生月亮【苗族】
⑦ 【引例】冷神到天上变月亮【柯尔克孜族】
⑧ 【民族】朝鲜族、汉族、拉祜族、裕固族。【引例】月亮是漂亮的少年【高山族】
⑨ 【民族】畲族。【引例】❶老奶奶变月亮【布朗族】；❷一个受虐待的媳妇变成月亮【赫哲族】

W 编码	母题描述			参照项	
	一级母题	二级母题	三级母题	汤普森	关联项
W1593.4			好人变成月亮		【傣族】
W1593.5			恶人变月亮		【例1】①
W1594		动物变成月亮			
W1594.1			熊变成月亮		【毛南族】
W1594.2			兔子变成月亮		【汉族】
W1595		特定人物的肢体变成月亮			
W1595.1			神或神性人物的头变成月亮	A714.2	【例1】②
W1595.2			眼睛变成月亮		【联2，例16】③
W1595.3			胆变成月亮		【例1】④
W1595.4			其他肢体变成月亮		
W1595.5			耳朵变成月亮		【汉族】
W1595.6			肝变成月亮		【民族，例1】⑤
W1596		植物变成月亮			
W1596.1			花变成月亮		【例3】⑥
W1596.2			果变成月亮		
W1596.3			白果变成月亮		【怒族】
W1596.4			树变成月亮		【例1】⑦
W1596.5			葫芦变成月亮		【苗族】
W1596.6			仙葫芦籽变成月亮		【傣族】
W1596.7			其他植物变成月亮		
W1597		太阳变成月亮		A736.8	【民族，联1，例4】⑧
W1597.1			太阳被射变成月亮		【民族，例1】⑨

① 【引例】恶妇变月亮 【布朗族】
② 【引例】盘古的头变月亮 【汉族】
③ 【关联】❶ ［TPS：A714.7］神或神性人物的眼睛变月亮；❷ ［W1572.2］眼睛变太阳。【引例】❶盘古死后右眼变月亮 【白族】；❷神或神性人物的左眼变月亮 【布依族】；❸人的左眼变月亮 【布依族】；❹人的右眼变月亮 【布依族】；❺月亮是天的右眼 【鄂温克族】；❻青蛙的白眼球变月亮 【哈尼族】；❼仙女右眼化月亮 【满族】；❽神或神性人物的右眼变月亮 【苗族】；❾盘瓠的右眼变月亮 【苗族】；❿巨兽一只腐烂的眼变月亮 【怒族】；⓫马鹿的一只眼变月亮 【普米族】；⓬龙的眼睛变月亮 【土家族】；⓭巨鸟的右眼变月亮 【彝族】；⓮虎的右眼变月亮 【彝族】；⓯鸟的左眼变月亮 【藏族】；⓰猴娃的眼睛变月亮 【藏族】
④ 【引例】盘古的胆变月亮 【苗族】
⑤ 【民族】纳西族。【引例】怪物的肝变月亮 【纳西族】
⑥ 【引例】❶茶花变成月亮 【德昂族】；❷桃树的花蕊变月亮 【苗族】；❸梭罗树的花变月亮 【彝族】
⑦ 【引例】夜里开花的梭罗树变月亮 【彝族】
⑧ 【民族】珞巴族、满族、壮族。【关联】［W1545.8.2］1个太阳射成两半分出日月。【引例】❶太阳神被溅射出的火花变月亮 【布朗族】；❷太阳在水中泡后变月亮 【布依族】；❸把太阳射成两半，一半变成月亮 【高山族】；❹太阳的脸吓白后变月亮 【畲族】
⑨ 【民族】布依族、独龙族、高山族。【引例】中了毒箭的太阳变成月亮 【珞巴族】

W 编码	母题描述			参照项	
	一级母题	二级母题	三级母题	汤普森	关联项
W1597.2			射日后 1 个太阳变成月亮		【民族】①
W1597.3			一半太阳变成月亮		【高山族、佤族、壮族】
W1597.4			太阳受伤后变成月亮		【布依族、高山族、畲族】
W1597.5			太阳的眼睛瞎了之后变成月亮		【民族】②
W1597.6			太阳被阉割后变成月亮		【民族，联 1】③
W1597.7			胆子小的太阳变成月亮		【汉族】
W1597.8			太阳的碎片变成月亮		【白族】
W1597.9			小太阳变成月亮		【侗族】
W1597.10			太阳的壳变成月亮		【白族】
W1597.11			太阳的亡魂变成月亮		【独龙族】
W1597.12			太阳蒙白纱巾变成月亮		【汉族】
W1597.13			太阳扔进泥潭后变成月亮		【珞巴族】
W1597.14			与太阳变月亮有关的其他母题		
W1598		其他特定的物变成月亮		A743	【例 5】④
W1598.1			镜子变成月亮		【民族，联 1，例 2】⑤
W1598.2			灯变成月亮		【民族，例 3】⑥
W1598.3			火变月亮（火把变成月亮）		【布朗族、哈尼族、土家族】
W1598.4			火球变成月亮		【汉族、土家族】
W1598.5			石头变成月亮		【民族，例 1】⑦

① 【民族】布依族、侗族、独龙族、高山族、满族
② 【民族】独龙族、高山族（排湾、雅美）、汉族
③ 【民族】苗族。【关联】［W1695.10.1］射日者阉割太阳
④ 【引例】❶月亮是冰团【侗族】；❷一个黑疙瘩变月亮【汉族】；❸月亮是天上的一个地窖盖板【水族】；❹焚烧的圆形物变成月亮；❺饭团变成月亮
⑤ 【民族】汉族。【关联】［W1585.5］磨镜造月亮。【引例】❶月亮是嫦娥拿的镜子【白族】；❷月亮是天神的铜镜【满族】
⑥ 【民族】汉族。【引例】❶月亮是从东海龙王那里借的灯【布依族】；❷月亮是一盏神灯【羌族】；❸月亮是点燃的大灯笼【土家族、壮族】
⑦ 【民族】汉族。【引例】月亮是石盘【苗族】

W 编码	母题描述			参照项	
	一级母题	二级母题	三级母题	汤普森	关联项
W1598.6			气变成月亮		【例2】①
W1598.7			闪光的碎片变成月亮	A742	
W1598.8			贝壳变成月亮	A743.1	
W1598.9			白元宝变成月亮		【布依族】
W1598.10			抛到空中的物体变成月亮	A741	【例1】②
W1598.11			蛋（蛋壳）变成月亮		【汉族、彝族】
W1598.12			灵魂变成月亮		【例1】③
W1598.13			一个黑疙瘩变成月亮		【汉族】
W1598.14			特定的洞变成月亮		【汉族、水族】
W1598.15			与特定物变成月亮有关的其他母题		【例2】④
W1599	与月亮产生有关的其他母题				【例1】⑤
W1599.1		月亮的生日是农历八月十五			【壮族】
W1599.2		祈祷后产生月亮			【彝族】
W1599.3		最早出现的是月亮		A711.3	【哈尼族】
W1599.4		神变成月亮的心脏			【佤族】
W1599.5		补月亮			【例2】⑥
W1599.5.1			工匠神补月亮		【哈尼族】
W1599.5.2			用银料补太阳		【哈尼族】
W1599.5.3			用牛皮补银月亮		【哈尼族】

1.4.2 日月的特征【W1600～W1629】

W 编码	母题描述			参照项	
	一级母题	二级母题	三级母题	汤普森	关联项
✿ **W1600**	**日月的性别**⑦				
W1600.1		日月有男女		A736.1	

① 【引例】❶神吹的气合成月亮【汉族】；❷水汽变成月亮【汉族】
② 【引例】抛向西方铜弹子变成月亮【彝族】
③ 【引例】太阳的亡魂变成月亮【独龙族】
④ 【引例】❶天火盆炼出的渣变成月亮【汉族】；❷月亮是洞眼【汉族】
⑤ 【引例】青蛙吸干洪水后出现月亮【普米族】
⑥ 【引例】❶用神牛补月亮【哈尼族】；❷用银料补月亮【哈尼族】
⑦ 日月的性别，在不同神话叙事中有多种说法。如有的说"男太阳女月亮"，有的说"女太阳男月亮"，等等。一般神话叙事中关于日月的"性别"又往往与日月的关系联系在一起。为了清楚地表述这些不同的叙事元素，本编码把这些情况分别做了相应列举。

W 编码	母题描述			参照项	
	一级母题	二级母题	三级母题	汤普森	关联项
W1600.2		太阳男月亮女			【民族】①
W1600.3		太阳女月亮男			【民族】②
W1600.4		太阳和月亮都为女			【苗族】
W1600.4.1			日月是美女		【哈萨克族、汉族】
W1600.5		与日月性别有关的其他母题			【联1】③
W1600.5.1			日月被阉割		【民族，联2】④
✲ W1601	太阳的性别				
W1602		太阳有男有女			【民族，联1】⑤
W1603		太阳是男的			【民族，例1】⑥
W1603.1			太阳在白天是男人	A722.13	
W1603.2			特定的太阳是男的		【彝族】
W1603.3			太阳是男性的化身		【朝鲜族】
W1604		太阳是女的		A736.2	【民族】⑦
W1604.1			太阳是年轻的姑娘		【鄂温克族】
✲ W1605	月亮的性别				
W1606		月亮有男有女			
W1607		月亮是男的			【民族】⑧
W1607.1			月亮是男神		【民族，联1】⑨
W1607.2			月亮是俊小伙		【高山族、汉族】
W1608		月亮是女的			【土家族】
W1608.1			月亮是女神		【民族，联1】⑩
W1608.2			月亮是温柔恬静的女子		【哈萨克族】
◎	〖日月其他共同特征〗				
W1610		日月的外貌			
W1610.1			日月是有羽毛的球	A738.1.1	

① 【民族】达斡尔族、鄂伦春族、汉族、京族
② 【民族】傣族、鄂温克族、傈僳族、门巴族、壮族
③ 【关联】［W1672］日月是夫妻
④ 【民族】壮族。【关联】❶［W1597.6］太阳被阉割后变月亮；❷［W1695.10.1］射日者阉割太阳
⑤ 【民族】独龙族、珞巴族。【关联】［W1642.1］1男1女两个太阳
⑥ 【民族】珞巴族。【引例】太阳是强悍刚烈的男性【哈萨克族】
⑦ 【民族】布朗族、独龙族、汉族、珞巴族、纳西族、普米族、羌族、瑶族、壮族
⑧ 【民族】布朗族、傣族、汉族、珞巴族、苗族、纳西族、怒族、羌族、瑶族、壮族
⑨ 【民族】汉族。【关联】［W1611.2］日月是神（仙）
⑩ 【民族】鄂伦春族、土家族。【关联】［W0282.2］月亮女神

W 编码	母题描述			参照项	
	一级母题	二级母题	三级母题	汤普森	关联项
W1610.2			日月的躯壳		【瑶族】
W1610.3			日月为什么赤身裸体		【例1】①
W1611		日月有特定身份			【联1】②
W1611.1			日月是天的使者		【汉族】
W1611.2			日月是神（仙）		【达斡尔族、彝族】
W1612		日月有特殊能力			
W1612.1			日月能起死回生		【民族，联1】③
W1613		与日月特征有关的其他母题			
W1613.1			日月命短		【哈尼族】
W1613.2			原来的日月是脏的		【彝族】
W1613.3			日月的镜子		【汉族】
✲ **W1615**	太阳的特征			①≈A720 ②A739	
W1616		太阳的外貌			
W1616.1			太阳像人类一样	A736	
W1616.2			太阳是巨人		【回族】
W1616.3			太阳有2张脸	A733.3	
W1616.4			宝石是太阳的眼睛		【民族，联1】④
W1616.5			太阳有8条腿		【蒙古族】
W1616.6			太阳为什么是圆的		【联1，例1】⑤
W1616.7			以前太阳有棱角		【黎族】
W1616.8			太阳面貌丑陋		【汉族】
W1616.9			太阳长着翅膀	A726.2	
W1616.10			与太阳外貌有关的其他母题		【例1】⑥
W1617		太阳的颜色			【例1】⑦
W1617.1			红太阳和绿太阳		【民族，例1】⑧
W1617.2			太阳是金色的		【联1，例1】⑨

① 【引例】日月赤身裸体是因为衣服被锁起来【苗族】
② 【关联】［W1600.4.1］日月是美女
③ 【民族】哈尼族。【关联】［W9300］复活
④ 【民族】汉族。【关联】［W9650］宝物
⑤ 【关联】［W1618.1］太阳是热的球。【引例】太阳圆的因为它没有受过伤【京族】
⑥ 【引例】很大的太阳【哈萨克族】
⑦ 【引例】太阳为什么看起来很白【柯尔克孜族】
⑧ 【民族】布依族。【引例】东方有个红太阳【珞巴族】
⑨ 【关联】［TPS：≈F793.1］金的太阳。【引例】神王给太阳姑娘穿上金衣裳【哈尼族】

W 编码	母题描述			参照项	
	一级母题	二级母题	三级母题	汤普森	关联项
W1617.3			太阳是红的	A739.5	【民族，例1】①
W1617.4			太阳是黄色的		【哈尼族】
W1618		太阳有不寻常的能力		F961.1	【例1】②
W1618.1			太阳是热的球		【民族，联1】③
W1618.2			太阳过热给人类造成痛苦	①A720.2 ②A728.1	【联1】④
W1618.3			太阳具有魔力	D1291.1	
W1618.4			太阳浑身是火		【汉族】
W1618.5			太阳能变化大小		【民族，联1，例1】⑤
W1618.6			太阳变鸡		【联2，例4】⑥
W1618.7			太阳变猪		【畲族】
W1618.8			太阳变化为其他物		【例3】⑦
W1618.9			太阳不死		【哈尼族】
W1619		太阳的性格			
W1619.1			热情的太阳		【傣族】
W1619.2			勤劳的太阳		【汉族、黎族】
W1619.3			暴躁的太阳		【汉族】
W1619.4			泼辣的太阳		【汉族】
W1619.5			宽厚的太阳		【汉族】
W1619.6			善良的太阳		【怒族】
W1619.7			嫉妒的太阳		【塔吉克族】
W1620		与太阳特征有关的其他母题			【联5】⑧
W1620.1			太阳的特殊现象	F961.1	
W1620.2			太阳润万物	A738.4	
W1620.3			太阳是火神		【联1】⑨
W1620.4			太阳是天的眼睛		【鄂温克族】

① 【民族】汉族。【引例】用火烤红了太阳【布依族】
② 【关联】［W1620.5］太阳是阳类万物的主宰。【引例】天上的1个太阳管陆地，8个管海洋【藏族】
③ 【民族】高山族。【关联】［W4106］太阳的光与热
④ 【关联】［W9700］射日的原因
⑤ 【民族】瑶族。【关联】［W9575.1］变形。【引例】小太阳长大【哈尼族】
⑥ 【关联】❶［W9575.1］变形；❷［W9575.1.1］太阳变鸟。【引例】❶太阳落地变成鸡【珞巴族】；❷太阳的眼睫毛落到了大地上变成鸡【珞巴族】；❸射落的太阳变草坪【纳西族】；❹太阳变猫、狗、猪等动物【畲族】
⑦ 【引例】❶太阳变十头鸟【汉族】；❷太阳变狗【畲族】；❸太阳变猫【畲族】
⑧ 【关联】❶［W1695.16］日精；❷［W4106］太阳的光与热；❸［W4863.1］太阳是天地的主宰；❹［W4931.3］以前太阳不落（不落的太阳）；❺［W9128.1］太阳是巫师
⑨ 【关联】［W1569.3］火神变成太阳

W 编码	母题描述			参照项	
	一级母题	二级母题	三级母题	汤普森	关联项
W1620.5			太阳是阳类万物的主宰		【汉族】
W1620.6			太阳怕雷公电母		【壮族】
W1620.6			太阳有好眼力		【汉族】
✷ **W1621**	**月亮的特征**				
W1622		月亮的外貌			
W1622.1			以前的月亮不圆		【民族，联1】①
W1622.2			有棱角的月亮		【民族，例1】②
W1622.3			月亮有 9 条腿		【蒙古族】
W1622.4			美貌的月亮		【傣族、汉族】
W1622.5			丑陋的月亮		【例2】③
W1622.6			月亮全身都是眼睛		【苗族】
W1623		月亮的构造			【联1】④
W1623.1			月亮有 15 个门		【蒙古族】
W1624		月亮的颜色			【联2】⑤
W1624.1			红月亮		【民族，联1】⑥
W1624.2			金月亮		【赫哲族】
W1624.3			银月亮		【哈尼族】
W1624.4			白色的月亮		【民族，联1】⑦
W1624.5			黄色的月亮		【民族，联1】⑧
W1625	月亮有不寻常的能力				【联1】⑨
W1625.1			月亮会变化		【联1】⑩
W1625.2			月亮能死而复生		【民族，联1】⑪
W1625.3			月亮不死		【哈尼族】
W1626		月亮的性格		A750	
W1626.1			懒惰的月亮		【民族，例1】⑫

① 【民族】汉族。【关联】［W4140］月相与月相变化
② 【民族】汉族。【引例】七棱八角的月亮【黎族】
③ 【引例】❶月亮哥哥又丑又懒【汉族】；❷丑陋的女月亮【蒙古族】
④ 【关联】［W1696］月宫（广寒宫）
⑤ 【关联】❶［W4158.2］月亮生病后光亮变淡；❷［W4158.3］月亮丢了火之后颜色变淡
⑥ 【民族】独龙族。【关联】［W4162］月亮变红的原因
⑦ 【民族】布依族。【关联】［W4157］月亮为什么是苍白的
⑧ 【民族】高山族。【关联】［W4161］月亮为什么发黄
⑨ 【关联】［W4806.2］日月星辰管季节变化
⑩ 【关联】［W1950.3.3］月亮落地变成海子
⑪ 【民族】珞巴族。【关联】［W9300］复活
⑫ 【民族】黎族。【引例】月亮是懒汉【汉族】

W 编码	母题描述			参照项	
	一级母题	二级母题	三级母题	汤普森	关联项
W1626.2			害羞的月亮		【傣族】
W1626.3			暴躁的月亮		
W1626.4			温柔的月亮		【汉族、柯尔克孜族】
W1626.5			爱打扮的月亮		【汉族】
W1626.6			倔脾气的月亮		【汉族】
W1627		与月亮特征有关的其他母题			【联1】①
W1627.1			月亮是神		【例1】②
W1627.2			月亮是慈善的女神		【鄂伦春族】
W1627.3			以前月亮比太阳亮		【民族,联1,例1】③

1.4.3　日月的数量【W1630 ~ W1669】

W 编码	母题描述			参照项	
	一级母题	二级母题	三级母题	汤普森	关联项
✿ **W1630**	日月的数量④				
W1631		1 个太阳和 1 个月亮			【苗族、佤族、裕固族】
W1632		2 个太阳和 2 个月亮			【朝鲜族、土家族】
W1633		5 个太阳和 5 个月亮			【黎族】
W1634		6 个太阳和 6 个月亮			【苗族】
W1634.1			6 个太阳和 7 个月亮		【彝族】
W1635		7 个太阳和 7 个月亮			【民族,例1】⑤
W1635.1			7 个太阳和 5 个月亮		【彝族】
W1635.2			7 个太阳和 6 个月亮		【彝族】
W1635.3			7 个太阳和 9 个月亮		【彝族】

① 【关联】［W4947］月亮的运行
② 【引例】月亮是一个火体金身发红光的神【汉族】
③ 【民族】瑶族。【关联】［W4155］月亮发光的原因。【引例】用水煮月亮,使月亮失去光辉【布依族】
④ 日月的数量,此母题多表现为太阳和月亮同时出现,在母题链构成上一般与"射日月"母题关系密切,可以作为"射日月"的原因。
⑤ 【民族】黎族、仫佬族、苗族、瑶族、彝族。【引例】盘古在天上挂 7 个太阳和 7 个月亮【傈僳族】

W 编码	母题描述			参照项	
	一级母题	二级母题	三级母题	汤普森	关联项
W1636		8 个太阳和 8 个月亮			【苗族】
W1637		9 个太阳和 9 个月亮			【民族】①
W1637.1			9 个太阳 7 个月亮		【民族】②
W1637.2			9 个太阳 8 个月亮		【苗族、彝族】
W1637.3			9 个太阳 10 个月亮		【例 1】③
W1638		10 个太阳和 10 个月亮			【满族、毛南族】
W1638.1			10 个太阳和 9 个月亮		【毛南族、畲族】
W1639		其他数量的日月			【例 1】④
W1639.1			12 个太阳和 12 个月亮		【苗族、瑶族、壮族】
W1639.2			36 个太阳和 36 个月亮		【苗族】
W1639.3			98 个太阳和 98 个月亮		【苗族】
W1639.4			99 个太阳和 99 个月亮		【苗族】
W1639.5			99 个太阳和 110 个月亮		【苗族】
W1639.6			天上有很多日月		【黎族、纳西族】
W1639.7			多个日月同时出现	F961.0.4	【联 1，例 2】⑤
✵ **W1640**	太阳的数量⑥				
W1641		1 个太阳			【民族，联 1】⑦
W1642		2 个太阳			【民族】⑧
W1642.1			1 男 1 女 2 个太阳		【独龙族】
W1643		3 个太阳			【赫哲族】
W1644		4 个太阳		≈ A716.1	

① 【民族】怒族、苗族、瑶族、彝族
② 【民族】傈僳族、苗族、纳西族、怒族
③ 【引例】太阳九姊妹和月亮十弟兄【布朗族】
④ 【引例】16 个太阳和 17 个月亮【瑶族】
⑤ 【关联】［W8012.2］日月引起灾难。【引例】❶因晒洪水出现多个日月【侗族、傈僳族、土家族】；❷洪水后出现多个日月【黎族、怒族】
⑥ 太阳的数量，此母题一般与射日母题类型中的"射日原因"密切联系。为避免重复，此类母题及编目不再出现在"［W9700～W9711］射日的原因"母题中。
⑦ 【民族】汉族、佤族。【关联】［W4931.3］以前太阳不落（不落的太阳）
⑧ 【民族】白族、独龙族、高山族（排湾）、珞巴族、壮族

W 编码	母题描述			参照项	
	一级母题	二级母题	三级母题	汤普森	关联项
W1645		5 个太阳			【黎族】
W1646		6 个太阳			【哈尼族、苗族、彝族】
W1647		7 个太阳		A720.1	【民族，例2】①
W1648		8 个太阳			【民族】②
W1649		9 个太阳			【民族】③
W1649.1			太阳9姐妹		【民族，联1】④
W1649.2			2男7女，9个太阳		【珞巴族】
W1650		10 个太阳			【民族】⑤
W1650.1			太阳10兄弟		【畲族】
W1651		11 个太阳			【民族】⑥
W1652		12 个太阳		≈ A739.3	【民族，例1】⑦
W1652.1			12 个太阳的身份		【例1】⑧
W1653		其他数量的太阳			
W1653.1			13 个太阳		【布依族、汉族】
W1653.2			18 个太阳		【汉族】
W1653.3			66 个太阳		【彝族】
W1653.4			72 个太阳		【汉族】
W1653.5			99 个太阳		【苗族】
W1653.6			100 个太阳		
W1653.7			108 个太阳		
W1653.8			多日并出		【哈尼族、哈萨克族、汉族】
✳ **W1655**	**月亮的数量**				
W1656		1 个月亮			
W1657		2 个月亮			【汉族】
W1658		3 个月亮			

① 【民族】布朗族、布依族、傣族、德昂族、侗族、仡佬族、哈尼族、门巴族、苗族、蒙古族、基诺族、藏族。【引例】❶太阳7姊妹【傈僳族】；❷7个太阳使庄稼每年收7次【彝族】
② 【民族】汉族、蒙古族、纳西族、藏族
③ 【民族】布依族、鄂温克族、哈尼族、汉族、景颇族、拉祜族、珞巴族、满族、蒙古族、苗族、纳西族、羌族、瑶族、藏族、壮族
④ 【民族】珞巴族。【关联】［W1681.3］太阳的姐妹
⑤ 【民族】布依族、侗族、汉族、满族、毛南族、羌族、畲族、水族、瑶族
⑥ 【民族】汉族、回族、畲族、壮族
⑦ 【民族】布依族、鄂伦春族、侗族、毛南族、蒙古族、水族、土家族、瑶族、壮族。【引例】雷公放出 12 个太阳【苗族】
⑧ 【引例】12个太阳中，红的美姜阳，白的雷公雹，花的凶老虎，软的老蛇妖，黑的疯牯牛，圆的大象佬，黄的猛狮子，长的美龙娇，绿的鸭公精，灰的癫马骛，紫的鹈鹕娘，扁的乌龟魁【苗族】

W 编码	母题描述			参照项	
	一级母题	二级母题	三级母题	汤普森	关联项
W1659		4 个月亮			
W1660		5 个月亮			
W1661		6 个月亮			
W1662		7 个月亮		A759.5	【仡佬族、彝族】
W1663		8 个月亮			
W1664		9 个月亮			【民族，例 1】①
W1665		10 个月亮			
W1666		11 个月亮			
W1667		12 个月亮			【民族】②
W1668		其他数量的月亮			【联 1】③
W1668.1			30 个月亮		【例 1】④
W1668.2			88 个月亮		【彝族】
W1668.3			99 个月亮		【苗族】
W1668.4			110 个月亮		【苗族】
W1668.5			1000 个月亮		【汉族】

1.4.4 日月的关系【W1670 ~ W1689】

W 编码	母题描述			参照项	
	一级母题	二级母题	三级母题	汤普森	关联项
✳ **W1670**	日月的关系				
W1671		日月是母女			
W1671.1			太阳是月亮的母亲		【蒙古族】
W1671.2			月亮是太阳的女儿		【彝族】
W1672		日月是夫妻		A220.0.2	【民族，联 1】⑤
W1672.1			太阳丈夫和月亮妻子		【高山族、汉族、壮族】
W1672.2			太阳妻子和月亮丈夫		【民族】⑥
W1672.3			日月是兄妹结成的夫妻	A736.1.4.2	【联 1】⑦

① 【民族】汉族。【引例】月亮 9 弟兄【傈僳族】
② 【民族】布依族、汉族、苗族、瑶族、彝族、壮族
③ 【关联】［W4951.2］多个月亮并出
④ 【引例】月宫中有 30 个月亮【京族】
⑤ 【民族】鄂伦春族、鄂温克族、高山族（阿美）、蒙古族、怒族、瑶族、彝族、壮族。【关联】［W7533］日月婚
⑥ 【民族】布朗族、傣族、鄂温克族、珞巴族、怒族、瑶族
⑦ 【关联】［W1673］日月是兄妹

W 编码	母题描述			参照项	
	一级母题	二级母题	三级母题	汤普森	关联项
W1672.4			太阳和月亮是恋人（情人）	A736.1.3	【哈萨克族、裕固族】
W1673		日月是兄妹			【民族，联1】①
W1673.1			太阳妹妹和月亮哥哥	A736.1.1	【民族】②
W1673.2			太阳哥哥和月亮妹妹	A736.1.2	【民族】③
W1673.3			太阳和月亮是同胞兄妹		【鄂伦春族、汉族】
W1674		日月是姐弟			【珞巴族】
W1674.1			太阳姐姐和月亮弟弟		【朝鲜族】
W1674.2			太阳弟弟和月亮姐姐		
W1675		日月是兄弟		A736.3	【布朗族】
W1675.1			日月是孪生兄弟	A736.3.1	
W1675.2			太阳哥哥和月亮弟弟	A745.3	【布朗族、汉族】
W1675.3			太阳弟弟和月亮哥哥		
W1676		日月是姐妹			【汉族、柯尔克孜族、黎族】
W1676.1			日月是孪生姐妹		
W1676.2			月亮姐姐和太阳妹妹		【汉族、蒙古族】
W1676.3			太阳姐姐和月亮妹妹		【民族】④
W1677		与日月关系有关的其他母题			
W1677.1			太阳众姐妹和月亮众兄弟		【汉族】
W1677.2			太阳众兄弟和月亮众姐妹		【汉族】
W1677.3			日月是姑嫂		【例2】⑤
W1677.4			日月是朋友		【高山族】

---

① 【民族】傣族、鄂伦春族、苗族。【关联】［W1672.3］日月是兄妹结成的夫妻
② 【民族】布依族、汉族、苗族、羌族、土家族、彝族
③ 【民族】傣族、鄂伦春族、汉族、京族、苗族、壮族
④ 【民族】柯尔克孜族、黎族、壮族
⑤ 【引例】❶太阳是月亮的小姑子【汉族】；❷月亮是太阳的嫂子【满族】

W 编码	母题描述			参照项	
	一级母题	二级母题	三级母题	汤普森	关联项
W1677.5			日月与动物是兄弟		【例3】①
W1677.6			月亮是太阳的长工		【苗族】
W1677.7			日月结仇		【哈萨克族】
W1677.8			日月是孪生的仙女		【壮族】
W1677.9			日月的客人		【例1】②
✿ **W1678**	**太阳的关系**				
❋ **W1679**	**太阳的亲属**				
W1679.1		太阳是玉帝的侄子			【汉族】
W1680	**太阳的父母**				
W1680.1		太阳的父母是神			【联1】③
W1680.1.1			太阳是玉皇大帝和王母娘娘的儿子		
W1680.2		太阳的父亲		A221	【联1】④
W1680.2.1			太阳是天神的孩子		【汉族】
W1680.2.2			太阳是太阳神的儿子		【民族，联1】⑤
W1680.2.3			太阳是创世者的儿子		
W1680.2.4			太阳是玉皇大帝的儿子		【汉族】
W1680.2.5			太阳是玉皇大帝的女儿		【鄂温克族】
W1680.2.6			太阳是公鸡的儿子		【汉族】
W1680.3		太阳的母亲			【联1】⑥
W1680.3.1			天是太阳的母亲		【汉族】
W1680.3.2			大地是太阳的母亲		
W1680.3.3			地母是太阳的母亲		【珞巴族】
W1680.3.4			其他特定人物是太阳的母亲		【例1】⑦
W1680.4		太阳的父母有特定名称			【汉族、珞巴族】

① 【引例】❶太阳、月亮和天狗是三兄弟【布朗族】；❷太阳、月亮与青蛙是三兄弟【布朗族、傣族】；❸太阳、月亮与公鸡是三兄弟
② 【引例】大地到太阳和月亮那里做客【黎族】
③ 【关联】［W1566.1］月亮神和太阳神婚后生太阳
④ 【关联】［W0275.1.2］太阳神的父亲
⑤ 【民族】景颇族。【关联】［W1560］太阳是生育产生的（生育太阳）
⑥ 【关联】［W0752.1］羲和是太阳的母亲
⑦ 【引例】西河娘娘是太阳的母亲【汉族】

W 编码	母题描述			参照项	
	一级母题	二级母题	三级母题	汤普森	关联项
W1681	太阳的兄弟姐妹				
W1681.1		太阳的兄弟			【民族，例6】①
W1681.2		天上的众多太阳是兄弟姐妹			【汉族】
W1681.3		太阳的姐妹			【布朗族】
W1681.4		太阳兄妹			【例1】②
W1682	太阳的儿女			A736.5	【联1】③
W1682.1		太阳的儿子		A225	【联1】④
W1682.2		太阳的女儿			【蒙古族】
W1683	太阳的其他亲属			≈A226	【联1，例1】⑤
W1683.1		太阳的妻子			
W1683.2		鸡与太阳是亲戚			【苗族】
W1683.3		太阳与月亮是一家			【珞巴族】
W1684	与太阳的关系有关的其他母题				
W1684.1		太阳朋友			
W1684.1.1			太阳和月亮是朋友	A736.6	
W1684.1.2			公鸡是太阳的朋友		【民族，联1】⑥
W1684.1.3			太阳与巨人是朋友		【布依族】
W1684.2		太阳从属			
W1684.2.1			为太阳服务的动物	A732	
W1684.2.2			太阳的马	A732.2	【联1】⑦
W1684.3		太阳的仇敌			
W1684.3.1			太阳与蚯蚓是仇敌		【汉族】
W1684.4		太阳的疗伤者			【例1】⑧
✿ **W1685**	**月亮的关系**				
❋ **W1686**	**月亮的亲属**			A745	
W1687	月亮的父母				
W1687.1		月亮的父亲			

① 【民族】瑶族。【引例】❶太阳7兄弟【布朗族】；❷太阳两兄弟中弟弟性恶【珞巴族】；❸太阳与鸡是兄弟【畲族】；❹公鸡是太阳的弟弟；❺太阳、月亮和公鸡是三弟兄；❻天上的众多太阳是兄弟

② 【引例】太阳和达劳（丹巴江）是哥妹俩【珞巴族】

③ 【关联】［W0275.3］太阳神的子女

④ 【关联】［W2217.1］人是太阳的儿子

⑤ 【关联】［W0275.4］与太阳神的关系有关的其他母题。【引例】太阳是公鸡的家舅【苗族】

⑥ 【民族】哈尼族、景颇族。【关联】［W3350.3.2］鸡与太阳是亲戚

⑦ 【关联】［W4933.2］太阳运行的负载者

⑧ 【引例】玄鸟为太阳献药疗伤【彝族】

W 编码	母题描述			参照项	
	一级母题	二级母题	三级母题	汤普森	关联项
W1687.1.1			天神是月亮的父亲		
W1687.1.2			创世者是月亮的父亲		
W1687.1.3			人类始祖是月亮的父亲		
W1687.1.4			天是月亮的父亲		
W1687.2		月亮的母亲			
W1687.2.1			人类始祖是月亮的母亲		
W1687.2.2			大地是月亮的母亲		
W1687.2.3			星星是月亮的母亲	A745.2	【联1】①
W1688	月亮的兄弟姐妹				【民族，联1】②
W1688.1		月亮众兄弟			
W1688.2		月亮是公鸡的姐姐			【民族，联1】③
W1689	与月亮的关系有关的其他母题				
W1689.1		月亮的朋友			
W1689.2		月亮的仇敌			
W1689.2.1			月亮与火星是一对冤家		【鄂温克族】
W1689.3		太阳的疗伤者			
W1689.3.1			兔子给月亮疗伤		【彝族】

1.4.5　与日月有关的其他母题【W1690~W1699】

W 编码	母题描述			参照项	
	一级母题	二级母题	三级母题	汤普森	关联项
◎	〖与日月有关的其他母题〗				
W1690	日月的矛盾				
W1690.1		日月争吵是因为太阳要吃掉它们的孩子		A736.1.4.1	
W1690.2		太阳被月亮诅咒		A736.9	

---

① 【关联】［W1590.3］星星生月亮
② 【民族】布朗族。【关联】［W1675.2］太阳哥哥和月亮弟弟
③ 【民族】苗族。【关联】［W1680.2.6］太阳是公鸡的儿子

W 编码	母题描述			参照项	
	一级母题	二级母题	三级母题	汤普森	关联项
W1691	日月相互转化			A736.8	【民族，联 1】①
W1691.1		月亮在晚上代替太阳		A756	
W1691.2		日月交换名称			【傈僳族】
W1692	与日月有关的其他母题				【联 4】②
W1692.1		日月的喂养			【布朗族】
W1692.2		日月的消失			【联 3】③
W1692.2.1			龙偷日月（龙吞日月）		【汉族】
W1692.2.2			恶神偷日月		【纳西族】
W1692.3		日月被遮蔽		A737	【联 1】④
W1692.4		日月失而复得			【纳西族】
◎	《与太阳有关的其他母题》				
W1693	太阳宫				
W1693.1		太阳宫用金银建造			【景颇族】
W1693.2		太阳宫宽敞高大			【景颇族】
W1693.3		太阳宫之旅		F17	
W1693.4		太阳门			
W1693.4.1			太阳门天堂的门		【民族，联 1】⑤
W1693.5		太阳宫的位置			【汉族】
W1693.6		与太阳宫有关的其他母题			
W1694	一个特殊的太阳				【例 2】⑥
W1694.1		毒太阳			【壮族】
W1694.2		假太阳			
W1694.2.1			神造假太阳		【例 1】⑦
W1694.2.2			怪鸟的金蛋变成假太阳		【例 1】⑧

① 【民族】汉族。【关联】［W1597］太阳变月亮
② 【关联】❶［W097.4］日月是神宫；❷［W1124.6］日月是造天地时的破坏者；❸［W7533］日月婚；❹［W7533.1］月亮哥哥与太阳妹妹成婚
③ 【关联】❶［W4232.1］天狗吃月亮形成月食；❷［W4313.1］天狗吞食太阳形成日食；❸［W9790］射日月的结果
④ 【关联】［W4210］日食月食
⑤ 【民族】景颇族。【关联】［W1071］上界（天堂）
⑥ 【引例】❶天女中的七妹是太阳姑娘【鄂伦春族】；❷第七个太阳是一个骑马的小伙【彝族】
⑦ 【引例】火神和旱神造了假太阳【阿昌族】
⑧ 【引例】乌鸦的金蛋孵假太阳【苗族】

W 编码	母题描述			参照项	
	一级母题	二级母题	三级母题	汤普森	关联项
W1694.2.3			妖魔放出假太阳		【土家族】
W1694.3		野太阳			【例1】①
W1695	与太阳有关的其他母题				【联5】②
W1695.1		太阳的名字			【例1】③
W1695.1.1			盘古给挂在天上的灯取名为太阳		【布依族】
W1695.1.2			因为夫妻中丈夫管太阳，所以叫太阳公		【畲族】
W1695.1.3			用动物命名不同的太阳		【苗族】
W1695.1.4			与太阳名字有关的其他母题		【例2】④
W1695.2		太阳鸟			【汉族】
W1695.3		太阳树			【苗族】
W1695.3.1			太阳树是生死通道		【赫哲族】
W1695.4		太阳的食物			
W1695.4.1			神用金汁喂太阳		【布朗族】
W1695.5		太阳的座位			
W1695.5.1			太阳的椅子在天的最高处		【彝族】
W1695.6		太阳洗澡			【例2】⑤
W1695.7		太阳掉入陷阱		A728	
W1695.8		太阳被关			【民族，联1】⑥
W1695.9		太阳的躲藏			【民族，联1】⑦
W1695.10		太阳遭到惩罚			【汉族】
W1695.10.1			射日者阉割太阳		【民族，联1】⑧
W1695.11		太阳的死亡			【联1】⑨
W1695.11.1			太阳死后变鸟		【汉族】

① 【引例】雾露和云团生野太阳【景颇族】
② 【关联】❶［W4118］太阳里的人；❷［W4119］太阳里的物；❸［W6424］太阳崇拜；❹［W7533］日月婚；
　　❺［W9245.1］太阳是智慧的象征
③ 【引例】两个太阳分别叫姜阳和鹈鹕【苗族】
④ 【引例】❶太阳叫孙开【汉族】；❷老头把踢到天上的圆球叫"日头"【汉族】
⑤ 【引例】❶母亲为太阳洗澡【汉族】；❷太阳浴于咸池【汉族】
⑥ 【民族】京族。【关联】［W9876］捉太阳
⑦ 【民族】土家族。【关联】［W9790］射日月的结果
⑧ 【民族】壮族。【关联】［W9715］射日者
⑨ 【关联】［W9790］射日月的结果

W 编码	母题描述			参照项	
	一级母题	二级母题	三级母题	汤普森	关联项
W1695.11.2			太阳被妖魔毁灭		【联1】①
W1695.11.3			太阳被特定的人打死		【赫哲族】
W1695.12		太阳的消失			【联6】②
W1695.12.1			神吞掉太阳		【傣族】
W1695.12.2			天塌地陷时太阳消失		
W1695.12.3			太阳藏洞中		【汉族】
W1695.12.4			太阳被浇灭		【哈萨克族】
W1695.13		太阳的复出			【民族，联1】③
W1695.14		太阳偷人间的宝物			【傈僳族】
W1695.15		太阳国			【景颇族】
W1695.16		日精			
W1695.16.1			食日精永不饥饿		【汉族】
◎	〖与月亮有关的其他母题〗				
W1696	月宫（广寒宫）				【联1】④
W1696.1		月宫是画出来的			【汉族】
W1696.2		月宫的居住者			【联1】⑤
W1696.2.1			嫦娥住月宫		【民族，联1】⑥
W1696.2.2			玉兔住月宫		【汉族】
W1696.3		月宫的看守者			
W1696.3.1			女巫和妖魔看守月宫		【柯尔克孜族】
W1696.4		月宫之旅			
W1697	月亮的消失				【联1，引，2】⑦
W1697.1		月亮被藏（保存）起来			【联1】⑧
W1697.1.1			月亮白天藏在地下	A753.3.3	
W1697.1.2			月亮被藏（保存）在柜子中	A754	

① 【关联】［W8672.2.1］世界末日时太阳被妖魔毁灭
② 【关联】❶［W1692.2］日月的消失；❷［W9790］射日月的结果；❸［W9809］太阳被偷；❹［W9810］太阳被藏；❺［W9820］太阳被遮蔽；❻［W9876］捉太阳
③ 【民族】畲族。【关联】［W9840］请出太阳
④ 【关联】［W4199.2］月亮中的宫殿
⑤ 【关联】［W4180］月亮上的人（神）
⑥ 【民族】汉族。【关联】［W0671.1］嫦娥奔月
⑦ 【关联】［W4247］月全食。【引例】❶风雨云雾之王吞掉月亮【傣族】；❷龙吞月亮
⑧ 【关联】［W9832］找太阳（找月亮）

W 编码	母题描述			参照项	
	一级母题	二级母题	三级母题	汤普森	关联项
W1697.1.3			月亮被（神、魔鬼等）藏（埋）在洞穴中	A754.1	
W1697.2		月亮被遮蔽			
W1697.2.1			月亮被遮蔽是因为怪物吞月亮	A737.1	
W1697.3		偷月亮			
W1697.3.1			月亮被怪物偷走		
W1697.3.2			从怪物那里把月亮偷回来	A758	
W1697.4		动物吞吃月亮			【联2，例1】①
W1697.5		与月亮的消失有关的其他母题			【哈尼族】
W1698	与月亮有关的其他母题				【联4】②
W1698.1		月亮名字的来历			
W1698.1.1			月亮是因为一个叫月亮的女子挂上去的，所以叫月亮		【壮族】
W1698.1.2			盘古给挂在天上的灯取名为月亮		【民族，联1】③
W1698.1.3			因为夫妻中妻子管太阳，所以叫月亮婆		【畲族】
W1698.1.4			与月亮名字有关的其他母题		【例1】④
W1698.2		月亮是阴类万物的主宰			【汉族】
W1698.3		月亮有小刀，会割掉不敬者的耳朵			【民族，联1】⑤
W1698.4		月亮的青丝帕			【汉族】
W1698.5		月华			【民族，联1】⑥
W1698.6		假月亮			【苗族】

---

① 【关联】❶［W4231］月食的原因；❷［W4232.1］天狗吃月亮形成月食。【引例】蜈蚣吃月亮【水族】
② 【关联】❶［W4165］月亮中的影子；❷［W6425］月亮崇拜；❸［W7533.1］月亮哥哥与太阳妹妹结婚；❶［W7578.2］月亮作媒人
③ 【民族】布依族。【关联】［W0720］盘古
④ 【引例】月亮叫唐末【汉族】
⑤ 【民族】汉族、土家族。【关联】［W6539.3］月亮禁忌
⑥ 【民族】汉族。【关联】［W0284.2］月精

W 编码	母题描述			参照项	
	一级母题	二级母题	三级母题	汤普森	关联项
W1698.6.1			怪鸟的蛋变成假月亮		【苗族】
W1698.7		野月亮			【民族，联1】①
W1698.8		月亮的食物			【联1】②
W1698.8.1			神用银汁喂月亮		【布朗族】
W1698.9		月亮的护卫者			
W1698.9.1			天狗是月亮姑娘的护卫者		【蒙古族】

---

① 【民族】景颇族。【关联】［W1694.3］野太阳
② 【关联】［W1692.1］日月的喂养

1.5　星辰

【W1700～W1779】

1.5.1　星星的产生【W1700～W1729】

W 编码	母题描述			参照项	
	一级母题	二级母题	三级母题	汤普森	关联项
✿ **W1700**	**星星的产生**			A760	
W1700.1		以前没有星星			【阿昌族、汉族】
W1701	星星来源于某个地方				
W1701.1		星星来源于天宫			
W1701.2		星星来源于天河			
W1702	星星自然产生				【布依族、汉族、土族】
✷ **W1703**	**星星是造出来的（造星星）**				
W1704		神或神性人物造星星			【民族，例2】①
W1704.1			天神造星星		【佤族】
W1704.2			女神造星星		【维吾尔族】
W1704.3			创世者造星星	A760.1	
W1704.4			祖先造星星		【布依族、苗族、壮族】
W1704.5			其他神或神性人物造星星		【例1】②
W1705		特定的神或神性人物造星星			
W1705.1			盘古造星星		【朝鲜族、汉族】
W1705.2			真主让天空出现星星		【回族】
W1705.3			牛郎神造星星		【壮族】

---

① 【民族】仡佬族、拉祜族。【引例】❶神磨出星星【佤族】；❷神撒出星星【彝族】

② 【引例】天公播出星星【阿昌族】

W 编码	母题描述			参照项	
	一级母题	二级母题	三级母题	汤普森	关联项
W1705.4			其他特定的神或神性人物造星星		【例1】①
W1706		人造星星			【土家族】
W1707		造星的材料			【民族，联1】②
W1707.1			用土和石造星星		【壮族】
W1707.2			用月亮造星星	J2271.2.2	
W1707.3			用牛牙做星星		【哈尼族】
W1707.4			用银造星星		【哈尼族】
W1707.5			炼石造星星		【例1】③
W1707.6			其他特定的材料造星星		【例1】④
W1708		与造星星有关的其他母题			【联1】⑤
W1708.1			星星是撒出来的		【民族，例1】⑥
W1708.2			星星是磨出来的		【例1】⑦
✴ **W1709**	**星星是生育产生的（生星星)⑧**				
W1710		神或神性人物生星星			
W1710.1			天神生星星		
W1710.2			巨人生星星		【彝族】
W1711		太阳生星星		A764.3	【例1】⑨
W1712		月亮生星星		A746.1	【壮族】
W1713		婚生星星			
W1713.1			天地婚生星星		【珞巴族】
W1713.2			日月婚生星星		【民族，联1，例1】⑩
W1713.3			人婚生星星		【苗族】
W1714		卵生星星			【藏族】

① 【引例】神巨人造星星 【布朗族】
② 【民族】畲族。【关联】［W1757］星星是某种特殊的东西
③ 【引例】炼孔雀石造星星 【壮族】
④ 【引例】神巨人用犀牛的眼做星星 【布朗族】
⑤ 【关联】［W1759］星星是天上戳出的洞眼
⑥ 【民族】阿昌族、苗族、土家族、彝族。【引例】月亮撒的种籽变成星星 【景颇族】
⑦ 【引例】天神磨出星星 【佤族】
⑧ 星星是生育产生的（生星星)，这类母题的表述中包含着"星星的家庭"、"星星的亲属"之类的母题，表达的是同一类意义。为避免过多重复，"星星的家庭"、"星星的亲属"之类的母题不再单列。具体情况参见《中国神话母题 W1 编目实例》。
⑨ 【引例】太阳被阉后它的孩子长不成小太阳，长成星星 【壮族】
⑩ 【民族】汉族。【关联】［W1776.3.2］星星是日月的子女。【引例】日月生不成熟的孩子变成星星 【壮族】

W 编码	母题描述			参照项	
	一级母题	二级母题	三级母题	汤普森	关联项
W1715		与生育星星有关的其他母题			
�֍ **W1716**	星星是变化产生的（变星星）				
W1717		抛入空中的物变成星星		A763	【联1】①
W1717.1			抛到天上的玉珠变成星星		【汉族】
W1718		神或神性人物变成星星			【例4】②
W1718.1			女娲变成星星		【民族，联1】③
W1718.2			仙女变成星星		【汉族、彝族】
W1718.3			七仙女变成七星		【黎族】
W1718.4			恶神变成星星		
W1718.5			其他神或神性人物变成星星		【布依族、苗族、壮族】
W1719		人变成星星			【蒙古族】
W1719.1			人升天变成星星	≈ A761	【独龙族、汉族】
W1719.2			留在天上的人变成星星		【满族】
W1719.3			兄弟到天上变成星星		【民族，联1，例2】④
W1719.4			姐妹变成"姐妹星"		【高山族】
W1719.5			人死后变成星星		【傣族】
W1719.6			其他特定的人化为星星		【民族，例6】⑤
W1720		动物变成星星			【哈萨克族】
W1720.1			动物升天变成星星	≈ A761	
W1720.2			鸡变成星星		【傈僳族】
W1720.3			羊变成星星		【民族，联1】⑥

① 【关联】［W1725］其他物变成星星

② 【引例】❶神的眼睛变成星星【汉族】；❷盘古的汗毛孔变成星星【汉族】；❸神的手印变成星星【基诺族】；❹盘古的眼变成星星【苗族】

③ 【民族】汉族。【关联】［W0710］女娲

④ 【民族】黎族。【关联】［W1731］北斗星（北斗七星）。【引例】❶三兄弟飞到天上化为三颗星星【朝鲜族】；❷七颗亮星是七兄弟在天上盖楼房【藏族】

⑤ 【民族】傣族、壮族。【引例】❶一对夫妻变成星星【布朗族】；❷三个人变成三颗星星【独龙族】；❸盗贼变成星星【哈萨克族】；❹高辛王的两个儿子变成参商二星【汉族】；❺妒妇被惩罚变为星星【汉族】；❻老人升天变成星星【汉族】

⑥ 【民族】柯尔克孜族。【关联】［W1768.4］星星是天上的羊群

W 编码	母题描述			参照项	
	一级母题	二级母题	三级母题	汤普森	关联项
W1720.4			龙的鳞甲变成星星		【畲族】
W1720.5			动物的眼睛变成星星		【布朗族】
W1720.6			其他特定的动物变化成星星		【赫哲族】
W1721		植物变成星星			
W1721.1			花变成星星		【民族，例1】①
W1721.2			芝麻变成星星		【汉族、壮族】
W1721.3			仙葫芦籽变成星星		【傣族】
W1721.4			茶花变成星星		【德昂族】
W1721.5			荞子花撒向天空变成星星		【彝族】
W1721.6			特定的种子变成星星		【景颇族】
W1722		日月变成星星			
W1722.1			日月划分成星星		【朝鲜族】
W1722.2			日月之气变成星星		【汉族】
W1722.3			太阳（月亮）的碎片变成星星	A764	【民族，例1】②
W1722.4			射碎太阳变成星星		【水族、藏族】
W1722.5			太阳（月亮）的血点变成星星	≈ A764.2	【高山族】
W1722.6			太阳抖落的碎物变成星星		【哈萨克族】
W1722.7			月亮的碎片变成星星		【黎族】
W1723	火星变成星星				【民族，例3】③
W1724		牙齿变成星星			
W1724.1			神的牙齿变成星星		【汉族、彝族】
W1724.2			神性人物的牙齿变成星星		【民族，例2】④
W1724.3			动物的牙齿变成星星		【民族，例3】⑤
W1724.4			其他特定的牙齿变成星星		【例1】⑥
W1725	其他物变成星星				

① 【民族】傣族。【引例】梭罗树开花形成繁星【彝族】
② 【民族】汉族、瑶族。【引例】太阳神被溅射出的火花变成星星【布朗族】
③ 【民族】白族、汉族、佤族。【引例】❶神用赶山鞭抽出的火花变成星星【阿昌族】；❷马踏水溅起的火星成为星星【蒙古族】；❸火球的碎片变星星
④ 【民族】布依族、汉族。【引例】❶盘古死后牙齿变成星星【白族】；❷祖先的牙齿变成星星【苗族】；❸神的牙齿变星星
⑤ 【民族】哈尼族、瑶族。【引例】❶龙牙变成星星【苗族】；❷马鹿的牙齿变成星星【普米族】；❸虎牙变成星星【彝族】
⑥ 【引例】钉天的牙齿变成星星【布依族】

W 编码	母题描述			参照项	
	一级母题	二级母题	三级母题	汤普森	关联项
W1725.1			金银碎片变成星星		【拉祜族】
W1725.2			银子变成星星		【汉族】
W1725.3			宝珠变成星星		【民族】①
W1725.4			铜镜变成星星		【满族】
W1725.5			沙子变成星星		【民族，例1】②
W1725.6			石头变成星星		【民族，联1，例4】③
W1725.7			山川之精变成星星		【汉族】
W1725.8			云的碎末变成星星		【例1】④
W1725.9			水溅到天空变成星星		【例1】⑤
W1725.10			冰变成星星		【傈僳族】
W1725.11			眼泪变成星星		【布朗族、汉族】
W1725.12			汗珠变成星星		【民族，例1】⑥
W1725.13			露珠变成星星		【瑶族】
W1725.14			血变成星星		【民族，例3】⑦
W1725.15			唾沫变成星星		【例1】⑧
W1725.16			饭粒飞到天上变成星星		【拉祜族】
W1725.17			毛发变成星星（毛发孔变星星）		【例2】⑨
W1725.18			针眼变成星星		【汉族】
W1725.19			烟尘变成星星		【瑶族】
W1725.20			到天上的诸物变成星星		【民族，例1】⑩
W1726		与变星星有关的其他母题			【例1】⑪
W1727	与星星的产生有关的其他母题				

① 【民族】布依族、汉族、满族、畲族、藏族
② 【民族】藏族。【引例】铜沙撒到天上变星星【彝族】
③ 【民族】汉族。【关联】［W1762.2］星星是补天的石头。【引例】❶碎亮晶石撒上天变成星星【布依族】；❷月亮上的石头变星星【回族】；❸补天的宝石变星星【畲族】；❹星星是天帝在天上撒的小石子【佤族】
④ 【引例】老鼠啃出的云沫变成星星【普米族】
⑤ 【引例】回生水溅到天上产生星星【纳西族】
⑥ 【民族】畲族。【引例】天神的汗珠变成星星【拉祜族】
⑦ 【民族】哈尼族。【引例】❶太阳溅的血变成星星【高山族】；❷地母流产流出的血水变成星星【珞巴族】；❸神流出的血变成星星【彝族】
⑧ 【引例】天神的唾沫变成星星【维吾尔族】
⑨ 【引例】❶盘古的汗毛孔变成星星【汉族】；❷盘古死后须发变成星辰【汉族】
⑩ 【民族】哈萨克族、赫哲族、苗族。【引例】猎人的马与猎犬以及弓箭都变成星星【柯尔克孜族】
⑪ 【引例】盘古砸破鸡蛋壳杂在蛋清里的变成星星【汉族】

W 编码	母题描述			参照项	
	一级母题	二级母题	三级母题	汤普森	关联项
W1727.1		神把星星安置在天上		A763.2	【民族，联 1】①
W1727.2		人的意愿产生星星			【彝族】
W1727.3		火球相撞产生星星			【满族】

1.5.2 特定星星的产生【W1730～W1754】

W 编码	母题描述			参照项	
	一级母题	二级母题	三级母题	汤普森	关联项
✿ W1730	特定星星的产生			A770	【联 1】②
✳ W1731	北斗星（北斗七星）				
W1732		北斗星是造出来的（造北斗星）			
W1732.1			神造北斗星		【例 3】③
W1733		北斗星是生育产生的			
W1733.1			特定的星星生北斗星		
W1733.2			斗姆生北斗星		【汉族】
W1733.3			人感生北斗七星		【例 1】④
W1734		北斗星是变化产生的			【例 3】⑤
W1734.1			神化为北斗星		【柯尔克孜族】
W1734.2			7 个英雄变成北斗星		【蒙古族】
W1734.3			女英雄变成北斗星		【汉族】
W1734.4			卵生的 7 子变成北斗星		【朝鲜族】
W1734.5			7 个盗贼上天后变成北斗星		【汉族、柯尔克孜族】
W1734.6			7 个兄弟变成北斗星		【民族】⑥

---

① 【民族】汉族。【关联】［W4202］星星为什么散布在空中
② 【关联】［W1700］星星的产生
③ 【引例】❶神用牛的牙齿做北斗星【哈尼族】；❷海水里搅出北斗七星【珞巴族】；❸北斗七星是夜神安排的夜眼【畲族】
④ 【引例】女子洗澡时感生北斗七星【汉族】
⑤ 【引例】❶仓库升天变北斗星【鄂伦春族】；❷被追的女婿变成北斗七星【赫哲族】；❸北斗星是天上的木犁【黎族】
⑥ 【民族】汉族、黎族、蒙古族、藏族

W 编码	母题描述			参照项	
	一级母题	二级母题	三级母题	汤普森	关联项
W1734.7			7 个男孩变成北斗星		【藏族】
W1734.8			北斗星是七姐妹		【鄂伦春族、黎族、壮族】
W1734.9			其他特定的人变成北斗星		【民族，例 2】①
W1734.10			灵魂变成北斗星		【例 2】②
W1734.11			金刚石变成北斗星		【汉族】
W1734.12			牛的牙齿变成北斗星		【哈尼族】
W1734.13			仓库变成北斗星		【鄂伦春族】
W1734.14			其他特定物变成北斗星		
W1735		与北斗星有关的其他母题			【例 2】③
W1735.1			北斗星主生		【汉族】
W1735.2			北斗星主死		
W1735.3			北斗星有四角		【鄂伦春族】
W1735.4			北斗星是仓库神		【鄂伦春族】
W1735.5			北斗星是长寿星		【鄂伦春族】
W1735.6			北斗星是吉祥星		【达斡尔族】
W1735.7			北斗星是太阳的哥哥		【满族】
W1736	北极星			A744	
W1736.1		北极星是变化产生的			
W1736.1.1			人变成北极星		【汉族】
W1736.1.2			拴马桩变成北极星		【哈萨克族、蒙古族】
W1736.1.3			仙女变成北极星		【哈萨克族】
W1736.2		与北极星有关的其他母题			
W1737	南极星				
W1737.1		南极老头变成南极星			【汉族】
W1738	南斗星				
W1738.1		南斗星主生			

① 【民族】高山族。【引例】❶笨拙的女婿变成北斗七星【赫哲族】；❷天上的牧马人变成北斗星【柯尔克孜族】
② 【引例】❶祖先的灵魂变北斗星【哈尼族】；❷7 个兄弟的灵魂变北斗星【汉族】
③ 【引例】❶原来天上七星变成六星【黎族】；❷七星是玉皇的 7 个女儿【壮族】

W 编码	母题描述			参照项	
	一级母题	二级母题	三级母题	汤普森	关联项
W1738.2		南斗星主死			【汉族】
W1739	魁星				
W1739.1		魁星主文章			【汉族】
✳ **W1740**	**启明星**			A781.1	
W1741		神或神性人物变成启明星			【例2】①
W1741.1			天上的仙女变成启明星		【景颇族】
W1741.2			英雄变成启明星		【壮族】
W1741.3			盘古的心变成启明星		【白族】
W1742		人变成启明星			【联1】②
W1742.1			老人变成启明星		【藏族】
W1742.2			盗贼变成启明星		【哈萨克族】
W1742.3			特定的女子变成启明星		【民族，例1】③
W1742.4			叫启明的人变成启明星		【汉族】
W1742.5			其他特定人物变成启明星		【民族，例1】④
W1743		珠宝变成启明星			
W1743.1			宝石变成北斗星		【汉族】
W1743.2			启明星是抛到天上的明珠		【畲族】
W1744		与启明星有关的其他母题			
W1744.1			用牛偏牙做启明星		【哈尼族】
W1744.2			启明星为什么黎明时出现		【哈萨克族】
W1745	金星			A781	
W1745.1		人变成太白金星			
W1745.1.1			人心变成太白金星		【例1】⑤
W1745.2		仙女变成金星			【哈萨克族】

① 【引例】❶盘古死后心变启明星【白族】；❷英雄的心变成启明星【壮族】
② 【关联】［W1719］人变成星星
③ 【民族】哈萨克族。【引例】母女升天后母亲成为启明星【珞巴族】
④ 【民族】汉族。【引例】英雄的心变成启明星【壮族】
⑤ 【引例】头人的心飞到天上化为太白金星【白族】

W 编码	母题描述			参照项	
	一级母题	二级母题	三级母题	汤普森	关联项
W1746	彗星			A786	
W1746.1		彗星是天缝漏下的星星			【汉族】
W1746.2		彗星为什么有长尾巴			【汉族】
W1746.2.1			牛的尾巴做扫星星的扫把星		【哈尼族】
W1746.3		彗星作为死亡征兆			【汉族】
W1746.4		彗星搬弄是非			【汉族】
W1747	猎户星				
W1747.1		猎户星的产生		A772	
W1748	流星			A788	
W1748.1		补天的石头化为流星			【汉族】
W1748.2		流星是月亮落下的碎片		A788.1	
W1748.3		流星是风神抛出的火石			【满族】
W1748.4		流星是星星射出的子弹			【高山族】
W1748.5		流星是星星的粪便		A788.4	
W1748.6		与流星有关的其他母题			【例1】①
W1748.6.1			流星可以使女人怀孕	A788.3	【联1】②
W1749	昴星				
W1749.1		昴星的产生		A773	【哈萨克族】
W1750	木星				
W1750.1		木星的产生		A782	
W1751	行星				
W1751.1		行星的产生		A780	
W1752	其他一些特定星星			A779	【例4】③
W1752.1		毕星的产生		A775	
W1752.2		大熊星座的产生		A771	
W1752.2.1			特定人物变成大熊星座		【哈萨克族】
W1752.3		天琴星的产生		A776	

① 【引例】人身上的火变成了流星【维吾尔族】
② 【关联】［W2273］感星孕生人
③ 【引例】❶三胎星的产生【朝鲜族】；❷吉星【汉族】；❸犁底星的产生【拉祜族】；❹鸡窝星的产生【拉祜族】

W 编码	母题描述			参照项	
	一级母题	二级母题	三级母题	汤普森	关联项
W1752.4		天蝎星的产生		A777	
W1752.5		七姊妹星的产生			【藏族】
W1752.6		五大行星的产生			【例1】①

1.5.3　星星的特征【W1755～W1769】

W 编码	母题描述			参照项	
	一级母题	二级母题	三级母题	汤普森	关联项
W1755	星星的性别				
W1755.1		星星有男女			【藏族、壮族】
W1755.2		星星是女孩			【藏族】
W1756	星星数量多的原因				【壮族】
❉ **W1757**	**星星是某种特殊的东西**②				
W1758		星星是天上的人或动物的眼睛		A761.5	【例1】③
W1758.1			星星是天上的姑娘		【独龙族】
W1759		星星是天上戳出的洞眼			【汉族】
W1759.1			星星是筛子眼里看到的天		【苗族】
W1759.2			星星是天上的小圆孔	-	【汉族、水族】
W1760		星星是天眼			【哈尼族】
W1761		星星是钉子			【苗族】
W1761.1			星星是补天的钉子		【汉族、畲族、土家族】
W1761.2			星星是钉子的发光		【布依族、土家族】
W1762		星星是石头			
W1762.1			星星是天上的石头		【佤族】
W1762.2			星星是补天的石头		【汉族】
W1762.3			星星是天上的宝石		【汉族】
W1763		星星是天上的珍珠			【布依族、哈尼族、汉族】

① 【引例】金、木、水、火、土五大行星是五兄弟【汉族】
② 星星是某种特殊的东西，这类母题有时与"星星是变化产生的"母题中的一些特定物质变化为星星的情形有所杂糅，但仍可以看出细微区别。具体情况可对照《中国神话母题 W1 编目实例》。
③ 【引例】神巨人用犀牛的眼做星星【布朗族】

W 编码	母题描述			参照项	
	一级母题	二级母题	三级母题	汤普森	关联项
W1764		星星是牙齿			【瑶族】
W1764.1			星星是龙牙		
W1765		星星是火星			【联1】①
W1765.1			星星是两个太阳（火球）在天上撞碰出的火星		【白族、满族】
W1765.2			星星是射太阳是溅出的火星		【布朗族、佤族】
W1765.3			星星是太阳（月亮）抽烟冒出的火星		【汉族】
W1766		星星是月亮的外壳碎片			【傈僳族】
W1767		星星是天上的灵魂			【鄂温克族】
W1768		星星是其他特定的物			
W1768.1			星星是小天神		【门巴族】
W1768.2			星星是梭罗树开的花		【彝族】
W1768.3			星星是撒到天上的果子		【苗族】
W1768.4			星星是天上的羊群		【蒙古族】
W1768.5			星星是日月的牛羊		【裕固族】
W1768.6			星星是烟灰		【瑶族】
W1768.7			星星是金钗玉坠		【汉族】
W1768.8			星星是手印		【基诺族】
W1769	与星星的特征有关的其他母题				
W1769.1		星星原来住在地上			【壮族】
W1769.2		星星是天上人间的守卫者			【赫哲族、壮族】
W1769.3		星星有一定的数量			
W1769.3.1			天上分布着二十八星宿		【民族，例1】②
W1769.4		星星具有魔力		D1291.2	
W1769.5		星星眨眼睛			

① 【关联】［W1723］火星变成星星
② 【民族】汉族。【引例】二十八星宿有东方七宿、西方七宿、南方七宿、北方七宿【毛南族】

W 编码	母题描述			参照项	
	一级母题	二级母题	三级母题	汤普森	关联项
W1769.5.1			星星眨眼睛的原因		【汉族、壮族】
W1769.6		会说话的星星		F961.2.5	
W1769.7		会变化的星星			【例2】①
W1769.8		星星的颜色			
W1769.8.1			以前的星星是黄色的		【哈尼族】

1.5.4　与星星有关的其他母题【W1770～W1779】

W 编码	母题描述			参照项	
	一级母题	二级母题	三级母题	汤普森	关联项
◎	〖与星星有关的其他母题〗				
W1770	星座				
W1770.1		玉帝的斧子变成星座			【汉族】
W1770.2		星座名称来历			【汉族、基诺族】
W1770.2.1			北斗七星星座的来历		【联1，例1】②
W1770.3		与星座有关的其他母题			【例1】③
W1771	天上的星星对应地上的人			A787	【汉族、藏族】
W1772	星星是迁徙的带路者				【民族，联1】④
W1773	星星的消失				【例1】⑤
W1773.1		星星被父亲太阳吃掉			【壮族】
W1773.2		妖魔吞食星星（怪物吞食星星）			【傣族】
W1773.3		星星被带入地下			【满族】
W1774	摘星星				【民族，联1，例1】⑥
W1774.1		以前人可以摘星星			【壮族】

① 【引例】❶星星变狗【仡佬族】；❷星星变人【仡佬族】
② 【关联】［W1731］北斗星（北斗七星）。【引例】北斗七星在民间也叫"斧子星"【汉族】
③ 【引例】东方七宿组成龙形、西方七宿组成虎形、南方七宿组成鸟形、北方七宿组成龟形【毛南族】
④ 【民族】纳西族。【关联】［W5775］民族迁徙的指引者
⑤ 【引例】风雨云雾之王吞掉星星【傣族】
⑥ 【民族】珞巴族。【关联】［W1317］天地原来离得很近。【引例】偷星星【壮族】

W 编码	母题描述			参照项	
	一级母题	二级母题	三级母题	汤普森	关联项
W1774.2		猫头鹰摘星星			【珞巴族】
W1775	星星代表灵魂				【民族，联2】①
W1776	与星星有关的其他母题				【联3，例1】②
W1776.1		星星是人的灵魂			【联1】③
W1776.2		星星的坠落			【联1】④
W1776.2.1			星星被风吹落到地上		【壮族】
W1776.3		星星的亲属			【壮族】
W1776.3.1			太阳、月亮和星星是一家人		【例1】⑤
W1776.3.2			星星是日月的子女		
W1776.3.3			星星有2个女儿1个儿子		【珞巴族】
W1776.4		星星的朋友			
W1776.4.1			南极星和北极星是好朋友		【汉族】
W1776.4.2			星星是大地的伙伴		【哈萨克族】
W1776.5		星宿下凡			【民族，联1】⑥
W1776.6		天上七星变成六星			【黎族】
W1776.7		捉星星			【独龙族】

---

① 【民族】鄂温克族。【关联】❶［W0870］灵魂（鬼）；❷［W1776.1］星星是人的灵魂
② 【关联】❶［W6426］星星崇拜；❷［W7504］人与星星婚；❸［W7537.2］星星与鸟婚。【引例】星团【哈萨克族】
③ 【关联】［W0870］灵魂（鬼）
④ 【关联】［W1746］彗星
⑤ 【引例】太阳是父亲，月亮是母亲，星星是孩子【壮族】
⑥ 【民族】仡佬族。【关联】［W0106］神下凡

1.6 天上其他诸物

【W1780～W1799】

1.6.1 天河（银河）【W1780～W1789】

W 编码	母题描述			参照项	
	一级母题	二级母题	三级母题	汤普森	关联项
✿ W1780	天河（银河）				
✳ W1781	天河（银河）的产生			A778	
W1782		神造银河			【例2】①
W1782.1			天王造天河		【侗族】
W1782.2			牛神开天河		【壮族】
W1783		特定的物变成银河			
W1783.1			头巾变成银河		【苗族、瑶族】
W1783.2			头帕变成银河		【布依族】
W1784		银河是特定的痕迹			【例2】②
W1784.1			天河（银河）是神缝补天时形成的痕迹	A778.4	【例1】③
W1784.2			天神踩出一条银河		【阿昌族】
W1784.3			祖先把蓝天踩成银河		【布依族】
W1784.4			天河（银河）是妇女洒出的乳汁	A788.5	【例1】④
W1784.5			王母娘娘用簪划出天河		【汉族】
W1784.6			天河（银河）是日月运行的足迹	A778.9	
W1784.7			天河是雪橇的痕迹		【鄂温克族】

---

① 【引例】❶神挖出两条银河【哈尼族】；❷神用龙牛的盆肠做银河【哈尼族】
② 【引例】❶银河是猎手捕捉神鹿滑过的路【鄂温克族】；❷银河是神鹿拉雪橇走出的印迹【鄂温克族】
③ 【引例】龙皮缝天缝成为天河【汉族】
④ 【引例】女人的奶水形成银河【维吾尔族】

W 编码	母题描述			参照项	
	一级母题	二级母题	三级母题	汤普森	关联项
W1784.8			银河是炉水流过的痕迹		【汉族】
W1785		天河（银河）是天上的一条路		A778.2	
W1785.1			天河（银河）是天上的灵魂的路	A778.2.1	
W1786		天河（银河）是天上的一条河		A778.3	【例1】①
W1787		天河（银河）是鹊桥		A778.7	
W1788		天河（银河）是天上的烟雾		A778.8	
W1789	与银河有关的其他母题				
W1789.1		天河水发源于太阳和月亮换位置的地方			【蒙古族】
W1789.2		用牛肠做银河			【哈尼族】
W1789.3		第六层天是银河			【布依族】

1.6.2 天宫与天堂【W1790～W1794】

W 编码	母题描述			参照项	
	一级母题	二级母题	三级母题	汤普森	关联项
✳ **W1790**	天宫②				【联1】③
W1791		天宫的特征			
W1791.1			天宫金碧辉煌		【高山族】
W1791.2			天宫是第一层天		【满族】
W1791.3			天有9宫		【汉族】
W1791.4			天宫在天的上方		【门巴族】
W1791.5			天宫像云悬浮在天空中		【门巴族】
W1792		与天宫有关的其他母题			【例3】④
W1792.1			天上的花园		【汉族】
W1792.2			天上的蟠桃园		【汉族】
W1792.3			天宫有12层门		【彝族】

① 【引例】天河（银河）的水是银【藏族】
② 天宫，也可指"天上的宫殿"。有时与神的住处"天堂"可以通用。
③ 【关联】［W1071］上界（天堂）
④ 【引例】❶17层天的天宫【布朗族】；❷天阿是众神进出天宫的门户【汉族】；❸九霄十分广阔【塔吉克族】

W 编码	母题描述			参照项	
	一级母题	二级母题	三级母题	汤普森	关联项
W1793	天堂				【联1】①
W1793.1		天堂的产生			
W1793.1.1			真主造天堂		【回族】
W1793.2		天堂的建筑			【例2】②
W1793.3		天堂很美好			【撒拉族、维吾尔族】
W1793.4		天堂的守护者			
W1793.4.1			特定的神守护天堂		
W1793.4.2			特定的动物守护天堂		【例1】③
W1793.5		升入天堂的方法			
W1793.5.1			通过宗教仪礼可以进天堂		【哈萨克族】
W1794	天上的其他建筑物				
W1794.1		瑶池			【民族，联1】④
W1794.2		天牢			【例1】⑤
W1794.3		天上的库房			
W1794.3.1			天上的粮仓		
W1794.3.2			天上粮仓的管理者		【民族，例1】⑥
W1794.4		天上的村寨			
W1794.4.1			天上有十寨九河		【布依族】
W1794.5		灵霄宝殿			【汉族】

1.6.3 天上其他诸物【W1795 ~ W1799】

W 编码	母题描述			参照项	
	一级母题	二级母题	三级母题	汤普森	关联项
◎	〖天上其他诸物〗				
W1795	天门⑦			A661.0.1	【汉族、苗族、土家族】
W1795.1		天有4个门			【彝族】
W1795.1.1			神造四道天门		【哈尼族】

① 【关联】［W095］神的居所
② 【引例】❶天堂有镶玉的巨柱【纳西族】；❷天堂到处是金砖银瓦的房子【撒拉族】
③ 【引例】公驼、鹰等动物守护天堂【哈萨克族】
④ 【民族】汉族。【关联】［W0758.3］西王母居住瑶池
⑤ 【引例】魔鬼锁在天牢中
⑥ 【民族】汉族。【引例】蜘蛛看守天上的库房【傣族】
⑦ 天门，在神话中的天门往往不是确指。有时说的是天门，有时可能指"天上宫殿的门"、"天堂的门"、"天神住处的门"等。在此统一表述为"天门"，具体情况参见《中国神话母题W1编目实例》。

W 编码	母题描述			参照项	
	一级母题	二级母题	三级母题	汤普森	关联项
W1795.2		天门是天神进出的路口			【哈尼族】
W1795.3		天门的守护者			【例2】①
W1795.3.1			天门由神守护		
W1795.3.2			天门由神兽守护		
W1795.3.3			天门由蛇守护		
W1796	天上的动物②				
W1796.1		天狗			
W1796.1.1			人变天狗		【汉族】
W1796.1.2			天狗咬太阳		【联1】③
W1796.1.3			天狗咬月亮		【联1】④
W1796.2		天狼			【汉族】
W1796.3		三足乌			【联1】⑤
W1797	天上的植物				【联3】⑥
W1797.1		天上的树		A652.3	
W1797.1.1			天上的蟠桃树		【联1】⑦
W1797.1.2			月亮上的树		【民族,联1】⑧
W1798	天上的其他诸物				
W1798.1		天幕			
W1798.1.1			杀死的犀牛皮变成天幕		【布朗族】
W1798.2		天锁			【彝族】
W1798.3		天衣			
W1798.3.1			用云粉做天的衣裳		【布朗族】
W1798.4		天泉			【联1】⑨
W1798.4.1			天泉在天的尽头		【藏族】
W1798.5		天上的村寨			【布依族】
W1798.6		天上的河流			【布依族】

---

① 【引例】❶吴刚守护天门【汉族】;❷南天门守护者
② 天上的动物,一般可以视为动物神。相关内容可参见《中国神话母题 W3 编目实例》。
③ 【关联】［W4213.1］天狗吞食太阳形成日食
④ 【关联】［W4199.5］天狗吃月亮的来历
⑤ 【关联】［W1571.2］太阳是三足乌
⑥ 【关联】❶［W1482］通天树(特定的天梯通天树);❷［W3607］植物天降;❸［W4197］月亮上的树
⑦ 【关联】［W1792.2］天上的蟠桃园
⑧ 【民族】苗族。【关联】［W4165］月亮中的影子
⑨ 【关联】［W1972.1］奇特的泉

1.7 山石

【W1800～W1869】

1.7.1 山的产生 【W1800～W1824】

W 编码	母题描述			参照项	
	一级母题	二级母题	三级母题	汤普森	关联项
✿ **W1800**	山的产生			A960	
W1801	山来源于某个地方				
W1801.1		山从天降			【例1】①
W1801.2		山源于水			【藏族】
W1801.3		山从远处飞来			
W1802	山自然产生				
W1802.1		山是支撑大地的脊背高的部分			
W1802.2		洪水落后出现山			【哈尼族、藏族】
W1802.2.1			海水干后形成山		【鄂温克族、佤族】
W1802.3		开天辟地后出现山			【汉族】
W1802.4		地上最早出现山			【汉族】
❋ **W1803**	山是造出来的				
W1804		神造山		A962	【例1】②
W1804.1			天神造山		【例3】③
W1804.2			地神造山		【民族，例1】④
W1804.3			造地者造山		【哈尼族、景颇族】
W1804.4			上帝造山		【哈萨克族】
W1804.5			大力神造山		【黎族】

---

① 【引例】神从天上撒下山
② 【引例】神捏出山 【佤族】
③ 【引例】❶天神犁出山 【傣族、哈尼族】；❷天神用手指在地上划出山 【拉祜族】；❸天神撒沙石多的地方变成山 【羌族】
④ 【民族】佤族。【引例】地王造山岭 【侗族】

W 编码	母题描述			参照项	
	一级母题	二级母题	三级母题	汤普森	关联项
W1804.6			造物主造山		【柯尔克孜族】
W1804.7			英雄造山	≈ A962.7	【联1，例1】①
W1804.8			祖先造山		【民族，联1，例1】②
W1804.9			仙女造山		【水族】
W1804.10			巨人造山		【汉族】
W1804.11			魔鬼造山	A969.9	
W1804.12			其他神或神性人物造山		【例4】③
W1805		特定的神或神性人物造山			
W1805.1			盘古造山		【汉族、瑶族、壮族】
W1805.2			女娲造山		【民族，联1】④
W1805.3			真主造山		【塔吉克族】
W1805.4			喇嘛造山		【蒙古族】
W1805.5			其他特定的神或神性人物造山		【民族】⑤
W1806		人造山			
W1806.1			女子造山		【壮族】
W1806.2			其他特定的人造山		
W1807		动物造山			
W1807.1			鸟造山		【联1，例1】⑥
W1807.2			独角兽造山		【满族】
W1807.3			乌龟造山		【汉族】
W1807.4			蛇造山		【佤族】
W1807.5			与动物造山有关的其他母题		【例1】⑦
W1808		其他人物造山			
W1809		造山的方法			
W1809.1			推压大地形成山		【哈尼族、佤族】

① 【关联】［TPS：A962.7］英雄用剑劈出山。【引例】劈坏地面形成山【佤族】
② 【民族】壮族。【关联】［TPS：A964］祖先的战争形成山。【引例】祖先犁出高山【布依族】
③ 【引例】❶乌佑（鬼、神灵）堆出山【珞巴族】；❷三个神灵把泥土堆成山【珞巴族】；❸独角神兽造山【满族】；❹男神女神共同造山河【苗族】
④ 【民族】汉族。【关联】［W0710］女娲
⑤ 【民族】景颇族、蒙古族、土家族、壮族
⑥ 【关联】［TPS：A961.1］鸟拍打出山。【引例】鸟用嘴掘地造山【塔吉克族】
⑦ 【引例】洪水后，大虾用杂草树叶垒出山【珞巴族】

W 编码	母题描述			参照项	
	一级母题	二级母题	三级母题	汤普森	关联项
W1809.2			缩地时的褶皱形成山		【民族，联1，例2】①
W1809.3			缩地时凸起的地方形成山		【民族，例1】②
W1809.4			积土成山		【民族，例3】③
W1809.5			堆石造山		【侗族、满族】
W1809.6			赶石成山		【汉族】
W1809.7			潜水取泥造山		【例1】④
W1809.8			击打形成山		【民族，联1，例3】⑤
W1809.9			劈砍形成山		【联1，例1】⑥
W1809.10			犁出山		【民族，例1】⑦
W1809.11			山是刻出来的		【例1】⑧
W1809.12			山是画出来的		【汉族】
W1809.13			山是挑来的		【汉族、黎族】
W1809.14			山是踩出来的		【例1】⑨
W1809.15			山是抛撒出来的		【民族，例1】⑩
W1809.16			其他造山方法		
W1810		与造山有关的其他母题			【例1】⑪
W1810.1			用牛骨头做高山		【哈尼族】
W1810.2			山是水冲刷出来的		【汉族、蒙古族】
W1810.3			拉天缝地形成山脉		【瑶族】
W1810.4			争斗时形成山		【例2】⑫
W1810.5			铺地不平形成山		【畲族】
✳ **W1811**	山是生育产生的				
W1812			神或神性人物生山		

① 【民族】白族、傣族、仡佬族、汉族、傈僳族、壮族。【关联】［W1238］地脉（地维、地筋）。【引例】❶抓地形成山脉【景颇族】；❷没拉平的地脉形成山【怒族】

② 【民族】傣族、仡佬族。【引例】神用斧子撞击大地时凸起的地方形成山；

③ 【民族】汉族、傈僳族、佤族、瑶族。【引例】❶水中积土成山【景颇族】；❷独角神兽堆石为山【满族】；❸动物堆出山

④ 【引例】鱼潜水取泥造山

⑤ 【民族】羌族。【关联】［TPS：A962.7］英雄用剑劈出山。【引例】❶神击打出山【景颇族】；❷神在地上顿斧头形成山【土家族】；❸用锤敲击大地形成山【彝族】

⑥ 【关联】［TPS：A962.7］英雄用剑劈出山。【引例】劈坏地面形成山【佤族】

⑦ 【民族】布依族。【引例】天神犁出山【傣族、哈尼族】

⑧ 【引例】神刻出山【汉族】

⑨ 【引例】神在地上行走时踩出了山【彝族】

⑩ 【民族】汉族、黎族。【引例】天神向地上撒金子、石头、泥巴，撒得多的地方变成山【羌族】

⑪ 【引例】最初的世界没有造山【塔吉克族】

⑫ 【引例】❶青牛斗火神时形成山【柯尔克孜族】；❷天神斩魔鬼形成山【满族】

W 编码	母题描述			参照项	
	一级母题	二级母题	三级母题	汤普森	关联项
W1812.1			山是神的儿女	A962.9	
W1812.2			巨人生山川		【彝族】
W1812.3			神的种子种出山		【羌族】
W1813		卵生山			
W1813.1			精灵的卵生山		【例1】①
W1813.2			鸟卵生山		【汉族】
W1814		与生育产生山有关的其他母题			
W1814.1			山是大地的孩子	A969.6	【例1】②
W1814.2			地的裂缝中生出山	A969.8	
✣ **W1815**	山是变化产生的				
W1816		神或神性人物变成山			
W1816.1			巨人变成山	A969.1	
W1816.2			盘古变成山		【汉族】
W1816.3			仙女变成山		【满族、水族】
W1816.4			龙女变成山		【彝族】
W1816.5			神或神性人物的尸体变成山		【民族，例2】③
W1816.6			神物变成山		【藏族】
W1817		人变成山（峰）			【联1，例1】④
W1817.1			世界上最早的人死后的肉变成山		【珞巴族】
W1817.2			一对夫妻变成山		【仡佬族】
W1817.3			特定的人死后变成山		
W1818		动物或动物肢体变成山		A961	【例1】⑤
W1818.1			牛变成山		【布依族】
W1818.2			鱼背露出水面变成山	A961.2	【高山族（曹人）】
W1818.3			蛇变成山	A961.4	【汉族】
W1818.4			鸟变成山		【彝族、藏族】

① 【引例】精灵感水珠生的蛋中生出山 【珞巴族】
② 【引例】地因为打赌失败长出山 【珞巴族】
③ 【民族】汉族、满族、怒族。【引例】❶神灵死后肉变成山 【珞巴族】；❷祖先化身为山岗 【佤族】
④ 【关联】［W9530］人的变形。【引例】水族小伙子变成山 【水族】
⑤ 【引例】骆驼变成山 【蒙古族】

W 编码	母题描述			参照项	
	一级母题	二级母题	三级母题	汤普森	关联项
W1818.5			其他动物化为山		【民族，联1】①
W1819		特定的肢体变成山			
W1819.1			神或神性人物的肢体变成山	A962.1	【例2】②
W1819.2			骨骼变成山		【联2，例1】③
W1819.3			头颅变成山		【联1，例1】④
W1819.4			鼻子变成山		【例1】⑤
W1819.5			毛发变成山		【例2】⑥
W1819.6			四肢变成山		【白族、汉族】
W1819.7			手变成山		【联1，例2】⑦
W1819.8			拳头变成山		【汉族、苗族】
W1819.9			乳房变成山		【阿昌族、彝族】
W1819.10			心变成山		【普米族】
W1819.11			胆变成山		【例1】⑧
W1819.12			皮变成山		【例1】⑨
W1819.13			筋络变成山		【民族，例1】⑩
W1819.14			生殖器变成山		【例1】⑪
W1819.15			其他特定肢体变成山		【例2】⑫
W1820		植物变成山			
W1820.1			树枝变成山峰		【珞巴族】
W1821		自然物或无生命物变成山			
W1821.1			天柱变成山		【民族，联1】⑬
W1821.2			地变成山		【珞巴族】

① 【民族】普米族、藏族。【关联】［W1852.5.1］蜈蚣精化为九华山
② 【引例】❶地母的两个乳房变成山【阿昌族】；❷祖先死后奶头变大山【彝族】
③ 【关联】❶［TPS：A961.5］巨人杀死后的骨骼变化为山；❷［W1859.2］骨头变成石头。【引例】天女的骨头变成山【汉族】
④ 【关联】［TPS：A962.8］神的头颅变化为山。【引例】盘古的头变为四岳【汉族】
⑤ 【引例】盘古死后鼻子变成笔架山【白族】
⑥ 【引例】❶头发变成山【汉族】；❷毛发和胡子变成山【汉族】
⑦ 【关联】［TPS：A962.2］神或神性人物的手变成山。【引例】❶盘古死后手变成鸡足山【白族】；❷盘古的手臂化为山【汉族】
⑧ 【引例】鹿胆变成山【普米族】
⑨ 【引例】鹿皮变成山【普米族】
⑩ 【民族】藏族。【引例】鸟的筋络变为山【彝族】
⑪ 【引例】女始祖的阴部变一座巨山【壮族】
⑫ 【引例】❶角变成山【汉族】；❷脚趾手指变山梁【彝族】
⑬ 【民族】彝族。【关联】［W1332.5］用山做天柱

W 编码	母题描述			参照项	
	一级母题	二级母题	三级母题	汤普森	关联项
W1821.3			金银变成山		【彝族】
W1821.4			石头变成山（山脉）	A963	【汉族】
W1821.5			泥土变成山	①A963.3 ②A963.9	【联1，例2】①
W1821.6			天上的落物变成山		【民族，例2】②
W1821.7			水凝固变成山	A969.5	
W1821.8			气变成山		【汉族】
W1821.9			排泄物变成山		【例2】③
W1821.10			其他无生命物变成山		【例4】④
W1822		与变山有关的其他母题			
W1822.1			蛋壳变成山		【藏族】
W1822.2			特定的混合物变成山		【汉族】
W1823	与山的产生有关的其他母题			A969	【例1】⑤
W1823.1		大火导致山的产生		A969.3	
W1823.2		天神给下凡的女儿山的种子			【羌族】
W1823.3		地面隆起形成山			【哈尼族】
W1823.4		土的增长形成山			【例1，联1】⑥
W1823.5		山产生的时间			【汉族】
W1823.6		土山的产生			
W1823.6.1			积土形成土山		【白族】

1.7.2 山的特征【W1825～W1834】

W 编码	母题描述			参照项	
	一级母题	二级母题	三级母题	汤普森	关联项
◎	〖山的特征〗				
W1825	山的大小				

---

① 【关联】［W1809.4］积土成山。【引例】❶神撒的土块变山【朝鲜族、满族】；❷烧的泥变成山【汉族】
② 【民族】汉族。【引例】❶落到地上的天梭变成山【普米族】；❷太阳被射落后变成山【羌族】
③ 【引例】❶神的粪变成山【珞巴族】；❷粪变成山
④ 【引例】❶扁担变山【白族】；❷地与天打赌比输后变丑形成山【珞巴族】；❸4根顶天柱变化成4座高山【彝族】；❹焚烧的残余物变成山
⑤ 【引例】海水干后形成山【鄂温克族】
⑥ 【关联】［W1821.5］泥土变成山。【引例】土日日长，地日日沉形成山【满族】

W 编码	母题描述			参照项	
	一级母题	二级母题	三级母题	汤普森	关联项
W1825.1		巨大无比的山（高山）		≈ F750	
W1825.2		高不可攀的山			
W1825.2.1			特定的山高于日月		【汉族】
W1826	山的颜色				
W1826.1		山的红色是血液染成的			【壮族】
W1826.2		黄龙化成的山是黄色			【仡佬族】
W1826.3		黑龙化成的山是黑色			【仡佬族】
W1827	山的位置的确定				【例1】①
W1827.1		天神定山的位置			【傣族】
W1827.2		以前的山在云与天堂之间			【鄂伦春族】
W1828	以前山会行走的			F775.6	【民族，联1】②
W1829	会飞的山			F755.3	
W1829.1		会飞的山被砍掉翅膀		A1185	
W1829.2		会飞的山被射落在现在的地方			【汉族】
W1829.3		会飞的山失去行走能力			【汉族】
W1830	山不相连的原因				
W1830.1		山被劈为几段			
W1830.1.1			特定的人物把山劈开		【例3】③
W1830.1.2			山腰被斩断		【民族，例1】④
W1830.2		山争吵后不再相连			
W1831	山多石头多的原因				
W1831.1		神的耙子坏齿造成山多石头多			【黎族】

---

① 【引例】大山总是居于水与大地之上【柯尔克孜族】
② 【民族】汉族。【关联】［W9687.2］赶山鞭
③ 【引例】❶神把山劈成3截【鄂温克族】；❷龙把山劈成两半【水族】；❸始祖把山劈成两半【壮族】
④ 【民族】傣族。【引例】山腰被砍成三截【汉族】

W 编码	母题描述			参照项	
	一级母题	二级母题	三级母题	汤普森	关联项
W1832	山秃的来历				【例1】①
W1833	与山的特征有关的其他母题				【例1】②
W1833.1		神奇（魔力）之山		①D932 ②F754	
W1833.1.1			有生命的山	F755	【鄂温克族】
W1833.1.2			会复原的山		【民族，联1】③
W1833.2		山为什么不会增长			【汉族】
W1833.3		山的温度			
W1833.3.1			山由热变凉		【汉族】
W1833.4		通天的山		F55	【联1】④
W1833.5		无影山			

1.7.3　**与山有关的其他母题**【W1835～W1854】

W 编码	母题描述			参照项	
	一级母题	二级母题	三级母题	汤普森	关联项
◎	〖与山有关的其他母题〗				
W1835	山会变化				【联1，例3】⑤
W1835.1		会生长的山		F755.4	
W1835.2		山的升高			
W1835.2.1			天升高造成山的升高		【傈僳族、珞巴族】
W1833.2.2			鸡叫后山不再增高		【汉族】
W1835.3		山的变低			
W1835.3.1			山是被砸低的		【汉族】
W1835.4		山的移动			【联1】⑥
W1835.4.1			神移山		【黎族】
W1835.4.2			佛祖移山		【汉族】
W1835.4.3			二郎担山		【民族，联1】⑦

①　【引例】因在山顶撒灰山变秃【羌族】
②　【引例】可以居住人的山
③　【民族】鄂温克族。【关联】［W9380］复原
④　【关联】［W1450］山为天梯
⑤　【关联】［W9575.3］山（石变为动物）。【引例】❶山停止长高；❷山被砸低；❸龙居山中使山凉爽
⑥　【关联】［W9687.2］赶山鞭
⑦　【民族】汉族。【关联】［W9867.2］二郎神担山追杀太阳

W 编码	母题描述			参照项	
	一级母题	二级母题	三级母题	汤普森	关联项
W1835.4.4			人担山		【仫佬族】
W1835.5		山的变软			
W1835.5.1			洪水后山变软		【傈僳族】
W1836	山的倒塌				【例1】①
W1837	山的丫口的来历				
W1837.1		山的丫口是踩出来的			【拉祜族】
W1838	一山分两界				【纳西族】
W1839	与山有关的其他母题				【联2】②
W1839.1		魔力掌控着山		D2152	
W1839.2		山是神（仙）的使者			【汉族】
W1839.3		山是地钉			【苗族】
W1839.4		定山针			【汉族】
W1839.5		顶山柱			
W1839.5.1			山作为顶山柱		【撒拉族】
W1839.6		镇山石			
W1839.7		开山的钥匙			【仡佬族】
◎	〖常见的山的类型或山体〗				
W1840	火山			F753	
W1840.1		火山的产生		A966	【汉族】
W1840.1.1			盗天火时扔的火种形成火山		【苗族】
W1840.1.2			太阳落地形成火山		【汉族】
W1841	火焰山				
W1841.1		火焰山的来历			【汉族、蒙古族、维吾尔族】
W1841.2		西方火焰山			【回族】
W1842	雪山				
W1842.1		头顶变成雪山			【例1】③
W1843	丘陵（山岭、山丘）			A967	

① 【引例】火神把山撞倒【藏族】
② 【关联】❶［W0391］山神；❷［W0906.3］山灵（山鬼、山妖）
③ 【引例】大地死后头顶变成雪山【珞巴族】

W 编码	母题描述			参照项	
	一级母题	二级母题	三级母题	汤普森	关联项
W1843.1		造地者推压大地形成丘陵			【哈尼族】
W1843.2		神从天上撒石沙（金银、泥巴等），不均匀的地方形成丘陵			【满族、羌族】
W1843.3		神造山时筐里漏下来的泥沙形成山丘			【黎族】
W1843.4		神用棍棒敲打大地形成丘陵			
W1843.5		特定的物（肢体）化生丘陵			【例3】①
W1843.6		与山岭的产生有关的其他母题			【例1】②
W1843.6.1			脊骨变成丘陵		【例1】③
W1844	山峰				
W1844.1		山峰的产生			
W1844.1.1			山峰自然产生		【黎族】
W1844.1.2			山峰是造出来的		【例2】④
W1844.1.3			特定物变化为山峰		【民族，例1】⑤
W1844.1.4			与山峰产生有关的其他母题		【民族，例1】⑥
W1844.2		山峰特征的来历			
W1845	山谷（沟壑、峡谷）			A983	
W1845.1		山谷的产生			
W1845.1.1			造出山谷		【例2】⑦
W1845.1.2			劈出山谷（砍出山谷）		【例2】⑧
W1845.1.3			犁出山谷		【例1】⑨
W1845.1.4			推出山谷		【例1】⑩

① 【引例】❶鱼的脊背变丘陵【高山族（曹人）】；❷盘古死后身子化成山丘【汉族】；❸地死后的脊骨变丘陵【珞巴族】
② 【引例】补地时形成山岭【土家族】
③ 【引例】大地死后脊骨变成丘陵【珞巴族】
④ 【引例】❶神用乳房造山峰【阿昌族】；❷始祖用泥团造山峰【壮族】
⑤ 【民族】珞巴族。【引例】❶土块变成山峰【朝鲜族】；❷蛋壳化为山峰【藏族】
⑥ 【民族】布朗族。【引例】神犁天耙天时耙漏的地方形成山峰【哈尼族】
⑦ 【引例】❶始祖创造高山深谷【景颇族】；❷鸟用嘴掘地造山谷【塔吉克族】
⑧ 【引例】❶劈山形成山谷【水族】；❷人劈坏地面形成山谷【佤族】
⑨ 【引例】神犁出山谷【哈尼族】
⑩ 【引例】天神推出山谷【佤族】

W 编码	母题描述			参照项	
	一级母题	二级母题	三级母题	汤普森	关联项
W1845.1.5			挤压出山谷		【哈尼族、藏族】
W1845.1.6			（鞭）抽出山沟		【例1】①
W1845.1.7			拱出山谷		【汉族】
W1845.1.8			地的褶皱变成山谷		【基诺族】
W1845.1.9			地的凹陷处变成山谷		【民族，例2】②
W1845.1.10			动物变成山谷		
W1845.1.11			特定的行为形成山谷		【例1】③
W1845.1.12			山谷产生的其他方式		【例1】④
W1845.2		山谷特征的来历			
W1845.3		与山谷（沟壑、峡谷）有关的其他母题			【例1】⑤
W1845.3.1			沟是砍出来的		【例1】⑥
W1845.3.2			沟是敲打出来的		【羌族】
W1845.3.3			沟是冲出来的		【汉族、蒙古族】
W1846	山洞				
W1846.1		特定的人物挖出山洞			【例1】⑦
W1846.2		嘴巴变成山洞			【例1】⑧
W1846.3		与山洞有关的其他母题			
W1846.3.1			山洞是地的嘴		【仡佬族】
W1847	山坡				
W1847.1		山坡是造出来的			【民族，例3】⑨
W1847.2		特定的肢体变成山坡			
W1847.2.1			神死后手和脚变成山坡		【仡佬族】

① 【引例】神鞭抽出山沟【汉族】
② 【民族】柯尔克孜族。【引例】❶缩地时低的地方形成峡谷【傈僳族】；❷修整大地时凹下的地方成为山谷【藏族】
③ 【引例】神钻地形成山谷【鄂伦春族】
④ 【引例】箭射开山形成峡谷【水族】
⑤ 【引例】沟是挑出来的【门巴族】
⑥ 【引例】沟是天女砍出来的【羌族】
⑦ 【引例】山洞是螃蟹挖出来的【苗族】
⑧ 【引例】神死后嘴变山洞【仡佬族】
⑨ 【民族】侗族。【引例】❶神垒出山坡【水族】；❷盘古用草造山坡【瑶族】；❸祖先抓地皮造山坡【壮族】

W 编码	母题描述			参照项	
	一级母题	二级母题	三级母题	汤普森	关联项
W1847.2.2			文化英雄的胳膝和手腕变成山坡		【布依族】
W1847.3		鼓出的地方成为山坡			【藏族】
W1847.4		与山坡有关的其他母题			
W1847.4.1			神死后骨头变坡头		【仫佬族】
W1848	山峦的产生			A968	
W1849	山的其他形态的形成				
W1849.1		悬崖的产生		A965	
W1849.1.1			神的耳朵变成悬崖		
W1849.1.2			特定人物造出山崖		【苗族】
W1849.2		山涧的形成			
W1849.2.1			拐杖划出山涧		【汉族】
W1849.3		山坳的形成			
W1849.3.1			推压大地形成山坳		【哈尼族】
W1849.3.2			特定的物变成山坳		【例1】①
W1849.3.3			特定人物砸出山坳		【苗族】
◎	〖常见的特定名称的山〗				
W1850	昆仑山				
W1850.1		昆仑山的产生			【例1】②
W1850.1.1			撒土成为昆仑山		【例1】③
W1850.1.2			尸体变成昆仑山		【例2】④
W1850.1.3			掉下的天梭变成昆仑山		【普米族】
W1850.2		昆仑山的特征			【联1】⑤
W1850.2.1			昆仑山有 9 层		【汉族】
W1850.2.2			昆仑山每层相隔万里		【汉族】
W1850.3		与昆仑山有关的其他母题			【联4，例2】⑥

① 【引例】射落的太阳变成山坳【苗族】
② 【引例】真主造昆仑山【塔吉克族】
③ 【引例】华胥撒土挡洪水，高的变成昆仑山【汉族】
④ 【引例】❶盘古的尸体变成昆仑山【汉族】；❷浪荡子的五节尸体化成昆仑山【汉族】
⑤ 【关联】［W1450.3］昆仑山是天梯
⑥ 【关联】❶［W0678.3.1］伏羲居住昆仑山；❷［W0693.1］黄帝居住昆仑山；❸［W0717.2.2］女娲居住昆仑山；
　❹［W0812.5］群仙居住昆仑山。【引例】❶西王母治昆仑西北隅【汉族】；❷原来昆仑山很小【蒙古族】

W 编码	母题描述			参照项	
	一级母题	二级母题	三级母题	汤普森	关联项
W1850.3.1			昆仑山的瑶池		
W1850.3.2			昆仑山原来很小		【蒙古族】
W1850.3.3			登昆仑山不死		【例1】①
W1851	五岳				
W1851.1		泰山（东岳）			【联1】②
W1851.1.1			盘古的头化为东岳泰山		【民族，联1】③
W1851.1.2			泰山是地府		【汉族】
W1851.1.3			泰山五岳独尊的来历		
W1851.1.4			泰山奶奶的来历		【联1】④
W1851.1.5			泰山石敢当的来历		【汉族】
W1851.2		衡山（南岳）			
W1851.2.1			盘古的左胳膊化为衡山		【汉族】
W1851.2.2			鸟化衡山		【汉族】
W1851.2.3			衡山五岳独秀的来历		
W1851.3		嵩山（中岳）			
W1851.3.1			盘古的肚皮化生嵩山		【汉族】
W1851.4		华山（西岳）			
W1851.4.1			盘古的脚化为华山		【汉族】
W1851.4.2			盘古的脚趾化为华山		【汉族】
W1851.5		恒山（北岳）			
W1851.5.1			盘古的右胳膊化为恒山		【汉族】
W1852	其他特定的山				【联1】⑤
W1852.1		黄山的来历			【汉族】
W1852.2		庐山的来历			【汉族】
W1852.3		五指山的来历			

① 【引例】登昆仑之凉风山能不死【汉族】
② 【关联】［W1236.2.1］泰山居地的中心
③ 【民族】汉族。【关联】［W0720］盘古
④ 【关联】［W0773］碧霞元君
⑤ 【关联】［W9960］特定风物的来历

W 编码	母题描述			参照项	
	一级母题	二级母题	三级母题	汤普森	关联项
W1852.3.1			海南五指山的来历		【例2】①
W1852.3.2			其他地区五指山的来历		【例1】②
W1852.4		长白山的来历			【例1】③
W1852.5		九华山的来历			
W1852.5.1			蜈蚣精化为九华山		【汉族】
W1852.6		其他特定的山的来历			【例2】④
W1852.6.1			苍山的来历		【例1】⑤
W1852.6.2			骊山的来历		【汉族】
W1852.6.3			九龙山的来历		【例1】⑥
W1852.6.4			天山的来历		【例1】⑦
W1852.6.5			峨眉山的来历		【例1】⑧
W1852.6.6			历山的来历		【例1】⑨

1.7.4 石头（岩石）【W1855～W1869】

W 编码	母题描述			参照项	
	一级母题	二级母题	三级母题	汤普森	关联项
✳ **W1855**	**石头的产生**			A970	
W1856	石头源于某个地方或自然产生				
W1856.1		石头来源于天上			【汉族、彝族】
W1856.2		天神留下岩石			【纳西族】
W1856.3		与石头自然产生有关的其他母题			
W1857	石头是造出来的				
W1857.1		石头是神筛子中落下来的		A971	
W1857.2		特定的人物造石头			
W1857.2.1			盘古造石头		【壮族】

---

① 【引例】❶五个兄弟的坟墓变成五指山【黎族】；❷雷公的兄弟推出五指山【黎族】
② 【引例】5 个孩子变成五指山【壮族】
③ 【引例】长白山是神山【满族】
④ 【引例】❶不死山【汉族】；❷英雄变成一座红石山【裕固族】
⑤ 【引例】盘古死后左脚变成苍山【白族】
⑥ 【引例】9 条龙死后变成山叫九龙山【羌族】
⑦ 【引例】真主造天山【塔吉克族】
⑧ 【引例】祖先化身为峨眉山【佤族】
⑨ 【引例】历山为观历象之山【汉族】

W 编码	母题描述			参照项	
	一级母题	二级母题	三级母题	汤普森	关联项
W1857.3		与造石头有关的其他母题			
W1858	石头是生育产生的				
W1858.1		神或神性人物生石头			
W1858.2		山生石头			
W1858.3		与生石头有关的其他母题			【例1】①
W1859	石头是变化产生的				
W1859.1		特定的人物变化为石头			
W1859.1.1			神变化为石头		【民族，例1】②
W1859.1.2			巨人变化为石头	A974.2	
W1859.1.3			人变化为石头	A974	【民族，联1】③
W1859.1.4			动物变化为石头		
W1859.1.5			植物变化为石头		
W1859.1.6			与变化产生石头有关的其他母题		【例1】④
W1859.2		骨头变成石头			【联1】⑤
W1859.2.1			盘古死后骨头变成岩石		【民族，联1】⑥
W1859.2.2			怪物的骨头变成石头		【纳西族】
W1859.2.3			巨兽的骨头变成石头		【怒族】
W1859.2.4			巨鸟的骨头变成石头		【彝族、藏族】
W1859.2.5			牛的骨头变成石头		【布朗族、哈尼族、珞巴族】
W1859.2.6			其他人物的骨头变成石头		【布依族、哈尼族】
W1859.3		牙齿变成石头			【例1】⑦
W1859.3.1			天神的牙齿变成石头		

① 【引例】老男子与丑女婚生的石头上生成岩石【珞巴族】
② 【民族】布依族、汉族。【引例】盘古死后骨头变岩石【白族、满族】
③ 【民族】汉族。【关联】［W9554］人变石头
④ 【引例】祖先化身为岩石【佤族】
⑤ 【关联】［W1819.2］骨骼变成山
⑥ 【民族】白族。【关联】［W0720］盘古
⑦ 【引例】盘古死后牙齿变成石头【白族】

W 编码	母题描述			参照项	
	一级母题	二级母题	三级母题	汤普森	关联项
W1859.3.2			盘古死后牙齿变成石头		【白族】
W1859.3.3			妖魔的牙齿变成石头		
W1859.4		自然物变成石头			
W1859.4.1			星星变成石头		【哈尼族、壮族】
W1859.4.2			泥土变成石头		【例1】①
W1859.4.3			太阳的光变成石头		【纳西族】
W1859.4.4			海的泡沫变成石头		【高山族（卑南）】
W1859.5		其他特定的物体变成石头		≈ A977.4	
W1859.5.1			鳞甲变成石头		【例1】②
W1859.5.2			蛋壳变成石头		【汉族】
W1859.5.3			生殖器变成石头		【例1】③
W1859.5.4			粮食变成石头		【汉族】
W1859.5.5			排泄物变成石头		【珞巴族】
W1859.5.6			树干变成石头		【珞巴族】
W1859.6		与变化产生石头有关的其他母题			
W1859.6.1			因惩罚变成石头		【联1】④
W1859.6.2			经演化变成石头		【黎族】
W1859.6.3			经吞吐变成石头		【哈尼族】
W1859.6.4			经沉淀变成石头		【布依族】
W1860	与石头的产生有关的其他母题				
W1860.1		岩石的产生源于惩罚		A973	【联1】⑤
W1860.2		特定的石头的产生			【例1】⑥
W1860.2.1			特定的石头是神移来的		【藏族】
W1860.3		魔法产生石头			
✳ **W1861**	**石头的特征（岩石的特征）**				

① 【引例】盘古开天地时重的下沉变成石头【布依族】
② 【引例】龙的鳞甲化为石块【土家族】
③ 【引例】造物者的生殖器变成石头【白族】
④ 【关联】［W9906］惩罚
⑤ 【关联】［W1859.6.1］因惩罚变成石头
⑥ 【引例】妖精的骨头变成马牙石【白族】

W 编码	母题描述			参照项	
	一级母题	二级母题	三级母题	汤普森	关联项
W1862		岩石上的凹痕（岩石上的缺口）			
W1862.1			岩石上的凹痕是人留下的脚印	A972	【汉族、蒙古族】
W1862.2			岩石上的凹痕是仙人留下的脚印	A972.2	
W1862.3			岩石上的凹痕是动物（马、牛等）的脚印	A972.4	【蒙古族】
W1862.4			岩石上的缺口是神刻出来的	A972.1	
W1862.5			岩石上的缺口是巨人造成的	A972.6	
W1862.6			岩石上的凹痕是神作战的痕迹	A972.3.1.1	
W1862.7			与岩石凹痕有关的其他母题		
W1863		岩石上的洞			
W1863.1			岩石上的洞是巨人戳的	A972.3	
W1864		岩石的颜色			
W1864.1			红石的来历		【例2】①
W1864.2			黑石的来历		【例1】②
W1865		与石头的特征有关的其他母题			
W1865.1			以前石头会变化		【傈僳族】
W1865.2			石头会长		【黎族、傈僳族】
W1865.3			石头会说话	F755.1	【纳西族】
W1865.4			石头为什么不会说话		
W1865.5			石头会喝水		【哈尼族】
W1865.6			石头会行走	D1641.2	【联1】③
W1865.7			石头为什么不行走		【拉祜族】
W1865.8			石头会跳舞	D1646.4	
W1865.9			石头为什么坚硬		【例1】④

① 【引例】❶血染出红石【白族】；❷牛的红骨变成红石【哈尼族】
② 【引例】牛的黑骨变成黑石【哈尼族】
③ 【关联】［W9687.2.4］赶山鞭赶山（石头）
④ 【引例】岩石为了避免被吃掉变硬【珞巴族】

W 编码	母题描述			参照项	
	一级母题	二级母题	三级母题	汤普森	关联项
◎	〖其他相关母题〗				
W1866	特定名称的石头			A977	【联2】①
W1866.1		陨石			
W1866.1.1			陨石是从天上落下的神射出的箭		【哈萨克族】
W1866.1.2			陨石是星星屙的屎		
W1866.2		火山石			
W1866.2.1			天降火山石		【民族，联1】②
W1866.3		玛瑙			
W1866.3.1			神树生玛瑙		【珞巴族】
W1866.4		玉石			【联2】③
W1866.4.1			蛋变成玉石		【例1】④
W1866.4.2			尸体（肢体）化生玉石		
W1866.4.3			骨骼化生玉石		【汉族】
W1866.4.4			牙齿化生玉石		
W1866.5		鹅卵石（鸭蛋石）			【汉族】
W1867	与石头有关的其他母题				【联3】⑤
W1867.1		不平常的岩石		F800	
W1867.2		魔力可控制石头		D2153	【布依族】
W1867.2.1			魔法使石头增长	D931.0.1	【联1】⑥
W1867.3		石林的来历			【蒙古族、彝族】

---

① 【关联】❶［W6962］火石；❷［W9038.31］魔石（山）
② 【民族】汉族。【关联】［W1840］火山
③ 【关联】❶［W9650］宝物；❷［W9696］宝石
④ 【引例】龙女生的神蛋变玉石【傣族】
⑤ 【关联】❶［W0915.3］石头代表灵魂；❷［W6377.5.1］石柱被作为男性生殖器受崇拜；❸［W9038.31.5］能开合的石（山）
⑥ 【关联】［W9000］魔法

1.8　江河湖海（水）

【W1870～W1979】

1.8.1　水的概说【W1870～W1899】

W 编码	母题描述			参照项	
	一级母题	二级母题	三级母题	汤普森	关联项
✿ W1870	水的产生				
W1870.1			最早的世界没有水		【景颇族、珞巴族】
✳ W1871	水源于某个地方或自然存在				
W1872		水来源于天上			【民族，例 2】①
W1872.1			水从天泉流出来		【藏族】
W1872.2			水源于天河		【民族，联 1，例 1】②
W1872.3			天神给下凡的女儿水的种子		【羌族】
W1873.4			天龙放水给人类		【汉族】
W1873		水源于其他地方			
W1873.1			水来源于深坑	A910.3	
W1873.2			水源于石（山）		【例 1】③
W1873.3			水源于特定的动物		【蒙古族】
✳ W1874	水是造出来的				
W1875		神或神性人物造水			【例 2】④
W1875.1			神造水		【例 1】⑤
W1875.2			祖先造水		【侗族】
W1875.3			水王造水		【蒙古族】
W1875.4			造物主造水		【柯尔克孜族】
W1875.5			其他特定的人物造水		【例 1】⑥

① 【民族】壮族。【引例】❶水是玉皇大帝从天上放到人间的【彝族】；❷天龙放水给人类
② 【民族】壮族。【关联】［W1780］天河（银河）。【引例】玉皇大帝放天河的水【彝族】
③ 【引例】雨神让儿子从岩石里取水【珞巴族】
④ 【引例】❶神抽陀螺地上冒出水【高山族】；❷伏羲造水【瑶族】
⑤ 【引例】天神女侍从造水【满族】
⑥ 【引例】伏羲造水【瑶族、壮族】

W 编码	母题描述			参照项	
	一级母题	二级母题	三级母题	汤普森	关联项
W1876		龙造水			
W1876.1			龙造五湖四海		【壮族】
W1876.2			龙王打井造水		【布依族】
W1877		与造水有关的其他母题			
W1877.1			创世的第一天造出水	A910.1	
W1877.2			水是画出来的		【例1】①
W1877.3			魔鬼造出毒水	A63.7.1	
W1877.4			人造水		【壮族】
✻ **W1878**	水是生育产生的				
W1879		神生水			【哈尼族】
W1880		神性人物生水			
W1881		动物生水			
W1881.1			螃蟹生水		【德昂族】
W1882		植物生水			
W1882.1			砍树生出水	D927.1.1	
W1883		卵生水			
W1883.1			蛋炸出水		【壮族】
W1884		与生水有关的其他母题			
W1884.1			云母生水		【汉族】
W1884.2			棒击岩石生出水	D1567.6	
W1884.3			寒气生水		【汉族】
✻ **W1885**	水是变化产生的				
W1886		汗变成水			【汉族】
W1886.1			天神的汗变成水		【傣族】
W1886.2			性人物的汗变成水		
W1887		血变成水			【例3】②
W1887.1			神的血变成水		【藏族】
W1887.2			怪物的血变成水		【珞巴族、纳西族】
W1887.3			动物的血变成水		【布朗族、普米族、藏族】
W1888		尿变成水			【例1】③

① 【引例】水是盘古的儿子盘生画出来的【汉族】

② 【引例】❶犀牛的血变成水【布朗族】；❷马鹿的血变成水【普米族】；❸鸟的血液变成水【藏族】

③ 【引例】神性人物的尿化成水【汉族】

W 编码	母题描述			参照项	
	一级母题	二级母题	三级母题	汤普森	关联项
W1889		眼泪变成水		A911	【例1】①
W1890		与变水有关的其他母题			【例1】②
W1890.1			混沌演变成水		【彝族】
W1890.2			女天神呼出的气变成水		【维吾尔族】
W1890.3			水是地母的乳汁		【满族】
W1890.4			魔法变出水		【汉族】
W1891	与水的产生有关的其他母题				【例1】③
W1891.1		水是大洪水剩下的		A910.4	
W1891.2		宝瓶滴水			【汉族】
W1891.3		人不会造水的原因			【民族，联1】④
✳ **W1892**	水的特征			A910	
W1893		水的雌雄（阴阳）		A918	
W1894		水的位置的确定			
W1894.1			天神定水的位置		【傣族】
W1895		水的颜色的来历			【哈尼族】
W1896		与水的特征有关的其他母题			【例1】⑤
W1896.1			特殊味道的水		【例1】⑥
W1896.2			水为什么会流动		
W1897	与水有关的其他母题				【联3】⑦
W1897.1		神奇的水			【联2】⑧
W1897.1.1			神奇的水洞	D928	
W1897.1.2			回生水		【联1，例1】⑨
W1897.1.3			长生水		【汉族】
W1897.1.4			忘情水		【汉族】
W1897.2		冰			
W1897.2.1			仙女的眼泪变成冰川		【塔吉克族】

① 【引例】神的眼泪化成水 【汉族】
② 【引例】骨骼变成了咸水 【珞巴族】
③ 【引例】造物主创造了水泡 【柯尔克孜族】
④ 【民族】瑶族。【关联】［W1877.4］人造水
⑤ 【引例】青蛙舅舅给人喝智慧水 【普米族】
⑥ 【引例】有酒味的水 【独龙族】
⑦ 【关联】❶［W4974.1］水的秩序的建立；❷［W6429］水崇拜；❸［W8957.4］水与陆地之争
⑧ 【关联】❶［W1897.8］生命之水；❷［W9038.35］魔水
⑨ 【关联】［W0959.2］不死水。【引例】到西天寻找回生水 【纳西族】

W 编码	母题描述			参照项	
	一级母题	二级母题	三级母题	汤普森	关联项
W1897.3		哑水			【联1，例3】①
W1897.3.1			神把露水、雨水、泥塘水作为哑水		【壮族】
W1897.3.2			哑水从天上带来		【汉族】
W1897.3.3			哑水比其他水清澈		【汉族】
W1897.3.4			哑水装在精美的容器里		【彝族】
W1897.3.5			哑水是神对人的惩罚		
W1897.3.6			失灵的哑水		【例1】②
W1897.3.7			与哑水有关的其他母题		【汉族、彝族】
W1897.4		能使人增长力量的水			【例1】③
W1897.5		能赋予语言能力的水			
W1897.5.1			使人获得语言能力的水		【民族，联1】④
W1897.5.2			能使动物说话的水		【汉族】
W1897.6		会唱歌的水		D1615.4	
W1897.7		能改变人的体征的水			
W1897.7.1			使人返老还童的水	D1338.1.2	【民族，联1】⑤
W1897.7.2			使人变形的水		【彝族】
W1897.8		生命之水		E80	【联1】⑥
W1897.8.1			使植物长青的水（甘露）		【蒙古族】
W1897.9		生死之水		E82	
W1897.9.1			死亡之水	E84	
W1897.10		毒水			【例1】⑦
W1897.11		水不能淹没大地的原因		A915	

① 【关联】［W3086.1］动物说话能力的丧失。【引例】❶哑水从天上带来【汉族】；❷神把露水、雨水、泥塘水作为哑水【壮族】；❸哑水是神对人的惩罚

② 【引例】祭献水神后哑水失灵【景颇族】

③ 【引例】喝石龙嘴里流出的水，力量大增【汉族】

④ 【民族】汉族。【关联】［W6706］通过特定的水获得语言能力

⑤ 【民族】彝族。【关联】［W2968.4］人的返老还童

⑥ 【关联】［W9311］复活的条件（方法）

⑦ 【引例】人受野猿的启发认识了毒水【纳西族】

W 编码	母题描述			参照项	
	一级母题	二级母题	三级母题	汤普森	关联项
W1897.12		水中漩涡的产生		A1118	
W1897.13		魔力掌控着水		D2151	
W1897.14		水的储存			
W1897.14.1			水储存在天河中		【汉族】
W1897.14.2			水聚集到特定的地方		【珞巴族】
W1897.15		水的失去			【例1】①
W1897.15.1			水逃向天宫		【景颇族】
W1897.15.2			水被喝干		【联1，例2】②
W1897.15.3			水从地孔中流入地心		【畲族】
W1897.16		以前水与火是朋友			【珞巴族】

1.8.2 江河湖海【W1900～W1964】

W 编码	母题描述			参照项	
	一级母题	二级母题	三级母题	汤普森	关联项
✿ W1900	江河湖海的产生③				
W1901	江河湖海自然存在				
W1902	江河湖海是造出来的				
W1902.1		特定的人物造江河湖海			
W1902.1.1			始祖造江河湖海		【瑶族】
W1902.1.2			真主造江河		【回族】
W1902.1.3			文化英雄造江河		【布依族】
W1902.1.4			地王造五湖四海		【侗族】
W1902.2		砸出江湖河海			
W1902.2.1			湖海是砸出的坑		【汉族、土家族】
W1902.2.2			太阳落地砸出的大坑成为湖海		【汉族、壮族】

① 【引例】河水被怪物喝干【汉族】

② 【关联】［W0604.2］英雄喝干河水。【引例】❶河水被怪物喝干【汉族】；❷水鹰把地上水吸干【畲族】

③ 江河湖海的产生，在神话表述中关于"江河湖海产生"的母题一般原因相同，且同时出现。为避免具体编码的重复，"江河湖海"母题在此处作出集中标示，只对其一些具有个体特色的母题加以列举。

W 编码	母题描述			参照项	
	一级母题	二级母题	三级母题	汤普森	关联项
W1902.3		特定行为造成江河湖海			
W1902.3.1			治水时形成江河湖海		
W1902.3.2			战争形成江湖河海		【满族】
W1902.3.3			缩地时形成江湖河海		【汉族】
W1903	江河湖海是生育产生的				
W1904	江河湖海是变化产生的				
W1904.1		肢体变成江河湖海			
W1904.1.1			肠胃变成江河湖泊		【汉族、彝族】
W1904.2		流血变成江河湖海			【珞巴族】
W1905	与江河湖海产生有关的其他母题				
W1905.1		大海退后形成河流湖泊			【佤族】
W1905.2		水滴聚成江河湖海			【毛南族】
◎	〖江河〗				
✿ **W1910**	江河的产生			A930	
✵ **W1911**	江河自然产生				【例1】①
W1912		河是天上漏下的水			【壮族】
W1913		河流源于其他地方			
W1913.1			天地的汇合处是河的来源	A659.3	
W1913.2			河流从山的下面产生		【纳西族】
✵ **W1914**	江河是造出来的				
W1915		特定的人物造江河			【例1】②
W1915.1			神或神性人物造江河		【民族】③
W1915.2			仙女造江河		【例1】④
W1915.3			特定的人造江河		【民族，例1】⑤

① 【引例】葫芦中流出的水成为江河
② 【引例】喇嘛创造河 【蒙古族】
③ 【民族】布朗族、景颇族、黎族、珞巴族、彝族
④ 【引例】仙女昌天池的水形成河流 【朝鲜族】
⑤ 【民族】布依族、侗族、汉族、瑶族、壮族。【引例】女人用手指抓出河 【畲族】

W 编码	母题描述			参照项	
	一级母题	二级母题	三级母题	汤普森	关联项
W1916		动物造江河			
W1916.1			鱼扇动尾巴造出江河		【哈尼族】
W1916.2			最早出现的牛挖出河	A934.1	
W1916.3			鸭子分水形成河		【拉祜族】
W1916.4			龙造出江河		【例2】①
W1916.5			蚂蚁造出江河		【藏族】
W1917		地面凹下去的地方成为江河			【例2】②
W1917.1			造地时的褶皱变成江河		【民族】③
W1917.2			造地者踩出江河		【土家族】
W1917.3			地往下落形成江河		【撒拉族】
W1918		造河流的材料（工具）			
W1918.1			用牛血造河流		【哈尼族】
W1918.2			用牛小肠造江河		【哈尼族、藏族】
W1918.3			用聚水瓶造江河		【汉族】
W1918.4			用葫芦造江河		【汉族】
W1919		与造江河有关的其他母题			
W1919.1			魔法造江河	D915.1	
W1919.2			挖出江河		【民族，例2】④
W1920	江河是生育产生的				
W1920.1		雪山生江河			【例1】⑤
W1920.2		石生江河			【例1】⑥
※ **W1921**	**江河是变化形成的**			A934.11	
W1922		河是某物的化身		Z118.3	
W1923		神或神性人物变成江河			

① 【引例】❶水龙降水冲出河【汉族】；❷河流是龙溅出的浪形成的【纳西族】
② 【引例】❶造人时挖土形成河【畲族】；❷修整大地时因挤压凹下去的地方成为江河
③ 【民族】傣族、基诺族、傈僳族、瑶族
④ 【民族】汉族。【引例】❶神灵挖出了许多河【珞巴族】；❷野猫挖水沟形成河道【珞巴族】
⑤ 【引例】江河是雪山之王的儿女【门巴族】
⑥ 【引例】老男子与丑女婚生的石头上生出河流【珞巴族】

W 编码	母题描述			参照项	
	一级母题	二级母题	三级母题	汤普森	关联项
W1923.1			女神变成江河	A934.11.3	
W1923.2			蛇仙变成江河		【独龙族】
W1923.3			其他神或神性人物变成江河		【汉族】
W1924		人变成江河		A934.11.2	
W1924.1			女子变成河		【佤族】
W1924.2			三姐妹变成江河		【傈僳族】
W1925		动物变成江河			
W1925.1			水龙变成江河		【满族】
W1926		眼泪变成江河			
W1926.1			龙的泪水变成江河		【景颇族】
W1926.2			仙女的眼泪变成江河		【满族、塔吉克族】
W1926.3			其他人物的眼泪变成江河		【例2】①
W1927		血液变成江河			
W1927.1			盘古的血变成河流		【民族，联1】②
W1927.2			牛的血变成江河		【珞巴族】
W1927.3			巨鸟的血变成江河		【彝族】
W1927.4			与血变成江河有关的其他母题		【民族，例1】③
W1928		汗水变成江河			【汉族、黎族】
W1929		排泄物变成江河			
W1929.1			神的排泄物变成江河		【朝鲜族】
W1929.2			尿变成江河		【民族，联1，例1】④
W1930		植物的液汁变成江河			
W1930.1			桃子烂后的水变成江河		【苗族】
W1930.2			树根烂后变成江河		【哈尼族】
W1931		肠子变成江河			【例2】⑤
W1931.1			神或神性人物死后肠子变成江河		【民族，例2】⑥

① 【引例】❶盘古泣为江河【汉族】；❷女娲的眼泪形成江河【汉族】
② 【民族】苗族。【关联】［W0720］盘古
③ 【民族】珞巴族。【引例】射日时血流成江河【彝族】
④ 【民族】汉族、珞巴族。【关联】［TPS：A933］女神的尿变成河。【引例】神的尿变成河流【壮族】
⑤ 【引例】❶马鹿的大肠变成江河【普米族】；❷牛肠子变成江河【藏族】
⑥ 【民族】仡佬族、汉族。【引例】❶盘古死后小肠变成河【白族】；❷盘古死后大肠变成河【白族】

W 编码	母题描述			参照项	
	一级母题	二级母题	三级母题	汤普森	关联项
W1931.2			人死后肠子变成江河		【布依族】
W1931.3			动物的肠子变成江河		
W1931.4			江河是地的肠子		【仡佬族】
W1931.5		脂膏变成江河			【汉族】
W1932		与变化为江河有关的其他母题			
W1932.1			四肢变成江河		【汉族】
W1932.2			种子变成江河		【彝族】
W1932.3			湖变成江河		【拉祜族】
W1932.4			衣带变成江河		【满族】
W1932.5			其他特定物变成江河		【普米族】
✳ **W1933**	江河产生的其他方式			A934	【例1】①
W1934		泉水流成河		A934.8	
W1935		江河是特定的痕迹			【例4】②
W1935.1			犁出江河		【例2】③
W1935.2			冲刷出江河		【例2】④
W1935.3			砍出江河		【例1】⑤
W1935.4			划出江河		【例4】⑥
W1935.5			用棍棒扯拉出江河	≈A934.4	【例1】⑦
W1935.6			用箭射出江河		【水族、彝族】
W1935.7			龙的脚印形成江河		【仡佬族、壮族】
W1935.8			地的裂缝形成河流		【布朗族】
W1936	与江河的产生有关的其他母题				
W1936.1		河道的来历			
W1936.1.1			天神推出河道		【佤族】
W1936.1.2			地神推出河道		【佤族】

① 【引例】龙溅出的浪形成河流【纳西族】

② 【引例】❶火烧大地造成的裂缝形成河流【布朗族】；❷江河是特定的人物逃跑时留下的痕迹【满族】；❸海水溅的水珠成江河【普米族】；❹射神箭留下的痕迹成为江河【水族】

③ 【引例】❶犁出河流【布依族】；❷天神犁出江河【傣族】

④ 【引例】❶眼泪冲出江河【黎族】；❷大雨冲出沟河【彝族】

⑤ 【引例】神用刀砍出河流【布朗族、羌族】

⑥ 【引例】❶神划的痕迹变成江河【鄂温克族】；❷神用剑划出江河【汉族】；❸女人的五个手指抓出河【畲族】；❹鱼划出的沟成为河流【藏族】

⑦ 【引例】空行母用神杖挑出河流【门巴族】

W 编码	母题描述			参照项	
	一级母题	二级母题	三级母题	汤普森	关联项
W1936.2		河谷的产生			【例3】①
W1936.2.1			造地者推压大地形成河谷		【哈尼族】
W1936.2.2			牛犁出河谷		【哈尼族】
W1936.2.3			大地的脸变成河谷		【珞巴族】
W1936.2.4			修整大地时凹下去的地方形成河谷		【仡佬族】
W1936.2.5			洪水造成河谷		【哈尼族】
W1936.2.6			与河谷有关的其他母题		【汉族】
W1936.3		河岸的产生			
W1936.3.1			河岸是巨兽拍打出来的	A951.1	
W1936.3		河产生的时间			【汉族】
✳ **W1937**	**江河的特征**			A938	
W1938		江河的流向			【例1】②
W1938.1			山推着水向西流	A914	
W1938.2			河水为什么向东流		【例1】③
W1938.3			河水为什么向西流		【例1】④
W1939		河流弯曲的原因			【门巴族】
W1939.1			神（人、龙）逃亡时造成河流弯曲	A931	
W1939.2			动物造河时形成河湾		【汉族】
W1939.3			水龙摇摆形成河湾		【白族】
W1939.4			河流弯曲的其他原因		【例1】⑤
W1940		与江河的特征有关的其他母题			【例1】⑥
W1940.1			河绕大地流淌	A872	
W1940.2			会说话的河	D1610.35	
◎	〖特定的江河的产生〗				

① 【引例】❶天神犁出河谷【哈尼族】；❷地死后的脸变河谷【珞巴族】；❸人制造河谷

② 【引例】最早造出的河，河头是西方，河尾是东方【拉祜族】

③ 【引例】最早造出的河，河头在西方，所以向东流【拉祜族】

④ 【引例】猪把河道拱得东高西低，所以向西流【汉族】

⑤ 【引例】因谎言造成河流转弯【门巴族】

⑥ 【引例】最早的河很小【鄂温克族】

W 编码	母题描述			参照项	
	一级母题	二级母题	三级母题	汤普森	关联项
W1941		长江的产生			
W1941.1			山的眼泪形成长江		【普米族】
W1941.2			长江是特定人物挖出来的		【例1】①
W1942		黄河的产生			
W1942.1			黄河是特定人物造出来的		【例2】②
W1942.2			黄龙游走的地方成为黄河		【汉族】
W1942.3			山的眼泪形成黄河		【普米族】
W1942.4			黄河的源头		【例1】③
W1943		其他特定的江河的产生			【例1】④
W1943.1			怒江		【独龙族】
W1943.2			红河		【布依族、壮族】
W1943.3			陇川河		【景颇族】
W1944	与江河有关的其他母题				【联1】⑤
W1944.1		神秘（魔力）之河		D915	
W1944.2		奇特之河		F715	
W1944.2.1			热水河		【例1】⑥
W1944.3		河沟			
W1944.3.1			河沟是砍出来的		【羌族】
W1944.4		魔力掌控着河		D2151.2	
W1944.5		河流的关系			
W1944.5.1			江河是雪山之王的儿女		【门巴族】
W1944.5.2			兄弟关系的河		【例1】⑦
W1944.6		阴河（暗河）			【土家族】
◎	〖湖（湖泊）〗				
✳ **W1945**	**湖的产生**			A920.1	

① 【引例】禹挖出长江大河【汉族】
② 【引例】❶禹劈出黄河【汉族】；❷老君造黄河【汉族】
③ 【引例】黄河的源头是昆仑山上的泉
④ 【引例】玄嚣葫芦里流出的河叫潒水，昌意葫芦里流出的河叫洧水【汉族】
⑤ 【关联】［W6430］江河崇拜
⑥ 【引例】很远的地方有条热水河【珞巴族】
⑦ 【引例】娘江河、达旺河和普龙河是三兄弟【珞巴族】

W 编码	母题描述			参照项	
	一级母题	二级母题	三级母题	汤普森	关联项
W1946		湖（泊）是造出来的			
W1946.1			耕地耕出湖	A920.1.9	【哈尼族】
W1946.2			神或神性人物造湖	A920.1.10	【例5】①
W1946.3			特定的人造湖		【例1】②
W1946.4			湖（泊）是挖出来的	A920.1.2	【例1】③
W1946.5			用牛肚子造湖泊		【哈尼族】
W1946.6			与造湖有关的其他母题		【例2】④
W1947		湖是生育产生的			
W1947.1			神或神性人物生育湖	≈A920.1.14	
W1947.2			湖从露珠中产生		【藏族】
W1948		湖是变化产生的			【例3】⑤
W1948.1			肝变成湖泊		【例1】⑥
W1948.2			肺变成湖泊		【例1】⑦
W1948.3			四肢变成湖泊		
W1948.4			血变成湖泊		【例1】⑧
W1948.5			眼泪变成湖泊	A920.1.5	【民族，例1】⑨
W1948.6			尿变成湖	A920.1.6	【例1】⑩
W1948.7			其他特定物变成湖泊		【例2】⑪
W1948.8			与变化为湖泊有关的其他母题		【例2】⑫
W1949		湖产生的其他方式			
W1949.1			洒水成湖		【珞巴族】

---

① 【引例】❶地神挖出湖海【汉族】；❷女神造湖泊【傈僳族、维吾尔族】；❸雷公挑山砸出的坑形成湖泊【苗族】；❹湖是开天辟地者捅出来的【土家族】；❺神蔽击出的凹坑形成湖泊【彝族】
② 【引例】人倒水为湖【珞巴族】
③ 【引例】神挖地浅的地方形成湖
④ 【引例】❶女娲用手在地上抓挖出湖海【汉族】；❷老太婆不小心把几竹筒泉水全洒在地上形成了浪错湖【珞巴族】
⑤ 【引例】❶浸水的山谷变成湖泊【哈尼族】；❷龙溅出的浪形成湖泊【纳西族】；❸太阳的碎片变湖水【藏族】
⑥ 【引例】盘古死后，肝变湖泊【白族】
⑦ 【引例】马鹿的肺变湖泊【普米族】
⑧ 【引例】青蛙的血变成湖泊【藏族】
⑨ 【民族】汉族。【引例】太阳、月亮、星星的泪水落到地上汇成许多湖泊【珞巴族】
⑩ 【引例】神的尿变成湖泊【珞巴族】
⑪ 【引例】❶蛇尾变成五湖【汉族】；❷卵的内部液汁形成白色湖【藏族】
⑫ 【引例】❶海水变湖【蒙古族】；❷太阳碎片变成湖水【藏族】

W 编码	母题描述			参照项	
	一级母题	二级母题	三级母题	汤普森	关联项
W1949.2			海水溅的水珠成为湖		【纳西族、普米族】
W1949.3			低洼处形成湖		【民族，例2】①
W1949.4			山岭围水成湖		【藏族】
W1950	与湖有关的其他母题				【联1】②
W1950.1		神秘（魔力）之湖		D921	
W1950.2		奇特之湖		F713	【汉族】
W1950.3		海子的来历			【例4】③
W1950.3.1			龙王造海子		【水族】
W1950.3.2			缩地时凹下去的地方形成海子		【藏族】
W1950.3.3			月亮落地变成海子		【纳西族】
W1950.3.4			洪水形成海子		【羌族】
W1950.3.5			流血形成海子		【普米族】
W1950.4		世界正中央的湖			【藏族】
W1950.5		魔力掌控着湖		D2151.7	
◎	〖海（海洋）〗④				
❋ **W1951**	**海的产生**			A920	
W1952		海自然产生			
W1952.1			海从地上的洞中出来	A924.4	【例1】⑤
W1952.2			雨水形成海		【阿昌族、蒙古族】
W1952.3			洪水形成海		【哈尼族】
W1953		海是造出来的			
W1953.1			天神造海		【例1】⑥
W1953.2			地神造海		【汉族】
W1953.3			地母造海		【汉族】
W1953.4			巨人开辟海		【水族】
W1953.5			仙人踏出海		【水族】
W1953.6			特定的人造海		【汉族】

① 【民族】苗族、瑶族。【引例】❶火烧大地造成的低洼处形成湖泊【布朗族】；❷铁弹子在地打凹处成了湖泊【彝族】
② 【关联】［W6362.3］湖用来淹死不敬神的人
③ 【引例】❶射落的月亮变成海子【纳西族】；❷山上的海子是洪水留下的【羌族】；❸修地时凹下去的地方形成海子【藏族】；❹神的肚脐眼变海子
④ 海，有时又可称为"洋"、"海洋"。为文中的简洁，此处一律表述为"海"。
⑤ 【引例】海水从黑色的无底洞涌出【柯尔克孜族】
⑥ 【引例】天神撒泥治水没撒到的地方变成海【羌族】

W 编码	母题描述			参照项	
	一级母题	二级母题	三级母题	汤普森	关联项
W1953.7			金龙造海		【毛南族】
W1954		海是生育产生的			
W1954.1			海是天地之子	A921	
W1955		海是变化产生的			
W1955.1			卵化生海		【藏族】
W1955.2			蛋的特定部分变成大海		【苗族、藏族】
W1955.3			尸体（肢体）化生为海		【民族，联1，例4】①
W1955.4			海是某物的化身	Z118	
W1955.5			雾气变成海		【哈尼族、汉族、纳西族】
W1955.6			白露变成海		【纳西族】
W1955.7			霜落地上变成海		【纳西族】
W1955.8			血液变成海	A922	【例2】②
W1955.9			汗水变成海		【联1，例1】③
W1955.10			泪水变成海		【汉族】
W1955.11			圣水变成海		【珞巴族】
W1955.12			尿变成海	A923.1	
W1955.13			植物的液汁变成海		【例1】④
W1955.14			排泄物变成海		【汉族】
W1955.15			凹陷的地方变成海		【例1】⑤
W1955.16			冰川变成海		【蒙古族】
W1956		海的其他产生方式		A924	
W1956.1			堵河成海		【汉族】
W1956.2			洪水使陆地变成海		【朝鲜族】
W1957		与海的产生有关的其他母题			【联2】⑥
W1957.1			洪水后陆地变成海		【羌族】
W1957.2			造地时留下海		【汉族】
W1957.3			死海的产生	A920.1.15	

① 【民族】汉族。【关联】［TPS：A924.2］蛇的尸体腐烂变海。【引例】❶盘古死后大肠变大海【白族】；❷盘古死后肺变成大海【白族】；❸马鹿的心变海【普米族】；❹神的胃化生海【彝族】
② 【引例】❶地母流的血变成大海【阿昌族】；❷地母流产流出的血水变成海【珞巴族】
③ 【关联】［TPS：A923］创世者的汗水变为海。【引例】神的汗水变海【佤族】
④ 【引例】桃子烂后的水变海【苗族】
⑤ 【引例】盘古的眼窝变成了大海洋【汉族】
⑥ 【关联】❶［W1964.8］海浪的产生（波浪的产生）；❷［W1964.9］海浪的声音（涛声）

W 编码	母题描述			参照项	
	一级母题	二级母题	三级母题	汤普森	关联项
W1957.4			海峡的产生	A920.2	
W1957.5			海堤的产生		【例1】①
❋ **W1958**	**海的特征**			A925	
W1959		海的大小			
W1959.1			海最初很小		【蒙古族】
W1959.2			以前的海没有边沿		【白族、布朗族】
W1960		海的颜色		A925.2	
W1960.1			海为什么是蓝的	A1119.1	
W1961		海的温度			
W1961.1			海水为什么是温的	A1119.2	
W1961.2			以前的海水像滚烫的开水		【白族】
W1962		海水为什么是咸的		A1115	【例1】②
W1962.1			海里的盐磨使海水变咸	A1115.2	【朝鲜族、汉族】
W1962.2			汗水把海水变咸		【傣族、水族】
W1962.3			海中洒进泪水变咸		【高山族】
W1963		与海的特征有关的其他母题			
W1963.1			海上为什么有泡沫	A1117	
W1963.2			海有12层		【布依族】
W1963.3			海的气味	A925.3	【高山族】
W1964	与海有关的其他母题				【联1，例3】③
W1964.1		海水干涸		H1142.2	【联1】④
W1964.2		神秘（魔力）之海		D911	
W1964.3		奇特之海		F711	
W1964.4		特定的海			
W1964.4.1			地球上有四个海		
W1964.4.2			东海		【民族，例1】⑤
W1964.4.3			南海		【汉族】
W1964.4.4			西海		【汉族】

① 【引例】地神推出海堤【佤族】
② 【引例】海水原来是甜的【高山族】
③ 【关联】［W6431］海崇拜。【引例】❶天和地中间夹着一个无边无际的大海【白族】；❷海洋在九重天下【哈萨克族】；❸原来的海很小【蒙古族】
④ 【关联】［W0663.2.2］巨人喝干海水
⑤ 【民族】汉族。【引例】东海有东海龙王【满族】

W 编码	母题描述			参照项	
	一级母题	二级母题	三级母题	汤普森	关联项
W1964.4.5			北海		
W1964.4.6			其他特定名称的海		
W1964.5		海眼			
W1964.5.1			一口井是通往海的海眼		【汉族、藏族】
W1964.5.2			山脚的大石洞是海的水眼		【白族】
W1964.6		魔物（力）掌控着海		①D1545 ②D2151.1	
W1964.7		与海相通的通道			【藏族】
W1964.8		海浪的产生（波浪的产生）		①A925.1 ②A1116	【例1】①
W1964.8.1			海浪是灵魂之所	A913.1	
W1964.8.2			海浪是某物的化身	Z118.1	
W1964.8.3			海浪是海神的马	①A1116.1 ②Z118.2	
W1964.8.4			丢到水里的碎物形成波浪		【纳西族】
W1964.8.5			特定人物的行动形成海浪		【哈萨克族】
W1964.9		海浪的声音（涛声）		A925.5	
W1964.10		有魔力的波浪		D911.1	
W1964.11		魔力掌控着海浪		D2151.3	
W1964.12		潮汐的产生		A913	
W1964.12.1			潮汐是妖魔呼吸形成的	A913.2	
W1964.12.2			涨潮是大地晃动造成的		【鄂温克族】
W1964.12.3			涨潮是海龙王兴风作浪		【鄂伦春族】

1.8.3 其他一些常见的水体【W1965～W1979】

W 编码	母题描述			参照项	
	一级母题	二级母题	三级母题	汤普森	关联项
◎	〖泉〗				
✳ **W1965**	泉的产生			A941	

---

① 【引例】向水中丢的木偶形成波浪【纳西族】

W 编码	母题描述			参照项	
	一级母题	二级母题	三级母题	汤普森	关联项
W1966		泉源于某个特定地方			
W1966.1			泉从天上流下来		【壮族】
W1966.2			石裂生出泉水		【布依族】
W1966.3			树心流出泉水		【达斡尔族】
W1967		泉是造出来的			【例3】①
W1967.1			天女造泉		【水族】
W1967.2			始祖造泉		【壮族】
W1967.3			仙人造泉		【水族】
W1967.4			龙造泉		【民族，例2】②
W1967.5			螃蟹造泉		【景颇族】
W1968		泉是生出来的			
W1968.1			龙生泉		【民族，例1】③
W1968.2			埋龙头的地方流出泉		【东乡族】
W1968.3			埋妖魔眼珠的地方流出泉		【鄂伦春族】
W1968.4			金水钵生泉		【汉族】
W1968.5			坑洞生泉		【纳西族】
W1968.6			其他特定的物生泉		【壮族】
W1969		泉是变化产生的			
W1969.1			动物化泉		
W1969.2			眼泪变成泉水	A941.2	【民族，例1】④
W1969.3			尿变成泉		【联1】⑤
W1969.4			血液化泉		【壮族】
W1969.5			神的乳汁变成泉	A941.5.7	
W1969.6			灵魂变成泉		【联1，例1】⑥
W1970		特定的活动形成泉			【例1】⑦
W1970.1			箭射出泉		【汉族】
W1970.2			射树出泉	A941.7.2	

---

① 【引例】❶喇嘛用拐杖在石崖上捅出泉水【门巴族】；❷神鹅造泉水【壮族】；❸蛟龙造泉水【壮族】
② 【民族】壮族。【引例】❶龙吐泉水【仡佬族】；❷龙王踏出的洞化作泉【纳西族】
③ 【民族】汉族、纳西族、水族。【引例】把妖魔的眼珠埋地下出现泉水【鄂伦春族】
④ 【民族】佤族。【引例】猴的眼泪形成泉水【藏族】
⑤ 【关联】［TPS：A941.1.1］马的尿变成泉，
⑥ 【关联】［W0870］灵魂（鬼）。【引例】露水王的魂变为泉【仡佬族】
⑦ 【引例】螃蟹爬进岩缝泉造出泉水【景颇族】

W 编码	母题描述			参照项	
	一级母题	二级母题	三级母题	汤普森	关联项
W1970.3			劈山出泉		【汉族】
W1970.4			戳地出泉		【民族】①
W1970.5			龙溅出的水形成泉		【纳西族】
W1971		与泉的产生有关的其他母题			【联1，例1】②
W1971.1			魔法造泉	①D925.1 ②D927.1 ③D1567.2	
W1971.2			马的脚印形成泉	A941.1	【保安族】
W1971.3			插剑处形成泉	A941.3	
W1971.4			神赐泉水		【哈尼族】
W1971.5			神马带来泉水		【保安族】
W1972	与泉有关的其他母题				【联2，例1】③
W1972.1		神奇的泉		F716	【联2】④
W1972.1.1			使人返老还童的泉	D1338.1.1	
W1972.1.2			长命泉		【傣族】
W1972.1.3			能治病的泉水		【鄂温克族】
W1972.1.4			会行走的泉	D1641.1	
W1972.1.5			能使人长翅膀的泉		【满族】
W1972.1.6			起死回生泉		
W1972.2		泉的涨落			
W1972.2.1			地龙呼吸造成泉水涨落		【水族】
W1972.3		温泉的产生		A942	【例1】⑤
W1972.3.1			太阳被射落水中形成温泉		【汉族】
W1972.3.2			太阳放在水中形成温泉		【汉族】
W1972.3.3			神奇的金簪划出温泉		【水族】
W1972.4		咸的泉水		A942.2	
W1972.5		黄泉			【汉族】

① 【民族】独龙族、汉族、门巴族、水族
② 【引例】祈雨者变成石头后口中流出泉【汉族】
③ 【关联】❶ ［W1798.4］天泉；❷ ［W8126.6］泉涌出造成洪水。【引例】天堂里的泉水很甜【维吾尔族】
④ 【关联】❶ ［W9038.28］魔泉；❷ ［W9038.28.1］魔泉使人变老
⑤ 【引例】温泉是妖魔的眼泪【白族】

W 编码	母题描述			参照项	
	一级母题	二级母题	三级母题	汤普森	关联项
W1972.5.1			天泉在天地的尽头		【藏族】
W1972.6		酒泉			【联1】①
W1972.6.1			天神造酒泉		【拉祜族】
W1972.7		魔力掌控着泉		D2151.6	
W1972.8		泉水的消失			
W1972.8.1			龙把泉水吸干		
W1972.8.2			龙王使泉水断流		【汉族】
✳ **W1975**	**其他水体**			A940	
W1976	水坑（池、泡子）				
W1976.1		水坑是洪水的遗留			【羌族】
W1976.2		水坑是变化产生的			
W1976.2.1			女人化为水坑	A920.1.1	
W1976.2.2			神的眼睛变水坑		【仡佬族】
W1976.3		天上落下的火球砸出水泡子			【鄂伦春族】
W1976.4		消水坑			
W1976.4.1			神死后眼睛变消水坑		【仡佬族】
W1976.5		与水坑有关的母题			
W1976.5.1			特定的肢体化为鱼塘		【例1】②
W1977	潭				
W1977.1		潭的产生			
W1977.1.1			泪水形成潭		【高山族】
W1977.1.2			龙翻滚身体形成水潭		【壮族】
W1977.2		潭的特征			
W1977.2.1			潭水为什么不干		
W1977.3		龙潭的来历			
W1977.3.1			神死后肚皮变龙潭		【仡佬族】
W1977.3.2			龙潭是地的肚皮		【仡佬族】
W1977.3.3			用牛肚造龙潭		【哈尼族】
W1977.3.4			用牛的尿泡做龙潭		【哈尼族】

---

① 【关联】［W6155］酒
② 【引例】英雄死后心变成鱼塘【布依族】

W 编码	母题描述			参照项	
	一级母题	二级母题	三级母题	汤普森	关联项
W1977.3.5			鹿血变成龙潭		【普米族】
W1977.4		与潭有关的其他母题			【例1】①
W1977.4.1			龙潭有公母		【佤族】
W1977.4.2			潭的消失		
W1978	井				
W1978.1		神用手指戳出井			【汉族】
W1978.2		仙女造水井			【水族】
W1978.3		神死后嘴巴变成水井			【布依族】
W1978.4		龙王在海里打井			【布依族】
W1978.5		与井有关的其他母题			
W1978.5.1			仙女死后化为水井		【布依族】
W1978.5.2			龙涎精滴出龙井		【水族】
W1979	与水体有关的其他母题				
W1979.1		沼泽的产生			【例1】②
W1979.1.1			造地时的褶皱变成沼泽		【汉族】
W1979.1.2			用牛的血造沼泽		【哈尼族】
W1979.1.3			天上坠物砸出的凹陷成为沼泽		【哈尼族】
W1979.1.4			积水形成沼泽		【哈尼族】
W1979.2		瀑布的产生		A935	
W1979.3		溪流的产生			
W1979.3.1			鞭子抽出溪流		【苗族】
W1979.3.2			小溪是海的孩子		
W1979.3.3			小溪是尿的痕迹		【珞巴族】
W1979.3.4			特定的人物化为溪流		【例1】③
W1979.4		水坝的产生			
W1979.4.1			用牛尾做水坝		【哈尼族】

---

① 【引例】龙潭的水门【哈尼族】
② 【引例】混沌是沼泽【汉族】
③ 【引例】祖先化身为溪流【佤族】

1.9　其他物质与生物

【W1980～W1999】

1.9.1　金属①【W1980～W1984】

W 编码	母题描述			参照项	
	一级母题	二级母题	三级母题	汤普森	关联项
✳ **W1980**	**金属的产生（获得）**			A1432	【联1】②
W1980.1		特定的人物给人类金属			
W1980.1.1			龙王给人金银铜铁		【哈尼族】
W1980.2		特定的肢体变成金属			
W1980.2.1			神或神性人物的肢体变成金属	A978.1	【汉族】
W1980.2.2			骨骼变成金属		
W1980.2.3			牙齿变成金属		【例1】③
W1980.2.4			血液变成金属		【例2】④
W1980.2.5			皮变成金属		【例1】⑤
W1980.2.6			血脉变成金属		【例1】⑥
W1980.3		卵变成金银铜铁锡			【纳西族】
W1980.4		屎变成金银铜铁锡			【布依族、傣族】
W1980.5		金属产生的其他方式			
W1980.5.1			气变成金属		【例1】⑦
W1980.5.2			祖先寻找金银		【民族，联1】⑧

---

① 金属，该类母题在神话中有性质不同的两类表述。其中，关于自然呈现或一般性产生的金属列入此类母题；而诸如"金属的制造、发明"等与人类的有意识的制造相关的母题，列入"有形文化"母题。具体情况参见《中国神话母题 W6 编目实例》。

② 【关联】［W6108.2］冶炼

③ 【引例】盘古的牙齿变成金银【瑶族】

④ 【引例】神的血变成金属【彝族】；盘古的血变成金银铜铁锡【彝族】

⑤ 【引例】龙的皮变成金属【汉族】

⑥ 【引例】巨兽的血脉变成金银铜铁【怒族】

⑦ 【引例】始祖的灵气跑到山上变成了金银铜铁锡【回族】

⑧ 【民族】哈尼族。【关联】［W9930］寻找

W 编码	母题描述			参照项	
	一级母题	二级母题	三级母题	汤普森	关联项
W1980.5.3			打开地户冒出金银铜铁		【汉族】
W1980.5.4			砍宝树得金银		【纳西族】
W1980.5.5			龙献金银铜铁		【哈尼族】
W1980.5.6			鱼内脏中有金银		【珞巴族】
◎	〖常见金属的产生〗①				
W1981	金的产生			A1432.2	
W1981.1		真主降黄金			【撒拉族】
W1981.2		龙皮变成黄金			【汉族】
W1981.3		龙屎变成金			【景颇族】
W1981.4		黄色金蛋变成金			【藏族】
W1981.5		与金有关的其他母题			
W1981.5.1			黄金埋在地下的原因		【撒拉族】
W1981.5.2			以前遍地黄金		【撒拉族】
W1981.5.3			金片的产生		【苗族】
W1982	银的产生				
W1982.1		特定的物变成银			
W1982.1.1			骨头和牙齿化为银		【例1】②
W1983	铁的产生			A1432.1	【例1】③
W1983.1		特定的人物造铁			
W1983.1.1			雷神打铁		【民族，联1】④
W1983.2		动物变成铁			【壮族】
W1983.2.1			黑虎被击成的碎片变铁		【壮族】
W1983.3		植物变成铁		≈A978.2	
W1983.4		与铁的产生有关的其他母题			
W1983.4.1			肉变成铁		【例1】⑤

① 常见金属的产生，常见金属包括金、银、铜、铁、锡等，这几种金属的产生方式大同小异。为避免母题繁杂，此处只对一些需要个别强调的母题单独编码，相同之处采用了合并表述的方法。具体金属的产生情况可对照《中国神话母题 W1 编目实例》。
② 【引例】盘古的骨头和牙齿化银【汉族】
③ 【引例】从特定的山上滚下铁【彝族】
④ 【民族】彝族。【关联】〔W0305〕雷神
⑤ 【引例】一个把火据为己有的精灵死后的一块肉变成铁【珞巴族】

W 编码	母题描述			参照项	
	一级母题	二级母题	三级母题	汤普森	关联项
W1983.4.2			特定的人物发现铁		【珞巴族】
W1983.4.3			泥里都夹有铁砂		【畲族】
W1984	与金属有关的其他母题				
W1984.1		铜的产生		①A1432.3 ②A1432.4	【例1】①
W1984.1.1			铜在某个地方		【壮族】
W1984.2		锡的产生			
W1984.2.1			犀牛死后化为锡		【汉族】
W1984.3		金属在地下与泥巴混在一起			
W1984.3.1			金银因为做错了事住在地下		【佤族】

1.9.2 矿物【W1985～W1989】

W 编码	母题描述			参照项	
	一级母题	二级母题	三级母题	汤普森	关联项
✳ **W1985**	矿物的产生			A978	
W1985.1		文化英雄垂死化生矿物		A978.1	
W1985.2		特定人物的骨骼化为矿物			【汉族】
W1985.3		特定人物的皮肤变成矿物			【例1】②
W1985.4		与矿物产生有关的其他母题			
W1985.4.1			动物死后化为矿物		【联1】③
◎	〖常见矿物的产生〗				
W1986	煤的产生			A1431	
W1986.1		煤是神留给人间的			【汉族】
W1986.2		特定的物变成煤			
W1986.2.1			铁变成煤		【彝族】
W1986.2.2			太阳的神狗毛变煤		【水族】

① 【引例】铜神献铜【汉族】
② 【引例】盘古的皮肤和汗毛变成宝藏【汉族】
③ 【关联】［W1984.2.1］犀牛死后化为锡

W 编码	母题描述			参照项	
	一级母题	二级母题	三级母题	汤普森	关联项
W1986.2.3			火盆的残渣变煤		【汉族】
W1986.3		造日月的剩料形成煤			【汉族】
W1986.4		煤是特定的人物埋在地下的			
W1986.4.1			神地下埋煤		【汉族】
W1986.4.2			煤是老君埋下的		【汉族】
W1986.5		与煤有关的其他母题			
W1986.5.1			特定的人发现了煤		【汉族】
W1987	炭的产生				
W1987.1		神地下埋炭			
W1987.2		木人被火烧成炭			
W1987.3		与炭有关的其他母题			
W1988	与矿物有关的其他母题				【联1】①
W1988.1		翡翠的产生			【联2】②
W1988.2		磁石的产生			【汉族】
W1988.3		朱砂的产生			
W1988.4		金石的产生			
W1988.4.1			齿骨变成金石		【汉族】

1.9.3 生命（生物）【W1990~W1999】

W 编码	母题描述			参照项	
	一级母题	二级母题	三级母题	汤普森	关联项
✳ **W1990**	**生命的产生**				
W1991		自然出现生命			【柯尔克孜族】
W1992		生命是造出来的			
W1992.1			神制造生命		【汉族、蒙古族、彝族】
W1992.2			兄妹造生命		【联1，例1】③
W1993		生命是生育产生的			

① 【关联】［W6108.1］矿藏的产生
② 【关联】❶［W1866.4］玉石；❷［W9650］宝物
③ 【关联】［W2074.2］兄妹造人。【引例】兄妹用泥土捏生物【傈僳族】

W 编码	母题描述			参照项	
	一级母题	二级母题	三级母题	汤普森	关联项
W1993.1			天地婚生生灵		【珞巴族】
W1993.2			生命生于卵的粘液		【藏族】
W1993.3			草里生出生灵		【哈萨克族】
W1993.4			日月交配产生生物		【独龙族】
W1994		生命是变化产生的			
W1994.1			神变出生命卵		【纳西族】
W1994.2			雪变化为生物		【彝族】
W1994.3			气变成生命		【例1】①
W1995		与生命的产生有关的其他母题			
W1995.1			生命源于气		
W1995.2			生命生于卵		【联1】②
W1995.3			生命源于神的意愿		
W1995.4			生命产生的特定时间		【例1】③
W1996	最早产生的生命				
W1996.1		世界最早产生的是人			【民族，联1】④
W1996.2		世界最早产生的是动物			【民族，联1】⑤
W1996.2.1			世界最早产生的是鱼		【傣族、哈尼族】
W1996.2.2			世界最早产生的是青蛙		【羌族】
W1996.2.3			世界最早产生的是鸭		【汉族】
W1996.2.4			世界最早产生的是犀牛		【布朗族】
W1996.2.5			世界最早产生的是鸟		【哈尼族】
W1996.2.6			世界最早产生的是虫子		【汉族】
W1996.2.7			世界最早是其他特定动物		【例2】⑥

① 【引例】分开天地时浊气下沉化为生灵【毛南族】
② 【关联】［W1997.3］生命卵
③ 【引例】神降生人间时生灵生成【蒙古族】
④ 【民族】独龙族。【关联】［W2021］世上出现的第一个人
⑤ 【民族】鄂温克族、汉族。【关联】［W3001］动物的产生
⑥ 【引例】❶世界最早是虫子【汉族】；❷世界最早的生命是鹿【汉族】

W 编码	母题描述			参照项	
	一级母题	二级母题	三级母题	汤普森	关联项
W1996.3		世界最早产生的是植物			【例1】①
W1996.3.1			世界最早出现的是树		【例1】②
W1996.3.2			世界最早出现的是葫芦		【傈僳族】
W1996.3.3			世界最早出现的是树和草		【汉族】
W1996.4		世界最早产生的是动物和植物			【布朗族、蒙古族、藏族】
W1996.5		世上产生最早的其他生命			【例1】③
W1996.5.1			世界最早只有神（仙）		【民族，例2】④
W1996.5.2			世界最早是怪物		【汉族】
W1996.5.3			世界最早只有地神和植物		【布朗族】
W1996.5.4			世界最早只有盘古和狗		【汉族】
W1997	与生命有关的其他母题				
W1997.1		生命起源的时间			
W1997.2		生命的种类			【例1】⑤
W1997.2.1			生物类别的产生		【独龙族】
W1997.2.2			生灵有 6 类		【蒙古族】
W1997.2.3			生灵有 12 类		【苗族】
W1997.2.4			生灵有 100 类		【苗族】
W1997.3		生命卵			【民族，联2】⑥

---

① 【引例】最早的世界是树和草 【哈尼族】
② 【引例】以前地上没有人，只有一棵大树 【珞巴族】
③ 【引例】最早的世界出现一个怪物 【基诺族】
④ 【民族】哈萨克族、汉族、回族、门巴族、裕固族。【引例】❶世界最早只有树精夫妻（精灵）【珞巴族】；❷以前，地上只有一个人，其余都是神灵 【珞巴族】
⑤ 【引例】造出地上一百样生灵 【苗族】
⑥ 【民族】纳西族。【关联】❶ ［W1517］卵生万物；❷ ［W1994.1］神变出生命卵

2 人与人类

（代码：W2000～W2999）

类型说明

一、人类起源神话母题的界定

人类起源神话是各民族神话的一个重要类型。许多人类起源神话与族体的形成和发展联系紧密，具有神圣性和较为稳固的流传渠道。人们对人类起源神话的界定不一，有的认为人类起源神话是创世神话的组成部分；有的则认为人类起源神话与世界和万物起源具有本质的区别，应该作为一个特定的类型。相比较而言，我们提取关于人类起源的神话母题，可以从更为细致的角度捕捉与人类起源相关的神话元素，在兼顾不同的神话类型之辨的同时，为进一步确定神话分类提供必要的数据和依据。

二、类型划分与编排

1. 本类母题主要划分出 11 个部分。其基本排序如下：

（1）人类产生概况；（2）人自然存在或来源于某个地方；（3）造人；（4）生育产生人（生人）；（5）变化产生人（变人）；（6）配婚产生人（婚生人）；（7）人类再生；（8）怀孕与生育；（9）与人的产生相关的母题；（10）人的特征及相关母题；（11）与人相关的其他母题。

上述 11 个部分可以分成 3 个板块，前 6 项主要侧重于"人的产生"，适当兼顾到人类产生的时序；7、8、9 项是与"人类产生"密切相关的问题；最后 2 项主要是人的特征及其他补充性问题。

2. 母题的编排。在保持体例与其他类型大概一致的前提下，适当照顾到各部分的结构特点，力求体现人们所熟知的时间或空间逻辑关系。

2.1　人类产生概说^①

【W2000～W2019】

2.1.1　人产生的原因【W2000～W2009】

W 编码	母题描述			参照项	
	一级母题	二级母题	三级母题	汤普森	关联项
◎	〖人与人类〗				
✿ W2000	人类的产生（人的产生）			①A1200 ②T589.6	
W2000.1		以前没有人类			【汉族】
W2001	人类的产生没有原因				【联2】②
❋ W2002	人类产生有特定的原因				【联1】③
W2003		人的产生与神有关			【联1】④
W2004		人的产生与世界变化有关			【纳西族】
W2005		人的产生与特定的需要有关			【联1】⑤
W2006		人类产生的其他特定原因			
W2007	与人类产生原因有关的其他母题				
W2007.1		人的产生与天象有关			【汉族】
W2007.2		人的产生源于神的争斗			

---

① 人类产生概说，"人类产生"在神话叙事中包括"人的产生"与"人类的产生"两方面内容。此编目主要列举人类产生母题中一些具有共性的母题。本编目中关于人的"自然产生"、"造人"、"生人"、"变化为人"等母题类型中一般都会包括人类产生原因、时间、地点等基本问题。为避免母题交叉，在此一并提出。具体情况可参见《中国神话母题 W2 编目实例》。

② 【关联】❶〔W2020.1〕人自然产生；❷〔W2028.1〕人来源于不知名的地方

③ 【关联】〔W2044.1〕神感到孤独造人

④ 【关联】〔W2147.2〕人产生于神的意念

⑤ 【关联】〔W2042〕为管理世界造人

2.1.2　人产生的时间① 【W2010～W2014】

W 编码	母题描述			参照项	
	一级母题	二级母题	三级母题	汤普森	关联项
✳ **W2010**	**人产生的时间**				【联 1】②
W2011	远古时产生人				
W2011.1		洪荒时代产生人			【布朗族】
W2011.2		天地形成时产生人			【民族，联 3】③
W2011.3		天地形成以后产生人			【民族，例 2】④
W2012	大灾难之前产生人				
W2012.1		大洪水前产生人			【联 1】⑤
W2012.2		与大灾难之前产生人有关的其他母题			
W2012.2.1			大洪水前没有人		【汉族】
W2013	人有特定产生时间				
W2013.1		亿万年前产生人			【汉族】
W2013.2		数万年前产生人			【壮族】
W2013.3		神产生 1 万年后产生人			【傣族】
W2013.4		特定人物出现时产生人			【例 1】⑥
W2013.5		正月初七产生人			【民族，联 1】⑦
W2013.6		龙日产生人			【哈尼族】
W2014	与人产生的时间有关的其他母题				【联 1】⑧
W2014.1		特定的神管着人的产生时间			

---

① 人产生的时间，神话中人或人类产生的时间并不是一个真正的时间概念。有些神话在叙事中为了表达的需要，会设置一定的时间，有的采用"开天辟地时"、"出现万物时"之类模糊的说法；有的则表述为"太昊时代"、"1 万年前"等较为确切的时段。无论哪一种都不是叙事真实。从母题分析的角度，把这些问题提取出来，可以作为进一步了解和研究神话叙事规律或某些神话的流传情况的参考。

② 【关联】［W2031］造人的时间

③ 【民族】纳西族。【关联】❶［W2020.2］混沌初开时自然有人类；❷［W2034］开天辟地时造人；❸［W2035.1］天地形成后造人

④ 【民族】柯尔克孜族。【引例】❶开天辟地后 8 个月形成人；❷盘古开天后 9 个月产生人

⑤ 【关联】［W2530～W2559］洪水后人类再生

⑥ 【引例】伏羲出现时产生人【汉族】

⑦ 【民族】汉族。【关联】［W2039.5］第 7 天时造出人

⑧ 【关联】［W2742］先有万物后有人

2.1.3 人产生的地点①【W2015~W2019】

W 编码	母题描述			参照项	
	一级母题	二级母题	三级母题	汤普森	关联项
✳ **W2015**	人产生的地点				
W2016	人产生在天上				
W2016.1		人最先出现在天上			【独龙族】
W2016.2		人产生在空气中			【联1】②
W2016.3		与人产生在天上有关的其他母题			
W2016.3.1			天上的人		【联1，例2】③
W2017	人产生在地上				【联1】④
W2017.1		人产生在山上⑤		A1234.2	【联1】⑥
W2017.1.1			人产生在山洞中		
W2017.2		人产生在水中			【哈尼族、汉族】
W2017.2.1			人产生在特定的湖中		
W2018	人产生于其他某个特定的地点				
W2018.1		人类从冰雪里诞生			【彝族】
W2018.2		人产生在植物中			【联1】⑦
W2019	与人的产生地点有关的其他母题				
W2019.1		人产生地点的选择			【汉族】
W2019.2		人产生地点的变化			

---

① 人产生的地点，人类起源包括一些有关人类产生的地点的设定，但神话叙事中并没有把这些情况作为人类产生的主体，如作为个体的人的出生，特殊的变形为人的地点等情况，只是一种个案，我们可以通过分析若干个案后找出一些带有共性的结论，因为关于人类产生的地点往往受到人类产生方式的影响，这里只选取某些带有普适性的母题，具体情形参见《中国神话母题 W2 编目实例》。

② 【关联】［W2207］气人

③ 【关联】［W2153.1］天上的人下凡生育人。【引例】❶天上人是白色人（白天人）【佤族】；❷天上的人生活幸福【彝族】

④ 【关联】［W2126.2］在世界各处造人

⑤ 人产生在山上，该母题与"山生人"的区别主要在于，"人产生在山上"强调人从山中出现的地点，而不是"山生人"所强调的"出生"。

⑥ 【关联】［W2209］山生人

⑦ 【关联】［W2170］植物生人

2.2　人自然存在或来源于某个地方
【W2020～W2029】

2.2.1　人自然存在【W2020～W2024】

W 编码	母题描述			参照项	
	一级母题	二级母题	三级母题	汤普森	关联项
✳ **W2020**	**人自然存在**				
W2020.1		人自然产生			【民族】①
W2020.1.1			天地产生时自然产生人类		【汉族、藏族、壮族】
W2020.2		混沌初开时自然有人类			【水族】
W2021	世上出现的第一个人			①A1230 ②A1280	
W2021.1		世上最早只有1个老人			【景颇族、苗族】
W2021.2		世上最早只有1个女人（第一个女人）			【民族，联1，例1】②
W2021.2.1			女娲是世上第一个人		【汉族】
W2021.2.2			世上最早出现的是地母的女儿		【哈尼族】
W2021.3		世上最早只有1个男人			【民族，联2，例3】③
W2021.4		与世上出现的第一个人有关的其他母题			【联3，例3】④

---

① 【民族】布依族、侗族、哈尼族、纳西族

② 【民族】白族、侗族、哈尼族、基诺族、佤族、壮族。【关联】［W2755.1］产生第一个母亲（人类之母）。【引例】天王和地母婚生1女【德昂族】

③ 【民族】佤族。【关联】❶［W2022.2.1］世上最早只有兄弟2人；❷［W2756］最早只有男人。【引例】❶天神造第一个男人【独龙族】；❷盘古是世上第一个人【汉族】；❸世上最早只有盘古和三皇五帝两人【苗族】

④ 【关联】❶［W2701］产生1人；❷［W2806.1］最早的人像大冬瓜；❸［W2807.5］最早的人有正常的身体。【引例】❶骨头棒子是世上最早的人【汉族】；❷天地生的头一个人是盘古【苗族】；❸天地生的头一个人是榜香猷【苗族】

W 编码	母题描述			参照项	
	一级母题	二级母题	三级母题	汤普森	关联项
W2022	世上最早有 2 人				
W2022.1		世上最早有 1 男 1 女			【民族，例 3】①
W2022.1.1			世上最早只有 1 对夫妻	A1270	【例 1】②
W2022.1.2			世上最早只有兄妹 2 人		【民族，例 2】③
W2022.1.3			世上最早只有姐弟 2 人		【赫哲族】
W2022.1.4			世上最早有父女 2 人		【仡佬族】
W2022.2		世上最早有 2 男			【民族，例 1】④
W2022.2.1			世上最早只有兄弟 2 人		【俄罗斯族、汉族、瑶族】
W2022.2.2			世上最早有父子 2 人		【哈尼族】
W2022.2.3			世上最早有其他特定的两个人		【例 1】⑤
W2023	与人的自然存在有关的其他母题				【例 1】⑥
W2023.1		人自然产生的情形			
W2023.2		世上最早只有 4 人			【彝族】
W2023.3		世上最早有一家人			

2.2.2　人来源于某个地方⑦【W2025～W2029】

W 编码	母题描述			参照项	
	一级母题	二级母题	三级母题	汤普森	关联项
◎	《人来源于某个地方》				
W2025	人从天降			A1231	【民族】⑧

---

① 【民族】哈尼族、赫哲族、黎族。【引例】❶世上最早有伏羲兄妹 2 人【汉族】；❷世上最早有羲男和羲女 2 人【汉族】；❸世上最早只有 1 对人祖【苗族】
② 【引例】世上最早只有 1 对人祖【苗族】
③ 【民族】阿昌族。【引例】❶世上最早有伏羲兄妹 2 人【汉族】；❷世上最早有羲男和羲女 2 人【汉族】
④ 【民族】高山族（雅美）。【引例】最早有 2 个男始祖【高山族、苗族】
⑤ 【引例】世上最早只有盘古和三皇五帝两人【苗族】
⑥ 【引例】生物分出类别后首先显出的是人类【独龙族】
⑦ 人来源于某个地方，"天地生人"、"天生人"、"地生人"等母题列入此类编目，而没有列入下面的"生人"母题类型，主要考虑到神话叙事中强调的是人的自然出现，并没有明确强调"生"的执行者和过程。
⑧ 【民族】布朗族、哈尼族、汉族、回族、珞巴族、蒙古族、纳西族、壮族

W 编码	母题描述			参照项	
	一级母题	二级母题	三级母题	汤普森	关联项
W2025.1		天漏后落下人			【例1】①
W2025.2		人从太阳中来			【民族，例1】②
W2025.3		从月亮中来			【民族，例1】③
W2025.3.1			月亮让一个女子从天而降		【佤族】
W2025.3.2			人从月亮重返大地		【普米族】
W2025.4		与人从天降有关的其他母题			【例2】④
W2025.4.1			人吃禁果被赶下天堂	A1331.1.1	【哈萨克族、回族】
W2025.4.2			天降女祖先		【民族，例1】⑤
W2025.4.3			天上下来的小人	F205	
W2025.4.4			特定人物让人降到地上		【民族，例1】⑥
W2025.4.5			特定的人物从天降		【民族，例1】⑦
W2026	人从神界到人间				【纳西族】
W2027	人从地下来			A1232	【联1】⑧
W2027.1		人从地面中出现		A1234	【民族，联1】⑨
W2027.2		人从下界来		T589.6.3	【联1】⑩
W2027.3		人从井里来		T589.6.4	
W2027.4		与人从地下来有关的其他母题			
W2027.4.1			地下的人		【例4】⑪
W2028	人从其他地方来				
W2028.1		人来源于不知名的地方			【哈尼族、藏族】
W2028.2		人从远方来			【满族】
W2028.3		人从海的对岸来			

① 【引例】天漏后落下 4 胎 5 人 【布朗族】

② 【民族】水族。【引例】太阳帮第 1 个男人从天降 【佤族】

③ 【民族】彝族。【引例】月亮帮第一个女人从天降 【佤族】

④ 【引例】❶很早以前，两兄弟从天上来到了地上 【珞巴族】；❷人类是老天爷派来的 【藏族】

⑤ 【民族】怒族。【引例】女娲天降 【汉族】

⑥ 【民族】仡佬族、珞巴族、蒙古族、彝族。【引例】布洛陀把人放到地上 【壮族】

⑦ 【民族】汉族。【引例】太阳的儿女从天降 【珞巴族】

⑧ 【关联】［W2203.2］地生人

⑨ 【民族】高山族、汉族、柯尔克孜族、拉祜族、珞巴族。【关联】［W2203.2］地生人

⑩ 【关联】［W1078］下界

⑪ 【引例】❶地下的人也像人间一样过节日 【苗族】；❷人类分为天上人、地上人和地下人三层 【佤族】；❸地上的人如果统治不好，地底的人就会升起来代替 【佤族】；❹地下人是黑色人（夜间人）【佤族】

W 编码	母题描述			参照项	
	一级母题	二级母题	三级母题	汤普森	关联项
W2029	与人源于某地有关的其他母题				
W2029.1		人从宇宙中来			【例1】①
W2029.2		人自然降生			【汉族】
W2029.3		人是动物从某个地方带来的			【汉族】
W2029.3.1			人是鸟从某个地方叼来的	≈ T589.6.1	

· ① 【引例】混沌神把人从宇宙的巨壳中救出来【毛南族】

2.3　造人

【W2030 ~ W2129】

2.3.1　造人的时间 【W2030 ~ W2039】

W 编码	母题描述			参照项	
	一级母题	二级母题	三级母题	汤普森	关联项
✿ **W2030**	人是造出来的（造人）			≈ A1200	
※ **W2031**	造人的时间				【联 1】①
W2032		很早以前造人			
W2033		混沌之后造人			【汉族】
W2034		开天辟地时造人			【达斡尔族、土家族】
W2035		开天辟地后造人			【民族】②
W2035.1			天地形成后造人		【汉族、景颇族】
W2035.2			造出天地之后造人		【汉族】
W2036		特定的年代造人			
W2036.1			伏羲时代造人		【汉族】
W2036.2			太昊时代造人		【汉族】
W2037		特定时间造人			【联 1，例 3】③
W2037.1			几万年前造人		【瑶族】
W2037.2			戊日是造人日		【羌族】
W2037.3			日落后造人		
W2038		特定事件后造人			
W2038.1			结婚后开始造人		【民族，例 1】④
W2038.2			烈日洪水后造人		【壮族】
W2038.3			盘古死后造人		【例 2】⑤

---

① 【关联】［W2010］人产生的时间
② 【民族】汉族、回族、土家族
③ 【关联】［W2078.4.1］武当喇嘛1500岁时开始造人。【引例】❶第 5 天第 6 天造人【汉族】；❷第 7 天造出人【汉族】；❸创世后第 6 天造人【回族】
④ 【民族】汉族。【引例】兄妹婚后造人【拉祜族】
⑤ 【引例】❶盘古死后许多万年造人【汉族】；❷盘古死后女娲造人【汉族】

W 编码	母题描述			参照项	
	一级母题	二级母题	三级母题	汤普森	关联项
W2039	与造人时间有关的其他母题				
W2039.1		日月刚刚形成时造人			【蒙古族】
W2039.2		世界出现光时造人			【蒙古族】
W2039.3		大海变小泊时造人			【蒙古族】
W2039.4		树木花草发芽时造人			【蒙古族】
W2039.5		第 7 天时造出人			【例1】①

2.3.2　造人的原因【W2040 ~ W2049】

W 编码	母题描述			参照项	
	一级母题	二级母题	三级母题	汤普森	关联项
✳ **W2040**	**造人的原因**				
W2041	无目的的造人				
W2041.1		无意中造人			
W2041.1.1			造人者闲着没事造人		【布朗族】
W2042	为管理世界造人			A1201	
W2042.1		为管理天地造人			【汉族、撒拉族、水族】
W2042.1.1			为管理大地造人		【苗族】
W2042.2		为看管某个处所造人			【傣族、汉族】
W2042.3		为管理动物造人			【汉族】
W2043	因原来的人灭绝造人				【民族，联1】②
W2043.1		因灾难后人类被毁灭造人			【例1】③
W2043.1.1			洪水毁灭后造人		【联1】④
W2043.2		因婚生的人死掉造人			【民族，联1】⑤

---

① 【引例】前 6 天造动物，第 7 天造出人【汉族】
② 【民族】土家族。【关联】［W2500］人类再生
③ 【引例】混沌后造人【汉族】
④ 【关联】［W2531］洪水后再造人类
⑤ 【民族】汉族。【关联】［W2046.1］因婚后不能生育造人

W 编码	母题描述			参照项	
	一级母题	二级母题	三级母题	汤普森	关联项
W2044	为消除孤独造人				【民族，例1】①
W2044.1		神感到孤独造人			【汉族、水族、佤族】
W2044.2		创世者感到孤独造人			【汉族】
W2044.3		特定的人感到孤独造人			
W2044.3.1			最早出现的人感到孤独造人		
W2044.3.2			灾难后幸存的人感到孤独造人		【土族】
W2044.4		其他特定的人物感到孤独造人			【汉族】
W2045	因特定人物的指令造人				
W2045.1		玉帝下旨意造人			【民族，例1】②
W2045.2		天神下旨造人			
W2046	因繁衍人类的需要造人				
W2046.1		因婚后不能生育造人			【民族】③
W2046.2		因婚后没有生育造人			
W2046.3		因结婚后嫌生人太慢造人			【汉族】
W2046.4		婚生的人有疾病造人			【汉族】
W2047	与造人原因有关的其他母题				
W2047.1		因没有配偶造人			【汉族】
W2047.1.1			男子造出自己的妻子		【布朗族】
W2047.2		为了让人修整大地造人			【壮族】
W2047.3		为了帮自己干活造人			【蒙古族】
W2047.4		因地上缺少有智慧的生命造人			【塔吉克族】

① 【民族】汉族。【引例】因为原来世上只有动物不会说话造人【藏族】
② 【民族】汉族。【引例】玉帝命令娘娘造人【土家族】
③ 【民族】高山族、汉族、拉祜族、毛南族

W 编码	母题描述			参照项	
	一级母题	二级母题	三级母题	汤普森	关联项
W2047.5		怕人类灭绝造人			【高山族】
W2047.6		被惩罚下凡造人			【例1】①
W2047.7		受某种启发造人			【例1】②
W2047.8		因天神看到地上有兽无人造人			【鄂伦春族】

2.3.3　造人者【W2050～W2079】

W 编码	母题描述			参照项	
	一级母题	二级母题	三级母题	汤普森	关联项
✿ **W2050**	**造人者**				
✳ **W2051**	**神或神性人物造人③**				
W2052		神造人④		A179.6	【民族】⑤
W2053		天神造人			【民族，例1】⑥
W2053.1			男女天神造人		【布朗族、独龙族】
W2053.2			女天神造人		【维吾尔族】
W2053.3			天神下凡后造人		【达斡尔族、畲族】
W2053.4			天神与弟子造人		【满族】
W2054		地神造人			【汉族、佤族】
W2055		男神造人			【民族，联1】⑦
W2056		女神造人⑧			【民族，联2】⑨
W2056.1			神的女儿造人		【普米族】

---

① 【引例】女娲被罚下凡造人
② 【引例】女娲看到自己的影子想到造人【汉族】
③ 神或神性人物造人，此类造人主体比较复杂。因神话分析中很难对神或神性人物作出统一的界定，同一个神话形象在不同的神话文本中可能具有不同的角色，如一些神或神性人物存在于多种叙事环境之中。有时是宗教中的人物，有时可能是人类早期神化的人，或者纯粹的神话形象，如西王母、玉皇大帝等也可以出现在不同的神话语境之中。在此，选择其一，不再一一细分或重复列举。神或神性人物在编排中适当考虑到表达习惯的同时，其身份和地位在表中不分先后。
④ 神造人，该母题包括了一般意义上的"神"，具体神话文本中所强调的神的身份的侧重点较为复杂，鉴于神话中神的身份和实际含义多有混杂难辨之处，以及具体研究的需要，此处所列母题中某些神的身份有所交叉。具体使用时可对照"W0 神与神性人物"中的分类和《中国神话母题 W0 编目实例》。
⑤ 【民族】布依族、傣族、鄂温克族、高山族、羌族、佤族
⑥ 【民族】达斡尔族、傣族、鄂温克族、仡佬族、汉族、拉祜族、傈僳族、满族、蒙古族、土家族、锡伯族、彝族。
　　【引例】天神的第九个女儿造人【水族】
⑦ 【民族】佤族。【关联】［W2056］女神造人
⑧ 女神，在各民族神话中并不是一个明确的概念。讲述人与翻译者对待女神的问题上会有一定的灵活性。这里只能根据神话叙事的文本归为女神类型。如瑶族的密洛陀造人，有的神话中把密洛陀称为"女神"，而有的神话则说她是"万物之母"或"女始祖"。
⑨ 【民族】基诺族、满族、水族、瑶族。【关联】❶［W2053.2］女天神造人；❷［W2055］男神造人

W 编码	母题描述			参照项	
	一级母题	二级母题	三级母题	汤普森	关联项
W2057		众神共同造人		A1218	【民族，联1，例2】①
W2057.1			男神女神共同造人		【布朗族、畲族】
W2057.2			夫妻神造人		【羌族】
W2057.3			天神和地神造人		【苗族】
W2057.4			母子神造人		【例1】②
W2057.5			雷公风神共同造人		【德昂族】
W2057.6			兄妹神造人		【汉族】
W2058		造物主造人③（造物神造人）		A1210	【独龙族、景颇族】
W2058.1			创世神造人		【毛南族】
W2058.2			创世者造人		【布依族、哈萨克族】
W2059		神仙造人			【布依族、黎族、羌族】
W2059.1			仙造人		【例1】④
W2059.2			天仙造人		【回族】
W2059.3			多个仙人造人		【回族、羌族】
W2060		祖先造人			
W2060.1			女祖先造人		【民族，例1】⑤
W2060.2			男祖先造人		【苗族】
W2060.3			祖先神造人⑥		【侗族、土家族】
W2060.4			男女祖先共同造人		【民族，联1，例1】⑦
W2061		其他神或神性人物造人			【例5】⑧
W2061.1			上帝造人		【哈萨克族】
W2061.2			人神造人⑨		【苗族】
W2061.3			万能神造人		【高山族（赛夏）、景颇族】

① 【民族】布朗族、独龙族、满族、蒙古族、羌族。【关联】［W2053.1］男女天神造人。【引例】❶99 尊天神造人【蒙古族】；❷皇天爷与皇天姆造人【畲族】

② 【引例】创世神母子造人【蒙古族】

③ 造物主造人，也可以作为"创世神造人"。关于"造物主"的身份，在神话叙事中并没有严格界定。如基督教认为上帝创造万物，因此称上帝为"造物主"；而在某些民族中，"造物主"指的是普遍意义上的万物的创造者。有时无论是神话讲述人还是文本的翻译记录者常常把"造物主"、"造物神"、"创世者"等混用。这个名称常出现在多种宗教中，当术语本身不便于辨别时，也归为此类。

④ 【引例】大仙造人【壮族】

⑤ 【民族】苗族。【引例】女祖先告务造人【瑶族】

⑥ 祖先神，在一些神话叙事中又称"始祖神"。许多民族"祖先"与"祖先神"不分。为了忠实于文本，把"祖先神造人"单独列出。

⑦ 【民族】俄罗斯族、土族、佤族。【关联】［W0640～W0659］祖先（祖先神、始祖神）。【引例】人祖爷和人祖奶姐弟俩造人【汉族】

⑧ 【引例】❶天王造人【傣族】；❷世神下凡造人【汉族】；❸天王造人【汉族】；❹最高神造人【蒙古族】；❺天女造人【普米族】

⑨ 人神造人，该母题也可以归属于"神性人物造人"。在一些民族中人、神不分或人、神混杂的情况非常多见。

W 编码	母题描述			参照项	
	一级母题	二级母题	三级母题	汤普森	关联项
W2061.4			玉皇大帝造人		【汉族、土族】
W2061.5			独身神造人		【独龙族、佤族】
W2061.6			神匠造人		【傈僳族】
W2061.7			天管师造人		【傈僳族】
W2061.8			文化英雄造人		
W2061.9			巨人造人		【民族，例1】①
W2061.10			鬼造人		【例1】②
W2061.11			妖造人		
W2061.12			人皇造人		【亿佬族、汉族】
W2061.13			神性的兄妹造人		【汉族】
W2061.14			萨满造人		【鄂温克族】
W2061.15			娘娘造人		【汉族】
❋ W2062	特定名称的神或神性人物造人				
W2063		盘古造人			【汉族】
W2064		伏羲造人			【汉族、壮族】
W2064.1			伏羲兄妹造人		【汉族】
W2064.2			伏羲女娲造人		【汉族】
W2065		女娲造人			【汉族、藏族】
W2066		佛祖造人			【傣族、蒙古族】
W2066.1			佛师造人		【鄂温克族】
W2066.2			喇嘛造人		【民族，联1】③
W2066.3			观音娘娘造人		
W2067		真主造人④			【民族，例1】⑤
W2067.1			真主派女神造人		【联1】⑥
W2067.2			真主的侍从造人		【回族】
W2068		其他特定名称的神或神性人物造人			
W2068.1			王母造人		【民族，联1】⑦
W2068.2			黄帝造人		【汉族】

① 【民族】佤族。【引例】巨人分开天地后造人【苗族】
② 【引例】鬼造姐弟2人【景颇族】
③ 【民族】蒙古族。【关联】［W2078.4.1］武当喇嘛1500岁时开始造人
④ 真主，音译"安拉胡"，俗称"安拉"。通用中文的穆斯林因唯一真实的主宰而称为"真主"，通用突厥语、波斯语和乌尔都语的民族又称为"胡达"（胡大）。
⑤ 【民族】回族、撒拉族、塔吉克族。【引例】真主用泥土在天堂造人【柯尔克孜族】
⑥ 【关联】［W2056］女神造人
⑦ 【民族】汉族。【关联】［W2061.15］娘娘造人

W 编码	母题描述			参照项	
	一级母题	二级母题	三级母题	汤普森	关联项
W2068.3			老子造人①		【汉族】
W2068.4			洪钧老祖造人		【汉族】
W2068.5			无极老祖与徒弟造人		【汉族】
W2069	与神或神性人物造人有关的其他母题				
W2069.1		龙女造人			【彝族】
W2069.1.1			东海龙王的女儿造人		【彝族】
W2069.2		合作造人			【联1，例1】②
W2069.3		不同类的神或神性人物共同造人			【鄂温克族、汉族】
✿ **W2070**	人造人				
W2071		世上最早出现的一个人造人			【佤族】
W2072		男子造人			【民族，联1】③
W2072.1			洪水后幸存的男子造人		【蒙古族、普米族】
W2072.2			最早兄弟二人中的弟弟造人		【俄罗斯族】
W2072.3			九个兄弟造人		【侗族】
W2072.4			其他特定来历的男子造人		【傈僳族】
W2073		女子造人			【联1，例1】④
W2074		两个人造人			
W2074.1			夫妻造人		【傣族、回族】
W2074.2			兄妹造人		【联1，例3】⑤
W2074.3			姐弟造人		【满族】
W2074.4			母子造人		【苗族】
W2075		其他特定的人造人			【例1】⑥
W2075.1			鲁班造人		【民族，联1】⑦

① 老子，一般认为是道教人物，也可以看作是神性人物。
② 【关联】［W2057］众神共同造人。【引例】伏羲女娲一起造人【汉族】
③ 【民族】布朗族。【关联】［W2081.2.2］哥哥用妹妹的尸体造人
④ 【关联】［W2065］女娲造人。【引例】一个女子造人【苗族】
⑤ 【关联】［W2533.2］洪水后幸存的兄妹造人。【引例】❶洪水后伏羲女娲兄妹造人【汉族】；❷洪水后幸存人间的兄妹造人【汉族、羌族】；❸阿根和阿莲兄妹造人【汉族】
⑥ 【引例】木筒生的人造人【傈僳族】
⑦ 【民族】壮族。【关联】［W0768.20］鲁班

W 编码	母题描述			参照项	
	一级母题	二级母题	三级母题	汤普森	关联项
W2075.2			恶人造人		【毛南族】
W2076	动物造人				
W2076.1		超自然的动物创造人		A1291	
W2076.2		鸟造人			【例1】①
W2076.3		蜥蜴造人			【壮族】
W2076.4		蜘蛛造人			【高山族（布农）】
W2076.5		其他动物造人			
W2076.5.1			甲虫造人		【高山族（布农）】
W2076.6		其他与动物造人有关的母题			
W2076.6.1			两个动物造人		【布朗族】
W2077	其他造人者				
W2077.1		植物造人		A1255	
W2077.2		无生命物造人			
W2077.2.1			日月造人		【蒙古族】
W2078	与造人者有关的其他母题				
W2078.1		造人的帮助者			
W2078.1.1			神或神性人物是造人的帮助者		【民族，例3】②
W2078.1.2			动物是造人的帮助者		【例2】③
W2078.1.3			造人时的其他帮助者		
W2078.2		造人的破坏者			
W2078.2.1			魔鬼破坏造人		【蒙古族】
W2078.3		不同造人者合作造人			【联1】④
W2078.3.1			神仙和人造人		【苗族】
W2078.4		造人者造人的条件			
W2078.4.1			武当喇嘛1500岁时开始造人		【蒙古族】

---

① 【引例】八哥鸟造人【景颇族】

② 【民族】柯尔克孜族。【引例】❶造人时女娲当助手【汉族】；❷造人时天使当助手【回族】；❸王母下凡帮助造人

③ 【引例】❶乌鸦把泥人衔四方成活【毛南族】；❷造人时蜜蜂当助手【瑶族】

④ 【关联】［W2069.3］不同类的神或神性人物共同造人

2.3.4　造人的材料【W2080～W2099】

W 编码	母题描述			参照项	
	一级母题	二级母题	三级母题	汤普森	关联项
✳ **W2080**	**造人的材料**				
W2081	用身体造人				
W2081.1		用神的身体造人			【例1】①
W2081.1.1			造人者（神 等）用自己的身体造人	A1211	
W2081.2		用人的身体造人			【高山族（平埔）】
W2081.2.1			用洪水后的幸存者造人		【高山族（赛夏）】
W2081.2.2			哥哥用妹妹的尸体造人		【高山族】
W2081.2.3			用婚生的怪娃造人		【民族，联2】②
W2082	用特定的肢体造人				
W2082.1		用肋骨造人			【民族，例3】③
W2082.1.1			用男人的肋骨造女人	A1263	【民族，联1】④
W2082.1.2			用特定的肋骨造女人		【回族】
W2082.2		用皮肉造人			【高山族】
W2082.3		用肠子造人			【高山族（泰雅）】
W2082.4		用生殖器造人			
W2082.4.1			用文化英雄的生殖器造人	A1263.6	
W2082.5		用亲属的尸体造人			【联1】⑤
W2082.6		切碎生育的怪胎造人			【民族，联1】⑥
W2083	用人或动物等的体液、排泄物等造人			A1263	

① 【引例】雷公砍碎男孩造人【黎族】
② 【民族】汉族、瑶族。【关联】❶［W2600］人生怪胎；❷［W2601］生怪娃
③ 【民族】柯尔克孜族。【引例】❶用肋骨造女人【哈萨克族、回族、撒拉族】；❷用男人祖一根肋骨和一些肌肉造女人【哈萨克族】；❸造人者用自己的肋骨造人【汉族】
④ 【民族】哈萨克族。【关联】［W2753］人的性别的产生
⑤ 【关联】［W2081.2.2］哥哥用妹妹的尸体造人
⑥ 【民族】汉族、苗族、瑶族、彝族。【关联】［W2081.2.3］用婚生的怪娃造人

W 编码	母题描述			参照项	
	一级母题	二级母题	三级母题	汤普森	关联项
W2083.1		用唾液造人			【联1】①
W2083.1.1			创世者用唾液造人	A1211.3	
W2083.1.2			用圣人的唾液造人	A1263.4	
W2083.2		用汗水造人		A1262	
W2083.2.1			创世者用汗水造人	A1211.2	
W2083.3		用汗渍（垢）造人			【汉族】
W2083.3.1			创世者用汗垢造人	A1211.5	
W2083.4		用血造人		A1263.1	【壮族】
W2083.5		用指甲等造人		A1263.2	
W2083.5.1			创世者用指甲等造人	A1211.5.1	
W2083.6		用皮屑造人		A1263.3	
W2083.7		用胎盘造人		≈ T588.1	
W2083.8		用粪便造人②			【例2】③
W2083.8.1			用鸡屎造人【苗族】		
W2083.9		用蜂蜡造人			【瑶族】
W2084	动物作为造人材料				
W2084.1		用鸟造人			【鄂伦春族】
W2084.2		用动物的肢体造人			
W2084.2.1			用动物骨骼造人	A1263.7	
W2084.2.2			用狗尾巴造女人	A1224.3	
W2084.2.3			用羊皮缝制皮人		【蒙古族】
W2084.3		用动物的卵造人			【例1】④
W2084.4		与用动物造人有关的其他母题			
W2085	植物作为造人材料			①A1250 ②A1255	
W2085.1		用树木造人（用木头造人）		A1251	【布朗族、羌族、土族】
W2085.1.1			刻木造人	A1252	【拉祜族】
W2085.1.2			木头刻人成活	A1252.1	【白族、布依族】
W2085.1.3			用树皮造人		【鄂伦春族】

---

① 【关联】［W2371.3］唾液化生人
② 用粪便造人，该母题虽然从表象上看应该为"用无生命物造人"母题，但从本意上主要强调了人类与相应动物的关联，故列在此处。
③ 【引例】❶用鸡屎造人【苗族】；❷用牛粪造人【普米族】
④ 【引例】用蜂蛋和蝶蛋造人【壮族】

W 编码	母题描述			参照项	
	一级母题	二级母题	三级母题	汤普森	关联项
W2085.1.4			用木棍造人		【汉族】
W2085.2		用花造人		D435.1.3	
W2085.3		用草造人		A1256	【仡佬族】
W2085.4		用蔬菜类造人		A1250	【例1】①
W2085.5		用水果造人		A1253	
W2085.6		用作物种子造人		A1254	【瑶族】
W2085.7		用多种植物造人			【例1】②
W2085.8		与用植物造人有关的其他母题			
W2085.8.1			葫芦做人的脑壳		【土家族】
W2085.8.2			叶子做人的内脏		【土家族】
✳ **W2086**	**无生命物作为造人材料**			A1240	
W2087		用土（泥）造人		A1241	【民族】③
W2087.1			用补天剩下的泥造		【民族，例1】④
W2087.2			用黄土（泥）造人		【民族，例3】⑤
W2087.3			用红土泥造人		【怒族】
W2087.4			用各种颜色的土造人		【汉族、回族】
W2087.5			用多种泥造人	≈ A1241.5	【壮族】
W2087.6			用五色土造人		【回族、畲族】
W2087.7			用净土造人		【回族】
W2087.8			用泥垢造人		【民族，联1】⑥
W2088		与用泥造人有关的其他母题			【例2】⑦
W2088.1			造人的泥土的获得		【例2】⑧
W2088.2			泥土是造人的辅料		
W2088.3			通过帮助得到造人的泥土		【鄂温克族】

① 【引例】用萝卜做人的肉【土家族】

② 【引例】用葫芦做脑壳，竹子做骨架，泥土做肌肉，树叶做肝肺，豇豆做肠子，茅草做汗毛，造出人【土家族】

③ 【民族】布朗族、傣族、达斡尔族、独龙族、俄罗斯族、鄂温克族、仡佬族、哈萨克族、汉族、景颇族、柯尔克孜族、傈僳族、满族、毛南族、苗族、撒拉族、塔吉克族、佤族、维吾尔族、瑶族、藏族

④ 【民族】汉族。【引例】用补天剩的黄泥造人

⑤ 【民族】傣族、哈萨克族、哈尼族、彝族、藏族。【引例】❶妈祖用黄泥造人【高山族】；❷用黄胶泥造人【汉族】；❸米洛甲用黄泥造人类【壮族】

⑥ 【民族】基诺族、拉祜族、满族。【关联】［W2083.3］用汗渍（垢）造人

⑦ 【引例】❶用烂泥造人【汉族】；❷用香灰和泥团造人【回族】

⑧ 【引例】❶从岩石上搓出造人的泥土【独龙族】；❷潜水获得造人的泥土【俄罗斯族】

W 编码	母题描述			参照项	
	一级母题	二级母题	三级母题	汤普森	关联项
W2088.4			用泥沙砾石造人		【景颇族】
W2089		用其他无生命物造人			【例1】①
W2089.1			用食物造人	A1266	【例1】②
W2089.2			用菜板造人		【汉族】
W2089.3			用水造人	A1261	
W2089.4			用海里的泡沫造人	A1261.1	
W2089.5			用雪造人		【彝族】
W2089.6			用金属造人		【鄂温克族】
W2089.7			用石头造人	A1245	
W2089.8			石头刻人成活	≈A1245.2	【汉族】
W2089.9			用灰造人	A1268	【蒙古族、普米族】
W2089.10			用光造人		【哈萨克族】
W2089.11			与用无生命物造人有关的其他母题		
✳ **W2090**	用多种材料造人			A1260	【鄂伦春族、回族】
W2091		混合不同物质造人		A1260.1	【哈萨克族】
W2092		用 2 种材料造人			【例6】③
W2092.1			用怪胎和泥巴造人		【土家族】
W2092.2			用金土和银水造人		【鄂温克族】
W2093		用 3 种材料造人			【例2】④
W2093.1			用飞禽走兽的骨、肉和泥土造人		【鄂伦春族】
W2094		用 4 种材料造人		A1260.1.1	【例1】⑤
W2095		用 5 种材料造人			【例1】⑥
W2096		用更多数量的材料造人			【例3】⑦
W2097	不成功的造人材料				【联1】⑧

① 【引例】用火塘灰造人【普米族】
② 【引例】用面造人【蒙古族】
③ 【引例】❶用人种的瓜果与仙药造人【傣族】；❷用人参果与仙药造人【傣族】；❸用银水与金土造人【鄂温克族】；
❹用泥土和海水造人【赫哲族】；❺用粘土和芦苇造人【蒙古族】；❻用羊皮缝制皮人后，装泥土造人【蒙古族】
④ 【引例】❶用仙土、神水与人的身体造人【汉族】；❷用天上的白梨树和地上的柳树做骨架，用天泥造人的身子【满族】
⑤ 【引例】用土、水、火和风造人【哈萨克族】
⑥ 【引例】用金木水火土元素造人
⑦ 【引例】❶用香水和五样土造人【回族】；❷用蜜柚、冬瓜、筷子等造人【瑶族】；❸造人时把蜂蛋和蝶蛋放在醋缸里，铺上稻草，盖上黄泥，白天用米汤去烧，夜里用露水去洒【壮族】
⑧ 【关联】［W2127］造人不成功

W 编码	母题描述			参照项	
	一级母题	二级母题	三级母题	汤普森	关联项
W2097.1		用泥造人没有成功			【侗族、土家族、壮族】
W2097.1.1			用白泥捏人没成功		【侗族】
W2097.1.2			用泥巴造人变成器物（陶器）		【瑶族】
W2097.2		用石头造人没有成功			【土家族】
W2097.3		用金属造人没有成功			【例1】①
W2097.4		用某些植物造人不成功			【例2】②
W2097.5		用黄油造出的人融化		A1226.1	
W2097.6		其他不成功的造人材料			【例1】③
W2098	与造人材料有关的其他母题				
W2098.1		造人材料在特定的地方			【例1】④
W2098.2		造人材料的获取			【联1】⑤

2.3.5　造人的方法【W2100 ~ W2109】

W 编码	母题描述			参照项	
	一级母题	二级母题	三级母题	汤普森	关联项
�֍ **W2100**	造人的方法				
W2101	造人方法的获得				
W2101.1		造人者偶然会造人			【布朗族】
W2101.2		特定的人物传授造人方法			
W2101.2.1			老天爷传授造人方法		【汉族】

---

① 【引例】用石头和铁造人不成功【瑶族】
② 【引例】❶用芭蕉叶造人没有成功【壮族】；❷用树木造人没有成功
③ 【引例】用米饭造人，造成了酒
④ 【引例】造人的泥土在神龟的肚子底下【鄂温克族】
⑤ 【关联】［W2088.1］造人的泥土的获得

W 编码	母题描述			参照项	
	一级母题	二级母题	三级母题	汤普森	关联项
W2101.3		获得造人方法的其他途径			
W2102	造人的参照				
W2102.1		仿照神的样子造人			【汉族、蒙古族】
W2102.2		仿照自己的样子造人			【民族】①
W2102.2.1			造人者按照自己的样子造人		【傣族、汉族、壮族】
W2102.2.2			造人者参照自己的影子造人		【汉族、塔吉克族】
W2102.3		仿照别人的样子造人			【民族，例1】②
W2102.4		仿照多个人的样子造人			【汉族】
W2102.5		仿照自然物的构造造人			【鄂伦春族】
W2103	和泥造人				【联1】③
W2103.1		用水和泥造人		A1241.2	【汉族】
W2103.2		用汗和泥造人			【傣族】
W2103.3		用尿泥造人			【壮族】
W2103.4		用血和泥造人		≈A1241.4	【汉族】
W2103.5		用特定的水和泥造人			
W2103.5.1			雨水和泥		【例1】④
W2103.5.2			用天河水和黄土造人		【汉族】
W2103.5.3			用海水和泥造人		【赫哲族】
W2103.6		蘸泥造人			【例1】⑤
W2103.6.1			用绳蘸泥造人		【汉族】
W2103.6.2			用树枝蘸泥造人		【汉族】
W2103.7		揉泥巴造人			【例1】⑥
W2104	通过手工制作造人				

① 【民族】汉族、满族、蒙古族、壮族
② 【民族】蒙古族。【引例】配偶神分别对照对方的样子造出男女【布朗族】
③ 【关联】〔W2092〕用2种材料造人
④ 【引例】用天上的雨水和地上的泥土造人【蒙古族】
⑤ 【引例】用腰带抽泥造人【汉族】
⑥ 【引例】石板上揉泥巴造人【独龙族】

W 编码	母题描述			参照项	
	一级母题	二级母题	三级母题	汤普森	关联项
W2104.1		刻石造人			【鄂伦春族】
W2104.2		削木造人			【民族，例2】①
W2104.3		剪纸造人			【汉族、水族】
W2104.4		缝制物装泥造人			【例1】②
W2105	用特定的器物造人				
W2105.1		用炼丹炉造人			
W2105.2		用宝瓶造人			【汉族】
W2106	用魔法造人			D2178.5	【鄂伦春族、门巴族】
W2107	与造人方法有关的其他母题				
W2107.1		先成亲后造人			【汉族】
W2107.2		造人前祭天神			【彝族】
W2107.3		凭意念造出人		A1212	【联1，例2】③
W2107.4		从万物中洗出人类			【独龙族】
W2107.5		造人的特定器官后产生人			【柯尔克孜族】

2.3.6　造人的结果【W2110~W2124】

W 编码	母题描述			参照项	
	一级母题	二级母题	三级母题	汤普森	关联项
✿ **W2110**	**造人成活**				
✳ **W2111**	**造人成活的条件**				
W2112	造人自然成活				【民族，联1】④
W2113	造人经特定的意念或力量成活				
W2113.1		造人经神或神性人物的意念或力量成活			【民族，例1】⑤
W2113.1.1			女娲用神力使造的人成活		【汉族】

---

① 【民族】傈僳族。【引例】❶木头人变成姑娘【布朗族】；❷用石片刀刻木造人【满族】
② 【引例】缝制皮人装泥土造人【蒙古族】
③ 【关联】［W2147.2］人产生于神的意念。【引例】❶神的意愿产生人【哈萨克族】；❷神的指示产生人【佤族】
④ 【民族】布朗族。【关联】［TPS：D435.1.1］刻人成活
⑤ 【民族】哈萨克族。【引例】祖先在泥人的天灵盖上敲打后成活【苗族】

W 编码	母题描述			参照项	
	一级母题	二级母题	三级母题	汤普森	关联项
W2113.1.2			造人者发指令后造的人成活		【汉族】
W2114	造人经吹气后成活				【景颇族、傈僳族】
W2114.1		神吹气后造的人成活			【布依族、独龙族】
W2114.1.1			神给予呼吸后造的人成活		【景颇族】
W2114.2		造人者吹气后造的人成活			【民族】①
W2114.3		真主吹气后造的人成活			【民族，联1】②
W2114.4		吹仙气使造的人成活			【民族】③
W2114.5		吹灵气使造的人成活			【回族、畲族】
W2114.6		吹阴阳之气使造的人成活			【畲族】
W2114.7		与造人时吹气有关的其他母题			
W2114.7.1			扎孔后吹气使造的人成活		【民族，联1】④
W2114.7.2			造人时吹气没有成活		【傈僳族】
W2115	造人经抚摸后成活				【例2】⑤
W2116	造人经法术的力量成活				【傈僳族】
W2116.1		造的人经念咒吹气成活			【民族，例1】⑥
W2116.2		对泥人又喊又跳后成活			【瑶族】
W2117	造的泥人干燥后成活				

① 【民族】傣族、汉族、傈僳族、撒拉族
② 【民族】回族、撒拉族、塔吉克族、维吾尔族。【关联】［W0793］真主
③ 【民族】布依族、汉族、回族、土家族
④ 【民族】土家族。【关联】［W2116.1］造的人经念咒吹气成活
⑤ 【引例】❶神往造的人身上滴水后成活【布朗族】；❷造人经神的抚摸后成活【鄂伦春族】
⑥ 【民族】汉族。【引例】造的人经创世神念咒后成活【蒙古族】

W 编码	母题描述			参照项	
	一级母题	二级母题	三级母题	汤普森	关联项
W2117.1		风吹干后泥人成活			【哈萨克族、汉族】
W2117.2		火烤风吹后泥人成活			【哈萨克族】
W2117.3		太阳晒后泥人成活			【民族，例1】①
W2117.4		放进窑中烧后泥人成活			【苗族、畲族】
W2118	泥人进食后成活				
W2118.1		神用粮食喂泥人后成活			【藏族】
W2118.2		泥人吃露水后成活			【汉族】
W2118.2.1			用生命水使泥人成活		【蒙古族】
W2119	泥人经洗礼后成活				【傣族】
W2120	泥人得到灵魂后成活				【哈萨克族、塔吉克族】
W2120.1		空心泥人得到灵魂后成活			【哈萨克族、苗族】
W2121	泥人放特定地点后成活				【例8】②
W2122	造人成活的其他条件				【例2】③
W2122.1		受日月之精后成活			【例1】④
W2122.2		泥人用草盖起来后成活			【壮族】
W2122.3		泥人身上滴血后成活			【壮族】
W2122.4		借助于男人使女人成活			【傈僳族】
W2122.5		泥人被昆虫推动后成活			【维吾尔族】
W2122.6		泥人淋雨（仙水）后成活			【汉族】
W2123	**造人结果**				【联1】⑤

① 【民族】汉族。【引例】木头人晒太阳后成活【满族】
② 【引例】❶泥人放野外成活【布朗族】；❷造的人放鱼嘴里后成活【赫哲族】；❸造的人放葫芦中成活【黎族】；❹造的人放石罐中成活【满族】；❺放入山洞后成活【羌族、佤族】；❻造的人放箱子中成活【水族、瑶族】；❼泥人放进缸里后成活【瑶族】；❽泥人放地上成活【藏族】
③ 【引例】❶泥人经过太阳和水的作用成活【黎族】；❷草扎的草人被点燃后变成人【壮族】
④ 【引例】泥人经100天日月精华浸染成活【汉族】
⑤ 【关联】〔W2892〕造人中产生残疾

W 编码	母题描述			参照项	
	一级母题	二级母题	三级母题	汤普森	关联项
W2123.1		造人成活的时间			
W2123.1.1			泥人经 3 天成活		【珞巴族】
W2123.1.2			泥人经 49 天成活		【汉族、壮族】
W2123.1.3			泥人经 81 天成活		【汉族】
W2123.1.4			泥人经 9 个月成活		【瑶族】
W2123.1.5			泥人经数年成活		【例1】①
W2123.2		造出不同类型的人		≈ A1227	【例2】②
W2123.3		造的动物变成人			
W2123.3.1			造的猕猴变成人		【傈僳族】
W2123.4		天神造的人下凡			【独龙族】
W2123.5		造的人与真人的区别是鼻尖不冒汗			【傈僳族】
W2124	造人不成功				【民族，联1】③
W2124.1		造人经历了多次不成功的尝试		A1226	
W2124.2		做泥人不成活			【哈尼族、维吾尔族】
W2124.3		造人变成恶鬼			【瑶族】
W2124.4		剪纸造人失败			【水族】
W2124.5		违背时间禁忌造人没有形成完人			【纳西族】
W2124.6		造人时间不足没变成正常人			【民族，联1】④
W2124.7		造人没有屁股眼不能成活			【土家族】

2.3.7 与造人有关的其他母题 【W2125～W2129】

W 编码	母题描述			参照项	
	一级母题	二级母题	三级母题	汤普森	关联项
◎	〖与造人有关的其他母题〗				
W2125	造人使用的时间				【例5】⑤

① 【引例】泥人经 19 年成活【毛南族】
② 【引例】❶造的人体形大小有别【汉族】；❷造出 9 种人
③ 【民族】古突厥、回族、瑶族。【关联】［W2114.7.2］造人时吹气没有成活
④ 【民族】水族。【关联】［W2493］婚生正常人
⑤ 【引例】❶泥人成活需要 81 天【汉族】；❷造男人的时间【汉族】；❸造女人的时间【汉族】；❹每次造人相隔一千万年【回族】；❺造人用 49 天【毛南族】

W 编码	母题描述			参照项	
	一级母题	二级母题	三级母题	汤普森	关联项
W2125.1		造人用 7 个月时间			【纳西族】
W2125.2		造人用 80 年			【回族】
W2125.3		与造人使用时间有关的其他母题			
W2126	造人的地点				
W2126.1		在天上造人			【柯尔克孜族、蒙古族】
W2126.2		在世界各处造人			【汉族】
W2126.2.1			在山上造人		【例1】①
W2126.3		在炼丹炉中造人			【汉族】
W2126.4		在海上的石罐中造人			【满族】
W2126.5		在卵中造人			
W2126.6		在其他特定地点造人			
W2127	造人的次数				【联1】②
W2127.1		两次造人			【民族，例1】③
W2127.1.1			第 2 次造人成功		【水族、瑶族】
W2127.2		经历了 3 次造人			【傈僳族、瑶族、壮族】
W2127.3		经历了 4 次造人			【苗族】
W2128	与造人有关的其他母题				【联1】④
W2128.1		造人中的干扰			

---

① 【引例】在封台山上造人【汉族】
② 【关联】［W2741］人产生的顺序
③ 【民族】毛南族。【引例】上帝用光和泥两次造人【哈萨克族】
④ 【关联】［W2741］人产生的顺序

2.4 生育产生人（生人）①

【W2130 ~ W2299】

2.4.1 神或神性人物生人②【W2130 ~ W2149】

W 编码	母题描述			参照项	
	一级母题	二级母题	三级母题	汤普森	关联项
✿ **W2130**	**神或神性人物生人**			①A188.2 ②A1216	
✳ **W2131**	**神生人**				
W2132		神生人类最早的父母		A1271.3	【联1】③
W2133		天神生人			【民族】④
W2133.1			天神的儿女生人		
W2133.2			特定的天神下凡生人		【高山族】
W2133.3			天母生人		【侗族】
W2133.4			天上的祖母生人		【哈尼族】
W2133.5			天女生人		【珞巴族、彝族】
W2134		地母生人			【例1】⑤
W2135		世界之母生人		A1282.1	
W2136		水神生人			【满族】
W2137		女神生人			【蒙古族】
W2138		男神生人			【民族，例1】⑥
W2138.1			男神死后生人		
W2139		其他神生人			

---

① 生育产生人（生人），此类母题包括多种类型。为全面比较生人母题的丰富内涵，本编目也搜集了一些历史上真实人物如孔子等带有传说色彩的叙事，通过这些母题我们可以观察神话母题的生活化与神话元素在后世的流传。
② 神或神性人物生人，"神生人"、"神性人物生人"、"人生人"等母题在神话中可能与"感生"有关。考虑到"生人"仍可以作为一个基本元素，故某些带有"感生"性质的母题也列入此类。
③ 【关联】[W5085] 家庭（家族）
④ 【民族】傣族、独龙族、仡佬族、哈尼族、藏族
⑤ 【引例】石金金巴娜和石金金耐娜鲁布姐俩是石金地母的后代【珞巴族】
⑥ 【民族】高山族（雅美）。【引例】鲧生禹【汉族】

W 编码	母题描述			参照项	
	一级母题	二级母题	三级母题	汤普森	关联项
W2139.1			特定名称的神生人		【例1】①
W2139.2			全能神生人		【民族，联1】②
W2139.3			太阳神生人		【景颇族】
W2139.4			山神生人		【东乡族】
W2139.5			树神生人		【民族，联1】③
✲ **W2140**	**神性人物生人**				
W2141		创世者生人		A1216	
W2142		仙生人			
W2142.1			仙女生人		【满族】
W2143		祖先生人			【联1，例2】④
W2144		文化英雄生人			【联1，例1】⑤
W2145		怪物生人			【德昂族、独龙族】
W2146		其他神性人物生人			
W2146.1			特定名称的神性人物生人		【联1，例6】⑥
W2146.2			二神合生人		【侗族】
W2147	与神或神性人物生人有关的其他母题				
W2147.1		圣人生人			【回族】
W2147.2		人产生于神的意念		A1211.0.1	【联1】⑦

2.4.2 人生人【W2150 ~ W2154】

W 编码	母题描述			参照项	
	一级母题	二级母题	三级母题	汤普森	关联项
✲ **W2150**	**人生人**				
W2151	第一个母亲生人				【民族，联2】⑧
W2152	处女生人			T547	【联1】⑨

① 【引例】古神松土生人【侗族】
② 【民族】哈尼族。【关联】［W2061.3］万能神造人
③ 【民族】汉族。【关联】［W2171］树生人
④ 【关联】［W0640 ~ W0659］祖先（祖先神、始祖神）。【引例】❶女祖先生人【哈尼族】；❷始祖母生人【佤族】
⑤ 【关联】［W0560］文化英雄。【引例】鲧复生禹【汉族】
⑥ 【关联】［W2135］世界之母生人。【引例】❶张古王和盘古老人生人【侗族】；❷华胥生人【汉族】；❸伏羲生女娲【汉族】；❹盘古生人【汉族】；❺鲧生禹【汉族】；❻姆六甲生人【壮族】
⑦ 【关联】［W2107.3］凭意念造出人
⑧ 【民族】佤族。【关联】❶［W2755.1］产生第一个母亲（人类之母）；❷［W2781］女人生孩子的来历
⑨ 【关联】［W2581.1］女子无夫怀孕

W 编码	母题描述			参照项	
	一级母题	二级母题	三级母题	汤普森	关联项
W2153	特殊的人生人				【联 2】①
W2153.1		天上的人下凡生育人			【联 1】②
W2153.2		仙体凡人生人			【仡佬族】
W2153.3		动物生的人生人			【哈尼族】
W2153.4		变化出的人生人			【满族】
W2153.5		男人生孩子			【联 3，例 2】③
W2153.5.1			神让男人生孩子		【例 1】④
W2153.5.2			以前男人从膝盖怀孕生娃娃		【佤族】
W2153.5.3			男人从肛门中生人		【哈尼族】
W2153.5.4			男人从腹中生人		【汉族】
W2153.5.5			以前男人生的孩子很小		【例 1】⑤
W2153.5.6			男人生异类		【普米族】
W2153.5.7			原来男人怀孕充满痛苦		【白族】
W2154	与生人有关的其他母题				【例 1】⑥
W2154.1		女人的血胞生人			【普米族】
W2154.2		两性人生人			【联 1】⑦
W2154.3		兄弟中的最小者传人类			【藏族】
W2154.4		年老生子			【蒙古族、彝族】
W2154.5		死后生子			【汉族】
W2154.6		特定氏族传人类			【白族】

① 【关联】❶［W2586.2］男人怀孕；❷［W2586.2.2］男人变女人生孩子
② 【关联】［W1444.1］下凡
③ 【关联】❶［W2153.5.7］原来男人怀孕充满痛苦；❷［W2586.2.1］男人从小腿怀孕生人；❸［W2778］男人不再怀孕的原因。【引例】❶树干化为男子身躯生人【高山族（泰雅）】；❷男始祖生公猴【普米族】
④ 【引例】因天神醉酒让男人生孩子【佤族】
⑤ 【引例】以前男人生的孩子只有蟋蟀大小【佤族】
⑥ 【引例】始祖学会做房子后，生的孩子才成活【佤族】
⑦ 【关联】［W2797.2］两性人

2.4.3　动物生人【W2155~W2169】

W 编码	母题描述			参照项	
	一级母题	二级母题	三级母题	汤普森	关联项
✿ **W2155**	动物生人			①A1224 ②B631 ③T566	
✳ **W2156**	哺乳动物生人				
W2157		狗生人			【黎族、畲族】
W2158		猴生人			【羌族、瑶族、藏族】
W2158.1			猕猴生人		【傈僳族、羌族】
W2159		虎生人		B631.6	【珞巴族、纳西族、彝族】
W2160		狼生人			【古突厥】
W2161		其他哺乳动物生人			
W2161.1			熊生人		
W2161.2			鹿生人		【汉族、藏族】
W2161.3			牛生人	①A1224.4 ②B631.5	【黎族、佤族】
W2161.4			马生人		【民族，例2】①
W2161.5			猪生人		【联1，例1】②
W2161.6			狮生人	B631.4	
✳ **W2162**	鸟类动物生人				
W2163		鸟生人			
W2163.1			玄鸟生人		【汉族】
W2164		鹰生人			
W2165		其他鸟生人			【例1】③
W2165.1			天鹅生人		
W2165.2			燕子生人		
W2166	鱼生人			B631.3	【民族，联1】④
W2166.1		人是鱼的后代		A1224.6	
W2166.2		鱼的脊背生人			【哈尼族】
W2167	其他动物生人				
W2167.1		虫生人			【高山族】
W2167.2		蛇生人			【例1】⑤

① 【民族】汉族、土族、裕固族。【引例】❶白骒马生人【撒拉族】；❷母马误吞红布后生人
② 【关联】［W2216.2］猪粪生人。【引例】野猪窝中生人【珞巴族】
③ 【引例】人是乌鸦的后代【布依族】
④ 【民族】哈尼族。【关联】［W3413.2］人生鱼
⑤ 【引例】蛇肚炸开生女人【彝族】

W 编码	母题描述			参照项	
	一级母题	二级母题	三级母题	汤普森	关联项
W2167.3		蜥蜴生人			
W2167.4		蛙生人			【例2】①
W2167.5		贝壳生人		①Ai246 ②T561.1	
W2167.6		螺生人			【汉族】
W2167.7		龙生人			【民族，联1，例2】②
W2167.7.1			人是龙的子孙		【汉族】
W2167.7.2			阴龙生人		【土家族】
W2168	与动物生人有关的其他母题				
W2168.1		动物生的人有动物特征			【联1】③

2.4.4　**植物生人**【W2170～W2199】

W 编码	母题描述			参照项	
	一级母题	二级母题	三级母题	汤普森	关联项
✿ **W2170**	植物生人			T543	
✿ **W2171**	树生人			①A1236 ②T543.1	【民族】④
W2171.1		梨树生人			【彝族】
W2171.2		桑树生人			【汉族】
W2171.3		杨树生人			【汉族】
W2171.3.1			白杨树生人		【柯尔克孜族】
W2171.4		榕树生人			
W2171.5		柳树生人			【锡伯族】
W2171.6		松树生人			【彝族】
W2171.7		桦树生人			【赫哲族】
W2171.8		梭罗树生人			【汉族】
W2171.9		马桑树生人			【汉族】
W2171.10		榆树生人			【满族】
W2171.11		枣树生人			【汉族】

① 【引例】❶青蛙生1女【哈尼族】；❷雄青蛙生人【哈尼族】
② 【民族】傣族、高山族、汉族、佤族、彝族。【关联】［W5608.4］龙生汉族。【引例】❶龙死后生1女【朝鲜族】；
　❷鸡龙生人【朝鲜族】
③ 【关联】［W2607］生动物特征的人
④ 【民族】独龙族、高山族、哈萨克族、汉族、傈僳族、蒙古族、苗族、撒拉族、裕固族、维吾尔族

W 编码	母题描述			参照项	
	一级母题	二级母题	三级母题	汤普森	关联项
W2171.12		其他的树生人			
W2172	竹生人				【民族，例7】①
W2172.1		斑竹生人			【藏族】
W2172.2		楠竹生人			【彝族】
✳ **W2173**	树的特定部位生人				
W2174		树根生人			【拉祜族】
W2175		树芽生人		A1236.1	
W2176		树叶生人			
W2176.1			柳叶生人		【满族】
W2177		树洞生人			【蒙古族】
W2177.1			母亲变成的树洞生人		【汉族】
W2178		树桠生人			【独龙族】
W2179		树枝生人			【独龙族】
W2180		树的其他特定部位生人			
W2180.1			树瘤生人		【蒙古族、维吾尔族】
W2181	树的果实生人				【联1】②
W2181.1		李子生人			【白族】
W2181.2		橘子生人			【汉族】
W2181.3		桃核生人			【苗族】
W2181.4		其他树的果实生人			【联1】③
W2182	与树生人有关的其他母题				
W2182.1		树被砍（劈）开后生人			
W2182.1.1			大树被雷劈开后生人		【高山族（阿美）】
W2182.2		射树生人			【土族】
W2182.3		树感光生人			【民族，联1】④
W2182.4		木头生人			【撒拉族】
W2182.5		树变化后生人			【高山族（泰雅）】

① 【民族】布依族、高山族（雅美、卑南）、仡佬族、藏族。【引例】❶女神手里的竹子生人【高山族】；❷神种的竹子生人【高山族（排湾）】；❸天神扔的竹竿生人【高山族】；❹海里面的竹子生人【高山族】；❺河里漂的竹筒生人【仡佬族、彝族】；❻竹节中生人【土家族、彝族】；❼竹生男人【彝族】

② 【关联】［W2195］水果生人

③ 【关联】［W2195.3］桃生人

④ 【民族】维吾尔族。【关联】［W2230］感生人

W 编码	母题描述			参照项	
	一级母题	二级母题	三级母题	汤普森	关联项
W2182.6		人从树下出来			【珞巴族】
✿ **W2183**	瓜果花草生人				
✱ **W2184**	葫芦生人			T543.5	【民族】①
W2185		祖先出自葫芦			【德昂族】
W2186		特定形状的葫芦生人			
W2186.1			大葫芦生人		【布朗族】
W2186.2			长葫芦生人		【傈僳族】
W2186.3			金葫芦生人		【哈尼族】
W2186.4			葫芦花中生人		【汉族】
W2186.5			葫芦瓜生人		【黎族】
W2186.6			肉葫芦生人		【布朗族】
W2187		特定来历的葫芦生人			
W2187.1			天降的葫芦生人		【民族，例1】②
W2187.2			神授葫芦种种出的葫芦生人		【基诺族】
W2187.3			释迦牟尼给的葫芦生人		【德昂族】
W2187.4			特定地方生出的葫芦生人		【例2】③
W2187.5			神或神性人物种的葫芦生人		【民族，例2】④
W2187.6			神婚生的葫芦生人		【民族，例1】⑤
W2187.7			人婚生的葫芦生人		【例1】⑥
W2187.8			兄妹婚后种的葫芦生人		【民族，例1】⑦
W2187.9			动物生的葫芦生人		【例3】⑧
W2187.10			神与动物生的葫芦生人		【例1】⑨

① 【民族】阿昌族、布朗族、傣族、德昂族、高山族、基诺族、黎族、珞巴族、水族、佤族、彝族
② 【民族】高山族（布农）、傈僳族。【引例】天神从天上放下的葫芦生人【哈尼族】
③ 【引例】❶特定地方生出的葫芦生人【高山族（布农）】；❷海里出现的葫芦生人【汉族】
④ 【民族】黎族、水族。【引例】❶天王种的葫芦生人【德昂族】；❷天神培植的葫芦生人【拉祜族】
⑤ 【民族】阿昌族。【引例】神和母牛交配生的大葫芦生人【佤族】
⑥ 【引例】兄妹婚生的葫芦生人【布朗族、哈尼族】
⑦ 【民族】基诺族。【引例】伏羲女娲兄妹种的葫芦生人【水族】
⑧ 【引例】❶动物卵生的葫芦生人【傣族】；❷燕子送来的葫芦籽种出的葫芦生人【汉族】；❸母牛生的葫芦籽种出的葫芦生人【佤族】
⑨ 【引例】神与牛生的葫芦生人【佤族】

W 编码	母题描述			参照项	
	一级母题	二级母题	三级母题	汤普森	关联项
W2187.11			杀动物得到的葫芦生人		【例1】①
W2188		与葫芦生人有关的其他母题			
W2188.1			葫芦变山洞后山洞生人		【佤族】
W2188.2			生人的葫芦18年长成		【阿昌族】
W2188.3			葫芦状的植物生人		【高山族（排湾）】
✳ **W2189**	瓜生人				【民族】②
W2190		南瓜生人			【民族，例1】③
W2190.1			盘古种的南瓜生人		【民族，联1】④
W2190.2			兄妹种的南瓜生人		【傈僳族】
W2191		冬瓜生人			【例1】⑤
W2192		其他瓜生人			【例1】⑥
W2192.1			倭瓜生人		【汉族】
W2192.2			甜瓜生人	A1236.2	
W2193		与瓜生人有关的其他母题			
W2193.1			人种的瓜生人		
W2193.2			瓜壳生人		【黎族】
◎	〖其他相关母题〗				
W2194	花生人			①T543.1 ②T589.6.5	【民族，例1】⑦
W2194.1		莲花生人		T543.2.1	【汉族】
W2195	水果生人			T543.3	【联1】⑧
W2195.1		桔子生人		T543.3.1	
W2195.2		香蕉生人			【苗族】
W2195.3		桃生人			【畲族】
W2195.4		其他水果生人			
W2196	蔬菜生人			T543.7	
W2196.1		菜叶生人			【壮族】

① 【引例】杀牛得到的葫芦生人【佤族】
② 【民族】白族、汉族、傈僳族、彝族
③ 【民族】白族。【引例】天管师从南瓜中挖出两姐弟【傈僳族】
④ 【民族】傈僳族。【关联】［W0720］盘古
⑤ 【引例】日月婚生的冬瓜生人【瑶族】
⑥ 【引例】兄妹婚生冬瓜的瓜籽种出人【瑶族】
⑦ 【民族】藏族、壮族。【引例】天降的百合花生人【侗族】
⑧ 【关联】［W2181］树的果实生人

W 编码	母题描述			参照项	
	一级母题	二级母题	三级母题	汤普森	关联项
W2197	与植物生人有关的其他母题				
W2197.1		谷物生人		T543.6	
W2197.2		草丛中生人			【藏族】

2.4.5 无生命物生人① 【W2200 ~ W2219】

W 编码	母题描述			参照项	
	一级母题	二级母题	三级母题	汤普森	关联项
✳ **W2200**	**无生命物生人**			≈ T544	
W2201	混沌中生人				【民族，联1】②
W2202	人生于无				【汉族】
W2203	天地生人③				【民族，联1】④
W2203.1		天生人			
W2203.2		地生人		T545	【联1，例1】⑤
W2203.2.1			土生人		【鄂温克族、哈萨克族】
W2204	日月星辰生人				【例1】⑥
W2204.1		太阳生人			【民族，例1】⑦
W2204.2		星星生人			
W2205	洞生人			A1232.3	【民族】⑧
W2205.1		石洞生人			【汉族】
W2205.2		山洞生人			【民族，联1，例1】⑨
W2205.3		地洞生人			【佤族】
W2205.4		圣洞生人			【佤族】

① 无生命物生人，此类母题包括自然物生人。该母题与"自然生人"母题有很多交叉，如一些神话中的"海生人"，从神话叙事的角度分析，既表现出人是自然产生的情形，同时又强调人是从"海水"这种无生命物中产生的。兼顾不同的分析角度，采取了两处互见的方法。

② 【民族】毛南族。【关联】[W0721.3.1] 混沌生盘古

③ 天地生人，根据神话叙事的不同版本情况，会发现"天地生人"与"天地结婚生人"两个母题在一些神话中往往混淆。由于神话讲述人或文本编写者的原因，常常在表述中把"天地结婚生人"说成是"天地生人"，或者相反。其本质上可以归入"无生命物生人"母题。

④ 【民族】珞巴族。【关联】[W2025] 人从天降

⑤ 【关联】[W2027] 人从地下来。【引例】地生伏羲【汉族】

⑥ 【引例】日月星辰生人类最早的父母

⑦ 【民族】白族。【引例】人是太阳的外孙【珞巴族】

⑧ 【民族】珞巴族、土家族、佤族、彝族

⑨ 【民族】壮族。【关联】[W2188.1] 葫芦变山洞后山洞生人。【引例】葫芦山的洞中生人【佤族】

W 编码	母题描述			参照项	
	一级母题	二级母题	三级母题	汤普森	关联项
W2205.5		与洞生人有关的其他母题			【联2】①
W2206	风生人				
W2207	气生人				【汉族、彝族】
W2207.1		气爆炸生人			
W2207.2		阴阳元气孕生人			
W2208	水生人			①A1232.2.1 ②T546	【民族】②
W2208.1		水中自然产生人			【民族】③
W2208.2		雪生人			
W2208.2.1			红雪生人		【彝族】
W2208.3		湖生人		A1232.2	
W2208.4		海生人			【民族，例1】④
W2208.4.1			海的泡沫生人	T546.1	【联1】⑤
W2208.5		汗水生人			【维吾尔族】
W2208.6		其他特定的水（液体）生人			【例1】⑥
W2209	山生人			A1245.5	【撒拉族】
W2209.1		山丘生人			【维吾尔族】
W2209.2		山沟生人			【汉族】
W2210	石生人			①T544.1 ②T589.6.6	【民族】⑦
W2210.1		白石生人			【民族，例1】⑧
W2210.2		其他特定的石头生人			【例2】⑨
W2210.2.1			女神手里的石头生人		【高山族（雅美）】
W2210.2.2			女神放在腋下的石头生人		【高山族（雅美）】
W2210.2.3			人化成的石头生人		【汉族】

① 【关联】❶［W2177］树洞生人；❷［W2225.3］山洞生的卵生人
② 【民族】达斡尔族、哈尼族、汉族、彝族
③ 【民族】独龙族、哈尼族、汉族、彝族
④ 【民族】赫哲族、纳西族。【引例】人从水中生出后，形状似人似雁，可空中飞，可水中游【彝族】
⑤ 【关联】［W2089.4］用海里的泡沫造人
⑥ 【引例】泉生人【达斡尔族】
⑦ 【民族】傣族、高山族（卑南、布农、泰雅）、哈尼族、汉族、苗族、撒拉族、普米族、裕固族、彝族
⑧ 【民族】高山族、彝族、藏族。【引例】兄妹婚生白石，兄亡后，妹守护白石度日，后来白石生人【高山族（阿美）】
⑨ 【引例】❶男女分别往石缝撒尿，石缝里生子【鄂伦春族】；❷母猴的月经流进石缝后石生人【藏族】

W 编码	母题描述			参照项	
	一级母题	二级母题	三级母题	汤普森	关联项
W2210.2.4			天神扔的石头生人		【高山族（卑南）】
W2210.2.5			天上掉下的石头生人		【哈尼族】
W2210.2.6			石室生人		【民族，联1】①
W2210.3		与石生人有关的其他母题			
W2210.3.1			石生祖先		【民族，联1】②
W2211	器皿生人			≈T561	
W2211.1		金器生人			【蒙古族】
W2211.2		金盆生人			【蒙古族】
W2211.3		罐子（锅、壶）生人		≈T561.4	【高山族】
W2211.4		锅生人			【高山族（布农）】
W2211.5		壶生人			
W2211.5.1			陶壶生人		【例2】③
W2211.5.2			壶状的物生人		【高山族】
W2211.6		其他器皿生人			
W2212	袋子生人			T561.3	【联1】④
W2213	柜生人				【民族，例1】⑤
W2213.1		水中漂浮的柜子生人			【朝鲜族】
W2213.2		土中挖出的柜子生人			
W2214	鼓生人				【民族，例1】⑥
W2214.1		观音的金鼓生人			【白族】
W2215	光生人				【古突厥】
W2215.1		白光生人			【哈尼族、藏族】
W2215.2		黑光生人			【藏族】
W2215.3		红光生人			【回族】
W2215.4		蓝光中生人			【古突厥、维吾尔族】
W2216	排泄物中生人				
W2216.1		粪便中生人		T541.8.1	【高山族（布农）】

① 【民族】珞巴族。【关联】［W2205］洞生人
② 【民族】普米族、壮族。【关联】［W0642］祖先的产生
③ 【引例】❶男女两个陶壶生人【高山族】；❷太阳照陶壶裂开后生人【高山族（排湾）】
④ 【关联】［W2637.1］生肉口袋
⑤ 【民族】朝鲜族。【引例】江中捞出的木匣里面有婴儿【纳西族】
⑥ 【民族】基诺族。【引例】人与虎婚生的铜鼓生人【壮族】

W 编码	母题描述			参照项	
	一级母题	二级母题	三级母题	汤普森	关联项
W2216.1		粪便中生人		T541.8.1	【高山族（布农）】
W2216.2		猪粪生人①			【高山族（泰雅）】
W2217	其他无生命物生人				【例1】②
W2217.1		人是太阳的儿子		A736.10	【联1】③
W2217.2		冰中炸出人			
W2217.2.1			冰中炸出女祖先		【基诺族】
W2217.3		木筒生人			【傈僳族】
W2217.4		靴子生人			【土族】
W2218	与无生命物生人有关的其他母题				
W2218.1		特定的地方生人			【民族，例1】④
W2218.2		多种物质共同生人			
W2218.2.1			树与土生人		【维吾尔族】

2.4.6　卵生人【W2220 ~ W2229】

W 编码	母题描述			参照项	
	一级母题	二级母题	三级母题	汤普森	关联项
✳ **W2220**	卵生人			①A1222 ②T542	【联3】⑤
W2220.1		卵生人类			【民族】⑥
W2220.2		卵生1女			【黎族】
W2220.3		卵生英雄⑦			【藏族】
W2220.4		卵生特殊身份的人			
W2221	神的卵生人				【哈尼族】
W2221.1		神蛋生人			【傣族、哈尼族、纳西族】
W2221.2		太阳神生的卵生人			【高山族】

---

① 猪粪生人，主要叙事侧重于对"猪"的强调，故列入此类。

② 【引例】牛角生人【藏族】

③ 【关联】［W1682］太阳的儿女

④ 【民族】佤族。【引例】土丘生人【维吾尔族】

⑤ 【关联】❶［W0645.3］卵生祖先；❷［W2915.1］卵生混沌人；❸［W5874］国王是卵生的

⑥ 【民族】汉族、苗族、纳西族、彝族

⑦ 卵生英雄，具体可参见"［W0561］文化英雄的产生"母题。

W 编码	母题描述			参照项	
	一级母题	二级母题	三级母题	汤普森	关联项
W2221.3		天神生的卵生人			【苗族】
W2221.4		天女生的卵生人			【水族、彝族】
W2221.5		动物神生的卵生人			【例2】①
W2221.6		与神卵生人有关的其他母题			
W2221.6.1			神的某部位变的卵生人		【侗族】
W2221.6.2			仙蛋生人		【例1】②
W2221.6.3			神带来的卵生人		【黎族】
W2221.6.4			神婚生的卵生人		【例2】③
W2221.6.5			玉帝的妈生的卵生人		【汉族】
W2222	人的卵生人				【例3】④
W2223	动物卵生人				
W2223.1		蛇卵生人			【高山族（排湾）】
W2223.2		鸟卵生人			【民族，例1】⑤
W2223.2.1			鸟生的卵生人		【满族、藏族】
W2223.3		鹰生的卵			【纳西族】
W2223.4		凤凰生的卵			【例1】⑥
W2223.5		鹅生的卵生人			【民族，例1】⑦
W2223.6		雁生的卵生人			【苗族】
W2223.7		蝴蝶生的卵生人			【苗族】
W2223.8		牛生的卵生人			【傣族】
W2224	植物的卵生人				
W2224.1		树生的卵生人			【傣族】
W2224.2		花生的卵生人			【哈尼族】
W2225	无生命物的卵生人				
W2225.1		天地生的卵生人			【民族，联1】⑧
W2225.2		太阳生的卵生人			【民族，例1】⑨

① 【引例】❶神鸟下的卵生人【哈尼族】；❷神鸡生的卵【哈尼族】
② 【引例】女神生的仙蛋生人【水族】
③ 【引例】❶女神与太阳婚生卵【高山族】；❷女神与风神婚生的卵生人【水族】
④ 【引例】❶老太太生的肉蛋生人【鄂伦春族】；❷寡妇生的玉珠生人【京族】；❸父女婚生的卵生人【苗族】
⑤ 【民族】满族。【引例】两鸟相配生的卵生人【藏族】
⑥ 【引例】金凤凰生的卵生人【畲族】
⑦ 【民族】高山族。【引例】母鹅生的蛋孵出人【苗族】
⑧ 【民族】苗族。【关联】［W2227.6］天地卵生人
⑨ 【民族】高山族。【引例】太阳相撞生出的卵生人【白族】

W 编码	母题描述			参照项	
	一级母题	二级母题	三级母题	汤普森	关联项
W2225.3		山洞生的卵生人			【苗族】
W2225.4		石卵生人			【例1】①
W2225.5		陶壶生的卵生人			【民族，例1】②
W2226	卵的特殊部分生人				
W2226.1		蛋黄生人			【藏族】
W2227	其他特定来历的卵生人				
W2227.1		自然形成的卵			【藏族】
W2227.2		燕子衔的卵生人			【高山族】
W2227.3		混沌凝成的蛋生人			【汉族】
W2227.4		天降的卵生人			【例1】③
W2227.5		肉卵生人			【民族，例1】④
W2227.5.1			感光生的肉蛋生人		【朝鲜族】
W2227.5.2			人变成的卵生人		【彝族】
W2227.6		天地卵生人			【汉族、纳西族】
W2227.7		某种颜色的卵生人			
W2227.7.1			紫色的卵生人		【朝鲜族】
W2227.7.2			红色的卵生人	≈ T542.1	
W2227.8		发光的卵生人			【藏族】
W2227.9		石洞中的卵生人			【纳西族】
W2227.10		特定物质化生的卵生人			
W2227.10.1			金、木、水、火、土之精华聚成的卵生人		【藏族】
W2227.11		血泡生人			【例1】⑤
W2227.12		肉泡生人			【例1】⑥
W2227.13		两物相配生的卵生人			【民族，例1】⑦
W2227.14		神生的卵生人			【纳西族、藏族】
W2228	卵生人的条件				

① 【引例】石头蛋中爆出始祖布洛陀【壮族】
② 【民族】高山族（排湾）。【引例】陶壶感太阳生的卵生人【高山族（鲁凯）】
③ 【引例】天上掉下的玉色大蛋生人【纳西族】
④ 【民族】白族。【引例】老太婆膝盖长的肉瘤生人【达斡尔族】
⑤ 【引例】太阳怀孕的血泡生人【汉族】
⑥ 【引例】老婆婆头上的肉泡生人【普米族】
⑦ 【民族】纳西族。【引例】人与龙女生的卵生人【傣族】

W 编码	母题描述			参照项	
	一级母题	二级母题	三级母题	汤普森	关联项
W2228.1		好卵生出人			【侗族】
W2228.2		日月孵卵生人			【哈尼族】
W2228.2.1			太阳孵卵生人		【哈尼族】
W2228.2.2			太阳之母孵卵生人		【苗族】
W2228.3		天地孵卵生人			【哈尼族、纳西族】
W2228.4		神孵卵生人			
W2228.4.1			神鸟孵卵生人		【哈尼族】
W2228.5		人孵卵生人			【苗族】
W2228.6		动物孵卵生人			
W2228.6.1			龙孵卵生人		【傣族】
W2228.6.2			猿孵卵生人		【侗族】
W2228.6.3			龟孵卵生人		【侗族】
W2228.6.4			鸡孵卵生人		【傣族】
W2228.6.5			蛇孵卵生人		【高山族】
W2228.6.6			牛孵卵生人		【藏族】
W2228.6.7			其他动物孵卵生人		【例3】①
W2228.7		卵放柜中生人			【朝鲜族】
W2228.8		多种动物促成卵生人			【纳西族】
W2228.9		卵炸开后生人			【白族】
W2228.10		卵放海中孵化为人			【朝鲜族】
W2228.11		卵放热炕头上孵出人			【朝鲜族】
W2228.12		卵的孵化经历很长时间			
W2228.12.1			卵经过 49 天孵化生人		【水族】
W2228.12.2			卵经过 99 天孵化生人		【哈尼族】
W2228.12.3			卵经过 9999 天孵化生人		【黎族】
W2229	与卵生人有关的其他母题				
W2229.1		无名的卵生人			
W2229.2		神生女性的卵			【高山族】

---

① 【引例】❶鹃孵蛋生人【傣族】;❷继尾鸟孵蛋生人【苗族】;❸马孵蛋生人【藏族】

W 编码	母题描述			参照项	
	一级母题	二级母题	三级母题	汤普森	关联项
W2229.3		不同颜色的卵孵出不同的物种			【苗族】
W2229.4		不同颜色的神蛋孵出不同的人			【哈尼族】

2.4.7 感生人① 【W2230～W2279】

W 编码	母题描述			参照项	
	一级母题	二级母题	三级母题	汤普森	关联项
✿ **W2230**	**感生人**				
W2231	感神孕生人				【例1】②
W2231.1		梦感天神生人			【民族，联1】③
W2231.2		接触神的身体孕生人			【白族】
W2231.3		感神的残余物孕生人			
W2231.4		与感神孕生人有关的其他母题			【例2】④
W2232	感神性人物孕生人				【例1】⑤
W2232.1		踏巨人足印孕生人			【汉族、羌族】
W2232.2		感巨人的唾液孕生人			【佤族】
W2232.3		与感神性人物孕生人有关的其他母题			【白族、傈僳族】
W2233	感人孕生人				
W2233.1		偶然接触男人孕生人		T531	【例1】⑥

---

① 感生人，绝大多数神话中的"感生"母题可以看做是"婚生人"母题的一种特殊形式。该母题也在一定程度上强调了两性间的交合。本类"感生人"母题中有些是关于半人半神或文化英雄的出生，因为神话中的"神""人"有时难以从本质上区别，这与第一大类"神与神性人物"母题中的 ［W0561］文化英雄的产生"的部分内容有些细微交叉。例如，很多情形下，神话中的"感卵"母题一般与动物有关，也有的没有交代"卵"的属性。因此把"感卵"列为本类型。本编目如果未特别说明，一律指人的感生。
② 【引例】公主感太阳神而孕【塔吉克族】
③ 【民族】藏族。【关联】［W2277.4］梦感
④ 【引例】❶公主感太阳神的儿子【傣族】；❷感雷迹生人【汉族】
⑤ 【引例】老太婆梦中被巨人踏头而孕【傈僳族】
⑥ 【引例】女子感男子的油垢而孕【珞巴族】

W 编码	母题描述			参照项	
	一级母题	二级母题	三级母题	汤普森	关联项
W2233.2		妻子得到丈夫的阳气孕生人			【黎族、彝族】
W2233.3		梦感男子孕生人			【例1】①
W2233.4		吃人的某些部位孕生人		T511.6	
W2233.5		感人的残余物孕生人			【联1】②
W2233.6		与感人孕生人有关的其他母题			【例1】③
✳ **W2234**	**感动物孕生人**				
W2235		感牛孕生人			【傣族】
W2236		感虎孕生人			【民族，联1】④
W2236.1			梦与虎交而孕		【白族、赫哲族】
W2236.2			吃虎肉孕生人		【苗族】
W2237		感象孕生人			【傣族】
W2237.1			喝象脚印中的水孕生人		【独龙族】
W2237.2			喝神象的尿孕生人		【民族，联1】⑤
W2238		感猴孕生人			
W2238.1			梦猴孕生人		【傈僳族】
W2239		感狗孕生人			【蒙古族】
W2240		感鸟生人			
W2240.1			吃鸟孕生人	T511.5.4	
W2241		感鹰孕生人			【土家族】
W2241.1			感鹰血孕生人		【彝族】
W2242		感喜鹊孕生人			【例1】⑥
W2243		感鱼孕生人			
W2243.1			吃鱼孕生人	T511.5.1	
W2244		感昆虫孕生人			【土家族】
W2244.1			吃（误饮）昆虫孕生人	T511.5.2	

---

① 【引例】梦到特殊的男子孕生人【藏族】
② 【关联】［W2262.9］喝骨灰水孕生人
③ 【引例】梦见来人孕生人【瑶族】
④ 【民族】白族、傣族、赫哲族。【关联】［W2277.4］梦感
⑤ 【民族】傣族。【关联】［W2263.1］喝尿孕生人
⑥ 【引例】梦感喜鹊孕生人【满族】

W 编码	母题描述			参照项	
	一级母题	二级母题	三级母题	汤普森	关联项
W2245		感蛇孕生人			
W2245.1			梦与蛇交孕生人		【民族，联1】①
W2245.2			女子被蛇缠身后孕生人		【汉族】
W2246		感蛙孕生人			【例1】②
W2247		感龙孕生人			【汉族、羌族、土家族】
W2247.1			感神龙孕生人		【汉族】
W2247.2			感雷龙孕生人		【汉族】
W2247.3			感金龙孕生人		【傣族】
W2247.4			吞龙卵孕生人		【汉族】
W2247.5			梦龙孕生人		【羌族、彝族】
W2248		感其他动物孕生人			
W2248.1			感燕子孕生人		【例1】③
W2248.2			感蝴蝶孕生人		
W2249		与感动物生人有关的其他母题			
W2249.1			吃动物孕生人	T511.5	【联1，例1】④
W2249.2			感动物的残余物（肢体）孕生人⑤		【联2】⑥
W2249.3			感动物吃剩的残余物孕生人		
W2249.4			感动物的卵孕生人	T511.7.2	【汉族】
W2249.5			吃动物的卵孕生人		【民族，联1】⑦
W2249.6			吞食鸟卵孕生人		【例2】⑧
W2249.7			感动物孕生该动物		【例1】⑨
❊ **W2250**	感植物孕生人			T511.2	【联2】⑩
W2251		感树孕生人			【哈萨克族】
W2251.1			感薏苡孕生人		【汉族】

① 【民族】汉族。【关联】［W2277.4］梦感
② 【引例】摸青蛙孕生人【傈僳族】
③ 【引例】吞燕卵孕生人【汉族】
④ 【关联】［W2236.2］吃虎肉孕生人。【引例】牛吃剩的残余物孕生人【傣族】
⑤ 感动物的残余物（肢体）孕生人，母题中强调的是动物，而不是这些残余物的本身。据此，我们也可以把这种叙事中的"动物"作为图腾物对待，参见"［W6290～W6349］常见的图腾物"。
⑥ 【关联】❶［W2237.2］喝神象的尿孕生人；❷［W2241.1］感鹰血孕生人
⑦ 【民族】汉族。【关联】［W2247.4］吞龙卵孕生人
⑧ 【引例】❶吞玄鸟卵孕生人【汉族】；❷吞燕卵孕生人【汉族】
⑨ 【引例】女子感蛙生青蛙【傈僳族】
⑩ 【关联】❶［TPS：T511.2.0.1］吃植物的根孕生人；❷［TPS：T511.2.0.2］吃植物的叶孕生人

W 编码	母题描述			参照项	
	一级母题	二级母题	三级母题	汤普森	关联项
W2251.2			接触特殊的树孕生人		【珞巴族】
W2251.3			感柏树根孕生人		【白族】
W2252		感花孕生人			
W2252.1			闻花孕生人	T532.1.1.1	【联1】①
W2252.2			吃花孕生人	T511.4	【例2】②
W2253		感草孕生人			
W2253.1			食仙草孕生人		【畲族】
W2254		吃水果孕生人		T511.1	【联1，例3】③
W2254.1			吃桃孕生人	T511.1.6	【民族，例3】④
W2254.2			吃苹果孕生人	T511.1.1	【例1】⑤
W2254.3			吃红果孕生人		【民族，例2】⑥
W2254.5			吃枣孕生人		【汉族】
W2254.6			吃杏孕生人		【畲族】
W2255		感瓜孕生人			
W2255.1			吃瓜孕生人		【朝鲜族】
W2256		感作物孕生人			
W2256.1			吃豆子孕生人		【例3】⑦
W2256.2			吃种子孕生人	T511.8.8	
W2256.3			吃荞麦孕生人		【傈僳族】
W2257		感蔬菜孕生人			
W2257.1			吃蔬菜孕生人	T511.3	
W2257.2			吃白菜孕生人		【壮族】
W2258		与感植物生人有关的其他母题			【例1】⑧
✳ **W2260**	感无生命物孕生人				
W2261		感石孕生人			【朝鲜族、汉族】

---

① 【关联】［W2252.2］吃花孕生人
② 【引例】❶吃红花孕生人【土家族】；❷吃特定的花生人
③ 【关联】［TPS：≈T532.8］吃接触乳房的水果孕生人。【引例】❶吃红牙白象啃过的芒果孕生人【傣族】；❷吃槟榔果孕生人【高山族（鲁凯）】；❸吃芭蕉孕生人【苗族】
④ 【民族】白族、回族、满族。【引例】❶老太太吃7个桃，一胎生7子【侗族】；❷女子吃了死去丈夫坟上的红桃孕生人【普米族】；❸吃仙桃孕生人【瑶族】
⑤ 【引例】妻子吃老人给的苹果孕生【乌孜别克族】
⑥ 【民族】满族。【引例】❶女神吞吃红果生人【苗族】；❷女子吃了天神给的红果孕生人【羌族】
⑦ 【引例】❶吃豌豆孕生人【达斡尔族】；❷食黄豆生人【瑶族】；❸吃老人给的豆子孕生人【瑶族】
⑧ 【引例】吃青杠子孕生人【彝族】

W 编码	母题描述			参照项	
	一级母题	二级母题	三级母题	汤普森	关联项
W2261.1			感石子孕生人		【汉族】
W2261.3			梦石孕生人		【满族】
W2261.4			吃石孕生人	T511.8.1	【民族，例1】①
W2262		感水孕生人			【联1，例1】②
W2262.1			接触水孕生人		【布依族、珞巴族】
W2262.2			感水（井）孕生人		【珞巴族、土家族、彝族】
W2262.3			窥视神井孕生人		【汉族】
W2262.4			水中洗浴孕生人		【布依族、汉族、苗族】
W2262.5			在特殊的水中洗澡孕生人		【柯尔克孜族、壮族】
W2262.6			喝特定的水孕生人	T512.3	【珞巴族、彝族】
W2262.7			喝海水孕生人		【壮族】
W2262.8			喝露水孕生人	T512.7	【汉族】
W2262.9			喝骨灰水孕生人		【民族，联1】③
W2263		感某种液体孕生人		T512	【联3】④
W2263.1			喝尿孕生人	T512.2	【联1，例1】⑤
W2263.2			接触精液孕生人	≈T512.6	
W2263.3			接触唾液孕生人	①≈T512.5 ②T533	【例1】⑥
W2263.4			接触血液孕生人	T534	【彝族】
W2263.5			人的经血感猴尿孕生人		【蒙古族】
W2264		感木头孕生人			【民族，例2】⑦
W2264.1			感龙化作的木头孕生人		【民族，联1】⑧
W2265		感柱子孕生人			
W2266		摸洞孕生人			【例1】⑨
W2267		感其他无生命物生人			

---

① 【民族】土族。【关联】［W2261.4］吃石孕生人
② 【关联】［W2262.6］喝特定的水孕生人。【引例】妹妹喝了哥洗澡的河水怀孕【彝族】
③ 【民族】柯尔克孜族。【关联】［W2267.3］接触骨灰水孕生人
④ 【关联】❶［W2237.2］喝神象的之尿孕生人；❷［W2262.8］喝露水孕生人（接触露水孕生人）；❸［W2262.9］喝骨灰水孕生人
⑤ 【关联】［W2237.2］喝神象的之尿孕生人。【引例】喝虎尿孕生人【傣族】
⑥ 【引例】女始祖感唾沫生人【佤族】
⑦ 【民族】高山族。【引例】❶王妃感木而娠【白族】；❷女子把在河中捡到木棍放到床下怀孕生子【高山族（邹）】
⑧ 【民族】傣族。【关联】［W2247］感龙孕生人
⑨ 【引例】摸石洞孕生人【汉族】

W 编码	母题描述			参照项	
	一级母题	二级母题	三级母题	汤普森	关联项
W2267.1			感珠孕生人		【例2】①
W2267.2			吃某些特殊食物孕生人	T511.7	【联2】②
W2267.3			接触骨灰水孕生人		【民族，联1】③
W2268		与感无生命物生人有关的其他母题			
✳ **W2269**	感自然现象孕生人				
W2270		感天孕生人④			【例1】⑤
W2271		感太阳孕生人			
W2271.1			吞食太阳孕生人		【汉族】
W2272		感月亮孕生人			
W2272.1			感月精孕生人		【汉族】
W2272.2			望月孕生人		
W2273		感星孕生人		T525	【联1】⑥
W2273.1			感流星生人		【汉族】
W2274		感光孕生人		T521	【民族，例1】⑦
W2274.1			感日光孕生人	T521	【朝鲜族、维吾尔族】
W2274.2			感月光孕生人	T521.1	
W2274.3			感瑶光生人		【汉族】
W2274.4			感白光生人		【朝鲜族】
W2274.5			感黄狗似的光生人		【蒙古族】
W2274.6			感人形的光孕生人		【蒙古族】
W2274.7			感龙的光孕生人	T521.3	
W2274.8			感异性的光孕生人		【蒙古族】
W2275		感其他自然现象生人			
W2275.1			感风孕生人	①E524 ②T524	【民族，联1，例3】⑧

① 【引例】❶感神珠孕生人【汉族】；❷感夜明珠孕生人【京族】
② 【关联】❶［TPS：T511.7.3］吃肉孕生人；❷［W2256.2］吃种子孕生人
③ 【民族】柯尔克孜族。【关联】［W2262.9］喝骨灰水孕生人
④ 感天孕生人，这里的感天孕生人，在神话表述中一般首先以感物而孕的形式出现，最后的结果则是"生出人"。故母题名称以"感××孕生人"表示。
⑤ 【引例】孔子是感天所生【汉族】
⑥ 【关联】［W2277.4.4］梦中感星孕生人
⑦ 【民族】哈萨克族。【引例】感观世音菩萨心间射出的光生人【藏族】
⑧ 【民族】高山族（布农）、汉族、黎族、瑶族、彝族、壮族。【关联】［W42901.1］风是男人的阳气。【引例】❶凉风吹入女子体内生1子【布依族、高山族（泰雅人）】；❷感春风生人【哈尼族】；❸感狂风孕生人【哈尼族】

W 编码	母题描述			参照项	
	一级母题	二级母题	三级母题	汤普森	关联项
W2275.2			感气孕生人		【例2】①
W2275.3			感火孕生人	T535	
W2275.4			感雷生人	T528	【联2，例1】②
W2275.5			感雨孕生人	T522	【水族】
W2275.6			感虹孕生人	T521.2	【例1】③
W2276	感其他特殊物生人				
W2276.1		感特定的卵孕生人			【联1，例1】④
W2276.1.1			吞肉球孕生人		【鄂伦春族】
W2276.2		感生殖器孕生人			【民族，例1】⑤
W2276.2.1			感祖先的生殖器孕生人		【白族】
W2276.2.2			感生殖器状物怀孕		【白族】
W2276.3		感魔物孕生人		T532.1	【联1】⑥
W2276.3.1			不孕者感魔力怀孕	T591	【联1】⑦
W2276.4		母女俩同时感生人			【哈尼族】
W2276.5		夫妻同时感特殊物生人			【羌族】
W2276.6		感某种化身孕生人			
W2276.6.1			感龙的化身孕生人		【民族，联1】⑧
W2276.7		感魂孕生人			【汉族、仫佬族】
W2276.8		感特定的地点孕生人			【例1】⑨
◎	〖**其他相关母题**〗				
W2277	感生的方式（感生的媒介）				
W2277.1		通过接触感生			【白族】
W2277.2		通过吃（喝）感生			【傣族、珞巴族】
W2277.3		通过窥视感生			

---

① 【引例】❶吸入神龟天蟒相交的精气而孕【满族】；❷女子吸精气孕生人
② 【关联】❶［W0305］雷神；❷［W4408.1］神奇的雷。【引例】感雷精生人【汉族】
③ 【引例】感青虹生人【汉族】
④ 【关联】［W2249.4］感动物的卵生生人。【引例】女子食特定的卵生人【汉族】
⑤ 【民族】白族。【引例】感龙生长牛角的孩子【羌族】
⑥ 【关联】［W9015～W9099］魔物
⑦ 【关联】［W2581］神奇的怀孕
⑧ 【民族】白族。【关联】［W2247］感龙孕生人
⑨ 【引例】女子从龙葵花井上跨过能怀孕【土家族】

W 编码	母题描述			参照项	
	一级母题	二级母题	三级母题	汤普森	关联项
W2277.4		梦感		T516	【民族，联2，例5】①
W2277.4.1			梦中与男子交合生人		【例2】②
W2277.4.2			梦龙生人		【彝族】
W2277.4.3			神女梦红龙生人		【民族，联1】③
W2277.4.4			梦中感星生人		【民族，联1】④
W2277.5		通过身体特殊部位感生			
W2277.6		通过衣服感生			【例1】⑤
W2277.7		通过动物感生			
W2277.8		通过植物感生			【傣族】
W2277.9		通过水感生			【彝族】
W2277.9.1			洗浴时感孕	T523	【民族，联1】⑥
W2277.10		与感生媒介有关的其他母题			【彝族】
W2278	感生的地点				
W2278.1		祈祷时感生			【满族】
W2278.2		在大泽之陂感生			【汉族】
W2278.3		在河（池）水中感生			【民族，例2】⑦
W2278.4		在山顶感生			【高山族】
W2278.5		在石缝中感生			【鄂伦春族】
W2278.6		树下休息时感生			【哈尼族】
W2277.7		女子劳作时感生			【彝族】
W2278.8		其他特定的感生地点			【例3】⑧
W2279	与感生人有关的其他母题				
W2279.1		神感生人			【例2】⑨

① 【民族】汉族、赫哲族、满族、壮族。【关联】❶［W2231.1］梦感天神生人；❷［W9290～W9299］梦。【引例】❶老夫妻梦感神树生人【哈萨克族】；❷寡妇梦吞夜明珠孕生【京族】；❸庙中梦娃生子【京族】；❹母猴睡着后一片竹叶进入身内怀孕【珞巴族】；❺梦感喜鹊生人【满族】

② 【引例】❶女子梦与石头人结婚生子【满族】；❷女子梦与天神结婚生人【藏族】

③ 【民族】羌族。【关联】［W2247］感龙孕生人

④ 【民族】侗族、汉族。【关联】［W2273］感星孕生人

⑤ 【引例】通过裙子感生【彝族】

⑥ 【民族】满族。【关联】［W2262］感水孕生人

⑦ 【民族】傣族、汉族。【引例】❶在长白山湖水中感生【满族】；❷在河边感生【土家族】

⑧ 【引例】❶感应物放在床下后感生【高山族】；❷在华阳感生【汉族】；❸在雷泽感生【汉族】

⑨ 【引例】❶神婆感白龙生人【土家族】；❷神感虫而孕【土家族】

W 编码	母题描述			参照项	
	一级母题	二级母题	三级母题	汤普森	关联项
W2279.1.1			男女天神交感生人		【苗族】
W2279.1.2			神吃红果生人		【苗族】
W2279.1.3			女神感风神生人		【水族】
W2279.2		动物感生人			
W2279.2.1			蛇感人生人		【鄂温克族】
W2279.2.2			龙感太阳生人		【白族】
W2279.2.3			龙母感桃生人		【民族，联1】①
W2279.2.4			鱼感生人		【例1】②
W2279.2.5			凤凰食玛瑙生人		【畲族】
W2279.3		植物感生人			
W2279.3.1			树感光生人		【维吾尔族】
W2279.4		无生命物感生人			
W2279.4.1			山感光生人		【维吾尔族】
W2279.4.2			石感血生人		【汉族、藏族】
W2279.4.3			气感植物生人		【彝族】
W2279.4.4			石缝感男女的小便生人		【鄂伦春族】
W2279.5		感多种物质孕生人			【例2】③
W2279.5.1			食桃子和桃花孕生人		【土家族】
W2279.5.2			感雷与光孕生人		【汉族】
W2279.6		感生不成功			【羌族】
W2279.7		感生方法的获得			
W2279.7.1			神树告诉人感生的办法		【赫哲族】
W2279.8		感生的促成者			
W2279.8.1			神促成感生		
W2279.8.2			仙婆送桃促成感生		【民族，联1】④
W2279.8.3			异性的帮助促成感生		【壮族】
W2279.8.4			鸟的帮助促成感生		
W2279.8.5			鸟送感应物促成感生		【满族】
W2279.8.6			神投放感应物促成感生		【高山族】

① 【民族】白族。【关联】［W2254.1］吃桃孕生人
② 【引例】鱼感明珠生人【哈尼族】
③ 【引例】❶感脚印和彩虹生人【汉族】；❷感神鹰的三滴血和云的三滴水生人【彝族】
④ 【民族】侗族。【关联】［W2254.1］吃桃孕生人

2.4.8　与生人有关的其他母题【W2280～W2299】

W 编码	母题描述			参照项	
	一级母题	二级母题	三级母题	汤普森	关联项
✳ **W2280**	祈祷生人（祈祷生子）			①Q192 ②T548.1	
W2281		祈祷神生子			【民族，例2】①
W2281.1			求神孕生子	①≈D1766.1 ②T526	
W2281.2			求天神得子		【鄂温克族、哈尼族、珞巴族】
W2281.3			求生育神生子		【民族，例1】②
W2281.4			祈祷神树生子		【汉族】
W2281.5			祈祷佛生子		【民族，例2】③
W2281.6			祈祷菩萨生子		
W2281.7			求娘娘神生子		【土族】
W2282		祈祷其他特定的神或神性人物生子			【例1】④
W2283		祈祷特定的物生子			
W2283.1			祈祷天地得子		【朝鲜族、汉族】
W2283.2			祈祷山川得子		【朝鲜族、汉族】
W2283.3			拜庙得子		【瑶族】
W2284		与祈祷生人有关的其他母题			
W2284.1			许愿生子	T513	
W2284.2			祈祷后剖卵生人		【民族，联1】⑤
W2284.3			动物帮助祈祷生人		【汉族】
✳ **W2285**	生人时的帮助者				【联1】⑥
W2286		神或神性人物作为生人时的帮助者			
W2286.1			女神作为生人时的帮助者		【高山族、瑶族】

---

① 【民族】朝鲜族、汉族、赫哲族、柯尔克孜族。【引例】❶夫妻给老天爷磕头后生子【鄂伦春族】；❷老夫妻在祖宗神龛前祈祷生子【满族】

② 【民族】鄂温克族。【引例】生殖母神给人们送来子孙【朝鲜族】

③ 【民族】蒙古族。【引例】❶供佛后生人【朝鲜族】；❷感化佛生子【锡伯族】

④ 【引例】给老天爷磕头生子【鄂伦春族】

⑤ 【民族】苗族。【关联】［W2220］卵生人

⑥ 【关联】［W9987］帮助者

W 编码	母题描述			参照项	
	一级母题	二级母题	三级母题	汤普森	关联项
W2286.2			人神作为生人时的帮助者		【土族】
W2286.3			雷公作为生人时的帮助者		【民族，例1】①
W2286.4			祖先作为生人的帮助者		【独龙族】
W2286.5			其他神或神性人物作为生人的帮助者		【例2】②
W2287		人作为生人时的帮助者			
W2287.1			母性的作用		【高山族】
W2287.2			人击鼓生人		【壮族】
W2288		动物作为生人时的帮助者			【例3】③
W2289		植物作为生人时的帮助者			
W2289.1			树是生人的帮助者		【高山族】
W2289.2			植物是生人的帮助者		【例1】④
W2290		无生命物作为生人时的帮助者			
W2290.1			太阳在生人中的作用		【高山族】
W2291		与生人时的帮助者有关的其他母题			
◎	〖其他相关母题〗				
W2292	生人的特定地点				
W2292.1		在岩石上生人			【高山族】
W2292.2		在特定的山上生人			【高山族】
W2292.3		在洞中生人			【联1，例1】⑤
W2292.4		把某物投放到地上生人			【高山族】
W2293	化合型孕生人				
W2293.1		血水与海水孕生人			【汉族】
W2293.2		水与土孕生人			【傣族】

---

① 【民族】高山族。【引例】雷神（公）劈开葫芦生人【德昂族】

② 【引例】❶管天师在生人中的作用【傈僳族】；❷盘古劈南瓜后瓜中生人【傈僳族】

③ 【引例】❶天鹅凿开装着人的葫芦【布朗族、傈僳族】；❷鸟啄开装着人的葫芦【高山族、佤族】；❸老鼠咬开装着人的葫芦【拉祜族】

④ 【引例】孕妇抓芦因草后生育【高山族（卑南）】

⑤ 【关联】［W6178］人穴居。【引例】女始祖在洞中生下一对龙凤胎【佤族】

W 编码	母题描述			参照项	
	一级母题	二级母题	三级母题	汤普森	关联项
W2294	生人后的改造				
W2294.1		生怪胎后改造为人			【民族，联1】①
W2295	人种				【联1】②
W2295.1		人种的产生			【例1】③
W2295.1.1			天神留下人种		【民族，例2】④
W2295.1.2			神选特定的人做人种		【民族，例1】⑤
W2295.1.3			特定的人物传人种		【例4】⑥
W2295.1.4			造人种		【例6】⑦
W2295.1.5			生育人种		【例3】⑧
W2295.1.6			灾难后留下的人种		【联1，例3】⑨
W2295.2		特定的人种			【例4】⑩
W2295.2.1			葫芦籽是人种		【佤族】
W2295.3		人种的保存			
W2295.3.1			人种放在葫芦中		【德昂族、拉祜族】
W2295.4		与人种有关的其他母题			【例2】⑪
W2295.4.1			种人		【黎族】
W2295.4.2			人是种出来的		
W2295.4.3			在山上播撒人种		【侗族】
W2295.4.4			天神撒人种		【普米族】
W2295.4.5			男人种出男人		
W2295.4.6			女人种出女人		【民族，联1】⑫
W2296	不成功的生人				

① 【民族】羌族。【关联】［W2653］怪胎变成人的方式
② 【关联】［W2295.4.2］人是种出来的
③ 【引例】自然存在人种【哈尼族】
④ 【民族】德昂族。【引例】❶一对夫妻神下凡做人种【苗族】；❷女神到大地上做人种【普米族】
⑤ 【民族】彝族。【引例】神选善良的人做人种【怒族】
⑥ 【引例】❶龙王给人间人种【白族】；❷用女人做人种【侗族】；❸女人传人种【哈尼族】；❹灾难幸存者做人种【黎族】
⑦ 【引例】❶把姐弟生的孩子砍碎后做人种【景颇族】；❷女神造人种【普米族】；❸天神造人种【羌族】；❹生的怪胎剁成的肉渣变成人种【水族】；❺生的怪胎是人种【土家族】；❻用灵光造人做人种【瑶族】
⑧ 【引例】❶神生育人种；鬼生育人种【景颇族】；❷兄妹婚生无头无脑的娃娃做人种【苗族】；❸天帝的母亲孕育人种
⑨ 【关联】［W2538.1］神在洪水前保留人种。【引例】❶洪水后龙王给人种【白族】；❷天塌地陷后只剩下1男1女【鄂温克族】；❸洪水中留下的人种【基诺族】
⑩ 【引例】❶最早的人种是父子俩【哈尼族】；❷第二代人种是母女俩【哈尼族】；❸第三代人种是兄弟俩【哈尼族】；❹蛇卵做人种【黎族】
⑪ 【引例】❶伏羲兄妹种人【汉族】；❷把鬼生的人种改造为人【景颇族】
⑫ 【民族】汉族。【关联】［W2753］人的性别的产生

W 编码	母题描述			参照项	
	一级母题	二级母题	三级母题	汤普森	关联项
W2296.1		人祖娶貌美女子不能生人			【纳西族】
W2297	与生人有关的其他母题				
W2297.1		多次连续性的生人			
W2297.1.1			人生鼓，鼓生人		【壮族】
W2297.2		有辈次的生人			【民族，联1】①
W2297.3		女人生孩子后有了人类			【赫哲族】
W2297.4		物体相互作用生人			
W2297.4.1			两男神摩擦膝盖生人		【民族，联2】②
W2297.5		通过抽象规则生出人			
W2297.5.1			通过地支推算生出人		【汉族】
W2297.5.2			吃催生药生人		【民族，联1】③

---

① 【民族】哈尼族、瑶族。【关联】［W2741］人产生的顺序
② 【民族】高山族。【关联】❶［W2153.5］男人生孩子；❷［W7395］同性婚
③ 【民族】景颇族。【关联】［W0954.2］催生药

2.5 变化产生人（变人）①
【W2300 ~ W2399】

2.5.1 神或神性人物变化为人【W2300 ~ W2309】

W 编码	母题描述			参照项	
	一级母题	二级母题	三级母题	汤普森	关联项
✿ **W2300**	人是变化产生的（变人）			A1220	
✳ **W2301**	神变成人				
W2302		特定的神变成人			
W2302.1			天神变成人		【民族，例1】②
W2302.2			地神变成人		
W2303		神下凡变成人		A1215	【德昂族、蒙古族】
W2303.1			天神下凡投胎成人		【蒙古族】
W2303.2			神变成男人		
W2303.3			神变成女人		【例1】③
W2304		与神变成人有关的其他母题			
W2304.1			神的影子变成人		【例1】④
W2304.2			神的肢体或排泄物变成人		【例5】⑤
✳ **W2305**	神性人物变成人				【例2】⑥
W2306	仙人变成人				【苗族】
W2307	宗教人物变成人				
W2307.1			罗刹女⑦变成人		【藏族】

---

① 变化产生人（变人），这类母题的情形非常复杂。从变化为人的原物是否发生根本变化或本质改变，大致可以分为"变形成人"、"化生为人"、"难以确认的变成人或化为人"三个类型。这三个类型又可以根据变化物的数量又可以划分为"变形"与"化合"两种类型。对此，在类型的划定上采取综合表述的方法，力求涵盖面适中，一些典型的母题单独标出。具体情形参见《中国神话母题 W2 编目实例》。

② 【民族】德昂族。【引例】天神变成女人【傣族】

③ 【引例】天神变为女人【傣族】

④ 【引例】神的身影投射到的地上成为人【苗族】

⑤ 【引例】❶神的毛发化为人【布依族】；❷神的唾液化为人【鄂温克族、佤族】；❸神的肉瘤化人【满族】；❹神割肉化人【羌族】；❺天女的心变人

⑥ 【引例】❶精灵的五脏六腑变成人【珞巴族】；❷盘古经过1万2千年化成了人形

⑦ 罗刹女，在藏族的同类神话叙事中由于讲述人或翻译的不同，"罗刹女"的角色或身份有时可替换"岩女"、"魔女"等。

W 编码	母题描述			参照项	
	一级母题	二级母题	三级母题	汤普森	关联项
W2307.2			妖怪变成人		【民族，例1】①
W2308		魔鬼变成人			【傣族、景颇族】
W2309		与神性人物变成人有关的其他母题			
W2309.1			仙女的经血化生人		【民族，联1】②
W2309.2			天上的生灵下凡变成人		【汉族】

2.5.2　人变化为人【W2310 ~ W2314】

W 编码	母题描述			参照项	
	一级母题	二级母题	三级母题	汤普森	关联项
◎	〖人变化为人〗				
W2310	人变成其他人				
W2310.1		天上的人变成地上的人			【联2】③
W2311	特定的人变成人				【汉族】
W2311.1		人的部分肢体化生人			【高山族（赛夏）、回族】
W2312	动物体征的人变成人				【民族，例1】④
W2312.1		人熊变成人			
W2312.1.1			人熊劈开后的一半变成人		【鄂伦春族、鄂温克族】
W2312.2		人猴变成人			【联1】⑤
W2313	人的怪胎变成人				【联2】⑥
W2313.1		嫩树枝使怪胎变成人			【土家族】
W2314	与人变化为人有关的其他母题				【联1】⑦
W2314.1		人化生人			
W2314.1.1			人的精气化生人		【汉族】

① 【民族】彝族。【引例】1个怪胎变成的头人变成千百个人【壮族】
② 【民族】蒙古族。【关联】［W0826］仙女
③ 【关联】❶［W2015.3.1］天上的人；❷［W2309.2］天上的生灵下凡变成人
④ 【民族】哈尼族。【引例】似人似雁的人演化为似人似虎的人，称为人虎【彝族】
⑤ 【关联】［W2317］猴变成人
⑥ 【关联】❶［W2381］怪胎变化为人；❷［W2600］人生怪胎
⑦ 【关联】［W2384］人的肢体变成人

W 编码	母题描述			参照项	
	一级母题	二级母题	三级母题	汤普森	关联项
W2314.2		人劈为两半，其中一半变成人		T589.2	【汉族】
W2314.3		人的排泄物化生人			【联1】①
W2314.3.1			女子流的血变成人		【赫哲族】

2.5.3　动物变化为人②【W2315~W2349】

W 编码	母题描述			参照项	
	一级母题	二级母题	三级母题	汤普森	关联项
✿ **W2315**	**哺乳动物变成成人**				
W2316		狗（犬）变成人		D341	【例1】③
W2317		猴变成人		D318.1	【民族，联1，例13】④
W2317.1			猴子去（砍）掉尾巴后变成人	A1224.5.1	
W2317.2			死猴变成人		【拉祜族】
W2317.3			婚生的猴子变成人		【门巴族、纳西族、藏族】
W2317.4			神造的猴变成人		【傈僳族、怒族】
W2317.5			猴子破戒变成人		【藏族】
W2317.6			一部分猴子变成人		【民族】⑤
W2318		与猴变成人有关的其他母题			
W2318.1			神把猴子变成人		【彝族】
W2318.2			猴子学会耕种变成人		【布依族、藏族】
W2318.3			猴子发明火变成人		【珞巴族】
W2318.4			猴子吃粮食后变成人		【藏族】

---

① 【关联】［W2369］无生命物变化为人

② 动物变化为人，在神话表述中有性质不同的两种情况，分别列为两种母题类型。一种是作为"人类产生"意义上的"动物变人"；另一种是具有魔法性质或强调动物变形能力方面的"动物变人"。后者的类型列在"其他"类的"变形"母题类型中。有时二者的关系又难以区分，故为了避免重复编目和过于繁冗，两类母题采用不重复编号的互见的方式。在此选取神话中较为常见的与人的产生有关的动物变人母题做个案。一般表述为"××变成人"或"××变化为人"。具体情况参见《中国神话母题 W2 编目实例》和《中国神话母题 W9 编目实例》。

③ 【引例】龙犬被蒸后变人【瑶族】

④ 【民族】傣族、高山族（排湾）、汉族、拉祜族、门巴族、羌族、【关联】［W9561.5］猴子变人。【引例】❶神教猴子耕作变成真正人类【布依族】；❷最早的人是各种各样的猴子【珞巴族】；❸猴捂住脸后变人【珞巴族】；❹短尾巴猴变成人【珞巴族】；❺红毛短尾猴变成人【珞巴族】；❻猴子烧掉毛变成人【纳西族】；❼人与天女生的猴子退毛成人【纳西族】；❽天神造的猴子变成人【怒族】；❾狗和猴子交配生的猴子变成人【土族】；❿猴子吃仙丹变成人【彝族】；⓫猴子的尾巴变短后成为人【藏族】；⓬猴学会种五谷后变成人【藏族】；⓭语言使猕猴变成人【藏族】

⑤ 【民族】傣族、门巴族、怒族、土族

W 编码	母题描述			参照项	
	一级母题	二级母题	三级母题	汤普森	关联项
W2318.5			猴子吃熟食变成人		【门巴族、彝族】
W2318.6			猴子会说话后变成人		【藏族】
W2318.7			猴子听经书变成人		【门巴族】
W2318.8			猩猩变成人		【汉族】
W2318.9			猢狲变成人		【汉族】
W2318.10			猕猴变成人		
W2318.11			猿变成人		【傈僳族、藏族】
W2319		狼变成人		D313.2	
W2320		鹿变成人			
W2320.1			鹿变成姑娘	D314.1.3	【黎族】
W2321		牛变成人		≈D333.1	【汉族、壮族】
W2322		熊变成人		D313.3	【怒族】
W2322.1			熊孩变成人		【鄂伦春族】
W2323		其他哺乳动物变成人			【民族，例1】①
W2323.1			虎变成人		【水族、土家族】
W2323.2			羊变成人	D334	【例1】②
W2323.3			狮子变成人		【例1】③
W2323.4			胡獾变成人		【高山族（排湾）】
W2323.5			象变成人	D314.3	
W2323.6			猪变成人	D336.1	【联1，例1】④
W2323.7			鼠变成人		【怒族】
W2323.8			狐狸变成人		【鄂温克族】
✵ **W2324**	鸟类动物变成人			D350	
W2325		鸟变成人			【汉族、怒族】
W2326		鸡变成人			【苗族】
W2326.1			母鸡变成女人		【蒙古族】
W2326.2			天降的野雉变成人		【满族】
W2327		天鹅变成人		D361	
W2328		雁变成人			【独龙族、满族】
W2329		鹰变成人		①D352.1 ②D352.2	
W2330		其他鸟变成人			

① 【民族】鄂温克族、藏族。【引例】野兽因吃天神给的"知识肉"变成人【藏族】
② 【引例】母羊变女人【蒙古族】
③ 【引例】狮子脱壳变人【傣族】
④ 【关联】［W2348.5.1］猪肉变成人。【引例】母猪的肉变男女【珞巴族】

W 编码	母题描述			参照项	
	一级母题	二级母题	三级母题	汤普森	关联项
✷ **W2331**	水中动物变成人				
W2332		鱼变成人			【哈尼族】
W2333		虾变成人			
W2334		其他水中动物变成人			
✷ **W2335**	昆虫变成人			D380	
W2336		虫子变成人			【民族，例2】①
W2336.1			虫子的粪变成人②		【高山族】
W2337		蜘蛛变成人			【高山族（布农）】
W2338		蜜蜂变成人			【怒族】
W2339		其他昆虫变成人			
✷ **W2340**	两栖与爬行动物变成人				
W2341		蛇变成人		D391	【鄂伦春族、怒族】
W2341.1			蛇化生人		【侗族、高山族（排湾）、汉族】
W2341.2			蛇卵化生人		【黎族、傈僳族】
W2341.3			蛇先变虫后再变人		【怒族】
W2341.4			蛇卵变成人③		【民族，联1】④
W2342		蚯蚓变成人		D392	
W2343		蛙变成人		D395	【民族，例3】⑤
W2343.1			青蛙变成人		【民族】⑥
W2343.2			人生的青蛙变成人		【门巴族】
W2343.3			蟾蜍变成人		【京族、黎族】
W2343.4			蛤蟆王变成人		【苗族】
W2343.5			蛤蟆变成人		【民族】⑦
W2343.6			巴蛙变成人		【土族】
W2344		蜥蜴变成人		D397	
W2345		其他两栖或爬行动物变成人			【例1】⑧

① 【民族】高山族（布农）、汉族。【引例】❶不知名的虫化生人【汉族】；❷虫感风化人【汉族】
② 虫子的粪变成人，该母题具有化生的意味，但考虑到带有明显的虫子图腾性质或借助于昆虫排泄物类似生育的联想，归为此类。
③ 蛇卵变成人，一般神话表述为蛇卵生人。此处为尊重文本原文，将此母题列出。
④ 【民族】黎族。【关联】［W2223.1］蛇卵生人
⑤ 【民族】傣族、壮族。【引例】❶青蛙食仙草变成今天的人类【布朗族】；❷人生的蟾蜍变人【京族】；❸青蛙变姑娘【壮族】
⑥ 【民族】布朗族、俄罗斯族、傈僳族、门巴族、壮族
⑦ 【民族】布朗族、东乡族、侗族、回族、羌族、壮族
⑧ 【引例】蜈蚣变人【毛南族】

W 编码	母题描述			参照项	
	一级母题	二级母题	三级母题	汤普森	关联项
◎	〖其他相关母题〗				
W2346	龙变成人				
W2346.1		龙变成人			【傣族、汉族、土家族】
W2346.2		龙太子变成人			【傣族】
W2346.3		半龙半人变成人			【民族，例1】①
W2346.4		龙身人首的龙人演变成人			【苗族】
W2346.5		毒龙变成人			【藏族】
W2346.6		火龙变成人			【汉族】
W2346.7		海里的龙族演变成人			【汉族】
W2346.8		与龙变成人有关的其他母题			
W2347	动物变成人的方法				
W2347.1		动物吃特殊的食物后变成人			
W2347.1.1			动物吃知识肉后变成人		【藏族】
W2347.1.2			动物吃五谷后变成人		【例2】②
W2347.1.3			动物吃盐后变成人		【汉族】
W2347.2		动物获得文化后变成人			【例2】③
W2347.2.1			动物通过劳动变成人		【藏族】
W2347.3		动物通过自身努力变成人			
W2347.3.1			猴子听话变成人		【门巴族】
W2347.3.2			熊通过遵守禁忌变成人		【朝鲜族】
W2347.4		动物掉毛后变成人			
W2347.4.1			野兽被拔毛变成人		【羌族、藏族】
W2347.4.2			毛孩洗掉毛变成人		【门巴族】
W2347.4.3			猴子退掉毛变成人		【珞巴族、纳西族、羌族】
W2347.4.4			青蛙蜕皮变成人		【门巴族】
W2347.5		动物失去尾巴变成人			

① 【民族】苗族。【引例】人头龙身和龙头人身的 2 个龙子生育的子孙变成人【土家族】
② 【引例】❶猴子吃熟食变人【彝族】；❷猴子吃五谷变成人【藏族】
③ 【引例】❶猴子学会耕种后变成人【布依族、藏族】；❷语言使猕猴变成人【藏族】

W 编码	母题描述			参照项	
	一级母题	二级母题	三级母题	汤普森	关联项
W2347.5.1			猴子失去尾巴变成人		【土族】
W2347.6		动物被蒸后变成人			
W2347.6.1			犬蒸后变成人		【黎族、畲族、瑶族】
W2347.7		与动物变成人的方法有关的其他母题			【例1】①
W2347.7.1			动物被尿冲后变成人		【汉族】
W2348	与动物变成人有关的其他母题				【例1】②
W2348.1		人生的动物变成人			
W2348.1.1			人生的蛤蟆变成小伙		【汉族】
W2348.1.2			人生的青蛙变成小伙		【傈僳族】
W2348.2		动物多次变形成为人			【民族，例1】③
W2348.3		多种动物同时变成人			【傣族、高山族（排湾）】
W2348.4		多种动物变成不同的人			
W2348.4.1			蜜蜂、猴子、熊、老鼠、蛇、鸟等变成人		【怒族】
W2348.5		动物的肢体（其他体内物）变成人			
W2348.5.1			猪肉变成人		【民族，联2】④
W2348.5.2			熊的一半变成人		【鄂伦春族、鄂温克族】
W2348.5.3			犀牛的脑浆化生人		【布朗族】

2.5.4　**植物变化为人**⑤【W2350～W2359】

W 编码	母题描述			参照项	
	一级母题	二级母题	三级母题	汤普森	关联项
❋ **W2350**	**植物变化为人**			D431.6	

---

① 【引例】杀的鸡、猪，分别挂于东西南北竹丛中变成人【珞巴族】
② 【引例】特定的高级动物变人【布依族】
③ 【民族】傣族、羌族。【引例】大蛇变成小虫然后变成人【怒族】
④ 【民族】珞巴族。【关联】❶［W2323.6］猪变成人；❷［W2386］肉化生人
⑤ 植物变化为人，该母题"与动物变化为人"母题有些相似。由于植物变成人与动物变成人相比更为间接，且植物变成人的神话在叙事中"变人"与"化生人"较为含混，因此在母题描述上兼顾神话文本的多样性，采用了"××变成人"、"××变化为人"等不同词语。

W 编码	母题描述			参照项	
	一级母题	二级母题	三级母题	汤普森	关联项
W2351		树木变化为人		D431.2	【民族，例1】①
W2351.1			树变化为姑娘		【哈萨克族】
W2351.2			树变化为男子		【例1】②
W2351.3			树干化为男人		【高山族（泰雅）】
W2351.4			树枝变成人		【民族，例1】③
W2352		树的果实变化为人			【高山族（邹人）、哈尼族】
W2352.1			枫树果变成人		【高山族（邹人）】
W2352.2			桃化生人		【联1，例1】④
W2352.3			李子变化为人		【白族】
W2352.4			树籽化生人		【例1】⑤
W2353		树叶变化为人			【例2】⑥
W2354		瓜果变化为人		D431.4	【例4】⑦
W2354.1			瓜变化为人		【瑶族、彝族】
W2355		种子变化为人			【瑶族】
W2356		谷物变化为人		D431.8	【例1】⑧
W2357		花变化为人		D431.1	
W2357.1			桃花变成人		【苗族】
W2358		草变化为人		D431.5	【例1】⑨
W2359	与植物变化为人有关的其他母题				【例2】⑩
W2359.1		地瓜变化为人			【高山族（布农）】
W2359.2		葫芦籽变化为人			【瑶族】
W2359.3		芝麻种变化为人			【瑶族、壮族】
W2359.4		人生的植物变化为人		≈T543.0.1	
W2359.5		按人的意念树叶变化为人			【德昂族】

① 【民族】独龙族。【引例】鬼栽的树变人【怒族】
② 【引例】树变成世上第一个男子【独龙族】
③ 【民族】独龙族。【引例】柳枝修炼成人【满族】
④ 【关联】［W2357.1］桃花变成人。【引例】女子切的桃片变成小孩【侗族】
⑤ 【引例】黑树籽化生女人【怒族】
⑥ 【引例】❶茶树叶变人【德昂族】；❷枫树叶变成人【高山族】
⑦ 【引例】❶气葫芦变成人【汉族】；❷冬瓜籽（肉）变成人【瑶族】；❸瓜切四瓣变成人【彝族】；❹冬瓜变成人
⑧ 【引例】谷种变成女人【瑶族】
⑨ 【引例】茅草变成人【壮族】
⑩ 【引例】❶桃片变成人【侗族】；❷羊角花枝吹气后变人【羌族】

2.5.5 自然物或无生命物变化为人【W2360～W2379】

W 编码	母题描述			参照项	
	一级母题	二级母题	三级母题	汤普森	关联项
✵ **W2360**	自然物变化为人				
W2361		太阳变成人			【瑶族】
W2361.1			太阳化生人		【白族】
W2362		月亮变成人		D439.5.1	【瑶族】
W2363		星宿变成人①		D439.5.2	【仡佬族】
W2364		石头变成人		D432.1	【联1，例4】②
W2365		土化生人			【高山族、维吾尔族】
W2366		水化生人			【例1】③
W2367		气化生人④			【例5】⑤
W2368		其他自然物化为人			【例1】⑥
W2368.1			火焰凝结为人		【傣族】
W2368.2			多种无生命物变化为人		【傣族】
✵ **W2369**	无生命物变化为人				
W2370		特定器物化生人			
W2370.1			宝物化生人		【联1，例1】⑦
W2371		排泄物化生人			【例1】⑧
W2371.1			粪化生人⑨		【民族，联1，例2】⑩
W2371.2			眼泪化生人		【民族，例1】⑪
W2371.3			唾液化生人	D437.5	【民族，联1】⑫

---

① 星宿变成人，神话叙事中一般把星宿作为有生命的神对待，也可列入"神或神性人物变化为人"母题之中。

② 【关联】[W2104.1]刻石造人。【引例】❶鹅卵石化生人【高山族】；❷挟在女神腋下的石头变成人【高山族（雅美）】；❸石修炼成人【满族】；❹石头灰、石头粉聚合化成女人【普米族】

③ 【引例】露水变成人【拉祜族】

④ 气化生人，"气化生人"与"自然产生人"类型中的"气生人"具有细微的区别。这种区别主要表现在叙事上"气化生人"更注重"化"的过程和特点。

⑤ 【引例】❶水火土风的精气化为人【傣族】；❷土与水气化生人【傣族】；❸冲和之气化生人【汉族】；❹精气为人【汉族】；❺元气凝结成人

⑥ 【引例】灵光变成人【瑶族】

⑦ 【关联】[W9650～W9699]宝物。【引例】元始天尊用宝瓶化生人【汉族】

⑧ 【引例】鼻涕中的泥点子变成人【维吾尔族】

⑨ 粪化生人，可对照"[W2216.2]猪粪生人"，区别主要表现在叙事主体和功能的差异。

⑩ 【民族】高山族。【关联】[W2336.1]虫子的粪变成人。【引例】❶粪团推入洞穴变成人【高山族（布农）】；❷狗粪变成人【高山族（布农）】

⑪ 【民族】哈尼族。【引例】天神的眼泪变成人【怒族】

⑫ 【民族】鄂温克族、佤族。【关联】[W2083.1]用唾液造人

W 编码	母题描述			参照项	
	一级母题	二级母题	三级母题	汤普森	关联项
W2372		其他无生命物变化为人			【例1】①
✻ **W2373**	人造物变成人				【联1】②
W2374		雕塑物变成人		D435.1	【联2，例2】③
W2375		泥人变成人			【民族，联1，例1】④
W2376		绳子变成人		①D434.2 ②D436.2	【民族，联2】⑤
W2377		与人造物变成人有关的其他母题			【例2】⑥
W2377.1			木匣变成人		【高山族（布农）】
W2377.2			藤篓变成人		【高山族（布农）】

2.5.6　怪胎、怪物或肢体变化为人【W2380～W2389】

W 编码	母题描述			参照项	
	一级母题	二级母题	三级母题	汤普森	关联项
✻ **W2380**	怪胎、怪物或神、动物等的肢体变化为人⑦			D437	
W2381		怪胎变化为人			
W2381.1			怪胎化生人		【民族，联1】⑧
W2382		怪物变化为人			【联1】⑨
W2382.1			最早出现的怪物变化为人		【民族，例1】⑩
W2382.2			与怪物变化为人有关的其他母题		
✻ **W2383**	特定的肢体变化为人				【联2】⑪

① 【引例】石粉化为人【普米族】
② 【关联】［W2030～W2129］造人
③ 【关联】❶［W2085.1.1］刻木造人；❷［W2104.1］刻石造人。【引例】❶雕刻的木人变成人【拉祜族】；❷用芭蕉刻人成活【壮族】
④ 【民族】维吾尔族、壮族。【关联】［W2087］用土（泥）造人。【引例】泥捏的男女经洗礼后变成人【傣族】
⑤ 【民族】高山族（布农）。【关联】❶［W2313］人的怪胎变人；❷［W2640］生绳子类物件
⑥ 【引例】❶包的饺子祈祷后变成儿子【维吾尔族】；❷草人被点燃后变成人【壮族】
⑦ 怪胎、怪物或神、动物等的肢体变化为人，该母题中"怪胎变化为人"的其他情况可以参见"人类起源"类型的"【W2653～W2660】怪胎变成人的方式"母题。
⑧ 【民族】汉族。【关联】［W2600］人生怪胎
⑨ 【关联】［W0860］怪物
⑩ 【民族】汉族。【引例】水中出现的怪物变人
⑪ 【关联】❶［W2348.5.2］猪肉变成人；❷［W2375］泥人变成人

W 编码	母题描述			参照项	
	一级母题	二级母题	三级母题	汤普森	关联项
W2384		人的肢体变成人			【回族】
W2384.1			人的肢体切（砍）碎后变成人		【高山族、黎族】
W2384.2			乳房变成人		【例1】①
W2384.3			婚生子后碎化生人		【高山族（赛夏）】
W2384.4			婚生2子后碎尸化生人		【高山族】
W2385		内脏变成人			
W2385.1			心脏变成人		【汉族】
W2385.2			肠变成人		【民族，例1】②
W2385.3			肝变成人		【侗族】
W2386		肉变化成人			【联1，例1】③
W2386.1			肉块变成人		【民族】④
W2386.2			肉球变成人		【民族，联1】⑤
W2386.3			肉团变成人		【民族，例1】⑥
W2386.4			肉核变成人		【白族】
W2387		与肢体变化为人有关的其他母题			
W2387.1			人熊的一半变成人		【鄂伦春族】
W2387.2			人生的毛孩变成人		【门巴族】
W2387.3			子宫变成人		【汉族】
W2387.4			骨头变成人	D437.1	【民族，例1】⑦
W2387.5			脑变成人		【侗族】
W2387.6			人的毛发化为人		【布依族、侗族】
W2388	与怪胎、怪物或肢体化生人有关的其他母题				
W2388.1		卵化生人			【民族，联1】⑧
W2388.1.1			黄金卵化生人⑨		【朝鲜族】
W2388.1.2			太阳的卵孵化生人		【高山族（鲁凯）】
W2388.1.3			海螺卵化生人		【藏族】

① 【引例】丈夫割下的妻子的乳房变成女婴【珞巴族】

② 【民族】高山族（泰雅）。【引例】神人的肠子变成人【侗族】

③ 【关联】［W2348.5.1］猪肉变成人。【引例】猪肉变化为人【珞巴族】

④ 【民族】高山族（赛夏）、汉族、京族、黎族、珞巴族、瑶族、壮族

⑤ 【民族】达斡尔族、藏族。【关联】［W2388.1］卵化生人

⑥ 【民族】哈尼族。【引例】海中生的肉团变成人【白族】

⑦ 【民族】汉族。【引例】肋骨变成人【侗族、高山族】

⑧ 【民族】高山族（排湾）、黎族、纳西族。【关联】［W2220］卵生人

⑨ 黄金卵化生人，该母题以及下面的"太阳卵化生人"等，与"卵生"母题有共性也有区别，主要表现在叙事表述方面侧重点的差异。

W 编码	母题描述			参照项	
	一级母题	二级母题	三级母题	汤普森	关联项
W2388.1.4			蛋核变成人		【纳西族】
W2388.1.5			蛋黄化人		【藏族】
W2388.1.6			肉瘤化人		【民族，联1】①
W2388.2		血化生人			【联1，例1】②
W2388.2.1			血水化生人		【汉族、壮族】
W2388.2.2			人的血化生人		【赫哲族】

2.5.7 与变化产生人有关的其他母题【W2390~W2399】

W 编码	母题描述			参照项	
	一级母题	二级母题	三级母题	汤普森	关联项
W2390	演化生成人				
W2390.1		动物演化为人			【联1】③
W2390.1.1			猿猴演化为人		【藏族】
W2390.2		按时间演进产生人			【汉族】
W2391	变成人的时间				
W2391.1		变化成人需要漫长的时间			
W2391.1.1			经万年化生人		【德昂族】
W2391.2		变化成人需要特定的时间			
W2391.2.1			特定的动物变成人需要7天		【汉族】
W2391.2.2			999年化生为人		【蒙古族】
W2391.3		与变成人时间有关的其他母题			
W2392	变成人的地点				【例1】④
W2392.1		在泥中变成人			【高山族】
W2392.2		在卵中变成人			
W2392.3		放入洞中变成人			【高山族（布农）、羌族】
W2392.4		接触地面后变成人			【高山族、瑶族】
W2392.5		投放到水中变成人			【高山族（泰雅）】
W2392.5.1			把肉块投入海中化生人		【高山族】

① 【民族】满族。【关联】［W2386］肉化生人
② 【关联】［W0721.4.2］龙的血化为盘古。【引例】公猴在天仙女的经血上小解，经血变成了人【蒙古族】
③ 【关联】［W2347.5.1］猴子失去尾巴变成人
④ 【引例】盘古在蛋中化生为人【汉族】

W 编码	母题描述			参照项	
	一级母题	二级母题	三级母题	汤普森	关联项
W2392.5.2			把肉块投入河中化生人①		【高山族（赛夏）】
W2392.6		落到树根上变成人			
W2392.6.1			露水落到树根上变成人		【民族，联1】②
W2392.6		其他特殊的地点变化成人			【白族】
W2392.7.1			放入柜子中变成人		【瑶族】
W2392.7.2			放入缸中变成人		【畲族】
✳ **W2393**	**变化成人的条件**				
W2394		神或神性人物在变人中的作用			【民族，例1】③
W2394.1			天神把动物变成人		【例1】④
W2394.2			智慧女神的作用变成人		【德昂族】
W2394.3			宗教人物的命令变成人		【例1】⑤
W2394.4			其他神或神性人物在变人中的作用		【例1】⑥
W2395		动物在变人中的作用			【例1】⑦
W2395.1			经昆虫的叮咬变成人		【高山族、维吾尔】
W2395.2			经猴子的咀嚼化生人		【纳西族】
W2395.3			经燕子的叼衔变成人		【高山族】
W2396		其他特定人物在变人中的作用			【例3】⑧
W2397		与变人条件有关的其他母题			
W2397.1			吹气后变成人		【联1，例3】⑨

① 把肉块投入河中化生人，一些神话虽然在叙述中表述为肉块变化为人，但一般认为强调的是"化"的成分，故把这类情况列在化生类型。

② 【民族】拉祜族。【关联】［W2366］水化生人

③ 【民族】布朗族、彝族。【引例】天神把猴子变成人【门巴族】

④ 【引例】老天爷的作用变成人【汉族】

⑤ 【引例】佛爷的命令变人【汉族】

⑥ 【引例】天降的大汉剁碎怪胎后变成人【土家族】

⑦ 【引例】蜘蛛在变人的作用【高山族】

⑧ 【引例】❶人切植物后化生人【侗族】；❷人吹气后化生人【高山族】；❸母亲抛洒切碎的怪胎后怪胎变成人【瑶族】

⑨ 【关联】［W2114］造人经吹气后成活。【引例】❶特定物吹气后变成人【汉族】；❷造人者吹气后变成人【汉族】；❸自然的风吹后变成人【汉族】

W 编码	母题描述			参照项	
	一级母题	二级母题	三级母题	汤普森	关联项
W2397.2			祭祀神灵后变成人		【例1】①
W2397.3			祈祷后化生人		【维吾尔族】
W2397.4			用魔法变成人		【藏族】
W2397.5			吃特定的食物变人		【联1，例2】②
W2397.6			神使尸体化生人		【高山族】
W2397.7			天气作用下化生人		【例1】③
W2397.8			感风化生人		【民族，联1】④
W2397.9			变人时的禁忌		【民族，联1】⑤
W2398	与变化产生人有关的其他母题				【例1】⑥
W2398.1		多次变化产生人			【民族，例1】⑦
W2398.2		人的退化		A1220.1	
W2398.3		两物结合化生人			【例1】⑧
W2398.4		多物结合化生人			【例1】⑨
W2398.5		无形化生人			【汉族】
W2398.6		天数化生人			【汉族】
W2398.7		灵魂变成人			【联1，例1】⑩

① 【引例】祭祀神灵后，人生的动物变成人【独龙族】
② 【关联】［W2318.4］猴子吃粮食后变成人。【引例】❶狗吃酒变成人【土家族】；❷猴子吃仙丹变成人【彝族】
③ 【引例】雷雨天气促成人的化生【汉族】
④ 【民族】汉族。【关联】［W2275.1］感风孕生人
⑤ 【关联】［W6544］特定时间的禁忌。【引例】动物变人时忌见阳光【朝鲜族】
⑥ 【引例】生灵不是胎生，是化生的【蒙古族】
⑦ 【民族】傣族、汉族、瑶族。【引例】地下的人先变成猴子，钻出来后变成人【哈尼族】
⑧ 【引例】血与石结合化生人【汉族】
⑨ 【引例】血水、天精与地灵结合化生为人【汉族】
⑩ 【关联】［W0870］灵魂（鬼）。【引例】人是盘古的灵魂变的

2.6 婚配产生人（婚生人）①
【W2400 ~ W2499】

2.6.1 神或神性人物婚生人 【W2400 ~ W2414】

W 编码	母题描述			参照项	
	一级母题	二级母题	三级母题	汤普森	关联项
✷ **W2400**	**神婚生人**				【民族】②
W2401		天神婚生人			【景颇族】
W2401.1			天神兄妹婚生人		【阿昌族、怒族】
W2402		对偶神婚生人			【高山族（阿美、卑南）、景颇族、土家族】
W2403		神的子女婚生人			【民族】③
W2403.1			太阳神的独子和龙女生人		【景颇族】
W2403.2			天女与神人婚生人		【哈尼族、汉族、纳西族】
W2404		神与异类婚生人			
W2404.1			神与猴婚生人		【民族，例2】④
W2404.2			神与鱼婚生人		【布依族】
W2404.3			神与牛婚生人		【柯尔克孜族】
W2404.4			神与神虎婚生人		【纳西族】
W2404.5			女神与石人婚生人		【普米族】
W2404.6			神虎与女山神婚生人		【德昂族、汉族、纳西族】
W2405		有名字的神婚生人			
W2405.1			天公与地母婚生人⑤		【阿昌族、汉族、纳西族】

---

① 婚配产生人（婚生人），本类型强调的重点是神话文本中与"婚姻"相关的人类产生方面的母题。其他一般意义的婚姻母题归入"〔W7000 ~ W7999〕婚姻与性爱"中的"婚姻"类型。
② 【民族】高山族（阿美、卑南）、哈尼族、哈萨克族、满族、苗族、纳西族、羌族、土家族
③ 【民族】仡佬族、哈尼族、景颇族、珞巴
④ 【民族】羌族。【引例】❶天神与猕猴婚生人【藏族】；❷神猴和女妖婚生人【藏族】
⑤ 天公地母婚生人，由于在不同的神话叙事中侧重点不同，这里倾向于把"天公"、"地母"看做神的名称。有的表述为"天地婚生人"，这种情况归类为"无生命物婚生人"。

W 编码	母题描述			参照项	
	一级母题	二级母题	三级母题	汤普森	关联项
W2405.2			田公地母婚生人		【德昂族】
W2406		与神婚生人有关的其他母题			
W2406.1			神投胎的男女婚生人		【例1】①
W2406.2			神下凡婚生人类		【土家族】
W2406.3			神与动物婚生人		【民族,例1】②
W2406.4			神与无生命物婚生人		【普米族】
✽ **W2407**	神性人物婚生人				
W2408		神仙(仙)③婚生人类			【傣族、高山族(泰雅)、壮族】
W2408.1			仙女与雨神婚生人		【例1】④
W2409		祖先婚生人⑤			【民族,联1】⑥
W2410		神性人物与异类婚生人			
W2410.1			天女与天狗婚生人		【例1】⑦
W2410.2			天女与喜鹊婚生人		【满族】
W2410.2			鬼的儿子与龙女婚生人		【景颇族】
W2410.3			神性人物与龙女婚生人		【联1,例2】⑧
W2411		神性动物的婚			
W2411.1			神猴与女妖婚生人		【藏族】
W2412		有名字的神性人物婚生人			【例2】⑨
W2412.1			盘古兄妹结婚生人		【民族,联1】⑩
W2412.2			盘和古⑪婚生人		【汉族、毛南族】

① 【引例】星宿投胎的男女婚生人【仡佬族】

② 【民族】羌族。【引例】狗与神母婚生人【苗族】

③ 神仙(仙),有的神话在叙事中"神"、"神仙"与"仙"不分,为尊重原文,将"仙"与"神仙"归为一类。

④ 【引例】仙女与司雨神婚生人【普米族】

⑤ 始祖婚生人,是一个内涵复杂的母题,神话中关于结婚生人的"始祖"来源,有"同来于天上"、"同来于原始的卵中"等不同情况,有的还强调男女始祖具有一定的"血缘关系"。一般认为,"始祖"往往带有明显的神性色彩,故列入此类。具体情况参见关于始祖的其他母题和《中国神话母题 W0 编目实例》。

⑥ 【民族】侗族、哈萨克族、汉族、回族。【关联】[W2405]有名字的神性人物婚生人

⑦ 【引例】天狗与天皇的女儿婚生人【黎族】

⑧ 【关联】[W0535.3]龙女。【引例】❶龙女与仙人婚生人【德昂族】;❷龙女与太阳神的后代婚生人【景颇族】

⑨ 【引例】❶人面蛇身的伏羲女娲婚生人【汉族】;❷伏羲兄妹婚生人【仫佬族、瑶族】

⑩ 【民族】汉族。【关联】[W0727]盘古的婚姻

⑪ 盘和古,此类神话叙事中没有交代"盘"和"古"是否具有兄妹或其他血缘关系。

W 编码	母题描述			参照项	
	一级母题	二级母题	三级母题	汤普森	关联项
W2412.3			盘古女娲婚生人		【民族，联2】①
W2412.4			盘古与天女婚生人		【民族，联1】②
W2412.5			伏羲女娲婚生人③		【民族，联2，例1】④
W2412.6			亚当、夏娃婚生人		【维吾尔族】
W2413		与神性人物婚生人有关的其他母题			
W2413.1			天神的侍女与神猴婚生人		【门巴族】
W2413.2			妖怪与猴婚生人		【民族，例1】⑤
W2413.3			蛇与太阳的女儿婚生人		【高山族（排湾）】
W2413.4			猴与魔女婚生人		【例1】⑥

2.6.2　**人与神或神性人物婚生人**【W2415～W2419】

W 编码	母题描述			参照项	
	一级母题	二级母题	三级母题	汤普森	关联项
◎	《**人与神或神性人物婚生人**》				
W2415	人与神婚生人				
W2415.1		人与天神婚生人			【朝鲜族、汉族】
W2415.2		人与动物神婚生人			【例1】⑦
W2415.2.1			人与神鸟婚生人类		【傣族】
W2415.2.2			女祖先与牦牛山神婚生人		【普米族】
W2415.3		人与雷神婚生人			【民族，联1】⑧
W2416	人与神女婚生人⑨				【民族】⑩

---

① 【民族】汉族。【关联】❶ ［W0725.4.1］盘古女娲是夫妻；❷ ［W0727］盘古的婚姻
② 【民族】汉族、瑶族。【关联】［W0727.1］盘古与天女婚
③ 伏羲女娲婚生人，在不同的叙事中，根据具体叙事的情形有两种不同的情况，一种是伏羲、女娲作为人类的始祖，另一种是伏羲、女娲作为一般的兄妹关系出现，为便于比较研究将在索引中分别显示。
④ 【民族】汉族。【关联】❶ ［W0682.1］伏羲与女娲婚；❷ ［W0682.2.1］伏羲女娲兄妹婚。【引例】伏羲女娲兄妹婚生人【土族】
⑤ 【民族】土族。【引例】公猴与女岩妖婚生人【藏族】
⑥ 【引例】猴与罗刹女婚生人【藏族】
⑦ 【引例】女子与白虎神婚生人【土家族】
⑧ 【民族】汉族。【关联】［W24165.5.2］男子与雷女婚生人
⑨ 人与神女婚生人，为避免表述的繁项，此处的"神女"包括"女神"、"天女"、"仙女"等，相应母题表述中的"人"，是否能从母题明显辨析出"男子"或者"女人"的情况不再一一标明。此处一律指人间的"男人"或"女人"，其他母题中出现的"男子"指"人间的男子"，"女子"指"人间的女子"。
⑩ 【民族】布依族、鄂伦春族、纳西族、普米族、彝族、壮族

W 编码	母题描述			参照项	
	一级母题	二级母题	三级母题	汤普森	关联项
W2416. 1		人与天女婚生人			【民族】①
W2416. 2		人与织女婚生人			【蒙古族】
W2416. 3		人与鬼女婚生人			【独龙族、珞巴族】
W2416. 4		特定的人与神女婚生人			【例1】②
W2416. 5		特定的人与神女婚生人			【例3】③
W2416. 5. 1			猎人与女猎神婚生人		【怒族】
W2416. 5. 2			男子与雷女婚生人		【黎族】
W2416. 5. 3			特定的人与仙女婚		【民族】④
W2417	女子与神婚生人				【塔吉克族、纳西族】
W2417. 1		女子与太阳神婚生人			【塔吉克族】
W2417. 2		女子与神性人物婚生人			【例1】⑤
W2418	与神或神性人物婚生人有关的其他母题				
W2418. 1		人与神婚生怪胎			【联2】⑥
W2418. 2		人与神性人物婚生怪胎			【联2】⑦

2.6.3　人婚生人 【W2420～W2449】

W 编码	母题描述			参照项	
	一级母题	二级母题	三级母题	汤普森	关联项
＊ **W2420**	人正常婚生人				【民族】⑧
W2421		年龄相当的人婚生人			【侗族、彝族】

---

① 【民族】朝鲜族、达斡尔族、德昂族、独龙族、汉族、蒙古族、苗族、普米族、锡伯族、彝族
② 【引例】外地的男子与女神婚生人【黎族】
③ 【引例】❶猎手与山神之女生人类【鄂伦春族】；❷孤儿与仙女婚生人【黎族】；❸打柴郎与仙女婚生人
④ 【民族】布依族、朝鲜族、达斡尔族、黎族、满族、蒙古族、苗族、纳西族、锡伯族、彝族
⑤ 【引例】伏羲姐妹与天上来的哥哥婚生人【布依族】
⑥ 【关联】❶［W2600］人生怪胎；❷［W7260］人神婚
⑦ 【关联】❶［W2600］人生怪胎；❷［W7266］人与神性人物婚
⑧ 【民族】傣族、鄂伦春族、鄂温克族、仡佬族、汉族、哈尼族、苗族、彝族、裕固族

W 编码	母题描述			参照项	
	一级母题	二级母题	三级母题	汤普森	关联项
W2422		相差年龄大的男女婚生人			【鄂伦春族、鄂温克族、汉族】
W2423		不同地区的男女婚生人			【高山族（雅美）、黎族】
W2423.1			天上的男子与地上的女子婚生人		【高山族（布农）】
W2423.2			不同寨子的男女婚生人		【布依族、赫哲族】
W2424		不同族群①的男女婚生人			【民族，联1，例1】②
W2425		与正常婚生人有关的其他母题			【例5】③
W2425.1			男女始祖婚生人类		【民族】④
✤ **W2426**	特殊来历的人婚生人				
W2427		天降的男女婚生人			【民族】⑤
W2428		造出的男女婚生人			【民族，例1】⑥
W2428.1			男人与自己造的女人婚生人		【民族，例2】⑦
W2429		特定物质生育的人婚生人			【哈萨克族、傈僳族】
W2429.1			水中生的男女婚生人		【独龙族】
W2429.2			卵化生的男女婚生人		【高山族（排湾）】
W2429.3			感生的男女婚生人		【例1】⑧
W2429.4			葫芦生的人婚生人		【德昂族、傈僳族、黎族】
W2429.5			石生的人婚生人		【苗族】
W2430		变化出的人婚生人			【高山族】

① 不同族群，神话中的"不同族群"可以理解为包括氏族、部落、民族以及不同姓氏等。
② 【民族】高山族、裕固族。【关联】［W7381］族外婚。【引例】不同族属的男女结婚生人【黎族】
③ 【引例】❶1男1女生人【傣族】；❷1个姑娘和1个小伙结婚生人【鄂伦春族】；❸一对夫妻生人【鄂温克族、怒族、彝族】；❹非兄妹的男女婚生人【仡佬族】；❺有名字的男女生人【哈尼族】
④ 【民族】侗族、独龙族、满族、苗族、羌族、维吾尔族、壮族
⑤ 【民族】傣族、德昂族、高山族（泰雅）、蒙古族、苗族、普米族、佤族
⑥ 【民族】汉族、蒙古族、怒族、维吾尔族、彝族。【引例】神造的男女婚生人【布朗族、傣族、独龙族】
⑦ 【民族】布朗族。【引例】❶男子与自己做的灰姑娘婚生人【普米族】；❷男子与母亲造的女子婚生人【普米族】
⑧ 【引例】感龙而生的男女婚生人【傣族】

W 编码	母题描述			参照项	
	一级母题	二级母题	三级母题	汤普森	关联项
W2430.1			神变的男女婚生人		【德昂族】
W2430.2			化生的人婚生人		【满族】
W2430.3			树叶变成的男女婚生人		【德昂族】
W2431		相同来源的男女婚生人①			
W2431.1			石生的男女婚生人		【高山族、苗族】
W2432		不同来源的男女婚生人			【高山族（卑南）、仡佬族、满族】
W2432.1			女子与虎生的男子婚生人		【土家族】
W2432.2			葫芦生的女子与石生的男子婚生人		【哈尼族】
W2432.3			瓜生的人与葫芦生的人婚生人		【傈僳族】
W2432.4			葫芦生的男子与陶锅生的女子婚生人		【高山族（布农）】
W2433		其他特殊来历的人婚生人			【民族，例1】②
W2433.1			造的男人与动物变成的女人婚生人		【蒙古族】
✿ **W2435**	人的血缘婚生人				
❇ **W2436**	兄妹婚生人③				【民族，联1】④
W2437		同胞兄妹婚生人			【民族】⑤
W2437.1			双胞胎兄妹婚生人		【民族，联1】⑥
W2438		多胞胎兄妹婚生人			【民族】⑦
W2439		特殊来历的兄妹婚生人			【例2】⑧

---

① 相同来源的男女婚生人，一般表现为具有同一个族群标识的男女结婚生人。这类情况与"图腾"母题、"同源"母题等多有交叉。在此只选取一些典型样例。

② 【民族】布朗族、独龙族、高山族（布农）、仡佬族、汉族、黎族、普米族、塔吉克族、藏族。【引例】南瓜生的男人与葫芦生的女人婚生人【傈僳族】

③ 兄妹婚生人，这种情况主要指神话中没有具体说明是什么原因形成的兄妹关系，只是交代二人为兄妹。

④ 【民族】傣族、高山族、哈尼族、苗族、土族、瑶族、佤族。【关联】［W7300］兄妹婚

⑤ 【民族】鄂温克族、高山族、苗族、瑶族、佤族、彝族、藏族

⑥ 【民族】基诺族。【关联】［W2723］龙凤胎

⑦ 【民族】独龙族、高山族、基诺族、拉祜族、黎族、傈僳族、怒族、普米族、畲族

⑧ 【引例】❶葫芦生的兄妹婚生人【拉祜族】；❷瓜生的兄妹婚生人【傈僳族】

W 编码	母题描述			参照项	
	一级母题	二级母题	三级母题	汤普森	关联项
W2439.1			从天上返回的兄妹婚生人		【仡佬族】
W2439.2			造出的兄妹婚生人		【民族，例1】①
W2439.3			神生的兄妹婚生人		【高山族】
W2439.4			植物生的兄妹婚生人		【例2】②
W2439.5			龙族变成的两兄妹婚生人		【汉族】
W2440		与兄妹婚生人有关的其他母题			【例1】③
W2440.1			特定名称的兄妹婚生人		【民族，例2】④
W2440.2			创世的兄妹婚生人		【拉祜族】
W2440.3			两个孤儿兄妹婚生人		【佤族】
W2440.4			神在灾难中保留的兄妹婚生人		【基诺族】
W2440.5			表兄妹婚生人		【汉族】
W2440.6			兄妹未婚而孕		【彝族】
◎	〖其他血缘婚生人〗				
W2441	姐弟婚生人				【民族，联1】⑤
W2441.1		弟弟与同父异母的姐姐婚生人			【苗族】
W2441.2		瓜生的姐弟婚生人			【傈僳族】
W2441.3		同父母的男女（1对或多个）婚生人⑥			【高山族、苗族】
W2441.4		与姐弟婚生人有关的其他母题			
W2442	父女婚生人				【联1】⑦
W2442.1		父女神婚生人			【鄂伦春族、鄂温克族】

① 【民族】哈尼族、汉族。【引例】神造的兄妹婚生人【黎族】
② 【引例】❶大树生的兄妹生人【高山族（泰雅）】；❷南瓜生的兄妹生人【傈僳族】
③ 【引例】堂兄妹未同床而孕【黎族】
④ 【民族】白族、高山族（赛夏）、哈尼族、傈僳族、苗族、怒族、畲族、壮族。【引例】❶伏羲兄妹婚生子【汉族、瑶族】；❷伏羲女娲兄妹婚生人【土族】
⑤ 【民族】独龙族、鄂伦春族、赫哲族、羌族。【关联】［W7350］姐弟婚
⑥ 同父母的男女（1对或多个）婚生人，与"兄妹婚生人"、"姐弟婚生人"母题的区别在于神话叙事中没有交代这些男女的兄妹或姐弟身份。
⑦ 【关联】［W7293］父女婚

W 编码	母题描述			参照项	
	一级母题	二级母题	三级母题	汤普森	关联项
W2443	女子与长辈婚生人				【鄂温克族】
W2444	母子婚生人				【民族，联1】①
W2445	娘侄婚生人				【民族，联1】②
W2446	叔侄婚生人				【民族，联1】③
W2447	姑侄婚生人				
W2448	与人的血缘婚有关的其他母题				
W2448.1		爷孙婚生人			
W2449	人与人婚生人的其他形式				【例1】④
W2449.1		同性婚生人			
W2449.1.1			两男交合生人		【高山族】
W2449.1.2			女性相互婚配生人		【高山族（雅美）】
W2449.2		龙的传人婚生人			【德昂族、藏族】
W2449.3		混沌人与女子婚生人			【藏族】
W2449.4		食肉女子与龙变的人婚生人			【藏族】
W2449.5		男子与怪人婚生人			【藏族】
W2449.5.1			人与熊人婚生人		【联2，例2】⑤

2.6.4 人与动物婚生人⑥【W2450～W2474】

W 编码	母题描述			参照项	
	一级母题	二级母题	三级母题	汤普森	关联项
✿ **W2450**	人与动物婚生人			①A1221.6 ②A1224.0.1	【联2】⑦
✳ **W2451**	人与哺乳动物婚生人			A1224.0.1	

① 【民族】高山族（泰雅）、黎族、珞巴族。【关联】［W7294］母子婚
② 【民族】壮族。【关联】［W7296.2］娘侄婚
③ 【民族】柯尔克孜族。【关联】［W7295］叔侄婚
④ 【引例】偷情生人【瑶族】
⑤ 【关联】❶［W2454］人与熊婚生人；❷［W7454］人与熊婚。【引例】❶女子与熊人婚生人【汉族】；❷女子与人熊（野人）婚生人【仫佬族】
⑥ 人与动物婚生人，此类母题在神话叙事中深刻的文化含义，这些动物往往具有图腾的性质。但关于具体婚配生人两个主体会有不同的情形，有的强调动物的主导性，有的强调人为主体，为了编目的简洁性，凡是涉及人与动物婚配产生人类的母题一律归为"人与动物婚生人"母题，母题的具体应用可以参照"婚姻与性爱"母题类型和《中国神话母题W2目实例》加以比较。为便于检索，此类母题参考汤普森动物母题的分类方法，将动物划分为"哺乳动物、鸟类"等不同类型。
⑦ 【关联】❶［W2234］感动物孕生人；❷［W7401］人与动物婚

W 编码	母题描述			参照项	
	一级母题	二级母题	三级母题	汤普森	关联项
W2452		人与虎婚生人			【民族】①
W2453		人与狼婚生人			【民族】②
W2453.1			人与母狼婚生人		【彝族】
W2454		人与熊婚生人			【民族，联2】③
W2454.1			女子与大公熊婚生人		【傈僳族】
W2454.2			猎手与母熊婚生人		【鄂伦春族】
W2455		人与猴婚生人		A1224.5	
W2455.1			人与公猴婚生人		【民族，例2】④
W2455.2			人与母猴婚生人		【拉祜族、怒族】
W2455.3			人与猿猴婚生人		【傈僳族】
W2455.4			人与猕猴婚生人		【彝族】
W2455.5			与人猴婚生人有关的其他母题		【例1】⑤
W2456		人与鹿婚生人			【民族】⑥
W2456.1			猎手与梅花鹿婚生人		【黎族】
W2457		人与牛婚生人			【蒙古族】
W2457.1			人与母牛婚生人		【佤族】
W2457.2			女祖先与牦牛婚生人		【普米族】
W2457.3			女巫与牤牛相交生人		【蒙古族】
W2458		人与犬婚生人			【民族】⑦
W2458.1			皇帝的女儿与犬婚生人		【民族】⑧
W2458.2			女子与黄狗婚生人		【民族，例1】⑨
W2458.3			女子与龙犬婚生人		【畲族、瑶族】
W2458.4			投胎形成的人犬婚生人		【仡佬族】

① 【民族】白族、汉族、赫哲族、傈僳族、纳西族、土家族、彝族
② 【民族】鄂温克族、哈萨克族、维吾尔族、彝族
③ 【民族】白族、鄂伦春族、汉族、赫哲族、维吾尔族。【关联】❶［W2449.5.1］人与熊人婚生人；❷［W7454］人与熊婚
④ 【民族】布依族、鄂温克族、拉祜族、纳西族、傈僳族、怒族、彝族。【引例】❶老妈妈与公猴同居生人【鄂伦春族】；❷老太婆与神仙变的公猴同居生人【鄂伦春族】
⑤ 【引例】猕猴和岩罗刹女婚生猴子变人【藏族】
⑥ 【民族】赫哲族、柯尔克孜族、黎族
⑦ 【民族】高山族、汉族、柯尔克孜族、畲族、瑶族
⑧ 【民族】朝鲜族、柯尔克孜族、黎族、苗族、畲族
⑨ 【民族】汉族、瑶族。【引例】公主与黄狗婚生人【黎族】

W 编码	母题描述			参照项	
	一级母题	二级母题	三级母题	汤普森	关联项
W2459		人与其他哺乳动物生人			
W2459.1			人与狐狸婚生人		【鄂温克族】
W2459.2			人与羊婚生人		【蒙古族】
W2459.3			人与鼠婚生人	A1006.4	【白族】
W2459.4			人与猫婚生人		【例1】①
�֍ **W2460**	人与鸟婚生人				【民族，联1，例1】②
W2461		人与鸡婚生人			【蒙古族】
W2462		人与凤婚生人			
W2463		人与鹰婚生人			【蒙古族】
W2464		人与其他鸟婚生人			
W2464.1			人与天鹅婚生人		【哈萨克族】
W2464.2			女祖先与猫头鹰婚生人		【纳西族】
◎	〖其他相关母题〗				
W2465	人与水中动物婚生人				【联1】③
W2465.1		人与鱼婚生人			
W2465.1.1			女祖先与鱼婚生人		【纳西族】
W2465.1.2			人与鲶鱼婚生人		【布依族】
W2465.2		人与其他水中动物婚生人			
W2466	人与昆虫婚生人				
W2466.1		人与蜂婚生人			【傈僳族】
W2466.2		人与蚂蚁婚生人			
W2466.2.1			土王与蚁大姐婚生人		【仡佬族】
W2466.3		人与其他昆虫婚生人			
W2467	人与两栖类动物婚生人				
W2467.1		人与青蛙婚生人			【门巴族、壮族】
W2467.1.1			女子与青蛙王子婚生人		
W2468	人与爬行动物婚生人				
W2468.1		人与蛇婚生人		B631.9	

① 【引例】男子与猫婚生人【鄂伦春族】
② 【民族】汉族。【关联】〔W7460〕人与鸟婚生人。【引例】人与白水鸟交配生人【满族】
③ 【关联】〔W7470～W7473〕人与水中动物婚

W 编码	母题描述			参照项	
	一级母题	二级母题	三级母题	汤普森	关联项
W2468.1.1			女子与蛇婚生人		【民族，例 1】①
W2468.1.2			女子与蛇郎婚生人		【汉族、黎族、彝族】
W2468.1.3			人与蛇女婚生人		
W2468.1.4			人与特殊的蛇婚生人		【例 4】②
W2468.1.5			与人蛇婚生人有关的其他母题		【例 1】③
W2468.2		人与龟婚生人			
W2468.3		人与其他爬行动物婚生人			
W2469	人与其他特定动物婚生人				
W2470	人与想象中的动物婚生人				
W2470.1		人与龙婚生人			【民族，联 1】④
W2470.1.1			人与龙女婚生人		【例 7】⑤
W2470.1.2			女子与龙婚生人		【例 4】⑥
W2470.1.3			与人龙婚有关的其他母题		【例 3】⑦
W2470.2		人与麒麟婚生人			
W2470.2.1			女子与蛋生的麒麟婚生人		【畲族】
W2470.3		人与其他想象中的动物婚生人			
W2471	人与多种动物婚生人				【纳西族、怒族】
W2472	与人与动物婚生人有关的其他母题				
W2472.1		人与动物婚没有生育			

① 【民族】纳西族。【引例】幺女与蛇婚生人【怒族】
② 【引例】❶人与长辫子的蛇婚生人【鄂温克族】；❷人首蛇尾的两角蛇与萨满姑娘婚生人【鄂温克族】；❸女子与百步蛇婚生人【高山族】；❹女子与会说话的蛇婚生人【怒族】
③ 【引例】特殊来历的女子与蛇婚生人【高山族】
④ 【民族】白族、汉族、彝族。【关联】［W2247］感龙孕生人
⑤ 【引例】❶龙女与帝王婚生人【汉族】；❷半人半神与龙女婚生人【景颇族】；❸孤儿与小蚌壳（龙王的小女儿）婚生人【苗族】；❹造的人与龙女婚生人【怒族】；❺男子与小白蛇（龙公主）生人【怒族】；❻凤凰卵生的男子与龙女婚生人【畲族】；❼格萨尔与龙女婚生人【藏族】
⑥ 【引例】❶女子与黄龙交合生人【白族】；❷女子与赤龙交合生人【汉族】；❸龙与公主婚生人【畲族】；❹变成的龙与女子婚生人【畲族】
⑦ 【引例】❶龙的传人与龙女婚生人【德昂族】；❷孤儿与龙女婚生人【苗族】；❸人与龙交配，人丁兴旺【彝族】

2.6.5　人与植物婚生人【W2475～W2479】

W 编码	母题描述			参照项	
	一级母题	二级母题	三级母题	汤普森	关联项
◎	〖人与植物婚生人〗				
W2475	人与树婚生人				【民族，联1】①
W2475.1		人与柳枝婚生人			【满族】
W2475.2		人与桦树婚生人			【满族】
W2476	人与花草婚生人				
W2477	与人与植物婚生人有关的其他母题				【联1】②
W2477.1		人与树洞生的姑娘婚生人			【哈萨克族】

2.6.6　人与无生命物婚生人【W2480～W2484】

W 编码	母题描述			参照项	
	一级母题	二级母题	三级母题	汤普森	关联项
◎	〖人与无生命物婚生人〗				
W2480	人与太阳婚生人				【民族，联1】③
W2480.1		人与男太阳婚生人			
W2480.2		人与女太阳婚生人			
W2481	人与月亮婚生人				【民族，联1】④
W2481.1		人与月亮姑娘婚生人			【汉族】
W2480.2		人与月亮小伙生人			
W2482	人与星星婚生人				【民族，联1】⑤
W2482.1		祖先（男）与星星（女）婚生人			【藏族】
W2483	与人与无生命物婚生人有关的其他母题				
W2483.1		女子与石头婚生人			【纳西族】

① 【民族】纳西族。【关联】［W7491］人与树婚
② 【关联】［W7490～W7499］人与植物的婚配
③ 【民族】藏族。【关联】［W7502］人与太阳婚
④ 【民族】布依族、藏族。【关联】［W7503］人与月亮婚
⑤ 【民族】藏族。【关联】［W7504］人与星星婚

2.6.7 其他特殊的婚生人① 【W2485 ~ W2489】

W 编码	母题描述			参照项	
	一级母题	二级母题	三级母题	汤普森	关联项
◎	〖其他特殊的婚生人〗				
W2485	动物与动物婚生人				【民族，联1】②
W2485.1		哺乳动物婚生人			【例1】③
W2485.1.1			猴与猴婚生人		【纳西族、藏族】
W2485.1.2			狼与鹿婚生人		【蒙古族】
W2485.1.3			虎与熊婚生人		【傣族】
W2485.1.4			狗与猴婚生人		【土族】
W2485.2		爬行动物婚生人			
W2485.3		鸟婚生人			
W2485.3.1			鸟结婚生人		【彝族】
W2485.3.2			银雀相配生人		【彝族】
W2485.4		水中动物婚生人			
W2485.4.1			龙婚生人		【汉族】
W2485.5		昆虫婚生人			
W2485.6		龙凤婚生人			
W2485.6.1			凤凰之子与龙女婚生人		【畲族】
W2485.7		多种动物婚生人			
W2485.7.1			蜂与蛇、虎交配生人		【怒族】
W2485.8		动物与其他物婚生人			
W2485.8.1			蝴蝶与水泡婚生人		【苗族】
W2485.9		动物与植物婚生人			
W2486	植物与植物婚生人				【联1】④
W2486.1		树与树婚生人			【例1】⑤
W2486.2		树与藤婚生人		A1221.4	
W2486.3		瓜婚生人			
W2486.3.1			东瓜小伙与西瓜姑娘婚生人		【白族】

① 其他特殊的婚生人，此类型下的母题一般与图腾或动植物作为一个氏族或部落的名称有关，从尊重神话本身的叙事的角度，在编目中作为相关的母题列出。
② 【民族】布朗族。【关联】［W7510 ~ W7529］动物之间的婚配
③ 【引例】雄弥猴与雌岩猩婚生人【藏族】
④ 【关联】［W7530］植物的婚配
⑤ 【引例】桃、杨树互为夫妻生人【苗族】

W 编码	母题描述			参照项	
	一级母题	二级母题	三级母题	汤普森	关联项
W2486.4		芦苇婚生人		A1221.3	
W2486.5		植物与无生命物婚生人			
W2486.5.1			松树与白石婚生人		【彝族】
W2487	无生命物相配生人①				【联 1】②
W2487.1		天地婚生人.			【民族，联 1】③
W2487.1.1			天父地母婚生人		【民族】④
W2487.2		日月婚生人			【民族，联 1】⑤
W2487.3		地和太阳婚生人			【黎族】
W2487.4		星星婚生人			【仡佬族】
W2487.5		两座山婚生人			【普米族】
W2487.6		石头与石头相碰生人			【布依族】
W2487.7		山与河婚生人			【柯尔克孜族】
W2487.8		山与水婚生人			【柯尔克孜族】
W2488	其他特殊的婚生人				【例 3】⑥
W2488.1		灵魂与泥人婚生人			【哈萨克族】
W2488.2		神生的卵与精灵婚生人			【高山族（排湾）】
W2488.3		女性的蛋与男性的灵魂婚生人			【高山族（排湾）】
W2488.4		造的木偶与猿猴婚生人			【傈僳族】

2.6.8　与婚生人有关的其他母题 【W2490 ~ W2499】

W 编码	母题描述			参照项	
	一级母题	二级母题	三级母题	汤普森	关联项
◎	〖与婚生人有关的其他母题〗				
W2490	婚生人的时间				

---

① 无生命物相配生人，这类母题在一些神话叙事中描述比较含蓄，如两块石头相碰生出人类祖先。从本质上讲，强调了二者的结合，隐藏着一定的婚配关系，故列入编目之中。
② 【关联】［W7531］无生命之间的婚配
③ 【民族】鄂温克族、汉族、门巴族、纳西族。【关联】［W7532］天地婚
④ 【民族】鄂温克族、汉族、珞巴族、门巴族、蒙古族
⑤ 【民族】朝鲜族、汉族、瑶族、裕固族。【关联】［W7533］日月婚
⑥ 【引例】❶蛋与石婚生人【高山族（鲁凯）】；❷女始祖与多种动物婚生人【纳西族】；❸人与灰造的姑娘婚生人【普米族】

W 编码	母题描述			参照项	
	一级母题	二级母题	三级母题	汤普森	关联项
W2490.1		灾难后开始婚生人			【联1】①
W2490.2		人鬼分开后婚生人			【景颇族】
W2491	婚生人的特殊地点				
W2491.1		在动物居所婚生人			
W2491.1.1			猪圈中婚生人		【赫哲族】
W2491.2		山顶上婚生人			【高山族】
W2492	婚生人的条件				
W2492.1		男方更名后始能生人			【哈尼族】
W2493	婚生正常人				【例2】②
W2493.1		兄妹婚生正常人			【黎族】
W2493.2		设计生出正常人			【羌族】
W2493.2.1			孩子的样子是父母神设计的		【羌族】
W2493.3		交换结婚后生正常人			【高山族】
W2493.4		祭祀祖先后生正常人			【民族，联1】③
W2493.5		婚生几对男女，只有第一对是正常人			【满族】
W2493.6		婚后第二胎开始生正常人			【傈僳族】
W2493.7		神对三次生的人进行不断改进变成正常人			【羌族】
W2494	婚生不正常的人				【联1】④
W2494.1		婚生爱哭的孩子			【景颇族】
W2495	结婚不生育				【联1，例3】⑤
W2495.1		人与神婚未生育			【例2】⑥
W2495.2		兄妹婚不能生育			【基诺族】

① 【关联】［W7300］兄妹婚
② 【引例】❶第三代人时互婚生正常人【高山族（排湾）】；❷杀牛祭祖后，生的怪胎长成正常人【壮族】
③ 【民族】独龙族。【关联】［W6474.3］祭祀求子
④ 【关联】［W2600］人生怪胎
⑤ 【关联】［W7000］婚姻。【引例】❶仙婆使毒妇不会生崽【布依族】；❷女儿不生育被娘骂【瑶族】；❸女人因不生育被丈夫看不起【瑶族】
⑥ 【引例】❶人与天女婚不生育【普米族】；❷天神与人间凡女结婚不孕【藏族】

W 编码	母题描述			参照项	
	一级母题	二级母题	三级母题	汤普森	关联项
W2495.3		外甥婚后不育，是因为得罪了舅父			【怒族】
W2495.4		人与虫婚不生育			【白族】
W2496	与婚生人有关的其他母题				【例1】①
W2496.1		人婚生人、人与动物婚生人同时存在			【怒族】
W2496.2		有母无父			【满族、彝族】
W2496.3		多次婚姻后生人			【普米族】
W2496.4		生人与造人同时进行			【汉族】

---

① 【引例】怀孕后流产【珞巴族】

2.7 人类再生

【W2500～W2579】

2.7.1 人类再生概说【W2500～W2529】

W编码	母题描述			参照项	
	一级母题	二级母题	三级母题	汤普森	关联项
✿ **W2500**	人类再生			E600	
✳ **W2501**	**人类再生的原因**				
W2502		第一代人被毁灭后再生			【傈僳族、佤族】
W2502.1			神毁灭第一代人后再生		【鄂伦春族】
W2502.2			第一代人造孽被毁掉后再生		【傈僳族】
W2502.3			第一代人是小人被毁掉后再生		【水族】
W2502.4			第一代人不中用被毁掉后再生		【水族、藏族、壮族】
W2502.5			第一代人心不好被毁掉后再生		【汉族、彝族】
W2502.6			第一代人种"污垢泥人"被大火灭绝后再生		【傣族】
W2502.7			第一代人被风毁掉后再生		【仡佬族】
W2502.8			第一代人被洪水毁掉后再生		【壮族】
W2503		第二代人被毁灭后再生			【傣族、仡佬族、藏族】
W2503.1			前两代人被神毁掉后再生		【傣族、傈僳族】
W2503.2			第二代人不善良被毁掉后再生		【彝族】

W 编码	母题描述			参照项	
	一级母题	二级母题	三级母题	汤普森	关联项
W2503.3			第二代人身体不好被毁掉后再生		【壮族】
W2504		其他特定时代的人被毁灭后再生			【仡佬族、藏族】
W2504.1			独眼人时代的人被毁灭后再生		【彝族】
W2505		灾难后人类再生①		≈A1006.1	【联2】②
W2506		人全死光是人类再生的原因			【普米族】
W2507		洪水是人类再生的原因			【民族，联2】③
W2508		地震是人类再生的原因			【联1】④
W2509		天塌地陷是灭人类再生的原因			【联1】⑤
W2510		旱灾是人类再生的原因			
W2511		火灾是人类再生的原因			【民族，联1】⑥
W2512		瘟疫是人类再生的原因			【汉族】
W2513		疾病是人类再生的原因			
W2514		特殊的天气是人类再生的原因			
W2514.1			风毁灭人类		【仡佬族、汉族】
W2514.2			大雪毁灭人类		【土家族】
W2514.3			寒冷毁灭人类		
W2515		神或神性人物是人类再生的原因			【民族】⑦
W2515.1			盘古因人懒毁灭前2代人		【傈僳族】
W2516		动物是人类再生的原因			

① 灾难后人类再生，"灾难"是人类再生最常见的原因和背景。具体灾难类型参见"W8 灾难与争战"中的"〔W8000～W8699〕灾难"母题。
② 【关联】❶〔W8100～W8549〕洪水；❷〔W8550～8699〕常见的灾难
③ 【民族】仡佬族。【关联】❶〔W2530～W2559〕洪水后人类再生；❷〔W8100～W8549〕洪水
④ 【关联】〔W8550〕地震
⑤ 【关联】〔W2560〕天塌地陷后再生人类
⑥ 【民族】仡佬族。【关联】〔W2563〕世界大火后再生人类
⑦ 【民族】鄂伦春族、哈尼族、汉族、彝族

W 编码	母题描述			参照项	
	一级母题	二级母题	三级母题	汤普森	关联项
W2516.1			首次造的人被动物吃掉后再生		【例2】①
W2516.2			人被动物吃掉后再生		【例2】②
W2517		战争是人类再生的原因			
W2518		与人类再生原因有关的其他母题			【例1】③
✳ **W2520**	人类再生的方式				
W2521		人自然再生			【普米族】
W2522		幸存的残疾人再生人类			【满族】
W2523		通过造人再生人类			
W2523.1			灾难后再造人类		【民族，联1】④
W2524		通过生育再生人类			
W2524.1			人类毁灭后神性人物生育人类		
W2524.2			人类毁灭后葫芦生育人类		【傈僳族】
W2524.3			人类毁灭后其他特定人物生育人类		【例1】⑤
W2525		通过婚姻再生人类			【联2】⑥
W2525.1			人类毁灭后结婚再生人类		
W2525.2			人类毁灭后通过血缘婚再生人类	A1006.2	【民族，联1】⑦
W2525.3			人类毁灭后兄妹婚再生人类		【民族，联1】⑧
W2525.4			人类毁灭后姐弟成婚再生人类		【民族，联1】⑨
W2525.5			人类毁灭后其他特定的婚姻再生人类		

① 【引例】❶首次造的人被鸡、鹰咬死【水族】；❷首次造的小人被仙人放出的动物吃掉【水族】
② 【引例】❶人被蜂吃掉【基诺族】；❷人被豹子吃掉【佤族】
③ 【引例】为消灭魔鬼毁灭人类【汉族】
④ 【民族】汉族。【关联】［W2030］人是造出来的（造人）
⑤ 【引例】一个孤老妈妈感生再生人类【白族】
⑥ 【关联】❶［W2400～W2499］婚配产生人；❷［W7000］婚姻
⑦ 【民族】仫佬族。【关联】［W7285］血缘婚
⑧ 【民族】普米族、水族。【关联】［W7300］兄妹婚
⑨ 【民族】土家族。【关联】［W7350］姐弟婚

W 编码	母题描述			参照项	
	一级母题	二级母题	三级母题	汤普森	关联项
W2526		通过变化再生人			【联1】①
W2527		与人类再生方式有关的其他母题			
W2527.1			人类再生方式的获得		
W2528	与人类再生有关的其他母题				
W2528.1		世界再次混沌后再生人类			【联1】②
W2528.2		人死后的心再化生为人			【汉族】

2.7.2 **洪水后人类再生**③【W2530～W2559】

W 编码	母题描述			参照项	
	一级母题	二级母题	三级母题	汤普森	关联项
W2530	洪水后自然出现人				【民族】④
W2530.1		洪水后人重新从某个地方出来			【仡佬族、柯尔克孜族、佤族】
✳ **W2531**	**洪水后再造人类**				【高山族、藏族、壮族】
W2532		洪水后神再造人类			【高山族】
W2533		洪水后人再造人类			【民族，例1】⑤
W2533.1			洪水后幸存的男人造人		【联1】⑥
W2533.2			洪水后幸存的兄妹造人		【民族，联1】⑦
W2534		与洪水后再造人类有关的其他母题			
W2534.1			洪水后人与神共同造人类		【藏族】

---

① 【关联】［W2300～W2309］变化产生人（变人）
② 【关联】［W8000］世界灾难
③ 洪水后人类再生，该类母题一般与较为详细的洪水叙事相联系。关于洪水的起因、制造者、征兆、预言、幸存者、消退等母题的编目，可参见"W8 灾难与争战"母题类型中的"［W8100～W8549］洪水"母题。
④ 【民族】布依族、达斡尔族、高山族（泰雅）、佤族、彝族
⑤ 【民族】拉祜族、傈僳族。【引例】洪水后盘古兄妹再造人类【毛南族】
⑥ 【关联】［W2072.1］洪水后幸存的男子造人
⑦ 【民族】阿昌族、白族、布依族、侗族、高山族、仡佬族、汉族、佤族、瑶族、彝族、壮族。【关联】［W2074.2］兄妹造人

W 编码	母题描述			参照项	
	一级母题	二级母题	三级母题	汤普森	关联项
✳ **W2535**	洪水后通过生育再生人类				
W2536		洪水后神的子女再生人类			【高山族】
W2537		洪水后幸存的人再生人类			【民族】①
W2537.1			洪水后木箱中保留的人再生人类		【哈尼族】
W2537.2			洪水后葫芦中保留的人再生人类		【德昂族、土家族】
W2537.3			洪水后幸存的特定女子再生人类		【朝鲜族】
W2538		洪水后保留的人种再生人类			【民族，联1】②
W2538.1			神在洪水前保留的人种再生人类		【基诺族】
W2539		洪水后动物再生人类			【联1】③
W2540		洪水后植物再生人类			【联1】④
W2540.1			洪水后葫芦再生人类		【民族，联1，例2】⑤
W2540.2			洪水后竹子再生人类		【高山族】
W2540.3			洪水后瓜中再生人类		【黎族、傈僳族】
W2541		洪水后无生命物再生人类			【联1，例1】⑥
W2541.1			洪水后石头再生人类		【高山族、汉族】
W2542		洪水后感生再生人类			【民族，联1】⑦
W2543		与洪水后再生人类有关的其他母题			【例1】⑧

① 【民族】布朗族、德昂族、仡佬族、汉族、蒙古族
② 【民族】白族、德昂族。【关联】［W2295］人种
③ 【关联】［W2155］动物生人
④ 【关联】［W2170］植物生人
⑤ 【民族】布朗族、德昂族。【关联】［W2184］葫芦生人。【引例】❶洪水后婚生的葫芦再生人类【基诺族】；❷洪水后牛腹中的葫芦籽再生人类【佤族】
⑥ 【关联】［W2200］无生命物生人。【引例】洪水后，鼓中生人【壮族】
⑦ 【民族】哈尼族。【关联】［W2230～W2279］感生人
⑧ 【引例】洪水后柳树变成人【满族】

W 编码	母题描述			参照项	
	一级母题	二级母题	三级母题	汤普森	关联项
※ W2544	洪水后婚配再生人类①				【民族，联1】②
W2545		洪水后兄妹（姐弟）③ 婚再生人类			【民族】④
W2546		洪水后母子婚再生人类			【例1】⑤
W2547		洪水后其他血缘婚生人类			
W2547.1			洪水后姑侄婚再生人类		【瑶族】
W2548		洪水后神与动物婚再生人类			【佤族】
W2549		洪水后人与化生（造）的女子婚再生人类			【怒族、普米族】
W2550		洪水后人与神婚再生人类			【民族，例1】⑥
W2551		洪水后人与龙婚再生人类			
W2551.1			洪水后人与龙女婚再生人类		【怒族、藏族】
W2552		洪水后人与动物婚再生人类			【民族，例3】⑦
W2553		洪水后动物与动物婚再生人类			【例1】⑧
W2554		洪水后动物与其他物婚再生人类			
W2554.1			洪水后动物与妖（鬼）婚再生人类		【藏族】
W2555		洪水后无生命物婚再生人类			

① 洪水后婚配再生人类，这类母题包括人、神等多种生人的主体，与"婚姻"母题、"婚生人"母题具有密切联系。具体情况可参照《中国神话母题 W2 编目实例》和《中国神话母题 W7 编目实例》。

② 【民族】德昂族、拉祜族、傈僳族、黎族、土家族、藏族。【关联】［W2400～W2499］婚配产生人（婚生人）

③ 洪水后兄妹（姐弟），包括神话叙事中提出的各类兄妹关系，如同胞兄妹、表兄妹等。

④ 【民族】白族、保安族、布朗族、布依族、朝鲜族、傣族、侗族、鄂伦春族、高山族（阿美、平铺）、仡佬族、哈尼族、汉族、赫哲族、回族、京族、柯尔克孜族、黎族、傈僳族、满族、毛南族、苗族、仫佬族、纳西族、羌族、撒拉族、畲族、水族、土家族、瑶族、彝族、藏族、壮族

⑤ 【引例】洪水后天女与儿子婚再生人类【黎族】

⑥ 【民族】德昂族、门巴族、瑶族。【引例】洪水后人与神女婚再生人类【黎族、普米族】

⑦ 【民族】白族、布依族、苗族。【引例】❶洪水后人猴婚再生人类【拉祜族】；❷洪水后青蛙与母牛婚再生人类【佤族】；❸洪水后人与牛婚再生人类【佤族】

⑧ 【引例】洪水后，青蛙与母牛再生人类【佤族】

W 编码	母题描述			参照项	
	一级母题	二级母题	三级母题	汤普森	关联项
W2555.1			洪水后日月婚再生人类		【瑶族】
W2556		洪水后其他特定婚姻再生人类			【例5】①
W2556.1			洪水后幸存的一对男女婚再生人类		【黎族、毛南族、苗族】
W2556.2			洪水后人仙结婚再生人类		【瑶族、彝族】
W2556.3			洪水后造的人结婚再生人类		【普米族、佤族】
W2556.4			洪水后生存的几对兄妹结婚再生人类		【撒拉族】
W2556.5			洪水后天上的人与地上的人结婚再生人类		【高山族（布农）】
W2557	与洪水后人类再生有关的其他母题				
W2557.1		洪水后婚生人并造人			【汉族】
W2557.2		洪水后通过特定仪式再生人类			【联1】②
W2557.2.1			洪水后杀牛祭祀后再生人类		【佤族】

2.7.3　**其他特定灾难后人类再生**③ 【W2560～W2569】

W 编码	母题描述			参照项	
	一级母题	二级母题	三级母题	汤普森	关联项
◎	〖其他特定灾难后人类再生〗				
W2560	天塌地陷后人类再生④				【联1】⑤

---

① 【引例】❶洪水后伏羲姐妹与玉皇派来的哥哥结婚再生人类【布依族】；❷洪水后猎人与救助的女子结婚再生人类【鄂伦春族】；❸洪水后幸存的二兄弟与女子结婚再生人类【拉祜族】；❹洪水后出现的两个生灵结婚再生人类【满族】；❺洪水后特定名称的人结婚再生人类【土家族】

② 【关联】［W6457］宗教仪式

③ 其他特定灾难后再生人类，此类型的包括天塌地陷、地震、火灾、干旱、战争、瘟疫等灾难后再生人类，在表述结构方面与"洪水"基本相同，编目中从简。

④ 天塌地陷后再生人类，该类母题常与"天塌地陷"或"地震"母题类型相联系。其起因、制造者、征兆等母题的编目，参见"W8 灾难与争战"类型中的"［W8570～W8589］天塌地陷"或"［W8550～W8569］地震"母题。

⑤ 【关联】［W8570］天塌地陷

W 编码	母题描述			参照项	
	一级母题	二级母题	三级母题	汤普森	关联项
W2560.1		天塌地陷后再造人类			【汉族、佤族】
W2560.2		天塌地陷后结婚再生人类			【鄂温克族、满族】
W2560.3		天塌地陷后结婚先生人再造人类			【汉族、满族】
W2561	天塌后人类再生				
W2561.1		天塌后逃生的姐弟妹再生人类			【汉族】
W2562	地震后人类再生				
W2562.1		地陷后幸存的人造人类			【土族】
W2563	世界大火后人类再生			A1038	【联1】①
W2563.1		火灾后婚生人类			
W2563.1.1			天火后兄妹婚再生人类		【汉族、畲族】
W2563.1.2			天火后姐弟婚再生人类		【畲族】
W2563.1.3			大火后兄妹婚再生人类		【畲族、藏族】
W2563.1.4			山火后兄妹婚再生人类		【畲族】
W2563.1.5			火灾后人与狗婚再生人类		【傣族、汉族】
W2563.1.6			火灾后其他形式的婚姻再生人类		【例1】②
W2564	战争后人类再生				
W2565	瘟疫后人类再生				【联1】③
W2565.1		瘟疫后人与神婚再生人类			
W2565.1.1			发生黄疸后天女与人再生人类		【苗族】
W2566	旱灾后人类再生				【联1】④
W2567	天寒地冻后人类再生			A1045	【联1】

① 【关联】〔W8620〕火灾
② 【引例】大火后，天神到大地上生男育女 【傣族】
③ 【关联】〔W8640~W8659〕瘟疫、疾病
④ 【关联】〔W8600~W8619〕旱灾

W 编码	母题描述			参照项	
	一级母题	二级母题	三级母题	汤普森	关联项
W2567.1		严寒后人类再生		A1051	【联1】①
W2567.2		冻灾后的幸存者结婚再生人类			【土家族】
W2568	多种灾难后人类再生				【联1】②
W2568.1		天塌地陷与洪水后人类再生			【汉族】
W2568.2		干旱与洪水后人类再生			【基诺族】
W2568.3		大火和大水后人类再生			【布朗族、哈尼族】
W2568.4		大火（山火、天火）与洪水后人类再生			【鄂伦春族、黎族】
W2568.5		洪水、大火与第二次洪水后人类再生			【德昂族】
W2568.6		寒风、热风和稀泥毁灭人类后人类再生			【汉族】
W2568.7		风灾、火灾与洪水后人类再生			【傣族】
W2568.8		地震、洪水后人类再生			【白族】
W2569	其他灾难后人类再生				

2.7.4 与人类再生有关的其他母题 【W2570 ~ W2579】

W 编码	母题描述			参照项	
	一级母题	二级母题	三级母题	汤普森	关联项
W2570	人类再生的次数				
W2570.1		地上的人换了多茬			【撒拉族】
W2570.2		人类经历 3 次繁衍			【民族，例1】③
W2570.3		人类经历 4 次繁衍			【民族，联1】④

---

① 【关联】［W8667］寒冷
② 【关联】［W8696.1］多种灾难相继发生
③ 【民族】苗族、壮族。【引例】三次造人【傈僳族】
④ 【民族】仡佬族、苗族。【关联】［W2128.3］经历了 4 次造人

W 编码	母题描述			参照项	
	一级母题	二级母题	三级母题	汤普森	关联项
W2570.4		现在的人类是第二代人			【民族，例1】①
✳ **W2571**	**繁衍不同代的人**				
W2572		第一代人			【例1】②
W2572.1			第一代人的产生		【民族，例1】③
W2572.2			第一代人是猴子		【民族，联1】④
W2572.3			第一代人是独眼人		【民族，例1】⑤
W2572.4			第一代人是竖眼人		【土家族】
W2572.5			第一代人是"一寸人"		【民族，联1】⑥
W2572.6			第一代人是直眼人		【傈僳族、壮族】
W2572.7			第一代人是瞎子人		【彝族】
W2572.8			第一代人脸朝着天		【傈僳族】
W2572.9			第一代人眼睛长在头顶		【彝族】
W2572.10			第一代人是独脚人		【彝族】
W2572.11			第一代人是小人		【民族，联2】⑦
W2572.12			第一代人是矮人		【民族，联1】⑧
W2572.13			第一代人有其他特殊特征		【例1】⑨
W2573		第二代人			
W2573.1			第二代人的产生		【民族，例1】⑩
W2573.2			第二代人是竖眼人和横眼人		【傣族】
W2573.3			第二代人是竖眼人		【傣族、傈僳族、彝族】
W2573.4			第二代人是横眼人		【傣族】
W2573.5			第二代人是直眼人		【彝族】
W2573.6			第二代人是立目人		【藏族】
W2573.7			第二代人是横耳朵人		【土家族】

① 【民族】汉族。【引例】第二代人种"神果园人"被洪水毁灭【傣族】
② 【引例】第一代生下来的人有时变男，有时变女【满族】
③ 【民族】仡佬族、哈尼族、汉族、彝族。【引例】男神女神下凡婚生第一代人【苗族】
④ 【民族】纳西族。【关联】［W2317］猴变成人
⑤ 【民族】哈尼族。【引例】龙女造第一代人独眼人【彝族】
⑥ 【民族】藏族。【关联】［W2811］矮小的人（矮人）
⑦ 【民族】水族、藏族。【关联】❶［W2025.4.3］天上下来的人；❷［W2602］生小人
⑧ 【民族】水族。【关联】［W2811］矮小的人（矮人）
⑨ 【引例】第一代人独眼人像野兽【彝族】
⑩ 【民族】汉族。【引例】人与天女婚生第二代人【苗族】

W 编码	母题描述			参照项	
	一级母题	二级母题	三级母题	汤普森	关联项
W2573.8			第二代人有数张脸		【傣族】
W2573.9			第二代人膝盖朝后		【傈僳族】
W2573.10			第二代人是独脚人		【彝族】
W2573.11			第二代人非常懒怠		【藏族】
W2573.12			第二代人有其他特殊特征		【例3】①
W2574		第三代人			【民族，例1】②
W2574.1			到第三代人时生正常人		【高山族】
W2574.2			第三代人是葫芦人		【民族，联1】③
W2574.3			第三代人是横眼人		【彝族】
W2574.4			第三代人是"八尺人"		【藏族】
W2574.5			第三代人饭量很大		【藏族】
W2574.6			第三代人有其他特殊特征		
W2575		第四代人			
W2575.1			现在的人是第四代人		【民族，例1】④
W2576		其他特定时代的人			【例2】⑤
W2576.1			前36代人是竖眼人		【民族，联1】⑥
W2576.1			第36代人是横眼人		【民族，联1】⑦
W2577	人类的延续				
W2577.1		灾难后大多数存活			【民族，联2】⑧
W2577.2		特定的氏族繁衍人类			
W2577.2.1			现在的人由4个氏族传下来		【白族】
W2578	与人类再生有关的其他母题				【例1】⑨
W2578.1		人类经历数次兴衰			【仡佬族】

---

① 【引例】❶第二代人不纯真【傣族】；❷第二代人的两只眼睛长在膝盖上【哈尼族】；❸第二代人"立目人"很懒息【藏族】
② 【民族】仡佬族。【引例】第三代人是四只眼的竖眼人【彝族】
③ 【民族】傣族。【关联】［W2184］葫芦生人
④ 【民族】仡佬族。【引例】天老爷派来第四代人【藏族】
⑤ 【引例】❶洪水前是独脚人和独眼人【彝族】；❷前三代人是蚂蚱、蟋蟀和独眼人【彝族】
⑥ 【民族】彝族。【关联】［W2830］竖眼人
⑦ 【民族】彝族。【关联】［W2574.3］第三代人是横眼人
⑧ 【民族】哈尼族。【关联】❶［W2505］灾难后人类再生；❷［W8086］灾难幸存者
⑨ 【引例】死人救活以后不能再繁衍【独龙族】

2.8 怀孕与生育

【W2580 ~ W2699】

2.8.1 怀孕 【W2580 ~ W2589】

W 编码	母题描述			参照项	
	一级母题	二级母题	三级母题	汤普森	关联项
❋ **W2580**	**怀孕**			①T500 ②T570	
W2580.1		以前的人不怀孕			【白族】
W2580.1.1			早期的人不会生育		【佤族】
W2580.2		生育能力的获得			【例2】①
W2581	神奇的怀孕			T510	
W2581.1		女子无夫怀孕			【民族，联2】②
W2581.2		自然孕生人			【珞巴族】
W2581.2.1			神自然怀孕人		【彝族】
W2581.2.2			混沌中孕生人		【汉族】
W2581.2.3			男人自然孕生人		
W2581.2.4			女人自然孕生人		【汉族】
W2581.3		通过魔咒怀孕		T527	【联4】③
W2581.4		年龄老时怀孕		T538	【汉族、锡伯族】
W2581.5		神奇怀孕的其他母题		T539	【联1】④
W2581.5.1			神赐子		【民族】⑤
W2581.5.2			天神赐孕		【苗族】
W2581.5.3			两女子同居怀孕		【例1】⑥

---

① 【引例】❶供奉神获得生育能力【鄂温克族】；❷男女始祖去掉了每日变化的特征后，才开始生儿育女【苗族】
② 【民族】高山族（邹人）、汉族、傈僳族、蒙古族、塔吉克族、彝族。 【关联】❶ ［W2152］处女生人；❷ ［W2230］感生人
③ 【关联】❶ ［W9000］魔法；❷ ［W9100］魔力；❸ ［W9119.1］魔力的语言；❹ ［W9195］咒语
④ 【关联】［W0574.4］英雄回到母胎再生
⑤ 【民族】朝鲜族、古突厥、汉族、满族、苗族
⑥ 【引例】与姐姐住在一起妹妹怀孕【珞巴族】

W 编码	母题描述			参照项	
	一级母题	二级母题	三级母题	汤普森	关联项
W2581.6		男女共同怀孕			【普米族】
◎	〖怀孕的时间〗				
W2582	正常的怀孕时间				
W2582.1		怀孕 10 个月			【黎族、蒙古族】
W2582.2		怀孕 9 个月零 10 天			【维吾尔族】
W2583	较短时间的怀孕			①J1276 ②T573	
W2583.1		怀孕数日		T573.1	
W2583.1.1			怀孕 7 天 7 夜		【瑶族】
W2583.2		怀孕 1 个月		①J1276.1 ②T586.5.1	
W2583.3		怀孕 2 个月		J1276.2	【哈尼族】
W2583.4		怀孕 100 天			【汉族、土家族】
W2583.5		怀孕 4 个月			【彝族】
W2583.6		怀孕半年			【布依族】
W2584	长时间的怀孕			T574	【例1】①
W2584.1		怀孕 12 个月		T574.1	【例1】②
W2584.2		怀孕 14 个月			【汉族】
W2584.3		怀孕 15 个月			【满族】
W2584.4		怀孕 16 个月			【壮族】
W2584.5		怀孕其他特定的月份			
W2584.5.1			怀孕 27 个月		【瑶族】
W2584.5.2			怀孕 49 个月		
W2584.6		怀孕 2 年			【民族，例1】③
W2584.7		怀孕 3 年			【民族，例1】④
W2584.7.1			怀孕 999 天		【侗族、哈尼族】
W2584.7.2			怀孕 3 年 6 个月		【汉族、土家族】
W2584.7.3			怀孕 3 年 7 个月		【汉族】
W2584.8		怀孕 4 年			【壮族】
W2584.9		怀孕 5 年			【瑶族】
W2584.10		怀孕 7 年		T574.2	【布朗族、苗族】
W2584.11		怀孕 9 年			【阿昌族、景颇族、壮族】

① 【引例】怀孕 3 年 6 个月【汉族、土家族】
② 【引例】怀孕 1 年【白族】
③ 【民族】畲族。【引例】怀孕 24 个月【汉族】
④ 【民族】回族、京族、蒙古族、水族、土族、裕固族。【引例】结婚（同房）3 年后生人【侗族、汉族、黎族、满族、瑶族】

W 编码	母题描述			参照项	
	一级母题	二级母题	三级母题	汤普森	关联项
W2584.11.1			婚后 9 年怀孕		【阿昌族、瑶族】
W2584.11.2			婚后 9 年 9 个月生人		【水族】
W2584.12		怀孕 10 年			【汉族、景颇族】
W2584.13		其他长时间的怀孕			【例 1】①
W2584.13.1			怀孕 12 年		【汉族】
W2584.13.2			怀孕 13 年		【汉族】
W2584.13.3			怀孕 15 年		【壮族】
W2584.13.4			怀孕 18 年		【阿昌族、汉族】
W2584.13.5			怀孕 36 年		【汉族】
W2584.13.6			怀孕 72 年		【例 1】②
W2584.13.7			怀孕 100 年		【汉族】
W2584.13.8			怀孕 1 千年		【壮族】
W2585	怀孕时间不确定				【例 1】③
W2585.1		怀孕六七个月			【汉族】
W2585.2		怀孕两三年			【侗族、京族】
W2585.3		怀孕几年			【瑶族】
W2585.4		怀孕几百年			【汉族】
W2586	特殊的怀孕形式				
W2586.1		全身怀孕			
W2586.1.1			女祖先浑身怀孕		【哈尼族】
W2586.1.2			兄妹婚后全身怀孕		【哈尼族】
W2586.2		男人怀孕		T578	【民族，联 2】④
W2586.2.1			男人从小腿怀孕生人	T578.1	【民族，联 1】⑤
W2586.2.2			男人变女人生孩子	①D695 ②T578.2	【联 1】⑥
W2587	与怀孕有关的其他母题			T579	【联 3，例 2】⑦

① 【引例】怀孕 12 年【汉族】
② 【引例】怀孕老子 72 年【汉族】
③ 【引例】女娲怀孕 1 千多年生老君【汉族】
④ 【民族】高山族。【关联】❶［W2153.5］男人生孩子；❷［W2778］男人不再怀孕的原因
⑤ 【民族】拉祜族。【关联】［W2594］特殊的出生
⑥ 【关联】［W2153.5］男人生孩子
⑦ 【关联】❶［W2768.1］胎儿变化性别；❷［W6518.1］孕期禁忌；❸［W9238.3］怀孕的征兆。【引例】❶怀孕时肚子涨得很大【哈尼族】；❷女子开始用花围腰后再不能迎风怀孕【彝族】

W 编码	母题描述			参照项	
	一级母题	二级母题	三级母题	汤普森	关联项
W2587.1		男女魂合生子			【汉族】
W2587.2		人借动物的肚子怀孕			【白族】
W2587.3		女子偷情怀孕			【民族，联1】①
W2587.4		天神赐孕			【民族，联1】②
W2587.5		特殊物质使女子怀孕			【联1】③
W2587.5.1			蜂蜡使人怀孕		【瑶族】
W2587.5.2			风使女子怀孕		【民族，联1】④
W2587.6		孩子在母腹中说话		T575.1	【联1】⑤
W2587.6.1			双胞胎在母腹中争吵	T575.1.3	【联1】⑥
W2587.7		胎儿转到另一个母亲腹中		T577	

2.8.2　生育与特殊的出生⑦【W2590～W2599】

W 编码	母题描述			参照项	
	一级母题	二级母题	三级母题	汤普森	关联项
✿ **W2590**	出生（分娩）			T580	
W2591		出生时间的确定			
W2592		出生的地点		T581	
W2592.1			人生在树上		【傣族】
W2592.2			人生在卵中		【哈尼族】
W2592.3			人生在洞中		【哈尼族】
W2593		出生的准备与情形			
W2593.1			出生的防护	T582	
W2593.2			出生躲避恶魔	T582.1	
✲ **W2594**	特殊的出生			T540	【联1】⑧

---

① 【民族】瑶族。【关联】［W7990］偷情
② 【民族】苗族。【关联】［W2230］感生人
③ 【关联】［W2230］感生人
④ 【民族】黎族。【关联】［W2230］感生人
⑤ 【关联】［W2598.7］孩子出生就会说话
⑥ 【关联】［W2722］双胞胎（孪生）
⑦ 生育与特殊的出生，这里"特殊的出生"与"生人"类型中的"特定的物生人"性质不同。此处强调了先有怀孕过程，然后再从怀孕者的特殊部位生出人。
⑧ 【关联】［W035］神的特殊出生

W 编码	母题描述			参照项	
	一级母题	二级母题	三级母题	汤普森	关联项
W2595	从人的五官中出生			T541	
W2595.1		从头上生人		T541.4	
W2595.2		从口中生人		T541.4.1	
W2595.3		从眼睛中生人		T541.7	【哈尼族】
W2596	从人的其他特定部位出生				【联1】①
W2596.1		从两肋生人		T584.1	【汉族】
W2596.2		从肋骨生人			【汉族、回族】
W2596.2.1			人从两肋出生		【汉族】
W2596.2.2			人从右肋出生		【纳西族】
W2596.2.3			人从左肋出生		【回族】
W2596.3		从肋腔生人			【例1】②
W2596.4		从肚子（腹部）生人			【汉族】
W2596.4.1			炸开女人肚子生人		【汉族】
W2596.4.2			从肚子里喷出人		【独龙族】
W2596.5		从胸中生人			【汉族】
W2596.6		从腋窝生人			【民族，例2】③
W2596.6.1			左腋生人		【朝鲜族】
W2596.7		从乳头生人			【朝鲜族】
W2596.8		从毛孔中生人			【满族】
W2596.9		从伤口中生人		T541.2	
W2596.10		从背中生人		T541.15	【例1】④
W2596.11		从手脚中生人			【哈尼族】
W2596.11.1			从手（脚）指尖出生	T541.2.1.1	【回族、苗族】
W2596.11.2			手臂中生彝族		【哈尼族】
W2596.11.3			男人脚中生人		【拉祜族】
W2596.12		从胳膊生人		T541.6	
W2596.13		从腿肚中生人		T541.5	【白族、高山族（卑南）、苗族】

---

① 【关联】［W2586］特殊的怀孕形式
② 【引例】开天圣人的肋腔生人【回族】
③ 【民族】汉族。【引例】❶老子从母亲的腋窝出生【羌族】；❷姆六甲腋生孩子【壮族】
④ 【引例】鱼脊背中生人【哈尼族】

W 编码	母题描述			参照项	
	一级母题	二级母题	三级母题	汤普森	关联项
W2596.14		从膝盖生人			【民族，联1，例3】①
W2596.14.1			男神的两膝生人		【高山族】
W2596.15		从骨头中生人			【汉族】
W2596.15.1			从头颅出生		
W2596.15.2			髀骨中生人		【哈尼族】
W2596.16		从头发中生人			【哈尼族】
W2596.17		不同的身体部位生不同的人			【朝鲜族、哈尼族】
W2596.18		从分泌物中出生		T541.8	【联1】②
W2597	出生时特殊的情形				【例1】③
W2597.1		出生时出现吉星祥云			【汉族、纳西族】
W2597.2		出生时出现红光			【羌族】
W2597.3		出生时出现音乐			【汉族】
W2597.4		人背靠背出生			【汉族】
W2598	与出生有关的其他母题			T589	【联1，例2】④
W2598.1		特定人物的特殊出生			
W2598.1.1			圣人不一般的出生	T540.1	【联1，例1】⑤
W2598.2		特殊出生的孩子有神力		T550.2	
W2598.3		人出生时为什么先生头			【羌族】
W2598.4		新生儿早熟		T585	【古突厥】
W2598.5			孩子出生时长满牙齿	T585.5	
W2598.6		孩子出生就会跑		T585.7	【联1】⑥
W2598.7		孩子出生就会说话		①T585.2 ②≈T615.1	【民族，联2】⑦
W2598.8		孩子出生时有奇特特征			

① 【民族】羌族。【关联】［W2153.5.2］以前，男人从膝盖怀孕生娃娃。【引例】❶两个男神膝盖相擦各自生1对男孩和女孩【高山族（雅美）】；❷老太太从膝盖生青蛙【傈僳族】；❸女子腿生青蛙【门巴族】

② 【关联】［W2216.1］粪便中生人

③ 【引例】剖腹生人【苗族】

④ 【关联】［W9187.7］咒语使分娩容易。【引例】❶人一生下来就会走路【傈僳族】；❷人一生下来就会生火【珞巴族】

⑤ 【关联】［W2926］圣人。【引例】❶孔子出生时出现五星【汉族】；❷文化英雄（圣人）出生时现祥瑞【土族】

⑥ 【关联】［W2697.7］生的小人迅速长大

⑦ 【民族】古突厥、汉族。【关联】❶［W0589.2.1］文化英雄在母胎中说话；❷［W2587.6］孩子在母腹中说话

W 编码	母题描述			参照项	
	一级母题	二级母题	三级母题	汤普森	关联项
W2598.8.1			孩子出生时长有金牙齿		【傣族】
W2598.9		生人时有伴随物		①T552 ②T583	【汉族】
W2598.10		生育的帮助者			
W2598.10.1			动物是生育的帮助者		
W2598.10.2			植物是生育的帮助者		【例1】①
W2598.11		产翁		T583.1	【汉族、壮族】
W2598.12		接生婆			
W2598.12.1			神做接生婆		【汉族】

2.8.3 人生怪胎【W2600～W2669】

W 编码	母题描述			参照项	
	一级母题	二级母题	三级母题	汤普森	关联项
✿ **W2600**	人生怪胎②			T550	
W2601	生怪人				【仡佬族】
W2601.1		生四体不分的孩子			【苗族】
W2601.2		生男女不分的怪人			【民族，联1】③
W2601.3		生畸形人			【联1】④
W2601.4		生有人模样的东西			【高山族】
W2601.5		生不像人的孩子			【仡佬族、苗族、仫佬族】
W2602	生小人				【民族，联2】⑤
W2602.1		生拳头大小的孩子			【珞巴族、壮族】
W2602.2		生枣核大小的孩子			【汉族】

---

① 【引例】孕妇抓芦因草后生育【高山族（卑南）】
② 人生怪胎，该类母题以人的婚生怪胎为主体，也包括感生、无原因的生育等情形。"人生怪胎"也可以扩展为广义的其他主体的"生怪胎"，它一般与"人类的产生"母题相关联，强调的是通过怪胎的变化产生人类。
③ 【民族】苗族。【关联】［W0855］怪人
④ 【关联】［W2645.1］兄妹婚生畸形人
⑤ 【民族】珞巴族、苗族、壮族。【关联】❶［W2697.7］生的小人迅速长大；❷［W2811］矮小的人

W 编码	母题描述			参照项	
	一级母题	二级母题	三级母题	汤普森	关联项
W2603	生巨婴				【傈僳族】
W2604	生毛孩				
W2604.1		生浑身长毛的孩子			【门巴族】
W2604.2		生浑身白毛的孩子			【塔吉克族】
W2604.3		生背上长毛的孩子			【满族】
W2605	生其他体征特殊的人				
W2605.1		生一对连体人		A1225.1	
W2605.2		生横眼人			【民族，联 1】①
W2605.3		生的孩子有多个器官			【联 1，例 1】②
W2605.4		生头上长肉角的孩子			【羌族】
W2606	生身体残缺的人③			≈ T55	【联 1】④
W2606.1		生无头无脑的孩子			【苗族】
W2606.2		生没有四肢的孩子		T551.1	【联 1，例 1】⑤
W2606.3		生独脚的孩子		T551.12	【彝族】
W2606.4		生哑巴孩子			【民族，联 1，例 1】⑥
W2606.5		生瞎眼的孩子			【民族，联 1】⑦
W2606.6		生没有眼睛的孩子			【苗族】
W2606.7		生没有鼻子的孩子			【联 1，例 1】⑧
W2606.8		生没有嘴子的孩子		T551.6	
W2606.9		生无手足不会哭的孩子		A1225.2	【苗族】
W2606.10		生一个头颅			【景颇族】
W2606.11		生一只手			【纳西族】
W2606.12		生没有固态形状的怪胎			【珞巴族】

① 【民族】彝族。【关联】［W2573.4］第二代人是横眼人

② 【关联】［TPS：T551.2］生两个头的孩子。【引例】生三头六臂的孩子【汉族】

③ 生身体残缺的人，可参见"造人"母题类型中"［W2892］造人中产生残疾"的有关内容，但"造人"母题大多数没有关于处理怪胎后产生人类的母题链。

④ 【关联】［W2601］生怪娃

⑤ 【关联】［W2633］生肉球（肉蛋、肉丸）。【引例】兄妹婚生四体不分的孩子【苗族】

⑥ 【民族】仡佬族、傈僳族、彝族。【关联】［W2891.4］哑巴的产生。【引例】阿巴达尼（珞巴族祖先）生的两个儿子是哑巴【珞巴族】

⑦ 【民族】高山族。【关联】［W2645.2］兄妹婚生瞎眼的孩子

⑧ 【关联】［W2645.3］血缘婚生的没有鼻子的孩子。【引例】生没鼻子眼睛和手脚的孩子【苗族】

W 编码	母题描述			参照项	
	一级母题	二级母题	三级母题	汤普森	关联项
W2606.13		与生身体残缺的人有关的其他母题			【例2】①
W2606.13.1			生不会走路的孩子		【例1】②
W2606.13.2			生没有手臂和眼睛的孩子		【珞巴族】
W2607	生动物特征的人③				
W2607.1		生长着动物头的孩子		T551.3	
W2607.1.1			生的孩子长着狗头	T551.3.1	【彝族】
W2607.1.2			生的孩子长着鹰头	T551.3.2	
W2607.1.3			生的孩子长着猴头	T551.3.3	
W2607.1.4			生的孩子长着鸡头		【彝族】
W2607.2		生像猴子的孩子			【例1】④
W2607.3		生龙头蛇尾人			【汉族】
W2607.4		生像虫能飞的孩子			【例1】⑤
W2607.5		生带翅膀的孩子			【普米族】
W2607.6		生长毛的孩子		T551.13	【民族】⑥
W2607.7		生带尾巴的人			【汉族】
W2607.8		生像鱼的孩子			【侗族】
W2607.9		生的孩子一半是人一半是动物			【例2】⑦
W2607.9.1			生的孩子半人半熊		【满族、撒拉族】
W2607.9.2			生的孩子半人半虎		【土家族、彝族】
W2607.9.3			生的孩子半人半猴		【纳西族】
W2607.9.4			生的孩子半人半鱼	T551.5	
W2607.10		生长尾巴的孩子			【汉族】
W2607.11		生牛头虎身熊脚的孩子			【羌族】
W2607.12		与生动物特征的人有关的其他母题			【联1，例3】⑧

① 【引例】❶生无头无脚、无面孔和五官的怪物【布朗族】；❷生一个无头、无手、无脚，像肉冬瓜的怪胎【傣族】

② 【引例】阿巴达尼（珞巴族祖先）生的两个儿子多年不会走路【珞巴族】

③ 生动物特征的人，此处的"生动物"母题与"动物起源"母题中关于某些动物产生的母题具有本质区别。"生动物"母题中所生的动物会变成人类，这种情况一般与"［W6290］动物图腾"有关。

④ 【引例】生猿猴一样的孩子【侗族】

⑤ 【引例】感虫而孕，所生孩子像虫子能飞【土家族】

⑥ 【民族】鄂伦春族、门巴族、塔吉克族

⑦ 【引例】❶生人熊合体的人【达斡尔族】；❷女子与大熊交配生人熊【满族】

⑧ 【关联】［W2888］有动物特征的人。【引例】❶生像金蛙似的孩子【朝鲜族】；❷生像草鱼的孩子【侗族】；❸造的人像百步蛇【高山族】

W 编码	母题描述			参照项	
	一级母题	二级母题	三级母题	汤普森	关联项
W2608	生植物特征的人				
W2608.1		生瓜形孩子			【苗族】
W2608.2			生像冬瓜的孩子		【瑶族】
W2608.3		生像瓜的孩子			【例1】①
W2609	生其他形状的人				
W2609.1		生像斧子的孩子			【苗族】
W2609.2		生像磨刀石的孩子			【汉族，苗族】
W2609.3		生像磨石的孩子			【苗族、壮族】
W2610	生卵			T565	【民族，例1】②
W2610.1		生圆球			【景颇族】
W2610.2		生肉卵			【民族，联1】③
W2610.3		婚生卵			
W2610.3.1			神婚生卵		【哈尼族】
W2610.3.2			父女婚生卵		【苗族】
W2610.3.3			兄妹婚生卵		【民族，联1】④
W2610.3.4			姐弟婚生卵		【苗族】
W2610.3.5			人与蛇婚生卵		【例1】⑤
W2610.4		与生卵有关的其他母题			【例1】⑥
✣ **W2611**	**生无生命的人**				【例1】⑦
W2612		生死婴			【彝族】
W2612.1			生死胎		【例4】⑧
W2613		生泥人			【壮族】
W2614		生石人⑨			【汉族】
✣ **W2615**	**人生动物**⑩			T554	
W2616		人生狗		T544.2	【民族，联1】⑪

---

① 【引例】人生无眼鼻像瓜的怪物【苗族】

② 【民族】傈族、高山族、汉族。【引例】人生没耳鼻、嘴巴的圆崽【苗族】

③ 【民族】汉族。【关联】［W2600］人生怪胎

④ 【民族】苗族。【关联】［W7300］兄妹婚

⑤ 【引例】女子与蛇婚生两个蛋【门巴族】

⑥ 【引例】妻子驱赶走丈夫之后生卵【苗族】

⑦ 【引例】生绥子【怒族】

⑧ 【引例】❶狼犬婚配生子皆死【古突厥】；❷老男子与丑女婚生一个没有生命的孩子【珞巴族】；❸以前兄弟姐妹共宿，即使怀上小孩，生下后也养不活【珞巴族】；❹始祖最早生人时，生一个死一个【佤族】

⑨ 生石人，与前面"生石头人的成活"、"造石头人的成活"母题有本质上的区别，故此处另列为一类。

⑩ 人生动物，列入本编目的母题与"动物起源"类型中的"人生动物"母题具有神话叙事环境的明显不同。考虑到表述方面的相似性，除个别特殊的情况外，该类母题一般只在"人生怪胎"母题类型中列出母题编码，在"动物起源"母题类型中只做相应的提示。具体情形参见《中国神话母题W2编目实例》。

⑪ 【民族】瑶族。【关联】［W3105］狗的产生

W 编码	母题描述			参照项	
	一级母题	二级母题	三级母题	汤普森	关联项
W2617		人生猴		T544.4	【民族，联1】①
W2617.1			人生猕猴		【藏族】
W2618		人生熊			【鄂温克族、撒拉族】
W2619		人生羊		T544.6	【联1】②
W2620		人生猪		≈ T554.9	【联1】③
W2621		人生鸟		T544.10	【联1】④
W2622		人生鱼			【联1】⑤
W2623		人生蛙		T544.8	【民族，联1，例3】⑥
W2623.1			人生青蛙		【白族、独龙族、壮族】
W2623.2			人生蛤蟆		【仡佬族、汉族、壮族】
W2623.3			人生蟾蜍		【民族】⑦
W2624		人生蛇		T554.7	【民族，联1，例4】⑧
W2625		人生多种动物			【例4】⑨
W2626		人生其他动物			【联1，例1】⑩
W2626.1			人生雁		【独龙族】
W2626.2			人生鹤	T544.3	
W2626.3			人生鸭子		【汉族】
W2626.4			人生贝壳		【联1】⑪
W2626.5			人生蚂蚁		【怒族】
W2626.6			人生龟	T544.5	【联1】⑫
W2626.7			人生虫		【畲族】
❈ **W2627**	**人生植物**			T555	
W2628		人生葫芦		≈ T555.2	【民族，例2】⑬

---

① 【民族】纳西族。【关联】［W3135］猴子的产生

② 【关联】［W3250］羊的产生

③ 【关联】［W3261］猪的产生

④ 【关联】［W3300］鸟的产生

⑤ 【关联】［W3410］鱼的产生

⑥ 【民族】仡佬族、傈僳族、门巴族、土族、瑶族。【关联】［W3536］蛙的产生。【引例】❶生锅盖大的蛤蟆【赫哲族】；❷祖先最早生蛙【佤族】；❸一对老夫妻生蛙【藏族】

⑦ 【民族】黎族、京族、羌族、彝族

⑧ 【民族】汉族、朝鲜族。【关联】［W3520］蛇的产生。【引例】❶女子吃野猿肉生蛇【赫哲族】；❷女子膝盖生蛇【傈僳族】；❸阿巴达尼（珞巴族祖先）与蛇婚生的孩子都像蛇【珞巴族】；❹老男子与丑女婚生蛇【珞巴族】

⑨ 【引例】❶生蜜蜂、岩蜂、燕子【独龙族】；❷兄妹婚生的孩子结婚生蛇、蜥蜴、青蛙、乌龟之类的动物【高山族（阿美）】；❸头胎生熊和猪，第二胎是猴和鸡，第三胎是蛇和蛙【纳西族】；❹生黑蛇、黄金蟾、黑铁鹰、大雕和红铜色的狗【藏族】

⑩ 【关联】［W3554.5］人生龙。【引例】人生牛【傣族】

⑪ 【关联】［W2167.5］贝壳生人

⑫ 【关联】［W3506］龟的产生

⑬ 【民族】布朗族、哈尼族、基诺族、拉祜族、瑶族。【引例】❶人生葫芦籽【佤族】；❷兄妹结婚生葫芦【彝族】

W 编码	母题描述			参照项	
	一级母题	二级母题	三级母题	汤普森	关联项
W2629		人生瓜			
W2629.1			人生冬瓜		【瑶族】
W2629.2			人生南瓜	T555.1.1	【联1】①
W2630		人生其他植物			【例1】②
W2630.1			人生葡萄		【土家族】
W2630.2			人生水果	T555.1	【联1】③
✳ **W2631**	生肉（血）类怪胎				
W2632		生肉块（肉疙瘩、肉坨坨）			【民族，例1】④
W2632.1			生无眼、无鼻、无耳、无手脚的肉团		【布依族、仫佬族】
W2632.2			生葫芦状肉团		【瑶族】
W2632.3			生磨盘状的肉团		【京族、瑶族】
W2632.4			生闪光的肉团		【哈尼族】
W2632.5			生肉胎		【黎族、毛南族】
W2632.6			生肉砖		【例1】⑤
W2633		生肉球（肉蛋、肉丸）			【民族】⑥
W2633.1			生肉瘤		【瑶族】
W2633.2			生会旋转的蛋		【汉族】
W2633.3			生肉包		【黎族、苗族】
W2634		生血块（球）			
W2634.1			生血球		【民族，例1】⑦
W2634.2			生血胞		【汉族、傈僳族、苗族】
W2634.3			生血痂		【汉族】
W2634.4			生血块		【佤族】
W2634.5			生血水		【珞巴族】
W2635		生血肉混合物			
W2635.1			生血肉		【土家族、彝族】

① 【关联】［W3888.3］南瓜

② 【引例】生椰子壳【黎族】

③ 【关联】［W3880］水果的产生

④ 【民族】白族、布依族、侗族、汉族、拉祜族、傈僳族、苗族、羌族、土家族、彝族、藏族。【引例】生90斤重的肉坨【水族】

⑤ 【引例】娘佤婚生中间颤动不停的肉砖【壮族】

⑥ 【民族】朝鲜族、侗族、哈尼族、汉族、京族、苗族、仫佬族、畲族、土家族、瑶族、壮族

⑦ 【民族】汉族、苗族、彝族、藏族。【引例】生红血球【土家族】

W 编码	母题描述			参照项	
	一级母题	二级母题	三级母题	汤普森	关联项
W2635.2			血肉团团		【汉族】
W2636		生肠子			【藏族】
W2637		生其他肉类怪胎			
W2637.1			生肉口袋		【民族，联1】①
✳ **W2638**	生无生命物				
W2639		生石头类物件			【联1，例1】②
W2639.1			生石头		【民族，例1】③
W2639.2			生磨刀石		【汉族、苗族】
W2639.3			生石墩		【汉族】
W2639.4			生白石		【高山族（阿美）】
W2640		生绳子类物件			【例1】④
W2640.1			生麻绳		【藏族】
W2641		生布类物件			
W2641.1			生缎子		【怒族】
W2641.2			生布匹		【怒族】
W2641.3			生包头		【怒族】
W2642		生其他无生命物			
W2642.1			生皮口袋⑤		【例2】⑥
W2642.2			生铜鼓		【壮族】
W2642.3			生刀子		【怒族】
W2642.4			生背筐		【怒族】
W2642.5			生簸箕		【怒族】
W2643	生其他怪胎				【联1，例2】⑦
W2643.1		生鬼怪人			【毛南族】
W2643.2		生怪物			【民族，联1】⑧
✳ **W2644**	生怪胎的原因				
W2645		血缘婚造成怪胎			【民族，例1】⑨

① 【民族】彝族。【关联】［W2642.1］生皮口袋
② 【关联】［W2639.2］生磨刀石。【引例】生像磨的石子【水族】
③ 【民族】瑶族、壮族。【引例】老年男子娶丑女为妻生石头【珞巴族】
④ 【引例】兄妹婚生的肉坨中有一卷皮绳【藏族】
⑤ 生皮口袋，这里的"皮口袋"只是依据原文本的翻译，疑为"肉口袋"，即胎盘。
⑥ 【引例】❶生狗皮口袋【白族】；❷人与天女婚生一只皮口袋【彝族】
⑦ 【关联】［W0834.1］人生妖魔。【引例】❶女子吃牛头，又吃了虎爪，生一个怪头仔【苗族】；❷猎人与母熊婚生熊【撒拉族】
⑧ 【民族】高山族（阿美）、壮族。【关联】［W0860］怪物
⑨ 【民族】水族。【引例】兄妹婚生子女皆有残疾【高山族（排湾）】

W 编码	母题描述			参照项	
	一级母题	二级母题	三级母题	汤普森	关联项
W2645.1			兄妹婚生畸形人	T550.3	【民族，联2】①
W2645.2			兄妹婚生瞎眼的孩子		【高山族】
W2645.3			血缘婚生的没有鼻子的孩子		【高山族】
W2646		因惩罚生怪胎			
W2646.1			因偷情生怪胎		【民族，联1】②
W2647		不敬祖先生怪胎			【独龙族】
W2648		与生怪胎原因有关的其他母题			【例2】③
W2648.1			天神使生怪胎		【普米族】
❉ **W2649**	怪胎的处置者				【联1】④
W2650		神或神性人物处理怪胎			【例4】⑤
W2650.1			神劈开怪胎		【布朗族、景颇族】
W2650.2			雷公砍碎怪胎		【布依族、黎族、壮族】
W2650.3			太白金星剁怪胎		【毛南族】
W2650.4			神仙剖开怪胎		
W2650.5			其他特定的神或神性人物处理怪胎		【例2】⑥
W2651		怪胎的父母处理怪胎			【水族、土家族、彝族】
W2651.1			怪胎的父母切（砍）碎怪胎		【民族】⑦
W2651.2			怪胎的父亲处理怪胎		【民族】⑧
W2651.3			怪胎的父亲切（砍）碎怪胎		【民族】⑨
W2651.4			怪胎的名誉父亲处置怪胎		【例1】⑩

① 【民族】高山族。【关联】❶［W2601.1.3］生畸形人；❷［W7300］兄妹婚
② 【民族】瑶族。【关联】［W7990］偷情
③ 【引例】❶吃动物的特定肢体生怪胎【苗族】；❷娶特定的女子生怪胎【纳西族】
④ 【关联】［W2313］怪胎变成人
⑤ 【引例】❶伏羲砸怪胎【仫佬族】；❷天降的大汉剁碎怪胎【土家族】；❸玉女劈怪胎【瑶族】；❹盘古劈怪胎【瑶族】
⑥ 【引例】❶伏羲处理怪胎【仫佬族】；❷天降的大汉处理怪胎【土家族】
⑦ 【民族】布依族、汉族、苗族、水族、彝族、壮族
⑧ 【民族】布依族、侗族、汉族、黎族、苗族、仫佬族、佤族、藏族
⑨ 【民族】汉族、黎族、苗族、仫佬族、佤族、藏族
⑩ 【引例】姑侄婚前姑姑曾与一男子偷情有孕，生肉块，侄子年小无知刀剁肉团【瑶族】

W 编码	母题描述			参照项	
	一级母题	二级母题	三级母题	汤普森	关联项
W2651.5			怪胎的母亲处理怪胎		【民族，例2】①
W2652		怪胎的其他处置者			
W2652.1			接生婆处置怪胎		【汉族】
✳ **W2653**	**怪胎变成人的方式**				
W2654		怪胎自然变化为人			【汉族】
W2655		切（砍、碾、砸）碎怪胎后变成人			【例4】②
W2655.1			怪胎分成小块后变成人		【民族】③
W2655.2			砍（剁、切）碎怪胎变成人④		【民族，例2】⑤
W2655.3			用脚踩烂怪胎变成人		【瑶族】
W2655.4			用磨碾碎怪胎变成人		【布依族】
W2655.5			砸碎怪胎变成人		【例1】⑥
W2655.6			弄碎怪胎变成人		【民族，例1】⑦
W2656		火烧怪胎变成人			【傈僳族】
W2656.1			把怪胎放火里烧变成人		【例1】⑧
W2657		施巫术使怪胎变成人			【民族，例1】⑨
W2657.1			神仙念咒语使怪胎变成人		【彝族】
W2657.2			杀牛祭祖后怪胎变成人		【壮族】
W2658		特定人物使怪胎变成人			
W2658.1			神的作用使怪胎变成人		【汉族、珞巴族】

---

① 【民族】苗族。【引例】❶母亲打开生出的葫芦生动物【哈尼族】；❷母亲抛撒切碎的怪胎【瑶族】
② 【引例】❶用石斧砍开怪胎后变成人【汉族】；❷用剑砍碎怪胎变成人【汉族、瑶族、壮族】；❸用剪刀剪碎怪胎后变成人【土家族】；❹用刀剁碎怪胎后变成人
③ 【民族】景颇族、京族、黎族、水族、土家族
④ 砍（剁、切）碎怪胎变成人，这个母题与"［W2655.1］怪胎分成小块后变成人"的区别在于前者没有交代"剁碎"时使用的工具。
⑤ 【民族】布朗族、布依族、侗族、仡佬族、哈尼族、汉族、京族、拉祜族、黎族、苗族、仫佬族、水族、土家族、瑶族、彝族、藏族、壮族。【引例】❶怪胎砍（剁）碎后用筛子筛后变成人【黎族】；❷切碎怪胎和泥后变人【土家族】
⑥ 【引例】用石头砸碎怪胎变人【仫佬族】
⑦ 【民族】拉祜族。【引例】用草剖开怪胎【汉族】
⑧ 【引例】生的肉坨放火里烧后爆开变成人【傈僳族】
⑨ 【民族】珞巴族。【引例】供神后怪胎成活【黎族】

W 编码	母题描述			参照项	
	一级母题	二级母题	三级母题	汤普森	关联项
W2658.2			动物的作用使怪胎变成人		【例5】①
W2658.3			自然物的作用使怪胎变成人		【例1】②
W2659		与怪胎变人方式有关的其他母题			【联1，例3】③
W2659.1			炸开怪胎变（出现）人		【汉族、土家族】
W2659.2			抛掉后怪胎变成人		【苗族、瑶族】
W2659.3			怪胎切（砍、割、剁等）成12块		【苗族】
W2659.4			怪胎切（砍、割、剁等）成18块		【土家族】
W2659.5			怪胎切（砍、割、剁等）成100块		【民族】④
W2659.6			怪胎砌成108块		【布依族】
W2659.7			怪胎切成120块		【土家族】
W2659.8			怪胎切（砍、剁）成其他特定数量的小块		【民族，例2】⑤
W2659.9			处理怪胎的指点者		【例2】⑥
W2659.10			处理怪胎的工具的获得		【例1】⑦
✳ **W2660**	**怪胎变人的地点**				【联1】⑧
W2661		怪胎撒地上变成人			【民族】⑨
W2662		怪胎挂到树上变成人			【羌族、土家族】
W2662.1			怪胎丢树下变成人		【傈僳族】
W2663		怪胎送到天上后变成人			【彝族】
W2663.1			怪胎剁碎后抛向空中变成人		【侗族】

① 【引例】❶狗舔开肉口袋出现人【白族】；❷怪胎变人时鹞鹰的帮助【毛南族】；❸怪胎变人时乌鸦的帮助【水族、瑶族】；❹怪胎变人时老鹰和乌鸦帮助【壮族】；❺怪胎变人时狗的帮助
② 【引例】风的作用使怪胎变成人【壮族】
③ 【关联】［W2313.1］嫩树枝使怪胎变成人。【引例】❶怪胎切碎后和着沙子撒去变成人【汉族】；❷用菅草剖开怪胎变人【汉族】；❸剪碎怪胎变成人【土家族】
④ 【民族】白族、汉族、苗族、壮族
⑤ 【民族】汉族。【引例】❶怪胎切（砍、剁）成999块【水族】；❷怪胎切（砍、剁）成360块【瑶族】
⑥ 【引例】❶天降的大汉指点砍碎怪胎【土家族】；❷天神派人指点砍碎怪胎【瑶族】
⑦ 【引例】天降切碎怪胎的刀【汉族、土家族】
⑧ 【关联】［W2300］人是变化产生的
⑨ 【民族】布依族、汉族、仫佬族、畲族

W 编码	母题描述			参照项	
	一级母题	二级母题	三级母题	汤普森	关联项
W2664		怪胎放水中变成人			【汉族】
W2665		怪胎放山上（间）变成人			【苗族、黎族、拉祜族】
W2665.1			怪胎处理后撒到山下变成人		【汉族、壮族】
W2666		与怪胎变人地点有关的其他母题			【例2】①
W2667	与生怪胎有关的其他母题			T569	【例1】②
W2667.1		怪胎的多次变化			
W2667.1.1			怪胎先变动物再变人		【例1】③
W2667.1.2			怪胎先变植物再变人		【例1】④
W2667.1.3			人生的葫芦中生人		【哈尼族】
W2667.2		怪胎变成动物			【例3】⑤
W2667.3		怪胎变成植物			【民族】⑥
W2667.4		怪胎没有变成人			【傈僳族】

2.8.4 弃婴（弃儿）【W2670 ~ W2689】

W 编码	母题描述			参照项	
	一级母题	二级母题	三级母题	汤普森	关联项
✿ **W2670**	弃婴（弃儿）			≈ T581.2	
✳ **W2671**	弃婴的原因				【联1】⑦
W2672		因无夫而孕抛弃婴儿			【白族、汉族】
W2672.1			女子把感生的儿子抛弃		【民族，联1】⑧
W2673		残疾孩子被弃			【柯尔克孜族】
W2674		生的怪物被抛弃			【民族，联1】⑨

① 【引例】❶怪胎撒到荒山四野变成人类【拉祜族】；❷怪胎撒到四面八方变成人类【瑶族】
② 【引例】夫妻生怪胎后很生气【彝族】
③ 【引例】兄妹婚后生的肉块先变成猴，猴再变成人【瑶族】
④ 【引例】兄妹结婚生肉团，砍碎后先变成芝麻和青菜籽，之后变成人【瑶族】
⑤ 【引例】❶怪胎处理后变成兽【汉族】；❷怪胎处理后变成鸟【汉族】；❸怪胎处理后变成鱼【汉族】
⑥ 【民族】布依族、哈尼族、傈僳族、瑶族
⑦ 【关联】［W0587］英雄出生后被抛弃
⑧ 【民族】白族。【关联】［W2230］感生人
⑨ 【民族】羌族。【关联】［W2643.2］生怪物

W 编码	母题描述			参照项	
	一级母题	二级母题	三级母题	汤普森	关联项
W2674.1			生育的肉蛋被弃		【朝鲜族】
W2675		与弃婴原因有关的其他母题			【例1】①
W2675.1			婴儿因面目奇特遭弃		【羌族、塔吉克族】
W2675.2			生母因忙于劳作弃婴	S140	【汉族、土家族】
W2675.3			为锻炼孩子而丢弃		【彝族】
W2675.4			孩子被嫉妒者丢弃		【维吾尔族】
W2675.5			特定性别的孩子被丢弃		【例1】②
W2675.6			孩子因饭量大被抛弃		【民族，联1】③
W2675.7			孩子折腾父母被抛弃		【珞巴族】
W2675.8			生的怪胎被禁闭家中		【珞巴族】
✳ **W2676**	弃婴被抛地点			≈ S142	【布依族】
W2677		弃婴被抛水中			
W2677.1			弃婴放船上漂流		【满族】
W2678		弃婴被抛树林		≈ S143	【汉族】
W2678.1			弃婴挂在树枝上		【蒙古族】
W2679		弃婴被抛荒原		≈ S144	【例1】④
W2680		弃婴被抛山上		≈ S147	【白族、汉族、土家族】
W2680.1			弃婴被抛在神山上		【藏族】
W2680.2			弃婴被抛在荒山上		【白族、塔吉克族】
W2681		弃婴被抛在其他地点			
W2681.1			弃婴被抛岛上	≈ S145	
W2681.2			弃婴被抛树洞	S143.1	
W2681.3			弃婴放在牛（马、猪）圈	S153	【汉族】
W2681.4			弃婴放在石缝里		【彝族】
W2681.5			弃婴放在草中		【古突厥】

① 【引例】因儿多母苦丢弃孩子【土家族】
② 【引例】生育男孩被抛弃【彝族】
③ 【民族】珞巴族。【关联】［W2929.6］饭量巨大的人
④ 【引例】女人部族的母王生的孩子被弃田野【壮族】

W 编码	母题描述			参照项	
	一级母题	二级母题	三级母题	汤普森	关联项
W2681.6			弃婴放在河边		【汉族】
※ W2682	弃婴的抚养、获救（弃婴的命运）			S350	【联2】①
W2683		弃婴被救		R131	
W2684		弃婴被神所救		①R131.11.4 ②S353.1	【例1】②
W2685		弃婴被神性人物所救		S353	
W2685.1			仙人抚养		【傣族、京族】
W2685.2			天使救助弃婴	①R131.16 ②S353.2	
W2685.3			弃婴送给佛祖		【傣族】
W2686		弃婴被人所救			【例1】③
W2686.1			弃婴被母亲秘密抚养	S351	【汉族】
W2686.2			弃婴为老人所救		【满族】
W2687		弃婴被动物所救		S352	【联2，例6】④
W2687.1			狗救弃儿		【汉族、拉祜族】
W2687.2			牛羊照顾弃婴	≈B535.0.10	【壮族】
W2687.3			弃婴被狼抚养		【柯尔克孜族、维吾尔族】
W2687.4			蛇抚养弃婴		【白族】
W2687.5			鸟照料弃婴		【汉族、蒙古族、壮族】
W2687.6			凤凰救（抚养）弃婴		【塔吉克族】
W2688		与弃婴的抚养或获救有关的其他母题			
W2688.1			植物救助弃婴		【联1】⑤
W2688.2			无生命物救助弃婴		【例1】⑥
W2688.3			弃婴得到多方面抚养		【例2】⑦

① 【关联】❶［W0588］文化英雄的抚养；❷［W2690］人的抚养

② 【引例】天婆抚养弃婴【彝族】

③ 【引例】姑妈抚养孤儿【普米族】

④ 【关联】❶［W0587.3］在狼穴发现（文化）英雄；❷［W2693］动物抚养人。【引例】❶狐狸抚养弃婴【汉族】；❷老虎抚养弃婴【汉族】；❸马抚养弃婴【汉族】；❹猪抚养弃婴【汉族】；❺母猪抚养人【珞巴族】；❻熊抚养弃婴【维吾尔族】

⑤ 【关联】［TPS：S376］树液喂养弃婴

⑥ 【引例】彩虹照顾弃婴【壮族】

⑦ 【引例】❶龙、牛、老妇共同救弃婴【布依族】；❷人与动物共同抚养弃婴【布依族、藏族】

W 编码	母题描述			参照项	
	一级母题	二级母题	三级母题	汤普森	关联项
W2688.4			弃婴得救的原因		【例2】①
W2688.5			弃婴时中途返回		【例1】②
W2689	与弃婴有关的其他母题				【联5】③
W2689.1		残忍抛弃婴儿			【维吾尔族】
W2689.2		女儿国里男孩被弃			【彝族】
W2689.3		弃婴与动物住在一起			【例1】④
W2689.4		弃婴被带到月宫			【京族】
W2689.5		锻炼弃婴的坚强			【彝族】
W2689.6		死婴被弃后复活			【民族，联1】⑤
W2689.7		弃婴成为英雄			【联1，例1】⑥
W2689.8		弃婴返回家中			【珞巴族、彝族】
W2689.9		弃婴报恩			【联1，例1】⑦
W2689.10		弃婴的遭遇			

2.8.5　人的抚养【W2690～W2699】

W 编码	母题描述			参照项	
	一级母题	二级母题	三级母题	汤普森	关联项
✳ **W2690**	**人的抚养**			①T600 ②T670	【联1】⑧
W2691	神或神性人物抚养人类			T605	【独龙族】
W2691.1		女神抚育人类			【瑶族】
W2691.2		仙收养人的后代		F311	
W2691.3		天使抚养人			
W2691.4		萨满抚养人类			【例2】⑨

① 【引例】❶弃婴因突然说话得救【珞巴族】；❷弃婴自然成活【壮族】
② 【引例】阿巴达尼（珞巴族祖先）抛弃儿子时觉得孩子可爱，又把他们背回去【珞巴族】
③ 【关联】❶［W2689.7］弃婴成为英雄；❷［W4387.3］被抛弃的孩子变雷；❸［W5887.7］弃儿成为国王；
　　　❹［W8992］战争中的弃婴；❺［W9468］弃儿报复父母
④ 【引例】弃儿与蛇同住【彝族】
⑤ 【民族】彝族。【关联】［W9300］复活
⑥ 【关联】［W0561］文化英雄的产生。【引例】弃婴成王【布依族】
⑦ 【关联】［W9425］报恩。【引例】弃儿给父母送财物【珞巴族】
⑧ 【关联】［W2682］弃婴的抚养、获救（命运）
⑨ 【引例】❶女萨满用大乳房哺育人类【鄂温克族】；❷女萨满抚养人类【满族】

W 编码	母题描述			参照项	
	一级母题	二级母题	三级母题	汤普森	关联项
W2691.5		神性动物抚养人			
W2691.5.1			神鹰抚养人		【满族】
W2691.5.2			仙鹤抚养人		【侗族】
W2691.6		与神或神性人物抚养人类有关的其他母题			【例1】①
W2691.6.1			灵魂抚养人		【例1】②
W2692	人抚养人				
W2692.1		母亲抚养儿子			【哈尼族、瑶族】
W2692.2		父亲抚养儿子			【白族、彝族】
W2692.3		姐姐抚养弟弟			【傈僳族】
W2692.4		其他特定人物抚养人			【例2】③
W2693	动物抚养人			①B530 ②≈F611.2.1	
W2693.1		苍龙抚养人			【藏族】
W2693.2		狗喂养人		T611.10	
W2693.3		虎抚养人			【汉族、拉祜族、土家族】
W2693.4		鸟抚养人		B535.0.7	【民族,例1】④
W2693.5		动物给人送食物		B531	【例1】⑤
W2693.6		与动物抚养人类有关的其他母题			【联3,例2】⑥
W2693.6.1			龙抚养人		【白族】
W2694	植物抚养人				【联2】⑦
W2694.1		树抚育人			【蒙古族、维吾尔族】
W2695	无生命物抚养人				【例2】⑧
W2696	抚养人类的方法				
W2696.1		抚养孩子方法的获得			
W2696.1.1			文化英雄教女人如何养育孩子	A1357	

① 【引例】密洛陀抚育人类【瑶族】
② 【引例】死去妻子的灵魂给孩子喂奶【珞巴族】
③ 【引例】❶姨娘抚养弃婴【汉族】；❷姑妈抚养孤儿【普米族】
④ 【民族】赫哲族、黎族。【引例】百鸟抚养凤凰生的男孩【畲族】
⑤ 【引例】狼给人送食物【古突厥】
⑥ 【关联】❶〔W2687〕弃婴被动物所救；❷〔W2687.2〕牛羊照顾弃婴；❸〔W6290〕动物图腾。【引例】❶把孩子交给蛇看管【汉族】；❷把孩子托付给母猪抚养【珞巴族】
⑦ 【关联】❶〔TPS：S376〕树液喂养婴儿；❷〔W2688.1〕植物救助弃儿
⑧ 【引例】❶石狮抚养孤儿【汉族】；❷山洞抚养人【壮族】

W 编码	母题描述			参照项	
	一级母题	二级母题	三级母题	汤普森	关联项
W2696.1.2			小孩吃奶的来历		【汉族】
W2696.2		抚养孩子的奇特方法			
W2697	与人类抚养有关的其他母题				【联1，例2】①
W2697.1		人类的成长		①A1360 ②T610	
W2697.2		不寻常的成长		T615	
W2697.2.1			婴儿长成一坨肉		【彝族】
W2697.3		新生儿快速成长		T585.1	【民族，例1】②
W2697.4		见风就长的人			【民族】③
W2697.5		遇土就长的人			【壮族】
W2697.6		闻气就长的人			【拉祜族】
W2697.7		生的小人迅速长大			【民族，联1】④
W2697.8		人成长不好的原因			【联1，例1】⑤
W2697.9		幼儿长时间不能自立的原因		A1371	
W2697.10		父母不抚养儿女			【珞巴族】
W2697.11		娘家抚养孩子			【壮族】
W2697.12		抚养孩子没有成活			【苗族】

① 【关联】［-W6159.1.1］给力的食物。【引例】❶人抚养鬼的孩子【独龙族】；❷小女孩嫁山神后，一夜变成大姑娘【怒族】
② 【民族】独龙族、京族、瑶族。【引例】9天长大成人【畲族】
③ 【民族】白族、哈尼族、汉族、畲族、水族、维吾尔族
④ 【民族】拉祜族。【关联】［W2602］生小人
⑤ 【关联】［W7300］兄妹婚。【引例】兄妹结婚生的孩子成长不好【苗族】

2.9 与人的产生相关的母题

【W2700～W2749】

2.9.1 人产生的数量① 【W2700～W2729】

W 编码	母题描述			参照项	
	一级母题	二级母题	三级母题	汤普森	关联项
❋ **W2700**	**人产生时的数量**				
W2701	产生 1 人				【联 2】②
W2701.1		造 1 个人			【联 1】③
W2701.1		生 1 个人			【民族】④
W2702	产生 2 人				【民族，联 1，例 3】⑤
W2703	产生 3 人				【民族，例 2】⑥
W2704	产生 4 人			T586.1.1	【民族，例 1】⑦
W2705	产生 5 人				【民族，例 2】⑧
W2706	产生 6 人			T586.1.1	【民族，例 2】⑨
W2707	产生 7 人			T586.1.2	【民族】⑩
W2707.1		世上最早有七兄弟			【佤族】

---

① 人产生的数量，该母题包括人类起源母题类型体系中所有与"生人"、"造人"等有关的类型，如［W2020.1］人自然产生、［W2030～W2129］造人、［W2130～W2299］生育产生人、［W2300～W2399］变化产生人、［W2400～W2499］婚配产生人、［W2230～W2279］感生人等母题类型。关于人的产生数量，这些看似一些毫无意义的数字，有时却在神话表述中具有特定的文化背景或特殊内涵，故作为一类母题列举。

② 【关联】❶［W2021］世上出现第一个人；❷［W2021.2］世上最早只有 1 个女人（第一个女人）

③ 【关联】［W2755.2］世界最早出现（造出）一个女人

④ 【民族】高山族、汉族、黎族、纳西族、塔吉克族

⑤ 【民族】白族、布朗族、独龙族、鄂伦春族、高山族、仡佬族、哈萨克族、汉族、景颇族、柯尔克孜族、拉祜族、傈僳族、满族、珞巴族、蒙古族、苗族、纳西族、畲族。【关联】［W2022］世上最早有 2 人。【引例】❶天神造出 1 对男女【独龙族】；❷太古时石生 1 男 1 女【苗族】

⑥ 【民族】高山族、汉族、赫哲族、傈僳族、满族、蒙古族、纳西族、普米族、羌族、畲族、彝族。【引例】❶天父地母婚生 3 子【珞巴族】；❷伏羲兄妹婚生 3 个娃【苗族】

⑦ 【民族】布朗族、独龙族、高山族、汉族、纳西族、畲族、瑶族、藏族。【引例】夫妻生子女 4 人【高山族（泰雅）】

⑧ 【民族】白族、布朗族、哈尼族、傈僳族、珞巴族、满族、畲族、维吾尔族。【引例】❶伏哥羲妹婚生 5 子【布依族】；❷姐弟婚生 5 子【鄂伦春族】

⑨ 【民族】朝鲜族、傣族、汉族、珞巴族、满族。【引例】❶兄妹生 3 对男女【苗族、藏族】；❷猴子与魔女婚生 6 子（繁衍人类）【藏族】

⑩ 【民族】白族、鄂温克族、高山族、基诺族、傈僳族、苗族、怒族、土家族、瑶族

W 编码	母题描述			参照项	
	一级母题	二级母题	三级母题	汤普森	关联项
W2707.2		卵生 7 子			【民族，联1】①
W2708	产生 8 人				【民族，例1】②
W2709	产生 9 人			T586.1.3	【民族，联1，例2】③
W2710	产生 10 人				【民族，例3】④
W2711	人刚产生时数量很少				【例1】⑤
✳ **W2712**	**产生多人**⑥			T586	【拉祜族】
W2712.1		生多人		T586.1	
W2713	产生 36 人				【例2】⑦
W2714	产生 72 人				【民族，例1】⑧
W2715	产生 99 人				【汉族】
W2716	产生 100 人				【例3】⑨
W2717	产生 200 人				【例1】⑩
W2718	产生 360 人				【例1】⑪
W2719	产生其他数量的人				
W2719.1		产生 11 人			【蒙古族、壮族】
W2719.2		产生 12 人			【民族，例2】⑫
W2719.3		产生 14 人			【例2】⑬
W2719.4		产生 16 人			【民族，例1】⑭
W2719.5		产生 18 人			【民族，例2】⑮

① 【民族】朝鲜族。【关联】［W2220］卵生人
② 【民族】傣族、德昂族、鄂温克族、汉族、黎族、满族。【引例】生 4 对男女【怒族】
③ 【民族】阿昌族、白族、仡佬族、哈尼族、汉族、拉祜族、傈僳族、羌族、畲族、土家族。【关联】［W2171］树生人。【引例】❶树生 9 子【哈萨克族】；❷太古有 9 个蛋孵出 9 子【苗族】
④ 【民族】白族、傣族、仡佬族、维吾尔族。【引例】❶人与猴婚生 5 对男女【鄂温克族】；❷姐弟婚生 10 子【满族】；❸卵生 5 对男女【畲族】
⑤ 【引例】人刚从地洞中出来时人数很少【佤族】
⑥ 产生多人，关于人产生的数量在神话叙事中非常复杂。除常见的一些惯用数字之外，其他一些数字难以考察其典型性或文化含义，并且不同的数字又往往与人类产生的不同方式，如与"造人"、"生人"、"变化为人"等母题的内在关联等。本编目只选取其中一些具有母题意义的人的产生数目作为示例。具体属于人类产生的哪一种情形，可参见《中国神话母题 W2 编目实例》中相应内容。
⑦ 【引例】❶生 36 人【白族、汉族、彝族】；❷造 36 人【汉族】
⑧ 【民族】回族。【引例】玉皇最早派到地上的人有了 36 对男女【布依族】
⑨ 【引例】❶生 100 人【白族、哈尼族、汉族】；❷变化出 100 人【德昂族】；❸造 100 人【汉族】
⑩ 【引例】造 200 人【汉族】
⑪ 【引例】造 360 人【汉族】
⑫ 【民族】高山族、汉族、纳西族、苗族、傈僳族。【引例】❶兄妹婚生 6 对男女【高山族（阿美）】；❷生 6 对男女【瑶族】
⑬ 【引例】❶人犬婚生 7 对男女【苗族】；❷兄妹婚生 7 对男女【怒族】
⑭ 【民族】怒族。【引例】两个动物生 8 男 8 女【布朗族】
⑮ 【民族】鄂伦春族、哈尼族、拉祜族、纳西族。【引例】❶姐弟婚生 9 对子女【独龙族、傈僳族】；❷兄妹婚生 9 对子女【怒族】

W 编码	母题描述			参照项	
	一级母题	二级母题	三级母题	汤普森	关联项
W2719.6		产生 20 人			【民族，例 1】①
W2719.7		产生 20 多人			【例 1】②
W2719.8		产生 21 人			【哈尼族】
W2719.9		产生其他不同数量的人			【例 18】③
W2719.9.1			产生 30 人		【哈萨克族】
W2719.9.2			产生 40 人	T586.1.5	【柯尔克孜族】
W2719.9.3			产生 49 人		【汉族】
W2719.9.4			产生 50 人		【例 1】④
W2719.9.5			产生 80 人		【例 1】⑤
W2719.9.6			产生 100 人以上		【例 3】⑥
W2719.9.7			生 70 对儿女		【苗族】
W2719.9.8			生 80 对儿女		【撒拉族】
W2719.9.9			产生 1000 人		【例 1】⑦
W2719.9.10			产生更多的人		【苗族】
❊ **W2720**	**胎生的人数**				
W2721		单胎			
W2721.1			圣人是单胎		【回族】
W2722		双胞胎（孪生）		①T587 ②T685	【民族，联 2，例 1】⑧
W2722.1			以前人生的全是双胞胎		【哈尼族、回族】
W2723		龙凤胎			【民族，例 1】⑨
W2724		三胞胎		T687	【古突厥、纳西族】
W2725		四胞胎		≈ T686	【古突厥、瑶族】
W2726		五胞胎			【例 1】⑩
W2727		一胎生更多的人			

---

① 【民族】汉族。【引例】天神造 10 对男女【鄂伦春族】
② 【引例】祖先塔婆生 21 个儿子【哈尼族】
③ 【引例】❶化生 102 人【德昂族】；❷生 103 人【德昂族】；❸生 77 人【哈尼族】；❹生 77 种人【哈尼族】；❺生 88 人【汉族】；❻生 101 人【汉族】；❼生 507 人【汉族】；❽造 600 人【汉族】；❾造 3300 人【汉族】；❿生 56 人【回族】；⓫始祖婚生 73 胎，前 72 胎都是 1 男 1 女，第 73 胎是一个独生子【回族】；⓬生 26 人【拉祜族】；⓭生 22 人【傈僳族】；⓮生 24 人【苗族】；⓯兄妹婚生 12 对男女【苗族】；⓰造 2000 人【苗族】；⓱造 1 千对男女【苗族】；⓲兄妹婚生 106 人【壮族】；
④ 【引例】生 25 对男女【哈萨克族】
⑤ 【引例】生 40 对子女【撒拉族】
⑥ 【引例】❶生 500 人【汉族】；❷生 300 对男女【汉族】；❸生 120 人【彝族】
⑦ 【引例】生 1000 人【哈尼族】
⑧ 【民族】回族。【关联】❶［W037］孪生的神；❷［W2587.6.1］双胞胎在母腹中争吵。【引例】人祖生的都是双胞胎【回族】
⑨ 【民族】黎族、撒拉族。【引例】人祖生的都是龙凤胎【哈萨克族、回族】
⑩ 【引例】人吃仙蕉生 5 胞胎【苗族】

W 编码	母题描述			参照项	
	一级母题	二级母题	三级母题	汤普森	关联项
W2727.1			7 胞胎		【傣族、侗族】
W2727.2			8 胞胎		
W2727.3			9 胞胎		【白族、壮族】
W2727.4			36 胞胎		【彝族】
W2727.5			一胎生 100 人		【汉族】
W2727.6			一胎生无数人		
W2728	与人产生数量有关的其他母题				
W2728.1		以前人很多			【民族】①
W2728.1.1			以前人满为患		【鄂伦春族、苗族】
W2728.2		生相貌相同的孩子			【鄂伦春族】

2.9.2　**人与异类同源**【W2730 ~ W2739】

W 编码	母题描述			参照项	
	一级母题	二级母题	三级母题	汤普森	关联项
◎	〖**人与异类同源**〗				
W2730	人与万物同源				
W2730.1		生人时人与万物同源			【民族】②
W2730.2		造人时人与万物同源			【傣族】
W2731	人与神同源				【民族，联1】③
W2731.1		天上的老祖母生神和人			【哈尼族】
W2732	人与神性人物同源				【哈尼族】
W2732.1		人与鬼神类同源			【例1】④
W2732.2		人与鬼同源			【民族，联1】⑤
W2732.3		人与魔鬼同源			【哈尼族】
W2733	人与动物同源			① ≈ B633 ②T589.7.1	【民族】⑥

---

① 【民族】独龙族、汉族、拉祜族、苗族、彝族
② ·【民族】傣族、鄂温克族、哈尼族、珞巴族、门巴族、蒙古族、藏族、壮族
③ 【民族】哈尼族、苗族、纳西族、藏族。【关联】［W6182］人神杂居（人鬼杂居）
④ 【引例】地母生人的祖先和乌佑（鬼、神灵）【珞巴族】
⑤ 【民族】哈尼族、傈僳族、怒族。【关联】［W2807.2］以前人鬼同貌
⑥ 【民族】傣族、德昂族、哈尼族、基诺族、黎族、门巴族、苗族、水族、佤族、瑶族、藏族

W 编码	母题描述			参照项	
	一级母题	二级母题	三级母题	汤普森	关联项
W2733.1		人与龙同源			【例2】①
W2733.2		人与猴同源			【纳西族】
W2733.2.1			一对蛋孵出了猿人和原始人		【纳西族】
W2733.3		人蛇同源			【汉族】
W2733.4		人与龙蛇同源			【侗族】
W2733.5		人与虎同源			【傈僳族】
W2733.6		人与猿同源			【傈僳族、纳西族】
W2733.7		人和野生动物同源			【哈尼族、汉族】
W2733.8		人与鸟兽同源			【布朗族、侗族、哈尼族】
W2733.9		人与虫类同源			【满族】
W2733.10		人与多种动物同源			【民族，例2】②
W2733.10.1			人与飞禽、兽同源		【布朗族、哈尼族】
W2734	人与植物同源				
W2735	人与动植物同源				【民族】③
W2735.1		人与鸡、狗等动物和谷物、蔬菜同源			【汉族】
W2735.2		人与无血的草木和有血的动物同源			【彝族】
W2735.3		与人与动植物同源有关的其他母题			【例3】④
W2736	人与无生命物同源				
W2736.1		人与日月同源			【珞巴族】
W2737	人与其他诸物同源				
W2737.1		人与神和动物同源			【例1】⑤

① 【引例】❶人与龙、蛇同母生【侗族】；❷人龙是同父异母兄弟【纳西族】
② 【民族】高山族、哈尼族、汉族、纳西族、苗族、彝族、藏族、壮族。【引例】❶兄妹婚生蛇面郎、龙面郎、虎面郎、猫面郎、雷婆、狐面郎、猪面郎、鸭面郎、鸡面郎、熊婆10个禽兽和姜良姜妹兄妹2人【侗族】；❷人与雷、龙、虎、蛇、熊、猴、牛、马、猪、狗、凤凰等11种动物同源【水族】
③ 【民族】哈尼族、门巴族、蒙古族、彝族
④ 【引例】❶茨菇生出人和动植物【哈尼族】；❷葫芦生人、牛、猪、鸡、飞鸟、蛇、娱松、谷子等【黎族】；❸文化英雄先后生了12个儿子：大儿是树木的祖先，二儿是蒿枝的祖先；三儿是野葡萄的祖先；四儿是牵牛花的祖先；五儿是野草的祖先；六儿是蕨芨草的祖先；七儿是人类的祖先；八儿是猿猴的祖先；九儿是熊的祖先；十儿是狗的祖先；十一儿是青蛙的祖先；么儿是鸟类的祖先【彝族】
⑤ 【引例】蝴蝶生的12个蛋孵出神、人祖、老虎、雷公、水龙和蟒蛇【苗族】

W 编码	母题描述			参照项	
	一级母题	二级母题	三级母题	汤普森	关联项
W2737.2		人与神、动植物、无生命物同源			【哈尼族、黎族】
W2737.3		人与植物、无生命物同源			【布依族、哈尼族】
W2738	与人与异类同源有关的其他母题				
W2738.1		人战胜同源的异类			【壮族】

2.9.3　与人的产生有关的其他母题【W2740～W2749】

W 编码	母题描述			参照项	
	一级母题	二级母题	三级母题	汤普森	关联项
W2740	人的产生源于多种形式				【汉族】
W2740.1		婚生与造人产生人类			【汉族】
✳ **W2741**	人产生的顺序				
W2742		先有万物后有人			【民族，联1】①
W2742.1			先出现月亮、星星、太阳，然后出现人		【哈尼族、汉族】
W2742.2			先出现动植物再出现人类		【民族，联1】②
W2742.3			先出现动物再出现人类		【民族，联1，例1】③
W2743		与人的产生顺序有关的其他母题			
W2743.1			天上先有人类地上才有人类		【独龙族】
✳ **W2744**	男女产生的顺序				【联2】④
W2745		先有男后有女			【民族，联1】⑤
W2745.1			先造男后造女		【民族】⑥

---

① 【民族】汉族、回族。【关联】［W1500］万物的产生
② 【民族】汉族、满族、藏族。【关联】［W2735］人与动植物同源
③ 【民族】壮族。【关联】［W2733］人与动物同源。【引例】前 6 天造动物，第 7 天造出人【汉族】
④ 【关联】❶［W2753］人的性别的产生；❷［W2769］男女性别产生的先后
⑤ 【关联】高山族、回族。【关联】［W2769.2］男女产生有先后
⑥ 【民族】独龙族、鄂伦春族、回族、傈僳族、蒙古族、维吾尔族

W 编码	母题描述			参照项	
	一级母题	二级母题	三级母题	汤普森	关联项
W2745.2			先生男后生女		【高山族（泰雅）、汉族】
W2745.3			世上先有父子再有母女		【哈尼族】
W2746		先有女后有男			【民族】①
W2746.1			先造女后造男		
W2746.2			先生女后生男		【侗族、苗族】
W2746.3			天上先降女再降男		【傣族】
W2746.4			神造的第一个女人生出男人	≈A1275.4	
W2747	特定的人（神性人物）产生的顺序				
W2747.1		先有盘古后有老子			【汉族】
W2748	与人的产生有关的其他母题				
W2748.1		按父系顺序排列的人类产生			【民族，联2】②
W2748.2		按母系顺序排列的人类产生			【联2】③
W2748.3		人的产生经历许多灾难			
W2748.4		人由4种元素构成			【哈萨克族】
W2748.5		人与动物同时产生			【民族，联1】④

---

① 【民族】白族、侗族、汉族、苗族、瑶族、彝族
② 【民族】汉族。【关联】❶〔W5298.2〕父系氏族；❷〔W6866.2〕父子联名
③ 【关联】❶〔W5298.1〕母系氏族；❷〔W6866.1〕母子联名
④ 【民族】汉族。【关联】〔W2733〕人与动物同源

2.10　人的特征及相关母题
【W2750～W2929】

2.10.1　人的性别特征【W2750～W2799】

W 编码	母题描述			参照项	
	一级母题	二级母题	三级母题	汤普森	关联项
✿ **W2750**	**人的特征**				
W2751	人的特征的产生				
W2751.1		人产生时自然带有现在的特征			
W2751.2		造人者创造人的特征			【壮族】
✿ **W2752**	**人的性别**				
❋ **W2753**	人的性别的产生			A1313.0.2	
W2754		原来的人不分男女			【民族，例1】①
W2755		最早只有女人			【民族，联2】②
W2755.1			产生第一个母亲（人类之母）	A1282	【佤族】
W2755.2			世上最早出现（造出）一个女人	A1275.4	【哈尼族、汉族】
W2755.3			世上最早出现数个女人		
W2755.4			最早造出来的全是女人		【满族、瑶族】
W2755.5			生的全是女孩		【白族】
W2756		最早只有男人			【民族，例1】③
W2756.1			人的初形全是男性		【鄂伦春族】
W2756.2			世上最早出现（造出）一个男人		【傈僳族】
W2756.3			最早只造出男人		【蒙古族】

---

① 【民族】傣族、汉族。【引例】独眼一代人时不分男女【彝族】
② 【民族】彝族。【关联】❶〔TPS：A1275.1〕男人的肋骨造第一个女人；❷〔W2021.2〕世上最早只有一个女人（第一个女人）
③ 【民族】布朗族、德昂族、佤族。【引例】连生9个男婴【壮族】

W 编码	母题描述			参照项	
	一级母题	二级母题	三级母题	汤普森	关联项
W2756.4			生人时只有男孩		【德昂族、汉族、维吾尔族】
W2757	人类产生时自然分出男女				【独龙族、汉族、纳西族】
W2758	造人时分出男女				【民族，联1】①
W2758.1		造出男人			【民族，例1】②
W2758.2		造出女人			【布朗族、傈僳族】
W2758.2.1			造女人是为了给男人作配偶		【景颇族】
W2758.2.2			用造男人剩下的泥造女人		【傈僳族】
W2758.3		造出1男1女			【民族】③
W2758.4		造出多个男女			【民族】④
W2758.5		男女分工分别造男女			
W2758.5.1			男造男，女造女		【汉族、畲族】
W2758.5.2			男造女，女造男		【汉族】
W2758.5.3			男人造男人		【汉族】
W2758.5.4			男人造女人		【汉族、回族】
W2758.5.5			女人造女人		【汉族】
W2758.5.6			女人造男人		【汉族、维吾尔族】
W2758.6		造人时因材料不同分出男女			【民族，联1】⑤
W2758.6.1			用动物造男人，用泥土造女人		【鄂伦春族、瑶族】
W2758.6.2			用火造男人，用水造女人		【朝鲜族】
W2758.7		与造出男女有关的其他母题			【联2，例1】⑥
W2758.7.1			受动物的启发造男女		【汉族】
W2758.7.2			神用剑劈出男女性别		【汉族、畲族】

① 【民族】傣族、侗族、哈萨克族、汉族、景颇族、珞巴族、蒙古族、彝族、壮族。【关联】［W2745.1］先造男后造女
② 【民族】傈僳族、维吾尔族。【引例】天神用泥土捏成男人【布朗族】
③ 【民族】布朗族、独龙族、汉族、景颇族、满族、蒙古族
④ 【民族】汉族、满族、怒族、佤族
⑤ 【民族】汉族。【关联】［W2082.1.1］用男人的肋骨造女人
⑥ 【关联】❶［W2771.2.1］造人时得到辣椒的成为男人；❷［W2772.3］造人时得到杨桃的成为女人。【引例】特定的时间造出男人【汉族】

W 编码	母题描述			参照项	
	一级母题	二级母题	三级母题	汤普森	关联项
W2759	生育出男女				
W2759.1		神生男女			【例2】①
W2759.2		人生男女			【民族】②
W2759.2.1			女人头上的血胞生1男		【普米族】
W2759.3		动物生男女			【例1】③
W2759.4		男女分别来自于怪胎的两半			【景颇族、撒拉族】
W2759.5		生男为犬女为美人			【畲族】
W2759.5.1			犬与女子交合，生男为犬生女为人		【古突厥】
W2759.6		不同的出生位置分别生出男女			【高山族】
W2759.7		植物生男女			【例2】④
W2759.7.1			葫芦生男女		【民族，联1，例2】⑤
W2759.7.2			葫芦生1男		【民族，例1】⑥
W2759.7.3			葫芦生1女		【哈尼族】
W2759.7.4			竹子生男女		
W2759.8		无生命物生男女			【例4】⑦
W2759.9		婚生出男女			【民族，例7】⑧
W2759.10		卵生男女			【例2】⑨
W2759.11		感生男女			【高山族（鲁凯）、畲族】
W2759.11.1			感生1女		【鄂伦春族、傣族、苗族】
W2759.11.2			感生1男		【独龙族、满族、藏族】

① 【引例】❶神婚生1女【德昂族】；❷神生1对男女【高山族】
② 【民族】布朗族、独龙族、汉族、纳西族
③ 【引例】青蛙生1女【哈尼族】
④ 【引例】❶男女分别出生于两个葫芦【傈僳族】；❷南瓜生多男【傈僳族】
⑤ 【民族】白族、德昂族、高山族、哈尼族、拉祜族、黎族、傈僳族、彝族。【关联】［W2184］葫芦生人。【引例】
　　❶葫芦生多个男女【德昂族、哈尼族】；❷葫芦生1男1女【高山族、拉祜族】
⑥ 【民族】汉族。【引例】葫芦状的植物生1男【高山族（排湾）】
⑦ 【引例】❶石生1对男女【高山族】；❷石生1女【高山族】；❸粪中生1对男女【高山族（布农）】；❹陶锅生1女
⑧ 【民族】白族、布朗族、鄂温克族、汉族、回族、纳西族、畲族、瑶族、藏族。【引例】❶婚生1男【白族、独龙
　　族、黎族、蒙古族、锡伯族】；❷婚生多男（含2人）【白族、高山族、仡佬族、拉祜族、傈僳族】；❸婚生多女
　　（含2女）【白族、高山族】；❹婚生多对男女【独龙族、怒族】；❺婚生1男1女【高山族】；❻婚生1女【赫哲
　　族、苗族、畲族】；❼洪水后兄妹婚生1女【珞巴族】
⑨ 【引例】❶卵生1男【朝鲜族、高山族】；❷肉蛋孵出始祖【侗族】

W 编码	母题描述			参照项	
	一级母题	二级母题	三级母题	汤普森	关联项
W2759.12		山中的气使人多生男			【汉族】
W2759.13		水中的气使人多生女			【汉族】
W2760	变形出现男女				【汉族】
W2760.1		神变成男女			【例1】①
W2760.2		动物变成男女			【例2】②
W2760.3		植物变成男女			【民族，例3】③
W2760.4		无生命物变成男女			【联1，例5】④
W2760.5		其他变形时出现男女			【例1】⑤
W2760.5.1			肉核炸成的两半分成男人和女人		【白族】
✳ **W2761**	划分男女的方法				
W2762		神划分出男女			【民族，例1】⑥
W2763		神性人物划分出男女			【汉族】
W2763.1			祖先划分性别		【民族，例2】⑦
W2763.2			仙人（仙女）划分男女		【傣族、德昂族、满族】
W2764		吃特定的食物划分出男女			【例1】⑧
W2765		通过称人的重量划分男女			【例1】⑨
W2766		利用植物使人具有性别			【例2】⑩
W2767		根据生殖器变化划分出人的男女			【例1】⑪

① 【引例】天神变女人【傣族、德昂】
② 【引例】❶鱼变女子，鸟变小伙【德昂族】；❷母猪的肝、肺、肠、肚与肉块串成的肉串变成成双成对的男女【珞巴族】
③ 【民族】彝族。【引例】❶树叶变男女【德昂族】；❷树变1男【独龙族】；❸小伙撒的谷种变成男人，水仙姑撒的谷种变成女人【瑶族】
④ 【关联】[W2371.2]眼泪化生人。【引例】❶太阳化生为男人与女人【白族】；❷木头人变成女人【布朗族】；❸木匣子变成女人【高山族】；❹藤萝变成男人【高山族】；❺天神的两颗眼泪分别变成男女【怒族】
⑤ 【引例】把生的肉团砍成两半，一半是男人一半是女人【景颇族】
⑥ 【民族】傣族、独龙族、汉族、维吾尔族。【引例】以前男女同体，天神劈开男和女【畲族】
⑦ 【民族】佤族。【引例】❶盘古划分出男女【朝鲜族】；❷黄帝划分出男女【汉族】
⑧ 【引例】人吃树上的果子后分出男女【傣族】
⑨ 【引例】称人的重量时，重的属母，轻的归公【壮族】
⑩ 【引例】❶始祖姆洛甲送白花就生儿子【壮族】；❷始祖姆洛甲送红花就生女儿【壮族】
⑪ 【引例】凤凰掉吃一部分泥人的生殖器分出男女

W 编码	母题描述			参照项	
	一级母题	二级母题	三级母题	汤普森	关联项
W2768		与划分男女性别有关的其他母题			【例1】①
W2768.1			胎儿变化性别	T577.1	【联1】②
W2769	男女性别产生的先后				【联1，例1】③
W2769.1		男女性别产生有先后的原因			
W2769.1.1			为什么先产生女人		
W2769.1.2			为什么先产生男人		
W2769.2		与男女性别产生先后有关的其他母题			【高山族、回族】
W2769.2.1			男女为什么同时产生		【民族，例1】④
❋ **W2770**	**生殖器的来历**			A1313	
W2770.1		神为人安置男女不同的生殖器			【例2】⑤
W2770.2		精灵给人祖安放性器官			【哈萨克族】
W2770.3		单双数形成性别的不同			【德昂族】
W2770.4		吃特定的东西形成生殖器			
W2770.4.1			人吃地上秽食出现男女生殖器		【蒙古族】
W2770.5		与生殖器的来历有关的其他母题			【例1】⑥
W2771	男性生殖器的来历			A1313.1	
W2771.1		男性生殖器是造人时特殊材料形成的			【汉族】
W2771.2		男人拿矛作生殖器			【高山族（布农）】
W2771.2.1			造人时得到辣椒的成为男孩		【壮族】
W2771.2.2			造人时得到猫豆的变成男孩		【壮族】

---

① 【引例】人皇年间分男女【壮族】
② 【关联】［W2580～W2589］怀孕
③ 【关联】［W2744］男女产生的顺序。【引例】龙子传九代都是女，第十代才出现男子【彝族】
④ 【民族】布朗族、朝鲜族、傣族、独龙族、鄂伦春族、景颇族、满族、蒙古族、苗族、纳西族、畲族、壮族。【引例】造人时大的成为男人，小的成为女人【汉族】
⑤ 【引例】❶文化始祖为大小动物分生殖器【壮族】；❷从一个泥人的身上挖一点泥补到另一个身上，分别形成男女生殖器
⑥ 【引例】始祖为动物分生殖器【壮族】

W 编码	母题描述			参照项	
	一级母题	二级母题	三级母题	汤普森	关联项
W2771.2.3			神往泥人身上安置辣椒成为男性生殖器		【汉族】
W2771.2.4			造人时鸟啄的疙瘩成为男性生殖器		【汉族】
W2771.2.5			男人吃了某种果实变成睾丸		
W2771.3		把动物的生殖器安在男人身上			【例1】①
W2771.4		雷炸后的核变成男生殖器			【普米族】
W2771.5		与男性生殖器的来历有关的其他母题			
W2772	女性生殖器的来历			A1313.2	
W2772.1		神造女性生殖器			
W2772.1.1			女性生殖器是神在女人下身划出的一道沟		【汉族】
W2772.1.2			女性生殖器是神用斧子砍出的一道沟		
W2772.2		女人拿磨刀石作生殖器			【高山族（布农）】
W2772.3		造人时得到杨桃的成为女孩			【壮族】
W2772.4		造人时得到槟榔的变成女孩			【壮族】
W2772.5		鸟叼走男人的生殖器变成女人			【汉族】
W2772.6		造人时在人的下身劈出一条缝形成女人生殖器			【汉族】
W2772.7		与女性生殖器的来历有关的其他母题			
W2773	生殖的特征				
W2773.1		特殊的阴茎		F547.3	

---

① 【引例】把野熊的雄性生殖器安在男人的胯下【满族】

W 编码	母题描述			参照项	
	一级母题	二级母题	三级母题	汤普森	关联项
W2773.1.1			能说话的阴茎		
W2773.1.2			会变形的阴茎		【民族，联1】①
W2773.2		奇特的阴道			
W2773.2.1			巨人的阴道	F547.5.2	【汉族】
W2773.2.2			有牙齿的阴道	F547.5.8	【珞巴族】
W2773.3		巨大的生殖器			【联2】②
W2773.3.1			男人的阴茎当桥		【鄂温克族】
W2773.3.2			女人生殖器是岩洞		【壮族】
W2773.4		与生殖器特征有关的其他母题			
W2773.4.1			男女生殖器有区别的原因		【哈萨克族】
W2773.4.2			女性生殖器中的牙齿被打掉	A1313.3.1	【民族，联1】③
W2774	生殖器的变化				
W2774.1		人的生殖器的变小			【汉族】
❋ **W2775**	**男人的其他体征**				【联2】④
W2776		男人喉头的来历			
W2776.1			男子吃果子卡在脖子中形成了喉头		【汉族、佤族】
W2776.2			男祖先吃的禁果变成喉头		【哈萨克族、回族】
W2777		男人没乳房的原因			【阿昌族】
W2778		男人不再怀孕的原因			【民族，联1】⑤
W2778.1			男人生孩子能力的丧失		【白族、苗族】
W2778.2			原来男人可以怀孕生育，后来与女人交换		【民族，联1】⑥
W2778.3			神把男人生育的事情交给女人		【白族、佤族】

① 【民族】汉族。【关联】［W9522.1］作为本领的变形
② 【关联】❶［W2774.1］人的生殖器的变小；❷［W6377.4］生殖器崇拜（性崇拜）
③ 【民族】珞巴族。【关联】［W2773.2.2］有牙齿的阴道
④ 【关联】❶［W2150～W2154］人生人；❷［W2153.5］男人生孩子
⑤ 【民族】白族。【关联】［W2153.5］男人生孩子
⑥ 【民族】独龙族。【关联】［W2781］女人生孩子的来历

W 编码	母题描述			参照项	
	一级母题	二级母题	三级母题	汤普森	关联项
W2778.4			男人害怕生人的痛苦，天神把生孩子转给女人		【白族】
W2779		与男性特征有关的其他母题			【联1，例1】①
W2779.1			男人的膝盖是凉的		【民族，例1】②
✳ **W2780**	**女人特殊的性别特征**			A1372	
W2781		女人生孩子的来历			【联2】③
W2781.1			人神让女人生孩子		【佤族】
W2781.2			土地赋予女人生育能力	A1234.4	
W2781.3			女人生孩子是对女人的惩罚		
W2781.4			女人的发誓导致女人生孩子		【哈尼族】
W2782		女人怀孕大肚子的来历			【例1】④
W2783		女人有乳房的来历		A1313.4	【例4】⑤
W2783.1			造女人时造出乳房		【壮族】
W2783.2			女孩吃的2个果子停在胸部变成乳房		【汉族、佤族】
W2783.3			男人在女人胸部抓出乳房		【哈尼族】
W2784		女人特殊的乳房		F547	
W2784.1			女人的乳房原来长在额头	A1313.4.1	
W2784.2			女人的乳房很长能放到后背上		【达斡尔族】
W2784.3			女祖先有很多乳房		【哈尼族】
W2784.4			巨大的乳房		【鄂温克族、彝族】
W2784.5			女人乳房的变小		【彝族】
W2785		女人月经的来历		A1355	【例1】⑥

① 【关联】［W2854］男人胡须的来历。【引例】男人为什么雄壮【汉族】

② 【民族】回族、土族。【引例】造人者的粗心使男人膝盖骨发凉【达斡尔族】

③ 【关联】❶［W2778.1］男人生孩子能力的丧失；❷［W2778.2］原来男人可以怀孕生育，后来女人与女人交换

④ 【引例】女人偷食被惩罚，所以怀孕肚子大

⑤ 【引例】❶神用泥巴放在女人胸前成为乳房【傣族】；❷女人吃的仙果在胸部变成乳房【汉族】；❸蜥蜴造人时，女人胸前放双奶【壮族】；❹女人吃的坚果在胸部变成乳房

⑥ 【引例】女始祖吃禁果导致月经【回族】

W 编码	母题描述			参照项	
	一级母题	二级母题	三级母题	汤普森	关联项
W2785.1			月经是对吃禁果的惩罚	A1355.1	【回族】
W2785.2			真主让麦果化成女人的经血		【回族】
W2786		女人为什么没喉头和胡子			【阿昌族】
W2786.1			女人为什么没喉头		【阿昌族】
W2786.2			原来女人有胡须		【阿昌族、汉族】
W2787		女人的其他特性			
W2787.1			女人爱漂亮		【汉族】
W2787.2			女人爱说话		
W2787.3			女人爱跳舞		
W2787.4			女人爱嫉妒		【联1】①
W2787.5			女人爱唠叨的原因	A1372.1	
W2787.6			女人温柔的来历		【畲族】
W2787.7			女人小巧的原因		【哈萨克族、汉族】
W2787.8			女人劲小的原因		【汉族】
W2787.9			女人会纺纱的原因	A1372.3	【联1】②
W2787.10			女人爱说谎的原因	A1372.5	
W2787.11			女人变傻的原因		【例1】③
W2787.12			女人多变的原因		【汉族】
W2787.13			女人吸引男人的原因	A1373	
W2787.14			女人下身大的原因		【达斡尔族】
W2787.15			女人屁股发凉的原因		【回族、土族】
W2788		与女人特征有关的其他母题			
W2788.1			女人孵卵	F569.1	
✳W2790	**男女特征的差异**				
W2791		男女性别差异的原因		A1313.0.2	
W2791.1			男女的不同外形的原因		
W2792		男女不平等的原因		A1618	

① 【关联】［W6817］嫉妒
② 【关联】［W6121］纺纱的产生
③ 【引例】女人得到围裙后变傻【彝族】

W 编码	母题描述			参照项	
	一级母题	二级母题	三级母题	汤普森	关联项
W2793		男人为什么比女人力气大			【民族，联 1】①
W2793.1			造人时女人淋雨造成女人力气小		【汉族】
W2793.2			女人纤弱是因为她取自男人的身体		【哈萨克族】
W2794		女人力气比男人大			【鄂伦春族】
W2795		男人为什么比女人须发多			【满族】
W2796		与男女特征差异有关的其他母题			
W2796.1			阴盛阳衰	≈L152	【例 1】②
W2796.2			男人为什么比女人少一根肋骨		【傈僳族】
W2796.3			女人为什么比男人臀部大	≈A1319.4	【达斡尔族】
W2796.4			男人为什么比女人粗心		
W2796.5			女人为什么比男人优秀	A1376	【例 1】③
W2796.6			女人为什么是丈夫的主人	A1557	【满族】
W2796.7			女人为什么比男人聪明		【傈僳族、怒族】
W2796.8			女人为什么比男人坏	A1371	【例 1】④
W2796.9			女人为什么比男人下身寒气大		【达斡尔族】
W2797	与性别有关的其他母题				【联 5】⑤
W2797.1		无性别的人			
W2797.1.1			无性别的人的产生	A1313.0.1	
W2797.2		两性人			【哈尼族、汉族】

---

① 【民族】鄂伦春族。【关联】［W2787.8］女人劲小的原因
② 【引例】男子不成器【哈尼族】
③ 【引例】人走出山洞时，女人比男人能干【佤族】
④ 【引例】坏女人【哈尼族】
⑤ 【关联】❶［W6377.4］生殖器崇拜（性崇拜）；❷［W6460.4］割礼；❸［W6513］性禁忌；❹［W6697.1］自诩性能力强的习俗；❺［W7156］性交的来历

W 编码	母题描述			参照项	
	一级母题	二级母题	三级母题	汤普森	关联项
W2797.2.1			原来男女同体		【汉族、畲族】
W2797.2.2			人原来有时变男有时变女		【哈尼族、满族】
W2797.3		男女比例			
W2797.3.1			男女同样多		【汉族】
W2797.3.2			男少女多		【例3】①
W2797.3.3			男多女少		【例11】②
W2797.4		男人疼爱女人的原因			【回族】
W2797.5		男人喜欢女人的原因			【哈萨克族】
W2797.6		性功能的产生		A1350	【联1】③
W2797.6.1			生孩子的起源	A1351	【联1】④
W2797.7		以前男女都有乳房			【民族，联2】⑤
W2797.8		男女性别互变			【汉族、满族】
W2797.8.1			男人变女人		【民族，联2，例1】⑥
W2797.8.2			女人变男人		【联1】⑦
W2797.9		人对性别的无知		J1745	
W2797.10		重女轻男			【民族，联1】⑧
W2797.11		男女的代称			【彝族】

2.10.2 人的体征【W2800～W2899】

W 编码	母题描述			参照项	
	一级母题	二级母题	三级母题	汤普森	关联项
W2800	人的体征的来历（安排）			A1310	

① 【引例】❶造出的人男少女多【汉族】；❷地上的人彼此婚配生9男12女【彝族】；❸女子流出的第1滴血变成1男2女【赫哲族】

② 【引例】❶最早的人都是雄性的，只有一个年龄较大的雌性人【鄂伦春族】；❷一对夫妇7男1女【鄂温克族】；❸蛋生出1女2男【高山族（排湾）】；❹造人时男少女多【汉族】；❺生51男49女【汉族】；❻最高神造7男1女【蒙古族】；❼兄妹婚生9男7女【怒族】；❽兄妹婚生5男4女【畲族】；❾龙犬与公主婚生3男1女【畲族】；❿感生8男1女【土家族】；⓫婚生的肉团变成52男48女【壮族】

③ 【关联】［W7161］性爱

④ 【关联】［W2130～W2299］生育产生人

⑤ 【民族】傈僳族。【关联】❶［W2777］男人没乳房的原因；❷［W2783］女人乳房的来历

⑥ 【民族】佤族。【关联】❶［W2580～W2589］怀孕；❷［W2586.2.2］男人变女人生孩子。【引例】男孩磨掉生殖器变成女孩【珞巴族】

⑦ 【关联】［W9530～W9559］人的变形

⑧ 【民族】哈尼族、彝族。【关联】［W5922.2.1］重男轻女

W 编码	母题描述			参照项	
	一级母题	二级母题	三级母题	汤普森	关联项
W2800.1		人的身体各部位是安装的结果		A1310.2	【德昂族】
W2800.2		人的形体源于天数			【汉族】
W2800.2.1			人现在的体型是一对夫妻设计出来的		【民族,联1】①
W2800.3		与人的体征的安排有关的其他母题			
W2800.3.1			人换模样		【汉族】
✳ W2801	人早期的体征				
W2802		以前的人长着古怪的相貌			【民族,例1】②
W2802.1			人最早时像怪物		【汉族】
W2802.2			人以前不是人样		【哈尼族、彝族】
W2803		以前的人会发光		①A1281.4 ②F574	【民族,联1】③
W2803.1			人吃孔雀的头后浑身发光		【傣族】
W2803.2			人身上的光的消失		【蒙古族】
W2804		最早出现的人不完美		A1225	
W2805		以前的人像动物			【鄂伦春族、哈尼族、彝族】
W2805.1			人原来的样子像乌龟		【土家族】
W2805.2			早期的人生在水中像螺蛳		【哈尼族】
W2805.3			早期的人生在水中像蜗牛		【哈尼族】
W2805.4			早期的人生在水中像蜂群		【哈尼族】
W2805.5			早期的人生在水中像蚂蚁		【哈尼族】
W2805.6			与人像动物有关的其他母题		【例1】④
W2806		以前的人像植物			

---

① 【民族】羌族。【关联】［W2493.2］设计生出正常人
② 【民族】瑶族。【引例】气体、烟雾和狂风的混合体产生蒸汽人【傣族】
③ 【民族】傣族、哈尼族、蒙古族、藏族。【关联】［W9094.5］魔物发光
④ 【引例】以前水里生活的哥哥达宁像大额牛,弟弟像大象【珞巴族】

W 编码	母题描述			参照项	
	一级母题	二级母题	三级母题	汤普森	关联项
W2806.1			最早的人像大冬瓜		【景颇族】
W2807		与人的早期体征有关的其他母题			
W2807.1			以前人是天神的模样		【蒙古族】
W2807.2			以前人鬼同貌		【民族，联1】①
W2807.3			以前的人是金身		【彝族】
W2807.4			以前的人能变色	F1082	
W2807.5			最早的人有正常的身体		【例1】②
❋ **W2808**	人的高矮				
W2809		人有高矮的原因			【汉族】
W2809.1			造出的人有大小		【汉族】
W2809.2			祈愿造成人的高矮变化		【彝族】
W2809.3			神说错话造成人的高矮不同		【羌族】
W2810		身体高大的人		F531	【联1，例2】③
W2810.1			人原来身体很高	A1301	【汉族、藏族】
W2810.2			身体很高大的人的具体身高	①F531.2 ②F533	
W2811		矮小的人（矮人）		①F451 ②F535	【联2，例4】④
W2811.1			人原来身体矮小		【蒙古族】
W2811.2			矮人的产生	F451.1	【例2】⑤
W2811.3			特殊部落的小矮人	F535	【联1】⑥
❋ **W2812**	人的胖瘦				【汉族】
W2813		胖人的来历			【侗族】
W2814		瘦人的来历			
❋ **W2815**	人的头				
W2816		人的头的产生			

① 【民族】怒族。【关联】［W2732.2］人与鬼同源
② 【引例】神使人的身体变成今天的样子【珞巴族】
③ 【关联】［W0660］巨人。【引例】❶人长得像一棵大树【珞巴族】；❷特定的人长得又高又大【佤族】
④ 【关联】❶［W7394.3］矮人成婚；❷［W7394.4］人与矮人婚。【引例】❶体型枣核大小的孩子【汉族】；❷生一个比老鼠还小的孩子【景颇族】；❸造人时因提前打开造成小人【水族】；❹以前的人身体很高大，后来变矮小【藏族】
⑤ 【引例】❶造出矮人【水族】；❷人自然变矮小【藏族】
⑥ 【关联】［W5927］小人国

W 编码	母题描述			参照项	
	一级母题	二级母题	三级母题	汤普森	关联项
W2816.1			葫芦做脑壳		【土家族】
W2817	人长着动物的头				【联1】①
W2817.1			人长着猫的头	B29.4.1	
W2818	长着多个头的人			F511.02	【联1】②
W2819	与头部有关的其他母题				
W2819.1			长着金属头的人（神）	F511.0.3.1	【联1】③
W2819.2			人有一头多身		【例1】④
W2819.3			人后脑勺凹下去的来历		【藏族】
W2819.4			为什么人的脖颈是凹的		【仡佬族】
W2819.5			长着独角的人		【珞巴族】
❋ **W2820**	人的面部				
W2821		人的面部特征的来历		A1316	【民族，例1】⑤
W2821.1			人的面孔是神赋予的		【例1】⑥
W2821.2			麻脸者的产生		【联1，例1】⑦
W2822		与人的面部特征有关的其他母题			
W2822.1			有不平常面部的人	F511.1	【联1】⑧
W2822.2			双面人	①A1316.0.1 ②F511.1.1	【高山族（布农）】
W2822.3			三张脸的人	F511.1.2	
W2822.4			原来人的脸朝天		【傈僳族】
❋ **W2823**	人的眼睛				
W2824		人原来没有眼睛		A1316.3.3	
W2824.1			没有眼睛的人	F512.5	

① 【关联】［W0630］半神半人
② 【关联】［W5936.6］多头国
③ 【关联】［W0672.2.1］蚩尤铜头铁臂
④ 【引例】一头三身的人【汉族】
⑤ 【民族】德昂族。【引例】混沌人生出五官肢体【藏族】
⑥ 【引例】画神抽出一张面孔给新生儿【傣族】
⑦ 【关联】［W2606］生身体残缺的人。【引例】人的麻脸是鸟啄的【汉族】
⑧ 【关联】［W0560～W0770］神性人物

W 编码	母题描述			参照项	
	一级母题	二级母题	三级母题	汤普森	关联项
W2825		人的眼睛的来历		A1316.3	【例1】①
W2825.1			神让人长出眼睛		
W2825.2			眼是造出来的		【德昂族、汉族】
W2825.3			人吃果子变成眼		【汉族】
W2825.4			眼珠是特殊的东西变的	≈ A1319.7	
W2825.5			靠意识长出眼睛		
W2826		人的眼睛的特征			【联1】②
W2826.1			人以前的眼是白色的，黑夜也能看到东西		【壮族】
W2826.2			眼能视物的来历		【例1】③
W2826.3			人为什么眼睛发亮		【珞巴族、羌族】
W2826.4			人睡觉闭眼的来历		【壮族】
W2827		长着特殊眼睛的人		①F512 ②F541	【联1】④
W2827.1			长着方形眼睛的人		【汉族】
W2827.2			长着两个瞳孔的人		【汉族】
W2828		独眼人		F512.1	【民族，联1，例2】⑤
W2829		横眼人			【联3，例1】⑥
W2829.1			兄妹婚生横眼人		【哈尼族、彝族】
W2830		竖眼人			【例2】⑦
W2831		直眼人			【联1，例3】⑧
W2831.1			独眼变直眼人		【彝族】
W2832		长着多只眼睛的人		F512.2	【例1】⑨
W2832.1			人原来有3只眼睛		【汉族】
W2832.2			祖先有4只眼睛		【珞巴族】
W2833		眼睛的特殊位置			
W2833.1			眼睛长在头顶的人		【民族，例1】⑩

① 【引例】凭意念产生眼睛 【藏族】
② 【关联】［W2832.2］祖先有 4 只眼睛
③ 【引例】水使人的眼睛看到东西 【珞巴族】
④ 【关联】［W0560～W0770］神性人物
⑤ 【民族】仫佬族。【关联】［W2572.3］第一代人是独眼人。【引例】❶独眼姑娘 【独龙族】；❷猴变独眼人 【彝族】
⑥ 【关联】❶［W2573.4］第二代人是横眼人；❷［W2574.3］第三代人是横眼人；❸［W2576.1］第 36 代是横眼人。【引例】蟋蟀横眼人 【彝族】
⑦ 【引例】❶猴变竖眼人 【彝族】；❷竖眼人变成横眼人 【彝族】
⑧ 【关联】［W2572.6］第一代人是直眼人。【引例】❶直眼人被洪水淹死 【哈尼族】；❷蚂蚁直眼人 【彝族】；❸人由蚂蚱瞎子发展到蚂蚁直眼人 【彝族】
⑨ 【引例】三目怪人 【侗族】
⑩ 【民族】彝族。【引例】以前人眼长在头顶 【傈僳族】

W 编码	母题描述			参照项	
	一级母题	二级母题	三级母题	汤普森	关联项
W2833.2			眼睛长在脑后的人	F512.4	
W2833.3			眼睛长在鼻梁上的人		【彝族】
W2834		与人的眼睛有关的其他母题			【联 3】①
W2834.1			斜眼人		【彝族】
W2834.2			以乳为目的人	F511.0.1.1	【民族，联 1】②
W2834.3			人的视觉的产生	≈ A1344	
◎	〖**人的其他头部器官**〗				
W2835	人的嘴				
W2835.1		人的嘴巴的来历			
W2835.2		长着不平常的嘴的人		①F513 ②F544	【联 1】③
W2835.3		与人的嘴有关的其他母题			
W2836	人的舌头				
W2836.1		人的舌头的产生		A1316.5	
W2836.2		人的舌头为什么是红色的			【羌族】
W2836.3		与人的舌头有关的其他母题			
W2837	人的牙齿				
W2837.1		人的牙齿的产生		A1316.6	
W2837.2		人为什么牙齿发白			【羌族】
W2837.3		与人的牙齿有关的其他母题			
W2838	人的耳朵				
W2838.1		人的耳朵的来历		A1316.4	【汉族、普米族】
W2838.1.1			神让人长出耳朵		
W2838.1.2			神或神性人物给人造耳朵		【例 2】④
W2838.1.3			靠意识长出耳朵		【藏族】
W2838.1.4			人的耳朵为什么像木耳		【羌族】
W2838.1.5			女娲为泥人造出耳朵		【壮族】

① 【关联】❶［W2922］眼力很好人（千里眼）；❷［W9000］魔法；❸［W9029.1］魔眼视千里
② 【民族】汉族。【关联】［W0765.3］刑天以乳为目
③ 【关联】［W0560～W0770］神性人物
④ 【引例】❶风神给人造耳朵【德昂族】；❷女娲给人造耳朵【壮族】

W 编码	母题描述			参照项	
	一级母题	二级母题	三级母题	汤普森	关联项
W2838.1.6			锁面孔的锁变成耳朵		【傈僳族】
W2838.2		有不平常耳朵的人		①F511.2 ②F542	【民族，联1】①
W2838.3		人长着动物耳朵			
W2838.3.1			人长着猫的耳朵是特殊的东西变的	F511.2.2.1	
W2838.4		耳朵里长耳垢的原因		A1319.3	
W2838.5		与人的耳朵有关的其他母题			
W2838.5.1			耳朵为什么不平		【普米族】
W2839	人的鼻子			A1316.1	
W2839.1		人的鼻子的来历			
W2839.1.1			神让人长出鼻子		
W2839.1.2			神给人造鼻子		【德昂族】
W2839.2		人的鼻子形状的原因		A1316.1.1	
W2839.2.1			人为什么鼻子高高的		【羌族】
W2839.2.2			鼻子是特殊的东西变的		
W2839.3		鼻毛的来历			【例1】②
W2839.4		以前人的鼻子很灵			【苗族】
W2839.5		与人的鼻子有关的其他母题			
W2839.5.1			长着不平常鼻子的人	①F514 ②F543	【联1】③
W2839.5.2			长着鸟鼻子的人	F514.2	
✲ **W2840**	**人的四肢**				
W2841		四肢的产生		A1311	【哈尼族、汉族】
W2841.1			混沌人生出四肢		【藏族】
W2841.2			猴子给了人手足	≈A1225.2.1	
W2842		手的产生			

① 【民族】毛南族、畲族。【关联】［W0560～W0770］神性人物
② 【引例】神仙为了使猎人嗅不到禽兽的气味让他们的鼻孔长了细毛 【苗族】
③ 【关联】［W0560～W0770］神性人物

W 编码	母题描述			参照项	
	一级母题	二级母题	三级母题	汤普森	关联项
W2842.1			长着不平常手（手臂）的人	①F515 ②F516 ③F522	【联1，例1】①
W2843		手掌的来历			【彝族】
W2843.1			手纹的来历		【哈尼族】
W2844		手指的形成			
W2844.1			手板开裂变成五指		【壮族】
W2844.2			人原来的手指一样长		【普米族】
W2844.3			手的五指长短不一的来历		
W2844.4			神的意愿产生人的五指		【汉族】
W2844.5			说错话造成五指长短不一		【羌族】
W2844.6			魔鬼嚼烂人的手脚使指头产生长短		【普米族】
W2844.7			仙女把人的手指修剪出长短		【普米族】
W2844.8			金手		【珞巴族】
W2845		人的脚掌有凹的原因			【例1】②
W2846		脚的产生			【联2】③
W2846.1			靠意识长出脚		【藏族】
W2846.2			脚掌的来历		【彝族】
W2846.3			人的腿肚的来历		【民族，例2】④
W2846.4			为什么人的小腿是直的		【羌族】
W2847		与人的四肢有关的其他母题			【例4】⑤
W2847.1			人原来没有膝盖		【汉族】
W2847.2			膝盖的产生	A1312.1	【例5】⑥

① 【关联】［W0560～W0770］神性人物。【引例】长着很长手臂的人【羌族】

② 【引例】人的脚掌有凹是因为被饿鬼抓下一块【珞巴族】

③ 【关联】❶［W2881］长腿人；❷［W2924.12］独腿（脚）人

④ 【民族】白族。【引例】❶小腿上的肉是神绑上的肌肉【汉族】；❷小腿的肌肉的来历【羌族】

⑤ 【引例】❶髂膝弯的肉比别处肉少的原因【仡佬族】；❷以前的人手是棕扇样，脚像芭蕉叶【哈尼族】；❸人的手脚长得不大是因为祖先用布带裹手脚造成的【珞巴族】；❹以前人的手臂很长【蒙古族】

⑥ 【引例】❶造人者的粗心使男人膝盖骨发凉【达斡尔族】；❷人吃盐以后才开始长膝盖【鄂伦春族】；❸膝盖是神糊在腿上的泥巴；❹膝盖是压在腿上的小石磨；❺膝盖是为了防止人跑得太快

W 编码	母题描述			参照项	
	一级母题	二级母题	三级母题	汤普森	关联项
W2847.3			人的膝盖向后长	①F517.1.5 ②F548.1	【傈僳族】
W2847.4			人的脚板的形状 的来历		【羌族】
W2847.5			人的腋窝的来历		【民族，例2】①
W2847.6			长着许多手臂的人	F516.2	
W2847.7			长着不平常腿的人	①F517 ②F548	【联1】②
W2847.8			人的指甲的产生	A1311.3	
W2848	人的躯体的其他 部位				【例1】③
W2848.1		人的肩膀倾斜的 来历			【汉族、羌族】
W2848.2		人的骨骼		A1312	【联1，例1】④
W2848.2.1			人的脊椎骨的来历		【土家族】
W2848.2.2			人最初的胫骨和 肘骨是单层的		【蒙古族】
W2848.2.3			人的脊梁骨的来历		
W2848.2.4			人肋骨弯曲的原因	A1312.2	
W2848.3		人的关节的来历			【壮族】
✳ **W2850**	人的毛发				
W2851		人以前全身是毛			【民族，联1】⑤
W2852		人的头发的来历			【羌族】
W2852.1			神让人长出头发		【鄂伦春族】
W2852.2			神让头发长成森 林的形状		【羌族】
W2852.3			风神给人画出头发		【德昂族】
W2852.4			人的头发（腋毛） 的保留		【门巴族、蒙古族】
W2852.5			人以前浑身有毛， 后来只剩头发等 没被退（烧、烫、 拔等）掉		【民族】⑥

---

① 【民族】仡佬族。【引例】❶人的腋窝是挖掉两块肉后形成的【珞巴族】；❷大鹏叼去人的腋下两块肉形成腋窝【苗族】
② 【关联】［W0560～W0770］神性人物
③ 【引例】人的背上的槽的来历【土家族】
④ 【关联】［W2796.2］男人为什么比女人少一根肋骨。【引例】天神把人的胫骨和肘骨切断弄成双层【蒙古族】
⑤ 【民族】达斡尔族、鄂伦春族、鄂温克族、哈尼族、汉族、纳西族、藏族。【关联】［W2604］生毛孩
⑥ 【民族】达斡尔族、汉族、门巴族、蒙古族、土家族、藏族

W 编码	母题描述			参照项	
	一级母题	二级母题	三级母题	汤普森	关联项
W2853		人的腋毛的来历			【民族，例1】①
W2853.1			人把草夹在腋窝成为原来的腋毛		【羌族】
W2854		男人胡须的来历		A1315.3	【联1，例3】②
W2855		睫毛的来历		A1315.6	
W2856		眉毛的来历			【羌族】
W2857		汗毛的来历			
W2857.1			茅草做汗毛		【土家族】
W2858	人身上不长毛的来历				
W2858.1			人身上没毛是被火烧掉的		【例2】③
W2858.2			人身上没毛是被动物舔掉的		【例1】④
W2859		体毛脱落的原因			【民族，联1】⑤
W2859.1			人身上的毛是退掉的		
W2859.2			人身上的毛是自然退掉的		
W2859.3			人使用火后身上的毛退掉		
W2859.4			人学会劳动后身上的毛退掉		
W2859.5			人吃盐后体毛退掉		【民族】⑥
W2859.6			天神用药草洗去人身上的毛		【门巴族】
W2859.7			神用天水将人的绒毛烫掉		【鄂伦春族】
W2859.8			人身上的毛是烧掉的		【纳西族、土家族】
W2859.9			人身上的毛是被水烫掉的		【汉族】

① 【民族】门巴族、藏族。【引例】人的腋下和下身留下了一些毛是因为猫没有舔净造成的【蒙古族】
② 【关联】［W2786.2］原来女人有胡须。【引例】❶蜥蜴造人时，男的嘴边放胡须【壮族】；❷造泥人时插上的龙须草成为人的胡须【壮族】；❸始祖布洛陀为了区分男女让男人长胡须【壮族】
③ 【引例】❶人比赛钻火堆时身上的毛全被烧掉，所以现在的人身上没有多少毛【珞巴族】；❷人烧火时烧掉了身上的毛【土家族】
④ 【引例】人的身上不长毛是因为天神让猫把泥人身上被玷污的脏毛舔掉的结果【蒙古族】
⑤ 【民族】土家族。【关联】［W2852.5］人以前浑身有毛，后来只剩头发等没被退（烧、烫、拔等）掉
⑥ 【民族】达斡尔族、鄂伦春族、哈尼族、汉族

W 编码	母题描述			参照项	
	一级母题	二级母题	三级母题	汤普森	关联项
W2859.10			人身上的毛是被动物拔掉的		【例1】①
W2860	与人的毛发有关的其他母题				
W2860.1			长着不平常毛发的人	F555	【民族，联1】②
✳ **W2861**	人的尾巴			F518	【例2】③
W2862		以前人长有尾巴			【民族，例1】④
W2863		人的尾巴的消失		A1319.2	【汉族、土家族】
W2863.1			人的尾巴被割掉	A1319.2	【民族，例5】⑤
W2863.2			人的尾巴被咬掉		【例2】⑥
W2863.3			人的尾巴被烧掉		
W2863.4			人的尾巴被磨掉		【汉族】
W2863.5			人的尾巴是被轧掉的		【羌族】
W2863.6			吃某物后尾巴脱掉		【汉族、藏族】
W2863.7			人喝特殊的水失去尾巴		【汉族】
W2863.8			人和动物交换了尾巴		【例1】⑦
W2864		人的尾巴的作用			【联2】⑧
W2864.1			人的尾巴可以预知死亡		【汉族】
W2864.2			人的尾巴用来驱蚊		【藏族】
W2865	与人的尾巴有关的其他母题				
W2865.1			人的尾尖骨		【例1】⑨
✳ **W2866**	人的皮肤				
W2867		人的皮肤的产生		A1319.14	

① 【引例】野物拔掉猴人的毛【羌族】
② 【民族】汉族、纳西族、藏族。【关联】［TPS；F521.1］浑身长毛的人
③ 【引例】❶人的尾巴是神粘到人的屁股上的智慧树枝【满族】；❷人犬婚生带尾巴的孩子
④ 【民族】哈尼族、汉族、满族、畲族。【引例】来自地底下的长尾巴的人【高山族（布农）】
⑤ 【民族】藏族。【引例】❶天神割掉人的尾巴【汉族】；❷玉皇大帝割掉人的尾巴【汉族】；❸阎王割掉人的尾巴【汉族】；❹关门时被夹掉尾巴【羌族】；❺葫芦生人时砍掉屁股上的尾巴【佤族】
⑥ 【引例】❶人的尾巴被蚂蚁吃掉【畲族】；❷人的尾巴被动物咬掉
⑦ 【引例】观音娘娘让人和猴子交换了尾巴【土家族】
⑧ 【关联】❶［W9221.1］人通过尾巴的颜色预知生死；❷［W9221.2］人通过尾巴的颜色预知疾病
⑨ 【引例】尾巴桩是剪掉尾巴留下的痕迹【汉族】

W 编码	母题描述			参照项	
	一级母题	二级母题	三级母题	汤普森	关联项
W2867.1			人的皮肤是穿的衣服	A1310.3	
W2867.2			人与动物交换皮肤	A1281.2.1	
W2868		人的肤色			
W2868.1			人的肤色与造人时土的颜色有关		【民族，例1】①
W2868.2			出现各色人种		【民族，例1】②
W2868.3			黑色皮肤的来历		【民族，联1】③
W2868.4			白色皮肤的来历		【民族，例1】④
W2868.5			黄色皮肤的来历		【例2】⑤
W2868.6			与人的肤色有关的其他母题		【例1】⑥
W2869		与人的皮肤有关的其他母题			【联1】⑦
W2869.1			不平常的肤色的人⑧	F527	【联2】⑨
✳ W2870	人的五脏六腑				
W2871		五脏六腑的来历			
W2871.1			神生人时规定五脏六腑的形状		【羌族】
W2872		心脏			【例1】⑩
W2872.1			心脏像心形		
W2872.2			心可以留在家里		【珞巴族】
W2872.3			不死的心脏		【珞巴族】
W2873		肝脏的来历		A1319.5	
W2874		肺的来历			
W2875		肠子的来历			【民族，例1】⑪

① 【民族】回族。【引例】五色土筛出人时，黄土筛的黄种人，黑土筛的黑种人，白土筛的白种人，还有棕色、红色人【畲族】
② 【民族】汉族、回族、畲族。【引例】女始祖生各种肤色的人【佤族】
③ 【民族】畲族。【关联】［TPS：A1614.8］人被火灼烧变成黑皮肤
④ 【民族】珞巴族。【引例】上帝捏泥人烤烧时稍微烤一下，成为白人【畲族】
⑤ 【引例】❶用黄土造的人成为黄色皮肤【汉族】；❷上帝捏泥人烤烧成人时变为黄人【畲族】
⑥ 【引例】地上人是小红米色、椿树色人【佤族】
⑦ 【关联】［W2807.4］以前的人能变色
⑧ 不平常的肤色的人，在神话语境下，这类母题虽然与人的肤色有关，但本质上与今天所说的人类划分为5大类肤色不同，在神话中是作为特殊体征的人出现的。
⑨ 【关联】❶［TPS：F527.1］红色的人；❷［TPS：F527.5］黑色的人
⑩ 【引例】人的心为什么是斜长的【回族】
⑪ 【民族】羌族。【引例】用通心草接成人的肠子【壮族】

W 编码	母题描述			参照项	
	一级母题	二级母题	三级母题	汤普森	关联项
W2875.1			人的肠子的形状的来历		【民族，例1】①
W2876		与人的五脏六腑有关的其他母题			
W2876.1			胸前为什么有毛		【例1】②
W2877	人的肚脐				【汉族】
W2877.1		造人时造出人的肚脐眼			【哈萨克族、土家族】
W2877.2		天仙剜出人的肚脐眼			【回族】
W2878	人的体液与排泄物				
W2878.1		尿的来历		A1317	
W2878.2		粪便的来历		A1317	
W2878.3		人的血液的来历		A1319.6	【塔吉克族】
W2878.4		人的汗液的来历		A1319.8	
W2879	人的其他体征的来历				
W2879.1		人身上能搓下来泥土的原因			【达斡尔族、藏族】
W2879.1.1			人身上会掉屑皮的原因		【蒙古族、藏族】
W2879.2		人身上的油腻的来历			【例1】③
W2879.3		人的屁股上的青色的来历			【汉族】
✳ **W2880**	**体征异常的人**			①F500 ②F610	【联1】④
W2881		长腿人		F517.0.1	【毛南族、羌族】
W2882		长脚人			【例1】⑤
W2883		长臂人		F516.3	【例1】⑥
W2884		无臂人		F516.1	
W2885		连体人		F523	
W2886		多体人		F524	

① 【民族】羌族。【引例】用通心草接成人的肠子【壮族】
② 【引例】胸前的毛是用猴子的毛皮在胸前擦出来的【珞巴族】
③ 【引例】人身上的油腻是就用泥造人类的结果【壮族】
④ 【关联】［W2600］人生怪胎
⑤ 【引例】长脚人一步能登山【羌族】
⑥ 【引例】长臂人能抓天上的云【羌族】

W 编码	母题描述			参照项	
	一级母题	二级母题	三级母题	汤普森	关联项
W2886.1			有三个身体的人	F524.1	
W2887		合体人		F526	
W2887.1			合体兄妹		【白族】
W2888		有动物体征的人①			【例1】②
W2888.1			长角的人	F511.3	【民族，联1，例1】③
W2888.2			鸟人	B50	【例1】④
W2888.3			长翅膀的人	F522	【汉族、彝族】
W2888.4			以前的人长有翅膀		【景颇族、拉祜族】
W2888.5			羽人	F521.2	
W2888.6			长羽毛的人		【汉族】
W2888.7			像猴的人		【回族、彝族】
W2888.8			像狗的人		【汉族】
W2888.9			像青蛙的人		【朝鲜族】
W2889		其他怪异体征的人		F529	【联1】⑤
W2889.1			金属之身的人	F521.3	
✳ W2890	身体残缺的人（残疾者）			S160	【联1，例1】⑥
W2891		身体残缺者的产生		A1338	【联2，例1】⑦
W2891.1			跛足者的产生	A1338.1	【汉族、仫佬族】
W2891.2			盲人的产生	A1339.1	【汉族】
W2891.3			聋子的产生		【汉族】
W2891.4			哑巴的产生		【仡佬族、汉族、佤族】
W2891.5			其他身体残缺者的产生		
W2892		造人中产生残疾⑧			【联2】⑨
W2892.1			淋雨出现残疾		【汉族、满族】

① 有动物体征的人，这种情况在神话叙事中一般属于神性人物中的"半神半人"，如"人面蛇身"、"牛头人身"等，只有个别情况属于一般的人所具有的动物体征。此处的母题只列举人类最早产生时有动物体征，即本质上属于人的一些母题。其他相似母题如"半神半人"等母题不在此处出现。具体情况与表述参见"半神半人"以及相对应的《中国神话母题 W0 编目实例》。

② 【引例】造的男子是百步蛇形状【高山族】

③ 【民族】汉族、苗族。【关联】〔W0560～W0770〕神性人物。【引例】男人头上原来有银角【纳西族】

④ 【引例】祖先是鸟人【侗族】

⑤ 【关联】〔W2834.2〕以乳为目的人

⑥ 【关联】〔W2892〕造人中产生残疾。【引例】跛脚人【仫佬族】

⑦ 【关联】❶〔W2606〕生身体残缺的人；❷〔W2821.2〕麻脸者的产生。【引例】兄妹婚生子女皆有残疾【高山族（排湾）】

⑧ 造人中产生残疾，该母题一般出现在有关造人神话叙事中。

⑨ 【关联】❶〔TPS：X100〕关于残疾的幽默；❷〔W2030〕人是造出来的（造人）

W 编码	母题描述			参照项	
	一级母题	二级母题	三级母题	汤普森	关联项
W2892.2			造人时碰撞造成残疾		【达斡尔族、汉族】
W2892.3			没造好的人逃走成为残疾人		【汉族】
W2893		与残疾者有关的其他母题			【例3】①
✳ **W2894**	人的体征的变化				
W2895		人的体型的变小			
W2896		人蜕皮			【汉族】
W2896.1			以前人蜕皮可长生不老		【民族，联1】②
W2896.2			人蜕皮变年轻		【民族，联1，例1】③
W2896.3			人通过晒太阳脱皮		【彝族】
W2896.4			人通过在缸中浸泡蜕皮		【汉族】
W2896.5			人蜕皮的时间		【例1】④
W2896.6			人隔3年脱一次皮		【普米族】
W2896.7			人隔60年脱一次皮		【汉族】
W2896.8			人不再蜕皮的原因		【汉族】
W2896.9			与人蜕皮有关的其他母题		【例1】⑤
W2897		与人的体征变化有关的其他母题			【例4】⑥
W2898	与人的体征有关的其他母题				【例1】⑦
W2898.1		人长皱纹的原因			【汉族】
W2898.2		人后背有沟的原因			【土家族】
W2898.3		漂亮的人			
W2898.4		丑陋的人		F576	【例1】⑧
W2898.5		只有一半身体的人			【例1】⑨

① 【引例】❶哑巴孩子会说话的原因【傈僳族】；❷残疾人不会传宗接代【满族】；❸残疾是从天梯上摔下来形成的【苗族】

② 【民族】普米族。【关联】［W2940］人的寿命

③ 【民族】苗族。【关联】［W2960.2］人的皮被蛇偷去后不再变年轻。【引例】人老后通过脱皮后变年轻【彝族】

④ 【引例】人蜕皮用49天

⑤ 【引例】人脱皮要经过七七四十九天【汉族】

⑥ 【引例】❶人的角的去掉【汉族】；❷人的胫骨和肘骨切断弄成双层【蒙古族】；❸人与母熊在洞中结婚后慢慢变化了体征【撒拉族】；❹人类再生后改变了用来的模样【彝族】

⑦ 【引例】天上的人样子像竹竿，叫做"竹竿人"【苗族】

⑧ 【引例】老年男子婆只有一个耳朵，一只眼睛，没有鼻子，没有下巴，而且还缺胳膊断腿的丑女为妻【珞巴族】

⑨ 【引例】只有一只眼睛、一个鼻孔、半边嘴、一条胳膊、一个乳房和一条腿的老太婆【珞巴族】

2.10.3 人的其他特征【W2900~W2914】

W 编码	母题描述			参照项	
	一级母题	二级母题	三级母题	汤普森	关联项
✳ W2900	人的最初特征				【联3】①
W2901		最早时人鬼神不分			【民族，联1】②
W2902		人在最初时是不完善的		A1225	
W2903		人最早会飞			【汉族、蒙古族】
W2903.1			特殊孕生的孩子会飞		【土家族】
W2903.2			人穿特定衣服后会飞		【民族，联1】③
W2903.3			人服药后会飞		【汉族】
W2903.4			人食特定的动物后会飞		【例1】④
W2903.5			人食特定的植物后会飞		【例1】⑤
W2903.6			人吃其他特定物候会飞		
W2903.7			人飞行能力的失去		【例1】⑥
W2903.8			与人会飞有关的其他母题		【例2】⑦
W2904		以前的人跑得很快			
W2904.1			人不能跑快的原因		【民族】⑧
W2905		以前的人很懒			【民族，联1】⑨
W2905.1			人的懒惰性格的原因		A1377
W2905.2			懒人		W111.5
W2906		与人最初特征有关的其他母题			
W2906.1			以前人处于旋转状态		【普米族】

① 【关联】❶［TPS：A1399.1］人的笑声的起源；❷［TPS：A1399.2］人做梦的起源；❸［W6702］人最早不会说话
② 【民族】哈尼族。【关联】［W6182］人神杂居（人鬼杂居）
③ 【民族】傣族。【关联】［W6134.3］羽衣
④ 【引例】人吃龙眼后会飞【汉族】
⑤ 【引例】人食车马芝草后能飞【汉族】
⑥ 【引例】早期的人吃油后失去飞的能力【蒙古族】
⑦ 【引例】❶一个女人从天上飞到人间【德昂族】；❷神被人拉手后失去上天的能力【畲族】
⑧ 【民族】白族、鄂温克族、汉族、羌族
⑨ 【民族】景颇族。【关联】［W7031.4］懒惰的妻子

W 编码	母题描述			参照项	
	一级母题	二级母题	三级母题	汤普森	关联项
W2906.2			人以前都是野人		【羌族、藏族】
W2906.3			人以前可以上天入海		
✻ **W2907**	**人的性格特征**				【联2】①
W2908		人有不同性格的原因			【联5】②
W2908.1			人的性格出生时形成		【拉祜族】
W2908.2			不同的神制造不同性格		【汉族】
W2908.3			人的性格源于天		【汉族】
W2908.4			人的性格源于父母		【藏族】
W2908.5			人有好坏之别的原因		【例1】③
W2908.6			人有机灵和迟钝之别的原因		【联1，例2】④
W2910		人的勇敢性格的来历		A1381	【哈尼族】
W2910.1			人食动物内脏变勇敢	D1358.1	【联1】⑤
W2910.2			魔石使人变勇敢	D1358	【联1】⑥
W2911		人的其他性格的来历			
W2911.1			人的恐惧心的来历	A1382	
W2911.2			人的仇恨的来历	A1388	
W2911.3			人的邪恶的来历	A1384	【民族，例1】⑦
W2911.4			人的烦恼的产生	A1330	
W2911.5			人的嫉妒与自私的产生	A1375	【联1】⑧
W2911.6			人的奉承的产生	A1384	

① 【关联】❶〔W6805〕优秀品质；❷〔W6811〕不良品质
② 【关联】❶〔W9060〕魔物（法）改变人的性情；❷〔W9060.2〕魔物（法）使人变得友好；❸〔W9060.3〕魔物（法）使女人变得专横；❹〔W9060.4〕魔物（法）使人神采飞扬；❺〔W9060.6〕魔物（法）使人宁静
③ 【引例】人有好有坏是因为人是身体一半好、一半坏的母亲生的【珞巴族】
④ 【关联】〔W9060.1〕魔物（法）使人变愚蠢。【引例】❶造人时的工具不同造成所造的人机灵和迟钝的差别；❷泥人食仙桃有了灵性
⑤ 【关联】〔TPS：D1358.1.1〕人食龙心变勇敢
⑥ 【关联】〔W9002〕魔法的作用
⑦ 【民族】独龙族、哈尼族。【引例】人得到动物的心后变邪恶【汉族】
⑧ 【关联】〔W6817〕嫉妒

W 编码	母题描述			参照项	
	一级母题	二级母题	三级母题	汤普森	关联项
W2911.7			人的憎恶之心的产生	A1388	
W2911.8			人的同情心的产生		【联1】①
W2912		与人的性格有关的其他母题			【例2】②
W2912.1			人的灵性的获得		【汉族、彝族】
W2912.2			人比动物聪明的原因		【例2】③
W2913	与人的特征有关的其他母题				【联1】④
W2913.1		人为什么与动物有不同的特征			【佤族】
W2913.2		人为什么会行走			【鄂伦春族、塔吉克族】
W2913.3		人为什么大便			【塔吉克族】
W2913.4		人的肉体为什么不能离开大地			【景颇族】
W2913.5		人既不能上天堂也不能下地狱		Q563	

2.10.4 特定特征的人【W2915~W2929】

W 编码	母题描述			参照项	
	一级母题	二级母题	三级母题	汤普森	关联项
◎	〖特定特征的人〗				
W2915	混沌人				
W2915.1		卵生混沌人⑤			【民族，联1】⑥
W2915.2		混沌人没有五官和肢体却有思维的能力			【藏族】
W2916	无影子的人				【汉族】
✳ **W2917**	有特殊能力的人				

① 【关联】［W7620.4］最小的女儿有同情心嫁给动物
② 【引例】❶愚昧和迷惑的产生【藏族】；❷迟钝和疯狂的产生【藏族】
③ 【引例】❶人最聪明是因为人是由化生人的猪的心脏变成的【珞巴族】；❷人喝了天神的智水变得聪明【彝族】
④ 【关联】［W0914.1.3］人有3个灵魂
⑤ 卵生混沌人，该母题所生的混沌人与"生怪胎母题"不同。表现在卵所生的混沌人本身就是人的一种形态，不像"生怪胎母题"中的怪胎要通过处理后变成人。
⑥ 【民族】藏族。【关联】［W2601.1］生四体不分的孩子

W 编码	母题描述			参照项	
	一级母题	二级母题	三级母题	汤普森	关联项
W2918		人与生俱来的特殊本领			【民族，例1】①
W2919		神造出人的特殊本领			【回族】
W2920		人吃特殊的物质后获得非凡本领			【例1】②
W2921		懂兽语的人			【例1】③
W2921.1			懂鸟语龙音的人		【白族】
W2921.2			懂鸟语的人		【藏族】
W2922		眼力很好的人（千里眼）			【民族】④
W2923		听力很远的人（顺风耳）			【保安族、苗族、羌族】
W2924		其他有特殊能力的人			【例2】⑤
W2924.1			能造山治水的人		【汉族、瑶族】
W2924.2			能补天的人		【瑶族】
W2924.3			能开地的人		【瑶族】
W2924.4			头会飞的人		【汉族】
W2924.5			嗅觉很灵的人		
W2924.6			奔跑很快的人（飞毛腿）	F681	【民族，联1】⑥
W2924.7			会变形的人⑦		【民族，联1，例1】⑧
W2924.8			腾云驾雾的人		【汉族】
W2924.9			异常强壮的人	F600	【联2，例1】⑨
W2924.10			善射的人		【联2，例1】⑩
W2924.11			能在水上行走的人		【汉族】
W2924.12			独腿（脚）人	F517.0.2	【彝族、回族】

① 【民族】汉族、黎族、苗族、土家族。【引例】卵生能人【哈尼族】
② 【引例】食（接触）特定物后懂兽语【鄂温克族】
③ 【引例】人舔蛇经过的青石获得听懂动物语言的能力【鄂温克族】
④ 【民族】保安族、汉族、苗族、羌族
⑤ 【引例】❶万能的人【保安族】；❷用背行走的人【哈尼族】
⑥ 【民族】苗族。【关联】［W2904］人原来跑得很快
⑦ 人的变形，此类母题涉及的对象非常宽泛，如，人变成"花鸟鱼虫"等各种各样的动物，如果一一列举并没有典型意义和价值。这里只列举人变形中的大的类型，如"人变动物"、"人变植物"、"人变自然物"等，具体考察其中的细微差别时，可参见《中国神话母题 W9 编目实例》。
⑧ 【民族】汉族。【关联】［W9530］人的变形。【引例】最早的一对夫妇在一天之内会变小、变大、又变老【苗族】
⑨ 【关联】❶［TPS：①F565.2；②F610.0.1］女勇士，强壮的女人；❷［TPS：≈F610.6］大力士。【引例】臂力巨大的人
⑩ 【关联】❶［W9735］没有名字的人射日；❷［W9750］有名字的射日（月）者。【引例】逄蒙善射【汉族】

W 编码	母题描述			参照项	
	一级母题	二级母题	三级母题	汤普森	关联项
W2924.13			能发出特殊的声音的人		【彝族】
W2924.14			其他特殊能力的人		【例1】①
◎	〖其他相关母题〗				
W2925	智者			①J191 ②J1100	【民族，联1】②
W2925.1		上帝造智者			【哈萨克族】
W2925.2		最小的孩子聪明			【仡佬族】
W2925.3		最小的女儿最聪明		L61	
W2926	圣人				【民族，联1】③
W2927	傻子			J1700	
W2927.1		以前的人很傻			【汉族、满族、土家族】
W2927.2		与傻子有关的其他母题			【例3】④
W2928	处女			T301	【联1】⑤
W2929	其他特定特征的人				
W2929.1		虚荣的人			
W2929.1.1			吹牛的人		【珞巴族】
W2929.2		自负的人			
W2929.3		胆小鬼			【哈尼族】
W2929.4		贪婪的人			
W2929.5		恶毒的人			【联4】⑥
W2929.5.1			恶毒的女人	F582	
W2929.6		饭量巨大的人			【民族，联1】⑦
W2929.7		爱捉弄人的人			【例1】⑧

---

① 【引例】能给鬼传话的人【哈尼族】
② 【民族】蒙古族。【关联】［TPS：≈X910］智者的幽默
③ 【民族】回族。【关联】［W2598.1.1］圣人不一般的出生
④ 【引例】❶做傻事的妻子【汉族】；❷生的两个孩子一个聪明一个傻【珞巴族】；❸傻儿子
⑤ 【关联】［W2152］处女生人
⑥ 【关联】❶［W5096.1］恶毒的祖父；❷［W5104.2］恶毒的父母；❸［W5121.3］恶毒的孩子；❹［W5178.1］恶毒的兄弟
⑦ 【民族】珞巴族。【关联】［W2574.5］第三代人饭量很大
⑧ 【引例】阿巴达尼（珞巴族祖先）捉弄自己的傻弟弟【珞巴族】

2.11　与人相关的其他母题
【W2930～2999】

2.11.1　人的关系【W2930～W2939】

W 编码	母题描述			参照项	
	一级母题	二级母题	三级母题	汤普森	关联项
◎	〖人的血缘关系〗				
W2930	人的亲缘的确立				【联 2】①
W2930.1		生育确定的亲缘关系			【纳西族、壮族】
W2930.2		人与动物有亲缘关系			【例 1】②
W2931	人的非血缘亲属				
W2931.1		特殊来历的人结拜为兄弟（姐妹）			【民族】③
W2931.2		人与动物结拜成亲属			【哈尼族】
※ **W2932**	人的朋友				
W2933		人与神是朋友			【例 1】④
W2933.1			神是一个人的特殊的朋友	A185.6	
W2934		人与动物是朋友			【民族，例 1】⑤
W2934.1			人和禽兽是朋友		【达斡尔族、汉族】
W2934.2			人和狗是朋友	A2493.4	
W2934.3			人和猫是朋友		【民族，联 1】⑥
W2934.4			人与龙是朋友		【傈僳族】
W2934.5			人与青蛙是朋友		【傈僳族】

① 【关联】❶［W5003］社会秩序的建立；❷［W5083］亲属关系
② 【引例】人与熊是亲属【鄂伦春族】
③ 【民族】仡佬族、苗族、撒拉族、裕固族
④ 【引例】人与雷神是朋友【苗族】
⑤ 【民族】傣族。【引例】人与龙王和老虎是朋友【苗族】
⑥ 【民族】藏族。【关联】［W3199.4.1］猫和人是朋友

W 编码	母题描述			参照项	
	一级母题	二级母题	三级母题	汤普森	关联项
W2935		与人的朋友有关的其他母题			
W2935.1			人与植物是朋友		【例1】①
W2935.2			人与神、动物等是朋友		【苗族】
◎	〖其他相关母题〗				
W2936	人的敌人				【联1】②
W2936.1		人与神是仇敌			
W2936.1.1			人得罪了神	Q221	
W2936.2		兄弟之间的矛盾			【联1】③
W2936.2.1			分财产不均形成矛盾		【苗族】
W2936.3		动物与人为仇敌			
W2936.3.1			人兽为敌		【满族】
W2936.3.2			蛇与人是仇敌	A2585.1	【彝族】
W2937	人的关系的改变				
W2937.1		人与神关系的改变			【例1】④
W2938	与人的关系有关的其他母题				
W2938.1		先有父子，再有母女，然后有兄弟			【民族，联1】⑤
W2938.2		天人关系			【例1】⑥
W2938.2.1			天人相合		
W2938.3		人的守护者			【联1，例1】⑦
W2938.3.1			狗和猫是人的守护者		【蒙古族】

2.11.2　人的寿命与死亡【W2940～W2989】

W 编码	母题描述			参照项	
	一级母题	二级母题	三级母题	汤普森	关联项
✿ **W2940**	人的寿命				

---

① 【引例】人和树是朋友【傈僳族】
② 【关联】［W8940］人的矛盾的产生
③ 【关联】［W5171］兄弟
④ 【引例】人与神通过婚姻仇敌变朋友【纳西族】
⑤ 【民族】哈尼族。【关联】［W5085］家庭（家族）
⑥ 【引例】天有九重人有九窍【汉族】
⑦ 【关联】［W0442］人类保护神。【引例】造人后让蛇看管人

W 编码	母题描述			参照项	
	一级母题	二级母题	三级母题	汤普森	关联项
W2941		人原来不死			【民族】①
W2941.1			特殊地方有不死的人		【哈尼族、汉族】
W2941.2			造出的第一批人不死		【鄂伦春族】
W2941.3			没分清年月时人兽不会死		【民族，联1】②
W2941.4			以前人只有生没有死		【民族，联1，例1】③
W2941.5			特定的人不死		【例1】④
✳ **W2942**	人的寿命的制定			A1320	
W2943		神或神性人物规定人的寿命			【联1，例2】⑤
W2943.1			玉帝定人的寿限		【汉族】
W2943.2			女神规定人的寿命		【纳西族、藏族】
W2943.3			真主规定人的寿命		【塔吉克族】
W2943.4			阎王规定人的寿命		【鄂温克族】
W2944		造人者规定人的寿命			【苗族】
			女娲定人的寿命		【汉族】
W2945		星宿决定人的生死（寿命）			【民族，联1】⑥
W2946		特定事件决定人的寿命			【例1】⑦
W2947		与人的寿命的制定有关的其他母题			
W2947.1			定错人的寿命		【例1】⑧
W2948	人最初的寿命很短			A1325	【例2】⑨

① 【民族】独龙族、汉族、珞巴族、蒙古族、苗族、纳西族、彝族
② 【民族】哈尼族。【关联】［W4635］时间的产生
③ 【民族】鄂伦春族。【关联】［W2970］人的死亡。【引例】以前人长生不死【珞巴族】
④ 【引例】9 个不死的姑娘【哈尼族】
⑤ 【关联】［W2974.2］天神撒生死的种子。【引例】❶女神的首领掌管人间的福禄寿辰【藏族】；❷玉皇大帝定人的寿命
⑥ 【民族】鄂温克族、汉族。【关联】［W1735.2］北斗星主死。
⑦ 【引例】结婚使人有了老少【彝族】
⑧ 【引例】拱粪虫定错人的寿命【壮族】
⑨ 【引例】❶人最初的寿命是 20 岁【汉族、维吾尔族】；❷人最初的寿命是 13 岁【纳西族】

W 编码	母题描述			参照项	
	一级母题	二级母题	三级母题	汤普森	关联项
✿ **W2949**	人最早时寿命长			A1323	【例1】①
W2949.1		人以前能活数百岁			【鄂温克族、汉族】
W2949.2		人以前能活千万岁			【民族，联1】②
✳ **W2950**	长寿（延寿）			①D1855 ②D1857 ③D1890	
W2951		长寿的人		F571	【民族，例2】③
W2951.1			长寿的男人		【汉族】
W2951.2			长寿的女人	D1857.1	
W2952		与长寿有关的其他母题			【联1，例1】④
W2952.1			永葆青春	D1883	【例2】⑤
W2952.2			吃特定的食物后长寿		【联1，例1】⑥
W2952.3			喝天河水可以长寿		【蒙古族】
W2952.4			诵经可以长寿		【彝族】
W2952.5			食气长寿		【汉族】
✳ **W2953**	人的寿命变化				
W2954		人本来该有的寿命			【例4】⑦
W2955		人为什么会变老		A2861	
W2956		人的寿命的增加			【民族，联1】⑧
W2956.1			人通过蜕皮掉尾延长寿命		【民族，联1】⑨
W2957		人的寿命的变短			【土家族】
W2957.1			人把原来的长寿命丢失后变成现在的寿命		【汉族】
W2957.2			人因为中了魔鬼的邪气寿命变短		【蒙古族】

---

① 【引例】百年不老的人【汉族】
② 【民族】汉族、苗族。【关联】［W0726.1.3］盘古活了1万2千岁
③ 【民族】景颇族。【引例】❶300岁之人【汉族】；❷千岁之人【汉族】
④ 【关联】［W0952］长生不老药。【引例】长寿老人牙齿掉了九次【景颇族】
⑤ 【引例】❶人头发白了三次，又变黑了三次【景颇族】；❷喝特定的水能永葆青春【蒙古族】
⑥ 【关联】［W0952.6.1］能使人长生的食物。【引例】吃天上的仙果可以长寿【苗族】
⑦ 【引例】❶人的寿命60岁【汉族】；❷人的寿命是80岁【汉族】；❸好人的寿命为73或84岁【汉族】；❹人原来寿命是120岁【土家族】
⑧ 【民族】汉族、纳西族。【关联】［W9057］魔物（法）使人长寿
⑨ 【民族】汉族。【关联】［W2896］人蜕皮

W 编码	母题描述			参照项	
	一级母题	二级母题	三级母题	汤普森	关联项
W2958		人与动物交换调整寿限		①A1321 ②≈B592	【民族，联2】①
W2958.1			人与犬交换寿命		【纳西族、怒族】
W2958.2			人与蛇交换寿命		【民族，联1】②
W2959		人从多种动物那里得到不同的寿命			【汉族、维吾尔族】
W2959.1			动物把自己的一部分寿命交给人		【民族，联1】③
W2959.2			人得到鸡的一部分寿命		【汉族】
W2960		与人的寿命变化有关的其他母题			【联1，例1】④
W2960.1			人以药擦身变年轻		【彝族】
W2960.2			祈祷神灵后变年轻		【珞巴族】
W2960.3			人的皮被蛇偷去后不再变年轻		【彝族】
W2961	人的寿命的重新获得				【联1】⑤
W2961.1		人蜕皮获得新的寿命（生命）			【联2】⑥
W2962	人的寿命为什么是有限的				【民族，联1】⑦
W2962.1		天神造人时被鬼尿玷污，所以人的寿命变成有限的			【蒙古族】
W2963	人变衰老				【联1，例1】⑧
W2963.1		人迅速变老			【民族，例1】⑨
W2963.2		人老后会变成奇怪的人			【哈尼族】
✳ **W2964**	**人的各年龄段特征的来历**				
W2965		人童年时的特征			
W2965.1			人童年时玩耍		

① 【民族】维吾尔族。【关联】❶［W1537］万物的寿命；❷［W3090］动物的寿命
② 【民族】怒族。【关联】［W3527］蛇为什么蜕皮
③ 【民族】汉族、苗族。【关联】［W3092.2］有的动物为什么寿命短
④ 【关联】［W2896.2］人蜕皮变年轻。【引例】毕摩给人念经可以使人长寿【彝族】
⑤ 【关联】［W1897.8］生命之水
⑥ 【关联】❶［W2896］人蜕皮；❷［W2956.1］人通过蜕皮掉尾延长寿命
⑦ 【民族】鄂伦春族。【关联】［W2942］人的寿命的制定
⑧ 【关联】［W9058］魔物（法）使人变衰老。【引例】人一天之内变老【苗族】
⑨ 【民族】汉族。【引例】最早的人一天内变老【苗族】

W 编码	母题描述			参照项	
	一级母题	二级母题	三级母题	汤普森	关联项
W2966		人青年时的特征			
W2966.1			人 20 岁时的生活		
W2966.2			人到 20～30 岁时的生活		【例2】①
W2967		人其他年龄阶段的特征			
W2967.1			人到 40～50 岁时的生活		【例1】②
W2967.2			人到 50 岁时的生活		【例1】③
W2967.3			人到 60 岁时的生活		【例1】④
W2967.4			人到 70 岁时的生活		【例1】⑤
W2967.5			人到 70 岁以后的样子		
W2967.6			人到 80 岁时生活		
W2968	与人的寿命有关的其他母题				【联9】⑥
W2968.1		以前人鬼寿命相同			【景颇族】
W2968.2		人的生命的获得			【回族】
W2968.2.1			神和鬼给人的生命		【鄂温克族】
W2968.3		人的生命与某种物相关联			【例1】⑦
W2968.3.1			人的生命与特定的树相连		
W2968.3.2			生命树的每一片叶子是每一个人的生命		【哈萨克族】
W2968.4		人的返老还童		D1881	【民族，联1】⑧
W2968.4.1			非凡的人使人返老还童	D1882	

① 【引例】❶人到 20～30 岁时要像驴的生活；❷人到 20～30 岁时要像猪的生活
② 【引例】人 40 岁要像猴子一样好事【汉族】
③ 【引例】人 50 岁要像狗一样看门
④ 【引例】60 岁睡不着觉的原因【汉族】
⑤ 【引例】人 70 岁要像猫一样爱吃东西【汉族】
⑥ 【关联】❶［W0951］不死药；❷［W1235.1.1］使人返老还童的土地；❸［W1897.7.1］使人返老还童的水；❹［W1972.1.1］使人返老还童的泉；❺［W9056］魔物（法）使人返老还童；❻［W9087.2］关联生死的叶子；❼［W9285.1］预言长寿；❽［W9303］人的复活；❾［W9692.2］生命树
⑦ 【引例】落叶松与人的生命力相连【蒙古族】
⑧ 【民族】景颇族。【关联】［W2500］人类再生

W 编码	母题描述			参照项	
	一级母题	二级母题	三级母题	汤普森	关联项
W2968.4.2			动物使人返老还童	B594	
W2968.4.3			植物使人返老还童	D1338.2	【联2】①
W2968.5			其他特定的物使人返老还童		
✿ **W2970**	人的死亡				【例2】②
W2971	世上的人死光				【普米族】
W2972	人死亡的产生			A1335	
✳ **W2973**	人死亡的原因			A1326	
W2974		特定的人物规定人的死亡			
W2974.1			神安排人的生老病死		【联1，例3】③
W2974.2			天神撒生死的种子		【普米族】
W2974.3			祖先生出"死"后出现死亡		【独龙族、哈尼族】
W2975		有了哭声后人开始死亡			【珞巴族】
W2976		误传口令导致人的死亡		A1335.1	【民族，例1】④
W2977		人把蜕皮的能力与蛇交换后产生死亡			【汉族、苗族】
W2977.1			人换新皮肤后产生死亡	A1335.4	
W2978		人的死亡是对不敬神的惩罚		A1335.6	【联1】⑤
W2979		因为地上人太多产生死亡		A1335.8	
W2980		与死亡原因有关的其他母题			【联2，例1】⑥
W2980.1			出现第一个会死的人后人开始死亡		【独龙族】
W2980.2			人吃禁果后开始死亡		【怒族】
W2980.3			人吃特定的死物后开始死亡		【例2】⑦

① 【关联】❶〔TPS：D1338.2.1〕植物的液汁使人返老还童；❷〔TPS：D1338.3.3〕特定的果子使人返老还童
② 【引例】❶世上死的只剩1个女人【白族】；❷人只会死不会老【彝族】
③ 【关联】〔W8640〕瘟疫的产生（疾病的产生）。【引例】❶神和鬼造成人的生老病死【鄂温克族】；❷天神撒生死的种子【普米族】；❸天神让人类有生死【彝族】
④ 【民族】独龙族、珞巴族。【引例】鸟把"人老脱壳、蛇老死亡"的口令说反后产生死亡【汉族】
⑤ 【关联】〔W6511〕神的禁忌
⑥ 【关联】❶〔W8690〕人类的毁灭，❷〔W8690.4.1〕大地站起来把人摔死。【引例】地壳活动造成人类死亡【珞巴族】
⑦ 【引例】❶人吃了天上扔下的死尸之后开始死亡【珞巴族】；❷人吃了死鹿后开始死亡【珞巴族】

W 编码	母题描述			参照项	
	一级母题	二级母题	三级母题	汤普森	关联项
W2980.4			人厌倦生活（不愿意受苦）请求后获准死亡	A1335.9	【苗族】
W2980.5			咒语产生死亡		【傈僳族】
W2980.6			鬼神把死的绳子放到人间后人开始死亡		【景颇族】
W2980.7			人死是因为太阳每天要吃人		【例2】①
W2980.8			自从太阳吃了人祖的儿子后产生了死亡		【民族，例1】②
W2980.9			猜谜赌死后死亡		【珞巴族】
❊ **W2981**	**人死亡的形式**				
W2982		人被杀死			【联1】③
W2982.1			拔掉特定的草人才被杀死		【白族】
W2982.2			人不知情被杀	N320	【联1】④
W2982.3			饥荒时杀死老人	S110.1	
W2983		人因衰老死亡			
W2984		人被饿死			【汉族】
W2985		人被晒死			【汉族、彝族】
W2986		人死亡的其他形式			
W2986.1			人被冻死		【汉族、土家族】
W2986.2			洪水时人被淹死		【民族，联1】⑤
W2986.3			人在偶然事件死亡	N330	【联1】⑥
W2987	与人的死亡有关的其他母题				【联5】⑦
W2987.1		人愿意死的原因			【苗族】
W2987.1.1			人认为蜕皮很麻烦愿意死去		【苗族】
W2987.2		快乐的死亡			【景颇族、纳西族】

① 【引例】❶每天都要死人是因为太阳每天要吃人【珞巴族】；❷人死亡是因为太阳每天要喝人血【珞巴族】
② 【民族】珞巴族。【引例】用人祭太阳后人开始有死亡【珞巴族】
③ 【关联】［TPS：P674］老人体力衰竭时要自杀
④ 【关联】［W9953］失误
⑤ 【民族】阿昌族、白族、布朗族、布依族、德昂族、独龙族、仡佬族、哈尼族、汉族、基诺族、拉祜族、傈僳族、黎族、苗族、仫佬族、怒族、普米族、水族、佤族、瑶族、彝族、藏族、壮族。【关联】［W8400］洪水幸存者
⑥ 【关联】［TPS：N336］人做梦死亡
⑦ 【关联】❶［W0246.2］冥神是死亡引导者；❷［W0886.3］人死魂出窍；❸［W1719.5］人死后变成星星；❹［W1897.9.1］死亡之水；❺［W8690］人类的毁灭

W 编码	母题描述			参照项	
	一级母题	二级母题	三级母题	汤普森	关联项
W2987.3		死亡之吻		E217	
W2987.4		两人以同样的方式死去			【鄂伦春族】
W2987.5		人死亡的征兆			【民族，联1】①
W2987.6		人死后要到阴间			【民族，联1】②
W2987.6.1			人死后为什么要到地狱		【珞巴族】
W2987.7		人死后要到天上			【鄂伦春族】

2.11.3　与人有关的其他母题【W2990~2999】

W 编码	母题描述			参照项	
	一级母题	二级母题	三级母题	汤普森	关联项
✷ **W2990**	**人的种类**				
W2991		人分 3 种			【例2】③
W2992		人有 9 种			【汉族】
W2993		人有 72 种			【哈尼族】
W2994		人有 360 种			【毛南族、壮族】
W2995		与人的种类有关的其他母题			【例1】④
W2995.1			世界各色人种的来历		【满族】
W2995.2			兄妹生育 77 种人		【哈尼族】
W2995.3			用各种泥土捏成各种人		【毛南族、壮族】
W2995.4			上界的人		【民族，联1】⑤
W2995.6			下界的人		【例3】⑥
W2996	奇特的人				
W2996.1		相貌奇特的女子			【例1】⑦
W2996.2		会说话的石人			【傈僳族】

---

① 【民族】汉族。【关联】［W9237］死亡的征兆
② 【民族】鄂伦春族。【关联】［W1078］下界
③ 【引例】❶生 3 种人【哈尼族】；❷宇宙分上中下三层，每层各有一种人【苗族】
④ 【引例】小神交配生各种人类【满族】
⑤ 【民族】独龙族。【关联】［W1071］上界（天堂）
⑥ 【引例】❶下界的人很矮【高山族】；❷地下的人比地上的人自由【苗族】；❸地下的人
⑦ 【引例】鼻翼上有木塞的女子【珞巴族】

W 编码	母题描述			参照项	
	一级母题	二级母题	三级母题	汤普森	关联项
W2996.3		会长的石人			【汉族】
W2997	与人有关的其他母题				【联2】①
W2997.1		人生活在完美的世界		A1101.1	【联1，例1】②
W2997.2		人的幸福的获得			【例1】③
W2997.3		吃特定的食物（果实）后知道美丑			
W2997.4		人的其他名称			【例1】④
W2997.5		孩子的获得			
W2997.5.1			天鹅送子		【畲族】
W2997.5.2			梦中得子成真		【民族，联1】⑤
W2997.6		人的迁徙			【联1，例5】⑥
W2997.6.1			人的迁徙原因		【汉族、怒族、彝族】
W2997.6.2			人从天上迁徙到地上		【珞巴族、纳西族】
W2997.6.3			人从月亮迁徙到地上		【彝族】
W2997.6.4			人从山丘搬到平地居住		【民族，联1】⑦
W2997.7		每个人在天上都有对应的一颗星			【民族，联1】⑧

① 【关联】❶［W0914.1］人有多个灵魂；❷［W6007.1.1］人为了生存必须劳作
② 【关联】［W6110.1］以前人类的生活是美好的。【引例】天上的人生活幸福【彝族】
③ 【引例】神给人间带去幸福【门巴族】
④ 【引例】人被仙女称为黑头扁角虫【达斡尔族】
⑤ 【民族】独龙族。【关联】［W2277.4］梦感
⑥ 【关联】［W5298.4］氏族的迁徙。【引例】❶人因为繁衍太多而迁徙【汉族】；❷人因为战争而迁徙【汉族】；❸人因为分家而迁徙【汉族】；❹人因为了生存而迁徙【汉族】；❺祖先以前住在很远的地方【满族】
⑦ 【民族】汉族。【关联】［W6189］人的居所的变化
⑧ 【民族】达斡尔族。【关联】［W1719.5］人死后变成星星

3 动物与植物

（代码 W3000 ~ W3999）

类型说明

一、动物与植物母题的界定

"动物与植物"是神话中常见的母题类型。这两大类母题在神话叙事中具有多种功能，有的可以视为创世神话中"世界与万物"母题类型的延续，有的则独立构成动植物产生、动植物特征的来历等方面的叙事。

二、母题类型的划分与编排

动物与植物的分类可以有不同的角度。无论是自然界中的万物，还是社会生活中的诸事物，都难免会有边界的模糊性和判断的主观性。即使从现代生物学的角度划分，有些动物可能会既属于水中动物，也属于爬行动物，而作为神话的创作者或传承者对于动物的类型远没有当今研究者划分得那么准确精当。

1. 本类型母题主要划分为 9 个部分。其基本排序如下：

（1）动物概说；（2）哺乳动物；（3）鸟类动物；（4）水中动物；（5）昆虫；（6）两栖、爬行与其他动物；（7）植物概说；（8）各类植物；（9）种子及相关母题。其中前 6 项为动物，后 3 项为植物。

2. 母题的编排。根据研究和比较的需要，某些类型的动植物中选择一定数量典型动植物作为母题析出的样例。以具体动物的母题编排为例，内容细分为：

（1）动物的产生。其母题类型排序是：①动物产生的原因；②自然产生；③源于特定的地方；④创造生产；⑤生育产生；⑥变化产生；⑦与产生有关的其他母题。

（2）动物的特征。母题类型排序是：①性别；②外貌；③其他特征；④特征成因；⑤与特征有关的其他母题。

此外，关于动物的生活、习性、关系、寿命与死亡等也列出相应的母题编目。植物部分与"动物"基本相同。

3.1　动物概说^①

【W3000 ~ W3099】

3.1.1　动物的产生【W3000 ~ W3034】

W 编码	母题描述			参照项	
	一级母题	二级母题	三级母题	汤普森	关联项
W3000	神话动物			B0	【联1】②
✿ **W3001**	**动物的产生**				【联4】③
W3002	动物产生的原因				【联3】④
W3002.1		动物产生于偶然			【例1】⑤
W3002.2		动物产生于神或神性人物的意志			
W3002.2.1			玉皇大帝指令产生动物		【民族，例1】⑥
W3002.3		动物产生于人的需求			
W3002.4		与动物产生原因有关的其他母题			
W3003	动物自然产生				【拉祜族】
W3003.1		动物原来就存在			
W3004	动物源于某个地方				
W3004.1		动物从天上来		B19.6	【联1，例3】⑦
W3004.1.1			动物从云中掉下来	A1795	

① 动物概说，该类母题中的动物是在神话叙事中泛指的动物，主要提取具有普遍性和代表性的母题。本类第二级母题中不涉及具体的动物，列举的第二级母题适用于各种动物。为了便于对这些母题的了解，也举出一定数量的具体动物的母题。这些具体动物的母题编码可见下表该动物的有关母题。

② 【关联】〔W0500〕动物神

③ 【关联】❶〔W3100〕哺乳动物的产生；❷〔W3400〕水中动物的产生；❸〔W3500〕爬行动物的产生；❹〔W3502〕两栖动物的产生

④ 【关联】❶〔W2000 ~ W2009〕人产生的原因；❷〔W3006〕创造动物的原因；❸〔W3006.1〕动物的创造是为了服务人类

⑤ 【引例】造人时偶然造出动物【汉族】

⑥ 【民族】汉族。【引例】动物服务于特定的人

⑦ 【关联】〔W2025〕人从天降。【引例】❶天神赐给地神动物【布朗族】；❷神派马、羊、牛等各种动物到地上【珞巴族】；❸用伞从天上带来各种动物【苗族】

W 编码	母题描述			参照项	
	一级母题	二级母题	三级母题	汤普森	关联项
W3004.1.2			文化英雄从天上偷来动物		
W3004.1.3			牲畜从天上来		【苗族、普米族】
W3004.1.4			仙女从天上带来动物		【民族，例1】①
W3004.1.5			天女从天上带来各种动物		【民族，联2】②
W3004.2		动物从地中来		B717	
W3004.3		动物从水中来			
W3004.4		与动物源于某个地方有关的其他母题			
W3004.4.1			神给人动物		【联1，例1】③
✳ **W3005**	**动物是创造产生的**			A1700	
W3006		创造动物的原因			
W3006.1			创造动物是为了服务人类	A1705	【联1】④
W3006.2			创造动物是惩罚的结果	A1730	
W3006.3			创造动物是为了复仇	A1732	
W3006.4			创造动物是神与魔对立的结果	A1750	
W3008		动物的创造者		A84	【联1】⑤
W3009		神或神性人物造动物			【联4】⑥
W3009.1			天神（上帝）造动物	A1701	【民族】⑦
W3009.2			动物神造动物		【佤族】
W3009.3			造物主造飞禽走兽		【哈萨克族】
W3009.4			夫妻神造动物		【傣族】
W3009.5			创世者造动物	A1702	
W3009.6			玉皇大帝造动物		【汉族】

---

① 【民族】水族。【引例】妇女从天上赶回牲畜【傣族】
② 【民族】纳西族。【关联】❶［W0215］天女；❷［W7267］人与天女婚
③ 【关联】［W3080.3.3］天神赐给地神105种动物。【引例】山神给人类动物【鄂温克族、哈尼族】
④ 【关联】［W3002］动物产生的原因
⑤ 【关联】［W1015］创世者（造物主）
⑥ 【关联】❶［W3107.1］神造狗；❷［W3138.1］神造猴子；❸［W3152.1］神造虎；❶［W3177.1］神造马
⑦ 【民族】哈尼族、汉族、傈僳族、怒族、彝族

W 编码	母题描述			参照项	
	一级母题	二级母题	三级母题	汤普森	关联项
W3009.7			人王造动物		【侗族】
W3009.8			神仙造动物		【布依族】
W3009.9			文化英雄造动物	A1703	【汉族】
W3009.10			祖先造动物		【汉族】
W3009.11			魔鬼与天神创造动物	A63.4	
W3009.12			魔鬼创造动物	A1755	
W3009.13			其他神或神性人物造动物		【例3】①
W3010		人造动物			【俄罗斯族】
W3010.1			地上出现的第一个人造动物		【联1】②
W3011		其他特定的人物造动物			
W3012		造动物的时间			【例1】③
W3013		造动物的地点			【例1】④
W3014		造动物的材料			【例5】⑤
W3014.1			用土造动物	A1714.3	
W3014.2			用污垢造动物		【傣族、基诺族】
W3014.3			用毛编织动物		
W3014.4			用多种肢体合成动物		【例1】⑥
W3015		造动物的方法			
W3015.1			造动物方法的获得		
W3015.2			通过魔法造动物	D2178.4	【联1】⑦
W3015.3			通过意愿造动物		【例1】⑧
W3016		造动物的结果			
W3016.1			造出的动物雌雄成对	A1704	【联1】⑨

① 【引例】❶伏羲造飞禽走兽【汉族】；❷女娲造动物【汉族】；❸王母造飞禽走兽
② 【关联】［W2021］世上出现的第一个人
③ 【引例】造牲畜的时间【汉族】
④ 【引例】密洛陀在缸中造动物【瑶族】
⑤ 【引例】❶女始祖萨天巴用虿蛋做种造动物【侗族】；❷用炒面造野兽【苗族】；❸密洛陀用草拌粑粑造牛、马、驴、羊【瑶族】；❹密洛陀用谷米拌粑粑做出猪、鸡、狗【瑶族】；❺密洛陀用香果拌粑粑造香狸【瑶族】
⑥ 【引例】用九位大神的羽翼、茸毛、角、爪等拌糯米饭做动物【瑶族】
⑦ 【关联】［W3075.6］魔法造家畜
⑧ 【引例】天神用意愿造动物【怒族】
⑨ 【关联】［W3036］动物的性别

W 编码	母题描述			参照项	
	一级母题	二级母题	三级母题	汤普森	关联项
W3016.2			造动物的成活		【联1，例2】①
W3016.3			造动物不成功		
❄ **W3017**	**动物是生育产生的**				
W3018		神或神性人物生动物			【苗族】
W3018.1			神生动物		【珞巴族】
W3018.2			始祖生动物		【例1】②
W3018.3			天女生动物		【联6】③ •
W3018.4			巨人生动物		【彝族】
W3019		人生动物			【民族，联1】④
W3019.1			人生野生动物		【哈尼族】
W3019.2			人的卵生动物		
W3020		动物生动物		B713	【联5，例2】⑤
W3020.1			龙生动物		【哈尼族】
W3020.2			老虎生百兽		
W3020.3			动物是牛的后代		【佤族】
W3020.4			动物的尸体中生出动物		【汉族】
W3021		植物生动物			
W3021.1			花生动物		【壮族】
W3021.2			草生动物		
W3021.3			树生动物	A1793	【联1，例2】⑥
W3021.4			葫芦生动物		【民族，例1】⑦
W3021.5			其他植物生动物		
W3022		自然物或无生命物生动物			【联1】⑧
W3022.1			土生动物		【汉族】

① 【关联】［W2110］造人成活。【引例】❶夫妻造动植物时，丈夫造各种植物，妻子造各种动物【傣族】；❷绣的动物滴上血后成活【壮族】
② 【引例】始祖生的怪胎变成动物【汉族、壮族】
③ 【关联】❶［W3139.2］天女生猴；❷［W3167.2］天女生狼；❸［W3242.2］天女生熊；❹［W3348.3.1］天女生鸡；❺［W3523.1］天女生蛇；❻［W3539.1］天女生蛙
④ 【民族】哈尼族、彝族。【关联】［W3080.1］因怀孕时间有长短，生出不同的动物
⑤ 【关联】❶［W3348.3.4］牛生鸡；❷［W3357.1］鹰生猫头鹰；❸［W3366.3］鹰生乌鸦；❹［W3423.3］鱼生虾；❺［W3432.2］鱼生螃蟹。【引例】❶湿玄是所有动物的祖先【汉族】；❷毛犊是兽类祖先【汉族】
⑥ 【关联】［W3466.1.1］枫树生蝴蝶。【引例】❶梭罗树的根中生野猪【彝族】；❷梭罗树的根中生大象【彝族】
⑦ 【民族】德昂族。【引例】肉葫芦中孕育飞禽走兽【布朗族】
⑧ 【关联】［W2200～W2219］无生命物生人

W 编码	母题描述			参照项	
	一级母题	二级母题	三级母题	汤普森	关联项
W3022.2			水生动物		【哈尼族】
W3022.3			石生动物		
W3022.4			粪便生动物		【联 1，例 1】①
W3023		婚生动物（动物是交配生育的）		A1770	
W3023.1			神与神性人物婚生动物		
W3023.2			人蛇婚生动物	A1772	【联 1】②
W3023.3			日月婚生动物	A1771	【联 1】③
W3023.4			天地婚生植物		【珞巴族】
W3023.5			白昼和黑夜夫妻孕育动物		【景颇族】
W3023.6			杂交婚生动物	A2382	【联 1】④
W3023.7			无生命物婚生动物		
W3023.8			与婚生动物有关的其他母题		
W3024		感生动物			【联 1】⑤
W3024.1			人感生动物		【汉族】
W3024.2			石感生动物		
W3025		卵生动物			【民族，联 1】⑥
W3025.1			卵生多种动物		【例 1】⑦
W3026		与生育动物有关的其他母题			【联 1】⑧
W3026.1			最早生出的动物形体怪异		【联 1】⑨
W3026.2			最早生出的动物不成活		
❋ **W3027**	**动物是变化产生的**			①A1710 ②A1714	【联 1】⑩

---

① 【关联】[W2216.1] 粪便中生人。【引例】从牛的粪堆里生出世上最早的一条狗【珞巴族】
② 【关联】[W7475] 人与蛇婚
③ 【关联】[W7533] 日月婚
④ 【关联】[TPS：A2382.1] 喜鹊是鸽子与渡鸦杂交生的
⑤ 【关联】[W2230～W2279] 感生人
⑥ 【民族】汉族、纳西族。【关联】[W3019.2] 人的卵生动物
⑦ 【引例】卵生鸟、鱼等【汉族】
⑧ 【关联】[W3081.2] 生许多动物
⑨ 【关联】[W2600] 人生怪胎
⑩ 【关联】[W2300] 人是变化产生的

W 编码	母题描述			参照项	
	一级母题	二级母题	三级母题	汤普森	关联项
W3028		神或神性人物变成动物			
W3028.1			神变成动物		
W3028.2			神性人物变成动物		
W3028.3			神或神性人物的灵魂变成动物		【例1】①
W3028.4			神（神性人物、人等）的肢体（体液等）变成动物	A1725	【联4，例2】②
W3028.5			神（神性人物、人）死后的肢体变成动物	A1716.1	【联3】③
W3028.6			盘古死后手指脚趾变成飞禽走兽		【民族，联1】④
W3029		人变成动物		A1715	【民族，联2】⑤
W3029.1			人生的怪胎变成动物		【联1，例2】⑥
W3029.2			人垂死化生动物	A1724	
W3030		动物变成其他动物			【例1】⑦
W3030.1			动物（人）的毛发变成动物	A1724.2	
W3030.2			动物的器官变成动物		【例2】⑧
W3030.3			虱子变成动物		【珞巴族、满族】
W3031		植物变成动物			
W3031.1			树的果实变成动物		【哈尼族】
W3031.2			树叶变成动物	D441.5	【民族，联1】⑨
W3031.3			树枝变成动物		【例1】⑩

① 【引例】神或神性人物的灵魂变成兽【汉族】

② 【关联】❶［TPS：≈A1725.1］神（神性人物、人等）的唾液变成动物；❷［TPS：A1725.2］神（神性人物、人等）的泥垢变动物；❸［TPS：≈A1792］神（神性人物、人等）的呕吐物变动物；❹［TPS：D447.3］神（神性人物、人等）的血变成动物。【引例】❶神（神性人物、人等）的手指变动物【汉族】；❷盘古的肉变成动物【彝族】

③ 【关联】❶［TPS：A1716.1］巨人垂死化生动物；❷［TPS：D447.1］神或神性人物死后毛发变动物；❸［TPS：D447.1.2］神或神性人物死后毛发变昆虫

④ 【民族】白族。【关联】［W0720］盘古

⑤ 【民族】彝族。【关联】❶［W3140.3］人变成猴子；❷［W9533］人变动物

⑥ 【关联】［W2600］生怪胎。【引例】❶人生的怪胎变成走兽【汉族】；❷始祖生的怪胎变成动物

⑦ 【民族】藏族。【引例】神撒的虱子变成动物【珞巴族】

⑧ 【引例】❶犀牛的骨髓变成鸟兽虫鱼【布朗族】；❷牛死后内脏变动物【珞巴族】

⑨ 【民族】拉祜族。【关联】［W9569.1］树叶变动物

⑩ 【引例】树枝变兽【畲族】

W 编码	母题描述			参照项	
	一级母题	二级母题	三级母题	汤普森	关联项
W3031.4			神撒的种子变成动物		
W3032		自然物或无生命物变成动物			【例1】①
W3032.1			泥土变成动物		【联1】②
W3032.2			石头变成动物	D442.1	【联1】③
W3032.3			水珠变成动物		【门巴族】
W3032.4			雪变成动物		【彝族】
W3032.5			金属变成动物	B102	
W3032.6			其他无生命物变成动物		
W3033		其他特定物质变成动物			
W3033.1			唾沫变成动物		【佤族】
W3033.2			气体化合为动物		
W3034	与动物产生有关的其他母题				
W3034.1		动物身体特定部分的产生			【联1】④
W3034.2		动物的头的产生			
W3034.3		动物的眼睛的产生		A2332.1	【联1】⑤
W3034.3.1			动物的眼睛是镶嵌的		【联1】⑥
W3034.3.2			动物的眼睛是画出来的		【汉族】
W3034.4		动物的鼻子的产生		A2335.1	
W3034.5		动物的牙齿的产生			【联2】⑦
W3034.6		动物的四肢的产生		A2370	
W3034.7		动物的尾巴的产生		A2378.1	【联2】⑧
W3034.7.1			按造物者的愿望动物长出尾巴		【傣族】

① 【引例】太阳在龙的喉咙中变成的肉团炸开后变成走兽飞禽 【白族】
② 【关联】〔TPS：D442.2.1〕尘埃变成虱子
③ 【引例】鸡公石变鸡公 【畲族】
④ 【关联】〔W3035〕动物的特征
⑤ 【关联】〔W3228.3〕老鼠的眼睛的产生
⑥ 【关联】〔W3155.1〕神为虎安上眼睛
⑦ 【关联】❶〔W3227.1〕老鼠牙齿锋利是神的奖励；❷〔W3530.4〕蛇的牙齿的产生
⑧ 【关联】❶〔W3055.2〕动物的尾巴是某种东西变成的；❷〔W3228.4〕老鼠尾巴的获得

W 编码	母题描述			参照项	
	一级母题	二级母题	三级母题	汤普森	关联项
W3034.8		动物其他身体部位的产生			
W3034.9		最早产生的动物			【例8】①
W3034.10		动物产生的顺序			【联1】②
W3034.10.1			先造人再造动物		【汉族】
W3034.10.2			按天的时序造动物		【汉族】
W3034.11		动物产生有特定的背景			
W3034.11.1			与太阳同时产生的动物		【例1】③

3.1.2　**动物的特征**【W3035 ~ W3064】

W 编码	母题描述			参照项	
	一级母题	二级母题	三级母题	汤普森	关联项
✿ **W3035**	**动物的特征**				
W3036	动物的性别				
W3036.1		动物生殖器的产生		A2365	【联1，例1】④
W3036.2		雄性动物			【汉族】
W3036.2.1			男人撒的植物种子变雄性动物		【瑶族】
W3036.3		雌性动物			【民族，例1】⑤
W3036.4		动物雌雄的区分			【例1】⑥
✳ **W3037**	**动物特定的外貌特征**			A2400	
W3038		动物外貌特征的来历			【联5】⑦

---

① 【引例】❶世界最早只有水神鱼【傣族】；❷最早的动物是老鼠【哈尼族】；❸最早的动物是公牦牛和白母狼【普米族】；❹最早的动物是水中的青蛙【普米族】；❺世界最早出现的动物是大鳌鱼【羌族】；❻最早的动物是蚂蚁【藏族】；❼最早的动物是母猴【藏族】；❽最早出现的动物是鸡【壮族】

② 【关联】［W1527.2］万物产生的顺序

③ 【引例】蛇、蚊子、蚂蟥同太阳一起出来【珞巴族】

④ 【关联】［W2770］生殖器的来历。【引例】卵生一对雌雄动物【藏族】

⑤ 【民族】汉族。【引例】女人撒的植物种子变雌性动物【瑶族】

⑥ 【引例】人与天上的水仙姑结婚后分出雄性和雌性动物【瑶族】

⑦ 【关联】❶［W3062.1］动物的外貌是画出来的标记；❷［W3062.2］动物的外貌是烧伤造成的；❸［W3062.3］动物的外貌是仿照某种物体的样子造出来的；❹［W3276.2.1］豺的背部被火烧黑；❺［W3417.6.2］鱼的花纹是留下的印记

W 编码	母题描述			参照项	
	一级母题	二级母题	三级母题	汤普森	关联项
W3039		动物的面部（头部）特征的来历		A2320	【联6】①
W3039.1			两头动物		【联1】②
W3039.2			多头动物	B15.1.2	【联1】③
W3040		动物眼部特征的来历		A2332	【联3】④
W3040.1			长着多个眼睛的动物	B15.4.1	
W3040.2			动物眼睛大小的原因	A2332.3	
W3040.3			动物的眼力		【联1】⑤
W3040.4			有些动物为什么看得远	A2475	【联1】⑥
W3041		动物嘴部特征的来历		A2341	【联2】⑦
W3041.1			某些动物为什么嘴大	A2341.2	
W3041.2			某些动物为什么嘴小		
W3041.3			某些动物为什么嘴尖		【联1】⑧
W3041.4			某些动物为什么嘴长		【联2】⑨
W3041.5			某些动物为什么嘴平		【联1】⑩
W3042		动物耳朵特征的来历		A2325	
W3042.1			某些动物为什么耳朵大		【联1】⑪
W3042.2			某些动物为什么耳朵小		

① 【关联】❶ ［TPS：B722］动物头中有魔石；❷ ［W3157.7］老虎脸上花纹的来历；❸ ［W3340.1.1］鹅头上疙瘩是被敲出来的；❹ ［W3349.2.1］母鸡的脸为什么是红的；❺ ［W3530.1］蛇为什么脑袋小；❻ ［W3547.1］蜥蜴的头为什么是红的

② 【关联】［W3534.2.3］两头蛇（双头蛇）

③ 【关联】［W3328.5.5］九头鸟

④ 【关联】❶ ［W3186.2］马为什么只有2只眼；❷ ［W3513.4］龟的眼睛为什么是红的；❸ ［W3542.2］蛙的眼睛为什么是鼓的

⑤ 【关联】［W3040.4］有些动物为什么看得远

⑥ 【关联】［W3376.2］鹰为什么有好眼力

⑦ 【关联】❶ ［W3226］老鼠为什么嘴长；❷ ［W3370.2.2］鸭的嘴是被捏扁的

⑧ 【关联】［TPS：A2343.1］鸟的长喙的来历

⑨ 【关联】❶ ［W3226］老鼠为什么嘴长；❷ ［W3382.1］啄木鸟为什么有长喙

⑩ 【关联】［W3269.1］猪嘴为什么扁平

⑪ 【关联】［W3295.3］大象为什么耳朵大

W 编码	母题描述			参照项	
	一级母题	二级母题	三级母题	汤普森	关联项
W3042.3			某些动物为什么耳朵长		【联1】①
W3042.4			某些动物为什么耳朵灵		【联1】②
W3043		动物的角的来历		A2326	
W3043.1			动物的角的获得方法	A2326.1	【联2，例1】③
W3043.2			一些动物为什么没有角	A2326.2	【联2】④
W3043.3			一些动物为什么角是弯的		【联1】⑤
W3044		动物皮毛的来历		A2233	【联4】⑥
W3044.1			有的动物为什么没有皮毛		【联1】⑦
W3044.2			有的动物为什么皮毛长		【联1】⑧
W3044.3			有的动物为什么有鳞片		【联3】⑨
W3045		动物尾巴的来历		A2378.1	【联2】⑩
W3045.1			动物的尾巴的丢失	A2378.2	
W3045.2			动物被晒掉尾巴		【联1】⑪
W3046		动物的颜色的来历		A2411	
W3046.1			动物的颜色是染成的	A2219.1	【联2】⑫
W3046.2			动物的神奇颜色	B731	
W3046.3			动物脚部颜色的来历	A2371.4	
W3046.4			会变色的动物	F985	【联2】⑬

---

① 【关联】［W3236］兔子耳朵长的来历

② 【关联】［W3117.2］狗的听觉为什么很灵

③ 【关联】❶［W3113.1］狗与羊换角；❷［W3258］羊角的来历。【引例】羚羊与鹿换角

④ 【关联】❶［W3113］狗为什么没有角；❷［W3295.2］大象为什么没有角

⑤ 【关联】［W3208.8］牛角为什么是弯的

⑥ 【关联】❶［W3257.1］羊从上帝那里得到了毛；❷［W3275.2.1］豹子为什么身上有斑点；❸［W3325.6］鸟的羽毛的来历；❹［W3467.1］蝴蝶为什么身上有斑点

⑦ 【关联】［W3331.5.1］蝙蝠的毛是被烧掉的

⑧ 【关联】［W3182］马的鬃毛的来历

⑨ 【关联】❶［W3278.2.1］穿山甲为什么身上有鳞片；❷［W3407.1］水中动物的鳞片的来历；❸［W3415.2］鱼鳞的来历

⑩ 【关联】❶［W3211.1］牛尾巴是神赐给的；❷［W3373.2］燕子的尾巴为什么分岔

⑪ 【关联】［W3542.5.1］青蛙被晒掉尾巴后没有了尾巴

⑫ 【关联】❶［W3246.1］熊黑色是被染黑的；❷［W3367.3.3］乌鸦黑色是被颜料染黑的

⑬ 【关联】❶［W3328.3］变色鸟；❷［W3583.20］变色龙

W 编码	母题描述			参照项	
	一级母题	二级母题	三级母题	汤普森	关联项
W3047	与动物体征有关的其他母题			A2380	
W3047.1		动物美丽的原因		A2401	【联2】①
W3047.2		动物丑陋的原因		A2402	
W3047.3		动物的体征标记		A2412	
W3047.3.1			动物体征标记的来历		
W3047.4		动物胸部特征的来历		A2353	【联1】②
W3047.5		动物腰部特征的来历			
W3047.5.1			有的动物为什么细腰	A2355.1	【联2】③
W3047.6		动物奇特的肢体		F988	【联2】④
W3047.6.1			独脚动物	B15.6.0.1	
W3047.6.2			三条腿的动物	B15.6.1	
W3047.7		巨大的动物		①B870 ②B877	【联1】⑤
W3047.7.1			以前的动物很大		【彝族】
W3047.7.2			巨兽	B871	
W3047.7.3			动物为渡河之桥	B555	【联1】⑥
W3047.8		动物的壳的产生		A2312	【联1】⑦
W3047.9		动物的肌肉		A2381	【联1】⑧
W3047.10		动物体型的变大		①A2301 ②D487	【联1】⑨
W3047.11		动物体型的变小		A2302	【联2】⑩
W3047.12		动物的气味			
W3047.12.1			动物的气味的来历	①≈A2232.5 ②A2416	【联2】⑪

① 【关联】❶ ［W3349.8.2］公鸡比母鸡漂亮的原因；❷ ［W3587.4.1］凤凰从鸡那里得到美丽的尾巴
② 【关联】［W3373.1］燕子的胸是被血染红的
③ 【关联】❶ ［W3470.2］蚂蚁为什么细腰；❷ ［W3477.2］蜘蛛为什么细腰
④ 【关联】❶ ［W3238.1］兔子为什么前腿短；❷ ［W3528］蛇为什么没有腿
⑤ 【关联】［W0660］巨人
⑥ 【关联】［W6226.1］神奇的桥
⑦ 【关联】［W3511.3］龟壳的产生
⑧ 【关联】［W3270.1］猪为什么有丰富的肌肉
⑨ 【关联】［W3228.1］老鼠体型的变大
⑩ 【关联】❶ ［W3228.2］老鼠体型的变小；❷ ［W3477.1］蜘蛛体型的变小
⑪ 【关联】❶ ［W3259.2］羊为什么有膻味；❷ ［W3456.3］有些昆虫为什么有怪味

W 编码	母题描述			参照项	
	一级母题	二级母题	三级母题	汤普森	关联项
W3047.13		有的动物为什么产卵		A2486	【联2】①
W3048	动物的其他特征				
W3048.1		动物的性情		A2520	
W3048.1.1			自负的动物		【联2】②
W3048.1.2			怯懦的动物		【联1】③
W3048.2		有人类特征的动物		B200	【联1】④
W3048.2.1			有人的面貌的动物		【联3】⑤
W3048.2.2			会说话的动物		【联3】⑥
W3048.3		神圣的动物		A2541	【联1】⑦
W3048.4		善良的动物		A2531	【联1】⑧
W3048.4.1			善的动物与恶的动物的划分		【俄罗斯族】
W3048.5		邪恶的动物		A2523	【联1】⑨
W3048.5.1			有毒的动物		B776	【联1】⑩
W3048.6		不友善的动物		B17	
W3048.6.1			好斗的动物		A2524	【联1】⑪
W3048.7		智慧的动物		B120	【联1】⑫
W3048.8		愚蠢的动物		①A2537 ②J1706	【联1】⑬
W3048.8.1			天神使动物变愚蠢		【彝族】
W3048.9		有缺点的动物			
W3048.9.1			恶的动物		
W3048.10		有益的动物		B300	【联5】⑭
W3048.10.1			有益的动物的获得		B310	

① 【关联】❶［W3327.1］鸟为什么产卵；❷［W3350.8］鸡为什么下蛋让人吃

② 【关联】❶［W2929.2］自负的人；❷［W6814］自负

③ 【关联】［W6815］怯懦

④ 【关联】［W2888］有动物特征的人

⑤ 【关联】❶［W070.3.1］半人半兽的神；❷［W0584.1］文化英雄是半人半兽；❸［W0631］人与一种动物合成的半人半兽

⑥ 【关联】❶［W3083］以前动物会说话；❷［W3116.3］会说话的狗；❸［W3147.4］会说话的猴子

⑦ 【关联】［W6380］动物崇拜

⑧ 【关联】［W3295.4］大象为什么温顺

⑨ 【关联】［W3534.6］蛇是邪恶的动物

⑩ 【关联】［W3529］蛇为什么有毒

⑪ 【关联】［W3248.3］熊为什么爱攻击人

⑫ 【关联】［W3133.2］有神奇智慧的狗

⑬ 【关联】［W3291.3］驴为什么愚蠢

⑭ 【关联】❶［W2693］动物抚养人；❷［W3075.9.1］能帮助人的家畜；❸［W3104.2］义兽；❹［W3133.5］义犬；❺［W7631］动物帮助人求婚

W 编码	母题描述			参照项	
	一级母题	二级母题	三级母题	汤普森	关联项
W3048.10.2			动物保护人的生命	B520	
W3048.10.3			能辨别善恶的兽		
W3048.11		能喷火的动物		B742	【联1】①
✳ W3050	动物特征的成因②			A2200	
W3051		动物产生时自然出现各种特征		A2201	
W3051.1			动物从天上抛下来时形成现在的特征	A2214	【例1】③
W3052		动物的特征是神或神性人物赐予的			【联1】④
W3053		动物的特征是神或神性人物规定的			【联1】⑤
W3054		动物的特征是神或神性人物创造时形成的			
W3054.1			动物的特征是被创造时造物者没时间完成它们造成的	A2286.1.0.1	【汉族】
W3054.2			动物的特征是被创造时动物迟到造成的	A2235	
W3055		动物的特征是变化形成的		①A2210 ②A2260	【联2】⑥
W3055.1			动物的特征是某种东西变成的		【联1】⑦
W3055.2			动物的尾巴是某种东西变成的		
W3055.3			动物的尾巴是插到身上的棍子变成的	A2215.1	
W3055.4			动物的外壳是某种东西变成的		【联1】⑧

---

① 【关联】［W3583.1］火龙（喷火的龙）
② 动物特征的成因，是上述"动物的体征与成因"母题类型的另一种分析角度和必要补充。一些动物特征方面的母题类型在上面编目未能涉及的情况，将在此类得到呈现。
③ 【引例】乌龟从天上掉下来时龟壳上形成裂纹【汉族】
④ 【关联】［W3277.2.2］刺猬被赐予全身的刺
⑤ 【关联】［W3187.2.1］马吃草是神的规定
⑥ 【关联】❶［W3184.3］马腿上的眼状印记是由原来的眼变成的；❷［W3349.1.2］鸡冠是鸡插在头上的木梳变成的
⑦ 【关联】［W3211.2］牛尾巴是人给它安上的木棍变成的
⑧ 【关联】［W3511.4］乌龟的外壳是扣在身上的锅变成的

W 编码	母题描述			参照项	
	一级母题	二级母题	三级母题	汤普森	关联项
W3056		动物的特征是奖励造成的			
W3056.1			动物因帮助人或其他动物获得特定的特征	A2223	【联2】①
W3057		动物的特征是惩罚造成的		A2230	
W3057.1			动物特征的形成源于对做错事的惩罚		【联1】②
W3057.2			动物特征的形成源于对懒惰的惩罚	A2233	
W3057.3			动物特征的形成源于对不诚实的惩罚		【联2，例1】③
W3057.4			动物特征的形成源于对它吃禁果的惩罚	A2234.2	
W3057.5			其他惩罚造成动物现在的特征		【例2】④
W3058		动物的特征是诅咒造成的			【联1】⑤
W3059		动物的特征是从其他动物那里偷来的		A2245	【联1】⑥
W3060		动物的特征是从其他动物身上换（抢、借）来的		A2240	
W3060.1			动物的特征是从其他动物身上借来的	A2241	【联3】⑦
W3060.2			两个动物互相交换特征	A2247	【联2】⑧
W3061		动物的特征是从其他动物那里学来的		A2271	

① 【关联】❶［W3227.1］老鼠牙齿锋利是神的奖励；❷［W3229.5.1］鼠为人找粮种获得可以吃人的粮食的权利
② 【关联】［W3528.4］蛇引魔进入天堂被除去双脚
③ 【关联】❶［W3438.3］螃蟹不诚实，让它的眼睛长在后面；❷［W3513.3］龟不诚实，让它长出硬壳。【引例】蛇因说谎遭惩罚只能爬行
④ 【引例】❶动物不能直立是因为被抽掉腿中的筋【汉族】；❷让不爱劳动的动物吃草【彝族】
⑤ 【关联】［W3216.1.1］牛被诅咒后一胎只能生一个牛犊
⑥ 【关联】［W3347.1］画眉的声音是从其他鸟那里偷来的
⑦ 【关联】❶［W3258.1］羊从牛那里得到了角；❷［W3285.1.1］鹿从狗那里借来角；❸［W3358.1］猫头鹰从老鼠那里借来翅膀
⑧ 【关联】❶［W3349.4.5］公鸡与羊互换了角和冠；❷［W3587.3.1］凤凰与鸡交换羽毛

W 编码	母题描述			参照项	
	一级母题	二级母题	三级母题	汤普森	关联项
W3061.1			动物的特征源于对其他动物（人）的模仿	A2272	【联1】①
W3062		动物的特征是特定的事件造成的			【联1】②
W3062.1			动物的外貌是画出来的标记	≈ A2217	
W3062.2			动物的外貌是烧伤造成的	A2218	【联3】③
W3062.3			动物的外貌是仿照某种物体的样子造出来的		【例1】④
W3062.4			动物被挤压身体发生变化	A2213	【联1】⑤
W3063		与动物特征成因有关的其他母题			
W3064	与动物特征有关的其他母题				
W3064.1		动物某些特征的丢失（缺失）			
W3064.1.1			动物现在的特征是被其他动物借走后不归还的结果	A2241	【联3】⑥
W3064.1.2			动物的特征是被其他动物借走后拒绝收回的结果	A2243	【例1】⑦
W3064.1.3			不同地点有不同体征的动物		【汉族】

3.1.3　动物的生活与习性【W3065～W3069】

W 编码	母题描述			参照项	
	一级母题	二级母题	三级母题	汤普森	关联项
◎	〖**动物的生活**〗				
W3065	动物的栖息地				

---

① 【关联】［W3397.3.1］夜莺从人那里学会唱歌

② 【关联】［W3046.1］动物的颜色是染成的

③ 【关联】❶［W3145.2］猴的屁股是被火烧红的；❷［W3157.5］虎的花纹是被烧出来的；❸［W3367.3.2］乌鸦黑色是被烧焦变成的

④ 【引例】仿照奇峰怪石做成动物现在的样子【苗族】

⑤ 【关联】［W3513.5］乌龟被挤压背部隆起

⑥ 【关联】❶［W3113.2］狗的角被羊借走后没有归还；❷［W3113.3］狗的角被鹿借走后没有归还；❸［W3349.4.3］鸡的角被龙借走后没有归还

⑦ 【引例】孔雀借了鹌鹑的尾巴不再归还【拉祜族】

W 编码	母题描述			参照项	
	一级母题	二级母题	三级母题	汤普森	关联项
W3065.1		动物栖居地的产生		①A2212.2 ②A2434	【藏族】
W3065.1.1			动物居住地的分配		【珞巴族】
W3065.1.2			动物为什么定居地上	A2477	
W3065.1.3			造动物时不同的动物跑到不同的地方		
W3065.1.4			动物被人赶到现在的地方		【汉族】
W3065.1.5			动物的栖居地由比赛获得	≈ A2250	
W3065.1.6			与动物栖居地有关的其他母题		
W3065.2		动物的栖居地			
W3065.2.1			以前许多动物住在天上		【珞巴族】
W3065.3		与动物的栖居有关的其他母题			
W3065.3.1			与人同居的动物	A2243.2.4	【民族，联2】①
W3065.3.2			生活在人的体内的动物	B784	
W3066	动物的食物			A2435	【联1】②
W3066.1		为什么动物有特定的食物			【联1】③
W3066.1.1			神或神性人物规定动物的食物		【例1】④
W3066.1.2			有的动物吃肉的原因	A2435.2.2	【联1】⑤
W3066.1.3			有的动物吃草的原因		【联2】⑥
W3066.2		有的动物被人喂养的原因			【联1】⑦
W3066.3		动物吃汗水长大			【佤族】

① 【民族】珞巴族。【关联】❶［W6187］人与动物杂居；❷［W6187.6］人与动物分居
② 【关联】［W3119］狗的食物的来历
③ 【关联】［W3198.1］猫吃老鼠的来历
④ 【引例】玉帝安排动物的食物【壮族】
⑤ 【关联】［W3160.3］虎为什么吃其他动物
⑥ 【关联】❶［W3187.2］马为什么吃草；❷［W3296.2］象为什么不吃肉
⑦ 【关联】［W6053］驯养动物

W 编码	母题描述			参照项	
	一级母题	二级母题	三级母题	汤普森	关联项
◎	〖动物的习性〗				
W3067	动物的特定习性				
W3067.1		动物为什么总是不停地找东西		A2471	【联1】①
W3067.2		动物为什么季节性迁徙		A2482	【联2】②
W3067.3		动物的冬眠		A2481	【联2】③
W3067.4		有些动物为什么被人吃		A1422.0.2	【汉族】
W3067.5		动物为什么不会用火		A2436	【例1】④
W3067.6		动物的哭泣		A2272.1	
W3067.7		动物的排泄物		A2385	【联3】⑤
W3068	与动物习性有关的其他母题				
W3068.1		特定动物习性的改变			

3.1.4　其他特定性质的动物【W3070 ~ W3079】

W 编码	母题描述			参照项	
	一级母题	二级母题	三级母题	汤普森	关联项
◎	〖其他特定性质的动物〗				
W3070	奇特的动物				【联1】⑥
W3070.1		特定的奇特动物			【联4】⑦
W3070.2		奇特动物是神的坐骑		B577	【联1】⑧
W3071	善于伪装的动物			A2525	【联2】⑨
W3071.1		作为骗子的动物		J1117	【联1】⑩

① 【关联】［W3127.1］狗为什么总是不停寻找（食物等）
② 【关联】❶［W3328.2］候鸟；❷［W3373.7］燕子为什么定期迁徙
③ 【关联】❶［W3248.2］熊为什么冬眠；❷［W3530.6］蛇冬眠的来历
④ 【引例】动物被烧后总是躲着火
⑤ 【关联】❶［TPS：D1026］动物的有魔力的粪便；❷［W3197.4］猫为什么要藏踪迹的粪便；❸［W3475.1.1］蜂蜜是蜜蜂的粪便
⑥ 【关联】［W9690.1］屙金银的动物
⑦ 【关联】❶［W3189.1］奇特的马；❷［W3199.3］奇特的猫；❸［W3229.3］奇特的鼠；❹［W3329.5］奇特的鸟
⑧ 【关联】［W0109］神的坐骑
⑨ 【关联】❶［W3046.4］会变色的动物；❷［W3281.3］狐狸很狡猾
⑩ 【关联】［W9635］行骗者

W 编码	母题描述			参照项	
	一级母题	二级母题	三级母题	汤普森	关联项
W3072	有人的情感的动物			B773	【联2】①
W3073	会预言的动物			B140	【联2】②
W3073.1		动物魔法师		B191	【联1】③
W3073.2		传达神谕的动物		B150	
W3073.3		动物告知真相		B130	
W3073.4		动物是人的劝告者		B560	【联2】④
W3074	天上的动物				
W3074.1		天堂里的动物		B7	【联1】⑤
W3074.2		天龙			【土家族】
W3074.2.1			地龙王心地善良		【水族】
W3074.2.2			天龙王是地龙王的哥哥		【水族】
W3074.3		天狗			
W3074.3.1			哮天犬		
W3074.3.2			人死后变天狗		【布朗族】
W3074.3.3			天狗是神的侍从		【汉族】
W3074.3.4			天狗吃月亮		【联1，例1】⑥
W3074.3.5			天狗是理老		【苗族】
W3074.3.6			天狗看守天宫门		【黎族】
W3074.4		天马			【白族、汉族】
W3074.5		天蛙			
W3074.5.1			追日月的人变成天蛙		【傣族】
W3074.6		天上的其他动物			
W3075	家畜				【联1，例1】⑦
W3075.1		神或神性人物造家畜			【例1】⑧
W3075.2		天神嫁女时陪嫁家禽			【民族，例1】⑨

① 【关联】❶［W2693］动物抚育人；❷［W9429］动物报恩
② 【关联】❶［W3329.3］鸟是预言者；❷［W8032］灾难预言者
③ 【关联】［W9019.1］有魔力的马
④ 【关联】❶［W7591］动物劝婚；❷［W8744.4］争战中动物指路
⑤ 【关联】［W1074.2］上界的居住（天堂的居住者）
⑥ 【关联】［W4230］月食。【引例】天狗咬月亮是为了追讨仙草【白族】
⑦ 【关联】［W6053］驯养动物的起源。【引例】撒在地上的葫芦籽长出六畜【畲族】
⑧ 【引例】密洛陀捏成各种动物，放到六个大缸里育出六畜【瑶族】
⑨ 【民族】怒族、羌族。【引例】真主降六畜【回族】

W 编码	母题描述			参照项	
	一级母题	二级母题	三级母题	汤普森	关联项
W3075.3		人生家畜			【哈尼族】
W3075.4		六畜来源于龙宫			【哈尼族】
W3075.5		龙王给人家畜			【民族，例1】①
W3075.6		魔法造家畜		D2178.2	
W3075.7		魔物中变出家畜		D1477	【联1】②
W3075.8		家畜和野兽的分离			【傈僳族】
W3075.8.1			动物从天上被带到地上时，有的跑到山上成为野兽		【苗族】
W3075.8.2			神安排出家畜和野兽		
W3075.8.3			野生动物比家畜多的原因		【藏族】
W3075.9		与家畜有关的其他母题			【联1】③
W3075.9.1			能帮助人的家畜	B400	
W3076	野兽				【联1】④
W3076.1		野兽来源于某个地方			
W3076.1.1			野兽来源于天上		【例1】⑤
W3076.2		野兽是造出来的			【例1】⑥
W3076.3		野兽是生育产生的			
W3076.3.1			人生兽		【例1】⑦
W3076.3.2			鬼婚生兽的祖先		【景颇族】
W3076.4		野兽是变化产生的			
W3076.4.1			文化英雄的脚趾化生野兽		【布依族】
W3076.4.2			木屑变成野兽		【联1，例1】⑧
W3076.5		与野兽有关的其他母题			【联1】⑨

① 【民族】哈尼族。【引例】龙给的竹筒中生牲畜【黎族】
② 【关联】［W9092.1】魔篮中出现家畜
③ 【关联】［W3004.1.3］牲畜从天上来
④ 【关联】［W3100～W3299］哺乳动物
⑤ 【引例】癞蛤蟆从天上捉来野禽【布朗族】
⑥ 【引例】密洛陀造12种走兽【瑶族】
⑦ 【引例】一对母女生野兽【哈尼族】
⑧ 【关联】［W9576.3.2］棍棒变动物。【引例】砍树的木片变成野兽【珞巴族】
⑨ 【关联】［W3075.8］家畜和野兽的分离

W 编码	母题描述			参照项	
	一级母题	二级母题	三级母题	汤普森	关联项
W3077	其他特定性质的动物				【联4】①
W3077.1		让人同情的动物		A2521	
W3077.2		让人讨厌的动物		A2522	【联2】②
W3077.3		被人诅咒的动物		A2542	【联2】③
W3077.4		动物信使		B291	【联1】④
W3077.5		动物侍从（动物卫士）		B576	
W3077.5.1			动物是人（圣人）的侍从	①B256 ②B292 ③B570	
W3077.5.2			动物听从人的指令	B571	【联1】⑤
W3077.5.3			作为妖魔奴仆的动物		【珞巴族】
W3077.6		动物的归属			
W3077.6.1			归人的动物与归神的动物		【藏族】
W3077.6.2			动物死后托生		【联1，例1】⑥

3.1.5 与动物有关的其他母题【W3080 ~ W3099】

W 编码	母题描述			参照项	
	一级母题	二级母题	三级母题	汤普森	关联项
W3080	动物的种类				
W3080.1		因怀孕时间有长短，生出不同的动物			【哈尼族】
W3080.2		不同的物变成不同的动物			
W3080.2.1			神或神性人物的不同肢体变成不同动物		【联2】⑦

---

① 【关联】❶［TPS：B500］有魔法（力）的动物；❷［W1023］动物是创世者；❸［W6208.1］动物是建筑师；❹［W9655.1］动物生珍宝

② 【关联】❶［W3368.5］乌鸦为什么遭人嫌；❷［W3465.2］苍蝇为什么遭人嫌

③ 【关联】❶［W3048.5］邪恶的动物；❷［W3478.5］蜘蛛被人诅咒

④ 【关联】［W3329.4］鸟是信使

⑤ 【关联】［W3130.2］狗是人的仆人

⑥ 【关联】［W9350］转世（托生、转生）。【引例】动物死后托生为人【汉族、藏族】

⑦ 【关联】❶［W3028.4］神（神性人物、人等）的肢体（液体）变成动物；❷［W9591.1］垂死化生

W 编码	母题描述			参照项	
	一级母题	二级母题	三级母题	汤普森	关联项
W3080.2.2			树的不同枝叶变化成各类动物		【拉祜族】
W3080.3		动物有具体种类			【联1】①
W3080.3.1			最早只有一种动物		【联1】②
W3080.3.2			12 种飞禽		【例1】③
W3080.3.3			105 种动物		【布朗族】
W3080.3.4			350 种家畜		【民族,联1】④
W3080.3.5			3500 种飞禽走兽		【哈尼族】
W3080.3.6			3500 种野生动物		【哈尼族】
W3080.3.7			千万种动物		【例1】⑤
W3080.4		与动物的种类有关的其他母题			
W3080.4.1			动物的辨识		【联3,例1】⑥
W3081	动物的数量				【联1】⑦
W3081.1		有的动物为什么繁殖多		A2582	
W3081.2		产生许多动物		T586.4	【联1,例1】⑧
❈ **W3082**	**动 物 的 语 言（动物的声音）**			B215	【联1】⑨
W3083		以前动物会说话		B210	【民族,联3】⑩
W3083.1			动物会说人话	B211	【民族,例1】⑪
W3083.2			鸟有鸟言,兽有兽语		【联1】⑫
W3083.3			懂得人话的动物	B212	【汉族】
W3084		动物语言的获得		B217	

① 【关联】［W3081］动物的数量
② 【关联】［W3147.8］原来世上只有猴子
③ 【引例】密洛陀造 12 种飞禽【瑶族】
④ 【民族】哈尼族。【关联】［W3075］家畜
⑤ 【引例】一对夫妻神造千万种动物【傣族】
⑥ 【关联】❶［W3687］植物的辨识;❷［W6887］动物的命名;❸［W6887.7.1］特定动物名字的来历。【引例】女娲教孩子辨识动物【藏族】
⑦ 【关联】［W3080］动物的种类
⑧ 【关联】［W3017］动物是生育产生的。【引例】神生多种动物【珞巴族】
⑨ 【关联】［W6701］语言的产生
⑩ 【民族】白族、鄂温克族、基诺族、毛南族、彝族、壮族。【关联】❶［W3217.1］会说话的牛;❷［W3326.2］鸟语;❸［W9069.1］魔物（法）能使动物说话
⑪ 【民族】彝族。【引例】鹿会说人语【鄂伦春族】
⑫ 【关联】［W6719.1］人能听懂动物的语言

W 编码	母题描述			参照项	
	一级母题	二级母题	三级母题	汤普森	关联项
W3085		动物的声音的来历		①A2421 ②A2425	【联 4】①
W3085.1			造物者赋予动物不同的声音		【傣族】
W3085.2			造动物后分别给他们不同声音		【布朗族】
W3086		动物语言的失去		A2422	【联 1】②
W3086.1			动物说话能力的丧失		【民族，例 1】③
W3086.2			动物变哑的原因		【汉族、彝族】
W3086.3			动物喝哑水后丧失语言		【民族，联 2】④
W3086.4			动物受惩罚丧失语言		
W3087		与动物语言有关的其他母题			
W3087.1			特定的动物为什么有特殊的叫声		【联 2】⑤
W3087.2			动物声音的改变		
W3088	动物的朋友			≈ A2493	【联 4】⑥
W3088.1		家畜和野生动物原来是朋友		A2493.0.1	
W3088.2		为什么动物有特定的朋友			【联 2】⑦
W3089	动物的仇敌			A2494	【联 1】⑧
W3089.1		动物间的敌意		A2281	【联 2】⑨
W3089.2		动物由朋友变成仇敌			【例 1】⑩
✳ W3090	**动物的寿命**				
W3091		动物寿命的获得			

① 【关联】❶［W3290.6］驴为什么叫声刺耳；❷［W3334.1］布谷鸟的叫声的来历；❸［W3358.2.2］猫头鹰哀鸣的来历；❹［W3368.4］乌鸦的叫声的来历

② 【关联】［W6726］语言的丧失

③ 【民族】景颇族。【引例】蜜蜂不会说话的原因【纳西族】

④ 【民族】汉族。【关联】❶［W1897.3］哑水；❷［W3116.2］狗失去说话能力

⑤ 【关联】❶［W3116.1］狗的叫声的来历；❷［W3290.6］驴为什么叫声刺耳

⑥ 【关联】❶［W3128.1］狗是人的朋友；❷［W3199.4.2］猫和鼠原来是朋友；❸［W3332.3］猫头鹰和蝙蝠是朋友；❹［W3350.3.4］鸡和狗原来是朋友

⑦ 【关联】❶［W3128.2］狗和狼是朋友；❷［W3332.3］猫头鹰和蝙蝠是朋友

⑧ 【关联】［W8965.1］动物间的争吵

⑨ 【关联】❶［W3048.6.1］好斗的动物；❷［W3129.2］狗和猫是仇敌

⑩ 【引例】猫和鼠由朋友变成仇敌【仡佬族】

W 编码	母题描述			参照项	
	一级母题	二级母题	三级母题	汤普森	关联项
W3091.1			神或神性人物定动物的寿命		【例1】①
W3091.2			动物抓阄确定自己的寿命		【汉族】
W3092		动物寿命的长短			
W3092.1			有的动物为什么寿命长	A2578	【联2】②
W3092.2			有的动物为什么寿命短		【联1】③
W3093		与动物寿命有关的其他母题			【联2】④
W3093.1			不死的动物	B843	【汉族】
W3093.2			动物奇怪死亡	F981	
W3093.3			诅咒使动物产生死亡		【例1】⑤
◎	〖**其他相关母题**〗				
W3094	动物的特权的获得			A2545	【联1】⑥
W3094.1		神赋予动物特定的权力			
W3094.2		特定动物对人有恩获得特权			【联2】⑦
W3094.3		与动物权力有关的其他母题			
W3094.3.1			动物告状	B271	
W3095	动物为什么被狩猎				【联2】⑧
W3095.1		动物被狩猎是因为得罪了人			
W3095.2		动物被狩猎是因为人是万物主宰			【满族】
W3096	动物的同源				【民族，联1】⑨
W3096.1		多种动物同源			【例1】⑩

① 【引例】女娲封龟为"千年长寿龟"【汉族】
② 【关联】❶ ［W3392.3.2］鹤为什么寿命长；❷ ［W3516］龟为什么长寿
③ 【关联】［W2959.1］动物把自己的一部分寿命交给人
④ 【关联】❶ ［W2958］人与动物交换调整寿限；❷ ［W2959.1］动物把自己的一部分寿命给了人
⑤ 【引例】因为咒语葫芦蜂一年死一回【哈尼族】
⑥ 【关联】［W3465.1.1］苍蝇吃四方权力的获得
⑦ 【关联】❶ ［W3229.5］老鼠吃人的粮食的原因；❷ ［W3356.1.1］麻雀为人类找到种子，所以它可以吃人的庄稼
⑧ 【关联】❶ ［W3067.4］有些动物为什么被人吃；❷ ［W6016］狩猎的产生
⑨ 【民族】彝族。【关联】［W2733］人与动物同源
⑩ 【引例】虎、熊、狼和马鹿是一母所生【哈尼族】

W 编码	母题描述			参照项	
	一级母题	二级母题	三级母题	汤普森	关联项
W3096.2		动物与植物同源			【纳西族】
W3096.3		飞禽与野兽同源			【汉族、纳西族】
W3097	与动物有关的其他母题				【联9】①
W3097.1		动物不能回天的原因			【民族，联1】②
W3097.2		虐待动物		S481	【联1】③
W3097.3		动物再生			【例1】④
W3097.3.1			洪水后动物再生		【民族，联1】⑤

---

① 【关联】❶［W3965］动物盗粮种（动物取粮种）；❷［W5971］动物的管理；❸［W5972］动物王国；❹［W5972.1］动物之王；❺［W6290］动物图腾；❻［W6380］动物崇拜；❼［W6887］动物的命名；❽［W8953.2］动物杀主人；❾［W9224］动物作为征兆

② 【民族】哈尼族。【关联】［W3074］天上的动物

③ 【关联】［W9910.2］伤害动物被惩罚

④ 【引例】恶龙的脑袋砍下后复生【塔吉克族】

⑤ 【民族】水族。【关联】［W2530～W2559］洪水后人类再生

3.2　哺乳动物
【W3100～W3299】

3.2.1　哺乳动物概说① 【W3100～W3104】

W 编码	母题描述			参照项	
	一级母题	二级母题	三级母题	汤普森	关联项
◎	〖哺乳动物概说〗				
W3100	哺乳动物的产生				
W3100.1		哺乳动物产生的原因			
W3100.2		哺乳动物产生的方式			
W3101	哺乳动物的特征				
W3101.1		哺乳动物为什么吃奶			【汉族】
W3102	兽类的产生				【例1】②
W3103	兽的特征				【联1】③
W3103.1		兽为什么吃人			【联1】④
W3103.2		有的兽为什么凶猛			
W3104	与哺乳动物有关的其他母题				
W3104.1		雷兽			【例1】⑤
W3104.2		义兽			【联2】⑥
W3104.2.1			义兽之死	B330	【联1】⑦

---

① 哺乳动物概说，本概说只是一般性概况，引导出下面选取的"常见哺乳动物"和"一般哺乳动物"两个编目类型。相比之下，"常见哺乳动物"的母题编目更为细致具体。但二者都只是选取一些典型，主要意图在于它的示范作用，读者可以根据这种逐级细分的方法实现两方面的目的：（1）对"动物"类母题作出实际印证；（2）引导建立较为系统的"动物"类母题分析体系。

② 【引例】虎生兽类

③ 【关联】［W3047.7.2］巨兽

④ 【关联】［W3160.2］虎为什么吃人

⑤ 【引例】雷兽为黄帝助战

⑥ 【关联】❶［W3048.10］有益的动物；❷［W3133.5］义犬

⑦ 【关联】［W3189.4］为主人献身的马

3.2.2 常见哺乳动物【W3105~W3274】

W 编码	母题描述			参照项	
	一级母题	二级母题	三级母题	汤普森	关联项
◎	〖狗〗				
❊ **W3105**	狗的产生				
W3106		狗源于某个地方或自然存在			
W3106.1			狗从天上来		【民族，例1】①
W3106.2			神给人类狗		
W3107		狗是造出来的		A1831	【例1】②
W3107.1			神造狗		【民族，联1，例1】③
W3107.2			造物主造狗		【景颇族】
W3107.3			祖先造狗		【壮族】
W3108		狗是生育产生的			【例2】④
W3108.1			神或神性人物婚生狗		【纳西族】
W3108.2			人神生狗		【哈尼族】
W3108.3			人生狗		【民族，联1】⑤
W3108.4			鹰生狗		【柯尔克孜族】
W3108.5			卵生狗		【水族】
W3109		狗是变化产生的			【联1，例1】⑥
W3109.1			神或神性人物变成狗		
W3109.2			无生命物变成狗		【例1】⑦
W3109.3			泥变成狗		【回族】
W3109.4			鼻子变成狗		【侗族】
W3109.5			人的肉瘤变成狗		【汉族、畲族】
W3109.6			射落的太阳变成狗		【畲族】
W3109.7			狼变成狗		【汉族、蒙古族】
W3110		与狗的产生有关的其他母题			

---

① 【民族】仡佬族。【引例】从天上的太阳村带来狗【珞巴族】
② 【引例】女娲造狗【汉族】
③ 【民族】傣族、景颇族。【关联】［W3126.2］神造的狗作为看门者。【引例】神仙下凡用黄泥造狗【布朗族】
④ 【引例】❶豹子生破脸狗【哈尼族】；❷狗是阿巴达基（祖先的弟弟）的子孙【珞巴族】
⑤ 【民族】彝族。【关联】［W2600］人生怪胎
⑥ 【关联】［W9534.2］人变狗。【引例】桃子烂后的蛆虫变成狗【苗族】
⑦ 【引例】砍树砍出的木片变成狗【珞巴族】

W 编码	母题描述			参照项	
	一级母题	二级母题	三级母题	汤普森	关联项
W3110.1			水獭皮里变出狗		【珞巴族】
✳ **W3111**	**狗的特征**①				
W3112		狗的性别			
W3113		狗为什么没有角		A2326.2.2	
W3113.1			狗与羊换角		【彝族】
W3113.2			狗的角被羊借走后没有归还		【汉族】
W3113.3			狗的角被鹿借走后没有归还		【民族，联1】②
W3114		狗的尾巴			【联1】③
W3114.1			狗的尾巴的获得	A2378.1.7	
W3114.2			狗原来有 9 根尾巴		【壮族】
W3114.3			狗剩下一条尾巴		
W3114.4			狗的其他尾巴被砍掉了		
W3114.5			狗尾巴不换毛的原因		【土家族】
W3115		狗的爪子			
W3115.1			狗爪的来历		【普米族】
W3115.2			狗爪为什么有毛	A2375.2.3	【蒙古族】
W3116		狗的语言（声音）			
W3116.1			狗的叫声的来历		【联1】④
W3116.2			狗失去说话能力	A2422.1	
W3116.3			会说话的狗	B211.1.7	【哈尼族、汉族】
W3116.4			讲真话的狗	B134	
W3116.5			狗因撒谎被割去舌头后不会说话		【独龙族】
W3117		与狗的特征有关的其他母题			【联1】⑤
W3117.1			狗为什么对人忠诚		【哈萨克族】
W3117.2			狗的听觉为什么很灵		【哈尼族】

① 狗的特征，鉴于神话中对一些具体名称的动物的特征并不规范、完整，以下所有具体动物关于"特征"类母题的提取不完全按照上面"动物特征"中所涉及的"性别、类型、体征、习性、住所"等一系列元素全部呈现，而是只选取其中有意义、有代表性或该动物典型的母题进行编码。
② 【民族】汉族。【关联】［W3285.1.1］鹿从狗那里借来角
③ 【关联】［W3125］狗摇尾巴的来历
④ 【关联】［W3127.4］为什么狗见人就叫
⑤ 【关联】［W3123］狗的习性

W 编码	母题描述			参照项	
	一级母题	二级母题	三级母题	汤普森	关联项
W3117.3			狗的嗅觉为什么很灵	A2512.1	【侗族、哈尼族】
W3117.4			狗出生时为什么是瞎子		【汉族】
W3117.5			猫三狗四的来历		【汉族】
✳ **W3118**	**狗的食物**			A2435.3.1	
W3119		狗的食物的来历			【联1】①
W3119.1			人要给狗食物		【例2】②
W3120		狗吃屎的来历			【民族，例2】③
W3120.1			狗传错话被惩罚吃屎		【联1】④
W3120.2			狗为替人祈求粮食甘愿吃屎		【满族】
W3121		与狗的食物有关的其他母题			
W3121.1			收割时让狗尝新	A2545.3	【联2】⑤
W3122	**狗的居所**				
W3122.1		狗的居所的来历		A2433.3.2	
W3122.2		狗为什么与人住在一起			
W3122.2.1			狗为了报恩与人住在一起		【汉族】
✳ **W3123**	**狗的习性**				
W3124		狗伸舌头的来历			
W3124.1			狗因谎言被识破羞得伸舌头		【独龙族】
W3124.2			狗为什么用舌头舔水喝		【纳西族】
W3124.3			狗被惩罚用舌头舔水喝		【汉族】
W3125		狗摇尾巴的来历			
W3126		狗看门的来历			【民族，例1】⑥

---

① 【关联】［W3124.2］狗为什么用舌头舔水喝

② 【引例】❶狗因懒惰被罚吃糠【仡佬族、基诺族】；❷狗吃糠是因为它曾屙屎臭了人【水族】

③ 【民族】土家族。【引例】❶狗为帮人类自愿吃屎【回族】；❷狗因记错话吃屎【苗族】

④ 【关联】［W9953.1.1］传错话

⑤ 【关联】❶［W3967］狗盗粮种；❷［W6674.2］收获时先敬狗的来历

⑥ 【民族】哈尼族。【引例】狗变成家畜是因为人的本领大【羌族、藏族】

W 编码	母题描述			参照项	
	一级母题	二级母题	三级母题	汤普森	关联项
W3126.1			女始祖规定狗为人看门		【壮族】
W3126.2			神造的狗作为看门者	A1831.1	
W3127		与狗的习性有关的其他母题			
W3127.1			狗为什么总是不停寻找（食物等）	A2471.6	
W3127.2			狗撒尿抬腿的来历		【锡伯族】
W3127.3			狗的交配	A2496.1	
W3127.4			为什么狗见人就叫		
◎		〖其他相关母题〗			
W3128	狗的朋友				
W3128.1		狗是人的朋友			【民族，联1】①
W3128.2		狗和狼是朋友			
W3128.3		狗和猫是朋友			
W3129	狗的仇敌			A2494.4	
W3129.1		狗与羊是仇敌			【彝族】
W3129.2		狗和猫是仇敌		①A2281.3 ②A2494.4.6	【拉祜族、黎族】
W3129.3		狗和鸡是仇敌		A2494.4.11	
W3129.4		狗和虎是仇敌		A2494.4.9	
W3129.5		狗与野猪是仇敌			【珞巴族】
W3129.6		狗与麋鹿是仇敌			【珞巴族】
W3130	狗与人的关系				【联1】②
W3130.1		狗要服从人		A2513.1	【民族，联1】③
W3130.1.1			狗被人饲养是因为它取粮种有功		【土家族】
W3130.2		狗是人的仆人		B292.1.1	
W3131	狗的亲属				
W3131.1		狗的妻子			【联1】④
W3131.2		狗是大地的舅舅			【羌族】
W3132	狗的寿命				
W3132.1		狗的寿命变短			

---

① 【民族】水族。【关联】［W3130.2］狗是人的仆人
② 【关联】［W0650.7.3］狗是人的祖先
③ 【民族】锡伯族。【关联】［W6056.1］动物因为要服从人被饲养
④ 【关联】［W7422］人与犬婚

W 编码	母题描述			参照项	
	一级母题	二级母题	三级母题	汤普森	关联项
W3132.2		狗把一些寿命给了人			【汉族】
W3133	与狗有关的其他母题				【联1】①
W3133.1		神奇的狗		B187	
W3133.1.1			双头狗	B15.1.1.4	
W3133.2		有神奇智慧的狗		B121.1	
W3133.3		会耕田的狗			【民族，联1】②
W3133.4		狗是信使		B291.2.2	
W3133.5		义犬		B421	【联1】③
W3133.6		龙犬			
W3133.6.1			肉蛋生龙犬		【侗族、水族、瑶族】
W3133.6.2			龙犬有变化的本领		【畲族】
W3133.6.3			龙犬立功		【畲族、瑶族】
W3133.7		狗王		B241.2.7	【联1】④
W3133.8		猎狗			【珞巴族、门巴族】
W3133.9		泥泥狗		B187.0.1	
◎	〖猴〗				
※ **W3135**	**猴子的产生**			A1861	
W3136		猴子自然存在			
W3137		猴源于某个地方			
W3137.1			猴从天上来		
W3138		猴是创造产生的			
W3138.1			神造猴子		【景颇族】
W3138.2			始祖造的人是猴子的祖先		【壮族】
W3139		猴是生育产生的			【联1】⑤
W3139.1			神生猴		【门巴族、藏族】
W3139.2			天女生猴		【纳西族】
W3139.3			婚生猴		【例3】⑥

---

① 【关联】［W3074.3］天狗
② 【民族】汉族。【关联】［W6049.5］狗耕田
③ 【关联】［W3104.2］义兽
④ 【关联】［W5972.1］动物之王
⑤ 【关联】［W2617］人生猴
⑥ 【引例】❶人女与猴精婚生【汉族】；❷白昼和黑夜夫妻孕育猴子【景颇族】；❸神婚生猴子【门巴族】

W 编码	母题描述			参照项	
	一级母题	二级母题	三级母题	汤普森	关联项
W3139.4			卵生猴		【水族】
W3139.5			感生猴		【例1】①
W3139.6			海生猴子		【纳西族】
W3139.7			石生猴		【纳西族、藏族】
W3139.8			雪生猿猴		【彝族】
W3140		猴是变化产生的			
W3140.1			神或神性人物的肢体变成猴子		
W3140.2			怪人的尸体化生猴子		【侗族】
W3140.3			人变成猴子		【民族，联1，例2】②
W3140.4			石头变成猴子		
W3140.5			雪变成猴子		
W3141		与猴的产生有关的其他母题			
W3141.1			造物者变出猴		【布依族】
✳ W3142	猴的特征				
W3143		猴的性别			【布依族】
W3143.1			自然产生猴的性别		【纳西族】
W3144		猴子的尾巴			
W3144.1			猴子的尾巴的获得	A2378.1.8	【联2】③
W3144.2			猴子尾巴的丢失		【例1】④
W3145		猴的屁股为什么是红的		A2362.1	
W3145.1			猴的屁股是被水烫红的		【民族，例1】⑤
W3145.2			猴的屁股是被火烧红的		【瑶族】
W3145.3			猴的屁股是被太阳晒红的		【珞巴族】
W3145.4			猴的屁股是粘掉皮后变红的		【汉族】
W3146		与猴子的特征有关的其他母题			

① 【引例】石头感日精月华生猴

② 【民族】藏族、壮族。【关联】［TPS：A1861.3］懒人变猴子。【引例】❶被赶到山上的人变成猴子【傣族】；❷人吃了没有煮熟的地瓜变成猴子【高山族】

③ 【关联】❶［TPS：A2241.11］猴子借了鹿的尾巴；❷［TPS：A2262.2］狒狒的尾巴是扎进的钩子变成的

④ 【引例】猴子食物充足后尾巴消失【藏族】

⑤ 【民族】珞巴族。【引例】猴屁股红色是石头烫的【黎族】

W 编码	母题描述			参照项	
	一级母题	二级母题	三级母题	汤普森	关联项
W3146.1			猴子颜色的来历	A2411.1.5.1	
W3146.2			猴子的手掌为什么是红的		【例1】①
W3147	与猴有关的其他母题				
W3147.1		猿猴的产生		A1862	【例1】②
W3147.2		金丝猴的产生			
W3147.3		狒狒的产生		A1863	
W3147.3.1			狒狒颜色的来历	A2411.1.5.2	
W3147.3.2			狒狒的脸为什么是黑的	A2411.1.5.2.1	
W3147.3.3			狒狒背部为什么斑秃	A2317.10	
W3147.4		会说话的猴子		B211.2.10	
W3147.4.1			猴子会说话的来历		【藏族】
W3147.5		猴子为什么住在树上		A2433.3.19	
W3147.5.1			猴因怕人住树上		【独龙族】
W3147.6		猴子的寿命			
W3147.7		猴子王国		B211.1	
W3147.7.1			猴王	B241.2.2	
W3147.8		原来世上只有猴子			【民族，联1】③
W3147.9		猴子修炼			【藏族】
W3147.10		猴子原来会用弓箭			【珞巴族】
◎	〖虎〗				
✳ **W3150**	虎的产生			①A1815 ②B19.10	
W3151		虎源于某个地方			
W3151.1			虎从天上来		【汉族】
W3151.2			虎从山上来		
W3152		虎是造出来的			
W3152.1			神造虎		【民族，例2】④
W3152.2			祖先造虎		【壮族】

① 【引例】猴子的手掌红的是因为被粘掉了皮毛【土族】
② 【引例】鱼变成猿
③ 【民族】怒族。【关联】［W1996.2］世界上最早产生的是动物
④ 【民族】景颇族、纳西族、瑶族。【引例】❶神仙下凡用黄泥造虎【布朗族】；❷神用泥造虎

W 编码	母题描述			参照项	
	一级母题	二级母题	三级母题	汤普森	关联项
W3153		虎是生育产生的			【例2】①
W3153.1			神人生虎		【哈尼族】
W3153.2			人生虎		【哈尼族】
W3153.3			太阳生虎		【珞巴族】
W3153.4			葫芦生虎		【哈尼族】
W3153.5			婚生虎		【例1】②
W3153.6			卵生虎		【民族，联1，例1】③
W3154		虎是变形产生的			【例3】④
W3154.1			造人的泥巴变成虎		
W3154.2			神或人的肢体化成虎		
W3154.3			神死后肉变成虎		【彝族】
W3154.4			猫变成虎		【普米族】
W3155		与虎的产生有关的其他母题			
W3155.1			神为虎安上眼睛		【纳西族】
W3155.2			虎肉的来历		【纳西族】
W3155.3			神用水造虎血		【纳西族】
❈ **W3156**	虎的特征				
W3157			虎的斑纹的来历	A2413.4	
W3157.1			虎的花纹是画上的衣裳		【独龙族】
W3157.2			虎的斑纹是乌鸦给的		【纳西族】
W3157.3			虎的花纹是被打留下的印记		【珞巴族】
W3157.4			虎身上的斑纹是烧出来的		【苗族、水族、佤族】
W3157.5			虎身上的花纹是烫出来的		【汉族】
W3157.6			虎的花纹是遗传下来的		【例1】⑤
W3157.7			老虎脸上花纹的来历	A2330.4	

① 【引例】❶人与猪婚生虎【珞巴族】；❷男始祖向女始祖的尿吹气生虎【普米族】
② 【引例】日月婚生虎【珞巴族】
③ 【民族】怒族、水族。【关联】［W2220］卵生人。【引例】山洞生的蛋孵出虎【苗族】
④ 【引例】❶桃子烂后的蛆虫变成虎【苗族】；❷被射落的太阳变成虎【畲族】；❸盘古的肉变成虎【彝族】
⑤ 【引例】因老虎的孩子跟野猫结婚，所以老虎身上留下猫的花纹【珞巴族】

W 编码	母题描述			参照项	
	一级母题	二级母题	三级母题	汤普森	关联项
W3157.8			老虎耳朵上的洞眼的来历		【例1】①
W3158		虎生育少的原因			【普米族】
W3158.1		始祖规定老虎一世生一崽			【壮族】
W3158.2		传错话造成老虎九年生一胎			【基诺族】
W3159		与虎的特征有关的其他母题			
W3159.1			虎头上为什么有"王"字		【联1】②
W3159.2			虎的牙齿为什么锋利		【例1】③
W3159.3			虎不会爬树的原因		【例1】④
W3159.4			虎与马交换脚掌		【民族，联1】⑤
◎	〖**其他相关母题**〗				
W3160	虎的食物			A2435.3.9	
W3160.1		虎以前吃素食			【布朗族】
W3160.2		虎为什么吃人		A2435.3.9.1	【民族，例1】⑥
W3160.2.1			人伤虎后虎开始吃人		【水族】
W3160.3		虎为什么吃其他动物			
W3161	虎的朋友				
W3161.1		虎和猫原来是朋友			【汉族】
W3161.2		虎和猪原来是朋友			【仫佬族】
W3162	虎的仇敌			A2494.10	
W3162.1		虎和人是仇敌		A2494.10.1	【珞巴族】
W3162.2		虎和熊是仇敌		A2494.10.3	【联1】⑦
W3163	虎的亲属与关系				
W3163.1		虎的祖父母			【纳西族】
W3163.2		虎和人是兄弟			【珞巴族、苗族】
W3163.3		猫和虎是师徒			【汉族、京族】

① 【引例】因为老虎是人变的，所以耳朵上扎有戴耳环的洞眼 【珞巴族】
② 【关联】［W3164.6］虎是动物之王
③ 【引例】虎嘴上插上两把刀变成牙齿 【珞巴族】
④ 【引例】老虎不会爬树是因为猫没有教 【汉族、珞巴族】
⑤ 【民族】苗族。【关联】［W3060.2］两个动物互相交换特征
⑥ 【民族】水族。【引例】根据约定虎要吃人 【珞巴族】
⑦ 【关联】［W3249.6］熊的仇敌

W 编码	母题描述			参照项	
	一级母题	二级母题	三级母题	汤普森	关联项
W3164	与虎有关的其他母题				【例1】①
W3164.1		虎名称的来历			
W3164.2		虎住在深山的来历			【民族】②
W3164.3		会说话的老虎		B211.2.2.1	
W3164.4		老虎救人			【土家族】
W3164.5		虎记错话			【壮族】
W3164.6		虎是动物之王		B240.13	【民族，联1】③
W3164.6.1			虎王	B241.2.8	
W3164.6.2			虎是山中之王		【景颇族】
W3164.7		飞虎			【畲族】
◎	〖狼〗				
✳ **W3165**	狼的产生			A1833	
W3166		狼是造出来的			
W3166.1			神创造了狼	≈A1833.1	【民族，例1】④
W3167		狼是生育产生的			
W3167.1			神人生狼		【哈尼族】
W3167.2			天女生狼		【纳西族】
W3167.3			卵生狼		【藏族】
W3168		狼是变化产生的			
W3168.1			神变出狼		【纳西族】
W3168.2			恶神的肉变成狼		
W3169		与狼的产生有关的其他母题			
W3169.1			狼承受天命而生		【蒙古族】
◎	〖其他相关母题〗				
W3170	狼的特征				
W3170.1		狼为什么背部僵直		A2356.2.2	
W3170.2		狼为什么尾巴长		A2378.3.3	
W3170.2.1			狼尾下垂是因为脱了尾巴骨节		【撒拉族】
W3170.3		与狼的特征有关的其他母题			

① 【引例】虎为人耕田【汉族】
② 【民族】侗族、哈尼族、苗族、壮族
③ 【民族】纳西族。【关联】［W5972.1］动物之王
④ 【民族】傣族。【引例】神仙下凡用黄泥造狼【布朗族】

W 编码	母题描述			参照项	
	一级母题	二级母题	三级母题	汤普森	关联项
W3170.3.1			狼为什么善于偷食	A2455.1	
W3170.3.2			狼为什么很狡猾		
W3171	狼的朋友				
W3171.1		狼与狐狸结为兄弟			【蒙古族】
W3171.2		狼与乌鸦是朋友			【蒙古族】
W3172	狼的仇敌				
W3172.1		狼与狐狸是仇敌			【撒拉族】
W3173	与狼有关的其他母题				【联1，例1】①
W3173.1		会说话的狼		B211.2.4	
W3173.2		狼是山狗			【联1】②
◎	〖马〗				
✾ **W3175**	马的产生			A1881	
W3176		马源于特定的地方			
W3176.1			马从天上来		【仡佬族】
W3176.2			从天上带来马		【纳西族】
W3176.3			马从水里到陆地上		【纳西族】
W3176.4			神给人类马		
W3177		马是造出来的			
W3177.1			神造马		【例1】③
W3177.2			造物主造马		【景颇族】
W3177.3			文化英雄造马		【壮族】
W3177.4			人与天女造马		【蒙古族】
W3178		马是生育产生的			
W3178.1			卵中孵出马		【蒙古族、水族】
W3178.2			鸟卵生马		【藏族】
W3178.3			鹏蛋生马		【怒族】
W3178.4			水生马		【纳西族】
W3179		马是变化产生的			【例2】④
W3179.1			神马下凡后变成今天的马		
W3179.2			龙下凡后变成马		

① 【关联】［W6292］狼图腾。【引例】狼是祖先灵魂的守护神【哈萨克族】
② 【关联】［W3109.7］狼变成狗
③ 【引例】神用泥造马【傣族】
④ 【引例】❶文化英雄身上的跳蚤化生马【布依族】；❷桃子烂后的蛆虫变成马【苗族】

W 编码	母题描述			参照项	
	一级母题	二级母题	三级母题	汤普森	关联项
W3179.3			树枝变成马		【畲族】
W3179.4			巨人身上的跳蚤变成马		【布依族】
W3180		与马的产生有关的其他母题			
✳ **W3181**	马的特征				
W3182		马的鬃毛的来历			【藏族】
W3183		马的牙齿			
W3183.1			马的上排牙齿的来历	A2345.1	【联1】①
W3183.2			牛借走马的牙齿		
W3184		马的腿部特征			
W3184.1			马抬后腿因为它认为太阳躲在它的后蹄下面		【汉族】
W3184.2			马的前腿为什么有眼状印记	A2371.2.7	
W3184.3			马腿上的眼状印记是由原来的眼变成的	A2262.1	
W3185		马为什么没有角			【黎族】
W3185.1			马没有角是因为被碰断了坚硬的角		【佤族】
W3185.2			马与羊交换了角		
W3186		与马的特征有关的其他母题			
W3186.1			马原来有4只眼		【联1】②
W3186.2			马为什么只有2只眼	A2332.2.1	【珞巴族】
W3186.3			马蹄子凹进去的来历		【普米族】
W3186.4			马的颜色的来历	A2411.1.6.1	
◎	〖其他相关母题〗				
W3187	马的食物				
W3187.1		以前的马吃人			【彝族】
W3187.2		马为什么吃草			
W3187.2.1			马吃草是神的规定		【汉族】
W3188	马的习性				

① 【关联】［W3209］牛（水牛）没有上门牙
② 【关联】［W3184.2］马腿上的眼状印记是由原来的眼变成的

W 编码	母题描述			参照项	
	一级母题	二级母题	三级母题	汤普森	关联项
W3188.1		以前马生活在水里			【纳西族】
W3188.2		马站着睡觉的来历			【仡佬族】
W3188.3		马戴龙套的来历			
W3188.4		马被人骑的原因			【汉族】
W3188.4.1			马的驯化		【汉族】
W3188.4.2			马被人骑是神的规定		【汉族】
W3188.4.3			马被人骑（给人驱使）是因为比赛时输给了人		
W3188.4.4			女始祖规定马被人骑		【壮族】
W3189	与马有关的其他母题				【联3】①
W3189.1		奇特的马			
W3189.1.1			长生不死的马	①B19.3.1 ②B184.1.8	
W3189.1.2			有魔力的马	B181	
W3189.1.3			会飞的马	B41.2	【哈尼族】
W3189.1.4			会说话的八脚马		【达斡尔族】
W3189.2		斑马的产生			
W3189.2.1			斑马的鬃毛的来历	A2322.3	【蒙古族】
W3189.3		讲真话的马		B133	
W3189.4		为主人献身的马		B301.4	
◎	〖猫〗				
❋ **W3190**	猫的产生			A1811	
W3191		猫来源于某个地方			
W3191.1			猫从天上来		
W3191.2			文化英雄（人）从天上偷来猫		【纳西族】
W3192		猫是给予的			
W3192.1			天神赐猫		【阿昌族】
W3192.2			神给人猫是为了捉老鼠		
W3192.3			兽神给人猫		【普米族】
W3193		猫是造出来的		A1811.2	

---

① 【关联】❶［W0211.6.1］马是天使；❷［W3074.4］天马（神马）；❸［W9690.2］宝马

W 编码	母题描述			参照项	
	一级母题	二级母题	三级母题	汤普森	关联项
W3193.1			神造猫		【民族，例1】①
W3193.2			造物主造猫		【景颇族】
W3193.3			佛祖造猫		【例1】②
W3193.4			其他特定的人物造猫		【例1】③
W3194	猫是生育产生的				
W3195	猫是变化产生的				
W3195.1			神（人）变成猫		
W3195.2			被射落的太阳变成猫		【苗族、畲族】
W3196	与猫的产生有关的其他母题				
◎	〖**其他相关母题**〗				
W3197	猫的特征				
W3197.1		猫为什么会爬树			【汉族】
W3197.2		猫走猫步的来历		A2441.1.10	
W3197.3		猫的叫声的来历			
W3197.3.1			猫为什么喵喵叫	A2421.8	
W3197.3.2			猫叫春是神对它的惩罚		【回族】
W3197.4		猫为什么要藏自己的粪便		①A2385.4 ②A2495.1	
W3197.5		与猫的特征有关的其他母题			
W3197.5.1			猫为什么有胡须		【汉族】
W3197.5.2			猫有9条命		【汉族】
W3198	猫的食物			A2435.3.2	
W3198.1		猫吃老鼠的来历			【民族】④
W3198.1.1			猫吃老鼠是神对老鼠的惩罚		
W3198.1.2			猫吃老鼠是因为老鼠得罪了猫		【汉族】
W3198.2		猫吃鱼的来历			
W3198.3			猫吃鱼是神对猫的奖励		【京族】

---

① 【民族】景颇族。【引例】神用泥巴造出猫 【汉族】
② 【引例】佛祖的汗泥捏成猫 【傣族】
③ 【引例】女巨人造猫 【基诺族】
④ 【民族】汉族、回族、苗族、藏族

W 编码	母题描述			参照项	
	一级母题	二级母题	三级母题	汤普森	关联项
W3199	与猫有关的其他母题				
W3199.1		猫的居所的来历		A2433.3.1	
W3199.2		猫是神的使者			【阿昌族】
W3199.3		奇特的猫			
W3199.3.1			会说话的猫	B211.1.8	
W3199.4		猫的朋友			
W3199.4.1			猫和人是朋友		【藏族】
W3199.4.2			猫和鼠原来是朋友	A2493.9	【仡佬族】
W3199.5		猫的仇敌			
W3199.5.1			猫和狗是仇敌	A2494.1.2	【联 1】①
W3199.5.2			虎和猫是仇敌	A2494.1.6	
W3199.6		猫肉不能吃的原因			【民族，例 1】②
◎	〖牛③〗				
✳ **W3200**	牛的产生				
W3201		牛源于某个地方或自然存在			
W3201.1			牛从天上来		【例 5】④
W3201.2			神牛被贬下凡		【联 2】⑤
W3201.3			文化英雄找到牛		【土族】
W3201.4			神给人类牛		
W3202		牛是造出来的			
W3202.1			牛的创造者	≈ A84.1	
W3202.2			神造牛		【傣族、黎族】
W3202.3			造物主造牛		【景颇族】
W3202.4			文化英雄造牛		【例 2】⑥
W3202.5			与造牛有关的其他母题		【例 1】⑦
W3203		牛是生育产生的			【例 1】⑧

---

① 【关联】［W3129.2］狗和猫是仇敌
② 【民族】纳西族。【引例】猫保护了祖先所以不能吃【高山族】
③ 牛，此处的"牛"包括"牛"、"水牛"、"黄牛"、"牦牛"等。
④ 【民族】仡佬族。【引例】❶玉皇大帝从天上把牛放在地上【布依族】；❷水牛原来在天上【哈尼族】；❸从天上的太阳村带来牛【珞巴族】；❹祖先夫妇俩带回太阳和月亮送给的牛【珞巴族】；❺天上的牛因打架被贬人间【水族】
⑤ 【关联】❶［TPS：A1714.3.1］神牛因帮助人类被贬下凡；❷［W0925］神牛
⑥ 【引例】❶女娲造牛【汉族】；❷布洛陀造牛【壮族】
⑦ 【引例】苏木泡水做牛血【壮族】
⑧ 【引例】男始祖向女始祖的尿吹气生出牛【普米族】

W 编码	母题描述			参照项	
	一级母题	二级母题	三级母题	汤普森	关联项
W3203.1			葫芦生牛		【黎族】
W3203.2			卵生牛		【水族】
W3204		牛是变化产生的			【例6】①
W3204.1			神被惩罚变成牛		【联1】②
W3204.2			天神为赎罪变成牛		【京族】
W3204.3			麒麟变成牛		【联1】③
W3204.4			树枝变成牛		【畲族】
W3204.5			牛星（启明星）变成牛		【民族，联1】④
W3205		与牛的产生有关的其他母题			【例5】⑤
W3205.1			水獭皮里变出牛		【珞巴族】
W3205.2			牛的生日		【例1】⑥
✳ **W3206**	牛的特征				
W3207		牛的雌雄			
W3207.1			不同的人物分别造出公牛和母牛		【例1】⑦
W3208		牛角的来历		A2326.1.4	
W3208.1			牛以前没有角		
W3208.2			牛原来有多只角		【彝族】
W3208.3			牛因生气长出角		【汉族】
W3208.4			牛角是赠送的		【例2】⑧
W3208.5			牛角是造出来的		【例2】⑨
W3208.6			牛角是借来的		【例2】⑩
W3208.7			牛角是安上去的		【例1】⑪
W3208.8			牛角为什么是弯的		【例2】⑫

① 【引例】❶文化英雄身上的虱子化生牛【布依族】；❷巨人身上的虱子变成牛【布依族】；❸灶王爷变成牛【汉族】；❹天皇的女儿变成小母牛【黎族】；❺桃子烂后的蛆虫变成牛【苗族】；❻狼变成牛

② 【关联】［W9505］惩罚造成的变形

③ 【关联】［W3589］麒麟

④ 【民族】苗族。【关联】［W1740］启明星

⑤ 【引例】❶烧化的石头灰中生牛【拉祜族】；❷牛是天上打下来的太阳【苗族】；❸弯木做牛头【壮族】；❹用树叶做牛耳【壮族】；❺大首乌做牛肉，白皮木造牛骨，马蜂窝做牛肚，芭蕉叶做牛肠【壮族】

⑥ 【引例】十月初一是牛的生日【仡佬族】

⑦ 【引例】男始祖造公牛，女始祖造母牛【壮族】

⑧ 【引例】❶仙婆赠牛角【水族】；❷神给了牛两只角

⑨ 【引例】❶千层皮树做牛角【壮族】；❷用刀尖做牛角【壮族】

⑩ 【引例】❶牛借了马的角没有归还【汉族】；❷狼把角借给了牛【普米族】

⑪ 【引例】人给牛安上角

⑫ 【引例】❶牛角是人拽弯的【珞巴族】；❷牛劝兄妹结婚被扭弯了角【水族】

W 编码	母题描述			参照项	
	一级母题	二级母题	三级母题	汤普森	关联项
W3208.9			牛角的变小		【例1】①
W3209		牛（水牛）没有上门牙		A2345.7.1	【民族，例1】②
W3209.1			牛的上门牙是被神踢掉的		【民族，例2】③
W3209.2			牛（水牛）没有上门牙是从天上摔下时磕掉的		【傣族、畲族】
W3209.3			牛的上门牙是笑掉的		【瑶族】
W3209.4			牛的上门牙是被自己咬掉的		【黎族】
W3209.5			牛把牙的一半给了马（猪）		【回族】
W3210		牛耳的来历			
W3210.1			葵扇做牛耳		【壮族】
W3211		牛尾巴的来历			
W3211.1			牛尾巴是神赐给的		【汉族】
W3211.2			牛尾巴是人给它安上的木棍变成的		【汉族】
W3212		牛的蹄子分岔的来历			【民族，例2】④
W3213		牛的颜色的来历			
W3213.1			黄牛是用黄泥造的		【壮族】
W3213.2			黑牛是烟熏造成的		【例1】⑤
W3214		与牛的特征有关的其他母题			
W3214.1			黄牛不能下水的原因		【例1】⑥
W3214.2			牛掉眼泪的原因		【佤族】
◎	〖**其他相关母题**〗				
W3215	牛的食物				
W3215.1		牛吃草的来历			
W3215.1.1			神规定牛吃草		【回族、壮族】

① 【引例】牛被贬人间后角变小【水族】
② 【民族】傣族、彝族。【引例】牛没上牙是人掰掉的【苗族】
③ 【民族】土族、藏族。【引例】❶牛被真主踢掉上门牙【回族】；❷牛被牛王菩萨踢掉门牙【羌族】
④ 【民族】蒙古族、普米族。【引例】❶牛蹄分岔是神锯开的【汉族】；❷牛蹄分岔是被卡压的结果【藏族】
⑤ 【引例】水牛的黑色是烟熏造成的【拉祜族】
⑥ 【引例】黄牛是用黄泥捏的，所以不能下水【傣族】

W 编码	母题描述			参照项	
	一级母题	二级母题	三级母题	汤普森	关联项
W3215.1.2			牛为帮人类自愿吃草		【回族】
W3215.1.3			神牛犯错被罚后开始吃草		
W3216	牛的生育				
W3216.1		牛一胎只生一个牛犊			
W3216.1.1			牛被诅咒后一胎只生一个牛犊		
W3216.2		牛的交配的来历			【民族，例1】①
W3217	牛的语言				
W3217.1		会说话的牛		B211.1.5	【汉族】
W3217.2		牛的说话能力的丧失			【民族，例1】②
W3217.2.1			牛不会说话是因为神在牛的嘴里钉了钉子		【汉族】
W3218	牛的寿命				
W3218.1			牛把一些寿命给了人后寿命变短		
W3219	与牛有关的其他母题				【联2】③
W3219.1		奶牛的产生		A1877	【珞巴族】
W3219.2		野牛的产生		A1878	
W3219.3		水牛的产生			【例1】④
W3219.3.1			水牛灰黑色的来历		【拉祜族、黎族】
W3219.3.2			水牛天热下水的来历		
W3219.3.3			水牛是用紫胶捏的，所以天热下水		【傣族】
W3219.3.4			以前水牛住在天上		【傈僳族】
W3219.3.5			水牛野性的来历		【壮族】
W3219.4		牛黄的来历			【例1】⑤
W3219.4.1			雷神的黄豆变牛黄		【彝族】

---

① 【民族】壮族。【引例】始祖规定母牛发情的时间【壮族】
② 【民族】傈僳族。【引例】牛不会说话是因为被火烧了舌头【京族】
③ 【关联】❶〔W0509〕牛神；❷〔W0925〕神牛
④ 【引例】始祖娘造水牛【壮族】
⑤ 【引例】假太阳被黄牛吞下后变成牛黄【苗族】

W 编码	母题描述			参照项	
	一级母题	二级母题	三级母题	汤普森	关联项
W3219.5		牦牛的产生			
W3219.5.1			鸟卵生牦牛		【藏族】
W3219.6		神奇的牛		B184.2.1	【例1】①
W3219.6.1			银牛		【例1】②
W3219.6.2			牛的魔力	B182	
W3219.7		说错话的牛			【联1】③
W3219.8		讲真话的牛		B132	【联1】④
W3219.9		牛为人服务的原因		A2513.5	
W3219.9.1			牛原来用人耕地，交换后牛为人耕地		
W3219.9.2			牛错传话被惩罚为人耕地		【土族、土家族】
W3219.9.3			牛做错事情被罚给人耕地		
W3219.9.4			扼牛耕田的来历		【联1】⑤
W3219.9.5			牵牛鼻子的来历		【侗族】
W3219.10		牛子下跪的来历			【水族】
W3219.11		牛以前在天上守仓库			【仫佬族】
W3219.12		牛以前是天上的司草官			【畲族】
◎	〖鼠〗				
❋ **W3220**	**鼠（耗子）的产生**			①A1853 ②A1854	
W3221		老鼠源于特定的地方			
W3221.1			老鼠从天上来		【藏族】
W3221.2			老鼠从地洞来		
W3222		老鼠是生育产生的			
W3222.1			草中生鼠		【汉族】
W3223		老鼠是变化产生的			【例1】⑥

① 【引例】牛帮助自己的主人完成难题【彝族】
② 【引例】天降银牛【回族】
③ 【关联】［W3219.9.2］牛错传话被惩罚为人耕地
④ 【关联】［W3217.1］会说话的牛
⑤ 【关联】［W6049.1］牛耕田（扼牛耕田的来历）
⑥ 【引例】血液变成鼠

W 编码	母题描述			参照项	
	一级母题	二级母题	三级母题	汤普森	关联项
W3223.1			神变成鼠		
W3223.2			怪人的尸体化生老鼠		【侗族】
W3224		与老鼠的产生有关的其他母题			
✳ **W3225**	鼠的特征				
W3226		老鼠为什么嘴长		A2235.4.6	【联1】①
W3227		老鼠为什么牙齿锋利			
W3227.1			老鼠牙齿锋利是神的奖励		【汉族】
W3227.2			老鼠磨牙的原因		【侗族】
W3228		与老鼠的特征有关的其他母题			
W3228.1			老鼠体型的变大	A2301.1	
W3228.2			老鼠体型的变小	A2302.1	
W3228.3			老鼠眼睛的产生	A2332.1.1	【例1】②
W3228.4			老鼠尾巴的获得	A2378.1.2	
W3228.5			老鼠后腿弯曲的来历		【例1】③
W3228.6			老鼠颜色的来历	A2411.1.4.3	
W3228.7			老鼠打洞的来历		【例1】④
W3229	与鼠有关的其他母题				
W3229.1		田鼠的产生		A1893	
W3229.1.1			田鼠不敢白天出来的原因		【满族】
W3229.2		鼹鼠的产生			
W3229.2.1			鼹鼠为什么住在地下	A2433.3.20	
W3229.3		奇特的鼠			
W3229.3.1			会说话的鼠	B211.2.8	
W3229.3.2			以前老鼠会飞		【白族】
W3229.4		老鼠的食物		A2435.3.7	

① 【关联】［W3041.4］某些动物为什么嘴长
② 【引例】竹鼠的眼睛红是哭泣造成的【布朗族】
③ 【引例】老鼠的后腿变弯是从梯子上摔下来造成的【珞巴族】
④ 【引例】天神让老鼠打洞【锡伯族】

W 编码	母题描述			参照项	
	一级母题	二级母题	三级母题	汤普森	关联项
W3229.5		老鼠吃人的粮食的原因			【白族】
W3229.5.1			鼠为人找粮种获得可以吃人的粮食的权利	A2223.3	【汉族】
W3229.5.2			老鼠偷吃东西的来历		【哈尼族】
W3229.6		老鼠的朋友			
W3229.6.1			老鼠和猫头鹰是好朋友		【普米族】
W3229.7		老鼠的仇敌			
W3229.7.1			老鼠与猫是仇敌		【联 1】①
W3229.8		老鼠为什么白天不出来			【普米族】
W3229.8.1			老鼠白天不出来是因为怕太阳诅咒		【汉族】
W3229.8.2			老鼠过街人人喊打的来历	≈ A2239.9	【汉族】
W3229.8.3			老鼠藏在洞中的来历		【壮族】
W3229.9		老鼠怕人的来历			【苗族】
◎	〖兔〗				
✳ W3230	兔子的产生			A1856	
W3231		兔子是造出来的			
W3231.1			神造兔子		【景颇族】
W3232		兔子是生育产生的			【例 1】②
W3232.1			老虎生兔子		【哈尼族】
W3233		兔子是变化产生的			
W3233.1			射落的太阳变成兔子		【畲族】
W3234		与兔子产生有关的其他母题			
✳ W3235	兔子的特征				
W3236		兔子耳朵长的来历		A2325.1	【汉族】
W3237		兔唇为什么是裂开的			

① 【关联】［W3198.1］猫吃老鼠的来历
② 【引例】男始祖向女始祖的尿吹气生出兔子【普米族】

W 编码	母题描述			参照项	
	一级母题	二级母题	三级母题	汤普森	关联项
W3237.1			兔子的豁嘴是被砍形成的	≈ A2216.3	
W3237.2			兔子的豁嘴是因为大笑形成的	≈ A2211.1	
W3237.3			兔子的豁嘴是惩罚造成的		【彝族】
W3237.4			兔子的唇是熊打裂的		【鄂伦春族】
W3238		与兔子的特征有关的其他母题			
W3238.1			兔子为什么前腿短	A2371.2.11	
W3238.2			兔子为什么跳着走	A2441.1.11	
W3238.3			兔子站立时为什么总是抬起头		【例1】①
W3238.4			兔子为什么尾巴短	A2378.4.1	【联1】②
W3238.5			兔子为什么红眼睛		【汉族】
W3238.6			兔子睡时为什么睁着眼睛	A2461.1	
W3238.7			兔子颜色的来历	A2411.1.4.4	
W3239	与兔子有关的其他母题				
W3239.1		兔子的朋友			
W3239.2		兔子的仇敌		A2494.6	
◎	〖熊〗				
✲ **W3240**	熊的产生			A1836	
W3241		熊是造出来的			
W3241.1			神造熊		【瑶族】
W3242		熊是生育产生的			
W3242.1			神人生熊		【哈尼族】
W3242.2			天女生熊		【纳西族】
W3242.3			葫芦生熊		【哈尼族】
W3242.4			卵生熊		【水族】
W3243		熊是变化产生的			
W3243.1			雪变成熊		【彝族】
W3243.2			人变成熊		【汉族】

① 【引例】兔子站立时总是抬起头是当年被诬骗时形成的习惯【珞巴族】
② 【关联】〔TPS：A2215.2〕造兔子时兔子跑丢了尾巴

W 编码	母题描述			参照项	
	一级母题	二级母题	三级母题	汤普森	关联项
W3244		与熊的产生有关的其他母题			
W3244.1			黑熊和白熊的来历		【彝族】
✳ **W3245**	熊的特征				
W3246		熊的颜色			
W3246.1			熊的黑色是被染黑的		【瑶族】
W3247		熊为什么尾巴短			
W3247.1			熊的尾巴短是因为在冰上粘掉了尾巴		【赫哲族】
W3248		与熊的特征有关的其他母题			
W3248.1			熊为什么眼睛小		【例1】①
W3248.2			熊为什么冬眠	A2481.1	【汉族】
W3248.3			熊为什么爱攻击人	A2524.3	
W3249	与熊有关的其他母题				【联2】②
W3249.1		熊变为女子			
W3249.1.1			熊遵守禁忌变成女子		【朝鲜族】
W3249.1.2			母熊掠猎人成婚		【鄂伦春族】
W3249.2		熊的居所			
W3249.2.1			熊居洞穴中	A2432.6	
W3249.2.2			熊原来住在天上		【鄂温克族】
W3249.3		会说话的熊		B211.2.3	
W3249.4		熊的朋友			
W3249.5		熊的仇敌		A2494.8	
W3249.6		熊猫的产生			
W3249.6.1			熊猫是熊的后代		【彝族】
W3249.7		熊是动物之王		B240.1	【联2】③
W3249.8		人熊		B29.7	【联1，例2】④
◎	〖羊〗				
✳ **W3250**	羊的产生			A1884	

① 【引例】熊的眼睛小是因为被胶粘住【赫哲族】
② 【关联】❶〔W0696.2.1〕黄帝建国号"熊"；❷〔W6298〕熊图腾
③ 【关联】❶〔W3164.6〕虎是动物之王；❷〔W5972.1〕动物之王
④ 【关联】〔W2312.1〕人熊变成人。【引例】❶生人熊合体的人【达斡尔族】；❷女子与大熊交配生人熊【满族】

W 编码	母题描述			参照项	
	一级母题	二级母题	三级母题	汤普森	关联项
W3251		羊源于某个地方			
W3251.1			羊从天上来		【例3】①
W3252		羊是造出来的			
W3252.1			神造羊		【傣族】
W3252.2			造物主造羊		【景颇族】
W3253		羊是生育产生的			【联1，例1】②
W3253.1			羊从土中生	B95	
W3253.2			马鹿生岩羊		【哈尼族】
W3253.3			卵生羊		【藏族】
W3254		羊是变化产生的			【例1】③
W3254.1			特定的动物变成羊		
W3254.2			特定的肢体变成羊		【例1】④
W3255		与羊的产生有关的其他母题			
✽ **W3256**	羊的特征				
W3257		羊毛的来历			
W3257.1			羊从上帝那里得到了毛	A2221.10	
W3258		羊角的来历		①A2316.1.3 ②A2316.1.6	
W3258.1			羊从牛那里得到了角		【汉族】
W3258.2			羊与狗交换了角		【佤族、彝族】
W3258.3			铃羊与鹿换角		【高山族】
W3258.4			羊角为什么是弯的		【联1，例1】⑤
W3259		与羊的特征有关的其他母题			
W3259.1			山羊胡子的来历	A2322.4	
W3259.2			羊为什么有膻味	A2416.5	
W3259.3			羊死后为什么不闭眼		【例1】⑥

① 【引例】❶玉皇大帝从天上把羊放到地上【布依族】；❷从天上的太阳村带来羊【珞巴族】；❸祖先夫妇俩带回太阳和月亮送给的羊【珞巴族】

② 【关联】［W2619］人生羊。【引例】男始祖向女始祖的尿吹气生出羊【普米族】

③ 【引例】桃子烂后的蛆虫变成羊【苗族】

④ 【引例】指甲变成羊【珞巴族】

⑤ 【关联】［W3208.8］牛角为什么是弯的。【引例】羊角是人搋弯的【珞巴族】

⑥ 【引例】羊死后不闭眼是因为没有吃到一种食物（树叶、草）【汉族】

W 编码	母题描述			参照项	
	一级母题	二级母题	三级母题	汤普森	关联项
W3260	与羊有关的其他母题				
W3260.1		各类羊的产生			
W3260.1.1			山羊的产生	①A1884.1 ②A1885	【例1】①
W3260.1.2			绵羊的产生		
W3260.1.3			羚羊的产生		
W3260.1.4			其他类型的羊的产生		
W3260.2		羊的食物			【例1】②
W3260.3		羊的饲养			【联1】③
W3260.3.1			神让在家中养羊		【傈僳族】
W3260.4		羊为什么与人住在一起		①A2433.3.8 ②A2513.4	
◎	〖猪〗				
✳ **W3261**	猪的产生			A1871	
W3262		猪来源于特定的地方			
W3262.1			猪从天上来		【民族，例3】④
W3263		猪是造出来的			
W3263.1			神造猪		【民族，例1】⑤
W3263.2			神性人物造猪		【例1】⑥
W3263.3			始祖造猪		【民族，例1】⑦
W3263.4			造物主造猪		【景颇族】
W3263.5			与造猪有关的其他母题		【例3】⑧
W3264		猪是生育产生的			【联1】⑨
W3264.1			树生猪		【珞巴族】

---

① 【引例】鬼婚生的种籽变成山羊【景颇族】
② 【引例】神规定羊吃草
③ 【关联】［W6057］特定动物的驯养
④ 【民族】仡佬族。【引例】❶玉皇大帝从天上把猪放在地上【布依族】；❷从天上的太阳村带来猪【珞巴族】；❸祖先夫妇俩带回太阳和月亮送给的猪【珞巴族】
⑤ 【民族】傣族、景颇族。【引例】神仙下凡用黄泥造猪【布朗族】
⑥ 【引例】女娲造猪【汉族】
⑦ 【民族】壮族。【引例】男始祖向女始祖的尿吹气生出猪【普米族】
⑧ 【引例】❶天神用纸剪成猪【傣族】；❷用怪物造猪【珞巴族】；❸竹壳做猪皮，用棉花做猪肉，红酒当猪血，茅秆做猪脚【壮族】
⑨ 【关联】［W2620］人生猪

W 编码	母题描述			参照项	
	一级母题	二级母题	三级母题	汤普森	关联项
W3264.2			葫芦生猪		【民族，例1】①
W3264.3			卵生猪		【民族，例1】②
W3265		猪是变化产生的			
W3265.1			神下凡变成猪		
W3265.2			虫子变成猪		【例1】③
W3265.3			与变化产生猪有关的其他母题		【例2】④
W3266		与猪的产生有关的其他母题			
W3266.1			水獭皮里变出猪		【珞巴族】
✿ **W3267**	猪的特征				
W3268		猪的皮毛			
W3268.1			豪猪的皮肤的来历	A2311.5	
W3269		猪嘴			
W3269.1			猪嘴为什么扁平		【汉族】
W3269.2			野猪的嘴		【例2】⑤
W3270		猪要被人杀吃的原因			【壮族】
W3270.1			猪为什么有丰富的肌肉	A2381.1	
W3270.2			神规定人吃猪		【汉族】
W3270.3			野猪被人吃的原因	A1422.3	
W3271		与猪的特征有关的其他母题			【联1，例1】
◎	〖其他相关母题〗				
W3272	猪的食物			A2435.3.14	
W3272.1		人为什么拿剩饭喂猪			
W3272.1.1			人拿剩饭喂猪，是因为猪曾经为人取粮种		
W3272.2		猪吃屎的来历		A2435.3.14.1	
W3272.3		猪吃剩饭的来历			【汉族】

① 【民族】黎族。【引例】太阳的女儿给的葫芦生猪【珞巴族】
② 【民族】水族。【引例】家猪和野猪源于不同的卵【珞巴族】
③ 【引例】砍开怪物出现的虫子变成猪【珞巴族】
④ 【引例】❶桃子烂后的蛆虫变成猪【苗族】；❷象被割掉鼻子变成猪
⑤ 【引例】❶猪嘴又平又短的原因【黎族】；❷野猪的尖嘴是被神拉长的

W 编码	母题描述			参照项	
	一级母题	二级母题	三级母题	汤普森	关联项
W3272.4		山猪吃稻子的原因			【黎族】
W3272.5		猪为什么吃杂食			
W3273	与猪有关的其他母题				【例2】①
W3273.1		野猪的产生		A1871.1	【例1】②
W3273.1.1			豹子生野猪		【哈尼族】
W3273.1.2			神死后肉变成野猪		【例1】③
W3273.1.3			卵生野猪		【例1】④
W3273.1.4			黑公猪是野猪的祖先		【例1】⑤
W3274.2		豪猪的产生		A1858	
W3273.3		野猪变家猪			【例1】⑥
W3273.3.1			猪被驯养的原因	A2513.3	
W3273.4		箭猪背上的弯箭的来历			【苗族】

3.2.3　一般哺乳动物⑦【W3275～W3299】

W 编码	母题描述			参照项	
	一级母题	二级母题	三级母题	汤普森	关联项
W3275	豹子				
W3275.1		豹子的产生		A1875	
W3275.1.1			豹子来源于特定的地方		
W3275.1.2			神造豹		【民族，例1】⑧
W3275.1.3			老虎生豹子		【哈尼族】

① 【引例】❶猪把一部分寿命给了人【汉族】；❷野猪称人的始祖为姐夫【壮族】
② 【引例】姑侄婚后造野猪【瑶族】
③ 【引例】盘古的肉变野猪【彝族】
④ 【引例】两个卵分别生出白猪和黑猪，黑猪的子孙变成野猪【珞巴族】
⑤ 【引例】人从树中得到的黑公猪跑掉后成为野猪的祖先【珞巴族】
⑥ 【引例】女子饲养从树洞中抓获的一头母猪成为家猪的祖先【珞巴族】
⑦ 一般哺乳动物，该母题并非所有哺乳动物的完全列举，包括若干有具体名称的动物和一些空缺，提取结果也采取相对简单的表述方式，每个具体名称的动物包括三个基本母题类型，即：（1）该动物的产生；（2）该动物的特征；（3）该动物的相关母题。为避免大量的母题重复，基本母题的下一级母题并不完全列举理论推断出的所有母题。只是根据笔者目前阅读的神话文本选取一些具有特色的母题加以标示，编码随机编排，不留空缺。如果读者发现该动物还有其他没有列出的母题，可以用三种方法进行处理：（1）比照其他动物的母题编码，查找该神话表述的规律或特点；（2）将新发现的母题用上面"动物概说"中列举的宽泛意义上的母题条目增列；（3）在动物相应的母题下增添新的编码。以下母题条目出现的"鸟类动物"、"水中动物"等类型的母题编码，与此方法相同。
⑧ 【民族】傣族、景颇族。【引例】神用泥巴造豹子

W 编码	母题描述			参照项	
	一级母题	二级母题	三级母题	汤普森	关联项
W3275.1.4			神或神性人物的肢体化为豹子		
W3275.2		豹子的特征		A2412.1.2	【苗族】
W3275.2.1			豹子为什么身上有斑点		
W3275.2.2			豹子的颜色的来历	A2411.1.1.1	
W3275.3		与豹子有关的其他母题			
W3275.3.1			豹子的仇敌	A2494.2	
W3276	豺				
W3276.1		豺的产生		A1834.2	
W3276.2		豺的特征			
W3276.2.1			豺的背部被火烧黑	A2218.2	【汉族】
W3276.3		与豺有关的其他母题			
W3276.3.1			豺与狼是朋友		
W3277	刺猬				
W3277.1		刺猬的产生			
W3277.2		刺猬的特征			
W3277.2.1			刺猬皮肤的来历	A2311.4	【汉族】
W3277.2.2			刺猬被赐予全身的刺	A2220.1	
W3277.3		与刺猬有关的其他母题			
W3277.3.1			刺猬为什么吃蛇		
W3278	穿山甲				
W3278.1		穿山甲的产生			
W3278.1.1			人变成穿山甲		【畲族】
W3278.1.2			鬼婚生的种籽变穿山甲		【景颇族】
W3278.2		穿山甲的特征			
W3278.2.1			穿山甲为什么身上有鳞片		【苗族】
W3278.2.2			穿山甲为什么没有牙齿		【黎族】
W3278.3		与穿山甲有关的其他母题			【毛南族】

W 编码	母题描述			参照项	
	一级母题	二级母题	三级母题	汤普森	关联项
W3278.3.1			穿山甲吃蚂蚁的来历		
◎	〖狐狸〗				
W3279	狐狸的产生			A1832	
W3279.1		豹生狐狸			【哈尼族】
W3279.2		神死后肉变成狐狸			【例1】①
W3280	狐狸的特征				
W3280.1		狐狸的嘴为什么是黑的			【例1】②
W3280.2		狐狸的脸为什么是花的			
W3280.2.1			狐狸花脸是被打造成的		【例2】③
W3280.3		狐狸为什么尾巴长		A2378.3.4	【汉族】
W3280.3.1			狐狸尾巴长是被拉长的	A2213.4.2	
W3280.4		狐狸有臭味的来历			【满族】
W3281	与狐狸有关的其他母题				
W3281.1		会说话的狐狸		B211.2.5	
W3281.2		狐狸的仇敌		A2494.9	
W3281.2.1			鸡和狐狸是仇敌	A2494.9.2	【汉族】
W3281.3		狐狸很狡猾		A2525.3	
W3281.4		九尾狐			【汉族】
W3282	黄鼠狼				
W3282.1		黄鼠狼的产生			
W3282.1.1			狼生黄鼠狼		【哈尼族】
W3282.2		黄鼠狼的特征			
W3282.3		与黄鼠狼有关的其他母题			
W3282.3.1			黄鼠狼为什么吃鸡		
W3283	麂子				
W3283.1		麂子的产生			
W3283.1.1			马鹿生麂子		【哈尼族】

---

① 【引例】盘古的肉变成狐狸【彝族】
② 【引例】狐狸的嘴都像木炭一般黑是因为学打铁时整天同木炭打交道的结果【珞巴族】
③ 【引例】❶狐狸的花脸是被神打出来的【彝族】；❷狐狸的花脸是被马踢出来的【彝族】

W 编码	母题描述			参照项	
	一级母题	二级母题	三级母题	汤普森	关联项
W3283.1.2			神造麂子		【景颇族】
W3283.1.3			特定的物变麂子		【例1】①
W3283.2		麂子的特征			
W3283.2.1			麂子为什么鼻子有皱		【例1】②
W3283.2.2			麂子的脸是被天神用开水烫皱的		【彝族】
W3283.2.3			麂子的皮毛为什么是红色的		【傈僳族、佤族】
W3283.3		与麂子有关的其他母题			
◎	〖鹿〗				
W3284	鹿的产生			A1875	
W3284.1		鹿从天上来			【蒙古族】
W3284.2		神造鹿			【民族，例1】③
W3284.3		神死后肉变成鹿			【彝族】
W3285	鹿的特征				【联1】④
W3285.1		鹿角的来历			
W3285.1.1			鹿从狗那里借来角	A2241.1	
W3285.1.2			鹿借了鸡的角没有归还		【联1】⑤
W3285.1.3			马鹿把公鸡的角戴在头上		【纳西族】
W3285.2		鹿原来有四只眼			【鄂伦春族】
W3285.2.1			梅花鹿原来有四只眼		【赫哲族】
W3285.3		鹿的短尾巴的来历			【联1】⑥
W3285.3.1			麋鹿短尾巴的来历		【藏族】
W3285.4		鹿的颜色的来历		A2411.1.6.5	
W3285.5		鹿眼下的白印的来历			【鄂温克族】

---

① 【引例】盘古的肉变成麂子【彝族】
② 【引例】麂子的鼻子有皱是被烫造成的【彝族】
③ 【民族】傣族、景颇族。【引例】神仙下凡用黄泥造鹿【布朗族】
④ 【关联】［W6061］养鹿的来历（驯鹿的来历）
⑤ 【关联】［W3349.4］鸡的角
⑥ 【关联】［TPS：A2241.11］猴子借了鹿的尾巴

W 编码	母题描述			参照项	
	一级母题	二级母题	三级母题	汤普森	关联项
W3286	与鹿有关的其他母题				【例1】①
W3286.1		金鹿的产生		B102.3	
W3286.2		马鹿的产生			
W3286.2.1			鬼婚生的种籽变成马鹿		【景颇族】
W3286.2.2			神人生马鹿		【哈尼族】
W3286.3		长颈鹿的产生			
W3286.3.1			长颈鹿为什么脖子长		【汉族】
W3286.4		麋鹿头上皱纹的来历			【珞巴族】
W3287	骡子				
W3287.1		骡子的产生			
W3287.1.1			神变骡子		【汉族】
W3287.1.2			盘古的肉变骡子		【彝族】
W3287.2		骡子的特征			
W3287.2.1			骡子为什么不生育		【民族，例1】②
W3287.3		与骡子有关的其他母题			
W3288	骆驼				
W3288.1		骆驼的产生		A1873	
W3288.2		骆驼的特征			
W3288.2.1			骆驼为什么背部有驼峰	A2356.2.13	
W3288.2.2			骆驼为什么不怕渴		
W3288.3		与骆驼有关的其他母题			
◎	〖驴〗				
W3289	驴的产生			①A1882 ②B19.11	
W3289.1		神给人类驴			【满族】
W3289.2		神驴下凡			
W3289.3		神变成驴			
W3290	驴的特征				

① 【引例】马鹿不能做牲畜的原因 【彝族】
② 【民族】裕固族。【引例】神规定骡子不下仔

W 编码	母题描述			参照项	
	一级母题	二级母题	三级母题	汤普森	关联项
W3290.1		驴的体征的来历			
W3290.1.1			驴因过错变成现在的样子		【汉族】
W3290.2		驴的耳朵			
W3290.2.1			驴为什么耳朵长	A2325.3	
W3290.2.2			驴的长耳朵是神为了让它听话安上的		【汉族】
W3290.3		驴的牙齿			
W3290.3.1			神规定驴的牙齿是方的		
W3290.4		驴的蹄子			
W3290.4.1			神把驴的爪子变成蹄子		
W3290.4.2			驴蹄子凹进去的来历		【普米族】
W3290.5		驴的阴茎为什么巨大		A2365.2.1.3	
W3290.6		驴为什么叫声刺耳		A2243.1.4	
W3291	与驴有关的其他母题				
W3291.1		驴的寿命			
W3291.1.1			驴的寿命变短，因为驴把一些寿命给了人		【汉族】
W3291.2		驴成为家畜			
W3291.3		驴为什么愚蠢		A2537.2	
W3291.4		驴打滚的来历			【汉族】
W3292	狮子				
W3292.1		狮子的产生			【例1】①
W3292.1.1			神造狮子		【景颇族】
W3292.2		狮子的特征			
W3292.2.1			狮子为什么很凶猛		
W3292.3		与狮子有关的其他母题			
W3292.3.1			狮子的朋友		
W3292.3.2			狮子的仇敌	A2494.7	
W3292.3.3			石狮		【汉族、壮族】

① 【引例】狮子是天上打下来的太阳【苗族】

W 编码	母题描述			参照项	
	一级母题	二级母题	三级母题	汤普森	关联项
W3293	松鼠				
W3293.1		松鼠的产生			
W3293.1.1			鬼婚生的种籽变狗松鼠		【景颇族】
W3293.2		松鼠的特征			
W3293.2.1			松鼠尾巴的获得	A2378.1.5	
W3293.2.2			松鼠身上条纹的来历	A2413.3	
W3293.2.3			松鼠绒毛的来历		【拉祜族】
W3293.2.4			松鼠胸前的毛为什么是红色的		【例1】①
W3293.3		与松鼠有关的其他母题			
W3293.3.1			松鼠为什么爱吃坚果		【汉族】
◎	〖象〗				
W3294	象的产生			A1887	
W3294.1		神造象			【傣族、景颇族】
W3294.2		象是天上打下来的太阳			【苗族】
W3294.3		神婚生象			【珞巴族】
W3295	象的特征				
W3295.1		大象为什么体型大			【基诺族】
W3295.2		大象为什么没有角			
W3296.2.1			大象没有角是因为被神砍掉了		
W3295.3		大象为什么耳朵大			【傣族】
W3295.4		大象为什么温顺		A2531.3	
W3296	与象有关的其他母题				【联1】②
W3296.1		会飞的象		B45	
W3296.2		象为什么不吃肉			
W3296.2.1			大象不吃肉是因为它的心肠好		
W3297	其他特殊的哺乳动物				【联1】③
W3297.1		貂			

① 【引例】松鼠胸前的毛的红色是被血染红的【珞巴族】
② 【关联】［W0926.4］神象
③ 【关联】［W3449.2］水獭

3.3 鸟类动物
【W3300～W3399】

3.3.1 鸟类概说【W3300～W3329】

W 编码	母题描述			参照项	
	一级母题	二级母题	三级母题	汤普森	关联项
◎	〖鸟〗				B30
✿ **W3300**	**鸟的产生①**			A1900	
W3301	鸟自然存在				【例1】②
✽ **W3302**	**鸟源于某个地方**				
W3303		鸟源于天上			【例4】③
W3304		鸟源于其他特定的地方			
W3304.1			鸟从特定的山上来		【纳西族】
✽ **W3305**	**鸟是造出来的**				
W3306		神或神性人物造鸟			
W3306.1			神造鸟		【景颇族】
W3306.2			鸟神造鸟		【傣族】
W3306.3			上帝造鸟	A1903	
W3307		与造鸟有关的其他母题			
W3307.1			始祖造鸟		【民族，例1】④
W3307.2			用泥造鸟		【例1】⑤
✽ **W3308**	**鸟是生育产生的**				
W3309		神或神性人物生鸟			
W3309.1			鬼婚生鸟的祖先		【景颇族】
W3310		人生鸟			【哈尼族、彝族】

① 鸟的产生，此处"鸟"包括一般意义上的"鸟"、"鸟类"、"飞禽"等。母题表述中不再进行细分。
② 【引例】世界产生时就有鸟
③ 【引例】❶从天上抱来飞禽【布朗族】；❷天神让下凡的女儿带去鸟【羌族】；❸仙女为人送禽鸟【水族】；❹天女从天上带来鸟【彝族】
④ 【民族】壮族。【引例】密洛陀造12种飞禽【瑶族】
⑤ 【引例】密洛陀用粘土捏成有翅膀的动物【瑶族】

W 编码	母题描述			参照项	
	一级母题	二级母题	三级母题	汤普森	关联项
W3310.1			一对母女生鸟		【民族，联1】①
W3310.2			特殊来历的女子生鸟		【苗族】
W3311		动物生鸟			
W3311.1			凤凰生鸟		【民族，联1】②
W3311.2			鸟是龙的传人		【德昂族】
W3312		植物生鸟			
W3312.1			葫芦生鸟		【民族，例1】③
W3313		自然物或无生命物生鸟			
W3313.1			地生鸟		【藏族】
W3314		与生育产生鸟有关的其他母题			
W3314.1			婚生鸟		【例2】④
W3314.2			卵生鸟		
✽ **W3315**	鸟是变化产生的				
W3316		神或神性人物变成鸟			【例2】⑤
W3317		人变成鸟			【民族，联1】⑥
W3317.1			人死后变成鸟	A1901	
W3318		动物变成鸟			【例1】⑦
W3319		植物变成鸟			
W3319.1			树叶变成鸟		【畲族、锡伯族】
W3320		灵魂化鸟			【联1】⑧
W3320.1			神的灵魂化鸟		
W3321		其他特定的物变成鸟			【例1】⑨
W3321.1			石头变成鸟		【汉族】
W3321.2			怪胎剁碎后变成鸟		

① 【民族】哈尼族。【关联】［W3310］人生鸟
② 【民族】汉族。【关联】［W3585］凤（凤凰）
③ 【民族】基诺族。【引例】撒在空中的葫芦籽生出飞禽【畲族】
④ 【引例】❶女子与蛇婚生鸟【高山族】；❷云与雾婚生鸟
⑤ 【引例】❶文化英雄的手指变成鸟【布依族】；❷怪人的尸体化生鸟【侗族】
⑥ 【民族】古突厥。【关联】［W9535］人变鸟
⑦ 【引例】桃子烂后的蛆虫变成鸟【苗族】
⑧ 【关联】［W0883.3］灵魂（鬼魂）是鸟形
⑨ 【引例】人猿割下的鼻子变成百鸟【布依族】

W 编码	母题描述			参照项	
	一级母题	二级母题	三级母题	汤普森	关联项
W3321.3			肉末变成鸟		【例1】①
W3322		与变化产生鸟有关的其他母题			
W3322.1			剪纸变成鸟		
W3322.2			魔法变成鸟		【联1】②
W3323	与鸟的产生有关的其他母题				【联1】③
W3323.1		鸟产生时的种类			【例1】④
W3323.2		鸟与人同源			
W3323.3		最早的鸟		A1904	
W3323.3.1			鸟比神鬼出现早		【哈尼族】
✳ **W3324**	鸟的特征				
W3325		鸟的体征			
W3325.1			鸟的头部特征的来历		【例3】⑤
W3325.2			鸟冠的来历	A2321	
W3325.3			鸟喙的来历	A2343	【联2】⑥
W3325.4			鸟为什么会飞		【例1】⑦
W3325.5			鸟的翅膀的来历		【联1】⑧
W3325.6			鸟的羽毛的来历	A2313	【民族，联2】⑨
W3325.7			鸟的脚上为什么不长毛	A2317.9	
W3325.8			鸟的雌雄		
W3325.9			鸟的颜色		【例1】⑩
W3326		鸟的叫声			
W3326.1			特定的鸟的叫声的来历		【联2】⑪

---

① 【引例】海底出现的肉团的肉末变成雀鸟【白族】
② 【关联】［W9000］魔法
③ 【关联】［W1996.2.5］世界最早产生的是鸟
④ 【引例】密洛陀造 12 种飞禽【瑶族】
⑤ 【引例】❶鸟头小的来历【哈尼族】；❷巴利鸟被红布袋套在头上，所以头变成了红色【珞巴族】；❸古比戈鸟耳朵周围长着一圈白毛是人给他们送的耳环【珞巴族】
⑥ 【关联】❶［TPS：A2343.1］鸟的长喙的来历；❷［W3382.1］啄木鸟为什么有长喙
⑦ 【引例】鸟乘风云到天上【纳西族】
⑧ 【关联】［TPS：D1022］鸟的有魔力的翅膀
⑨ 【民族】景颇族。【关联】❶［W3352.1］孔雀羽毛的来历；❷［W9034.2］鸟有魔力的羽毛
⑩ 【引例】勃英鸟的嘴和脖子是被血染红的【珞巴族】
⑪ 【关联】❶［W3334.1］布谷鸟的叫声的来历；❷［W3347.1］画眉的声音是从其他鸟那里偷来的

W 编码	母题描述			参照项	
	一级母题	二级母题	三级母题	汤普森	关联项
W3326.2			鸟语	B215.1	【联1，例1】①
W3327		与鸟的特征有关的其他母题			
W3327.1			鸟为什么产卵	A2486.4	
W3327.2			鸟蛋的特征	A2391	【联1】②
W3327.3			鸟做集的来历	A2431.3	
W3327.4			鸟的视力好的原因		【侗族】
W3328	特定类型的鸟				
W3328.1		巨鸟		B872	
W3328.2		候鸟			【联1】③
W3328.3		变色鸟		B731.13	
W3328.4		益鸟		B450	
W3328.4.1			益鸟救主	≈B524.1.6	
W3329.5		奇特的鸟		B172	【高山族】
W3328.5.1			三足鸟（三足鸟）	≈B34	【汉族】
W3328.5.2			火鸟		
W3328.5.3			七色鸟		
W3328.5.4			不死鸟（长生鸟）	①B32 ②B37	【汉族】
W3328.5.5			九头鸟		【汉族】
W3328.6		有智慧的鸟		①B122 ②J1118	【联1】④
W3328.7		会说话的鸟		B211.3	【联1】⑤
W3328.8		报喜鸟			
W3328.9		吉祥鸟			【汉族】
W3328.10		不祥之鸟			【保安族】
W3329	与鸟有关的其他母题				
W3329.1		鸟是创世者		A13.2	【汉族】
W3329.2		鸟是通天地的神			【汉族】
W3329.3		鸟是预言者		B143	【联4】⑥

① 【关联】［W2921.2］懂鸟语的人。【引例】鸟喝特定的水后会唱歌【拉祜族】
② 【关联】［W3393.3.1］金丝鸟的蛋为什么是黄色的
③ 【关联】［W4776.1］布谷鸟告知季节
④ 【关联】［W3359.2］有智慧的猫头鹰
⑤ 【关联】［W3350.5.1］会说话的公鸡
⑥ 【关联】❶［W3359.3］猫头鹰是预言者；❷［W3365.2］喜鹊是预言者；❸［W3518.1］龟是预言者；❶［W9251］预言者

W 编码	母题描述			参照项	
	一级母题	二级母题	三级母题	汤普森	关联项
W3329.4		鸟是信使		B291.1	【联 2】①
W3329.5		鸟作为神（人）的坐骑		B552	
W3329.6		鸟的王国		B222	
W3329.6.1			鸟选国王	B236.1	
W3329.7		鸟国的鸟王		①A2547.1 ②B242	
W3329.7.1			大鹏是百鸟之王		【蒙古族】
W3329.7.2			凤凰是鸟王		【回族、彝族】
W3329.7.3			斑鸠是百鸟之王		【民族，联 1】②
W3329.7.4			鹰是鸟王	B242.1.1	
W3329.7.5			布谷鸟是鸟王		【珞巴族】
W3329.7.6			杜鹃是鸟王		【门巴族】
W3329.8		鸟的命名			
W3329.8.1			鸟以叫声命名		【联 1】③

3.3.2　常见的鸟【W3330 ~ W3384】

W 编码	母题描述			参照项	
	一级母题	二级母题	三级母题	汤普森	关联项
◎	〖蝙蝠〗				
W3330	蝙蝠的产生			A1895	
W3331	蝙蝠的特征				
W3331.1		蝙蝠夜间出来			
W3331.1.1			蝙蝠夜间出来是因为它偷了天书不敢见人		【藏族】
W3331.2		蝙蝠为什么白天睡		A2491.1	
W3331.3		蝙蝠眼睛的原因			【哈尼族】
W3331.4		蝙蝠黑色的原因			【珞巴族】
W3331.5		蝙蝠为什么没有毛			
W3331.5.1			蝙蝠的毛是被烧掉的		【珞巴族】

---

① 【关联】❶［W3344.2］鸽子是信使；❷［W3368.4］乌鸦是信使

② 【民族】水族。【关联】［W3387］斑鸠

③ 【关联】［W6887］动物的命名

W 编码	母题描述			参照项	
	一级母题	二级母题	三级母题	汤普森	关联项
W3331.6		蝙蝠为什么没有尾巴			
W3331.6.1			蝙蝠的尾巴是被烧掉的		【珞巴族】
W3332	与蝙蝠有关的其他母题				
W3332.1		蝙蝠是告密者			【珞巴族】
W3332.2		蝙蝠狡猾善辩			【例1】①
W3332.3		猫头鹰和蝙蝠是朋友		A2493.1	【联1】②
◎	〖布谷鸟③〗				
W3333	布谷鸟的产生				
W3333.1		神变成布谷鸟			
W3333.2		人变成布谷鸟			【联1】④
W3333.2.1			懒人变成布谷鸟		【锡伯族】
W3333.2.2			人死后变成布谷鸟		【珞巴族】
W3334	布谷鸟的特征				
W3334.1		布谷鸟的叫声的来历		A2426.2.5	
W3334.2		布谷鸟为什么知道季节			【联1】⑤
W3335	与布谷鸟有关的其他母题				【联2】⑥
◎	〖杜鹃鸟⑦〗				
W3336	杜鹃鸟的产生			A1993	
W3336.1		杜鹃鸟是人化生的			【汉族】
W3337	杜鹃鸟的特征				
W3337.1		杜鹃的眼为什么是红的		A2332.5.2	
W3337.2		杜鹃鸟为什么没有巢		A2431.2.1	

---

① 【引例】蝙蝠狡猾善辩让人讨厌 【珞巴族】
② 【关联】［W3359.6］猫头鹰的朋友
③ 布谷鸟，又叫做"子规、杜宇、鹈鴃"等。
④ 【关联】［W9535］人变鸟
⑤ 【关联】［W4776.1］布谷鸟告诉人季节
⑥ 【关联】❶［W3329.7.5］布谷鸟是鸟王；❷［W4664.3］布谷鸟让人知道了时间
⑦ 杜鹃鸟，即"［W3333］布谷鸟"，为便于母题检索和了解二者的细微区别，在此一并列出。

W 编码	母题描述			参照项	
	一级母题	二级母题	三级母题	汤普森	关联项
W3337.2		杜鹃鸟为什么叫声凄惨			【汉族】
W3338	与杜鹃鸟有关的其他母题				【联1】①
◎	〖鹅〗				
W3339	鹅的产生				
W3339.1		鹅从天上来			【仡佬族、汉族】
W3339.2		鹅是神给予的			【苗族】
W3339.3		被射落的太阳变成鹅			【畲族】
W3339.4		虫脱皮变成鹅			【例1】②
W3340	鹅的特征				
W3340.1		鹅的头上的疙瘩的来历		A2321.1	
W3340.1.1			鹅头上疙瘩是被敲出来的		【例1】③
W3340.2		鹅的嘴为什么是扁的			【民族，联1】④
W3340.3		鹅的脖为什么是长的			【哈尼族、汉族、苗族】
W3340.4		鹅为什么不吃鱼			【例1】⑤
W3341	与鹅有关的其他母题				
◎	〖鸽子〗				
W3342	鸽子的产生			A1947	
W3342.1		鸽子来源于特定地方			
W3342.2		鸽子是造出来的			
W3342.2.1			神造鸽子		【汉族】
W3342.3		葫芦生鸽子			【基诺族】
W3342.4		与鸽子产生有关的其他母题			

---

① 【关联】［W3329.7.6］杜鹃是鸟中之王
② 【引例】树根和树尖烂后生的虫脱皮变成公母一双鹅 【苗族】
③ 【引例】鹅头上的疙瘩是雷公敲出来的 【苗族】
④ 【民族】汉族。【关联】［W3370.2.2］鸭的嘴是被捏扁的
⑤ 【引例】鹅不吃鱼是因为鱼救过鹅的命 【京族】

W 编码	母题描述			参照项	
	一级母题	二级母题	三级母题	汤普森	关联项
W3342.4.1			和平鸽的产生	A1948	【联2】①
W3343	鸽子的特征				
W3343.1		鸽子红眼睛的来历			【拉祜族】
W3343.2		鸽子红腿的来历			【回族】
W3343.2.1			鸽子腿是被烫红的		
W3343.2.2			鸽子红腿是因为被扯破了皮		【哈尼族】
W3344	与鸽子有关的其他母题				
W3344.1		会说话的鸽子		B211.3.5	
W3344.2		鸽子是信使		B291.1.3	
W3344.2.1			鸽子是洪水后陆地的寻找者		【汉族】
W3344.3		和平鸽			
◎	〖画眉〗				
W3345	画眉鸟的产生			A1912	
W3345.1		卵生画眉鸟			
W3345.1.1			绿松石蛋生画眉鸟		【藏族】
W3345.2		祖先用身上的毛编出画眉鸟			【普米族】
W3346	画眉鸟的特征				
W3346.1		画眉鸟体征的来历			
W3346.1.1			画眉鸟的眉是画出来的		【汉族】
W3346.2		画眉鸟住在树林的来历			【土家族】
W3346.2.1			画眉被神赶到树林中		
W3347	与画眉鸟有关的其他母题				
W3347.1		画眉的声音是从其他鸟那里偷来的		A2245.1	
◎	〖鸡〗				
W3348	鸡的产生			A1988	

---

① 【关联】❶ ［W3344.3］和平鸽；❷ ［W9243.2］鸽子是安宁和平的象征

W 编码	母题描述			参照项	
	一级母题	二级母题	三级母题	汤普森	关联项
W3348.1		鸡源于某个地方或自然存在			
W3348.1.1			鸡从天上来		【民族，例 5】①
W3348.1.2			天神让下凡的女儿带去鸡		【羌族】
W3348.1.3			神给人类鸡		
W3348.1.4			鸡是从岩洞边捉来的		【苗族】
W3348.2		鸡是造出来的		A1988	
W3348.2.1			神造鸡		【民族，例 3】②
W3348.2.2			造物主造鸡		【景颇族】
W3348.2.3			祖先造鸡		【民族，例 1】③
W3348.3		鸡是生育产生的			
W3348.3.1			天女生鸡		【纳西族】
W3348.3.2			人神生鸡		【例 1】④
W3348.3.3			人生鸡		【例 1】⑤
W3348.3.4			牛生鸡		【汉族】
W3348.3.5			蛋生鸡		【例 3】⑥
W3348.3.6			婚生鸡		【例 1】⑦
W3348.3.7			葫芦生鸡		【民族，例 1】⑧
W3348.4		鸡是变化产生的			【例 1】⑨
W3348.4.1			被射落的太阳变成鸡		
W3348.4.2			太阳的眼睫毛变成鸡		【珞巴族】
W3348.4.3			特殊的水化生鸡		【彝族】
W3348.5		与鸡的产生有关的其他母题			

---

① 【民族】仡佬族。【引例】❶玉皇大帝从天上把鸡放在地上【布依族】；❷鸡原先住在天上被拔掉几层羽毛后落到地上【哈尼族】；❸从天上的太阳村带来鸡【珞巴族】；❹祖先夫妇俩带回太阳和月亮送给的鸡【珞巴族】；❺鸡是天上的飞禽下凡【水族】

② 【民族】傣族、景颇族。【引例】❶女娲造鸡【汉族】；❷伏羲造鸡【壮族】；❸神用泥巴造鸡

③ 【民族】布依族。【引例】祖先用身上毛编成鸡【普米族】

④ 【引例】人神生公鸡【哈尼族】

⑤ 【引例】人生公鸡【羌族】

⑥ 【引例】❶虫子的蛋受热变成鸡【白族】；❷神或神性人物生的蛋中孵出鸡【汉族】；❸神蛋生鸡

⑦ 【引例】神或神性人物婚生鸡【纳西族】

⑧ 【民族】基诺族、黎族。【引例】太阳的女儿给的葫芦生鸡【珞巴族】

⑨ 【引例】桃子烂后的蛆虫变成鸡【苗族】

W 编码	母题描述			参照项	
	一级母题	二级母题	三级母题	汤普森	关联项
W3348.5.1			鸡在动物中出现最早		【汉族】
W3348.5.2			鸡是正月初一造成的		【汉族】
W3348.5.3			笛子吹出公鸡		【壮族】
W3348.5.4			天孵出公鸡		【苗族】
W3349	鸡的特征				
W3349.1		鸡冠的来历		A2321.10	【布朗族】
W3349.1.1			鸡冠是心变成的		【例1】①
W3349.1.2			鸡冠是插在头上的木梳变成的		【汉族、苗族】
W3349.1.3			鸡冠是插在头上的金梳子变成的		【仡佬族、苗族】
W3349.1.4			鸡冠是鸡借了龙的冠没有归还		【联1】②
W3349.1.5			鸡冠是天王送给鸡的一顶红帽子		【苗族】
W3349.1.6			公鸡头上戴的木疙瘩变成鸡冠		【布朗族】
W3349.1.7			鸡冠形状的来历		【哈尼族、彝族】
W3349.1.8			鸡冠红色的来历		【例4】③
W3349.2		鸡脸红的原因			【土家族】
W3349.2.1			母鸡的脸为什么是红的	A2330.6	
W3349.2.2			鸡脸是被打后变红的		【汉族、彝族、壮族】
W3349.2.3			鸡脸是因为着急变红的		【汉族】
W3349.2.4			鸡脸是因为害羞变红的		
W3349.2.5			野鸡的脸为什么是红的		【彝族】
W3349.3		鸡为什么没有牙齿		A2345.8	
W3349.3.1			鸡因为说谎被打掉牙齿		【汉族】

---

① 【引例】姑娘的心变成鸡冠【壮族】
② 【关联】［W3564.4］龙冠的丢失
③ 【引例】❶鸡冠红色是被抓出的血【哈尼族】；❷鸡冠红色是因为鸡吹炭火时火把鸡冠烤红了【珞巴族】；❸鸡冠是太阳送给它的红帽子【羌族】；❹鸡冠是红的是因为鸡喝了酒【瑶族】

W 编码	母题描述			参照项	
	一级母题	二级母题	三级母题	汤普森	关联项
W3349.4		鸡的角			
W3349.4.1			公鸡原来有角	A2326.2.3	【纳西族】
W3349.4.2			鸡角的丢失		【彝族】
W3349.4.3			鸡的角被龙借走后没有归还		【联1】①
W3349.4.4			鸡的角被鹿借走后没有归还		【联1】②
W3349.4.5			公鸡与羊互换了角和冠		【民族，联1】③
W3349.5		鸡爪的来历			【珞巴族、普米族】
W3349.5.1			鸡为什么有五爪		
W3349.5.2			野鸡爪子为什么是红色的		【例1】④
W3349.6		鸡的耳朵的丢失			
W3349.6.1			鸡的耳朵是被割掉的		【汉族】
W3349.7		鸡的尾巴			【联1】⑤
W3349.7.1			野鸡秃尾巴的来历		【独龙族】
W3349.8		鸡的雌雄			
W3349.8.1			公鸡、母鸡是如何分开的		【民族，例1】⑥
W3349.8.2			公鸡比母鸡漂亮的原因		【哈尼族、汉族】
W3349.9		鸡的叫声			
W3349.9.1			公鸡司晨的来历	A2421.6	【哈尼族、土家族】
W3349.9.2			公鸡为什么定时打鸣	A2489.1	
W3349.9.3			公鸡为什么早晨叫太阳	A2489.1.1	【联1，例1】⑦
W3349.9.4			公鸡咯咯叫的意思	A2426.2.18	【白族】
W3349.9.5			鸡叫三遍的原因		【苗族、佤族】
W3349.9.6			母鸡不打鸣的来历		【民族，联1】⑧

---

① 【关联】［W3564.1］龙借了鸡的角
② 【关联】［W3285.1.2］鹿借了鸡的角没有归还
③ 【民族】汉族。【关联】［W3349.4.1］公鸡原来有角
④ 【引例】野鸡爪子的红色是被血染红的【珞巴族】
⑤ 【关联】［W3587.4.1］凤凰从鸡那里得到美丽的尾巴
⑥ 【民族】汉族。【引例】昂日星教鸡学叫声，会叫的成了鸡公，不会叫的成了鸡母【白族】
⑦ 【关联】［W9844.1］公鸡喊太阳。【引例】神性人物让公鸡司晨【景颇族】
⑧ 【民族】壮族。【关联】［W9957.6.8］母鸡报晓

W 编码	母题描述			参照项	
	一级母题	二级母题	三级母题	汤普森	关联项
W3349.9.7			公鸡叫声的来历		
W3349.9.8			鸡说话能力的失去	A2242.10	
W3350	与鸡有关的其他母题				【例3】①
W3350.1		鸡的食物		A2435.4.8	【例1】②
W3350.1.1			鸡为什么吃虫子		【汉族】
W3350.2		鸡的寿命			
W3350.2.1			长寿的鸡		
W3350.2.2			鸡的寿命变短		【联1】③
W3350.3		鸡的关系			
W3350.3.1			太阳是鸡的舅舅		【苗族】
W3350.3.2			鸡与太阳是亲戚		【苗族】
W3350.3.3			鸡是太阳的弟弟		【例1】④
W3350.3.4			鸡和狗原来是朋友	A2493.34	【联1】⑤
W3350.4		鸡的特定身份			
W3350.4.1			鸡是玉帝的管家		【土家族】
W3350.4.2			公鸡是天上的神仙		
W3350.5		神奇的鸡		B171	【联1，例1】⑥
W3350.5.1			会说话的公鸡	B211.3.2	
W3350.6		公鸡爱虚荣		A2527.1	
W3350.7		鸡成为家禽的原因			【民族，联1】⑦
W3350.8		鸡为什么下蛋让人吃			【例2】⑧
W3350.9		鸡为什么喝水看天			【例1】⑨
W3350.10		鸡变凤凰			
◎	〖孔雀〗				
W3351	孔雀的产生			A1996	
W3351.1		神造孔雀			
W3351.2		鸟生孔雀			

① 【引例】❶鸡是迁徙的引路者【畲族】；❷母鸡闹天庭【畲族】；❸白公鸡和日月是好朋友【彝族】
② 【引例】鸡吃虫子是对它们的惩罚
③ 【关联】［W2959.2］人得到鸡的一部分寿命
④ 【引例】公鸡是日月的弟弟
⑤ 【关联】［W3129.3］狗和鸡是仇敌
⑥ 【关联】［W0316.5］雷神是鸡。【引例】金鸡是由大鹏金翅鸟演变来的【白族】
⑦ 【民族】傈僳族。【关联】［W6060］养鸡的来历
⑧ 【引例】❶鸡下蛋让人吃是因为神的规定；❷鸡下蛋让人吃是因为比赛时输给了人
⑨ 【引例】鸡喝水看天是怕雷公打【撒拉族】

W 编码	母题描述			参照项	
	一级母题	二级母题	三级母题	汤普森	关联项
W3351.2.1			鹰生孔雀		【彝族】
W3351.3		鸟变成孔雀			
W3351.3.1			鸡变成孔雀		【汉族】
W3351.4		与孔雀产生有关的其他母题			
W3351.4.1			孔雀因雷声而孕		【民族，联1】①
W3352	孔雀的特征				
W3352.1		孔雀羽毛的来历		A2313.3	【例1】②
W3352.2		孔雀尾巴的来历		A2378.1.9	
W3352.2.1			孔雀换上鹌鹑的尾巴		【拉祜族】
W3352.3		孔雀的颜色的来历		A2411.2.6.7	
W3353	与孔雀有关的其他母题				
W3353.1		孔雀是鸟王		B242.1.7	【联1】③
W3353.2		孔雀爱虚荣		A2527.2	
W3353.3		孔雀是吉祥鸟			【联1】④
W3353.3.1			孔雀能带来风调雨顺		【傣族】
◎	〖麻雀⑤（家雀）〗				
W3354	麻雀的产生			A1927	
W3354.1		麻雀从天上来			【汉族、藏族】
W3354.2		神给人类麻雀			【羌族】
W3354.3		猫头鹰生阳雀			【哈尼族】
W3355	麻雀的特征				
W3355.1		麻雀体型长不大的原因			【苗族】
W3355.1.1			神不让麻雀长大		
W3355.2		麻雀为什么很机灵			【汉族】
W3356	与麻雀有关的其他母题				

① 【民族】汉族。【关联】［W2275.4］感雷生人
② 【引例】神仙为孔雀画了最好的羽毛【基诺族】
③ 【关联】［W3329.7］鸟国的鸟王
④ 【关联】［W3328.9］吉祥鸟
⑤ 麻雀，麻雀的种类很多，在不同民族或地区有不同名称，诸如家雀、树麻雀、霍雀、瓦雀、琉雀、老家子、老家贼、麻谷、南麻雀、禾雀、宾雀、屑鸟、家巧儿等。此处统一表述为"麻雀"。与"麻雀"类似的山雀、阳雀（学名戴胜）等，可参照"麻雀"母题，不再单独列出。

W 编码	母题描述			参照项	
	一级母题	二级母题	三级母题	汤普森	关联项
W3356.1		麻雀可以吃人的庄稼			
W3356.1.1			麻雀为人类找到种子，所以它可以吃人的庄稼		【汉族、回族】
◎	〖猫头鹰〗				
W3357	猫头鹰的产生			A1958	
W3357.1		鹰生猫头鹰			【哈尼族】
W3357.2		树疙瘩变成猫头鹰			【苗族】
W3358	猫头鹰的特征				
W3358.1		猫头鹰从老鼠那里借来翅膀		A2241.1	
W3358.2		猫头鹰叫声的来历			
W3358.2.1			猫头鹰夜晚鸣叫的原因	A2427.3	【汉族】
W3358.2.2			猫头鹰哀鸣的来历	A2426.2.17	
W3358.3		猫头鹰为什么白天是瞎子		A2332.6.6	
W3358.3.1			猫头鹰白天不出来的原因		【普米族】
W3358.4		猫头鹰为什么怕光		A2491.2	
W3358.4.1			猫头鹰为什么夜间出来		
W3358.4.2			神惩罚猫头鹰，让它夜间出来		【撒拉族】
W3358.5		猫头鹰的颜色的来历		A2411.2.4.2	
W3359	与猫头鹰有关的其他母题				
W3359.1		猫头鹰的食物		A2435.4.9	
W3359.1.1			猫头鹰为什么捉老鼠		【回族】
W3359.1.2			猫头鹰为什么吃蛇		
W3359.1.3			猫头鹰为什么捕鱼		【例1】①
W3359.2		有智慧的猫头鹰		B122.0.3	
W3359.3		猫头鹰是预言者		B143.0.7	
W3359.4		猫头鹰是不祥之鸟			【联2】②

① 【引例】猫头鹰是个捕鱼能手【珞巴族】

② 【关联】❶［W3328.9］吉祥鸟；❷［W3328.10］不祥之鸟

W 编码	母题描述			参照项	
	一级母题	二级母题	三级母题	汤普森	关联项
W3359.5		猫头鹰作祟			【例1】①
W3359.6		猫头鹰的朋友			【联1】②
◎	〖天鹅〗				
W3360	天鹅的产生			A1981	
W3360.1		天鹅源于某个地方或自然存在			
W3360.2		天鹅是造出来的			【例1】③
W3360.3		天鹅是生育产生的			
W3360.4		天鹅是变化产生的			
W3360.5		与天鹅的产生有关的其他母题			
W3361	天鹅的特征				
W3361.1		天鹅体征的来历			
W3361.2		天鹅的颜色的来历		A2411.2.6.2	
W3361.3		天鹅生活习性的来历			
W3362	与天鹅有关的其他母题				【联1，例1】④
W3362.1		天鹅造天地			【民族，联1】⑤
W3362.2		天鹅是天女			【联1】⑥
W3362.3		天鹅是信使			
◎	〖喜鹊（鹊）〗				
W3363	喜鹊（鹊）的产生			A1922	
W3363.1		喜鹊从天上来			【汉族】
W3363.2		神造喜鹊			【汉族】
W3363.2.1			始祖用身上的毛编成喜鹊		【普米族】
W3363.3		喜鹊是生育产生的			【联1】⑦
W3364	喜鹊的特征				
W3364.1		喜鹊黑色是被惩罚的结果			【汉族】

① 【引例】有人上吊死是猫头鹰的鬼魂作祟的结果【珞巴族】
② 【关联】［W3332.3］猫头鹰和蝙蝠是朋友
③ 【引例】布做的天鹅变成天鹅【赫哲族】
④ 【关联】［W7573.3］天鹅做媒人。【引例】神鸟天鹅【藏族】
⑤ 【民族】傈僳族。【关联】［W1106］动物造天地
⑥ 【关联】［W0215］天女
⑦ 【关联】［TPS：A2382.1］喜鹊是鸽子与渡鸦杂交生的

W 编码	母题描述			参照项	
	一级母题	二级母题	三级母题	汤普森	关联项
W3364.2		喜鹊为什么跳着走			【东乡族】
W3364.3		喜鹊为什么身上有白印			【民族，例1】①
W3364.4		喜鹊为什么高处筑集			
W3364.4.1			神惩罚喜鹊让它住在高处		【汉族】
W3364.5		喜鹊为什么脱毛			
W3364.5.1			喜鹊脱毛是因为它要用毛去做桥		【联1】②
W3365	与喜鹊有关的其他母题				【联1，例1】③
W3365.1		鹊桥			
W3365.1.1			喜鹊在七夕时为情人搭桥		【民族，联1】④
W3365.1.2			喜鹊为情人搭桥		【锡伯族】
W3365.2		喜鹊是预言者		B143.0.2	【联1】⑤
W3365.3		喜鹊是人神的传信使者			【满族】
W3365.4		喜鹊是英雄的救助者			【满族】
◎	〖乌鸦〗				
W3366	乌鸦的产生			A1919	
W3366.1		乌鸦从天上来			【汉族】
W3366.2		乌鸦是神的后代			【布依族】
W3366.3		鹰生乌鸦			【哈尼族】
W3366.4		鸡毛变成乌鸦			【纳西族】
W3367	乌鸦的特征				
W3367.1		乌鸦秃头的来历		A2317.4	
W3367.2		乌鸦的翅膀			
W3367.2.1			乌鸦向人借翅膀		【怒族】
W3367.3		乌鸦黑色的来历		A2411.2.1.6	【水族、彝族】
W3367.3.1			乌鸦黑色是因为盗火时被熏黑的		

① 【民族】土家族。【引例】喜鹊脖子上的白毛是戴上去的银项圈【苗族】
② 【关联】［W6226.2.2］鹊桥
③ 【关联】［W0170.1.1］喜鹊是神的使者。【引例】喜鹊为什么不是家禽【仡佬族、彝族】
④ 【民族】汉族。【关联】［W0766.3.1］牛郎织女
⑤ 【关联】［W9251］预言者

W 编码	母题描述			参照项	
	一级母题	二级母题	三级母题	汤普森	关联项
W3367.3.2			乌鸦黑色是被烧焦造成的		【高山族、壮族】
W3367.3.3			乌鸦黑色是被颜料染黑的		【景颇族、门巴族】
W3367.3.4			乌鸦误食黑草变成黑鸟		【满族】
W3368.4		乌鸦的叫声的来历		A2421.3	
W3368.4.1			乌鸦因贪心喝水只能发出呀呀叫声		【黎族】
W3368.4.2			乌鸦哇哇叫因为喉咙里塞进石头		【瑶族】
W3368.4.3			会说话的乌鸦	B211.3.9	【汉族】
W3368.4.4			乌鸦喝哑水后失去说话能力		
W3368	与乌鸦有关的其他母题				【联 2】①
W3368.1		乌鸦的食物		A2435.4.7	
W3368.2		乌鸦住树林的来历			
W3368.2.1			乌鸦被神赶到树林中		
W3368.3		乌鸦的灵魂到太阳上			【民族，联 1】②
W3368.4		乌鸦是信使		B291.1.2	【联 1，例 2】③
W3368.5		乌鸦为什么遭人嫌		A2522.5	
W3368.6		乌鸦挑拨是非			【纳西族】
W3368.7		乌鸦与野鸡是仇敌			【门巴族】
◎	〖鸭〗				
W3369	鸭的产生			A1983	【例 1】④
W3369.1		鸭从天上来			【民族，例 1】⑤
W3369.2		鸭是造出来的			
W3369.2.1			神造鸭		【民族，例 1】⑥

① 【关联】❶［W9225.3］乌鸦是凶兆；❷［W9270.1］乌鸦是预言者

② 【民族】布依族。【关联】［W3328.5.1］三足鸟（三足乌）

③ 【关联】［W0171.1.2］乌鸦是神的信使。【引例】❶乌鸦是天帝的报信者【黎族】；❷乌鸦是龙王的传信者【蒙古族】

④ 【引例】桃子烂后的蛆虫变成鸭【苗族】

⑤ 【民族】仡佬族。【引例】鸡是天上的飞禽下凡【水族】

⑥ 【民族】傣族、景颇族。【引例】❶天神造鸭【拉祜族】；❷创造神最早创造了野鸭【蒙古族】

W 编码	母题描述			参照项	
	一级母题	二级母题	三级母题	汤普森	关联项
W3369.2.2			造物主造鸭		【景颇族】
W3369.2.3			伏羲造鸭		【壮族】
W3369.3		鸭是生育产生的			
W3369.3.1			人生鸭		【联1，例1】①
W3369.3.2			鸟卵生鸭		【藏族】
W3369.4		鸭是变化产生的			
W3369.4.1			被射落的太阳变成鸭		【畲族】
W3369.5		与鸭的产生有关的其他母题			
W3369.5.1			鸭与鸡同时产生		【汉族】
W3370	鸭的特征				
W3370.1		鸭掌的来历		A2375.2.8	
W3370.2		鸭子扁嘴的来历			
W3370.2.1			鸭的嘴是雷公踩扁的		【苗族】
W3370.2.2			鸭的嘴是被捏扁的		
W3370.3		鸭的颜色的来历		A2411.2.6.4	
W3370.4		鸭嘎嘎叫的来历		A2426.2.10	
W3370.5		母鸭为什么不孵蛋			【壮族】
W3371	与鸭有关的其他母题				
W3371.1		鸭为什么会游水			【汉族】
◎	〖燕子〗				
W3372	燕子的产生			A1917	
W3372.1		燕子从天上来			【汉族】
W3372.2		神造燕子			【汉族】
W3372.3		神变成燕子			【汉族】
W3372.4		人变成燕子			【汉族】
W3372.5		树叶变成燕子			【苗族】
W3372.6		与燕子产生有关的其他母题			【例1】②
W3373	燕子的特征				
W3373.1		燕子的胸是被血染红的			【汉族】

① 【关联】［W2600］人生怪胎。【引例】夫妇求神生鸭【汉族】
② 【引例】始祖用身上毛编出燕子【普米族】

W 编码	母题描述			参照项	
	一级母题	二级母题	三级母题	汤普森	关联项
W3373.2		燕子的尾巴为什么分岔		A2378.5.1	
W3373.2.1			燕子的尾巴分岔是被剪子剪的		【蒙古族】
W3373.2.2			燕子的尾巴分岔是被箭射的		【蒙古族】
W3373.2.3			燕子的尾巴分岔是被咬的		【汉族】
W3373.3		燕子肚子红痕的来历			
W3373.3.1			燕子肚子下的红痕是被刀子划的		【回族】
W3373.4		燕子的颜色的来历		A2411.2.1.4	
W3373.5		燕子叫声的来历			
W3373.5.1			燕子为什么发出呢喃的声音		【汉族】
W3373.5.2			燕子说话能力的失去	A2242.9	
W3374	与燕子有关的其他母题				【联2】①
W3374.1		燕子是信使		B291.1.11	
W3374.2		燕子筑巢		A2431.3.5	
W3374.2.1			燕子在堂屋筑巢的来历		【哈尼族】
W3372.2.2			燕子与人同住的来历		【侗族】
W3374.3		燕子为什么定期迁徙		A2482.1	
W3374.4		燕子为什么秋去春归			
W3374.4.1			燕子春归是为了看望亲人		【汉族】
◎	〖鹰〗				
W3375	鹰（苍鹰）的产生			A1937	
W3375.1		鹰源于某个地方或自然存在			
W3375.2		鹰是造出来的			

① 【关联】 ❶〔W0516〕燕神； ❷〔W9225.2〕燕子是好的征兆

W 编码	母题描述			参照项	
	一级母题	二级母题	三级母题	汤普森	关联项
W3375.3		鹰是生育产生的			
W3375.3.1			鸟卵生鹰		【藏族】
W3375.4		鹰是变化产生的			【例1】①
W3375.4.1			神或神性人物变成鹰		
W3375.4.2			人变成鹰		【汉族、蒙古族】
W3375.4.3			特定动物变成鹰		
W3375.4.4			植物变成鹰		
W3375.4.5			其他特定的物变成鹰		
W3375.5		与鹰的产生有关的其他母题			
W3376	鹰的特征				
W3376.1		鹰的翅膀			
W3376.1.1			最早的鹰没有翅膀		【景颇族】
W3376.1.2			鹰的翅膀的获得		【景颇族】
W3376.1.3			鹰的翅膀为什么很有力		
W3376.2		鹰为什么有好眼力			
W3376.3		鹰为什么飞得高			
W3376.4		与鹰的特征有关的其他母题			
W3376.4.1			臭雕为什么有臭味		【佤族】
W3377	与鹰有关的其他母题				【联2】②
W3377.1		苍鹰			
W3377.1.1			苍鹰是鹰的后代		【彝族】
W3377.2		秃鹰			【联1】③
W3377.2.1			秃鹰（秃鹫、雕）的产生	A1931	
W3377.2.2			秃鹰是鹰的后代		【彝族】
W3377.2.3			秃鹫秃头的原因	A2317.7	
W3377.3		鹰的特定的食物		A2435.4.4	
W3377.3.1			鹰吃鸡习性的来历		【侗族、拉祜族】
W3377.3.2			老鹰吸凉风的来历		【纳西族】
W3377.4		鹰是天神的使者			【民族，联1】④

① 【引例】雪变成鹰【彝族】
② 【关联】❶［W0517］鹰神；❷［W3329.7.4］鹰是鸟王
③ 【关联】［W3396］鹞（鹞鹰）
④ 【民族】蒙古族。【关联】［W0171.1.3］鹰是神的信使

W 编码	母题描述			参照项	
	一级母题	二级母题	三级母题	汤普森	关联项
W3377.5		鼠和鹰是仇敌		A2494.13.4	【联1】①
W3377.6		鹰救人		B521.2.1	【联1】②
◎	〖鹦鹉（鹦哥）〗				
W3378	鹦鹉的产生			A1994	
W3378.1		神造鹦鹉			【汉族】
W3378.2		乌鸦生鹦鹉			【哈尼族】
W3379	鹦鹉的特征				
W3379.1		鹦鹉的颜色的来历		A2411.2.6.11	
W3379.2		会说话的鹦鹉		B211.3.4	
W3379.3		鹦鹉为什么会说话		A2426.2.11	【汉族】
W3379.3.1			鹦鹉会说简单的话是因为喝的哑水少的结果		
W3380	与鹦鹉有关的其他母题				
W3380.1		会预言的鹦鹉		B122.0.4	
W3380.2		鹦鹉是英雄的信使			【傣族】
◎	〖啄木鸟〗				
W3381	啄木鸟的产生			A1957	
W3381.1		花色鸟蛋生啄木鸟			【藏族】
W3382	啄木鸟的特征				
W3382.1		啄木鸟为什么有长喙		A2343.3.2	
W3382.2		啄木鸟为什么啄树木		A2456.1	
W3382.2.1			啄木鸟为树治病的来历		【哈尼族】
W3382.3		啄木鸟为什么扁脑袋			【珞巴族】
W3382.4		啄木鸟的冠的来历		①A2321.3 ②A2321.11	
W3382.4.1			啄木鸟头上红缨的来历		【白族】
W3382.5		啄木鸟额前红斑点的来历			【哈尼族】

---

① 【关联】［W3229.7］老鼠的仇敌
② 【关联】［W8310.5］洪水时鹰救人

W 编码	母题描述			参照项	
	一级母题	二级母题	三级母题	汤普森	关联项
W3382.6		啄木鸟背上的花纹			
W3382.6.1			啄木鸟背上花纹是神打出来的		
W3383	与啄木鸟有关的其他母题				
W3383.1		啄木鸟啄树洞的来历			【汉族】
W3383.2		啄木鸟吃虫子的来历			

3.3.3 一般鸟类 【W3385 ~ W3399】

W 编码	母题描述			参照项	
	一级母题	二级母题	三级母题	汤普森	关联项
◎	〖一般鸟类〗				
W3385	鹌鹑			A1946	
W3385.1		鹌鹑的产生			
W3385.2		鹌鹑的特征			
W3385.2.1			鹌鹑为什么没有尾巴		【例1】①
W3385.3		与鹌鹑有关的其他母题			
W3386	八哥				
W3386.1		八哥的产生		A1928	
W3386.2		八哥的特征			
W3386.2.1			八哥为什么是黑色		【汉族】
W3386.3		与八哥有关的其他母题			
W3386.3.1			八哥为什么会说话		【彝族】
W3386.3.2			八哥为什么会模仿		
W3387	斑鸠				
W3387.1		斑鸠的产生			
W3387.2		斑鸠的特征			
W3387.2.1			斑鸠胸前斑点的来历		【纳西族】
W3387.2.2			斑鸠为什么是灰色		【土家族】

① 【引例】鹌鹑的尾巴是被神扯掉的

W 编码	母题描述			参照项	
	一级母题	二级母题	三级母题	汤普森	关联项
W3387.3		与斑鸠有关的其他母题			
W3387.3.1			斑鸠原来身体大，后来受累个子变小		【珞巴族】
W3388	白头翁				
W3388.1		白头翁的产生			
W3388.2		白头翁的特征			
W3388.2.1			白头翁为什么头上有一块白色羽毛		【珞巴族】
W3388.3		与白头翁有关的其他母题			
W3389	百灵鸟				
W3389.1		百灵鸟的产生			
W3389.1.1			百灵鸟生于地球未出现之前		【民族，联1】①
W3389.2		百灵鸟的特征			
W3389.2.1			百灵鸟为什么有漂亮的羽冠		
W3389.2.2			百灵鸟为什么会唱歌		【汉族】
W3389.3		与百灵鸟有关的其他母题			
W3389.3.1			百灵鸟变姑娘		【黎族】
W3390	比翼鸟				
W3390.1		比翼鸟的产生			
W3390.1.1			情人死后变比翼鸟		【东乡族】
W3390.2		比翼鸟的特征			
W3390.2.1			比翼鸟为什么比翼双飞		
W3390.3		与比翼鸟有关的其他母题			
W3390.3.1			比翼鸟是吉祥鸟		【民族，联1】②
W3391	寒号鸟（飞鼠）				
W3391.1		寒号鸟的产生			
W3391.1.1			神造寒号鸟		【汉族】
W3391.2		寒号鸟的特征			

① 【民族】汉族。【关联】［W1966.2］世界最早产生的是动物
② 【民族】汉族。【关联】［W3328.9］吉祥鸟

W 编码	母题描述			参照项	
	一级母题	二级母题	三级母题	汤普森	关联项
W3391.2.1			寒号鸟原来有 4 只脚		【汉族】
W3391.3		与寒号鸟有关的其他母题			
W3391.3.1			懒惰的寒号鸟		【汉族】
W3391.3.2			寒号鸟为什么没有窝		
W3392	鹤				
W3392.1		鹤的产生		A1992	
W3392.1.1			鹤从天上来		【汉族】
W3392.1.2			鸭变成鹤		
W3392.2		鹤的特征			
W3392.2.1			鹤的长腿的来历		
W3392.2.2			鹤的长颈的来历		
W3392.3		与鹤有关的其他母题			
W3392.3.1			仙鹤		【例1】①
W3392.3.2			鹤为什么寿命长		【汉族】
W3392.3.3			鹤是神仙的坐骑		【汉族】
W3393	金丝鸟②				
W3393.1		金丝鸟的产生			
W3393.2		金丝鸟的特征			
W3393.2.1			金丝鸟的颜色的来历	A2411.2.1.14	
W3393.2.2			金丝鸟为什么是黄色		【汉族】
W3393.3		与金丝鸟有关的其他母题			
W3393.3.1			金丝鸟的蛋为什么是黄色的	A2391.1	
W3393.3.2					
W3394	鹏（大鹏）				
W3394.1		鹏的产生			
W3394.1.1			神造鹏		【例1】③

① 【引例】报信的仙鹤【赫哲族】
② 金丝鸟，在不同神话中有不同的称呼，如金丝雀、玉鸟、白玉鸟、白燕、芙蓉鸟、黄头鸟等。
③ 【引例】天神用汗泥造鹏【傣族】

W 编码	母题描述			参照项	
	一级母题	二级母题	三级母题	汤普森	关联项
W3394.1.2			鹏是鹰的后代		
W3394.1.3			鲲化为鹏		【汉族】
W3394.2		鹏的特征			
W3394.2.1			鹏形体巨大		
W3394.2.2			鹏有巨大的翅膀		【汉族】
W3394.3		与鹏有关的其他母题			【联3】①
W3394.3.1			鹏为什么飞得很远		【汉族】
W3394.3.2			鹏以龙为食		
W3394.3.3			大鹏金翅鸟		【例1】②
W3395	雁（大雁）				
W3395.1		雁的产生			
W3395.1.1			神或神性人物造大雁		【民族，例1】③
W3395.1.2			瓜生大雁		【傈僳族】
W3395.1.3			雁是鹰的后代		【民族，联1】④
W3395.2		雁的特征			
W3395.3		与雁有关的其他母题			
W3395.3.1			雁为什么按人字飞行（雁阵）		【汉族】
W3395.3.2			领头雁的来历		【汉族】
W3395.3.3			鸿雁传书		
W3396	鹞（鹞鹰）				
W3396.1		鹞的产生		A1942	
W3396.1.1			鹞从天上来		【傣族】
W3396.1.2			鹞是鹰的后代		【彝族】
W3396.1.3			树叶变成鹞鹰		【苗族】
W3396.2		鹞的特征			
W3396.2.1			鹞为什么眼力好		
W3396.3		与鹞有关的其他母题			
W3396.3.1			鹞为什么很凶猛		

① 【关联】❶〔W1023.2.1〕大鹏是创世者；❷〔W1285.3〕大鹏分开天地；❸〔W3329.7.1〕大鹏是百鸟之王
② 【引例】岳飞是大鹏金翅鸟的化身【汉族】
③ 【民族】汉族。【引例】始祖用身上毛编成雁【普米族】
④ 【民族】彝族。【关联】〔W3394.1.2〕鹏是鹰的后代

W 编码	母题描述			参照项	
	一级母题	二级母题	三级母题	汤普森	关联项
W3396.3.2			鹞为什么捕食小鸟		【例1】①
W3397	夜莺				
W3397.1		夜莺的产生			
W3397.2		夜莺的特征			
W3397.2.1			夜莺为什么叫声优美		【联1】②
W3397.3		与夜莺有关的其他母题			
W3397.3.1			夜莺从人那里学会唱歌	A2272.1.1	
W3398	鸳鸯				
W3398.1		鸳鸯的产生			
W3398.1.1			一对夫妻死后化为鸳鸯鸟		【赫哲族】
W3398.2		鸳鸯的特征			
W3398.2.1			鸳鸯为什么总是成双成对		【民族，联1】③
W3398.3		与鸳鸯有关的其他母题			
W3398.3.1			鸳鸯象征兄弟		【民族，联1】④
W3398.3.2			鸳鸯象征夫妻		
W3399	其他特定的鸟的产生				
W3399.1		翠鸟的产生		A1951	
W3399.2		寒心鸟的产生			
W3399.2.1			寒心鸟的尾巴的红色斑点		【拉祜族】
W3399.3		云雀的产生		A1996	
W3399.4		鸿的产生			【联1】⑤
W3399.4.1			人化为鸿		【维吾尔族】

① 【引例】鹞鹰捕雀的来历【藏族】
② 【关联】［W3397.3.1］夜莺从人那里学会唱歌
③ 【民族】汉族。【关联】［W3398.1.1］一对夫妻死后化为鸳鸯鸟
④ 【民族】汉族。【关联】［W9240］象征物
⑤ 【关联】［W3395.1］雁的产生

3.4 水中动物
【W3400 ~ W3449】

3.4.1 水中动物概说 【W3400 ~ W3409】

W 编码	母题描述			参照项	
	一级母题	二级母题	三级母题	汤普森	关联项
✲ W3400	水中动物的产生				
W3401		水中动物源于某个地方或自然存在			
W3402		水中动物是造出来的			【联2】①
W3403		水中动物是生育产生的			【联2】②
W3403.1			龙生水中动物		【汉族】
W3403.2			人婚生水中动物		【汉族】
W3403.3			种子生水中动物		【例1】③
W3404		水中动物是变化产生的			【联2】④
W3404.1			神的灵魂化为水中动物		【汉族】
W3404.2			人生的怪胎化生水中动物		【汉族、苗族】
W3404.3			特定的肢体变成水中动物		【例1】⑤
W3405		与水中动物产生有关的其他母题			
W3405.1			水中动物产生的时间		
✲ W3406	水中动物的特征				【例1】⑥

---

① 【关联】 ❶ ［W3412］鱼是造出来的；❷ ［W3422］虾是造出来的
② 【关联】 ❶ ［W3413］鱼是生育产生的；❷ ［W3413.5］葫芦生鱼
③ 【引例】撒在水中的葫芦籽生出水中动物【畲族】
④ 【关联】 ❶ ［W3414］鱼是变化产生的；❷ ［W3424］虾是变化产生的
⑤ 【引例】盘古的肝心变成鱼虾【瑶族】
⑥ 【引例】龙王赐给水中鱼类各种武器后水族各自有了它们今天的特征【京族】

W 编码	母题描述			参照项	
	一级母题	二级母题	三级母题	汤普森	关联项
W3407		水中动物的体征			
W3407.1			水中动物的鳞片的来历		
W3408		水中动物的其他特征			
W3408.1			水中动物为什么水中不死		【汉族】
W3409	与水中动物有关的其他母题				
W3409.1		水中动物的习性			
W3409.2		水中的虫子			
W3409.2.1			人变成水中的虫子		【傣族】
W3409.3		会飞的水中动物			

3.4.2　鱼、虾、蟹【W3410～W3439】

W 编码	母题描述			参照项	
	一级母题	二级母题	三级母题	汤普森	关联项
◎	〖鱼〗			B60	
✳ **W3410**	鱼的产生			A2100	
W3411		鱼源于某个地方或自然存在			
W3411.1			鱼从天上来		【彝族】
W3411.2			自然出现鱼		【哈尼族】
W3411.3			水中自然生出鱼		【珞巴族】
W3411.4			海中生鱼		【哈尼族】
W3412		鱼是造出来的			
W3412.1			鱼是祖先造的		【瑶族、壮族】
W3412.2			鱼是编出来的		【例1】①
W3412.3			与造鱼有关的其他母题		
W3413		鱼是生育产生的			
W3413.1			卵生鱼		【例1】②
W3413.2			人生鱼		【联1】③

① 【引例】始祖用身上的毛编出鱼虾【普米族】
② 【引例】女子与蛇婚生的蛋孵出鱼【门巴族】
③ 【关联】［W2600］人生怪胎

W 编码	母题描述			参照项	
	一级母题	二级母题	三级母题	汤普森	关联项
W3413.3			龙生鱼		【哈尼族、汉族】
W3413.4			介鳞生鱼		【汉族】
W3413.5			葫芦生鱼		【基诺族】
W3413.6			葫芦籽生鱼		【例1】①
W3414		鱼是变化产生的			【例2】②
W3414.1			怪胎变成鱼		【例1】③
W3414.2			蚂蚁变成鱼		【藏族】
W3414.3			特定的肢体变成鱼		【联1，例3】④
W3414.4			树叶变成鱼	≈D1470.2.1.1	【联1，例1】⑤
W3414.5			种子变成鱼		
W3414.6			石头变成鱼		【民族，联1】⑥
W3414.7			泥巴变成鱼		【例1】⑦
W3414.8			木屑变成鱼		【珞巴族、苗族】
W3414.9			其他特定的物变成鱼		【例2】⑧
W3415		与鱼的产生有关的其他母题			
W3415.1			回生水溅到水里产生鱼		【纳西族】
W3415.2			鱼鳞的来历	A2315	
W3415.3			鱼虾同时产生		
W3416	特定的鱼的产生			A2110	
W3416.1		比目鱼的产生		A2126	
W3416.2		狗鱼的产生		A2111	
W3416.3		鲑鱼的产生		A2115	
W3416.4		鲸鱼的产生		A2135	
W3416.5		鳗鱼的产生		A2131	
W3416.6		鲶鱼的产生		A2127	
W3416.7		鲨鱼的产生		A2137	
W3416.8		鳝鱼的产生			【汉族】

① 【引例】天神给的葫芦籽撒在地上生鱼【傣族】
② 【引例】❶太阳在龙的喉咙中变成的肉团炸开后产生鱼【白族】；❷巨人的骨灰化为鱼【拉祜族】
③ 【引例】兄妹婚生的怪物丢入水中变成鱼【高山族】
④ 【关联】［W3424.1］特定的肢体变成虾。【引例】❶祖先把眼珠丢在河中变成虾【布依族】；❷盘古的肝心变鱼【瑶族】；❸神（人、动物）肢体化成鱼
⑤ 【关联】［W3417.2.1］鱼鳍是树叶变成的。【引例】枝叶变鱼虾【畲族】
⑥ 【民族】汉族。【关联】［W3424.3］石子变成虾
⑦ 【引例】泥巴落水中变成鱼【汉族】
⑧ 【引例】❶海底出现的肉团的肉末变成鱼虾【白族】；❷撒在水中的花朵变鱼虾【纳西族】

W 编码	母题描述			参照项	
	一级母题	二级母题	三级母题	汤普森	关联项
W3416.8.1			怪人死后肠子化为黄鳝		【侗族】
W3416.8.2			鳝鱼为什么生活在泥中		【纳西族】
W3416.9		与特定的鱼产生有关的其他母题			
W3417	鱼的特征				
W3417.1		鱼为什么没牙			
W3417.1.1			鱼没牙是因为摔掉了牙齿		【傈僳族】
W3417.2		鱼鳍的来历			
W3417.2.1			鱼鳍是树叶变成的		【汉族】
W3417.2.2			鱼鳍是其他特定物变成的		【例1】①
W3417.3		鱼为什么尾巴扁			
W3417.3.1			鱼的尾巴扁是被挤压（砸）的结果	A2213.5.2	
W3417.4		鱼为什么没有脚			
W3417.4.1			鱼的脚被砍掉		【例1】②
W3417.4.2			以前鱼有4条腿		
W3417.5		鱼为什么不会说话			【民族，例1】③
W3417.5.1			鱼不会说话是因为被晒掉舌头		【布朗族】
W3417.6		与鱼的特征有关的其他母题			
W3417.6.1			鱼为什么会游水		【汉族】
W3417.6.2			鱼的花纹是留下的印记	A2217.3	
W3418	与鱼有关的其他母题				【联1】④
W3418.1		巨大的鱼		B874	
W3418.2		神奇的鱼		B175	
W3418.2.1			会飞的鱼	B62	
W3418.2.2			有智慧的鱼	B124	

---

① 【引例】鱼的鳍是给鱼疗伤的手帕变成的【汉族】

② 【引例】鱼腿支撑天

③ 【民族】纳西族。【引例】鱼的嘴不断张合但不能说话是因为被割掉舌头【仡佬族】

④ 【关联】［W1513.2］鱼生万物

W 编码	母题描述			参照项	
	一级母题	二级母题	三级母题	汤普森	关联项
W3418.3		特定名称的鱼			【联1】①
W3418.3.1			美人鱼	B81	【联1】②
W3418.3.2			金鱼	B102.4	
W3418.4		鱼的居所			
W3418.4.1			以前鱼住在陆地上		
W3418.4.2			鱼为什么生活在水里		【民族,例1】③
W3418.4.3			鱼原来生活在土里		【壮族】
W3418.5		鱼的王国		B223	【联1】④
W3418.5.1			鱼之王	B243	
W3418.6		鱼作为神(人)坐骑的		B551	【联1】⑤
◎	〖虾〗				
✳ **W3420**	**虾的产生**			A2132	
W3421		虾源于某个地方			
W3422		虾是造出来的			
W3422.1			虾是祖先造的		【瑶族、壮族】
W3422.2			虾是编出来的		【例1】⑥
W3422.3			与造虾有关的其他母题		
W3423		虾是生育产生的			
W3423.1			水生虾		【侗族】
W3423.2			龙生虾		【哈尼族】
W3423.3			鱼生虾		【哈尼族】
W3423.4			葫芦籽生虾		【例1】⑦
W3423.5			其他特定的物生虾		
W3424		虾是变化产生的			
W3424.1			特定的肢体变成虾		【例3】⑧
W3424.2			树叶变成虾		【联1,例1】⑨

---

① 【关联】[W3416] 特定的鱼的产生

② 【关联】[W0632.6] 人面鱼身之神

③ 【民族】壮族。【引例】鱼赌输后只好呆在水里【珞巴族】

④ 【关联】[W5972] 动物王国

⑤ 【关联】[W3329.5] 鸟作为神(人)的坐骑

⑥ 【引例】始祖用身上的毛编成虾【普米族】

⑦ 【引例】天神给的葫芦籽撒在地上生虾【傣族】

⑧ 【引例】❶祖先把眉毛丢在河里变成虾【布依族】;❷盘古的肝心变成虾【瑶族】;❸怪胎剁碎后变成虾【苗族】

⑨ 【关联】[W3414.4] 树叶变成鱼。【引例】枫树的枝叶抛到水里变成虾【畲族】

W 编码	母题描述			参照项	
	一级母题	二级母题	三级母题	汤普森	关联项
W3424.3			石子变成虾		【汉族】
W3424.4			其他特定的物变成虾		【例1】①
W3425		与虾产生有关的其他母题			【联1】②
❋ **W3426**	虾的特征				
W3427		虾的体征的来历			
W3427.1			虾为什么有甲壳		
W3427.2			虾为什么腰是弯的		【汉族】
W3427.3			虾为什么有长须		
W3427.4			虾为什么有钳子一样的脚		【联1】③
W3428		虾的其他特征			
W3429	与虾有关的其他母题				
W3429.1		河虾			
W3429.1.1			河虾的产生	A2171.4	
W3429.2		龙虾			
W3429.2.1			龙虾的产生	A2171.3	
W3429.3		虾兵			【联1】④
◎	〖蟹（螃蟹）〗			B94.1	
❋ **W3430**	蟹的产生			A2171.2	
W3431		螃蟹是造出来的			
W3431.1			天神造螃蟹		【拉祜族】
W3432		螃蟹是生育产生的			
W3432.1			龙生螃蟹		【哈尼族】
W3432.2			鱼生螃蟹		【哈尼族】
W3433		螃蟹是变化产生的			
W3433.1			怪物变成螃蟹		【例1】⑤
W3433.2			特定的肢体变成螃蟹		
W3434		与螃蟹的产生有关的其他母题			

① 【引例】海底出现的肉团的肉末变成虾 【白族】
② 【关联】［W3415.3］鱼虾同时产生
③ 【关联】［W3438.1］螃蟹脚形状的来历
④ 【关联】［W8739.2］虾兵蟹将
⑤ 【引例】兄妹婚生的怪物丢入水中变成蟹 【高山族】

W 编码	母题描述			参照项	
	一级母题	二级母题	三级母题	汤普森	关联项
✳ W3435	蟹的特征				
W3436		螃蟹为什么横行		A2441.4.2	【佤族】
W3436.1			螃蟹横着走路是因为被砍掉了头		【德昂族】
W3437		螃蟹为什么是扁的			
W3437.1			螃蟹因偷盐被捏扁		【水族】
W3438		与螃蟹的特征有关的其他母题			
W3438.1			螃蟹脚形状的来历		【例1】①
W3438.2			螃蟹为什么没有头	A2320.4	【民族，联1，例1】②
W3438.3			螃蟹不诚实，让它的眼睛长在后面	A2231.1.3	
W3438.4			螃蟹有两个阳具		【例1】③
W3438.5			螃蟹壳上凹痕的来历	A2312.3	【例1】④
W3438.6			螃蟹为什么居水中	A2433.6.3.1	
W3438.7			螃蟹的腿毛的来历		【例1】⑤
W3439	与螃蟹有关的其他母题				【联1】⑥
W3439.1		螃蟹脱壳的来历			
W3439.1.1			海龙王让母蟹每月脱一次壳		【京族】
W3439.2		虾和蟹是朋友			【联1】⑦

3.4.3 其他水中动物【W3440～W3449】

W 编码	母题描述			参照项	
	一级母题	二级母题	三级母题	汤普森	关联项
◎	〖其他水中动物〗				
W3440	牡蛎				

---

① 【引例】螃蟹的手足是铁钳夹扁的【景颇族】
② 【民族】布朗族。【关联】〔W3436.1〕螃蟹横着走路是因为被砍掉了头。【引例】螃蟹没有头是因为头被砍掉【德昂族】
③ 【引例】螃蟹偷了公鸡的阳具后有两个阳具【汉族】
④ 【引例】螃蟹背上的印子是牛踩出来的【仫佬族】
⑤ 【引例】螃蟹向妇人要腿毛当报酬【高山族】
⑥ 【关联】〔W1881.1〕螃蟹生水
⑦ 【关联】〔W8739.2〕虾兵蟹将

W 编码	母题描述			参照项	
	一级母题	二级母题	三级母题	汤普森	关联项
W3440.1		牡蛎的产生			
W3440.1.1			咸水结成牡蛎		
W3440.2		牡蛎的特征			
W3440.2.1			牡蛎为什么有硬壳		【汉族】
W3440.3		与牡蛎有关的其他母题			
W3440.3.1			牡蛎生珍珠		【联1】①
W3441	鳄鱼				
W3441.1		鳄鱼的产生		A2146	
W3441.1.1			卵生鳄鱼		【壮族】
W3441.2		鳄鱼的特征			
W3441.2.1			鳄鱼皮肤粗糙的来历	A2311.7	
W3441.2.2			鳄鱼为什么牙齿锋利		【汉族】
W3441.3		与鳄鱼有关的其他母题			
W3441.3.1			扬子鳄的来历		
W3441.3.2			鳄鱼为什么牙齿锋利		
W3442	海龟				【联1】②
W3442.1		海龟的产生			
W3442.1.1			乌龟爬到海里变成海龟		
W3442.2		海龟的特征			
W3442.2.1			海龟为什么有硬壳		【联1】③
W3442.2.2			海龟背上为什么有裂纹		【例1】④
W3442.3		与海龟有关的其他母题			
W3442.3.1			海龟为什么要埋上自己的卵		
W3442.3.2			海龟为什么定期到陆地上		【汉族】

---

① 【关联】［W9686.1］珍珠的来历
② 【关联】［W3505］龟（乌龟、鳖）
③ 【关联】［W3513.2］龟为什么有硬壳
④ 【引例】海龟背上的裂痕是炼烧产生的

W 编码	母题描述			参照项	
	一级母题	二级母题	三级母题	汤普森	关联项
W3442.3.3			玳瑁的来历		
W3443	海螺				
W3443.1		海螺的产生			
W3443.1.1			世上海螺出现最早		【藏族】
W3443.2		海螺的特征			
W3443.2.1			海螺为什么有螺旋形外壳		
W3443.3		与海螺有关的其他母题			【例1】①
W3443.3.1			海螺在山神宝库中		【藏族】
W3443.3.2			海螺崇拜		【傈僳族】
W3444	河马				
W3444.1		河马的产生		A1872	
W3444.2		河马的特征			
W3444.2.1			河马为什么很丑		
W3444.3		与河马有关的其他母题			
W3445	蛟（蛟龙）				
W3445.1		蛟龙的产生			
W3445.1.1			女子感生蛟		【汉族】
W3445.1.2			蛟是龙的后代		【汉族、彝族】
W3445.2		蛟龙的特征			
W3445.2.1			蛟龙能刮风下雨		【壮族】
W3445.2.2			蛟龙居海中		【白族】
W3445.3		与蛟龙有关的其他母题			【例2】②
W3445.3.1			蛟龙发大水		【民族，联1】③
W3445.3.2			蛟龙喷水		【赫哲族】
W3445.3.3			蛟龙伤人		【高山族】
W3446	蚂蝗（水蛭）				【例2】④
W3446.1		蚂蝗的产生			
W3446.1.1			泥人掉水中变成蚂蝗		【汉族】

① 【引例】海螺是人与动物的母体【藏族】
② 【引例】❶蛟龙变人【汉族】；❷蛟龙锁井中【汉族】
③ 【民族】白族。【关联】［W8286］蛟龙制造洪水
④ 【引例】❶违背禁忌打开竹筒爬出蚂蝗【珞巴族】；❷魔王最后吐出的气变蚂蟥【普米族】

W 编码	母题描述			参照项	
	一级母题	二级母题	三级母题	汤普森	关联项
W3446.1.2			天兵的尸体化成蚂蝗		【傣族】
W3446.1.3			怪物被剁碎的肉撒到水中变蚂蟥		【布朗族】
W3446.1.4			恶人变成蚂蝗		【彝族】
W3446.2		蚂蝗的特征			
W3446.2.1			蚂蝗为什么吸血	A2435.6.3	【例3】①
W3446.2.2			蚂蝗为什么会缩身体		【汉族】
W3446.2.3			蚂蝗为什么是瞎子	A2332.6.8	
W3446.3		与蚂蝗有关的其他母题			
W3446.3.1			蚂蝗为什么会跳		【珞巴族】
W3447	泥鳅				
W3447.1		泥鳅的产生			
W3447.1.1			龙生泥鳅		【哈尼族】
W3447.1.2			海底出现的肉团的肉末变成泥鳅		【白族】
W3447.1.3			怪人死后肠子化为泥鳅		【侗族】
W3447.2		泥鳅的特征			
W3447.3		与泥鳅有关的其他母题			【联1，例1】②
W3448	扇贝（贝壳）				
W3448.1		扇贝的产生		A2826	【联1】③
W3448.2		扇贝的特征			
W3448.2.1			扇贝为什么坚硬		
W3448.2.2			扇贝为什么像扇子		【汉族】
W3448.3		与扇贝有关的其他母题			【联1】④
W3448.3.1			贝壳生珍珠		【联1】⑤
W3449	其他特定的水中动物				

① 【引例】❶蚂蝗为人类取粮种，作为报偿要吸血【布朗族】；❷因为太阳说有蛇、蚊子、蚂蟥、苍蝇作伴才出来，自此，蚂蟥叮吸人血【珞巴族】；❸蚂蟥吃人血是因为它曾为人水中取粮种【佤族】

② 【关联】［W3416.8］鳝鱼的产生。【引例】蚂蚱和泥鳅是兄弟【哈尼族】

③ 【关联】［W2626.4］人生贝壳

④ 【关联】［W6398.4］贝壳崇拜

⑤ 【关联】［W9686.1］珍珠的来历

W 编码	母题描述			参照项	
	一级母题	二级母题	三级母题	汤普森	关联项
W3449.1		珊瑚			
W3449.1.1			卵变成珊瑚		【纳西族】
W3449.1.2			珊瑚为什么是软的	A2875	
W3449.2		水獭①			
W3449.2.1			水獭从天上来		【汉族】
W3449.2.2			鼻子变成水獭		【例1】②
W3449.2.3			木屑变成水獭		【例1】③
W3449.2.4			水獭为什么躲在水里		【例1】④

---

① 水獭，也可以列入哺乳动物。
② 【引例】乌佑（鬼、神灵）的鼻子变成水獭【珞巴族】
③ 【引例】砍树的木片变水獭【珞巴族】
④ 【引例】水獭怕天神打躲在水里【彝族】

3.5 昆虫

【W3450 ~ W3499】

3.5.1. 昆虫概说 【W3450 ~ W3459】

W 编码	母题描述			参照项	
	一级母题	二级母题	三级母题	汤普森	关联项
✳ **W3450**	**昆虫的产生**			A2000	
W3451		昆虫源于某个地方或自然存在			
W3451.1			昆虫从天上来		
W3452		昆虫是造出来的			
W3452.1			神或神性人物造昆虫		
W3452.2			女神吐出昆虫		【民族，例1】①
W3453		昆虫是生育产生的			
W3453.1			树生虫		【珞巴族】
W3454		昆虫是变化产生的			【例1】②
W3454.1			人（神）垂死化生昆虫	≈ A2001	【例1】③
W3454.2			草变化为昆虫		【汉族】
W3454.3			石头变化为昆虫		【汉族】
W3454.4			灵魂变化为昆虫		【汉族】
W3454.5			唾液化生昆虫		【例1】④
W3454.6			气化生昆虫		【例1】⑤
W3454.7			尸体的特定部分化生昆虫		
W3454.8			其他特定的物变化为昆虫		【例1】⑥

---

① 【民族】维吾尔族。【引例】神人吐的口水造成虫蚁【苗族】
② 【引例】太阳在龙的喉咙中变成的肉团炸开变成昆虫【白族】
③ 【引例】神牛的尸体化生昆虫【珞巴族】
④ 【引例】神的唾沫化成昆虫【维吾尔族】
⑤ 【引例】杂乱之气变为虫【汉族】
⑥ 【引例】巨人的骨粉变成昆虫【拉祜族】

W 编码	母题描述			参照项	
	一级母题	二级母题	三级母题	汤普森	关联项
W3455		与昆虫产生有关的其他母题		·	
◎	〖**其他相关母题**〗				
W3456	昆虫的特征				
W3456.1		有些昆虫为什么会变化			【联1】①
W3456.2		有些昆虫为什么没有腿			【汉族】
W3456.3		有些昆虫为什么有怪味		A2416.6	
W3456.4		与昆虫特征有关的其他母题			
W3457	与昆虫有关的其他母题				
W3457.1		昆虫名称的来历			
W3457.2		昆虫生活习性及来历			
W3457.2.1			昆虫为什么吃植物		
W3457.3		益虫		B480	【联1】②
W3457.4		害虫			
W3457.5		毒虫			
W3457.5.1			特定的婚配生毒虫		【例1】③

3.5.2 常见的昆虫【W3460~W3479】

W 编码	母题描述			参照项	
	一级母题	二级母题	三级母题	汤普森	关联项
◎	〖**蚕**〗				
W3460	蚕的产生			A2182.1	
W3460.1		天神撒下蚕种			【彝族】
W3460.2		神变成蚕			【汉族】
W3460.3		人变成蚕			
W3460.3.1			女子变成蚕		【汉族】
W3460.3.2			人死后变成蚕		【汉族】

---

① 【关联】［W3466.3］昆虫化蝶
② 【关联】［W3471.3］有益的蚂蚁
③ 【引例】老男子与丑女婚生带刺的荆棘和各种毒虫【珞巴族】

W 编码	母题描述			参照项	
	一级母题	二级母题	三级母题	汤普森	关联项
W3460.4		与蚕的产生有关的其他母题			【例1】①
W3461	蚕的特征				
W3461.1		蚕的头部特征的来历			
W3461.1.1			蚕肿脑袋的来历		【例1】②
W3461.1.2			蚕头部像马的原因		【例1】③
W3461.2		蚕的背部特征的来历			
W3461.3.1			蚕背上为什么有脚印		【例1】④
W3462	与蚕有关的其他母题				【联2】⑤
W3462.1		蚕为什么吐丝			【汉族】
W3462.2		蚕食桑叶的来历			
◎	〖苍蝇〗			A2031	
W3463	苍蝇的产生				【例2】⑥
W3463.1		人变苍蝇			【彝族】
W3463.2		天兵的尸体化成苍蝇			【傣族】
W3463.3		魔王吐出的气变成苍蝇			【普米族】
W3463.4		沙子变成苍蝇			【满族】
W3463.5		与苍蝇的产生有关的其他母题			
W3463.5.1			因违背禁忌产生苍蝇		【例1】⑦
W3464	苍蝇的特征				
W3464.1		苍蝇秃头的来历		A2317.2	
W3464.2		苍蝇嗡嗡叫的来历		A2426.3.3	

---

① 【引例】太阳给人送蚕种【珞巴族】
② 【引例】蚕肿脑袋是从天上掉下来时摔的【汉族】
③ 【引例】蚕头部像马是因为它是马变成的
④ 【引例】蚕背上的脚印是被其他动物踩出来的【汉族】
⑤ 【关联】❶〔W0534.1〕蚕神；❷〔W6059〕养蚕的来历
⑥ 【引例】❶违背禁忌打开竹筒爬出苍蝇【珞巴族】；❷神造苍蝇为了叮懒人苍蝇【满族】
⑦ 【引例】因违背不能打开竹筒的吩咐，竹筒里出来苍蝇【珞巴族】

W 编码	母题描述			参照项	
	一级母题	二级母题	三级母题	汤普森	关联项
W3464.3		苍蝇身上为什么有凹痕			【例1】①
W3464.4		苍蝇摩擦前脚的来历			【水族】
W3464.5		苍蝇为什么恋大粪		①≈A2432.9 ②A2433.5.2	
W3465	与苍蝇有关的其他母题				
W3465.1		苍蝇为什么吃人的食物			
W3465.1.1			苍蝇吃四方权力的获得	A2545.1	【彝族】
W3465.1.2			苍蝇为人类找到种子，所以它可以吃人的食物		【汉族】
W3465.1.3			苍蝇退洪水有功，所以饭菜它可以先吃		【壮族】
W3465.2		苍蝇为什么遭人嫌		A2522.7	
◎	〖蝴蝶（蝶）〗				
W3466	蝴蝶的产生			A2041	
W3466.1		树生蝴蝶			
W3466.1.1			枫树生蝴蝶		【苗族】
W3466.1.2			树心孕蝴蝶		【苗族】
W3466.2		鸡毛变成蝴蝶			
W3466.3		昆虫化蝶			【汉族】
W3467	蝴蝶的特征				
W3467.1		蝴蝶为什么身上有斑点		A2412.3.2	
W3467.2		蝴蝶翅膀上花纹的来历			【苗族】
W3467.2.1			蝴蝶花纹是因为得到了瞎蠓的花衣		【赫哲族】
W3468	与蝴蝶有关的其他母题				【联1】②

① 【引例】苍蝇身上的凹痕是背东西时绳子勒出来的【珞巴族】

② 【关联】［W9538.1］人变蝴蝶

W 编码	母题描述			参照项	
	一级母题	二级母题	三级母题	汤普森	关联项
W3468.1		蝴蝶为什么喜欢双双飞行			
W3468.2		蝶为媒			【联1】①
◎	〖蚂蚁〗				
W3469	蚂蚁的产生			A2011	【例1】②
W3469.1		蚂蚁从地府来			【仡佬族】
W3469.2		天神造蚂蚁			【苗族】
W3469.3		魔鬼造蚂蚁		A2011.1	
W3469.4		鸡毛变成蚂蚁			【纳西族】
W3469.5		石头变成蚂蚁			【汉族】
W3469.6		粉尘变成蚂蚁			【例1】③
W3470	蚂蚁的特征				
W3470.1		蚂蚁为什么体型小			
W3470.1.1			神把蚂蚁捏小了		
W3470.2		蚂蚁为什么细腰		A2355.1.2	【民族，联1】④
W3470.2.1			蚂蚁的细腰是造蚂蚁时捏细的		
W3470.2.2			蚂蚁的细腰是被重新接起来时的连接物		
W3470.2.3			蚂蚁的细腰是被勒细的		【纳西族】
W3470.2.4			蚂蚁的细腰是被鸟啄细的		【回族】
W3470.2.5			蚂蚁从天上扔下来时腰摔细了	A2214.2	
W3470.2.6			蚂蚁的细腰是被火烧细的		【藏族】
W3470.3		蚂蚁为什么圆屁股			【藏族】
W3470.4		蚂蚁为什么是黑色的			
W3470.4.1			蚂蚁黑色是被烧黑的		【苗族】
W3470.5		蚂蚁长翅后会飞			

---

① 【关联】［W7560］媒人
② 【引例】始祖用身上毛编成蚂蚁【普米族】
③ 【引例】巨人的骨粉变成蚂蚁【拉祜族】
④ 【民族】藏族。【关联】［W3047.5.1］有的动物为什么细腰

W 编码	母题描述			参照项	
	一级母题	二级母题	三级母题	汤普森	关联项
W3470.5.1			蚂蚁长翅后会飞是神奖励的结果		
W3470.6		蚂蚁为什么擅长搬物		A2451.1	
W3471	与蚂蚁有关的其他母题				
W3471.1		蚂蚁造天地			【民族，联1】①
W3471.2		会说话的蚂蚁		B211.4.1	
W3471.3		有益的蚂蚁		B481.1	
W3471.4		蚂蚁之王		B246.1	【联1】②
W3471.5		蚂蚁上天为神，在地上是禽兽			【藏族】
W3471.6		蚂蚁与喜鹊是朋友			【基诺族】
◎	〖蜜蜂（蜂）〗				
W3472	蜜蜂的产生（蜂的产生）			A2102	
W3472.1		蜜蜂从天上来			【羌族】
W3472.2		神或神性人物造蜜蜂			
W3472.3		竹筒飞出蜜蜂			【珞巴族】
W3472.4		人变成蜜蜂			【例1】③
W3472.5		木屑变成蜜蜂			【苗族】
W3472.6		血液变成蜂			
W3473	特定的蜂				
W3473.1		马蜂的产生		A2013	
W3473.1.1			马蜂从天上来		【例1】④
W3473.1.2			马蜂细腰的来历		【佤族】
W3473.2		胡蜂的产生			
W3473.3		野蜂的产生			
W3473.3.1			野蜂从天上来		
W3473.3.2			白昼和黑夜夫妻孕育野蜂		【景颇族】

① 【民族】羌族、汉族。【关联】［W1100］天地的产生
② 【关联】［W5972.1］动物之王
③ 【引例】善良的人死后变成蜜蜂【塔塔尔族】
④ 【引例】天蜂变成马蜂【羌族】

W 编码	母题描述			参照项	
	一级母题	二级母题	三级母题	汤普森	关联项
W3473.4		土蜂的产生			【例2】①
W3473.4.1			土蜂叫声的来历		【蒙古族】
W3474	蜜蜂的特征			A2300.1	【联1】②
W3474.1		蜜蜂的细腰			【联1】③
W3474.1.1			黄蜂尾部细的来历		【布朗族】
W3474.1.2			黄蜂细腰的来历		【拉祜族、壮族】
W3474.1.3			蜜蜂的腰是被神打细的		
W3474.2		蜜蜂的颜色的来历		A2411.3.1	
W3474.3		蜜蜂嗡嗡叫的来历			【例1】④
W3475	与蜜蜂有关的其他母题				
W3475.1		蜂蜜的来历		A2813	【汉族】
W3475.1.1			蜂蜜是蜜蜂的粪便	A2385.3	
W3474.2		蜂蛮人的来历			【汉族】
W3475.3		蜂筑巢的来历		≈A2432.2	
W3475.3.1			蜜蜂住墙洞的来历		【哈尼族】
W3475.3.2			蜜蜂不在人家做窝的原因		【独龙族】
W3474.4		蜜蜂是信使		B291.4.1	
◎	〔蜘蛛〕			B93	
W3476	蜘蛛的产生			A2091	
W3476.1		蜘蛛源于某个地方			
W3476.1.1			蜘蛛从天上来		【侗族、汉族】
W3476.2		蜘蛛是创造出来的			
W3476.2.1			妖魔造出蜘蛛		【汉族】
W3476.3		蜘蛛是生育产生的			
W3476.4		蜘蛛是变化产生的			
W3476.4.1			人的灵魂变成蜘蛛		
W3477	蜘蛛的特征				

① 【引例】❶因违背不能打开竹筒的吩咐，竹筒里出来土蜂【珞巴族】；❷土蜂身上的凹痕是背东西时绳子勒出来的【珞巴族】

② 【关联】［W7571.1］蜜蜂做媒人

③ 【关联】［W3047.5.1］有的动物为什么细腰

④ 【引例】蜜蜂嗡嗡叫是因为被割掉舌头【汉族】

W 编码	母题描述			参照项	
	一级母题	二级母题	三级母题	汤普森	关联项
W3477. 1		蜘蛛体型的变小		A2301. 2	
W3477. 2		蜘蛛为什么细腰		A2355. 1. 1	【民族，联 1】①
W3477. 3		蜘蛛为什么没有腰			
W3477. 3. 1			蜘蛛被扯断后丢了腰		【汉族】
W3477. 4		蜘蛛有两节的来历			【彝族】
W3477. 5		蜘蛛无血的来历		B724	
W3477. 6		蜘蛛的颜色的来历		A2411. 3. 2	
W3478	与蜘蛛有关的其他母题				
W3478. 1		蜘蛛结网			【联 1，例 1】②
W3478. 1. 1			神让蜘蛛结网		
W3478. 1. 2			蜘蛛为什么吐丝	≈A2231. 6	
W3478. 2		蜘蛛的居所			
W3478. 2. 1			蜘蛛为什么住在石头下面	A2433. 5. 3. 1	
W3478. 2. 2			蜘蛛为什么住在阴暗的墙角		【汉族】
W3478. 3		苍蝇与蜘蛛是仇敌		A2494. 14. 1	
W3478. 4		蜘蛛能带来好运		A2536. 5	【联 1】③
W3478. 5		蜘蛛被人诅咒		A2542. 2	

3. 5. 3 一般昆虫【W3480 ~ W3499】

W 编码	母题描述			参照项	
	一级母题	二级母题	三级母题	汤普森	关联项
◎	〖一般昆虫〗				
W3480	蝉（知了）				
W3480. 1		蝉的产生			
W3480. 1. 1			土生蝉		【汉族】
W3480. 1. 2			人死后变蝉		【汉族】
W3480. 2		蝉的特征			

---

① 【关联】【民族】彝族。【关联】［W3047. 5. 1］有的动物为什么细腰
② 【关联】［W6033. 2］向蜘蛛学会结网。【引例】天帝送给蜘蛛银丝线【苗族】
③ 【关联】［W6398. 5］蜘蛛崇拜

W 编码	母题描述			参照项	
	一级母题	二级母题	三级母题	汤普森	关联项
W3480.2.1			蝉为什么不闭眼		【拉祜族】
W3480.2.2			蝉的肚子为什么是空的		【布朗族】
W3480.2.3			蝉的翅膀的来历		【例1】①
W3480.3		与蝉有关的其他母题			【例1】②
W3480.3.1			蝉为什么蜕皮		【民族，联1】③
W3481	臭虫				
W3481.1		臭虫的产生		A2052	
W3481.1.1			恶魔滴下的血变成臭虫		【纳西族】
W3481.1.2			恶魔磨成的粉末变成臭虫		【蒙古族】
W3481.2		臭虫的特征			
W3481.2.1			臭虫为什么有臭味		【汉族】
W3481.3		与臭虫有关的其他母题			
W3481.3.1			臭虫为什么咬人		【满族】
W3481.3.2			臭虫为什么躲在黑暗的地方		
W3482	蝗虫（蚂蚱）				
W3482.1		蝗虫的产生		A2062	
W3482.1.1			天神为了报复把蝗虫放到人间		【彝族】
W3482.1.2			龙生蚂蚱		【哈尼族】
W3482.2		蝗虫的特征			
W3482.2.1			蝗虫的后腿为什么长		【汉族】
W3482.2.2			蝗虫为什么吃庄稼		【汉族】
W3482.3		与蝗虫有关的其他母题			
W3482.3.1			蝗虫为什么跳得很远		
W3483	牛虻（瞎蠓）				
W3483.1		牛虻的产生			【例1】④

① 【引例】知了受奖励得到美丽的翅膀【德昂族】
② 【引例】蝉把天上的歌带到人间【侗族】
③ 【民族】汉族。【关联】［W3527］蛇为什么蜕皮
④ 【引例】灰尘变成牛虻【汉族】

W 编码	母题描述			参照项	
	一级母题	二级母题	三级母题	汤普森	关联项
W3483.1.1			恶魔磨成的粉末变成瞎蠓		【民族，例1】①
W3483.2		牛虻的特征			
W3483.2.1			牛虻为什么体型小		【汉族】
W3483.2.2			牛虻为什么叮牛		
W3483.3		与牛虻有关的其他母题			
W3484	蜻蜓				
W3484.1		蜻蜓的产生			
W3484.1.1			水生蜻蜓		【汉族】
W3484.2		蜻蜓的特征			
W3484.2.1			蜻蜓为什么眼睛很大		【汉族】
W3484.2.2			蜻蜓为什么有翅膀		
W3484.3		与蜻蜓有关的其他母题			
W3484.3.1			蜻蜓为什么吃蚊子		【汉族】
W3484.3.2			蜻蜓为什么不停地点水		
W3485	蛆虫				
W3485.1		蛆虫的产生		A2053	
W3485.1.1			粪便生蛆虫		
W3485.1.2			尸体化生蛆虫		【汉族】
W3485.1.3			恶魔滴下的血变成蛆		【纳西族】
W3485.2		蛆虫的特征			
W3485.2.1			蛆虫为什么没有脚		
W3485.3		与蛆虫有关的其他母题			
W3485.3.1			蛆虫为什么生活在肮脏的地方		
W3486	屎壳郎（蜣螂、拱屎虫）				
W3486.1		屎壳郎的产生			
W3486.1.1			天神变成屎壳郎		【例1】②
W3486.1.2			天仙变成屎壳郎		【例1】③

① 【民族】蒙古族。【引例】坏心眼的人的骨渣变瞎蠓【赫哲族】
② 【引例】天神被惩罚成为屎壳郎
③ 【引例】天上的大仙受罚变成地上的屎壳郎【瑶族】

W 编码	母题描述			参照项	
	一级母题	二级母题	三级母题	汤普森	关联项
W3486.1.3			天差变成屎壳郎		【例2】①
W3486.1.4			仙人变成屎壳郎		【例1】②
W3486.2		屎壳郎的特征			
W3486.2.1			屎壳郎为什么有硬壳		
W3486.2.2			屎壳郎为什么是黑色的		【汉族】
W3486.3		与屎壳郎有关的其他母题			【联1】③
W3486.3.1			屎壳郎为什么滚粪球	A2457.1	
W3486.3.2			屎壳郎下凡		【联1，例1】④
W3487	虱子				
W3487.1		虱子的产生		A2051	
W3487.1.1			尘埃变虱子		【满族】
W3487.1.2			魔王最后吐出的气变虱子		【普米族】
W3487.1.3			把恶魔磨成的粉末变成虱子		【蒙古族】
W3487.2		虱子的特征			
W3487.2.1			虱子为什么瘦小		
W3487.3		与虱子有关的其他母题			
W3487.3.1			虱子为什么吸人血		【汉族】
W3487.3.2			虱子为什么藏在缝隙里		
W3488	蚤（跳蚤）				
W3488.1		跳蚤的产生		A2032	
W3488.1.1			恶魔滴下的血变成跳蚤		【纳西族】
W3488.1.2			魔王吐出的气变成跳蚤		【普米族】
W3488.1.3			尘埃变成跳蚤		【满族】
W3488.2		跳蚤的特征			
W3488.2.1			跳蚤为什么很小		

① 【引例】❶天神把违背旨意的差官变成屎壳郎【傈僳族】；❷天上的差使传错话被罚变成屎壳郎【毛南族】
② 【引例】仙子传错话被罚成为屎壳郎【仫佬族】
③ 【关联】［W1136］屎壳郎造天
④ 【关联】［W1444.1］下凡。【引例】屎壳郎传错话被贬到人间【壮族】

W 编码	母题描述			参照项	
	一级母题	二级母题	三级母题	汤普森	关联项
W3488.2.2			跳蚤为什么跳得高		【汉族】
W3488.3		与跳蚤有关的其他母题			
W3488.3.1			造跳蚤是为了让人有事干	≈ A2032.2	
W3489	螳螂				
W3489.1		螳螂的产生		A2061	
W3489.2		螳螂的特征			
W3489.2.1			螳螂脖子长的来历		【例1】①
W3489.2.2			螳螂的前腿为什么有锯齿		【苗族】
W3489.3		与螳螂有关的其他母题			
W3489.3.1			螳螂捕蝉的来历		
W3490	蚊子				
W3490.1		蚊子的产生		A2034	【例1】②
W3490.1.1			人变成蚊子		【民族，例1】③
W3490.1.2			灰（尘埃）变成蚊子		【民族，例2】④
W3490.1.3			怪物被剁碎后变成蚊子		【布朗族】
W3490.1.4			血变成蚊子		
W3490.1.5			尸体化生蚊子		【例2】⑤
W3490.1.6			气变成蚊子		【例2】⑥
W3490.2		蚊子的特征			
W3490.2.1			以前蚊子身体很大		【例2】⑦
W3490.2.2			蚊子为什么体型小		
W3490.2.3			蚊子为什么嗡嗡叫	A2426.3.5	
W3490.3		与蚊子有关的其他母题			
W3490.3.1			蚊子吸人血的来历		【例2】⑧

① 【引例】螳螂的脖子是被其他动物拉长的【汉族】
② 【引例】违背禁忌打开竹筒爬出蚊子【珞巴族】
③ 【民族】彝族。【引例】坏心眼的人的骨渣变蚊子【赫哲族】
④ 【民族】汉族。【引例】❶恶魔磨成的粉末变成蚊子【蒙古族】；❷魔鬼烧成的灰变蚊子【锡伯族】
⑤ 【引例】❶天兵的尸体化成蚊子【傣族】；❷魔怪的尸体变蚊子【满族】
⑥ 【引例】❶神的气变蚊子【苗族】；❷魔王最后吐出的气变蚊子【普米族】
⑦ 【引例】❶以前的蚊子体大如牛【彝族】；❷以前的蚊子像拳头【彝族】
⑧ 【引例】❶蚊子对人有恩，神让蚊子吸人的血【汉族】；❷因为太阳说有蛇、蚊子、蚂蟥、苍蝇作伴才出来，所以用人祭太阳后，蚊子、蚂蟥叮吸人血【珞巴族】

W 编码	母题描述			参照项	
	一级母题	二级母题	三级母题	汤普森	关联项
W3491	蜗牛				
W3491.1		蜗牛的产生		A2181	
W3491.2		蜗牛的特征			
W3491.2.1			蜗牛的外壳的来历	A2312.2	【例1】①
W3491.3		与蜗牛有关的其他母题			
W3491.3.1			蜗牛为什么走得慢		【汉族】
W3492	蜈蚣				
W3492.1		蜈蚣的产生			
W3492.1.1			昆虫变成蜈蚣		【汉族】
W3492.2		蜈蚣的特征			
W3492.2.1			蜈蚣为什么躲着太阳	A2433.6.9	
W3492.2.2			蜈蚣为什么多足		
W3492.2.3			以前蜈蚣只有四只脚		【纳西族】
W3492.3		与蜈蚣有关的其他母题			【联2，例1】②
W3492.3.1			蜈蚣为什么躲在阴暗处		
W3493	蟋蟀（蛐蛐、促织）				
W3493.1		蟋蟀的产生		A2063	【例1】③
W3493.1.1			人死后变成蟋蟀		
W3493.2		蟋蟀的特征			
W3493.2.1			蟋蟀的长腿的来历		
W3493.2.2			蟋蟀叫声的来历	A2426.3.4	【汉族】
W3493.3		与蟋蟀有关的其他母题			
W3494	蝎子				
W3494.1		蝎子的产生		A2092	
W3494.1.1			恶魔磨成的粉末变成蝎子		【蒙古族】
W3494.2		蝎子的特征			
W3494.2.1			蝎子为什么翘尾巴		

① 【引例】蜗牛捡到别的动物的壳背在身上
② 【关联】❶〔W0533〕蜈蚣神（精）；❷〔W1852.5.1〕蜈蚣精化为九华山。【引例】蜈蚣的尸体变成岛【京族】
③ 【引例】蟋蟀是问事神显形【赫哲族】

W 编码	母题描述			参照项	
	一级母题	二级母题	三级母题	汤普森	关联项
W3494.2.2			蝎子为什么蜇人		【汉族】
W3494.3		与蝎子有关的其他母题			
W3494.3.1			蝎子与蜈蚣是朋友		
W3495	萤火虫				【联 1】①
W3495.1		萤火虫的产生		A2094	
W3495.1.1			灵魂变成萤火虫		
W3495.2		萤火虫的特征			
W3495.2.1			萤火虫为什么有火		【壮族】
W3495.3		与萤火虫有关的其他母题			
W3495.3.1			有益的萤火虫	B482.1	
W3496	蟑螂				
W3496.1		蟑螂的产生		A2093	
W3496.1.1			碎屑变成蟑螂		【满族】
W3496.2		蟑螂的特征			
W3496.2.1			蟑螂为什么身体扁平		
W3496.2.2			蟑螂为什么有臭味		
W3496.3		与蟑螂有关的其他母题			
W3496.3.1			蟑螂为什么能死而复生		【联 2】②
W3497	其他一些昆虫				
W3497.1		蝼蛄			
W3497.1.1			蝼蛄为什么会飞		【汉族】
W3497.2		甲虫			
W3497.2.1			甲虫的产生	A2021	
W3497.2.2			甲虫为什么有壳		
W3497.3		毛毛虫			
W3497.3.1			毛毛虫爬行为什么弓腰		【例 1】③

---

① 【关联】［W6944.3］萤火虫那里得到火
② 【关联】❶［W9311］复活的条件（方法）；❷［W9347］不成功的复活
③ 【引例】毛毛虫摔断了它的腰，所以只能一弓一弓地爬【佤族】

3.6　两栖、爬行与其他动物
【W3500～W3599】

3.6.1　两栖与爬行类动物概说 【W3500～W3504】

W 编码	母题描述			参照项	
	一级母题	二级母题	三级母题	汤普森	关联项
◎	〖爬行动物〗				
W3500	爬行动物的产生			A2140	【联1】①
W3500.1		爬行动物是神造的			
W3500.2		爬行动物是卵生的			〖汉族〗
W3501	爬行动物的特征				
W3501.1		爬行动物为什么爬行			
W3501.2		一些爬行动物为什么有多只脚			
◎	〖两栖动物〗				
W3502	两栖动物的产生			A2160	【联1】②
W3503	两栖动物的特征				
W3503.1		两栖动物特殊能力的来历			
W3504	与两栖或爬行动物有关的其他母题				

3.6.2　常见的两栖与爬行类动物 【W3505～W3549】

W 编码	母题描述			参照项	
	一级母题	二级母题	三级母题	汤普森	关联项
✿ **W3505**	龟（乌龟、鳖）				【联1】③
❋ **W3506**	龟的产生			A2147	

① 【关联】［W3520］蛇的产生
② 【关联】［W3536］蛙的产生
③ 【关联】［W3442］海龟

W 编码	母题描述			参照项	
	一级母题	二级母题	三级母题	汤普森	关联项
W3507		龟源于某个地方或自然存在			
W3507.1			龟从水中来		【汉族】
W3508		龟是造出来的			
W3509		龟是生育产生的			【联1，例1】①
W3509.1			龙生乌龟		【哈尼族】
W3510		龟是变化产生的			【例1】②
W3510.1			人的心脏变成龟		【赫哲族】
W3510.2			蛇变成龟		
W3511		与龟的产生有关的其他母题			
W3511.1			龟是天上打下来的太阳		【苗族】
W3511.2			龟分为元素生、气温生、胎生和卵生四种		【藏族】
W3511.3			龟壳的产生	A2312.1	
W3511.4			龟的外壳是扣在身上的锅变成的	A2215.3	
❈ **W3512**	龟的特征				
W3513		龟的体征的来历			
W3513.1			龟以前没有头		【例1】③
W3513.2			龟为什么有硬壳		
W3513.3			龟不诚实，让它长出硬壳	A2231.1.4	
W3513.4			龟的眼睛为什么是红的	A2332.5.5	
W3513.5			龟被挤压背部隆起	①A2213.2.2 ②A2356.2.9	
W3514		龟壳的裂纹的来历		A2312.1.1	
W3514.1			龟壳的裂纹是被雷击造成的		
W3514.2			龟壳的裂纹是被神（人）踩成的		【民族】④

① 【关联】〔W2626.6〕人生龟。【引例】介潭是龟的祖先【汉族】
② 【引例】蛇变成乌龟
③ 【引例】乌龟的头是人吹出来的【京族】
④ 【民族】侗族、土家族、瑶族

W 编码	母题描述			参照项	
	一级母题	二级母题	三级母题	汤普森	关联项
W3514.3			龟壳上的裂纹是摔出来的	A2214.5.1	【汉族、黎族】
W3514.4			龟壳的花纹是砍出开的		【瑶族、壮族】
W3514.5			龟壳的花纹是被打出来的		【毛南族、土家族】
W3515		龟把头缩进壳里的原因			
W3516		龟为什么长寿			
W3516.1			特定的人物规定龟长寿		【例1】①
W3516.2			龟从其他动物那里获得更长的寿命		
W3517		龟的其他特征			
W3517.1			龟的颜色的来历	A2411.5.1	【例1】②
W3517.2			乌龟的尾巴短是被咬掉的结果	≈ A2216.4	
W3517.3			龟为什么有骚味		【汉族】
W3517.4			龟为什么是哑巴		【汉族】
W3518	与龟有关的其他母题				
W3518.1		龟是预言者		B145.1	【联1】③
W3518.2		龟是有益的动物		B491.5	【联1，例1】④
W3518.3		龟蛇交配			【联1】⑤
✿ **W3519**	蛇			B91	
✳ **W3520**	**蛇的产生**			A2145	
W3521		蛇源于某个地方或自然存在			
W3521.1			蛇从天上来		【满族、汉族】
W3521.2			蛇从地下来		
W3522		蛇是造出来的			
W3522.1			神造蛇		
W3522.2			魔鬼造蛇		【汉族】
W3523		蛇是生育产生的			

① 【引例】女娲封龟为"千年长寿龟"【汉族】
② 【引例】乌龟的颜色是墨染成的
③ 【关联】［W9251］预言者
④ 【关联】［W3048.10］有益的动物。【引例】龟作为婚姻的帮助者【汉族、苗族】
⑤ 【关联】［W7161］与性交有关的其他母题

W 编码	母题描述			参照项	
	一级母题	二级母题	三级母题	汤普森	关联项
W3523.1			天女生蛇		【纳西族】
W3523.2			人生蛇		【民族，联1】①
W3523.3			龙生蛇		【民族，例1】②
W3523.4			葫芦生蛇		【基诺族、黎族】
W3523.5			粪生蛇		【高山族】
W3523.6			卵生蛇		【水族】
W3523.7			女子与蛇婚生蛇		【高山族】
W3523.8			男子与蛇婚生蛇		【例1】③
W3524		蛇是变化产生的			
W3524.1			神或神性人物变成蛇		
W3524.2			神的血变成蛇		【藏族】
W3524.3			恶魔变成蛇		【门巴族】
W3524.4			人变成蛇		【汉族】
W3524.5			龙变成蛇		【民族，联1】④
W3524.6			雪变成蛇		【彝族】
W3524.7			肠子变成蛇		【民族，例1】⑤
W3524.8			绳子变成蛇		【民族，联1】⑥
W3524.9			气变成蛇		【例1】⑦
W3524.10			其他特定的物变蛇		
W3525		与蛇的产生有关的其他母题			【例1】⑧
W3525.1			蛇是天上打下来的太阳		【苗族】
W3525.2			两物交合产生蛇		
❋ **W3526**	蛇的特征				
W3527			蛇为什么蜕皮	A2483.1	
W3527.1			神规定蛇蜕皮		
W3527.2			蛇与人交换后开始蜕皮		

① 【民族】汉族、珞巴族。【关联】［W2600］人生怪胎
② 【民族】哈尼族。【引例】蛇是龙子【土家族】
③ 【引例】阿巴达尼（珞巴族男祖先）与蛇婚生的孩子成为蛇的祖先【珞巴族】
④ 【民族】汉族。【关联】［W3596.4］龙变蚯蚓
⑤ 【民族】苗族。【引例】恶人的肠子变蛇【彝族】
⑥ 【民族】苗族。【关联】［W3534.4］蛇以前被人做绳子
⑦ 【引例】魔王吐出的气变成毒蛇【普米族】
⑧ 【引例】违背禁忌打开竹筒爬出蛇【珞巴族】

W 编码	母题描述			参照项	
	一级母题	二级母题	三级母题	汤普森	关联项
W3527.3			神为惩罚蛇让它蜕皮		【联1】①
W3527.4			蛇蜕皮是因为屎壳郎传错话		【壮族】
W3528		蛇为什么没有腿		A2371.3.1	
W3528.1			蛇遭惩罚只能爬行		【例2】②
W3528.2			蛇原来的腿被砍掉		
W3528.3			蛇的脚被晒掉		【布朗族】
W3528.4			蛇引魔进入天堂被除去双脚	A2236.2.1	
W3529		蛇为什么有毒		A2532.1	
W3529.1			蛇以前没有毒		
W3529.2			神赋予蛇毒性		【例1】③
W3530		蛇的其他特征			
W3530.1			蛇为什么脑袋小	A2320.1	
W3530.2			蛇为什么没有脚		【例1】④
W3530.3			蛇原来有角	≈A2145.0.1	
W3530.4			蛇的牙齿的产生	A2345.5	【例2】⑤
W3530.5			蛇的颜色的来历	A2411.5.3	
W3530.6			蛇冬眠的来历		【汉族】
◎	〚**其他相关母题**〛				
W3531	蛇的居所			A2433.6.8	
W3531.1		蛇住洞中的来历			【侗族、珞巴族】
W3531.2		蛇不能与人同住的来历			【壮族】
W3532	蛇的食物			A2435.6.2	【例1】⑥
W3532.1		天神让蛇吃青蛙			【锡伯族】
W3532.2		蛇为什么吃老鼠			【民族，例1】⑦
W3532.3		蛇为什么咬人			
W3532.3.1			蛇咬人与太阳的请求有关		【例1】⑧

---

① 【关联】［W9928.5］改变原来的体征的惩罚
② 【引例】❶神惩罚蛇爬行【汉族】；❷蛇因说谎遭惩罚只能爬行
③ 【引例】以前人用蛇做绳子，神让它有毒来防身
④ 【引例】蛇原来有脚，因为它诱惑人类被砍去原来的脚
⑤ 【引例】❶天神赏赐给蛇毒牙【锡伯族】；❷蛇的牙齿是神赐予的
⑥ 【引例】蛇吃人是因为人与蛇猜谜输了【珞巴族】
⑦ 【民族】仡佬族。【引例】蛇吃老鼠是因为人应诺了蛇的请求【珞巴族】
⑧ 【引例】因为太阳说有蛇、蚊子、蚂蟥、苍蝇作伴才出来，由此蛇开始咬人【珞巴族】

W 编码	母题描述			参照项	
	一级母题	二级母题	三级母题	汤普森	关联项
W3532.3.2			蛇与人赌赢后获得咬人的权利		【珞巴族】
W3533	蛇的寿命				
W3533.1		蛇不会死的原因			【例1】①
W3533.1.1			蛇与人交换得以永生	A1335.5	【联1】②
W3533.1.2			杀不死的蛇	B765.7.1	
W3534	与蛇有关的其他母题				【联1】③
W3534.1		蟒（蟒蛇）			
W3534.1.1			蟒蛇的产生		【例2】④
W3534.1.2			魔鬼的尾巴变蟒蛇		【藏族】
W3534.1.3			女妖的尸体变蟒蛇		【珞巴族】
W3534.1.4			树根变蟒蛇		【拉祜族】
W3534.1.5			蟒的眼睛像灯笼		【壮族】
W3534.1.6			九头毒蟒		【壮族】
W3534.2		神奇的蛇		B176.1	【联2】⑤
W3534.2.1			双性蛇	B726	
W3534.2.2			巨蛇（蟒）	X1321.1	【联1】⑥
W3534.2.3			两头蛇（双头蛇）	B15.1.2.1.1	
W3534.2.4			会说话的蛇	B211.6.1	
W3534.2.5			有腿的蛇	B765.23	【民族，例1】⑦
W3534.2.6			有智慧的蛇	B123.1	
W3534.3		特定的蛇			
W3534.3.1			美女蛇	B29	
W3534.3.2			蛇郎		
W3534.3.3			蛇王		【民族，联1】⑧
W3534.3.4			毒蛇		【例1】⑨
W3534.4		蛇以前被人做绳子			【民族，例1】⑩

① 【引例】鸟把"人老脱壳、蛇老死亡"的口令说反后产生死亡【汉族】
② 【关联】［W2940］人的寿命
③ 【关联】［W2936.3.2］蛇与人是仇敌
④ 【引例】❶龙生蟒【哈尼族】；❷一对夫妻的血凝结成的血球化成蟒蛇【汉族】
⑤ 【关联】❶［W9306.2］蛇死后复活；❷［W9665.5.1］蛇看守宝物
⑥ 【关联】［W3534.1］蟒（蟒蛇）
⑦ 【民族】汉族。【引例】蛇原来有4条腿
⑧ 【民族】鄂伦春族。【关联】［W5972.1］动物之王
⑨ 【引例】老男子与丑女婚生出毒蛇【珞巴族】
⑩ 【民族】汉族。【引例】以前人用蛇捆东西【锡伯族】

W 编码	母题描述			参照项	
	一级母题	二级母题	三级母题	汤普森	关联项
W3534.5		蛇是预言者		B145.2	
W3534.5.1			蛇预告未来	B161.2	
W3534.6		蛇是邪恶的动物		A2523.2	【汉族】
W3534.7		蛇是说谎者		B176.1.1	
W3534.8		蛇是房屋神		B593.1	
W3534.9		蛇是神的看家者			【例1】①
W3534.10		蛇的魔力		≈ B176	
W3534.11		蛇的子女			
W3534.12		蛇被其他动物捕食			【联2】②
✿ W3535	蛙（青蛙、蟾蜍、蛤蟆、癞蛤蟆)③			B98	
✳ W3536	蛙的产生				
W3537		蛙源于某个地方或自然存在			
W3537.1			青蛙天降		【珞巴族、壮族】
W3538		蛙是造出来的			【例1】④
W3538.1			天神造青蛙		【拉祜族】
W3539		蛙是生育产生的			
W3539.1			神生蛙		【民族，联2】⑤
W3539.2			天女生蛙		【纳西族】
W3539.3			人生蛙		【民族，例4】⑥
W3539.4			龙生蛙		【联1】⑦
W3539.5			蛙生其他蛙		【彝族】
W3539.6			卵生蛙		【例1】⑧
W3539.7			瓜生蛙		【例1】⑨
W3540		蛙是变化产生的			【例2】⑩
W3540.1			神灵变成蛙（蟾蜍）		【汉族】

① 【引例】蟒蛇是神的看家者【傈僳族】
② 【关联】❶［W3277.3.1］刺猬为什么吃蛇；❷［W3359.1.2］猫头鹰为什么吃蛇
③ 蛙，在神话中有不同的类型，此母题包括了蛙、青蛙、蟾蜍、蛤蟆、癞蛤蟆等不同说法，编目中没有特别标明的母题，可以通用。
④ 【引例】神的拐杖插入地上产生青蛙【蒙古族】
⑤ 【民族】壮族。【关联】❶［W3544.5.1］蛙是雷公的儿子；❷［W3544.5.4］青蛙与雷公有仇
⑥ 【民族】珞巴族。【引例】❶一对夫妻生青蛙【傣族】；❷老婆婆手指生蛤蟆【回族】；❸一对夫妻生癞蛤蟆【彝族】；❹老夫妻求神生青蛙【壮族】
⑦ 【关联】［W3544.5.2］青蛙是龙子
⑧ 【引例】山洞生的蛋孵出蛙【苗族】
⑨ 【引例】人生的水瓜生蟾蜍【京族】
⑩ 【引例】❶恶人的骨头变成蛤蟆【珞巴族】；❷砍树的木片变青蛙【珞巴族】

W 编码	母题描述			参照项	
	一级母题	二级母题	三级母题	汤普森	关联项
W3540.2			人变成青蛙（蛤蟆）		【汉族】
W3540.3			造的泥人变成蛙		
W3540.4			月精变成蟾蜍		【汉族】
W3540.5			木屑变成青蛙		【例1】①
W3541		与蛙的产生有关的其他母题			
W3541.1			青蛙的产生	A2162	【例1】②
W3541.2			蟾蜍的产生	A1261	【联1，例1】③
W3541.3			跳蛙的产生		【例1】④
W3542	蛙的特征				
W3542.1		青蛙扁身体的来历			【珞巴族】
W3542.2		蛙的眼睛为什么是鼓的		A2332.4.3	【珞巴族】
W3542.3		蛙为什么没有牙齿		A2345.7.2	
W3542.4		蛙（蛤蟆）身上的疙瘩的来历		A2311.8	
W3542.4.1			蟾蜍背上的疙瘩的来历	A2412.5.2	【彝族】
W3542.4.2			癞蛤蟆身上的疙瘩是被打出来的		【珞巴族】
W3542.4.3			蛤蟆身上的疙瘩是被火烧出来的		
W3542.5		蛙为什么没有（丢了）尾巴		A2378.2.3	【例1】⑤
W3542.5.1			青蛙被晒掉尾巴后没有了尾巴		【民族，联1】⑥
W3542.6		蛙的颜色的来历			
W3542.7		蛙的叫声的来历		A2426.4.1	【哈尼族】
W3542.7.1			蛙的叫声是在诅咒人类		【彝族】
W3542.8		蛙为什么不会说话		A2422.7	【联1】⑦

---

① 【引例】砍树的木片变青蛙【珞巴族】
② 【引例】青蛙是蛙的后代【彝族】
③ 【关联】［W6396.1］蟾蜍崇拜。【引例】癞蛤蟆是蛙的后代【彝族】
④ 【引例】跳蛙是蛙的后代【彝族】
⑤ 【引例】青蛙被抓掉了尾巴
⑥ 【民族】布朗族。【关联】［W3542.5］蛙为什么没有（丢了）尾巴
⑦ 【关联】［W3544.1.2］会说话的青蛙

W 编码	母题描述			参照项	
	一级母题	二级母题	三级母题	汤普森	关联项
W3542.8.1			蛙喝了哑水后丧失说话能力		【彝族】
W3542.8.2			蛙被割去舌头后丧失说话能力		
W3542.9		蛙的特定居所的来历		A2433.6.6	【例2】①
W3542.9.1			青蛙为什么生活在水中		【例1】②
W3542.9.2			青蛙为什么能生活在陆地和水中		【汉族】
W3542.10		与蛙的特征有关的其他母题			
W3542.10.1			青蛙为什么吃虫		【汉族】
W3543	蛙的能力（智能）				【联1】③
W3543.1		世间青蛙最聪明			【彝族】
W3543.1.1			青蛙比其他动物聪明是因为喝了智慧水		【纳西族】
W3543.2		蛙能变形			
W3543.2.1			蛙变形为巨人		
W3543.3		蛤蟆能呼风唤雨			【壮族】
W3543.3.1			蛙能吸水		【基诺族】
W3543.4		能预言的青蛙			【例1】④
W3543.5		会舞蹈的青蛙		B293.2	
W3543.6		青蛙有威力的笑声			【独龙族】
W3543.7		蛤蟆做人王			【民族，联1】⑤
W3543.8		青蛙管人福祸			【壮族】
W3543.9		与蛙的能力有关的其他母题			
W3543.9.1			蟾蜍食月		【汉族】
W3544	与蛙有关的其他母题				【联3，例3】⑥

① 【引例】❶蛙被天上的人打到岩石下面【土家族】；❷青蛙害怕挨打藏在岩石中
② 【引例】阿巴达尼（珞巴族祖先名）把青蛙妻子扔到河里后，青蛙就生活在水中【珞巴族】
③ 【关联】［W3544.1］神奇的蛙
④ 【引例】青蛙能预知哑水【汉族】
⑤ 【民族】布朗族。【关联】［W5030］首领
⑥ 【关联】❶［W0354.2］青蛙是雷王的使者；❷［W3074.5］天蛙；❸［W6321］蛙图腾。【引例】❶青蛙是人的舅舅【普米族】；❷青蛙是天女【壮族】；❸青蛙比武成为动物王

W 编码	母题描述			参照项	
	一级母题	二级母题	三级母题	汤普森	关联项
W3544.1		神奇的蛙		B177.2	
W3544.1.1			巨蛙	B876.1	
W3544.1.2			会说话的青蛙	①B211.7.1 ②B215.4	【傣族、珞巴族】
W3544.1.3			有智慧的青蛙	B126.1	
W3544.3		有益的蛙		B493.1	【联1】①
W3544.3.1			蛙帮助人		【汉族】
W3544.4		蛙的婚配			
W3544.4.1			蛙娶人女为妻		【联2】②
W3544.4.2			蛤蟆做驸马		【壮族】
W3544.5		蛙的关系			
W3544.5.1			蛙是雷公的儿子		【壮族】
W3544.5.2			青蛙是龙子		【普米族】
W3544.5.3			蛇与蛙是仇敌	A2494.16.1	
W3544.5.4			青蛙与雷公有仇		【壮族】
❋ **W3545**	**蜥蜴**				
W3546		蜥蜴的产生		A2148	
W3546.1			蜥蜴是蛇的后代		【彝族】
W3547		蜥蜴的特征			
W3547.1			蜥蜴的头为什么是红的	A2320.3	
W3547.2			蜥蜴尾巴的获得	A2378.3	
W3547.3			蜥蜴为什么会变颜色	A2411.5.6.1	
W3547.4			蜥蜴的绿衣裳		【佤族】
W3548		与蜥蜴有关的其他母题			【联2】③
W3548.1			蜥蜴是人的朋友		【高山族】

3.6.3 龙、凤类动物【W3550～W3594】

W 编码	母题描述			参照项	
	一级母题	二级母题	三级母题	汤普森	关联项
✿ **W3550**	龙			B11	

① 【关联】［W3048.10］有益的动物
② 【关联】❶［W7401］人与动物婚；❷［W7476］人与蛙婚
③ 【关联】❶［W6397.1］蜥蜴崇拜；❷［W9562.2］蜥蜴变龙

W 编码	母题描述			参照项	
	一级母题	二级母题	三级母题	汤普森	关联项
✳ **W3551**	龙的产生			B11.1	
W3552		龙源于某个地方或自然存在			
W3552.1			龙从天降		【裕固族】
W3553		龙是创造产生的			【联1】①
W3553.1			神造龙		【拉祜族】
W3553.2			仙婆造水龙		【水族】
W3553.3			雕龙		【例1】②
W3554		龙是生育产生的			
W3554.1			神生龙		【侗族、哈尼族】
W3554.2			天生龙		【彝族】
W3554.3			地生龙		【彝族】
W3554.4			水生龙		【汉族】
W3554.5			人生龙	T554.11	【民族，联2，例1】③
W3554.6			龙生龙		【布依族】
W3554.7			鸟生龙		【汉族】
W3554.8			金生龙		【例2】④
W3555		感生龙			【例2】⑤
W3555.1			女子吃桃生龙		【汉族】
W3556		卵生龙		≈B11.1.1	
W3556.1			山洞生的蛋孵出龙		【苗族】
W3557		婚生龙			
W3557.1			龟蛇相合生黄龙		【民族，联1】⑥
W3558		龙是变化产生的			【例1】⑦
W3558.1			人变成龙	≈B11.1.3	【白族、汉族】
W3558.2			狗变成龙		
W3558.3			马变成龙	B11.1.2	【例1】⑧
W3558.4			鱼变成龙	B11.2.1.3	
W3558.5			蛇变成龙	B11.2.1.1	【例1】⑨

① 【关联】［W3559.1］龙是多种动物的组合体
② 【引例】雕龙后成活【白族】
③ 【民族】朝鲜族。【关联】❶［W2600］人生怪胎；❷［W3581.1.1］人生龙王。【引例】龙是人的儿子【白族】
④ 【引例】❶黄金生黄龙【汉族】；❷青金生青龙【汉族】
⑤ 【引例】❶女子吃苹果生龙【汉族】；❷女子吃特殊的白菜生龙【汉族】
⑥ 【民族】土家族。【关联】［W7166.1］龟蛇交配
⑦ 【引例】桃子烂后的蛆虫变成龙【苗族】
⑧ 【引例】龙马入水化作游龙【回族】
⑨ 【引例】蛇吃龙珠变成龙【壮族】

W 编码	母题描述			参照项	
	一级母题	二级母题	三级母题	汤普森	关联项
W3558.6			蜥蜴变成龙	B11.2.1.2	【汉族】
W3558.7			麒麟变成龙		【畲族】
W3558.8			昆虫变成龙	B11.1.3.1	
W3558.9			树变成龙		【拉祜族】
W3558.10			皇帝的衣服变成龙		【彝族】
W3559		与龙的产生有关的其他母题			
W3559.1			龙是多种动物的组合体	B11.2.1	【汉族、壮族】
W3559.2			龙是天上打下来的太阳		【民族，联1】①
W3559.3			斗龙王的人死后被称为龙		【白族】
W3559.4			先有江水，后有龙王		【侗族】
W3559.5			龙生九子		【例1】②
❋ **W3560**	龙的体征				
W3561		龙的性别			
W3561.1			龙分雌雄		【汉族】
W3561.2			公龙		【汉族】
W3561.3			母龙		【汉族】
W3562		龙的体态		B11.2.10	
W3562.1			巨大体型的龙	B11.2.12	
W3563		龙的头			
W3563.1			2个头的龙	B11.2.3.5	
W3563.2			3个头的龙	B11.2.3.2	
W3563.3			6个头的龙	B11.2.3.3	
W3563.4			9个头的龙	B11.2.3.4	【民族，联1】③
W3563.5			多个头的龙		
W3563.6			龙为什么长着马头		【汉族】
W3564		龙的角		B11.2.5	
W3564.1			龙借了鸡的角		【民族，联1】④
W3564.2			龙骗走了公鸡的角		【彝族】

① 【民族】苗族。【关联】［W3552.1］龙从天降
② 【引例】龙生赑屃、蒲牢、狴犴、睚眦、螭吻、蚣蝮、狻猊、椒图、饕餮9个儿子【汉族】
③ 【民族】汉族。【关联】［W3328.5.5］九头鸟
④ 【民族】仡佬族。【关联】［W3349.4.2］鸡角的丢失

W 编码	母题描述			参照项	
	一级母题	二级母题	三级母题	汤普森	关联项
W3564.3			龙头上长着九叉角		【傈僳族】
W3564.4			龙冠的丢失		【民族，联1】①
W3565		龙的爪		B11.2.4	
W3565.1			龙为什么长着鸡爪		【汉族】
W3566		龙的鳞			
W3566.1			龙满身鳞甲		【侗族】
W3566.2			龙鳞盛雨		【联1】②
W3566.3			龙的鳞片有不同的颜色		【傣族】
W3567		龙的颜色		B11.2.2	
W3567.1			龙的特定颜色的来历		
W3568		与龙的体征有关的其他母题			
W3568.1			龙的胡须		【例1】③
W3568.2			龙的尾巴	B11.2.8	
W3568.3			龙壳		
W3569	龙的其他特性				
W3569.1		龙的善恶			【联2，例1】④
W3569.1.1			善龙（益龙）	B498.1	【普米族】
W3569.1.2			恶龙		【民族】⑤
W3569.2		龙的性情			
W3569.2.1			性格暴躁的龙		【汉族】
W3569.2.2			性格温顺的龙		
W3570	龙的食物				
W3570.1		龙食珍宝		B11.6.3	
W3570.2		龙以人为食		B11.10.2	
W3570.3		龙吞食其他动物			【柯尔克孜族】
W3570.3.1			龙以牛为食	B11.6.7	
✳ **W3571**	**龙的居所**			B11.3	
W3572		龙居天上			
W3573		龙居水中			【民族，例2】⑥

① 【民族】汉族。【关联】［W3349.1.4］鸡借了龙的冠没有归还
② 【关联】［W4330］雨的产生
③ 【引例】龙王长着雪白的胡须【壮族】
④ 【关联】❶［W3581.2］善的龙王；❷［W3581.3］恶的龙王。【引例】为人造福的龙【汉族】
⑤ 【民族】独龙族、普米族、维吾尔族
⑥ 【民族】汉族。【引例】❶龙住深潭的来历【侗族】；❷人用火把龙赶到海底【水族】

W 编码	母题描述			参照项	
	一级母题	二级母题	三级母题	汤普森	关联项
W3573.1			龙居海底	B11.3.1	
W3573.2			龙居湖中	B11.3.1.1	【拉祜族】
W3573.3			龙居潭中		【例1】①
W3573.4			龙住河中		【黎族、苗族】
W3573.5			龙居井中		【布依族】
W3574		龙居山中			【例1】②
W3574.1			龙居山顶	B11.3.2	
W3574.2			龙居山洞		【汉族】
W3575		龙居地下		B11.3.5	
W3576		龙居龙宫			【联1】③
W3577		龙的其他特定居所			
W3577.1			龙居天地两端		【汉族】
W3577.2			龙居树下	B11.3.7	
W3577.3			特定的岛是龙的住处		【纳西族】
W3577.4			龙与凡人、天仙同住一处		【布依族】
◎	〖其他相关母题〗				
W3578	龙的行走				
W3578.1		龙游云中			【例1】④
W3578.1.1			龙能腾云驾雾		【侗族】
W3578.2		龙行天空		F796	【汉族】
W3578.2.1			飞龙上天	B11.3.3	【联1】⑤
W3578.3		龙能上天入地			
W3578.4		龙能分开海水行走			【京族】
W3579	龙的能力（职能）				【联2】⑥
W3579.1		龙能飞天			【联1】⑦
W3579.2		龙能降雨			【东乡族】
W3579.2.1			会制造雨的龙		【鄂温克族】
W3579.2.2			龙为庄稼浇水		【仡佬族】
W3579.3		龙发洪水		B11.7.1.1	【联1】⑧

---

① 【引例】龙居龙潭中【佤族】
② 【引例】龙王嫌人住的地方不干净住到高山上【纳西族】
③ 【关联】〔W3584.6〕龙宫
④ 【引例】黑龙乘着黑云【蒙古族】
⑤ 【关联】〔W3583.2〕飞龙
⑥ 【关联】❶〔W0406.2〕龙是水神；❷〔W3581.6〕龙王的能力（职能）
⑦ 【关联】〔W3578.2〕龙行天空
⑧ 【关联】〔W8285〕龙（龙王）制造洪水

W 编码	母题描述			参照项	
	一级母题	二级母题	三级母题	汤普森	关联项
W3579.4		龙有神力			【例1】①
W3579.4.1			龙能吞食万物		【柯尔克孜族】
W3579.5		龙被一般武器杀不死		B11.12.1	
W3579.6		龙能变化			【联1】②
W3579.6.1			龙能隐身	B11.5.2	
W3579.6.2			龙脱壳变人		【例1】③
W3579.6.3			龙会变出各种动物		【纳西族】
W3579.6.4			龙化身为鱼		【傣族】
W3579.6.5			龙变蛇	≈D419.1.2	
W3579.6.6			龙变犬		【汉族】
W3579.6.7			龙变乌鸦		【纳西族】
W3579.6.8			龙变其他物		【例1】④
W3579.6.9			龙蜕骨		【汉族】
W3579.7		龙是看守者			【例1】⑤
W3579.7.1			龙是宝物的看守者	B11.6.2	【联1】⑥
W3579.7.2			龙是某个水域的看守者	≈B11.7.2	【苗族】
W3579.7.3			龙管海底		【水族】
W3579.8		与龙的能力（职能）有关的其他母题			【例3】⑦
W3579.8.1			龙是战争中的助手		【民族，联1】⑧
W3579.8.2			龙吞吐太阳		【汉族】
W3579.8.3			龙的本领的丧失		【汉族】
W3580	龙的数量				
W3580.1		天下有4条龙			【联1】⑨
W3580.2		天下有5条龙			【民族，例1】⑩
W3580.3		天下有9条龙			【民族，联1】⑪

---

① 【引例】龙靠尺木上天【汉族】
② 【关联】［W3596.4］龙变成蚯蚓
③ 【引例】龙脱壳变人【白族】
④ 【引例】龙化身为木【白族】
⑤ 【引例】龙为人类看守庄稼和房屋
⑥ 【关联】［W9665］宝物的看守
⑦ 【引例】❶管理神让龙掌王掌管江河湖泊【布朗族】；❷龙可以变得小如蚕蝎【汉族】；❸龙帮助人捕鼠捉虫
⑧ 【民族】苗族。【关联】［W8774］动物作为争战的帮助者
⑨ 【关联】［W3581.4.1］四海龙王
⑩ 【民族】汉族。【引例】鹤庆有5条龙【白族】
⑪ 【民族】汉族。【关联】［W3559.5］龙生九子

W 编码	母题描述			参照项	
	一级母题	二级母题	三级母题	汤普森	关联项
W3580.4		天下有很多龙			
W3580.4.1			72 种龙		【毛南族】
W3581	龙王			①B11.12.5 ②B248	【联1】①
W3581.1		龙王的产生			【联1，例1】②
W3581.1.1			人生龙王		【朝鲜族、哈尼族】
W3581.1.2			人变成龙王		【例1】③
W3581.1.3			泥渍变成龙王		【汉族】
W3581.1.4			特定的物变成龙王		【例1】④
W3581.1.5			黑蛟龙是龙王		【民族，联1】⑤
W3581.1.6			与龙王产生有关的其他母题		
W3581.2		善的龙王			【民族，例1】⑥
W3581.3		恶的龙王			【白族】
W3581.4		水中的龙王			
W3581.4.1			四海龙王		
W3581.4.2			蜘蛛是海龙王的下属		【哈尼族】
W3581.4.3			龙王居水中的原因		【苗族】
W3581.5		天上的龙王			【苗族】
W3581.6		龙王的能力（职能）			【联1】⑦
W3581.6.1			龙王管下界		【民族，联1】⑧
W3581.6.2			龙王管着地上所有的水神		【纳西族】
W3581.6.3			龙王管山林鸟兽		【纳西族】
W3581.6.4			龙王不管人间事		【水族】
W3581.6.5			龙王作法		【纳西族】
W3581.7		龙王的数量			
W3581.7.1			四大龙王		【汉族】

---

① 【关联】［W0535］龙神
② 【关联】［W3583.5.4］李龙王是秃尾巴老李。【引例】能治病的一位老人被封为龙王爷【白族】
③ 【引例】人修行得道成为龙王【苗族】
④ 【引例】帝王耳生的金虫变成龙王【畲族】
⑤ 【民族】哈尼族。【关联】［W3445］蛟（蛟龙）
⑥ 【民族】白族。【引例】龙王救跳河自杀者【土族】
⑦ 【关联】［W4369.1］龙王管雨
⑧ 【民族】壮族。【关联】［W3579.7.3］龙管海底

W 编码	母题描述			参照项	
	一级母题	二级母题	三级母题	汤普森	关联项
W3581.7.2			28 个龙王		【朝鲜族】
W3581.8		龙王的坐骑			【例1】①
W3581.9		龙王的妻子			
W3581.9.1			龙王的恶毒的妻子		【傣族】
W3581.10		龙王的子孙			【例1】②
W3581.10.1			龙王的 9 个儿子		【民族，联1】③
W3581.10.2			鲤鱼是龙王的儿子		【哈尼族】
W3581.10.3			鲤鱼是龙王的子孙		【壮族】
W3581.10.4			鲤鱼是龙王的太子		【壮族】
W3581.10.5			鲤鱼是龙女		【壮族】
W3581.10.6			白鱼公主是龙女		【仡佬族】
W3581.11		与龙王有关的其他母题			
W3581.11.1			龙王的化身		【例1】④
W3581.11.2			龙王死后变成虹		【民族，联1】⑤
W3581.11.3			龙王是富翁的来历		【例1】⑥
W3581.11.4			龙王是福神		【毛南族】
W3581.11.5			龙王嫁女		【民族，联1】⑦
W3582	龙母（龙的母亲）				
W3582.1		凡女成为龙母			【例1】⑧
W3582.1.1			龙母是一个砍柴姑娘		【白族】
W3582.1.2			白昼和黑夜相配生龙母		【景颇族】
W3582.2		生龙的人成为龙母			
W3582.3		救蛇（龙）的人成为龙母			【壮族】
W3582.4		与龙母有关的其他母题			
W3582.4.1			龙母是弃儿		【壮族】

① 【引例】狼是龙王的坐骑【蒙古族】
② 【引例】海龙王的七公主【京族】
③ 【民族】汉族。【关联】［W3559.5］龙生九子
④ 【引例】龙王变鲤鱼【壮族】
⑤ 【民族】白族。【关联】［W4497.2］虹是天上的龙
⑥ 【引例】龙王富有是因为土地神把财宝倒进海里【毛南族】
⑦ 【民族】汉族。【关联】［W7016.1］嫁女
⑧ 【引例】姑娘吃水中的桃子生的娃娃变成金龙【白族】

W 编码	母题描述			参照项	
	一级母题	二级母题	三级母题	汤普森	关联项
W3582.4.2			龙母霸占天地		【纳西族】
W3582.4.3			龙母变化成慈祥的老阿妈		【瑶族】
W3583	各种类型的龙				
W3583.1		火龙（喷火的龙）		①B11.2.11 ②B11.12.3	【例2】①
W3583.1.1			火龙是海龙王的孩子		【回族】
W3583.1.2			吃人的火龙		【蒙古族】
W3583.2		飞龙		B11.4.1	【例1】②
W3583.3		河龙			【独龙族】
W3583.4		蟠龙			
W3583.4.1			蟠龙是龙王的儿子		【汉族】
W3583.5		秃尾巴龙（秃尾巴老李）			【民族，例2】③
W3583.5.1			龙秃尾巴的形成		【民族，例1】④
W3583.5.2			龙王的妻子生秃尾巴龙		【壮族】
W3583.5.3			人生的秃尾巴老李是黑龙		【汉族】
W3583.5.4			李龙王是秃尾巴老李		【汉族】
W3583.6		短尾龙			【汉族】
W3583.7		蛇龙			
W3583.7.1			龙女与蛇交配生蛇龙		【满族】
W3583.8		银角龙			
W3583.8.1			银角龙掌管行云播雨		【民族，联1】⑤
W3583.9		地龙			【联1】⑥
W3583.9.1			地龙王心地善良		【水族】
W3583.10		妖龙			【京族】
W3583.11		毒龙			【傣族】

① 【引例】❶火龙喷火【汉族】；❷火龙吸火【汉族】
② 【引例】羽嘉生飞龙【汉族】
③ 【民族】蒙古族。【引例】❶秃尾巴老李是山东人【汉族】；❷秃尾巴老李报恩【壮族】
④ 【民族】壮族。【引例】小花蛇的尾巴被砍去一节变成"秃尾龙"【壮族】
⑤ 【民族】回族。【关联】［W4341］龙造雨
⑥ 【关联】［W3074.2］天龙

W 编码	母题描述			参照项	
	一级母题	二级母题	三级母题	汤普森	关联项
W3583.11.1			毒龙吐毒水		【畲族】
W3583.12		青龙			【白族】
W3583.12.1			青龙王心地善良		【水族】
W3583.13		黄龙			【苗族】
W3583.13.1			黄龙王心肠歹毒		【水族】
W3583.13.2			黄龙造孽		【布依族】
W3583.14		赤龙			【苗族】
W3583.15		白龙			【·白族】
W3583.16		黑龙			【汉族】
W3583.16.1			秃尾巴黑龙		【赫哲族】
W3583.17		花龙			
W3583.18		母猪龙			【白族】
W3583.19		蝌蚪龙			【白族】
W3583.20		变色龙			
W3584	与龙有关的其他母题				【联3，例1】①
W3584.1		龙的饲养			【民族，联1】②
W3584.2		龙的寿命			
W3584.2.1			龙长生不老		【例1】③
W3584.3		龙的死亡			【联2】④
W3584.3.1			龙的克星		【联1】⑤
W3584.3.2			龙的命根		【例1】⑥
W3584.4		龙的关系			【联1】⑦
W3584.4.1			人与龙是好朋友		【傣族、普米族】
W3584.4.2			龙与人是亲戚		【纳西族】
W3584.5		龙的牲畜			
W3584.5.1			龙养了很多牛		【黎族】
W3584.6		龙宫			【联1，例2】⑧
W3584.6.1			龙宫被震撼		【哈尼族】

① 【关联】❶［W0309.2］雷公是龙；❷［W8880］斗龙；❸［W9436］龙报恩。【引例】龙变成一个老人下凡到民间视察民情【傣族】
② 【民族】汉族、彝族。【关联】［W3570］龙的食物
③ 【引例】龙长生不老的原因
④ 【关联】❶［W3581.11.2］龙王死后变成虹；❷［W8893.1］屠龙
⑤ 【关联】［W3584.15］龙的惧怕物
⑥ 【引例】水边特定的榕树是龙的命根【黎族】
⑦ 【关联】［W0535.3］龙女
⑧ 【关联】［W3576］龙居龙宫。【引例】❶人被龙卷风卷入龙宫【赫哲族】；❷沿着水晶梯进入龙宫【京族】

W 编码	母题描述			参照项	
	一级母题	二级母题	三级母题	汤普森	关联项
W3584.6.2			龙宫有 9 道大门		【纳西族】
W3584.6.3			龙宫有 12 层		【布依族】
W3584.6.4			龙宫的看守者		【纳西族】
W3584.6.5			龙宫的通道是岩洞		【布依族】
W3584.6.6			进入龙宫的方法		
W3584.7		人救龙			【哈尼族】
W3584.8		龙帮助人			【汉族】
W3584.9		龙的婚姻			【联2】①
W3584.10		龙出现的特定的时间			
W3584.10.1			下雪就能看见龙		【纳西族】
W3584.11		山沟龙不服大海龙王			【布依族】
W3584.12		龙的腥味的去除			【景颇族】
W3584.13		有龙性的动物			
W3584.13.1			金虫变龙狗		【畲族】
W3584.14		吃龙肉			【苗族】
W3584.15		龙的惧怕物			
W3584.15.1			龙怕狗血		【白族】
W3584.15.2			龙怕灰		【壮族】
W3584.15.3			龙怕铜		【壮族】
❋ **W3585**	**凤（凤凰）**			B32	
W3586	**凤凰的产生**				
W3586.1		凤凰来源于特定的地方			
W3586.1.1			凤凰天降		【撒拉族】
W3586.1.2			凤凰来自东方		【畲族】
W3586.2		凤凰是生育产生的			【例1】②
W3586.2.1			龙生凤凰		【汉族】
W3586.2.2			鸟生凤凰		
W3586.2.3			卵生凤凰		【水族】

---

① 【关联】［W7478］❶人与龙婚；② ［W7479］人与龙女婚
② 【引例】仙婆生的仙蛋孵出凤凰【水族】

W 编码	母题描述			参照项	
	一级母题	二级母题	三级母题	汤普森	关联项
W3586.3		凤凰是变化产生的			【例1】①
W3586.3.1			人变成凤凰		【土家族】
W3586.3.2			器物变成凤凰		
W3586.3.3			特殊的物质变成凤凰		【例1】②
W3586.4		与凤凰产生有关的其他母题			
W3587	凤凰的特征				
W3587.1		凤凰的性别			
W3587.1.1			凤凰是雌性		【水族】
W3587.1.2			凤为雌，凰为雄		
W3587.2		凤凰的头			
W3587.2.1			凤凰为什么头上有冠		
W3587.2.2			双头凤		【傣族】
W3587.3		凤凰的羽毛的来历			
W3587.3.1			凤凰与鸡交换羽毛		【汉族】
W3587.4		凤凰的尾巴			【联1】③
W3587.4.1			凤凰从鸡那里得到美丽的尾巴		【汉族】
W3587.5		与凤凰的特征有关的其他母题			
W3587.5.1			凤凰的骨头是黑的		【汉族】
W3588	与凤凰有关的其他母题				【联1，例1】④
W3588.1		凤凰是最美的鸟			【藏族】
W3588.2		凤凰的性情			
W3588.2.1			善的凤凰		【联1】⑤
W3588.2.2			恶的凤凰		
W3588.2.3			凤凰不能养		【傣族】
W3588.3		凤凰的食物			
W3588.3.1			凤食玉		【例1】⑥
W3588.4		凤凰的住所			

① 【引例】（神的）首饰变成凤凰【汉族】
② 【引例】头皮屑变成凤凰【汉族】
③ 【关联】［W3349.7］鸡的尾巴
④ 【关联】［W3329.7.2］凤凰是鸟王。【引例】五色有冠像鹅一样的大鸟被称为凤【壮族】
⑤ 【关联】［W2687.6］凤凰救（抚养）弃婴
⑥ 【引例】凤鸟食琼枝【汉族】

W 编码	母题描述			参照项	
	一级母题	二级母题	三级母题	汤普森	关联项
W3588.4.1			凤凰住金银坑中		【畲族】
W3588.4.2			凤凰的窝在神树上		【普米族】
W3588.5		凤凰涅槃			【例1】①
W3588.6		凤凰的能力			
W3588.6.1			凤凰闻乐起舞		【汉族】
W3588.6.2			凤凰会变形		【联1，例1】②
W3588.6.3			凤凰能驱魔		【汉族】
W3588.6.4			凤凰能降雨助人		【白族】
W3588.6.5			凤凰可以带来衣食和媳妇		【畲族】
W3588.7		凤凰是吉祥象征			【民族，联1，例1】③
W3588.8		人间为什么没有凤凰			【例1】④
W3588.9		凤凰是英雄的坐骑			【壮族】
W3588.10		凤求凰			【联1】⑤
✳ W3589	麒麟				
W3590	麒麟的产生				
W3590.1		特定动物生麒麟			
W3590.1.1			马生麒麟		【汉族】
W3590.1.2			建鸟生麒麟		【汉族】
W3590.2		卵生麒麟			【例1】⑥
W3590.3		龙王变麒麟			【民族，联1】⑦
W3591	麒麟的特征				
W3591.1		麒麟靠"道"游走			【汉族】
W3591.2		麒麟的角			
W3591.2.1			麒麟是独角兽		【民族，联1】⑧
W3592	与麒麟有关的其他母题				
W3592.1			麒麟是特定人物的坐骑		

① 【引例】凤凰涅槃变女子【水族】
② 【关联】［W9561.3］凤凰变人。【引例】凤凰变老人【汉族】
③ 【民族】汉族。【关联】［W9243］动物作为象征。【引例】凤凰出现是天下太平的征兆【汉族】
④ 【引例】凤凰根据誓约离开人间【哈萨克族】
⑤ 【关联】［W7600］求婚（求爱）
⑥ 【引例】耳中生的白蛋生麒麟【畲族】
⑦ 【民族】畲族。【关联】［W3581］龙王
⑧ 【民族】汉族。【关联】［W3599.4］独角兽

W 编码	母题描述			参照项	
	一级母题	二级母题	三级母题	汤普森	关联项
W3592.1.1			麒麟是仙人的坐骑		【布依族】
W3592.1.2			麒麟是神女的坐骑		
W3592.2		麒麟是祥兽（祥麟）			【联1，例1】①
W3592.2.1			麒麟送子		
W3592.2.2			麒麟送祥兆		【汉族】
W3592.3		麒麟管有毛之虫			【汉族】
W3592.4		龙麟			
W3592.4.1			龙麟的居所		【例3】②
W3593	其他神圣动物				【联1】③
W3593.1		灵兽			
W3593.1.1			獬豸断案		【汉族】
W3593.2		药兽			【汉族】

3.6.4 其他一些难以分类的动物【W3595～W3599】

W 编码	母题描述			参照项	
	一级母题	二级母题	三级母题	汤普森	关联项
✳ **W3595**	蚯蚓				
W3596		蚯蚓的产生		A2182.3	
W3596.1			龙生蚯蚓		【哈尼族】
W3596.2			蚯蚓是鸟啄出来的		【汉族】
W3596.3			人生蚯蚓		【苗族】
W3596.4			龙变成蚯蚓		【民族，联1】④
W3597		蚯蚓的特征			【例1】⑤
W3597.1			蚯蚓没有眼睛是被虾借走了		【汉族】
W3597.2			蚯蚓的一头为什么是红的	A2411.5.5	
W3597.3			蚯蚓为什么藏在土里		【汉族】
W3597.4			蚯蚓为什么怕太阳晒		【例1】⑥

---

① 【关联】［W3204.3］麒麟变牛。【引例】麒麟出现是祥兆【汉族】
② 【引例】❶龙麟在天上看守着歌树【侗族】；❷龙麒家乡是凤凰山【畲族】；❸火龙麟住日神宫【畲族】
③ 【关联】［W0501］哺乳动物神（兽神）
④ 【民族】水族。【关联】［W3524.5］龙变成蛇
⑤ 【引例】鬼婚生的种籽撒到地上变成蚯蚓【景颇族】
⑥ 【引例】太阳要晒死蚯蚓是因为射日时蚯蚓告密【汉族】

W 编码	母题描述			参照项	
	一级母题	二级母题	三级母题	汤普森	关联项
W3598		与蚯蚓有关的其他母题			【联1】①
W3598.1			蚯蚓的寿命		
W3598.2			蚯蚓的仇敌		
W3599	其他一些难以分类的动物				
W3599.1		祟			
W3599.1.1			祟是吃人的怪物		【汉族】
W3599.2		年			
W3599.2.1			年是吃人的怪物		【民族，联1】②
W3599.2.2			年长着一只独角		【汉族】
W3599.3		夕			
W3599.3.1			夕是吃人的怪物		【汉族】
W3599.4		独角兽		B13	【联2】③
W3599.4.1			独角兽是祥兽		
W3599.4.2			独角兽可以解毒		【汉族】
W3599.5		琉璃兽			【例1】④

---

① 【引例】世界上蚯蚓出现最早【汉族】
② 【民族】汉族。【关联】［W6611.1.2］过年是庆贺"年"被赶绝
③ 【关联】❶［W3591.2.1］麒麟是独角兽；❷［W3599.2.2］年长着一只独角
④ 【引例】琉璃兽能识药性【白族】

3.7　植物概说
【W3600 ～ W3699】

3.7.1　植物的产生①【W3600 ～ W3639】

W 编码	母题描述			参照项	
	一级母题	二级母题	三级母题	汤普森	关联项
✿ **W3600**	**植物的产生**			A2600	
✳ **W3601**	**植物产生的原因**				【联1】②
W3602		植物是作为奖励而产生的		A2632	【联1】③
W3603		植物是作为惩罚而产生的		A2631	
W3603.1			不良的人被变成植物	≈A2631.1.1	【汉族】
W3604		与植物产生原因有关的其他母题			
W3604.1			雨水使大地长出植物		【珞巴族】
W3605	植物自然产生				【联1】④
✳ **W3606**	**植物源于某个地方**				
W3607		植物天降			【毛南族】
W3607.1			从天上取来植物（草木）		【彝族】
W3608		植物是给予的			
W3608.1			神或神性人物送植物种		

---

① 植物的产生，该母题类型包括两种情况：（1）植物本身的产生；（2）植物种子的来历。可以完整地表述为"植物或植物种子的产生"，为了避免表述上的交叉繁杂，除一些需要特别强调的母题之外，一般将"种子"省去，具体情形参见《中国神话母题 W3 编目实例》。

② 【关联】［W1509.1］造万物的原因

③ 【关联】［W9901］奖励

④ 【关联】［W1996.3］世界最早产生的是植物

W 编码	母题描述			参照项	
	一级母题	二级母题	三级母题	汤普森	关联项
✳ **W3609**	植物是造出来的				
W3610		神造植物		A2634	
W3610.1			天神造花草树木		【傣族、怒族、佤族】
W3610.2			天神种出花草树木		【傈僳族】
W3610.3			造物主造花草树木		【哈萨克族】
W3610.4			女神造植物		
W3610.5			男神造植物		
W3611		神性人物造植物			【例4】①
W3611.1			神农造花草树木		
W3611.2			造物者造的动物造植物	A2601	
W3612		人造植物			
W3613		与造植物有关的其他母题			【例1】②
W3613.1			天神用意愿造草木		【怒族】
✳ **W3614**	植物是生育产生的				
W3615		神或神性人物生植物			
W3615.1			地母（大地妈妈）生植物		【珞巴族】
W3615.2			神的精液掉在地上生出植物		【维吾尔族】
W3615.3			神的足印中产生植物	A2621	
W3616		人生植物			【民族，联2】③
W3617		动物生植物			
W3618		植物生植物			
W3618.1			神生的植物生出多种植物		【珞巴族】
W3618.2			葫芦生植物		【民族，联1，例1】④
W3618.3			树结出植物种子		【例1】⑤
W3619		无生命物生植物			

① 【引例】❶女始祖用汗毛做种造植物【侗族】；❷神农造草木【汉族】；❸始祖用身上毛编成花草【普米族】；❹始祖造植物【壮族】

② 【引例】造植物的时间【汉族】

③ 【民族】哈尼族。【关联】❶［W2600］人生怪胎；❷［W3889.3.1］人生葫芦

④ 【民族】德昂族、哈尼族、基诺族。【关联】［W3851.4.2］葫芦生谷种（小米）。【引例】撒在地上的葫芦籽长出花草树木【畲族】

⑤ 【引例】松树结出植物种子【傈僳族】

W 编码	母题描述			参照项	
	一级母题	二级母题	三级母题	汤普森	关联项
W3619.1			地里种出植物	A2602	
W3619.2			石中生植物		【汉族】
W3620		婚生植物			
W3620.1			天地婚生植物		【珞巴族】
W3621		卵生植物			
W3621.1			牛卵生植物		【例1】①
W3622		与生育植物有关的其他母题			【例1】②
✵ **W3623**	植物是变化产生的			A2610	
W3624		神或神性人物变成植物			
W3624.1			神的毛发变成植物		【例4】③
W3624.2			神性动物尸体化为植物		【例1】④
W3625		人变成植物		A2617	
W3625.1			杀死的幼儿变成植物	A2611.0.2	
W3625.2			活着的孩子突然变成植物	A2617.1	【侗族】
W3625.3			人死后皮肉头发变成树木		【高山族】
W3625.4			人生的怪胎（胎盘）变成植物	A2611.0.3	【苗族】
W3625.5			世界上最早的人死后骨头变成树木		【珞巴族】
W3626		动物变成植物		A2620	
W3626.1			动物的毛变成植物		【例4】⑤
W3626.2			动物的皮毛变成植物		【例1】⑥
W3626.3			动物的头发变成植物		【例2】⑦

① 【引例】母牛的卵生植物【傣族】
② 【引例】地母第一次怀孕的血浇大地后，地上长出树木百草【珞巴族】
③ 【引例】❶神死后头发汗毛化变成草木【仡佬族】；❷女巨人的头发变成植物【基诺族】；❸盘瓠王的毛发变成草木【苗族】；❹盘古的毛发变植物【壮族】
④ 【引例】神牛的尸体化生树木百草【珞巴族】
⑤ 【引例】❶牛毛变成各种花和树木【布朗族】；❷黄牛毛变成金黄的草木【哈尼族】；❸牛死后毛变成树木和百草【珞巴族】；❹鹿毛变成草木【普米族】
⑥ 【引例】母猴死后皮毛变成花草树木【藏族】
⑦ 【引例】❶人猿拔下的头发变成百草【布依族】；❷鸟的头发变成草木【藏族】

W 编码	母题描述			参照项	
	一级母题	二级母题	三级母题	汤普森	关联项
W3626. 4			动物的肢体化生植物		【民族，联1】①
W3627		植物变成其他植物			
W3627. 1			树化为花草树木		【汉族】
W3627. 2			一种树变成另一种树	A2616	
W3627. 3			海藻变成植物	A2615. 4	
W3628		无生命物变成植物		A2615	
W3628. 1			泥土变成植物		
W3628. 2			雪变成植物		【彝族】
W3628. 3			神（人）的物件（拐杖等）变成植物	A2624	
W3628. 4			天上的落物变成植物	≈ A2622	【汉族】
W3629		其他诸物变成植物			
W3629. 1			泪水变化为植物	A2612	
W3629. 2			气变化为植物		
W3630		变化为植物的方法			
W3630. 1			魔物（法）变化出植物		【联1，例1】②
W3631		与变植物有关的其他母题			
✳ **W3632**	**植物是化生的**				
W3633		垂死化生植物		A2611	
W3633. 1			死后，毛发化为植物	A2611. 6	【联1】③
W3633. 2			死后，乳房化为植物	A2615. 2	
W3633. 3			特定人物死后，肢体（手足、皮毛等）化生植物	A2611. 6	【联2，例2】④
W3634		血化为植物			【朝鲜族】
W3635		骨头化生植物			

① 【民族】汉族、彝族。【关联】［W3633］垂死化生植物
② 【关联】［W9000］魔法。【引例】魔物（法）变化出树木【汉族】
③ 【关联】［W3633.3］特定人物死后，肢体（手足、皮毛等）化生植物
④ 【关联】❶［TPS：A2611.0.4］神死后，肢体（手足、皮毛等）化生植物；❷［TPS：A2611.0.5］人死后，肢体（手足、皮毛等）化生植物。【引例】❶神性人物死后，肢体（手足、皮毛等）化生植物；❷动物死后，肢体（手足、皮毛等）化生植物

W 编码	母题描述			参照项	
	一级母题	二级母题	三级母题	汤普森	关联项
W3636		其他特定的物化生植物			
W3636.1			海底出现的肉团的肉末变成花草树木		【白族】
W3637	与植物产生有关的其他母题			A2630	
W3637.1		世上最早的植物			【例2】①
W3637.2		同源的植物			【联1，例1】②
W3637.3		植物再生			【苗族】
W3637.3.1			洪水后植物再生		【水族】

3.7.2 **植物的特征及成因** 【W3640~W3684】

W 编码	母题描述			参照项	
	一级母题	二级母题	三级母题	汤普森	关联项
✿ **W3640**	植物的特征及成因			A2700	【联3】③
◎	〖植物的特征〗				
✳ **W3641**	植物的外表特征			A2751	
W3642		植物的表皮			【联1】④
W3642.1			植物表皮的标记性图纹	A2751.3	【联1】⑤
W3642.2			有的植物为什么表皮粗糙		
W3642.3			有的植物为什么表皮光滑		
W3643		植物的叶子		A2760	【联1】⑥
W3643.1			神奇（魔力）的叶子	D955	
W3643.2			有的植物为什么叶子繁茂		
W3643.3			有的植物为什么不长叶子		

---

① 【引例】❶最早产生的树是樟树【壮族】；❷世界最早只有杂草
② 【关联】［W2734］人与植物同源。【引例】槐树、榆树等同源【汉族】
③ 【关联】❶［W3735］树的特征；❷［W3811］花的特征；❸［W3812］草的特征
④ 【关联】［W3790.1］杨树皮为什么粗糙
⑤ 【关联】［W3739］树的外表为什么有特殊疤痕
⑥ 【关联】［W3736.1］树为什么会长叶子

W 编码	母题描述			参照项	
	一级母题	二级母题	三级母题	汤普森	关联项
W3643.4			有的植物为什么叶子有特定形状		【例1】①
W3643.5			有的植物为什么冬天落叶		
W3644		植物的花			
W3644.1			有的植物为什么开花		【汉族】
W3644.2			有的植物为什么不开花		
W3645		植物的果实		≈ A2771	【联3】②
W3645.1			太阳碎片变成植物的果实		【藏族】
W3645.2			有的植物为什么果实是甜的		
W3645.3			有的植物为什么果实是苦的	A2771.8	
W3646		植物的刺		A2752	【联1】③
W3646.1			有的植物为什么长刺		
W3646.2			有的植物为什么不开花		
W3647		植物的根			
W3647.1			有的植物为什么根很长		
W3647.2			有的植物为什么根可以吃		【联2】④
W3648		植物的颜色		①A2751.4 ②A2772	【联3】⑤
W3648.1			有的植物为什么是绿色		
W3648.2			为什么有的植物长青	A2765	
W3648.3			有的植物为什么不是绿色		【例1】⑥

① 【引例】锯齿草（冬毛草）叶子为什么有锯齿【汉族】
② 【关联】❶［W3664］以前植物果实长得很大；❷［W3766.1］为什么柳树只开花不结果；❸［W3855.1］稻子为什么在顶部结穗
③ 【关联】［W3813.1］有的花草为什么长刺
④ 【关联】❶［W3656］有的植物为什么可以吃；❷［W3874.3.1］甜薯为什么是甜的
⑤ 【关联】❶［W3762.1］白桦树的皮为什么是白的；❷［W3861.2］高粱杆为什么有红色斑点；❸［W3827.2.2］玫瑰花颜色的来历
⑥ 【引例】植物被染形成现在的颜色

W 编码	母题描述			参照项	
	一级母题	二级母题	三级母题	汤普森	关联项
W3649		植物的气味			
W3649.1			有的植物为什么有怪味		
W3649.2			有的植物为什么晚上发出气味		
❈ **W3650**	植物的内在特征			A2755	
W3651		有的植物为什么有特殊体液			【联2】①
W3652		有的植物为什么是空的		≈ A2763	【联1】②
W3653		植物的生命力			
W3653.1			晒不死的植物		【联1】③
W3654		与植物的内在特征有关的其他母题			
❈ **W3655**	植物的其他特定特征				【联1】④
W3656		有的植物为什么可以吃			
W3657		有的植物为什么有毒		A2692	【联1】⑤
W3658		有的植物为什么是神圣的		①≈ A2711 ②A2777	【联2】⑥
W3659		有的植物为什么被诅咒		A2776	
❈ **W3660**	植物以前与现在特征不同				
W3661		以前的植物会行走			【民族，联2】⑦
W3662		以前植物会说话		D1610.3	【布朗族、佤族】
W3663		以前植物会思考			【佤族】
W3664		以前植物果实长得很大			【民族，联1】⑧
W3664.1			植物果实的变小		【民族，联1】⑨

① 【关联】❶［W3742.2］树心里为什么有油；❷［W3742.3］有的树为什么有血一样的树汁
② 【关联】［W3823.2.1］芦苇的杆为什么是空的
③ 【关联】［W3825.2.2］马苋菜为什么晒不死
④ 【关联】［W3795.1］竹子为什么有节
⑤ 【关联】［W3813.2］有的花草为什么有毒
⑥ 【关联】❶［W3747.7］神圣的树；❷［W3747.9］树王
⑦ 【民族】汉族、傈僳族。【关联】❶［W3841.1.4］以前的粮食会行走；❷［W3841.1.6］以前的粮食会自己走到人那里
⑧ 【民族】怒族。【引例】以前旱谷的谷粒比南瓜大【布朗族】
⑨ 【民族】德昂族。【关联】［W3841.3］作物果实变小

W 编码	母题描述			参照项	
	一级母题	二级母题	三级母题	汤普森	关联项
W3665		以前植物果实长得很多			
W3665.1			植物果实的变少		【例2】①
W3666		植物形态变化的原因			【联2】②
W3667		与植物特征变化有关的其他母题			
W3668	与植物特征有关的其他母题				
W3668.1		奇特的植物		F815	
W3668.2		不朽的植物		D1346.5	【联1】③
W3668.3		通天的植物		F54.2	【联1】④
✳ **W3670**	**植物特征的成因**				
W3671	植物的特征自然存在				
W3672	神赋予植物现在的特征				
W3672.1		神改变植物的结果			【联1】⑤
W3673	神性人物赋予植物的特征				
W3673.1		魔鬼造成了植物的特征		A2743	
W3674	植物的特征源于某种作用				
W3674.1		植物的特征源于神（人、动物）的作用（击打、啃咬等）			【联1】⑥
W3675	植物的特征源于神秘力量				【联2】⑦
W3675.1		植物的特征源于魔法			【联1】⑧
W3675.2		植物的特征源于诅咒		A2721	【联1】⑨

① 【引例】❶老天爷让人间旱谷变成一个穗【佤族】；❷原来的谷子有很多穗，因人懒变成一个穗
② 【关联】❶［W9901］奖励；❷［W9906］惩罚
③ 【关联】［W3747.1.7］不朽之树
④ 【关联】［W1482］通天树（特定的天梯通天树）
⑤ 【关联】［W3841.3.1］神为了惩罚人的懒惰让作物果实变小
⑥ 【关联】［W3795.1.1］竹节是砍断后接上的痕迹
⑦ 【关联】❶［W9068.1］魔物（法）使植物生长；❷［W9072.1］魔物（法）使植物多产
⑧ 【关联】［W9000］魔法
⑨ 【关联】［W3659］为什么有的植物被诅咒

W 编码	母题描述			参照项	
	一级母题	二级母题	三级母题	汤普森	关联项
W3676	植物的特征源于奖赏			A2710	【例1】①
W3677	植物的特征源于惩罚			A2720	
W3677.1		植物结果少源于惩罚		A2721.8	【汉族】
W3677.2		植物要被人食用（使用）是惩罚的结果			【联1】②
W3678	植物的特征源于某种印记				
W3678.1		植物由其他物转生时保留了原来的特征			
W3678.1.1			有的植物叶子像雪花是因为它是雪花变的		【彝族】
W3679	植物的特征源于变化			A2731	
W3679.1		植物迁徙到某地时改变了特征			
W3679.2		植物的叶子变成刺			【民族，联1】③
W3680	植物的特征源于偶然事件				
W3680.1		植物产生时的偶然事件造成现在的特征		A2741	
W3681	植物的特征源于说错话				
W3681.1		植物的特征源于人说错话			【汉族】
W3681.2		植物的特征源于动物说错话			
W3682	植物的特征源于交换			A2742	【联1】④
W3683	与植物特征有关的其他母题				
W3683.1		植物特征的丢失			

① 【引例】马齿苋晒不死是因为太阳感谢它的救命之恩对它的奖励【汉族、苗族】
② 【关联】［W3826.2］茅草要被人割来盖房是对茅草的惩罚
③ 【民族】汉族。【关联】［W3646.1］有的植物为什么长刺
④ 【关联】［W3060.2］两个动物互相交换特征

3.7.3　与植物有关的其他母题【W3685 ~ W3699】

W 编码	母题描述			参照项	
	一级母题	二级母题	三级母题	汤普森	关联项
✣ **W3685**	**植物的名称的来历**			A2781	【联1】①
W3686		特定植物名称的来历			
W3687		植物的辨识			【例1】②
W3687.1			人受神灵的指引学会辨别植物		
W3687.2			人从动物那里学会辨别植物		【纳西族】
✣ **W3688**	**植物的类型**				
W3689		天上的植物			【联4】③
W3689.1			天上的植物与地上的植物不同		
W3690		水中的植物			
W3690.1			特定的物生水中植物		【例1】④
W3691		山上的植物			
W3692		具体数量的植物种类			【联2】⑤
W3692.1			植物有百种		【汉族】
W3692.2			植物有千种		
W3693		与植物种类有关的其他母题			
W3693.1			植物很多的原因		【汉族】
◎	〖**其他相关母题**〗				
W3694	植物的关系				【联1】⑥
W3694.1		植物的亲属			【联1，例1】⑦
W3694.2		植物的朋友			
W3695	植物的寿命				

---

① 【关联】［W6888］植物的命名
② 【引例】天鹅教人辨识植物【哈尼族】
③ 【关联】❶［W3747.2］生在上界（天上）的树；❷［W3774.3.1］天上的蟠桃树；❸［W4197］月亮中的树；❹［W4197.2］月亮中的桂树
④ 【引例】海间是藻类的祖先【汉族】
⑤ 【关联】❶［W3746.1］树有7700种；❷［W3849］五谷的种类
⑥ 【关联】［W2733］人与动植物同源
⑦ 【关联】［W3752.1］柏树与松树是姐妹。【引例】松树和柏树是兄弟【汉族】

W 编码	母题描述			参照项	
	一级母题	二级母题	三级母题	汤普森	关联项
W3695.1		植物寿命的来历			
W3695.1.1			神或神性人物规定植物的寿命		
W3695.2		有些植物为什么寿命长			【联1】①
W3695.3		有些植物为什么寿命短			
W3695.4		植物寿命的变化			
W3696	植物的死亡				
W3696.1		不死的植物			【联2】②
W3696.1.1			以前植物不会死亡		【景颇族】
W3696.2		有些植物为什么秋天死亡			
W3697	与植物有关的其他母题				【联2】③
W3697.1		植物是人的灵魂			【联2】④
W3697.2		植物为什么不能回天上			【哈尼族】
W3697.3		从前地上只有特定的植物			
W3697.3.1			从前只长作物不长草		
W3697.4		植物王国			
W3697.4.1			植物之王		【例1】⑤

① 【关联】［W3782.3］松树为什么寿命长
② 【关联】❶［W0933.1］长生树（不死树）；❷［W3747.1.9］不死的葫芦树
③ 【关联】❶［W7530］植物的婚死；❷［W9566］植物的变形
④ 【关联】❶［W0880］灵魂（鬼魂）的外形；❷［W0896］灵魂（鬼魂）居住在植物上
⑤ 【引例】牡丹是百花之王【汉族】

3.8 各类植物

【W3700~W3899】

3.8.1 树木概说及常见的树木【W3700~W3799】

W 编码	母题描述			参照项	
	一级母题	二级母题	三级母题	汤普森	关联项
✳ **W3700**	草木的产生				【联1】①
W3701		草木自然产生			【拉祜族】
W3702		草木源于某个地方			
W3702.1			动物带来草木		【例1】②
W3703		草木是特定人物播撒出来的			
W3703.1			神或神性人物播撒草木		【联1，例1】③
W3704		草木是造出来的			
W3705		草木是生育产生的			
W3705.1			天地婚生草木		【珞巴族】
W3705.2			石生草		【例1】④
W3705.3			鸟屎生草木		【珞巴族】
W3706		草木是变成的			
W3706.1			神或神性人物变成草木		【例3】⑤
W3706.2			人变成草木		
W3706.3			动物变成草木		【例2】⑥
W3706.4			植物变成草木		【例1】⑦
W3706.5			泥垢变成草木		【基诺族】

---

① 【关联】［W3600~W3639］植物的产生
② 【引例】天鹅把松树带到地上【傈僳族】
③ 【关联】［W3714.1］天神撒树种。【引例】99 尊天神从天上撒下草木【蒙古族】
④ 【引例】老男子与丑女婚生的石头上长出草【珞巴族】
⑤ 【引例】❶盘古死后孔毛变成草【白族】；❷山鬼变成地上的百草【景颇族】；❸太阳神子女的毛发变成草木【景颇族】
⑥ 【引例】❶人猿的头发变成百草【布依族】；❷龙须化成草木【土家族】
⑦ 【引例】桃子的皮毛变成草【苗族】

W 编码	母题描述			参照项	
	一级母题	二级母题	三级母题	汤普森	关联项
W3706.6			毛发变成草木		【民族，联3，例2】①
W3706.7			其他特定的物变成草木		
W3707		草木是化生的			
W3707.1			神的头发化生草木		【仡佬族、汉族】
W3707.2			神的毛发化生草木		【汉族】
W3707.3			神的胡须化生草木		【汉族】
W3707.4			神的其他肢体化生草木		【例2】②
W3707.5			神性人物的尸体（肢体）化生草木		【例2】③
W3707.6			人的尸体（肢体）化生草木		【例1】④
W3707.7			动物的尸体（肢体）化生草木		
W3708		与草木产生有关的其他母题			
W3708.1			地上的最早的草		【珞巴族】
W3708.2			真主的意愿产生草木		【回族】
W3708.3			以前地上只有树木没有草		【珞巴族】
◎	〖树〗				
✿ **W3710**	树的产生			A2681	
W3711	树木源于某个地方				
W3711.1		树从天上来			【彝族】
W3711.1.1			到天上取树种		【苗族】
W3711.2		树从地下来			
W3712	树自然产生				【联1】⑤
✳ **W3713**	树是给予的				
W3714		树是神给予的			
W3714.1			天神撒树种		【拉祜族（苦聪）】

① 【民族】侗族。【关联】❶［W3707.1］神的头发化生草木；❷［W3707.2］神的毛发化生草木；❸［W3707.3］神的胡须化生草木。【引例】❶草木是地的汗毛【仡佬族】；❷牛毛变成草木【哈尼族】

② 【引例】❶神的骨头化生草木【汉族】；❷神的血液化生草木

③ 【引例】❶神鹰尸体的不同部位长出花草树木【景颇族】；❷怪物的毛变草【纳西族】

④ 【引例】世界上最早的人死后的头发变草【珞巴族】

⑤ 【关联】［W1996.3.1］世界最早出现的是树

W 编码	母题描述			参照项	
	一级母题	二级母题	三级母题	汤普森	关联项
W3714.2			树神从别处买来树种		【羌族、瑶族】
W3715		树是神性人物给予的			
W3715.1			天仙为人间送树		【水族】
W3715.2			观音给人树种		【白族】
W3716		其他特定人物赐树			
✱ **W3717**	树是造出来的				
W3718		神造树			
W3718.1			女神用梭子织出树木		【傈僳族】
W3719		神性人物造树			
W3719.1			始祖用身上毛编出树		【普米族】
W3719.2			祖先造树		【布依族】
W3719.3			男始祖造森林		【壮族】
W3720		其他人物造树			
W3721		与造树有关的其他母题			【例2】①
W3721.1			魔法造树	D2178.8	
W3721.2			造树的成活		
✱ **W3722**	树是生育产生的				【例1】②
W3723		神生树			【哈尼族】
W3724		人生树			【哈尼族、彝族】
W3725		特定的植物生树			【联1】③
W3725.1			葫芦生树		
W3725.2			天神给的葫芦籽撒在地上生树		【傣族】
W3726		婚生树			
W3726.1			天地婚生树		【珞巴族】
W3727		其他特定的物生树			【例2】④
W3727.1			水生树		【珞巴族】
W3727.2			石生树		【例1】⑤

---

① 【引例】❶用神牛的脚杆劈开造树【哈尼族】；❷用神牛的脚趾造树枝【哈尼族】
② 【引例】兄妹结婚生树【苗族】
③ 【关联】［W3784.3.2］梭罗树是树木的祖先
④ 【引例】❶日冯是树的祖先【汉族】；❷巨人身上生树
⑤ 【引例】老男子与丑女婚生的石头上长出树木【珞巴族】

W 编码	母题描述			参照项	
	一级母题	二级母题	三级母题	汤普森	关联项
W3727.3			骨头生树		【例1】①
W3728		与生育树有关的其他母题			
W3728.1			被抛弃的婴儿的胎盘中长出树		【蒙古族】
❊ **W3729**	树是变化产生的				
W3730		特定的肢体变成树			【例4】②
W3730.1			神的头发变成森林		【民族，联1】③
W3730.2			神死后毛发变成树		【民族，联1】④
W3730.3			祖先死后头发变成森林		【彝族】
W3730.4			神死后骨头变成树		【汉族、珞巴族】
W3730.5			怪物的尾巴变成树		【纳西族】
W3730.6			精灵死后尾巴变成树		【珞巴族】
W3731		特定的物变成树			【例2】⑤
W3731.1			羽毛变成树	D457.7	【仫佬族、彝族】
W3731.2			纸片变成树		
W3731.3			魔物（法）变化出树	D1488	【联1】⑥
W3731.4			人的手杖化树林		
W3731.5			木棍变成树		【哈尼族、汉族、满族】
W3731.6			泥垢变成树		【基诺族】
W3731.7			太阳的碎片变成树		【藏族】
W3732		与变化产生树有关的其他母题			
W3733	与树的产生有关的其他母题				
W3733.1		天神的意愿产生树			【民族，联1】⑦
W3733.2		地上的第一棵树			【珞巴族】

① 【引例】精灵死后，骨头里长出树木【珞巴族】
② 【引例】❶盘古死后头发变成树【白族】；❷巨人的骨粉变成树【拉祜族】；❸树木是神的眉毛【纳西族】；❹盘古的手足变成树【瑶族】
③ 【民族】珞巴族。【关联】［W3707.1］神的头发化生草木
④ 【民族】京族。【关联】［W3707.2］神的毛发化生草木
⑤ 【引例】❶巨兽的毛变成树【怒族】；❷玉帝撒的纸片变成地上树
⑥ 【关联】［W9000］魔法
⑦ 【民族】傈僳族。【关联】［W3708.2］真主的意愿产生草木

W 编码	母题描述			参照项	
	一级母题	二级母题	三级母题	汤普森	关联项
✳ **W3735**	树的特征				【联1】①
W3736		树叶的特征			【联1】②
W3736.1			树为什么会长叶子	A2760.1	
W3736.2			树叶上为什么有洞	A2763	
W3736.3			有的树叶为什么下垂	A2768	
W3736.4			有的树叶为什么有齿		【汉族】
W3736.5			有的树叶为什么像针		
W3737		树根的特征			
W3737.1			树为什么扎根大地	A2774	
W3737.2			有的树为什么根露在外面		
W3738		有的树为什么长不高		A2775	【联1】③
W3738.1			树被踩压后不再长高		【民族，联1】④
W3738.2			树被诅咒后不再长高		【联1】⑤
W3739		树的外表为什么有特殊疤痕		A2755.4	
W3739.1			树上特殊疤痕是树的眼睛		【例1】⑥
W3739.2			有的树木（草）为什么能治病	A2783	
W3740		树为什么长枝丫			【白族】
W3741		树的果实			
W3741.1			有的树为什么会结果		
W3741.2			有的树为什么不结果	A2791.7	【联1】⑦

---

①　【关联】［W3641～W3669］植物的特征

②　【关联】［W3782.1］松树的叶子为什么像针

③　【关联】［W3771.2.3］马桑树长不高是因为怕天上的人砍它

④　【民族】苗族。【关联】［W3771.2.2］马桑树长不高是被英雄射日踩踏造成的

⑤　【关联】［W3745.2］树被咒咒变成现在的特征

⑥　【引例】白杨树的疤痕是它的眼睛【汉族】

⑦　【关联】［W3645］植物的果实

W 编码	母题描述			参照项	
	一级母题	二级母题	三级母题	汤普森	关联项
W3741.3			结珠子的树		【例1】①
W3742		树的液汁			
W3742.1			树能提供生命乳汁	A878.4	
W3742.2			树心里为什么有油	A2755.3	
W3742.3			有的树为什么有血一样的树汁	①A2755.2 ②A2766	
W3743		树的颜色的来历			【哈尼族】
W3744		树以前有与今不同的特征			
W3744.1			树原来有眼睛		【例1】②
W3744.2			树以前会行走		【纳西族】
W3744.3			以前树是弯的		【藏族】
W3745		与树的特征有关的其他母题			
W3745.1			为什么有的树耐寒	A2788	【联2】③
W3745.2			树被诅咒变成现在的特征		【联1】④
W3745.3			树为什么不会说话		【联1，例3】⑤
W3745.4			树木为什么能燃烧	A2782	【联1】⑥
W3746	树的种类				
W3746.1		树有7700种			【哈尼族】
W3746.2		树有77种			【哈尼族】
W3747	与树有关的其他母题				【联8】⑦
W3747.1		神奇的树		F811	
W3747.1.1			会唱歌的树	D1615.1	
W3747.1.2			会说话的树	D1610.2	【例1】⑧
W3747.1.3			开金花银花的树		【纳西族】
W3747.1.4			能还魂的树		【民族，联2】⑨

① 【引例】树叶变成珠子【汉族】
② 【引例】树的眼睛的失去【白族】
③ 【关联】❶〔W3828.2.1〕梅为什么耐寒；❷〔W3838.3.1〕迎春花为什么耐寒
④ 【民族】彝族。【关联】〔W3738.2〕树被诅咒后不再长高
⑤ 【关联】〔W3747.1.2〕会说话的树。【引例】❶树的嘴巴的失去【白族】；❷树说话能力的丢失【苗族】；❸树被堵上嘴之后失去说话能力
⑥ 【关联】〔W4585〕火的产生
⑦ 【关联】❶〔W1096.2〕世界树；❷〔W9025〕魔树；❸〔W9025.1〕魔力森林；❹〔W9025.5〕许愿树；❺〔W9025.6〕魔树治病；❻〔W9025.7〕能治病的树叶；❼〔W9025.8〕魔树的树干能自己张开；❽〔W9090.5〕摇钱树
⑧ 【引例】树原来有嘴巴
⑨ 【民族】汉族。【关联】❶〔W0911〕招魂（叫魂）；❷〔W0936〕还魂草

W 编码	母题描述			参照项	
	一级母题	二级母题	三级母题	汤普森	关联项
W3747.1.5			会复原的树		【联1】①
W3747.1.6			会流血的树		【汉族】
W3747.1.7			不朽之树（不老树）	D1346.4	
W3747.1.8			遮天大树		【民族，例1】②
W3747.1.9			通天大树	F54.1	【联2】③
W3747.1.10			不死的葫芦树		【哈尼族】
W3747.2		生在上界（天上）的树		A652.3	【联1】④
W3747.3		金树		F811.1.1	
W3747.4		银树		F811.1.2	
W3747.5		能作为征兆树			
W3747.5.1			作为丰收征兆的树		【汉族】
W3747.6		能带来福气的树			【鄂温克族】
W3747.7		神圣的树		≈A2711.2	
W3747.8		被诅咒的树			
W3747.9		树王		A2777.2	
W3747.10		树被血水浇后迅速长大			【民族，联1】⑤
◎	〖常见的树木〗⑥				
◎	〖柏树〗				【联1】⑦
W3750	柏树的产生				
W3750.1		神从天上偷来柏树			【彝族】
W3750.2		雪变成柏树			【彝族】
W3751	柏树的特征				
W3751.1		柏树寿命长是因为神给了它长的寿命			【汉族、满族】
W3751.2		柏树为什么常绿			
W3752	与柏树有关的其他母题				

① 【民族】侗族。【关联】［W9025.9］树被砍倒后复原
② 【民族】布朗族、拉祜族。【引例】木棍变的大青树成为遮天大树【哈尼族】
③ 【关联】❶［W1448］树为天梯；❷［W1482］通天树（特定的天梯通天树）
④ 【关联】［W3774.3.1］天上的蟠桃树
⑤ 【民族】水族。【关联】［W9068］魔物（法）导致迅速生长
⑥ 常见的树木，这是一个笼统的概念。不同的地域树的种类有很大区别，为便于抽取关于树的母题样例，此处的常见树木采取了灵活的方式，即在各种树母题的编排与层级分配方面，不采取面面俱到的方法，而是分配详略，择其要点，点到为止。
⑦ 【关联】［W3781～W3783］松树

W 编码	母题描述			参照项	
	一级母题	二级母题	三级母题	汤普森	关联项
W3752.1		柏树与松树是姐妹			【汉族】
◎	〖茶〗				
W3753	茶树的产生（茶的产生）				【例1】①
W3753.1		人变成茶			【民族，例1】②
W3753.2		人的衣胞变成茶树			【德昂族】
W3753.3		神农找到茶			【汉族】
W3753.4		仙雀找到茶			【布依族】
W3754	茶的特征				
W3754.1		会说话的茶树			【德昂族】
W3755	与茶有关的其他母题				【联1】③
W3755.1		茶能治病			
W3755.2		茶为什么提神			【布朗族、珞巴族】
W3756	椿树				
W3756.1		椿树的产生			
W3756.1.1			人猿的手指变椿树		【布依族】
W3756.2		椿树的特征			
W3756.2.1			椿树为什么有香味		
W3756.2.2			椿树为什么有臭味		
W3756.3		与椿树有关的其他母题			【例1】④
W3756.3.1			椿树1万6千年为一个春秋		【民族，联1】⑤
W3757	枫树				
W3757.1		枫树的产生			
W3757.1.1			枷锁变枫木		【汉族】
W3757.1.2			拐杖变枫木		【汉族】
W3757.2		枫树的特征			
W3757.2.1			枫叶为什么变为红色		【汉族】
W3757.3		与枫树有关的其他母题			【联2】⑥

① 【引例】鬼出生时割下的脐带埋后长出茶树【景颇族】
② 【民族】藏族。【引例】茶树叶变成人【德昂族】
③ 【关联】［W0497.7.1］茶神
④ 【引例】香椿是树中之王
⑤ 【民族】汉族。【关联】［W3798.5］年月树
⑥ 【关联】❶［W6333］枫树图腾；❷［W6405.1］枫树崇拜

W 编码	母题描述			参照项	
	一级母题	二级母题	三级母题	汤普森	关联项
◎	〖桂树〗				
W3758	桂树的产生				
W3758.1		桂树天降			【汉族】
W3759	桂树的特征				
W3759.1		高大的桂树			
W3759.1.1			桂树高 500 丈		【汉族】
W3759.2		桂花为什么有香味			
W3760	与桂树有关的其他母题				【汉族】
W3760.1		月中的桂树			
W3760.2		桂树砍后能复原			【联2】①
◎	〖桦树〗				
W3761	桦树的产生			A2681.4	
W3761.1		神给人桦树			【例1】②
W3761.2		箭杆变成白桦树			【鄂伦春族】
W3762	桦树的特征				
W3762.1		白桦树的皮为什么是白的		A2751.4.1	
W3763	与桦树有关的其他母题				
W3764	橘树（桔树）				
W3764.1		橘树的产生			
W3764.1.1			从天上带（偷）来橘树		【汉族】
W3764.2		橘树的特征			
W3764.2.1			橘树为什么结果		【汉族】
W3764.3		与橘树有关的其他母题			
W3764.3.1			橘树变枳		
◎	〖柳树〗				
W3765	柳树的产生			A2681.1	
W3765.1		人变成柳树			【苗族】
W3765.2		卵生柳树			【纳西族】
W3766	柳树的特征				

---

① 【关联】❶［W4182.1］吴刚伐桂；❷［W9390.3］砍后复原
② 【引例】天神给下凡的女儿桦木种子【羌族】

W 编码	母题描述			参照项	
	一级母题	二级母题	三级母题	汤普森	关联项
W3766.1		为什么柳树只开花不结果		A2771.10	
W3767	与柳树有关的其他母题				
W3767.1		女阴变成柳叶			【满族】
W3768	梨树				【例1】①
W3768.1		梨树的产生			
W3768.1.1			天神种植梨树		【傣族】
W3768.2		梨树的特征			
W3768.2.1			梨花为什么是白的		【汉族】
W3768.2.2			梨树的梨子为什么甜		
W3768.3		与梨树有关的其他母题			
W3768.3.1			梨树王		
W3769	李树				
W3769.1		李树的产生			
W3769.1.1			从天上带（偷）来李树		【彝族】
W3769.2		李树的特征			
W3769.2.1			李子又酸又苦的来历		【土家族】
W3769.3		与李树有关的其他母题			
W3769.3.1			雀鸟生的蛋变成李子		【景颇族】
◎	〖马桑树②〗				
W3770	马桑树的产生				
W3771	马桑树的特征				
W3771.1		马桑树原来很高			【联1】③
W3771.1.1			马桑树可以通天		【民族，联3】④
W3771.2		马桑树为什么长不高			【例1】⑤
W3771.2.1			马桑树变矮		【苗族、羌族】

① 【引例】母鹅生的蛋变梨【景颇族】
② 马桑树，又叫做"千年红"、"马鞍子"，"马桑子"等。
③ 【关联】［W9783.2］在马桑树上射日
④ 【民族】傣族、侗族、仡佬族、土家族。【关联】❶［W1433.4］通过马桑树上天；❷［W1482］通天树（特定的天梯通天树）；❸［W1483.2］马桑树是通天树
⑤ 【引例】马桑树只有三尺高【土家族】

W 编码	母题描述			参照项	
	一级母题	二级母题	三级母题	汤普森	关联项
W3771.2.2			马桑树长不高是被英雄射日踩踏造成的		
W3771.2.3			马桑树长不高是因为怕天上的人砍它		
W3771.2.4			马桑树长不高是神的旨意		【民族，例1】①
W3771.3		马桑树的果实为什么有毒			【水族】
W3772	与马桑树有关的其他母题				
W3772.1		马桑树是树王			【民族，联1】②
W3772.2		人为什么砍柴时不砍马桑树			【土家族】
W3773	木棉树③				
W3773.1		木棉树的产生			
W3773.1.1			火把变成木棉树		【壮族】
W3773.1.2			降龙巨人化为木棉树		【壮族】
W3773.1.3			英雄化为木棉树		【汉族、黎族】
W3773.2		木棉树的特征			
W3773.2.1			木棉树的花为什么是红的		【例1】④
W3773.2.2			木棉树为什么生命力强		
W3773.3		与木棉树有关的其他母题			
W3774	蟠桃树				
W3774.1		蟠桃树的产生			
W3774.1.1			神种植蟠桃		【汉族】
W3774.2		蟠桃树的特征			
W3774.2.1			蟠桃树3千年结一次果		【汉族】
W3774.3		与蟠桃树有关的其他母题			【联1】⑤

① 【民族】畲族。【引例】天神诅咒马桑树三尺就要弯腰【土家族】
② 【民族】苗族、彝族、藏族。【关联】［W3697.4.1］植物之王
③ 木棉树，又叫做"攀枝花"、"红棉树"、"英雄树"、"红茉莉"、"红棉"、"斑芒树"等。
④ 【引例】木棉树花的红色是英雄的鲜血染红的【汉族】
⑤ 【关联】［W0983.4.1］王母娘娘蟠桃会

W 编码	母题描述			参照项	
	一级母题	二级母题	三级母题	汤普森	关联项
W3774.3.1			天上的蟠桃树		【汉族】
W3774.3.2			蟠桃为什么称为仙果		【例1】①
W3775	菩提树②				
W3775.1		菩提树的产生		A2681.6	【联1】③
W3775.1.1			伞变菩提树		【例1】④
W3775.2		菩提树的特征			
W3775.2.1			菩提树为什么有树根悬挂	A2791.13	
W3775.3		与菩提树有关的其他母题			
W3775.3.1			菩提树是圣树		【傣族】
W3775.3.2			菩提树能消除病痛		【民族，联1】⑤
W3776	苹果树				
W3776.1		苹果树的产生			
W3776.2		苹果树的特征			
W3776.2.1			苹果为什么变成红色		【汉族】
W3776.3		与苹果树有关的其他母题			【例1】⑥
W3776.3.1			苹果为什么叫蛇果		
W3776.3.2			能使人变形的苹果		【塔塔尔族】
W3777	葡萄				
W3777.1		葡萄的产生		A2682	
W3777.1.1			人生葡萄		【民族，联1】⑦
W3777.2		葡萄的特征			
W3777.2.1			葡萄为什么有酸味		【汉族】
W3777.3		与葡萄有关的其他母题			【例1】⑧
W3778	杉树				【例1】⑨

① 【引例】吃蟠桃能长生不老【汉族】
② 菩提树，又叫做"黄桷树"、"思维树"、"毕钵罗树"、"觉树"等。
③ 【关联】［W3798.2］智慧树
④ 【引例】神王的伞变菩提树【傣族】
⑤ 【民族】傣族。【关联】［W3739.2］有的树木（草）为什么能治病
⑥ 【引例】大禹吃苹果（紫柰）
⑦ 【民族】彝族。【关联】［W2600］人生怪胎
⑧ 【引例】敬山神的野葡萄发酵产生酒【彝族】
⑨ 【引例】燕子从南方带来杉树【侗族】

W 编码	母题描述			参照项	
	一级母题	二级母题	三级母题	汤普森	关联项
W3778.1		杉树的产生			
W3778.1.1			神给人类杉树		【羌族】
W3778.1.2			从天上带（偷）来杉树		【彝族】
W3778.2		杉树的特征			
W3778.2.1			云杉为什么长青		【蒙古族】
W3778.3		与杉树有关的			
W3779	桑树			A2681.9	【例1】①
W3779.1		桑树的产生			
W3779.1.1			神给人桑树种子		【汉族】
W3779.2		桑树的特征			
W3779.2.1			桑树为什么分叉		
W3779.3		与桑树有关的其他母题			【联1】②
W3780	柿树				
W3780.1		柿树的产生			
W3780.1.1			从天上带（偷）来柿树		【汉族】
W3780.2		柿树的特征			
W3780.3		与柿树有关的其他母题			
◎	〖松树〗				
W3781	松树的产生				【例2】③
W3781.1		松树来源于天上			
W3781.1.1			从天上带（偷）来松树		【例1】④
W3781.2		神造松树			【彝族】
W3781.3		祖先造松树			【布依族】
W3781.4		动物肢体化为松柏			【藏族】
W3781.4.1			人猿的手指变成松树		【布依族】
W3781.5		葫芦生松树			【傈僳族】
W3781.6		神的骨骼变松树			【汉族】
W3782	松树的特征				

① 【引例】鬼出生时割下的脐带埋后长出桑树【景颇族】
② 【关联】［W3462.2］蚕食桑叶的来历
③ 【引例】❶回生水溅到山上产生松树【纳西族】；❷向玉皇大帝要松树种【彝族】
④ 【引例】天鹅把松树带到地上【傈僳族】

W 编码	母题描述			参照项	
	一级母题	二级母题	三级母题	汤普森	关联项
W3782.1		松树的叶子为什么像针		A2767.1	【毛南族】
W3782.2		松柏长青的来历			【蒙古族】
W3782.3		松树为什么寿命长			【汉族】
W3783	与松树有关的其他母题				
W3783.1		雪松的产生		A2681.13	
W3783.2		松树砍后为什么不能再生			
W3783.2.1			松树砍后不能再生是因为受到诅咒		【彝族】
W3783.3		油松			
W3783.3.1			骨髓变成油松		【珞巴族】
W3784	梭罗树				
W3784.1		梭罗树的产生			
W3784.1.1			神撒梭罗树种		【彝族】
W3784.1.2			天公种梭罗树		【阿昌族】
W3784.1.3			龙种梭罗树		【彝族】
W3784.1.4			特定的肢体变梭罗树		【例1】①
W3784.2		梭罗树的特征			
W3784.3		与梭罗树有关的其他母题			【联3】②
W3784.3.1			梭罗树为什么称为仙树		【汉族】
W3784.3.2			梭罗树是树木的祖先		【民族，联1】③
◎	〖桃树〗				
W3785	桃树的产生				
W3785.1		从天上带（偷）来桃树			【彝族】
W3785.2		天神种植桃树			【傣族】
W3785.3		树生桃树			
W3785.3.1			人生的树又生桃树		【苗族】
W3785.4		无生命物变桃树			

① 【引例】人猿的右手被月亮捡去栽在后园里变成梭罗树【布依族】
② 【关联】❶［W4046.2］梭罗树挡住月亮造成黑夜；❷［W4197.4］月亮中的娑罗树（梭罗树）；❸［W4896.3.1］太阳和月亮绕梭罗树运行
③ 【民族】彝族。【关联】［W3710］树的产生

W 编码	母题描述			参照项	
	一级母题	二级母题	三级母题	汤普森	关联项
W3785.4.1			拐杖变桃树		【例1】①
W3786	桃树的特征				
W3786.1		桃花为什么红色			【汉族】
W3786.2		桃树结桃的来历			
W3786.3		桃子为什么中间有道沟			【汉族】
W3787	与桃树有关的其他母题				【联1，例1】②
W3787.1		神奇的桃木			
W3787.1.1			桃树覆盖3千里		【汉族】
W3787.1.2			桃子3千年结果		【汉族】
W3787.2		桃木辟邪			
W3787.2.1			桃木做的弓和棘制的箭可以除灾		【民族，联1】③
W3787.3		仙桃			
W3788	杏树（杏）				
W3788.1		杏的产生			
W3788.1.1			蛋变杏		【例1】④
W3788.2		杏的特征			
W3788.2.1			杏为什么酸		【汉族】
W3788.3		与杏有关的其他母题			
◎	〖杨树〗				
W3789	杨树的产生				
W3789.1		卵生杨树			【纳西族】
W3789.2		变化出杨树			
W3789.2.1			人猿的手指变白杨树		【布依族】
W3789.2.2			雪变化成杨树		
W3790	杨树的特征				
W3790.1		杨树皮为什么粗糙		A2751.2.1	
W3791	与杨树有关的其他母题				

---

① 【引例】夸父的拐杖变桃树【汉族】
② 【关联】［W3774］蟠桃树。【引例】母鸡生的蛋变桃【景颇族】
③ 【民族】汉族。【关联】［W6972］弓箭的制作
④ 【引例】雀鸟生的蛋变杏【景颇族】

W 编码	母题描述			参照项	
	一级母题	二级母题	三级母题	汤普森	关联项
W3791.1		白杨树为什么烂树心			【例1】①
W3792	榆树				
W3792.1		榆树的产生			
W3792.1.1			西王母的神簪化为榆树		【维吾尔族】
W3792.2		榆树的特征			
W3792.3		与榆树有关的其他母题			
W3792.3.1			榆钱的来历		【汉族】
W3793	椰树				
W3793.1		椰树的产生		A2681.5.1	
W3793.1.1			人变成椰树		【例1】②
W3793.2		椰树的特征			
W3793.2.1			椰树树干为什么很直		【黎族】
W3793.3		与椰树有关的其他母题			
◎	〖竹子〗				
W3794	竹的产生			A2681.6	【例2】③
W3794.1		到天上取竹种			【苗族】
W3794.2		祖先造竹子			【布依族】
W3794.3		葫芦生竹子			【哈尼族】
W3794.4		眼毛变成竹子			【例1】④
W3794.5		肠子变成竹子			【例2】⑤
W3794.6		木棍（拐杖）变成竹子			
W3794.7		箭变成竹子			【珞巴族】
W3795	竹子的特征				
W3795.1		竹子为什么有节		A2756	【例1】⑥

---

① 【引例】白杨树烂树心是因为受到诅咒【彝族】
② 【引例】善良的女子变为椰树【高山族】
③ 【引例】❶阿巴达尼（珞巴族祖先）种植达节儿竹子【珞巴族】；❷阎王爷给白竹种子【苗族】
④ 【引例】盘古死后眼毛变竹子【白族】
⑤ 【引例】❶第一对孩子被杀死后肠子变成竹子【珞巴族】；❷巨人死后肠子变成竹子【珞巴族】
⑥ 【引例】罗汉竹竹节结疤的来历【水族】

W 编码	母题描述			参照项	
	一级母题	二级母题	三级母题	汤普森	关联项
W3795.1.1			竹节是砍断后接上的痕迹		【汉族】
W3795.1.2			竹节是被砍出的刀痕		【民族】①
W3795.2		竹子弯腰的来历			【拉祜族、仫佬族、壮族】
W3795.2.1			竹尖弯弯的来历		【佤族】
W3796	与竹子有关的其他母题				【联2】②
W3796.1		竹子为什么被砍伐			
W3796.1.1			竹子因没有回答出问题被砍伐		【联1，例1】③
W3796.2		竹笋为什么被人吃			【汉族】
W3796.3		竹子连根生的原因			【瑶族】
W3797	棕榈				
W3797.1		棕榈的产生		A2681.5	
W3797.2		棕榈的特征			
W3797.2.1			棕树叶像扇子的来历		【侗族】
W3797.2.2			棕榈树为什么流液汁	A2791.8	
W3797.2.3			棕榈油为什么是红的	A2877	
W3797.3		与棕树有关的其他母题			
W3797.3.1			棕树被人剥皮的原因		【侗族】
W3798	其他特定的树				【联1】
W3798.1		生命树		①A878 ②E90	【民族，联2】④
W3798.2		智慧树		J165	【联1】⑤
W3798.3		生出多种作物的树			【傈僳族】
W3798.4		漆树			

---

① 【民族】侗族、苗族、瑶族、壮族
② 【关联】❶〔W2172〕竹生人；❷〔W9009.4〕竹中育兵
③ 【关联】〔W3677〕植物的特征源于惩罚。【引例】竹子因没有回答神（人）询问的问题，被惩罚遭人砍伐
④ 【民族】哈萨克族。【关联】❶〔W9087.2〕关联生死的叶子；❷〔W9692.2〕生命树
⑤ 【关联】〔W6770〕知识的产生

W 编码	母题描述			参照项	
	一级母题	二级母题	三级母题	汤普森	关联项
W3798.5		年月树			【联1】①
W3798.5.1			天神栽年月树		【哈尼族】
W3798.6		大青树的产生			【例1】②
W3798.7		橡树的产生		A2681.2	
W3798.8		芒果的产生			
W3798.8.1			天神种植芒果		【傣族】
W3798.9		栗树的产生			
W3798.9.1			从远方的村子得到栗子种		【例1】③

3.8.2　花草概说及常见的花草【W3800～W3839】

W 编码	母题描述			参照项	
	一级母题	二级母题	三级母题	汤普森	关联项
◎	〖花草的产生④〗				
✳ **W3800**	花的产生			A2650	
W3801		花自然产生或源于某个地方			【哈萨克族】
W3801.1			有了地后就长出花		【拉祜族】
W3801.2			花神从别处买来花种		【瑶族】
W3801.3			水生花		【藏族】
W3802		花是特定人物给予的			
W3802.1			天女散花		
W3802.2			天仙为人间送花草		【水族】
W3802.3			百花仙子送花种		【汉族】
W3803		花是造出来的			
W3803.1			始祖造花		【壮族】
W3803.2			魔法造花	D2178.9	
W3804		花是变化产生的			

① 【关联】［W3756.3.1］椿树1万6千年为一个春秋
② 【引例】埋在高山顶上的天地的脐带变成大青树【景颇族】
③ 【引例】阿巴达尼（珞巴族祖先）通过与远方村子的女族长性交生子得到栗子（达呀、达鸭）种子【珞巴族】
④ 花草的产生，"花的产生"与"草的产生"在神话叙事中经常结合在一起，往往同时产生。此类母题虽然将"花的产生"与"草的产生"分开列举，只是为了突出花、草产生的某些异同，以便于研究者比较。有时可以合并为"花草的产生"，具体情形参见《中国神话母题 W3 编目实例》。

W 编码	母题描述			参照项	
	一级母题	二级母题	三级母题	汤普森	关联项
W3804.1			耳朵变成花		【例1】①
W3804.2			女人变成花	A2611.0.4.1	
W3804.3			血液变成花		【例1】②
W3805		与花的产生有关的其他母题			
W3805.1			先有树后有花		【汉族】
✱ **W3806**	草的产生			A2683	
W3807		草自然产生或源于某个地方			【壮族】
W3807.1			草从天上来		【汉族】
W3807.2			有了地后就长出草		【拉祜族】
W3807.3			动物找到草		
W3807.4			燕子为人找来草		【汉族】
W3808		草是特定人物播撒的（给予的）			【例1】③
W3808.1			天神播撒草种		【傈僳族】
W3808.2			天神给下凡的女儿带草籽		【羌族】
W3808.3			玉皇大帝撒草		【彝族】
W3808.4			牛星撒草籽		【汉族】
W3808.5			天上的牛向人间撒草种		【畲族】
W3809		草是变化产生的			
W3809.1			人（神）死后头发化生为草	A2611.6	【汉族】
W3809.2			怪胎化茅草		【哈尼族】
W3809.3			鸟的毛变成花草		【彝族】
W3809.4			鸡毛变成草		【纳西族】
W3809.5			水变成草		【例1】④
W3810		与草的产生有关的其他母题			
W3810.1			葫芦生草		【基诺族】
W3810.2			粪便生草		【例1】⑤

① 【引例】人猿的耳朵变成百花 【布依族】
② 【引例】神的血液变成花草 【汉族】
③ 【引例】天神为惩罚人类的懒惰撒草种 【汉族】
④ 【引例】回生水溅到山上产生草 【纳西族】
⑤ 【引例】鸟屎上长出草 【珞巴族】

W 编码	母题描述			参照项	
	一级母题	二级母题	三级母题	汤普森	关联项
W3810.3			草的祖先		【例1】①
◎	〖花草的特征〗				
W3811	花的特征			A2795	
W3811.1		花为什么开放			
W3811.1.1			花开是天神高兴的结果		【维吾尔族】
W3811.2		花为什么有香味			【联1】②
W3811.3		有的花为什么不香		A2795.1	
W3811.4		花为什么有特定的颜色			
W3811.4.1			血落到花上形成红花		【布朗族】
W3811.5		花为什么会结果			【联1】③
W3811.6		与花的特征有关的其他母题			
W3812	草的特征				
W3812.1		有的草为什么有特殊的气味			
W3812.2		有的草为什么有毒			【联1，例1】④
W3812.3		草为什么是苦的			
W3812.3.1			草有苦味是因为被诅咒的结果		
W3813	与花草特征有关的其他母题				
W3813.1		有的花草为什么长刺		A2688.1	【联1】⑤
W3813.2		有的花草为什么有毒			【联1】⑥
W3813.2.1			毒草		
W3813.2.2			神播种毒草		【例1】⑦
W3813.2.3			神的毛发化为毒草		【藏族】

---

① 【引例】根拔是根生之草的祖先【汉族】
② 【关联】［W3759.1.2］桂花为什么有香味
③ 【关联】［W3741］树的果实
④ 【关联】［W3657］有的植物为什么有毒。【引例】断肠草为什么有毒【汉族】
⑤ 【关联】［W3646.1］有的植物为什么长刺
⑥ 【关联】［W3657］有的植物为什么有毒
⑦ 【引例】恶神播种毒草【汉族】

W 编码	母题描述			参照项	
	一级母题	二级母题	三级母题	汤普森	关联项
W3814	与花草有关的其他母题				
W3814.1		奇特的花		F814	【联1】①
W3814.1.1			会说话的花	D1610.4	
W3814.2		奇特的草		F817	【联2】②
W3814.2.1			特殊形体的草		【汉族】
W3814.3		杂草			
W3814.3.1			杂草的产生	A2688	
W3814.4		能让人长寿的草			【联1】③
W3814.5		能治病的草		D1500.1.5	
W3814.6		能使人死而复生的草			【联3】④
◎	〖常见的花草〗				
W3815	稗草（稗子）				
W3815.1		稗草的产生			
W3815.1.1			神造出稗草		
W3815.1.2			神变成稗草		【汉族】
W3815.2		稗草的特征			
W3815.2.1			稗草为什么不结果实		
W3815.3		与稗草有关的其他母题			【联1】⑤
W3815.3.1			稗草为什么常与稻谷在一起		
W3816	芭蕉				
W3816.1		芭蕉的产生			
W3816.1.1			女始祖种芭蕉		【壮族】
W3816.1.2			脐带化为芭蕉		【例1】⑥
W3816.2		芭蕉的特征			
W3816.2.1			芭蕉为什么叶子大		
W3816.3		与芭蕉有关的其他母题			
W3817	丁香花			A2663	
W3817.1			丁香花的产生		

① 【关联】［W0939］神花
② 【关联】❶［W0934］神草（仙草）；❷［W0938.1］避邪草
③ 【关联】［W9300］长生草
④ 【关联】❶［W0936］还魂草；❷［W3820.3.3］灵芝草能起死回生；❸［W9300］复活
⑤ 【关联】［W3814.3］杂草
⑥ 【引例】鬼出生时割下的脐带埋后长出芭蕉【景颇族】

W 编码	母题描述			参照项	
	一级母题	二级母题	三级母题	汤普森	关联项
W3817.2		丁香花的特征			
W3817.2.1			丁香花为什么有香味		【汉族】
W3817.3		与丁香花有关的其他母题			
W3818	蒿草①				
W3818.1		蒿草的产生			
W3818.2		蒿草的特征			
W3818.2.1			蒿草为什么有怪味		【汉族】
W3818.3		与蒿草有关的其他母题			
W3818.3.1			蒿草寿命长是因为神给它长的寿命		【汉族、满族】
W3819	菊花②			A2651	
W3819.1		菊花的产生			
W3819.1.1			神给人类菊花		【汉族】
W3819.2		菊花的特征			
W3819.2.1			菊花为什么秋天开花		【汉族】
W3819.2.2			菊花花瓣的来历		
W3819.3		与菊花有关的其他母题			
W3819.3.1			菊花能让人长寿		【汉族】
W3819.3.2			菊花象征长寿		
W3819.3.3			菊花象征吉祥		【汉族】
W3819.3.4			菊花为什么用于祭奠死者		【汉族】
W3820	灵芝（灵芝草)③				
W3820.1		灵芝草的产生			
W3820.1.1			人化为灵芝		【例1】④
W3820.1.2			盗灵芝草		【联2】⑤
W3820.2		灵芝草的特征			
W3820.2.1			灵芝为什么像耳朵		【汉族】

① 蒿草，又叫做"斑茅胆草"、"云茅草"、"十二妹"、"红韭菜"等。
② 菊花，又叫做"黄花"、"节花"、"黄华"、"女华"、"寿客"、"秋菊"、"陶菊"、"金英"等。
③ 灵芝，又叫做"灵芝草"、"神芝"、"赤芝"、"芝草"、"仙草"、"三秀"、"瑞草"、"铁菌"等。
④ 【引例】瑶姬化为灵芝【汉族】
⑤ 【关联】❶［W9950］偷盗；❷［W9950.3］盗灵芝

W 编码	母题描述			参照项	
	一级母题	二级母题	三级母题	汤普森	关联项
W3820.3		与灵芝有关的其他母题			
W3820.3.1			蛇护灵芝草		【汉族】
W3820.3.2			灵芝草治病		【例1】①
W3820.3.3			灵芝草能起死回生		【民族，联2】②
W3820.3.4			灵芝草能使人飞翔		【蒙古族】
W3821	龙舌兰				
W3821.1		龙舌兰的产生			
W3821.1.1			龙的舌头变成龙舌兰		【傣族】
W3821.2		龙舌兰的特征			
W3821.2.1			龙舌兰为什么有刺		【汉族】
W3821.3		与龙舌兰有关的其他母题			
W3822	龙须草③				
W3822.1		龙须草的产生			
W3822.1.1			龙的须变成龙须草		【汉族】
W3822.2		龙须草的特征			
W3822.2.1			龙须草为什么细长		【汉族】
W3822.3		与龙须草有关的其他母题			
W3823	芦苇				
W3823.1		芦苇的产生			
W3823.1.1			祖先死后汗毛变苇草		【彝族】
W3823.2		芦苇的特征			
W3823.2.1			芦苇的杆为什么是空的	A2757	
W3823.2.2			芦苇上为什么有指甲印		【例1】④
W3823.3		与芦苇有关的其他母题			
W3824	麻⑤				

① 【引例】灵芝治好龙母的病【汉族】
② 【民族】傈僳族。【关联】❶［W0951］不死药；❷［W3814.6］能使人死而复生的草
③ 龙须草，又叫做"蓑草"、"羊胡子草"、"山草"、"灯芯草"、"水灯花"、"水灯心""灯草"、"野席草"等。
④ 【引例】芦苇上的指甲印是王母娘娘掐出来的【汉族】
⑤ 麻，其种类繁多，诸如"蓖麻"、"草麻"、"苎麻"、"黄麻"、"青麻"、"大麻"、"亚麻"、"槿麻"、"罗布麻"等。
  在神话母题的提取中一律称之为"麻"。

W 编码	母题描述			参照项	
	一级母题	二级母题	三级母题	汤普森	关联项
W3824.1		麻的产生			
W3824.1.1			天神送麻籽		【苗族】
W3824.1.2			从月宫带来麻		
W3824.1.3			从水中带来麻		【例1】①
W3824.1.4			鱼生麻		【例1】②
W3824.1.5			怪物变成麻		
W3824.2		麻的特征			
W3824.2.1			原来麻长得很高		【例1】③
W3824.3		与麻有关的其他母题			
W3824.3.1			荨麻		【例3】④
W3825	马齿苋⑤				
W3825.1		马齿苋的产生			
W3825.2		马齿苋的特征			
W3825.2.1			马齿苋为什么叶如马齿		【汉族】
W3825.2.2			马齿苋为什么晒不死		【例1】⑥
W3825.3		与马齿苋有关的其他母题			
W3825.3.1			马齿苋为什么生命强		【汉族】
W3826	茅草				
W3826.1		从天上带（偷）来茅草			【彝族】
W3826.2		茅草被人割来盖房是对茅草的惩罚			
W3827	玫瑰⑦				
W3827.1		玫瑰的产生		A2656	

---

① 【引例】水獭从河里送来一颗麻种【壮族】
② 【引例】鱼生麻【哈尼族】
③ 【引例】原来的蓖麻长得很高【侗族】
④ 【引例】❶怪物死后变成荨麻【哈尼族】；❷鬼出生时割下的脐带埋后长出荨麻【景颇族】；❸荨麻小刺有毒是蛇喷洒了毒物的缘故【珞巴族】
⑤ 马齿苋，又叫做"马齿菜"、"马齿龙"、"马齿草"、"马舌菜"、"蚂蚱菜"、"马苋"、"地马菜"、"酸苋"、"长命菜"、"长寿菜"、"五方草"、"五行草"、"瓜子菜"、"麻绳菜"、"马生菜"、"马蛇子菜"、"蚂蚁菜"、"指甲菜"、"猪母草"、"瓜子菜"、"瓜仁菜"等。各民族神话的表述虽然名称上多有不同，但特征大同小异。
⑥ 【引例】马齿苋晒不死是因为太阳感谢它的救命之恩【汉族、苗族】
⑦ 玫瑰，又叫做"刺玫花"、"徘徊花"、"刺客"等。因"月季"、"蔷薇"与"玫瑰"相近，故本书对"月季"、"蔷薇"不再单列条目，列入"［W3827.3］与玫瑰有关的其他母题"。

W 编码	母题描述			参照项	
	一级母题	二级母题	三级母题	汤普森	关联项
W3827.2		玫瑰的特征			
W3827.2.1			玫瑰原来不开花		【例1】①
W3827.2.2			玫瑰花颜色的来历	A2772.1	
W3827.2.3			玫瑰为什么有刺		【汉族】
W3827.3		与玫瑰有关的其他母题			
W3827.3.1			玫瑰象征爱情		
W3827.3.2			月季		【例3】②
W3827.3.3			蔷薇		
W3828	梅				【例1】③
W3828.1		梅的产生			
W3828.1.1			女子化生为梅		【例1】④
W3828.2		梅的特征			
W3828.2.1			梅为什么耐寒	A2711.6	
W3828.2.2			梅为什么冬天开花		
W3828.3		与梅有关的其他母题			【例1】⑤
W3828.3.1			红梅的来历		【例1】⑥
W3829	牵牛花⑦				
W3829.1		牵牛花的产生			
W3829.1.1			人生牵牛花		【彝族】
W3829.1.2			喇叭变成喇叭花		【例1】⑧
W3829.2		牵牛花的特征			
W3829.2.1			牵牛花为什么像喇叭		【联1】⑨
W3829.3		与牵牛花有关的其他母题			
W3830	人参⑩				

---

① 【引例】玫瑰开花是姑娘挑金泉水浇灌出来的【汉族】
② 【引例】❶一个叫"月季"的姑娘化为月季【汉族】；❷埋葬月季仙子的地方长出月季【汉族】；❸月季花成为"花中皇后"【汉族】
③ 【引例】雀鸟生的蛋变杨梅【景颇族】
④ 【引例】一个叫小梅的女子死后化生为三角梅【汉族】
⑤ 【引例】梅生于灵山【汉族】
⑥ 【引例】红梅是因为鲜血沾满树枝造成的【汉族】
⑦ 牵牛花，又叫做"喇叭花"、"朝颜花"、"牵牛子"、"黑丑"等。
⑧ 【引例】山眼里的银喇叭变成喇叭花【汉族】
⑨ 【关联】［W3829.1.2］喇叭变成喇叭花
⑩ 人参，又叫做"黄参"、"鬼盖"、"神草"、"土精"、"地精"、"黄精"、"棒槌"、"百尺杵"、"海腴"等。

W 编码	母题描述			参照项	
	一级母题	二级母题	三级母题	汤普森	关联项
W3830.1		人参的产生			
W3830.1.1			神撒的水变人参		【藏族】
W3830.1.2			人变人参		【汉族】
W3830.2		人参的特征			
W3830.2.1			人参为什么像人形		
W3830.3		与人参有关的其他母题			
W3830.3.1			人参娃娃（人参果）		【汉族、满族】
W3830.3.2			人参变红兜肚小孩		【汉族】
W3830.3.3			人参是百草之王		【联1】①
W3830.3.4			人参会钻入土中		
W3831	山茶花②				
W3831.1		山茶花的产生			
W3831.1.1			女子变山茶花		【普米族】
W3831.1.2			灵魂变成山茶花		【拉祜族】
W3831.1.3			特定的人物送来茶花		【例1】③
W3831.2		山茶花的特征			
W3831.3		与山茶花有关的其他母题			
W3831.3.1			茶花仙女		
W3832	水仙花④			A2665.1	
W3832.1		水仙花的产生			
W3832.1.1			尧的女儿娥皇、女英化身水仙		【民族，联1】⑤
W3832.1.2			水中生水仙花		【毛南族】
W3832.2		水仙花的特征			
W3832.2.1			水仙花为什么像蒜		【汉族】
W3832.3		与水仙花有关的其他母题			

① 【关联】［W3697.4.1］植物之王
② 山茶花，又叫做"山茶"、"山椿"、"耐冬"、"晚山茶"、"茶花"、"胜利花"等。
③ 【引例】茶花仙女给人间送茶花
④ 水仙花，又叫做"水仙"、"凌波仙子"、"落神香妃"等。
⑤ 【民族】汉族。【关联】［W0739.4］舜的妻子

W 编码	母题描述			参照项	
	一级母题	二级母题	三级母题	汤普森	关联项
W3833	藤类植物				【例2】①
W3833.1		藤的产生		A2682	
W3833.1.1			肠子变藤子		【例2】②
W3833.1.2			筋变藤蔓		【例1】③
W3833.1.3			血化为青藤		【例1】④
W3833.1.4			雪化生山藤		【彝族】
W3833.2		藤的特征			
W3833.2.1			藤草爬着长是因为怕天上的人砍		【土家族】
W3833.3		与藤有关的其他母题			
W3834	勿忘我				
W3834.1		勿忘我花的产生		A2657	
W3834.2		勿忘我的特征			
W3834.3		与勿忘我有关的其他母题			
W3834.3.1			勿忘我名字的来历		
W3835	烟草⑤				
W3835.1		烟草的产生		A2691.2	
W3835.1.1			姑娘化生烟草		【景颇族】
W3835.1.2			女子死后化为烟叶		【仡佬族】
W3835.1.3			从远方的村子得到烟草		【例1】⑥
W3835.2		烟草的特征			
W3835.2.1			烟草为什么有特殊味道		
W3835.3		与烟草有关的其他母题			
W3835.3.1			烟草为什么能提神		【仡佬族、汉族】
W3836	樱花				
W3836.1		樱花的产生			
W3836.1.1			樱花是樱花天女留给人间的		【高山族】

① 【引例】❶神藤能使勤劳的人幸福【黎族】；❷黄葛藤贴在地面长【土家族】
② 【引例】❶巨人死后肠子变成藤子【珞巴族】；❷第一对孩子被杀死后肠子变成藤子【珞巴族】
③ 【引例】人狼的手上的筋变藤蔓【布依族】
④ 【引例】英雄的血化为青藤【壮族】
⑤ 烟草，又叫做"烟叶"。
⑥ 【引例】阿巴达尼（珞巴族祖先）通过与远方村子的女族长性交生子得到烟草（过几）种子【珞巴族】

W 编码	母题描述			参照项	
	一级母题	二级母题	三级母题	汤普森	关联项
W3836.1.2			特定人物变成樱花树		【例1】①
W3836.2		樱花的特征			
W3836.3		与樱花有关的其他母题			
W3836.3.1			樱花仙子		【汉族】
W3837	罂粟（鸦片）				
W3837.1		罂粟的产生		A2691.4	
W3837.1.1			罂粟源于人的转世	≈ A2733	
W3837.2		罂粟的特征			
W3837.2.1			罂粟花为什么艳丽		【汉族】
W3837.3		与罂粟有关的其他母题			
W3837.3.1			罂粟为什么能提神		【联1】②
W3837.3.2			罂粟花为什么称为"神花"		
W3838	迎春花③				
W3838.1		迎春花的产生		A2653	
W3838.1.1			荆条化为迎春花		【例1】④
W3838.1.2			特定的人物化为迎春花		【例1】⑤
W3838.2		迎春花的特征			
W3838.2.1			迎春花为什么是黄色的		
W3838.3		与迎春花有关的其他母题			
W3838.3.1			迎春花为什么耐寒		【汉族】
W3839	其他花草				
W3839.1		莲花（荷花）			
W3839.1.1			火中生赤莲花		【毛南族】
W3839.1.2			雪莲花	A2661	
W3839.2		昙花			
W3839.2.1			神变成昙花		【汉族】

① 【引例】玉皇大帝把樱花仙子变成樱花树【汉族】
② 【关联】［W3835.3.1］烟草为什么能提神
③ 迎春花，又叫做"串串金"、"清明花"、"金梅"、"春柳"、"小黄花"、"黄素馨"等。
④ 【引例】等待大禹的姑娘手中的荆藤化为迎春花【汉族】
⑤ 【引例】天上一个穿黄裙的姑娘到人间化为迎春花【汉族】

W 编码	母题描述			参照项	
	一级母题	二级母题	三级母题	汤普森	关联项
W3839.2.2			昙花为什么开放时间很短		
W3839.3		天麻			
W3839.3.1			天降天麻		【仡佬族】
W3839.3.2			神撒的水变天麻		【藏族】
W3839.4		茯苓			
W3839.4.1			神撒的水变成茯苓		【藏族】
W3839.5		地黄			
W3839.5.1			地黄是神给予人类的		【汉族】
W3839.6		爬山虎			
W3839.7		牡丹			
W3839.7.1			土中生牡丹花		【毛南族】
W3839.7.2			牡丹仙子		【汉族】
W3839.8		木耳			【例1】①
W3839.8.1			怪人死后耳朵化为木耳		【侗族】
W3839.9		木兰花			
W3839.9.1			木中生木兰花		【毛南族】
W3839.10		荆棘			
W3839.10.1			特定的婚配生荆棘		【例1】②

3.8.3　作物③概说及常见的作物【W3840 ~ W3879】

W 编码	母题描述			参照项	
	一级母题	二级母题	三级母题	汤普森	关联项
◎	〖作物概说〗				
W3840	作物的产生			≈ A1423	
W3840.1		作物自然产生			【例2】④
W3840.2		特定人物造作物			【例1】⑤
W3840.3		神生庄稼			【哈尼族】
W3840.4		禾王送禾到人间			【瑶族】

① 【引例】鬼死后的阴部长成木耳【珞巴族】
② 【引例】老男子与丑女婚生带刺的荆棘和各种毒虫，并把它们统统都扔到森林里去【珞巴族】
③ 作物，有的神话中也可以表示为"庄稼"、"粮食"、"粮神"，此处一律用"作物"表示。
④ 【引例】❶天神把造的人放到地上后地里长出作物【独龙族】；❷神灵住过的山坡地不用播种就会长出稻谷、鸡爪谷、豆和烟叶等作物【珞巴族】
⑤ 【引例】始祖布洛陀造谷物【壮族】

W 编码	母题描述			参照项	
	一级母题	二级母题	三级母题	汤普森	关联项
W3840.5		野生植物变成粮食作物			【珞巴族】
W3840.6		鸟的毛变成作物			【彝族】
W3840.7		与作物产生有关的其他母题			【联1】①
W3840.7.1			野生的粮种移栽后成为作物		【珞巴族】
W3841	作物的特征				
W3841.1		以前的作物与现在有不一样的特征			
W3841.1.1			以前的作物结满果实		【联3】②
W3841.1.2			以前作物长得很大		【联1，例1】③
W3841.1.3			以前粮食长在树上		【傈僳族、珞巴族】
W3841.1.4			以前的粮食会行走		
W3841.1.5			以前的粮食会飞		
W3841.1.6			以前的粮食会自己走到人那里		
W3841.2		作物现在的样子是因为传错话造成的			【苗族】
W3841.3		作物果实变小			【联1】④
W3841.3.1			神为了惩罚人的懒惰让作物果实变小		【瑶族】
W3841.3.2			神为了惩罚人的贪婪让作物果实变小	A2723.2	
W3841.4		不同作物为什么果实不同			
W3841.4.1			天神为不同作物分配了不同果实		【汉族】
W3842	与作物有关的其他母题				
W3842.1		作物的类型			
W3842.1.1			作物的分类者		【例1】⑤

---

① 【关联】［W3900］种子产生
② 【关联】❶ ［W3855.2］稻子以前遍身结稻谷；❷ ［W3861.4］以前的高粱有多个穗；❸ ［W3865.3］以前的麦子有多个穗
③ 【关联】［W3852.2.1］以前的谷粒像鸭蛋
④ 【关联】［W3852.6］谷穗的变小的原因
⑤ 【引例】炎黄为作物分类【汉族】

W 编码	母题描述			参照项	
	一级母题	二级母题	三级母题	汤普森	关联项
W3842.1.2			作物有 5 种		【例1】①
W3842.1.3			作物有 9 种		【纳西族】
W3842.2		作物的命名			【联1】②
W3842.2.1			一位女子为作物命名		【哈尼族】
W3842.3		作物中为什么长草			【联2】③
◎	〖常见的作物〗				
W3843	菜籽				
W3843.1		菜籽的产生			
W3843.2		菜籽的特征			
W3843.2.1			菜籽为什么开黄花		【汉族】
W3843.3		与菜籽有关的其他母题			
W3844	葱				
W3844.1		葱的产生			
W3844.1.1			神从天上带来葱的种子		【汉族】
W3844.2		葱的特征			
W3844.2.1			葱为什么辣		【汉族】
W3844.3		与葱有关的其他母题			
W3844.3.1			洋葱	A1441.5	
W3845	甘蔗				
W3845.1		甘蔗的产生			
W3845.1.1			甘蔗源于特定的树		【民族，例1】④
W3845.2		甘蔗的特征			
W3845.2.1			甘蔗为什么甜		【佤族】
W3845.3		与甘蔗有关的其他母题			
W3845.3.1			甘蔗原来在山上		【汉族】
◎	〖谷物〗				
✳ **W3846**	谷物的产生			A2685	

---

① 【引例】炎黄定五果【汉族】
② 【关联】［W3687］植物的辨识
③ 【关联】❶［W3808.1］天神播撒草种；❷［W3815.1］种草的产生
④ 【民族】汉族。【引例】梭罗树上藏甘蔗【彝族】

W 编码	母题描述			参照项	
	一级母题	二级母题	三级母题	汤普森	关联项
W3847	五谷①的产生			A1423	
W3847.1		自然生出五谷			【例1】②
W3847.1.1			五谷在天上		【例1】③
W3847.1.2			五谷从天而降		【民族，联3，例1】④
W3847.1.3			五谷在龙宫		【联1，例1】⑤
W3847.1.4			祈祷降谷物	D2105.6	【联1】⑥
W3847.2		从特定的地方得到五谷			
W3847.2.1			从天上获得五谷		【例2】⑦
W3847.2.2			从龙子哪里获得五谷		【例1】⑧
W3847.3		五谷是给予的			【联1】⑨
W3847.3.1			神或神性人物送五谷		【例7】⑩
W3847.3.2			动物送五谷		【例3】⑪
W3847.4		五谷是造出来的			
W3847.4.1			神或神性人物造五谷		【联1，例2】⑫
W3847.4.2			人造五谷		【例2】⑬
W3847.4.3			猿猴造五谷		【傈僳族】
W3847.5		五谷是生育产生的			
W3847.5.1			创始祖和造物母孕育五谷		【景颇族】
W3847.5.2			卵生五谷		【藏族】
W3847.6		五谷是变化产生的			

---

① 五谷，为母题表述的完整性，在表述中有时会区分出五谷种子的类型，与上表"种子的名称"母题可相互印证。

② 【引例】石头上有土后生长出五谷 【藏族】

③ 【引例】天国有五谷 【土家族】

④ 【民族】汉族。【关联】❶［W3851.1.2］谷种在天上；❷［W3851.1.9］谷种在远方；❸［W3851.2.7］燕子衔来谷种。【引例】从天上偷来谷种 【独龙族】

⑤ 【关联】［W3912］种子在龙宫。【引例】五谷来源于龙宫 【哈尼族】

⑥ 【关联】［W6506］祈祷

⑦ 【引例】❶山雀到天上讨回五谷种 【侗族】；❷伏羲兄妹从南天讨得五谷种 【瑶族】

⑧ 【引例】从天上龙子那里获得五谷种 【哈尼族】

⑨ 【关联】［W3851.2］谷种是给予的

⑩ 【引例】❶神仙赐予五谷种 【白族】；❷天神赠予五谷种 【独龙族】；❸玉帝给人类五谷种 【仡佬族】；❹神女送五谷 【哈尼族】；❺龙王送五谷种 【哈尼族】；❻安拉降五谷 【回族】；❼神狗送稻谷种 【苗族、土家族】

⑪ 【引例】❶鸟送五谷种 【京族】；❷蚂蚁取五谷种 【苗族】；❸老虎从嘴里吐出五谷种 【壮族】

⑫ 【关联】［W3851.3.1］天神造谷种。【引例】❶真主降五谷 【回族】；❷天神和妻子用泥沙造五谷 【壮族】

⑬ 【引例】❶神农教人造五谷 【白族】；❷姑侄婚后造五谷 【瑶族】

W 编码	母题描述			参照项	
	一级母题	二级母题	三级母题	汤普森	关联项
W3847.6.1			树的果实变成五谷		【哈尼族】
W3847.6.2			五谷是垂死化生形成的	A2611.1	【联1】①
W3847.7		与五谷的产生有关的其他母题			
W3847.7.1			神农种出五谷		
W3847.7.2			树上生长五谷		【汉族】
W3848	五谷的特征				
W3848.1		五谷为什么像狗尾巴			【民族，联1】②
W3848.2		五谷为什么可以吃			
W3848.3		五谷为什么有固定的成熟时间			
W3849	五谷的种类				
W3849.1		五谷是金稻、包谷、蚕豆、苦荞和黄豆			【白族】
W3849.2		五谷是稻、黍、粟、麦、菽			【彝族】
W3849.3		77 种谷种			【哈尼族】
W3850	与五谷有关的其他母题				【联2，例1】③
W3850.1		五谷名称的来历			
W3850.1.1			稻、黍、粟、麦、菽五弟兄生在山谷里，所以叫五谷		【彝族】
W3850.2		五谷被收回			
W3850.2.1			五谷的收回者		
W3850.2.2			五谷被收回天上		
◎	〖谷子〗				
W3851	谷子的产生④			A2685.1	
W3851.1		谷种在特定的地方			【联1】⑤
W3851.1.1			谷种来源于山谷		

---

① 【关联】［W9591.1］垂死化生
② 【民族】土家族。【关联】［W3852.5］谷穗像狗尾巴的来历
③ 【关联】❶［W3851］谷子的产生；❷［W6372.5］五谷神崇拜。【引例】谷神分清五谷【纳西族】
④ 谷子的产生，谷子的产生一般与"谷种"的产生密切相关。为表达上的统一，此处一般表述为"谷种"。
⑤ 【关联】［W3851.1.4］谷子在金龙神那里

W 编码	母题描述			参照项	
	一级母题	二级母题	三级母题	汤普森	关联项
W3851.1.2			谷种在天上		【民族，例3】①
W3851.1.3			谷种在山神那里		【景颇族】
W3851.1.4			谷种在金龙神那里		【彝族】
W3851.1.5			谷种在神农那里		【例1】②
W3851.1.6			从雀屎上发现谷种		【傣族、德昂族】
W3851.1.7			从狗的身上得到谷种		【布依族】
W3851.1.8			谷种在鼠王那里		【傣族】
W3851.1.9			谷种在远方		【汉族】
W3851.1.10			谷种是自己飞来的		【布朗族】
W3851.1.11			谷种在西方恩国		【苗族】
W3851.1.12			谷种在西边天脚		【布依族】
W3851.1.13			谷种在西天神洞		【布依族】
W3851.1.14			谷种在南海		【侗族】
W3851.1.15			谷种在隔海的对面		【土家族】
W3851.1.16			梭罗树上藏有谷种		【彝族】
W3851.2		谷种是给予的			【联1】③
W3851.2.1			天神送谷种		【民族，例5】④
W3851.2.2			龙王送谷种		【哈尼族】
W3851.2.3			仙人送谷种		【高山族】
W3851.2.4			圣者赐谷种		【藏族】
W3851.2.5			巨人的口袋中漏出谷种		【独龙族】
W3851.2.6			鸡仙送谷种		【土家族】
W3851.2.7			燕子送谷种		【蒙古族】
W3851.2.8			布谷鸟送谷种		【拉祜族、怒族】
W3851.2.9			喜鹊送谷种		
W3851.2.10			麻雀送谷种		【傣族】
W3851.2.11			鸡送谷种		【土家族】
W3851.2.12			乌龟吐谷种		【侗族】

---

① 【民族】布依族、汉族、壮族。【引例】❶从天上偷来谷种【独龙族】；❷天女舂米时掉下一颗谷子【拉祜族】；❸天上飞来一袋谷种【畲族】

② 【引例】天上的神农那里有谷种【布依族】

③ 【关联】［W3847.3］五谷是给予的

④ 【民族】苗族。【引例】❶天神派鸟送谷种【怒族】；❷天神赐鸡爪谷【门巴族】；❸祖先到天上向天河祖奶讨来谷种【布依族】；❹仙女从天上带来谷种【瑶族】；❺雷神给谷种【彝族】

W 编码	母题描述			参照项	
	一级母题	二级母题	三级母题	汤普森	关联项
W3851.2.13			狗带给人类谷种		【民族，例3】①
W3851.2.14			蚂蝗帮人从水中取回谷种		【布朗族】
W3851.3		谷种是造出来的			
W3851.3.1			天神造谷种		【民族，例1】②
W3851.4		谷种是生产出来的			
W3851.4.1			鱼生谷种		【哈尼族】
W3851.4.2			葫芦生谷种（小米）		【高山族、黎族】
W3851.5		谷种是变化产生的			
W3851.5.1			特定的肢体化为谷种		【例1】③
W3851.5.2			沙粒变成谷种		
W3851.6		与谷种产生有关的其他母题			
W3851.6.1			第二代人种出了谷种		【毛南族】
W3851.6.2			人与天女结婚得到谷种		【怒族】
W3851.6.3			母猪得到谷种		【例1】④
W3851.6.4			粘在麂子头上的谷粒成为谷种		【怒族】
W3852	谷子的特征			≈ A2793	
W3852.1		谷子外形的来历		A2793.6	
W3852.1.1			谷子长得像狗尾巴是因为谷种是狗取来的		
W3852.2		原来的谷子很大			【傣族、侗族】
W3852.2.1			以前的谷粒像鸭蛋		【例1】⑤
W3852.3		原来的谷子很高			【侗族、壮族】
W3852.4		最早的谷子是瘪壳			【仡佬族】
W3852.5		谷穗像狗尾巴的来历			【壮族】

① 【民族】独龙族。【引例】❶狗上天从神农处取回谷种【布依族】；❷狗从天仓带回谷种【仡佬族】；❸天狗送谷种【拉祜族】
② 【民族】傣族。【引例】山神把原来的金谷子变成了现在的谷子【景颇族】
③ 【引例】鬼出生时割下的脐带埋后生出旱谷【景颇族】
④ 【引例】母猪身上发现了一粒谷子【珞巴族】
⑤ 【引例】独眼人时代谷子鸭蛋一样大【彝族】

W 编码	母题描述			参照项	
	一级母题	二级母题	三级母题	汤普森	关联项
W3852.6		谷的变小的原因			【民族，联1，例1】①
W3852.7		谷子成熟后会自己走到人那里			
W3852.8		谷壳的来历			
W3852.8.1			以前的稻谷没有壳		【傈僳族】
W3852.8.2			谷壳是天神让谷子穿上了衣裳		【傈僳族】
W3852.9		谷子空壳			【汉族】
W3852.9.1			空壳的谷子洒上奶水后变饱满		【民族，联1】②
W3852.10		谷子中午开花的来历			
W3853	与谷子有关的其他母题				【联2】③
W3853.1		谷子与其他作物的分离			【傈僳族】
W3853.2		谷物割后为什么不能再生			【民族，联1】④
W3853.3		不种自收的谷子			【藏族】.
W3953.4		谷子有 77 种			【哈尼族】
W3953.5		鸡爪谷			
W3853.5.1			太阳和月亮给予鸡爪谷		【例1】⑤
W3853.5.2			从母猪的头发中得到鸡爪谷种		【珞巴族】
W3853.5.3			从猎获的野公猪肠子里得到鸡爪谷种		【珞巴族】
W3853.5.4			从外村娶的妻子带来鸡爪谷种		【例1】⑥
◎	〖稻子⑦〗				
W3854	稻子的产生			①A1423.2 ②A2685.2	【彝族】

① 【民族】壮族。【关联】［TPS：≈A2793.5］谷穗变小是神对人类懒惰的惩罚。【引例】懒婆娘打碎谷子使谷子变小【傣族】
② 【民族】汉族、苗族、瑶族。【关联】［W3855.4.1］女子洒乳汁后稻子灌浆
③ 【关联】❶［W0905］谷魂（谷鬼）；❷［W9094.6.2］取之不尽的谷物
④ 【民族】壮族。【关联】［W3856.4］割过的稻田不再长稻子的原因
⑤ 【引例】祖先夫妇俩带回太阳和月亮送给的鸡鸡爪谷【珞巴族】
⑥ 【引例】阿巴达尼（珞巴族祖先）从外村娶的妻子带来鸡爪谷种【珞巴族】
⑦ 稻子，有的神话中又叫做"稻谷"、"水稻"、"稻米"、"大米"等。

W 编码	母题描述			参照项	
	一级母题	二级母题	三级母题	汤普森	关联项
W3854.1		稻子在特定的地方			
W3854.1.1			稻种在天上		【民族，例5】①
W3854.1.2			稻种在南方		【例1】②
W3854.1.3			从太阳宫请回稻种		【景颇族】
W3854.2		稻子是给予的			【例2】③
W3854.2.1			神农的孙女送稻种		
W3854.2.2			玉帝赐稻种		【仫佬族】
W3854.2.3			老人送稻种		【例1】④
W3854.2.4			金凤凰送稻种		【例1】⑤
W3854.2.5			白鸽送山兰稻种		【黎族】
W3854.2.6			孔雀送稻种		【例1】⑥
W3854.3		稻子是造出来的			
W3854.3.1			神农婆婆造稻种		【壮族】
W3854.3.2			祖先造稻种		【布依族、瑶族】
W3854.3.3			文化英雄造稻种		【布依族】
W3854.3.4			用牛毛做成稻种		【哈尼族】
W3854.4		稻子是生育产生的			
W3854.4.1			巨人生稻种		【彝族】
W3854.4.2			仙鸟肚中长出稻种		【珞巴族】
W3854.5		稻子是变化产生的			
W3854.5.1			黄牛毛变成稻种		【哈尼族】
W3854.5.2			大板栗变成稻种		【布朗族】
W3854.6		与稻子的产生有关的其他母题			
W3854.6.1			自然出现稻种		【珞巴族】
W3854.6.2			从外村娶妻获得稻种		【例1】⑦
W3855	稻子的特征				

①　【民族】汉族。【引例】❶天王从天上带来稻子种子【德昂族】；❷人到太阳神那里讨稻谷种【景颇族】；❸大米天降【傈僳族】；❹从天上带来稻子【珞巴族】；❺用金马的肚子从天上带回稻谷

②　【引例】孔雀从南方衔来稻种【畲族】

③　【引例】❶山鸽带来山兰稻种【黎族】；❷与很远一个村子的女族长结婚得到稻子【珞巴族】

④　【引例】猎人从老爷爷那里得到稻种【白族】

⑤　【引例】人从金凤凰那里讨来金稻种【白族】

⑥　【引例】孔雀从南方衔来稻种【畲族】

⑦　【引例】阿巴达尼（珞巴族祖先）从外村娶的妻子带来稻种【珞巴族】

W 编码	母题描述			参照项	
	一级母题	二级母题	三级母题	汤普森	关联项
W3855.1		稻子为什么在顶部结穗		A2771.4.1	
W3855.2		稻子以前遍身结稻谷			【瑶族】
W3855.3		稻子的变小			
W3855.3.1			因为人懒稻子变小		【白族】
W3855.4		稻子灌浆的来历			
W3855.4.1			女子洒乳汁后稻子灌浆		【联2】①
W3856	与稻子有关的其他母题				
W3856.1		谷稻同名			
W3856.2		稻子的种类			【联1，例1】②
W3856.2.1			水稻与旱稻		
W3856.3		不种植稻子的原因			【例1】③
W3856.4		割过的稻田不再长稻子的原因			【壮族】
W3856.5		稻子树			【白族】
W3856.6		旱稻			【联1，例1】④
W3856.6.1			太阳和月亮给予旱稻		【例1】⑤
W3856.6.2			旱稻有13种		【例1】⑥
◎	〖豆类〗				
W3857	豆子的产生			A2686.6	
W3857.1		豆子来源于特定的地方			
W3857.1.1			豆种来自天国		【例1】⑦
W3857.1.2			豆种来自东方		【例1】⑧
W3857.1.3			豆种来自远方的村子		【例1】⑨

① 【关联】❶［W3852.9］谷子空壳；❷［W3852.9.1］空壳的谷子洒上奶水后变饱满
② 【关联】［W3856.6.1］旱稻有13种。【引例】稻子为什么有早稻和晚稻【汉族】
③ 【引例】独龙族不种植稻谷是因为被天神连根拔掉了【独龙族】
④ 【关联】［W3856.2.1］水稻和旱稻。【引例】老鼠做向导找到很远的村子的旱稻【珞巴族】
⑤ 【引例】祖先夫妇俩带回太阳和月亮送给的旱稻【珞巴族】
⑥ 【引例】暗伍、得命安、格另、另丁、另波、亚废、妥得和波另暗新13种早晚两熟的旱稻【珞巴族】
⑦ 【引例】狗到天国取豆种【土家族】
⑧ 【引例】大鹏从东方衔来豆种【畲族】
⑨ 【引例】阿巴达尼（珞巴族祖先）通过与远方村子的女族长性交生子得到豆（毕发、达南）种子【珞巴族】

W 编码	母题描述			参照项	
	一级母题	二级母题	三级母题	汤普森	关联项
W3857.2		豆子是给予的			
W3857.2.1			观音给人豆种		【白族】
W3857.2.2			动物带来豆种		【例1】①
W3857.3		豆子是变化产生的			
W3857.4		与豆子的产生有关的其他母题			【例1】②
W3857.4.1			神惩罚人类懒惰时没有收回豆子		【汉族】
W3858	豆子的特征				【例1】③
W3858.1		豆子为什么结多个果实		A2793.1.1	
W3858.2		豆子的果实为什么长在茎上		A2793.5	
W3858.3		豆子中间为什么有黑条纹		A2793.1	【汉族】
W3859	与豆子有关的其他母题				
W3859.1		扁豆			
W3859.1.1			扁豆扁扁的形状是被神捏后形成的		【汉族】
W3859.2		大豆			
W3859.2.1			天王从天上带来大豆种子		【德昂族】
W3859.3		黑豆			
W3859.3.1			黑豆扁扁的形状是被神拍打形成的		【汉族】
W3859.4		黄豆			
W3859.4.1			阳雀送给人黄豆种		【白族】
W3859.4.2			从天国取得黄豆		【土家族】
W3859.4.3			鱼中生黄豆		【哈尼族】
W3859.4.4			黄豆的形状是神揉搓形成的		【汉族】
W3859.5		绿豆			
W3859.5.1			从天国取得绿豆		【土家族】
W3859.6		豌豆		A2686.2	

---

① 【引例】老鼠带来豆种
② 【引例】梦中得到的珠子种出小麦 【傈僳族】
③ 【引例】人与天女结婚得到豆子 【怒族】

W 编码	母题描述			参照项	
	一级母题	二级母题	三级母题	汤普森	关联项
W3859.6.1			天女带来豌豆		【藏族】
W3859.6.2			从天国取得豌豆		【土家族】
W3859.6.3			豌豆的原形是神揉搓形成的		【汉族】
W3859.7		芸豆			
W3859.7.1			芸豆的红色是神涂在上面的血迹		【汉族】
W3859.8		其他特定名称的豆子			
◎	〖高粱〗				
W3860	高粱的产生			A2684.2.1	【例3】①
W3860.1		鸟送来高粱			【拉祜族】
W3860.2		龙王给人高粱			【哈尼族】
W3860.3		祖先造高粱			【瑶族】
W3860.4		鱼生高粱			【哈尼族】
W3860.5		狗取高粱种			【例1】②
W3860.6		从远方的村子得到高粱种			【例1】③
W3861	高粱的特征				
W3861.1		高粱红色的来历			
W3861.2		高粱杆为什么有红色斑点		A2751.4.5	
W3861.2.1			高粱的杆和叶子有红色是神扎破手留下的血迹		
W3861.3		以前的高粱有多个穗			【例1】④
W3861.4		高粱穗变少的原因			
W3862	与高粱有关的其他母题				
W3862.1			高粱名称的来历		
W3862.1.1			因杆特别高叫做高粱		【彝族】

---

① 【引例】❶鬼出生时割下的脐带埋后长出高粱【景颇族】；❷与很远一个村子的女族长结婚得到高粱【珞巴族】；❸神龙为人偷高粱种【羌族】
② 【引例】狗到天国取高粱种【土家族】
③ 【引例】阿巴达尼（珞巴族祖先）通过与远方村子的女族长性交生子得到达涅（高粱）种子【珞巴族】
④ 【引例】以前的高粱长9个穗

W 编码	母题描述			参照项	
	一级母题	二级母题	三级母题	汤普森	关联项
W3862.2		高粱造酒的来历			【联1】①
W3863	花生				
W3863.1		花生的产生			
W3863.1.1			花生天降		【汉族】
W3863.1.2			从天仙大王那里盗花生种		【水族】
W3863.1.3			从远方的村子得到花生种		【例1】②
W3863.2		花生的特征			
W3863.2.1			花生为什么落花就生		【汉族】
W3863.2.2			花生为什么长在土里		
W3863.3		与花生有关的其他母题			
◎	〚麦子〛				【彝族】
W3864	麦子的产生				
W3864.1		麦子从天上来			【民族, 例1】③
W3864.1.1			天女从天上带来麦子		【藏族】
W3864.1.2			天女从天上取麦种		【普米族】
W3864.1.3			真主把麦子赶出天堂		【维吾尔族】
W3864.2		从天上仙人那里要来麦种			【民族, 例2】④
W3864.2.1			从天仙大王那里盗麦种		【水族】
W3864.3		巨人生麦种			【彝族】
W3864.4		谷种变成麦种			【布依族】
W3864.5		神物变成麦子			【例1】⑤
W3864.6		动物取来麦种			【联1】⑥
W3865	麦子的特征				
W3865.1			小麦的麦芒		

① 【关联】［W6155］酒
② 【引例】阿巴达尼（珞巴族祖先）通过与远方村子的女族长性交子得到别仁（花生）种 【珞巴族】
③ 【民族】回族、珞巴族。【引例】人与天女结婚得到麦子 【怒族】
④ 【民族】德昂族。【引例】❶大雁从北方衔来麦种 【畲族】；❷狗到天国取麦种 【土家族】
⑤ 【引例】神虫变成小麦
⑥ 【关联】［W3965］动物取种

W 编码	母题描述			参照项	
	一级母题	二级母题	三级母题	汤普森	关联项
W3865.2		麦粒中间的小沟的来历		A2793.2	【民族，例3】①
W3865.3		以前的麦子有多个穗			【例1】②
W3865.3.1			以前的麦子从根到茎全都结满了麦粒		【维吾尔族】
W3865.3.2			麦穗变少		
W3865.4		麦子为什么养人			
W3866	麦子的其他种类				
W3866.1		大麦			
W3866.1.1			大麦的产生	A2685.4	
W3866.1.2			观音给人大麦种		【白族】
W3866.1.3			大麦种撒在半山腰		【白族】
W3866.2		荞麦			【例2】③
W3866.2.1			仙人给人荞粱种		【门巴族】
W3866.2.2			仙女从天上带来荞麦		【纳西族、藏族】
W3866.2.3			神龙为人偷荞麦种		【羌族】
W3866.2.4			观音给人荞麦种		【白族】
W3866.2.5			梭罗树上藏有荞子		【彝族】
W3866.2.6			龙王给人荞麦		【哈尼族】
W3866.2.7			箐鸡给人苦荞种		【白族】
W3866.2.8			鱼中生荞		【哈尼族】
W3866.2.9			牛毛变成荞子		【哈尼族】
W3866.2.10			荞种撒在高山		【白族】
W3866.2.11			荞秆是红色的来历		【民族，例1】④
W3866.2.12			叫荞麦的人化为荞麦		【例1】⑤
W3866.2.13			荞麦为什么一年两季	A2793.9	
W3866.2.14			荞麦圆形是被神揉搓出来的		【汉族】

① 【民族】苗族、普米族。【引例】❶麦粒上的小沟是神用刀切出来的；❷麦粒上的小沟是盗取种子时留下的；❸麦粒上的小沟是被动物啃出来的
② 【引例】以前的麦子长9穗
③ 【引例】❶母猪得到荞麦【珞巴族】；❷与很远一个村子的女族长结婚得到粱麦【珞巴族】
④ 【民族】普米族、藏族。【引例】荞麦的红色是被血染成的【汉族】
⑤ 【引例】一个叫荞麦的女子死后坟上长出的作物称作"荞麦"【羌族】

W 编码	母题描述			参照项	
	一级母题	二级母题	三级母题	汤普森	关联项
W3866.2.15			荞麦开白花是语言错误造成的		【例1】①
W3866.2.16			甜荞麦不当饿的原因		【例1】②
W3866.2.17			白荞麦		【例1】③
W3866.3		燕麦			【例2】④
W3866.3.1			仙女从天上带来燕麦		【纳西族】
W3867	与麦子有关的其他母题				
W3867.1		空壳的麦子撒上奶水后变饱满		A2731.2.1.1	【汉族】
◎	〖棉花〗				
W3870	棉花的产生			A2684.3	【民族，例2】⑤
W3870.1		棉花来源于特定的地方			
W3870.1.1			天降棉花		【汉族】
W3870.1.2			梭罗树上藏有麻棉		【彝族】
W3870.1.3			从天仙大王那里盗棉花种		【水族】
W3870.1.4			仙女找到棉花		【苗族】
W3870.1.5			从远方的村子得到棉花		【例1】⑥
W3870.2		棉花是特定人物给予的			
W3870.2.1			天神给人棉花种		【汉族】
W3870.2.2			山鸡送来一粒棉花种		【壮族】
W3870.2.3			仙女赐予棉花		【黎族】
W3870.3		棉花是造出来的			
W3870.3.1			天神和妻子用泥沙造棉花		【壮族】
W3870.3.2			祖先造棉花		【布依族】

① 【引例】神诅咒荞麦"白开花"，荞麦误听为"开白花"【汉族】
② 【引例】甜荞麦不当饿是因为它受到诅咒【彝族】
③ 【引例】从母猪的头发中得到白荞麦种【珞巴族】
④ 【引例】❶布谷鸟取燕麦【汉族】；❷云雀从西方衔来粟种【畲族】
⑤ 【民族】水族。【引例】❶鬼出生时割下的脐带埋后长出棉花【景颇族】；❷与很远一个村子的女族长结婚得到棉花【珞巴族】
⑥ 【引例】阿巴达尼（珞巴族祖先）通过与远方村子的女族长性交生子辛扎、辛格（棉花）种子【珞巴族】

W 编码	母题描述			参照项	
	一级母题	二级母题	三级母题	汤普森	关联项
W3870.3.3			文化英雄造棉花		【布依族】
W3870.4		棉花是生育产生的			
W3870.4.1			鱼中生棉花		【哈尼族】
W3870.5		棉花是变化产生的			
W3870.5.1			神性人物变成棉花		【汉族】
W3870.5.2			两兄弟变成棉花树		【撒拉族】
W3870.5.3			白牛毛变成棉花		【哈尼族】
W3870.5.4			鸟的羽毛变成棉花		【例1】①
W3870.6		与棉花产生有关的其他母题			
W3870.6.1			棉花树的产生		
W3871	棉花的特征				
W3871.1		棉花为什么是白色的			【汉族】
W3871.2		棉花为什么很柔软			
W3872	与棉花有关的其他母题				【联1】②
W3872.1		第二层天上种着棉花			【布依族】
◎	〖其他作物〗				
W3873	青稞				
W3873.1		青稞的产生			
W3873.1.1			天神赐青稞		【门巴族、土族】
W3873.1.2			神狗送青稞种		【藏族】
W3873.1.3			天女带来青稞		【藏族】
W3873.1.4			从天上带来青稞		【珞巴族】
W3873.1.5			文化英雄从蛇王那里取得青稞种		
W3873.2		青稞的特征			
W3873.3		与青稞有关的其他母题			
W3874	薯类				
W3874.1		薯类的产生		A2686.4	【例1】③
W3874.2		山药		①A1423.1 ②A2686.4.3	

① 【引例】鸢子死后羽毛变成棉花【珞巴族】
② 【关联】［W6120］衣服的制作
③ 【引例】与很远一个村子的女族长结婚得到薯【珞巴族】

W 编码	母题描述			参照项	
	一级母题	二级母题	三级母题	汤普森	关联项
W3874.2.1			神给人山药		
W3874.2.2			从远方的村子得到薯种		【例1】①
W3874.3		甜薯		A2686.4.1	
W3874.3.1			甜薯为什么是甜的		【联1】②
W3874.4		红薯			
W3874.4.1			猪肠子里得到红薯		【例1】③
W3874.5		芋头		A2686.4.2	【例1】④
W3874.5.1			梭罗树上藏有洋芋		【彝族】
W3874.5.2			顶天芋树被烫后变成山芋		【黎族】
W3874.5.3			从远方的村子得到芋头种		【例1】⑤
W3875	向日葵				
W3875.1		向日葵的产生			
W3875.1.1			神下凡变向日葵		【汉族】
W3875.1.2			人变成向日葵		【汉族】
W3875.2		向日葵的特征			
W3875.2.1			向日葵朝向太阳的来历		
W3875.3		与向日葵有关的其他母题			
W3876	玉米（苞米、包谷）			A2685.1.1	
W3876.1		玉米的产生			
W3876.1.1			从天上带来玉米		【例2】⑥
W3876.1.2			从远方的村子得到玉米		【例3】⑦
W3876.1.3			天神赐玉米		【门巴族、苗族】
W3876.1.4			玉帝给人玉米		【仫佬族】
W3876.1.5			龙王给人玉米		【哈尼族】

① 【引例】阿巴达尼（珞巴族祖先）通过与远方村子的女族长性交生子得到过腊、富丽、窝拉、埃宁（薯）种子【珞巴族】
② 【关联】[W3647.2]有的植物为什么根可以吃
③ 【引例】从猎获的野公猪肠子里得到红薯【珞巴族】
④ 【引例】鬼出生时割下的脐带埋后长出芋头【景颇族】
⑤ 【引例】阿巴达尼（珞巴族祖先）通过与远方村子的女族长性交生子得到暗泥（芋头）种子【珞巴族】
⑥ 【引例】❶天王从天上带来包谷种子【德昂族】；❷祖先夫妇俩带回太阳和月亮送给的玉米【珞巴族】
⑦ 【引例】❶与很远一个村子的女族长结婚得到玉米【珞巴族】；❷母猪得到玉米种【珞巴族】；❸人与天女结婚得到包谷【怒族】

W 编码	母题描述			参照项	
	一级母题	二级母题	三级母题	汤普森	关联项
W3876.1.6			从大雁那里得到玉米		【白族】
W3876.1.7			天女带来苞谷		【苗族】
W3876.1.8			祖先造玉米		【瑶族】
W3876.1.9			鱼生玉米		【哈尼族】
W3876.1.10			人变成玉米		【汉族】
W3876.1.11			特定的肢体化生玉米		【例1】①
W3876.1.12			狗取玉米		【例1】②
W3876.1.13			通过婚配得到玉米		【例3】③
W3876.2		玉米的特征			
W3876.2.1			以前玉米结很多穗		【例1】④
W3876.2.2			玉米穗变少的原因		
W3876.3		与玉米有关的其他母题			
W3876.3.1			原来的玉米在树上		【联1，例1】⑤
W3876.3.2			玉米在母猪的头发中		【珞巴族】
W3876.3.3			玉米在猪肠子中		【例1】⑥
W3876.3.4			玉米有5种		【例1】⑦
W3877	芝麻				
W3877.1		芝麻的产生			
W3877.1.1			天女下嫁凡间带来芝麻种		【瑶族】
W3877.1.2			从天仙大王那里盗芝麻种		【水族】
W3877.1.3			从天国取得芝麻		【土家族】
W3877.2		芝麻的特征			
W3877.2.1			芝麻为什么很小		
W3877.3		与芝麻有关的其他母题			

① 【引例】鬼出生时割下的脐带埋后长出苞谷【景颇族】
② 【引例】狗到天国取玉米种【土家族】
③ 【引例】❶祖先阿巴达尼与很远一个村子的女族长性交生子得到玉米【珞巴族】；❷祖先阿巴达尼从外村娶的妻子带来玉米种【珞巴族】；❸人与天女结婚得到包谷【怒族】
④ 【引例】以前的玉米有8个穗
⑤ 【关联】［W3851.1.16］梭罗树上藏有谷子。【引例】梭罗树上藏有玉米【彝族】
⑥ 【引例】从猎获的野公猪的肠子里发现玉米种【珞巴族】
⑦ 【引例】督布、加米、布德、亚兵达布和布咪五种早晚两熟的玉米【珞巴族】

W 编码	母题描述			参照项	
	一级母题	二级母题	三级母题	汤普森	关联项
W3878	其他特定的作物				
W3878.1		粟			
W3878.2		黍子			
W3878.2.1			从母猪的头发中得到黍子种		【珞巴族】
W3878.3		薏米①			
W3878.3.1			从母猪的头发中得到回回米		【珞巴族】
W3879	与作物有关的其他母题				
W3879.1		魔法使作物迅速生长		D2157.2	【联1】②
W3879.2		谷魂掌管粮食			【傣族】
W3979.3		人间为什么草木多作物少			【例1】③

3.8.4　果蔬概说及常见的果蔬【W3880～W3899】

W 编码	母题描述			参照项	
	一级母题	二级母题	三级母题	汤普森	关联项
◎	〚水果〛				
W3880	水果的产生			A2687	
W3880.1		水果来源于某个地方			
W3880.1.1			水果源于天上		
W3880.1.2			水果源于仙人那里		【例1】④
W3880.2		水果是造出来的			
W3880.3		水果是生育产生的			【联1】⑤
W3880.4		水果是变化产生的			
W3880.4.1			祭祀后野树变成果树		【珞巴族】
W3880.4.2			怪人死后手化为瓜果		【侗族】

---

① 薏米，又叫做"薏仁"、"土玉米"、"草珠珠"、"回回米"、"米仁"、"六谷子"等。
② 【关联】［W9068］魔物（法）导致迅速生长
③ 【引例】牛星为玉皇大帝撒五谷和草木错了比例造成人间草木多五谷少【苗族】
④ 【引例】天廷的仙人有果树种【德昂族】
⑤ 【关联】［W2630.2］人生水果

W 编码	母题描述			参照项	
	一级母题	二级母题	三级母题	汤普森	关联项
W3880.5		与水果产生有关的其他母题			
W3881	水果的特征				
W3881.1		有的水果为什么甜			【联1】①
W3881.2		有的水果为什么酸			
W3881.3		水果为什么能解渴			【汉族】
W3882	与水果有关的其他母题				【联1】②
◎	〖蔬菜〗				
W3883	蔬菜的产生			①≈A1423 ②A2686	【例1】③
W3883.1		蔬菜是特定的人物给予的			
W3883.1.1			雷神给人菜种		【彝族】
W3883.2		蔬菜是造出来的			
W3883.2.1			神用泥造蔬菜		
W3883.3		蔬菜是变化产生的			
W3883.3.1			特定肢体变成蔬菜		
W3883.3.2			屎变成菜种		【侗族】
W3883.4		与蔬菜的产生有关的其他母题			
W3883.4.1			蔬菜种子的获得	A1423	【例1】④
W3883.4.2			蔬菜是造人时剩下的碎物		
W3884	蔬菜的特征			A2794	
W3884.1		蔬菜不能当粮食的原因			
W3884.1.1			蔬菜不能当粮食是神的规定		【彝族】
W3884.2		有些蔬菜为什么叶子很好吃			【汉族】
W3885	与蔬菜有关的其他母题				
W3885.1		奇特的蔬菜		F816	

---

① 【关联】［W6145.1］神给予人类食物
② 【关联】［W3888.2.1］西瓜为什么是甜的
③ 【引例】劈碎的男性生殖器的粉末变成野菜【普米族】
④ 【引例】从天仙大王那里盗菜种【水族】

W 编码	母题描述			参照项	
	一级母题	二级母题	三级母题	汤普森	关联项
W3885.1.2			能治病的蔬菜		【联2】①
W3885.2		有些蔬菜为什么生长在特定的地方			
◎	〖瓜类〗				
W3886	瓜的产生				【例1】②
W3886.1		从天上仙人那里要来瓜种			【德昂族】
W3886.2		从天仙大王那里盗瓜种			【水族】
W3886.3		从远方的村子得到瓜种			【例1】③
W3886.4		特定的物生出瓜			【例1】④
W3887	瓜的特征				
W3888	与瓜有关的其他母题				
W3888.1		冬瓜			
W3888.2		西瓜			
W3888.2.1			西瓜为什么是甜的		【例2】⑤
W3888.3		南瓜		A2687.4	【联1，例1】⑥
W3888.3.1			天管师种出南瓜		【傈僳族】
W3888.3.2			文化英雄找到南瓜种子		【汉族】
W3888.3.3			鬼出生时割下的脐带埋后长出南瓜		【景颇族】
W3888.4		北瓜			
W3888.5		黄瓜			
W3888.5.1			神从天上带来黄瓜的种子		【汉族】
W3888.5.2			黄瓜为什么长刺		
W3888.6		甜瓜			
W3888.6.1			甜瓜的产生	A2687.2	
W3888.6.2			甜瓜为什么甜		【例1】⑦

① 【关联】❶［W6247.1］草药的种类；❷［W6247.3］特定的药物

② 【引例】与很远一个村子的女族长结婚得到瓜【珞巴族】

③ 【引例】阿巴达尼（珞巴族祖先）通过与远方村子的女族长性交生子得到达白、麦工、麦白（瓜）种子【珞巴族】

④ 【引例】神仙婆给的眼珠结瓜【水族】

⑤ 【引例】❶神往西瓜里面放了蜜；❷西瓜甜是因为得到神的奖励

⑥ 【关联】［W2629.2］人生南瓜。【引例】❶鱼中生南瓜【哈尼族】；❷南瓜是黄色的原因【黎族】

⑦ 【引例】甜瓜甜是被奖励的结果

W 编码	母题描述			参照项	
	一级母题	二级母题	三级母题	汤普森	关联项
W3888.7		其他特定的瓜的产生			
W3888.7.1			苦瓜		
W3888.7.2			丝瓜		
W3888.7.3			倭瓜		
◎	〖葫芦〗				
W3889	葫芦的产生			A2686.7	
W3889.1		葫芦来源于特定的地方			
W3889.1.1			天降葫芦		【佤族】
W3889.2		葫芦是给予的			
W3889.2.1			天王从天上带来葫芦种子		【德昂族】
W3889.2.2			观音老母送葫芦籽		【侗族、彝族】
W3889.3		葫芦是生育产生的			
W3889.3.1			人生葫芦		【民族，联1，例1】①
W3889.3.2			动物生葫芦		【例1】②
W3889.3.3			卵生葫芦		【例1】③
W3889.3.4			怪胎生出葫芦树		【哈尼族】
W3889.4		葫芦是变化产生的			
W3889.4.1			头壳变成葫芦		【侗族、苗族】
W3889.4.2			牙齿变成葫芦种④		【民族，例1】⑤
W3889.4.3			气化生葫芦		【汉族】
W3889.5		与葫芦的产生有关的其他母题			【联1】⑥
W3890	葫芦的特征				
W3890.1		葫芦里面为什么有很多籽			【汉族】
W3890.2		葫芦为什么中间细			
W3891	与葫芦有关的其他母题				【联4】⑦

① 【民族】哈尼族。【关联】[W3889.3.1] 人生葫芦。【引例】兄妹结婚生葫芦【汉族、彝族】
② 【引例】母牛生葫芦【佤族】
③ 【引例】牛生的卵中生出葫芦【傣族】
④ 牙齿变成葫芦种，该母题产生的一般以洪水为背景。洪水时雷公为报一对兄妹救命之恩，把牙齿交给他们，让他们坐葫芦种子种出的葫芦逃避洪水。
⑤ 【民族】壮族。【引例】雷公牙变成葫芦【水族】
⑥ 【关联】[W8334] 洪水时逃生的葫芦的来历
⑦ 【关联】❶ [W2184] 葫芦生人；❷ [W6408] 葫芦崇拜；❸ [W8329] 洪水时用葫芦逃生；❹ [W9692.4] 宝葫芦

W 编码	母题描述			参照项	
	一级母题	二级母题	三级母题	汤普森	关联项
W3891.1		特殊的葫芦			【例1】①
W3891.1.1			生育万物的葫芦		【民族，联2】②
W3891.1.2			葫芦娃		
W3891.1.3			金刚葫芦		
W3891.2		葫芦象征生殖			【汉族】
W3891.3		葫芦象征福禄吉祥			
◎	〖其他常见果蔬〗				
W3892	辣椒				
W3892.1		辣椒的产生		A2686.3	
W3892.1.1			从远方的村子得到辣椒种		【例1】③
W3892.2		辣椒的特征			
W3892.2.1			辣椒为什么辣		【例1】④
W3892.2.2			辣椒为什么是红色的		
W3892.3		与辣椒有关的其他母题			
W3892.3.1			辣椒树		【例1】⑤
W3893	姜				
W3893.1		姜的产生			
W3893.1.1			人的粪便长出野姜		【珞巴族】
W3893.1.2			猪肠子里得到姜		【例1】⑥
W3893.2		姜的特征			
W3893.2.1			姜原来有毒		
W3893.2.2			神惩罚后姜变成现在的样子		【汉族】
W3893.3		与姜有关的其他母题			【联2】⑦
W3894	蘑菇				
W3894.1		蘑菇的产生		A2686.1	

① 【引例】化生气葫芦【汉族】
② 【民族】佤族。【关联】❶［W1514.1］葫芦生万物；❷［W3851.4.2］葫芦生谷种（小米）
③ 【引例】阿巴达尼（珞巴族祖先）通过与远方村子的女族长性交生子得到辣椒种子【珞巴族】
④ 【引例】辣椒辣是因为它是从胆囊里长出来的【珞巴族】
⑤ 【引例】懒惰丑陋的精灵死后胆囊长出了一棵辣椒树【珞巴族】
⑥ 【引例】从猎获的野公猪的肠子里发现姜【珞巴族】
⑦ 【关联】❶［W0851.1.7］鬼为什么怕姜；❷［W6242］姜治病

W 编码	母题描述			参照项	
	一级母题	二级母题	三级母题	汤普森	关联项
W3894.1.1			鬼死后的乳房长成蘑菇		【珞巴族】
W3894.2		蘑菇的特征			
W3894.2.1			蘑菇为什么像伞		
W3894.3		与蘑菇有关的其他母题			
W3895	蒜				
W3895.1		蒜的产生			【羌族】
W3895.1.1			文化英雄把天上的蒜藏在屁沟中带到人间		【汉族】
W3895.2		蒜的特征			
W3895.2.1			蒜为什么辣		【汉族】
W3895.3		与蒜有关的其他母题			
W3896	无花果				
W3896.1		无花果的产生			
W3894.2		无花果的特征			
W3894.2.1			无花果为什么不开花	A2791.4	
W3894.2.2			无花果不结果是神的规定		【汉族】
W3894.3		与无花果有关的其他母题			
W3897	香蕉				
W3897.1		香蕉的产生		A2687.5	
W3897.1.1			天神种植香蕉		【傣族】
W3897.1.2			心脏变成香蕉		【苗族】
W3897.2		香蕉的特征			
W3897.2.1			香蕉结的果实多是神的奖励		
W3897.2.2			香蕉为什么结在顶上	A2771.4	【佤族】
W3897.3		与香蕉有关的其他母题			
W3898	与果蔬有关的其他母题				
W3898.1		萝卜			

W 编码	母题描述			参照项	
	一级母题	二级母题	三级母题	汤普森	关联项
W3898.1.1			天神给人萝卜种		
W3898.1.2			萝卜为什么又叫"人参"		【汉族】
W3898.2		蕨菜			
W3898.2.1			玉皇大帝撒下蕨菜		【彝族】
W3898.3		茄子			
W3898.3.1			茄子形状的来历		【例1】①
W3898.4		土豆			
W3898.4.1			包谷生土豆		【汉族】
W3898.4.2			土豆为什么长在土里		
W3898.5		苋菜②			
W3898.5.1			从母猪的头发中得到苋菜种		【珞巴族】
W3898.6		芜菁			
W3898.7		椰子			
W3898.7.1			椰子的产生	A1243.4	
W3898.7.2			女子变成椰子树		【高山族】
W3898.7.3			头颅变椰子壳		【黎族】
W3898.8		油菜			【联1】③
W3898.8.1			天女带来油菜		【藏族】
W3898.8.2			神龙为人偷油菜种		【羌族】

---

① 【引例】懒惰丑陋的精灵死后吉巴里长出茄子，所以茄子的形状像"吉巴"【珞巴族】
② 苋菜，又叫做"红苋菜"、"汉菜"、"红菜"、"人旱菜"、"杏菜"、"玉米菜"、"云仙菜"、"人揪菜"等。
③ 【关联】［W3989.1］英雄从天上把油菜藏到肚脐眼中带回人间

3.9 种子及相关母题

【W3900～3999】

3.9.1 种子（粮种）概说 【W3900～W3949】

W 编码	母题描述			参照项	
	一级母题	二级母题	三级母题	汤普森	关联项
✿ **W3900**	**种子的产生**①			A1425	
❋ **W3901**	**种子自然存在**				
W3902		种子在天上			【民族，联3，例2】②
W3902.1			万物种子天上来		【彝族】
W3902.2			在天边找到粮种		【苗族】
W3903		种子在地下			
W3903.1			种子在土洞里		【布朗族】
W3904		种子在神那里			
W3904.1			种子在天神那里		【民族，联1，例2】③
W3904.2			植物种子在玉皇大帝那里		【彝族】
W3904.3			种子在山神那里		【民族，联1】④
W3904.4			种子在龙神那里		【联1】⑤
W3905		种子在神性人物那里			
W3905.1			种子在王母娘娘那里		【民族，联1】⑥
W3905.2			种子在观音菩萨那里		【民族，联1】⑦
W3905.3			种子在妖魔那里		

---

① 种子的产生，这里的"种子"可以指神话中没有交代具体名称的一般性种子，也可以包括粮食种子、蔬菜种子以及各类植物的种子。具体情形参见《中国神话母题 W3 编目实例》。
② 【民族】黎族、蒙古族、普米族、瑶族。【关联】❶［W3847.1.1］五谷在天上；❷［W3851.1.2］谷种在天上；❸［W3854.1.1］稻种在天上。【引例】❶玉帝王母让人到天上取粮种【苗族】；❷盘瓠王从天庭偷种子
③ 【民族】德昂族。【关联】［W3886.2］从天仙大王那里盗瓜种。【引例】天神的金箱银箱中放着种子【哈尼族】；人向天王要粮种【黎族】
④ 【民族】景颇族。【关联】［W3851］谷子的产生
⑤ 【关联】［W3851.1.4］谷子在金龙神那里
⑥ 【民族】瑶族。【关联】［W0755］西王母（王母娘娘）
⑦ 【民族】白族。【关联】［W0790.4］观音菩萨

W 编码	母题描述			参照项	
	一级母题	二级母题	三级母题	汤普森	关联项
W3905.4			种子在神灵那里		【例1】①
W3906		种子在特定的人那里			
W3906.1			种子在远方的女族长那里		【例1】②
W3907		种子在特定的方位			【联1】③
W3907.1			种子在西方		【联3】④
W3907.2			种子在南方		【联1】⑤
W3907.3			种子在海的对面		【联1】⑥
W3908		种子在太阳那里			【例1】⑦
W3909		种子在山上			【例1】⑧
W3909.1			种子在远方的山上		
W3909.2			山的下面压着种子		【回族】
W3910		种子在海边			
W3911		种子在水里			【例1】⑨
W3912		种子在龙宫			【民族，联1】⑩
W3913		种子在仙洞中			【布依族】
W3914		种子在动物那里			【例2】⑪
W3914.1			种子在老鼠那里		【联1】⑫
W3914.2			种子在蛇王那里		【藏族】
W3914.3			种子在狗身上		【联1】⑬
W3914.4			种子在动物头上		【例1】⑭
W3915		与种子的所在有关的其他母题			
W3915.1			种子在树上		【珞巴族】

---

① 【引例】祖先到乌佑（神灵）家里借各类种子【珞巴族】
② 【引例】与很远一个村子的女族长结婚得到豆种【珞巴族】
③ 【关联】［W3902］种子在天上
④ 【关联】❶［W3851.1.11］谷种在西方恩国；❷［W3851.1.12］谷种在西边天脚；❸［W3851.1.13］谷种在西天神洞
⑤ 【关联】［W3851.1.14］谷种在南海
⑥ 【关联】［W3851.1.15］谷种在隔海的对面
⑦ 【引例】太阳公公有谷种
⑧ 【引例】伏羲兄妹从昆仑山讨得五谷种【瑶族】
⑨ 【引例】从海底找来了谷种【佤族】
⑩ 【民族】傣族。【关联】［W3847.1.3］五谷在龙宫
⑪ 【引例】❶麂的体内有竹子种【彝族】；❷孔雀体内有棉花种【彝族】
⑫ 【关联】［W3851.1.8］谷种在鼠王那里
⑬ 【关联】［W3851.1.7］从狗的身上得到谷种
⑭ 【引例】从母猪头上得到玉米种子、稻种、谷种、茄子种和豆角种子【珞巴族】

W 编码	母题描述			参照项	
	一级母题	二级母题	三级母题	汤普森	关联项
W3915.2			种子在特定的容器中		【例2】①
W3915.3			种子在动物的粪便中		【联1】②
W3915.4			种子由神或神性人物掌管		【例2】③
✳ **W3916**	种子来源于某个特定的地方				【联1】④
W3917		天降粮种			【民族】⑤
W3918		从神或神性人物那里获得种子			
W3919		从特定的动物那里得到种子			【例3】⑥
W3919.1			从鱼腹中得到种子		【例1】⑦
W3919.2			从鸟的嗉子中得到种子		【例1】⑧
W3919.3			从猪肠中得到种子		【例1】⑨
W3919.4			从龙神那里得到种子		【傣族】
W3920		种子在某个植物中			
W3920.1			砍开竹竿到得种子	A1425.1	
W3920.2			打开葫芦得到种子		【傣族】
W3921		植物源于特定的无生命物中			
W3921.1			种子于石头中		【汉族】
W3922		与种子源于特定地方有关的其他母题			
W3922.1			箐鸡告诉人种子所在的地方		【水族】

① 【引例】❶海里的木柜中有五谷种子【朝鲜族】；❷天神的金箱银箱中放着种子【哈尼族】
② 【关联】［W3851.1.6］从雀屎上发现谷子
③ 【引例】❶谷种由罗汉掌管【汉族】；❷基列德列（精灵）占有世上所有植物的种子【珞巴族】
④ 【关联】［W3901］种子自然存在
⑤ 【民族】仡佬族、汉族、纳西族、壮族
⑥ 【引例】❶洪水时在飞禽身上保存了作物种子【布依族】；❷旱蚂蟥的腰杆上卷着一粒谷种【瑶族】；❸老鼠、斑鸠和山鸡吐出谷种【壮族】
⑦ 【引例】从鱼腹中找到五谷种【哈尼族】
⑧ 【引例】从斑鸠和山鸡的下巴尖得到旱谷和水稻种子【壮族】
⑨ 【引例】从猎获的野公猪的肠子里发现阿麦稻种【珞巴族】

W 编码	母题描述			参照项	
	一级母题	二级母题	三级母题	汤普森	关联项
W3922.2			到高山找不到粮种		【珞巴族】
✳ **W3925**	**种子是给予的**				
W3926		神给予种子			
W3926.1			天神送种子		【例4】①
W3926.2			人现在吃的粮食是神留给动物（狗、牛等）的		【联2】②
W3927		神性人物给予种子			【联2】③
W3927.1			天女带来种子		【水族、藏族】
W3927.2			仙姑撒粮种		【拉祜族】
W3927.3			玉帝给人种子		【民族，联1】④
W3927.4			圣者赐种子		【联1，例1】⑤
W3927.5			佛陀赐粮种		【瑶族、藏族】
W3928		特定的人给予种子			
W3928.1			老婆婆给人种子		【阿昌族】
W3928.2			老头给人种子		
W3929		动物给予种子			
W3929.1			牛带给人种子		【例1】⑥
W3929.2			老鼠送给人种子		【德昂族】
W3929.3			狗送给人种子		【民族，联2】⑦
W3929.4			鸟送种子		
W3929.5			天鹅播撒种子		【傈僳族】
W3929.6			大雁送种子		【藏族】
W3929.7			布谷鸟送种子		【联1】⑧
W3929.8			乌鸦送粮种		【彝族】
W3930		其他人物给予种子			
W3931		与给予种子有关的其他母题			
✳ **W3932**	**种子是造出来的**				

① 【引例】❶天神播下种子【哈尼族】；❷天神播撒植物种子【傈僳族】；❸上天给人类粮种【维吾尔族】；❹天神撒金种子【彝族】。
② 【关联】［W6574.2］收获时先敬狗的来历
③ 【关联】❶［W3866.2.1］仙人给人荞麦种；❷［W3866.2.2］仙女从天上带来荞麦
④ 【民族】仫佬族。【关联】［W3854.2.1］神农的孙女送稻种
⑤ 【关联】［W3851.2.4］圣者赐谷种；【引例】老天爷撒谷物【汉族】
⑥ 【引例】天神派水牛给人送种子【德昂族】
⑦ 【民族】藏族。【关联】❶［W3860.5］狗取高粱种；❷［W3876.1.12］狗取玉米
⑧ 【关联】［W3851.2.8］布谷鸟送谷种

W 编码	母题描述			参照项	
	一级母题	二级母题	三级母题	汤普森	关联项
W3933		神造种子			【例1】①
W3934		神性人物造种子			
W3934.1			神农造种子		【汉族】
W3934.2			祖先造种子		【汉族】
W3935		其他特定的人物造种子			
W3936		造种子的材料			【联1】②
W3936.1			用动物造种子		
W3936.2			用植物造种子		
W3936.3			用无生命物（土、石）造种子		
W3937		与造种子有关的其他母题			
❋ **W3938**	种子是生育出来的				
W3939		神或神性人物生育种子			
W3939.1			巨人生种子		【彝族】
W3940		人生育种子			【联1】③
W3941		植物生育种子			
W3941.1			葫芦中生各类种子		
W3942		与生育种子有关的其他母题			
❋ **W3943**	种子是变化产生的				【例1】④
W3944		神或神性人物尸体（肢体）化生种子			
W3944.1			盘古的胡子变成粮种		【彝族】
W3945		人变成某种作物（种子）			【联1】⑤
W3946		某些特殊的物变成种子			
W3946.1			砍碎的怪胎变成种子		

① 【引例】寡、团（神名）造粮种【佤族】
② 【关联】［W3883.2.1］神用泥造蔬菜
③ 【关联】［W2600］人生怪胎
④ 【引例】杂草变成粮食【珞巴族】
⑤ 【关联】［W3876.1.10］人变成玉米

W 编码	母题描述			参照项	
	一级母题	二级母题	三级母题	汤普森	关联项
W3946.2			食物的碎屑变成种子		【汉族】
W3947		与变化产生种子有关的其他母题			
W3947.1			动物皮里变出粮种		【例1】①
W3947.2			宝瓶里变出各类种子		
W3948	与种子的产生有关的其他母题				【联1】②
W3948.1		从百草中选择出粮种			
W3948.2		寻梦得到粮种			【联1】③
W3948.3		通过与女酋长交媾生子获得各种种子			【例1】④

3.9.2　种子的获取（盗取）【W3950 ~ W3999】

W 编码	母题描述			参照项	
	一级母题	二级母题	三级母题	汤普森	关联项
✿ **W3950**	盗取种子者（取种者）				
❈ **W3951**	神盗粮种（神取粮种）				
W3952		灶神取粮种			【联1，例1】⑤
W3952.1			灶神向玉皇大帝讨五谷		【汉族】
W3953		蛇神取粮种			【例1】⑥
W3954		其他神取粮种			【例1】⑦
❈ **W3955**	神性人物盗粮种（神性人物取粮种）				
W3956		天女盗粮种			【联1，例1】⑧

① 【引例】水獭皮里变出各类种子【珞巴族】
② 【关联】［W3950］盗取种子（取种）
③ 【关联】［W9297.2］寻梦
④ 【引例】阿巴达尼（珞巴族祖先）通过与远方村子的女酋长交配得到各种种子【珞巴族】
⑤ 【关联】［W0493］灶神（灶王、灶王爷）。【引例】灶神每月二十三到天宫取粮种【汉族】
⑥ 【引例】蛇神用尾巴从水中卷回谷种【佤族】
⑦ 【引例】神龙为人偷谷种【羌族】
⑧ 【关联】［W9505.1.1］天女偷谷种被罚变成狗。【引例】天女偷谷种【哈尼族】

W 编码	母题描述			参照项	
	一级母题	二级母题	三级母题	汤普森	关联项
W3957		神农发现粮种			【例1】①
W3957.1			神农尝草种五谷		【壮族】
W3958		祖先取粮种			【例2】②
W3959		文化英雄取粮种			
W3959.1			舜取粮种		【联1，例1】③
W3960		其他神性人物取粮种			
W3960.1			盘瓠取粮种		【联1，例1】④
W3960.2			神性动物取粮种		
✳ **W3961**	特定的人取粮种				
W3962		老人取粮种			
W3963		兄妹取粮种			【例1】⑤
W3964		其他特定的人取粮种			
W3964.1			猎人的儿子取得粮种		【傣族】
✳ **W3965**	动物盗粮种（动物取粮种）				
W3966		龙取粮种			【民族，例1】⑥
W3967		狗盗粮种			【民族，联1，例1】⑦
W3967.1			狗到天上盗粮种		【例1】⑧
W3967.2			在狗尾巴上找到谷子		【傣族、土家族】
W3968		鼠盗粮种			【民族，联1】⑨
W3968.1			老鼠上天偷粮种		【苗族】
W3969		猴子取粮种			【例1】⑩
W3970		鸟取粮种			【例3】⑪

---

① 【引例】神农辨草识粮种【汉族】

② 【引例】❶女始祖找粘谷种【壮族】；❷男始祖找糯谷种【壮族】

③ 【关联】［W0739］舜。【引例】舜取稻种【汉族】

④ 【关联】［W0729］盘瓠（盘皇）。【引例】盘瓠王取谷种【汉族】

⑤ 【引例】兄妹取谷种【佤族】

⑥ 【民族】羌族。【引例】龙犬盗取谷种【瑶族】

⑦ 【民族】达斡尔族、侗族、珞巴族、水族、土家族、瑶族、藏族。【关联】［W6674.2］收获时先敬狗的来历。【引例】猎狗身上带回稻谷种【景颇族】

⑧ 【引例】❶狗到天神那里盗来谷种【哈尼族】；❷狗用尾巴把天上的谷种带到人间【壮族】；❸狗盗种渡水时种子保存在翘起的尾巴上

⑨ 【民族】傣族。【关联】［W3229.5.1］鼠为人找粮种获得可以吃人的粮食的权利

⑩ 【引例】猕猴取谷种【藏族】

⑪ 【引例】❶百鸟求得种子【普米族】；❷大雁从北方衔来麦种【畲族】；❸孔雀从南方衔来稻种【畲族】

W 编码	母题描述			参照项	
	一级母题	二级母题	三级母题	汤普森	关联项
W3970.1			燕子取粮种		【蒙古族】
W3970.2			布谷鸟盗粮种		
W3970.3			麻雀盗粮种		【汉族】
W3970.4			鸽子取粮种		【例1】①
W3971		蚂蝗盗粮种			【民族，联1，例1】②
W3972		苍蝇盗粮种			
W3973		蚂蚁盗粮种			【例1】③
W3974		多种动物共同盗粮种			【例3】④
W3974.1			老鼠、蚂蝗、狗和麻雀等多种动物取粮种		【汉族】
W3974.2			猴子和白鹤盗来粮种		【苗族】
W3974.3			喜鹊、乌鸦盗来粮种		【满族】
W3975		其他动物盗取粮种			【例1】⑤
W3975.1			猪为人类盗粮种		【汉族】
※ **W3976**	盗粮种的帮助者（取种的帮助者）				
W3977		神或神性人物帮助取粮种			
W3977.1			地母帮助取粮种		【藏族】
W3978		特定的人帮助取粮种			
W3978.1			老人指点取粮种		
W3979		动物帮助取粮种			【例7】⑥
W3979.1			多种动物帮助取粮种		
W3980		与盗粮种的帮助者有关的其他母题			

① 【引例】洪水后鸽子找回五谷种【撒拉族】

② 【民族】壮族。【关联】［W3851.2.14］蚂蝗帮人从水中取回谷种。【引例】蚂蝗为人类取粮种，作为报偿要吸血【布朗族】

③ 【引例】蚂蚁取五谷种【苗族】

④ 【引例】❶青蛙和燕子一起到南海取稻谷种【侗族】；❷老鼠在蚂蝗的帮助下从天上取谷种【瑶族】；❸水牛和马从河对岸取糯谷种【壮族】

⑤ 【引例】蝴蝶把五谷种子镶在翅膀上带到人间【苗族】

⑥ 【引例】❶动物为报恩为人找种子【布朗族】；❷狗帮助鼠盗谷种【布依族、汉族、水族】；❸麻雀帮助取粮种【汉族、畲族】；❹猪帮助狗取谷种【汉族】；❺老鼠、麻雀作为取粮种帮助者【汉族】；❻老鼠做向导找到很远的村子玉米【珞巴族】；❼马鹿、老虎、野猪等帮助取粮种【苗族】

W 编码	母题描述			参照项	
	一级母题	二级母题	三级母题	汤普森	关联项
W3980.1			盗粮种时不成功的的帮助者		
❋ **W3981**	**盗（取）粮种的方法**				
W3982		盗（取）粮种时把种子藏在指甲中			【民族，例 1】①
W3983		盗（取）粮种时把种子藏在头发中			【羌族】
W3984		盗（取）粮种时把种子藏在耳朵中			【民族，例 1】②
W3985		盗（取）粮种时把种子藏在嘴中			【民族，例 1】③
W3986		盗（取）粮种时把种子藏在脚趾缝中			【羌族】
W3987		盗（取）粮种时把种子藏在脖子里			
W3988		盗（取）粮种时把种子藏在生殖器中			
W3989		盗（取）粮种时把种子藏在肚脐眼中			【羌族】
W3989.1			英雄从天上把油菜藏到肚脐眼带回人间		【民族，联 1】④
W3990		盗（取）粮种时把种子藏在屁沟中			【联 1】⑤
W3991		盗（取）粮种时把种子装在动物的肚子里			【例 1】⑥
W3992		盗（取）粮种时把种子放在尾巴上			【例 1】⑦

① 【民族】羌族、藏族。【引例】天女把荞子夹在指甲缝里带到人间【苗族】
② 【民族】羌族、藏族。【引例】狗用耳朵取回各种作物的种子【珞巴族】
③ 【民族】羌族、藏族。【引例】天女把豌豆含在嘴里带到人间【苗族】
④ 【民族】羌族。【关联】［W3898.8］油菜
⑤ 【关联】［W3895.1.1］文化英雄把天上的蒜藏在屁沟中带到人间
⑥ 【引例】用金马的肚子从天上带回稻谷【哈尼族】
⑦ 【引例】狗用尾巴把天上的谷种带到人间【水族、壮族】

W 编码	母题描述			参照项	
	一级母题	二级母题	三级母题	汤普森	关联项
W3993		与盗（取）粮种方法有关的其他母题			
W3993.1			天女用罩裤将谷种带给人间		【独龙族】
W3993.2			取（盗）种子时把种子藏在特定的器物中		
◎	〖其他相关母题〗				
W3994	不成功的盗（取）粮种				
W3994.1		上天讨粮种没有成功			【民族，联1】①
W3994.2		特定的动物取粮种不成功			【例2】②
W3994.2.1			斑鸠盗粮种不成功		【基诺族】
W3994.2.2			老鼠偷粮种没有成功		【苗族】
W3995	与盗（取）粮种有关的其他母题				
W3995.1		通过尝百草发现粮种			【汉族】
W3995.2		得到粮种的难题			【民族，联1】③
W3996	粮种的种类				
W3996.1		6 种粮种			【羌族】
W3996.3		12 种粮种			【哈尼族】
W3996.3		100 种粮种			【哈尼族】
W3996.4		与粮种种类有关的其他母题			【联1】④
W3996.4.1			粮种有无数种		
W3997	粮种的丢失				【民族，例3】⑤
W3997.1		种子被洪水冲走			【哈尼族】
W3997.2		种子被误吃掉			【联1】⑥
W3997.3		人不尊重种子，种子逃走			

---

① 【民族】布朗族。【关联】［W3902］种子在天上
② 【引例】❶向鳄鱼和鸡讨谷种没有成功【布朗族】；❷斑鸠和山鸡取谷种没有成功【壮族】
③ 【民族】哈尼族。【关联】［W9951.2.1］通过难题得到秘密
④ 【关联】［W3953.4］谷子有 77 种
⑤ 【民族】羌族。【引例】❶洪水时谷种流到海外【布朗族】；❷稻谷因为人的过度摘采，逃往太阳宫【景颇族】；❸谷种失而复得【仫佬族】
⑥ 【关联】［W9953］失误

W 编码	母题描述			参照项	
	一级母题	二级母题	三级母题	汤普森	关联项
W3998.3.1			种子被抽打后逃走		【联1，例1】①
W3998	与种子有关的其他母题				【联1】②
W3998.1		奇特的种子		F815.5	
W3998.1.1			死亡的种子		【例1】③
W3998.1.2			会变化的种子		【傣族】
W3998.1.3			活的种子可以使死物复活		【民族，联1】④
W3998.2		粮种被收回			
W3998.2.1			因人不爱惜导致粮食被收回		【汉族】
W3998.2.2			因人太贪心导致粮食被收回		
W3998.2.3			因动物的失误导致粮食被收回		【汉族】
W3998.2.4			粮食被天神收回		

① 【关联】［W3841.3］作物果实变小。【引例】因为人抽打谷种，谷种逃走【布朗族】

② 【关联】［W3900］种子的产生

③ 【引例】死亡的种子能使动植物死亡【彝族】

④ 【民族】彝族。【关联】［W9316］植物使人（物）复活

4　自然现象与自然秩序

（代码 W4000～W4999）

类型说明

一、自然现象与自然秩序的界定

自然现象与自然秩序母题的设立是对"W1 世界与自然物"母题类型的深化和补充。

1. 自然现象。自然现象是指自然界中由于大自然的运作规律自发形成的某种状况。这些现象一般不受人的主观控制，在神话叙事中会有相应的管理主体或拟人化的生活习性。这些自然现象或与日月有关，诸如日月运行、日食月食、日月星辰等；或与天气有关，诸如风雨雷电、云霞霓虹、雪霜雾露等。在这些关于太阳冷暖、月亮圆缺、刮风下雨、白天黑夜等现象中，隐藏着人类认识自然、探索自然世界的诸多母题。

如果说"W1"母题类型侧重于的是自然界的一个静态的"点"，那么"W4"则更关注动态的"面"，更多展现出神话对自然现象的整体性把握。

2. 自然秩序。自然秩序是神话叙事关于自然现象的独特探索。神话中有大量的关于自然秩序的解释，如本类型涉及的时间秩序、空间秩序、抽象的秩序、季节交替、天体的秩序以及与自然秩序相关的其他母题等。

二、母题类型的划分与编排

1. 本类型母题主要划分为 7 个部分。其基本排序如下：

（1）自然现象概说；（2）与日月相关的自然现象；（3）天气与其他自然现象；（4）秩序与自然秩序概说；（5）季节；（6）天体的秩序；（7）与自然秩序相关的其他母题。其中前 3 项侧重于现象，后 4 项侧重于秩序。

2. 母题的编排。可参见"W1 世界与自然物"中的母题编排规则。

4.1 自然现象概说

【W4000～W4099】

4.1.1 一般自然现象【W4000～W4079】

W 编码	母题描述			参照项	
	一级母题	二级母题	三级母题	汤普森	关联项
❋ **W4000**	**自然现象的产生**				
W4001		自然现象本来存在			
W4002		神或神性人物制造各种自然现象			【民族，联1】①
W4002.1			神制造各种自然现象		
W4002.2			神性人物制造各种自然现象		
W4002.3			神或神性人物的情绪变化造成各种自然现象		【民族，联1】②
W4003		特定人物的活动造成自然现象			【联1】③
W4004		自然现象产生的其他方式			【联4】④
W4004.1			动物造成各种自然现象		
W4004.2			植物造成各种自然现象		
❋ **W4005**	**天地的颜色**				【联1】⑤
W4006		以前的天与现在有不同的颜色			
W4006.1			以前的天是白色的		【哈尼族】

---

① 【民族】汉族。【关联】［W1103］神或神性人物造天地
② 【民族】维吾尔族。【关联】［W4276.1］神的悲号形成风
③ 【关联】［W4276.8］神的行走形成风
④ 【关联】❶［W4265］风的产生；❷［W4330］雨的产生；❸［W4375］雷的产生；❹［W4410］闪电的产生
⑤ 【关联】［W1125］天地的特征

W 编码	母题描述			参照项	
	一级母题	二级母题	三级母题	汤普森	关联项
W4006.2			以前的天是黑色的		【联1】①
W4007		天为什么是蓝色（青色）的		A702.4	
W4007.1			天的蓝色（青色）是蒙上布形成的		【例2】②
W4007.2			白色的天空被草叶染蓝		【哈尼族】
W4007.3			天的蓝色是吹青气形成的		【例1】③
W4007.4			天的蓝色是染成的		
W4007.5			天的蓝色是一面蓝色的镜子		
W4008		地为什么是黄色的			【联1】④
W4008.1			浊气变成黄色的大地		【联1】⑤
W4009		与天地的颜色有关的其他母题			
W4009.1			天空变暗是天上的人的黑发遮住太阳造成的		【珞巴族】
✿ **W4010**	昼夜				
W4011		以前没有昼夜之分			【鄂伦春族、瑶族、壮族】
W4011.1			因为天上日月多造成昼夜不分		【壮族】
W4011.2			日月同时出现造成昼夜不分		【汉族】
W4011.3			天上太阳多造成昼夜不分		【彝族】
✳ **W4012**	昼夜的产生			A1170	
W4013		神或神性人物造昼夜			
W4013.1			天神造昼夜		【景颇族】
W4013.2			神造出日月后形成昼夜		【蒙古族】
W4014		神规定昼夜		A1172	【傣族、汉族、苗族】

① 【关联】［W1050］最早的世界是黑暗的
② 【引例】❶文化英雄（人）把布遮在天上形成天的蓝色【汉族】；❷天的蓝色是补天时盖上的布的颜色【汉族】
③ 【引例】女娲补天时吹青气形成天的蓝色【汉族】
④ 【关联】［W1200］地的特征
⑤ 【关联】［W1197.9］浊气凝结成地

W 编码	母题描述			参照项	
	一级母题	二级母题	三级母题	汤普森	关联项
W4014.1			神让日月绕梭罗树运行后分出昼夜		【阿昌族】
W4015		神性人物分出昼夜			
W4015.1			黄帝分出昼夜		【汉族】
W4015.2			真主制定昼与夜		【回族】
W4015.3			祖先分开昼夜		【苗族】
W4016		特定人物睁眼闭眼形成昼夜			
W4016.1			神的睁眼闭眼形成昼夜		【彝族】
W4016.2			盘古睁眼为白昼闭眼为黑夜		【汉族】
W4016.3			烛龙睁眼为白昼闭眼为黑夜		【民族，联1】①
W4017		人分出昼夜			
W4017.1			人到天上把白天和黑夜分开		【瑶族】
W4018		动物分开昼夜			
W4018.1			鸡分清了昼与夜		【纳西族】
W4018.2			巨龟孕育昼夜		【藏族】
W4019		植物分开昼夜			【联1】②
W4019.1			大树分开昼夜		
W4020		其他特定人物分开昼夜			
W4020.1			山分开昼夜		【珞巴族】
W4021		2个太阳交替出现形成昼夜			【苗族】
W4021.1			2个太阳轮流行休形成昼夜		【珞巴族】
W4022		天地的转动形成昼夜			【民族，联1】③
W4023		日月运行形成昼夜			【侗族、壮族】
W4023.1			造出日月后分出昼夜		【汉族】
W4023.2			日月分手后形成昼夜		【柯尔克孜族】

① 【民族】汉族。【关联】［W0768.19］烛龙
② 【关联】［W4044］梭罗树遮挡月亮造成黑夜
③ 【民族】汉族。【关联】［W4858］天地旋转的来历

W 编码	母题描述			参照项	
	一级母题	二级母题	三级母题	汤普森	关联项
W4024		太阳的活动形成昼夜			
W4024.1			太阳的躲藏形成昼夜		【民族，例1】①
W4024.2			太阳东升西落形成昼夜		【普米族】
W4024.3			射日者让太阳按规定出来形成昼夜		【民族，联1，例1】②
W4025		月亮的活动形成昼夜			
W4025.1			月亮变阴凉后区分出昼夜		【佤族】
W4026		清洗日月后分出昼夜			【彝族】
W4027		除掉多余的日月后分出昼夜			【民族，联1】③
W4028		其他特定的物形成昼夜			
W4028.1			2个发光不同的元宝形成昼夜		【联1，例1】④
W4029		与昼夜产生有关的其他母题			
W4029.1			昼与夜同时产生缺一不可		【哈萨克族】
✿ **W4030**	白天				
W4031		以前只有白天			
W4031.1			多个太阳在天上造成只有白天		【民族，联1】⑤
W4031.2			日月轮流升起造成只有白天		【汉族、佤族】
W4031.3			假太阳使地上只有白天没有夜晚		【阿昌族】
W4032		以前没有白天			【联1】⑥
✳ **W4033**	白天的产生			A1171	

---

① 【民族】汉族。【引例】太阳被射后不停地躲藏形成昼夜【蒙古族】
② 【民族】傣族。【关联】［W4017］人分出昼夜。【引例】射日者让剩下的两个太阳轮流出现形成昼夜【土家族】
③ 【民族】毛南族、彝族。【关联】［W9790］射日月的结果
④ 【关联】［W1598.9］白元宝变月亮。【引例】天帝的2个发光不同的大元宝形成昼夜【布依族】
⑤ 【民族】汉族、苗族。【关联】［W1653.8］多日并出
⑥ 【关联】［W4041］以前只有黑夜

W 编码	母题描述			参照项	
	一级母题	二级母题	三级母题	汤普森	关联项
W4034		神或神性人物睁眼时为白天		A1171.1	
W4034.1			特定的神睁眼睛时形成白天		【哈尼族、汉族】
W4034.2			盘古张开眼睛时是白天		【白族】
W4035		白天化生而成			【纳西族】
W4036		人找到太阳后出现白天			【联1】①
W4037		天空变亮的原因			
W4037.1			特定的物造成天空明亮		【例1】②
W4037.2			魔力掌控着白天	D2146.1	
W4038		白天变长		≈ D2146.1.1	
W4038.1			白天变长的原因		
W4038.2			为什么夏天白天变长		【联1】③
W4039		白天变短		≈ D2146.1.2	【联1】④
W4039.1			白天变短的原因		
✿ **W4040**	黑夜			A1174	
W4041		以前只有黑夜			【汉族】
W4042		以前没有黑夜			【联1】⑤
❉ **W4043**	黑夜的产生				
W4044		神或神性人物闭眼时为黑夜			
W4044.1			特定的神闭眼睛时形成黑夜		【哈尼族】
W4044.2			盘古闭上眼睛形成黑夜		【白族】
W4045		夜晚是太阳关上门形成的		A722.4	
W4046		黑夜是日月造成的			

① 【关联】［W9832］找太阳（找月亮）
② 【引例】白色的蛋升到天空后天变明亮【藏族】
③ 【关联】［W4792.4］与夏有关的其他母题
④ 【关联】［W4794.8.3］冬天为什么白天短
⑤ 【关联】［W4031］以前只有白天

W 编码	母题描述			参照项	
	一级母题	二级母题	三级母题	汤普森	关联项
W4046.1			黑夜是把太阳装入袋子形成的	≈A1174.1	
W4046.2			梭罗树遮挡月亮造成黑夜		【苗族】
W4046.3			天黑是日月呆在一起时造成的		【鄂伦春族】
W4047		造成黑夜的其他原因			
W4047.1			七斗星出现为黑夜		【汉族】
W4047.2			黑纱罩地形成黑夜		
W4047.3			天黑是拉上天幕造成的		【汉族】
W4048		与黑夜有关的其他母题			
W4048.1			黑夜变长	≈D2146.2.2	
W4048.2			黑夜变短	≈D2146.2.3	
W4048.3			三十晚上为什么天最黑		【汉族】
W4048.4			冬天为什么黑夜变长		【联1】①
✳ **W4050**	**昼夜的管理**			A1172	
W4051		神管理昼夜			【联2】②
W4052		人管理昼夜			
W4053		魔力掌控着昼夜		D2146	
W4054		太阳管理白天			【壮族】
W4055		月亮管理夜晚			【壮族】
W4056		昼夜的其他管理者			
W4057		与昼夜有关的其他母题			【例1】③
W4057.1		一个太阳神管白天，一个太阳神管夜晚		A227.2	
W4057.2		魔力掌控着黑夜		D2146.2	

① 【关联】［W4794.8.2］冬天为什么夜长
② 【关联】❶［W0497.1.1］管昼夜的神；❷［W4014］神规定昼夜
③ 【引例】以前昼夜是一年是白天，一年是黑夜【高山族】

W 编码	母题描述			参照项	
	一级母题	二级母题	三级母题	汤普森	关联项
✳ **W4058**	黎明				
W4059		黎明的产生		A1179.1	
W4060		黎明是天门打开形成的			【联 1，例 1】①
W4061		黎明是公鸡叫出来的			【民族，联 2】②
W4062		与黎明有关的其他母题			
W4062.1			黎明前为什么天很黑		
W4062.2			太阳碎片变成曙光		【民族，联 1】③
✳ **W4063**	晴天				
W4064		神或神性人物的情绪变化形成晴天			
W4064.1			神高兴时形成晴天		【汉族】
W4064.2			神性人物高兴时形成晴天		
W4065		神或神性人物的活动形成晴天			
W4065.1			太阳神出来时形成晴天		
W4065.2			神晒太阳时形成晴天		【汉族】
W4066		与晴天有关的其他母题			
W4066.1			天为什么有阴晴		
✳ **W4067**	阴天				
W4068		神或神性人物的情绪变化形成阴天			【民族，联 1】④
W4068.1			神发怒形成阴天		【汉族】
W4068.2			神发愁形成阴天		
W4069		神或神性人物的活动形成阴天			
W4069.1			天神作战时形成阴天		【汉族】
W4069.2			神聚会时形成阴天		

---

① 【关联】［W4037］天空变亮的原因。【引例】天门打开时天变亮【哈尼族】
② 【民族】汉族。【关联】❶［W4916］公鸡负责太阳的升起；❷［W9844.1］公鸡喊太阳
③ 【民族】藏族。【关联】［W4600］光的产生
④ 【民族】汉族。【关联】［W4064］神或神性人物的情绪变化形成晴天

W 编码	母题描述			参照项	
	一级母题	二级母题	三级母题	汤普森	关联项
W4070		阴天是把天遮住造成的			
W4070.1			云彩遮住天时形成阴天		【汉族】
W4071		阴天是拉上天幕造成的			【联2】①
W4071.1			阴天是天神休息时拉上了天幕		【汉族】
W4072		阴天是关住太阳造成的			【民族，联1】②
W4073		阴天产生的其他原因			
W4073.1			阴天是诅咒造成的		【汉族】
W4074		与阴天有关的其他母题			
W4074.1			阴天为什么会下雨		【联1】③
W4074.2			阴天是不宜出行的征兆		【联1】④
◎	〖其他相关母题〗				
W4075	奇怪的天象				【联3】⑤
W4075.1		天从中间鼓起来			【珞巴族】
W4075.2		天的奇怪的颜色			【联1】⑥
W4075.2.1			天变成血色		
W4075.2.2			天呈现多种色彩		
W4075.3		天地长时间黑暗			【联2】⑦
W4075.4		日月无光			【汉族】
W4076	与天象有关的其他母题				【联1】⑧
W4076.1		日月秩序的混乱			【联2】⑨
W4076.2		天象与人的命运有关			【联1】⑩

① 【关联】❶ ［W1798.1］天幕；❷ ［W4047.3］天黑是拉上天幕造成的
② 【民族】傈僳族。【关联】［W9825］与遮蔽太阳有关的其他母题
③ 【关联】［W4330］雨的产生
④ 【关联】［W9206］天象（自然现象）作为征兆
⑤ 【关联】❶ ［W4211］日食；❷ ［W4230］月食；❸ ［W9294.1］特殊的天象作为象征
⑥ 【关联】［W1160］天的颜色
⑦ 【关联】❶ ［W8660］黑暗；❷ ［W8663］日月消失造成黑暗
⑧ 【关联】［W4561］天气秩序的混乱
⑨ 【关联】❶ ［W1639.7］多个日月同时出现；❷ ［W4931］无秩序的太阳
⑩ 【关联】［W9206］天象（自然现象）作为征兆

4.1.2 神奇的自然现象① 【W4080 ~ W4099】

W 编码	母题描述			参照项	
	一级母题	二级母题	三级母题	汤普森	关联项
✿ W4080	神奇的自然现象			F790	【联 3】②
✳ W4081	神奇的天气			D900	【联 3】③
W4082		神奇天气的产生			
W4082.1			神不负责任造成天气变化无常		【汉族】
W4082.2			神奇天气是为了警示人类		
W4083		六月飘雪			
W4083.1			怨气造成六月飘雪		【汉族】
W4084		冬天打雷			
W4084.1			冬天打雷是歉年的征兆		【汉族】
W4085		与神奇天气有关的其他母题			
W4085.1			晴天打雷		【汉族】
W4085.2			晴天下雨		
✳ W4086	天降食物				
W4087		天降粮食			
W4087.1			特定的时间天上会降粮食		【汉族】
W4087.2			天上不再降粮食的原因		
W4087.3			天降粟雨		【汉族】
W4087.4			天上降米		
W4088		天降面粉			
W4088.1			下白面改为下雪的原因		【民族，联 1】④
W4089		天降食品			
W4089.1			天上降饼子		

① 神奇的自然现象，按汤普森的母题索引分类，这里的"神奇"归为"魔法"类型，具有"魔幻"、"魔力"、"奇特"等特点。此处母题只是借用了其中的"神奇"、"不一般"之类的含义，具体母题不再——列举，可参见《中国神话母题 W4 编目实例》。

② 【关联】❶［W4211］日食；❷［W4230］月食；❷［W4075］奇怪的天象

③ 【关联】❶［W4372.1］神奇的雨；❷［W4468.1］神奇的云；❸［W4548.1］神奇的露

④ 【民族】汉族。【关联】［W9928.2］变形作为惩罚

W 编码	母题描述			参照项	
	一级母题	二级母题	三级母题	汤普森	关联项
W4089.2			天上降麦片		【拉祜族】
W4090		天降油			
W4090.1			以前天上落下的是油后来变成雨		【民族，联1】①
W4091		天降其他食物			
W4091.1			天上降肉		
◎	〖**天降其他物**〗				
W4092	天降怪物				【联1】②
W4093	天降动物				【联2】③
W4093.1		天降动物尸体			【汉族】
W4094	天降植物				【联2，例1】④
W4094.1		天降桂子			【汉族】
W4095	天降其他特定的物				【联1】⑤
W4095.1		天降陨石			【联1】⑥
W4095.1.1			天降陨石的来历		
W4095.2		天降星星			
W4095.3		天降血肉			【汉族】
W4096	其他神奇的自然现象				【联2】⑦
W4096.1		以前天上只刮风下雨不下雪			【汉族】
W4096.2		日月同辉			【联3】⑧
W4096.3		天坑			【联1】⑨

① 【民族】达斡尔族。【关联】〔W4260〕雨的产生
② 【关联】〔W0860〕怪物
③ 【关联】❶〔W3004.1〕动物从天上来；❷〔W3262.1〕猪从天降
④ 【关联】❶〔W3607〕植物天降；❷〔W3870.1.1〕天降棉花。【引例】天上降下棉花【汉族】
⑤ 【关联】〔W9652.1〕天降宝物
⑥ 【关联】〔W1866.1〕陨石
⑦ 【关联】❶〔W4364.1〕陨石雨；❷〔4364.2〕流星雨
⑧ 【关联】❶〔W4075.4〕日月无光；❷〔W4103.1〕以前日月同时升空；❸〔W4882〕以前日月同行
⑨ 【关联】〔W4095.1〕天降陨石

4.2 与日月相关的自然现象

【W4100 ~ W4249】

4.2.1 与太阳有关的现象 【W4100 ~ W4124】

W 编码	母题描述			参照项	
	一级母题	二级母题	三级母题	汤普森	关联项
✿ **W4100**	与日月有关的现象				
W4101		原来日月无光			
W4102		日月发光的原因			
W4102.1			日月靠"道"发出光明		【汉族】
W4102.2			日月靠镜子发光		【满族】
W4103		与日月现象有关的其他母题			【联4】①
W4103.1			以前日月同时升空		【高山族】
❈ **W4105**	与太阳有关的现象				【联1】②
W4106		太阳的光与热		A733	
W4107		太阳的发热			【例3】③
W4107.1			太阳热度的降低		【例1】④
W4107.2			太阳为什么正午最热		
W4108		以前太阳无光			
W4108.1			太阳无光的原因		【联2】⑤

---

① 【关联】❶［W4096.2］日月同辉；❷［W4211］日食；❸［W4230］月食；❹［W4881］日月的运行
② 【关联】［W1615］太阳的特征
③ 【引例】❶太阳又红又热是因为她喝了人血【珞巴族】；❷回生水溅到太阳后太阳发热【纳西族】；❸以前的太阳很热可以煮饭【佤族】
④ 【引例】射日后太阳热度的降低【高山族】
⑤ 【关联】❶［W4122.1］兄妹结婚造成秽气使太阳无光；❷［W4156.2］月亮被怪物笼罩后失去光亮

W 编码	母题描述			参照项	
	一级母题	二级母题	三级母题	汤普森	关联项
W4109		太阳的发光			【联1】①
W4109.1			太阳发光是因为它有明亮的眼睛		【高山族】
W4109.2			以前太阳是黄色的		【哈尼族】
W4109.3			天神用木梳把太阳光梳下来		【哈尼族】
W4110		太阳为什么比月亮明亮		A733.1	【例1】②
W4110.1			太阳比月亮明亮是因为太阳有金鸡		【例1】③
W4110.2			太阳比月亮明亮是因为瞎了一只眼		【例1】④
W4111		人为什么不敢看太阳			
W4111.1			太阳怕人看到它丑，发出强光照人的眼		【汉族】
W4112		太阳为什么刺眼			
W4112.1			太阳有刺人眼睛的针		
W4113		太阳的针			【例1】⑤
W4113.1			太阳的金针		【汉族】
W4113.2			太阳的绣花针		
W4113.3			太阳的银针		
W4113.4			太阳的光线是针		【汉族】
W4113.5			太阳撒下12道金线		【哈尼族】
W4113.6			太阳的针的来历		【例3】⑥
W4114		太阳为什么是白色的			
W4114.1			太阳的脸被撒上白碱后变白		【柯尔克孜族】
W4115		太阳为什么是金色的			
W4115.1			太阳姑娘穿的是金衣裳所以是金色		【哈尼族】

---

①　【关联】［W4111.1］太阳怕人看到它丑，发出强光
②　【引例】月亮白是因为它喝的血少【珞巴族】
③　【引例】月亮不如太阳明亮是因为它把金鸡送给了太阳【高山族】
④　【引例】月亮没有太阳亮是因为月亮被瞎了一只眼【珞巴族】
⑤　【引例】太阳拔下毫毛作针
⑥　【引例】❶月亮神姐姐给太阳神弟弟一把金针【哈尼族】；❷月亮哥哥给太阳妹妹针【汉族】；❸天神给太阳妹妹针

W 编码	母题描述			参照项	
	一级母题	二级母题	三级母题	汤普森	关联项
W4115.2			太阳的金头发		【彝族】
W4116		太阳为什么是红的		A739.5	
W4116.1			太阳看到妹妹洗澡后脸变红		【苗族】
W4116.2			洪水冲洗天上的太阳使太阳变红		【哈尼族】
W4116.3			太阳吸人血变红		【珞巴族】
W4117		太阳为什么有大小变化			
W4117.1			太阳为什么早晨最大		【汉族】
W4117.2			太阳为什么晚上最大		
W4118		太阳里的人			【联1】①
W4118.1			人到太阳宫		【联1】②
W4119		太阳里的物			
W4119.1			太阳中的动物		
W4119.2			太阳中有鸟		【民族，联2】③
W4119.3			太阳中有三足乌		【民族，联1】④
W4120		太阳里面为什么有黑点			
W4120.1			太阳中的黑点是射日留下的箭		
W4121		太阳失踪			【民族，联2】⑤
W4122		与太阳现象有关的其他母题			【联3】⑥
W4122.1			兄妹结婚造成秽气使太阳无光		【纳西族】
W4122.2			太阳的颜色的变化		

① 【关联】［W4180］月亮中的人（神）

② 【关联】［W1426］人上天

③ 【民族】汉族。【关联】❶［W1695.2］太阳鸟；❷［W1796.3］三足乌

④ 【民族】汉族。【关联】［W1571.2］太阳是三足乌

⑤ 【民族】汉族。【关联】❶［W9794］太阳的躲藏；❷［W9807］太阳的丢失

⑥ 【关联】❶［W4211］日食；❷［W4226］日偏食；❸［W4227］日全食

4.2.2　与月亮有关的现象【W4125～W4199】

W 编码	母题描述			参照项	
	一级母题	二级母题	三级母题	汤普森	关联项
✿ **W4125**	月相形成的原因①			A755	
❋ **W4126**	月亮的周期变化				
W4127		不同面貌的月亮按日子出来形成周期变化			
W4128		月亮与恋人（太阳、星星等）定期约会形成周期变化			【汉族】
W4129		月亮怀孕和生育形成周期变化			
W4130		动物咬月亮形成周期变化		A755.4.3	【汉族】
W4131		月亮窥视仙女形成周期变化			
W4132		月亮因为害羞形成周期变化			【汉族】
W4133		月亮因为怕冷定期穿衣形成周期变化			【汉族】
W4134		月亮能恢复原状的原因			【联1】②
W4134.1			月亮有死回生药，所以能恢复原状		【哈尼族】
W4135		与月亮周期变化有关的其他母题			
W4135.1			满月的来历		
W4135.2			上弦月的来历		【汉族】
W4135.3			下弦月的来历		【汉族】
W4136	月亮为什么出现在晚上				
W4136.1			月亮因为胆小晚上出来		【汉族】

---

① 月相形成的原因，关于"月相"在不同的神话中常出现一些相似性的表述。这些相似性的表述有时又具有某些侧重，为便于该类母题的深入研究分析，此编目列举了一些差别细微的母题列举。

② 【关联】〔W9380〕复原

W 编码	母题描述			参照项	
	一级母题	二级母题	三级母题	汤普森	关联项
✲ **W4137**	为什么有时天上无月亮				【联1】①
W4138		三十晚上没有月亮的原因			【门巴族】
W4138.1			天狗在三十晚上把月亮或太阳的脸涂黑		【布朗族】
✲ **W4140**	月相与月相变化				
W4141		月亮为什么是圆的			【联1】②
W4142		月亮变圆的原因			【汉族】
W4142.1			月亮被射掉棱角后变圆		【回族】
W4142.2			月亮由缺变圆是因为它有疗伤的灵芝		【佤族】
W4142.3			十五月圆的原因		
W4142.4			月亮复活后变圆		【汉族】
W4142.5			月亮由缺变圆是返老还童		【联1，例1】③
W4143		月亮每天有不同模样			
W4143.1			神将月亮变成30个模样		【苗族】
W4144		大小不同的月亮依次出现形成月相变化			【瑶族】
W4145		月亮每月圆缺一次的原因		A755.7	【汉族】
W4146		擦月亮时形成月亮的圆缺			【满族】
W4146.1			天女擦镜子（月亮）时形成月亮的圆缺		
W4147		月亮打开不同的门形成圆缺			
W4147.1			依次打开月亮的15个门形成月亮的变化		【蒙古族】
W4148		射月后月亮有了圆缺			【黎族】

① 【关联】［W4247］月全食
② 【关联】［W1621］月亮的特征
③ 【关联】［W2968.4］人的返老还童。【引例】乌佑（鬼、精灵）许诺月亮可以返老还童【珞巴族】

W 编码	母题描述			参照项	
	一级母题	二级母题	三级母题	汤普森	关联项
W4149		月亮被砍形成圆缺			
W4149.1			28 个月亮被砍得残缺不全形成月亮的圆缺		【民族，联 1】①
W4150		月亮的生育形成圆缺			【联 1】②
W4150.1			月亮生完孩子后变得不圆		【壮族】
W4151		月亮由亏变圆			
W4151.1			月亮怀孕后变圆		【壮族】
W4151.2			祭祀使月亮由亏变圆	A755.3.1	【联 1】③
W4152		月亮中的缺口			
W4152.1			狗咬月亮造成月亮的缺口		【民族，联 2】④
W4153		月牙的形成			
W4153.1			月牙是动物吃月亮形成的		【汉族】
W4153.2			月牙是被看成两半形成的	A755.4.1	【汉族】
W4154		月晕的来历			
W4154.1			月神伤心形成月晕		【柯尔克孜族】
W4154.2			特定人物的活动造成月晕		【例 1】⑤
W4155		月亮发光的原因			
W4155.1			月亮有了银针后发光		【拉祜族】
W4155.2			天神用木梳把月亮光梳下来		【哈尼族】
W4156		月亮无光的原因			
W4156.1			兄妹结婚造成的秽气使月亮无光		【纳西族】
W4156.2			月亮被怪物笼罩后失去光亮		【汉族】

---

① 【民族】京族。【关联】［W1655］月亮的数量
② 【关联】［W4151.1］月亮怀孕后变圆
③ 【关联】［W6470～W6509］祭祀
④ 【民族】普米族。【关联】❶［W4230］月食；❷［W4234.4］狗咬月亮形成月食
⑤ 【引例】虎交而月晕【汉族】

W 编码	母题描述			参照项	
	一级母题	二级母题	三级母题	汤普森	关联项
W4157		月亮为什么是苍白的		A759.3	
W4157.1			月亮的脸是被吓白的		
W4157.2			月亮姑娘穿的是银衣裳所以是白色		【哈尼族】
W4158		月亮为什么光亮柔和			
W4158.1			月亮被蒙上纱布后光亮变淡		【汉族】
W4158.2			月亮生病后光亮变淡	A755.3	
W4158.3			月亮丢了火之后颜色变淡		
W4159		月亮变亮的原因			
W4159.1			月亮烧炼后变亮		【景颇族】
W4160		月亮变暗的原因			
W4160.1			月亮遭劫后变暗		【京族】
W4160.2			用泥巴抹月亮后月光变暗		【瑶族】
W4160.3			月亮蒙上布（被单）后变暗		
W4161		月亮为什么发黄			
W4161.1			月亮的脸上被撒上黄土后变黄		【柯尔克孜族】
W4162		月亮变红的原因			
W4162.1			血把月亮染红		【独龙族】
W4163		与月相变化有关的其他母题			
W4163.1			月亮捉迷藏形成月相变化		
✳ W4165	月亮中的影子				
W4166		月亮中的影子是飞到月宫的人影			【联2】①
W4167		月亮中的影子是特定的人和树			
W4167.1			月亮中的影子是嫦娥和梭罗树		【汉族】

① 【关联】 ❶ ［W0671.1］嫦娥奔月；❷ ［W4180］月亮中的人（神）

W 编码	母题描述			参照项	
	一级母题	二级母题	三级母题	汤普森	关联项
W4167.2			月亮中的影子是吴刚和桂树		【民族，联2】①
W4167.3			月亮中的影子是一棵树和被卡住的人		【瑶族】
W4167.4			月亮上影子是一个孤儿和一棵起死回生树		【拉祜族】
W4168		月亮中的黑影是血迹			【汉族】
W4169		月亮中的黑影是遭惩罚刺的字			【汉族】
W4170		月亮中的黑影是人的灵魂			【独龙族】
W4171		月亮中的黑影是动物的爪			
W4171.1			青蛙的爪子踏在月亮脸上形成黑影		【拉祜族】
W4172		月亮上的影子是布			【汉族】
W4172.1			月亮的阴影是月亮脸上的手帕		
W4172.2			月亮上图案是蒙上的绣了图案的布		
W4172.3			月亮上影子是绷带		【例1】②
W4173		月亮上的影子是桂树			【民族，联2】③
W4174		月亮上的痕迹是被打出来的			【民族，例1】④
W4175		月亮上的痕迹是箭痕			
W4175.1			月亮上的痕迹是射日后留下的箭伤		【高山族】
W4175.2			月亮上的痕迹是猎人射的箭痕		【东乡族】
W4176		月亮上痕迹是月亮美女脸上的疤痕			【哈萨克族、柯尔克孜族】
W4176.1			月亮中的痕迹是被太阳抓破了脸形成的		【汉族】
W4177		月亮上的斑点是文身的痕迹		A751.5.5	

① 【民族】汉族。【关联】❶ ［W4182.1］吴刚伐桂；❷ ［W4197.2］月亮中的桂树
② 【引例】月亮上的阴影是疗伤的绷布 【高山族】
③ 【民族】白族。【关联】❶ ［W4182.1］吴刚伐桂；❷ ［W4197.2］月亮中的桂树
④ 【民族】汉族。【引例】月亮被打形成脸上的斑迹 【珞巴族】

W 编码	母题描述			参照项	
	一级母题	二级母题	三级母题	汤普森	关联项
W4178		月中的黑影是祖先的坟墓			【苗族】
W4179		与月亮中的影子有关的其他母题			
W4179.1			月亮中的影子为什么会变化		
✤ **W4180**	月亮中的人（神）			A751	
W4181		月亮中的女子		A751.8	【民族，例1】①
W4181.1			月亮中的人是一个纺线的老婆婆	A751.8.1	
W4181.2			月亮中的人是天女		【水族】
W4181.3			月亮中的人是嫦娥		【汉族、回族】
W4181.4			月亮中的纺线女郎		【哈尼族】
W4181.5			月亮中的人是一个女神种葫芦	A751.8.3	
W4181.6			月亮中的人是一个姑娘和一只天狗		【蒙古族】
W4181.7			月亮中的人是一个劳作的女子	A751.8.2	
W4181.8			月亮中的人是一个女子在捶布	A751.6	
W4181.9			月亮中的人是一个女子在担水		【东乡族】
W4182		月宫伐树者			
W4182.1			吴刚伐桂		【汉族】
W4182.2			月亮中的人遭惩罚不停地砍树		【联1】②
W4182.3			月亮中的女子砍遮月亮的梭罗树		【苗族】
W4183		月亮中的人是一个巨人		A751.9.2	
W4184		月亮中的人是射月者			【民族，例2】③
W4185		月亮中的击杵者		A744	【汉族】
W4186		月亮中的孤独者		A751.10	

① 【民族】高山族、柯尔克孜族。【引例】月亮中的人是逃避婆婆欺负飞上天的儿媳妇【赫哲族】

② 【关联】［W9308.1］砍倒的树复活

③ 【民族】苗族。【引例】❶月亮中的人是射月者的妻子【畲族】；❷月亮中的人是射月亮者和他的妻子【瑶族】

W 编码	母题描述			参照项	
	一级母题	二级母题	三级母题	汤普森	关联项
W4187		月亮中的人是抓去的遭惩罚者		A751.1	【汉族、满族】
W4188		月亮中的人是画上去的		A751.5	
W4189		月中老人			【侗族】
W4190		月亮中的其他人（神）			【例2】①
W4190.1			月亮中的人是两个拿扁担的小孩	A751.7	
W4190.2			月亮中的人是三个姐妹打架		【塔吉克族】
W4190.3			月亮中的人是圣母		【毛南族】
✸ **W4191**	月亮中的动物				
W4192		月亮中的蟾蜍（蛙）		A751.3	【汉族】
W4193		月亮中的猴子			【汉族】
W4194		月亮中的兔子		A751.2	
W4194.1			月亮中的玉兔		【汉族】
W4194.2			月亮中玉兔捣药		【汉族】
W4194.3			人把小兔放入月宫		【拉祜族、瑶族】
W41995		月亮中的其他动物			
W4195.1			月亮中的乌鸦		【汉族】
W4195.2			月亮中的牛		
✸ **W4196**	月亮中的植物				
W4197		月亮中的树			【汉族】
W4197.1			人把树带到月亮上		【联1，例1】②
W4197.2			月亮中的桂树		【民族，联1】③
W4197.3			月亮中的松树		【汉族、彝族】
W4197.4			月亮中的娑罗树（梭罗树）		【民族，例1】④
W4197.5			月亮中的榕树	A751.6.1	【侗族】
W4197.6			月亮中的棕榈树	A751.9.1	
W4197.7			月亮中的马桑树		【瑶族】
W4197.8			月亮中的神树		【普米族】

① 【引例】❶月中的人是被树卡住的寻长生药的神医【苗族】；❷月亮中一个好吃懒做忘恩负义的人【水族】
② 【关联】〔TPS：A751.8.5〕一个女孩把树带到月中。【引例】月亮中的娑罗树是人挂上去的树枝【哈尼族】
③ 【民族】汉族、蒙古族。【关联】〔W4182.1〕吴刚伐桂
④ 【民族】汉族、彝族。【引例】月亮中的娑罗树是人挂上去的树枝【哈尼族】

W 编码	母题描述			参照项	
	一级母题	二级母题	三级母题	汤普森	关联项
W4197.9			月亮中的檀香树		【苗族】
W4197.10			月亮中的不老树		【民族，联 1】①
W4198		与月亮中的植物有关的其他母题			【例 3】②
W4198.1			月亮中的植物是特定的人栽种的		
W4198.2			月树能砍而复长		【汉族、苗族】
W4199	与月相有关的其他母题				【联 1】③
W4199.1		月亮的奇特现象		F961.3	
W4199.2		月亮中的宫殿		A753.2	【汉族、彝族】
W4199.3		月亮的面纱			
W4199.4		月亮的禁忌			【联 1】④
W4199.5		天狗吃月亮来历			【联 1，例 1】⑤
W4199.6		以前月亮比太阳热（毒）			【联 1】⑥
W4199.7		月亮为什么是凉的			
W4199.7.1			月亮被布（其他东西）蒙上后变凉		【汉族、瑶族】
W4199.7.2			神把大树放进月亮后月亮变凉		【佤族】

4.2.3 **与星星有关的现象** 【W4200 ～ W4209】

W 编码	母题描述			参照项	
	一级母题	二级母题	三级母题	汤普森	关联项
✳ **W4200**	**星星的奇特现象**			F961.2	
W4201		星星为什么眨眼睛			【例 1】⑦
W4202		星星为什么散布在空中			
W4202.1			星星互不见面因为他们之间有仇		【汉族】

① 【民族】汉族。【关联】［W3747.1.7］不朽之树（不老树）
② 【引例】❶月中树名蒪树【汉族】；❷月亮的阴影是一棵梨树【傈僳族】；❸月宫中的花红树【普米族】
③ 【关联】［W4110］太阳为什么比月亮明亮
④ 【关联】［W6530］看的禁忌
⑤ 【关联】［W4230］月食。【引例】猎狗上天后因为饥饿咬月亮【哈尼族】
⑥ 【关联】［W4107］太阳的发热
⑦ 【引例】星星眨眼是因为害怕被太阳父亲吃掉【壮族】

W 编码	母题描述			参照项	
	一级母题	二级母题	三级母题	汤普森	关联项
W4203		以前星星是黄色的			【哈尼族】
W4204		星星变白的原因			
W4204.1			洪水冲洗天上的星星使星星变白		【哈尼族】
W4205		星星躲太阳的原因			
W4205.1			星星怕被太阳吃掉躲起来	A764.1.1	【壮族】
W4206	为什么早晨星星会消失				
W4206.1			早晨星星消失是被太阳吃掉的缘故		【民族，联1】①
W4206.2			星星消失是因为特定的项链被偷		【例1】②
W4207	与星星有关的其他现象				【联1，例1】③
W4207.1		星星陨落的原因			【汉族】

4.2.4　日食月食及相关母题【W4210～W4249】

W 编码	母题描述			参照项	
	一级母题	二级母题	三级母题	汤普森	关联项
✿ **W4210**	日食月食④			A737	
✿ **W4211**	日食				
✳ **W4212**	日食的原因				
W4213		神或神性人物吃太阳形成日食			【民族，例1】⑤
W4213.1			天狗吞食太阳形成日食		【民族】⑥
W4213.2			星神吃太阳形成日食		【傣族】
W4213.3			魔王吞食太阳形成日食		【蒙古族】

---

① 【民族】汉族、壮族。【关联】［W4205.1］星星怕被太阳吃掉躲起来
② 【引例】星星跌落是因为天上的神的项链被偷走【珞巴族】
③ 【关联】［W0884.1］灵魂（鬼魂）像星星。【引例】星星在天上是因为被父亲带到了天上【珞巴族】
④ 日食月食，神话叙事一般是解释日食月食的原因。在表述中往往"日食"与"月食"同时出现，原因相同。此处为了更便于观察二者的细微差别，分别作出编码，可以相互对照。
⑤ 【民族】傣族。【引例】精灵吃太阳后又屙出来形成日食【珞巴族】
⑥ 【民族】鄂伦春族、汉族、傈僳族、蒙古族、锡伯族

W 编码	母题描述			参照项	
	一级母题	二级母题	三级母题	汤普森	关联项
W4213.4			精灵吃太阳形成日食		【珞巴族】
W4214		动物咬太阳形成日食			
W4214.1			老虎吃太阳形成日食		【彝族】
W4214.2			狗吞食太阳神形成日食		【例1】①
W4214.3			三足乌吞食太阳形成日食		
W4214.4			蛤蟆吞吐太阳形成日食		【布朗族】
W4214.5			青蛙吃太阳形成日食		【珞巴族】
W4214.6			龙吞太阳形成日食		【毛南族】
W4215		压住太阳形成日食			
W4215.1			神把太阳压在身下形成日食		【珞巴族】
W4215.2			龙按住太阳形成日食		【门巴族】
W4216		太阳的躲藏形成日食			
W4216.1			太阳躲防魔王的吞食时形成日食		【蒙古族】
W4216.2			太阳躲藏射日者时形成日食		【汉族】
W4217		动物的行为形成日食			
W4217.1			天狗捕捉太阳形成日食		【民族，联2】②
W4217.2			青蛙拥抱太阳形成日食		【傣族、侗族】
W4217.3			天蛙抓太阳形成日食		【傣族】
W4217.4			动物遮挡太阳形成日食		【土族】
W4217.5			怪兽遮挡太阳形成日食		【土族】

① 【引例】黄狗吞食太阳神形成日食【鄂伦春族】
② 【民族】达斡尔族。【关联】❶〔W4213.1〕天狗吞食太阳形成日食；❷〔W4224.1〕天狗三年吞吃一次太阳藏发生一次日食

W编码	母题描述			参照项	
	一级母题	二级母题	三级母题	汤普森	关联项
W4218		日月交合形成日食			【羌族】
W4219		日月相食形成日食			
W4219.1			日月相互追逐把对方吞下又吐出形成日食		【壮族】
W4220		与日食原因有关的其他母题			
W4220.1			太阳宫关门形成日食		【蒙古族】
W4220.2			太阳被抓走形成日食		【珞巴族】
✳ **W4221**	日食的周期				【联1】①
W4222		日食周期有特定的原因			
W4222.1			日食周期与灾难有关		【汉族】
W4223		日食一年出现两次			
W4224		日食三年出现一次			【壮族】
W4224.1			天狗三年吞吃一次太阳就发生一次日食		【蒙古族】
W4225		与日食周期有关的其他母题			
W4225.1			日食一年出现多次		【汉族】
W4225.2			日食若干年出现一次		
◎	〖与日食有关的其他母题〗				
W4226	日偏食				
W4226.1		日偏食是太阳被遮住一个角形成的			【例1】②
W4226.2		日偏食是精灵吃太阳形成的			【珞巴族】
W4227	日全食				
W4227.1		日全食是太阳宫的四个大门全关上形成的			【蒙古族】
W4227.2		日全食是鬼神吃太阳形成的			【民族，联1】③

① 【关联】［W4243］月食的周期
② 【引例】龙按住太阳的一个角形成日偏食【门巴族】
③ 【民族】珞巴族。【关联】［W4213］神或神性人物吃太阳形成日食

W 编码	母题描述			参照项	
	一级母题	二级母题	三级母题	汤普森	关联项
W4228	与日食有关的其他母题				【例1】①
W4228.1		日食的消除			
W4228.1.1			通过击打器物消除日食		【汉族】
W4228.1.2			通过祈祷仪式消除日食		【汉族】
W4228.2		日食作为征兆			【联1】②
W4228.2.1			日食是灾难降临的征兆		
✿ **W4230**	月食				
❋ **W4231**	月食的原因				
W4232		神或神性人物吃月亮形成月食			
W4232.1			天狗吃月亮形成月食		【民族，联1，例2】③
W4232.2			妖魔吃月亮形成月食		【蒙古族】
W4232.3			精灵吃月亮形成月食		【珞巴族】
W4233		人造成月食			
W4233.1			夫妻相食造成月食		【例1】④
W4234		动物吃月亮形成月食			
W4234.1			蛤蟆吞吐月亮形成月食		【布朗族】
W4234.2			青蛙吃月亮形成月食		【珞巴族】
W4234.3			蜈蚣吃月亮形成月食		【侗族】
W4234.4			狗咬月亮形成月食		【民族，联1】⑤
W4234.5			龙吞月亮形成月食		【毛南族】
W4235		压住月亮形成月食			

① 【引例】日环食是精灵吃太阳形成的【珞巴族】
② 【关联】［W9206］天象（自然现象）作为征兆
③ 【民族】鄂伦春族、蒙古族、锡伯族。【关联】［W3074.3］天狗。【引例】❶天狗食月是为了试人心【汉族】；❷月亮得罪天狗导致天狗食月【苗族】
④ 【引例】一对患难夫妻相食造成月食【基诺族】
⑤ 【民族】佤族。【关联】［W4232.1］天狗吃月亮形成月食

W 编码	母题描述			参照项	
	一级母题	二级母题	三级母题	汤普森	关联项
W4235.1			神把月亮压在身下形成月食		【珞巴族】
W4235.2			龙按住月亮形成月食		【门巴族】
W4236		月亮的躲藏形成月食			
W4236.1			月亮躲防天上的魔王形成月食		【蒙古族】
W4236.2			月亮妹妹躲婚形成月食		【民族，联1】①
W4237		动物的活动形成月食			
W4237.1			青蛙拥抱月亮形成月食		【傣族、侗族】
W4237.2			天蛙抓月亮时形成月食		【傣族】
W4238		月亮去谈恋爱时形成月食			【傣族】
W4239		动物遮挡月亮形成月食			
W4239.1			怪兽遮住月亮形成月食		【土族】
W4240		月亮关门形成月食			
W4240.1			月亮宫关门形成月食		【蒙古族】
W4241		日月交合形成月食			【民族，联1】②
W4242		与月食的形成有关的其他母题			
W4242.1			日月相互追逐把对方吞下又吐出形成月食		【壮族】
W4242.2			月亮被抓走形成月食		【民族，联1】③
✳ W4243	**月食的周期**				【联1】④
W4244		月食每年一次			
W4244.1			天狗每年吞吃一次月亮发生一次月食		【蒙古族】

---

① 【民族】傣族。【关联】［W7089］逃婚
② 【民族】羌族。【关联】［W4218］日月交合形成日食
③ 【民族】珞巴族。【关联】［W4220.2］太阳被抓走形成日食
④ 【关联】［W4221］日食的周期

W 编码	母题描述			参照项	
	一级母题	二级母题	三级母题	汤普森	关联项
W4245		月食的其他周期			
W4245.1			月食一年出现多次		【汉族】
◎	《与月食有关的其他母题》				
W4246	月偏食				
W4246.1		月偏食是月亮被遮住一个角形成的			【例1】①
W4246.2		月偏食是鬼神吃月亮形成			【珞巴族】
W4247	月全食				
W4247.1		月亮宫的四个大门全关上形成月全食			【蒙古族】
W4247.2		鬼神吃月亮形成月全食			【珞巴族】
W4248	与月食有关的其他母题				
W4248.1		红月食			【民族，联1】②
W4248.2		月食时敲打器物的来历			
W4248.2.1			月食时敲打器物能五谷丰登		【傣族】
W4248.3		月食的消除			【联1】③
W4248.3.1			通过叫喊消除月食		【汉族】
W4248.3.2			通过击打器物消除月食		【汉族】
W4248.4		月食作为征兆			【联1】④
W4248.4.1			月食是凶兆		【汉族】

---

① 【引例】龙按住月亮的一个角形成月偏食【门巴族】
② 【汉族】汉族。【关联】［W1624.1］红月亮
③ 【关联】［W6594.1.1］月食时春碓的来历
④ 【关联】［W9206］天象（自然现象）作为征兆

4.3 天气与其他自然现象

【W4250 ~ W4619】

4.3.1 天气现象概说【W4250 ~ W4259】

W 编码	母题描述			参照项	
	一级母题	二级母题	三级母题	汤普森	关联项
✱ **W4250**	**天气现象的产生**				
W4251		各种天气自然产生			【联4】①
W4252		天气现象是制造出来的			
W4252.1			神从口鼻中喷出风雨云雾		【傣族】
W4252.2			祖先造风雨雷电		【景颇族】
W4253		特定的人物决定着天气			【联2】②
W4253.1			天神决定风霜雨雪		
W4253.2			玉皇大帝决定风霜雨雪		
W4254		天气与神或神性人物的活动有关			【联1】③
W4255		天气与动物有关			【联2】④
W4256		天气与植物有关			
W4257	与天气的产生有关的其他母题				【联1】⑤
W4257.1		魔物（法）掌控自然现象		①D1540 ②D2140	【联2】⑥

---

① 【关联】❶［W4261］风雨自然产生；❷［W4266］风自然产生；❸［W4331］雨自然产生；❹［W4411］闪电自然产生

② 【关联】❶［W0299.2］风神管风雨雷电；❷［W4378.1］雷神（雷公）造雷

③ 【关联】［W4276.8］神的行走形成风

④ 【关联】❶［W4278.1］巨鸟扇动翅膀形成风；❷［W4354.2］青蛙的口水变成雨

⑤ 【关联】［W0290］气象神

⑥ 【关联】❶［W4368.2］魔物掌控雨；❷［W9002］魔法的作用

W 编码	母题描述			参照项	
	一级母题	二级母题	三级母题	汤普森	关联项
W4257.2		魔物掌控着天气		D1548	
W4257.3		巫师控制天气		G283	【联1】①
W4257.4		魔物（法）掌控风暴		①D1541 ②D2141	【联1】②

4.3.2　风雨【W4260～W4374】

W 编码	母题描述			参照项	
	一级母题	二级母题	三级母题	汤普森	关联项
✿ W4260	风雨的产生				
W4261		风雨自然产生			【联1】③
W4262		风雨是神或神性人物的安排			【例2】④
W4263		风雨相伴产生			
W4263.1			为什么下雨时要刮风		
W4263.2			下雨时刮风因为风神和雨神不和		【汉族】
W4264		与风雨产生有关的其他母题			【联1】⑤
W4264.1			暴风雨天气的产生	A1147	
◎	〖风〗⑥				
✿ W4265	风的产生				
W4266	风自然产生				【汉族】
※ W4267	风源于某个地方				
W4268		风源于天上			
W4268.1			风来源于天边		
W4268.2			风从天洞吹来		【汉族】
W4268.3			捅破天空形成风		【高山族】
W4269		风来源于地上的洞		A1122	【联1】⑦

---

① 【关联】［W9139］巫师的能力
② 【关联】［W4285］风袋中生风
③ 【关联】［W4266］风自然产生
④ 【引例】❶老子安排风雨【汉族】；❷天神管风雨【拉祜族】
⑤ 【关联】［W4252.2］祖先造风雨雷电
⑥ 风，此处关于"风"的母题主要是把风作为一种自然现象的神话表述，与"风"相关的"风神"、"风婆"等母题，可参见"W0 神与神性人物"中［W0292～W0299］风神及相关母题。
⑦ 【关联】［W4276.3］神身上的洞吹出的气形成风

W 编码	母题描述			参照项	
	一级母题	二级母题	三级母题	汤普森	关联项
W4270		风源于地的裂缝			【赫哲族】
W4271		风源于其他地方			
W4271.1			风源于树		【汉族】
☀ **W4272**	风是造出来的				
W4273		神制造风			
W4274		风神制造风			【汉族】
W4274.1			风是风神活动形成的	A1126	
W4274.2			风伯造风		
W4274.3			风神呼气形成风		【例1】①
W4274.4			风姑娘吹出风		【哈尼族】
W4274.5			风神掀动簸箕形成风		【民族，联1】②
W4274.6			风神甩动长发形成风		【鄂温克族】
W4275		其他神造风			【例3】③
W4275.1			雷神造风		【民族，例1】④
W4275.2			树神造风		【汉族】
W4276		神造风的方法			
W4276.1			神的悲号形成风		【珞巴族】
W4276.2			神呼吸形成风	A1121	【民族，例2】⑤
W4276.3			神身上的洞吹出的气形成风		【哈尼族】
W4276.4			神打哈欠形成风		【维吾尔族】
W4276.5			神的咳嗽形成风		【维吾尔族】
W4276.6			神的口哨声形成风		【布依族】
W4276.7			神张嘴形成狂风		【维吾尔族】
W4276.8			神的行走形成风		
W4276.9			神造风的其他方法		
W4277		神性人物制造风			
W4277.1			祖先造风		【布依族】
W4277.2			巫师造风	G283.1	【联2】⑥

① 【引例】风神喘粗气形成大风【怒族】

② 【民族】鄂温克族。【关联】［W4294］掀动簸箕造风

③ 【引例】❶混沌王扇气成风【布依族】；❷神造风【拉祜族】；❸地母神甩动黑发摆动形成飓风【满族】

④ 【民族】畲族、瑶族。【引例】雷公抖翅膀形成风暴【壮族】

⑤ 【民族】布依族、哈尼族、基诺族。【引例】❶烛龙的呼吸形成大风【汉族】；❷女天神呼吸形成阵风【维吾尔族】

⑥ 【关联】❶［W4320.3］巫师送风暴；❷［W9139］巫师的能力

W 编码	母题描述			参照项	
	一级母题	二级母题	三级母题	汤普森	关联项
W4277.3			妖魔造成风		【东乡族、汉族】
W4277.4			风怪制造风		【民族，联1】①
W4277.5			妖婆造风		【蒙古族】
W4277.6			灵魂行走形成风		【汉族、珞巴族】
W4277.7			其他神性人物造风		【例1】②
W4278		动物造风			
W4278.1			巨鸟扇动翅膀形成风	A1125	【例1】③
W4279		无生命物造风			
W4279.1			天制造风	A1130.1	
W4279.2			星星吹出风		【哈萨克族】
W4279.3			雷电兴风		【毛南族】
W4280		与造风有关的其他母题			
W4280.1			用动物的器官造风		【哈尼族】
W4280.2			自然物相克形成风		
W4280.3			月亮遇火星产生风		【鄂温克族】
✳ **W4281**	风是生育产生的				
W4282		神或神性人物生风			
W4283		巨人生风		A1123	【彝族】
W4283.1			风是巨人的孩子		
W4284		人生育风			【哈尼族】
W4284.1			姑娘和星星婚生风		【布依族】
W4285		风袋中生风			【联1】④
W4286		风从其他物体生出			
W4286.1			宝瓶中生风		【汉族】
W4286.2			树生风		
✳ **W4287**	风是变化产生的				
W4288		神或物化为风			
W4288.1			神死后变成风		
W4288.2			盘古的气化为风		【壮族】
W4288.3			风是某物的化身	Z115	

① 【民族】仡佬族。【关联】［W0846.1］风魔
② 【引例】盘古呼出的气变成风【白族】
③ 【引例】白鹤鼓动翅膀形成风【阿昌族】
④ 【关联】［W4328.2.1］装风的袋子（风袋）

W 编码	母题描述			参照项	
	一级母题	二级母题	三级母题	汤普森	关联项
W4289		风是特定气体变成的			
W4289.1			风是男人的阳气		
W4290		与变化形成风有关的其他母题			
W4290.1			人化为风		【哈尼族】
✳ **W4291**	风产生的方式				【联1】①
W4292		巫术（魔法）造风		D2142	【联1】②
W4292.1			魔力制造风	D2142.1	
W4293		呼吸形成风			【联1】③
W4294		掀动簸箕形成风			【联1】④
W4295		扇动形成风			
W4295.1			扇动翅膀造风		【联1】⑤
W4295.2			扇扇子造风		【例1】⑥
W4295.3			用神扇扇出风		【哈尼族】
W4296		甩头发形成风			【联1】⑦
W4297		与风的产生方式有关的其他母题			
W4297.1			放屁形成风		
W4298	与风的产生有关的其他母题				【联1，例1】⑧
W4298.1		特定的声音形成风			【联2】⑨
W4298.2		音和气交合形成风			【纳西族】
✳ **W4300**	风的特征				
W4301		风为什么没有形状			
W4302		风的颜色		A1129.1	
W4303		风为什么无处不在			【汉族】
W4303.1			风没有眼睛胡冲乱闯	A1129.3	
W4304		风为什么在地上			【汉族】
W4305		风的温度			

① 【关联】［W4276］神造风的方法
② 【关联】［W9155］通过巫术造物
③ 【关联】［W4274.3］神呼气形成风
④ 【关联】［W4274.5］风神掀动簸箕形成风
⑤ 【关联】［W4278.1］巨鸟扇动翅膀形成风
⑥ 【引例】扇动芭蕉扇形成风【汉族】
⑦ 【关联】［W4274.6］风神甩动长发形成风
⑧ 【关联】［W4318.2］神争夺食物形成台风。【引例】斑鸠能察看刮风的原因【仡佬族】
⑨ 【关联】❶［W4276.5］神的咳嗽形成风；❷［W4276.6］神的口哨声形成风

W 编码	母题描述			参照项	
	一级母题	二级母题	三级母题	汤普森	关联项
W4305.1			冷风的来历		【联1】①
W4305.2			热风的来历		
W4306		与风的特征有关的其他母题			
W4306.1			风有性灵		
W4306.2			海风为什么有潮湿		【汉族】
✳ **W4307**	风的管理			A1128	【联1】②
W4308		风的秩序的建立		A1120	【联1】③
W4308.1			魔物（法）掌控风	①D1543 ②D2142	【联1】④
W4308.2			魔力使风静止	D2142.2	【联1】⑤
W4308.3			夏天常刮大风的原因		【珞巴族】
W4309		神管理风			【联1】⑥
W4310		神性人物管理风			
W4311		特定的人管理风			
W4312		动物管理风			
W4312.1			虎掌管风		【汉族】
W4312.2			凤掌管风		【汉族】
W4313		与风的管理有关的其他母题			【联2】⑦
W4313.1			狗可以止风		【汉族】
✳ **W4314**	特定名称的风				
W4315	龙卷风			A1148	
W4315.1		龙卷风是龙造成的			
W4315.1.1			龙下凡形成龙卷风		【达斡尔族】
W4315.1.2			水里升降起落的龙造成龙卷风		【汉族】
W4315.2		雷公制造龙卷风			【布依族】
W4316	寒风				
W4316.1			寒风是妖魔变成的		

① 【关联】［W4316］寒风
② 【关联】［W4308］风的秩序的建立
③ 【关联】［W4626］自然秩序的建立
④ 【关联】［W9002］魔法的作用
⑤ 【关联】［W4292.1］魔力制造风
⑥ 【关联】［W0299.2］风神管风雨雷电
⑦ 【关联】❶［W0292］风神；❷［W6498.8］祭风

W 编码	母题描述			参照项	
	一级母题	二级母题	三级母题	汤普森	关联项
W4317	季风			A1127	【联1】①
W4317.1		季风是神定下的规矩			【仫佬族】
W4317.2		春风为什么干燥			【汉族】
W4318	台风				
W4318.1		龙的行走形成台风			【汉族】
W4318.2		神争夺食物形成台风			【联1】②
W4319	旋风				
W4319.1		人惊动风神造成旋风			【鄂温克族】
W4320	风暴				【联2】③
W4320.1		神奇的风暴		D905	
W4320.2		魔鬼制造风暴		D2141.0.3	【蒙古族】
W4320.3		巫师造风暴		D2141.0.8	
W4320.4		鬼魂造成风暴		E292	
W4320.5		风暴是对人的惩罚		Q552.14	
❊ **W4321**	**特定方向的风**				
W4322		南风			
W4322.1			为什么刮南风天热		【联1】④
W4322.2			刮西南风天就热		
W4323		北风			
W4323.1			为什么刮北风天冷		【例2】⑤
W4324		其他方向的风			
W4324.1			东南风特征的来历		
◎	〖**其他相关母题**〗				
W4325	风门				【彝族】
W4326	风穴				【壮族】
W4326.1		风穴在地下			
W4327	风道				【例1】⑥
W4328	与风有关的其他母题				
W4328.1		神奇的风		D906	
W4328.2		捉风者			【壮族】

① 【关联】［W4770］季节
② 【关联】［W8790］神之间的争战
③ 【关联】❶［W4257.4］魔物（法）掌控风暴；❷［W9187.8］咒语掌控风暴
④ 【关联】［W4305.2］热风的来历
⑤ 【引例】❶刮东北风天就变冷是因为东北的天是用冰补的【汉族】；❷刮西北风天就变冷是因为西北的天是用冰补的
⑥ 【引例】用龙牛的喉做风的路【哈尼族】

W 编码	母题描述			参照项	
	一级母题	二级母题	三级母题	汤普森	关联项
W4328.2.1			装风的袋子（风袋）	C322.1	
◎	〖雨〗				
✿ **W4330**	雨的产生			A1131	
W4331	雨自然产生				
✳ **W4332**	雨源于某个地方				
W4333		雨源于天上某个地方			
W4333.1			雨是倒下来的水	D2143.1.1	
W4333.2			雨从天上的海（河）里来	A1131.3	
W4333.3			雨是天上渗出的水		【土家族】
W4333.4			雨从天洞中漏下来		
W4333.5			雨从天缝中漏下来		【瑶族】
W4334		雨源于天上的容器		A1131.4	【例1】①
W4334.1			雨源于天上的池塘		【例1】②
W4334.2			雨源于天上的水缸（水桶）		【土家族】
W4334.3			雨源于天上的宝瓶		【汉族】
W4335		雨源于云中			
W4336		与雨源于某个地方有关的其他母题			
W4336.1			天降金雨		【民族，联1】③
W4336.2			神或神性人物（圣人）带来雨	D2143.1.12	
W4336.3			雨是天上落下的碎物		
✳ **W4337**	雨是造出来的				
W4338		天造雨		A1130.1	
W4339		神造雨			
W4339.1			雨神造雨	A1131.5	
W4339.2			雷神造雨		【壮族】
W4339.3			海神造雨		【汉族】

① 【引例】天上泼一勺水，地上的雨下一个昼夜【保安族】
② 【引例】雨是天上的水塘溢水造成的【珞巴族】
③ 【民族】羌族。【关联】［W1981］金的产生

W 编码	母题描述			参照项	
	一级母题	二级母题	三级母题	汤普森	关联项
W4339.4			风雨云雾神造雨		【傣族】
W4339.5			玉皇大帝造雨		【例1】①
W4339.6			其他神造雨		
W4340		神性人物造雨			【例2】②
W4340.1			祖先造雨		【布依族】
W4340.2			真主造雨		【回族】
W4340.3			妖魔造成雨		【汉族】
W4340.4			巫师行云播雨	①≈D2143.1.9 ②G283.3	
W4341		龙造雨			【联1】③
W4341.1			龙身上装着雨水		【鄂温克族、赫哲族】
W4341.2			龙王降雨		【联1，例4】④
W4342		无生命物造雨			
W4342.1			星星洒雨水	A1131.6	
W4342.2			彩虹打井造雨		【民族，联1】⑤
W4342.3			雷电造雨		【毛南族】
W4343		其他特定的人物造雨			
W4343.1			神奇的葫芦洒雨		【纳西族】
W4344		造雨的方法			
W4344.1			喷水形成雨		【例2】⑥
W4344.2			天上泼水形成雨		【例2】⑦
W4344.3			打喷嚏形成雨		【例1】⑧
W4344.4			魔法制造雨	D2143.1	
W4344.5			与造雨方法有关的其他母题		
W4345		与造雨有关的其他母题			【例1】⑨
W4345.1			云神水神出现时就下雨		【畲族】

① 【引例】玉皇大帝用扫帚洒水造成雨【土家族】
② 【引例】❶伏羲造雨【壮族】；❷王母娘娘用净水瓶降雨
③ 【关联】［W0304.4］龙是雨神
④ 【关联】［W4361.2］暴雨水龙造成的。【引例】❶龙王发脾气造成大雨【东乡族】；❷土龙降雨雨【汉族】；❸龙王洒水形成雨【苗族、彝族】；❹龙王作法降雨【纳西族】
⑤ 【民族】布依族。【关联】［W4503］虹的特征
⑥ 【引例】❶神喷水形成雨【布依族】；❷雨是风雨云雾神吐出的水【傣族】
⑦ 【引例】❶雷公在天上泼水形成雨【布依族】；❷玉皇大帝用扫帚洒水造成雨【土家族】
⑧ 【引例】雷公打喷嚏形成雨【侗族】
⑨ 【引例】蛤蟆哭引起大雨【东乡族】

W 编码	母题描述			参照项	
	一级母题	二级母题	三级母题	汤普森	关联项
W4345.2			东海女神降临时下雨		【满族】
✵ **W4346**	雨是生育产生的				
W4347		神或神性人物生雨			
W4347.1			天父地母婚生雨		【珞巴族】
W4347.2			巨人生雨		【彝族】
W4348		雾生雨			【藏族】
W4348.1			云雾往下滴水星形成雨		【门巴族】
W4349		与生育产生雨有关的其他母题			
W4349.1			天父与地母生雨		【珞巴族】
✵ **W4350**	雨是变化产生的				
W4351		汗水变成雨			
W4351.1			神或神性人物的汗水变成雨		【阿昌族、布依族】
W4351.2			特定动物的汗水变成雨		【例1】①
W4352		泪水变成雨		A1131.1	
W4352.1			天的眼泪变成雨		【佤族】
W4352.2			天神的眼泪变成雨		【民族，例1】②
W4352.3			太阳女神的泪变成雨		【傈僳族】
W4352.4			日月的眼泪变成雨		【哈萨克族】
W4352.5			牛的眼泪变成雨		【哈尼族】
W4353		尿变成雨		A1131.1.1	
W4353.1			特定的人物的尿变成雨		【侗族、壮族】
W4353.2			天撒尿变成雷雨		【壮族】
W4354		唾液变成雨			【汉族】
W4354.1			神吐出的唾液变成雨		【基诺族】
W4354.2			青蛙的口水变成雨		【汉族】
W4355		鼻涕变成雨			【例1】③
W4356		血变成雨			
W4356.1			特定人物的血变成雨		【哈尼族】

① 【引例】负载大地的巨象汗水蒸发形成雨【藏族】
② 【民族】珞巴族、壮族。【引例】女天神的眼泪成为雨【维吾尔族】
③ 【引例】大鳌的鼻涕变成暴雨【汉族】

W 编码	母题描述			参照项	
	一级母题	二级母题	三级母题	汤普森	关联项
W4356.2			神怀孕流出的血变成雨		【珞巴族】
W4356.3			神牛的血变成雨		【哈尼族】
W4357		动物的肢体变成雨			
W4357.1			青蛙的尸体肢解变成雨		【哈尼族】
W4358		其他特定的物变化为雨			
W4358.1			雷电化雨		【景颇族】
W4359		与变化产生雨有关的其他母题			
W4359.1			集云为雨		【汉族】
W4359.2			清浊气相合形成雨		【彝族】
W4360	与雨的产生有关的其他母题				
W4360.1		白云黑云相碰形成雨			【拉祜族】
W4360.2		宰杀动物引起大雨			【黎族】
W4360.3		下雨是神对人的惩罚		A1131.2	
W4360.3.1			因为人类的过错天神把下粮食变成下雨		【民族，联1】①
W4360.4		下雨源于祈祷		D2143.1.3	【联1】②
◎	〖常见的雨〗				
W4361		暴雨			【联1】③
W4361.1			暴雨是天池漏水造成的		【哈尼族】
W4361.2			暴雨水龙造成的		
W4361.3			暴雨是天神搅动乌云造成的		【独龙族】
W4361.4			暴雨是天神泼水形成的		【珞巴族】
W4362		小雨			
W4362.1			小雨的来历		
W4363		血雨			

① 【民族】汉族。【关联】［W4087］天降粮食
② 【关联】［W6507］祭祀求雨
③ 【关联】［W4372.4.1］南方多暴雨的原因

W 编码	母题描述			参照项	
	一级母题	二级母题	三级母题	汤普森	关联项
W4363.1			天降血雨的原因		
W4363.2			血雨是不祥之兆		【汉族】
W4364		其他类型的雨			
W4364.1			陨石雨		【联1】①
W4364.2			流星雨		【联1】②
✳ **W4365**	雨的管理			A1131.0.1	
W4366		天管下雨			【蒙古族】
W4367		神管下雨			【联1，例1】③
W4367.1			天神管雨		
W4367.2			雷神管雨		【壮族】
W4367.3			山神掌管雨		【藏族】
W4367.4			雨神掌管雨		【民族，联1】④
W4368		神性人物管下雨			【联1，例1】⑤
W4368.1			王母掌管雨		【民族，联1】⑥
W4368.2			仙大王管雨		【水族】
W4368.3			乌云姑娘管理雨		【维吾尔族】
W4368.4			魔物（法）掌控雨	D1542	
W4368.5			土皇值日时常下雨		【白族】
W4369		动物管下雨			
W4369.1			龙王管雨		【民族，联1】⑦
W4369.2			龙公龙婆管雨		【苗族】
W4369.3			蛇王管雨		【例1】⑧
W4369.4			蛟龙管雨		【汉族】
W4369.5			蛙管雨		【壮族】
W4370		施法术后下雨			【民族，联1】⑨
W4371		雨的停止（止雨）			
W4371.1			关天河闸门后停雨		【仫佬族】
W4371.2			塞住天肚脐后停雨		【苗族】

① 【关联】［W1866.1］陨石
② 【关联】［W1748］流星
③ 【关联】［W4367.4］雨神掌管雨。【引例】雨神负责向大地降雨【珞巴族】
④ 【民族】汉族。【关联】［W0300］雨神
⑤ 【关联】［W0697.4］黄帝主管下雨。【引例】鬼的孩子管下雨布雾【景颇族】
⑥ 【民族】汉族。【关联】［W0755］西王母
⑦ 【民族】朝鲜族、普米族。【关联】［W3581.6］龙王的能力（职能）
⑧ 【引例】蛇王不让天下雨【门巴族】
⑨ 【民族】土家族。【关联】［W9152］巫术的作用

W 编码	母题描述			参照项	
	一级母题	二级母题	三级母题	汤普森	关联项
W4371.3			焚猴骨求雨停		【民族，联1】①
W4372	与雨有关的其他母题				【联2】②
W4372.1		神奇的雨		D902	【联1】③
W4372.1.1			太阳雨		【例1】④
W4372.2		雨为什么从天上落下来			【例1】⑤
W4372.3		雨量的形成			
W4372.3.1			天神掌握着雨量		【汉族】
W4372.3.2			天上三瓢水地下三天雨		【例1】⑥
W4372.4		某个地方多雨的原因			
W4372.4.1			南方多暴雨的原因		【阿昌族】
W4372.5		下雨的管子			
W4372.5.1			用牛肠做下雨的管子		【哈尼族】

4.3.3　雷电【W4375～W4439】

W 编码	母题描述			参照项	
	一级母题	二级母题	三级母题	汤普森	关联项
◎	〖雷⑦〗				
✿ **W4375**	雷的产生			A1142	
W4375.1		以前没有雷			【珞巴族】
W4376	雷源于某个地方				
W4376.1		雷源于天边			【汉族】

---

① 【民族】高山族。【关联】［W6470～W6509］祭祀
② 【关联】❶［W4264.1］暴风雨天气的产生；❷［W4368.1］王母掌管雨
③ 【关联】［W4363］血雨
④ 【引例】太阳雨是神、龙显灵【佤族】
⑤ 【引例】天父地母把生的雨带到天上【珞巴族】
⑥ 【引例】三天三夜的雨是从天池倒下三瓢【布依族】
⑦ 雷，此处的"雷"指特定的自然现象。"雷"在神话中一般与"雷公"、"雷王"等密切联系，是拟人化的神或神性人物。其他情形可参见"［W0305～W0358］雷神"母题。

W 编码	母题描述			参照项	
	一级母题	二级母题	三级母题	汤普森	关联项
W4376.2		雷源于云中			
✳ **W4377**	雷是造出来的				
W4378		神造雷			【联1】①
W4378.1			雷神（雷公）造雷		【联1，例1】②
W4378.2			神匠造雷		【彝族】
W4378.3			山神放雷		【藏族】
W4379		神性人物造雷			
W4379.1			天上的巨人造雷	A1142.9	
W4379.2			祖先造雷		【布依族】
W4380		动物造雷			
W4380.1			龙发出雷		【蒙古族】
W4380.2			飞龙造雷	A1142.2	
W4381		与造雷有关的其他母题			
W4381.1			特定的人会在空中打雷		【珞巴族】
W4381.2			雷兽造雷		【汉族】
✳ **W4382**	雷是生育产生的				
W4383		神或神性人物生雷			
W4383.1			巨人生雷		【彝族】
W4383.2			天父与地母生雷		【珞巴族】
W4384		卵生雷			【水族】
W4385		与生雷有关的其他母题			
W4385.1			日月生雷		【毛南族】
✳ **W4386**	雷是变化出生的				
W4387		人变成雷			
W4387.1			人升天变成雷	A1142.3	【汉族】
W4387.2			特定的人变成雷		
W4387.3			被抛弃的孩子变成雷	≈S378	【联1】③
W4388		特定的动物变成雷			【水族】
W4389		与变雷有关的其他母题			

① 【关联】［W4407.1］天神生气形成雷
② 【关联】［W0305］雷神。【引例】雷神所到之处就会出现雷电【毛南族】
③ 【关联】［W2670］弃婴（弃儿）

W 编码	母题描述			参照项	
	一级母题	二级母题	三级母题	汤普森	关联项
W4389.1			呵出来的气变成雷		
W4389.2			灵魂变成雷		【汉族】
❊ W4390	**雷是特定的声音**				
W4391		雷是神或神性人物发出的声音		A1142.1	【例1】①
W4392		雷是吼声			
W4392.1			雷是天神的吼叫声		【维吾尔族】
W4392.2			雷是雷公的吼叫声		【布依族】
W4392.3			雷是天上神灵的争吵声		【珞巴族】
W4393		雷是呻吟声			
W4393.1			雷是雷公的呻吟声		【黎族】
W4394		雷是叫喊声			
W4394.1			雷是盘古的叫喊声		【汉族】
W4394.2			雷是天神吆喝羊群的声音		【柯尔克孜族】
W4395		雷是咳嗽声			
W4395.1			雷是神的咳嗽声		【布依族】
W4396		雷是喷嚏声			
W4397		雷是咬牙声			
W4397.1			雷是天神咬牙的声音		【纳西族】
W4397.2			雷是月亮咬牙的声音		【汉族】
W4398		雷是脚步声			
W4398.1			雷是天神的脚步声	≈ A1142.8	
W4399		雷是哭声			
W4399.1			雷是天上的人的哭声		【珞巴族】
W4399.2			雷是神的哭声		【珞巴族】
W4400		雷是枪声			【例1】②
W4400.1			雷是天神放枪形成的	A1142.5	
W4401		雷是敲打声			【联1，例1】③

---

① 【引例】雷是神性人物闪动翅膀的声音【珞巴族】
② 【引例】雷是创世主的射箭声【哈萨克族】
③ 【关联】［W4401.5］雷是人敲打竹管的声音。【引例】雷声是天堂的一个老头击鼓【鄂温克族】

W 编码	母题描述			参照项	
	一级母题	二级母题	三级母题	汤普森	关联项
W4401.1			雷是神在天上的击鼓声		【鄂温克族】
W4401.2			雷是雷神的击鼓声		【鄂温克族、黎族、瑶族】
W4401.3			雷是雷神用锤敲打凿子的声音		【鄂伦春族】
W4401.4			雷声是天上打铁的声音		【民族，例1】①
W4401.5			雷是人敲打竹管的声音		【珞巴族】
W4401.6			雷是天上的人敲打盾牌的声音		【珞巴族】
W4402		雷是撞击声			【例2】②
W4402.1			雷是雷石撞击声		
W4402.2			雷是牛角撞击的声音		【哈尼族】
W4402.3			雷是石头相碰的声音		【怒族】
W4402.4			雷是兵器的撞击声		【例1】③
W4403		雷是推磨声			
W4403.1			雷是雷公推磨的声音		【畲族】
W4404		雷是啄物声			
W4404.1			雷是鸟啄云彩发出的声音		
W4405		雷是抽鞭声			
W4405.1			雷是天神抽打皮鞭的声音		【柯尔克孜族】
W4406		雷是其他特定的声音			【例1】④
W4406.1			雷是动物的器官发出的声音		
W4406.2			雷是撕裂衣物的声音		
W4406.3			雷是鸟扇动翅膀的声音		【珞巴族】

① 【民族】怒族。【引例】天上人打铁溅出的火星是雷电【怒族】
② 【引例】❶雷是精灵投掷石块的声音【哈萨克族】；❷雷是天上的男子敲击盾牌【珞巴族】
③ 【引例】雷声是达孔（婚生的怪胎）与蛇搏斗的声音【珞巴族】
④ 【引例】龙牛肺跳动成为雷声【哈尼族】

W 编码	母题描述			参照项	
	一级母题	二级母题	三级母题	汤普森	关联项
W4406.4			雷是屁声		【汉族】
W4407	与雷的产生有关的其他母题				【例1】①
W4407.1		天神生气形成雷			【藏族】
W4407.2		阴阳两气接触为雷			【汉族】
W4407.3		女神摆动长发形成雷			【民族，联1】②
W4407.4		雷是天神惩恶			【蒙古族】
W4408	与雷有关的其他母题				【联5】③
W4408.1		神奇的雷		≈ F968	
W4408.2		霹雳			
W4408.2.1			霹雳是天神发出的长啸		【傈僳族】
W4408.2.2			霹雳是雷神杀妖		【赫哲族】
W4408.3		雷在天上的原因			
W4408.3.1			雷被兄弟斗败后逃到天上		【侗族、苗族】
W4408.3.2			雷被带到天上		【例1】④
W4408.4		雷是人的名字			【例1】⑤
W4408.5		雷声传得很远			【民族，例1】⑥
W4408.6		10 月后没雷声的原因			【汉族】
W4408.7		雷是动物			【壮族】
◎	〖闪（闪电）〗				
✳ **W4410**	闪电的产生			A1141	
W4411		闪电自然产生			
W4412		闪电源于某个地方			【汉族】
W4413		神造闪电		A1141.6	
W4413.1			雷神造闪电		【例1】⑦
W4413.2			山神放闪电		【藏族】
W4413.3			神挥动针形成闪电		【珞巴族】

① 【引例】富翁出门就打雷【怒族】
② 【民族】珞巴族。【关联】〔W4274.6〕风神甩动长发形成风
③ 【关联】❶〔W0305〕雷神；❷〔W0358.2〕雷精；❸〔W0397.1〕雷电是山神的法宝；❹〔W4977.2〕雷的管理；❺〔W9921.4〕被雷劈死作为惩罚
④ 【引例】雷在天上是因为被父亲带到了天上【珞巴族】
⑤ 【引例】雷是一个脾气很暴的孩子的名字【布依族】
⑥ 【民族】畲族。【引例】雷叫三声八万里【毛南族】
⑦ 【引例】雷公挥动火链形成闪电【侗族】

W 编码	母题描述			参照项	
	一级母题	二级母题	三级母题	汤普森	关联项
W4414		神性人物造闪电			
W4414.1			祖先造闪电		【布依族】
W4414.2			闪是闪娘娘用镜子照妖精		【赫哲族】
W4414.3			闪电是女神用宝镜降妖		【赫哲族】
W4415		人造闪电			
W4416		动物造闪电			
W4416.1			龙发出闪电		【蒙古族】
W4417		闪电是生育产生的			
W4417.1			闪电是天父地母生的儿子		【珞巴族】
W4417.2			日月生闪电		【毛南族】
W4418		闪电是变化产生的			
W4418.1			人变成闪电		【汉族】
W4418.2			目光变成闪电		【例1】①
✳ **W4419**	特定的行为形成闪电				
W4420		眨眼形成闪电			【联1】②
W4420.1			闪电是神眨眼睛		【布依族】
W4420.2			雷神眨眼形成闪电		【布依族、畲族】
W4420.3			怪鸟转动眼睛形成闪电		【苗族】
W4421		照镜子形成闪电			
W4421.1			闪电是电母照镜子		
W4422		呵气形成闪电			
W4423		叫喊形成电闪			【傈僳族】
W4423.1			天神的长啸成为闪		【傈僳族】
W4424		甩鞭形成闪电			【联2】③
W4424.1			天神挥动皮鞭形成闪电		【柯尔克孜族】
W4425		其他行为形成闪电			
W4425.1			闪电是天马踏星	A1141.3	
W4425.2			天上追赶蛇形成闪电		【例1】④

① 【引例】盘古的目光变成闪电 【汉族】

② 【关联】［W4418.2］目光变成闪电

③ 【关联】❶［W4405.1］雷是天神抽打皮鞭的声音；❷［W4434.1］闪电是神甩长鞭

④ 【引例】闪电是达孔（婚生的怪胎）举着火把追赶蛇 【珞巴族】

W 编码	母题描述			参照项	
	一级母题	二级母题	三级母题	汤普森	关联项
✳ **W4426**	**特定的光形成闪电**				
W4427		闪电是目光			【联 1】①
W4427.1			闪电是风雨云雾神的目光		【傣族】
W4427.2			闪电是牛的目光		【哈尼族】
W4428		闪电是火光			【例 1】②
W4429		其他光形成闪电			【例 2】③
W4429.1			闪电是刀光		【联 1，例 1】④
W4429.2			闪电是剑光	A1141.2	
W4429.3			闪电是神灯发出的光		
✳ **W4430**	**特定的物形成闪电**				
W4431		闪电是特定的肢体			
W4431.1			闪电是雷公的心		【联 1】⑤
W4431.2			闪电是雷婆的头发		【壮族】
W4432		闪电是刀			
W4432.1			闪电是神的刀	A137.14.4	
W4432.2			闪电是刀的锋芒		【黎族】
W4433		闪电是箭			
W4433.1			闪电是神射出的箭		【哈萨克族】
W4434		闪电是鞭（闪电是藤）			
W4434.1			闪电是神甩长鞭	A1141.4	【联 1】⑥
W4434.2			闪电是雷公天上打藤条		【黎族】
W4435		闪电是火		A1141.7	
W4435.1			天上的火星形成闪电		【怒族】
W4436		与特定的物形成闪电有关的其他母题			
W4436.1			闪电是火蛇	A1141.1	

① 【关联】［W4418.2］目光变闪电
② 【引例】闪电是神性人物闪动翅膀碰到岩石发出的火光【珞巴族】
③ 【引例】闪电是天上的女子的身躯发出的闪光【珞巴族】；闪电是铁棒相击发出的亮光【珞巴族】
④ 【关联】［W4432.2］闪电是刀的锋芒。【引例】闪电是英雄斗雷公时挥舞的刀【水族】
⑤ 【关联】［W0324.1］雷神的心
⑥ 【关联】［W4405.1］雷是天神抽打皮鞭的声音

W 编码	母题描述			参照项	
	一级母题	二级母题	三级母题	汤普森	关联项
W4436.2			闪电是闪光的长簪		【珞巴族】
W4436.3			闪电是缝天边和地边的银线		
W4437	与闪电产生有关的其他母题			A1141.8	【例1】①
W4437.1		闪电是天上的女人露出的身体			【例1】②
W4437.2		阴阳两气碰撞为电			【汉族】
W4437.3		闪电是为了对坏人验明正身			
W4438	与闪电有关的其他母题				【联1，例1】③
W4438.1		闪电是神的信使		A1141.5	
W4438.1.1			闪电是雷公的助手		【汉族】
W4438.2		闪电是一个爱哭啼的姑娘的名字			【布依族】

4.3.4　云霞霓虹　【W4440～W4509】

W 编码	母题描述			参照项	
	一级母题	二级母题	三级母题	汤普森	关联项
◎	〖云〗				
✿ **W4440**	云的产生			①A705.1 ②A1133	
✳ **W4441**	云源于某个的地方				
W4442		云源于天上			【联1】④
W4442.1			云源于天边		【汉族】
W4442.2			云源于天河		
W4443		云源于其他地方			
W4443.1			云源于山		
W4443.2			云源于地		【联1】⑤
W4443.3			云源于水		【联1】⑥
✳ **W4444**	云是造出来的				

① 【引例】用牛舌做闪电【哈尼族】
② 【引例】闪是天上的女子生气时故意露出的身体【珞巴族】
③ 【关联】［W0360］闪电神（闪身、电神、电母）。【引例】闪电在天上是因为被父亲带到了天上【珞巴族】
④ 【关联】［W4449.1］天生云
⑤ 【关联】［W4449.2］地生云
⑥ 【关联】［W4449.3］水生云

W 编码	母题描述			参照项	
	一级母题	二级母题	三级母题	汤普森	关联项
W4445		神或神性人物造云			
W4445.1			云神造云		
W4445.2			天神造云	A1130.1	
W4445.3			神用云装饰天空	A1133.2	
W4445.4			创世者造云		【壮族】
W4445.5			祖先造云		【布依族】
W4445.6			真主造云		【回族】
W4446		与造云有关的其他母题			
W4446.1			雷公鸡造云		【民族，联1】①
W4446.2			雷电造云		【毛南族】
✱ **W4447**	云是生育产生的（生云）				
W4448		风生云			【蒙古族、纳西族】
W4448.1			风吹出云		【土家族】
W4449		与生云有关的其他母题			
W4449.1			天生云		【民族，联1】②
W4449.2			地生云		
W4449.3			水生云		【汉族】
W4449.4			天父与地母生云		【珞巴族】
W4449.5			风水门打开后产生云		【民族，联1】③
✱ **W4450**	云是变化产生的				
W4451		垂死化生为云			
W4451.1			神的尸体化为云		【汉族】
W4451.2			神性人物的肢体化为云		【民族，例1】④
W4451.3			青蛙的尸体肢解变成云		【哈尼族】
W4452		头发变成云			
W4452.1			神的毛发变成云		

① 【民族】羌族。【关联】［W0515.2］雷公鸡
② 【民族】蒙古族。【引例】云是天神的孩子【汉族】
③ 【民族】彝族。【关联】［W4526.1］风水门打开后产生雾
④ 【民族】汉族。【引例】盘古死后的油脂变成了云彩【白族】

W 编码	母题描述			参照项	
	一级母题	二级母题	三级母题	汤普森	关联项
W4452.2			盘古的头发变成云		【民族，联1】①
W4453		皮肤变成云			
W4453.1			祖先的头皮变成云		【彝族】
W4453.2			神的手茧变成白云		【拉祜族】
W4454		羽毛变成云			
W4454.1			天鹅的毛变成白云		【傈僳族】
W4455		气变成云			
W4455.1			神或神性人物呼出的气变成云		【民族，例1】②
W4455.2			动物呼出的气变成云（雾）		
W4455.3			龙呼出的气变成云		【哈尼族】
W4456		水变成云			【联2】③
W4456.1			蒸腾的水气形成云		【蒙古族】
W4456.2			汗水蒸发的气变成云		
W4456.3			特定动物的汗水蒸发变成云		【藏族】
W4456.4			泉的雾气上升为青云		【汉族】
W4457		沙子变成云			
W4457.1			飞扬的泥土变成云		
W4457.2			沙子撒上天形成云		【彝族】
W4458		烟变成云		≈J2277.1	【例2】④
W4458.1			云是升起的烟雾	A1133.3	
W4459		衣物变成云			
W4459.1			云是神的衣裳（遮蔽物）	A1133.4	【布依族】
W4459.2			天神织的布变成云		【傈僳族】
W4460		棉花变成云			
W4460.1			补天的棉花变成白云		【壮族】
W4461		其他特定物变成云			

① 【民族】瑶族。【关联】［W4429.3］盘古的头发变雾
② 【民族】阿昌族、汉族。【引例】盘古垂死化身的气成云【壮族】
③ 【关联】❶［W4443.3］云源于水；❷［W4449.3］水生云
④ 【引例】❶妖怪吐烟成为云雾【布依族】；❷烧柴冒烟形成云【布依族】

W 编码	母题描述			参照项	
	一级母题	二级母题	三级母题	汤普森	关联项
W4461.1			火光变成云		【门巴族】
W4462	与云的产生有关的其他母题				
W4462.1		特定的物炸开后变成云			【白族】
✳ **W4463**	**云的特征**				
W4464		云为什么是白色的			
W4465		云为什么在天上			【联1】①
W4465.1			天父地母把生的云带到天上		【珞巴族】
W4466		云为什么能下雨			
W4467		与云的特征有关的其他母题			
W4467.1			云为什么在地球周围	A873	
W4467.2			以前云离人很近		【哈萨克族】
W4468	与云有关的其他母题				【联2】②
W4468.1		神奇的云		①D901 ②F795 ③≈F967	
W4468.2		彩云			
W4468.2.1			补天的五色石变彩云		【汉族】
W4468.2.2			五色云彩是天上的彩石		【土家族】
W4468.3		乌云			
W4468.3.1			乌云是雷婆的生殖器		【民族，联1】③
W4468.3.2			乌云是太阳哭泣造成的		【珞巴族】
W4468.4		祥云			【例1】④
W4468.5		魔力掌控着云		D2147	
W4468.6		神仙放牧云彩			【柯尔克孜族】
W4468.7		云的消散			

---

① 【关联】［W4442］云来源于天上
② 【关联】❶［W0368］云神；❷［W1326.5］云支撑天
③ 【民族】壮族。【关联】［W0312］女雷神（雷婆）
④ 【引例】神仙驾祥云【汉族】

W 编码	母题描述			参照项	
	一级母题	二级母题	三级母题	汤普森	关联项
◎	〖霞（彩霞）〗				
❋ W4470	霞的产生			A797	
W4471		霞源于某个地方			
W4471.1			霞源于仙宫		【汉族】
W4472		神或神性人物造霞			
W4472.1			神呵气成为霞		【满族】
W4472.2			雷神劈出霞		【傣族】
W4472.3			龙女织出云霞		【佤族】
W4473		人造霞			
W4474		人变成霞			【汉族】
W4475		血变成霞			【例2】①
W4475.1			神的血液变成霞		
W4475.2			创世者血液变成霞		
W4475.3			文化英雄吐血成霞		【侗族】
W4475.4			人的血变成霞		【哈尼族】
W4475.5			星星流血变成霞		【壮族】
W4476		衣物变成霞			【联1】②
W4477		霞是特定的痕迹			
W4478		霞是特定的物			
W4478.1			霞是女神的彩色包头		【纳西族】
W4479		与霞的产生有关的其他母题			
❋ W4480	霞的特征				
W4481		霞为什么有艳丽的颜色			【汉族】
W4482		霞为什么出现在特定时间			
W4483		与霞的特征有关的其他母题			
W4484	与霞有关的其他母题				
W4484.1		朝霞			【汉族】
W4484.2		晚霞			

---

① 【引例】❶牛的血变成彩霞【哈尼族】；❷女始祖头上流的血成云霞【普米族】
② 【关联】［W4484.2.2］晚霞是补天花布

W 编码	母题描述			参照项	
	一级母题	二级母题	三级母题	汤普森	关联项
W4484.2.1			晚霞是血染成的		【联1】①
W4484.2.2			晚霞是补天的花布		
W4484.3		霞的消散			
W4484.3.1			霞被风吃掉		【汉族】
◎	〖虹〗				
❋ W4485	虹的产生			A791	
W4486		虹源于某个地方			【联1】②
W4486.1			虹从天边出来		【汉族】
W4487		虹是造出来的			【联1】③
W4487.1			虹是神造的桥	A791.3	
W4487.2			神的行走形成彩虹		【阿昌族】
W4487.3			人造虹		【独龙族】
W4488		虹是生育产生的			
W4488.1			天父与地母生彩虹		【珞巴族】
W4489		神或神性人物变成虹			
W4489.1			神死后变成虹		
W4489.2			神性人物死后变成虹		
W4489.3			祖先的舌头变成虹		【布依族】
W4490		人变成虹			【民族，联1，例1】④
W4490.1			人死后变成虹		【壮族】
W4490.2			人升天变成虹		
W4490.3			人因为羞耻变成虹		【例1】⑤
W4491		动物变成虹			
W4491.1			蝴蝶变成虹	A791.9	
W4491.2			龙变成虹		【民族，例1】⑥
W4491.3			蛇升天变成虹		【珞巴族】
W4491.4			鹿胆变成虹		【民族，联1】⑦
W4492		植物变成虹			

① 【关联】［W4475］血变成霞

② 【关联】［W4507.4］虹住在洞中

③ 【关联】［W4498.1］虹是神上天的桥

④ 【民族】佤族。【关联】［TPS：A791.5］王变成虹。【引例】一对兄妹变彩虹【汉族】

⑤ 【引例】与哥哥通奸的妹妹含羞入地变成雨中彩虹【佤族】

⑥ 【民族】拉祜族。【引例】龙死后化为虹【汉族】

⑦ 【民族】普米族。【关联】［W4491］动物变化为虹

W 编码	母题描述			参照项	
	一级母题	二级母题	三级母题	汤普森	关联项
W4492.1			树变成虹		【彝族】
W4493		气化为虹			【民族，例1】①
W4493.1			蛤蟆吐出的气化为虹		【汉族】
W4494		与变虹有关的其他母题			
W4494.1			扔到天上的腰带变成虹		【民族，联1】②
W4494.2			火焰变成虹		【联1，例1】③
✳ **W4495**	虹是某种特定的物				【联3】④
W4496		虹是特定的带子			
W4496.1			虹是挂在天上的腰带		【赫哲族】
W4496.2			虹是飘带		【布依族】
W4496.3			虹是五彩带		【瑶族】
W4496.4			虹是英雄的宝带		【畲族】
W4497		虹是动物			【联1】⑤
W4497.1			虹是天上的蛇	A791.2	【联1】⑥
W4497.2			虹是天上的龙		【例2】⑦
W4497.3			虹是马		【联1】⑧
W4498		虹是桥			【联2】⑨
W4498.1			虹是神上天的桥		
W4498.2			虹是人死后上天的桥		【汉族】
W4499		虹是弓			
W4599.1			虹是神的弓	A791.1	
W4500		虹是鞭子			
W4500.1			虹是日月的鞭子		【民族，例1】⑩

---

① 【民族】彝族。【引例】恋人的坟中冒出的热气成为虹【基诺族】
② 【民族】赫哲族。【关联】［W4496］虹是特定的带子
③ 【关联】［W4487.2］神的行走形成彩虹。【引例】一对恋人火葬后形成的火焰变成虹【彝族】
④ 【关联】❶［W4489］神或神性人物人物变成虹；❷［W4491］动物变成虹；❸［W4492］植物变成虹
⑤ 【关联】［W4491］动物变成虹
⑥ 【关联】［W4491.3］蛇升天变成虹
⑦ 【引例】❶彩虹是龙到龙潭吃水【佤族】；❷虹是龙吸水
⑧ 【关联】［W4507.1.1］虹是雨神的马
⑨ 【关联】❶［W4487.1］虹是神造的桥；❷［W4498.1］虹是神上天的桥
⑩ 【民族】裕固族。【引例】虹是日月放羊的牧鞭【蒙古族】

W 编码	母题描述			参照项	
	一级母题	二级母题	三级母题	汤普森	关联项
W4501		虹是特定的痕迹			【联 1，例 1】①
W4501.1			虹是血迹		【布依族、鄂伦春族】
W4502		虹是其他特定的物			
W4502.1			虹是女天神的眉毛		【维吾尔族】
W4502.2			虹是神的扁担		【黎族】
W4502.3			虹是天上的红绸		【蒙古族】
W4502.4			虹是神的衣裳		【景颇族】
W4502.5			虹是僧人黄色的袈裟		【布朗族】
✳ **W4503**	虹的特征				【联 3】②
W4504		虹的颜色			
W4504.1			虹有 3 种色彩	A791.4	
W4504.2			虹有 7 种色彩		
W4504.3			虹有 12 种颜色		【畲族】
W4505		虹为什么在天上			【联 1，例 1】③
W4506		与虹的特征有关的其他母题			
W4506.1			虹为什么出现在雨后		
W4506.2			彩虹是上界神灵对人类赐福的征兆		【鄂温克族】
W4507	与虹有关的其他母题				【例 2】④
W4507.1		虹有特定的职能			
W4507.1.1			虹是雨神的马	A791.7	【联 1】⑤
W4507.1.2			虹是上天的路		【民族，联 1】⑥
W4507.2		虹是天发布的禁忌			【联 1】⑦
W4507.3		虹是羞辱的象征			【鄂温克族】
W4507.4		虹住在洞中		A791.8.1	
W4507.5		虹吸水			
W4507.5.1			彩虹挂空是天神下凡喝水		【壮族】

---

① 【关联】［W4487.2］神的行走形成彩虹。【引例】人用象牙划出虹【独龙族】

② 【关联】❶［W1438.3.1］虹是天上的桥；❷［W1452］虹为天梯；❸［W4507.1.2］虹是天上的路

③ 【关联】［W6416］虹崇拜。【引例】天父把与地母生的彩虹带到天上【珞巴族】

④ 【引例】❶虹的产生是为了把雨水与太阳分清楚【普米族】；❷虹是天仙告诉自己死难的地方【水族】

⑤ 【关联】［W0300］雨神

⑥ 【民族】汉族。【关联】［W1438.1］上天的路

⑦ 【关联】［W6539.4］虹的禁忌

W 编码	母题描述			参照项	
	一级母题	二级母题	三级母题	汤普森	关联项
W4507.6		彩虹是神灵显灵			【例1】①
W4507.7		霓			
W4507.7.1			霓与虹是姐妹		【汉族】
W4507.7.2			霓虹同时出现的象征		

4.3.5　雪霜雾露等 【W4510～W4559】

W 编码	母题描述			参照项	
	一级母题	二级母题	三级母题	汤普森	关联项
◎	〖雪〗				
✳ **W4510**	**雪的产生**			A1135.2	
W4511		雪源于某个地方			
W4511.1			雪是天缝中落下的碎物		【联1】②
W4512		神或神性人物造雪			
W4512.1			妖魔造雪		
W4512.2			雪妖喷出的白雾形成雪		【裕固族】
W4512.3			恶魔带来冰雪		【蒙古族】
W4513		神或神性人物的情绪形成雪			
W4513.1			天神生气造成雪		【维吾尔族】
W4513.2			女天神笑时下雪		【维吾尔族】
W4513.3			冷神发怒形成雪		
W4514		神或神性人物的活动形成雪			
W4514.1			地母神黑发换成白发时就下大雪		【满族】
W4514.2			烛龙吹气形成大雪		【民族，联1】③
W4515		羽毛变成雪		≈A1135.1	【畲族】
W4516		泪水变成雪			
W4516.1			太阳和月亮的眼泪变成雪		【哈萨克族】

---

① 【引例】彩虹是神或者龙显灵 【佤族】
② 【关联】［W4336.3］雨是天上落下的碎物
③ 【民族】汉族。【关联】［W0768.19］烛龙

W 编码	母题描述			参照项	
	一级母题	二级母题	三级母题	汤普森	关联项
W4517		唾液变成雪			【汉族】
W4518		鼻涕变成雪			
W4518.1			大鳖的鼻涕变成冰雪		【汉族】
W4519		特定的食物变成雪			
W4519.1			雪是天上的果实变成的		【彝族】
W4519.2			雪是米饭变成的		【例1】①
W4519.3			面粉变成雪		【民族，联2】②
W4520		补天的冰变成雪			【汉族】
W4521		与雪的产生有关的其他母题			
W4521.1			魔法制造雪	D2143.6.3	
W4522	雪的特征				
W4522.1		雪为什么是白色			【汉族】
W4522.2		雪为什么是像花			
W4522.3		雪为什么有花纹			
W4522.4		雪为什么是凉的			【联1】③
W4522.5		与雪的特征有关的其他母题			
W4522.5.1			雪为什么会融化		
W4523	与雪有关的其他母题				【联1】④
W4523.1		神奇的雪		①D903 ②F962.11	
W4523.1.1			红雪		【彝族】
W4523.1.2			黑雪		【汉族】
W4523.2		特定的人物管雪			【联1】⑤
W4523.2.1			东海龙王管下雪		
W4523.3		瑞雪			
◎	【雾】				

① 【引例】雪是天神为孩子倒下的米饭 【珞巴族】
② 【民族】汉族、傈僳族。【关联】❶〔W4088〕天降面粉；❷〔W9916.4〕因为人懒天神把面变成雪
③ 【关联】〔W4520〕补天的冰变成雪
④ 【关联】〔W0364〕雪神
⑤ 【关联】〔W4539.1.1〕天神青女主霜雪

W 编码	母题描述			参照项	
	一级母题	二级母题	三级母题	汤普森	关联项
✳ **W4525**	**雾的产生**			A1134	
W4526		雾来源于某个地方			
W4526.1			风水门打开后产生雾		【民族，联1】①
W4527		雾是造出来的			
W4527.1			魔法造雾	D2143.3	
W4527.2			火光冲到天上造成雾		【门巴族】
W4528		雾是生育产生的			
W4528.1			天地生雾		【彝族】
W4528.2			巨人生雾		【彝族】
W4528.3			卵生雾		【藏族】
W4529		雾是变化产生的			
W4529.1			雾是神或神性人物呼出的气		【汉族、苗族】
W4529.2			雾是龙呼出的气		【土家族】
W4529.3			盘古的头发变雾		【民族，联1】②
W4529.4			神性人物的纱巾变成薄雾		【哈尼族】
W4530		与雾的产生有关的其他母题			
W4530.1			雾是天上飘下来的白灰		【鄂伦春族】
W4531	雾的特征				
W4531.1		为什么雾像云			
W4532	与雾有关的其他母题				
W4532.1		朝雾			
W4532.1.1			神规定早晨下雾		【汉族】
W4532.2		先有云后才有雾			【侗族】
W4532.3		烟雾的产生		A2816	
◎	〖霜〗				
✳ **W4533**	**霜的产生**			A1135.3	【联1】③
W4534		神或神性人物造霜			

① 【民族】彝族。【关联】〔W4449.5〕风水门打开后产生云
② 【民族】瑶族。【关联】〔W4452.2〕盘古的头发变云
③ 【关联】〔W4525〕雾的产生

W 编码	母题描述			参照项	
	一级母题	二级母题	三级母题	汤普森	关联项
W4534.1			老天爷降霜		【汉族】
W4534.2			魔法制造霜	D2143.5	
W4535		与霜的产生有关的其他母题			
W4535.1			明亮与黑暗交合生霜		【民族，联1】①
W4535.2			霜为什么在秋天产生		【汉族】
✳ **W4536**	霜的特征				
W4537		霜为什么是白色			
W4538		与霜的特征有关的其他母题			
W4538.1			霜为什么很凉		【汉族】
W4538.1			霜为什么很薄		
W4539	与霜有关的其他母题				
W4539.1		神或神性人物掌管霜			
W4539.1.1			天神青女主霜雪		【汉族】
◎		〖露〗			
✳ **W4540**	露的产生			A1132	
W4542		神降露			【汉族】
W4543		云生露			【纳西族】
W4544		汗水变成露			
W4544.1			神或神性人物的汗水变成露		【民族，例1】②
W4545		眼泪变成露			【汉族】
W4545.1			天的眼泪变成露		【佤族】
W4545.2			月亮的眼泪变成露		【壮族】
W4545.3			星星的眼泪变成露		【壮族】
W4546		气化为露			
W4546.1			牛鼻子喷出的白气化为雾露		【哈尼族】
W4547		与露的产生有关的其他母题			

① 【民族】藏族。【关联】［W4547.2］明亮与黑暗交合生露
② 【民族】汉族、土家族。【引例】女始祖的汗珠与眼泪变成雨露【普米族】

W 编码	母题描述			参照项	
	一级母题	二级母题	三级母题	汤普森	关联项
W4547.1			声音与气息化生露		【纳西族】
W4547.2			明亮与黑暗交合生露		【民族，联1】①
W4548	与露有关的其他母题				
W4548.1		神奇的露		①D902.2 ②F962.7	
◎	〖雹（冰雹）〗				
❉ **W4550**	*冰雹的产生*			A1135.4	
W4551		冰雹源于某个地方			
W4551.1			冰雹从天缝中漏下来		【瑶族】
W4551.2			冰雹是天缝中落下的碎物		
W4552		冰雹是制造产生的			【例2】②
W4552.1			妖魔制造冰雹		【东乡族】
W4552.2			魔法制造冰雹	D2143.4	
W4553		冰雹是变化产生的			
W4553.1			冰雹是天上的树上落下的果子		【珞巴族】
W4553.2			天上降落的碎物变成冰雹		【汉族】
W4554		冰雹是特定的物			【例1】③
W4554.1			冰雹是特定的卵		
W4554.2			冰雹是天上的树落下的果子		【珞巴族】
W4555		与冰雹产生有关的其他母题			
W4556	与冰雹有关的其他母题				【联1】④
W4556.1		神奇的冰雹		①D902.3 ②F962.5	
W4556.1.1			巨大的冰雹		
W4556.2		霰子			
W4556.2.1			霰子的产生		

① 【民族】藏族。【关联】［W4535.1］明亮与黑暗交合生霜
② 【引例】❶精灵吐出的口水形成冰雹【珞巴族】；❷妖魔的喷嚏形成冰雹【毛南族】
③ 【引例】凤凰的蛋变成冰雹【土家族】
④ 【关联】［W0374］冰雹神

4.3.6 与天气有关的其他母题【W4560～W4569】

W 编码	母题描述			参照项	
	一级母题	二级母题	三级母题	汤普森	关联项
◎	〖与天气有关的其他母题〗				
W4560	天气现象的秩序			A1130	
W4560.1		天气为什么有季节变化			【联1】①
W4560.2		夏天为什么多雨			
W4560.3		冬天为什么下雪			【联1】②
W4561	天气秩序的混乱				
W4561.1		多种天气同时出现			【联1】③
W4561.2		神的争斗造成天气无常			
W4562	天气有冷热之分的原因				
W4562.1		除掉多余的太阳后出现天气冷暖之分			【民族，联1】④
W4562.2		冷暖二神负责人间的冷暖			
W4563	天气寒冷的原因			A1135	
W4563.1		魔法掌控着寒冷		D2144.1	
W4563.2		冬天为什么比夏天冷			【汉族】
W4563.3		北方为什么比南方天冷			
W4563.3.1			北方比南方天冷是因为冷神住在北方		【汉族】
W4563.4		晚上为什么比白天寒冷			
W4563.4.1			晚上冰精出来造成寒冷		【毛南族】
W4564	天气暖和的原因			A1137	
W4564.1		魔法掌控着温暖		D2144.3	
W4564.2		太阳使天气暖和			【汉族】

① 【关联】［W4770］季节
② 【关联】［W4794.7.1］下雪形成冬天
③ 【关联】［W4252.1］风雨云雾神从口鼻中喷出风雨云雾
④ 【民族】黎族。【关联】［W9790］射日月的结果

W 编码	母题描述			参照项	
	一级母题	二级母题	三级母题	汤普森	关联项
W4565	天热的原因				【藏族】
W4565.1		南方天热的原因			
W4565.1.1			南方天热是因为火神住在南方		【联3】①
W4565.2		负载大地的巨象体热上升导致天热			【藏族】
W4566	与天气有关的其他母题				
W4566.1		天气变化是特定的征兆			【联1】②

4.3.7 无具体形态的现象 【W4570 ~ W4619】

W 编码	母题描述			参照项	
	一级母题	二级母题	三级母题	汤普森	关联项
◎	〖气〗				
W4570	气的产生（空气的产生）				
W4570.1		气生于无			【纳西族】
W4570.2		气是特定人物的呼吸			【汉族】
W4571	气的特征				
W4572	特定的气的来历				
W4572.1		清气的产生			【汉族、纳西族】
W4572.2		浊气的产生			【汉族、纳西族】
W4573	与气有关的其他母题				【联2】③
W4573.1		"和"为大气			【汉族】
◎	〖声音〗				
W4575	声音的产生			A1195	【联1】④
W4575.1		声音产生于无声			【汉族】
W4577	特定声音的来历				
W4577.1		令人惊恐的声音			【联1】⑤

① 【关联】❶［W0253.3］炎帝是南方神；❷［W0746.8］炎帝是火神；❸［W4563.3.1］北方比南方天冷是因为冷神住在北方

② 【关联】［W9208］天气作为征兆

③ 【关联】❶［W1051］最早的世界是气；❷［W4455］气变成云

④ 【关联】［W6701］语言的产生

⑤ 【关联】［W4578.1］奇特的声音

W 编码	母题描述			参照项	
	一级母题	二级母题	三级母题	汤普森	关联项
W4578	与声音有关的其他母题				
W4578.1		奇特的声音			
W4578.2		回声			【纳西族】
W4578.2.1			舌头变成回声		【例1】①
W4578.2.2			向山中抛物形成回声		【例1】②
W4578.2.3			人变成回声		【藏族】
◎	〖颜色〗				
W4580	颜色的产生				
W4580.1		自然生出颜色			
W4580.1.1			宇宙的胎动中生出黑白		
W4580.2		神或神性人物造颜色			
W4580.3		蛋（卵）生出颜色			【纳西族】
W4580.4		与颜色产生有关的其他母题			【联2】③
W4581	颜色的特征				
W4581.1		颜色作为象征		Z140	【联1】④
W4581.1.1			红色的象征	Z141	【例4】⑤
W4581.1.2			白色的象征	Z142	【例5】⑥
W4581.1.3			蓝色的象征	Z143	【例1】⑦
W4581.1.4			绿色的象征	Z144	【例1】⑧
W4581.1.5			黄色的象征		【例2】⑨
W4581.1.6			棕色的象征	Z145	
W4581.1.7			黑色的象征		【例1】⑩

① 【引例】凶人被杀后舌头变成回音【鄂温克族】
② 【引例】把砍碎的木偶丢山中产生了回声【纳西族】
③ 【关联】❶［W6123.5.1］仙人教人蜡染；❷［W6279.2.1］染料的获得
④ 【关联】［W9240］象征物
⑤ 【引例】❶送红布表示对抗【珞巴族】；❷红色代表神灵【蒙古族】；❸红色象征勇敢【彝族】；❹红色象征大地【藏族】
⑥ 【引例】❶白色象征纯洁高尚【朝鲜族】；❷白色象征真理【哈萨克族】；❸白色象征白云【蒙古族】；❹白色象征吉祥平安【蒙古族】；❺白色象征纯洁【藏族】
⑦ 【引例】蓝色象征地下【藏族】
⑧ 【引例】绿色代表江河【蒙古族】
⑨ 【引例】❶黄色象征大地【蒙古族】；❷黄色象征空气【藏族】
⑩ 【引例】黑色象征高贵【彝族】

W 编码	母题描述			参照项	
	一级母题	二级母题	三级母题	汤普森	关联项
W4581.1.8			神鸟的不同颜色代表不同职能		【民族，联 1】①
W4581.2		颜色作为标记			
W4581.2.1			文身有特定的颜色		【联 1】②
W4581.3		颜色的其他特征			
W4582	各种特定颜色的来历				【蒙古族】
W4582.1		蓝色的来历			【联 1】③
W4583	与颜色有关的其他母题				【联 2】④
W4583.1		颜色的数量			
W4583.1.1			为什么有 7 种颜色		
W4583.2		能辟邪的颜色			
W4583.2.1			红色能辟邪		【汉族】
◎	〖火〗⑤				
✽ **W4585**	火的产生			A1414	【联 2】⑥
W4586		人类没有火			
W4586.1			人类没有火是神对人的惩罚	A1415.0.1	
W4587		火自然存在			
W4588		天降火			
W4589		地生火			
W4590		特定的山产生火			【联 1，例 1】⑦
W4591		木生火			【联 1】⑧
W4592		与火的产生有关的其他母题			
W4592.1			火原来在水中		
W4592.2			阳气聚集成为火		【汉族】
✽ **W4593**	火的特征				
W4594		火为什么发热			【汉族】

① 【民族】藏族。【关联】［W0924］神鸟
② 【关联】［W6585］文身
③ 【关联】［W6279.2.2］兰草做染料
④ 【关联】❶［W6440］颜色崇拜；❷［W9037］魔力颜色
⑤ 火，由于视角不同，"火"既可以是一种自然现象，也可以是一种社会文化现象。关于这些相互关联的母题，可参见"［W6910～W6969］火的获取"。
⑥ 【关联】❶［W6910］火的获取；❷［W6932］火是发明的
⑦ 【关联】［W1840］火山。【引例】南方炎火山产生火【汉族】
⑧ 【关联】［W6948］钻木取火（钻石取火）

W 编码	母题描述			参照项	
	一级母题	二级母题	三级母题	汤普森	关联项
W4595		火为什么发光			
W4596		为什么水火不容			
W4597		与火的特征有关的其他母题			
W4597.1			火苗为什么跳跃		
W4598	与火有关的其他母题				【联4】①
W4598.1		火有特定居所			【联1】②
W4598.1.1			火在天上		【民族，例1】③
W4598.1.2			火在太阳宫		
W4598.1.3			火在洞中		【联1】④
W4598.1.4			火在树洞里		
W4598.1.5			火在山顶上		
W4598.2		火是特定的人或物的财产		A1415.0.2	
W4598.3		神奇的火		F882	【联1】⑤
W4598.3.1			会行走的火		
W4598.4		神圣的火		V1.6.3.1	【联1】⑥
W4598.5		神火			【民族，联1】⑦
W4598.6		天火			
W4598.7		地火			
W4598.7.1			地火是天火的后裔		【苗族】
W4598.8		人火			
W4598.8.1			人火是地火的后裔		【苗族】
◎	〖光〗				
✳ **W4600**	光的产生⑧			≈ A790	
W4601		光源于某个地方			
W4601.1			天空中的光源于苍穹	A790.1	
W4601.2			捅破天空产生光		【高山族】

① 【关联】❶［W0466］火神；❷［W6432］火崇拜；❸［W6966］火的保存；❹［W8620］火灾
② 【关联】［W4587］火自然存在
③ 【民族】彝族。【引例】火在天上的原因【汉族】
④ 【关联】［W6966.2］火保存在山洞中
⑤ 【关联】［W0916.3］鬼火
⑥ 【关联】［W6432］火崇拜
⑦ 【民族】满族。【关联】［W0916.3］鬼火
⑧ 光的产生，在汤普森母题检索中此编码为"天空中的光的产生"；在 W 编目中，"光的产生"泛指天空或人间的各种类型的"光"。

W 编码	母题描述			参照项	
	一级母题	二级母题	三级母题	汤普森	关联项
W4601.3			混沌中闪出一道白光		【阿昌族】
W4602		光是给予的			
W4602.1			日月神给大地光明		【民族，联2】①
W4602.2			神或神性人物赋予人间光明		
W4602.3			火神给人间光明		【民族，例2】②
W4603		光是生育产生的			
W4603.1			神的意愿生出光		【回族】
W4603.2			气生光		【纳西族】
W4604		光是制造产生的			
W4604.1			神造光		【民族，例1】③
W4604.2			造物主造光		【哈萨克族】
W4604.3			天女用镜子造光		【蒙古族】
W4604.4			巫师造光	D2149.1.1	
W4605		光是变化产生的			
W4605.1			人变成光		【联1】④
W4605.2			神珠变成光		【裕固族】
W4606		光是特定物体发出的			【联2，例2】⑤
W4606.1			太阳发光		【联1】⑥
W4606.2			月亮发光		
W4606.3			星星发光		
W4606.4			燃石发光		【汉族】
W4607		光是特定的行为形成的			
W4607.1			太阳抖动形成光		【哈萨克族】
W4607.2			天地分开后产生光		
W4607.3			补天后出现光明		
W4607.4			除掉挡住日月的树叶后有了光明		【哈尼族】
W4607.5			燃烧发光		

① 【民族】傣族。【关联】❶［W0270］日月神；❷［W0273.5］太阳神浑身发金光

② 【民族】汉族。【引例】❶胡大赋予人间光明【撒拉族】；❷火星（神名）给大地光

③ 【民族】蒙古族。【引例】天神把神珠扔到人间产生光明【裕固族】

④ 【关联】［W1545.3］人变日月

⑤ 【关联】❶［W2803］以前的人会发光；❷［W3495.2.1］萤火虫为什么有火。【引例】❶海螺树开花产生光【普米族】；❷发金光的金雀

⑥ 【关联】［W0273.5］太阳神浑身发金光

W 编码	母题描述			参照项	
	一级母题	二级母题	三级母题	汤普森	关联项
W4608		与光的产生有关的其他母题		A1412	【联2】①
W4608.1			文化英雄盗光	A1411	
✳ **W4609**	特定的光的产生				
W4610		北极光的产生		A795	
W4611		晨光暮色的产生		A797	【联1】②
W4612		其他特定的光的产生			
W4612.1			电光的产生		【联1】③
✳ **W4613**	光的管理				
W4614		天主掌管光明			【汉族】
W4615		其他人物管理光			【联1】④
W4616	与光有关的其他母题				【联2】⑤
W4616.1		光的收藏			
W4616.1.1			光藏在盒子中	A1411.1	
W4616.2		光的消失			【联1】⑥
W4617	与无具体形态现象有关的其他母题				
W4617.1		吸引力			
W4617.1.1			为什么有的石头相吸		
W4617.2		震动			【联2】⑦

① 【关联】❶［W0134.1］神能发光；❷［W2803］以前的人会发光
② 【关联】［W4058］黎明
③ 【关联】［W4410］闪电的产生
④ 【关联】［W0458］光明之神
⑤ 【关联】❶［W6417］光崇拜；❷［W9932.5］寻找光明
⑥ 【关联】［W0465.2］黑暗之神毁灭光明
⑦ 【关联】❶［W8550］地震；❷［W8550.1］大地震动

4.4 秩序与自然秩序概说
【W4620 ~ W4769】

4.4.1 秩序概说【W4620 ~ W4634】

W 编码	母题描述			参照项	
	一级母题	二级母题	三级母题	汤普森	关联项
✿ W4620	秩序				
✳ W4621	秩序的建立			A1120	
W4622		以前世界没有秩序			【民族，联1】①
W4623		世界有不同等级、秩序		A651	
W4624		世界有规定的阶段			【联2】②
W4624.1			世界有金银铜铁四个阶段	A1101	
W4625		世界秩序的建立			
W4625.1			神安排世界（宇宙、天体）的秩序	≈ A703	【汉族、壮族】
W4625.2			人主宰世界		【联1，例1】③
W4625.3			其他人物建立世界秩序		
W4626		自然秩序的建立		A1100	
W4626.1			上帝管理自然		【汉族】
W4626.2			乾坤的确立		【例1】④
W4626.3			与建立自然秩序有关的其他母题		
W4627		万物秩序的建立			【联1】⑤

---

① 【民族】彝族。【关联】［W1057.1］混沌（混沌卵）
② 【关联】❶［W1090］世界的分期；❷［W1090.1］世界分三个阶段
③ 【关联】［W5080.2］特定出生的人管人间。【引例】人会说神仙话后主宰了世界【汉族】
④ 【引例】分开天地时定出乾坤【毛南族】
⑤ 【关联】［W1527.2］万物产生的顺序

W 编码	母题描述			参照项	
	一级母题	二级母题	三级母题	汤普森	关联项
W4627.1			神管理万物		【民族，联1】①
W4627.2			神性人物管理万物		【联1】②
W4627.3			人主宰世间万物		
W4627.4			动物主宰世间万物		【例1】③
W4628		与秩序建立有关的其他母题			【联1】④
W4628.1			道德秩序的建立		【例1】⑤
W4628.2			人与动植物秩序的建立		【联1】⑥
✳ **W4629**	秩序的建立者				
W4630		神建立秩序			
W4630.1			神安排万物秩序		
W4630.2			神安排山水秩序		【民族，联1】⑦
W4630.3			天神安排人与动植物秩序		【汉族】
W4630.4			造物者为所造每类事物指定一个主人	A1187	
W4630.5			与神建立秩序有关的其他母题		
W4631		神性人物制定秩序			
W4631.1			始祖制定秩序		
W4631.2			文化始祖制定万物生存秩序		【民族，例1】⑧
W4631.3			文化英雄建立秩序		【联1，例1】⑨
W4631.4			盘古建立世界秩序		【民族，联1】⑩
W4631.5			与神性人物制定秩序有关的其他母题		
W4632		其他人物建立秩序			
W4632.1			首领建立秩序		【联1】⑪

---

① 【民族】汉族、珞巴族、彝族、藏族、壮族。【关联】［W1534.2.1］特定的神负责万物的生长
② 【关联】［W0723.4.2］盘古是万物管理者
③ 【引例】蛤蟆为天下之王【佤族】
④ 【关联】［W5003］社会秩序的建立
⑤ 【引例】祖先布洛陀建立人间道德伦理秩序【壮族】
⑥ 【关联】［W4630.3］天神安排人与动植物秩序
⑦ 【民族】瑶族。【关联】［W4970.1.1］神安排山川河流的走向
⑧ 【民族】壮族。【引例】祖先立下人是万物之长的规矩【佤族】
⑨ 【关联】［W0560］文化英雄。【引例】布洛陀建立秩序【壮族】
⑩ 【民族】布依族。【关联】［W0720］盘古
⑪ 【关联】［W5030］首领

W 编码	母题描述			参照项	
	一级母题	二级母题	三级母题	汤普森	关联项
W4632.2			动物建立秩序		
W4633	与秩序有关的其他母题				
W4633.1		秩序的改变			
W4633.2		秩序被打破			【例1】①
W4633.2.1			世界末日原来的自然秩序（规则）被破坏	A1091	【联2】②

4.4.2 时间秩序【W4635 ~ W4699】

W 编码	母题描述			参照项	
	一级母题	二级母题	三级母题	汤普森	关联项
✳ **W4635**	时间的产生				【联1】③
W4636		以前的人不知道时间			【高山族、苗族】
W4636.1			天地混沌时没有时间		
W4636.1			不落的太阳让人不知道时间		【佤族】
W4637		时间是特定人物规定的			【联1】④
W4637.1			女神划分上下界的时间	A316	
W4637.2			雷公规定时间		【壮族】
W4638		动物孕育时间			
W4638.1			巨龟孕育时间		【民族，联1】⑤
W4639		与时间产生有关的其他母题			
W4639.1			时间产生于无		【纳西族】
✳ **W4640**	人使用时间的来历			A1485	
W4641		神告诉人时间			

---

① 【引例】世界再次混沌【汉族】
② 【关联】❶ ［W8670］世界末日；❷ ［W8672.5］世界末日时大地一片混乱
③ 【关联】［W6786］历法的产生
④ 【关联】［W4774］季节是神或神性人物划分的
⑤ 【民族】藏族。【关联】［W4667.1］巨龟孕育月份

W 编码	母题描述			参照项	
	一级母题	二级母题	三级母题	汤普森	关联项
W4641.1			太阳神告诉人时间		
W4642		神性人物告诉人时间			
W4643		特定的人告诉人时间			
W4643.1			智者告诉人时间		【拉祜族】
W4644		动物告诉人时间			
W4644.1			通过动物界定时间		【联 1】①
W4644.2			公鸡教人计时		【哈尼族】
W4644.3			布谷鸟让人知道了时间		【哈尼族】
W4644.4			凤凰鸡给人报时间		【水族】
W4645		植物告诉人时间			
W4645.1			通过植物界定时间		
W4645.2			通过特定的树区分时间		【哈尼族】
W4646		无生命物告诉人时间			
W4646.1			树的影子告诉人时间		【汉族】
W4647		通过其他物界定时间			
W4647.1			通过天象定年月的来历		
◎	【年份】				
✻ **W4648**	年份的确定				
W4649		以生肖命名年份			【例 3】②
W4650		12 生肖全部出来 1 次算 1 年			【苗族】
W4651		确定年的其他方法			
✻ **W4652**	1 年有 12 个月				【联 1】③
W4653		神（人）制定 1 年 12 个月			【德昂族、拉祜族】
W4653.1			地皇算出 1 年 12 个月		【畲族】

---

① 【关联】［W4685.1］根据不同动物出生的时间按动物名命名日子
② 【引例】❶正月称为虎月【哈尼族】；❷二月称为兔月【哈尼族】；❸三月称为龙月【哈尼族】
③ 【关联】［W4665］月份的产生

W 编码	母题描述			参照项	
	一级母题	二级母题	三级母题	汤普森	关联项
W4653.2			祖先定出 1 年 12 个月		【布依族】
W4654		神的行为形成 1 年 12 个月			
W4654.1			神生的 12 个孩子成为 1 年的 12 个月		
W4655		根据日月形成 1 年 12 个月			
W4655.1			12 个太阳兄弟每人工作 1 个月形成 1 年	A739.3	【联 1】①
W4655.2			12 对日月夫妻每对管 1 个月形成 1 年 12 个月		【瑶族】
W4656		根据动物的活动 1 年划分出 12 个月			【例 1】②
W4657		根据植物的特征 1 年划分出 12 个月			
W4657.1			根据树权数量划分 1 年有 12 个月		【哈尼族】
W4657.2			根据植物的叶子分出 1 年有 12 个月		【汉族】
W4657.3			根据特定的树每枝 12 片叶分出 1 年有 12 个月		【纳西族】
W4657.4			根据树根的数量定 1 年有 12 个月		【哈尼族】
W4658		与形成 1 年 12 个月有关的其他母题			
W4658.1			根据吃不同食物定出 1 年有 12 个月		【汉族】
W4659	1 年有 10 个月				
W4659.1			因为天上 10 个太阳形成 1 年有 10 个月		【汉族】
W4659.2		十月年的来历			【民族，联 1】③
✳ **W4660**	1 年天数的来历				
W4661			1 年有 365 天的来历		【联 1】④

① 【关联】［W1640］太阳数量
② 【引例】根据金鱼出没的次数算出 1 年有 12 个月【纳西族】
③ 【民族】哈尼族、苗族、彝族。【关联】［W6793.1］十月历（火历）
④ 【关联】［W4635］时间的产生

W 编码	母题描述			参照项	
	一级母题	二级母题	三级母题	汤普森	关联项
W4661.1			神（人）规定1年有365天		
W4662		1年有360天的来历			
W4662.1			神（人）规定1年有360天		【苗族】
W4662.2			根据树叶数量定每年1年有360天		【哈尼族】
W4663		与1年的天数有关的其他母题			
W4664	与年有关的其他母题				【联1】①
W4664.1		山中1年等于人间100年			【满族】
◎	〖月份〗				
✽ **W4665**	月份的产生				
W4666		神或神性人物规定出星期			
W4667		孕育月份			
W4667.1			巨龟孕育月份		【藏族】
W4668		与月份产生有关的其他母题			
W4669	月的确定			A1160	
W4669.1		月亮圆一次是1个月			【拉祜族】
W4669.2		河水涨一次是1个月			【汉族】
✽ **W4670**	1个月30天的来历				
W4671		根据日月活动划分出1个月30天			
W4671.1			12个月亮轮满30天是1个月		【苗族】
W4671.2			根据日月见面的时间定出1个月有30天		【联1】②
W4671.3			日月不同方向旋转形成1个月30天		【纳西族】

① 【关联】［W6611.1］年的来历（春节的来历）
② 【关联】［W4698.3.1］日月见面的时间

W 编码	母题描述			参照项	
	一级母题	二级母题	三级母题	汤普森	关联项
W4672		根据动物的活动 1 月划分出 30 天			【例 1】①
W4673		根据植物的特征 1 月划分出 30 天			
W4673.1			根据一个树杈有 30 根树枝确定 1 月 30 天		【哈尼族】
W4673.2			根据树开花的数量定每月 30 天		【哈尼族】
W4674		与 1 个月 30 天有关的其他母题			
W4674.1			神规定 1 个月 30 天		【拉祜族】
❋ **W4675**	闰月的来历				
W4676		神设定了闰月			
W4677		特定物的变化造成闰月			
W4677.1			根据树枝的长短产生了闰月		【哈尼族】
W4678		与闰月有关的其他母题			
◎	〖星期〗				
❋ **W4679**	星期的产生				
W4680		神或神性人物规定出星期			
W4681		动物孕育星期			
W4681.1			巨龟孕育了星期		【藏族】
W4682		与星期的产生有关的其他母题			
W4682.1			星期源于创世过程		
W4683	与星期有关的其他母题				
W4683.1		一星期 7 天的来历			【汉族】
W4683.2		一星期各天名称的来历		≈ A1177	【朝鲜族、彝族】
W4683.3		七星各管 1 天形成星期			【汉族】
◎	〖天〗				
❋ **W4684**	*1 天的产生*				

① 【引例】根据金鱼出没的次数算出 1 个月有 30 天【纳西族】

W 编码	母题描述			参照项	
	一级母题	二级母题	三级母题	汤普森	关联项
W4685		根据特定的物界定 1 天			
W4685.1			根据不同动物出生的时间按动物名命名日子		【哈尼族】
W4686		神规定日月运行 1 次为 1 天		A726.1	【联 1】①
W4687		根据日月运行产生 1 天			
W4687.1			太阳通过天空 1 次为 1 天	A726	
W4687.2			太阳走 1 圈是 1 天		【拉祜族】
W4688		1 天产生的其他方式			
✳ **W4689**	1 天相当于不同时间				
W4690		天上 1 天等于地上 1 年		≈ D2011	【民族】②
W4691		天上 1 天等于地上 10 年			【普米族】
W4692		与 1 天相当于不同时间有关的其他母题			【联 1】③
W4692.1			1 天相当于瞬间	D2011.1.1	
W4692.2			1 天等于 20 年		【联 1，例 1】④
W4692.3			神的 1 天是 1 千年	A199.5	
W4692.4			1 天等于 1 个月		【例 1】⑤
W4693	与 1 天有关的其他母题				【例 1】⑥
W4693.1		"昨天" 与 "今天" 名称的来历		A1178	
W4693.2		1 天早午晚的产生			
W4693.2.1			根据动物的三次饮食 1 天划分出早、午、晚		【纳西族】

① 【关联】［W4925］太阳运行的秩序
② 【民族】布依族、傣族、珞巴族、裕固族
③ 【关联】［W4698.2.1］以前的 1 天是现在的 10 天
④ 【关联】［W4691］天上 1 天等于地上 10 年。【引例】地下的 1 天等于人间的 20 年 【珞巴族】
⑤ 【引例】龙宫 1 天是世上 1 个月 【珞巴族】
⑥ 【引例】天上的 1 月相当于人间的 1 年 【水族】

W 编码	母题描述			参照项	
	一级母题	二级母题	三级母题	汤普森	关联项
W4693.3		1 天有 12 个时辰			
✳ **W4694**	时辰				
W4695		时辰的产生			
W4695.1			巨龟孕育时辰		【藏族】
W4695.2			根据不同动物的出现定时辰		【民族，联1】①
W4696		12 个时辰的来历			
W4696.1			12 个太阳各管 1 个时辰		【汉族】
W4697		与时辰有关的其他母题			
W4697.1			用生肖命名时辰		【联1】②
W4698	与时间有关的其他母题				【联2】③
W4698.1		时间的计算			
W4698.1.1			计日		
W4698.1.2			用头发拴在手臂上计算日子		【白族】
W4698.1.3			根据影子计算时间		【联1】④
W4698.2		古今时间不同			
W4698.2.1			以前的 1 天是现在的 10 天		【纳西族】
W4698.3		某些特定的时间			
W4698.3.1			日月见面的时间		【联1】⑤
W4698.3.2			过年的时间		【联1】⑥
W4698.4		年龄的变化			【联1，例1】⑦

---

① 【民族】苗族。【关联】［W4644.1］通过动物界定时间
② 【关联】［W6985］生肖
③ 【关联】❶［W6544］特定时间的禁忌；❷［W6786］历法的产生
④ 【关联】［W4646.1］树的影子告诉人时间
⑤ 【关联】［W4885］日月为什么相遇
⑥ 【关联】［W6611.1］年的来历（春节的来历）
⑦ 【关联】［W2956］人的寿命的增加。【引例】用月亮树枝打击后会发生年龄变化【哈尼族】

4.4.3 空间秩序【W4700～W4754】

W 编码	母题描述			参照项	
	一级母题	二级母题	三级母题	汤普森	关联项
✿ **W4700**	**方位**				
W4700.1		以前没有方位（方向）			【联1】①
✿ **W4701**	**方位的产生**				
✳ **W4702**	**四方的确定**				
W4703		四方自然形成			
W4703.1			原来就有东西南北		【毛南族】
W4703.2			造天地后自然出现四方		
W4703.3			大地稳固后产生东、南、西、北四个方向		【藏族】
W4704		四方是神或神性人物制定的			
W4704.1			众神商议后把天地分为四方		【彝族】
W4704.2			神造的天柱确定天地的东南西北		【傣族】
W4704.3			四个仙子开辟出东西南北		【布依族】
W4705		四方是变化形成的			
W4705.1			神性人物的四肢化生东西南北		
W4705.2			盘古的四肢变成四个方位		【民族，联1】②
W4706		四方是根据日月星的运行确定的			
W4706.1			根据日月运行确定东南西北		【汉族】
W4706.2			太阳出来的地方是东方		
W4706.3			北斗星出现的地方是北方		

---

① 【关联】［W1057.1］混沌（混沌卵）
② 【民族】彝族。【关联】［W0720］盘古

W 编码	母题描述			参照项	
	一级母题	二级母题	三级母题	汤普森	关联项
W4707		四方是根据特定物的头的朝向确定的			
W4707.1			根据创世者的方头定四方		【藏族】
W4707.2			根据动物的头确定四方		【纳西族】
W4708		与确定四方有关的其他母题			【联1】①
W4708.1			方位的对换		
❋ **W4710**	五方的确定				
W4711		神或神性人物确定五方			
W4711.1			神仙确立大地的东西南北中五个方位		【土族】
W4712		根据特定的事件确定八方			
W4712.1			根据箭的方向确定大地的五行方位		【土族】
W4713		与确定五方有关的其他母题			
W4713.1			金木水火土代表 5 个方位		【汉族】
W4713.2			中央管理四方		【联1】②
❋ **W4714**	八方的确定				
W4715		神或神性人物确定八方			
W4716		根据特定的人物确定八方			
W4716.1			生的 8 个孩子取名为 8 个方向		【汉族】
W4717		与确定八方有关的其他母题			
W4718	十方的确定				
◎	〖常见方位的特征（属性）〗				
❋ **W4719**	东方				

① 【关联】［W0256］四方神
② 【关联】［W0255.3］黄帝主中央

W 编码	母题描述			参照项	
	一级母题	二级母题	三级母题	汤普森	关联项
W4720		东方的特征			
W4721		东方的属性			
W4721.1			东方属金		
W4721.2			东方属木		【民族】①
W4722		东方的代表物			
W4722.1			东方的代表动物是狮子		【傣族】
W4722.2			东方的代表动物是鸟		【汉族】
W4722.3			东方代表物是青龙		【毛南族】
W4722.4			东方的代表颜色是白色		【藏族】
W4723		东方的管理			
W4723.1			特定的神管东方		【民族，联2，例1】②
W4724		与东方有关的其他母题			【联1】③
❋ **W4725**	西方				
W4726		西方的特征			
W4727		西方的属性			
W4727.1			西方属土		
W4727.2			西方属金		【民族】④
W4727.3			西方属风		【藏族】
W4728		西方的代表物			
W4728.1			西方的代表动物是白虎		【汉族、毛南族】
W4728.2			西方的代表颜色是红色		【藏族】
W4729		西方的管理			
W4729.1			特定的神管西方		【民族，联2】⑤
W4730		与西方有关的其他母题			【联1】⑥
W4730.1			西方是极乐世界		【汉族、藏族】
❋ **W4731**	南方				

① 【民族】汉族、蒙古族、纳西族、毛南族、土族、藏族
② 【民族】彝族。【关联】❶［W0251］东方神；❷［W0251.2］东方神是日神。【引例】太皞管东方【汉族】
③ 【关联】［W4753.2.2］东方为上
④ 【民族】蒙古族、毛南族、纳西族、土族、藏族
⑤ 【民族】彝族。【关联】❶［W0252］西方神；❷［W0252.2］少昊主西方
⑥ 【关联】［W4753.2.3］西方为上

W 编码	母题描述			参照项	
	一级母题	二级母题	三级母题	汤普森	关联项
W4732		南方的特征			
W4733		南方的属性			
W4733.1			南方属火		【民族】①
W4733.2			南方属土		【藏族】
W4733.3			南方属水		【蒙古族】
W4734		南方的代表物			
W4734.1			南方的代表动物是大象		【傣族】
W4734.2			南方的代表动物是牛		【傣族】
W4734.3			南方代表物是朱雀		【毛南族】
W4734.4			南方的代表颜色是绿色（蓝色）		【藏族】
W4735		南方的管理			
W4735.1			特定的神管南方		【民族，联2】②
W4736		与南方有关的其他母题			【联1】③
❊ **W4737**	北方				
W4738		北方的特征			
W4738.1			北方为死亡之地	E481.6.1	
W4739		北方的属性			
W4739.1			北方属水		【民族】④
W4739.2			北方属火		【蒙古族】
W4740		北方的代表物			
W4740.1			北方的代表动物是玄武		【民族，例1】⑤
W4740.2			北方的代表颜色是黑色（黄色）		【藏族】
W4741		北方的管理			
W4741.1			特定的神管北方		【民族，联2】⑥
W4742		与北方有关的其他母题			【联1】⑦
W4742.1			天的终点在北方		【汉族】

① 【民族】汉族、毛南族、土族、藏族
② 【民族】彝族。【关联】❶［W0253］南方神；❷［W0253.3］炎帝主南方
③ 【关联】［W4561.1］南方天热的原因
④ 【民族】汉族、毛南族、纳西族、土族、藏族
⑤ 【民族】毛南族。【引例】玄武为龟蛇合体【汉族】
⑥ 【民族】彝族。【关联】❶［W0254］北方神；❷［W0254.2］颛顼主北方
⑦ 【关联】［W4563.3］北方为什么比南方天冷

W 编码	母题描述			参照项	
	一级母题	二级母题	三级母题	汤普森	关联项
✳ **W4743**	中央				
W4744		中央的特征			
W4744.1			中央比四周高		【汉族】
W4745		中央的属性			
W4745.1			中央属土		【民族】①
W4746		中央的代表物			
W4747		中央的管理			
W4747.1			中央的管理者		【联3】②
W4748		与中央有关的其他母题			【联1】③
✳ **W4749**	方位的管理④				【联4】⑤
W4750		方位神管各个方位			【联1】⑥
W4751		特定的动物管理相应的方位			
W4752		与方位管理有关的其他母题			
W4753	与方位有关的其他母题				【联1】⑦
W4753.1		确定方向的工具或方法			
W4753.1.1			指南针		【联1】⑧
W4753.1.2			指南车		【联1】⑨
W4753.1.3			通过日月辨方向		
W4753.1.4			通过星象辨方向		【汉族】
W4753.2		方位的等级			
W4753.2.1			中央地位最高		【汉族】
W4753.2.2			东方为上		
W4753.2.3			西方为上		【汉族】

---

① 【民族】汉族、蒙古族、纳西族、土族

② 【关联】❶ ［W0255］中央神；❷ ［W0255.1］中央神是风神；❸ ［W0255.3］黄帝主中央

③ 【关联】［W4713.2］中央管理四方

④ 方位的管理，该母题与方位神具有直接联系。因方位神在"W0 神与神性人物"母题类型中已有编目，故在此对于重叠性母题不再一一示例，具体情形参见该母题类型。

⑤ 【关联】❶ ［W4723］东方的管理；❷ ［W4729］西方的管理；❸ ［W4735］南方的管理；❶ ［W4741］北方的管理

⑥ 【关联】［W0250～W0269］其他方位神

⑦ 【关联】［W0250～W0269］其他方位神

⑧ 【关联】［W6080］工具的产生（工具的获得）

⑨ 【关联】［W0674.1］风后造指南车

4.4.4 抽象的秩序【W4755~W4769】

W 编码	母题描述			参照项	
	一级母题	二级母题	三级母题	汤普森	关联项
✳ **W4755**	阴阳的产生				
W4756		阴阳自然存在			
W4756.1			天地有阴阳		【汉族、珞巴族】
W4757		阴阳是生育产生的			
W4757.1			天生阴阳		【汉族】
W4757.2			光中产生阴阳		【例1】①
W4757.3			黄帝生阴阳		【汉族】
W4758		阴阳是变化产生的			
W4758.1			卵演化出阴阳		【土家族】
W4758.2			混沌中出现明暗后产生阴阳		【阿昌族】
W4759		阴阳是特定的物			
W4759.1			阴阳为天地聚集的气		【汉族】
W4760		阴阳是划分出来的			
W4760.1			砍蛇分出阴阳		【汉族】
W4760.2			盘古分出阴阳		【仡佬族】
W4761		与阴阳产生有关的其他母题			
W4762	阴阳的秩序				
W4762.1		阴阳相容			【汉族】
✳ **W4763**	阴阳的管理				
W4764		日月分别管阴阳			
W4765		阴属于阳			【汉族】
W4766		与阴阳的管理有关的其他母题			
W4767	与阴阳有关的其他母题				【联6】②
W4767.1		特定物的阴阳			
W4767.1.1			天阳地阴		【民族，联1】③

---

① 【引例】混沌的白光中产生阴阳【阿昌族】

② 【关联】❶ ［W1004.5.1］阴阳混合形成世界（天体）；❷ ［W1168.11］天是阴阳之所；❸ ［W1516.3］阴阳相交生万物；❹ ［W1526.1］阴阳化万物；❺ ［W1545.7.2］阴阳二气化生日月；❻ ［W2752］人的性别特征

③ 【民族】珞巴族。【关联】［W1125］天地的特征

W 编码	母题描述			参照项	
	一级母题	二级母题	三级母题	汤普森	关联项
W4767.1.2			风为阳地为阴		【塔吉克族】
W4767.2		阴盛阳衰			
W4767.3		阴阳互变			
◎	〖其他相关母题〗				
W4768	五行				
W4768.1		五行的产生			
W4768.1.1			金龟上形成五行		【蒙古族】
W4768.2		五行中的金			【汉族】
W4768.2.1			狗与五行中的金相配		
W4768.3		五行中的木			【汉族】
W4768.4		五行中的水			【汉族】
W4768.5		五行中的火			【汉族】
W4768.6		五行中的土			【汉族】
W4768.7		与五行有关的其他母题			【联1】①
W4768.7.1			五行中两物相生的来历		【例5】②
W4768.7.2			五行中两物相克的来历		【例5】③
W4769	与抽象秩序有关的其他母题				
W4769.1		神秘力量控制着世界			【汉族】

---

① 【关联】［W1004.1］原始的元素变化成世界（天体）

② 【引例】❶五行中木生火【汉族】；❷五行中火生土【汉族】；❸五行中土生金【汉族】；❹五行中金生水【汉族】；❺五行中水生木【汉族】

③ 【引例】❶五行中木克土【汉族】；❷五行中土克水【汉族】；❸五行中水克火【汉族】；❹五行中火克金【汉族】；❺五行中金克木【汉族】

4.5 季节

【W4770 ~ W4849】

4.5.1 季节的来历【W4770 ~ W4799】

W 编码	母题描述			参照项	
	一级母题	二级母题	三级母题	汤普森	关联项
✳ **W4770**	**季节**①				
W4771		以前不分季节			
W4771.1			以前没有四季		【瑶族、藏族】
✳ **W4772**	**季节的来历**				
W4773		季节自然存在			
W4774		季节是神或神性人物划分的			【联1】②
W4774.1			4 个天上的神仙安排四季		【德昂族】
W4775		季节是生育产生的			
W4775.1			婚生季节		
W4775.2			南北方结婚生季节	A1153	
W4776		特定的物告诉人季节			【联1】③
W4776.1			布谷鸟告诉人季节		【哈尼族】
W4776.2			太阳告诉人节气		【例1】④
W4776.3			月亮用自己的圆缺告诉人季节		【怒族】
W4777		根据特定的行为确定季节			【联1】⑤

---

① 季节，有的神话中表述为"时令"。
② 【关联】［W4780.1］神将一年分成雨、旱、冷三季
③ 【关联】［W4644］动物告诉人时间
④ 【引例】太阳变换的光热形成 24 节气【高山族】
⑤ 【关联】［W4656］根据动物的活动 1 年划分出 12 个月

W 编码	母题描述			参照项	
	一级母题	二级母题	三级母题	汤普森	关联项
W4777.1			根据动物的叫声来历时令		【佤族】
W4778		与季节的确定有关的其他母题			
W4778.1			季节的确定与天象有关		【汉族】
❋ **W4779**	一年三季的来历				
W4780		神或神性人物分出一年三季			
W4780.1			神将一年分成雨、旱、冷三季		【傣族】
W4781		与一年三季有关的其他母题			
❋ **W4782**	一年四季的来历				
W4783		划分四季的原因			
W4783.1			因为人不珍惜粮食，把一年分为四季		【藏族】
W4784		神或神性人物划分四季			【民族，例1】①
W4784.1			神把一年划分为四季		【民族，例1】②
W4784.2			造物神划分四季		【藏族】
W4784.3			神仙划分四季		【基诺族】
W4784.4			伏羲划分四季		【白族】
W4785		神的活动形成四季			
W4785.1			神的轮班形成四季		
W4785.2			神旋转天地以制定四季		
W4785.3			冷神和热神轮流值班形成四季		【汉族】
W4785.4			神赶着太阳在一定区域运动形成季节	A1157	
W4785.5			清洗日月后分出四季		【彝族】
W4786		四季的产生与人有关			

---

① 【民族】彝族。【引例】地王十二兄弟分出四季【侗族】
② 【民族】汉族。【引例】天神数手足的骨头把一年分四季【拉祜族】

W 编码	母题描述			参照项	
	一级母题	二级母题	三级母题	汤普森	关联项
W4786.1			根据手的指节确定四季		【布依族】
W4786.2			四个兄弟变成四季		【民族，联1】①
W4787		四季的产生与动物有关			
W4787.1			布谷鸟让人知道四季		【民族，联2】②
W4787.2			蚂蚓（蛙）分四季		【壮族】
W4787.3			砍蛇分出四季		【民族，联1】③
W4788		四季的产生与植物有关			
W4788.1			根据植物的叶子分出四季		
W4788.2			根据小麦的四个叶子把一年分为四季		【汉族】
W4789		四季的产生与自然物有关			
W4789.1			太阳造成季节变化	A739.4	
W4789.2			太阳的躲藏形成季节		【蒙古族】
W4789.3			按照太阳给大地的冷热制定一年四季		【白族】
W4789.4			月亮定四季		【民族，联1】④
W4790		与四季有关的其他母题			
W4790.1			四季为阴阳会合之气		【汉族】
W4790.2			4片石头飞四方造出四季		【壮族】
◎	〖其他相关母题〗				
W4791	春的来历				
W4791.1		人间原来没有春天			【仡佬族】
W4791.2		特定的神值班形成春天			
W4791.3		鸟叫出春天			【例1】⑤

① 【民族】汉族。【关联】［W5183.4］春夏秋冬四兄弟
② 【民族】哈尼族。【关联】❶［W3334］布谷鸟的特征；❷［W4776.1］布谷鸟告诉人季节
③ 【民族】汉族。【关联】［W4760.1］砍蛇分出阴阳
④ 【民族】汉族。【关联】［W4140］月相与月相变化
⑤ 【引例】阳雀叫出春天【仡佬族】

W 编码	母题描述			参照项	
	一级母题	二级母题	三级母题	汤普森	关联项
W4791.4		与春的产生有关的其他母题			
W4791.5		与春有关的其他母题			【联1】①
W4791.5.1			春旱的原因		【哈尼族】
W4791.5.2			春季为青色		【汉族】
W4792	夏的来历				
W4792.1		特定的神值班形成夏天			
W4792.2		魔力制造夏天		D2145.2	
W4792.3		与夏的产生有关的其他母题			
W4792.4		与夏有关的其他母题			【联2】②
W4792.4.1			夏天热的原因		【哈尼族】
W4792.4.2			夏季为赤色		【汉族】
W4793	秋的来历				
W4793.1		特定的神值班形成秋天			
W4793.2		与秋的产生有关的其他母题			
W4793.3		与秋有关的其他母题			【联2】③
W4793.3.1			为什么秋天白天变短	A1156	
W4793.3.2			秋季为白色		【汉族】
W4794	冬的来历				
W4794.1		特定的神值班形成冬天			
W4794.2		鬼神制造冬天			【民族，例1】④
W4794.3		神的头发变颜色形成冬天			
W4794.3.1			地母黑发换成白发时成为冬天		【满族】
W4794.4		刮北风形成冬天			【汉族】

① 【关联】［W4317.2］春风为什么干燥
② 【关联】❶［W4038.2］为什么夏天白天变长；❷［W4560.2］夏天为什么多雨
③ 【关联】❶［W4535.2］霜为什么在秋天产生；❷［W6508.4.1］秋祭
④ 【民族】羌族。【引例】恶神用魔法制造冬天【羌族】

W 编码	母题描述			参照项	
	一级母题	二级母题	三级母题	汤普森	关联项
W4794.5		太阳用绒絮裹大地形成冬天			【哈萨克族】
W4794.6		魔力制造冬天		D2145.1	
W4794.7		与冬的产生有关的其他母题			
W4794.7.1			下雪形成冬天		【例1】①
W4794.8		与冬有关的其他母题			
W4794.8.1			冬天风冷是为了冻死害虫		【哈尼族】
W4794.8.2			冬天为什么夜长		【门巴族】
W4794.8.3			冬天为什么白天短		【汉族】
W4794.8.4			冬季为黑色		【汉族】
W4795	与季节来历有关的其他母题				
W4795.1		一年两季的来历			

4.5.2　季节的管理【W4800 ~ W4809】

W 编码	母题描述			参照项	
	一级母题	二级母题	三级母题	汤普森	关联项
✳ **W4800**	**季节的管理**			A1150	
W4801	神或神性人物管四季				
W4801.1		天神、地神、太阳神和月神分别管四季			【民族，联4】②
W4801.1.1			天神管四季（腾格里管四季）		【土族】
W4801.2		特定的神（人）管特定的季节			【联4，例2】③
W4802	人管季节			A1485	
W4802.1		四兄弟管理四季			
W4802.2		四姐妹管理四季			

① 【引例】烛龙制造大雪纷飞，成为冬天【汉族】
② 【民族】彝族。【关联】❶［W0181］天神；❷［W0230］地神；❸［W0271］太阳神（日神）；❹［W0280］月亮神（月神）
③ 【关联】❶［W0378］季节神；❷［W0497.1.2］正月神；❸［W0497.1.3］二月神；❹［W0497.1.4］三月神。【引例】❶热老人管夏天【蒙古族】；❷冷老人管冬天【蒙古族】

W 编码	母题描述			参照项	
	一级母题	二级母题	三级母题	汤普森	关联项
W4803	特定名称的人物管四季				
W4803.1		金木水火四兄弟管着春、夏、秋、冬四季			【例1】①
W4803.2		名字为春、夏、秋、冬的四兄弟管四季			【瑶族】
W4804	动物管四季				
W4804.1		鸟管四季			
W4805	植物管四季				
W4806	自然物管四季				
W4806.1		天管四季②			
W4806.1.1			天管四季更替		【土族】
W4806.2		日月星辰管季节变化			【彝族】
W4807	与季节管理有关的其他母题				
W4807.1		魔法掌控着季节		D2145	【联2】③

4.5.3　二十四节气【W4810～W4839】

W 编码	母题描述			参照项	
	一级母题	二级母题	三级母题	汤普森	关联项
✿ **W4810**	**二十四节气**				【汉族】
W4811		神定出一年有二十四节气			
W4812		根据手的指节顺序确定24个节气			【布依族】
W4813		四个兄弟分得东西南北四方后管二十四节气			【民族，联1】④

---

① 【引例】金、木、水、火、土五个弟兄共同管理四季【白族】
② 天管四季，从神话叙事本身的含义讲，也可理解为天神管理四季，这里只是从译文的字面表征将其列在"〔W4806〕自然物管四季"的下一级母题。
③ 【关联】❶〔W4257.1〕魔物（法）掌控自然现象；❷〔W9000〕魔法
④ 【民族】白族。【关联】〔W4800〕季节的管理

W 编码	母题描述			参照项	
	一级母题	二级母题	三级母题	汤普森	关联项
✱ **W4814**	特定节气的来历				
W4815	立春				
W4815.1		立春的来历			
W4815.1.1			春神规定立春时间		【汉族】
W4816	雨水				
W4816.1		雨水的来历			
W4817	惊蛰				
W4817.1		惊蛰的来历			
W4817.2		为什么惊蛰后春雷乍动			
W4817.3		为什么惊蛰后昆虫会出现			【联1】①
W4818	春分				
W4818.1		春分的来历			
W4819	清明				
W4819.1		清明的来历			【联1】②
W4819.2		与清明有关的其他母题			【联3】③
W4820	谷雨				
W4820.1		谷雨的来历			
W4820.1.1			农历三月十二谷雨是牛从天上撒的谷种		【仫佬族】
W4820.2		谷雨这一天是天上下谷种的日子			【汉族】
W4820.3		为什么谷雨后雨水增多			【汉族】
W4821	立夏				
W4821.1		立夏的来历			
W4821.2		立夏为什么天变热			【汉族】
W4821.3		立夏为什么要吃蛋			【例1】④
W4822	小满				

---

① 【关联】［W3067.3］动物的冬眠
② 【关联】［W6616.1］清明节的来历
③ 【关联】❶［W6616.2］清明节为什么扫墓；❷［W6616.3］清明节为什么有植树的习俗；❸［W6616.4］为什么清明之日不动烟火
④ 【引例】女娲告诉人立夏吃蛋可以防病【汉族】

W 编码	母题描述			参照项	
	一级母题	二级母题	三级母题	汤普森	关联项
W4822.1		小满的来历			
W4823	芒种				
W4823.1		芒种的来历			
W4823.2		为什么芒种时麦类作物成熟			【联1】①
W4824	夏至				
W4824.1		夏至的来历			
W4824.2		夏至为什么要吃面			【汉族】
W4825	小暑				
W4825.1		小暑的来历			
W4826	大暑				
W4826.1		大暑的来历			
W4826.2		为什么大暑为一年中最炎热			【汉族】
W4827	立秋				
W4827.1		立秋的来历			
W4827.2		立秋为什么要抢秋膘			【汉族】
W4828	处暑				
W4828.1		处暑的来历			
W4829	白露				
W4829.1		白露的来历			
W4830	秋分				
W4830.1		秋分的来历			
W4830.2		为什么秋分种麦			【汉族】
W4830.3		为什么秋分昼夜相等			
W4831	寒露				
W4831.1		寒露的来历			
W4832	霜降				
W4832.1		霜降的来历			【联1】②
W4832.2		为什么霜降后天气渐冷			
W4833	立冬				
W4833.1		立冬的来历			

---

① 【关联】［W3685］麦子的特征
② 【关联】［W4533］霜的产生

W 编码	母题描述			参照项	
	一级母题	二级母题	三级母题	汤普森	关联项
W4833.2		立冬后冬天就会冷			【民族，联2】①
W4833.3		立冬为什么要吃饺子			【汉族】
W4834	小雪				
W4834.1		小雪的来历			
W4835	大雪				
W4835.1		大雪的来历			
W4836	冬至				
W4836.1		冬至的来历			
W4836.2		为什么冬至日影最长			
W4836.3		冬至为什么要吃狗肉			【例1】②
W4836.4		冬至为什么要吃混沌			【例1】③
W4836.5		冬至为什么要吃饺子			【联2】④
W4837	小寒				
W4837.1		小寒的来历			
W4838	大寒				
W4838.1		大寒的来历			
W4838.2		为什么大寒为一年中最冷			【汉族】
W4839	与二十四节气有关的其他母题				
W4839.1		24颗夜明珠管二十四节气			【汉族】

4.5.4 **与季节有关的其他母题** 【W4840 ~ W4849】

W 编码	母题描述			参照项	
	一级母题	二级母题	三级母题	汤普森	关联项
◎	〖**与季节有关的其他母题**〗				

① 【民族】汉族。【关联】❶［W4323.1］为什么刮北风天冷；❷［W4563.2］冬天为什么比夏天冷

② 【引例】冬至吃狗肉可以求得好兆头【汉族】

③ 【引例】冬至吃混沌是为祈求浑氏和屯氏和谐相处【汉族】

④ 【关联】❶［W6504.4.1］饺子作为祭品；❷［W6591.5］特定的日子吃（饮）特定的食物

W 编码	母题描述			参照项	
	一级母题	二级母题	三级母题	汤普森	关联项
W4840	季节出现的时间				
W4840.1		神补天之后四季才确定			【汉族】
W4841	季节的交替				
W4842	季节的变化				
W4842.1		神的活动形成季节变化			【汉族】
W4842.2		日月的活动形成季节变化			
W4843	四时八节的来历				【汉族】
W4844	不同地方的季节为什么不一样				
W4844.1		一些地方缺少的季节是因为被偷走了		A1151	
W4845	动物能辨别节气				【联1】①
W4845.1		鸡能辨别时令节气			【民族,联2】②
W4846	植物能辨别节气				【联1】③
W4847	无生命物能辨别节气				【联1】④
W4848	与季节有关的其他母题				
W4848.1		作物为什么与季节有关			【汉族】

---

① 【关联】〔W4644〕动物告诉人时间
② 【民族】汉族。【关联】❶〔W3350.4〕鸡的特定身份;❷〔W3350.4.1〕鸡是玉帝的管家
③ 【关联】〔W4645〕植物告诉人时间
④ 【关联】〔W4646〕无生命物告诉人时间

4.6　天体的秩序

【W4850～W4969】

4.6.1　天地的秩序与管理【W4850～W4869】

W 编码	母题描述			参照项	
	一级母题	二级母题	三级母题	汤普森	关联项
✳ **W4850**	**天地的秩序**				
W4851		以前天地变化不定			【民族，联2】①
W4852		神或神性人物掌管天地秩序			【联2】②
W4852.1			神掌握天地规律		
W4852.2			二神经天营地		【汉族】
W4853		特定的人掌管天地秩序			
W4853.1			帝王掌握天地规律		【汉族】
W4854		天道有序			【汉族】
W4854.1			天道终而复始		【汉族】
W4854.2			天道有阴阳		【民族，联1】③
W4854.3			处置怪物产生天地的阴阳		【例1】④
W4854.4			天道之常一阴一阳		【汉族】
W4855		与天地秩序有关的其他母题			
✳ **W4856**	**天地的运转**				
W4857		天地原来是不动的			【汉族】
W4858		天地旋转的来历			【联1】⑤
W4858.1			神吹气使天地旋转		
W4858.2			风使天地旋转		【民族，联2】⑥

① 【民族】汉族。【关联】❶［W1042］最早的天地飘浮动荡；❷［W1046.1］最早的世界忽冷忽热
② 【关联】❶［W0332］雷神管天管地；❷［W4859.2］祖先治理天地的旋转
③ 【民族】汉族。【关联】［W4762］阴阳的秩序
④ 【引例】处置怪蛇产生天地的阴阳【汉族】
⑤ 【关联】［W4785.2］神旋转天地以制定四季
⑥ 【民族】藏族。【关联】❶［W1057.6］最早的世界是旋转的；❷［W8584.1］天地旋转

W 编码	母题描述			参照项	
	一级母题	二级母题	三级母题	汤普森	关联项
W4858.3			特定动物的推动使天地旋转		
W4859		与天地运转有关的其他母题			
W4859.1			太阳、月亮不一样重使地转动起来		【布依族】
W4859.2			祖先治理天地的旋转		【民族，联1】①
✿ **W4860**	天地的管理				
W4861		神管理天地			
W4861.1			天神管理天地		【联1】②
W4861.2			女神管理天地		【苗族】
W4862		神性人物管理天地			
W4862.1			巨人管理天地		【傈僳族】
W4863		自然物管理天地			
W4863.1			太阳是天地的主宰	A731	
W4863.2			星辰镇管天宫		【汉族】
W4863.3			风管理天地		【彝族】
W4864		天地的其他管理者			
W4865		与管理天地有关的其他母题			【例2】③
W4865.1			天地管理的分工		
◎	〚其他相关母题〛				
W4866		天的管理			
W4866.1		天空秩序的安排者			【彝族】
W4866.2		玉皇大帝管天			
W4866.2.1			玉帝管着17层天		【联1】④
W4866.3		雷公管理天上			【民族，联1】⑤
W4866.4		天婆主宰天上的事情			【彝族】
W4866.5		太阳管天			【民族，联1】⑥
W4866.6		魔物（法）控制着天体		D1546	

---

① 【民族】普米族。【关联】［W1360～W1399］天地的修整
② 【关联】［W0201］天神的能力或事迹
③ 【引例】❶兄弟分出高低后分别管理天地【布依族】；❷黄牛身上的毛管理着世间各地【撒拉族】
④ 【关联】［W1163］天的层数
⑤ 【民族】毛南族、壮族。【关联】［W0305］雷神
⑥ 【民族】苗族。【关联】［W0271］太阳神（日神）

W 编码	母题描述			参照项	
	一级母题	二级母题	三级母题	汤普森	关联项
W4866.7		与天的管理有关的其他母题			
W4867	地的管理				
W4867.1		土地（神）管大地			【民族，联1】①
W4867.2		女神管理地			【苗族】
W4867.3		仙人管地			【仡佬族】
W4867.4		人祖掌管大地			【撒拉族】
W4867.5		太阳神的后代治理大地			【景颇族】
W4867.6		太阳管地			【藏族】
W4867.7		与天的管理有关的其他母题			
W4868	下界的管理				【联1】②
W4868.1		龙王管理下界			【壮族】
W4868.2		冥王管理下界			
W4868.3		与下界的管理有关的其他母题			
W4869	与天地秩序有关的其他母题				
W4869.1		天地秩序被打破			【联1】③
W4869.1.1			大地突然站起来		【例1】④
W4869.2		重新整顿天地秩序			【阿昌族】
W4869.3		天地秩序的恢复			【联2】⑤

4.6.2 日月的秩序【W4870～W4959】

W 编码	母题描述			参照项	
	一级母题	二级母题	三级母题	汤普森	关联项
✳ **W4870**	日月的居所				【联2】⑥
W4871		日月为什么住天上			

---

① 【民族】毛南族。【关联】［W0236］土地神（土神）
② 【关联】［W1078］下界
③ 【关联】［W8672.15.1］世界末日时阴阳颠倒
④ 【引例】大地站起来把人摔死【珞巴族】
⑤ 【关联】❶［W4886］射日后日月开始正常运行；❷［W4887］祭祀日月后日月正常运行
⑥ 【关联】❶［W4900］太阳的居所；❷［W4940］月亮的居所

W 编码	母题描述			参照项	
	一级母题	二级母题	三级母题	汤普森	关联项
W4871.1			日月因为洪水日月重返天上		【裕固族】
W4871.2			日月嫌地上乱升到空中		【鄂伦春族】
W4872		以前日月住在地上			【鄂伦春族】
W4872.1			日月住草原上		【裕固族】
W4873		日月住在洞中			
W4874		日月住在树上			【联1】①
W4874.1			日月住在树尖上	A714.2	
W4875		与日月居所有关的其他母题			
W4875.1			西方天边是日月休息的地方		【高山族】
W4875.2			日月住天河边		【例1】②
W4875.3			日月共处一巢		【哈尼族】
❋ **W4876**	日月的放置				
W4877		神或神性人物把日月送（抱）到天上			【例1】③
W4877.1			造日月者把日月抛上天		【苗族】
W4878		人把日月放到天上			
W4878.1			重新放置太阳		【壮族】
W4878.2			神念秘诀把日月重新挂到天上		【纳西族】
W4879		动物把日月放到天上			
W4879.1			龙把日月放到天上		【布依族】
W4879.2			鸟把日月放到天上		
W4880		与日月的放置有关的其他母题			
W4880.1			日月不发光时放在容器中	≈A721.0.1	
W4880.2			日月悬挂在天的中间		【民族，联1】④

---

① 【关联】［W4906.3］太阳住在扶桑木（扶木）
② 【引例】太阳、月亮住在多尼干过河【珞巴族】
③ 【引例】乌佑（鬼、精灵）把日月送上天【珞巴族】
④ 【民族】哈萨克族。【关联】［W1600～W1629］日月的特征

W 编码	母题描述			参照项	
	一级母题	二级母题	三级母题	汤普森	关联项
W4880.3			挂太阳的金钩		【侗族】
✳ **W4881**	**日月的运行**				【联2】①
W4882		以前日月同行			【民族，联1】②
W4883		日月按规定的道路运行			
W4884		日月按约定有序运行			【汉族】
W4884.1			太阳怕刺伤月亮妹妹决定轮流出来		
W4884.2			日月兄弟二人轮流升落	A736.3.3	
W4885		日月为什么相追			【汉族、羌族】
W4885.1			月亮为什么追太阳	A735	
W4885.2			日月因争斗相追		【哈萨克族】
W4885.3			日月因求婚相追		
W4886		射日后日月开始正常运行			【民族，联1】③
W4887		祭祀日月后日月正常运行			【联1】④
W4887.1			用鸡祭日月后日月正常运行		【例1】⑤
W4888		日月因嫉妒分开后开始正常运行			【联1】⑥
W4889		日月运行的其他原因			
✳ **W4890**	**日月运行秩序的规定者**				
W4891		神规定日月的运转			【联1，例4】⑦
W4891.1			神命令月亮跟着太阳走		【基诺族】

---

① 【关联】❶［W4925］太阳运行的秩序；❷［W4947］月亮的运行
② 【民族】汉族。【关联】［W1653.8］多日并出
③ 【民族】高山族。【关联】［W9790］射日月的结果
④ 【关联】［W6470～W6509］祭祀
⑤ 【引例】用白公鸡祭祀日月后日月正常运行【彝族】
⑥ 【关联】［W4898.2］日月为什么不见面
⑦ 【关联】［W4967.3］天神管日月星。【引例】❶盘古让太阳由东向西运转【白族】；❷盘古规定日月运行次序【汉族】；❸鬼生的聪明儿子让父母生的日月轮流出现【景颇族】；❹老子安排日、月和星辰

W 编码	母题描述			参照项	
	一级母题	二级母题	三级母题	汤普森	关联项
W4891.2			神规定太阳白天出来月亮晚上出来		【联1】①
W4891.3			玉帝规定日月运行的秩序		【苗族】
W4891.4			鸡神掌管日月秩序		
W4891.5			东方神管理日月		【民族，联1】②
W4892		神性人物规定日月运行秩序			
W4892.1			文化英雄让日月交替运行	A717	
W4892.2			天狗规定日月运行秩序		【苗族】
W4893		人规定日月运行秩序			
W4893.1			两兄妹劝说日月轮班出没		【哈尼族】
W4893.2			神教给人控制日月的方法		【景颇族】
W4894		动物规定日月运行秩序			
W4895		其他特定人物规定日月运行秩序			
W4896	日月运行的道路				
W4896.1		天神规定日月运行的道路			【鄂伦春族】
W4896.2		日月围着特定的山运转			【例2】③
W4896.2.1			日月以昆仑为界循环运行		【蒙古族】
W4896.3		日月围着特定的树运转			
W4896.3.1			太阳和月亮绕梭罗树运行		【阿昌族】
W4896.4		日月围着其他特定的物运转			
W4897	日月运行的负载者				

---

① 【关联】［W4010］昼夜
② 【民族】彝族。【关联】［W0251］东方神
③ 【引例】❶日月绕须弥宝山转一圈形成日夜交替【蒙古族】；❷日月围着居那若俕山运转【纳西族】

W 编码	母题描述			参照项	
	一级母题	二级母题	三级母题	汤普森	关联项
W4897.1		天载日月运行			【汉族】
W4897.2		动物负载日月运行		A728.4	【联1】①
W4897.2.1			鸟负载日月运行		
W4897.2.2			车负载日月运行		【联1】②
W4897.3		日月运行的其他负载者			
W4898	与日月运行有关的其他母题				【联1】③
W4898.1		日月为什么交替出现			
W4898.1.1			日月为伺候母亲昼夜交替		【汉族】
W4898.2		日月为什么不见面			
W4898.2.1			日月失散后不再见面		【哈萨克族】
W4898.2.2			日月兄妹因赌气而分开		【京族】
W4898.2.3			日月因不合分开		【汉族、柯尔克孜族】
W4898.2.4			日月成亲后羞于见面		【羌族】
W4898.2.5			日月夫妻离异后日月分开		【高山族】
W4898.3		日月见面的时间			
W4898.3.1			日月3年见一次面		【民族，联1】④
W4898.4		日月升起的地点			【例3】⑤
W4898.4.1			日月从特定的山上出来		【汉族】
W4898.4.2			日月从阴间升起		【纳西族】
◎	〖太阳〗				
❋ **W4900**	**太阳的居所**				【联1】⑥
W4901		太阳没有固定居所			【联1】⑦

① 【关联】［W4933.2.4］乌龟负载太阳运行
② 【关联】［W4933.1.2］太阳的车子（太阳车）
③ 【关联】［W1784.6］天河（银河）是日月运行的足迹
④ 【民族】壮族。【关联】［W4221］日食的周期
⑤ 【引例】❶日月出于明星山【汉族】；❷日月出于合虚山【汉族】；❸日月出于丰沮玉门山【汉族】
⑥ 【关联】［W4870］日月的居所
⑦ 【关联】［W4931.8］太阳行走无章法

W 编码	母题描述			参照项	
	一级母题	二级母题	三级母题	汤普森	关联项
W4902		太阳居住天上			【例1】①
W4902.1			神把太阳放在天上		
W4902.2			太阳在最低一层天上		【水族】
W4902.3			太阳居天边	A739.1	【联2，例1】②
W4902.4			太阳住在天地之间的裂缝	A722.7.1	
W4902.5			太阳住天地相连的地方		【珞巴族】
W4903		太阳住天神的怀中			【珞巴族】
W4904		太阳住山上			
W4904.1			太阳住太阳山		【阿昌族】
W4904.2			太阳住须弥山山洞中		【门巴族】
W4904.3			太阳晚上要回到山上	A722.7	
W4905		太阳住在海里			
W4905.1			以前太阳在海面上		【白族】
W4906		太阳住在树上			
W4906.1			太阳住在太阳树上		【苗族】
W4906.2			太阳住在神木		【汉族】
W4906.3			太阳住在扶桑木（扶木）		【汉族】
W4906.4			太阳住在建木		【汉族】
W4906.5			太阳住在若木		【汉族】
W4906.6			太阳居水中的树上		【汉族】
W4906.7			太阳挂在树上		【汉族】
W4907		太阳居住在其他地方			
W4907.1			以前太阳离人很近		【哈萨克族】
W4907.2			太阳住太阳宫		【联1】③
✳ **W4910**	**太阳的升起**			A727	
W4911		太阳从某个地方升上天空		A714	

① 【引例】太阳在天上是因为被父亲带到了天上【珞巴族】
② 【关联】❶［W4875.1］西方天边是日月休息的地方；❷［W4875.2］日月住天河边。【引例】太阳的家在西方【回族】
③ 【关联】［W1693］太阳宫

W 编码	母题描述			参照项	
	一级母题	二级母题	三级母题	汤普森	关联项
W4911.1			太阳出于龙山		【汉族】
W4911.2			太阳从海中升起		【联 1，例 1】①
W4911.3			太阳从湖中升上天空	A719.1	
W4911.4			太阳从谷堆里钻出来		【佤族】
W4912		太阳从东方升起			【汉族】
W4912.1			太阳从东天门升起		【鄂温克族】
W4912.2			太阳出于旸谷		【汉族】
W4912.3			太阳升于扶木		【民族，联 1】②
W4913		与太阳升起地点有关的其他母题			
W4913.1			太阳出西方		【汉族】
❀ **W4914**	**太阳升起的原因**				
W4915		特定的人物负责太阳的升起			【联 1】③
W4915.1			东海女神掌管太阳出升		【满族】
W4915.2			一个特定的人负责太阳的升起		【侗族】
W4915.3			人打太阳使太阳升高		【高山族】
W4916		公鸡负责太阳的升起		A2489.1.1	【民族，联 4】④
W4916.1			鸡叫太阳升是因为太阳姑娘爱上了公鸡哥哥		【仫佬族】
W4916.2			金鸡叫出太阳		【壮族】
W4917		鸟负责太阳的升起			
W4917.1			鸟告知太阳的升落	B122.4	【汉族】
W4918		自然物负责太阳的升起			
W4918.1			星星催促太阳升起		【白族】

---

① 【关联】［W4905］太阳住在海里。【引例】太阳从东海出升【满族】
② 【民族】汉族。【关联】［W4906.3］太阳住在扶桑木（扶木）
③ 【关联】［W4935］太阳的管理
④ 【民族】汉族。【关联】❶［TPS：J2272.1］公鸡认为它的叫声使太阳升起来；❷［W9844］公鸡喊（请）出日月；❸［W9844.1］公鸡喊太阳；❹［W9844.2］公鸡叫三遍太阳出来

W 编码	母题描述			参照项	
	一级母题	二级母题	三级母题	汤普森	关联项
W4919		与太阳升起的原因有关的其他母题			【联1】①
W4919.1			太阳为追月亮每天升起		
❊ **W4920**	太阳的降落				
W4921		特定的人物控制着太阳的降落			【汉族】
W4922		太阳降落是到另一个世界休息			
W4923		原来的两个太阳碰撞后一个太阳坠落			【白族】
W4924		与太阳降落有关的其他母题			【联1，例1】②
W4924.1			施法术不让太阳落山		【民族，联1】③
W4924.2			太阳降落后进食		
❊ **W4925**	太阳运行的秩序				【联1】④
W4926		神或神性人物规定太阳的秩序			【民族，联1】⑤
W4926.1			太阳在神的作用（管理）下运行	A726.1	【汉族】
W4926.2			天神安排太阳出现的秩序		
W4926.3			玉皇大帝安排太阳出现的秩序		
W4926.4			祖先按时辰分配12个太阳的运作秩序		【苗族】
W4927		太阳东升西落			【民族，联1】⑥
W4927.1			太阳东升西落是太阳神的行迹		【汉族】
W4927.2			太阳东升西落是太阳回家的行迹		
W4928		多个太阳的运行规则			

---

① 【关联】［W4930.2］太阳因胆子小白天出来
② 【关联】［W9796］与射日月结果有关的其他母题。【引例】太阳降落到虞渊【汉族】
③ 【民族】土家族。【关联】［W9152］巫术的作用
④ 【关联】［W4881］日月的运行
⑤ 【民族】汉族。【关联】［W4928.1］天帝让多个太阳轮流升起
⑥ 【民族】汉族。【关联】［W4912］太阳从东方升起

W 编码	母题描述			参照项	
	一级母题	二级母题	三级母题	汤普森	关联项
W4928.1			天帝让多个太阳轮流升起		【例1】①
W4928.2			7 个太阳依次升起		【蒙古族、藏族】
W4928.3			99 个太阳轮流出现		【苗族】
W4928.4			太阳 10 兄弟轮班由东往西在天上巡视		
W4928.5			10 个太阳轮流到特定的地点（树上）		【布依族、汉族、畲族】
W4928.6			12 个太阳按天值日	A739.3	【苗族】
W4928.7			与多个太阳运行规则有关的其他母题		
W4929		太阳因恐惧正常运行			【例1】②
W4930		太阳有规律的出现时间			【例1】③
W4930.1			太阳白天出来的原因		【联1】④
W4930.2			太阳因胆子小白天出来		【布朗族】
W4930.3			太阳晚上不出来的原因		【联1】⑤
W4930.4			与太阳有规律的出现时间有关的其他母题		
W4931		无秩序的太阳			【汉族】
W4931.1			以前太阳晚上出来	A722	
W4931.2			两个太阳并列运行		【独龙族】
W4931.3			以前太阳不落（不落的太阳）		【汉族】
W4931.4			原来的太阳是静止的	≈A725.1	【拉祜族】

① 【引例】天帝让 9 个太阳轮流升起【畲族】
② 【引例】猎人射死男太阳后，女太阳每天按时升起【独龙族】
③ 【引例】立秋时出现的是最年轻的太阳【彝族】
④ 【关联】［W4891.2］神规定太阳白天出来月亮晚上出来
⑤ 【关联】［TPS：A722.6］太阳晚上不出来是因为怕迷路

W 编码	母题描述			参照项	
	一级母题	二级母题	三级母题	汤普森	关联项
W4931.5			太阳停止运行		
W4931.6			太阳被拴在石柱上		【藏族】
W4931.7			最早的两个太阳在天上追逐撞碰		【白族】
W4931.8			太阳行走无章法		【例1】①
W4931.9			2 个太阳并出		
W4931.10			7 个太阳并出		【汉族】
W4931.11			9 个太阳并出		
W4931.12			10 个太阳并出		【布依族、汉族】
W4931.13			12 个太阳并出		
W4931.14			其他数量太阳并出		
W4931.15			与无秩序的太阳有关的其他母题		【联3】②
W4932		太阳改变运行规律			【民族，联2】③
W4933	与太阳运行有关的其他母题				
W4933.1		太阳运行的工具			
W4933.1.1			太阳的船	A723	
W4933.1.2			太阳的车子（太阳车）	A724	【民族，例1】④
W4933.1.3			为太阳驾车的人	A724.1	【例1】⑤
W4933.2		太阳运行的负载者			【联1】⑥
W4933.2.1			鸟负载太阳运行		【汉族】
W4933.2.2			三足乌负载太阳运行		
W4933.2.3			鹰神负载太阳运行		【满族】
W4933.2.4			乌龟负载太阳运行		【汉族】
W4933.2.5			马负载太阳运行		【民族，例1】⑦
W4933.2.6			与太阳运行负载者有关的其他母题		
W4933.3		太阳的行程			

---

① 【引例】太阳在天空行走想到哪里就到哪里【珞巴族】

② 【关联】❶［W1640］太阳的数量；❷［W1653.8］多日并出；❸［W9701］射日是因为多个太阳造成灾难

③ 【民族】汉族。【关联】❶［W4886］射日后日月开始正常运行；❷［W4913.1］太阳出西方

④ 【民族】汉族。【引例】金车的行走造成太阳的运行【傣族】

⑤ 【引例】羲和为太阳驾车【汉族】

⑥ 【关联】［W4897］日月运行的负载者

⑦ 【民族】拉祜族。【引例】太阳是骑马的小伙【彝族】

W 编码	母题描述			参照项	
	一级母题	二级母题	三级母题	汤普森	关联项
W4933.3.1			太阳经过扶桑		【汉族】
W4933.3.2			太阳行九州七舍		【汉族】
W4933.4		太阳运行的道路			【联1】①
W4933.4.1			天上的空隙是太阳的道路		【哈尼族】
W4933.5		太阳比月亮跑得快的原因			【哈尼族】
✳ **W4935**	**太阳的管理**				
W4936		神或神性人物管理着太阳			
W4936.1			天神管理着太阳		【哈尼族】
W4936.2			神的孩子管理太阳		
W4936.3			始祖管理太阳		【白族】
W4936.4			天帝的儿子管太阳		【汉族】
W4936.5			特定名字的神管理太阳		【哈尼族】
W4937		人管太阳			【汉族】
W4937.1			太阳的驾驭者		【民族，联1】②
W4937.2			人到天上驾驭太阳		【景颇族】
W4937.3			人管理着太阳的升落	A725	【汉族】
W4937.4			射日者让剩下的太阳只出现半天		【民族，联1】③
W4938		动物管理太阳			【联1】④
W4938.1			天上的一个动物管理太阳		
W4939		与太阳的管理有关的其他母题			
W4939.1			魔咒控制着太阳	D1546.2	
◎	【月亮】				
✳ **W4940**	**月亮的居所**				【联1】⑤
W4941		月亮在天上的原因			
W4941.1			月亮因为嫁不出去晚上呆在天上		【黎族】

---

① 【关联】［W4896］日月运行的道路
② 【民族】汉族。【关联】［W4933.1.3］为太阳驾车的人
③ 【民族】傣族、赫哲族。【关联】［W4010］昼夜
④ 【关联】［W4916］公鸡负责太阳的升起
⑤ 【关联】［W4900］太阳的居所

W 编码	母题描述			参照项	
	一级母题	二级母题	三级母题	汤普森	关联项
W4942		月亮居山上			
W4942.1			月亮居太阴山		【阿昌族】
W4943		月亮居海中			
W4943.1			月亮住海底		【苗族】
W4944		月亮居湖中			
W4945		月亮居住在其他地方			
W4946		与月亮居所有关的其他母题			
W4946.1			以前月亮离人很近		【哈萨克族】
❋ **W4947**	月亮的运行				【苗族】
W4948		神或神性人物使月亮运行		A759.6	【联1】①
W4948.1			神吹气使月亮行走		【蒙古族】
W4949		月亮在人的管理下运行			【汉族】
W4950		月亮夜出的原因			【撒拉族】
W4950.1			月亮夜出是为了躲避太阳		【哈尼族、汉族】
W4950.2			月亮到晚上才被放出来		
W4951		众多月亮轮流出现			【联1】②
W4951.1			以前多个月亮每天出来1个		【汉族】
W4951.2			99个月亮轮流出现		【苗族】
W4952		月亮运行的其他情形			
W4952.1			月亮获得坐骑后开始运行		【民族，联1】③
W4952.2			多个月亮并出	F961.3.2	【瑶族】
W4953		与月亮运行有关的其他母题			【联1】④
W4953.1		月亮运行的工具			

① 【关联】［W4955］月亮的管理
② 【关联】［W1655］月亮的数量
③ 【民族】拉祜族。【关联】［W4953.1］月亮运行的工具
④ 【关联】［W9814］月亮的丢失

W 编码	母题描述			参照项	
	一级母题	二级母题	三级母题	汤普森	关联项
W4953.1.1			月亮的车子	A757.1	【联1】①
W4953.1.2			马为月亮驾车		【彝族】
W4953.1.3			月亮骑仙马行走		【彝族】
W4953.2		月亮运行的道路			
W4953.2.1			天上的空隙是月亮的道路		【哈尼族】
W4953.3		月亮害怕被射不敢与太阳一齐出来			
❈ **W4955**	**月亮的管理**				【联1】②
W4956		神或神性人物管理月亮			
W4956.1			天神管理月亮		【哈尼族】
W4956.2			月亮神管理月亮		【汉族】
W4956.3			女神管理月亮	A759.6	【例1】③
W4956.4			男神管理月亮		【哈尼族】
W4956.5			神的孩子管理月亮		【例1】④
W4956.6			祖先管理月亮		【白族】
W4957		人管理月亮			
W4957.1			人到天上治理月宫		【彝族】
W4958		与月亮的管理有关的其他母题			【联1】⑤
W4958.1			妖魔控制着月亮		

4.6.3　与天体运行和秩序有关的其他母题【W4960～W4969】

W 编码	母题描述			参照项	
	一级母题	二级母题	三级母题	汤普森	关联项
◎	〖**星辰的运行与秩序**〗				
W4960	星星的居所				
W4960.1		星星住天边			【汉族】
W4960.2		星星住云中			【汉族】

---

① 【关联】［W4933.1.2］太阳的车子（太阳车）
② 【关联】［W4935］太阳的管理
③ 【引例】月姑是管理月亮的女神 【侗族】
④ 【引例】天帝的女儿管月亮
⑤ 【关联】［W9814.1］月亮被精怪关押

W 编码	母题描述			参照项	
	一级母题	二级母题	三级母题	汤普森	关联项
W4961	星辰的秩序				
W4961.1		星空的安排者			【彝族】
W4961.2		天摆列星辰			【汉族】
W4962	特定星象的秩序				
W4962.1		北斗七星为什么像"斗"(勺子)			【民族,联1】①
W4963	星辰的运行				
W4963.1		星星晚上出来的原因			【汉族、撒拉族、壮族】
W4963.2		星星靠"道"运行			【汉族】
W4963.3		特定的星星的运行			
W4963.4		与星辰运行有关的其他母题			
W4963.4.1			以前星星离人很近		【民族,联1】②
W4964	星辰的管理				
W4964.1		神或神性人物管理着星星			
W4964.1.1			天使管着星星	A769.3	
W4964.2		特定的星星的管理			
W4964.2.1			彗星的管理		【联1】③
W4964.3		与星辰的管理有关的其他母题			
◎	〖与天体秩序与管理有关的其他母题〗				
W4965	其他天上诸物的秩序				
W4965.1		天街上的秩序			
W4966	其他天上诸物的管理				
W4966.1		天宫的管理			【汉族】
W4967	与天体秩序与管理有关的其他母题				【例2】④
W4967.1		玉皇大帝管日月星辰和大地			【民族,联1】⑤
W4967.2		老子安排日月星辰			【汉族】
W4967.3		天神管日月星			【彝族】

① 【民族】汉族。【关联】[W1731] 北斗星(北斗七星)
② 【民族】哈萨克族。【关联】[W1774] 摘星星
③ 【关联】[W1746] 彗星
④ 【引例】❶冰天啄出洞后出现了日月星【满族】;❷怪鸡撞开云雾出现日月星辰【纳西族】
⑤ 【民族】汉族。【关联】[W0777] 玉皇大帝

4.7 与自然秩序相关的其他母题

【W4970 ~ W4999】

4.7.1 山川河流等的秩序与管理【W4970 ~ W4979】

W 编码	母题描述			参照项	
	一级母题	二级母题	三级母题	汤普森	关联项
◎	《山川河流等的秩序与管理》				
W4970	山川河流的秩序				
W4970.1		山川河流为什么有特定的走向			【联 2】①
W4970.1.1			神安排山川河流的走向		【汉族】
W4971	山川河流的管理				
W4972	山的秩序				
W4972.1		山的排列			
W4972.2		山脉走向的安排			
W4972.2.1			神安排山的走向		【藏族】
W4972.3		与山的秩序有关的其他母题			
W4973	山的管理				
W4973.1		山神管山			【民族，联 1】②
W4973.2		天上的老君管山			【汉族】
W4973.3		后土主宰大地山川			【汉族】
W4973.4		特定的动物管山			【例 1】③
W4973.5		太阳管山			【彝族】
W4973.6		与山的秩序与管理有关的其他母题			【例 1】④
W4974	水的秩序				
W4974.1		水的秩序的建立		A1110	

① 【关联】❶［W4972.2］山脉走向的安排；❷［W4974.2］水的流向的形成
② 【民族】汉族。【关联】［W0391］山神
③ 【引例】虎与熊管山【瑶族】
④ 【引例】太阳管山月亮管岭【彝族】

W 编码	母题描述			参照项	
	一级母题	二级母题	三级母题	汤普森	关联项
W4974.2		水的流向的形成			【例1】①
W4974.2.1			水往低处流的原因		【彝族】
W4974.2.2			水向东流的原因		【布依族、汉族】
W4974.3		天下的水从一个落水洞中落入大海			【壮族】
W4974.4		与水的秩序有关的其他母题			
W4974.4.1			江河湖海变规矩的原因		【佤族】
W4975	水的管理				
W4975.1		河流的管理			
W4975.1.1			管河流的神		【联1，例1】②
W4975.2		海的管理			【联1】③
W4975.2.1			特定的神管特定的海域		【汉族】
W4975.2.2			东海女神掌管东海		【满族】
W4975.2.3			定海神塔		【汉族】
W4975.2.4			定海神针		【汉族】
W4975.2.5			太阳管海洋		【民族，联1】④
W4975.2.6			四个龙子管海水		【土族】
W4975.3		与水的管理有关的其他母题			
W4975.3.1			湖的管理		【联1】⑤
W4975.3.2			泉的管理		【联1】⑥
W4976	水的治理				
W4976.1		治水者			
W4976.1.1			文化英雄治水	A533	
W4976.1.2			水神治水		【瑶族】
W4976.1.3			神性人物教人引水渠		【白族、哈尼族】
W4976.1.4			祖先疏导水系		【壮族】

---

① 【引例】河流比赛时形成现在的走向【珞巴族】
② 【关联】［W0407］河神（江神）。【引例】储水祖母专管江河湖海【侗族】
③ 【关联】［W1958］海的特征
④ 【民族】藏族。【关联】［W0274］太阳神的职能
⑤ 【关联】［W0415］湖神
⑥ 【关联】［W1965 ~ W1974］泉

W 编码	母题描述			参照项	
	一级母题	二级母题	三级母题	汤普森	关联项
W4976.1.5			大禹治水		【民族，联1】①
W4976.1.6			特定的动物治水		
W4976.1.7			与治水者有关的其他母题		【联1】②
W4976.2		治水方法			
W4976.2.1			从长辈那里学会治水		【例1】③
W4976.2.2			用土掩埋治水		【汉族】
W4976.2.3			填地排水		【藏族】
W4976.2.4			用息壤堵水		【民族，联1】④
W4976.2.5			疏导河道治水		【汉族】
W4976.2.6			神（人）化为动物治水		【汉族】
W4976.2.7			降妖治水		【汉族】
W4976.2.8			锁孽龙止山洪		【布依族】
W4976.2.9			与治水方法有关的其他母题		【联1，例1】⑤
W4976.3		治水的帮助者			
W4976.3.1			神指点治水		【汉族】
W4976.3.2			女子帮助治水		
W4976.3.3			龟帮助治水		
W4976.3.4			龙帮助治水		【汉族】
W4976.3.5			穿山甲帮助治水		
W4976.3.6			多种动物帮助治水		【汉族】
W4976.3.7			其他动物帮助治水		【例2】⑥
W4976.3.8			与治水的帮助者有关的其他母题		
W4977	其他自然物秩序与管理				【联4】⑦
W4977.1		云的管理			【联1】⑧
W4977.2		雷的管理			【联1】⑨

① 【民族】毛南族。【关联】［W0751］禹（大禹）
② 【关联】［W8538.1］天神治理洪水
③ 【引例】大禹从母亲那里学会治水【汉族】
④ 【民族】汉族。【关联】［W1252.3］会自己增大的土（息壤）
⑤ 【关联】［W8510］消除洪水的方法。【引例】通过祭祀治水【汉族】
⑥ 【引例】❶猪帮助治水【汉族】；❷马帮助治水
⑦ 【关联】❶［W4307］风的管理；❷［W4935］太阳的管理；❸［W4955］月亮的管理；❹［W4964］星辰的管理
⑧ 【关联】［W4468.6］神仙放牧云彩
⑨ 【关联】［W4375］雷的产生

W 编码	母题描述			参照项	
	一级母题	二级母题	三级母题	汤普森	关联项
W4978	无生命物的秩序与管理				
W4978.1		矿物的管理			【联1】①
W4978.1.1			矿物为什么有特定的分布		
W4978.2		宝藏的管理			【联1】②
W4978.3		其他无生命物的秩序与管理			

4.7.2　动物的秩序与管理【W4980 ~ W4989】

W 编码	母题描述			参照项	
	一级母题	二级母题	三级母题	汤普森	关联项
※ **W4980**	**动物世界的秩序**				【联1】③
W4981		动物世界秩序的建立			【例1】④
W4982		特定的动物群体秩序的建立			
W4982.1			森林动物秩序的建立		【联1】⑤
W4982.2			鸟类秩序的建立		【联1】⑥
W4982.3			水中动物秩序的建立		【联1，例1】⑦
W4983		与动物秩序有关的其他母题			
W4983.1			动物秩序的混乱		【例1】⑧
※ **W4985**	**动物的管理**				
W4986		特定的动物管理者			
W4986.1			神或神性人物管理动物		【例2】⑨
W4986.2			人管理动物		【联1，例1】⑩

---

① 【关联】［W1985 ~ W1989］矿物
② 【关联】［W9650］宝物
③ 【关联】［W3035 ~ W3064］动物的特征
④ 【引例】始祖布洛陀规定动物的秩序【壮族】
⑤ 【关联】［W3147.7］猴子王国
⑥ 【关联】［W3329.6］鸟的王国
⑦ 【关联】［W3418.5］鱼的王国。【引例】龙王规定水中动物的秩序【汉族】
⑧ 【引例】世界末日动物秩序混乱【汉族】
⑨ 【引例】❶神管鸟兽鱼虫【汉族】；❷龙王管鸟兽【纳西族】
⑩ 【关联】［W5077.1］人是世间的主宰。【引例】动物服从人管理是因为动物是人用泥捏的【傈僳族】

W 编码	母题描述			参照项	
	一级母题	二级母题	三级母题	汤普森	关联项
W4986.3			动物管理动物		【例1】①
W4987		各类动物的管理			
W4987.1			兽的管理		【联1，例3】②
W4987.2			鸟的管理		【联1，例1】③
W4987.3			水中动物的管理		【联1，例3】④
W4987.4			昆虫的管理		
W4987.5			其他类型动物的管理		
W4988		与动物的管理有关的其他母题			
W4988.1			动物管理权的获得		
W4988.2			动物王国	B220	【联3】⑤
W4988.3			动物之王	B240	【联2】⑥
W4988.4			兽王		
W4988.5			鸟王		【联5】⑦
W4988.6			其他特定的动物之王		【联2】⑧
W4988.7			动物争王		【例1】⑨
W4988.8			特定动物的管理		【联1】⑩
W4988.9			魔力管理着动物	D2197	

4.7.3 植物的秩序与管理【W4990～W4999】

W 编码	母题描述			参照项	
	一级母题	二级母题	三级母题	汤普森	关联项
❋ **W4990**	**植物的秩序**				【联1】⑪

① 【引例】鼠王管各种动物【德昂族】
② 【关联】［W4982.1］森林动物秩序的建立。【引例】❶山神管兽类【鄂温克族】；❷猎神管兽类【哈尼族】；❸熊为森林之王【撒拉族】
③ 【关联】［W4982.2］鸟类秩序的建立。【引例】凤凰管百鸟【汉族】
④ 【关联】［W4982.3］水中动物秩序的建立。【引例】❶管龙的人【哈尼族、汉族】；❷龙管水族【汉族】；❸管鱼的神
⑤ 【关联】❶［W3147.7］猴子王国；❷［W3329.6］鸟的王国；❸［W3418.5］鱼的王国
⑥ 【关联】❶［W3164.6］虎是动物之王；❷［W3249.8］熊是动物之王
⑦ 【关联】❶［W3329.7.1］大鹏是百鸟之王；❷［W3329.7.2］凤凰是鸟王；❸［W3329.7.3］斑鸠是百鸟之王；❹［W3329.7.4］鹰是鸟王；❺［W3329.7.5］布谷鸟是鸟王
⑧ 【关联】❶［W3418.5.1］鱼之王；❷［W3471.4］蚂蚁之王
⑨ 【引例】先见到太阳升起的动物称王【门巴族】
⑩ 【关联】［W4988.6］其他特定的动物之王
⑪ 【关联】［W3640～W3684］植物的特征及成因

W 编码	母题描述			参照项	
	一级母题	二级母题	三级母题	汤普森	关联项
W4991		为什么植物生长有特定时间			【联1】①
W4991.1			为什么春天种庄稼		【民族，联1】②
W4992		为什么植物有特定生长地域			
W4992.1			为什么竹子不在北方生长		【联1】③
W4993		与植物的秩序有关的其他母题			
❋ **W4995**	**植物的管理**				【联2】④
W4996		神或神性人物管理植物			【例1】⑤
W4996.1			神或神性人物制定植物的规矩		
W4996.2			始祖定植物的规矩		【壮族】
W4997		人管理植物			
W4998		动物管理植物			
W4999		与植物的管理有关的其他母题			【联1】⑥
W4999.1			管理五谷者		【联3】⑦

---

① 【关联】［W3828.2.2］梅为什么冬天开花
② 【民族】汉族。【关联】［W6051.7］耕种时节的确定
③ 【关联】［W3795］竹子的特征
④ 【关联】❶［W3600～W3699］植物；❷［W5971］动物的管理
⑤ 【引例】女夷管草木生长【汉族】
⑥ 【关联】［W3830.3.3］人参是百草之王
⑦ 【关联】❶［W0564］五谷神；❷［W0688.2］稷是五谷之长；❸［W3848.3］五谷为什么有固定的成熟时间

5 社会组织与社会秩序

（代码 W5000 ~ W5999）

类型说明

一、社会组织与社会秩序的界定

阐释社会问题是神话的重要功能之一。其中关于社会组织与社会秩序的母题一般是人类进入文明阶段之后的产物，反映出神话对社会一系列问题的持续关注与阐释。虽然在神话流传过程中难免有再加工现象，针对其本质而言，仍具有浓厚的神话色彩，在某种程度上印证着历史上曾经盛行的政教合一或神权神治观念。

二、母题类型的划分与编排

1. 本类型母题划分为 6 个部分。其基本排序如下：

（1）社会秩序概说；（2）家庭、村庄；（3）氏族、部落；（4）民族；（5）国家；（6）与社会秩序相关的其他母题。

因社会组织与社会秩序具有交叉性，本类型采用了中间 4 项以社会组织命名的形式。

2. 母题的编排。本类母题的编排兼顾了上述各部分内容的发生、发展顺序和内在关系。

（1）在每一个具体类型中，一般采取了"产生"、"特征"、"其他有关母题"的编目顺序，每部分在构成上会根据实际情况稍作调整。

（2）对某些值得关注的母题类型，采取了细化的方法。如"民族"类母题中，对中国 56 个民族的相关母题加以具体呈现。

5.1 社会秩序概说
【W5000 ~ W5084】

5.1.1 社会秩序的建立【W5000 ~ W5029】

W 编码	母题描述			参照项	
	一级母题	二级母题	三级母题	汤普森	关联项
✳ **W5000**	**人类（社会）秩序**			A1300	
W5001		以前没有秩序			【联1】①
W5002		以前世间秩序混乱			【联1】②
W5002.1			人间长幼不分		【民族，联1，例1】③
W5002.2			人与动物不分		【联1】④
✳ **W5003**	**社会秩序的建立**				
W5004		神建立社会秩序			
W5004.1			天神建立社会秩序		
W5004.2			女神建立社会秩序		
W5005		神性人物建立社会秩序			
W5005.1			文化英雄建立社会秩序	①A530 ②A546	【例1】⑤
W5005.2			祖先建立社会秩序		【汉族】
W5005.3			宗教人物建立社会秩序		
W5006		特定的人建立社会秩序			
W5006.1			首领制定人间秩序		【联1，例1】⑥
W5006.2			人皇制定人间秩序		【畲族】

---

① 【关联】［W1040］最早的世界是混沌
② 【关联】［W1040］最早的世界是混沌
③ 【民族】壮族。【关联】［W5134.2］儿女不抚养母亲。【引例】阿妈称儿子阿哥【哈尼族】
④ 【关联】［W6187］人与动物杂居
⑤ 【引例】布洛陀制定人间秩序【壮族】
⑥ 【关联】［W5030］首领。【引例】首领制定兄弟、男女间秩序【佤族】

W 编码	母题描述			参照项	
	一级母题	二级母题	三级母题	汤普森	关联项
W5006.3			智者建立社会秩序		
W5007		与社会秩序的建立有关的其他母题			
W5008	社会关系的产生			A1470	
W5008.1		社会关系是家庭分化产生			【联1】①
W5008.2		社会关系是氏族分化产生			【联1】②
✳ **W5009**	**人的等级的产生**③			①≈A1650 ②A1659	【联1】④
W5010		特定的人物划分人的等级			
W5010.1			女娲划分出人的等级		【联1】⑤
W5010.2			黄帝制定人的等级		【联1】⑥
W5011		造人时形成等级			【汉族】
W5011.1			因造人的方法不同形成人的等级		【联2】⑦
W5011.2			因造人的材料不同形成人的等级		【联1】⑧
W5012		通过争战分出等级			
W5012.1			战败者成为胜利者的奴仆		【联1】⑨
W5013		命运决定人的等级			【联2】⑩
W5014		与等级的产生有关的其他母题			
W5014.1			人的等级的变化		
W5014.2			下人变成主子		【彝族】

---

① 【关联】［W5085］家庭（家族）

② 【关联】［W5251］氏族的产生

③ 人的等级的产生，也可以理解为阶级的产生。据中国社会科学院《简明中国历史读本》（中国社会科学出版社 2012 年版，第 27 页）解释，人类在日益发展的家族财产私有制的强力推动下，父权制取代母权制，从而导致原先平等的农耕聚落社会到距今 6000—5000 年间，开始出现不平等并逐渐酝酿着早期文明的萌动。这种不平等表现为两个方面：一是在聚落内部出现贫富分化和贵族阶层；另一是在聚落和聚落之间，出现了中心聚落与普通聚落相结合而规格、地位却高下悬殊的格局。

④ 【关联】［W5082］社会分工

⑤ 【关联】［W0710］女娲

⑥ 【关联】［W0690］黄帝

⑦ 【关联】❶［W2065］女娲造人；❷［W2100～W2109］造人的方法

⑧ 【关联】［W2080～W2099］造人的材料

⑨ 【关联】［W8784］争战失败

⑩ 【关联】❶［W5019］命运决定人的贵贱；❷［W9480］命运

W 编码	母题描述			参照项	
	一级母题	二级母题	三级母题	汤普森	关联项
✳ **W5015**	人的贵贱				
W5016		人以前没有贵贱			【普米族】
W5017		人的贵贱是划分出来的			【联1】①
W5017.1			特定的人物划分人的贵贱		
W5017.2			从动物那里学会分贵贱		【普米族】
W5018		造人时出现贵贱			【联1】②
W5018.1			造人的方法不同形成人的贵贱		【汉族】
W5019		命运决定人的贵贱			【联1】③
W5019.1			天命决定人的贵贱		
W5020		与贵贱有关的其他母题			【联1】④
W5020.1			人的贵贱的逆转		
✳ **W5021**	人的身份				
W5022		人的不同身份的来历			
W5022.1			不同的卵孵出不同身份的人		【哈尼族】
W5022.2			通过抓阄产生不同身份		【壮族】
W5022.3			兄弟分家形成不同身份		【联1】⑤
W5023		与人的身份有关的其他母题			
W5023.1			人的身份的改变		
✳ **W5024**	人的贫富			U60	
W5025		最早没有贫富之分			【佤族】
W5026		贫富的产生			
W5026.1			神或神性人物把人分出贫富		
W5026.2			仙女下凡把人分出贫富		【水族】

① 【关联】［W5010］特定的人物划分人的等级
② 【关联】［W2030~W2129］造人
③ 【关联】［W9480］命运
④ 【关联】［W5028.2］权贵者
⑤ 【关联】［W5215］兄弟分家

W 编码	母题描述			参照项	
	一级母题	二级母题	三级母题	汤普森	关联项
W5026.3			通过抢占产生了贫富		【珞巴族】
W5027	与人的贫富有关的其他母题				
W5027.1			富人	P150	【汉族】
W5027.2			穷人		【汉族】
W5028	与人的等级贵贱有关的其他母题				
W5028.1		主仆关系		P360	【联1】①
W5028.1.1			奴仆	P170	
W5028.1.2			奴隶的产生	A1473	
W5028.1.3			仆人的产生		
W5028.1.4			地上的人是天上的人的奴隶		【例2】②
W5028.2		权贵者		①P50 ②P110	
W5028.2.1			王族贵族的产生	①A1653 ②A1656	【联1】③
W5028.3		女人服从男人的产生			【例1】④
W5028.4		乞讨者		P160	
W5028.4.1			乞丐的产生		【畲族】

5.1.2 首领与首领的产生⑤ 【W5030～W5074】

W 编码	母题描述			参照项	
	一级母题	二级母题	三级母题	汤普森	关联项
✿ **W5030**	首领				【汉族】
✿ **W5031**	首领的产生				
W5032	自然出现首领				【哈尼族】
✳ **W5033**	首领来源于特定的地方				
W5034		首领从天而降			【白族】

① 【关联】［W5082］社会分工
② 【引例】❶地上的人为天神打工【苗族】；❷地上的人向天上的人交租【彝族】
③ 【关联】［W9482］命运天定
④ 【引例】女娲听命于伏羲
⑤ 首领的产生，在神话中"氏族"、"部落"、"族群"、"家族"等的首领并没有严格的界限。为避免母题编目的重复与繁琐，一并归入此处，具体情形详见《中国神话母题 W5 编目实例》。

W 编码	母题描述			参照项	
	一级母题	二级母题	三级母题	汤普森	关联项
W5035		首领来源于远方			
W5036		首领来源于其他地方			
W5036.1			首领来源于外族		
✳ **W5037**	首领是生育产生的				
W5038		特定的人物生育首领			
W5038.1			神或神性人物生首领		【例1】①
W5038.2			动物生的人成为首领		【例1】②
W5038.3			植物生的人成为首领		【联1，例1】③
W5038.4			无生命物生的人成为首领		【例1】④
W5039		特殊的婚配生首领			【例2】⑤
W5040		与生育产生首领有关的其他母题			
W5040.1			感生首领		【民族，例1】⑥
W5040.2			卵生首领		【傣族】
✳ **W5041**	首领是任命产生的				
W5042		神任命人的首领			【彝族】
W5043		神性人物任命人的首领			
✳ **W5044**	首领是推举产生的				
W5045		公众推选首领			【景颇族】
W5046		老人推荐首领			
W5047		有功者被推举为首领			【民族，联1】⑦
W5047.1			把天顶高的人被推举为首领		【例1】⑧
W5047.2			教会人耕种者被推举为首领		【羌族】

① 【引例】人的始祖生人王【侗族】
② 【引例】野猪生的孩子成为首领【珞巴族】
③ 【关联】树生的人成为部族首领。【引例】树瘤生的人成为部族首领【蒙古族】
④ 【引例】石头生的人成为首领【普米族】
⑤ 【引例】❶女子与狗婚生部落首领【汉族】；❷特殊的婚生部落首领
⑥ 【民族】佤族。【引例】感龙生的孩子长大后成为首领【彝族】
⑦ 【民族】门巴族。【关联】［W5055.1］让位给有功者
⑧ 【引例】把顶天顶高的妇女被奉为王【佤族】

W 编码	母题描述			参照项	
	一级母题	二级母题	三级母题	汤普森	关联项
W5047.3			取得粮种者被推举为首领		【联1，例2】①
W5047.4			降妖除怪者被推举为首领		【例1】②
W5048		贤者被推举为首领			【民族，联1】③
W5049		才艺过人者被推举为首领			【民族，联1，例1】④
W5050		与推举首领有关的其他母题			
W5050.1			力大心好善良者被推举为首领		【羌族】
W5050.2			为人办好事的人推举为首领		【赫哲族】
W5050.3			聪明的人被推举为首领		【联1，例2】⑤
W5051	首领是世袭产生的				
W5051.1		子继父位的来历			【汉族】
✳ **W5052**	首领是让位产生的				【联1】⑥
W5053		首领让位给有血缘关系的人			
W5053.1			首领让位给长子		
W5053.2			首领让位给幼子		
W5053.3			首领让位给兄弟		
W5054		禅让产生首领			【民族，联2】⑦
W5055		让位给其他特定的人			
W5055.1			让位给有功者		【畲族】
W2055.2			让位给有能者		【汉族】
W5055.3			让位给孝顺者		【汉族，壮族】
✳ **W5056**	首领是竞赛产生生的				【联1】⑧
W5057		通过特定的比赛称王			
W5057.1			赛马称王		【藏族】

① 【关联】［W3950］盗取种子者（取种者）。【引例】❶获取粮种者被公推为王【傣族】；❷找到谷种者管天下【瑶族】
② 【引例】除掉害人猛兽者被推举为王【傣族】
③ 【民族】古突厥。【关联】［W5952.2］禅让
④ 【民族】白族。【关联】［W5505.2］让位给有能者。【引例】打虎英雄被推选为新的氏族首领【傣族】
⑤ 【关联】［W5074.1］兄弟中年龄最小的成为首领。【引例】❶野猪窝中生的孩子聪明能干，18岁就当了首领【珞巴族】；❷年龄最小的因聪明被推举为首领【维吾尔族】
⑥ 【关联】［W5887.5］国王的让位
⑦ 【民族】汉族。【关联】❶［W0747.5］尧王禅让；❷［W5048］贤者被推举为首领
⑧ 【关联】［W9620］竞赛（比赛）

W 编码	母题描述			参照项	
	一级母题	二级母题	三级母题	汤普森	关联项
W5057.2			掷剑比武胜者为酋长		【土家族】
W5057.3			向树跳跃最高者成为首领		【古突厥】
W5057.4			夺得特定的树枝者成为首领		
W5058		与竞赛产生首领有关的其他母题			
W5058.1			通过比赛产生世界之主		【哈尼族】
W5058.2			比赛获胜者成为部族首领		【联1】①
W5058.3			比赛中力大者成为首领		【例1】②
W5058.4			比赛中取得宝物的人成为首领		【彝族】
❋ **W5059**	首领是争战产生的				【联1，例1】③
W5060		御敌有功者取代原来的首领			【民族，联1】④
W5061		与争战产生首领有关的其他母题			
W5061.1			争战获胜者排座次		
W5062	与首领的产生有关的其他母题				
W5062.1		人分出贵贱后产生首领			【普米族】
W5062.2		兄弟民族让汉族当皇帝			【独龙族】
W5062.3		弃儿成为首领			【联1】⑤
W5062.4		孤儿成为首领			【蒙古族】
❋ **W5063**	首领的特征				
W5064		首领有特定身份			
W5064.1			首领是神		【联1，例1】⑥
W5064.2			首领是天神之子		【藏族】
W5064.3			首领是巫师		
W5064.4			首领会治病		【联1】⑦

---

① 【关联】［W5300］部落

② 【引例】通过比力大的巨人成为寨中头人【佤族】

③ 【关联】［W8703］争权力引起争战（矛盾）。【引例】一个酋长并吞了其他部落后成为更大的酋长【阿昌族】

④ 【民族】傣族。【关联】［W5047］有功者被推举为首领

⑤ 【关联】［W2670］弃婴（弃儿）

⑥ 【关联】［W5326］部落首领是神。【引例】向王（廪君）是白虎神【土家族】

⑦ 【关联】［W6232.1］医生神授

W 编码	母题描述			参照项	
	一级母题	二级母题	三级母题	汤普森	关联项
W5064.5			首领有多重身份		【联1，例1】①
W5064.6			首领有其他特定的身份		
W5065		首领有特定的本领			【联1】②
W5065.1			人的首领的感情与天相通		【汉族】
W5065.2			头人会变幻妖术		【羌族】
W5066		与首领的特征有关的其他母题			
W5066.1			首领有特定标记		
W5066.2			首领为什么要穿特定服饰		【例1】③
◎	〖特定的首领〗				
❖ **W5067**	女首领				【羌族】
W5068		女首领的产生			
W5068.1			女人因救世成为首领		【民族，例1】④
W5068.2			女人因生育成为首领		【汉族】
W5068.3			人类最早是女首领		【白族】
W5069		女首领的特征			
W5069.1			女首领本领高强		【彝族】
W5069.2			女首领力大无比		
W5070		与女首领有关的其他母题			【联1，例2】⑤
W5070.1			丈夫出走后女子执政		【白族】
❖ **W5071**	男首领				
W5072		男首领的产生			
W5072.1			男人征服女人后成为首领		【汉族】
W5073		与男首领有关的其他母题			【联2】⑥

---

① 【关联】［W5064.3］首领是巫师。【引例】首领会占卜、治病、诵经【彝族】
② 【关联】［W6080.3.1］首领教人造工具
③ 【引例】首领只有戴雁翎时才是首领【哈尼族】
④ 【民族】哈尼族、汉族。【引例】一个妇女因顶天被推举为天下大王【佤族】
⑤ 【关联】［W5348.2］女人管理部落。【引例】❶女萨满是女酋长【鄂伦春族】；❷女首领是女神【佤族】
⑥ 【关联】❶［W0686.1］鲧是一个部落的首领；❷［W0697.1］黄帝是部落的首领

W 编码	母题描述			参照项	
	一级母题	二级母题	三级母题	汤普森	关联项
W5074	与首领有关的其他母题				
W5074.1		兄弟中年龄最小的成为首领			【民族，联1】①
W5074.1.1			亲近父亲的幼子被立为王		【白族、傣族】
W5074.2		兄弟共同做首领			【羌族】
W5074.3		动物做人的首领			【联1，例1】②
W5074.4		首领地位的丧失			
W5074.4.1			首领被杀		【畲族、瑶族】
W5074.4.2			首领被篡位		【联1】③
W5074.5		首领的死亡			
W5074.5.1			首领病亡		【汉族】

5.1.3 与社会秩序有关的其他母题【W5075 ~ W5084】

W 编码	母题描述			参照项	
	一级母题	二级母题	三级母题	汤普森	关联项
✳ **W5075**	世界的管理				【联1】④
W5076		神管理世界			【联1】⑤
W5076.1			天神管理世界		【联1】⑥
W5076.2			地神管理世界		【联1】⑦
W5076.3			其他神管理世界		
W5077		世界的其他管理者			
W5077.1			人是世间的主宰		【例1】⑧
W5077.2			人是万物之王		【佤族】
W5077.3			世界最早的主宰者是动物		【联2，例1】⑨
✳ **W5078**	社会的管理				
W5079		神或神性人物管理人间			

① 【民族】维吾尔族。【关联】［W5054］首领让位给幼子
② 【关联】［W6290 ~ W6329］动物图腾。【引例】马鬃蛇退洪水推举它为天下之王【佤族】
③ 【关联】［W5887.6］夺位
④ 【关联】［W1000］世界的产生
⑤ 【关联】［W0433］管天地万物的神
⑥ 【关联】［W0201.4］天神管自然物
⑦ 【关联】［W0235.3］地神管地上万物
⑧ 【引例】人战胜雷公和野兽成为世间主宰【布依族】
⑨ 【关联】❶［W1996.2］世界最早产生的是动物；❷［W5081.1］动物管理人间。【引例】旱獭是世界最早时期的主宰者【藏族】

W 编码	母题描述			参照项	
	一级母题	二级母题	三级母题	汤普森	关联项
W5079.1			太阳神管理人间		【民族，联1】①
W5079.2			天神管理人间		
W5079.3			地神管理人间		【联1】②
W5079.4			其他特定的神或神性人物管理人间		
W5080		特定的人管理人间			
W5080.1			神派特定的人管理人间		【汉族】
W5080.2			特定出生的人管理人间		
W5081		社会的其他管理者			
W5081.1			动物管理人间		
◎	〖其他相关母题〗				
W5082	社会分工				
W5082.1		分工的来历			
W5082.1.1			自然形成分工		【例1】③
W5082.1.2			祖先给子女分工		【例1】④
W5082.2		男耕女织的来历			【联2】⑤
W5082.2.1			妇女负责织网的来历		
W5082.3		各种行业的来历			【联2】⑥
W5082.3.1			36 行的来历		【汉族】
W5082.3.2			72 行的来历		
W5082.3.3			特定行业的来历		
W5082.4		与分工有关的其他母题			
W5082.4.1			分工的交换		【珞巴族】
W5083	亲属关系⑦				

① 【民族】珞巴族。【关联】［W0271］太阳神（日神）
② 【关联】［W0235.3］地神管地上万物
③ 【引例】天降的两兄弟，哥哥长年狩猎，弟弟在家干农活【珞巴族】
④ 【引例】男祖先给八个子女分工【佤族】
⑤ 【关联】❶［W6040～W6051］耕种（农业）；❷［W6120］纺织的产生
⑥ 【关联】❶［W0450～W0499］与功能或行业有关的神；❷［W6076］手工制作者（工匠）
⑦ 亲属关系，这种关系是形成人际关系与秩序的主要因素。据摩尔根对古代婚姻与家庭的研究，亲属关系可以分为血缘或血统关系、姻亲或婚姻关系两种。其中，血缘亲属包括直系和旁系情形；姻亲产生的亲属关系，以习俗为根据。在成对配偶的婚姻下，每一个人都从自己来推算各自的亲属等级，并按照和自己的关系来确定这种等级。这种推演具有时间的一维性，是垂直的。进入父系时代，由父及子的各代祖先和子孙系列的总和构成了男性直系。从这一主系产生一些包括男系和女系的旁系，由内向外排列数字。如，被观察者为 A，A 在各代只有一个兄弟和一个姊妹的情况下的最简单形式是：（1）A 的第一旁系：男系指 A 的兄弟及其子孙；女系指 A 的姊妹及其子孙。（2）A 的第二旁系：男系指 A 的父亲的兄弟及其子孙和 A 的母亲的兄弟及其子孙；女系指 A 的父亲的姊妹及其子孙和 A 的母亲的姊妹及其子孙。（3）A 的第三旁系：男系指 A 的祖父的兄弟及其子孙和 A 的祖母的兄弟及其子孙，女系指 A 的祖父的姊妹及其子孙和 A 的祖母的姊妹及其子孙。……以此类推，如果 A 有若干个兄弟和姊妹，他们以及他们的子孙就构成相应的若干独立的系统，但是他们的总和便构成 A 的第一旁系中的男系和女系两个分支。因神话对这类问题的表述非常杂乱，本书在 "［W5095～W5199］家庭与社会关系成员" 母题类型中只对其中某些较典型者加以列举。

W 编码	母题描述			参照项	
	一级母题	二级母题	三级母题	汤普森	关联项
W5083.1		亲属关系的形成			【联1】①
W5083.2		具体亲属关系			【联3】②
W5084	与社会秩序有关的其他母题				
W5084.1		人与动植物的区别的来历			【联1】③
W5084.2		社会秩序的混乱			【联2】④
W5084.2.1			长有无序		【联1】⑤
W5084.2.2			血亲乱伦		【联2】⑥

---

① 【关联】［W5086］家庭的产生
② 【关联】❶［W5095~W5199］家庭与社会关系成员；❷［W5135］父与子；❸［W7020］夫妻
③ 【关联】［W6187.6］人与动物的分居
④ 【关联】❶［W5002］以前世间秩序混乱；❷［W9957.6.8］母鸡报晓
⑤ 【关联】［W5002.1］人间长幼不分
⑥ 【关联】❶［W7285］血缘婚；❷［W7985］乱伦

5.2　家庭、村庄①
【W5085～W5249】

5.2.1　家庭的产生【W5085～W5094】

W 编码	母题描述			参照项	
	一级母题	二级母题	三级母题	汤普森	关联项
✿ W5085	家庭（家族）			P200	
✳ W5086	家庭的产生				
W5087		家族祖先的产生			【联1】②
W5087.1			特殊婚姻生家族祖先		
W5087.2			人与天女婚生家族祖先		【蒙古族】
W5088		感生家族			【民族，联1】③
W5089		分化产生家庭			【联1】④
W5089.1			子孙分成不同家庭		【联2】⑤
W5089.2			子孙分成百家		【白族】
W5090		婚姻产生家庭			【联2】⑥
W5090.1			兄妹婚的孩子形成不同家庭		【联1】⑦
W5091		家庭产生的其他形式			

---

① 家庭、村庄，神话叙事中涉及的概念，是人类社会的基本构成元素和主要社会结构形式。"家庭"也可以称作是"家族"，一般认为，家庭是随着私有制的产生而出现的社会组织形态，其特征主要是，由婚姻、血缘或抚养关系构成的较为稳定的利益群体，是社会组织的基本单位。针对现代意义上的家庭而言，狭义的"家庭"是指一夫一妻制构成的单元，广义的"家庭"则泛指人类进化的不同阶段出现的各种家庭利益集团（家族）。在人类社会组织发展过程中，"家庭"的概念也是动态发展的，在不同时期人们对于家庭要素、家庭结构模式、家庭功能等会有不同的认识和理解。"家庭"的概念在神话叙事中并不是一个严格的概念，在不同的文本中可能会有不同的所指。因此，这类母题类型可能包括了"家庭"、"家族"、"胞族"、"亲属"等情况。关于"家庭关系"的母题涉及诸多神话叙事类型，如神与神性人物类型中的神与神性人物的亲属、人的关系类型中的人的亲属等。"村庄"，又称"村寨"，是人类进入特定历史时期的产物。在神话中可以看作是人类聚落发展中的一种初级形式，与我们今天所定义的"村寨"概念也具有本质上的差异，神话叙事中的"村庄"往往与一个家族或族体的生息地有一定的联系，在此仅作一般性母题列举，具体情形可参见《中国神话母题 W5 编目实例》。

② 【关联】［W0642］祖先的产生

③ 【民族】汉族、满族、蒙古族。【关联】［W2230］感生人

④ 【关联】［W5211］分家

⑤ 【关联】❶［W5211］分家；❷［W5215］兄弟分家

⑥ 【关联】❶［W2400～W2499］婚生人；❷［W7000］婚姻

⑦ 【关联】［W2525.3］人类毁灭后兄妹婚再生人类

W 编码	母题描述			参照项	
	一级母题	二级母题	三级母题	汤普森	关联项
W5091.1			射箭安家		【民族，联1】①
W5092	与家庭产生有关的其他母题				
W5092.1		特殊家庭的产生			
W5092.1.1			不同类型的成员组成家庭		【例1】②

5.2.2　家庭与社会关系成员【W5095～W5199】

W 编码	母题描述			参照项	
	一级母题	二级母题	三级母题	汤普森	关联项
✿ **W5095**	祖父母与子孙				
W5096	祖父（外祖父）			P291	
W5096.1		恶毒的祖父		S42	
W5096.2		有智慧的祖父			【汉族】
W5096.3		与祖父有关的其他母题			
W5097	祖母（外祖母）			P292	
W5097.1		恶毒的祖母		S41	
W5097.2		与祖母有关的其他母题			
W5098	孙子				
W5098.1		恶毒的孙子		S25	【联1】③
W5098.2		与孙子有关的其他母题			
W5099	孙女				
✿ **W5100**	父母与孩子			P230	【联1】④
✿ **W5101**	父母				
W5102		人原来不认识父母			【哈尼族、景颇族】
W5102.1			孩子不识父		【羌族、畲族、彝族】
W5102.2			孩子不识母		【景颇族】
W5102.3			只知其母不知其父⑤		【民族，联1】⑥

① 【民族】珞巴族。【关联】［W6160～W6209］人的居所
② 【引例】父亲是铁的化身，母亲是石的化身，儿子是草的化身【藏族】
③ 【关联】［W8933.1］孙子杀死祖父
④ 【关联】［W5198.1.1］父母偏爱最小的儿子
⑤ 只知其母不知其父，研究者一般认为，在母系氏族社会时期，实行族外婚制，氏族内部保持严格的母系血缘关系，在这种社会结构模式下，子女一般是"知其母，不知其父"。
⑥ 【民族】怒族、彝族。【关联】［W5110.1］出现媒人后，生的孩子才知道父亲

W 编码	母题描述			参照项	
	一级母题	二级母题	三级母题	汤普森	关联项
W5103		父母的产生		A1271	【联 2】①
W5103.1			日月星辰生人类最早的父母	A1271.1	【联 1】②
W5103.2			人类最早的父母是孪生	A1273	【联 1】③
W5104		父母的特征			
W5104.1			慈善的父母		
W5104.2			恶毒的父母	S10	
W5105		父母特定的身份			
W5105.1			动物父母		【联 2】④
W5105.2			地位低贱的父母		
W5106		父母的关系			
W5107		认知父母			【民族，联 3】⑤
W5107.1			隐藏父母身份		【例 1】⑥
W5107.2			告知父母身份		【傣族】
W5107.3			偶然得知父母身份		
W5108		与父母有关的其他母题			
W5108.1			父母的特定称谓		
W5108.2			父母的离去		
✳ **W5109**	父亲				
W5110		父亲的产生			【例 2】⑦
W5110.1			出现媒人后，生的孩子才知道父亲		【民族，联 1】⑧
W5110.2			指认的父亲		【汉族】
W5110.3			拜认特定的人为父亲		【联 1，例 1】⑨
W5110.4			拜认特定的物为父亲		【例 4】⑩

① 【关联】❶［W2930］人的亲缘的确立；❷［W2132］神生人类最早的父母
② 【关联】［W2204］日月星辰生人
③ 【关联】［W2722］双胞胎（孪生）
④ 【关联】❶［W5112.1］动物父亲；❷［W5117.1］动物母亲
⑤ 【民族】彝族。【关联】❶［W5085］家庭（家族）；❷［W5102］人原来不认识父母；❸［W9935］寻找父亲
⑥ 【引例】兄妹婚对婚生的子女隐藏父母身份【傣族】
⑦ 【引例】❶敬奉祖灵生子后才能见到父亲【彝族】；❷买父亲【彝族】
⑧ 【民族】彝族。【关联】［W5102.3］只知其母不知其父
⑨ 【关联】［W5113.3］干爹（义父）。【引例】新生儿拜第一个见到的男人为干父亲【哈尼族】
⑩ 【引例】❶拜动物为父【哈尼族、汉族】；❷拜植物为父【哈尼族、汉族】；❸拜大树为父【哈尼族、汉族、苗族】；❹拜器物为父【汉族】

W 编码	母题描述			参照项	
	一级母题	二级母题	三级母题	汤普森	关联项
W5111		父亲的特征			
W5111.1			严厉的父亲		
W5111.2			恶毒的父亲	S11	【联2，例1】①
W5112		父亲特定的身份			
W5112.1			动物父亲		【畲族、瑶族】
W5112.2			植物父亲		
W5113		与父亲有关的其他母题			【联2，例1】②
W5113.1			对父亲和父亲的兄弟都称"父亲"		【汉族、怒族】
W5113.2			儿子称呼舅舅为"父亲"		【民族，联2】③
W5113.3			干爹（义父）		【汉族】
❋ **W5114**	母亲				
W5115		母亲的产生			
W5115.1			母亲自然产生		【联1】④
W5115.2			特定来历的人成为人类的母亲		
W5116		母亲的特征			
W5116.1			慈祥的母亲		
W5116.2			恶毒的母亲	S12	【联2】⑤
W5116.3			糊涂的母亲		【例1】⑥
W5117		母亲特定的身份			
W5117.1			动物母亲		【民族，联1】⑦
W5117.2			植物母亲		【联1】⑧
W5117.3			无生命物母亲		【联1】⑨
W5118		与母亲有关的其他母题			
W5118.1			称母亲的姐妹也为"母亲"		【例1】⑩

---

① 【关联】❶［W8926］父亲杀死子女；❷［W8926.1.1］父亲吃掉自己的孩子。【引例】太阳父亲吃掉自己的孩子（星星）【壮族】
② 【关联】❶［W5147.2.1］儿子称养父为父亲；❷［W8927］儿子弑父。【引例】父亲的服侍【傣族】
③ 【民族】珞巴族。【关联】❶［W5152.2.2］以前，舅舅、父亲分不清；❷［W5152.2.5］儿子称生父为舅舅
④ 【关联】［W2021.2］世上最早只有1个女人（第一个女人）
⑤ 【关联】❶［W8929］母亲杀死孩子；❷［W8929.1］母亲吃掉自己的孩子
⑥ 【引例】糊涂的母亲害死儿子莫一大王【壮族】
⑦ 【民族】侗族、鄂伦春族、鄂温克族、哈尼族、汉族。【关联】［W2155～W2169］动物生人
⑧ 【关联】［W2170～W2199］植物生人
⑨ 【关联】［W2200～W2219］无生命物生人
⑩ 【引例】儿女对母亲的姐妹同样称呼为"母亲"【怒族】

W 编码	母题描述			参照项	
	一级母题	二级母题	三级母题	汤普森	关联项
W5118.2			干娘		
W5118.3			母亲的离去		【例1】①
✳ **W5119**	**孩子**				
W5120		孩子的产生			
W5120.1			生育孩子		【联1】②
W5120.2			从特定的地方得到孩子		
W5120.3			特定的物变为孩子		【例1】③
W5120.4			认养异类为孩子		【基诺族】
W5121		孩子的特征			
W5121.1			相貌奇特的孩子		【例2】④
W5121.2			不顺从的子女	P236	
W5121.3			恶毒的孩子	S20	
W5122		与孩子有关的其他母题			【联2】⑤
W5122.1			最小的孩子本领最大		【民族，联1】⑥
✳ **W5123**	**儿子**				
W5124		儿子的产生			
W5124.1			儿子是生育的（生子）		
W5124.2			儿子是买来的		【例1】⑦
W5124.3			认养儿子		
W5125		儿子的特征			
W5125.1			不听话的儿子		【民族，联1】⑧
W5125.2			残暴的儿子	S21	【联2】⑨
W5125.3			儿子活埋年老的母亲	S21.1	【联1】⑩
W5125.4			懒儿子		【联1，例1】⑪

---

① 【引例】人与鱼婚生的儿子吃鱼后，鱼母离去【布依族】
② 【关联】［W2130～W2299］生育产生人（生人）
③ 【引例】青蛙变成儿子【壮族】
④ 【引例】❶生育一个相貌怪异的孩子【汉族】；❷生青蛙儿子【土族】
⑤ 【关联】❶［W2670］弃婴（弃儿）；❷［W9934］寻找父母
⑥ 【民族】畲族。【关联】［W9620］竞赛（比赛）
⑦ 【引例】人向天神买儿子【哈尼族、畲族】
⑧ 【民族】珞巴族。【关联】［W5134.5］儿子与母亲作对
⑨ 【关联】❶［W8925.1］儿子试图阉割父亲；❷［W8927］儿子弑父
⑩ 【关联】［W6695.1］杀死老人的习俗
⑪ 【关联】［W2927］傻子。【引例】祖先婚生的第一个儿子是懒儿子【珞巴族】

W 编码	母题描述			参照项	
	一级母题	二级母题	三级母题	汤普森	关联项
W5126		与儿子有关的其他母题			【联1】①
W5126.1			儿子身份的确定		【例1】②
W5126.2			生育的第一个儿子		【例1】③
W5126.3			交换儿子		
W5126.4			继子		【汉族】
W5126.5			儿子的丢失		
✳ **W5127**	女儿				
W5128		女儿的产生			【联2】④
W5129		女儿的特征			
W5129.1			独眼女儿		【民族，联1】⑤
W5129.2			机智的女儿		【汉族】
W5130		与女儿有关的其他母题			
W5130.1			女儿袭用母亲的名字		【联1】⑥
W5130.2			女儿被逐		【联1，例1】⑦
✳ **W5131**	母与子			P231	
W5132		母子关系的确定		A1575	
W5133		孩子有多个母亲		T589.9	
W5134		与母子有关的其他母题			【联3】⑧
W5134.1			母亲不认识自己的儿子		【彝族】
W5134.2			儿女不抚养母亲		【民族，联1】⑨
W5134.3			妈妈死后儿子不伤心		【景颇族】
W5134.4			儿子逐走母亲		【黎族】
W5134.5			儿子与母亲作对		【联1，例1】⑩

① 【关联】［W9935］寻找父亲
② 【引例】马生的儿子知道自己的真实身份后离开了他的养父母【裕固族】
③ 【引例】生育的第一个儿子不受重视【侗族】
④ 【关联】❶［W2997.5］孩子的获得；❷［W5124］儿子的产生
⑤ 【民族】独龙族。【关联】［W2828］独眼人
⑥ 【关联】［W6884］根据祖先的身份取名
⑦ 【关联】［W5140.1］父亲逐走女儿。【引例】女儿选狗做丈夫被逐出寨子【藏族】
⑧ 【关联】❶［W5102.2］孩子不识母；❷［W7294］母子婚；❸［W8930］儿子杀母
⑨ 【民族】哈尼族。【关联】［W2697.10］父母不抚养儿女
⑩ 【关联】［W5125.1］不听话的儿子。【引例】阿巴达尼（祖先名）总是与母亲说的作对，母亲说东他偏走西【珞巴族】

W 编码	母题描述			参照项	
	一级母题	二级母题	三级母题	汤普森	关联项
✱ **W5135**	父与子			P233	
W5136		父子关系的确定			
W5136.1			沟通父子关系的使者		【傣族】
W5137		与父子关系有关的其他母题			【联3】①
W5137.1			父子多年不相见		【例1】②
W5137.2			儿子孝敬父亲		【例1】③
W5137.3			儿子杀死异类父亲		【民族，联2】④
W5137.4			父亲死后儿子很伤心		【民族，联1】⑤
W5137.5			父亲误杀儿子		
✱ **W5138**	父与女			P234	
W5139		父女特殊的关系			【联1】⑥
W5139.1			父女成仇		
W5140		与父女有关的其他母题			【联1】⑦
W5140.1			父亲逐走女儿		【柯尔克孜族】
✱ **W5141**	岳父⑧			P261	
W5142		岳父的特征			
W5142.1			恶毒的岳父	S52	【例1】⑨
W5143		与岳父有关的其他母题			【联1，例1】⑩
✱ **W5144**	岳母			P262	
W5145		岳母的特征			
W5145.1			善良的岳母		【例1】⑪
W5145.2			恶毒的岳母	S51	

---

① 【关联】❶［W5102.1］儿子不识父；❷［W8927］儿子弑父；❸［W9935］寻找父亲
② 【引例】父亲十年见不到儿子【珞巴族】
③ 【引例】日月兄弟平均分肉后，弟弟没有孝敬父亲挨打【珞巴族】
④ 【民族】维吾尔族。【关联】❶［W8927］儿子弑父；❷［W8927.2］儿子杀死自己的动物父亲
⑤ 【民族】景颇族。【关联】［W5134.3］妈妈死后儿子不伤心
⑥ 【关联】［W7293］父女婚
⑦ 【关联】［W7553.2］父亲让儿女互婚
⑧ 岳父，这里列举的"岳父"以及下面编目中的"岳母"、"养父"、"养母"等，在一般神话叙事中并不会出现这些概念，参照国外如希腊神话研究等，在特定的神话或带有神话因素的作品中，这些概念并非不具有分析意义，如叔侄婚、姑舅婚、女子不落夫家等问题时，往往会涉及这些概念。故在此列出相应的母题编码。
⑨ 【引例】岳父谋杀求婚的女婿【彝族】
⑩ 【关联】［W7745］女子的父亲考验求婚者（岳父考验女婿）。【引例】岳父在与女婿的比赛中失败【彝族】
⑪ 【引例】岳母在比赛中暗中帮助求婚的女婿【哈尼族】

W 编码	母题描述			参照项	
	一级母题	二级母题	三级母题	汤普森	关联项
W5146		与岳母有关的其他母题			
W5147	养父			P271	
W5147.1		养父的特征			
W5147.1.1			恶毒的养父	S36	
W5147.2		与养父有关的其他母题			
W5148	养母			P272	
W5148.1		养母的特征			
W5148.1.1			恶毒的养母		
W5148.2		与养母有关的其他母题			
W5149	收养的子女				
W5149.1		收养异类作为孩子			【民族，联1】①
W5149.1.1			不孕育的父母把收养的动物作为孩子	T676	【例1】②
W5149.2		养子			
W5149.3		养女			
W5149.3.1			月神的养女		【民族，联1】③
W5149.4		恶毒的养子		S37	
W5149.5		与收养孩子有关的其他母题			
W5150	继父			P281	
W5150.1		继父的特征			
W5150.1.1			恶毒的继父	S32	
W5150.2		与继父有关的其他母题			
W5151	继母			P282	
W5151.1		继母的特征			
W5151.1.1			善良的继母		
W5151.1.2			恶毒的继母	S31	【汉族、维吾尔族】
W5151.2		与继母有关的其他母题			
W5151.2.1			继母受惩罚		【例1】④

① 【民族】苗族。【关联】［W5120.4］认养异类为孩子
② 【引例】蛤蟆作孙子【东乡族】
③ 【民族】柯尔克孜族。【关联】［W0280］月亮神（月神）
④ 【引例】恶的继母不得好死【汉族、彝族】

W 编码	母题描述			参照项	
	一级母题	二级母题	三级母题	汤普森	关联项
W5152	舅舅（叔父）			P293	
W5152.1		舅舅（叔父）的特征			
W5152.1.1			恶毒的舅父	S71	
W5152.1.2			恶毒的叔父	S71	
W5152.2		与舅舅（叔父）有关的其他母题			【联1】①
W5152.2.1			人的动物舅舅		【联1，例1】②
W5152.2.2			以前，舅舅、父亲分不清		【佤族】
W5152.2.3			舅舅当家		【侗族、纳西族】
W5152.2.4			人间最大的是舅舅		【傣族】
W5152.2.5			儿子称生父为舅舅		【彝族】
W5153	舅母（姑母）			P294	
W5153.1		舅母（姑母）的特征			
W5153.1.1			恶毒的舅母	S72	
W5153.1.2			恶毒的姑母	S72	
W5153.2		与舅母（姑母）有关的其他母题			
W5154	外甥			P297	【汉族】
W5154.1		外甥的特征			
W5154.2		与外甥有关的其他母题			
W5154.2.1			外甥杀舅	S74.1	
W5154.2.2			外甥随舅		【汉族】
W5155	侄子（侄女）			P298	【联2】③
✳ **W5160**	**兄弟姐妹**				
W5161		兄弟姐妹的产生			
W5161.1			兄弟姐妹因族群关系产生		
W5161.2			兄弟姐妹因父母生育产生		【汉族】
W5162		兄弟姐妹的确定			
W5162.1			靠家谱确认兄弟姐妹		【哈尼族】
W5162.2			拜认兄弟姐妹		【汉族】
W5163		与兄弟姐妹有关的其他母题			

① 【关联】［W8931.2］叔叔杀死侄子
② 【关联】［W6290～W6329］动物图腾。【引例】青蛙是人的舅舅【普米族】
③ 【关联】❶［W7295］叔侄婚；❷［W7296.2］娘侄婚

W 编码	母题描述			参照项	
	一级母题	二级母题	三级母题	汤普森	关联项
✳ **W5165**	兄妹			P250	
W5166		兄妹关系的确立			
W5166.1			玉皇大帝的指令		【汉族】
W5166.2			神造出姐弟		【景颇族】
W5166.3			结拜的兄妹		【联1，例1】①
W5167		同父母的兄妹			
W5168		双胞胎兄妹			
W5169		其他性质的兄妹			
W5169.1			表兄妹		
W5170		与兄妹有关的其他母题			【联3】②
W5170.1			兄妹关系疏远		【珞巴族】
✳ **W5171**	兄弟			P251	
W5172		兄弟关系的确立			
W5172.1			血缘形成的兄弟		
W5172.2			结拜的兄弟		【例1】③
W5173		同父同母的兄弟			
W5174		非同父同母兄弟			
W5174.1			同父异母兄弟		【布依族】
W5174.2			同母异父兄弟		
W5175		内（表）兄（弟）		P262	
W5176		双胞胎兄弟（孪生兄弟）			【民族，联1】④
W5177		人的特殊的兄弟			
W5177.1			人与神是兄弟		【民族，例1】⑤
W5177.2			人与动植物是兄弟		【联1】⑥
W5177.3			人与动物是兄弟		【联2】⑦
W5177.4			人与植物是兄弟		【联2】⑧
W5178		兄弟的特征			
W5178.1			恶毒的兄弟		【联1】⑨

---

① 【关联】［W5162.2］拜认兄弟姐妹。【引例】盘古与天女结为兄妹【汉族】
② 【关联】❶［W5216］兄妹分家；❷［W7300］兄妹婚；❸［W8936.4］哥哥杀死妹妹
③ 【引例】人与神结拜兄弟【彝族】
④ 【民族】景颇族。【关联】［W2722］双胞胎（孪生）
⑤ 【民族】彝族。【引例】人与雷公是兄弟【苗族】
⑥ 【关联】［W2735］人与动植物同源
⑦ 【关联】❶［W2733］人与动物同源；❷［W6290 ～W6329］动物图腾
⑧ 【关联】❶［W2734］人与植物同源；❷［W6330 ～ W6339］植物图腾
⑨ 【关联】［W8935.3］兄弟相残

W 编码	母题描述			参照项	
	一级母题	二级母题	三级母题	汤普森	关联项
W5178.2			恶毒的异父（母）兄弟		
W5178.3			妒忌的哥哥		
W5178.4			兄弟如手足		【例1】①
W5179		兄弟的排行			
W5179.1			人与动物兄弟的排行		【例1】②
W5179.2			祖先定子女的排行		【佤族】
W5180		兄弟争大小			【联2】③
W5180.1			兄弟通过比本领确定地位高低		【民族，例1】④
W5180.2			兄弟中谁先长出牙谁当大哥		【水族】
W5180.3			与兄弟争大小有关的其他母题		【例1】⑤
W5181		兄弟关系的变化			
W5181.1			弟弟成为哥哥的奴役		【珞巴族】
W5182		兄弟的分离			【联1，例1】⑥
W5182.1			以前兄弟不见面		【珞巴族】
W5183		与兄弟有关的其他母题			【联1】⑦
W5183.1			以前兄弟不相认		【珞巴族】
W5183.2			兄弟相认		【珞巴族】
W5183.3			两兄弟		【珞巴族】
W5183.4			春夏秋冬四兄弟		【民族，联1】⑧
※ **W5185**	姐妹			P252	
W5186		姐妹关系的确立			【联1】⑨
W5187		同父同母的姐妹			
W5187.1			同父异母姐妹		
W5187.2			同母异父姐妹		

① 【引例】以前的兄弟同吃同住同做活 【壮族】
② 【引例】四兄弟中雷公老大，人是老二，虎是老三，龙是幺弟 【水族】
③ 【关联】❶［W5190］姐妹争大小；❷［W8935］兄弟之争
④ 【民族】苗族、壮族。【引例】兄弟比本领，谁能稳坐屋中谁为老大 【水族】
⑤ 【引例】弟弟夺取哥哥的位子
⑥ 【关联】［W5215］兄弟分家。【引例】哥哥变虎后，兄弟分离 【珞巴族】
⑦ 【关联】［W5074.2］兄弟共同做首领
⑧ 【民族】瑶族。【关联】［W4786.2］四个兄弟变成四季
⑨ 【关联】［W5172］兄弟关系的确立

W 编码	母题描述			参照项	
	一级母题	二级母题	三级母题	汤普森	关联项
W5188		姐妹的特征			
W5188.1			恶毒的姐妹		【联2】①
W5188.2			妒忌的姐姐		【汉族】
W5188.3			妒忌的妹妹		
W5189		姐妹的排行			【联1】②
W5190		姐妹争大小			【民族，联2】③
W5191		姐妹关系的变化			【例1】④
W5192		与姐妹有关的其他母题			【联2】⑤
W5192.1			姐妹身份的改变		
❋ **W5193**	人与非人的亲缘关系				
W5194		人与神或神性人物有亲缘关系			【联2】⑥
W5195		人与动物有亲缘关系		A1224	【联6】⑦
W5195.1			人与昆虫有血缘关系	A1224.2	【联1】⑧
W5196		人与植物有亲缘关系			【联2】⑨
W5197		人与无生命物有亲缘关系			
W5198	与人的关系有关的其他母题				
W5198.1		父母的偏爱			
W5198.1.1			父母偏爱最小的儿子		【珞巴族】
W5198.2		关系的亲疏			
W5198.2.1			母亲比妻子孩子重要		【例1】⑩

① 【关联】❶［W7638］姐妹争夫；❷［W8937.1.1］姐姐为争夫害死妹妹
② 【关联】［W5179］兄弟的排行
③ 【民族】汉族。【关联】❶［W7638］姐妹争夫；❷［W8937.2］姐妹争宠
④ 【引例】姐妹交换身份【汉族】
⑤ 【关联】❶［W5217］姐妹分家；❷［W8937］姐妹相仇
⑥ 【关联】❶［W2131～W2139］神生人；❷［W2139.3］太阳神生人
⑦ 【关联】❶［W2155～W2169］动物生人；❷［W2166.1］人是鱼的后代；❸［W2450～W2474］人与动物婚生人；❹［W5112.1］动物父亲；❺［W6290～W6329］动物图腾；❻［W7401］人与动物婚
⑧ 【关联】［W2466］人与昆虫婚生人
⑨ 【关联】❶［W2170～W2199］植物生人；❷［W6330～W6339］植物图腾
⑩ 【引例】达拉布（工艺神）认为妻子死可以娶，儿子死可以继续生，母亲死了就无处去找【珞巴族】

W 编码	母题描述			参照项	
	一级母题	二级母题	三级母题	汤普森	关联项
W5198.3		表亲的形成			【联1】①
W5198.4		人的关系的变化			
W5198.4.1			妻子的姐姐被贬为家奴		【珞巴族】
W5198.5		人与其他物有亲缘关系			
W5198.5.1			人把动物称作亲属		【联1，例1】②

5.2.3 与家庭有关的其他母题【W5200～W5229】

W 编码	母题描述			参照项	
	一级母题	二级母题	三级母题	汤普森	关联项
❄ **W5200**	**家庭的秩序**				
W5201		家庭内部规则的产生		A1570	【民族，联1】③
W5202		长幼行为规则的产生			
W5203		夫妻行为规则的产生		A1571	【联2】④
W5204		家庭其他内部规则			
W5204.1			以前女人是管家		【苗族】
W5204.2			以前男人要服从女人		【瑶族】
W5204.3			女人服从男人的来历		
❄ **W5205**	**家族标志**				【联1】⑤
W5206		家族标志的产生		A1578	
W5206.1			家族分化时产生不同的标志		
W5206.2			祖辈规定家族的标志		
W5206.3			以拿到的物件作为家族的标志		【壮族】
W5207		动物作为家族标志			【联1】⑥

① 【关联】［W5174］内（表）兄（弟）
② 【关联】［W6290～W6329］动物图腾。【引例】珞巴人称老虎为哥哥以免伤害自己【珞巴族】
③ 【民族】壮族。【关联】［W5000］人类（社会）秩序
④ 【关联】❶［W7020］夫妻；❷［W8922.1］大小老婆之争
⑤ 【关联】［W5280］氏族的标志
⑥ 【关联】［W6290～W6329］动物图腾

W 编码	母题描述			参照项	
	一级母题	二级母题	三级母题	汤普森	关联项
W5208		植物作为家族标志			【联 1】①
W5208.1			松枝作为家族的标志		【柯尔克孜族】
W5209		无生命物作为家族标志			【联 1】②
W5210		与家族标志有关的其他母题			
W5210.1			家族标志的改变		
✳ **W5211**	分家				
W5212		分家的原因			
W5212.1			孩子长大迁出		【例 1】③
W5212.2			因寻找住处分家		【例 1】④
W5212.3			因不合分家		【例 1】⑤
W5212.4			划分姓氏后分家		【联 1，例 1】⑥
W5212.5			结婚后分家		
W5212.6			分家的其他原因		
W5213		父子分家			【联 1】⑦
W5214		母子分家			【联 1】⑧
W5214.1			母亲让儿子婚后分居		【藏族】
W5215		兄弟分家			
W5215.1			父母让兄弟分家		
W5215.2			兄弟均分财物		【例 1】⑨
W5215.3			兄弟因斗气分家		【例 1】⑩
W5215.4			表兄弟分家		
W5215.5			与兄弟分家有关的其他母题		【例 1】⑪
W5216		兄妹分家			【例 2】⑫

① 【关联】[W6330 ~ W6339] 植物图腾
② 【关联】[W6340 ~ W6349] 自然物与无生命物图腾
③ 【引例】父母让孩子离家找自己的地方【佤族】
④ 【引例】兄弟因寻找住处分家【羌族】
⑤ 【引例】兄弟因不合分家【珞巴族】
⑥ 【关联】[W6820 ~ W6839] 姓氏的产生。【引例】兄弟分姓后分家【壮族】
⑦ 【关联】[W5135] 父与子
⑧ 【关联】[W5131] 母与子
⑨ 【引例】太阳和月亮兄弟平均分肉【珞巴族】
⑩ 【引例】哥哥生弟弟的气离开家迁到外地【珞巴族】
⑪ 【引例】阿巴达尼（珞巴族祖先）害怕变成老虎的哥哥吃掉自己，决定离开他【珞巴族】
⑫ 【引例】❶因争吵众兄妹分家【独龙族】；❷众兄妹确定姓氏后分居【汉族】

W 编码	母题描述			参照项	
	一级母题	二级母题	三级母题	汤普森	关联项
W5217		姐妹分家			
W5217.1			表姐妹分家		【民族，联1】①
W5218		人与动物分家			【联2】②
W5218.1			人与龙分家		【纳西族】
W5219		其他类型的分家			
W5220		分家的结果			【联1】③
W5220.1			分家后住到不同的地方		【例1】④
W5220.2			分家时财产的分配		【例1】⑤
W5220.3			一个家庭变成多个家庭		【汉族】
W5221		与分家有关的其他母题			
W5221.1			分家的提出者		【例2】⑥
W5221.2			分家的裁决者		【哈尼族】
W5221.3			不公平的分家		【汉族、苗族】
W5221.4			分家时留在父母身边的子女		【联1，例2】⑦
❋ **W5222**	家庭的合并				
W5223		家庭合并的原因			
W5224		家庭合并的结果			
W5224.1			家庭合并成家族		
W5225		与家庭合并有关的其他母题			
❋ **W5226**	家族（家庭）的迁徙				
W5227		家族（家庭）迁徙的原因			
W5227.1			家族因追赶野兽迁徙		【怒族】
W5227.2			家族遭遇灾难后迁徙		【民族，联1，例1】⑧
W5227.3			父死子迁		【畲族】

① 【民族】哈尼族。【关联】［W5215］兄弟分家
② 【关联】❶［W6187］人与动物杂居；❷［W6290~6329］动物图腾
③ 【关联】［W5479.1］兄弟分家形成不同民族
④ 【引例】5 兄弟分家，老大住城镇，老二住河边，老三傍山开梯田，老四老五住高山【壮族】
⑤ 【引例】母亲把牛、猪和粮食分给几个儿子【珞巴族】
⑥ 【引例】❶兄弟中大哥提出分家【珞巴族、苗族】；❷大哥提出分家，小兄弟不乐意【藏族】
⑦ 【关联】［W5100］父母与孩子。【引例】❶父母让大儿子、大姑娘结为夫妻留在身边【独龙族】；❷分家时父母让小儿子留在身边
⑧ 【民族】白族。【关联】［W8422］洪水时夫妻2人幸存。【引例】洪水后幸存的一对夫妻迁徙外地【怒族】

W 编码	母题描述			参照项	
	一级母题	二级母题	三级母题	汤普森	关联项
W5227.4			怕其他兄弟抢自己的财富迁徙		【珞巴族】
W5227.5			婚姻导致家庭迁徙		【例1】①
W5228		与家族（家庭）迁徙有关的其他母题			【例1】②
W5228.1			家庭迁徙中的困难		【侗族、苗族】
W5229	与家族（家庭）有关的其他母题				【黎族】
W5229.1		没有子女的家庭（丁克家庭）			【联1】③
W5229.1.1			一对老夫妻没有子女		【汉族】
W5229.2		不平等的家庭			【例1】④
W5229.2.1			重男轻女		【汉族】
W5229.3		全是女人的家族			【联1，例1】⑤
W5229.4		恶毒的亲属		①S0 ②S70	
W5229.5		家庭的离散			【联2】⑥
W5229.5.1			妻离子散		【汉族】
W5229.6		家庭的解体			
W5229.7		灭族			【汉族、珞巴族】

5.2.4　村寨与城池⑦【W5230 ~ W5249】

W 编码	母题描述			参照项	
	一级母题	二级母题	三级母题	汤普森	关联项
✿ **W5230**	村寨				【联1】⑧
✳ **W5231**	村寨的产生			A991	
W5232		神建立村寨			
W5232.1			天神的子孙建立村寨		【纳西族】

---

① 【引例】兄妹婚后迁往他地【怒族】

② 【引例】人从神山迁来【纳西族】

③ 【关联】［W7952］不生育的婚配

④ 【引例】兄妹一起生活，家务全由妹妹承担【珞巴族】

⑤ 【关联】［W5928］女儿国。【引例】天上的太阳村有两个很大的家族全是女人【珞巴族】

⑥ 【关联】❶［W7094］离婚（离异）；❷［W8920 ~ W8939］家庭内部之争（残杀）

⑦ 村寨与城池，据考古资料证明，新石器时代的人类已经开始修建村落。"村寨"母题有时在神话叙事中的真正含义是标志着"人类的产生"；"城池"也是神话中曾出现的概念，虽然表层上是关于人类进入文明阶段后的叙事，但本质上与神或神性人物往往有密切联系。

⑧ 【关联】［W3747.1］神奇的树

W 编码	母题描述			参照项	
	一级母题	二级母题	三级母题	汤普森	关联项
W5233		神性人物建立村寨			
W5234		婚姻繁衍出村寨			【布依族、纳西族】
W5234.1			不同民族的婚姻形成不同的村寨		【例1】①
W5234.2			兄弟形成不同的村寨		【民族，联1，例1】②
W5235		村寨是变化产生的			
W5235.1			特定的肢体变成村寨		【例1】③
W5235.2			怪胎变成村寨		【联1，例1】④
W5236		部落划分出村寨			
W5237		与村寨产生有关的其他母题			
W5237.1			人走出洞穴后建立村寨		【佤族】
W5237.2			迁徙之后建立村寨		【例1】⑤
W5237.3			先有山林后有村寨		【侗族】
W5238	特定数量村寨的来历				【例1】⑥
W5238.1		根据人数确定村寨数量			【例1】⑦
W5238.2		根据家族数量确定村寨数量			
W5238.3		根据姓氏确定村寨数量			【联1】⑧
W5239	与村寨有关的其他母题				
W5239.1		村寨的命名			【联1】⑨
W5239.2		村寨的管理			
W5239.2.1			村寨居民的等级		
W5239.2.2			寨老的来历		【侗族】
W5239.3		每个村寨只有一个姓氏			【独龙族】
W5239.4		寨心树			【民族，联1】⑩
W5239.5		天上的村子			【珞巴族】

① 【引例】三小伙分别娶回族、蒙古族和藏族姑娘繁衍保安三庄【保安族】

② 【民族】侗族。【关联】［W5215］兄弟分家。【引例】3对兄妹婚生12个寨子【苗族】

③ 【引例】盘古的嘴巴子变成村寨【白族】

④ 【关联】［W2600］人生怪胎。【引例】兄妹婚生的怪胎剁碎后变成各种村寨【布依族】

⑤ 【引例】兄弟迁徙后建寨【哈尼族】

⑥ 【引例】18个村寨的来历【纳西族】

⑦ 【引例】9个儿子建立9个村寨【纳西族】

⑧ 【关联】［W5239.3］每个村寨只有一个姓氏

⑨ 【关联】［W6891］村寨名称的来历

⑩ 【民族】拉祜族。【关联】［W3747.1］神奇的树

W 编码	母题描述			参照项	
	一级母题	二级母题	三级母题	汤普森	关联项
W5239.6			村寨的消失		
✿ **W5240**	**城池**				
✳ **W5241**	**城池（城市）的产生**			A995	
W5242		城池来源于特定的地方			
W5242.1			飞来之城		
W5243		神或神性人物建造城池			
W5243.1			神建造城池		【朝鲜族】
W5243.2			祖先建造城池		【汉族】
W5243.3			怪物建造城池		
W5244		其他特定的人物建造城池			
W5244.1			特定的动物造城池		【汉族】
W5245		与城池的产生有关的其他母题			
W5245.1			魔法造城池	D2178.1	【联1】①
W5245.2			画地为城		【汉族】
✳ **W5246**	**城池的特征**				
W5247		坚固的城池			【汉族】
W5248		与城池特征有关的其他母题			
W5248.1			城池特定布局的来历		【汉族】
W5248.2			八卦布局的城池		【汉族】
W5249	与城池有关的其他母题				
W5249.1		特定的城池			
W5249.1.1			地下之城	F764	【汉族】
W5249.1.2			空中城堡	F771.2.1	【汉族】
W5249.1.3			太阳城		
W5249.1.4			坛城		【藏族】
W5249.2		奇特的城池		F760	
W5249.2.1			死亡之城		
W5249.2.2			魔幻之城		【联1】②
W5249.3		城池有特定的神			【联1】③
W5249.4		城池的消失			【民族，联1】④

① 【关联】［W9000］魔法

② 【关联】［W9013.2.2］海市蜃楼

③ 【关联】［W0439］城池保护神

④ 【民族】古突厥、汉族。【关联】城陷为湖

5.3 氏族、部落①

【W5250 ~ W5399】

5.3.1 氏族【W5250 ~ W5299】

W 编码	母题描述			参照项	
	一级母题	二级母题	三级母题	汤普森	关联项
✿ W5250	氏族				
✿ W5251	氏族的产生②				
✻ W5252	氏族祖先的产生				【联1】③
W5253		氏族祖先来源于特定的地方			
W5254		神成为氏族祖先			
W5255		图腾成为氏族祖先			【联1】④
W5255.1			动物成为氏族祖先		【联1，例1】⑤
W5255.2			植物成为氏族祖先		
W5256		与氏族祖先产生有关的其他母题			
W5257	自然产生氏族				
✻ W5258	氏族是划分形成的				
W5259		父母把孩子分成不同氏族			【哈尼族】

---

① 氏族，在许多神话叙事中，对"氏族"、"部落"乃至"民族"并没有明确的界定，有时概念混杂，有时交互使用。一般认为，氏族大约产生于旧石器时代中、晚期，是原始社会时期以相同的血缘关系结合而成的人类社会群体，氏族成员来源于一个共同的祖先。氏族往往会用一种动物或植物作为本氏族的图腾标记。在氏族发展中，形成某些特定的规则，如婚姻方面，禁止长辈与晚辈、兄弟姐妹之间的血缘婚等。氏族社会先后经历了母系氏族社会、父系氏族社会。有一些氏族的名称与图腾有关，有些则源于家族或胞族观念的产生，甚至一些神话的讲述人和翻译者对"氏族"认识并不能与目前通用的标准相吻合。

    关于部落，一般认为，部落是氏族发展的更高一级的社会组织形式，形成于原始社会晚期。由若干血缘相同或相近的宗族、氏族结合而成，具有相对稳定的生活领域、共同的语言、生产形态等。在一个较为典型的部落，还会有明确的部落名称、领土、宗教信仰和习俗等。在组织秩序方面，有以氏族酋长和军事首领组成的部落议事会，有的部落还设最高首领。如神话中的炎帝、黄帝、蚩尤等是特定部落的首领。从母题学角度把氏族、部落等问题可以归为同一类型。对二者能够明确区分的部分选择典型母题单独列举。具体情形可参见《中国神话母题 W5 编目实例》。

② 氏族的产生，此处只关注氏族产生的情况，包括具体的和整体意义上的氏族。

③ 【关联】［W0642］祖先的产生

④ 【关联】［W6280 ~ W6289］图腾概说

⑤ 【关联】［W6290 ~ W6329］动物图腾。【引例】虎为氏族始祖【赫哲族、怒族、土家族、彝族】

W 编码	母题描述			参照项	
	一级母题	二级母题	三级母题	汤普森	关联项
W5259.1			四兄弟分别成为四个氏族的祖先		【纳西族】
✳ **W5260**	氏族是生育产生的				
W5261		神生特定的氏族			
W5262		动物生特定的氏族			【珞巴族】
W5263		与生育产生氏族有关的其他母题			
W5263.1			生育的怪胎弄碎后产生不同氏族		【苗族、怒族】
✳ **W5264**	氏族是婚姻形成的（婚生氏族）				
W5265		人与人婚生氏族			【蒙古族】
W5265.1			血缘婚生氏族		【例2】①
W5266		人与动物婚生氏族		A1610.3	【联2】②
W5266.1			人与熊婚生熊氏族		【民族，联1】③
W5266.2			人与猴婚生猴氏族		【民族，联1】④
W5266.3			人与虎婚生虎氏族		【民族，联1】⑤
W5266.4			人与蛇婚生蛇氏族		【民族，联1】⑥
W5266.5			人与其他动物婚生氏族		【例4】⑦
W5266.6			人与会说话的动物婚生氏族		【怒族】
W5267		动物婚生氏族			
W5267.1			蜂与蛇婚生氏族		【怒族】
W5268		其他婚姻形式生氏族			
W5268.1			叔侄俩共同繁衍一个氏族		【珞巴族】
W5269	与氏族产生有关的其他母题				

① 【引例】❶战争幸存的两对男女繁衍两个血缘氏族【蒙古族】；❷兄妹婚生若干氏族

② 【关联】❶［W7401］人与动物婚；❷［W6290～W6329］动物图腾

③ 【民族】白族、傈僳族。【关联】［W7454］人与熊婚

④ 【民族】傈僳族。【关联】［W7426］人与猴婚

⑤ 【民族】白族、珞巴族、赫哲族、纳西族。【关联】［W7430］人与虎婚

⑥ 【民族】白族、怒族、满族。【关联】［W7475］人与蛇婚

⑦ 【引例】❶人与鼠婚生鼠氏族【白族】；❷人与蜂变的女子婚生蜂氏族【傈僳族】；❸人与鱼婚生鱼氏族【怒族】；
❹人与松鼠婚生松鼠氏族【怒族】

W 编码	母题描述			参照项	
	一级母题	二级母题	三级母题	汤普森	关联项
W5269.1		造人时形成氏族			【例2】①
W5269.2		化生人类时产生氏族			【鄂温克族】
W5269.3		与变化为氏族有关的其他母题			
W5269.3.1			动物变化成氏族		【民族，例1】②
W5269.3.2			姓氏形成氏族		【汉族】
❋ **W5270**	**氏族名称的来历**				
W5271		氏族名是人名			【古突厥】
W5271.1			氏族与首领用同一个名字		【例2】③
W5272		以动物命名的氏族			
W5272.1			以婚配繁衍氏族中的动物命名氏族		【傈僳族、怒族】
W5272.2			熊氏族		【朝鲜族、汉族】
W5272.3			狼氏族		【古突厥、蒙古族、怒族】
W5272.4			虎氏族		【民族，例2】④
W5272.5			猴氏族		【例1】⑤
W5272.6			狗氏族		【例1】⑥
W5272.7			马氏族		【汉族、傈僳族】
W5272.8			牛氏族		【傈僳族、壮族】
W5272.9			羊氏族		【汉族、傈僳族、羌族】
W5272.10			蛇氏族		【民族，例2】⑦
W5272.11			蛙氏族		【壮族】
W5272.12			蜜蜂氏族		【怒族】
W5272.13			其他以动物命名的氏族		【例2】⑧
W5273		以植物命名的氏族			
W5273.1			荞氏族		【例1】⑨

① 【引例】❶木人成活成为木氏族【傈僳族】；❷造木人成活后繁衍氏族【满族】

② 【民族】珞巴族。【引例】麂子变成人后成为麂子氏族【怒族】

③ 【引例】❶燧人是遂人氏族的名字【汉族】；❷族名是第一代首领的名字【佤族】

④ 【民族】朝鲜族、珞巴族、苗族、土家族、彝族。【引例】❶虎与人婚繁衍虎氏族【赫哲族、傈僳族】；❷虎与神婚繁衍虎氏族【纳西族】

⑤ 【引例】女子与猿猴婚配繁衍猴氏族【傈僳族】

⑥ 【引例】花狗族【傣族】

⑦ 【民族】汉族。【引例】❶人蛇婚繁衍蛇氏族【满族、傈僳族】；❷蛇变成蛇族【怒族】

⑧ 【引例】❶猪氏族【傈僳族】；❷鼠氏族【怒族】

⑨ 【引例】女子因食荞受孕生子繁衍荞氏族【傈僳族】

W 编码	母题描述			参照项	
	一级母题	二级母题	三级母题	汤普森	关联项
W5273.2			花氏族		【汉族、壮族】
W5273.3			其他以植物命名的氏族		【例1】①
W5274		以无生命物命名的氏族			
W5274.1			太阳氏族		
W5274.2			石氏族		
W5274.3			其他以无生命物命名的氏族		
W5275		因某种目的命名氏族			
W5275.1			为了山神多赐猎物将自己命名为山神氏族		【怒族】
W5276		因婚姻命名氏族			
W5276.1			以女子所嫁男子的身份命名氏族		【怒族】
W5277		因地名命名氏族			【汉族、羌族】
W5278		与氏族命名有关的其他母题			
W5278.1			以族长的名称命名氏族		【汉族】
W5278.2			因事件命名氏族		【例1】②
W5278.3			以遇到物命名氏族		【珞巴族】
✳ **W5280**	氏族的标志				【联1】③
W5281		氏族的旗帜			【联1】④
W5282		氏族以动物为标志			【联3】⑤
W5282.1			熊作为氏族的徽号		【汉族】
W5282.2			鹰作为氏族的徽号		【满族】
W5282.3			鱼作为氏族的徽号		【满族】
W5282.4			其他动物作为氏族标志		
W5283		氏族以植物为标志			
W5283.1			柳作为氏族的徽号		【满族】

---

① 【引例】玉米氏族【傈僳族】
② 【引例】敢吃掉猎物的头的氏族叫"勇猛"族【高山族】
③ 【关联】［W5370］族的标志
④ 【关联】［W5371］族徽（族旗）
⑤ 【关联】❶［W5272］以动物命名氏族；❷［W6290～W6329］动物图腾；❸［W6585］文身

W 编码	母题描述			参照项	
	一级母题	二级母题	三级母题	汤普森	关联项
W5283.2			花作为氏族的徽号		
W5283.3			其他植物作为氏族标志		
W5284		氏族以自然物为标志			
W5284.1			太阳作为氏族的标志		【联 1】①
W5285		氏族以无生命物为标志			
W5285.1			刀作为氏族标志		
W5285.2			陶罐作为氏族标志		【高山族】
W5285.3			其他无生命物作为氏族标志		
W5286		氏族以颜色作为标记			
W5286.1			黑与红代表不同的原始氏族		【鄂伦春族】
W5287		氏族以特定的图案为标志			【联 1】②
W5288		与氏族标志有关的其他母题			
W5288.1			氏族族号的来历		【民族,例 1】③
✳ **W5290**	多氏族同源④				
W5291		2 个氏族同源			
W5291.1			两兄弟成为 2 个氏族		【珞巴族】
W5292		3 个氏族同源			【基诺族】
W5292.1			三兄弟成为 3 个氏族		
W5293		4 个氏族同源			
W5294		5 个氏族同源			
W5295		6 个氏族同源			【珞巴族】

① 【关联】［W5274.1］太阳氏族

② 【关联】［W6585 ~ W6589］文身

③ 【民族】佤族。【引例】阿史那氏居金山形似兜鍪,其俗号兜鍪为"突厥"【古突厥】

④ 多氏族同源,考古资料显示,远古时期中华大地上的新石器文化遗址数以万计,与新石器文化相应的氏族、部落林林总总。这些族体在发展过程中有些会组合成几个大的部族集团,这些大的族团之间在初期可能互不统属,事实上也不可能都同出一祖。但随着不同族团之间的交往、纷争或联合,就会逐渐发生相互融合甚至认同彼此祖先,乃至最后认同源于共同的祖先。关于氏族的同源问题与氏族数量有关,如果把一些不同氏族的具体数字一一列举出来,并没有神话母题的实际分析意义,此处只选择一些典型的数字作为样例,下面的"部落"、"民族"等也采用同样的形式。具体情形可参见《中国神话母题 W5 编目实例》。

W 编码	母题描述			参照项	
	一级母题	二级母题	三级母题	汤普森	关联项
W5296		更多氏族同源			【联1，例1】①
W5296.1			9 个氏族同源		
W5296.2			10 个氏族同源		
W5296.3			12 个氏族同源		【彝族】
W5297	氏族与民族同源				【民族，例1】②
W5298	与氏族有关的其他母题				【联1】③
W5298.1		母系氏族④		≈T148	【联3】⑤
W5298.1.1			只记女人先祖不记男人先祖		【民族，联1】⑥
W5298.2		父系氏族			【联1】⑦
W5298.3		氏族的管理			
W5298.3.1			氏族财产为什么要均分		
W5298.3.2			女人掌管氏族		【民族，联1】⑧
W5298.3.3			男人掌管氏族		
W5298.4		氏族的迁徙			【联1】⑨
W5298.4.1			氏族战败后被迫离开某地		【傣族、苗族】
W5298.4.2			冤仇引起氏族迁徙		【哈尼族、怒族】
W5298.4.3			灾祸引起氏族迁徙		【怒族】
W5298.4.4			氏族沿河迁徙		【彝族】
W5298.4.5			与氏族迁徙有关的其他母题		
W5298.5		氏族的融合			【联1】⑩
W5298.5.1			兄弟氏族的交往		
W5298.5.2			外来氏族与当地氏族友好共处		【怒族】

① 【关联】［W5664.1］怒族各氏族的祖先是阿铁。【引例】14 个氏族有共同的祖先【傈僳族】

② 【民族】怒族。【引例】控格人、汉族、傣族、基诺族同源【基诺族】

③ 【关联】［W8903］氏族间的争战

④ 母系氏族，一般认为，人类社会发展到旧石器时代末期时进入氏族社会。根据"知其母，不知其父"的神话传说，最初的氏族社会属于母系氏族社会。母系社会由若干简单、封闭的母系氏族公社构成。神话中的"女儿国"反映出母系氏族社会的一些特征。

⑤ 【关联】❶［W5067］女首领；❷［W5102.3］只知其母不知其父；❸［W6839.3］儿子随母姓

⑥ 【民族】哈尼族。【关联】［W5102.3］只知其母不知其父

⑦ 【关联】［W5957.3］男权社会

⑧ 【民族】满族。【关联】［W5067］女首领

⑨ 【关联】［W5226］家族（家庭）的迁徙

⑩ 【关联】［W7383］氏族间的婚姻

W 编码	母题描述			参照项	
	一级母题	二级母题	三级母题	汤普森	关联项
W5298.6		氏族的衰落			【例1】①
W5298.7		特定地域的氏族			【例2】②
W5298.8		一个民族有多个氏族			【傈僳族、怒族】
W5298.9		一个氏族跨两个民族			【例1】③

5.3.2　部落【W5300～W5359】

W 编码	母题描述			参照项	
	一级母题	二级母题	三级母题	汤普森	关联项
✿ **W5300**	部落④				
✿ **W5301**	部落的产生			A1610	
✳ **W5302**	部落始祖的产生				【联1】⑤
W5303		部落始祖来源于特定的地方			
W5303.1			部落始祖从天而降		【朝鲜族】
W5303.2			部落始祖是天的女儿		【珞巴族】
W5304		神或神性人物生部落始祖			
W5304.1			神婚生部落始祖		
W5305		动物生部落始祖			【联1】⑥
W5305.1			鱼生部落始祖		【蒙古族】
W5305.2			犬生部落始祖		【瑶族】
W5306		与部落始祖产生有关的其他母题			
W5306.1			特殊来历的人成为部落祖先		【民族，例1】⑦
◎	〖部落产生的情形〗				
W5307	自然发展为部落				【汉族】

---

① 【引例】老鼠被割掉舌头后属鼠的氏族开始衰落 【珞巴族】
② 【引例】❶山地氏族【高山族】；❷海上的氏族
③ 【引例】木人成活繁衍纳西族的木氏族和傈僳族的木氏族 【傈僳族】
④ 部落，一般认为，部落是若干个近亲氏族的结合体。
⑤ 【关联】［W0642］祖先的产生
⑥ 【关联】［W6290～W6329］动物图腾
⑦ 【民族】满族。【引例】金盆生的男孩成为3个部落的祖先 【蒙古族】

W 编码	母题描述			参照项	
	一级母题	二级母题	三级母题	汤普森	关联项
W5307.1		始祖的几个儿子各自形成部落			【羌族】
W5308	居住形成部落				
W5308.1		一群人住在一块形成部落			【高山族】
✽ **W5309**	**婚生部落**				【民族，联2】①
W5310		人与神或神性人物婚生部落			【联1，例1】②
W5310.1			人鬼婚生部落		【珞巴族】
W5310.2			人的祖先婚生部落		【联1】③
W5311		人婚生部落			【例1】④
W5312		人与动物婚生部落			
W5312.1			人与犬婚生部落		【民族，例1】⑤
W5312.2			人与狼婚生部落		【哈萨克族】
W5312.3			人与鹿婚生部落		【柯尔克孜族】
W5312.4			人与其他具体动物婚生部落		【例2】⑥
W5313		其他特定的婚姻产生部落			
W5314	变化产生部落				【联2】⑦
W5314.1		动物化生出不同部落			【珞巴族】
W5314.2		不同的物变成不同部落			
W5314.3		怪胎切成的肉块变成不同部落			【民族，联1】⑧
W5315	通过获得的标记划分部落				
W5315.1		根据人获得的不同自然物划分部落			【汉族】
W5315.2		根据人获得的不同劳动工具划分部落			【壮族】
W5316	通过争战形成部落				

① 【民族】哈萨克族、柯尔克孜族、珞巴族、蒙古族。【关联】❶［W5264］氏族是婚姻形成的（婚生氏族）；❷
　　［W5304.1］神婚生部落始祖

② 【关联】［W7260～W7284］人与神或神性人物的婚姻。【引例】女始祖劳泰和男始祖劳谷生的 10 对儿女繁衍 10 个部
　　落 【白族】

③ 【关联】［W0640］祖先

④ 【引例】25 对男女繁衍 25 个部落 【哈萨克族】

⑤ 【民族】古突厥。【引例】人与犬婚生赤色犬部落和黑色犬部落 【维吾尔族】

⑥ 【引例】❶人与母狼婚生部族 【哈萨克族】；❷人与母鹿婚生部落 【柯尔克孜族】

⑦ 【关联】❶［W2000］人类的产生（人的产生）；❷［W9500］变形

⑧ 【民族】汉族。【关联】［W2655.2］砍（剁、切）碎怪胎变成人

W 编码	母题描述			参照项	
	一级母题	二级母题	三级母题	汤普森	关联项
W5316.1		平乱后产生部族			【满族】
W5317	部落由选择产生			A1614.4	
W5317.1		选择不同食物后分化成不同部落		A1614.4.1	
W5318	依据性别划分部落				
W5318.1		女性为主形成部落			
W5318.2		男性为主形成部落			【民族，联1】①
W5319	与部落的产生有关的其他母题				
W5319.1		在特定的结婚地点繁衍特定的部族			【民族，联1】②
❋ **W5320**	特定部落的产生			①A1611 ②A1650.3	
W5321		农耕部落的来历			
W5322		渔猎部落的来历			
W5322.1			驯鹿部落的来历		【鄂温克族】
W5323		游牧部落的来历			
W5324		与特定的部落有关的其他母题			
W5324.1			华夏部落的产生		
W5324.2			龙部落的产生		
❋ **W5325**	部落首领				【民族，联1】③
W5326		部落首领是神			
W5326.1			部落首领是动物神		
W5326.2			部落首领是天神的儿子		【朝鲜族、纳西族】
W5327		特殊出生的人成为部落首领			【民族，联1】④
W5327.1			树生的人成为部族首领		【蒙古族】
W5328		特殊的婚生部落首领			
W5329		推举部落首领			【联1】⑤

① 【民族】哈萨克族。【关联】［W5229.2.1］重男轻女
② 【民族】黎族。【关联】［W7125］结婚有特定的地点
③ 【民族】汉族。【关联】［W5030］首领
④ 【民族】汉族、满族。【关联】［W5306.1］特殊来历的人成为部落祖先
⑤ 【关联】［W5044］推举产生首领

W 编码	母题描述			参照项	
	一级母题	二级母题	三级母题	汤普森	关联项
W5329.1			因德高望重被推选为部落首领		【珞巴族】
W5330		部族首领是比赛的获胜者			
W5331		国王设置部落的酋长			【白族】
W5332		与部落首领有关的其他母题			
W5332.1			部落首领在特定的姓氏中产生		【例1】①
W5332.2			部落首领必须是女性		【联2】②
W5332.3			部落首领必须是男性		【佤族】
W5333	部落联盟				【例1】③
✳ **W5334**	**多部落同源**				
W5335		同时产生多个部落		A1641	
W5335.1			婚生多个部落		【联1】④
W5336		2 个部落同源			
W5336.1			兄弟二人的后代繁衍成 2 个部落		【珞巴族】
W5337		3 个部落同源			【例1】⑤
W5338		4 个部落同源			【珞巴族】
W5338.1			特定的民族有 4 个部落		【纳西族】
W5339		5 个部落同源			
W5340		6 个部落同源			【珞巴族】
W5341		7 个部落同源			
W5342		8 个部落同源			
W5343		9 个部落同源			【哈萨克族】
W5344		10 个部落同源			【白族】
W5345		更多部落同源			【哈萨克族】
✳ **W5346**	**部落的管理**				
W5347		神或神性人物管理部落			

① 【引例】村寨、部落的头人在先建寨的那一姓人中产生【佤族】
② 【关联】❶［W5067］女首领；❷［W5298.1］母系氏族
③ 【引例】炎黄部落联合战蚩尤【汉族】
④ 【关联】［W5309］婚生部落
⑤ 【引例】三兄弟分成驯鹿、放牧和种地 3 个部落【鄂温克族】

W 编码	母题描述			参照项	
	一级母题	二级母题	三级母题	汤普森	关联项
W5347.1			山神教女首领治理部落的方法		【满族】
W5348		特定的人管理部落			
W5348.1			部落财产由女人管理		【民族，联1】①
W5348.2			女人管理部落		【民族，联1】②
W5348.3			男人管理部落		
W5349		与部落的管理有关的其他母题			
W5349.1			部落的从属		【古突厥】
❈ **W5350**	部落的名称				【联1】③
W5351		以父系命名部落名称			
W5352		以部落的养育者命名部落名称			
W5352.1			以养育本部落的动物命名部落名称		【例1】④
W5353		以人名命名部落			【民族，联1】⑤
W5354		以地名命名部落			【哈萨克族、黎族】
W5354.1			以所居地方的名称命名部落		【民族，例1】⑥
W5355		以方位命名部落			【例1】⑦
W5356		以生产生活方式命名部落			【例2】⑧
W5357		与部落名称有关的其他母题			【例1】⑨
W5357.1			部落名称的变化		
W5357.2			部落名称的合并		【汉族】
W5358	与部落有关的其他母题				【联1】⑩
W5358.1		部落不相往来			【瑶族】
W5358.2		部落扩张			【汉族、珞巴族】

---

① 【民族】古突厥。【关联】［W5298.1］母系氏族
② 【民族】彝族。【关联】［W5298.1］母系氏族
③ 【关联】［W6850 ~ W6869］名字的产生
④ 【引例】母狼养大的弃儿繁衍的一个部落以狼命名【柯尔克孜族】
⑤ 【民族】汉族、满族。【关联】［W5278.1］以族长的名称命名氏族
⑥ 【民族】哈萨克族、汉族。【引例】族群居金山形似兜鍪，其俗号兜鍪为"突厥"【古突厥】
⑦ 【引例】向右迁入山区姑娘繁衍柯尔克孜族右部【柯尔克孜族】
⑧ 【引例】❶用鹿拉车、驮东西的部族改名为使鹿部【满族】；❷用狗拉爬犁的部族改名为使犬部【满族】
⑨ 【引例】盐水神女部落【土家族】
⑩ 【关联】［W8905］部落间的争战

W 编码	母题描述			参照项	
	一级母题	二级母题	三级母题	汤普森	关联项
W5358.2.1			部落因人多向外扩展生存空间		【土家族】
W5358.2.2			部落通过拓荒扩展生存空间		【汉族】
W5358.3		部落的消失			
W5358.3.1			部落争战中被消灭		【蒙古族】
W5358.3.2			部落被兼并		

5.3.3　泛指的族体及有关母题①【W5360～W5399】

W 编码	母题描述			参照项	
	一级母题	二级母题	三级母题	汤普森	关联项
✿ **W5360**	族称				【联1】②
✳ **W5361**	族称的来历				
W5362		特定的人物赐予族称			【汉族】
W5362.1			帝王赐族称		
W5363		根据出现的先后区分族称			【佤族】
W5364		根据皮肤的不同区分族称			【佤族】
W5365		根据服饰的不同区分族称			【民族，例1】③
W5366		根据习性的不同区分族称			【佤族】
W5367		根据情趣的不同区分族称			【佤族】
W5368		与族体有关的其他母题			
W5368.1			族称的变化		
✿ **W5370**	族的标志				【联1】④
✳ **W5371**	族徽（族旗）				
W5372		族徽（旗）的来历			
W5373		特定的族体以动物图案为旗帜			【联1】⑤

---

①　泛指的族体及有关母题，有些神话叙事中并没有像我们今天对各类族体的界定那样有清晰的分类，有时只是以"××族"的形式出现，我们既可以理解为"氏族"、也可以理解为"部落"、"民族"等族体。因此，对这类特殊的情况可称为"泛指的族体"，设计出若干编目，以方便使用。

②　【关联】〔W6850～W6869〕名字的产生

③　【民族】佤族。【引例】穿三角裤的人成为"侾黎"【黎族】

④　【关联】〔W5280〕氏族的标志

⑤　【关联】〔W5282〕氏族以动物为标志

W 编码	母题描述			参照项	
	一级母题	二级母题	三级母题	汤普森	关联项
W5374		特定的族体以植物图案为旗帜			【联1】①
W5375		特定的族体以无生命物图案为旗帜			【哈尼族】
W5376		与族徽有关的其他母题			
W5376.1			族徽的改变		【例1】②
✳ **W5377**	**特定名称的族体**				
W5378		神族			【汉族、彝族】
W5379		巨人族			【民族，联1】③
W5380		鸟族			
W5380.1			鸟族的祖先是鸟		【民族，联1】④
W5381		其他特定名称的族体			
W5381.1			食人族	G11.18	【联1】⑤
✳ **W5382**	**族的分支**				
W5383		根据起源划分族的分支			【民族，例1】⑥
W5384		根据植物划分族的分支			
W5384.1			人根据树枝、树丫分出族的分支		【满族】
W5385		与族的分支有关的其他母题			
✳ **W5386**	**族内的秩序**				
W5387		神或神性人物规定族的秩序			
W5387.1			祖先规定族的秩序		【壮族】
W5388		特定的人规定族的秩序			
W5389		与族内秩序有关的其他母题			
W5389.1			族内等级的划分		【联1】⑦

① 【关联】［W5208］植物为家族标志
② 【引例】结婚后改变族徽【傣族】
③ 【民族】汉族。【关联】［W0660］巨人
④ 【民族】汉族。【关联】［W5252］氏族祖先的产生
⑤ 【关联】［W6592］食人习俗
⑥ 【民族】苗族、壮族。【引例】雪子十二支【彝族】
⑦ 【关联】［W5009］人的等级的产生

W 编码	母题描述			参照项	
	一级母题	二级母题	三级母题	汤普森	关联项
W5389.2			族内有统一的禁忌		【联1】①
❋ W5390	族的管理				
W5391		神管理族体			
W5392		特定的人管理族体			
W5392.1			巫师管理族体		【联2】②
W5393		族群内强者为王			【民族，联1】③
W5394		与族的管理有关的其他母题			
❋ W5395	族中的姓氏				【民族，联1】④
W5396		族中只有一个姓			【联1】⑤
W5397		一族中分成很多姓			【汉族、苗族】
W5398	与族有关的其他母题				
W5398.1		族的合并			【民族，联2】⑥
W5398.2		族的分化			
W5398.3		族的消失			
W5398.3.1			族被他族所灭		【民族，联1】⑦
W5398.4		返回族群			【珞巴族】

---

① 【关联】［W6510～W6549］禁忌。
② 【关联】❶［W6678.2］巫师主持丧葬的来历；❷［W9126.3］酋长是巫师。
③ 【民族】汉族。【关联】［W5031］首领的产生。
④ 【民族】古突厥、汉族。【关联】［W6820～W6839］姓氏的产生。
⑤ 【关联】［W5239.3］每个村寨只有一个姓氏。
⑥ 【民族】汉族。【关联】❶［W5357.2］部落名称的合并；❷［W5401～W5457］民族的产生。
⑦ 【民族】古突厥。【关联】［W5358.3］部落的消失。

5.4 民族①

【W5400 ~ W5829】

5.4.1 民族的产生②【W5400 ~ W5459】

W 编码	母题描述			参照项	
	一级母题	二级母题	三级母题	汤普森	关联项
✿ **W5400**	**民族**			P710	
※ **W5401**	**民族的产生**				【联 2】③
W5402	民族自然存在				
W5403	民族从天而降				【民族，例 1】④
※ **W5404**	**民族是创造出来的**				
W5405		神创造民族			【傣族】
W5405.1			神造的人繁衍民族		【维吾尔族】
W5405.2			神的意志产生民族		【哈萨克族】
W5406		人创造民族			
W5406.1			人造的人繁衍民族		【土家族】
W5407		与创造民族有关的其他母题			
※ **W5408**	**民族是生育产生的**				
W5409		神或神性人物生育民族			【民族，联 1，例 1】⑤
W5410		特定的人生育民族			

① 民族，是一个历史的动态的概念，神话中的“民族”是一个复杂的问题。从民族发展的历史看，当今许多民族的名称与历史上曾经出现的称谓有所不同。从神话传承的讲述人与采录者的神话叙事文本看，对“民族”名称的理解与把握也有很多区别，有时分不清“民族”与“民族支系”以及与其他族群的关系，有时称“××族”，有时称“××人”，有时甚至用其他一些不见史册的名称作为某个族体的称谓，常常难以与我们今天所使用的 56 个民族的概念完全对应起来。虽然大多数神话的结论中同源共祖的若干民族与今天所讲的民族名称是一致的，也有一些神话中“民族”与“民族支系”、“朝代”、某些特征的人群概念等混称，如壮族神话说，姆洛甲生 12 崽女，让 12 对兄妹分家，成为壮人、猎人、汉人、傣人、渔人、苗人、种甘蔗的汉人、布农人（壮）、侗人、瑶人等。这些情况都反映出神话流传过程中的实用性与真实性。此类编目尽可能规范类似问题，但因为涉及到目前某些尚不明晰的民族学、人类学等学科问题，个别称谓保留原神话文本的说法，以便研究者考证。

② 民族的产生，该母题编目有一定数量母题与“［W2000 ~ W2999］人与人类”中的“人类起源”母题联系密切，此处只选择一些带有典型性和可分析的母题。具体联系可参见《中国神话母题 W2 编目实例》。

③ 【关联】❶［W5251］氏族的产生；❷［W5310］部落的产生

④ 【民族】珞巴族。【引例】四个兄弟民族从天而降【布朗族】

⑤ 【民族】纳西族。【关联】［W2130］神或神性人物生人。【引例】天女生的怪胎变成不同的民族【彝族】

W 编码	母题描述			参照项	
	一级母题	二级母题	三级母题	汤普森	关联项
W5410.1			特殊出生的人繁衍民族		
W5410.2			第一个女人繁衍民族		【联1】①
W5411		动物生民族			【珞巴族】
W5412		植物生民族			【布朗族】
W5412.1			葫芦生出民族		【民族，例3】②
W5412.2			瓜生民族		【傈僳族】
W5412.3			树生民族		【民族，例1】③
W5412.4			竹子生民族		【例2】④
W5412.5			其他植物生民族		
W5413		自然物或无生命物生民族			【例1】⑤
W5414		卵生民族			
W5414.1			鸟卵生民族		
W5414.2			卵生民族女始祖		【纳西族】
W5415		与生育民族有关的其他母题			
W5415.1			婚生的怪胎变成不同民族		【联1，例2】⑥
✳ **W5416**	民族是婚生的⑦				【联2】⑧
W5417		神婚生民族			【民族，联1，例3】⑨
W5418		神性人物婚生民族			【例1】⑩
W5419		神或神性人物与特殊对象婚生民族			【例3】⑪

① 【关联】［W2021.2］世上最早只有1个女人（第一个女人）

② 【民族】佤族。【引例】❶葫芦生9个民族【阿昌族】；❷特殊来历的葫芦生民族；❸兄妹婚生得葫芦生多个民族

③ 【民族】布朗族。【引例】树生的人繁衍民族【维吾尔族】

④ 【引例】❶竹子生白彝、红彝、青彝等族群之始祖【彝族】；❷竹子生彝族的祖摩、那苏、兔苏、纳苏、沟哉苏5个支系【彝族】

⑤ 【引例】山洞中走出不同民族【佤族】

⑥ 【关联】［W2600］人生怪胎。【引例】❶兄妹婚生的怪胎剁碎后生出不同民族【布朗族】；❷天女生怪胎变成不同的民族【彝族】

⑦ 婚生民族，关于具体的婚姻形式在"婚姻与性爱"母题类型中有更为详细的分类，此处只选取一些较为典型的涉及民族来源的母题样例。具体比较与分析可参见［W7000～W7999］婚姻与性爱母题类型中的相关部分。在此不再做一一提示。

⑧ 【关联】❶［W2400～W2499］婚配产生人（婚生人）；❷［W7000］婚姻

⑨ 【民族】羌族。【关联】［W2400］神婚生人。【引例】❶众神婚生民族【傣族】；❷夫妻神婚生民族【傣族】；❸神婚生百种民族【傣族】

⑩ 【引例】伏羲、女娲兄妹婚生彝族、藏族和汉族【彝族】

⑪ 【引例】❶太阳神之子与龙女婚生民族【景颇族】；❷仙女与猴婚生【纳西族】；❸仙女与雨神婚生民族【普米族】

W 编码	母题描述			参照项	
	一级母题	二级母题	三级母题	汤普森	关联项
W5420		人与神婚生民族			【例4】①
W5421		人与人婚生民族			【民族】②
W5421.1			最早的1对男女繁育民族		【苗族】
W5421.2			灾难后的幸存者婚生民族		【民族，联1】③
W5421.3			母子婚生民族		【民族，联1】④
W5421.4			娘侄婚生民族		【民族，联1】⑤
W5421.5			兄妹婚生民族		【民族，联1】⑥
W5421.6			姐弟婚生民族		【联1，例1】⑦
W5421.7			多姓互婚生民族		【苗族】
W5422		特殊来历的人婚生民族			
W5422.1			造的人婚生民族		【民族，联1，例2】⑧
W5423		人与动物婚生民族			【联1，例3】⑨
W5423.1			人与熊婚生民族		【例2】⑩
W5423.2			人与虎婚生民族		【例1】⑪
W5423.3			人与天鹅婚生民族		【例1】⑫
W5424		人与植物婚生民族			【联1】⑬
W5425		动物与动物婚生民族			【布朗族】
W5426		无生命物婚生民族			【联1，例3】⑭
W5426.1			天地婚生民族祖先		【民族，联2】⑮

① 【引例】❶人与狐女婚生民族【鄂温克族】；❷人与仙女婚生民族【珞巴族】；❸人与仙女婚生民族祖先【纳西族】；❹石人与女神婚生民族【普米族】

② 【民族】侗族、回族、柯尔克孜族、珞巴族、彝族

③ 【民族】柯尔克孜族。【关联】［W2500］人类再生

④ 【民族】黎族。【关联】［W7294］母子婚

⑤ 【民族】壮族。【关联】［W7296.2］娘侄婚

⑥ 【民族】布依族、黎族、毛南族、壮族。【关联】［W7300］兄妹婚

⑦ 【关联】［W7350］姐弟婚。【引例】洪水后姐弟婚生不同民族【景颇族】

⑧ 【民族】蒙古族。【关联】［W5560.2］男人与木枕变成的姑娘婚生布朗族。【引例】❶动物造的1男1女婚配繁衍布朗族【布朗族】；❷男子与自己做成的女子婚生的布朗族【布朗族】

⑨ 【关联】［W7401］人与动物婚。【引例】❶女子与蛇婚配繁衍民族【白族】；❷女子与鼠婚配繁衍民族【白族】；❸人与龙婚生女真族【满族】

⑩ 【引例】❶女子与熊婚配繁衍民族【白族】；❷男子与熊婚配繁衍民族【鄂温克族】

⑪ 【引例】女子与虎婚配繁衍民族【白族】

⑫ 【引例】人与天鹅婚生哈萨克族【哈萨克族】

⑬ 【关联】［W7490］人与植物婚

⑭ 【关联】［7531］无生命物之间的婚配。【引例】❶天与地婚生民族【珞巴族】；❷太阳与月亮婚生民族【珞巴族】；❸两山婚生的5对男女分别是彝族、白族、白彝人等【普米族】

⑮ 【民族】珞巴族。【关联】❶［W2000］人类的产生（人的产生）；❷天地婚

W 编码	母题描述			参照项	
	一级母题	二级母题	三级母题	汤普森	关联项
W5427		其他特殊的婚配生民族			
✳ **W5430**	民族是感生的				【民族，联1】①
W5431		神或神性人物感生民族			
W5431.1			天女感生民族始祖		【满族】
W5432		人感生民族			
W5433		动物感生民族			
W5434		与感生民族有关的其他母题			
W5434.1			植物感生民族		
✳ **W5435**	民族是变化产生的				
W5436		动物变化为民族			【联1，例3】②
W5437		植物变化为民族			【联1】③
W5437.1			树叶变化为民族		【德昂族】
W5438		无生命物变化为民族			
W5439		其他物变化产生民族			【联1，例1】④
✳ **W5440**	民族是演化产生的				
W5441		氏族发展成民族			【怒族】
W5441.1			许多氏族合并成民族		【珞巴族】
W5442		部落发展成民族			【例1】⑤
W5442.1			不同部落合并为民族		【联1，例1】⑥
W5443		多个兄弟繁衍出不同民族			【例1】⑦
W5443.1			子女中的男孩繁衍民族		【鄂温克族】
W5444		与演化产生民族有关的其他母题			

① 【民族】汉族、柯尔克孜族、满族、蒙古族、彝族。【关联】［W2230～W2279］感生人
② 【关联】［W6290］动物图腾。【引例】❶鸡骨头变成苗人【侗族】；❷猴子变化为民族【藏族】；❸动物的特定的肢体化为特定的民族
③ 【关联】［W6330］植物图腾
④ 【关联】［W5415.1］婚生的怪胎变为不同民族。【引例】雪变成雪族十二支【彝族】
⑤ 【引例】25个部落发展成为不同的民族【哈萨克族】
⑥ 【关联】［W5398.1］族的合并。【引例】黄帝、炎帝部落合并为华夏族【汉族】
⑦ 【引例】3个兄弟繁衍3个民族【汉族】

W 编码	母题描述			参照项	
	一级母题	二级母题	三级母题	汤普森	关联项
W5444.1			父母把孩子分派各地形成民族		【阿昌族】
W5444.2			迁徙中留在特定地方的人成为特定的民族		【民族，联1】①
❖ **W5445**	民族产生的时间（顺序）				【例1】②
W5446		民族出现的先后			【联1，例2】③
W5447		先有姓氏后有民族			【瑶族】
W5448		民族与姓氏同时产生			【侗族、彝族】
W5449		与民族产生时间有关的其他母题			
❖ **W5450**	民族支系的产生				
W5451		婚生不同民族支系			
W5451.1			多姓互婚生民族支系		【苗族】
W5451.2			婚生怪胎切碎后变成不同民族支系		【联1，例1】④
W5452		感生不同民族支系			【柯尔克孜族】
W5453		不同姓氏形成不同民族支系			【民族，例1】⑤
W5454		不同职业发展成为民族支系			【例1】⑥
W5455		民族在迁徙中分出支系			【民族，联2】⑦
W5456		与民族支系产生有关的其他母题			
W5456.1			同父异母形成民族支系		【汉族、彝族】
W5457	与民族产生有关的其他母题				

---

① 【民族】珞巴族。【关联】［W5540］特定民族的产生
② 【引例】三国时出现鄂伦春族【鄂伦春族】
③ 【关联】［W5784］民族的排序。【引例】❶佤族最先出来，然后是汉族、拉祜族、傣族和禅族【佤族】；❷佤族始祖最早出现，依次是西方白人的始祖、傣族的始祖、汉族的始祖等【佤族】
④ 【关联】［W5415.1］婚生的怪胎变为不同民族。【引例】母子婚生的怪物切成12块，各变成一种苗族的始祖【苗族】
⑤ 【民族】苗族。【引例】藏族的9个姓氏分成9支【彝族】
⑥ 【引例】竹生的孩子中一个善编竹器人的儿孙繁衍青彝【彝族】
⑦ 【民族】苗族。【关联】❶［W5298.4］氏族的迁徙；❷［W5478］民族迁徙中分化出不同民族

W 编码	母题描述			参照项	
	一级母题	二级母题	三级母题	汤普森	关联项
W5457.1		民族祖先①			【联2】②
W5457.2		民族祖先（文化始祖）的产生			【联1】③
W5457.2.1			特定的婚生民族始祖		
W5457.2.2			平定争战成为民族祖先		【满族】
W5457.3		民族祖先重返人间			【仡佬族】
W5457.4		民族产生的地点			【联1，例1】④
W5457.4.1			山地民族的产生		
W5457.5		土著民族			

5.4.2 民族的识别（划分）【W5460 ～ W5489】

W 编码	母题描述			参照项	
	一级母题	二级母题	三级母题	汤普森	关联项
❋ W5460	民族的识别				
W5461		以前没有民族之分			【哈尼族】
❋ W5462	根据人产生时的情况划分民族				【联1】⑤
W5463		根据造人时的情况分出民族			【例1】⑥
W5464		根据生母的特征分出民族			【例1】⑦
W5465		根据人产生时的其他情况划分民族			
❋ W5466	根据地点划分民族				【民族，联1】⑧
W5467		因出生地产生不同的民族			【阿昌族】
W5468		因居住地产生不同的民族			【民族，联2，例1】⑨

① 民族祖先，又可以称为"民族文化始祖"。下文一般表述为"民族祖先"。
② 【关联】❶［W0640］祖先；❷［W5408］民族是生育产生的
③ 【关联】［W5302］部落始祖的产生
④ 【关联】［W5641.6］满洲起源于长白山某个特定的地方。【引例】平坦地区生活的人发展成汉族【黎族】
⑤ 【关联】［W5467］因出生地产生不同的民族
⑥ 【引例】造人时根据木人被烧的程度分出不同民族【壮族】
⑦ 【引例】根据生母手中抓的东西命名民族【蒙古族】
⑧ 【民族】阿昌族、傈僳族。【关联】［W5457.4］民族产生的地点
⑨ 【民族】苗族。【关联】❶［W5575.4］生活在半山半坝的人成了德昂族；❷［W5635.6］生活在高山顶上的人成了傈僳族。【引例】生活在坝子的人成为傣族【阿昌族】

W 编码	母题描述			参照项	
	一级母题	二级母题	三级母题	汤普森	关联项
✻ **W5469**	**根据语言划分民族**				【民族，联2】①
W5470		因语言不同形成不同民族			【苗族】
W5470.1			学会不同语言后形成多种民族		【布朗族、彝族】
W5471		根据声音分出民族			【拉祜族】
W5472		因语言变化形成不同民族		A1333	【联1】②
W5473		因语言不通形成不同民族			【例1】③
W5474		与语言划分民族有关的其他母题			
W5475	服装不同形成不同民族				【联2，例1】④
W5476	饮食不同形成不同民族				【联2】⑤
W5477	肤色不同形成不同民族				【联2】⑥
W5478	生产方式不同形成不同民族				【联1】⑦
W5479	分家形成民族				【联1】⑧
W5479.1		兄弟分家形成不同民族			【景颇族、珞巴族】
W5480	习俗不同形成不同民族				【联2】⑨
✻ **W5481**	**因得到的物品不同形成不同民族**				
W5482		选择的劳动工具不同形成不同民族			【民族，联1】⑩
W5483		选择的凳子不同形成不同民族		A1614.4.2	

---

① 【民族】汉族、彝族、纳西族。【关联】❶［W5520］民族语言；❷［W6711.2］特定语言的产生
② 【关联】［W6725］语言的混乱
③ 【引例】人们因语言不通无法做事就各奔东西，变成各个民族【彝族】
④ 【关联】❶［W5500～W5503］民族服饰；❷［W6138.2］民族服装的产生。【引例】穿上衫和裤的人成为汉族【黎族】
⑤ 【关联】❶［W5505］民族饮食；❷［W6140～W6159］饮食
⑥ 【关联】❶［W2868］人的肤色；❷［W2868.3］黑色皮肤的来历
⑦ 【关联】［W5706.5］善编竹器人的儿孙繁衍青彝
⑧ 【关联】［W5211］分家
⑨ 【关联】❶［W5534］民族习俗；❷［W6550～W6699］习俗
⑩ 【民族】壮族。【关联】［W5315.2］按人获得的不同劳动工具划分部落

W 编码	母题描述			参照项	
	一级母题	二级母题	三级母题	汤普森	关联项
W5484		选择的武器不同形成不同民族		A1614.4.3	
W5485		与获得物划分民族有关的其他母题			
W5486	与民族识别有关的其他母题				【联2】①
W5486.1		特定的人物划分出不同民族			
W5486.1.1			神划分出不同民族		【例1】②
W5486.2		其他民族对本民族有不同的称呼			【普米族】

5.4.3　民族的特征③【W5490～W5539】

W 编码	母题描述			参照项	
	一级母题	二级母题	三级母题	汤普森	关联项
✿ **W5490**	民族特征			A1660	【联1】④
✿ **W5491**	民族的体征				【联1】⑤
W5492	民族的性别				【苗族】
❋ **W5493**	民族的面貌				
W5494		不同民族的头部特征		A1663	
W5495		不同民族的眼睛特征		A1666	
W5496		民族（人种）的肤色		A1614	
W5496.1			民族的肤色与接触特定的物有关		【例1】⑥
W5496.2			为什么有的民族肤色黑		【联1】⑦
W5497	与民族的体征有关的其他母题				【联1】⑧

① 【关联】❶［W5733］根据事件确定民族名称；❷［W5734］以人名命名民族名称
② 【引例】神仙把人分为汉、傣、基诺三个民族【基诺族】
③ 民族的特征，神话中的古代民族与部落有时很难明确区分，该母题包含部落特征的内容，具体情形参见《中国神话母题 W5 编目实例》。
④ 【关联】［W5460～W5489］民族的识别（划分）
⑤ 【关联】［W5540～W5723］特定的民族的产生与特征
⑥ 【引例】民族的肤色与出生时抱的树木有关【佤族】
⑦ 【关联】［W5690.2］佤族出生时抱大椿树，所以肤色黑红
⑧ 【关联】［W5582.3］侗族白胖

W 编码	母题描述			参照项	
	一级母题	二级母题	三级母题	汤普森	关联项
W5497.1		特定的民族与天神体征相同			【蒙古族】
❋ **W5500**	**民族服饰**			A1683	【联1】①
W5501		为什么某个民族有特定的服饰			
W5502		民族服饰上图腾物的来历			
W5502.1			民族服饰上图腾物是为了纪念祖先		【苗族】
W5503		与民族服饰有关的其他母题			
❋ **W5505**	**民族饮食**			A1681	【联1】②
W5506		民族特定的食物			
W5507		民族特定食物禁忌的来历			【联2】③
W5507.1			伊斯兰民族不食猪肉的原因		【回族】
W5508		与民族饮食有关的其他母题			
❋ **W5510**	**民族居住地**				
W5511		民族居住地是神的安排			【例1】④
W5512		造人者分配民族居住地点			【例1】⑤
W5513		各个民族划地而居			【德昂族】
W5513.1			住在高山的民族		【佤族】
W5513.2			住在平地（平坝）的民族		【佤族】
W5513.3			住在山脚的民族		
W5513.4			住在水边的民族		【例2】⑥
W5514		民族居住分散			【彝族】
W5514.1			祖先生的后代增多后分居各地		【怒族】

---

① 【关联】［W6138.2］民族服装的产生
② 【关联】［W6140～W6159］饮食
③ 【关联】❶［W5642.1］满族不食狗肉的原因；❷［W6510～W6549］禁忌
④ 【引例】神让佤族居住有椿树的地方【佤族】
⑤ 【引例】造人者造人后让花苗居住在山头【壮族】
⑥ 【引例】❶祖先原来居住东方海边【苗族】；❷民族（氏族）沿河迁徙到海边居住【彝族】

W 编码	母题描述			参照项	
	一级母题	二级母题	三级母题	汤普森	关联项
W5515		民族杂居		A1690	
W5515.1			两个民族生活在一起		【例3】①
W5515.2			多个民族住在一起		
W5516		与民族居住地有关的其他母题			
W5516.1			为什么同一民族有共同居所		
W5516.2			民族祖先通过动物的引导找到居住地		【傣族、侗族】
W5516.3			依据命名获得居住地		【例1】②
❋ **W5517**	民族生产形态			A1673	
W5518		特定民族有特定生产方式的来历			
W5518.1			神让各民族选择生产方式		【蒙古族】
W5518.2			特定民族从事特定职业		【彝族】
W5518.3			特定民族的生产方式源于特定的工具		【民族,联1】③
W5519		与民族生产形态有关的其他母题			
W5519.1			为什么同一民族有相同的生产形态		
W5519.2			特定民族生产工具的来历		【民族,联1】④
❋ **W5520**	民族语言				【联2】⑤
W5521		民族语言的获得			【联1,例1】⑥
W5521.1			神分配各民族的语言		
W5522		原来各民族只有一种语言			【珞巴族】
W5523		与民族语言有关的其他母题			

---

① 【引例】❶以前布朗族与哈尼族一起居住【布朗族】;❷为什么佤族和拉祜族常居住在一起【拉祜族】;❸苗族黎族住一起【苗族】

② 【引例】谁把地名说出来这块地就归谁【珞巴族】

③ 【民族】基诺族。【关联】［W5573.6］傣族分工具时挑了扁担,所以种田

④ 【民族】壮族。【关联】［W6080］工具的产生（工具的获得）

⑤ 【关联】❶［W5469］根据语言划分民族;❷［W6701～W6729］语言

⑥ 【关联】［W6701］语言的产生。【引例】3个哑巴孩子听烧竹竿的声音形成汉、彝、傈僳族3种语言【傈僳族】

W 编码	母题描述			参照项	
	一级母题	二级母题	三级母题	汤普森	关联项
W5523.1			为什么同一民族有相同的语言		
❊ **W5524**	民族文字				【联1】①
W5525		以前的民族没有文字			【佤族】
W5526		民族特定文字的来历			【纳西族】
W5527		与民族文字有关的其他母题			
W5527.1			民族文字的丢失		【联1】②
❊ **W5528**	民族其他文化特征				
W5529		民族信仰			【联1】③
W5529.1			特定的民族崇拜特定的神的来历		
W5529.2			民族信仰的改变		
W5530		民族的智力特征			
W5531		与民族文化有关的其他母题			
W5531.1			为什么同一民族有相同的文化		
W5531.2			为什么有的民族有特定的文化		
W5531.3			多民族共同祭祀同一个英雄		【民族,联1】④
W5531.4			不同民族的审美不同	A1664	
❊ **W5532**	民族性格				
W5533		民族特定性格的来历			
W5533.1			不同民族因为得到不同的书形成不同性格		【苗族】
❊ **W5534**	民族习俗			A1680	
W5535		民族的生产习俗			【联1】⑤
W5536		民族的生活习俗			【联2】⑥

① 【关联】〔W6730～W6754〕文字
② 【关联】〔W6748〕文字的丢失
③ 【关联】〔W6461〕宗教信仰
④ 【民族】东乡族、汉族、土族。【关联】〔W6373〕文化英雄崇拜
⑤ 【关联】〔W6560～W6579〕生产习俗
⑥ 【关联】❶〔W6580～W6599〕生活习俗;❷〔W6627.1〕民族节日

W 编码	母题描述			参照项	
	一级母题	二级母题	三级母题	汤普森	关联项
W5537		与民族习俗特征有关的其他母题			
W5537.1			民族有特定纹身的来历		【联 1】①
W5538	与民族特征有关的其他母题				
W5538.1		民族特征的变化			

5.4.4 特定民族的产生与特征② 【W5540 ~ W5729】

W 编码	母题描述			参照项	
	一级母题	二级母题	三级母题	汤普森	关联项
✿ **W5540**	特定民族的产生				【联 1】③
◎	〖阿昌族④〗				
W5541		阿昌族的产生			【例 2】⑤
W5541.1			遮帕麻和遮米麻婚生阿昌族		【阿昌族】
W5541.2			葫芦生阿昌族		【例 1】⑥
W5542		阿昌族的特征			
W5543		与阿昌族有关的其他母题			
W5543.1			阿昌与景颇是兄弟俩		【阿昌族】
W5543.2			阿昌与傣、汉、景颇、傈僳、德昂等9种蛮夷同祖		【阿昌族】
W5543.3			大、小阿昌的来历		【阿昌族】

---

① 【关联】〔W6585 ~ W6589〕文身
② 特定民族的产生与特征，编目中重点选取现行国家识别的56个民族。从神话学角度推断，不仅中华人民共和国成立后识别的56个民族的产生都应该具有相应的解释性母题，古代各个时期曾经存在的现在已经消失的民族也应该有相应的母题，包括民族的产生、民族特征、民族迁徙、民族名称的变化等。但由于各民族神话发生和传承的差异，罗列这些相应的母题并不能为神话母题分析带来更多的实际意义，鉴于各民族的母题在神话母题W编目的10个类型中均有标注，已列入其他相应母题类型中。故此处对56个民族不再进行细致的母题编目，只是对各民族神话中出现的与民族相关的母题做一些样例性质的提示。具体情况参见母题提示和查阅《中国神话母题W0编目实例》至《中国神话母题W9编目实例》10卷本丛书中的实例。
③ 【关联】〔W5400 ~ W5459〕民族的产生
④ 阿昌族，在文献记载中又称作"峨昌"、"娥昌"、"莪昌"、"尊昌"等。
⑤ 【引例】❶兄弟与傣族姑娘结婚繁衍阿昌【阿昌族】；❷生活在半山半坝的人成了阿昌族【阿昌族】
⑥ 【引例】天公与地母生的葫芦子繁衍阿昌族【阿昌族】

W 编码	母题描述			参照项	
	一级母题	二级母题	三级母题	汤普森	关联项
◎	〖白族①〗				
W5554		白族的产生			
W5554.1			始祖为雄性白虎		【民族，联1】②
W5554.2			白族为龙的后裔		【白族】
W5555		白族的特征			
W5555.1			白族住湖边		【佤族】
W5555.2			白族纺线弹棉花		【彝族】
W5555.3			白族崇尚白色		【联1】③
W5556		与白族有关的其他母题			【联1】④
W5556.1			阿布帖和阿约帖兄妹婚生多个氏族		【白族】
◎	〖保安族〗				
W5557		保安族的产生			
W5557.1			小伙娶回族、蒙古族和藏族姑娘繁衍保安三庄		【保安族】
W5558		保安族的特征			
W5559		与保安族有关的其他母题			
W5559.1			三兄弟繁衍保安族、东乡族和土族		【保安族】
◎	〖布朗族⑤〗				
W5560		布朗族的产生			
W5560.1			布朗族从天而降		【布朗族】
W5560.2			男人与木枕变成的姑娘婚生布朗族		【布朗族】
W5560.3			蛤蟆变成的人繁衍布朗族		【布朗族】
W5560.4			葫芦生布朗族		【布朗族】
W5560.5			洪水后兄妹婚生布朗族		【民族，联1】⑥

---

① 白族，有些地区的白族历史上曾自称"白和"、"白子"、"白尼"等，他称有"民家"、"那马"、"勒墨"、"九姓民"等。文献中对白族先民还有"哀牢"、"昆明"、"叟"、"爨"、"白蛮"、"河蛮"、"僰人"、"白人"等称谓。

② 【民族】白族。【关联】［W6294］虎图腾

③ 【民族】白族。【关联】［W6442］崇尚白色

④ 【关联】［W0782.2］本主神

⑤ 布朗族，有些地区的布朗族历史上曾自称"乌"。在文献记载中与该民族有关的还有"濮人"、"朴子蛮"、"蒲蛮"、"扑子"、"朴子"、"扑"、"蒲满"、"蒲人"等称谓。

⑥ 【民族】布朗族。【关联】［W7300］兄妹婚

W 编码	母题描述			参照项	
	一级母题	二级母题	三级母题	汤普森	关联项
W5560.6			泥人成活后婚配繁衍布朗族和各民族		【布朗族】
W5560.7			两个动物婚生各民族		【民族，联1】①
W5560.8			与布朗族产生有关的其他母题		【例1】②
W5561		布朗族的特征			
W5561.1			布朗族进入佛寺为什么要脱鞋		【布朗族】
W5562		与布朗族有关的其他母题			
W5562.1			配偶神布桑西和雅桑赛创造人类和万物		【布朗族】
W5562.2			傣族和布朗族同源		【布朗族】
W5562.3			布朗族和拉祜族是双生子		【布朗族】
◎	〖布依族③〗				
W5563		布依族的产生			
W5563.1			兄妹婚生布依族		【联1，例2】④
W5563.2			祖先盘古		【布依族】
W5563.3			祖先盘果王		【布依族】
W5563.4			与布依族产生有关的其他母题		【例1】
W5564		布依族的特征			
W5565		与布依族有关的其他母题			
W5565.1			布依族与汉族、苗族、壮族同祖		【布依族】
W5565.2			造物主翁戛		【布依族】
◎	〖朝鲜族〗				
W5566		朝鲜族的产生			

---

① 【民族】布朗族。【关联】［W2485］动物与动物婚生人
② 【引例】最先种茶的猎人分化出布朗族【佤族】
③ 布依族，布依族与古代文献中的"僚"、"百越"、"百濮"有渊源关系。文献中与该民族有关的还有"西南蛮"、"蕃"、"仲家蛮"、"仲蛮"等族称。
④ 【关联】［W7300］兄妹婚。【引例】❶伏哥羲妹婚生布依族【布依族】；❷迪进、迪颖兄妹婚生布依族【布依族】

W 编码	母题描述			参照项	
	一级母题	二级母题	三级母题	汤普森	关联项
W5566.1			六部之祖是从天而降的神人		【朝鲜族】
W5567		朝鲜族的特征			
W5568		与朝鲜族有关的其他母题			
◎	〖达斡尔族①〗				
W5569		达斡尔族的产生			
W5570		达斡尔族的特征			
W5571		与达斡尔族有关的其他母题			
◎	〖傣族②〗				
W5572		傣族的产生			
W5572.1			英叭神创造傣族		【傣族】
W5572.2			走到傣人地区的人成了傣族		【傈僳族】
W5572.3			天神生傣族		【例1】③
W5572.4			天神下凡婚生各民族		【傣族】
W5572.5			葫芦生傣族		【傣族】
W5573		傣族的特征			
W5573.1			傣族祖先出生时抱住一棵芭蕉树，所以肤色白嫩		【佤族】
W5573.2			傣族住坝区		【布朗族】
W5573.3			傣族住水边		【景颇族】④
W5573.4			以前傣族住树上		【傣族】
W5573.5			傣族种出白棉花		【彝族】
W5573.6			傣族分工具时挑了扁担，所以种田		【基诺族】
W5573.7			傣族使用背篓		【壮族】
W5573.8			傣族念经信佛教		【彝族】
W5574		与傣族有关的其他母题			

① 达斡尔族，在文献翻译中有不同的音译，如"萨哈连"、"达呼尔"、"打虎儿"、"达胡尔"、"达虎里"、"打呼里"、"打虎力"、"达呼尔"、"达瑚里"、"达乌尔"等不同写法。
② 傣族，傣族与古代文献中的"百濮"、"滇越"有渊源关系。有些地区的傣族历史上曾自称为"傣"、"泰"，他称为"掸"、"阿萨"等。
③ 【引例】天神塔婆生傣族 【哈尼族】
④ 【引例】傣族居住热带平坝 【佤族】

W 编码	母题描述			参照项	
	一级母题	二级母题	三级母题	汤普森	关联项
W5574.1			傣族、景颇族和傈僳族是三兄弟		【傣族】
W5574.2			布朗族是傣族的舅舅		【民族，联1】①
W5574.3			傣族崇拜孔雀		【傣族】
W5574.4			傣族先民原来住在遥远的东北方大平原		【傣族】
W5574.5			傣族向蜜蜂学话，所以口甜		【民族，联1】②
◎	〖德昂族③〗				
W5575		德昂族的产生			
W5575.1			葫芦生的男女婚繁衍德昂族		【德昂族】
W5575.2			茶叶变的男女婚繁衍德昂族		【德昂族】
W5575.3			龙女与仙人婚生德昂族		【德昂族】
W5575.4			生活在半山半坝的人成了德昂族		【阿昌族】
W5576		德昂族的特征			
W5576.1			德昂族住山上		【景颇族】
W5576.2			德昂族妇女藤篾缠腰的来历		【德昂族】
W5577		与德昂族有关的其他母题			
W5577.1			德昂族选择佛爷给的物件造成不会读书和做生意，只会种庄稼		【德昂族】
W5577.2			德昂族与汉族、傣族、傈僳族、景颇族、白族、回族等民族同源		【德昂族】
◎	〖东乡族④〗				
W5578		东乡族的产生			

① 【民族】傣族。【关联】［W5562.2］傣族和布朗族同源
② 【民族】佤族。【关联】［W6701～W6711］语言的产生
③ 德昂族，旧称"崩龙族"，与古代文献中的"濮人"有渊源关系。文献中与该民族有关的还有"扑子"、"茫人"、"金齿"、"蒲人"等族称。
④ 东乡族，东乡族自称为"撒尔塔"。记载中还有"东乡回回"、"东乡蒙古"、"东乡土人"等称谓。

W 编码	母题描述			参照项	
	一级母题	二级母题	三级母题	汤普森	关联项
W5579		东乡族的特征			
W5580		与东乡族有关的其他母题			
W5580.1			吃平伙习俗的来历		【东乡族】
W5580.2			"马"姓的来历		【例1】①
W5580.3			东乡族为什么爱唱"花儿"		
◎	〖侗族②〗				
W5581		侗族的产生			
W5581.1			兄妹婚生侗族		【例4】③
W5581.2			像猿猴的女子繁衍侗族		【联1,例1】④
W5581.3			鸡肉变成侗人		【侗族】
W5581.4			与侗族产生有关的其他母题		【例1】⑤
W5582		侗族的特征			
W5582.1			侗族食用糯谷		【壮族】
W5582.2			侗人温和		【侗族】
W5582.3			侗族白胖		【侗族】
W5582.4			侗族住在半山坡		【侗族】
W5583		与侗族有关的其他母题			
W5583.1			祖母神萨玛（萨岁、萨天巴）		【侗族】
◎	〖独龙族⑥〗				
W5584		独龙族的产生			
W5584.1			麂子氏族迁徙后发展为独龙族		【怒族】
W5584.2			兄妹婚生独龙族		【民族，联1】⑦

---

① 【引例】取穆罕默德首音"穆"的谐音"马"为姓

② 侗族，侗族族称在历史上经历了多次演变，与古代文献中的"百越"、"骆越"、"僚"有渊源关系。文献记载以及民间还有"仡伶"、"峒人"、"溪洞"、"峒蛮"、"峒苗"、"洞家"、"洞"等自称或他称。

③ 【引例】❶丈良、丈美兄妹婚生侗族【侗族】；❷姜良、姜妹兄妹婚生侗族【侗族】；❸张良兄妹婚生侗族【侗族】；❹兄妹婚生的肉球剁碎后变成侗族【侗族】

④ 【关联】[W2158]猿猴人。【引例】兄妹婚生的像猿猴的女儿切碎后形成姓氏和侗、汉、苗、瑶各族【侗族】

⑤ 【引例】兄妹婚生的肉团变成了侗族【侗族】

⑥ 独龙族，旧称"俅人"。文献记载以及民间还有"撬"、"俅"、"迪麻"、"俅子"、"洛"、"俅曲"、"曲人"等称谓。

⑦ 【民族】独龙族。【关联】[W7300]兄妹婚

W 编码	母题描述			参照项	
	一级母题	二级母题	三级母题	汤普森	关联项
W5584.3			姐弟婚生独龙族		【民族，联1】①
W5584.4			婚生的背篓变成独龙族		【怒族】
W5585		独龙族的特征			
W5585.1			独龙族不种植稻谷		【独龙族】
W5585.2			独龙族居江边		【独龙族】
W5586		与独龙族有关的其他母题			
W5586.1			独龙族与汉、藏、怒、傈僳族等民族同祖		【独龙族】
◎	〖俄罗斯族〗				
W5587		俄罗斯族的产生			
W5588		俄罗斯族的特征			
W5588.1			俄罗斯人狩猎		【蒙古族】
W5588.2			俄罗斯族为什么皮肤白		
W5589		与俄罗斯族有关的其他母题			
◎	〖鄂伦春族②〗				
W5590		鄂伦春族的产生			
W5590.1			天神恩都力造鄂伦春人		【鄂伦春族】
W5590.2			人与仙婚生鄂伦春人		【鄂伦春族】
W5590.3			天女下凡婚生鄂伦春人		【满族】
W5590.4			猎人与母熊生鄂伦春人		【鄂伦春族】
W5590.5			人与兔婚生鄂伦春人		【民族，联1】③
W5590.6			族群迁徙时留在山上的就是鄂伦春族		【鄂温克族】
W5590.7			往北去的人群叫鄂伦春族		【赫哲族】

① 【民族】独龙族。【关联】［W7350］姐弟婚
② 鄂伦春族，在文献翻译中有不同的音译，如"俄尔吞"、"俄罗春"等。
③ 【民族】鄂伦春族。【关联】［W7450］人与兔婚

W 编码	母题描述			参照项	
	一级母题	二级母题	三级母题	汤普森	关联项
W5591		鄂伦春族的特征			
W5591.1			鄂伦春族为什么擅长驯鹿		
W5592		与鄂伦春族有关的其他母题			
W5592.1			鄂伦春族古代有9大姓		【鄂伦春族】
W5592.2			鄂伦春人祖先居大小兴安岭		【鄂伦春族】
◎	〖鄂温克族〗				
W5593		鄂温克族的产生			
W5593.1			人与狼婚生鄂温克族		【鄂温克族】
W5593.2			族群迁徙时留在大河边居住的成为索伦鄂温克族		【鄂温克族】
W5593.3			一对夫妇生鄂温克族		【鄂温克族】
W5593.4			人蛇婚繁衍索伦人		【民族，联1】①
W5593.5			人与狐婚生鄂温克族		【鄂温克族】
W5593.6			鄂温克人祖先是长角的蛇		【鄂温克族】
W5594		鄂温克族的特征			
W5595		与鄂温克族有关的其他母题			
◎	〖高山族②〗				
W5596		高山族的产生			
W5596.1			神造高山族		【例2】③
W5596.2			石生高山族		【例2】④

① 【民族】鄂温克族。【关联】[W7475] 人与蛇婚
② 高山族，关于台湾地区的少数民族，中国政府以"高山族"为其正式族称，台湾当地一般称"原住民"。该族在历史文献记载中有"夷州人"、"山夷"、"流求人"、"琉球"、"流求"、"土人"、"东番夷"、"淡水夷"、"土番"、"土民"、"番族"、"番人"等，还有依据生产生活习俗和居住地的不同命名的"生番"、"熟番"、"黥面番"、"高山番"、"平埔番"、"东番"、"西番"、"南番"、"北番"、"水沙连番"、"琅峤番"、"卑南觅番"等族群。西方有些记载称台湾少数民族为"福摩萨人"或"福摩萨土著"。日本殖民时期还有所谓"蕃族"、"高砂族"之称。在一些神话叙事与标注表述中常涉及"泰雅"、"赛夏"、"布农"、"邹"、"鲁凯"、"排湾"、"卑南"、"阿美"、"雅美"、"达悟"等名称的族体。
③ 【引例】❶用男人的肉造高山族【高山族】；❷神用洪水逃生男人的皮肉造赛夏人祖先【高山族】
④ 【引例】❶石头中生出马兰社的始祖【高山族（雅美）】；❷兄妹婚生白石，白石生山地人始祖【高山族（阿美）】

W 编码	母题描述			参照项	
	一级母题	二级母题	三级母题	汤普森	关联项
W5596.3			神造的一对兄妹婚生高山族		【高山族】
W5597		高山族的特征			
W5597.1			泰雅人凶猛		【例1】①
W5597.2			高山族原来住海边		【高山族】
W5597.3			高山族为防海啸住山上		【高山族】
W5597.4			因为狗带来财富，所以高山族不吃狗肉		【高山族】
W5597.5			与高山族特征有关的其他母题		【例3】②
W5598		与高山族有关的其他母题			
W5598.1			男神与女神是始祖		【例1】③
W5598.2			石头是始祖		【联1，例1】④
W5598.3			高山族与汉族同源		【例1】⑤
◎	〚仡佬族⑥〛				
W5599		仡佬族的产生			
W5599.1			兄妹婚生仡佬族		【仡佬族】
W5599.2			黄犬与土王的女儿婚生仡佬族		【民族，联1】⑦
W5600		仡佬族的特征			
W5600.1			仡佬族由坝子迁往山上		【仡佬族】
W5601		与仡佬族有关的其他母题			
W5601.1			仡佬族与苗族、彝族、布依族等"九种夷苗"同祖		【仡佬族】
◎	〚哈尼族⑧〛				

① 【引例】神杀男子剁碎后骨成泰雅人【高山族（赛夏）】

② 【引例】❶骨头变凶猛的泰雅人【高山族】；❷神杀男子剁碎后，骨成泰雅人【高山族（赛夏）】；❸神杀男子剁碎后肉变成赛夏人【高山族（赛夏）】

③ 【引例】竹子出现男神与女神，即卑南社的始祖【高山族（雅美）】

④ 【关联】［W5596.2］石生高山族。【引例】石是阿美人及部分卑南人的始祖【高山族】

⑤ 【引例】神用一个男子造赛夏人、汉人和泰雅人【高山族（赛夏）】

⑥ 仡佬族，与古代文献中的"百濮"、"濮"、"僚"等有渊源关系。文献记载以及民间还有"仡僚"、"葛僚"、"革老"、"老户"，"土人"、"土蛮"等称谓。有些地区的仡佬族还自称"哈给"、"告"、"德佬"、"补尔"、"多洛"等。

⑦ 【民族】仡佬族。【关联】［W7422］人与犬婚

⑧ 哈尼族，哈尼族称谓非常复杂。与古代文献中的"昆明"、"乌蛮"、"和蛮"、"斡蛮"、"斡泥"等有渊源关系。文献记载还有"和夷"、"和泥"、"窝泥"、"阿泥"、"哈泥"、"禾尼"、"僾尼"等称谓。不同地区的哈尼族有多种自称，如"哈尼"、"爱尼"、"碧约"、"卡多"、"雅尼"、"豪尼"、"多尼"、"布都"、"白宏"、"叶车"、"阿木"等。

W 编码	母题描述			参照项	
	一级母题	二级母题	三级母题	汤普森	关联项
W5602		哈尼族的产生			
W5602.1			哈尼祖先最早诞生在大水里		【哈尼族】
W5602.2			始祖母塔婆①		【例 1】②
W5602.3			天神塔婆哈尼从肚皮中生哈尼族		【哈尼族】
W5602.4			兄妹婚生哈尼族		【联 1，例 1】③
W5602.5			葫芦生的女人与石头生的男人婚生哈尼族		【哈尼族】
W5603		哈尼族的特征			
W5603.1			哈尼族没文字		
W5603.2			哈尼族把文字烧掉后失去文字		
W5604		与哈尼族有关的其他母题			
W5604.1			爱尼与佤族、傣族和汉族同祖		【哈尼族（僾尼）】
W5604.2			哈尼族与汉族、彝族和傣族一母同胞		【哈尼族】
◎	〔哈萨克族〕				
W5605		哈萨克的产生			
W5605.1			迦萨甘造的泥人繁衍哈萨克族		【哈萨克族】
W5605.2			人与天鹅婚繁衍哈萨克族		【哈萨克族】
W5605.3			树生哈萨克 9 大部落的先祖		【哈萨克族】
W5606		哈萨克族的特征			
W5607		与哈萨克族有关的其他母题			
W5607.1			创世主迦萨甘		【哈萨克族】
W5607.2			哈萨克是白天鹅的意思		【哈萨克族】

---

① 塔婆，哈尼语称多子的妇女为"塔婆"，有的神话文本又译为"佐白"、"唐盘"、"塔朋"等。
② 【引例】塔婆感风孕生哈尼族【哈尼族】
③ 【关联】［W7300］兄妹婚。【引例】兄妹婚生大哥哈尼族、二哥彝族、三哥汉族、四哥傣族、五哥瑶族【哈尼族】

W 编码	母题描述			参照项	
	一级母题	二级母题	三级母题	汤普森	关联项
W5607.3			哈萨克族的三大部落		【哈萨克族】
W5607.4			树枝生的9个人变成9个民族		【哈萨克族】
◎	〖汉族①〗				
W5608		汉族的产生			【例4】②
W5608.1			兄妹婚生汉族		【怒族】
W5608.2			石生汉族		【例1】③
W5608.3			伏羲兄妹婚生汉族		【苗族】
W5608.4			龙生汉族		【汉族】
W5608.5			平地里的百家姓变成汉人		【瑶族】
W5608.6			特定动物的肢体化生汉族		
W5608.7			学会汉语与汉字的部落成为汉族		【佤族】
W5608.8			走到汉人地区的人成了汉族		【傈僳族】
W5608.9			与汉族产生有关的其他母题		【例7】④
W5609		汉族的特征			
W5609.1			汉人是龙人		【怒族】
W5609.2			汉族与其他民族同源		【联3，例1】⑤
W5609.3			汉族居住平坝		【景颇族、佤族、瑶族】
W5609.4			汉族居平坝，住水边		【民族，联1】⑥
W5609.5			汉族居大坝水头		【壮族】
W5609.6			汉族居住大车树多的地方		【佤族】

① 汉族，一般认为，"汉族"名称始于汉朝，是融合了历史上众多民族的民族名称。文献记载中与"汉族"相关的有"汉人"、"华夏族"、"华族"、"龙的传人"、"华人"、"唐人"等称谓。有些地区或少数民族对汉族还有特定的称谓，如"客家"、"美"等。

② 【引例】❶兄妹婚生的布匹变成汉族【怒族】；❷兄妹婚生的9对兄妹分头走形成汉族和其他民族【怒族】；❸兄妹婚生的1对儿女到平坝生活成为汉族的祖先【彝族】；❹兄妹婚生怪胎抛入河中的成为汉族【壮族】

③ 【引例】白石生的穿鞋的孩子为汉人祖先【高山族（阿美）】

④ 【引例】❶兄妹婚生肉团，砍开后丢在田坝上的骨头变成汉人【侗族】；❷兄妹婚生肉团，砍开后脑髓变成汉人【侗族】；❸鸡的脑髓变成汉人【侗族】；❹神用肠子造出台湾汉人祖先【高山族】；❺神杀的男子的肠子变成汉人【高山族（赛夏）】；❻肠子变成汉人【高山族】；❼兄妹婚生的冬瓜，切开后瓜籽变成汉人【瑶族】

⑤ 【关联】❶［W5746.1］汉族与另一个少数民族同源；❷［W5747.1］汉族与2个少数民族同源；❸［W5748.1］汉族与3个少数民族同源。【引例】汉族和珞巴族义都人同源【珞巴族】

⑥ 【民族】彝族。【关联】［W5608.5］平地里的百家姓变为汉人

W 编码	母题描述			参照项	
	一级母题	二级母题	三级母题	汤普森	关联项
W5609.7			汉族住街上		【苗族】
W5609.8			汉族占居街头		【壮族】
W5609.9			汉族种庄稼		【民族，例1】①
W5609.10			汉族会读书		【壮族】
W5609.11			汉族为什么做生意		【例2】②
W5609.12			汉族说话为什么好听		【联1，例1】③
W5609.13			汉族用棉布做衣服		【黎族】
W5609.14			汉族穿鞋		【例1】④
W5609.15			汉族聪明		【侗族、瑶族】
W5609.16			汉族寿命长		【高山族】
W5609.17			与汉族特征有关的其他母题		【例1】
W5610		与汉族有关的其他母题			
W5610.1			汉族分为白汉和黑汉		【彝族】
W5610.2			汉族是众民族中的老小		【民族，联1】⑤
W5610.3			秦（汉族）、吐尔克（突厥）、蒙古勒（蒙古）同祖		【柯尔克孜族】
W5610.4			汉族向画眉学话，所以说话像唱歌		【民族，联1】⑥
◎	〖 **赫哲族**⑦ 〗				
W5611		赫哲族的产生			
W5611.1			天女下凡婚生赫哲人		【满族】
W5611.2			说"往东走"的人成为"赫哲族"		【赫哲族】
W5612		赫哲族的特征			

① 【民族】苗族、彝族、瑶族。【引例】兄妹婚生肉团，砍开后丢在田坝上的骨头变成汉人【侗族】
② 【引例】❶汉族分工具时，因拿了笔头所以孩子会做生意【基诺族】；❷汉族住在街上做生意【瑶族】
③ 【关联】[W5601.4] 汉族向画眉学话，所以说话像唱歌。【引例】汉族人爱学画眉说话，所以说话像唱歌【佤族】
④ 【引例】白石生赤脚的山地人始祖和穿鞋者的平地人（汉族）始祖【高山族（阿美）】
⑤ 【民族】仡佬族。【关联】[W5787.2] 众民族中汉族是老大
⑥ 【民族】佤族。【关联】[W6701～W6711] 语言的产生
⑦ 赫哲族，与该族相关的文献记载有"费雅喀"、"纳乃"等称谓。自称有"用日贝"、"那尼卧"、"那乃"、"赫真"、"奇楞"等。

W 编码	母题描述			参照项	
	一级母题	二级母题	三级母题	汤普森	关联项
W5613		与赫哲族有关的其他母题			
◎	〖**回族**①〗				
W5614		回族的产生			
W5614.1			真主造的人祖繁衍回族		【回族】
W5614.2			人祖阿丹		【回族】
W5615		回族的特征			
W5615.1			回族养牛吃牛肉		【彝族】
W5615.2			回族占街头		【壮族】
W5616		与回族有关的其他母题			
◎	〖**基诺族**②〗				
W5617		基诺族的产生			
W5617.1			阿姒欧是基诺族最早的祖先③		【基诺族】
W5617.2			阿嫫尧白用泥垢造人繁衍基诺族		【基诺族】
W5617.3			葫芦生基诺族		【民族，联1】④
W5618		基诺族的特征			
W5618.1			基诺族分工具时拿了背板，所以在山上劳动		【基诺族】
W5619		与基诺族有关的其他母题			
W5619.1			阿嫫尧白是天生的神仙		【基诺族】
W5619.2			基诺族与布朗族、傣族、汉族和哈尼族是五弟兄		【基诺族】
W5619.3			基诺族与布朗族、傣族同源		【基诺族】
◎	〖**京族**⑤〗				
W5620		京族的产生			

---

① 回族，是"回回民族"的简称。汉文文献与回族名称有联系的有"回纥"、"回鹘"等。记载中其他少数民族对回族的称谓曾经有"撒尔塔兀勒"、"木速蛮"、"卡西"、"东干"、"马家"、"帕西"等。

② 基诺族，有的汉文文献中音译为"攸乐"。

③ 阿姒欧，在基诺族神话文本中有"阿嫫晓白"、"阿嫫尧白"、"阿嫫腰白"、"阿匹额额"、"阿莫杳字"等不同称谓。

④ 【民族】基诺族。【关联】[W2184]葫芦生人

⑤ 京族，文献记载中曾称"安南"、"越族"等。

W 编码	母题描述			参照项	
	一级母题	二级母题	三级母题	汤普森	关联项
W5621		京族的特征			
W5622		与京族有关的其他母题			
◎	〖景颇族①〗				
W5623		景颇族的产生			
W5623.1			生活在高山顶上的人成了景颇族		【阿昌族】
W5623.2			太阳神的一对儿女婚生景颇族		【景颇族】
W5623.3			姐弟婚生景颇族		【民族，联1】②
W5623.4			婚生的刀子变成景颇族		【怒族】
W5623.5			景颇族是太阳神的子孙		【景颇族】
W5623.6			景颇族是蚩尤的子孙		【民族，联2】③
W5624		景颇族的特征			
W5624.1			景颇族住山上		【景颇族】
W5625		与景颇族有关的其他母题			
W5625.1			景颇族与德昂族、傈僳族、佤族同祖		【景颇族】
W5625.2			创世祖宁贯娃		【景颇族】
W5625.3			景颇族祭火神是因为人间的火天上管不了		【民族，联1】④
W5625.4			景颇族举行目脑节可以使庄稼丰收		【景颇族】
◎	〖柯尔克孜族⑤〗				
W5626		柯尔克孜族的产生			

① 景颇族，景颇族与古代文献中的"氐羌"、"寻传蛮"、"高黎贡人"等有渊源关系。在文献记载及民间又有"山头"、"大山"、"小山"、"茶山"、"浪速""、"遮些"、"野人"等称谓。自称有"景颇"、"载瓦"、"喇期"、"浪峨"等。

② 【民族】景颇族。【关联】［W7350］姐弟婚

③ 【民族】景颇族。【关联】❶［W0672］蚩尤；❷［W5653.10］苗族是蚩尤的子孙

④ 【民族】景颇族。【关联】［W6493.1］祭火神

⑤ 柯尔克孜族，文献记载中相关的称谓有"鬲昆"、"隔昆"、"契骨"、"黠戛斯"、"乞儿吉思"、"吉利吉思"、"布鲁特"等。

W 编码	母题描述			参照项	
	一级母题	二级母题	三级母题	汤普森	关联项
W5626.1			女子感骨灰孕生柯尔克孜族的右部和左部		【柯尔克孜族】
W5627		柯尔克孜族的特征			
W5628		与柯尔克孜族有关的其他母题			
W5628.1			柯尔克孜族名称的由来		
◎	〖拉祜族①〗				
W5629		拉祜族的产生			
W5629.1			人与仙女婚生拉祜族		【民族，联1】②
W5629.2			兄妹婚生拉祜族		【民族，联1】③
W5629.3			葫芦生拉祜族		【例1】④
W5630		拉祜族的特征			
W5630.1			拉祜族居住在有竹子半山腰		【佤族】
W5630.2			天神让老大拉祜族住山上		【拉祜族】
W5630.3			拉祜族祖先住在海边		【拉祜族】
W5631		与拉祜族有关的其他母题			
W5631.1			拉祜族向斑鸠学话，所以紧一声慢一声		【民族，联1】⑤
◎	〖黎族⑥〗				
W5632		黎族的产生			
W5632.1			黎母与男子婚生黎族		【黎族】
W5632.2			母子婚生黎族		【黎族】
W5632.3			兄妹婚生黎族		【例2】⑦

① 拉祜族，记载及民间关于拉祜族的称谓很多，其中自称有"拉祜纳"（黑拉祜）、"拉祜西"（黄拉祜）、"拉祜普"（白拉祜）等。他称有"苦聪"、"果葱"、"锅锉"、"黄古宗"、"黄保黑"、"倮黑"、"目舍"、"缅"等。
② 【民族】拉祜族。【关联】〔W7273〕人与仙女婚
③ 【民族】拉祜族。【关联】〔W7300〕兄妹婚
④ 【引例】葫芦生的13对人繁衍拉祜族【拉祜族】
⑤ 【民族】佤族。【关联】〔W6701～W6711〕语言的产生
⑥ 黎族，黎族与古代文献中的"骆越"、"里"、"蛮"、"俚"、"僚"等有渊源关系。黎族不同地区、分支又有"哈"（"侾"黎）、"杞"（"岐"黎）、"润"（"本地"黎）、"美孚"、"赛"（"加茂"黎）等自称。
⑦ 【引例】❶兄妹婚生的怪胎剁碎繁衍黎族【黎族】；❷老先和荷发兄妹生的怪胎剁碎繁衍黎族【黎族】

W 编码	母题描述			参照项	
	一级母题	二级母题	三级母题	汤普森	关联项
W5632.4			人与犬婚生黎祖		【黎族】
W5633		黎族的特征			
W5633.1			黎族妇女用麻布做衣裙		【例1】①
W5633.2			黎族开山种山兰		【苗族】
W5634		与黎族有关的其他母题			
W5634.1			祖先是水牛		【黎族】
W5634.2			女祖先黎母		【黎族】
W5634.3			黎族有3个支系		【例1】②
W5634.4			黎族与汉族、苗族同祖		【黎族】
◎	〖傈僳族③〗				
W5635		傈僳族的产生			
W5635.1			兄妹婚生傈僳族		【傈僳族】
W5635.2			姐弟婚生傈僳族		【傈僳族】
W5635.3			葫芦生傈僳族		【傈僳族】
W5635.4			瓜生傈僳族		【傈僳族】
W5635.5			木筒生傈僳族		【例1】④
W5635.6			生活在高山顶上的人成了傈僳族		【阿昌族】
W5636		傈僳族的特征			
W5637		与傈僳族有关的其他母题			
W5637.1			傈僳族是龙的部族		【傣族】
W5637.2			傈僳族与汉族、彝族、独龙族、怒族同祖		【傈僳族】
◎	〖珞巴族⑤〗				
W5638		珞巴族的产生			
W5638.1			天与地结合繁衍珞巴族		【珞巴族】
W5638.2			珞巴族是天父地母的后代		【珞巴族】

① 【引例】因为用麻布包着变成黎人，所以黎族妇女用麻布做衣裙【黎族】
② 【引例】黎族有杞黎、侾黎、本地黎三大支系【黎族】
③ 傈僳族，傈僳族与古代文献中的"栗粟"、"乌蛮"、"叟"、"嶲"、"濮"、"罗罗（彝族）"等有渊源关系。
④ 【引例】木筒生的男孩繁衍傈僳族的木氏族【傈僳族】
⑤ 珞巴族，珞巴族多以部落或氏族聚居在一起。神话中涉及的部落主要有义都、博嘎尔、博日、崩尼、苏龙、阿卡、米古巴、米辛巴、达额木、希蒙、民荣、坚波、德根、阿帕塔尼等。

W 编码	母题描述			参照项	
	一级母题	二级母题	三级母题	汤普森	关联项
W5638.3			太阳的儿子与月亮的女儿婚生珞巴族		【珞巴族】
W5638.4			祖先阿巴达尼与动物婚生珞巴族		【珞巴族】
W5638.5			兄妹婚生珞巴族		【例1】①
W5638.6			猪生珞巴人某氏族		【珞巴族】
W5638.7			人与太阳的女儿婚生珞巴族		【珞巴族】
W5638.8			人与天女婚生珞巴族		【珞巴族】
W5638.9			怪物的蛋生珞巴族始祖		【珞巴族】
W5638.10			与珞巴族产生有关的其他母题		【例4】②
W5639		珞巴族的特征			
W5639.1			珞巴族为什么会打铁的人少		【例1】③
W5640		与珞巴族有关的其他母题			
W5640.1			人与天上的神仙同祖		【珞巴族】
W5640.2			珞巴族和藏族同祖		【珞巴族】
◎	〖满族④〗				
W5641		满族的产生			
W5641.1			人与天女繁衍女真族		【满族】
W5641.2			天女下凡婚生满洲人		【满族】
W5641.3			野雉变的女子与人婚生满洲人		【满族】
W5641.4			感生满洲始祖		【满族】
W5641.5			野女姐妹与榆树生的男子繁衍女真后代		【满族】

① 【引例】天地生的兄妹俩生珞巴族的祖先【珞巴族】

② 【引例】❶珞巴族是父系祖先阿巴达尼的后代【珞巴族】；❷珞巴族祖先阿巴达尼（有的译为"阿崩嘎仁"）【珞巴族】；❸阿巴达尼（珞巴族祖先）是大地的曾孙【珞巴族】；❹两姐妹分别与老虎和刀子变成的男子婚生珞巴族两个氏族【珞巴族】

③ 【引例】珞巴族会打铁的人少是因为派去学打铁的动物没有学到真技术【珞巴族】

④ 满族，与古代文献记载的"肃慎"、"挹娄"、"勿吉"、"靺鞨"、"女真"有渊源关系。

W 编码	母题描述			参照项	
	一级母题	二级母题	三级母题	汤普森	关联项
W5641.6			满洲起源于长白山某个特定的地方		【满族】
W5642		满族的特征			
W5642.1			满族不食狗肉的原因		【联2】①
W5643		与满族有关的其他母题			
W5643.1			女真族的"女"指天女，"真"指大黑龙		【满族】
◎	〖毛南族②〗				
W5644		毛南族的产生			
W5644.1			兄妹婚生毛南族		【例1】③
W5644.2			盘古是毛南族始祖		【毛南族】
W5644.3			与毛南族产生有关的其他母题		【例1】④
W5645		毛南族的特征			
W5646		与毛南族有关的其他母题			
W5646.1			毛南族与瑶族、壮族同祖		【毛南族】
◎	〖门巴族⑤〗				
W5647		门巴族的产生			
W5648		门巴族的特征			
W5649		与门巴族有关的其他母题			
◎	〖蒙古族⑥〗				
W5650		蒙古族的产生			
W5650.1			天女下凡婚生蒙古人		【满族】
W5650.2			苍狼与白鹿婚生蒙古族		【蒙古族】

① 【关联】❶［W5490］民族特征；❷［W6522.2］忌食特定的食物
② 毛南族，毛南族与古代文献中的"骆越人"、"僚人"等有渊源关系。有些文献中写作"毛难族"。不同地区的毛南族有不同称谓，如广西毛南族自称"阿难"、"哀南"（单称）、"窘南"（众称）；贵州毛南族自称"哎绕"、"印吞"、"哎吞"等。他称有"布南"、"稳毛南"等。
③ 【引例】盘与古兄妹婚生毛南人【毛南族】
④ 【引例】谭三孝是毛南族始祖【毛南族】
⑤ 门巴族，在一些文献及民间还有"主巴"、"勒波"等称谓。
⑥ 蒙古族，文献记载与蒙古族有关的名称有"蒙兀室韦"、"塔塔儿"、"鞑靼"等。一些不同的汉语音译有"忙豁勒""蒙骨"、"朦骨"、"萌骨子"、"盲骨子"、"萌骨"等。

W 编码	母题描述			参照项	
	一级母题	二级母题	三级母题	汤普森	关联项
W5650.3			人与绵羊婚生蒙古族		【蒙古族】
W5650.4			人与天鹅婚生蒙古人		【蒙古族】
W5650.5			太阳为母月亮为父		【蒙古族】
W5650.6			三姐妹分别生汉人、罗斯人和蒙古人		【民族，联1】①
W5651		蒙古族的特征			
W5651.1			神让各民族选择时蒙古人选草而为牧		【蒙古族】
W5652		与蒙古族有关的其他母题			
◎	〖 苗族② 〗				
W5653			苗族的产生		
W5653.1			天神生苗族		【例1】③
W5653.2			母子婚生苗族		【例1】④
W5653.3			兄妹婚生苗族		【例3】⑤
W5653.4			石生的1对男女繁衍苗族		【苗族】
W5653.5			犬父与神母繁衍苗族		【苗族】
W5653.6			神狗盘瓠与公主婚繁衍苗族		【苗族】
W5653.7			蜜蜂婚生苗族		【瑶族】
W5653.8			树婚生苗族		【例1】⑥
W5653.9			苗族是蚩尤的子孙		【联1，例1】⑦
W5653.10			苗族祖先从黄河来		【苗族】
W5653.11			用肉疙瘩和树苗造的人成为苗族		【土家族】

---

① 【民族】蒙古族。【关联】［W5745］多民族同源

② 苗族，关于苗族名称的形成说法不一。一般认为苗族与古代文献中的"三苗"、"髳"、"五溪蛮"、"武陵蛮"等有渊源关系。不同地区的苗族自称有"苗"、"仡熊"、"果雄"、"模"、"蒙"、"髳"等。

③ 【引例】天神塔婆生苗族【哈尼族】

④ 【引例】母子婚生瓜类怪物，切成12块分别变成一种苗族的始祖【苗族】

⑤ 【引例】❶兄妹婚生的怪胎剁碎后变成苗族【苗族】；❷兄妹婚生的树生苗族支系【苗族（青苗）】；❸兄妹婚生肉疙瘩，砍碎后成苗、瑶等族和各种姓氏【苗族】

⑥ 【引例】桃、杨树等9种树互为夫妇生花苗、青苗、黑苗、红苗、白苗等【苗族（青苗）】

⑦ 【关联】［W0672］蚩尤。【引例】蚩尤的81个兄弟建立三苗国【苗族】

W 编码	母题描述			参照项	
	一级母题	二级母题	三级母题	汤普森	关联项
W5653.12			伏羲兄妹婚生苗族		【民族，联1】①
W5653.13			芦笙是苗族的母亲		【苗族】
W5653.14			与苗族产生有关的其他母题		【例4】②
W5654		苗族的特征			
W5654.1			苗族住高山		【彝族】
W5654.2			苗族住山头		【民族，例3】③
W5654.3			苗族住坡头		【瑶族】
W5654.4			苗族强悍		【侗族】
W5654.5			苗族会砍树放排		【瑶族】
W5654.6			苗族善唱歌舞		【侗族】
W5654.7			苗族妇女用四块布条做裙子		【黎族】
W5654.8			苗族懂得很多种田知识		【苗族】
W5654.9			与苗族特征有关的其他母题		【例1】④
W5655		与苗族有关的其他母题			
W5655.1			祖先姜央		【苗族】
W5655.2			祖先阿各林		【苗族】
W5655.3			苗族与汉族、彝族是三兄弟		【民族，联1】⑤
W5655.4			苗族与汉族、黎族同祖		【民族，联1】⑥
W5655.5			苗族12支		【苗族】
W5655.6			牯脏节的来历		【苗族】
◎	〖仫佬族⑦〗				
W5656		仫佬族的产生			

① 【民族】苗族。【关联】［W0675］伏羲
② 【引例】❶兄妹婚生肉团，砍开后丢在山坡上的肚肠变成苗族【侗族】；❷兄妹婚生肉团，砍开后骨头变成苗族【侗族】；❸苗族的祖先在东方海边【苗族】；❹9种树婚生苗族支系【苗族】
③ 【民族】苗族。【引例】❶花苗居住在山头【壮族】；❷苗族居住在高山深箐【壮族】；❸苗族造在坡梁上【壮族】
④ 【引例】苗族失去书和文字后，文化靠吹芦笙相传【苗族】
⑤ 【民族】苗族。【关联】［W5747］3个民族同源
⑥ 【民族】苗族。【关联】［W5747］3个民族同源
⑦ 仫佬族，一般认为仫佬族与古代文献中的"越"、"骆"、"西瓯"、"骆越"、"夷僚"、"濮僚"、"木笼僚"等有渊源关系。文献记载不同的汉语音译有"姆佬"、"木佬"、"狇老"、"狇佬""木娄"、"木摇"、"木僚"等。自称有"伶"、"谨"、"本地人"等。他称有"布谨"。

W 编码	母题描述			参照项	
	一级母题	二级母题	三级母题	汤普森	关联项
W5657		仫佬族的特征			
W5658		与仫佬族有关的其他母题			
W5658.1			衣饭节的来历		【仫佬族】
◎	〖纳西族①〗				
W5659		纳西族的产生			
W5659.1			纳西族是天神的后代		【纳西族】
W5659.2			海生纳西族祖先		【纳西族】
W5659.3			卵生纳西族祖先		【联1，例1】②
W5659.4			猴子繁衍纳西族		【纳西族】
W5659.5			人与天女婚生纳西族		【纳西族】
W5659.6			人与仙女婚生纳西族		【纳西族】
W5659.7			兄妹婚生纳西族		【纳西族】
W5659.8			走到纳西人地区的人成了纳西族		【傈僳族】
W5659.9			与纳西族产生有关的其他母题		【例2】③
W5660		纳西族的特征			
W5660.1			东巴文字是象形字		【纳西族】
W5661		与纳西族有关的其他母题			【联1】
W5661.1			纳西族与白族、藏族同祖		【纳西族】
W5661.2			纳西族与汉族、藏族同祖		【纳西族】
W5661.3			东巴教主丁巴什罗		【纳西族】
W5661.4			纳西族七星披肩的来历		【纳西族】
◎	〖怒族④〗				
W5662		怒族的产生			

① 纳西族，纳西族的称谓很多。一般认为，纳西族与古代文献中的"氐羌"、"摩沙夷"、"白狼夷"等有渊源关系。不同地区的纳西族的自称有"纳西"、"纳日"、"纳罕"、"纳恒"、"阮可"、"玛丽玛沙"、"鲁鲁"等。他称有"麽些"、"摩沙"、"摩挲"、"摩娑"、"摩西"、"姜"等。

② 【关联】［W2220］卵生人。【引例】玉色大蛋生人类之祖【纳西族】

③ 【引例】❶女始祖埃利恩姑命【纳西族】；❷人祖从忍利恩（又译恒矢恒仁）【纳西族】

④ 怒族，不同地区的怒族自称有"怒苏"、"阿怒"、"阿龙"、"若柔"等。

W 编码	母题描述			参照项	
	一级母题	二级母题	三级母题	汤普森	关联项
W5662.1			怒族是龙公主的后代		【怒族】
W5662.2			人与龙女婚生怒族		【怒族】
W5662.3			兄妹婚生怒族		【例2】①
W5662.4			天神的眼泪变成的1男1女是怒族始祖		【怒族】
W5662.5			婚生的簸箕变怒族		【怒族】
W5663		怒族的特征			
W5663.1			怒族住怒江边		【怒族】
W5664		与怒族有关的其他母题			
W5664.1			怒族各氏族的祖先是阿铁		【怒族】
W5664.2			怒族各氏族祖先住在丽江		【怒族】
◎	〖普米族②〗				
W5665		普米族的产生			
W5665.1			女始祖与山神婚生普米人		【普米族】
W5665.2			天公地母生普米族祖先		【普米族】
W5665.3			女神与石人婚生普米族		【普米族】
W5665.4			石生女始祖		【普米族】
W5665.5			普米族男女始祖分别是公牦牛和白母狼		【普米族】
W5665.6			人与神女婚生普米族		【普米族】
W5666		普米族的特征			
W5667		与普米族有关的其他母题			
W5667.1			普米族与摩梭人同祖		【普米族】
W5667.2			普米族与纳西族、藏族同祖		【普米族】
W5667.3			普米族韩规的来历		【普米族】

① 【引例】❶兄妹婚生的簸箕变成怒族【怒族】；❷住怒江边的兄妹婚繁衍怒族【怒族】

② 普米族，一般认为，普米族与古代"氐羌"有渊源关系。汉文文献中的称谓有"巴苴"、"西番"等。不同地区普米族有不同的自称，如"普英米"、"普日米"、"培米"、"白人"等。他称有"巴"、"博"、"窝珠"、"流流帕"等。

W 编码	母题描述			参照项	
	一级母题	二级母题	三级母题	汤普森	关联项
◎	〖羌族①〗				
W5668		羌族的产生			
W5668.1			创世始祖女神与男神婚生羌族		【羌族】
W5668.2			羌族始祖木姐珠和玉比娃		【羌族】
W5669		羌族的特征			
W5669.1			羌族牧羊		【羌族】
W5670		与羌族有关的其他母题			
W5670.1			羌族崇拜羊神		【羌族】
W5670.2			羌族崇拜白石		【羌族】
◎	〖撒拉族②〗				
W5671		撒拉族的产生			
W5672		撒拉族的特征			
W5673		与撒拉族有关的其他母题			
◎	〖畲族③〗				
W5674		畲族的产生			
W5674.1			畲族是龙麟的子孙		【畲族】
W5674.2			畲族是龙凤的后代		【畲族】
W5674.3			畲族始祖是槃瓠王和三公主		【畲族】
W5675		畲族的特征			
W5675.1			畲族祖居在凤凰山		【畲族】
W5675.2			畲族依山建房		【畲族】
W5675.3			畲族祖先住在凤凰山		【畲族】
W5676		与畲族有关的其他母题			【例1】④
W5676.1			盘、篮、雷、钟是一家		【畲族】
W5676.2			畲族四姓是龙麟的子孙		【畲族】

① 羌族，羌族与古代文献中的"羌"、"越嶲羌"、"广汉羌"、"武都羌"等有一定联系。自称有"尔玛"、"尔咩"等。
② 撒拉族，撒拉族在汉文文献有诸多译名，如"撒拉尔"、"撒拉尓"、"萨拉儿"、"撒拉"、"撒剌"、"撒剌儿"、"沙剌"、"沙剌簇"、"撒喇"等。撒拉族自称"撒拉尔"。他称有"撒拉"、"撒勒昆"等。
③ 畲族，有些研究者认为，畲族与古代文献中的"东夷"、"越人"、"瑶人"、"蛮"、"蛮僚"、"峒蛮"、"峒僚"、"畲民"、"輋民"等有渊源关系。畲族自称有"山哈"、"山达"等。
④ 【引例】高辛王是贤君【畲族】

W 编码	母题描述			参照项	
	一级母题	二级母题	三级母题	汤普森	关联项
◎	〖水族①〗				
W5677		水族的产生			
W5678		水族的特征			
W5679		与水族有关的其他母题			
◎	〖塔吉克族〗				
W5680		塔吉克族的产生			
W5680.1			塔吉克人是太阳神的后代		【塔吉克族】
W5680.2			（竭盘陀国第一代国王）母为汉土之人		【塔吉克族】
W5681		塔吉克族的特征			
W5682		与塔吉克族有关的其他母题			
◎	〖土家族②〗				
W5683		土家族的产生			
W5683.1			婚生的肉疙瘩和泥巴造的人成为土家族		【土家族】
W5683.2			兄妹婚生土家族		【例4】③
W5683.3			姐弟婚生土家族		【例1】④
W5683.4			虎与人婚生的孩子繁衍土家族		【土家族】
W5683.5			祖神感虫生的会飞的孩子与巴子共居繁衍土家族		【土家族】
W5684		土家族的特征			
W5684.1			土家族信神信鬼		【苗族】
W5685		与土家族有关的其他母题			
W5685.1			首领廪君是伏羲氏的后裔		【民族，联1】⑤

① 水族，有些研究者认为，水族与古代文献中的"殷人"、"百越"、"骆越"等有渊源关系。水族自称"睢"。有些书籍中还出现过"水家"、"水家苗"、"水家夷"等说法。

② 土家族，有些研究者认为，土家族与古代文献中的"巴人"、"乌蛮"、"廪君蛮"、"板楯蛮"、"武陵蛮"、"五溪蛮"等有一定渊源关系。记载中还有"土丁"、"土人"、"土民"、"土蛮"等说法。土家族自称"毕兹卡"、"密基卡"、"贝锦卡"等。

③ 【引例】❶甫梭和冗妮兄妹婚生土家族【土家族】；❷布索、雍妮兄妹婚生土家族【土家族】；❸补所和雍民兄妹婚生土家族【土家族】；❹兄妹婚生的红血球碎后成为土家族【土家族】

④ 【引例】阿可笔、阿大笔姐弟婚生土家族【土家族】

⑤ 【民族】土家族。【关联】［W0675］伏羲

W 编码	母题描述			参照项	
	一级母题	二级母题	三级母题	汤普森	关联项
W5685.2			巴姓廪君建立巴国		【民族，联1】①
W5685.3			始祖神依罗娘娘		【土家族】
W5685.4			土家族与汉族、苗族同祖		【土家族】
W5685.5			土家族的樊、向、覃、郑四个部族		【土家族】
◎	〖土族②〗				
W5686		土族的产生			
W5687		土族的特征			
W5688		与土族有关的其他母题			
W5688.1			土族忌中秋节		【土族】
W5688.2			土族忌食狗肉		【土族】
◎	〖佤族③〗				
W5689		佤族的产生			
W5689.1			天降的1对男女婚生佤族		【佤族】
W5689.2			人与牛婚生佤族		【民族，联1】④
W5689.3			葫芦生佤族		【例1】⑤
W5689.4			山洞中走出佤族		【佤族】
W5689.5			与佤族产生有关的其他母题		【例2】⑥
W5690		佤族的特征			
W5690.1			佤族住山顶		【佤族】
W5690.2			佤族出生时抱大椿树，所以肤色黑红		【佤族】
W5690.3			佤族为什么没有文字		【例1】⑦
W5691		与佤族有关的其他母题			【联1】⑧

① 【民族】土家族。【关联】［W5831］国家的产生（建国）
② 土族，有些研究者认为，土族与古代文献中的"蒙古人"、"吐谷浑"（霍儿人）、"白鞑靼"、"沙陀突厥"等有一定渊源关系。不同地区的土族有不同的自称，如"蒙古尔"、"察罕蒙古"、"土昆"、"土户家"等称谓。他称有"霍尔"、"土人"、"土民"等。
③ 佤族，有些研究者认为，佤族与古代文献中的"僬侥"、"中望"、"望苴子"、"生蒲"、"古刺"、"嘎喇"、"哈瓦"等有关系。不同地区的佤族有不同的自称，如"佤"、"巴饶"、"布饶"、"阿佤"、"阿佤莱"、"勒佤"等称谓。他称有"拉"、"佧佤"等说法。
④ 【民族】佤族。【关联】［W7446］人与牛婚
⑤ 【引例】人与母牛生葫芦籽长出的葫生佤族的始祖【佤族】
⑥ 【引例】❶始祖母妈侬【佤族】；❷巨人达能创造了妈农（人类第一个母亲）【佤族】
⑦ 【引例】佤族没有文字是因为写在牛皮上的文字洪水时烧吃了【佤族】
⑧ 【关联】［W5787.6］众民族中佤族是老大

W 编码	母题描述			参照项	
	一级母题	二级母题	三级母题	汤普森	关联项
W5691.1			佤族始祖在各民族中出现最早		【佤族】
W5691.2			佤族与汉族、白族、彝族、傣族、爱伲族、拉祜族是七兄弟		【佤族】
W5691.3			佤族与西方白人、傣族、汉族同祖		【佤族】
W5691.4			佤族向牛学说话所以拗舌		【民族，联1】①
W5691.5			佤族因为吃了写字的牛皮而失去文字		【民族，联1】②
◎	〖维吾尔族③〗				
W5692		维吾尔族的产生			
W5692.1			泥人分出男女后繁衍各个民族		【维吾尔族】
W5693		维吾尔族的特征			
W5694		与维吾尔族有关的其他母题			
◎	〖乌孜别克族④〗				
W5695		乌孜别克族的产生			
W5696		乌孜别克族的特征			
W5697		与乌孜别克族有关的其他母题			
◎	〖锡伯族⑤〗				
W5698		锡伯族的产生			
W5698.1			西去的人叫锡伯族		【赫哲族】
W5699		锡伯族的特征			
W5700		与锡伯族有关的其他母题			
W5700.1			喜利妈妈		【锡伯族】

---

① 【民族】佤族。【关联】［W6701～W6711］语言的产生
② 【民族】佤族。【关联】［W6748～W6752］文字的丢失
③ 维吾尔族，有的研究者认为，维吾尔族在文献记载中与"丁零"、"突厥"等有关系。不同历史时期汉文文献中有与维吾尔族称相关的不同译名，如"袁纥"、"韦纥"、"回纥"、"回鹘"、"畏兀儿"、"回部"等。
④ 乌孜别克族，在文献记载中乌孜别克族称谓与"月即别"、"月祖伯"等有关系。
⑤ 锡伯族，有的研究者认为，锡伯族在文献记载中与"东胡"、"鲜卑"、"室韦"等有渊源关系。汉文文献在不同时期对锡伯有不同的译名，如"须卜"、"犀毗"、"犀比"、"悉比"、"失比"、"失必尔"、"师比"、"西卑"、"失韦"、"西伯"、"史伯"、"洗白"、"西北"、"席白"、"席北"、"锡北"等。

W 编码	母题描述			参照项	
	一级母题	二级母题	三级母题	汤普森	关联项
◎	〖瑶族①〗				
W5701			瑶族的产生		
W5701.1			神造瑶族		【联1，例2】②
W5701.2			天神（塔婆）生瑶族		【哈尼族】
W5701.3			日月婚生瑶人		【瑶族】
W5701.4			兄妹婚生瑶族		【例1】③
W5701.5			瓜变为瑶人		【例2】④
W5701.6			盘瓠与公主婚生瑶族		【瑶族】
W5701.7			与瑶族产生有关的其他母题		【例3】⑤
W5702			瑶族的特征		
W5702.1			瑶族耿直		【侗族】
W5702.2			瑶族爱穿花衣		【侗族】
W5702.3			瑶族狩猎食肉		【瑶族】
W5702.4			瑶族住山箐（边）		【民族，例2】⑥
W5702.5			瑶族住在森林边		【苗族】
W5702.6			瑶族男女裹头巾的来历		【瑶族】
W5703			与瑶族有关的其他母题		
W5703.1			创世神密洛陀		【例2】⑦
W5703.2			祖先发枚		【瑶族】
W5703.3			女祖先务告		【瑶族】
W5703.4			瑶族与汉族同源		【联1，例1】⑧
W5703.5			瑶族与汉族、壮族同源		【联1，例1】⑨

① 瑶族，瑶族的称谓比较复杂。一般认为，瑶族与古代文献中记载的"九黎"、"武陵蛮"、"五溪蛮"、"莫徭"等有渊源关系。不同地区的瑶族往往有不同的自称，如"勉"、"布努"、"努努"、"布诺"、"东诺"、"金门"、"瑙格劳"、"拉珈"、"盘瑶"、"过山瑶"、"茶山瑶"、"红头瑶"、"花瑶"、"花蓝瑶"、"蓝靛蓝"、"白裤瑶"、"平地瑶"等。

② 【关联】[W2052] 神造人。【引例】❶女神密洛陀造瑶族和其他民族【瑶族】；❷九大公造瑶族和其他民族【瑶族】

③ 【引例】伏羲兄妹婚生的肉瘤剁碎后产生各民族【瑶族】

④ 【引例】❶兄妹生的瓜变为瑶人【瑶族】；❷兄妹婚生的冬瓜，切开后瓜肉成瑶人【瑶族】

⑤ 【引例】❶兄妹婚生肉团，砍开后丢在岩洞边的心肝变成瑶族【侗族】；❷兄妹婚生肉团，砍开后内脏变成瑶族【侗族】；❸兄妹婚生的芝麻和青菜籽生出汉和5种瑶族的祖先【瑶族】

⑥ 【民族】苗族、瑶族。【引例】❶瑶族居住在箐林间【壮族】；❷瑶族住在沟边【壮族】

⑦ 【引例】❶鼓生密洛陀【瑶族】；❷密洛陀是万物之母【瑶族】

⑧ 【关联】[W5746] 2个民族同源。【引例】兄妹婚生的冬瓜切开后瓜肉变成瑶人，瓜籽变成汉人【瑶族】

⑨ 【关联】[W5747] 3个民族同源。【引例】兄妹婚生的肉团，剁碎后变成瑶族和汉族、壮族【瑶族】

W 编码	母题描述			参照项	
	一级母题	二级母题	三级母题	汤普森	关联项
W5703.6			瑶族与汉族、壮族、苗族同源		【瑶族】
W5703.7			瑶族与布依、水族、汉族同源		【瑶族】
W5703.8			瑶族的支系		【例1】①
W5703.9			瑶家12姓		【瑶族】
W5703.10			达努节		【联1，例1】②
W5703.11			为哀悼盘王过"盘王节"		【瑶族】
◎	〖**彝族**③〗				
W5704		彝族的产生			
W5704.1			天神生彝族		【例1】④
W5704.2			人与天女婚生彝族		【彝族】
W5704.3			兄妹婚生的一家人变成了彝家人的祖先		【彝族】
W5704.4			伏羲兄妹婚生彝族		【民族，联1】⑤
W5704.5			1对男女婚生彝族		【例1】⑥
W5704.6			竹生的男女婚配繁衍彝族		【彝族】
W5704.7			女神感神鹰血孕生彝族始祖		【彝族】
W5704.8			葫芦生彝族		【例3】⑦
W5704.9			走到彝族地区的人成了彝族		【傈僳族】
W5704.10			与彝族产生有关的其他母题		【例4】⑧
W5705		彝族的特征			
W5705.1			彝族居住高山峡谷		【彝族】

① 【引例】大瑶山就有茶山瑶、坳瑶、山子瑶、花篮瑶、盘瑶5种瑶【瑶族】
② 【关联】〔W6627.1〕民族节日。【引例】达努节是纪念母亲的生日【瑶族】
③ 彝族，彝族支系繁多，称谓非常复杂。一般认为，彝族与古代文献中的"羌"有渊源关系。不同地区或支系有不同的自称，如"诺苏"、"纳苏"、"聂苏"、"密撒"、"腊苏"、"濮拉泼"、"尼濮"、"糯苏"、"纳"、"诺"、"聂"等。主要他称有"夷"、"罗罗"、"黑彝"、"白彝"、"红彝"、"甘彝"、"花腰"等。
④ 【引例】天神塔婆生彝族【哈尼族】
⑤ 【民族】苗族。【关联】〔W0675〕伏羲
⑥ 【引例】葫芦生1男1女婚生彝族和其他民族【彝族】
⑦ 【引例】❶兄妹婚生的葫芦生彝族；❷人与仙女生的葫芦生汉族、傣族、哈尼族、彝族的祖先【彝族】；❸葫芦生的横眼人成为各民族的祖先【彝族】
⑧ 【引例】❶竹生白彝、红彝、青彝等族群之始祖【彝族】；❷竹生的5人成为彝族的祖摩、那苏、兔苏、纳苏、沟哉苏5个支系【彝族】；❸兄妹婚生的肉口袋化生为不同的民族【彝族】；❹洪水后兄妹婚生的肉坨砍碎后生出各个灵族和姓氏【彝族】

W 编码	母题描述			参照项	
	一级母题	二级母题	三级母题	汤普森	关联项
W5705.2			彝族住在山腰		【苗族】
W5705.3			彝族始祖坐竹席		【彝族】
W5705.4			彝族说话为什么快慢不一		【例3】①
W5706		与彝族有关的其他母题			
W5706.1			彝族与汉族、藏族同祖		【彝族】
W5706.2			干彝、黑彝与汉族同祖		【彝族】
W5706.3			彝族六大支系		【彝族】
W5706.4			彝族支系的来历		
W5706.5			善编竹器人的儿孙繁衍青彝		【彝族】
◎	〖裕固族②〗				
W5707		裕固族的产生			
W5707.1			姑娘与白犬繁衍裕固族		【裕固族】
W5708		裕固族的特征			
W5709		与裕固族有关的其他母题			
W5709.1			裕固人从新疆走到甘肃祁连山下		【裕固族】
◎	〖藏族③〗				
W5710		藏族的产生			
W5710.1			地的儿子阿巴达洛繁衍藏族		【珞巴族】
W5710.2			天父地母繁衍藏族		【珞巴族】
W5710.3			藏族是天父地母的孩子阿巴达洛的后代		【珞巴族】
W5710.4			混沌人与一个女人婚生藏族		【藏族】
W5710.5			1对兄妹到草原放牧安家变成藏族的祖先		【民族，联1】④

① 【引例】彝族因为爱学斑鸠说话所以说话紧慢不一【佤族】
② 裕固族，裕固族在文献记载中有"黄番"、"黄头回鹘"、"撒里畏吾"、"撒里畏兀儿"等说法。裕固族自称"尧乎尔"、"西喇玉固尔"等。
③ 藏族，藏族是汉语对该民族的称谓。藏族自称为"博"、"博巴"。不同地区的藏族往往有不同的名称，如"兑巴"、"藏巴"、"卫巴"、"康巴"、"安多娃"等。
④ 【民族】彝族。【关联】［W2436］兄妹婚生人

W 编码	母题描述			参照项	
	一级母题	二级母题	三级母题	汤普森	关联项
W5710.6			特殊来历的猴繁衍吐蕃人祖先		【藏族】
W5710.7			猕猴是藏族祖先		【藏族】
W5710.8			与藏族产生有关的其他母题		【例3】①
W5711		藏族的特征			
W5711.1			藏族能在西藏盖房子就居住在西藏		【珞巴族】
W5711.2			藏族居高原		【彝族】
W5711.3			藏族始祖盘起双脚坐		【彝族】
W5711.4			藏族背弓打野兽		【彝族】
W5711.5			藏文一字多音		【藏族】
W5712		与藏族有关的其他母题			【联1，例2】②
W5712.1			藏族有藏族、喇嘛两种称谓		【彝族】
W5712.2			藏族四大氏族		【藏族】
◎	〖壮族③〗				
W5713		壮族的产生			
W5713.1			造人形成壮族		【例1】④
W5713.2			姆六甲生的子女繁衍壮族		【壮族】
W5713.3			娘侄婚生壮族		【例1】⑤
W5713.4			黄蜂繁衍壮族		【瑶族】
W5714		壮族的特征			【例5】⑥
W5715		与壮族有关的其他母题			

---

① 【引例】❶天父地母婚生的阿巴达洛自小喜欢念经，繁衍藏族【珞巴族】；❷神猴和山崖女妖婚生的4个儿子形成藏人4大氏族【藏族】；❸四兄弟中大哥变成汉族，二哥变成珞巴族，三哥变老虎，小弟为僜人的祖先【藏族】

② 【关联】［W5711.5］藏文一字多音。【引例】❶天父地母婚生的阿巴达洛有两个儿子，繁衍藏族的博巴和康巴【珞巴族】；❷佤族称藏族为"补蒙"【佤族】

③ 壮族，一般认为，壮族与古代文献中的"西瓯"、"骆越"、"乌浒"、"俚"、"僚"等有渊源关系。汉文文献中的"壮族"常译写为"僮"、"撞"、"獞"等。神话或民间叙事中出现的壮族自称有"壮"、"布壮"、"布越"、"布雅伊"、"布衣"、"布沙"、"布土"、"布侬"、"布央"、"布曼"、"布饶"、"布傣"等。

④ 【引例】巧匠造木人成活变成不同的民族【壮族】

⑤ 【引例】娘侄结婚生的肉墩剁碎后繁衍出汉族、壮族支系的布侬人等【壮族】

⑥ 【引例】❶壮族住坝子【苗族】；❷壮族住水边【苗族】；❸壮族会开口成歌【瑶族】；❹壮族种田【瑶族、壮族】；❺壮族的侬人居住水头【壮族】

W 编码	母题描述			参照项	
	一级母题	二级母题	三级母题	汤普森	关联项
W5715.1			始祖姆六甲		【联1】①
W5715.2			始祖布洛陀		【联2】②
W5715.3			壮族三王（雷王、龙王、布洛陀）		【壮族】
W5715.4			布洛陀与姆六甲的关系		【联2，例1】③
W5715.5			壮族 12 支系		【例1】④
❋ **W5716**	**其他一些古代民族**				
W5717		特定古代民族的产生			【例1】⑤
W5717.1			夜郎的产生		
W5717.2			高车的产生		
W5718		特定古代民族的特征			【例1】⑥
W5719		与古代民族有关的其他母题			
W5719.1			古代民族的消失		【联1】⑦
❋ **W5720**	**其他难于确定族别的族体**				
W5721		某些未定族别的族体的产生			
W5721.1			克木人的产生		
W5722		某些难于确定族别的族体的特征			
W5723		与未确定族别的族体有关的其他母题			

---

① 【关联】［W0705］姆六甲
② 【关联】❶［W0670］布洛陀；❷［W0670.4.3］布洛陀是神
③ 【关联】❶［W0670.3.1］布洛陀与姆六甲是母子；❷［W0670.3.2］布洛陀与姆六甲是夫妻。【引例】布洛陀与姆六甲是不同时代的人【壮族】
④ 【引例】壮族子孙分为黑衣白衣蓝衣花衣等 12 支系【壮族】
⑤ 【引例】羯盘陀母为汉人、父为天神【塔吉克族】
⑥ 【引例】东夷族崇鸟
⑦ 【关联】［W5358.3］部落的消失

5.4.5 与民族有关的其他母题【W5730 ~ W5829】

W 编码	母题描述			参照项	
	一级母题	二级母题	三级母题	汤普森	关联项
✿ **W5730**	民族名称				【联1】①
✳ **W5731**	少数民族名称的来历				【瑶族】
W5732		以居住地点命名民族名称			【民族，联1，例1】②
W5733		根据事件确定民族名称			【拉祜族】
W5733.1			以迁徙的方向定民族名称		【民族，联2】③
W5734		以人名命名民族名称			
W5734.1			以兄妹中的男性命名民族		【怒族】
W5734.2			以人名命名民族		【佤族】
W5735		特定的人物命名民族名称			【佤族】
W5735.1			最早出现的父母为子孙命名族名		
W5736		与民族名称有关的其他母题			
W5736.1			民族名称的变化		【民族，例1】④
W5736.2			民族名称的消失		
✳ **W5737**	民族产生的数量⑤				
W5738		产生1个民族			【例1】⑥
W5739		产生2个民族			【例1】⑦
W5740		产生3个民族			【民族，例2】⑧
W5741		产生4个民族			

① 【关联】［W6850 ~ W6869］名字的产生
② 【民族】柯尔克孜族。【关联】［W5466］根据地点划分民族。【引例】兄妹婚后到怒江定居成了怒族【独龙族】
③ 【民族】赫哲族。【关联】❶［W5611.2］说"往东走"的人成为"赫哲族"；❷［W5698.1］西去的那些人叫锡伯族
④ 【民族】汉族。【引例】"柯尔依孜"音变为"柯尔克孜"【柯尔克孜族】
⑤ 民族产生的数量，该类母题包括多民族同源与不同源两种情况。
⑥ 【引例】造出1个民族【傣族】
⑦ 【引例】婚生汉族、蒙古族【蒙古族】
⑧ 【民族】柯尔克孜族、纳西族。【引例】❶汉族、傣族和佤族是一母所生的三兄弟【佤族】；❷木匠造苗族、瑶族、壮族【壮族】

W 编码	母题描述			参照项	
	一级母题	二级母题	三级母题	汤普森	关联项
W5742		产生 5 个民族			【例2】①
W5743		产生 6 个民族			
W5744		生更多民族			【例2】②
W5744.1			生百种民族		【傣族】
✳ **W5745**	多民族同源③				【彝族】
W5746		2 个民族同源			
W5746.1			汉族与一个少数民族同源		【例10】④
W5746.2			2 个少数民族同源		【例5】⑤
W5747		3 个民族同源			
W5747.1			汉族与 2 个少数民族同源		【例16】⑥
W5747.2			3 个少数民族同源		【例9】⑦
W5748		4 个民族同源			
W5748.1			汉族与 3 个少数民族同源		【例8】⑧

---

① 【引例】❶玉皇最早派到地上的人成为布依族、壮族、苗族、瑶族和汉族【布依族】；❷天女下凡婚生赫哲人、索伦人、鄂伦春人、满洲人、蒙古人【满族】

② 【引例】❶生 9 个民族【阿昌族】；❷婚生 101 个民族【傣族】

③ 多民族同源，关于具体数字的"多民族同源"只是神话表述中出现的一种现象，这种情况并不一定与史实相符，有时也与讲述者本身有关。在此只提供一些相关的神话母题，以资进一步研究之用。

④ 【引例】❶鄂温克族与汉族同源【鄂温克族】；❷高山族的赛夏人、泰雅人与汉族同源【高山族】；❸黎族与汉族同源【黎族】；❹蒙古族与汉族同源【蒙古族】；❺苗族与汉族同源【苗族】；❻瑶族与汉族同源【瑶族】；❼撒尼族与汉族同源【彝族】；❽彝族与汉族同源【彝族】；❾干夷、黑夷（彝族支系）与汉族同源【彝族】；❿沙族（壮族支系）与汉族同源【壮族】

⑤ 【引例】❶布朗族、拉祜族是双生子【布朗族】；❷布朗族、傣族同源【布朗族】；❸鄂温克族、鄂伦春族同源【鄂温克族】；❹珞巴族、藏族同源【珞巴族】；❺普米族与摩梭人同源【普米族】

⑥ 【引例】❶汉族、土家族、苗族同源【汉族】；❷汉族、苗族、彝族同源【汉族、苗族】；❸汉族、景颇族、傣族同源【景颇族】；❹汉族、景颇族、傣族是三兄弟【景颇族】；❺汉族、黎族、苗族同源【黎族、苗族】；❻汉族、傈僳族、彝族同源【傈僳族】；❼汉族、彝族、傈僳族同源【傈僳族】；❽汉族、俄罗斯族、蒙古族同源【蒙古族】；❾汉族、纳西族、藏族同源【纳西族】；❿汉族、苗族、土家族同源【土家族】；⓫客家、土家、苗家同源【土家族】；⓬汉族、傣族、佤族同源【佤族】；⓭汉族、佤族、拉祜族同源【佤族】；⓮汉族、瑶族、壮族同源【瑶族】；⓯汉族、彝族、藏族同源【彝族、藏族】；⓰汉族、彝族、西番同源【彝族】

⑦ 【引例】❶鄂伦春人、鄂温克人、达斡尔人同源【达斡尔族】；❷秦（秦，据推测可能指汉族，汉人）、突厥、蒙古人同源【柯尔克孜族】；❸白族、纳西族、藏族同源【纳西族】；❹白伲、纳西族、吐蕃同源【纳西族】；❺藏族、么些、民家同源【纳西族】；❻毛难族、瑶族、壮族同源【毛南族】；❼纳西族、普米族、藏族同源【普米族】；❽傣族、拉祜族、佤族同源【佤族】；❾苗族、瑶族、壮族同源【壮族】

⑧ 【引例】❶汉族、阿昌族、傣族、景颇族同源【阿昌族】；❷汉族、侗族、苗族、瑶族同源【侗族】；❸汉族、傣族、哈尼族、彝族同源【哈尼族】；❹汉族、苗族、瑶族、壮族同源【苗族】；❺汉族、傣族、拉祜族、佤族同源【佤族】；❻汉族、苗族、瑶族、壮族同源【瑶族】；❼汉族、布依族、水族、瑶族同源【瑶族】；❽汉族、傣族、哈尼族、彝族同源【彝族】

W 编码	母题描述			参照项	
	一级母题	二级母题	三级母题	汤普森	关联项
W5748.2			4 个少数民族		【例 3】①
W5749		5 个民族同源			
W5749.1			汉族与 4 个少数民族同源		【例 8】②
W5749.2			5 个少数民族同源		【例 1】③
W5750		6 个民族同源			【例 2】④
W5751		7 个民族同源			
W5751.1			确指的 7 个民族同源		【例 3】⑤
W5751.2			不确指的 7 个民族同源		【例 1】⑥
W5752		8 个民族同源			
W5752.1			确指的 8 个民族同源		【例 2】⑦
W5752.2			不确指的 8 个民族同源		
W5753		9 个民族同源			
W5753.1			确指的 9 个民族同源		【例 1】⑧
W5753.2			不确指的 9 个民族同源		【民族，例 5】⑨
W5753.3			生的怪胎砍成 9 块变成 9 个民族		【民族，联 1】⑩

① 【引例】❶布朗族、彝族、哈尼族、傣族同源【布朗族】；❷侗族、客族、水族、苗族同源【侗族】；❸德昂族、景颇族、傈僳族、佤族同源【景颇族】

② 【引例】❶汉族、布朗族、傣族、拉祜族、佤族同源【布朗族】；❷玉皇最早派到地上的人成为汉族、布依族、壮族、苗族和瑶族【布依族】；❸汉族、苗族、彝族、藏族、仲家同源【布依族】；❹汉族、傈僳族、彝族、独龙族、怒族同源【傈僳族】；❺汉族、珞巴族、门巴族、藏族、僜人同源【珞巴族】；❻汉族、藏族、门巴族、珞巴族和僜人是同父同母的五兄弟【珞巴族】；❼汉族、傣族、拉祜族、佤族、小佤族同源【佤族】；❽汉族、傣族、拉祜族、佤族、禅族同源【佤族】

③ 【引例】鄂伦春族、赫哲族、满族、蒙古族、索伦人同源【满族】

④ 【引例】❶汉族、拉祜族、傻尼人、老缅人、傣族、佤族同源【拉祜族】；❷汉族、藏族、白族、克钦人、怒族、傈僳族同源【傈僳族】

⑤ 【引例】❶汉族、傣族、景颇族、彝族、藏族、缅人、纳西族同源【傈僳族】；❷汉族、怒族、独龙族、藏族、白族、傈僳族、纳西族【怒族】；❸汉族、白族、傣族、爱伲、拉祜族、佤族、彝族同源【佤族】

⑥ 【引例】鄂温克族、蒙古族等 7 个民族同源【鄂温克族】

⑦ 【引例】❶汉族、独龙族、傈僳族、藏族、白族、纳西族、门巴族、僜人同源【独龙族】；❷汉族、白族、傣族、回族、傈僳族、苗族、彝家、藏族同源【彝族】

⑧ 【引例】汉族、白伲、回回、傈僳族、苗族、土蕃、掸、保罗、骆越 9 个民族同源【彝族】

⑨ 【民族】仡佬族、彝族。【引例】❶九种蛮夷是一家【阿昌族】；❷傣族、汉族、景颇族、傈僳族、阿昌族、德昂族等 9 个民族同源【阿昌族】；❸9 对兄妹分居 9 地成 9 个民族【独龙族】；❹汉族、彝族、傣族、藏族、景颇族、缅族、纳西族等 9 个民族同源【傈僳族】；❺汉族、独龙族、傈僳族、纳西族、怒族、藏族等 9 个民族同源【怒族】

⑩ 【民族】景颇族。【关联】［W2600］人生怪胎

W 编码	母题描述			参照项	
	一级母题	二级母题	三级母题	汤普森	关联项
W5754		10 个民族同源			【例1】①
W5755		更多民族同源			
W5755.1			72 个民族同源		【哈尼族】
W5756		数目不确指的多民族同源			【民族，例9】②
✽ **W5757**	多种混杂的民族同源				
W5758		人与民族混杂型同源			【例4】③
W5759		民族与民族支系混杂型同源			【例4】④
W5759.1			民族与民族的部落同源		【例1】⑤
W5760		民族与职业混杂的同源			【例1】⑥
W5761		民族与动物混杂的同源			
W5761.1			民族祖先与动物同源		【例2】⑦
W5762		民族与姓氏混杂的同源			【例2】⑧

① 【引例】汉族、白族、独龙族、傈僳族、苗族、纳西族、怒族、傣族、彝族、藏族等民族同源【怒族】

② 【民族】哈尼族、景颇族。【引例】❶汉族、白族、傣族、傈僳族、景颇族、德昂族、回族等同源【德昂族】；❷侗族、水族、客家、苗族等同源【侗族】；❸苗族、彝族、仡佬族、布依族、侬族、蔡家（侬家、蔡家）等同源【仡佬族】；❹汉族、哈尼族、彝族、傣族、瑶族、卡贵（佤族）、拉伯（白族）等同源【哈尼族】；❺秦、吐尔克（突厥）、蒙古勒（蒙古）等族体同源【柯尔克孜族】；❻白族、怒族、独龙族、傈僳族、纳西族、彝等同源【傈僳族】；❼苗族、土家族等同源【苗族】；❽苗族、撒尼族、黑彝等同源【彝族】；❾汉族、白人、傣族、佤族和其他民族同源【佤族】

③ 【引例】❶皇帝、汉族、戴包头的民族、景颇族、独龙族、怒族、鬼族同源【怒族】；❷汉族、白族、独龙族、傈僳族、怒族、纳西族、藏族、白人、黑人、鬼神同源【怒族】；❸汉族、苗族、瑶族、彝族、壮族等民族同源【苗族】；❹汉人、圣人、壮人、瑶人同源【瑶族】

④ 【引例】❶汉族、壮族支系的布依人、苗族、彝族支系中的孟武人、瑶族、壮族支系中的土族同源【壮族】；❷布汉（汉族）、布依（壮族支系）、布苗（苗族）、布孟（彝族支系）、布瑶（瑶族）和布泰（壮族支系中的土族）同源（此叙事中，"布汉"为"汉族"，"布依"为"壮族支系"，"布苗"为"苗族"、"布孟"为"彝族支系"、"布瑶"为"瑶族"、"布泰"为壮族支系中的"土族"。）【壮族】；❸僮、偝、僚、佚、伶、侗等族同源【瑶族】；❹苦聪、倮倮（彝族支系）、傣族、布扎（哈尼族支系）、路别（彝族支系）、卡别、碧约、哈尼、阿且、阿失黑玛（彝族支系）、民家（白族）、阿哈（汉族）12 个族体同源（此叙事中的"苦聪"为拉祜族支系，"倮倮"为"彝族支系"，"布扎"为哈尼族支系，"路别"为"彝族支系"，"卡别"、"碧约"不详，"阿且"不详，"阿失黑玛"为"彝族支系"，"民家"为"白族"，"阿哈"为"汉族"）【哈尼族】

⑤ 【引例】迦龙人（珞巴族部落）的祖先米尼和藏族的祖先是兄弟【珞巴族】

⑥ 【引例】汉族、善种甘蔗的汉人、傣族、侗族、猎人、渔人、苗族、壮族布农人、瑶族布努人、瑶族同源【壮族】

⑦ 【引例】❶汉族、傣族、西方白人、佤族、其他民族始祖和动物同源【佤族】；❷汉族、珞巴族、老虎、僜人同源【藏族】

⑧ 【引例】❶兄妹婚生汉族、苗族、瑶族、彝族、壮族等民族和各种姓氏【苗族】；❷兄妹婚生各种姓氏和民族【瑶族】

W 编码	母题描述			参照项	
	一级母题	二级母题	三级母题	汤普森	关联项
W5763		民族与其他称谓同源			
W5763.1			民族与民族支系、动物混杂的同源		【例1】①
W5763.2			民族与一定类型的人同源		【例1】②
W5764	与民族同源有关的其他母题				
W5764.1		有亲缘关系的民族			【联1】③
W5764.1.1			两个民族间具有亲属关系		【例2】④
W5764.1.2			多个民族有亲缘关系		
W5764.2		同源民族的特殊交往			
✿ **W5765**	不同民族的分布和区别的原因			A1600	【联1】⑤
✳ **W5766**	民族的分布			A1620	【联1】⑥
W5767		民族生活地区的来历			
W5767.1			祖先划定民族生活区域		
W5767.2			因哥哥谦让，弟弟繁衍的民族生活在富饶的地方		【布朗族】
W5768		居住在特定地点的民族			
W5768.1			居住在黄河边上的部族		【汉族】
✳ **W5770**	民族的迁徙			A1630	【联2】⑦
W5771		根据特定人物的旨意迁徙			
W5771.1			民族受神的指示迁徙		【民族，例1】⑧

① 【引例】男女婚生的3个儿子，大儿子繁衍义都人，二儿子繁衍藏族及其他民族，三儿子繁衍猴子【珞巴族】
② 【引例】民族与单身汉同源【汉族】
③ 【关联】［W5745］多民族同源
④ 【引例】❶傣族与阿昌族有亲缘关系【阿昌族】；❷布朗族是傣族的舅舅【傣族】
⑤ 【关联】［W5490］民族特征
⑥ 【关联】［W5515］民族杂居
⑦ 【关联】❶［W5226］家族的迁徙；❷［W5298.4］氏族的迁徙
⑧ 【民族】白族、侗族、哈尼族、珞巴族。【引例】天神梦示民族迁徙【蒙古族】

W 编码	母题描述			参照项	
	一级母题	二级母题	三级母题	汤普森	关联项
W5771.2			民族根据祖先的意志迁徙		【侗族、珞巴族】
W5772		民族为了生存迁徙			【珞巴族】
W5772.1			因追赶猎物而迁徙		【怒族】
W5772.2			为躲避野兽迁徙		【例1】①
W5772.3			因寻找幸福之地迁徙		【民族；例1】②
W5773		民族因战争迁徙			【民族，联1，例1】③
W5773.1			民族因异族入侵迁徙		【裕固族】
W5773.2			民族（部族）遭袭后迁徙		【柯尔克孜族】
W5774		民族战败后迁徙			【哈尼族】
W5774.1			民族因外来族群入侵而迁徙		【怒族】
W5775		民族迁徙的指引者			
W5775.1			动物指引民族迁徙		【例2】④
W5775.2			依据种子长出的第一片叶子的指向迁移		【珞巴族】
W5776		与迁徙有关的其他母题			
W5776.1			民族抗税被赶而迁徙		【仫佬族】
W5776.2			民族因不能建房而迁徙		【珞巴族】
W5776.3			民族因发生洪水而迁徙		【民族，例2】⑤
W5776.4			民族因人口增长而迁徙		【例1】⑥
W5776.5			迁徙中的保佑者		【例1】⑦
W5776.6			民族祖先多次迁徙		【侗族、哈尼族】
✳ **W5777**	**民族的分化**				

---

① 【引例】为把自己和野兽区别开，各族人决定迁出山洞 【佤族】
② 【民族】门巴族。【引例】部族因不堪忍受统治者迫害迁徙 【撒拉族】
③ 【民族】哈尼族。【关联】［W8787.4］战败者离开故土。【引例】战争后仡佬族由坝子迁到山上 【仡佬族】
④ 【引例】❶先民迁徙时由天降白马引道 【傣族】；❷民族在猎物引领下迁徙 【独龙族】
⑤ 【民族】怒族。【引例】❶洪水后，珞巴人开始往南迁徙 【珞巴族】；❷洪水时不同民族漂散到不同的地点 【佤族】
⑥ 【引例】珞巴人的人口增长迁徙到其他地方定居 【珞巴族】
⑦ 【引例】马蛇子保佑柯尔克孜人迁徙 【柯尔克孜族】

W 编码	母题描述			参照项	
	一级母题	二级母题	三级母题	汤普森	关联项
W5778		因迁徙导致民族分化			
W5778.1			为寻找猎场造成民族分化		【鄂温克族】
W5779		因争夺利益导致民族分化			【壮族】
W5780		民族分化的其他原因			
✲ **W5781**	民族的融合				
W5782		民族迁徙中形成民族融合			【门巴族】
W5783		民族融合的其他原因			
✲ **W5784**	民族的排序				
W5785		神规定民族的排序			
W5785.1			天神规定民族的排序		【民族，例1】①
W5786		根据出生先后产生民族的排序			
W5786.1			汉族最先产生的民族排序		【联1，例3】②
W5786.2			少数民族最先产生的民族排序		【联3】③
W5787		众民族排序中的老大			
W5787.1			众民族中哈尼族是老大		【联1，例1】④
W5787.2			众民族中汉族是老大		【民族，例1】⑤
W5787.3			众民族中拉祜族是老大		【联1，例1】⑥

---

① 【民族】布朗族。【引例】天神规定佤族是老大，布朗族和拉祜族是老二，汉族是老三，傣族是老四【布朗族】
② 【关联】［W5787.2］众民族中汉族是老大。【引例】❶老大汉族，老二怒族，老三独龙族，老四阿铺族，老五高拉族【独龙族】；❷老大汉族，老二藏族，老三彝族【彝族】；❸老大汉族，老二藏族，老三纳西族【藏族】
③ 【关联】❶［W5787.1］众民族中哈尼族是老大；❷［W5787.3］众民族中拉祜族是老大；❸［W5787.4］众民族中苗族是老大
④ 【关联】［W5602～W5604］哈尼族。【引例】老大哈尼族，老二彝族，老三汉族，老四傣族，老五瑶族，老六佤族，老七白族【哈尼族】
⑤ 【民族】独龙族、彝族、藏族。【引例】大哥汉人，二哥藏人，老三珞巴人，老四门巴人，老五僜人【珞巴族】
⑥ 【关联】［W5629～W5631］拉祜族。【引例】九兄弟中老大是拉祜族，老小傣族【拉祜族】

W 编码	母题描述			参照项	
	一级母题	二级母题	三级母题	汤普森	关联项
W5787.4			众民族中苗族是老大		【联1,例2】①
W5787.5			众民族中怒族是老大		【联1,例1】②
W5787.6			众民族中佤族是老大		【联1,例4】③
W5787.7			众民族中藏族是老大		【联1,例1】④
W5787.8			众民族中壮族是老大		【联1,例1】⑤
W5788		与民族排序有关的其他母题			【例1】⑥
✻ **W5789**	**民族支系的数量**				
W5790		民族有2个支系			
W5791		民族有3个支系			【例1】⑦
W5792		民族有4个支系			【例1】⑧
W5793		与民族支系数量有关的其他母题			【联1,例2】⑨
✻ **W5794**	**民族支系的同源**				
W5795		2个民族支系同源			【珞巴族】
W5796		3个民族支系同源			【彝族】
W5797		4个民族支系同源			
W5798		5个民族支系同源			【彝族】
W5799		其他数量的民族支系同源			
W5799.1			12个民族支系同源		【例1】⑩

---

① 【关联】［W5653～W5655］苗族。【引例】❶老大苗族,老二彝族,老三汉族【苗族】;❷老大苗族,老二汉族,老三彝族【苗族】

② 【关联】［W5662～W5664］怒族。【引例】老大怒族,老二独龙族,老三汉族,老四藏族,老五白族,老六傈僳族,老七纳西族【怒族】

③ 【关联】［W5689～W5691］佤族。【引例】❶根据从天而降的先后,佤族是老大,布朗族和拉祜族是老二,汉族是老三,傣族是老四【布朗族】;❷老大佤族,老二傣族,老三汉族【佤族】;❸老大佤族,老二拉祜族,老三傣族,老四汉族【佤族】;❹老大佤族,老二拉祜族,老三傣族,老四汉族,老五小佤族【佤族】

④ 【关联】［W5710～W5712］藏族。【引例】老大藏族,老二纳西族,老三白族【纳西族】

⑤ 【关联】［W5713～W5715］壮族。【引例】老大壮族,老二猎人,老三汉族,老四傣族,老五渔人,老六苗族,老七善种甘蔗的汉人,老八壮族布农人,老九侗族,老十瑶族布努人,老幺瑶族【壮族】

⑥ 【引例】老大为景颇族和阿昌族,老二汉族,老三傣族【阿昌族】

⑦ 【引例】汉族分3支分住在3处【彝族】

⑧ 【引例】黎族有4个支系【黎族】

⑨ 【关联】［W5799.1］12个民族支系同源。【引例】❶彝族有12个支系【彝族】;❷壮族有12个支系【壮族】

⑩ 【引例】雪族十二支子孙【彝族】

W 编码	母题描述			参照项	
	一级母题	二级母题	三级母题	汤普森	关联项
✳ **W5800**	民族的管理				【联1】①
W5801		神管理民族			
W5802		特定的人管理民族			【例2】②
W5803		与民族管理有关的其他母题			
✳ **W5804**	民族的贫富				
W5805		以前各民族没有贫富			
W5805.1			以前神给各民族均分财富		【佤族】
W5806		为什么不同民族有贫富			【例1】③
W5807		与民族的贫富有关的其他母题			
✳ **W5810**	民族的等级				
W5811		神确定民族的等级			
W5812		根据民族的来历确定民族等级			
W5813		通过争战确定民族的等级			
W5813.1			战败的民族变成奴仆		【傣族】
W5814		为什么有被欺压的民族		A1650.1	
W5815		民族要向他族供奉财物的来历			【例1】④
W5816		与民族的等级有关的其他母题			
✳ **W5820**	民族的土地				
W5821		民族土地的获得			【例1】⑤
W5822		民族的土地关系			
W5822.1			一个民族租种另一个民族的土地		【例1】⑥

① 【关联】［W5078］社会的管理
② 【引例】❶汉族大哥当官管辖九条江管各民族【独龙族】；❷女始祖因繁衍了多个氏族而成为特定民族的最高管理者【怒族】
③ 【引例】以前神给各民族均匀分财富，佤族漏光了变得很穷【佤族】
④ 【引例】8 个弟弟形成的民族依照原来的吩咐向大哥汉族上贡【怒族】
⑤ 【引例】因烧掉地界的木桩，苗族、彝族失去了土地【苗族】
⑥ 【引例】苗族、彝族失去土地后向汉族租土地【苗族】

W 编码	母题描述			参照项	
	一级母题	二级母题	三级母题	汤普森	关联项
W5823		民族的土地的丢失			
W5824		与民族的土地有关的其他母题			【联1】①
W5824.1			族谱决定土地拥有权		【怒族】
◎	〖其他相关母题〗				
W5825	民族的禁忌				【联1】②
W5826	民族人口多少的来历				【民族，例2】③
W5827	族属的变化				
W5827.1		特定的人族属的转变			【例1】④
W5828	与民族有关的其他母题				
W5827.1		民族的融合			【联2】⑤
W5827.2		民族的消失			【联2】⑥

---

① 【关联】［W5510］民族居住地
② 【关联】［W6510～W6549］禁忌
③ 【民族】蒙古族。【引例】❶汉人多黎人少的原因【黎族】；❷婚生的孩子分成17份，9份成汉族，8份成撒尼族【彝族】
④ 【引例】佤族女人死后复活先嫁到傣族又嫁到汉族【佤族】
⑤ 【关联】❶［W5398.1］族的合并；❷［W5442.1］不同部落合并为民族
⑥ 【关联】❶［W5719.1］古代民族的消失；❷［W5736.2］民族名称的消失

5.5 国家

【W5830 ~ W5959】

5.5.1 国家的产生【W5830 ~ W5859】

W 编码	母题描述			参照项	
	一级母题	二级母题	三级母题	汤普森	关联项
✿ W5830	国家				
✿ W5831	国家的产生（建国）			A1583	
W5832	国家自然产生				【例1】①
✳ W5833	神或神性人物建立国家				
W5834		天神建立国家			【满族】
W5835		特定的神建立国家			
W5836		文化英雄建立国家			
W5837		宗教人物建立国家			【例1】②
W5838		其他神或神性人物建立国家			
✳ W5839	特定的人建立国家				
W5840		特殊婚姻生育的人建立国家			【例4】③
W5841		感生的人建立国家			【塔吉克族】
W5842		卵生的人建立国家			【朝鲜族】
W5843		其他特殊来历的人建立国家			
W5844	其他特定的人物建立国家				【联1】④
✳ W5845	国家是划分产生的				【联1】⑤

---

① 【引例】人产生后出现国家【藏族】
② 【引例】武当喇嘛造出国王后出现国家【蒙古族】
③ 【引例】❶神婚生的儿子建立国家【朝鲜族】；❷人与狼婚生的儿子建立国家【古突厥】；❸动物婚配生的人建朝代【蒙古族】；❹人神婚配的男孩建立国家【塔吉克族】
④ 【关联】［W5685.2］巴姓廪君建立巴国
⑤ 【关联】［W5831］国家的产生

W 编码	母题描述			参照项	
	一级母题	二级母题	三级母题	汤普森	关联项
W5846		神或神性人物划分出国家			
W5846.1			神划分国家		
W5846.2			神性人物划分出国家		【例1】①
W5847		其他人物划分国家			
W5848		按人种划分国家			
W5849		按居住地划分国家			【例1】②
W5850		与划分产生国家有关的其他母题			
✳ **W5851**	国家建立的时间				
W5852		洪荒时出现国家			
W5853		穴居时出现国家			【朝鲜族】
W5854		产生首领后出现国家			【联1】③
W5855		建立城池后出现国家			【联1】④
W5856		某国的建立有具体时间			【例1】⑤
W5857		与国家建立时间有关的其他母题			
W5857.1			整治山河后建立国家		【汉族】
W5858	与国家产生有关的其他母题				
W5858.1		根据信仰（宗教）分出国家			

5.5.2　国王与臣民【W5860～W5899】

W 编码	母题描述			参照项	
	一级母题	二级母题	三级母题	汤普森	关联项
✿ **W5860**	国王⑥			P10	【民族，联1】⑦

① 【引例】大禹定州【汉族】
② 【引例】天上 12 姓地上 12 国【壮族】
③ 【关联】［W5031］首领的产生
④ 【关联】［W5241］城池（城市）的产生
⑤ 【引例】高辛国距今 9 万 9 千 9 百年【畲族】
⑥ 国王，在神话叙事中对"国王"的界定较为灵活。有时"国王"也可以指某个群体的"首领"，还可以指神话传承中所表述的"皇帝"、"国君"、"皇帝"、"帝王"、"人皇"等。如研究认为，有关燧人氏、伏羲和神农的"三皇"传说，分别反映了旧石器时代晚期和新石器时代早期的某些社会特征。另见"［W0123.4.2］三皇"。鉴于神话叙事内容的复杂性，在此一律标示为"国王"。
⑦ 【民族】彝族。【关联】［W0434.2］人王

W 编码	母题描述			参照项	
	一级母题	二级母题	三级母题	汤普森	关联项
✿ W5861	国王的产生			A1583	【联1】①
❋ W5862	国王是造出来的				
W5863		神造出国王			
W5864		神性人物造国王			【例3】②
W5865		与造国王有关的其他母题			
❋ W5866	国王是特定人物生育产生的				
W5867		神或神性人物生国王			
W5868		特定的动物生国王			
W5868.1			龙生国王		【民族,例1】③
W5868.2			鸟生国王		
W5869		特定的植物生国王			
W5869.1			树生的人成为国王		【维吾尔族】
W5870		与特殊生育产生国王有关的其他母题			
W5870.1			特殊器物中生出国王		【例1】④
W5870.2			特殊出生并存活的人做国王		【例1】⑤
❋ W5871	国王是感生的				【民族,联2】⑥
W5872		感龙生国王			【白族、汉族】
W5873		与感生国王有关的其他母题			
W5873.1			感光生国王		【蒙古族、维吾尔族】
W5873.2			感太阳生国王		【例1】⑦
W5874	国王是卵生的				【朝鲜族、傣族、藏族】
❋ W5875	国王是特定的婚配生育的				【联1】⑧

① 【关联】［W5031］首领的产生
② 【引例】❶武当喇嘛造国王【蒙古族】;❷盘古造出皇帝【畲族】;❸布洛陀造皇帝【壮族】
③ 【民族】汉族。【引例】帝王为龙的传人【白族】
④ 【引例】柜生的人做国王【朝鲜族】
⑤ 【引例】树生5子存活的第五子做国王【维吾尔族】
⑥ 【民族】朝鲜族、汉族。【关联】❶［W0747.1］女子感生尧;❷［W2230］感生人
⑦ 【引例】女子感太阳生的儿子做国王【塔吉克族】
⑧ 【关联】［W7400］特殊的婚姻

W 编码	母题描述			参照项	
	一级母题	二级母题	三级母题	汤普森	关联项
W5876		神婚生国王			
W5877		人与神婚生国王			【塔吉克族、彝族】
W5877.1			人与天女婚生国王		【蒙古族、汉族】
W5878		其他特殊的婚生国王			
W5878.1			人与动物婚生国王		【例1】①
❈ **W5879**	国王是变化产生的				
W5880		特定的动物变成国王			
W5880.1			龙变成国王		【民族，例2】②
W5880.2			蛤蟆变形做国王		【壮族】
W5881		其他人物变成国王			
❈ **W5882**	国王是选出来的			P11	【联1】③
W5883		力大功高者选为国王		P11.4	【汉族】
W5884		国王通过比赛选出		P11.2.2	
W5884.1			抢到特殊树枝的人做国王		
W5885		与选国王有关的其他母题			
W5885.1			各族群祖先推举国王		【朝鲜族】
W5886	借助特殊的本领成为国王				【联2】④
W5886.1		英雄借助神力称王			【藏族】
W5886.2		神勇者做国王			
W5886.3		有德者做国王			
W5886.3.1			国王生而有德		【朝鲜族】
W5887	与国王产生有关的其他母题				
W5887.1		国王神授		P11.1	【例3】⑤
W5887.2		巧遇某事件的人做国王			【阿昌族】

① 【引例】人熊婚生国王 【朝鲜族】
② 【民族】汉族。【引例】❶龙子成为王 【傣族】；❷龙犬被封为盘王 【瑶族】
③ 【关联】［W5044］推举产生首领
④ 【关联】❶［W5049］才艺过人者被推举为首领；❷［W9609.1］争夺王位比本领
⑤ 【引例】❶观音授予国王 【白族】；❷帝王是佛的意愿 【汉族】；❸盘古置立三皇帝 【畲族】

W 编码	母题描述			参照项	
	一级母题	二级母题	三级母题	汤普森	关联项
W5887.3		通过饮食成为国王			
W5887.3.1			吃了特定的动物的部位成为国王		【例1】①
W5887.4		国王的继位			
W5887.4.1			世袭国王		【汉族】
W5887.5		国王的让位			【联2，例1】②
W5887.5.1			帝位传给女儿		
W5887.6		夺位			
W5887.6.1			子夺父位		
W5887.6.2			弟弟夺位		
W5887.6.3			族内夺位		【例2】③
W5887.6.4			外族夺位		
W5887.6.5			战胜恶国王的人夺得王位		【珞巴族】
W5887.7		弃儿成为国王			【联1】④
W5887.8		样子独特的人做国王			
W5887.8.1			独角人当上国王		【珞巴族】
W5887.9		第一代国王的来历			【白族】
❋ **W5888**	**国王的特征**			P12	【联1】⑤
W5889		国王是神		①A137.10 ②A1653	
W5889.1			国王为神人		【朝鲜族】
W5890		国王有非凡的本领			
W5890.1			英勇善战的国王	P12.5	【例1】⑥
W5890.2			国王会魔法		【民族，联2】⑦
W5890.3			国王的其他本领		
W5891		与国王的特征有关的其他母题			
W5891.1			长角的国王		【藏族】
W5891.2			长生不老国王		【俄罗斯族】
◎	《其他相关母题》				
W5892	国王的亲属				

① 【引例】吃鸟头成为国王

② 【关联】❶〔W0747.5〕尧王禅让；❷〔W5052〕让位产生首领。【引例】国王让位时试本领，兄弟互让王位

③ 【引例】❶舜逼夺尧的王位【汉族】；❷禹夺取舜的王位【汉族】

④ 【关联】〔W2670〕弃婴（弃儿）

⑤ 【关联】〔W5063〕首领的特征

⑥ 【引例】国王是个神射手【哈萨克族】

⑦ 【民族】哈萨克族。【关联】❶〔W9126.1〕国王是巫师；❷〔W9264〕国王是预言者

W 编码	母题描述			参照项	
	一级母题	二级母题	三级母题	汤普森	关联项
W5892.1		王后		P20	
W5892.1.1			善良的王后		【藏族】
W5892.2		王子		P30	
W5892.2.1			白马王子		
W5892.2.2			真假王子		【壮族】
W5892.3		太子			
W5892.3.1			排行第一的儿子立为太子		
W5892.3.2			特殊长相的孩子立为太子		【朝鲜族】
W5892.4		公主		P40	
W5892.4.1			善射的公主		【壮族】
W5892.5		与国王的亲属有关的其他母题			
W5893	国王的辅佐者				【联1，例1】①
W5894	帝王称号的来历				
W5894.1		国王的封号			【联2】②
W5894.2		特定的王的称号的来历			【民族，例2】③
W5894.3		王的名称的演变			【联1，例1】④
W5895	国王的数量				
W5895.1		2 个国王			
W5895.1.1			雌雄两个国王		
W5895.1.2			真假两个国王		
W5895.2		3 个国王（三王）			【联1】⑤
W5895.3		4 个国王			
W5895.3.1			人间有分管东、南、西、北的4个皇帝		【民族，联1】⑥
W5895.4		人王 9 兄弟			【民族，联1】⑦
W5895.5		与王的数量有关的其他母题			
W5895.5.1			天下无二王		【汉族】
W5896	国王的类型				

① 【关联】［W0695.4.1］风后辅佐黄帝。【引例】国王的下属（属官）【汉族】
② 【关联】❶［W5905.1］国号的来历；❷［W6896.5］谥号的来历
③ 【民族】白族。【引例】❶太阳国的太阳王【景颇族】；❷黄帝称号的来历
④ 【关联】［W5905.2］国名的变化。【引例】"相王"慢慢转成"向王"【土家族】
⑤ 【关联】［W0123.4.2］三皇
⑥ 【民族】彝族。【关联】［W0256］四方神
⑦ 【民族】侗族。【关联】［W0434.2］人王

W 编码	母题描述			参照项	
	一级母题	二级母题	三级母题	汤普森	关联项
W5896.1		神话中特定的国王			【例4】①
W5896.2		明君			
W5896.3		暴君		①P12.2.1 ②M2	
W5896.3.1			天地的暴君		【彝族】
W5896.4		海王			【塔塔尔族】
W5896.5		其他类型的国王			
W5897	与国王有关的其他母题			P19	【联2】②
W5897.1		国王的婚姻		P18	【联1】③
W5897.2		国王冒险		P15	
W5897.3		国王的宝座			
W5897.3.1			国王的宝座会飞		【哈萨克族】
W5897.4		国王掩饰身份		K1812	【民族，联1】④
W5897.5		国王的垮台		P16	
W5897.5.1			老国王被攻击	P16.3.1	
W5897.6		国王的死亡			【例1】⑤
W5898	臣民				
W5898.1		臣民的产生			【联2】⑥
W5898.2		臣民的特征			
W5898.3		与臣民有关的其他母题			【联1】⑦

5.5.3　与国家有关的其他母题【W5900～W5959】

W 编码	母题描述			参照项	
	一级母题	二级母题	三级母题	汤普森	关联项
✿ **W5900**	国名				
✳ **W5901**	国名的来历				【联1】⑧

---

① 【引例】❶伏羲（伏羲，在神话中有多种不同的称呼，有时又称包牺、庖羲等）王天下【汉族】；❷尧王【汉族】；❸舜王【汉族】；❹禹王【汉族、羌族】

② 【关联】❶［W6554.1］国王制定习俗；❷［W8783.3］国王收复失地

③ 【关联】［W7964.9］国王有很多妻子

④ 【民族】佤族。【关联】［W9645.2］谦卑的乔扮

⑤ 【引例】皇帝因穿鸟衣（兽衣）被当妖怪杀死【傈僳族】

⑥ 【关联】❶［W5009］人的等级的产生；❷［W5028.1.3］仆人的产生

⑦ 【关联】［W5105.2］地位低贱的父母

⑧ 【关联】［W6850～W6869］名字的产生

W 编码	母题描述			参照项	
	一级母题	二级母题	三级母题	汤普森	关联项
W5902		神或神性人物定国名			【例2】①
W5903		按人类产生的位置定国名			【例1】②
W5904		以姓氏命名国名			【汉族】
W5904.1			以母氏命名国名		
W5905		与国名有关的其他母题			
W5905.1			国号的来历		
W5905.2			国名的变化		【汉族】
✳ **W5906**	**国都的建立**				【联1】③
W5907		占卜定都			
W5908		族群祖先商议定都			【朝鲜族】
W5909		从先人那里继承都城			【朝鲜族、汉族】
W5910		与建立国都有关的其他母题			
W5910.1			特定的帝王建都		【汉族】
W5910.2			尧都		【汉族】
✳ **W5911**	**国界的划分**				
W5912		边界的产生		A997	
W5913		神或神性人物划分国界			
W5914		划分九州			
W5914.1			九州的管理		【汉族】
W5914.2			九州在天地中间		【苗族】
W5914.3			与九州有关的其他母题		【例3】④
W5915		与国界有关的其他母题			
✳ **W5916**	**国土（领土）**				
W5917		领地的获得			【联1】⑤
W5917.1			神赐领地		
W5917.2			世袭领地		
W5918		封地			
W5918.1			因血缘封地		【汉族】

① 【引例】❶神农定国名【汉族】；❷黄帝建国号"熊"【汉族】
② 【引例】❶上葫芦里的人类建立了上葫芦国【佤族】
③ 【关联】［W5241］城池（城市）的产生
④ 【引例】❶大禹定九州【汉族】；❷一对夫妻生9人，分管九州【汉族】；❸盘古建立九州【畲族】
⑤ 【关联】［W5821］民族土地的获得

W 编码	母题描述			参照项	
	一级母题	二级母题	三级母题	汤普森	关联项
W5918.2			因功封地		
W5919		争战夺取疆土			【联1】①
W5920		特定的行为获得相应土地			
W5920.1			射箭获得某个地方		
W5920.2			特定的佩戴物放到某地而得到相应的领土		【门巴族】
W5921		领地的失去			
W5921.1			因战败失去领地		
W5921.2			被骗失领土		
W5922		与国土有关的其他母题			
◎	〖神话中的国家〗				
W5925		奇异之国		F707	
W5926		巨人国			【民族，联1】②
W5927		小人国			【傈僳族】
W5927.1			地下的小人国		【汉族、傈僳族】
W5927.2			海中的小人国		
W5928		女儿国			【民族，联1】③
W5928.1			女儿国的秩序		【例1】④
W5928.2			游历女儿国	F112	
W5928.3			与女儿国有关的其他母题		【联2，例3】⑤
W5929		男人国		F113	【布依族】
W5930		天国			【联1】⑥
W5931		地下国			
W5931.1			鬼国		【仡佬族】
W5931.2			阴间的国家		【例1】⑦
W5932		山国			

① 【关联】［W8704］争夺土地引起争战（矛盾）
② 【民族】汉族。【关联】［W0660］巨人
③ 【民族】布依族、撒拉族、彝族、壮族。【关联】［W5298.1］母系氏族
④ 【引例】女儿国的老年妇女与年轻女子分成两部分居住【珞巴族】
⑤ 【关联】❶［W8917.1］文化英雄征服女儿国；❷［W8972.4］男子女儿国被捉。【引例】❶远古时有个全是女性的村子【珞巴族】；❷太阳或太阳村全系女性【珞巴族】；❸女儿国女子掠夫【彝族】
⑥ 【关联】［W1071］上界（天堂）
⑦ 【引例】穿特定的衣服到阴间后能与亲人团聚【阿昌族】

W 编码	母题描述			参照项	
	一级母题	二级母题	三级母题	汤普森	关联项
W5933		海国			【汉族】
W5933.1			海国严禁与凡尘来往		【京族】
W5934		岛国			
W5935		建在特定地方的国家			
W5935.1			建在大沟中的国家		【汉族】
W5936		其他特定的国家			【例5】①
W5936.1			三身国		【汉族】
W5936.2			不死之国		【汉族】
W5936.3			使用特殊动物的国家		【汉族】
W5936.4			三苗国		【联1】②
W5936.5			狗国		【鄂温克族、汉族】
W5936.6			多头国		【汉族】
W5937	特定地方有特定数量的国家				【例1】③
W5937.1		天上有特定数量的国家			
W5937.2		海外有特定数量的国家			【汉族】
✳ **W5940**	**国家管理（政府机构）**			P500	
W5941		政权（政府）的产生		A1582	【汉族】
W5942		国家的管理者			
W5943		神管理国家			【例1】④
W5944		神性人物管理国家			
W5944.1			文化始祖管人间		【例1】⑤
W5944.2			文化英雄成为国家管理者		
W5945		特定的人成为国家管理者			【联1】⑥

① 【引例】❶西王母国【汉族】；❷羽人国【汉族】；❸蛋人国【汉族】；❹犬封国【汉族、畲族】；❺盘瓠属于中国【瑶族】
② 【引例】蚩尤的 81 个兄弟建立三苗国【苗族】
③ 【引例】大森林里有 101 个国家【傣族】
④ 【引例】檀君为九夷之君【朝鲜族】
⑤ 【引例】始祖布洛陀管人间【壮族】
⑥ 【关联】［W5861］国王的产生

W 编码	母题描述			参照项	
	一级母题	二级母题	三级母题	汤普森	关联项
W5946		治理国家的方法			【汉族】
W5946.1			用音乐治国		【汉族】
W5947		与国家管理有关的其他母题			【联1，例1】①
✳ **W5950**	官职的产生②				
W5951		神安排特定的官职			
W5951.1			地方官是天王所派		【傣族】
W5952		特定官职产生的方式			
W5952.1			封官		【联1，例2】③
W5952.2			禅让		
W5952.3			世袭		【联2】④
W5952.4			让位		【联2，例1】⑤
W5952.5			与特定官职产生有关的其他母题		【联1】⑥
W5953		因其他原因授予官职			【例1】⑦
W5953.1			为国王找到良药者受封		【布依族】
W5953.2			斩妖降怪者做官		【东乡族】
W5954		与官职有关的其他母题			
W5954.1			地方官的产生		
W5954.2			神或神性人物造土官		【壮族】
✳ **W5955**	权力的产生				
W5956		特定的人有特定的权力			
W5956.1			权高位重的人		【例1】⑧

---

① 【关联】[W5860] 国王。【引例】海龙王整顿海国【京族】
② 官职的产生，神话传说中关于最早的官职很多与"神职"有密切关系，如《国语·楚语》记载，颛顼让南正重"司天以属神"，让火正黎"司地以属民"。远古时期，在族群中负责祭祀和观察大火星进行观象授时的神职人员被称为"火正"。
③ 【关联】[W5918] 封地。【引例】❶英雄被封官【汉族】；❷有战功受封
④ 【关联】❶ [W5051] 世袭产生首领；❷ [W5887.4.1] 世袭国王
⑤ 【关联】❶ [W5052] 让位产生首领；❷ [W5887.5] 国王的让位。【引例】山神传位给人【羌族】
⑥ 【关联】[W5861] 国王的产生
⑦ 【引例】造人时撒在城里的变成官【壮族】
⑧ 【引例】部落的头人兼管木鼓，俗称管天管地【佤族】

W 编码	母题描述			参照项	
	一级母题	二级母题	三级母题	汤普森	关联项
W5957		不平等的权力			【例1】①
W5957.1			神随意欺负人		【例1】②
W5957.2			女权社会		【联2】③
W5957.3			男权社会		【联2，例1】④
W5958	与国家有关的其他母题				【联1】⑤
W5958.1		爱国		P771	
W5958.1.1			为国捐躯的英雄		【汉族】
W5958.2		叛国			
W5958.2.1			叛国者		【汉族】
W5958.2.2			叛国受惩		
W5958.3		国家的消亡			【联3】⑥

---

① 【引例】奴隶的一切要归主人所有【珞巴族】
② 【引例】神与人共同生活时，神凭借力量随意欺压人【珞巴族】
③ 【关联】❶ ［W5298.1］母系氏族；❷ ［W5928］女儿国
④ 【关联】❶ ［W5298.2］父系氏族；❷ ［W5332.3］部落首领必须是男性。【引例】村寨、部落的头人只能是男性【佤族】
⑤ 【关联】［W9287.2］预言国家灭亡
⑥ 【关联】❶ ［W5338.3］部落的消失；❷ ［W5398.3］族的消失；❸ ［W5827.3］民族的消失

5.6 与社会秩序相关的其他母题
【W5960～W5999】

5.6.1 神界与动物界秩序【W5960～W5974】

W 编码	母题描述			参照项	
	一级母题	二级母题	三级母题	汤普森	关联项
✳ **W5960**	**神界的秩序**				
W5961		特定领域众神的秩序			【联3】①
W5962		神的官职			【联1】②
W5963		神的贫富			【鄂温克族】
W5964		神的从属关系			【联1】③
W5964.1			地神听命于天神		【汉族】
W5964.2			男神听命于女神		
W5964.3			女神听命于男神		【汉族】
W5964.4			偏神听命于主神		
W5964.5			小神听命于大神		
W5965		与神界的秩序有关的其他母题			【例1】④
W5965.1			神与仙的等级		【彝族】
W5965.2			仙是神的属民		【彝族】
✳ **W5966**	**神的管理**				
W5967		神的管理方法			
W5967.1			神被命运控制	A196.1	
W5968		神的管理工具			
W5968.1			神的紧箍咒	A196	
W5969		与神的管理有关的其他母题			【例1】⑤

---

① 【关联】❶［W0120～W0124］神的地位；❷［W0974］神的等级；❸［W0974.1］神的尊卑的形成
② 【关联】［W0420～W0499］与职能、行业相关的神
③ 【关联】［W0122］至高无上的神
④ 【引例】谷魂不能给佛祖下跪【傣族】
⑤ 【引例】管众天神的神【羌族】

W 编码	母题描述			参照项	
	一级母题	二级母题	三级母题	汤普森	关联项
W5969.1			特定的神管理特定的神（神性人物）		【例1】①
W5969.2			神的难以管理		【例1】②
W5969.3			神的不能消除的法则	A196.2	
✿ W5970	动物世界的秩序				
✳ W5971	动物的管理				
W5972		动物王国		B220	【联3】③
W5972.1			动物之王	B240	【联2】④
W5972.2			动物争王		【例1】⑤
W5972.3			特定职能的动物之王		【例1】⑥
W5973	与动物秩序有关的其他母题				
W5973.1		动物间的统治关系			【例1】⑦
W5973.2		动物秩序的混乱			【例1】⑧

5.6.2　契约与誓约【W5975～W5984】

W 编码	母题描述			参照项	
	一级母题	二级母题	三级母题	汤普森	关联项
W5975	契约			P525	
✿ W5976	誓约			M100	【汉族、拉祜族】
W5977		特定的誓约			
W5977.1			巫师的誓约（牧师的誓约）	V470	【满族、苗族】
W5978		特定人物间的誓约			
W5978.1			人与神的誓约	M201.0.1	
W5978.2			人与魔鬼的约定		【蒙古族】
W5978.3			人与动物的誓约	M244	
✳ W5979	誓约的内容				

---

① 【引例】精灵归月亮神管理【珞巴族】
② 【引例】玉帝管不住风宙神、火宙神、水宙神三个大神【汉族】
③ 【关联】❶ ［W3147.7］猴子王国；❷ ［W3329.6］鸟的王国；❸ ［W3418.5］鱼的王国
④ 【关联】❶ ［W3164.6］虎是动物之王；❷ ［W3249.8］熊是动物之王
⑤ 【引例】先见到太阳升起的动物称王【门巴族】
⑥ 【引例】蛇王是水王【门巴族】
⑦ 【引例】水獭是鱼的奴隶【珞巴族】
⑧ 【引例】公鸡冒充美凤凰【哈尼族】

W 编码	母题描述			参照项	
	一级母题	二级母题	三级母题	汤普森	关联项
W5980		关于死亡的誓约		M250	【联1】①
W5981		关于婚姻的誓约			【联3】②
W5982		宗教誓约		M183	
W5982.1			改变信仰的誓约	M177	
W5983		其他誓约		M150	【联2】③
W5983.1			许诺保守秘密	M295	
W5983.2			关于贞洁的誓约	M131	
W5984	与誓约有关的其他母题				
W5984.1		违约			
W5984.1.1			违约遭惩罚	M101	
W5984.1.2			违约者	M108	【珞巴族】
W5984.2		许愿			【联1】④
W5984.2.1			父亲满足儿子的愿望		【民族，联1】⑤
W5984.2.2			对天许愿		
W5984.2.3			拜月许愿		【汉族】

5.6.3　律法与规则【W5985 ~ W5999】

W 编码	母题描述			参照项	
	一级母题	二级母题	三级母题	汤普森	关联项
✿ **W5985**	**律法与规则**			①P522 ②P526	
✳ **W5986**	**律法的产生**			①A1580 ②A1585	【联1】⑥
W5987		律法是制定的		P541	【例3】⑦
W5988	法律的特征				
W5988.1		为什么说法律是公平的			
W5989	与律法有关的其他母题				【联2】⑧

① 【关联】［W2970］人的死亡
② 【关联】❶［W7556.1.1］女子发誓嫁给第一个做出特定行为的人；❷［W7556.1.2］女子发誓只嫁给有功业的男人；❸［W7675］有条件的许诺成婚
③ 【关联】❶［TPS：M172］发誓不接触某物；❷［W8768.4］争战的誓约
④ 【关联】［W7675］有条件的许诺成婚
⑤ 【民族】藏族。【关联】［W5135］父与子
⑥ 【关联】［W5990］规矩
⑦ 【引例】❶向王母娘娘问刑法【汉族】；❷尧王颁布刑法【汉族】；❸按日月阴阳制定法规【汉族】
⑧ 【关联】❶［W7994］不合法的性关系；❷［W9906］惩罚

W 编码	母题描述			参照项	
	一级母题	二级母题	三级母题	汤普森	关联项
W5989.1		打官司的来历		A1580.1	
W5989.2		判官的产生			
W5989.2.1			特定的神作为判官		【联1，例1】①
✳ **W5990**	**规矩**				【联1，例1】②
W5991	规矩的产生				
W5991.1		神或神性人物制定规矩			【例3】③
W5991.2		特定的人制定规矩			
W5991.3		与规矩的产生有关的其他母题			
W5992	与规矩有关的其他母题				
✳ **W5993**	**法则**				
W5994	法则的产生				
W5995	与法则有关的其他母题				【例2】④
W5995.1		规则的产生			
◎	〖**其他相关母题**〗				
W5996	天规				【例3】⑤
W5997	人间的规矩				
W5997.1		天神建立人规矩			【纳西族】
W5997.1.1			争执时要求天神明察		【毛南族】
W5997.2		生活中的规矩			【联1】⑥
W5997.2.1			生活中为什么要孝敬长辈		【壮族】
W5997.3		生产中的规矩			【联2】⑦
W5997.4		婚姻中的规矩			【例2】⑧
W5998	与法律、规则有关的其他母题				
W5998.1		法律的废除			
W5998.2		规则的改变			

① 【关联】［W0335.6］雷神是善恶的审判者。【引例】"勒得民达"（神名）审判人与鬼的争执【珞巴族】
② 【关联】［W5000］人类（社会）秩序。【引例】兄妹不婚是祖先定下的规矩【水族】
③ 【引例】❶天女制定规矩【哈尼族】；❷伏羲女娲手持规矩【汉族】；❸祖先立下人是万物之长的规矩【佤族】
④ 【引例】❶神的法则【汉族】；❷为王的法则【汉族】
⑤ 【引例】❶人与龙女婚触犯天规【独龙族】；❷天上仙女私自下凡违天规【黎族】；❸天女下凡犯天规【羌族】
⑥ 【关联】［W6580～W6599］生活习俗
⑦ 【关联】❶［W6536］耕种禁忌（生产禁忌）；❷［W6560～W6579］生产习俗
⑧ 【引例】❶女子与老虎结婚跟随老虎，违反了规矩【珞巴族】；❷同姓不能结婚是祖先定下的规矩【佤族】

6 有形文化与无形文化

（代码 W6000～W6999）

类型说明

一、有形文化与无形文化的界定

"文化"是一个颇有争议的概念。英国人类学家爱德华·泰勒在其《原始文化》一书中提出，"文化"也可称之为"文明"，它包括知识、信仰、艺术、道德、法律、习惯以及人们的能力、习性等现象。这在一定程度上反映了"文化"边界的模糊性。事实上，无论是学术界还是现实生活中，对"文化"的概念都是众说纷纭，争议颇多。

从神话母题的角度，本书"文化"类母题涉及与生产相关的文化、与生活相关的文化、图腾与崇拜、宗教与禁忌、习俗、常见的文化现象以及与文化、文明有关的母题。笼而统之，姑且分为"有形文化"与"无形文化"两个基本类型。

1. "有形文化"与"无形文化"。所谓"有形文化"，又可称之为"物质文化"，主要特点是可以附着于实体上，具有直观意义上的可视可感性。"无形文化"更侧重于精神产品，如语言、文字、文学作品、礼仪、习俗等，难以固化的产品。

2. 概念界定中的其他问题。这里对 W 编目中几个相关概念作出说明。

（1）"图腾与崇拜"母题。"图腾"与"崇拜"是典型的文化现象。从学术的角度分析，图腾与崇拜是两种不同的文化现象，在神话叙事中具有不同的特征，是两种有联系又有明显差异的母题类型。针对神话叙事的具体情形而言，图腾与崇拜交叉杂糅的情况非常突出。一些结论也只是处于探讨阶段，特别是二者相互解释或替代的情况非常普遍。因此，本编目对此只作出编目角度的区别，不做学术意义上的严格区分。

（2）"宗教与禁忌"母题。"宗教"与"神话"是一对孪生姊妹，不但在产生时间上难以区分，而且在相当长的历史发展中相互影响，互动发展。从所反映的内容看，二者产生于共同的思想根源，即在生产力相对低下的背景下，对周围世界不能作出全面科学的判断，认为世界完全由神灵主宰，这些神灵不仅是神话的核心，也是宗教赖以生存的基础。从传承的视角观察，在一般情况下，许多民族不仅讲唱神话与宗教信仰活动同时进行，而且在人类早期的宗教崇拜中与神话讲述的是同一个神。直到晚近时期甚至今天的一些地区的宗教祭祀活动中，还有"祭什么神，讲什么话（神话），送什么鬼，念什么经"的说法。

（3）"习俗"母题。"习俗"包含了民间信仰、口头传统、民族风俗、生活仪礼等民俗现象。也是神话叙事中经常关涉的"民众的知识"或"民间的智慧"，许多习俗具有神话性质的阐释。本类型设定了生产习俗、生活习俗、节日习俗、婚葬习俗、生育习俗等系列母题。

二、母题类型划分与编排

1. 鉴于"文化"现象的丰富性和复杂性，本类型将"有形文化"与"无形文化"划分为7个部分。其基本排序如下：

（1）与生产相关的文化；（2）与生活相关的文化；（3）图腾与崇拜；（4）宗教信仰与禁忌；（5）习俗；（6）常见的其他文化现象；（7）与文化、文明有关的其他母题。

上述7个部分中的前2项主要侧重于有形文化；后面5项则以无形文化为主体。

2. 母题的编排。本类型各部分母题的编排采取了灵活的形式，将时间顺序、空间顺序作为重要依据。一些并列性质的母题采用了音序排列的方式。

6.1 与生产相关的文化

【W6000 ~ W6109】

6.1.1 文化概说【W6000 ~ W6009】

W 编码	母题描述			参照项	
	一级母题	二级母题	三级母题	汤普森	关联项
❈ **W6000**	文 化 的 产 生（文化的获得）			A1400	
W6001		人类生来就有文化			
W6002		神传授文化		A1404	
W6002.1			天神传授文化		【汉族】
W6003		神性人物传授文化			
W6003.1			从祖先那里获得文化	A1405	
W6004		特定的人传授文化			
W6004.1			从以前的人那里获得文化	A1401	
W6004.2			从远方来的人那里获得文化		【珞巴族、满族】
W6005		从动物那里获得文化			【联4】①
W6006		获得文化的其他方法			【联1，例1】②
W6006.1			无意中获得文化		
W6006.2			梦中获得文化		【联2】③
W6007	与文化产生有关的其他母题				
W6007.1		劳动的产生			【联1】④
W6007.1.1			人为了生存必须劳作	A1346.2	

---

① 【关联】❶［W6033.2］向蜘蛛学会结网；❷［W6044］从动物那里学会耕种；❸［W6150.2］人向动物学会饮食；❹［W6667.2.1］从动物那里学会埋葬死者

② 【关联】［W9059］魔物（法）带来技能。【引例】头人传授文化【藏族】

③ 【关联】❶［W6021.2］梦授狩猎方法；❷［W9292］托梦

④ 【关联】［W6075］劳动者

W 编码	母题描述			参照项	
	一级母题	二级母题	三级母题	汤普森	关联项
W6007.1.2			神教给人劳动	A1403	
W6007.1.3			仙教给人劳动	F346	
W6007.1.4			与劳动有关的其他母题		【联3】①
W6007.2		技能的获得		F660	
W6007.2.1			神性人物赐予技能	F660.2	
W6007.2.2			妇女缝补技能的获得	F662.0.1	【联1】②
W6007.2.3			非凡的技能的获得		

6.1.2　采集与渔猎【W6010 ~ W6039】

W 编码	母题描述			参照项	
	一级母题	二级母题	三级母题	汤普森	关联项
◎	〖采集〗				
✳ **W6010**	采集的产生				
W6011		神或神性人物教人采集			【联1】③
W6011.1			神农教人采集种子		【民族, 联2】④
W6012		动物教人采集			
W6012.1			动物教人采野果		【哈尼族】
W6012.2			人仿照动物采集果实		
W6013		与采集有关的其他母题			【联1, 例1】⑤
W6013.1			采集野果		【民族, 联1】⑥
W6013.2			采集果实的保存		
◎	〖渔猎〗				
❀ **W6015**	渔猎的产生⑦			A1520	
✳ **W6016**	狩猎的产生			A1458	【联1】⑧

① 【关联】❶［W6042.5］伏羲女娲教人耕种；❷［W6045.3］人只有劳动才能获得食物；❸［W6208.3］木工制作手艺的获得

② 【关联】［W2780］女人特殊的性别特征

③ 【关联】［W3952］灶神取粮种

④ 【民族】汉族。【关联】❶［W0731］神农；❷［W3957］神农发现粮种

⑤ 【关联】［W3687］植物的辨识。【引例】人最早主要靠渔猎和采集【佤族】

⑥ 【民族】藏族。【关联】［W6141］人类食物的产生

⑦ 渔猎的产生，据考古资料，距今 1.8 万年的山顶洞人，主要靠采集、狩猎为生，也从事捕鱼，还能用磨制的骨针缝制衣服。

⑧ 【关联】［TPS：E501］狩猎

W 编码	母题描述			参照项	
	一级母题	二级母题	三级母题	汤普森	关联项
W6017		神教人狩猎			【例 2】①
W6017.1			天神教人狩猎		【鄂伦春族】
W6017.2			猎神教人狩猎		【例 1】②
W6017.3			上帝安排人的狩猎		【鄂伦春族】
W6017.4			其他特定的神教人狩猎		
W6018		神性人物教人狩猎			
W6018.1			伏羲女娲教人狩猎		【联 2】③
W6018.2			祖先教后代狩猎方法		【民族，例 2】④
W6018.3			其他特定的神性人物教人狩猎		【例 2】⑤
W6019		特定的人教人狩猎			【联 1】⑥
W6019.1			族长教族人狩猎		【满族】
W6019.2			首领教人狩猎		【佤族】
W6019.3			老人教人狩猎		【鄂伦春族】
W6019.4			父亲传授儿子狩猎		【珞巴族】
W6020		动物教人狩猎			【哈尼族】
W6021		与狩猎产生有关的其他母题			
W6021.1			狩猎产生的时间		
W6021.2			梦授狩猎方法		【联 2】⑦
W6021.3			发明弓箭后产生狩猎		【鄂温克族】
W6021.4			打猎早于种田		【汉族】
◎	〖捕鱼〗				
✳ **W6022**	捕鱼的产生			A1457	【联 1】⑧
W6023		特定的人物教人捕鱼			【汉族】
W6023.1			文化英雄教人捕鱼		【例 1】⑨

① 【引例】❶神让人捕捉动物【佤族】；❷神教给始祖召集动植物的本领【佤族】
② 【引例】女猎神教人狩猎【怒族】
③ 【关联】❶［W0675］伏羲；❷［W0710］女娲
④ 【民族】拉祜族。【引例】❶父亲教狩猎【阿昌族、白族】；❷祖先发明打猎工具【景颇族】
⑤ 【引例】❶长白山主教人渔猎【满族】；❷天上菩萨教人狩猎【普米族】
⑥ 【关联】［W6026］狩猎方法（渔猎方法）
⑦ 【关联】❶［W6006.2］梦中获得文化；❷［W9292］托梦
⑧ 【关联】［W6016］狩猎的产生
⑨ 【引例】女娲、伏羲教人捕鱼【汉族】

W 编码	母题描述			参照项	
	一级母题	二级母题	三级母题	汤普森	关联项
W6024		用网捕鱼的产生		A1527	
W6024.1			为什么用网捕鱼	A2465.1	
W6024.2			渔网的发明者		【例2】①
W6025		与捕鱼有关的其他母题			
W6025.1			钓鱼的产生		
W6025.2			捕捉其他水中动物的来历		
❋ **W6026**	狩猎方法（渔猎方法）				
W6027		狩猎对象的确定			
W6027.1			神安排人的狩猎		【鄂伦春族】
W6027.2			猎神规定猎物的数量		【达斡尔族】
W6028		围攻猎物			
W6029		狩猎需要众人合作			
W6029.1			夫妻合作狩猎		【纳西族】
W6030		狩猎需要特定的工具			【联1】②
W6031		追打猎物			
W6031.1			以前用石头、树枝追打野兽		【水族】
W6032		设陷阱狩猎		A1458.1	
W6033		用网狩猎			
W6033.1			猎网的产生	A1457.3	【联1，例2】③
W6033.2			向蜘蛛学会结网		【民族】④
W6033.3			女人用头发织出捕猎的网		【汉族】
W6034		其他狩猎方法			【联2，例1】⑤
W6034.1			诱捕动物		

---

① 【引例】❶人从鬼那里学会织渔网【独龙族】；❷太昊做渔网【汉族】
② 【关联】［W6970］弓箭的发明
③ 【关联】［W6024］用网捕鱼的产生。【引例】❶猎手把织网方法教给山神【白族】；❷猎人和山神一起把织网方法教给其他人【白族】
④ 【民族】侗族、哈尼族、汉族
⑤ 【关联】❶［W9070］魔物（法）捕捉动物；❷［W9071］魔物（法）捕杀动物。【引例】筑拦河堤，把水截断弄干后捕鱼【珞巴族】

W 编码	母题描述			参照项	
	一级母题	二级母题	三级母题	汤普森	关联项
�֍ **W6035**	猎物的处置			①≈A1421 ②A1422	
W6036		处置猎物有特定仪式			【民族，联1】①
W6036.1			猎物的心脏为什么要分给狩猎者		
W6036.2			猎物的头为什么要分给族长		【佤族】
W6036.3			猎物的头分给猎物的捕获者		【珞巴族】
W6036.4			猎物其他特定肢体的分配		
W6037		与处置猎物有关的其他母题			
W6037.1			被人吃的动物	A1422.0.2	【联1】②
W6037.2			动物为什么被人吃		
W6038	与渔猎有关的其他母题				【联1】③
W6038.1		狩猎的帮助者			【联1】④
W6038.1.1			以前树木帮人打猎		【民族，联1】⑤
W6038.1.2			狗为什么帮人打猎		【联1，例1】⑥
W6038.2		狩猎的参与者			
W6038.2.1			动物是狩猎的参与者		【联1，例1】⑦
W6038.3		渔猎的特定地点			【例1】⑧
W6038.4		动物有特定狩猎本领的来历			

---

① 【民族】基诺族。【关联】［W6496.4.1］杀动物前的祭祀
② 【关联】［W3067.4］有些动物为什么被人吃
③ 【关联】［W3095］动物为什么被狩猎
④ 【关联】［W9987］帮助者
⑤ 【民族】白族。【关联】［W9987］帮助者
⑥ 【关联】［W3105～W3133］狗。【引例】观音让狗帮人打猎撵野兽【白族】
⑦ 【关联】［W6290］动物图腾。【引例】人约集土蜂、苍蝇等一同猎猪【珞巴族】
⑧ 【引例】人到天上的稀丁湖渔猎【珞巴族】

6.1.3 耕种与饲养【W6040 ~ W6074】

W 编码	母题描述			参照项	
	一级母题	二级母题	三级母题	汤普森	关联项
◎	〖耕 种（农业）①〗				
✷ **W6040**	耕种的产生（农业的产生）			A1441	【汉族、回族、壮族】
W6041		人以前不会耕种			【民族，联 2】②
W6042		神或神性人物教人耕种			
W6042.1			天神教人种地		【拉祜族、门巴族、佤族】
W6042.2			地皇教人耕种		
W6042.3			太上老君教人耕种		【汉族】
W6042.4			祖先发明耕种		【民族，例 1】③
W6042.5			伏羲女娲教人耕种		【联 2，例 1】④
W6042.6			神农教人耕种		【民族，联 1】⑤
W6042.7			其他神或神性人物教人耕种		【例 12】⑥
W6043		人发明或传授耕种			
W6043.1			酋长教人耕种		【苗族】
W6043.2			女首领发明耕种		【民族，联 1】⑦
W6043.3			老人教人刀耕火种的方法		【黎族】
W6043.4			长老教人播种五谷		【高山族】
W6043.5			向父亲学习耕种		【联 1，例 1】⑧

---

① 耕种（农业），据考古资料证明，新石器时代的人类已经会使用磨制石器、制造陶器、饲养家畜等，其中农业的出现是最根本的特征。特别是到七八千年前，中国北方和南方的农业与农耕聚落发展迅速，主要耕作方法是，先用石斧把树木砍倒，通过焚烧开辟出新的田地，之后使用石铲、石锄、骨耜、木耜等翻土耕种。据中国社会科学院编写《简明中国历史读本》（中国社会科学出版社 2012 年版）描述，远古先民们在当时的采集和狩猎生活中，也开始对沃野上的可食性植物进行有意识的培育，这种从采集植物过渡到培育植物，就是所谓农业的起源。若神农氏的传说代表的是农业的起源，反映的是距今 12000 ~ 9000 年新石器时代早期阶段的事情；若传说的是耜耕或锄耕农业，则属于农业起源之后，即距今 9000 ~ 7000 年新石器时代中期的事情。

② 【民族】藏族。【关联】❶［W6110.3.2］以前的人靠天吃饭；❷［W6146.3.1］以前的人吃草

③ 【民族】回族、傈僳族。【引例】女始祖教阿伬人农时耕种【佤族】

④ 【关联】❶［W0675］伏羲；❷［W0710］女娲。【引例】女娲教人耕种【汉族】

⑤ 【民族】毛南族。【关联】［W0731］神农

⑥ 【引例】❶沙漠大王教人种五谷【白族】；❷天帝的女儿教人耕种【布依族】；❸仙姑教人种稻【哈尼族】；❹炎帝教人耕种【汉族】；❺大禹教人用鸟耕田【汉族】；❻大禹教人耕种【汉族】；❼舜教人耕种【汉族】；❽从神灵那里学会耕种【珞巴族】；❾长白山主教人播种五谷【满族】；❿玉皇大帝让人种植庄稼【仫佬族】；⓫种田仙女教人种五谷【水族】；⓬佛陀告诉耕种方法【藏族】

⑦ 【民族】佤族。【关联】［W5067］女首领

⑧ 【关联】［W6019.4］父子传授儿子狩猎。【引例】姑娘与神牛父亲生活 3 年，学会种山谷【傣族】

W 编码	母题描述			参照项	
	一级母题	二级母题	三级母题	汤普森	关联项
W6043.6			男人向女人学习耕种		【民族，例1】①
W6043.7			从其他民族学会耕种技术		【门巴族】
W6043.8			其他人发明或传授耕种		【例3】②
W6044		从动物那里学会耕种			
W6044.1			猴子教人种庄稼		【拉祜族】
W6044.2			牛教会人插秧		【阿昌族】
W6044.3			老鼠教人栽种		【哈尼族】
W6044.4			山鼠教人耕种		【普米族】
W6044.5			麻雀教人耕种		【珞巴族】
W6044.6			从其他特定动物那里学会耕种		【例1】③
W6045		与耕种的产生有关的其他母题			【例1】④
W6045.1			耕田的产生	A1441.1	
W6045.2			人最早时用木棒撬土耕种		【仡佬族】
W6045.3			人只有劳动才能获得食物	A1346.2	
W6045.4			人不能靠打猎为生时改为耕种		
W6045.5			人得到种子后开始耕田		【联1】⑤
�֎ **W6046**	耕种方法			A1441.4	
W6047		刀耕火种			
W6047.1			刀耕火种的来历		【哈尼族、佤族】
W6047.2			女火神发明刀耕火种		【例1】⑥
W6047.3			耕种时以石当刀		【黎族】

① 【民族】瑶族。【引例】最初的种庄稼是女人教会的【佤族】
② 【引例】❶住在天上的人回到人间后开始耕种【仡佬族】；❷男子通过与很远村子的女族长结婚得到耕种技术【珞巴族】；❸复活的人教人耕种【佤族】
③ 【引例】母猪告诉人用竹棍翻耕播种【珞巴族】
④ 【引例】阿巴达尼（珞巴族祖先）通过与远方村子的女族长性交生子学会播种技术【珞巴族】
⑤ 【关联】［W3950～W3999］种子的获取（盗取）
⑥ 【引例】火畲神婆发明刀耕火种【土家族】

W 编码	母题描述			参照项	
	一级母题	二级母题	三级母题	汤普森	关联项
W6047.4			有了铁器后开始刀耕火种		【独龙族】
W6048		开荒造田			【例2】①
W6048.1			烧荒造田		【例2】②
W6048.2			砍树开荒		【联1】③
W6049		动物耕田		B299.9	
W6049.1			牛耕田（轭牛耕田的来历）	A1441.2	【民族，联2，例3】④
W6049.2			神或神性人物规定牛耕田		【例2】⑤
W6049.3			牛因犯错被罚耕田		【例4】⑥
W6049.4			驱赶神兽犁地		【民族，例1】⑦
W6049.5			狗耕田	B292.4.3	【汉族、毛南族】
W6049.6			鸟耕田		【汉族】
W6049.7			母猪龙耕田		【布依族】
W6049.8			众多动物参与耕田		【傈僳族】
W6050		与耕种方法有关的其他母题			【联3】⑧
W6050.1			人以前亲自拉犁耙		【壮族】
W6050.2			以前牛使用人耕种	A1101.2.1	【民族，联1】⑨
W6051	与耕种有关的其他母题				【联1】⑩
W6051.1		赶山造田			【民族，联1】⑪
W6051.2		耕种中的撒种		A1441.4	【联1】⑫
W6051.3		耕种中的灌溉			
W6051.3.1			分水的来历		【例1】⑬
W6051.4		以前种地用石斧			【独龙族、汉族】

① 【引例】❶黄帝率子孙开荒造田【汉族】；❷人向神灵学会开荒【珞巴族】
② 【引例】❶首领教人烧火种山地【佤族】；❷砍火地时请神【藏族】
③ 【关联】［W7788］考验求婚者开荒难题
④ 【民族】藏族。【关联】❶［TPS：B292.4.1］野牛为人拉犁；❷［W3200～W3219］牛。【引例】❶大禹提黄牛耕田【羌族】；❷野牛精被制服后为人犁地【彝族】；❸神牛变耕牛
⑤ 【引例】❶牛王菩萨让牛为人耕田【羌族】；❷玉皇大帝送给人类耕田的牛【彝族】
⑥ 【引例】❶牛撒庄稼和草种错了比例，罚它替人类耕田【苗族】；❷牛错传话被惩罚为人耕地【苗族】；❸神童捉黄牛耕种【土族】；❹驯服后开始用牛耕田
⑦ 【民族】苗族。【引例】野牛精被制服后为人犁地【彝族】
⑧ 【关联】❶［W6080.4.2］农具的产生；❷［W6092.1］犁的产生；❸［W6094.1］耙的产生
⑨ 【民族】藏族。【关联】［W9959.7］相反的事物
⑩ 【关联】［W6075.2］耕作者
⑪ 【民族】仫佬族。【关联】［W9007.2］赶山填海
⑫ 【关联】［W7790］考验求婚者限时撒种的本领
⑬ 【引例】灌溉时根据神树占卜分水【哈尼族】

W 编码	母题描述			参照项	
	一级母题	二级母题	三级母题	汤普森	关联项
W6051.5		不成功的耕种方法			【例1】①
W6051.5.1			不成功的犁地的动物		【例2】②
W6051.6		耕田的帮助者			【联3】③
W6051.6.1			虎帮人耕田	B292.4.2	【联1】④
W6051.6.2			鸟帮人耕田		
W6051.6.3			众多动物帮人耕田		【例1】⑤
W6051.7		耕种时节的确定			【联1，例1】⑥
W6051.7.1			根据动物的提醒耕种		
W6051.7.2			根据布谷鸟的叫声耕种		【珞巴族、藏族】
W6051.8		耕种中的收获			【联1】⑦
W6051.9		弃猎从耕			【纳西族】
W6051.10		种植特定作物的来历			【联1，例2】⑧
W6051.10.1			种植多种作物		【土族】
W6051.10.2			有的地方为什么只能种特定的作物		
W6051.11		肥料的来历			【联1】⑨
W6051.11.1			天堂里的禁果变成土地的肥料		【回族】
W6051.11.2			粪为什么使作物枝叶茂密		【汉族】
W6051.11.3			腐肉作为肥料		【例1】⑩
◎	〖饲养〗				
✿ W6052	饲养的产生				
✳ W6053	驯养动物的起源				
W6054			神或神性人物教人饲养动物		【联3】⑪

① 【引例】用青龙驾金犁耕地没有成功【土族】
② 【引例】❶虎犁地不成功【水族】；❷豹犁地不成功【水族】
③ 【关联】❶［W6049］动物耕田；❷［W6049.5］狗耕田；❸［W9987］帮助者
④ 【关联】［W9430］老虎报恩
⑤ 【引例】猪、虎帮耕田【汉族】
⑥ 【关联】［W4770］季节。【引例】野桃树开花时母猪告诉播种【珞巴族】
⑦ 【关联】［W7791］考验求婚者限时捡种（收割）的本领
⑧ 【关联】［W3840］作物的产生。【引例】❶祖先盘古发明种植水稻【布依族】；❷祖先发明种麻【傈僳族】
⑨ 【关联】［W1252.6.1］肉变成肥沃的土地
⑩ 【引例】野猪的肉使地比以前更肥沃【珞巴族】
⑪ 【关联】❶［W6060.1］神让在家中养鸡；❷［W6062.1］马神发明牧养马；❸［W6063.1］神让在家中养牛

W 编码	母题描述			参照项	
	一级母题	二级母题	三级母题	汤普森	关联项
W6054.1			女猎神教人驯养家畜		【怒族】
W6054.2			文化英雄驯化动物	F618	【例1】①
W6054.3			文化始祖教人饲养		【壮族】
W6055	特定的人教人饲养动物				
W6055.1			女子发明饲养		【哈尼族、佤族】
W6055.2			女子教人饲养动物		【佤族】
W6056	与驯养的产生有关的其他母题				
W6056.1			动物因为要服从人被饲养		【联1，例1】②
✤ **W6057**	特定动物的驯养			①A1443 ②H1155	【联1】③
W6058	野生动物被驯服				
W6058.1			驯服野猪		【民族，联1】④
W6059	养蚕的来历				
W6059.1			养蚕发明者		【联1，例2】⑤
W6059.2			神女帮助养蚕		【汉族】
W6060	养鸡的来历				
W6060.1			神让在家中养鸡		【傈僳族】
W6061		养鹿的来历（驯鹿的来历）		A1875.1	【民族，联1】⑥
W6062		养马的来历（驯马的来历）			【蒙古族】
W6062.1			马神发明牧养马		【柯尔克孜族】
W6063		养牛的来历			【民族，联2】⑦
W6063.1			神让在家中养牛		【傈僳族】
W6063.2			驯服水牛		【壮族】
W6064		养鸭的来历			【联1】⑧
W6065		养鱼的来历			
W6065.1			鱼塘的产生	A1457.6	【侗族】

① 【引例】文化英雄驯牛耕地【土族】
② 【关联】［W3130.1］狗要服从人。【引例】人养鸡是因为鸡请太阳有功【畲族】
③ 【关联】［W6053］驯养动物的起源
④ 【民族】珞巴族。【关联】［W6606.1］饲养的野猪变成家猪
⑤ 【关联】［W0703.4］女嫘祖养蚕。【引例】❶西陵圣母发明养蚕【汉族】；❷梦授养蚕方法
⑥ 【民族】鄂温克族。【关联】［W3284～W3286］鹿
⑦ 【民族】仫佬族。【关联】❶［W3200～W3219］牛；❷［W6049.1］牛耕田（牤牛耕田的来历）
⑧ 【关联】［W3369］鸭的产生

W 编码	母题描述			参照项	
	一级母题	二级母题	三级母题	汤普森	关联项
W6066		养猪的来历			【联 2】①
W6066.1			饲养的野猪变成家猪		【珞巴族、满族】
W6067		其他特定动物的驯养			
W6067.1			养狗的来历		【联 1】②
W6068		与动物的饲养有关的其他母题			
W6068.1			饲养的动物逃脱		
❋ **W6070**	**家畜的饲养方法**				【佤族】
W6071		圈养			
W6072		笼养			
W6072.1			鸡养在笼中的来历		【联 1】③
W6073		其他饲养动物的方法			
W6074	与饲养有关的其他母题				
W6074.1		动物的驯化			【民族，联 2】④
W6074.1.1			女子驯化被捉的动物		【民族，联 1】⑤
W6074.2		饲养产生的时间			【例 1】⑥
W6074.2.1			人定居后开始饲养		
W6074.3		放牧			【联 1】⑦
W6074.3.1			皇帝教人放牧		【畲族】

6.1.4 生产者与生产工具【W6075～W6099】

W 编码	母题描述			参照项	
	一级母题	二级母题	三级母题	汤普森	关联项
❋ **W6075**	**劳动者（生产者）**			P410	【联 1】⑧
W6075.1		猎手（猎人）			【联 1】⑨

① 【关联】❶［W3273.3］野猪变家猪；❷［W6058.1］驯服野猪
② 【关联】［W3130.1］狗要服从人
③ 【关联】［W6060］养鸡的来历
④ 【民族】鄂温克族。【关联】❶［W6049.1］牛耕田（牤牛耕田的来历）；❷［W9069.2］魔物（法）驯化动物
⑤ 【民族】佤族。【关联】［W6055.2］女子发明饲养
⑥ 【引例】第六代人开始驯养家禽【侗族】
⑦ 【关联】［W6075.4］放牧者
⑧ 【关联】［W6007.1］劳动的产生
⑨ 【关联】［TPS：E501］狩猎

W 编码	母题描述			参照项	
	一级母题	二级母题	三级母题	汤普森	关联项
W6075.1.1			猎手的产生		【赫哲族】
W6075.2		耕作者			【联1】①
W6075.2.1			耕作者的产生	A1655	
W6075.3		农夫		P411	
W6075.4		放牧者			【联1】②
W6075.4.1			牧羊人	P412	
W6075.4.2			第一个牧羊人	A1443.1	
W6075.5		其他类型的劳动者			
W6076	手工制作者（工匠）			P440	
W6076.1		工匠			
W6076.1.1			神蛋孵出工匠		【哈尼族】
W6076.1.2			神授工匠手艺		
W6076.1.3			工匠到远方学手艺		【珞巴族、毛南族】
W6076.2		陶工			【民族，联1】③
W6076.3		磨工		P443	
W6076.4		石匠		P455	【联1】④
W6076.5		木匠		P456	【民族，例1】⑤
W6076.6		铁匠		P447	【联1】⑥
W6076.6.1			铁匠的产生	A1447.2	【例3】⑦
W6076.6.2			铁匠具有强大的力量		【蒙古族】
W6076.6.3			与铁匠有关的其他母题		【例1】⑧
W6076.7		其他各类工匠			【联3】⑨
W6076.7.1			雕刻匠		
W6077	其他职业者				【联3】⑩
W6077.1		表演者		P471	【联2】⑪

① 【关联】［W6050］与耕种方法有关的其他母题
② 【关联】［W6074.3］放牧
③ 【民族】汉族。【关联】［W1252.5］陶土
④ 【关联】［W6204］房屋的建造
⑤ 【民族】汉族、壮族。【引例】鲁仙（即汉族所说的鲁班）能做会走的器物【毛南族】
⑥ 【关联】［W6982.2］炼铁。
⑦ 【引例】❶与神女结婚的人才能成为铁匠【基诺族】；❷祖先婚生的第一个儿子是珞巴族的第一个铁匠【珞巴族】；❸阿奔岗瑞（人名）从布叔布鲁地区学打铁【珞巴族】
⑧ 【引例】铁匠是神圣人物【基诺族】
⑨ 【关联】❶［W0766］织女；❷［W6132］制衣者；❸［W6136.3.1］制鞋匠
⑩ 【关联】❶［W6765.2］诗人；❷［W6903.3］乐师；❸［W9191］占卜者（占卜师）
⑪ 【关联】❶［W6903.3］乐师；❷［W6908.7］舞蹈者

W 编码	母题描述			参照项	
	一级母题	二级母题	三级母题	汤普森	关联项
W6080	工具的产生（工具的获得）①			A1446	
W6080.1		神造工具			
W6080.1.1			天神教人制作工具		【门巴族】
W6080.1.2			按照天神的安排造农具		【拉祜族】
W6080.1.3			天神剪纸变成农具		【傣族】
W6080.2		神性人物造工具			
W6080.2.1			祖先造工具		
W6080.2.2			祖先发明农具		【景颇族】
W6080.3		特定的人造工具			
W6080.3.1			首领教人造工具		【民族，联1】②
W6080.4		与工具的获得有关的其他母题			【联2】③
W6080.4.1			文化英雄为人盗来工具	A1446.0.1	【联1】④
W6080.4.2			农具的产生		【例1】⑤
W6080.4.3			炊具的产生		
◎	〖**常见的劳动工具**〗				
W6081	刨子				
W6082	扁担				
W6082.1		按照天神的安排造扁担			【拉祜族】
W6083	簸箕				
W6083.1		簸箕的产生		A1446.5.4	
W6083.2		祖先造簸箕			【布依族】
W6083.3		受山雀做窝的启示学会用竹藤编簸箕			【珞巴族】
W6084	杵				
W6084.1		杵的产生		A1446.5.2	

---

① 工具的获得，"工具"是个宽泛的概念，本母题包括：（1）劳动工具；（2）作战工具；（3）治疗工具；（4）书写工具；（5）交通工具等。下面"常见的劳动工具"母题按音序编排。

② 【民族】苗族。【关联】［W5065］首领有特定的本领

③ 【关联】❶［W6131.3］针的产生；❷［W6970］弓箭的产生

④ 【关联】［W0560］文化英雄

⑤ 【引例】人用从特定的山上滚下的铁打造农具【彝族】

W 编码	母题描述			参照项	
	一级母题	二级母题	三级母题	汤普森	关联项
W6084.2		用牛的膝盖骨做石杵			【哈尼族】
W6084.2.1			金刚杵的来历（降魔杵的来历）		
W6085	锄				【汉族】
W6085.1		按照天神的安排造锄			【拉祜族】
W6085.2		特定的人造锄			【联1，例2】①
W6085.2.1			雷神打造出锄头		【彝族】
W6085.3		用石头做锄头			【汉族】
W6085.4		与锄有关的其他母题			【例1】②
W6085.4.1			仿照老鼠的牙齿造木锄		【珞巴族】
W6086	锤				
W6086.1		锤的产生			
W6086.1.1			受拳头的启发发明了锤		【汉族】
W6087	刀				【联2】③
W6087.1		刀是从天上掉下来的			【傈僳族】
W6087.2		特殊来历的人造刀			【例1】④
W6087.3		烧石成汁炼成刀			【傣族】
W6087.4		人发明炼铁后造刀			【珞巴族】
W6087.4.1			用孔石炼成刀		【壮族】
W6087.5		与刀有关的其他母题			
W6087.5.1			石刀		【汉族、壮族】
W6087.5.2			骨刀		【例1】⑤
W6087.5.3			铁刀		【例1】⑥
W6087.5.4			砍刀		
W6088	风箱				【联1】⑦

① 【关联】［W6076.1.1］神蛋孵出工匠。【引例】❶神蛋孵出工匠制造锄头【哈尼族】；❷炎帝造锄【壮族】

② 【引例】母猪骨头变锄【珞巴族】

③ 【关联】❶［W6087］刀；❷［W9672］宝刀

④ 【引例】神蛋孵出工匠会制造刀【哈尼族】

⑤ 【引例】杀的母猪的骨头变成了刀【珞巴族】

⑥ 【引例】珞巴族叔侄二人用虎皮从藏族那里换来铁刀【珞巴族】

⑦ 【关联】［W1499.1.1］神拉风箱产生地上的气

W 编码	母题描述			参照项	
	一级母题	二级母题	三级母题	汤普森	关联项
W6088.1		用动物皮做风箱			【蒙古族】
W6089	斧（斧子、斧头）				
W6089.1		斧子的产生		A1446.2	
W6089.1.1			神或神性人物教人造斧		【例2】①
W6089.1.2			神赐斧		【例1】②
W6089.1.3			特定的人教人造斧头		
W6089.1.4			特殊来历的人造斧子		【联1，例1】③
W6089.1.5			祖先造斧子		【布依族】
W6089.2		与斧子有关的其他母题			【联1，例1】④
W6089.2.1			扁斧的产生	A1446.4	
W6089.2.2			雷公斧		【联2】⑤
W6089.2.3			开天斧		【联1】⑥
W6090	锯				
W6090.1		锯的产生		A1446.1	
W6090.1.1			特殊来历的人造锯		【例1】⑦
W6090.1.2			受到带齿的草启发造出锯		【例1】⑧
W6090.1.3			用鱼脊梁骨造锯		【侗族】
W6090.2		与锯有关的其他母题			【联1】⑨
W6090.2.1			石锯		
W6090.2.2			骨锯		
W6091	筐（箩筐）				
W6091.1		筐的来历			
W6091.1.1			按照天神的安排造背箩		【拉祜族】

① 【引例】❶神农教人造斧【汉族】；❷夫妻神教人间的子女造石斧【门巴族】
② 【引例】神农从太上老君那里得到开山斧【汉族】
③ 【关联】［W6076.1.1］神蛋孵出工匠。【引例】神蛋孵出工匠制造斧子【哈尼族】
④ 【关联】［W8752.2］战斧。【引例】第二代人开始造石斧【侗族】
⑤ 【关联】❶［W6964.2］火镰是雷公斧；❷［W8891.3］用雷公斧斗恶龙
⑥ 【关联】［W1110.4］用斧子造天地
⑦ 【引例】神蛋孵出工匠制造锯【哈尼族】
⑧ 【引例】鲁班受草划破手指的启发发明了锯【汉族】
⑨ 【关联】［W9968.1］仙人锯山形成今天山的面貌

W 编码	母题描述			参照项	
	一级母题	二级母题	三级母题	汤普森	关联项
W6091.2		与筐有关的其他母题			【联1】①
W6092	犁				
W6092.1		犁的产生			
W6092.1.1			按照天神的安排造犁		【拉祜族】
W6092.1.2			从特定的地方得到犁		【例1】②
W6092.1.3			特定的人物造犁		【例2】③
W6092.2		与犁有关的其他母题			
W6092.2.1			金犁	F858	
W6092.2.2			石犁		【例1】④
W6092.2.3			花椒树做犁头		【羌族】
W6093	磨				
W6093.1		磨的产生		A1442	
W6093.1.1			祖先造磨		【布依族】
W6093.2		与磨有关的其他母题			【联3】⑤
W6094	耙				
W6094.1		耙的产生			
W6094.1.1			神造耙		【黎族】
W6094.1.2			按照天神的安排造耙		【拉祜族】
W6094.2		与耙有关的其他母题			
W6094.2.1			用猴子的颚骨耙地种庄稼		【珞巴族】
W6095	钳子				
W6095.1		钳子的产生			
W6095.1.1			仿照螃蟹的手脚造钳子		【苗族】
W6095.2		与钳子有关的其他母题			

---

① 【关联】［W8376］洪水时用筐（篮子）逃生
② 【引例】从山洞中得到石犁 【满族】
③ 【引例】❶祖先造犁 【布依族】；❷炎帝造犁 【壮族】
④ 【引例】人以前用石犁耕地 【汉族】
⑤ 【关联】❶［W6076.3］磨工；❷［W7763］婚前滚磨相合难题；❸［W9678］宝磨

W 编码	母题描述			参照项	
	一级母题	二级母题	三级母题	汤普森	关联项
W6096	扫帚				
W6096.1		扫帚的产生		A1446.5.1	
W6096.1.1			神奇的扫帚	F857	
W6096.2		与扫帚有关的其他母题			【联1】①
W6096.2.1			会飞的扫帚		【汉族】
W6097	其他特定劳动工具的产生				
W6097.1		石器②			
W6097.1.1			神或神性人物造石器		【汉族】
W6097.1.2			敲打制造石器		【汉族】
W6097.1.3			磨制石器		【汉族】
W6097.2		镐的产生			
W6097.3		臼的产生			
W6097.4		镢的产生			
W6097.5		耒的产生			【例1】③
W6097.6		镰的产生			【汉族】
W6097.7		筛子的产生			
W6097.7.1			受山雀做窝的启示学会用竹藤编织筛子		【珞巴族】
W6097.8		锹的产生			
W6098	与工具有关的其他母题				
W6098.1		神奇的工具		F887	【联1】④
W6098.2		工具的改进			

6.1.5　与生产有关的其他母题【W6100～W6109】

W 编码	母题描述			参照项	
	一级母题	二级母题	三级母题	汤普森	关联项
✳ **W6100**	**手工艺的获得**			A1440	

① 【关联】［W9680］宝扫帚
② 石器，人类在原始社会已开始制作石器。研究者将其划分为旧石器时期和新石器时期。据考古资料，距今180万年的山西芮城县西侯度遗址中发现有用锤击打制的砍砸器、刮削器等三十多件石器。
③ 【引例】仿照地老鼠的牙齿造木耒【珞巴族】
④ 【关联】［W8753.2］奇特的武器

W 编码	母题描述			参照项	
	一级母题	二级母题	三级母题	汤普森	关联项
W6101		从神那里学来手艺			【例1】①
W6102		文化英雄教手工制作		A541	
W6103		与手工艺的获得有关的其他母题			
✳ **W6104**	劳动分工的产生			①A1440.2 ②A1472	
W6105		脑力与体力的分工			
W6106		夫妻劳动职能的分工			【民族，联1】②
W6107		与劳动分工有关的其他母题			【联3】③
W6107.1			狩猎与种植的分工		
W6108	与生产有关的其他母题				
W6108.1		矿藏的发现			【联1】④
W6108.2		冶炼			【联3】⑤
W6108.2.1			冶炼技术的发明者		【汉族】
W6108.2.2			特定冶炼技术的产生		【例4】⑥
W6108.2.3			与冶炼有关的其他母题		

---

① 【引例】神农跟太上老君学手艺
② 【民族】彝族。【关联】［W7020］夫妻
③ 【关联】❶［W5028.1］主仆关系；❷［W5028.1.2］奴隶的产生；❸［W6455.6］神职人员与凡俗之子的区别
④ 【关联】［W1985～W1989］矿物
⑤ 【关联】❶［W1980］金属的产生（获得）；❷［W1983］铁的产生；❸［W1984.1］铜的产生
⑥ 【引例】❶用树木烧一种特别的石头炼出铁【珞巴族】；❷达尼·让罗玛（祖先婚生的第一个儿子）是第一个开创作铜匠活的人【珞巴族】；❸特定的时代人学会炼铜；❹一个老人教人炼铜

6.2　与生活相关的文化

【W6110 ~ W6279】

6.2.1　衣服（服饰等）【W6110 ~ W6139】

W 编码	母题描述			参照项	
	一级母题	二级母题	三级母题	汤普森	关联项
W6110	以前的人的生活				
W6110.1		以前人类的生活是美好的			【联1】①
W6110.1.1			以前人类衣食无忧		
W6110.2		以前人类的生活充满痛苦			【联1】②
W6110.2.1			以前的人缺衣少食		
W6110.3		与以前人类生活有关的其他母题			
W6110.3.1			以前人类的生活与现在相反		
W6110.3.2			以前的人靠天吃饭		【汉族】
✳ W6111	服饰				
W6112		人以前不知道戴服饰			
W6113		头饰的来历			【联1，例3】③
W6113.1			妇女头饰的来历		【哈尼族】
W6113.2			包头的来历		【例2】④
W6114		戴项链手镯的来历			
W6114.1			戴手镯的来历		【例2】⑤

---

① 【关联】［W2997.1］人生活在完美的世界
② 【关联】［W8696］发生一系列灾难
③ 【关联】［W6116.4］白头巾表示为先祖戴孝。【引例】❶头领为什么头上戴鸟翔【哈尼族】；❷从孔雀和鸡那里学会做头饰【景颇族】；❸头饰是为祖先戴孝【瑶族】
④ 【引例】❶包头是为了纪念祖先【傣族】；❷苦聪人扎包头的来历【拉祜族】
⑤ 【引例】❶祖先婚生的第一个儿子用蜂蜡制作出手镯、铜钗、铜铃等的铸模【珞巴族】；❷妇女戴铜手镯的来历【彝族】

W 编码	母题描述			参照项	
	一级母题	二级母题	三级母题	汤普森	关联项
W6115		特定的人特定服饰的来历			【联1】①
W6115.1			女人穿长衣服的来历		【羌族】
W6115.2			妇女盖头的来历		【回族】
W6115.3			其他具体服饰的来历		【联1，例4】②
W6116		特定服饰的作用			
W6116.1			穿特定动物图案的衣服可以亲近该动物		【联1，例1】③
W6116.2			穿特定动物做的服饰可以驱邪		【联1，例1】④
W6116.3			穿特定动物做的服饰表示感恩		【联1，例1】⑤
W6116.4			白头巾表示为先祖戴孝		【傣族】
W6116.5			服饰作为标记		
W6116.6			服饰的其他作用		
W6117		与服饰有关的其他母题			【例3】⑥
W6117.1			以前男女都穿裙子		【普米族】
W6117.2			发髻的来历		【例2】⑦
◎	〖纺织〗				
❋ **W6120**	**纺织的产生**				
W6121	纺纱的产生			A1453.1	
W6121.1		天女教人纺纱			【民族，联1】⑧
W6121.2		纺纱源于模仿			【联1】⑨
W6121.2.1			人学蜘蛛纺纱		【拉祜族】

① 【关联】［W6580］服饰习俗
② 【关联】［W5661.4］纳西族七星披肩的来历。【引例】❶天上的人穿白衣白袍【高山族】；❷白色蛋生的人的当头人，所以头人要穿白色【哈尼族】；❸铁匠服饰的来历【哈尼族】；❹穿麻布衣服的习惯的来历【蒙古族】
③ 【关联】［W6587］文身的功能。【引例】穿像龙的衣服可以到龙国捡贝壳【傣族】
④ 【关联】［W6480］祭祀仪式。【引例】祭祀时戴鹿角神帽可以镇妖驱邪【满族】
⑤ 【关联】［W6580］服饰习俗。【引例】女人披牛皮表示对牛的感恩【门巴族】
⑥ 【引例】❶神女穿的是肉衣裳【哈尼族】；❷为纪念龙女做孔雀衣【景颇族】；❸景颇人男人带刀是为了防止取心鬼来取心【景颇族】
⑦ 【引例】❶布根人在头顶上做成葫芦状发髻，表示他们的祖先来自葫芦【珞巴族】；❷孙达麦人的祖先头发被拧，形成头顶上打一个发髻的习俗【珞巴族】
⑧ 【民族】哈尼族。【关联】［W0215］天女
⑨ 【关联】［W6122.8.1］织布源于模仿

W 编码	母题描述			参照项	
	一级母题	二级母题	三级母题	汤普森	关联项
W6122	织布的产生			A1453.2	
W6122.1		天女教人织布			【民族，联2】①
W6122.2		女猎神教人纺织			【怒族】
W6122.3		神农氏教人织布			
W6122.4		龙女发明纺织			【彝族】
W6122.5		织女下凡教人织布			【汉族】
W6122.6		祖先教人织布			【例2】②
W6122.6.1			儿子向母亲学织布		【彝族】
W6122.7		动物教人织布			
W6122.7.1			从蜘蛛那里学会织布		【联1】③
W6122.7.2			鹿教人织布		【例1】④
W6122.8		与织布的产生有关的其他母题			【例3】⑤
W6122.8.1			织布源于模仿		【例1】⑥
W6123	与纺织有关的其他母题				
W6123.1		纺织者		P445	【例1】⑦
W6123.1.1			龙女织布		【彝族】
W6123.1.2			天女织布		【例1】⑧
W6123.1.3			嫘祖织布		
W6123.1.4			鸟作为纺织者		【民族，联1】⑨
W6123.2		纺纱者		P451	
W6123.3		纺织的材料			
W6123.3.1			用树皮纤维纺纱		【珞巴族】
W6123.3.2			用羽毛织布		【例1】⑩
W6123.4		七仙女管纺织			【汉族】
W6123.5		布的染色的产生		A1453.3	【联2】⑪
W6123.5.1			仙人教人蜡染		【布依族】

① 【民族】哈尼族。【关联】❶［W0215］天女；❷［W6121.1］天女教人纺纱

② 【引例】❶祖先的妻子（女始祖）最早会织布【珞巴族】；❷始祖布洛陀教人织布【壮族】

③ 【关联】［W6121.2.1］人学蜘蛛纺纱

④ 【引例】鹿变的姑娘教人织布【高山族】

⑤ 【引例】❶水妖传授织布技术【高山族】；❷精灵给善良的女子托梦，教会她如何织布【珞巴族】；❸长白山主教人种麻织布【满族】

⑥ 【引例】人模仿蜘蛛结网学会织布【普米族、畲族】

⑦ 【引例】始祖发明用麻织布【傈僳族】

⑧ 【引例】月宫下凡的女子绩麻织布

⑨ 【民族】汉族。【关联】［W0703］嫘祖（嫘祖）

⑩ 【引例】用鸢子松软的羽毛织布【珞巴族】

⑪ 【关联】❶［W6279.2.1］染料的获得；❷［W6279.2.2］兰草做染料

W 编码	母题描述			参照项	
	一级母题	二级母题	三级母题	汤普森	关联项
W6123.6		纺车			【例1】①
W6123.7		织布机			【例2】②
W6123.8		剪羊毛的来历			【回族】
◎	〖服装〗				
W6125	人穿衣服的来历			A1437	【联1，例1】③
W6125.1		人最早是裸体的		A1281.3	【普米族】
W6125.2		人知道害羞后开始穿衣			【傣族、回族】
W6125.3		人为了御寒开始穿衣			
✳ **W6126**	衣服的制作④			A1453	
W6127		神教人制衣			
W6127.1			天神教人穿兽皮		【鄂伦春族】
W6127.2			天女教人制衣		【民族，联1】⑤
W6128		神性人物教人制衣			【联2】⑥
W6128.1			仙女教人制衣裙		【布依族】
W6128.2			祖先教人制衣		【布依族、壮族】
W6128.3			嫘祖管制作衣服		【联2】⑦
W6129		特定的人教人制衣			
W6129.1			族长教族人制衣		【满族】
W6130		动物教人制衣			【例2】⑧
W6131		与制衣产生有关的其他母题			
W6131.1			特定的物变成衣服		【例1】⑨
W6131.2			魔法制衣	D1473	【联1】⑩
W6131.3			针的产生		【联1，例3】⑪
W6131.4			线的产生		【例1】⑫
W6131.5			扣子的产生		

① 【引例】祖先造纺车【布依族】

② 【引例】❶最早时用老人的皮骨制织布机【阿昌族】；❷祖先造织布机【布依族】

③ 【关联】［W6132.4］最早的一对夫妻为孩子做衣服。【引例】高辛帝教人穿衣裳【畲族】

④ 衣服的制作，据考古资料，距今1.8万年的山顶洞人，已经能用磨制的骨针缝制衣服。

⑤ 【民族】哈尼族。【关联】［W0215］天女

⑥ 【关联】❶［W6132.1］龙女制衣；❷［W6132.2］黄帝制衣

⑦ 【关联】❶［W0703］螺祖（嫘祖）；❷［W6132.3］黄帝的妻子制衣

⑧ 【引例】❶雀鸟教人缝制树叶衣【哈尼族】；❷人学穿山甲用树叶做成衣裳【哈尼族】

⑨ 【引例】云霞变成衣裙【普米族】

⑩ 【关联】［W9000］魔法

⑪ 【关联】［W6080］工具的产生（工具的获得）。【引例】❶用骨做针【侗族】；❷眉毛变针【苗族】；❸特定的物变针

⑫ 【引例】用头发做线【汉族】

W 编码	母题描述			参照项	
	一级母题	二级母题	三级母题	汤普森	关联项
W6132	制衣者			P441	
W6132.1		龙女制衣			【彝族】
W6132.2		黄帝制衣			【民族，联 1】①
W6132.3		黄帝的妻子制衣			【民族，联 1】②
W6132.4		最早的一对夫妻为孩子做衣服		A1277.4	【联 1】③
W6132.5		其他制衣者			【例 2】④
W6132.5.1			女裁缝	P452	
W6133	制衣的材料				
W6133.1		树叶蔽体			【白族、汉族、瑶族】
W6133.1.1			树叶蔽体的来历		【例 2】⑤
W6133.2		树皮做衣服			
W6133.2.1			树皮衣的来历		【民族，例 2】⑥
W6133.3		结草为衣			【汉族、彝族】
W6133.3.1			女始祖织百草衣		【壮族】
W6133.4		动物皮毛为衣			
W6133.4.1			兽皮为衣		【民族，联1，例3】⑦
W6133.4.2			羽毛为衣		【傣族、壮族】⑧
W6133.5		其他制衣材料			
W6133.5.1			织布做衣		【联 1】⑨
W6134	特定的服装				
W6134.1		蓑衣			
W6134.2		石头衣裳			【壮族】
W6134.3		羽衣			【民族，联 1】⑩
W6134.3.1			百鸟衣		【傣族、苗族】
W6135	与服装有关的其他母题				
W6135.1		女人衣服的特征			
W6135.2		女人穿筒裙的来历			【傣族】
◎	〚其他相关母题〛				
W6136	鞋的产生			A1454	
W6136.1		以前用草做鞋			【汉族】

① 【民族】汉族、土家族。【关联】〔W0690〕黄帝
② 【民族】汉族。【关联】〔W0695.1〕黄帝的妻子
③ 【关联】〔W2022.1.1〕世上最早只有一对夫妻
④ 【引例】❶伯余做衣裳【汉族】；❷蚩尤的妻子制衣【苗族】
⑤ 【引例】❶人吃禁果知道羞耻后开始树叶蔽体【汉族、回族】；❷人以前割芭蕉叶做衣裳【苗族】
⑥ 【民族】藏族。【引例】❶女首领用桦树皮做衣服【满族】；❷以前的人穿树皮【撒拉族】
⑦ 【民族】侗族、土家族、瑶族。【关联】〔W6127.1〕天神教人们穿兽皮。【引例】❶轩辕的妻子嫘祖用兽皮做衣裳【侗族】；❷用大象皮做衣裳【哈尼族】；❸熊皮做成衣服【珞巴族】
⑧ 【引例】百鸟衣【傣族、苗族】
⑨ 【关联】〔W6122〕织布的产生
⑩ 【民族】汉族、满族。【关联】〔W9512.1.1〕人穿羽衣变成鸟

W 编码	母题描述			参照项	
	一级母题	二级母题	三级母题	汤普森	关联项
W6136.2		以前用木头做鞋			【汉族】
W6136.3		与鞋有关的其他母题			【例1】①
W6136.3.1			制鞋匠	P453	
W6137	帽子的产生				
W6137.1		龙女造帽子			【彝族】
W6137.2		草帽的产生			【汉族】
W6137.3		与帽子有关的其他母题			
W6138	与衣服（服饰）有关的其他母题				【联1，例1】②
W6138.1		奇特的饰品		F827	
W6138.2		民族服装的产生			【民族，联1】③
W6138.3		衣服上的装饰是为了区别氏族			【德昂族】

6.2.2　饮食④【W6140～W6159】

W 编码	母题描述			参照项	
	一级母题	二级母题	三级母题	汤普森	关联项
✿ **W6140**	饮食的产生				
✳ **W6141**	人类食物的产生			A1420	
W6142		人类最初有现成的食物			
W6142.1			人以前会很容易地得到食物	A1420.4	【汉族】
W6142.2			人想要什么食物就有什么食物	A1346.2.2	
W6142.3			以前粮食很多		【苗族、藏族】
W6143		食物源于某个地方			
W6143.1			天降食物	F962.6	【联1，例1】⑤
W6143.2			天上的使者带来食物	D2105.2	【联1】⑥

① 【引例】石头鞋
② 【关联】[W6580] 服饰习俗。【引例】妇女戴手镯是为了驱魔【布依族】
③ 【民族】哈尼族。【关联】[W5500～W5503] 民族服饰
④ 饮食，用今天的眼光看，神话叙事中出现的一些特定的食物是客观现实，但在神话语境中这些食物往往带有神性因素，也列为神话母题。
⑤ 【关联】[W4088] 天降面粉。【引例】天降小麦【汉族】
⑥ 【关联】[W0210] 天使

W 编码	母题描述			参照项	
	一级母题	二级母题	三级母题	汤普森	关联项
W6143.3			以前的粮食从洞里流出		
W6144		人到特定的地方找食物			
W6144.1			人到天上要食物		【汉族】
W6144.2			祖先到水里找食物		【哈尼族】
W6144.3			人到土中找食物		
W6145		与食物产生有关的其他母题			
W6145.1			神给予人类食物		
W6145.2			文化英雄创造食物		【布依族】
W6145.3			祈祷后得到食物	D2105.1	【联1】①
W6145.4			熟食的产生		
W6145.5			食物的制造者	A1420.3	
W6146	人的特定食物				
W6146.1		人以前吃土		A1420.6	【民族，例1】②
W6146.1.1			人以前吃特定的土		
W6146.2		人以前吃野果			【民族，联1】③
W6146.3		人以前吃草木			【民族，例4】④
W6146.3.1			人以前吃草		【佤族】
W6146.3.2			人以前吃树叶		【仫佬族】
W6146.4		人以前吃兽肉和树皮			【布依族】
W6146.5		人以前茹毛饮血			
W6146.5.1			人以前吃生的食物		【布朗族、水族】
W6146.5.2			人以前生吃野兽		【民族，联1】⑤
W6146.6		人以前以肉为食			【例2】⑥
W6146.6.1			人以前吃虫		【羌族】
W6146.7		人吃五谷的来历			【回族】
W6146.8		其他食物的来历		A1429	

---

① 【关联】［W3847.1.4］祈祷降谷物
② 【民族】德昂族、拉祜族、羌族、佤族。【引例】人靠吃松软的岩石和土为生【珞巴族】
③ 【民族】仡佬族、黎族、珞巴族、土族、佤族。【关联】［W6013.1］采集野果
④ 【民族】拉祜族、怒族、羌族。【引例】❶人食树叶【汉族】；❷人吃百草【汉族】；❸仙人教人食竹壳【彝族】；
　　❹最早出现的人啃草根
⑤ 【民族】哈尼族。【关联】［W3067.4］有些动物为什么被人吃
⑥ 【引例】❶人以前吃羊肉【彝族】；❷人以前吃牛羊肉【藏族】

W 编码	母题描述			参照项	
	一级母题	二级母题	三级母题	汤普森	关联项
W6146.8.1			糌粑		【例1】①
W6147	以前与现在不同的食物				【联1】②
W6147.1		以前世界黑暗时人吃水上的浮油			【藏族】
W6147.2		以前人食狗粮			【维吾尔族】
W6148	人的饥饿的产生			A1345	【联1】③
W6148.1		人的饥饿源于惩罚			
W6148.2		人的饥饿源于灵魂的指使			【汉族】
W6149	人的饥渴的产生			A1345.1	
W6150	人类饮食方法的产生			A1420	
W6150.1		模仿神的食物制作食物			【汉族】
W6150.2		向动物学会饮食			
W6150.2.1			老鼠吃什么,人就学着吃什么		【哈尼族】
W6151	做饭的来历			A1455	【联1】④
W6151.1		神教人做饭			【藏族】
W6151.2		族长教族人做饭			【满族】
W6152	食物的保存			A1420.2	
W6152.1		神教会人保存食物			
W6153	饮食的改变				
◎	〖**常见的食品饮品**〗				
W6155	酒				
W6155.1		酒的获得		A1428	
W6155.1.1			神给予酒		【珞巴族】
W6155.1.2			神的乳汁洒在地上长出各种酒药植物		【景颇族】
W6155.1.3			天神挖出酒泉		【民族,联1】⑤

---

① 【引例】循着鸟的踪迹到藏区找到糌粑【珞巴族】
② 【关联】［W6356.2］以图腾粪便为食
③ 【关联】［W5028.4.1］乞丐的产生
④ 【关联】［W6591.1］为什么食物要烹饪
⑤ 【民族】拉祜族。【关联】［W1972.1］神奇的泉

W 编码	母题描述			参照项	
	一级母题	二级母题	三级母题	汤普森	关联项
W6155.2		酒的制造		A1426.2.1	
W6155.2.1			酒神造出酒		【苗族】
W6155.2.2			用药物造酒		【联1，例2】①
W6155.2.3			偶然造出酒		【例3】②
W6155.2.4			剩饭变成酒		【阿昌族、瑶族】
W6155.2.5			用米饭造酒		【景颇族】
W6155.2.6			粮食变酸造成酒		
W6155.2.7			祖先教人造酒		【佤族】
W6155.2.8			动物教人造酒		【例1】③
W6155.2.9			魔法造酒		【例1】④
W6155.3		与酒有关的其他母题			【联1，例3】⑤
W6155.3.1			芭蕉腐烂后变成酒		【拉祜族】
W6155.3.2			酒丹使水变成酒		【纳西族】
W6155.3.3			酒药（酒曲）		【例2】⑥
W6155.3.4			雄黄酒		【联1，例2】⑦
W6156	糖				
W6156.1		糖的来历			
W6156.2		糖为什么甜			【壮族】
W6156.3		与糖有关的其他母题			
W6157	盐			A1429.4	
W6157.1		盐在特定的地方			
W6157.1.1			盐在天上		【联1】⑧
W6157.1.2			盐在地上		【例2】⑨
W6157.1.3			盐在远方		【例1】⑩

① 【关联】［W6155.1.2］神的乳汁酒在地上长出各种酒药植物。【引例】❶人从鬼那里骗得了酒药开始造酒【珞巴族】；❷用红、白、黑、黄药合在一起造成酒【彝族】

② 【引例】❶马奶酒是偶然造出来的【蒙古族】；❷芭蕉叶包冷饭无意中造出水酒【佤族】；❸敬山神的野葡萄发酵产生酒【彝族】

③ 【引例】狗教人造酒【珞巴族】

④ 【引例】魔女教造酒【珞巴族】

⑤ 【关联】［W0469］酒神。【引例】❶天女下凡时带的竹筒盛水酿出酒【独龙族】；❷喝酒使日子过得更有味【珞巴族】；❸让已故祖先尝酒的来历【羌族】

⑥ 【引例】❶星星的女儿送给祖先酒曲【珞巴族】；❷把头发和汗水放进酒中，酒就变甜【珞巴族】

⑦ 【关联】［W6617.8.2］端午节喝雄黄酒。【引例】❶雄黄酒可以制服蛟龙水兽【汉族】；❷雄黄酒抹七窍可避瘟驱邪【汉族】

⑧ 【关联】［W6157.3］从天上偷来盐

⑨ 【引例】❶盐碱地上发现盐【古突厥】；❷从地上偶然发现了盐【维吾尔族】

⑩ 【引例】从远处一个姑娘那里得到盐【珞巴族】

W 编码	母题描述			参照项	
	一级母题	二级母题	三级母题	汤普森	关联项
W6157.2		神把盐送给人			【联1】①
W6157.2.1			盐神带来食盐		【阿昌族】
W6157.3		从天上偷来盐			【联1，例3】②
W6157.3.1			神性人物为人类偷来盐		
W6157.4		从山神宝库中得到盐			【藏族】
W6157.5		神仙撒盐的地方变成盐泉			【民族，联1】③
W6157.6		变化产生盐			【例2】④
W6157.6.1			血化为盐		【例2】⑤
W6157.6.2			汗化为盐		
W6157.7		与盐有关的其他母题			
W6157.7.1			人在动物引导下找到盐		【例1】⑥
W6157.7.2			为什么森林中找不到盐	A1196	
W6157.7.3			通过交换获得盐		【联1，例1】⑦
W6158	饮茶				
W6158.1		饮茶的来历			【例1】⑧
W6158.1.1			神农发现茶叶		【民族，联1】⑨
W6158.2		与茶有关的其他母题			【联3】⑩
W6158.2.1			茶为什么能提神		
W6159	与饮食有关的其他母题				【联2】⑪
W6159.1		奇特的食物		F851	
W6159.1.1			给力的食物		【苗族】

① 【关联】［W0484］盐神
② 【关联】［W9950］偷盗。【引例】❶人偷天王的盐【彝族】；❷神仙到天宫为人类偷盐【壮族】；❸从玉帝那里偷来盐
③ 【民族】壮族。【关联】［W1972.1］神奇的泉
④ 【引例】❶盐婆婆死后头变为岩盐【阿昌族】；❷祖先死后变成盐【佤族】
⑤ 【引例】❶蚩尤的血化为盐湖【汉族】；❷神性人物的血液化盐
⑥ 【引例】绵羊引导人找到盐【彝族】
⑦ 【关联】［W9958］交换。【引例】珞巴族叔侄二人用虎皮从藏族那里换来食盐、铁刀【珞巴族】
⑧ 【引例】陆羽制茶【汉族】
⑨ 【民族】汉族。【关联】［W0735.2］神农尝百草
⑩ 【关联】❶［W0497.7.1］茶神；❷［W3753］茶树的产生（茶的产生）；❸［W3755.1］茶能治病
⑪ 【关联】❶［W6520］饮食禁忌；❷［W6592.6］人吃掉自己的后代

W 编码	母题描述			参照项	
	一级母题	二级母题	三级母题	汤普森	关联项
W6159.2		油的来历		A1429.1	
W6159.2.1			油来自特定的植物		
W6159.3		糌粑的来历			【藏族】

6.2.3 人的居所【W6160 ~ W6209】

W 编码	母题描述			参照项	
	一级母题	二级母题	三级母题	汤普森	关联项
✳ **W6160**	人 的 居 所 的 产生			① ≈A1410 ② A1435	【联1】①
W6161		人无定所			【民族，例1】②
W6161.1			人以前飘游空中		【联1】③
W6162		神指点人的住处			【佤族】
W6163		神分配人的居所			【苗族】
W6164		与人的居所产生有关的其他母题			
W6164.1			人的定居是为了繁衍后代		
✳ **W6165**	人的特定居所				
W6166		人的不平常的居所		F562	
W6167		人住在三界			【民族，联1】④
W6167.1			宇宙中间三层为人的住所		【满族】
W6167.2			以前的人在宇宙的半空中生活		【普米族】
W6168		人住在天上和地上			【怒族、彝族】
W6168.1			兄弟分别住在天上和地上		【苗族】
W6169		人住在天上			【例3】⑤
W6169.1			最早的人的住在天堂		【民族，联1】⑥
W6169.2			人以前住在月亮上		【彝族】
W6169.3			人被神带到天上		F63	

---

① 【关联】［W6204］房屋的建造
② 【民族】佤族、壮族。【引例】因为没有火，人各地随遇而安【布依族】
③ 【关联】［W6169］人住在天上
④ 【民族】苗族、壮族。【关联】［W1070］三界
⑤ 【引例】❶以前一些人住在天上【傈僳族】；❷一部分人到天上居住【苗族】；❸人的母亲住在天上【彝族】
⑥ 【民族】哈萨克族。【关联】［W1071］上界（天堂）

W 编码	母题描述			参照项	
	一级母题	二级母题	三级母题	汤普森	关联项
W6170		人居住在地上			
W6170.1			人住在地上的某个位置		【例1】①
W6170.2			人住在地上的原因		【民族，联2】②
W6171		人住在地下			【哈尼族】
W6172		人住在山上			【景颇族】
W6172.1			可以居住人的山	F721.2	【联1】③
W6173		人居住在水中		F562.3	【例1】④
W6173.1			人住在水下		
W6173.2			人住海中		【例1】⑤
W6173.3			人住海边		【汉族】
W6173.4			人住湖中		【鄂温克族】
W6174		人居住在林中			
W6174.1			人原来住树林中		【民族，例1】⑥
W6175		人居住在树上		F562.2	【民族，例2】⑦
W6175.1			始祖住在树上		【民族，例1】⑧
W6175.2			多人共居树上		【例1】⑨
W6176		人有时巢居有时穴居			
W6176.1			人夏巢居冬穴处		【朝鲜族】
W6177		人巢居			
W6177.1			人因洪水而巢居		【汉族】
W6177.2			人巢居大树上		【傣族】
W6177.3			人结草为巢而居		【布依族】
W6178		人穴居⑩		A1435.0.1	【民族，例2】⑪
W6178.1			人住地洞		【民族，例1】⑫

---

① 【引例】人住在地的肚皮上【珞巴族】

② 【民族】哈萨克族。【关联】❶［W0106.3］神失乐园；❷［W2997.6.2］人从天上迁徙到地上

③ 【关联】［W1850～W1854］常见的特定名称的山

④ 【引例】以前生命居住在水中【珞巴族】

⑤ 【引例】以前人生活在海面上的青苔绿草上面【藏族】

⑥ 【民族】哈尼族。【引例】祖先住森林的边缘【傣族】

⑦ 【民族】门巴族。【引例】❶人住在攀枝花树上【傣族】；❷人在树上搭草棚居住

⑧ 【民族】汉族、黎族。【引例】祖先的房子在树上【布依族、壮族】

⑨ 【引例】7家哈尼族和5家傣族共同居住在一棵大树上【傣族】

⑩ 人穴居，据考古资料，距今71万至23万年间的北京猿人，以洞穴为居所。

⑪ 【民族】珞巴族、满族。【引例】❶以前居住岩穴石洞【高山族】；❷以前人住岩穴树洞【普米族】

⑫ 【民族】汉族。【引例】以前的一对夫妻生活在地洞里【鄂温克族】

W 编码	母题描述			参照项	
	一级母题	二级母题	三级母题	汤普森	关联项
W6178.2			人住山洞		【民族，例5】①
W6178.3			人居低洼的穴中		【民族，例1】②
W6178.4			人住坑中		
W6179		人住窝棚一样房子			【哈尼族】
W6179.1			人住草房		【佤族】
W6180		人住在植物中			
W6180.1			人住在葫芦中		【德昂族、佤族】
W6181		与人的特定居所有关的其他母题			
W6181.1			射箭安家		【民族，例1】③
◎	〖人的居住情形〗				
✵ **W6182**	人神杂居（人鬼杂居）			≈A189.9	【民族，例5】④
W6183		人与神（鬼）分开居住			【联1，例2】⑤
W6183.1			人与神隔山而居		【羌族】
W6183.2			人在地上住，神到天上住		【汉族】
W6184		人与神（鬼）分开居住的原因			
W6184.1			天庭禁止神和人随便往来		【羌族】
W6184.2			人因为鬼吃人把鬼赶走		【傈僳族、怒族】
W6184.3			人因为鬼做恶与神（鬼）分开		
W6184.4			天神见鬼太坏，让人与鬼分开		【怒族】
W6184.5			人不能战胜鬼就和鬼分开		【珞巴族】

① 【民族】鄂温克族、高山族、哈尼族、汉族、拉祜族、傈僳族、苗族、门巴族、土家族。【引例】❶人由树上巢居迁居山洞【傣族】；❷阿巴达基（珞巴族祖先的弟弟）住在石洞中【珞巴族】；❸人住岩石下的洞中【毛南族】；❹人像蝙蝠一样穴居山洞【纳西族】；❺以前人住在岩洞中【藏族】

② 【民族】汉族。【引例】人和野兽不分，同住洞里

③ 【民族】拉祜族。【引例】射箭时，箭落到哪里就迁到那里定居【珞巴族】

④ 【民族】苗族、怒族、羌族。【引例】❶某个特定时代人鬼混杂【独龙族】；❷前11代先祖时人神（鬼）不分【哈尼族】；❸以前人鬼共住太阳宫中【景颇族】；❹以前人和妖精住在一起【傈僳族】；❺以前，人和鬼神一起在地上生活【珞巴族】

⑤ 【关联】［W8190.2］神发洪水是为了把人和鬼分开。【引例】❶第12代祖先出生后人神（鬼）分开【哈尼族】；❷人和鬼两个世界的分界处【景颇族】

W 编码	母题描述			参照项	
	一级母题	二级母题	三级母题	汤普森	关联项
W6185		人神分居的方法 （人鬼分居的方法）			【联 1，例 3】①
W6186		与人神（鬼）杂居有关的其他母题			
W6186.1			人神争夺居所		【联 1】②
W6186.2			人神交往		【苗族】
W6186.3			人神绝交		【民族，联 1】③
W6187	人与动物杂居④				【羌族、佤族、维吾尔族】
W6187.1		以前人和野兽住在一起			【民族，例 1】⑤
W6187.1.1			人与动物兄弟共处		【民族，联 1，例 1】⑥
W6187.1.2			人与动物同住山上		
W6187.2		以前人与猴子住在一起			【羌族】
W6187.3		以前人与鹰住在一起			【塔吉克族】
W6187.4		以前人与其他特定动物住在一起			
W6187.5		人与动物的分居			【怒族】
W6187.5.1			人使用火后与动物分开		【联 1】⑦
W6187.5.2			人与龙的分家		【纳西族】
W6188	人的分居				【联 1】⑧
W6188.1		人以前群居			【满族】
W6188.2		男女分居			【傣族】
W6188.3		兄弟分居			【民族，联 1】⑨
W6188.4		子女分居			【民族，例 2】⑩

---

① 【关联】［W0912］驱鬼。【引例】❶人给鬼祭祀后鬼离开人居住的地方【珞巴族】；❷人通过咒语把鬼赶出住处；❸人通过鬼的忌物的把鬼隔开

② 【关联】［W8820］人神之争

③ 【民族】古突厥。【关联】［W1415］绝天地通

④ 人与动物杂居，神话叙事中与人杂居的"动物"一般带有图腾性质。本母题编目对此不作相应分析。

⑤ 【民族】苗族、壮族。【引例】人在金身时代与兽同居【彝族】

⑥ 【民族】侗族、壮族。【关联】［W2733］人与动物同源。【引例】人与没变成人的猴子一块生活【怒族】

⑦ 【关联】［W6932］火是发明的

⑧ 【关联】［W5211］分家

⑨ 【民族】苗族。【关联】［W5215］兄弟分家

⑩ 【民族】怒族。【引例】❶子女分居后，有的留在身边有的外出拓荒【独龙族】；❷子女分居后，男人留在原地女人远走【高山族】

W 编码	母题描述			参照项	
	一级母题	二级母题	三级母题	汤普森	关联项
W6188.5		与分居有关的其他母题			
✳ **W6189**	**人的居所的变化**				
W6190		人从地上到天上			【德昂族】
W6190.1			人死后要到天上		
W6191		人到天上的原因			
W6191.1			被风吹上天		【德昂族】
W6191.2			人被织女接到天上		【仡佬族】
W6192		人从天上迁到地上居住			【民族，联1】①
W6192.1			人被赶下天堂		【例1】②
W6192.2			人失天堂（乐园）的原因		【例2】③
W6192.3			鸟把人衔到地上		【高山族】
W6193		人从树上迁到地上居住			
W6193.1			人从树上迁到山洞居住		【汉族】
W6193.2			人在树上住不下时迁到山洞居		【傣族】
W6194		人由巢居变成穴居			【联1】④
W6195		人的草巢替代山洞		A1435.3	
W6195.1			祖先学会开荒种田后从森林边缘移到河边居住		【傣族】
W6196		与人的居所变化有关的其他母题			【例1】⑤
W6196.1			人因为迁徙改变居所		【民族，联2】⑥
W6196.2			人因为灾难改变居所		【联3】⑦
W6197	与人的居所有关的其他母题				【联2】⑧

① 【民族】仡佬族。【关联】［W2025］人从天降
② 【引例】安拉发落人祖和夏娃离开天堂【哈萨克族】
③ 【引例】❶人受蛇引诱吃禁果后失去天堂【回族】；❷魔鬼引诱吃禁果【回族】
④ 【关联】［W6176］人有时巢居有时穴居
⑤ 【引例】珞巴人从岩洞搬出来【珞巴族】
⑥ 【民族】侗族。【关联】❶［W5226］家族的迁徙；❷［W5298.4］氏族的迁徙
⑦ 【关联】❶［W6177.1］人因洪水页巢居；❷［W8550］地震；❸［W8600］旱灾
⑧ 【关联】❶［W0910.2］人死后魂归祖神居所（灵魂还乡）；❷［W5515］民族杂居

W 编码	母题描述			参照项	
	一级母题	二级母题	三级母题	汤普森	关联项
W6197.1		人的居住地的形成			
W6197.1.1			人受特定人物的指点找到居所		
W6197.2		人得到属于自己的地方			【苗族】
W6197.2.1			婚后到一定地点定居		【独龙族、瑶族】
W6197.2.2			婚后另找地方		【傈僳族、怒族】
W6197.3		居所的失去			
◎	〖房屋建筑〗				
✴ **W6200**	**房屋产生的原因**				【联1】①
W6221		为避禽兽造屋			
W6222		为避寒冷造屋			【汉族】
W6223		为避灾难造屋			
✴ **W6204**	**房屋的建造**				
W6205		神或神性人物创造房屋		≈ A1402	
W6205.1			天神教人建房		【阿昌族、鄂伦春族】
W6205.2			文化始祖造房屋		【民族，例1】②
W6205.3			有巢氏发明造屋		【民族，例1】③
W6205.4			圣人教人造屋		【汉族】
W6205.5			其他神或神性人物造房屋		【例2】④
W6206		特殊的人造房子			
W6206.1			特殊来历的人造房子		【例1】⑤
W6206.2			首领教人造房子		【民族，联1】⑥
W6206.3			鲁班造房子		【民族，联1】⑦
W6207		建筑方法		≈ A1445	
W6207.1			构木为巢的来历		【民族，联1】⑧
W6207.2			魔法变出房屋		【联1】⑨

① 【关联】［W6160］人的居所的产生
② 【民族】壮族。【引例】女祖先教子孙造的"鸟巢"又小又不牢【佤族】
③ 【民族】畲族。【引例】有巢氏发明建窑洞【汉族】
④ 【引例】❶舜教人造屋【汉族】；❷鲁仙（即汉族鲁班）造屋【毛南族】
⑤ 【引例】神蛋孵出工匠制造房子【哈尼族】
⑥ 【民族】佤族、壮族。【关联】［W5030］首领
⑦ 【民族】汉族。【关联】［W0768.20］鲁班
⑧ 【民族】汉族。【关联】［W0750］有巢氏
⑨ 【关联】［W9000］魔法

W 编码	母题描述			参照项	
	一级母题	二级母题	三级母题	汤普森	关联项
W6207. 3			模仿动物造房屋		【民族，联1，例2】①
W6207. 4			人从蜂那里学会造屋	A1445. 2. 2	
W6207. 5			人从鸟那里学会造屋		【民族，例1】②
W6207. 6			人从蜘蛛那里学会造屋		【佤族】
W6207. 7			人从其他动物那里学会造屋		【例3】③
W6208	**与房屋建筑有关的其他母题**				【联1】④
W6208. 1		动物是建筑师			【联1，例1】⑤
W6208. 2		砍伐方法的获得			
W6208. 2. 1			受动物的启发学会砍伐		【例1】⑥
W6208. 2. 2			发明锯后开始砍伐		【联1】⑦
W6208. 3		木工制作手艺的获得		A1445. 2	【联1】⑧
W6208. 4		建筑材料的来历			
W6208. 4. 1			砖瓦		
W6208. 4. 2			头人教人打砖烧瓦		【壮族】
W6208. 4. 3			用动物奉献的身上的东西造房		【傣族】
W6208. 5		特定的建筑物			
W6208. 5. 1			石屋		
W6208. 5. 2			草房		【联1】⑨
W6208. 5. 3			奇特之塔	F772	

① 【民族】景颇族。【关联】［W0750］有巢氏。【引例】❶始祖向老母猪学做窝【佤族】；❷始祖向鸟雀学在树根处架窝【佤族】
② 【民族】普米族。【引例】人从鸟做巢知道了盖房【景颇族】
③ 【引例】❶人仿照蝼蛄打洞造房【侗族】；❷人受燕子的启发学会造屋【佤族】；❸人受岩雁做巢的启发学会造屋【佤族】
④ 【关联】［W0667. 5］巨人是建造师
⑤ 【关联】［W6207. 3］模仿动物造房屋。【引例】山蚂蚁和斑鸠教会建房【普米族】
⑥ 【引例】受竹鼠吃竹根的启发学会砍竹子【景颇族】
⑦ 【关联】［W6090. 1］锯的产生
⑧ 【关联】［W6076. 5］木匠
⑨ 【关联】［W6179. 1］人住草房

6.2.4　人的行走（出行）【W6210～W6229】

W 编码	母题描述			参照项	
	一级母题	二级母题	三级母题	汤普森	关联项
✳ **W6210**	人的行走				
W6211		人的特殊行走方式			
W6211.1			人以前两手着地爬着走		【布依族】
W6212		人以前跑得速度很快			【民族，联1】①
W6213		以前人的行动随心所欲			【藏族】
W6214		与人的行走有关的其他母题			【联2】②
◎	〖交通工具〗				
✳ **W6215**	交通工具的产生			A1436	【联1】③
W6216	车				
W6216.1		车的发明			
W6216.1.1			车的发明者		【例1】④
W6216.1.2			车轮的发明		
W6216.2		车的特征			
W6216.2.1			特定功能的车		
W6216.2.2			能在特殊地方行驶的车子		【例1】⑤
W6216.3		与车有关的其他母题			【联1】⑥
W6216.3.1			雷车		
W6216.3.2			指南车		【民族，联1】⑦
W6217	船			A1445.1	
W6217.1		船的发明			
W6217.1.1			神或神性人物造船		【例2】⑧
W6217.1.2			其他特定的人物发明船		

① 【民族】傈僳族。【关联】［W2924.6］奔跑很快的人（飞毛腿）
② 【关联】❶［W2903］人最会飞；❷［W2904］人原来跑得很快
③ 【关联】［W6080］工具的产生（工具的获得）
④ 【引例】轩辕造车【畲族】
⑤ 【引例】雷车在云雾中行走【汉族】
⑥ 【关联】［W8752.1］战车
⑦ 【民族】汉族。【关联】［W0674.1］风后造指南车
⑧ 【引例】❶鲁班造船【白族】；❷黄帝造船【汉族、畲族】

W 编码	母题描述			参照项	
	一级母题	二级母题	三级母题	汤普森	关联项
W6217.2		船的制造			【联1】①
W6217.2.1			树叶作舟	D1524.8	
W6217.2.2			刻木造舟		
W6217.2.3			仿照木鞋造船		【白族】
W6217.3		与船有关的其他母题			
W6217.3.1			奇特的船	F841	【联1】②
W6217.3.2			会飞的船		
W6217.3.3			木船		
W6217.3.4			石船		【汉族】
W6217.3.5			土船		
W6217.3.6			龙船		【汉族、苗族】
W6217.3.7			独木舟		【民族，例1】③
W6217.3.8			牛皮船		【例1】④
W6217.3.9			羊皮船		【汉族】
W6218	与交通工具有关的其他母题				
W6218.1		爬犁			
W6218.1.1			猎神教人们狗拉爬犁		【满族】
W6218.2		雪橇			【柯尔克孜族】
W6218.3		宝物作为出行工具			【联1】⑤
◎	〖道路〗				
✳ **W6220**	道路的产生			A1435.2	
W6221		神或神性人物造道路			【例1】⑥
W6222		特定物变成道路			【例3】⑦
W6222.1			动物的肠子变成道路		【民族，例1】⑧
W6222.2			怪物的肠子变成路		【纳西族】
W6223		道路是特定的痕迹			

① 【关联】［W8356］洪水时逃生船是造出来的
② 【关联】［W9038.4］魔船
③ 【民族】汉族、彝族。【引例】挖树洞造独木舟【高山族】
④ 【引例】杀牛造牛皮船【珞巴族】
⑤ 【关联】［W9688.4］飞毯
⑥ 【引例】创世神造路【壮族】
⑦ 【引例】❶盘古死后筋变成了成道路【白族】；❷神死后筋脉变成路【布依族】；❸鹿死后筋脉变成道路
⑧ 【民族】汉族、彝族。【引例】杀牛造牛皮船【珞巴族】

W 编码	母题描述			参照项	
	一级母题	二级母题	三级母题	汤普森	关联项
W6223.1			牛用尾巴甩出道路		【壮族】
W6224	与道路有关的其他母题				
W6224.1		路标的来历			
W6224.1.1			垒石为路标		【侗族】
◎	〖桥〗				
W6225	桥的产生				
W6225.1		桥是特定人物造出来的			
W6225.1.1			天仙造桥		【布依族】
W6225.1.2			蜘蛛仙下凡为人造桥		【羌族】
W6225.1.3			祖先造桥		
W6225.1.4			动物搭桥		【联1】①
W6225.2		受动物启发造桥			
W6225.2.1			受蜘蛛启发造桥		【佤族】
W6225.2.2			多蛇启发造桥		
W6225.3		用特定的材料造桥			
W6225.3.1			用神的牙造桥		【东乡族】
W6225.4		特定的物化为桥			
W6225.4.1			桥是生殖器		【民族，联1】②
W6225.4.2			巨人的生殖器化桥		【鄂温克族】
W6225.5		与桥的产生有关的其他母题			
W6226	与桥有关的其他母题				
W6226.1		神奇的桥		F842	【联3】③
W6226.1.1			通向另一个世界的桥		【联1】④
W6226.2		特定的桥			
W6226.2.1			特定的桥的产生		【例1】⑤
W6226.2.2			鹊桥		【汉族】
W6226.2.3			风雨桥（花桥）		【侗族】

① 【关联】［W6226.2.2］鹊桥
② 【民族】壮族。【关联】［W9240］象征物
③ 【关联】❶［W1407］连接天地的桥（天桥）；❷［W1438.3］上天的桥；❸［W4487.1］彩虹是神造的桥
④ 【关联】［W1086.6］通往下界（阴间）的桥
⑤ 【引例】通过用藤箭射鱼发明了造藤索桥【珞巴族】

W 编码	母题描述			参照项	
	一级母题	二级母题	三级母题	汤普森	关联项
W6226.2.4			藤桥		【珞巴族、门巴族】
W6227	与人的出行有关的其他母题				【联 4】①
W6227.1		人乘动物出行			
W6227.1.1			人乘龙上天		【汉族】
W6227.1.2			人乘鸟飞行	B552	【例 1】②
W6227.1.3			人骑鹿出行	B557.3	
W6227.1.4			人骑狮出行	B557.5	
W6227.2		人乘宝物出行			【联 2】③
W6227.2.1			乘风火轮出行		【汉族】
W6227.2.2			乘飞轮出行		【汉族】
W6227.3		人出行的引导者			
W6227.3.1			灵魂作为出行的引导者		
W6227.3.2			星宿作为出行的引导者		【汉族】
W6227.3.3			动物作为出行的引导者		【古突厥】
W6227.4		人出行受阻			
W6227.4.1			英雄出行迷失方向		【蒙古族】
W6227.4.2			鬼打墙		【汉族】

6.2.5　医药（医术）【W6230～W6249】

W 编码	母题描述			参照项	
	一级母题	二级母题	三级母题	汤普森	关联项
✻ **W6230**	**医术的产生**				
W6231		神或神性人物会医术			【例 2】④
W6231.1			仙女下凡为人治病		【民族，联 1】⑤
W6231.2			天仙为人治病		【独龙族】

---

① 【关联】❶［W1086.2］通过水进入下界（阴间）；❷［W1426.1］以前的人能上天；❸［W2598.6］孩子出生就会跑；❹［W6547.5.1］出行禁忌
② 【引例】英雄乘鹰飞行【彝族】
③ 【关联】❶［W6096.2.1］会飞的扫帚；❷［W9688.4］飞毯
④ 【引例】❶太乙真人懂医道【汉族】；❷妖怪取瘤【锡伯族】
⑤ 【民族】水族。【关联】［W0826］仙女

W 编码	母题描述			参照项	
	一级母题	二级母题	三级母题	汤普森	关联项
W6231.3			雷神告诉人治病的方法		【彝族】
W6231.4			巫师为人治病		【满族】
W6232		医生的产生 *		A1594	【联1】①
W6232.1			医生神授		
W6232.2			鬼魂附体成为医生		【蒙古族】
W6233		动物为人治病		B510	
W6233.1			狗为人治病（疗伤）		【民族，联1】②
W6233.2			狼为人治病（疗伤）		【古突厥】
W6233.3			牛为人治病（疗伤）		【珞巴族】
W6234		与医术产生有关的其他母题			
W6234.1			人（神）通过透视自身血脉发明医术		【联2】③
❊ **W6235**	药的产生（药的获得）			A1438	
W6236			药是特定的人物赠予的		
W6236.1			神农给人间药材		【民族，联1】④
W6236.2			向天神讨药		【独龙族】
W6236.3			从山神那里得到草药		【壮族】
W6236.4			从雷公那里得到药		【联1】⑤
W6236.5			龙送药		【汉族】
W6236.6			龙吐草药		
W6237			药是寻找发现的		【例2】⑥
W6237.1			神农找草药		
W6237.2			神农尝百草辨草药		【汉族】
W6237.3			动物采药		B514	【瑶族】
W6237.4			通过动物启发发现草药		【汉族】

① 【关联】［W5082］社会分工
② 【民族】苗族、畲族、瑶族。【关联】［W3133.5］义犬
③ 【关联】❶［W0485.10］药神能透视自身；❷［W0733.1］神农身体通透（透明）
④ 【民族】土家族。【关联】［W0731］神农
⑤ 【关联】［W6231.3］雷神告诉人治病的方法
⑥ 【引例】❶则嘎老尝百草为人治病【苗族】；❷神龙的后代找到药【羌族】

W 编码	母题描述			参照项	
	一级母题	二级母题	三级母题	汤普森	关联项
W6237.5			通过药兽辨别药性		【例2】①
W6238		药是造出来的（造药）			
W6238.1			药神造药		
W6238.2			巫师造（取、盗）药	≈A1438.1	
W6238.3			炼丹治病		【民族，联1】②
W6238.4			汗水作为药物	D1500.1.36	
W6238.5			用器物或工具造出草药		
W6239		药是变化产生的			【例3】③
W6239.1			特定的水变成药		
W6240		与药的产生有关的其他母题			【例1】④
W6240.1			眼泪疗伤		【彝族】
W6240.2			盗药		【联1】⑤
◎	〖常见的治病药物〗				
W6241		仙草治病			【锡伯族】
W6241.1			灵芝治病		【联1】⑥
W6242		姜治病			【民族，联2】⑦
W6243		人参治病			【联1】⑧
W6244		灵丹妙药			【联1】⑨
W6244.1			灵丹妙药的来历		【民族，联1】⑩
W6245		能治病的树			【例3】⑪
W6246		能治病的水			
W6246.1			治病的湖水		【门巴族】
W6246.2			特定的水珠能治哑病		【彝族】

① 【引例】❶琉璃兽能视药性【白族】；❷蟾蜍辨草药【汉族】
② 【民族】汉族。【关联】［W0791.3.4］太上老君炼丹
③ 【引例】❶英雄的尸体化为草药【蒙古族】；❷仙米撒在地上变成贝母（中药）【羌族】；❸三七是天上的神药下凡【壮族】
④ 【引例】受老鼠吃草疗伤的启发找到疗伤药【柯尔克孜族】
⑤ 【关联】［W9950］偷盗
⑥ 【关联】［W3820］灵芝
⑦ 【民族】汉族。【关联】❶［W0851.1.7］鬼怕姜；❷［W3893］姜
⑧ 【关联】［W3830］人参
⑨ 【关联】［W0954.1］仙丹
⑩ 【民族】珞巴族。【关联】［W9038.40］魔药
⑪ 【引例】❶榆树能治病【达斡尔族】；❷特定的树叶是神药【傈僳族】；❸乌杨树给人治病【土家族】

W 编码	母题描述			参照项	
	一级母题	二级母题	三级母题	汤普森	关联项
W6246.3			特定的泉水治病		【联1，例2】①
W6247	与药有关的其他母题				
W6247.1		草药的种类			
W6247.1.1			草药有百种		【汉族】
W6247.1.2			草药有1万6千种		
W6247.2		采药的时间			【例1】②
W6247.3		特定的药物			【联2】③
W6248	与医药医术有关的其他母题				【联2】④
W6248.1		毒药			
W6248.1.1			瘟神栽断肠草		【民族，联1】⑤
W6248.2		哑药			【联1】⑥
W6248.2.1			土地神向天神讨哑药		【布朗族】
W6248.2.2			哑药使动植物失去说话能力		【布朗族】
W6248.3		针灸			【汉族】
W6248.4		砭石			【汉族】

6.2.6 特定生活用品（器物）【W6250～W6279】

W 编码	母题描述			参照项	
	一级母题	二级母题	三级母题	汤普森	关联项
✹ **W6250**	**生活用品的产生**				
W6251		陶器的产生		A1451	
W6251.1			制陶的发明者		【例2】⑦
W6251.2			火烧泥巴发明了陶器		【苗族】
W6251.3			仿照燕子垒窝造器皿		【珞巴族】

① 【关联】［W1972.1］神奇的泉。【引例】❶饮药泉的水治病【达斡尔族】；❷能治病的温泉【水族】
② 【引例】五月五日采草药
③ 【关联】❶［W0324.1.2］雷公心可治病；❷［W0324.2.1］雷神的肉（胆）能治病
④ 【关联】❶［W9082.2］魔法使疾病转移；❷［W9187.2］咒语祛病
⑤ 【民族】白族。【关联】［W0483］瘟神（疾病神、病魔）
⑥ 【关联】［W1897.3］哑水
⑦ 【引例】❶尧制陶【汉族】；❷舜制陶【汉族】

W 编码	母题描述			参照项	
	一级母题	二级母题	三级母题	汤普森	关联项
W6252		碟的产生			【汉族】
W6252.1			祖先教人烧制碟		【壮族】
W6253		罐的产生			【汉族】
W6253.1			沙罐		【汉族】
W6253.2			泥罐		
W6254		锅的产生			
W6254.1			祖先造锅		【布依族】
W6254.2			化铁造锅		
W6255		盆的产生			【汉族】
W6256		瓢的产生			
W6256.1			祖先造瓢		【布依族】
W6257		碗的产生			
W6257.1			祖先教人烧制碗		【壮族】
W6258	与生活用品产生有关的其他母题				
W6258.1		桌椅板凳的产生			【例3】①
◎	〖文具〗				
✳ **W6260**	**文具的产生**				
W6261		笔的产生			【例1】②
W6261.1			神笔		【汉族】
W6262		墨的产生			
W6262.1			烧炭成墨		【汉族】
W6263		纸的产生			
W6263.1			从特定的地方得到纸		【例1】③
W6263.2			贝叶做纸		【傣族】
W6264		砚的产生			
W6265	文具的特征				
W6266	与文具有关的其他母题				
◎	〖乐器〗				
✳ **W6270**	**乐器的产生**				【联1】④

---

① 【引例】❶祖先造桌椅板凳【布依族】；❷凳板上凿洞的来历【汉族】；❸始祖布洛陀造三脚凳【壮族】

② 【引例】神用牛的三节骨头做笔【哈尼族】

③ 【引例】切开鱼尾得到纸、铁、棉纱、棉线【珞巴族】

④ 【关联】〔W6901〕音乐的产生

W 编码	母题描述			参照项	
	一级母题	二级母题	三级母题	汤普森	关联项
W6271		特定的人物教人造乐器			
W6271.1			祖先造乐器		【布依族】
W6272		与乐器产生有关的其他母题			
W6272.1			乐器制作的仿照物		【例1】①
W6273	乐器特征的来历				
◎	〖常见乐器的产生〗				
W6274	鼓的产生			A2824	【例2】②
W6274.1		砍树做鼓的来历			【例1】③
W6274.2		木鼓			【民族，联1，例1】④
W6274.3		铜鼓			
W6274.3.1			铜鼓来源于天上		【例3】⑤
W6274.3.2			铜鼓来源于龙宫		【水族】
W6274.3.3			铜鼓是特定的物		【例1】⑥
W6274.3.4			与铜鼓有关的其他母题		【联1，例1】⑦
W6274.4		其他特定的鼓的来历			【例1】⑧
W6275	笛子的来历				
W6275.1		天神造笛子			【苗族】
W6275.2		祖先造笛子			【布依族】
W6275.3		笛子为什么会发出响声			【汉族】
W6276	笙的来历				
W6276.1		神仙教人芦笙			【苗族】
W6276.2		女娲造葫芦笙			【民族，联1】⑨
W6276.3		天神造芦笙			【例1】⑩
W6276.4		根据河水唱歌芦笙			【藏族】

① 【引例】根据犀鸟的叫声做出东巴乐器【景颇族】
② 【引例】❶黄帝造鼓【汉族】；❷常先造鼓【汉族】
③ 【引例】神教给人做长鼓的方法【景颇族】
④ 【民族】佤族。【关联】［W6467.2.1］木鼓是通天神器。【引例】模仿啄木鸟啄树的声音造木鼓【布依族】
⑤ 【引例】❶铜鼓是天上传下来的【苗族】；❷铜鼓来自天上【水族】；❸天王让九仙把铜鼓带到人间【水族】
⑥ 【引例】铜鼓是地上的星星【壮族】
⑦ 【关联】［W0965］神鼓。【引例】铜鼓的声音震住蟒蛇【瑶族】
⑧ 【引例】黄泥羊皮鼓的来历【瑶族】
⑨ 【民族】藏族。【关联】［W0710］女娲
⑩ 【引例】天女用自己的手指和手臂做芦笙【苗族】

W 编码	母题描述			参照项	
	一级母题	二级母题	三级母题	汤普森	关联项
W6277	琴瑟的来历				
W6277.1		神性人物造琴（瑟）			【例3】①
W6277.2		动物化琴			【例1】②
W6277.3		特定的琴的来历			【例4】③
W6278	与乐器有关的母题				
W6278.1		箫的来历			
W6278.1.1			神性人物造箫		【例1】④
W6278.1.2			祖先造箫		【布依族】
W6278.2		钟的来历			
W6278.2.1			特定的人物造钟		【例1】⑤
W6278.3		琵琶的来历			
W6278.4		冬不拉的来历			【例2】⑥
W6278.5		簧的来历			
W6278.5.1			女娲作簧		【汉族】
W6278.6		为什么吹树叶能发出好听的声音			【侗族、苗族】
W6279	与生活用品有关的其他母题				
W6279.1		镜子			【联3】⑦
W6279.2		染料			
W6279.2.1			染料的获得	A1439.2	
W6279.2.2			兰草做染料		【布依族】

---

① 【引例】❶神农造琴【汉族】；❷舜作五弦琴【汉族】；❸宓羲（神农）作瑟【汉族】
② 【引例】天鹅的骨架变琴，肠子变成六根弦【裕固族】
③ 【引例】❶仿照月亮映在水里的影子造月琴【布依族】；❷用柏杨木制成月琴【布依族】；❸用梧桐树做瑶琴【汉族】；❹天鹅的骨架变成天鹅琴【裕固族】
④ 【引例】舜制作箫【汉族】
⑤ 【引例】黄帝的工人造钟【汉族】
⑥ 【引例】❶用显灵性的松树做冬不拉【哈萨克族】；❷冬不拉是会说话的乐器【哈萨克族】
⑦ 【关联】❶［W9038.15］魔镜；❷［W9676］宝镜；❸［W9676.2.1］照妖镜

6.3 图腾与崇拜①

【W6280 ~ W6449】

6.3.1 图腾概说【W6280 ~ W6289】

W 编码	母题描述			参照项	
	一级母题	二级母题	三级母题	汤普森	关联项
✳ **W6280**	**图腾的产生**				
W6281		因血缘产生图腾			
W6282		因命名产生的图腾			
W6282.1			特定的群体需要以图腾命名		【联3，例1】②
W6283		与图腾的产生有关的其他母题			
W6283.1			图腾产生的时间		
✳ **W6284**	**图腾的特征**				
W6285		图腾物与族体有特定的关系			【联3】③
W6285.1			熊氏族是由熊变来的		【怒族】
W6285.2			鼠氏族是由鼠变来的		【怒族】
W6285.3			鸟氏族是鸟变来的		【怒族】

---

① 图腾与崇拜，该类母题是一个复杂的问题。从理论上讲，"图腾"与"崇拜"是可以有明确厘定的，如从"图腾"的文化内涵上说，它可以作为人类早期氏族、部落等社会组织的重要标志。在判断一种"物"是不是图腾时，可以依据如下多种标准进行定位，包括（1）有没有相应的较为稳定的主体和客体；（2）是否相信本族起源于这个具有特定意义的"物"；（3）一个氏族或族体的全体成员对该"物"有没有血缘亲属关系的认可；（4）该氏族后来有没有关于该"物"的标志或象征性图案；（5）一个氏族或族体的成员是否相信自身与"物"之间可以相互化身；（6）氏族或族体后来有没有关于该"物"的相应的禁忌，如禁猎、禁食等；（7）把该"物"作为标志的群体的成员之间是否禁婚；（8）有没有一定的图腾仪式（如生产、生育仪式、成年仪式等）；（9）有没有关于该"物"与氏族或族体起源相关的传说，等等。如果较全面地分析了上述问题，那么，判断一个民族的图腾物，就会较为切合实际。而对于"崇拜"母题而言，按照一般解释，"崇拜"是指向崇高尊贵的神或特殊的物，对他们的巨大业绩品格等表达出极大的尊崇。事实上，无论是从社会人类学角度，还是宗教信仰角度分析，"图腾"与"崇拜"之间具有关联性或含混性，在民间神话叙事中难以截然划分清楚。在此类母题编码中尽可能分辨出"图腾"与"崇拜"的不同母题，同时，对于那些难以辨识的问题采取只选取典型示例的方式。

② 【关联】❶［W5272.2］熊氏族；❷［W5272.3］狼氏族；❸［W5272.4］虎氏族。【引例】氏族以图腾命名【怒族】

③ 【关联】❶［W5251］氏族的产生；❷［W5301］部落的产生；❸［W5401］民族的产生

W 编码	母题描述			参照项	
	一级母题	二级母题	三级母题	汤普森	关联项
W6285.4			蛇氏族是女子与蛇婚生的		【怒族】
W6286	图腾是特定群体的标记				【例1】①
W6286.1			图腾作为标识的来历		【民族，联1】②
W6286.2			图腾作为象征符号		
W6287	与图腾的特征有关的其他母题				
W6287.1			图腾能保护子孙		【彝族】
W6287.2			图腾物不会伤害本氏族		【傈僳族】
W6287.3			图腾物不能买卖		【民族，联1】③

6.3.2　常见的图腾物【W6290～W6349】

W 编码	母题描述			参照项	
	一级母题	二级母题	三级母题	汤普森	关联项
✿ **W6290**	动物图腾④			B2	【联1】⑤
❋ **W6291**	哺乳动物图腾				
W6292		狼图腾			【蒙古族、匈奴】
W6293		鹿图腾			【古突厥、蒙古族】
W6293.1			马鹿图腾		【壮族】
W6293.2			白鹿图腾		【蒙古族】
W6294		虎图腾			【民族，例1】⑥
W6294.1			虎图腾是因为祖先是虎		【彝族】
W6294.2			白虎图腾		【民族，例1】⑦
W6295		猴图腾			【古突厥、傈僳族】
W6295.1			猩猩图腾		【苗族】

① 【引例】死后身上盖虎皮表示死者生前是虎的后代【彝族】
② 【民族】古突厥。【关联】［W6585］文身
③ 【民族】土家族。【关联】［W6354］图腾禁忌
④ 动物图腾，为避免母题编码中的冗杂，此处的"动物图腾"只选取起到例证或示范作用的动物，包括哺乳动物、鸟类动物、水中动物等，不再进行上述类型的划分，其他未列出的动物，归纳到"［W6328］与动物图腾有关的其他母题"中。
⑤ 【关联】［W6380］动物崇拜
⑥ 【民族】白族、傣族、珞巴族、纳西族、土家族、壮族。【引例】死后身上盖虎皮表示死者生前是虎的后代【彝族】
⑦ 【民族】土家族。【引例】雄性白虎图腾【白族】

W 编码	母题描述			参照项	
	一级母题	二级母题	三级母题	汤普森	关联项
W6296		猫图腾			【黎族】
W6296.1			山猫图腾		【苗族】
W6297		牛图腾			【民族，联1】①
W6297.1			水牛图腾		【黎族】
W6297.2			公牛图腾②		【蒙古族】
W6298		熊图腾			【民族，联1，例1】③
W6299		其他哺乳动物图腾			
W6299.1			狗图腾		【民族，例2】④
W6299.2			狐狸图腾		【彝族】
W6299.3			鼠图腾		【民族，例1】⑤
W6299.4			犀牛图腾		【壮族】
W6299.5			象图腾		【傣族】
W6299.6			猪图腾		【民族，例1】⑥
✳ **W6300**	**鸟类动物图腾**				
W6301		鸟图腾			【民族】⑦
W6302		鸽子图腾			【壮族】
W6303		鸡图腾			【汉族、畲族】
W6303.1			鸡蛋图腾		【珞巴族】
W6304		天鹅图腾			【鄂温克族、蒙古族】
W6304.1			白天鹅图腾		【哈萨克族】
W6305		乌鸦图腾			【蒙古族、壮族】
W6306		燕子图腾			【苗族】
W6307		鹰图腾			【民族】⑧
W6308		其他鸟图腾			
✳ **W6310**	**水中动物图腾**				
W6311		鱼图腾			【哈尼族】
W6311.1			鲤鱼图腾		
W6312		其他水中动物图腾			
✳ **W6315**	**昆虫图腾**				

① 【民族】布依族、傣族、黎族。【关联】［W6388］牛崇拜
② 公牛，有的神话又作"牤牛"。
③ 【民族】白族、朝鲜族、傣族、侗族、鄂伦春族、鄂温克族、汉族、蒙古族、怒族。【关联】［W5266.1］人与熊婚生熊氏族。
　　【引例】有的佤族人还叫老熊为"熊奶奶"【佤族】
④ 【民族】高山族、汉族、黎族、苗族、畲族、土家族、瑶族、裕固族、壮族。【引例】❶龙狗图腾【侗族】；❷狗因
　　为多次救回主人的命，成了祖先【普米族】
⑤ 【民族】白族、傈僳族。【引例】鼠氏族是由鼠变来的
⑥ 【民族】傈僳族。【引例】野猪图腾【珞巴族、契丹】
⑦ 【民族】朝鲜族、傣族、汉族、黎族、满族、怒族、壮族
⑧ 【民族】鄂温克族、哈萨克族、蒙古族、彝族、藏族

W 编码	母题描述			参照项	
	一级母题	二级母题	三级母题	汤普森	关联项
W6316		蜘蛛图腾			【高山族】
W6317		蚂蚱图腾			【彝族】
W6318		蟋蟀图腾			【彝族】
W6319		其他昆虫图腾			
W6319.1			蚂蚁图腾		【傣族】
❊ **W6320**	**两栖或爬行动物图腾**				
W6321		蛙图腾			【黎族、壮族】
W6322		蛇图腾			【民族，联1】①
W6322.1			大花蛇图腾		【侗族】
W6322.2			眼睛蛇图腾		【高山族】
W6323		**其他两栖或爬行动物图腾**			
W6323.1			鳄鱼图腾		【高山族】
W6323.2			穿山甲图腾		【彝族】
❊ **W6324**	**神话动物图腾**				
W6325		龙图腾			【民族】②
W6326		凤图腾			【汉族、壮族】
W6327		神兽图腾			
W6328	**与动物图腾有关的其他母题**				【联2】③
W6328.1		图腾动物的处置			【鄂温克族】
W6328.1.1			供奉动物图腾		【例1】④
W6328.1.2			葬图腾动物		【例2】⑤
✿ **W6330**	**植物图腾**⑥				
❊ **W6331**	**树木图腾**				
W6332		竹图腾			【黎族、土家族、壮族】
W6332.1			香竹图腾		【彝族】
W6332.2			兰竹图腾		【彝族】
W6332.3			楠竹图腾		【土家族】
W6332.4			竹屑图腾		【珞巴族】

① 【民族】白族、侗族、高山族、黎族、傈僳族、珞巴族、怒族。【关联】［W5266.4］人与蛇婚生蛇氏族
② 【民族】白族、傣族、汉族、黎族、蒙古族、苗族、彝族等
③ 【关联】❶［W6524.1］忌食图腾动物；❷［W6535.1］忌杀图腾动物
④ 【引例】供奉龙犬的来历【畲族、瑶族】
⑤ 【引例】❶葬青蛙【壮族】；❷葬熊【鄂伦春族、鄂温克族】
⑥ 植物图腾，为避免母题编码中的冗杂，此处的"植物图腾"只选择一定数量的植物作为例证或示范，包括树木乔木、作物花草等，不再进行类型的细分，其他未列出的植物，归纳到"［W6338］其他植物图腾"。

W 编码	母题描述			参照项	
	一级母题	二级母题	三级母题	汤普森	关联项
W6333		枫树图腾			【苗族、壮族】
W6334		其他树图腾			
W6334.1			茶树图腾		【布朗族、德昂族】
W6334.2			木棉图腾		【黎族】
W6334.3			梨树图腾		【彝族】
W6334.4			玲珑树图腾		【例1】①
✳ **W6335**	花草图腾				
W6336		特定的花图腾			【壮族】
W6337		特定的草图腾			【傈僳族、怒族】
W6338	其他植物图腾				
W6338.1		葫芦图腾			【拉祜族、黎族】
W6338.2		芭蕉图腾			【黎族】
W6338.3		番薯图腾			【黎族】
◎	〖自然物与无生命物图腾〗				
W6340		太阳图腾			【傣族】
W6341		月亮图腾			
W6342		雷图腾			【壮族】
W6343		山图腾			
W6343.1			山作为氏族图腾		【鄂温克族】
W6344		石图腾			【高山族、壮族】
W6344.1			石柱图腾		【傣族】
W6345		器物图腾			
W6345.1			刀子图腾		【珞巴族】
W6346		藤绳图腾			【高山族】
W6347		排泄物图腾			
W6347.1			狗粪图腾		【民族，联1】②
W6348		其他无生命物图腾			

---

① 【引例】祖先以玲珑树做父亲【蒙古族】
② 【民族】高山族。【关联】［W6291］狗图腾

6.3.3 与图腾有关的其他母题【W6350～W6359】

W 编码	母题描述			参照项	
	一级母题	二级母题	三级母题	汤普森	关联项
◎	〖与图腾有关的其他母题〗				
W6350	图腾神			A113	【联 4】①
W6351	图腾的属性				
W6351.1		家族的图腾			
W6351.2		姓氏的图腾			
W6351.3		氏族的图腾			【联 2】②
W6351.4		部落的图腾			
W6351.5		民族的图腾			
W6351.5.1			一个民族有多种图腾		【壮族】
W6351.6		与图腾归属有关的其他母题			
W6351.6.1			小的图腾服从大的图腾		
W6252	图腾的变化				
W6252.1		图腾的变形			【民族，联 1】③
W6352.1.1			图腾物变为人		
W6352.1.2			人死后变为图腾物		
W6252.2		一个图腾变成其他图腾			
W6252.3		图腾变成敌人			【蒙古族】
W6252.4		国家图腾的变化			【例 1】④
W6252.5		众多图腾组合成新的图腾			【壮族】
W6353	图腾的婚姻				【联 3】⑤
W6354	图腾禁忌				【联 1】⑥
W6354.1		忌伤害图腾			
W6354.2		对图腾物要用特定的称呼			

① 【关联】❶［W6287.3］图腾物不能买卖；❷［W6290］动物图腾；❸［W6330］植物图腾；❹［W6340～W6349］自然物或无生命物图腾

② 【关联】［W5280］氏族的标志

③ 【民族】蒙古族。【关联】［W9500］变形

④ 【引例】一国的图腾由蛇变为水牛【壮族】

⑤ 【关联】❶［W5266.2］人与猴婚配繁衍猴氏族；❷［W7401］人与动物婚；❸［W7490］人与植物婚

⑥ 【关联】［W6510～W6549］禁忌

W 编码	母题描述			参照项	
	一级母题	二级母题	三级母题	汤普森	关联项
W6354.3			称图腾动物为祖先		【联1，例1】①
W6355	图腾的死亡				
W6355.1		用巫术使图腾死亡			【联1】②
W6356	人对图腾的处置				【联1】③
W6356.1		杀图腾			
W6356.2		分食图腾			
W6356.3		以图腾粪便为食			【民族，联2】④
W6357	与图腾有关的其他母题				
W6357.1		图腾的控制			
W6357.1.1			杀死图腾物就会杀死相应的人群		【珞巴族】
W6357.2		图腾的消失			

6.3.4 崇拜的产生【W6360～W6369】

W 编码	母题描述			参照项	
	一级母题	二级母题	三级母题	汤普森	关联项
✳ **W6360**	崇拜的产生			A1546	
W6361		因神圣产生崇拜			【联1】⑤
W6361.1			神圣的动物被崇拜	≈B811	
W6361.2			其他与崇拜有关的圣物	V130	
W6362		因害怕产生崇拜			
W6362.1			不崇拜某物要受到惩罚		
W6362.2			植物可以惩罚那些不敬者	A2721	【联1】⑥
W6362.3			湖用来淹死不敬神的人	A920.1.8	【联1】⑦
W6363		因感恩产生崇拜			

---

① 【关联】［W0640］祖先。【引例】称图腾熊为爷爷【鄂伦春族】
② 【关联】［W6357.1.1］杀死图腾物就会杀死相应的人群
③ 【关联】［W6328.1］图腾动物的处置
④ 【民族】古突厥。【关联】❶［W6141］人类食物的产生；❷［W6505.5.1］圣餐
⑤ 【关联】［W6411］崇拜有神性的自然现象
⑥ 【关联】［W6400］植物崇拜
⑦ 【关联】［W9908］不敬神受惩罚

W 编码	母题描述			参照项	
	一级母题	二级母题	三级母题	汤普森	关联项
W6363.1			因为动物对人有恩被崇拜		【联 2，例 2】①
W6363.2			因为特定的植物救过先祖被崇拜		【例 2】②
W6364		因体征奇特被崇拜			
W6364.1			肤色特殊的人被崇拜		【傣族】
W6364.2			特殊的象被崇拜		【傣族】
W6365		有益的东西被崇拜			【汉族】
W6365.1			有益的动物被崇拜		【民族，联 1】③
W6365.2			有益的宝物被崇拜		【联 1】④
W6366		因有功被崇拜			
W6366.1			神或神性人物有战功被崇拜		
W6366.2			人有战功被崇拜		【汉族】
W6366.3			动物因盗粮种被崇拜		【联 1】⑤
W6367	与崇拜产生有关的其他母题				【联 2】⑥
W6367.1			因性情优良被崇拜		【例 1】⑦.

6.3.5 常见的崇拜物 【W6370～W6439】

W 编码	母题描述			参照项	
	一级母题	二级母题	三级母题	汤普森	关联项
✿ **W6370**	崇拜物			V1	【联 1】⑧
※ **W6371**	神与神性人物崇拜⑨				【联 1】⑩
W6371.1		天神让人敬神			【民族，例 1】⑪

---

① 【关联】❶［W2959.1］动物把自己的一部分寿命交给人；❷［W3965］动物盗粮种（动物取粮种）。【引例】❶狗因为与人交换寿命受尊敬【纳西族、怒族】；❷崇拜青蛙是因为青蛙救过祖先的命【普米族】

② 【引例】❶崇拜竹根是因为竹根救过先祖的命【彝族】；❷因站在马樱花树上射落日月所以崇拜马樱花树【彝族】

③ 【民族】汉族。【关联】［W3048.10］有益的动物

④ 【关联】［W9650］宝物

⑤ 【关联】［W3950～W3999］种子的获取（盗取）

⑥ 【关联】❶［W6371.2］敬神是因为神对人有恩；❷［W6371.3］敬神是为了表示对神的感激

⑦ 【引例】忠诚的狗受到崇拜【汉族】

⑧ 【关联】［W6290～W6349］常见的图腾物

⑨ 神的崇拜，该类母题的列举难以穷尽，几乎神话或生活中塑造的每一个"神"都会有其特定崇拜人群，形成相应的祭祀仪式或颂功性质的神话叙事，若在此处列举会与"神与神性人物"类型母题造成明显的重复。因此，这里的编码只采取典型示例的方法。具体崇拜的"神"或"神性人物"可参见"［W00～W0999］神与神性人物"。

⑩ 【关联】［W00］神

⑪ 【民族】拉祜族。【引例】玉帝命令要供奉神【汉族】

W 编码	母题描述			参照项	
	一级母题	二级母题	三级母题	汤普森	关联项
W6371.2		敬神是因为神对人有恩			【佤族】
W6371.3		敬神是为了表示对神的感激			【珞巴族】
W6371.4		与敬神原因有关的其他母题			
W6372	特定的神的崇拜			V1.1	
W6372.1		天神崇拜			【民族，联1】①
W6372.2		地神崇拜			【古突厥、汉族】
W6372.3		女神崇拜			【侗族】
W6372.4		山神崇拜			【联1，例1】②
W6372.5		五谷神崇拜			
W6372.5.1			谷魂奶奶崇拜		【傣族】
W6372.6		太阳神崇拜			【民族，联2】③
W6372.7		月亮神崇拜			【民族，联2】④
W6372.8		其他特定的神的崇拜			【例1】⑤
W6372.8.1			行业神崇拜		【联1】⑥
W6372.8.2			龙神崇拜		【民族，联1】⑦
W6372.8.3			祖先神崇拜		【民族，联1】⑧
W6373	文化英雄崇拜				
W6373.1		炎黄崇拜			【汉族、壮族】
W6373.2		蚩尤崇拜			【民族，联1】⑨
W6373.3		民族英雄崇拜			【例3】⑩
W6373.4		其他特定的文化英雄崇拜			【例2】⑪
W6373.4.1			尧舜禹崇拜		【汉族】
W6374	鬼崇拜				
W6374.1		因人鬼同源产生鬼崇拜			【民族，联1】⑫

① 【民族】蒙古族。【关联】［W0181］天神
② 【关联】［W6487］祭山神。【引例】猎人普遍崇敬山神【鄂伦春族】
③ 【民族】汉族、彝族。【关联】❶［W0271］太阳神（日神）；❷［W6424］太阳崇拜
④ 【民族】汉族、彝族。【关联】❶［W0280］月亮神（月神）；❷［W6425］月亮崇拜
⑤ 【引例】天公地母崇拜【布朗族】
⑥ 【关联】［W0450～W0499］与功能或行业有关的神
⑦ 【民族】白族、侗族、汉族、蒙古族等。【关联】［W6381］龙崇拜
⑧ 【民族】土家族。【关联】［W0641］祖先神
⑨ 【民族】汉族、苗族。【关联】［W0672］蚩尤
⑩ 【引例】❶格斯尔崇拜【蒙古族】；❷江格尔崇拜【蒙古族】；❸格萨尔崇拜【土族、裕固族、藏族】
⑪ 【引例】❶降妖英雄崇拜【蒙古族、土族】；❷布伯崇拜【壮族】
⑫ 【民族】傈僳族。【关联】［W6182］人神杂居（人鬼杂居）

W 编码	母题描述			参照项	
	一级母题	二级母题	三级母题	汤普森	关联项
W6375	灵魂崇拜			V1.2	【联1】①
W6375.1		崇拜鬼神是因为鬼与人同祖产生			【傈僳族】
W6375.2		死魂灵崇拜			【蒙古族】
W6375.3		精灵崇拜		V1.2.1	
W6376	人的崇拜				
W6376.1		祖先崇拜		V1.3	【联1】②
W6376.1.1			崇拜有功的祖先		【民族，例1】③
W6376.2		特定的人的崇拜			【联2】④
W6377	特殊体征或身体部位崇拜				【联1】⑤
W6377.1		头崇拜		V1.10.2	
W6377.2		大耳朵崇拜			【汉族】
W6377.3		长胡须崇拜			【例1】⑥
W6377.4		生殖器崇拜（性崇拜）			【民族，联3，例1】⑦
W6377.4.1			祭拜生殖器可以生儿育女		【汉族、门巴族】
W6377.4.2			祭拜生殖器可以多获猎物		【例1】⑧
W6377.5		阳物崇拜			【民族，例1】⑨
W6377.5.1			石柱被作为男性生殖器受崇拜	A977.5.3	【联1】⑩
W6377.6		女阴崇拜			【汉族、藏族】
W6377.7		其他特殊体征或身体部位崇拜			
W6377.7.1			崇拜特殊体征的动物		【例2】⑪
✳ **W6380**	**动物崇拜**				【联1】⑫
W6381		龙崇拜		V1.8.8	【民族】⑬

① 【关联】［W0870］灵魂（鬼）
② 【关联】［W6372.8.3］祖先神崇拜
③ 【民族】满族。【引例】敬灶代表敬祖先【苗族】
④ 【关联】❶［W6364］因体征奇特被崇拜；❷［W6366］因有功被崇拜
⑤ 【关联】［W6364］因体征奇特被崇拜
⑥ 【引例】崇拜关公的美髯【汉族】
⑦ 【民族】鄂温克族、汉族、珞巴族。【关联】❶［W6460.4］割礼；❷［W6697.1］自诩性能力强的习俗；❸［W7196.6.1］巨大的生殖器。【引例】"卡让欣"树（像男性生殖器的树）崇拜【门巴族】
⑧ 【引例】猎获不到猎物要祭祀男性生殖器【门巴族】
⑨ 【民族】汉族、珞巴族、满族、门巴族、佤族。【引例】男性生殖器崇拜可避邪，还表示人丁兴旺【珞巴族】
⑩ 【关联】［W9240］象征物
⑪ 【引例】❶崇拜三牙象【傣族】；❷崇拜白猴【傣族】
⑫ 【关联】［W6290］动物图腾
⑬ 【民族】侗族、汉族、满族、怒族、土族、土家族

W 编码	母题描述			参照项	
	一级母题	二级母题	三级母题	汤普森	关联项
W6381.1			海龙王崇拜		【京族】
W6381.2			木龙崇拜		【布朗族】
✳ **W6382**	**哺乳动物崇拜**				
W6383		狼崇拜		V1.8.5	【维吾尔族】
W6383.1			白狼崇拜		【塔吉克族】
W6384		鹿崇拜			【民族】①
W6384.1			白色母鹿崇拜		【柯尔克孜族、蒙古族】
W6385		虎崇拜			【民族】②
W6385.1			白虎崇拜		【苗族、土家族】
W6386		马崇拜		V1.8.2	【民族】③
W6386.1			白马崇拜		【达斡尔族】
W6387		狗崇拜		V1.8.3	【民族，例2】④
W6387.1			黄狗崇拜		【满族】
W6387.2			龙犬崇拜		【畲族】
W6388		牛崇拜		①≈A1546.0.3 ②V1.8.1	【维吾尔族】
W6388.1			水牛崇拜		【德昂族】
W6388.2			母牛崇拜		【佤族】
W6388.3			青牛崇拜		【达斡尔族】
W6389		其他哺乳动物崇拜			【例1】⑤
W6389.1			猴崇拜		【珞巴族】
W6389.2			熊崇拜		【达斡尔族、蒙古族】
W6389.3			狮子崇拜	V1.8.9	
W6389.4			象崇拜		【傣族】
W6389.5			羊崇拜		【羌族】
W6389.6			猪崇拜	V1.8.4	
✳ **W6390**	**鸟崇拜**			V1.8.7	【联1】⑥
W6391		凤凰崇拜			【傣族、仫佬族】

---

① 【民族】鄂伦春族、柯尔克孜族、蒙古族
② 【民族】白族、哈尼族、基诺族、拉祜族、傈僳族、苗族、纳西族、怒族、土家族、彝族
③ 【民族】保安族、鄂伦春族、蒙古族
④ 【民族】古突厥、汉族、畲族、瑶族、裕固族。【引例】❶崇拜狗是因为狗保护了祖先【高山族】；❷狗因为与人交换寿命受尊敬【纳西族】
⑤ 【引例】崇拜猫是因为猫保护了祖先【高山族】
⑥ 【关联】［W6301］鸟图腾

W 编码	母题描述			参照项	
	一级母题	二级母题	三级母题	汤普森	关联项
W6392		鹰崇拜			【朝鲜族、鄂温克族、苗族】
W6393		天鹅崇拜		B811.5	【哈萨克族、纳西族】
W6394		其他鸟崇拜			
W6394.1			鸡崇拜		【民族，例1】①
W6394.2			乌鸦崇拜		【布依族、满族】
W6394.3			布谷鸟崇拜		【怒族】
W6394.4			喜鹊崇拜		【朝鲜族、满族】
W6394.5			雁崇拜		【满族】
W6394.6			燕子崇拜		【蒙古族】
W6394.7			鸽子崇拜		【朝鲜族】
◎	〖两栖与爬行动物崇拜〗				
W6395		蛇崇拜		V1.8.6	【民族，例1】②
W6396		蛙崇拜			【民族，例1】③
W6396.1			蟾蜍崇拜		【联1】④
W6397		其他两栖或爬行动物崇拜			
W6397.1			蜥蜴崇拜		【高山族】
W6398	其他动物崇拜				
W6398.1		鱼崇拜		V1.8.11	【哈尼族、汉族】
W6398.2		鳄鱼崇拜		A1546.7.1	【高山族、壮族】
W6398.3		蛟龙崇拜			【壮族】
W6398.4		贝壳崇拜		V1.6.4.2	【汉族、藏族】
W6398.5		蝴蝶崇拜			【苗族】
W6398.6		蜘蛛崇拜			【侗族】
✿ **W6400**	植物崇拜⑤			V1.7	【联1】⑥
❋ **W6401**	树木崇拜			V1.7.1	【维吾尔族】
W6402		大树崇拜			【黎族、维吾尔族】
W6403		竹子崇拜			【土家族、彝族】
W6403.1			楠竹崇拜		【彝族】

① 【民族】朝鲜族、畲族。【引例】白鸡崇拜【羌族】
② 【民族】汉族、柯尔克孜族。【引例】因为祖先是蛇的形体而崇拜蛇【高山族】
③ 【民族】普米族、佤族、壮族。【引例】崇拜青蛙是因为青蛙救过祖先的命
④ 【关联】［W3535］蛙（青蛙、蟾蜍、蛤蟆、癞蛤蟆）
⑤ 植物崇拜，各民族在不同的历史阶段或不同地区往往会崇拜不同的植物，鉴于植物的多样性和复杂性，此处对作为崇拜的植物不再一一列举编码，使用者可以根据神话研究的具体情况和实际需要，做出相应的细类析出。关于植物的母题类型可参见 "［W3600～W3639］植物的起源"。
⑥ 【关联】［W3700～W3899］各类植物

W 编码	母题描述			参照项	
	一级母题	二级母题	三级母题	汤普森	关联项
W6403.2			香竹崇拜		【彝族】
W6403.3			竹根崇拜		【例1】①
W6404		柳树崇拜			【鄂伦春族、满族】
W6405		其他树木崇拜			
W6405.1			枫树崇拜		
W6405.2			梨树崇拜		【民族，联1】②
W6405.3			茶树崇拜		【德昂族】
W6405.4			榆树崇拜		【满族】
W6405.5			马缨花树崇拜		【例1】③
W6406	特定的花崇拜				
W6406.1		杜鹃花崇拜（金达莱崇拜）			【朝鲜族】
W6406.2		白果花崇拜			【土家族】
W6407	特定的草崇拜				
W6408	葫芦崇拜				【民族，联1】④
W6409	其他植物崇拜				
❈ **W6410**	**自然现象崇拜**			V1.5	【联1】⑤
W6411		崇拜有神性的自然现象		A139.11	【民族，联1】⑥
W6412		天体崇拜		V1.4	【例1】⑦
W6413		云崇拜		V1.5.1	【联1】⑧
W6413.1			红云崇拜		
W6414		雷崇拜		V1.5.2	【民族，联1】⑨
W6414.1			雷击物崇拜		【鄂温克族】
W6415		风崇拜		V1.5.3	
W6416		虹崇拜		V1.5.6.1	【联1】⑩
W6417		光崇拜		V1.5.6	
W6418		其他自然现象崇拜			

① 【引例】崇拜竹根是因为竹根救过先祖的命
② 【民族】彝族。【关联】［W6333］梨树图腾
③ 【引例】因站在马缨花树上射落日月，所以崇拜马樱花树
④ 【民族】傣族、德昂族、拉祜族。【关联】［W2184］葫芦生人
⑤ 【关联】［W6411］崇拜有神性的自然现象
⑥ 【民族】阿昌族、白族、德昂族、汉族等。【关联】［W6361］因神圣产生崇拜
⑦ 【引例】天的崇拜【汉族、满族、蒙古族】
⑧ 【关联】［W4468.1］神奇的云
⑨ 【民族】哈萨克族。【关联】［W0305］雷神
⑩ 【关联】［W6539.4］虹的禁忌

W 编码	母题描述			参照项	
	一级母题	二级母题	三级母题	汤普森	关联项
W6418.1			黎明崇拜	V1.5.5	
✲ **W6420**	**自然物崇拜**			≈V1.6	
W6421		天地崇拜			【黎族、蒙古族】
W6422		天空崇拜		V1.4.1	
W6423		土地崇拜		V1.6.1	【汉族、黎族、维吾尔族】
W6424		太阳崇拜		V1.4.2	【民族，联1】①
W6425		月亮崇拜		①F16 ②V1.2.3	【民族，联1，例1】②
W6426		星星崇拜		V1.2.4	【民族，联1】③
W6426.1			北斗星崇拜		【鄂伦春族、鄂温克族】
W6426.2			启明星崇拜		【鄂温克族】
W6427		山体崇拜		V1.6.1.1	【蒙古族】
W6427.1			高山崇拜		
W6428		石崇拜④		V1.6.4.1	【民族，例2】⑤
W6428.1			巨石崇拜		【鄂伦春族】
W6428.2			玉石崇拜		【汉族】
W6428.3			绿松石崇拜		【汉族】
W6428.4			青金石崇拜		
W6428.5			玛瑙崇拜		
W6428.6			白石崇拜		【民族，例1】⑥
W6428.7			石敢当崇拜		【侗族、汉族】
W6428.8			图形石崇拜		
W6428.9			其他特定的石头崇拜		【例2】⑦
W6429		水崇拜		①A1546.1 ②V1.6.2	【土家族、普米族】
W6430		江河崇拜		≈V1.6.2.1	【蒙古族】
W6431		海崇拜		V1.6.2.2	

① 【民族】鄂伦春族、鄂温克族、哈萨克族、蒙古族。【关联】［W1618］太阳有不寻常的能力
② 【民族】哈萨克族、蒙古族。【关联】［W1625］月亮有不寻常的能力。【引例】布朗人崇拜月亮【布朗族】
③ 【民族】哈萨克族。【关联】［W1769.4］星星具有魔力
④ 石崇拜，许多神话叙事中涉及的"石崇拜"带有宗教含义，如"绿松石"、"天青石"、"玛瑙石"等都出现在宗教性实物的雕塑或仪式之中，带有神秘性，是特殊的神性象征物，在不同的宗教、民族或地区具有差异性。在此只列出一些典型的石崇拜母题。
⑤ 【民族】黎族。【引例】❶天火时石头保护了人种而被奉为神明【畲族】；❷拜石为父【畲族】
⑥ 【民族】藏族。【引例】羌族尊白石为神灵【羌族】
⑦ 【引例】❶泰山石崇拜【侗族、汉族、羌族】；❷镇鬼的石头【珞巴族】

W 编码	母题描述			参照项	
	一级母题	二级母题	三级母题	汤普森	关联项
W6432		火崇拜		V1.6.3	【民族，联1】①
W6432.1			火崇拜的产生	A1546.6	
W6432.2			火为圣洁之物		【鄂伦春族】
W6433		其他自然物崇拜			
W6433.1			洞穴崇拜		【朝鲜族】
W6433.2			山洞被视为母亲的肚子		【民族，联2】②
❈ **W6434**	人造物崇拜				
W6435		器物崇拜			【汉族】
W6435.1			木鼓崇拜		【民族，联1】③
W6435.2			铜鼓崇拜		【民族，联1】④
W6436		工具崇拜		V1.9	
W6436.1			农具崇拜	≈V1.7	【侗族、苗族】
W6436.2			犁崇拜	V1.9.1	
W6437		武器崇拜		V1.9.2	【联1】⑤
W6438		其他人造物崇拜			
W6438.1			琉璃崇拜⑥		
W6439	其他特定的物崇拜				
W6439.1		偶像崇拜		V1.11	【联1】⑦
W6439.1.1			神偶崇拜		
W6439.2		血崇拜			【民族，联1】⑧
W6439.3		排泄物崇拜			【联1】⑨

6.3.6　与崇拜有关的其他母题【W6440～W6449】

W 编码	母题描述			参照项	
	一级母题	二级母题	三级母题	汤普森	关联项
❈ **W6440**	颜色崇拜				

---

① 【民族】鄂伦春族、哈尼族、赫哲族、蒙古族。【关联】［W6539.6］火的禁忌
② 【民族】蒙古族。【关联】❶［W2205］洞生人；❷［W6377.6］女阴崇拜
③ 【民族】苗族、佤族。【关联】［W6467.2.1］木鼓是通天神器
④ 【民族】壮族。【关联】［W6274.3］铜鼓
⑤ 【关联】［W8748～W8752］常见的武器
⑥ 琉璃崇拜，根据宗教信物的发展和演变，"琉璃崇拜"也可以看做是"石崇拜"的变体。
⑦ 【关联】［W6372］特定的神的崇拜
⑧ 【民族】鄂伦春族。【关联】［W6441］崇尚红色
⑨ 【关联】［W6347］排泄物图腾

W 编码	母题描述			参照项	
	一级母题	二级母题	三级母题	汤普森	关联项
W6441		崇尚红色			【民族，联1】①
W6442		崇尚白色			【民族，联1，例1】②
W6443		其他颜色崇拜			
W6443.1			崇尚黑色		【民族，联1】③
W6443.2			崇尚绿色		【联1】④
W6443.3			崇尚黄色		【汉族】
W6444		与颜色崇拜有关的其他母题			【联1】⑤
◎	〖其他相关母题〗				
W6445	数字崇拜				【联1】⑥
W6445.1		数字"1"崇拜			
W6445.2		数字"2"崇拜			
W6445.3		数字"3"崇拜			【民族，联1】⑦
W6445.4		数字"4"崇拜			【联1】⑧
W6445.5		数字"5"崇拜			【联1】⑨
W6445.6		数字"6"崇拜			【联1】⑩
W6445.7		数字"7"崇拜			【联1】⑪
W6445.8		数字"8"崇拜			
W6445.9		数字"9"崇拜			【联1，例1】⑫
W6445.10		数字"10"崇拜			【联1】⑬
W6445.11		其他数字崇拜			【例1】⑭
W6445.11.1			奇数崇拜		【满族】
W6445.11.2			偶数崇拜		【汉族】
W6445.11.3			最大数崇拜		【联1】⑮
W6446	宗教崇拜物			A1544	

① 【民族】汉族。【关联】［W9037.1］红色具有魔力
② 【民族】白族、保安族、朝鲜族、傣族、东乡族、哈萨克族、回族、蒙古族、普米族、撒拉族、维吾尔族、藏族。
　　【关联】［W9037.3］白色具有魔力。【引例】黑牦牛为妖，白牦牛为神【纳西族】
③ 【民族】汉族、傈僳族、纳西族、彝族、藏族。【关联】［W9037.4］黑色具有魔力
④ 【关联】［W9037.2］绿色具有魔力
⑤ 【关联】［W9247.5］颜色作为象征
⑥ 【关联】［W9036］魔力数字
⑦ 【民族】满族。【关联】［W9036.1］3 是魔力数字
⑧ 【关联】［W9036.2］4 是魔力数字
⑨ 【关联】［W9036.3］5 是魔力数字
⑩ 【关联】［W9036.4］6 是魔力数字
⑪ 【关联】［W9036.5］7 是魔力数字
⑫ 【关联】［W9036.6］9 是魔力数字。【引例】9 是最大的数字
⑬ 【关联】［W9036.7］10 是魔力数字
⑭ 【引例】门巴族把藏历每月的八、十五、三十日叫作"堆桑"，意为吉祥日子【门巴族】
⑮ 【关联】［W6995.4.1］9 是最大的数字

W 编码	母题描述			参照项	
	一级母题	二级母题	三级母题	汤普森	关联项
W6446.1		宗教场所崇拜			
W6446.2		宗教器物崇拜			【联2】①
W6447	象征物崇拜			A1546.0.1	【联1】②
W6448	行业的特定崇拜物				【联1】③
W6448.1		药店里供奉药兽			【联1】④
W6448.2		水匠崇拜鲁班			【民族，联1】⑤
W6449	与崇拜有关的其他母题				
W6449.1		同一个部落的不同村寨敬不同的神			【佤族】
W6449.2		特定姓氏的崇拜			【联1，例1】⑥

---

① 【关联】❶［W6435］器物崇拜；❷［W6464］宗教器物
② 【关联】［W9240］象征物
③ 【关联】［W0450~W0499］与功能或行业有关的神
④ 【关联】［W3593.2］药兽
⑤ 【民族】汉族。【关联】［W0768.20］鲁班
⑥ 【关联】［W6351.2］姓氏的图腾。【引例】某姓氏供奉特定的神【满族】

6.4   宗教信仰与禁忌
【W6450 ~ W6549】

6.4.1   宗教概说 【W6450 ~ W6469】

W 编码	母题描述			参照项	
	一级母题	二级母题	三级母题	汤普森	关联项
✿ **W6450**	宗教的产生				
❋ **W6451**	宗教创立者				
W6452		神或神性人物是宗教创立者			
W6452.1			救世主创立宗教	V211	
W6453		特定的人创立宗教			
W6453.1			特殊出生的人创立宗教		【民族，例1】①
W6453.2			有神性的人创立宗教		
W6453.3			修行者创立宗教		
W6453.4			远方来的人创立宗教		
W6454		与宗教的创立有关的其他母题			
W6454.1			特定宗教的创立者		【例2】②
W6455	宗教神职人员③				【联2】④
W6455.1		宗教人员的来历		A1654	
W6455.2		教主			【例2】⑤
W6455.3		僧侣			
W6455.4		牧师			【联1】⑥
W6455.5		教徒（圣徒）		V220	【联5，例1】⑦

---

① 【民族】汉族、纳西族、普米族、藏族。【引例】人祖婚生的孩子成为72教【回族】
② 【引例】❶洪钧老祖创道教【汉族】；❷燃灯古佛创佛教【汉族】
③ 神职人员，在许多神话中有些宗教神职人员并不是一个明确的概念，有时会与宗教神话中的一些宗教人物混合在一起。
④ 【关联】❶［W9120］巫师；❷［W9148.3］祭师
⑤ 【引例】❶教主有天兵天将做侍从【纳西族】；❷东巴教教主骑白色神马【纳西族】
⑥ 【关联】［W5977.1］牧师的誓约
⑦ 【关联】❶［TPS：V222.4］圣徒幽室兰香；❷［TPS：V223］圣徒灵慧睿智；❸［TPS：V225］圣徒能够分身；❹
　　［TPS：V229.2］圣徒充满圣洁；❺［W8838.3］圣徒除妖。【引例】圣徒能治愈疾病【拉祜族】

W 编码	母题描述			参照项	
	一级母题	二级母题	三级母题	汤普森	关联项
W6455.6		神职人员与凡俗之子的区别		A1472.1	【联1】①
W6455.6.1			神职人员服饰的来历		【民族，联 1，例 1】②
W6455.6.2			神职人员特定食物的来历		
W6455.7		与宗教神职人员有关的其他母题			
W6455.7.1			异教徒	V320	
✳ **W6456**	宗教仪式③			V0	
W6457	宗教仪式的产生			A1540	
W6457.1		神规定祭拜仪式			【哈萨克族、汉族】
W6457.2		特定的仪式是为了求得平安			【珞巴族】
W6457.3		与宗教仪式的产生有关的其他母题			【例1】④
W6458	宗教仪式的特征				
W6459	宗教仪式的功能				
W6459.1		宗教仪式慰亡灵			
W6459.2		宗教仪式驱逐恶灵		D2176.3.2	【例1】⑤
W6459.3		与宗教仪式的功能有关的其他母题			
W6460	特定的宗教仪式			① A1549 ②V80	【联2】⑥
W6460.1		圣宴			【联1】⑦
W6460.1.1			为死者设宴的来历	A1541.1	
W6460.1.2			为特定的神设宴的来历	≈A1541.2	【联1】⑧
W6460.2		朝圣		V530	【民族，例3】⑨

---

① 【关联】［W5082］社会分工

② 【民族】哈尼族、纳西族。【关联】［W6115］特定的人的特定服饰的来历。【引例】贝玛服饰的来历【哈尼族】

③ 宗教仪式与祭祀，民间仪式非常复杂。有些带有明显的宗教性质，有的则只是一般性礼仪活动，是否属于宗教行为界定不一。此母题包含一些难以界定的情况。

④ 【引例】发生火灾或担心有火灾时要举行取新火仪式【佤族】

⑤ 【引例】巫师念咒祈祷驱鬼【珞巴族】

⑥ 【关联】❶［W6470～W6509］祭祀；❷［W6506］祈祷

⑦ 【关联】［W6505.5.1］圣餐

⑧ 【关联】［W0982］神的宴会

⑨ 【民族】回族、藏族。【引例】❶圣地朝圣【珞巴族】；❷朝圣者从圣地取回的白泥土可以避邪消灾【珞巴族】；❸人若在有生之年到仰桑河朝圣一次，可保生前幸福平安，死后灵魂升入天堂【珞巴族】

W 编码	母题描述			参照项	
	一级母题	二级母题	三级母题	汤普森	关联项
W6460.3		洗礼		V81	
W6460.4		割礼		A1567	【联1】①
W6460.5		与特定宗教仪式有关的其他母题			
W6460.5.1			还愿仪式的来历		【民族，例2】②
W6460.5.2			特定宗教仪式中的限制		【例1】③
◎	〖**其他相关母题**〗				
W6461	宗教信仰			V300	
W6462	教派的数量				【例1】④
W6462.1		一个宗教为什么有几个教派			
W6463	宗教神灵				【联2】⑤
W6463.1		世上只有 1 个神			
W6463.2		世上只有 2 个神			
W6463.3		世上有多个神			【联1】⑥
W6464	宗教教义（经书）			V310	
W6464.1		神赐宗教经典			【苗族】
W6464.2		天神赐宗教经典			【纳西族】
W6464.3		从恶魔那里得到经书			【例1】⑦
W6464.4		宗教故事			
W6465	宗教建筑			V110	
W6465.1		庙宇			
W6465.1.1			寺庙的来历		【民族，例1】⑧
W6465.2		教堂		V111	
W6465.3		佛塔			【例2】⑨
W6465.4		圣坛		V116	
W6466	宗教场所				

① 【关联】［W6377.4］生殖器崇拜（性崇拜）
② 【民族】瑶族。【引例】❶不还愿会有灾难【汉族、毛南族】；❷还婆王愿求花要子【毛南族】
③ 【引例】❶宗教仪式女人不能参加【汉族】；❷宗教仪式小孩不能参加【佤族】
④ 【引例】阿丹夫妇连生 72 胎繁衍成为 72 教【回族】
⑤ 【关联】❶［W087.1］神的数量；❷［W0771］宗教神
⑥ 【关联】［W087.1］神的数量
⑦ 【引例】从恶魔那里得到东巴经【纳西族】
⑧ 【民族】藏族。【引例】修建寺庙可以消除疾病【土族】
⑨ 【引例】❶神为找到在地球上落脚的地方造塔【傣族】；❷佛塔自然出现【土族】

W 编码	母题描述			参照项	
	一级母题	二级母题	三级母题	汤普森	关联项
W6466.1		神圣场所的产生		A992	
W6466.2		神圣的树林		V114	
W6467	宗教器物				
W6467.1		法器			
W6467.2		神器			
W6467.2.1			木鼓是通天神器		【民族，联1】①
W6467.3		神龛		V113	
W6467.4		神像		V120	【联1】②
W6467.4.1			神偶的来历		【普米族】
W6468	与宗教有关的其他母题				【联5】③
W6468.1		宗教符号			【联1】④
W6468.2		宗教习俗			【联1，例1】⑤
W6468.2.1			宗教节日		【联2】⑥
W6468.3		宗教修炼			
W6468.3.1			修炼道行		
W6468.4		显示神迹		V340	【例1】⑦
W6468.4.1			宗教神会在人危难时现身		【汉族、藏族】
W6468.5		宗教舞蹈		A1542	【联1】⑧
W6468.6		宗教歌曲		A1543	【联1】⑨
W6468.7		辟邪			【联2】⑩
W6468.7.1			作法辟邪		
W6468.8		宗教幻象		V510	【联2】⑪
W6468.9		宗教美德		V440	
W6468.9.1			施舍		【联1】⑫

---

① 【民族】佤族。【关联】［W0965］神鼓
② 【关联】［W060～W089］神的特征
③ 【关联】❶［W5982］宗教誓约；❷［W6457］宗教仪式；❸［W6593.2］非宗教节宴；❹［W6996.2］社会性仪式的产生；❺［W8912］教派之争
④ 【关联】［TPS：V86］十字架的象征
⑤ 【关联】［W6550］习俗。【引例】彝族是兄弟民族的老大，所以进入佛寺可以不脱鞋【傣族】
⑥ 【关联】❶［TPS：V71］安息日；❷［W6600～W6629］节日习俗
⑦ 【引例】观音作法让神现出金身【白族】
⑧ 【关联】［W6907］舞蹈的产生
⑨ 【关联】［W6900］音乐
⑩ 【关联】❶［W0912］驱鬼（捉鬼）；❷［W0938.1］辟邪草
⑪ 【关联】❶［W1074.8］上界（天堂）的幻象；❷［W1082］下界（阴间）的景象
⑫ 【关联】［W9406］施舍得好报

W 编码	母题描述			参照项	
	一级母题	二级母题	三级母题	汤普森	关联项
W6468.9.2			宽恕	V441	
W6468.9.3			圣徒施惠与敌	≈ V441.1	【联1】①
W6468.9.4			放生		【联2】②
W6468.10		诵经			【联1】③
W6468.10.1			诵经可以超度		【汉族、藏族】

6.4.2 祭祀④ 【W6470～W6509】

W 编码	母题描述			参照项	
	一级母题	二级母题	三级母题	汤普森	关联项
✲ **W6470**	**祭祀的原因**				
W6471		祭祀祈福		V17.0.1	
W6472		祭祀祈求丰收		V17.1	【联1】⑤
W6472.1			祭天地使谷子结穗		【仡佬族】
W6472.2			祭祀能风调雨顺	V17.4.1	
W6472.3			祭祖使稻谷丰收		【民族，联1】⑥
W6473		祭祀消灾			【民族，例2】⑦
W6473.1			祭祀能转危为安	V17.3	
W6473.2			祭神消灾		
W6473.3			祭祀祛病		【例2】⑧
W6473.4			祭树祛病		【鄂伦春族】
W6474		与祭祀原因有关的其他母题			【联1，例3】⑨
W6474.1			祭祀是为了感恩		【例2】⑩

---

① 【关联】［W6455.5］教徒（圣徒）

② 【关联】❶［W9396.2］轮回；❷［W9401］善有善报

③ 【关联】［W0910.1.5］念经可以使灵魂上天堂

④ 祭祀，主要指人们通过特定的仪式向神灵求福消灾的一种礼俗仪式。祭祀作为一种宗教性质的活动，一般与神或物的崇拜密切联系，内容非常庞杂。"祭祀"也意味着敬神、求神和祭拜祖先，也可以指某些与神灵有关的活动。本类型只选取一些案例进行编码，以起到相应的提示作用。具体情况可参见《中国神话母题 W6 编目实例》和"［W6280～W6449］图腾与崇拜"母题类型中的相关内容。

⑤ 【关联】［W6482.1］祭神以求五谷丰登

⑥ 【民族】壮族。【关联】［W6495.2］祭祖

⑦ 【民族】土族。【引例】❶祭天神是为了防止天神发怒造成灾祸【独龙族】；❷人们不祭献精灵，精灵就会生气造成地震【珞巴族】

⑧ 【引例】❶用家里养的猪和鸡向河神祭献，病才能好【珞巴族】；❷建庙祛病【土族】

⑨ 【关联】［W4151.2］祭祀使月亮由亏变圆。【引例】❶打猎前祭山神能多打猎物【达斡尔族、鄂温克族、怒族】；❷人生病杀牲祭鬼是因为人治病的药被各种动物吃掉的缘故【景颇族】；❸祭树可以把要求通过树告知天神【傈族】

⑩ 【引例】❶因猪神救了人的命，所以大年初一和十五祭猪神【汉族】；❷献祭鸡和猪来感谢掌管种子的神赐粮食给人【珞巴族】

W 编码	母题描述			参照项	
	一级母题	二级母题	三级母题	汤普森	关联项
W6474.2			祭祀赎罪	① V17.2 ②V20	【例1】①
W6474.3			祭祀求子	V17.9	【联2】②
W6474.4			祭祀后正常生育		【民族，联1】③
W6474.5			人因害怕而祭祀		【联1，例1】④
W6474.6			祭祀是因为人间有鬼怪		【珞巴族】
W6474.7			通过祭祀延寿	≈V17.6	【民族，联1】⑤
✱ **W6475**	祭祀的产生				
W6476		神或神性人物发明祭祀			
W6476.1			神让人祭祀		【例2】⑥
W6476.2			文化始祖教人祭祀		【例2】⑦
W6477		特定的人发明祭祀			【联1】⑧
W6477.1			巫师发明祭祀		【珞巴族】
W6478		与祭祀产生有关的其他母题			
W6478.1			天星主祭祀		【汉族】
W6478.2			后土主祭祀		【民族，联1】⑨
✿ **W6480**	祭祀仪式			V18	【联1】⑩
✱ **W6481**	祭神⑪			V11.9	
W6482		祭神的来历			【民族，联1】⑫
W6482.1			祭神以求五谷丰登		【佤族】
W6482.2			祭神以求人畜兴旺		【佤族】
W6482.3			族长教族人祭神		【满族】
W6483		祭神的时间			【例2】⑬

---

① 【引例】母亲用杀死丈夫的儿子祭夫【苗族】
② 【关联】❶［W2230］感生人；❷［W2280］祈祷生人（祈祷生子）
③ 【民族】独龙族。【关联】［W2600］人生怪胎
④ 【关联】［W6362］因害怕产生崇拜。【引例】人因害怕龙而祭龙神【普米族】
⑤ 【民族】纳西族。【关联】［W2940］人的寿命
⑥ 【引例】❶太阳神让人祭祀【高山族】；❷天神劝人用人头祭神【佤族】
⑦ 【引例】❶伏羲教人祭祀【汉族】；❷炎帝发明祭祀【汉族】
⑧ 【关联】［W6482.3］族长教族人祭神
⑨ 【民族】汉族。【关联】［W0768.16］后土
⑩ 【关联】［W6457］宗教仪式
⑪ 祭神，神话中存在大量的关于祭祀各类神灵的来历，此处只选择一些典型的母题作为样例。具体情形可参见"神与神性人物"。
⑫ 【民族】佤族。【关联】［W6470］祭祀的原因
⑬ 【引例】❶开山种地时要杀狗祭树神【基诺族】；❷斑鸠叫时敬神祖【佤族】

W 编码	母题描述			参照项	
	一级母题	二级母题	三级母题	汤普森	关联项
W6483.1			腊月二十三祭火神		【鄂伦春族】
W6483.2			日出时祭天		【畲族】
W6483.3			出行前祭神		【满族】
W6483.4			播种时祭神		【例3】①
W6483.5			收获时祭神	A1545.4	【例2】②
W6484		祭神的地点			【联1，例2】③
W6484.1			神坛		【例1】④
W6484.2			天坛		【例1】⑤
W6484.3			地坛		
W6484.4			日坛		【例1】⑥
W6484.5			月坛		
◎	〖祭特定的神〗				【联1】⑦
W6485		祭天神			【联1】⑧
W6486		祭地神			
W6487		祭山神			
W6487.1			祭山神的来历		【普米族】
W6487.2			打猎前祭山神能多打猎物		【民族，联1】⑨
W6488		祭水神			【例1】⑩
W6488.1			开河时祭水神		
W6489		祭猎神			
W6489.1			祭猎神的来历		【独龙族】
W6489.2			打不到猎物时祭猎神		【鄂伦春族】
W6489.3			祭猎神可以多获取猎物		【纳西族】
W6490		祭动物神			
W6490.1			祭蛇神		【联1，例1】⑪

① 【引例】❶耕地之前祭神【佤族】；❷播种之前祭神【佤族】；❸播种时祭祀可以获得好收成

② 【引例】❶庄稼抽穗时祭神【佤族】；❷庄稼收获之后祭神【佤族】

③ 【关联】［W6466］宗教场所。【引例】❶在树林（神林）中供神【佤族】；❷寨中求雨不灵就到龙潭去求【佤族】

④ 【引例】降妖的地方建造神坛【汉族】

⑤ 【引例】天坛代表泰山【汉族】

⑥ 【引例】日坛是祭祀太阳大明之神的地点【汉族】

⑦ 【关联】［W6481］祭神

⑧ 【关联】［W6498.1］祭天

⑨ 【民族】达斡尔族、鄂温克族、怒族。【关联】［W0395.5］山神规定猎人的猎物数量

⑩ 【引例】喇嘛主祭水神【鄂温克族】

⑪ 【关联】［W0530］蛇神。【引例】因蛇神为人做好事祭蛇神【鄂温克族】

W 编码	母题描述			参照项	
	一级母题	二级母题	三级母题	汤普森	关联项
W6490.2			祭蛙神		【壮族】
W6491		祭植物神			
W6491.1			祭树神		【民族】①
W6491.2			祭花神		【毛南族、壮族】
W6491.3			祭谷魂		【联1】②
W6492		祭无生命物神			
W6493		祭其他特定领域的神			【联2】③
W6493.1			祭火神		【联3】④
W6493.2			祭寨神的来历		【例1】⑤
W6494		与祭神有关的其他母题			【联1，例1】⑥
W6494.1			祭无名神	V11.9.1	
◎	〖祭祀神以外的其他特定物〗				
W6495	祭特定的人物				
W6495.1		祭文化英雄			【例1】⑦
W6495.2		祭祖			【联1，例2】⑧
W6495.2.1			祭母的来历		【哈尼族】
W6495.2.2			祭祖时间的确定		
W6495.3		祭图腾物			【民族，联1】⑨
W6495.4		祭圣人		V11.8	
W6495.5		祭鬼			
W6495.6		祭妖怪			【东乡族】
W6495.7		祭死者		V11.6	
W6495.8		祭其他特定的人物			
W6495.8.1			祭历史人物		【白族、汉族】
W6495.8.2			祭生者		【汉族】
W6496	祭动物			V11.7	

---

① 【民族】侗族、哈尼族、汉族、苗族
② 【关联】［W6372.5］五谷神崇拜
③ 【关联】❶［W0450～W0499］与功能或行业有关的神；❷［W6448.1］药店里供奉药兽
④ 【关联】❶［W0466］火神；❷［W6483.1］腊月二十三祭火神；❸［W6507.2.2］祭火神求雨
⑤ 【引例】纪念斩魔王形成祭寨神 【哈尼族】
⑥ 【关联】［W6511.1］祭神禁忌。【引例】祭茶神可以子孙兴旺 【佤族】
⑦ 【引例】祭祀女娲能人畜兴旺 【毛南族】
⑧ 【关联】［W6472.3］祭祖使稻谷丰收。【引例】❶迁徙前祭祖 【苗族】；❷让已故祖先尝酒的来历 【羌族】
⑨ 【民族】土家族。【关联】［W6290～W6349］常见的图腾物

W 编码	母题描述			参照项	
	一级母题	二级母题	三级母题	汤普森	关联项
W6496.1		祭龙			【例4】①
W6496.1.1			祭龙的来历		
W6496.1.2			祭龙的时间		【民族，例1】②
W6496.2		祭蛇			【联2】③
W6496.3		祭蛙			【联2】④
W6496.4		与祭动物有关的其他母题			
W6496.4.1			杀动物前的祭祀		【鄂伦春族】
W6497	祭植物				
W6497.1		祭树		V11.1	【民族，联2，例2】⑤
W6497.1.1			祭特定的树的来历		
W6497.2		祭花			【联2】⑥
W6497.3		祭葫芦			【联1】⑦
W6497.4		祭其他特定的植物			
W6498	祭自然物				
W6498.1		祭天			【联3】⑧
W6498.2		祭地			【联3】⑨
W6498.3		祭太阳			【联3】⑩
W6498.4		祭月亮			【联2】⑪
W6498.5		祭星辰			【高山族】
W6498.5.1			祭北斗星		【例1】⑫
W6498.6		祭山			
W6498.6.1			祭石头	V11.3	【联1，例1】⑬
W6498.6.2			祭山洞		【民族，联1】⑭

① 【引例】❶祭龙与祭神树一起进行【布朗族】；❷山崩地裂时祭龙神以求保佑【毛南族】；❸接龙的来历【苗族】；❹祭龙树【彝族】
② 【民族】彝族。【引例】春季祭龙王水神【纳西族】
③ 【关联】❶［W6322］蛇图腾；❷［W6490.1］祭蛇神
④ 【关联】❶［W6321］蛙图腾；❷［W6490.2］祭蛙神
⑤ 【民族】鄂伦春族。【关联】❶［W6473.3］祭树祛病；❷［W6491.1］祭树神。【引例】❶祭树是为了感谢龙王【仡佬族】；❷祭树可以把要求通过树告知天神【满族】
⑥ 【关联】❶［W6336］特定的花图腾；❷［W6492.2］祭花神
⑦ 【关联】［W6408］葫芦崇拜
⑧ 【关联】❶［W0181］天神；❷［W6484.2］天坛；❸［W6485］祭天神
⑨ 【关联】❶［W0230］地神；❷［W6484.3］地坛；❸［W6486］祭地神
⑩ 【关联】❶［W0271］太阳神（日神）；❷［W0278.2］四月初八祭太阳神；❸［W6484.4］日坛
⑪ 【关联】❶［W0280］月亮神（月神）；❷［W6484.5］月坛
⑫ 【引例】祭北斗星是因为北斗星赐给人灵魂【鄂温克族】
⑬ 【关联】［W6428］石崇拜。【引例】祭白石【羌族】
⑭ 【民族】汉族、佤族。【关联】［W2205］洞生人

W 编码	母题描述			参照项	
	一级母题	二级母题	三级母题	汤普森	关联项
W6498.7		祭水			
W6498.7.1			祭河	V11.2.1	【汉族】
W6498.7.2			祭海	V11.2	【汉族】
W6498.7.3			祭龙潭		【拉祜族、佤族】
W6498.8		祭风		V11.5	【纳西族】
W6498.9		祭火			【蒙古族】
W6498.10		祭其他自然物			
W6499	祭其他祭祀物				
W6499.1		祭鼓			【联1】①
W6499.1.1			祭木鼓		【民族，联1，例2】②
W6499.1.2			祭铜鼓		【壮族】
W6499.2		祭鼓楼			【侗族】
W6499.3		祭刀			
W6499.4		祭敖包			【民族，例4】③
W6499.5		祭玛尼堆			【蒙古族、藏族】
�֎ **W6500**	**祭品（牺牲）**			①S260 ②V10	
W6501	祭品（牺牲）的产生			A1545	
W6501.1		特定的祭品是神规定的			【例1】④
W6501.2		神灵要享用祭品		S262	
W6501.3		妖魔要定期享用祭品		S262	【联1】⑤
W6502	人作为祭品（牺牲）			①A1545.5 ②S260.1	【民族，联1，例1】⑥
W6502.1		长者作为祭品			
W6502.1.1			建房造屋时要杀父吃肉		【民族，联2】⑦
W6502.2		幼童作为祭品		S260.1.1	【例1】⑧

① 【关联】［W0965］神鼓
② 【民族】苗族。【关联】［W6274.2］木鼓。【引例】❶为感谢木鼓神祭木鼓【佤族】；❷敲响木鼓祖先会从天上听到【佤族】
③ 【民族】鄂温克族、蒙古族。【引例】❶祭敖包求雨【鄂温克族】；❷祭敖包能求龙王降雨【鄂温克族】；❸祭祀敖包就是祭天神【蒙古族】；❹祭祀敖包就是祭龙【蒙古族】
④ 【引例】用猪、鸡和鸟祭太阳源于神的规定【珞巴族】
⑤ 【关联】［TPS：S262.1］妖魔踩蹋妇女
⑥ 【民族】古突厥、汉族、景颇族、土家族。【关联】［TPS：S263.3］用人祭水神求水。【引例】挑选一位卑劣的人祭神灵不成功【高山族】
⑦ 【民族】壮族。【关联】❶［W6695.1］杀死老人的习俗；❷［W8927］儿子弑父
⑧ 【引例】巫师祈求太阳出来时把选定的小孩砍成肉块【珞巴族】

W 编码	母题描述			参照项	
	一级母题	二级母题	三级母题	汤普森	关联项
W6502.2.1			童男童女作为祭品		【汉族】
W6502.2.2			女儿作为祭品		【例1】①
W6502.2.3			把孩子献给巫师	S214	
W6502.3		女人作为祭品			
W6502.3.1			男子把妹妹作为祭品		【例2】②
W6502.3.2			女子替父母献身恶龙	S262.4	【联1】③
W6502.4		头颅作为祭品（人头祭）			【民族，例2】④
W6502.4.1			人的头骨作为祭品	V12.3	【联1】⑤
W6502.4.2			猎人头的来历		【珞巴族、佤族】
W6502.5		人的眼睛作为祭品		V12.7	
W6502.6		与人作为祭品有关的其他母题			
W6502.6.1			人的心脏作为祭品		
W6503	动物作为祭品（牺牲）			①A1545.2 ②V12.4	
W6503.1		鸡作为祭品（牺牲）		≈A1545.3.3	【民族，例1】⑥
W6503.2		狗作为祭品（牺牲）		V12.4.1	
W6503.3		马作为祭品（牺牲）		V12.4.9	【汉族、苗族】
W6503.4		猫作为祭品（牺牲）		V12.4.2	
W6503.5		鸟作为祭品（牺牲）		V12.4.11	
W6503.6		牛作为祭品（牺牲）		①A1545.3.2 ②V12.4.4	【民族，例1】⑦
W6503.7		羊作为祭品（牺牲）		V12.4.5	【汉族】

① 【引例】把女儿喂虎可以改变运气【高山族】
② 【引例】❶两个哥哥为了给主管野兽神灵献祭，把妹妹杀掉【珞巴族】；❷用妹妹变成的牛作为哥哥（丈夫）治病的祭品【珞巴族】
③ 【关联】［W8894.3］斗恶龙
④ 【民族】珞巴族。【引例】❶人头祭可以使作物丰收【佤族】；❷人头祭可以退洪水【佤族】
⑤ 【关联】［W6503.11.2］动物的骨头作为祭品
⑥ 【民族】侗族、汉族、苗族、土家族。【引例】鸡蛋是毛南族重要的祭品【毛南族】
⑦ 【民族】汉族。【引例】牛做牺牲的来历【苗族】

W 编码	母题描述			参照项	
	一级母题	二级母题	三级母题	汤普森	关联项
W6503.8		鱼作为祭品（牺牲）		V12.4.10	【侗族、汉族】
W6503.9		猪作为祭品（牺牲）		V12.4.3	【汉族、珞巴族】
W6503.10		其他特定动物作为祭品			【例1】①
W6503.10.1			贝壳作为祭品	V12.3	
W6503.11		用动物的特定部位作为祭品			【例1】②
W6503.11.1			动物的头作为祭品		【汉族】
W6503.11.2			动物的骨头作为祭品	A1545.6	
W6503.11.3			动物的头骨作为祭品		【哈尼族】
W6504	其他特定的物作为祭品				
W6504.1		血液作为祭品		V12.1	【鄂伦春族】
W6504.2		花作为祭品		V12.8	
W6504.3		最先收割的作物作为祭品			【傣族、佤族】
W6504.4		面食作为祭品			
W6504.4.1			饺子作为祭品		【汉族】
W6504.4.2			面偶作为祭品		【普米族】
W6504.5		酒作为祭品		V12.9	
W6504.6		水作为祭品			【民族，例1】③
W6504.7		香作为祭品		V12.10	【联1】④
W6505	与祭品有关的其他母题				
W6505.1		祭品的享用			
W6505.1.1			神吃祭品		【赫哲族】
W6505.1.2			人吃祭品		【民族，联1，例1】⑤
W6505.2		祭品放入火中		K925	
W6505.3		祭品放入水中		K926	

① 【引例】萨满治病要用鹿或野鸭做祭品【鄂温克族】
② 【引例】用鹿角、熊胆祭山神树【傣族】
③ 【民族】普米族。【引例】有病或妇女碰上难产要用水祭祀神灵才能平安【珞巴族】
④ 【关联】［W6508.5］烧香的来历
⑤ 【民族】汉族、彝族。【关联】［W6505.5.1］圣餐。【引例】猪肉供祭后留着自己吃【珞巴族】

W 编码	母题描述			参照项	
	一级母题	二级母题	三级母题	汤普森	关联项
W6505.4		祭品被赋予神力		V11	
W6505.5		宗教食物		V70	
W6505.5.1			圣餐	V30	【联2】①
W6505.6		祭品禁忌			【例1】②
W6505.6.1			祭品人不能食		
W6505.6.2			祭品不能买卖		【例1】③
W6505.7		宗教斋戒		V73	
W6505.8		牺牲的替代品			【民族，联1】④
W6505.8.1			猪头代替人头作祭品的来历		【汉族】
W6505.8.2			面偶代替肉食作祭品的来历		【藏族】
W6505.9		特定的祭品祭特定的神			【例1】⑤
W6505.9.1			雄性祭品祭雄性神		【佤族】
W6505.9.2			雌性祭品祭雌性神		【佤族】
W6505.9.3			雌性祭品祭雄性神		【例1】⑥
W6505.9.4			猪血祭地神		【锡伯族】
◎	〖其他相关母题〗				
W6506	祈祷			V50	
W6506.1		祈祷的神奇法力		V52	
W6506.2		祈祷的意图		V57	【联2】⑦
W6506.2.1			祈祷得物	V52.4	【联1】⑧
W6506.2.2			祈祷丰收	V57.1	
W6506.2.3			祈神避祸	≈V52.7	【联1】⑨
W6506.3		祈祷的准备			
W6506.3.1			祈祷前要洗浴		
W6506.3.2			祈祷前要洗手	V58.4	
W6506.3.3			祈祷要有特定服饰		

① 【关联】❶ [TPS：≈V39.8] 拒食圣餐下地狱；❷ [W6460.1] 圣宴
② 【引例】供奉龙神的祭品忌用狗 【毛南族】
③ 【引例】祭神的牛不能买卖，头骨要永久保留 【佤族】
④ 【民族】景颇族。【关联】[W9996] 替代物
⑤ 【引例】用大米和鸡蛋祭山神 【珞巴族】
⑥ 【引例】用女子祭河伯 【汉族】
⑦ 【关联】❶ [W2280] 祈祷生人（祈祷生子）；❷ [W8727.1] 战前祈胜
⑧ 【关联】[W6145.3] 祈祷得食物
⑨ 【关联】[W6475.2] 祭神消灾

W 编码	母题描述			参照项	
	一级母题	二级母题	三级母题	汤普森	关联项
W6506.4		祈祷的时间			
W6506.4.1			在特定的时间祈祷		【汉族】
W6506.4.2			日出日落时祈祷	V58.1	
W6506.5		祈祷的方向			
W6506.5.1			面朝东方祈祷	V58.2	
W6506.5.2			面朝天空祈祷		【汉族】
W6506.6		祈祷的内容			【例3】①
W6506.7		祈祷的应验		V316	【联1】②
W6506.8		与祈祷有关的其他母题			
W6507	祭祀求雨				【汉族】
W6507.1		祭天求雨			【民族，联1】③
W6507.2		祭特定的神求雨			【民族，例1】④
W6507.2.1			祭河神求雨		【达斡尔族】
W6507.2.2			祭火神求雨		
W6507.2.3			祭太阳神求雨		【珞巴族】
W6507.3		祭龙求雨			【汉族、土族】
W6507.3.1			塑龙祈雨		【汉族】
W6507.3.2			扎龙求雨		【达斡尔族】
W6507.3.3			打龙像求雨		【汉族】
W6507.4		焚烧求雨			
W6507.4.1			焚人求雨		【维吾尔族】
W6507.4.2			焚猴骨求雨		【高山族】
W6507.4.3			烧山求雨		【汉族】
W6507.5		与祭祀求雨有关的其他母题			【联2，例3】⑤
W6507.5.1			迎神求雨		【民族，联1，例1】⑥
W6507.5.2			找物求雨		【例1】⑦
W6507.5.3			自罚求雨（暴巫求雨）		【汉族】

① 【引例】❶生产方面的祈祷；❷生活方面的祈祷；❸生育方面的祈祷
② 【关联】［W6468.4］显示神迹
③ 【民族】汉族、黎族。【关联】［W6498.1］祭天
④ 【民族】达斡尔族。【引例】迎白帝天王求雨【苗族】
⑤ 【关联】❶［W4360.4］下雨源于祈祷；❷［W6514.1.1］求雨禁妇女。【引例】❶打死啄木鸟放在水中求雨【鄂温克族】；❷祭敖包求雨【蒙古族】；❸龙池求雨【羌族】
⑥ 【民族】达斡尔族。【关联】［W6507.2］祭特定的神求雨。【引例】迎白帝天王求雨【苗族】
⑦ 【引例】找螃蟹求雨【高山族】

W 编码	母题描述			参照项	
	一级母题	二级母题	三级母题	汤普森	关联项
W6507.5.4			杀蛙祭祀祈雨		【壮族】
W6507.5.5			止雨仪式		【鄂温克族】
W6507.5.6			失败的求雨者		【例2】①
W6508	与祭祀有关的其他母题			V19	
W6508.1		祭祀的主持者			
W6508.1.1			特定神职人员主祭特定的神		【例1】②
W6508.1.2			动物是人类祭祀的主持者		【例1】③
W6508.2		特定的祭祀者			【联1】④
W6508.2.1			长者作为祭祀者		【汉族】
W6508.2.2			男人作为祭祀者		
W6508.2.3			女人作为祭祀者		【例1】⑤
W6508.2.4			特定的姓氏有特定祭祀的来历		【例1】⑥
W6508.3		祭祀的服饰			
W6508.3.1			祭祀时男扮女装		【哈尼族】
W6508.3.2			祭祀时为什么要穿素		
W6508.4		祭祀的特定时间			
W6508.4.1			春祭		
W6508.4.2			秋祭		【汉族】
W6508.5		烧香的来历			
W6508.5.1			香能通神		【汉族】
W6508.5.2			三炷香的来历		
W6508.6		磕头的来历			
W6508.6.1			幼者为什么给长者磕头		【汉族】

① 【引例】❶树神求雨失败【珞巴族】；❷兽神们乞雨失败【珞巴族】
② 【引例】喇嘛主祭水神【鄂温克族】
③ 【引例】蝙蝠主持人的祭祀【珞巴族】
④ 【关联】［W6511］神的禁忌
⑤ 【引例】火神由妇女供奉【鄂伦春族】
⑥ 【引例】曹姓是木人变的，祭祀用狗【阿昌族】

6.4.3 禁忌① 【W6510～W6549】

W 编码	母题描述			参照项	
	一级母题	二级母题	三级母题	汤普森	关联项
W6510	禁忌的产生			A1587	
W6510.1		神制定禁忌			
W6510.1.1			神谕禁忌		【汉族】
W6510.2		神性人物制定禁忌			
W6510.2.1			文化英雄制定禁忌	A1587.2	【壮族】
W6510.2.2			祖先制定禁忌		
W6510.2.3			其他神性人物制定禁忌		
W6510.3		特定的人制定禁忌			
W6510.3.1			巫师制定祭忌		
W6510.3.2			族长制定禁忌		
W6510.4		因害怕惩罚产生禁忌			
W6510.4.1			因害怕神的惩罚忌渎神		
W6510.5		与禁忌的产生有关的其他母题			
W6510.5.1			为免灾产生禁忌		【联1，例1】②
W6510.5.2			为求吉产生禁忌		
◎	〖常见的禁忌〗				
✲ **W6511**	神的禁忌				
W6511.1		祭神禁忌			【汉族】
W6511.1.1			祭神时不杀特定动物		【例1】③
W6511.2		祖灵禁忌			
W6511.3		神本身的禁忌			
W6511.3.1			神忌讳铁器		【例1】④
W6511.3.2			神忌讳特定的食物		【例1】⑤

---

① 禁忌，一般指人们对神圣的、不洁的或者认为会危害自身的事物所产生的戒备心理或行为上的特定限制。许多"禁忌"与宗教活动相关，也是神话叙事中经常发生的现象。这里主要考虑到禁忌行为的某些特殊性，单独列为一个类型。在"禁忌"母题的表述方面采取比较灵活的方式，如"神的禁忌"母题应用在神话分析中，可以引发为"为什么有神的禁忌"、"对什么神禁忌"、"对神在什么场合下禁忌"、"对神禁忌有什么作用"等等一系列相关母题。考虑到具体表述的复杂性和难以确定性，此类母题只选择一些具有代表性的母题。需要进一步增补或细化的母题可以填充到相应的母题之下。

② 【关联】［W8483］洪水时不违犯禁忌者幸存。【引例】洪水时寡妇一家没吃马鹿得以幸存【布朗族】

③ 【引例】祭祀喜神时不杀猪【满族】

④ 【引例】诸神最忌讳用铁刀砍竹【门巴族】

⑤ 【引例】雷公不吃鸡肉【苗族】

W 编码	母题描述			参照项	
	一级母题	二级母题	三级母题	汤普森	关联项
W6512	渎神禁忌			C10	
W6512.1		不能触怒神灵		C50	【例2】①
W6512.1.1			触怒水灵禁忌	≈C40	
W6512.2		不能犯讳神的名字		C51.3.1	【联1】②
W6512.3		忌玷污神的地盘			【例1】③
W6512.3.1			凡人不能住神的领地		【羌族】
W6512.4		其他渎神行为禁忌			【联5，例1】④
W6512.4.1			忌伤灵魂象征物		【例1】⑤
✿ **W6513**	**性禁忌**			C100	
W6513.1		禁欲		①T310 ②T317	
W6513.2		性行为禁忌		C110	
W6513.3		性罪恶禁忌		Q240	
W6513.4		禁止乱伦		①A1556.1 ②C114	【联2，例1】⑥
W6513.5		通奸禁忌		①A1556.3 ②C115	【联1】⑦
W6513.6		强奸禁忌		C118	
W6513.7		其他与性相关的禁忌			
W6513.7.1			青春期禁忌	C130	【联1】⑧
W6514	妇女禁忌			C181	【傈僳族】
W6514.1		忌妇女参与祭祀			【民族，例1】⑨
W6514.1.1			求雨禁妇女参加		【汉族】
W6514.1.2			女人不能接近圣礼	V39.2	【联1】⑩
W6514.2		妇女特定行为禁忌			

---

① 【引例】❶不敬火神被冻死【鄂温克族】；❷氏族因不敬神被消灭【羌族】
② 【关联】［W6533］称谓禁忌
③ 【引例】神山屙屎会得罪山神【羌族】
④ 【关联】❶［TPS：C51.1.2］不能从神坛取（偷）物；❷［TPS：C51.2］不能从神那里取（偷）物；❸［TPS：C51.7］不能以不洁之手触神像；❹［TPS：C53］否认神灵禁忌；❺［TPS：C54］与神争高低禁忌。【引例】忌客人尿褥子（得罪火神）【鄂温克族】
⑤ 【引例】蜜蜂是祖先的灵魂，不能伤害【纳西族】
⑥ 【关联】❶［W7985］乱伦；❷［W9915］乱伦被惩罚。【引例】忌兄妹结婚【佤族】
⑦ 【关联】［W7130］性爱
⑧ 【关联】［TPS：C141.3］经期不能进入水域
⑨ 【民族】汉族。【引例】妇女不能睡在有神位的地方【黎族】
⑩ 【关联】［W6514］妇女禁忌

W 编码	母题描述			参照项	
	一级母题	二级母题	三级母题	汤普森	关联项
W6514.2.1			忌妇女打猎		【民族，联1】①
W6514.2.2			忌妇女靠近猎具		【民族，联1】②
W6514.2.3			忌产妇在娘家生孩子		
W6514.2.4			忌妇女吃鸡肉		【珞巴族】
W6514.3		与妇女禁忌有关的其他母题			【联1】③
W6514.3.1			女人忌食生殖器	C229.2	【联1】④
W6514.3.2			女人禁多说话		【民族，联1】⑤
W6514.3.3			女人禁暴露身体		
W6515	男性禁忌			C182	【联1】⑥
W6515.1		男人忌接触产期妇女			【联1】⑦
W6515.2		男人忌佩戴女人饰物			【汉族】
W6516	孩童禁忌				【民族，例1】⑧
W6516.1		祭祀时禁孩童			
W6516.2		孩童忌食鱼卵			
W6517	婚姻禁忌				
W6517.1		人与神忌婚			【例1】⑨
W6517.2		同姓忌婚			【民族，联1】⑩
W6517.3		氏族内部禁婚			【民族，例1】⑪
W6517.4		血缘婚禁忌		C163	【联2，例2】⑫
W6517.4.1			兄妹不能结婚	A1552.1	【民族，联1，例1】⑬
W6517.4.2			神禁止兄妹婚		【例1】⑭

---

① 【民族】高山族。【关联】［W6535］狩猎禁忌

② 【民族】傈僳族。【关联】［W6534］接触禁忌

③ 【关联】［TPS：C194］特定地点禁与女子幽会

④ 【关联】［W6522］食物禁忌

⑤ 【民族】彝族。【关联】［W6531］语言禁忌

⑥ 【关联】［TPS：C182.2］女人不在时男子不能入女室

⑦ 【关联】［W6518.4］妇女产期忌接触男人

⑧ 【民族】汉族。【引例】萨满治病时，小孩不能接近【赫哲族】

⑨ 【引例】神与凡人婚配不育【藏族】

⑩ 【民族】苗族。【关联】［W7671］同姓不婚

⑪ 【民族】怒族。【引例】同氏族结婚会绝后【高山族】

⑫ 【关联】❶［W6517.4.1］兄妹不能结婚；❷［W7285］血缘婚。【引例】❶兄妹婚犯天规【黎族】；❷兄妹婚造成秽气【纳西族】

⑬ 【民族】高山族、苗族。【关联】［W7300］兄妹婚。【引例】兄妹相恋引起洪水和瘟疫【佤族】

⑭ 【引例】雷神禁止兄妹结婚【黎族】

W 编码	母题描述			参照项	
	一级母题	二级母题	三级母题	汤普森	关联项
W6517.5		婚礼禁忌		C160	
W6517.5.1			忌日不婚的来历		
W6517.5.2			逢蚀不婚的来历		
W6517.5.3			结婚时忌孕妇		【联1】①
W6518	生育禁忌			C150	
W6518.1		孕期禁忌		C152	【联1，例4】②
W6518.1.1			孕妇忌接触死物		【高山族】
W6518.2		忌外人闯入产房			【黎族】
W6518.3		忌妇女生孩子满月之内忌外出			【壮族】
W6518.4		妇女产期忌接触男人			
W6518.5		与生育禁忌有关的其他母题			【例1】③
✳ **W6520**	**饮食禁忌**				
W6521	饮食禁忌的产生			A1517	
W6522	食物禁忌			C200	
W6522.1		忌食神的食物		C241	
W6522.2		忌食特定的食物			【联3】④
W6522.2.1			特定的人忌吃特定的肉		【联1，例2】⑤
W6523	宗教性禁食			≈ A1541	【联1】⑥
W6523.1		禁果			【民族，例2】⑦
W6523.1.1			麦果是禁果		【回族、撒拉族】
W6523.1.2			其他禁果		【例3】⑧
W6523.2		吃禁果是犯天条			【回族】
W6523.3		吃禁果受惩罚			【联1，例3】⑨

---

① 【关联】［W6514］妇女禁忌

② 【关联】［W6518.4］妇女产期忌接触男人。【引例】❶妊娠期吃鸭肉婴儿会像鸭子一样连指【朝鲜族】；❷妊娠期吃狗肉，婴儿会有狗的特性【朝鲜族】；❸孕妇吃兔肉生唇裂孩子【汉族】；❹孕妇忌食蛇、狗肉，否则将难产【黎族】

③ 【引例】小孩出生十天之内，父母不能去森林【珞巴族】

④ 【关联】❶［TPS：C221］忌食肉；❷［TPS：C227］忌食人肉；❸［W6524］忌食特定的动物

⑤ 【关联】［W6514.2.4］妇女忌吃鸡肉。【引例】❶回族为什么不吃猪肉【回族】；❷达麦人的妇女从来不吃熊肉是因为熊原来是她们的丈夫【珞巴族】

⑥ 【关联】［W6522］食物禁忌

⑦ 【民族】怒族、撒拉族。【引例】❶吃禁果的诱惑者【傣族、哈萨克族】；❷魔鬼骗人祖吃禁果【回族】

⑧ 【引例】❶麦粒是禁果【哈萨克族】；❷麦子是天堂的禁果【哈萨克族】；❸美果树上的美果是禁果【回族】

⑨ 【关联】［W9917］犯禁忌遭惩罚。【引例】❶吃禁果弄脏天堂【哈萨克族】；❷吃禁果被罚下天堂【回族】；❸吃禁果死亡【怒族】

W 编码	母题描述			参照项	
	一级母题	二级母题	三级母题	汤普森	关联项
W6523.4		斋戒			
W6524	忌食特定的动物			C220	
W6524.1		忌食图腾动物		C221.2	
W6524.1.1			忌食与图腾相关的动物		【例6】①
W6524.2		忌食动物的特定部位		C221.3	
W6524.2.1			忌食动物的眼睛		【例1】②
W6524.2.2			忌吃动物屁股		【例1】③
W6524.2.3			忌吃动物的心肝		【例1】④
W6524.3		忌食虎			【赫哲族、珞巴族】
W6524.4		忌食狗		C221.1.1.4	【民族】⑤
W6524.4.1			忌吃狗是因为狗有恩于人		【仡佬族】
W6524.4.2			忌食狗是因为狗救过祖先		【民族，例2】⑥
W6524.4.3			忌食狗表示孝敬祖先		【民族，联2】⑦
W6524.5		忌食牛		C221.1.1.1	
W6524.6		忌食猴			【高山族】
W6524.7		忌食蛇			
W6524.8		忌食鱼		C221.1.3	
W6524.8.1			禁忌鲤鱼		【汉族】
W6524.9		忌食猪			
W6524.9.1			忌食猪肉的原因		【例2】⑧
W6524.10		禁食其他特定的动物			
W6525	忌食特定植物			C226	
W6525.1		忌食特定蔬菜		C224	【例1】⑨

① 【引例】❶人与鱼婚生的儿子吃鱼后，鱼母离去【布依族】；❷因狗为图腾忌食狗【土家族】；❸祖妣是母猴，所以忌打猴吃猴【瑶族】；❹岩鹰的儿子不食公鸡【彝族】；❺岩鹰的后代不食有翅膀的动物【彝族】；❻人认为是鹰的儿子而不吃有翅膀的动物【彝族】

② 【引例】妇女吃牛和猪的眼生的孩子是瞎子【黎族】

③ 【引例】忌吃鸡、鸭、鹅的尾部，否则劈柴不准【黎族】

④ 【引例】心肝能变马蜂报仇，所以忌吃动物心肝【仡佬族】

⑤ 【民族】拉祜族、苗族、仫佬族、瑶族

⑥ 【民族】拉祜族、满族。【引例】❶赫哲人不吃狗肉因为狗曾救过头人的命【赫哲族】；❷神犬为保护岳父而亡，所以不吃狗肉【瑶族】

⑦ 【民族】苗族、瑶族。【关联】❶［W6291］狗图腾；❷［W6387］狗崇拜

⑧ 【引例】❶认为猪不洁忌食【回族】；❷猪作为祖先忌食【珞巴族】

⑨ 【引例】因为南瓜生人，吃南瓜时不能从半腰砍【傈僳族】

W 编码	母题描述			参照项	
	一级母题	二级母题	三级母题	汤普森	关联项
W6525.2		忌食特定的水果		C225	【例1】①
W6526	饮酒禁忌			C250	【撒拉族】
W6526.1		特定地点忌酒		C260	【联1】②
W6526.2		特定的事件中忌酒			
W6527	与饮食禁忌有关的其他母题				
W6527.1		忌在特定时间进食		C230	【联1，例1】③
W6527.2		忌在特定地点进食		C210	
W6527.3		放置餐具的禁忌			【例3】④
W6530	看的禁忌			C300	
W6530.1		忌看特定的人、物		C310	
W6530.1.1			窥视丈夫的禁忌	C32	【联1，例2】⑤
W6530.1.2			男女之间窥视禁忌		【联3】⑥
W6530.1.3			忌看特定动物	C316	
W6530.2		忌回头看		C331	【民族，联1】⑦
W6530.3		忌途中窥视			【民族，例1】⑧
W6530.4		与看的禁忌有关的其他母题			
W6530.4.1			窥视影响变形		【民族，联1】⑨
W6530.4.2			变形时被窥视死去		
W6530.4.3			看到真相后宝物（神物）离去		【汉族】
W6531	语言禁忌			C400	
W6531.1		忌在特定时间说话		C401	
W6531.1.1			祭祀时忌言		【例1】⑩
W6531.1.2			洗浴时忌言	C401.6	
W6531.2		忌言特定的内容			【联4】⑪

① 【引例】鬼栽的树的果实不能吃【怒族】
② 【关联】［W6545］特定地点的禁忌
③ 【关联】［W6544］特定时间的禁忌。【引例】吃野猪要等它的灵魂离开肉体才能吃【珞巴族】
④ 【引例】❶不能在锅中弄齐筷子【汉族】；❷不能把筷子横放碗上【汉族】；❸在锅里放齐筷子会使寿命变短【彝族】
⑤ 【关联】［W6513］性禁忌。【引例】❶女子窥视变形的丈夫被吓死；❷丈夫变形时因被妻子窥视而失败
⑥ 【关联】❶［TPS：C312.1］男人忌看女人裸体；❷［TPS：C313］女人忌看男人；❸［W6513］性禁忌
⑦ 【民族】独龙族。【引例】城陷为湖时人违犯回头看的禁忌化为枯木【汉族】
⑧ 【民族】纳西族。【引例】途中违反窥视禁忌使许多动物变成野兽【怒族、羌族】
⑨ 【民族】畲族。【关联】［W9583］不完全的变形（局部变形）
⑩ 【引例】新米节割稻人在路上要忌说话【佤族】
⑪ 【关联】❶［TPS：C425］忌泄露兽语；❷［TPS：C442］忌说人的出生地点；❸［TPS：C497］忌言死亡；❹［W6533.1.2］忌言祖先姓名

W 编码	母题描述			参照项	
	一级母题	二级母题	三级母题	汤普森	关联项
W6531.2.1			忌说出秘密		【例3】①
W6531.2.2			忌说出预言		【联1，例2】②
W6531.2.3			忌说出特定物的名字		【例2】③
W6531.2.4			忌回答特定人物的提问		【例1】④
W6531.3		其他言语禁忌		C490	【例4】⑤
W6531.3.1			非礼勿言	W24	
W6531.3.2			箴言禁忌		
W6531.3.3			人对尸体说话会倒霉		【门巴族】
W6531.3.4			谐音禁忌		
W6532	**听的禁忌**			C885	【联1】⑥
W6533	**称谓禁忌**			C430	
W6533.1		称呼禁忌			【例2】⑦
W6533.1.1			忌言神的名称	①A138 ②C431	【联1】⑧
W6533.1.2			忌言祖先姓名		【民族，联1】⑨
W6534	**接触禁忌**			C500	
W6534.1		忌接触圣物			
W6534.2		忌接触身体特定的部位			
W6534.2.1			忌讳摸头		【傣族】
W6534.3		忌接触尸体		C541	
W6534.4		其他接触禁忌		C549	【联6，例1】⑩

---

① 【引例】❶放牛郎无知泄露仙女行踪天鹅仙子被人类杀死【白族】；❷人没有遵守保守秘密的禁忌死亡【鄂温克族】；❸违背保守秘密的约定变成石头【蒙古族】

② 【关联】［W9250］预言。【引例】❶人把洪水预言告诉人变石头【蒙古族】；❷人泄露预言变成石头【佤族】

③ 【引例】❶见到水时，不应说水，而应说是"小勺子"【珞巴族】；❷见到葫芦时，不要说葫芦，应该说"秃子"【珞巴族】

④ 【引例】禁忌回答猴子的话【珞巴族】

⑤ 【引例】❶骂谷子后谷子飞走【基诺族】；❷不听舅舅的话被魔鬼吃掉【普米族】；❸上天时不能发出声音【藏族】；❹"凶语"改用谐音

⑥ 【关联】［TPS：W23］非礼勿听

⑦ 【引例】❶老虎是人所变，所以见到老虎时要称呼"哥哥"才能免被伤害【珞巴族】；❷忌讳直呼"狼"遂以"犬"代称【蒙古族】

⑧ 【关联】［W9508.2］违犯名称禁忌导致变形

⑨ 【民族】黎族。【关联】［W6533.1.1］忌言神的名称

⑩ 【关联】❶［TPS：C510］忌触摸特定的树（植物）；❷［TPS：C518］忌伐树木；❸［TPS：C532］忌接触水；❹［TPS：C537］忌接触特定动物；❺［TPS：C544］忌打碎蛋；❻［TPS：M172］发誓不接触某物。【引例】忌依靠火塘边特定的柱子【傣族、纳西族（摩梭）】

W 编码	母题描述			参照项	
	一级母题	二级母题	三级母题	汤普森	关联项
W6534.4.1			忌接触血		
W6535	狩猎禁忌				
W6535.1		忌猎杀图腾物			【联2】①
W6535.1.1			杀死祖先化身的动物后死亡		【珞巴族】
W6535.2		与狩猎禁忌有关的其他母题			【民族，联2，例2】②
W6535.2.1			不准在神山中打猎		【门巴族】
W6535.2.2			打猎前忌男女同房		【民族，联1】③
W6536	耕种禁忌（生产禁忌）				【联1】④
W6536.1		开荒禁忌			
W6536.1.1			忌在特定地点开荒	C522	【联1】⑤
W6536.1.2			开荒激怒天神		【纳西族】
W6536.1.3			神造人日不能动土		【民族，联1】⑥
W6536.2		种植禁忌			【民族，例1】⑦
W6536.2.1			播种时不能发出声音		【民族，联1】⑧
W6536.3		与耕种禁忌有关的其他母题			
W6536.3.1			不准砍伐神山的树木		【侗族、门巴族】
W6536.3.2			忌在父母的忌辰耕种		【例1】⑨
W6536.3.3			严禁粮食种子外传		【珞巴族】
◎	〖其他相关母题〗				
W6537	动物禁忌				【联2】⑩
W6537.1		忌杀（伤）特定动物		C841.7	【联3，例2】⑪

① 【关联】❶［W6290～W6349］常见的图腾物；❷［W6354］图腾禁忌
② 【民族】哈尼族、黎族。【关联】❶［TPS：C182.1］在特定地点捕鱼；❷［TPS：C841.2］忌猎鸟。【引例】❶杀鱼要找好地方【哈尼族】；❷忌女人参加狩猎
③ 【民族】黎族。【关联】［W6513］性禁忌
④ 【关联】［W6040～W6051］耕种
⑤ 【关联】［W8179］开荒引发洪水
⑥ 【民族】羌族。【关联】［W6544.3］建筑时间禁忌
⑦ 【民族】黎族。【引例】种子落土忌长时间不看苗情【纳西族】
⑧ 【民族】黎族。【关联】［W6531］语言禁忌
⑨ 【引例】祖先去世前后几天不能做重活【黎族】
⑩ 【关联】❶［W6524］忌食特定的动物；❷［W6535］狩猎禁忌
⑪ 【关联】❶［TPS：C841.8］忌杀鹿；❷［TPS：C841.9］忌杀特定的鱼；❸［W6524］忌食特定的动物。【引例】❶不知鱼名不能杀鱼【哈尼族】；❷老虎是珞巴族祖先阿巴达尼的兄弟，不能冒犯，否则要被伤害【珞巴族】

W 编码	母题描述			参照项	
	一级母题	二级母题	三级母题	汤普森	关联项
W6537.1.1			忌伤害蛇		【民族，例1】①
W6537.1.2			忌伤蛙		【例1】②
W6537.2		忌养特定的动物			
W6537.2.1			忌养动物图腾		【联1】③
W6537.2.2			忌养龙		
W6538	植物禁忌				【联2，例1】④
W6538.1		忌砍特定植物			
W6538.1.1			忌砍老树		【例1】⑤
W6538.2		忌食特定植物			
W6538.3		忌种植特定的植物			
W6539	自然与自然物禁忌				
W6539.1		天象禁忌			【例2】⑥
W6539.2		太阳禁忌			【民族，联1】⑦
W6539.2.1			忌随意手指太阳		【布依族、鄂温克族】
W6539.2.2			忌对着太阳大小便		【布依族】
W6539.3		月亮禁忌			【联2】⑧
W6539.3.1			人为什么不能指月亮		【例1】⑨
W6539.3.2			人为什么不能对月亮撒尿		
W6539.4		虹的禁忌			
W6539.4.1			忌看虹	C315.2.3	
W6539.4.2			忌用手指虹	C843.1	【汉族】
W6539.5		水的禁忌			
W6539.5.1			水桶洗尿布生疮		【羌族】
W6539.6		火的禁忌		①C67 ②C99.1.1	【联1】⑩
W6539.6.1			忌从火上跨过		【民族，例1】⑪
W6539.6.2			忌往火里泼水		【鄂伦春族】
W6539.6.3			火的其他禁忌		【例2】⑫

① 【民族】布朗族、达斡尔族、高山族。【引例】忌打红脖子蛇【回族】
② 【引例】虐待癞蛤蟆被雷劈死【高山族】
③ 【关联】［W6354］图腾禁忌
④ 【关联】❶［TPS：C43］触怒树（木）灵禁忌；❷［TPS：C43.1］不能砍伐特定的有灵的树。【引例】随意砍伐树会触怒树神【鄂伦春族】
⑤ 【引例】榆树、松树等老后成神，不能随便砍伐【达斡尔族】
⑥ 【引例】❶忌向天上抛物【维吾尔族】；❷忌日月食时做事
⑦ 【民族】布依族、鄂温克族。【关联】［TPS：C315.2.2］忌看太阳
⑧ 【关联】❶［W1698.3］月亮有小刀，会割掉不敬者的耳朵；❷［W6425］月亮崇拜
⑨ 【引例】人指画月亮（神）会被割耳朵
⑩ 【关联】［W6432］火崇拜
⑪ 【民族】哈尼族、黎族。【引例】火塘上不能伸脚【羌族】
⑫ 【引例】❶忌用利器剌火【鄂伦春族】；❷火塘上搭尿布生疮【羌族】

W 编码	母题描述			参照项	
	一级母题	二级母题	三级母题	汤普森	关联项
W6539.7		与自然物禁忌有关的其他母题			
W6539.7.1			风的禁忌		
W6540	丧葬禁忌			V62	【联1，例2】①
W6540.1		丧葬避讳特定的日子			【例1】②
W6540.2		忌用死者遗物			
W6540.3		丧葬用品禁忌			【联1】
W6540.3.1			葬礼时忌穿红色衣服		【汉族】
W6541	服饰禁忌				【联1】③
W6541.1		忌穿特定颜色的衣服			【联1】④
W6541.2		忌反穿衣服			
W6541.3		文身禁忌			【联1】⑤
W6542	居住禁忌			C730	【例3】⑥
W6542.1		居室地点禁忌			【汉族】
W6542.2		居室朝向禁忌			
W6543	颜色禁忌				
W6543.1		红色禁忌			【联1，例1】⑦
W6543.2		白色禁忌			
W6544	特定时间的禁忌				【民族，联3，例1】⑧
W6544.1		节日禁忌			【联1，例2】⑨
W6544.1.1			正月初一至初五禁做活		【汉族】
W6544.2		节气禁忌			【例1】⑩
W6544.3		建筑时间禁忌			【例5】⑪
W6545	特定地点的禁忌				【例4】⑫

① 【关联】［W6660］葬俗。【引例】❶送亡人不可送皮物铁器【汉族】；❷出殡时死者的脚必须朝前方【黎族】
② 【引例】丧葬日必须选择龙、虎、猴日，否则庄稼不能生长【阿昌族】
③ 【关联】［TPS：≈M125］特定的时间才能换衣服
④ 【关联】［W6543］颜色禁忌
⑤ 【关联】［W6586］文身的来历
⑥ 【引例】❶忌房屋不合风水【汉族】；❷睡觉时忌头朝门口【黎族】；❸房屋内放置物的禁忌
⑦ 【关联】［W6540.3.1］葬礼时忌穿红色衣服。【引例】珞巴族认为送红色的东西表示挑战和对抗【珞巴族】
⑧ 【民族】汉族。【关联】❶［W2397.9］变人时的禁忌；❷［W6527.1］忌在特定时间进食；❸［W6531.1］忌在特定时间说话。【引例】出嫁前禁食【彝族】
⑨ 【关联】［W6611］年（春节）。【引例】❶春节不宰杀【汉族】；❷大年初一忌扫地【黎族】
⑩ 【引例】寒食节忌烟火【汉族】
⑪ 【引例】❶忌五月上屋【汉族】；❷牛日建牛舍牛会死【黎族】；❸祭猎神时要将人头埋在火塘正面【珞巴族】；❹戊日是造人日，忌动土【羌族】；❺盖房时春不伐木，夏不砍树【壮族】
⑫ 【引例】❶忌哥哥闯入妹妹的闺房【黎族】；❷工匠不能在村里作活（怕吓跑灵魂）【珞巴族】；❸民荣人（珞巴族部落）不能在猪曾经过吐过的地方放水酒【珞巴族】；❹女人不能在娘家生孩子【壮族】

W 编码	母题描述			参照项	
	一级母题	二级母题	三级母题	汤普森	关联项
W6546	特定的数字禁忌				【联1，例1】①
W6546.1		单数禁忌			
W6546.2		双数禁忌			
W6547	其他一些特定的禁忌				
W6547.1		等级禁忌		C550	
W6547.2		剪发的禁忌		C722	【联1，例1】②
W6547.2.1			守丧忌剪发		
W6547.2.2			正月忌剪发		【汉族】
W6547.3		笑的禁忌			【独龙族】
W6547.4		血的禁忌			【联1】③
W6547.5		其他特定行为的禁忌			
W6547.5.1			出行禁忌		
W6547.5.2			不准搬动神山上的石头		【门巴族】
W6548	与禁忌有关的其他母题				【联2】④
W6548.1		犯忌遭受惩罚			【联2，例1】⑤
W6548.1.1			违犯禁忌死亡		【满族】
W6548.1.2			犯忌失好运	C930	
W6548.1.3			犯忌失神佑	C937	
W6548.1.4			犯忌招灾	C984	【联1】⑥
W6548.1.5			犯忌导致疾病	C940	【联4】⑦
W6548.1.6			犯忌变形	C960	【联3，例1】⑧
W6548.1.7			犯忌遭受惩罚的其他情形		【联7】⑨
W6548.2		禁忌的改变			【联1】⑩

① 【关联】［W6645］数字崇拜。【引例】"四"的禁忌
② 【关联】［TPS：≈M121］在特定的时间才能剪发须。【引例】忌拔掉白发
③ 【关联】［W6534.4.1］忌接触血
④ 【关联】❶［TPS：C842］光照禁忌；❷［W8995］争战中的禁忌
⑤ 【关联】❶［W9508.1］犯忌导致变形；❷［W9508.2］违犯名称禁忌导致变形。【引例】因违反泄露预言的禁忌死亡【汉族、蒙古族】
⑥ 【关联】［W8173］人违犯禁忌引发洪水
⑦ 【关联】❶［TPS：C943］犯忌导致失明；❷［TPS：C944］犯忌变哑巴；❸［TPS：C948］犯忌致残；❹［TPS：C996］犯忌跌伤
⑧ 【关联】❶［TPS：C962］人犯忌变成动物；❷［TPS：C963］犯忌现原形；❸［W9508］因禁忌造成的变形。【引例】人违犯禁忌变成鱼【佤族】
⑨ 【关联】❶［TPS：C932］犯忌丧偶；❷［TPS：C934］犯忌遭饥荒；❸［TPS：C934.1］犯忌作物歉收；❹［TPS：C936］犯忌遭战败；❺［TPS：C947］犯忌失魔力；❻［TPS：C955］犯忌失乐园；❼［W6723］因犯忌而改变了语言
⑩ 【关联】［W6697.2］习俗的改变

6.5 习俗
【W6550～W6699】

6.5.1 习俗的产生【W6550～W6559】

W 编码	母题描述			参照项	
	一级母题	二级母题	三级母题	汤普森	关联项
✿ W6550	习俗			P600	
✷ W6551	习俗的产生			A1500	
W6552		神制定习俗			
W6553		神性人物制定习俗			
W6553.1			文化英雄制定习俗	A545	【民族，联1】①
W6553.2			祖先制定习俗		【联1，例1】②
W6554		其他特定人物制定习俗			
W6554.1			国王制定习俗	≈P13	
W6554.2			首领制定习俗		【哈尼族】
W6555		沿袭先人形成习俗			
W6556		约定形成习俗			
W6557	与习俗产生有关的其他母题				
W6557.1		因特定事件形成习俗			
W6557.1.1			因神农五月初五上山采药延续成俗		【民族，联1】③

6.5.2 生产习俗【W6560～W6579】

W 编码	母题描述			参照项	
	一级母题	二级母题	三级母题	汤普森	关联项
✷ W6560	开荒时的习俗				

---

① 【民族】壮族。【关联】［W0599］文化英雄的发明
② 【关联】［W0640］祖先。【引例】猎人告诉儿子打不到野兽要请巫师念经后形成习俗【珞巴族】
③ 【民族】汉族。【关联】［W6617］端午节（五月五）

W 编码	母题描述			参照项	
	一级母题	二级母题	三级母题	汤普森	关联项
W6561		开荒时敬神习俗			
W6562		开荒时占卜习俗			【民族，联1】①
W6562.1			开荒前要占卜定日子		
W6563		与开荒习俗有关的其他母题			
✺ **W6564**	播种时的习俗				【联1】②
W6565		播种时祭神习俗			【联1】③
W6566		播种时占卜习俗			【联1】④
W6567		与播种习俗有关的其他母题			
W6567.1			播种时男女交配习俗		【联1，例1】⑤
✺ **W6570**	收获时的习俗				
W6571		收获时祭神习俗			【民族，联1】⑥
W6572		收获时要举行仪式的习俗			
W6573		收获作物时请祖先尝新			
W6573.1			请祖先尝新米的来历		【例1】⑦
W6574		收获时动物尝新的来历			
W6574.1			新米蛇尝鲜的来历		【例2】⑧
W6574.2			收获时先敬狗的来历		【民族，例2】⑨
W6574.3			新粮牛尝鲜的来历		【例1】⑩
W6574.4			新粮老鼠尝鲜的来历		【例1】⑪

---

① 【民族】哈尼族、佤族。【关联】［W9190～W9199］占卜
② 【关联】［W6536.2］种植禁忌
③ 【关联】［W6481］祭神
④ 【关联】［W9190～W9199］占卜
⑤ 【关联】［W7156］性交。【引例】播种时男女交配可以使庄稼丰产
⑥ 【民族】汉族、景颇族、普米族、佤族。【关联】［W6481］祭神
⑦ 【引例】尝新节祭祀教人耕作的老寡妇【阿昌族】
⑧ 【引例】❶新米时要请视为祖先的蛇尝鲜【高山族】；❷收获时要请祖先（蛇）来尝小米【高山族】
⑨ 【民族】哈尼族、藏族。【引例】❶狗尝新米是因为狗取种有功【布依族】；❷吃新节敬狗因猎狗带来稻种【景颇族】
⑩ 【引例】水牛给人带来种子所以新谷先给水牛吃【德昂族】
⑪ 【引例】因老鼠咬开装人种的葫芦所以粮食老鼠先吃【布朗族】

W 编码	母题描述			参照项	
	一级母题	二级母题	三级母题	汤普森	关联项
W6575		与收获习俗有关的其他母题			【例1】①
◎	〖其他相关母题〗				
W6576	摘采习俗				
W6576.1		五月初五上山采艾草习俗的来历			【联2】②
W6577	与生产习俗有关的其他母题				
W6577.1		白天干活晚上睡觉的来历			【例1】③

6.5.3　生活习俗【W6580 ~ W6599】

W 编码	母题描述			参照项	
	一级母题	二级母题	三级母题	汤普森	关联项
✳ **W6580**	服饰习俗				
W6581		服饰习俗的产生			
W6581.1			为纪念特定的人形成的服饰习俗		【例1】④
W6582		首饰的产生			
W6582.1			女人戴耳环的来历		【珞巴族】
W6582.2			女人戴手镯的来历		【汉族】
W6583		族体特定服饰俗的来历			
W6583.1			服饰是一个族群的标志		【联2】⑤
W6584		与服饰习俗有关的其他母题			
W6584.1			人的打扮习俗的来历		【例2】⑥
W6584.2			男女服饰不同的来历		【汉族、佤族】
✳ **W6585**	文身				
W6586		文身的来历			

① 【引例】新米节割稻穗的人必须是四五十岁以上的男子汉【佤族】
② 【关联】❶［W6557.1.1］因神农五月初五上山采药延续成俗；❷［W6617］端午节（五月五）
③ 【引例】仙人安排人白天干活晚上睡觉【佤族】
④ 【引例】为纪念苗王形成头上戴弓弩的习俗【苗族】
⑤ 【关联】❶［W5370］族的标志；❷［W9248.2.1］标志物
⑥ 【引例】❶人三天换一打扮的来历【汉族】；❷人一天一打扮的来历

W 编码	母题描述			参照项	
	一级母题	二级母题	三级母题	汤普森	关联项
W6586.1			特定的人物教人文身		【例2】①
W6586.2			人遮身的草叶兽皮粘在皮肤上成为文身		【傣族】
W6586.3			特定的事件形成文身		【例1】②
W6587		文身的功能			
W6587.1			文身是辨别身份的记号		【例2】③
W6587.2			文身是为辨别方向画的符号		【傣族】
W6587.3			文身可以防身		【例1】④
W6588		文面的来历			
W6588.1			母亲（太阳女神）为子女文面		【珞巴族】
W6588.2			母亲文面后与儿子成婚，形成文面习俗		【民族，联1】⑤
W6588.3			妹妹文面后与哥哥成婚，形成文面习俗		【民族，联1】⑥
W6588.4			女子为避祸脸上刺疤痕形成文面习俗		【黎族】
W6589		与文身有关的其他母题			
W6589.1			文身的变化		
❋ **W6590**	饮食习俗的产生			A1510	【联1】⑦
W6591	食俗			P634.0.1	
W6591.1		为什么食物要烹饪		A1518	【民族，联1】⑧
W6591.2		一天三顿饭的来历		≈ A1511	
W6591.2.1			神或神性人物规定人一日三餐		【例1】⑨

① 【引例】❶动物教人文身；❷老虎是文身的师傅【傣族】
② 【引例】因姐弟以黑灰涂脸改变容貌后成婚形成文身习俗【高山族】
③ 【引例】❶黄龙父亲在孩子的身上刻上龙纹作为记号【白族】；❷文身作为族体的标志【黎族】
④ 【引例】身上文龙纹可以防水怪【傣族】
⑤ 【民族】黎族。【关联】［W7294］母子婚
⑥ 【民族】高山族。【关联】［W7300］兄妹婚
⑦ 【关联】［W6521］饮食禁忌的产生
⑧ 【民族】汉族。【关联】［W6145.4］熟食的产生
⑨ 【引例】天使告诉人一日三餐【水族】

W 编码	母题描述			参照项	
	一级母题	二级母题	三级母题	汤普森	关联项
W6591.2.2			神或神性人物传错话形成一日三餐		【例3】①
W6591.2.3			动物传错话形成一日三餐		【民族，例5】②
W6591.3		天黑不食习俗的来历		A1512	
W6591.4		吃特定动物的习俗		A1515	【联1】③
W6591.4.1			人吃野兽的来历		【民族，联1】④
W6591.4.2			人吃牛羊的来历		
W6591.5		特定的日子吃（饮）特定的食物			【联2，例1】⑤
W6591.5.1			节日饮酒的来历	A1514	【例1】⑥
W6591.5.2			正月初七吃长寿面的来历		【汉族】
W6591.6		与食俗有关的其他母题			
W6591.6.1			百家宴习俗的来历		【侗族、拉祜族、苗族】
W6591.6.2			长街宴习俗的来历		【哈尼族】
W6592	食人习俗			A1516	【联1】⑦
W6592.1		神规定人死后要被吃掉			【例1】⑧
W6592.2		人死掉后被分吃			【苗族、壮族】
W6592.2.1			人分食死者尸体后才会昌盛		【苗族】
W6592.3		人吃掉死去的父母		G23	【联1】⑨
W6592.4		人年老后被吃掉		G76	【民族，联1】⑩
W6592.5		妻子吃掉丈夫			【例1】⑪

① 【引例】❶神牛传错话形成一日三餐【侗族】；❷天上的差官传错话形成一日三餐【傈僳族】；❸神仙传错话形成一日三餐【仡佬族】

② 【民族】汉族。【引例】❶牛传错话形成一日三餐【傈僳族、苗族、土族】；❷屎壳郎传错话形成一日三餐【壮族】；❸猪传错话形成一日三餐【壮族】；❹飞虫传错话形成一日三餐【壮族】；❺狗传错话形成一日三餐【壮族】

③ 【关联】［W3067.4］有些动物为什么被人吃

④ 【民族】佤族。【关联】［W3067.4］有些动物为什么被人吃

⑤ 【关联】❶［W4836.3］冬至为什么要吃狗肉；❷［W4836.4］冬至为什么要吃混沌。【引例】大年初一吃鱼宴习俗的来历【赫哲族】

⑥ 【引例】除夕敬辞岁酒的来历【蒙古族】

⑦ 【关联】［W5381.1］食人

⑧ 【引例】管人间生死的天仙规定人死后被分吃【苗族】

⑨ 【关联】［W6660］葬俗

⑩ 【民族】壮族。【关联】［W6695.1.1］饥荒时杀死老人

⑪ 【引例】宁崩乌佑（珞巴语，鬼、精灵）吃掉丈夫【珞巴族】

W 编码	母题描述			参照项	
	一级母题	二级母题	三级母题	汤普森	关联项
W6592.6		人吃掉自己的后代		①A1277.1 ②G72	【联 1】①
W6592.7		为祭祀吃掉亲属			
W6592.7.1			妻子的弟弟没打到猎物，丈夫把亲妹妹杀掉给他吃		【珞巴族】
W6593	与饮食习俗有关的其他母题				
W6593.1		改变饮食习俗的原因			【彝族】
W6593.2		非宗教节宴			【联 1】②
W6593.3		恐怖的食物		S183	
◎	〖其他相关母题〗				
W6594	对付特殊天相（天气）的习俗				【联 1，例 1】③
W6594.1		月食时的习俗			【联 2，例 1】④
W6594.1.1			月食时舂碓的来历		
W6594.2		恶劣天气时的习俗			
W6595	仪礼性习俗				
W6595.1		晚辈磕头礼的来历			【民族，联 1】⑤
W6595.2		女人受尊敬习俗的来历			【例 1】⑥
W6595.3		好客习俗的产生		A1598	
W6595.4		饮酒仪式的产生		A1514.1	【联 1】⑦
W6595.5		特定的人在特定场所的特殊待遇习俗			【例 1】⑧
W6596	与生活习俗有关的其他母题				
W6596.1		每天洗一次脸的来历			【土族】

① 【关联】［W6695.2］杀死小孩的习俗
② 【关联】［W6457］宗教仪式
③ 【关联】［W4228.1.1］通过击打器物消除日食。【引例】下冰雹时从门窗向外扔棍棒刀枪是为了吓走秃尾巴黑龙【蒙古族】
④ 【关联】❶［W4230］月食；❷［W4248.3.2］通过击打器物消除月食。【引例】月食时舂碓是为了让狗不要咬月亮【傈僳族】
⑤ 【民族】哈尼族、汉族。【关联】［W6508.6］磕头的来历
⑥ 【引例】因女人发明饲养，宰杀时要敬女人【佤族】
⑦ 【关联】［W6457］宗教仪式
⑧ 【引例】彝族是兄弟民族的老大，所进入佛寺可以不脱鞋【布朗族】

W 编码	母题描述			参照项	
	一级母题	二级母题	三级母题	汤普森	关联项
W6596.1.1			因传错话形成每天洗一次脸		【联1，例1】①
W6596.2		击鼓习俗			【例1】②
W6596.2.1			祭神时击鼓习俗的来历		【汉族、苗族】
W6596.3		抽烟习俗			【例1】③
W6596.3.1			为什么男人喜欢抽烟	A2854	
W6596.3.2			为什么女人喜欢抽烟		【例1】④
W6596.4		男子蓄须习俗的来历		A1597	【联1】⑤

6.5.4　节日习俗⑥【W6600～W6629】

W 编码	母题描述			参照项	
	一级母题	二级母题	三级母题	汤普森	关联项
✳ **W6600**	**节俗的来历**			A1502	【联1】⑦
W6601	节日庆典的来历			A1530	
W6602		神制定节俗			
W6602.1			天神制定年节		【汉族】
W6603		神性人物制定节日			【例1】⑧

---

① 【关联】[W6591.2.3] 动物传错话形成一日三餐。【引例】牛传错话形成每天吃三顿饭，洗一次脸【土族】
② 【引例】龙要求人遇到高兴的事敲铓击鼓形成习俗【哈尼族】
③ 【引例】人偶然嚼食烟叶后逐渐学会了抽烟【珞巴族】
④ 【引例】携带烟袋能护身辟邪【彝族】
⑤ 【关联】[W2854] 男人胡须的来历
⑥ 节日习俗，即人们常言的"节日"、"年节"等。一般而言，每个节日都有及其丰富的传统文化内涵。关于节日的起源，有的与原始宗教有关，有的与农耕规则有关，有的与社会秩序的萌生有关，有的表现了图腾崇拜，有的表现了人类避恶向善的文化心理，有的表现了特定的民间仪式，等等。但节日的产生、形成、发展、演变甚至消失，是一个复杂的问题，带有明显的功利性、区域性、民族性，特别是在当今文化发展中，有些节日已经看不出与"神话"叙事的关联。因此有些人会对某些节日是否存在神话母题产生质疑。在此，以尊重传统文化规律为出发点，尽可能地保留节俗本真的产生特征，细察节日活动中与某些神灵现象或带有某些主观意愿性的神性思维，在母题编目方面采取了"宁可信其有，不可信其无"的原则，将一些今天看来似乎不能作为神话母题的名称、事象列入其中。仅供读者批评或学术比较之用。同时，为了避免大量繁杂问题的重复罗列，本类型只择其要者作案例。较为有代表性的节日实例，可查阅"[W6617]端午节（五月五）"。
⑦ 【关联】[W6544.1] 节日禁忌
⑧ 【引例】女始祖教阿佤人过节日【佤族】

W 编码	母题描述			参照项	
	一级母题	二级母题	三级母题	汤普森	关联项
W6604		为纪念特定的人物形成节日			【例4】①
W6605		祛灾去祸形成节日			【例1】②
W6606		与节日产生有关的其他母题			【例2】③
W6606.1			因收种作物产生的节日		【例1】④
◎	〖常见节俗〗				
W6610	除夕				
W6610.1		除夕的来历			
W6610.2		与除夕有关的其他母题			【例2】⑤
W6611	年（春节）⑥				
W6611.1		年的来历（春节的来历）			【联1，例1】⑦
W6611.1.1			布谷鸟告诉人过年		【民族，联1】⑧
W6611.1.2			过年是庆贺"年"被赶跑		
W6611.2		与过年有关的其他母题			【联1，例2】⑨
W6611.2.1			拜年的来历		【联1，例1】⑩
W6611.2.2			过年点爆竹是为了驱赶猛兽		
W6611.2.3			过年张灯结彩的来历		

---

① 【引例】❶正月初四纪念天公地母形成窝罗节【阿昌族】；❷人感激竹鼠取谷种形成祭竹鼠节【布朗族】；❸布朗族过松鼠节是因为松鼠取火有功【布朗族】；❹纪念盘王形成盘王节【瑶族】

② 【引例】火把节火烧害虫【彝族】

③ 【引例】❶女神每年3次视察大地形成3个节日【蒙古族】；❷年节从天上来【苗族】

④ 【引例】阿佤收谷过新米节【佤族】

⑤ 【引例】❶除夕请家神的来历【汉族】；❷除夕驱鬼【汉族】

⑥ 过年的来历，此母题与"春节的来历"在神话叙事的文化内涵方面有一定的差别，故单独列出。

⑦ 【关联】［W4659.2］十月年的来历。【引例】过年是为了纪念除妖英雄【哈尼族】

⑧ 【民族】哈尼族。【关联】［W4776.1］布谷鸟告诉人类季节

⑨ 【关联】［W3599.2.1］年是吃人的怪物。【引例】❶过春节贴对联（桃符）的来历【汉族】；❷过年时妇女到河边或井旁汲新水习俗【藏族】

⑩ 【关联】［W6595.1］晚辈磕头礼的来历。【引例】拜年互问平安

W 编码	母题描述			参照项	
	一级母题	二级母题	三级母题	汤普森	关联项
W6611.2.4			春节初一到初十的各天特殊节俗的来历		【例12】①
W6611.2.5			杀年猪的来历		【拉祜族、佤族】
W6611.2.6			春节是白节		【蒙古族】
W6612	元宵节②的来历				
W6612.1		元宵节的来历			
W6612.2		元宵节舞龙灯的来历			【汉族】
W6612.3		元宵节闹花灯的来历			【例1】③
W6612.3.1			元宵节闹花灯是为了迷惑想放火烧人间的天神		【民族，联1】④
W6612.4		元宵节为什么吃元宵			【汉族】
W6612.5		与元宵节有关的其他母题			【例1】⑤
W6613	春龙节（二月二）				
W6613.1		春龙节的来历			
W6613.2		二月二祭龙			【彝族】
W6613.3		二月二龙抬头			【汉族】
W6613.4		与春龙节有关的其他母题			【例2】⑥
W6613.4.1			龙节的产生	A1541.4.2	
W6613.4.2			二月二吃豆子		【汉族】
W6614	寒食节				
W6614.1		寒食节的来历			
W6615	三月三				
W6615.1		三月三的来历			【壮族】

① 【引例】❶初一抢食年糕的来历【达斡尔族】；❷初一吃鱼的来历【侗族】；❸正月初一拜年的来历【汉族】；❹正月初二回娘家的来历【汉族】；❺正月初三烧门神的来历【汉族】；❻正月初四迎神接神的来历【汉族】；❼正月初五破五的来历【汉族】；❽正月初六下田的来历【汉族】；❾正月初七人日（人胜日）的来历【汉族】；❿正月初八谷子生日【汉族】；⓫正月初九天公生日【汉族】；⓬正月初十石头生日【汉族】

② 元宵节，又称作"上元节"、"春灯节"、"灯节"、"小正月"、"元夕"等。

③ 【引例】元宵节闹花灯是为了欺骗天神【汉族】

④ 【民族】汉族。【关联】［W6627.1.1］火把节的来历

⑤ 【引例】元宵节是为了纪念上元天官的生日【汉族】

⑥ 【引例】❶二月二祭舜帝【汉族】；❷二月二祭蚩尤【汉族】

W 编码	母题描述			参照项	
	一级母题	二级母题	三级母题	汤普森	关联项
W6615.1.1			三月三是祖先结婚的纪念日		【例1】①
W6615.1.2			三月三是为纪念特定的人		【例1】②
W6615.2		三月三祭龙神			【布依族】
W6615.3		三月三放风筝			【汉族】
W6616	清明节				
W6616.1		清明节的来历			【例1】③
W6616.2		清明节为什么扫墓			
W6616.3		清明节为什么植树			【汉族】
W6616.4		为什么清明之日不动烟火			【汉族】
W6617	端午节（五月五)④				
W6617.1		端午节的来历			【例1】⑤
W6617.1.1			端午节源于纪念特定的人物		【例5】⑥
W6617.1.2			端午节源于特定的祭祀		【例3】⑦
W6617.2		端午节包粽子的来历			
W6617.2.1			端午节包粽子是为了保护特定的人物		【例1】⑧
W6617.3		端午节插艾草的来历⑨			【联1】⑩

① 【引例】男女祖先（兄妹）三月三在成亲而形成三月三节日【黎族】
② 【引例】三月三祭山是为了纪念赶山的仙人【仡佬族】
③ 【引例】清明节与寒食节有关【汉族】
④ 端午节，在此以"端午节"为代表性母题编目案例，对神话（含传说）中关于节日的叙事母题做一个较为全面的梳理。端午节一般为每年农历五月初五，流行于我国和周边一些汉字圈国家。"端午"有许多不同的别称，如端阳节、端五节、重五节、重午节、天中节、五月节、夏节、菖节、蒲节、龙舟节、浴兰节、午日节、女儿节、灯节、五蛋节、地腊节、龙日、午日、屈原纪念日、伍子胥纪念日、曹娥纪念日等等。有些地方的端午节又有大端午与小端午之分。小端午为农历五月初五，大端午为农历五月十五，还有的把五月二十五也列入端午，称之为"末端阳"。不同的地区对端午节的解释和内容往往有所不同，并且各地在该日的食俗和举行的活动也不尽统一，主要有吃粽子、插艾草、挂菖蒲、熏苍术、喝雄黄酒、赛龙舟、舞狮等。关于此节日的母题编目主要划分为端午节的来历、端午节的时间、端午节饮食、端午节的主要活动、端午节事象的文化解释以及其他与端午节有关的母题等。通过这些母题可以对不同地区和民族的端午节进行比较，发现更多的区域性文化传统和民俗文化内涵。
⑤ 【引例】水族分批过端午【水族】
⑥ 【引例】❶端午节是为了纪念屈原【汉族】；❷端午节是为了纪念伍子胥【汉族】；❸端午节是为了纪念曹娥【汉族】；❹端午节是为了纪念大禹开山造河有功【汉族】；❺五月五是为了祭祀一位慈善的阿妈【藏族】
⑦ 【引例】❶端午节源于祭龙【汉族】；❷端午节源于祭母【汉族】；❸端午节是为了祭祀这一天跳河的母人熊【汉族】
⑧ 【引例】端午节包粽子是为了用粽子向河神赎回屈原的尸体【汉族】
⑨ 插艾草，不同地区端午节关于"艾草"的说法不一，有的说"采艾草"，有的说是插艾蒿。
⑩ 【关联】［W6557.1.1］因神农五月初五上山采药延续成俗

W 编码	母题描述			参照项	
	一级母题	二级母题	三级母题	汤普森	关联项
W6617.3.1			端午节插艾草是其特定人物的安排		【例1】①
W6617.3.2			端午节插艾草可以逢凶化吉		【汉族】
W6617.3.3			端午节插艾草是避免被杀的标记		【例1】②
W6617.3.4			端午节插艾草是为了避瘟疫		【例2】③
W6617.3.5			端午节插艾草可以避免雷劈		【满族】
W6617.3.6			端午插艾草是为了蒙骗天神		【例1】④
W6617.3.7			端午节插艾草是为了驱蚊蝇		【汉族】
W6617.3.8			端午节插艾草是为了纪念特定的事件		【例1】⑤
W6617.4		端午节插菖蒲的来历			
W6617.4.1			端午节插菖蒲是为了避战乱		【汉族】
W6617.4.2			端午节插菖蒲可以交好运		【汉族】
W6617.5		端午节插其他特定植物			
W6617.5.1			端午节插柳枝的来历		【汉族】
W6617.5.2			端午节挂葫芦的来历		【汉族】
W6617.5.3			端午节插葛藤的来历		【瑶族】
W6617.5.4			端午节插石榴花的来历		【汉族】
W6617.6		端午节特定佩戴物的来历			
W6617.6.1			端午节戴香包的来历		

---

① 【引例】*端午节插艾草是观音菩萨的安排*【彝族】
② 【引例】*端午插艾蒿是战乱时避免被杀的标记*【汉族、土家族】
③ 【引例】❶*端午节插艾草是张天师让人驱邪避瘟的标记*【汉族】；❷*端午插艾草是为了防瘟病（瘟药）*【汉族】
④ 【引例】*端午插艾草是为了蒙骗想放火毁灭人间的天神*【汉族】
⑤ 【引例】*端午节插艾草是为了纪念带人避难的善良妇女*【汉族】

W 编码	母题描述			参照项	
	一级母题	二级母题	三级母题	汤普森	关联项
W6617.6.2			端午节佩戴菱角的来历		
W6617.7		端午节特定的（活动）仪式			
W6617.7.1			端午节祭神龙		【达斡尔族】
W6617.7.2			端午节赛龙舟		【联2】①
W6617.7.3			端午节划龙舟		【例3】②
W6617.7.4			端午节洗浴		【例2】③
W6617.7.5			端午节向水中丢物		【例2】④
W6617.7.6			端午节贴符		【例2】⑤
W6617.7.7			端午节包手指盖		
W6617.7.8			端午节其他特定的活动		【例3】⑥
W6617.8		端午节特定的饮食			
W6617.8.1			端午节吃粽子（粑）		【汉族、苗族】
W6617.8.2			端午节喝雄黄酒		【汉族】
W6617.8.3			端午节吃"五黄"⑦		
W6617.8.4			端午节吃"五毒饼"⑧		
W6617.9		端午节禁忌			【联1】⑨
W6617.9.1			端午忌打井水		【汉族】
W6617.10		与端午节有关的其他母题			
W6617.10.1			端午名称的来历		【例1】⑩
W6617.10.2			五月初四过端午的来历		【汉族、畲族】

① 【关联】❶ ［W6217.3.6］龙船；❷ ［W9620］竞赛（比赛）
② 【引例】❶端午划龙舟是为了纪念泾河老龙【汉族】；❷端午划龙舟为了纪念斗恶龙【苗族】；❸端午节划龙舟是为了震慑精怪【羌族】
③ 【引例】❶端午节洗药泉【达斡尔族】；❷端午节百草水洗浴【汉族】
④ 【引例】❶端午节向水里撒粽子是为了保护屈原的尸体免被鱼吃【汉族】；❷端午节向水里丢包子是为了保护屈原的尸体免被鱼吃【汉族】
⑤ 【引例】❶端午节贴鬼符的来历【汉族】；❷端午节贴五毒符的来历【汉族】
⑥ 【引例】❶端午磨秋是为了纪念找日月的兄妹【哈尼族】；❷端午跳钟馗【汉族】；❸端午比射箭【汉族】
⑦ 五黄，指黄瓜、黄鳝、黄鱼、咸鸭蛋黄、雄黄酒。
⑧ 五毒饼，指一种印有蝎子、蛤蟆、蜘蛛、蜈蚣、蛇图案的饼。
⑨ 【关联】［W6544.1］节日禁忌
⑩ 【引例】因"躲五"音变形成端午的名称【汉族】

W 编码	母题描述			参照项	
	一级母题	二级母题	三级母题	汤普森	关联项
W6617.10.3			五月初六过端午的来历		【例1】①
W6617.10.4			端午节下雨不吉利		【民族，联1】②
W6618	天贶节（六月六）				
W6618.1		天贶节的来历			
W6618.1.1			六月六是龙宫晒龙袍的节日		【苗族】
W6618.2		与六月六有关的其他母题			
W6618.2.1			六月六虫王节		【彝族】
W6619	七夕节（七月七）③				
W6619.1		七夕节的来历			
W6619.1.1			七夕源于星宿崇拜		【汉族】
W6619.1.2			七夕源于"七"数字崇拜		【民族，联1】④
W6619.1.3			七夕源于牛郎织女故事		【民族，联2】⑤
W6619.2		七夕节的饮食			
W6619.2.1			七夕节吃巧果		【汉族】
W6619.2.2			七夕节吃五子⑥		
W6619.3		七夕节有关事象			
W6619.3.1			七夕节拜魁星		【汉族】
W6619.3.2			七夕节晒经书		【汉族】
W6619.3.3			七夕节晒衣裳		【汉族】
W6619.3.4			七夕节染指甲		【汉族】
W6619.3.5			七夕节向双星乞愿		【汉族】
W6619.3.6			七夕节穿针乞巧		【汉族】
W6619.3.7			七夕节捉蜘蛛		【汉族】
W6619.3.8			七夕节播种看象		【汉族】
W6619.3.9			七夕节妇女洗发		【汉族】
W6619.4		与七夕有关的其他母题			

① 【引例】地位低下的人要五月初六过端午【汉族】
② 【民族】汉族。【关联】［W9206］天象（自然现象）作为征兆
③ 七夕节，原名为乞巧节。据考名称较早的见于汉代。在不同地区往往有不同的名称和七夕习俗。如有双七、重七、香日、星期、巧夕、女节、女儿节、小儿节、兰夜、穿针节等。一般认为，"七夕"最早起源于与自然星象崇拜或时间崇拜。
④ 【民族】汉族。【关联】［W6445.7］数字"7"崇拜
⑤ 【民族】白族、汉族。【关联】❶［W0766.3.1］牛郎织女；❷［W7253.1.1］牛郎织女下凡成婚
⑥ 五子，即桂圆、红枣、榛子、花生、瓜子。

W编码	母题描述			参照项	
	一级母题	二级母题	三级母题	汤普森	关联项
W6619.4.1			牛郎织女鹊桥相会		【民族，联2】①
W6620	中秋节（八月十五节）				【联1】②
W6620.1		中秋节的来历			
W6620.2		中秋拜月的来历			【汉族】
W6620.3		中秋节吃月饼的来历			【汉族、土族】
W6621	重阳节				
W6621.1		重阳节的来历			
W6621.2		为什么重阳节登高			
W6622	祭祖节（寒衣节）				【联1】③
W6622.1		祭祖节的来历			
W6622.2		十月初一祭祖			
W6623	腊八节				
W6623.1		腊八节的来历			
W6623.2		腊八节喝粥的来历			【汉族】
W6624	冬节				
W6624.1		冬节的来历			
W6625	小年				
W6625.1		小年的来历			
W6625.2		腊月二十二过小年			【汉族】
W6625.3		腊月二十三过小年			【汉族、蒙古族】
W6625.3.1			腊月二十三祭灶神的来历		【联1】④
W6625.4		腊月二十四过小年			
W6625.4.1			为什么百姓腊月二十四过小年		
W6625.5		腊月二十五过小年			
W6625.6		与过小年有关的其他母题			
W6626	扫房日				
W6626.1		扫房日的来历			【汉族】
W6626.2		腊月二十四扫房子的来历			
W6627	其他一些节日的来历				【例3】⑤

---

① 【民族】汉族。【关联】❶［W0766.3.1］牛郎织女；❷［W6226.2.2］鹊桥
② 【关联】［W6627.8.1］八月十五尝新节
③ 【关联】［W6495.2］祭祖
④ 【关联】［W0493］灶神（灶王、灶王爷）
⑤ 【引例】❶盂兰盆节的来历【汉族】；❷中元节的来历【汉族】；❸十二月襀鬼【纳西族】

W 编码	母题描述			参照项	
	一级母题	二级母题	三级母题	汤普森	关联项
W6627.1		民族节日①			【联1】②
W6627.1.1			火把节的来历		【民族，例4】③
W6627.1.2			苗年的来历		
W6627.1.3			泼水节的来历		【例3】④
W6627.1.4			哈尼族十月年的来历		【联2，例2】⑤
W6627.1.5			其他民族节日		
W6627.2		地方节日			
W6627.3		特定群体的节日			
W6627.4		三冥节⑥			
W6627.4.1			三冥节为什么要祭鬼		【汉族】
W6627.5		耕牛节			
W6627.5.1			二月初八耕牛节		【白族、彝族】
W6627.6		四月四节			【例1】⑦
W6627.7		八月八节			【例2】⑧
W6627.8		尝新节			【阿昌族、佤族】
W6627.8.1			八月十五尝新节		【彝族】
W6628	与节日有关的其他母题				
W6628.1		没有规定具体时间的节日			【例1】⑨
W6628.2		节日里特定的活动			
W6628.2.1			节日时燃放爆竹的来历		【例1】⑩
W6628.2.2			节日祭祀的来历		【联1】⑪
W6628.2.3			节日比赛的来历		【联1，例1】⑫
W6628.3		庙会的来历			【苗族】

① 民族的节日，中国个民族的民族节日非常繁多。在此只做编目提示，一些具体的民族节日可参见"民族"母题列举的实例。

② 【关联】［W5536］民族的生活习俗

③ 【民族】白族、基诺族、拉祜族。【引例】❶火把节是为了用火吓跑异族【毛南族】；❷火把节是为了免除玉皇大帝降火灾【纳西族】；❸火把节火烧害虫【彝族】；❹火把节是为了烧死天神放出的害虫【彝族】

④ 【引例】❶泼水节是为纪念除妖的姑娘【傣族】；❷泼水节是为了给死去的神仙洗血污【德昂族】；❸泼水节是为纪念护泉化石的姑娘【佤族】

⑤ 【关联】❶［W4659.2］十月年的来历；❷［W6793.1］十月历（火历）。【引例】❶苗族十月年【苗族】；❷彝族十月年【彝族】

⑥ 三冥节，清明节、七月十五中元节及十月十五下元节合称三冥节。

⑦ 【引例】四月初四是文殊菩萨的诞辰

⑧ 【引例】❶八月八赶秋节【苗族】；❷八月八唢呐节【土家族】

⑨ 【引例】独龙族过年各家自己择定【独龙族】

⑩ 【关联】［W6611.2.2］过年点爆竹是为了驱赶野兽。【引例】点爆竹是为了驱赶猴子【土家族】

⑪ 【关联】［W6508.4］祭祀的特定时间

⑫ 【关联】［W9620～W9634］竞赛（比赛）。【引例】节日里赛马的来历【藏族】

6.5.5 婚葬习俗【W6630～W6679】

W 编码	母题描述			参照项	
	一级母题	二级母题	三级母题	汤普森	关联项
✿ W6630	婚俗			T130	
❋ W6631	婚俗的产生			①A1550 ②A1555 ③A1559	【联1】①
W6632		特定的人物制定婚俗			【联1，例1】②
W6632.1			神制定婚俗		【联1】③
W6632.2			祖先制定婚俗		
W6633		模仿形成婚俗			【景颇族】
W6634		与婚俗的产生有关的其他母题			
W6634.1			约定形成婚俗		【联2】④
❋ W6635	婚前准备的习俗			≈T132	
W6636		婚姻请媒人的来历			【民族，联1】⑤
W6637		丈夫让新娘先与别人试婚		T161.1	【联2】⑥
W6638		陪嫁（嫁妆）			
W6639		婚前准备的其他习俗			
W6639.1			婚前拜树习俗		【民族，例1】⑦
W6639.2			嫁女时祭东方		【水族】
W6639.3			订婚时为什么要赠礼物		
❋ W6640	婚姻仪式上的习俗				
W6641		结婚仪式上摆放象征物习俗			【联1】⑧
W6641.1			结婚仪式上摆放葫芦的来历		【汉族】
W6641.2			结婚仪式上撒芝麻的来历		【汉族】

---

① 【关联】［W7001］婚姻的产生

② 【关联】［W7005.5］女娲安排婚俗。【引例】伏羲创造婚姻【汉族】

③ 【关联】［W7005］神或神性人物制定婚姻

④ 【关联】❶［W7092］婚约的产生；❷［W7093.2］协约订婚

⑤ 【民族】汉族。【关联】［W7560］媒人

⑥ 【关联】❶［W6652］初夜权；❷［W7084］试婚

⑦ 【民族】黎族。【引例】拜树拜母亲后成婚【壮族】

⑧ 【关联】［W9240］象征物

W 编码	母题描述			参照项	
	一级母题	二级母题	三级母题	汤普森	关联项
W6641.3			结婚仪式上摆放花生的来历		【汉族】
W6641.4			结婚时抛撒粮种	≈T136.2	
W6641.5			结婚仪式上摆放其他物品		【例1】①
W6642		结婚仪式上新人的行为要求		T134	
W6642.1			结婚时遮面习俗的来历		【民族，例1】②
W6642.2			结婚时为什么女子用红布遮脸		【汉族】
W6642.3			结婚时为什么女子用扇子遮脸		【土家族】
W6642.4			结婚时为什么新郎要烟灰抹面		【侗族、汉族】
W6642.5			结婚时为什么新娘子雨伞遮面		【侗族】
W6642.6			结婚时蒙眼睛习俗		【例2】③
W6642.7			结婚时女子打伞习俗	A1555.3	【民族，联1】④
W6642.8			结婚时男子藏起来打伞习俗		【藏族】
W6642.9			结婚仪式上新人的其他行为要求		
W6643		结婚时的伴随物（物品）		T136	
W6643.1			结婚仪式上的用具		
W6643.2			为什么洞房放两张床		【例1】⑤
W6644		婚宴习俗		T136.1	【例1】⑥
W6644.1			交杯酒的来历（合卺的来历）		

① 【引例】婚房里挂栗叶习俗的来历【白族】
② 【民族】侗族、汉族、景颇族、黎族、畲族、土家族。【引例】新娘结婚时用帕子包头是因为原来兄妹成亲妹妹害羞【水族】
③ 【引例】❶兄妹结婚害羞形成蒙眼睛结婚习俗【傣族】；❷因为姐弟婚时姐姐用树叶遮脸形成遮羞巾习俗【畲族】
④ 【民族】侗族、土家族。【关联】[W6642.5] 结婚时为什么新娘子雨伞遮面
⑤ 【引例】以前盘和古兄妹结婚同房不同床，所以洞房放两张床【毛南族】
⑥ 【引例】结婚交杯时放桃花的习俗【白族】

W 编码	母题描述			参照项	
	一级母题	二级母题	三级母题	汤普森	关联项
W6645		婚姻仪式上的其他习俗			
W6645.1			结婚仪式上的买妻习俗	A1551.1	【联1】①
W6645.2			结婚时门前种树习俗的来历		【白族】
W6645.3			结婚时新娘打掉牙齿的来历		【仡佬族】
W6645.4			新郎迎亲要向新娘方向射3只箭习俗的来历		【裕固族】
W6645.5			象征性的结婚仪式		【联1，例1】②
W6646	结婚时间的习俗				
W6646.1		春天结婚习俗的来历			【汉族】
W6646.2		秋冬结婚习俗的来历			
W6646.3		晚上（黄昏）时举行婚礼		≈T156	【汉族】
W6646.4		特定时辰时举行婚礼			
W6647	结婚程序习俗				
W6647.1		结婚为什么要先拜天地			【汉族】
W6648	结婚信物习俗				
W6648.1		结婚时的龙凤呈祥信物			【汉族】
W6648.2		结婚时的鸳鸯信物			【汉族】
W6649	结婚称谓习俗				
W6649.1		夫妻称兄妹习俗的来历			【民族，联1】③
W6649.2		为什么夫妻互称"姊妹"			【汉族、土家族】
W6650	结婚禁忌习俗				【联3】④
W6650.1		不同宗教者不婚		T131.8	

---

① 【关联】［W7098.4.2］买新娘
② 【关联】［W7023.2］名誉夫妻。【引例】证婚人太阳、月亮把姐弟俩关进竹笼里表示成婚【珞巴族】
③ 【民族】汉族。【关联】［W6666.1］妻子哭死去的丈夫时称"爷"
④ 【关联】❶［W6517］婚姻禁忌；❷［W6517.2］同姓忌婚；❸［W6517.4.1］兄妹不能结婚

W 编码	母题描述			参照项	
	一级母题	二级母题	三级母题	汤普森	关联项
W6650.2		结婚语言禁忌			【联1】①
W6650.3		结婚物品禁忌			
W6650.3.1			结婚时不能出现犁（梨）		【汉族】
❋ W6651	**其他特定的婚俗**				
W6651.1		阿注婚的来历			【普米族、纳西族（摩梭）】
W6652	初夜权			≈T165	【联2】②
W6652.1		酋长具有初夜权的来历			
W6652.2		国王具有初夜权的来历			
W6652.3		僧侣具有初夜权的来历			
W6652.4		外来人具有初夜权的来历			
W6652.5		下贱者具有初夜权的来历			
W6653	迎亲习俗				
W6653.1		新娘坐花轿的来历			【汉族】
W6653.2		迎亲时新娘递伞的来历			【畲族】
W6654	闹洞房习俗				【汉族】
W6654.1		听房的来历			【汉族】
W6654.2		闹洞房折磨新娘的来历			【联1】③
◎	〖**其他相关母题**〗				
W6655	婚后的习俗			T137	
W6655.1		婚后要离开父母习俗的来历			【民族，联1】④
W6655.2		与婚后习俗有关的其他母题			【联1】⑤
W6655.2.1			女子婚后回娘家的习俗		【汉族】
W6655.2.2			女子不落夫家		【侗族】
W6656	婚俗的改变				【汉族】
W6656.1		兄妹婚的破除			【民族，联1】⑥
W6657	与婚俗有关的其他母题				【联1】⑦

① 【关联】［W6531］语言禁忌
② 【关联】❶［W6513］性禁忌；❷［W6547.4］血的禁忌
③ 【关联】［W7954］群婚
④ 【民族】黎族。【关联】［W5212.5］结婚后分家
⑤ 【关联】［W6687.2］生育的头胎孩子被歧视习俗
⑥ 【民族】汉族。【关联】［W7300］兄妹婚
⑦ 【关联】［W7098.7］冥婚

W 编码	母题描述			参照项	
	一级母题	二级母题	三级母题	汤普森	关联项
W6657.1		婚礼当事者不能做主			【汉族】
✿ W6660	葬俗①			①A1547 ②A1591 ③V60	
✳ W6661	葬俗的来历				
W6662		为死者致哀习俗的产生		A1547.3	
W6663		坟墓的来历			【汉族】
W6663.1			葬后砌坟头习俗的来历		【裕固族】
W6663.2			坟墓的选择		
W6664		棺材的来历			【联1】②
W6664.1			生者准备寿棺		【侗族、汉族、壮族】
W6665	葬俗的变化				
W6665.1		用土葬代替吃老人肉的来历			【民族，联2】③
W6666	葬礼仪式			V60	【例4】④
W6666.1		妻子哭死去的丈夫时称"爷"的来历			【民族，联2】⑤
◎	〖常见的丧葬习俗〗				
W6667	土葬				
W6667.1		土葬的来历		A1591	【联1，例3】⑥
W6667.2		土葬的来历			【布依族】
W6667.2.1			从动物那里学会埋葬死者		【哈萨克族】
W6667.2.2			从乌鸦那里学会土葬	A1591.1	【柯尔克孜】
W6667.3		与土葬有关的其他母题			【例1】⑦

① 葬俗，据考古资料，距今1.8万年左右的山顶洞人时期，已形成了一定的葬俗。
② 【关联】〔W6676.2〕棺材放悬崖的来历
③ 【民族】布依族。【关联】❶〔W6592〕食人习俗；❷〔W6592.3〕人吃掉死去的父母
④ 【引例】❶龙子规定葬礼仪式【哈尼族】；❷送葬敲铓鼓和竹筒习俗的来历【哈尼族】；❸送葬时要有动物引路；❹葬狗时要栽一棵树
⑤ 【民族】汉族。【关联】❶〔W6649.1〕夫妻称兄妹习俗的来历；❷〔W7020〕夫妻
⑥ 【关联】〔W6665.1〕用土葬代替吃老人肉。【引例】❶人死还会有后代，人死要用土埋【独龙族】；❷因人从土中来所以要葬到土中【独龙族、汉族】；❸因人是土造的所以人死埋土中【蒙古族、苗族】
⑦ 【引例】土葬时把死者捆成胎儿状是从祖先时沿袭下来的【珞巴族】

W 编码	母题描述			参照项	
	一级母题	二级母题	三级母题	汤普森	关联项
W6668	火葬				
W6668.1		火葬的来历		A1592	【民族，例1】①
W6668.2		火葬能使死者灵魂升天			【藏族】
W6669	风葬				【例1】②
W6669.1		在树上风葬			【鄂伦春族】
W6670	水葬				
W6671	天葬				【藏族】
W6671.1		天葬能把人的灵魂带到天堂			
W6672	树葬				【例1】③
W6672.1		吊在大树上葬			【仡佬族】
W6673	食葬				
W6673.1		人分食死者尸体			【民族,联1,例2】④
W6674	抛尸葬				【例1】⑤
W6674.1		怕死者死后反抗分尸埋葬			【拉祜族】
W6675	瓮葬				
W6675.1		瓮葬时要留孔的来历			【哈尼族、汉族】
W6675.2		幼儿死后要翁葬的来历			【哈尼族】
W6676	悬棺葬（吊葬）				
W6676.1		为使死者升天吊葬			【仡佬族】
W6676.2		棺材放悬崖的来历			
W6677	野葬				【联1】⑥
W6677.1		野葬的来历			【民族，例1】⑦
W6678	与丧葬有关的其他母题				【联7，例1】⑧
W6678.1		奇特的葬俗			

① 【民族】怒族。【引例】彝族是虎的后代，火葬使死者还原成虎【彝族】
② 【引例】熊死后举行风葬【鄂温克族】
③ 【引例】树葬后死者可通极乐世界、早日投身【珞巴族】
④ 【民族】布依族、苗族。【关联】［W6592］食人习俗。【引例】❶为表示尊敬死者分食尸体【壮族】；❷雷王规定食尸【壮族】
⑤ 【引例】直眼人时父母死后抛尸野外【彝族】
⑥ 【关联】［W6674］抛尸葬
⑦ 【民族】蒙古族。【引例】因为人是肉造的，所以人死放在野外【蒙古族】
⑧ 【关联】❶［TPS：V61］死者的处置；❷［TPS：V65］悼念死者；❸［TPS：V66］丧葬法场；❹［TPS：V67］随葬品；❺［TPS：V68］随葬准备；❻［W0912.2.1］葬礼防御鬼魂；❼［W6540］丧葬禁忌。【引例】同姓的人才能葬在一起【佤族】

W 编码	母题描述			参照项	
	一级母题	二级母题	三级母题	汤普森	关联项
W6678.1.1			人死后敲锣打鼓的来历		【汉族】
W6678.1.2			复合葬（多次葬）		【例1】①
W6678.2		巫师主持丧葬的来历			【例1】②
W6678.3		丧葬日期			
W6678.3.1			占卜确定丧葬的日期		【侗族、哈尼族、普米族】
W6678.3.2			观天象确定丧葬的日期		
W6678.3.3			死亡3日发丧		【白族】
W6678.3.4			死亡7日发丧		【汉族】
W6678.4		丧葬地点			【例1】③
W6678.5		葬动物			
W6678.5.1			葬狗时要栽一棵树		【高山族】
W6678.6		人从动物那里学会服丧			【例1】④

6.5.6 生育习俗【W6680 ~ W6689】

W 编码	母题描述			参照项	
	一级母题	二级母题	三级母题	汤普森	关联项
※ **W6680**	**生育习俗**			A1560	【联1】⑤
W6681		孕期习俗			【联1，例1】⑥
W6682		生育前祭祀习俗			
W6682.1			生育前祭拜天地		【汉族】
W6683		产翁习俗			【汉族、壮族】
W6684		妇女生产时放置特定器物习俗			
W6684.1			孩子出生时要放一把刀子（辟邪）	T582.4	【联1】⑦
W6685		新生儿礼仪的来历			
W6685.1			孩子出生时要洗澡的来历		【汉族、佤族】

① 【引例】先土葬死者，后火葬，再水葬【门巴族】
② 【引例】太阳神让巫师主持丧葬【景颇族】
③ 【引例】在住房附近埋葬亲人【珞巴族】
④ 【引例】从野鸡那里学会为死者服丧的习俗【珞巴族】
⑤ 【关联】[W2130 ~ W2299] 生育产生人（生人）
⑥ 【关联】[W6518.1] 孕期禁忌。【引例】怀孕时祭祀画神能使生的孩子漂亮【傣族】
⑦ 【关联】[W2590] 出生（分娩）

W 编码	母题描述			参照项	
	一级母题	二级母题	三级母题	汤普森	关联项
W6685.2			生男孩要放置武器和马	T602	
W6686		断奶习俗			【例2】①
W6687	与生育习俗有关的其他母题				【联1，例1】②
W6687.1		女人生育后被抛弃		S414	
W6687.2		第一胎孩子被歧视习俗			【侗族、汉族】
W6687.2.1			杀死第一胎孩子的习俗		【联1】③

6.5.7　与习俗有关的其他母题【W6690~W6699】

W 编码	母题描述			参照项	
	一级母题	二级母题	三级母题	汤普森	关联项
◎	〖与习俗有关的其他母题〗				
W6690	民族习俗④				【联1】⑤
W6691	不同习俗的来历				【例1】⑥
W6692	人生礼仪的来历				
W6692.1		成年礼			
W6692.1.1			男女13岁成年礼		【基诺族】
W6693	结交习俗				【汉族】
W6694	拜亲习俗				【联2】⑦
W6694.1		拜动物为父母			【民族，联1】⑧
W6694.2		拜植物为父母			【哈尼族】
W6695	杀亲习俗				
W6695.1		杀死老人的习俗			【民族，联3，例1】⑨
W6695.1.1			饥荒时杀死老人	S110.1	
W6695.2		杀死小孩的习俗			【联1】⑩

① 【引例】❶3岁断奶是因为怕雷公杀人【苗族】；❷3岁断奶习俗的来历
② 【关联】〔W6518.1〕孕期禁忌。【引例】生孩子吃海带的习俗【朝鲜族】
③ 【关联】〔W6695.2〕杀死小孩的习俗
④ 民族习俗，中国各民族的民族习俗种类繁多，在此只列出编目提示。一些具体的民族习俗可参见"〔W5540~W5729〕特定民族的产生与特征"母题列举的部分实例。
⑤ 【关联】〔W5536〕民族的生活习俗
⑥ 【引例】众兄妹分别后很难往来形成了不同的习俗【怒族】
⑦ 【关联】❶〔W5166.3〕结拜的兄妹；❷〔W5172.2〕结拜的兄弟
⑧ 【民族】哈尼族。【关联】〔W5100〕父母与孩子
⑨ 【民族】柯尔克孜族、锡伯族。【关联】❶〔TPS：P674〕老人体力衰竭时要杀；❷〔TPS：S140.1〕人年老后被抛弃；❸〔W6695.1.1〕饥荒时杀死老人。【引例】老人被轻视【汉族】
⑩ 【关联】〔W6502.2〕幼童作为祭品

W 编码	母题描述			参照项	
	一级母题	二级母题	三级母题	汤普森	关联项
W6695.2.1			饥荒时杀死小孩	S110.1.1	
W6695.3		为取悦客人杀死亲子			【高山族】
W6696	争战习俗			P667	【联 3】①
W6697	与习俗有关的其他母题				
W6697.1		自诩性能力强的习俗		P665	【联 1】②
W6697.2		习俗的改变			【联 1】③
W6697.3		特定习俗的消失			【例 2】④

① 【关联】❶［W8726］战前占卜；❷［W8727］战前祭祀；❸［W8995］争战中的禁忌
② 【关联】［W6377.4］生殖器崇拜（性崇拜）
③ 【关联】［W6665］葬俗的变化
④ 【引例】❶废除杀死老人的习俗【赫哲族】；❷废除兄妹习俗【佤族】

6.6 常见的其他文化现象

【W6700 ~ W6899】

6.6.1 语言、文字与文学【W6700 ~ W6769】

W 编码	母题描述 一级母题	母题描述 二级母题	母题描述 三级母题	参照项 汤普森	参照项 关联项
✿ W6700	艺术的产生			A1460	【联 1】①
◎	〖语言〗				
✳ W6701	语言的产生			A1482	
W6702		人最早不会说话		A1101.2.3	【哈尼族】
W6703		人产生时自然会说话			
W6703.1			人会说活是因为鼻腔长毛		【壮族】
W6703.2			人会说话是因为造人时捏上了嘴巴		【独龙族】
W6704		神教人语言			【民族，例1】②
W6704.1			天神赐语言		【独龙族、傈僳族】
W6705		神性人物教人语言			
W6705.1			造人者教人说话		【傣族】
W6705.2			生育人类的祖先教后代说话		【布朗族】
W6706		通过特定的水获得语言能力			
W6706.1			人祭天（神）后获得说话能力		【纳西族】
W6706.2			人喝了特殊的水开始说话		【例3】③

① 【关联】［W0489］艺术之神
② 【民族】哈尼族。【引例】猴子向女神学语言 【门巴族】
③ 【引例】❶使人获得语言能力的水 【汉族】；❷人喝了太白金星的水开始说话 【汉族】；❸人喝了天王能说话的水开始说话 【彝族】

W 编码	母题描述			参照项	
	一级母题	二级母题	三级母题	汤普森	关联项
W6706.3			人接触特定的水后获得说话能力	·	【例1】①
W6706.4			人喝水不变哑的原因		
W6707		吃特定的东西获得语言能力			【例2】②
W6708		人受到外界的刺激后开始说话			
W6708.1			哑巴孩子听爆竹声开始说话		【仡佬族、傈僳族、彝族】
W6708.2			始祖的孩子被石板烫后开始说话		【普米族】
W6709		人模仿大自然的声音形成语言			【布朗族】
W6709.1			受树叶响得启发造语言		【畲族】
W6710		动物教人说话			【例2】③
W6710.1			人向鸟学说话		【民族，例1】④
W6711		与语言产生有关的其他母题			【联1】⑤
W6711.1			人改正错误后获得说话能力		
W6711.2			特定语言的产生	A1616	【联1】⑥
W6711.3			特定民族语的产生		【联1，例1】⑦
W6711.4			俗语的产生		
W6711.5			语义的产生		【哈尼族】
✳ **W6712**	语言的差异				
W6713		人与神的语言不同			
W6713.1			人听不懂神的话		【鄂温克族】
W6714		原来各民族说同样的语言			【民族，联1】⑧

① 【引例】人在河里洗手和脸后开始说话【佤族】
② 【引例】❶吃圣者所赐之谷后产生语言【藏族】；❷猴子得到充足的食物后慢慢能说话【藏族】
③ 【引例】❶动物（狗、鸟等）从天上偷听到说话的方法【彝族】；❷从鸟那里学会语言
④ 【民族】高山族。【引例】加格鸟教会人们说话【珞巴族】
⑤ 【关联】［W9648.3.1］谎言的产生
⑥ 【关联】［W5469］根据语言划分民族
⑦ 【关联】［W5520］民族语言。【引例】满族称妈妈为"额娘"【满族】
⑧ 【民族】拉祜族。【关联】［W5522］原来各民族只有一种语言

W 编码	母题描述			参照项	
	一级母题	二级母题	三级母题	汤普森	关联项
W6714.1			神规定了各民族的语言		【民族，联1】①
W6714.2			人的不同语言是因为受到的刺激不同		【联1】②
W6715		兄弟间语言不同的来历			【民族，联2，例3】③
W6715.1			神为众兄弟分配不同的语言		
W6715.2			众兄弟喝水后形成不同语言		【仡佬族】
W6716		与语言差异有关的其他母题			
W6716.1			人与动物语言不同的来历		【例1】④
✻ **W6717**	**相通的语言**				
W6718		人与鬼语言相通			【民族，联1】⑤
W6719		人与动物语言相通			
W6719.1			人能听懂动物的语言		【民族，联1】⑥
W6720		与语言相通有关的其他母题			
W6720.1			以前人树对话		【普米族】
W6720.2			以前鸟兽能听懂天神的话		【德昂族】
✻ **W6721**	**语言的改变**				【联1】⑦
W6722		喝改变语言的水后改变了语言			【苗族】
W6723		因犯忌而改变了语言		①C771 ②C966	【联1】⑧
W6724		与语言变化有关的其他母题			

① 【民族】苗族、彝族。【关联】［W5520］民族语言
② 【关联】［W6708］人受到外界的刺激后开始说话
③ 【民族】白族。【关联】❶［W5521.1］神分配各民族的语言；❷［W5522］原来各民族只有一种语言。【引例】❶ 72 对兄妹被吹到 72 个地方，各地方语言不同【回族】；❷8 对夫妻分别居于四方，因气候和食物不同形成不同语言【蒙古族】；❸神用不同的竹管、竹哨教人学语言形成南腔北调【畲族】
④ 【引例】文化始祖规定人有人话，兽有兽语【壮族】
⑤ 【民族】哈尼族。【关联】［W6182］人神杂居（人鬼杂居）
⑥ 【民族】纳西族。【关联】［W3083.3］懂得人话的动物
⑦ 【关联】［W5472］因语言变化形成不同民族
⑧ 【关联】［W6531］语言禁忌

W 编码	母题描述			参照项	
	一级母题	二级母题	三级母题	汤普森	关联项
◎	〖其他相关母题〗				
W6725	语言的混乱			A1333	
W6725.1		众兄弟会说话后相互听不懂			【仡佬族】
W6726	语言的丧失				
W6726.1		特定的人物让动物失去语言			
W6726.1.1			神让动物失去语言		【例1】①
W6726.2		因吃特定的物失去语言			
W6726.2.1			动物因为喝哑水丧失语言		【联2，例6】②
W6726.3		因惊吓失去语言			
W6726.4		与语言丧失有关的其他母题			
W6727	特定的语言				【联2】③
W6727.1		鸟语			【例1】④
W6727.2		兽语			
W6728	与语言有关的其他母题				
W6728.1		语言障碍			
W6728.1.1			为什么有的人有语言障碍		【例1】⑤
W6728.1.2			结巴的来历		
W6728.2		语音的确定			【例1】⑥
W6728.3		人的其他声音			
W6728.3.1			人的哭笑声音相似的原因		【畲族】
◎	〖文字〗				
✿ **W6730**	文字的产生			A1484.2	
W6731		以前没有文字			

---

① 【引例】神用泥巴堵住树的嘴后树不再说话
② 【关联】❶［W1897.3］哑水；❷［W6248.2.2］哑药使动植物失去说话能力。【引例】❶喝水前祭水神后人喝水不变哑【景颇族】；❷哑水是装到好的容器里的干净的水【彝族】；❸青蛙帮助人类使人没有喝哑水【彝族】；❹人没有变成哑巴是因为没有喝哑水；❺神认为动物说话太烦，决定让他们喝哑水；❻动物原来会说话，喝哑水后说话能力丧失
③ 【关联】❶［W085］神的语言；❷［W9119.1］魔力的语言
④ 【引例】懂鸟语的公冶长【汉族】
⑤ 【引例】属老鼠的人出现语言障碍是因为有人割掉一只老鼠的舌头【珞巴族】
⑥ 【引例】根据动物的叫声确定语音

W 编码	母题描述			参照项	
	一级母题	二级母题	三级母题	汤普森	关联项
W6731.1			以前的人全靠记忆		
✳ **W6732**	**文字源于某个地方**				
W6733		从神或神性人物那里得到文字			【例3】①
W6734		从动物那里得到文字			【彝族】
W6734.1			人从蛇那里获得文字		
W6734.2			人学会鸟写在叶子上的文字		【彝族】
W6735		从其他某个地方得到文字			【例1】②
W6735.1			文字源于陨石		【例1】③
✳ **W6736**	**文字是创造的**				
W6737		神造文字（神发明文字）			【民族，例2】④
W6737.1			天神造字		【苗族】
W6737.2			雷神造字		
W6737.3			其他神造文字		
W6738		神性人物造字			【民族，例2】⑤
W6738.1			盘古造字		【畲族】
W6738.2			始祖造字		【壮族】
W6738.3			其他神性人物造字		
W6739		其他特定的人物造字			【例1】⑥
W6739.1			仓颉造字		【汉族】
W6739.2			动物造字		
✳ **W6740**	**文字源于某种痕迹**				【例3】⑦
W6741		文字源于石头裂开的纹路			

① 【引例】❶从天神那里得到文字【傈僳族】；❷从祖先火葬时完好的肝脏上获得文字【珞巴族】；❸仙女传文字【彝族】
② 【引例】洛书【汉族】
③ 【引例】各族人分"星星肉"（陨石）都分到了文字【佤族】
④ 【民族】汉族。【引例】❶天神分配了文字【独龙族】；❷天上的先生教人识字【苗族】
⑤ 【民族】畲族。【引例】❶萨满教人识字【满族】；❷康王造字【壮族】
⑥ 【引例】庙字里一个老人会文字【佤族】
⑦ 【引例】❶人根据小虫在贝叶面上留下痕迹发明文字【傣族】；❷简狄通过黑鸟遗卵的五色文获得文字【汉族】；❸道过描画花朵学会文字【彝族】

W 编码	母题描述			参照项	
	一级母题	二级母题	三级母题	汤普森	关联项
W6742		文字源于图案			
W6742.1			仿照物体上的图案造字		【汉族】
W6742.2			仿照动物的花纹造字		【汉族】
W6742.3			仿照图画造字		
W6743	与文字产生有关的其他母题				【例1】①
W6743.1		民族文字的来历			【联1】②
W6743.1.1			天神为各民族分配文字		【傈僳族】
W6743.2		文字源于神奇的书			【联1】③
W6743.3		象形字的产生			【汉族、纳西族】
W6743.4		会意字的产生			【汉族】
✳ **W6744**	文字的特点				
W6745		汉字的特点			
W6745.1			汉字一字一音的来历		【藏族】
W6745.2			汉字表意的来历		【联1】④
W6746		特定民族文字的特点			【联2】⑤
W6747		不同地区文字不同的来历			【例1】⑥
✳ **W6748**	文字的丢失				
W6749		记录文字的材料被烧掉后文字消失			【达斡尔族、俄罗斯族】
W6749.1			记录文字的书被毁掉		【民族,例1】⑦
W6750		文字掉入水中后文字丢失			【民族,例2】⑧

---

① 【引例】因记不住语言产生文字【汉族】
② 【关联】［W5524］民族文字
③ 【关联】［W6767.2.1］神奇的书
④ 【关联】［W6742.3］仿照图画造字
⑤ 【关联】❶【W5660.1】东巴文字是象形字；❷［W5711.5］藏文一字多音
⑥ 【引例】72 对兄妹被吹到 72 个地方,各地方文字不同【回族】
⑦ 【民族】苗族。【引例】怒族没有文字是因为烧了学堂和书【怒族】
⑧ 【民族】苗族。【引例】❶因装文字的铁箱沉入水中失去文字【达斡尔族】；❷用土和灰造文字沉入海底,失去了文字【俄罗斯族】

W 编码	母题描述			参照项	
	一级母题	二级母题	三级母题	汤普森	关联项
W6751		文字被吃掉后文字丢失			【例5】①
W6752		与文字丢失有关的其他母题			
W6752.1			民族文字的丢失		【例1】②
W6753	与文字有关的其他母题				
W6753.1		神圣的文字			
◎	〖图画〗				
✳ **W6755**	图画的产生				
W6756		图画从某个地方而来			
W6757		人通过模仿学会绘画			【侗族】
W6758		与图画产生有关的其他母题			
W6758.1			岩画的来历		【民族，例2】③
W6759	与图画有关的其他母题				
W6759.1		河图			
◎	〖文学〗				
✳ **W6760**	文学的产生			A1462	
W6761		神创造文学			
W6762		神性人物创造文学			
W6763		与文学产生有关的其他母题			
◎	〖其他相关母题〗				
W6764	神话的产生				【例1】④
W6764.1		神话从天上来			【苗族】
W6764.2		神话神授			
W6764.3		祖先传授神话			
W6764.4		与神话有关的其他母题			

① 【引例】❶景颇族没文字是因为原来写在牛皮上的文字被吃掉了【景颇族】；❷吃掉写有文字的鹿皮丢失了文字【珞巴族】；❸迦龙人（珞巴族部落）没有文字是因为吃掉了父亲写着字的牛皮【珞巴族】；❹基诺族文字的丢失是因为汉族帮基诺族写在牛皮上的文字被吃掉【基诺族】；❺佤族分的文字写在牛皮上，洪水上涨时被烧吃了【佤族】
② 【引例】写有民族文字的皮子被吃掉使文字丢失【傈僳族】
③ 【民族】汉族、蒙古族、藏族、壮族。【引例】❶龙女教会人们画崖画【佤族】；❷崖画是为了记录祖先的生活【佤族】
④ 【引例】祖先神的事情是祖先神亲口告诉巫师的【阿昌族】

W 编码	母题描述			参照项	
	一级母题	二级母题	三级母题	汤普森	关联项
W6764.4.1			神话为什么神圣		【苗族】
W6764.4.2			神话为什么不能乱讲		【例1】①
W6764.4.3			神话讲述者的来历		【例3】②
W6764.4.4			神话传男不传女		【高山族】
W6765	诗的产生			A1464.1	
W6765.1		祖先造诗			【民族，联1】③
W6765.2		诗人		P427.7	
W6765.2.1			瞎子诗人	P427.7.3	
W6765.3		经诗			【纳西族、彝族、壮族】
W6766	其他特定文学作品的产生				
W6766.1		故事的产生			
W6766.2		歌谣的产生			
W6766.3		读写的产生		A1484	
W6766.3.1			神奇的书写	F883	
W6767	与文学有关的其他母题				
W6767.1		魁星主文			【汉族】
W6767.2		各类书籍的产生			【例2】④
W6767.2.1			神奇的书	F833.1	【联1，例1】⑤
W6767.3		谜语			【联1】⑥

6.6.2　知识、智慧【W6770~W6799】

W 编码	母题描述			参照项	
	一级母题	二级母题	三级母题	汤普森	关联项
◎	〖知识〗				
✳ **W6770**	知识的产生				
W6771			神传授给人类知识	①A1404 ②≈D1810.9	

---

① 【引例】神话唱给死者【苗族、彝族】
② 【引例】❶神话只能男性讲【高山族（布农、泰雅）】；❷毕摩（巫师）讲述神话【彝族】；❸师公讲述神话【壮族】
③ 【民族】苗族。【关联】〔W6905.2.3〕祖先造歌
④ 【引例】❶神农著医书【汉族】；❷黄帝著医书【汉族】
⑤ 【关联】〔W6795〕天书。【引例】无字书【汉族】
⑥ 【关联】〔W9276〕谜语式预言

W 编码	母题描述			参照项	
	一级母题	二级母题	三级母题	汤普森	关联项
W6771.1			女神传授给人知识	≈D1810.10	
W6772		神性人物传给人类知识			【例2】①
W6772.1			从魔法师那里学得知识	≈D1810.4	
W6772.2			从祖先那里学得知识		
W6773		知识源于特定物质			
W6773.1			人的知识来源于知识肉		【民族，联1】②
W6773.2			知识源于沐浴圣水	≈D1810.6	
W6774		知识梦授		≈D1810.8	
W6775		与知识的产生有关的其他母题			【例2】③
W6775.1			能带来知识的宝物		【民族，联1】④
W6775.2			知识肉		【藏族】
W6776	与知识有关的其他母题				
W6776.1		有魔力的知识		D1810	【联1】⑤
W6776.1.1			神与神性人物的魔力知识	D1810.0.3	
W6776.2		科学的产生		A1487	【联1】⑥
◎	〖智慧〗			≈D1811	
✳ **W6777**	智慧的获得⑦			①A1480 ②J0	【联1】⑧
W6778		神或神性人物传授智慧		J164	【联2】⑨
W6778.1			神奖励给人智慧		
W6778.2			造人者送给人智慧		【水族】
W6778.3			文化英雄传授智慧	J153	

① 【引例】❶神农教人生活知识【汉族】；❷太阳、月亮传授祖先杀鸡卜鸡肝卦识别乌佑、祭神跳鬼、祛灾招益的本领【珞巴族】

② 【民族】藏族。【关联】［W6775.2］知识肉

③ 【引例】❶日月告知人类分辨事物的方法【珞巴族】；❷从死者尸体上获得知识

④ 【民族】藏族。【关联】［W9650］宝物

⑤ 【关联】［W9119.1］魔力的语言

⑥ 【关联】［W6785］天文（知识）的产生

⑦ 智慧的获得，关于"智慧的获得"的母题在汤普森《民间文学母题索引》中分散在不同的类型之中，鉴于该类母题的复杂性，本编码的各级分类并没有按严格的内容逻辑关系进行细分，只是列举了一些较为典型的情况。

⑧ 【关联】［W2925］智者

⑨ 【关联】❶［TPS：J151.3］神化作老人传递智慧；❷［TPS：J176］从魔鬼那里得到智慧

W 编码	母题描述			参照项	
	一级母题	二级母题	三级母题	汤普森	关联项
W6778.4			圣书给人智慧		【民族，联1】①
W6779		从特定的人那里获得智慧			【联2】②
W6779.1			从老人那里获得智慧	J151	
W6780		从动物那里获得智慧（知识）		J130	
W6780.1			动物给人示范智慧	J133	
W6780.2			吃特定的动物获得智慧		【联1】③
W6781		从植物那里获得智慧			【联2，例1】④
W6782		吃特定的东西获得智慧			【联1】⑤
W6782.1			吃魔物获得智慧	≈M315	
W6782.2			喝智慧水获得智慧	≈D1811.1	【民族，例1】⑥
W6783		其他获得智慧的方式		J150	【联2】⑦
W6783.1			看到某物后获得智慧	J50	【汉族】
W6783.2			从非凡生命那里获得智慧	≈D1811.2	【藏族】
W6783.3			通过梦获得智慧	J157	
W6783.4			只有人能够得到智慧	A1481	
W6784	与智慧有关的其他母题				【联2】⑧
W6784.1		智慧的丧失			
◎	〖**天文、历法**〗⑨				

① 【民族】景颇族。【关联】〔W6795〕天书
② 【关联】❶〔TPS：J151.2〕老人是生活的参谋；❷〔TPS：J155〕从女人那里获得智慧
③ 【关联】〔TPS：B162.1〕吃鱼获得智慧
④ 【关联】❶〔TPS：J162〕通过树上的智慧果获得智慧；❷〔W3798.2〕智慧树。【引例】人从分到的智慧树枝中得到智慧【满族】
⑤ 【关联】〔W6773.1〕人的知识来源于知识肉
⑥ 【民族】藏族。【引例】人聪明是因为喝了善神的智慧水【纳西族】
⑦ 【关联】❶〔TPS：J10〕智慧通过某种经历获得；❷〔TPS：J18〕遭打击后获得智慧
⑧ 【关联】❶〔W2925〕智者；❷〔W2927〕傻子
⑨ 天文、历法。据考古资料，5000多年前已经出现在春分前后通过观察辰星大火的出没来确定农时的历法。这种关于农耕的历法在现在的山东、安徽、湖北等地已被普遍采用。故"天文"、"历法"也可以看作是神话叙事中出现的对象，属于人类知识的有机组成部分。

W 编码	母题描述			参照项	
	一级母题	二级母题	三级母题	汤普森	关联项
W6785	天文（知识）的产生			A1487.1	【联1】①
✳ **W6786**	**历法的产生**				【联1】②
W6787		神制定历法			【例1】③
W6787.1			天神制定日历		【苗族】
W6787.2			农神制定历法		
W6787.3			留在地上的神制历法		【德昂族】
W6788		神性人物制定历法			【例2】④
W6788.1			黄帝发明历法		【汉族】
W6788.2			始祖造历书		
W6789		人发明历法			【例1】⑤
W6789.1			一位女子发明历法		【哈尼族】
W6790		动物发明历法			
W6791		历法的其他发明者			
W6792		与历法的发明有关的其他母题			
W6792.1			造鼎观气象		【汉族】
W6793	与历法有关的其他母题				【联1，例1】⑥
W6793.1		十月历（火历）			【民族，联1】⑦
W6793.1.1			十月历的来历		【例1】⑧
W6793.2		夏历			
W6793.3		天干地支的来历			【例3】⑨
◎	〖其他相关母题〗				
W6795	天书⑩				
W6795.1		天书的获得			
W6795.1.1			动物送来天书		【例1】⑪
W6795.2		天书的毁掉（失落的天书）			

---

① 【关联】［W9195.2.1］占星术的产生

② 【关联】［W4810］二十四节气

③ 【引例】地神之子制定十月年历法【彝族】

④ 【引例】❶颛顼造历书【畲族】；❷布洛陀造历书【壮族】

⑤ 【引例】尧指派特定的人制订了历法【汉族】

⑥ 【关联】［W4772］季节的来历。【引例】黄帝创造黄历（皇历）【汉族】

⑦ 【民族】苗族、彝族。【关联】［W4659.2］十月年的来历

⑧ 【引例】地神之子制定十月年历法【彝族】

⑨ 【引例】❶根据特定的树的枝叶分出天干地支【纳西族】；❷天皇造天干地支【畲族】；❸天星定天干【壮族】

⑩ 天书，关于"天书"的内容和作用在神话中叙述复杂。有的说"天书"是人类文字和知识的来源，有的说"天书"可以预测未来，有的说"天书"是神使用的书，等等。具体情形参见《中国神话母题 W6 编目实列》。

⑪ 【引例】蝙蝠天上盗天书【藏族】

W 编码	母题描述			参照项	
	一级母题	二级母题	三级母题	汤普森	关联项
W6795.2.1			老鼠咬烂天书		【汉族、彝族】
W6795.3		与天书有关的其他母题			
W6795.3.1			盗天书		【汉族】
W6796	卜书				【联1】①
W6796.1		鸟从天神那里要来卜书			【纳西族】
W6796.2		为什么一般人看不懂卜书			
W6797	与知识、智慧有关的其他母题				
W6797.1		性爱知识的获得			【联2】②
W6797.2		人的判断力的获得			【汉族】
W6797.3		秘图			
W6797.3.1			神龟负图		【汉族】
W6797.4		无知		J1730	【联2】③

6.6.3　道德【W6800 ~ W6819】

W 编码	母题描述			参照项	
	一级母题	二级母题	三级母题	汤普森	关联项
✱ **W6800**	道德的产生			A1370	
W6801		道德自然产生			
W6801.1			始祖生而有道德		【朝鲜族】
W6802		神规定人间的道德			
W6803		文化祖先规定人间的道德			
W6804		与道德产生有关的其他母题			
W6804.1			人向神学习做人的道理		【例1】④
✱ **W6805**	优秀品质			W0	

---

① 【关联】［W9190 ~ W9199］占卜
② 【关联】❶［W7130］性爱；❷［W7131］性爱的产生
③ 【关联】❶［W2927］傻子；❷［W7002］人以前不知道婚姻
④ 【引例】女祖先向大力神学做人【佤族】

W 编码	母题描述			参照项	
	一级母题	二级母题	三级母题	汤普森	关联项
W6806		献身		W28	【联1】①
W6806.1			献身给神		
W6807		顺从		W31	
W6808		勇敢		W32	【联1】②
W6809		忠诚		W34	
W6810		其他优秀品质			
✳ **W6811**	不良品质			W100	【联1】③
W6812		懒惰		W111	【联1】④
W6813		虚荣		W116	【联2】⑤
W6814		自负		W117	【联2】⑥
W6815		怯懦			【联2】⑦
W6816		忘恩负义		W154	【联1】⑧
W6817		嫉妒		①W181 ②W195	【联1，例1】⑨
W6818		其他不良品质			【联5】⑩
W6819	与道德有关的其他母题				
W6819.1		好与坏的产生			【哈萨克族】
W6819.2		人伦			
W6819.2.1			伏羲兄妹造人伦		【民族，联2】⑪
W6819.3		公平		W35	

---

① 【关联】［W6502.3.2］女子替父母献身恶龙
② 【关联】［W2910］人的勇敢性格的来历
③ 【关联】［W2750］人的特征
④ 【关联】［W2905.1］人的懒惰性格的原因
⑤ 【关联】❶［W2929.1］虚荣的人；❷［W3350.6］公鸡爱虚荣
⑥ 【关联】❶［W2929.2］自负的人；❷［W3048.1.1］自负的动物
⑦ 【关联】❶［W2929.3］胆小鬼；❷［W3048.1.2］怯懦的动物
⑧ 【关联】［W9425］报恩
⑨ 【关联】［W2787.4］女人爱嫉妒。【引例】因美貌引发的嫉妒【撒拉族】
⑩ 【关联】❶［TPS：W151］贪婪；❷［TPS：W153］小气；❸［TPS：W157］不诚实；❹［TPS：W187］傲慢；❺［TPS：W212］好斗
⑪ 【民族】壮族。❶【关联】［W0675］伏羲；❷［W0680.2］优羲兄妹

6.6.4 姓氏与姓名【W6820 ~ W6899】

W 编码	母题描述			参照项	
	一级母题	二级母题	三级母题	汤普森	关联项
◎	〖姓氏①〗				
✳ **W6820**	**姓氏的产生**			A1577	
W6820.1		人以前没有姓氏			【佤族】
W6821	姓氏产生的时间				
W6821.1		出现氏族后产生姓氏			【佤族】
W6821.2		出现部落后产生姓氏			【联1】②
W6821.3		出现家族后产生姓氏			
W6821.4		与姓氏产生时间有关的其他母题			
W6822	姓氏产生的原因				
W6822.1		为了与族称有所区别定姓氏			【佤族】
W6822.2		为区分子女定姓氏			【傈僳族、满族】
W6822.3		为了抚养孩子定姓氏			【汉族】
W6822.3.1			最早生的孩子因为没有起名字常常丢失		【佤族】
W6822.4		姓氏产生的其他原因			
W6823	自然存在姓氏				【例2】③
W6823.1		人出生后自然出现姓氏			【满族】
W6823.2		人类产生时有了姓氏			【汉族、苗族】
W6824	神或神性人物制定姓氏				

---

① 姓氏，一般认为，"姓"与"氏"是两个不同的概念。"姓"的起源可以追溯到原始社会的母系氏族制度时期。到父系氏族社会以后，血缘关系改为按父系计算，父系族体中又会分裂出新的支族，这就导致了"氏"的产生。氏是新的男姓氏族首领的标记。每一个氏族首领的产生，往往同土地、权力的分配有关，"氏"名常常又是地名或官职名。从"氏"的含义而言，可以有多种意义，有时可以指称个人，有时也可以指一些上古的部族或家庭组织，还可以专指血缘亲族组织。因"姓"、"氏"的本质都是血缘亲属组织，故常常"姓"、"氏"通用。神话中涉及的姓、氏问题非常复杂，此类表述中合为"姓氏"。

② 【关联】[W5230] 部落的产生

③ 【引例】❶自然存在的五龙氏【汉族】；❷没有交代原因的姓【汉族】

W 编码	母题描述			参照项	
	一级母题	二级母题	三级母题	汤普森	关联项
W6824.1		神或神性人物划分姓氏			
W6824.1.1			神分发姓氏		
W6824.1.2			天神定姓氏		【羌族】
W6824.1.3			天王定姓氏		【侗族】
W6824.1.4			天女定姓氏		【黎族、满族】
W6824.1.5			造人者划分姓氏		【民族】①
W6824.1.6			其他特定的神或神性人物划分姓氏		
W6824.2		神或神性人物封姓			【联1，例2】②
W6824.3		与神或神性人物制定姓氏有关的其他母题			
W6825	特定的人制定姓氏				
W6825.1		父亲定姓氏			【鄂伦春族、畲族】
W6825.2		母亲名姓氏			【畲族】
W6825.2.1			随母亲的姓氏		【蒙古族、维吾尔族】
W6825.3		外祖父为外孙命姓			【畲族】
W6825.4		接生婆定姓氏			【联1】③
W6825.5		其他特定的人制定姓氏			
W6826	婚姻产生姓氏				
W6826.1		婚姻后产生姓氏			【汉族】
W6826.2		不同的婚姻形成不同的姓氏			【例1】④
W6827	与姓氏的产生有关的其他母题				
W6827.1		自己命名姓氏			【民族，例1】⑤
W6827.2		变形产生的姓氏			【阿昌族】
W6827.3		演化出姓氏			
W6827.3.1			不同孩子衍生出不同的姓氏		【鄂伦春族、纳西族】

---

① 【民族】布依族、侗族、汉族、黎族、满族、彝族
② 【关联】［W6827.4］封姓。【引例】❶女娲封姓【汉族】；❷白云格格赐姓【满族】
③ 【关联】［W2598.12］接生婆
④ 【引例】两个家族的10对男女婚生10姓【白族】
⑤ 【民族】汉族。【引例】始祖给自己命名姓氏【藏族】

W 编码	母题描述			参照项	
	一级母题	二级母题	三级母题	汤普森	关联项
W6827.3.2			7 兄弟繁衍 7 姓		【赫哲族】
W6827.3.3			9 对兄弟姐妹祭拜 9 个姓氏		【鄂伦春族】
W6827.4		封姓			【联 1，例 2】①
W6827.5		赐姓			
W6827.5.1			国王赐姓	·	【畬族、瑶族】
W6827.6		谥姓			【汉族】
W6827.7		特定姓氏的来历			【例 1】②
◎	〖姓氏产生的方式〗				
W6828	根据人的来历（出生）定姓氏				【民族，例 1】③
W6828.1		竹子生的男儿以竹为姓			【民族，联 1】④
W6828.2		金卵化生的男孩以金为姓			【朝鲜族】
W6828.3		感虎生子以虎为姓			【民族，联 1】⑤
W6829	根据人产生时接触的东西命名姓氏				【土家族】
W6829.1		以出生时接触到的植物定姓氏			【民族，例 1】⑥
W6829.2		以孩子放置的器物定姓氏			【例 2】⑦
W6830	根据人的外貌定姓氏				
W6830.1		按造出的人的模样定姓氏			【满族】
W6830.2		用人的部位特征定姓氏			
W6831	根据人的服饰命名姓氏				【黎族、苗族】
W6832	以自然现象为姓氏				【民族，例 2】⑧

① 【关联】［W6824.2］神或神性人物封姓。【引例】❶上天赐姓【满族】；❷女娲封姓【汉族】
② 【引例】雷姓是人和蛇的后代【汉族】
③ 【民族】布依族。【引例】女子因食养受孕生子繁衍养氏族【傈僳族】
④ 【民族】布依族。【关联】［W2172］竹生人
⑤ 【民族】白族。【关联】［W2236］感虎孕生人
⑥ 【民族】傈僳族。【引例】根据人产生时接触的桃树、李树等形成陶、李等姓氏【羌族】
⑦ 【引例】❶孩子放在篮中，遂赐姓篮【畬族】；❷孩子放在盘里，遂赐姓盘【畬族】
⑧ 【民族】佤族。【引例】❶外祖父见外孙时一片蓝天就赐姓蓝【畬族】；❷降生时打雷，就以雷为姓【畬族】

W 编码	母题描述			参照项	
	一级母题	二级母题	三级母题	汤普森	关联项
W6832.1		生育时打雷以"雷"为姓			【畲族】
W6832.2		生育时出现云以"云"为姓			
W6833	以看到的东西为姓				
W6833.1		以第一眼看到东西取姓定名			【阿昌族、壮族】
W6834	根据声音定姓				
W6834.1		根据谐音命名定姓氏			【汉族】
W6834.1.1			音变形成的姓氏		【土家族】
W6834.2		出生时叫的是什么声音就以什么为姓			【苗族】
W6835	为感激某物以该物命名姓氏				
W6835.1		表示对鲤鱼的感谢姓余			【傈僳族】
W6836	借用其他族的姓氏				【例1】①
W6837	以特定名称为姓氏				
W6837.1		以祖先名为姓			【汉族、佤族】
W6837.2		以地名（地点）为姓			【傈僳族】
W6837.2.1			以居住的地方为姓氏		【鄂伦春族、汉族、佤族】
W6837.2.2			以经过的地名命名姓氏		【佤族】
W6837.2.3			以人出生的地点命名姓氏		【民族，例1】②
W6837.3		以官职为姓			【汉族、佤族】
W6837.4		以图腾物为姓			【民族，联1】③
W6837.5		用植物命名姓氏			
W6837.5.1			因人变形时与植物有关命名姓氏		【羌族】

---

① 【引例】借用汉族姓氏【佤族】

② 【民族】汉族、羌族、瑶族、藏族。【引例】以怪胎变成人的地点命名姓氏【彝族】

③ 【民族】彝族。【关联】［W6837.5.3］以图腾植物为姓

W 编码	母题描述			参照项	
	一级母题	二级母题	三级母题	汤普森	关联项
W6837.5.2			因人居住的地方与植物有关命名姓氏		【汉族】
W6837.5.3			以图腾植物为姓		【例1】①
W6837.6		用颜色命名姓氏			
W6837.6.1			按植物的不同颜色命名姓氏		【彝族】
W6837.7		其他专有名称为姓			
W6837.7.1			以名作姓		【瑶族】
W6837.7.2			以国名为姓		【汉族】
W6837.7.3			以物名取姓		【仡佬族】
W6838	根据特定事件命名姓氏				
W6838.1		姓氏是抓阄抓来的			
W6838.2		特殊的经历形成的姓氏			【例1】②
W6838.3		根据送的礼物名命名姓氏			【壮族】
W6838.4		按做的事情命名姓氏			【纳西族、畲族】
W6838.5		根据特定的语言命名姓氏			【纳西族】
W6838.5.1			因皇帝的话命名		【布朗族】
W6839	与姓氏制定有关的其他母题				
W6839.1		兄弟分姓			【民族，例4】③
W6839.2		父母不让儿女随父母的姓			
W6839.3		儿子随母姓		T148.1	【古突厥】
W6839.3.1			母姓可以改		【景颇族】
W6839.3.2			母亲为孩子命名姓氏		
W6839.4		儿子随父姓			【苗族】
W6839.4.1			父姓不能改		【景颇族】
W6839.5		妻随夫姓			【汉族、畲族】

---

① 【引例】兄妹婚生的桃树姓"桃"，杨树姓"杨"【苗族】
② 【引例】5 条龙护送的葫芦生的人姓五龙氏【汉族】
③ 【民族】古突厥。【引例】❶7 子分 7 姓【鄂温克族】；❷三兄弟婚后各生一子，分为三支成为三姓【满族】；❸公主生 3 男 1 女，分成 4 姓【畲族】；❹7 个儿女繁衍 7 姓【土家族】

W 编码	母题描述			参照项	
	一级母题	二级母题	三级母题	汤普森	关联项
◎	〖百家姓〗				
✳ **W6840**	**百家姓的产生**				【联 1】①
W6841		100 人形成 100 姓			【民族，例 4】②
W6841.1			生育的 100 个人成为百家姓		【白族、汉族】
W6842		造人后形成百家姓			【汉族】
W6843		因婚姻形成百家姓			【民族，例 2】③
W6843.1			100 对男女成婚形成百家姓		【汉族】
W6843.2			100 个不同姓氏的人结婚形成百家姓		【汉族】
W6844		与百家姓产生有关的其他母题			
W6844.1			120 姓晒死了 20 姓形成百家姓		【土家族】
◎	〖其他相关母题〗				
W6845	姓氏的数量				
W6845.1		3 个姓氏			【保安族】
W6845.2		6 个姓氏			
W6845.3		9 个姓氏			【鄂伦春族】
W6845.4		10 个姓氏			【白族、维吾尔族】
W6845.5		12 个姓氏			【例 1】④
W6845.6		产生其他数量的姓氏			【例 4】⑤
W6845.6.1			20 个姓氏		【苗族】
W6845.6.2			99 个姓氏		【侗族、壮族】
W6845.6.3			120 个姓氏		【土家族】
W6845.6.4			360 个姓氏		【瑶族、壮族】
W6846	多姓氏同源				
W6846.1		2 个姓氏同源			
W6846.2		3 个姓氏同源			【满族】
W6846.3		4 个姓氏同源			【畲族】

① 【关联】［W6820］姓氏的产生

② 【民族】苗族。【引例】❶把生的怪胎砍成 100 份变成的 100 人成为百家姓【白族、汉族】；❷生的 50 男 50 女成为百家姓【汉族】；❸卵生的 100 个娃娃自己报出姓氏【汉族】；❹生的 100 个男女形成百家姓【汉族】

③ 【民族】阿昌族、鄂温克族、汉族。【引例】❶兄妹婚生 10 子，10 子又各生 10 子形成百家姓【白族】；❷兄妹婚生的子女两两成婚自各生了 9 个孩子，再加上各自的父母形成百家姓【傈僳族】

④ 【引例】天上有 12 个姓氏【壮族】

⑤ 【引例】❶18 个大姓【土家族】；❷148 个姓氏【苗族】；❸300 个姓氏【壮族】；❹ 408 个姓氏【壮族】

W 编码	母题描述			参照项	
	一级母题	二级母题	三级母题	汤普森	关联项
W6846.4		5 个姓氏同源			【鄂伦春族】
W6846.5		6 个姓氏同源			
W6846.6		7 个姓氏同源			【鄂温克族】
W6846.7		8 个姓氏同源			【土家族】
W6846.8		9 个姓氏同源			【鄂伦春族】
W6846.9		更多姓氏同源			
W6847	姓氏的变化				
W6847.1		氏族分化造成姓氏演变			【佤族】
W6847.2		为延续某姓香火改姓			【畲族】
W6847.3		父姓不能改			【景颇族】
W6847.4		阿妈死了母姓可改父亲			【景颇族】
W6847.5		因婚姻改变姓氏			
W6848	特定姓氏的特点				
W6848.1		男女各有姓			【民族，例1】①
W6848.2		同寨同姓			【民族，联1】②
W6848.3		百家花姓			【壮族】
W6849	与姓氏有关的其他母题				
W6849.1		动物的姓氏			
W6849.1.2			动物姓氏的来历		【例1】③
W6849.2		姓氏的合并			
W6849.2.1			夫妻合姓的来历		
W6849.3		姓氏的改变			
W6849.3.1			因战败改变姓氏		【联1】④
W6849.3.2			妻改夫姓		【汉族】
◎	〖名字（姓名、名称）〗⑤				
✿ **W6850**	名字的产生				
W6851		以前万物没有名字			【例1】⑥

① 【民族】瑶族。【引例】公主婚生 3 男 1 女，分成 4 姓【畲族】
② 【民族】布依族。【关联】〔W5239.3〕每个村寨只有一个姓氏
③ 【引例】女娲封凤凰姓"凤"【汉族】
④ 【关联】〔W8785〕战败者
⑤ 名字（姓名、名称），"名字"、"姓名"和"名称"三个概念有区别又有联系，在许多神话叙事又往往相互借用，甚至有的神话中"姓"与"名"混为一谈。为避免该类母题的重复繁杂，合并一起列出。
⑥ 【引例】神生不知名的东西【哈尼族】

W 编码	母题描述			参照项	
	一级母题	二级母题	三级母题	汤普森	关联项
W6851.1			父母不会为孩子取名		【民族，联1】①
W6852		名字自然出现			
W6852.1			出生后自然出现姓名		【民族，联1】②
W6853		神或神性人物给万物命名			【联1】③
W6853.1			神给万物命名		
W6853.2			真主传授万物名称		【回族】
W6854		名字的产生源于某种需要			
W6854.1			为怀念祖先确定名字		【藏族】
W6855		名字产生的其他原因			【联2】④
W6855.1			女子随父名		【傣族】
✳ **W6856**	**取名的方法**			T596	
W6857		根据父母的身份取名			
W6857.1			龙的后代取名龙		【羌族】
W6857.2			虎的孩子以虎取名		【赫哲族】
W6858		根据出生的顺序取名			
W6858.1			按出生顺序的数字取名		【佤族】
W6859		根据功绩取名			
W6860		根据职位取名			【汉族】
W6861		用特定物取名			
W6861.1			以自然物取名		【古突厥】
W6862		因谐音产生的名字			【联1】⑤
W6863		用数字命名		T596.2	
W6864		根据时间命名			

---

① 【民族】傈僳族。【关联】［W6879.1］父母为孩子取名
② 【民族】汉族、满族。【引例】鬼生下来时说出自己名字【珞巴族】
③ 【关联】［W6878］神或神性人物为人取名
④ 【关联】❶［W6866.1］母子联名；❷［W6866.2］父子联名
⑤ 【关联】［W0737.2.1］"神龙"流传中变成"神农"

W 编码	母题描述			参照项	
	一级母题	二级母题	三级母题	汤普森	关联项
W6864.1			以出生的时辰取名		【民族，联1】①
W6865		根据地点命名			【瑶族】
W6865.1			以生存地点取名		【柯尔克孜族】
W6866		通过联名取名			
W6866.1			母子联名		
W6866.2			父子联名		【哈尼族、纳西族、彝族】
W6866.3			父女联名		【彝族】
W6867		与命名有关的其他母题			
W6867.1			问卜定名		【畲族】
W6867.2			用动物肢体命名		【布朗族】
W6867.3			兄妹同名		【汉族】
W6867.4			人类再生时命名		
W6867.5			奶名②的来历		【例2】③
W6868	名字的变化				【联1，例1】④
W6868.1		因婚姻改名			【民族，联2】⑤
W6868.1.1			女子嫁后改为夫家的名字		【例1】⑥
W6868.1.2			兄妹结婚前改变姓名		【联1】⑦
W6868.2		因迁徙改名			
◎	〖常见人、物的命名〗				
※ **W6870**	神或神性人物的命名				
W6871		神给自己取名			【满族、纳西族】
W6872		根据职能命名神的名称			
W6873		与神或神性人物命名有关的其他母题			
W6873.1			尧是死后所谥的名字		【民族，联1】⑧
W6873.2			舜是死后所谥的名字		【民族，联1】⑨

① 【民族】彝族。【关联】［W0728.3.2］盘古叫"盘古"是因为出现最古
② 奶名，又可称之为"小名"、"乳名"。有些地区的哈尼族"奶名"又称为"蛋名"。
③ 【引例】❷天神地神给人祖取奶名【哈尼族】；❶贱物做乳名可以抵挡恶鬼侵扰【朝鲜族】
④ 【关联】［W6847］姓氏的变化。【引例】人被抓进龙宫后被改变姓名【纳西族】
⑤ 【民族】哈尼族。【关联】❶［W6847.5］因婚姻改变姓氏；❷［W7683］改变名字后成婚
⑥ 【引例】女子嫁狗后改称狗的妻子【哈尼族】
⑦ 【关联】［W7300］兄妹婚
⑧ 【民族】汉族。【关联】［W0747］尧
⑨ 【民族】汉族。【关联】［W0739］舜

W 编码	母题描述			参照项	
	一级母题	二级母题	三级母题	汤普森	关联项
✿ **W6875**	人的命名①				
❋ **W6876**	人的姓名（名字）的产生				
W6877		人自然有名字			【汉族】
W6878		神或神性人物为人取名			【例1】②
W6878.1			天神地神为人取名		【哈尼族】
W6878.2			天神为人取名		【傈僳族】
W6878.3			生育神为人取名		【瑶族】
W6878.4			真主为人取名		【回族、撒拉族】
W6878.5			造人者为造的人取名字		【民族】③
W6878.6			天使为人取名	T569.1	
W6879		特定的人为人取名			
W6879.1			父母为孩子取名		【民族，例5】④
W6879.2			父亲为孩子取名		【彝族】
W6879.3			母亲为孩子取名		【蒙古族、维吾尔族、藏族】
W6879.4			众人为人取名		【维吾尔族】
W6880		与人的姓名的产生有关的其他母题			
W6880.1			动物为人取名		【例1】⑤
❋ **W6881**	人的命名的依据				【联1】⑥
W6882		根据出生的情形取名			【例2】⑦

---

① 人的命名，人的名称的产生在历史上经历了复杂的演变过程。一般而言，中国远古时代的人名、族名和地名常常合而为一。如黄帝号称轩辕氏，又号称有熊氏，这里的"轩辕氏"即天鼋氏，是以大鳖为图腾的族体；而"有熊氏"则是以熊、虎等为图腾的族体。人类早期不可能每个人甚至首领都有具体的名字，实际上也没有必要。因此，"黄帝"这个名称并不是一个人的专指，而是作为一个族群的统一的称呼，即"黄帝族"。这样被派往任何一个地方从事治理任务的"黄帝族"的"人"，代表的都是这个族体，人们可以称之为"黄帝"，我们今天的不同地区之所以出现很多以"黄帝陵"等命名的遗迹，都是因为有"黄帝族"的人或后裔到此生活过。类似的情况，如炎帝、蚩尤、尧、舜、大禹等亦然。如此看来，如果了解神话传说中的姓氏文化和人的命名，许多地方行政者也根本没有必要争夺历史名人专属权。对此，需要保持一个"各美其美，美人之美，美美与共"的正确文化态度。
② 【引例】女娲把自己造的孩子叫做"人"【汉族】
③ 【民族】白族、傣族、汉族、回族
④ 【民族】侗族、拉祜族、羌族、彝族。【引例】❶父母用动物名称为儿女取名【白族】；❷孩子要求父亲取名【鄂伦春族】；❸人因养母是一头母牛就生命名【傣族】；❹天女为儿子取姓名【满族】；❺母亲把自己的名字赠给女儿【藏族】
⑤ 【引例】天鹅为人取名【傈僳族】
⑥ 【关联】［W6856］取名的方法
⑦ 【引例】❶石开生出的孩子叫"启"【汉族】；❷第一个出生的男孩取名"首露"【朝鲜族】

W 编码	母题描述			参照项	
	一级母题	二级母题	三级母题	汤普森	关联项
W6883		根据行为或事件为人取名			【民族，例2】①
W6884		根据祖先的身份取名			
W6884.1			中华民族称为"龙的子孙"的来历		【联1，例1】②
W6884.2			以父亲的身份取名		【傈僳族】
W6885		与人的命名依据有关的其他母题			
W6885.1			人取动物名字		【例1】③
W6886	与人的命名有关的其他母题				
W6886.1		男冠以女称			【哈尼族】
W6886.2		用出生排行加上时辰或父母名命名			【佤族】
W6886.3		什么动物抚养孩子（人）就以此动物取名			【民族，联1】④
◎	〖其他相关母题〗				
W6887	动物的命名⑤			A2571	
W6887.1		神或神性人物为动物命名			【藏族、壮族】
W6887.2		按天神的安排给动物命名			【拉祜族】
W6887.3		动物自己命名			【纳西族】
W6887.4		用动物的特征命名		A2571.0.4	
W6887.5		以动物的来历命名			
W6887.6		动物取人的名字		≈Z53	
W6887.7		与动物命名有关的其他母题			
W6887.7.1			特定动物名字的来历		【联1，例1】⑥

① 【民族】鄂伦春族。【引例】❶黄龙为小儿子取名"九隆"源于"陪坐"的意思【白族】；❷洪水洪水时木曰逃生者的后代统称"木曰传人"【高山族】
② 【关联】［W6857.1］龙的后代取名龙。【引例】五龙氏男女生中华儿女，后称为"龙的子孙"【汉族】
③ 【引例】用野兽名称给第一对孩子取名【哈尼族】
④ 【民族】拉祜族。【关联】［W6290］动物图腾
⑤ 动物的命名，此类母题与下面的"植物的命名"、"无生命物的命名"等，在名称来历方面有些与人的名称相似，但具体情况非常复杂。具体情形可参见《中国神话母题W3编目实例》相关动植物或无生命物所列举的条目。
⑥ 【关联】［W3080.4.1］动物的辨识。【引例】狗的命名【汉族】

W 编码	母题描述			参照项	
	一级母题	二级母题	三级母题	汤普森	关联项
W6888	植物的命名				【联1】①
W6888.1		按天神的安排给植物命名			【拉祜族】
W6888.2		以发现的地点命名植物			【例1】②
W6888.3		以发现者命名植物			【例1】③
W6888.4		与植物的命名有关的其他母题			
W6889	自然物的命名				
W6889.1		日月星辰名称的来历			
W6889.1.1			日月的命名		【例1】④
W6889.1.2			特定星星名称的来历		【联1】⑤
W6889.2		其他自然物或无生命物名称的来历			
W6889.2.1			火的名称的来历		【例1】⑥
W6890	特定地名的来历				
W6890.1		以事件命名地名			【例2】⑦
W6890.2		以神迹命名地名			
W6890.3		以人物命名地名			【例1】⑧
W6890.3.1			以人的肢体命名地名		【高山族】
W6890.4		纪念性的命地名			
W6890.4.1			为纪念人（神）命地名		
W6890.5		以数字命名地名			【门巴族】
W6890.6		以时间命名地名			【门巴族】
W6890.7		与地名有关的其他母题			

① 【关联】［W3687］植物的辨识
② 【引例】谷子发现于山谷故称"谷子"
③ 【引例】姓乔的人发现的麦子称之为"荞麦"
④ 【引例】10个太阳分别以虎、龙、大象、黑牛等10种动物为名【苗族】
⑤ 【关联】［W1730］特定星星的产生
⑥ 【引例】以取火者的名字为火命名【布依族】
⑦ 【引例】❶姐弟滚磨成婚的地方取名"落磨寺村"【汉族】；❷因特定的人物在某处磨刀而命名该地方为"磨刀"【门巴族】
⑧ 【引例】弟弟"岗"（人名）和姐姐"里"居住的洞就叫它"岗里洞"【佤族】

W 编码	母题描述			参照项	
	一级母题	二级母题	三级母题	汤普森	关联项
W6890.7.1			地名的改变		【例1】①
W6891	村寨名称的来历				【联1】②
W6891.1		以物命名村寨			【汉族】
W6891.2		以事件命名村寨			【汉族】
W6891.3		以该地尊重的动物命名村寨			【例1】③
W6891.4		与寨名有关的其他母题			
W6891.4.1			寨名与人名一致		【例2】④
W6892	特定山名的来历				【联1】⑤
W6892.1		以形状命名的山			【民族，例1】⑥
W6892.2		以特定的人物的名字命名的山			【例2】⑦
W6892.3		以动物命名的山			【例1】⑧
W6893	特定江河名称的来历				【联1】⑨
W6893.1		母亲河名称的来历			【汉族】
W6893.2		特定的人物命名河的名字			
W6893.2.1			高僧命名河的名字		【布朗族】
W6894	特定景物名称的来历				【联1】⑩
W6894.1		飞来石名称的来历			
W6894.2		望夫石名称的来历			【汉族】
W6895	其他特定名称的来历				
W6896	与名字有关的其他母题				【联2】⑪
W6896.1		名与姓的关系			

① 【引例】因特定事件改变地名【傣族】
② 【关联】［W5230］村寨
③ 【引例】尊凤凰神女为主之后改村名为凤阳村【白族】
④ 【引例】❶阿巴达尼（珞巴族祖先）与羊村人白母羊结婚【珞巴族】；❷阿巴达尼（珞巴族祖先）与牛寨大额牛结婚【珞巴族】
⑤ 【关联】［W1850～W1854］常见的特定名称的山
⑥ 【民族】白族。【引例】❶双乳山的来历【汉族】；❷扁担山的来历【汉族】
⑦ 【引例】❶尊凤凰神女为主之后把村后的山取名凤凰山【白族】；❷为纪念祖先以祖先名命名山名【黎族】
⑧ 【引例】尊特定的动物为神之后把山名改为该动物的名字【白族】
⑨ 【关联】［W1941～W1944］特定的江河的产生
⑩ 【关联】［W9960～W9979］特定风物的来历
⑪ 【关联】❶［W5894.1］国王的封号；❷［W5905.1］国号的来历

W 编码	母题描述			参照项	
	一级母题	二级母题	三级母题	汤普森	关联项
W6896.1.1			姓与名合一		【例1】①
W6896.1.2			姓与名产生的先后		
W6896.1.3			人先有名，后来才有姓		【壮族】
W6896.2		各姓祖先的来历			【民族，联1】②
W6896.3		偶然得知自己的名字			
W6896.3.1			英雄第一次奇遇知道了自己的名字	①J1730.1 ②T617.2	【联1】③
W6896.4		兄妹称谓的来历			【民族，联1】④
W6896.5		谥号的来历			【民族、联3】⑤
W6896.6		人死后会有一个阴间名			【布依族】

---

① 【引例】佤族最早无姓氏，以名为姓，后来姓名合而为一【佤族】

② 【民族】水族。【关联】［W0640］祖先

③ 【关联】［W0560］文化英雄

④ 【民族】汉族。【关联】［W5165］兄妹

⑤ 【民族】苗族。【关联】❶［W6827.6］谥姓；❷［W6873.1］尧是死后所谥的名字；❸［W6873.2］舜是死后所谥的名字

6.7 与文化、文明有关的其他母题
【W6900 ~ W6999】

6.7.1 音乐、体育等其他艺术【W6900 ~ W6909】

W 编码	母题描述			参照项	
	一级母题	二级母题	三级母题	汤普森	关联项
✳ **W6900**	**音乐**				
W6901	音乐的产生			A1461	
W6901.1		从某个地方学来音乐			【汉族】
W6901.1.1			从天上学来音乐		【侗族】
W6901.2		神教给人们音乐			【例1】①
W6901.3		神仙造音乐		F262	
W6901.4		与音乐产生有关的其他母题			【联1】②
W6902	音乐的特征				【联1】③
W6902.1		音乐为什么悦耳			
W6902.2		人为什么听音乐会开心			【维吾尔族】
W6903	与音乐有关的其他母题				
W6903.1		乐师			
W6903.1.1			乐师的产生	P428	
✳ **W6904**	**歌**				
W6905	歌的产生				
W6905.1		歌源于某个特定的地方			
W6905.1.1			人到天上偷歌种		【例2】④
W6905.1.2			歌在龙宫中		【例1】⑤

① 【引例】大力神教女祖先弹（吹）口弦【佤族】
② 【关联】［W6270］乐器的产生
③ 【关联】［W0913.4］音乐使灵魂安静
④ 【引例】❶歌树在天上【侗族】；❷蝉把天上的歌种带到人间【侗族】
⑤ 【引例】水獭到龙宫中取歌本【侗族】

W 编码	母题描述			参照项	
	一级母题	二级母题	三级母题	汤普森	关联项
W6905.2		神或神性人物教人唱歌			
W6905.2.1			天司歌舞		【蒙古族】
W6905.2.2			以前只有天上的神仙会唱歌		【侗族】
W6905.2.3			祖先造歌		【苗族】
W6905.2.4			龙女教人唱歌		【水族】
W6905.3		人向鸟学会了歌			【民族，例2】①
W6905.3.1			祖先仿照鸟的叫声造歌		【布依族】
W6905.3.2			学百鸟叫声创造了歌		【畲族】
W6905.4		特定的歌的产生		A1464.2.1	【联1】②
W6905.4.1			情歌（恋歌）	D1355.1.1	
W6905.4.2			情歌的来历	A1554	【联1】③
W6905.4.3			丧葬歌的来历		【联1，例1】④
W6905.5		与歌的产生有关的其他母题			
W6906	与歌有关的其他母题				
W6906.1		歌为什么好听			【联1】⑤
W6906.2		唱的东西为什么比说的容易记住			
◎	〖舞蹈〗				
W6907	舞蹈的产生			A1462	
W6907.1		从特定的人那里学会舞蹈			【例2】⑥
W6907.2		从动物那里学会舞蹈			
W6907.2.1			从鸟兽那里学会舞蹈		【民族，例1】⑦
W6907.2.2			从孔雀和鸡那里学会舞蹈		【景颇族】

① 【民族】布依族、傣族。【引例】❶基白鸟教会人们唱勃鲁歌【珞巴族】；❷始祖向百鸟学唱歌【佤族】

② 【关联】［W6468.6］宗教歌曲

③ 【关联】［W7186.2.2］对歌恋爱的来历

④ 【关联】［W6660］葬俗。【引例】唱哭丧歌是表示向死者哀悼【珞巴族】

⑤ 【关联】［W6903.1］音乐为什么悦耳

⑥ 【引例】❶首领教人学会跳舞【佤族】；❷卵生的女子教人跳舞【藏族】

⑦ 【民族】独龙族。【引例】始祖向白鹇学习甩发舞【佤族】

W 编码	母题描述			参照项	
	一级母题	二级母题	三级母题	汤普森	关联项
W6907.3		得到特定的东西学会舞蹈			
W6907.3.1			得到一种金色花戴到头上学会跳舞		【哈尼族】
W6908	与舞蹈有关的其他母题				
W6908.1		舞龙的来历			【汉族、苗族】
W6908.2		狮子舞的来历			
W6908.3		锅庄舞的来历			【藏族】
W6908.4		仙舞的来历		F261	
W6908.5		跳神的来历			【民族，例2】①
W6908.6		其他特定舞蹈的来历			【联1，例3】②
W6908.7		舞蹈者			
W6909	与文体艺术有关的其他母题				
W6909.1		戏的产生			【民族，例1】③
W6909.1.1			伏羲为戏皇		【民族，联1】④
W6909.1.2			傩戏的产生		【侗族、汉族、土家族】
W6909.1.3			演戏为什么要戴面具		
W6909.1.4			为什么戏台对面是神庙		【汉族】
W6909.1.5			演戏娱神		【侗族、汉族】
W6909.2		说唱的产生			【民族，例2】⑤
W6909.3		球类的产生		A1495.1	
W6909.4		棋类的产生			
W6909.4.1			象棋的产生		A1468.1
W6909.5		人为什么会游泳			

---

① 【民族】满族。【引例】❶男子与众女子性交累病之后，女人们为他做起跳鬼仪式【珞巴族】；❷羌姆（跳神）的来历【藏族】

② 【关联】［W6468.5］宗教舞蹈。【引例】❶踩堂的来历【侗族】；❷棕扇舞的来历【哈尼族】；❸大鼓舞的来历【基诺族】

③ 【民族】白族、汉族、毛南族、藏族。【引例】师公戏的来历【壮族】

④ 【民族】汉族。【关联】［W0679］伏羲的职能

⑤ 【民族】汉族、藏族。【引例】❶乌力格尔的来历【蒙古族】；❷达斯坦的来历【维吾尔族】

6.7.2 火的获取【W6910~W6969】

W 编码	母题描述			参照项	
	一级母题	二级母题	三级母题	汤普森	关联项
✿ **W6910**	火的获得①				【联 1】②
✳ **W6911**	火源于某个地方				
W6912		火源于天上		F962.2	【民族，联 1】③
W6912.1			到天上找火	H1264	【佤族、彝族】
W6912.2			从天宫把火带到人间		【水族】
W6912.3			到天庭的神火炉中取火		【羌族】
W6912.4			火在天边		【布朗族】
W6913		火源于地下			
W6913.1			中界的火是下界给的		【壮族】
W6914		火在山上			
W6915		火在石中			【例 1】④
W6915.1			火在白石中		【羌族】
W6915.2			火在火石中		【联 1】⑤
W6916		火在水中			【满族】
W6917		火在树中			【例 3】⑥
W6917.1			火在树洞中		【壮族】
W6918		火在特定人物的身上			
W6918.1			从人的身体发现了火	A1414.2	
W6918.2			火在特定动物身上		【联 2】⑦
W6919		火在其他特定的地方			
W6919.1			火在很远的地方		【布朗族】
W6919.2			火在妖魔眼里		【裕固族】
✳ **W6920**	火是给予的				

① 火的产生，据考古证明，距今 170 万年的元谋人，已经知道用火。甚至距今 180 万年山西芮城县西侯度遗址，也发现人工砸过的鹿角和一些烧骨。这些史实印证了神话叙事中关于火的母题的现实依据。

② 【关联】［W4585］火的产生

③ 【民族】蒙古族、水族、佤族。【关联】［W6921.2］神从天上带来火

④ 【引例】太阳告诉人用石取火【珞巴族】

⑤ 【关联】［W6962］火石

⑥ 【引例】❶猴子从雷劈的树中发现火【拉祜族】；❷从雷劈的树中发现火【壮族】；❸火在榕树根部【壮族】

⑦ 【关联】❶［W3495］萤火虫；❷［W6639.1］猴子用皮毛从飞鼠那里换来了火

W 编码	母题描述			参照项	
	一级母题	二级母题	三级母题	汤普森	关联项
W6921		神给人火			【例1】①
W6921.1			火是神给人的礼物	A1414.4	
W6921.2			神从天上带来火		【满族】
W6921.3			天神赐火		【纳西族】
W6921.4			火神送火种		
W6921.5			雷公送火种		【民族，例2】②
W6921.6			其他神送火种		
W6922		神性人物给人火			【民族，例2】③
W6922.1			仙女送火种		【水族】
W6922.2			太阳公主送火石		
W6923		其他人物给人火			
W6923.1			鸟送火种		【高山族】
W6923.2			火龙传火		【民族，联1】④
✳ **W6924**	**火是造出来的**				
W6925		神或神性人物造火			【联2】⑤
W6925.1			雷神能发出火		【民族，联1】⑥
W6925.2			火神发明火		【苗族、裕固族】
W6926		特定的人造火			【例3】⑦
W6927		动物造火			
W6927.1			苍蝇用脚相磨产生火		【民族，联1】⑧
W6928		与造火有关的其他母题			【联1，例1】⑨
W6928.1			从海里搅出火		【门巴族】
✳ **W6929**	**火是变化产生的**				
W6930		特定的人（神）变成火			
W6930.1			始祖与大山熔为一体后变成火		【纳西族】

① 【引例】天神教人用火 【鄂伦春族】
② 【民族】壮族。【引例】❶从雷公那里取火种【回族】；❷雷神放天火后人知道了用火【普米族】
③ 【民族】水族。【引例】❶造世老君给人火【汉族】；❷佛祖赐神火 【满族】
④ 【民族】汉族。【关联】［W3583.1］火龙（喷火的龙）
⑤ 【关联】❶［W0767.2］祝融发明火；❷［W6933］神与神性人物发明火
⑥ 【民族】哈尼族。【关联】［W0305］雷神
⑦ 【引例】❶一对兄妹发明火【苗族】；❷伏羲兄妹造火【瑶族】；❸伏羲的妹妹造火【瑶族】
⑧ 【民族】独龙族。【关联】［W6949］摩擦取火
⑨ 【关联】［W6950.2］击石取火。【引例】神石可以打出火【白族】

W 编码	母题描述			参照项	
	一级母题	二级母题	三级母题	汤普森	关联项
W6931		特定的物变成火			
W6931.1			神的怒气变成火		
W6931.2			冰变成火		
✳ **W6932**	火是发明的①				
W6933		神与神性人物发明火			【联1】②
W6933.1			神教人用火		
W6933.2			燧人氏发明火		【民族，联1】③
W6934		人发明火			
W6934.1			首领教人生火		【民族，联1】④
W6934.2			一对夫妻造火		【壮族】
W6935		动物发明火			
W6935.1			猴子发明火		【民族，例1】⑤
W6935.2			癞蛤蟆发明火		【羌族】
W6936		与火的发明有关的其他母题			【联1】⑥
W6936.1			火是偶然发现的		
✳ **W6937**	火是交换来的				
W6938		人用特定的肢体换来火			
W6938.1			人用翅膀换来火种		【民族，联1，例2】⑦
W6939		与交换得到火有关的其他母题			
W6939.1			猴子用皮毛从飞鼠那里换来了火		【拉祜族】
✿ **W6940**	取火⑧				
✳ **W6941**	取火者				
W6942		神或神性人物取火			
W6942.1			山神取火		【黎族】

① 火的发明，该母题并不是严格意义上的"发明"，其中也包含"火的发现"。在此表述为"火的发明"。具体区别参
　见《中国神话母题 W6 编目实例》。
② 【关联】［W0767.2］祝融发明火
③ 【民族】汉族。【关联】［W0738］燧人氏
④ 【民族】鄂温克族。【关联】［W5030］首领
⑤ 【民族】珞巴族。【引例】人从猴子那里学会用火【傣族】
⑥ 【关联】［W6145.4］熟食的产生
⑦ 【民族】拉祜族。【关联】［W9958］交换。【引例】❶人用翅膀从无翅膀的鸟那里换来了火【傣族】；❷人用翅膀从老鹰那里
　换来了火【景颇族】
⑧ 取火，据考古资料，距今 5 万～1 万年的晚期智人已进入旧石器晚期，人工取火是该时代两大重要发明之一。

W 编码	母题描述			参照项	
	一级母题	二级母题	三级母题	汤普森	关联项
W6942.2			神鸟取火		【民族，联1】①
W6942.3			文化英雄取火		【裕固族】
W6942.4			祖先取火		【民族，例1】②
W6942.5			燧人氏取火		【民族，联2，例1】③
W6943		人取火			
W6943.1			第一代独眼人找到火		【民族，联1】④
W6943.2			孤儿取火		【布朗族】
W6943.3			有名字的人取火		【例2】⑤
W6944		动物取火			【民族】⑥
W6944.1			鸟取火		【高山族】
W6944.2			燕子取火		【蒙古族】
W6944.3			萤火虫取火		
W6944.4			其他动物取火		【例4】⑦
W6945		与取火者有关的其他母题			
✳ **W6946**	取火方法⑧				
W6947		取火方法的获得			
W6947.1			神教人取火方法		【民族，例1】⑨
W6947.2			雷神教人取火方法		【佤族】
W6947.3			动物偷来取火的办法		【彝族】
W6947.4			受动物启发知道取火方法		【例2】⑩
W6948		钻木取火（钻石取火）		A1414.1.1	【例2】⑪

---

① 【民族】高山族。【关联】[W6944.1] 鸟取火
② 【民族】傈僳族。【引例】兄妹始祖取火种【佤族】
③ 【民族】汉族。【关联】❶ [W0738] 燧人氏；❷ [W6933.2] 燧人氏发明火。【引例】燧王取火【毛南族】
④ 【民族】彝族。【关联】[W2828] 独眼人
⑤ 【引例】❶ 阿丹找火种【回族】；❷ 布洛陀取火【壮族】
⑥ 【民族】高山族、汉族、蒙古族、佤族、壮族
⑦ 【引例】❶ 铃羊从海的对岸取火【高山族】；❷ 蚱蜢取火【佤族】；❸火亮虫的火星是天上背来的【佤族】；❹蚯蚓把天火带到下界【壮族】
⑧ 取火方法，关于取火的方法经常与"火的产生"、"造火"、"火的发明"、"取火者"等母题联系在一起。此处依据神话分析中的习惯做法加以单列。
⑨ 【民族】独龙族、瑶族。【引例】雷神教人在石头上敲击干藤取火【佤族】
⑩ 【引例】❶人受苍蝇用脚相磨产生火的启示知道取火方法【独龙族】；❷萤火虫帮助取火【高山族】
⑪ 【引例】❶伏羲女娲钻木取火【汉族】；❷炎帝钻木取火【汉族】

W 编码	母题描述			参照项	
	一级母题	二级母题	三级母题	汤普森	关联项
W6948.1			受到鸟啄木头的启发发明钻木取火		
W6948.2			燧人氏钻木取火		【民族，联1】①
W6949		摩擦取火			【民族】②
W6949.1			摩擦木棍（树枝、木头）取火	A1414.1	【民族，例1】③
W6949.2			摩擦竹片取火		【景颇族】
W6949.3			藤子摩擦树干取火		【民族，例1】④
W6949.4			石头相磨取火		【民族，联1】⑤
W6949.5			草磨石头取火		【例1】⑥
W6949.6			其他摩擦取火的方法		【联1，例5】⑦
W6950		击打取火			【瑶族】
W6950.1			滚石头时产生火		【傈僳族】
W6950.2			击石取火	≈A1414.3	【民族，例10】⑧
W6950.3			雷击枯树产生火		【怒族】
W6950.4			刀撞击石头产生火		【珞巴族】
W6951		从太阳那里取火			【联2】⑨
W6951.1			向太阳要火种		【民族，联1】⑩
W6952	与取火有关的其他母题				
W6952.1		太阳告诉人取火方法			【珞巴族】
W6952.2		取火经历磨难			
✳ **W6953**	盗火			A1415	

① 【民族】汉族。【关联】［W6933.2］燧人氏发明火
② 【民族】独龙族、高山族、景颇族、拉祜族、满族、怒族、水族、佤族、瑶族、壮族
③ 【民族】高山族、瑶族、壮族。【引例】用干树锯干取火【佤族】
④ 【民族】独龙族、佤族。【引例】用藤拉干木取火【珞巴族】
⑤ 【民族】满族、佤族。【关联】［W6950.2］击石取火
⑥ 【引例】草放在两块石头中间磨出火【珞巴族】
⑦ 【关联】［W6927.1］苍蝇用脚相磨产生火。【引例】❶牛角摩擦火草取火【景颇族】；❷大木缸与石头摩擦取火【拉祜族】；❸干蒿枝棍在杉木上反复插出火【拉祜族】；❹竹子摩擦石头取火【怒族】；❺火麻叶和树枝在石板摩擦生火【水族】
⑧ 【民族】布依族、傣族、独龙族、羌族、佤族、裕固族。【引例】❶地母用两块石头相碰找到第一个火种【阿昌族】；❷石杵撞击石臼产生火【高山族】；❸石板搓石头搓出火【仡佬族】；❹猴子在石头上敲击猴毛敲出火【珞巴族】；❺有个精灵用火石击打铁片发明了火【珞巴族】；❻偶然的撞击得到火【苗族】；❼石头与铁巴打出火【彝族】；❽光轮敲打发亮的卵产生火【藏族】；❾铁、石和草相碰产生火【藏族】；❿一个叫石燧的人击石产生了火【壮族】
⑨ 【关联】❶［W6912］火源于天上；❷［W6953］盗火
⑩ 【民族】仡佬族、景颇族。【关联】［W6957］火种

W 编码	母题描述			参照项	
	一级母题	二级母题	三级母题	汤普森	关联项
W6954	火的看守者				
W6954.1		恶龙是火的看守者			【回族】
W6954.2		蛇是火的看守者			
W6954.3		鸟是火的守护者		A1414.6	
W6954.4		魔鬼是火的看守者			【哈尼族、珞巴族】
W6954.4.1			火魔是火的看守者		【布朗族】
W6955	盗火者				
W6955.1		神或其他神性人物盗火			
W6955.1.1			火神盗天火		【羌族】
W6955.2		文化英雄盗火			【联1，例4】①
W6955.3		人盗火			
W6955.3.1			人从魔怪那里夺来火		【哈尼族】
W6955.4		动物盗火		A1415.2	
W6955.4.1			鸟盗火	A1415.2.1	【民族，联1】②
W6955.4.2			苍蝇盗火		
W6955.5		人与动物一起盗火			
W6955.6		与盗火者有关的其他母题			
W6955.6.1			盗火者的助手		【例1】③
W6955.6.2			失败的取火者		【例1】④
W6955.6.3			盗火者受刑		【民族，联1】⑤
W6956	盗火方法				
W6956.1		动物教人盗火的方法			【联1】⑥
W6956.1.1			松鼠教人盗火的办法		【布朗族】
W6956.2		盗火时把火藏在特定的地方			

① 【关联】［W6942.3］文化英雄取火。【引例】❶阿当盗火【回族】；❷商伯盗火【汉族】；❸托阿盗天火【满族】；❹盘老大偷天火【瑶族】

② 【民族】高山族。【关联】［W6944.1］鸟取火

③ 【引例】松鼠帮孤儿艾多取火【布朗族】

④ 【引例】青蛙盗火失败【高山族】

⑤ 【民族】苗族。【关联】［W9912］偷盗被惩罚

⑥ 【关联】［W6947.3］动物偷来取火的方法

W 编码	母题描述			参照项	
	一级母题	二级母题	三级母题	汤普森	关联项
W6956.2.1			盗火时把火藏在石中		【例1】①
W6956.2.2			盗火时把火藏在指甲中	A1415.1.1	
W6956.3		用燃烧的绳把火带到了凡间			
W6956.4		与盗火方法有关的其他母题			
W6956.4.1			战魔王盗取火种		【畲族】
◎	〖其他相关母题〗				
✲ **W6957**	火种				
W6958		火种在特定的地方			【联1】②
W6958.1			火种在天上		【民族，联2】③
W6959		火种的持有者			
W6959.1			雷公有火种		【联1，例1】④
W6959.2			妖魔有火种		【裕固族】
W6959.3			特定的动物有火种		【例2】⑤
W6960		火种是特定的东西			
W6960.1			火种是一颗红色的亮珠		【哈尼族】
W6960.2			火种是火石		【民族，联1】⑥
W6960.3			火种是魔怪头上的一盏灯		【民族，联1】⑦
W6960.4			山火成为火种		【例2】⑧
W6960.5			雷火成为火种		【佤族】
W6961		与火种有关的其他母题			
W6961.1			从海里搅出火种		【民族，联1】⑨
W6961.2			火种是风从别处吹来的		【回族】

---

① 【引例】用白石取回神火【羌族】
② 【关联】［W6911］火源于某个地方
③ 【民族】门巴族。【关联】❶［W6912］火源于天上；❷［W6941］取火者
④ 【关联】［W6921.5］雷公送火种。【引例】火种装在雷公斧背上的盒子里【回族】
⑤ 【引例】❶以前只有老鹰有火【景颇族】；❷人从鼠那里找到火种【拉祜族】
⑥ 【民族】回族。【关联】［W6962］火石
⑦ 【民族】哈尼族。【关联】［W6959.2］妖魔有火种
⑧ 【引例】❶火种在西边天脚的火焰山里【回族】；❷以前，人用的是山火【佤族】
⑨ 【民族】门巴族。【关联】［W6916］火在水中

W 编码	母题描述			参照项	
	一级母题	二级母题	三级母题	汤普森	关联项
W6961.3			火种的收回		【民族，联1】①
W6961.4			抢火种		【例1】②
W6962	火石				【联1】③
W6962.1		从天上扔下的火种成为火石			【苗族】
W6962.2		从喜鹊那里得到火石			【彝族】
W6962.3		天女化为火石			【水族】
W6962.4		特定的石头是火石			【例1】④
W6963	火草				
W6963.1		从老鼠那里得到火草			【彝族】
W6964	火镰（火刀）				【例1】⑤
W6964.1		从乌鸦那里得到火镰			【彝族】
W6964.2		火镰是雷公斧			【民族，联1】⑥
W6965	火的管理				【联2】⑦
W6965.1		火的管理者			【联1】⑧
W6965.1.1			火神管火		【联1】⑨
W6965.1.2			天女管火		【水族】
W6965.1.3			精灵把火据为己有		【珞巴族】
W6965.1.4			动物掌管火种	B294.4	
W6965.2		火的管理方法			
W6965.3		与火的管理有关的其他母题			
W6966	火的保存⑩			A1414.7	【例1】⑪
W6966.1		祖先保存火种			【傣族】
W6966.2		火保存在山洞中			

① 【民族】苗族。【关联】［W6967］火的熄灭（丢失）
② 【引例】龙神抢火种【独龙族】
③ 【关联】［W6957］火种
④ 【引例】水潭中的红宝石是火石【高山族】
⑤ 【引例】第三代人时开始制造火镰【侗族】
⑥ 【民族】回族。【关联】［W6089.2.2］雷公斧
⑦ 【关联】❶［TPS：D1566］魔物（法）掌控着火；❷［TPS：D2158］魔法（力）掌控着火
⑧ 【关联】［W0493.10］灶王为人们看家管火
⑨ 【关联】［W0466］火神
⑩ 火的保存，据考古资料，距今 71 万～23 万年的北京猿人不仅懂得用火，而且还知道如何保存火种，已经具备管理火的能力。
⑪ 【引例】火钻入铁和石头中【珞巴族】

W 编码	母题描述			参照项	
	一级母题	二级母题	三级母题	汤普森	关联项
W6966.3		火保存（藏）在树中		A1414.7.1	
W6966.3.1			用树皮保存火		【布依族】
W6966.4		火保存（藏）在石头中		①A1414.7.2 ②D2158.1.2	【傣族、珞巴族】
W6966.5		火保存（藏）在洞中		A1414.7.3	
W6966.6		火保存（藏）在葫芦中			【满族、土家族】
W6966.7		火的其他保存方法			【例3】①
W6967	火的熄灭（丢失）			D2158.2	
W6967.1		雨浇灭火种			【佤族、裕固族】
W6967.2		洪水熄灭火种			【壮族】
W6967.3		火被火龙吸去			【畲族】
W6967.4		魔王把火锁到魔宫			【畲族】
W6967.5		人把火打死后失去了火			【景颇族】
W6967.6		与火的熄灭有关的其他母题			
W6967.6.1			通过特定的行为灭火		【联1，例1】②
W6968	与火的获取有关的其他母题				【联3】③
W6968.1		火不分阴阳			【珞巴族】
W6968.2		人间不能使用天火			【景颇族】
W6968.3		五味真火			【例1】④

6.7.3　与发明或文化有关的其他母题【W6970~W6999】

W 编码	母题描述			参照项	
	一级母题	二级母题	三级母题	汤普森	关联项
◎	《弓箭、火药、冶炼等发明》				

---

① 【引例】❶火保存（藏）在特意修造的土台中【汉族】；❷火保存在牛粪中【裕固族】；❸造灶膛藏火【壮族】
② 【关联】［W8636］火灾的消除。【引例】火灾时，女人要脱下裤子以求止风息火【毛南族】
③ 【关联】❶［W0916.3］鬼火；❷［W6889.2］火的名称的来历；❸［W9245.2］火是光明的象征
④ 【引例】观音菩萨吹出五味真火【汉族】

W 编码	母题描述			参照项	
	一级母题	二级母题	三级母题	汤普森	关联项
✿ **W6970**	**弓箭的发明**①				
W6971	弓箭发明者				
W6971.1		神发明弓箭			【鄂温克族】
W6971.1.1			天神教人造弓箭		【鄂伦春族】
W6971.1.2			从神那里得到弓箭		【水族】
W6971.1.3			到天上获得神箭		【水族】
W6971.2		神性人物造弓箭			【例1】②
W6971.2.1			巨人造弓箭		【普米族】
W6971.3		特定的人造弓箭			
W6971.3.1			族长造弓箭		【满族】
W6971.3.2			老人造弓箭		【民族，例1】③
W6971.3.3			猎手造弓箭		【联1，例1】④
W6971.4		与弓箭的发明有关的其他母题			【例1】⑤
W6971.4.1			人猿造弓箭		【布依族】
W6971.4.2			受藤子拌人的启发制造弓箭		【珞巴族】
W6971.4.3			受竹子拌人的启发发明了弓		【珞巴族】
❋ **W6972**	**弓箭的制作**				【联1】⑥
W6973	弓的制作				
W6973.1		树木做弓			【阿昌族、满族】
W6973.1.1			竹子做弓		【民族，例2】⑦
W6973.1.2			桑木做弓		【侗族、普米族】
W6973.1.3			松树做弓		【鄂伦春族】
W6973.1.4			其他树木做弓		【例9】⑧
W6973.2		其他材料做弓			【例1】⑨

① 弓箭的发明，据考古资料，距今5万~1万年的晚期智人，已进入旧石器晚期。制造弓箭是该时代两大重要发明之一。此类母题也包含少数"弩"的母题，因弓弩相近，不再单列，具体情形见母题表述部分。
② 【引例】长白山主教人造弓箭【满族】
③ 【民族】仡佬族。【引例】神奇出现的老人告知弓箭制作方法【汉族】
④ 【关联】［W6075.1］猎手（猎人）。【引例】猎手受动物启发造弓箭【珞巴族】
⑤ 【引例】受鼹鼠、鸟和猴子的启发做成箭【珞巴族】
⑥ 【关联】［W9773］用弓箭射日
⑦ 【民族】汉族。【引例】❶金竹做弓【苗族】；❷灵竹当弓【彝族】
⑧ 【引例】❶黄栗树做千斤弓【阿昌族】；❷青皮树做弓【布朗族】；❸高娃树做弓【布依族】；❹用万年柳做弓【满族】；❺麻秧树做弓【苗族】；❻岩桑树做弓【苗族、彝族】；❼桃树做弓【土家族】；❽檀木做弓【土家族】；❾密精树做弓【瑶族】
⑨ 【引例】神弓用王八精爪子做扳机【壮族】

W 编码	母题描述			参照项	
	一级母题	二级母题	三级母题	汤普森	关联项
W6973.2.1			牛角做弓		【纳西族】
W6973.2.2			虎骨做弓		
W6973.2.3			虎尾做弓		【回族】
W6973.2.4			用山做弓		【水族】
W6973.3		与弓的制作有关的其他母题			
W6973.3.1			白昼和黑夜相配生弯弓		【景颇族】
W6974	箭的制作				
W6974.1		树木做箭			【民族，例7】①
W6974.1.1			竹子做箭		【例9】②
W6974.1.2			磨竹成箭		【珞巴族】
W6974.1.3			茅草杆做箭		【布依族】
W6974.1.4			用铁松做成箭杆		【满族】
W6974.2		用石头做箭			
W6974.2.1			石磨成石箭		【傣族】
W6974.2.2			烧石成汁炼成箭		【傣族】
W6974.2.3			用金刚石磨成箭		【满族】
W6974.3		用动物的特定肢体做箭			
W6974.3.1			鹿角做箭		【回族、瑶族】
W6974.3.2			龙骨做箭杆，虎骨做箭头		
W6974.3.3			用大象的牙做箭		【苗族】
W6974.3.4			鹅毛做箭		【彝族】
W6974.3.5			猪骨做箭		【珞巴族】
W6974.4		用铁做箭			【例1】③
W6974.4.1			人发明炼铁后造铁箭镞		
W6974.4.2			铁匠发明铁箭头		【民族，联1】④
W6974.5		做箭的其他材料			

① 【民族】布朗族、侗族。【引例】❶白桦树做箭【鄂伦春族】；❷麻秧树树枝做箭【苗族】；❸用岩桑树的枝杆做箭【苗族】；❹树尖做箭杆【苗族】；❺柳树做箭【土家族】；❻桃榔木做箭【壮族】；❼金刚木做箭

② 【引例】❶大龙竹做九庹长的箭【阿昌族】；❷箭竹做箭【布朗族】；❸用硬竹竿做箭【布依族】；❹矢竹做箭【侗族】；❺大楠竹做箭【毛南族】；❻箐竹做成利箭【普米族】；❼楠竹做箭【土家族】；❽金丝竹做箭【瑶族】；❾灵竹做箭【彝族】

③ 【引例】哥哥教弟弟炼铁造铁箭头的方法【珞巴族】

④ 【民族】珞巴族。【关联】〔W6076.6〕铁匠

W 编码	母题描述			参照项	
	一级母题	二级母题	三级母题	汤普森	关联项
W6974.5.1			木棍作为箭		【珞巴族】
W6975	弓弦的制作				
W6975.1		植物做弓弦			
W6975.1.1			野生的藤搓成弓弦		【布朗族】
W6975.1.2			藤子做弓弦		【苗族】
W6975.1.3			其他植物做弓弦		【例2】①
W6975.2		动物的筋骨做弓弦			
W6975.2.1			龙筋做弓弦		【汉族】
W6975.2.2			虎尾做弓弦		
W6975.3		兽皮作弦			【布依族】
W6975.3.1			牛皮做弓弦		【纳西族】
W6975.3.2			虎筋做弓弦		【瑶族】
W6975.3.3			龙筋做弓弦		【回族】
W6975.4		毛发做弓弦			【彝族】
W6975.4.1			用犀牛毛当弓弦		【仫佬族】
W6975.5		与弓弦的制作有关的其他母题			
W6976	弓箭的特征				
W6976.1		重量巨大的弓			
W6976.1.1			重量巨大的弓		【例1】②
W6976.1.2			只有它的主人能拉开的弓	D1651.1	
W6976.1.3			弓由多人才抬得动		【民族，联1】③
W6976.2		无坚不摧的箭			
W6976.3		与弓箭特征有关的其他母题			
W6976.3.1			奇特的箭	F831	【联1】④
W6976.3.2			自己会飞的箭		
W6976.3.3			箭能自己射向敌手		
W6976.3.4			百步穿杨的箭		【苗族】
W6976.3.5			双头箭		
W6976.3.6			毒箭		【民族，联1，例3】⑤

① 【引例】❶椴树里皮和藤条做弦【满族】；❷苎麻搓绳做弓弦【瑶族】
② 【引例】1万5千斤的弓【傣族】
③ 【民族】鄂温克族。【关联】［W6976.3.9］英雄的弓箭其他人拉不开
④ 【关联】［W6976.2］无坚不摧的箭
⑤ 【民族】佤族。【关联】［W6978.2］箭毒的制作。【引例】❶怪物告知制作毒箭的方法【珞巴族】；❷用有毒的草造毒箭【珞巴族】；❸用有毒的竹子造毒箭【珞巴族】

W 编码	母题描述			参照项	
	一级母题	二级母题	三级母题	汤普森	关联项
W6976.3.7			响箭		【哈尼族】
W6976.3.8			带绳的箭		【汉族】
W6976.3.9			英雄的弓箭其他人拉不开		【联 1，例 1】①
W6977	射箭方法的获得				
W6977.1		老人教给人箭法			【满族】
W6977.2		首领教人使用弓箭			【鄂温克族】
W6977.3		向仙鹤学箭法			【侗族】
W6977.4		与射箭方法有关的其他母题			
W6977.4.1			梦中学箭法		【汉族】
W6978	与弓箭有关的其他母题				
W6978.1		弩的制作材料			【例 2】②
W6978.1.1			神树做弩		【苗族】
W6978.1.2			用岩桑的树身做弩		【苗族】
W6978.2		箭毒的制作			【布朗族】
W6978.2.1			用蛇毒制作箭毒		【珞巴族】
W6978.2.2			用毒草制作箭毒		【珞巴族】
◎	〖**其他相关母题**〗				
W6980	火药的发明				
W6980.1		神或神性人物发明火药			【例 1】③
W6981	采矿的产生			A1448	【联 1】④
W6982	金属冶炼的产生			A1447	
W6982.1		神或神性人物教人冶炼			
W6982.1.1			造物者教人冶炼		【景颇族】
W6982.2		炼铁			【联 1】⑤
W6982.2.1			天神赐给冶铁技术		【蒙古族】
W6982.2.2			始祖烧木炭炼铁		【傈僳族】
W6982.2.3			用石炼铁		【汉族、珞巴族】
W6982.2.4			火炭炼铁		【壮族】
W6982.3		炼金			【联 1】⑥

① 【关联】［W6976］弓箭的特征。【引例】英雄的弓箭 20 个人合伙拉不开【满族】
② 【引例】❶用扶桑做弩【独龙族】；❷用杉树用弩箭【哈尼族】
③ 【引例】嫫母发明火药【汉族】
④ 【关联】［W1985 ~ W1989］矿物
⑤ 【关联】［W6076.6］铁匠
⑥ 【关联】［W1981］金的产生

W 编码	母题描述			参照项	
	一级母题	二级母题	三级母题	汤普森	关联项
W6982.3.1			金匠的产生	A1447.3	
W6982.3.2			用魔法造金	D2102	
W6982.4		炼银			【联1】①
W6982.4.1			用魔法造银	D2103	
❋ **W6983**	**度量衡等的发明**				
W6984	度量（测量）的产生			A1471.2	【联1】②
W6984.1		长度的产生			【例2】③
W6984.2		尺子的发明			
W6984.2.1			用动物做尺子		【例1】④
W6984.2.2			用绳子测量		【珞巴族】
W6984.3		特定的量度			
W6984.3.1			用牛皮丈量		【珞巴族】
W6984.3.2			用身体测量		【例1】⑤
W6984.4		规的发明			【例2】⑥
W6984.5		矩的发明			【例1】⑦
W6984.6		计量单位			【例1】⑧
W6984.6.1			巨龟诞生时形成计算单位		【藏族】
W6984.7		秤的来历			
W6984.7.1			用牛的心做秤砣		【哈尼族】
W6984.8		与度量有关的其他母题			
W6984.8.1			观测天象		【联1，例1】⑨
❋ **W6985**	**生肖**⑩				
W6986		生肖的来历			
W6986.1			掌管天干地支的神定属相		【锡伯族】

① 【关联】［W1982］银的产生
② 【关联】［W1396.1］天地的测量（丈量世界）
③ 【引例】❶八海螺声闻之地为一里【蒙古族】；❷七麦籽为一寸【蒙古族】
④ 【引例】用麻蛇做量地的尺子【景颇族】
⑤ 【引例】天女用身体量海水【蒙古族】
⑥ 【引例】❶伏羲持规【汉族】；❷始祖布洛陀制定人间规矩【壮族】
⑦ 【引例】女娲持矩【汉族】
⑧ 【引例】"克"是珞巴族计量单位【珞巴族】
⑨ 【关联】［W9206］天象（自然现象）作为征兆。【引例】四根天柱四兄弟观测日月星运行规律【毛南族】
⑩ 生肖，又称为"属相"。根据生肖产生的情况，虽然有些不能确定其神话母题性质，但从动物图腾或生肖的动物特征中的神话元素考虑，又具有一定的关联性。故在此列出，以便对照分析。

W 编码	母题描述			参照项	
	一级母题	二级母题	三级母题	汤普森	关联项
W6986.2			为计算年龄天仙造属相		【撒拉族】
W6986.3			根据图腾造出生肖		
W6987		十二生肖的来历			
W6987.1			玉帝排定 12 个生肖		【汉族】
W6987.2			根据树枝的 12 片叶子定出 12 个生肖		
W6987.3			根据经历的地点定出 12 个属相		【例1】①
W6987.4			根据出现的动物定出 12 个生肖		【例1】②
W6987.5			根据特定的树的 12 个枝定出 12 个属相		【纳西族】
W6988		其他特定生肖的来历			【哈尼族、苗族】
W6989		与生肖有关的其他母题			
W6989.1			生肖的排列顺序的来历		【例1】③
W6989.2			生肖相冲		
W6990	商业的产生			A1471	
W6990.1		以物换物的来历			【汉族、佤族】
W6990.2		两地贸易的产生		A1471.1	
W6991	集市的产生			A1535.2	
W6991.1		动物命名的集市			【哈尼族、苗族】
W6992	货币的产生			A1433	
W6992.1		贝壳作为货币			【汉族】
W6993	记事方法的产生				
W6993.1		口传记事			
W6993.2		刻木结绳记事			【彝族】
W6993.2.1			结绳记事		
W6993.3		刻木记事			
W6993.3.1			母亲教刻木记事		【阿昌族】
W6993.4		画图记事			【汉族、佤族】
W6993.5		与记事方法有关的其他母题			

① 【引例】人经过的鼠、麒麟、虎、兔、龙、蛇、马、羊、猴、鸡、狗、象等 12 种动物的居处形成 12 个属相 【傣族】
② 【引例】水里飘来鼠、牛、虎、兔、龙、蛇、马、羊、猴、鸡、乌鸦和青蛙等 12 种动物形成 12 个生肖 【彝族】
③ 【引例】子鼠、丑牛、寅虎、卯兔、辰龙、巳蛇、午马、未羊、申猴、酉鸡、戌狗、亥猪排序的来历 【汉族】

W 编码	母题描述			参照项	
	一级母题	二级母题	三级母题	汤普森	关联项
W6994	凭证的发明				【例1】①
W6995	数字的产生				
W6995.1		道生一			【汉族】
W6995.2		一生二			【汉族】
W6995.3		特定的人物教人识数			【例1】②
W6995.4		与数字产生有关的其他母题			【联1】③
W6995.4.1			9是最大的数字		
W6995.4.2			99是最大的数字		【藏族】
W6995.4.3			20是数目中的大数		【珞巴族】
W6996	礼仪的产生				【联1】④
W6996.1		神或神性人物创造礼仪			【例2】⑤
W6996.2		社会性仪式的产生		A1530	【联1，例3】⑥
W6996.3		社会礼节的产生		A1537	
W6996.3.1			特定的人物制定礼节		【例1】⑦
W6997	与发明或文化有关的其他母题				【联1】⑧
W6997.1		真假的产生			【纳西族】
W6997.2		善恶的产生			
W6997.3		美丑的产生			【汉族】

---

① 【引例】黄帝发明指纹做凭证【汉族】
② 【引例】大力神教女祖先识数【佤族】
③ 【关联】［W6445］数字崇拜
④ 【关联】［W6692］人生礼仪的来历
⑤ 【引例】❶伏羲造礼仪【汉族】；❷尧立孝慈仁爱【汉族】
⑥ 【关联】［W6457］宗教仪式。【引例】❶鸟主持着人的仪式【珞巴族】；❷成年仪式的来历【纳西族】；❸宗教人物主持仪式
⑦ 【引例】门神定礼节【纳西族】
⑧ 【关联】［W6984］度量（测量）的产生

7 婚姻与性爱

（代码 W7000 ~ W7999）

类型说明

一、婚姻与性爱的界定

"婚姻"、"性爱"是历史的产物，具有一定的契约性质或道德色彩。因此，在神话叙事中很难有当今所定义的所谓真正意义上的"婚姻"或"性爱"。

1. 婚姻。人类早期的"婚姻"兼有婚姻、性爱、交配或其他有关两性活动的复杂因素。原始社会的族体曾以小群体方式生活，无所谓婚姻家庭，表现出非常自由的两性关系。神话叙事中大量的诸如人兽成婚、兄妹成婚、日月成婚之类的现象，是有力的证明。为了较为合理地提取母题，采用"婚姻"这个概念作为表述形式。

2. 性爱。所谓"性爱"，它不同于父母之爱、朋友之爱，主要指人的两性（有的认为包括同性）之间有情感或有身体接触的性亲密的行为，表现为恋爱、恋情等形式。某些"性爱"在本意上具有婚姻的性质，有的可以作为婚姻实现的前提和基础，有的则是对婚姻的进一步解释，有的则可以作为婚姻的有机组成部分。

二、母题类型划分与排序

1. 本类型母题共划分为 8 个部分。其基本排序如下：

（1）婚姻概说；（2）性爱；（3）神或神性人物之间的婚姻；（4）人的婚姻；（5）其他特殊的婚姻；（6）婚配的条件与实现；（7）婚姻难题考验与验证天意；（8）与婚姻、性爱相关的其他母题。

2. 母题的编排。在该类母题排列顺序中，基本以婚姻主体为依据进行分类，同时也照顾到人类婚姻出现的时间和一些婚姻事件的内在关系。

7.1 婚姻概说
【W7000 ~ W7129】

7.1.1 婚姻的产生 【W7000 ~ W7019】

W 编码	母题描述			参照项	
	一级母题	二级母题	三级母题	汤普森	关联项
✿ **W7000**	婚姻			T100	
✿ **W7001**	婚姻的产生				
W7002		人以前不知道婚姻			【联1】①
✳ **W7003**	婚姻产生的原因（情形）				
W7004		婚姻自然存在			
W7004.1			自然存在一对原始夫妻		【联1】②
W7005		神或神性人物制定婚姻			【联2，例3】③
W7005.1			神让人类成婚		
W7005.2			生育神制定婚姻		【例1】④
W7005.3			造人者安排婚姻		
W7005.4			仙人安排婚姻		
W7005.5			女娲安排婚姻		【联1，例1】⑤
W7006		特定的人制定婚姻			
W7006.1			族长让人婚配		
W7006.2			母亲让子女互相成婚		【民族，联2】⑥
W7007		动物告诉人婚配			【联1】⑦

---

① 【关联】［W2753］人的性别的产生
② 【关联】［W7022］人类第一对夫妻
③ 【关联】❶［W0723.4.3］盘古管理婚姻；❷［W7564］月亮老人做媒人（月老）。【引例】❶伏羲创造婚姻【汉族】；❷神通过演示石磨相合暗示男女婚【拉祜族】；❸无极老祖制定婚姻
④ 【引例】生育神把红花和白花移栽一起后男女结成夫妻【壮族】
⑤ 【关联】［W0710］女娲。【引例】女娲怕自己造的人死光，让他们成婚【藏族】
⑥ 【民族】白族。【关联】❶［W7140.4］父母教子女相爱；❷［W7300］兄妹婚
⑦ 【关联】［W7591］动物劝婚

W 编码	母题描述			参照项	
	一级母题	二级母题	三级母题	汤普森	关联项
W7007.1			婚配产生于动物的启发		【例5】①
W7007.2			鸟告诉人婚配		【汉族】
W7007.3			蛇告诉人婚配		
W7008		为了生育繁衍产生婚姻			【阿昌族】
W7008.1			因造泥人不成活结婚		【例1】②
W7008.2			神为造人而结婚		【民族，联1】③
W7009		因情产生婚姻			【联1】④
W7009.1			男女相悦成婚		【例2】⑤
W7009.2			人与动物有了情感后成婚		【民族，例1】⑥
W7010		有了女人后形成婚姻			
W7010.1			某氏族的人变成女人与另一个氏族结婚		【民族，联1】⑦
W7010.2			得到特定地方的女人后配成夫妻		【例1】⑧
W7011		男女原来是一个人分开而成的，要通过结婚合在一起			
W7011.1			双性人分开的男女要相互找另一半形成婚姻		【民族，联1】⑨
W7012		因看到异性的身体而结婚			
W7012.1			男子看到女人的玉体就要娶这个女人		【鄂伦春族】

① 【引例】❶男人见鸳鸯成对知道了与女人配对【德昂族】；❷男神与女神在两只神鸟的启示下成婚【高山族】；❸受动物启发兄妹成婚【苗族、纳西族】；❹女娲怕自己造的人死光让他们成婚【藏族】；❺兄妹在蛇头蛇尾合拢的启示下成婚【壮族】

② 【引例】兄妹因做泥人不成活结婚【哈尼族】

③ 【民族】阿昌族。【关联】［W7200］神的婚姻

④ 【关联】［W7013.4］男女喝发情水后成亲

⑤ 【引例】❶男女对歌相悦成婚【侗族、壮族】；❷男子与龙女两情相悦结成了夫妻【佤族】

⑥ 【关联】［W7400～W7489］人与动物的婚配。【引例】人与牛有了情感后成婚【佤族】

⑦ 【民族】鄂伦春族。【关联】［W7381］族外婚

⑧ 【引例】天上的女人失去飞的能力后与男人配成夫妻【德昂族】

⑨ 【民族】畲族。【关联】［W2797.2.1］原来男女同体

W 编码	母题描述			参照项	
	一级母题	二级母题	三级母题	汤普森	关联项
W7012.2			因看到对方生殖器而结婚		【联1，例1】①
W7013		与婚姻产生的原因有关的其他母题			
W7013.1			第一对男女配对后产生婚姻		【民族，例1】②
W7013.2			因孤独而结婚		【例1】③
W7013.3			男女吃特定的果子后结婚		【民族，例1】④
W7013.4			男女喝发情水后成婚		【民族，联1】⑤
✳ **W7014**	特定婚姻的产生				【联10】⑥
W7015		男婚女嫁的来历			【彝族、壮族】
W7015.1			女嫁男的来历		【民族，联1】⑦
W7016		以前男人出嫁（嫁男）			【民族】⑧
W7016.1			嫁女		【联1，例4】⑨
W7016.1.1			嫁男变成嫁女		【民族，联1，例2】⑩
W7017		与特定婚姻产生有关的其他母题			
W7018	与婚姻产生有关的其他母题				
W7018.1			婚姻产生的时间		
W7018.1.1			开天辟地时产生的婚姻		【例2】⑪

① 【关联】［W7151］看到异性的生殖器产生情欲。【引例】姐弟因看到对方生殖器而结婚【珞巴族】

② 【民族】满族。【引例】天神的女儿配人神后形成婚姻【哈尼族】

③ 【引例】天和地感到孤单而结婚【珞巴族】

④ 【民族】傣族。【引例】兄妹因吃神果成婚【珞巴族】

⑤ 【民族】拉祜族。【关联】［W7131］性爱的产生

⑥ 【关联】❶［W7200～W7259］神或神性人物之间的婚姻；❷［W7260～W7284］人与神或神性人物的婚姻；❸［W7291～W7299］人的异辈血缘婚；❹［W7300～W7359］人的同辈血缘婚；❺［W7360～W7379］正常男女婚；❻［W7380～W7389］群体间的婚姻；❼［W7400～W7489］人与动物的婚配；❽［W7490～W7499］人与植物的婚配；❾［W7506～W7509］人与无生命物的婚姻；❿［W7510～W7529］动物之间的婚配

⑦ 【民族】彝族。【关联】［W7016.1］嫁女

⑧ 【民族】鄂温克族、苗族、怒族、撒拉族、土族

⑨ 【关联】［W7236.1］天神嫁女。【引例】❶兄长嫁妹【哈尼族】；❷太阳女神把女儿嫁给阿巴达基（珞巴族祖先的弟弟）【珞巴族】；❸父亲嫁女【纳西族】；❹树变成的人嫁女【怒族】

⑩ 【民族】怒族、水族。【关联】［W6630］婚俗。【引例】❶因男人不能生育变成女子出嫁；❷原来嫁男，因男子胆小变成女子出嫁

⑪ 【引例】❶开天辟地时兄妹成婚【汉族】；❷开天辟地时父女婚【苗族】

W 编码	母题描述			参照项	
	一级母题	二级母题	三级母题	汤普森	关联项
W7018.1.2			灾难后人类再生时产生婚姻		
W7018.1.3			与婚姻产生时间有关的其他母题		

7.1.2　婚姻中的人物【W7020～W7049】

W 编码	母题描述			参照项	
	一级母题	二级母题	三级母题	汤普森	关联项
✿ **W7020**	夫妻			P210	【联1】①
W7021		夫妻的产生			
W7022		人类第一对夫妻			【联1，例2】②
W7022.1			世上第一对夫妻是神		
W7022.2			世上第一对夫妻是兽类		【珞巴族】
W7023		夫妻的特殊关系			【例1】③
W7023.1			最早的妻子是丈夫身体的一部分		【民族，联1】④
W7023.2			名誉夫妻		
W7023.3			夫妻住在不同的地方		【苗族】
W7023.4			夜晚为夫妻，白天为仇敌		【土家族】
W7024		与夫妻有关的其他母题			
✳ **W7025**	丈夫				
W7026		丈夫的产生			【联1】⑤
W7026.1			"丈夫"名称的来历		【例3】⑥
W7027		丈夫的特征			
W7027.1			忠实的丈夫	T210.2	
W7027.2			懒惰的丈夫	W111.4	【联2】⑦

① 【关联】［W5085］家庭（家族）
② 【关联】［W7004.1］自然存在一对原始夫妻。【引例】❶男性始祖松恩与女性始祖松桑是人类第一对夫妻【侗族】；❷大地生的第一对孩子成婚【珞巴族】
③ 【引例】名为夫妻却远隔千万里【壮族】
④ 【民族】回族。【关联】［W2082.1.1］用男人的肋骨造女人
⑤ 【关联】［W7001］婚姻的产生
⑥ 【引例】❶丈夫为什么称"外人"【汉族】；❷丈夫为什么称"老爷"【汉族】；❸丈夫为什么称"良人"【汉族】
⑦ 【关联】❶［W6812］懒惰；❷［W7031.4］懒惰的妻子

W 编码	母题描述			参照项	
	一级母题	二级母题	三级母题	汤普森	关联项
W7027.3			恶毒的丈夫	S62	
W7027.4			撒谎的丈夫		【民族，联1】①
W7028		与丈夫有关的其他母题			【联1】②
W7028.1			特殊的丈夫		【联1】③
W7028.2			人的动物丈夫		【联1，例1】④
✳ **W7029**	妻子				
W7030		妻子的产生			【联2】⑤
W7030.1			人的动物妻子		【例1】⑥
W7031		妻子的特征			【联3】⑦
W7031.1			忠实的妻子	T210.1	
W7031.2			不忠的寡妇	T231	
W7031.3			妒忌的妻子		
W7031.4			懒惰的妻子	W111.3	
W7031.5			泼妇	①T251 ②T252	【汉族】
W7031.6			毒妇		
W7032		与妻子有关的其他母题			【联1】⑧
W7032.1			特殊的妻子		【汉族】
W7032.2			怨妇		
W7032.3			弃妇		
W7032.4			背叛的妻子		
✳ **W7033**	女婿				
W7034		女婿的产生			
W7034.1			动物女婿		【联1，例2】⑨
W7035		女婿的特征			
W7035.1			傻女婿		
W7035.2			装傻的女婿		

① 【民族】珞巴族。【关联】［W9648.3.2］说谎
② 【关联】［W8921.1］虐妻
③ 【关联】［W7032.1］特殊的妻子
④ 【关联】［W7034.1］动物女婿。【引例】蛇郎【汉族】
⑤ 【关联】❶［W7001］婚姻的产生；❷［W7058］夺妻
⑥ 【引例】狼妻【汉族】
⑦ 【关联】❶［W7031.1］忠实的妻子；❷［W7031.2］不忠的寡妇；❸［W7980.1］妻子殉夫
⑧ 【关联】［W8922］妻妾之争
⑨ 【关联】［W7401］人与动物婚。【引例】❶动物女婿向岳父母家送礼物【白族】；❷蛤蟆女婿【彝族、壮族】

W 编码	母题描述			参照项	
	一级母题	二级母题	三级母题	汤普森	关联项
W7036		与女婿有关的其他母题			【联 3】①
W7036.1			特殊的女婿		
❋ **W7037**	主婚人				【联 1】②
W7038		神做主婚人			
W7038.1			天神主持成亲		【哈尼族】
W7038.2			雷公作主兄妹结婚		【民族，联 1】③
W7039		神性人物做主婚人			
W7040		特定的人做主婚人			
W7040.1			父母做主婚人		【汉族】
W7041		动物做主婚人			
W7042		植物做主婚人			【例 1】④
W7043		其他特定的人物做主婚人			
W7044		与主婚人有关的其他母题			
W7044.1			儿子要求母亲给娶媳妇		【独龙族】
❋ **W7045**	证婚人				【仡佬族】
W7046		神或神性人物做证婚人			
W7046.1			天神做证婚人		【例 1】⑤
W7046.2			太白金星做证婚人		【汉族】
W7046.3			龙女做证婚人		【仡佬族】
W7047		无生命物做证婚人			
W7047.1			日月做证婚人		【珞巴族】
W7047.2			石头做证婚人		【蒙古族】
W7047.3			土地做证婚人		【蒙古族】
W7048		与证婚人有关的其他母题			
W7048.1			通过抛竹相合证婚		【苗族】

---

① 【关联】❶［W7098.1.1］招赘女婿（招婚）；❷［W7098.1.2］招驸马；❸［W7745］女子的父亲考验求婚者（岳父考验女婿）

② 【关联】［W0467］婚姻神

③ 【民族】苗族。【关联】［W7300］兄妹婚

④ 【引例】兄妹成婚时松树做主婚人【白族】

⑤ 【引例】天神为兄妹证婚【怒族】

W 编码	母题描述			参照项	
	一级母题	二级母题	三级母题	汤普森	关联项
W7048.2			植物做证婚人		【例1】①
W7049	与婚姻中的人物有关的其他母题				【联3】②
W7049.1		送亲者			
W7049.1.1			父母为女儿送亲		
W7049.1.2			哥哥为妹妹送亲		【珞巴族】
W7049.2		伴娘			
W7049.2.1			月亮做伴娘		【水族】
W7049.3		婚姻破坏者			
W7049.3.1			父亲干涉婚姻		
W7049.3.2			母亲干涉婚姻		

7.1.3 婚姻中的事件【W7050～W7099】

W 编码	母题描述			参照项	
	一级母题	二级母题	三级母题	汤普森	关联项
✳ **W7050**	抢婚③			T192	
W7051		抢婚的原因			
W7051.1			为了生育抢婚		
W7051.2			因女人少抢婚		【汉族】
W7052		神的抢婚			【例1】④
W7052.1			天神抢龙女为妻		【民族，联1】⑤
W7052.2			神抢神的妻子		【例1】⑥
W7052.3			神抢凡女为妻		【例1】⑦
W7053		神性人物的抢婚			
W7053.1			神性人物抢凡女为妻		
W7053.2			精怪的抢婚		【例2】⑧
W7054		人的抢婚			【联1】⑨

① 【引例】树木证婚 【蒙古族】
② 【关联】❶［W7055］动物抢婚；❷［W7560］媒人；❸［W7605］求婚者
③ 抢婚，该母题反映出不同的婚姻内涵。如动物抢亲母题中的动物，一般带有动物图腾的痕迹，但在后代流传中不断被改造而变得生活化。
④ 【引例】水神趁机抢走抱怨丈夫年龄大的女人 【珞巴族】
⑤ 【民族】壮族。【关联】［W7200］神的婚姻
⑥ 【引例】山神抢另一个山神的妻子 【藏族】
⑦ 【引例】山神抢娶民女 【怒族】
⑧ 【引例】❶螃蟹精抢人妻 【侗族】；❷大熊精抢去女真族女祖先 【满族】
⑨ 【关联】［W7063］家庭内部夺妻

W 编码	母题描述			参照项	
	一级母题	二级母题	三级母题	汤普森	关联项
W7054.1			女子抢男子		【例2】①
W7054.2			男子抢女子		【例2】②
W7055		动物抢婚			【例1】③
W7055.1			熊掠女子成婚		【赫哲族】
W7055.2			猴子掠女子成婚		【汉族】
W7055.3			龙抢人妻		【白族、基诺族、纳西族】
W7056		特定的抢婚时间			【联1】④
W7056.1			傍晚抢婚		【联1】⑤
W7057		与抢婚有关的其他母题			【例1】⑥
W7057.1			夺爱	K1317	
✳ **W7058**	夺妻⑦				【联1】⑧
W7059		神夺神的妻子			【联1】⑨
W7059.1			风神抢雷神的妻子		【满族】
W7060		神夺人的妻子			
W7061		英雄夺美			【柯尔克孜族】
W7061.1			英雄夺得敌手的妻子		【蒙古族】
W7061.2			英雄娶敌手的女儿		【民族，联1】⑩
W7062		人夺得神的妻子			【民族，联1】⑪
W7062.1			人娶雷公的妻子		【苗族】
W7063		家庭内部夺妻			
W7063.1			父夺子妻		
W7063.2			子夺父妻		【联2】⑫
W7063.3			弟弟抢哥哥的妻子		【汉族、傈僳族】
W7063.4			哥哥抢弟弟的妻子		
W7064		与夺妻有关的其他母题			【例1】⑬

---

① 【引例】❶哪个女子力气大就能抢到男人【珞巴族】；❷女儿国女子掠夫【彝族】
② 【引例】❶酋长抢走另一个部落猎人的妻子【阿昌族】；❷男子捕捉到星星姑娘后带回家中结婚【珞巴族】
③ 【引例】妖猴抢占民女【白族】
④ 【关联】［W7122］结婚的特定时间
⑤ 【关联】［W6646.3］晚上（黄昏）时举行婚礼
⑥ 【引例】女儿国的女子凭力气抢到男子【珞巴族】
⑦ 夺妻，与"抢婚"的区别在于，"夺妻"一般侧重于达到了目的；"抢婚"更侧重于过程。
⑧ 【关联】❶［W7050］抢婚；❷［W7098.5］夺夫
⑨ 【关联】［W6646.3］晚上（黄昏）时举行婚礼
⑩ 【民族】柯尔克孜族。【关联】［W7360］正常男女婚
⑪ 【民族】彝族。【关联】［W7260］人神婚
⑫ 【关联】❶［W7294］母子婚；❷［W8927.4.1］杀父娶母
⑬ 【引例】月亮拐走太阳的妻子【苗族】

W 编码	母题描述			参照项	
	一级母题	二级母题	三级母题	汤普森	关联项
W7064.1			众男争妻杀死妻子		【珞巴族】
W7064.2			下人得到主子的妻子		【彝族】
W7064.3			通过比赛夺妻		【联1，例1】①
W7064.4			夺妻成功		
W7064.5			夺妻失败		
✳ **W7065**	**逼婚**				
W7066		女子逼婚			
W7066.1			女子比武逼婚		【畲族】
W7066.2			女子用计逼婚		
W7067		男子逼婚			【例1】②
W7067.1			男子要挟岳父成婚		【民族，例1】③
W7067.2			男子要挟岳母成婚		【例1】④
W7067.3			男子用计逼婚		【例1】⑤
W7068		靠地位（力量）逼婚			【联1，例3】⑥
W7068.1			通过展示力量逼婚		【例1】⑦
W7069		与逼婚有关的其他母题			【例1】⑧
W7069.1			强制性成婚		【民族，例1】⑨
W7070	**骗婚**				
W7070.1		冒名顶替的婚姻		K1910	【黎族】
W7070.2		妖魔（怪物）骗娶凡女		K1918	
W7070.3		女魔用计骗婚			【藏族】
W7070.4		动物的骗婚			【纳西族】
W7070.4.1			仙女受骗与雄猴媾合		【纳西族】
W7070.4.2			猴子骗婚		【珞巴族、纳西族】

① 【关联】［W9620］竞赛（比赛）。【引例】国王要通过比赛斗鸡夺猎人的妻子【珞巴族】
② 【引例】老虎要挟岳母与她的女儿成婚【白族】
③ 【民族】哈尼族。【引例】妖魔向女子的父亲逼婚【维吾尔族】
④ 【引例】阿巴达基（珞巴族祖先的弟弟）要挟太阳要毁掉大地后娶太阳的女儿【珞巴族】
⑤ 【引例】哥哥用套网套住妹妹的脚，求救时哥哥逼婚【苗族】
⑥ 【关联】［W7289.1］母亲强迫儿子与自己结婚。【引例】❶黄猿神逼大禹成婚【羌族】；❷水蛤蟆通过展示本事与土司的小女儿成婚【彝族】；❸雷神逼凡女为妻
⑦ 【引例】水蛤蟆通过展示本事与土司的小女儿成婚【彝族】
⑧ 【引例】猴被罗刹女诱逼成婚【藏族】
⑨ 【民族】珞巴族。【引例】母熊掠猎人后成婚【鄂温克族】

W 编码	母题描述			参照项	
	一级母题	二级母题	三级母题	汤普森	关联项
✳ **W7071**	拒婚			≈ T311	
W7072		拒婚的原因			
W7072.1			因相貌拒婚		【例1】①
W7072.2			因年龄悬殊拒婚		【联1，例1】②
W7072.3			因害怕招来惩罚拒婚		【例1】③
W7072.4			因血缘关系拒婚		【例1】④
W7073		特定的拒婚者			
W7073.1			女神求婚遭拒绝		【联1，例1】⑤
W7073.2			儿女拒绝父母的劝婚		【联1，例2】⑥
W7073.3			哥哥拒绝妹妹求婚	T415.2	【民族，联2】⑦
W7073.4			妹妹拒绝哥哥的求婚		【民族，联1】⑧
W7073.5			弟弟拒绝姐姐求婚		【民族，联1】⑨
W7073.6			姐姐拒绝弟弟求婚		【民族，联1】⑩
W7073.7			兄妹拒绝劝婚		【联1，例5】⑪
W7073.8			女子拒绝与动物婚		【民族，例1】⑫
W7073.9			儿子拒绝父亲给他买的妻子		【民族，联1】⑬
W7074		拒婚的方法			
W7074.1			通过改变外形拒婚		【珞巴族】
W7074.2			通过躲避拒婚		【民族，联1】⑭
W7074.3			通过争斗拒婚		
W7075		与拒婚有关的其他母题			

---

① 【引例】女神嫌男神貌丑拒婚【苗族】
② 【关联】［W7396.3.1］年龄悬殊未婚。【引例】女子因男子年龄太大不愿意与他结婚【哈尼族】
③ 【引例】娘侄拒婚是因为上山怕雷打【壮族】
④ 【引例】姐姐为拒绝弟弟求爱离开家到太阳那里【珞巴族】
⑤ 【关联】［W7610.1］女神向动物求婚。【引例】女神向狗熊求婚遭拒绝【门巴族】
⑥ 【关联】［W7581］劝婚者。【引例】❶女子拒绝父亲指定的婚姻【白族、纳西族】；❷父亲劝姐弟婚时儿女拒婚【苗族】
⑦ 【民族】仡佬族、苗族。【关联】❶［W7300］兄妹婚；❷［W7600］求婚（求爱）
⑧ 【民族】布朗族、侗族、哈尼族、傈僳族、土家族。【关联】［W7300］兄妹婚
⑨ 【民族】羌族、土家族。【关联】［W7350］姐弟婚
⑩ 【民族】珞巴族。【关联】［W7350］姐弟婚
⑪ 【关联】［W7597.3.1］兄妹接受劝婚。【引例】❶观音劝兄妹结婚时兄妹不依【白族】；❷哥哥不同意神劝兄妹结婚【哈尼族】；❸兄妹拒绝鸟的劝婚【傈僳族】；❹兄妹都拒绝劝婚【怒族】；❺儿女反对父母包办兄妹婚【藏族】
⑫ 【民族】瑶族。【引例】姑娘拒绝蛤蟆逼婚【哈尼族】
⑬ 【民族】珞巴族。【关联】［W7073.9］儿子拒绝父亲给他买的妻子
⑭ 【民族】汉族。【关联】［W7089］逃婚

W 编码	母题描述			参照项	
	一级母题	二级母题	三级母题	汤普森	关联项
✳ **W7076**	选妻				【联1】①
W7077		选妻的条件			
W7077.1			获胜者选妻		
W7077.2			施恩者选妻		
W7078		选妻的方法			
W7078.1			从众女中选择一人为妻		【例1】②
W7079		与选妻有关的其他母题			
W7079.1			慧眼（从众女中）选妻	≈H324	
W7079.2			众兄妹之间选妻		【例1】③
◎		〖典型婚姻事件〗			
W7080	续婚				
W7080.1		续妻（继妻、续弦）			【怒族】
W7080.1.1			祖先的前妻离去后续妻		【布依族】
W7080.1.2			兄弟间的续妻		
W7080.1.3			兄死后弟弟娶嫂		【汉族】
W7080.2		续夫			
W7081	换婚				
W7081.1		换婚的来历			
W7081.2		换妻		T141.2	
W7081.2.1			因生育残疾孩子交换妻子		【高山族】
W7081.3		换夫			
W7081.3.1			妻子的转房		【珞巴族】
W7081.4		妻子被取代			
W7081.4.1			打死（打败）原来妻子的女子成为新妻子		【民族，联1】④
W7081.5		交换式兄妹婚			【撒拉族】

---

① 【关联】［W7112］女子择偶
② 【引例】岳父让小伙从众女儿中选妻【畲族】
③ 【引例】4对兄妹相互挑选成婚【撒拉族】
④ 【民族】珞巴族。【关联】［W7098.5.1］女子杀死男子前妻取代之

W 编码	母题描述			参照项	
	一级母题	二级母题	三级母题	汤普森	关联项
W7081.6		头胎男与第二胎女互换结婚形成换门亲			【哈萨克族】
W7082	转婚				
W7082.1		亲族间转婚			【汉族】
W7082.2		不同的物间转婚			【例1】①
W7083	走婚②				
W7083.1		走婚的来历			【苗族】
W7083.2		男情人定居婚（"阿注"定居婚）			【纳西族（摩梭）】
W7083.3		女情人异居婚（"阿夏"异居婚）			【纳西族（摩梭）】
W7084	试婚				【民族，联1】③
W7084.1		试婚的时间			
W7084.2		试婚的方法			
W7084.3		与试婚有关的其他母题			
W7084.3.1			试妻		【联1】④
W7085	带有交易性的婚姻				【联1】⑤
W7085.1		女子得到龙的礼物答应与龙结婚			【联1，例1】⑥
W7085.2		男子得到女子的馈赠后与之结婚			【汉族】
W7086	私奔			R225	
W7086.1		男子随女子私奔			【汉族】
W7086.2		女子随男子私奔			
W7087	追婚				
W7087.1		3对兄妹相追成婚			【民族，联1】⑦
W7088	悔婚				
W7088.1		女子的父母因应允的女婿是动物悔婚			【苗族、畲族、瑶族】

① 【引例】森林与崖石婚，岩石与大路婚，大路与金河婚【彝族】
② 走婚，有的神话译为"阿注婚"等。
③ 【民族】汉族、壮族。【关联】［W7084.3.1］试妻
④ 【关联】［W7706.1］丈夫变女子试妻
⑤ 【关联】［W7098.4］买卖婚
⑥ 【关联】［W7478］人与龙婚。【引例】女子得到龙的会屙裙子的牛，答应与龙结婚【黎族】
⑦ 【民族】苗族。【关联】［W7300］兄妹婚

W 编码	母题描述			参照项	
	一级母题	二级母题	三级母题	汤普森	关联项
W7089	逃婚			T329	【联1】①
W7089.1		男子逃婚			
W7089.2		女子逃婚			【例2】②
W7089.3		与逃婚有关的其他母题			
W7089.3.1			婚礼时逃婚		【例1】③
W7090	婚外恋				【联1，例1】④
✷ **W7091**	**婚姻关系的确定**			T61	【联1】⑤
W7092		婚约的产生			【联3】⑥
W7092.1			因得到男子的赠与产生婚约		【例2】⑦
W7092.2			通过比赛产生的婚约		【联1，例1】⑧
W7093		订婚（定亲）		T160	【联2】⑨
W7093.1			换物订婚		【土家族】
W7093.2			协约订婚		
W7093.3			母亲为儿子订亲		【鄂伦春族】
✷ **W7094**	**离婚（离异）**				
W7095		丈夫的离去			【例1】⑩
W7095.1			丈夫被妻子窥视原形后离去		【民族，联1】⑪
W7095.2			丈夫逃离动物妻子		【民族，联1】⑫
W7096		妻子的离去			
W7096.1			妻子生子后离去		【例1】⑬
W7096.2			丈夫违反妻子的忌讳，妻子离去		【例1】⑭

---

① 【关联】［W9519.2.1］因躲爱变形
② 【引例】❶女子因新郎的样子丑陋凶狠逃走【珞巴族】；❷日月劝姐弟结婚后姐姐怕羞，独居躲避弟弟【珞巴族】
③ 【引例】举行婚礼时新娘变心逃婚【珞巴族】
④ 【关联】［W7970］第三者。【引例】嫦娥因孤单发生婚外恋【回族】
⑤ 【关联】［W7106］婚姻的规矩
⑥ 【关联】❶［W5976］暂约；❷［W7541］神的指令成婚（神谕成婚）；❸［W7553.1］按父亲的指令成婚
⑦ 【引例】❶吃了男人家的饭要做男人的妻子【珞巴族】；❷女子得到狗熊的果子后嫁给狗熊【珞巴族】
⑧ 【关联】［W9620］竞赛（比赛）。【引例】岳父与女婿比赛失败后只好承认女婿【珞巴族】
⑨ 【关联】❶［W6640］婚姻仪式上的习俗；❷［W7540］指令成婚（奉旨成婚）
⑩ 【引例】丈夫因与妻子不合与兄弟住在一起【壮族】
⑪ 【民族】傈僳族。【关联】［W6530］看的禁忌
⑫ 【民族】撒拉族。【关联】［W7419］人兽婚
⑬ 【引例】女猎神与猎人结婚生子后离去【怒族】
⑭ 【引例】丈夫说出妻子的动物名称后，妻子离开丈夫【珞巴族】

W 编码	母题描述			参照项	
	一级母题	二级母题	三级母题	汤普森	关联项
W7096.3			因丈夫常年不归，妻子离家出走		【珞巴族】
W7096.4			与妻子离去有关的其他母题		【例3】①
W7097		与离婚有关的其他母题			
W7097.1			天女弃凡间丈夫		【民族，联1，例1】②
W7098	与婚姻事件有关的其他母题				【联1】③
W7098.1		招婚			
W7098.1.1			招赘女婿（招婚）		【民族，例1】④
W7098.1.2			招驸马		【黎族】
W7098.2		改嫁			【例1】⑤
W7098.3		婚姻的转让			
W7098.3.1			弟弟得到哥哥的妻子		【民族，联1】⑥
W7098.4		买卖婚			
W7098.4.1			娶姑娘的代价		【例1】⑦
W7098.4.2			买新娘	T52	【例1】⑧
W7098.4.3			买丈夫		
W7098.5		夺夫			【联1】⑨
W7098.5.1			女子杀死男子前妻取而代之		【珞巴族】
W7098.6		婚姻的干扰			【联1】⑩
W7098.6.1			父母干扰子女的婚姻		【联1，例1】⑪
W7098.7		冥婚			【黎族】
W7098.7.1			冥婚还阳		【汉族】

① 【引例】❶妻子还原为虎离去【汉族】；❷天女婚后怕受惩罚离开丈夫【满族】；❸兄妹婚使庄稼长不好，妻子离去【佤族】
② 【民族】蒙古族。【关联】[W7267] 人与天女婚。【引例】天女认为凡间枯燥离开凡间丈夫【苗族】
③ 【关联】[W7600] 求婚（求爱）
④ 【民族】赫哲族、瑶族。【引例】父母为女儿招女婿【珞巴族】
⑤ 【引例】大禹的妻子黄猿神被休后改嫁黄牛【羌族】
⑥ 【民族】珞巴族。【关联】[W7063.3] 弟弟抢哥哥的妻子
⑦ 【引例】管理高山草地的男神嫁女只要两粒大米，两根鸡翅毛【珞巴族】
⑧ 【引例】父亲为儿子买妻【珞巴族】
⑨ 【关联】[W7058] 夺妻
⑩ 【关联】[W7597.1] 劝阻成婚
⑪ 【关联】[W7744] 女子的父母出难题。【引例】河神反对女儿与凡人结婚【珞巴族】

W 编码	母题描述			参照项	
	一级母题	二级母题	三级母题	汤普森	关联项
W7098.8		阴阳婚			【汉族】
W7098.9		租婚			
W7098.10		商议成婚			【汉族】
W7098.11		和亲			【民族，联1】①

7.1.4　与婚姻有关的其他母题 【W7100 ~ W7129】

W 编码	母题描述			参照项	
	一级母题	二级母题	三级母题	汤普森	关联项
✲ **W7100**	**结婚的年龄**				
W7101		结婚有特定年龄			
W7101.1			男女 13 岁可以成婚		【基诺族】
W7101.2			男 17 岁女 15 岁成婚		【例1】②
W7101.3			女子 15 岁出嫁		【例1】③
W7102		结婚年龄男女有差距			
W7102.1			结婚年龄男大女小		【鄂伦春族】
W7102.2			结婚年龄男小女大		
W7103		与结婚年龄有关的其他母题			【联1】④
W7103.1			男女衰老时才结婚		【民族，例1】⑤
W7103.2			结婚与年龄无关		
W7104	婚姻的情形				【联3】⑥
W7104.1		飞禽走兽祝贺婚礼			【独龙族】
W7105	婚姻礼物			T136.4	【例1】⑦
W7105.1		结婚时的贺礼			
W7105.2		酒曲是结亲的重要礼物			【民族，联1】⑧

① 【民族】汉族。【关联】［W7128.1.2］和亲化解矛盾
② 【引例】17 岁哥哥与 15 岁妹妹成婚 【哈尼族】
③ 【引例】女孩 15 岁时嫁人 【鄂温克族】
④ 【关联】［W7072.2］因年龄悬殊拒婚
⑤ 【民族】黎族。【引例】兄妹年老后才结婚 【基诺族】
⑥ 【关联】❶［W7234］神的婚姻的情形；❷［W7251］神性人物的婚姻的情形；❸［W7306］兄妹婚的方法
⑦ 【引例】姐姐拒绝弟弟求爱的礼物 【珞巴族】
⑧ 【民族】珞巴族。【关联】［W6155.3.3］酒药（酒曲）

W 编码	母题描述			参照项	
	一级母题	二级母题	三级母题	汤普森	关联项
✳ **W7106**	婚姻的规矩				【联 2】①
W7107		婚姻规矩的制定			【例 3】②
W7107.1			众兄妹中大哥大姐、二哥二姐依次成婚		【民族，例 1】③
W7107.2			前后胎兄妹交换婚		【民族，联 2】④
W7108		婚姻主体的确定			
W7108.1			嫁夫随夫		【例 3】⑤
W7108.2			娶妻随妻		【例 1】⑥
W7108.3			姐随妹嫁	T131.3	
W7108.4			嫁鸡随鸡嫁狗随狗		【汉族】
W7109		与婚姻的规矩有关的其他母题			【联 1】⑦
W7109.1			成婚要有主婚人和证婚人		【民族，联 3】⑧
W7109.2			天神规定同姓不婚		【民族，联 1】⑨
W7109.3			同胎的男女不婚		【民族，联 1】⑩
✳ **W7110**	择偶				
W7111		找配偶的来历			【民族，联 1】⑪
W7112		女子择偶			
W7112.1			女子择偶看重容貌		【民族，例 1】⑫
W7112.2			女子择偶看重本领		
W7112.3			女子择偶看重老实勤劳、心眼好		【羌族】
W7112.4			女子择偶看重权力		【例 1】⑬

---

① 【关联】❶［W5990］规矩；❷［W7540］指令成婚（奉旨成婚）

② 【引例】❶人祖生的许多孩子前胎的男子与后胎的女子成婚【回族、哈萨克族】；❷因前胎生的男子和后胎生的女子成婚不算亲兄妹成婚而成婚【回族】；❸第一胎生的男女与第二胎生的男女交换婚【撒拉族】

③ 【民族】畲族。【引例】神灵的 3 对儿女长大后都找不到亲家，只好兄妹间按长幼依次婚【珞巴族】

④ 【民族】撒拉族。【关联】❶［W7081］换婚；❷［W7300］兄妹婚

⑤ 【引例】❶女子嫁给蛇王后跳入水中，同蛇王一起生活【珞巴族】；❷女子与鱼婚后到水中生活【珞巴族】；❸天女嫁人随人下凡【藏族】

⑥ 【引例】人娶天女要到天上去住【藏族】

⑦ 【关联】［W6517］婚姻禁忌

⑧ 【民族】仡佬族。【关联】❶［W6630］婚俗；❷［W7037］主婚人；❸［W7045］证婚人

⑨ 【民族】佤族。【关联】［W6517］婚姻禁忌

⑩ 【民族】哈萨克族。【关联】［W6517.4.1］兄妹不能结婚

⑪ 【民族】畲族。【关联】［W7011.1］双性人分开的男女要相互找另一半形成了婚姻

⑫ 【民族】汉族。【引例】姑娘愿意同年轻英俊的男子婚【珞巴族】

⑬ 【引例】女子发誓嫁给权力最大的人【珞巴族】

W 编码	母题描述			参照项	
	一级母题	二级母题	三级母题	汤普森	关联项
W7112.5			女子寻找有两个生殖器的男子		【门巴族】
W7112.6			选丈夫选了最无能的人		【珞巴族】
W7112.7			女子通过比较择偶		【例1】①
W7113		男子娶妻			【联1】②
W7113.1			男子择偶看重手巧勤劳		【独龙族】
W7113.2			男子择偶看重本领		【例1】③
W7113.3			男子择偶看重朴素		【例1】④
W7114		岳父择婿			【联1,例1】⑤
W7114.1			岳父择婿看重生产本领		【例2】⑥
W7114.2			岳父择婿看重机智		【彝族】
W7114.3			岳父择婿看重力量		【联1,例2】⑦
W7115		与择偶有关的其他母题			【联2,例1】⑧
W7115.1			同类相婚作为择偶标准		【例1】⑨
W7115.2			不同辈次的人一起寻找配偶		【例1】⑩
W7115.3			选择丑女为妻		【民族,例2】⑪
W7115.4			丑男娶丑女为妻		【珞巴族】
W7115.5			选择悍女为妻		
✳ **W7116**	婚姻优先权				
W7117		婚姻优先权的产生			
W7118		特定的婚姻优先权			

① 【引例】女子经过比较之后决定与刀子成婚【珞巴族】

② 【关联】［W7076］选妻

③ 【引例】阿巴达尼（珞巴族祖先）娶本领大的女子结婚【珞巴族】

④ 【引例】英雄选择朴素的女子做妻子【彝族】

⑤ 【关联】［W7098.1.2］招赘附马。【引例】龙宫选驸马【壮族】

⑥ 【引例】❶岳父择婿看能否引水种田【布依族】；❷岳父择婿看干旱能否找到水井【布依族】

⑦ 【关联】［W7745］女子的父亲考验求婚者（岳父考验女婿）。【引例】❶岳父择婿看能否拉开大弓【达斡尔族】；❷河神考验与女儿私自成婚的凡间女婿力气【珞巴族】

⑧ 【关联】❶［W7098.1.1］招赘女婿（招婚）；❷［W7098.1.2］招驸马。【引例】女子的果子掉进谁怀里就嫁给谁【藏族】

⑨ 【引例】女子变成的牛找丈夫时因为野猪、老虎、猴子等动物与她长得不像不同意【珞巴族】

⑩ 【引例】垛（叔）与斯罗（侄）一起出外寻找配偶【珞巴族】

⑪ 【民族】纳西族。【引例】❶丑人的妻子跑掉后只好娶丑女为妻【珞巴族】；❷老年男子娶只有一个耳朵、一只眼睛，没有鼻子，没有下巴，而且还缺胳膊断腿的丑女为妻【珞巴族】

W 编码	母题描述			参照项	
	一级母题	二级母题	三级母题	汤普森	关联项
W7118.1			同一个氏族的女人优先嫁给本氏族男人		【民族，联1】①
W7118.2			姑舅表优先成婚的来历		【彝族】
W7118.3			兄弟中年长者有优先权		【汉族】
W7119		与婚姻优先权有关的其他母题			【联1】②
W7119.1			婚姻优先权的解除		
✳ **W7120**	结婚时间				【联1】③
W7121		结婚时间的确定			【例1】④
W7122		结婚的特定时间			【联1，例1】⑤
W7123		与结婚时间有关的其他母题			
✳ **W7124**	结婚地点				【联1】⑥
W7125		结婚有特定的地点			
W7125.1			在冰川上成婚		【回族】
W7125.2			在昆仑山上成婚		【例2】⑦
W7126		婚房			【例1】⑧
W7126.1			岩洞当做婚房		【壮族】
W7127		与结婚地点有关的其他母题			
W7127.1			天上的一对夫妻		【珞巴族】
W7127.2			男女神到人间成婚		【联1，例2】⑨
W7128	与婚姻有关的其他母题				【联1】⑩
W7128.1		婚姻的功能			
W7128.1.1			婚姻把异姓联系起来		【壮族】

① 【民族】怒族。【关联】［W7383］氏族间的婚姻
② 【关联】［W6652］初夜权
③ 【关联】［W6630］婚俗
④ 【引例】结婚要推测 28 星宿【彝族】
⑤ 【关联】［W6646.3］晚上（黄昏）举行婚礼。【引例】横眼人与天女通婚 24 代后，地上的人彼此婚【彝族】
⑥ 【关联】［W7687］因地点原因成婚
⑦ 【引例】❶女娲兄妹在昆仑山议婚【汉族】；❷伏羲女娲兄妹在昆仑山婚【毛南族】
⑧ 【引例】婚房里挂栗叶习俗的来历【白族】
⑨ 【关联】［W7200］神的婚姻。【引例】❶兄妹神下凡成婚【高山族】；❷男女天神到人间结婚【怒族】
⑩ 【关联】［W6630］婚俗

W 编码	母题描述			参照项	
	一级母题	二级母题	三级母题	汤普森	关联项
W7128.1.2			和亲化解矛盾		【联1，例1】①
W7128.2		结婚之旅		T133	
W7128.3		独身的产生		A1556.2	
W7128.4		经历多次婚姻（再婚）			
W7128.4.1			人先与神婚，之后与人婚		【民族，例1】②
W7128.4.2			夫妻分离后再婚		
W7128.4.3			男子抛弃原配后再婚		
W7128.4.4			男子与妻妹再婚		【珞巴族】
W7128.5		害羞的婚姻			
W7128.5.1			母子婚后害羞		【民族，联1】③
W7128.5.2			姐弟顾不得害羞结婚		【民族，联1】④
W7128.5.3			兄妹成为夫妻后感到羞耻		【民族，联1】⑤
W7128.6		荒唐的婚姻			
W7128.7		婚姻的解除			【联2】⑥
W7128.7.1			夫妻关系的解除		【例1】⑦

① 【关联】［W7098.11］和亲。【引例】和亲避免争战【汉族】
② 【民族】彝族。【引例】人先与天女婚后再姐弟成婚【独龙族】
③ 【民族】珞巴族。【关联】［W7294］母子婚
④ 【民族】傈僳族。【关联】［W7350］姐弟婚
⑤ 【民族】普米族。【关联】［W6517］婚姻禁忌
⑥ 【关联】❶［W7032.3］弃妇；❷［W7032.4］背叛的妻子
⑦ 【引例】月亮因太阳妻子淫乱，解除夫妻关系【高山族】

7.2 性爱

【W7130 ~ W7199】

7.2.1 性爱的产生 【W7130 ~ W7169】

W 编码	母题描述			参照项	
	一级母题	二级母题	三级母题	汤普森	关联项
✿ **W7130**	性爱			T0	
✿ **W7131**	性爱的产生				
✿ **W7132**	爱的产生			D1950	
W7133		出现生殖器后产生爱欲			【蒙古族】
W7134		施咒产生爱		D1905.3	【联2】①
W7134.1			念咒语施与异性能获得爱情		【侗族】
W7135		劳动中产生爱			
W7136		男女唱歌时产生爱			【侗族、水族】
W7137		性吸引产生爱			【联1】②
W7138		因梦生爱		T11.3	【民族，联1】③
W7139		看到特定的物产生爱			
W7139.1			看到魔镜生爱	T11.7	
W7139.2			受动物启发产生爱情		
W7140		特定的人教人相爱			
W7140.1			神为人种出情和爱		【例1】④
W7140.2			首领教男女懂得相爱		【佤族】
W7140.3			萨满教男女性爱		【满族】
W7140.4			父母教子女相爱		【汉族】

---

① 【关联】❶［W9000］魔法；❷［W9175］咒语
② 【关联】［W7152］两性相互吸引的来历
③ 【民族】汉族。【关联】［W7663］因梦成婚
④ 【引例】神为兄妹种出情和爱后兄妹成婚【哈尼族】

W 编码	母题描述			参照项	
	一级母题	二级母题	三级母题	汤普森	关联项
W7141		与爱的产生有关的其他母题			
W7141.1			爱源于某种特定的力量		
W7141.2			女人第一次见到男人后产生爱意		【珞巴族】
W7141.3			能产生爱的苹果		
W7141.4			能产生爱的衣服		
W7142	与爱有关的其他母题				【联5】①
W7142.1		爱欲的限制			【联2】②
✿ **W7145**	情欲（性欲）③				【联1】④
✳ **W7146**	情欲的产生⑤				
W7147		人的情欲是神的恩赐			【联1】⑥
W7147.1			月亮女神给人类情爱		【布朗族】
W7148		吃特定的食物产生情欲			
W7148.1			人（始祖）吃禁果产生了情欲		【回族】
W7148.2			吃情人果后人会思春		【佤族】
W7149		喝特定的水产生情欲			
W7149.1			发情水		【联1】⑦
W7150		接触特定的物后产生情欲			【联1】⑧
W7151		看到异性的生殖器产生情欲			【联3】⑨

---

① 【关联】❶［W9061］魔物（法）使人生爱意；❷［W9061.1］魔水导致性欲；❸［W9061.2］魔力头发导致爱；❹［W9061.3］能产生爱的苹果；❺［W9061.4］能产生爱的衣服

② 【关联】❶［W9062］魔物（法）抑制爱欲；❷［W9062.1］魔石抑制肉欲

③ 情欲（性欲），在神话叙事中难以有我们今天见到的"情欲"、"性欲"等概念的区分。这里只是根据神话文本中出现的现象做出母题提取，具体情形参见《中国神话母题 W7 编目实例》。

④ 【关联】［W7145］情欲（性欲）

⑤ 情欲的产生，在许多神话叙事中，"情欲"与"爱"、"性欲"等概念并没有严格的区别，此处侧重于"性"的表达。这里列举的几类母题可以相互参照使用，某种情况下还可以相互替代。

⑥ 【关联】［W0450］爱神

⑦ 【关联】［W7013.4］男女喝发情水后成婚

⑧ 【关联】［W7196.5］女人沾到男人的体液产生快感

⑨ 【关联】❶［W7012.2］因看到对方生殖器而结婚；❷［W7133］出现生殖器后产生爱欲；❸［W7667.2］女子要嫁给看到她裸体的人

W 编码	母题描述			参照项	
	一级母题	二级母题	三级母题	汤普森	关联项
W7151.1			发现异性的阳情产生了情欲		【回族】
W7152		两性相互吸引的来历			
W7152.1			女人吸引男人的来历	A1373	
W7152.2			男人吸引女人的来历		
W7153		魔力产生情欲			
W7153.1			魔力致相思病	D2064.0.1	
W7153.2			女子触魔草获爱	D1355.21	【例1】①
W7154		人的性爱是学习获得的		T4	
W7155		与人的性爱产生有关的其他母题			
W7155.1			男人闻到女人的气息后产生求婚欲望		【珞巴族】
W7155.2			坠入爱河	T10	【联1】②
W7155.3			男子发现女子的私处后产生情欲		【珞巴族】
W7155.4			女子通过赠物吸引男子		【例1】③
✿ **W7156**	性交				
✳ **W7157**	性交的产生			A1352	
W7158		神或神性人物传授性交			
W7158.1			造人者向造出的男女演示性交进行启发		【傣族】
W7158.2			萨满传男女交配方法		【满族】
W7158.3			魔鬼引诱男女性交		
W7159		人通过模仿学会性交			
W7159.1			男女受鸟的启发知道交配		【高山族】

① 【引例】采魅草施与异性能获得爱情 【侗族】
② 【关联】[TPS：T16] 男人看到女人洗浴坠入爱河
③ 【引例】女儿国通过赠送宝物招引更多男子 【珞巴族】

W 编码	母题描述			参照项	
	一级母题	二级母题	三级母题	汤普森	关联项
W7159.2			土地神通过山雀交配让人学会性交		【布朗族】
W7159.3			人模仿天父与地母总是趴在一块学会性交		【珞巴族】
W7160		人受刺激后知道性交			
W7160.1			女人被竹子戳了胯之后知道了交配		【佤族】
W7161		与性交的产生有关的其他母题			【联1，例1】①
W7161.1			人为了生育性交		【联1，例1】②
W7161.2			人为了快乐性交		
W7161.3			人为了其他特定的目的性交		【例1】③
✳ **W7162**	特定的性交配				
W7163		神或神性人物的交配			
W7163.1			神的交配		【联1，例1】④
W7163.2			神性人物的交配		【例1】⑤
W7163.3			神龟与天蟒相交		【满族】
W7164		特定的人的交配			
W7165		人与动物的交配			
W7165.1			人与兽的交配		【联1】⑥
W7165.2			人与鸟交配		【例1】⑦
W7166		动物的交配			【联1】⑧
W7166.1			龟蛇交配		【汉族】
W7166.2			青蛙与蚂蚁交配		【壮族】
W7167		其他特殊的交配			【例1】⑨

① 【关联】［W7145］情欲（性欲）。【引例】男始祖向女始祖提出性交【普米族】

② 【关联】［W7008］为了生育繁衍而产生婚姻。【引例】女儿国的女子想生育后代，四处寻求配偶【珞巴族】

③ 【引例】播种时在田间性交可以使庄稼丰收【佤族】

④ 【关联】［W7200］神的婚姻。【引例】12 对神男神女相互交欢【瑶族】

⑤ 【引例】神龟天蟒相交【满族】

⑥ 【关联】［W7419］人兽婚

⑦ 【引例】人与白水鸟交配【满族】

⑧ 【关联】［W7510］动物的婚配

⑨ 【引例】龙潭有公母，每年春天要交配【佤族】

W 编码	母题描述			参照项	
	一级母题	二级母题	三级母题	汤普森	关联项
W7167.1			天与地交合		【民族，联1】①
W7167.2			众女轮流与特定的男子交配一次后离开		【满族】
W7167.3			女儿国争抢遇到的外来男子		【珞巴族】
W7167.4			风把男子的阳气吹入女子体内		【黎族】
W7167.5			两种气交配		【哈尼族】
W7167.6			借酒发生性交		【珞巴族】
W7168	与性爱产生有关的其他母题				【联1】②
W7168.1		性是婚姻的基础			
W7168.2		爱是婚姻的基础			
W7168.3		强奸			【联1】③
W7168.4		春药			【联1】④

7.2.2　**性爱的特征与类型**【W7170～W7184】

W 编码	母题描述			参照项	
	一级母题	二级母题	三级母题	汤普森	关联项
✿ **W7170**	**性爱的特征**			A1556	
✳ **W7171**	**男女性交的特征**			A1352.1	【联1】⑤
W7172		最早的男女性交充满痛苦			【珞巴族】
W7173		性交让人愉快的原因			
W7174		性交有特定的时间			
W7174.1			人的性交为什么没有时间限制		【例1】⑥
W7174.2			春天是性交的时间		【例1】⑦
W7175		人的性交具有魔力			

---

① 【民族】壮族。【关联】［W7532］天地婚
② 【关联】［W1897.1.4］忘情水
③ 【关联】［W7991］通奸
④ 【关联】［W7148.2］吃情人果后人会思春
⑤ 【关联】［W6513.4］禁止乱伦
⑥ 【引例】始祖的疏忽造成人类的性欲没有时间限制【壮族】
⑦ 【引例】龙潭有公母，每年春天要交配【佤族】

W 编码	母题描述			参照项	
	一级母题	二级母题	三级母题	汤普森	关联项
W7175.1			耕种前性交的来历		【联1】①
W7175.2			祭祀时性交的来历		
W7176		性交是罪恶之源		≈ T8	
W7177		与性交特征有关的其他母题			
W7177.1			特定动物发情的来历		
✳ **W7178**	**性爱的类型**				
W7179		神之间的爱情			
W7179.1			山神之间的爱情		【藏族】
W7180		人神之爱		T91.2	【联1】②
W7180.1			人神之爱的产生		
W7180.2			神向人间女子求婚	A188.1	
W7180.3			女神与人间男子之爱	T91.8	
W7181		人之间的性爱			
W7182		其他同类间的性爱			
W7182.1			动物之间的性爱		
W7183		其他类型的性爱			
W7183.1			人与其他非人之爱		【联3】③

7.2.3 与性爱有关的其他母题 【W7185 ~ W7199】

W 编码	母题描述			参照项	
	一级母题	二级母题	三级母题	汤普森	关联项
W7185	爱情的征兆			①T3 ②T24	【联1】④
W7185.1		梦见某物是爱情的征兆			
W7185.2		男女特定地点相见是爱情的征兆			【汉族】
W7186	恋爱				

---

① 【关联】［W6567.1］播种时男女交配习俗

② 【关联】［W7260］人神婚

③ 【关联】❶［W7401］人与动物婚；❷［W7490］人与植物婚；❸［W7506］人与无生命物的婚配

④ 【关联】［W9200］征兆

W 编码	母题描述			参照项	
	一级母题	二级母题	三级母题	汤普森	关联项
W7186.1		恋爱的来历			
W7186.1.1			神教人谈情说爱		【例1】①
W7186.2		恋爱的方法			
W7186.2.1			男女各自出门找对象（自由恋爱）		【珞巴族】
W7186.2.2			对歌恋爱的来历		【侗族、壮族】
W7186.3		恋爱的结果			
W7186.3.1			成功的恋爱		
W7186.3.2			失败的恋爱		
W7186.4		与恋爱有关的其他母题			
W7187	爱情奇缘			T27	【联1】②
W7187.1		爱神之箭（丘比特之箭）			
✳ **W7188**	**恋人**				
W7189		特定的恋人			【例1】③
W7189.1			太阳和大地恋爱		【民族，联1】④
W7190		恋人的交往		①T41②T42	
W7191		恋人相会（情人相会）		T30	
W7191.1			恋人相会地点	T35	【例2】⑤
W7191.2			恋人在特定地点相会	≈T34	【联1】⑥
W7192		恋人的绝交			
W7193		与恋人有关的其他母题			
W7193.1			男女相约后因误会分手		【民族，联1，例1】⑦
◎	〖**其他相关母题**〗				
W7194	接吻				
W7194.1		神教人亲吻			【例1】⑧

① 【引例】大力神教女祖先谈情【佤族】
② 【关联】［TPS：≈T32］女子为恋人疗伤相识
③ 【引例】铜鼓与龙女恋爱【壮族】
④ 【民族】哈萨克族。【关联】［W7534］太阳与大地婚
⑤ 【引例】❶姑娘房是男女相传的地方【彝族】；❷人与天女天泉相见【藏族】
⑥ 【关联】［TPS：≈T31］男子受雇恋人家中
⑦ 【民族】苗族。【关联】［W9953］失误。【引例】猎人向天女求爱得允后两人当天分手【蒙古族】
⑧ 【引例】大力神教女祖先亲吻【佤族】

W 编码	母题描述			参照项	
	一级母题	二级母题	三级母题	汤普森	关联项
W7194.1	·	接吻产生神力			
W7195	性爱的终止				
W7195.1		特殊交配的终止			【例1】①
W7196	与性爱有关的其他母题				【联1】②
W7196.1		弟弟向姐姐示爱			【民族，联1】③
W7196.2		哥哥向妹妹示爱			【联2】④
W7196.3		爱抚			
W7196.4		一见钟情（两情相悦）			【联1】⑤
W7196.5		女人沾到男人的体液产生快感			【珞巴族】
W7196.6		性器官			【联2】⑥
W7196.6.1			巨大的生殖器		【民族，联1】⑦

---

① 【引例】因惩罚公母山终止交配【汉族】
② 【关联】［W6905.4.2］情歌的来历
③ 【民族】珞巴族。【关联】［W7600］求婚（求爱）
④ 【关联】❶［W7300］兄妹婚；❷［W7613］哥哥向妹妹求婚
⑤ 【关联】［W7009.1］男女相悦成婚
⑥ 【关联】❶［W2770］生殖器的来历；❷［W7112.5］女子寻找有两个生殖器的男子
⑦ 【民族】鄂温克族、壮族。【关联】［W6225.4.2］巨人的生殖器化桥

7.3 神或神性人物之间的婚姻

【W7200～W7259】

7.3.1 神的婚姻 【W7200～W7239】

W 编码	母题描述			参照项	
	一级母题	二级母题	三级母题	汤普森	关联项
✿ **W7200**	神的婚姻			A164	【联1】①
✳ **W7201**	神的婚姻的产生				
W7202		神的婚姻自然产生			【汉族】
W7203		神的命中注定的婚姻			【汉族】
W7204		神采用特定的手段获得婚姻			【联1,例1】②
W7205		与神的婚姻产生有关的其他母题			
✳ **W7206**	神与神之间的婚姻				【傣族、高山族】
W7207		男神女神婚			
W7208		神的血缘婚			
W7208.1			父女神成婚		【鄂伦春族】
W7208.2			母子神成婚	A164.1.1	【联1】③
W7208.3			兄妹神成婚	A164.1	【联1,例1】④
W7208.4			姐弟神成婚		【联1】⑤
W7209		同类神的婚姻			
W7209.1			天神婚		【傣族】
W7209.2			山神夫妻		【羌族】
W7210		异类神的婚姻			
W7210.1			天神之子与地神之女婚		【哈尼族】

---

① 【关联】［W0154］神的妻子
② 【关联】［W7052］神的抢婚。【引例】神用魔法实现婚姻
③ 【关联】［W7294］母子婚
④ 【关联】［W7300］兄妹婚。【引例】太阳神的1对儿女婚【景颇族】
⑤ 【关联】［W7350］姐弟婚

W 编码	母题描述			参照项	
	一级母题	二级母题	三级母题	汤普森	关联项
W7210.2			山神与神女婚		【藏族】
W7211		神的婚姻的其他特殊母题			
W7211.1			月亮神姐姐和太阳神弟弟婚		【民族，联2】①
✵ **W7212**	特定的神之间的婚姻②				【联1】③
W7213		天神与地神是夫妻（天公与地母是夫妻）			【阿昌族】
W7213.1			天公和地母婚		【德昂族】
W7214		日神与月神是夫妻			【联1】④
W7215		玉皇大帝与王母娘娘是夫妻			【民族，联2】⑤
W7216		雷神与电母是夫妻			【联2】⑥
W7217		与特定的神之间的婚姻有关的其他母题			【例1】⑦
W7217.1			农神与衣神是夫妻		【联1】⑧
W7217.2			罗神娘与罗神公姐弟成婚		【汉族】
✵ **W7220**	神与神性人物婚				
W7221	神与仙婚⑨				
W7221.1		神与仙婚的产生			
W7221.2		特定的神与仙婚			
W7221.2.1			风神与仙婆婚		【水族】
W7221.3		与神与仙婚有关的其他母题			
W7222	神与文化英雄婚（神与半神半人婚）				

① 【民族】哈尼族。【关联】❶［W7350］姐弟婚；❷［W7533］日月婚

② 特定的神之间的婚姻，这类母题类型庞杂，为了保持母题类型第一大类"［W00～W0999］神与神性人物"母题类型分析与研究的整体性，关于此母题的二级分类编码一律标注在"神与神性人物"母题的相关类型之中，在此只做提示性编码标注，具体情形参见《中国神话母题 W0 编目实例》。

③ 【关联】［W0141］对偶神（夫妻神）

④ 【关联】［W7533］日月婚

⑤ 【民族】汉族。【关联】❶［W0761.2］王母娘娘是玉皇大帝的妻子；❷［W0777］玉皇大帝

⑥ 【关联】❶［W0144］雷公雷婆；❷［W0145］雷神电婆

⑦ 【引例】太阳的儿子和月亮的女儿结婚【珞巴族】

⑧ 【关联】［W0462］农神

⑨ 神与仙婚，"仙"虽然属于后世宗教中的人物，但一些民族神话的流传中"神"与"仙"的界限并不是非常清楚。有的"仙"同样是"神"的身份，如有的神话中把天帝的女儿称为"仙女"、"天女"，实质上可以视为神话人物。"妖"或"魔"的概念亦然。

W 编码	母题描述			参照项	
	一级母题	二级母题	三级母题	汤普森	关联项
W7222.1		神与文化英雄婚的产生			
W7222.2		神与特定的文化英雄婚			【汉族】
W7222.3		与神与文化英雄婚有关的其他母题			
W7223	神与人类祖先婚				
W7223.1		神与人类祖先婚的产生			
W7223.1.1			祖先与女神婚		【珞巴族】
W7223.1.2			祖先与天神的女儿婚		【彝族】
W7223.2		神与人类祖先婚的情形			
W7223.3		与神与人类祖先婚有关的其他母题			【例1】①
W7224	神与巨人婚				【汉族】
W7234.1		神与巨人婚的产生			
W7234.2		神与巨人婚的情形			
W7234.3		与神与巨人婚有关的其他母题			
W7225	神与妖魔婚				
W7226	神与怪物婚				
W7227	神与其他神性人物婚				
W7227.1		神与神性动物婚			【汉族】
W7227.2		神与鬼婚			
W7227.3		神与龙女婚			【民族，联1】②
W7228	神与特定的人婚				【联1】③
W7229	神与动物婚				
W7229.1		神与动物婚的产生			
W7229.1.1			为繁衍人类神与动物婚		【例1】④

① 【引例】人的祖先与天神之子婚 【哈尼族】
② 【民族】景颇族。【关联】［W7240.3.1］仙人与龙女婚
③ 【关联】［W7260］人神婚
④ 【引例】洪水后幸存的神和小母牛为繁衍人类成婚【佤族】

W 编码	母题描述			参照项	
	一级母题	二级母题	三级母题	汤普森	关联项
W7229.2		神与特定动物婚			
W7229.2.1			神与蛇婚		
W7229.2.2			神与牛婚		【柯尔克孜族、佤族】
W7229.2.3			神与母鸡婚	A112.11	
W7229.2.4			神与猴婚		【例1】①
W7229.3		与神与动物婚有关的其他母题			
W7229.3.1			神变化后与动物婚		【例1】②
W7229.3.2			动物变化后与神婚		
W7230	神与植物婚				
W7231	神与无生命物婚				
W7231.1		神与特定的无生命物婚			
W7231.1.1			女神与太阳婚		【高山族】
W7231.1.2			女神与石头婚		【普米族】
W7231.2		与神与无生命婚有关的其他母题			
W7231.2.1			两座神山结婚		【羌族】
W7232	神与其他特定的人物婚				
W7232.1		神与想象的人物婚			
◎	〖其他相关母题〗				
W7233	神的婚姻的条件				
W7233.1		神变化后成婚			【例1】③
W7234	神的婚姻的情形				【联1】④
W7234.1		神下凡结为夫妻			【民族，联2】⑤
W7234.2		神的婚姻冲突			【联1】⑥
W7234.3		神的婚礼有特定仪式			
W7235	神的婚姻的结局				
W7235.1		神的美满婚姻			【汉族】
W7235.2		神的悲剧婚姻			

---

① 【引例】岩神与猕猴婚【藏族】

② 【引例】天帝之子与化为女子的熊婚【朝鲜族】

③ 【引例】天神变猴子与神猴婚【门巴族】

④ 【关联】［W7910～W7939］婚后的情形

⑤ 【民族】土家族。【关联】❶［W0106］神下凡；❷［W7124］结婚地点

⑥ 【关联】［W7052］神的抢婚

W 编码	母题描述			参照项	
	一级母题	二级母题	三级母题	汤普森	关联项
W7235.2.1			男神杀死妻子		【土家族】
W7235.3		神的婚姻的解除			
W7236	与神的婚姻有关的其他母题				
W7236.1		天神嫁女			【民族，联1】①
W7236.2		男不娶女不嫁的神			【民族，联1】②

7.3.2 神性人物的婚姻【W7240～W7254】

W 编码	母题描述			参照项	
	一级母题	二级母题	三级母题	汤普森	关联项
◎	〖神性人物婚姻典型类型〗				
W7240	仙之间的婚姻			F264	
W7240.1		仙与仙婚姻的产生			
W7240.2		特定的仙与仙婚			
W7240.2.1			天仙与地仙婚		【例1】③
W7240.3		与仙的婚姻有关的其他母题			【联1】④
W7240.3.1			仙人与龙女婚		【民族，联1】⑤
W7241	仙女的婚姻				
W7241.1		仙女婚姻的产生			【珞巴族】
W7241.2		仙女与特定人物的婚姻			【联1】⑥
W7241.2.1			仙女与猴婚		【纳西族】
W7241.2.2			仙女与长臂公猿婚		【纳西族】
W7241.3		与仙女的婚姻有关的其他母题			
W7242	天女的婚姻				
W7242.1		天女婚的产生			【联1】⑦

---

① 【民族】独龙族。【关联】［W7052］神的抢婚
② 【民族】纳西族。【关联】［W069］双性神
③ 【引例】天上的虎仙与地上的仙女结婚【布依族】
④ 【关联】［W7221］神与仙婚
⑤ 【民族】德昂族。【关联】［W3584.9］龙的婚姻
⑥ 【关联】［W7273］人与仙女婚
⑦ 【关联】［W0224.3］天女因爱凡间男子下凡

W 编码	母题描述			参照项	
	一级母题	二级母题	三级母题	汤普森	关联项
W7242.2		天女与特定人物的婚姻			【联1】①
W7242.2.1			天女与天使婚		【回族】
W7242.2.2			天女与猴婚		【羌族】
W7242.2.3			天女与喜鹊婚		【满族】
W7242.3		与天女的婚姻有关的其他母题			【联1】②
W7243	文化英雄的婚姻（半神半人的婚姻）				
W7243.1		文化英雄与特定的人物婚			【联1】③
W7243.1.1			文化英雄与仙女婚		【民族，联1】④
W7243.1.2			文化英雄与魔女婚		【维吾尔族】
W7243.1.3			半神半人与龙女婚		【景颇族】
W7243.2		特定的文化英雄婚			
W7243.3		与文化英雄的婚姻有关的其他母题			
W7243.3.1			文化英雄收纳降服的敌手的妻子		【民族，联1】⑤
W7244	祖先的婚姻			A1275	【纳西族】
W7244.1		祖先与特定人物婚			【联1】⑥
W7244.1.1			祖先与太阳女婚		【珞巴族】
W7244.1.2			女始祖与石头婚		【联1】⑦
W7244.2		特定的祖先的婚姻			【联2】⑧
W7244.3		与祖先的婚姻有关的其他母题			
W7244.3.1			祖先结婚生子后变成神		
W7244.3.2			祖先结婚生子后升天		
W7245	巨人的婚姻				

---

① 【关联】［W7267］人与天女婚

② 【关联】［W0727.1］盘古与天女婚

③ 【关联】［W0727.2］盘古与龙女婚

④ 【民族】彝族。【关联】［W7241.2］仙女与特定人物的婚姻

⑤ 【民族】蒙古族、藏族。【关联】［W7061.1］英雄夺得敌手的妻子

⑥ 【关联】［W7223］神与人类祖先婚

⑦ 【关联】［W7505.1］人与石婚

⑧ 【关联】❶［W0682.1］伏羲与女娲婚；❷［W0725.4.1］盘古女娲是夫妻

W 编码	母题描述			参照项	
	一级母题	二级母题	三级母题	汤普森	关联项
W7245.1		巨人与特定人物的婚姻			【联1】①
W7245.2		特定的巨人的婚姻			
W7245.3		与巨人的婚姻有关的其他母题			
W7246	宗教人物的婚姻				
W7246.1		宗教人物与特定人物的婚姻			【例1】②
W7246.2		与宗教人物的婚姻有关的其他母题			
W7246.2.1			天管师与猪婚		【傈僳族】
W7247	妖魔（魔鬼）的婚姻			G303.12	
W7247.1		魔鬼与凡女婚		G303.12.5	【汉族】
W7247.1.1			恶魔掠夺女子后与之婚	G303.12.5.7	
W7247.1.2			妖魔杀夫夺妻	G477	
W7247.2		妖魔与动物婚			
W7247.2.1			魔鬼与巨蟒婚		【回族】
W7247.2.2			妖怪与猴子婚		【土族】
W7247.2.3			修行的公猴与女魔结婚		【藏族】
W7247.3		妖魔与无生命物婚			
W7248	鬼的婚姻				【联2】③
W7248.1		男鬼和女鬼结婚			【景颇族】
W7249	其他神性人物的婚姻				
W7249.1		神性动物的婚姻			
W7249.1.1			神性动物变形后与女子结婚		【联1，例1】④
W7249.2		神性植物的婚姻			
W7249.3		神物的婚姻			
W7249.3.1			神山结婚		

① 【关联】［W7224］神与巨人婚
② 【引例】东巴教始祖丁巴什罗娶不同的妻子【纳西族】
③ 【关联】❶［W7227.2］神与鬼婚；❷［W7282.3］人与鬼婚
④ 【关联】［W9526］神性人物的变形。【引例】神蛙变小伙后与公主结婚【壮族】

W 编码	母题描述			参照项	
	一级母题	二级母题	三级母题	汤普森	关联项
◎	〖其他相关母题〗				
W7250	神性人物的婚姻的条件				【联1】①
W7251	神性人物的婚姻的情形				
W7251.1		神性人物结婚场面宏大			【汉族】
W7251.1.1			神性人物结婚百鸟祝贺		【汉族】
W7252	神性人物婚的结果				【联1】②
W7253	与神性人物婚有关的其他母题				
W7253.1		神性人物下凡成婚			【汉族】
W7253.1.1			牛郎织女下凡成婚		【联1】③
W7253.2		天生的一对儿女成婚			【珞巴族】
W7253.3		太阳的儿子与月亮的女儿婚			【民族，联2】④
W7253.4		启明星与王母的姐姐成婚			【民族，联1】⑤

7.3.3　与神或神性人物婚姻有关的其他母题 【W7255 ~ W7259】

W 编码	母题描述			参照项	
	一级母题	二级母题	三级母题	汤普森	关联项
◎	〖与神或神性人物婚姻有关的其他母题〗				
W7255	神或神性人物的婚后生育				
W7255.1		神或神性人物婚生万物			【联2】⑥
W7255.2		神或神性人物婚生文化英雄			【联2】⑦

---

① 【关联】［W7233］神的婚姻的条件
② 【关联】［W2407］神性人物婚生人
③ 【关联】［W7280.1］织女下凡与牛郎成婚
④ 【民族】珞巴族。【关联】❶［W7214］日神与月神是夫妻；❷［W7533］日月婚
⑤ 【民族】汉族。【关联】［W0761］西王母的关系
⑥ 【关联】❶［W1511］神或神性人物生万物；❷［W1512］特定的神或神性人物生万物
⑦ 【关联】❶［W0561］文化英雄的产生；❷［W0564］文化英雄是神的儿子

W 编码	母题描述			参照项	
	一级母题	二级母题	三级母题	汤普森	关联项
W7255.3		神或神性人物婚生祖先			【联2】①
W7255.4		神或神性人物婚生其他特定的人物			
W7256	神或神性人物的偷情				【联1】②
W7256.1		不同身份的神或神性人物偷情			
W7256.1.1			天神与河神之女偷情		【朝鲜族】
W7256.2		神或神性人物偷情被惩罚			【联1】③
W7257	与神或神性人物婚姻有关的其他母题				
W7257.1		神或神性人物婚姻遭到干扰			
W7257.2		神的婚姻的破坏者			

---

① 【关联】❶［W0642］祖先的产生；❷［W0645.1］神生祖先
② 【关联】［W7990］偷情
③ 【关联】［W9914］性罪恶被惩罚

7.4 人的婚姻

【W7260 ~ W7399】

7.4.1 人与神或神性人物的婚姻① 【W7260 ~ W7284】

W 编码	母题描述			参照项	
	一级母题	二级母题	三级母题	汤普森	关联项
✳ **W7260**	人神婚②			①A188 ②T111.1	【门巴族】
W7261		人与神的婚姻的产生			
W7262		人与神女婚			【民族，例2】③
W7262.1			人与神女之爱	T91.3.2	
W7262.2			祖先与神女婚		【例1】④
W7263		人与特定的神婚			【例4】⑤
W7263.1			女子与天王婚		【苗族】
W7263.2			人与山神婚		【纳西族】
W7263.3			人与神鸟婚		【傣族】
W7263.4			凡女与雷神婚		
W7263.5			凡女与虎神婚		【联1，例1】⑥
W7264		特定的人与特定的神婚			
W7264.1			猎人与女猎神婚		【怒族、彝族】
W7264.2			猎人之子与山神之女婚		【纳西族】

---

① 人与神（仙）的婚姻，这类婚姻母题涉及的神（仙）相当复杂。根据对多个民族的田野调查，神话讲述中"神"或"仙"常常没有严格的界限，有时"神"也就是"仙"，而"仙"也是特殊的"神"，如"天女"既可以是"天神的女儿"，也可以是"天上的仙子"，它在神话或传说的叙事中充当着神性人物的角色。具体情形参见《中国神话母题W7编目实例》。

② 神话中人与神的婚姻是一个常见母题，通常以人为主体。故列入此类。

③ 【民族】古突厥、普米族。【引例】❶人与太阳公主婚【傣族】；❷阿巴达基（祖先的弟弟）想娶太阳的女儿做妻子【珞巴族】

④ 【引例】祖先与神生的两个女子成婚【哈尼族】

⑤ 【引例】❶人与水神的女儿婚【傈僳族】；❷男子与河神的女儿婚【珞巴族】；❸人与山神之女婚【普米族】；❹公主与太阳神婚【塔吉克族】

⑥ 【关联】［W7430］人与虎婚。【引例】女子与天上的白虎神婚【土家族】

W 编码	母题描述			参照项	
	一级母题	二级母题	三级母题	汤普森	关联项
W7264.3			猎人与神鹿婚		【民族，联1】①
W7264.4			毛人与女神婚		【羌族】
W7264.5			雷神的女儿与孤儿婚		【景颇族】
W7264.6			天神之子与世上第一个女人婚		【民族，联1】②
W7265		与人神婚有关的其他母题			【联1，例1】③
W7265.1			神下凡与凡人婚		
W7265.2			神变形后与人婚		【联1】④
W7265.3			神抢凡间女子		【例1】⑤
W7265.4			人把女儿嫁给天上的鬼神		【独龙族】
W7265.5			人与神不能结婚		【例1】⑥
✿ **W7266**	人与神性人物婚				
✳ **W7267**	人与天女婚			T111.2	【民族，联1】⑦
W7268		人与天女婚的产生			
W7268.1			人与天女邂逅成婚		
W7268.2			人与天女相悦成婚		
W7268.3			人与天女遵旨成婚		
W7269		人与特定的天女婚			
W7269.1			人与最小的天女婚		【民族，例1】⑧
W7269.2			人与最聪明的天女婚		
W7270		特定的人与天女婚			
W7270.1			牧人与天女婚		【羌族】
W7270.2			祖先与天女婚		【珞巴族】
W7270.3			猎人与天女婚		【蒙古族、水族】
W7270.4			横眼人与天女婚		【民族，联1】⑨

---

① 【民族】布朗族。【关联】［W7442］人与鹿婚
② 【民族】哈尼族。【关联】［W2021.2］世上最早只有一个女人（第一个女人）
③ 【关联】［W7265.4］人把女儿嫁给天上的鬼神
④ 【关联】［W7900］婚前变形
⑤ 【引例】山神抢娶民女【怒族】
⑥ 【引例】女猎神不能嫁给人的原因【彝族】
⑦ 【民族】德昂族、独龙族、珞巴族、苗族、纳西族、怒族、水族、瑶族、彝族、藏族。【关联】［W0215］天女
⑧ 【民族】蒙古族。【引例】牧童与七仙女中的小七女婚【朝鲜族】
⑨ 【民族】彝族。【关联】［W2829］横眼人

W 编码	母题描述			参照项	
	一级母题	二级母题	三级母题	汤普森	关联项
W7270.5			人祖的子孙与天女婚		【纳西族】
W7271		人娶天女的方法			
W7271.1			小伙藏羽衣娶天女		【民族，联1】①
W7271.2			人以治病为条件娶天女		【民族，联1】②
W7272		与人与天女婚有关的其他母题			【联1，例1】③
W7272.1			人娶多个天女		【联1，例1】④
W7272.2			人与天女先生子后婚		【鄂伦春族】
W7272.3			人向天女求婚遭拒绝		【民族，联1】⑤
✳ **W7273**	人与仙女婚			①F303 ②T111.1.2	【民族，联1】⑥
W7274		人与仙女婚的产生			
W7275		人与特定的仙女婚			
W7275.1			人与七仙女婚		【鄂伦春族】
W7275.2			人与蛇仙婚		【汉族】
W7275.3			人与天鹅仙女婚		【民族，联1】⑦
W7275.4			人与天上的水仙姑婚		【瑶族】
W7275.5			人与最小的仙女婚		【民族，例1】⑧
W7276		特定的人与仙女婚			
W7276.1			祖先与仙女婚		【纳西族】
W7276.2			猎人与仙女婚		【例1】⑨
W7276.3			孤儿与仙女婚		【例1】⑩
W7276.4			牧童与仙女婚		【联1，例1】⑪
W7276.5			货郎与仙女婚		【例1】⑫

---

① 【民族】蒙古族。【关联】［W0225.4］天女得羽衣回天
② 【民族】苗族。【关联】［W7675］有条件的许诺成婚
③ 【关联】［W2416.1］人与天女婚生人。【引例】英雄娶魔鬼的女儿为妻【维吾尔族】
④ 【关联】［W7960］一夫多妻。【引例】男子娶3个天女【彝族】
⑤ 【民族】仡佬族。【关联】［W7071］拒婚
⑥ 【民族】布依族、拉祜族、珞巴族、塔吉克族、土族、瑶族。【关联】［W0826］仙女
⑦ 【民族】满族、裕固族。【关联】［W7464］人与天鹅婚
⑧ 【民族】蒙古族。【引例】人与玉帝的小女儿婚【苗族】
⑨ 【引例】猎人同胞三兄弟与三仙女分别结婚【满族】
⑩ 【引例】孤儿与七仙妹婚【黎族】
⑪ 【关联】［W7275］人与特定的仙女婚。【引例】牧童与七仙女婚【朝鲜族，锡伯族】
⑫ 【引例】货郎与天鹅仙女婚【满族】

W 编码	母题描述			参照项	
	一级母题	二级母题	三级母题	汤普森	关联项
W7276.6			众兄弟中年龄最小的与天女成婚		【例1】①
W7277		与人与天女婚有关的其他母题			
W7277.1			人娶多个仙女		【例1】②
W7277.2			人娶仙女变成仙		【汉族】
❊ **W7278**	人与织女婚				【民族，联1】③
W7279		人与织女婚的产生			
W7280		牛郎织女婚			【白族、汉族】
W7280.1			织女下凡与牛郎成婚		【汉族】
W7280.2			牛郎追赶织女		【汉族】
W7281		与人与织女婚有关的其他母题			
W7281.1			织女婚后被迫返回天庭		
◎	〖其他相关母题〗				
W7282	人与妖（魔、鬼）女			①T111.5 ②T118	
W7282.1		人与妖魔婚			【民族，联1】④
W7282.1.1			人与莽盖⑤的女儿婚		【鄂伦春族】
W7282.2		人与妖怪婚			
W7282.2.1			人的最小的女儿与妖怪成婚	≈L54.1	
W7282.3		人与鬼婚			【门巴族】
W7282.3.1			人与鬼女婚		【高山族、珞巴族】
W7282.3.2			人娶不到女子只好与鬼婚		【例1】⑥
W7282.3.3			猎人与鬼婚		【珞巴族】
W7283	与人与神或神性人物婚有关的其他母题				【联2】⑦
W7283.1		人变形后与神性人物婚			

①　【引例】九兄弟中的老九与仙女婚【蒙古族】
②　【引例】人与3个仙女婚【土族】
③　【民族】蒙古族。【关联】［W0766］织女
④　【民族】珞巴族。【关联】［W0848.2］妖魔（魔鬼）的妻子
⑤　莽盖，妖魔。
⑥　【引例】阿巴达尼（珞巴族祖先）找不到女人做老婆，只好娶了两个乌佑（鬼、神灵）做妻子【珞巴族】
⑦　【关联】❶［W0410.3］河神（伯）娶妻；❷［W0727.5］盘古与美女婚

W 编码	母题描述			参照项	
	一级母题	二级母题	三级母题	汤普森	关联项
W7283.1.1			人变动物与鬼婚		【例1】①
W7283.2		人与神或神性人物的婚姻的结局			

7.4.2　血缘婚、人的异辈血缘婚② 【W7285 ~ W7299】

W 编码	母题描述			参照项	
	一级母题	二级母题	三级母题	汤普森	关联项
✿ **W7285**	血缘婚			A1552	
✳ **W7286**	血缘婚的产生				
W7287		特定的人物规定血缘婚			
W7287.1			神规定血缘婚		
W7287.2			祖先规定血缘婚		【联2】③
W7288		特定的目的形成血缘婚			
W7288.1			为繁衍人类形成血缘婚		【联4】④
W7289		强迫形成血缘婚			【联1】⑤
W7289.1			母亲强迫儿子与自己结婚		【民族，联1】⑥
W7289.2			父亲逼女儿做妻子		【傣族】
W7290	与血缘婚有关的其他母题				
W7290.1		因不知情形成血缘婚			【联1】⑦
W7290.2		因找不到其他异性只好血缘婚			【联1】⑧
W7290.3		因向其他女子求婚失败只好血缘婚			【联1】⑨

① 【引例】人变猕猴与女鬼婚【藏族】
② 血缘婚、人的异辈血缘婚，该母题一般与人类再生母题结合在一起。存在血缘关系的双方在婚之前一般有难题检验、征兆验证、占卜等母题，婚后的生育一般与生怪胎、特殊部位出生等母题相关联。
③ 【关联】❶ ［W7006.2］母亲让子女相同婚；❷ ［W7553.2］父亲让儿女互婚
④ 【关联】❶ ［W2525.2］人类毁灭后通过血缘婚再生人类；❷ ［W2525.3］人类毁灭后兄妹婚再生人类；❸ ［W7008］为了生育繁衍而产生婚姻；❹ ［W7302］兄妹为繁衍人类成婚
⑤ 【关联】［W7065］通婚
⑥ 【民族】珞巴族。【关联】［W7294］母子婚
⑦ 【关联】［W7305.3］兄妹因为不相识结婚
⑧ 【关联】［W7305.1］兄妹因找不到异性只好结婚
⑨ 【关联】［W7305.2］哥哥向其他女子求婚失败只好与妹妹成婚

W 编码	母题描述			参照项	
	一级母题	二级母题	三级母题	汤普森	关联项
W7290.4		血缘婚的时间			【联1】①
W7290.5		血缘婚的结果			【联1，例1】②
W7290.6		血缘婚的废除			【例2】③
✳ **W7291**	**人的异辈血缘婚**				
W7292		祖孙婚			
W7293		父女婚			【民族，联3，例1】④
W7293.1			女儿主动与父亲结婚		【民族，联1】⑤
W7293.2			女儿取代母亲与父亲婚		【珞巴族】
W7294		母子婚			【民族，联2】⑥
W7294.1			母亲纹面后与儿子婚		【联2，例1】⑦
W7294.2			母亲的动物丈夫死后与子成婚		【黎族】
W7294.3			神造的第二代人母亲和亲儿子交配		【傣族】
W7294.4			妇女生1个儿子后不生育只好与儿子婚		【民族，联1】⑧
W7294.5			猴母子婚		【珞巴族】
W7295		叔侄婚			【柯尔克孜族】
W7295.1			父亲把女儿嫁给自己结拜兄弟		【达斡尔族】
W7296		其他异辈血缘婚			
W7296.1			姑侄婚	T421	【民族，联1，例1】⑨
W7296.2			娘侄婚		【壮族】
W7296.3			舅侄婚		
W7297	与异辈血缘婚有关的其他母题				

① 【关联】［W7312］兄妹婚的时间（背景）
② 【关联】［W7344］兄妹婚后被驱逐。【引例】血缘婚繁衍人类【汉族、苗族、拉祜族、彝族、壮族】
③ 【引例】❶因兄妹结婚引发灾难被废除【汉族、佤族】；❷因兄妹结婚生怪胎被废除【汉族】
④ 【民族】鄂温克族、苗族。【关联】❶［W7289.2］父亲逼女儿做妻子；❷［W7986］父女乱伦；❸［W9915.1］父女婚被惩罚。【引例】神造的第二代人父亲逼女儿做妻子【傣族】
⑤ 【民族】鄂温克族。【关联】［W7605］求婚者
⑥ 【民族】珞巴族。【关联】❶［W7289.1］母亲强迫儿子与自己结婚；❷［W7987］母子乱伦
⑦ 【关联】❶［W6588］文面的来历；❷［W7309.2］妹妹文面后与哥哥成婚。【引例】天女刺面与儿子婚【黎族】
⑧ 【民族】黎族。【关联】［W7008］为了生育繁衍而产生婚姻
⑨ 【民族】珞巴族、苗族。【关联】［W7605］求婚者。【引例】洪水后侄与姑成婚【瑶族】

W 编码	母题描述			参照项	
	一级母题	二级母题	三级母题	汤普森	关联项
W7297.1		女子和她的长辈结婚			【鄂温克族】
W7297.2		异辈血缘婚的废除			

7.4.3　人的同辈血缘婚【W7300 ~ W7359】

W 编码	母题描述			参照项	
	一级母题	二级母题	三级母题	汤普森	关联项
✿ W7300	兄妹婚①			T415.5	【民族，联 2】②
✳ W7301	兄妹婚的原因				
W7302		兄妹为繁衍人类成婚			【侗族、汉族、苗族】
W7303		兄妹遵命成婚			
W7303.1			兄妹按天意成婚		【联 1】③
W7303.2			兄妹按父母的安排成婚		【汉族】
W7304		兄妹经劝说成婚			【民族，联 1】④
W7305		与兄妹婚原因有关的其他母题			
W7305.1			兄妹因找不到异性只好结婚		【民族，例 2】⑤
W7305.2			哥哥向其他女子求婚失败只好与妹妹成婚		【例 1】⑥
W7305.3			兄妹因为不相识结婚		【民族，例 1】⑦
W7305.4			兄妹被逼成婚		【汉族】
W7305.5			兄妹被骗成婚		
✳ W7306	兄妹婚的方法				

---

① 兄妹婚，本处涉及一些文化始祖的兄妹婚或其他血缘婚母题，表述方面与"文化始祖婚姻母题"有部分重合。这里主要依据神话文本叙事的不同，在"文化始祖婚姻母题"一般没有特意交代婚姻双方的血缘关系。关于"兄妹婚母题"或其他血缘婚母题的情况较为复杂，为了研究和比较的需要，本编目尽可能在细分中列出，如"伏羲兄妹婚"、"伏羲女娲兄妹婚"、"伏羲姐弟婚"等。据此，大家可以进一步了解母题在流传中的变异情况。

② 【民族】京族、汉族、满族、纳西族、藏族。【关联】❶［W5165］兄妹；❷［W7985］兄妹乱伦

③ 【关联】［W7715］婚前验证天意

④ 【民族】侗族、藏族。【关联】［W7580］劝婚

⑤ 【民族】汉族。【引例】❶1 对兄妹不知有没有其他异性只好结婚【傣族、哈尼族】；❷兄妹因世上没有其他男女而结婚【彝族】

⑥ 【引例】哥哥向仙女求婚失败后与妹妹结婚【仡佬族】

⑦ 【民族】珞巴族。【引例】兄妹离散多年后互不认识结婚【汉族】

W 编码	母题描述			参照项	
	一级母题	二级母题	三级母题	汤普森	关联项
W7307		兄妹自然成婚			【汉族】
W7308		掩饰兄妹关系后兄妹成婚			【联1】①
W7308.1			不让兄妹知道血缘关系实现兄妹成婚		【傣族】
W7309		掩饰容貌后兄妹成婚			
W7309.1			妹妹纹身后与哥哥成婚		
W7309.2			妹妹纹面后与哥哥成婚		【民族，联1，例1】②
W7309.3			妹妹涂面与哥哥结婚		【例1】③
W7310		兄妹改变身份后结婚			【联1】④
W7310.1			兄妹通过各奔东西改变身份后结婚		【民族，联2】⑤
W7310.2			兄妹通过跨火苗转化身份后结婚		【民族，联1】⑥
W7310.3			兄妹分头拜树为父母后结婚		【民族，联1】⑦
W7311		与兄妹婚方法有关的其他母题			【联1】⑧
W7311.1			众兄妹按一定的次序成婚		【联1】⑨
W7311.2			众兄妹中大哥与小妹婚		【怒族】
W7311.3			婚前拟定兄妹名分		【汉族】
W7311.4			兄妹改变名字后成婚		【黎族】
W7311.5			弄真成假的兄妹婚		【例1】⑩

① 【关联】［W7300］兄妹婚。
② 【民族】高山族。【关联】［W6588］文面的来历。【引例】母亲给女儿文面后让兄妹成婚【黎族】
③ 【引例】妹妹用灰涂脸向哥哥求欢成婚【高山族】
④ 【关联】［W7346］兄妹婚后改变称呼
⑤ 【民族】侗族、藏族。【关联】❶［W5171.5］兄妹关系疏远；❷［W7300］兄妹婚
⑥ 【民族】壮族。【关联】［W7300］兄妹婚
⑦ 【民族】壮族。【关联】［W7300］兄妹婚
⑧ 【关联】［W7079.2］众兄妹之间选妻
⑨ 【关联】［W7996.2］前后胎生兄妹依次成婚
⑩ 【引例】亲兄妹脱胎换骨后成婚【仡佬族】

W 编码	母题描述			参照项	
	一级母题	二级母题	三级母题	汤普森	关联项
✳ **W7312**	兄妹婚的时间（背景）				
W7313		世界形成之初兄妹婚			【汉族】
W7314		人间遭劫后兄妹婚			【汉族】
W7315		洪水毁灭人类后兄妹婚			【汉族】
W7316		天塌地陷后兄妹婚			【汉族】
W7317		火灾后兄妹婚			【汉族】
W7318		与兄妹成婚时间有关的其他母题			
W7318.1			兄妹在长辈死后成婚		【藏族】
✳ **W7319**	兄妹婚时兄妹的态度				【联5】①
W7320		兄妹都愿意成婚			【汉族】
W7321		兄妹婚前兄妹都不同意成婚			【民族，联1】②
W7322		兄妹婚前哥哥不同意成婚			【联1】③
W7323		兄妹婚前妹妹不同意成婚			【民族,联1,例1】④
W7324		与兄妹婚时兄妹态度有关的其他母题			【例1】⑤
◎	〖兄妹婚的类型〗				
W7325		同父母的兄妹婚			【民族，例1】⑥
W7325.1			同一个家庭中的兄妹婚		【汉族】
W7326		不同父母的兄妹婚			
W7326.1			同父异母的兄妹婚		
W7326.2			异父同母的兄妹婚		

---

① 【关联】❶［W7073.3］哥哥拒绝妹妹求婚；❷［W7608］妹妹向哥哥求婚；❸［W7609］姐姐向弟弟求婚；❹［W7613］哥哥向妹妹求婚；❺［W7614］弟弟向姐姐求婚
② 【民族】仡佬族。【关联】［W7751.1］兄妹不想成婚给劝婚者出难题
③ 【关联】［W7073.3］哥哥拒绝妹妹求婚
④ 【民族】藏族。【关联】［W7073.4］妹妹拒绝哥求婚。【引例】天神劝兄妹婚时妹妹不同意成婚【苗族】
⑤ 【引例】姐弟结婚姐害羞自杀【赫哲族】
⑥ 【民族】汉族。【引例】鬼生的双胞胎儿女成婚【景颇族】

W 编码	母题描述			参照项	
	一级母题	二级母题	三级母题	汤普森	关联项
W7327		同 胎 的 兄 妹 婚（龙凤胎兄妹婚）			【汉族、佤族】
W7328		不同胎的兄妹婚			【联1，例2】①
W7329		同胞众多兄妹互婚			【民族，联1，例1】②
W7329.1			2 对兄妹成婚		
W7329.2			3 对兄妹成婚		【例1】③
W7329.3			4 对兄妹成婚		【民族，例1】④
W7329.4			5 对兄妹成婚		【汉族、畲族】
W7329.5			6 对兄妹成婚		【瑶族】
W7329.6			7 对兄妹成婚		
W7329.7			8 对兄妹成婚		
W7329.8			9 对兄妹成婚		【民族，例1】⑤
W7329.9			10 对兄妹成婚		
W7329.10			更多的兄妹成婚		【例3】⑥
W7330		表兄妹婚			【畲族】
W7330.1			堂表兄妹婚		【汉族】
W7330.2			姑表兄妹婚		【汉族】
W7331		结拜的兄妹成婚			【联1，例1】⑦
W7331.1			天女与盘古结拜兄妹后成婚		【汉族】
W7332		不同来历的兄妹成婚			
W7332.1			远方来的兄妹婚		【白族】
W7332.2			造人时形成的兄妹成婚		【例4】⑧
W7332.3			特殊出生的兄妹成婚		【联1，例4】⑨

① 【关联】［W7107.2］前后胎兄妹交换婚。【引例】❶因前胎生的男子和后胎生的女子成婚，不算亲兄妹成婚而成婚【回族】；❷第一胎生的男女与第二胎生的男女交换婚【撒拉族】

② 【民族】白族、回族、基诺族、撒拉族、畲族、瑶族、彝族。【关联】［W7954］群婚。【引例】同源的众兄妹互婚【纳西族、傈僳族、怒族】

③ 【引例】南瓜生的 3 男与种葫芦生的 3 女婚【傈僳族】

④ 【民族】黎族。【引例】4 对兄妹相互挑选成婚【撒拉族】

⑤ 【民族】鄂伦春族。【引例】生出的 9 对兄妹结为 9 对夫妻【独龙族】

⑥ 【引例】❶人祖生的 56 个孩子结为夫妻【回族】；❷人祖的 72 对男女结为夫妻【回族】；❸姐弟生的众孙儿孙女婚【傈僳族】

⑦ 【关联】［W5166.3］结拜的兄妹。【引例】女子与从竹筒生的男孩兄妹相称后婚【仡佬族】

⑧ 【引例】❶神造的男女互婚【鄂伦春族】；❷女娲造的兄妹成婚【汉族】；❸元始天尊造的兄妹成婚【汉族】；❹造出的众男女互婚【汉族、蒙古族】

⑨ 【关联】［TPS：A1552.3］第一对夫妻生的儿女成婚。【引例】❶金鼓生的兄妹婚【白族】；❷葫芦生的兄妹婚【拉祜族】；❸南瓜生的 1 对兄妹成婚【傈僳族】；❹大地生的第一对孩子成婚【珞巴族】

W 编码	母题描述			参照项	
	一级母题	二级母题	三级母题	汤普森	关联项
W7333		无父母的兄妹婚			【汉族】
W7333.1			无父母无家的兄妹婚		【汉族】
W7334		其他情形兄妹婚			
W7334.1			居住在不同地方的兄妹婚		【汉族】
W7334.2			失散的兄妹成婚		【汉族】
❋ **W7335**	有名字的兄妹婚				
W7336		与伏羲有关的兄妹婚			【联4】①
W7336.1			伏羲兄妹婚		【民族，联2】②
W7336.2			羲男和羲女兄妹婚		【汉族】
W7337		与女娲有关的兄妹婚			【联2，例1】③
W7338		与盘古有关的兄妹婚			【联2】④
W7339		其他有名字的兄妹婚⑤			【例49】⑥
W7339.1			高祖公高祖婆兄妹婚		【汉族】

① 【关联】❶［W0675］伏羲；❷［W0682.2.1］伏羲女娲兄妹婚；❸［W0682.2］伏羲兄妹婚；❹［W0682.2.3］伏哥和羲妹成婚

② 【民族】布依族、汉族、苗族。【关联】❶［W0675］伏羲；❷［W0680.2］伏羲兄妹

③ 【关联】❶［W0710］女娲；❷［W0716.1］女娲和哥哥结婚。【引例】女娲与香山老祖兄妹婚【汉族】

④ 【关联】❶［W0720］盘古；❷［W0727.3］盘和古兄妹婚

⑤ 其他有名字的示例型兄妹婚，此处包括姐弟婚。根据母题提取的原则，虽然一些带有民族特色的母题一般只在一个民族内部流传，但同一个民族在不同地区却可能有不同情况，为此，把一些民族较为典型的母题列入本编目之中，以便比较研究。同时一些兄妹关系情况也可以同时查看"洪水幸存者"中的"洪水时有名字的兄妹幸存"中的有关内容。

⑥ 【引例】❶遮帕麻与遮咪麻兄妹婚【阿昌族】；❷阿布帖和阿约帖兄妹婚【白族】；❸阿十弟和阿仪娣兄妹婚【白族】；❹板古和板梅兄妹婚【白族】；❺赛胡和细妹兄妹婚【布依族】；❻苏哥和细妹兄妹婚【布依族】；❼芭龙和德龙兄妹婚【布依族】；❽瓦荣和瓦媛兄妹婚【布依族】；❾迪进和迪颖兄妹婚【布依族】；❿天瑞和天婉兄妹婚【布依族】；⓫姜良和姜妹兄妹婚（姜良和姜妹兄妹，见"洪水幸存者"注释"姜良姜妹兄妹"）【侗族】；⓬公楼和萨当兄妹婚【侗族】；⓭波和南兄妹婚【独龙族】；⓮阿伏和阿兮兄妹婚【仡佬族】；⓯佐罗佐白兄妹婚【哈尼族】；⓰莫佐佐龙和莫佐佐梭兄妹婚【哈尼族】；⓱者比和帕玛兄妹婚【哈尼族】；⓲塔婆和哥哥兄妹婚【哈尼族】；⓳其卑和里收兄妹婚【哈尼族】；⓴纳得和阿依兄妹婚【哈尼族】；㉑塔用和睦耶兄妹婚【哈尼族】；㉒扎笛和娜笛兄妹婚【拉祜族】；㉓热尼搓拉和热娜兄妹婚【拉祜族】；㉔阿牟拨和阿牟玛兄妹婚【拉祜族】；㉕列喜列刹和沙喜沙刹兄妹婚【傈僳族】；㉖勒散和双散兄妹【傈僳族】；㉗西沙和勒沙兄妹婚【傈僳族】；㉘阿伐和黑黑兄妹婚【黎族】；㉙盘与古兄妹婚【毛南族】；㉚杨佬和杨芳兄妹婚【苗族】；㉛姜央和妮央兄妹婚【苗族】；㉜巴龙和德龙兄妹婚【苗族】；㉝阿几和妹兄妹婚【苗族】；㉞相两和相芒兄妹婚【苗族】；㉟志男和志妹兄妹婚【苗族】；㊱腊普和亚妮兄妹婚【怒族】；㊲勒阄和齿阄兄妹婚【怒族】；㊳木姐珠和玉比娃姐弟婚【羌族】；㊴盘哥和云囡兄妹婚【畲族】；㊵祖兄和先妹兄妹婚【畲族】；㊶阿虽兄妹婚【水族】；㊷布索和雍妮兄妹婚【土家族】；㊸阿可笔和阿大笔姐弟婚【土家族】；㊹达赛和牙远兄妹婚【佤族】；㊺刘三妹兄妹婚【瑶族】；㊻曲木惹牛兄妹婚【彝族】；㊼孪生的威志和米义兄妹婚【彝族】；㊽伏义和芝妹兄妹婚【壮族】；㊾却和江兄妹婚【壮族】

W 编码	母题描述			参照项	
	一级母题	二级母题	三级母题	汤普森	关联项
✳ **W7340**	**兄妹婚的结果**				
W7341		兄妹婚后繁衍人类			
W7342		兄妹婚生怪胎			【联1】①
W7343		兄妹婚后遭到惩罚			【民族，联2】②
W7344		兄妹婚后被驱逐			【汉族】
W7345		兄妹婚后离异			
W7345.1			兄妹婚后妹妹含羞逃走		【汉族】
W7346		兄妹婚后改变称呼			
W7346.1			兄妹结婚后不再称兄妹		【哈尼族】
W7347		与兄妹婚结果有关的其他母题			
W7347.1			兄妹婚后被赶到天上		【佤族】
W7348	与兄妹婚有关的其他母题				【联1】③
W7348.1		兄妹同居			【民族，例1】④
W7348.1.1			兄妹成婚不同床		【汉族】
W7348.2		同源的兄妹姐妹互婚⑤			【阿昌族】
W7348.2.1			9 对兄弟姐妹互婚		【鄂伦春族】
W7348.3		假的兄妹成婚			【民族，联1】⑥
W7348.4		特殊对象形成的兄妹婚			
W7348.4.1			王子和公主婚		【裕固族】
W7348.4.2			男子与鸡变的妹妹成婚		【民族，联1】⑦
✳ **W7350**	**姐弟婚**				【民族】⑧

① 【关联】［W2600］人生怪胎
② 【民族】高山族。【关联】❶［W8172.1］兄妹婚引发洪水；❷［W8587.3.3］兄妹结婚的秽气造成山崩地裂
③ 【关联】［W6517.4.1］兄妹不能结婚
④ 【民族】纳西族。【引例】以前，兄弟姐妹不是姐姐抱着弟弟过夜，就是妹妹找哥哥共宿【珞巴族】
⑤ 同源的兄妹姐妹互婚，此母题与"同胞多兄妹互婚"的区别在于，这里的"同源"只是强调互为兄妹的一些人来源于一个地方，如从葫芦中来，而同胞的兄妹则指他们来源于同一个母亲。
⑥ 【民族】汉族。【关联】［W7311.5］弄真成假的兄妹婚
⑦ 【民族】苗族。【关联】［W7463］人与鸡婚
⑧ 【民族】汉族、赫哲族、景颇族、珞巴族、傈僳族、满族、苗族、畲族、土家族、羌族、藏族

W 编码	母题描述			参照项	
	一级母题	二级母题	三级母题	汤普森	关联项
W7351	姐弟婚的原因（方法）①				
◎	〖**姐弟婚的类型**〗				【珞巴族】
W7352		同父母的姐弟婚			
W7352.1			始祖的直系孙姊弟二人婚		【高山族】
W7353		同父异母姐弟婚			【苗族】
W7354		有特定来历的姐弟婚			
W7354.1			神生的姐弟婚		【联1,例1】②
W7355		不知来历的姐弟婚			
W7356		其他类型的姐弟婚			
W7356.1			白天做姐弟晚上做夫妻		【民族,联1】③
W7357		有名字的姐弟婚			
W7357.1			与女娲有关的姐弟婚		【联1,例1】④
W7357.2			与盘古有关的姐弟婚		【例1】⑤
W7357.3			其他有姓名的姐弟婚		【例1】⑥
W7358	与姐弟婚有关的其他母题				

7.4.4　正常男女婚【W7360～W7379】

W 编码	母题描述			参照项	
	一级母题	二级母题	三级母题 ~	汤普森	关联项
✿ **W7360**	男女对偶婚				【白族、黎族】
W7361		1 对男女自然成婚			【鄂伦春族】
W7361.1			非兄妹的 1 对男女成婚		【汉族】

---

① 姐弟婚的原因（方法），该类母题情形与"兄妹婚的原因（方法）"相同，编码不再单独列出，可借用兄妹婚中的编码。
② 【关联】[W7200] 神的婚姻。【引例】天父地母生的姐弟婚【珞巴族】
③ 【民族】景颇族。【关联】[W7942.1] 白天为姊妹晚上做夫妻
④ 【关联】[W0682.2.1] 伏羲女娲兄妹婚。【引例】女娲伏羲姐弟婚【汉族】
⑤ 【引例】盘古与姐姐婚【汉族】
⑥ 【引例】姓高的两姐弟婚【汉族】

W 编码	母题描述			参照项	
	一级母题	二级母题	三级母题	汤普森	关联项
W7362		多对男女对偶婚			
W7362.1			100 对不同来源的男女对偶婚		【汉族】
W7363		特定时代的男女对偶婚			
W7363.1			第 13 代时男女相交不再出错		【哈尼族】
W7363.2			特定时代后的正常男女婚		【彝族】
W7364		与男女对偶婚有关的其他母题			
W7364.1			在只有一个女性的男性世界，其中一个男性与女子同居		【鄂伦春族】
W7364.2			两个女子生的后代成婚		【哈尼族】
❋ **W7365**	特殊来历的人对偶婚				
W7366		天降的 1 对男女婚			【佤族】
W7366.1			人与天上飞下的女人婚		【民族，联 1】①
W7367		造出的男女婚			【联 1】②
W7367.1			神造的男女成婚		【民族】③
W7367.2			泥人成活后结婚		【佤族】
W7367.3			人与造的女子婚		【普米族】
W7368		变化出的男女婚			
W7368.1			人与变化产生的人婚		【例 1】④
W7368.2			动物变成的男女婚		【联 1，例 1】⑤
W7368.3			植物变成的男女婚		【联 1，例 1】⑥
W7369		特定出生的男女婚			
W7369.1			动物生的男女婚		
W7369.2			植物生的男女婚		【例 2】⑦

① 【民族】德昂族。【关联】［W7267］人与天女婚
② 【关联】［W2030］人是造出来的（造人）
③ 【民族】鄂伦春族、傣族、蒙古族、汉族、景颇族、黎族
④ 【引例】女子与刀子变成的男子婚 【珞巴族】
⑤ 【关联】［W2315~2349］动物变化为人。【引例】狮子变成 1 男 1 女成婚 【傣族】
⑥ 【关联】［W2350~2359］植物变化为人。【引例】树叶变的男女婚 【德昂族】
⑦ 【引例】❶葫芦生的男女婚 【德昂族、黎族】；❷核桃果核生的男女婚 【苗族】

W 编码	母题描述			参照项	
	一级母题	二级母题	三级母题	汤普森	关联项
W7369.3			无生命物生的男女婚		【例3】①
W7370		灾难后的男女婚			
W7370.1			洪水遗民男女婚		【民族，联1】②
W7370.2			战争遗民男女婚		【蒙古族】
W7371		与特定来历的人的成婚有关的其他母题			
W7371.1			男子与葫芦生的女子成婚		【例1】③
❋ **W7372**	不同地方的男女成婚				
W7373		天上的人与地上的人成婚			【联2】④
W7374		本地男子与外地的女子成婚			【彝族】
W7374.1			男子找远方的女子做妻子		【壮族】
W7375		本地女子与外地的男子成婚			【联1】⑤
W7376		不同居住地的男女成婚			【例1】⑥
W7376.1			山上与山下的男女成婚		
◎	〖其他相关母题〗				
W7377	不同信仰的男女成婚				
W7377.1		不同教派的男女成婚			
W7378	与正常男女婚有关的其他母题				
W7378.1		人与感生的女子成婚			【傣族、汉族】
W7378.2		女子与长着狗头的男子婚			【白族】

① 【引例】❶水中生的男女自相交配【独龙族】；❷石头生的男子与金葫芦生的女子婚【哈尼族】；❸岩石生的男女婚【苗族】
② 【民族】羌族。【关联】［W8100］洪水
③ 【引例】男子与拾到的葫芦里出来的姑娘成婚【珞巴族】
④ 【关联】❶［W2015.3.1］天上的人❷［W7390］天上的人与地上的人通婚
⑤ 【关联】［W5928］女儿国
⑥ 【引例】东山小伙与西山女子成婚【汉族】

7.4.5　群体间的婚姻 【W7380 ~ W7389】

W 编码	母题描述			参照项	
	一级母题	二级母题	三级母题	汤普森	关联项
✿ **W7380**	不同族体的男女群婚				【民族，联2】①
✳ **W7381**	族外婚②			①≈A1553 ②T131.5	【民族，联1】③
W7382		男子与外族女子的婚姻			【阿昌族】
W7383		氏族间的婚姻			【怒族、彝族】
W7383.1			两个氏族间的婚姻		【例3】④
W7383.2			女子与外族男子婚		【例2】⑤
W7383.3			多个氏族间的婚姻		【苗族】
W7384		部落间的婚姻			
W7384.1			两个部落间的婚姻		
W7384.2			多个部落间的婚姻		
W7385		民族间的婚姻			【例1】⑥
W7385.1			两个民族间的婚姻		【例2】⑦
W7385.2			多个民族间的婚姻		【例1】⑧
W7386		与族外婚有关的其他母题			【联1】⑨
W7386.1			两个群体间的婚姻		
W7386.2			多个群体间的婚姻		
◎	〖**其他相关母题**〗				
W7387	家族间的婚姻				【柯尔克孜族】
W7387.1		两个家庭间的子女婚			【白族】

---

① 【民族】汉族。【关联】❶［W7954］群婚；❷［W7959］一夫一妻

② 族外婚，又称"外婚制"，是与婚姻制度中的"内婚制"概念相对而言的说法。这种婚制要求婚配者本人只能从自己所属的一定族群（社会集团）以外选择配偶。其具体实施会因不同的时代、民族、国家和地区有所差别。据人类学考古和神话所描述的有关情形推测，这种婚制的产生可能有如下几个原因，一是为了加强与周边族群的经济联系；二是为了克服诸如血缘兄妹婚之类婚姻造成的生育不繁的现象；三是本族内部两性关系引发的矛盾与冲突；四是战争合作关系的需要等。原始社会后期，由于人口增殖、氏族扩大和分化，有些氏族内的几个近亲集团之间可以互相通婚，而各近亲集团则实行明确的外婚制。多数认为这种婚制始于原始社会的母系氏族社会向父系氏族社会过渡阶段，正式形成于父系社会，最后被"对偶婚"所代替。

③ 【民族】高山族。【关联】［W7360 ~ W7379］正常男女婚

④ 【引例】❶石系与竹系两群始祖彼此通婚【高山族】；❷竹生的人和石生的人的孩子相互婚【高山族】；❸外来氏族与当地氏族通婚【怒族】

⑤ 【引例】❶公主与花狗族王子婚【傣族】；❷女猎神与一个外族的男子结婚【傈僳族】

⑥ 【引例】两兄弟与其他民族的女子婚【阿昌族】

⑦ 【引例】❶苗侗开亲【苗族】；❷珞巴族姑娘到工布地区与藏族青年结婚【珞巴族】

⑧ 【引例】3个保安族小伙分别与回族、蒙古族、藏族姑娘结婚【保安族】

⑨ 【关联】［W7374.1］男子找远方的女子做妻子

W 编码	母题描述			参照项	
	一级母题	二级母题	三级母题	汤普森	关联项
W7387.2		多个家庭转婚			【联1】①
W7388	村落间的婚姻				
W7388.1		女儿寨与男儿寨男女相互通婚			【民族，联1】②
W7389	与群体间的婚姻有关的其他母题				
W7389.1		群体间的婚姻矛盾			

7.4.6 与人的婚姻有关的其他母题 【W7390 ~ W7399】

W 编码	母题描述			参照项	
	一级母题	二级母题	三级母题	汤普森	关联项
◎	〖与人的婚姻有关的其他母题〗				
W7390	天上的人与地上的人通婚				【哈尼族、彝族】
W7391	名义上的婚姻				【联2】③
W7391.1		为创造人类形成的名义夫妻			【汉族】
W7392	人与特殊来历的人成婚				
W7392.1		人与卵生的女子成婚		T111.3	
W7392.2		男子与自己分身出的女子成婚			【维吾尔族，藏族】
W7392.3		女子与自己分身出的男子成婚			【藏族】
W7392.4		人与树生的人成婚			【民族，例2】④
W7392.5		人与造的女子婚			【普米族】
W7392.6		男子与不知来历的女子成婚			【彝族】
W7393	人与非人成婚			T111	【联2】⑤
W7393.1		人与动物特征的人婚			【联1，例1】⑥
W7394	特殊的人成婚				

---

① 【民族】布依族。【关联】［W5928］女儿国
② 【关联】［W7372］不同地方的男女成婚
③ 【关联】❶［W7356.1］白天做姐弟晚上做夫妻；❷［W7490］人与植物婚
④ 【民族】哈萨克族。【引例】❶黄帝娶树生的女子【汉族】；❷人与柳枝变的女子婚【满族】
⑤ 【关联】❶［W7401］人与动物婚；❷［W7490］人与植物婚
⑥ 【关联】［W2607］生动物特征的人。【引例】女子与长着狗头的人婚【白族】

W 编码	母题描述			参照项	
	一级母题	二级母题	三级母题	汤普森	关联项
W7394.1		造的人与奇特出生的人成婚			【回族】
W7394.2		不同的卵生的男女婚			【藏族】
W7394.3		矮人成婚		F451.6.5	【联1】①
W7394.4		人与矮人婚		T111.5	
W7395	同性婚				【联1】②
W7395.1		两个女子婚			
W7395.2		两个男子婚			【例1】③
W7395.3		无性别的人改造后婚			【例1】④
W7396	年龄悬殊的婚姻			T91.4	【联2】
W7396.1		老夫少妻			【联1】⑤
W7396.1.2			女子因丈夫年纪太大郁闷		【珞巴族】
W7396.2		老妻少夫			【民族，联1】⑥
W7396.3		与年龄悬殊的婚姻有关的其他母题			
W7396.3.1			年龄悬殊未婚		【民族，联1】⑦
W7397	人的其他奇特的婚姻				
W7397.1		人与超自然生物婚		T111	

① 【关联】［W2811］矮小的人（矮人）
② 【关联】［W7993.2］同性恋
③ 【引例】两男交合生人【高山族】
④ 【引例】将葫芦生的8人中的4人变成女人后婚【傣族】
⑤ 【关联】［W7102.2］结婚年龄男小女大
⑥ 【民族】珞巴族。【关联】［W7102.1］结婚年龄男大女小
⑦ 【民族】汉族。【关联】［W7072.2］因年龄悬殊拒婚

7.5 其他特殊的婚姻
【W7400 ~ W7539】

7.5.1 人与动物的婚配① 【W7400 ~ W7489】

W 编码	母题描述			参照项	
	一级母题	二级母题	三级母题	汤普森	关联项
✿ W7400	特殊的婚姻			T110	
✿ W7401	人与动物婚			B600	【联 2】②
W7402		人的动物丈夫			
W7403		人的动物妻子			
W7404		人的动物女婿			
W7405		人与其他动物婚			【例 1】③
W7405.1			人与多种动物婚		【民族，例 2】④
❋ W7406	人与动物婚的原因				【联 1】⑤
W7407		人与动物自然成婚			
W7408		因没有其他人只好与动物婚			
W7408.1			因女人国没男子只好与狗婚		【民族，联 1】⑥
W7409		人与动物因报恩成婚			
W7409.1			动物为报恩与人成婚		【民族，联 1，例 2】⑦
W7409.2			人为报恩与动物婚		【例 1】⑧

① 人与动物的婚配，在该类母题中的动物往往会带有图腾性质。从婚姻本质而言，人与动物只能是婚配，而不是婚姻，但神话叙事本质上表述的是人与该动物图腾的人结成的婚姻。为了表述的合理性，此类母题表述没有采用"××与××婚配"句式，而直接使用了"××与××婚"的表述方式。具体情形参见《中国神话母题 W7 编目实例》。

② 【关联】❶［W2450］人与动物婚生人；❷［W6290］动物图腾

③ 【引例】人的妻子曾与野猫、公山骡结为夫妻【纳西族】

④ 【民族】纳西族。【引例】❶祖先与多种动物婚【珞巴族】；❷女子与多种动物婚【怒族】

⑤ 【关联】［W7617］动物求婚

⑥ 【民族】珞巴族。【关联】［W7422］人与犬婚

⑦ 【民族】鄂伦春族。【关联】［W9429］动物报恩。【引例】❶龙女报恩与人成婚【达斡尔族】；❷人因救龙女得龙女为妻【纳西族】

⑧ 【引例】男子与救他的母狼婚【哈萨克族】

W 编码	母题描述			参照项	
	一级母题	二级母题	三级母题	汤普森	关联项
W7410		人被动物掠后成婚			【鄂温克族】
W7411		人有动物习性后与动物婚			
W7411.1			女子逃到森林后与猿猴成婚		【民族，联1】①
W7412		人为了生育与动物婚			【例1】②
W7413		人与动物成婚的其他原因			
W7413.1			人因身体原因与动物婚		【例1】③
W7413.2			女子因为嫁不出去与动物婚		【例1】④
✳ **W7415**	人与神性动物神婚				
W7416		人与神狗婚			
W7416.1			人与天狗婚		【汉族】
W7416.2			女子嫁神狗		【汉族】
W7417		人与神鸟婚			
W7417.1			男子与神鸟婚		【傣族】
W7417.2			女子与神鸟婚		
W7418		人与其他神性动物婚			
W7418.1			人与蛇精婚		【汉族】
W7418.2			人女与猴精婚		【汉族】
◎	〖人与哺乳动物婚〗			B601	
✳ **W7419**	人兽婚				
W7420		人兽婚的原因			【例1】⑤
W7420.1			人兽婚是因为人间没有女子		【拉祜族】
W7421		人兽婚的结果			

① 【民族】傈僳族。【关联】［W7426］人与猴婚
② 【引例】因兄妹婚无男，又与虎婚【白族】
③ 【引例】女子因身体畸形羞于见人与犬婚【高山族】
④ 【引例】女子嫁不出去只好嫁给乌鸦【珞巴族】
⑤ 【引例】两兄弟因找不到配偶与母猴交媾【拉祜族】

W 编码	母题描述			参照项	
	一级母题	二级母题	三级母题	汤普森	关联项
W7421.1			人兽婚生半人半兽的孩子		
W7421.2			人逃离兽穴		
❋ W7422	人与犬婚			①B601.2 ②B641.1	【哈尼族、珞巴族、藏族】
W7423		男子与犬婚			【例 1】①
W7424		女子与犬婚			【民族, 例 4】②
W7425		与人犬婚有关的其他母题			
W7425.1			人和犬下凡后成亲		【民族, 联 1, 例 1】③
❋ W7426	人与猴婚			B601.7	【拉祜族、珞巴族、彝族】
W7427		女子与猴婚			【民族, 例 2】④
W7427.1			女祖先与猴(猿)婚		【纳西族】
W7428		男子与猴婚			【民族, 例 1】⑤
W7428.1			男祖先与猴婚		【珞巴族】
W7429		与人猴婚有关的其他母题			【彝族】
W7429.1			男子与猿女婚		【布依族】
W7429.2			猴与它变出的女子婚		【藏族】
❋ W7430	人与虎婚			B601.9	【白族】
W7431		女子与虎婚			【民族, 例 1】⑥
W7431.1			人为传人种嫁虎		【珞巴族、彝族】
W7432		男子与虎婚			【汉族、彝族】
W7432.1			人与母虎婚		【壮族】
W7433		与人虎婚有关的其他母题			
W7433.1			男子与变成人的虎婚		【汉族】
❋ W7434	人与狐狸婚			B601.14	
W7435		男子与狐狸婚			【彝族、鄂温克族】
W7436		女子与狐狸婚			【达斡尔族】

---

① 【引例】男祖先与狗配婚【珞巴族】

② 【民族】鄂温克族、古突厥、汉族、柯尔克孜族、瑶族。【引例】❶公主与小黄狗婚【黎族】；❷女子与神狗盘瓠婚【苗族】；❸女子与龙犬婚【畲族】；❹女子与会放牧的白狗婚【裕固族】

③ 【民族】黎族。【关联】［W7125］结婚有特定的地点。【引例】天女与天狗相爱

④ 【民族】汉族、纳西族。【引例】❶老太婆与神仙变的公猴婚【鄂伦春族】；❷女子因男人外出与猴婚【鄂温克族】

⑤ 【民族】珞巴族。【引例】两兄弟与母猴结婚【拉祜族】

⑥ 【民族】赫哲族、土家族、彝族。【引例】女子与虎婚得到柴和肉【珞巴族】

W 编码	母题描述			参照项	
	一级母题	二级母题	三级母题	汤普森	关联项
W7437		与人狐婚有关的其他母题			
❋ **W7438**	人与狼婚			B601.16	
W7439		男子与狼婚			【民族，例1】①
W7439.1			弃儿与狼婚		【民族，联1】②
W7440		女子与狼婚			
W7440.1			女子与人变成的狼婚		【蒙古族、锡伯族】
W7441		与人狼婚有关的其他母题			
❋ **W7442**	人与鹿婚			B601.10	
W7443		男子与鹿婚			【民族，例2】③
W7443.1			猎人与鹿婚		【赫哲族】
W7444		女子与鹿婚			
W7445		与人鹿婚有关的其他母题			
W7445.1			人变鹿后与鹿婚	B648	
❋ **W7446**	人与牛婚				
W7447		男子与牛婚			【例2】④
W7447.1			人与母牛婚		【佤族】
W7448		女子与牛婚			【例1】⑤
W7449		与人牛婚有关的其他母题			
W7449.1			女子变牛后与牛婚		【珞巴族】
❋ **W7450**	人与兔婚			B601.13	【例1】⑥
W7451		男子与兔婚			【鄂伦春族】
W7452		女子与兔婚			
W7453		与人兔婚有关的其他母题			
❋ **W7454**	人与熊婚			B601.1	
W7455		男子与熊婚			【民族】⑦

① 【民族】彝族。【引例】砍掉四肢的人与救他的母狼婚【哈萨克族】
② 【民族】古突厥。【关联】［W2670］弃婴（弃儿）
③ 【民族】柯尔克孜族、赫哲族、满族。【引例】❶猎人与梅花鹿变的姑娘婚【达斡尔族】；❷猎人与鹿变成的姑娘婚【黎族】
④ 【引例】❶ 小伙与会变白兔的姑娘婚【回族】；❷ 男祖先与牛配婚【珞巴族】
⑤ 【引例】女巫与牤牛婚【蒙古族】
⑥ 【引例】小伙与会变白兔的姑娘婚【回族】
⑦ 【民族】鄂伦春族、鄂温克族、撒拉族

W 编码	母题描述			参照项	
	一级母题	二级母题	三级母题	汤普森	关联项
W7455.1			猎人与母熊婚		【鄂温克族、满族】
W7456		女子与熊婚		B601.1.1	【民族】①
W7456.1			女子与白熊婚		【羌族、维吾尔族】
W7456.2			女子与人熊婚		【仫佬族】
W7457		与人熊婚有关的其他母题			【联2，例1】②
W7457.1			人熊婚后经多次考验熊被人们认可		【民族，联1】③
W7458	人与其他哺乳动物婚				
W7458.1		人与豹婚		B601.4	
W7458.2		人与猫婚		B601.12	
W7458.2.1			男子与猫婚		【鄂伦春族】
W7458.3		人与马婚			【联1】④
W7458.4		人与鼠婚		①B601.3 ②B601.3.1	【毛南族】
W7458.4.1			祖先与鼠婚		【珞巴族】
W7458.4.2			女子与鼠婚		【白族】
W7458.5		人与象婚		B601.5	
W7458.6		人与羊婚			【壮族】
W7458.6.1			男子与羊婚		【珞巴族、蒙古族】
W7458.6.2			人与羊变的女子婚		【民族，联1】⑤
W7458.7		人与猪婚		B601.8	【珞巴族】
◎	〖人与鸟类动物婚⑥〗			B602	
W7460	人与鸟婚				
W7460.1		人与鸟变的女子婚			【民族，联1】⑦
W7460.2		人有两个鸟妻子			【珞巴族】
W7461	人与鹅婚			B602.6	

① 【民族】达斡尔族、蒙古族、赫哲族、傈僳族、珞巴族、仫佬族、怒族、维吾尔族
② 【关联】❶〔W2454〕人与熊婚生人；❷〔W7619.1〕熊作为求婚者。【引例】熊与两个女子合欢交配【满族】
③ 【民族】仫佬族。【关联】〔W7700〕婚姻难题考验
④ 【关联】〔W7619.2〕马作为求婚者
⑤ 【民族】蒙古族。【关联】〔W7900〕婚前变形
⑥ 人与鸟类动物婚，一些神话叙述会飞的动物时常常用动物冠名的"仙女"之类的词语，考虑到这些神话突出的是动物的特征，故归为人与动物婚类型。
⑦ 【民族】苗族。【关联】〔W7900〕婚前变形

W 编码	母题描述			参照项	
	一级母题	二级母题	三级母题	汤普森	关联项
W7462	人与鸽婚			B602.3	
W7463	人与鸡婚				【联1，例1】①
W7463.1		人与母鸡变的女子婚			【民族，联1】②
W7464	人与天鹅婚				【民族，例1】③
W7464.1		人与天鹅化作的女子婚			【蒙古族】
W7464.2		猎人与天鹅姑娘婚			【回族】
W7465	人与乌鸦婚				【例2】④
W7466	人与鸭婚				
W7466.1		孤儿与鸭姑娘婚			【鄂温克族】
W7467	人与鹰婚				【民族，例1】⑤
W7468	人与其他鸟类婚				
W7468.1		猎人与白鹭变成的姑娘婚			【彝族】
W7468.2		人与画眉鸟婚			
W7468.2.1			男子与画眉鸟婚		【汉族】
W7468.3		人与白水鸟婚			【满族】
W7468.4		人与猫头鹰婚			
W7468.4.1			人女与猫头鹰婚		【珞巴族】
◎	《人与水中动物婚》				
W7470	人与鱼婚			B603	【民族，例1】⑥
W7470.1		男子与鱼婚			
W7470.1.1			男子与金鱼婚		【朝鲜族、汉族、藏族】
W7470.1.2			男子与鲤鱼婚		【汉族、基诺族】
W7470.2		女子与鱼婚			【珞巴族】
W7470.2.1			女子与鲭鱼婚		【壮族】
W7470.2.2			女子与红鲤鱼婚		【水族】
W7471	人与蚌婚				【汉族】
W7472	人与螺婚				

① 【关联】［W7348.4.2］男子与鸡变的妹妹成婚。【引例】阿巴达尼（珞巴族祖先）与黄母鸡结婚【珞巴族】
② 【民族】蒙古族。【关联】［W7900］婚前变形
③ 【民族】蒙古族、裕固族。【引例】牧羊人与天鹅变的姑娘婚【哈萨克族】
④ 【引例】❶女子嫁不出去只好嫁给乌鸦【珞巴族】；❷阿巴达尼（珞巴族男祖先）与乌鸦结婚【珞巴族】
⑤ 【民族】蒙古族。【引例】人与山鹰变成的姑娘婚【仫佬族】
⑥ 【民族】独龙族。【引例】牛郎与龙王的白鱼公主婚【仡佬族】

W 编码	母题描述			参照项	
	一级母题	二级母题	三级母题	汤普森	关联项
W7472.1		人与田螺姑娘婚			【朝鲜族、汉族】
W7472.2		人与螺蛳姑娘婚			【布朗族、毛南族】
W7473	人与鳄婚				
W7473.1		女子与鳄婚			【壮族】
◎	〖 人 与 两 栖、 爬 行 动 物 婚 〗				
W7474	人与龟婚			B604.2	
W7474.1		男子与龟婚			
W7474.2		女子与龟婚			【例1】①
W7475	人与蛇婚			B604.1	
W7475.1		男子与蛇婚			【民族，例1】②
W7475.1.1			小伙与蛇的女儿婚		【回族】
W7475.2		女子与蛇婚		R111.1.5	【民族，例2】③
W7475.2.1			女子与蛇变的男子婚		【布依族、满族】
W7475.3		人与特定的蛇婚			
W7475.3.1			人与长角的蛇婚		【例1】④
W7475.3.2			人与双头蛇婚		
W7475.3.3			人与青蛇婚		【例1】⑤
W7475.3.4			人与百步蛇婚		【例1】⑥
W7475.3.5			人与大花蛇婚		【例1】⑦
W7475.4		与人蛇婚有关的其他母题			【联1】⑧
W7475.4.1			人与蟒蛇婚		【例1】⑨
W7475.4.2			蛇郎救女获妻		【民族，联1】⑩
W7476	人与蛙婚			B604.4	【珞巴族】
W7476.1		男子与蛙婚			【珞巴族、锡伯族、壮族】

① 【引例】龟变成人与女子婚 【黎族】
② 【民族】满族、回族、珞巴族。【引例】猎人与蛇婚 【鄂温克族】
③ 【民族】布朗族、傣族、仡佬族、汉族、黎族、土家族。【引例】❶女子与蛇王婚 【珞巴族、裕固族】；❷蛇变小伙 与砍柴女婚 【怒族】
④ 【引例】女萨满与两角蛇婚 【鄂温克族】
⑤ 【引例】一个女子与青蛇婚 【白族】
⑥ 【引例】一个女子与百步蛇婚 【高山族】
⑦ 【引例】一个女子与大花蛇婚 【仫佬族】
⑧ 【关联】［W7418.1］人与蛇精婚
⑨ 【引例】祖先与蟒蛇婚 【珞巴族】
⑩ 【民族】瑶族。【关联】［W7693］救美式成婚

W 编码	母题描述			参照项	
	一级母题	二级母题	三级母题	汤普森	关联项
W7476.2		女子与蛙婚			【土族、壮族】
W7476.2.1			王子与青蛙公主婚		【俄罗斯族】
W7476.3		青蛙变成小伙与姑娘婚			【民族,联1,例1】①
W7476.4		蛙变成的姑娘与小伙婚			【民族,联1】②
W7476.5		人与蛤蟆婚			【东乡族】
W7476.5.1			女子与蛤蟆变成的小伙婚		【东乡族、土族、彝族】
W7476.5.2			蛤蟆通过显示本领娶妻		【哈尼族】
W7477	人与其他特定动物婚				
W7477.1		人与蚯蚓婚			【高山族】
W7477.2		人与苍蝇婚			【珞巴族】
W7477.3		人与虫婚			
W7477.3.1			女子与昆虫婚		【白族】
W7477.3.2			祖先与虫豸婚		【珞巴族】
W7477.4		人与蚂蚁婚			【仡佬族】
W7477.4.1			人与蚂蚁姑娘婚		
W7477.5		人与蝴蝶婚			【珞巴族】
W7477.5.1			人与蝴蝶姑娘婚		【怒族】
W7477.6		人与蜈蚣婚			【珞巴族】
W7477.6.1			人与四脚蜈蚣婚		【怒族】
◎	〖人与想象的动物婚〗				
✳ **W7478**	人与龙婚③			B11.12.7	
W7479		男子与龙女婚			【民族,联1,例3】④
W7479.1			人与龙女相爱		【民族,联1】⑤
W7479.2			渔夫与龙女婚		【汉族】
W7479.3			孤儿与龙女婚	T118.2	【民族】⑥
W7479.4			放牛郎与龙女婚		
W7479.5			牧羊人与龙女婚		【藏族】

---

① 【民族】德昂族。【关联】［W7900］婚前变形。【引例】神蛙变小伙后与公主结婚【壮族】

② 【民族】瑶族、壮族。【关联】［W7900］婚前变形

③ 人龙婚,该母题是一个有争议的问题。在许多神话中"龙"既是一个有图腾性质的动物,有时也可能作为一个被崇拜的"神"。这里主要依据"龙"的外在表象,将"龙"、"龙女"、"龙子"等的婚恋叙事归为此类型。

④ 【民族】傣族、蒙古族、汉族、傈僳族、满族、苗族、怒族、佤族、彝族、藏族。【关联】［W0535.3］龙女。【引例】❶龙女向人求婚【毛南族】;❷因兄妹不肯婚哥哥与龙女婚【怒族】;❸凤凰蛋生的男孩与龙女婚【畲族】

⑤ 【民族】汉族。【关联】［W7130］性爱

⑥ 【民族】侗族、黎族、苗族、怒族、佤族

W 编码	母题描述			参照项	
	一级母题	二级母题	三级母题	汤普森	关联项
W7480		女子与龙婚			【民族，例3】①
W7480.1			龙变小伙与凡女婚		
W7480.2			女子被龙救后结为夫妻	'	【白族】
W7481		与人龙婚有关的其他母题			
W7481.1			人与龙交配		【彝族】
W7481.2			恶龙抢凡女		
✳ **W7482**	人 与 凤 凰 婚（人与凤婚）				
W7483		男子与凤凰婚			【水族】
W7483.1			牛郎与凤凰婚		【汉族】
W7483.2			人与凤凰变成的姑娘婚		【回族】
W7484		与人凤婚有关的其他母题			
W7485	人与其他想象的动物婚				
W7485.1		人与麒麟婚			
W7485.1.1			女子与龙麟婚		【畲族】
W7485.1.2			人与龙变的麒麟婚		【畲族】
◎	〖**其他相关母题**〗				
W7486	人与动物婚的条件				
W7487		动物先变形后与人婚			【联1】②
W7487.1			动物要先变成人才能与人婚		【畲族】
W7487.2			女子与变成人的虎结婚		【民族，联1】③
W7487.3			女子与变成人的熊结婚		【民族，联1】④
W7487.4			女子与变成人的犬婚		【民族，联1】⑤
W7488		人与动物婚的其他条件			

---

① 【民族】侗族、傣族、苗族、壮族。【引例】❶女子与黄龙变成的男子婚【白族】；❷最小的妹妹与龙婚【黎族】；
　❸公主与龙王婚【畲族】
② 【关联】［W7900］婚前变形
③ 【民族】傈僳族、彝族。【关联】［W7430］人与虎婚
④ 【民族】傈僳族、彝族。【关联】［W7454］人与熊婚
⑤ 【民族】汉族。【关联】［W7422］人与犬婚

W 编码	母题描述			参照项	
	一级母题	二级母题	三级母题	汤普森	关联项
W7488.1			人变动物后与动物婚		【联1，例1】①
W7488.2			小伙烧掉动物变成的姑娘的羽衣后成婚		【民族，联1】②
W7488.3			小伙藏动物变成的姑娘的羽衣后成婚		【民族，联1】③
W7488.4			盗孔雀衣成婚		【汉族】
W7489	与人与动物婚有关的其他母题				【联3】④
W7489.1		特定的人与动物婚			
W7489.1.1			姐妹中年龄最小的嫁动物		【怒族】
W7489.2		人与特定的卵婚			【例1】⑤
W7489.3		人与动物婚的结果			
W7489.3.1			人与动物婚得到财物		【例1】⑥
W7489.3.2			人与动物婚的孩子	B631	【例1】⑦
W7489.4		人对婚动物的惩罚			
W7489.4.1			女子惩罚猴		【汉族】
W7489.5		人与动物婚的解除			
W7489.5.1			动物得到皮后逃走		【例1】⑧

7.5.2 人与植物的婚配 【W7490 ~ W7499】

W 编码	母题描述			参照项	
	一级母题	二级母题	三级母题	汤普森	关联项
✳ **W7490**	**人与植物婚**			T117.10	
W7491	人与树婚			T117.5	【傈僳族】
W7491.1		男子与柳枝婚			【满族】

① 【关联】［W7449.1］女子变牛后与牛婚。【引例】人变成虎后与母虎婚【汉族】
② 【民族】达斡尔族、藏族。【关联】［W7624.1］男子获得动物女子的羽衣后成婚
③ 【民族】蒙古族。【关联】［W7624.1］男子获得动物女子的羽衣后成婚
④ 【关联】❶［W7617］动物求婚；❷［W7619.1］熊作为求婚者；❸［W7619.2］马作为求婚者
⑤ 【引例】女子与鸡蛋婚【珞巴族】
⑥ 【引例】女子与老虎结为夫妻得到很多柴火和肉【珞巴族】
⑦ 【引例】人熊婚生熊孩【鄂温克族】
⑧ 【引例】虎妻得到虎皮后逃走【汉族】

W 编码	母题描述			参照项	
	一级母题	二级母题	三级母题	汤普森	关联项
W7491.2		人与竹婚			【珞巴族】
W7492	人与花婚			T117.6	
W7493	人与草婚				
W7493.1		人与人参婚			【汉族】
W7493.2		人与灵芝姑娘婚			【锡伯族】
W7494	人与瓜果婚				
W7494.1		人与葫芦婚		T117.7	
W7494.2		人与橘子婚			【汉族】
W7495	人与其他植物婚				
W7496	与人与植物婚有关的其他母题				
W7496.1		灵芝菌变成姑娘与猎人婚			【民族，联1】①

7.5.3　人与自然物、无生命物的婚配【W7500 ~ W7509】

W 编码	母题描述			参照项	
	一级母题	二级母题	三级母题	汤普森	关联项
❋ **W7500**	人与自然物婚				
W7501		人与日月婚			
W7502		人与太阳婚			【例1】②
W7502.1			祖先与太阳的女儿婚		【珞巴族】
W7502.2			男子与太阳姑娘婚		【藏族】
W7502.3			女子与太阳婚	A736.7.1	【布依族】
W7503		人与月亮婚		A753.1.5	
W7503.1			凡间男子与月亮婚	A753.1.4	【藏族】
W7503.2			人与月亮公主婚		【布依族】
W7504		人与星星婚			【例1】③
W7504.1			星星娶凡女为妻	A762.1	
W7504.2			凡人与星女婚	A762.2	【藏族】
W7504.3			女子与星星婚		【布依族】
W7505		与人与自然物婚有关的其他母题			

① 【民族】彝族。【关联】［W7900］婚前变形
② 【引例】孤儿与太阳的女儿婚【景颇族】
③ 【引例】人与星星变成的女子成婚【黎族】

W 编码	母题描述			参照项	
	一级母题	二级母题	三级母题	汤普森	关联项
W7505.1			人与石婚		【民族，例2】①
W7505.2			人与水婚		【例1】②
W7505.3			人与河流婚	T117.9	【例1】③
W7505.4			人与风婚		
✳ **W7506**	**人与无生命物的婚配**			T117	
W7507		人与刀（剑）婚		T117.2	
W7507.1			女子与刀子婚		【联1，例1】④
W7508		人与鼓婚		≈T117.3	
W7509		与人与无生命物婚有关的其他母题			
W7509.1			人与雕塑婚	T117.11	
W7509.2			人与木臼婚		【珞巴族】

7.5.4 动物之间的婚配【W7510～W7529】

W 编码	母题描述			参照项	
	一级母题	二级母题	三级母题	汤普森	关联项
✿ **W7510**	**动物的婚配**			B280	【联1】⑤
✳ **W7511**	**神性动物婚配**				【联1】⑥
W7512		龙凤成婚			
W7513		神龟与神蛇婚			【民族，联1】⑦
W7514		其他神性动物婚			
✳ **W7515**	**哺乳动物的婚配**				
W7516		老虎成婚		B281.11	
W7517		老鼠成婚		B281.2	【汉族】
W7518		猴子成婚			
W7518.1			雄弥猴与雌岩猩婚		【藏族】
W7519		马成婚			【民族，例1】⑧
W7520		其他哺乳动物婚			

① 【民族】珞巴族。【引例】❶女始祖与石头婚【纳西族】；❷与人婚的石头像男人【纳西族】
② 【引例】混沌人与水滴婚【藏族】
③ 【引例】人与天河婚【布依族】
④ 【关联】[W6345.1] 刀子图腾。【引例】女子与刀子变成的男青年结为夫妻【珞巴族】
⑤ 【关联】[W7166] 动物的交配
⑥ 【关联】[W7249.1] 神性动物的婚姻
⑦ 【民族】汉族。【关联】[W7163.3] 神龟与天蟒相交
⑧ 【民族】彝族。【引例】天降的神马与地上的马王婚【藏族】

W 编码	母题描述			参照项	
	一级母题	二级母题	三级母题	汤普森	关联项
W7520.1			狗与猴婚		【土族】
W7520.2			狼与犬婚		【藏族】
W7520.3			熊儿与虎女婚		【傣族】
❋ **W7521**	**其他动物婚**				
W7522		鸟的婚配		B282	【例1】①
W7522.1			公鸡母鸡成婚	B282.21	
W7522.2			猫头鹰与猫成婚	B282.4.2	
W7522.3			蝙蝠骗鸟成婚		【民族，联1】②
W7523		鱼的婚配		B283	
W7524		青蛙的婚配		B284.1	
W7524.1			蛙与鼠婚	B284.1.1	
W7525		蛇的婚配			
W7525.1			龟与蛇婚		【联2】③
W7526		昆虫的婚配			
W7527	其他特殊动物之间的婚配			B670	
W7527.1		龙女与鸟婚			【民族，联1】④
W7528	与动物婚有关的其他母题				
W7528.1		动物与无生命物婚			
W7528.1.1			青蛙与月亮婚		【傣族】
W7528.1.2			龙与太阳婚		【傣族】
W7528.1.3			蝴蝶与泡沫婚		【苗族】

7.5.5　与特殊婚配有关的其他母题【W7530～W7539】

W 编码	母题描述			参照项	
	一级母题	二级母题	三级母题	汤普森	关联项
W7530	**植物的婚配**			B286	
W7530.1		蒜和葱婚		B286.1	
❋ **W7531**	**无生命物之间的婚配**				

---

① 【引例】乌鸦与鹰婚【彝族】
② 【民族】珞巴族。【关联】［W7070］骗婚
③ 【关联】❶［W7163.3］神龟与天蟒相交；❷［W7166.1］龟蛇交配
④ 【民族】德昂族。【关联】［W0535.3］龙女

W 编码	母题描述			参照项	
	一级母题	二级母题	三级母题	汤普森	关联项
W7532		天地婚		A702.5	【民族，联1，例1】①
W7532.1			天是丈夫地是妻子		【珞巴族】
W7532.2			天郎与地女结婚		【珞巴族】
W7532.3			天向地求婚		【民族，联1】②
W7533		日月婚		A736.1.4	【民族】③
W7533.1			月亮哥哥与太阳妹妹成婚	A751.5.2.1	
W7533.2			男月亮和女太阳婚		【门巴族】
W7533.3			月亮是太阳的妻子	A753.1.4.2	
W7533.4			太阳的儿子与月亮的女儿婚		【珞巴族】
W7533.5			人类反对日月婚		【民族，联1】④
W7534		太阳与大地婚			【民族，例1】⑤
W7535		两山成婚			【汉族、苗族】
W7535.1			山与山谷婚		【苗族】
W7536		与无生命物婚配有关的其他母题			【例1】⑥
W7536.1			白云与黑云婚		【彝族】
W7536.2			无生命物婚配的解除		【例1】⑦
W7537	**其他异类间的婚配**				
W7537.1		太阳与龙女婚			【民族，联1】⑧
W7537.2		星星与鸟婚			【联2，例1】⑨
W7537.3		星星与鱼婚			【珞巴族】

---

① 【民族】门巴族、佤族。【关联】［W7167.1］天与地交合。【引例】天与地婚后住在一起【珞巴族】

② 【民族】珞巴族。【关联】［W7600］求婚（求爱）

③ 【民族】布朗族、汉族、羌族、瑶族、裕固族

④ 【民族】羌族。【关联】［W6517］婚姻禁忌

⑤ 【民族】黎族。【引例】天神不让太阳与大地婚【哈萨克族】

⑥ 【引例】铁水和石水结婚【傣族】

⑦ 【引例】降天火后两山解除婚【汉族】

⑧ 【民族】傣族。【关联】［W0535.3］龙女

⑨ 【关联】❶［W6301］鸟图腾；❷［W6340～W6349］自然物与无生命物图腾。【引例】星星的女儿嫁给猫头鹰【珞巴族】

7.6 婚配的条件与实现

【W7540 ~ W7699】

7.6.1 与指令、裁决有关的婚姻【W7540 ~ W7559】

W 编码	母题描述			参照项	
	一级母题	二级母题	三级母题	汤普森	关联项
✿ W7540	指令成婚（奉旨成婚）				【汉族】
※ W7541	神的指令成婚（神谕成婚）				【例1】①
W7542		按天神的指令成婚			【民族】②
W7543		按上帝的指令成婚			【哈萨克族、黎族】
W7544		按创世主的指令婚姻			【民族，联1】③
W7545		与按神的指令成婚有关的其他母题			【例2】④
W7545.1			玉皇大帝旨意成婚		【民族，联1】⑤
W7545.2			神为兄妹种出情和爱后成婚		【民族，联2】⑥
※ W7546	神性人物安排成婚				
W7547		按神仙旨意成婚			
W7548		按观音旨意成婚			【例1】⑦
W7549		按造物者旨意成婚			【例1】⑧
W7550		按其他神性人物的安排成婚			
W7550.1			天使安排婚姻		【回族】

---

① 【引例】兄妹通过神谕婚【哈尼族】
② 【民族】仡佬族、汉族、拉祜族、苗族
③ 【民族】哈萨克族。【关联】［W7001］婚姻的产生
④ 【引例】❶太阳神令兄妹成婚【高山族】；❷兄妹征询太阳的意见后结婚【高山族】
⑤ 【民族】汉族。【关联】［W0777］玉皇大帝
⑥ 【民族】哈尼族。【关联】❶［W7130］性爱；❷［W7300］兄妹婚
⑦ 【引例】兄妹尊观音旨意结婚【白族】
⑧ 【引例】造人者命令所造的男女成婚【汉族】

W 编码	母题描述			参照项	
	一级母题	二级母题	三级母题	汤普森	关联项
W7550.2			玉母安排成婚		【汉族】
W7550.3			佛祖安排成婚		【例2】①
W7550.4			花婆安排成婚		【毛南族、壮族】
✳ W7551	其他特定的人安排成婚				
W7552		按神职人员的安排成婚			
W7552.1			萨满安排婚姻		【满族】
W7552.2			按喇嘛的意图定婚姻		【例1】②
W7552.3			请阿訇后成婚		【东乡族】
W7553		按父母的安排成婚			【民族，联1，例2】③
W7553.1			按父亲的指令成婚	≈T131.1.2	【汉族】
W7553.2			父亲让儿女互婚		【民族，联1】④
W7553.3			母亲为儿子娶妻		【珞巴族】
W7554		按其他亲属的安排成婚			
W7554.1			舅舅是婚姻裁决者		【联1，例1】⑤
W7555		与特定的人安排成婚有关的其他母题			
W7555.1			首领指令成婚		
W7555.2			族长指令成婚		
◎	〖其他相关母题〗				
W7556	当事人自己决定婚姻				
W7556.1		女子决定自己的婚姻			【东乡族】
W7556.1.1			女子发誓嫁给第一个做出特定行为的人	M138	【联2】⑥
W7556.1.2			女子发誓只嫁给有功业的男人	M145	【联3】⑦
W7556.2		男子决定自己的婚姻			

① 【引例】❶释迦牟尼指令成婚【裕固族】；❷佛陀点化猴子与魔女婚【藏族】
② 【引例】按喇嘛的意图人与仙女婚【土族】
③ 【民族】黎族。【关联】［TPS：T131.1.3］儿女反对父命安排的婚姻。【引例】❶父母干涉女儿婚姻【哈尼族】；❷尧嫁女与舜【汉族】
④ 【民族】苗族、彝族。【关联】［W7300］兄妹婚
⑤ 【关联】［W5152］舅舅（叔父）。【引例】天神的婚姻由舅舅决定【羌族】
⑥ 【关联】❶［W5976］誓约；❷［W7112］女子择偶
⑦ 【关联】❶［W7112］女子择偶；❷［W7667］求婚者立功考验；❸［W7818］婚前立功难题

W 编码	母题描述			参照项	
	一级母题	二级母题	三级母题	汤普森	关联项
W7557	与婚姻的指令、裁决有关的其他母题				
W7557.1		婚姻的审判者			【苗族】
W7557.2		强令性婚配			【珞巴族】
W7557.3		无明确指使者的受命成婚			【蒙古族】
W7557.4		请示后成婚			【联2】①
W7557.4.1			祈祷文化始祖后成婚		【例1】②
W7557.5		赐婚			【例2】③
W7557.5.1			首领赐婚		
W7557.5.2			因有功赐婚		【汉族】

7.6.2　与媒人、劝说有关的婚姻【W7560～W7599】

W 编码	母题描述			参照项	
	一级母题	二级母题	三级母题	汤普森	关联项
✿ **W7560**	媒人			T53	
✿ **W7561**	媒人的产生				【联1】④
※ **W7562**	神或神性人物做媒人				【联1】⑤
W7563		神做媒人			【布朗族】
W7563.1			天神做媒人		
W7563.2			山神做媒人		【例1】⑥
W7563.3			土地神做媒人		【汉族、毛南族】
W7564		月亮老人做媒人（月老）			
W7565.2			月老的红线		【汉族】
W7565		与神与神性人物做媒人有关的其他母题			【联1】⑦

① 【关联】❶［W7552.3］请阿訇后成婚；❷［W7875］婚前要询问特定的人
② 【引例】祈祷盘古后成婚【汉族】
③ 【引例】❶神赐婚【汉族】；❷父亲赐婚
④ 【关联】［W6636］婚姻请媒人的来历
⑤ 【关联】［W7582］神或神性人物劝婚
⑥ 【引例】山神做人仙成婚的媒人【水族】
⑦ 【关联】［W0713.3.2］女娲做媒人

W 编码	母题描述			参照项	
	一级母题	二级母题	三级母题	汤普森	关联项
W7565.1			太白金星做媒人		【例2】①
W7565.2			天仙做媒人		【回族】
W7565.3			圣人做媒人	T53.3	
❈ **W7566**	特定的人做媒人				【联1】②
W7567		长辈做媒人			
W7567.1			父母做媒人		
W7567.2			公公做媒人		【纳西族】
W7568		特定职业者做媒人			
W7568.1			巫师做媒人		
W7568.2			占卜师做媒人		【汉族】
W7568.3			理发师做媒人	T53.5	
W7569		其他特定的人做媒人			【联1】③
W7569.1			长相奇特的人做媒人		
W7569.2			残疾人做媒人		
❈ **W7570**	动物做媒人（动物帮人求婚）			B582	
W7571		蜂做媒人			
W7571.1			蜜蜂做媒人	B582.2.4	【联1】④
W7571.2			野蜂做媒人		【例1】⑤
W7572		龟做媒人			【汉族】
W7573		其他动物做媒人			
W7573.1			蛇做媒人		【汉族】
W7573.2			大雁做媒人		【赫哲族】
W7573.3			天鹅做媒人	B582.2.3	【联1】⑥
W7573.4			青蛙做媒人		【水族】
❈ **W7574**	植物做媒人				
W7575		特定的树做媒人			【彝族】
W7575.1			松树做媒人		【仫佬族】
W7575.2			梅树做媒人		【白族】
W7576		花草做媒人			【汉族】

① 【引例】❶太白金星做玉帝婚姻的媒人【汉族】；❷太白金星做兄妹婚的媒人【汉族】
② 【关联】［W7551］其他特定的人的安排成婚
③ 【关联】［W7627］求婚的帮助者
④ 【关联】［W3474.4］蜜蜂是信使
⑤ 【引例】野蜂为身居两处的兄妹牵线搭桥【珞巴族】
⑥ 【关联】［W3362.3］天鹅是信使

W 编码	母题描述			参照项	
	一级母题	二级母题	三级母题	汤普森	关联项
W7577		与植物做媒人有关的其他母题			
W7578	自然物或无生命物做媒人				
W7578.1		太阳做媒人			【水族】
W7578.2		月亮做媒人			【水族】
W7578.3		石狮做媒人			【汉族】
W7579	与媒人有关的其他母题				【联2】①
W7579.1		特定的事为媒			
W7579.2		岳父让求婚者请媒人			【朝鲜族】
W7579.3		媒人主动劝婚			
W7579.4		婚前找媒人			【联1】②
✿ **W7580**	劝婚③				
✿ **W7581**	劝婚者				【联1】④
❋ **W7582**	**神或神性人物劝婚**				
W7583		天神劝婚			【民族,联1,例1】⑤
W7583.1			女天神劝婚		【普米族】
W7583.2			天婆托梦劝婚		【彝族】
W7583.3			神变鸟劝婚		【民族,联1】⑥
W7584		雷公劝婚			【民族,联1】⑦
W7584.1			雷公劝婚时证明自己的身份		【黎族】
W7584.2			雷公劝兄妹婚		【民族,联2,例1】⑧
W7585		神仙劝婚		≈ F347	【民族,联2】⑨
W7585.1			仙人劝婚		【民族,例4】⑩

① 【关联】❶ ［W9066.1］魔物（法）为女子招夫；❷［W9066.2］魔物（法）为男子招妻
② 【关联】［W7996.3］没有媒人不能婚姻（无媒不婚）
③ 劝婚,该母题常常与"媒人"联系在一起,有些带有特殊的文化含义。"劝婚"有时还与巫觋、占卜、动植物图腾有关,故在此特别列出编码。
④ 【关联】［W7560］媒人
⑤ 【民族】仡佬族、哈尼族、苗族、羌族。【关联】［W0182］天神。【引例】兄妹经天神同意后成婚【白族】
⑥ 【民族】彝族。【关联】［W7593］鸟劝婚
⑦ 【民族】布依族、京族、黎族、苗族、瑶族、壮族。【关联】［W0305］雷神
⑧ 【民族】彝族、壮族。【关联】❶［W0305］雷神；❷［W7300］兄妹婚。【引例】雷公劝洪水后幸存的兄妹结婚繁衍人类【汉族】
⑨ 【民族】布依族、土家族。❶［W0800］仙人；❷【关联】［W7005.5］女娲安排婚姻
⑩ 【民族】水族。【引例】❶白发仙翁劝婚【布依族】；❷天仙老祖劝婚【仡佬族】；❸仙姑劝婚【汉族】；❹花仙婆化金龟劝婚【壮族】

W 编码	母题描述			参照项	
	一级母题	二级母题	三级母题	汤普森	关联项
W7586		其他神或神性人物劝婚			【联1】①
W7586.1			菩萨劝婚		【民族，联1，例1】②
W7586.2			太白金星劝婚		【民族，联1】③
W7586.3			天女劝婚		【民族，联1，例1】④
W7586.4			始祖劝婚		【民族，联2】⑤
W7586.5			织女劝婚		【民族，联1】⑥
W7586.6			盘古劝婚		【联1，例1】⑦
W7586.7			土地爷劝婚		【民族，联1】⑧
W7586.8			灵魂作为劝婚者		【联1，例1】⑨
W7586.9			神龟劝婚		【汉族】
W7586.10			神树劝婚		【苗族】
✳ W7587	人劝婚				
W7588		老人劝婚			【民族，联1，例1】⑩
W7588.1			白发老人劝婚		【独龙族】
W7588.2			不知来历的老人劝婚		【佤族】
W7589		父母劝婚			
W7589.1			父亲劝兄妹结婚		【苗族】
W7589.2			母亲预示特定的婚姻		【黎族】
W7590		其他特定的人劝婚			
✳ W7591	动物劝婚				【联1】⑪
W7592		乌龟劝婚			【民族，例1】⑫
W7592.1			金龟劝婚		【民族，联1，例1】⑬
W7592.2			石龟劝婚		
W7593		鸟劝婚			

① 【关联】［W0713.3.3］女娲是劝婚者
② 【民族】藏族。【关联】［W0790］菩萨。【引例】观音菩萨劝婚【白族、土家族】
③ 【民族】布依族、汉族、苗族。【关联】［W0776］太白金星
④ 【民族】畲族。【关联】［W0215］天女。【引例】九天玄女劝婚【水族】
⑤ 【民族】壮族。【关联】❶［W0640］祖先；❷［W7553］按父母的安排成婚
⑥ 【民族】仡佬族。【关联】［W0766］织女
⑦ 【关联】［W0720］盘古。【引例】盘古劝说兄妹结婚【仡佬族】
⑧ 【民族】毛南族。【关联】［W0236］土地神（土神）
⑨ 【关联】［W0870］灵魂（鬼）。【引例】父亲的灵魂是劝婚者【壮族】
⑩ 【民族】彝族。【关联】［W7564］月亮老人做媒人（月老）。【引例】老人撮合姐弟婚【景颇族】
⑪ 【关联】［W7570］动物做媒人（动物帮助人求婚）。
⑫ 【民族】侗族、土家族、壮族。【引例】乌龟指点兄妹成婚【汉族】
⑬ 【民族】苗族、仫佬族。【关联】［W7586.9］神龟劝婚。【引例】花仙婆化金龟劝婚【壮族】

W 编码	母题描述			参照项	
	一级母题	二级母题	三级母题	汤普森	关联项
W7593.1			鸟劝婚		【联1，例1】①
W7593.2			鹰劝婚		【布依族、侗族】
W7593.3			喜鹊劝婚		【土家族】
W7593.4			白鹤劝婚		【白族】
W7593.5			斑鸠劝婚		【土家族】
W7593.6			金色鸟劝婚		【傈僳族、仫佬族】
W7593.7			乌鸦劝婚		【怒族】
W7593.8			老鸹劝婚		【水族】
W7594		与动物劝婚有关的其他母题			
W7594.1			石头动物劝婚		【联2，例2】②
W7594.2			老虎劝婚		【汉族、土家族】
W7594.3			鹿劝婚		【锡伯族】
W7594.4			牛劝婚		【汉族】
W7594.5			青蛙劝婚		【例1】③
◎	〖**其他相关母题**〗				
W7595	植物劝婚				【联1】④
W7595.1		竹子劝婚			【京族、水族】
W7595.2		大青树劝婚			【藏族】
W7595.3		藤子劝婚			
W7596	无生命物劝婚				【联1】⑤
W7596.1		太阳劝婚			【珞巴族】
W7596.2		月亮劝婚			【珞巴族】
W7596.3		星星劝婚			
W7596.3.1			启明星劝婚		【壮族】
W7596.4		石头劝婚			【汉族、畲族】
W7597	与媒人、劝婚有关的其他母题				【联1】⑥
W7597.1		劝阻成婚			
W7597.1.1			神劝阻成婚		【例1】⑦
W7597.1.2			父亲劝阻女儿成婚	T77	【联1】⑧

---

① 【关联】［W7267］人与天女婚。【引例】鸟指点人与天女婚【藏族】
② 【关联】❶［W7592.2］石龟劝婚；❷［W7596］无生命物劝婚。【引例】❶石狮子劝婚【汉族】；❷石母猪劝婚【畲族】
③ 【引例】癞蛤蟆劝婚【佤族】
④ 【关联】［W7574］植物做媒人
⑤ 【关联】［W7578］自然物或无生命物做媒人
⑥ 【关联】［W7098.10］商议成婚
⑦ 【引例】天神不让太阳与大地成婚【哈萨克族】
⑧ 【关联】［W7589］父母劝婚

W 编码	母题描述			参照项	
	一级母题	二级母题	三级母题	汤普森	关联项
W7597.1.3			动物劝阻成婚		【例1】①
W7597.2		劝婚遭拒绝			
W7597.3		劝婚被接受			
W7597.3.1			兄妹接受劝婚		【民族，联1】②

7.6.3 与求婚（求爱）、巧遇有关的婚姻【W7600~W7659】

W 编码	母题描述			参照项	
	一级母题	二级母题	三级母题	汤普森	关联项
✿ **W7600**	求婚（求爱）			T50	
❋ **W7601**	求婚的产生				
W7602		男人找女人的原因			【民族，联2】③
W7603		女人找男人的原因			
W7604		与求婚的产生有关的其他母题			
W7604.1			为繁衍后代求婚		【联1】④
W7604.2			因两情相悦求婚		【联1】⑤
W7604.3			因看重对方的某个方面求婚		【例1】⑥
✿ **W7605**	求婚者				
❋ **W7606**	女子主动求婚			T55	
W7607		母亲向儿子求婚			【联1】⑦
W7608		妹妹向哥哥求婚			【民族，联1，例1】⑧
W7609		姐姐向弟弟求婚			【民族，联1，例2】⑨
W7610		与女子主动求婚有关的其他母题			
W7610.1			女神向动物求婚		【门巴族】
❋ **W7611**	男子主动求婚				

---

① 【引例】金鸡劝阻兄妹成婚【傈僳族】
② 【民族】布依族。【关联】［W7300］兄妹婚
③ 【民族】哈萨克族。【关联】❶［W6630］婚俗；❷［W7011.1］双性人分开的男女要相互找另一半形成了婚姻
④ 【关联】［W7008］为了生育繁衍而产生婚姻
⑤ 【关联】［W7009.1］男女相悦成婚
⑥ 【引例】男子向有功的女子求婚
⑦ 【关联】［W7294］母子婚
⑧ 【民族】苗族。【关联】［W7196.2］哥哥向妹妹示爱。【引例】妹妹要求与哥哥身体相合【傈僳族】
⑨ 【民族】赫哲族、傈僳族。【关联】［W7350］姐弟婚。【引例】❶姐姐求婚弟弟同意【哈尼族】；❷山神的女儿向猎人求婚【景颇族】

W 编码	母题描述			参照项	
	一级母题	二级母题	三级母题	汤普森	关联项
W7612		男神主动求婚			
W7613		哥哥向妹妹求婚			【民族，联1，例1】①
W7614		弟弟向姐姐求婚			【民族，联1】②
W7615		与男子主动求婚有关的其他母题			【联1】③
W7615.1			男子向女方的父亲求亲		【独龙族、土族】
W7615.2			男子向女方的母亲求亲		
W7616	父母代子求婚				
W7616.1		男子的母亲向女方的父亲求亲			
W7616.2		父亲代儿子求婚			【羌族】
W7616.3		母亲代儿子求婚			【民族，联2】④
✵ **W7617**	动物求婚			B620	【联1】⑤
W7618		动物要挟女子的父母求婚			
W7619		特定动物的求婚			
W7619.1			熊作为求婚者		【鄂伦春族、鄂温克族】
W7619.2			马作为求婚者	B621.7	【汉族】
W7619.3			青蛙作为求婚者		【民族，例1】⑥
W7620		与动物求婚有关的其他母题			
W7620.1			动物变化外形后求婚		【联1】⑦
W7620.2			男性动物主动向女子求婚		
W7620.3			女子答应动物的求婚	S215.1	【怒族】
W7620.4			最小的女儿有同情心嫁给求婚动物	≈L54	

---

① 【民族】傣族、侗族、汉族、基诺族、苗族、怒族。【关联】［W7300］兄妹婚。【引例】天公遮帕麻向妹妹遮咪麻求婚【阿昌族】

② 【民族】汉族。【关联】［W7350］姐弟婚

③ 【关联】［W7620.2］男性动物主动向女子求婚

④ 【民族】汉族。【关联】❶［W7093.3］母亲为儿子订亲；❷［W7553.3］母亲为儿子娶妻

⑤ 【关联】［W7401］人与动物婚

⑥ 【民族】珞巴族。【引例】青蛙向国王求婚娶公主【门巴族】

⑦ 【关联】［W7900］婚前变形

W 编码	母题描述			参照项	
	一级母题	二级母题	三级母题	汤普森	关联项
✻ **W7621**	**求婚方法**				
W7622		用赢得芳心的方法求婚		T56	
W7622.1			通过献殷勤求爱		【例1】①
W7623		通过展示能力求婚			
W7623.1			比武得妻		【民族，联1，例1】②
W7623.2			通过展示魔力求婚		
W7623.3			男子通过吹乐器求婚		【仡佬族】
W7624		男子藏匿女子的衣物求婚			
W7624.1			男子获得动物女子的羽衣后成婚		【傣族】
W7624.2			男子藏天女（仙女）的衣服或羽衣后成婚	≈R32	【民族，联1】③
W7624.3			男子藏织女的衣裳		【蒙古族、锡伯族】
W7624.4			男子藏女子的衣裳成婚		【畲族】
W7625		通过使者求婚		T51	【联2】④
W7626		与求婚方法有关的其他母题			
W7626.1			通过施魔法求婚		【联1】⑤
W7626.2			通过赠物求婚		【联1】⑥
W7626.3			通过恫吓求婚		【联1】⑦
W7626.4			男女通过对山歌求婚		【民族，联1】⑧
✻ **W7627**	**求婚中的帮助者**			T66	
W7628		神帮助求婚人		A185.5	【民族，联1】⑨
W7629		神性人物帮助求婚人			
W7630		特定的人帮助求婚人			【联1】⑩

① 【引例】弟弟迷恋姐姐，为求姐姐的欢心献殷勤【珞巴族】
② 【民族】裕固族。【关联】［W9620］竞赛（比赛）。【引例】青蛙施法力与公主成亲【门巴族】
③ 【民族】黎族。【关联】［W7267］人与天女婚
④ 【关联】❶［W7560］媒人；❷［W7581］劝婚者
⑤ 【关联】［W9000］魔法
⑥ 【关联】［W7155.4］女子通过赠物吸引男子
⑦ 【关联】［W7065］逼婚
⑧ 【民族】羌族。【关联】［W6905.4.1］情歌（恋歌）
⑨ 【民族】白族。【关联】［W7563］神做媒人
⑩ 【关联】［W7616］父母代子求婚

W 编码	母题描述			参照项	
	一级母题	二级母题	三级母题	汤普森	关联项
W7630.1			同伴帮助求婚		
W7631		动物帮助人求婚			
W7632		与求婚中帮助者有关的其他母题			【联1】①
W7632.1			植物帮助人求婚		
✳ **W7633**	婚爱中的竞争者			T92	
W7634		众女争一男			【满族】
W7635		众男争一女			
W7636		父子争妻		T92.9	【汉族】
W7637		母女争夫		T92.6	
W7638		姐妹争夫		T92.8	【民族，例1】②
W7638.1			姐姐夺妹妹的丈夫		【黎族、水族】
W7638.2			妹妹夺姐姐的丈夫		
W7638.3			姐妹选中同一个男子		【珞巴族】
W7639		女伴争夫			
W7640		与求婚竞争者有关的其他母题			【联1】③
W7640.1			一女应多人	T92.0.1	
W7640.2			求婚者决斗		
✳ **W7641**	求婚的结果				
W7642		求婚成功			
W7643		求婚失败			【联1】④
W7643.1			人向神求婚遭拒		【羌族】
W7644	与求婚有关的其他母题			T69	
W7644.1		求婚时的征兆			【联1】⑤
W7644.1.1			梦见婚姻象征物（吉祥物）		【蒙古族】
W7644.2		强行结婚			【联2】⑥
W7644.2.1			女儿国与抓住的男子强行结婚		【民族，联2】⑦

① 【关联】［W7560］媒人
② 【民族】乌孜别克族。【引例】天女姊妹相争与人间男子婚【纳西族】
③ 【关联】［W8709.3］为爱情争斗
④ 【关联】［W7071］拒婚
⑤ 【关联】［W9200］征兆
⑥ 【关联】❶［W7050］抢婚；❷［W7065］逼婚
⑦ 【民族】满族。【关联】❶［W5928］女儿国；❷［W7065］逼婚

W 编码	母题描述			参照项	
	一级母题	二级母题	三级母题	汤普森	关联项
✿ **W7645**	巧遇成婚				【联1】①
✳ **W7646**	巧遇成婚的原因				
W7647		因特定的时间巧遇成婚			
W7667.1			三月三巧遇成婚		【壮族】
W7667.2			乞巧节巧遇成婚		【汉族】
W7648		因特定的地点巧遇成婚			
W7649		因特定人物的指点巧遇成婚			
W7649.1			神指点巧遇成婚		【例1】②
W7650		与巧遇成婚原因有关的其他母题			
✳ **W7651**	巧遇成婚的情形				
W7652		巧遇成婚经历了各种磨难			【汉族、苗族、彝族】
W7652.1			巧遇成婚时夫妻失散		
W7653		巧遇成婚遭到反对			【汉族】
W7654		巧遇成婚中的意外			
W7654.1			巧遇成婚时发现对方特殊的体征		
W7655		其他巧遇成婚的情形			
✳ **W7656**	巧遇成婚的结果				
W7657		巧遇成婚后男欢女爱			【汉族】
W7658		巧遇成婚后生子			
W7659	与巧遇成婚有关的其他母题				【联1】③
W7659.1		不同民族的男女巧遇成婚			【联1】④

① 【关联】［W9942］巧遇
② 【引例】神指点兄妹婚前绕山相追的难题【汉族】
③ 【关联】［W7773］婚前男女奇巧结合的难题
④ 【关联】［W7385］民族间的婚姻

7.6.4 与命运、机缘有关的婚姻【W7660～W7669】

W 编码	母题描述			参照项	
	一级母题	二级母题	三级母题	汤普森	关联项
◎	〖与命运、机缘有关的婚姻〗				
W7660	婚姻命中注定			T22	【联1】①
W7660.1		人出生时就已确定了婚姻			【汉族】
W7660.1.1			同日出生的男女注定要成婚	T61.5	
W7660.1.2			同时辰出生的男女注定要成婚		
W7661	前世因果造成现世婚姻				【民族，联1】②
W7661.1		前世欠债要通过后世婚姻偿还			【汉族】
W7662	按天意成婚				【民族，联1】③
W7662.1		兄妹受天意成婚			【汉族】
W7662.2		向天占卜后成婚			【民族，联1】④
W7663	因梦成婚				【民族，联2】⑤
W7663.1		托梦成就婚姻			
W7663.1.1			仙人托梦成婚		【彝族】
W7663.2		因婚前做同样的梦成婚			【例1】⑥
W7664	因预言成婚			T12	
W7665	婚后许愿成真			C15	【汉族】
W7666	通过星象选新娘			T54	
W7667	因特定机缘形成的婚姻				
W7667.1		女子要嫁给第一眼看到的男人		≈T62	
W7667.2		女子要嫁给看到她裸体的人			【联1】⑦
W7667.3		男子要娶第一个给他施舍的女人		T62.1	

---

① 【关联】［W9480］命运
② 【民族】汉族。【关联】［W9396.2］轮回
③ 【民族】汉族、维吾尔族。【关联】［W7735］婚前验证天意成功
④ 【民族】壮族。【关联】［W9195.4］用天象占卜
⑤ 【民族】汉族。【关联】❶［W7138］因梦生爱；❷［W9295］梦的内容
⑥ 【引例】姐弟婚前做同样的梦
⑦ 【关联】［W7012.1］男子看到女人的玉体就要娶这个女人

W 编码	母题描述			参照项	
	一级母题	二级母题	三级母题	汤普森	关联项
W7668	与命运、机缘婚姻有关的其他母题			T69	
W7668.1		注定的爱情悲剧		T93	【联1】①

7.6.5 与婚姻的条件与形成有关的其他母题【W7670～W7699】

W 编码	母题描述			参照项	
	一级母题	二级母题	三级母题	汤普森	关联项
※ **W7670**	与姓氏相关的婚姻				
W7671		同姓不婚			【民族，联3，例1】②
W7672		同姓通婚			【哈尼族、壮族】
W7672.1			父母告知同姓可以婚		【鄂温克族】
W7673		异姓通婚			【联1】③
W7673.1			多姓互婚		【苗族】
W7673.2			分姓开亲		【仡佬族】
W7673.3			姐弟编造不同姓后成婚		【赫哲族】
W7674		先有姓后再成婚			【汉族】
※ **W7675**	有条件的许诺成婚				
W7676		女儿遵父亲的诺言嫁动物			【例1】④
W7677		治病许婚			【联1，例2】⑤
W7678		立功许婚			【联1，例3】⑥
W7679		女子许婚有其他特定的目的			
W7679.1			女子为制服雷公与之成婚		【汉族】

① 【关联】［W7914］不幸的婚姻
② 【民族】哈尼族、基诺族、景颇族、苗族。【关联】❶［W6517］婚姻禁忌；❷［W7109.2］天神规定同姓不婚；❸［W7989.5］同姓乱伦。【引例】兄妹因结婚被赶到天上后同姓不婚【佤族】
③ 【关联】［W7128.1.1］婚姻把异姓联系起来
④ 【引例】女儿遵父亲的诺言嫁狗【苗族】
⑤ 【关联】［W7271.2］人以治病为条件娶天女。【引例】❶犬为女子治病按许诺成婚【仡佬族、汉族、黎族、畲族】；❷犬为女子父亲的病按许诺成婚
⑥ 【关联】［W7714.2］求婚者立功考验。【引例】❶犬立战功按榜示与公主成婚【苗族、畲族、瑶族】；❷犬因找到公主按约与公主成婚【畲族】；❸犬因取得谷种按约定与女子成婚【土家族】

W 编码	母题描述			参照项	
	一级母题	二级母题	三级母题	汤普森	关联项
W7680		与许诺成婚有关的其他母题			
W7680.1			父亲把女儿许诺给为他耕田的人		【土家族】
W7680.2			母亲许诺谁帮她摘下果子就把女儿嫁谁		【傣族】
W7680.3			许诺把女儿嫁给取回稻种者		【民族，联1】①
W7680.4			神把天女许配给人		【民族，联1】②
W7680.5			女子根据诺言与动物成婚		
◎	〖**其他相关母题**〗				
W7681	婚前问家谱				【纳西族、彝族】
W7682	掩饰血缘关系后成婚				【联1】③
W7683	改变名字后成婚				【联2】④
W7684	掩饰相貌后成婚				【联1】⑤
W7684.1		文身后成婚			【联2】⑥
W7684.2		文面后成婚			【联2】⑦
W7684.3		化妆后成婚			【民族，联2】⑧
W7685	婚前评理				【汉族】
W7686	因时间原因成婚				【联1】⑨
W7686.1		特定时间见面的男女成婚			【民族，例1】⑩
W7687	因地点原因成婚				
W7687.1		兄妹因晚上只有一张床只好睡在一起			【民族，联1】⑪
W7687.2		众兄妹分散到不同的地方后成婚			【民族，联1】⑫

---

① 【民族】哈尼族。【关联】［W3950］盗取种子（取种）者
② 【民族】彝族。【关联】［W7267］人与天女婚
③ 【关联】［W7308］掩饰兄妹关系后兄妹成婚
④ 【关联】❶［W7311.4］兄妹改变名字后成婚；❷［W7673.3］姐弟编造不同姓后成婚
⑤ 【关联】［W7285］血缘
⑥ 【关联】❶［W6585］文身；❷［W7309.1］妹妹文身后与哥哥成婚
⑦ 【关联】❶［W7294.1］母亲文面后与儿子婚；❷［W7309.2］妹妹文面后与哥哥成婚
⑧ 【民族】汉族。【关联】❶［W6588］文面的来历；❷［W7309.3］妹妹涂面与哥哥结婚
⑨ 【关联】［W7660.1.1］同日出生的男女注定要成婚
⑩ 【民族】汉族。【引例】兄妹计时相遇结婚【白族】
⑪ 【民族】独龙族。【关联】［W7300］兄妹婚
⑫ 【民族】回族。【关联】［W7300］兄妹婚

W 编码	母题描述			参照项	
	一级母题	二级母题	三级母题	汤普森	关联项
W7688	因年龄原因成婚				
W7688.1		因到了结婚年龄结婚			【联 1，例 1】①
W7689	行善者得妻				【民族，联 1】②
W7689.1		帮助老人得妻			【满族】
W7689.2		救岳父得妻			【藏族】
W7690	以美丑安排婚姻				【汉族】
W7691	以好恶安排婚姻				
W7692	迫不得已成婚				【联 3】③
W7693	救美式成婚				【联 1】④
W7693.1		英雄与救出的女子成婚（英雄救美）			【联 1】⑤
W7693.1.1			男子因救神鸟与之成婚		【民族，联 1】⑥
W7694	弄假成真的夫妻				【纳西族】
W7695	先孕后娶的婚姻				【傣族、珞巴族】
W7696	婚姻条件的数量				
W7696.1		婚姻要满足 3 个条件			【满族】
W7697	与婚姻条件与形成有关的其他母题				【联 1】⑦
W7697.1		男女双方修炼后成婚			【汉族】
W7697.2		献身性质的婚姻			
W7697.3		感知对方肌肤后成婚			【例 2】⑧
W7697.4		打赌导致婚姻			
W7697.5		莫名其妙的成婚			【例 2】⑨

---

① 【关联】［W7100］结婚的年龄。【引例】洪水后幸存的兄妹年龄很大时不得不结婚【傣族】

② 【民族】汉族。【关联】［W9401］善有善报

③ 【关联】❶［W7065］逼婚；❷［W7290.1.1］因找不到其他异性只好血缘结婚；❸［W7290.1.2］因向其他女子求婚失败只好血缘结婚

④ 【关联】［W8980］营救

⑤ 【关联】［W7693.1］英雄与救出的女子成婚（英雄救美）

⑥ 【民族】傣族。【关联】［W7260］人神婚

⑦ 【关联】［W9953.6.4］失误造成姻缘

⑧ 【引例】❶姐弟互相为对方搔痒后婚【景颇族】；❷姐弟身体结合后成婚【珞巴族】

⑨ 【引例】❶兄妹俩晚上各睡各床醒来却发现睡在一起【独龙族】；❷兄妹睡时的隔离物奇怪消失【怒族】

7.7　婚姻难题考验或验证天意①
【W7700～W7899】

7.7.1　婚姻难题考验【W7700～W7739】

W 编码	母题描述			参照项	
	一级母题	二级母题	三级母题	汤普森	关联项
✿ W7700	婚姻难题考验			H300	【联1】②
❋ W7701	婚姻难题考验的原因				
W7702		婚前难题考验是为了拒绝婚姻		H301	【联1】③
W7702.1			婚前难题考验是为了阻止血缘婚		【联2】④
W7703		婚姻难题考验是为了使婚姻更美满			
❋ W7704	婚姻难题考验的时间				
W7705		婚前特定的考验时间			【联2】⑤
W7706		婚后特定的考验时间			
W7706.1			丈夫变女子试妻		【例1】⑥
❋ W7707	婚前考验（婚前试探）				
W7708		婚前男子考验女子			

---

① 婚姻难题考验或验证天意，这是一个复杂的母题类型。难题的性质往往有许多不同的情况，婚前难题一般与血缘关系的婚结合在一起，又以兄妹婚前的难题考验或验证天意为主。一般情况下难题考验与验证天意会紧密结合在一起，如（1）一方不愿意与求婚者成婚，故意拟定难题相刁难，目的是不与之成婚；（2）世界大灾难之后，世上只剩下具有血缘关系的一对男女，劝婚者为了说服成婚的双方成婚，设置一些难题去验证天意，难题解决后双方成婚；（3）有血缘关系的一对男女为了繁衍人类，不知能否成婚，只好通过一系列难题来验证。一般而言，一个婚姻的形成往往会应用到一系列难题。此处根据母题的性质，只列举出单一的难题形式以及出难题者、难题的解决方法等，不涉及难题的具体性质、数量与组合。
② 【关联】［W9600～W9619］考验
③ 【关联】［W7071］拒婚
④ 【关联】❶［W7285］血缘婚；❷［W7752.2］哥哥求婚妹妹出难题
⑤ 【关联】❶［W7707］婚前考验（婚前试探）；❷［W7084］试婚
⑥ 【引例】蛇郎变美女子试妻【傣族】

W 编码	母题描述			参照项	
	一级母题	二级母题	三级母题	汤普森	关联项
W7708.1			婚前男子试女子真心		【民族，例1】①
W7708.2			男子要求求婚女子证明真心		【景颇族】
W7709		婚前女子考验男子			
W7709.1			婚前女子试男子真心		【联1，例1】②
W7709.2			婚前女子试探男子是否贪心		【水族】
W7710		婚前试探			【联2】③
W7710.1			婚前男女相试探		
✳ **W7711**	检验求婚者			H311	
W7712		检验求婚者的真心		H314	
W7713		检验求婚者的忠诚		H338	
W7714		与检验求婚者有关的其他母题			
W7714.1			考验求婚者是否贪财		【例1】④
W7714.2			求婚者立功考验		
✿ **W7715**	婚前验证天意				【联1】⑤
W7716		婚前验证天意的原因			
W7717		婚前自愿验证天意			
W7717.1			兄妹婚前自愿验证天意		【民族，联1】⑥
W7718		劝婚者提出验证天意			【联1，例2】⑦
W7719		求婚者提出验证天意			
W7720		被求婚者提出验证天意			

---

① 【民族】汉族。【引例】婚前男子通过杀牛试真心【仡佬族】
② 【关联】［W7712］检验求婚者的真心。【引例】龙女试小伙的真心后成婚【壮族】
③ 【关联】❶［W7084.3.1］试妻；❷［W7711］检验求婚者
④ 【引例】岳父考验女婿是否贪财【纳西族】
⑤ 【关联】［W7889.1］婚前问天
⑥ 【民族】傈僳族。【关联】［W7300］兄妹婚
⑦ 【关联】［W7581］劝婚者。【引例】❶兄妹拒绝观音劝婚，观音提出兄妹通过难题验证天意【白族】；❷天神通过隔山滚磨劝婚【羌族】

W 编码	母题描述			参照项	
	一级母题	二级母题	三级母题	汤普森	关联项
W7720.1			哥哥求婚时妹妹提出验证天意		【民族，联1】①
W7721		其他人物提出验证天意			
❊ **W7722**	**婚前验证天意的方法**				【联1】②
W7723		婚前抽签验证天意			【民族，联1】③
W7723.1			婚前抽签相合		【汉族】
W7723.2			婚前抽签不合		【汉族】
W7724		婚前二人相追验证天意			【民族，联2，例1】④
W7725		婚前用灰搓绳验证天意			【汉族】
W7726		婚前比本事验证天意			【壮族】
W7726.1			婚前兄妹比本领验证天意		【汉族】 .
W7726.2			婚前兄妹比武验证天意		
W7727		婚前通过两物相合验证天意			【联2，例2】⑤
W7727.1			婚前通过折树枝扭在一起验证天意		【土家族】
W7727.2			婚前通过两件器物相合验证天意		
W7728		婚前通过动物验证天意			【例2】⑥
W7728.1			婚前通过动物的复活验证天意		【联1】⑦
W7728.2			婚前通过动物的特定行为验证天意		

① 【民族】怒族。【关联】［W7300］兄妹婚
② 【关联】［W7760～W7819］婚前难题的形式
③ 【民族】水族。【关联】［W7860］婚前占卜
④ 【民族】汉族、瑶族。【关联】❶［W7802］婚前相追难题；❷［W7802.1］兄妹婚前绕山相追难题。【引例】婚前兄妹相追验证天意【布依族】
⑤ 【关联】❶［W7761］婚前两物相合难题；❷［W7763］婚前滚磨相合难题。【引例】❶婚前通过滚磨验证天意【朝鲜族、京族、水族、土家族】；❷婚前通过滚簸箕验证天意【怒族】
⑥ 【引例】❶婚前用山老鼠的行踪试天意【阿昌族】；❷婚前通过龟壳接合验证天意【黎族】
⑦ 【关联】［W9300］复活

W 编码	母题描述			参照项	
	一级母题	二级母题	三级母题	汤普森	关联项
W7729		婚前通过植物验证天意			
W7729.1			婚前通过砍竹成活验证天意		【民族，联1】①
W7730		婚前通过无生命物验证天意			
W7731		婚前通过奇特的自然现象验证天意			
W7731.1			婚前通过晴天出现彩虹验证天意		【汉族】
W7732		婚前通过变形验证天意			【例1】②
W7733		与婚前验证天意有关的其他母题			
W7733.1			婚前通过泼水成江验证天意		【怒族】
W7733.2			婚前通过杯水成河验证天意		【怒族】
W7733.3			婚前箭穿小孔验证天意		【民族，联1】③
W7733.4			婚前通过男女隔河打到对方的贝壳验证天意		【白族】
W7733.5			婚前通过隔河钓鱼验证天意		【水族】
✳ **W7734**	婚前验证天意的结果				
W7735		婚前验证天意成功			【民族，联1】④
W7736		婚前验证天意失败			
W7737	与婚前验证有关的其他母题				
W7737.1		婚前难题验证特定的神的意见			
W7737.1.1			婚前通过点烟相合验证风神的意见		【土家族】
W7737.1.2			婚前通过瓜秧相缠验证地神的意见		【土家族】

① 【民族】瑶族、壮族。【关联】［W3795.1］竹子为什么有节
② 【引例】兄妹通过木棒丢到河中变公、母两条鱼验证天意【白族】
③ 【民族】汉族。【关联】［W7804］婚前射箭难题
④ 【民族】阿昌族、布朗族、布依族、朝鲜族、侗族、仡佬族、汉族、京族、景颇族、毛南族、苗族、仫佬族、水族、土家族、瑶族、彝族、藏族、壮族。【关联】［W7662］按天意成婚

7.7.2 婚前出难题者【W7740～W7759】

W 编码	母题描述			参照项	
	一级母题	二级母题	三级母题	汤普森	关联项
✿ **W7740**	**婚前出难题者**			≈ H1210	
W7741	神出难题				
W7741.1		婚前天神出难题			【例1】①
W7741.2		婚前地神出难题			
W7741.3		婚前其他特定的神出难题			【例1】②
W7742	神性人物出难题				
W7742.1		婚前祖先出难题			【汉族】
W7742.2		婚前太白金星出难题			【民族，联1】③
✱ **W7743**	**婚姻者的亲属出难题**			H1210.1	
W7744		女子的父母出难题			
W7745		女子的父亲考验求婚者（岳父考验女婿）			【例14】④
W7746		女子的母亲考验求婚者			【朝鲜族】
W7747		女子的兄长出难题			
W7747.1			女子的兄长考验妹夫		【仫佬族】
W7748		其他亲属出难题			
✱ **W7750**	**婚姻当事人出难题**				
W7751		婚前男女双方共同出难题			【民族，例3】⑤
W7751.1			兄妹不想成婚给劝婚者出难题		

---

① 【引例】天神让兄妹通过隔山滚磨难题验证天意【拉祜族】
② 【引例】管万物的神让兄妹通过滚磨难题成婚【布朗族】
③ 【民族】汉族。【关联】［W7586.2］太白金星劝婚
④ 【引例】❶岳父考验熊女婿取蜂蜜本领【白族】；❷求婚者完成岳父三件难题后允婚【布依族、达斡尔族】；❸岳父让求婚者与他比本领【朝鲜族】；❹岳父考验女婿让他摘蜂窝【独龙族】；❺岳父考验女婿的目的是证明他是男子汉【独龙族】；❻岳父考验女婿让他用双手爬上树梢【独龙族】；❼考验女婿险境取物的本领【独龙族】；❽岳父考验女婿让他抓毒蛇【独龙族】；❾岳父让女婿找太阳的三根头发【傈僳族】；❿岳父让女婿辨认物件【傈僳族】；⓫龙王向求婚小伙提出限时砍树难题【畲族】；⓬岳父考验女婿让他烤出海量的酒【水族】；⓭岳父让求婚者取凤凰蛋难题【佤族】；⓮岳父出难题【彝族】
⑤ 【民族】汉族。【引例】❶天神劝兄妹成婚时，兄妹不同意向天神出难题【仫佬族】；❷兄妹向劝婚的雷公提出竹子长节难题【壮族】；❸兄妹向劝婚者提出动物死后复活难题【壮族】

W 编码	母题描述			参照项	
	一级母题	二级母题	三级母题	汤普森	关联项
W7752		婚前女方出难题			【例1】①
W7752.1			兄妹婚前妹妹给哥哥出难题		【民族，联1】②
W7752.2			哥哥求婚妹妹出难题		【民族】③
W7753		婚前男方出难题			【例1】④
W7753.1			兄妹婚前哥哥给妹妹出难题		【民族，联1】⑤
W7753.2			妹妹求婚哥哥出难题		【壮族】
✳ W7754	劝婚者出难题				【联1】⑥
W7755		劝婚者为撮合婚姻提出难题验证的办法			【民族】⑦
W7756	动物向求婚者出难题				【例1】⑧
W7757	与婚前出难题者有关的其他母题				
W7757.1		婚前石头出难题			
W7757.2		婚前婆婆考验媳妇抽丝纺线			【苗族】

7.7.3 婚前难题的形式【W7760～W7819】

W 编码	母题描述			参照项	
	一级母题	二级母题	三级母题	汤普森	关联项
✿ W7760	婚前难题的形式				
✳ W7761	婚前两物相合难题				
W7762		婚前两股烟相合难题			【民族】⑨

---

① 【引例】哥哥求婚时，妹妹提出滚磨重合就同意的难题【布朗族】
② 【民族】阿昌族、苗族、怒族。【关联】［W7300］兄妹婚
③ 【民族】侗族、毛南族、水族、瑶族、壮族
④ 【引例】哥哥求婚时妹妹提出滚磨、穿针线、线穿梭3个难题【傣族】
⑤ 【民族】苗族、彝族。【关联】［W7300］兄妹婚
⑥ 【关联】［W7581］劝婚者
⑦ 【民族】阿昌族、白族、布朗族、布依族、朝鲜族、达斡尔族、侗族、鄂温克族、亿佬族、汉族、京族、景颇族、毛南族、满族、蒙古族、苗族、仫佬族、纳西族、普米族、水族、土家族、土族、瑶族、彝族、藏族、壮族
⑧ 【引例】蛇告诉兄妹需要滚磨成婚【汉族】
⑨ 【民族】朝鲜族、亿佬族、汉族、土家族、瑶族、藏族、壮族

W 编码	母题描述			参照项	
	一级母题	二级母题	三级母题	汤普森	关联项
W7762.1			两山点火烟相合难题		【汉族】
W7762.2			隔河烧火烟相合难题		【瑶族】
W7762.3			烧香烟相合难题		【侗族】
W7763		婚前滚磨相合难题			【民族，例3】①
W7763.1			婚前滚小拐磨相合难题		【汉族】
W7763.2			婚前隔山滚石磨相合难题		【汉族、羌族、畲族】
W7764		婚前滚石头（圆石、石球）相合难题			【民族，例2】②
W7765		婚前滚锅相合难题			【汉族】
W7766		婚前滚簸箕相合难题			【民族】③
W7767		婚前滚筛子相合难题			【汉族、土家族、藏族】
W7768		婚前两样不同的东西相合难题			
W7768.1			婚前滚出的簸箕与筛子相合难题		【傈僳族、彝族】
W7769		婚前抛物相合难题			
W7769.1			婚前抛竹相合难题		【汉族】
W7769.2			婚前隔山抛叶相合难题		【例2】④
W7769.3			抛草帽相合难题		【壮族】
W7769.4			抛物套桩难题		【例1】⑤
W7769.5			抛剑入鞘难题		
W7769.6			抛球相碰难题		
W7770		婚前头发相接难题			【例2】⑥
W7770.1			婚前隔河绞发难题		【瑶族】
W7770.2			婚前隔墙绞发难题		
W7771		婚前两山相合难题			

① 【民族】阿昌族、布朗族、布依族、朝鲜族、侗族、仡佬族、汉族、京族、毛南族、苗族、水族、土家族。【引例】❶婚前滚石磨对心难题【瑶族】；❷婚前滚两扇磨分上下相合难题【藏族】；❸婚前滚水磨相合难题【藏族】

② 【民族】独龙族、汉族、畲族。【引例】❶人祖阿诞与哈娃滚圆石成婚【回族】；❷婚前隔河滚石相合难题【瑶族】

③ 【民族】布朗族、布依族、仡佬族、仫佬族、土家族、藏族

④ 【引例】❶婚前隔山抛叶相合难题【哈尼族】；❷婚前抛出的两叶漂流相合难题【哈尼族】

⑤ 【引例】婚前抛衣套树桩难题【水族】

⑥ 【引例】❶婚前隔山头发相连接难题【瑶族】；❷婚前隔山梳发相连接难题【瑶族】

W 编码	母题描述			参照项	
	一级母题	二级母题	三级母题	汤普森	关联项
W7772		婚前两条河流相合难题			【侗族】
W7773		婚前男女奇巧相合的难题			【联1】①
W7773.1			婚期前平行走会面难题		
W7773.2			男女从山上滚下相合难题		【例2】②
W7774		婚前动物相合难题			
W7774.1			婚前两个动物嘴对嘴难题		【汉族】
W7775		婚前植物相合难题			【例5】③
W7775.1			婚前栽树连在一起难题		【汉族、苗族】
W7776		婚前穿针引线难题			【民族，联1】④
W7776.1			婚前隔河线穿针难题		【仡佬族、苗族、彝族】
W7776.2			婚前隔山飞针穿线难题		【苗族、壮族】
W7777		婚前其他两物相合难题			【例2】⑤
W7777.1			婚前飞刀入鞘难题		【侗族、苗族】
W7777.2			婚前云彩相合难题		【汉族】
W7777.3			婚前扔木刻相合难题		【哈尼族】
✳ **W7778**	**婚前验证是否有相同标记的难题**				
W7779		拿到成对物件的男女结为夫妻			【羌族】
W7780		身上长有相同特征的男女结为夫妻			
W7781		与婚前相同标记难题有关的其他母题			

① 【关联】［W9942］巧遇

② 【引例】❶兄妹从两山滚下滚在一起则成婚【景颇族】；❷从山上滚下后抱在一起的男女成婚【畲族】

③ 【引例】❶婚前劈竹相合难题【土家族】；❷婚前葛藤相缠难题【土家族】；❸婚前种竹连根难题【瑶族】；❹婚前劈茅草相合难题【藏族】；❺婚前滚剖开其他植物相合难题【藏族】

④ 【民族】布依族、汉族、水族。【关联】［W7803.1］线穿梭难题

⑤ 【引例】❶婚前投竹入泥难题【苗族】；❷婚前合雨具难题【苗族】

W 编码	母题描述			参照项	
	一级母题	二级母题	三级母题	汤普森	关联项
✳ **W7782**	**婚前特定物复活难题**				【联1】①
W7783		婚前动物复活难题			
W7783.1			婚前乌龟复生难题		
W7784		婚前砍树后成活难题			【彝族】
W7784.1			婚前劈竹复生难题		【民族，联1，例1】②
W7785		与婚前特定物复活有关的其他母题			
✳ **W7786**	**婚前生产生活能力难题**			H326	
W7787		婚前向求婚者提出特定任务难题		H335	
W7788		考验求婚者开荒难题			【汉族】
W7788.1			考验求婚者砍树开荒的本领		
W7788.2			向求婚者提出限时砍树林难题	H1095	【纳西族、羌族】
W7788.3			考验求婚者烧地开荒的本领		【蒙古族、彝族、藏族】
W7788.4			向求婚者提出烧树林难题		【纳西族、羌族】
W7789		考验求婚者耕地的本领			【民族，联1】③
W7789.1			考验求婚者驾牛犁草难题		【羌族】
W7790		考验求婚者限时撒种的本领			【纳西族、彝族、藏族】
W7790.1			考验求婚者限时播种难题		【羌族】
W7791		考验求婚者限时捡种（收割）的本领		H1122	【民族，例1】④
W7791.1			完成捡种难题时一些种子被鸟吃掉		【藏族】

① 【关联】［W7300］复活
② 【民族】土家族。【关联】［W7729.1］婚前通过砍竹成活验证天意。【引例】婚前竹子长节难题【壮族】
③ 【民族】藏族。【关联】［W7680.1］父亲把女儿许诺给他耕田的人
④ 【民族】蒙古族、彝族、藏族。【引例】龙王向求婚小伙提出捡芝麻难题【畲族】

W 编码	母题描述			参照项	
	一级母题	二级母题	三级母题	汤普森	关联项
W7792		向求婚者提出限时采伐足够柴草难题		H1095.1	
W7793		与婚前生产生活的难题有关的其他母题			
W7793.1			婚前爬直树难题		【怒族】
W7793.2			婚前掏蜂窝难题		【怒族】
W7793.3			考验求婚者搓灰绳难题		【民族，例1】①
✲ **W7794**	考验求婚者争斗的本领			H331.6	【联1】②
W7795		考验求婚者降服猛兽的本领		H335.3	
W7795.1			让求婚者杀死猛兽	≈H1161	
W7795.2			让求婚者捉老虎	≈H154.3.7	
W7795.3			让求婚者挤虎奶		【纳西族】
W7795.4			让求婚者斩龙	H335.3.1	
W7795.5			让求婚者拔毒蛇牙		【彝族】
W7796		考验求婚者降妖本领		H1174	
W7797		与考验求婚者争斗本领有关的其他母题			
W7797.1			考验求婚者绝境求生本领		
✲ **W7800**	婚前智慧、技巧方面的难题			①H327 ②H388	【联1】③
W7801		婚前数数方面的难题			
W7801.1			求婚者要数清一袋种子	H1118.1	
W7801.2			求婚者要数清一树的叶子	H1118.2	
W7802		婚前相追难题			【民族，例1】④
W7802.1			兄妹婚前绕山相追难题		【民族，联1】⑤

① 【民族】汉族。【引例】考验求婚者用锯末搓绳难题【羌族】
② 【关联】［W9633.1］比武
③ 【关联】［W9614］智慧方面的难题考验
④ 【民族】土家族。【引例】婚前哥哥绕山追妹妹难题【仫佬族】
⑤ 【民族】畲族。【关联】［W7300］兄妹婚

W 编码	母题描述			参照项	
	一级母题	二级母题	三级母题	汤普森	关联项
W7803		婚前抛线穿针难题			
W7803.1			婚前飞针穿线难题		
W7803.2			线穿梭难题		【傣族】
W7804		婚前射箭难题			【联1，例2】①
W7804.1			箭射麻团心难题		【傈僳族】
W7804.2			两支箭能同时射在一处难题		【傈僳族】
W7804.3			射箭穿针孔难题		【民族，例3】②
W7804.4			射物为凭难题		【怒族】
W7804.5			射木桩难题		【例1】③
W7805		求婚者摆脱困境难题		H311.1	【联1】④
W7806		求婚者寻找特定物的难题		H336	
W7806.1			大海捞针难题		
W7806.2			森林找路难题		【独龙族】
W7807		婚前取宝物难题			【民族，联1】⑤
W7808		婚前猜谜难题			【民族，联1，例1】⑥
W7808.1			解谜后获得爱情		【柯尔克孜族】
W7809		与智慧、技巧难题有关的其他母题			
W7809.1			婚前扛水柱难题		【纳西族】
W7809.2			哥哥隔河钓到妹妹手中的鱼难题		【水族】
❈ **W7810**	婚前苦难考验难题			H328	
W7811		求婚者长期服劳役		H317	
W7812		求婚者经历皮肉之苦			【东乡族】
W7813		与婚前苦难考验有关的其他母题			

① 【关联】［W7733.3］婚前箭穿小孔验证天意。【引例】❶岳父考验女婿射箭能力【哈尼族】；❷婚前射魔王难题【普米族】

② 【民族】怒族。【引例】❶婚前3次射箭穿针孔难题【傈僳族】；❷婚前一箭射穿3个针孔难题【普米族】；❸婚前百步射针难题【普米族】

③ 【引例】婚前弩弓射中织布架的四棵桩子难题【怒族】

④ 【关联】［W7798］考验求婚者绝境求生的本领

⑤ 【民族】羌族。【关联】［W9663.1］盗取宝物

⑥ 【民族】布朗族。【关联】［W9630.3］猜谜。【引例】狮子变成1男1女猜谜成婚【傣族】

W 编码	母题描述			参照项	
	一级母题	二级母题	三级母题	汤普森	关联项
W7813.1			婚前踩断门坎难题		【鄂伦春族】
❀ **W7814**	**婚前通过选择考验判断力**				【联2】①
W7815		求婚者从众女中分辨出妻子难题考验			【联1】②
W7815.1			让求婚者从变形为动物的女子中选出妻子		【纳西族】
W7816		求婚者选出设定的特定的物			
W7817		与婚前选择难题有关的其他母题			
W7817.1			选错妻子		
W7817.2			选错丈夫		
◎	〖其他相关母题〗				
W7818	婚前立功难题				【联2】③
W7818.1		婚前让求婚者御敌		H335.4	
W7818.2		求婚者治愈女子病患得妻		H346	【联1】④
W7819	与婚前难题或考验有关的其他母题			①H359②H490	【例1】⑤
W7819.1		女子向男子提出长时间睁眼睛相守难题			【独龙族】
W7819.2		女婿见岳父前的难题			【例1】⑥
W7819.3		婚前水里放树叶难题			【哈尼族】
W7819.4		婚前接住抛洒物难题			【羌族】
W7819.4.1			求婚者接住抛洒的岩石难题		【羌族】
W7819.5		婚前殊途同归难题			【普米族】
W7819.6		婚前植物会说话难题			

① 【关联】❶［W9616.1］关于真假方面的选择；❷［W9616.2］关于价值方面的选择
② 【关联】［W7079.1］慧眼（从众女中）选妻
③ 【关联】❶［W7556.1.2］女子发誓只嫁给有功业的男人；❷［W7714.2］求婚者立功考验
④ 【关联】［W7677］治病许婚
⑤ 【引例】青蛙求亲时岳父提出青蛙能笑能哭才能嫁女的难题【独龙族】
⑥ 【引例】女婿见岳父前要途经刀桥【纳西族】

7.7.4　婚前难题的解决【W7820～W7859】

W 编码	母题描述			参照项	
	一级母题	二级母题	三级母题	汤普森	关联项
✿ W7820	婚前难题的解决				
W7821		通过预设结果解决婚前难题			
W7821.1			通过提前放好同样的磨完成滚磨相合难题		【侗族、苗族】
W7822		通过临时做手脚解决婚前难题			【例1】①
W7822.1			妹妹出难题哥哥做手脚		【民族，联1】②
W7823		通过改变规则解决婚前难题			
W7823.1			哥哥追妹妹时哥哥回身抓住妹妹解决相遇难题		【民族，联1】③
W7824		与解决婚前难题有关的其他母题			
W7824.1			用植物造乐器解决植物说话的难题		【东乡族】
✿ W7825	解决婚前难题（任务）的帮助者			①H970 ②H1233	【联2】④
✳ W7826	神帮助解决婚前难题				【联1】⑤
W7827		特定的神帮助解决婚前难题			
W7827.1			风神帮求婚者完成砍树难题		【民族，联1】⑥
W7827.2			火神帮求婚者完成烧荒难题		【民族，联1】⑦
W7827.3			雨神帮求婚者完成烧荒难题		【民族，联1】⑧

① 【引例】姐弟难题时姐姐做手脚使两磨相合【布依族】
② 【民族】苗族。【关联】［W7300］兄妹婚
③ 【民族】仫佬族。【关联】［W7802.1］兄妹婚前绕山相追难题
④ 【关联】❶［W7627］求婚的帮助者；❷［W9987］帮助者
⑤ 【关联】［W7582］神或神性人物劝婚
⑥ 【民族】羌族。【关联】［W7788.2］向求婚者提出限时砍树林难题
⑦ 【民族】羌族。【关联】［W7788.3］考验求婚者烧地开荒的本领
⑧ 【民族】羌族。【关联】［W7788.4］向求婚者提出烧树林难题

W 编码	母题描述			参照项	
	一级母题	二级母题	三级母题	汤普森	关联项
W7828		与神帮助解决婚前难题有关的其他母题			
W7828.1			神通过托梦告知解决难题的方法		【联1】①
W7828.2			天老爷保佑完成滚磨相合难题		【民族，联1】②
❋ **W7829**	神性人物帮助解决婚前难题				【联1】③
W7830		神仙（仙）帮助解决婚前难题			
W7830.1			神（仙）点化解难题	H975	【民族,联1,例1】④
W7830.2			太白金星点化解难题		【汉族】
W7831		与神性人物帮助解决婚前难题有关的其他母题			
W7831.1			圣人帮助完成难题（任务）	H1233.3	
※ **W7832**	特定的人帮助解决婚前难题				
W7833		老人帮助完成难题（任务）		H971	【例1】⑤
W7834		岳母帮助解决难题			【例1】⑥
W7835		恋人帮助解决难题		①H974 ②H1233.2.1	【民族，例1】⑦
W7836		恋人的姐妹帮助解决难题			
W7837		劝婚者帮助解决婚前难题			
W7837.1			劝婚者做手脚解决难题		【汉族】
W7838		与特定的人帮助解决婚前难题有关的其他母题			

① 【关联】［W9292］托梦
② 【民族】土家族。【关联】［W7763］婚前滚磨相合难题
③ 【关联】［W7582］神或神性人物劝婚
④ 【民族】汉族。【关联】［W7585］神仙劝婚。【引例】神仙帮助求婚者解决穿针引线难题【布依族】
⑤ 【引例】老人指点哥哥完成妹妹提出的婚姻难题【汉族】
⑥ 【引例】岳母暗中帮助女婿种庄稼难题【纳西族】
⑦ 【民族】独龙族、纳西族、藏族。【引例】天女帮求婚的凡间如意男子解决父亲提出的难题【哈尼族】

W 编码	母题描述			参照项	
	一级母题	二级母题	三级母题	汤普森	关联项
❊ **W7839**	**动物帮助解决婚前难题**				
W7840		乌龟帮助解决婚前难题			【民族，例1】①
W7841		牛帮助解决婚前难题			
W7842		鸟帮助解决婚前难题		①H335.0.1 ②H1233.6.2	【汉族】
W7842.1			乌鸦帮助解决婚前难题		
W7842.2			喜鹊帮助解决婚前难题		
W7843		其他动物帮助解决婚前难题			【例4】②
W7843.1			青蛙帮助解决婚前难题		
❊ **W7844**	**植物帮助解决婚前难题**				
W7845		特定的树帮助解决婚前难题			
W7845.1			树通过显灵帮助解决婚前难题		【侗族、汉族】
W7846		特定的花草帮助解决婚前难题			
W7846.1			花通过开花解决婚前难题		【汉族】
W7847		与植物帮助解决婚前难题有关的其他母题			
❊ **W7848**	**特定的物帮助解决婚前难题**				
W7849		宝物帮助解决婚前难题			【民族，联1】③
W7850		信物帮助解决婚前难题			
W7851		其他特定的物帮助解决婚前难题			

① 【民族】侗族。【引例】白龟王帮助解决婚前难题【汉族】

② 【引例】❶狼帮求婚者完成滚磨相合难题【满族】；❷虎帮求婚者完成滚磨相合难题【满族】；❸蚂蚁帮求婚者完成红线穿针难题【满族】；❹动物帮助解决种庄稼难题【纳西族】

③ 【民族】汉族。【关联】［W9650］宝物

W 编码	母题描述			参照项	
	一级母题	二级母题	三级母题	汤普森	关联项
✲ **W7852**	**婚前难题有特定的数量**				
W7853		婚前 1 个难题验证后结婚			【例1】①
W7853.1			验证婚姻多个难题中最终一项成功后成婚		【例1】②
W7854		婚前 2 个难题验证后结婚			【民族，例2】③
W7855		婚前 3 个难题验证后结婚			【民族，例3】④
W7855.1			3 次隔山滚磨相合后成婚		【傈僳族】
W7856		婚前 4 个难题验证后结婚			【民族，例2】⑤
W7857		婚前 5 个难题验证后结婚			【例1】⑥
W7858		婚前经其他特定数量或多次难题验证后结婚			【例1】⑦
W7858.1			婚前 6 个难题验证后结婚		【例1】⑧
W7858.2			婚前 7 个难题验证后结婚		【例1】⑨
W7858.3			婚前经多次难题验证和询问后结婚		【例2】⑩
W7859	与解决婚前难题有关的其他母题				
W7859.1		婚前难题逐一完成			【汉族、苗族、壮族】
W7859.2		婚前难题考验失败			【独龙族】

① 【引例】兄妹经 1 次难题验证后结婚

② 【引例】第一次滚磨不合，后来烧火合烟后成婚

③ 【民族】侗族、独龙族。【引例】❶兄妹经射箭和滚磨两次难题成婚【怒族】；❷兄妹经两次难题验证后结婚

④ 【民族】侗族、鄂伦春族、独龙族、仡佬族、彝族。【引例】❶兄妹经 3 次难题验证后结婚【白族】；❷哥求求婚时妹妹提出滚磨、穿针线、线穿梭 3 个难题【傣族】；❸兄妹经射箭穿针、射麻团、滚磨 3 次难题成婚【怒族】

⑤ 【民族】侗族、彝族、藏族。【引例】❶兄妹婚经盘古劝、滚磨相合、簸箕相合、树合拢 4 次难题验证后结婚【傈僳族】；❷兄妹经 4 次难题验证后结婚

⑥ 【引例】兄妹经 5 次难题验证后结婚

⑦ 【引例】兄妹经无数个难题验证后结婚

⑧ 【引例】兄妹经 6 次难题验证后结婚

⑨ 【引例】兄妹经 7 次难题验证后结婚【侗族】

⑩ 【引例】❶龙女与凡人结婚要过百日关【纳西族】；❷兄妹经多次难题验证和询问后结婚

W 编码	母题描述			参照项	
	一级母题	二级母题	三级母题	汤普森	关联项
W7859.2.1			不可能实现的婚前难题	H1010	
W7859.2.2			婚前难题时用不可能的物质造物失败	H1020	
W7859.2.3			婚前难题时筛子盛水失败	H1023.2	
W7859.2.4			婚前难题时滚磨不合		【例1】①
W7859.2.5			与婚前难题考验失败有关的其他母题		
W7859.3		婚前难题无效			

7.7.5 婚前占卜或询问【W7860 ~ W7889】

W 编码	母题描述			参照项	
	一级母题	二级母题	三级母题	汤普森	关联项
✿ **W7860**	婚前占卜				【联1】②
❋ **W7861**	婚前占卜者				
W7862		当事人的父母占卜后成婚			
W7863		当事人自己通过占卜成婚			【汉族】
W7863.1			兄妹占卜成婚		【民族，联1】③
W7863.2			姐弟占卜成婚		【景颇族】
W7864		其他人物为当事人占卜后成婚			
❋ **W7865**	婚前占卜方法				【联1】④
W7866		婚前通过动物占卜			【例1】⑤
W7866.1			婚前龟占		【汉族、瑶族】
W7867		婚前通过植物占卜			【例2】⑥
W7868		婚前通过无生命物占卜			【例1】⑦

---

① 【引例】兄妹滚磨未合没有成婚【汉族】
② 【关联】［W9190 ~ W9199］占卜
③ 【民族】哈尼族、京族、拉祜族、怒族、畲族、瑶族、彝族。【关联】［W7300］兄妹婚
④ 【关联】［W9192］占卜的方法
⑤ 【引例】金龟占卜【毛南族】
⑥ 【引例】❶兄妹通过树占卜成婚【苗族】；❷兄妹通过竹占卜成婚【瑶族】
⑦ 【引例】兄妹通过香占卜成婚【苗族】

W 编码	母题描述			参照项	
	一级母题	二级母题	三级母题	汤普森	关联项
W7868.1			婚前用水占卜		【独龙族】
W7868.2			婚前贝壳占卜		【傈僳族】
W7868.3			婚前用烟占卜		【民族，例1】①
W7869		婚前其他特定的占卜方法			【联1】②
W7869.1			劝婚者（媒人）为当事人占卜后成婚		
W7869.2			打卦算命成婚		【藏族】
✿ **W7870**	婚前询问③				
✳ **W7871**	婚前要询问特定的神或神性人物				【例1】④
W7872		婚前要告知媒神			
W7873		婚前要告知祖先神			【汉族】
W7874		婚前要询问其他神或神性人物			
✳ **W7875**	婚前要询问特定的人				
W7876		婚前要征求父母的同意			【联2，例1】⑤
W7876.1			婚前要征求父亲的同意		
W7876.2			婚前要征求母亲的同意		
W7877		婚前要询问族长			
W7878		婚前要询问巫师			
W7879		婚前要询问其他人物			【联1】⑥
W7879.1			婚前要询问占卜者		
✳ **W7880**	婚前询问动物				【联1】⑦
W7881		婚前问狗			【汉族】
W7882		婚前问龟			【民族】⑧

① 【民族】壮族。【引例】婚前烧松叶烟占卜【朝鲜族】
② 【关联】［W7662.2］向天占卜后成婚
③ 婚前询问，此类母题一般情况下带有占卜的性质。根据解析神话叙事的需要在此列举若干母题编目，以供比较研究。
④ 【引例】兄妹婚前问神人【苗族】
⑤ 【关联】❶［W7303.2］兄妹按父母的安排成婚；❷［W7553］按父母安排成婚。【引例】先告父母后娶【汉族】
⑥ 【关联】［W7552.3］请阿訇后成婚
⑦ 【关联】［W9193］用动物占卜
⑧ 【民族】汉族、黎族、毛南族、瑶族、壮族

W 编码	母题描述			参照项	
	一级母题	二级母题	三级母题	汤普森	关联项
W7883		婚前询问其他动物			【联1，例1】①
W7883.1			婚前问牛		【水族】
W7883.2			婚前问猴子		【例1】②
W7883.3			婚前问乌鸦		【瑶族】
W7883.4			婚前问斑鸠		【毛南族】
W7883.5			婚前问老鸹		【水族】
W7883.6			婚前问螃蟹		【例1】③
W7884		与婚前询问动物有关的其他母题			
W7884.1			婚前询问多种动物		【例1】④
W7884.2			婚前询问石头动物		【联1】⑤
✳ **W7885**	**婚前询问植物**				
W7886		婚前问树			【联1，例1】⑥
W7886.1			婚前问松树		【侗族、毛南族】
W7886.2			婚前问竹		【民族】⑦
W7887		婚前问草			【例1】⑧
W7888		与婚前询问植物有关的其他母题			
W7888.1			婚前问瓜		【例2】⑨
W7888.2			婚前问植物的刺		
W7889	与婚前询问有关的其他母题				
W7889.1		婚前问天			【联2】⑩
W7889.2		婚前问日月			【例2】⑪
W7889.2.1			婚前问太阳		【高山族】
W7889.3		婚前问石头			【侗族】
W7889.4		婚前问石狮			

① 【关联】［W7839］动物帮助解决婚前难题。【引例】婚前问鱼鹰【水族】
② 【引例】兄妹婚前问猴子【布朗族】
③ 【引例】兄妹婚前问螃蟹螃蟹说可以结婚【布朗族】
④ 【引例】兄妹问狗、问龟后成婚【汉族】
⑤ 【关联】［W7889.4］婚前问石狮
⑥ 【关联】［W7573］特定的树做媒人。【引例】婚前问竹根【土家族】
⑦ 【民族】苗族、黎族、水族、瑶族、壮族
⑧ 【引例】兄妹婚前问草【苗族】
⑨ 【引例】❶兄妹婚前问南瓜【苗族】；❷兄妹婚前问东瓜【苗族】
⑩ 【关联】❶［W7662.2］向天占卜后成婚；❷［W7715］婚前验证天意
⑪ 【引例】❶兄妹问日月后成婚【高山族】；❷兄妹征询太阳的意见后成婚【高山族】

7.7.6 与婚姻难题有关的其他母题 【W7890 ~ W7899】

W 编码	母题描述			参照项	
	一级母题	二级母题	三级母题	汤普森	关联项
✳ **W7890**	祈祷成婚				
W7891		祈祷特定的神后成婚			
W7892		向天地祈祷后成婚			
W7892.1			向天祈祷成婚		【朝鲜族】
W7892.2			向地祈祷成婚		
W7893		与祈祷成婚有关的其他母题			
W7893.1			磕头后成婚		【畲族】
◎	〖其他相关母题〗				
W7894	抓阄成婚				
W7895	通过比本领成婚				【联2，例2】①
W7895.1		求婚者与未来的岳父比本领		H331.5.2	【例1】②
W7896	婚姻中的争斗难题				
W7896.1		求婚者与未来的岳父决斗		H332.3	【联1】③
W7896.2		求婚者与女子的丈夫决斗			【联1】④
W7897	与婚姻难题有关的其他母题				
W7897.1		父母离开后兄妹成婚			【联2】⑤
W7897.1.1			父母上天后，兄妹成婚		【汉族】
W7897.2		发誓不解决难题不成婚		M151.2	

---

① 【关联】❶［W7623.1］比武得妻；❷［W9615］竞赛类难题考验。【引例】❶三姐妹通过比本领胜者与蛇郎成婚【汉族】；❷男女始祖通过比本事成婚【壮族】
② 【引例】通过与岳父比本领带回妻子【哈尼族】
③ 【关联】［W8932.1］岳父试图害死女婿
④ 【关联】［W7640.2］求婚者决斗
⑤ 【关联】❶［W7318.1］兄妹在长辈死后成婚；❷［W7938.5］婚后当事人的父母的离去

7.8 与婚姻、性爱相关的其他母题

【W7900 ~ W7999】

7.8.1 婚姻中的变形①【W7900 ~ W7909】

W 编码	母题描述			参照项	
	一级母题	二级母题	三级母题	汤普森	关联项
✿ **W7900**	婚前变形				【联1，例1】②
❋ **W7901**	动物变形后成婚				【联1】③
W7902		动物变人与神婚			【朝鲜族】
W7903		动物变女子与人婚			【例1】④
W7903.1			狐狸变女子与人成婚		【鄂温克族】
W7903.2			鹿变女子与人成婚		【赫哲族】
W7903.3			蛇变女子与人成婚		【满族】
W7903.4			鸡变女子与人成婚		【蒙古族】
W7903.5			羊变女子与人成婚		【蒙古族】
W7903.6			天鹅变女子与人成婚		【蒙古族、哈萨克族】
W7904		动物变男子与人婚			
W7904.1			蛤蟆变男子与凡女婚		【东乡族】
W7904.2			蛇变男子与女子婚		【民族，联1】⑤
W7905		与动物变形后成婚有关的其他母题			
W7905.1			动物变男子与女子成婚		【例1】⑥
W7905.2			男子与动物变成的女子成婚		【朝鲜族、汉族】

---

① 婚姻中的变形，该母题也可以看作是"变形"母题类型的一种特殊形式，一般配合婚姻主题出现。具体"变形"母题参见"W9其他母题"中的"［W9500 ~ W9599］变形与化生"。

② 【关联】［W9500］变形。【引例】岳父嫁女前让女儿变形【普米族】

③ 【关联】［W7487］动物先变形后与人婚

④ 【引例】青蛙变姑娘与外来的叔侄二人成婚【珞巴族】

⑤ 【民族】门巴族。【关联】［W7475］人与蛇婚

⑥ 【引例】龙变男子与女子交配【白族】

W 编码	母题描述			参照项	
	一级母题	二级母题	三级母题	汤普森	关联项
◎	〖**其他相关母题**〗				
W7906	植物变形后成婚				【例2】①
W7907	无生命物变形后成婚				
W7908	与婚姻中变形有关的其他母题				
W7908.1		人为娶动物变成动物			【联1，例1】②
W7908.1.1			人为娶动物变成该动物后没有获得婚姻		【例2】③
W7908.2		丈夫变形			
W7908.2.1			动物丈夫变成人		【联1】④
W7908.2.2			女子与虎婚后虎变成人		【民族，联1】⑤
W7908.2.3			女子嫁狼后狼变成人		【鄂温克族、锡伯族】
W7908.2.4			女子与犬婚后犬变成人		【民族，联1】⑥
W7908.2.5			蛤蟆丈夫变成人		【东乡族】
W7908.2.6			动物丈夫没有完全变形为人		【畲族】
W7908.3		妻子变形			
W7908.3.1			动物妻子变成人		
W7908.3.2			妻子变成动物		【例1】⑦
W7908.3.3			妻子变成石头		【例1】⑧

7.8.2 婚后的情形【W7910～W7939】

W 编码	母题描述			参照项	
	一级母题	二级母题	三级母题	汤普森	关联项
✳ **W7910**	婚后生活			T200	

---

① 【引例】❶橘子变女子与人成婚【汉族】；❷柳枝变女子与人成婚【满族】
② 【关联】［W6290］动物图腾。【引例】阿巴达尼（珞巴族祖先）为娶鱼变鱼【珞巴族】
③ 【引例】❶阿巴达尼（珞巴族祖先）为娶鱼变成鱼后遭到雌鱼的拒绝【珞巴族】；❷阿巴达尼（珞巴族祖先）为娶熊变成熊后遭到母熊的拒绝【珞巴族】
④ 【关联】［W7028.2］人的动物丈夫
⑤ 【民族】彝族。【关联】［W7430］人与虎婚
⑥ 【民族】黎族、土家族、瑶族。【关联】［W7422］人与犬婚
⑦ 【引例】妻子还原为虎后离去【汉族】
⑧ 【引例】大禹的妻子变成石头【汉族】

W 编码	母题描述			参照项	
	一级母题	二级母题	三级母题	汤普森	关联项
W7911		忠实于婚姻		T210	【联2】①
W7912		不忠的婚姻		T230	【联2，例1】②
W7913		幸福的婚姻			
W7913.1			妻子让丈夫的家富裕		【例1】③
W7914		不幸的婚姻			【联1】④
W7914.1			夫妻离散		【联2，例1】⑤
W7915		与婚后生活有关的其他母题			
W7915.1			女子带着母亲成婚		【联1，例1】⑥
W7915.2			丈夫死后妻子返回娘家		【联1，例1】⑦
✿ **W7916**	夫妻间的情变				【回族】
✳ **W7917**	离婚⑧				
W7918		离婚的产生		A1558	
W7918.1			因不生育离婚		
W7918.2			因丈夫长期不归离婚		【联1】⑨
W7919		人仙婚的分手			【汉族】
W7919.1			人仙婚后当天分手		【蒙古族】
W7920		人与动物婚后的分手			
W7921		始乱终弃			【朝鲜族、鄂温克族】
W7922		与离婚有关的其他母题			
W7922.1			男子受蛊惑离婚		【汉族、珞巴族】
W7922.2			男子另有新欢后离婚		
W7922.3			离婚后女子自杀		【赫哲族】

① 【关联】❶［W7027.1］忠实的丈夫；❷［W7031.1］忠实的妻子

② 【关联】❶［W7031.2］不忠的寡妇；❷［W7991］通奸。【引例】不忠的妻子【珞巴族】

③ 【引例】贫穷的阿巴达基（珞巴族祖先的弟弟）娶的太阳的女儿使他富裕起来【珞巴族】

④ 【关联】［W7112.6］选丈夫选了最无能的人

⑤ 【关联】❶［W7020］夫妻；❷［W7094］离婚（离异）。【引例】作为惩罚的男女分离【回族】

⑥ 【关联】［W6630］婚俗。【引例】姑娘把妈妈吃到肚子后出嫁如意郎君【彝族】

⑦ 【关联】［W7962.1］妻子被休后返回娘家。【引例】丈夫消失后妻子带着孩子返回母亲家【珞巴族】

⑧ 离婚，神话叙事中的"离婚"并非今天意义上的婚姻的解除。这里借用"离婚"这个概念，可以指原来在一起生活的男女双方的分离。

⑨ 【关联】［W7096.3］因丈夫常年不归妻子离家出走

W 编码	母题描述			参照项	
	一级母题	二级母题	三级母题	汤普森	关联项
✳ **W7923**	休妻			S411	【联1】①
W7924		妻子被休的命运		S450	
W7924.1			女子婚后被男神抛弃		【朝鲜族】
W7925		妻子被休的原因			
W7925.1			妻子无出被休		
W7925.2			妻子不听话被休		【门巴族】
W7925.3			妻子懒惰被休		【民族，联1】②
W7925.4			丈夫受骗赶走妻子		【民族，联1】③
W7926		妻子被休后的处境			
W7926.1			妻子被休后返回娘家		
W7926.2			妻子被休后娘家不收留		【例1】④
W7927		与休妻有关的其他母题			
W7927.1			丈夫休妻后后悔		
W7927.2			妻子被休后再嫁		
◎	〖其他婚后事件〗				
W7928	复婚				
W7928.1		破镜重圆		S451	
W7928.2		原妻复婚			【满族】
W7929	逐夫（逐妻）				
W7929.1		最早的一个丈夫因为太丑陋躲藏起来⑤		A1279.1	
W7929.2		丈夫与女儿成婚后原来妻子被驱走			【民族，联2】⑥
W7930	克夫				
W7930.1		妻子连克三夫			【汉族、黎族】
W7931	惩罚前夫				
W7931.1		女子逃跑后惩罚动物前夫			【汉族】
✳ **W7932**	**妻子的逃脱**				【联2，例1】⑦

① 【关联】［W7917］离婚
② 【民族】珞巴族。【关联】［W7031.4］懒惰的妻子
③ 【民族】苗族。【关联】［W7096］妻子的离去
④ 【引例】女子被休后被父亲赶出家门【朝鲜族】
⑤ 最早的一个丈夫因为太丑陋躲藏起来，此母题是人类母系社会时期子女只知其母不知其父的反映，并非简单的表象叙事。
⑥ 【民族】苗族。【关联】❶［W7094］离婚（离异）；❷［W7293］父女婚
⑦ 【关联】❶［W7089］逃婚；❷［W8986］逃脱。【引例】星星姑娘摆脱凡间丈夫乘机返回天空【珞巴族】

W 编码	母题描述			参照项	
	一级母题	二级母题	三级母题	汤普森	关联项
W7933		妻子为反抗丈夫逃走			
W7934		妻子逃离不合法的婚姻			
W7934.1			妻子羞于兄妹婚逃走		【联1，例1】①
W7935		与妻子的逃脱有关的其他母题			
◎	〖其他相关母题〗				
W7936	妻子为贞洁自杀			T326	【联1】②
W7936.1		得知兄妹（姐弟）婚后妻子自杀		T415.6	
W7936.1.1			姐弟婚后姐姐自杀		【民族，联1】③
W7936.2		妻子被掠后自杀			
W7937	婚后财产				
W7937.1		妻子为什么可以作为丈夫的财产			
W7938	与婚后情形有关的其他母题				
W7938.1		婚后男狩猎女养家			
W7938.2		女子婚后不落夫家			【民族，联1】④
W7938.3		婚后夫妻改变居所			【例1】⑤
W7938.3.1			婚后夫妻到天上生活		【民族，例1】⑥
W7938.3.2			丈夫死后仙女回到地上		【景颇族】
W7938.3.3			婚后丈夫带妻子迁往别处		【民族，联1】⑦
W7938.4		夫妻相见（夫妻重逢）			【联2】⑧
W7938.4.1			燕子帮助夫妻相见		【回族】
W7938.5		婚后当事人的父母离去			
W7938.5.1			兄妹婚后父母上天		【汉族】

---

① 【关联】［W7345.1］兄妹婚后妹妹含羞逃走。【引例】盘古的妻子羞于兄妹婚逃走【汉族】
② 【关联】［W9605］贞洁考验
③ 【民族】赫哲族。【关联】［W7350］姐弟婚
④ 【民族】侗族。【关联】［W6630］婚俗
⑤ 【引例】公主婚后离开皇宫【黎族】
⑥ 【民族】布依族。【引例】人与天鹅仙女婚后到天上【满族、裕固族】
⑦ 【民族】畲族。【关联】［W5226］家族的迁徙
⑧ 【关联】❶［W7020］夫妻；❷［W9943］亲属间巧遇

7.8.3 与婚姻、性爱有关的其他母题【W7940~W7999】

W 编码	母题描述			参照项	
	一级母题	二级母题	三级母题	汤普森	关联项
❊ **W7940**	**特殊的夫妻**				【联1】①
W7941		只配不婚			【满族】
W7942		特定的时间的夫妻			【联1】②
W7942.1			白天为姊妹晚上做夫妻		【纳西族】
W7943		人与异类做夫妻			【联1】③
W7944		与特殊的夫妻有关的其他母题			【联1,例1】④
❊ **W7945**	**婚后的生育**				
W7946		结为夫妻后不知怎样生育后代			【傣族】
W7947		婚后生育的来历			【联1】⑤
W7948		婚后生育后代			【联1】⑥
W7949		婚后生动植物			【联2】⑦
W7950		婚后生怪胎			【联1】⑧
W7951		婚后生育特定的族体			【联1】⑨
W7952		不生育的婚配			【联1,例1】⑩
W7952.1			神的婚姻没有生育		【哈尼族】
W7952.2			人神婚没有生育		【哈尼族】
W7952.3			兄妹婚没有生育		【拉祜族、毛南族】
W7952.4			人与动物婚不生育		【民族,例1】⑪
W7952.5			年老结婚不能生育后代		【傈僳族】
W7953		与婚后生育有关的其他母题			【例1】⑫

① 【关联】［W7023.4］夜晚为夫妻，白天为仇敌
② 【关联】［W7356.1］白天做姐弟晚上做夫妻
③ 【关联】［W7400］特殊的婚姻
④ 【关联】［W7391.1］为创造人类形成的名义夫妻。【引例】兄妹同房未婚【黎族】
⑤ 【关联】［W7157］性交的产生
⑥ 【关联】［W2400~W2499］婚配产生人（婚生人）
⑦ 【关联】❶［W3023］婚生动物（动物是交配生育的）；❷［W3620］婚生植物
⑧ 【关联】［W2600］人生怪胎
⑨ 【关联】［W5401］民族的产生
⑩ 【关联】［W2581］神奇的怀孕。【引例】阿巴达尼（珞巴族祖先）结过婚但没有留下后代【珞巴族】
⑪ 【民族】珞巴族。【引例】女子与毛虫成婚没有后代【白族】
⑫ 【引例】以前兄弟姐妹共宿，姐妹们总是不易怀小孩【珞巴族】

W 编码	母题描述			参照项	
	一级母题	二级母题	三级母题	汤普森	关联项
W7953.1			先育后婚		【鄂伦春族】
W7953.2			婚后收养孩子		【联1】①
◎	〖婚制〗				
W7954	群婚				【联1】②
❈ **W7955**	**乱婚**				【联2】③
W7956		以前男女乱婚			【羌族】
W7957		同胞兄妹乱婚			
W7958		其他形式的乱婚			
W7958.1			众兄妹有的兄妹婚，有的与动物婚		【民族，联1】④
W7958.2			含混的夫妻与兄妹关系		
W7959	一夫一妻			①T136.1 ②T145	
W7959.1		一夫一妻的来历			【联1】⑤
❈ **W7960**	**一夫多妻**				【维吾尔族、彝族】
W7961		一夫多妻的产生			
W7961.1			一夫多妻源于生育的需要	A1576	
W7961.2			战败对手得到多个妻子		【裕固族】
W7962		一夫二妻			【例1】⑥
W7962.1			神有2个妻子		【例2】⑦
W7962.2			祖先有2个妻子		【例1】⑧
W7962.3			部落首领有2个妻子		【布依族】
W7963		一夫三妻			【民族，例1】⑨
W7963.1			人与3个天女婚		【民族，联1】⑩
W7964		其他一夫多妻			【联1，例1】⑪

① 【关联】［W5149.2］养子
② 【关联】［W7380］不同来源的男女群婚
③ 【关联】❶［W7285］血缘婚；❷［W7985］乱伦
④ 【民族】怒族。【关联】［W7401］人与动物婚
⑤ 【关联】［W6630］婚俗
⑥ 【引例】2女1男兄妹婚【高山族】
⑦ 【引例】❶神娶两姐妹【傈僳族】；❷雷王有2个妻子【毛南族】
⑧ 【引例】阿巴达尼（珞巴族祖先）有两个妻子【珞巴族】
⑨ 【民族】珞巴族。【引例】猎手与3个互称姊妹的女子婚
⑩ 【民族】彝族。【关联】［W7267］人与天女婚
⑪ 【关联】［W0780.1.1］玉皇大帝有72个妻子。【引例】小伙与四姐妹婚【回族】

W 编码	母题描述			参照项	
	一级母题	二级母题	三级母题	汤普森	关联项
W7964.1			一个男子娶众多姐妹		
W7964.2			神一夫多妻	A164.3	【联1】①
W7964.3			人与动物婚的一夫多妻		【例1】②
W7964.4			神有100个妻子		【纳西族】
W7964.5			男人有5个妻子	T145.1	
W7964.6			男人有7个妻子	T145.1.1	
W7964.7			男人娶了姐妹7人	T145.1.3	【联1】③
W7964.8			众妻长房制		【珞巴族】
W7964.9			国王有很多妻子		【联1，例1】④
W7965		与一夫多妻有关的其他母题			【例1】⑤
W7965.1			特定时代的一夫多妻		【联1，例1】⑥
W7965.2			丈夫带着妻子继续娶其他妻子		【珞巴族】
W7965.3			男子是公用的丈夫		【彝族】
W7965.4			不同的妻子住在不同的地方		【彝族】
✳ **W7966**	一妻多夫				【纳西族】
W7967		一妻二夫		T146	
W7967.1			一个女神有两个丈夫		【民族，联1】⑦
W7967.2			一个女子与叔侄二人婚		【例3】⑧
W7967.3			一个女子与两犬婚		【民族，联1】⑨
W7968		兄弟共妻			【拉祜族、纳西族】
W7969		与一妻多夫有关的其他母题			【联1，例1】⑩

① 【关联】［W7200］神的婚姻
② 【引例】盘瓠娶5女【汉族】
③ 【关联】［W7108.3］姐随妹嫁
④ 【关联】［W5897.1］国王的婚姻。【引例】国王有12个老婆【苗族】
⑤ 【引例】东巴教始祖丁巴什罗有100个妻子【纳西族】
⑥ 【关联】［W7018.1］婚姻产生的时间。【引例】女猎神花兹玛时期男人属于所有的女人【傈僳族】
⑦ 【民族】藏族。【关联】［W7200］神的婚姻
⑧ 【引例】❶竹屑变姑娘与外来的叔侄二人成婚生育竹屑氏族【珞巴族】；❷哈意树花萼变姑娘与外来的叔侄二人成婚生育哈意树花萼氏族【珞巴族】；❸鸡蛋变姑娘与外来的叔侄二人成婚生育鸡蛋氏族【珞巴族】
⑨ 【民族】古突厥。【关联】［W7422］人与犬婚
⑩ 【关联】［TPS：T146.1］女子有7个丈夫。【引例】女子有许多不知名的丈夫

W 编码	母题描述			参照项	
	一级母题	二级母题	三级母题	汤普森	关联项
W7969.1			女始祖娶很多男人		【怒族】
W7970	第三者				【例2】①
W7970.1		女子爱上有妇之夫			【例1】②
✱ **W7971**	情人				
W7972		情人的产生			
W7973		可怕的情人（恋人）		K1213	【联2，例1】③
W7973.1			情人反目成仇		
W7974		与情人有关的其他母题			【例3】④
W7974.1			不做夫妻做情人		
✱ **W7975**	定情				
W7976		定情信物			【民族，例4】⑤
W7977		定情的地点			
W7978		与定情有关的其他母题			
W7978.1			婚姻毁约		
✱ **W7979**	婚姻悲剧（爱情悲剧）			T80	【联2】⑥
W7980		殉情		①T81 ②T211	
W7980.1			妻子殉夫	≈T211.1	【汉族】
W7980.2			恋人殉情		【纳西族】
W7980.3			殉情合葬	T86	
W7980.4			殉情化蝶		【例2】⑦
W7981		不平等的爱情		T91	
W7982		不平等的婚姻		T121	
W7983		与婚姻悲剧有关的其他母题			
W7983.1			违犯禁忌造成婚姻悲剧		【联1】⑧

① 【引例】❶盐神使有妻子的天公坠入情网【阿昌族】；❷嫦娥因孤单发生婚外恋【回族】
② 【引例】乌佑（珞巴语，鬼、精灵）的女儿爱上已婚的两兄弟【珞巴族】
③ 【关联】❶［W7971］情人；❷［W8767.2］美人计。【引例】情人因争夺当家权力反目成仇【土家族】
④ 【引例】❶天公与其他女神坠入情网【阿昌族】；❷太阳和月亮是一对情人【裕固族】；❸罗刹女与猕猴不结夫妻做情人【藏族】
⑤ 【民族】傈僳族。【引例】❶女子扯一块襟边做订婚凭证【达斡尔族】；❷恋人赠有象征性的礼物【景颇族】；❸猎人用一把箐鸡毛和一团红土做礼物与仙女结婚【彝族】；❹得到男子指环的天女会成为他的妻子【藏族】
⑥ 【关联】❶［W7668.1］注定的爱情悲剧；❷［W7914］不幸的婚姻
⑦ 【引例】❶梁祝化蝶【汉族】；❷孟姜女与丈夫化蝶【毛南族】
⑧ 【关联】［W6517］婚姻禁忌

W 编码	母题描述			参照项	
	一级母题	二级母题	三级母题	汤普森	关联项
✿ **W7994**	不合法的性关系			T400	
W7994.1		奸动物			【例1】①
W7994.2		人与异类的性关系			【联1】②
✳ **W7985**	乱伦			T410	
W7986		父女乱伦		T411	【联1，例1】③
W7987		母子乱伦		T412	【联1】④
W7988		兄妹乱伦		T415	【联1，例1】⑤
W7988.1			姑表兄妹乱伦	T425	【联1】⑥
W7989		与乱伦有关的其他母题			【联3】⑦
W7989.1			公公与媳妇同床		【壮族】
W7989.2			女婿与岳母共床		【壮族】
W7989.3			叔侄乱伦		【民族，联1】⑧
W7989.4			大伯与弟媳同床		【壮族】
W7989.5			同姓乱伦		
W7989.6			乱伦的结果		
◎	〖其他相关母题〗				
W7990	偷情				
W7990.1		神或神性人物的偷情			【例1】⑨
W7990.2		偷情式的婚姻			【汉族、赫哲族】
W7990.3		婚后偷情			【瑶族】
W7990.3.1			婚后偷情的暴露（捉奸）		
W7990.4		嫖客的来历			
W7991	通奸			T481	【联1】⑩
W7991.1		被骗通奸		K1510	
W7991.2		岳母与女婿通奸		T417	【民族，联1】⑪
W7992	诱奸			①K1300 ②K1310	【联1】⑫
W7992.1		·神诱奸凡女			

① 【引例】奸母鹿者变成鹿【高山族】
② 【关联】［W7943］人与异类做夫妻
③ 【关联】［W7293］父女婚。【引例】无头神同自己10个女儿婚【鄂伦春族】
④ 【关联】［W7294］母子婚
⑤ 【关联】［W7300］兄妹婚。【引例】5兄弟与6姊妹结乱伦之婚【纳西族】
⑥ 【关联】［W7330.2］姑表兄妹婚
⑦ 【关联】❶［W7955］乱婚；❷［W9918.3］伦乱失魔力；❸［W9915］乱伦被惩罚
⑧ 【民族】柯尔克孜族。【关联】［W7295］叔侄婚
⑨ 【引例】天帝之子与河伯之女偷情【朝鲜族】
⑩ 【关联】［W7168.3］强奸
⑪ 【民族】壮族。【关联】［W7989.2］女婿与岳母共床
⑫ 【关联】［TPS：K1301］神诱奸凡女

W 编码	母题描述			参照项	
	一级母题	二级母题	三级母题	汤普森	关联项
W7993	不正常的性伴侣			T460	
W7993.1		把树作为妻子		T461.3	【联1】①
W7993.2		同性恋			【联1，例1】②
W7993.2.1			女同性恋	T462	
W7993.2.2			男同性恋	T463	
◎	〖**其他相关母题**〗				
W7994	惩罚性的婚姻				【民族，联1】③
W7995	单身的产生				【汉族】
W7995.1		出现光棍的原因			【例1】④
W7996	婚姻的限制			T131	
W7996.1		禁婚		T315	【联1】⑤
W7996.1.1			同胞男女不婚		【民族，例1】⑥
W7996.1.2			胞族之间不婚		
W7996.2		前后胎生兄妹依次成婚			【哈萨克族、回族】
W7996.3		无媒不婚			【民族，联2】⑦
W7997	与婚姻、性爱有关的其他母题				【联4】⑧
W7997.1		特定的性关系			【联1】⑨
W7997.1.1			异族间的性关系		【联1，例1】⑩
W7997.2		联姻解仇			【纳西族】
W7997.2.1			联姻的两族尽释前嫌		
W7997.3		众妻争大			【联1，例1】⑪
W7997.4		调戏			【例2】⑫
W7997.5		相思			
W7997.5.1			相思病	T24.1	
W7997.6		好色			【珞巴族】
W7997.7		女子藏夫			
W7997.7.1			女婿怕见岳父被妻子隐藏		【藏族】

① 【关联】［W7491］人与树婚
② 【关联】［W7395］同性婚。【引例】两个男神摩擦膝盖生子【高山族】
③ 【民族】汉族。【关联】［W9906］惩罚
④ 【引例】因造的女人的数量少产生光棍【汉族】
⑤ 【关联】［W6517］婚姻禁忌
⑥ 【民族】哈萨克族。【引例】兄妹没有成婚
⑦ 【民族】汉族。【关联】❶［W7560］媒人；❷［W7579.4］婚前找媒人
⑧ 【关联】❶［W6630］婚俗；❷［W7168.3］强奸；❸［W9937.1］丈夫寻找失去的妻子；❹［W9938.1］妻子寻找失去的丈夫
⑨ 【关联】［W7993］不正常的性伴侣
⑩ 【关联】［W7381］族外婚。【引例】女族长与外来的男子发生性关系【珞巴族】
⑪ 【关联】［W8937.2］姐妹争宠。【引例】舜的两个妻子争大【汉族】
⑫ 【引例】❶弟弟闯进姐姐的住房调戏，要求同床【珞巴族】；❷太阳哥哥调戏月亮妹妹

8 灾难与争战

（代码 W8000 ~ W8999）

类型说明

一、灾难与争战的界定

"灾难"与"争战"，又称为"天灾人祸"。此类事件与人类生存与发展密切相关，是神话叙事中经常涉及的母题。无论是洪水、地震、干旱、疾病等非人力可以抗拒的自然灾难，还是战争、争斗、矛盾、残杀等许多人为的灾难，往往互相影响渗透。这类母题在神话中有时可以作为独立的叙事主体，有时作为某些事件的背景，有时作为对特定现象的解释，具有复杂的类型和情形。

二、母题类型的划分与编排

1. 本类型母题划分为 7 个部分。其基本排序是：

（1）灾难概说；（2）洪水；（3）常见的灾难；（4）争战概说；（5）与神或神性人物有关的争战；（6）人之间的争战（矛盾）；（7）与争战有关的其他母题。

上述各部分总体上可以归纳为 2 个类型。前 3 项属于"灾难"，后 4 项属于"争战"。

2. 母题的编排。编排时适当照顾到叙事的内在逻辑，如有些灾难母题编排时可以排列为灾难的时间、灾难的地点、灾难的原因、灾难的预言与征兆、灾难制造者、躲避灾难、灾难幸存者与丧生者、灾难的消除与结果、与灾难有关的其他母题等次级母题。此外，对某些相类似的母题在表述中采用了合并或互见的方法。为避免重复，一些相同或相似的母题只选取最典型的一类进行编目，其他类型中的相关同类型母题可借此显现。

8.1 灾难概说①

【W8000～W8099】

8.1.1 灾难的时间 【W8000～W8004】

W 编码	母题描述			参照项	
	一级母题	二级母题	三级母题	汤普森	关联项
✿ **W8000**	**世界灾难**			`A1000	
❋ **W8001**	**世界灾难的时间**				
W8002	灾难时间不确定				【联 3】②
W8002.1		造人后不知过了多少年发生灾难			【藏族】
W8003	灾难有特定的时间				【联 2，例 1】③
W8003.1		某一代人时发生灾难			【联 1】④
W8003.1.1			独眼人时发生灾难		【彝族】
W8003.2		某个特定的日子发生灾难			
W8003.2.1			龙日发生灾难		【哈尼族】
W8004	与灾难时间有关的其他母题				【联 1】⑤
W8004.1		灾难有大致的时间			【联 3】⑥
W8004.2		灾难持续的时间			【联 4】⑦

---

① 灾难概说，灾难类的母题相当丰富。根据不同神话文本的具体表述，我们可以划分出各种各样的不同灾难类型，诸如天塌地陷、世界洪水、城陷为湖、火灾干旱、黑暗寒冷、瘟疫疾病等等。这些灾难的原因、结果等在表述中大同小异，若一一列举编码，会造成神话母题编目的繁冗，所以，此灾难类母题除"洪水"母题作为典型目样例进行单独编码外，其他类型所涉及的相关共性母题一律采用简略形式列出，母题的描述以典型、概括为主，不再演绎过多的细节。其他有个体特色的母题类型在 "〔W8550～8699〕常见的灾难"母题的表述中列出。

② 【关联】❶〔W8103〕洪荒时代发生洪水；❷〔W8103.2〕天地即将形成时发生洪水；❸〔W8103.4〕初生世界后发生洪水

③ 【关联】❶〔W8106.2〕神龙年间发大水；❷〔W8658.2.1〕当春三月发生一场瘟疫。【引例】太白年间遭大旱【侗族】

④ 【关联】〔W8105.1〕直眼人时发洪水

⑤ 【关联】〔W8673.4〕世界毁灭的周期

⑥ 【关联】❶〔W8104.1〕几万年前发生洪水；❷〔W8104.2〕十万年前发生洪水；❸〔W8672.8〕世界末日时发生大地震

⑦ 【关联】❶〔W8527.1〕七七四十九天洪水退去；❷〔W8527.2〕九九八十一天洪水退去；❸〔W8637.5.1〕地上大火烧了 7 年；❹〔W8637.5.2〕大火烧了 1 万年

8.1.2 灾难的地点【W8005～W8009】

W 编码	母题描述			参照项	
	一级母题	二级母题	三级母题	汤普森	关联项
✳ **W8005**	灾难的地点				【联1】①
W8005.1		灾难地点的选择			
W8005.1.1			神选定灾难的地点		【民族，联1】②
W8006	灾难发生在天上				【例1】③
W8007	灾难发生在地上				【联2】④
W8007.1		特定的山上发生灾难			【例2】⑤
W8007.2		特定的水域发生灾难			【联1，例1】⑥
W8008	与灾难的地点有关的其他母题				
W8008.1		冥界的灾难			

8.1.3 灾难的原因【W8010～W8029】

W 编码	母题描述			参照项	
	一级母题	二级母题	三级母题	汤普森	关联项
✿ **W8010**	灾难的原因				
W8011	自然发生灾难				【联2】⑦
W8012	自然现象引起的灾难				【联2，例1】⑧
W8012.1		天地相合造成灾难			【汉族】
W8012.2		日月引起灾难			【联2】⑨
✳ **W8013**	神引起的灾难				
W8014		神发怒引起灾难			【联1】⑩
W8015		神捉弄人引起灾难			
W8016		神的失误引起灾难			【例1】⑪

① 【关联】［W8554］地震的地点
② 【民族】汉族、彝族。【关联】［W9602.1］验证良心
③ 【引例】天宫大战【满族】
④ 【关联】❶［W8109］洪水发生地点；❷［W8554］地震的地点
⑤ 【引例】❶长白山一带发生大火【满族】；❷喜马拉雅山一片洪水【藏族】
⑥ 【关联】［W8110］江边发生洪水。【引例】澜沧江两岸发洪水
⑦ 【关联】❶［W8115］自然形成的洪水；❷［W8556］自然发生地震
⑧ 【关联】❶［W8127］雨造成洪水；❷［W8587.3.2］洪水引起山崩地裂。【引例】7对日月并出造成灾难【苗族】
⑨ 【关联】❶［W8064.1］多个太阳造成灾难；❷［W8663］日月消失造成黑暗
⑩ 【关联】［W8579.1］神发怒造成天塌地陷
⑪ 【引例】天老爷不慎引发洪水【藏族】

W 编码	母题描述			参照项	
	一级母题	二级母题	三级母题	汤普森	关联项
W8017		神的渎职引起灾难			
W8018		神的争斗引起灾难			【联2】①
W8019		人神矛盾引起灾难			【联3，例1】②
W8019.1			人到天上无理取闹引起灾难		【苗族】
W8020		与神引起灾难有关的其他母题			
W8020.1			神毁灭人类前先观察凡间	≈ F32	【联1】③
W8020.2			神毁灭人类前测验人类	A185.13	【联1】④
W8020.3			人不敬神引起灾难		【联1】⑤
✳ **W8021**	人的原因引起灾难				
W8022		人太多引起灾难			【联2】⑥
W8023		人的乱伦引起灾难			【联2】⑦
W8024		人不爱惜粮食引起灾难			【联1】⑧
W8025		人的其他原因引起灾难			【联4，例1】⑨
W8025.1			人的良心不好引起灾难		【联3】⑩
◎	〖其他相关母题〗				
W8026	动物的原因引起灾难				【联1】⑪
W8026.1		动物的失误引起灾难			【联2】⑫

---

① 【关联】❶［W8571.3］水神与火神争斗造成天塌一角；❷［W8790］神之间的争战
② 【关联】❶［W8152］人与神的矛盾引发洪水；❷［W8571.2］人激怒天神导致天塌；❸［W8607.2］龙王因人的不敬制造旱灾。【引例】人杀死天神，玉皇向人间降灾难【彝族】
③ 【关联】［W0107.1］神掩饰身份观察人间
④ 【关联】［W9602.1］验证良心
⑤ 【关联】［W6511］神的禁忌
⑥ 【关联】❶［W8029.1］地上人太多，天神制造天火；❷［W8167］地上人多引发洪水
⑦ 【关联】❶［W8587.3.3］兄妹结婚的秽气造成山崩地裂；❷［W8643.3］通奸导致瘟疫
⑧ 【关联】［W8177.1］人糟蹋粮食引发洪水
⑨ 【关联】❶［W8020.3］人不敬神引起灾难；❷［W8149.1］人激怒水族引发洪水；❸［W8161.1］打太阳引发洪水；❹［W8606.2］因第一代人心不好天神降下旱灾。【引例】男始祖摇晃魔王的梨树造成山崩地裂【满族】
⑩ 【关联】❶［W8174.1］人的良心不好引发洪水；❷［W8591.2］人心不好造成城陷为湖；❸［W8606.2］因第一代人心不好天神降下旱灾
⑪ 【关联】［W8063］动物制造灾难
⑫ 【关联】❶［W8144］动物的失误造成洪水；❷［W8144.1］猴子误倒金锅造成洪水

W 编码	母题描述			参照项	
	一级母题	二级母题	三级母题	汤普森	关联项
W8027	植物的原因引起灾难				【联1】①
W8028	与灾难的原因有关的其他母题				【联3】②
W8028.1		灾难是对人类罪恶的惩罚		A1003	

8.1.4 灾难的预言与征兆 【W8030～W8059】

W 编码	母题描述			参照项	
	一级母题	二级母题	三级母题	汤普森	关联项
✢ **W8030**	灾难的预言				
W8030.1		预言告知灾难时间			【例1】③
W8030.2		预言告知灾难地点			
W8030.3		灾难预言的禁忌			【联1】④
W8031	预言世界灾难			M357	【联1】⑤
✢ **W8032**	灾难预言者				【联1】⑥
W8033		神预言灾难			【联1】⑦
W8034		神性人物预言灾难			【联2，例1】⑧
W8034.1			特定形象的神性人物预言灾难		【联1】⑨
W8035		特定的人预言灾难			【联1，例1】⑩
W8035.1			祖先原因灾难		
W8035.2			瞎子预言灾难		【藏族】
W8036		动物预言灾难			【联1】⑪
W8036.1			牛预言灾难		【联2】⑫

---

① 【关联】［W8663.7］巨树遮太阳造成黑暗
② 【关联】❶［TPS：Q552.13］天火是对人的惩罚；❷［W8643］瘟疫（疾病）是对人类的惩罚；❸［W8664］黑暗是对人类的惩罚
③ 【引例】天婆告诉人天公准备明年发洪水【彝族】
④ 【关联】［W6531］语言禁忌
⑤ 【关联】［W9250］预言
⑥ 【关联】［W9251］预言者
⑦ 【关联】［W0490］预言之神
⑧ 【关联】❶［TPS：A1075］独眼怪物预言世界灾难（末日）；❷［W8210］神性人物预言洪水。【引例】龙王是预言者【汉族】
⑨ 【关联】［W8213.1］半人半鹊预言洪水
⑩ 【关联】［W8222.3］一对老人夫妇预言洪水。【引例】第六代始祖预言灾难【侗族】
⑪ 【关联】［W8230］动物预言洪水
⑫ 【关联】❶［W3219.8］说真话的牛；❷［W8630.2］黄牛预言火灾

W 编码	母题描述			参照项	
	一级母题	二级母题	三级母题	汤普森	关联项
W8036.2			狮子预言灾难		
W8036.3			乌龟预言灾难		
W8036.4			乌鸦预言灾难		【联1，例1】①
W8036.5			喜鹊预言灾难		【例2】②
W8036.6			其他动物预言灾难		
W8037		植物预言灾难			
W8038		无生命物预言灾难			
W8038.1			石头动物（石龟、石狮、石牛等）说话预言灾难	≈A1002.2.3	【联3】③
W8038.2			木头流血预示灾难	≈A1002.2.2	
W8039		与灾难预言者有关的其他母题			
W8039.1			灾难预言者因说出预言受惩罚		【联2，例1】④
✳ **W8040**	**获得灾难预言的原因**				
W8041		良好品德者获得预言			【联1】⑤
W8041.1			因心地善良获得预言		
W8041.2			因诚实获得预言		【例1】⑥
W8042		被同情的弱者获得预言			【汉族】
W8043		有恩惠于预言者获得预言			【例1】⑦
W8043.1			因给预言者提供食物获得预言		【联2，例2】⑧
W8043.2			因给预言者疗伤获得预言		

① 【关联】［W3368.1］乌鸦是信使。【引例】乌鸦预言太阳烧世界【苗族】
② 【引例】❶喜鹊预言瘟疫【满族】；❷喜鹊预言火灾
③ 【关联】❶［W8056.2］石头动物（石龟、石狮、石牛等）眼睛出血作为灾难的征兆；❷［W8580.1.1］石狮预言天塌地陷；❸［W8630.3.1］石母猪预言发生天火
④ 【关联】❶［W6531.2.2］忌说出预言；❷［W8030.3］灾难预言的禁忌。【引例】人把洪水预言告诉人变石头【蒙古族】
⑤ 【关联】［W8263.1］善待老人者得到洪水预言
⑥ 【引例】因诚实得到洪水预言【佤族】
⑦ 【引例】石母猪向一对兄妹预言天火是为了吃掉他们的饭【畲族】
⑧ 【关联】❶［W8038.1］石头动物（龟、狮、牛等）说话预言灾难；❷［W8264.2］让动物吃食物后获得洪水预言。【引例】❶喂石狮食物者获得石狮预言【汉族】；❷喂乌鸦肉后获得预言【苗族】

W 编码	母题描述			参照项	
	一级母题	二级母题	三级母题	汤普森	关联项
W8044		与获得灾难预言原因有关的其他母题			
W8044.1			获得预言者是神留下的人种		
❋ **W8045**	灾难预言的获得				
W8046		直接告知灾难			
W8047		托梦告知灾难			【联2，例1】①
W8048		与获得灾难预言有关的其他母题			【联2】②
W8048.1			通过暗示获得预言		
W8048.2			通过谜语获得预言		【联2】③
W8048.3			通过征兆获得预言		【联1】④
❋ **W8049**	灾难预言的结果				
W8050		灾难预言成真			
W8050.1			人开玩笑使预言成真		【汉族】
W8050.2			出于好奇验证预言使预言成真		【汉族】
W8051		灾难预言没有实现			
W8052		与灾难预言结果有关的其他母题			
W8053	与灾难预言有关的其他母题				
W8053.1		灾难预言的实现			【联1】⑤
❋ **W8054**	灾难的征兆				【联1】⑥
W8055		特殊天象作为灾难的征兆			【联1】⑦
W8056		灵异现象作为灾难征兆			【联1，例1】⑧
W8056.1			石头动物（龟、狮、牛等）出汗作为灾难的征兆		

① 【关联】❶［W8266.3］梦得洪水预言；❷［W9292］托梦。【引例】海神托梦预言发洪水【高山族】
② 【关联】❶［W8261～W8265］获得洪水预言的原因；❷［W8264.2］让动物吃食物后获得预言
③ 【关联】❶［W6767.3］谜语；❷［W9276］谜语式预言
④ 【关联】［W9200］征兆
⑤ 【关联】［W8267.5］洪水预言的实现
⑥ 【关联】［W9200］征兆
⑦ 【关联】［W4075］奇怪的天象
⑧ 【关联】［W8258.1］砍树复原是洪水征兆。【引例】城门有血时将城陷为湖【汉族】

W 编码	母题描述			参照项	
	一级母题	二级母题	三级母题	汤普森	关联项
W8056.2			石头动物（石龟、石狮、石牛等）眼睛出血作为灾难的征兆		【联2，例1】①
W8056.3			石器（缸、臼等）出水作为灾难的征兆		
W8057		与灾难征兆有关的其他母题			
W8057.1			特定动物出现作为灾难的征兆		【汉族】

8.1.5　灾难制造者【W8060～W8064】

W 编码	母题描述			参照项	
	一级母题	二级母题	三级母题	汤普森	关联项
✳ **W8060**	**灾难制造者**				
W8061		神或神性人物制造灾难			【联7，例1】②
W8061.1			天神制造灾难		【民族，联1，例1】③
W8061.2			恶神制造灾难		【民族，联2】④
W8061.3			妖魔制造灾难		【藏族】
W8062		特定的人制造灾难			
W8063		动物制造灾难			【联3】⑤
W8063.1			龙制造灾难		【民族，联2】⑥
W8063.2			蛇制造灾难	B16.5.1.1	
W8063.3			巨大动物制造灾难	≈B16.4.1.1	
W8063.4			巨蟒制造灾难	B16.5.1	【例1】⑦
W8064		与灾难制造者有关的其他母题			

---

① 【关联】❶［W8259.2］石狮眼里流血预示发洪水；❷［W8580.1.2］石狮眼睛出血是城池塌陷的预言。【引例】石狮眼变红将发生灾难【汉族】

② 【关联】❶［W8563］神制造地震；❷［W8564］神性人物制造地震；❸［W8609］神制造旱灾；❹［W8610］神性人物制造旱灾；❺［W8624］神或神性人物制造火灾；❻［W8624.2］火魔制造火灾；❼［W8648］神性人物制造瘟疫（疾病）。【引例】地鬼给人降灾【景颇族】

③ 【民族】蒙古族。【关联】［W8272］天神制造洪水。【引例】天神要消灭地上的神和人【珞巴族】

④ 【民族】哈萨克族。【关联】❶［W8275.2］恶神制造洪水；❷［W8692.2.1］恶神制造蝗灾

⑤ 【关联】❶［W8284］动物是洪水制造者；❷［W8566］动物制造地震；❸［W8649］动物制造瘟疫（疾病）

⑥ 【民族】汉族。【关联】❶［W8285］龙（龙王）制造洪水；❷［W8626.1］火龙制造火灾

⑦ 【引例】蟒蛇降灾【仫佬族】

W 编码	母题描述			参照项	
	一级母题	二级母题	三级母题	汤普森	关联项
W8064.1			多个太阳造成灾难①	A1052	【联2】②
W8064.2			灾难制造者被制服		【联1】③

8.1.6 躲避灾难【W8065 ~ W8079】

W 编码	母题描述			参照项	
	一级母题	二级母题	三级母题	汤普森	关联项
✿ W8065	灾难的逃避（避难）			①A1005 ②A1348 ③R310	
❊ W8066	灾难前的逃生准备				
W8067		灾难前准备逃生工具			【联2】④
W8068		灾难前预先准备食物		J710	【联1，例1】⑤
W8069		与灾难前的准备有关的其他母题			
W8069.1			灾难逃生时准备粮食		【汉族】
W8069.2			灾难前准备粮种		
W8069.3			灾难前错误的逃生准备		【联2】⑥
❊ W8070	避难的地点（避难所）				
W8071		到天上避难			【联1，例1】⑦
W8071.1			到上界避难	R323	
W8071.2			逃到月亮上避难	R321.2	
W8071.3			灾难时一些人到天上		【汉族】
W8072		到地下避难			【联1】⑧

---

① 多个太阳造成灾难，该母题"太阳的数量"、"射日"母题关联密切。具体情况参见《中国神话母题 W1 编目实例》和《中国神话母题 W9 编目实例》中的有关内容。

② 【引例】❶［W8604.1］多个太阳并出造成旱灾；❷［W8627.1］多个太阳造成地上火灾

③ 【关联】［W8521］制服洪水制造者后洪水消除

④ 【关联】❶［W8085.5］灾难时因有特定的逃生工具幸存；❷［W8356］洪水时逃生船是造出来的

⑤ 【关联】［W8394］洪水逃生前准备了食物。【引例】天塌地陷时吃特定食物可避难【基诺族】

⑥ 【关联】❶［W8387］躲在石做的容器（桶、柜、箱子等）中逃生被淹死；❷［W8387.1］洪水时造石船被淹死

⑦ 【关联】［W1425］上天（登天）。【引例】灾难时人种被玉皇接到天庭【仡佬族】

⑧ 【关联】［W8633.3］火灾时躲到地下逃生

W 编码	母题描述			参照项	
	一级母题	二级母题	三级母题	汤普森	关联项
W8073		其他特定地方作为避难地点			【例1】①
W8073.1			高处作为避难地点		【例3】②
W8073.2			低处作为避难地点		
W8073.3			到仙岛避难	R326	
W8073.4			庙宇作为避难地点	R325	
W8073.5			鸟（鹰）巢作为避难地点	R322	
W8073.6			洞作为避难地点	R315	【联2，例2】③
W8073.7			树作为避难地点	R311	【联2】④
W8073.8			在石头动物中躲避灾难		【例3】⑤
W8074		与避难地点有关的其他母题			
W8074.1			避难所的来历		【联1】⑥
※ **W8075**	灾难时人类的拯救者				
W8076		灾难时神或神性人物救人			【联1】⑦
W8076.1			灾难时女神拯救人类		【汉族、壮族】
W8076.2			灾难时男神拯救人类		
W8076.3			灾难时女娲拯救人类		【汉族、藏族】
W8077		灾难时动物救人			
W8077.1			灾难时特定的动物救人		【例2】⑧
W8077.2			灾难时动物把人藏在腹中		【民族，联1】⑨

① 【引例】天火时跳进东海逃生【汉族】
② 【引例】❶洪水时兄妹俩被接到了天上【布依族】；❷城陷为湖时登山逃生【汉族】；❸天塌地陷时山上逃生【满族】
③ 【关联】❶［W8317］洪水时到洞中逃生；❷［W8615.1.2］旱灾时到洞中逃生。【引例】❶山洞作为避难地点【汉族】；❷树洞作为避难地点【汉族】
④ 【关联】❶［W8321］洪水时树上逃生；❷［W8633.2］火灾时树中逃生
⑤ 【引例】❶洪水时躲石狮腹中逃生【汉族】；❷天塌地陷时躲石狮腹中逃生【满族】；❸天翻地覆时藏进石狮的嘴中逃生【土族】
⑥ 【关联】［W8545.2］为预防再次洪水造塔
⑦ 【关联】［W8309.2］洪水时只有最小的哥哥帮助妹妹
⑧ 【引例】❶鹰救出洪水时困在悬崖上的幸存者【彝族】；❷火灾时藏牛肚子中【藏族】
⑨ 【民族】汉族。【关联】［W8633.8］火灾时躲进特定动物腹中

W 编码	母题描述			参照项	
	一级母题	二级母题	三级母题	汤普森	关联项
W8078		与避难帮助者有关的其他母题			·
W8079	与避难有关的其他母题				【联1】①
W8079.1		避难时的携带物			
W8079.1.1			避难时携带特定的人		
W8079.1.2			避难时携带生活必需品		
W8079.1.3			避难时携带特定的动植物		【例2】②
W8079.1.4			避难时携带成对的动物		【联1】③

8.1.7 灾难幸存与丧生【W8080～W8094】

W 编码	母题描述			参照项	
	一级母题	二级母题	三级母题	汤普森	关联项
✿ **W8080**	灾难幸存者与丧生者④			A1005	
✷ **W8081**	灾难幸存的原因				【联1】⑤
W8082		灾难时因神救助幸存			
W8082.1			灾难时老天爷下白面		【民族，联1】⑥
W8082.2			灾难时的幸存者是神保留的人种		【联1】⑦
W8083		灾难时善良者幸存			
W8083.1			灾难中善良者得救	≈A1005.1	【例2】⑧

---

① 【关联】［W8396］洪水逃生时的携带物
② 【引例】❶洪水逃生时带公鸡、狗【傈僳族】；❷火灾时带1只獐子、1匹马、1只蚂蚁【藏族】
③ 【关联】［W8469］洪水时人和雌雄成对的动物幸存
④ 灾难的幸存者与丧生者，各种不同灾难的"幸存者"和"丧生者"的情况大同小异。为了避免多种灾难幸存与丧生者母题的重复出现，除"洪水幸存者与丧生者"做出较详细的母题编目示例之外，其他灾难中的"幸存者"与"丧生者"采取简略的形式，可以此处为蓝本。具体情形可参见《中国神话母题 W8 编目实例》。
⑤ 【关联】［W8482］洪水中幸存的原因
⑥ 【民族】锡伯族。【关联】［W4088］天降面粉
⑦ 【关联】［W8044.1］获得预言者是神留下的人种
⑧ 【引例】❶神在毁灭人类前观察人心是否善良；❷善良者因帮助预言者得到灾难预言

W 编码	母题描述			参照项	
	一级母题	二级母题	三级母题	汤普森	关联项
W8084		灾难时没有违背禁忌者幸存			【例1】①
W8084.1			灾难时因忌食获生		【例1】②
W8085		与灾难幸存原因有关的其他母题			
W8085.1			灾难时因得到预言逃生		【联1】③
W8085.2			灾难时被救助逃生		
W8085.3			灾难时侥幸逃生		
W8085.4			灾难时在特定的地方幸存		【联1，例1】④
W8085.5			灾难时因有特定的逃生工具幸存	·	【联1】⑤
✳ **W8086**	灾难幸存者				
W8087		灾难后有1个幸存者			
W8087.1			灾难后1个男子幸存		【联3】⑥
W8087.2			灾难后1个女人幸存		【例1】⑦
W8087.3			灾难后1个老人幸存		【哈萨克族】
W8087.4			灾难后1个小孩幸存		【联1】⑧
W8087.5			灾难后1个寡妇幸存		【联1，例1】⑨
W8087.6			灾难后1个特定身份的人幸存		【例1】⑩
W8088		灾难后剩下2个无名的幸存者			

---

① 【引例】寡妇没有吃宝鹿肉城陷时幸存【布朗族】
② 【引例】因不食鱼地陷时获逃生【汉族】
③ 【关联】［W9250］预言
④ 【关联】［W8070］避难的地点（避难所）。【引例】住在神山可消灾免难【景颇族】
⑤ 【关联】［W8348］洪水时用船逃生
⑥ 【关联】❶［W8404］洪水时1个有名男子幸存；❷［W8405］洪水时1个有名男子幸存；❸［W8586.2.3］天翻地覆时1个男子幸存
⑦ 【引例】火灾后1个婆姨幸存【汉族】
⑧ 【关联】［W8788.1.1］战争后只剩1个男孩
⑨ 【关联】［W8416.2］洪水时寡妇母子幸存。【引例】大地陷落时只有一个寡妇家没有陷落【布朗族】
⑩ 【引例】天塌地陷时1个穷人幸存【基诺族】

W 编码	母题描述			参照项	
	一级母题	二级母题	三级母题	汤普森	关联项
W8088.1			灾难后 1 对男女幸存		【联 5，例 4】①
W8088.2			灾难后父子 2 人幸存		【例 1】②
W8088.3			灾难后兄妹 2 人幸存		【联 2，例 2】③
W8088.4			灾难后 1 对姐弟幸存		【民族，例 1】④
W8089		灾难后剩下 2 个有名字的幸存者			
W8089.1			灾难后剩下 2 个有名字的兄妹		【例 4】⑤
W8090		灾难后幸存少数人		A1006.1	
W8090.1			灾难后一定数目的少数人幸存		【联 1，例 1】⑥
W8090.2			灾难后不确定数目的少数人幸存		【联 2】⑦
W8091		灾难后幸存的动物			
W8091.1			灾难后特定的动物幸存		【例 1】⑧
W8091.2			灾难后 1 个动物幸存		【联 1】⑨
W8091.3			灾难后剩下雌雄动物各一对		【联 1，例 1】⑩
W8092		灾难后其他幸存者			【例 3】⑪
W8092.1			灾难后人和动物幸存	≈A1005.2	【例 3】⑫

① 【关联】❶［W8413］洪水时男女始祖幸存；❷［W8414］洪水时 1 对无名的男女幸存；❸［W8415］洪水时 1 对有名的男女幸存；❹［W8586.2.1］天塌地陷时 1 对男女幸存；❺［W8788.3］战争后 1 对男女幸存。【引例】❶大火后只剩 1 对兄妹【珞巴族】；❷灾难后救出 1 男 1 女【珞巴族】；❸火灾时 1 对姐弟幸存【羌族】；❹天火时姐弟俩幸存【畲族】

② 【引例】山崩地裂时父子俩幸存【珞巴族】

③ 【关联】❶［W8427］洪水时无名的兄妹 2 人幸存；❷［W8429］洪水时 1 对有名字的兄妹幸存。【引例】❶火灾后兄妹 2 人幸存【珞巴族、藏族】；❷火灾后元仙、元英兄妹幸存【畲族】

④ 【民族】汉族。【引例】天塌地陷后姐 2 人幸存【满族】

⑤ 【引例】❶灾难后只剩下阿力和达勒兄妹【仡佬族】；❷天翻地覆后只剩下其卑和里收兄妹【哈尼族】；❸宇宙混沌时只剩羲男和羲女兄妹【汉族】；❹天火后剩下直郎、直芳兄妹【畲族】

⑥ 【关联】［W8434］洪水时 3 人幸存。【引例】12 个太阳争斗之后只剩下 10 对人【苗族】

⑦ 【关联】❶［W8458］洪水时一船的人幸存；❷［W8459］洪水时一家人幸存

⑧ 【引例】火灾时能飞的动物幸存【藏族】

⑨ 【关联】［W8475.2］洪水时公的动物幸存

⑩ 【关联】［W8475.1］洪水时动物公母各 1 对幸存。【引例】太阳争斗后剩下雌雄动物各 1 对【苗族】

⑪ 【引例】❶火灾后只剩下竹子【苗族】；❷12 个太阳升出只剩一苑枫王树【苗族】；❸旱灾后幸存一株野梨树【彝族】

⑫ 【引例】❶火灾后剩下 1 女和 1 只狗【汉族】；❷旱灾后剩下人和猴子、斑鸠、牛羊和猎狗【彝族】；❸灾难后剩下 1 个人和 1 只虎【壮族】

W 编码	母题描述			参照项	
	一级母题	二级母题	三级母题	汤普森	关联项
W8092.2			灾难后植物幸存		【联1】①
W8092.3			灾难后特定的无生命物留存		【例1】②
◎	〖灾难丧生〗				
W8093	灾难丧生者				【联1】③
W8093.1		灾难时生灵全部丧生			【联1】④
W8093.2		灾难时人全部丧生			【联1，例1】⑤
W8093.3		灾难时特定的人丧生			
W8093.3.1			灾难时恶人丧生		
W8094	灾难丧生的原因				
W8094.1		灾难时不信预言丧生			【例3】⑥
W8094.2		灾难时使用不合适的避难工具丧生			【联1】⑦
W8094.3		灾难时因贪财丧生			
W8094.4		与灾难丧生原因有关的其他母题			

8.1.8　灾难的消除与结果 【W8095～W8099】

W 编码	母题描述			参照项	
	一级母题	二级母题	三级母题	汤普森	关联项
◎	〖灾难的消除与结果〗				
W8095	灾难的消除				
W8095.1		神或神性人物消除灾难			【联3】⑧
W8095.2		特定的人消除灾难			【联1】⑨
W8095.3		特定的物消除灾难			

---

① 【关联】［W8478.1］洪水时只剩 1 个大葫芦
② 【引例】12 个太阳相斗后大地只留一口泉【苗族】
③ 【关联】［W8097.3］灾难后妖魔鬼怪绝种
④ 【关联】［W8490.1］洪水时生灵全部被淹死
⑤ 【关联】［W8490.2］洪水时人全淹死。【引例】瘟疫时人全部丧生【苗族】
⑥ 【引例】❶天塌地陷时不信预言者丧生【满族】；❷灾难时富人不相信预言遇难【基诺族】；❸火灾时不信预言被烧死【藏族】
⑦ 【关联】［W8387］躲在石做的容器（桶、柜、箱子等）中逃生被淹死
⑧ 【关联】❶［W8503］神性人物退洪水；❷［W8502］神退洪水；❸［W8616.2］海神帮助解除旱灾
⑨ 【关联】［W8505.1］观音转世的人退洪水

W 编码	母题描述			参照项	
	一级母题	二级母题	三级母题	汤普森	关联项
W8095.3.1			动物消除灾难		【联1】①
W8095.4			太阳升灾难除	≈A1046.1	
W8095.5		与灾难的消除有关的其他母题			
W8095.5.1			通过因果奖励免灾	Q150	
W8095.5.2			魔物（法）减轻灾难	D1586	【联1】②
W8096	灾难的防御				
W8096.1		祭神防御灾难			【民族，联1】③
W8096.2		造特定的物防御灾难			【联2，例1】④
W8097	灾难的结果				【联3】⑤
W8097.1		灾难毁灭世界			【联2】⑥
W8097.2		灾难毁灭人类			【联1】⑦
W8097.3		灾难后妖魔鬼怪绝种			【民族，联1】⑧

① 【关联】［W8506］动物退洪水
② 【关联】［W9002］魔法的作用
③ 【民族】汉族。【关联】［W6482］祭神的来历
④ 【关联】❶［W8545.1］为预防再发洪水造大山；❷［W8545.2］为预防再发洪水造塔。【引例】为防御野兽造房屋【汉族】
⑤ 【关联】❶［W2505］灾难后人类再生；❷［W8086］灾难幸存者；❸［W8093］灾难丧生者
⑥ 【关联】❶［W8670］世界末日；❷［W8673.6.1］特定的灾难毁灭世界
⑦ 【关联】［W8690］人类的毁灭
⑧ 【民族】哈尼族。【关联】［W0830］妖魔

8.2　洪水
【W8100 ~ W8549】

8.2.1　洪水时间、地点【W8100 ~ W8114】

W 编码	一级母题	二级母题	三级母题	汤普森	关联项
✿ **W8100**	洪水			A1010	
✳ **W8101**	洪水发生时间				
W8102		洪水发生无具体时间			
W8103		洪荒时代发生洪水			【朝鲜族、傣族、傈僳族】
W8103.1			混沌时代发生洪水		【锡伯族】
W8103.2			天地即将形成时发生洪水		【蒙古族】
W8103.3			开天辟地时发生洪水		【汉族、苗族】
W8103.4			初生世界后发生洪水		【白族、汉族】
W8104		万年前发生洪水			【侗族】
W8104.1			几万年前发生洪水		【白族、汉族】
W8104.2			十万年前发生洪水		【满族】
W8105		某一代人时发洪水			【例4】①
W8105.1			直眼人时发生洪水		【哈尼族、彝族】
W8105.2			独眼人时发生洪水		【彝族】
W8106		某特定年代发生洪水			
W8106.1			黄帝之前发生洪水		【苗族】
W8106.2			尧时发生洪水		【汉族】
W8106.3			神龙年间发生洪水		【白族】
W8107		洪水发生有具体时间			【例1】②

---

① 【引例】❶人类到第23代时暴发了洪水【哈尼族】；❷舜时出现洪水【汉族】；❸盘古时发生洪水【苗族】；❹第四代人时发洪水【彝族】

② 【引例】景定元年四月初八发洪水【瑶族】

W 编码	母题描述			参照项	
	一级母题	二级母题	三级母题	汤普森	关联项
W8107.1			八月十五发生洪水		
W8108		与洪水时间有关的其他母题			
W8108.1			天地很近时发生洪水		【壮族】
W8108.2			洪水有固定的周期		【例2】①
✳ **W8109**	洪水发生地点				
W8110		江边发生洪水			【例1】②
W8111		特定方位发生洪水			
W8113		特定的地方发生洪水			【例2】③
W8114		与洪水发生地点有关的其他母题			
W8114.1			洪水发生地点的选择		
W8114.2			洪水发生地点的征兆		

8.2.2　洪水原因【W8115～W8199】

W 编码	母题描述			参照项	
	一级母题	二级母题	三级母题	汤普森	关联项
W8115	自然形成的洪水				【蒙古族】
W8115.1		地上发生了洪水			【柯尔克孜族、赫哲族】
✳ **W8116**	自然界变化造成洪水				
W8117		天漏造成洪水		A1015.3	【例2】④
W8117.1			天洞流出洪水		【彝族】
W8117.2			打开天上的水门造成洪水		【联1】⑤
W8118		天上的水造成洪水			【例2】⑥
W8118.1			天海的水造成洪水		【例1】⑦

---

① 【引例】❶龙王每年都要发洪水【白族】；❷洪水周期十万八千年【满族】
② 【引例】澜沧江两岸发洪水【傣族】
③ 【引例】❶黄河边上发洪水【汉族】；❷喜马拉雅山一片洪水【藏族】
④ 【引例】❶盘古捅破天造成洪水【土家族】；❷天神打开了天上的水门造成洪水
⑤ 【关联】［W8117.2］打开了天上的水门造成洪水
⑥ 【引例】❶雷公放天池水形成洪水【布依族】；❷雷公放玉帝后花园里的水形成洪水【土家族】
⑦ 【引例】天王倒天上的海水形成洪水【彝族】

W 编码	母题描述			参照项	
	一级母题	二级母题	三级母题	汤普森	关联项
W8118.2			天上海水决口造成洪水		【例1】①
W8119		天河漏水形成洪水			【民族，例1】②
W8119.1			放天河的水形成洪水		【民族，例2】③
W8119.2			掘开天上金河堤引发洪水		【景颇族】
W8120		天塌造成洪水			【民族，例1】④
W8121		大地混沌造成洪水			【汉族】
W8122		天崩地陷造成洪水			【哈尼族】
W8123		山崩引发洪水			【汉族、满族】
W8124		地震引发洪水			【白族、藏族】
W8125		山洞中喷出洪水			【纳西族】
W8126		水体的变化造成洪水			
W8126.1			涨水造成洪水		【汉族】
W8126.2			海水上涨造成洪水		【民族，例1】⑤
W8126.3			江水溢出造成洪水		【民族，例2】⑥
W8126.4			河水上涨造成洪水	A1011.2	【满族】
W8126.5			湖水上涨造成洪水		【例2】⑦
W8126.6			泉涌出造成洪水	A1011.1	【联2】⑧
W8127		雨造成洪水			
W8127.1			长时间下雨造成洪水		【民族，例5】⑨
W8127.2			暴雨造成洪水		【汉族】
W8127.3			暴雨形成山洪		【锡伯族】
W8128		与自然界变化造成洪水有关的其他母题			

① 【引例】母猪拱翻天上的海水造成洪水【彝族】

② 【民族】汉族。【引例】乌龙与白熊泼下天河的水形成洪水【毛南族】

③ 【民族】拉祜族、纳西族、藏族。【引例】❶巨人戳漏天河形成洪水【布依族】；❷雷公放天河的水造成洪水【壮族】

④ 【民族】哈尼族、水族。【引例】天塌流黑水【汉族】

⑤ 【民族】汉族。【引例】海水淹大地【阿昌族】

⑥ 【民族】门巴族。【引例】❶江水积聚形成洪水【珞巴族】；❷牡丹江变湖形成洪水【满族】

⑦ 【引例】❶湖不断积水造成洪水【珞巴族】；❷放出湖里的水造成洪水【彝族】

⑧ 【关联】❶［TPS：≈A1016.6］日月掉进海里引发洪水；❷［W1972.2］泉的涨落

⑨ 【民族】朝鲜族、高山族、亿佬族、仫佬族、苗族、怒族。【引例】❶3年大雨造成洪水【布依族、壮族】；❷10年大雨造成洪水【黎族】；❸9天9夜大雨造成洪水【傈僳族】；❹81天大雨形成洪水【毛南族】；❺99天大雨造成洪水【土家族】

W 编码	母题描述			参照项	
	一级母题	二级母题	三级母题	汤普森	关联项
W8128.1			大火使地球变成海洋		【满族】
W8128.2			阴气过剩形成洪水		【汉族】
✳ **W8129**	**洪水源于特定人物的指令**				
W8130		神的指令造成洪水			
W8130.1			天神指令发洪水		【彝族】
W8130.2			天神让龙发洪水		【彝族】
W8131		龙王指令造成洪水			
W8131.1			龙王派神发洪水		【民族，联1】①
W8132		与指令造成洪水有关的其他母题			
W8132.1			误发指令造成洪水		【联2】②
W8132.2			发洪水指令的收回		【联1】③
✳ **W8133**	**洪水源于惩罚**				
W8134		神为了惩罚人类发洪水④		①A910.2 ②A1018	【民族，例1】⑤
W8135		为惩罚恶人发洪水			
W8135.1			天神惩罚恶人发洪水		【民族，联1】⑥
W8135.2			天神惩罚恶鬼坏人发洪水		【怒族】
W8136		其他惩罚引发洪水			
W8136.1			真主惩罚不归顺者发洪水		【回族】
W8136.2			真主为消灭世上的坏人发洪水		【撒拉族】
✳ **W8137**	**洪水源于失误**				【联1】⑦
W8138		误降大雨造成洪水			
W8138.1			神误降大雨造成洪水		【民族，例1】⑧
W8138.2			雷神帮人类解决旱情时造成洪水		【例1】⑨

① 【民族】傣族。【关联】［W8285］龙（龙王）制造洪水
② 【关联】❶［W8137］洪水源于失误；❷［W9953］失误
③ 【关联】［W8504］洪水制造者收回洪水
④ 神为了惩罚人类发洪水，惩罚的具体原因参见 "［W8171～W8178］人的不良行为引发洪水"。
⑤ 【民族】汉族。【关联】［W9906］惩罚。
⑥ 【民族】蒙古族。【关联】［W8272］天神制造洪水
⑦ 【关联】［W9953］失误
⑧ 【民族】布依族。【引例】天神洒圣水形成洪水 【珞巴族】
⑨ 【引例】女雷神帮人类解决旱情时造成洪水 【苗族】

W 编码	母题描述			参照项	
	一级母题	二级母题	三级母题	汤普森	关联项
W8139		降雨灭火时造成洪水			
W8139.1			众神浇灭太阳时引发洪水		【哈尼族】
W8140		因误听造成洪水			
W8140.1			管雨的神耳聋导致洪水		【壮族】
W8141		误报旱情造成洪水			【例1】①
W8141.1			猴子误报旱情造成洪水		【汉族、土家族】
W8141.2			牛误报旱情造成洪水		【汉族】
W8142		说错话造成洪水			【联1】②
W8143		人的失误造成洪水			【例1】③
W8143.1			人误捉雷神引发洪水		【畲族】
W8144		动物的失误造成洪水			
W8144.1			猴子误倒金锅造成洪水		【仡佬族】
W8144.2			母猪拱翻天上的海水造成洪水		【彝族】
W8145		与失误引发洪水有关的其他母题			
❊ **W8146**	洪水源于发怒				
W8147		天神发怒造成洪水			【民族，联1】④
W8148		龙发脾气造成洪水			【民族，联1】⑤
W8149		其他人物发怒引发洪水			
W8149.1			人激怒水族引发洪水		【布依族】
❊ **W8150**	洪水源于矛盾冲突				
W8151		神的争斗引发洪水		A1015.1	【民族，联1】⑥

① 【引例】神得到谎报的旱情造成洪水
② 【关联】［W9953.1.1］传错话
③ 【引例】人误吃龙王的儿子大鲤鱼引发洪水【哈尼族】
④ 【民族】鄂伦春族、满族。【关联】［W8014］神发怒引起灾难
⑤ 【民族】东乡族。【关联】［W8285］龙（龙王）制造洪水
⑥ 【民族】景颇族。【关联】［W8790］神之间的争战

W 编码	母题描述			参照项	
	一级母题	二级母题	三级母题	汤普森	关联项
W8151.1			水神与火神争斗造成洪水		【藏族】
W8151.2			土地神斗雷公引发洪水		【民族,联1】①
W8152		人与神的矛盾引发洪水			【民族,例1】②
W8152.1			人侵犯神的利益引发洪水		
W8153		人与天神的矛盾引发洪水			【民族,联1,例2】③
W8153.1			人拒税得罪天神引发洪水		【彝族】
W8153.2			人不向天神交贡粮引发洪水		【拉祜族】
W8153.3			人打死天神的使者引发洪水		【彝族】
W8154		人与水神的矛盾引发洪水			【联1】④
W8155		人与雷神的矛盾引发洪水			【例2】⑤
W8155.1			人捉雷公引发洪水		【民族,联1】⑥
W8155.2			人捉雷公鸡引发洪水		【羌族】
W8155.3			人杀鸡招待雷公违背雷公禁忌引发洪水		【苗族】
W8155.4			人与雷公争财产引发洪水		【例1】⑦
W8155.5			人让雷公吃长在鸡屎上的菜引发洪水		【例1】⑧
W8155.6			骂雷公引发洪水		【例1】⑨

---

① 【民族】毛南族。【关联】［W8793.5］雷神与土地神之争
② 【民族】纳西族、瑶族。【引例】恶人射神马引发洪水【保安族】
③ 【民族】侗族。【关联】［W8181.3］人犁田地得罪天神引发洪水。【引例】❶人打死天神派去的收税的人引发洪水【彝族】；❷天神怕人争夺管理天地的位子发洪水【壮族】
④ 【关联】［W0400］水神
⑤ 【引例】❶捉雷公的鸡引发洪水【羌族】；❷虐待雷公母引发洪水【瑶族】
⑥ 【民族】仡佬族、仫佬族、土家族。【关联】［W8872］捉雷公
⑦ 【引例】人祖与雷争财产引发洪水【苗族】
⑧ 【引例】雷公用鸡屎涂仓门炸开铁仓逃脱【苗族】
⑨ 【引例】张天师骂雷公引发洪水【瑶族】

W 编码	母题描述			参照项	
	一级母题	二级母题	三级母题	汤普森	关联项
W8156		人与神性人物的矛盾引发洪水			
W8156.1			魔王嫉妒人类发洪水		【保安族】
W8157		人与水族的矛盾引发洪水			【布依族】
W8157.1			人用水中的动物耕田引发洪水		【布依族】
W8158		人与龙的冲突引发洪水			【联2】①
W8158.1			人杀龙引发洪水		
W8158.2			人吃龙子引发洪水		【例1】②
W8159		动物的矛盾引发洪水			
W8159.1			恶龙相斗造成洪水		【汉族】
W8160		无生命物的矛盾引发洪水			
W8160.1			天地矛盾造成洪水		
W8161		与矛盾引发洪水有关的其他母题			
W8161.1			打太阳引发洪水		【布依族】
❋ **W8162**	洪水源于报复				【联1】③
W8163		神的报复引发洪水			
W8163.1			雷神报复引发洪水		【联2】④
W8164		神性人物的报复引发洪水			
W8164.1			魔鬼的报复引发洪水		【例1】⑤
W8164.2			龙王报复发洪水		【民族，联1】⑥
W8164.3			水妖的报复引发洪水		
W8165		其他特定人物的报复引发洪水			
W8166		与报复引发洪水有关的其他母题			

① 【关联】❶［W8164.2］龙王报复发洪水；❷［W8285］龙（龙王）制造洪水
② 【引例】人吃龙王的儿子大鲤鱼引发洪水【哈尼族】
③ 【关联】［W9460］报复
④ 【关联】❶［W8155］人与雷神的矛盾引发洪水；❷［W8155.1］人捉雷公引发洪水
⑤ 【引例】打天造地惊动魔鬼引发洪水【景颇族】
⑥ 【民族】白族、哈尼族。【关联】［W8158］人与龙的冲突引发洪水

W 编码	母题描述			参照项	
	一级母题	二级母题	三级母题	汤普森	关联项
✳ **W8167**	地上人多引发洪水				【民族】①
W8168		神认为地上的人太多发洪水		A1019.3	
W8169		因为人不死引发洪水			【黎族】
W8170		与人多引发洪水有关的其他母题			
W8170.1			地上人多鬼多引发洪水		【怒族】
W8170.2			弥猴繁衍太多引发洪水		【傈僳族】
✳ **W8171**	人的不良行为引发洪水				
W8172		人的乱伦引发洪水		A1018.2	
W8172.1			兄妹婚引发洪水		【民族，联1】②
W8172.2			姐弟婚引发洪水		【壮族】
W8173		人违犯禁忌引发洪水		C984.3	【联1，例2】③
W8173.1			犯天忌引发洪水		【高山族，汉族】
W8173.2			烧神树引发洪水		【拉祜族】
W8173.3			分吃马鹿引发洪水		【布朗族】
W8173.4			吃鱼引发洪水		
W8173.5			妇女诅咒天引发洪水		【傈僳族】
W8174		人类道德不好引发洪水			【联1，例1】④
W8174.1			人的良心不好引发洪水		【民族，联2，例1】⑤
W8174.2			兄弟失睦引发洪水		【侗族】
W8174.3			儿子欺老母引发洪水		【瑶族】

① 【民族】拉祜族、回族、苗族

② 【民族】纳西族。【关联】［W6517］婚姻禁忌

③ 【关联】［W6510～W6549］禁忌。【引例】❶人吃大鲤鱼引发洪水【哈尼族】；❷女人吃了鬼栽的树引发洪水【怒族】

④ 【关联】［W8625.2］人的傲慢引起火灾。【引例】因人类道德不好龙王发洪水【傣族】

⑤ 【民族】独龙族。【关联】❶［W8591.2］人心不好造成城陷为湖；❷［W8606.2］因第一代人心不好天神降下旱灾。【引例】天神因为竖眼人心不好发洪水【彝族】

W 编码	母题描述			参照项	
	一级母题	二级母题	三级母题	汤普森	关联项
W8175		人的杀戮引发洪水		Q552.19.6	
W8175.1			儿子弑父引发洪水		【民族，联1】①
W8175.2			儿子害母引发洪水		【仫佬族】
W8175.3			人杀动物引发洪水		
W8176		人的偷盗引发洪水			【联1】②
W8176.1			人盗天马引发洪水		【彝族】
W8177		人的浪费引发洪水			
W8177.1			人糟蹋粮食引发洪水		【苗族】
W8177.2			人类不爱惜粮食引发洪水		【羌族】
W8178		与人的不良引发洪水有关的其他母题			
W8178.1			人捉动物引发洪水		【土家族】
W8178.2			人火焚山陵引发洪水		【苗族】
W8178.3			人类走向邪路引发洪水		【柯尔克孜族】
W8178.4			人的懒惰引发洪水		【仡佬族】
W8178.5			乱开河引发洪水		
W8178.6			砍伐树木引发洪水		
✳ W8179	开荒引发洪水				
W8180		兄弟开荒引发洪水			【例1】③
W8180.1			三兄弟开荒引发洪水		【例1】④
W8181		兄妹开荒引发洪水			【苗族、怒族】
W8182		与开荒引发洪水有关的其他母题			
W8182.1			三兄弟和妹妹开荒引发洪水		【彝族】
W8182.2		开垦草场引起龙怒发洪水			【藏族】
W8182.3			人犁田地得罪天神引发洪水		【纳西族】
W8182.4			人学种庄稼引发洪水		【彝族】

① 【民族】黎族。【关联】［W8927］儿子弑父
② 【关联】［W9912］偷盗被惩罚
③ 【引例】兄弟开荒引发洪水【仡佬族、普米族】
④ 【引例】三弟兄开荒动了天神的祖坟引发洪水【仡佬族、彝族】

W 编码	母题描述			参照项	
	一级母题	二级母题	三级母题	汤普森	关联项
✳ **W8183**	堵塞引发洪水				
W8184		尸体堵塞水道引发洪水			
W8184.1			魔鬼的尸体堵江河引发洪水		【独龙族】
W8184.2			人的尸体堵江河引发洪水		【例1】①
W8185		动物堵住水的排泄口引发洪水			
W8185.1			龙堵住出水口引发洪水		【例2】②
W8185.2			蛇堵住河道引发洪水		【高山族】
W8185.3			牛堵住河引发洪水		【珞巴族】
W8185.4			犀牛堵住江引发洪水		【水族】
W8185.5			鸟堵住消水洞引发洪水		【例1】③
W8185.6			鱼堵山洞引发洪水		【纳西族】
W8186		与堵塞引发洪水有关的其他母题			
W8186.1			葫芦堵塞洞口引发洪水		【民族，例1】④
W8186.2			葫芦堵塞入海口引发洪水		【例1】⑤
W8186.3			杂物堵住入海口引发洪水		【傈僳族】
W8186.4			山石堵塞河道形成洪水		【例1】⑥
W8186.5			搬动堵海水的岩石引发洪水		【藏族】

---

① 【引例】长尾巴的人被抛尸江中引发洪水【独龙族】
② 【引例】❶黑龙占据出水口引发洪水【白族】；❷公龙塞河母龙塞海引发洪水【侗族】
③ 【引例】大鹏鸟堵住消水洞引发洪水【壮族】
④ 【民族】哈尼族。【引例】葫芦堵住落水洞洞口引发洪水【苗族】
⑤ 【引例】肉葫芦堵住入海口引发洪水【布朗族】
⑥ 【引例】山峰崩裂倒塌，河被堵塞形成洪水【珞巴族】

W 编码	母题描述			参照项	
	一级母题	二级母题	三级母题	汤普森	关联项
W8186.6			落水洞被堵引发洪水		【景颇族、壮族】
W8187	打破盛水的器皿引发洪水				
W8187.1		天神踢倒水桶引发洪水			【民族，联1】①
W8187.2		猴子打翻盛水的容器引发洪水			
W8187.2.1			猴子打破天上水瓶引发洪水		【汉族、羌族】
W8187.2.2			猴子掀翻雨神的大缸引发洪水		【布朗族】
W8187.2.3			猴子打破天宫装雨水的罐子引发洪水		【羌族】
W8187.2.4			猴子打翻天上的金盆引发洪水		【羌族】
W8187.2.5			猴子从天宫倒下坛子的水引发洪水		【羌族】
W8187.3		打破葫芦引发洪水		A1016.4	
✳ **W8188**	除害引发洪水				【联2】②
W8189		神的除害引发洪水			
W8189.1			神消除旱灾雨下的太多引发洪水		【怒族】
W8190		与除害引发洪水有关的其他母题			
W8190.1			为消除地上的石头引发洪水		【黎族】
W8190.2			神发洪水是为了把人和鬼分开		【民族，联1】③
W8190.3			神发洪水是为了消灭鬼怪		【例1】④
◎	〖其他特定原因引发洪水〗				
W8191	吐水引发洪水				
W8191.1		神喷水引发洪水			

---

① 【民族】藏族。【关联】［W8187.2.3］猴子打破天宫装雨水的罐子造成洪水
② 【关联】❶［W8137］洪水源于失误；❷［W9953］失误
③ 【民族】傈僳族。【关联】［W6183］人与神（鬼）分开居住
④ 【引例】天神淹人间的鬼时造成洪水 【汉族】

W 编码	母题描述			参照项	
	一级母题	二级母题	三级母题	汤普森	关联项
W8191.1.1			神的肚子破后喷出洪水		【佤族】
W8191.2		神吐水引发洪水			【例2】①
W8191.3		巨人吐水引发洪水			
W8192	撒尿造成洪水			A1012.2	【联1，例1】②
W8192.1		神撒尿造成洪水			
W8192.2		妖魔撒尿造成洪水			
W8193	流泪造成洪水				
W8193.1		眼泪变成洪水		A1012.1	【壮族】
W8193.2		特定的眼泪形成洪水			
W8193.2.1			悲伤的眼泪形成洪水	≈A1012.1.2	
W8193.2.2			星星的眼泪形成洪水		【哈萨克族】
W8194	流血造成洪水			A1012.3	
W8194.1		被杀死的巨人的血流成洪水		A1012.3.1	
W8195	特定物的融化（腐烂）造成洪水				
W8195.1		冰融化引发洪水		A1016.3	
W8195.2		特定的树的腐烂造成洪水			【例1】③
W8196	打赌引发洪水				【例1】④
W8197	其他特定原因引发洪水				【彝族】
W8197.1		烧红的大铁球抛入江中引发洪水			【独龙族】
W8197.2		支撑大地的神龟活动身体引发洪水			【鄂温克族】
W8197.3		洪水从身体中流出		A1012	【联1】⑤

① 【引例】❶神吐水灭火时形成洪水【傣族】；❷恶神吐水形成洪水【傣族】
② 【关联】［W1929.2］尿变成江河。【引例】姆洛甲撒三天三夜尿形成特大洪水【壮族】
③ 【引例】特定的树叶（水树）掉在地上就会引发洪水【苗族】
④ 【引例】天神因打赌发洪水【苗族】
⑤ 【关联】［TPS：A1013］洪水从腹中流出

W 编码	母题描述			参照项	
	一级母题	二级母题	三级母题	汤普森	关联项
W8198	与洪水原因有关的其他母题				
W8198.1		打开天的肚脐眼引发洪水			
W8198.1.1			雷公打开天肚脐形成洪水		【民族，联2】①
W8198.2		打开地的肚脐眼引发洪水			【蒙古族】
W8198.3		因盗火引发洪水			【汉族】
W8198.4		施法术引发洪水			【白族】

8.2.3 洪水预言【W8200～W8269】

W 编码	母题描述			参照项	
	一级母题	二级母题	三级母题	汤普森	关联项
✿ **W8200**	洪水预言者				【联2】②
✳ **W8201**	神预言洪水				
W8202		天神预言洪水			【高山族、仡佬族、藏族】
W8202.1			天神变成老人告诉发洪水		【民族，联1】③
W8202.2			天婆预言洪水		【彝族】
W8202.3			天神的助手预言洪水		【彝族】
W8203		地神预言洪水			【蒙古族】
W8204		雷神预言洪水			【苗族、彝族】
W8204.1			雷公预言洪水		【壮族】
W8205		山神预言洪水			【普米族】
W8206		龙神预言洪水			【彝族】
W8207		寨神预言洪水			
W8208		其他神预言洪水			
W8208.1			土地神预言洪水		【汉族】
W8208.2			天女预言洪水		【侗族】
✳ **W8210**	神性人物预言洪水				

---

① 【民族】苗族。【关联】❶［W8118］天上的水造成洪水；❷［W8273.1］雷公制造洪水
② 【关联】❶［W9251］预言者；❷［W8552］地震的预言者
③ 【民族】仡佬族。【关联】［W8222］老人预言洪水（老人告知洪水）

W 编码	母题描述			参照项	
	一级母题	二级母题	三级母题	汤普森	关联项
W8211		神仙预言洪水			【黎族】
W8212		仙人预言洪水			【苗族、水族】
W8213		半人半兽预言洪水			
W8213.1			半人半鹊预言洪水		【满族】
W8214		菩萨预言洪水			【傈僳族】
W8215		喇嘛预言洪水			【锡伯族】
W8216		巫师预言洪水			【联1】①
W8217		僧人预言洪水			【回族】
W8218		怪物预言洪水			【例1】②
W8219		其他特定的神性人物预言洪水			
W8219.1			王母预言洪水		【汉族】
W8219.2			太白星预言洪水		【彝族】
❋ **W8220**	**人预言洪水③（人告知洪水）**				
W8221		陌生人预言洪水			
W8222		老人预言洪水④（老人告知洪水）			【民族】⑤
W8222.1			一位老头预言洪水		【哈尼族】
W8222.2			一位老太太预言洪水		【鄂伦春族、苗族】
W8222.3			1 对老人夫妇预言洪水		【纳西族】
W8222.4			一位不知来历的老人预言洪水		【壮族】
W8222.5			白发老人预言洪水		【黎族】
W8222.6			有名字的老人预言洪水		【彝族】
W8223		童孩预言洪水			
W8223.1			母狼带大的孩子预知洪水		【蒙古族】
W8224		算命先生预言洪水			【白族】

① 【关联】［W9120］巫师
② 【引例】猪嘴人身的怪物预言洪水【藏族】
③ 人预言洪水（人告知洪水），该母题的常见情况是人告诉其他人要发洪水。该预言的来历比较复杂，有些是自身得知，有些则来源于神、神性人物或动物等的告知。此处采用"人预言洪水"表示。
④ 老人预言洪水（老人告知洪水），关于"老人"，有的神话说是"白发老人"，有的说是"不知历来的老人"，有的说是"神化身的老人"，往往带有神秘性，又往往与长者崇拜有关，具体情况参见《中国神话母题 W8 编目实例》。
⑤ 【民族】仡佬族、满族、怒族、彝族

W 编码	母题描述			参照项	
	一级母题	二级母题	三级母题	汤普森	关联项
W8225		父亲预言洪水			【畲族】
W8226		兄长预言洪水			【保安族】
W8227		瞎子预言供水			
W8228		相貌奇特的人预言洪水			
W8229		与人预言洪水有关的其他母题			【联1】①
W8229.1			占卜师预言洪水		【汉族】
W8229.2			特定来历的人预言洪水		
✿ **W8230**	动物预言洪水				
❋ **W8231**	鸟预言洪水				【民族，例1】②
W8232		乌鸦预言洪水			【普米族】
W8233		喜鹊预言洪水			【满族、瑶族】
W8234		燕子预言洪水			【土家族】
W8235		其他特定的鸟预言洪水			
W8235.1			鸽子报信发洪水		【高山族】
W8235.2			鹰预言洪水		【壮族】
◎	〖其他动物预言洪水〗				
W8236		龙预言洪水			【傣族】
W8236.1			龙王的女儿预言洪水		【蒙古族】
W8237		青蛙预言洪水			【民族，例1】③
W8238		猪预言洪水			
W8238.1			野猪预言洪水		【彝族】
W8238.2			豪猪预言洪水		【彝族】
W8239		狐狸预言洪水			【例1】④
W8240		狼预言洪水			【蒙古族】
W8241		熊预言洪水			【彝族】
W8242		泥鳅预言洪水			【满族】
W8243		与动物预言洪水有关的其他母题			【联1】⑤
❋ **W8244**	植物预言洪水				
W8245		树预言洪水			【汉族】

① 【关联】［W8216］巫师预言洪水
② 【民族】蒙古族。【引例】金色鸟预言洪水【傈僳族】
③ 【民族】傈僳族、纳西族、佤族。【引例】白胡子老头变的青蛙预言洪水【普米族】
④ 【引例】九江狸预言洪水【怒族】
⑤ 【关联】［W8264.2］让动物吃食物后获得洪水预言

W 编码	母题描述			参照项	
	一级母题	二级母题	三级母题	汤普森	关联项
W8246		菌子预言洪水			【独龙族、怒族】
W8247		其他植物预言洪水			
W8247.1			黑树籽预言洪水		【怒族】
✳ **W8248**	无生命物预言洪水				
W8249		石兽预言洪水			
W8249.1			石狮预言洪水		【民族，联1】①
W8250		器物预言洪水			
W8251		其他无生命物预言洪水			
✳ **W8252**	多个洪水预言者				
W8253		人与动物共同预言洪水			
W8253.1			野猪和老夫妇预言洪水		【纳西族】
W8254		多个动物预言洪水			
W8255		其他多个洪水预言者			
✳ **W8256**	特定征兆作为洪水预言				【联1】②
W8257		自然现象作为洪水征兆			
W8258		物的复原作为洪水征兆			【联1】③
W8258.1			砍树复原是洪水征兆		【藏族】
W8258.2			犁地被翻平作为洪水前征兆		【纳西族】
W8259		怪异现象作为洪水征兆			【联1】④
W8259.1			树流血预示洪水		【汉族】
W8259.2			石狮眼里流血预示洪水		【民族，联1】⑤

---

① 【民族】汉族、满族。【关联】［W8259.2］石狮眼里流血预示洪水
② 【关联】［W9200］征兆
③ 【关联】［W9380］复原
④ 【关联】［W9957］灵异（怪异）
⑤ 【民族】回族、壮族。【关联】［W8249.1］石狮预言洪水

W 编码	母题描述			参照项	
	一级母题	二级母题	三级母题	汤普森	关联项
W8260		与洪水征兆有关的其他母题			
W8260.1			验证洪水征兆		【联2】①
✳ **W8261**	获得洪水预言的原因				【联1】②
W8262		偶然得到洪水预言			【联1】③
W8263		善良者得洪水预言			【彝族】
W8263.1			善待老人者得到洪水预言		
W8264		作为报答的洪水预言			
W8264.1			帮助动物者从动物那里得到洪水预言		
W8264.2			让动物吃食物后获得洪水预言		【普米族】
W8265		获得洪水预言的其他原因			
◎	〖其他相关母题〗				
W8266	洪水预言的传达者				
W8266.1		猎人得到洪水预言后告知众人			【蒙古族】
W8266.2		动物传达洪水预言			
W8266.3		梦得洪水预言			【彝族】
W8267	与洪水预言有关的其他母题				
W8267.1		洪水预言的禁忌			
W8267.1.1			洪水预言不能告知其他人		【汉族、蒙古族】
W8267.1.2			洪水预言只能救动物不能救人		【汉族】
W8267.2		人事先知道发洪水			【苗族】
W8267.3		人算出发洪水			【彝族】
W8267.4		受启示预知洪水			【例1】④
W8267.5		洪水预言的实现			
W8267.5.1			用血涂抹石狮导致洪水预言的实现		【壮族】

---

① 【关联】❶［W8050.2］出于好奇验证预言使预言成真；❷［W8267.5.1］用血涂抹石狮导致洪水预言的实现

② 【关联】［W8040］获得灾难预言的原因

③ 【关联】［W8266.3］梦得洪水预言

④ 【引例】圣人受了真主安拉启示预知洪水【回族】

8.2.4　洪水制造者①【W8270~W8289】

W 编码	母题描述			参照项	
	一级母题	二级母题	三级母题	汤普森	关联项
✿ **W8270**	神或神性人物制造洪水			A1015	
✳ **W8271**	神是洪水制造者				
W8272		天神制造洪水			
W8272.1			无名字的天神（天王）制造洪水		【民族，例4】②
W8272.2			有名字的天神（天王）制造洪水		【民族，例1】③
W8272.3			玉皇大帝发洪水		【土家族】
W8272.4			与天神制造洪水有关的其他母题		【例1】④
W8273		水神制造洪水			【民族，例1】⑤
W8273.1			河神发洪水		【保安族】
W8273.2			黄河神发洪水		【保安族】
W8273.3			海神制造洪水		【高山族、汉族】
W8273.4			水仙姑发洪水		【例1】⑥
W8274		雷神制造洪水			【联1，例3】⑦
W8274.1			雷公制造洪水⑧		【民族】⑨
W8274.2			雷婆制造洪水		【侗族】
W8274.3			五雷泼水发洪水		【瑶族】
W8275		其他神制造洪水			
W8275.1			创造神制造洪水		【黎族】
W8275.2			恶神制造洪水		【傣族】
W8275.3			善神制造洪水		
W8275.4			龙神制造洪水		【联1】⑩

① 洪水制造者，该母题与"［W8115~W8199］洪水原因"一般联系在一起，可进行关联性分析。
② 【民族】达斡尔族。【引例】❶雷公求天王发洪水【侗族】；❷天神因打赌发洪水【苗族】；❸天王倒天上的海水形成洪水【彝族】；❹天神为了消灭鬼怪发洪水
③ 【民族】彝族。【引例】天神讷拉格波发洪水【怒族】
④ 【引例】天神的弟子发洪水【满族】
⑤ 【民族】傈僳族。【引例】洪水从水神的肚子流出【佤族】
⑥ 【引例】管天水的水仙姑忘了关水口造成洪水【瑶族】
⑦ 【关联】［W8155.5］让雷公吃长在鸡屎上的菜引发洪水。【引例】❶激怒雷神后雷神发洪水【侗族】；❷张天师骂雷公引发洪水【瑶族】；❸大圣斗收租的雷王引发洪水【瑶族】
⑧ 雷公制造洪水，这里的"雷公"在不同的神话中又称作"雷神"、"雷王"、"雷"等，在此表述为"雷公"。
⑨ 【民族】高山族、哈尼族、汉族、毛南族、仫佬族、羌族、畲族、彝族
⑩ 【关联】［W8285］龙（龙王）制造洪水

W 编码	母题描述			参照项	
	一级母题	二级母题	三级母题	汤普森	关联项
W8275.5			众神制造洪水		【民族，例2】①
☀ **W8276**	**神性人物是洪水制造者**				
W8277		文化英雄制造洪水			
W8277.1			共工制造洪水		【汉族】
W8277.2			伏羲造水淹天		【民族，联1】②
W8278		妖魔制造洪水			
W8278.1			恶魔发洪水		【景颇族、满族】
W8278.2			水妖发洪水		【壮族】
W8279		怪物制造洪水			
W8279.1			黄水怪制造大水		
W8280		神性动物制造洪水			【例1】③
W8280.1			螃蟹精制造洪水		
W8280.2			神马制造洪水		【保安族】
W8281		其他特定的神性人物制造洪水			
W8281.1			王制造洪水		【壮族】
W8281.2			真主制造洪水		【民族，例1】④
☀ **W8282**	**人是洪水制造者**				
W8283		特定的人制造洪水			
☀ **W8284**	**动物是洪水制造者**				
W8285		龙（龙王）制造洪水			【民族，联2】⑤
W8285.1			龙王制造洪水		【水族】
W8285.2			海龙王制造洪水		【例1】⑥
W8285.3			龙女制造洪水		【例1】⑦
W8285.4			水龙制造洪水		【布朗族】
W8285.5			恶龙制造洪水		【傈僳族、回族】
W8286		蛟龙制造洪水			【民族，联1】⑧

① 【民族】土家族。【引例】❶雨神、水神、海神发洪水【傣族】；❷雷神、阿霹刹发洪水【彝族】
② 【民族】壮族。【关联】［W0675］伏羲
③ 【引例】螃蟹精肚子里的黄水造成洪水【黎族】
④ 【民族】回族、柯尔克孜族。【引例】世上出现坏人真主胡达发洪水【撒拉族】
⑤ 【民族】傣族、哈尼族、彝族。【关联】❶［W3550］龙；❷［W3581］龙王
⑥ 【引例】东海龙王发洪水【汉族】
⑦ 【引例】龙女开水匣发大水【锡伯族】
⑧ 【民族】回族、纳西族、土家族、壮族。【关联】［W3445］蛟（蛟龙）

W 编码	母题描述			参照项	
	一级母题	二级母题	三级母题	汤普森	关联项
W8287		其他动物制造洪水			
W8287.1			泥鳅制造洪水		【例1】①
W8287.2			螃蟹制造洪水		【德昂族】
W8287.3			青蛙制造洪水		【例1】②
W8287.4			狗制造洪水		【例1】③
W8287.5			野猪制造洪水		【例1】④
W8287.6			鼠制造洪水		【例1】⑤
W8287.7			兔子制造洪水		【例1】⑥
W8287.8			鱼制造洪水		【例2】⑦
◎	〖其他相关母题〗				
W8288	众多人物共同制造洪水				【联1】⑧
W8288.1		雷王与水王、龙王一起发洪水			【壮族】
W8288.2		雷公与龙制造洪水			
W8289	与洪水制造者有关的其他母题				
W8289.1		神话人物是洪水制造者			【联1，例1】⑨
W8289.2		特殊的发洪水者			【例1】⑩
W8289.3		洪水制造者先考察人类是否善良			【例1】⑪
W8289.4		神的汗水滴落在地上形成洪水			【傣族】
W8289.5		树中流出洪水			【例1】⑫
W8289.5.1			葫芦树能造成洪水		【哈尼族】
W8289.5.2			腐烂的树流出洪水		
W8289.6		制造洪水前的准备			
W8289.6.1			发洪水前先堵落水洞		【例2】⑬

① 【引例】泥鳅龙发洪水【布依族】
② 【引例】青蛙哭出洪水【独龙族】
③ 【引例】狗吠天引发洪水【毛南族】
④ 【引例】野母猪拱翻天上九个海子造成洪水【彝族】
⑤ 【引例】灰鼠从天神那里借洪水【鄂伦春族】
⑥ 【引例】兔子从天上向下泼水太多形成洪水【保安族】
⑦ 【引例】❶鳗鱼制造洪水【高山族】；❷巨鱼制造洪水
⑧ 【关联】[W8275.6] 众神制造洪水
⑨ 【关联】[W3000] 神话动物。【引例】孙悟空引发洪水【汉族】
⑩ 【引例】变成熊的武姆勒娃发洪水【彝族】
⑪ 【引例】龙王变化成脏老头检验人类【傣族】
⑫ 【引例】树洞被蚂蚁蛀空后流出洪水【拉祜族】
⑬ 【引例】❶洪水前螃蟹和大虾堵地上的落水洞【基诺族】；❷雷公发洪水前堵住湖底的落水洞【瑶族】

8.2.5 洪水的情形 【W8290～W8299】

W 编码	母题描述			参照项	
	一级母题	二级母题	三级母题	汤普森	关联项
◎	〖洪水的情形〗				
W8290	地沉海中			A1061	【联1】①
W8291	洪水时一片黑暗			A1010.1	
W8292	洪水暴发的方向				
W8292.1		洪水从西方来			
W8292.2		洪水从西北来			【汉族】
W8293	洪水涨到天				【傈僳族、苗族、瑶族】
W8293.1		洪水涨到天庭南天门			【民族，联1】②
W8293.2		洪水漫到天宫			【畲族】
W8293.3		洪水离天很近			
W8293.3.1			洪水离天三尺三		【彝族】
W8294	洪水时河水猛涨				【例1】③
W8295	洪水持续时间				【联1】④
W8295.1		洪水持续较短时间			【布依族】
W8295.2		洪水持续很长时间			
W8295.2.1			洪水持续多年		【汉族】
W8296	洪水时特定的物免遭毁坏				
W8296.1		洪水时只剩一座高山			【联1，例1】⑤
W8296.1.1			洪水时世上只剩山顶		【民族，联1】⑥
W8296.2		洪水时特定的房物没被淹没			【例1】⑦
W8296.3		洪水时一个孤岛没被淹没			【民族，联1】⑧
W8297	与洪水的情形有关的其他母题				【联1】⑨
W8297.1		沸腾的洪水			【壮族】
W8297.2		冰冷的洪水			

---

① 【关联】［W8590］城陷为湖
② 【民族】傣族、侗族、仫佬族、羌族、土家族。【关联】［W1795］天门
③ 【引例】洪水时河水涨九尺【东乡族】
④ 【关联】［W8525］消除洪水的时间
⑤ 【关联】［W8314］山作为洪水逃生工具（地点）。【引例】洪水时只有一座高山没有被淹没【傣族】
⑥ 【民族】纳西族。【关联】［W8314.1］洪水时在山顶逃生
⑦ 【引例】洪水时善良人家的房子没有被淹没【傣族】
⑧ 【民族】珞巴族。【关联】［W8315］洪水时到岛上逃生
⑨ 【关联】［W8400］洪水幸存者

8.2.6 避水方式与工具【W8300～W8399】

W编码	母题描述			参照项	
	一级母题	二级母题	三级母题	汤普森	关联项
✿ W8300	洪水中逃生			A1020	
W8301	洪水时快跑逃生			A1026	
✳ W8302	洪水逃生方法的获得				
W8303		特定的人物告知洪水逃生方法			【联1，例3】①
W8303.1			天神告诉人逃避洪水的方法		【白族、傈僳族】
W8303.2			预言者告诉逃生方法		【联1，例1】②
W8303.3			动物告诉躲避洪水的办法		
W8304		梦中获得洪水逃生方法			【汉族】
W8305		获得洪水逃生方法的其他方式			
✳ W8306	洪水时得到救助逃生				
W8307		洪水中得到神的救助逃生			【联1，例4】③
W8307.1			洪水时天神救人		
W8307.2			洪水时女神拯救人类		【蒙古族】
W8308		洪水时得到神性人物的救助逃生			【例1】④
W8308.1			洪水时因神仙安排逃生		【联1，例1】⑤
W8308.2			洪水时仙人救人		【彝族】
W8308.3			洪水时圣人救人		【回族】
W8308.4			洪水时英雄救人		【蒙古族】

① 【关联】［W8200］洪水预言者。【引例】❶龙告诉人逃避洪水的方法【傣族】；❷野猫告诉躲避洪水的办法【景颇族】；❸青蛙告诉躲避洪水的办法【傈僳族】

② 【关联】［W8302］洪水逃生方法的获得。【引例】洪水时预言者告诉躲藏在房子下的一层得以逃生【藏族】

③ 【关联】［W8348］洪水时用船逃生。【引例】❶洪水时木神变古木救人【朝鲜族】；❷洪水时鸟神救人【满族】；❸洪水时神鹊救生灵【满族】；❹洪水时天神造船救人【佤族】

④ 【引例】老君爷洪水时救人【汉族】

⑤ 【关联】［W8302］洪水逃生方法的获得。【引例】洪水时神仙安排到山顶劳动的兄妹幸存

W 编码	母题描述			参照项	
	一级母题	二级母题	三级母题	汤普森	关联项
W8309		洪水时特定的人救人			
W8309.1			洪水时父亲帮助孩子逃生		【黎族】
W8309.2			洪水时只有最小的哥哥帮助妹妹	L32	
W8310		洪水时动物救人		B527	
W8310.1			动物驮人渡水	B551	
W8310.2			洪水时鱼帮人洪水逃生	A1027	
W8310.3			洪水时龙救人		【例1】①
W8310.4			洪水时青蛙救人		【例1】②
W8310.5			洪水时鹰救人		【例1】③
W8310.6			洪水时其他动物帮人逃生		【例1】④
W8311		洪水时动物作为逃生工具			
W8311.1			洪水时用鸡逃生		【仡佬族、苗族】
W8311.2			洪水时鸡蛋中逃生		【彝族】
※ **W8312**	洪水时靠自然物逃生				
W8313		洪水时躲到天上			【回族】
W8314		山作为洪水逃生工具（地点）		A1022	【民族】⑤
W8314.1			洪水时到山顶逃生		【民族，例3】⑥
W8314.2			洪水时到山顶的山洞中逃生		【蒙古族】
W8314.3			洪水时特定的山作为逃生地点		
W8314.4			洪水后人从低处迁到山上		【水族】
W8315		洪水时到岛上逃生		A1025	【珞巴族】

---

① 【引例】黑龙帮助人逃脱洪水【满族】

② 【引例】青蛙舅舅帮助逃脱洪水【普米族】

③ 【引例】鹰救出洪水时困在悬崖上的幸存者【彝族】

④ 【引例】乌鸦帮助逃脱洪水【普米族】

⑤ 【民族】阿昌族、傈族、鄂伦春族、怒族、彝族、壮族

⑥ 【民族】朝鲜族、独龙族、高山族、汉族、满族、蒙古族、纳西族、怒族。【引例】❶洪水时被风刮到山顶逃生【黎族】；❷洪水时靠五指山逃生【黎族】；❸洪水时到雪山顶逃生【藏族】

W 编码	母题描述			参照项	
	一级母题	二级母题	三级母题	汤普森	关联项
W8316		洪水时到月亮上逃生			【普米族】
W8317		洪水时到洞中逃生		A1024	
W8317.1			洪水时在山洞逃生		【联1】①
W8318		洪水时从堵水的口子逃生			【哈尼族】
W8319		洪水时靠其他自然物逃生			
W8319.1			洪水时通过虹逃生		
✿ **W8320**	洪水时靠植物逃生（洪水时植物作为逃生工具）				
❋ **W8321**	洪水时树上逃生			A1023	【民族】②
W8322		洪水时用漂在水中的树逃生		A1021.0.4	
W8323		洪水时靠树洞逃生			【彝族】
W8323.1			在树洞中逃避洪水	A1021.0.5	
W8324		洪水时在树顶上逃生			【联1，例1】③
W8325		洪水时靠树疙瘩逃生			【仡佬族】
W8326		洪水时靠神树逃生			【苗族】
W8327		洪水时用大木头逃生			【朝鲜族】
W8327.1			洪水时古木救人		【例1】④
W8327.2			洪水时靠房梁逃生		【彝族】
W8328		洪水时用竹子逃生			
W8328.1			洪水时骑竹节逃生		
W8328.2			洪水时竹子的根救人		【彝族】
❋ **W8329**	洪水时用葫芦逃生			A1021.0.3	【民族】⑤
W8330		洪水时用巨大的葫芦逃生			【民族，联1】⑥

① 【关联】［W8323］洪水时靠树洞逃生
② 【民族】傣族、高山族、怒族、彝族
③ 【关联】［W8478.2］洪水时只剩下一棵大树。【引例】洪水时在通天树树梢逃生【普米族】
④ 【引例】洪水时木神变成救人的古木【朝鲜族】
⑤ 【民族】布朗族、侗族、京族、拉祜族、黎族、仫佬族、苗族、水族、彝族
⑥ 【民族】傣族、汉族。【关联】［W8339.4］作为避水工具的葫芦在很短时间内长大

W 编码	母题描述			参照项	
	一级母题	二级母题	三级母题	汤普森	关联项
W8330.1			洪水时用比山还大的葫芦逃生		【黎族】
W8330.2			洪水时用小山一样的葫芦逃生		【德昂族】
W8330.3			洪水时骑大葫芦逃生		【傣族】
W8330.4			洪水时躲进大葫芦逃生		【佤族】
W8331		洪水时用木葫芦逃生			【仡佬族】
W8332		洪水时用花葫芦逃生			【哈尼族】
W8333		洪水时用其他特定的葫芦逃生			
W8333.1			洪水时用水葫芦逃生		【布依族】
W8333.2			洪水时用金葫芦、银葫芦逃生		【怒族】
※ **W8334**	洪水时逃生葫芦的来历				【例1】①
W8335		洪水时逃生的葫芦是赠予的			【例10】②
W8335.1			洪水时天神从天上放下一个葫芦		【德昂族】
W8335.2			洪水时神给逃生者葫芦种子		【德昂族、佤族】
W8335.3			洪水时神性人物给逃生者葫芦种子		【汉族】
W8336		洪水时逃生的葫芦是造出来的			【民族，例1】③
W8336.1			神造洪水逃生的葫芦		
W8336.2			逃生者造洪水逃生的葫芦		【仡佬族】

---

① 【引例】洪水时释迦牟尼给人一个大葫芦【德昂族】
② 【引例】❶洪水前观音赐葫芦籽【侗族】；❷洪水前雷公牙给逃生者作葫芦种【侗族、毛南族、仫佬族、壮族】；❸洪水前太白金星送葫芦种【苗族】；❹洪水前仙人的牙齿作为葫芦种【水族】；❺洪水前马鬃蛇送大葫芦【佤族】；❻洪水前神仙给葫芦种【壮族】；❼洪水前玉帝给葫芦种【壮族】；❽洪水时不知来历的老人送葫芦种【壮族】；❾洪水前雷公给逃生者葫芦种子；❿洪水前雷公给逃生者葫芦
③ 【民族】傈僳族。【引例】洪水时用杉树做葫芦逃生【仡佬族】

W 编码	母题描述			参照项	
	一级母题	二级母题	三级母题	汤普森	关联项
W8337		洪水时逃生的葫芦是种出来的			【例2】①
W8337.1			洪水时用自然种出的大葫芦逃生		【汉族、壮族】
W8337.2			洪水时雷公种葫芦		【布依族】
W8338		洪水时逃生的葫芦是变出来的			
W8338.1			洪水时雷公牙变葫芦		【民族】②
W8339		与洪水时用葫芦逃生有关的其他母题			
W8339.1			洪水前鸟衔来作为避水工具的葫芦种子		
W8339.2			洪水前从天上找到葫芦种子		【侗族】
W8339.3			预言者告诉用葫芦做避水工具		
W8339.4			作为避水工具的葫芦在很短时间内长大		
W8340	草作为洪水逃生工具				【例1】③
W8340.1		洪水时抓住藤草逃生			
W8340.2		洪水时用芦因草逃生			【高山族】
❊ **W8341**	**洪水时用瓜逃生**				【民族】④
W8342		洪水时用冬瓜逃生			【汉族、苗族、壮族】
W8343		洪水时用南瓜逃生			【黎族、苗族】
W8344		洪水时用其他瓜逃生			
W8344.1			洪水时用瓢瓜逃生		【壮族】
W8344.2			洪水时用黄瓜逃生		【苗族】
W8344.3			洪水时用金瓜逃生		【土家族】

① 【引例】❶洪水时鸟让人种葫芦【傈僳族】；❷洪水时玉帝的姨外婆给葫芦籽【壮族】

② 【民族】京族、毛南族、仫佬族、瑶族

③ 【引例】洪水时用拉葛葛草逃生【高山族】

④ 【民族】侗族、黎族、傈僳族、水族

W 编码	母题描述			参照项	
	一级母题	二级母题	三级母题	汤普森	关联项
W8345		洪水时用瓜皮逃生			【民族，例1】①
W8346		与洪水时用瓜逃生有关的其他母题			【例2】②
W8346.1			洪水前燕子送瓜种		【瑶族】
W8346.2			洪水前白发老人让种南瓜		【黎族】
W8347	其他植物作为洪水逃生工具				
W8347.1		洪水时用大花生壳逃生			【土家族】
W8347.2		洪水时用核桃壳逃生			【普米族】
＊**W8348**	洪水时用船逃生			A1021	【民族】③
W8349		洪水时用木船逃生			【民族，例1】④
W8350		洪水时用石头船逃生			【佤族】
W8351		洪水时用葫芦船逃生			【民族，联1】⑤
W8352		洪水时用独木舟逃生			
W8352.1			洪水时用独木船逃生		【佤族】
W8353		洪水时用其他特定的船逃生			
W8353.1			洪水时只有一条坐2个人的船		【傣族】
W8353.2			洪水时用汽船逃生		【彝族】
◎	《洪水时逃生船的来历》				
W8354		洪水时逃生船自然产生			
W8354.1			洪水时漂来一条船		【傣族】
W8354.2			洪水时劈开葫芦变成船		【汉族、毛南族】
W8355		洪水时逃生船是赠予的			

① 【民族】黎族。【引例】洪水时用倭皮逃生 【汉族】
② 【引例】❶洪水时神的眼珠变逃生的瓜 【水族】；❷洪水前雷公送瓜种 【土家族】
③ 【民族】仡佬族、毛南族、锡伯族、彝族
④ 【民族】高山族、柯尔克孜族、羌族、撒拉族。【引例】洪水时用杉舟逃生 【苗族】
⑤ 【民族】侗族。【关联】［W8329］洪水时用葫芦逃生

W 编码	母题描述			参照项	
	一级母题	二级母题	三级母题	汤普森	关联项
W8356		洪水时逃生船是造出来的			【联1，例7】①
W8356.1			洪水时天神派人造船		【锡伯族】
W8356.2			洪水时用牛皮造小船		【门巴族】
W8356.3			洪水时造木船		【羌族】
W8356.4			洪水时用纸做大船		【鄂伦春族】
W8356.5			洪水时神让人预先造船		
W8357		洪水时逃生船是变出来的			【联1，例1】②
W8357.1			洪水时变出逃生船		
W8357.2			洪水时宝叶变成大船		【民族，联2】③
W8357.3			洪水时雷公牙变成小船		【民族，联1】④
W8358		与洪水时用船逃生有关的其他母题			【联1】⑤
❉ **W8360**	洪水时用筏子逃生				
W8361		洪水时用木筏逃生			【柯尔克孜族】
W8362		洪水时用皮筏逃生			
W8362.1			洪水时用牛皮筏逃生		【怒族、保安族】
W8362.2			洪水时用羊皮筏逃生		【汉族】
W8363		洪水时用其他材料的筏子逃生			
❉ **W8364**	洪水时用袋子逃生				
W8365		洪水时用皮口袋逃生			【羌族】
W8365.1			洪水时用羊皮袋逃生		【汉族】

① 【关联】［W6217.1］船的发明。【引例】❶洪水时用巨树凿成小船【满族】；❷洪水前神传授造船技术【蒙古族】；❸洪水时砍古树造船【苗族】；❹天神给人在洪水前造船【苗族】；❺洪水时用树枝和草编船【锡伯族】；❻洪水前天王派人造船【锡伯族】；❼洪水前喇嘛吩咐造船【锡伯族】

② 【关联】［W9670.2］宝船遇水会变大。【引例】洪水时伞变成小船【壮族】

③ 【民族】蒙古族。【关联】❶［W9500］变形；❷［W9650］宝物

④ 【民族】黎族。【关联】［W8338.1］洪水时雷公牙变葫芦

⑤ 【关联】［W8387.1］洪水时造石船被淹死

W 编码	母题描述			参照项	
	一级母题	二级母题	三级母题	汤普森	关联项
W8365.2			洪水时用牛皮口袋逃生①		【民族，例2】②
W8366		洪水时用其他材料做成的口袋逃生			
W8367	洪水时用缸逃生			A1029.3	
W8367.1		洪水时用大花缸逃生			【汉族】
W8367.2		洪水时用大米缸逃生			【壮族】
W8367.3		洪水时用坛子逃生			【羌族】
❋ **W8368**	洪水时用鼓逃生				
W8369		洪水时用大鼓逃生			【布朗族】
W8369.1			洪水前神为逃生者做大鼓		【基诺族】
W8370		洪水时用木鼓逃生			【民族】③
W8370.1			洪水前用大树做木鼓		【基诺族】
W8370.2			洪水时用木皮鼓逃生		
W8371		洪水时用皮鼓逃生			【联1，例1】④
W8371.1			洪水时用牛肚皮逃生		【民族，例1】⑤
W8372		洪水时用其他材料的鼓逃生			
W8372.1			洪水时用金鼓逃生		【白族】
◎	《洪水时其他特定物作为逃生工具》				
W8373	洪水时用木箱逃生				【哈尼族】
W8373.1		洪水时用柜子逃生			【例1】⑥
W8373.1.1			洪水前老人告诉做木柜		【彝族】
W8374	洪水时用桶逃生				【民族，例1】⑦
W8374.1		洪水时用木桶逃生		A1021.0.2	【例1】⑧

① 牛皮口袋，有的神话又译为"牛皮囊"、"牛皮筒"等。
② 【民族】蒙古族、纳西族、普米族。【引例】❶洪水时杀牛做成两个皮口袋逃生【傈僳族】；❷洪水时用牦牛皮缝成口袋【藏族】
③ 【民族】基诺族、景颇族、苗族
④ 【关联】［W8362］洪水时用皮筏逃生。【引例】预言者告诉杀牛做皮口鼓的方法【纳西族】
⑤ 【民族】布朗族。【引例】洪水前杀牛造鼓【景颇族】
⑥ 【引例】洪水时在楼上的大柜子逃生【汉族、土家族】
⑦ 【民族】拉祜族。【引例】洪水时用大黄桶逃生【羌族】
⑧ 【引例】老人告诉洪水逃生的木桶要用凿子塞底【彝族】

W 编码	母题描述			参照项	
	一级母题	二级母题	三级母题	汤普森	关联项
W8374.1.1			洪水时用桐木桶逃生		【彝族】
W8374.2		洪水时用木蜂桶逃生			【例1】①
W8375	洪水时用棺材逃生				
W8375.1		洪水时用木棺逃生			【彝族】
W8376	洪水时用筐（篮子）逃生			A1029.5	
W8376.1		洪水时用笋筐逃生			
W8376.2		洪水时用篮子逃生			
W8376.3		洪水时用竹篾筐逃生			【例1】②
W8377	洪水时用木槽逃生				【佤族、彝族】
W8377.1		洪水时用猪食槽逃生			【纳西族】
W8377.2		天神在洪水前送避水的木槽			【彝族】
W8378	洪水时用臼逃生				
W8378.1		洪水时用木臼逃生			【高山族】
W8378.1.1			洪水时用方臼逃生		【高山族】
W8378.2		洪水时用石臼逃生			【汉族】
W8379	洪水时用石头罐子逃生				【满族】
W8380	洪水时用石头动物逃生				
W8380.1		洪水时躲石狮腹中逃生			【民族，例2】③
W8380.2		洪水时躲石龟腹中逃生			【例1】④
W8381	洪水时用房子逃生			A1029.6	
W8381.1		洪水时用木房逃生			【联1，例2】⑤

---

① 【引例】洪水时用麻栗树凿出逃生的木蜂桶【拉祜族】

② 【引例】洪水时一对夫妻用岳父送的竹篾筐逃生【怒族】

③ 【民族】满族。【引例】❶洪水时抱住石狮逃生【汉族】；❷洪水时骑石狮逃生

④ 【引例】洪水时躲石龟腹中逃生【汉族】

⑤ 【关联】［W8388.2］躲在土房子中的逃生者被淹死。【引例】❶洪水时躲在房子楼下的一层逃生【藏族】；❷洪水时通过上楼逃生【藏族】

W 编码	母题描述			参照项	
	一级母题	二级母题	三级母题	汤普森	关联项
W8382	洪水时用梯子逃生				
W8382.1		洪水时用云梯逃生			【怒族】
W8383	其他特定物作为洪水逃生工具				【藏族】
W8383.1		洪水时用钵逃生			【苗族】
W8383.2		洪水时用大斛斗逃生			【土家族】
W8383.3		洪水时乘织布机梭逃生			【高山族】
W8383.4		用漂在水中的建筑物避水		A1021.0.6	
✳ **W8385**	**不成功的避水工具**				
W8386		躲在金属做的容器避水被淹死			【彝族】
W8386.1			躲在金做的容器（桶、柜、箱子等）中逃生被淹死		【汉族、拉祜族、彝族】
W8386.2			躲在银做的容器（桶、柜、箱子等）中逃生被淹死		【彝族】
W8386.3			躲在铜做的容器（桶、柜、箱子等）中逃生被淹死		【拉祜族、彝族】
W8386.4			躲在铁做的容器（桶、柜、箱子等）中逃生被淹死		【拉祜族、彝族】
W8386.5			躲在锡做的容器（桶、柜、箱子等）中逃生被淹死		【彝族】
W8387		躲在石做的容器（桶、柜、箱子等）中逃生被淹死			
W8387.1			洪水时造石船被淹死		【苗族】
W8388		其他不成功的避水工具			【例1】①

---

① 【引例】花桑树抠成的船洪水时沉入水中【仡佬族】

W 编码	母题描述			参照项	
	一级母题	二级母题	三级母题	汤普森	关联项
W8388.1			躲在粗线做的袋子中逃生被淹死		
W8388.2			躲在土房子中的逃生者被淹死		
✳ **W8389**	避洪水工具受阻				
W8390		洪水逃生的葫芦困在悬崖			【例1】①
W8391		洪水逃生的木桶挂在树上			【拉祜族】
W8392		与避洪水工具受阻有关的其他母题			
W8392.1			洪水逃生的木箱需要打开		【例1】②
W8392.2			动物救出受阻逃生工具中的幸存者		【例1】③
✳ **W8393**	洪水逃生时的食物				
W8394		洪水逃生前准备了食物			【例3】④
W8394.1			洪水逃生时预先准备了干粮		【汉族】
W8394.2			洪水时在逃生工具中准备了糯米饭		【毛南族】
W8394.3			洪水逃生前准备了一定数量的食物		【例2】⑤
W8395		洪水逃生时有现成的食物			
W8395.1			洪水逃生时用逃生的瓜充饥		【例1】⑥
W8395.2			洪水时用逃生葫芦的籽充饥		【水族】
◎	〖其他相关母题〗				
W8396	洪水逃生时的携带物				

---

① 【引例】洪水后岩鹰取下困在大悬岩上木葫芦 【仫佬族】

② 【引例】仙人打开装着洪水幸存者的木箱 【哈尼族】

③ 【引例】鹰救出洪水时困在悬崖上的幸存者 【彝族】

④ 【引例】❶洪水逃生时的食物是以前无意中存放的【汉族】；❷神为洪水逃生者准备两团糯米饭【基诺族】；❸洪水时在逃生工具中准备了锅巴【仫佬族】

⑤ 【引例】❶洪水前准备了七七四十九个馍馍【汉族】；❷洪水前准备了9个饭团【景颇族】

⑥ 【引例】逃生时吃作为逃生工具的南瓜的瓤充饥 【黎族】

W 编码	母题描述			参照项	
	一级母题	二级母题	三级母题	汤普森	关联项
W8396.1		洪水逃生时携带食物			【联1】①
W8396.2		洪水逃生时携带生产和生活用具			【例2】②
W8396.3		洪水逃生时携带特定的动物			【例4】③
W8396.3.1			洪水逃生时携带成对的动物		
W8396.4		洪水逃生时携带多种东西			【例2】④
W8397	与避水有关的其他母题				【联1】⑤
W8397.1		心地善良者得到好的避水工具			【怒族】
W8397.2		心地不良者得到不能避水的工具			【怒族】
W8397.3		洪水时采用多种逃生方式			【例4】⑥
W8397.3.1			洪水时通过葫芦、山逃生		【布依族、哈尼族】
W8397.3.2			洪水时通过木鼓、鸡逃生		【景颇族】
W8397.3.3			洪水时通过葫芦、鸟和山逃生		【傈僳族】
W8397.3.4			洪水时通过方舟、山顶逃生		【回族】
W8397.3.5			洪水时通过船、山逃生		【撒拉族】
W8397.3.6			洪水时通过石臼、山逃生		【高山族】
W8397.3.7			洪水时用木头和大桦皮篓逃生		【鄂伦春族】
W8397.3.8			洪水时通过木鼓、鸡和山逃生		【怒族】

---

① 【关联】［W8393］洪水逃生时的食物

② 【引例】❶洪水逃生时带九样谷种、长刀和火镰【纳西族】；❷洪水逃生时带锥子、小刀和干粮【怒族】

③ 【引例】❶洪水逃生时带公鸡、狗【傈僳族】；❷洪水逃生时带公鸡、山羊和猎犬【纳西族】；❸洪水逃生时带公鸡【怒族】；❹洪水逃生带一只鸽子、一只公鸡和一个盐棒锤【藏族】

④ 【引例】❶洪水逃生时带公鸡、狗、刀和各种粮食种子【傈僳族】；❷洪水逃生时带公鸡、狗、石锤和刀【纳西族】

⑤ 【关联】［TPS：Ā1029］洪水逃生其他母题

⑥ 【引例】❶洪水时用大桦皮篓、山逃生【鄂伦春族】；❷洪水时通过柳枝、石洞逃生【满族】；❸洪水时通过牦牛、皮鼓、高山逃生【纳西族】；❹洪水时用木船、枯枝、叶片逃生【佤族】

W 编码	母题描述			参照项	
	一级母题	二级母题	三级母题	汤普森	关联项
W8397.3.9			洪水时用神树与麻绳逃生		【普米族】
W8397.3.10			洪水时通过皮口袋、树、鸟窝逃生		【普米族】

8.2.7 洪水幸存者与丧生者【W8400～W8499】

W 编码	母题描述			参照项	
	一级母题	二级母题	三级母题	汤普森	关联项
✿ **W8400**	**洪水幸存者**			≈A1005.1	
W8401	洪水时神幸存				
W8401.1		洪水时创世神母子幸存			【蒙古族】
W8401.2		洪水时神的兄妹幸存			【高山族】
W8401.3		洪水时动物神幸存			【例1】①
W8402	洪水时神性人物幸存				
�֍ **W8403**	**洪水时1人幸存**				
W8404		洪水时1个无名男子幸存			【民族，例1】②
W8404.1			洪水时1个猎人幸存		【独龙族】
W8404.2			洪水时1个光棍幸存		【例1】③
W8405		洪水时1个有名男子幸存			【民族，例4】④
W8406		洪水时1个无名女子幸存			【纳西族、彝族】
W8406.1			洪水时1个怀孕的女子幸存		【高山族】
W8407		洪水时1个有名女子幸存			

---

① 【引例】洪水时只有雷神、龙神和虎神幸存【苗族】
② 【民族】德昂族、高山族、满族、门巴族、怒族、瑶族。【引例】洪水时寡妇的儿子逃生【鄂伦春族】
③ 【引例】洪水时只有光棍鲁俄俄幸存【蒙古族】
④ 【民族】布依族、朝鲜族、彝族。【引例】❶洪水时一个叫曹德鲁诺的男子幸存【纳西族】；❷洪水时只有人祖从忍利恩幸存【纳西族】；❸洪水时只有老三锉治路一苴1人幸存【纳西族】；❹洪水时格萨尔幸存【藏族】

W 编码	母题描述			参照项	
	一级母题	二级母题	三级母题	汤普森	关联项
W8408		洪水时兄弟中 1 人幸存			
W8408.1			洪水时兄弟俩中的弟弟幸存		【怒族】
W8408.2			洪水时三兄弟中的老三幸存		【民族，例1】①
W8408.3			洪水时三兄弟中的老大幸存		【普米族】
W8409		洪水时一家人中 1 人幸存			
W8410		洪水时一村人中 1 人幸存			
W8411		与洪水 1 人幸存有关的其他母题			
✳ **W8412**	洪水时 2 人幸存				
W8413		洪水时男女始祖幸存			【彝族】
W8414		洪水时 1 对无名的男女幸存			【民族】②
W8415		洪水时 1 对有名的男女幸存			【例5】③
W8416		洪水时母子 2 人幸存			【黎族】
W8416.1			洪水时母亲与她的小儿子幸存		【例1】④
W8416.2			洪水时寡妇母子幸存		【傣族】
W8417		洪水时母女 2 人幸存			【哈尼族】
W8418		洪水时父女 2 人幸存			【鄂温克族】
W8419		洪水时姑侄 2 人幸存			【例1】⑤

---

① 【民族】门巴族、普米族、彝族。【引例】洪水时善良的三兄弟中老三幸存【仫佬族】
② 【民族】鄂伦春族、哈尼族、拉祜族、满族、羌族。
③ 【引例】❶洪水时叫老七的男子和叫卡让花的女子幸存【鄂伦春族】；❷洪水时土王和张大姐 2 人幸存【仫佬族】；
❸洪水时盘儿和古儿 2 人幸存【汉族】；❹洪水时伏羲女娲 2 人幸存【汉族、彝族】；❺洪水时阿冒与娜芝 1 对男女
幸存【黎族】
④ 【引例】洪水时老妈妈与儿子老三幸存【普米族】
⑤ 【引例】洪水时房十六、莎方三姑侄 2 人幸存【瑶族】

W 编码	母题描述			参照项	
	一级母题	二级母题	三级母题	汤普森	关联项
W8420		洪水时叔侄 2 人幸存			
W8421		洪水时娘侄 2 人幸存			【壮族】
W8422		洪水时夫妻 2 人幸存			【怒族、撒拉族】
W8423		洪水时老头和少女 2 人幸存			
W8424		洪水时无名的兄弟 2 人幸存			【民族】①
W8425		洪水时有名的男子与无名的女子 2 人幸存			【例1】②
W8425.1			洪水时老三与妹妹幸存		【彝族】
W8426		洪水时无名的男子与有名的女子2人幸存			
W8426.1			洪水时女娲兄妹幸存		【汉族】
◎	〖洪水时 1 对兄妹幸存〗				
W8427		洪水时 1 对无名的兄妹幸存			【民族】③
W8427.1			洪水时某一家的兄妹幸存		
W8428		洪水时孪生的兄妹幸存			【彝族】
W8429		洪水时 1 对有名字的兄妹幸存			【例50】④

① 【民族】布依族、拉祜族、傈僳族
② 【引例】洪水时阿铁和1个姑娘幸存【怒族】
③ 【民族】布朗族、朝鲜族、仡佬族、汉族、京族、拉祜族、傈僳族、苗族、羌族、水族、佤族、彝族
④ 【引例】❶洪水时阿布ची和阿约帖兄妹幸存【白族】；❷洪水时赵玉配河邵三妹兄妹幸存【白族】；❸洪水时芭龙、德龙兄妹幸存【布依族】；❹洪水时迪进、迪颖兄妹幸存【布依族】；❺洪水时伟荣、伟莹兄妹幸存【布依族】；❻洪水时葫西兄妹幸存【布依族】；❼洪水时瓦荣、瓦媛兄妹幸存【布依族】；❽洪水时天瑞、天婉兄妹幸存【布依族】；❾洪水时赛胡、细妹兄妹幸存【布依族】；❿洪水时苏哥、细妹兄妹幸存【布依族】；⓫洪水时姜良姜妹兄妹幸存【侗族】；⓬洪水时彭和楠兄妹幸存【独龙族】；⓭洪水时拉拉干与拉兹乌兄妹幸存【高山族】；⓮洪水时沙地乌和乌都都古兄妹幸存【高山族】；⓯洪水时阿仰和妹妹幸存【仡佬族】；⓰洪水时阿力和达勒兄妹幸存【仡佬族】；⓱洪水时阿罗和佐卑兄妹幸存【哈尼族】；⓲洪水时莫佐佐龙和莫佐佐梭兄妹幸存【哈尼族】；⓳洪水时者比和帕玛兄妹幸存【哈尼族】；⓴洪水时莫鲁和沙崩兄妹幸存【哈尼族】；㉑洪水时塔婆和哥哥幸存【哈尼族】；㉒洪水时伏羲伏姬兄妹幸存【汉族】；㉓洪水时双胞胎兄妹玛黑和玛妞幸存【基诺族】；㉔洪水时热尼搓拉和热娜兄妹幸存【拉祜族】；㉕洪水时阿牟拨和阿牟玛兄妹幸存【拉祜族】；㉖洪水时班歌和班妹幸存【黎族】；㉗洪水时老罗鸦和班妹幸存【黎族】；㉘洪水时老先和荷发兄妹幸存【黎族】；㉙洪水时天轮和观音兄妹幸存【黎族】；㉚洪水时勒散和双散兄妹幸存【傈僳族】；㉛洪水时列喜列刹和沙喜沙刹兄妹幸存【傈僳族】；㉜洪水时盘和古兄妹幸存【毛南族】；㉝洪水时胡秋兄妹幸存【苗族】；㉞洪水时相两、相芒兄妹幸存【苗族】；㉟洪水时姜央、妮央兄妹幸存【苗族】；㊱洪水时阿几和妹妹幸存【苗族】；㊲洪水时巴龙、德龙兄妹幸存【苗族】；㊳洪水时殷略、埋耶兄妹幸存【苗族】；㊴洪水时娄抓、偶亮兄妹幸存【苗族】；㊵洪水时志男、志妹兄妹幸存【苗族】；㊶洪水时腊普、亚妮兄妹幸存【怒族】；㊷洪水时勒闹和齿闹兄妹幸存【怒族】；㊸洪水时盘哥、云困兄妹幸存【畲族】；㊹洪水时盘石郎、蓝禾姑兄妹幸存【畲族】；㊺洪水时阿虽兄妹幸存【水族】；㊻洪水时补所、雍尼兄妹幸存【土家族】；㊼洪水时达赛和牙远兄妹幸存【佤族】；㊽洪水时尼托兄妹幸存【瑶族】；㊾洪水时阿卜独姆兄妹幸存【彝族】

W 编码	母题描述			参照项	
	一级母题	二级母题	三级母题	汤普森	关联项
W8429.1			洪水时伏羲兄妹幸存		【民族】①
W8429.2			洪水时伏哥、羲妹幸存		【布依族】
W8429.3			洪水时伏羲女娲兄妹幸存		【仡佬族、汉族】
W8429.4			洪水时盘和古兄妹幸存		【壮族】
W8429.5			洪水时其他有名的 1 对兄妹幸存		【彝族】
◎	〖洪水时 1 对姐弟幸存〗				
W8430		洪水时 1 对无名姐弟幸存			【民族】②
W8431		洪水时 1 对有名的姐弟幸存			【例6】③
W8431.1			洪水时女娲和弟弟幸存		【汉族】
W8432		洪水时 1 对有名的姐妹幸存			
W8432.1			洪水时伏羲姐妹幸存		【布依族】
W8433		与洪水时 2 人幸存有关的其他母题			【例1】④
※ **W8434**	洪水时 3 人幸存				【保安族、哈尼族】
W8435		洪水时祖孙 3 人幸存			
W8435.1			洪水时 1 对兄妹和瞎眼爷爷幸存		【藏族】
W8436		洪水时母子 3 人幸存			【例1】⑤
W8437		洪水时父子 3 人幸存			
W8437.1			洪水时父亲和 1 对儿女幸存		【苗族】
W8438		洪水时 3 兄妹幸存			【壮族】

---

① 【民族】布依族、仡佬族、汉族、毛南族、仫佬族、苗族、羌族、瑶族、壮族
② 【民族】独龙族、鄂伦春族、赫哲族、景颇族、苗族、土家族、彝族、藏族
③ 【引例】❶洪水时莎崩嘎基与瓦那盖基姐弟幸存【高山族】；❷洪水时新雅南迈与格安至开姐弟幸存【景颇族】；❸洪水时木姐珠和玉比娃姐弟幸存【羌族】；❹洪水时阿可笔、阿大笔姐弟幸存【土家族】；❺洪水时娥玛姐弟幸存【彝族】；❻洪水时伏姐姐弟幸存【壮族】
④ 【引例】洪水时月亮小伙和1个不认识的姑娘逃生【苗族】
⑤ 【引例】洪水时老太太和2个儿子幸存【达斡尔族】

W 编码	母题描述			参照项	
	一级母题	二级母题	三级母题	汤普森	关联项
W8439		洪水时 2 个哥哥和 1 个妹妹幸存			【傈僳族】
W8440		洪水时 2 女和 1 男幸存			【高山族】
W8441		洪水时 1 女和 2 男幸存			【鄂伦春族】
W8442		与洪水时 3 人幸存有关的其他母题			
✳ **W8443**	洪水时 4 人幸存				
W8444		洪水时母子 4 人幸存			
W8444.1			洪水时母亲和 3 个儿子幸存		【羌族】
W8445		洪水时 4 兄弟幸存			【侗族、纳西族】
W8446		与洪水时 4 人幸存有关的其他母题			
W8447	洪水时 5 人幸存				
✳ **W8448**	洪水时 6 人幸存				
W8449		洪水时 3 对男女幸存			【民族】①
W8450		洪水时 3 对儿子儿媳逃生			【柯尔克孜族】
W8451		洪水时 3 对兄妹幸存			【彝族】
W8452		洪水时三兄弟和三妯娌幸存			【苗族】
W8453		与洪水时 6 人幸存有关的其他母题			
W8454	洪水时少数人幸存				【阿昌族、汉族】
W8454.1		洪水时天上 5 男与地上 7 女幸存			【高山族】
W8455	洪水时多人幸存				【民族，例 2】②
W8455.1		洪水时众多兄妹幸存			
W8455.2		洪水时 40 对男女幸存			【柯尔克孜族】

① 【民族】汉族、柯尔克孜族、彝族
② 【民族】蒙古族。【引例】❶洪水时 800 个女人幸存【傣族】；❷洪水时 103 人幸存【德昂族】

W 编码	母题描述			参照项	
	一级母题	二级母题	三级母题	汤普森	关联项
W8455.3		洪水时 50 对男女幸存			【德昂族】
W8455.4		洪水时除预言者外全部幸存			【满族】
❋ **W8456**	洪水时其他特定的人幸存				
W8457		洪水时人类首领幸存			【佤族】
W8458		洪水时一船的人幸存			【民族，联1，例1】①
W8459		洪水时一家人幸存			【民族，联2，例1】②
W8459.1			洪水时寡妇 1 家幸存		【布朗族】
W8459.2			洪水时善良的 1 家幸存		
W8460		洪水时多家人幸存			【例1】③
W8460.1			洪水时 500 家幸存		【傣族】
W8461		与洪水时特定的人幸存有关的其他母题			
❋ **W8462**	洪水时人和动物幸存				【佤族】
W8463		洪水时 1 个人和 1 个动物幸存			
W8463.1			洪水时 1 个人祖和苍蝇幸存		【纳西族】
W8463.2			洪水时 1 个人与小母牛幸存		【佤族】
W8464		洪水时 1 对男女和 1 个动物幸存			【回族】
W8464.1			洪水时 1 对兄妹和 1 只狗幸存		【布依族、傣族】
W8464.2			洪水时 1 对兄妹和 1 条蛇幸存		【独龙族】
W8465		洪水时 1 对人和 1 对动物幸存			

---

① 【民族】撒拉族。【关联】［W8348］洪水时用船逃生。【引例】洪水时猎人造船逃生【鄂伦春族】
② 【民族】柯尔克孜族、汉族、苗族。【关联】❶［W8436］洪水时母子 3 人幸存；❷［W8444］洪水时母子 4 人幸存。【引例】洪水时 1 对夫妇和 4 对儿女幸存【撒拉族】
③ 【引例】洪水时三邻舍幸存【保安族】

W 编码	母题描述			参照项	
	一级母题	二级母题	三级母题	汤普森	关联项
W8465.1			洪水时 1 对兄妹和两个鸡蛋幸存		【仡佬族】
W8465.2			洪水时 1 对姐弟和 1 对鸡幸存		【傈僳族】
W8466		洪水时 1 对人和动物幸存			
W8466.1			洪水时 1 对姐弟和动物幸存		【景颇族】
W8466.2			洪水时 1 对兄妹和动物幸存		【例 3】①
W8467		洪水时少量的人和动物幸存			【傣族、德昂族】
W8468		洪水时后一群男人和动物幸存			【德昂族、彝族】
W8469		洪水时人和雌雄成对的动物幸存			【民族】②
W8469.1			洪水时天上的成对的人和动物幸存		【黎族】
※ **W8470**	洪水时幸存的动物				
W8471		洪水时成对的生灵幸存			
W8472		洪水时 1 个动物幸存			
W8472.1			洪水时只剩 1 只野鸭		【柯尔克孜族】
W8472.2			洪水时只剩 1 只母鸡		【佤族】
W8473		洪水时 1 种动物幸存			
W8473.1			洪水时只有鹰幸存		【满族】
W8473.2			洪水时只有水里的鱼幸存		【哈尼族】
W8473.3			洪水时只有青蛙幸存		

---

① 【引例】❶洪水时 1 对兄妹和螃蟹、猴幸存【布朗族】；❷洪水时 1 对兄妹和虎、豹子、熊、象动物等幸存【怒族】；❸洪水时 1 个人、1 只燕子和 1 只鹰幸存【藏族】

② 【民族】怒族、回族、黎族、锡伯族

W 编码	母题描述			参照项	
	一级母题	二级母题	三级母题	汤普森	关联项
W8474		洪水时特定数量的动物幸存			
W8474.1			洪水只有 1 只虾和 1 只蟹幸存		【珞巴族】
W8475		洪水时特定性别的动物幸存			
W8475.1			洪水时动物公母各 1 对幸存		【锡伯族】
W8475.2			洪水时公的动物幸存		【例1】①
W8475.3			洪水时母的动物幸存		
W8476		洪水时特定类别的动物幸存			
W8476.1			洪水时只有水中动物幸存		【联1】②
W8476.2			洪水时只有鸟幸存		
W8477		与洪水时幸存的动物有关的其他母题			
◎	〖其他相关母题〗				
W8478	洪水时幸存的植物				
W8478.1		洪水时只剩下 1 个大葫芦			【彝族】
W8478.2		洪水时只剩下 1 棵大树			
W8479	洪水时幸存的无生命物				【满族】
W8480	洪水时幸存的人和动植物				【例1】③
W8480.1		洪水时幸存人和动植物各一个			【佤族】
W8481	与洪水幸存者有关的其他母题				
W8481.1			洪水时只剩下特定的植物和无生命物		【例1】④

① 【引例】洪水时 1 只公野羊、1 只公水鸭、1 只公画眉和 1 只公水獭幸存【蒙古族】
② 【关联】［W8473.2］洪水时只有水里的鱼幸存
③ 【引例】洪水时人携粟穗、百兽逃生【高山族】
④ 【引例】洪水时只剩下 1 株柳树和 1 个石砰【满族】

W 编码	母题描述			参照项	
	一级母题	二级母题	三级母题	汤普森	关联项
✳ **W8482**	洪水时幸存的原因				
W8483		洪水时不违犯禁忌者幸存			【民族，联1】①
W8484		洪水时善人幸存			【傣族、撒拉族、彝族】
W8484.1			洪水时兄弟中心地善良者幸存		【例1】②
W8484.2			洪水时孤寡母子因心地善良幸存		【傣族、彝族】
W8484.3			洪水时其他特定的善良者幸存		
W8485		帮助过发洪水者的人幸存			【黎族】
W8486		相信洪水预言的人幸存			【白族】
W8487		信仰宗教的人幸存			
W8487.1			洪水时归信真主者幸存		【回族】
W8488		与洪水幸存原因有关的其他母题			【联2】③
W8488.1			洪水时遵守约定者幸存		【例1】④
W8488.2			洪水遗孤的抚养		【民族，联1】⑤
✳ **W8489**	洪水丧生者				
W8490		洪水时全部丧生			
W8490.1			洪水时生灵全部被淹死		【蒙古族】
W8490.2			洪水时人全淹死		【民族】⑥
W8490.3			洪水时人、鬼和所有的生灵被淹死		【怒族】
W8490.4			洪水时地上所的鬼怪被淹死		

---

① 【民族】土家族。【关联】［W6510～W6549］禁忌
② 【引例】洪水时三兄弟中老三因心地善良幸存【普米族】
③ 【关联】❶［W8261～W8265］获得洪水预言的原因；❷［W8306］洪水时得到救助逃生
④ 【引例】洪水时在柜子中避难要 21 天【彝族】
⑤ 【民族】景颇族。【关联】［W2690～W2699］人的抚养
⑥ 【民族】鄂温克族、高山族、仡佬族、怒族

W 编码	母题描述			参照项	
	一级母题	二级母题	三级母题	汤普森	关联项
W8491		洪水时恶人被淹死			【民族，例1】①
W8492		洪水时贪心者被淹死			
W8492.1			洪水时兄弟中贪心者被淹死		【例1】②
W8493		洪水时心地不善者被淹死			【例1】③
W8493.1			洪水时兄弟中心不善者淹死		【例1】④
W8494		洪水时不信预言者被淹死			【民族】⑤
W8494.1			洪水时虐待洪水预言者被淹死		【例1】⑥
W8494.2			洪水时没有按预言行事者被淹死		
W8495		洪水时不听劝告者丧生			【例1】⑦
W8496		洪水时不敬神者被淹死			
W8496.1			洪水时骂天神者被淹死		【民族，联1】⑧
W8496.2			洪水时不敬菩萨者被淹死		【傈僳族】
W8497		与洪水丧生有关的其他母题			【联1】⑨
W8497.1			预言者告诉错误逃生方法被淹死		【纳西族】
W8497.2			因不成功的避水工具被淹死		【联1】⑩
W8497.3			洪水时父辈被淹死		【畲族】
W8497.4			洪水时兄长被淹死		【民族，例2】⑪

---

① 【民族】鄂伦春族。【引例】洪水时坏人被全部淹死
② 【引例】三兄弟中的老大老二贪心被淹死【彝族】
③ 【引例】心地不好的人因拴在树脚被淹死【普米族】
④ 【引例】三兄弟中的老大老二心不善被淹死【彝族】
⑤ 【民族】白族、傈僳族、满族、纳西族、撒拉族、壮族
⑥ 【引例】洪水时因为打预言洪水的老人被淹死【怒族、彝族】
⑦ 【引例】洪水时不听土地神的劝告的人丧生【毛南族】
⑧ 【民族】仡佬族。【关联】［W9906］惩罚
⑨ 【关联】［W8387］躲在石做的容器（桶、柜、箱子等）中逃生被淹死
⑩ 【关联】［W8385］不成功的避水工具
⑪ 【民族】彝族。【引例】❶洪水时哥哥不善良被淹死【傈僳族】；❷洪水时哥哥为救弟弟被淹死【门巴族】

8.2.8 洪水的消除 【W8500 ~ W8539】

W 编码	母题描述			参照项	
	一级母题	二级母题	三级母题	汤普森	关联项
✿ **W8500**	洪水的消除			A1028	
✳ **W8501**	消除洪水者				
W8502		神退洪水			【例3】①
W8502.1			天神退洪水		【羌族】
W8502.2			水神退洪水		【傣族】
W8502.3			雷神消除洪水		【佤族】
W8502.4			海神退洪水		【民族，联1】②
W8503		神性人物退洪水			
W8503.1			龙王退洪水		【汉族】
W8503.2			文化英雄退洪水		【联1，例1】③
W8503.3			仙人退洪水		
W8503.4			其他神性人物退洪水		【例4】④
W8504		洪水制造者收回洪水			
W8504.1			龙王收回洪水		【联2，例1】⑤
W8504.2			制造洪水的魔王收回洪水		【保安族】
W8505		特定的人退洪水			
W8505.1			观音转世的人退洪水		【藏族】
W8506		动物退洪水			
W8506.1			水龙消除洪水		【民族，联1，例1】⑥
W8506.2			地龙消除洪水		【苗族】
W8506.3			鱼消除洪水		
W8506.4			老鼠消除洪水		【例1】⑦
W8506.5			螃蟹消除洪水		【联1，例1】⑧

---

① 【引例】❶天神的笑声吹干洪水【哈尼族】；❷水神屙干洪水【瑶族】；❸玉皇大帝令玉女仙姑退洪水【瑶族】

② 【民族】满族。【关联】［W8275.4］海神制造洪水

③ 【关联】［W0560］文化英雄。【引例】女娲用灰治洪水【汉族】

④ 【引例】❶英雄与子孙战胜洪水【傣族】；❷盘古射退洪水【苗族】；❸仙人命令海龙王退洪水【瑶族】；❹仙人用棍把洪水劈成两半使洪水流走一半【瑶族】

⑤ 【关联】❶［W8503.1］龙王退洪水；❷［W8515.1］龙王吸干洪水。【引例】发洪水的海神得到美女后退洪水【高山族】

⑥ 【民族】汉族、苗族。【关联】［W8515.1］龙王吸干洪水。【引例】水龙吸水消除洪水【满族】

⑦ 【引例】老鼠收回从天神那里借来的洪水【鄂伦春族】

⑧ 【关联】［W8185.2］蛇堵塞河道引发洪水。【引例】螃蟹除去堵住溪水口巨蛇消除洪水【高山族】

W 编码	母题描述			参照项	
	一级母题	二级母题	三级母题	汤普森	关联项
W8506.6			啄木鸟钻通天肚退洪水		【水族】
W8506.7			穿山甲凿通山洞退洪水		【水族】
W8506.8			多种动物共同退洪水		【例2】①
W8506.9			其他特定动物退洪水		【例1】②
W8507		其他特定人物退洪水			
W8507.1			特定的植物退洪水		
W8508		与消除洪水者有关的其他母题			
W8508.1			消除洪水的帮助者		【例1】③
❈ **W8510**	消除洪水的方法（原因）				
W8511		洪水自然退去			【民族，例1】④
W8512		神指令退洪水			【例1】⑤
W8513		停雨后退洪水			【哈尼族、仫佬族】
W8514		晒干洪水（烤干洪水）			【例3】⑥
W8514.1			日月晒干洪水		【黎族、傈僳族】
W8514.2			太阳晒干洪水		【民族】⑦
W8514.3			太阳把洪水晒去一半		【侗族】
W8514.4			火球烤干洪水		【满族】
W8515		吸干洪水			
W8515.1			龙王吸干洪水		【水族】
W8515.2			鱼吸干洪水		【例1】⑧
W8515.3			狗喝干洪水		【高山族】
W8515.4			青蛙吸干洪水		【普米族】
W8515.5			水鹰把水吸干		【畲族】

① 【引例】❶大虾和一只大蟹放走地上的洪水【珞巴族】；❷犀牛和龙到下界放水退洪水【土家族】
② 【引例】马鬃蛇退洪水【佤族】
③ 【引例】苍蝇帮助消洪水【壮族】
④ 【民族】佤族。【引例】一两万年后洪水有些下降【满族】
⑤ 【引例】玉皇大帝降旨退洪水【傣族】
⑥ 【引例】❶射日天神变成火球后洪水消除【达斡尔族】；❷几个太阳晒干洪水【苗族】；❸太阳晒跑水神后洪水退去
⑦ 【民族】侗族、羌族、土家族、壮族
⑧ 【引例】大鳗吸干洪水【高山族】

W 编码	母题描述			参照项	
	一级母题	二级母题	三级母题	汤普森	关联项
W8516		填堵洪水			【联1，例1】①
W8516.1			堵住水源消除洪水		【例2】②
W8516.2			用息壤填堵洪水		【民族，联1】③
W8516.3			鸟衔物填水	A1028.2	
W8517		掩埋洪水			
W8517.1			积灰治洪水		【例1】④
W8517.2			用油沙土掩埋洪水		【满族】
W8517.3			用石头、泥巴诸物掩埋洪水		【例1】⑤
W8518		疏导洪水			
W8518.1			排除洪水堵塞物退洪水		【民族，联1】⑥
W8518.2			排除洪水阻碍物退洪水		【例1】⑦
W8518.3			疏通河道退洪水		【民族，例2】⑧
W8518.4			挖河排洪水		【壮族】
W8518.5			挖沟退洪水		【布依族】
W8518.6			开山泄洪水		【民族，例1】⑨
W8518.7			劈开地沿放洪水		【汉族】
W8518.8			犁地排除洪水		【例1】⑩
W8518.9			开水闸退洪水		【例1】⑪
W8519		引洪水入海消除洪水			【例2】⑫
W8519.1			疏通入海口退洪水		【傈僳族】
W8519.2			用棍棒划地引水入海	A1028.1	
W8519.3			洪水被引到东海		【毛南族】
W8519.4			造地洞把洪水引到海里		【例1】⑬

① 【关联】[W9064.1] 魔石阻洪水。【引例】魔石堵洪水
② 【引例】❶神用法术堵水洪水消除【羌族】；❷堵住天河后洪水退去
③ 【民族】汉族。【关联】[W1252.3] 会自己增大的土（息壤）
④ 【引例】女娲用灰治洪水【汉族】
⑤ 【引例】天神把金子、石头、泥巴撒到地上镇住洪水【羌族】
⑥ 【民族】高山族。【关联】[W8183] 堵塞引发洪水
⑦ 【引例】射穿岩壁洪水退去【傈僳族】
⑧ 【民族】拉祜族。【引例】❶疏通九河退洪水【傈僳族】；❷神派大禹疏通九河退洪水【羌族】
⑨ 【民族】珞巴族、壮族。【引例】劈山消除洪水【藏族】
⑩ 【引例】用神牛犁地排除洪水【布依族】
⑪ 【引例】豪猪刺穿了水闸洪水退去【景颇族】
⑫ 【引例】❶天神用金棒捅凡间洪水流到海里【苗族】；❷开河后洪水流到大海【彝族】
⑬ 【引例】龙穿地洞把洪水引到海里【土家族】

W 编码	母题描述			参照项	
	一级母题	二级母题	三级母题	汤普森	关联项
W8520		洪水流入地下消除洪水			
W8520.1			通过消水洞退洪水		【民族，例6】①
W8520.2			通过水井退洪水		【例1】②
W8520.3			洪水流向地上的裂沟		【白族】
W8520.4			钻地退洪水		【彝族】
W8520.5			钻海底退洪水		【例1】③
W8520.6			打开湖底的落水洞退洪水		【瑶族】
W8521		制伏洪水制造者后消除洪水			【联1，例2】④
W8521.1			制服龙母后消除洪水		【纳西族】
W8521.2			制服雷公雷母洪水退去		【侗族】
W8521.3			除水怪退洪水		
W8521.4			降巨蟒退洪水		【纳西族】
W8521.5			制服发洪水的雷公后洪水退去		【民族，联1】⑤
W8522		消除洪水的其他方法			【例1】⑥
W8522.1			祭祀消除洪水		【例2】⑦
W8522.2			通过宝物消除洪水		【联1，例4】⑧
W8522.3			重新造天地后洪水退去		【土家族】
W8522.4			用金水退洪水		【羌族】
W8522.5			念咒语退洪水		【民族，联1】⑨

① 【民族】哈尼族、壮族。【引例】❶在天脚捅洞退洪水【布依族】；❷老鼠挖消水洞退洪水【京族】；❸天上的人用铁钎子戳通地退洪水【苗族】；❹天边的一个落水洞可以排泄洪水【苗族】；❺水老鼠挖消水洞退洪水【水族】；❻龙捅消水洞退洪水

② 【引例】龙王开通水井退洪水【水族】

③ 【引例】鱼在海底钻洞退洪水【瑶族】

④ 【关联】〔W8270~W8289〕洪水制造者。【引例】❶雷婆在蜂的逼迫下造太阳晒干洪水【侗族】；❷雷公被蚂蜂螫后退洪水【苗族】

⑤ 【民族】壮族。【关联】〔W8504〕洪水制造者收回洪水

⑥ 【引例】巨蛇逃走后洪水退去【高山族】

⑦ 【引例】❶把老鼠投入海中洪水退去【高山族】；❷人头祭神后水退【佤族】

⑧ 【关联】〔W9650〕宝物。【引例】❶宝葫芦收洪水【汉族】；❷用海螺退洪水【汉族】；❸用神针消除洪水；❹用袋子收回洪水

⑨ 【民族】羌族。【关联】〔W9175〕咒语

W 编码	母题描述			参照项	
	一级母题	二级母题	三级母题	汤普森	关联项
W8522.6			姑娘与龙结婚后使洪水减少		【布依族】
W8522.7			处置了犯婚姻禁忌的兄妹后洪水退去		【民族，联1】①
W8523		与消除洪水方法有关的其他母题			
W8523.1			补天后洪水退去		
W8523.2			铜鼓的响声过后洪水退去		【民族，联1】②
W8524	不成功的消除洪水的方法				
W8524.1		将狗和老人投河祈神洪水不退			【民族，联1】③
W8524.2		填堵洪水失败			【联1】④
W8524.2.1			用树木灰堵洪水失败		【羌族】
✱ **W8525**	**消除洪水的时间**				【联1】⑤
W8526		数天后洪水退去			
W8526.1			3 天后洪水退去		【蒙古族】
W8526.2			7 天后洪水退去		
W8526.3			9 天后洪水退去		【民族，例1】⑥
W8526.4			21 天时洪水退去		【例1】⑦
W8526.5			28 天时洪水退去		【例1】⑧
W8527		数月后洪水退去			【布依族】
W8527.1			七七四十九天洪水退去		
W8527.2			九九八十一天洪水退去		【傣族、彝族】
W8527.3			100 天时洪水退去		【傣族】
W8527.4			洪水持续 8 个月	A1010.2	【壮族】
W8528		1 年后洪水退去			
W8528.1			360 天洪水退去		【毛南族】
W8529		数年后洪水退去			

① 【民族】高山族。【关联】[W8172.1] 兄妹婚引发洪水
② 【民族】壮族。【关联】[W8522.2] 通过宝物消除洪水
③ 【民族】高山族。【关联】[W8522.1] 祭祀消除洪水
④ 【关联】[W8516] 填堵洪水
⑤ 【关联】[W8295] 洪水持续时间
⑥ 【民族】景颇族。【引例】9 天 9 夜洪水消退 【独龙族、怒族】
⑦ 【引例】21 天鸡蛋孵出鸡时洪水退去 【汉族】
⑧ 【引例】四七二十八天，鸡蛋孵出鸡崽时洪水退去 【仡佬族】

W 编码	母题描述			参照项	
	一级母题	二级母题	三级母题	汤普森	关联项
W8529.1			3 年后洪水退去		
W8529.2			7 年后洪水退去		【苗族】
W8530		与洪水消除时间有关的其他母题			【例1】①
✼ **W8531**	判断洪水是否消退				
W8532		派动物判断洪水是否消退			
W8532.1			通过孵小鸡判断洪水结束时间		
W8532.2			公鸡飞到山上观察洪水情形		【佤族】
W8533		通过动物衔回物判断洪水是否消退			
W8533.1			鸽子衔干草飞回判断洪水已退		【苗族】
W8534		通过橄榄枝判断洪水是否消退			
W8534.1			鸽子衔来树枝（橄榄枝）说明洪水退去	A1021.2	【回族】
W8535		通过抛物判断洪水是否消退			
W8535.1			投石判断洪水退去		【普米族】
W8535.2			通过丢针听响断定洪水退去		【景颇族】
W8536		通过特定的声音断洪水是否消退			
W8536.1			通过鸡叫断定洪水退去		【例2】②
W8536.2			鸡和狗叫后判断洪水退去		【纳西族】
W8537		与判定洪水是否消除有关的其他母题			
W8537.1			乌鸦观察洪水情况没有成功		
W8538		与消除洪水有关的其他母题			
W8538.1			天神治理洪水		【民族，联2】③
W8538.2			七姐妹治理洪水		【布依族】

① 【引例】洪水持续 9 个月和 13 天【纳西族】
② 【引例】❶公鸡叫完 99 次（99 天）后洪水退去【怒族】；❷鸡叫后断定出退水【藏族】
③ 【民族】珞巴族、水族。【关联】❶［W4976］水的治理；❷［W4976.1］治水者

W 编码	母题描述			参照项	
	一级母题	二级母题	三级母题	汤普森	关联项
W8538.3		用天神的粉末药治理洪水			【民族，联1】①

8.2.9 与洪水有关的其他母题【W8540～W8549】

W 编码	母题描述			参照项	
	一级母题	二级母题	三级母题	汤普森	关联项
W8540	洪水的结果				
W8540.1		洪水把恶魔冲下大海			【民族，联2】②
W8540.2		洪水后世界变大海			【珞巴族】
W8540.3		洪水后世界一片荒凉			【珞巴族】
W8541	山洪				【纳西族】
W8541.1		锁住龙后山洪退去			【民族，联1】③
W8542	第二次洪水				【民族】④
✱ **W8543**	**洪水的预防**				
W8544		修河堤防洪水			【景颇族】
W8545		预防洪水的其他方法			
W8545.1			为预防再发洪水造大山		【彝族】
W8545.2			为预防再发洪水造塔		【苗族】
W8546	洪水后的探路者				
W8546.1		洪水后鸽子去探测水深			【联1】⑤
W8546.1.1			洪水中鸽子寻找到陆地		【回族】
W8547	与洪水有关的其他母题				
W8547.1		洪水后再造陆地			【联1】⑥
W8547.2		洪水幸存者的儿女到各地繁衍			【民族，联1】⑦

① 【民族】壮族。【关联】［W4976］水的治理
② 【民族】黎族。【关联】❶［W8115］洪水原因；❷［W8190.3］神发洪水是为了消灭鬼怪
③ 【民族】布依族。【关联】［W8521］制服洪水制造者后洪水消除
④ 【民族】柯尔克孜族、普米族、瑶族、壮族
⑤ 【关联】［W8534.1］鸽子衔来树枝（橄榄枝）说明洪水退去
⑥ 【关联】［W1186.4］两次造地
⑦ 【民族】撒拉族。【关联】［W5421.2］灾难后的幸存婚生民族

8.3 常见的灾难
【W8550 ~ W8699】

8.3.1　地震 【W8550 ~ W8569】

W 编码	母题描述			参照项	
	一级母题	二级母题	三级母题	汤普森	关联项
✿ W8550	地震				
W8550.1		大地震动			【汉族】
W8551	地震的产生			A1145	
W8552	地震的预言				【联2】①
W8553	地震的时间				【联1】②
W8554	地震的地点				
W8554.1		陆地发生地震			
W8554.2		村寨发生地震			
✳ W8555	地震的原因				
W8556		自然发生地震			
W8557		负地动物的活动引起地震		A1145.1	【联1】③
W8558		摇动大地引起地震			
W8558.1			神摇晃大地形成地震		【民族，例1】④
W8558.2			地摇晃地形成地震		【例1】⑤
W8558.3			抱大地的怪兽身体摇动形成地震		【土族】
W8558.4			精灵摇晃大地形成地震		【珞巴族】
W8559		因争斗引起地震			
W8559.1			巨人搏斗造成地震	F531.3.8.5.1	

---

① 【关联】❶ ［W8200］洪水预言者；❷ ［W9251］预言者
② 【关联】［W8672.8］世界末日时发生大地震
③ 【关联】［W8567］大地的支撑者造成地震
④ 【民族】佤族。【引例】死神沙克通进入地下后不断摇动大地造成地震 【珞巴族】
⑤ 【引例】地对天在上面不服气摇晃形成地震 【哈萨克族】

W 编码	母题描述			参照项	
	一级母题	二级母题	三级母题	汤普森	关联项
W8560		地震是对人类的惩罚		①Q552.2.0.1 ②Q552.25	【联 1，例 1】①
W8560.1			人干坏事引起地震		【撒拉族】
W8561		其他原因引起地震			【例 1】②
W8561.1			抽地线引起地震		【阿昌族】
W8561.2			大地被洪水浸泡造成地震		【满族】
W8561.3			地因为打赌失败发生地震		【民族，联 1】③
✳ **W8562**	**地震的制造者**				
W8563		神制造地震			
W8563.1			地震神制造地震		【例 1】④
W8563.2			女天神愤怒形成地震		【维吾尔族】
W8563.3			死神制造地震		【例 1】⑤
W8564		神性人物制造地震			【联 1，例 1】⑥
W8564.1			抱大地的怪兽活动引起地震		【土族】
W8564.2			怪物乱跑引起地震		【例 1】⑦
W8564.3			海怪引起地震	A1145.2	
W8564.4			地母的剧痛翻滚造成地震		【珞巴族】
W8564.5			巨人的行走引起地震		
W8565		特定的人制造地震			
W8565.1			下界的人摇晃地柱引起地震		【高山族】
W8566		动物制造地震			
W8566.1			鳌鱼眨眼引起地震		
W8566.2			蛟龙翻身造成地震		【壮族】
W8566.3			巨兽的哭泣造成地震		【珞巴族】

① 【关联】［W9907］遭受惩罚的行为（原因）。【引例】上天的惩罚引起地震【高山族】
② 【引例】地震是老男子与丑女婚生的怪胎在地下旋转造成的【珞巴族】
③ 【民族】珞巴族。【关联】［W9959.4］打赌
④ 【引例】地震神里恩制造地震【珞巴族】
⑤ 【引例】死神沙克通进入地下后不断摇动大地造成地震【珞巴族】
⑥ 【关联】［W0126.3］地震恶神。【引例】盘古的活动造成地震
⑦ 【引例】成为怪物的黄牛四处作乱造成地震【佤族】

W 编码	母题描述			参照项	
	一级母题	二级母题	三级母题	汤普森	关联项
W8566.4			鱼苏醒造成地震		【例1】①
W8566.5			羊磨角造成地震		【例2】②
W8566.6			猪拱地造成地震		【例1】③
W8566.7			鸡的跳动造成地震		【例1】④
W8566.8			动物的死亡引起地震		【联1】⑤
W8567		大地的支撑者造成地震			
W8567.1			地球支柱晃动引起地震		
W8567.2			支地的龟晃动身体引起地震		【民族，例2】⑥
W8567.3			支地的牛引起地震		【例6】⑦
W8567.4			地球下面的鱼引起地震		【民族，例4】⑧
W8567.5			支地的鳌鱼抬头引起地震		【民族，例4】⑨
W8567.6			驮地的大象颤动引起地震		【藏族】
W8567.7			支地的一只仙鹤换脚时引起地震		【达斡尔族】
W8568		与地震制造者有关的其他母题			【例1】⑩
W8568.1			下界的牛蹭痒时会发生地震		【高山族】
W8569	与地震有关的其他母题				
W8569.1		魔物掌控地震		D1544	

① 【引例】暗海中的鱼苏醒时造成地震【傣族】
② 【引例】❶下界的羊磨角造成地震【高山族】；❷山羊在岩石上摩擦身体形成地震【高山族】
③ 【引例】海里的猪拱动造成地震【珞巴族】
④ 【引例】拴在支地的柱子上的金鸡银鸡跳动引起地震【怒族】
⑤ 【关联】［TPS：Q552.25.1］龙的死亡引起地震
⑥ 【民族】鄂温克族。【引例】❶抽打驮地的神龟引起地震【满族】；❷驮地的金龟伸腰时形成地震【蒙古族】
⑦ 【引例】❶拴在支地木柱上的巨牛活动引起地震【高山族】；❷支地的牛摇头引起地震【哈萨克族】；❸支地的牛交换支地的角引起地震【哈萨克族、柯尔克孜族、维吾尔族】；❹支地的牛腿打颤引起地震【撒拉族】；❺用犄角顶大地的神牛调皮捣蛋引起地震【塔吉克族】；❻站在乌龟背上的牛交换支地的角引起地震【维吾尔族】
⑧ 【民族】傣族。【引例】❶地震鱼尾巴的摆动造成地震【哈尼族】；❷支天柱的鱼翻身引起地震【拉祜族】；❸驮地的鲇鱼翻身引起地震【满族】；❹驮地的3条大鱼晃动身体造成地震【满族】
⑨ 【民族】布朗族。【引例】❶支地鳌鱼的眉毛颤动就发生地震【阿昌族】；❷支天的鳌鱼活动引起地震【羌族】；❸顶角的鳌鱼换肩引起地震【土家族】；❹顶角的鳌鱼眨眼引起地震【土家族】
⑩ 【引例】控制某个地方的牛的毛颤动造成这个地方地震【撒拉族】

W 编码	母题描述			参照项	
	一级母题	二级母题	三级母题	汤普森	关联项
W8569.2		地震有固定的时间			
W8569.2.1			地震 1 年多次		【汉族】
W8569.2.2			地震 3 年 1 次		【例 1】①
W8569.3		地震是大人物死去的征兆		F960.2.5	【联 1】②
W8569.4		地震时人被埋在山洞中			【佤族】
W8569.5		地震时海水震荡			【白族】
W8569.6		地震时为什么要敲锣打鼓			【佤族】

8.3.2　**天塌地陷**③ 【W8570 ~ W8589】

W 编码	母题描述			参照项	
	一级母题	二级母题	三级母题	汤普森	关联项
✿ **W8570**	天塌地陷				
W8571		天塌（天的陷落）			【民族，联 2】④
W8571.1			顶天的大木柱被虫蛀后造成天塌		【苗族】
W8571.2			人激怒天神导致天塌		【佤族】
W8571.3			水神与火神争斗造成天塌一角		【藏族】
W8572		天的倾斜			【联 1】⑤
W8572.1			天向西北倾斜		
W8572.2			天向东南倾斜		
W8573		地陷（地的塌陷）			
W8573.1			动物在地下拱地造成地陷		【例 1】⑥
✣ **W8574**	天塌地陷的原因				
W8575		天柱断裂造成天塌地陷			【联 2】⑦

① 【引例】支地的仙鹤三年换一次脚就发生一次地震【达斡尔族】
② 【关联】［W9200］征兆
③ 天塌地陷，此母题包括城池塌陷、天翻地覆等与之相近的母题。
④ 【民族】汉族。【关联】❶［W1365］天塌；❷［W1384］补天
⑤ 【关联】［W1383］天的修整
⑥ 【引例】海里的黑猪拱动造成地陷【珞巴族】
⑦ 【关联】❶［W1330］天柱（顶天的柱子）；❷［W1365.1］天栓折断造成天塌

W 编码	母题描述			参照项	
	一级母题	二级母题	三级母题	汤普森	关联项
W8575.1			神撞断天柱造成天塌地陷		【汉族】
W8576		洪水造成天塌地陷			【佤族】
W8576.1			大地被洪水浸泡造成地陷		【民族，联1】①
W8577		人的不良行为造成天塌地陷			【联2】②
W8577.1			地陷作为惩罚	Q552.2	【联1】③
W8578		驮地的动物活动造成天塌地陷			【例1】④
W8579		与天塌地陷原因有关的其他母题			【联1，例1】⑤
W8579.1			神发怒造成天塌地陷		
W8580	天塌地陷的预言				
W8580.1		天塌地陷的预言者			【联2】⑥
W8580.1.1			石狮预言天塌地陷		【满族、土族】
W8580.1.2			石狮眼睛出血是城池塌陷的预言		【民族，联1】⑦
✳ **W8581**	**天塌地陷情形**				
W8582		天塌一角			
W8583		天塌一半			
W8584		天翻地覆			【哈尼族】
W8584.1			天地旋转		【民族，联1】⑧
W8584.2			天翻地覆时热水冷水交错出现		【哈尼族】
W8584.3			洪水漫天后天翻地覆		【哈尼族】
W8585		与天塌地陷情形有关的其他母题			
W8586	天塌地陷时的逃生				

① 【民族】满族。【关联】［W8584.4］洪水漫天后天翻地覆
② 【关联】❶［W8171］人的不良行为引发洪水；❷［W8591.2］人心不好造成城陷为湖
③ 【关联】［W9906］惩罚
④ 【引例】驮地的鱼翻身造成天塌地陷【汉族】
⑤ 【关联】［W8571.3］水神与火神争斗造成天塌一角。【引例】动物的哭泣造成山崩地裂【傈僳族】
⑥ 【关联】❶［W8032］灾难预言者；❷［W8200］洪水预言者
⑦ 【民族】汉族。【关联】［W8056.2］石头动物（龟、狮、牛等）眼睛出血作为灾难的征兆
⑧ 【民族】普米族。【关联】［W1042］最早的天地飘浮动荡

W 编码	母题描述			参照项	
	一级母题	二级母题	三级母题	汤普森	关联项
W8586.1		天塌地陷时的逃生工具			【例1】①
W8586.2		天塌地陷时的幸存者			
W8586.2.1			天塌地陷时一对男女幸存		【鄂温克族】
W8586.2.2			天塌地陷时一对兄妹幸存		【汉族】
W8586.2.3			天塌地陷时1个男子幸存		【例1】②
W8587	与天塌地陷有关的其他母题				
W8587.1		第二次天塌			
W8587.2		天崩地裂			
W8587.2.1			洪水造成天崩地裂		【白族】
W8587.2.2			火神吐火造成天崩地裂		【满族】
W8587.3		山崩地裂			【联1】③
W8587.3.1			特定的人物造成山崩地裂		【例1】④
W8587.3.2			洪水引起山崩地裂		【联1，例1】⑤
W8587.3.3			兄妹结婚的秽气造成山崩地裂		【纳西族】
W8587.3.4			多个太阳晒得山岩崩裂		【藏族】
W8587.4		山崩			【例2】⑥
W8587.5		地裂			【联1，例1】⑦
W8587.6		天塌地陷时常发生			【例1】⑧

① 【关联】天翻地覆时藏进石狮的嘴中逃生躲入石狮口中【土族】
② 【引例】天塌地陷时善良的打柴郎幸存【土族】
③ 【关联】［W8570～W8589］天塌地陷
④ 【引例】地震神摇动大地，引起山崩地裂【珞巴族】
⑤ 【关联】［W8587.2.1］洪水造成天崩地裂。【引例】洪水涨到哪里哪里就山崩地裂【土家族】
⑥ 【引例】❶地母的剧痛翻滚造成山崩【珞巴族】；❷南迦巴瓦峰山坡突然滑坡，造成山峰崩裂倒塌【珞巴族】
⑦ 【关联】［W8550～W8569］地震。【引例】龙造地裂
⑧ 【引例】世上有了人后，隔不长时间就发生一次天塌地陷【鄂温克族】

8.3.3　城陷为湖（陆地陷海、陆沉）①【W8590～W8599】

W 编码	母题描述			参照项	
	一级母题	二级母题	三级母题	汤普森	关联项
✳ **W8590**	**城陷为湖**			F944.1	
W8591	城陷为湖原因				
W8591.1		动物的报复导致城陷为湖			【例2】②
W8591.2		人心不好造成城陷为湖			【民族，联2】③
W8592	城陷为湖的预言（征兆）				
W8592.1		特定天象预示城陷为湖			
W8592.2		怪异现象预示城陷为湖			
W8592.2.1			石狮嘴出血是城陷为湖的征兆		【民族，联1】④
W8593	城陷为湖的制造者				
W8593.1		神或神性人物制造城陷为湖			
W8593.1.1			玉帝将城沉入水中		【汉族】
W8593.2		特定的人造成城陷为湖			【例1】⑤
W8593.3		动物造成城陷为湖			
W8594	城陷为湖的情形				
W8594.1		城陷为湖时村子塌陷			【壮族】
W8594.2		城陷为湖时一片大水			【汉族】
W8595	城陷为湖时的逃生				
W8595.1		城陷为湖时不能回头看			【民族，联1】⑥

---

① 城陷为湖（陆地陷海、陆沉），这类母题包含的"城陷为湖"、"陆地陷海"、"陆沉"等可以通用。
② 【引例】❶蛇的报复引起湖陷【汉族】；❷龙的报复造成村子塌陷【壮族】
③ 【民族】汉族。【关联】❶［W8171］人的不良行为引发洪水　❷［W8174.1］人的良心不好引发洪水
④ 【民族】汉族。【关联】［W8056.2］石头动物（龟、狮、牛等）眼睛出血作为灾难的征兆
⑤ 【引例】屠夫的故意验证预言造成城陷为湖【汉族】
⑥ 【民族】汉族。【关联】［W6530］看的禁忌

W 编码	母题描述			参照项	
	一级母题	二级母题	三级母题	汤普森	关联项
W8595.2		城陷为湖时的逃生者			
W8596	与城陷为湖有关的其他母题				【联1】①

8.3.4 旱灾【W8600～W8619】

W 编码	母题描述			参照项	
	一级母题	二级母题	三级母题	汤普森	关联项
✿ **W8600**	旱灾			A1065	
W8601	旱灾时间				
W8601.1		特定的年代出现旱灾			
W8601.2		洪水后出现旱灾			【汉族、藏族】
❋ **W8602**	旱灾的原因				
W8603		旱灾自然产生			
W8604		太阳的原因造成旱灾			
W8604.1			多个太阳并出造成旱灾		【联2，例1】②
W8604.2			太阳晒焦大地		【羌侗、族族】
W8604.3			恶的太阳造成旱灾		【珞巴族】
W8604.4			假的太阳造成旱灾		【联1】③
W8605		不下雨造成旱灾			
W8605.1			30年不降雨形成旱灾		【仫佬族】
W8606		神惩罚人类造成旱灾			【联1，例1】④
W8606.1			因第一代人心不好天神降下旱灾		【彝族】
W8606.2			龙神（王）因人的不敬制造旱灾		【藏族】
W8607		与旱灾原因有关的其他母题			
W8607.1			雷公被罚站时造成干旱		

① 【关联】［W8672.7］世界末日陆地陷海中
② 【关联】❶［W1640］太阳的数量；❷［W8064.1］多个太阳造成灾难。【引例】12个太阳并出形成旱灾【苗族】
③ 【关联】［W1694.2］假太阳
④ 【关联】［W8672.11］世界末日时天下大旱。【引例】神降旱灾或惩罚人懒惰【汉族】

W 编码	母题描述			参照项	
	一级母题	二级母题	三级母题	汤普森	关联项
W8607.2			阳气过剩造成旱灾		【汉族】
W8607.3			杀死青蛙招致旱灾		【民族，联1】①
W8607.4			泉水断流造成旱灾		
W8607.5			大火造成旱灾		【例2】②
✳ **W8608**	**旱灾制造者**				
W8609		神制造旱灾			
W8609.1			神多年不降雨引起旱灾		【布朗族】
W8609.2			神的疏忽造成旱灾		【联1，例3】③
W8609.3			旱神制造旱灾		【布依族】
W8610		神性人物制造旱灾			【例1】④
W8610.1			鬼制造旱灾		【例1】⑤
W8610.2			巫师制造旱灾		
W8611		动物制造旱灾			
W8611.1			龙王制造旱灾		【联1，例1】⑥
W8611.2			火龙制造旱灾		
W8611.3			龟制造旱灾		【藏族】
W8612		自然物制造旱灾			【联1】⑦
W8612.1			风制造旱灾		【汉族】
W8612.2			太阳制造旱灾		【联1】⑧
W8612.3			月亮制造旱灾		
W8613		与旱灾制造者有关的其他母题			
W8613.1			魔物（法）制造干旱	①D1542.2 ②D2143.2	
W8613.2			旱灾制造者被降服		【例1】⑨
◎		〖其他相关母题〗			
W8614	旱灾的情形				
W8614.1		旱灾时酷热难耐			
W8614.2		旱灾时植物全部死亡			【例1】⑩

---

① 【民族】壮族。【关联】［W4354.2］青蛙的口水变成雨
② 【引例】❶大火烧干世界的水【珞巴族】；❷乌龙吐火造成干旱【毛南族】
③ 【关联】［W8016］神的失误造成灾难。【引例】❶雷公耽误下雨造成干旱【布依族】；❷神（仙）醉酒引起大旱【水族】；❸玉皇大帝的疏忽造成干旱
④ 【引例】牛王放出太阳晒裂大地【苗族】
⑤ 【引例】有法术的鬼吹气制造旱灾【珞巴族】
⑥ 【关联】［W8607.2］龙王因人的不敬制造旱灾。【引例】龙不下雨造成旱灾【纳西族】
⑦ 【关联】［W8604.1］多个太阳并出造成旱灾
⑧ 【关联】［W8604］太阳的原因造成旱灾
⑨ 【引例】降服旱神【布依族】
⑩ 【引例】旱灾时庄稼全部死亡【汉族】

W 编码	母题描述			参照项	
	一级母题	二级母题	三级母题	汤普森	关联项
W8615	旱灾时逃生				
W8615.1		旱灾逃生方法			
W8615.1.1			旱灾时因得到水葫芦而幸存		【彝族】
W8615.1.2			旱灾时到洞中逃生		【联1】①
W8615.2		旱灾幸存者			
W8615.2.1			旱灾时只有很少的人幸存		【例1】②
W8615.2.2			旱灾时只有特定的植物幸存		【例1】③
W8616	旱灾的消除				【例2】④
W8616.1		龙王解除旱灾			【纳西族】
W8616.1.1			龙发水解除干旱		【纳西族】
W8616.2		海神帮助解除旱灾			【满族】
W8616.3		射日消除旱灾			【联1】⑤
W8617	与旱灾有关的其他母题				
W8617.1		旱涝同时发生			【汉族】

8.3.5 火灾【W8620~W8639】

W 编码	母题描述			参照项	
	一级母题	二级母题	三级母题	汤普森	关联项
✿ **W8620**	火灾			A1030	【联1】⑥
W8621	火灾时间				
W8621.1		远古时发生火灾			
W8621.2		几千年前发生火灾			【例1】⑦
✳ **W8622**	火灾的原因			A1031	【联1】⑧
W8623		自然发生火灾			
W8623.1			火烧大地		【珞巴族】
W8623.2			大火烧世界		【德昂族】

① 【关联】［W8633.5］火灾时躲到洞中逃生
② 【引例】太阳晒得地上只剩1人【藏族】
③ 【引例】旱灾时只剩下一棵大马桑树【仡佬族】
④ 【引例】❶神马的叫声消除旱灾【保安族】；❷露水王吸地下水消除旱灾【仫佬族】
⑤ 【关联】［W9701］射日是因为多个太阳造成灾难
⑥ 【关联】❶［W1091.3］世界经历火的时代；❷［W8600~W8619］旱灾
⑦ 【引例】几千年以前山火成灾【鄂伦春族】
⑧ 【关联】［W8631］火灾的制造者

W 编码	母题描述			参照项	
	一级母题	二级母题	三级母题	汤普森	关联项
W8623.3			油火烧天		【汉族】
W8624		神或神性人物造成火灾		≈A1035.2	
W8624.1			天神放火造成火灾		【苗族】
W8624.2			火魔造成火灾		【满族】
W8624.3			炎帝造成火灾		【民族，联1】①
W8625		人造成火灾			
W8625.1			兄弟烧山引起火灾		【畲族】
W8625.2			人的傲慢引起火灾	A1031.6	
W8626		动物造成火灾			
W8626.1			火龙造成火灾		【民族，例1】②
W8626.2			火鸟造成火灾		
W8627		自然物造成火灾			
W8627.1			多个太阳造成地上火灾		【例4】③
W8627.2			天火落下来形成火灾		【民族，联1】④
W8627.3			火山爆发形成火灾		【藏族】
W8627.4			山火造成火灾		【鄂伦春族】
W8628		特定的行为造成火灾			
W8628.1			盗火引起火灾	A1031.2	
W8628.2			犯忌引起大火	C984.6	
W8629		与火灾原因有关的其他母题			【例2】⑤
W8029.1			地上人太多，天神制造天火		【哈尼族】
W8629.2			火灾与下雨有关	A1035.1	
◎	〖其他相关母题〗				
W8630	火灾预言者				
W8630.1			鸟预言火灾		【例2】⑥
W8630.2			黄牛预言火灾		【羌族】

① 【民族】汉族。【关联】［W0746.8］炎帝是火神
② 【民族】满族。【引例】火龙造成天火
③ 【引例】❶太阳的尸体流出血火【傣族】；❷太阳烧了一万年，把地球烧去一半【傣族】；❸7个太阳要烧死会生长的石头时形成大火【傈僳族】；❹太阳把石头烤成火水横流【普米族】
④ 【民族】布依族。【关联】［TPS：Q552.13］天火是对人的惩罚
⑤ 【引例】❶天柴和天油燃烧形成火灾【畲族】；❷天上掉下的灵位变成火团烧光不干净的东西【彝族】
⑥ 【引例】❶乌鸦预言太阳烧世界【苗族】；❷喜鹊预言火灾

W 编码	母题描述			参照项	
	一级母题	二级母题	三级母题	汤普森	关联项
W8630.3		石头预言天火			
W8630.3.1			石母猪预言发生天火		【畲族】
W8631	火灾的制造者				
W8631.1		神制造火灾			【联1，例1】①
W8631.1.1			神为惩罚人类制造火灾		【例1】②
W8631.2		妖魔制造火灾		≈A1031.3	
W8631.2.1			火魔制造火灾		【联1】③
W8631.3		人制造火灾			
W8631.4		太阳制造火灾			【联2】④
W8631.4.1			太阳使大地着火		【羌族】
W8632	火灾的情形				
W8632.1		火灾烧焦大地			
W8633	火灾时逃生				【联1】⑤
W8633.1		火灾时神或神性人物帮人逃生			【例1】⑥
W8633.2		火灾时树中逃生		A1006.9	【民族，联1】⑦
W8633.2.1			躲到树下避火		【例1】⑧
W8633.3		火灾时躲到地下逃生			
W8633.4		火灾时躲到井中逃生			
W8633.5		火灾时躲到洞中逃生			【联1，例1】⑨
W8633.6		火灾时躲到坑中逃生			【藏族】
W8633.7		火灾时躲进特定特定容器中逃生			
W8633.7.1			火灾时用牛皮口袋逃生		【羌族】

① 【关联】［W8624］神或神性人物造成火灾。【引例】祝融喷火造成大火【汉族】
② 【引例】因人打死玉皇大帝的神鹅，玉皇大帝发天火烧人间
③ 【关联】［W0846.5.1］火魔
④ 【关联】❶［TPS：A1031.4］太阳落到地上形成火灾；❷［W8612.2］太阳制造旱灾
⑤ 【关联】［W8615］旱灾时逃生
⑥ 【引例】火灾时神投下凉伞保护人【傣族】
⑦ 【民族】羌族。【关联】［W8620］火灾
⑧ 【引例】火灾时躲到菩提树下幸存【傣族】
⑨ 【关联】［W8615.1.2］旱灾时到洞中逃生。【引例】9日并出形成大火时挖洞逃生【苗族】

W 编码	母题描述			参照项	
	一级母题	二级母题	三级母题	汤普森	关联项
W8633.8		火灾时躲进特定动物腹中逃生			【例2】①
W8634	火灾幸存者				【例3】②
W8635	火灾丧生者				
W8635.1		火灾时不信预言者被烧死			
W8636	火灾的消除			A1035	
W8636.1		大雨浇灭山火			【羌族】
W8636.2		降服旱灾制造者消除火灾			
W8636.2.1			降服火魔后消除火灾		【联1，例1】③
W8637	与火灾有关的其他母题			A1039	
W8637.1		天火			
W8637.1.1			天火伤人	F797	【民族，联1】④
W8637.2		山火			【民族，联2】⑤
W8637.3		油火			
W8637.3.1			桐油火		【例1】⑥
W8637.4		天上先落易燃物再落火			
W8637.4.1			先降棉花然后落下天火		【汉族、畲族】
W8637.4.2			先降下油雨然后落下天火		【汉族】
W8637.4.3			先降棉花、油雨，然后天火		【汉族】
W8637.5		火灾延续的时间			
W8637.5.1			地上大火烧了7年		【满族】
W8637.5.2			大火烧了1万年		【布朗族】

---

① 【引例】❶天火时躲进石母猪肚子逃生【畲族】；❷火灾时躲牛肚子里逃生【羌族】
② 【引例】❶火灾后1女和1只狗幸存【汉族】；❷火灾后1个婆姨幸存【汉族】；❸火灾时除能飞的动物幸存【藏族】
③ 【关联】［W8631.2.1］火魔制造火灾。【引例】把冰放进火魔腹中熄灭了大火【满族】
④ 【民族】汉族。【关联】［W8690］人类的毁灭
⑤ 【民族】畲族。【关联】❶［W8674.2.1］世界大火后世界再生；❷［W2563］世界大火后人类再生
⑥ 【引例】桐油火烧山【畲族】

8.3.6　瘟疫、疾病【W8640～W8659】

W 编码	母题描述			参照项	
	一级母题	二级母题	三级母题	汤普森	关联项
✿ W8640	瘟疫的产生（疾病的产生）			A1337	
✳ W8641	瘟疫（疾病）产生的原因				
W8642		无意中制造了疾病			
W8643		瘟疫（疾病）是对人类的惩罚		①A1337.0.5 ②Q552.10	
W8643.1			人类得罪天帝引起瘟疫		
W8643.2			乱伦引起瘟疫		【联2，例1】①
W8643.3			通奸导致瘟疫		【民族，联1】②
W8644		人吃特定的东西后产生疾病			
W8644.1			人吃五谷后产生疾病		【羌族】
W8644.2			人吃污物后产生疾病		【联1】③
W8645		疾病产生的其他原因			【例1】④
W8645.1			特定的婚姻生育带疾病的孩子		【例1】⑤
W8645.2			人因为太幸福而出现疾病	A1346.2.3	
W8645.3			疾病是失魂落魄造成的		【佤族】
W8645.4			疾病是被箭射造成的		【例1】⑥
✳ W8646	瘟疫（疾病）的制造者				
W8647		神制造瘟疫（疾病）			【民族，例1】⑦

---

① 【关联】❶［W7985］乱伦；❷［W8023］人的乱伦引起灾难。【引例】兄妹相恋引起瘟疫【佤族】
② 【民族】佤族。【关联】［W7991］通奸
③ 【关联】［W8653.1］怪物的呕吐物制造疾病
④ 【引例】岳父吞下女婿的鱼钩后，女婿发病【珞巴族】
⑤ 【引例】老男子与丑女婚生带有各种疾病的孩子【珞巴族】
⑥ 【引例】人得病是因为中了蝉的箭【珞巴族】
⑦ 【民族】满族。【引例】昊天大帝制造瘟疫【白族】

W 编码	母题描述			参照项	
	一级母题	二级母题	三级母题	汤普森	关联项
W8647.1			天神播撒瘟疫（疾病）		【例1】①
W8647.2			瘟神制造瘟疫		【民族，联2，例1】②
W8647.3			恶神（凶神、妖魔）播撒瘟疫（疾病）	A1337.0.2	【民族，例2】③
W8647.4			水神制造疾病		【例1】④
W8647.5			天帝向人间撒瘟虫		【蒙古族】
W8647.6			玉帝指令降温疫		【白族】
W8647.7			牛王神制造疾病		【苗族】
W8647.8			神的侍从制造瘟疫（疾病）		【例1】⑤
W8648		神性人物制造瘟疫（疾病）			【例1】⑥
W8648.1			鬼制造疾病		【例3】⑦
W8648.2			巫师制造疾病	G263.4	
W8648.3			精灵制造疾病	F362	【例1】⑧
W8648.4			仙制造疾病	F362	
W8648.5			恶鬼制造疾病		【民族，联1】⑨
W8648.6			山妖制造瘟疫		【布依族】
W8648.7			其他神性人物制造瘟疫（疾病）		
W8649		动物制造瘟疫（疾病）			
W8649.1			人被蚂蚁咬后开始得病		【珞巴族】
W8649.2			老鼠制造疾病		【汉族】
W8649.3			苍蝇制造疾病		
W8650		与瘟疫制造者有关的其他母题			

① 【引例】玉皇大帝看到看到人间坏人得势让瘟神制造瘟疫【汉族】
② 【民族】白族。【关联】❶［W0483］瘟神（疾病神、病魔）；❷［W0907.8］瘟疫鬼。【引例】瘟神打开瘟疫葫芦盖子放出疫病【保安族】
③ 【民族】汉族。【引例】❶恶神放出的魔气造成瘟疫【满族】；❷恶神作祟产生疾病【蒙古族】
④ 【引例】水神的儿子带来疾病【珞巴族】
⑤ 【引例】西王母的侍从无意放出疾病
⑥ 【引例】鬼王的儿子呼出的气造成瘟疫【珞巴族】
⑦ 【引例】❶鬼把病的绳子放到人间后产生疾病【景颇族】；❷被杀死的乌佑鬼魂不散，四处害人，造成疾病【珞巴族】；❸生病是鬼受指派害人造成的【珞巴族】
⑧ 【引例】狐狸精缠身得病【锡伯族】
⑨ 【民族】珞巴族。【关联】［W8647.3］恶神（凶神、妖魔）播撒瘟疫（疾病）

W 编码	母题描述			参照项	
	一级母题	二级母题	三级母题	汤普森	关联项
W8650.1			仙女掌管人间疾病		【例1】①
W8650.2			风吹来疾病		【彝族】
W8650.3			魔气造成瘟疫		【满族】
✻ **W8651**	**制造瘟疫（疾病）的方法**				
W8652		放出瘟虫制造瘟疫（疾病）			【汉族】
W8652.1			打开瘟疫葫芦制造瘟疫		【例1】②
W8652.2			打开装着瘟疫的盒子制造瘟疫	≈A1337.0.1.1	
W8652.3			瘟疫藏在特定器物中（潘多拉的盒子）		
W8653		用呕吐物制造疾病			
W8653.1			怪物的呕吐物制造疾病	B16.4.1	
W8654		用瘟药制造瘟疫			【白族】
W8655		与制造瘟疫的方法有关的其他母题			【联2】③
W8655.1			放蛊		【民族，联1】④
W8655.2			咒语制造疾病		
◎	〖**其他相关母题**〗				
W8656	常见疾病的产生				
W8656.1		发烧的产生		A1337.4	
W8656.2		疮痍的产生		A1337.5	【汉族】
W8656.3		天花的产生		A1337.7	
W8656.3.1			天神播撒天花		【满族】
W8656.4		麻风病的产生			
W8656.4.1			九头龙造成麻风病		【门巴族】
W8656.5		羊羔风病的产生			
W8656.5.1			九头龙造成羊羔风病		【门巴族】
W8656.6		斑疹的产生			
W8656.6.1			天神播撒斑疹		【满族】
W8656.7		伤寒的产生			

---

① 【引例】三仙女掌管人间疾病【鄂伦春族】
② 【引例】瘟神打开瘟疫葫芦盖子放出疫病【保安族】
③ 【关联】❶［W9082］魔物（法）控制（制造）疾病；❷［W9082.2］魔法使疾病转移
④ 【民族】汉族、苗族。【关联】［W9173.2］放毒

W 编码	母题描述			参照项	
	一级母题	二级母题	三级母题	汤普森	关联项
W8656.7.1			天神播撒伤寒		【满族】
W8656.8		疟疾的产生			
W8656.8.1			触犯风鬼患疟疾		【民族，联1】①
W8656.9		妇女疾病的产生			
W8656.9.1			妇女不育		【例1】②
W8656.9.2			妇女流产		【例1】③
W8656.9.3			妇女难产		【例1】④
W8656.9.4			死胎		【例1】⑤
W8656.10		其他常见疾病			【联1】⑥
W8656.10.1			红眼病		【例1】⑦
W8656.10.2			鬼剃头	.	【汉族】
W8656.10.3			鬼压身		【汉族】
W8656.10.4			夜哭郎		【侗族、汉族】
W8656.10.5			癫狂		
W8657	瘟疫（疾病）的消除				
W8657.1		神治疗病患		D1500.1.31	
W8657.1.1			天神教给人除瘟疫的办法		【水族】
W8657.2		神性人物治病			【联1】⑧
W8657.2.1			祖灵治病		
W8657.3		特定的人治病			【联1】⑨
W8657.3.1			圣徒能治愈疾病	V221	【联1】⑩
W8657.4		动物治疗疾病			
W8657.4.1			大鹏驱疫		【民族，联1】⑪
W8657.4.2			狗为人治病		
W8657.4.3			马蜂为人治病		【珞巴族】
W8657.5		植物治疗疾病			【民族，联2】⑫

① 【民族】黎族。【关联】［W0907.9.1］风鬼使人患疟疾病
② 【引例】恶鬼制造妇女不育，或流产、早产、难产、死胎【珞巴族】
③ 【引例】恶鬼造成妇女流产【珞巴族】
④ 【引例】恶鬼造成妇女难产【珞巴族】
⑤ 【引例】恶鬼制造死胎【珞巴族】
⑥ 【关联】［W7997.5.1］相思病
⑦ 【引例】作为祭品的牛血溅到眼里后，人开始出现红眼病【珞巴族】
⑧ 【关联】［W9144］巫师治病
⑨ 【关联】［W6232.1］医生神授
⑩ 【关联】［W6455.5］教徒（圣徒）
⑪ 【民族】藏族。【关联】［W3394］鹏（大鹏）
⑫ 【民族】汉族。【关联】❶［W3814.5］能治病的草；❷［W6237.1］神农找草药

W 编码	母题描述			参照项	
	一级母题	二级母题	三级母题	汤普森	关联项
W8657.5.1			用姜治病		【例1】①
W8657.6		挖沟除掉瘴气			
W8657.7		用火治病			
W8657.8		洗浴治病			【例1】②
W8657.9		与瘟疫（疾病）的消除有关的其他母题			【联6】③
W8657.9.1			特定的物专治特定的病		
W8658	与瘟疫（疾病）有关的其他母题				
W8658.1		动植物疾病的来历			
W8658.1.1			天降竹瘟		【仡佬族】
W8658.2		瘟疫发生时间			
W8658.2.1			当春三月会发生瘟疫		【满族】
W8658.3		瘟疫预言者			【例1】④
W8658.4		长期不能治愈的病			【例1】⑤
W8658.5		一些疾病不能治愈的原因			【例1】⑥
W8658.5.1			神没有告诉医治方法		【汉族】

8.3.7 黑暗、寒冷【W8660~W8669】

W 编码	母题描述			参照项	
	一级母题	二级母题	三级母题	汤普森	关联项
✿ **W8660**	黑暗				【联2】⑦
❋ **W8661**	黑暗的产生				
W8662		特定的人物制造黑暗			

---

① 【引例】用姜擦病人的身体能防病【珞巴族】
② 【引例】天池中洗澡能消灾祛病【鄂伦春族】
③ 【关联】❶［W6230］医术的产生；❷［W6241~W6247］常见的治病药；❸［W9025.6］魔树治病；❹［W9082.1］魔水治病；❺［W9082.2］魔法使疾病转移；❻［W9187.2］咒语祛病
④ 【引例】喜鹊预言瘟疫【满族】
⑤ 【引例】两个姑娘婚后得病，卧床长达五六年【珞巴族】
⑥ 【引例】东巴教主为人禳病不受谢礼疾病不除根【纳西族】
⑦ 【关联】❶［W1050］最早的世界是黑暗的；❷［W1050.1］以前地上是黑暗的

W 编码	母题描述			参照项	
	一级母题	二级母题	三级母题	汤普森	关联项
W8662.1			天神降黑暗		【哈萨克族】
W8663		日月消失造成黑暗			
W8663.1			神藏（吞）日月造成黑暗		【例3】①
W8663.2			太阳失踪造成黑暗		【民族，联1，例1】②
W8663.3			龙吞吐日月造成黑暗		【民族，联1】③
W8663.4			狗吞太阳造成黑暗		
W8663.5			特定人物遮挡太阳造成黑暗		【联1，例1】④
W8663.5			射日后变成黑暗时代		【民族，联1】⑤
W8663.6			太阳落到海里后大地黑暗		【彝族】
W8663.7			巨树遮太阳造成黑暗		【哈尼族】
W8663.8			与日月消失造成黑暗有关的其他母题		【例2】⑥
W8664		黑暗是对人类的惩罚		Q552.20.1	【联1】⑦
W8665		与黑暗的产生有关的其他母题			
W8665.1			人身上的光消失后天地黑暗		【民族，联1】⑧
W8665.2			混沌中出现白光后有了黑暗		【阿昌族】
W8666	与黑暗有关的其他母题				
W8666.1		神奇的黑暗		D908	
W8666.2		天昏地暗			
W8666.2.1			神抖衣裳造成天昏地暗		【哈尼族】

① 【引例】❶玉皇大帝藏起日月造成大地黑暗【布依族】；❷恶神吞日月造成黑暗【傣族】；❸天神藏日月星造成黑暗【拉祜族】
② 【民族】汉族。【关联】［W1695.12］太阳的消失。【引例】太阳躲起来造成大地黑暗【珞巴族】
③ 【民族】汉族。【关联】［W4214.6］龙吞太阳形成日食
④ 【关联】［W1695.12］太阳的消失。【引例】九头鸟遮天蔽日造成黑暗【满族】
⑤ 【民族】彝族。【关联】［W9790］射日月的结果
⑥ 【引例】❶精灵捉住日月造成大地黑暗【珞巴族】；❷太阳神被藏造成黑暗【珞巴族】
⑦ 【关联】［W9906］惩罚
⑧ 【民族】蒙古族。【关联】［W2803］以前的人会发光

W 编码	母题描述			参照项	
	一级母题	二级母题	三级母题	汤普森	关联项
✱ **W8667**	寒冷				【联1】①
W8668		寒冷的产生			
W8668.1			天狼咬住太阳地上变寒冷		【白族】
W8668.2			月亮制造寒冷		【民族，联1】②
W8669		与寒冷有关的其他母题			
W8669.1			寒冷危及人类	A1040	【联1】③

8.3.8 世界末日【W8670～W8674】

W 编码	母题描述			参照项	
	一级母题	二级母题	三级母题	汤普森	关联项
✱ **W8670**	世界末日			A1002	
W8671	世界末日的产生				
W8671.1		世界末日与特定的人物造成的			
W8671.1.1			神制造世界末日		
W8671.1.2			负载着大地的动物导致世界末日		【柯尔克孜族】
W8671.1.3			龙制造世界末日		【汉族】
W8671.2		世界末日的宣布		≈A1093	【联1】④
W8671.3		与产生世界末日有关的其他母题			【联1】⑤
W8672	世界末日的情形				
W8672.1		世界末日的星象		A1051	
W8672.1.1			世界末日星辰陨落	A1051.1	
W8672.2		世界末日的日象		A1052	
W8672.2.1			世界末日时太阳被妖魔毁灭	A1052.1	【联1】⑥
W8672.2.2			世界末日时晚上出太阳	A1052.2	

---

① 【关联】［W1048］最早的世界是冰冷的
② 【民族】纳西族、普米族。【关联】［W1625］月亮有不寻常的能力
③ 【关联】［W2567］天寒地冻后人类再生
④ 【关联】［W9250］预言
⑤ 【关联】［W8673.2］世界的毁灭者
⑥ 【关联】［W1695.11］太阳的死亡

W 编码	母题描述			参照项	
	一级母题	二级母题	三级母题	汤普森	关联项
W8672.2.3			世界末日时多日并出	A1052.3	【联2】①
W8672.3		世界末日的月象		A1053	
W8672.3.1			世界末日时白天出月亮	A1053.1	
W8672.4		世界末日时死一般寂静		A1057	
W8672.5		世界末日时大地一片混乱		A1060	【联1，例1】②
W8672.6		世界末日时山崩地裂			【蒙古族】
W8672.7		世界末日陆地陷海中		A1061	【民族，联2】③
W8672.8		世界末日时发生大地震		A1061.1	【联1】④
W8672.9		世界末日时排山倒海		≈ A1062	
W8672.9.1			世界末日海啸山崩		【蒙古族】
W8672.10		世界末日时充满洪水与黑暗			【哈萨克族、回族】
W8672.11		世界末日时天下大旱		A1065	【联1】⑤
W8672.12		世界末日时狂风四起		A1067	
W8672.13		世界末日时流火熔金		A1069	
W8672.14		世界末日时恶魔挣脱牢笼		A1070	【联1】⑥
W8672.14.1			世界末日时妖魔四起	A1070.1	
W8672.15		与世界末日情形有关的其他母题			
W8672.15.1			世界末日时阴阳颠倒		

———————————————

① 【关联】❶［W1640］太阳的数量；❷［W4931.8］多日并出
② 【关联】［W8675］世界混乱。【引例】火神和旱神制造世界混乱【阿昌族】
③ 【民族】蒙古族。【关联】❶［W8573］地陷（地的塌陷）；❷［W8590］城陷为湖
④ 【关联】［W8553］地震的时间
⑤ 【关联】［W8600］旱灾
⑥ 【关联】［W8868］妖魔被捉后的逃脱

W 编码	母题描述			参照项	
	一级母题	二级母题	三级母题	汤普森	关联项
W8673	世界的毁灭				
W8673.1		世界毁灭的原因			【联1】①
W8673.1.1			因世界混乱导致世界毁灭		【基诺族】
W8673.1.2			因人神矛盾导致世界毁灭		【拉祜族】
W8673.1.3			因轮回导致世界毁灭		【民族，联1】②
W8673.1.4			其他世界毁灭的原因		【汉族】
W8673.2		世界的毁灭者			
W8673.2.1			神毁灭世界		【例1】③
W8673.2.2			神性人物毁灭世界		
W8673.2.3			特定动物毁灭世界		
W8673.2.4			其他特定人物毁灭世界		
W8673.3		天地被毁灭			
W8673.3.1			天崩地裂后天地消失		【白族】
W8673.4		世界毁灭的周期			
W8673.4.1			世界毁灭周期是10万8千年		
W8673.4.2			世界亿万年一个轮回		【汉族】
W8673.4.3			世界9999年一个轮回		【门巴族】
W8673.4.4			世界毁灭以干支为周期		【汉族】
W8673.4.5			世界毁灭有特定时间周期		【彝族】
W8673.5		世界毁灭的次数			
W8673.5.1			世界经历3次毁灭		【例1】④
W8673.5.2			世界经历18次毁灭		

① 【关联】［W8010～W8029］灾难的原因
② 【民族】门巴族。【关联】［W9396.2］轮回
③ 【引例】恶神毁灭世界【景颇族】
④ 【引例】蚯蚓已经历过3个混沌【汉族】

W 编码	母题描述			参照项	
	一级母题	二级母题	三级母题	汤普森	关联项
W8673.6		与世界毁灭有关的其他母题			
W8673.6.1			特定的灾难毁灭世界		【联3，例3】①
W8674	与世界末日有关的其他母题			A1099	【联2】②
W8674.1		世界毁灭时会发生怪事			【门巴族】
W8674.2		灾难后世界再生		A1006	【联1】③
W8674.2.1			世界大火后世界再生	A1036	【联1】④
W8674.3		世界末日的拯救者			

8.3.9　与灾难有关的其他母题【W8675～W8699】

W 编码	母题描述			参照项	
	一级母题	二级母题	三级母题	汤普森	关联项
◎	〖与灾难有关的其他母题〗				
W8675	世界混乱			A1060	
W8675.1		世界昼夜不分			【联1】⑤
W8675.2		世界只有白昼			
W8675.3		世界混乱的其他母题			
W8676	世界劫难				【联1】⑥
W8676.1		世界遭受第二次劫难			【汉族、普米族】
W8676.2		世界遭受多次劫难			
W8677	天地合拢				【联2】⑦
W8677.1		天与地相撞			【普米族】

---

① 【关联】❶［W8100］洪水；❷［W8550］地震；❸［W8600］旱灾。【引例】❶第一次产生的世界被大火烧毁【傣族】；❷第二次产生的世界被洪水毁灭【傣族】；❸太阳晒死世上万物【基诺族】

② 【关联】❶［W4633.3］世界末日原来的自然秩序（规则）被破坏；❷［W8701.1］世界末日发生争战

③ 【关联】［W2505］灾难后人类再生

④ 【关联】［W8620］火灾

⑤ 【关联】［W1040］最早的世界是混沌

⑥ 【关联】［W8670～W8674］世界末日

⑦ 【关联】❶［W1043］最早的世界天地相抱；❷［W1270］天地相连

W 编码	母题描述			参照项	
	一级母题	二级母题	三级母题	汤普森	关联项
W8678	大地变形				【民族，联1】①
W8679	妖魔为害				【例1】②
❋ **W8680**	**天气灾害**				
W8681		炎热			
W8681.1			大地热灾时人躲洞中		【黎族】
W8682		风灾			【仡佬族】
W8682.1			魔王制造风灾		【保安族】
W8682.2			雷公鬼作祟造成风灾		【黎族】
W8682.3			大风毁灭人类		【例1】③
W8682.4			建巨大的房屋平定风暴		【藏族】
W8683		雪灾			【联1，例1】④
W8683.1			魔鬼带来雪灾		【蒙古族】
W8683.2			雪妖带来雪灾		
W8684		冰雹之灾			
W8684.1			妖魔制造冰雹毁坏庄稼		【东乡族】
W8685		油雨			【联2】⑤
W8685.1			天降油雨	F962.6.4	
W8685.2			油雨使田地干旱		【汉族】
W8686		天降血雨		F962.4	【联1】⑥
W8687		天降石雨		A1099.1	
W8688		与天气灾害有关的其他母题			
W8688.1			天上流黑水		
W8688.2			天降巨石	≈A1009.3	【联1】⑦
W8688.3			泥石流		【景颇族】
W8688.4			沙暴		【汉族、蒙古族】
W8689	饥荒				
W8689.1		饥饿			

① 【民族】藏族。【关联】［W8573］地陷（地的塌陷）
② 【引例】蛟龙率水妖水怪毁灭人类【壮族】
③ 【引例】风毁灭人类只剩兄妹二人【汉族】
④ 【关联】［W8667］寒冷。【引例】下了一年的雪【土家族】
⑤ 【关联】❶［W4372.1］神奇的雨；❷［W8637.3.1］桐油火
⑥ 【关联】［W4372.1］神奇的雨
⑦ 【关联】［W1168.16］以前天上布满石头

W 编码	母题描述			参照项	
	一级母题	二级母题	三级母题	汤普森	关联项
W8689.2		饥荒是对人类的惩罚			【联1】①
W8689.3		洪荒时代多数人被饿死			【壮族】
W8690	人类的毁灭				
W8690.1		恶魔吃人			【民族，联1】②
W8690.2		怪兽食人类			【普米族】
W8690.2.1			怪龙吃人		【藏族】
W8690.3		动物吞食人类		F911.3	【例1】③
W8690.3.1			野兽吃人类		【汉族】
W8690.4		与人类毁灭有关的其他母题			【联4，例1】④
W8691	庄稼被掠夺				【汉族】
W8692	虫灾				【仫佬族】
W8692.1		蚊虫成灾			【锡伯族】
W8692.2		蝗虫成灾			【布依族、锡伯族】
W8692.2.1			恶神制造蝗灾		【水族】
W8692.2.2			鸟灭掉蝗虫		【锡伯族】
W8692.3		恶魔给人间带来了毒虫猛兽			【蒙古族】
W8692.3.1			恶神用拐杖捅出各种害虫		【蒙古族】
✳ W8693	**灾难的周期**				
W8694		灾难有特定的周期			【联1】⑤
W8694.1			若干年发生一次灾难		【联2】⑥
W8694.2			五百年一次劫难		【汉族】
W8694.3			灾难其他特定的时间		
W8695		灾难周期与特定人物的行为有关			【例1】⑦

① 【关联】［W9906］惩罚
② 【民族】彝族。【关联】［W0839.5.1］吃人的妖魔
③ 【引例】乌鸦吃人【布依族】
④ 【关联】❶［W8097.2］灾难毁灭人类；❷［W8100］洪水；❸［W8550］地震；❶［W8600］旱灾。【引例】玉皇大帝让雷神、闪神劈死人类【满族】
⑤ 【关联】［W8003］灾难有特定的时间
⑥ 【关联】❶［W8569.2.2］地震3年1次；❷［W8587.6］天塌地陷时常发生
⑦ 【引例】龙王每年都要发洪水【白族】

W 编码	母题描述			参照项	
	一级母题	二级母题	三级母题	汤普森	关联项
W8695.1			灾难的周期是因为神换班		
W8696	发生一系列灾难			①A1001 ②A1046	
W8696.1		多种灾难相继发生			
W8696.2		火灾后发生洪水			【德昂族】
W8696.3		发生寒风、热风和稀泥水同时发生			【汉族】
W8696.4		人间发生天塌地陷、洪水滔天、怪龙吃人			【藏族】
W8696.5		发生瘟疫与洪水			【汉族】
W8696.6		发生大旱与洪水			【藏族】
W8696.7		发生山火与洪水			【畲族】
W8696.8		发生山火与山洪			【鄂伦春族】
W8696.9		发生天熔地烂			
W8697	与灾难有关其他母题			A1009	
W8697.1		人类的麻烦（矛盾、争斗）		A1330	【联1】①
W8697.2		食物中毒			【联1】②
W8697.3		坏的现象			
W8697.3.1			会产生坏主意和坏事的蛋		【回族】

---

① 【关联】［W8700］争战
② 【关联】［W9173.2］放毒

8.4 争战概说①

【W8700～W8789】

8.4.1 争战的时间与原因【W8700～W8719】

W 编码	母题描述			参照项	
	一级母题	二级母题	三级母题	汤普森	关联项
✿ **W8700**	**争战**				
W8701	争战发生时间				
W8701.1		世界末日发生争战		A1080	【联1】②
W8701.2		人类群居时发生争战			【汉族】
W8701.3		特定的时辰发生争战			
❋ **W8702**	**争战的原因（矛盾的原因）**			A1599.11.1	
W8703		争权力引起争战（矛盾）			【联1，例2】③
W8703.1			天神、地神和风神相互争大		【彝族】
W8703.2			王位之争引起战争		【汉族】
W8703.3			动物为了夺取统治权争斗		【彝族】
W8704		争夺土地引起争战（矛盾）			【民族，例2】④
W8704.1			天神地神为争土地发生战争		【佤族】
W8704.2			族体为争地盘发生争斗		
W8704.3			兄弟为争地盘发生争斗		【联1，例1】⑤

---

① 争战概说，"争战"是一个相对宽泛的概念，包括神话中常出现的"战争"、"争斗"、"矛盾冲突"等相应的叙事。为避免表述上的繁琐，在母题的大类表述中一律写作"争战"，而在具体的母题编目中会出现相应的"战争"、"争斗"、"矛盾"等情况。具体情形参见《中国神话母题 W8 编目实例》。

② 【关联】［W8670］世界末日

③ 【关联】［W0765.1］刑天帝争。【引例】男神与女神争夺宇宙大权发生争战【满族】

④ 【民族】白族。【引例】❶两位神为争夺一块没有主人的天而发生争斗【蒙古族】；❷争夺稻田引起争斗【蒙古族】

⑤ 【关联】［W8935］兄弟之争。【引例】最早的两兄弟争地盘发生斗争【珞巴族】

W 编码	母题描述			参照项	
	一级母题	二级母题	三级母题	汤普森	关联项
W8704.4			兄妹为争夺土地争斗		【哈尼族】
W8704.5			与争夺土地引起争战有关的其他母题		
W8705		争财物引起争战（矛盾）			【联1，例1】①
W8705.1			村寨因争财物引起争战		【苗族】
W8705.2			家族因争财物引起争战		
W8705.3			兄弟因争财物引起争战（争斗）		
W8705.4			朋友因争财物引起争战（争斗）		
W8706		争夺食物引起争战（矛盾）			【例1】②
W8706.1			人与神因争夺食物引起争战		【联1】③
W8706.2			人与人因争夺食物引起争战		
W8706.3			人与动物因争夺食物引起争战		【民族，联1】④
W8706.4			动物与动物因争夺食物引起争斗		
W8707		争夺特定的人引起争战（矛盾）			【例2】⑤
W8707.1			争夺美女引起争战		【哈萨克族】
W8707.2			争妻子引起争战		【联1，例1】⑥
W8707.3			争孩子引起争战		【例1】⑦
W8708		争夺特定的物引起争战（矛盾）			
W8708.1			争宝物引起争战		【联1】⑧

① 【关联】［W8790］神之间的争战。【引例】神为争夺宝树发生战争【纳西族】
② 【引例】乌龙为争食物打架【瑶族】
③ 【关联】［W8820］人神之争
④ 【民族】佤族。【关联】［W8952］人与动物之争
⑤ 【引例】❶争夺儿子引起神族战争【彝族】；❷山神因抢妻引起争斗【藏族】
⑥ 【关联】［W7058］夺妻。【引例】二神争妻反目为仇【藏族】
⑦ 【引例】祖先与精灵争夺孩子发生矛盾【珞巴族】
⑧ 【关联】［W9663.2］夺取宝物（夺宝）

W 编码	母题描述			参照项	
	一级母题	二级母题	三级母题	汤普森	关联项
W8708.2			争神的牌位（供养权）引起争战		【汉族】
W8709		婚姻引起争战（性爱引起争战）			【联1】①
W8709.1			婚姻引起的部落矛盾		【汉族】
W8709.2			婚姻引起的村寨矛盾		
W8709.3			为爱情争斗	T92.7	
W8709.4			兄弟为爱情争斗		
W8709.5			朋友为爱情争斗		
W8710		偷盗引起战争（矛盾）		K300.1	【民族，联1】②
W8711		争吵引起战争（矛盾）			【联1】③
W8712		比本领引起争战（矛盾）			【联1】④
W8713		嫉妒引起争战（矛盾）			
W8714		挑拨引起争战（矛盾）			【联2】⑤
W8714.1			争战的挑拨者		
W8714.2			挑拨者自食其果		
W8715		报复引起争战			【联1，例2】⑥
W8715.1			神的报复引起争战		
W8715.2			妖魔报复引起争战		【阿昌族】
W8715.3			动物的报复引起争战		
W8715.4			其他特定的报复引起争战		
W8716		恶作剧引起争战（矛盾）			【例1】⑦
W8716.1			恶作剧者		
W8717		与争战原因有关的其他母题			【例1】⑧

① 【关联】［W7050］抢婚
② 【民族】满族、蒙古族。【关联】［W9950］偷盗
③ 【关联】［W8960］争吵
④ 【关联】［W9609.1］争夺王位比本领
⑤ 【关联】❶［W8767.4］离间计；❷［W8920.4.1］挑拨引起家庭矛盾
⑥ 【关联】［W9460］报复。【引例】❶蛇的报复引起争战【高山族】；❷玉皇报复人类杀死天神【彝族】
⑦ 【引例】人故意让雷公吃忌讳的食物引起争战【壮族】
⑧ 【引例】因面貌美丑引起争斗【蒙古族】

W 编码	母题描述			参照项	
	一级母题	二级母题	三级母题	汤普森	关联项
W8717.1			魔鬼播撒战争的种子		【蒙古族】
W8717.2			误会引起争战（矛盾）		
W8717.3			失误引起争战（矛盾）		
W8717.4			性格不同引起争战（矛盾）		

8.4.2　争战预言与准备【W8720 ~ W8729】

W 编码	母题描述			参照项	
	一级母题	二级母题	三级母题	汤普森	关联项
❖ **W8720**	**争战的预言**				
W8721		争战的预言者			
W8722		争战中的死亡预言		≈ A1084	
W8723		战前预言胜败			【古突厥】
W8724		与争战预言有关的其他母题			
W8724.1			特定的人获得争战预言		
❖ **W8725**	**争战的准备**				
W8726		战前占卜			【民族，联1】①
W8726.1			战前杀鸡占卜		【民族，联1】②
W8726.2			战前占卜确定出战时间		
W8726.3			战前占卜出现祥兆		【联1】③
W8726.4			战前占卜出现凶兆		【联1】④
W8727		战前祭祀			【联2】⑤
W8727.1			战前祈胜	V52.3	【民族，联1】⑥
W8727.2			战前祭武器		【联1】⑦
W8727.3			战前祭天		

① 【民族】汉族。【关联】［W9190 ~ W9199］占卜
② 【民族】傈僳族。【关联】［W9193.3］用鸡占卜
③ 【关联】［W9235］好的征兆
④ 【关联】［W9236］坏的征兆
⑤ 【关联】❶［W6470 ~ W6509］祭祀；❷［W8757］靠祈祷祖先胜敌
⑥ 【民族】汉族。【关联】［W6506］祈祷
⑦ 【关联】［W6437］武器崇拜

W 编码	母题描述			参照项	
	一级母题	二级母题	三级母题	汤普森	关联项
W8728		与战前准备有关的其他母题			
W8728.1			战前禁忌		【联1】①
W8728.2			招兵买马		
W8728.3			战前准备中的失误		

8.4.3 军队与战士 【W8730～W8739】

W 编码	母题描述			参照项	
	一级母题	二级母题	三级母题	汤普森	关联项
✳ **W8730**	军队			P551	
W8731	军队的产生			A1596	
W8731.1		军队源于神的旨意			
W8731.2		军队是造出来的			【联3】②
W8731.3		军队是不同的人汇聚形成的			
W8731.3.1			不同族群的人汇聚成军队		【汉族】
W8732	与军队有关的其他母题				
W8732.1		神奇的军队		F873	
W8732.2		不败的军队			
W8732.3		军队被魔法控制			
W8732.4		军队溃败			
W8732.5		军队被消灭			【汉族】
✿ **W8733**	战士				
✳ **W8734**	战士的产生				
W8735		战士是造出来的			【联5】③
W8736		特定人物作为战士			
W8736.1			动物作为战士		【例2】④
W8736.2			妖魔作为战士		
W8736.3			鬼魂作为战士	≈E510	

① 【关联】［W6510～W6549］禁忌
② 【关联】❶［W9009.1］剪纸成兵；❷［W9009.2］撒豆成兵；❸［W9009.3］竹中育兵
③ 【关联】❶［W9009］魔法造兵；❷［W9009.1］剪纸成兵；❸［W9009.2］撒豆成兵；❹［W9009.3］竹中育兵；
　　❺［W9009.5］头发育（变）兵
④ 【引例】❶熊、虎作为战士【汉族】；❷鹰作为战士【蒙古族】

W 编码	母题描述			参照项	
	一级母题	二级母题	三级母题	汤普森	关联项
W8737		与战士产生有关的其他母题			
W8737.1			造兵失败		
◎	〚其他相关母题〛				
W8738	战士的特征				
W8738.1		面目奇特的战士			
W8738.2		性情古怪的战士			
W8738.3		巨人战士		F531.6.9	【联1】①
W8739	与战士有关的其他母题				
W8739.1		天兵天将			【例1】②
W8739.2		虾兵蟹将			【联1，例2】③
W8739.3		敢死之士			
W8793.3.1			圣斗士		
W8739.4		勇士			【联1，例1】④
W8739.4.1			男勇士		
W8739.4.2			女勇士	F565	【汉族】
W8739.4		逃兵			

8.4.4 武器【W8740 ~ W8754】

W 编码	母题描述			参照项	
	一级母题	二级母题	三级母题	汤普森	关联项
✿ **W8740**	武器			P553	
✷ **W8741**	武器的产生（获得）			A1459.1	
W8742		武器是神或神性人物给予的			【联1，例2】⑤
W8743		神或神性人物发明武器			【例1】⑥
W8744		武器是造出来的			
W8744.1			魔法制造武器	D2107	
W8745		武器是某种东西变成的			

① 【关联】［W0660］巨人
② 【引例】玉皇大帝的天兵天将【汉族】
③ 【关联】［W3429.3］虾兵。【引例】❶龙王率虾兵蟹将作战【汉族】；❷鱼召集青蛙和虾兵蟹将与猫头鹰决战【珞巴族】
④ 【关联】［W2924.9］异常强壮的人。【引例】能割下老虎蛋包的勇士受尊重【珞巴族】
⑤ 【关联】［W0608.1］英雄从神那里获得武器。【引例】❶真主赐武器【保安族】；❷英雄从神那里得到神刀【彝族】
⑥ 【引例】蚩尤发明兵器【汉族】

W 编码	母题描述			参照项	
	一级母题	二级母题	三级母题	汤普森	关联项
W8745.1			棍棒变成武器		【汉族】
W8745.2			石块变成武器		
W8745.3			特定的肢体变成武器		【例1】①
W8746		与武器的产生有关的其他母题			
W8746.1			武器是出生时带来的		
W8746.2			武器是从敌方夺取的		
◎		〖常见的武器〗			
W8748		枪			
W8748.1			天神造枪		【拉祜族】
W8749		矛			
W8749.1			特定的物交配产生矛		【例1】②
W8750		盾			
W8751		剑			
W8751.1			用石片磨成剑		【白族】
W8751.2			仙人赐斩妖剑		【东乡族】
W8751.3			奇特的剑	F833	【民族，联2】③
W8751.4			无形之剑	F833.9	
W8752		其他一些常见武器			【联3】④
W8752.1			战车		
W8752.2			战斧	≈ F837	【联1】⑤
W8752.3			特定的投掷物		
W8752.4			暗器		
W8753		与武器有关的其他母题			
W8753.1			争战时出奇制胜的宝物		【联1】⑥

① 【引例】手掌变刀【汉族】
② 【引例】白昼和黑夜相配生长矛【景颇族】
③ 【民族】汉族、壮族。【关联】❶［W9038.21.1］魔剑；❷［W9674］宝剑
④ 【关联】❶［W6087］刀；❷［W6973］弓的制作；❸［W6974］箭的制作
⑤ 【关联】［W6089.2.2］雷公斧
⑥ 【关联】［W9650］宝物

W 编码	母题描述			参照项	
	一级母题	二级母题	三级母题	汤普森	关联项
W8753.2		奇特的武器		F830	【联 12】①
W8753.2.1			会变化大小的武器		
W8753.2.2			只有特定的人能拿得动的武器	≈F833.1.1	【联 1】②
W8753.3		魔法使武器变钝		D2086	
W8753.4		毁坏敌手的武器		J621	【布朗族】

8.4.5 争战的手段【W8755～W8769】

W 编码	母题描述			参照项	
	一级母题	二级母题	三级母题	汤普森	关联项
✳ **W8755**	**争战中用魔法胜敌**			D2091	【民族，联 1】③
W8756		靠魔咒胜敌		D1400.1.10	【联 1】④
W8756.1			用魔法使敌人迷失方向	≈D2602.2.4	
W8757		靠祈祷胜敌			【例 1】⑤
W8758		魔法降雾制敌		D2091.5	【汉族】
W8759		魔法发水制敌		D2091.7	【汉族】
W8760		与争战中的魔法有关的其他母题			【联 1，例 1】⑥
W8760.1			负石阻兵		【例 1】⑦
W8760.2			魔法驱使动物制敌	≈D2091.12	【汉族】
W8760.3			用魔法使敌人自相残杀	D2091.4	
W8760.4			魔法使敌人沉入泥淖	≈ D2092	
✳ **W8761**	**争战计谋（战术）**			K2350	【联 1】⑧

① 【关联】❶ ［W0606.2］文化英雄的神力武器；❷ ［W8751.3］奇特的剑；❸ ［W8753.3］奇特的箭；❹ ［W9038.9.2］魔斧砍掉敌人的头颅；❺ ［W9038.21］魔力武器；❻ ［W9038.21.1］魔剑；❼ ［W9038.21.2］魔刀；❽ ［W9038.21.3］魔弓；❾ ［W9038.21.4］魔箭；❿ ［W9075.1］靠魔力武器征服强敌；⓫ ［W9076.1］靠魔杖胜敌；⓬ ［W9076.2］魔物使武器失效。
② 【关联】［W6976.3.9］英雄的弓箭其他人拉不开
③ 【民族】汉族。【关联】［W9000］魔法
④ 【关联】［W9002］魔法的作用
⑤ 【引例】念诵神灵、祖先之名可以战胜敌人【佤族】
⑥ 【关联】［W9077］魔物使人刀枪不入。【引例】吐唾沫变大水淹死敌人【纳西族】
⑦ 【引例】观音负石阻兵【白族】
⑧ 【关联】［W8768.5］军师

W 编码	母题描述			参照项	
	一级母题	二级母题	三级母题	汤普森	关联项
W8762			获得有价值的秘密	N440	
W8762.1			通过乔扮获得秘密		【民族，联1】①
W8763		骗杀		K800	【联1，例1】②
W8763.1			装死杀敌	K911	
W8763.2			通过骗术使敌手相互争斗	K1082.0.1	【联1】③
W8764		谋杀		①K910 ②S110	【联1】④
W8764.1			埋伏谋杀	K914	【联1】⑤
W8764.2			通过变形谋杀	K928	
W8765		通过特定的形式争斗			
W8765.1			通过比梦争斗		【联1，例1】⑥
W8765.2			通过意念争斗		
W8766		通过联盟作战			
W8766.1			强弱联盟	J420	
W8766.2			强强联盟		【汉族】
W8766.3			弱弱联盟（合纵）		
W8767		特定的作战计谋			
W8767.1			火攻		【例2】⑦
W8767.2			美人计		【民族，联1，例1】⑧
W8767.3			箱中藏兵（特洛伊木马）		【珞巴族】
W8767.4			离间计		
W8768	与争战手段有关的其他母题				
W8768.1		兵法			【例1】⑨
W8768.1.1			兵书		
W8768.2		军事规则		P557	【联1】⑩
W8768.3		挑战		P556	

① 【民族】珞巴族。【关联】［W9951.2］秘密的获得
② 【关联】［W9635～W9649］欺骗。【引例】因受骗杀死妻子和孩子【珞巴族】
③ 【关联】［W8841.1］妖魔被骗相互争斗
④ 【关联】［W8761］争战计谋（战术）
⑤ 【关联】［W9519］因特定目的产生变形
⑥ 【关联】［W9290～W9299］梦。【引例】通过比梦斗魔法【阿昌族】
⑦ 【引例】❶用火攻战胜太阳【苗族】；❷人用火攻战胜龙【水族】
⑧ 【民族】纳西族。【关联】［TPS：R10.4］英雄中美人计。【引例】女英雄用美人计斩精怪【东乡族】
⑨ 【引例】玄女授兵法【汉族】
⑩ 【关联】［W5990］规矩

W 编码	母题描述			参照项	
	一级母题	二级母题	三级母题	汤普森	关联项
W8768.4		争战的誓约		≈ M166	【联1】①
W8768.5		军师			
W8768.5.1			占梦老人是争战中的军师		【维吾尔族】
W8768.6		用特定的手段杀死特定的物			【例1】②

8.4.6　争战中的帮助者【W8770 ~ W8779】

W 编码	母题描述			参照项	
	一级母题	二级母题	三级母题	汤普森	关联项
✳ **W8770**	**争战的帮助者**			≈ N800	【联1】③
W8771	神作为争战的帮助者			A185.1	【例1】④
W8771.1		神帮助降妖		G537	
W8771.2		神助末路英雄		L103	【联1】⑤
W8772	神性人物作为争战的帮助者				【联1，例2】⑥
W8772.1		天兵神将助战			
W8772.2		天使是争战中的帮助者		V232.1	
W8772.3		神性的父亲帮助英雄		N810.3	
W8773	特定的人作为争战的帮助者				
W8773.1		敌营中的人作为帮助者			
W8773.1.1			敌人的奴仆是帮助者	N857	
W8773.1.2			敌首领的妻子是帮助者		
W8773.2		老人作为争战中的帮助者			【例1】⑦

---

① 【关联】［W5976］誓约

② 【引例】通过酒杀死人熊【壮族】

③ 【关联】［W9987］帮助者

④ 【引例】天神告诉降龙的办法【满族】

⑤ 【关联】［W8993］末路英雄

⑥ 【关联】［W8857.2.1］妖魔的亲属帮助英雄降妖。【引例】❶敲神鼓天兵神将就来助战【白族】；❷圣母相助【汉族】

⑦ 【引例】老爷爷教战胜魔鬼的办法【鄂伦春族】

W 编码	母题描述			参照项	
	一级母题	二级母题	三级母题	汤普森	关联项
W8774	动物作为争战的帮助者			K2351	
W8774.1		人在动物帮助下获胜			【民族，例4】①
W8774.2		动物帮人用智谋制服天神			【彝族】
W8774.3		动物帮助人战胜妖魔			【哈尼族】
W8774.4		争战中动物指路		①B157 ②≈ B563	
W8774.4.1			狼是队伍的引导者		【例1】②
W8775	植物作为争战的帮助者				
W8775.1		树帮助帮助人战胜妖魔			【维吾尔族】
W8776	魔物作为争战的帮助者				【联2】③
W8777	与争战中的帮助者有关的其他母题				【例1】④
W8777.1		争战中的帮助者隐藏身份			
W8777.2		争战中的帮助者得到奖励			
W8777.3		争战中的帮助者死亡			【汉族】

8.4.7　争战的结果【W8780～W8789】

W 编码	母题描述			参照项	
	一级母题	二级母题	三级母题	汤普森	关联项
＊ **W8780**	**争战获胜**				【联1】⑤
W8781		争战胜利者			
W8782		争战获胜的原因			【例1】⑥

① 【民族】珞巴族。【引例】❶天鹅帮助军队转危为安【鄂温克族】；❷鸟帮助勇士逃生【满族】；❸狗帮助主人咬下敌将的头【苗族、畲族、瑶族】；❹巨人的动物助战
② 【引例】大公狼为出征引路【古突厥、维吾尔族】
③ 【关联】❶［W9076.1］靠魔杖胜敌；❷［W9987］帮助者
④ 【引例】用虎皮助战【纳西族】
⑤ 【关联】［W8761］争战计谋（战术）
⑥ 【引例】白石头作武器战胜敌手【羌族】

W 编码	母题描述			参照项	
	一级母题	二级母题	三级母题	汤普森	关联项
W8782.1			崇拜物作武器战胜敌手		【联1】①
W8783		与争战获胜有关的其他母题			
W8783.1			人战胜神		【民族，联2】②
W8783.2			人战胜鬼		【珞巴族】
W8783.3			国王收复失地	R191	【联1】③
W8783.4			英雄获胜后乘鹤而去		【京族】
✵ **W8784**	争战失败			P555	
W8785		战败者			
W8786		争战失败的原因			
W8786.1			骄傲失势	L400	
W8786.2			女人的某种行为造成战争失败		【拉祜族】
W8787		与争战失败有关的其他母题			
W8787.1			战败被流放		【汉族】
W8787.2			战败归降		【民族，例1】④
W8787.3			北方天神战败后变成恶魔		【蒙古族】
W8787.4			战败者离开故土		【联1，例1】⑤
W8787.5			战败者交出自己的妻子		【例1】⑥
W8787.6			末路英雄【去掉】		
◎		〖其他相关母题〗			
W8788	争战中的幸存者				【联1】⑦
W8788.1		争战中1个婴儿幸存			
W8788.1.1			战争后只剩1个男孩		【怒族】
W8788.2		战争后几个女子幸存			【例1】⑧

---

① 【关联】［W8740］武器
② 【民族】藏族。【关联】❶［W8781］争战胜利者；❷［W8820］人神之争
③ 【关联】［W5860］国王
④ 【民族】汉族。【引例】巨龙后被降服后归顺【哈萨克族】
⑤ 【关联】［W5773］民族因战争迁徙。【引例】黑龙王被征服后从陆地跑到水里【蒙古族】
⑥ 【引例】猫头鹰战败后把妻子归还给鱼【珞巴族】
⑦ 【关联】［W8086］灾难幸存者
⑧ 【引例】战争后7位公主幸存【傣族】

W 编码	母题描述			参照项	
	一级母题	二级母题	三级母题	汤普森	关联项
W8788.3		战争后 1 对男女幸存			【柯尔克孜族】
W8789	与争战结果有关的其他母题				【联1】①
W8789.1		弱者获胜		L300	
W8789.2		以弱胜强		L310	
W8789.2.1			小英雄战胜庞然大物	L311	
W8789.2.2			小动物战胜大动物	L315	
W8789.3		讲和			【联1】②
W8789.4		争战中的死亡		N384	【联1，例2】③
W8789.4.1			争战中首领死亡		
W8789.4.2			争战中战士全部死亡		

---

① 【关联】［W5012］通过争战分出等级
② 【关联】［W8925.3］儿子不接受父亲的讲和
③ 【关联】［W8857.1］斗妖者的死亡。【引例】❶英雄斗妖魔而死【普米族】；❷斗玉帝的英雄被杀【壮族】

8.5 与神或神性人物有关的争战

【W8790 ~ W8899】

8.5.1 神的战争【W8790 ~ W8799】

W 编码	母题描述			参照项	
	一级母题	二级母题	三级母题	汤普森	关联项
❊ **W8790**	神之间的争战			A162	
W8791		众神之战			【联1】①
W8791.1			世界末日神的争战	A1081	
W8791.2			天神之战		【蒙古族】
W8791.3			天宫大战		【蒙古族】
W8792		善神与恶神（魔）之争		A106	【民族，例1】②
W8792.1			善的创世者与恶的创世者之争	A50	
W8792.2			善神与恶神的战争的原因		【联1】③
W8792.3			天神与恶魔之战		【满族】
W8793		特定的神之间的争斗			
W8793.1			星神与旱神之争	A255	
W8793.2			天神地神之争		【民族，例1】④
W8793.3			天神与火神之争		【柯尔克孜族】
W8793.4			火神与水神之争		【藏族】
W8793.5			雷神与土地神之争		【例1】⑤
W8793.6			雷神与山神之争		【例1】⑥
W8794		与神的争战有关的其他母题			

---

① 【关联】［W8703.1］天神、地神和风神相互争大
② 【民族】哈萨克族。【引例】北方的神鬼与南方神鬼发生争战【景颇族】
③ 【关联】［TPS：A106.0.1］神与魔因争权力发生战争
④ 【民族】汉族、藏族。【引例】地神打败天神【佤族】
⑤ 【引例】雷王打败土地神【毛南族】
⑥ 【引例】雷公锁山神【壮族】

W 编码	母题描述			参照项	
	一级母题	二级母题	三级母题	汤普森	关联项
W8794.1			神之间争斗的原因		【例2】①
�֍ W8795	神与神性人物的争战				
W8796		神与仙之争		F277	
W8797		神与魔之争			【傈僳族】
W8797.1			恶魔欺凌天神		【民族，联1】②
W8798		神与其他神性人物之争			
W8798.1			神捉鬼	R8	【民族，联1】③
W8798.2			神与巨人之战	A162.1	【民族，联1】④
W8798.3			英雄反天庭		【民族，例1】⑤
W8799	与神和神性人物争战有关的其他母题				【联3】⑥
W8799.1		神的胜负			【联2】⑦
W8799.1.1			地神打败天神		【彝族】
W8799.2		神被敌手杀死		A179.3	

8.5.2 神性人物间的争斗⑧【W8800～W8819】

W 编码	母题描述			参照项	
	一级母题	二级母题	三级母题	汤普森	关联项
✿ W8800	神性人物间的争斗				
�֍ W8801	文化英雄的争斗				【联4，例2】⑨
W8802		文化英雄的善恶之争		A525	
W8803		文化英雄在特定的地方争斗			

---

① 【引例】❶神因性格不同产生矛盾【珞巴族】；❷两个自然神因争高低发生矛盾【佤族】

② 【民族】满族。【关联】［TPS：A162.3］雷神与恶魔之战

③ 【民族】汉族。【关联】［W0912］驱鬼（捉鬼）

④ 【民族】拉祜族。【关联】［TPS：A1081.1］世界末日神与巨人之战

⑤ 【民族】彝族。【引例】英雄与天神之争

⑥ 【关联】❶［W0136］神的武器；❷［W0494］战神；❸［W0494.1］女战神

⑦ 【关联】❶［W8823.1］人战生神；❷［W9622］神之间的竞争

⑧ 神性人物之间的争斗，有时也可表现为"争战"。此类母题与其他争战、争斗类母题存在着非常复杂的交叉关系，为了母题编目表述的一致和清晰，此处仅罗列与神性人物之间的争斗有关的母题。有些母题虽可归入本类型，也可能列在其他类型之中，此处仅以【关联】的形式作出标注。

⑨ 【关联】❶［W0560］文化英雄；❷［W8798.3］英雄反天庭；❸［W8836］英雄降妖；❹［W8884.3］英雄斗龙。
【引例】❶英雄斩蛇精【满族】；❷大禹率众降水妖【毛南族】

W 编码	母题描述			参照项	
	一级母题	二级母题	三级母题	汤普森	关联项
W8803.1			英雄在冥界争斗	F176	
W8804		与文化英雄争斗有关的其他母题			
W8804.1			莫日根杀魔救父		【达斡尔族】
W8804.2			莫日根斩妖婆		【达斡尔族】
W8804.3			英雄斩蛟		【联1】①
W8804.4			英雄降狮	B16.2.3	
✳ **W8805**	文化祖先间的争斗				
W8806		部落祖先间的争斗			
W8806.1			炎黄之争		【汉族】
W8806.2			炎黄战蚩尤		【联2】②
W8806.3			黄帝战蚩尤		【民族, 联2, 例1】③
W8806.4			共工与祝融之争		【汉族】
W8807		与文化祖先争斗有关的其他母题			【联2】④
✳ **W8808**	巨人之间争斗				
W8809		巨人比本领			【民族, 联1】⑤
W8810		与巨人争斗有关的其他母题			【联1】⑥
✳ **W8811**	宗教人物间的争斗				
W8812		宗教人物比本领			【联1】⑦
W8812.1			宗教人物斗法		【汉族、纳西族】
W8813		与宗教人物争斗有关的其他母题			【联2】⑧
✳ **W8814**	神性动物间的争斗				
W8815		不同类神性动物间的争斗			
W8816		与神性动物争斗有关的其他母题			
W8817	神性植物间的争斗				

① 【关联】［W8951.1］斗蛟
② 【关联】❶［W0745］炎帝的能力或事迹；❷［W8766］通过联盟作战
③ 【民族】汉族。【关联】❶［W0672］蚩尤；❷［W0690］黄帝。【引例】黄帝擒杀蚩尤【苗族】
④ 【关联】❶［W8766］通过联盟作战；❷［W8839.2］文化祖先降妖
⑤ 【民族】汉族。【关联】［W9620～W9634］竞赛（比赛）
⑥ 【关联】［W8839.1］巨人斩妖
⑦ 【关联】［W9620～W9634］竞赛（比赛）
⑧ 【关联】❶［W8838.1］佛祖降妖；❷［W8912］教派之争

W 编码	母题描述			参照项	
	一级母题	二级母题	三级母题	汤普森	关联项
W8818	其他神性人物间的争斗				【联1】①
W8818.1		仙人之间的争斗			
W8818.2		精灵之间的争斗			
W8818.3		蜈蚣精与雷公结仇			【民族，联1】②

8.5.3　人与神、神性人物之争【W8820～W8829】

W 编码	母题描述			参照项	
	一级母题	二级母题	三级母题	汤普森	关联项
❋ **W8820**	**人神之争**				
W8821		人神之争的原因			【联1】③
W8821.1			争宝物引起人神之争		【傣族】
W8821.2			人讨伐不下雨的天神		【布朗族】
W8821.3			因神欺负人引起人神之争		【珞巴族】
W8822		人与特定的神之争			【例1】④
W8822.1			人与雷神争天下		【水族】
W8823		人神之争的结果			【例1】⑤
W8823.1			人战胜神		【联1，例1】⑥
W8823.2			人神争斗后人与神分开		
W8824		与人神之争有关的其他母题			【联1】⑦
W8824.1			人神结仇		【彝族】
W8824.2			神害怕人		【例2】⑧
❋ **W8825**	**人与神性人物之争**				【例1】⑨
W8826		人魔之争			【民族，联1】⑩

① 【关联】［W8835］神性人物降妖
② 【民族】水族。【关联】［W0356］雷神的仇敌
③ 【关联】［W8702］争战的原因
④ 【引例】人与神鹰之战【侗族】
⑤ 【引例】因地上的神和人相互打斗，天神就把地上的神和人一起消灭【珞巴族】
⑥ 【关联】［W8799.1］神的胜负。【引例】人战胜雷公【布依族】
⑦ 【关联】［W7062］人夺得神的妻子
⑧ 【引例】❶神向人求情【布依族】；❷神怕恶人【汉族】
⑨ 【引例】祖先与精灵争夺孩子发生矛盾【珞巴族】
⑩ 【民族】侗族。【关联】［W8830～W8869］斗妖魔

W 编码	母题描述			参照项	
	一级母题	二级母题	三级母题	汤普森	关联项
W8826.1			人与魔鬼结怨		【哈萨克族】
W8826.2			人与魔鬼比高低	K11.1	
W8827		人鬼之战			【珞巴族】
W8827.1			鬼与人作对		【独龙族】
W8828		人仙之争			
W8828.1			仙与凡人之战	F364	
W8829		与人和神性人物之争有关的其他母题			
W8829.1			龙女斗皇帝		【瑶族】
W8829.2			文化英雄斗皇帝		【民族，例1】①

8.5.4 斗妖魔【W8830～W8869】

W 编码	母题描述			参照项	
	一级母题	二级母题	三级母题	汤普森	关联项
✿ **W8830**	斗妖者				
�֎ **W8831**	神斗妖				【例1】②
W8832		天神斗妖魔			【纳西族】
W8833		女神战恶魔			【蒙古族】
W8834		其他神斗妖			
W8834.1			太阳神降雪妖		【裕固族】
�֎ **W8835**	神性人物降妖			A531	
W8836		英雄降妖			【民族，联1，例1】③
W8836.1			文化英雄斩妖蛇	A531.2	
W8836.2			文化英雄战海怪	A531.4	
W8837		仙人降妖			【土族】
W8837.1			仙女除妖		【水族】
W8837.2			神仙杀蜈蚣精		【京族】
W8838		宗教人物斗妖魔			【民族，联1，例2】④
W8838.1			佛祖降妖		【汉族】
W8838.2			巫师降妖		【汉族、满族、蒙古族】
W8838.3			圣徒除妖	V229.5	

---

① 【民族】侗族。【引例】莫一大王（文化英雄）斗皇帝【毛南族、壮族】
② 【引例】神下凡到地界降妖【蒙古族】
③ 【民族】彝族。【关联】[W0560] 文化英雄。【引例】英雄战雪妖【裕固族】
④ 【民族】纳西族。【关联】[W0770] 宗教人物。【引例】❶萨满除妖【赫哲族】；❷格萨尔箭射妖魔【藏族】

W 编码	母题描述			参照项	
	一级母题	二级母题	三级母题	汤普森	关联项
W8839		其他神性人物降妖			【例1】①
W8839.1			巨人斩妖	F628.1.0.1	
W8839.2			文化祖先降妖		
W8839.3			神性动物降妖		
❊ **W8840**	妖魔之间的争斗				
W8841		妖魔争斗的原因			
W8841.1			妖魔被骗相互争斗	K1082	【联1】②
W8842		妖魔相互残杀		A1087	【联1】③
W8843		与妖魔间争斗有关的其他母题			
❊ **W8844**	人斗妖				
W8845		女子降妖			【傈僳族、纳西族】
W8845.1			三姐妹除妖		【东乡族】
W8846		童孩降妖			【锡伯族】
W8847		猎人降妖			【京族、羌族】
W8847.1			猎人斩妖		【哈萨克族】
W8848		智者降妖			【联1】④
W8849		特殊来历的人斗妖魔			【例1】⑤
W8850		与人斗妖有关的其他母题			
W8850.1			神箭手射妖魔		【独龙族】
❊ **W8851**	动物斗妖魔				
W8852		龙斗妖魔			【民族，联1，例1】⑥
W8853		鸡斗妖			
W8853.1			鸡斗蜈蚣精		【汉族】
W8853.2			鸡斗蝎子精		【汉族】
W8854		多个动物联合降妖			【土族】
W8855		其他动物斗妖			
W8855.1			苍狼降妖		【维吾尔族】
W8856	无生命物或自然物降妖				

① 【引例】大禹斗水妖【毛南族】
② 【关联】［W9641］骗术
③ 【关联】［W0830］妖魔
④ 【关联】［W2925］智者
⑤ 【引例】茶叶化生的男女斗妖魔【德昂族】
⑥ 【民族】藏族。【关联】［W3569.1.1］善龙（益龙）。【引例】龙斗螃蟹精【侗族】

W 编码	母题描述			参照项	
	一级母题	二级母题	三级母题	汤普森	关联项
W8856.1		日月斗妖魔			【哈萨克族】
W8856.2		特定的器物降妖			【联1】①
W8857	与斗妖者有关的其他母题				
W8857.1		斗妖者的死亡			【傣族】
W8857.2		降妖的帮助者			【联2】②
W8857.2.1			妖魔的亲属帮助英雄降妖	G530	【联1】③
✳ **W8858**	**斗妖的方法**				【联2】④
W8859		魔法（巫术）降妖		D2176	【民族，联1】⑤
W8860		用宝物降妖			【联1，例2】⑥
W8860.1			用照妖镜降妖		【满族】
W8860.2			用魔刀斩妖		
W8860.3			用魔绳降妖		
W8860.4			偷到妖魔宝物后降妖		【黎族】
W8861		恐吓降妖		K1710	
W8861.1			震慑妖魔	G570	
W8862		通过比本领战胜妖魔			【普米族、达斡尔族】
W8863		雷击降妖			
W8863.1			神用雷击魔鬼		【民族，联1】⑦
W8864		与斗妖方法有关的其他母题			
W8864.1			降妖方法的获得		【例1】⑧
W8864.2			烧死妖魔		【民族，联1】⑨
W8864.3			智斗妖魔		【民族，联1，例2】⑩
W8864.4			人会用弓矢后魔鬼消除		【民族，联1】⑪

① 【关联】［W9664.6.6］宝物能降妖（镇妖宝物）
② 【关联】❶［W8774.3］动物帮助人战胜妖魔；❷［W9990］动物作为帮助者
③ 【关联】［W8836］英雄降妖
④ 【关联】❶［W0830］妖魔；❷［W8761］争战计谋（战术）
⑤ 【民族】汉族、满族、苗族、普米族。【关联】［W9000］魔法
⑥ 【关联】［W8856.2］特定的器物降妖。【引例】❶降妖宝剑【汉族】；❷妖魔被收进葫芦里【彝族】
⑦ 【民族】鄂温克族。【关联】［W8831］神斗妖
⑧ 【引例】跟过世的父亲学会对付罗刹鬼的好办法【珞巴族】
⑨ 【民族】东乡族。【关联】［W0851.1.2］妖魔怕火（鬼怕火）
⑩ 【民族】怒族。【关联】［W8848］智者降妖。【引例】❶女子智斗妖怪【傈僳族】；❷智胜女鬼【门巴族】
⑪ 【民族】鄂伦春族。【关联】［W6971］弓箭的发明

W 编码	母题描述			参照项	
	一级母题	二级母题	三级母题	汤普森	关联项
W8864.5			用酒降妖		【例2】①
W8864.6			对待特定妖魔的特定办法		【例1】②
✳ **W8865**	斗妖的结果				
W8866		妖魔战败		G500	【联1】③
W8866.1			妖魔被杀死	G512	
W8866.2			妖魔被刺瞎眼	G511	
W8867		妖魔被捉		①G514 ②≈R9.3	【联1】④
W8867.1			妖魔的关押		【联1】⑤
W8867.2			妖魔被打入监牢	A106.2.1	
W8868		妖魔被捉后的逃脱		A1074.2	【联1】⑥
W8868.1			被捉的妖魔得到武器后会逃脱	A1074.1	
W8868.2			被捉的妖魔松绑后逃脱	A1074.6	【联1】⑦
W8868.3			被捉的妖魔得到特定的物后逃脱		【联1】⑧
W8868.4			被捉的妖魔被误放		
W8869	与斗妖魔有关的其他母题				【联1，例1】⑨
W8869.1		斗妖婆			【联1】⑩
W8869.2		斗怪兽			【民族，联1】⑪
W8869.3		镇妖			【门巴族】
W8869.3.1			镇妖宝石		【联1，例1】⑫
W8869.4		被捉的妖魔得到特定的物就会获得神力			【联2，例2】⑬

① 【引例】❶让妖饮酒制伏妖魔【彝族】；❷通过酒杀死人熊【壮族】
② 【引例】栽大树制伏风魔【布依族】
③ 【关联】［W0830］妖魔
④ 【关联】［W0912］驱鬼（捉鬼）
⑤ 【关联】［W8977.1］靠魔法关押
⑥ 【关联】［W8986］逃脱
⑦ 【关联】［W8869.5］被捉的妖魔松绑就会获得神力
⑧ 【关联】［W8877.3］雷公喝水获得魔力后逃脱
⑨ 【关联】［W9663.1.1］魔窟取宝。【引例】沿着血迹找到魔鬼的住处【维吾尔族】
⑩ 【关联】［W0838.2］女妖（女魔）
⑪ 【民族】京族。【关联】［W0865.1］怪兽
⑫ 【关联】［W9695.1］宝石。【引例】石头是镇妖、除邪的宝物【满族】
⑬ 【关联】❶［W8868.1］被捉的妖魔得到武器后会逃脱；❷［W8877.3］雷公喝水获得魔力后逃脱。【引例】❶获得光后被锁的雷神增神力【畲族】；❷得到风后被锁的雷神会神力大增【畲族】

W 编码	母题描述			参照项	
	一级母题	二级母题	三级母题	汤普森	关联项
W8869.5		被捉的妖魔松绑就会获得神力		A1074.7	【联1】①
W8869.6		妖魔被取走鞋子后饿死			【怒族】

8.5.5 斗雷公【W8870~W8879】

W 编码	母题描述			参照项	
	一级母题	二级母题	三级母题	汤普森	关联项
✿ **W8870**	斗雷公②				【联1】③
W8871	斗雷公者				
W8871.1		神是斗雷公者			
W8871.1.1			星神箭射雷公		【民族，联1】④
W8871.1.2			土地神斗雷公		【毛南族】
W8871.1.3			风神斗雷公		
W8871.2		神性人物是斗雷公者			【例2】⑤
W8871.2.1			英雄斗雷公		【民族，例1】⑥
W8871.2.2			祖先斗雷公		【侗族、壮族】
W8871.3		人是斗雷公者			【民族，例1】⑦
W8871.3.1			穷小伙斗雷公		【壮族】
W8871.4		与斗雷公者有关的其他母题			
❋ **W8872**	捉雷公⑧				【羌族】
W8872.1		土地神捉雷公			【汉族、毛南族】
W8872.2		人祖捉雷公			【例1】⑨
W8872.3		雷公的弟弟捉雷公			【苗族】
W8872.4		众兄弟捉雷公			【例2】⑩
W8872.5		猎人捉雷公			【瑶族】

① 【关联】［W8868.2］被捉的妖魔松绑后逃脱
② 斗雷公，"雷公"在不同神话中又称作"雷神"、"雷王"、"雷"等，在此一律表述为"雷公"，具体使用时可置换。
③ 【关联】［W0305］雷神
④ 【民族】彝族。【关联】［W8790］神之间的争战
⑤ 【引例】❶张天师与雷王斗智【瑶族】；❷地上的大圣斗雷公【瑶族】
⑥ 【民族】彝族。【引例】女英雄斗雷公【水族】
⑦ 【民族】汉族、苗族。【引例】人战胜雷公【黎族】
⑧ 捉雷公，有的神话叙述为"捉雷王"、"捉雷"等。"捉雷公"与"斗雷公"母题在叙事方面有细微差别，在此单列为一项。
⑨ 【引例】人祖姜央捉住雷公【苗族】
⑩ 【引例】❶四兄弟捉雷公【侗族】；❷七兄弟捉雷公【侗族】

W 编码	母题描述			参照项	
	一级母题	二级母题	三级母题	汤普森	关联项
W8872.6		与捉雷公有关的其他母题			
W8872.6.1			动物帮助捉雷公		
W8872.6.2			雷公因变成鸡被捉		【联1，例1】①
W8873	捉雷公的原因				【联1】②
W8873.1		为母治病捉雷公			【民族，例1】③
W8873.2		母亲为考验儿子的孝心让他们捉雷公			
W8873.3		捉雷公者想吃雷公肉捉雷公			【仫佬族、瑶族】
W8873.4		与捉雷公原因有关的其他母题			
W8873.4.1			因雷公作恶捉雷公		【例1】④
W8874	捉雷公的方法				
W8874.1		引诱雷公下凡后捉雷公			【仫佬族】
W8874.2		用大铁锅罩住雷公			【苗族】
W8874.3		人用网捉雷公			
W8874.3.1			雷公被收入铜网		【彝族】
W8874.4		人用口袋捉雷公			
W8874.5		把滑的东西铺到房顶上捉雷公			
W8874.5.1			房顶上浇油捉住雷公		【苗族】
W8874.5.2			房顶上铺芭蕉叶捉雷公		【苗族、瑶族】
W8874.5.3			房顶上铺椿树皮捉雷公		【苗族】
W8874.5.4			房顶上铺青苔捉住雷公		【布依族、苗族】
W8874.5.5			滑倒雷公的其他办法		【例1】⑤
W8874.6		与捉雷公方法有关的其他母题			【联2】⑥

① 【关联】［W0316.5］雷神是鸡。【引例】变成公鸡的雷公啄谷穗被捉【布依族】

② 【关联】［W0952.1.1］雷公肉是长生不老药

③ 【民族】苗族、土家族。【引例】孝子为母治病捉雷公【布依族】

④ 【引例】因雷公不下雨捉雷公【布依族】

⑤ 【引例】地上铺苦楝树皮捉住雷公【土家族】

⑥ 【关联】❶［W0358.7.1］雷神怕盐；❷［W0358.7.2］雷神怕铜器

W 编码	母题描述			参照项	
	一级母题	二级母题	三级母题	汤普森	关联项
W8874.6.1			人用火斗雷公		【黎族】
W8875	关押雷公				【联1】①
W8875.1		雷公被关笼中			【联1】②
W8875.1.1			雷公关在木笼里		【布依族】
W8875.1.2			雷公被关在铁笼中		【侗族、苗族】
W8875.1.3			雷公被关押在木箱		【汉族】
W8875.2		雷公被关在仓中			
W8875.2.1			雷公被关在谷仓		【仫佬族、壮族】
W8875.2.2			雷公被关在泥仓		【瑶族】
W8875.3		雷公被锁锁住			【畲族】
W8875.4		雷公被拴住			【例2】③
W8875.5		关押雷公的其他其他特定器具			【联1】④
W8875.5.1			雷公被装在袋子中		【例1】⑤
W8875.5.2			雷公被盖在锅中		
W8876	捉雷公后的其他处置				
W8876.1		捉雷公后让1对儿女看守雷公			【侗族、壮族】
W8876.2		捉雷公后割取雷公的心脏			【藏族】
W8876.3		捉雷公后为防止逃跑不让雷公喝水			【民族,联1】⑥
W8876.4		捉雷公后为防止逃跑不让雷公吃饭			
W8876.5		捉雷公后为防止逃跑让雷公搓草绳			【苗族】
◎	〖其他相关母题〗				
W8877	雷公的逃脱				【例3】⑦
W8877.1		两兄妹放走雷公			【民族,例2】⑧
W8877.2		雷公靠恢复魔力逃脱			

① 【关联】［W8974］关押
② 【关联】［W8975］关押地点
③ 【引例】❶用竹篾绑住雷公和雷婆【侗族】；❷雷公被缚在一棵大树下【黎族】
④ 【关联】［W8874.3.1］雷神被收入铜网
⑤ 【引例】雷公被关在吊在火坑上的羊皮口袋中【苗族】
⑥ 【民族】侗族、苗族。【关联】［W8877.3］雷公喝水获得魔力后逃脱
⑦ 【引例】❶雷公用鸡屎涂仓门炸开铁仓逃脱【苗族】；❷获得光后被锁的雷神神力【畲族】；❸扇风后被锁的雷神增神力【畲族】
⑧ 【民族】苗族。【引例】❶两兄妹因同情放走雷公【土家族】；❷小姐弟因同情放走雷公【土家族】

W 编码	母题描述			参照项	
	一级母题	二级母题	三级母题	汤普森	关联项
W8877.2.1			雷公喝水获得魔力后逃脱		【民族，例3】①
W8877.3		雷公得到火后逃脱			【民族，例1】②
W8877.4		雷公欺骗看守者逃脱			【联2】③
W8877.5		雷公用刀挖洞逃脱			【瑶族】
W8877.6		雷公因巧遇盗贼松绑脱身			【民族，联1】④
W8878	与斗雷公有关的其他母题				【联1】⑤
W8878.1		雷公战败后变形			
W8878.2		雷公败后逃到天上			【民族，联1】⑥

8.5.6 斗龙【W8880 ~ W8894】

W 编码	母题描述			参照项	
	一级母题	二级母题	三级母题	汤普森	关联项
✿ **W8880**	斗龙			B11.11	【回族】
W8881	斗龙的原因				
W8881.1		因龙作恶斗龙			
W8881.1.1			为父报仇杀毒龙		【傣族】
W8881.1.2			龙糟蹋庄稼遭打		
W8881.2		因龙不下雨斗龙			【汉族】
W8881.3		因龙偷盗斗龙			
W8881.3.1			龙王偷盐遭打		【汉族】
W8881.4		与斗龙原因有关的其他母题			【例1】⑦
❋ **W8882**	斗龙者				
W8883		神斗龙			
W8883.1			神女除恶龙		【藏族】

---

① 【民族】毛南族、仫佬族、瑶族、壮族。【引例】❶雷公喝尿恢复体能逃脱【布依族】；❷雷神喝脏水后逃出木笼【哈尼族】；❸因雷公是龙吸水后发力逃脱【毛南族】
② 【民族】苗族。【引例】雷公得火星后恢复体力逃脱【侗族】
③ 【关联】❶［W8988.4.1］欺骗看守者逃脱；❷［W9641］骗术
④ 【民族】黎族。【关联】［W9942］巧遇
⑤ 【关联】［W8163］雷神报复发洪水
⑥ 【民族】侗族。【关联】［W0840.5.5］雷神为什么住天上
⑦ 【引例】为取火斩恶龙【布朗族】

W 编码	母题描述			参照项	
	一级母题	二级母题	三级母题	汤普森	关联项
W8884		神性人物斗龙			【例3】①
W8884.1			大力神降恶龙		【白族】
W8884.2			神鸟制服龙王		【纳西族】
W8884.3			英雄斗龙		【维吾尔族】
W8884.4			麒麟除妖龙		【水族】
W8885		特定的人斗龙			【例2】②
W8885.1			铁匠制服龙王		【阿昌族】
W8885.2			能人降龙		【土族】
W8885.3			国王降龙		
W8885.4			孤女捉龙		【壮族】
W8885.5			大力士斗恶龙		【怒族、塔吉克族】
W8885.6			熊孩斗恶龙		【怒族、羌族】
W8885.7			孤儿斩妖龙		【东乡族】
W8885.8			兄弟屠龙		
W8885.9			姐妹除恶龙		【例1】③
W8886		龙之间的争斗			【联1，例2】④
W8886.1			善恶之龙相斗		【白族、汉族】
W8886.2			恶龙相斗		【汉族】
W8886.3			黄龙打败黑龙		【汉族】
W8886.4			白龙斗黑龙		【例1】⑤
W8887		动物与龙的争斗			【例2】⑥
W8887.1			龙凤斗		【例1】⑦
W8887.2			龙虎斗		【汉族】
W8887.3			龙与龟之争		【汉族】
W8887.4			龙与鹰之争		【彝族】
W8887.5			鸡斗恶龙		【普米族】
W8887.6			大鹏降龙		【纳西族】
W8888		其他人物与龙的争斗			
✤ W8889	斗龙的方法				【联1】⑧

① 【引例】❶英雄杀水中的妖龙【蒙古族】；❷英雄降地龙【水族】；❸女娲战怪龙【藏族】
② 【引例】❶道士和龙斗法【侗族】；❷龟兹王降龙【古突厥】
③ 【引例】七姐妹除恶龙【布依族】
④ 【关联】［W8893.1］屠龙。【引例】❶人变黄龙斗恶龙【白族】；❷小金龙战胜孽龙【苗族】
⑤ 【引例】白龙王与黑龙王为争夺地权相斗【普米族】
⑥ 【引例】❶龙王杀鹰精【黎族】；❷凤凰姑娘斗黑龙【仡佬族】
⑦ 【引例】凤凰整治龙王【普米族】
⑧ 【关联】［W8858］斗妖的方法

W 编码	母题描述			参照项	
	一级母题	二级母题	三级母题	汤普森	关联项
W8890		用宝物降龙			【蒙古族】
W8890.1			斗恶龙的宝物		
W8890.2			金锁锁孽龙		【布依族】
W8890.3			铜钟罩恶龙		【仫佬族】
W8891		用特定的工具斗龙			
W8891.1			用特定的乐器斗龙		【例2】①
W8891.2			用龙牌斗龙		【例1】②
W8891.3			用雷公斧斗恶龙		【回族】
W8891.4			用玉斗龙		【例1】③
W8891.5			用绳子缚龙		
W8892		与斗龙方法有关的其他母题			【例1】④
W8892.1			梦中斩龙		【汉族】
W8892.2			诱斩龙首	≈K835	
W8892.3			烧沙石制伏龙		【维吾尔族】
W8892.4			钻入龙腹降龙		【京族】
W8892.5			填海制伏龙王		【壮族】
W8892.6			拔龙须		【汉族、壮族】
W8892.7			揭龙鳞		【汉族】
◎	〖**其他相关母题**〗				
W8893	斗龙的结果				
W8893.1		屠龙			【民族，联1】⑤
W8893.1.1			恶龙被杀		
W8893.2		龙败后藏入水中			【汉族】
W8893.3		龙败后逃到天上			
W8894	与斗龙有关的其他母题				【例1】⑥
W8894.1		英雄战火龙			【满族】
W8894.2		英雄战恶龙			【蒙古族】
W8894.3		斗恶龙			
W8894.4		斗妖龙			

---

① 【引例】❶吹笙斗妖龙【侗族】；❷用金芦笙制服恶龙【瑶族】
② 【引例】用龙牌可以把龙打死【回族】
③ 【引例】玉圈可以降龙【汉族】
④ 【引例】把龙锁在凼里【布依族】
⑤ 【民族】侗族、柯尔克孜族、满族、维吾尔族。【关联】［W8885.8］兄弟屠龙
⑥ 【引例】小伙炼成金身后才能降服火龙【畲族】

8.5.7　与神或神性人物之争有关的其他母题【W8895～W8899】

W 编码	母题描述			参照项	
	一级母题	二级母题	三级母题	汤普森	关联项
◎	〖与神或神性人物之争有关的其他母题〗				
W8895	动物与神或神性人物之争				
W8895.1		特定动物降服特定的神			【例1】①
W8896	植物与神或神性人物之争				
W8897	无生命物与神或神性人物之争				
W8898	与神或神性人物之争有关的其他母题				
W8898.1		神造出的生命与神作对		A106.3	【关联】②

① 【引例】癫蛤蟆战胜天神【布朗族】
② 【关联】〔W9478.1〕恩将仇报

8.6　人之间的争战（矛盾）

【W8900 ~ W8949】

8.6.1　人的群体间的争战【W8900 ~ W8919】

W 编码	母题描述			参照项	
	一级母题	二级母题	三级母题	汤普森	关联项
✿ **W8900**	**人之间的争战**				
W8900.1		男人间的争战		A1341	
W8900.1.1			男人间的决斗	A1341.2	【联 1】①
W8900.2		女人间的争战			
W8901	不同地区间人的争战				
W8901.1		平地上的人与高山上的人发生战争			【仡佬族】
W8901.2		天上的人与地上的人发生争战			
W8902	亲族之争				【联 1，例 1】②
W8903	氏族间的争战				【高山族】
W8903.1		氏族因分家不均发生争战			【纳西族】
W8904	不同姓氏之间的争战				
W8904.1		两姓氏之争			
W8904.2		三姓氏之争			【保安族、满族】
✳ **W8905**	**部落间的争战**			A1675	【珞巴族、满族】
W8906		部落之争的原因			【联 2】③
W8906.1			因争夺首领发生部族之争		【例 1】④
W8907		部落之争的时间			

---

① 【关联】［W8707.2］争妻子引起争战
② 【关联】［W8705.2］家族因争财产引起争战。【引例】嫉妒引起亲族之争【景颇族】
③ 【关联】❶［W5300］部落；❷［W8702］争战的原因
④ 【引例】四个部族争夺首领【土家族】

W 编码	母题描述			参照项	
	一级母题	二级母题	三级母题	汤普森	关联项
W8907.1			2 千多年前发生部落之争		【蒙古族】
W8908		特定部落间的争战			
W8908.1			黄帝炎帝之争		【汉族】
W8908.2			熊、虎部落之争		【汉族】
W8909		部落之争的结果			【例 1】①
W8910		与部落之争有关的其他母题			【联 1】②
W8911	国家之争				
W8911.1		两国交战			【畲族】
W8911.2		多国交战			
✳ **W8912**	**教派之争**			V350	
W8913		教派之争的原因			
W8913.1			宗教人物为谁先降临人世争执		【门巴族】
W8913.2			喇嘛嫉妒东巴教主		【纳西族】
W8914		特定的教派之间的争战			
W8914.1			喇嘛教与萨满之争		【鄂温克族】
W8914.2			不同氏族的萨满神灵互相争斗		【民族，联 1】③
W8915		教派之争的结果			
W8915.1			教派之争后分化		
W8915.2			教派之争后合并		
W8916		与教派之争有关的其他母题			
W8917	与人的群体之争有关的其他母题				
W8917.1		文化英雄征服女儿国			【民族，联 1】④
W8917.2		人食人		F911.1	【联 2，例 1】⑤

. ① 【引例】部落争战后只剩 2 对人【蒙古族】
② 【关联】［W8806］部落祖先间的争斗
③ 【民族】鄂温克族。【关联】［W9146］萨满
④ 【民族】彝族。【关联】［W5928］女儿国
⑤ 【关联】❶［TPS：G12］为吃同类而变形；❷［W6592］食人习俗。【引例】夫妻互食【汉族】

8.6.2　家庭内部之争（矛盾）【W8920～W8939】

W 编码	母题描述			参照项	
	一级母题	二级母题	三级母题	汤普森	关联项
✿ **W8920**	**家庭内部之争（矛盾）**				【联2】①
W8920.1		争夺权力引起家庭矛盾			
W8920.2		分家不均引起家庭矛盾			【汉族、壮族】
W8920.3		争宠引起家庭矛盾			
W8920.4		引起家庭矛盾的其他原因			
W8920.4.1			挑拨引起家庭矛盾		
W8920.4.2			误解引起家庭矛盾		
W8921	夫妻之争				【联1】②
W8921.1		虐妻		S410	
W8921.2		丈夫杀死妻子			【民族，联1】③
W8921.2.1			丈夫吃掉妻子	G77	【珞巴族】
W8921.2.2			丈夫误杀妻子		
W8921.3		妻子杀死丈夫			
W8921.3.1			妻子的失误害死丈夫		【民族，联1】④
W8921.3.2			动物妻子吃掉丈夫	G79.1	【联1】⑤
W8921.3.3			妻子用头发杀死丈夫		【德昂族】
W8921.3.4			妻子因不会说假话害死丈夫		【傈僳族】
W8921.4		妻子不生育被丈夫蔑视			【瑶族】
W8922	妻妾之争				【联1】⑥
W8922.1		大小老婆之争			【汉族、彝族】
W8922.2		妻妾（多个妻子）之间的矛盾			【民族，联1】⑦

① 【关联】❶［W5085］家庭（家族）；❷［W8702］争战的原因
② 【关联】［W7020］夫妻
③ 【民族】珞巴族、纳西族。【关联】［W8921.2.1］丈夫吃掉妻子
④ 【民族】白族、傈僳族。【关联】［W7020］夫妻
⑤ 【关联】［W7401］人与动物婚
⑥ 【关联】［W5190］姐妹争大小
⑦ 【民族】布依族。【关联】［W7960］一夫多妻

W 编码	母题描述			参照项	
	一级母题	二级母题	三级母题	汤普森	关联项
W8923	婆媳之争				
W8923.1		儿媳杀死婆婆			【彝族】
W8923.2		婆婆杀死儿媳			
W8923.2.1			婆婆杀死善良的儿媳		
✿ **W8924**	父母与子女之争				
W8924.1		父母想害死儿子			【普米族】
✳ **W8925**	父子之争			N731.2	
W8925.1		儿子试图阉割父亲		S21.5	【联1】①
W8925.2		父子争权			
W8925.3		儿子不接受父亲的讲和			【珞巴族】
W8926	父亲杀死子女			S11.3	【民族，联1】②
W8926.1		父亲杀子		S11.3.3	【联1，例1】③
W8926.1.1			父亲吃掉自己的孩子	S11.3.8	【联1】④
W8926.2		父亲杀女			【例1】⑤
W8927	儿子弑父			S22	【联2】⑥
W8927.1		儿女杀死狠心的父亲			【赫哲族】
W8927.2		儿子杀死自己的动物父亲		B631.0.2	【例2】⑦
W8927.2.1			因认为父亲是动物羞耻而弑父		【苗族】
W8927.2.2			儿子杀死自己的犬父		【黎族、苗族、畲族】
W8927.3		儿子误杀父亲			【民族，联1】⑧
W8927.4		与弑父有关的其他母题			
W8927.4.1			杀父娶母		【联2】⑨
✳ **W8928**	母子之争				【联1，例1】⑩

---

① 【关联】［W5135］父与子
② 【民族】珞巴族。【关联】［TPS：A71］创世者吃掉自己的儿子
③ 【关联】［W5135］父与子。【引例】神因为嫉妒误杀自己的儿子
④ 【引例】太阳父亲吃孩子星星【汉族、壮族】
⑤ 【引例】国王要杀死王后生的女儿【乌孜别克族】
⑥ 【关联】❶［W5135］父与子；❷［W9287.3］预言弑父
⑦ 【引例】❶兄弟误杀动物父亲【苗族】；❷儿子打死熊父亲【维吾尔族】
⑧ 【民族】黎族。【关联】［W9953］失误
⑨ 【关联】❶［W7063.2］子夺父妻；❷［W7294］母子婚
⑩ 【关联】［W5134.5］儿子与母亲作对。【引例】女儿不生育被娘骂【瑶族】

W 编码	母题描述			参照项	
	一级母题	二级母题	三级母题	汤普森	关联项
W8929	母亲杀死孩子			S12.2	【例1】①
W8929.1		母亲吃掉自己的孩子			
W8929.2		母亲的失误害死儿子			【民族，例1】②
W8929.3		女人国的女人生男孩就杀死			【珞巴族】
W8930	孩子杀母				【联1，例3】③
W8930.1		儿子杀母			
W8930.2		女儿杀母			【例1】④
◎	〖其他相关母题〗				
W8931	叔侄之争				
W8931.1		侄子杀掉叔叔			【景颇族】
W8931.2		叔叔杀死侄子			【珞巴族】
W8932	翁婿之争（岳母与女婿之争）				【例1】⑤
W8932.1		岳父试图害死女婿			【民族，联1】⑥
W8932.2		女婿射死岳父			【阿昌族】
W8932.3		女婿捉弄岳父			【珞巴族】
W8932.4		女婿吃掉岳父的孩子			【珞巴族】
W8932.5		岳母打跑女婿			【例1】⑦
W8933	祖孙之争				
W8933.1		孙子杀死祖父		A525.1	【例1】⑧
W8933.1.1			文化英雄杀死祖父	A525.2	
W8934	姊妹之争				
W8934.1		姊妹争宠			
W8935	兄弟之争				【民族，例1】⑨
W8935.1		兄弟争大			【水族】
W8935.2		兄弟成仇			【布依族、独龙族】
W8935.2.1			兄弟因食物不均产生争端		【水族】

① 【引例】恶妇害死自己的亲生子【壮族】
② 【民族】白族、壮族。【引例】母亲的真话误杀儿子【仫佬族】
③ 【关联】［W5131］母与子。【引例】❶儿子为得到宝物打死自己生身母亲【珞巴族】；❷儿子吃母亲【珞巴族】；❸雷公杀母【苗族】
④ 【引例】母猪把人的女婴养大后，让女儿杀掉自己【珞巴族】
⑤ 【引例】因妻子不忠与岳父发生战争【珞巴族】
⑥ 【民族】达斡尔族、纳西族、壮族。【关联】［W5141］岳父
⑦ 【引例】岳母打跑蛇女婿【门巴族】
⑧ 【引例】误杀祖先化身的动物
⑨ 【民族】撒拉族、壮族。【引例】最早的两兄弟争地盘发生斗争【珞巴族】

W 编码	母题描述			参照项	
	一级母题	二级母题	三级母题	汤普森	关联项
W8935.3		兄弟相残			【民族，联2，例4】①
W8935.3.1			哥哥杀死同母异父弟弟		【普米族】
W8935.4		兄弟争特定权力发生争斗			
W8935.4.1			众儿子为争夺父亲的埋葬权发生争执		【珞巴族】
W8935.5		兄弟争财物发生争斗			【例1】②
W8935.5.1			哥哥抢夺弟弟的财物		【黎族】
W8935.6		与兄弟之争有关的其他母题			【联1】③
W8935.6.1			文化英雄与他的哥哥作战	A525.1	【壮族、侗族】
W8936	兄妹之争				【侗族、独龙族】
W8936.1		兄妹成仇			【哈尼族、壮族】
W8936.2		兄妹间的纠纷			【独龙族】
W8936.3		哥哥欺压妹妹			【哈尼族】
W8936.4		哥哥杀死妹妹			【例2】④
W8937	姐妹相仇				
W8937.1		姐妹争夫			【联1，例2】⑤
W8937.1.1			姐姐为争夫害死妹妹		
W8937.2		姐妹争宠			【汉族】
W8938	与家庭内部之争（矛盾）有关的其他母题				【例2】⑥
W8938.1		杀死其他有关系的人			
W8938.1.1			哥哥杀死妹夫		【联1，例1】⑦
W8938.1.2			哥哥杀死弟妹		【独龙族】

① 【民族】侗族、珞巴族。【关联】❶［TPS：A1297］世上的第一个人被兄弟杀掉；❷［TPS：K1092］充满敌意的兄弟相残。【引例】❶兄弟争财产【哈尼族】；❷哥哥老大吃掉老二【珞巴族】；❸弟弟烧死11个兄长【苗族】；❹弟弟因嫉妒杀兄【撒拉族】

② 【引例】三兄弟因争父亲捕到的鱼打斗【珞巴族】

③ 【关联】［W8704.3］兄弟为争地盘发生争斗

④ 【引例】❶两个哥哥为了给主管野兽神灵献祭，把妹妹杀掉【珞巴族】；❷两个哥哥杀掉妹妹得到父亲宽容【珞巴族】

⑤ 【关联】［W7098.5］夺夫。【引例】❶后母生的丑妹因嫉妒害死漂亮的姐姐【汉族】；❷姐姐羡慕妹妹与蛇郎婚姻美满害死妹妹【汉族】

⑥ 【引例】❶婚后夫妻共谋杀死妻子的哥哥【珞巴族】；❷弟弟误杀猴嫂【怒族】

⑦ 【关联】［W8936.4］哥哥杀死妹妹。【引例】哥哥杀死妹妹的熊丈夫【珞巴族】

W 编码	母题描述			参照项	
	一级母题	二级母题	三级母题	汤普森	关联项
W8938.1.3			丈夫杀死妻子的姐夫		【珞巴族】
W8938.1.4			丈夫杀死妻姐家的孩子		【珞巴族】
W8938.1.5			外婆吃掉外孙		【例1】①
W8938.2		外孙斗外公			【瑶族】

8.6.3　与人的矛盾有关的其他母题【W8940～W8949】

W 编码	母题描述			参照项	
	一级母题	二级母题	三级母题	汤普森	关联项
✳ **W8940**	人的矛盾的产生				【联1】②
W8941		人因争权产生矛盾			【联1】③
W8942		人因争财产生矛盾			【民族，联1】④
W8943		人因争色产生矛盾			【民族，联1】⑤
W8944		人因嫉妒产生矛盾			【联1】⑥
W8945		人因误会产生矛盾			【联1】⑦
W8946		与人的矛盾的产生有关的其他母题			
◎	〖其他相关母题〗				
W8947	人的矛盾的解决				
W8947.1		通过争斗解决矛盾			
W8947.2		通过比赛解决矛盾			【联1】⑧
W8947.3		通过劝解解决矛盾			
W8947.4		通过裁决解决矛盾			
W8947.4.1			通过族谱裁决土地所有权		【怒族、彝族】
W8948	与人的矛盾有关的其他母题				【联1】⑨
W8948.1		人的不和			
W8948.1.1			人的不和的来历		【撒拉族】
W8948.2		下人杀死主子			【珞巴族、彝族】

---

① 【引例】老母亲误吃掉女儿的鱼儿子【珞巴族】
② 【关联】［W8702］争战的原因
③ 【关联】［W8703］争权力引起争战（矛盾）
④ 【民族】汉族。【关联】［W8705］争财物引起争战（矛盾）
⑤ 【民族】汉族。【关联】［W8707］争夺特定的人引起争战
⑥ 【关联】［W8713］嫉妒引起争战（矛盾）
⑦ 【关联】［W8717.2］误会引起争战（矛盾）
⑧ 【关联】［W9620～W9634］竞赛（比赛）
⑨ 【关联】［W6592.6］人吃掉自己的后代

8.7 与争战有关的其他母题
【W8950 ~ W8999】

8.7.1 与动植物、无生命物有关的争战（矛盾）【W8950 ~ W8959】

W 编码	母题描述			参照项	
	一级母题	二级母题	三级母题	汤普森	关联项
W8950	以前万物经常发生纠纷				【水族】
✳ **W8951**	**与动物有关的争斗**				【联1】①
W8951.1		斗蛟			【例2】②
W8951.2		斗猛兽			
W8951.2.1			取火途中斗猛兽		【联1，例1】③
W8951.2.2			斗猛兽复仇		
W8952	人与动物之争				【联1】④
W8952.1		人斗龙虎			【水族】
W8952.2		人与虎争天下			【水族】
W8952.3		人与其他特定动物之争			
W8953	人与动物的矛盾				【例1】⑤
W8953.1		人开荒得罪动物			【哈尼族】
W8953.2		动物杀主人		K1161	
◎	〖其他相关母题〗				
W8954	人与植物的战争				
W8954.1		人与五谷的战争			
W8955	动物与动物之争			①B260 ②B264	【联2】⑥
W8955.1		动物因争夺食物与住处相残杀			【侗族】

---

① 【关联】［W8880 ~ W8894］斗龙
② 【引例】❶锁住蛟龙【回族】；❷盘古斗蛟龙
③ 【关联】［W6953］盗火。【引例】取火途中斗猛虎【布朗族】
④ 【关联】［W8706.3］人与动物因争夺食物引起争战
⑤ 【引例】人祖侵占蜈蚣家族的领地发生械斗【苗族】
⑥ 【关联】❶［W8703.3］动物为了夺取统治权争斗；❷［W8965.1］动物间的争吵

W 编码	母题描述			参照项	
	一级母题	二级母题	三级母题	汤普森	关联项
W8955.2		家畜和野生动物之争		B262	
W8955.3		动物之战中的同盟		B267	
W8955.4		小动物降服大动物		K1715	
W8955.5		其他特定的动物之间的争斗			【例1】①
W8955.5.1			猫头鹰与凤凰争王位		【汉族】
W8955.5.2			动物之争后划定地盘		
W8956	植物与植物之争				
W8956.1		植物争地盘			【佤族】
W8957	无生命物之争				
W8957.1		日月之争		A736.11	【汉族】
W8957.1.1			日月之间的争吵		【柯尔克孜族】
W8957.1.2			日月的矛盾		
W8957.2		太阳相互争斗			【例2】②
W8957.3		风和雷经常打斗			【德昂族】
W8957.4		水与陆地之争		A917	
W8957.5		水与火的争斗			【民族，联1】③
W8957.6		岛之间的争斗		F748	
W8957.7		其他特定无生命物之争			
W8957.7.1			天气的冷暖之争		D2144.2
W8958	与动植物、无生命物的争战有关的其他母题				
W8958.1		动物与植物之争			
W8958.1.1			动物与植物争地盘		
W8958.2		自然物与植物之争			
W8958.2.1			自然物与植物争地盘		【例1】④

① 【引例】鱼召集青蛙和虾兵蟹将与猫头鹰决战【珞巴族】
② 【引例】❶12个太阳争当大王发生争斗【苗族】；❷12个太阳生前因不同娘结下宿怨【苗族】
③ 【民族】珞巴族。【关联】［W1897.16］以前水与火是朋友
④ 【引例】金、银和谷子、小红米吵架争地盘【佤族】

8.7.2 争吵与纠纷 【W8960 ~ W8969】

W 编码	母题描述			参照项	
	一级母题	二级母题	三级母题	汤普森	关联项
✲ **W8960**	争吵				
W8961		争吵的产生		A1342	
W8961.1			因争夺权力发生争吵		【例1】①
W8961.2			因误会发生争吵		【例1】②
W8962		神的争吵			【哈尼族】
W8963		人与神的争吵			
W8964		人的争吵			
W8964.1			夫妻间的争吵		【民族，联2】③
W8964.2			地上的人和地下的人天天吵架		【民族，联1】④
W8965		与争吵有关的其他母题			
W8965.1			动物间的争吵	B299.2	【联1，例1】⑤
W8965.2			无生命物的争吵		【例1】⑥
✲ **W8966**	纠纷				
W8967		纠纷的产生			【联2】⑦
W8968		与纠纷有关的其他母题			

8.7.3 抓捕与关押 【W8970 ~ W8979】

W 编码	母题描述			参照项	
	一级母题	二级母题	三级母题	汤普森	关联项
✲ **W8970**	抓捕（捕捉）			R260	
W8971	抓捕的方法				【联1】⑧
W8971.1		诱捕敌手		①K700 ②R10	【联2】⑨

① 【引例】神为争夺天地管理权争吵【哈尼族】
② 【引例】汉族的祖先和义都人的祖先兄弟俩因误会发生争吵【珞巴族】
③ 【民族】珞巴族。【关联】❶［W8921］夫妻之争；❷［W8948.1.1］人的不和的来历
④ 【民族】壮族。【关联】［W8901.2］天上的人与地上的人发生争战
⑤ 【关联】［W8955］动物与动物之争。【引例】鸡和鹬子因分食双方争吵【珞巴族】
⑥ 【引例】天和地发生争吵【珞巴族】
⑦ 【关联】❶［W8702］争战的原因；❷［W8961］争吵的产生
⑧ 【关联】［W8874］捉雷公的方法
⑨ 【关联】❶［TPS：R13］被动物诱捕；❷［W9635 ~ W9649］欺骗

W 编码	母题描述			参照项	
	一级母题	二级母题	三级母题	汤普森	关联项
W8971.1.1			通过伪装诱捕	R24	【联1】①
W8971.2		通过陷阱捕获敌手		①K735 ②K750	
W8971.3		抓捕的其他方法			
W8972	被捕获			R0	
W8972.1		争战中被捉		R5	
W8972.2		特定的人（物）被捉			【联2】②
W8972.3		人陷入魔掌		G400	【联1，例1】③
W8972.4		男子女儿国被捉		R7	【联2】④
W8973	与捕捉有关的其他母题				
☀ **W8974**	关押				
W8975		关押地点		①≈A173.2 ②R40	【联1】⑤
W8975.1			关押在岛上	R43	
W8975.2			关押在山上	R45	
W8975.3			关押在洞中	R45.3	【鄂温克族】
W8975.4			关押在水下	R46	【汉族】
W8975.5			关押在地狱	R47	
W8975.6			其他关押地点	R49	
W8976		关押的情形		R70	【联1】⑥
W8976.1			折磨被关押者		
W8977	与关押有关的其他母题				
W8977.1		靠魔法关押		D2177	【例1】⑦
W8977.2		关押时奇特的看守者			
W8977.3		被关押者的逃脱			【联2】⑧

---

① 【关联】［W9641］骗术

② 【关联】❶［W1695.8］太阳被关；❷［W8872］雷公被捉

③ 【关联】［W0840.5.5］妖魔掠人。【引例】魔怪掠母【普米族】

④ 【关联】❶［W5928］女儿国；❷［W0765］逼婚

⑤ 【关联】［W8875］关押雷公（雷神）

⑥ 【关联】［W8877］雷公的逃脱

⑦ 【引例】用魔法关押妖魔

⑧ 【关联】❶［W8980～W8985］营救；❷［W8987］逃脱者

8.7.4 营救与逃脱【W8980～W8989】

W 编码	母题描述			参照项	
	一级母题	二级母题	三级母题	汤普森	关联项
❋ **W8980**	**营救**			R100	
W8981	被营救者				
W8981.1		神被人营救			【藏族】
W8981.2		营救被囚禁者		R110	
W8981.2.1			营救失去的妻子	R133	
W8982	营救者			R121	
W8982.1		巨人相救		R164	
W8982.2		圣人相救		R165	
W8982.3		关押者的女儿相救		≈R162	
W8982.4		鸟救人			【水族】
W8982.5		树救人			【仡佬族、维吾尔族】
W8982.6		丈夫救妻子		①R151 ②R151	【例1】①
W8982.6.1			魔窟中营救妻子		【傣族】
W8982.6.2			敌营中营救妻子		
W8982.7		妻子救丈夫		R152	
W8982.8		父亲救儿子		①R153.1 ②R153.3	
W8982.9		母亲救儿子		R153.4	
W8982.10		儿子救父母		R154	
W8982.11		儿子救母亲		R154.1	【例1】②
W8982.12		儿子救父亲		R154.2	【例1】③
W8982.13		女儿救父亲		R154.3	【汉族】
W8982.14		弟弟救哥哥		R155.1	
W8982.15		哥哥救弟弟		R155.2	【珞巴族】
W8982.16		妹妹救姐姐		R157.1	
W8982.17		妹妹救哥哥		R158	
W8982.18		弟弟救姐姐			【达斡尔族】
W8982.19		其他相救的情形		R169	
W8982.19.1			动物救助被囚禁的人	B100	【联1】④

---

① 【引例】格萨尔王地狱救妻【藏族】
② 【引例】格萨尔王地狱救母【藏族】
③ 【引例】儿子动物腹中救出父亲【珞巴族】
④ 【关联】〔W9429〕动物报恩

W 编码	母题描述			参照项	
	一级母题	二级母题	三级母题	汤普森	关联项
W8983	营救的地点				
W8983.1		魔窟救人		G550	【联1】①
W8983.2		地狱中救人			
W8983.3		腹中营救			
W8983.3.1			从妖魔的腹中救出被吃掉的人		
W8983.3.2			从动物的腹中救出被吃掉的人		【例1】②
W8984	营救的方法				【联1】③
W8984.1		用法术营救			
W8984.2		用骗术营救			【珞巴族】
W8984.3		通过争战营救			【藏族】
W8984.4		与营救方法有关的其他母题			
W8984.4.1			劫狱		
W8985	与营救有关的其他母题				
W8985.1		神奇的营救		R122	
W8985.2		人救助神			【汉族】
✳ **W8986**	逃脱			①R210 ②R220	
W8987	逃脱者				【联1】④
W8987.1		英雄脱险			【维吾尔族】
W8987.2		女子逃离魔窟			
W8987.3		其他逃脱者			
W8988	逃脱的方法				
W8988.1		靠魔法逃脱		D2165	【联2】⑤
W8988.2		靠宝物逃脱			【联1，例1】⑥
W8988.3		通过盟友帮助逃脱		K640	
W8988.4		通过骗术逃生		K500	
W8988.4.1			欺骗看守者逃脱	K620	【侗族、壮族】

---

① 【关联】［W8982.6.1］魔窟中营救妻子
② 【引例】从蛇腹中救出被吃掉的人【珞巴族】
③ 【关联】［W8988］逃脱的方法
④ 【关联】［W8977.3］被关押者的逃脱
⑤ 【关联】❶［W8877.2］雷公靠恢复魔力逃脱；❷［W9000］魔法
⑥ 【关联】［W9650］宝物。【引例】妻子给的宝物帮助丈夫脱险【珞巴族】

W 编码	母题描述			参照项	
	一级母题	二级母题	三级母题	汤普森	关联项
W8988.4.2			看守者被骗解除武器	K631	
W8988.5		通过贿赂看守者脱逃		K626	
W8988.6		偶然逃脱		N660	
W8988.7		与逃脱方法有关的其他母题		K650	【例1】①
W8988.7.1			妻子教给丈夫死里逃生的方法		【汉族、珞巴族】
W8989	与脱逃有关的其他母题				【联1】②
W8989.1		临死逃脱		R215	
W8989.1.1			舜临死逃脱		【联1】③
W8989.2		阵前脱逃		J641	
W8989.3		逃脱监禁		R211	【联1】④
W8989.4		神奇的逃脱		F1088	
W8989.4.1			被吞下后通过变形从鼻孔逃脱		【例1】⑤
W8989.5		逃后再次被捉		R350	

8.7.5 与争战有关的其他母题【W8990～W8999】

W 编码	母题描述			参照项	
	一级母题	二级母题	三级母题	汤普森	关联项
◎	〖与争战有关的其他母题〗				
W8990	创伤			S180	
W8990.1		特定部位的创伤			【例1】⑥
W8990.2		创伤神奇治愈		F959.3	
W8990.3		伤偶然愈合		N640	
W8991	背叛				
W8991.1		背叛亲属		K2210	【联1】⑦

① 【引例】被捉男子与女酋长性交后被释放【珞巴族】
② 【关联】［W8989.5］逃后再次被捉
③ 【关联】［W0739］舜
④ 【关联】［W8877］雷公的逃脱
⑤ 【引例】太阳被达木吞下后变成绿叶从鼻孔中偷偷逃走【珞巴族】
⑥ 【引例】夫妻双方厮打，丈夫伤了生殖器【珞巴族】
⑦ 【关联】［W8920～W8939］家庭内部之争（矛盾）

W 编码	母题描述			参照项	
	一级母题	二级母题	三级母题	汤普森	关联项
W8992	战争中的弃婴				【民族，联1】①
W8992.1		战争中的被断掉四肢的弃婴			【古突厥、哈萨克族】
W8993	末路英雄			L100	
W8994	特殊的搏斗				
W8994.1		与自己的影子搏斗			【联1】②
W8994.2		梦中搏斗			
W8995	争战中的禁忌			C835	【联1】③
W8996	与争战有关的其他母题				【联1】④
W8996.1		正义之战			【汉族】
W8996.2		邪恶之战			

---

① 　【民族】维吾尔族。【关联】［W2670］弃婴（弃儿）
② 　【关联】［TPS：K1052］龙攻击自己映在镜子里的影子
③ 　【关联】［W6510～W6549］禁忌
④ 　【关联】［W6696］争战习俗

9　其他母题

（代码 W9000～W9999）

类型说明

一、"其他母题"的界定与命名

本类母题主要是上述 9 类母题中难以涵盖的内容。其主要特点如下：

1. 有些母题与神话叙事关系密切，在事件或叙事中具有重要结构功能。如"魔法与巫术"、"宝物"等母题，可以作为神话人物完成功业的重要手段或工具。

2. 有些母题与神灵现象或宗教信仰关系密切。如"征兆与预言"、"复活与转世"、"因果与命运"等。

3. 有些母题与神话人物的行为有关。如"变形与化生"、"考验与欺骗"等。

4. 有些母题本身可以构成完整的神话事件或主题。如"射日月与救日月"等。

上述母题虽然非常丰富，但往往缺乏叙事的独立性，更侧重于辅助性功能，在神话中常常通过与其他母题的组合构成完整的叙事。

二、母题类型的划分与编排

1. 本类型母题划分为 9 个部分。其基本排序是：

（1）魔法与巫术；（2）征兆与预言；（3）复活与转世；（4）因果与命运；（5）变形与化生；（6）考验与欺骗；（7）宝物；（8）射日月与救日月；（9）其他典型事件母题。

2. 母题的编排。本类编目中涉及的诸类母题没有直接的关联或逻辑关系，在排列上属于并列结构。对其中一些具体的事件类母题而言，照顾到事件的原因、时间、地点、人物、过程、结果等要素的编排顺序。

9.1 魔法与巫术

【W9000～W9199】

9.1.1 魔法① 【W9000～W9014】

W 编码	母题描述			参照项	
	一级母题	二级母题	三级母题	汤普森	关联项
✿ W9000	**魔法**				【联 1】②
W9001	魔法的产生				【联 1】③
✳ W9002	**魔法的作用**				
W9003		魔法是取胜的法宝			【民族，联 2】④
W9003.1			魔法胜敌		【阿昌族】
W9004		魔法使死者复活			
W9004.1			魔法使植物复活		【阿昌族】
W9005		魔法变废为宝			
W9005.1			魔法能将水化为酒		【白族、汉族】
W9005.2			魔法能将沙化为美食		【白族】
W9006		与魔法作用有关的其他母题			【联 1，例 1】⑤
W9006.1			魔法使人入梦		【民族，联 2】⑥
◎	〖常见的魔法〗				
W9007		施法赶石			
W9007.1			挥鞭赶石		【联 1】⑦
W9007.2			赶山填海		【民族，例 1】⑧
W9007.3			赶石停止的原因		【民族，联 1】⑨

---

① 魔法，有些"魔法"母题与"魔物"母题密不可分；有些"魔法母题"在表现形式上与"巫术母题"难以截然区别。具体情形参见《中国神话母题 W9 编目实例》。
② 【关联】［W9015～W9099］魔物
③ 【关联】［W9105］魔力的获得
④ 【民族】阿昌族。【关联】❶［W8755］争战中用魔法胜敌；❷［W8859］魔法（巫术）降妖
⑤ 【关联】［W8753.3］魔法使武器变钝。【引例】魔法使很少的米蒸出很多的饭【珞巴族】
⑥ 【民族】汉族。【关联】❶［W9162］催梦术；❷［W9290～W9299］梦
⑦ 【关联】［W9687.2.4］赶山鞭赶山（石头）
⑧ 【民族】汉族。【引例】覃三九（神性人物名）移山造海【毛南族】
⑨ 【民族】壮族。【关联】［W8760.1］负石阻兵

W 编码	母题描述			参照项	
	一级母题	二级母题	三级母题	汤普森	关联项
W9008		点石成金		≈ D1466	
W9009		魔法造兵		D1475	【联 2】①
W9009.1			剪纸成兵		【侗族、苗族】
W9009.2			撒豆成兵		【侗族、壮族】
W9009.3			扎草成兵		【仫佬族】
W9009.4			竹中育兵		【壮族】
W9009.5			头发育（变）兵	D1475.5	
W9010		剪物成真			
W9010.1			剪纸成活		【汉族】
W9010.2			剪云成翅		【白族】
W9010.3			纸马变成真马		【撒拉族】
W9011		魔法驱物			
W9011.1			魔法驱怪		【联 1】②
W9011.2			魔法驱蛇	D2176.1	
W9012		其他常见的魔法			
W9012.1			织物成真		【例 2】③
W9012.2			变形术		【联 1】④
W9013	与魔法有关的其他母题				【例 1】⑤
W9013.1		假的魔法			
W9013.2		幻觉（幻术）			【汉族】
W9013.2.1			死亡幻觉	K1884	
W9013.2.2			海市蜃楼	K1886	
W9013.2.3			人从镜中走出		【东乡族】
W9013.2.4			女子触木时幻觉男人与她交欢		【民族，联 1】⑥
W9013.3		魔幻之旅		D2121	
W9013.3.1			驾云旅游	D2121.7	【汉族】
W9013.3.2			风驰电掣之旅	D2122	
W9013.3.3			遨游水域	D2125	【联 1，例 1】⑦

---

① 【关联】❶［W8734］战士的产生；❷［W9009］魔法造兵

② 【关联】［W0912］驱鬼

③ 【引例】❶绣的蛤蟆成活【东乡族】；❷绣在毯子上的景象成真【土族】

④ 【关联】［W9500］变形

⑤ 【引例】魔鬼在草坝上吹口气草就会干枯【珞巴族】

⑥ 【民族】白族。【关联】［W2264］感木头孕生人

⑦ 【关联】［TPS：D2125.3］乘车涉水之旅。【引例】用魔法河中开路【回族】

W 编码	母题描述			参照项	
	一级母题	二级母题	三级母题	汤普森	关联项
W9013.3.4			水下遨游	D2126	【汉族】
W9013.3.5			地下之旅	D2131	【汉族】
W9013.3.6			空中遨游	D2135	
W9013.4		幻方			
W9013.5		魔术			

9.1.2　魔物① 【W9015 ~ W9099】

W 编码	母题描述			参照项	
	一级母题	二级母题	三级母题	汤普森	关联项
W9015	有魔力的人				【联3】②
✻ **W9016**	**有魔力的动物**				
W9017		有魔力的狗		B187	【哈尼族、瑶族】
W9018		魔蜂		D1037	
W9019		有魔力的其他动物			
✻ **W9020**	**有魔力的植物**			D965	
W9021		有魔力的花		D975	
W9021.1			催眠的花	D1364.3	【联1】③
W9021.2			有魔力的玫瑰	D975.2	
W9022		有魔力的草		D965.12	【联2】④
W9022.1			草说话给人劝告	D1312.3	【布依族、汉族】
W9023		有魔力的水果		D981	
W9023.1			有魔力的苹果	D8981.1	【联1】⑤
W9024		有魔力的蔬菜		D983	
W9025		魔树		D950	【联3】⑥
W9025.1			魔力森林	D940	
W9025.2			有魔力的树障	D945	【汉族】
W9025.3			神奇（魔力）的竹子	D950.15	
W9025.4			能神谕的树	D1311.4	
W9025.5			许愿树	D1470.1.2	【汉族、苗族】

---

① 魔物，一般与"魔法"相关联。本类型为了表述的简洁，有时采用"魔物（法）"表示。
② 【关联】❶［TPS：D1009］人特定的有魔力的肢体；❷［W9120］巫师；❸［W9148.3］祭师
③ 【关联】［W9158］催眠术
④ 【关联】❶［W3820.3.2］灵芝草治病；❷［W9078.2］魔草缚人（敌）
⑤ 【关联】［W9061.3］能产生爱的苹果
⑥ 【关联】❶［W3747.1］神奇的树；❷［W3747.1.2］会说话的树；❸［W9091.1］魔树给人供食物

W 编码	母题描述			参照项	
	一级母题	二级母题	三级母题	汤普森	关联项
W9025.6			魔树治病	D1500.1.3	【汉族】
W9025.7			能治病的树叶	D1500.1.5	【德昂族】
W9025.8			魔树的树干能自己张开	D1556	
W9025.9			树被砍倒后复原	D1602.2	【汉族】
W9025.10			青蛙使砍倒的树复原		【普米族】
W9025.11			魔树结果无穷	D1668	
W9026		有魔力的其他植物			【联1】①
W9026.1			有魔力的谷物	D973	
❊ **W9027**	有魔力的特定部位（肢体）				【联2】②
W9028		有魔力的头			
W9028.1			动物的有魔力的头颅	D1011	【哈尼族、佤族】
W9029		有魔力的眼睛		≈D1820	【联2】③
W9029.1			魔眼视千里（千里眼）	D1825.2	【联1】④
W9030		有魔力的耳朵			
W9030.1			动物的有魔力的耳朵	D1011.2	【汉族】
W9031		有魔力的牙齿		D1009.2	
W9032		有魔力的内脏			
W9032.1			动物有魔力的内脏	D1015	【哈民族】
W9032.2			龙的有魔力的心脏	D1015.1.2	【苗族】
W9033		有魔力的乳房		D1009.3	【珞巴族、满族】
W9034		有魔力的毛			
W9034.1			动物有魔力的毛	D1023	
W9034.2			鸟有魔力的羽毛	D1021	
W9035		与有魔力的特定部位（肢体）有关的母题			
W9035.1			有魔力的粪便		【民族，联1】⑤

① 【关联】［W9090.4］魔力植物变出宝物
② 【关联】❶［TPS：D1009］人特定的有魔力的肢体；❷［TPS：D1010］动物特定的有魔力的肢体
③ 【关联】❶［W9048.2］魔力眼睛的获得；❷［W9097.2］魔力视力的消失
④ 【关联】［W2917］有特殊能力的人
⑤ 【民族】高山族。【关联】［TPS：D1026］动物的有魔力的粪便

W 编码	母题描述			参照项	
	一级母题	二级母题	三级母题	汤普森	关联项
W9035.2			有魔力的血液		【联 1】①
W9035.3			有魔力的翅膀		【联 1】②
◎	〖其他有魔力的物〗				
W9036	魔力数字				【联 1】③
W9036.1		3 是魔力数字		D1273.1.1	【汉族】
W9036.2		4 是魔力数字		D1273.1.2	
W9036.3		5 是魔力数字		D1273.1.2.1	
W9036.4		6 是魔力数字			
W9036.5		7 是魔力数字		D1273.1.3	【朝鲜族】
W9036.6		9 是魔力数字		D1273.1.3.1	【汉族、藏族】
W9036.7		10 是魔力数字		D1273.1.4	
W9036.8		其他魔力数字		D1273.1.7	【例 1】④
W9037	魔力颜色			D1293	【联 2】⑤
W9037.1		红色具有魔力		D1293.1	【珞巴族、藏族】
W9037.2		绿色具有魔力		D1293.2	
W9037.3		白色具有魔力		D1293.3	【汉族】
W9037.4		黑色具有魔力		D1293.4	
W9037.5		与魔力颜色有关的其他母题			
W9038	其他魔物⑥			D800	【联 3】⑦
W9038.1		魔棒		D1094	【汉族】
W9038.2		魔鞭		D1208	【联 2】⑧
W9038.3		魔城		D1131	【民族，联 1】⑨
W9038.4		魔船		D1121	【联 1】⑩
W9038.5		魔床		D1154.1	
W9038.6		魔袋		D1193	【联 1】⑪

---

① 【关联】［TPS：D1016］动物的有魔力的血液
② 【关联】［TPS：D1022］鸟的有魔力的翅膀
③ 【关联】［W6445］数字崇拜
④ 【引例】3、5、7、9 等数字具有魔力【满族】
⑤ 【关联】❶［W6440］颜色崇拜；❷［W6543］颜色禁忌
⑥ 其他魔物，这里主要指"有魔力的"或"神奇的"无生命物或自然物。有时"宝物"母题类型中的"宝物"也具有魔力。但侧重点不同。具体情况参见《中国神话母题 W9 编目实例》。
⑦ 【关联】❶［W9650］宝物；❷［W1618.3］太阳具有魔力；❸［W1769.4］星星具有魔力
⑧ 【关联】❶［W9687.2］赶山鞭；❷［W9065.1］魔鞭策人
⑨ 【民族】汉族。【关联】［W5249.2］奇特的城池
⑩ 【关联】［W9038.31.4］魔石当船
⑪ 【关联】［W9091.3］魔袋生食物

W 编码	母题描述			参照项	
	一级母题	二级母题	三级母题	汤普森	关联项
W9038.7		魔灯			【汉族】
W9038.8		魔符			【汉族】
W9038.8.1			护身符		【汉族、蒙古族】
W9038.9		魔斧		D1206	
W9038.9.1			自动砍树的魔斧	D1601.14	
W9038.9.2			魔斧砍掉敌人的头颅	D1601.14.3	
W9038.10		魔鼓		D1211	【民族，联 2】①
W9038.11		魔罐（碗、杯）		D1171.1	【联 1】②
W9038.11.1			魔（宝）碗中的东西取之不尽	D1652.5.6	【汉族、满族】
W9038.12		魔盒		D1174	【联 2】③
W9038.12.1			许愿盒	D1470.1.20	
W9038.13		魔戒（魔力指环）		D1076	
W9038.13.1			戴魔戒可隐身		【汉族】
W9038.14		魔镜		D1163	【汉族】
W9038.15		魔篮		D1171.11	【联 1】④
W9038.15.1			魔篮中的东西取之不尽	D1652.5.8	
W9038.16		魔力的金属		D1252	
W9038.17		魔力气味		D1295	
W9038.18		魔力饰物		①D1070 ②D1078	【联 1】⑤
W9038.19		魔力图画		D1266.2	
W9038.20		魔力文字		D1266.1	
W9038.21		魔力武器		D1080	【联 1】⑥
W9038.21.1			魔剑	D1081	【联 2】⑦
W9038.21.2			魔刀	D1083	【联 1】⑧
W9038.21.3			魔弓	D1091	【民族，联 1】⑨

---

① 【民族】满族、苗族、壮族。【关联】❶［W6274.4］其他特定的鼓的来历；❷［W0965］神鼓
② 【关联】［W9091.2］魔罐（杯）生水
③ 【关联】❶［W9682］宝箱（宝匣、宝盒）；❷［W9090.1］魔盒生钱
④ 【关联】［W9091.4］魔篮生食物
⑤ 【关联】［W6111］服饰
⑥ 【关联】［W8740］武器
⑦ 【关联】❶［W8751.3］奇特的剑；❷［W9674］宝剑
⑧ 【关联】［W0961］神刀
⑨ 【民族】汉族、壮族。【关联】［W0963.1］神弓

W 编码	母题描述			参照项	
	一级母题	二级母题	三级母题	汤普森	关联项
W9038.21.4			魔箭	D1092	【联1】①
W9038.22		魔力饮品		D1040	
W9038.23		魔力乐器		D1210	【汉族】
W9038.24		魔力之火		D1271	
W9038.25		魔铃		D1213	
W9038.26		魔卵		D1024	
W9038.27		魔桥		D1258	【民族，联1】②
W9038.28		魔泉		①D925 ②D927	【联1】③
W9038.28.1			能传神谕的泉	D1311.3	
W9038.29		魔扇		D1077	【汉族】
W9038.30		魔绳		D1272.1	【联1】④
W9038.31		魔石（山）		D931	【联2】⑤
W9038.31.1			魔力宝石	D1071	【民族，联1】⑥
W9038.31.2			能神谕的石头	D1311.16	
W9038.31.3			许愿石	D1470.1.1	【民族，联1】⑦
W9038.31.4			魔石当船	D1524.3	【联1】⑧
W9038.31.5			能开合的石（山）	D1552	【例1】⑨
W9038.31.6			会动的石（山）	D2136.1	【联1】⑩
W9038.32		魔食（有魔力的食物）		D1030	
W9038.33		魔书		D1266	【联1】⑪
W9038.34		魔梳			
W9038.34.1			催眠的梳子	D1364.9	【联1】⑫
W9038.35		魔水		①D910 ②D1242.1	【联3】⑬
W9038.35.1			神谕之河	D1311.11	

① 【关联】［W0963.2］神箭
② 【民族】鄂温克族、汉族、珞巴族。【关联】［W6226.1］神奇的桥
③ 【关联】［W1972.1］神奇的泉
④ 【关联】［W9078.1］魔绳缚人（敌）
⑤ 【关联】❶［W9079.1］魔石杀人；❷［W9337.1］魔石使人（物）复活
⑥ 【民族】汉族、藏族。【关联】［W9695.1］宝石
⑦ 【民族】汉族。【关联】［W5984.2］许愿
⑧ 【关联】［W6217.3.4］石船
⑨ 【引例】山闭合关住贪财的人【汉族、壮族】
⑩ 【关联】［W1865.6］石头会行走
⑪ 【关联】［W6795］天书
⑫ 【关联】［W9158］催眠术
⑬ 【关联】❶［W1897.1.4］忘情水；❷［W1897.3］哑水；❸［W9082.1］魔水治病

W 编码	母题描述			参照项	
	一级母题	二级母题	三级母题	汤普森	关联项
W9038.36		魔塔		D1149.2	
W9038.37		魔网		D1196	
W9038.38		魔屋		D1133	
W9038.39		魔鞋		D1065	【汉族】
W9038.40		魔药		D1241	【联1】①
W9038.40.1			有魔力的药丸	D1243	
W9038.41		魔衣		D1050	【联2】②
W9038.42		魔杖			【民族，例2】③
W9038.43		其他特定的魔物			【联1】④
✳ **W9040**	**魔物的获得**				
W9041		神授魔物		D811	【汉族】
W9042		神性人物授魔物		D812	
W9042.1			从怪物那里得到魔物	D826	【满族、蒙古族】
W9042.2			仙授魔物	D813	
W9043		从特定的人那里得到魔物			
W9043.1			从先人那里继承魔物	D816	
W9043.2			从老太太那里得到魔物	D821	【汉族】
W9043.3			从老头那里得到魔物	D822	【汉族、满族】
W9044		从动物那里得到魔物		B505	
W9044.1			特定的动物头颅中藏魔物		
W9044.2			鱼腹藏宝（魔物）	D849.5	【哈尼族】
W9045		从特定的地方得到魔物			
W9045.1			从日月星那里得到魔物	D814	
W9045.2			从另一个世界得到魔物	D859.2.1	

① 【关联】［W6244］灵丹妙药

② 【关联】❶［W9090.2］魔衣变宝；❷［W9078.3］魔衣缚人（敌）

③ 【民族】塔塔尔族。【引例】❶会飞的拐杖【高山族】；❷宝杖可使死人复活【壮族】

④ 【关联】［TPS：D926］魔井

W 编码	母题描述			参照项	
	一级母题	二级母题	三级母题	汤普森	关联项
W9045.3			从古墓中得到魔物	D841	【联1】①
W9046		获得魔物的方法			
W9046.1			感恩送魔物	D817	【汉族】
W9046.2			骗得魔物	D830	【联1】②
W9046.3			偷来魔物	①D838 ②D861	【汉族、蒙古族】
W9046.4			祈祷得魔物	D852	
W9047		获得魔物的情形			
W9047.1			魔物与英雄同时生出	D857	【联1】③
W9048		其他具体魔物的获得			
W9048.1			作为礼物的魔物	D810	
W9048.2			魔力眼睛的获得	D1821	【民族，联1】④
✿ **W9050**	魔物（法）的功能⑤				
✳ **W9051**	魔物（法）对人的作用				
W9052		魔物（法）带来健康		D1342	
W9053		魔物（法）致病		D1336	【黎族】
W9053.1			魔物（法）使人失明	D1331	【汉族】
W9053.2			魔物（法）使人失聪	D1332	
W9054		魔物（法）使人改变容貌		D1337	
W9054.1			使人变年轻的水		【汉族】
W9055		魔物（法）使人（物）形体变化		D1349	
W9055.1			魔物（法）使人临时变化	D1360	
W9055.2			魔物使人变大或变小	D1377	

① 【关联】〔W9662.5.1〕宝物埋在墓穴（墓中藏宝）
② 【关联】〔W9641〕骗术
③ 【关联】〔W0605〕文化英雄的工具（武器）
④ 【民族】珞巴族。【关联】〔W9029〕有魔力的眼睛
⑤ 魔（法）物的功能，这类母题中常常含有"魔法"的意思，有时物的本身也可以作为魔法的主体。因情况复杂，不在母题编码中单列。具体情形参见《中国神话母题 W9 编目实例》。

W 编码	母题描述			参照项	
	一级母题	二级母题	三级母题	汤普森	关联项
W9056		魔物（法）使人返老还童		D1338	【民族，联1】①
W9057		魔物（法）使人长寿		D1345	【联1】②
W9057.1			魔物（法）使人不朽（死）	D1346	
W9057.2			能使人不朽（死）的食物	D1346.3	【联2】③
W9058		魔物（法）使人变衰老		D1341	【联1】④
W9058.1			魔泉使人变老	D1341.1	【联1】⑤
W9059		魔物（法）带来技能		D1343	【民族，联1】⑥
W9060		魔物（法）改变人的性情		D1350	【联1】⑦
W9060.1			魔物（法）使人变愚蠢	D1353	
W9060.2			魔物（法）使人变得友好	D1354	【汉族】
W9060.3			魔物（法）使女人变得专横	D1359.1	
W9060.4			魔物（法）使人神采飞扬	D1359.3	
W9060.5			魔物（法）使人英勇	D1358	
W9060.6			魔物（法）使人宁静	D1351	
W9061		魔物（法）使人生爱意		①D1355 ②D1900	【联2】⑧
W9061.1			魔水导致性欲	D1355.2 1.2	
W9061.2			魔力头发导致爱	D1355.5	
W9061.3			能产生爱的苹果	D1355.7	
W9061.4			能产生爱的衣服	D1355.11	

① 【民族】汉族。【关联】［W2968.4］人的返老还童
② 【关联】［W2956］人的寿命的增加
③ 【关联】❶［W0935］不死草；❷［W0952］长生不老药
④ 【关联】［W2963］人变衰老
⑤ 【关联】［W1972.1］神奇的泉
⑥ 【民族】汉族、珞巴族。【关联】［W6007.2］技能的获得
⑦ 【关联】［W2907］人的性格特征
⑧ 【关联】❶［W7131］性爱的产生；❷［W7146］情欲的产生

W 编码	母题描述			参照项	
	一级母题	二级母题	三级母题	汤普森	关联项
W9062		魔物（法）抑制爱欲		D1356	【联1】①
W9062.1			魔石抑制肉欲	D1356.3	
W9062.2			魔物（法）使人隐形	①D1361 ②D1405	【联1】②
W9062.3			魔法可隐形		【民族，联1】③
W9063		魔物（法）导致迷幻		①D1367 ②D1368	【联3】④
W9063.1			魔物催眠	①D1364 ②D1962	【联1，例1】⑤
W9063.2			魔物使人失忆	D1365	【联1】⑥
W9063.3			魔物使人入梦	①D1366 ②D1584	【联2】⑦
W9064		魔物是特定事物（人、地点等）的保护者		D1380	
W9064.1			魔石阻洪水	D1388.2	【民族，联1】⑧
W9064.2			魔咒能防盗	D1389.2	
W9064.3			魔物护贞洁	D1387	
W9065		魔物惩罚（打击）人		D1401	
W9065.1			魔鞭策人	D1401.3	【联2】⑨
W9065.2			魔物使人失去能力	D1410	
W9066		魔物（法）助人		≈D1421	
W9066.1			魔物（法）为女子招夫	D1425	
W9066.2			魔物（法）为男子招妻	D1426	
W9066.3			魔物（法）使人涉水	D1524	
W9066.4			魔物载人飞行	D1532	【联1】⑩
W9066.5			魔物赐人好运	D1561	【联1】⑪

① 【关联】［W6513.1］禁欲
② 【关联】［W9169］隐身术
③ 【民族】畲族。【关联】［W9038.13.1］戴魔戒可以隐身
④ 【关联】❶［W9021.1］催眠的花；❷［W9038.34.1］催眠的梳子；❸［W9163］催迷术
⑤ 【关联】［W9158］催眠术。【引例】魔物（法）使人鼾声不断
⑥ 【关联】［W9159］失忆术
⑦ 【关联】❶［W9006.1］魔法使人入梦；❷［W9162］催梦术
⑧ 【民族】苗族、瑶族。【关联】［W8516］填堵洪水
⑨ 【关联】❶［W9038.2］魔鞭；❷［W9687］宝鞭
⑩ 【关联】［W9688.4.1］载人飞行的毯子
⑪ 【关联】［W9496］好运

W 编码	母题描述			参照项	
	一级母题	二级母题	三级母题	汤普森	关联项
W9066.6			魔物赐人神力	D1561.2	
❋ **W9067**	**魔物（法）对动植物的作用**				
W9068		魔物（法）导致迅速生长		D1375	【联2】①
W9068.1			魔物（法）使植物生长	D1478	【联1】②
W9069		魔物（法）控制动物			
W9069.1			魔物（法）能使动物说话	D1301	【联1】③
W9069.2			魔物（法）驯化动物	D1442	【联1】④
W9069.3			魔物（法）驱赶动物	D1443	
W9070		魔物（法）捕捉动物		D1444	【联1】⑤
W9071		魔物（法）捕杀动物		D1445	【联1】⑥
W9072		魔物（法）对动植物的其他作用			
W9072.1			魔物（法）使植物多产	≈D1347	【民族，联1】⑦
❋ **W9073**	**魔物（法）在争斗中的作用**				【联2】⑧
W9074		魔物（法）救人		D1390	【民族，联1】⑨
W9074.1			魔物救人于绝境	D1391	
W9074.2			魔物救主	D1392	
W9074.3			魔物助人逃跑	①D1393 ②D1395	【联1】⑩
W9074.4			魔物（法）使英雄摆脱磨难	D1394	【联2】⑪

① 【关联】❶［W0954.2］催生药；❷［W9174.1］催生术
② 【关联】［W9072.1］魔物（法）使植物多产
③ 【关联】［W3048.2.2］会说话的动物
④ 【关联】［W6053］驯养动物的起源
⑤ 【关联】［W6026］狩猎方法（渔猎方法）
⑥ 【关联】［W6026］狩猎方法（渔猎方法）
⑦ 【民族】珞巴族、门巴族、佤族。【关联】［W0455］丰收神（丰产神）
⑧ 【关联】❶［W8755］争战中用魔法胜敌；❷［W8776］魔物作为争战的帮助者
⑨ 【民族】蒙古族。【关联】［W8986］逃脱
⑩ 【关联】［W8986］逃脱
⑪ 【关联】❶［W0605］文化英雄的工具（武器）；❷［W8986］逃脱

W 编码	母题描述			参照项	
	一级母题	二级母题	三级母题	汤普森	关联项
W9075		靠魔物（法）征服仇敌		D1400.1	
W9075.1			靠魔力武器征服强敌	D1400.1.4	【联1】①
W9076		魔物追赶敌人		D1431	【联1】②
W9076.1			靠魔杖胜敌	D1400.1.7	【联1】③
W9076.2			魔物使武器失效	D1414	
W9077		魔物（法）使人刀枪不入		D1344	【联1】④
W9078		魔物缚人（物）		D1411	
W9078.1			魔绳缚人（敌）	D1411.1	【民族，联1】⑤
W9078.2			魔草缚人（敌）	D1413.21	
W9078.3			魔衣缚人（敌）	D1413.22	【联1】⑥
W9079		魔物（法）杀人		D1402	【联1】⑦
W9079.1			魔石杀人	D1402.21	
W9079.2			魔风杀人	D1402.26	
W9080		魔物对争斗的其他作用			
✻ **W9081**	魔物（法）对生死、疾病的作用				
W9082		魔物（法）治疗（制造）疾病		①D1500 ②≈D2161	【联1】⑧
W9082.1			魔法使疾病转移	D1500.4	【联1】⑨
W9083		魔物（法）治病			
W9083.1			魔水治病	D1500.1.18.6	【联2】⑩
W9083.2			魔物（法）治麻风病	D1502.4	
W9083.3			魔物（法）治聋哑	D1506	

---

① 【关联】［W8776］魔物作为争战的帮助者
② 【关联】［W9003］魔法是取胜的法宝
③ 【关联】［W9038.42］魔杖
④ 【关联】［W9038.8.1］护身符
⑤ 【民族】汉族。【关联】［W8977.1］靠魔法关押
⑥ 【关联】［W9038.41］魔衣
⑦ 【关联】［W9038.9.2］魔斧砍掉敌人的头颅
⑧ 【关联】［W8651］制造瘟疫（疾病）的方法
⑨ 【关联】［W8657］瘟疫（疾病）的消除
⑩ 【关联】❶［W0959.1］神水；❷［W9038.35］魔水

W 编码	母题描述			参照项	
	一级母题	二级母题	三级母题	汤普森	关联项
W9083.4			魔物（法）治失语	D1507	
W9083.5			魔物（法）治癫狂	D1508	【汉族】
W9083.6			魔物（法）解病痛	D1514	【联1】①
W9083.7			魔物（法）治昆虫叮咬	D1517	
W9084		魔物（法）疗伤		D1503	
W9084.1			魔物（法）止血	D1504	
W9085		魔物（法）疗毒		D1515	
W9086		魔法治病的方法		D2161.4	
W9086.1			魔法治病要在特定时间	D2161.6	【联1】②
W9087		魔物（法）在疾病中的其他作用			【联1】③
W9087.1			生死棒	E64.1.1	【联1】④
W9087.2			关联生死的叶子	E64.1.1.2	【哈萨克族】
✲ **W9088**	魔物（法）在变化中的作用				
W9089		魔物（法）导致物体变长或变短		D1376	
W9090		魔物（法）变出宝物			【汉族】
W9090.1			魔盒生钱	D1452	
W9090.2			魔衣变宝	D1455	
W9090.3			摇钱树	D1461	【联1，例1】⑤
W9090.4			魔力植物变出宝物	D1463	
W9090.5			魔草变宝	D1463.6	【联1】⑥
W9091		魔物（法）变出饮食		D1472	
W9091.1			魔树给人供食物	D1472.1.3	
W9091.2			魔罐（杯）产生水	D1472.1.14	【汉族】
W9091.3			魔袋产生食物	D1472.1.22	

① 【关联】［W8657］瘟疫（疾病）的消除
② 【关联】［W6544］特定时间的禁忌
③ 【关联】［W9316.2］树叶使人复活
④ 【关联】［W9038.1］魔棒
⑤ 【关联】［W9650］宝物。【引例】种出摇钱树【仡佬族】
⑥ 【关联】［W9650］宝物

W 编码	母题描述			参照项	
	一级母题	二级母题	三级母题	汤普森	关联项
W9091.4			魔篮生食物	D1472.1.23	【汉族】
W9092		魔物（法）在变化中的其他作用			
W9092.1			魔篮中出现家畜	D1477.5	【联2】①
W9092.2			魔物（法）使土地肥沃	①D1563.1 ②D2157.1	
W9092.3			魔物（法）使土地贫瘠	①D1563.2 ②D2081	
W9092.4			魔物（法）神奇的搬运	D1520	
W9092.5			魔法（物）赋予生命	D1594	【联1】②
W9092.6			魔物移障	D1562	
W9093	魔物（法）的其他功能			D1650	【联7】③
W9093.1		魔物（法）寻宝		D1450	【联1】④
W9093.2		魔物带来超凡智慧		D1300	【联1】⑤
W9093.2.1			魔水带来知识	D1310.9	【汉族、藏族】
W9093.3		魔物能预言		D1310	【联2】⑥
W9093.3.1			魔物预示未来	D1325	
W9093.4		魔物能占卜		D1311	【联1】⑦
W9093.5		魔物指路		D1313	【例1】⑧
W9093.6		魔物指点渴望之所		D1314	
W9093.7		魔物显灵示真相		D1316	
W9093.7.1			魔物揭示罪恶	D1318	
W9093.8		魔物警示（预示）危情		D1317	
W9093.8.1			魔物警示（预示）死亡	D1322	

---

① 【关联】 ❶［W3075.6］魔法造家畜；❷［W9038.15］魔篮
② 【关联】［W9300］复活
③ 【关联】 ❶［W4257.1］魔物（法）掌控自然现象；❷［W4257.4］魔物（法）掌控风暴；❸［W4308.1］魔物（法）掌控风；❹［W4368.4］魔物（法）掌控雨；❺［W8095.5.2］魔物（法）减轻灾难；❻［W8613.1］魔物（法）制造干旱；❼［W9337］魔物（法）使人（物）复活
④ 【关联】［W9650］宝物
⑤ 【关联】［W6777］智慧的获得
⑥ 【关联】 ❶［W9119.2］能预言的魔力；❷［W9251］预言者
⑦ 【关联】［W9195］用特定物（现象）占卜
⑧ 【引例】魔球为人指路【俄罗斯族】

W 编码	母题描述			参照项	
	一级母题	二级母题	三级母题	汤普森	关联项
W9093.9		魔物（法）解咒语		D1396	【联 1】①
◎	〖其他相关母题〗				
W9094	魔物的特征				
W9094.1		魔物有神速		D1521	
W9094.2		魔物能奇迹般开合		D1550	【联 1】②
W9094.3		魔物能自动返回		D1602	
W9094.4		魔物（法）劈物		D1564	
W9094.5		魔物发光		D1478	【汉族】
W9094.6		魔物用之不尽		D1652	
W9094.6.1			食之不尽的食物	D1652.1	
W9094.6.2			取之不尽的谷物	D1652.3	
W9094.6.3			取之不尽的容器	D1652.5	【民族，联 1】③
W9095	魔物的保存（保护）④			≈ D1380	
W9095.1		魔物属于唯一的主人		D1651	【联 1】⑤
W9095.2		魔物要防御遭攻击		D1381	
W9095.3		魔物要防火烧		≈ D1382	
W9095.4		魔物要防水淹		D1388	
W9095.5		魔物要防荼毒		D1383	
W9095.6		魔物要防偶发事件		≈ D1384	【例 1】⑥
W9095.7		魔物要防恶魔（灵）		D1384	【联 1】⑦
W9095.8		魔物要防不善求爱者		D1386	
W9096	魔物的毁坏			D866	
W9096.1		魔物的魔力的丧失		D877	【例 1】⑧
W9097	魔物的消失			D867	

① 【关联】［W9175］咒语
② 【关联】［W9038.31.5］能开合的山（岩石）
③ 【民族】汉族。【关联】［W9650］宝物
④ 魔物的保存（保护），汤普森在该类母题的表述中缺少具体语境，但我们并不能排除魔物具有此功能的意思，如"魔物要防御遭攻击"，也可能含有"魔物可以防御遭攻击"之意。此处列举汤普森母题的对照项，仅供参考。中国神话该母题的例证参见《中国神话母题 W9 编目实例》。
⑤ 【关联】［W6976.1.2］只有它的主人能拉开的弓
⑥ 【引例】魔物被人窥视真象后会失去魔力【汉族】
⑦ 【关联】［W0912.2.3］魔法防鬼魂
⑧ 【引例】魔物沾上狗血后失去魔力【汉族】

W 编码	母题描述			参照项	
	一级母题	二级母题	三级母题	汤普森	关联项
W9097.1		魔物（法）的消失		D2188	
W9097.2		魔力视力的消失		D1822	【例1】①
W9098	魔物的返回			D868	
W9098.1		魔物失而复得		D880	【蒙古族】
W9098.2		魔物被再次偷回		D882	【联1】②
W9099	与魔物有关的其他母题				
W9099.1		魔物的交换		D871	
W9099.2		假的魔物		K110	

9.1.3 魔力【W9100 ~ W9119】

W 编码	母题描述			参照项	
	一级母题	二级母题	三级母题	汤普森	关联项
✿ **W9100**	魔力			①D1700 ②D1830	【联1】③
W9101		特定的人有魔力			【联3】④
W9101.1			童孩有魔力	D1717	
W9102		特定的场所有魔力		D1718	
W9103		特定的时间有魔力		D1719.9	【联1】⑤
W9104		魔力的其他所有者		D1710	
✳ **W9105**	魔力的获得			①D1720 ②D1740 ③D1846	
W9106		从特定的人物那里获得魔力			
W9106.1			从神那里得到魔力	D1726	
W9106.2			巫师授予魔力	D1721	
W9106.3			从魔鬼那里得到魔力	D1835.6	【汉族】
W9106.4			圣人授予魔力	D1722	
W9106.5			仙人授予魔力	D1723	【汉族、满族】

---

① 【引例】阿巴达尼（珞巴族祖先）丢掉脑后的两只眼睛后失去辨别鬼神的视力【珞巴族】
② 【关联】［W9046.3］偷来魔物
③ 【关联】［W9002］魔法的作用
④ 【关联】❶［W9106.2］巫师授予魔力；❷［W9120］巫师；❸［W9412］巫师具有法力
⑤ 【关联】［W6544］特定时间的禁忌

W 编码	母题描述			参照项	
	一级母题	二级母题	三级母题	汤普森	关联项
W9106.6			从死者那里得到魔力	D1724	【例1】①
W9106.7			从动物那里获得魔力	D1834	【珞巴族】
W9106.8			从植物那里获得魔力		
W9106.9			从无生命物那里获得魔力		【民族，联1】②
W9106.10			从超凡族群那里得到魔力	D1728	
W9107		求愿得魔力		①D1720.1 ②D1761	
W9108		通过宗教仪式获得魔力		D1766	【联1】③
W9109		魔力梦授		D1731	
W9110		魔力由继承获得		D1737	【联1】④
W9111		接触特定物产生魔力		≈D1778	
W9111.1			接触地面获得魔力	D1833	
W9111.2			接触水获得魔力		【联1，例1】⑤
W9112		交感产生魔力		D1782	【联1，例1】⑥
W9113		魔力的其他获得方法		D1835	
W9113.1			洗浴产生魔力	D1788	
W9113.2			通过咒语获得魔力	D1792	【联2】⑦
W9113.3			通过饮食获得魔力	D1793	【民族，联1】⑧
✳ **W9114**	魔力的变化				
W9115		魔力的增大			【联1】⑨
W9115.1			魔力晚上增大	D1836.3	
W9115.2			接触特定物后魔力增大		【联2】⑩

① 【引例】通过放毒得到被毒死者灵魂的魔力【珞巴族、苗族、彝族】
② 【民族】苗族、佤族。【关联】［W9038］其他魔物（含自然物）
③ 【关联】［W6457］宗教仪式
④ 【关联】［W9128.2］巫师是世袭的
⑤ 【关联】［W9038.35］魔水。【引例】雷公接触水后获得力量从笼中逃脱【汉族、壮族】
⑥ 【关联】［W9956］感应。【引例】播种时通过男女交合产生使作物生长的魔力【汉族、佤族】
⑦ 【关联】❶［W9175］咒语；❷［W9119.1］魔力的语言
⑧ 【民族】珞巴族。【关联】［W9038.32］魔食（有魔力的食物）
⑨ 【关联】［W8877.3］雷公喝水获得魔力逃脱
⑩ 【关联】❶［W8868.3］被捉的妖魔得到特定的物后逃脱；❷［W8877.3］雷公喝水获得魔力后逃脱

W 编码	母题描述			参照项	
	一级母题	二级母题	三级母题	汤普森	关联项
W9116		魔力的变小（衰弱）		D1837	【侗族、壮族】
W9116.1			魔力在特定场所变小	D1836.2	
W9117		魔力的转移			
W9118		魔力的丧失		①D1740 ②D1475	
W9118.1			睡眠失魔力	D1740.1	
W9118.2			流血失魔力	D1740.2	
W9118.3			乱伦失魔力	D1740.6	
W9118.4			水冲消除魔力		
W9118.5			火烧消除魔力		
W9118.6			击打消除魔力		
W9118.7			遇到特定的物失去魔力		【联1】①
W9118.8			与魔力的丧失有关的其他母题		【联1，例1】②
W9118.9			各种具体魔力的丧失		
W9119	与魔力有关的其他母题				【联1】③
W9119.1		魔力的语言			【联1】④
W9119.1.1			垂死者的魔力语言	D1715	
W9119.2		能预言的魔力		D1812	【联1】⑤
W9119.3		破坏性的魔力		D2050	
W9119.3.1			魔力致伤残	D2062	
W9119.3.2			魔力致病	D2064	【联1】⑥
W9119.4		战无不胜的魔力		D1840	
W9119.5		魔力使体型增大		≈D2038	
W9119.6		靠魔力（法）致富		①D2080 ②D2100	
W9119.7		靠魔力（法）行窃		D2087	

① 【关联】［TPS：D1837.5］蛇遇孕妇失魔力
② 【关联】［W9142.2］巫师魔力的失去。【引例】拔掉有魔力的3根头发后魔力丧失【汉族】
③ 【关联】［W8977.1］靠魔法关押
④ 【关联】［W9175］咒语
⑤ 【关联】［W9093.3］魔物能预言
⑥ 【关联】［W8640］瘟疫的产生（疾病的产生）

W 编码	母题描述			参照项	
	一级母题	二级母题	三级母题	汤普森	关联项
W9119.8		靠魔力（法）开锁		D2088	
W9119.9		魔力的附着物		D2171	
W9119.9.1			魔力附着于动物	D2171.3	【联1】①

9.1.4 巫师② 【W9120 ~ W9149】

W 编码	母题描述			参照项	
	一级母题	二级母题	三级母题	汤普森	关联项
✿ W9120	巫师			①≈A499.4 ②D1711 ③G200	【联1】③
✳ W9121	巫师的产生			G203	【联1】④
W9122		巫师来源于特定的地方			
W9123		巫师由特定的婚姻产生			
W9123.1			巫师是人与仙的孩子	≈G203.1	
W9124		神是巫师		≈D1711.6	
W9125		神性人物是巫师			
W9125.1			文化英雄是巫师	A527.3	【联1】⑤
W9125.2			巨人是巫师	F531.6.5	
W9126		特定的人是巫师			【联1】⑥
W9126.1			国王是巫师	D1711.7	
W9126.2			强壮的人是巫师	D1711.8	
W9126.3			酋长是巫师		【联1】⑦
W9126.4			生大病的人成为巫师		【满族、蒙古族】

---

① 【关联】［W9016］有魔力的动物

② 巫师，"巫师"可以看作是民间从事神职的人员的统称。远古时代的巫师能通神，既可以与鬼神通话，也能够预知吉凶祸福，除灾祛病；还掌握征兆、占卜、召魂、驱鬼等巫术。在特定场合下充当着神的代言人的角色。在汉文文献中一般女称巫，男称觋。而在具体行使职能过程中情况非常复杂，远古时代的巫师往往兼有酋长、祭师、歌师、治病者等身份。在不同民族民间叙事中又有多种不同的名称或汉语音译名称，如达斡尔族、鄂伦春族、鄂温克族、哈萨克族、满族、蒙古族、苗族、锡伯族等称民间巫师为"萨满"（"珊蛮"、"嚓玛"），侗族称巫师为"鬼师"，哈尼族称巫师为"贝玛"，珞巴族称巫师为"纽布"，门巴族称巫师为"登龙坎"，苗族巫师有"蛊婆"、"无常"、"道师"等多种称谓，纳西族称巫师为"东巴"，普米族巫师为"韩规"、"丁巴"；羌族巫师为"释比"，彝族称巫师为"毕摩"，壮族称巫师为"禁"、"末"或"贯"，等等。本编目对这些不同的名称不做一一列举。

③ 【关联】［W6455］宗教神职人员

④ 【关联】［W9146.1］萨满的产生

⑤ 【关联】［W0560］文化英雄

⑥ 【关联】［W5064.3］首领是巫师

⑦ 【关联】［W5064］首领有特定身份

W 编码	母题描述			参照项	
	一级母题	二级母题	三级母题	汤普森	关联项
W9127		动物是巫师		B191	【例3】①
W9127.1			龙王施巫术		【汉族】
W9127.2			鸟为巫师之祖		【汉族】
W9127.3			水鸟作巫师		【珞巴族】
W9128		与巫师的产生有关的其他母题			【例2】②
W9128.1			太阳是巫师	D1711.3	
W9128.2			巫师是世袭的		
✳ **W9129**	巫师的特征③			G220	
W9130		男巫师		G207	【例2】④
W9131		女巫师（巫婆）		A499.4.1	【例4】⑤
W9131.1			独眼女巫	G213.1	
W9131.2			巫婆是老仙女		【俄罗斯族】
W9132		巫师的体征			
W9132.1			巫师有动物的形体	G211	【联1，例3】⑥
W9132.2			巫师有不一般的头	G215	
W9132.3			巫师有非凡的眼睛	G213	【例1】⑦
W9133		巫师的服饰			
W9133.1			巫师穿裙子的来历		【普米族】
W9133.2			巫师的面具		
W9134		巫师的食物			
W9134.1			巫师吃人	G11.3	
W9134.2			巫师食铁		【例2】⑧
W9135		巫师的居所		G230	
W9136		巫师的坐骑		G241	
W9136.1			巫师骑着不一般的动物	G241.1	

① 【引例】❶巫师果子狸【珞巴族】；❷巫师黄鼠狼【珞巴族】；❸巫师啄木鸟【珞巴族】

② 【引例】❶阴传巫师【苗族】；❷阳传巫师【苗族】

③ 巫师的特征，本类型母题中的"巫师"在汤普森的《民间文学母题索引》中一般表述为"女巫"。在中国神话中巫师的范围较广。凡关于汤普森母题索引中的代码为"G"的母题多特指"女巫"，在本书 W 母题编目的对照中不再一一标出。

④ 【引例】❶黄帝是能作法的巫师【汉族】；❷蚩尤是能作法的巫师【汉族】

⑤ 【引例】❶女巫一日三变，早午晚分别是老头、老太和小姑娘【傈僳族】；❷布纽（珞巴语，巫师，一般为女性）【珞巴族；】❸会放蛊的女巫【壮族】；❹邪恶的女巫【羌族】

⑥ 【关联】［W9146.2.1］萨满人身鸟翅。【引例】❶女巫的肚子里长毛【壮族】；❷巫师呈现出猫的形体；❸巫师呈现出狐狸的形体

⑦ 【引例】阿巴达尼（珞巴族祖先，会巫术，兼有巫师身份）脑后有两只能识别鬼神的眼睛【珞巴族】

⑧ 【引例】❶女巫以铁为粮【傈僳族】；❷蚩尤吃沙【汉族】

W 编码	母题描述			参照项	
	一级母题	二级母题	三级母题	汤普森	关联项
W9137		巫师的习性		G240	
W9138		与巫师的特征有关的其他母题			【例1】①
W9138.1			巫师的舞蹈②	G247	【民族】③
✳ **W9139**	巫师的能力				
W9140		巫师能变形			
W9140.1			巫师变动物		【例2】④
W9140.2			巫师能隐身	G210.0.1	
W9141		巫师能发光		G222	【联1】⑤
W9142		巫师具有法力			
W9142.1			巫师魔力的来源	G224	
W9142.2			巫师魔力的失去	G273	
W9142.3			巫师呼风唤雨		【民族，联2】⑥
W9142.4			巫师治病		【例1】⑦
W9143		巫师能通鬼神		G225	
W9143.1			巫师游魂离体	G229.1	
W9144		与巫师的能力有关的其他母题			【联3】⑧
W9144.1			巫师能上天		【汉族、珞巴族】
W9144.2			巫师空中飞行	G242	
W9144.3			巫师能入地		【民族，例1】⑨
W9144.4			巫师能咏唱		【民族，联1】⑩
W9144.5			巫师善射		【珞巴族】
W9144.6			巫师行恶事	G260	
W9144.7			巫师是神的监督者		【傈僳族】
W9144.8			巫师把鬼作为奴仆		【珞巴族】
W9145	与巫师有关的其他母题				

① 【引例】巫师有透视的眼【傈僳族】
② 巫师的舞蹈，民间常称作"跳神"、"跳大神"等。
③ 【民族】达斡尔族、汉族、满族、蒙古族、苗族、锡伯族
④ 【引例】❶巫师在火中变蛇【珞巴族】；❷巫师变成老鹰【珞巴族】
⑤ 【关联】［W2803］以前的人会发光
⑥ 【民族】汉族。【关联】❶［W4277.2］巫师造风；❷［W4320.3］巫师造风暴
⑦ 【引例】贝玛给人们驱鬼治病【哈尼族】
⑧ 【关联】❶［W4257.3］巫师控制天气；❷［W6507.5.3］自罚求雨（暴巫求雨）；❸［W9314.1］巫师使人复活
⑨ 【民族】珞巴族、苗族、纳西族。【引例】巫师入地狱招魂【满族】
⑩ 【民族】汉族、珞巴族、满族、苗族、壮族。【关联】［W6765.3］经诗

W 编码	母题描述			参照项	
	一级母题	二级母题	三级母题	汤普森	关联项
◎	〖其他神职人员〗				
W9146	萨满				
W9146.1		萨满的产生			
W9146.1.1			神造萨满		【例1】①
W9146.1.2			神生萨满		【例1】②
W9146.1.3			人鹰婚生萨满		【例1】③
W9146.1.4			感生萨满		【例1】④
W9146.1.5			石蛋生女萨满		【满族】
W9146.1.6			灵魂化为萨满		【例1】⑤
W9146.1.7			特定的人成为萨满		【例3】⑥
W9146.1.8			与萨满的产生有关的其他母题		【例1】⑦
W9146.2		萨满的外形			
W9146.2.1			萨满人身鸟翅		【满族】
W9146.3		萨满的打扮			【鄂伦春族】
W9146.4		萨满的居所			【鄂温克族】
W9146.4.1			萨满住太阳出来的地方		【鄂温克族】
W9146.5		萨满的出行			【例1】⑧
W9146.6		萨满的用具			
W9146.6.1			萨满的神鼓		【民族，联1】⑨
W9146.6.2			萨满的铜镜		
W9146.7		萨满的灵魂			
W9146.7.1			萨满的灵魂是蛇		【鄂温克族】
W9146.7.2			萨满的灵魂能上天		【鄂伦春族】
W9146.8		萨满的本领			
W9146.8.1			萨满会变形		【满族】
W9146.8.2			萨满预知未来		【满族】

① 【引例】天神为降妖创造萨满【满族】
② 【引例】萨满是神鹫的后裔【鄂温克族】
③ 【引例】鹰与部落首领结婚生萨满【蒙古族】
④ 【引例】梦感喜鹊生萨满【满族】
⑤ 【引例】鹰魂化了女萨满【满族】
⑥ 【引例】❶人在锅中烹煮后成为萨满【赫哲族】；❷不死的弃婴成为萨满【赫哲族】；❸特定的人修炼成为萨满【满族】
⑦ 【引例】神定萨满【鄂伦春族】
⑧ 【引例】萨满的骑大鼓飞行【鄂温克族】
⑨ 【民族】鄂温克族。【关联】［W0965］神鼓

W 编码	母题描述			参照项	
	一级母题	二级母题	三级母题	汤普森	关联项
W9146.8.3			萨满能过阴招魂		【例1】①
W9146.8.4			萨满驱魔		【例1】②
W9146.8.5			萨满治病		【赫哲族】
W9146.9		与萨满有关的其他母题			
W9146.9.1			最早的女萨满		【民族，例1】③
W9146.9.2			男萨满		【满族】
W9146.9.3			萨满是人类的始母神		【满族】
W9146.9.4			萨满的助手		【例2】④
W9146.9.5			神鹰抚育萨满		【满族】
W9146.9.6			萨满被杀		【鄂伦春族】
W9147	毕摩⑤				
W9147.1		毕摩原来在天上			【彝族】
W9147.2		魂是毕摩的父母			【彝族】
W9147.3		水生毕摩的始祖			【民族，联1】⑥
W9148	与巫师有关的其他母题			G299	【例1】⑦
W9148.1		巫师的家庭		D1711.11	
W9148.2		巫师的死亡		G278	
W9148.3		祭师			【汉族、苗族】

9.1.5　巫术⑧【W9150～W9189】

W 编码	母题描述			参照项	
	一级母题	二级母题	三级母题	汤普森	关联项
✿ **W9150**	巫术				

---

① 【引例】萨满从阎王处招魂【鄂伦春族】
② 【引例】萨满跳神驱魔【赫哲族】
③ 【民族】鄂温克族。【引例】第一个女萨满是天母派下的鹰首女侍从【满族】
④ 【引例】❶仙鹤是萨满的助手【鄂温克族】；❷狐仙帮助萨满【满族】
⑤ 毕摩，主要指彝族神职人员，不同地区或不同彝族支系的神话中又译为"贝玛"、"布摩"、"呗耄"等。
⑥ 【民族】彝族。【关联】〔W2208〕水生人
⑦ 【引例】神给人祖贝玛的封号【哈尼族】
⑧ 巫术，在神话叙事中并不是一个界定非常明确的概念。有时与"魔法"、"法术"混淆。(1)"巫术"与"魔法"，可以看成是一个事情的两个方面。在此单列出来，纯粹是从叙事分析角度设立的类型，以利于神话叙事中的分析。具体情况参见《中国神话母题W9编目实例》。(2)"巫术"与"法术"，巫术是原始社会的一种非常普遍的信仰，一般指利用想象中的"超自然的力量"实现某种愿望的法术，很大程度上与后来的天文、历算、宗教的起源有密切联系；法术，一般指方术之士所采用的画符、念咒等手段对特定的对象所施加的仪式，也可以指神仙、道人等呼风唤雨、驱邪除病等手段。

W 编码	母题描述			参照项	
	一级母题	二级母题	三级母题	汤普森	关联项
W9151	巫术的产生				
W9151.1		文化始祖创巫术			
W9151.1.1			轩辕创秘术		【汉族】
W9151.2		巫术源于神仙点化			【蒙古族】
W9151.2.1			巫术世袭		【黎族】
W9151.3		巫师念咒祈祷驱鬼产生了巫术			【珞巴族】
W9151.3.1			放蛊的来历		【珞巴族】
W9151.4		与巫术的产生有关的其他母题			
W9151.4.1			巫术表演者		【例1】①
✳ **W9152**	巫术的作用				
W9153		通过巫术上天			【汉族】
W9154		通过巫术消灾去祸			
W9154.1			用巫术禳除不祥之兆		
W9154.2			狗血涂门避祸殃		【汉族】
W9154.3			真人能驱神		【联1】②
W9154.4			巫术祛病		【联1】③
W9155		通过巫术造物			【例1】④
W9155.1			画地为房		【藏族】
W9156		巫术能兴风作浪			【民族，联2】⑤
W9157		与巫术的作用有关的其他母题			【联2】⑥
W9157.1			通过巫术可以潜入油锅		【珞巴族】
◎	〖各类巫术〗				
W9158		催眠术			【联4】⑦
W9158.1			长睡不醒	D1960	

---

① 【引例】风后演秘术 【汉族】
② 【关联】［W0912］驱鬼
③ 【关联】［W9187.2］咒语祛病
④ 【引例】扎的草龙成活 【蒙古族】
⑤ 【民族】纳西族。【关联】❶［W4340.4］巫师行云播雨；❷［W9187.8.1］咒语能兴风
⑥ 【关联】❶［W6507］祭祀求雨；❷［W9009］魔法造兵
⑦ 【关联】❶［W9021.1］催眠的花；❷［W9038.34.1］催眠的梳子；❸［W9063.1］魔物催眠；❹［W9642］通过催眠行骗

W 编码	母题描述			参照项	
	一级母题	二级母题	三级母题	汤普森	关联项
W9158.2			咒语催眠	D1962.1	【联2】①
W9158.3			暗示催眠	D1962.4	
W9158.4			讲唱催眠	D1962.4.1	
W9158.5			其他催眠方法		
W9159		失忆术		D2000	【联2】②
W9159.1			遗忘未婚妻	D2003	【联2】③
W9159.2			记忆的恢复	D2006	
W9160		失语术		D2020	【联1】④
W9161		复原术			
W9161.1			说话的恢复	D2025	
W9162		催梦术			【民族，联1】⑤
W9162.1			魔物催梦		
W9163		催迷术		D2031	【联1】⑥
W9163.1			巫术能让生者与死者相见		【汉族】
W9164		致病术			【黎族】
W9165		祛病术			【民族，联1】⑦
W9165.1			消除疾病的巫术		【例1】⑧
W9166		驱邪术			
W9166.1			驱鬼术	①D2176.3 ②E437	【民族，联2，例4】⑨
W9166.2			桃枝驱邪的来历		【仫佬族】
W9166.3			特定的树可以阻挡鬼		【民族，联1】⑩
W9167		祈福术			
W9168		消灾术			【联1】⑪
W9168.1			消除天灾的巫术		
W9169		隐身术		①D1980 ②D2095	【联1】⑫

① 【关联】❶［W9119.1］魔力的语言；❷［W9175］咒语
② 【关联】❶［W9063.2］魔物使人失忆；❷［W9187.10］使人遗忘的咒语
③ 【关联】❶［W7029］妻子；❷［W7188］恋人
④ 【关联】［W9187.11］使人失语的咒语
⑤ 【民族】汉族。【关联】［W9162.1］魔物催梦
⑥ 【关联】［W9063］魔物（法）导致迷幻
⑦ 【民族】珞巴族。【关联】［W9154.4］巫术治病
⑧ 【引例】患者请人骂龙消除生疮【傈僳族】
⑨ 【民族】汉族。【关联】❶［W0912］驱鬼；❷［W6459.2］宗教仪式驱逐恶灵。【引例】❶刻木（塑像）驱鬼【汉族】；❷烧沾血的衣服驱鬼【珞巴族】；❸杀图腾驱鬼【珞巴族】；❹生姜避魔【珞巴族】
⑩ 【民族】哈尼族。【关联】［W0870］灵魂（鬼）
⑪ 【关联】［W9187.5］咒语消灾
⑫ 【关联】［W9062.2］魔物（法）使人隐形

W 编码	母题描述			参照项	
	一级母题	二级母题	三级母题	汤普森	关联项
W9169.1			神赐予隐身术	D1983.1	
W9170		癫狂术		D2065	
W9171		蛊惑术		D2070	【联2】①
W9172		招魂术		F404	【民族，联1，例1】②
W9173		其他常见的巫术			【联1】③
W9173.1			定身术		【例1】④
W9173.2			放毒		【民族】⑤
W9174	与巫术有关的其他母题				
W9174.1		催生术			【联1】⑥
✿ **W9175**	咒语⑦			M400	
W9176	咒语的产生				
W9176.1		天神传咒语			【满族】
W9176.2		母亲教咒语			【阿昌族】
W9177	诅咒的时间			M412	
W9178	诅咒的地点			M413	
W9179	咒语的实施者				【联1】⑧
❋ **W9180**	咒语的对象				
W9181		作用于人的咒语		M430	
W9181.1			作用于家庭的咒语	M460	
W9182		作用于动物的咒语		≈ M470	
W9183		作用于植物的咒语			【联3】⑨
W9184		其他类型的咒语		M490	
W9184.1			作用于神的咒语		
W9184.2			作用于无生命物或自然物的咒语		
◎	〖其他相关母题〗				
W9185	咒语的内容			≈ M410	
W9185.1			死亡咒语	M451	【俄罗斯族】

① 【关联】❶［W8655.1］放蛊；❷［W9173.2］放毒
② 【民族】达斡尔族、鄂伦春族、满族、苗族。【关联】［W9146.8.3］萨满能过阴招魂。【引例】叫谷魂后谷子飞出粮仓【基诺族】
③ 【关联】［W9292］托梦
④ 【引例】神用定身术惩罚妖魔【水族】
⑤ 【民族】汉族、珞巴族、门巴族、佤族、彝族
⑥ 【关联】［W0954.2］催生药
⑦ 咒语，根据神话叙事主体和细节的不同，本类母题中的"咒语"也可以视为"诅咒"。
⑧ 【关联】［W9120］巫师
⑨ 【关联】❶［TPS：M474］作用于土地的咒语；❷［TPS：M476］作用于河流的咒语；❸［TPS：M477］作用于湖泊的咒语

W 编码	母题描述			参照项	
	一级母题	二级母题	三级母题	汤普森	关联项
W9186	诅咒的方法			M418	
W9187	咒语的作用				【联3】①
W9187.1		咒语使人得病		D2064.5	
W9187.1.1			咒语使人生疮		【汉族、珞巴族】
W9187.1.2			咒语使身体受伤	M431	
W9187.1.3			咒语使人久伤不愈	M431.5	
W9187.1.4			咒语控制头疼	D1502.1.1	【汉族】
W9187.2		咒语祛病		D1500.2.2	【联1】②
W9187.3		咒语驱魔·（鬼）			【联1】③
W9187.3.1			巫师咒语驱魔	G271	
W9187.4		咒语使灵魂安息		E443	【联1】④
W9187.5		咒语消灾			
W9187.6		念咒语会捉到更多野物			【独龙族、基诺族】
W9187.7		咒语使分娩容易		D1501.2	
W9187.8		咒语掌控风暴		D1541.0.1	
W9187.8.1			咒语能兴风		【纳西族】
W9187.9		咒语开门		D1557	
W9187.10		使人遗忘的咒语		D2004.1	
W9187.11		使人失语的咒语		D2021.1	【联1】⑤
W9188	与咒语有关的其他母题				
W9188.1		口诀			【例1】⑥
W9188.2		咒语的应验			【柯尔克孜族】
W9188.2.1			咒语显灵	D1577	【汉族】
W9188.2.2			咒语失灵		
W9188.3		咒语的破除			

① 【关联】❶［W0898.6］咒语使灵魂（鬼魂）显现；❷［W9093.9］魔物（法）解咒语；❸［W9325.2］咒语使人复活
② 【关联】［W9154.4］巫术祛病
③ 【关联】［W0912］驱鬼
④ 【关联】［W0910.5］游魂安息
⑤ 【关联】［W9159］失忆术
⑥ 【引例】布批念诵开天辟地的神灵、祖先之名，可以战胜敌人、避邪免灾【佤族】

9.1.6 占卜【W9190 ~ W9199】

W 编码	母题描述			参照项	
	一级母题	二级母题	三级母题	汤普森	关联项
W9190	占卜的产生				
W9190.1		神或神性人物传授占卜			【联1】①
W9190.1.1			天神传占卜方法		【纳西族】
W9190.1.2			女娲传授占卜		【汉族】
W9190.2		母亲教占卜			【阿昌族】
W9190.3		巫师教占卜			
W9190.4		从特定的物中学会占卜			【例1】②
W9191	占卜者（占卜师）			①D1712 ②P427	【联1，例1】③
W9191.1		巫师是占卜者			【联1】④
W9191.2		占星者		①D1712.0.1 ②P481	【联1】⑤
W9191.3		盲人作为占卜者		D1712.2	【汉族】
W9191.4		与占卜者有关的其他母题			
❊ **W9192**	**占卜的方法**				
W9193	用动物占卜				
W9193.1		用羊占卜			
W9193.1.1			用羊骨占卜		【纳西族】
W9193.2		用鸟占卜			【例1】⑥
W9193.3		用鸡占卜			
W9193.3.1			用鸡骨占卜		【哈尼族】
W9193.3.2			用鸡头占卜		【哈尼族、汉族】
W9193.3.3			用鸡冠占卜		【珞巴族】
W9193.3.4			用鸡蛋占卜		【赫哲族、珞巴族】
W9193.3.5			用鸡肝占卜		【例2】⑦
W9193.4		用鱼占卜			

---

① 【关联】［W6796.1］鸟从天神那里要来卜书

② 【引例】从铜鼓的花纹算中学会占卜【壮族】

③ 【关联】［W0490.1］占卜神。【引例】太阳、月亮传授祖先杀鸡卜鸡肝卦识别乌佑、祭神跳鬼、祛灾招益的本领后有了米剂（占卜师）【珞巴族】

④ 【关联】［W9120］巫师

⑤ 【关联】［W9195.2］星占

⑥ 【引例】让百诺鸟卜卦【珞巴族】

⑦ 【引例】❶杀鸡看肝占卜【哈尼族】；❷日月教人杀鸡看肝占卜【珞巴族】

W 编码	母题描述			参照项	
	一级母题	二级母题	三级母题	汤普森	关联项
W9193.4.1			用鱼骨占卜		【例1】①
W9193.4.2			用鱼眼占卜		
W9193.5		用贝壳占卜			【纳西族】
W9193.6		用其他动物占卜			
W9193.6.1			熊能卜算未来		【达斡尔族】
W9193.6.2			龟甲占卜		【汉族】
W9193.7		与用动物占卜有关的其他母题			
W9193.7.1			用动物特定部位的占卜②		
W9193.7.2			用动物内脏占卜		【例2】③
W9193.7.3			用动物特定部位的骨头占卜		【联1，例1】④
W9193.7.4			用动物的印迹占卜		
W9193.7.5			用动物的行为占卜		【汉族】
W9194	用植物占卜			D1311.13	
W9194.1		树叶占卜			
W9194.1.1			桑树叶占卜		【傈僳族】
W9194.2		竹占			【傈僳族】
W9194.3		草占			
W9194.3.1			蒿草占卜		【赫哲族】
W9194.4		用果实占卜			【汉族】
W9195	用自然物（特定物）占卜				【联2，例4】⑤
W9195.1		月亮占卜			【鄂伦春族】
W9195.2		星占		D1311.6.4	【联1】⑥
W9195.2.1			占星术的产生	A1487.1.1	
W9195.3		用水占卜		①D1311.3.1.1 ②D1311.19	【独龙族】
W9195.4		用天象占卜		D1311.6	
W9195.5		用风占卜		D1311.22	

① 【引例】用鱼的下颚骨占卜【鄂温克族】
② 用动物特定部位的占卜，此母题与"用动物占卜"有交叉。具体情形参见《中国神话母题 W9 编目实例》。
③ 【引例】❶用猪肝占卜【哈尼族】；❷用鸟肝占卜【珞巴族】
④ 【关联】［W9193.4.1］用鱼骨占卜。【引例】用野兽的肩胛骨占卜【赫哲族】
⑤ 【关联】❶［TPS：D1311.15］用棍棒占卜；❷［W9093.4］魔物能占卜。【引例】❶用笊篱占卜【鄂伦春族】；❷用灯花占卜【汉族】；❸用鼻涕占卜【汉族】；❹用羽毛占卜【汉族】
⑥ 【关联】［W9191.2］占星者

W 编码	母题描述			参照项	
	一级母题	二级母题	三级母题	汤普森	关联项
W9195.6		用云占卜		D1812.5.0.10	
W9195.7		用人（动物）的头占卜		D1311.8	
W9195.7.1			用狗头占卜	D1311.8.1	
W9195.8		用绳索占卜			【纳西族】
W9195.9		用竹签占卜			【纳西族】
W9196	与占卜方法有关的其他母题				
W9196.1		梦占			【民族，联1】①
W9196.1.1			释梦	D1712.3	【联1】②
W9196.1.2			六丁六甲梦占		【汉族】
W9196.1.3			梦示未来	D1812.3.3	
◎	〖**其他相关母题**〗				
W9197	占卜的应验				
W9197.1		占卜在特定场合应验			【汉族】
W9198	与占卜有关的其他母题				【联1】③
W9198.1		八卦			【例3】④
W9198.1.1			四象生八卦		【苗族】
W9198.1.2			仿特定的图案造八卦		【例1】⑤
W9198.1.3			祖先的8个儿女镇守8个地方形成八卦		【普米族】
W9198.2		卦象			

---

① 【民族】汉族。【关联】［W9162］催梦术
② 【关联】［W9290～W9299］梦
③ 【关联】［W6796］卜书
④ 【引例】❶神授八卦【汉族】；❷伏羲创造八卦【汉族】；❸祖先的手纹形成八卦图中的旋纹【普米族】
⑤ 【引例】仿龙马图形造八卦【汉族】

W 编码	母题描述			参照项	
	一级母题	二级母题	三级母题	汤普森	关联项
W9225.1			鸟作为征兆	D1812.5.0.2	
W9225.2			燕子是好的征兆	A2536.1	
W9225.3			乌鸦是凶兆	B147.2.2.1	【高山族】
W9226		遇见特定的动物作为征兆			【例1】①
W9226.1			收稻遇见蛇是丰收征兆		【黎族】
W9227		动物的变化作为征兆			【例1】②
W9228		动物的行为作为征兆			【联2，例1】③
W9228.1			动物的行为作为坏的征兆	D1812.5.1.12	
W9228.2			动物搏斗作为征兆	D1812.5.0.8	
W9228.3			动物成群迁徙作为征兆	≈D1812.5.0.8.1	
◎	〖其他物作为征兆〗				
W9230	植物作为征兆				
W9230.1		植物开花作为征兆			
W9230.1.1			竹子开花不祥		【民族，联1】④
W9230.2		植物结果作为征兆			
W9230.3		植物的其他变化作为征兆			
W9230.3.1			树发芽象征喇嘛降福		【普米族】
W9231	自然物（无生命物）作为征兆				
W9231.1		河水作为征兆			
W9231.1.1			河水变清是祥兆		【汉族】
W9231.2		玉石作为征兆			
W9231.2.2			得玉知命		【汉族】
W9232	与征兆物有关的其他母题				
W9232.1		火作为征兆			【联1】⑤
W9232.2		颜色作为征兆			【联1，例2】⑥

① 【引例】犀牛出现是父亲的冤魂显灵 【仫佬族】
② 【引例】龟生毛为有战事的征兆 【汉族】
③ 【关联】❶［W9236.5］青蛙进屋不吉利；❷［W9237.3］特定的动物出现是死亡的征兆。【引例】狗先吃什么粮食就预示来年这种粮食会丰收 【苗族】
④ 【民族】傈僳族。【关联】［W9236］坏的征兆
⑤ 【关联】［W9212］天火作为征兆
⑥ 【关联】［W9247.5］颜色作为象征。【引例】❶头巾变红是死亡的征兆 【傣族】；❷特定的东西（弩弓）变颜色是复活的征兆 【傈僳族】

W 编码	母题描述			参照项	
	一级母题	二级母题	三级母题	汤普森	关联项
W9232.2.1			黑色是死神的征兆		【毛南族】
W9232.3		血作为征兆			【例1】①
W9233	特定事件、行为作为征兆				【联2】②
W9233.1		特定的行为作为征兆			
W9233.1.1			打喷嚏作为征兆	D1812.5.0.1	
❋ **W9234**	**特定的征兆**				
W9235		好的征兆		D1812.5.2	【联2，例5】③
W9235.1			鸟叫为好征兆	D1812.5.2.5	
W9236		坏的征兆		D1812.5.1	【联1】④
W9236.1			鸟叫为坏征兆	D1812.5.1.12.2	
W9236.2			流泪出血为坏征兆	D1812.5.1.1.1	【联1】⑤
W9236.3			河干涸为坏征兆	D1812.5.1.16	
W9236.4			恶梦为坏的征兆	D1812.5.1.2	
W9236.5			青蛙进屋不吉利		【纳西族】
W9236.6			雌鸡报晨为凶兆		【汉族】
W9237		死亡的征兆			【例2】⑥
W9237.1			木棒不能成活是死亡的征兆		【珞巴族】
W9237.2			玉碎为死亡征兆		【藏族】
W9237.3			特定的动物出现是死亡的征兆		【汉族】
W9237.4			见双头蛇是死亡征兆		【民族，联1】⑦
W9238		其他特定内容的征兆			【联1】⑧
W9238.1			生存的征兆		【联1，例1】⑨
W9238.2			婚姻的征兆		【例1】⑩

① 【引例】杀动物血滴到地上不祥【畲族】
② 【关联】❶［W9218］地震作为征兆；❷［W9294.1］梦作为征兆
③ 【关联】❶［W4506.2］彩虹是上界神灵对人类赐福的征兆；❷［W9231.1.1］河水变清是祥兆。【引例】❶族标作为福兆【古突厥】；❷龙出现为祥兆【汉族】；❸凤出现为祥兆【汉族】；❹麒麟出现是祥兆【汉族】；❺金鸡斗玉兔是吉祥之兆【柯尔克孜族】
④ 【关联】［W9237］死亡的征兆
⑤ 【关联】［W8054］灾难的征兆
⑥ 【引例】❶天上出现红月亮是死亡的征兆【独龙族】；❷蜂子飞来是死亡的征兆【景颇族】
⑦ 【民族】汉族。【关联】［W3534.2.3］两头蛇（双头蛇）
⑧ 【关联】［W7185］爱情的征兆
⑨ 【关联】［W9237］死亡的征兆。【引例】长明灯不灭是人生存的征兆【普米族】
⑩ 【引例】信物破碎是婚姻破裂的征兆【汉族】

W 编码	母题描述			参照项	
	一级母题	二级母题	三级母题	汤普森	关联项
W9238.3			怀孕的征兆	T579.8	【联1】①
W9238.4			发生争战的征兆		【联1】②
W9239	与征兆有关的其他母题				【联1】③
W9239.1		征兆的应验			
W9239.2		征兆的破除			【联1】④
W9239.2.1			用唾液禳除不祥之兆		

9.2.2　**象征**【W9240 ~ W9249】

W 编码	母题描述			参照项	
	一级母题	二级母题	三级母题	汤普森	关联项
✻ **W9240**	象征物			Z100	【联1】⑤
W9241		象征物的产生			
W9242		现象作为象征			
W9242.1			特殊的天象作为象征		【联1】⑥
W9243		动物作为象征			【联1，例1】⑦
W9243.1			动物的朝向作为象征		【例1】⑧
W9243.2			鸽子是安宁和平的象征		【回族】
W9243.3			鹰是坚强长寿的象征		【民族，联1】⑨
W9243.4			鹰是太阳和天的象征		【民族，联1】⑩

---

① 【关联】［W2581］神奇的怀孕
② 【关联】［W8720］争战的预言
③ 【关联】［W0480.5］死神的预兆
④ 【关联】［W9154.1］用巫术禳除不祥之兆
⑤ 【关联】［W6447］象征物崇拜
⑥ 【关联】［W4075］奇怪的天象
⑦ 【关联】［W6290］动物图腾。【引例】猪是吉祥的象征【珞巴族】
⑧ 【引例】巨龟身体右侧朝南象征南方土界王的平安【藏族】
⑨ 【民族】蒙古族。【关联】［W6392］鹰崇拜
⑩ 【民族】鄂温克族。【关联】［W3377.4］鹰是天神的使者

W 编码	母题描述			参照项	
	一级母题	二级母题	三级母题	汤普森	关联项
W9243.5			金乌是太阳的象征		【民族，联 3】①
W9244		植物作为象征			
W9244.1			青石撒松叶象征万古长青		【哈尼族】
W9244.2			辣椒为男子性器象征物		【民族，例 1】②
W9244.3			柳叶为女子性器象征物		【朝鲜族、满族】
W9244.4			花象征生命和后代		【毛南族】
W9245		自然物作为象征			
W9245.1			太阳是智慧的象征		【联 1】③
W9245.2			火是光明的象征		【民族，联 1】④
W9245.3			山（石）是神的象征		【例 3】⑤
W9246		器物作为象征			【例 2】⑥
W9246.1			牌位象征祖灵		【朝鲜族、汉族】
W9246.2			灶象征祖先		【民族，联 1】⑦
W9247		其他象征物			【例 1】⑧
W9247.1			血液象征生命	E761.1	
W9247.2			乳房象征生育		【毛南族】
W9247.3			生殖器象征生育		【民族，联 1】⑨
W9247.4			符号作为象征		【例 2】⑩
W9247.5			颜色作为象征		【例 1】⑪
W9248	与象征有关的其他母题				【联 1】⑫
W9248.1			其他关于象征的解释母题	H619	
W9248.2		标志			【联 2】⑬
W9248.2.1			标志物		

① 【民族】布依族。【关联】❶［W1571.2］太阳是三足乌；❷［W1695.2］太阳鸟；❸［W4119.3］太阳中有三足乌
② 【民族】朝鲜族。【引例】辣椒变成男子的生殖器【壮族】
③ 【关联】［W6783.2］从非凡生命那里获得智慧
④ 【民族】哈萨克族。【关联】［W6968］与火有关的其他母题
⑤ 【引例】❶石崖、石笋代表山神【仡佬族】；❷白石象征神【羌族】；❸山被当做山神【藏族】
⑥ 【引例】❶木鼓象征祖先安息之所【苗族】；❷灵筒是象征宗支的神物【彝族】
⑦ 【民族】苗族。【关联】［W6376.1］祖先崇拜
⑧ 【引例】木偶代表邪魔【纳西族】
⑨ 【民族】汉族、毛南族、门巴族。【关联】［W6377.4］生殖器崇拜（性崇拜）
⑩ 【引例】❶图腾符号【汉族】；❷纹身的特定符号是家族的象征【黎族】
⑪ 【引例】黑色象征悲哀【汉族、毛南族】
⑫ 【关联】［W0915］灵魂的象征物
⑬ 【关联】❶［W5280］氏族的标志；❷［W5370］族的标志

9.2.3 预言【W9250 ~ W9289】

W 编码	母题描述			参照项	
	一级母题	二级母题	三级母题	汤普森	关联项
✿ **W9250**	预言			M300	【联 1】①
✿ **W9251**	预言者			M301	【联 2】②
W9252	神是预言者				【联 1】③
✳ **W9253**	神性人物是预言者				
W9254		文化英雄是预言者			
W9255		精灵是预言者		M301.6	
W9256		天使是预言者		M301.10	
W9257		灵魂是预言者		M301.11	
W9258		其他神性人物是预言者			
✳ **W9259**	人或特定身份的人是预言者				
W9260		老人是预言者		M301.2	
W9260.1			老妪作为预言者		【汉族】
W9260.2			老头作为预言者		【例 1】④
W9261		垂死的人是预言者			【联 2】⑤
W9262		巫师是预言者		M301.3	【联 1】⑥
W9263		圣人是预言者		M301.5	
W9264		国王是预言者		M301.17	
W9265		诗人是预言者		M301.18	
W9265.1			歌师是预言者		【哈尼族】
W9266		童孩是预言者		M301.20	【联 1，例 1】⑦
W9267		其他特定的人是预言者			
W9267.1			铁匠是预言者	M301.19	【联 1】⑧
W9267.2			盲人是预言者		【汉族】
W9267.3			特殊来历的人是预言者		【例 1】⑨

① 【关联】［W8030］灾难的预言
② 【关联】❶［W8032］灾难预言者；❷［W8200］洪水预言者
③ 【关联】［W0490］预言之神
④ 【引例】白发老头作为预言者【汉族、蒙古族】
⑤ 【关联】❶［W8035］特定的人预言灾难；❷［W9139］巫师的能力
⑥ 【关联】［TPS：M301.21］女巫是预言者
⑦ 【关联】［W9101.1］童孩有魔力。【引例】母狼抚养的男孩是预言者【蒙古族】
⑧ 【关联】［W6076.6］铁匠
⑨ 【引例】竹子里出现的人是预言者【汉族】

W 编码	母题描述			参照项	
	一级母题	二级母题	三级母题	汤普森	关联项
✳ **W9268**	**动物是预言者**				
W9269		青蛙是预言者			【例1】①
W9270		鸟是预言者			【联1，例1】②
W9270.1			乌鸦是预言者		【联1】③
W9271		其他特定的动物是预言者			【联1，例1】④
W9272	植物是预言者				
W9272.1		树是预言者			
W9272.1.1			古树能预言		【汉族】
W9272.1.2			榆树能预言		【达斡尔族】
W9273	无生命物是预言者				
W9273.1		石头是预言者			【汉族】
W9273.2		器物是预言者			
W9274	与预言者有关的其他母题				
W9274.1		假预言者		K1962	
W9274.1.1			假预言者被戳穿		
W9274.2		癫狂的预言者		≈M301.1	
✳ **W9275**	**预言的方式**			M302	
W9276		谜语式预言			【联1】⑤
W9277		托梦式预言			【民族，联1】⑥
W9278		与预言方式有关的其他母题			
W9278.1			通过显圣迹预言		
✳ **W9279**	**预言的内容**				
W9280		好的预言		M310	
W9281		不好的预言		M340	
W9282		关于出生的预言			【联1】⑦
W9282.1			预言孩子出生时间		【汉族】

① 【引例】青蛙能预知哑水【汉族】
② 【关联】［W3359.3］猫头鹰是预言者。【引例】鹊能预知风【汉族】
③ 【关联】［W3368.4］乌鸦是信使
④ 【关联】［W8036］动物预言灾难。【引例】龙预报暴雨来临
⑤ 【关联】［W6767.3］谜语
⑥ 【民族】汉族。【关联】［W9292］托梦
⑦ 【关联】［W9294.1.1］梦作为生育征兆

W 编码	母题描述			参照项	
	一级母题	二级母题	三级母题	汤普森	关联项
W9282.2			预言将要生子	M311.0.3	【联1】①
W9282.3			预言无孩子的夫妇将要生子	M311.0.3.1	
W9283		关于婚姻的预言			【联2】②
W9283.1			预言未婚妻在一个特定的地方		
W9284		关于前途的预言			
W9284.1			预言将当国王	M314	
W9284.2			预言将成英雄		【汉族】
W9284.3			预言孩子将成好猎手	M369.10	
W9284.4			预言未出世的孩子前程光明	M311	
W9285		关于寿命的预言			【联2】③
W9285.1			预言长寿	M321	【联1】④
W9285.2			预言死亡	M341	【瑶族】
W9285.3			预言夭折		
W9286		关于灾难的预言			【联2】⑤
W9286.1			预言龙吐火毁灭人类	M357	【联1】⑥
W9287		其他内容的预言			
W9287.1			预言战事		【联1】⑦
W9287.2			预言国家灭亡	M342	【联1】⑧
W9287.3			预言弑父	M343	【联1】⑨
W9287.4			预言奸母	M344	
W9288	与预言有关的其他母题			M360	【联1】⑩
W9288.1		预言的获得			【联1】⑪
W9288.1.1			因行善事得到预言		【汉族】
W9288.2		预言的实现			【汉族、柯尔克孜族】

① 【关联】［W2590］出生（分娩）
② 【关联】❶［W7000］婚姻；❷［W7664］因预言成婚
③ 【关联】❶［TPS：M340.1］预言亲属将死；❷［W2940］人的寿命
④ 【关联】［W2950］长寿（延寿）
⑤ 【关联】❶［W8030］灾难的预言；❷［W8031］预言世界灾难
⑥ 【关联】［W8690］人类的毁灭
⑦ 【关联】［W8720］争战的预言
⑧ 【关联】［W5958.3］国家的消亡
⑨ 【关联】［W8927］儿子弑父
⑩ 【关联】［W6531.2.2］忌说出预言
⑪ 【关联】［W8261］获得洪水预言的原因

W 编码	母题描述			参照项	
	一级母题	二级母题	三级母题	汤普森	关联项
W9288.2.1			验证预言		【联1，例1】①
W9288.3		因不信预言死亡			【民族，联2】②
W9288.4		预言的解除			

9.2.4 梦 【W9290～W9299】

W 编码	母题描述			参照项	
	一级母题	二级母题	三级母题	汤普森	关联项
✢ W9290	梦的产生				
W9291		梦源于灵魂			
W9291.1			梦是灵魂附体		
W9291.2			梦是人的另一个灵魂		
W9291.3			梦是人睡时灵魂离开肉体的经历		【达斡尔族】
W9292		托梦			
W9292.1			神给人托梦		【赫哲族】
W9292.2			死者托梦		【汉族、苗族】
W9293		与梦的产生有关的其他母题			
◎	〖其他相关母题〗				
W9294	梦的特征				
W9294.1		梦作为征兆		H617	【联1，例2】③
W9294.1.1			梦作为生育征兆		【例4】④
W9294.1.2			梦见死去的人是这个人已托生的征兆		【鄂温克族】
W9294.2		梦境是灵魂在另一个世界生活			
W9294.3		梦为什么不能控制			
W9295	梦的内容				
W9295.1		梦到前生			【汉族】
W9295.2		梦到美好未来		M312.0.1	

---

① 【关联】［W8267.5.1］用血涂抹石狮导致洪水预言的实现。【引例】无意中验证了预言【汉族】
② 【民族】汉族、苗族、彝族。【关联】❶［W8094］灾难时不信预言丧生；❷［W8494］洪水时不信预言者被淹死
③ 【关联】［W9200］征兆。【引例】❶男子做梦能知道神女求爱【基诺族】；❷梦中得知预兆
④ 【引例】❶孕妇梦龙、虎、蛇等动物会生男孩【朝鲜族】；❷孕妇梦见柿子、香瓜、花等植物会生女孩【朝鲜族】；
❸梦肠绕腰生才雄之子【汉族】；❹女人梦腰间夹烟盒是怀孕的征兆【景颇族】

W 编码	母题描述			参照项	
	一级母题	二级母题	三级母题	汤普森	关联项
W9295.3		美梦			【例2】①
W9295.4		恶梦			
W9296	梦的实现				【哈萨克族】
W9296.1		梦变成现实			【民族，联1】②
W9296.1.1			梦到的身体变化成现实		【例2】③
W9296.1.2			祈祷使梦想成真		【民族，联1】④
W9297	与梦有关的其他母题				【联1】⑤
W9297.1		同一个梦			
W9297.1.1			夫妻做同样的梦		【赫哲族】
W9297.2		寻梦			【民族，联1】⑥
W9297.3		圆梦			【汉族】
W9297.4		梦的破灭			
W9297.4.1			黄粱一梦		【汉族】

---

① 【引例】❶梦中娶妻【汉族】；❷梦中团聚【汉族】
② 【民族】柯尔克孜族。【关联】［W7663］因梦成婚
③ 【引例】❶梦见身上生花纹醒后成文身【傣族】；❷女子做梦变天鹅真变成天鹅【赫哲族】
④ 【民族】赫哲族。【关联】［W6506］祈祷
⑤ 【关联】［W7663］因梦成婚
⑥ 【民族】塔吉克族。【关联】［W9930］寻找

9.3 复活与转世

【W9300 ～ W9399】

9.3.1 复活（再生）【W9300 ～ W9349】

W 编码	母题描述			参照项	
	一级母题	二级母题	三级母题	汤普森	关联项
✿ W9300	**复活**			E0	
◎	〚**复活的类型**〛				
W9301	神的复活			A193	【朝鲜族】
W9302	神性人物的复活				【例1】①
W9302.1		神性人物被肢解后复活		E1.1	
W9302.1		神性人物被杀后复活			【例1】②
✳ W9303	**人的复活**			E1	
W9304		以前的人能死后复活			【珞巴族】
W9304.1			墓中女尸复活		【塔吉克族】
W9305		人被杀死后复活			
W9305.1			被吃掉的人复活		【民族，例1】③
W9306	动物的复活			E3	【例3】④
W9306.1		熊死后复活			
W9306.2		蛇死后复活			【汉族】
W9306.3		与动物复活有关的其他母题			
✳ W9307	**植物的复活**				
W9308		树死后复活		E2	【联1】⑤
W9308.1			砍倒的树复活		【例2】⑥

---

① 【引例】鲧化熊后能复活 【汉族】
② 【引例】刑天被杀头后复活 【汉族】
③ 【民族】珞巴族。【引例】魔王吐出吃掉的人 【普米族】
④ 【引例】❶死去的熊父虎母复活变成人 【傣族】；❷熊复活 【傣族】；❸蛇的复活 【汉族】
⑤ 【关联】〔TPS：D1571〕魔物（法）使树复活
⑥ 【引例】❶竹子的复活 【布依族】；❷山神使砍倒的树复活 【独龙族】

W 编码	母题描述			参照项	
	一级母题	二级母题	三级母题	汤普森	关联项
W9309		草割后复活			【珞巴族】
W9310		其他特定的植物复活			
W9310.1			太阳被杀死后复活	E4	
✤ **W9311**	复活的条件（方法）			E122	
W9312		神使人（物）复活		E121.1	【苗族、裕固族】
W9312.1			天神使死者复活		【傣族】
W9313		神性人物使人（物）复活			
W9313.1			仙人使人复活		
W9313.2			菩萨使人复活		【汉族】
W9314		特定的人物使人复活			【例1】①
W9314.1			巫师使人复活	G263.5	【珞巴族】
W9314.2			萨满使人复活		【民族，联1】②
W9315		动物使人复活		B522	【例1】③
W9316		植物使人复活			【联1，例1】④
W9316.1			起死回生树使人复活		【民族，例1】⑤
W9316.2			树叶使人复活	E64.18	
W9316.3			灵芝能使人复活		【民族，联1】⑥
W9317		特定食物使人复活			【联1】⑦
W9317.1			吃特定的动物后复活	E32	
W9317.2			吃特定的石头后复活		
W9318		药物使人复活		E100	【联1，例2】⑧
W9318.1			吃仙丹使人复活		【民族，例1】⑨
W9318.2			天神复活药使人复活		【独龙族】

① 【引例】萨满使人复活 【鄂伦春族】

② 【民族】满族。【关联】［W0911］招魂（叫魂）

③ 【引例】野鸡使骨架里长出肉 【珞巴族】

④ 【关联】［W9318.3］不死草使人复活。【引例】特定的树叶能使万物复活 【拉祜族、傈僳族】

⑤ 【民族】拉祜族。【引例】丹桂树能使人复生 【黎族】

⑥ 【民族】佤族。【关联】［W3820］灵芝

⑦ 【关联】［W1972.1.6］起死回生泉

⑧ 【关联】［W0953］起死回生药。【引例】❶月亮偷起死回生药 【哈尼族】；❷如意药使树复活 【纳西族】

⑨ 【民族】鄂伦春族。【引例】蛤蟆吐出的灵丹能使人起死回生 【东乡族】

W 编码	母题描述			参照项	
	一级母题	二级母题	三级母题	汤普森	关联项
W9318.3			不死草使人复活		【民族，联1】①
W9319		治疗使人复活		E10	
W9319.1			施药后复活		【汉族、珞巴族】
W9320		水使人复活			【联1】②
W9320.1			回生水使人复活		【民族，联1】③
W9320.2			仙水使人复活		【鄂伦春族】
W9320.3			生命水使人复活		【联1，例1】④
W9320.4			通过洗浴复活	E80.1	
W9320.5			通过圣水复活	E80.4	
W9320.6			通过露水复活	≈E80.4.1	【汉族】
W9321		眼泪使人复活		E58	
W9321.1			恋人的眼泪使人复活		
W9322		血液使人复活		E113	
W9323		唾沫使人复活		E114	【例1】⑤
W9324		特定的地点使人复活			
W9324.1			死后到天上后复活		【布朗族、彝族】
W9324.2			死婴到天上后复活		【彝族】
W9324.3			人从植物果实中再生		【汉族】
W9325		通过仪式使人复活（通过特定动作使人复活）			【达斡尔族】
W9325.1			宗教仪式可使魔鬼复活		【门巴族】
W9325.2			咒语使人复活	E52	【联1】⑥
W9325.3			拍打后复活	E11	
W9325.4			呼唤后复活	E26	
W9325.5			叫魂后复活		【珞巴族】
W9326		覆盖特定的物后复活			【例1】⑦

① 【民族】汉族。【关联】［W0934.2］不死草能使人长生
② 【关联】［W1897.8］生命之水
③ 【民族】纳西族。【关联】［W1897.1.2］回生水
④ 【关联】［W1897.8］生命之水。【引例】活命水使人复活【苗族】
⑤ 【引例】蛟龙的唾液能使人复活【哈尼族】
⑥ 【关联】［W9175］咒语
⑦ 【引例】死人盖上毛巾后复活【佤族】

W 编码	母题描述			参照项	
	一级母题	二级母题	三级母题	汤普森	关联项
W9327		熏蒸后复活		D1885	
W9328		燃烧后复活		E15	
W9328.1			浴火重生	D1886	【民族，例1】①
W9329		沐浴后复活		D1887	
W9330		刺激后复活		E16	
W9330.1			弹口弦琴使人复活		【赫哲族】
W9331		拜神后复活		E53	
W9332		祈祷后复活		E63	【汉族】
W9333		通过音乐复活		E55	【联1】②
W9334		通过吹气复活		E66	【联1，例1】③
W9335		通过运气复活			
W9336		通过宝物复活			【例1】④
W9337		魔物（法）使人（物）复活		①E50 ②E64	【联2】⑤
W9337.1			魔石使人（物）复活	E64.17	
W9338		灵魂附体后复活			【门巴族】
W9338.1			交换灵魂后复活	E38	【联2】⑥
W9338.2			灵魂进入身体使人复活	E726	【联1，例1】⑦
W9339		特定的死亡后复活			
W9339.1			杀死后复活	E12	【联3】⑧
W9339.2			肢解后复活	①D1884 ②E14	【民族，联2】⑨
W9340		变形后复活			
W9341		交换器官后复活			【联1】⑩
W9341.1			换头之后复活	E34	
W9341.2			换心之后复活		【汉族】

---

① 【民族】汉族。【引例】凤凰自焚后复活（凤凰涅槃）
② 【关联】［W0898.5］音乐使灵魂（鬼魂）显现
③ 【关联】［W2114］造人经吹气后成活。【引例】天神吹气使树复活【独龙族】
④ 【引例】仙人用宝巾使人起死回生【达斡尔族】
⑤ 【关联】❶［TPS：D1571］魔物（法）使树复活；❷［W9300］复活
⑥ 【关联】❶［W0870］灵魂（鬼）；❷［W9958.1］天神为人换灵魂
⑦ 【关联】［W0870］灵魂（鬼）。【引例】萨满寻找死后的魂后复活【鄂温克族、满族】
⑧ 【关联】❶［W9302.1］神性人物被杀后复活；❷［W9305］人被杀死后复活；❸［W9310.1］太阳被杀死后复活
⑨ 【民族】汉族。【关联】❶［W9302.1］神性人物被肢解后复活；❷［W9344］从尸体的碎片中复活
⑩ 【关联】［W9345.1］借尸还魂（僵尸还魂）

W 编码	母题描述			参照项	
	一级母题	二级母题	三级母题	汤普森	关联项
W9342		找到失去的眼睛和心脏后复活			【高山族】
W9342.1			得到心脏后复活		【达斡尔族】
W9343		收集尸骨后复活			【裕固族】
W9343.1			通过找到死者的骨头复活		【珞巴族】
W9344		从尸体的碎片中复活		E35	【联1】①
W9345		其他一些复活方法		E120	
W9345.1			借尸还魂（僵尸还魂）		【汉族】
W9345.2			作为惩罚的复活	E230	
W9345.3			作为偿还的复活	E340	
W9345.4			作为感恩的复活	E341	
◎	〖其他相关母题〗				
W9346	复活的结果				
W9346.1		复活后变恶人（鬼）		E200	
W9346.1.1			失去的亲属变恶鬼	E220	【联1】②
W9346.2		复活后变善人（鬼）		E300	
W9346.2.1			死去的爱人友好归来	①E310 ②E321 ③E322	
W9346.2.2			死去的亲属友好归来	E320	
W9346.2.3			死去的孩子友好归来	E324	
W9346.3		与复活的结果有关的其他母题			【例1】③
W9347	不成功的复活			E186	
W9347.1		人不能复活的原因			
W9347.1.1			人丢失起死回生药后不能复活		【哈尼族】
W9347.1.2			传错话造成人死不能复活		【珞巴族】
W9347.1.3			妈妈说错话使儿子不能复活		【民族，联2】④

---

① 【关联】［W9339.2］肢解后复活
② 【关联】［W0903.4］祖先鬼是恶鬼
③ 【引例】人谴责雷后，被劈死的儿子复活【白族】
④ 【民族】仫佬族、壮族。【关联】❶［W6514］妇女禁忌；❷［W9953.1.1］传错话

W 编码	母题描述			参照项	
	一级母题	二级母题	三级母题	汤普森	关联项
W9347.1.4			妻子的失误使儿子复活失败		
W9347.1.5			特定的物消失后人不能复活		【例1】①
W9347.2		植物不能复活的原因			
W9347.2.1			树涂上血后不能复活		【例1】②
W9347.3		与不成功的复活有关的其他母题			
W9347.3.1			身体只复活一半		
W9347.3.2			复活后变成另类		【联1】③
W9348	与复活有关的其他母题				
W9348.1		复活的周期		E155	
W9348.1.1			十天十夜后复活		【苗族】
W9348.1.2			百日后复活		
W9348.2		数死复生			【汉族】
W9348.3		入冥还生			【民族，联2】④

9.3.2　**转世、投胎**【W9350～W9379】

W 编码	母题描述			参照项	
	一级母题	二级母题	三级母题	汤普森	关联项
✻ **W9350**	转世（托生、转生）			E600	
W9350.1		阳间做好人到阴间能托生			【鄂伦春族】
W9350.2		任何生灵死后都要转世			【藏族】
W9350.3		转生为另类			【普米族、藏族】
✻ **W9351**	转世为神				【联1】⑤

---

① 【引例】丹桂树被阎王移到月宫后不能复生【黎族】
② 【引例】狗血涂树砍树不再复生【基诺族】
③ 【关联】［W9350.3］转生为另类
④ 【民族】汉族。【关联】❶［W9304.1］墓中女尸复活；❷［W9345.1］借尸还魂（僵尸还魂）
⑤ 【关联】［W01～W059］神的产生

W 编码	母题描述			参照项	
	一级母题	二级母题	三级母题	汤普森	关联项
W9352		神转世为其他神			
W9353		特定的人转世为神		E605.3	【联2】①
W9353.1			善人转世为神		【汉族】
W9353.2			特殊死亡的人转世为神		
W9354		动植物转世为神			
W9354.1			动物转世为神	E657	
W9354.2			植物转世为神		
W9355		与转世为神有关的其他母题			
❋ **W9356**	转世为人			E605.2	【藏族】
W9357		神转世为人			
W9357.1			天神转世为人		【藏族】
W9357.2			神转世为丑人	E651	
W9358		神性人物转世为人			
W9358.1			文化英雄死后转生为人	A566.1	【联2】②
W9358.2			魔鬼转世为特殊的人		【例1】③
W9359		人的特殊转世			
W9359.1			人转世为另外的人的模样	E605	
W9359.2			人转世变化了性别	E605.1	
W9359.3			女人转世为男人		【联2，例1】④
W9360		动物转世为人		E656	
W9360.1			动物经受多次灾难转世为人		【门巴族】
W9360.2			鸟转世为人		【门巴族】
W9360.3			蛤蟆转世为人		【羌族】
W9360.4			牛转世为人		【傣族】
W9360.5			其他动物转世为人		

---

① 【关联】❶［W046.5］人转世为神；❷［W9357］神转世为人
② 【关联】❶［TPS：A511.1.6］文化英雄死后变成童孩；❷［W0624］文化英雄的寿命与死亡
③ 【引例】恶魔转世为三嘴人【阿昌族】
④ 【关联】❶［W2797.8］男女性别互变；❷［W2797.8.2］女人变男人。【引例】文身后女转世为男【傣族】

W 编码	母题描述			参照项	
	一级母题	二级母题	三级母题	汤普森	关联项
W9361		植物转生为人			【例1】①
W9361.1			特定的树转世为人		
W9361.2			特定的花转世为人		【汉族】
W9362		无生命物转世为人			
W9362.1			风吹日晒的石头转世为人		【满族】
W9363		其他特定的物转世为人			
❋ **W9364**	**转世为动物**			E610	【联1】②
W9365		神或神性人物转世为动物			【联1】③
W9366		人转世为动物			
W9366.1			阳间做坏事的人到阴间托生为动物		【鄂伦春族、汉族】
W9366.2			人转世为牛	E611.2	【汉族、藏族】
W9366.3			人转世为羊	E611.4	【汉族、藏族】
W9366.4			人转世为狗	E611.6	【汉族】
W9366.5			人转世为狮子	E612.1	
W9366.6			人转世为狼	E612.2	【汉族】
W9366.7			人转世为鹿	E612.5	
W9366.8			人转世为熊	E612.8	【汉族】
W9366.9			人转世为猫头鹰	E613.2	
W9366.10			人转世为布谷鸟	E613.5	【汉族】
W9366.11			人转世为蛇	E614.1	【汉族、普米族】
W9366.12			人转世为蛙	E615.1	【汉族、壮族】
W9366.13			人转世为鱼	E617	
W9366.14			人转世为虫子	E618	【汉族】
W9366.15			人转世为其他动物	E629	
W9367		其他物转世为动物			
W9367.1			动物转世为其他动物	E658	
W9367.2			无生命物转世为动物		
◎	〖其他相关母题〗				
W9368	转世为植物			E631	【联2】④

① 【引例】树生人每日复始【汉族】
② 【关联】［W3027］动物是变化产生的
③ 【关联】［W0671.3.1］嫦娥托胎为蟾蜍
④ 【关联】❶［W3623］植物是变化产生的;❷［W3837.1.1］罂粟源于人的转世

W 编码	母题描述			参照项	
	一级母题	二级母题	三级母题	汤普森	关联项
W9368.1		转世为花			【汉族】
W9368.2		转世为草			
W9369	转世为无生命物				
W9369.1		动物转化为无生命物		E691	
W9369.2		转世为石头		E642	
W9369.3		转世为矿物		E645	
W9370	转世为自然物（现象）				
W9370.1		转世为山		E649.1	
W9370.2		转世为虹		E644	
W9371	转世为怪物				
W9371.1		神转世为怪物		E652	
W9371.2		神转世为矮子		E651	
W9371.3		妖魔转世为怪人			【阿昌族】
W9372	转世的方法（条件）			E607	
W9372.1		转世作为惩罚		E692	【联1】①
W9372.2		因文身转世			【联1，例1】②
W9372.3		魔法造成的转世		E605.9	
W9372.4		转世为了复仇		E693	【联1】③
W9373	与转世有关的其他母题				
W9373.1		反复转世		E670	
W9373.2		转生要经过若干阶段			【例1】④
W9373.3		人死后还原			
W9373.3.1			人死后还原为花		【民族，联1】⑤
W9373.4		丧葬日子会影响转生			【民族，例1】⑥
W9373.5		自然、神灵和祖先互相转化			【佤族】

---

① 【关联】［W9906］惩罚
② 【关联】［W6585］文身。【引例】文身的女人会转世为男人【傣族】
③ 【关联】［W9379.2］投胎报仇
④ 【引例】鸟转成人前要先转生成狗【门巴族】
⑤ 【民族】壮族。【关联】［W6336］特定的花图腾
⑥ 【民族】苗族、普米族。【引例】埋葬死人必须选择龙、虎、猴日，否则死者来世不能变人【阿昌族】

W 编码	母题描述			参照项	
	一级母题	二级母题	三级母题	汤普森	关联项
�֎ **W9375**	投胎				
W9376		神与神性人物投胎			
W9376.1			神投胎为人		【纳西族】
W9376.2			仙女投胎		【汉族】
W9376.3			魔鬼投胎		【哈尼族】
W9377		人的投胎			
W9378		其他物投胎			
W9378.1			动物投胎为人		【民族，联1】①
W9378.1			星星下凡投胎		【仡佬族】
W9378.2			神蛋投胎牛腹		【傣族】
W9379		与投胎有关的其他母题			
W9379.1			投错胎		【例1】②
W9379.2			投胎报仇		【汉族】
W9379.3			投胎到动物		【傣族】
W9379.4			死后不能投胎		【汉族】
W9379.5			分体投胎		【例1】③

9.3.3 复原【W9380～W9399】

W 编码	母题描述			参照项	
	一级母题	二级母题	三级母题	汤普森	关联项
✿ **W9380**	复原				
�֎ **W9381**	复原的原因				
W9382		自然复原			
W9383		通过变形复原			【例1】④
W9384		通过魔力复原			【民族，联1】⑤
W9384.1			倒念咒语使物体恢复原形		【毛南族】
W9384.2			用镜子和咒语可以复原		【畲族】
W9384.3			脱掉羽衣后恢复人形		【东乡族】

① 【民族】傈僳族。【关联】［W9360］动物转世为人
② 【引例】天狗错投胎到人的耳朵【畲族】
③ 【引例】人（仙）被斩后的上身和下身投胎为不同的人【汉族】
④ 【引例】青蛙通过变形复原【汉族】
⑤ 【民族】门巴族。【关联】［W9000］魔法

W 编码	母题描述			参照项	
	一级母题	二级母题	三级母题	汤普森	关联项
W9385		通过药物复原			【联1】①
W9385.1			蛇精化作的女子饮酒后变成蛇		【汉族】
W9386		与复原原因有关的其他母题			
W9386.1			特定的光可以使人复原		【例1】②
W9386.2			吃特定的物后复原		【例1】③
W9386.3			得到一个女人的爱后可恢复原形		【藏族】
W9386.4			得到割掉的肢体放回原处后复原		【东乡族】
W9386.5			在特定的地点会现出原形		【例2】④
W9387	人的复原				
W9387.1			人死恢复原形		
W9387.1.1			人死后变为图腾物		【联1，例2】⑤
W9387.1.2			人死后变为前生的面貌		
W9387.2		变形者死后恢复原形			【例2】⑥
◎	〖常见复原现象〗				
W9390	残缺后复原				
W9390.1		某些特定肢体的复原			【例1】⑦
W9390.2		砍头后复原			【例1】⑧
W9390.3		树被砍复原			【例3】⑨
W9391	病体复原				
W9391.1		瞎眼复明			

---

① 【关联】［W9318］通过药物复活
② 【引例】金雀的金光使人复原【回族】
③ 【引例】吃苹果恢复原形【柯尔克孜族】
④ 【引例】❶在白石臼中现出原形【珞巴族】；❷蛇王住在水里，在水里时就变成蛇【门巴族】
⑤ 【关联】［W6290~W6349］常见的图腾物。【引例】❶彝族是虎的后代死后还原成虎【彝族】；❷人去世后还原为花【壮族】
⑥ 【引例】❶阿巴达尼（珞巴族祖先）的哥哥变成老虎回到天父地母身边【珞巴族】；❷虎变的人死后又变回虎【彝族】
⑦ 【引例】盗天火者心被啄后能重新长出【苗族】
⑧ 【引例】天女变成的牛被杀后恢复原形【黎族】
⑨ 【引例】❶遮天树被砍后复原【哈尼族】；❷吴刚伐的桂树复原【汉族】；❸月亮中的梭罗树砍后能复原【苗族】

W 编码	母题描述			参照项	
	一级母题	二级母题	三级母题	汤普森	关联项
W9391.1.1			龙珠可使瞎子复明		【白族】
W9391.1.2			神奇的水使瞎子复明		
W9391.1.3			安上新眼珠后复明		【珞巴族】
W9392	劳作后复原				
W9392.1		开荒后复原			【民族，例1】①
W9392.1.1			开荒后复原是为了告知灾难		【怒族】
W9392.2		犁地复原			【民族，例1】②
W9393	其他复原现象				
W9393.1		会复原的物			
W9393.1.1			磨损后会复原的靴子		【藏族】
W9393.2		动物（鸟类）仙女得羽衣后恢复原形			【例2】③
W9393.3		动物死后恢复原形			【联1，例1】④
W9394	不能恢复原形				
W9394.1		复原能力的丧失			
W9394.1.1			施巫术后失去复原能力		【联1】⑤
W9394.1.2			涂抹特定的物后失去复原能力		【例2】⑥
W9394.2		藏起变成人的动物的羽衣（外壳）使之不能恢复原形			【民族，联1，例1】⑦
W9394.2.1			蛤蟆被烧掉皮后永远变成人		【布朗族】
W9394.2.2			鸟衣被烧后鸟变的姑娘无法恢复原形		【民族，例1】⑧

---

① 【民族】怒族、彝族、藏族。【引例】耕地复原是因为菩萨坐在那里【傈僳族】
② 【民族】苗族。【引例】犁地复原是为了预示洪水【苗族】
③ 【引例】❶女子得鹅衣后恢复天鹅原形【蒙古族】；❷天鹅仙女得到羽衣后恢复原形
④ 【关联】［W9387.2］变形者死后恢复原形。【引例】虎变的人死后变成虎【彝族】
⑤ 【关联】［W9157］与巫术的作用有关的其他母题
⑥ 【引例】❶在树的斧口抹鸡屎后不再复原【哈尼族】；❷狗血涂树树不再复生【基诺族】
⑦ 【民族】汉族。【关联】［W9384.3］脱掉羽衣后恢复人形。【引例】女子烧掉狐狸丈夫的皮他不能变回狐狸【达斡尔族】
⑧ 【民族】汉族、柯尔克孜族、满族、藏族。【引例】放牛娃把姑娘揭掉的羽毛烧掉，姑娘就变不成鸡了【珞巴族】

W 编码	母题描述			参照项	
	一级母题	二级母题	三级母题	汤普森	关联项
W9394.3		因错过时辰不能恢复原形			【联1】①
W9394.3.1			人变动物时因错过时辰不能恢复原形		【白族】
W9394.4		除掉特定的物后不能恢复原形			【例3】②
W9394.5		魔法被破除后不能复原			【民族,例1】③
W9394.5.1			用涂鸡屎的木刀砍树树不再复原		【布朗族】
W9395	不能完全恢复原形				【联2】④
W9396	与复原有关的其他母题				
W9396.1		恢复青春			【联1,例1】⑤
W9396.2		轮回			【联1,例1】⑥

① 【关联】［W6544］特定时间的禁忌
② 【引例】❶打碎田壳,田螺姑娘不能变回田螺【朝鲜族】;❷变成虎的丈夫吃掉妻子后变不成人【珞巴族】;❸砍掉人变熊时依靠的树后不能恢复原形【蒙古族】
③ 【民族】塔塔尔族。【引例】螺蛳姑娘的壳被踩破壳不能变回原形【布依族】
④ 【关联】❶［W9347.3.1］身体只复活一半;❷［W9583］不完全的变形(局部变形)
⑤ 【关联】［W2896.2］人蜕皮变年轻。【引例】茶花让变成老婆婆的茶姑娘恢复青春【畲族】
⑥ 【关联】［W8673.4.2］世界亿万年一个轮回。【引例】动物经一个轮回转生成人【门巴族】

9.4 因果与命运

【W9400～W9499】

9.4.1 因果与报应【W9400～W9424】

W 编码	母题描述			参照项	
	一级母题	二级母题	三级母题	汤普森	关联项
✿ W9400	因果报应				
✳ W9401	善有善报				【联2】①
W9402		行（劝）善得好报		Q43	【联2】②
W9403		虔诚得好报		Q20	【汉族、藏族】
W9404		仁慈得好报		Q40	【汉族、藏族】
W9405		礼让得好报		Q41	
W9406		施舍得好报		①Q44 ②≈V410	【汉族】
W9406.1			施舍得神奇回报	V411	
W9406.2			施舍得回报的表现	V412	
W9407		好心得好报			【汉族、水族】
W9408		好客得好报		Q45	
W9409		善待动物得好报		Q51	【民族，联1】③
W9410		救助他人得好报		Q53	
W9411		勤俭得好报			
W9411.1			勤俭的人得到宝物		【汉族】
W9412		诚实得好报			
W9413		敬神得好报			【侗族、蒙古族、藏族】
W9414		其他得好报的行为（品质）		①Q60 ②Q80	
✳ W9415	恶有恶报				【民族，联1】④

---

① 【关联】❶［W9901］奖励；❷［W9994.2］善者神助
② 【关联】❶［W7689］行善者得妻；❷［W7689.1］帮助老人得妻
③ 【民族】汉族、满族。【关联】［W9429］动物报恩
④ 【民族】土家族。【关联】［W9400～W9424］因果报应

W 编码	母题描述			参照项	
	一级母题	二级母题	三级母题	汤普森	关联项
W9416		毒人者害己		K1613	
W9417		恶者受罚			【联1】①
W9418		恶人阴间遭惩罚			【哈萨克族】
W9418.1			恶人被封在洞中		【壮族】
W9419		恶人破财			【汉族】
W9420		恶人绝后			【汉族】
W9421		与恶有恶报有关的其他母题			
W9422	后世报应				【回族】
W9422.1		前世恩怨来世相报			【例1】②
W9423	与因果报应有关的其他母题				【联1】③
W9423.1		不施善的报应		V420	【联1】④
W9423.2		因小失大		J340	
W9423.3		小麻烦大收获		J350	
W9423.4		放生动物得宝			【民族，联1】⑤
W9423.5		报应的时间			【汉族、藏族】

9.4.2 报恩与报复【W9425 ~ W9479】

W 编码	母题描述			参照项	
	一级母题	二级母题	三级母题	汤普森	关联项
✿ **W9425**	报恩			W27	
W9426	神的报恩				【联1】⑥
W9427	神性人物报恩				【联1】⑦
W9427.1		神仙报恩		F330	
W9427.2		文化英雄报恩			
W9428	人报恩				
W9428.1		生的奇怪的孩子报母恩		T550.1	【联1】⑧

---

① 【关联】［W9906］惩罚
② 【引例】被女子鞭打的牛变为来世残暴的丈夫【傣族】
③ 【关联】［W9648.5］骗子自食其果
④ 【关联】［W9406］施舍得好报
⑤ 【民族】藏族。【关联】［W9650］宝物
⑥ 【关联】［W8985.2］人救助神
⑦ 【关联】［W9466.1］神仙复仇
⑧ 【关联】［W2600］人生怪胎

W 编码	母题描述			参照项	
	一级母题	二级母题	三级母题	汤普森	关联项
❋ **W9429**	动物报恩			B350	
W9430		老虎报恩			【汉族】
W9430.1			老虎报恩送猎物		【鄂温克族】
W9430.2			老虎报恩做媒		【畲族】
W9431		狗报恩			【汉族】
W9431.1			狗报恩盗物		
W9432		牛报恩			【汉族】
W9433		狐狸报恩			
W9434		熊报恩			【羌族、藏族】
W9435		狼报恩			
W9436		龙报恩			【民族】①
W9436.1			龙报母恩		【民族，联1】②
W9436.2			龙帮助人类		【满族】
W9436.3			龙帮助人类风调雨顺		【傣族】
W9436.4			秃尾巴龙报恩		【民族，联1】③
W9437		蛇报恩			【汉族、壮族】
W9438		鸟报恩			
W9439		凤凰报恩			【德昂族】
W9440		青蛙报恩			【壮族】
W9441		鱼报恩			【民族，例1】④
W9441.1			金鱼报恩		【汉族、维吾尔族】
W9441.2			鲤鱼报恩		【维吾尔族】
W9442		蚂蚁报恩			【朝鲜族】
W9443		其他动物报恩			
◎	〖其他特定的物报恩〗				
W9444	植物报恩				
W9444.1		植物为报恩结果			【汉族】
W9445	无生命物报恩				
W9445.1		被善待的无生命物报恩			
W9446	其他特定的物报恩				

① 【民族】鄂伦春族、汉族、满族、蒙古族、壮族
② 【民族】土家族。【关联】［W3582］龙母（龙的母亲）
③ 【民族】壮族。【关联】［W3583.5］秃尾巴龙（秃尾巴老李）
④ 【民族】汉族。【引例】金鱼报恩【达斡尔族】

W 编码	母题描述			参照项	
	一级母题	二级母题	三级母题	汤普森	关联项
✳ **W9447**	**报恩的方式**				
W9448		通过送财富报恩			【汉族、满族】
W9448.1			动物给人带来财富	①B581 ②B583	
W9449		通过救助报恩			【例1】①
W9449.1			动物救人（主）	B547	
W9450		通过以身相许报恩			【例2】②
W9450.1			动物报恩以身相许		【壮族】
W9450.2			感恩赴死		
W9451		通过赠妻报恩			
W9451.1			动物为恩人娶妻		【民族，联1】③
W9452		通过治病报恩			
W9453		通过献计报恩			【汉族】
W9454		通过预言报恩			
W9455		与报恩方式有关的其他母题			
W9456	与报恩有关的其他母题				
W9456.1		动物变化为人报恩			
W9456.1.1			虎化人报恩		【汉族】
✿ **W9460**	**报复**				
✳ **W9461**	**报复的原因**				
W9462		夺物引起的报复			【联1】④
W9463		夺妻引起的报复			【联1】⑤
W9464		与报复原因有关的其他母题			
W9464.1			嫉妒引发的报复		【联2】⑥
◎	〖常见的报复者〗				
W9465	神的报复				

---

① 【引例】被救的龙女让救自己的孤儿得到财产【达斡尔族】
② 【引例】❶蛇报恩嫁给恩人【回族】；❷被放生的鱼嫁给放生的小伙【维吾尔族】
③ 【民族】汉族。【关联】［W9430.2］老虎报恩做媒
④ 【关联】［W8702］争战的原因
⑤ 【关联】［W7058］夺妻
⑥ 【关联】❶［W6817］嫉妒；❷［W8713］嫉妒引起争战（矛盾）

W 编码	母题描述			参照项	
	一级母题	二级母题	三级母题	汤普森	关联项
W9465.1		天神报复人类			【例1】①
W9465.2		雷神报复人类			【例1】②
W9465.3		与神的报复有关的其他母题			
W9466	神性人物的报复				
W9466.1		神仙复仇		F361	
W9466.2		魔鬼报复人类			【阿昌族】
W9466.3		与神性人物的报复有关的其他母题			【例1】③
✢ **W9467**	特定的人的报复				
W9468		弃儿报复父母		≈S366·	【联1】④
W9469		子为父报仇			【门巴族】
W9470		子为母复仇			【彝族】
W9471		父为子报仇			【高山族】
W9472		母为子报仇			
W9473		兄弟报仇			
W9473.1			弟弟为哥哥报仇		【珞巴族、藏族】
W9473.2			哥哥为弟弟报仇		
W9474		与人的报复有关的其他母题			
W9474.1			为朋友报仇		
W9474.2			报杀父夺妻之仇		【普米族】
W9475	特定的物的报复				
W9475.1		动物的报复			【例1】⑤
W9475.1.1			动物受虐后报复		【汉族】
W9475.2		植物的报复			
W9475.3		无生命物的报复			
W9476.4	各种类型的报复				
W9476.1		争战型报复			【联1】⑥
W9476.2		谋害型报复			【联2】⑦

---

① 【引例】天神报复人类不交租【彝族】
② 【引例】雷公报复人类发洪水【壮族】
③ 【引例】杀死一个鬼招致群鬼的报复【珞巴族】
④ 【关联】［W8927］儿子弑父
⑤ 【引例】蛇报复偷走自己孩子的人【高山族】
⑥ 【关联】［W8715］报复引起争战
⑦ 【关联】❶［W8937.1.1］姐姐为争夫害死妹妹；❷［W9639］骗杀

W 编码	母题描述			参照项	
	一级母题	二级母题	三级母题	汤普森	关联项
W9476.3		弄巧成拙型报复			
W9476.4		报复的其他类型			
◎	〖其他相关母题〗				
W9477	报复的结果				
W9477.1		报复者获胜			
W9477.2		报复者死亡			
W9477.3		与报复的结果有关的其他母题			
W9478	与报复有关的其他母题				【联1】①
W9478.1		恩将仇报			

9.4.3 命运与运气② 【W9480 ~ W9499】

W 编码	母题描述			参照项	
	一级母题	二级母题	三级母题	汤普森	关联项
✿ **W9480**	命运			≈ N0	【联1】③
✳ **W9481**	命运的产生				
W9482		命运天定			【汉族、蒙古族】
W9482.1			天掌管人的命运		【汉族】
W9482.2			命运生前已定	N121	
W9483		特定的人物决定着人的命运			
W9483.1			神决定人的命运		
W9483.2			祖先的阴德决定子孙的命运		【汉族】
W9484		与命运的产生有关的其他母题			
W9484.1			神秘力量决定人的命运		【汉族、珞巴族】
W9484.2			得道者天助		【汉族】
W9484.3			命运与时辰有关		
✳ **W9485**	命运的特征				
W9486		不可阻挡的命运		N101	
W9486.1			命运不能改变		【汉族】
W9487		命运变化无常		N170	

① 【关联】［W9400 ~ W9424］因果报应
② 命运，"命运"与"运气"在现实中具有区别，"命运"主要指生活中的生死、贫富和一切重大遭遇的因缘；"运气"既可以指一般意义上的"命运"，也可以指人的生产生活中遇到的一些出乎意料的好或不好的机会。
③ 【关联】［W0471］命运之神

W 编码	母题描述			参照项	
	一级母题	二级母题	三级母题	汤普森	关联项
W9488		与命运的特征有关的其他母题			
W9488.1			命运的改变	N130	
W9489	与命运有关的其他母题				
W9489.1		人神命相同			【羌族】
W9489.2		生死命运主宰者			
W9484.2.1			命运源于星象		【联4】①
W9489.3		祸福			
W9489.3.1			神灵安排人的祸福		【达斡尔族】
W9489.3.2			祸福可以转化		【汉族】
✿ **W9490**	运气				
✣ **W9491**	运气的产生				
W9492		运气与神助有关			
W9493		带来好（或坏）运气的地方		N122	【汉族】
W9494		与运气的产生有关的其他母题			
✣ **W9495**	运气的特征				
W9496		好运		≈ N680	【联2】②
W9496.1			幸运的人	N203	【汉族】
W9496.2			幸运的事件	N400	
W9497		坏运		N112	
W9497.1			不幸的人		【汉族】
W9497.2			不幸的事件	①N300 ②N380	
W9497.3			背时		
W9498	与运气有关的其他母题				
W9498.1		特定人物的命运			【联1】③
W9498.2		特定事件的命运			【联1】④
W9498.3		运气有特定的时间			
W9498.3.1			幸运日	N127	【例1】⑤
W9498.3.2			霉运日	N128	
W9498.3.3			耕种的好坏要碰运气		【民族，联1】⑥

① 【关联】❶［W1735.1］北斗星主生；❷［W1735.2］北斗星主死；❸［W1738.1］南斗星主生；❹［W1738.2］南斗星主死

② 【关联】❶［W8990.3］伤偶然愈合；❷［W9660.5］巧遇得宝

③ 【关联】［W7924］妻子被休的命运

④ 【关联】［W7660］婚姻命中注定

⑤ 【引例】门巴族把藏历每月的八、十五、三十日叫作"堆桑"，意为吉祥日子【门巴族】

⑥ 【民族】佤族。【关联】［W6051.7］耕种时节的确定

9.5 变形与化生

【W9500 ~ W9599】

9.5.1 变形概说① 【W9500 ~ W9524】

W 编码	母题描述			参照项	
	一级母题	二级母题	三级母题	汤普森	关联项
✿ **W9500**	变形			D0	
✳ **W9501**	变 形 的 原 因（条件）				
W9501.1		无原因的变形			
W9502	神使人（物）变形				【例1】②
W9502.1		天神变人为熊			【鄂温克族】
W9502.2		神点化后变形			【民族、例1】③
W9503	神性人物使人（物）变形				
W9503.1		仙人使人（物）变形			【民族，例1】④
W9503.2		妖魔使人（物）变形			【例2】⑤
W9503.3		魔物（魔法）造成的变形			【汉族】
W9504	特定的人使人（物）变形				
W9504.1		巫师把人（物）变为动物		G263.1	【汉族】
W9504.2		巫师把人（物）变为物		G263.2	
W9505	惩罚导致变形			D661	【联2，例1】⑥

---

① 变形，神话中有大量"变形"的母题，难以一一细分。此处列举的变形母题主要是上面诸题类型中难以涵盖的一些情况，只做出一些典型示例。汤普森母题索引中将"变形"归为"魔法"类，考虑到神话叙事的特质，在此单列为"变形"类型。
② 【引例】玉帝把射日者变成石【鄂温克族】
③ 【民族】汉族。【引例】神农把狗点化成人【瑶族】
④ 【民族】汉族。【引例】仙婆把水变黄金【毛南族】
⑤ 【引例】❶妖魔把人变鸟【鄂伦春族】；❷魔怪把人变石头【哈尼族】
⑥ 【关联】❶［W9928.2］变形作为惩罚；❷［W9533.1］人被惩罚变动物。【引例】天仙女盗药被变为青蛙【壮族】

W 编码	母题描述			参照项	
	一级母题	二级母题	三级母题	汤普森	关联项
W9505.1		神的惩罚造成变形			
W9505.1.1			天女偷谷种被罚变狗		【哈尼族】
W9505.2		人被惩罚变石头			【联1，例2】①
W9505.3		违反禁忌造成变形			【联1】②
W9505.3.1			因违反说出预言的禁忌变形		【联1，例1】③
W9505.4		做恶造成的变形			【例3】④
W9505.4.1			人因偷吃变虫子		【例1】⑤
W9505.4.2			恶毒的女人变虫		【水族】
W9505.5		贪心引起变形			【例1】⑥
W9505.6		惩罚造成变形有关的其他母题			
W9506	奖励导致变形				
W9506.1		因为报恩而变形			【民族，联1】⑦
W9506.2		动物受到奖励有了美丽的外表			【联1】⑧
W9507	冤屈导致变形				
W9507.1		冤死的人变鸟			【民族，例1】⑨
W9507.2		冤死的人变岩石			【汉族】
W9508	禁忌导致变形				
W9508.1		犯忌导致变形		D510	【联1】⑩
W9508.2		违犯名称禁忌导致变形		D511	【例1】⑪
W9508.3		遵守禁忌造成变形			【例2】⑫
W9509	接触导致变形			D565	【联1】⑬

① 【关联】［W9530～W9559］人的变形。【引例】❶恶人被惩罚变石龟【蒙古族】；❷恶人变石板被人踩【彝族】
② 【关联】［W9500］变形
③ 【关联】［W6531］语言禁忌。【引例】老人犯忌说出洪水的预言后变成石头【蒙古族】
④ 【引例】❶不孝的儿媳变母猪【回族】；❷坏儿媳变花母牛【傈僳族】；❸恶人变狗【裕固族】
⑤ 【引例】偷吃的女人变蟋蟀【土族】
⑥ 【引例】人因贪心银子变白鹅【汉族】
⑦ 【民族】汉族。【关联】［W9548.1］人变植物报恩
⑧ 【关联】［W3050］动物特征的成因
⑨ 【民族】怒族。【引例】漂亮的姐姐被后母生的丑妹害死后变成麻雀【汉族】
⑩ 【关联】［W6511～W6549］常见的禁忌
⑪ 【引例】因违背把葫芦说秃子的禁忌，人变为石头【珞巴族】
⑫ 【引例】❶熊遵守禁忌变成女子【朝鲜族】；❷妹妹100日不说话可以使变乌鸦的哥哥恢复原形【锡伯族】
⑬ 【关联】［W6534］接触禁忌

W 编码	母题描述			参照项	
	一级母题	二级母题	三级母题	汤普森	关联项
W9509.1		接触某动物变形为该动物			【联1】①
W9509.1.1			人坐虎皮后变虎		【汉族、珞巴族】
W9509.1.2			人在画的虎上打滚变虎		【例1】②
W9509.1.3			摸蛇皮变成的带子变蛇		【布朗族】
W9509.2		接触水导致变形			
W9509.2.1			洗浴引起变形	D562	【汉族】
W9509.2.2			涉水导致变形	D574	
W9509.3		履脚印导致变形		D578	
W9509.4		光的照射导致变形		D567	
W9509.5		触血导致变形		D595	【联1】③
W9509.6		接触其他特定物引起的变形			【例2】④
W9510	模仿导致变形				
W9510.1		人模仿某动物的动作变成该动物			【例1】⑤
W9510.2		人模仿猴子变成猴子			
W9511	窥视导致变形			≈D513	【联2】⑥
W9511.1		窥视某动物变成该动物			
W9512	穿特定物导致变形				
W9512.1		穿动物的皮变成该动物			【联1，例6】⑦
W9512.1.1			人穿羽衣变鸟		【畲族】
W9512.1.2			人披上虎皮变虎		【苗族】
W9512.2		穿特定的衣服变动物			【例1】⑧

① 【关联】［W9509.1.1］人坐虎皮后变虎
② 【引例】人接触花衣变虎【珞巴族】
③ 【关联】［W6547.4］血的禁忌
④ 【引例】❶人坐竹盆变蛆【珞巴族】；❷人靠近特定的树时变熊【蒙古族】
⑤ 【引例】常到河边吃草饮水的女子变成牛【珞巴族】
⑥ 【关联】❶［W6530］看的禁忌；❷［W9959.1］窥视
⑦ 【关联】［W9509.1］接触某动物而变形为该动物。【引例】❶披兔皮变兔【回族】；❷披鸭皮入水变鸭【满族】；❸女子穿上猫皮后变猫【毛南族】；❹穿虎皮变虎【蒙古族】；❺穿羊皮变羊【门巴族】；❻披蛤蟆皮变蛤蟆【壮族】
⑧ 【引例】穿花衣变鸟【白族】

W 编码	母题描述			参照项	
	一级母题	二级母题	三级母题	汤普森	关联项
W9513	除去外壳导致变形				
W9513.1		癞蛤蟆烧掉皮后变人			【布朗族】
W9513.2		鸟脱掉鸟衣后变姑娘			【藏族】
W9513.3		狼脱皮后变成姑娘			【汉族】
W9514	吃特定物导致变形			D551	【联1，例3】①
W9514.1		人吃仙桃变星星			【阿昌族】
W9515	喝特定物导致变形			D555	
W9515.1		饮酒导致变形			【联1，例1】②
W9515.2		吃药导致变形			【汉族】
W9516	在特定的地点导致的变形				
W9516.1		人睡在特定的地方变动物			【例1】③
W9516.2		因地点变化导致变形		D641	【例1】④
W9516.2.1			入水变鱼	D586	【朝鲜族、汉族】
W9517	语言导致变形				【例1】⑤
W9517.1		许愿导致变形		D521	【例2】⑥
W9517.1.1			许愿体型变大	D631	
W9517.2		咒语导致变形		D525	【联1】⑦
W9517.3		被责骂导致变形		D527	
W9517.4		说反话被变形			【黎族】
W9518	因相似产生变形				【联1，例1】⑧
W9518.1		镜子变成湖			【民族，联1】⑨
W9518.2		人在嘴里插刀子后变虎			【珞巴族】

① 【关联】〔W9539.1.2〕人吞龙珠后变龙。【引例】❶人吞宝珠变龙【布依族】；❷人吃生食变猴子【高山族】；❸服特定的草变美【汉族】
② 【关联】〔W9385.1〕蛇精化作的女子饮酒后变成蛇。【引例】狗饮酒变人【土家族】
③ 【引例】人睡在树洞变虎【珞巴族】
④ 【引例】魔鬼进天堂后变人【哈萨克族】
⑤ 【引例】与猴子说话后佩戴的玛瑙变成了木炭【珞巴族】
⑥ 【引例】❶根据誓约人变动物【蒙古族】；❷母亲因为女儿吩咐变形为耕牛【羌族】
⑦ 【关联】〔W9175〕咒语
⑧ 【关联】〔W3706.6〕毛发变成草木。【引例】猪肠变形为各种项珠【珞巴族】
⑨ 【民族】赫哲族。【关联】〔W1945〕湖的产生

W 编码	母题描述			参照项	
	一级母题	二级母题	三级母题	汤普森	关联项
W9518.3		弓变成了龙			【民族，联1】①
W9518.4		宝剑变山峰			【纳西族】
W9519	因特定目的产生变形				【联1】②
W9519.1		修炼导致变形			【例1】③
W9519.2		为逃脱困境而变形		①D642 ②D671	【例1】④
W9519.2.1			因躲爱变形	D642.3	【联1】⑤
W9519.3		人为降妖除害变形			【白族】
W9519.4		为吃同类而变形		G12	【联1】⑥
W9519.5		为复仇而变形			【例2】⑦
W9519.6		为营救而变形		①D643 ②D666	
W9519.7		为获得能力而变形			
W9519.7.1			变形寻物	D647	【联1】⑧
W9519.7.2			变形行窃	D657	【联1】⑨
W9519.7.3			变形制敌	D651	
W9519.7.4			人变动物以飞翔	D659.2	
W9519.8		为实施帮助而变形			【例2】⑩
W9519.9		与特定目的产生变形有关的其他母题			
W9519.9.1			人为补天变石头		【民族，联1】⑪
W9519.9.2			斗法变形		【纳西族】
W9519.9.3			变形试英雄	D645	【联1】⑫
W9519.9.4			人为降雨除旱变白鹤		【畲族】
W9520	特定条件（环境）导致变形				

① 【民族】水族。【关联】［W3558］龙是变化产生的
② 【关联】［W8764.2］通过变形谋杀
③ 【引例】人修炼后变鸟【珞巴族】
④ 【引例】妹妹为反抗与哥哥结婚变形为一头牛【珞巴族】
⑤ 【关联】［W7089］逃婚
⑥ 【关联】［W6592］食人习俗
⑦ 【引例】❶文化英雄被杀后变形复仇【仫佬族】；❷人变翠鸟复仇【壮族】
⑧ 【关联】［W9930］寻找
⑨ 【关联】［W9950］偷盗
⑩ 【引例】❶哥哥变牛帮弟弟【佤族】；❷妻子为给丈夫治病变动物【彝族】
⑪ 【民族】哈尼族。【关联】［W9554］人变石头
⑫ 【关联】［W7707］婚前考验（婚前试探）

W 编码	母题描述			参照项	
	一级母题	二级母题	三级母题	汤普森	关联项
W9520.1		熏蒸引起变形		D576	
W9520.1.1			犬熏蒸后能变人		【畲族】
W9520.2		挨打引起变形		≈S365	【例1】①
W9520.3		搏斗引起变形		D615	
W9520.4		击打引起变形		D566	
W9520.4.1			人被箭射变成树叶		【珞巴族】
W9520.5		叮咬引起变形			【例1】②
W9520.6		吹气引起变形			【彝族】
W9520.7		肢体伤残引起变形			【例1】③
W9520.8		动物被撕裂后变形			【撒拉族】
W9520.8.1			熊子撕开的一半变形为人		【撒拉族、鄂温克族】
W9520.9		战败后变形			【联1】④
W9520.9.1			巨龙被降服后变形为小伙子		【哈萨克族】
W9520.10		特定的时间发生变形			【例2】⑤
W9521	多种条件导致的变形				
W9521.1		吃特定食物并保持一定时间不见阳光可以变形			【朝鲜族】
W9522	与变形原因有关的其他母题			D599	
W9522.1		作为本领的变形			
W9522.2		因为被抛弃变形			【傣族】
W9522.3		人因生气变形			【例1】⑥
W9522.4		人因分心变形			【畲族】
W9522.5		人因后悔变形			【畲族】
W9522.5.1			人因后悔变成石		【畲族】
W9522.6		人因相思变形			【联2】⑦
W9522.6.1			女子因思夫变山		【民族，例1】⑧

---

① 【引例】儿子被父亲打后变形为一只老鼠【珞巴族】

② 【引例】蜂蛰死的人变形为蚊子【彝族】

③ 【引例】人被砍掉拇指后变熊【鄂温克族】

④ 【关联】[W8785] 战败者

⑤ 【引例】❶老鼠夜间变成人【白族】；❷正月十五仙女化为白天鹅下凡【白族】

⑥ 【引例】人因生气变石头【高山族】

⑦ 【关联】❶ [W7997.5.1] 相思病；❷ [W9594.4.1] 夫妻相思化为木头

⑧ 【民族】怒族。【引例】女子思夫变成望夫石【汉族】

W 编码	母题描述			参照项	
	一级母题	二级母题	三级母题	汤普森	关联项
W9522.7		人因贪心使宝物变形			【例1】①
W9522.8		施魔法产生变形			【例3】②
W9522.8.1			施魔法把人变形为青蛙		【塔塔尔族】
W9522.8.2			用魔法把人变为石		【畲族】
W9522.9		顺势变形			
W9522.9.1			父亲变虎后儿子也变形为虎		【珞巴族】

9.5.2 神与神性人物的变形③【W9525 ~ W9529】

W 编码	母题描述			参照项	
	一级母题	二级母题	三级母题	汤普森	关联项
W9525	神的变形			D45.2	【联1】④
W9525.1		神变其他的神			
W9525.2		神变人		A192.4	【联2】⑤
W9525.2.1			神变老人		【例1】⑥
W9525.2.2			神受惩罚变人		
W9525.3		神变动物		D101	【例1】⑦
W9525.3.1			天神变牛		【民族，联1】⑧
W9525.3.2			神变猕猴		【藏族】
W9525.3.3			神变狼		D101 |【联1】⑨

---

① 【引例】人因贪心银子变白鹅【汉族】

② 【引例】❶用法术把纸龙变成真龙【毛南族】；❷通过法术使石山变成水牛【毛南族】；❸姑娘施魔法把自己变成湖泊【塔塔尔族】

③ 神与神性人物的变形，该类母题与下面"人的变形"、"动物的变形"、"植物的变形"等类型母题，会涉及"变人"、"动物是变形产生的"、"植物是变形产生的"等关于人类、动植物产生的类型母题。这些形似神异的母题非常容易混淆，有时二者的关系很难明确区分。此处为了避免母题的重复出现和过于繁冗，两类母题采用不重复编号的互见的方式。如本母题编码中出现的汤普森以"D"为代码标记的母题，说明汤普森该代码此编号强调的是后一种母题类型。在母题编码的表述方面，本编为了显示这种区别，在表示"人类、动植物产生的类型母题"时一般采用"××变成××"的表述句式；而变形类型的母题则一般采用"××变××"的表述句式。具体情形可以参见《中国民族神话母题 W9 编目实例》中相对应的项目。

④ 【关联】［W0132］神的变化（神的变形）

⑤ 【关联】❶［W2303］神下凡变人；❷［W2303.1］天神下凡投胎为人

⑥ 【引例】天神变成白胡子老头【独龙族】

⑦ 【引例】天女下凡被惩罚变为小母牛【黎族】

⑧ 【民族】柯尔克孜族。【关联】［W0201.6］天神的变形

⑨ 【关联】［W3168］狼是特定的变化产生的

W 编码	母题描述			参照项	
	一级母题	二级母题	三级母题	汤普森	关联项
W9525.3.4			神变大鹏		【傣族】
W9525.3.5			创世主神变凤凰		【傣族】
W9525.3.6			天女变天鹅		【民族，例 1】①
W9525.3.7			神变其他动物		
W9525.4		神变植物			【例 1】②
W9525.5		神变无生命物（自然物）			【例 3】③
W9525.6		与神的变形有关的其他母题			
W9525.6.1			神在争战中变形		【联 1】④
W9525.6.2			神变形试探人心		
W9526	神性人物的变形				
W9526.1		神性人物变其他的神			
W9526.2		神性人物变回原形			【汉族】
W9526.3		神性人物变人			
W9526.3.1			鬼变人		【珞巴族】
W9526.4		神性人物变动物			【联 1】⑤
W9526.4.1			英雄变龙		【民族，联 1】⑥
W9526.4.2			英雄变鸟		【例 1】⑦
W9526.4.3			鬼魂变动物		【例 1】⑧
W9526.4.4			恶魔变动物	D102	
W9526.5		神性人物变植物			【联 1，例 1】⑨
W9526.6		神性人物变无生命物（自然物）			【例 1】⑩
W9526.6.1			巨人变岩石		【朝鲜族】
W9526.7		与神性人物变形有关的其他母题			【联 1】⑪

---

① 【民族】蒙古族。【引例】仙女变天鹅【达斡尔族】
② 【引例】天女变白桦树【满族】
③ 【引例】❶大力神的巨手变五指山【黎族】；❷天神变火球【达斡尔族】；❸天女变山峰【满族】
④ 【关联】［W8878.1］雷公战败后变形
⑤ 【关联】［W0729.4.2］盘瓠能变不同动物
⑥ 【民族】回族。【关联】❶［W0602］文化英雄的变形；❷［W0602.1］文化英雄变成动物
⑦ 【引例】女娃变为精卫鸟【汉族】
⑧ 【引例】魂变为牛【彝族】
⑨ 【关联】［W3624］神或神性人物变成植物。【引例】始祖变长白松【满族】
⑩ 【引例】龙女死后变山【彝族】
⑪ 【关联】［W0858.1］会变化的怪人

W 编码	母题描述			参照项	
	一级母题	二级母题	三级母题	汤普森	关联项
W9526.7.1			仙的变形	F234	【联2】①
W9526.7.2			英雄变巨人		【柯尔克孜族】
W9526.7.3			英雄能把身体变小钻进马耳		【民族，联1】②

9.5.3　人的变形【W9530～W9559】

W 编码	母题描述			参照项	
	一级母题	二级母题	三级母题	汤普森	关联项
✿ **W9530**	**人的变形**			D45	
W9531	人变神或神性人物				【联1】③
W9531.1		人变吃人的魔鬼		G30	【鬼魂】
W9532	人变特定特征的人				【联4，例1】④
W9532.1		人变有动物特征的人			
W9532.1.1			人变出动物的耳朵		【汉族】
W9532.1.2			人变出动物的尾巴		
W9532.2		人变年轻			【民族，联2】⑤
W9532.2.1			老太太变少女		
W9532.2.2			人饮用特殊的水变年轻		
W9532.3		人变衰老			
✳ **W9533**	**人变动物**			①D100 ②≈D110	【联2】⑥
W9533.1		人被惩罚变动物		Q551.3.2	【联2，例1】⑦

---

① 【关联】❶［W0800］仙人；❷［W0820］仙能变形

② 【民族】蒙古族。【关联】［W0602］文化英雄的变形

③ 【关联】［W043］人变成神

④ 【关联】❶［W2797.8.1］男人变女人；❷［W2797.8.2］女人变男人；❸［W2968.4］人的返老还童；❹［W2963］人变衰老。【引例】人的大拇指变成拇指大的人【达斡尔族】

⑤ 【民族】汉族。【关联】❶［W2896.2］人脱皮变年轻；❷［W2953］人的寿命变化

⑥ 【关联】❶［W2315～W2349］动物变化为人；❷［W3029］人变成动物

⑦ 【关联】❶［TPS：Q551.3.2.2］女人被惩罚变为鸟；❷［TPS：Q551.3.2.7］人被惩罚变为狗。【引例】懒惰的女人被惩罚变形为狗【哈尼族】

W 编码	母题描述			参照项	
	一级母题	二级母题	三级母题	汤普森	关联项
W9533.2		人老后化为动物			【例1】①
W9533.3		人变特定的动物			【例2】②
W9533.4		神灵使人变动物			【例1】③
W9533.5		人学魔法后能变形为动物			【门巴族】
W9534	人变哺乳动物				【联1】④
W9534.1		人变豹		D112.4	
W9534.2		人变狗		①≈B17.1.2.3 ②D141	【例1】⑤
W9534.3		人变猴		D118.2	【民族，联1，例5】⑥
W9534.4		人变虎		①D112.2 ②E695	【民族，联2】⑦
W9534.4.1			人死后变虎		【土家族、彝族】
W9534.4.2			女人变老虎		【高山族】
W9534.5		人变狐狸		D113.3	
W9534.6		人变狼		D113.1	【蒙古族】
W9534.7		人变鹿		D114.1	【高山族】
W9534.8		人变马		D131	
W9534.9		人变猫		D142	
W9534.10		人变牛		D133	【民族，例1】⑧
W9534.10.1			人变母牛	D133.1	
W9534.10.2			人变公牛	D133.2	
W9534.11		人变狮子		D112.1	
W9534.12		人变鼠		D117.1	【高山族】
W9534.13		人变熊		D113.2	【汉族、蒙古族】
W9534.14		人变羊·		①D134 ②D135	
W9534.15		人变猪		①D114.3 ②D136	

① 【引例】人老化为虎【汉族】
② 【引例】❶人变乌鸦【高山族】；❷恋人化蝶【傈僳族】
③ 【引例】神灵使人变鹰【赫哲族】
④ 【关联】［W2315］哺乳动物变成人
⑤ 【引例】阿巴达基（珞巴族祖先的弟弟）变黑狗【珞巴族】
⑥ 【民族】壮族。【关联】［W3029］人变成猴子。【引例】❶人因偷吃变猴子【高山族】；❷因为没有首领，人变为猴子【傈僳族】；❸大禹的妻子涂山氏变猿帮大禹治水【羌族】；❹懒人变红屁股毛猴子【佤族】；❺不种庄稼的人变猴子【瑶族】
⑦ 【民族】汉族、珞巴族。【关联】❶［W9509.1.1］人坐虎皮后变虎；❷［W9518.2］人在嘴里插刀子后变虎
⑧ 【民族】汉族。【引例】女子为逃婚变母牛【珞巴族】

W 编码	母题描述			参照项	
	一级母题	二级母题	三级母题	汤普森	关联项
W9534.16		与人变哺乳动物有关的其他母题			【例2】①
W9535	人变鸟			D150	【民族, 联2】②
W9535.1		人变布谷鸟		D156	【联1, 例1】③
W9535.2		人变杜鹃鸟			【纳西族】
W9535.3		人变鹅			
W9535.4		人变凤凰			【联1】④
W9535.4.1			情人变为凰		【壮族】
W9535.5		人变鸽子		①D154.1 ②D154.2	
W9535.6		人变鸡			【苗族】
W9535.7		人变麻雀		D151.8	
W9535.8		人变天鹅			【联1, 例1】⑤
W9535.9		人变乌鸦		D151.4	【高山族】
W9535.10		人变燕		D151.1	
W9535.11		人变雁			【壮族】
W9535.11.1			人死后变大雁		【藏族】
W9535.12		人变鹰		D152	
W9535.12.1			巫师变鹰		【民族, 联1】⑥
W9535.13		人变鹦鹉		D157	【例1】⑦
W9535.14		与人变鸟有关的其他母题			【联1, 例1】⑧
W9535.14.1			人穿羽衣后变鸟		【白族】
W9535.14.2			人死后变鸟		【彝族】
W9535.14.3			人变金鸟		【东乡族】
W9536	人变水中动物				【联1】⑨
W9536.1		人变鱼		D170	【瑶族】
W9536.1.1			人变鲤鱼		D171	
W9536.1.2			人变金鱼			
W9536.2		人变螃蟹		D175	

① 【引例】❶人被误杀后变形为一只松鼠【珞巴族】；❷人变旱獭【蒙古族】
② 【民族】高山族。【关联】❶［W2324］鸟类动物变成人；❷［W3317］人变成鸟
③ 【关联】［W3333.2］人变成布谷鸟。【引例】人变成布谷鸟告诉人节令【傈僳族】
④ 【关联】［W3586.3.1］人变成凤凰
⑤ 【关联】［W2327］天鹅变成人。【引例】女子变天鹅【赫哲族】
⑥ 【民族】珞巴族。【关联】［W9139］巫师的能力
⑦ 【引例】能说会道的人变鹦鹉
⑧ 【关联】［W9507.1］冤死的人变鸟。【引例】人变"哒嘟哒"鸟【哈尼族】
⑨ 【关联】［W2331］水中动物变成人

W 编码	母题描述			参照项	
	一级母题	二级母题	三级母题	汤普森	关联项
W9536.3		人变虾			
W9536.4		与人变水中动物有关的其他母题			
W9537	人变两栖或爬行动物				【联1】①
W9537.1		人变蛇		D191	【联1】②
W9537.1.1			恶人变成毒蛇		【阿昌族】
W9537.2		人变龟		D193	【傣族】
W9537.2.1			人变金龟		【傣族】
W9537.3		人变蜥蜴			【高山族】
W9537.4		人变蛙			【傣族】
W9537.5		与人变两栖或爬行动物有关的其他母题			
W9538	人变昆虫			D180	【联1】③
W9538.1		人变蝴蝶		D186.1	【联1，例1】④
W9538.2		人变蚂蚁		D182.2	【联1】⑤
W9538.3		人变蜻蜓			【例1】⑥
W9538.4		人变蜜蜂		D181.1	【东乡族】
W9538.5		人变萤火虫		D184.2	【联1】⑦
W9538.6		人变蜘蛛		D181	【塔吉克族】
W9538.7		与人变昆虫有关的其他母题			
W9539	与人变动物有关的其他母题				
W9539.1		人变龙			
W9539.1.1			人变神龙		【纳西族】
W9539.1.2			人吞龙珠后变龙		【回族】
W9539.2		人变多个动物			【门巴族】
❋ **W9540**	**人变植物**			D213	【联2】⑧
W9541	人变树			D215	

---

① 【关联】［W2340］两栖或爬行动物变成人
② 【关联】［W3524.4］人变成蛇
③ 【关联】［W2335］昆虫变成人
④ 【关联】［W7980.4］殉情化蝶。【引例】孟姜女与丈夫化蝶【毛南族】
⑤ 【关联】［W3469］蚂蚁的产生
⑥ 【引例】人死后变蜻蜓【纳西族】
⑦ 【关联】［W3495］萤火虫
⑧ 【关联】❶［W3623］植物是变化产生的；❷［W3625］人变成植物

W 编码	母题描述			参照项	
	一级母题	二级母题	三级母题	汤普森	关联项
W9541.1		人死化树			【民族，联1，例4】①
W9542	人变乔木				
W9542.1		人变藤子			
W9543	人变作物				
W9543.1		人变谷物		D214	【联1】②
W9543.2		人变棉花			【联1】③
W9543.2.1			女子死后变棉花		
W9543.3		人变玉米		D214.2	
W9544	人变蔬菜			D210	
W9545	人变瓜果				
W9546	人变花				【壮族】
W9547	人变草			D223	【蒙古族】
W9547.1		人变海草		D225	
W9548	与人变植物有关的其他母题				
W9548.1		人变植物报恩			【联1】④
※ W9550	**人变无生命物**				
W9551	人变日月				【联3】⑤
W9552	人变星辰			D293	【联1】⑥
W9553	人变山			D291	
W9553.1		人变山峰			【联1，例1】⑦
W9553.2		人的肢体变山			【汉族】
W9554	人变石头			D231	【汉族、塔吉克族、藏族】
W9554.1		人被惩罚变石头		Q551.3.4	
W9555	人变河（水）			D283	
W9555.1		人变泉水		D283.2	【汉族】
W9556	人变矿物			D230	
W9556.1		身体的某个部位变金银			【例2】⑧

① 【民族】赫哲族。【关联】［TPS：D215.2］人变梨树。【引例】❶人变樱树【高山族】；❷女子变椰子树【高山族】；❸地生的孩子死后化生遮天大树【珞巴族】；❹两姐妹化成两棵树【水族】

② 【关联】［W3846］谷物（五谷）的产生

③ 【关联】［W3870.5.2］两兄弟变成棉花树

④ 【关联】［W9425］报恩

⑤ 【关联】❶［W1545.3］人变成日月；❷［W1545.3.1］人为创造光明变成日月；❸［W1545.3.12］人的眼睛变成日月

⑥ 【关联】［W1742］人变成启明星

⑦ 【关联】［W1817］人变成山（峰）。【引例】姑娘变成山峰【彝族】

⑧ 【引例】❶人的手指变金子（金手指）；❷人的头发变金子

W 编码	母题描述			参照项	
	一级母题	二级母题	三级母题	汤普森	关联项
W9557	与人变无生命物有关的其他母题				
W9557.1		人变木头		D216	
W9557.2		人变棍棒		D217	
W9557.3		人变抽象无生命物			
W9558	与人的变形有关的其他母题				
W9558.1		人变卵		D276	
W9558.2		人变风暴		D281	【联1】①
W9558.3		人变海浪		D283.5	【联1】②
W9558.4		人变雷		D281.3	【联1】③
W9558.5		人变闪电		D281.2	【联1】④
W9558.6		人变烟雾		D285.1	
W9558.7		人变回原形		E696	

9.5.4　动植物的变形 【W9560 ~ W9574】

W 编码	母题描述			参照项	
	一级母题	二级母题	三级母题	汤普森	关联项
✳ **W9560**	**动物的变形**				
W9561	动物变人⑤			①D300 ②K1822	【联1】⑥
W9561.1		虫变人			
W9561.1.1			青虫变人		【高山族】
W9561.1.2			毛虫变人		【白族】
W9561.2		鹅变人		D364	【例1】⑦
W9561.3		凤凰变人			【民族，例1】⑧

---

① 【关联】［W4320］风暴
② 【关联】［W1964.8］海浪的产生（波浪的产生）
③ 【关联】［W4375］雷的产生
④ 【关联】［W4410］闪电的产生
⑤ 动物变人，在神话表述中有性质不同的两种情况，分别列为两种母题类型。一种是作为"人类产生"意义上的"动物变成人"；另一种具有魔法性质或强调动物变形能力方面的"动物变人"。后者的类型列在"其他"类的"变形"母题类型中。具体情况可对照《中国神话母题 W2 编目实例》。
⑥ 【关联】［W2315 ~ W2349］动物变化为人
⑦ 【引例】人因贪心银子变白鹅【汉族】
⑧ 【民族】汉族。【引例】凤凰变姑娘【回族】

W 编码	母题描述			参照项	
	一级母题	二级母题	三级母题	汤普森	关联项
W9561.4		鸽子变人		D354.1	【例1】①
W9561.5		猴变人			【民族，联1】②
W9561.6		虎变人		D312.1	【白族】
W9561.6.1			女子嫁虎后虎变人		【彝族】
W9561.6.2			老虎变女子害猎人		【普米族】
W9561.7		狐狸变人		D313.1	【联1，例1】③
W9561.8		鸡变人			
W9561.8.1			公鸡到天上后变人		【羌族】
W9561.9		狼变人			【联1】④
W9561.10		龙变人			【联1，例1】⑤
W9561.10.1			龙变男子与人成婚		【联1】⑥
W9561.11		蚂蚁变人		D382.2	
W9561.12		猫变人		D342	
W9561.13		蜜蜂变人		D382.1	【瑶族】
W9561.14		鸟变人			
W9561.15		牛变人			
W9561.15.1			牛变小伙		【土族】
W9561.16		青蛙变人			【民族，例2】⑦
W9561.16.1			人生的青蛙变人		【傣族】
W9561.16.2			蛤蟆烤皮后变人		【东乡族】
W9561.16.3			青蛙变姑娘		【壮族】
W9561.16.4			蛤蟆变男子		【壮族】
W9561.17		蛇变人			【民族，联1，例1】⑧
W9561.18		狮子变人		D312.1	
W9561.19		鼠变人			【汉族、白族、高山族】
W9561.20		天鹅变人			【例1】⑨
W9561.21		兔子变人		D315.5	
W9561.21.1			白兔变美女		【鄂伦春族】
W9561.22		熊变人			【白族】

① 【引例】鸽子变姑娘【回族、柯尔克孜族、裕固族】
② 【民族】藏族。【关联】［W2317］猴变成人
③ 【关联】［TPS：≈K934］狐狸变牧羊人。【引例】狐狸变老人【达斡尔族】
④ 【关联】［W2319］狼变成人
⑤ 【关联】［W3579.6］龙能变化。【引例】龙太子变成人【傣族】
⑥ 【关联】［W7478］人与龙婚
⑦ 【民族】独龙族。【引例】❶青蛙脱皮变姑娘【景颇族】；❷青蛙变小伙做老妈妈的儿子【纳西族】
⑧ 【民族】高山族。【关联】［W3534.3.2］蛇郎。【引例】蛇变会说话的人【回族】
⑨ 【引例】天鹅变姑娘【哈萨克族、柯尔克孜族】

W 编码	母题描述			参照项	
	一级母题	二级母题	三级母题	汤普森	关联项
W9561.23		鸭变人		D365	
W9561.24		羊变人			【例3】①
W9561.25		鹰变人			
W9561.25.1			山鹰变人		【仫佬族】
W9561.26		鱼变人			【例2】②
W9561.27		其他动物变人			【例2】③
W9561.27.1			螺蛳变人		【高山族】
W9561.27.2			鹦鹉变人	D357	
W9562	动物变其他动物			D410	【联1，例4】④
W9562.1		蛇变龙		D418.1.2	【联1】⑤
W9562.2		蜥蜴变龙			【汉族】
W9562.3		虫子变狗		D418.2.2	【畲族】
W9562.4		狗变乌鸦			【高山族】
W9562.5		龙变其他动物		D419.1	【联2，例1】⑥
W9562.6		蝴蝶变蟋蟀			【鄂温克族】
W9563	动物变植物				【联1】⑦
W9563.1		鹿变树			【鄂伦春族】
W9564	动物变无生命物				【例2】⑧
W9564.1		动物变石头		D471.8	【例3】⑨
W9565	与动物变形有关的其他母题				
W9565.1		动物变神或神性人物			【联1】⑩
W9565.2		动物会变多种东西			【例1】⑪
W9565.3		动物的肢体变其他动物			【例1】⑫

---

① 【引例】❶羊尾巴变人【东乡族】；❷羚羊变姑娘【柯尔克孜族】；❸羊尾巴变女子【普米族】

② 【引例】❶金鱼变男子【景颇族、维吾尔族】；❷鲤鱼变姑娘【壮族】

③ 【引例】❶马鹿变姑娘【景颇族】；❷蚌变人【苗族】

④ 【关联】［W6290］动物图腾。【引例】❶老虎变成蚊子、土蜂【珞巴族】；❷黑羊变老熊【普米族】；❸白羊变马鹿【普米族】；❹白海螺变白绵羊【藏族】

⑤ 【关联】［W3558］龙是变化产生的

⑥ 【关联】❶［W3579.6.5］龙变成蛇；❷［W3579.6.6］龙变成犬。【引例】龙变形为鱼【汉族】

⑦ 【关联】［W3626］动物变成植物

⑧ 【引例】❶龙在水中变木头【傣族】；❷蛤蟆变蛤蟆山【壮族】

⑨ 【引例】❶金鸡变石头【汉族】；❷凤凰变凤凰山【京族、仫佬族】；❸骆驼变化为石【柯尔克孜族】

⑩ 【关联】［W0500］动物神

⑪ 【引例】龙会变形为各种东西【傣族】

⑫ 【引例】公牛的腰子变虎【土族】

W 编码	母题描述			参照项	
	一级母题	二级母题	三级母题	汤普森	关联项
✳ **W9566**	**植物的变形**			D451.2	
W9567	植物变神或神性人物				【联 1】①
W9568	植物变人				【联 4，例 1】②
W9568.1		特定的树变人			
W9569	植物变动物			D441.4	【联 1】③
W9569.1		树叶变动物		D441.5	【拉祜族】
W9570	植物变其他植物				
W9570.1		稻子变高粱			【白族】
W9571	植物变无生命物				
W9571.1		植物变矿石			
W9572	植物变其他物质				
W9573	与植物变形有关的其他母题				
W9573.1		树木的变形		D451.1	
W9573.2		花的变形		D451.4	
W9573.3		草的变形			

9.5.5　自然物、无生命物的变形【W9575 ~ W9579】

W 编码	母题描述			参照项	
	一级母题	二级母题	三级母题	汤普森	关联项
W9575	自然物的变形				
W9575.1		日月的变形			【例 3】④
W9575.1.1			太阳变鸟		【汉族、藏族】
W9575.1.2			月亮变鸟		【藏族】
W9575.2		星星的变形			【例 1】⑤
W9575.3		山（石）变动物			
W9575.3.1			石头变羊群		【民族，例 1】⑥

---

① 【关联】［W9567］植物变神或神性人物
② 【关联】❶［W2350］植物变化为人；❷［W2351］树木变化为人；❸［W2357］花变化为人；❹［W2358］草变化为人。【引例】鬼栽的树变成人【怒族】
③ 【关联】［W3031］植物变成动物
④ 【引例】❶太阳变老太婆【珞巴族】；❷太阳变小伙【瑶族】；❸月亮变姑娘【瑶族】
⑤ 【引例】星星变人【仡佬族】
⑥ 【民族】阿昌族。【引例】石头被抽打变形为山羊【撒拉族】

W 编码	母题描述			参照项	
	一级母题	二级母题	三级母题	汤普森	关联项
W9575.3.2			石头变食物		【例1】①
W9575.3.3			石头变其他物		【联3】②
W9575.4		泥土变黄金		D475.1.8	
W9575.5		其他自然物的变形			
W9576	无生命物的变形				
W9576.1		无生命物变神或神性人物			
W9576.2		无生命物变人			【联1，例1】③
W9576.2.1			画中人成活	D435.2	
W9576.2.2			花瓶中变出美女		【土族】
W9576.3		无生命物变动物			【例4】④
W9576.3.1			器物变动物		【汉族】
W9576.3.2			棍棒变动物		【例2】⑤
W9576.4		无生命物变植物			
W9576.5		与无生命物变形有关的其他母题			【联1】⑥
W9576.5.1			砖块变金银	D475.1.7	
W9577	其他特定物的变形				
W9577.1		尸体变形			【联1，例2】⑦
W9577.2		特定的肢体变为特定的物			
W9577.2.1			鼻子变坟		【苗族】
W9577.2.2			女神的生殖器变岩洞		【壮族】
W9577.2.3			切掉的手指变蛤蟆		【东乡族】
W9577.3		屎变金银			【联1，例3】⑧
W9577.3.1			乌鸦屙金子帮助人		【汉族】

① 【引例】石头变馒头【怒族】

② 【关联】❶［W1265.4.3］石头变成岛屿；❷［W1743.1］宝石变成北斗星；❸［W9695.1.1］石块变宝石

③ 【关联】［W2369］无生命物变化为人。【引例】刀子变人【珞巴族】

④ 【引例】❶肉变小麻雀【高山族】；❷楼星下凡变黄狗【仡佬族】；❸星星变狗【仡佬族】；❹昆仑山变成巨龙

⑤ 【引例】❶棒丢河中变鱼【白族】；❷拐杖变神马（神马）【东乡族】

⑥ 【关联】［W9518.1］镜子变湖

⑦ 【关联】［W9591.1］垂死化生。【引例】❶太阳死去的孩子的尸体掉到地上时变成了一只死鹿【珞巴族】；❷人的尸体变成了石头人【珞巴族】

⑧ 【关联】［W9995.3］屙金子。【引例】❶龙王屙的屎变黄金【傣族】；❷粪便变首饰【高山族】；❸动物的粪变金银【汉族】

9.5.6 与变形有关的其他母题【W9580~W9589】

W 编码	母题描述			参照项	
	一级母题	二级母题	三级母题	汤普森	关联项
◎	〖与变形有关的其他母题〗				
W9580	奇特的变形				【例1】①
W9581	变形的特定时间				【例1】②
W9581.1		日出前变形			【汉族】
W9581.2		日落后变形			
W9582	周期性变形			D620	
W9582.1		日夜有不同的形体变化		D621.0.1	
W9582.2		昼为人，夜为兽		D621.1.1	
W9582.2.1			昼为花，夜为女	D621.2.2	
W9582.2.2			昼为龙犬，夜为人		【瑶族】
W9582.2.3			夜间为花，白天变人		【塔吉克族】
W9582.2.4			狐女白天为人，晚上为狐		【畲族】
W9582.3		人与动物可以互相转化			【拉祜族】
W9582.4		生灵只能变形一次			【京族】
W9582.5		100 年为复原的周期			【例1】③
W9583	不完全的变形（局部变形）				
W9583.1		麒麟变人时头未变			【畲族】
W9583.2		变形不完全的原因			【例2】④
W9583.2.1			解开覆盖物后不再变形		【畲族】
W9584	变形能力的转移				
W9585	变形能力的丧失				
W9585.1		遭诅咒后失去变形能力			【例1】⑤
W9586	变形的失败				

---

① 【引例】小腿肚蹦出的青蛙是龙太子所变【傈僳族】
② 【引例】蛙在特定时间变形【黎族】
③ 【引例】变成青蛙的仙童 100 年后能复原【锡伯族】
④ 【引例】❶因偷看造成不完全的变形【畲族】；❷犬因违背禁忌没有完全变成人
⑤ 【引例】毛虫遭诅咒不能再变人【白族】

W 编码	母题描述			参照项	
	一级母题	二级母题	三级母题	汤普森	关联项
W9587	与变形有关的其他母题				
W9587.1		变形的道具			【例1】①
W9587.2		变形中的破绽			

9.5.7 化生及有关母题【W9590~W9599】

W 编码	母题描述			参照项	
	一级母题	二级母题	三级母题	汤普森	关联项
W9590	化生的条件				【联1】②
W9590.1		加热后化生			
W9590.2		浸入水中化生			
W9590.3		腐烂后化生			【联1】③
W9590.4		放在特定的地方化生			
W9590.5		其他原因的化生			【例1】④
W9591	化生的方式				
W9591.1		垂死化生			
W9591.2		肢体化生为特定的物			
W9591.2.1			指甲化为瓦		【白族】
W9591.2.2			人的肢体化生山		【汉族】
W9591.3		间接化生			
W9591.3.1			化生为坟上长出的植物		
◎	〖常见的化生类型〗				
W9592	神的化生				
W9592.1		神垂死化生			【汉族】
W9593	神性人物的化生				
W9593.1		神性人物垂死化生			【汉族】

---

① 【引例】女子把竹筐套在头上变成了牛头，两侧放上葫芦变成一对犄角 【珞巴族】
② 【关联】［W2393］变化为人的条件
③ 【关联】［W9596.1］桃烂后化动物
④ 【引例】人的冤魂化鸟 【朝鲜族】

W 编码	母题描述			参照项	
	一级母题	二级母题	三级母题	汤普森	关联项
W9593.1.1			仙女化石		【达斡尔族】
W9593.1.2			英雄死后化生万物		【联1】①
W9594	人的化生				
W9594.1		人化生树			【民族，联2，例1】②
W9594.2		人化山			【民族，例1】③
W9594.3		人化石			【例2】④
W9594.4		人相思化异物			
W9594.4.1			夫妻相思化为木头		【民族，例1】⑤
W9594.4.2			恋人相思化为石头		
W9594.5		人死后化鸟			【汉族】
W9594.6		人化云			
W9594.6.1			女子化为一朵白云		【白族】
W9595	动物的化生				
W9595.1		牛垂死化生			【布朗族】
W9596	植物的化生				
W9596.1		桃烂后化动物			【联1】⑥
W9597	无生命物的化生				
W9598	与化生有关的其他母题				
W9598.1		不成功的化生			【联2】⑦
W9598.2		化生时的禁忌			

① 【关联】［W1521］神或神性人物变化为万物（神或神性人物变化出万物）
② 【民族】畲族。【关联】❶［W3765.1］人变成柳树；❷［W3793.1.1］人变成椰树。【引例】恋人死后化生连理树【鄂温克族】
③ 【民族】鄂温克族、裕固族。【引例】造物者化山【白族】
④ 【引例】❶人害羞化石【汉族】；❷人因悲痛化石【苗族】
⑤ 【民族】汉族。【关联】［W9522.6］人因相思变形
⑥ 【关联】［W3031］植物变成动物
⑦ 【关联】❶［W9347］不成功的复活；❷［W9586］变形的失败

9.6 考验与欺骗

【W9600～W9649】

9.6.1 考验【W9600～W9619】

W 编码	母题描述			参照项	
	一级母题	二级母题	三级母题	汤普森	关联项
✿ W9600	考验				【联1】①
W9601	验证身份			H0	
W9601.1		不认识自己的身份		J2010	
W9601.2		通过身体标志辨别身份		H50	【民族，联1】②
W9601.3		通过记号辨别身份		H80	
W9601.4		通过饰品辨别身份		H90	【苗族】
W9601.5		通过特定的行为辨别身份			【例1】③
W9601.6		与验证身份有关的其他母题			
W9601.6.1			验证是不是父亲		【例1】④
W9601.6.2			通过讲故事辨别身份	H11	
W9601.6.3			验证骗子的体征		【民族，联1，例1】⑤
W9602	验证善恶				
W9602.1		验证良心			
W9602.1.1			灾难前先验证人的良心		【联1】⑥

---

① 【关联】［W7707］婚前考验（婚前试探）
② 【民族】黎族。【关联】［W6585］文身
③ 【引例】通过是否舐孩子的口水证明是不是父亲【珞巴族】
④ 【引例】狗（父亲所变）如果舐孩子的口水，则是父亲，反之则不是【珞巴族】
⑤ 【民族】东乡族。【关联】［W9635.1］骗子。【引例】骗子的肋骨由柳木做成
⑥ 【关联】［W8174.1］人的良心不好引起洪水

W 编码	母题描述			参照项	
	一级母题	二级母题	三级母题	汤普森	关联项
W9602.1.2			观音考验人的良心		【民族，联1】①
W9602.2		试儿子孝心			【民族，联1】②
W9602.2.1			母亲让儿子取特定的猎物试孝心		【联1，例2】③
W9602.2.2			母亲装病试儿子孝心		【例1】④
W9603	验证是否有罪			H210	
W9604	苦难考验			H220	【联2】⑤
W9604.1		成为英雄要经历九死一生			【彝族】
W9605	贞洁考验			H400	【联2】⑥
W9605.1		丈夫考验妻子是否忠诚		≈ T235	【联1】⑦
W9606	技能考验				【联1】⑧
W9606.1		爬刀山（刀梯）考验		H225.1	【苗族】
W9606.2		过火海（油锅）考验			【民族，例1】⑨
W9606.3		考验儿子的能力		H500.1	【联1】⑩
W9607	勇气考验			H1561	【彝族】
W9608	力量考验			H1562	
W9608.1		举重物考验			【联1】⑪
W9608.2		人与动物角力			【联1】⑫
W9609	争夺权力的考验			H1567	【联1，例1】⑬
W9609.1		争夺王位比本领			【民族，联1】⑭
W9610	敏锐力的考验			H1571	

① 【民族】彝族。【关联】［W0790.4］观音菩萨
② 【民族】彝族。【关联】［W5131］母与子
③ 【关联】［W7786］婚前生产生活能力难题。【引例】❶母亲通过让儿子取鹿心试孝心【彝族】；❷母亲让儿子取熊胆试孝心【彝族】
④ 【引例】母亲装病让儿子取雷公肉治病
⑤ 【关联】❶［W7810］婚前对求爱者的苦难考验难题；❷［W9618.4］生死条件的考验
⑥ 【关联】❶［W2928］处女；❷［W6652］初夜权
⑦ 【关联】［W7708］婚前男子考验女子
⑧ 【关联】［W7786］婚前生产生活能力难题
⑨ 【民族】侗族、苗族。【引例】身上涂药后能潜入油锅【珞巴族】
⑩ 【关联】［W9602.2.1］母亲让儿子取特定的猎物试孝心
⑪ 【关联】［TPS：≈ F610.6］大力士
⑫ 【关联】［W9620］竞赛（比赛）
⑬ 【关联】［W5059］首领通过争战产生。【引例】通过争夺特定的物确定首领
⑭ 【民族】朝鲜族。【关联】［W5886］借助特殊的本领成为国王

W 编码	母题描述			参照项	
	一级母题	二级母题	三级母题	汤普森	关联项
W9611	宗教性质的考验			H1573	【联1】①
W9612	用反常的任务考验			H1050	
W9613	用婚姻考验				【例1】②
W9614	智慧方面的难题考验			H500	【联1】③
W9615	竞赛类难题考验			H33.5	【联1】④
W9616	选择类的难题考验			J200	【联1】⑤
W9616.1		关于真假方面的选择			
W9616.2		关于价值方面的选择			
W9616.3		两物必选其一			【例3】⑥
W9616.4		无价值的选择		J460	
W9616.5		其他一些选择母题		J480	
W9616.5.1			谦卑者选到最好的东西	L210	
W9616.5.2			最劣质的盒子里放着最好的东西	≈L211	【彝族】
W9616.5.3			一物降一物导致错误的选择		【珞巴族】
W9617	猜谜难题考验			H530	
W9618	与考验有关的其他母题				【联1】⑦
W9618.1		通过骗术获胜		K0	【联1】⑧
W9618.2		通过魔法获胜		K1	【联1】⑨
W9618.3		通过帮助获胜			【联1】⑩
W9618.3.1			通过神的帮助获胜		

---

① 【关联】［W6468.2］宗教习俗
② 【引例】尧通过嫁女考验舜【汉族】
③ 【关联】［W7800］婚前智慧、技巧方面的难题
④ 【关联】［W9620］竞赛（比赛）
⑤ 【关联】［W7814］婚前通过选择考验判断力
⑥ 【引例】❶生与死只能选其一【汉族】；❷爱情与财富只能选其一；❸财富与容貌只能选其一
⑦ 【关联】［W7707］婚前考验（婚前试探）
⑧ 【关联】［W9641］骗术
⑨ 【关联】［W9000］魔法
⑩ 【关联】［W9987］帮助者

W 编码	母题描述			参照项	
	一级母题	二级母题	三级母题	汤普森	关联项
W9618.3.2			通过动物的帮助获胜	K3	
W9618.4		生死条件的考验			
W9618.4.1			通过考验犁地决定生死		【民族，联2】①
W9618.4.2			通过考验种地决定生死		【民族，联1】②
W9618.4.3			通过考验收庄稼决定生死		【民族，联1】③

9.6.2　竞赛（比赛）【W9620～W9634】

W 编码	母题描述			参照项	
	一级母题	二级母题	三级母题	汤普森	关联项
✿ **W9620**	竞赛（比赛）				【联1】④
✳ **W9621**	竞赛者				
W9622		神之间的竞争		A163	
W9622.1			神比本领		【蒙古族】
W9623		神性人物之间的竞赛			
W9624		人与神之间的竞赛			
W9624.1			人与神比本领		【门巴族】
W9624.2			人与妖比本领		【柯尔克孜族】
W9625		人之间的竞赛			
W9625.1			英雄比武		【民族，联1】⑤
W9625.2			父子比本领		【壮族】
W9625.3			母子比本领		【壮族】
W9625.4			师徒比本领		【汉族】
W9625.5			兄弟比本领		【侗族、苗族、壮族】
W9625.6			最小的弟弟在比赛中获胜	H1242	【壮族】
W9625.7			姐妹比本领		
W9626		人与动物之间的竞赛			

---

① 【民族】彝族。【关联】❶【W7114.1】岳父择婿看重生产本领；❷〔W7786〕婚前生产生活能力难题
② 【民族】彝族。【关联】〔W7786〕婚前生产生活能力难题
③ 【民族】彝族。【关联】〔W7786〕婚前生产生活能力难题
④ 【关联】〔W9615〕竞赛类难题考验
⑤ 【民族】蒙古族。【关联】〔W9633.1〕比武

W 编码	母题描述			参照项	
	一级母题	二级母题	三级母题	汤普森	关联项
W9626.1			人与动物争大小		【水族】
W9626.2			人与动物比本领		【民族，例1】①
W9627		其他特定的竞赛			
W9627.1			动物之间的竞赛		
W9627.2			动物比本领		【仫佬族】
W9627.3			植物之间的竞赛		
W9627.4			无生命物（自然物）之间的竞赛		【例2】②
W9627.5			人与其他生命的比赛	H1598	
W9627.6			太阳与风比赛	L351	
W9627.7			猛虎与释迦摩尼比本领		【民族，联1】③
�֍ **W9628**	竞赛的内容				【联1】④
W9629		劳动技术比赛		≈K40	
W9629.1			耕种比赛	K41	
W9629.2			手工制作比赛		【例2】⑤
W9630		智力比赛			
W9630.1			僧与妖斗智		【白族】
W9630.2			兄弟之间斗智		【珞巴族】
W9630.3			猜谜		【联1，例1】⑥
W9630.4			博弈		【藏族】
W9631		体力（力量）比赛		≈K70	【联2】⑦
W9631.1			比赛拔树	K46	
W9631.2			比赛负重		
W9632		速度比赛		≈K53	
W9632.1			比赛到达特定地点		【例1】⑧
W9632.2			比赛相追		【汉族】
W9633		与竞赛内容有关的其他母题			

① 【民族】侗族。【引例】人与猴子比箭法，猴子获胜【珞巴族】
② 【引例】❶山比高低【汉族】；❷铁和炭比赛行走【珞巴族】
③ 【民族】布朗族。【关联】［W0787.1］释迦牟尼
④ 【关联】［W9615］竞赛类难题考验
⑤ 【引例】❶比赛纳鞋底【汉族】；❷比赛煮豆子【汉族】
⑥ 【关联】［W9617］猜谜难题考验。【引例】野鸡与阿巴达尼（珞巴族祖先）比赛猜谜语【珞巴族】
⑦ 【关联】❶［W9608］力量考验；❷［W9608.1］举重物考验
⑧ 【引例】比赛回娘家的速度【汉族】

W 编码	母题描述			参照项	
	一级母题	二级母题	三级母题	汤普森	关联项
W9633.1			比武	P561	【联1，例1】①
W9633.2			耐力比赛		
W9633.3			捉迷藏比赛		【佤族】
W9633.4			比赛魔法大小	H1576	【联1】②
W9633.5			梦的比赛（斗梦）	K66	
W9634	与竞赛有关的其他母题				【联1】③
W9634.1		比赛中晚辈获胜			【联1，例1】④
W9634.2		比赛中最小的孩子获胜		①L0 ②L10	【例1】⑤
W9634.3		未看好的人（物）获胜		L176	
W9634.3.1			哀兵获胜		
W9634.3.2			劣马获胜		
W9634.4		奇特的竞赛标准			【例1】⑥
W9634.4.1			比赛中流血多者获胜		【珞巴族】

9.6.3 欺骗 【W9635 ~ W9649】

W 编码	母题描述			参照项	
	一级母题	二级母题	三级母题	汤普森	关联项
W9635	行骗者				
W9635.1		骗子		P483	【珞巴族】
W9635.2		被骗者			【珞巴族】
W9635.2.1			魔鬼被骗		【汉族、蒙古族】
W9635.2.2			势力者被骗		
W9635.3		伪君子		①K2000 ②≈W171	

① 【关联】［W9625.1］英雄比武。【引例】神因争买同一件东西打架决输赢【珞巴族】
② 【关联】［W9000］魔法
③ 【关联】［W8862］通过比本领战胜妖魔
④ 【关联】［W9625.2］父子比本领。【引例】岳父与女婿比赛中，女婿获胜【珞巴族】
⑤ 【引例】最小的兄弟本事最大【傣族】
⑥ 【引例】比赛中在树擦掉得毛多者获胜【珞巴族】

W 编码	母题描述			参照项	
	一级母题	二级母题	三级母题	汤普森	关联项
W9635.4		与行骗者有关的其他母题			
W9635.4.1			聪明的行骗者		【珞巴族】
✳ **W9636**	**行骗的内容**				
W9637		骗财		≈ K1400	
W9637.1			奴仆骗得主子的财产		【彝族】
W9637.2			智者骗得傻子的财产		
W9638		骗色			
W9638.1			女人被骗	K1350	
W9639		骗杀		K800	【联1】①
W9640		欺骗的其他内容			
W9640.1			骗得土地	K185	
W9640.2			骗妖魔	K210	【蒙古族】
✳ **W9641**	**骗术**				
W9642		通过催眠行骗		K870	【联1】②
W9643		通过恐吓行骗		K1700	
W9644		通过作假行骗		K1810	【联1】③
W9644.1			用假名行骗	K1831	
W9644.2			冒名顶替行骗	K1900	【联2】④
W9644.3			装神弄鬼行骗	K1833	
W9644.4			装死行骗	K1860	【民族，联1】⑤
W9645		通过伪装（乔扮）行骗		K1872	
W9645.1			通过改变身体外表行骗	K1821	【例1】⑥
W9645.2			谦卑的乔扮	K1815	
W9645.3			人扮动物行骗	K1823	
W9645.4			男扮女装	K1836	
W9645.5			女扮男装	K1837	【例1】⑦

① 【关联】［W8761］争战计谋（战术）
② 【关联】［W9158］催眠术
③ 【关联】［W9958.4］以假换真
④ 【关联】❶［W7070.1］冒名顶替的婚姻；❷［W9919.3］冒名顶替遭惩罚
⑤ 【民族】珞巴族。【关联】［W8763.1］装死杀敌
⑥ 【引例】鬼吃人后扮成被吃掉的人的样子【珞巴族】
⑦ 【引例】姐姐为救弟女扮男装【达斡尔族】

W 编码	母题描述			参照项	
	一级母题	二级母题	三级母题	汤普森	关联项
W9646		通过替代行骗		K1840	【民族，联1，例1】①
W9647		其他骗术		K2300	
W9648	与行骗有关的其他母题				【联7】②
W9648.1		假装勇猛		K1950	
W9648.2		伪善		K2050	【联1】③
W9648.3		谎言			【民族，联2】④
W9648.3.1			谎言的产生	A1343	
W9648.3.2			说谎		【汉族、珞巴族】
W9648.4		怪物扮成小儿的母亲			【民族，联1】⑤
W9648.5		骗子自食其果		①K890 ②K1600	
W9648.5.1			骗人者被骗	J1510	【例1】⑥
W9648.5.2			骗子被惩罚	Q60	
W9648.6		骗子被揭穿		U110	【珞巴族】
W9648.7		捉弄			【联1】⑦
W9648.7.1			人捉弄山神		【纳西族】
W9648.7.2			哥哥被弟弟捉弄		【民族，联1】⑧

---

① 【关联】［W9996］替代物。【引例】比赛扔石头时通过把石头偷换成鸟后取胜【珞巴族】
② 【关联】❶［W8763.2］通过骗术使敌手相互争斗；❷［W8971.1］诱捕敌手；❸［W8984.2］通过骗术营救；❹ ［W8988.4］通过骗术逃生；❺［W8988.4.1］欺骗看守者逃脱；❻［W8988.4.2］看守者被骗解除武器；❼ ［W9618.1］通过骗术获胜
③ 【关联】［W9919.8］伪善受惩罚
④ 【民族】藏族。【关联】❶［TPS：X1200］关于动物的谎话；❷［TPS：X1215］关于狗的谎话
⑤ 【民族】哈尼族。【关联】［W0863.2.1］变婆
⑥ 【引例】阿巴达尼（珞马族祖先名）骗别人反而失去妻子【珞巴族】
⑦ 【关联】［W8015］神捉弄人制造灾难
⑧ 【民族】珞巴族。【关联】［W5180］兄弟争大小

9.7 宝物

【W9650 ~ W9699】

9.7.1 宝物概说 【W9650 ~ W9669】

W 编码	母题描述			参照项	
	一级母题	二级母题	三级母题	汤普森	关联项
✿ **W9650**	宝物				
✳ **W9651**	宝物的产生（获得）				
W9652		宝物来源于某个地方			
W9652.1			天降宝物		【汉族】
W9652.2			宝物出于水中		【汉族】
W9653		宝物是赠予的			【联1，例1】①
W9653.1			神赠与宝物		【例2】②
W9653.2			神性人物献宝		【民族，例3】③
W9653.3			长者赠与宝物		【例1】④
W9653.4			宝石只赠给最勇敢的人		【民族，联1】⑤
W9653.5			动物报恩赠宝		【东乡族】
W9654		宝物是造出来的			
W9654.1			神仙造宝物		
W9654.2			特定的人造宝物		
W9655		宝物是生出来的			
W9655.1			动物生珍宝	B103	【民族，联1】⑥

---

① 【关联】［W9679.1］神赐宝瓶。【引例】人救龙王得宝 【哈尼族】
② 【引例】❶山神赐宝物 【鄂温克族】；❷天神送法宝 【纳西族】
③ 【民族】汉族。【引例】❶土地公赠宝 【仫佬族】；❷仙人送金犁头 【拉祜族】；❸龙王送宝物 【黎族】
④ 【引例】老人给女儿女婿三件宝贝 【独龙族】
⑤ 【民族】布朗族。【关联】［W9695.1］宝石
⑥ 【民族】傣族。【关联】［W9651］宝物的产生（获得）

W 编码	母题描述			参照项	
	一级母题	二级母题	三级母题	汤普森	关联项
W9655.2			牛拉的粪便是金子	B103.1.2	【联2】①
W9655.3			羊生珍宝	B114	
W9656		宝物是变化产生的			【例1】②
W9656.1			眼泪变宝	D1454.4	【汉族】
W9656.2			废物变宝物		
W9656.3			魔法变出宝物		【联1】③
W9657		宝物源于特定行为			
W9657.1			救动物得宝物		【联1，例1】④
W9657.2			因行善得宝		【例1】⑤
W9658		宝物源于偶然事件			
W9659		与获得宝物有关的其他母题			
W9659.1			宝物自己出现	N552	【满族】
W9659.2			宝物的产生有特定的征兆		【联1】⑥
W9659.3			嫁女时送给女儿宝物		【联1，例1】⑦
W9659.4			宝物的产生伴随假象		
✳ W9660	宝物被发现			①D2101 ②N530	【联1】⑧
W9660.1			挖掘到财宝（宝物）	N500	【联1】⑨
W9660.3			梦中得宝	N531	【联1】⑩
W9660.4			通过魔物得宝	N533	
W9660.5			巧遇得宝	①N534 ②N630	【联1，例1】⑪
W9660.6			动物告诉了宝物所在	①B505.2 ②N537	【例1】⑫

① 【关联】❶［W9577.3］屎变金银；❷［W9995.3］屑金子
② 【引例】蛇变出金银【普米族】
③ 【关联】［W9000］魔法
④ 【关联】［W9429］动物报恩。【引例】救螃蟹得珠宝【布朗族】
⑤ 【引例】吸脓疮试怜悯心后得宝【仫佬族】
⑥ 【关联】［W9200］征兆
⑦ 【关联】［W6638］陪嫁（嫁妆）。【引例】太阳（女神）嫁女时送给女儿一件宝物【珞巴族】
⑧ 【关联】［W9093.1］魔物（法）寻宝
⑨ 【关联】［W9662.1］宝物藏在地下
⑩ 【关联】［W9661.1］梦中得知宝物的所在
⑪ 【关联】［W9942］巧遇。【引例】掘地得宝物【汉族】
⑫ 【引例】白喜鹊为人找到银子【满族】

W 编码	母题描述			参照项	
	一级母题	二级母题	三级母题	汤普森	关联项
W9660.7		特定的人才能发现宝物		N543	
W9660.7.1			宝物只献给特定的英雄	N552.1	【联1】①
W9660.7.2			瞎子得宝		【汉族】
W9660.8		其他发现宝物的方法		N549	
W9660.8.1			宝物找主人		
W9661	发现宝物的特定条件			N542	
W9661.1		梦中得知宝物的所在			【黎族】
W9661.1.1			神托梦告知宝物的所在		【蒙古族】
W9661.2		神性人物告知宝物的所在			
W9661.3		不知名的老人告知宝物的所在			【满族】
W9661.4		与获宝条件有关的其他母题			
W9661.4.1			做特定的事情作为获宝条件		【汉族】
W9662	宝物被发现的地点			N510	
W9662.1		宝物藏在地下			
W9662.2		宝物藏在特定的人物那里			【例1】②
W9662.3		宝物藏在神奇的洞中			
W9662.4		宝物藏在动物体内		B107	【联2，例1】③
W9662.5		宝物藏在植物中			
W9662.5.1			宝物藏在花中		
W9662.5.2			宝物藏在植物的果实中		

---

① 【关联】［W0605］文化英雄的工具（武器）
② 【引例】宝扇藏在妖魔的住处 【汉族】
③ 【关联】❶［TPS：B103.4.2］蛇的口中有珠宝；❷［TPS：B722］动物头中有魔石。【引例】金银藏在鱼腹中 【哈尼族】

W 编码	母题描述			参照项	
	一级母题	二级母题	三级母题	汤普森	关联项
W9662.6		宝物藏在其他特定的地方			【联4】①
W9662.6.1			宝物埋在墓穴（墓中藏宝）	N511.1.1	
W9662.6.2			宝物藏在树下	N511.1.9	【汉族】
W9663	获取宝物的方法				
W9663.1		盗取宝物			【民族，例1】②
W9663.1.1			魔窟取宝	G610	【联1】③
W9663.1.2			兽穴取宝		
W9663.2		夺取宝物（夺宝）			【例1】④
W9663.3		换取宝物			
W9663.3.1			以宝换宝		【纳西族】
W9663.3.2			以物换宝		
W9663.4		骗取宝物			【联1】⑤
W9663.5		与获宝方法有关的其他母题			
W9663.5.1			求宝秘诀		【高山族】
◎	〘其他相关母题〙				
W9664	宝物的特征				
W9664.1		宝物能满足愿望			
W9664.1.1			宝物能满足1个愿望		
W9664.1.2			宝物能满足2个愿望		
W9664.1.3			宝物能满足3个愿望		【民族，例1】⑥
W9664.1.4			宝物能满足所有愿望		
W9664.2		宝物能产生财宝			
W9664.2.1			宝物能变出金子		【例1】⑦

① 【关联】❶〔TPS：N511.1.11〕宝物藏在山顶；❷〔TPS：N511.1.12〕宝物藏在岛上；❸〔TPS：N511.6〕宝物藏在石头下；❹〔TPS：N513〕宝物藏在水下

② 【民族】汉族。【引例】动物帮恩人偷宝【哈尼族】

③ 【关联】〔W0830〕妖魔

④ 【引例】从妖魔那里夺取生死扁担【独龙族】

⑤ 【关联】〔W9635~W9649〕欺骗

⑥ 【民族】汉族。【引例】对金碗只能提出3个要求【珞巴族】

⑦ 【引例】葫芦籽变金子【汉族】

W 编码	母题描述			参照项	
	一级母题	二级母题	三级母题	汤普森	关联项
W9664.2.2			宝物中生金银		
W9664.3		宝物在某个特定时间会现形		N541	
W9664.4		宝物时常离去		N562	
W9664.5		宝物帮助主人			
W9664.5.1			宝物助战		【联1】①
W9664.5.2			宝物帮主人惩罚坏人		【白族】
W9664.6		与宝物的特征有关的其他母题			
W9664.6.1			宝物有不起眼的外表		【例1】②
W9664.6.2			宝物的颜色		
W9664.6.3			宝物会发光		【例1】③
W9664.6.4			宝物有特定的性格		
W9664.6.5			宝物有特定的寿命		【汉族】
W9664.6.6			宝物能降妖（镇妖宝物）		【联1，例1】④
W9665	宝物的习性				
W9665.1		宝物有特定的禁忌			
W9666	宝物的伴随物				
W9667	与宝物有关的其他母题				

9.7.2　**器物、工具类宝物**⑤【W9670 ~ W9689】

W 编码	母题描述			参照项	
	一级母题	二级母题	三级母题	汤普森	关联项
◎	〖常见器物、工具类宝物〗				
W9670	宝船				【联1】⑥
W9670.1		造宝船			

① 【关联】［W8770］争战的帮助者
② 【引例】丑陋的物件原来是宝物【汉族】
③ 【引例】天帝发光的大元宝【布依族】
④ 【关联】［W8830 ~ W8869］斗妖魔。【引例】九头妖魔的头砍掉后要装在宝袋里【鄂伦春族】
⑤ 器物、工具类宝物，此类宝物涉及的母题非常繁多。其中关于宝物的产生、特征等内容与 "［W6000 ~ W6999］有形文化与无形文化" 中的 "［W6250 ~ W6279］特定生活用品（器物）" 以及 "［W6970 ~ W6999］与发明或文化有关的母题" 中一些 "物" 的产生、特征等母题大同小异。此类 "宝物" 有时与 "［W9015 ~ W9099］魔物" 非常相似。这几个类型可相互参照。此处为避免表述上的重复和冗杂，重复内容不再一一列举。
⑥ 【关联】［W6217］船

W 编码	母题描述			参照项	
	一级母题	二级母题	三级母题	汤普森	关联项
W9670.2		宝船遇水会变大			【例1】①
W9671	宝锤				【民族，联1】②
W9671.1		能敲击出房屋的木锤			【门巴族】
W9672	宝刀				【民族，联1】③
W9672.1		会飞的宝刀			
W9673	宝鼓				【联3，例3】④
W9674	宝剑				【联1，例2】⑤
W9674.1		特定的物化为宝剑			【例1】⑥
W9674.2		宝剑在特定的洞中			【布依族】
W9674.3		宝剑能战胜妖魔			【汉族】
W9674.4		宝剑能劈开水道			【蒙古族】
W9674.5		宝剑能帮人类实现愿望			【黎族】
W9675	宝箭				【联1】⑦
W9675.1		宝箭会成倍增多			【满族】
W9675.2		宝箭能射到千里之外			【侗族、苗族】
W9676	宝镜				
W9676.1		月光宝镜			【东乡族】
W9676.2		宝镜可降妖			【畲族】
W9676.2.1			照妖镜		
W9676.3		宝镜碎后复原			【民族，联1】⑧
W9676.4		宝镜能保佑人			【高山族】
W9676.5		宝镜中能看到未来			
W9676.6		能穿越天堂与地狱的宝镜			【维吾尔族】
W9676.7		与宝镜有关的其他母题			
W9677	宝锣				

① 【引例】洪水中会变大的宝船【汉族】
② 【民族】汉族。【关联】［W6086］锤
③ 【民族】阿昌族、保安族、汉族。【关联】［W6087］刀
④ 【关联】❶［W0965］神鼓；❷［W6274］鼓的产生；❸［W6274.3］铜鼓。【引例】❶敲铜鼓能联系天神【水族】；❷铜鼓变后生杀蛟龙【壮族】；❸滴血炼成神力的红铜鼓【壮族】
⑤ 【关联】［W8751］剑。【引例】❶使用宝物的口诀【东乡族】；❷昆仑宝剑
⑥ 【引例】蛇化宝剑【蒙古族】
⑦ 【关联】［W0963.2］神箭
⑧ 【民族】高山族。【关联】［W9380］复原

W 编码	母题描述			参照项	
	一级母题	二级母题	三级母题	汤普森	关联项
W9677.1		铜锣可使人心想事成			【黎族】
W9678	宝磨				
W9678.1		宝磨能磨出金银			【汉族】
W9678.2		宝磨能磨出米			【仫佬族】
W9679	宝瓶				
W9679.1		神赐宝瓶			【例1】①
W9679.2		宝瓶有倒不完的水			
W9679.2.1			宝瓶降妖		【汉族】
W9679.3		与宝瓶有关的其他母题			
W9679.3.1			能看到鬼怪的宝罐		【珞巴族】
W9680	宝扫帚				【苗族】
W9680.1		会飞的扫帚			【联1】②
W9681	宝扇				
W9681.1		能灭火的扇子			【布依族】
W9681.1.1			灭火的芭蕉扇		【汉族】
W9681.2		宝扇降魔			【高山族】
W9681.3		宝扇使人复活			【民族，联1】③
W9682	宝箱（宝匣、宝盒）				
W9682.1		制造风雨的石匣			【汉族】
W9682.2		盛天下财富的宝箱			【哈尼族】
W9682.3		宝箱中的物件取之不尽			【汉族】
W9683	宝碗				
W9683.1		宝碗能生出万物			【门巴族】
W9683.2		宝碗能变出食物			【汉族】
W9684	宝衣				【例1】④
W9684.1		避水衣能分水为道			【民族，联1】⑤
W9685	宝鞋				【例1】⑥

---

① 【引例】宝瓶装着粮种 【汉族】
② 【关联】［W9688.4］飞毯
③ 【民族】高山族。【关联】［W9300］复活
④ 【引例】披上飞龙袍可以飞翔 【仫佬族】
⑤ 【民族】裕固族。【关联】［W9674.4］宝剑能劈开水道
⑥ 【引例】穿上宝鞋能走刀山渡大海 【畲族】

W 编码	母题描述			参照项	
	一级母题	二级母题	三级母题	汤普森	关联项
W9686	宝珠				【例1】①
W9686.1		珍珠的来历		A2827	【联1】②
W9686.1.1			神或人的骨骼变珍珠		【汉族】
W9686.1.2			神或人的牙齿变珍珠		
W9686.1.3			泪水变珍珠		【壮族】
W9686.2		夜明珠			【民族，联2】③
W9686.2.1			从龙宫获得夜明珠		【例1】④
W9686.2.2			从犀牛那里获得夜明珠		【布依族】
W9686.2.3			青蛙赠夜明珠		【普米族】
W9686.2.4			从蛟龙头上得到夜明珠		【黎族】
W9686.2.5			从金凤鸟那里中取得夜明珠		【黎族】
W9686.2.6			夜明珠可以使死者复活		【民族，联2】⑤
W9686.3		万变珠			【例1】⑥
W9686.4		避水珠			【壮族】
W9686.4.1			避水珠能水中开路		【壮族】
W9686.5		与宝珠有关的其他母题			
W9686.5.1			宝珠能带来想要的东西		【纳西族】
W9686.5.2			宝珠可以使风调雨顺		【布依族】
W9687	宝鞭				
W9687.1		宝鞭的来历			
W9687.1.1			宝鞭是特定人物赠予的		
W9687.1.2			宝鞭是变化产生的		【例1】⑦

---

① 【引例】黄龙吐珠变宝殿【汉族】
② 【关联】［W3448］扇贝（贝壳）
③ 【民族】壮族。【关联】❶［W4839.1］24颗夜明珠管24节气；❷［W9094.5］魔物发光
④ 【引例】龙盗走父亲的夜明珠【纳西族】
⑤ 【民族】普米族。【关联】❶［W0953］起死回生药；❷［W9300］复活
⑥ 【引例】妖魔的万变珠【白族】
⑦ 【引例】祖先的阳具化为鞭【壮族】

W 编码	母题描述			参照项	
	一级母题	二级母题	三级母题	汤普森	关联项
W9687.2		赶山鞭			【民族，联1，例3】①
W9687.2.1			从仙女那里得到赶山鞭		【苗族】
W9687.2.2			白鹤仙翁送赶山鞭		【仡佬族】
W9687.2.3			用针铸造赶山鞭		【壮族】
W9687.2.4			赶山鞭赶山（石头）		【毛南族、彝族】
W9687.3		开山鞭			
W9687.4		神鞭			【民族，联1，例3】②
W9687.4.1			辨别百草的神鞭		
W9687.5		八宝鞭			
W9687.6		与宝鞭有关的其他母题			
W9687.6.1			宝鞭降妖		
W9688	其他特定的器物作为宝物				
W9688.1		有魔力的武器		D1080	【联2】③
W9688.2		宝杖			
W9688.3		宝绳			
W9688.4		飞毯			
W9688.4.1			载人飞行的毯子		【维吾尔族】
W9688.5		宝锅			
W9688.5.1			宝锅能蒸出可口饭菜		【汉族】
W9688.6		宝号			
W9688.6.1			宝号能召集动物		【珞巴族】
W9688.7		宝盆			【满族】
W9688.7.1			聚宝盆能变出需要的东西		【畲族】
W9688.8		金手指			
W9688.8.1			金手指有魔力		【联1，例1】④
W9688.9		宝筛			

① 【民族】阿昌族、仡佬族、壮族。【关联】［W9038.2］魔鞭。【引例】❶天麻搓成赶山鞭【汉族】；❷赶山鞭能赶山填海【土家族】；❸天神用鞭子赶山【彝族】

② 【民族】蒙古族。【关联】［W9038.2］魔鞭。【引例】❶天帝给神农辨百草的神鞭【汉族】；❷南海观音给神农造草药的鞭；❸神农氏神鞭打在毒草上可去毒

③ 【关联】❶［W6437］武器崇拜；❷［W8753.2］奇特的武器

④ 【关联】［TPS：D1009］人特定的有魔力的肢体。【引例】金手种的庄稼年年都获丰收【珞巴族】

W 编码	母题描述			参照项	
	一级母题	二级母题	三级母题	汤普森	关联项
W9688.9.1			金银筛能筛出金银		【仫佬族】
W9688.10		宝筒			【联1】①
W9688.10.1			竹筒能变宝物		【黎族】
W9688.11		宝眼（慧眼）			
W9688.11.1			能识破妖魔诡计的宝眼		【珞巴族】
W9688.12		宝簪			

9.7.3 动植物类宝物【W9690 ~ W9694】

W 编码	母题描述			参照项	
	一级母题	二级母题	三级母题	汤普森	关联项
✳ **W9690**	动物类宝物				
W9690.1		屙金银的动物			【民族，联1】②
W9690.2		宝马			
W9690.2.1			宝马天降	B811.1.1	
W9690.3		宝鸟			
W9691	与动物宝物有关的其他母题				
W9691.1		特定动物的特定肢体是宝物			【例1】③
✳ **W9692**	植物类宝物				
W9692.1		宝树			【联1，例1】④
W9692.1.1			不死树使人长生		【汉族】
W9692.1.2			寿木使人长生		【民族，例1】⑤
W9692.1.3			让人不死不病的树		【汉族】
W9692.1.4			树生金果	D1461.0.1	
W9692.1.5			树长银枝	D1461.0.2	
W9692.2		生命树			【联1】⑥
W9692.2.1			月亮上的大树是不老树		【民族，联1】⑦

---

① 【关联】［W9682］宝箱（宝匣、宝盒）
② 【民族】傣族、汉族。【关联】［W9995.3］屙金子
③ 【引例】能行云布雨的羊皮【门巴族】
④ 【关联】［W0933.1］长生树（不死树）。【引例】得到李树结的宝果能消灾灭祸【水族】
⑤ 【民族】汉族。【引例】沉香树能使人长生不老【汉族】
⑥ 【关联】［W3747.1］神奇的树
⑦ 【民族】哈尼族。【关联】［W4197］月亮中的树

W 编码	母题描述			参照项	
	一级母题	二级母题	三级母题	汤普森	关联项
W9692.3		长生草			【联3】①
W9692.3.1			长生不老的灵芝		【联2】②
W9692.4		宝葫芦			【民族, 例3】③
W9692.4.1			宝葫芦能生出人想要的东西		【赫哲族、傈僳族、彝族】
W9692.4.2			宝葫芦除妖		【东乡族】
W9693	与植物宝物有关的其他母题				【联3】④
W9693.1		穷人挖奇特的人参得福			【汉族】
W9693.2		植物宝物的特性			
W9693.2.1			植物宝物有特定的获得方法		【例1】⑤

9.7.4 与宝物有关的其他母题【W9695 ~ W9699】

W 编码	母题描述			参照项	
	一级母题	二级母题	三级母题	汤普森	关联项
W9695	其他特定的宝物				
W9695.1		宝石			【联2, 例1】⑥
W9695.1.1			石块变宝石	D475.4.1	【联1】⑦
W9695.1.2			宝石到恶人手里变石头		【保安族】
W9695.2		宝岛		F731	【联1】⑧
W9696	宝物的看守			N570	
W9696.1		特殊体型的人看守宝物（财宝）		≈ N574	
W9696.2		魔鬼看守宝物（财宝）		≈ N576	
W9696.3		魔物看守宝物（财宝）		N581	【例1】⑨

---

① 【关联】❶［W0933.1］长生树（不死树）；❷［W0934］神草（仙草）；❸［W0935］不死草

② 【关联】❶［W0938.3］使人长生的灵芝；❷［W2950］长寿（延寿）

③ 【民族】傈僳族。【引例】❶装湖水的葫芦【东乡族】；❷宝葫芦生余粮【基诺族】；❸神火宝葫芦能降妖【裕固族】

④ 【关联】❶［W0929］神性植物；❷［W0936］还魂草；❸［W0937］延寿草

⑤ 【引例】挖人参时必须先系上红绳，否则会逃走【汉族、满族】

⑥ 【关联】❶［W1866.4］玉石；❷［W9038.31.1］魔力宝石。【引例】石头是镇妖、除邪的宝物【满族】

⑦ 【关联】［W1866.4］玉石

⑧ 【关联】［W1265.6.1］神奇（魔力）之岛

⑨ 【引例】魔鬼守护着延寿草和回生水【纳西族】

W 编码	母题描述			参照项	
	一级母题	二级母题	三级母题	汤普森	关联项
W9696.4		与宝物的看守有关的其他母题			
W9696.4.1			蛇看守宝物		【民族，联1】①
W9696.4.2			鹰看守宝物		
W9697	宝物的失去				
W9697.1		贪心失宝			【汉族】
W9697.2		宝物被毁掉			【黎族】
W9697.3		宝物在特定的时间会消失			
W9698	与宝物有关的其他母题				【联6，例2】②
W9698.1		宝库			
W9698.1.1			神死后肠肝肚肺变成各种宝藏		【景颇族】
W9698.1.2			从宝库中获得各类财宝		【蒙古族】
W9698.1.3			打开特定宝藏的钥匙		【布依族】
W9698.2		妖魔的宝物			【锡伯族】
W9698.3		假的宝物		≈ K120	
W9698.3.1			假宝物被识破		
W9698.3.2			假宝物导致失败		
W9698.4		宝物失而复得			【蒙古族】

---

① 【民族】汉族。【关联】［W3534.9］蛇是神的看家者

② 【关联】❶［W0951］不死药；❷［W9038.11.1］魔（宝）碗中的东西取之不尽；❸［W9038.15.1］魔篮中的东西取之不尽；❹［W9090.3］摇钱树；❺［W9090.5］魔草变宝；❻［W9094.6.3］取之不尽的容器。【引例】❶宝物中生粮食【汉族】；❷宝物中能产生想要的东西

9.8 射日月与救日月①
【W9700 ~ W9899】

9.8.1 射日（月）的原因与时间②【W9700 ~ W9714】

W 编码	母题描述			参照项	
	一级母题	二级母题	三级母题	汤普森	关联项
✿ **W9700**	射日的原因				
✳ **W9701**	射日是因为多个太阳造成灾难③			A720.2	【民族，联1】④
W9702		射日是因为多个太阳危害生命			
W9702.1			因太阳使万物无法生长射日		【民族，例1】⑤
W9702.2			因太阳使百姓受苦射日		【黎族】
W9703		射日是因为多个太阳造成干旱（酷热）			
W9703.1			因太阳造成大地干裂射日		【民族，例2】⑥
W9703.2			因太阳使河流干枯射日		【藏族】
W9704		射日是因为多个太阳晒死作物			【蒙古族、纳西族】

---

① 射日月与救日月，许多民族射日月神话的"射日月"、"射日"、"射月"等情况同时出现，或交错出现。该母题包括了与日月关系的诸多情形。其中，"射日月"中不仅包含用弓箭射落"太阳和月亮"、"太阳"、"月亮"等不同情况，也包括用刀、枪、棍棒等除掉"太阳和月亮"、"太阳"或"月亮"；同时除包括人或英雄人物除掉相应的日月之外，也包括动物或特殊的人物除掉多余日月。这类情形同样出现在"救日月"中。在此类母题的编排中只是为了母题表述的简洁，用"射日月与救日月"等作为提示性母题标识，具体情况可参见《中国神话母题 W9 编目实列》或自行增加下一级母题。

② 射日的原因，此类母题包括"射日月的原因"、"射月的原因"等。为避免重复和繁琐，除个别根据实际情况和表述的需要标示为"射日月"的母题之外，其他不再一一列出"射日月"或"射月"。具体情形参见《中国神话母题 W9 编目实例》。

③ 日月的数量，此母题一般与"日月的产生"中"日月的数量"母题密切联系。为避免重复，射日（月）神话中的中"太阳的数量"、"月亮的数量"等母题不再此处列举。具体数量参见"〔W1630 ~ W1669〕日月的数量"母题以及《中国神话母题 W1 编目实例》。

④ 【民族】毛南族。【关联】〔W1630 ~ W1669〕日月的数量

⑤ 【民族】傣族。【引例】多个太阳使人类无法生存【赫哲族、黎族】

⑥ 【民族】布朗族、黎族。【引例】❶因太阳晒得岩石开裂射日【布依族】；❷因多个太阳晒得山崩地裂射日【藏族】

W 编码	母题描述			参照项	
	一级母题	二级母题	三级母题	汤普森	关联项
W9704.1			因太阳使庄稼无法生长射日		【高山族】
W9704.2			因太阳晒死庄稼和草木射日		【傈僳族】
W9704.3			因太阳晒死草木射日		【民族】①
W9704.4			因太阳晒死庄稼射日		【汉族、纳西族、高山族】
W9704.5			因太阳晒死五谷射日		【例4】②
W9705		射日是因为多个太阳晒焦大地			【民族】③
W9705.1			因太阳晒得岩石融化射日		【毛南族】
W9705.2			因太阳烧掉一半大地射日		【傣族】
W9706		射日是因为多个太阳晒死人类			
W9706.1			因太阳晒死小孩射日		【民族，例1】④
W9706.2			因太阳晒得地上只剩1人射日		【藏族】
W9707		射日是因为多个太阳打破了人间的秩序			【例1】⑤
W9708		与因多个太阳造成灾难射日有关的其他母题			
W9708.1			因多个太阳晒死一切射日		【基诺族、仫佬族】
◎	〖其他相关母题〗				
W9709	射日源于太阳自身				
W9709.1		射日是因为多个太阳喷火			【苗族】

---

① 【民族】独龙族、鄂伦春族、汉族、水族、壮族

② 【引例】❶太阳晒得芋头和小米无法生长【高山族】；❷太阳晒死麦子【汉族】；❸假日月晒死五谷【苗族】；❹假日月晒死草木【苗族】

③ 【民族】阿昌族、哈尼族、哈萨克族、汉族、苗族、羌族、彝族、藏族

④ 【民族】独龙族。【引例】太阳晒死射日者的孩子【珞巴族、高山族】

⑤ 【引例】射日是因为多个太阳形成白昼没有黑夜【高山族】

W 编码	母题描述			参照项	
	一级母题	二级母题	三级母题	汤普森	关联项
W9709.2		射日是因为太阳与神作对			【例3】①
W9709.3		射日是因为太阳不按规律运行			【汉族、畲族】
W9710	射日源于特定的目的				
W9710.1		天神要拯救世界射日			【傣族】
W9710.2		射日是为了比赛力量			
W9710.2.1			小伙比赛射日		【联1，例1】②
W9711	射日的其他原因				
W9711.1		众人祈求射日			【满族】
W9711.2		受命射日			【民族，例1】③
W9711.2.1			遵照父命射日		【赫哲族】
W9711.2.2			遵照帝命射日		【汉族】
W9711.2.3			祖神命令射日		【瑶族】
W9711.2.4			天神请射神射日		【傣族】
W9711.2.5			姐姐让弟弟射太阳		【赫哲族】
W9711.3		劝说射日			【例1】④
W9712	射日的时间⑤				
W9712.1		很早以前射日			
W9712.1.1			太古时射日		【例1】⑥
W9712.1.2			上古时射日		【侗族】
W9712.2		特定的灾难时射日			
W9712.2.1			洪水泛滥时射日		【民族】⑦
W9712.2.2			世界末日时射日		
W9712.3		特定的年代射日			
W9712.3.1			尧的时候射日		【汉族】
W9712.3.2			大禹治水时射日		【例1】⑧
W9712.3.3			混沌时代射日		【珞巴族】

① 【引例】❶射日是因为太阳不听神的安排【布依族】；❷射日月是因为日月与神作对【布朗族】；❸射日是因为多个太阳形成白昼没有黑夜【高山族】

② 【关联】［W9620］竞赛（比赛）。【引例】老人让年轻人进行射日比赛【佤族】

③ 【民族】汉族、壮族。【引例】玉皇大帝指使射日月

④ 【引例】妻子劝丈夫射日

⑤ 射日的时间，在神话叙事中，所谓的神话时间并非确指。但提取这些有关"射（除）日、月的时间"有利于我们进一步了解与射日等相关的历史背景。

⑥ 【引例】太（远）古时射多个日月【黎族】

⑦ 【民族】土家族、蒙古族、傈僳族、羌族、藏族

⑧ 【引例】大禹治水时射多个日月【毛南族】

9.8.2 射日者（射月者）【W9715～W9764】

W 编码	母题描述			参照项	
	一级母题	二级母题	三级母题	汤普森	关联项
✿ **W9715**	射日者（射月者）				
✳ **W9716**	射日者的产生				
W9717		射日者自然产生			【苗族】
W9718		众人推举特定的人射日			【布依族】
W9719		射日者由竞技产生			【高山族】
W9720		与射日者产生有关的其他母题			
W9720.1			招募射日者		【例1】①
W9720.2			射日者的出生		【民族，联1】②
W9720.3			射日者的奇特出生		【联1】③
W9720.4			自告奋勇的射日者		【哈尼族】
✳ **W9721**	神射日				
W9722		天神射日			【例3】④
W9723		地神射日			【例1】⑤
W9723.1			地仙射太阳		【水族】
W9724		巨神射日			【例2】⑥
W9725		射神射日			【例1】⑦
W9726		大力神射日			【例1】⑧
W9727		其他特定的神射日			【例4】⑨
W9727.1			造日月的神射日		【例1】⑩
W9727.2			星王打太阳		【苗族】
W9727.3			猎神射日		【布朗族】
W9727.4			天神的儿子射日		【例1】⑪
W9727.5			雷公除掉多余太阳		【黎族】
W9727.6			多神射日		
✳ **W9728**	神性人物射日				

① 【引例】通过封地招募射日者【布依族】
② 【民族】壮族。【关联】［W0574］文化英雄特殊的出生
③ 【关联】［W2594］特殊的出生
④ 【引例】❶天公遮帕麻射日【阿昌族】；❷天神史鲁米射日【彝族】；❸天神从宗爷爷射日【壮族】
⑤ 【引例】地神的儿子射日【彝族】
⑥ 【引例】❶巨神顾米亚射日月【布朗族】；❷巨神布杰射日【布依族】
⑦ 【引例】射神惟鲁塔射日【傣族】
⑧ 【引例】大力神射日月【黎族】
⑨ 【引例】❶天神的儿子黎射日月【黎族】；❷世界之神果苏果干射日月【苗族】；❸天神昌郎也和弓箭神昌郎仪射日【瑶族】；❹洛伊大帝射日月【彝族】
⑩ 【引例】造日月的神射日月【黎族】
⑪ 【引例】天神的儿子射日月【纳西族】

W 编码	母题描述			参照项	
	一级母题	二级母题	三级母题	汤普森	关联项
W9729		文化英雄射日			【例 1】①
W9730		巨人射日			
W9730.1			无名的巨人射日		【鄂伦春族】
W9730.2			有名的巨人射日		【例 3】②
W9731		宗教人物射日			【例 1】③
W9731.1			巫师射日		【珞巴族】
W9732		仙人射日			【德昂族】
W9732.1			地仙射日		【水族】
W9733		祖先射日			【联 1】④
W9734		其他特定的神性人物射日			
W9734.1			精怪射日		【例 1】⑤
❋ **W9735**	没有名字的人射日				【水族、苗族】
W9736		勇士射日			【例 3】⑥
W9737		壮士射日			【例 1】⑦
W9738		能人射日			【羌族】
W9739		智人射日			【傈僳族】
W9740		猎人射日			【独龙族、汉族】
W9740.1			猎人父子射日		【毛南族】
W9741		神射手射日		F661	【苗族】
W9741.1			技艺高超的射手射日		
W9742		老人射日			【例 1】⑧
W9743		父亲射日			【高山族】
W9744		丈夫⑨射日			【高山族、畲族】
W9745		兄弟射日			【例 2】⑩
W9746		兄妹射日			【民族，联 1，例 3】⑪
W9747		青年射日			【民族，例 1】⑫

① 【引例】文化英雄射日月【怒族】
② 【引例】❶巨人俄普浦罗射日【哈尼族】；❷枉生（北斗星）射太阳【苗族】；❸巨人侯野射日【壮族】
③ 【引例】萨满哈多射日【赫哲族】
④ 【关联】［W0655］祖先有特殊能力
⑤ 【引例】夜猫精射日【彝族】
⑥ 【引例】❶2 个勇士射日【高山族】；❷1 个勇士射日月【怒族】；❸有智慧的好汉射日月【普米族】
⑦ 【引例】3 个壮士射日【鄂温克族】
⑧ 【引例】两老人射日月【仫佬族】
⑨ 丈夫，指一对夫妻中的丈夫。
⑩ 【引例】❶两兄弟射日【珞巴族】；❷五兄弟射日【畲族】
⑪ 【民族】羌族。【关联】［W9779.1.1］兄妹共同拉弓箭射日。【引例】❶盘古的儿女布杰和布缅兄妹射日【布依族】；❷姜良、姜妹兄妹射太阳【侗族】；❸哥哥拉弓妹妹搭箭射日【傈僳族】
⑫ 【民族】傣族。【引例】3 个大汉射日【鄂温克族】

W 编码	母题描述			参照项	
	一级母题	二级母题	三级母题	汤普森	关联项
W9748		小孩射日			【佤族】
W9748.1			男孩射日		【高山族】
W9749		特定身份的人射日			【例 1】①
W9750	有名字的射日（月）者②				【例 63】③
◎	〖**其他相关母题**〗				
W9751	多人共同射日				【联 1，例 5】④
W9752	动物射日				
W9752.1		虫子射日			【珞巴族】
W9752.2		旱獭射日			【藏族】
W9752.3		小雀射日月			【苗族】
W9752.4		皇蜂射日			【侗族】
W9752.5		其他特定的动物射日			【例 1】⑤
W9753	无生命物射日				
W9753.1		北斗星射日			【苗族】
W9754	射日的参与者				
W9754.1		动物参与射日			【联 1】⑥

① 【引例】除掉太阳的英雄是山主的儿子【满族】

② 有名字的射日（月）者，此母题中的具体射日者只做相应的列举但不进行母题编目，只是作为读者对各民族射日神话分析比较时的参考，其中一些射日者名称可能会因为翻译的原因而出现差异。这里对此情况不做一一辨析。

③ 【引例】❶巨神顾米亚射日月【布朗族】；❷英雄大公射日【鄂伦春族】；❸达公射日【鄂伦春族】；❹三兄弟中的老大豪杰射日【鄂温克族】；❺英雄年王射太阳【布依族】；❻力嘎射日【布依族】；❼卜丁射日【布依族】；❽德金射日【布依族】；❾年王射日【布依族】；❿布杰射日【布依族】；⓫巨人保根多打太阳【布依族】；⓬射神惟鲁塔射日【傣族】；⓭猎手米拉尕黑射月亮【东乡族】；⓮姜良射日【侗族】；⓯英雄阿都射日月【哈尼族】；⓰英雄嘎背阿切麦村射日月【哈尼族】；⓱英雄俄浦普罗射日【哈尼族】；⓲舜射日【汉族】；⓳后羿射日【汉族、土家族、畲族、壮族】；⓴阿依莫日根射日【赫哲族】；(21)达赫苏尔打死太阳【赫哲族】；(22)霍代射日【赫哲族】；(23)万家射日月【黎族】；(24)长白山主的儿子三音贝子套太阳【满族】；(25)杨亚射日月【苗族】；(26)阳雀射日【苗族】；(27)挪亚射日月【苗族】；(28)阳寅和杨岈射日月【苗族】；(29)张果老射日月【苗族】；(30)好汉桑扎射日月【苗族】；(31)神箭手桑扎射日月【苗族】；(32)首领普蚩普尤骑射日【苗族】；(33)昌扎射日【苗族】；(34)仡射和仡箭射日月【苗族】；(35)发明弓的仡射射日【苗族】；(36)发明箭的仡箭射月【苗族】；(37)猎人爹格和格父子射日月【毛南族】；(38)格射日【毛南族】；(39)乌恩射太阳【蒙古族】；(40)额尔黑莫日根射日【蒙古族】；(41)牧马人额日亥·莫日根射日【蒙古族】；(42)大力士桑吉达布鲁射日月【纳西族】；(43)祖先格悟松摘除多余的太阳【普米族】；(44)神箭手木哈木拉射日【羌族】；(45)舜祖王射日【畲族】；(46)地仙旺虽射日【水族】；(47)大力士阿劳射日【水族】；(48)卵玉射日【土家族】；(49)大将昌郎一和昌郎宜射日月【瑶族】；(50)青年格怀射日【瑶族】；(51)格怀射日月【瑶族】；(52)青年雅拉射月【瑶族】；(53)青年夫妇雅拉和尼娥射月亮【瑶族】；(54)小伙德金射日【布依族】；(55)小伙子挪亚射日月【苗族】；(56)阿鲁举热射日【彝族】；(57)青年搭透射日月【彝族】；(58)侯野射日【壮族】；(59)郎正射日【壮族】；(60)特康射日【壮族】；(61)天上的特很射日【壮族】；(62)汉弘射日月【壮族】；(63)平义射日【壮族】

④ 【关联】［W9779.3］三代人连续射日。【引例】❶兄弟三人共同射日【鄂温克族】；❷3 个壮士射日【鄂温克族、高山族】；❸三婴儿长大后射日【高山族】；❹射日者背着幼童去射日【高山族】；❺五兄弟射日【畲族】

⑤ 【引例】蛹射太阳【珞巴族】

⑥ 【关联】［W9763.2］人和动物一起除掉多余的太阳

W 编码	母题描述			参照项	
	一级母题	二级母题	三级母题	汤普森	关联项
❖ **W9755**	射日的帮助者				
W9756		神性人物帮助射日			【苗族】
W9757		动物帮助射日			
W9757.1			喜鹊与乌鸦帮助射日		【满族】
W9757.2			金鸟帮助射日		【傈僳族】
W9757.3			长腰蜂帮助射日		【侗族】
W9757.4			蚯蚓帮助射日		【苗族】
W9757.5			天狗帮助射日		【苗族】
W9758		其他人物帮助射日			
❖ **W9759**	射日者的结局				
W9760		射日者受伤			【高山族】
W9761		射日者死亡			【例1】①
W9762		与射日者结局有关的其他母题			
W9762.1			射日者被压山底		【蒙古族】
W9762.2			射日者变成他物		【例3】②
W9763	与射日者有关的其他母题				
W9763.1		射日者是独生子			【赫哲族】
W9763.2		人和动物一起除掉多余的太阳			【例1】③
W9763.3		不成功的射日者			【联2】④
W9763.3.1			动物射日不成功		【例1】⑤

9.8.3　射日（月）的过程 【W9765 ~ W9789】

W 编码	母题描述			参照项	
	一级母题	二级母题	三级母题	汤普森	关联项
❖ **W9765**	射日的准备				

---

① 【民族】毛南族。【引例】一个射日的勇士被太阳烫死 【高山族】
② 【引例】❶射日者射日后因恐惧变成呱呱叫的青蛙 【珞巴族】；❷射日英雄变成启明星 【苗族】；❸射日者变成动物
③ 【引例】人和动物一起除掉日月 【苗族】
④ 【关联】❶ ［W9771.3.3］不成功的射日方法；❷ ［W9778］射日不成功的弓箭
⑤ 【引例】箭猪、鸡王射日不成功 【苗族】

W 编码	母题描述			参照项	
	一级母题	二级母题	三级母题	汤普森	关联项
W9766		射日前算定时间			【联1】①
W9767		射日前选择地点			【联1】②
W9768		射日前制造射日工具			【联2】③
W9769		射日前准备行装			【苗族】
W9770		与射日准备有关的其他母题			
W9771	射日方法				
W9771.1		射日者自然会射日			
W9771.2		特定的人物指点射日方法			【例1】④
W9771.2.1			神传授射日方法		
W9771.2.2			仙人传授射日方法		
W9771.2.3			两只金鸟指点射日		【傈僳族】
W9771.3		与射日方法有关的其他母题			
W9771.3.1			享用贡献之后消除多个太阳		【满族】
W9771.3.2			多余的太阳自然落下		【苗族】
W9771.3.3			不成功的射日方法		
✽ **W9772**	**射日的工具**				
W9773	用弓箭射日				【民族】⑤
W9773.1		用特定的弓箭射日			
W9773.1.1			用神弓和神剑射日		【纳西族】
W9773.1.2			用宝弓神箭射日		【德昂族】
W9773.1.3			用金弓金箭射日		【侗族】
W9773.1.4			用银弓金箭射日		【彝族】
W9773.1.5			用铜弓铜箭射日		【彝族】
W9773.1.6			用桃弓柳箭射日		【土家族】
W9773.2		射日的特定的弓			
W9773.2.1			用神弓射日		
W9773.2.2			用铁臂神弓射日		【蒙古族】

---

① 【关联】［W4640］人使用时间的来历
② 【关联】［W9780］射日的地点
③ 【关联】❶［W6972］弓箭的制作；❷［W9772］射日的工具
④ 【引例】妈妈教给射日月的方法【彝族】
⑤ 【民族】布依族、傈僳族、珞巴族、仫佬族、羌族

W 编码	母题描述			参照项	
	一级母题	二级母题	三级母题	汤普森	关联项
W9773.3		射日的特定的箭			
W9773.3.1			用神箭射日		【哈尼族、汉族、壮族】
W9773.3.2			用金箭射日		【哈尼族】
W9773.3.3			用银箭射日		【哈尼族】
W9773.3.4			用铜箭射日		【哈尼族】
W9773.3.5			用铜箭和铁箭射日		【水族】
W9773.3.6			用钢箭射日		【彝族】
W9773.3.7			用玉箭射日		【哈尼族】
W9773.4		与弓箭射日有关的其他母题			
W9773.4.1			射日的箭的处理		【联1，例2】①
W9774	用弩射日				
W9774.1		用弩弓射日			【傈僳族】
W9774.1.1			用金弩银箭射日		【傈僳族】
W9774.2		用神弩射日			【怒族】
W9775	用剑射日				【独龙族】
W9775.1		用神剑射日			【纳西族】
W9776	用其他特定的器物射日				【苗族】
W9776.1		用枪射日			
W9776.1.1			用火枪射日		【苗族】
W9776.2		用石蛋射日			
W9776.3		用犁铧射日			【苗族】
W9777	射日弓箭的获得				
W9777.1		射日者造弓箭			【民族，联2】②
W9777.2		向特定的人要来射日弓箭			
W9777.3		向特定的人物借弓箭			
W9777.3.1			借龙王的神弓		【哈尼族、傈僳族】
W9777.3.2			借龙王的金箭		【哈尼族】
W9777.3.3			借龙王的金弩银箭		【傈僳族】
W9777.4		射日弓箭获得的其他方式			

① 【关联】［W6976.3.6］毒箭。【引例】❶用毒药涂射日的箭头【珞巴族、毛南族、佤族】；❷用狗血泡射日的箭头【壮族】

② 【民族】布依族。【关联】❶［W6972］弓箭的制作；❷［W6974.2.1］石磨成石箭

W 编码	母题描述			参照项	
	一级母题	二级母题	三级母题	汤普森	关联项
W9778	射日不成功的弓箭				
W9778.1		竹箭射日失败			【民族，例1】①
W9778.2		马桑树做弓藤做弓弦射日不成功			【苗族】
W9778.3		钢箭射日失败			【普米族】
W9778.4		铁箭射日失败			【普米族】
W9778.5		与不成功的射日弓箭有关的其他母题			
W9778.5.1			用竹箭、钢箭、铁箭射日时被烧化		【普米族】
W9779	射日的情形				
W9779.1		两人共同拉弓箭射日			
W9779.1.1			兄妹共同拉弓箭射日		【傈僳族】
W9779.2		射日要经过爬山涉水			【赫哲族、瑶族】
W9779.3		三代人连续射日			【民族，联1】②
W9779.4		分两次除掉多余太阳			【满族、蒙古族、瑶族】
W9779.5		先射其他动物再射日			【苗族】
W9779.6		担山射日			【民族，联1】③
W9779.7		一箭射下多个太阳			【布依族】
W9779.8		射日的其他情形			【联1】④
✳ **W9780**	**射日的地点**				
W9781		到太阳升起的地方射日			【赫哲族】
W9782		站到山上射日			【民族，例2】⑤
W9782.1			站在最高的山上射日		【傣族】

---

① 【民族】普米族。【引例】竹箭射日月失败【哈尼族】

② 【民族】高山族。【关联】［W9751］多人共同射日

③ 【民族】蒙古族。【关联】［W9867］担山追杀太阳

④ 【关联】［W9794］太阳的躲藏

⑤ 【民族】鄂温克族。【引例】❶到昆仑山摘掉多余的月亮【汉族】；❷脚踏两座山射日【水族】

W 编码	母题描述			参照项	
	一级母题	二级母题	三级母题	汤普森	关联项
W9782.2			在最高的山峰射日		【例1】①
W9782.3			站在大山上射日		【赫哲族、独龙族、苗族】
W9782.4			到特定名称的山顶射日		【毛南族】
W9783		站在树上射日			
W9783.1			在太阳树上射日		【苗族】
W9783.2			在马桑树上射日		【民族，例2】②
W9783.3			在马樱花树上射日		【彝族】
W9783.4			在杉树顶上射日		【彝族】
W9783.5			在树梢上射日		【布依族】
W9783.6			在其他特定的树上射日		【例2】③
W9784		到天边射日			【壮族】
W9785		到东海边射日			【例1】④
W9786		攀上天梯射日			【民族，联1】⑤
W9787		其他射日地点			【例1】⑥
W9787.1			到西方去射日		【例1】⑦
W9787.2			在高台子上射日		【德昂族】
W9788		不成功的射日地点			
W9788.1			马桑树上射日不成功		【例1】⑧
W9788.2			葡萄藤上射日不成功		【彝族】
W9788.3			在山顶射日不成功		【民族，例1】⑨
W9788.4			在屋顶射日不成功		
W9789		与射日地点有关的其他母题			
W9789.1			射日地点需要不断变化		

---

① 【引例】在最高的山峰射日月【傈僳族】
② 【民族】侗族、苗族、畲族、土家族。【引例】❶在山顶的马桑树上射日【布依族】；❷在马桑树顶射月【仡佬族】
③ 【引例】❶在毛栗树和枸皮树上射日【布依族】；❷在大樟树上射日【壮族】
④ 【引例】到东海边射日月【苗族】
⑤ 【民族】侗族。【关联】〔W1445〕天梯
⑥ 【引例】到南天门楼射日【壮族】
⑦ 【引例】到西方去射日月【高山族】
⑧ 【引例】马桑树上射日月不成功【彝族】
⑨ 【民族】汉族。【引例】在武陵山顶射日不成功【土家族】

9.8.4 射日（月）的结果【W9790 ~ W9799】

W 编码	母题描述			参照项	
	一级母题	二级母题	三级母题	汤普森	关联项
✳ **W9790**	**射日月的结果**				
W9791	**射日月后日月保留的数量**				
W9791.1		留下 1 个太阳			【民族，联 1】①
W9791.2		留下 1 个太阳 1 个月亮			【民族】②
W9791.3		留下 1 个真太阳和 1 个真月亮			【毛南族】
W9791.4		留下 2 个太阳			【满族、布依族、水族】
W9791.5		把太阳射成 2 个（或两半）			【佤族】
W9791.6		射日后剩下 1 个月亮			【例 1】③
W9792	日月得到保留的原因				
W9792.1		神让射日者留下 1 个太阳			【例 3】④
W9792.2		人让射日者留下 1 个太阳			【例 2】⑤
W9792.2.1			妻子劝丈夫射日时留下 1 个太阳		【畲族】
W9792.3		射日者觉得应留下 1 个太阳			
W9792.4		因少了 1 枝箭留下 1 个太阳			
W9792.4.1			因最后一支箭折断留下 1 个太阳		【布朗族】
W9792.5		与日月的保留有关的其他母题			

---

① 【民族】布依族、傣族、鄂伦春族、鄂温克族、哈萨克族、汉族、赫哲族、蒙古族、畲族、壮族。 【关联】[W9792.5.1] 射日时剩下 1 个太阳做种

② 【民族】布朗族、侗族、傈僳族、土家族、彝族

③ 【引例】剩下 1 个小月亮做种【汉族】

④ 【引例】❶射日时世界之父保留了 1 个太阳【蒙古族】；❷天帝让射日者留下 1 个太阳；❸王母娘娘劝射日者留下 1 个太阳

⑤ 【引例】❶众人劝说射日者留下 1 个太阳；❷射日者的母亲劝说留下 1 个太阳

W 编码	母题描述			参照项	
	一级母题	二级母题	三级母题	汤普森	关联项
W9792.5.1			射日时剩下 1 个太阳做种		【畲族】
✾ **W9793**	**日月的躲藏**				
W9793.1		射日时剩下的 1 对日月躲起来			【民族，联 1】①
W9794	太阳的躲藏			A734	
W9794.1		太阳怕被射躲藏			【民族，例 1】②
W9794.2		太阳因生气躲藏			【例 1】③
W9794.3		射日时剩下的 1 个太阳躲起来			【苗族、彝族】
W9794.3.1			射日时 1 个女太阳躲藏		【独龙族】
W9794.3.2			射日时 1 个太阳逃跑		【傣族】
W9795	日月躲藏的地点				【例 1】④
W9795.1		射日时剩下的日月躲在天上某个位置			
W9795.1.1			射日时剩下的 1 对日月躲进天宫		【苗族】
W9795.1.2			射日时剩下的 1 个太阳躲在天边		【布依族、基诺族】
W9795.1.3			射日时剩下的 1 个太阳躲到云里		【仫佬族、苗族】
W9795.2		射日时剩下的 1 对日月躲进深山			【苗族】
W9795.2.1			射日时剩下的 1 个太阳躲到山后（山中）		【哈尼族、汉族】
W9795.2.2			射日时太阳藏身山谷		【壮族】
W9795.3		射日月时日月逃进山洞			【例 1】⑤
W9795.3.1			射日时剩下的 1 个太阳藏进山洞	A734.1	

① 【民族】傈僳族、仫佬族、苗族。【关联】［W9795.1.1］射日时剩下的 1 对日月躲进天宫
② 【民族】阿昌族、布依族、傣族、侗族、汉族、苗族、瑶族、彝族。【引例】一个太阳见弟弟被射瞎眼睛，也跟着躲藏起来【珞巴族】
③ 【引例】太阳生精灵和人的气，不再出来【珞巴族】
④ 【引例】剩下的 1 对日月躲鸡笼中·【苗族】
⑤ 【引例】射日月时剩下的 1 对日月逃进山洞【布朗族】

W 编码	母题描述			参照项	
	一级母题	二级母题	三级母题	汤普森	关联项
W9795.4		射日时太阳躲在马蹄下面			【汉族】
W9795.5		射日时太阳躲在特定的植物下面			
W9795.5.1			射日时太阳躲在马苋菜下面		【联1】①
W9795.6		射日时太阳藏海中			【壮族】
W9795.7		与日月躲藏地点有关的其他母题			
W9795.7.1			寻找日月躲藏地点		【民族，联1】②
W9796	与射日月结果有关的其他母题				
W9796.1		射落的日月掉进海里			【毛南族】
W9796.1.1			太阳落东海中		【土家族】
W9796.2		射落的太阳是大火球③			【阿昌族】
W9796.3		射中的太阳化为灰烬			【哈尼族】
W9796.4		太阳被射落后变各种动物			【畲族】
W9796.4.1			射落的太阳是鸟		
W9796.4.2			射落的太阳是鸡		【联1】④
W9796.4.3			射落的太阳变鸡鸭		【畲族】
W9796.4.4			射落的太阳变兔子		【畲族】
W9796.5		太阳被射伤			
W9796.5.1			射瞎太阳的眼		【民族，例3】⑤
W9796.5.2			太阳被射折了翅膀		【赫哲族】
W9796.5.3			太阳被射出大窟窿		【壮族】
W9796.5.4			射跛太阳的脚		【彝族】
W9796.5.5			太阳被射碎成数块		【藏族】
W9796.6		射日后把射落的太阳压住			【联1】⑥

① 【关联】［W3825.2.2］马齿苋为什么晒不死
② 【民族】汉族、苗族、壮族。【关联】［W9800］找日月
③ 大火球，在阿昌族神话中指假的太阳。
④ 【关联】［W1680.2.6］太阳是公鸡的儿子
⑤ 【民族】彝族。【引例】❶射瞎太阳的右眼【高山族】；❷太阳射瞎眼后不再发光【珞巴族】❸月亮被射伤一只脚
⑥ 【关联】［W9878.2］用山压住太阳

W 编码	母题描述			参照项	
	一级母题	二级母题	三级母题	汤普森	关联项
W9796.6.1			把射落的太阳压在石板下		【彝族】
W9796.7		射日后 1 个太阳变成月亮			【民族，联1】①
W9796.7.1			射落的太阳变成月亮②		
W9796.7.2			受伤的太阳变成月亮③		【高山族】
W9796.8		射日后日月变得正常			
W9796.8.1			射月使月亮变得正常		【瑶族】
W9796.9		射日后地球变得正常			
W9796.9.1			射日后树木成长		【彝族】
W9796.10		不成功的射日			【联5】④

9.8.5 找日月⑤ 【W9800 ~ W9854】

W 编码	母题描述			参照项	
	一级母题	二级母题	三级母题	汤普森	关联项
✿ **W9800**	**找日月**				【壮族】
W9801	**找日月的原因**				
✿ **W9802**	**日月的丢失**				【联1】⑥
W9803		射日月后日月藏起来			
W9804		日月被特定的人物藏起来			
W9804.1			恶神藏起日月		
W9805		特定的事件造成日月丢失			

---

① 【民族】侗族。【关联】［W1597］太阳变月亮
② "射落的太阳变成月亮"母题，也出现在"［W1540~W1599］日月的产生"母题之中。
③ "太阳变月亮"，可参见"自然物起源"母题中的"［W1597］太阳变月亮"母题。
④ 【关联】❶［W9763.3］不成功的射日者；❷［W9771.3.3］不成功的射日方法；❸［W9778］射日不成功的弓箭；❹［W9788］不成功的射日地点；❺［W9889］消除日月不成功的方法
⑤ 找日月，包括"请日月"、"请太阳复出"、"请月亮复出"等。该类型是与"救日月"母题相关联的一类母题，一般认为"找日月"可以作为"救日月"的前提。
⑥ 【关联】［W9794］太阳的躲藏

W 编码	母题描述			参照项	
	一级母题	二级母题	三级母题	汤普森	关联项
W9805.1			天崩地裂后日月消失		【白族】
W9806		与日月丢失有关的其他母题			
❋ **W9807**	太阳的丢失				
W9808		太阳被打落			【联1, 例1】①
W9809		太阳被偷		A721.1	
W9809.1			妖魔偷太阳		
W9809.2			怪兽偷太阳		
W9809.3			龙偷太阳		【联1】②
W9810		太阳被藏			【联1】③
W9810.1			神把太阳藏起来		【纳西族】
W9810.2			太阳被恶魔藏起来		【侗族】
W9810.3			太阳含羞把脸藏起来	A737.8.1	
W9811		太阳被锁			
W9811.1			太阳被特定的人物锁住		【例1】④
W9812		太阳被吞掉			【联3】⑤
W9812.1			乌鸦吞太阳⑥		
W9812.2			龙吞太阳		【白族】
W9812.3			天狗吞太阳		【联2】⑦
W9812.4			天狗吞月亮		【联2】⑧
W9812.5			青蛙吞太阳		
W9813		太阳丢失的其他原因			
W9814	月亮的丢失				
W9814.1		月亮被精怪关押			【联1】⑨
W9814.1.1			月亮被狐狸精关洞中		【壮族】

① 【关联】［W9881］击打太阳。【引例】凶神打落太阳【侗族】
② 【关联】［W3569.1.2］恶龙
③ 【关联】［W9794］太阳的躲藏
④ 【引例】太阳被喇嘛锁在山洞【门巴族】
⑤ 【关联】❶［W4213］神或神性人物吃太阳形成日食；❷［W4214］动物咬太阳形成日食；❸［W9870］咬（吞食）多余太阳（月亮）
⑥ 乌鸦吞太阳，该母题非乌鸦吞掉多余太阳，只是强调乌鸦吞太阳造成太阳的丢失。
⑦ 【关联】❶［W4211］日食；❷［W4227］日全食
⑧ 【关联】❶［W4230］月食；❷［W4247］月全食
⑨ 【关联】［W8974］关押

W 编码	母题描述			参照项	
	一级母题	二级母题	三级母题	汤普森	关联项
W9814.1.2			狐狸锁住月亮		【壮族】
�֍ **W9815**	太阳被藏的地点①			≈A721	【联1】②
W9816		太阳被藏在容器中			
W9816.1			太阳保存在箱子中	A721	
W9817		太阳藏（被保存）在洞中		①A721.0.3 ②A734.1	
W9818		太阳被藏的其他地点			
W9818.1			太阳被保存在地窖中	A721.0.2	
�֍ **W9820**	太阳被遮蔽				【联1】③
W9821		神遮住太阳			
W9821.1			神惩罚太阳把它遮蔽起来	A737.9	
W9822		神性人物遮蔽太阳			
W9822.1			妖魔遮住月亮		【侗族、汉族】
W9823		动物遮蔽太阳			
W9823.1			蟾蜍遮蔽太阳	A737.3	
W9824		植物遮蔽太阳			
W9824.1			大树遮住月亮		【侗族】
W9825		与遮蔽太阳有关的其他母题			
✤ **W9826**	找日月者				
W9827		神或神性人物找日月			
W9827.1			英雄找日月		【苗族】
W9828		特定的人找日月			
W9828.1			一对夫妻找日月		【汉族】
W9828.2			射日者找日月		【彝族】
W9829		动物找日月			【例2】④
W9829.1			百鸟百兽请日月		【布朗族】

---

① 太阳被藏的地点，这类母题与"射日（月）"中"太阳的躲藏"有时会发生联系，有时也可能具有其他含义。具体情形可参见《中国神话母题 W9 编目实例》。

② 【关联】［W9795］日月躲藏的地点

③ 【关联】［W4211］日食

④ 【引例】❶燕子找到日月藏身的地方【布朗族】；❷银鼠和金蛙找日月【纳西族】

W 编码	母题描述			参照项	
	一级母题	二级母题	三级母题	汤普森	关联项
W9830		其他特定的人物找日月			
W9831		与找日月者有关的其他母题			【联1】①
W9831.1			找日月者的归来		
✳ **W9832**	找太阳（找月亮）				
W9833		神找太阳			【例1】②
W9834		射日者找太阳			
W9835		英雄找太阳			【例1】③
W9836		特定的人找太阳			
W9836.1			姑娘找回太阳		【例1】④
W9836.2			孕妇找回太阳		【哈尼族】
W9837		在特定的地方找到太阳			
W9837.1			在特定的山上找到太阳		【侗族】
W9837.2			在海底找到太阳		
W9838		与找太阳有关的其他母题			
W9838.1			几代人找太阳		【壮族】
W9838.2			群体找太阳		【例1】⑤
W9838.3			找太阳的时间		【例1】⑥
✳ **W9839**	让太阳复出者（请日月者）				
W9840		请出太阳⑦			【基诺族】
W9841		神使太阳（月亮）复出			【例1】⑧
W9841.1			神请出太阳（月亮）		【彝族】
W9841.1.1			神喊出太阳		【彝族】

---

① 【关联】［W9850］不成功的请太阳者
② 【引例】天神夫妻找太阳【壮族】
③ 【引例】阿光找太阳【白族】
④ 【引例】三个彝族姑娘找到太阳【彝族】
⑤ 【引例】精灵、人和动物一起找太阳【珞巴族】
⑥ 【引例】找到太阳用了100年【壮族】
⑦ "请出太阳"母题，此处指没有交代请太阳的人物，只是交代了"请太阳"的事件。
⑧ 【引例】天帝让躲起的太阳重出【畲族】

W 编码	母题描述			参照项	
	一级母题	二级母题	三级母题	汤普森	关联项
W9841.1.2			神召回日月神		【例1】①
W9842		神性人物使太阳（月亮）复出			
W9843		射日者使太阳复出			
W9843.1			射日者呼喊藏起来的太阳复出		
W9843.2			射日者让藏起来的太阳出来		
W9844		公鸡喊（请）出日月②			【民族】③
W9844.1			公鸡喊太阳		【民族，联1，例2】④
W9844.2			公鸡叫三遍太阳出来		【民族，例1】⑤
W9844.3			鸡叫太阳就升起来的原因	J2272.1	【壮族、苗族】
W9844.4			鸡请出月亮		【纳西族】
W9844.5			公鸡与其他动物请日月成功		【例3】⑥
W9845		其他特定的动物使太阳复出			
W9845.1			百兽请出太阳（月亮）		【布朗族】
W9845.2			鹿喊出太阳		【高山族】
W9845.3			狗请出太阳		【例1】⑦
W9846		与使太阳复出者有关的其他母题			
✳ **W9847**	太阳复出的条件（太阳复出的原因）				
W9848		太阳自然复出			
W9848.1			太阳被偷后重新回到天上	A721.3	

① 【引例】天神英叭召回日月神【傣族】
② 公鸡喊（请）出日月，有的神话文本把"公鸡"写作"雄鸡"或"鸡"，神话叙事中的"请"与"喊"有时有细微区别。具体情形参见《中国神话母题W9编目实例》。
③ 【民族】布朗族、布依族、哈尼族、景颇族、傈僳族、仫佬族、佤族、瑶族、彝族
④ 【民族】独龙族。【关联】[W3349.9.3] 公鸡为什么早晨叫太阳。【引例】❶天头的鸡放在木头上叫太阳【基诺族】；❷人变请太阳的公鸡【壮族】
⑤ 【民族】哈尼族。【引例】白公鸡请日月【彝族】
⑥ 【引例】❶牯牛与公鸡请出日月【苗族】；❷母鸭驮着公鸡到海里请太阳【壮族】；❸公鸡母鸭请出太阳
⑦ 【引例】白犬请出太阳【纳西族】

W 编码	母题描述			参照项	
	一级母题	二级母题	三级母题	汤普森	关联项
W9849		外力作用下太阳复出			
W9849.1			太阳被吞下后又吐出	A721.2	
W9849.2			用绳子把掉下的太阳拴在天上	A721.5	【民族，例1】①
W9849.3			射走咬太阳的天狼后太阳复出		【白族】
W9849.4			祭祀太阳后重出		【联1，例3】②
✻ **W9850**	不成功的请太阳者				
W9851		人请太阳没有成功			【德昂族～彝族】
W9852		动物请太阳不成功			
W9852.1			多种动物请太阳没有成功		【景颇族】
W9852.2			鸟请日月没有成功		【例5】③
W9852.3			鸡请日月没有成功		【例1】④
W9852.4			马请太阳没有成功		【例1】⑤
W9852.5			牛请太阳没有成功		【民族，例2】⑥
W9852.6			羊请太阳没有成功		【例1】⑦
W9852.7			虎请太阳没有成功		【例1】⑧
W9852.8			蛤蟆请太阳不成功		【畲族】
W9853		其他请太阳不成功者			【例4】⑨
W9854	与找日月有关的其他母题				
W9854.1			追太阳		【联3】⑩

---

① 【民族】怒族。【引例】兄妹用长绳拴住太阳【侗族】

② 【关联】［W6470～W6509］祭祀。【引例】❶杀生祭日后太阳重出【高山族】；❷用人祭太阳后太阳复出【珞巴族】；❸用白公鸡祭祀后太阳重出【彝族】

③ 【引例】❶喜鹊请太阳不成功【哈尼族】；❷画眉请太阳不成功【哈尼族】；❸云雀请太阳不成功【哈尼族】；❹鹦鹉请太阳不成功【哈尼族】；❺鸟类唱歌哄日月出来不成功【傈僳族】

④ 【引例】两个野鸡请太阳没有成功【珞巴族】

⑤ 【引例】马喊日月没有成功【仡佬族】

⑥ 【民族】布依族、仫佬族、苗族。【引例】❶牛喊日月没有成功【仡佬族、彝族】；❷水牛请太阳不成功【畲族】

⑦ 【引例】公绵羊喊日月不成功【彝族】

⑧ 【引例】老虎找日月没有成功【苗族】

⑨ 【引例】❶蝙蝠寻找日月没有成功【哈尼族】；❷燕子寻找日月没有成功【哈尼族】；❸猴子寻找日月没有成功【哈尼族】；❹松鼠寻找日月没有成功【哈尼族】

⑩ 【关联】❶［W0701.1］夸父追日；❷［W9865］追杀太阳（追撵太阳）；❸［W9867.2］二郎神担山追杀太阳

W 编码	母题描述			参照项	
	一级母题	二级母题	三级母题	汤普森	关联项
W9854.1.1			追太阳的原因		【例2】①
W9854.1.2			追太阳者		【例2】②
W9854.1.3			追太阳的结果		【例2】③
W9854.2		太阳复出时害羞			
W9854.3		太阳复出后再次躲藏			

9.8.6　救日月④【W9855～W9864】

W 编码	母题描述			参照项	
	一级母题	二级母题	三级母题	汤普森	关联项
✣ **W9855**	救日月				
W9856	救日月的原因				【联1】⑤
W9856.1		日月掉入特定的地方后救日月			
W9856.2		日月被吃掉后救日月			
W9856.2.1			妖魔吃掉日月后救日月		【哈尼族】
W9856.3		日月被关押后救日月			【联2】⑥
W9856.4		救太阳的原因			【联1】⑦
W9856.5		救月亮的原因			【联1】⑧
W9856.6		与救日月原因有关的其他母题			
W9856.6.1			妖魔吓得日月不敢出来后救日月		【例1】⑨
◎	〖救日月者〗				
W9857	神救日月				
W9857.1		火神的儿子救太阳			【傣族】

---

① 【引例】❶因为没有见到过太阳而追日【壮族】；❷为了抓住太阳而追日

② 【引例】❶夸父逐日【汉族】；❷贪狼追日

③ 【引例】❶追日者半途死亡【汉族】；❷追上了太阳

④ 救日月，该类型是与"射日月"母题相关联的一类母题，一般以日月受到伤害或藏匿为前提。

⑤ 【关联】［W9802］日月的丢失

⑥ 【关联】❶［W9811］太阳被锁；❷［W9878.1］关押日月

⑦ 【关联】［W9808.1］凶神打落太阳

⑧ 【关联】［W9814.1.2］狐狸锁住月亮

⑨ 【引例】夜猫精吓得太阳不敢出来【彝族】

W 编码	母题描述			参照项	
	一级母题	二级母题	三级母题	汤普森	关联项
W9858	神性人物救日月				
W9859	人救日月				
W9859.1		夫妻救日月			【民族，例1】①
W9859.2		兄妹救太阳			
W9859.2.1			兄妹俩带领众人救太阳		【侗族】
W9859.3		人救日月的其他母题			【例1】②
W9859.3.1			射日时智者藏起1个太阳		【藏族】
W9859.3.2			人从海里抬出太阳		【彝族】
W9860	动物救日月				
W9861	其他特定的人物救日月				
W9862	救日月的结果				【联1】③
W9863	与救日月有关的其他母题				
W9863.1		到海底救太阳			【苗族】
W9863.2		敲鼓救月			【民族，联1】④

9.8.7　与射日月有关的其他母题【W9865～W9899】

W 编码	母题描述			参照项	
	一级母题	二级母题	三级母题	汤普森	关联项
◎	〖除掉多余日月的其他方法〗				
✱ **W9865**	追杀太阳（追撵太阳）⑤				【联1】⑥
W9866		神性人物追杀太阳			
W9866.1			上帝与二郎神撵太阳		【汉族】

---

① 【民族】汉族。【引例】一对夫妻救出月亮【壮族】
② 【引例】刚都、玛霞夫妇救月亮【壮族】
③ 【关联】［W9839］让太阳复出者（请月亮者）
④ 【民族】汉族。【关联】［W4248.3.2］通过击打器物消除月食
⑤ 追杀太阳（追撵太阳），该母题与"追太阳"可以视为两种性质不同的母题。"追杀太阳"主要以除掉太阳为目的，而"追太阳"则更注重与太阳的比赛或其他目的。具体情形参见《中国神话母题W9编目实例》。
⑥ 【关联】［W9854.1］追太阳

W 编码	母题描述			参照项	
	一级母题	二级母题	三级母题	汤普森	关联项
W9867		担山追杀太阳			【联1】①
W9867.1			英雄担山追杀太阳		【蒙古族】
W9867.2			二郎神担山追杀太阳		【汉族】
W9868		通过追赶累死太阳			【普米族】
W9869		与追杀太阳有关的其他母题			
W9869.1			追撵太阳的时间		【例2】②
�֍ **W9870**	咬（吞食）多余太阳（月亮）				
W9871		狗吃掉多余的太阳			【哈尼族】
W9872		青蛙吞掉多余太阳			【联1，例1】③
W9873		猪咬掉多余日月			【例1】④
W9874		其他特定的人物咬太阳（月亮）			
W9874.1			猎鹰啄掉多余月亮		【苗族】
W9874.2			狗吃掉多余月亮		【苗族】
W9874.3			老虎吃掉多余日月		【彝族】
W9874.4			马吃掉多余太阳		【汉族】
W9874.5			牛吃掉多余太阳		【苗族】
W9875		与咬太阳有关的其他母题			
W9875.1			月亮被咬碎		【黎族】
�֍ **W9876**	捉太阳			R9.1	
W9877		捉太阳者		A728.2	
W9877.1			天神捉太阳		【例1】⑤
W9877.2			精灵捉太阳		【例1】⑥
W9877.3			人捉太阳		【高山族】
W9878		套太阳			【例1】⑦
W9879		拴太阳			【联1】⑧

① 【关联】［W9878.2］用山压住太阳
② 【引例】❶81天赶上太阳【汉族】；❷长时间追撵太阳【汉族】
③ 【关联】［W9812.5］青蛙吞太阳。【引例】青蛙爬上天吞太阳【土家族】
④ 【引例】山猪咬掉多余日月【黎族】
⑤ 【引例】天神把太阳捉回天宫【傈僳族】
⑥ 【引例】精灵捉日月作为自己的奴隶【珞巴族】
⑦ 【引例】用弓箭、砍山刀和五彩天绳套太阳【满族】
⑧ 【关联】［W9890］拴太阳没有成功

W 编码	母题描述			参照项	
	一级母题	二级母题	三级母题	汤普森	关联项
W9880		与捉太阳有关的其他母题			
W9880.1			关押日月		【联1，例1】①
W9880.2			用山压住太阳		【例2】②
W9880.3			捉太阳受到蜘蛛结网捕虫的启发		【普米族】
❋ **W9881**	击打太阳				【赫哲族】
W9882		击打太阳者			
W9882.1			凶神打太阳		【侗族】
W9882.2			人追打太阳		【基诺族】
W9882.3			壮汉与太阳打架		【高山族】
W9883		击打太阳的工具			【联1，例1】③
W9883.1			用拳头打太阳		【例1】④
W9883.2			用刀枪打太阳		【苗族】
W9883.3			用马桑树打太阳		【瑶族】
W9883.4			用竹竿打太阳		【例1】⑤
W9883.5			用杵捣太阳		【例1】⑥
W9884		与击打太阳有关的其他母题			
W9884.1			打掉多余日月		【瑶族】
❋ **W9885**	砍杀太阳				
W9886		砍杀太阳者			【例1】⑦
W9886.1			神砍日月		【例1】⑧
W9886.2			文化英雄砍太阳		【例1】⑨
W9886.3			动物砍太阳		【例2】⑩
W9887		与砍杀太阳有关的其他母题			
W9887.1			凿掉太阳		【例1】⑪
W9887.2			小伙砍月亮		【京族】

① 【关联】［W8974］关押。【引例】天帝关起多余的日月
② 【引例】❶上帝和二郎神担山压太阳【汉族】；❷把射落的日月压在大石板下【彝族】
③ 【关联】［W9892.1］拉弯树干甩打太阳不成功。【引例】汉子阿鹰用竹竿打落【仫佬族】
④ 【引例】巨人用拳头打太阳【布依族】
⑤ 【引例】大汉用竹竿打太阳【布依族】
⑥ 【引例】妇女用杵捣瞎太阳【高山族】
⑦ 【引例】到太阳树上砍掉太阳【苗族】
⑧ 【引例】天神的儿子砍掉日月【纳西族】
⑨ 【引例】明那雄砍太阳【苗族】
⑩ 【引例】❶长腰蜂砍掉太阳【侗族】；❷蜈蚣带刀上天砍太阳【侗族】
⑪ 【引例】神凿掉多个日月【彝族】

W 编码	母题描述			参照项	
	一级母题	二级母题	三级母题	汤普森	关联项
W9888	除掉多余太阳的其他方法				【联1，例2】①
W9888.1		用水浇灭太阳			
W9888.1.1			洪水浇灭许多太阳		【哈萨克族】
W9888.2		通过骂和戳赶走太阳			【民族，例1】②
W9888.3		埋掉多余太阳			
W9888.3.1			埋掉多余的日月		【彝族】
W9888.4		摘掉多余太阳			【例1】③
W9888.4.1			摘掉多余的月亮		【汉族】
W9888.5		用特定的植物除掉日月			【例1】④
❈ W9889	有关消除日月不成功的方法				【联2】⑤
W9890		拴太阳没有成功			【哈尼族】
W9891		锁太阳没有成功			【联1，例1】⑥
W9892		消除日月不成功的其他母题			【例3】⑦
W9892.1			拉弯树干甩打太阳不成功		
◎	〖其他相关母题〗				
W9893	射月亮				【例2】⑧
W9893.1		月亮被射伤一只脚			【彝族】
W9893.2		一对夫妇射月亮			【瑶族】
W9894	射星星				
W9895	射其他诸物				
W9895.1		射发热的魔鬼			
W9896	与射日月有关的其他母题				
W9896.1		消除假太阳			【联1，例1】⑨
W9896.2		防御多个太阳的方法			【苗族】
W9896.2.1			人头顶大锅抵挡阳光		【拉祜族】

① 【关联】［W9775］用剑射日。【引例】❶到山顶上摘掉日月【汉族】；❷请求玉皇消除多余日月

② 【民族】景颇族。【引例】寡妇戳掉太阳【壮族】

③ 【引例】祖先摘除多余的太阳【普米族】

④ 【引例】毕摩用马桑枝与铁茎草扫除多余的日月【彝族】

⑤ 【关联】❶［W9771.3.3］不成功的射日方法；❷［W9796.11］不成功的射日

⑥ 【关联】［W9811］太阳被锁。【引例】用铜链铜锁锁太阳失败【普米族】

⑦ 【引例】❶蜂用刺叮太阳不成功【苗族】；❷螳螂砍太阳不成功【苗族】；❸箭猪用利箭射太阳不成功【苗族】

⑧ 【引例】❶猎手米拉尕黑射月亮【东乡族】；❷猎人亚拉射月亮【汉族】

⑨ 【关联】［W1694.2］假太阳。【引例】假太阳烧烫地面【阿昌族】

9.9 其他典型事件与杂类母题
【W9900～W9999】

9.9.1 奖励与惩罚 【W9900～W9929】

W 编码	母题描述			参照项	
	一级母题	二级母题	三级母题	汤普森	关联项
✿ **W9900**	奖励与惩罚①			Q0	
✳ **W9901**	奖励				
W9902		奖励的原因			
W9902.1			因功受奖		【例1】②
W9902.2			勤劳受奖励	≈ Q1	【联1】③
W9902.3			神奖励善者		【联1】④
W9902.4			被救者的父亲奖励施救者		【汉族、瑶族】
W9903		奖励的性质（方法）		Q100	
W9903.1			物质性的奖励	Q110	
W9904		奖励的结果			【联2，例1】⑤
W9904.1			被奖励者变富	Q111	
W9905		与奖励有关的其他母题			
W9905.1			错误的奖励		
W9905.2			无功受禄		【汉族】
✿ **W9906**	惩罚				
✳ **W9907**	遭受惩罚的行为（原因）			Q200	

---

① 奖励与惩罚，该母题散见于不同的其他母题类型中，如人或动物的某些特征源于奖励、违背禁忌的处罚等，有时"奖励"也可以看做是"因果报应"母题。此处仅作提示性编目，不再一一列举。具体情形参见《中国神话母题 W9 编目实例》。
② 【引例】立功被奖励美妻
③ 【关联】［TPS：Q1.1］神奖励勤劳者
④ 【关联】［W9401］善有善报
⑤ 【关联】❶［W3056］动物的特征是奖励造成的；❷［W9506］奖励造成的变形。【引例】行善者升天享福

W 编码	母题描述			参照项	
	一级母题	二级母题	三级母题	汤普森	关联项
W9908		不敬神被惩罚		Q220	【联1】①
W9908.1			冒犯神灵被惩罚	Q221	
W9908.2			亵渎神圣之所被惩罚	Q223	
W9908.3			违背圣旨被惩罚	Q226	
W9909		因罪被惩罚		Q210	【联1】②
W9910		杀生被惩罚		Q211	【例1】③
W9910.1			谋杀被惩罚	A1581.1	【联1】④
W9910.2			伤害动物被惩罚	Q228	【联1】⑤
W9911		不孝被惩罚			【民族，例1】⑥
W9911.1			女子虐待婆婆遭雷劈		【汉族】
W9912		偷盗被惩罚		①A1581.2 ②Q212	【联1】⑦
W9913		浪费被惩罚			
W9913.1			雷公用雷劈浪费粮食的人		【民族，联1】⑧
W9913.2			天神惩罚人类糟蹋粮食		【怒族】
W9914		性罪恶被惩罚		Q240	【联1】⑨
W9915		乱伦被惩罚		Q242	【联1】⑩
W9915.1			父女婚被惩罚	Q242.2	【联1】⑪
W9915.2			终日辛劳是对乱伦的惩罚		【回族】
W9916		懒惰被惩罚			【联1，例4】⑫
W9916.1			好吃懒做的人被罚到月亮上受苦		【水族】

---

① 【关联】［W6371］神的崇拜
② 【关联】［W9400～W9424］因果报应
③ 【引例】女子因虐待水牛，后世水牛变为丈夫打妻子【傣族】
④ 【关联】［W8764］谋杀
⑤ 【关联】［W3097.2］虐待动物
⑥ 【民族】汉族。【引例】不孝敬父母被雷劈【壮族】
⑦ 【关联】［W9950］偷盗
⑧ 【民族】汉族、土家族。【关联】［W0305］雷神
⑨ 【关联】［W6513］性禁忌
⑩ 【关联】［W7985］乱伦
⑪ 【关联】［W7293］父女婚
⑫ 【关联】［W6812］懒惰。【引例】❶天神撒杂草籽惩罚懒惰的人类【独龙族】；❷人因懒惰变鼠【高山族】；❸人因懒惰被晒死【傈僳族】；❹人因懒惰变鸟【锡伯族】

W 编码	母题描述			参照项	
	一级母题	二级母题	三级母题	汤普森	关联项
W9916.2			因懒人变为动物		【例1】①
W9916.3			因懒惰失去优越生活		【民族】②
W9916.4			因为人懒天神把面变成雪		【联1】③
W9917		犯禁忌被惩罚			【联1】④
W9918		背叛被惩罚		①Q217 ②Q261	【联2】⑤
W9919		遭受惩罚的其他原因			【联2，例3】⑥
W9919.1			犯法规遭惩罚		【联1，例1】⑦
W9919.2			失信遭惩罚		【土家族】
W9919.3			冒名顶替遭惩罚	Q261	
W9919.4			不听老人言遭惩罚	J1054	
W9919.5			贪财者遭惩罚		【民族，例1】⑧
W9919.6			道德不良遭惩罚		【例1】⑨
W9919.7			自大遭惩罚		【哈萨克族】
W9919.8			伪善遭惩罚	Q267	【联1】⑩
✳ **W9920**	惩罚的方法			Q400	【联1】⑪
W9921		处死作为惩罚		①Q410 ②Q411	
W9921.1			分尸作为惩罚	①≈Q416 ②S117	
W9921.2			斩首作为惩罚	①Q421 ②≈S133	
W9921.3			活埋作为惩罚	①Q456 ②S119	
W9921.4			被雷劈死作为惩罚	Q552.1	【例2】⑫

① 【引例】懒媳妇变成母牛【苗族】
② 【民族】汉族、塔吉克族、维吾尔族
③ 【关联】［W4519.3］面粉变雪
④ 【关联】［W6548.1.1］违犯禁忌死亡
⑤ 【关联】❶［W5958.2.1］叛国者；❷［W8991］背叛
⑥ 【关联】❶［TPS：Q232］背叛宗教被惩罚；❷［TPS：Q380］其他要遭受惩罚的行为。【引例】❶贪财的人变成野狼【毛南族】；❷贪财的女子变成猴子【毛南族】；❸背叛父母被惩罚
⑦ 【关联】［W5984.1.1］违约遭惩罚。【引例】天神犯天条受惩罚【畲族】
⑧ 【民族】汉族。【引例】贪财者被太阳晒死【独龙族】
⑨ 【引例】阳间缺德者死后复生为小虫【达斡尔族】
⑩ 【关联】［W9648.2］伪善
⑪ 【关联】［W9372.1］转世作为惩罚
⑫ 【引例】❶玉皇大帝让雷神、闪神劈死人类【满族】；❷雷公用火球劈死恶人【水族】

W 编码	母题描述			参照项	
	一级母题	二级母题	三级母题	汤普森	关联项
W9921.5			饿死作为惩罚		【例1】①
W9921.6			神奇死亡作为惩罚	Q558	
W9921.7			其他处死型惩罚		
W9922		禁闭作为惩罚		Q433	
W9923		被动物撕咬作为惩罚		①Q415 ②Q453	
W9924		作祟作为惩罚		Q556	
W9925		灼烧作为惩罚		①Q414 ②≈S112	
W9926		死后亡灵无归处作为惩罚		Q503	【联2】②
W9927		羞辱式惩罚		Q470	
W9928		其他惩罚方式			
W9928.1			恶人在特定地点受惩罚		
W9928.2			变形作为惩罚	Q551.3	【联2，例1】③
W9928.3			苦行作为惩罚	Q520	
W9928.4			隔离作为惩罚		
W9929	与惩罚有关的其他母题			①Q469 ②Q559 ③S139	【联5】④
W9929.1		特定的惩罚的产生		A1581	
W9929.2		剥皮致死		S114	【汉族、藏族】
W9929.3		轧死		S116	
W9929.4		淹死		S131	【侗族】
W9929.5		砍掉手足		①S161 ②S162	
W9929.6		割掉生殖器		S176	【联2】⑤
W9929.7		割发代罪		P672.2	【汉族】
W9929.8		其他一些特殊的惩罚			
W9929.8.1			儿子惩罚母亲		

① 【引例】岩神饿死不善良的人【独龙族】
② 【关联】❶ ［W0870］灵魂（鬼）；❷ ［W0910.5］游魂安息
③ 【关联】❶ ［W9500］变形；❷ ［W9916.2］因懒惰人变为动物。【引例】惩罚造成体征变化
④ 【关联】❶ ［W1082.1］地狱中的惩罚；❷ ［W8560］地震是对人类的惩罚；❸ ［W8577.1］地陷作为惩罚；❹ ［W8689.2］饥荒是对人类的惩罚；❺ ［W9533.1］人被惩罚变动物
⑤ 【关联】❶ ［W7196.］性器官；❷ ［W8925.1］儿子试图阉割父亲

9.9.2 寻找与巧遇【W9930 ~ W9949】

W 编码	母题描述			参照项	
	一级母题	二级母题	三级母题	汤普森	关联项
✳ **W9930**	寻找				
W9931		寻找的原因			
W9931.1			为造福人类寻找		【布依族】
W9931.2			受命寻找		【壮族】
W9931.3			因亲情去寻找		【联1】①
W9931.4			因打赌去寻找		【例1】②
W9931.5			与寻找的原因有关的其他母题		
W9932		寻找特定的物			
W9932.1			寻找丢失的宝物		【联1】③
W9932.2			寻找治病的植物		
W9932.3			寻找天边		【民族，例1】④
W9932.4			英雄寻找天界		【彝族】
W9932.5			寻找光明		【联2，例2】⑤
W9932.6			寻找不死药		【联1，例1】⑥
W9932.7			寻找水		【民族，例2】⑦
W9932.8			寻找其他特定的物		【联2，例1】⑧
◎	〖寻找亲属〗				
W9933		寻找祖先			
W9933.1			寻找冥界的祖先	F81.1	【联1，例1】⑨
W9933.2			寻找祖灵		【联1】⑩
✳ **W9934**		寻找父母		T621	
W9935		寻找父亲			【例2】⑪
W9935.1			儿子寻父		【纳西族、彝族】
W9935.2			舀海寻父		
W9936		寻找母亲			【例1】⑫

---

① 【关联】［W9933］寻找祖先
② 【引例】因打赌去寻找天地相连的地方【彝族】
③ 【关联】［W9698.1］宝物的丢失
④ 【民族】裕固族。【引例】孕妇为大家找天边【壮族】
⑤ 【关联】❶［W9800］找日月；❷［W9832］找太阳（找月亮）。【引例】❶到太阳的家乡寻找光明【傣族】；❷老鼠和猫头鹰找光明【普米族】
⑥ 【关联】［W0951］不死药。【引例】找天地不死之药【纳西族】
⑦ 【民族】畲族。【引例】❶鸟为人找到水【珞巴族】；❷夫妻二人分别去找失去的火与水【畲族】
⑧ 【关联】❶［W9297.2］寻梦；❷［W9832］找太阳（找月亮）。【引例】迁徙时，猪带祖先找到了湖【佤族】
⑨ 【关联】［W0640］祖先。【引例】死后回归祖先故地【苗族、普米族、彝族】
⑩ 【关联】［W0641］祖先神
⑪ 【引例】❶女子生孩子后为孩子找爸爸【珞巴族】；❷英雄寻父【彝族】
⑫ 【引例】英雄寻母【彝族】

W 编码	母题描述			参照项	
	一级母题	二级母题	三级母题	汤普森	关联项
W9937		寻找妻子			
W9937.1			丈夫寻找失去的妻子		【珞巴族】
W9938		寻找丈夫			
W9938.1			妻子寻找失去的丈夫		【汉族】
W9939		寻找其他亲属			
◎		〖其他相关母题〗			
W9940		寻找特定的地方			
W9940.1			寻找祖先的生源地		【彝族】
W9940.2			寻找天地相连的地方		【彝族】
W9941		与寻找有关的其他母题			
W9941.1			凭借特定的痕迹寻找		【例1】①
W9941.2			寻找如愿以偿		
W9941.3			寻找以失败告终		
✳ **W9942**	巧遇			Q552	
W9943		亲属间巧遇			
W9943.1			巧遇祖先亡灵		【汉族】
W9943.2			夫妻巧遇		
W9944		英雄巧遇			
W9944.1			男女英雄巧遇	N710	
W9945		朋友巧遇			【联1】②
W9946		仇敌巧遇（冤家路窄）			【联1】③
W9947		其他巧遇的事件			
W9947.1			婚礼中的巧遇	T150	
W9947.2			争战中的巧遇		

---

① 【引例】凭借刀痕寻找【珞巴族】

② 【关联】［W9980］朋友

③ 【关联】［W9660.5］巧遇得宝

9.9.3　其他典型事件【W9950～W9959】

W 编码	母题描述			参照项	
	一级母题	二级母题	三级母题	汤普森	关联项
◎	〖其他典型事件〗				
W9950	偷盗			≈ K300	【联 2】①
W9950.1		强盗		P475	
W9950.2		合伙偷盗		K365	
W9950.3		偷特定的物件			【联 2】②
W9950.3.1			盗光	A1411	
W9950.3.2			盗灵芝		【例 1】③
W9950.4		失物复得		≈ N211	
W9950.4.1			宝马找到主人		【民族，联 1】④
W9951	秘密				
W9951.1		秘密的制造者			
W9951.2		秘密的获得			
W9951.2.1			通过难题得到秘密		【民族，联 1】⑤
W9951.2.2			通过特定行为得到秘密		
W9951.3		秘密泄露		N450	
W9951.3.1			偷听获得秘密	≈ N455	
W9952	显露原形				【联 1】⑥
W9952.1		动物丈夫显露原形			
W9952.2		动物妻子显露原形			
W9952.3		龙女睡后现原形			【布朗族】
W9952.4		龙女与人婚生的儿子入水现龙身			【傣族】
W9952.5		妖魔显露原形			
W9952.6		翻跟斗现原形			【羌族】
W9953	失误				
W9953.1		误说			
W9953.1.1			传错话		【联 1，例 1】⑦
W9953.2		误听			

① 【关联】❶［W3950～W3999］种子的获取（盗取）；❷［W8710］偷盗引起战争
② 【关联】❶［W0951.5.1］日月偷走人类的不死药；❷［W9809.3］龙偷太阳
③ 【引例】太阳、月亮盗人的灵芝草【傈僳族】
④ 【民族】鄂伦春族。【关联】［W9690.2］宝马
⑤ 【民族】珞巴族。【关联】［W9614］智慧方面的难题考验
⑥ 【关联】［W9380］复原
⑦ 【关联】［W6591.2］一天三顿饭的来历。【引例】飞虫传错话【壮族】

W 编码	母题描述			参照项	
	一级母题	二级母题	三级母题	汤普森	关联项
W9953.3		误信			
W9953.4		误杀			
W9953.4.1			误杀祖先化身的动物		【民族，例1】①
W9953.4.2			雷公误劈孝妇		【联1】②
W9953.4.3			神因为嫉妒误杀自己的儿子		【苗族】
W9953.4.4			母亲失误害死儿子		【民族，联1，例2】③
W9953.4.5			岳父误杀女婿		【白族】
W9953.4.6			女婿误杀岳母		【白族】
W9953.4.7			外婆误杀外孙		【白族】
W9953.4.8			儿子误杀父亲		【民族，联2】④
W9953.4.9			妻子误害丈夫		【例1】⑤
W9953.4.10			误杀好人		【例1】⑥
W9953.5		误伤			
W9953.6		与失误有关的其他母题			
W9953.6.1			通过结亲缘弥补过错		【例1】⑦
W9953.6.2			失误造成灾难		【联1】⑧
W9953.6.3			失误歪打正着		
W9953.6.4			失误造成姻缘		【联2】⑨
W9954	误解				
W9954.1		特定背景造成的误解			
W9954.2		谐音造成的误解			【汉族】
W9954.3		好心不得好报			
W9954.4		与误解有关的其他母题			
W9955	谋害				【联1】⑩

① 【民族】珞巴族。【引例】杀死祖先化身的动物后死亡
② 【关联】［W0305］雷神
③ 【民族】壮族。【关联】［W5131］母与子。【引例】❶母亲因心急误害儿子【苗族】；❷母亲的真话误杀儿子【仫佬族】
④ 【民族】白族。【关联】✝［W5137.3］儿子杀死异类父亲；❷［W8927］儿子弑父
⑤ 【引例】妻子无意中伤害丈夫【苗族】
⑥ 【引例】主人误杀说真话的仆人【珞巴族】
⑦ 【引例】雷公通过结兄妹缘弥补过失【汉族】
⑧ 【关联】［W8143］人的失误造成洪水
⑨ 【关联】❶［W7697.4］打赌导致婚姻；❷［W7817.1］选错妻子
⑩ 【关联】［W8761］争战计谋（战术）

W 编码	母题描述			参照项	
	一级母题	二级母题	三级母题	汤普森	关联项
W9955.1		设置圈套			
W9955.2		害死仇人的父母			【怒族】
W9955.3		徒弟谋害师傅			【回族】
W9956	感应				
W9956.1		天人之间的感应			
W9956.2		特定的人之间的感应			
W9956.2.1			母亲念叨儿子，儿子会心跳		【彝族】
W9956.3		与感应有关的其他母题			【联2】①
W9957	灵异（怪异）				
W9957.1		自然物出现的灵异现象			
W9957.1.1			石头动物漂浮水中		【汉族】
W9957.1.2			石头动物偷食		【汉族】
W9957.2		被冤枉出现的灵异现象			
W9957.2.1			被错杀后血逆流		【汉族】
W9957.2.2			被错杀后天气反常		【汉族】
W9957.3		人神相见			【汉族】
W9957.3.1			人鬼相见		【例1】②
W9957.4		生者见死者			【民族，联1】③
W9957.5		人埋墓中多年不死			【汉族】
W9957.6		与灵异相关的其他现象			【例1】④
W9957.6.1			哑巴突然说话		【珞巴族】
W9957.6.2			树会吃人		【联1，例1】⑤
W9957.6.3			无生命物会行走		【例1】⑥
W9957.6.4			石牛咬人		【水族】
W9957.6.5			大树遭雷劈		【例1】⑦

---

① 【关联】❶［W2230］感生人；❷［W2277.4］感梦
② 【引例】穿特定的衣服到阴间后能与亲人团聚【阿昌族】
③ 【民族】汉族。【关联】［W9163.1］巫术能让生者与死者相见
④ 【引例】螃蟹为人做饭【珞巴族】
⑤ 【关联】［W3747.1］神奇的树。【引例】树吞掉人的身体后融为一体【彝族】
⑥ 【引例】会走的薪柴【高山族】
⑦ 【引例】大树拒绝帮助雷公遭雷劈【毛南族】

W 编码	母题描述			参照项	
	一级母题	二级母题	三级母题	汤普森	关联项
W9957.6.6			公鸡下蛋		【民族，联1】①
W9957.6.7			母鸡报晓		【民族，联1】②
W9957.6.8			老人越来越年轻		【例1】③
W9958	交换				
W9958.1		天神为人换灵魂			【民族，联1】④
W9958.2		现在的事物与原来正好相反是交换的结果			
W9958.2.1			地做天，天做地		【民族，联1】⑤
W9958.3		以少换多			【纳西族】
W9958.4		以假换真			
W9958.4.1			宝物被以假换真		【民族，联1】⑥
W9958.5		与交换有关的其他母题			【联5，例1】⑦
W9958.5.1			身份的交换		【例1】⑧
W9958.5.2			亏本的交换		
W9959	与典型事件有关的其他母题				
W9959.1		窥视			【联1】⑨
W9959.1.1			窥视妻子变形		【傣族】
W9959.1.2			窥视得到秘密		
W9959.2		泄露秘密			【珞巴族】
W9959.3		发现真相			【联1，例1】⑩
W9959.3.1			真相		
W9959.3.2			假象		【联2】⑪
W9959.4		打赌			
W9959.4.1			天和地打赌		【例1】⑫

① 【民族】普米族。【关联】［W3350.5］神奇的鸡

② 【民族】汉族。【关联】［W3349.9.6］母鸡不打鸣的来历

③ 【引例】阿巴达尼（珞巴族祖先）老太太做老婆，在领回家的路上越变越年轻【珞巴族】

④ 【民族】鄂温克族。【关联】［W9338.1］交换灵魂后复活

⑤ 【民族】纳西族。【关联】［W1497］天地互换

⑥ 【民族】汉族。【关联】［W9666］宝物的失去

⑦ 【关联】❶［W2958］人与动物交换调整寿限；❷［W2977］人把蜕皮的能力与蛇交换后产生死亡；❸［W30€0.2］两个动物互相交换特征；❹［W3682］植物的特征源于交换；❺［W6990.1］以物换物的来历。【引例】祖先婬生的第一个儿子用蜂蜜到藏区交换铜、铁【珞巴族】

⑧ 【引例】仆人与主人对换身份【珞巴族】

⑨ 【关联】［W6530］看的禁忌

⑩ 【关联】［W9093.7］魔物显示真相。【引例】❶主人被对换身份后吐露真相【珞巴族】；❷大黄蜂告知真相【珞巴族】

⑪ 【关联】❶［W9635～W9649］欺骗；❷［W9659.4］宝物的产生伴随假象

⑫ 【引例】通过向乌佑（鬼神）还债救出被乌佑捉走的日月【珞巴族】

W 编码	母题描述			参照项	
	一级母题	二级母题	三级母题	汤普森	关联项
W9959.5		还债（救赎）			
W9959.5.1			通过还债拯救		【例1】①
W9959.6		担心的事果然发生			【珞巴族】
W9959.7		相反的事物			【联2】②
W9959.7.1			神与人类相反的判断		
W9959.7.2			神看见人笑就认为是生气		【傈僳族】

9.9.4 特定风物的来历【W9960～W9979】

W 编码	母题描述			参照项	
	一级母题	二级母题	三级母题	汤普森	关联项
✿ **W9960**	特定风物的来历				
✳ **W9961**	与神有关的风物的来历				
W9962		风物为神开辟			【例3】③
W9963		特定的地方为神开辟			【白族】
W9963.1			某一个地方是神的身体		【例1】④
W9964		与神的活动有关的风物			【例1】⑤
✳ **W9965**	与神性人物有关的风物				
W9966		与文化英雄有关的风物			【例2】⑥
W9967		与巨人有关的风物			【例1】⑦
W9968		与仙人有关的风物			
W9968.1			仙人锯山形成今天山的面貌		【汉族】

---

① 【引例】天和地打赌，谁呆不到规定时间就会变成丑八怪【珞巴族】

② 【关联】❶［W9634.3］未看好的人（物）获胜；❷［W9958.2］现在的事物与原来正好相反是交换的结果

③ 【引例】❶特定的山为某神开辟【汉族】；❷特定的山被神安置在现在的地方【汉族】；❸雷公斧劈蛤蟆精形成雷公坪【苗族】

④ 【引例】雅鲁藏布江是金刚女圣的肠子【门巴族】

⑤ 【引例】麦积山是神补天剩下的石头【保安族】

⑥ 【引例】❶盐湖水的红色是蚩尤血造成的【汉族】；❷某处的石头是文化英雄的遗留

⑦ 【引例】山上的凹陷是巨人的脚印【汉族】

W 编码	母题描述			参照项	
	一级母题	二级母题	三级母题	汤普森	关联项
W9969		与其他神性人物有关的风物			【例2】①
W9969.1			与祖先有关的风物		
W9969.2			与妖、怪有关的风物		
W9969.3			某些怪石与鬼的活动有关		【门巴族】
❖ **W9970**	与特定事件有关的风物				【联1】②
W9971		特定的风物与特定的事件有关			
W9971.1			山的缺口与特定的人物争斗有关		【例1】③
W9971.2			敖包与特定的事件有关		【联1，例1】④
W9971.3			以事件命名岛名		【例1】⑤
◎	〖其他相关母题〗				
W9972	与特定人物有关的风物				【例1】⑥
W9973	与特定动物有关的风物				【例1】⑦
W9973.1		特定的风物为动物所变			【例4】⑧
W9973.1.1			龙虎山的来历		【汉族】
W9974	与特定植物有关的风物				
W9974.1		松树岭的来历			【汉族】
W9975	与特定无生命物有关的风物				
W9976	与其他现象或特定物有关的风物				

① 【引例】❶大理是观音开辟的【白族】；❷黑龙江的名称与秃尾巴老李的到来有关【汉族】
② 【关联】［W6890］特定地名的来历
③ 【引例】山的缺口是二龙相斗时留下的痕迹【白族】
④ 【关联】［W6599.4］祭敖包。【引例】压女妖的石头不断堆积形成敖包【鄂温克族】
⑤ 【引例】高姓女昌海寻父形成了高公岛【汉族】
⑥ 【引例】二郎山是二郎担来的山【汉族】
⑦ 【引例】巨龙挖出坎儿井【维吾尔族】
⑧ 【引例】❶寺院是动物所变【汉族】；❷9条龙被杀死后形成九龙山【汉族】；❸白银蛇变成了白银蛇河【蒙古族】；
　　❹金鸡掉落羽毛的地方留下凤羽的地名【普米族】

9.9.5 其他难以归类的母题【W9980～W9999】

W 编码	母题描述			参照项	
	一级母题	二级母题	三级母题	汤普森	关联项
✳ **W9980**	朋友①				
W9981		患难朋友		J401.0.1	
W9982		假朋友		P314	【汉族】
W9983		与朋友有关的其他母题			
W9983.1			友谊	P310	
✳ **W9984**	仇敌				
W9985		仇敌的形成			
W9985.1			特定的敌人的形成		
W9986		与仇敌有关的其他母题			
W9986.1			特定的人物互为仇敌		【联2】②
W9986.2			仇敌的争斗		【联2】③
W9986.3			仇敌的和解		
✳ **W9987**	帮助者④				
W9988		神性的人（物）作为帮助者		①N810 ②N817 ③N817.0.1	【联1，例1】⑤
W9988.1			灵魂作为帮助者	N813	
W9988.2			仙人作为帮助者	N815	
W9989		人作为帮助者		N820	【联1】⑥
W9989.1			老人作为帮助者	N825	
W9989.2			童孩作为帮助者	N827	
W9989.3			预言者作为帮助者	N847	【联1】⑦
W9989.4			父母作为帮助者	N954	
W9989.5			岳父作为帮助者		【例1】⑧
W9989.6			妻子作为帮助者		【珞巴族】
W9989.7			恋人作为帮助者		【联1】⑨

---

① 朋友，"朋友"、"仇敌"等母题散见于多种神话母题类型中。如神与神性人物中会出现"神的朋友"、"神的仇敌"等；在"人类起源"、"动物起源"等母题类型中也有"人的朋友"、"人的仇敌"、"动物的朋友"、"动物的仇敌"等母题。具体情形参见《中国神话母题 W0 编目实例》《中国神话母题 W1 编目实例》等。

② 【关联】❶ ［W3129.2］狗与猫是仇敌；❷ ［W3172.1］猫与狐狸是仇敌

③ 【关联】❶ ［W8715］报复引起争战；❷ ［W8900～W8949］人之间的争战（矛盾）

④ 帮助者，这是一个适用性非常广泛的母题。可以出现在婚姻、灾难、争战、难题等叙事中。具体情形可参见相应编目及《中国神话母题 W7 编目实例》等。

⑤ 【关联】［W8772］神性人物作为争战的帮助者。【引例】神猴和神龙帮英雄寻找妻子【傣族】

⑥ 【关联】［TPS：N857］敌人的奴仆作为帮助者

⑦ 【关联】［W9251］预言者

⑧ 【引例】龙王给女婿参加比赛的斗鸡【珞巴族】

⑨ 【关联】［W7835］恋人帮解决难题

W 编码	母题描述			参照项	
	一级母题	二级母题	三级母题	汤普森	关联项
W9990		动物作为帮助者			【联 1，例 3】①
W9990.1			动物帮助盗粮种		
W9990.2			动物为英雄带路		
W9991		植物作为帮助者			
W9991.1			特定的树帮助人		
W9991.2			特定的草帮助人		
W9992		自然物作为帮助者			
W9992.1			天空作为帮助者	N818	
W9992.2			太阳作为帮助者	N818.1	
W9993		器物作为帮助者			【联 1，例 1】②
W9994		与帮助者有关的其他母题			【联 1】③
W9994.1			帮助者出现在梦中		【联 1，例 1】④
W9994.2			善者神助		【纳西族】
W9994.3			帮凶		【汉族】
◎	〖其他相关母题〗				
W9995	财富				
W9995.1		财富的获得		J706	【联 1】⑤
W9995.1.1			人得到鬼的财富		【珞巴族】
W9995.2		财富的丢失			
W9995.2.1			金银变废物		【壮族】
W9995.3		屙金子			【联 1】⑥
W9995.3.1			怪物屙金子		【布朗族】
W9996	替代物				【联 2】⑦
W9996.1		生命的替代物			【例 2】⑧
W9996.2		替身			
W9996.2.1			神用特定的物作为替身		【例 3】⑨
W9996.3			管特定的物代表权利		【例 1】⑩

---

① 【关联】［W8774］动物作为争战的帮助者。【引例】❶青蛙变人帮助母亲【独龙族】；❷白鹿引导人取火【哈尼族】；❸动物帮助消除多个太阳【满族】

② 【关联】［W9650］宝物。【引例】石磨帮助人【汉族】

③ 【关联】［W9755］射日的帮助者

④ 【关联】［W9290～W9299］梦。【引例】得到梦中人帮助战胜恶魔【珞巴族】

⑤ 【关联】［W9651］宝物的产生（获得）

⑥ 【关联】［W9577.3］屎变金银

⑦ 【关联】❶［W0916.17］灵魂的替代物；❷［W6505.8］牺牲的替代品

⑧ 【引例】❶掐死猪头上的虱子，猪就会死【珞巴族】；❷砍倒红包刺，天神的儿子就会死去【壮族】

⑨ 【引例】❶特定的动物作为神的替身【汉族】；❷山代表山神【珞巴族】；❸面偶作为神的替身【普米族】

⑩ 【引例】头人管木鼓代表管天管地【佤族】

附录 1

《中国神话母题 W 编目》基本母题检索表
（母基检索表①）

0　神与神性人物
（代码 W00 ～ W0999）

0.1　神的概述
【W00 ～ W0179】

0.1.1　神的产生
【W00 ～ W059】

✿ **W00**　神　　　　　　　　　　【P3】
✿ **W01**　神的产生　　　　　　　【P3】
　W02　神自然存在
　W03　神自然产生
✲ **W04**　神来源于某个特定地方　【P3】
　W05　神源于混沌
　W06　神从天降
　W07　神从地下来
　W08　神从冥界来

　W09　神从黑暗中来
　W010　神从水中来
　W011　神从雾中来
　W012　神从洞中来
　W013　与神源于特定地方有关的
　　　　其他母题
✲ **W014**　神是创造产生的
　　　　　（造神）　　　　　　【P3】
　W015　神造神
　W016　特定的神或神性人物造神
　W017　人造神
　W018　特定的动物造神
　W019　特定的植物造神
　W020　自然物造神
　W021　其他人物造神
　W022　与造神有关的其他母题
✲ **W023**　神是生育产生的　　　　【P4】
　W024　神生神
　W025　神性人物生神
　W026　人生神
　W027　动物生神
　W028　植物生神
　W029　自然物生神

---

① 母基检索表，又可称为"母鸡检索"。该检索是快捷查找 W 编目中母题的重要渠道。本检索表共列举了近 10000 个自然数编码母题。其中前面带有"◎"、"✿"、"✲"符号的母题都具有类型提示作用，其后有相应页码标注。同时，也有一些母题不带上述符号却标注了页码，同样具有表示与上面母题类型区别的功能。

0.5　与具体的物相关的神
（ W0500 ~ W0559 ）

0.5.1　动物神
（ W0500 ~ W0539 ）

0.7　与宗教相关的神或神性人物

（W0770 ~ W0829）

0.7.1　常见民间宗教神或神性人物

（W0770 ~ W0784）

0.9　神或神性人物的其他母题
（W0920 ~ W0999）

0.9.1　神物
（W0920 ~ W0969）

0.9.2　与神或神性人物有关的
其他母题
（W0970 ~ W0999）

1　世界与自然物
（代码 W1000 ～ W1999）

1.1　世界（宇宙）起源概说
（W1000 ～ W1099）

1.1.1　世界的产生
（W1000 ～ W1009）

1.1.2　世界的创造与创世者
（W1010 ～ W1034）

1.2.3　地的产生与特征
（W1170～W1269）

1.2.5　天地的修整

（W1360 ~ W1399）

1.3　万物
（W1500 ~ W1539）

1.3.1　万物的产生
（W1500 ~ W1529）

2　人与人类
（代码 W2000～W2999）

2.1　人类产生概说
（W2000～W2019）

2.1.1　人产生的原因
（W2000～W2009）

W2203　天地生人

W2204　日月星辰生人

W2205　洞生人

W2206　风生人

W2207　气生人

W2208　水生人

W2209　山生人

W2210　石生人

W2211　器皿生人

W2212　袋子生人

W2213　柜生人

W2214　鼓生人

W2215　光生人

W2216　排泄物中生人

W2217　其他无生命物生人

W2218　与无生命物生人有关的
　　　　其他母题

2.4.6　卵生人
（W2220～W2229）

✽ **W2220　卵生人**　　　【P448】

W2221　神的卵生人

W2222　人的卵生人

W2223　动物卵生人

W2224　植物的卵生人

W2225　无生命物的卵生人

W2226　卵的特殊部分生人

W2227　其他特定来历的卵生人

W2228　卵生人的条件

W2229　与卵生人有关的其他母题

2.4.7　感生人
（W2230～W2279）

✿ **W2230　感生人**　　　【P452】

W2231　感神孕生人

W2232　感神性人物孕生人

W2233　感人孕生人

✽ **W2234　感动物孕生人**　　　【P453】

W2235　感牛孕生人

W2236　感虎孕生人

W2237　感象孕生人

W2238　感猴孕生人

W2239　感狗孕生人

W2240　感鸟生人

W2241　感鹰孕生人

W2242　感喜鹊孕生人

W2243　感鱼孕生人

W2244　感昆虫孕生人

W2245　感蛇孕生人

W2246　感蛙孕生人

W2247　感龙孕生人

W2248　感其他动物孕生人

W2249　与感动物生人有关的
　　　　其他母题

✽ **W2250　感植物孕生人**　　　【P454】

W2251　感树孕生人

W2252　感花孕生人

W2253　感草孕生人

W2254　吃水果孕生人

W2255　感瓜孕生人

W2256　感作物孕生人

W2257　感蔬菜孕生人

W2258　与感植物生人有关的
　　　　其他母题

✽ **W2260　感无生命物孕生人**　　　【P455】

W2261　感石孕生人

W2262　感水孕生人

W2263　感某种液体孕生人

W2264　感木头孕生人

W2265　感柱子孕生人

W2266　摸洞孕生人

W2267　感其他无生命物生人

W2268　与感无生命物生人

2.8.4　弃婴（弃儿）
（W2670 ~ W2689）

W3033　其他特定物质变成动物

W3034　与动物产生有关的
　　　　其他母题　　　　　　【P582】

3.1.2　动物的特征
（W3035～W3064）

✿ **W3035　动物的特征**　　　【P583】

W3036　动物的性别

✳ **W3037　动物特定的外貌特征**【P583】

W3038　动物外貌特征的来历

W3039　动物的面部（头部）特征
　　　　的来历

W3040　动物眼部特征的来历

W3041　动物嘴部特征的来历

W3042　动物耳朵特征的来历

W3043　动物的角的来历

W3044　动物皮毛的来历

W3045　动物尾巴的来历

W3046　动物的颜色的来历

W3047　动物体征有关的其他母题

W3048　动物的其他特征　　　【P587】

✳ **W3050　动物特征的成因**　　【P588】

W3051　动物产生时自然出现
　　　　各种特征

W3052　动物的特征是神或神性
　　　　人物赐予的

W3053　动物的特征是神或神性
　　　　人物规定的

W3054　动物的特征是神或神性
　　　　人物创造时形成的

W3055　动物的特征是变化形成的

W3056　动物的特征是奖励造成的

W3057　动物的特征是惩罚造成的

W3058　动物的特征是诅咒造成的

W3059　动物的特征是从其他动物
　　　　那里偷来的

W3060　动物的特征是从其他动物
　　　　身上换（抢、借）来的

W3061　动物的特征是从其他动物
　　　　那里学来的

W3062　动物的特征是特定的事件
　　　　造成的

W3063　与动物特征成因有关的
　　　　其他母题

W3064　与动物特征有关的
　　　　其他母题　　　　　　【P590】

3.1.3　动物的生活与习性
（W3065～W3069）

◎　〖动物的生活〗　　　　　【P590】

W3065　动物的栖息地

W3066　动物的食物

◎　〖动物的习性〗　　　　　【P592】

W3067　动物的特定习性

W3068　与动物习性有关的
　　　　其他母题

3.1.4　其他特定性质的动物
（W3070～W3079）

◎　〖其他特定性质的动物〗　【P592】

W3070　奇特的动物

W3071　善于伪装的动物

W3072　有人的情感的动物

W3073　会预言的动物

W3074　天上的动物

W3075　家畜

W3076　野兽

W3077　其他特定性质的动物

3.1.5　与动物有关的其他母题
（W3080～W3099）

W3130　狗与人的关系

W3131　狗的亲属

W3132　狗的寿命

W3133　与狗有关的其他母题

◎　〖猴〗

✻ **W3135　猴子的产生**　　【P605】

W3136　猴子自然存在

W3137　猴源于某个地方

W3138　猴是创造产生的

W3139　猴是生育产生的

W3140　猴是变化产生的

W3141　与猴的产生有关的

　　　　其他母题

✻ **W3142　猴的特征**　　【P606】

W3143　猴的性别

W3144　猴子的尾巴

W3145　猴的屁股为什么是红的

W3146　与猴子的特征有关的

　　　　其他母题

W3147　与猴有关的其他母题　【P607】

◎　〖虎〗

✻ **W3150　虎的产生**　　【P607】

W3151　虎源于某个地方

W3152　虎是造出来的

W3153　虎是生育产生的

W3154　虎是变形产生的

W3155　与虎的产生有关的

　　　　其他母题

✻ **W3156　虎的特征**　　【P608】

W3157　虎的斑纹的来历

W3158　虎生育少的原因

W3159　与虎的特征有关的

　　　　其他母题

◎　〖其他相关母题〗　　【P609】

W3160　虎的食物

W3161　虎的朋友

W3162　虎的仇敌

W3163　虎的亲属与关系

W3164　与虎有关的其他母题

◎　〖狼〗

✻ **W3165　狼的产生**　　【P610】

W3166　狼是造出来的

W3167　狼是生育产生的

W3168　狼是变化产生的

W3169　与狼的产生有关的

　　　　其他母题

◎　〖其他相关母题〗　　【P610】

W3170　狼的特征

W3171　狼的朋友

W3172　狼的仇敌

W3173　与狼有关的其他母题

◎　〖马〗

✻ **W3175　马的产生**　　【P611】

W3176　马源于特定的地方

W3177　马是造出来的

W3178　马是生育产生的

W3179　马是变化产生的

W3180　与马的产生有关的

　　　　其他母题

✻ **W3181　马的特征**　　【P612】

W3182　马的鬃毛的来历

W3183　马的牙齿

W3184　马的腿部特征

W3185　马为什么没有角

W3186　与马的特征有关的

　　　　其他母题

◎　〖其他相关母题〗　　【P612】

W3187　马的食物

W3188　马的习性

W3189　与马有关的其他母题

◎　〖猫〗

✻ **W3190　猫的产生**　　【P613】

W3191　猫来源于某个地方

W3192　猫是给予的

3.4　水中动物

（W3400 ~ W3449）

3.4.1　水中动物概说

（W3400 ~ W3409）

3.6.3　龙、凤类动物
（W3550～W3594）

3.6.4　其他一些难以分类的动物
（W3595～W3599）

3.7　植物概说
（W3600～W3699）

3.7.1　植物的产生
（W3600～W3639）

3.8.2　花草概说及常见的花草
（W3800～W3839）

✽ **W3806** 草的产生 【P738】

W3807 草自然产生或源于某个地方

W3808 草是特定人物播撒的

（给予的）

W3809 草是变化产生的

W3810 与草的产生有关的

其他母题

◎ 〖花草的特征〗 【P739】

W3811 花的特征

W3812 草的特征

W3813 与花草特征有关的

其他母题

W3814 与花草有关的其他母题 【P740】

◎ 〖常见的花草〗 【P740】

W3815 稗草（稗子）

W3816 芭蕉

W3817 丁香花

W3818 蒿草

W3819 菊花

W3820 灵芝（灵芝草）

W3821 龙舌兰

W3822 龙须草

W3823 芦苇

W3824 麻

W3825 马齿苋

W3826 茅草

W3827 玫瑰

W3828 梅

W3829 牵牛花

W3830 人参

W3831 山茶花

W3832 水仙花

W3833 藤类植物

W3834 勿忘我

W3835 烟草

W3836 樱花

W3837 罂粟（鸦片）

W3838 迎春花

W3839 其他花草 【P747】

3.8.3 作物概说及常见的作物
（W3840～W3879）

◎ 〖作物概说〗 【P748】

W3840 作物的产生

W3841 作物的特征

W3842 与作物有关的其他母题

◎ 〖常见的作物〗 【P750】

W3843 菜籽

W3844 葱

W3845 甘蔗

◎ 〖谷物〗 【P750】

W3846 谷物的产生

W3847 五谷的产生

W3848 五谷的特征

W3849 五谷的种类

W3850 与五谷有关的其他母题

◎ 〖谷子〗 【P752】

W3851 谷子的产生

W3852 谷子的特征

W3853 与谷子有关的其他母题

◎ 〖稻子〗 【P755】

W3854 稻子的产生

W3855 稻子的特征

W3856 与稻子有关的其他母题

◎ 〖豆类〗 【P757】

W3857 豆子的产生

W3858 豆子的特征

W3859 与豆子有关的其他母题

◎ 〖高粱〗 【P759】

W3860 高粱的产生

W3861 高粱的特征

W3862 与高粱有关的其他母题

W3863 花生 【P760】

◎ 〖麦子〗 【P760】

3.9 种子及相关母题
（W3900～3999）

3.9.1 种子（粮种）概说
（W3900～W3949）

W3977　神或神性人物帮助取粮种

W3978　特定的人帮助取粮种

W3979　动物帮助取粮种

W3980　与盗粮种的帮助者有关的
　　　　其他母题

✳ **W3981　盗（取）粮种的方法　【P781】**

W3982　盗（取）粮种时把种子
　　　　藏在指甲中

W3983　盗（取）粮种时把种子
　　　　藏在头发中

W3984　盗（取）粮种时把种子
　　　　藏在耳朵中

W3985　盗（取）粮种时把种子
　　　　藏在嘴里

W3986　盗（取）粮种时把种子
　　　　藏在脚趾缝中

W3987　盗（取）粮种时把种子
　　　　藏在脖子里

W3988　盗（取）粮种时把种子
　　　　藏在生殖器中

W3989　盗（取）粮种时把种子
　　　　藏在肚脐眼中

W3990　盗（取）粮种时把种子
　　　　藏在屁沟中

W3991　盗（取）粮种时把种子
　　　　装在动物的肚子里

W3992　动物盗（取）粮种时把
　　　　种子放在尾巴上

W3993　与盗（取）粮种方法有关
　　　　的其他母题

◎　〖其他相关母题〗　　　【P782】

W3994　不成功的盗（取）种者

W3995　与盗（取）种有关的其他
　　　　母题

W3996　粮种的种类

W3997　粮种的丢失

W3998　与种子有关的其他母题

4　自然现象与自然秩序
（代码 W4000 ~ W4999）

4.1　自然现象概说
（W4000 ~ W4099）

4.1.1　一般自然现象
（W4000 ~ W4079）

✳ **W4000　自然现象的产生　　【P785】**

W4001　自然现象本来存在

W4002　神或神性人物制造各种
　　　　自然现象

W4003　特定人物的活动造成
　　　　自然现象

W4004　自然现象产生的其他方式

✳ **W4005　天地的颜色　　　【P785】**

W4006　以前的天与现在有不同
　　　　的颜色

W4007　天为什么是蓝色（青色）的

W4008　地为什么是黄色的

W4009　与天地的颜色有关的
　　　　其他母题

✿ **W4010　昼夜　　　　　【P786】**

W4011　以前没有昼夜之分

✳ **W4012　昼夜的产生　　　【P786】**

W4013　神或神性人物造昼夜

W4014　神规定昼夜

W4015　神性人物分出昼夜

W4016　特定人物睁眼闭眼形成
　　　　昼夜

W4017　人分出昼夜

4.1.2　神奇的自然现象
（W4080 ~ W4099）

4.2.3　与星星有关的现象

（W4200 ~ W4209）

W4257　与天气的产生有关的其他母题

4.3.2　风雨
（W4260～W4374）

✿ **W4260　风雨的产生**　　【P813】

W4261　风雨自然产生

W4262　风雨是神或神性人物的
安排

W4263　风雨相伴产生

W4264　与风雨产生有关的
其他母题

◎　〖风〗

✿ **W4265　风的产生**　　【P813】

W4266　风自然产生

✳ **W4267　风源于某个地方**　　【P813】

W4268　风源于天上

W4269　风源于地上的洞

W4270　地源于地的裂缝

W4271　风源于其他地方

✳ **W4272　风是造出来的**　　【P814】

W4273　神制造风

W4274　风神制造风

W4275　其他神造风

W4276　神造风的方法

W4277　神性人物制造风

W4278　动物造风

W4279　无生命物造风

W4280　与造风有关的其他母题

✳ **W4281　风是生育产生的**　　【P815】

W4282　神或神性人物生风

W4283　巨人生风

W4284　人生育风

W4285　风袋中生风

W4286　风从其他物体生出

✳ **W4287　风是变化产生的**　　【P815】

W4288　神或物化为风

W4289　风是特定气体变成的

W4290　与变化形成风有关的
其他母题

✳ **W4291　风产生的方式**　　【P816】

W4292　巫术（魔法）造风

W4293　呼吸形成风

W4294　掀动簸箕形成风

W4295　扇动形成风

W4296　甩头发形成风

W4297　与风的产生方式
有关的其他母题

W4298　与风的产生有关的
其他母题　　【P816】

✳ **W4300　风的特征**　　【P816】

W4301　风为什么没有形状

W4302　风的颜色

W4303　风为什么无处不在

W4304　风为什么在地上

W4305　风的温度

W4306　与风的特征有关的
其他母题

✳ **W4307　风的管理**　　【P817】

W4308　风的秩序的建立

W4309　神管理风

W4310　神性人物管理风

W4311　特定的人管理风

W4312　动物管理风

W4313　与风的管理有关的
其他母题

✳ **W4314　特定名称的风**　　【P817】

W4315　龙卷风

W4316　寒风

W4317　季风

W4318　台风

W4319　旋风

W4320　风暴

✳ **W4321　特定方向的风**　　【P818】

4.3.3　雷电
（W4375～W4439）

4.3.4　云霞霓虹

（W4440 ～ W4509）

W4452　头发变成云

W4453　皮肤变成云

W4454　羽毛变成云

W4455　气变成云

W4456　水变成云

W4457　沙子变成云

W4458　烟变成云

W4459　衣物变成云

W4460　棉花变成云

W4461　其他特定物变成云

W4462　与云的产生有关的
　　　　其他母题

✳ **W4463　云的特征**　　　　　【P834】

W4464　云为什么是白色的

W4465　云为什么在天上

W4466　云为什么能下雨

W4467　与云的特征有关的
　　　　其他母题

W4468　与云有关的其他母题　　【P834】

◎　〖霞（彩霞）〗

✳ **W4470　霞的产生**　　　　　【P835】

W4471　霞源于某个地方

W4472　神或神性人物造霞

W4473　人造霞

W4474　人变成霞

W4475　血变成霞

W4476　衣物变成霞

W4477　霞是特定的痕迹

W4478　霞是特定的物

W4479　与霞的产生有关的
　　　　其他母题

✳ **W4480　霞的特征**　　　　　【P835】

W4481　霞为什么有艳丽的颜色

W4482　霞为什么出现在特定时间

W4483　与霞的特征有关的
　　　　其他母题

W4484　与霞有关的其他母题　　【P835】

◎　〖虹〗

✳ **W4485　虹的产生**　　　　　【P836】

W4486　虹源于某个地方

W4487　虹是造出来的

W4488　虹是生育产生的

W4489　神或神性人物变成虹

W4490　人变成虹

W4491　动物变成虹

W4492　植物变成虹

W4493　气化为虹

W4494　与变虹有关的其他母题

✳ **W4495　虹是某种特定的物**　【P837】

W4496　虹是特定的带子

W4497　虹是动物

W4498　虹是桥

W4499　虹是弓

W4500　虹是鞭子

W4501　虹是特定的痕迹

W4502　虹是其他特定的物

✳ **W4503　虹的特征**　　　　　【P838】

W4504　虹的颜色

W4505　虹为什么在天上

W4506　与虹的特征有关的
　　　　其他母题

W4507　与虹有关的其他母题　　【P838】

4.3.5　雪霜雾露等
（W4510 ~ W4559）

◎　〖雪〗

✳ **W4510　雪的产生**　　　　　【P839】

W4511　雪源于某个地方

W4512　神或神性人物造雪

W4513　神或神性人物的情绪
　　　　形成雪

W4514　神或神性人物的活动
　　　　形成雪

4.3.6　与天气有关的其他母题
（W4560～W4569）

4.3.7　无具体形态的现象
（W4570～W4619）

4.5　季节

（ W4770 ~ W4849 ）

4.5.1　季节的来历

（ W4770 ~ W4799 ）

4.5.2　季节的管理

（ W4800 ~ W4809 ）

4.5.3　二十四节气

（ W4810 ~ W4839 ）

4.6.3   与天体运行和秩序
有关的其他母题
（W4960 ~ W4969）

4.7   与自然秩序相关的
其他母题
（W4970 ~ W4999）

4.7.1   山川河流等的秩序与管理
（W4970 ~ W4979）

W4970　山川河流的秩序

W4971　山川河流的管理

W4972　山的秩序

W4973　山的管理

W4974　水的秩序

W4975　水的管理

W4976　水的治理

W4977　其他自然物秩序与管理　【P895】

W4978　无生命物的秩序与管理　【P896】

4.7.2　动物的秩序与管理
（W4980 ~ W4989）

✳ **W4980　动物世界的秩序**　【P896】

W4981　动物世界秩序的建立

W4982　特定的动物群体秩序
　　　　的建立

W4983　与动物秩序有关的
　　　　其他母题

✳ **W4985　动物的管理**　【P896】

W4986　特定的动物管理者

W4987　各类动物的管理

W4988　与动物的管理有关的
　　　　其他母题

4.7.3　植物的秩序与管理
（W4990 ~ W4999）

✳ **W4990　植物的秩序**　【P897】

W4991　为什么植物生长有特定
　　　　时间

W4992　为什么植物有特定生长
　　　　地域

W4993　与植物的秩序有关的
　　　　其他母题

✳ **W4995　植物的管理**　【P898】

W4996　神或神性人物管理植物

W4997　人管理植物

W4998　动物管理植物

W4999　与植物的管理有关的其他母题

5　社会组织与社会秩序
（代码 W5000 ~ W5999）

5.1　社会秩序概说
（W5000 ~ W5084）

5.1.1　社会秩序的建立
（W5000 ~ W5029）

✿ **W5000　社会秩序人类**
　　　　　（秩序）　【P900】

W5001　以前没有秩序

W5002　以前世间秩序混乱

✳ **W5003　社会秩序的建立**　【P900】

W5004　神建立社会秩序

W5005　神性人物建立社会秩序

W5006　特定的人建立社会秩序

W5007　与社会秩序的建立有关
　　　　的其他母题

W5008　社会关系的产生

✳ **W5009　人的等级的产生**　【P901】

W5010　特定的人物划分人的等级

W5011　造人时形成等级

W5012　通过争战分出等级

W5013　命运决定人的等级

W5014　与等级的产生有关的
　　　　其他母题

✳ **W5015　人的贵贱**　【P902】

W5016　人以前没有贵贱

W5017　人的贵贱是划分出来的

W5018　造人时出现贵贱

W5019　命运决定人的贵贱

W5020　与贵贱有关的其他母题

✳ **W5021　人的身份**　　　【P902】

W5022　人的不同身份的来历

W5023　与人的身份有关的
　　　　其他母题

✳ **W5024　人的贫富**　　　【P902】

W5025　最早没有贫富之分

W5026　贫富的产生

W5027　与人的贫富有关的
　　　　其他母题

W5028　与人的等级贵贱有关的
　　　　其他母题　　　　【P903】

5.1.2　首领与首领的产生
（W5030～W5074）

✿ **W5030　首领**　　　　　【P903】

✿ **W5031　首领的产生**　　【P903】

W5032　自然出现首领

✳ **W5033　首领来源于特定的**
　　　　　　地方　　　　　【P903】

W5034　首领从天而降

W5035　首领来源于远方

W5036　首领来源于其他地方

✳ **W5037　首领是生育产生的**　【P904】

W5038　特定的人物生首领

W5039　特殊的婚配生首领

W5040　与生育产生首领有关的
　　　　其他母题

✳ **W5041　首领是任命产生的**　【P904】

W5042　神任命人的首领

W5043　神性人物任命人的首领

✳ **W5044　首领是推举产生的**　【P904】

W5045　公众推选首领

W5046　老人推荐首领

W5047　有功者被推举为首领

W5048　贤者被推举为首领

W5049　才艺过人者被推举为首领

W5050　与推举首领有关的
　　　　其他母题

W5051　首领是世袭产生的　　【P905】

✳ **W5052　首领是让位产生的**　【P905】

W5053　首领让位给有血缘关系
　　　　的人

W5054　禅让产生首领

W5055　让位给其他特定的人

✳ **W5056　首领是竞赛产生的**　【P905】

W5057　通过特定的比赛称王

W5058　与竞赛产生首领有关的
　　　　其他母题

✳ **W5059　首领是争战产生的**　【P906】

W5060　御敌有功者取代原来的
　　　　首领

W5061　与争战产生首领有关的
　　　　其他母题

W5062　与首领的产生有关的
　　　　其他母题　　　　【P906】

✳ **W5063　首领的特征**　　　【P906】

W5064　首领有特定身份

W5065　首领有特定的本领

W5066　与首领的特征有关的
　　　　其他母题

◎　〖特定的首领〗

✳ **W5067　女首领**　　　　　【P907】

W5068　女首领的产生

W5069　女首领的特征

W5070　与女首领有关的其他母题

✳ **W5071　男首领**　　　　　【P907】

W5072　男首领的产生

W5073　与男首领有关的其他母题

W5074　与首领有关的其他母题　【P908】

5.1.3　与社会秩序有关的
其他母题
（W5075 ~ W5084）

✳ **W5075　世界的管理**　【P908】

W5076　神管理世界

W5077　世界的其他管理者

✳ **W5078　社会的管理**　【P908】

W5079　神或神性人物管理人间

W5080　特定的人管理人间

W5081　社会的其他管理者

◎　〖**其他相关母题**〗　【P909】

W5082　社会分工

W5083　亲属关系

W5084　与社会秩序有关的
　　　　其他母题

5.2　家庭、村庄
（W5085 ~ W5249）

5.2.1　家庭的产生
（W5085 ~ W5094）

✿ **W5085　家庭（家族）**　【P911】

✳ **W5086　家庭的产生**　【P911】

W5087　家族祖先的产生

W5088　感生家族

W5089　分化产生家庭

W5090　婚姻产生家庭

W5091　家庭形成的其他形式

W5092　与家庭产生有关的
　　　　其他母题

5.2.2　家庭与社会关系成员
（W5095 ~ W5199）

✳ **W5095　祖父母与子孙**　【P912】

W5096　祖父

W5097　祖母（外祖母）

W5098　孙子

W5099　孙女

✿ **W5100 父母与孩子**　【P912】

✳ **W5101　父母**　【P912】

W5102　人原来不认识父母

W5103　父母的产生

W5104　父母的特征

W5105　父母特定的身份

W5106　父母的关系

W5107　认知父母

W5108　与父母有关的其他母题

✳ **W5109　父亲**　【P913】

W5110　父亲的产生

W5111　父亲的特征

W5112　父亲特定的身份

W5113　与父亲有关的其他母题

✳ **W5114　母亲**　【P914】

W5115　母亲的产生

W5116　母亲的特征

W5117　母亲特定的身份

W5118　与母亲有关的其他母题

✳ **W5119　孩子**　【P915】

W5120　孩子的产生

W5121　孩子的特征

W5122　与孩子有关的其他母题

✳ **W5123　儿子**　【P915】

W5124　儿子的产生

W5125　儿子的特征

W5126　与儿子有关的其他母题

✳ **W5127　女儿**　【P916】

5.2.3　与家庭有关的其他母题
（W5200～W5229）

5.3.2 部落
（W5300 ~ W5359）

5.4　民族
（W5400 ~ W5829）

5.4.1　民族的产生
（W5400 ~ W5459）

5.4.4   特定民族的产生与特征
（ W5540 ~ W5729 ）

5.4.5 与民族有关的其他母题

(W5730 ~ W5829)

✿ **W5730** 民族名称 【P985】

✳ **W5731** 少数民族名称的来历 【P985】

W5732 以居住地点命名民族名称

W5733 根据事件确定民族名称

W5734 以人名命名民族名称

W5735 特定的人物命名民族名称

W5736 与民族名称有关的其他
母题

✳ **W5737** 民族产生的数量 【P985】

W5738 产生 1 个民族

W5739 产生 2 个民族

W5740 产生 3 个民族

W5741 产生 4 个民族

W5742 产生 5 个民族

W5743 产生 6 个民族

W5744 生更多民族

✳ **W5745** 多民族同源 【P986】

W5746 2 个民族同源

W5747 3 个民族同源

W5748 4 个民族同源

W5749 5 个民族同源

W5750 6 个民族同源

W5751 7 个民族同源

W5752 8 个民族同源

W5753 9 个民族同源

W5754 10 个民族同源

W5755 更多民族同源

W5756 数目不确指的多民族同源

✳ **W5757** 多种混杂的民族同源 【P988】

W5758 人与民族混杂型同源

W5759 民族与民族支系混杂型
同源

W5760 民族与职业混杂的同源

W5761 民族与动物混杂的同源

W5762 民族与姓氏混杂的同源

W5763 民族与其他称谓同源

W5764 与民族同源有关的其他
母题

✿ **W5765** 不同民族的分布和
区别的原因 【P989】

✳ **W5766** 民族的分布 【P989】

W5767 民族生活地区的来历

W5768 居住在特定地点的民族

✳ **W5770** 民族的迁徙 【P989】

W5771 根据特定人物的旨意迁徙

W5772 民族为了生存迁徙

W5773 民族因战争迁徙

W5774 民族战败后迁徙

W5775 民族迁徙的指引者

W5776 与迁徙有关的其他母题

✳ **W5777** 民族的分化 【P990】

W5778 因迁徙导致民族分化

W5779 因争夺利益导致民族分化

W5780 民族分化的其他原因

✳ **W5781** 民族的融合 【P991】

W5782 民族迁徙中形成民族融合

W5783 民族融合的其他原因

✳ **W5784** 民族的排序 【P991】

W5785 神规定民族的排序

W5786 根据出生先后产生民族
的排序

W5787 众民族排序中的老大

W5788 与民族排序有关的
其他母题

✳ **W5789** 民族支系的数量 【P992】

W5790 民族有 2 个支系

W5791 民族有 3 个支系

W5792 民族有 4 个支系

W5793 与民族支系的数量
有关的其他母题

W5852　洪荒时出现国家

W5853　穴居时出现国家

W5854　产生首领后出现国家

W5855　建立城池后出现国家

W5856　某国的建立有具体时间

W5857　与国家建立时间有关的

　　　　其他母题

W5858　与国家产生有关的其他母题【P996】

5.5.2　国王与臣民
（W5860 ~ W5899）

✿ **W5860**　**国王**　　　　　　　【P996】

✿ **W5861**　**国王的产生**　　　　【P997】

✳ **W5862**　**国王是造出来的**　　【P997】

W5863　神造出国王

W5864　神性人物造国王

W5865　与造国王有关的其他母题

✳ **W5866**　**国王是特定人物生育**

　　　　　　产生的　　　　　【P997】

W5867　神或神性人物生国王

W5868　特定的动物生国王

W5869　特定的植物生国王

W5870　与特殊生育产生国王有关的

　　　　其他母题

✳ **W5871**　**国王是感生的**　　　【P997】

W5872　感龙生国王

W5873　与感生国王有关的

　　　　其他母题

W5874　国王是卵生的　　　　【P997】

✳ **W5875**　**国王是特定的**

　　　　　　婚配生育的　　　【P997】

W5876　神婚生国王

W5877　人与神婚生国王

W5878　其他特殊的婚生国王

✳ **W5879**　**国王是变化产生的**　【P998】

W5880　特定的动物变成国王

W5881　其他人物变成国王

✳ **W5882**　**国王是选出来的**　　【P998】

W5883　力大功高者选为国王

W5884　国王通过比赛选出

W5885　与选国王有关的

　　　　其他母题

W5886　借助特殊的本领成为国王　【P998】

W5887　与国王产生有关的

　　　　其他母题　　　　　【P998】

✳ **W5888**　**国王的特征**　　　　【P999】

W5889　国王是神

W5890　国王有非凡的本领

W5891　与国王的特征有关的

　　　　其他母题

◎　〖**其他相关母题**〗　　　【P999】

W5892　国王的亲属

W5893　国王的辅佐者

W5894　帝王称号的来历

W5895　国王的数量

W5896　国王的类型

W5897　与国王有关的其他母题

5.5.3　与国家有关的其他母题
（W5900 ~ W5959）

✿ **W5900**　**国名**　　　　　　　【P1001】

✳ **W5901**　**国名的来历**　　　　【P1001】

W5902　神或神性人物定国名

W5903　按人类产生的位置定国名

W5904　以姓氏命名国名

W5905　与国名有关的其他母题

✳ **W5906**　**国都的建立**　　　　【P1002】

W5907　占卜定都

W5908　族群祖先商议定都

W5909　从先人那里继承都城

W5910　与建立国都有关的

　　　　其他母题

5.6.2 契约与誓约
（W5975 ~ W5984）

W5975 契约 【P1008】

�֎ **W5976 誓约** 【P1008】

W5977 特定的誓约

W5978 特定人物间的誓约

✖ **W5979 誓约的内容** 【P1008】

W5980 关于死亡的誓约

W5981 关于婚姻的誓约

W5982 宗教誓约

W5983 其他誓约

W5984 与誓约有关的其他
母题 【P1009】

5.6.3 律法与规则
（W5985 ~ W5999）

✿ **W5985 律法与规则** 【P1009】

✖ **W5986 律法的产生** 【P1009】

W5987 律法是制定的

W5988 法律的特征 【P1009】

W5989 与律法有关的其他
母题 【P1009】

✖ **W5990 规矩** 【P1010】

W5991 规矩的产生

W5992 与规矩有关的其他母题

✖ **W5993 法则** 【P1010】

W5994 法则的产生

W5995 与法则有关的其他母题

◎ 〖**其他相关母题**〗 【P1010】

W5996 天规

W5997 人间的规矩

W5998 与法律、规则有关的
其他母题

6 有形文化与无形文化
（代码 W6000 ~ W6999）

6.1 与生产相关的文化
【W6000 ~ W6109】

6.1.1 文化概说
【W6000 ~ W6009】

✖ **W6000 文化的产生（文化
的获得）** 【P1013】

W6001 人类生来就有文化

W6002 神传授文化

W6003 神性人物传授文化

W6004 特定的人传授文化

W6005 从动物那里获得文化

W6006 获得文化的其他方法

W6007 与文化产生有关的
其他母题

6.1.2 采集与渔猎
【W6010 ~ W6039】

◎ 〖采集〗

✖ **W6010 采集的产生** 【P1014】

W6011 神或神性人物教人采集

W6012 动物教人采集

W6013 与采集有关的其他母题

◎ 〖渔猎〗

✿ **W6015 渔猎的产生** 【P1014】

✖ **W6016 狩猎的产生** 【P1014】

W6017 神教人狩猎

W6018　神性人物教人狩猎

W6019　特定的人教人狩猎

W6020　动物教人狩猎

W6021　与狩猎产生有关的
　　　　其他母题

◎　〖捕鱼〗

✽ **W6022　捕鱼的产生** 【P1015】

W6023　特定的人物教人捕鱼

W6024　用网捕鱼的产生

W6025　与捕鱼有关的其他母题

✽ **W6026　狩猎方法（渔猎**
　　　　　　方法） 【P1016】

W6027　狩猎对象的确定

W6028　围攻猎物

W6029　狩猎需要众人合作

W6030　狩猎需要特定的工具

W6031　追打猎物

W6032　设陷阱狩猎

W6033　用网狩猎

W6034　其他狩猎方法

✽ **W6035　猎物的处置** 【P1017】

W6036　处置猎物有特定仪式

W6037　与处置猎物有关的
　　　　其他母题

W6038　与渔猎有关的其他母题 【P1017】

6.1.3　耕种与饲养
【W6040 ~ W6074】

◎　〖耕种（农业）〗

✽ **W6040　耕种的产生（农业**
　　　　　　的产生） 【P1018】

W6041　人以前不会耕种

W6042　神或神性人物教人耕种

W6043　人发明或传授耕种

W6044　从动物那里学会耕种

W6045　与耕种的产生有关的

其他母题

✽ **W6046　耕种方法** 【P1019】

W6047　刀耕火种

W6048　开荒造田

W6049　动物耕田

W6050　与耕种方法有关的
　　　　其他母题

W6051　与耕种有关的其他母题 【P1020】

◎　〖饲养〗

✿ **W6052　饲养的产生** 【P1021】

✽ **W6053　驯养动物的起源** 【P1021】

W6054　神或神性人物教人
　　　　饲养动物

W6055　特定的人教人饲养动物

W6056　与驯养的产生有关的
　　　　其他母题

✽ **W6057　特定动物的驯养** 【P1022】

W6058　野生动物被驯服

W6059　养蚕的来历

W6060　养鸡的来历

W6061　养鹿的来历（驯鹿的来历）

W6062　养马的来历（驯马的来历）

W6063　养牛的来历

W6064　养鸭的来历

W6065　养鱼的来历

W6066　养猪的来历

W6067　其他特定动物的驯养

W6068　与动物的饲养有关的
　　　　其他母题

✽ **W6070　家畜的饲养方法** 【P1023】

W6071　圈养

W6072　笼养

W6073　其他饲养动物的方法

W6074　与饲养有关的其他母题 【P1023】

6.1.4　生产者与生产工具
【W6075 ~ W6099】

❋ **W6075　劳动者（生产者）**【P1023】

W6076　手工制作者（工匠）

W6077　其他职业者

W6080　工具的产生（工具的
　　　　获得）　　　　　　【P1025】

◎　〖常见的劳动工具〗　　【P1025】

W6081　刨子

W6082　扁担

W6083　簸箕

W6084　杵

W6085　锄

W6086　锤

W6087　刀

W6088　风箱

W6089　斧（斧子、斧头）

W6090　锯

W6091　筐（箩筐）

W6092　犁

W6093　磨

W6094　耙

W6095　钳子

W6096　扫帚

W6097　其他特定劳动工具的产生

W6098　与工具有关的其他母题　【P1029】

6.1.5 与生产有关的其他母题
【W6100 ~ W6109】

❋ **W6100　手工艺的获得**　　【P1029】

W6101　从神那里学来手艺

W6102　文化英雄教手工制作

W6103　与手工艺的获得有关的
　　　　其他母题

❋ **W6104　劳动分工的产生**　【P1030】

W6105　脑力与体力的分工

W6106　夫妻劳动职能的分工

W6107　与劳动分工有关的

其他母题

W6108　与生产有关的其他
　　　　母题　　　　　　　【P1030】

6.2　与生活相关的文化
【W6110 ~ W6279】

6.2.1　衣服（服饰等）
【W6110 ~ W6139】

W6110　以前的人的生活　　【P1031】

❋ **W6111　服饰**　　　　　【P1031】

W6112　人以前不知道戴服饰

W6113　头饰的来历

W6114　戴项链手镯的来历

W6115　特定的人特定服饰的来历

W6116　特定服饰的作用

W6117　与服饰有关的其他母题

◎　〖纺织〗

❋ **W6120　纺织的产生**　　【P1032】

W6121　纺纱的产生

W6122　织布的产生

W6123　与纺织有关的其他母题

◎　〖服装〗

W6125　人穿衣服的来历　　【P1034】

❋ **W6126　衣服的制作**　　【P1034】

W6127　神教人制衣

W6128　神性人物教人制衣

W6129　特定的人教人制衣

W6130　动物教人制衣

W6131　与制衣产生有关的
　　　　其他母题

W6132　制衣者

W6133　制衣的材料

W6134　特定的服装

W6192　人从天上迁到地上居住

W6193　人从树上迁到地上居住

W6194　人由巢居变成穴居

W6195　人的草巢替代山洞

W6196　与人的居所变化有关的
　　　　其他母题

W6197　与人的居所有关的
　　　　其他母题　　　　【P1045】

◎　〖房屋建筑〗

❋ **W6200　房屋产生的原因**　【P1046】

W6221　为避禽兽造屋

W6222　为避寒冷造屋

W6223　为避灾难造屋

❋ **W6204　房屋的建造**　【P1046】

W6205　神或神性人物创造房屋

W6206　特殊的人造房子

W6207　建筑方法

W6208　与房屋建筑有关的
　　　　其他母题　　　　【P1047】

6.2.4　人的行走（出行）
【W6210～W6229】

❋ **W6210　人的行走**　　【P1048】

W6211　人的特殊行走方式

W6212　人以前跑得速度很快

W6213　以前人的行动随心所欲

W6214　与人的行走有关的
　　　　其他母题

◎　〖交通工具〗

❋ **W6215　交通工具的产生**　【P1048】

W6216　车

W6217　船

W6218　与交通工具有关的
　　　　其他母题

◎　〖道路〗

❋ **W6220　道路的产生**　　【P1049】

W6221　神或神性人物造道路

W6222　特定物变成道路

W6223　道路是特定的痕迹

W6224　与道路有关的其他母题

◎　〖桥〗　　　　　　【P1050】

W6225　桥的产生

W6226　与桥有关的其他母题

W6227　与人的出行有关的
　　　　其他母题　　　　【P1051】

6.2.5　医药（医术）
【W6230～W6249】

❋ **W6230　医术的产生**　　【P1051】

W6231　神或神性人物会医术

W6232　医生的产生

W6233　动物为人治病

W6234　与医术产生有关的
　　　　其他母题

❋ **W6235　药的产生（药的
　　　　　　获得）**　　　【P1052】

W6236　药是特定的人物赠予的

W6237　药是寻找发现的

W6238　药是造出来的（造药）

W6239　药是变化产生的

W6240　与药的产生有关的其他
　　　　母题

◎　〖常见的治病药物〗　【P1053】

W6241　仙草治病

W6242　姜治病

W6243　人参治病

W6244　灵丹妙药

W6245　能治病的树

W6246　能治病的水

W6247　与药有关的其他母题　【P1054】

W6248　与医药医术有关的
　　　　其他母题　　　　【P1054】

6.2.6　特定生活用品（器物）

【W6250～W6279】

✳ **W6250　生活用品的产生**　　【P1054】

W6251　陶器的产生

W6252　碟的产生

W6253　罐的产生

W6254　锅的产生

W6255　盆的产生

W6256　瓢的产生

W6257　碗的产生

W6258　与生活用品产生有关的
　　　　其他母题

◎　〖文具〗

✳ **W6260　文具的产生**　　【P1055】

W6261　笔的产生

W6262　墨的产生

W6263　纸的产生

W6264　砚的产生

W6265　文具的特征　　　　　【P1055】

W6266　与文具有关的其他母题　【P1055】

◎　〖乐器〗

✳ **W6270　乐器的产生**　　【P1055】

W6271　特定的人物教人造乐器

W6272　与乐器产生有关的
　　　　其他母题

W6273　乐器特征的来历

◎　〖常见乐器的产生〗　　【P1056】

W6274　鼓的产生

W6275　笛子的来历

W6276　笙的来历

W6277　琴瑟的来历

W6278　与乐器有关的母题　　【P1057】

W6279　与生活用品有关的
　　　　其他母题　　　　　　【P1057】

6.3　图腾与崇拜

【W6280～W6449】

6.3.1　图腾概说

【W6280～W6289】

✳ **W6280　图腾的产生**　　【P1058】

W6281　因血缘产生图腾

W6282　因命名产生的图腾

W6283　与图腾的产生有关的
　　　　其他母题

✳ **W6284　图腾的特征**　　【P1058】

W6285　图腾物与族体有特定的
　　　　关系

W6286　图腾是特定群体的标记

W6287　与图腾的特征有关的
　　　　其他母题

6.3.2　常见的图腾物

【W6290～W6349】

✿ **W6290　动物图腾**　　【P1059】

✳ **W6291 哺乳动物图腾**　　【P1059】

W6292　狼图腾

W6293　鹿图腾

W6294　虎图腾

W6295　猴图腾

W6296　猫图腾

W6297　牛图腾

W6298　熊图腾

W6299　其他哺乳动物图腾

✳ **W6300　鸟类动物图腾**　　【P1060】

W6301　鸟图腾

W6302　鸽子图腾

W6303　鸡图腾

W6304　天鹅图腾

W6305　乌鸦图腾

W6306　燕子图腾

W6307　鹰图腾

W6308　其他鸟图腾

✻ **W6310　水中动物图腾**　　【P1060】

W6311　鱼图腾

W6312　其他水中动物图腾

✻ **W6315　昆虫图腾**　　【P1060】

W6316　蜘蛛图腾

W6317　蚂蚱图腾

W6318　蟋蟀图腾

W6319　其他昆虫图腾

✻ **W6320　两栖或爬行动物图腾**　【P1061】

W6321　蛙图腾

W6322　蛇图腾

W6323　其他两栖或爬行动物图腾

✻ **W6324　神话动物图腾**　　【P1061】

W6325　龙图腾

W6326　凤图腾

W6327　神兽图腾

W6328　与动物图腾有关的

其他母题　　　　　【P1061】

✿ **W6330　植物图腾**　　【P1061】

✻ **W6331　树木图腾**　　【P1061】

W6332　竹图腾

W6333　枫树图腾

W6334　其他树图腾

✻ **W6335　花草图腾**　　【P1062】

W6336　特定的花图腾

W6337　特定的草图腾

W6338　其他植物图腾　　　【P1062】

◎　〖自然物与无生命物图腾〗　【P1062】

W6340　太阳图腾

W6341　月亮图腾

W6342　雷图腾

W6343　山图腾

W6344　石图腾

W6345　器物图腾

W6346　藤绳图腾

W6347　排泄物图腾

W6348　其他无生命物图腾

6.3.3　与图腾有关的
其他母题
【W6350～W6359】

◎　〖与图腾有关的其他母题〗　【P1063】

W6350　图腾神

W6351　图腾的属性

W6252　图腾的变化

W6353　图腾的婚姻

W6354　图腾禁忌

W6355　图腾的死亡

W6356　人对图腾的处置

W6357　与图腾有关的其他母题

6.3.4　崇拜的产生
【W6360～W6369】

✻ **W6360　崇拜的产生**　　【P1064】

W6361　因神圣产生崇拜

W6362　因害怕产生崇拜

W6363　因感恩产生崇拜

W6364　因体征奇特被崇拜

W6365　有益的东西被崇拜

W6366　因有功被崇拜

W6367　与崇拜产生有关的其他
母题

6.3.5　常见的崇拜物
【W6370～W6439】

6.3.6 与崇拜有关的其他母题
【W6440 ~ W6449】

W6443 其他颜色崇拜

W6444 与颜色崇拜有关的
其他母题

◎ 〖**其他相关母题**〗 【P1073】

W6445 数字崇拜

W6446 宗教崇拜物

W6447 象征物崇拜

W6448 行业的特定崇拜物

W6449 与崇拜有关的其他母题

6.4 宗教信仰与禁忌
【W6450～W6549】

6.4.1 宗教概说
【W6450～W6469】

✿ **W6450 宗教的产生** 【P1075】

✴ **W6451 宗教创立者** 【P1075】

W6452 神或神性人物是宗教
创立者

W6453 特定的人创立宗教

W6454 与宗教的创立有关的
其他母题

W6455 宗教神职人员

✴ **W6456 宗教仪式** 【P1076】

W6457 宗教仪式的产生

W6458 宗教仪式的特征

W6459 宗教仪式的功能

W6460 特定的宗教仪式

◎ 〖**其他相关母题**〗 【P1077】

W6461 宗教信仰

W6462 教派的数量

W6463 宗教神灵

W6464 宗教教义（经书）

W6465 宗教建筑

W6466 宗教场所

W6467 宗教器物

W6468 与宗教有关的其他母题

6.4.2 祭祀
【W6470～W6509】

✴ **W6470 祭祀的原因** 【P1079】

W6471 祭祀祈福

W6472 祭祀祈求丰收

W6473 祭祀消灾

W6474 与祭祀原因有关的
其他母题

✴ **W6475 祭祀的产生** 【P1080】

W6476 神或神性人物发明祭祀

W6477 特定的人发明祭祀

W6478 与祭祀产生有关的
其他母题

✿ **W6480 祭祀仪式** 【P1080】

✴ **W6481 祭神** 【P1080】

W6482 祭神的来历

W6483 祭神的时间

W6484 祭神的地点

◎ 〖**祭特定的神**〗 【P1081】

W6485 祭天神

W6486 祭地神

W6487 祭山神

W6488 祭水神

W6489 祭猎神

W6490 祭动物神

W6491 祭植物神

W6492 祭无生命物神

W6493 祭其他特定领域的神

W6494 与祭神有关的其他母题 【P1082】

◎ 〖**祭祀神以外的其他
特定物**〗 【P1082】

W6495 祭特定的人物

其他母题

6.5.2 生产习俗
【W6560～W6579】

✻ **W6560** **开荒时的习俗** 【P1101】

W6561 开荒时敬神习俗

W6562 开荒时占卜习俗

W6563 与开荒习俗有关的
其他母题

✻ **W6564** **播种时的习俗** 【P1102】

W6565 播种时祭神习俗

W6566 播种时占卜习俗

W6567 与播种习俗有关的
其他母题

✻ **W6570** **收获时的习俗** 【P1102】

W6571 收获时祭神习俗

W6572 收获时要举行仪式的习俗

W6573 收获作物时请祖先尝新

W6574 收获时动物尝新的来历

W6575 与收获习俗有关的
其他母题

◎ 〖其他相关母题〗 【P1103】

W6576 摘采习俗

W6577 与生产习俗有关的
其他母题

6.5.3 生活习俗
【W6580～W6599】

✻ **W6580** **服饰习俗** 【P1103】

W6581 服饰习俗的产生

W6582 首饰的产生

W6583 族体特定服饰习俗的来历

W6584 与服饰习俗有关的
其他母题

✻ **W6585** **文身** 【P1103】

W6586 文身的来历

W6587 文身的功能

W6588 文面的来历

W6589 与文身有关的其他母题

✻ **W6590** **饮食习俗的产生** 【P1104】

W6591 食俗

W6592 食人习俗

W6593 与饮食习俗有关的
其他母题

◎ 〖其他相关母题〗 【P1106】

W6594 对付特殊天相（天气）
的习俗

W6595 仪礼性习俗

W6596 与生活习俗有关的
其他母题

6.5.4 节日习俗
【W6600～W6629】

✻ **W6600** **节俗的来历** 【P1107】

W6601 节日庆典的来历

W6602 神制定节俗

W6603 神性人物制定节日

W6604 为纪念特定的人物
形成节日

W6605 祛灾去祸形成节日

W6606 与节日产生有关的
其他母题

◎ 〖常见节俗〗 【P1108】

W6610 除夕

W6611 年（春节）

W6612 元宵节的来历

W6613 春龙节（二月二）

W6614 寒食节

W6615 三月三

W6616 清明节

W6617 端午节（五月五）

W6684　妇女生产时放置特定
　　　　器物习俗

W6685　新生儿礼仪的来历

W6686　断奶习俗

W6687　与生育习俗有关的
　　　　其他母题

6.5.7　与习俗有关的其他母题
【W6690 ~ W6699】

◎　《与习俗有关的其他母题》【P1123】

W6690　民族习俗

W6691　不同习俗的来历

W6692　人生礼仪的来历

W6693　结交习俗

W6694　拜亲习俗

W6695　杀亲习俗

W6696　争战习俗

W6697　与习俗有关的其他母题

6.6　常见的其他文化现象
【W6700 ~ W6899】

6.6.1　语言、文字与文学
【W6700 ~ W6769】

✿ W6700　艺术的产生　　　【P1125】

◎　《语言》

✳ W6701　语言的产生　　　【P1125】

W6702　人最早不会说话

W6703　人产生时自然会说话

W6704　神教人语言

W6705　神性人物教人语言

W6706　通过特定的水获得语言
　　　　能力

W6707　吃特定的东西获得
　　　　语言能力

W6708　人受到外界的刺激后
　　　　开始说话

W6709　人模仿大自然的声音
　　　　形成语言

W6710　动物教人说话

W6711　与语言产生有关的其他母题

✳ W6712　语言的差异　　　【P1126】

W6713　人与神的语言不同

W6714　原来各民族说同样的语言

W6715　兄弟间语言不同的来历

W6716　与语言差异有关的
　　　　其他母题

✳ W6717　相通的语言　　　【P1127】

W6718　人与鬼语言相通

W6719　人与动物语言相通

W6720　与语言相通有关的
　　　　其他母题

✳ W6721　语言的改变　　　【P1127】

W6722　喝改变语言的水后改变
　　　　了语言

W6723　因犯忌而改变了语言

W6724　与语言变化有关的
　　　　其他母题

◎　《其他相关母题》　　　【P1128】

W6725　语言的混乱

W6726　语言的丧失

W6727　特定的语言

W6728　与语言有关的其他母题

◎　《文字》

✿ W6730　文字的产生　　　【P1128】

W6731　以前没有文字

✳ W6732　文字源于某个地方【P1129】

W6733　从神或神性人物那里
　　　　得到文字

W6734　从动物那里得到文字

◎　〖其他相关母题〗　　　【P1135】

W6795　天书

W6796　卜书

W6797　与知识、智慧有关的
　　　　其他母题

6.6.3　道德
【W6800 ~ W6819】

✳ **W6800　道德的产生**　　　【P1136】

W6801　道德自然产生

W6802　神规定人间的道德

W6803　文化祖先规定人间的
　　　　道德

W6804　与道德产生有关的
　　　　其他母题

✳ **W6805　优秀品质**　　　【P1136】

W6806　献身

W6807　顺从

W6808　勇敢

W6809　忠诚

W6810　其他优秀品质

✳ **W6811　不良品质**　　　【P1137】

W6812　懒惰

W6813　虚荣

W6814　自负

W6815　怯懦

W6816　忘恩负义

W6817　嫉妒

W6818　其他不良品质

W6819　与道德有关的其他母题　　【P1137】

6.6.4　姓氏与姓名
【W6820 ~ W6899】

◎　〖姓氏〗

✳ **W6820　姓氏的产生**　　　【P1138】

W6821　姓氏产生的时间

W6822　姓氏产生的原因

W6823　自然存在姓氏

W6824　神或神性人物制定姓氏

W6825　特定的人制定姓氏

W6826　婚姻产生姓氏

W6827　与姓氏的产生有关的
　　　　其他母题

◎　〖姓氏产生的方式〗　　　【P1140】

W6828　根据人的来历（出生）
　　　　定姓氏

W6829　根据人产生时接触的东西
　　　　命名姓氏

W6830　根据人的外貌定姓氏

W6831　根据人的服饰命名姓氏

W6832　以自然现象为姓氏

W6833　以看到的东西为姓

W6834　根据声音定姓

W6835　为感激某物以该物命名
　　　　姓氏

W6836　借用其他族的姓氏

W6837　以特定名称为姓氏

W6838　根据特定事件命名姓氏

W6839　与姓氏制定有关的其他母题

◎　〖百家姓〗

✳ **W6840　百家姓的产生**　　　【P1143】

W6841　100 人形成 100 姓

W6842　造人后形成百家姓

W6843　因婚姻形成百家姓

W6844　与百家姓产生有关的
　　　　其他母题

◎　〖其他相关母题）〗　　　【P1143】

W6845　姓氏的数量

W6846　多姓氏同源

W6847　姓氏的变化

W6848　特定姓氏的特点

W6849　与姓氏有关的其他母题

6.7　与文化、文明有关的
其他母题
【W6900～W6999】

6.7.1　音乐、体育等其他艺术
【W6900～W6909】

W6971　弓箭发明者

✳ **W6972　弓箭的制作**　　　【P1164】

W6973　弓的制作

W6974　箭的制作

W6975　弓弦的制作

W6976　弓箭的特征

W6977　射箭方法的获得

W6978　与弓箭有关的其他母题

◎　〚其他相关母题〛　　　【P1167】

W6980　火药的发明

W6981　采矿的产生

W6982　金属冶炼的产生

✳ **W6983　度量衡等的发明**　【P1168】

W6984　度量（测量）的产生

✳ **W6985　生肖**　　　　　　【P1168】

W6986　生肖的来历

W6987　十二生肖的来历

W6988　其他特定生肖的来历

W6989　与生肖有关的其他母题

W6990　商业的产生

W6991　集市的产生

W6992　货币的产生

W6993　记事方法的产生

W6994　凭证的发明

W6995　数字的产生

W6996　礼仪的产生

W6997　与发明或文化有关的
　　　　其他母题　　　　　【P1170】

7　婚姻与性爱
（代码 W7000 ~ W7999）

7.1　婚姻概说
【W7000 ~ W7129】

7.1.1　婚姻的产生
【W7000 ~ W7019】

✿ **W7000　婚姻**　　　　　　【P1172】

✿ **W7001　婚姻的产生**　　　【P1172】

W7002　人以前不知道婚姻

✳ **W7003　婚姻产生的原因**
　　　　（情形）　　　　　【P1172】

W7004　婚姻自然存在

W7005　神或神性人物制定婚姻

W7006　特定的人制定婚姻

W7007　动物告诉人婚配

W7008　为了生育繁衍产生婚姻

W7009　因情产生婚姻

W7010　有了女人后形成婚姻

W7011　男女原来是一个人分开而
　　　　成的，要通过结婚合在一起

W7012　因看到异性的身体而结婚

W7013　与婚姻产生的原因有关的
　　　　其他母题

✳ **W7014　特定婚姻的产生**　【P1174】

W7015　男婚女嫁的来历

W7016　以前男人出嫁（嫁男）

W7017　与特定婚姻产生有关的
　　　　其他母题

W7018　与婚姻产生有关的其他
　　　　母题　　　　　　　【P1174】

7.1.2　婚姻中的人物
【W7020 ~ W7049】

✿ **W7020　夫妻**　　　　　　【P1175】

W7021　夫妻的产生

W7022　人类第一对夫妻

W7023　夫妻的特殊关系

W7024　与夫妻有关的其他母题

✲ **W7025　丈夫**　　　　【P1175】

W7026　丈夫的产生

W7027　丈夫的特征

W7028　与丈夫有关的其他母题

✲ **W7029　妻子**　　　　【P1176】

W7030　妻子的产生

W7031　妻子的特征

W7032　与妻子有关的其他母题

✲ **W7033　女婿**　　　　【P1176】

W7034　女婿的产生

W7035　女婿的特征

W7036　与女婿有关的其他母题

✲ **W7037　主婚人**　　　【P1177】

W7038　神做主婚人

W7039　神性人物做主婚人

W7040　特定的人做主婚人

W7041　动物做主婚人

W7042　植物做主婚人

W7043　其他特定的人物做主婚人

W7044　与主婚人有关的其他母题

✲ **W7045　证婚人**　　　【P1177】

W7046　神或神性人物做证婚人

W7047　无生命物做证婚人

W7048　与证婚人有关的其他母题

W7049　与婚姻中的人物有关的

　　　　其他母题　　　　【P1178】

7.1.3　婚姻中的事件
【W7050 ~ W7099】

✲ **W7050　抢婚**　　　　【P1178】

W7051　抢婚的原因

W7052　神的抢婚

W7053　神性人物的抢婚

W7054　人的抢婚

W7055　动物抢婚

W7056　特定的抢婚时间

W7057　与抢婚有关的其他母题

✲ **W7058　夺妻**　　　　【P1179】

W7059　神夺神的妻子

W7060　神夺人的妻子

W7061　英雄获美

W7062　人夺得神的妻子

W7063　家庭内部夺妻

W7064　与夺妻有关的其他母题

✲ **W7065　逼婚**　　　　【P1180】

W7066　女子逼婚

W7067　男子逼婚

W7068　靠地位（力量）逼婚

W7069　与逼婚有关的其他母题

W7070　骗婚　　　　　　【P1180】

✲ **W7071　拒婚**　　　　【P1181】

W7072　拒婚的原因

W7073　特定的拒婚者

W7074　拒婚的方法

W7075　与拒婚有关的其他母题

✲ **W7076　选妻**　　　　【P1182】

W7077　选妻的条件

W7078　选妻的方法

W7079　与选妻有关的其他母题

◎　〖**典型婚姻事件**〗　【P1182】

W7080　续婚

W7081　换婚

W7082　转婚

W7083　走婚

W7084　试婚

W7085　带有交易性的婚姻

W7086　私奔

W7087　追婚

W7088　悔婚

W7089　逃婚

W7090　婚外恋

✲ **W7091　婚姻关系的确定**　【P1184】

W7202　神的婚姻自然产生

W7203　神的命中注定的婚姻

W7204　神采用特定的手段获得
　　　　婚姻

W7205　与神的婚姻产生有关的
　　　　其他母题

✳ **W7206　神与神之间的婚姻**　【P1199】

W7207　男神女神婚

W7208　神的血缘婚

W7209　同类神的婚姻

W7210　异类神的婚姻

W7211　神的婚姻的其他特殊母题

✳ **W7212　特定的神之间的婚姻**　【P1200】

W7213　天神与地神是夫妻（天公
　　　　与地母是夫妻）

W7214　日神与月神是夫妻

W7215　玉皇大帝与王母娘娘是
　　　　夫妻

W7216　雷神与电母是夫妻

W7217　与特定的神之间的婚姻
　　　　有关的其他母题

✳ **W7220　神与神性人物婚**　【P1199】

W7221　神与仙婚

W7222　神与文化英雄婚（神与
　　　　半神半人婚）

W7223　神与人类祖先婚

W7224　神与巨人婚

W7225　神与妖魔婚

W7226　神与怪物婚

W7227　神与其他神性人物婚

W7228　神与特定的人婚

W7229　神与动物婚

W7230　神与植物婚

W7231　神与无生命物婚

W7232　神与其他特定的人物婚

◎　〖其他相关母题〗　　【P1202】

W7233　神的婚姻的条件

W7234　神的婚姻的情形

W7235　神的婚姻的结局

W7236　与神的婚姻有关的
　　　　其他母题

7.3.2　神性人物的婚姻
【W7240 ~ W7254】

◎　〖神性人物婚姻典型类型〗　【P1203】

W7240　仙之间的婚姻

W7241　仙女的婚姻

W7242　天女的婚姻

W7243　文化英雄的婚姻（半神
　　　　半人的婚姻）

W7244　祖先的婚姻

W7245　巨人的婚姻

W7246　宗教人物的婚姻

W7247　妖魔（魔鬼）的婚姻

W7248　鬼的婚姻

W7249　其他神性人物的婚姻

◎　〖其他相关母题〗　　【P1206】

W7250　神性人物的婚姻的条件

W7251　神性人物的婚姻的情形

W7252　神性人物婚的结果

W7253　与神性人物婚有关的
　　　　其他母题

7.3.3　与神或神性人物婚姻
有关的其他母题
【W7255 ~ W7259】

◎　〖与神或神性人物婚姻
　　有关的其他母题〗　　【P1206】

W7255　神或神性人物的婚后生育

W7256　神或神性人物的偷情

W7257　与神或神性人物婚姻
　　　　有关的其他母题

W7765　婚前滚锅相合难题

W7766　婚前滚簸箕相合难题

W7767　婚前滚筛子相合难题

W7768　婚前两样不同的东西相合
　　　　难题

W7769　婚前抛物相合难题

W7770　婚前头发相接难题

W7771　婚前两山相合难题

W7772　婚前两条河流相合难题

W7773　婚前男女奇巧相合的难题

W7774　婚前动物相合难题

W7775　婚前植物相合难题

W7776　婚前穿针引线难题

W7777　婚前其他两物相合母题

❋ **W7778**　**婚前验证是否有相**
　　　　　同标记的难题　　**【P1263】**

W7779　拿到成对物件的男女结为
　　　　夫妻

W7780　身上长有相同特征的男女
　　　　结为夫妻

W7781　与婚前相同标记难题有
　　　　关的其他母题

❋ **W7782**　**婚前特定物复活难题**　**【P1264】**

W7783　婚前动物复活难题

W7784　婚前砍树后成活难题

W7785　与婚前特定物复活有关的
　　　　其他母题

❋ **W7786**　**婚前生产生活能力**
　　　　　难题　　　　　　**【P1264】**

W7787　婚前向求婚者提出特定
　　　　任务难题

W7788　考验求婚者开荒难题

W7789　考验求婚者耕地的本领

W7790　考验求婚者限时撒种的
　　　　本领

W7791　考验求婚者限时捡种
　　　　（收割）的本领

W7792　向求婚者提出限时采伐
　　　　足够柴草难题

W7793　与婚前生产生活的难题
　　　　有关的其他母题

❋ **W7794**　**考验求婚者争斗**
　　　　　的本领　　　　　**【P1265】**

W7795　考验求婚者降服猛兽的
　　　　本领

W7796　考验求婚者降妖本领

W7797　与考验求婚者争斗本领
　　　　有关的其他母题

❋ **W7800**　**婚前智慧、技巧方面**
　　　　　的难题　　　　　**【P1265】**

W7801　婚前数数方面的难题

W7802　婚前相追难题

W7803　婚前抛线穿针难题

W7804　婚前射箭难题

W7805　求婚者摆脱困境难题

W7806　求婚者寻找特定物的难题

W7807　婚前取宝物难题

W7808　婚前猜谜难题

W7809　与智慧、技巧难题有关的
　　　　其他母题

❋ **W7810**　**婚前苦难考验难题**　**【P1266】**

W7811　求婚者长期服劳役

W7812　求婚者经历皮肉之苦

W7813　与婚前苦难考验有关的
　　　　其他母题

❋ **W7814**　**婚前通过选择考验**
　　　　　判断力　　　　　**【P1267】**

W7815　求婚者从众女中分辨出
　　　　妻子难题考验

W7816　求婚者选出设定的特定
　　　　的物

W7817　与婚前选择难题有关的
　　　　其他母题

◎　〖**其他相关母题**〗　　**【P1267】**

8　灾难与争战
（代码 W8000 ~ W8999）

8.1　灾难概说
（W8000 ~ W8099）

8.1.1　灾难的时间
（W8000 ~ W8004）

8.1.2　灾难的地点
（W8005 ~ W8009）

8.1.3　灾难的原因
（W8010 ~ W8029）

W8011　自然发生灾难

W8012　自然现象引起的灾难

❉ **W8013　神引起的灾难**　　【P1289】

W8014　神发怒引起灾难

W8015　神捉弄人引起灾难

W8016　神的失误引起灾难

W8017　神的渎职引起灾难

W8018　神的争斗引起灾难

W8019　人神矛盾引起灾难

W8020　与神引起灾难有关的
　　　　其他母题

❉ **W8021　人的原因引起灾难**　【P1290】

W8022　人太多引起灾难

W8023　人的乱伦引起灾难

W8024　人不爱惜粮食引起灾难

W8025　人的其他行为引起灾难

◎　　〖其他相关母题〗　　　【P1290】

W8026　动物的原因引起灾难

W8027　植物的原因引起灾难

W8028　与灾难的原因有关的
　　　　其他母题

8.1.4　灾难的预言与征兆
（W8030 ~ W8059）

✿ **W8030　灾难的预言**　　　【P1291】

W8031　预言世界灾难

❉ **W8032　灾难预言者**　　　【P1291】

W8033　神预言灾难

W8034　神性人物预言灾难

W8035　特定的人预言灾难

W8036　动物预言灾难

W8037　植物预言灾难

W8038　无生命物预言灾难

W8039　与灾难预言者有关的
　　　　其他母题

❉ **W8040　获得灾难预言的原因**　【P1292】

W8041　良好品德者获得预言

W8042　被同情的弱者获得预言

W8043　有恩惠于预言者获得预言

W8044　与获得灾难预言原因
　　　　有关的其他母题

❉ **W8045　灾难预言的获得**　　【P1293】

W8046　直接告知灾难

W8047　托梦告知灾难

W8048　与获得灾难预言有关的
　　　　其他母题

❉ **W8049　灾难预言的结果**　　【P1293】

W8050　灾难预言成真

W8051　灾难预言没有实现

W8052　与灾难预言结果有关的
　　　　其他母题

W8053　与灾难预言有关的
　　　　其他母题　　　　　【P1293】

❉ **W8054　灾难的征兆**　　　【P1293】

W8055　特殊天象作为灾难的征兆

W8056　灵异现象作为灾难征兆

W8057　与灾难征兆有关的其他
　　　　母题

8.1.5　灾难制造者
（W8060 ~ W8064）

❉ **W8060　灾难制造者**　　　【P1294】

W8061　神或神性人物制造灾难

W8062　特定的人制造灾难

W8063　动物制造灾难

W8064　与灾难制造者有关的
　　　　其他母题

8.1.6　躲避灾难
（W8065 ~ W8079）

✿ **W8065　灾难的逃避（避难）**　【P1295】

W8176 人的偷盗引发洪水

W8177 人的浪费引发洪水

W8178 与人的不良引发洪水
有关的其他母题

✳ **W8179 开荒引发洪水** 【P1310】

W8180 兄弟开荒引发洪水

W8181 兄妹开荒引发洪水

W8182 与开荒引发洪水有关的
其他母题

✳ **W8183 堵塞引发洪水** 【P1311】

W8184 尸体堵塞水道引发洪水

W8185 动物堵住水的排泄口引
发洪水

W8186 与堵塞引发洪水有关的
其他母题

W8187 打破盛水的器皿引发洪水 【P1312】

✳ **W8188 除害引发洪水** 【P1312】

W8189 神的除害引发洪水

W8190 与除害引起洪水有关的
其他母题

◎ 〖**其他特定原因引发洪水**〗 【P1312】

W8191 吐水引发洪水

W8192 撒尿造成洪水

W8193 流泪造成洪水

W8194 流血造成洪水

W8195 特定物的融化（腐烂）
造成洪水

W8196 打赌引发洪水

W8197 其他特定原因引发洪水

W8198 与洪水原因有关的其他
母题 【P1314】

8.2.3 洪水预言
（W8200 ~ W8269）

✿ **W8200 洪水预言者** 【P1314】

✳ **W8201 神预言洪水** 【P1314】

W8202 天神预言洪水

W8203 地神预言洪水

W8204 雷神预言洪水

W8205 山神预言洪水

W8206 龙神预言洪水

W8207 寨神预言洪水

W8208 其他神预言洪水

✳ **W8210 神性人物预言洪水** 【P1314】

W8211 神仙预言洪水

W8212 仙人预言洪水

W8213 半人半兽预言洪水

W8214 菩萨预言洪水

W8215 喇嘛预言洪水

W8216 巫师预言洪水

W8217 僧人预言洪水

W8218 怪物预言洪水

W8219 其他特定的神性人物
预言洪水

✳ **W8220 人预言洪水（人
告知洪水）** 【P1315】

W8221 陌生人预言洪水

W8222 老人预言洪水（老人
告知洪水）

W8223 童孩预言洪水

W8224 算命先生预言洪水

W8225 父亲预言洪水

W8226 兄长预言洪水

W8227 瞎子预言供水

W8228 相貌奇特的人预言洪水

W8229 与人预言洪水有关的
其他母题

✿ **W8230 动物预言洪水** 【P1316】

✳ **W8231 鸟预言洪水** 【P1316】

W8232 乌鸦预言洪水

W8233 喜鹊预言洪水

W8234 燕子预言洪水

W8235 其他特定的鸟预言洪水

8.2.4 洪水制造者
（W8270～W8289）

8.2.5 洪水的情形
（W8290～W8299）

W8291　洪水时一片黑暗

W8292　洪水暴发的方向

W8293　洪水涨到天

W8294　洪水时河水猛涨

W8295　洪水持续时间

W8296　洪水时特定的物免遭毁坏

W8297　与洪水的情形有关的其他母题

8.2.6　避水方式与工具
（W8300 ~ W8399）

✿ **W8300**　**洪水中逃生**　　【P1323】

W8301　洪水时快跑逃生

✳ **W8302**　**洪水逃生方法的获得**　【P1323】

W8303　特定的人物告知洪水
　　　　逃生方法

W8304　梦中获得洪水逃生方法

W8305　获得洪水逃生方法的
　　　　其他方式

✳ **W8306**　**洪水中得到救助逃生**　【P1323】

W8307　洪水中得到神的救助逃生

W8308　洪水中得到神性人物的
　　　　救助逃生

W8309　洪水中特定的人救人

W8310　洪水时动物救人

W8311　洪水时动物作为逃生工具

✳ **W8312**　**洪水时靠自然物逃生**　【P1324】

W8313　洪水时躲到天上

W8314　山作为洪水逃生工具（地点）

W8315　洪水时到岛上逃生

W8316　洪水时到月亮上逃生

W8317　洪水时到洞中逃生

W8318　洪水时从堵水的口子逃生

W8319　洪水时靠其他自然物逃生

✿ **W8320**　**洪水时靠植物逃生**
　　　　　　（洪水时植物作为
　　　　　　逃生工具）　　【P1325】

✳ **W8321**　**洪水中树上逃生**　【P1325】

W8322　洪水时用漂在水中的树
　　　　逃生

W8323　洪水时靠树洞逃生

W8324　洪水时在树顶上逃生

W8325　洪水时靠树疙瘩逃生

W8326　洪水时靠神树逃生

W8327　洪水时用大木头逃生

W8328　洪水时用竹子逃生

✿ **W8329**　**洪水时用葫芦逃生**　【P1325】

W8330　洪水时用巨大的葫芦逃生

W8331　洪水时用木葫芦逃生

W8332　洪水时用花葫芦逃生

W8333　洪水时用其他特定的
　　　　葫芦逃生

✳ **W8334**　**洪水时逃生葫芦的**
　　　　　　来历　　　　【P1326】

W8335　洪水时逃生的葫芦是
　　　　赠予的

W8336　洪水时逃生的葫芦是
　　　　造出来的

W8337　洪水时逃生的葫芦是
　　　　种出来的

W8338　洪水时逃生的葫芦是
　　　　变出来的

W8339　与洪水时用葫芦逃生
　　　　有关的其他母题

W8340　草作为洪水逃生工具　　【P1327】

✳ **W8341**　**洪水时用瓜逃生**　【P1327】

W8342　洪水时用冬瓜逃生

W8343　洪水时用南瓜逃生

W8344　洪水时用其他瓜逃生

W8345　洪水时用瓜皮逃生

W8346　与洪水时用瓜逃生有关
　　　　的其他母题

W8347　其他植物作为洪水逃生
　　　　工具　　　　　　【P1328】

❋ **W8348**　洪水时用船逃生　【P1328】

W8349　洪水时用木船逃生

W8350　洪水时用石头船逃生

W8351　洪水时用葫芦船逃生

W8352　洪水时用独木舟逃生

W8353　洪水时用其他特定的

　　　　船逃生

◎　〖洪水时逃生船的来历〗　【P1328】

W8354　洪水时逃生船自然产生

W8355　洪水时逃生船是赠予的

W8356　洪水时逃生船是造出来的

W8357　洪水时逃生船是变出来的

W8358　与洪水时用船逃生有关的

　　　　其他母题　　　　【P1329】

❋ **W8360**　洪水时用筏子逃生　【P1329】

W8361　洪水时用木筏逃生

W8362　洪水时用皮筏逃生

W8363　洪水时用其他材料的

　　　　筏子逃生

❋ **W8364**　洪水时用袋子逃生　【P1329】

W8365　洪水时用皮口袋逃生

W8366　洪水时用其他材料做成的

　　　　口袋逃生

W8367　洪水时用缸逃生　　【P1330】

❋ **W8368**　洪水时用鼓逃生　　【P1330】

W8369　洪水时用大鼓逃生

W8370　洪水时用木鼓逃生

W8371　洪水时用皮鼓逃生

W8372　洪水时用其他材料的

　　　　鼓逃生

◎　〖洪水时其他特定物作为

　　　逃生工具〗　　　　【P1330】

W8373　洪水时用木箱逃生

W8374　洪水时用桶逃生

W8375　洪水时用棺材逃生

W8376　洪水时用筐（篮子）逃生

W8377　洪水时用木槽逃生

W8378　洪水时用臼逃生

W8379　洪水时用石头罐子逃生

W8380　洪水时用石头动物逃生

W8381　洪水时用房子避洪水

W8382　洪水时用梯子逃生

W8383　其他特定物作为洪水逃生

　　　　工具

❋ **W8385**　不成功的避水工具　【P1332】

W8386　躲在金属做的容器避水被

　　　　淹死

W8387　躲在石做的容器（桶、

　　　　柜、箱子等）中避水被

　　　　淹死

W8388　其他不成功的避水工具

❋ **W8389**　避洪水工具受阻　　【P1333】

W8390　洪水逃生的葫芦因在悬崖

W8391　洪水逃生的木桶挂在树上

W8392　与避洪水工具受阻有关的

　　　　其他母题

❋ **W8393**　洪水逃生时的食物　【P1333】

W8394　洪水逃生前准备粮食

W8395　洪水逃生时有现成的食物

◎　〖其他相关母题〗　　　【P1333】

W8396　洪水逃生时的携带物

W8397　与避水有关的其他母题

8.2.7　洪水幸存者与丧生者
（W8400～W8499）

✿ **W8400**　洪水幸存者　　　【P1335】

W8401　洪水时神幸存

W8402　洪水时神性人物幸存

❋ **W8403**　洪水时 1 人幸存　【P1335】

W8404　洪水时 1 个无名男子幸存

W8405　洪水时 1 个有名男子幸存

W8406　洪水时 1 个无名女子幸存

W8407　洪水时 1 个有名女子幸存

8.2.8 洪水的消除
（W8500 ~ W8539）

W8936　兄妹之争

W8937　姐妹相仇

W8938　与家庭内部之争（矛盾）
　　　　有关的其他母题

8.6.3　与人的矛盾有关的其他母题
（W8940 ~ W8949）

✳ **W8940　人的矛盾的产生**　【P1412】

W8941　人因争权产生矛盾

W8942　人因争财产生矛盾

W8943　人因争色产生矛盾

W8944　人因嫉妒产生矛盾

W8945　人因误会产生矛盾

W8946　与人的矛盾的产生有关的
　　　　其他母题

◎　〖其他相关母题〗　　【P1412】

W8947　人的矛盾的解决

W8948　与人的矛盾有关的其他母题

8.7　与争战有关的其他母题
（W8950 ~ W8999）

8.7.1　与动植物、无生命物
有关的争战（矛盾）
（W8950 ~ W8959）

W8950　以前万物经常发生纠纷　【P1413】

✳ **W8951　与动物有关的争斗**　【P1413】

W8952　人与动物之争

W8953　人与动物的矛盾

◎　〖其他相关母题〗　　【P1413】

W8954　人与植物的战争

W8955　动物与动物之争

W8956　植物与植物之争

W8957　无生命物之争

W8958　与动植物、无生命物的
　　　　争战有关的其他母题

8.7.2　争吵与纠纷
（W8960 ~ W8969）

✳ **W8960　争吵**　　　【P1415】

W8961　争吵的产生

W8962　神的争吵

W8963　人与神的争吵

W8964　人的争吵

W8965　与争吵有关的其他母题

✳ **W8966　纠纷**　　　【P1415】

W8967　纠纷的产生

W8968　与纠纷有关的其他母题

8.7.3　抓捕与关押
（W8970 ~ W8979）

✳ **W8970　抓捕（捉捕）**　【P1415】

W8971　抓捕的方法

W8972　被捕获

W8973　与捕捉有关的其他母题

✳ **W8974　关押**　　　【P1146】

W8975　关押地点

W8976　关押的情形

W8977　与关押有关的其他母题

8.7.4　营救与逃脱
（W8980 ~ W8989）

✳ **W8980　营救**　　　【P1417】

W8981　被营救者

W8982　营救者

W8983　营救的地点

W9095　魔物的保存（保护）

W9096　魔物的毁坏

W9097　魔物的消失

W9098　魔物的返回

W9099　与魔物有关的其他母题

9.1.3　魔力
（W9100 ~ W9119）

✿ **W9100　魔力**　　　　　【P1438】

W9101　特定的人有魔力

W9102　特定的场所有魔力

W9103　特定的时间有魔力

W9104　魔力的其他所有者

✽ **W9105　魔力的获得**　　　【P1438】

W9106　从特定的人物那里获得
　　　　魔力

W9107　求愿得魔力

W9108　通过宗教仪式获得魔力

W9109　魔力梦授

W9110　魔力由继承获得

W9111　接触特定物产生魔力

W9112　交感产生魔力

W9113　魔力的其他获得方法

✽ **W9114　魔力的变化**　　　【P1439】

W9115　魔力的增大

W9116　魔力的变小（衰弱）

W9117　魔力的转移

W9118　魔力的丧失

W9119　与魔力有关的其他母题

9.1.4　巫师
（W9120 ~ W9149）

✿ **W9120　巫师**　　　　　　【P1441】

✽ **W9121　巫师的产生**　　　【P1441】

W9122　巫师来源于特定的地方

W9123　巫师由特定的婚姻产生

W9124　神是巫师

W9125　神性人物是巫师

W9126　特定的人是巫师

W9127　动物是巫师

W9128　与巫师的产生有关的
　　　　其他母题

✽ **W9129　巫师的特征**　　　【P1442】

W9130　男巫师

W9131　女巫师（巫婆）

W9132　巫师的体征

W9133　巫师的服饰

W9134　巫师的食物

W9135　巫师的居所

W9136　巫师的坐骑

W9137　巫师的习性

W9138　与巫师的特征有关的
　　　　其他母题

✽ **W9139　巫师的能力**　　　【P1443】

W9140　巫师能变形

W9141　巫师能发光

W9142　巫师具有法力

W9143　巫师能通鬼神

W9144　与巫师的能力有关的
　　　　其他母题

W9145　与巫师有关的其他
　　　　母题　　　　　　　【P1443】

◎　〖**其他神职人员**〗　　　【P1444】

W9146　萨满

W9147　毕摩

W9148　与巫师有关的其他母题

9.1.5　巫术
（W9150 ~ W9189）

✿ **W9150　巫术**　　　　　　【P1445】

W9151　巫术的产生

W9328　燃烧后复活

W9329　沐浴后复活

W9330　刺激后复活

W9331　拜神后复活

W9332　祈祷后复活

W9333　通过音乐复活

W9334　通过吹气复活

W9335　通过运气复活

W9336　通过宝物复活

W9337　魔物（法）使人（物）
　　　　复活

W9338　灵魂附体后复活

W9339　特定的死亡后复活

W9340　变形后复活

W9341　交换器官后复活

W9342　找到失去的眼睛和心脏后
　　　　复活

W9343　收集尸骨后复活

W9344　从尸体的碎片中复活

W9345　其他一些复活方法

◎　　〖其他相关母题〗　　【P1468】

W9346　复活的结果

W9347　不成功的复活

W9348　与复活有关的其他母题

9.3.2　转世、投胎
（W9350 ~ W9379）

✿ **W9350　转世（托生、转生）**【P1469】

✳ **W9351　转世为神**　　　【P1469】

W9352　神转世为其他神

W9353　特定的人转世为神

W9354　动植物转世为神

W9355　与转世为神有关的
　　　　其他母题

✳ **W9356　转世为人**　　　【P1470】

W9357　神转世为人

W9358　神性人物转世为人

W9359　人的特殊转世

W9360　动物转世为人

W9361　植物转生为人

W9362　无生命物转世为人

W9363　其他特定的物转世为人

✳ **W9364　转世为动物**　　　【P1471】

W9365　神或神性人物转世为动物

W9366　人转世为动物

W9367　其他物转世为动物

◎　　〖其他相关母题〗　　【P1471】

W9368　转世为植物

W9369　转世为无生命物

W9370　转世为自然物（现象）

W9371　转世为怪物

W9372　转世的方法（条件）

W9373　与转世有关的其他母题

✳ **W9375　投胎**　　　　　【P1473】

W9376　神与神性人物投胎

W9377　人的投胎

W9378　其他物投胎

W9379　与投胎有关的其他母题

9.3.3　复原
（W9380 ~ W9399）

✿ **W9380　复原**　　　　　【P1473】

✳ **W9381　复原的原因**　　　【P1773】

W9382　自然复原

W9383　通过变形复原

W9384　通过魔力复原

W9385　通过药物复原

· W9386　与复原原因有关的
　　　　其他母题

W9387　人的复原　　　　　【P1474】

◎　　〖常见复原现象〗　　【P1474】

W9390　残缺后复原

9.5 变形与化生
（ W9500 ~ W9599 ）

9.5.1　变形概说
（ W9500 ~ W9524 ）

W9509　接触导致变形

W9510　模仿导致变形

W9511　窥视导致变形

W9512　穿特定物导致变形

W9513　除去外壳导致变形

W9514　吃特定物导致变形

W9515　喝特定物导致变形

W9516　在特定的地点导致的变形

W9517　语言导致变形

W9518　因相似产生变形

W9519　因特定目的产生变形

W9520　特定条件（环境）导致
　　　　变形

W9521　多种条件导致的变形

W9522　与变形原因有关的
　　　　其他母题

9.5.2　神与神性人物的变形
（W9525～W9529）

W9525　神的变形　　　　　【P1490】

W9526　神性人物的变形　　【P1491】

9.5.3　人的变形
（W9530～W9559）

✿ **W9530　人的变形**　　　【P1492】

　W9531　人变神或神性人物

　W9532　人变成其他特征的人

✱ **W9533　人变动物**　　　【P1492】

　W9534　人变哺乳动物

　W9535　人变鸟

　W9536　人变水中动物

　W9537　人变两栖或爬行动物

　W9538　人变昆虫

　W9539　与人变动物有关的
　　　　　其他母题　　　　【P1495】

✱ **W9540　人变植物**　　　【P1495】

　W9541　人变树

　W9542　人变乔木

　W9543　人变作物

　W9544　人变蔬菜

　W9545　人变瓜果

　W9546　人变花

　W9547　人变草

　W9548　与人变植物有关的
　　　　　其他母题

✱ **W9550　人变无生命物**　　【P1496】

　W9551　人变日月

　W9552　人变星辰

　W9553　人变山

　W9554　人变石头

　W9555　人变河（水）

　W9556　人变矿物

　W9557　与人变无生命物有关
　　　　　的其他母题

　W9558　与人的变形有关的
　　　　　其他母题　　　　【P1497】

9.5.4　动植物的变形
（W9560～W9574）

✱ **W9560　动物的变形**　　　【P1497】

　W9561　动物变人

　W9562　动物变其他动物

　W9563　动物变植物

　W9564　动物变无生命物

　W9565　与动物变形有关的
　　　　　其他母题　　　　【P1499】

✱ **W9566　植物的变形**　　　【P1500】

　W9567　植物变神或神性人物

　W9568　植物变人

　W9569　植物变动物

　W9570　植物变其他植物

W9682　宝箱（宝匣、宝盒）

W9683　宝碗

W9684　宝衣

W9685　宝鞋

W9686　宝珠

W9687　宝鞭

W9688　其他特定的器物作为宝物【P1521】

9.7.3　动植物类宝物
（W9690 ~ W9694）

✳ **W9690　动物类宝物**　　　　【P1522】

W9691　与动物宝物有关的
　　　　其他母题

✳ **W9692　植物类宝物**　　　　【P1522】

W9693　与植物宝物有关的其他
　　　　母题

9.7.4　与宝物有关的其他母题
（W9695 ~ W9699）

◎　〖与宝物有关的其他母题〗【P1523】

W9695　其他特定的宝物

W9696　宝物的看守

W9697　宝物的失去

W9698　与宝物有关的其他母题

9.8　射日月与救日月
（W9700 ~ W9899）

9.8.1　射日（月）的原因与时间
（W9700 ~ W9714）

♣ **W9700　射日的原因**　　　　【P1525】

✳ **W9701　射日是因为多个
　　　　　太阳造成灾难**　　【P1525】

W9702　射日是因为多个太阳
　　　　危害生命

W9703　射日是因为多个太阳
　　　　造成干旱（酷热）

W9704　射日是因为多个太阳
　　　　晒死作物

W9705　射日是因为多个太阳
　　　　晒焦大地

W9706　射日是因为多个太阳
　　　　晒死人类

W9707　射日是因为多个太阳
　　　　打破了人间的秩序

W9708　与因多个太阳造成灾难
　　　　射日有关的其他母题

◎　〖其他相关母题〗　　　　【P1526】

W9709　射日源于太阳自身

W9710　射日源于特定的目的

W9711　射日的其他原因

W9712　射日的时间　　　　　【P1527】

9.8.2　射日者（射月者）
（W9715 ~ W9764）

✿ **W9715　射日者（射月者）**　【P1528】

✳ **W9716　射日者的产生**　　　【P1528】

W9717　射日者自然产生

W9718　众人推举特定的人射日

W9719　射日者由竞技产生

W9720　与射日者产生有关的
　　　　其他母题

✳ **W9721　神射日**　　　　　　【P1528】

W9722　天神射日

W9723　地神射日

W9724　巨神射日

W9725　射神射日

9.8.3　射日（月）的过程

（W9765～W9789）

✳ **W9850** 　不成功的请太阳者　【P1544】

W9851　人请太阳没有成功

W9852　动物请太阳不成功

W9853　其他请太阳不成功者

W9854　与找日月有关的其他母题　【P1544】

9.8.6　救日月

（W9855 ~ W9864）

✳ **W9855** 　救日月　　　　　【P1545】

W9856　救日月的原因

◎　　〖救日月者〗　　　　【P1545】

W9857　神救日月

W9858　神性人物救日月

W9859　人救日月

W9860　动物救日月

W9861　其他特定的人物救日月

W9862　救日月的结果

W9863　与救日月有关的其他母题

9.8.7　与射日月有关的其他母题

（W9865 ~ W9899）

◎　　〖除掉多余日月的其他

　　　方法〗　　　　　　【P1546】

✳ **W9865** 　追杀太阳（追撵

　　　　　太阳）　　　　【P1546】

W9866　神性人物追杀太阳

W9867　担山追杀太阳

W9868　通过追赶累死太阳

W9869　与追杀太阳有关的

　　　　其他母题

✳ **W9870** 　咬（吞食）多余

　　　　　太阳（月亮）　【P1547】

W9871　狗吃掉多余的太阳

W9872　青蛙吞掉多余的太阳

W9873　猪咬掉多余日月

W9874　其他特定的人物咬太阳

　　　　（月亮）

W9875　与咬太阳有关的其他母题

✳ **W9876** 　捉太阳　　　　　【P1547】

W9877　捉太阳者

W9878　套太阳

W9879　拴太阳

W9880　与捉太阳有关的其他母题

✳ **W9881** 　击打太阳　　　　【P1548】

W9882　击打太阳者

W9883　击打太阳的工具

W9884　与击打太阳有关的

　　　　其他母题

✳ **W9885** 　砍杀太阳　　　　【P1548】

W9886　砍杀太阳者

W9887　与砍杀太阳有关的

　　　　其他母题

W9888　除掉多余太阳的其他方法　【P1549】

✳ **W9889** 　消除日月不成功的

　　　　　方法　　　　　【P1549】

W9890　拴太阳没有成功

W9891　锁太阳没有成功

W9892　消除日月不成功的

　　　　其他母题

◎　　〖其他相关母题〗　　【P1549】

W9893　射月亮

W9894　射星星

W9895　射其他诸物

W9896　与射日月有关的其他母题

9.9　其他典型事件与

杂类母题

（W9900 ~ W9999）

9.9.1　奖励与惩罚
（W9900 ～ W9929）

✿ **W9900**　奖励与惩罚　　　　【P1550】

✳ **W9901**　奖励　　　　　　　【P1550】

W9902　奖励的原因

W9903　奖励的性质（方法）

W9904　奖励的结果

W9905　与奖励有关的其他母题

✿ **W9906**　惩罚　　　　　　　【P1550】

✳ **W9907**　遭受惩罚的行为

　　　　　　（原因）　　　　【P1550】

W9908　不敬神被惩罚

W9909　因罪被惩罚

W9910　杀生被惩罚

W9911　不孝被惩罚

W9912　偷盗被惩罚

W9913　浪费被惩罚

W9914　性罪恶被惩罚

W9915　乱伦被惩罚

W9916　懒惰被惩罚

W9917　犯禁忌被惩罚

W9918　背叛被惩罚

W9919　遭受惩罚的其他原因

✳ **W9920**　惩罚的方法　　　　【P1552】

W9921　处死作为惩罚

W9922　禁闭作为惩罚

W9923　被动物撕咬作为惩罚

W9924　作祟作为惩罚

W9925　灼烧作为惩罚

W9926　死后亡灵无归处作为惩罚

W9927　羞辱式惩罚

W9928　其他惩罚方式

W9929　与惩罚有关的其他母题　【P1553】

9.9.2　寻找与巧遇
（W9930 ～ W9949）

✳ **W9930**　寻找　　　　　　　【P1554】

W9931　寻找的原因

W9932　寻找特定的物

◎　　〖寻找亲属〗　　　　　【P1554】

W9933　寻找祖先

W9934　寻找父母

W9935　寻找父亲

W9936　寻找母亲

W9937　寻找妻子

W9938　寻找丈夫

W9939　寻找其他亲属

◎　　〖其他相关母题〗　　　【P1155】

W9940　寻找特定的地方

W9941　与寻找有关的其他母题

✳ **W9942**　巧遇　　　　　　　【P1555】

W9943　亲属间巧遇

W9944　英雄巧遇

W9945　朋友巧遇

W9946　仇敌巧遇（冤家路窄）

W9947　其他巧遇的事件

9.9.3　其他典型事件
（W9950 ～ W9959）

◎　　〖其他典型事件〗　　　【P1556】

W9950　偷盗

W9951　秘密

W9952　显露原形

W9953　失误

W9954　误解

W9955　谋害

W9956　感应

W9957　灵异（怪异）

W9958　交换

W9959　与典型事件有关的其他

　　　　母题

W 编目中国各民族排序表①
（音序排列②）

序号	民族名称	序号	民族名称	序号	民族名称	序号	民族名称
1	阿昌族	15	鄂温克族	29	傈僳族	43	水 族
2	白族	16	高山族	30	珞巴族	44	塔吉克族
3	保安族	17	仡佬族	31	满 族	45	塔塔尔族
4	布朗族	18	哈尼族	32	毛南族	46	土家族
5	布依族	19	哈萨克族	33	门巴族	47	土 族
6	朝鲜族	20	汉 族	34	蒙古族	48	佤 族
7	达斡尔族	21	赫哲族	35	苗族	49	维吾尔族
8	傣 族	22	回族	36	仫佬族	50	乌孜别克族
9	德昂族	23	基诺族	37	纳西族	51	锡伯族
10	东乡族	24	京族	38	怒族	52	瑶族
11	侗 族	25	景颇族	39	普米族	53	彝 族
12	独龙族	26	柯尔克孜族	40	羌 族	54	裕固族
13	俄罗斯族	27	拉祜族	41	撒拉族	55	藏 族
14	鄂伦春族	28	黎 族	42	畲族	56	壮 族

---

① 中国各民族排序不分先后。此表只是根据研究和表述的需要，拟定相应的序号。
② 音序排列，以各民族汉语名称的汉语拼音自然排列顺序为依据。本书凡涉及多个民族排列时，均以此为序。

附录 3

汤普森（TPS）母题类型表

序号①	代码	编号范围	类型名称	一级母题类型划分示例②
1	A	A0 ~ A2899	神话	造物主（造物者）、神、半神半人和文化英雄、宇宙起源、地形地貌、世界灾难、自然秩序、人类起源与生活秩序的建立、动物的起源与特征、植物的起源与特征、其他神话母题
2	B	B0 ~ B899	动物	神话动物、魔力动物、人性的动物、友好的动物、人与动物婚、动物的特性、其他动物母题
3	C	C0 ~ C999	禁忌	神性生物禁忌、性的禁忌、饮食禁忌、窥视禁忌、言语禁忌、接触禁忌、等级禁忌、特殊的禁律、其他禁忌、犯禁受罚
4	D	D0 ~ D2199	魔法	变形化生、祛魅解咒、魔物、魔力及其表现
5	E	E0 ~ E799	死亡	复活复生、鬼魂亡灵、投胎转世、特定的灵魂
6	F	F0 ~ F1099	怪异	遨游异界、精灵鬼怪与奇人异物、反常的境地与事件
7	G	G0 ~ G699	妖魔	妖魔的种类、陷身魔网、降服妖魔、其他关于妖魔的母题
8	H	H0 ~ H1599	考验	识别身份、检验真象、婚姻考验、智力考验、能力考验、探寻考验、其他考验
9	J	J0 ~ J2799	智慧与愚蠢	智慧的获得、明智之举、愚蠢行为、智者与傻瓜、其他智与愚方面的母题
10	K	K0 ~ K2399	欺骗	骗术获胜、虚假交易、连偷带骗、诡计逃脱、诓骗诱捕、弥天大谎、自欺欺人、骗财骗色、骗取财物、骗子自取其辱、骗子自食其果、造假行骗、谎言诬告、背信弃义

① 序号，原书中并无此序号。此序号是本书根据表述的需要加的，以便读者根据基本类型对照汤普森（TPS）母题类型的次序。

② 因汤普森（TPS）母题分类设计的每一个大类之下的基本类型以及类型的细分较为庞杂，此处只列举第一层级母题类型，对其他层级母题类型不再一一列出。

序号	代码	编号范围	类型名称	一级母题类型划分示例
11	L	L0 ~ L499	命运颠倒	幼者胜出、末路英雄、谦卑得赏、以弱胜强、倨傲失尊
12	M	M0 ~ M499	注定未来	命运天定、许愿、誓言、契约、承诺、预言、咒语
13	N	N0 ~ N899	机遇与命运	打赌博彩、好坏运气、旦夕祸福、意外遭遇、贵人相助
14	P	P0 ~ P799	社会	皇室贵族、社会阶层、家庭亲属、各色行业、政府政治、民风民俗、其他社会类母题
15	Q	Q0 ~ Q599	奖励与惩罚	受奖的善行、奖赏的性质、受罚的行为、惩罚的种类
16	R	R0 ~ R399	捕捉与逃脱	身陷囹圄、设法营救、脱逃与追捕、避难与再次被捉
17	S	S0 ~ S499	残虐	残忍的亲属、叛逆谋害、野蛮祭献、弃婴与杀子、非人的迫害
18	T	T0 ~ T699	性爱	爱情、婚姻、婚姻生活、贞洁与禁欲、不正当性关系、怀孕与生育、抚养后代
19	U	U0 ~ U299	生命之本	生命有别、其他有关生命本性的母题
20	V	V0 ~ V599	宗教信仰	宗教仪式、宗教场所、神职人员、宗教信仰、仁慈宽容、宗教戒律、其他宗教类母题
21	W	W0 ~ W299	品格品质	优秀品格、恶劣品行、其他品质类母题
22	X	X0 ~ X1899	笑话幽默	尴尬受挫类幽默、残障无能类幽默、社会各界笑话、族群族体笑话、黄色笑话、醉酒笑话、骗子笑话
23	Z	Z0 ~ Z599	其他类型母题	规则、象征、英雄、特例、历史、家谱、传记、恐怖故事

附录 4

《中国神话母题 W 编目实例》简介

《中国神话母题 W 编目实例》，是与《中国神话母题 W 编目》密切相关的母题编目实证性丛书，也是本书的姊妹篇。该丛书共分 10 卷，约 1000 余万字，将陆续出版。

一、篇目名称
第 1 卷：中国神话母题 W0 编目实例【神与神性人物】
第 2 卷：中国神话母题 W1 编目实例【世界与自然物】
第 3 卷：中国神话母题 W2 编目实例【人与人类】
第 4 卷：中国神话母题 W3 编目实例【动物与植物】
第 5 卷：中国神话母题 W4 编目实例【自然现象与自然秩序】
第 6 卷：中国神话母题 W5 编目实例【社会组织与社会秩序】
第 7 卷：中国神话母题 W6 编目实例【有形文化与无形文化】
第 8 卷：中国神话母题 W7 编目实例【婚姻与性爱】
第 9 卷：中国神话母题 W8 编目实例【灾难与争战】
第 10 卷：中国神话母题 W9 编目实例【其他母题】

二、创作目的
该丛书所呈现的母题实例，是为了说明相对应母题的流传情况而从神话作品或相关文献中提取的例证。通过母题实例的展示，有助于读者对《中国神话母题 W 编目》的进一步认知、接受和拓展，有益于神话研究者或欣赏者宏观了解中国各民族关于该类神话的叙事体系，进而探讨其中的文化共性及文化创作规律。

母题实例一般以言简意赅的形式对相应母题做出验证性或补充性叙述。作为中国神话母题综合研究资料，从某些角度验证中国神话母题 W 编目中各个母题提取与产出的客观性与真实性，从实证方面为神话母题学建设提供范例。该丛书兼有中国各民族神话精华鉴赏的功能，有些实例在今后母题提取与增补中可以延伸为相对应母题的下一层级母题。

三、取材范围
母题实例均源于特定的神话材料。丛书中所有母题实例主要选自于目前公开出版发行的中国各民族神话文本。

1. 神话资料的主要来源有如下几种情况：

（1）国内外公开出版发行的出版物。如《中国民间故事集成》、《中华民族故事大系》以及相关神话专题作品集、神话学著作。

（2）未公开出版但具有权威性的出版物。如各地方编印的《中国民间故事集成》（县卷本）、各地文化部门编印的地方性文化资料。

（3）公开发行的学术期刊、报纸。如《民族文学研究》、《中国社会科学报》等。

（4）个人田野调研搜集的资料。资料包括作者 20 世纪 80 年代开始在民族民间采集的各类神话故事，如 2005 年云南澜沧县、西盟县佤族、拉祜族进行的神话调查等。

2. 神话文本的异文。在母题提取中会涉及一定数量的神话异文，主要包括以下几种情况：

（1）流传于不同地区的同一部作品。

（2）不同讲述人讲述的同一部作品。

（3）不同搜集者搜集的同一部作品。

（4）不同出版物收集的表述上有差异的同一部作品。

母题实例的重点并不在于关注一部作品完整叙事，所以关注的资料也不只在于它是不是一个真正的"神话文本"，而是更关注它是否具有"神话元素"。这些材料一方面以学术界公认的神话文本为主体，同时包括史诗、传说、民间故事等叙事文学或其他宗教典籍乃至仪式阐释中的带有神话元素的叙事文本。

四、母题实例提取

从理论上讲，任何一个具体母题的实例都应该完全反映该母题的内涵与外延。事实上，在具体母题实例的选择与表述上，更多体现出实例与母题相似性，这与特定文化现象分析中的个体差异性有关。母题实例的提取遵循如下原则：

1. 关联性。实例的选取力求与相对应的母题具有最直接的例证关系，照顾到具体神话的流传语境、叙事的典型性。

2. 客观性。实例的生成力求源于真实可信的资料。

3. 概括性。实例的表述讲求言简意赅和表述结构规范，便于引导读者对相应母题的信息有所了解。

五、母题实例的表述

该丛书在表述过程中，会有以下几种情况：

1. 有的母题暂时没有合适的实例。这类情况在行文中保持空缺。

2. 一个母题有一个实例。这种情况并不代表这个母题没有其他实例。只是因为目前文本或实例提取的限制，暂时只选取一个。

3. 一个母题有多个"实例"。一个母题有多个实例是最普遍的现象，也体现出母题的基本特征。其中，这些实例可以表现为一个民族有多个不同神话文本，也可以表现为不同民族的不同神话文本。

此外，同一个"实例描述"有时会有两个以上"文本出处"，这类情况有的源于不同讲述人，有的源于不同的采录者，有的源于不同的出版物，具体情况需要查对出版物原文。列举这些文本及出处便于读者查找出版物和比较分析。通过这种设计，也可以帮助读者了解不同出版物对相同或相近神话文本的处理情况。

六、编排体例

本丛书在编排中突出了工具书的特点。对于不同类型、不同层次的诸多信息力求使用符合读者接受习惯和相对统一的编排标准。如母题分类、母题编码、实例编排、民族排序等均作出相应的规范。

1. 该丛书中母题实例顺序。书中所有母题实例的编排顺序与《中国神话母题 W 编目》中的母题顺序完全一致，即按照一级母题、二级母题、三级母题自然数字延续的方式编排。

2. 母题实例的文本出处。文本信息是神话研究不可缺少的背景。标明所有母题实例的文本出处也是该丛书的重要特色。主要表现为：

（1）本丛书所有实例一律注明所引用材料的出处，以便研究者、欣赏者查对原文。

（2）著作出处的表述。采用国家学科规定的出版物注释通用体例。

（3）作品出处。神话文本信息全部摘录，一般顺序为讲述者、翻译者、搜集整理者、作品名称、所刊载的刊物名称、刊物的发表年度、期号、页码等。当某些数据不完整时，一般不改变表述顺序。

3. 对原文本出版信息的保留与修正。本丛书对原文本出版信息作出如下处理：

（1）实例表述著录的信息尊重原来文本的表述。有些出版物当时使用的文字今天看来已不规范，但为了尊重文本自身的历史成因，仍使用原来的信息。

（2）尊重原神话文本题目。同一篇神话文本在不同出版物中的不同题目不做更改。但对原文因编辑或印刷原因所造成的讲述人、采集者、翻译者等讹误加以校正。

（3）修正了神话流传地区的不正确出处。

（4）书中增加了原神话文本中空缺的一些地名信息。如增加了流传地点所归属的市（地区、州）县（市、区、旗）等信息，并注明"民族自治"的行政区信息。

七、母题实例的创新与局限

1. 该丛书的创新。旨在推动中国神话学研究，主要有如下几点创新：

（1）《中国神话母题 W 编目实例》丛书是一种新型的中国神话研究和欣赏工具书，也是一部系统展现中国神话叙事的数据库和资料集大成者。

（2）《中国神话母题 W 编目实例》的所有母题实例是中国神话母题编码系统的实证性数据，均源自王宪昭对中国各民族神话文本的提取和概括。适用于当今数字化信息平台和未来的研究数据网络检索与共享。

（3）《中国神话母题 W 编目》与《中国神话母题 W 编目实例》以系列成果的形式，共同拟构出中国神话的母题编目体系与规范性学术体例。

2. 母题实例的局限。母题实例源于不同的神话文本，这些文本会受到文献自身不规范的影响，加之神话解读的差异，可能会有如下情形：

（1）有些实例难以与母题建立起完全对称的信息对应关系。

（2）有些母题难以找出一个特定的普适性的例证。

（3）由于神话文本原因造成某些神话叙事或母题的残缺。

附录 5

W 编目特殊符号使用体例一览表

编号	符号	标记位置	示例	表示与特点
1	W	母题数字前	◆ W1039 最早的世界是影子 ◆ W1046.1 最早的世界忽冷忽热	①王宪昭设计的中国神话母题编码的标志。 ②以示与汤普森分类和其他一些母题分类的区别。 ③具体使用参见本《凡例》："3.2.2 W 编码样例说明，编号 1"。
2	TPS:	脚注	〖TPS：A2.2〗最初的一对夫妻创造世界	①代指符号。用在脚注【关联】项说明中。 ②用在汤普森母题代码之前，代指"汤普森"。
3	◎	编目表、母基检索表	（1.1.2 世界的创造与创世者）◎〖其他相关母题〗	①标志性符号。用在"W 编码"栏或"母基检索表"中。 ②表示其后的文字是提示性文字，不设母题代码。 ③一般与〖 〗符号配合使用。参见本表编号 4。
4	〖 〗	所限定文字的前后	同编号 3	①提示性符号。标注在一级母题栏中。 ②表示限定的部分不设母题编号。示例中的"〖其他相关母题〗"只提示下面的母题与该提示有关。 ③一般与◎符号配合使用。参见本表编号 3。
5	✿	母题代码前	✿ W7760 婚前难题的形式	①母题层次标志。表示该母题类型所包含的母题还可以划分出以"✿"为标志的下一级母题。 ②具体使用参见本表，编号 6。
6	✲	母题代码前	✿ W7581 劝婚者 ✲ W7582 神或神性人物劝婚	①母题层次标志。表示该母题是较大的母题类型，下面若干自然数母题代码从属于该母题。一般在✿标记的母题之后。 ②✲的其他作用，参见本《凡例》："2.4.2 母基检索凡例，编号 5"。
7	◆	《凡例》示例之前	◆ A620 ◆【民族，联 4】	①本《凡例》中示例提示符。 ②不便使用其他序列符号时使用。
8	≈	在汤普森母题分类代码之前	（W1023.1 哺乳动物是创世者）≈A13.1	①标志性符号。 ②在汤普森母题代码前加"≈"，表示 TPS 母题的该代码与 W 代码具有一定相似性。

续表

编号	符号	标记位置	示例	表示与特点
9	【民族】	关联项	◆【白族、布朗族】 ◆【民族】③（【民族】傣族、独龙族、仡佬族、哈尼族、藏族）	①提示性符号。提示该母题涉及到的流传民族超过 4 个以上（含 4 个），为了 W 编目表空间紧凑，将涉及到的民族以脚注的形式标注在页脚。如示例中【民族】③及注释。 ②参见本《凡例》："4.3.2　民族归属"。
10	【联】、【关联】	关联项、脚注	◆【联 2】⑤ ◆【关联】 ［W2171］树生人	①提示性符号。提示该注释是与本栏目母题有"关联"的母题，以脚注的形式做出注释。 ②W 编目表中的"关联项"栏注为"【联】"，与之对应的脚注中标注为"【关联】"。 ③参见本《凡例》："4.3.3　关联母题"。
11	【例】、【引例】	关联项、脚注	◆【例 3】④ ◆【引例】男始祖生公猴【普米族】	①提示性符号。表示相对应母题的"示例"或"引申例证"，以脚注的形式做出注释。 ②"关联项"栏注为"【例】"，与之对应的脚注中标注为"【引例】"。 ③参见本《凡例》："4.3.4　引证示例"。
12	【】	关联项、脚注	◆【拉祜族、佤族】 ◆【关联】 ◆【民族】	①提示性符号。 ②用于神话母题的民族名称、提示性词语等表述或设置。
13	［ ］	脚注	◆［W2203.2］地生人 ◆［TPS：D435.1.1］刻人成活	①标注符号。 ②对母题代码进行提示性标注。
14	（ ）	普遍使用	❶高山族（雅美） ❷［W2755.1］产生第一个母亲（人类之母）	①提示性符号。 ②用于对前面的内容进行补充说明。如，示例❶。 ③用于对前面的内容进行解释或注释。如，示例❷。
15	①②③	编目表、脚注、凡例	◆①A1200 ②T589.6 ◆①【关联】…… 　②【民族】…… 　③【引例】……	①排序符号（数量符号）。 ②标示相关项的数量及顺序。
16	❶❷❸	脚注、凡例	◆【关联】❶；❷…… ◆【引例】❶；❷；❸……	①排序符号（数量符号）。 ②标示相关项的数量及顺序。